༄། །ཏྲེ་ཧོ་ཆོས་ཀྱི་རྒྱ་མཚོའི་གསུང་འབུམ་བཞུགས་སོ། །

ས་ཧྭ་ཕྭི་གསུང་རབ་གླིང་ནས་བསྒྲིགས།

བོད་ལྗོངས་མི་དམངས་དཔེ་སྐྲུན་ཁང་།

图书在版编目（CIP）数据

哲霍曲吉加措文集 ： 藏文/玛哈师利古籍文库整理室
整理. -- 拉萨 : 西藏人民出版社, 2024.7
ISBN 978-7-223-07694-4

Ⅰ. ①哲… Ⅱ. ①玛… Ⅲ. ①藏族—风水—中国—文集
—中国—藏语 Ⅳ. ①B992.4-53

中国版本图书馆CIP数据核字(2024)第095473号

哲霍曲吉加措文集（全三册）

整　　理　玛哈师利古籍整理室
责任编辑　扎西桑珠
责任印制　达　　珍
出版发行　西藏人民出版社（拉萨市林廓北路20号）
印　　刷　西藏新华印刷有限公司
开　　本　787×1092　1/16
总 印 张　91.375
字　　数　800千
版　　次　2024年11月第1版
印　　次　2024年11月第1次印刷
印　　数　01-2,000
书　　号　ISBN978-7-223-07694-4
定　　价　280.00元（全三册）

གང་གིས་བདག་གི་སེམས་ཀྱི་གསང་། །ཕྱག་རྒྱ་ཆེ་ལ་ངོ་སྤྲོད་པའི། །
བཀའ་དྲིན་ཉེ་བར་སྟོན་པའི་མགོན། །ཆོས་ཀྱི་རྒྱ་མཚོ་ལ་ཕྱག་འཚལ། །

ཛོ་ནང་ཀུན་དགའ་གྲོལ་མཆོག་གིས།

༧༡༡། དཔལ་ལྡན་དཔའ་བོ། །།

༄། །དེ་ཡང་གངས་ཅན་ཁ་བའི་ལྗོངས་སུ་སངས་རྒྱས་ཀྱི་བསྟན་པ་དར་ནས་ད་ལྟའི་བར་དུ་མཁས་གྲུབ་རིམ་པར་བྱོན་པ་རྣམས་ཀྱི་མྫོད་པ་དམར་འཁྲིད་དང་། གདམས་ངག་བྱིན་ཅན། ཤེས་རབ་ཀྱི་ཆུ་བོ་གཅིག་ཏུ་བསྡིལ་བའི་གཞུང་ལུགས་སོགས་གསུང་རབ་རྒྱ་མཚོ་ལྟ་བུར་བཞུགས་པ་རྣམས་ལས་ད་མ་ཞིག་དུས་དབང་གིས་དཔེ་རྒྱུན་ཤིན་ཏུ་དཀོན་པས་མཛལ་དཀའ་བའི་གནས་སུ་གྱུར་པ་རྣམས་མི་ཉམས་དཔེ་རྒྱུན་སྤེལ་བའི་ཆེད། ཁོ་བོས་མི་ཏོག་ཆུང་ཡང་ལྷ་ རྫས་ཀྱི་དཔེ་ལྟར་བསྟན་འགྲོའི་སྤྱི་ཞུ་ལ་གནད་སློན་རེ་ཡོང་ངམ་སྙམ་སྟེ། ༼ མ་ཧཱ་ཤྲཱི་གསུང་རབ་གླིང་ ༽ ཞེས་པ་གསར་བཙུགས་གཉེར་སྐྱོང་གིས་བསྟན་པའི་སྲོག་ སྙིང་གསུང་རབ་རིན་ཆེན་རྣམས་སྤར་རྫེས་ཤུལ་འཛིན་དང་། ཕྱི་རྗེས་དར་སྤེལ་གྱི་རྐྱེན་དུ་བསྒོམས་ཏེ། རིས་མེད་ཀྱི་གསུང་རབ་རིམ་པར་དཔར་བསྐྲུན་ཞུས་དང་ཞུ་འཆར་ལགས་པས། འདིས་ཀྱང་བསྟན་པ་ཡུན་རིང་དུ་གནས་པ་དང་། རྩ་བའི་བླ་མའི་ཐུགས་དགོངས་དགྱེས་པའི་རྒྱུ་རུ་འགྱུར་བའི་སྨོན་ལམ་དང་བཅས།

དཔའ་བོ་སྐུ་ཕྲེང་བཅུ་གཅིག་པ་གཙུག་ལག་སྨྲ་བའི་སྒྲ་དབྱངས་ཀྱིས།

དཀར་ཆག

༄༅། །རྗེ་བཙུན་རྣལ་འབྱོར་དབང་ཕྱུག་ཆོས་ཀྱི་རྒྱ་མཚོའི་རྣམ་པར་ཐར་པ་
བྱིན་རླབས་ཀྱི་གཏེར་མཛོད་འགྲོ་ཀུན་དགའ་བའི་སྙིང་པོ་
ཕྲིན་ལས་ཀུན་ཁྱབ་ཅེས་བྱ་བ་བཞུགས་སོ། །

ཆོས་སྐུ་སྤྲོས་བྲལ་ནམ་མཁའ་ཡངས་པ་ལ། །ལོངས་སྐུ་མཚན་དཔེའི་དཀྱིལ་འཁོར་རབ་ཏུ་རྒྱས། །སྤྲུལ་སྐུ་ཕྲིན་ལས་འོད་ཟེར་ཕྱོགས་བཅུར་འཕྲོ། །སྐུ་གསུམ་དབྱེར་མེད་བླ་མའི་ཞབས་ལ་འདུད། །ཁྱོད་ནི་བསྐལ་པ་གྲངས་མེད་སྔ་རོལ་ཏུ། །བླ་མེད་བྱང་ཆུབ་གོ་འཕང་བརྙེས་གྱུར་ཀྱང་། །ཞིང་འདིར་སྙིགས་དུས་འགྲོ་བའི་དོན་སླད་དུ། །སྦས་པའི་བརྟུལ་ཞུགས་འཛིན་པ་དེ་ལ་འདུད། །མདོ་རྒྱུད་(༢ན)ཆོས་ཀྱི་རྒྱ་མཚོ་ཆེན་པོ་ལས། །བཀའ་བརྒྱུད་གདམས་པའི་ནོར་བུ་ལེགས་བླངས་ནས། །གྲངས་མེད་འགྲོ་ལ་དགའ་སྟོན་འགྱེད་མཛད་པའི། །འགྲོ་བའི་དེད་དཔོན་བླ་མ་མཆོག་ལ་འདུད། །མགོན་དེའི་རྣམ་ཐར་གཏིང་དཔག་དཀའ་མོད་ཀྱང་། །ཐུན་མོང་གདུལ་བྱའི་བློ་ལ་སྣང་བ་ཙམ། །སྒྲོ་སྐུར་སྤངས་ཏེ་གསལ་བར་གུས་པས་འབྲི། །བླ་མ་ལྷ་དང་མཁའ་འགྲོས་གནང་བར་མཛོད། །

རྗེ་བཙུན་དམ་པ་བཀའ་དྲིན་(༢བ)མཉམ་མེད་རྣལ་འབྱོར་གྱི་དབང་ཕྱུག་ཆོས་ཀྱི་རྒྱ་མཚོ་ཞེས་མཚན་ཡོངས་སུ་གྲགས་པ་དེ་ཉིད་ཀྱི་རྣམ་པར་ཐར་པ་ཇི་ལྟ་བ་ནི། དུས་གསུམ་གྱི་རྒྱལ་བ་སྲས་དང་བཅས་པ་རྣམས་ཀྱིས་ཀྱང་བརྗོད་པར་མི་ནུས་ན་བདག་ལྟ་བུས་དཔག་པར་ག་ལ་ནུས། རྒྱུ་མཚན་ཇི་ལྟར་སྙམ་ན། སྤྱིར་

གསང་སྔགས་བླ་མེད་རྫོ་རྗེ་ཐེག་པའི་བླ་མ་མཐའ་དག་དང་། ཁྱད་པར་རྗེ་བཙུན་དམ་པ་འདི་ཉིད་དུས་གསུམ་གྱི་སངས་རྒྱས་ཐམས་ཅད་ཀྱི་སྐུ་གསུང་ཐུགས་ཀྱི་ངོ་བོར་བཞུགས་ཤིང་། ཞིང་ཁམས་(༣ན)ལ་ལར་ཆོས་ཀྱི་སྐུ་དང་། ལ་ལར་ལོངས་སྤྱོད་རྫོགས་པའི་སྐུར་བསྟན་ནས། ས་བཅུའི་བྱང་སེམས་རྣམས་ལ། ཐེག་པ་ཆེན་པོའི་ཆོས་སྟོན་ཞིང་། རྒྱལ་སྲས་ལུང་སྟོན་པ་སོགས་མཛད། ལ་ལར་སྤྲུལ་པའི་སྐུར་བསྟན་ནས་མཛད་པ་བཅུ་གཉིས་ཀྱི་སྒོ་ནས་སེམས་ཅན་གྱི་དོན་མཛད། ལ་ལར་བྱང་ཆུབ་སེམས་དཔའ་དང་། ཉན་ཐོས་དང་། རང་སངས་རྒྱས་དང་། ཚངས་པ་དང་། བརྒྱ་བྱིན་དང་། འཁོར་ལོས་བསྒྱུར་བའི་རྒྱལ་པོ་དང་། རྒྱལ་ཕྲན་དང་། བློན་པོ་དང་། བྲམ་ཟེ་དང་། ཚོང་དཔོན་དང་། དེད་དཔོན་སོགས་མདོར་ན་འགྲོ་བ་རིགས་དྲུག་གང་ལ་གང་འདུལ་གྱིས་སྐུའི་བཀོད་པ་བསམ་གྱིས་མི་ཁྱབ་པ་(༣བ)བསྟན་ནས་རང་རང་གི་བསྐལ་པ་དང་འཚམ་པར་སྨིན་གྲོལ་ལ་འགོད་པར་མཛད་དོ། །འདི་དག་གི་འཐད་པ་ཡང་། རྒྱལ་བའི་བཀའ་དང་། དགོངས་འགྲེལ་གྱི་བསྟན་བཅོས། རྒྱ་གར་གྱི་པཎ་གྲུབ། བོད་ཀྱི་མཁས་གྲུབ་གོང་མ་རྣམས་ཀྱི་རྣམ་ཐར་གསོལ་འདེབས། གསུང་མགུར་མན་ངག །ཞལ་གདམས་ལ་སོགས་ལས་མང་དུ་གསུངས་ཀྱང་། ཡི་གེ་མང་བར་དོགས་ནས་མ་བྲིས་སོ། །

གཞན་ཡང་རྗེ་རང་གིས་མཛད་པའི་རྣམ་ཐར་ལས། རྒྱལ་པོ་ཨིནྡྲ་བོ་དྷི། འཕགས་པ་ཀླུ་སྒྲུབ། ཏཻ་ལོ་པ། ཕྱོགས་ཀྱི་སླང་པོ། ཏི་ཕུ་པ། བོད་ཡུལ་དུ་འང་། སྤྱན་སྔ་ཚུལ་ཁྲིམས་འབར། འབྲི་གུང་འཇིག་རྟེན་མགོན་པོ། རྒྱལ་སྲས་སྤྱོམ་བྲག་པ། གྲུབ་ཆེན་ཨུ་རྒྱན་པ། འཛམ་དབྱངས་དོན་གྲུབ་འོད་ཟེར་སོགས་སུ་སྐུའི་(༤ན)བཀོད་པ་བཟུང་ནས་སེམས་ཅན་གྱི་དོན་མཛད་པ་ཡང་། དེ་དག་གི་རྣམ་

ཐར་ལས་ཞིབ་ཏུ་ལྟ་བར་བྱའོ། །

སྐུའི་སྐྱེ་བ་འདི་ཉིད་དུ་གདུལ་བྱ་ལ་ཐུན་མོང་དུ་ཇི་ལྟར་སྣང་བའི་ཚུལ་ལ། རིགས་ཏུས་ཁྱད་པར་ཅན་དུ་སྐུ་འཁྲུངས་པའི་ཚུལ་གཞོན་ནུ་ཉིད་ནས་སྔོན་གྱིས་བག་ཆགས་ཟད་ནས་བསྟན་པ་ལ་ཞུགས་པའི་ཚུལ། ཡོངས་འཛིན་དམ་པ་བསྟེན་ནས་ཐོས་བསམ་སྒོམ་གསུམ་གྱི་ཐུགས་རྒྱུད་སྦྱིན་ཚུལ། དབེན་པ་བསྟེན་ནས་སྒྲུབ་པ་ལྷུར་བླངས་ཏེ་བླ་མ་ལྷ་དང་མཁའ་འགྲོ་ཆོས་སྐྱོང་གི་ལུང་བསྟན་བརྙེས་ཚུལ། བཤད་སྒྲུབ་ཀྱི་སྒོ་ནས་རྒྱལ་བའི་བསྟན་པ་སྤེལ་ཞིང་འགྲོ་དོན་དང་ཕྲིན་ལས་མཐར་ཕྱིན་པའི་ཚུལ། ཞིང་འདིར་སྐུའི་བཀོད་པ་བསྡུས་ནས། ངོ་མཚར་བའི་ལྟས་དང་བཅས་དག་པའི་ཞིང་དུ་[༤བ]གཤེགས་ཚུལ་དང་དྲུག་ལས།

དང་པོ་རིགས་ཏུས་ཁྱད་པར་ཅན་དུ་འཁྲུངས་ཚུལ་ནི། དེ་ཡང་འདི་སྐད་ཐོས་ཏེ། སྐུ་འཁྲུངས་པའི་ཡུལ་ནི་མདོ་ཁམས་ཀྱི་གླིང་གི་ས་ཆའི། དེ་ལ་ཡང་སྟོད་སྨད་བར་གསུམ་དུ་ཡོད་པ་ལས། བར་གྱི་ཟ་ཆུའི་རྒྱུད་དུ་སྐུ་འཁྲུངས། ཡབ་མེད་ཀྱི་རིགས་ཧོར་ཡིན་ཞིང་། ཧོར་སེ་ཆེན་རྒྱལ་པོའི་དུས་བེ་དུར་གྱི་ལས་ཁ་འཛིན་བེ་དུར། དེའི་སྲས་ཐེམ་ཐུར། དེའི་སྲས་ཐེམ་ནུར། དེའི་སྲས་འཇམ་དཔོན་ཨ་དེ། འཇམ་མི་གཅིག་པ་བཅོ་བརྒྱད་ཀྱིས་དཔོན་མཛད། དེ་ལ་སྲས་གསུམ་བྱུང་བའི་འབྲིང་བ་དཔོན་སྐྱབས། དེ་ལ་སྲས་གཉིས་བྱུང་བའི་ཆུང་བ་བུ་རྒྱས། དེའི་སྲས་དཔོན་རྗེ་རྡེ་སྐྱབས། དེ་ལ་སྲས་བཞི་ཡོད་པའི་ཆེ་བ་དཔོན་ཁྲོ་རྒྱལ་སྐྱབས། དེ་ལ་སྲས་བཞི་ཡོད་[༥ན]པའི་ཆེས་འོག་མ་རྗེ་འདི་ཉིད་ཡིན་ཞིང་། ཡུམ་གྱིས་རུས་ཚན་འབྲུ་ཡིན། མཚན་ར་པ་བསོད་ནམས་སྒྲོན། ཡབ་ཡུམ་གཉིས་ཀྱང་རིགས་རུས་ཕུན་སུམ་ཚོགས་ཤིང་། ལོངས་སྤྱོད་དང་དཔལ་འབྱོར་ཆེ་བས། ཡུལ་ལུགས་

དང་བསྟུན་པའི་བཅས་སྟོན་བཟང་པོ་མཛད། སྐུའི་སྲུང་འཕོར་བ་སློབ་དཔོན་ཆེ་མཆོད་ཅེས་པ་ཞིག་གིས། མཚན་ལྷ་དགེར་བཏགས།

དེ་ནས་དགུང་ལོ་བཞི་ཙམ་བཞེས་དུས་ཡུལ་ཕྱོགས་དེ་ན། བླ་མ་ནམ་མཁའ་དབང་ཕྱུག་པ་བྱ་བ། དཔོན་སློབ་སུམ་ཅུ་ཙམ་བཞུགས་པ་གདན་དྲངས། ཞག་གསུམ་ཙམ་གྱི་བར་དུ་ཞབས་ཏོག་མཛད། རྗེ་ཉིད་ཀྱི་སྐྲ་ཕུད་ཕུལ། མཚན་བཀྲ་ཤིས་དབང་ཕྱུག་ཏུ་བཏགས། ན་བཟའ་ཡང་སེར་ཆས་སུ་བསྒྱུར། ཡུམ་སྲས་གཉིས་དང་ཨ་ཕྱི་གསུམ་ལ་(༥བ)ཆོས་སྐྱོང་གི་རྗེས་གནང་ཞིག་གནང་། རྗེས་གནང་གྲོལ་བ་དང་དབང་གཏོར་ལ་ཞལ་མཆིལ་བཏབ་ནས་གནང་། ཐུགས་མཉེས་པོ་མཛད།

དེ་ནས་བཟུང་དཔོན་སློབ་དང་ཡོན་མཆོད་ཀྱི་འབྲེལ་ཟབ་ཅིང་རྩ་བའི་སྦྱིན་བདག་ལྟ་བུ་མཛད་གསུངས། དེ་དུས་སྐུ་ན་གཞོན་ནུ་ཡིན་ཡང་། ཞག་ཁ་ཡར་གྱི་བར་དུ་བླ་མ་ལ་གསོལ་བ་ཉིན་མཚན་མེད་པར་བཏབ། ཡབ་ཡུམ་གྱིས་ཆོས་སྐོར་འཇུག་པ་འདུག་སྙམ་དུ་དགའ་ཚོར་ཆེན་པོ་བྱུང་གསུངས། ཨ་ཉེ། ཨ་ཕྱི། ཡབ་ཡུམ་སྐུ་ཉེ་དང་ཡུལ་མི་ལ་སོགས་པ་ཀུན་གྱིས་མཐོང་ན་དགའ་ཞིང་ཡིད་དུ་འོང་བ་དང་། བྱ་བཏང་ཚུལ་བུ་ཅན་གཟིགས་ན། དེ་དག་གི་རྩར་བྱོན། བསྙེན་བཀུར་ཞབས་ཏོག་སོགས་མཛད། ང་ཁྱེད་ཚོའི་བླ་ལ་ཁྲིད་གསུངས་པས། (༦ན)འགའ་ཞིག་གི་ཁྱོད་ལོ་གཞོན་པ་དང་། ཕ་མས་ཀྱང་མི་གཏོང་། ངེད་རང་ཚོ་ལ་བཟའ་རྒྱུ་མེད་པས་ཁྱོད་གསོ་ཅི་ཐུབ་ཟེར་ཁྲིད་དུ་མ་འདོད།

དགུང་ལོ་ལྔ་དྲུག་ཙམ་བཞེས་དུས། ཁུ་བོ་བླ་མ་དགེ་སློང་པ་ཞིག་བསྟུངས་ནས། བསྟུང་གཡོག་དང་ཕྱག་ཕྱི་མཛད། སྐུ་ཁམས་དྭངས་ནས་ཡི་གེ་འབྲི་ཀློག་དང་གསོལ་འདེབས་བཞིན་བསླབས། དེ་ནས་ལོ་གཅིག་སོང་བ་དང་། ཁུ་བོ་བླ

མ་སྐུ་མཆེད་གཉིས་མཚུར་ཕུ་ལ་འབྱོན་པ་ཤར། དེ་དུས་བདག་ཀྱང་ཕྱུག་ཕྱི་ལ་ཁྲིད་ན་དགའ་བ་ལ་སྙམ་པ་བྱུང་ནའང་། ན་གཞོན་པའི་སྟོབས་ཀྱི་ཡབ་ཡུམ་དང་བླ་མ་སྐུ་མཆེད་ལ་ཡང་འགྲོ་བའི་རྒྱུ་མཚན་འབུལ་མ་ནུས།

དེ་ནས་སྐུ་མཆེད་མཚུར་ཕུ་ལ་ཐེགས། ཐུགས་སྐྱོ་བ་ལ་ཚད་མེད་པ་བྱུང་། (༨བ)སྤྱན་ཆབ་ཞག་མང་པོའི་བར་དུ་ཤོར། ཁྲིམ་དུ་མི་ཚུགས་པར་རི་ལ་ཕྱུགས་རྫིའི་ཟླ་ལ་ཕྱུགས་འཚོ་བ་ལ་བྱོན། ཐུགས་ལ་ཆོས་བྱེད་པའི་དུས་ཤིག་ནམ་ཡོང་སྙམ་པ་བྱུང་གསུངས། དེ་དུས་རིམས་ཚད་ལ་བརྟེན་ནས་ཡུམ་སྐུ་གཤེགས། དགེ་རྩ་བརྒྱ་ཆེན་པོ་མཛད། ཡུམ་གྱིས་ཞལ་ཆེམས་སུ་རྗེ་ཉིད་དང་སྐུ་མཆེད་གཞོན་པ་ཞིག་དང་གཉིས་ལ་ཆོས་འཚོལ་བའི་ཞལ་ཆེམས་བཞག །

དེ་ནས་དགུང་ལོ་བརྒྱད་བཞེས་དུས། ཀུན་དགའ་བཟང་པོ་ཞེས་པའི་སྡེ་བླ་ཆེན་པོ་ཞིག་ལ་གྲྭ་པ་དང་འཁོར་གཡོག་གཏོས་ཆེན་པོ་ཡོད་པ་ཞིག་གི་ཕྱུག་ཕྱིར་འཁྲིད་པ་གནང་། ཐུགས་མཉེས་མཉེས་མཛད། ལན་ཅིག་སྡེ་བ་ཆེན་པོ་གཞན་གྱི་མི་སྡེའི་དཀྱིལ་ལ་དབྱར་བྱོན། ཞག་ཉི་ཤུ་(༩ན)ཙམ་སོང་ནས། དཔོན་སློབ་ཆོས་ཆིབས་པ་ལ་ཆུ་ཤན་བྱེད་པའི་གོང་ཉི་མ་ཤར་ཙམ་ལ་ཆུ་ཤན་མ་བྱས་གོང་ལ་རྟ་རྒྱུག་པའི་སྲོལ་ཡོད་པས། ཐང་ཆེན་པོ་ཞིག་དང་དེའི་དཀྱིལ་ན་རི་མཐོན་པོ་ཞིག་ཡོད་པའི་རྩེ་ལ་མ་སླེབ་བར་ལ་རྒྱུག་དགོས་པས། བླ་མའི་དྲུང་དུ་བདག་ལ་ཤོག་གསུངས། ཆིབས་སྒྱུག་པ་ཟེར་བའི་སྟོན་པོ་ཆེན་པོ་ཞིག་ཡོད་པ་དེ་ལ་ཁྱོད་ཀྱིས་རྒྱུག་ཨེ་ཐོད་གསུངས། བདག་གིས་རྒྱུད་ཐོད་ཞུས་པས། དེར་ཡོད་ཚད་དང་རྟ་རྫི་དང་བཅས་པ་ཐམས་ཅད་ཀྱིས་རྟ་འདིའི་རྩ་ལ་ཡང་འགྲོ་མི་ནུས་པ་ལ། འདི་བརྒྱུག་ན་དོན་མེད་གཅིག་ལ་བརྒྱང་བཏང་། མ་ཤི་ན་ཡང་མགོ་དང་ཡན་ལག

འཆག །རྟ་ཐི་རང་གི་བརྒྱུག་ན་དགའ་ཞུ་བར་འདུག །རྟ་ཐིས་ཀྱང་སྨྲ་གུ་ཉ་མགོ་(༧བ)མ་ནོན་པ་ཞིག་འདུག་རྟ་འདི་ངས་བརྒྱུག་ན་དགའ་ཟེར་བྱུང་ནའང་། བླ་མའི་དྲུང་གི་ཁོས་རྒྱུག་ཆོག་པ་འདུག་པས། ཁྱེད་རྟ་པ་གཞན་ཚོའི་དཀྱིལ་དུ་ཆུག་ཐང་ཆེན་པོ་འདི་ལ་མ་རྒྱུག་རི་འདིའི་རྩ་བ་ནས་རྩེ་ཡི་བར་ལ་རྒྱུགས་གསུངས། ཁོང་ཚོས་དེ་ཁ་བཞིན་བྱེད་པའི་ལུགས་བྱས་ནའང་། རྟ་ཐོག་ལ་ཐོན་པ་དང་ཐམས་ཅད་ཀྱིས་རྒྱུག་ཤར་བཏང་བས། ཆིབས་དེ་ཤུགས་ཆེན་པོ་ཡོད་པའི་སྟོབས་ཀྱིས་སྐད་ཅིག་ཉིད་དུ་ཁོང་ཚོའི་དཀྱིལ་ནས་བརྒྱུད་ཐོན་ཏེ། རིའི་སྙེད་སྨད་ཙམ་ལ་མ་སླེབ་བར་བགས་མ་ཉམས་པ་བྱུང་། ཕྱིར་བལྟས་པས་ཁོང་ཚོ་ཡང་ཐང་དཀྱིལ་ན་ཡོང་བཞིན་འདུག །རི་རྩེ་མ་སོང་རྟ་བབས་ནས་ཁོང་ཚོ་བསྒུག་པ་ཇ་ཡུན་གཉིས་ཙམ་ནས་སླེབས་བྱུང་། མི་རྒན་པོ་རྟ་བཟང་པོ་ཡོད་པ་གཅིག་(༨ན)དང་ལྷན་དུ་ཐང་མཚམས་སུ་མ་སླེབས་པར་རྟ་གཉིས་ཁྲིད་ནས་ཡོང་། དེ་ནས་རྟ་ཐོག་ལ་ཐོན། དལ་བུས་ཕྱིན་པས་གཞན་མ་ཚོ་སྟུན་ལ་རྒྱུགས་ནས་ཆུན་ཤན་ཚར་འདུག །བླ་མ་དཔོན་སློབ་གཉིས་ཚུར་ཚད་དུ་ཕྱིན་རྟ་བབས། བླ་མའི་དྲུང་དུ་ཕྱིན་པས་ཐུགས་མཉེས་མཉེས་མཛད། དེ་རིང་ཁྱོད་ཀྱི་གོ་ཆོད་བྱུང་གསུངས་ཤ་གཟུགས་གཅིག་གནང་། མི་སྡེ་ལྟོད་མོ་བ་ཐམས་ཅད་ཀྱིས་བུ་ཆུང་འདིས་རྟ་བཟང་པོ་འདི་རྒྱུག་ཐུབ་པ་ཟེར་ཏ་ལས་པ་འདྲ་ཟེར་བཞིན་འདུག །དེའི་ལོ་རྒྱུག་ཕྱིར་བཤད་གསུངས། དེ་ལྟར་ན། གཞོན་ནུའི་དུས་ནས་ཀྱང་ཐ་མལ་པའི་སྤྱོད་པ་ལས་འདས་ཤིང་། ཆོས་འཇིག་རྟེན་གང་ལ་ཡང་བླང་དོར་ཕྱེད་ཅིང་ཐུགས་ཟབ་པ་དང་། སྤོབས་པ་མཆོག་ཏུ་གྱུར་པ་བསམ་གྱིས་(༨བ)མི་ཁྱབ་པ་མངའ་བས་འདི་དག་གི་རྒྱུ་མཚན་འོག་ཏུ་ཞིབ་ཏུ་འཆད་དོ། །སྤྲུལ་སྐུ་བསམ་བཞིན་སྐྱེ་བ་

བཞེས་པའི་ཚེ། །ཡུལ་དང་ཡབ་ཡུམ་རིགས་ཏུས་ཚེ་འབྲང་དང་། །ལྟུམས་སུ་འཇུག་དང་བལྟམས་དང་རོལ་རྩེད་སོགས། །ངོ་མཚར་རྨད་དུ་བྱུང་བ་ཨེ་མ་མཚར། །ཞེས་པ་བར་སྐབས་ཀྱི་ཚིགས་སུ་བཅད་པའོ། །

གཉིས་པ་གཞོན་ནུ་ཉིད་ནས་སྔོན་གྱི་བག་ཆགས་སད་ནས་བསྟན་པ་ལ་ཞུགས་པའི་ཚུལ་ནི། དགུང་ལོ་དགུ་བཞེས་པའི་དུས། དབུས་གཙང་ལ་ཕེབས། ཐོག་མར་ཆོས་ཀྱི་རྗེ་སྟག་ལུང་ངག་དབང་གྲགས་པ་དང་མཇལ། སྟག་ལུང་ཐང་པ་ནས་ཕ་རིན་པོ་ཆེ་ངག་དབང་གྲགས་པ་ཡན་གྱི་རྣམ་ཐར་དང་མགུར་ཆེན་ཚང་མ། དོ་ཧ་སྐོར་གསུམ། བརྟག་གཉིས་(ན)སྟག་ལུང་རིན་པོ་ཆེ་རང་གི་བཀའ་འབུམ་ཚང་མ། སྤྱན་རས་གཟིགས་སྒོ་མང་གི་ལུང་། བླ་མའི་རྣལ་འབྱོར་རྣམས་གསན། དེ་ནས་ལྷ་ས་ལ་ཕེབས་ཇོ་མཇལ་མཛད། མཚུར་ཕུ་ལ་ཕེབས་མཚུར་ཕུའི་གནས་མཇལ་རྣམས་མཛད་ནས། ཡར་གླུང་ནས་བརྒྱུད་བྱར་དུ་ཆོས་རྗེ་རིན་པོ་ཆེ་སངས་བསམ་པ་ལ་མཇལ། བླ་མའི་རྣལ་འབྱོར་མ་ཊིའི་ལུང་ཞུས། དེ་ནས་ཙྪ་རིའི་གནས་མཇལ་མཛད་ནས། ཀོང་པོ་རྩེ་ལྷ་སྒང་ན། རྒྱལ་བའི་དབང་པོ་ཆོས་གྲགས་རྒྱ་མཚོའི་སྐར་པ་བཞུགས་པས། དེར་བྱོན། དེའི་དུས་རྗེ་བཙུན་རིན་པོ་ཆེ་སྐྱ་སེ་རྟོགས་ལྡན་པ་མཚན་དངོས་འཛམ་དཔལ་རྒྱ་མཚོ་ཕྱུག་ཕེབས་པ་དང་མཇལ། རྗེ་ཉིད་ཀྱི་ཨ་ཁུ་བླ་མ་བློ་གྲོས་པ་རྗེ་བཙུན་གྱི་ཕྱག་ཕྱི་ཉེ་གནས་(བ)མཛད་པ་ལ་བརྟེན་པ་དང་། སྔོན་གྱི་སྨོན་ལམ་གྱིས་རྟེན་འབྲེལ་ལ་བརྟེན་ནས། མཇལ་མ་ཐག་གསོལ་ཇ་ཀ་པྲ་ལ་གང་ལ་ཞལ་ཏབ་གསུམ་ཙམ་བཞེས་ནས་གནང་། སྐུ་མདུན་དེར་སྡོད་ལ་འཕྱངས་གསུངས། གསོལ་ཁམ་མང་པོ་བཞེས་པ་འདུག་པའི་ཕྱེད་ཙམ་གནང་། ཁྱོད་ལ་ང་རེ་ཆེན་པོ་ཡོད་གསུངས། རྗེ་ཉིད་

ཀྱི་ཡང་གསོལ་ཇ་དང་། ཁམ་བུ་ལྷག་ལུས་མེད་པར་བཞེས་པས་མཉེས་མཉེས་མཛད། དེ་ནས་རྗེ་བཙུན་འཇམ་དཔལ་རྒྱ་མཚོའི་དྲུང་དུ་རྗེ་ཉིད་དང་། བསྒྲུབ་བྱ་གྲོགས་འགའ་ཡར་དང་བཅས་རབ་ཏུ་བྱུང་བ་དགེ་ཚུལ་གྱི་སྡོམ་པ་ཡང་དག་པར་མནོས་ཏེ། བསླབ་པ་ལ་མིག་གི་འབྲས་བུ་ལྟར་གཅེས་སྤྲས་སུ་མཛད་དོ། །

(༧༠ན)གསུམ་པ་ཡོང་འཛིན་དམ་པ་བསྟེན་ནས་ཐོས་བསམ་སྒོམ་གསུམ་གྱི་ཐུགས་རྒྱུད་སྨིན་ཚུལ་ནི། རྒྱལ་བའི་དབང་པོ་ཆོས་གྲགས་རྒྱ་མཚོའི་དྲུང་དུ། རྗེ་ཀུན་མཁྱེན་ཆེན་པོའི་བཀའ་འབུམ། རྗེ་མཐོང་བ་དོན་ལྡན་གྱི་བཀའ་འབུམ། རྗེ་ཉིད་ཀྱི་བཀའ་འབུམ། དྭགས་པོ་རིན་པོ་ཆེའི་བཀའ་འབུམ། གཞན་ཡང་མདོ་ཕྲན་མང་པོ་དང་། བསྟན་འགྱུར་པོ་ཏི་ཉིས་བརྒྱ་ལྷག་ཙམ་གྱི་དབུ་ཞབས་བར་གསུམ་ནས་ཤོག་ལྷེབ་རེ་རེ་ཙམ་གློག་པ་གནང་ནས་བསྟན་འགྱུར་གྱི་ལུང་རྣམས་གསན།

དེ་ནས་རྗེ་བཙུན་རིན་པོ་ཆེའི་ཕྱག་ཕྱི་མཛད་ནས། ཐོག་མར་རས་ཆུང་ལུགས་ཀྱི་ཚེ་དབང་དང་འཁྲིད། མཚུར་ཕུ་འཇམ་དབྱངས་ཆེན་པོའི་བཀའ་འབུམ་པོ་ཏི་གཉིས། མདོ་ཟླ་མ་ཏོག །བཀའ་བརྒྱུད་གསེར་ཕྲེང་དང་བཅས་པའི་ལུང་། (༧༠བ)སེམས་དཔའ་བཅུ་དྲུག །རང་རྒྱལ་བཅུ་གཉིས། ཉན་ཐོས་བཅུ་དྲུག །ལྷ་མོ་བཅུ་དྲུག །རྣམ་ཐོས་སྲས། གནོད་སྦྱིན་རྣམས་དང་། ལྷ་ཆེན་བརྒྱད། ཀླུ་ཆེན་བརྒྱད། གཟའ་ཆེན་བརྒྱད། རྒྱུ་སྐར་ཉེར་བརྒྱད། ཕྱོགས་སྐྱོང་བཅུ་སོ་སོའི་དགོས་བཀའི་རྗེས་གནང་། དཔལ་ལྡན་ལྷ་མོ་རང་བྱུང་རྒྱལ་མོའི་དབང་བཞི་རྫོགས། མགོན་པོ་བེར་ནག་ཅན་གྱི་དབང་བཞི་རྫོགས། གཏུམ་མོ་མེ་དབང་ཕྱི་ནང་གསང་གསུམ་རྒྱས་པ་དང་བཅས་པ་གསན།

དེ་ནས། རྗེ་ཉིད་ཀྱི་ཨ་ཁུ་བླ་མ་དགེ་སློང་པ་དང་། བླ་མ་བློ་གྲོས་པ་སྐུ་མཆེད་

ཁམས་ལ་འགྲོན་པའི་ཕྱག་ཕྱི་མཛད་ནས་ཁམས་ལ་ཕྱིན། བླ་མ་སྐུ་མཆེད་གཉིས་ཀྱི་ཕྱག་ཕྱི་ལ་ལོ་འགའ་ཡར་བཞུགས་རིན། བླ་མ་བློ་གྲོས་པའི་དྲུང་དུ། ན་རོ་ཆོས་དྲུག་གི་ཁྲིད་(༧༧ན)ཡོངས་རྫོགས། ཕྱག་རྒྱ་ཆེན་པོ་ལྷན་ཅིག་སྐྱེས་སྦྱོར་གྱི་ཁྲིད། གཅོད་གདན་ཐོག་ཅིག་མའི་ཁྲིད། རྗེ་བཙུན་མི་ལའི་མགུར་འབུམ། རས་པ་བཅུ་གཉིས་ཀྱིས་བསྒྲིགས་པ། བཅུ་བཞིས་བསྒྲིགས་པ། བཅོ་བརྒྱད་ཀྱིས་བསྒྲིགས་པ། རས་པ་ཉི་ཤུས་བསྒྲིགས་པ། རས་པ་བརྒྱད་ཀྱིས་བསྒྲིགས་པ། རས་པ་བཞིས་བསྒྲིགས་པ། གསུམ་གྱིས་བསྒྲིགས་པ། གཉིས་ཀྱིས་བསྒྲིགས་པ། རས་ཆུང་པས་བསྒྲིགས་པ། རྗེ་རས་ཆུང་པ་རང་གི་མགུར་འབུམ། སྦྱོར་བ་ཡན་ལག་དྲུག་ཆ་ལག་དང་བཅས་པ། གཅོད་ནག་སྦྱོར་གཞུང་དྲུག་ཏ་མ་དང་། རྫ་ལ་སྐོར་པོ་ཏི་གཅིག་རྣམས་ཀྱི་ལུང་། དྲུང་མཐོང་བ་དོན་ལྡན་གྱིས་མཛད་པའི་རྟ་མགྲིན་རིགས་བསྡུས་ཀྱི་ལུང་དང་རྗེས་གནང་། གཏེར་སྟོན་སངས་རྒྱས་གླིང་པའི་གཏེར་ཁ་ནས་བྱུང་བའི་ཕག་མོ་རིགས་བརྒྱའི་ལུང་དང་རྗེས་(༧༧བ)གནང་། རྒྱལ་བ་ཨུ་རྒྱན་པའི་མཛད་པའི་ཁྲིད་ཆེན་བརྒྱད་དང་། ཁྲིད་ཆུང་བརྒྱད། བདེ་མཆོག་ལྷ་བཅུ་གསུམ། ཨུ་རྒྱན་པས་མཛད་པའི་ཕག་མོ་ལྷ་བཅུ་གསུམ། ཁྲོས་མའི་མངོན་རྟོགས། རྒྱལ་བ་རྒོད་ཚང་པའི་རོ་སྙོམས་སྐང་དྲིལ། གཅོད་ཀྱི་དམིགས་འབུམ། རྗེ་ལོ་རས་ཀྱི་བཀའ་འབུམ་པོ་ཏི་གཉིས། གྲུབ་ཆེན་གླིང་རས་པའི་བཀའ་འབུམ་ཚང་མ། གཙང་པ་རྒྱ་རས་ཀྱི་བཀའ་འབུམ་ཚང་མ། སངས་རྒྱས་དབོན་རས་ཀྱི་བཀའ་འབུམ་ཚང་མ། རོ་སྙོམས་སྐོར་དྲུག་གི་ཡིག་ཆུང་དང་བཅས་པའི་ལུང་གསན།

དེའི་དུས་སུ་རྗེ་ཉིད་ཀྱི་མཐའ་ལམ་དུ། ཁྲོ་ཆེན་པོ་ཞིག་ཁྲག་གིས་བཀང་

འདུག་པ་ནས། བུད་མེད་ཅིག་གིས་ཀ་པྟ་ལས་ཁྲག་གཙུས་ནས་དྲངས་པ་བཞེས་པའི་མནལ་ལམ་བྱུང་བ་སང་བླ་མའི་(༧༢ན)དྲུང་དུ་ཞུས་པས། ཁྱོད་གསང་སྔགས་ཀྱི་ལག་ལེན་མང་པོ་ལ་སྤྱོད་པའི་ལྟས་ཡིན་གསུངས། ཡང་ནུབ་ཅིག་ཆོས་བརྒྱད་ཀྱི་ཟླ་བ་ཤར་ནས་བྱུང་བ་ལ་ཟླ་བའི་ཟུར་ཕར་ཚུར་གཉིས་ལ་སྐར་མ་ཆེན་པོ་འོད་ཡོད་པ་གཉིས་འདུག་པའི་མནལ་ལམ་བྱུང་བ། སང་བླ་མའི་དྲུང་དུ་ཞུས་པས། མདོ་སྔགས་མཉམ་དུ་སྤྱོད་པའི་ལྟས་ཡིན་གསུངས་ཡང་ནུབ་གཅིག་མནལ་ལམ་དུ། མི་རོ་མང་པོའི་ཤ་གཙོད་ཅིང་། ཟ་བའི་མནལ་ལམ་བྱུང་པ། བླ་མ་ལ་ཞུས་པས་ཆོས་སྐྱོང་མང་པོ་འཁོར་བའི་ལྟས་ཡིན་གསུངས། ཡང་ནུབ་གཅིག་མནལ་ལམ་དུ། ཨ་ཙ་ར་གསུམ་བྱུང་ནས་ཁྱོད་རྒྱ་གར་དུ་འགྲོ་དགོས་ངེད་གསུམ་ཁྱོད་འཁྲིད་པ་ལ་ཡོང་བ་ཡིན་ཟེར། བླ་མ་ལ་ཞུས་པས། ཚེ་འདི་ལ་ནི་རྒྱ་གར་(༧༢བ)ལ་མི་སླེབས། ཕྱི་མ་རྒྱ་གར་དུ་སྐྱེ་བ་ལེན་པ་ཡིན་ནམ་གསུངས། དབྱར་སོས་ཞིག་གཉན་པ་མང་པོ་གཙོད་པའི་ཕྱག་ཕྱི་མཛད། གསུང་ཆོས་ལ། རྗེ་རང་བྱུང་པས་མཛད་པའི་གཙོད་པོ་ཧི་གཅིག་གི་ལུང་། ཕྱག་རྒྱ་ཆེན་པོ་ཡི་གེ་བཞི་པ། སྐུ་གསུམ་ངོ་སྤྲོད། ལྷ་ལྔན། རླུང་སེམས་གཉིས་མེད་རྣམས་ཀྱི་ཁྲིད་ལུང་། གཙོད་སྒྲུབ་ཚོ་དྲུག་པ། ཟབ་དོན་སྐོར་གསུམ། ཟབ་མོ་ཀུན་འདུས། ཀ་པ་ཀུན་འདུས། ཟབ་དོན་ཐུགས་སྙིང་ཉི་མའི་དཀྱིལ་འཁོར། ཤེས་རབ་བཀྲ་ཤིས། ཕོ་གཙོད་བཀའ་བརྒྱ་མ། བཀའ་སྲིད་འཕྲུལ་གྱི་མེ་ལོང་། ས་བཅད་བརྒྱད་ཅུ་མ། མོ་གཙོད་གཏེར་མའི་ས་བཅད། མོ་གཙོད་ཀྱི་ཁྲིད་གཞུང་ཡིག་ཆུང་དང་བཅས་པ། བཀའ་སྲིད་གསེར་ཞུན་(༧༣ན)མ་ཡིག་ཆུང་དང་བཅས་པ། གཙོད་ཀྱི་རྣམ་བཤད་ཆེན་མོའི་ཆོས་ཚན་བརྒྱད། དེ་རྣམས་ཀྱི་ལུང་།

དེའི་དཀྱུན་དགོན་གསར་བཀྲ་ཤིས་རབ་བརྟན་དུ་དཀྱུན་བཞུགས་མཛད། བླ་མ་དགེ་སློང་པ་དཔོན་སློབ་རྣམས་དང་། བུ་བླ་མ་མགོན་པོ་བཀྲ་ཤིས་པ་དཔོན་སློབ་ཀྱིས་གཙོས་པའི་དགེ་འདུན་རྣམས་ལ། བླ་མ་བློ་གྲོས་པའི་དྲུང་གིས། ཐུགས་རྗེ་ཆེན་པོའི་དམར་ཁྲིད་དང་། ཕྱག་རྒྱ་ཆེན་པོ་ཡེ་ཤེས་གསལ་བྱེད། ཕྱག་རྒྱ་ཆེན་པོ་ཚིག་བསྡུས། ལུས་མེད་མཁའ་འགྲོའི་ཆོས་སྐོར་དགུ། གྲུབ་པ་སྡེ་བདུན། ཨ་མ་ན་སེའི་སྐོར། རྗེ་མཐོང་བ་དོན་ལྡན་གྱི་བཀའ་འབུམ་ཚང་མ། རྗེ་མཐོང་བ་དོན་ལྡན་གྱིས་བསྒྲིགས་པའི་བཀའ་བརྒྱུད་:མགོ་ཚོ:(མགུར་མཚོ་)ཆེན་མོ། གཞན་ཡང་གཅོད་ཀྱི་སྐོར་ལ། ཨཱ་དེ་བས་མཛད་པའི་གཅོད་བསྡུས་(༧༣ཁ)སྒྲོན་མེ། ཨཱ་དེ་བས་མཛད་པའི་གཅོད་ཀྱི་གཞུང་ཆུང་། བསྲི་མ་གོང་ཁུག་ཆེ་ཆུང་། དྲག་སྔགས་རིང་མོ་རྒྱས་བསྡུས། མ་ཁྲིད་ཆེ་ཆུང་། མོ་གཅོད་སྟན་ཐོག་གཅིག་མ་རྒྱས་བསྡུས། མཛོ་གཅོད་རིན་ཆེན་སྤུངས་པ། གནམ་ལྕགས་ཐོག་མདའ། ཚེ་རིང་རྡོ་རྗེའི་རྫོགས་ཆེན། མེ་ཆུའི་འཁོར་ལོ། རྒྱལ་བ་ཀུ་རྒྱན་པའི་ཁྲིད་སྐོར། རྣམ་ཐར་མགུར་འབུམ། ཞལ་བཞེས་ཀྱི་ངོ་སྤྲོད། ཟབ་དོན་སྐོར། ལི་ཡིག་རྒྱས་བསྡུས། ཀུ་རྒྱན་བསྙེན་སྒྲུབ་ཀྱི་ཁྲིད། དབྱུག་ཆོས་སྐོར། གཅེས་ཕྱུག་བརྒྱད་ཅུའི་གེགས་སེལ། དངུལ་ཆུའི་སྦྱོར་བ་རྒྱས་བསྡུས། གཅོད་ཀྱི་སྙན་བརྒྱུད་སྐོར་རྣམས་དང་། གཞན་ཡང་རྗེ་བཙུན་ཏི་པུས་མཛད་པའི་ཏི་པུ་བསྙེན་སྒྲུབ། ཏི་པུའི་ཆོས་དྲུག །ཏི་པུའི་འཁྲུལ་འཁོར་སུམ་ཅུ་པ། ཟབ་བསྡུས་བཅུ་(༧༤ན)གསུམ་རྣམས་དང་། རྗེ་བཙུན་རས་ཆུང་པའི་སྙན་བརྒྱུད་ཀྱི་སྐོར་ཚང་མ། ཕྱག་ན་རྡོ་རྗེ་གཏུམ་པོའི་སྒྲུབ་སྐོར་ཡིག་ཆུང་དང་བཅས་པ། རྗེ་བཙུན་མར་པའི་བཀའ་འབུམ། རྣམ་ཐར་དང་མགུར་འབུམ་གྱི་སྐོར། ཀྱཻ་རྡོར་བརྟག་གཉིས། ཞག་དྲིལ་བཅོ་ལྔ་མ། ཞག་དྲིལ་བཞི་མ།

བསྲེ་འཕོ་སྐོར་ཚང་མ། ཆོས་དྲུག་སྲུས་མཁར་མ། ཆོས་དྲུག་སྲུས་དོན་མ། འཁྲུལ་འཁོར་བཅོ་བརྒྱད་དང་། ཟབ་ཆོས་ཕྱག་དྲེག་མའི་སྐོར་ཚང་མ། ཕྱག་རྒྱ་ཆེན་པོ་ཐོག་བབས། ཕྱག་རྒྱ་ཆེན་པོ་རྗེའུའི་སྐོར་རྣམས་གསན། གཏུམ་མོ་ཞག་བདུན་མའི་ཁྲིད་རྣམས་གསན།

དེ་དུས་བླ་མ་དགེ་སློང་སྐུ་མཆེད་ཀྱི་བཀའ་ལུང་ལ། སྔགས་ཀྱི་ལག་ལེན་དཀྱིལ་འཁོར་ཁ་ཡར་བཟུང་ན་དགའ་གསུངས་པས། གཙོད་ཀྱི་ཚོགས་ལས་དངོས་གྲུབ་རྒྱ་མཚོ། པག་(༧༤བ)མོ་སྐར་ལུགས་ཀྱི་ཆོ་ག །ཀུན་རིག་ བྲག་ནག་ལུགས། ཆོས་རྗེ་མཐོང་བ་དོན་ལྡན་གྱིས་མཛད་པའི་ཧ་མགྲིན་ལྕགས་རལ་ཅན་གྱི་སྒྲུབ་ཐབས། དེ་ཉིད་ཀྱིས་མཛད་པའི་ཀྱཻ་རྡོར་ལྷ་དགུའི་མངོན་དཀྱིལ། བདག་མེད་ལྷ་མོ་བཅོ་ལྔའི་མངོན་དཀྱིལ། མ་མགོན་གྱི་ཆོ་ག་ལག་ཁྲིད་དང་བཅས་པ། རྣམ་སྲས། སྔགས་བདག །དམ་ཅན། ཞིང་སྐྱོང་། སེང་གདོང་ཅན། :ཀྱི:(སྲིན་)མགོན་སོགས་ཀྱི་མངོན་རྟོགས་དང་ལག་ཁྲིད། རྒྱལ་བའི་དབང་པོ་ཆོས་གྲགས་རྒྱ་མཚོས་མཛད་པའི་གསང་འདུས་མི་བསྐྱོད་(པའི་)ཆོ་ག །རྒྱལ་བ་རྒྱལ་མཚོ་ལྷ་དགུ་དང་། ལྷ་ལྔའི་མངོན་དཀྱིལ། མཚུར་ཕུ་འཇམ་དབྱངས་ཆེན་པོས་མཛད་པའི་བདེ་མཆོག་མཁའ་འགྲོ་རྒྱ་མཚོའི་མངོན་དཀྱིལ། དུས་ཀྱི་འཁོར་ལོའི་མངོན་རྟོགས། བྲག་ནག་(༧༥ན)པ་བསམ་གཏན་འཕེལ་གྱིས་མཛད་པའི་ཆོ་དཔག་མེད་ལྷ་དགུའི་མངོན་དཀྱིལ་རྣམས་ལ་གསན་སྦྱོང་མཛད།

དེ་ནས་བླ་མ་སྐུ་མཆེད་དང་། གླིང་དཔོན་ཆེན་ཡོན་མཆོད་རྣམས་ཀྱིས། ཁྱོད་རྗེ་བཙུན་རིན་པོ་ཆེ་སྐྱབས་ཆེ་རྟོགས་ལྡན་པ་ཁམས་ཕྱོགས་ལ་འབྱོན་པ་ཡོད་འདུག་པས་གླིང་ཕྱོགས་ལ་གདན་འདྲེན་ལ་འགྲོ་དགོས་གསུངས་ཞུ་ཡིག་

རྟེན་དང་བཅས་པ་གནང་། རྗེ་ཉིད་ཀྱི་ད་ལན་ཞུ་ཡིག་རྟེན་བཅས་རྣམས་མི་འཁྱེར་མགོ་ཨེ་ཐོན་ཡང་མི་ཤེས། རྗེ་བཙུན་རིན་པོ་(ཆེ་)ཕེབས་ན་གདན་འདྲེན་ཞུ་ཐུབ་པ་ཞིག་(བྱེད་)ཡོང་། ང་ལ་ཟླ་བོ་བློ་ཐུབ་གཅིག་དགོས་གསུངས་པས་ཟླ་བོ་གཅིག་གནང་དེ་དང་བསྐྱེབས་ནས། རྗེ་བཙུན་རིན་པོ་ཆེ་ཕེབས་མི་ཕེབས་ཀྱི་སྐད་ཆ་འདྲི་(༧༥བ)ཡིན་ཕེབས་པས། གཙྪ་དགོན་དུ་ཕེབས། གཙྪ་སི་ཏུ་བ་དང་མཇལ་བླ་མའི་རྣལ་འབྱོར་གཅིག་གསན། རྗེ་བཙུན་རིན་པོ་ཆེའི་དྲུང་ཁམས་ཕྱོགས་ལ་ཕེབས་པའི་སྐད་ཆ་ཞུས་པས། དྲུང་པ་སི་ཏུ་བའི་བཀའ་ལུང་ལ་ད་ལོ་དོ་ཞག་ཕེབས་པའི་སྐད་ཆ་མི་འདུག །བཞེས་ཕོད་དགུས་ཕོད་ཙམ་ནམ་ནས་ཕེབས་པ་ཡོད་འདུག །ཁྱེད་རང་ཚོ་ཐེངས་གཅིག་སོང་ཞན་འདྲ་བ་འདུག་གསུངས་པས། ཟླ་བོ་དེ་ཕྱིར་བཟློག །བླ་མ་སྐྱུ་མཆེད་དང་། གླིང་དཔོན་ཆེན་ཡོན་མཆོད་ལ་དེ་ཀའི་རྒྱུ་མཚན་ཕུལ། རྗེ་ཉིད་ཀྱི་བཀའ་མ་སྐྱོར་ལ། རྗེ་བཙུན་རིན་པོ་ཆེའི་ཕེབས་ཕྲུག་དང་སྐད་ཆ་གསན་གིན་བཞུགས།

དེ་བར་ལ་བླ་མ་ཡེ་ཤེས་རྡོ་རྗེའི་དྲུང་དུ། མདོ་མང་པོ་ཧི་བཞི་བཅུ། འདུལ་བ་ལུང་པོ་ཧི་(༧༦ན)བཅུ་གཉིས། བརྒྱད་སྟོང་པ། དཀོན་བརྩེགས་པོ་ཧི་བདུན། ཕལ་པོ་ཆེ་པོ་ཧི་བདུན། ཉི་ཁྲི་པོ་ཧི་བཞི་རྣམས་ཀྱི་ལུང་ཡོངས་རྫོགས་གསན། ཡང་བླ་མ་རིན་པོ་ཆེ་རྒྱལ་མཚན་པའི་དྲུང་དུ། རྒྱུད་འབུམ་པོ་ཧི་ཉི་ཤུ་རྩ་དྲུག་གི་ལུང་གསན། བླ་མ་དེ་ཉིད་ཀྱི་ཞལ་སློབ། བླ་མ་ཤེས་རབ་རྡོ་རྗེའི་དྲུང་དུ། འབུམ་པོ་ཧི་བཅུ་དྲུག །ཁྲི་བརྒྱད་སྟོང་པ་པོ་ཧི་གཉིས། ཤེས་རབ་ཁྲི་པ་པོ་ཧི་གཉིས། ཁྲི་བརྩེགས་པ་པོ་ཧི་གཉིས། དེ་རྣམས་ཀྱི་ལུང་། ཀུན་རིག་བྲག་ནག་མའི་དབང་ལུང་། གཙྪ་པའི་ནག་རྒྱལ་ཕག་གསུམ་གྱི་དབང་ལུང་། ཚེ་དཔག་མེད་ལྷ་བཅུ་

གསུམ་མའི་དབང་ལུང་རྣམས་གསན། དེ་རྣམས་ལ་ལོ་གཅིག་ཙམ་འགོར་གསུངས།

དེ་ནས་གླིང་ཡུལ་ལ་ཡོག་ཕེབས། གླིང་དཔོན་ཆེན་གྱི་དྲུང་དུ་(༧༨བ)རྗེ་བཙུན་རིན་པོ་ཆེ་ད་ལོ་དོ་ཞག་ཁམས་ཕྱོགས་ལ་ཕེབས་པའི་སྐད་ཆ་མི་འདུག་པའི་རྒྱུ་མཚན་ཞིབ་ཏུ་ཞུས། དེར་ཞག་བཅོ་ལྔ་ཙམ་བསྡད། དེ་ནས་བླ་མ་སྐུ་མཆེད་དྲུང་དུ་ཕྱིན། སྔར་གྱི་རྒྱུ་མཚན་ཞིབ་ཏུ་ཞུས། དེ་ནས་བླ་མ་བློ་གྲོས་པའི་དྲུང་དུ། རྫ་རི་ཆེན་པོ་དང་། རི་མཐོན་པོའི་རྩེ་ལ་གཉན་ས་མང་པོ་སྐྱོད་པའི་ཕྱག་ཕྱི་མཛད།

དེ་ནས་བར་སྐབས་ཤིག་ཏུ་ཆོས་ལུགས་ས་སྐྱ་བ་ཡིན་པའི་བླ་མ་ནམ་མཁའ་དབང་ཕྱུག་པའི་དྲུང་དུ། མགོན་པོ་དཔའ་གཅིག་གི་རྗེས་གནང་དང་། དེའི་དཔོན་པོ་གདན་ས་པའི་དྲུང་དུ། ཀུན་རིག་གཞན་ཕན་མཐའ་ཡས་ཀྱི་དབང་བླ་མ་མངའ་རིས་པ་བསམ་གྲུབ་ལེགས་པའི་དྲུང་དུ། ས་སྐྱ་པ་ནས་བརྒྱུད་པའི་གྱི་རྫོར་རྗེ་ལྷ་དགུའི་དབང་ཡོངས་རྫོགས་(༧༩ན)རྣམས་གསན། སྔར་བླ་མ་བློ་གྲོས་པའི་དྲུང་དུ་ཕེབས་པས། སངས་རྒྱས་བཀྲ་ཤིས་ཞེས་པ་དཔོན་གཡོག་མང་པོ་གཉན་སར་ཁྲིད་འདུག །རྗེ་ཉིད་ལ་ཡང་གཉན་དམིགས་གཅིག་ལ་སྟོད་གསུངས། གཉན་དམིགས་གཅིག་ལ་བསྡད་པས་གཉན་དམིགས་ནུབ་གཅིག་ལ་ཚོད་པས། ཀུན་ངོ་མཚར་བྱེད་པ་བྱུང་གསུངས། དེའི་དབྱར་གླིང་དཔོན་ཆེན་པས་རྗེ་རིན་པོ་ཆེ་སྐྱབས་ཆེ་རྟོགས་ལྡན་པ། ལྷོ་འོ་མ་ལུང་དང་། རི་བོ་ཆེར་ཕེབས་ཡོད་འདུག་པ། ཁྱེད་གདན་འདྲེན་ལ་འགྲོ་དགོས་གསུངས་པས། བླ་མ་བློ་གྲོས་པ་དང་ཡོན་མཆོད་རྣམས་ཀྱིས་ཞུ་ཡིག་རྟེན་བཅས། གཞན་ཡང་གྲྭ་བུ་སློབ་གྲག་པ་འགའ་ཡར་གྱི་ཞུ་ཡིག་རྟེན་བཅས་རྣམས་ཁྱེར་ནས་ཕེབས་པས། རྗེ་བཙུན་རིན་པོ་ཆེ་གཙ་(༧༩བ)དགོན་ན་ཕེབས་འདུག་པ་དང་མཇལ། ཞུ་ཡིག་རྟེན་བཅས་རྣམས་ཕུལ།

གླིང་དུ་ཕེབས་དགོས་པའི་རྒྱུ་མཚན་རྣམས་ཞུས་བས། གླིང་དཔོན་ཆེན་རྣམས་ངེད་རང་གི་རྩ་བའི་སྦྱིན་བདག་ཡིན་པས་འགྲོ་ཨེ་ཐུབ་བལྟ་དགོས། ཁྱོད་རང་རེ་ཞིག་འདིར་སྡོད་གསུངས་པས། རེ་ཞིག་ཕྱག་ཕྱིར་བཞུགས་པས། གཙོད་ཡུལ་བའི་དགོན་པ་ཞིག་ཏུ། གཙོད་ཀྱི་གཞུང་སྐོར། མ་གཅིག་གིས་མཛད་པའི་དུས་འཁོར། གསང་འདུས། བདེ་དགྱེས་སོགས་གསང་སྔགས་ཀྱི་དབང་མང་རབ་དང་། ལུང་ཁྲིད་ཀྱི་རིམ་པ་མང་པོ་གསན།

དེ་ནས་ཤར་ཕྱོགས་སུ་རྒྱལ་སྲས་སྤྱོམ་བྲག་པའི་བཞུགས་གནས་དགོན་པ་ཆེན་པོ་ཞིག་འདུག་པ་དེར། དེའི་གདན་ས་པ་ལ། སྤྱོམ་བྲག་པའི་བཀའ(༧༤ན)འབུམ་པོ་ཏི་སུམ་ཅུ་ཙམ་དང་། གཙྪ་པའི་སྐོར་གྱི་བཀའ་འབུམ་གྱི་ལུང་གནང་བ་རྣམས་གསན།

དེ་ནས་རྗེ་བཙུན་རིན་པོ་ཆེ་ཙཱུན་དགོན་དུ་སྡོན་ལ་ཕེབས། རྗེ་ཉིད་གྲོགས་གཅིག་དང་བཅས་ཏེ། འབོ་རྫོ་བོ་ཟེར་བའི་བྲག་ལ་སྤྱན་རས་གཟིགས་ཀྱི་སྐུ་རང་བྱོན་འབུར་དུ་དོད་པ་དེ་མཇལ་ནས། དཔོན་སློབ་ཀྱི་ཕྱག་ཕྱི་ཨེ་ཟིན་བསམ་བྱོན་པས་མ་ཟིན་པར། བསམ་ཟེར་བའི་ལུང་པ་ཆེན་པོ་ཞིག་གི་དབྱར་ཆུ་རྒྱས་ནས་འདུག་པ་ལ། རྗེ་ཉིད་ཀྱིས་གྲོགས་དེ་ལ་ངེད་རང་གཉིས་དོ་ནུབ་འདིར་བསྡད་སང་ཆུ་ཆུང་དུས་སོང་ན་དགའ་གསུངས་པས། གྲོགས་དེ་མ་ཉན་པར་ཆུ་བརྒལ་བས་གཉིས་ཆར་མདའ་རྒྱང་དོ་ཙམ་གྱི་སར་ཆུས་ཁྱེར། གྲོགས་དེས་སྐད་ངན་ཆེན་པོ་བཏོན་པས། རྗེ་ཉིད་ཀྱིས་སྐད་ལོག་བཏོན་གཞན་འདྲ། དཀོན(༧༤བ)མཆོག་ལ་གསོལ་བ་ཐོབ་གསུངས་པས། བུད་མེད་སྐྲ་འཕྱངས་བ་མིག་གྲུ་གསུམ་དུ་ཡོད་པ་གོས་དཀར་པོ་གྱོན་པ་ཞིག་བྱུང་ནས། རྗེ་ཉིད་ཀྱི་སྐུ་ཕུང་ནས་བཟུང་། ཆུ་ཆེན་

པོ་འདི་འདྲ་ལ་བརྒྱལ་མཁན་མི་ཡོང་ཟེར་ནས་ཚུ་ཁར་བཏོན་ནས་བཞག །སྤྱན་ཚུང་ཟད་ཡིངས་པའི་བར་ལ་བུད་མེད་དེ་གར་ཡང་མི་འདུག །གྲོགས་དེ་ལ་བུད་མེད་དེ་གར་སོང་བྱས་པས་ངས་བུད་མེད་མ་མཐོང་ཟེར། དེ་འབྲི་ཁུང་ཨ་ཕྱི་ཆོས་སྒྲོན་ཡིན་པ་འདྲ་སྙམ་པ་བྱུང་།

དེ་ནས་རྗེ་བཙུན་རིན་པོ་ཆེ་དཔོན་སློབ་ཙཱནྡན་དགོན་ན་བཞུགས་འདུག་པས། རྗེ་ཉིད་ཀྱི་ཕྱག་ཕྱིར་བཞུགས། གྲོགས་དེ་རྗེ་བཙུན་རིན་པོ་ཆེའི་གསུང་ཤོག་ཕྱིན་རླབས་ཀྱི་རྟེན་དང་བཅས། བླ་མ་བློ་གྲོས་པ་དང་། གླིང་དཔོན་ཆེན་(༧ན)ཡོན་མཆོད་སོགས་ཀྱི་སར་སྦྱོན་ལ་བརྫངས། ཙཱནྡན་དགོན་གྱི་དགེ་འདུན་སྤྱི་དགོས་ལ་རང་རང་གི་འདོད་པ་དང་བསྟུན་ནས་ཆོས་དང་། འབྲོང་(བུ་)ནང་སོ་ལ་དགོས་སུ། རྗེ་རང་བྱུང་པ་ནས་བརྒྱུད་པའི་རྡོ་རྗེ་ཕྲེང་བ། སྒྲུབ་ཐབས་རྒྱ་མཚོ་བརྒྱ་རྩ། མི་ཏྲ་བརྒྱ་རྩ། བཀའ་བཞི་བརྒྱུད་པའི་གསུང་འབུམ། མར་པ་མི་ལའི་གསུང་འབུམ། རས་ཆུང་སྙན་བརྒྱུད། དྭགས་པོ་རིན་པོ་ཆེའི་བཀའ་འབུམ། རྗེ་དུས་གསུམ་མཁྱེན་པའི་བཀའ་འབུམ། འགྲོ་མགོན་རས་ཆེན་པའི་བཀའ་འབུམ་ཐོར་བུ་བ། གཉན་རས་དགེ་འདུན་འབུམ་གྱི་བཀའ་འབུམ། རྒྱལ་བ་ཨུ་རྒྱན་པའི་བཀའ་འབུམ། བསྙེན་སྒྲུབ། ཕྲེང་སྐོར་ཚང་མ། རྗེ་རང་བྱུང་བའི་བཀའ་འབུམ་གྱི་ལག་ལེན་དབང་དང་བཅས་པ། རྗེ་རོལ་པའི་རྡོར་རྗེའི་(༧བ)བཀའ་འབུམ། ཆོས་རྗེ་དེ་བཞིན་གཤེགས་པའི་བཀའ་འབུམ། དེ་རྣམས་ཀྱི་ལུང་གནང་བ་རྣམས་གསན། དེ་ནས་རེ་རྒྱབ་དགོན་དུ་དགེ་འདུན་རྣམས་ལ། རྟོགས་ལྡན་བསམ་རིན་པའི་བཀའ་འབུམ། རྟོགས་ལྡན་མགོན་རྒྱལ་བའི་བཀའ་འབུམ། མཚུར་ཕུ་གུ་ཤྲཱི་ཀུན་དགའ་བློ་གྲོས་པས་མཛད་པའི་ཆོས་དྲུག་ཟིན་བྲིས་ཆེན་མོ། རིན་ཆེན་བཟང་

པོས་མཛད་པའི་ཟབ་མོ་ནང་དོན་གྱི་འགྲེལ་པ། དེ་ཉིད་ཀྱི་བཀའ་འབུམ་ཐོར་བུ་བ། ཐུགས་རྗེ་ཆེན་པོའི་དམར་ཁྲིད། རྗེ་མཐོང་བ་དོན་ལྡན་གྱི་བཀའ་འབུམ། བཀའ་བརྒྱུད་ཀྱི་འདུ་(མགུར་)མཚོ་ཆེན་མོ་རྣམས་གནང་བ་གསན།

དེ་ནས་རྗེ་བཙུན་རིན་པོ་ཆེ་བྱང་ལམ་བརྒྱུད་ནས་དབུས་གཙང་ལ་ཕེབས་པའི་ཕྱག་ཕྱི་མཛད་ནས་བྱང་གི་བྲ་འོ་དགོན་དུ་(༢༠ན)ཕེབས། དེར་དགུན་བཞུགས་གནང་ནས། ཕྱག་ཆེན་ཆོས་དྲུག་སོགས་ཁྲིད་རེ་མང་གནང་། དེར་རྗེ་ཉིད་ཀྱིས་རྗེ་བཙུན་རིན་པོ་ཆེའི་དྲུང་དུ་བསྙེན་པར་རྫོགས་པ་མཛད། དེ་ནས་བཟུང་སྟེ་དུས་ནམ་དུ་ཡང་། ཤ་ཆང་དང་ཕྱི་དྲོའི་ཁ་ཟས་ལ་སོགས་པ་ཙུང་ཟད་ཀྱང་མི་བརྟེན་ཞིང་ཇོར་དཀར་དང་གདན་གཅིག་པོ་ནས་དུས་མདའ་བར་མཛད་གསུངས། རང་བཞིན་བཅས་དང་ཁ་ན་མ་ཐོ་བ། །ཉེས་ལྟུང་ཙུང་ཟད་ཙམ་གྱིས་མ་གོས་ཤིང་། དུར་ཁྲིག་འཛིན་པ་ཀུན་གྱི་གཙུག་གི་རྒྱན། །སྒྲུབ་བརྒྱུད་བསྟན་པའི་རྒྱལ་མཚན་ལེགས་བཟུང་ནས། །སྐལ་ལྡན་སྨིན་གྲོལ་ལམ་ལ་འགོད་མཛད་པའི། །སྒམ་པོ་པ་ཉིད་དངོས་སུ་བྱོན་ནམ་སྙམ། །ཞེས་པ་བར་སྐབས་ཀྱི་ཚིགས་སུ་བཅད་པའོ། །

དེ་ནས་མཚུར་(༢༠བ)ཕུར་ཕེབས། གསུང་ཆོས་རེ་མང་འཇུགས་པ་གནང་། དེ་ནས་བྱང་གི་དབུ་རི་སོགས་རི་དགོན་འགའ་ཡར་དང་། གཞུ་གྲུ་བཞི་དགོན་པའི་མཁའ་འགྲོ་ཕུག་ཏུ་ཕེབས། དེ་རྣམས་སུ་རང་རང་གི་འདོད་པ་དང་མཐུན་པའི་གསུང་ཆོས་མང་དུ་གནང་བ་རྣམས་གསན།

དེ་ནས་སྙེ་མོ་ཁུ་སྒོམ་དུ་ཕེབས་ནས་ནང་སོ་ཞལ་ངོ་རྣམས་ཀྱིས་གཙོ་བྱས་པའི་ཆོས་དོན་དུ་གཉེར་བ་རྣམས་ལ། རང་རང་གི་འདོད་པ་དང་བསྟུན་པའི་

དབང་ཁྲིད་ལུང་ལ་སོགས་གནང་། དེ་ནས་མཚུར་ཕུ་ནས་བརྒྱུད་ལྷ་སར་ཕེབས། ཇོ་མཇལ་མཛད་ནས་གསང་ཕུར་ཕེབས། དགེ་འདུན་རྣམས་ལ་རང་རང་གི་འདོད་པ་དང་བསྟུན་གསུང་ཆོས་ཀྱི་འབྲེལ་པ་གནང་།

དེ་ནས་སྣ་ཕུ་ཆོས་ལུང་དུ་ཕེབས་ནས་རྗེ་བཙུན་རིན་པོ་ཆེས་སྐུ་མཚམས་(༧༧ན)གནང་། རྗེ་ཉིད་དང་ཆོས་རྗེ་ཀྲི་ཆེན་དང་དཔོན་སློབ་འགའ་ཡར་གྱི་ཙཱ་རི་མཇལ་བ་ལ་ཕེབས་པས། བྱ་ཡུལ་ནས་བྱ་པའི་ཞལ་ངོ་ཆོས་རྗེ་ཡང་ཙཱ་རི་ལ་འགྲོན་པའི་གྲབས་འདུག་པས་ཕྱོགས་མཐུན་དུ་གཉལ་སྨད་གསེར་ཆེ་འབུམ་པ་འཛལ་ནས། ཙཱ་རི་མ་ཆེན་དུ་ཕེབས་ནས་ཕྱག་ཆེན་པ་དང་བསྐོར་ར་བ་བཞི་བཅུ་ཙམ་གྱིས་ཙཱ་རི་ཞིབ་པར་མཇལ། ལྷག་པར་གཡུ་མཚོ་མཇལ་བའི་དུས། མཚོ་ནང་དུ་ཐམས་ཅད་མཁྱེན་པ་ཆོས་གྲགས་རྒྱ་མཚོ་སྐུ་ཤིན་ཏུ་ཆེ་བ་དབུ་ལ་ཞྭ་ནག་དང་། སྐུ་ལ་ན་བཟའ་དུར་སྨྲིག་གསོལ་བ། ཕྱག་གཉིས་ཐུགས་ཀར་ཆོས་འཆད་མཛད་པ། ཞབས་གཉིས་བཞེངས་པ། སྐུ་མདོག་སེར་ལམ་མེ་བ་ཞིག་དང་། དེའི་གཡས་སུ་སྤྱན་རས་གཟིགས་ཕྱག་བཞི་པ་(༧༧བ)བཞེངས་པ་ཞིག་དང་། གཡོན་ཕྱོགས་སུ་སྒྲོལ་མ་སྔོན་མོ་བཞེངས་པ། དེའི་གཡོན་ཕྱོགས་སུ་མགོན་པོ་བེར་ནག་ཅན་དང་། ལྷ་མོ་རང་བྱུང་གི་རྒྱལ་མོ་དྲེའུ་ལ་ཆིབས་པ། དེའི་གཡོན་དུ་མགོན་པོ་ཕྱག་དྲུག་པ་དང་། ཕྱག་བཞི་པ་འཁྲིང་བག་གི་ཚུལ་དུ་བཞུགས་པ་རྣམས་ཀྱིས་ཞལ་གཟིགས་གསུངས། ཨཾ་གི་རོང་དང་། དཔལ་ཕུག་མདོའི་སྐོར་ལ་འཇའ་ཚོན་སྔོ་དམར་འཁྲིགས་པ་དང་། ལམ་ལ་ཤ་ཁྲི་དམར་མོ་གཅིག་ཕར་རྒྱུག་ཚུར་རྒྱུག་བྱེད་ཅིང་འདུག་གསུངས་པས། ཁོང་གྲོགས་རྣམས་ཀྱིས་མ་མཐོང་བ་འདུག །ཁྲི་མོ་དེ་ཕག་མོ་ཁྲི་གདོང་མ་ཡིན་པར་འདྲ་བསམ་པར་བྱུང་། ཙཱ་རི་ཡུལ་སྟོད་སྨད་

ནས་བརྒྱུད། བྱར་སྨད་ཇོ་བོ་བེ་ཀར་མཛལ།

དེ་ནས་སླར་སྣ་ཕུ་ཆོས་(༢༢ན)ལུང་དུ་རྗེ་བཙུན་རིན་པོ་ཆེའི་དྲུང་དུ་ཕེབས། དེ་ནས་བཟུང་སྟེ། རྗེ་བཙུན་རིན་པོ་ཆེ་དབུས་གཙང་གི་སྟོད་སྨད་ལྷོ་བྱང་གི་རི་ཁྲོད། དགོན་སྡེ་ཆེ་ཆུང་། སྡེ་དཔོན་གྲགས་ཞན་རྣམས་ཀྱིས་གདན་དྲངས་ནས་དབང་ཁྲིད་ལུང་སོགས་གནང་བའི་ཕྱག་ཕྱི་ཉེ་གནས་མཛད། སྐུ་ལ་བཙར་ཏེ་གདམས་པ་མ་ལུས་པ་ཡོངས་སུ་རྫོགས་པ་གསན་པའི་སྐོར་ལ། སྐྱིས་རབས་བརྒྱ་རྩ། མ་ཎི་བཀའ་འབུམ་པོ་ཏི་གཉིས། ཁྲོ་བུ་ལོ་ཙྪ་བའི་བཀའ་འབུམ། ཁྲོ་བུ་བརྒྱ་རྩ། རྐོང་ཕྲུག་རས་པས་མཛད་པའི་གཙོད་མ་ཁྲིད་ཆེན་མོ་རྒྱས་བསྡུས། རྣམ་བཤད་ཆེན་མོ། འབྲི་ཁུང་འཇིག་རྟེན་མགོན་པོའི་བཀའ་འབུམ། ཕྱག་བཞི་པའི་སྐུ་རགས། བྱ་རོག་གདོང་(༢༢བ)ཅན་གྱི་སྒྲུབ་ཐབས། འབྲི་ཁུང་གཙུང་རིན་པོ་ཆེའི་གསུམ་ཆོས། བཅུ་ཆོས། ཉེར་གཉིས་རིན་པོ་ཆེའི་ཆོས་དྲུག་ཆེན་མོ་རྣམས་ཀྱི་ལུང་། སྟག་ལུང་དུ་ཕེབས་པ་ཞིག་ལ། གཙོད་དབང་། ཚེ་དཔག་མེད་ལྷ་བཅུ་གསུམ་མའི་དབང་། ཕག་མོ་ཞལ་གཉིས་མའི་དབང་། ཕྱག་བཞི་པའི་དབང་བཞི་རྫོགས། ཨོ་རྒྱན་སྒོམ་མཁའ་སྐྱོང་བྲག་པས་མཛད་པའི་བཀའ་འབུམ་ཚང་མ། གཏེར་སྟོན་ཀུན་སྐྱོང་གླིང་པའི་གཏེར་ཁ་སྙིང་ཐིག་གི་སྐོར་ཚང་མའི་དབང་ལུང་། རྗེ་བཙུན་འབའ་ར་བའི་བཀའ་འབུམ་ཚང་མའི་ལུང་། འབའ་རོམ་པ་ཆེན་པོའི་བཀའ་འབུམ། ཕྱག་རྒྱ་ཆེན་པོ་གསེབ་ལམ་གྱི་ཁྲིད། གོང་དར་ཤེའི་བཀའ་འབུམ། སྟག་ལུང་རིན་པོ་ཆེ་(༢༣ན)ངག་དབང་གྲགས་པ་ནས་བརྒྱུད་པའི་དབང་བཅུ་ལྷག་ཙམ་དང་། དེ་རྣམས་ཀྱི་མདོན་དཀྱིལ་གྱི་ལུང་། བོ་དོང་ཕྱོགས་ལས་རྣམ་རྒྱལ་གྱིས་མཛད་པའི་ཆོས་སྤྱོད་རབ་གསལ་ཟབ་ལམ་གྱི་རིམ་པ་པོ་

ཧེ་བཞི། རིག་འཛིན་རྒོད་ཀྱི་ལྡེམ་འཕྲུ་ཅན་གྱི་གཏེར་ཁ་ཚང་མའི་དབང་ལུང་། དཔལ་ལྡན་ས་སྐྱ་པའི་ལམ་འབྲས་བུ་དང་བཅས་པའི་དབང་ཁྲིད་ལུང་ཆ་ལག་དང་བཅས་པ། གཙོད་གདན་ཐོག་གཅིག་མའི་དབང་ཁྲིད། དུས་ཀྱི་འཁོར་ལོའི་དབང་ཡོངས་རྫོགས། དུས་འཁོར་བསྡུས་བརྒྱུད་དང་། འགྲེལ་ཆེན་དྲི་མེད་ཀྱི་ལུང་། ཁྲུས་ཁང་ལོ་ཙྪ་བའི་བཀའ་འབུམ། ཨུ་རྒྱན་བསྙེན་སྒྲུབ་ཀྱི་ཁྲིད་ལུང་། གསང་བ་འདུས་པ་རིགས་དྲུག་གི་དབང་། འཇམ་དབྱངས་རིགས་(༢༣བ)གསུམ་གྱི་དབང་། འཁོར་ལོ་སྡོམ་པ་ཆེ་ཆུང་གི་དབང་། རྡོ་རྗེ་ཕུགས་ཀྱི་དགོས་དབང་། དཔའ་མོ་དྲུག་ཅུའི་དབང་། བླ་བརྒྱུད་ཀྱི་རྗེས་གནང་། རས་ཆུང་སྙན་བརྒྱུད་ཀྱི་ལུང་ཚང་མ། གཙོད་ཀྱི་གཏོར་དབང་རིན་ཆེན་སྤུངས་པ། མཁའ་འགྲོ་སྙིང་ཐིག །བི་མ་ལ་སྙིང་ཐིག །མངའ་བདག་མྱང་གི་ཁྲིད་གཏེར་ཆོས། གཏེར་སྟོན་རིན་ཆེན་གླིང་པའི་གཏེར་ཆོས། གུ་རུ་ཆོས་དབང་གི་གཏེར་ཆོས། དེ་རྣམས་ཀྱི་དབང་ལུང་ཚང་མ།

དེ་དུས་ནུབ་ཅིག་མནལ་ལམ་དུ་བྱ་དང་སེར་མང་པོའི་གཞོག་པ་ལ་མེ་སྟག་དམར་ཁྲོམ་ཁྲོམ་འཕྱུར་བྱུང་ནས་རྗེ་ཉིད་ཀྱི་ཉེ་ལོགས་སུ་བབས། དེར་སྟོད་མ་བཙུག་པ་བྱུང་ལ་སོང་གསུངས་ནས་དཀྱིགས་པས་ཐམས་ཅད་འཕྱུར་སོང་། སང་རྗེ་བཙུན་དྲུང་དུ་ཞུས་(༢༤ན)པས་ཁྱོད་རང་རང་ལ་ལས་འབྲེལ་ཡོད་པའི་འཁོར་དགེ་འདུན་མང་པོ་ཡོང་བའི་ལྟས་ཡིན་གསུངས་ཀྱང་། ཚེ་དཔག་མེད་གྲུབ་རྒྱལ་མའི་དབང་ཁྲིད། བཀྲ་ཤིས་ཚེ་རིང་མའི་སྐོར་གྱི་དབང་ལུང་། མགོན་པོ་ཕྱག་བཞི་པའི་སྐུ་རགས་སྐོར་གསུམ། བསྐྱེད་རྫོགས་ཀྱི་ཁྲིད། གདོང་ཅན་བརྒྱད་ཀྱི་རྗེས་གནང་། དགོས་སྒྲུབ་ཀྱི་ལུང་། ཕྱག་དྲུག་པ་དཀར་དམར་སྡོ་སེར་ལྷང་ཁྲའི་

དགོས་བཀའ་དབང་ཁྲིད། སྐྱབ་པ་འཇིག་རྟེན་གསུམ་མགོན་གྱི་བཀའ་འབུམ་ཚང་མ། ཟབ་ཆོས་ཀྱི་སྐོར། བདེ་མཆོག་ལྷ་ལྔའི་དབང་། མགོན་པོ་ཕྱག་བཞི་པའི་ལས་མཐའི་ཡིག་ཆུང་མང་པོའི་ལུང་། མགོན་པོ་ལེགས་ལྡན་གྱི་དབང་ལུང་རྣམས་དང་།

གོང་དཀར་ནས་བདེ་བ་མ་ཆེན་གྱི། རྗེ་(༢༨བ)བཙུན་རིན་པོ་ཆེ་གོང་དཀར་ཆོས་སྡེར་གདན་དྲངས་ནས། ས་སྐྱ་བཀའ་འབུམ་པོ་ཏི་བཅུ་དྲུག་གི་ལུང་། ཀྱེ་རྡོ་རྗེ་དང་། བདག་མེད་མའི་དབང་། དམར་མོ་སྐོར་གསུམ། ཁྲོ་བོ་རྣམ་བརྒྱད། དུར་ཁྲོད་བདག་པོ། སེང་གདོང་མ་རིགས་ལྔ། བདེ་མཆོག་དཀར་པོ། འཇམ་དབྱངས་ནག་པོ་རྣམས་ཀྱི་རྗེས་གནང་། སྨན་བླ་མཆེད་བརྒྱད་ཀྱི་སྤྱི་དབང་། སྨན་བླའི་དབང་ཡོངས་རྫོགས་དང་། རྗེས་གནང་དང་བཅས་པ་གནང་བ་རྣམས་གསན།

དེ་དུས་རྗེ་ཉིད་ཀྱི་མནལ་ལམ་དུ་རྟ་ནག་པོ་གཅིག་ཆིབས་ནས་འཇིག་རྟེན་གྱི་ཁམས་ཐམས་ཅད་རླུང་ཟེར་མས་འཁྱིམ་པ་ལྟར་གང་ལ་ཡང་ཐག་ཐོག་མེད་པར་བསྐོར་ཞིང་། རྒྱ་མཚོ་ཆེན་པོ་ཞིག་གི་ནང་དུ་སོང་བ་ལ། དཀྱིལ་ན་ཆུ་མེད་པའི་བྱང་གི་ས་ཆ་འདྲ་བ་སྟོང་སང་ངེ་བ་ལྟ་བུ་(༢༩ན)འདུག་པ་ཞིག་བྱུང་བས། སང་རྗེ་བཙུན་དྲུང་དུ་ཞུས་པས་ཁྱོད་རང་དང་དབྱེར་མེད་པའི་ཆོས་སྐྱོང་གི་ཕྲིན་ལས་བསྒྲུབ་པའི་རྟགས་ཡིན་གསུངས།

ཡང་གོང་དཀར་ནས་སྙེ་པ་མ་ཆེན་ལ། དཔལ་ལྡན་བླ་མ་དམ་པའི་བཀའ་འབུམ་པོ་ཏི་བཅོ་ལྔ་ཙམ་གྱི་ལུང་། མཆོད་རྟེན་དྲུང་ཐོབ་ཀྱི་ཁྲིད། གཙྪ་པའི་ལུགས་ཀྱི་ཕག་མོ། རྒྱལ་བ་རྒྱ་མཚོ། མགོན་པོ་བེར་ནག་ཅན་གྱི་དབང་ལུང་གནང་བ་ཚོ་གསན། མཚུར་ཕུའི་མཆོད་ཁང་གསར་མའི་སྟེང་ན་བཞུགས་དུས

ནུབ་གཅིག །དམ་ཅན་མགར་བྱེད་པའི་སྦྲུད་པའི་སྒྲ་དང་། ལྕགས་བརྡུང་བའི་ཐོ་བའི་སྒྲ་ནི་མ་ལངས་བར་དུ་གསན་པ་བྱུང་གསུངས།

ལྷ་སར་ཕེབས་པ་གཅིག་ལ། བུད་མེད་སྐྲ་འཕྱངས་པ། ཤ་རྩ་དམར་བ། (༢༥བ)སྤྱན་དང་ཞལ་སྔོར་སོར་ཡོད་པ་གཅིག་དང་མཇལ། ཕྱིས་གྲྭ་རྩེ་བ་སྐད་དུ་ཕེབས་དུས། དེ་ཇི་ལྟ་བ་ཐང་སྐུ་གཅིག་ལ་བྲིས་འདུག་པས། དམ་པ་རིན་པོ་ཆེ་ལུགས་ཀྱི་ཕག་མོ་ཡིན་པ་འདུག །བདེ་མོ་ཐང་གི་ཕུ་ཆུང་གད་ཕུག་ཏུ། རྗེ་བཙུན་རིན་པོ་ཆེས་སྐུ་མཚམས་མཛད། དེའི་དུས་ཞིང་སྐྱོང་སེང་གེ་གདོང་ཅན་ཡབ་ཡུམ་གྱི་ཆིབས་གཉིས་བསྐོལ་ནས་བཞུགས་པ་དང་མཇལ། ཕག་མོ་རྩེ་གསེར་ཁང་དུ་ཕེབས། ཚར་སྟེང་མའི་སྟེང་དུ། ཕག་མོ་ནས་དྲུང་ཆེན་རིན་པོ་ཆེ་ལ། རྗེ་བཙུན་རིན་པོ་ཆེས་བཀའ་ལུང་གནང་ནས་ཕྱག་ན་སྐྱབ་པ་འཇིག་རྟེན་གསུམ་མགོན་གྱི་གསོལ་དཀར་ཨ་མོ་འགྲོ་འགྲོ་ཡོད་འདུག་པ་དེད་ལ་མཇལ་ཁ་གཏོང་དགོས་གསུངས་པས་ཧོར་དཀར་(༢༦ན)ཡུ་ཐུང་དཀར་ཡོལ་གཞན་གྱིས་དོ་ཙམ་འགྲོ་བ་ཞིག་འདུག་པ་གསོལ་ཇས་བཀང་ནས་རྗེ་བཙུན་རིན་པོ་ཆེའི་ཞལ་ཏུབ་གསུམ་ཙམ་ཞིག་མཆོད་ནས། ཁྲུང་ང་བདེ་ཆེན་པའི་བླ་མ་བློ་འོད་པ་ལ་གནང་སོང་བས། བླ་མ་བློ་འོད་པས་ཁོང་ལ་གནང་བ་ཞུ་གསུངས། རྗེ་ཉིད་ལ་གནང་བ་ལྷག་ལུས་མེད་པར་བཞེས་པས། རྗེ་བཙུན་རིན་པོ་ཆེའི་བཀའ་ལུང་ལ་ངའི་གདན་ས་ཁོས་ཟིན་པར་འདུག་གསུངས་མཉེས་མཉེས་མཛད།

དེ་ནས་རྗེ་བཙུན་རིན་པོ་ཆེས་ཁྲུང་ང་བདེ་ཆེན་དུ་སྐུ་མཚམས་གནང་། རྗེ་ཉིད་ཀྱི་མཚུར་ཕུར་གུ་ཤྲཱི་ཀུན་དགའ་དོན་གྲུབ་པའི་ནང་རྟེན་གསེར་འབུམ་མཐོ་ཉི་ཤུ་པ་ཞིག་རྗེ་བཙུན་རིན་པོ་ཆེས་བཞེངས་པའི་ཞལ་བཀོད་ལ་ཕེབས།

དེ་བར་ལ། སློབ་དཔོན་(༢༨བ)ཇོ་བྲོ་རབ་འབྱམས་པའི་དྲུང་དུ་ཞིང་སྐྱོང་། སྤྱིན་མགོན། ཕྱག་དྲུག་པ། ཏྲག་ཤད། བྱ་རོག་གདོང་ཅན། མགོན་པོ་ལེགས་ལྡན་རྣམས་ཀྱི་དབང་རྗེས་གནང་ལུང་། སློབ་དཔོན་རིན་པོ་ཆེ་རང་གིས་མཛད་པའི་རྣམ་ཐར། ཟབ་མོ་ནང་དོན་གྱི་འགྲེལ་པ་སོགས་གསུང་འབུམ་པོ་ཏི་གཅིག་གི་ལུང་། ཚེ་དཔག་མེད་གྲུབ་རྒྱལ་མ། ཕྱག་ན་རྡོ་རྗེ་ཨུ་ཙ་རྣམས་ཀྱི་དབང་གི་ལུང་རྣམས་གསན། གསེར་འབུམ་ཡོངས་སུ་རྫོགས་པ་གྲུབ་ནས། རྗེ་བཙུན་རིན་པོ་ཆེ་གདན་འདྲེན་ལ་ཕེབས། མཚུར་ཕུར་ཕེབས་ནས་གཟུངས་གཞུག་དང་རབ་གནས་ལེགས་པར་གྲུབ་པར་མཛད།

དེ་ནས་གུང་གཉེར་གྱི་ཁྲིད་དུ་ཕེབས་ནས་རོང་པོ་དང་གུང་གཉེར་གྱིས་འདུན་མ་མཛད་ནས། ལྷ་ས་པོ་ཏ་ལར་ཕེབས་པས། རྒྱལ་བའི་དབང་པོ་ཆོས་གྲགས་རྒྱ་མཚོ་(༢༩ན)ཞིང་གཞན་དུ་གཤེགས་པའི་སྐད་ཆ་བྱུང་བས། དགོངས་པ་རྫོགས་པའི་ཐབས་སུ། བཀའ་འགྱུར་ཚང་མ་གཅིག་བཞེངས་ནས། ཡངས་པ་ཅན་དུ་སྤྱན་སྔ་རིན་པོ་ཆེའི་དྲུང་དུ་ཕུལ། མཚུར་ཕུར་ཐམས་ཅད་མཁྱེན་པའི་སྐུ་འདྲ་གསེར་སྐུ་མཐོ་བཅུ་པ་གཅིག་དང་། རྗེ་བཙུན་རང་གི་སྐུ་འདྲ་སྨན་སྐུ་མཐོ་ལྔ་པ་ཞིག་ལ་ཁྲི་རྒྱབ་ཡོལ་ཤིང་ཁྲ་དང་བཅས་པ་གྲུབ་པར་མཛད། དེའི་དགུན་ཐམས་ཅད་མཁྱེན་པའི་དགོངས་རྫོགས་ལྷ་སར་བྱས་པའི་ཕྱག་ཕྱི་བྱས་དུས། དགོང་གཅིག་ལྷ་མོ་རང་བྱུང་གི་རྒྱལ་མོ་སྤྱང་ཀི་སྔོན་པོ་མགོ་དགུ་པ་ཞིག་ཆིབས་པ་ཞལ་གཟིགས། དེའི་སོས་ཀ་རྭ་སྦྲིང་གི་གསེར་ཐོག་གི་ཞིག་གསོས། མཚུར་ཕུ་མཆོད་ཁང་གོང་གི་ཞིག་གསོས་སྤྱིན་བདད། (༢༩བ)རྗེ་དུས་གསུམ་མཁྱེན་པའི་གདུང་འབུམ་འབྲས་སྤུངས་ཀྱི་མཆོད་རྟེན། ཀརྨ་པཀྴིའི་རྒྱལ་བ་རྒྱ་མཚོ་སྒྲུབ་ཅིང་

ཞལ་གཟིགས་པའི་ཐུགས་རྗེ་ལྷ་ཁང་། གཙྪ་པཎྜིའི་གསུང་འབུམ་རྣམས་ཀྱི་ཞིག་གསོས་མཛད་པའི་ཕྱག་ཕྱི་མཛད། རྣ་སྙིང་གི་གསེར་ཐོག་ཞིག་གསོས་མཛད་དུས། ཆོས་སྐྱོང་བྱ་རོག་གདོང་ཅན་དབུ་སྐྲ་དང་སྨ་ར་དམར་པོར་ཡོད་པ་ཞིག་ཞལ་གཟིགས། གསེར་ཐོག་གྲུབ་ནས། རྗེ་བཙུན་(རིན་)པོ་ཆེའི་ཕྱག་ནས་གསེར་ཞོ་སུམ་བརྒྱ་ཙམ་ཞིག་གནང་ནས་གསེར་གདུགས་ཁ་མཐོ་བདུན་ཡོད་པ་ཞིག་ཡར་རྒྱབ་ཏུ་བཞེངས་པའི་ཞལ་བཀོད་ལ་རྗེ་ཉིད་ཀྱིས་ཕེབས་པས། བར་སྐབས་སུ་སྐུ་ཁམས་མ་བདེ་བ་རང་ཞིག་བྱུང་བས། རེ་ཞིག་བཟོ་ཡང་(༢༤ན)བཤོལ་དགོས་པ་བྱུང་། དེ་དུས་རྗེ་བཙུན་རིན་པོ་ཆེ་འབོལ་ལྦ་ཙམ་ཞིག་བརྩེགས་པའི་སྟེང་དུ་བཞུགས་ཕྱག་ན་བུམ་པ་བསྣམས་ནས་རྗེ་ཉིད་ཀྱི་དབུ་ཐོག་ཏུ་བཞག་ནས་ཚེ་དབང་བསྐུར་བའི་སྣང་བ་བྱུང་བས་སྐུ་ཁམས་དྭངས་སངས། དེ་ནས་བཟོ་བཙུགས་ནས་ཡོངས་སུ་གྲུབ་པ་དང་། ལྷ་སར་ཕེབས། རྗེ་བཙུན་རིན་པོ་ཆེ་དང་མཇལ་ཇོ་བོ་རིན་པོ་ཆེའི་དབུ་ཐོག་ཏུ་དབུལ་བ་གནང་།

དེ་ནས་རྗེ་བཙུན་རིན་པོ་ཆེ་གོང་པོ་ལ་ཕེབས། བྲག་གསུམ་གྱི་ཞོ་ཁར་བཞུགས་གནས་མཛད། རྗེ་ཉིད་ཀྱིས་གཉན་ཆེན་ཐང་ལའི་ཞུ། རྗེ་རང་བྱུང་རྡོ་རྗེའི་བཞུགས་གནས་ལྷ་ཞུ་གསེར་འབུམ་དུ་ཟླ་བ་འགའ་ཡར་གྱི་བར་སྐུ་མཚམས་མཛད། དེའི་སོས་ཀ་སྐུ་མཚམས་གྲོལ་ནས་འགྲོན་གྲབས་མཛད་པས་(༢༤བ)དེ་ནུབ་གངས་ཆེན་པོ་ཞིག་བབས་འདུག །ཐོ་རངས་ཁ་གཉན་ཆེན་ཐང་ལྷ་གོས་དཀར་པོ་གྱོན། ཐང་ལྷའི་སྲས་ཡིན་ཟེར་བ། ལོ་བཅོ་ལྔ་ཙམ་ལོན་པ་ཞིག་གངས་དཀར་གྱི་གོས་གྱོན། གཉིས་ཀའི་དབུ་སྐྲ་སྤྱི་བོར་བཅིངས་ནས་དར་དཀར་པོ་དཀྲིས་པ། ཐང་ལྷའི་རྫོ་མོ་གནམ་མཚོ་ཕྱུག་མོ་ཡིན་ཟེར་བ། ཞལ་སྔོར་མོར་ཡོད་པ་དང་

དམར་པོའི་ན་བཟའ་ལ། གོས་ཆེན་སྔོན་པོ་དང་སེར་པོས་བརྒྱན་པ། གསེར་དངུལ་དང་གཡུ་ཆེན་པོ་བཏགས་པ་ཞིག་དང་། ཐང་ལྷའི་ཇོ་མོ་གཞོན་པ་མཚོ་སྨན་རང་ར་ཡིན་ཟེར་བ། ཞལ་ཕྲ་ཞིང་དཀྱུས་རིང་བ། གོས་ཆེན་སྔོན་པོའི་ན་བཟའ་ནང་དར་ལྷང་ཁྲ་བྱས། གོས་ཆེན་དམར་པོ་དང་སེར་པོས་བརྒྱན་པ། གསེར་དངུལ་མུ་ཏིག་བྱི་རུ་(༢༥་ན)གཡུ་སོགས་ཀྱིས་བརྒྱན་པ། དེ་རྣམས་སྒོ་ཏར་ཕྱེ་ནས་ནང་དུ་བྱུང་། ཕྱག་འཚལ་བྱིན་རླབས་ཞུས་ནས་མདུན་དུ་འདུག་ནས། ཁྱེད་གཞན་ལ་མ་འཁྱོན་འདིར་བཞུགས། ངེད་ཀྱིས་ཁྱེད་རང་གི་ཞབས་ཏོག་དང་ཕྲིན་ལས་སྒྲུབ་ཟེར། ངས་ཁྱེད་ཀྱི་གནས་འདིར་ཡོང་ནས་ཟླ་བ་འགའ་ཞིག་སོང་བ་ཡིན་ཏེ། ཁྱེད་ཚོ་ད་བར་མ་བྱུང་། ད་རེ་ཞིག་འདིར་མི་སྡོད་འགྲོ་གསུངས་པས། ཁོང་རྣམས་ཀྱིས་ཁྱེད་དང་པོ་གལ་ཏ་ལ་ནས་ཡོང་ཙ་ན་བསུ་བ་ལ་ཡོང་བ་ཡིན། འདིར་སླེབས་ནས་ཀྱང་རྒྱུན་དུ་ཡོང་། ཁྱེད་ལ་སྔོན་གྱི་དུས་ནས་དད་གུས་ཆེན་པོ་ཡོད། ད་རུང་ཡང་འདིར་བཞུགས། ངེད་ཚོ་ལ་ཆོས་ཤིག་གནང་དགོས་ཟེར། སྤྱན་རས་(༢༥་བ)གཟིགས་ཀྱི་སྒོམ་བཟླས་གཅིག་གནང་། ནམ་ལངས་པ་དང་ཁོང་རྣམས་ཀྱང་མི་འདུག །གངས་ཆེན་པོ་བབ་འདུག་པས་ཞག་འགའ་ཡར་བཞུགས་དགོས་པ་བྱུང་། གནས་དེ་ཉིད་ལ་ཚུར་འཁྱོན་དུས་ཁམས་མི་ཉག་གི་ཆ་ལུགས་བྱས་པ་མང་པོ་རྒྱུན་པར་བྱུང་བ་དེ་ཚོ་ཐང་ལྷ་ཡིན་པར་འདུག །

དེ་ནས་གངས་ཞུ་བ་དང་ཞོགས་པ་གཅིག་སྔ་མོར་ཕེབས་པས་སྐད་ཅིག་ཉིད་དུ་གངས་བབས། ཇོ་ཉིད་ཀྱིས་ཞབས་སྒྲིད་བཅིངས་པ་ལྟ་བུ་བྱས་ནས་འཁྱོན་ཐུབ་པ་རང་མ་བྱུང་ནའང་། གྲོགས་མཆེད་ལ་བརྟེན་ནས་ཕེབས་པས་ཐང་ལྷའི་མདོར་ཉེ་མ་ཕྱེད་ཙམ་ལ་ཕེབས། དེར་གསོལ་བ་མཛད་ཀྱིན་བཞུགས་པས་སྔར་འདྲིས་

ཡོད་པའི་མི་རྟ་བ་ཞིག་བྱུང་བས། དེའི་རྟ་ལ་གདན་འདྲེན་ཞུས་ནས་(༣༠ན)པོའི་ཏུ་སར་ཞག་འགའ་ཞིག་བཞུགས་པས་ཞབས་བདེ་བ་བྱུང་།

དེ་ནས་མཚུར་ཕུར་ཕེབས། བླ་མ་སློན་ལམ་པའི་དྲུང་དུ། བདེ་མཆོག་མཁའ་འགྲོ་རྒྱ་མཚོ། ལྷ་ནག་དྲིལ་གསུམ། རྗེ་དུས་མཁྱེན་གྱིས་མཛད་པའི་ལྷ་ཚན་ལྔ། ཕྱག་ན་རྡོ་རྗེ་འཁོར་ཆེན་གཏུམ་པོ་ཆེ་ཆུང་། གོས་སྔོན་ཅན། འགྲོ་བཟང་། གསང་འདུས་གཉིས་མེད་རྣམ་རྒྱལ། མི་བསྐྱོད་པ། འཇམ་རྡོར་དང་གསུམ། གཤེད་དམར་ལྷ་ལྔ། ལྷ་དགུ། འཇམ་དཔལ་གདོང་དྲུག་དང་། འཇམ་དཔལ་གཤིན་རྗེ་གཤེད་ནག་པོ། འཇམ་དཔལ་ནག་པོ། སྐྱེ་བརྩེགས་ནག་པོ། ཕྱག་ན་རྡོ་རྗེ་བེར་འཁོར་ཅན། རྙིང་མ་ནས་བརྒྱུད་པའི་འཇམ་དཔལ་ན་ག་རཀྟ། ཚེ་དཔག་མེད་ལྷ་དགུ། ལྷ་བཅུ་གསུམ། རྒྱལ་བ་རྒྱ་མཚོ་ལྷ་དགུ་(༣༠བ)ལྷ་ལྔ། ཀུན་རིག་བྲག་ནག་མ། ངོ་ཁྲོ་རབ་འབྱམས་པས་མཛད་པའི་ཀུན་རིག་ཆེན་མོ། དེ་རྣམས་ཀྱི་དབང་དང་མངོན་དཀྱིལ་གྱི་ལུང་། མ་མགོན་མགར་གསུམ་གྱི་དབང་། ཕྱི་ནང་གསང་གསུམ་གྱི་སྒྲུབ་སྐོར། ཕག་མོ་ལྷ་ཁྲིད། རྒྱལ་བ་རྒྱ་མཚོ་ཕྱི་ནང་གསང་གསུམ་གྱི་སྒྲུབ་སྐོར། མ་མགོན་གྱི་མདོས་ཆེ་ཆུང་གི་བྱེད་ཐབས་ཡིག་ཆུང་དང་བཅས་པ། མ་མོའི་རྒྱུད་ཡིག་ཆེ་ཆུང་པོ་ཏི་གཅིག །མགོན་པོའི་རྒྱུད་དང་། ལོ་རྒྱུས་ཡིག་ཆུང་དག་བཅས་པས་པོ་ཏི་གཅིག །ནག་རྩིས་ཀྱི་གཞུང་ཡིག་ཆུང་དང་བཅས་པ། རྗེ་རང་བྱུང་བས་མཛད་པའི་རྩིས་ཀུན་བསྡུས་པ། ལྷ་བསྡུས། གཟའ་འཛིན་པ་རིས་དང་བཅས་པ། སྨན་གྱི་རྒྱུད་བཞི་དང་། གཡུ་ཐོག་(༣༡ན)མགོན་པོས་མཛད་པའི་འགྲེལ་པ་འབུམ་ནག་རྒྱས་བསྡུས། འབུམ་ཁུ་ཚུར། དྭགས་པོ་རིན་པོ་ཆེས་མཛད་པའི་སྨན་གཞུང་ཡིག་ཆུང་དང་བཅས་པ་དེ་རྣམས་ཀྱི་ལུང་ཡོངས་སུ་

རྫོགས་པ་གསན།

དེ་ནས་ལྷ་ས་ལ་ཇོ་མཇལ་མཛད། འབྲི་གུང་དང་ཞང་ཡོང་བརྒྱུད་བྲག་གསུམ་དུ་རྗེ་བཙུན་རིན་པོ་ཆེ་དང་མཇལ་ནས། རྩེ་ལྷ་སྒང་ལ་ཕྱིན། ཐམས་ཅད་མཁྱེན་པ་ཆོས་གྲགས་རྒྱ་མཚོ་སྐུ་གཤེགས་པའི་གཟིམ་ཁང་གཟིམ་མལ་སྐུ་འདྲ་མཇལ།

དེ་ནས་བླ་མ་གྲགས་པ་རྒྱལ་མཚན་པའི་དྲུང་དུ། ཕག་མོ། རྟ་མགྲིན། ཁྲོས་མ་རྣམས་ཀྱི་དབང་། སངས་རྒྱས་གླིང་པའི་གཏེར་ཆོས་བླ་མ་དགོངས་འདུས་པོ་ཏི་བཅུ་གཉིས། མཁའ་འགྲོ་སྙིང་ཐིག་པོ་ཏི་གཅིག །གུ་རུ་དྲག་པོའི་སྐོར་པོ་ཏི་གཅིག །ཕག་མོ་(༡༧བ)དཀར་མོ་དང་། དམར་མོ། ཁྲོས་མའི་སྐོར་པོ་ཏི་གསུམ། རྟ་མགྲིན་སྐོར་གསུམ་པོ་ཏི་གཅིག །ཕྱག་ན་རྡོ་རྗེའི་སྐོར་གསུམ་པོ་ཏི་གཅིག །འཇམ་དབྱངས་སྐོར་གསུམ་པོ་ཏི་གཅིག །སྤྱན་རས་གཟིགས་སྐོར་གསུམ་པོ་ཏི་གསུམ། རྣམ་སྲས་ཀྱི་སྐོར་པོ་ཏི་གཅིག །ཞིང་སྐྱོང་གི་སྐོར་པོ་ཏི་གཅིག །མགོན་པོ་མ་ནིང་གི་སྐོར་པོ་ཏི་གཅིག །ཉིང་མའི་མགོན་པོ་ཕྱག་བཞི་པའི་སྐོར་པོ་ཏི་གཅིག །དམ་ཅན་རྡོ་རྗེ་ལེགས་པའི་སྐོར་དང་། མགོན་པོ་ལེགས་ལྡན་གྱི་སྐོར་པོ་ཏི་གཅིག །བཀའ་བརྒྱད་ཀྱི་སྐོར་པོ་ཏི་བཞི། དེ་རྣམས་ཀྱི་དབང་ལུང་། སྒྲུབ་སྐོར་གྱི་ལག་ཁྲིད་དང་བཅས་པ་རྣམས་གསན།

གཞན་ཡང་ཐམས་ཅད་མཁྱེན་པ་ཆོས་གྲགས་རྒྱ་མཚོ་ནས་བརྒྱུད་པའི་རྡོ་རྗེ་ཕྲེང་བའི་དབང་། སྒྲུབ་ཐབས་བརྒྱ་རྩ་རྒྱ་མཚོ། མི་ཏྲ་བརྒྱ་རྩ། དཀོན་མཆོག་བརྩེགས་པ། (༡༨ན)ཕལ་ཆེན། བརྒྱད་སྟོང་པ་རྣམས་ཀྱི་ལུང་། ཡང་ཟུར་མང་བ་ནས་བརྒྱུད་པའི་བདེ་མཆོག་སྙན་བརྒྱུད་ཀྱི་ཁྲིད་བདེ་མཆོག་ལུ་ཧི་པ་ལྷ་དྲུག་ཅུ་རྩ་བཞིའི་དབང་། ལྷ་ལྔ། ཕག་མོ་ལྷ་ལྔ། བདེ་མཆོག་ནམ་མཁའ་ལྷ་སུམ་ཅུ

སོ་བདུན་མ། ལྷ་བཅུ་གསུམ། ལྷ་བདུན། བདག་མེད་ལྷ་མོ་བཅོ་ལྔ་དེ་རྣམས་ཀྱི་དབང་། མགོན་པོ་ཕྱག་བཞི་པའི་དབང་བཞི་ཛོགས། གདོང་ཅན་བརྒྱད་ཀྱི་དགོས་བཀའ། མགོན་པོ་བེར་ནག་ཅན་གྱི་དབང་བཞི་ཛོགས། ཕྱོགས་བཅུ་མགོན་པོའི་དགོས་བཀའ། ནག་པོ་ཆེན་པོ་ཡབ་ཡུམ་བཅུ་དྲུག་གི་དགོས་བཀའ། ཞྭགས་ཞོན་མ་ལྷ་བདུན། ལྷ་དགུའི་དབང་། རྡོ་རྗེ་ལེགས་པ་རྙིང་མ་ལུགས་ཀྱི་རྗེས་གནང་། (༣༢བ)བྲུར་མང་པ་ལུགས་ཀྱི་རྨ་སེ་རྟོགས་ལྡན་གྱི་བཀའ་འབུམ་གྱི་ལུང་། གཀྲ་གླིང་པའི་གཏེར་ཆོས། གཏེར་སྟོན་འབྲི་མའི་གཏེར་ཆོས། པདྨ་ལས་འབྲེལ་རྩལ་གྱི་གཏེར་ཆོས་རྣམས་ཀྱི་ལུང་རྣམས་གསན།

དེ་ནས་སྐྱེ་བོ་སྤྲུལ་སྐུ་བཀྲ་ཤིས་དོན་གྲུབ་པའི་དྲུང་དུ། རྟ་མགྲིན་ཞྭགས་རལ་ཅན་གྱི་རྗེས་གནང་ཡིག་ཆའི་ལུང་། དྲུང་པ་རང་གིས་མཛད་པའི་རྟ་མགྲིན་དཀར་པོ་ཞལ་གསུམ་ཕྱག་དྲུག་པའི་རྗེས་གནང་། མཁའ་འགྲོ་བསྐུང་བཟློག་རྣམས་ཀྱི་ལུང་གསན།

དེ་ནས་ཐྲག་གསུམ་དུ་རྗེ་བཙུན་རིན་པོ་ཆེ་དང་མཇལ་ནས་ཡུན་རིང་མ་སོང་བར་རྗེ་བཙུན་རིན་པོ་ཆེ་སྐུ་ཆོས་ཀྱི་དབྱིངས་སུ་ཐིམས། རྗེ་ཉིད་ཀྱིས་མཚན་མོ་སྐུ་གདུང་ལ་དབུས་སྟེས་མཛད་ནས་གསོལ་བ་བཏབ་པས། ཞག་བདུན་ཙམ་སོང་བའི་ཐོ་རངས་ཁ་སྐུ་གདུང་(༣༣ན)གི་ཐུགས་ཀ་ནས་མེའི་གོང་བུ་མེ་སྟག་དང་མེ་ལྕེ་འཕྲོ་བ་སྐྱིམ་པ་གང་ཙམ་ཞིག་བྱུང་བ་རྗེ་ཉིད་ཀྱི་ཐུགས་ཀར་ཐིམ་པའི་སྣང་བ་བྱུང་། ཕྱིས་རི་པ་རྣམས་ལ་གཏུམ་མོ་འབོགས་པའི་ལྟས་སུ་གོ་གསུངས། རྗེ་ཉིད་དང་ཆོས་རྗེ་ཀྲ་ཆེན་སོགས་བུ་སློབ་རྣམས་ཀྱིས། སྐྱེ་བོ་སྤྲུལ་སྐུའི་དྲུང་གདན་དྲངས་ནས། སྐུ་གདུང་རིན་པོ་ཆེ་ཞུགས་(སུ་)ཕུལ་བས། དབུ་རིལ་པོ། ཐུགས་

ལྷ་སྐུ་ཡིག་འབྲུ། རིང་བསྲེལ་སོགས་མང་དུ་བྱོན་ཞིང་། དགོངས་རྫོགས་རྒྱ་ཆེན་པོ་སྒྲུབ་པ་དང་། ཞོ་ཁ་དང་། མཆིམས་ཕུ་རུ་གསེར་འབུམ་བཞེངས་པ་སོགས་མཛད་པ་ངོ་མཚར་ཅན་རྣམས་རྗེ་བཙུན་རང་གི་རྣམ་ཐར་ན་གསལ་བ་འདིར་མ་བྲིས་སོ། །

དེ་ནས་ཡུལ་རིན་ཆེན་བྲག་ཏུ། ཆོས་རྗེ་རིན་པོ་ཆེ་བསོད་ནམས་རྒྱལ་མཚན་པ་ལ། ཤངས་པ་བཀའ་བརྒྱུད་(༣༣བ)ཀྱི་ཆོས་སྐོར་ཚང་མའི་དབང་ཁྲིད་དང་ལུང་། མགོན་པོ་ཕྱག་དྲུག་པའི་ཆོས་སྐོར་གྱི་ལུང་ཚང་མ། སོ་སོའི་དགོས་དབང་སྒྲུབ་སྐོར་གྱི་ལུང་། ལམ་འབྲས་ཀྱི་ཁྲིད་ལུང་ཡོངས་རྫོགས། ཐམས་ཅད་མཁྱེན་པ་ཆོས་གྲགས་རྒྱ་མཚོའི་བཀའ་འབུམ་ཚང་མ། སྙན་བརྒྱུད་ཞག་བདུན་མའི་དབང་ཁྲིད། སུ་ཁ་ཆོས་དྲུག་ཡིག་ཆུང་དང་བཅས་པ། ཨུ་རྒྱན་བསྙེན་སྒྲུབ་ཀྱི་ཁྲིད། སྒྲུབ་སྐོར་ཡིག་ཆུང་དང་བཅས་པ་པོ་ཏི་ཆེན་པོ་གཅིག །འགྲོ་མགོན་ཞང་རིན་པོ་ཆེའི་བཀའ་རྒྱ་བཀའ་འབུམ་པོ་ཏི་བཞི། ཕྱག་བཞི་པའི་དབང་། མགོན་པོ་བེར་དམར་པོ་ཅན་གྱི་དབང་། དེ་རྣམས་ཀྱི་སྒྲུབ་སྐོར་གྱི་ལུང་། མགོན་པོ་ཕྱག་དྲུག་པའི་ཕྱི་སྒྲུབ་ཐུགས་རྗེ་ཆེན་པོ་བཅུ་གཅིག་ཞལ་དུ་སྒྲུབ་པའི་དབང་། མགོན་པོ་རྒྱན་ཅན་ལྷ་བཅུ་གསུམ་ཡབ་ཡུམ་གྱི་ཚུལ་དུ་སྒྲུབ་པའི་དབང་བཞི་རྫོགས། (༣༤ན)མགོན་པོ་ལྷ་ལྔ། བླ་མ་མགོན་པོ་དབྱེར་མེད། བར་ཆད་ཀུན་སེལ། མཆོག་སྒྲུབ་པའི་མགོན་པོ་ནམ་མཁའི་མདོག་ཅན། འོད་གསལ་མགོན་པོ་དཀར་པོ། མགོན་པོ་ཞལ་གསུམ་པ། མགོན་པོ་སེར་ཆེན། ཚེ་བདག་མགོན་པོ་དམར་པོ། ཕྲིན་ལས་མགོན་པོ་ལྷང་ཁྲུ། ཕུར་སྒྲུབ་མགོན་པོ་སྐུ་སྨད་ཕུར་པར་ཡོད་པ། མགོན་དཀར་ཡིད་བཞིན་ནོར་བུ། བྲེ་ཏ་པ་ལ་ཇི་ན་མི་ཏྲ། ཏཀྐི་རཱ་ཛ། ཏ་ཀྲད་ནག་པོ། ཨེ་ཀ་

ཛ་ཧི་རྣམས་སོ་སོའི་དགོས་བཀའ། སྒྲུབ་སྐོར་གྱི་ལུང་། ཁྲུང་པོ་ནས་བརྒྱུད་པའི་རྣམ་འཇོམས་ཚེ་སྒྲུབ། བདེ་མཆོག་ལྷན་སྐྱེས་དང་། ལྷ་ལྔའི་དབང་། སྦྱོར་བ་ཡན་ལག་དྲུག་གི་ཁྲིད་ལུང་། རྟ་མགྲིན་གསང་སྒྲུབ་དམར་པོ་ཞལ་གསུམ་ཕྱག་དྲུག་པའི་དབང་ལུང་། ཀླུ་སྒོམ་རྫོང་པས་མཛད་པའི་མན་ངག་རིན་སྤུངས། (༣༤བ)མདོ་སྔེ་རིན་སྤུངས། དཔེ་ཆོས་རིན་སྤུངས། མེ་ལོང་སྐོར་གསུམ། ཉིང་མའི་རྒྱུད་ཀུན་བྱེད་རྒྱལ་པོ། ཕུར་པ་རྩ་དུམ་གྱི་རྒྱུད། རྫོགས་ཆེན་ཨ་རོའི་སྐོར་གྱི་ལུང་རྣམས་ཚང་མ་གསན། གྲྭ་རྩེ་བ་སྣང་དུ། ཆོས་རྗེ་རིན་པོ་ཆེ་འཇིགས་མེད་འོད་འཕྲོའི་དྲུང་དུ། ཞི་བྱེད་སྣ་ཕྱི་བར་གསུམ་གྱི། བར་པའི་རྨ་ལུགས་ཀྱི་ཁྲིད། དམ་པ་སོ་ཆུང་བའི་ལུགས་ཀྱི་དོན་བརྒྱུད་ཀྱི་ཁྲིད་ལམ་ལྔ་ལམ་གསུམ་གྱི་ཁྲིད། རྟེན་འབྲེལ་ཁང་འཇུག་གི་སྒྲུབ་ཐབས། ཕག་མོ་ལྷན་སྐྱེས་དང་། ལྷ་ལྔ། ལྷ་བཅུ་གསུམ། ལྷ་སུམ་ཅུ་སོ་བདུན་མ། བདེ་གཤེགས་བཅུ་གཉིས་ཀྱི་དབང་། ཆོས་སྐྱོང་ཨ་གོ་རའི་དབང་། མདོར་ན་ཞི་བྱེད་སྣ་ཕྱི་བར་གསུམ་གྱི་དབང་ཁྲིད་ལུང་རྣམས་ཡོངས་སུ་རྫོགས་པ་གསན།

དེ་ནས་གཞུང་སྤྲེལ་ཞིང་གི་མི་ལ་ཕྱུག་ཏུ་ཟླ་བ་གསུམ་ཙམ་(༣༥ན)སྐུ་མཚམས་མཛད་ནས། སྤྲེལ་ཞིང་གི་གནས་མཇལ་རྣམས་མཛད། དེ་ནས་གཞུང་གི་མདའ་ཐར་པ་གླིང་དུ། ཇོ་བོ་རྗེའི་བཞུགས་གནས་ཕུག་པ་ཞིག་ཏུ་ཞག་བཅུ་ཙམ་བཞུགས། ཇོ་བོས་བཞེངས་པའི་མཆོད་རྟེན་གཡུ་འབུམ་མཇལ། ཐར་པ་གླིང་དུ། ཆོས་རྗེ་རིན་པོ་ཆེ་བསོད་ནམས་ལྷུན་གྲུབ་པའི་དྲུང་དུ། རྗེ་བཙུན་མར་པའི་ཐུགས་དམ་ཕྱག་དྲིག་མའི་ལུང་། རྫོག་པའི་དཀྱིལ་འཁོར་བདུན་མའི་དབང་། ཡིག་ཆའི་ལུང་། བརྟག་གཉིས་ཀྱི་འགྲེལ་པ་རིན་ཆེན་རྒྱན་འདྲ་རྒྱས་བསྡུས། མར་པས་

མཛད་པའི་མཚན་བརྗོད་ཀྱི་འགྲེལ་བཤད། གུར་དང་སམྦུ་ཊིའི་རྒྱུད་རྣམས་ཀྱི་ལུང་། དུད་སོལ་ལྷ་མོའི་རྗེས་གནང་དང་། སྒྲུབ་སྐོར་གྱི་ལུང་རྣམས་གསན།

ཆོས་རྗེ་རིན་པོ་(ཆེ་)ཀརྨ་ཕྲིན་ལས་[༣༥བ]པའི་དྲུང་དུ། ཕག་མོ་ལྷ་ལྔའི་དབང་། ལྷ་ཁྲིད། ནཱ་རོ་སྐོར་གསུམ་གྱི་ཁྲིད་ལུང་། རྗེ་མཐོང་བ་དོན་ལྡན་གྱི་བཀའ་འབུམ་ཐོར་བུ་བའི་ལུང་། ངན་ཛོང་སྙན་བརྒྱུད་ཀྱི་ཁྲིད་ལུང་། མི་ཏྲ་ཁྲིད་དྲུག་གི་དབང་ཁྲིད་ལུང་། བེར་ནག་ཅན་གྱི་དབང་། ཞིང་སྐྱོང་དང་། སྲིན་མགོན་གྱི་དབང་། གྲྭ་པ་མངོན་ཤེས་ནས་བརྒྱུད་པའི་ཛམྦྷ་ལ་དམར་པོའི་རྗེས་གནང་། ཁྱུང་དཀར་དམར་ནག་གསུམ་གྱི་ལུང་། མགོན་པོ་གུར་ལྷ་གསུམ་དང་། ལྷ་ལྔ། ལྷ་བརྒྱད། ལྷ་བཅུ་གཉིས་རྣམས་ཀྱི་རྗེས་གནང་སྒྲུབ་སྐོར་ཚང་མའི་ལུང་། ཚོགས་བདག་དཀར་དམར། ལྷ་མོ་ཀུ་རུ་ལེའི་རྣམས་ཀྱི་རྗེས་གནང་། རྗེ་རང་གིས་མཛད་པའི་གསུང་མགུར་དང་། བཀའ་འབུམ་ཚང་མའི་ལུང་རྣམས་གསན།

ཆོས་ཀྱི་རྗེ་བསམ་གཏན་གླིང་པའི་དྲུང་དུ། ཐུགས་རྗེ་ཆེན་[༣༨ན]པོའི་དམར་ཁྲིད། ཕྱག་རྒྱ་ཆེན་པོ་ཡི་གེ་བཞི་པ། ལྷ་ལྡན། ལྷན་ཅིག་སྐྱེས་སྦྱོར། ཡེ་ཤེས་གསལ་བྱེད་ཐོག་བབ། ཚིག་བསྡུས། ནཱ་རོ་སྐོར་གསུམ། ནཱ་རོ་བསམ་གཏན་ཐུན་འཇོག །གྲུབ་ཐོབ་བརྒྱད་ཅུའི་དོ་ཧ། རྟོགས་བརྗོད་བརྒྱད་ཅུ་པ་དང་། སུམ་ཅུ་པ། གསུང་མགུར་གྱི་སྐོར། ངོ་སྤྲོད་ཀྱི་སྐོར། ལུས་མེད་མཁའ་འགྲོའི་ཆོས་སྐོར་དགུ །ནཱ་རོ་སེམས་ཉིད་ངལ་གསོའི་ཁྲིད། ཕྱག་རྒྱ་ཆེན་པོ་སྐུ་གསུམ་ངོ་སྤྲོད། ཆོས་དྲུག་གི་སྐོར། སྦྱོར་དྲུག་གི་སྔོན་འགྲོའི་ཆོས་སྐོར། དུས་ཀྱི་འཁོར་ལོའི་མཆོག་གི་དབང་། སྦྱོར་བ་ཡན་ལག་དྲུག་གི་ཁྲིད། ལོ་རྒྱུས། ཉི་ཟླ་སྒྲུབ་པ་རྒྱས་བསྡུས་ཡིག་ཆུང་། སྦྱོར་དྲུག་གི་འཁྲུལ་འཁོར་དང་ཡིག་ཆུང་། སྦྱོར་དྲུག་གི་ངོ་

སྒྲོད། རྟགས་བཅུ་ཡོན་ཏན་བརྒྱད་ཀྱི་སོ་སོའི་ངོས་འཛིན་(༣༨བ)དུས་ཞབས་པའི་སྙན་བརྒྱུད། དེའི་ཡིག་ཚུང་། ཨུ་རྒྱན་བསྙེན་སྒྲུབ་ཀྱི་ཁྲིད་དང་། རྡོ་རྗེའི་ཚིག་རྐང་། ཨུ་རྒྱན་པ་ལ་མཁའ་འགྲོ་བཞིས་གནང་བའི་མན་ངག་ངོ་སྤྲོད། ཨུ་རྒྱན་པའི་རྣམ་ཐར་(དང་)མགུར་འབུམ། མན་ངག་ཟུར་པ་པོ་ཏི་གཅིག །ཁྲིད་སྐོར་པོ་ཏི་གཅིག །དབྱུག་ཆོས་ཀྱི་སྐོར། གཅེས་ཕྲུག་བརྒྱད་ཅུའི་གེགས་སེལ། ཨུ་རྒྱན་པས་བསྒྱུར་བའི་དངུལ་ཆུའི་སྐོར་པོ་ཏི་གཅིག །ཨུ་རྒྱན་པ་རང་གིས་མཛད་པའི་དངུལ་ཆུའི་མང་སྦྱོར་ཉུང་སྦྱོར། བསོད་ནམས་འོད་ཟེར་པས་མཛད་པ། རིན་པོ་ཆེ་གངས་ཁྲོད་པས་མཛད་པ་རྣམས་ཀྱི་ལུང་། ཀློ་སྒོམ་ཤེས་རབ་རྡོ་རྗེས་མཛད་པའི་ངོ་ཏའི་པོ་ཏི་གཅིག །བཙ་ཙའི་སྐོར་པོ་ཏི་གཅིག །རོ་སྙོམས་གཞུང་དྲུག་གི་སྐོར་པོ་ཏི་གཅིག །དཔེ་ཆོས་རིན་སྤུངས་པོ་ཏི་གཅིག །མན་ངག་རིན་སྤུངས་པོ་ཏི་གཅིག་རྣམས་ཀྱི་ལུང་། མི་(༣༩ན)ཏྲི་པའི་ཕྱག་རྒྱ་ཆེན་པོའི་སྟོང་ཐུན། ཤཱ་བ་རི་པའི་སྙན་བརྒྱུད་ཀྱི་སྐོར། རས་ཆུང་སྙན་བརྒྱུད་ཀྱི་སྐོར་པོ་ཏི་གཅིག །སྙན་བརྒྱུད་ཡན་ལག་བརྒྱད། རྗེ་ཕག་མོ་གྲུབ་པའི་བཀའ་འབུམ་པོ་ཏི་བཞི། འབྲི་གུང་འཇིག་རྟེན་མགོན་པོའི་བཀའ་འབུམ་པོ་ཏི་བཞི། ཨ་ཕྱིའི་རྗེས་གནང་། སྒྲུབ་སྐོར་གྱི་ལུང་། འབྲི་གུང་པའི་བཀའ་བརྒྱུད་གསེར་ཕྲེང་། བདེ་མཆོག་ལྷ་ལྔའི་དབང་། གཙུང་རིན་པོ་ཆེའི་བཅུ་ཆོས། གསུམ་ཆོས། ཉེར་གཉིས་རིན་པོ་ཆེའི་ཆོས་དྲུག་ཆེན་མོ། རི་ཆོས་གསེར་ཁྲུག་མ། མོས་གུས་གསང་བའི་འཁོར་ལོ། རྗེ་གསུམ་ལྡན་མ། འཇིག་རྟེན་མགོན་པོའི་གསུང་མགུར་རྣམས་ཀྱི་ལུང་། སྟག་ལུང་པའི་བདེ་མཆོག་ལྷ་ལྔ་དང་། ཕག་མོ་ཞལ་གཉིས་(༣༩བ)མའི་དབང་། ལུང་བསྟན་སྙིང་པོ་པོ་ཏི་གཉིས། བསྟན་བཙོས་འོང་གོ་པོ་ཏི་གཅིག །སྟག་ལུང་པའི་

གསུང་མགུར་ཚང་མ། སྣག་ལུང་རིན་པོ་ཆེ་ངག་དབང་གྲགས་པ་ནས་བརྒྱུད་པའི་རྡོ་རྗེ་འཇིགས་བྱེད་ཀྱི་སྒྲུབ་སྐོར་བཞི་དང་། རྭ་རྩེ་སེམས་འཛིན་གྱི་ཁྲིད། པོ་ཏོ་བའི་དཔེ་ཆོས། འབྲོམ་སྟོན་པའི་མི་ཆོས་གནད་ཀྱི་ཕྲེང་བ། རྒྱལ་བ་རྐོད་ཚང་པའི་བཀའ་འབུམ་པོ་ཏི་གསུམ། ཡང་དགོན་པའི་པོ་ཏི་གཉིས། རྒྱལ་བ་ཡོ་རས་ཀྱི་རྣམ་ཐར་དང་མགུར་འབུམ། རྒྱལ་བ་གླིང་རས་ཀྱི་བླ་མ་མཆོད་པ། ཀུན་མཁྱེན་འཇམ་དཔལ་བཟང་པོའི་གཙོད་ཀྱི་ཤོག་རིལ་བཅུ་གསུམ་མ། ཧེ་ལླི་པའི་ཕྱག་རྒྱ་ཆེན་པོ་གཏྣ་མ། རོ་སྙོམས་གཟེར་ལྔའི་ཆ་ལག་ཡིག་ཆུང་དང་བཅས་པ། གསང་(༣༤ན)འདུས་རིམ་ལྔའི་ཁྲིད། བདེ་མཆོག་དྲིལ་བུ་རིམ་ལྔའི་ཁྲིད། རྗེ་རས་ཆུང་པའི་འཁོར་ལོ་ལྔ་མའི་ཁྲིད། ཀརྨ་པའི་རི་ཆོས་སྐོར། རྒྱལ་བ་རྒྱ་མཚོ་ལྷ་ལྔ་དང་ལྷ་དགུའི་དབང་བཞི་རྫོགས། དུས་མཁྱེན་གྱིས་མཛད་པའི་འགྲེལ་པ་བཞི་ལྡན། རྣམ་བཞི་རྒྱུད་གྲོལ། བར་དོ་བཀའ་བརྒྱ་མ། ལྔ་ཚན་ལྔའི་ལུང་། རྗེ་མར་པའི་གསུང་མགུར། རྣམ་ཐར་ཆེན་མོ། སྒྱུ་མ་གསུམ་བསྒྱུར་(རྒྱུད)། མི་ལའི་ཕྱག་རྒྱ་ཆེན་པོ་ཡི་གེ་ཤེས་གསལ་བྱེད། གསལ་བ་སྐོར་གསུམ། ས་སྐྱ་པའི་ཞེན་པ་བཞི་བྲལ་གྱི་ཁྲིད། རྗེ་ཕག་མོ་གྲུབ་པས་མཛད་པའི་ཐབས་ལམ་བཻཌཱུརྻའི་ཐེམས་ཀྱི་ཁྲིད། བར་དོ་སྒྲ་བཞིའི་ཁྲིད། རྗེ་བོ་རྗེས་མཛད་པའི་ཛམྦྷ་ལ་དཀར་པོ་ལྷ་ལྔའི་དབང་ལུང་། མི་གཡོ་བ་སྔོན་པོའི་(༣༤བ)དབང་ལུང་། འཇམ་དབྱངས་དཀར་པོའི་སྒྲུབ་ཐབས་དང་ལུང་། སྨན་གྱི་རྒྱུད་བཞི། གཡུ་ཐོག་མགོན་པོས་མཛད་པའི་བཤད་རྒྱུད་ཀྱི་འགྲེལ་པ་འབུམ་ནག་རྒྱས་བསྡུས་གཉིས་དང་། མན་ངག་འབུམ་ཁུར། ཟུར་མཁར་བས་མཛད་པའི་མན་ངག་བྱེ་བ་རིང་བསྲེལ། གཡག་སྡེ་པཎ་ཆེན་གྱི་བཀའ་འབུམ། ཁྲུང་ང་བདེ་ཆེན་པའི་བླ་མ་རྟོགས་ལྡན་ཀུན་

དགའ་གཞོན་ནུའི་བཀའ་འབུམ་པོ་ཏི་གཅིག །དབུ་སྟོད་ཐ་བ་ཁ་པའི་བླ་མ་དོན་གྲུབ་འོད་ཟེར་བའི་བཀའ་འབུམ་པོ་ཏི་གཅིག །བཀའ་བཞི་བརྒྱུད་པའི་བླ་མ་བཅུ་དྲུག་གི་བཀའ་འབུམ་པོ་ཏི་གཉིས། པདྨ་འབྱུང་གནས་ཀྱི་ཐང་ཡིག་རྒྱས་བསྡུས་གཉིས། རྒྱུད་བཅུ་བདུན་པོ་ཏི་གཉིས། བི་མ་ལ་མི་ཏྲའི་སྙིང་ཐིག་གི་ཁྲིད་དང་། ལུང་པོ་ཏི་གཅིག །(༣་ན)མཁའ་འགྲོ་སྙིང་ཐིག་གི་ཁྲིད་དང་ལུང་པོ་ཏི་གཅིག །པདྨ་ལས་འབྲེལ་རྩལ་གྱི་གཏེར་ཁ་ཚང་མའི་ལུང་། མངའ་བདག་མྱང་ནས་བརྒྱུད་པའི་གུ་རུ་དྲག་པོའི་སྐོར་པོ་ཏི་གཅིག །གུ་རུ་དྲག་པོ་ལྷ་བཅུ་གསུམ་མའི་དབང་ཡོངས་རྫོགས། གུ་རུ་མཚན་བརྒྱད་སོ་སོའི་རྗེས་གནང་། ཡཀྵ་མེ་དབལ་ཧ་མགྲིན་དབུག་སྔོན་ཅན་འཇམ་དབྱངས། ཕྱག་ན་རྡོ་རྗེ་རྣམས་ཀྱི་རྗེས་གནང་། གུ་རུ་དྲག་པོ་ལྷ་ལྔའི་དབང་། གུ་རུ་དྲག་པོ་དཔའ་བོ་གཅིག་པའི་དབང་། སྒྲུབ་ཐབས་བརྒྱ་རྩ། སྒྲོལ་བ་¦མ་¦བརྒྱ་རྩའི་རྗེས་གནང་དང་ལུང་། ཤངས་པ་ནས་བརྒྱུད་པའི་རྒྱུད་སྡེ་ལྔའི་དབང་ལུང་། མཁའ་སྤྱོད་དཀར་དམར་གྱི་དབང་ལུང་། ཧ་མགྲིན་གསང་སྒྲུབ་ཞལ་གསུམ་ཕྱག་དྲུག་པའི་དབང་ལུང་། སྐྱེ་བརྩེགས་ལྔང་ཁུའི་དབང་ལུང་། (༣་བ)རྡོ་རྗེ་ཕྲེང་བ་དང་། མི་ཏྲ་བརྒྱ་རྩའི་ལུང་། རྗེ་རང་བྱུང་པ་ནས་བརྒྱུད་པའི་རྒྱུད་འབུམ་པོ་ཏི་བཅུ་བཞིའི་ལུང་། རས་ཆེན་དཔལ་འབྱོར་བཟང་པོ་ནས་བརྒྱུད་པའི་མཁའ་སྤྱོད་མའི་ལུང་། བཅུ་གཅིག་ཞལ་གྱིས་དབང་དང་སྙུང་གནས་ཀྱི་ཆོ་གའི་ལུང་། ལུས་ཟུངས་ཉམས་པ་གསོ་བ་ལྷང་ཚེར་ནག་པོའི་མན་ངག་གི་ལུང་། བ་གན་རྒྱ་ཏན་གྱི་ན་བ་འཚོས་པ་ས་སྐོལ་བ་གཏོང་ཐབས་ཀྱི་ལུང་། སྨན་ནད་འཚོས་པའི་མན་ངག་ཀུན་འདུས་ཀྱི་ལུང་། རྗེ་རང་བྱུང་པས་མཛད་པའི་བཅུད་ལེན་བརྒྱ་རྩའི་ལུང་། ལམ་འབྲས་ཀྱི་འཁྲུལ་འཁོར་སོ་གཉིས་

པ་དང་། ཧེ་བྲུ་པའི་སྲུམ་ཅུ་པ། མར་པའི་བཅོ་བརྒྱད་པ། ཡན་ལག་ལྔ་སྦྱོངས། ཧེ་བྲུ་པའི་ཟབ་བསྡུས་བཅུ་གསུམ་མ། ཐིག་ལེ་ཉེ་ཤུ་པ། གེགས་སེལ་བརྒྱད་མ། རྩལ་སྦྱོང་བདུན་མ། (༥༠ན)གཏྱ་པའི་སྙན་བརྒྱུད་སྒྲུབ་པ་སྐོར་གྱི་དབང་དང་ཁྲིད་ཚང་མ། ར་རྒྱ་ལའི་སྲུང་འཁོར་ཉེ་བར་སྒྲུབ་པའི་ཁྲིད། རྫོགས་པ་ཆེན་པོ་སྙིང་ཐིག །བླ་མ་ཡང་ཐིག །ཀློང་གསལ་སྙིང་ཐིག་གི་སྐོར་རྣམས་དང་། ཀུན་མཁྱེན་རྗེ་ནང་པའི་ངེས་དོན་རྒྱ་མཚོ། འབའ་ར་རྒྱལ་མཚན་དཔལ་བཟང་པོའི་གསུང་མགུར། ཐར་གླུ། ཆོས་དྲུག་ཆ་ལག་ཚང་མའི་དབང་ཁྲིད་ལུང་དང་བཅས་པ་གསན།

བླ་མ་རིན་ཆེན་རྒྱལ་མཚན་པའི་དྲུང་དུ། ཉིང་མའི་རྒྱུད་འབུམ་པོ་ཧེ་ཉེ་ཤུ་ལྷག་ཙམ་ཞིག །ཨུ་རྒྱན་གླིང་པ་ནས་བརྒྱུད་པའི་ཐང་ཡིག་རྒྱས་པ། བཀའ་བརྒྱད་རྣམས་ཀྱི་ལུང་། གུ་རུའི་ལེ་བརྒྱད་མ། ལེའུ་གསུམ་མའི་ལུང་། གུ་རུ་ཞི་བའི་དབང་། ཚེ་དཔག་མེད་ཉེ་ཟླ་གཙུ་(༥༠བ)ཁ་སྦྱོར་གྱི་དབང་ལུང་སོགས་ཨུ་རྒྱན་གླིང་པའི་གཏེར་ཆོས་ཚང་མ་གསན།

རྗེ་རིན་པོ་ཆེ་སྟག་ལྷ་པཎ་ཆེན་གྱི་དྲུང་དུ། བཀའ་གདམས་གླེགས་བམ་གྱི་ལུང་། ཐིག་ལེ་བཅུ་དྲུག་གི་དབང་དང་ཚོ་གའི་ལུང་། བཀའ་གདམས་ལྷ་བཞིའི་རྗེས་གནང་དང་ལུང་། མི་གཡོ་བའི་ལྷ་ཁྲིད། བཀའ་གདམས་པའི་བེ་བུམ་གྱི་ལུང་། དགེ་བའི་བཤེས་གཉེན་སྣར་ཐང་པ་ནས་བརྒྱུད་པའི་བསྟན་རིམ་དང་། གཙང་སྨྱོན་པ་ནས་བརྒྱུད་པའི་མི་ལའི་རྣམ་མགུར་གྱི་ལུང་། གྲུབ་ཐོབ་བརྒྱད་ཅུ། སྒྲོལ་དཀར། ལྷ་མོ་དབྱངས་ཅན་མ། ལྷ་མོ་ཀུ་རུ་ཀུ་ལེའི་རྣམས་ཀྱི་དབང་ལུང་། ཕྱག་རྒྱ་ཆེན་པོ་སྐུ་གསུམ་ངོ་སྤྲོད། ཡི་གེ་བཞི་པ། ལྔ་ལྡན། སེམས་ཁྲིད་

ཡིད་བཞིན་ནོར་བུ་དེ་རྣམས་ཀྱི་ཁྲིད་ལུང་། ནི་གུ་(༦༧ན)ཆོས་དྲུག་གི་རྒྱུད་སྡེ་ལྔའི་སྤྱི་དབང་། ཆོས་དྲུག་སོ་སོའི་དགོས་དབང་། མཁའ་སྤྱོད་དཀར་དམར། འཆུག་མེད་ལམ་ཁྲིར་གསུམ། སེམས་འཆི་མེད་དང་དེ་རྣམས་ཀྱི་དབང་། ཕྱག་རྒྱ་ཆེན་པོ་གའུ་མ། ཕྱག་རྒྱ་ཆེན་པོ་ཡིད་བཞིན་འཁོར་ལོ། ཕྱག་རྒྱ་ཆེན་པོ་གཉིས་མེད་ཡེ་ཤེས། ཕྱག་རྒྱ་ཆེན་པོ་བདེ་སྟོང་འཁོར་ལོ། ཕྱག་རྒྱ་ཆེན་པོ་དུག་ལྔ་གཅོད་བྱེད། ཕྱག་རྒྱ་ཆེན་པོ་དུག་གསུམ་གཅོད་བྱེད། ཕྱག་རྒྱ་ཆེན་པོ་འཁོར་བ་རྒྱུན་ཆོད། ཕྱག་རྒྱ་ཆེན་པོ་རྟོགས་པ་རང་གྲོལ། ཕྱག་རྒྱ་ཆེན་པོ་ཡེ་ཤེས་ཆུ་རྒྱུན། དེ་རྣམས་ཀྱི་དབང་ཁྲིད་ལུང་རྣམས་གསན། མདོར་ན་ནི་གུ་ཆོས་དྲུག་གི་ཆོས་སྐོར་མ་ལུས་པ་དང་། བླ་མ་མགོན་པོ་དབྱེར་མེད་ཀྱི་རྗེས་གནང་སོགས་མ་ལུས་པ་གསན།

ཆོས་ཀྱི་རྗེ་སྤྱན་སྔ་རིན་པོ་ཆེ་ཞྭ་དམར་ཅོད་པན་འཛིན་པའི་དྲུང་དུ་(༦༧བ)རྟོགས་ལྡན་གྲགས་པ་སེང་གེའི་བཀའ་འབུམ་པོ་ཏི་གཅིག །ཟབ་ལམ་གྱི་རིམ་པ་པོ་ཏི་གཅིག །མཁའ་སྤྱོད་དབང་པོའི་བཀའ་འབུམ་པོ་ཏི་གཅིག །རྟོགས་ལྡན་ཆོས་དཔལ་ཡེ་ཤེས་ཀྱི་བཀའ་འབུམ་པོ་ཏི་གཅིག །སྤྱན་སྔ་རིན་པོ་ཆེ་རང་གིས་མཛད་པའི་ཁྲིད་ཡིག་པོ་ཏི་གཅིག །ཆོས་དྲུག་གི་ལུང་སྦྱོར་ཆེན་མོ་དང་མན་ངག་སོགས་པོ་ཏི་གཅིག །རྒྱུད་པོ་ཏི་གཉིས། ཐུབ་པ་སྤྲུལ་སྐུ། ཡུམ་ཆེན་རྣམས་ཀྱི་ལུང་། ཆོས་རྗེ་རང་གི་རྣམ་ཐར་ཚང་མ། གསང་སྔགས་ཀྱི་ལག་ལེན་པོ་ཏི་གཉིས་ཀྱིས་ལུང་རྣམས་གསན།

མཚུར་ཕུ་གནས་ནང་དུ་བླ་མ་རིན་པོ་ཆེ་ནམ་མཁའ་འོད་ཟེར་པའི་དྲུང་དུ། དཔལ་དུས་ཀྱི་འཁོར་ལོའི་གུང་ཆེན་གྱི་དབང་ཡོངས་རྫོགས། གསང་བ་འདུས་པ་གཉིས་མེད་རྣམ་རྒྱལ། བདེ་མཆོག་ལྷ་དྲུག་ཅུ་རྩ་གཉིས། དྲིལ་བུ་ལུས་དཀྱིལ།

རྟ་མགྲིན་ཁམས་(༡༢ན)གསུམ་ཡོངས་སྒྲོལ་དེ་རྣམས་ཀྱི་དབང་བཞི་ཡོངས་རྫོགས། རྣམ་འཇོམས་དཀར་པོ། རྣམ་སྲས་རྟ་བདག་བརྒྱད། ཕྱག་ན་རྡོ་རྗེ་ཨུ་ཙ་རྣམས་ཀྱི་རྗེས་གནང་དང་ལུང་རྣམས་གསན།

བླ་མ་རིན་པོ་ཆེ་དོན་གྲུབ་རྒྱལ་མཚན་པའི་དྲུང་དུ། གུ་རུ་དྲག་པོའི་དབང་ཡོངས་རྫོགས། གུ་རུ་དྲག་པོ་དཔའ་གཅིག །ཞིང་སྐྱོང་ཀུན་དགའ་གཞོན་ནུ། དམ་ཅན་རྡོ་རྗེ་ལེགས་པ་རྣམས་ཀྱི་རྗེས་གནང་དང་། སྒྲུབ་སྐོར་གྱི་ལུང་། རྒྱུད་པོ་ཏི་བཅུ་གཉིས་ཀྱི་ལུང་རྣམས་གསན། གཞན་ཡང་མཚུར་ཕུ་འཇམ་དབྱངས་ཆེན་པོས་མཛད་པའི་ཐུགས་རྗེ་ཆེན་པོ་རྒྱལ་བ་རྒྱ་མཚོའི་ཡིག་ཆ་བཅུ་དང་། ཕྱག་རྒྱ་ཆེན་པོ་ཡེ་ཤེས་གྲུབ་པའི་འགྲེལ་པའི་ལུང་། རྗེ་ཀརྨ་པཀྴི་མཛད་པའི་ཐུགས་རྗེ་ཆེན་པོ་རྒྱལ་བ་རྒྱ་མཚོ་ག་ཁ་སྐོར་གསུམ་གྱི་ལུང་། རྒྱལ་བ་རྒྱ་མཚོ་སྔ་ལུགས་མའི་ཕྱི་(༡༢བ)སྒྲུབ། ནང་སྒྲུབ། གསང་སྒྲུབ་ཀྱི་ཁྲིད། རྗེ་དེ་བཞིན་གཤེགས་པས་མཛད་པའི་རྒྱལ་བ་རྒྱ་མཚོའི་ལྷ་ཁྲིད། ཕག་མོ་ལྷ་ཁྲིད། ཐུགས་རྗེ་ཆེན་པོའི་དམར་ཁྲིད་ཆོས་དྲུག་ལུགས། བྱང་སེམས་ཟླ་བ་རྒྱལ་མཚན་ལུགས་ཀྱི་ཁྲིད་དང་ལུང་། རྗེ་ཀརྨ་པཀྴི་མཛད་པའི་མགོན་པོ་ལྕགས་པར་མའི་ལོ་རྒྱུས། བེར་ནག་ཅན་གྱི་ཕྱི་སྒྲུབ་པར་བུའི་ཁྲིད། ནང་སྒྲུབ་ཙ་ཀྲུང་གི་སྐོར། གསང་སྒྲུབ་ཐོད་པ་གཅིག་ཐུབ་དེ་རྣམས་ཀྱི་ཁྲིད་ལུང་། ལྷ་མོ་རང་བྱུང་རྒྱལ་མོའི་སྒྲུབ་སྐོར་ཁྲིད་ལུང་པོ་ཏི་གཅིག་རྣམས་གསན།

སྟག་ལུང་ཆོས་ཀྱི་རྗེ་རྣམ་རྒྱལ་གྲགས་པའི་དྲུང་དུ། མགོན་པོ་ཕྱག་བཞི་པའི་ཕྱི་སྒྲུབ་ཀྱི་སྐོར། རྗེ་ངག་དབང་གྲགས་པའི་རྣམ་ཐར། དེས་མཛད་པའི་ནཱ་རོ་གསང་སྤྱོད་ཀྱི་ཁྲིད་ཡིག་ཚང་དང་བཅས་པ། སྟག་ལུང་པའི་(༡༣ན)མགུར་ཆེན་

རྣམས་ཀྱི་ལུང་གསན།

བྱང་སེམས་ཐར་པ་རྒྱལ་མཚན་པའི་དྲུང་དུ། བླ་མའི་རྣལ་འབྱོར། ཐུགས་རྗེ་ཆེན་པོའི་སྒོམ་བཟླས། མ་ཎི་འུར་མོ་ཆེའི་ཆོ་གའི་ལུང་། དྭགས་པོ་རིན་པོ་ཆེའི་ཐར་རྒྱན་གྱི་ལུང་རྣམས་གསན། འབྲི་གུང་རིན་པོ་ཆེའི་དྲུང་དུ། དགོངས་གཅིག །ཟབ་ཆོས་གསེར་ཁྲུག་མ། ཕྱག་བཞི་པའི་བསྐང་བརྒྱུད་རྣམས་ཀྱི་ལུང་གསན། འབྲི་གུང་ཆོས་རྗེ་རིན་པོ་ཆེ་ཀུན་དགའ་རིན་ཆེན་པའི་དྲུང་དུ། བླ་མའི་རྣལ་འབྱོར། ཐུགས་རྗེ་ཆེན་པོའི་སྒོམ་བཟླས། རྗེ་གསུམ་ལྡན་མའི་ལུང་རྣམས་གསན་ནོ། །ཡོངས་འཛིན་དམ་པ་བཅུ་ཕྲག་གཉིས་ལྷག་གི །ཞབས་ཀྱི་པདྨོ་ཡུན་རིང་བརྟེན་བྱས་ནས། །རྒྱལ་བའི་བཀའ་དང་དགོངས་འགྲེལ་བསྟན་བཅོས་དང་། །གསང་སྔགས་གསར་རྙིང་ལ་སོགས་དམ་པའི་ཆོས། །དེང་སང་བོད་ན་དར་བ་མ་(༤༧)ལུས་པ། །ཁྱོད་ཀྱི་ཐུགས་ཀྱི་བང་མཛོད་ལེགས་གཏམས་ནས། །གྲངས་མེད་འགྲོ་བའི་མགོན་དུ་གྱུར་ལ་འདུད། །ཅེས་པ་བར་སྐབས་ཀྱི་ཚིགས་སུ་བཅད་པའོ། །

བཞི་པ་དབེན་པ་བསྟེན་ནས་སྒྲུབ་པ་ལྷུར་བླངས་ཏེ། བླ་མ་ལྷ་དང་མཁའ་འགྲོ་ཆོས་སྐྱོང་གིས་ཞལ་གཟིགས་དང་ལུང་བསྟན་བརྙེས་ཚུལ་ནི། ར་སྒྲེང་དུ་སྐུ་མཚམས་དམ་པོ་གཅིག་གནང་དུས། ཇོ་བོ་རྗེ་ར་སྒྲེང་གི་རྒྱབ་རིའི་སྐུ་ཚད་མཉམ་པ་གཅིག་ཞལ་གཟིགས། དེ་ནས་མཚུར་ཕུ་ལ་ཕེབས་པས། མཚུར་མདའ་ནས་མཚུར་ཕུའི་བར་གྱི་ཆུ་དེའི་སྒྲ་ལ་གཛ་པའི་ཆོས་སྐྱོད་ཀྱི་སྒྲ་མཚུར་ཕུར་མ་ཕེབས་བར་དུ་བྱུང་གསུངས།

དེ་ནས་མཚུར་ཕུ་མཆོད་ཁང་གོང་དུ་སྐུ་མཚམས་མཛད་ནས་བཞུགས་

དུས། མཚུར་ཕུའི་རྒྱབ་རིའི་འདབས་ལ་མི་གཡོ་བ་དཀར་པོ་དང་(༥༥ན)སྔོན་པོ་བརྒྱ་ཕྲག་ཙམ་བཞུགས་པའི་གཟིགས་སྣང་དང་། དེ་ནས་བདེ་མཆོག་ཡངས་རི་གད་དཀར། ཕུག་མོ་ཆེ། ཀོ་ཁྲིམ་གཉན་རས་ཕུག །མཆོད་རྟེན་དཀར་ཆུང་ལ་སོགས་པ། མཚུར་ཕུའི་གནས་ཆེན་རྣམས་སུ། ཟླ་བ་གཉིས་གསུམ་རེ་ཚུ་དང་། རྡེའུ་དང་། ཧག་ཏུ་ཏུ་དང་། ཚན་དང་། བ་ལུ་མེ་ཏོག་ལ་སོགས་པའི་བཅུད་ལེན་ལ་བསྟེན་ནས་བཞུགས་དུས། སྤྲུལ་པོའི་ཐོག་དང་རྡིག་པ་རྣམས་ལ་ཟང་ཐལ་ལ་འབྱོན་པ་དང་། གཞན་ཡང་རྫོ་མོ་གངས། བཀྲ་ཤིས་དོ་པོ་ཆེ། གཉན་ཆེན་ཐང་ལྷ། རྗེ་རང་བྱུང་བའི་(སྒྲུབ་)གནས་གསེར་འབུམ་ལྷ་ཞོལ་སོགས་བྱང་གི་གནས་ཆེན་རྣམས་སུ་ཡང་བཅུད་ལེན་ལ་བརྟེན་ནས་སྒྲུབ་པ་མཐར་ཕྱིན་པ་མཛད།

ཡང་ལན་གཅིག་མཆོད་ཁང་གོང་དུ་གཟིམ་ལྕོག་ཕུབ་ནས་སྐུ་མཚམས་གནང་དུས་ཞིག །དཔལ་(༥༥བ)ལྷ་མོ་རང་བྱུང་གིས་རྒྱལ་མོ་ཀླུང་དམར་གྱི་དབུས་སུ་བཞུགས་ནས། ངེད་རང་ཚོ་ཁམས་གཛྱའི་གནས་སུ་འགྲོ་གསུངས་པས། བདག་འདིར་སྡོད། གཞན་མ་རེ་ཞིག་མི་འགྲོ། ཧིང་སོར་སྐོར་ཙམ་འགྲོ་བ་ཡོང་གསུངས། གཟིམ་ལྕོག་སྒོ་བསྲུམ་ནས་བཞུགས་པས། ཞག་ལྔ་དྲུག་ནས། ཡེ་ཤེས་མགོན་པོ་བེར་ནག་ཅན་ལ། ཕྱོགས་བཅུའི་མགོན་པོ། ཕྱག་དྲུག་པ། སྟག་ཞོན། ཟངས་གྲི་ཅན། གཡག་ཐོད་ཅན། བསེ་འབག་ཅན་སོགས་ཆོས་སྐྱོང་རྣམས། རང་རང་གི་ཕྱག་མཚན་དང་བཅས་ཏེ་ཧྭ་གཡེ་ཆེན་མོ་ན་གར་མཛད་པ་གཟིགས། ཡུམ་རིན་ཆེན་བྲག་ཏུ་རིན་པོ་ཆེ་བསོད་ནམས་རྒྱལ་མཚན་པའི་དྲུང་དུ་ཤངས་ཆོས་རྣམས་གསན་དུ་ཕེབས་དུས། མགོན་པོ་ཕྱག་དྲུག་པའི་སྒྲུབ་པ་མཛད་པས། ཞག་ལྔ་

ཙམ་དུ་སོང་དུས། རྗེ་བཙུན་རིན་པོ་ཆེའི་ཞལ་(༥༥ན)སློབ་མཆེད་གྲོགས་ཡིན་པའི་རིན་ཆེན་གཞོངས་པ་ཟེར་བ་ཞིག་གི །རིན་པོ་ཆེ་རིན་ཆེན་བྲག་པ་མཇལ་བ་ལ་ཕྱིན་པའི་ཚོར་ལ་རྗེ་ཉིད་ཀྱི་སྐུ་མཚམས་ཡོད་ཀྱང་མཇལ་དགོས་ཞེས་ཞུ་བ་ལ་བྱུང་བས། ངེད་མཚམས་དམ་པོ་ཡོད་པས་ད་ལན་འཕྲད་མི་ཐུབ་ཞུ་གསུངས་པས། ད་ལན་མ་མཇལ་ན་དམ་ཚིག་མེད་པ་ཡིན་ཟེར་ནན་ཆེས་པས་ཇ་འདེབས་གཉིས་ཙམ་གྱི་རིང་ལ་འཕྲད་དགོས་པ་བྱུང་བས། དེ་ནུབ་ནམ་ཕྱེད་ཙམ་ནས་སྐུའི་སྟོད་སྨད་ཐམས་ཅད་སྙིལ་ཟུག་གི་བཟོད་སྒྲགས་མེད་པ་བྱུང་ནའང་སྔར་གྱི་ཐུགས་དམ་གྱི་རིམ་པ་ལས་མ་གཡོས་པ་མཛད་པས། སང་ཆོས་རྗེ་རིན་པོ་ཆེའི་ཉེ་གནས་བསོད་ནམས་དབང་ཕྱུག་གནང་བྱུང་ནས། ངེད་ལ་མདང་འཚུབ་པོ་རང་བྱུང་། ཁྱེད་ལ་མ་བདེ་བ་མ་བྱུང་ལས་ཆེ། ལར་ཆོས་སྐྱོང་བཀའ་གཉན་པོ་ལ་(༥༥བ)སྒྲུབ་པ་དང་མཚམས་དམ་པོ་བྱེད་དུས་ཁོང་ཚོ་དང་འཕྲད་མཁན་ཡོང་དགོས་མེད་གསུངས་པ་ལ། ཁམས་མི་བདེ་བ་ཡེ་མ་བྱུང་། དགེ་སྦྱོར་འཕེལ་པོ་བྱུང་བའི་ཞུ་བ་ཕུལ། སྐུ་ལུས་སྟོད་སྨད་ཐམས་ཅད་སྙིལ་ཟུག་ཤིན་ཏུ་ཆེ་བ་དང་། གསོལ་ཇ་དང་གསོལ་བ་ཡང་བཞེས་པ་མ་བྱུང་བས། སྐུ་མཚམས་ཕྱུག་གཡོག་པ་དེས་དེང་སང་གསོལ་ཇ་དང་གསོལ་བ་ཡེ་མི་བཞེས་པ་འདུག །སྐུ་ཁམས་མ་བདེ་བ་མ་བྱུང་ལས་ཆེ་ཟེར། ཁམས་མ་བདེ་བ་མ་བྱུང་དགེ་སྦྱོར་ལ་བརྩོན་པར་བྱས་པས་ཇ་སོགས་མ་བྱུང་ཀྱང་སྐྱོན་མེད་གསུངས། ཡང་སང་ཉིན་ཉེ་གནས་བསོད་ནམས་དབང་ཕྱུག་གནང་ནས། ངེད་ཁམས་འཚུབ་པ་ཞིག་བྱུང་། ཁྱེད་མ་བདེ་བ་མ་བྱུང་ལས་ཆེ་གསུང་བ་ལ། ཁམས་མ་བདེ་བ་ཡེ་མ་བྱུང་། དགེ་སྦྱོར་འཕེལ་པོ་བྱུང་བའི་(༥༦ན)ཞུ་བ་ཕུལ།

དེ་ནས་ཞག་གསུམ་སོང་བའི་ནམ་ཕྱེད་ཙམ་མི་གཅིག་གིས་ལྗེ་མིག་གཅིག་གཏད་ནས་ཁང་པ་སྒོ་ལྕགས་ཡོད་པ་ཞིག་གི་སྒོ་ཕྱེ་ཟེར། སྒོ་དེ་དཀར་གྱིས་ཕྱེ་བའི་སྣང་བ་བྱུང་བས་སླུང་ཟུག་རྣམས་ཅུང་ཟད་ཆགས་པ་འདྲ་བ་ཞིག་བྱུང་། ཐོ་རངས་སྐྱེས་དམན་གཅིག་གིས་ལྗེ་མིག་ཆུང་ཆུང་ཆག་པ་གང་སྐྲ་པང་དུ་འཕངས་བྱུང་(བ་)ཚོགས་མཛད་པས། སྟར་མནལ་ཆེན་པོ་མ་བྱུང་པ་ལ། མནལ་དུ་ཅུང་ཟད་སོང་འདུག་པས་ནམ་ལངས་འདུག །དེ་ནས་སླེལ་ཟུག་རྣམས་ཆག་ནས་བདེ་ཆམ་གྱིས་སོང་།

དེ་ནས་གསོལ་ཇ་དང་གསོལ་བ་ཡང་སྔར་ལུགས་བཞིན་བཞེས་ཐུབ་པ་བྱུང་། སང་ཆོས་རྗེ་རིན་པོ་ཆེའི་ཉེ་གནས་གནང་ནས། ངེད་ལའང་མདང་ཁམས་བདེ་བ་དང་དགེ་སྦྱོར་འཕེལ་བ་བྱུང་། ཁྱེད་ཁམས་བདེ་བ་དང་དགེ་སྦྱོར་འཕེལ་པོ་བྱུང་ལས་ཆེ་གསུངས། (༤༨བ)ཁམས་བདེ་བ་དང་དགེ་སྦྱོར་འཕེལ་པོ་བྱུང་བའི་རྒྱུ་མཚན་ཕུལ་ཞིང་ཟླ་བ་གཉིས་ཙམ་སོང་བ་དང་། ཀླུ་ཏྲ་པ་ལ། ཛོ་ན་མི་ཏྲ། ཏྲ་ཀི་ནྲ་ཛ་དང་གསུམ། འཆམ་དང་གར་བྱེད་ཅིང་འདུག །ཟླ་བ་གསུམ་ཙམ་སོང་ནས། གཏོར་མའི་འདེབས་ལ་འོད་མར་མེ་ལྟ་བུ་ཞིག་བྱུང་བའི་དབུས་སུ། མགོན་པོ་ཕྱག་(བཞི་)པ་མཚོན་གང་བ་ཙམ་ཞིག་འདུག་པ་ཇེ་ཆེར་སོང་ནས་མཐར་ནམ་མཁའ་ཁྱབ་པ་གཅིག་ལ། ཆོས་སྐྱོང་ཕྱག་བཞི་པ། གྲི་གུག་ཅན་དང་། ཞིང་སྐྱོང་། ཏྲཀྐད་སོགས་འཁོར་དང་བཅས་པ་དང་། མགོན་པོ་གུར་ཨ་ཙ་ར་བརྒྱད་ཀྱིས་བསྐོར་བ་དང་། མགོན་པོ་ཞལ་བཞི་པ་མགྲིན་པ་རྣམས་སོ་སོར་སྤྲུལ་མགོ་བོའི་ལྗིང་ཁ་ལྟར། སླང་པོ་ཆེ་དང་། ཆུ་སྲིན་དང་། མ་ཧེ་དང་། སེང་གེའི་ཞལ་ཧམ་ཞིང་འཛིགས་པའི་ཆ་ལུགས་ཅན་ཞིག་དང་། གཞན་ཡང་ཆོས་སྐྱོང་(༤༩ན)གི་སྐོར།

རེ་མང་བཞུགས་པ་རྣམས་ཀྱི་ཞལ་ནས་ཁྱོད་ཀྱི་ཕྲིན་ལས་ངེད་ཀྱིས་སྐྱབ་གསུང་བ་མངོན་སུམ་དུ་གཟིགས། ཟླ་བ་གསུམ་ལྷག་ཙམ་སོང་ནས། སྐྱེས་པ་དང་བུད་མེད་མང་པོ་རྒྱན་གོས་བཟང་པོ་བྱས་ནས་གླུ་ལེན་ཅིང་གར་དང་བྲོ་འཁྲབ་པ་སོགས་བྱེད་ཅིང་འདུག་པས། སང་ཉིན་ཉེ་གནས་བསོད་ནམས་དབང་ཕྱུག་ལ་རྒྱུ་མཚན་ཞུས་བས། རིན་པོ་ཆེའི་ཁམ་སྟར་དང་ཀུ་ཤུ་མང་པོ་གནང་ནས། དོ་དགོང་སུ་ཡང་མེད་པ་མ་ངེད་རང་གཉིས་འཕྲད་སང་མཚམས་གྲོལ་ཆོག་པ་འདུག་གསུངས་པས་བཀའ་ལུང་དང་། སྐབས་ཤིག་ལ་ཉེ་གནས་གནང་བྱུང་བས། རིན་པོ་ཆེའི་དྲུང་དུ་ཕེབས་པས། བཀའ་ལུང་ལ་ཁྱེད་དགེ་སྦྱོར་འཕེལ་པོ་བྱུང་འདུག །ངེད་ལ་ད་ནངས་ཉེ་མ་ཤར་འཕྲུལ་རྟེན་འབྲེལ་ལེགས་པོ་བྱུང་། ཁ་སང་མཚམས་དམ་པོ་དེ་འདྲ་ལ་(༧༢བ)གྲོགས་མཆེད་དེ་དང་འཕྲད་པ་དེ་ལ་བར་ཆད་ཀྱི་རྣམ་པ་ཉེན་ཆེན་པོ་བྱུང་འདུག་ནའང་སྐྱོན་ཅན་དུ་མ་སོང་བ་སྒྲུབ་པ་མཐར་ཕྱིན་པ་ལེགས་གསུངས་མཉེས་མཉེས་མཛད། ཇོ་ཉིད་ཀྱིས་ཀྱང་ཕྱི་ནང་གི་རྟེན་འབྲེལ་དང་ཐུགས་དམ་གྱི་རིམ་པ་མཛད་ཚུལ་དང་ཞལ་གཟིགས་དང་ལུང་བསྟན་བྱུང་ཚུལ་སོགས་ཞིབ་རྒྱས་ཕུལ་བས། རིན་པོ་ཆེའི་བཀའ་ལུང་ལ་ངས་ཀྱང་མགོན་པོའི་སྒྲུབ་པ་བྱས་དུས་རྟགས་དང་མཚན་མ་མང་པོ་ཡོང་སྐྱོང་གསུངས།

ཡང་ཁྱུང་པོའི་ཐུགས་དམ་རྣམ་འཇོམས་ཀྱིས་ཚེ་སྒྲུབ་རང་ལུས་ཚེའི་བུམ་པ་ལ་སྦྱད་ནས་སྒྲུབ་པ་བྱས་དུས། རྣམ་འཇོམས་ཚོན་གང་བ་ཙམ་དང་། སོར་གཅིག་པ་ཙམ་དང་། ནས་འབྲས་ཙམ་མང་པོ་རང་གི་ལུས་བུམ་པར་བསྐྱེད་པའི་ནང་དུ་ཕྱིར་ཡོང་བ་དང་། ལྟོ་བར་ལྷིར་བ་དང་། ནང་དུ་ཡོང་(༧༣ན)བ་སོགས་

ཀྱི་ལྟས་བཟང་པོ་བྱུང་བ་རྣམས་རིན་པོ་ཆེའི་དྲུང་དུ་ཞུས་པས་གྲུབ་པའི་རྟགས་བཟང་པོ་ཡིན་པ་འདུག་གསུངས།

ཡང་ལན་ཅིག་རིན་ཆེན་བྲག་ཏུ་སྐུ་མཚམས་མཛད་དུས། སྤུ་རིས་ཕྱིན་ཆད། དབུས་གཙང་སྟོད་སྨད། མོན། ལྷོ་བྲག །དྭགས་ཀོང་། ཁམས་སྟོད་སྨད། འཛང་སོགས་ཀྱིས་གཞི་བདག་ཐམས་ཅད་འཚོགས་ནས་འདུག་པ་ལ་སྤྱོམ་ར་མི་འདུག །དེ་རྣམས་ཀྱི་ངེད་ཀྱི་ས་ཆ་དང་ཡུལ་ལ་འགྲོ་དགོས་ཞབས་ཏོག་དང་ཕྱིན་ལས་སྒྲུབ་ཟེར་བ་ལ་འཕྲིན་པའི་ཞལ་བཞེས་དང་ཆད་དོན་མཛད། རྗེས་སུ་རིན་པོ་ཆེ་ལ་ཞུས་པས་ཡུལ་དེ་ཚོར་འགྲོ་དགོས་པ་ཡིན་ཡོང་གསུངས།

ཡང་ལན་ཅིག་རིན་ཆེན་བྲག་ཏུ་སྐུ་མཚམས་མཛད་དུས་ཨོཾ་དཀར་གྱིས་སྨུད་པ་ཁྱེར་ནས་མི་འདུག་ཕྱག་གཡོག་པས་བཙལ་ཀྱང་མ་རྙེད། ཞག་བཞི་ལྔ་སོང་བ་དང་ལུང་དེ་ཟློས་ནས་(༤༨)གཞན་སྐྱོན་མེད་པར་བསྐྱལ་འདུག་གསུངས། དེ་ལ་སོགས་པའི་ངོ་མཚར་བའི་ལྟས་བསམ་གྱིས་མི་ཁྱབ་པ་བྱུང་འདུག་ཀྱང་རགས་རིམ་ཙམ་གསུངས་པ་མ་གཏོགས་ཞིབ་ཏུ་མི་གསུང་བ་འདུག །ཁུ་བོ་བླ་མ་བློ་གྲོས་པའི་དྲུང་དུ་བཞུགས་པའི་དུས། སྣང་གནས་ཆིག་སྒྲིལ་མཛད་པས་གྲངས་སུམ་བརྒྱ་ཟིན་པ་དང་། མ་ཏི་དུང་འགྱུར་སོང་དུས་སྤྱན་རས་གཟིགས་ཀྱིས་ཞལ་གཟིགས། རྗེ་མོ་གངས་དང་བདེ་ཆེན་ཡང་རི་ལ་སོགས་པའི་གནས་རྣམས་སུ་བཞུགས་དུས། ཕྱག་རྒྱ་ཆེན་པོ་གནས་ལུགས་ཀྱི་ངང་ནས། ཐུགས་རྗེ་ཆེན་པོ་རྒྱལ་བ་རྒྱ་མཚོ། ཕག་མོ་ལྷན་ཅིག་སྐྱེས་མ། ཕྱག་ན་རྡོ་རྗེ། རྟ་མགྲིན། མཁའ་འགྲོ་སེང་གེའི་གདོང་ཅན། བེར་ནག་ཅན་ལ་སོགས་པའི་ཡི་དམ་མཁའ་འགྲོའི་བསྙེན་པ་བྱེ་བ་དང་དུང་ཕྱུར་ལ་སོགས་པ་སོང་ཞིང་། དེ་རྣམས་ཀྱིས་ཞལ་གཟིགས་

པ་དང་ལུང་(༥་ན)བསྟན་བརྙེས་པ་ཁོ་ན་བྱུང་གསུངས་པ་ཇོ་ཉིད་ཀྱི་གསུང་ལས་དངོས་སུ་ཐོས་པ་ཡིན་ནོ། །གཞན་ཡང་དག་པའི་གཟིགས་སྣང་མང་དུ་ཡོད་པ་རྣམས་འོག་ཏུ་རང་རང་གི་སྐབས་སུ་ཡོང་བས་འདིར་མ་བྲིས་སོ། །སྣང་སྲིད་འཁོར་འདས་ཆོས་རྣམས་མ་ལུས་པ། །ཆོས་སྐུ་ལྷུན་ཅིག་སྐྱེས་པའི་རང་མདངས་ལས། །ནམ་ཡང་གཡོ་བ་མེད་པ་མངོན་གྱུར་ཀྱང་། །ཡི་དམ་ལྷ་དང་མཁའ་འགྲོ་ཆོས་སྐྱོང་གི །བསྐྱེད་རྫོགས་བསྙེན་སྒྲུབ་མཐར་ཕྱིན་གྲུབ་པའི་གཙོ། །སྣང་སྲིད་དབང་དུ་འདུས་པ་དེ་ལ་འདུད། །ཅེས་བར་སྐབས་ཀྱི་ཚིགས་སུ་བཅད་པའོ། །

ལྔ་པ་བཤད་སྒྲུབ་ཀྱི་སྒོ་ནས་རྒྱལ་བའི་བསྟན་པ་སྤེལ་ཞིང་འགྲོ་དོན་དང་ཕྲིན་ལས་མཐར་ཕྱིན་པའི་ཚུལ་ནི། ཐར་པ་དོན་གཉེར་གྱི་སྐལ་ལྡན་གྱི་སློབ་མ་འགའ་ཡར་བྱུང་བ་ལ་ཆོས་ཕྱིར་སྙིང་ རུས་དང་དཀའ་སྤྱད་(༥་བ)སྒྲུབ་པ་རྩེ་གཅིག་ཏུ་བྱེད་ནུས་མི་ནུས་ཀྱི་དྲི་རྩད་ལེགས་པར་བྱས། ཆོས་སྙིང་ནས་བྱེད་ཟེར་བ་རྣམས་ཕྱག་ཕྱིར་འཁྲིད། རིན་ཆེན་བྲག་ཏུ་སྐུ་མཚམས་མཛད་དུས་བུད་མེད་གཅིག་གིས་དེ་རིང་སང་ཆོས་སུ་ལའང་མ་བཤད། ཇེས་སུ་རི་པ་ཞེན་མེད་མང་པོ་ཡོད་པས་དེ་ཚོ་ལ་བཤད་དགོས་གསུངས་པ་ཞིག་བྱུང་བས་དེ་ཡང་དུས་ལ་བབ་པ་ཡིན་ནམ་སྙམ་དུ་དགོངས་ནས། རང་རང་གི་སྐལ་བ་དང་འཚམ་པའི་དབང་དང་གདམས་པ་གནང་། ཁྱད་པར་ཕྱག་རྒྱ་ཆེན་པོའི་ངོ་སྤྲོད་སེམས་ཐོག་ཏུ་རྗེ་རུས་ཐུག་པ་རེ་གནང་ནས་རི་ལ་བསྒོམ་དུ་བཅུག་པས་གཅིག་རེ་ཐུབ་པའི་རི་པ་མི་ཉག་རྟོགས་ལྡན་དཔལ་ལྡན་སེང་གེ་དང་། མི་ཉག་རས་ཆེན་མང་ཐོས་རྣམ་རྒྱལ་ལ་སོགས་པ་མང་དུ་བྱུང་གསུངས།

དེ་ནས་དབུས་གཙང་ཁམས་གསུམ་སྟོད་སྨད་ཐམས་ཅད་ནས། སྐལ་ལྡན་

གྱི་སློབ་མ་(༥༠ན)མང་དུ་འདུས་པ་རྣམས་ལ་དབང་གདམས་པ་ངོ་སྤྲོད་སོགས་སྔ་མ་ལྟར་གནང་ནས། གཅིག་རི་ཐུབ་པའི་རི་པ་སྟོད་ལུང་ཕུ་མདའ། འབྲི་ཁུང་ནས་སླུག་ལའི་བར་སྐྱིད་ཤོད་ཀྱི་གནས་ཆེན་དང་རི་མགོ་གང་མཐོ་ཆུ་ཤིང་གང་འཛོམས་སུ་བཞུགས་པ་ལྔ་བཅུ་ལྷག་ཙམ་འདུག་ཅིང་། ལྷོ་ནས་བླ་མ་ལྷའི་ཟླ་བས་གདན་འདྲེན་པ་འདུག་པས་མཚུར་ཕུ་ནས་བྲག་མིག་རྩེར་ཕེབས། དེར་སྤྱ་ར་ནས་ཡུམ་སྲས་གཉིས་དང་། གཞན་མ་ངེད་བཅུ་ཙམ་ལ་ཕྱག་རྒྱ་ཆེན་པོའི་ངོ་སྤྲོད་གནང་། ཀརྨ་གྲྭ་ཚང་སོགས་ནས་གསུང་ཆོས་དོན་དུ་གཉེར་བ་མང་པོ་ཐོན་པ་རྣམས་ལ་དབང་ཁྲིད་ལུང་སོགས་རང་རང་གི་བསམ་པ་དང་མཐུན་པ་གནང་། ཟླ་བ་གཅིག་བཞུགས།

དེ་ནས་ལྷོ་ལ་དཔོན་སློབ་བཅོ་ལྔས་ཕེབས་ལམ་གྱི་(༥༠བ)སྣད་ལ་མཛད་ཆུ་བོ་རིའི་ཚུགས་དོན་གོང་དཀར་ཕུའི་ལ་ནས་འབྲོག་སྣང་དང་གཏམ་ཤུལ་ནས་བརྒྱུད་དེ་གྲོ་ཤུལ་སྨར་གྱི་ལྷོག་བུ་དགོན་པར་ཕེབས་ནས། བླ་མ་ལྷའི་ཟླ་བ་དཔོན་སློབ་རྣམས་ལ་ཕག་མོ་ལྷན་ཅིག་སྐྱེས་མ་ལྷ་ལྔའི་དབང་དང་། རང་རང་གི་བསམ་པ་དང་བསྟུན་པའི་ཁྲིད་ལུང་མང་དུ་འཇུག་པ་གནང་། ཞག་བཅུ་ཙམ་བཞུགས་པ་གནང་།

དེ་ནས་མོན་མཚོ་སྣ་སྟོད་སྨད་ཀྱི་ཡོན་བདག་རྣམས་ཀྱི་གདན་འདྲེན་བྱུང་ནས། མཚོ་སྣ་སྟོད་སྨད་དུ་ཕེབས། དེ་རྣམས་ལ་དབང་དང་ཆོས་ཀྱིས་ཚིམ་པར་མཛད། དེ་ནས་ཨུ་རྒྱན་གྱི་གནས་དོམ་ཚང་རོང་མཇལ་བ་ལ་ཕེབས་ནས་ཞག་གསུམ་གནས་འབྲིལ་མཛད། མོན་ལ་འོག་ཡུལ་གསུམ་དུ་དུང་ཁ་རྒྱལ་པོས་གསན་ནས་དེར་གདན་འདྲེན་བྱུང་བས་ལ་འོག་ཡུལ་གསུམ་དུ་ཕེབས། (༥༡ན)དུང་ཁ་རྒྱལ་

པོ་དང་མཇལ། ཟླ་ཕྱེད་ཙམ་བཞུགས། དེ་ནས་མཆོད་རྟེན་རྣམ་དག་མཇལ་བ་ལ་ཕེབས་པའི་དགོངས་པ་མཛད། ཤར་དུང་ཁང་རྒྱལ་པོའི་ཕེབས་ལམ་གྱི་ཞབས་ཏོག་མགོ་ལུང་བ། གཉེར་པ་སོ་སོ་ལ་བཀའ་ཤོག་དང་བཅས་པ་གནང་ནས། རྒྱ་གར་གྱི་ཆུ་མགོ་སྣར་ཁུམ་ཟེར་བའི་གྲོང་ཁྱེར་གཅིག་འདུག་པ་དེར་ཆབ་འབྲིས་པ་ལ་ཞག་ཉི་ཤུ་ཙམ་བཞུགས།

དེ་ནས་རྒྱ་གར་གྱི་མཐིལ་ཧིན་དུ་ལ་ཟེར་བའི་གྲོང་ཁྱེར་ཆེན་པོ་རྒྱལ་པོ་དེའི་ཕོ་བྲང་དང་བཅས་པ་ཞིག་ཏུ་ཞག་འགའ་ཡར་བཞུགས་དུས། ཇོ་ཉིད་ཀྱི་སྣང་བ་ལ་མི་བསྐྱོད་ལ་སོགས་པའི་རིགས་བཞིའི་བསྐོར་ཏེ། ནམ་མཁའ་ལ་བྱོན་ནས་མཆོད་རྟེན་རྣམ་དག་མཇལ་བ་ལ་འགྲོ་བའི་སྣང་བ་བྱུང་གསུངས། དེ་ནས་གྲུབ་ཐོབ་མགར་དམ་(༥༧བ)པའི་སྒྲུབ་གནས་ཧྲི་ཧྲི་ཏུ་ཞག་འགའ་བཞུགས་ནས། པེན་ཧྲ་རི། ན་ར་ཧྲི་ར་རྣམས་སུ་ཕེབས། གཉེར་པ་སིཀྐི་ཁའི་ཞབས་ཏོག་དང་། དམག་གིས་སྐུ་སྲུང་དང་བཅས། དཔོན་སློབ་ཉིས་བརྒྱ་ཙམ་གྱིས་མཆོད་རྟེན་རྣམ་དག་དང་། ཤིང་གི་རི་ལ་སོགས་པའི་གནས་མཇལ་ནས། སླར་ན་ར་ཧྲི་རར་ཕེབས། སིཀྐི་ཁའི་རྒྱ་གར་གྱི་གར་དང་། བྲོ་ལ་སོགས་པའི་མཆོད་པ་རྒྱ་ཆེན་པོ་ཕུལ། དེ་ནས་བེཀྐ་རིར་ཕེབས་སིཀྐི་ཁའི་ཞལ་ངོ་རྣམས་ལ་ཚེ་དབང་ལ་སོགས་པ་གནང་། ཀ་ཤི་ཀའི་རས་ཡུག་ཁ་འདོམ་ཚད་སུམ་ཅུ་རྩ་གཉིས་ཡོད་པ་གཅིག་གི་མགོ་བྱས་འབུལ་བ་བསམ་གྱིས་མི་ཁྱབ་པ་བྱུས།

དེ་ནས་ཕུར་པ་རིར་ཞག་གཅིག་བཞུགས་ནས་སྔར་གྱི་ཧྲི་ཧྲིར་ཟླ་བ་བཞི་ལྷག་ཙམ་བཞུགས། དེ་བར་གྱི་ཞབས་ཏོག་སིཀྐི་(༥༢ན)ཁ་དང་། ཛོ་བོ་ན་ག །ཀླ་མ་ར་ཛ། གཉེར་པ་གིརྟི་ལ་སོགས་པས། ཤིང་ཐོག་གོ་ལ་དང་། རྒྱ་གར་གྱི་ཤིང་ཐོག

སྣ་ཚོགས་པའི་བཞེས་སྒྲོ་དང་། ཞབས་ཏོག་ཕུན་སུམ་ཚོགས་པ་མཛད། ཁྱད་པར་གཉེར་པ་གེཧྱེ་ལ་གཞན་གྱི་ངན་བྱེད་ལ་བརྟེན་པའི་རིག་པ་མི་གནས་པ་དང་ནད་དམ་པོ་ཞིག་འདུག་པ་ལ། གཙོད་དབང་ཞིག་གནང་བས་ནད་ལས་གྲོལ་ནས། འབུལ་བ་བསམ་གྱིས་མི་ཁྱབ་པ་ཕུལ། ཡོངས་དྲིལ་རྒྱ་གར་མཐིལ་དུ་ཟླ་བ་ལྔ་བཞུགས་ནས་གོང་གི་གྲགས་པ་དེ་རྣམས་ཀྱིས་སྐྱེལ་མ་མཛད། འོབ་ལ་ཟེར་བའི་ཡུལ་ཞིག་ཏུ་ཕེབས། ཇོ་བོ་དེ་རྣམས་ལ་ཚེ་དབང་གཅིག་གནང་དུས། འོབ་ལ་ཟེར་བའི་སྨྲང་བུ་ཞིག་གིས་ཉེན་མཚན་མེད་པར་ཟ་བ་གཅིག་འདུག་པ་ལ་དུ་བ་བཏང་ནས་བསྲུང་(༥༢བ)དགོས་ཤིང་། སྤོས་དཀར་གྱི་དུ་བ་སྤྲ་གོན་བྱས་དབང་གྲལ་བསྒྲིགས་ནས་དབང་བཤད་ཚུགས་པ་དང་སྦྲང་བུ་རྣམས་ཕྱོགས་ལ་ཡང་མ་བྱུང་། དབང་གྲོལ་བ་དང་བུ་ཡུག་འཚུབ་པ་བཞིན་འདུག །ཇོ་བོ་རྣམས་ཀྱིས་འབུལ་བ་ལྷོས་ཆེ་བ་ཕུལ། སྤར་གྱི་ཕེབས་ལམ་བརྒྱུད། གོ་ཤུལ་སྒོར་གྱི་དགོན་པ་གོང་དང་། ཝྃ་ཀ་བུ་དགོན་པར་ཕེབས། དེ་གཉིས་སུ་ཕག་མོའི་ཆོས་བཅུའི་དགེ་རྒྱུན་དངོས་པོ་གྱ་ནོམ་པ་གནང་། སྤར་གྱི་ཕེབས་ལམ་བརྒྱུད་དེ་སྟོད་ལུང་མཚུར་ཕུར་ཕེབས་དུས་བྱེ་མ་ལ་ཁའི་ལྷག །ཕ་བོང་ཤོག་འདྲའི་འདེབས་ལ་ཐུབ་པ་གནས་བརྟན་བཅུ་དྲུག་མངོན་སུམ་དུ་བཞུགས་པ་ཞལ་གཟིགས། མགོན་པོ་བྲག་གདོང་དུ་ཕེབས་པ་དང་། སྤྲིན་གྱི་ཐོག་ན་སློབ་དཔོན་པདྨ་འབྱུང་གནས་དང་། རྒྱལ་པོ་ཆེན་པོ་(༥༣ན)རྣམ་ཐོས་སྲས་རྒྱལ་པོའི་ཆ་ལུགས་སུ་བཞུགས་པ་ཞལ་གཟིགས།

དེའི་དགུན་མཚུར་ཕུར་བཞུགས། གང་ལ་གང་འདུལ་གྱི་ཆོས་ལུང་འཇུག་པ་གནང་དུས་ཁམས་སུ་ཁྲུ་བོ་བླ་མ་བློ་གྲོས་པའི་དྲུང་ཞིང་གཞན་དུ་གཤེགས་པའི་

སྐད་ཆ་གསན། སྐུའི་དཔོན་པོ་ཞིག་ཡོད་པ་ཡང་སྐུ་གཤེགས་པ་ལ་བརྟེན་པའི་ཁུ་དཔོན་གཉིས་ཀྱི་དགོངས་རྫོགས་མཚུར་ཕུ་ཚོགས་ཆེན་ལ་མང་ཇ་འགྱེད། གུ་ཤྲཱི་རིན་པོ་ཆེས་གཙོ་མཛད་པའི་བླ་མ་སློབ་དཔོན་སོ་སོ་ལ་འབུལ་བ་རྒྱ་ཆེན་པོ་གནང་། ཀརྨ་གྲྭ་ཚང་། གནས་ནང་། ཐུབ་ཆེན་ཆོས་འཁོར་རྣམས་སུ་མང་ཇ་འགྱེད། བླ་མ་རྣམས་ལ་འབུལ་བ་རྣམ་གཞག་གང་ལ་གང་འོས་རྒྱ་ཆེན་པོ་གནང་།

དེའི་སོས་ཟླ་བ་ལྔ་པའི་ནང་དུ་དཔོན་སློབ་བརྒྱ་ཟིན་གཅིག་གིས་ལྕོག་(༥༣བ)གྲྭ་མཛད་ནས། གོང་པོ་ལ་རྒྱལ་བའི་དབང་པོ་མི་བསྐྱོད་རྡོ་རྗེ་མཇལ་བ་ལ་འདེགས་པ་གནང་། གོང་པོ་རྩེ་ལྷ་སྒང་དུ་ཕྱག་ཕེབས། རྒྱལ་བའི་དབང་པོའི་དྲུང་དུ་འབུལ་ཆེན་སྐུ་གསུང་ཐུགས་ཀྱི་རྟེན་དང་། མཚོད་རྫས། སིལ་སྙན། རྡོར་དྲིལ། མཎྜལ། བདུན་ཚར། གོང་བུ། དུང་དཀར་སོགས། གཞན་ཡང་། གསེར་དངུལ། གཡུ། ཇ་གོས་དར། ན་བཟའ་ཆ་ཚང་། སྣམ་ཐེར། ཟམ་ཟེ་སྨོ་དམར། སྟོད་ཀྱི་ཀ་དན་སྨོ་དམར་སྤྲིན་ཐོག །གནམ་ཐང་། རས་ཆེན། འབའ་སྐར་ལ་སོགས་པ་དངོས་པོ་རྣམ་གྲངས་བདུན་བརྒྱ་དང་བདུན་ཅུ་དོན་བདུན་གྱི་འབུལ་བ་རྒྱ་ཆེན་པོ་མཛད་དུས་ནམ་མཁའ་ལ་འཇའ་སྣ་ལྔ་གདུགས་ཕུབ་པ་ལྟ་བུ་དང་། འཕན་རྒྱང་བ་ལྟ་བུ་དང་། མེ་ཏོག་གི་ཆར་ཡུན་རིང་དུ་བབས་པ། ཀུན་ཐུན་སྣང་(༥༤ན)དུ་གྲུབ་པས་ངོ་མཚར་བར་གྱུར་ཏོ། །

སྐར་པ་སྤྱི་ལ་མང་ཇ་བཞི་དང་། དར་ཆེན་དང་འབྲིང་དར་འདྲེས་པ་ཁ་ཕྱེད་དང་ཉིས་སྟོང་གི་འགྱེད། རྩེ་ལྷ་སྒང་གི་སྒྲུབ་སྡེ་གསར་རྙིང་། བཙུན་མ་གླིང་། རྫོང་གོང་འོག་རྣམས་ལ་འགྱེད་དང་རྣམ་གཞག་སོགས་རྒྱ་ཆེ་བ་མཛད། དྲུང་དཔལ་འབྱོར་དོན་གྲུབ་པའི་སྐུ་སྐྱེ། ཆོས་རྗེ་རིན་པོ་ཆེ་ཀརྨ་ཕྲིན་ལས་པ།

སྐམ་པོ་མཁན་ཆེན། བླ་མ་རྡོ་རྗེ་གཞོན་ནུ་རྣམས་ཀྱི་དྲུང་དུ་འབུལ་བ་དགུ་ཚན། རྗེ་ཆོས་གྲགས་རྒྱ་མཚོའི་དཔོན་མོ་དགའ་བ། སི་ཏུ་སྨྲ་སྐྱེ། གླིང་དཔོན་སོགས་དཔོན་ཆེན་རྣམས་ལ་བདུན་ཚན། གཞན་བླ་མ་སློབ་དཔོན་དང་། དཔོན་ཆུང་རྣམས་ལ་ལྔ་ཚན། དེ་འོག་ལ་གསུམ་ཚན་སོགས་མདོར་ན་འབུལ་བ། གནང་སྦྱིན་བཟང་ཞིང་རྒྱས་པ་མཛད། དེ་དག་གི་རྣམ་(༥༤བ)གྲངས་རེ་རེ་ནས་ཡི་གེ་མང་གི་དོགས་ནས་མ་བྲིས་སོ། །

རྩེ་ལྷ་སྒང་དུ་ཟླ་བ་གཉིས་བཞུགས་རིང་རྒྱལ་བའི་དབང་པོའི་སྤྱི་དགོས་ཀྱིས་གསུང་ཆོས་གནང་བ་རྣམས་གསན། རྗེ་ཉིད་ཀྱི་གཙོད་ཁྲིད། ཚེ་ཁྲིད་སོགས་གང་ལ་གང་འདོད་ཀྱི་གསུངས་ཆོས་གནང་། དེའི་དུས་གངས་ར་སེང་དང་ཡན་གྱིས་རི་རྩེ་ལ། རླུང་དམར་དང་འཇའ་འོད་ཀྱི་དབུས་ན་དམ་ཅན་རྡོ་རྗེ་ལེགས་པ་སྐུ་མདོག་སྨུག་ནག་ཤིན་ཏུ་ཇམ་ཞིང་འཇིགས་པ། ཞལ་རྩེ་ལྷ་སྒང་ལ་གཟིགས་པ་ཞིག་གཟིགས་གསུངས།

དེ་ནས་ཞོ་ཁ་རུ་ཕེབས། རྗེ་བཙུན་རིན་པོ་ཆེའི་གདུང་འབུམ་དྲུང་དུ་སྣན་དར་བླ་བྲིས་དར་པོ་ཆེ་རྣམས་འབུལ་བ་གནང་། ནགས་མདར་ཕེབས་ངེད་གྲྭ་པ་བྱིངས་བོད་ལ་རྫོངས་བ་གནང་། རྗེ་ཉིད་དཔོན་སློབ་བརྒྱད་སྙེ་རྫོང་ལ་ཕེབས། (༥༥ན)དེ་ཕྱོགས་ཀྱི་གདུལ་བྱ་རྣམས་ཟབ་རྒྱས་ཆོས་ཀྱིས་ཚིམ་པར་མཛད། སླར་བོད་ལ་ཕེབས། མཚུར་ཕུར་གཏུམ་མོ་ཞག་བདུན་མའི་ཁྲིད་གནང་ནས། གྲྭ་པ་ལྔ་བཅུ་ཙམ་ཞིག་གིས་རས་ཕུད་མཛད། གཙོད་ཀྱི་དབང་ཁྲིད་ལུང་སོགས་གསུང་ཆོས་མང་དུ་འཇུགས་པ་གནང་། དེ་དུས་སྙེ་མོ་ཕུན་ཚོགས་རབ་བརྟན་ནས། དཔོན་ས་གསེར་ཁང་མའི་གདན་འདྲེན་ནན་ཆེན་བྱུང་བ་ལ་བརྟེན། སྙེ་

མོར་ཕེབས། དཔོན་ས་དཔོན་བློན་རྣམས་ལ་དབང་གདམས་ངག་སོགས་ཀྱི་དགོངས་པ་རྫོགས་པར་མཛད།

དེ་ནས་གཞིས་ཀ་རིན་སྤུངས་པ་དཔོན་བློན་གྱིས་གདན་འདྲེན་སྔ་ཕྱིར་(༥༥བ)བྱུང་བས། གཞིས་ཀ་རིན་སྤུངས་སུ་ཕྱག་ཕེབས། སྡེ་པ་རིན་ཆེན་ངག་དབང་རྣམ་རྒྱལ། སྡེ་པ་རིན་པོ་ཆེ་ཟིལ་གནོན་རྡོ་རྗེ་སོགས། དཔོན་བློན་ཕྱག་ཕྱི་དྲུང་འཁོར་དང་བཅས་པ་རྣམས་ལ་དབང་དང་། ཕྱག་ཆེན་གྱི་ཁྲིད། གཅོད་ཡུལ་སོགས་ཟབ་པ་དང་རྒྱ་ཆེ་བའི་ཆོས་ཀྱིས་ཐུགས་དགོངས་རྫོགས་པར་མཛད་ནས། སྣར་སྐྱེ་མོ་ཕུན་ཚོགས་རབ་བརྟན་དུ་ཕེབས་ནས་ཟླ་བ་གཅིག་ཙམ་བཞུགས། དཔོན་ས་དཔོན་བློན་རྣམས་རང་རང་གི་དགོངས་པ་དང་བསྟུན་པའི་གསུང་ཆོས་མང་དུ་བཙུགས། ཤཱཀ་རབ་ཀྱི་སྒྲུབ་སྡེ་འཛུགས་པའི་ཞལ་བཀོད་དང་ས་ཡུལ་ཞབས་ཀྱིས་བཅགས་པར་གནང་། འགྲོ་མགོན་ལི་ཐང་བ་དང་། (༥༨ན)འགྲོ་མགོན་དོན་གྲུབ་རྒྱ་མཚོ། ངེད་གྲོགས་མཆེད་གསུམ་གཅིག་རི་ལ་འཛོག་པ་གནང་། རྗེ་རིན་པོ་ཆེ་དཔོན་སློབ་དྲུང་དབུས་ལ་ཕེབས་ནས། ཨ་ས་རི་ཁྲིད། ཐག་མིག་རྩེ། སྟག་ལུང་རྩེ་རྣམས་སུ་དབྱར་བཞུགས་མཛད་ནས། ལས་དང་བ་རྣམས་ལ་ངོ་སྤྲོད་དང་། གཞན་འདོད་ཆོས་དོན་དུ་གཉེར་བ་རྣམས་ལ་དབང་རྗེས་གནང་ཁྲིད་ལུང་སོགས་ཀྱིས་རང་རང་གི་བསམ་པ་ཚིམ་པར་མཛད་ནས། མཚུར་ཕུར་ཕེབས།

དེ་དུས་ཐམས་ཅད་མཁྱེན་པ་མི་བསྐྱོད་རྡོ་རྗེའི་དྲུང་གི་རོང་པོ་བསོད་ནམས་རྡོ་རྗེ་དཔོན་གཡོག་དང་། ལ་བླ་མ་གྲགས་པ་འོད་ཟེར་དཔོན་གཡོག་གནང་ནས། མཚུར་ཕུ་རིན་པོ་ཆེ་དོན་གྲུབ་རྣམ་རྒྱལ་དཔལ་གྱི་རྒྱ་མཚོའི་དྲུང་དུ། གདན་ས་ཆེན་པོའི་བཞུགས་ཁྲི་ཐོག་ཏུ་བསྐོ་(༥༨བ)བཞག་མཛད། ཟབཀོན་བྱཿ(ཀྲན་ཧ་)སྒྲོག་

པའི་ཉིན། རྗེ་ཉིད་ཀྱིས་གྲྭ་ཕྱི་ནང་ལ་མང་ཇ། རིན་པོ་ཆེ་ཁྲི་ཐོག་པའི་དྲུང་དུ་འབུལ་བ། དགེ་འདུན་སྤྱི་ལ་འགྱེད། བླ་མ་སློབ་དཔོན། ༔དཀོན༔(ཀུན་)ཛ་སྒྲོག་པའི་མི་སྣ་དང་བཅས་པ་རྣམས་ལ་རྣམ་གཞག་རྒྱ་ཆེན་པོ་མཛད།

དེ་ནས་དགུན་ཆོས་ཆེན་མོ་བཙུགས་ནས་རས་འབུད་གནང་། དེ་ནས་བྲག་མིག་རྩེར་སྐུ་མཚམས་(ཉིན་)བརྒྱད་པ་ཞིག་མཛད། དེ་ནས་སྔང་རྩེ་བྲག་མིག་རྩེར། སྐུ་མཚམས་ཟླ་བ་གཅིག་ཙམ་མཛད་དུས། འབྲི་ཁུང་ཕག་མོ་ནས་གདན་འདྲེན་བྱུང་བ་ལ་བརྟེན། ཕག་མོ་རྩེར་ཕེབས། ཆོས་རྗེ་རིན་པོ་ཆེའི་དྲུང་དུ་སྐྱབས་པ་འཇིག་རྟེན་གསུམ་མགོན་གྱི་བཀའ་འབུམ་གྱི་གཙོ་བྱས། ཟབ་པ་དང་རྒྱ་ཆེ་བའི་ཆོས་མང་དུ་འཛུགས་པ་(༥༧ན)གནང་།

དེ་ནས་མཚུར་ཕུ་ཨ་ས་རི་ཁྲོད་དུ་བཞུགས་པའི་དུས། སྐུ་ཁམས་ཅུང་ཞིག་མ་བདེ་བས་ཟླ་བ་བཞི་ཙམ་གྱི་བར་དུ་སྐུ་མཚམས་གནང་། དེའི་དུས་སུ་མཚུར་ཕུ་ནང་སོ་ཡུམ་སྲས། སྤྲ་ར་ནས་ཞལ་ངོ་། གྲྭ་བུ་སློབ་རྣམས་ཀྱིས་གསོལ་སྨན་གྱི་འཕྲོད་བསྟེན་དང་སྐུ་རིམ་སོགས་གནང་དགོས་པའི་ཞུ་བ་ནན་ཆེ་བར་ཕུལ་ན་ཡང་། སྨན་སྤྱད་རིམ་འགྲོ་སོགས་གང་ཡང་བྱེད་མི་དགོས། གལ་ཏེ་དགོས་ན་ཡང་། མ་གཅིག་ལབ་སྒྲོན་གྱི་ཞལ་ནས་རིམ་གྲོ་ཤ་ཁྱེར་ཁྲག་ཁྱེར་ཡིན། ཉམས་ལེན་ན་དགའ་ཤི་སྐྱིད་ཡིན་གསུངས་པ་ལྟར་ཡིན་པས། ན་ཚ་དགེ་སྦྱོར་གྱི་བསྐུལ་མ་ཡིན་ཞིང་། ལྟར་སྣང་གི་སྨན་སྤྱད་རིམ་འགྲོ་སོགས་བྱས་པ་ལ་དགོས་པ་མེད་གསུངས་ནས་(༥༧བ)ཐུགས་དམ་ལ་རྩེ་གཅིག་ཏུ་བཞུགས།

དེ་ནས་སྐུ་ཁམས་ཀྱང་སངས་ཀྱིས་དྭངས། དེའི་དུས་སུ། བྱང་གི་འབྲོག་པ་རྣམས་ལ་ཧོར་གྱིས་གནོད་པ་བྱུང་བས། མཚུར་ཕུའི་གཞི་བདག་རྒྱལ་ལྷ་གངས

བཟང་། རྟ་དཀར་པོ་ཞོན་སྤྱི་བོར་དར་ཐོད་བཅིངས་གོས་དཀར་པོ་གྱོན་པའི་ཐོག་ཏུ་མདའ་གཞུ་འཕོར་གསུམ་ཚང་མ་བཏགས་པ། བརྒྱ་ལྷག་ཙམ་ཞིག་འཚོགས་ནས་འདུག་པའི་སྣང་བ་བྱུང་། དེའི་དུས་སུ་ཧོར་གྱི་རྟ་པ་བཅུ་ལྷག་ཙམ་ཞིག་མཚུར་ཕུ་དགོན་པའི་ཉེ་ལོགས་སུ་བྱུང་ན་ཡང་། མི་ཕྱུགས་སོགས་གང་ལ་ཡང་གནོད་པ་སྐྱེལ་མ་ནུས་པར་ལོག་སོང་། སྤྱིར་མཚུར་ཕུའི་གནས་དང་ཡི་དམ་ཆོས་སྐྱོང་གིས་བྱིན་རླབས་ཡིན་ཞིང་། ཁྱད་པར་རྒྱལ་ལྷ་གངས་བཟང་གི་ཧོར་དེ་རྣམས་བཟློག་པའི་རྟགས་སུ(༥༤༧)འདུག་གསུངས།

ཡང་ཐེངས་གཅིག་མནལ་དང་འོད་གསལ་འདྲེས་པའི་ངང་ལ། རྗེ་ཉིད་ཤ་བ་ཡུ་མོ་ལ་ཆིབས་སྐུ་སྟོད་ལ་རེ་བ་ནག་པོ་གྱོན། སྐུ་སྨད་ལ་སྟག་གི་ལྤགས་པ་དཀྲིས། གཞན་སྐུ་ལུས་ལ་ན་བཟའ་སོགས་གང་ཡང་མེད་པར། རླུང་ཟེར་མ་འཁྲིམས་པ་ལྟར། ཞལ་བྱང་ལ་གཟིགས་ནས་འགྲོ་བའི་སྣང་བ་ཞིག་བྱུང་བས། འོད་གསལ་སད་པ་དང་། ཤ་བ་ཡུ་མོ་སྟོང་པ་དང་སྙིང་རྗེ་གཉིས་སུ་མེད་པའི་བརྡ་རུ་གོ། །སྟོད་ལ་རེ་བ་ནག་པོ་གྱོན་པ་དེ། འགྲོ་བ་གཞན་གྱི་སྐྱབས་གནས་དང་རེ་སའི་བརྡ་རུ་གོ །སྐུ་སྨད་ལ་སྟག་(གི་)ལྤགས་པ་དཀྲིས་པ་དེ། གཞན་སྣང་ཟིལ་གྱིས་གནོན་ཅིང་དཔའ་བོ་མཁའ་འགྲོ་དབང་དུ་འདུ་བའི་བརྡ་རུ་གོ། །གཞན་ལུས་ལ་གོས་སོགས(༥༤༨)གང་ཡང་མེད་པ་དེ། འདོད་ཡོན་གྱི་དངོས་པོ་ལ་ཞེན་པ་དང་ཆགས་པ་ཐམས་ཅད་དང་བྲལ་དགོས་པའི་བརྡ་རུ་གོ། །ཞལ་བྱང་དུ་གཟིགས་ནས་འགྲོན་པ་དེ། མི་སུ་ཡང་མེད་པའི་རི་སྟོང་ལུང་སྟོང་ལྟ་བུར་རྒྱུན་དུ་སྡོད་དགོས་པའི་བརྡ་རུ་གོ་གསུངས།

དེ་ནས་ཞག་ཁ་ཞིག་སོང་བའི་དུས། སྤྱིལ་པོའི་ནང་ན་ཡོལ་བ་བཏང་ནས་ཡོད་

པའི་འདབས་ལ། ཡིད་དམ་ལྷ་དང་བླ་མའི་སྐུ་ཆེ་བ་དང་ཆུང་བ་ནས་འབྲས་ཙམ་གྱིས་གང་བའི་སྣང་བ་བྱུང་ཞིང་། རབ་གསལ་ཆུང་ངུ་ཞིག་ཡོད་པའི་ནང་ནས་ཕྱིར་གཟིགས་པས་ཀྱང་། མཚུར་ཕུའི་རྒྱབ་རི་མདུན་རི་བར་སྣང་ས་གཞི་ཐམས་ཅད་གང་བའི་སྣང་བ་ཉིན་མཚན་གཉིས་གསུམ་གྱི་བར་དུ་བྱུང་ན་ཡང་། དགག་སྒྲུབ་སོགས་ཅི་ཡང་མ་བྱས་པར། གནས་ལུགས་ཁོ་ན་ལ་མཉམ་པར་(ཡ་ཧ)བཞག་པས། དྭགས་པོ་རིན་པོ་ཆེའི་གསུང་བཞིན། དུས་གསུམ་གྱི་སངས་རྒྱས་ཐམས་ཅད་ཀྱི་ཞལ་མངོན་སུམ་དུ་མཐོང་བ་ལས་ཀྱང་། ཐ་མལ་གྱི་ཤེས་པ་སྐད་ཅིག་མ་གཅིག་དཀའ་གསུངས་པ་དང་། ཀུན་མཁྱེན་འཇམ་དཔལ་བཟང་པོས་མཛད་པའི་ཆོས་དྲུག་གསོལ་འདེབས་ལས། འཁྲུལ་པའི་དེ་ཉིད་ཤེས་པའི་རྣམ་དཔྱོད་ཀྱིས། །ཐ་མལ་ཤེས་པའི་རང་ངོ་མཐོང་བའི་ཚེ། །གསལ་སྟོང་འཛིན་མེད་སེམས་སུ་ཐག་ཆོད་ནས། །ཅིར་སྣང་ཆོས་སྐུར་འཆར་བར་བྱིན་གྱིས་རློབས། །ཞེས་གསུངས་པ་ལྟར། དག་མ་དག་གི་སྣང་བ་ཅི་ཤར་ན་ཡང་། ཆོས་ཉིད་ཀྱི་རོལ་པའམ། སེམས་ཉིད་ལྷན་ཅིག་སྐྱེས་པའི་རང་མདངས་མ་གཏོགས་ཕྱི་རོལ་ཏུ་གྲུབ་པ་སྐད་(ཅིག་)ཙམ་ཡང་བདེན་པར་མེད་པས་(ཡ་བ)བཟང་ཞེན་གྱི་འཛིན་པ་གང་ཡང་མེད་གསུངས། ཟླ་བ་བཞི་ཙམ་སོང་བས་སྐུ་ཁམས་སངས་ཀྱིས་དྭངས། མཚུར་ཕུ་ནང་སོ་ཡུམ་སྲས་དྲུང་དང་། གྲྭ་བུ་སློབ་རྣམས་ལ་མཇལ་ཁ་ལ་སོགས་པ་གནང་། མཚུར་ཕུ་དགོན་དུ་མང་ཇ་དང་འགྱེད་ལ་སོགས་པ་ལན་གཉིས་ཙམ་གནང་ནས། གཙང་ཕྱོགས་ལ་ཕེབས། སྙེ་མོ་ཕུན་ཚོགས་རབ་བརྟན་དུ་དཔོན་ས་བདག་མོ་དཔོན་སློབ་རྣམས་ལ་དབང་ཁྲིད་ལུང་ལ་སོགས་པ་ཐུགས་དགོངས་དང་བསྟུན་པའི་ཆོས་མང་དུ་འཇུགས་པ་གནང་། སྣར་གཞིས་ཀ་རིན་སྤུངས་སུ་ཕེབས་ནས། སྡེ་

པ་དཔོན་སློབ་ཕྱག་ཕྱི་བྱུང་འཁོར་དང་བཅས་པ་རྣམས་ལ། རང་རང་གི་དགོངས་པ་དང་བསྟུན་པའི་དབང་ཁྲིད་ལུང་ལ་སོགས་པ་མང་དུ་བཙུགས།

དེའི་དུས། གསེར་མདོག(༥༠ན)ཅན་ནས། སེམས་དཔའ་ཆེན་པོ་གྲ་དཀར་བ། གཞིས་ཀ་མཁའ་ཏུ་སྟེང་ན་ཕེབས་འདུག་པས། དཔོན་སློབ་བཅུ་ལྷག་ཙམ་ལ་རྒྱལ་བ་རྒྱ་མཚོ་ལྷ་ལྔའི་དབང་དང་། མགོན་པོ་བེར་ནག་ཅན་གྱི་རྗེས་གནང་། བེར་ནག་ཅན་ལྕགས་སྲུར་མའི་ལོ་རྒྱུས་དང་བཅས་པ་གནང་།

དེ་ནས་རོང་ཆེན་དང་སྐྱིད་ཤོད་རིམ་པར་བརྒྱུད་དེ། སྣང་རྩེ་བྲག་མིག་རྩེར་ཕེབས་ཏེ། ཟླ་གཅིག་ཙམ་སྐུ་མཚམས་མཛད་ནས། སྟོད་ལུང་མཚུར་ཕུར་ཕྱག་ཕེབས་ཏེ། མཚུར་ཕུ་རིན་པོ་ཆེའི་སྐུ་མཆེད་བྱུང་དང་། བླ་མ་སློབ་དཔོན་སོགས་དགེ་འདུན་ཚོགས་པ་ལྔ་བརྒྱ་ཙམ་ལ་དབང་ཁྲིད་ལུང་གསུམ་ཟླ་བ་གཅིག་གི་བར་ལ་གནང་། དེ་གྲོལ་(བ་)དང་བསྟུན་རིན་པོ་ཆེ་སྐུ་མཆེད་བྱུང་དུ། རྗེ་མར་པའི་རྣམ་ཐར་རྒྱས(༥༠བ)བསྡུས་མགུར་འབུམ། རྗེ་བཙུན་མི་ལའི་རྣམ་ཐར་རྒྱས་པ། དྭགས་པོ་རིན་པོ་ཆེ། རྗེ་དུས་གསུམ་མཁྱེན་པ། རྗེ་རང་བྱུང་རྡོ་རྗེ། རོལ་པའི་རྡོ་རྗེ། དེ་བཞིན་གཤེགས་པ། མཐོང་བ་དོན་ལྡན། འཇམ་དབྱངས་དོན་གྲུབ་འོད་ཟེར། དེ་རྣམས་ཀྱི་བཀའ་འབུམ་ཚང་མ། འཁྲུལ་སྟོན་པས་མཛད་པའི་ཛ་བོ་རྗེའི་རྣམ་ཐར་རྒྱས་པ། མཁའ་སྤྱོད་དབང་པོས་མཛད་པའི་བཀའ་བརྒྱུད་གསེར་ཕྲེང་། རྒྱལ་སྲས་ཐོགས་མེད་པའི་བཀའ་འབུམ། གཅོད་གདན་ཐོག་གཅིག་མ། རྡོ་རྗེ་སྙིང་པོའི་འགྲེལ་པ། མདོ་ཟབ་མ་ཏོག་བཀོད་པ་རྣམས་ཀྱི་ལུང་ཡོངས་སུ་རྫོགས་པ་གནང་ནས།

སླར་ཡང་གཞིས་ཀ་རིན་སྤུངས་སུ་ཕྱག་ཕེབས། ས་སྐྱོང་མི་དབང་ཆེན་པོ་

ངག་དབང་རྣམ་རྒྱལ་དཔོན་སློན་རྣམས་ཀྱི་དགོངས་པ་ལེགས་པར་(༦༧ན)དཀྲོལ་ནས། མི་དབང་ཆེན་པོ་ཟིལ་མནོན་རྡོ་རྗེ་མཁའ་ཏུ་ཐྲག་གི་དབེན་དགོན་དུ། ཧ་ལོ་ཟླ་བ་བདུན་པའི་ཚེས་ཉི་ཤུའི་ཉིན། བསྟན་པ་རིན་པོ་ཆེའི་སྐོར་ཞུགས་ནས་རབ་ཏུ་བྱུང་བ་དགེ་ཚུལ་གྱི་དངོས་པོ་ཡང་དག་པར་བཞེས། ཟིལ་མནོན་ཆོས་དབྱིངས་དཔལ་གྱི་རྒྱ་མཚོ་ཞེས་པར་མཚན་གསོལ། ཞག་བདུན་ཙམ་དེར་བཞུགས། སླར་གཞིས་ཁར་ཕེབས་ཞག་བཅུ་ཙམ་བཞུགས་ནས། དཔོན་སློན་རྣམས་ལ་དགོངས་བཞེད་དང་བསྟུན་པའི་དབང་ལུང་སོགས་འཇོགས་པ་གནང་།

དེ་ནས་དབུས་ལ་ཕྱག་ཕེབས། མཚུར་ཕུའི་དགུན་ཆོས་སོགས་འཇོགས་པ་གནང་། དེ་ནས་ལུག་ལོ་ཟླ་བ་བཞི་པའི་ནང་དུ། འབྲི་ཁུང་ཕག་མོ་ནས་གདན་འདྲེན་བྱུང་བས། ཕག་མོ་རྩེར་ཕྱག་ཕེབས། (༦༧བ)དེའི་དུས་སུ་དབོན་རིན་པོ་(ཆེ་)སྐུ་གཞོན་པ་རབ་ཏུ་བྱུང་བ་མཛད་ཅིང་། རིན་པོ་ཆེ་དབང་གི་རྒྱལ་པོ་དཔལ་གྱི་རྒྱ་མཚོ་ཞེས་པར་མཚན་གསོལ། དེའི་ཉིན་ནམ་མཁའ་ལ་མེ་ཏོག་གི་ཆར་དང་། སྤྲིན་མེད་པའི་འབྲུག་གི་སྒྲ་ལ་སོགས་པའི་ངོ་མཚར་བའི་ལྟས་ཕུན་སུམ་ཚོགས་པ་དང་། དེའི་དགོང་(མོ་)ནས་ཆར་བབས་པ་ལ་སོགས་པ་སྐྱེ་འགྲོ་ཀུན་མཐུན་སྣང་དུ་གྲུབ་པ་བྱུང་འདུག་གསུངས། རིན་པོ་ཆེ་ཁུ་དབོན་དྲུང་དུ་ཡང་། ཟབ་རྒྱས་ཀྱི་ཆོས་མང་དུ་བཙུགས་ཟླ་བ་གཉིས་ལྷག་ཙམ་བཞུགས་ནས།

དེ་ནས་སྐྱི་ཤོད་བརྒྱུད་ནས་མཚུར་ཕུ་དགོན་དུ་ཕེབས། རིན་པོ་ཆེ་སྐུ་མཆེད་དྲུང་དང་དགེ་འདུན་ཕྱིངས་མང་ལ་གསུང་ཆོས་མང་དུ་བཙུགས། སྐོས་སུ་ཡང་རིན་པོ་ཆེ་སྐུ་མཆེད་དྲུང་དང་། སློབ་དཔོན་དཀོན་མཆོག་རྒྱ་མཚོ་བ་དཔོན་སློབ་རྣམས་(༦༨ན)ལ་རྒྱུད་འབུམ་པོ་ཧི་དགུ་ཙམ་གྱི་ལུང་གནང་།

དེ་ནས་བ་དེ་ལྷ་ཡུལ་ནས་བརྒྱུད། སྟག་ལ་རྩེར་ཞག་བདུན་བརྒྱད་ཙམ་བཞུགས་ནས། བྲག་སྐོམ་ཆེན་དུ་ཕྱག་ཕེབས། སྐུ་མདུན་ཀུན་སྤངས་པ་སྐུ་མཆེད་སོགས་དེར་འདུས་པ་རྣམས་ལ་ཕྱག་རྒྱ་ཆེན་པོ་ཡི་གེ་བཞི་པའི་ཁྲིད་ལ་སོགས་པ་ཆོས་ལུང་འགའ་ཡར་གནང་། ཞག་ཉི་ཤུ་ཙམ་བཞུགས།

དེ་ནས་ཁ་རག་ཕྱོགས་ལ་ཕེབས། གྲུབ་ཆེན་ག་ཡ་དྷ་རའི་གདུང་འབུམ་དང་སྒྲུབ་གནས། ཨུ་རྒྱན་རིན་པོ་ཆེའི་སྒྲུབ་གནས་ལྷ་མཚོ་(༦༢བ)དང་། གཙྪ་རང་བྱུང་ཇོ་རྗེའི་སྒྲུབ་གནས་དང་། ཡང་ཨུ་རྒྱན་རིན་པོ་ཆེའི་སྒྲུབ་གནས་སྤྱིལ་གསུམ་ཕུག་རྣམས་མཇལ་ཞིང་། དེ་ནས་རྒྱལ་བ་ལོ་སྲས་ཀྱི་སྒྲུབ་གནས་དཀར་ཆོས་དགའ་ལྡན་དུ་ཕྱག་ཕེབས། ཞབས་དྲུང་ཀུན་སྤངས་རིན་པོ་ཆེ་བསྙེན་པར་རྫོགས་པ་མཛད་པའི་མཁན་པོ་རྗེ་ཉིད་ཀྱི་མཛད། ལས་སློབ་དང་གསང་སྟོན་(པ་)འབྲས་ཡུལ་སྐྱིད་མོས་ཚལ་གྱི་གདན་ས་པ་ཀུན་མཁྱེན་འཇམ་པའི་དབྱངས་ཤེས་རབ་འོད་ཟེར་གྱིས་མཛད་ཅིང་། གྲིབ་ཚོད་པ་དང་དུས་སྒོ་བ་(༦༣ན)སྡེ་སྣོད་འཛིན་པ་ཆེན་པོ་རབ་འབྱམས་པ་ཀུན་དགའ་འོད་ལྡན་དང་། འདུལ་བ་འཛིན་པ་ཆེན་པོ་བྱམས་པ་བཤེས་གཉེན་པ་སོགས་ཀྱིས་ལས་ཀྱི་ཁ་སྐོང་མཛད་དེ། དད་པའི་དགེ་འདུན་གྱི་དབུས་སུ་བསྙེན་པར་རྫོགས་པ་ཡང་དག་པར་སྒྲུབ་པར་གནང་། དཀར་ཆོས་ཀྱི་གནས་མཇལ་དང་རྟེན་མཇལ་ཞིབ་ཏུ་མཛད། དེར་ཞག་བརྒྱད་ཙམ་བཞུགས།

དེ་ནས་གཞིས་ཀ་རིན་སྤུངས་སུ་དཔོན་སློན་དྲུང་དང་མཇལ། དབང་ཁྲིད་ལུང་གསུམ་འགའ་ཡར་འཛུགས་པ་གནང་ནས། དཔོན་དྲུང་ཚེ་དབང་རིན་ཆེན་བཀྲ་ཤིས་དབང་གི་རྒྱལ་པོ་བརྒྱུད་ནས་ས་སྐྱོང་མི་དབང་ཆེན་པོ་ངག་དབང་རྣམ་

རྒྱལ་གྱིས་དྲུང་དུ་གཙང་ཕྱོགས་ཀྱི་གནས་ཆེན་རྣམས་མཇལ་བ་དང་། རྟེན་གསུམ་ངོ་མཚར་ཅན་རྣམས་མཇལ་བའི་དགོངས་པ་ཞར་ཏེ། དེ་ཀའི་རྒྱ་(༤༣བ)མཚན་ཕུལ་བས་དགོངས་པ་ཁྲོལ་ཏེ། དཔོན་སློབ་ཉི་ཤུ་རྩ་ལྔ་ཙམ་དང་། ཞངས་མདོ་སྦྱོད་ནས་གསོལ་དཔོན་ཨ་ཀུན་པ་དང་། རྒྱལ་ཚབ་སྟོད་པ་སོགས་མགོ་ཁྲུང་དང་ཕྱུག་ཕྱིར་བཏང་ནས། ནུབ་ཆོས་ལུང་ནས་བཟུང་སྙེ་ཐུ་ཡུག་ཞངས་རྟ་ནག །འཇད་པོ་སྟོད། ཛོ་མོ་ནང་། ཁྲ་བྲུ་ལྷུན་རྩེ་སེང་གེ་རྩེ། ཤབ་ཞོང་མ། ཚ་མིག །གནད་ཐང་། གསེར་མདོག་ཅན། ཕུང་པོ་རི་བོ་ཆེ། ཁུ་ལུང་གི་རྗེ་བཙུན་མི་ལའི་སྒྲུབ་གནས། རྗེ་བཙུན་མར་པའི་ཐུགས་ཀྱི་གདུང་རྟེན་དང་། གཙང་རོང་གི་མེ་སྟོན་ཚོན་པོའི་གདུང་རྟེན་བཞུགས་པའི་གཙུག་ལག་ཁང་པ་དེ་མཇལ་ནས། གཞིས་ཀར་ཕྱུག་ཕེབས་ཞིང་།

དེ་དག་གི་གནས་སྐབས་སུ་རྟེན་ངོ་མཚར་ཅན་བཞུགས་པ་རྣམས་ཀྱི་དྲུང་དུ་དཀར་མེ་སྣན་(༤༤ན)དར་བླ་མ་སློབ་དཔོན་རྣམས་ལ་འབུལ་བ་རྣམ་གཞག །དགེ་འདུན་དང་སྒྲུབ་པ་ཕོ་མོ་རྣམས་ལ་མང་ཇ་དང་འགྱེད་ལ་སོགས་པ་དང་། རང་རང་གི་བསམ་པ་དང་མཐུན་པའི་དབང་ཁྲིད་ལུང་ལ་སོགས་པ་བསམ་གྱིས་མི་ཁྱབ་པ་གནང་། ཁྱད་པར་དུ་ཡང་འཇག་ཏུ་ཕེབས་པའི་དུས་མཁས་གྲུབ་ཁྱུང་པོ་རྣལ་འབྱོར་གྱི་ཡིན་ཐང་མཇལ་བའི་ཚེ། ཡིན་ཐང་དེ་ཉིད་ཀྱི་ཞལ་བཀྲམ་ནས། དེར་བཞུགས་པའི་དབུ་མཛད་ཀྱིས་ཐོག་དྲངས། སྒྲུབ་པ་ཕོ་མོ་རྣམས་ཀྱིས་ཁྱུང་པོ་རྣལ་འབྱོར་གྱི་གསོལ་འདེབས་ཀློཾ་ཀ་གཅིག་འདུག་པ་དེ་གདངས་བཅས་ནས་གསོལ་བ་བཏབ་པས། ནམ་མཁའ་ལ་འཇའ་ཚོན་སྣ་ལྔ་གུར་ཕུབ་པ་ལྟ་བུ་དང་། འཕན་བརྒྱུད་པ་ལྟ་བུ་དང་། གདུགས་དང་། རྒྱལ་མཚན་སྒྲེང་པ་ལྟ་བུ་དང་།

མི་རྟོག་གི་ཚར་དངོས་སུ་བབ་པ་བྱུང་སྟེ།(༦༤བ)རྗེ་ཉིད་ལའང་དག་པའི་སྣང་བ་དུ་མ་ཞིག་བྱུང་འདུག་ནའང་། གསལ་བར་མི་གསུངས།

དེར་འདུས་པའི་སྐྱབ་པ་ཕོ་མོ་རྣམས་དང་སྐྱེ་བོའི་ཚོགས་རྣམས་ལ་ཡང་། རང་རང་གི་སྐལ་བ་དང་མཐུན་པའི་དགེ་སྦྱོར་གྱི་བོགས་འདོན་དང་དག་པའི་སྣང་བ་ཅི་རིགས་པ་བྱུང་བ་རྣམས་ཀྱང་ཀུན་མཐུན་སྣང་དུ་གྲུབ། གཞན་ཡང་ཁྲུ་ཕུར་ཕེབས་དུས། བྱམས་པ་ཆེན་པོའི་ཞལ་རས་ལྷ་ཁང་དུ་རྗེ་ཉིད་ཀྱི་གཟིམས་ཚང་མཛད་ནས་བཞུགས་པའི་དུས། དག་པའི་གཟིགས་སྣང་དུ་མ་ཞིག་བྱུང་འདུག་ནའང་། བྱུང་གསུངས་པ་ཙམ་མ་གཏོགས། འདི་དང་འདི་བྱུང་ཞེས་གསལ་བར་མི་གསུངས།

ཡང་གཙང་གི་ཚུ་མིག་ཏུ་བཞུགས་པའི་ནུབ་མོ། རྗེ་བཙུན་བྱམས་པ་ཆོས་ཁྲི་ཆེན་པོ་གཅིག་གི་ཐོག་ཏུ་བཞུགས་ནས། ཆོས་ཉན་གྱི་དགེ་འདུན་(༦༥ན)བསམ་གྱིས་མི་ཁྱབ་པ་ལ་ཆོས་གསུངས་པ་དང་། རྗེ་བོ་རྗེ་ཆོས་ཁྲི་ཆེན་པོ་གཅིག་གི་ཐོག་ཏུ་བཞུགས་ནས་སྔ་མ་ལྟར་ཆོས་གསུངས་པ་དང་། པཎ་ཆེན་ཤཱཀྱ་ཤྲཱི་ཁྲི་ཐོག་ཏུ་བཞུགས་ནས་སྔ་མ་ལྟར་ཆོས་གསུངས་པ་དང་། རྗེ་བཙུན་མི་ལ་དངོས་སུ་བྱོན་ནས་རྗེ་ཉིད་ལ་ཐིམ་པའི་སྣང་བ་བྱུང་གསུངས།

ལུག་ལོ་དེའི་དགུན་དང་སོས་ཀའི་བར་དུ། གཞིས་ཀ་རིན་སྤུངས་སུ་བཞུགས་ནས། ས་སྐྱོང་མི་དབང་ཆེན་པོ་ངག་དབང་རྣམ་རྒྱལ་དཔོན་སློབ་དྲུང་ལ། ཨོ་རྒྱན་བསྙེན་སྒྲུབ་དང་། འབའ་ར་ཆོས་དྲུག་སོགས་ཟབ་རྒྱས་ཀྱི་ཆོས་རྒྱ་ཆེན་པོ་འཇུག་པ་གནང་།

དེ་ནས་སྤྲེལ་ལོ་སྤྲེལ་ཟླའི་ནང་དུ་གནས་ཆེན་ཟབ་ལུང་མཇལ་བ་ལ། རྗེ་ཉིད་

ཀྱི་ཕྱག་ཕྱིར་ཞབས་དྲུང་ཀུན་སྤངས་རིན་པོ་ཆེ་དཔོན་སློབ་དྲུང་དང་། (༨༥བ)གཞན་ཚོགས་གྲྭ་མང་རབ་མཇལ་ནས་ཕེབས་དུས། གནས་མཇལ་ཡང་ཞིབ་ཏུ་མཛད་ཅིང་། ཆོས་བཅུ་ཆེན་མོའི་ཉིན། ཁྲིམ་ཤིན་ཏུ་ཆེ་བ་ལ། ཁྲིམ་ཆོས་དང་། དེར་བཞུགས་རིན་གྱི་བར། ཉིན་རེ་བཞིན་ཁྲིམ་ཆོས་དང་། ཆོས་རྗེ་རྒྱལ་སྲས་པ་དཔོན་སློབ་རྣམས་ལ་ཡང་། ཐུགས་འདོད་དང་བསྟུན་པའི་སྙེར་ཆོས་འགའ་ཡར་འཇུགས་པ་གནང་།

དེ་ནས་ཀརྨ་པ་རང་བྱུང་རྡོ་རྗེས་གནས་སྒོ་ཕྱེས་པའི་གནས་སོག་པོ་འཇུལ་ཁུང་ལ་ཕྱག་ཕེབས། སྐྱབ་ཕུག་ཕྱི་ནང་བར་གསུམ། ཨུ་རྒྱན་རིན་པོ་ཆེའི་བཞུགས་ཁྲི། རྟ་མགྲིན་གྱི་སྐུ་རང་བྱོན། རྗེ་རང་བྱུང་རྡོ་རྗེའི་བཞུགས་ཁྲི་མཆོད་རྟེན་རང་བྱོན་སོགས་མཇལ་དུས། བྲག་གཅིག་གི་སྟེབས་ལ་རྗེ་ཉིད་ཀྱི་ཕྱག་རྗེས་གཅིག་ཀྱང་བྱུང་བ་མཆེད་གྲོགས་རྣམས་ཀྱིས་གཟིགས་པ་(༨༦ན)མཐུན་སྣང་དུ་གྲུབ་པ་བྱུང་འདུག །

དེ་ནས་རིམ་པར་བརྒྱུད་དེ་གཞིས་ཀ་རིན་སྤུངས་སུ་ཕྱག་ཕེབས། མཁའ་རུ་སྟེང་གི་ཀླུ་སྡིངས་སུ་ཟླ་བ་གཅིག་ཙམ་བཞུགས་པ་གནང་། དཔོན་སློན་དྲུང་དུ་དགོངས་བཞེད་དང་བསྟུན་པའི་ཆོས་མང་དུ་ཕུལ།

དེ་ནས་སྣར་དབུས་ཕྱོགས་ལ་ཕྱག་ཕེབས་སྣང་རྩེ་བྲག་མིག་རྩེར་བཞུགས་པ་གནང་། དེ་དུས་སྐུ་ཁམས་ཅུང་ཞིག་མ་བདེ་བས། སྣར་སྐུ་མཚམས་དམ་དུ་གནང་སྟེ་བཞུགས་ཤིང་། དེའི་དུས་སུ་ཕག་མོ་རྩེར་གཙུང་རིན་པོ་ཆེ་སྐུ་ཁམས་སྙུང་བ་ཞིག་བྱུང་འདུག་པ་ལ་བརྟེན་ནས། ཞུ་ཡིག་དང་གདན་འདྲེན་ནན་ཆེ་བ་བྱུང་སྟེ། ཕག་མོ་རྩེར་ཕྱག་ཕེབས། རིན་པོ་ཆེ་ཁུ་དབོན་དྲུང་དུ། གསུང་ཆོས

དང་། གཙུང་རིན་པོ་ཆེ་ལ་སྙེར་དུ་ཚེ་དབང་བརྒྱ་རྩ་འཛུགས་པ་གནང་(༤༨བ)བས་སྐུ་ཁམས་དྭངས་པ་བྱུང་། དེའི་དུས་སུ་རྒྱལ་བའི་དབང་པོ་མི་བསྐྱོད་རྡོ་རྗེའི་སྐར་པ་སླུང་ཤོད་བཀྲ་ཤིས་ཐང་ན་བཞུགས་པ་དང་མཇལ།

སླར་གཞིས་ཀ་རྩེར་རྒྱས་གླིང་དུ་ཕེབས། ཟླ་བ་གཅིག་ཙམ་བཞུགས། རིན་ཆེན་ཁྲུ་དཔོན་དྲུང་དུ་བཀའ་བཞི་བརྒྱུད་པའི་བླ་མ་བཅུ་གཅིག་རྣམ་ཐར། རྗེ་མར་པའི་རྣམ་ཐར་དང་བཀའ་འབུམ། ཀྱི་རྡོ་རྗེའི་རྒྱུད་བརྟག་པ་གཉིས་པ་མར་པའི་འགྱུར་རྣམས་ཀྱི་ལུང་གནང་།

དེ་ནས་སྐྱིད་ཤོད་སྟག་ལུང་རྩེར་ཕྱག་ཕེབས། ཟླ་བ་གཉིས་ལྷག་ཙམ་བཞུགས། དེའི་དུས་སྔར་གྱི་སྐུ་ཁམས་ཙུང་ཟད་མ་བདེ་བ་དེའང་སངས་ཀྱིས་དྭངས་ནས་ཐུགས་དམ་འཕེལ་བ་དང་བཞུགས་སྒྲོ་བ་སོགས་བྱུང་གསུངས།

དེ་ནས་མཚུར་ཕུ་ནང་སོ་དྲུང་གི་རྒྱལ་བའི་དབང་པོ་མཚུར་ཕུར་ཕྱག་ཕེབས་རྒྱུ་ཡིན་པའི་གསུང་ཤོག་དང་(༤༩ན)གདན་འདྲེན་བྱུང་བ་ལ་བརྟེན་ནས། མཚུར་ཕུ་ཨ་ས་རི་ཁྲོད་དུ་ཕྱག་ཕེབས།

དེ་ནས་མི་འགྱུར་བས་རྒྱལ་བའི་དབང་པོ་བྱ་ལོ་ཟླ་བ་བཅུ་པའི་ཚེས་བདུན་གྱི་ཉིན་མཚུར་ཕུ་དགོན་དུ་ཕྱག་ཕེབས། མཆོད་ཁང་བཀྲ་ཤིས་གསེར་མའི་སྟེང་དུ་བཞུགས་གནས་མཛད། དེའི་དུས་སུ་རྗེ་ཉིད་ཀྱིས་རྒྱལ་བའི་དབང་པོ་མཚུར་ཕུ་བླ་གཡེལ་ཆེན་མོ་ཁྲི་ཐོག་ཏུ་གདན་དྲངས་ཏེ་དབུ་ཞྭ་ཞྭ་ནག་བཞེས་པ་གནང་། འབུལ་བ་བརྒྱ་འབུལ་རྒྱ་ཆེ་བ་དང་དཔངས་མཐོ་བ་བསམ་གྱིས་མི་ཁྱབ་པ་དང་། སྤྲུལ་སྐུ་རྣམ་པ་གཉིས། མཚུར་ཕུ་གུ་ཤྲཱི་སྐུ་མཆེད། དཔོན་ཆེ་ཆུང་རྣམས་ལ་ཡང་གང་ལ་གང་འོས་ཀྱིས་རྣམ་གཞག་བརྒྱ་ཆེ་བ་དང་། སྐར་པ་སྤྱི་ལ་ཡང་མང་ཇ་

དང་འཕྲེད་རྒྱ་ཆེན་པོ་གནང་བའི་(༤༧བ)དུས། རྒྱལ་བའི་དབང་པོས་དབུས་གཙང་ཁམས་གསུམ་གྱི་དད་འདུས་ཀྱི་སྐྱེ་བོ་གྲངས་མེད་པ་འཚོགས་པ་ལ་གསུང་ཆོས་ཀྱི་འབྲེལ་བ་གནང་བས་མེ་ཏོག་གིས་ཆར་ཆེན་པོ་བབས་པ་སྐྱེ་བོ་ཀུན་གྱི་མཐུན་སྣང་དུ་གྲུབ་པར་འདུག །

དེའི་དགུན་རྒྱལ་བའི་དབང་པོས། རྗེ་ཉིད་ཀྱི་རི་པ་ཕྱེད་དང་ཉིས་བརྒྱ་ཙམ་ལ། གཏུམ་མོ་གང་སེང་མ་དང་། ལ་བར་མ་གནང་ནས་རས་འབུད་མཛད། དེའི་དུས་སུ་སྐར་ནས་རྗེ་ཉིད་ཀྱི་དྲུང་དུ། བཀྲ་ཤིས་ཁ་བཏགས་ཁ་དོ་སྲིལ་བརྒྱ་སྐོར་བཅུ་བྲིས། བརྒྱ་དྲིལ་གསེར་མགོ་མ་ཞིག །རས་པ་སྤྱི་ལ་མང་ཇ། དད་རྟེན་དུ་སྐུ་གཟན་ཞིག་གི་གནང་སྦྱིན་དང་བཅས་པ། གཞན་ཡང་རས་སྟོན་དང་དཀར་སྒྲོ་མང་ཇ་དང་བཅས་པ་བསྙེན་བཀུར་བསམ་གྱིས་མི་(༤༨ན)ཁྱབ་པ་བྱུང་ཞིང་། བཀའ་བརྒྱུད་ཀྱི་བསྟན་པའི་མིག་རྐྱེན་དང་རྒྱལ་བའི་དབང་པོ་ཡང་ཐུགས་དགྱེས་པ་བྱུང་།

དེ་ནས་སྣང་རྩེ་བྲག་མིག་རྩེར་ཕྱུག་ཕེབས་ནས་རི་པ་ལས་དང་བ་མང་རབ་ལ་ངོ་སྤྲོད་དང་འདོད་ཆོས་དོན་དུ་གཉེར་བ་ལ་རང་རང་གི་བསམ་པ་དང་མཐུན་པའི་འདོད་ཆོས་མང་རབ་འཇུགས་པ་གནང་ཞིང་། དེ་དུས་གཞིས་ཀ་རིན་སྤུངས་ནས་སྐར་ཆེན་དྲུང་དུ་ཇ་ཞུས་དང་། རྗེ་ཉིད་གདན་འདྲེན་སྦྲགས་ནས་བྱུང་བས། ཡར་ལམ་མཚུར་ཕུར་རྗེ་དྲུང་མཇལ། གཙུ་སྐེ་ནས་བརྒྱུད་དེ་གཞིས་ཀར་ཕྱུག་ཕེབས། དཔོན་སློན་དྲུང་དུ་དགོངས་བཞེད་ཀྱིས་ཆོས་མང་དུ་གནང་།

སླར་དབུས་ཕྱོགས་ལ་ཕེབས། སྟག་ལ་ཚུ་ཤུལ་བ་དེ་ལྷ་ཡུལ་སོགས་སུ་ཞལ་(༤༨བ)ངོ་རྣམས་ལ་དབང་ཁྲིད་ལུང་ལ་སོགས་པ་ཐུགས་ཚིམ་པར་གནང་། བྲག་མིག་རྩེར་ཕེབས། དགུན་ཆོས་ལ་གཏུམ་མོ་ཞག་བདུན་མ་གནང་ནས་རས་འབུད་

མཛད།

དེ་ནས་མཚུར་ཕུར་གཏུམ་མོ་ཞག་བདུན་མ་གནང་ནས་རས་འབུད་མཛད། དེ་ནས་སྟག་ལུང་རྩེར་ཕྱག་ཕེབས། སྐྱོར་མོ་ལུང་། ལྷུང་པོ་ཙན་ནས་ནང་པ་ཕྱག་མཛོད་པས་སྤྱིན་བདག་མཛད་ནས་ཟླ་བ་འགའ་ཡར་གྱི་བར་དུ་བཞུགས་པ་གནང་ཞིང་། ལས་དང་བ་རྣམས་ལ་ངོ་སྤྲོད་དང་། ཕྱོགས་ཕྱོགས་ནས་འདུས་པའི་དཔོན་བརྒྱ་དྲག་ཞན་དཔོན་རྣམ་པའི་ཆོས་མཛད་མ་དྲག་ཞན། གྲྭ་པ་བྱིངས་མང་རྣམས་ལ་ཁྲིད་ལུང་མང་དུ་འཛོགས་པ་གནང་།

དེ་ནས་མཚུར་ཕུ་བྲག་མིག་རྩེ་རྣམས་སུ་དགུན་(༦༡ན)ཆོས་དང་རས་འབུད་སྔར་རྒྱུན་ལྟར་གནང་། འབྲི་གུང་ཕག་མོ་སོགས་སྐྱིད་ཤོད་ཡར་མར་གྱི་དཔོན་ཆེ་ཆུང་རྣམས་ཀྱི་ཞལ་ངོ་དང་། སྐལ་ལྡན་གྱི་གདུལ་བྱ་རྣམས་ལ་རང་རང་སྐལ་བ་དང་འཚམ་པའི་ངོ་སྤྲོད་དབང་ཁྲིད་ལུང་སོགས་ཀྱིས་རྒྱུད་སྨིན་པར་མཛད།

དེ་ནས་བྱི་བ་ལོ་ཟླ་བ་བདུན་པའི་ནང་དུ། གཞིས་ཀ་རིན་སྤུངས་ནས་རྒྱལ་བའི་དབང་པོ་མི་བསྐྱོད་རྡོ་རྗེ་སྣར་པ་སྤྱན་དྲངས་ནས་གཞིས་ཀ་རིན་སྤུངས་སུ་ཕྱག་ཕེབས། དེ་ནས་མཆོད་ཡོན་ལྷན་ཅིག་ཏུ་ཤངས་མཐོང་སྨོན་དུ་ཕྱག་ཕེབས་པ་གནང་། རྗེ་ཉིད་ཀྱང་ཟླ་བ་བརྒྱད་པ་དགུ་པའི་ནང་དུ་གདན་དྲངས་ཏེ། ཡར་ལམ་ཞབས་དྲུང་ཀུན་སྤངས་རིན་པོ་ཆེ་དཔོན་སློབ་དྲུང་གིས་ཀྱང་ཕྱག་ཕྱི་མཛད། ཤངས་མཐོང་སྨོན་དུ་(༦༡བ)རྗེ་དྲུང་མཆོད་ཡོན་དྲུང་དང་མཇལ། དེའི་དུས་སུ་གློ་བོ་ཆོས་རྗེ་ནག་པོ་སྤྱོད་པའི་སྐུའི་རྣམ་འཕྲུལ་འཛམ་པའི་དབྱངས་ཀུན་དགའ་གྲོལ་མཆོག་ཕྱག་ཕེབས། རྗེ་ཉིད་ཀྱི་དྲུང་དུ་གྲུབ་ཐོབ་བརྒྱད་ཅུའི་བྱིན་རླབས། ཕག་མོ་ལྷ་ཁྲིད་སོགས་ཞབས་དྲུང་ཀུན་སྤངས་རིན་པོ་ཆེ་དང་དཔོན་སློབ་ཕྱོགས་

མཐུན་ལྷན་དུ་གནང་།

དེ་ནས་མཆོད་ཡོན་བསམ་གྲུབ་རྩེར་ཕྱོགས་མཐུན་དུ་ཕྱག་ཕེབས། རྗེ་ཉིད་ཀྱི་ཡང་རི་བྲུར་རི་སོགས་དགེ་འདུན་ལྷོས་ཆེ་བ་ལ་སྐུ་གསུམ་ངོ་སྤྲོད་ཀྱི་ཁྲིད་གནང་། དེ་གྲོལ་དང་བསྟུན། ཨོ་རྒྱན་པདྨ་འབྱུང་གནས་ཀྱི་བྱིན་གྱིས་བརླབས་ཤིང་། བྱང་སེམས་རྒྱལ་བ་ཡེ་ཤེས་ཀྱི་སྒྲུབ་གནས་ཕུར་མོ་ཆོས་རྫོང་དུ་ཟླ་བ་གཅིག་ཙམ་བཞུགས་[༧༠ན]པའི་ཕྱག་ཕྱིར་ཞབས་དྲུང་ཀུན་སྤངས་རིན་པོ་ཆེས་ཀྱང་ཕེབས་པ་གནང་།

དེ་ནས་ལ་སྟོད་བྱང་གི་གནས་རྣམས་མཇལ་བ་ལ་ཕེབས་ཏེ། བྱང་ངམ་རིང་གི་གཙོ་བྱས་པའི་གནས་ཆེན་དང་། གནས་སྲུན་གྱི་སྐུ་གསུང་ཐུགས་ཀྱི་རྟེན་དང་། བྱང་པ་སྟེ་པའི་ཕྱག་ན་བཞུགས་པའི་དཔལ་ལྡན་ས་སྐྱ་པའི་རྗེ་བཙུན་གོང་མ་རྣམས་ཀྱི་བྱིན་རླབས་ཀྱི་རྟེན་ངོ་མཚར་ཅན་རྣམས་དང་། གཞན་ཡང་གྲུབ་ཐོབ་གོང་མ་རྣམས་ཀྱི་བྱིན་རླབས་ཀྱི་རྟེན་ངོ་མཚར་ཅན་བཞུགས་པ་ཐམས་ཅད་མཇལ།

དེ་ནས་གྲུབ་ཐོབ་ཐང་སྟོང་རྒྱལ་པོའི་བཞུགས་གནས་རི་བོ་ཆེར་ཕེབས་ཤིང་། ཞབས་དྲུང་ཀུན་སྤངས་རིན་པོ་ཆེ་དཔོན་སློབ་གསུམ་གྱིས་སླར་དབེན་དགོན་[༧༠བ]མཁའ་རུ་བྲག་ལ་ལོག་པར་གནང་། རྗེ་ཉིད་དཔོན་སློབ་དྲུང་གིས་ལ་སྟོད་ལྷོ་ལ་ཕྱག་ཕེབས་ཤིང་། རྗེ་བཙུན་མི་ལའི་གནས་ལ་ཕྱི་ཆུ་དབར། དམ་པ་སངས་རྒྱས་ཀྱིས་གནས་དིང་རི་གླང་འཁོར། གྲུབ་ཆེན་ཨོ་རྒྱན་པའི་གནས་སྦུད་ཏྲ། ལ་སྟོད་རྒྱལ་གྱི་ཤྲི་རི་སོགས་གནས་ཆེན་དང་གནས་ཕྲན་མ་ལུས་པ་མཇལ་ཞིང་། ཁྱད་པར་དུ་ཡང་ཆུ་དབར་མཇལ་བ་ལ་ཕེབས་དུས། ཆུ་བར་གྱི་གནས་སྐོར་ཕེབས་པ་དང་། ཚེ་རིང་མཆེད་ལྔའི་བསུ་བ་དང་གདན་འདྲེན་པ་ལ་སོགས་

པའི་དག་པའི་སྣང་བ་དུ་མ་ཞིག་བྱུང་གསུངས་པ་ཙམ་མ་གཏོགས་ཞིབ་ཏུ་མི་གསུངས་པ་འདུག །དེ་དུས་གདངས་ཆེན་པོ་ཞིག་བབས་པས། གྲྭ་བུ་སློབ་དང་ལ་སྟོད་ལྷོ་(༧༡ན)པའི་ཐབ་འཛིན་གྱི་མི་སྣ་རྣམས་ཀྱིས་གདངས་རེས་མོས་ཀྱི་གཞོག་གིན་ཕེབས་པས། རི་གཟར་པོ་ཞིག་གི་ངོས་ནས་ཐབ་ཆེན་པོ་ཞིག་བྱུང་བ་ཇོ་ཉིད་ཀྱི་ཐད་ནས་ཡར་སོང་། དགེ་སློང་ནམ་གློ་ཟེར་བ་ཞིག་གི་རྒྱབ་ལ་ཕོག་དུས། ཇོ་ཉིད་ཀྱིས་ཕཊ་གསུངས་པས་ཉེས་སྐྱོན་ཅི་ཡང་མེད་པ་དང་། གནས་མཐིལ་རྣམས་སུ་ཕེབས་ནས་ཀྱང་། དག་པའི་གཟིགས་སྣང་དུ་མ་བྱུང་གསུངས་པ་མ་གཏོགས། ནན་གྱིས་ཞུས་ཀྱང་གསལ་བར་ཡེ་མི་གསུངས་པར་འདུག །ལ་སྟོད་ལྷོའི་གནས་མཇལ་རྣམས་གྲུབ་རྗེང་། སློབ་དཔོན་པདྨ་འབྱུང་གནས་ཀྱིས་བྱིན་གྱིས་བརླབས་ཤིང་། ཇོ་བཙུན་གྲགས་པ་རྒྱལ་མཚན་གྱི་སྒྲུབ་གནས་མང་མཁར་ཆ་ལུང་། ཇོ་བཙུན་(༧༡བ)བསོད་ནམས་ཆེན་མོ་མཁའ་སྤྱོད་ཀྱི་གནས་སུ་འཇའ་ལུས་ལ་གཤེགས་པའི་ཞབས་ཀྱི་གདན་རྗེ་པདྨ་ཅན་ལ་སོགས་པ་མཇལ་ཞིང་།

དེ་ནས་ནང་སོ་འདར་པས་གདན་འདྲེན་ཞུས་ཏེ། འདར་རྫོང་དུ་ཕེབས། ཞལ་ངོ་རྣམས་ལ་དབང་ཁྲིད་ལུང་སོགས་ཆོས་བཀའ་མང་དུ་འཇུགས་པ་གནང་དུས། ལ་སྟོད་ལྷོ་པའི་བདག་པོ་ཡབ་སྲས་རྣམས་ཀྱིས་གདན་འདྲེན་ནན་ཆེ་བ་བྱུང་བ་ལ་བརྟེན། ལྷོའི་རྒྱན་བུར་ཕྱག་ཕེབས། བདག་པོ་ཡབ་སྲས་རྣམས་ལ་ངོ་སྤྲོད་དབང་ཁྲིད་ལུང་སོགས་ཐུགས་དགོངས་རྫོགས་པར་གནང་། བདག་པོ་སྐུ་མཆེད་གཉིས་རབ་ཏུ་བྱུང་བ་མཛད་(༧༢ན)ནས། ཇོ་བཙུན་མི་ལའི་གནས་སྐྱིད་རོང་གི་ཕྱིའི་རྫོང་དྲུག་རྣམས་མཇལ་བ་ལ་ཕེབས་དུས:སྔ:(མངའ་)རིས་རྫོང་མཁར་བ་རྣམས་ཀྱི་བདག་པོ་སྐུ་མཆེད་མི་གཏེར་བཟུང་། ཆོས་ཉིད་རྒྱ་མཚོ་ཟེར་བའི་

རི་པ་གཅིག་གྲོང་ཚད་དུ་སོང་བའི་ཕུང་པོ་ཆུར་སྐྱུར་བ་ལ་འཇའ་ཟུག་པས། སྔོ་མོར་མངགས་པའི་མི་དེ་རྣམས་འགྱོད་པ་ཤིན་ཏུ་ཆེ་ཞིང་། རྗེ་ཉིད་ཀྱི་དྲུང་དུ་བཤགས་བསྐམས་དང་འབུལ་བ་བྱེད་པ་ལ་བྱུང་འདུག །

དེ་ནས་ནང་སོ་འདར་པས་གདན་དྲངས་ཏེ། འདར་དུ་ཕེབས་དུས་མཁའ་ཧུ་ཐྲག་དབེན་དགོན་ནས། ཞབས་དྲུང་ཀུན་སྤྱངས་རིན་པོ་ཆེ་ཉིད་ཀྱིས་གདན་འདྲེན་ལ་ཕེབས་པ་དང་། གདོང་ཁ་ནང་སོ་ནས་ཀྱང་གདན་འདྲེན་ཞུས་ཏེ། གདོང་ཁར་ཕེབས། ཞལ་(༧༢བ)ངོ་རྣམས་ལ་ཚེ་དབང་ལ་སོགས་པ་དགོངས་པ་དང་མཐུན་པར་གནང་།

དེ་ནས་རིམ་པར་བརྒྱུད་དེ་གཞིས་ཀ་རིན་སྤུངས་སུ་ཕེབས། བདག་གིས་ཀྱང་རྗེ་ཉིད་ཀྱི་དྲུང་དུ་མཇལ་བ་ལ་ཕྱིན་དུས། མངའ་རིས་རྫོང་ཁ་བས། ད་ལན་གྱི་བྱ་བ་འདི་བཞིན་བྱས་བྱུང་ནའང་། ཕོང་རང་རྣམས་ལ་བཀྲ་མི་ཤིས་པ་དང་མི་དགེ་བ་དུ་མ་ཡོང་གསུངས། རྒྱལ་བུ་གཉིས་ཀྱང་མཐར་ཕོ་རང་གཉིས་རང་མགོ་ཐོན་པ་དང་སྐྱོན་མེད་པ་ཡོང་གསུངས་པ་བཞིན་བྱུང་བས་མངོན་པར་མཁྱེན་པ་ཡང་ཐོགས་མེད་དུ་མངའ་བ་འདུག །དེར་མ་ཟད་མངོན་པར་མཁྱེན་པ་ཐོགས་མེད་དུ་མཁྱེན་པ་མང་དུ་ཡོད་དེ་འདིར་མ་བྲིས།

དེ་ནས་དབུས་ལ་ཕྱག་ཕེབས་སྟར་འབྱུང་ལྷར་མཚུར་ཕུ་བྲག་(༧༣ན)མིག་རྩེ་སོགས་ཀྱི་དགུན་ཆོས་རས་ཕུད་སོགས་གནང་ནས། འབྲི་གུང་ཕག་མོ་རྩེ་ནས་ཡུམ་སྲས་དྲུང་སྐྱིད་ཤོད་ཀྱི་དཔོན་རྣམ་པ་དྲག་ཞན་རྣམས་ཀྱིས་གདན་དྲངས་པར་ཕེབས་ནས་གང་ལ་གང་འདུལ་གྱི་དབང་ཁྲིད་ལུང་སོགས་རང་རང་གི་བསམ་པ་ཆེམ་པར་གནང་ནས། ཡར་ལམ་ཐོན་སེའུ་རྫོང་དུ་ཐོན་པ་ནང་སོས་གདན་

འདྲེན་ཞུས་ནས་དེར་ཟླ་གཅིག་ཙམ་བཞུགས། ཞལ་ངོ་རྣམས་ལ་ཚེ་དབང་བརྒྱ་རྩ་དང་གསུང་ཆོས་ཀྱིས་ཐུགས་ཁ་རྫོགས་པ་གནང་ནས། གཞིས་ཀ་རིན་སྤུངས་སུ་ཕེབས། སྡེ་པ་དཔོན་བློན་རྣམས་ལ་སྔར་འབྱུད་ལྟར་ཚེ་ཧྲ་བརྒྱ་རྩ་སོགས་ཟབ་རྒྱས་ཀྱི་ཆོས་མང་དུ་གནང་བ་གྲོལ་དང་བསྟུན། སློ་མོ་གྲ་གོར་ནས་(༧༣བ)གདན་འདྲེན་ནན་ཆེན་བྱུང་ནས། གྲ་གོར་དུ་ཕེབས་ཞག་ལྔ་བཞུགས། བྱང་སེམས་ཆེན་མོ་བསྐྱན་པའི་སྐོར་ཞུགས་ནས་ཆོས་མཛད། བསྐྱེན་བཀུར་དང་འབུལ་བ་རྒྱ་ཆེན་པོ་ཕུལ། དེ་ནས་བཤགས་རམ་གྱི་སྒྲུབ་སྡེར་ཕྱག་ཕེབས། དེར་བཞུགས་རི་པ་རྣམས་དང་། ཐུ་དགོན་པའི་གདན་ས་པ་ཆོས་རྗེ་ཀུན་བཟང་པ་དང་། གཞན་ཡང་ཆོས་ཉན་མང་དུ་འདུས་པ་རྣམས་ལ་ཕྱག་རྒྱ་ཆེན་པོ་ལྷ་ལྔན་གྱི་ཁྲིད་དང་། འདོད་ཆོས་མང་དུ་གནང་།

དེ་ནས་སློ་མོ་ཆོས་སྡེ་རྗེ་མཁར་དུ་འཛམ་གླིང་མཁས་པའི་དབང་པོ་དཔོན་སློབ་ཀྱིས་སྤྱན་དྲངས་ནས་རྟེན་གསར་དུ་བཞེངས་པ་རྣམས་ལ་ཕྱག་ནས་འཐོར་བ་གནང་། བུར་སྟོན་དང་འབུལ་བ་བསམ་(༧༤ན)གྱིས་མི་ཁྱབ་པ་ཕུལ། དེ་ནས་ཐོན་པའི་གཞིས་(ཀ་)བསམ་འགྲུབ་མཐོང་སྨོན་དུ་ཕེབས། ཞལ་ངོ་རྣམས་ལ་དབང་དང་། ནང་སོ་དོན་གྲུབ་མགོན་པོ་པའི་དྲུང་དཔོན་གཡོག་དང་། རི་པ་བགྲེས་པ་འགའ་ཡར་ལ་རྗེ་ཉིད་ཀྱི་མཛད་པའི་གཅོད་ཀྱི་བཀའ་འབུམ་པོ་ཧྲི་གཅིག་གི་ལུང་གནང་།

དེ་ནས་རིམ་པར་སྟག་ལ་སོགས་ནས་བརྒྱུད། བྲག་མིག་རྩེར་ཕྱག་ཕེབས་ནས། དེའི་དགུན་ཆོས་དྲུག་ཡོངས་སུ་རྫོགས་པ་གནང་ནས་རབས་པ་བརྒྱ་ཉི་ཤུ་ཙམ་གྱིས་རབས་འབྱུད་མཛད་དུས། སྤྱ་ར་གཞིས་ཀ་ནས་དང་། ནང་པ་དགའ

བ་གྲོང་པ་སོགས་ཀྱི་རས་སྟོན་དང་འབུལ་བ་སོགས་ཕུན་སུམ་ཚོགས་པ་ཞུས།

དེ་ནས་སྟག་ལུང་རྩེར་ཟླ་གཅིག་ཙམ་བཞུགས་ནས་(༧༤བ)མཚུར་ཕུར་ཕེབས། ཨ་ས་རི་ཁྲོད་དུ་བཞུགས་པ་གནང་། མཚུར་ཕུ་ནང་སོ་ལ་སོགས་པ་བླ་མ་སློབ་དཔོན་དང་། རི་པ་བགྲེས་པ་ཐོག་གཅིག་ལ་རྗེ་ཉིད་ཀྱི་བཀའ་འབུམ་གྱི་ལུང་གནང་བའི་སྤྱན་ཚབ་ཤ་འབུ་རྟོགས་ལྡན་བཀྲ་ཤིས་རྒྱ་མཚོས་མཛད། ཁོང་ཁམས་ཙུང་ཟད་མ་བདེ་བས། བཀའ་འབུམ་གྱི་ལུང་གི་འཕྲོ་དང་། གསང་སྔགས་གསར་མའི་རྒྱུད་འབུམ་པོ་ཏི་དགུའི་ལུང་གནང་བའི་སྤྱན་ཚབ་བདག་ཉིད་ཀྱིས་བྱས། དེ་རྣམས་གྲོལ་དང་བསྟུན་རྗེ་ཉིད་བྲག་མིག་རྩེ་ལ་སོགས་པའི་གནས་རྣམས་སུ་ལས་དང་བ་རྣམས་ལ་ངོ་སྤྲོད། གཞན་འདོད་ཆོས་དོན་དུ་གཉེར་བ་རྣམས་ལ་ཟབ་རྒྱས་ཀྱི་ཆོས་འཁོར་རྒྱ་ཆེན་པོ་བསྐོར་ཞིང་དབུས་ཕྱོགས་སུ་བཞུགས་པ་གནང་། (༧༥ན)ཇེད་གཙང་ཕྱོགས་ཀྱི་རི་པ་རྣམས་སོ་སོའི་རི་ལ་རྫོང་བ་གནང་། དེའི་ཕྱི་ལོ་དབུས་གཙང་སྟོད་སྨད་ཀྱི་རི་པ་རྣམས་ཕྱོགས་ཕྱོགས་ནས་བསྡུས་པ་གནང་། བྲག་མིག་རྩེར་ཆོས་དྲུག་ལ་སོགས་པ་ཟབ་རྒྱས་ཀྱི་ཆོས་མང་དུ་གནང་། རས་པ་བརྒྱ་དང་བཅུ་ཙམ་གྱིས་རས་འབུད་མཛད།

དེ་ནས་སྐྱོར་མོ་ལུང་ནས་དཔོན་ས་ཁྲི་ལྷུམ་གྱིས་གདན་འདྲེན་ཞུས་ནས། སྐྱོར་མོ་ལུང་གི་ལྷུང་ལོ་ཅན་དུ་ཕེབས། དཔོན་ས་ཁྲི་ལྷུམ་དྲུང་དུ་ཚེ་དབང་ལ་སོགས་པ་དགོངས་པ་དང་བསྟུན་པའི་གསུང་ཆོས་ཀྱི་འབྲེལ་པ་གནང་། སྐྱོར་མོ་ལུང་ནས་གདུང་བརྒྱུད་རིན་པོ་ཆེ་དང་། ཕྱག་མཛོད་པ་གསོལ་དཔོན་མགོན་པོ་པ་དཔོན་སློབ་དྲུང་གིས། དཔོན་སློབ་བརྒྱ་ཙམ་ཞིག་ལ་ཟླ་རེའི་གསོལ་ཐོག་(༧༥བ)ཕུལ་ནས། སྟག་ལུང་རྩེར་ཕེབས་ཟླ་བ་གཉིས་ལྷག་ཙམ་དུ་དཔོན་སློབ་བྱིངས་

སྐུ་མཚམས་ལ་བཞུགས།

དེ་ནས་མཚུར་ཕུ་རིན་པོ་ཆེའི་ཞུ་ཡིག་དང་། ཤ་བྲུ་རྟོགས་ལྡན་པ་གདན་འདྲེན་ལ་ཕྱོན་པ་ལ་བརྟེན། ཡར་ལམ་སྐྱོར་མོ་ལུང་དང་། སྤུ་ར་ནས་ཀྱང་གདན་འདྲེན་ཞུས། ཞག་གསུམ་ཙམ་རེ་བཞུགས་ནས་མཚུར་ཕུར་ཕྱག་ཕེབས། གསར་མ་སྙིང་དུ་བཞུགས་པ་གནང་། དེའི་དུས་མཚུར་ཕུ་དགོན་གྱི་བླ་མ་སློབ་དཔོན། གྲྭ་ཕྱི་ནང་། རི་པ་གཞི་བྱེས་སོགས་དགེ་འདུན་ཉིས་བརྒྱ་ལྷག་ཙམ་ལ། རྗེ་ཉིད་ཀྱི་བཀའ་འབུམ་པོ་ཏི་བཅུ་དྲུག །མཚུར་ཕུ་རིན་པོ་ཆེ་དཔོན་སློབ་ཆུང་བསྡུས་ལ། གསང་སྔགས་རྙིང་མའི་རྒྱུད་འབུམ་པོ་ཏི་དྲུག །དེ་རྣམས་ཀྱི་ལུང་གནང་བའི་སྤྱན་(༧༨ན)ཚབ་བདག་ཉིད་ཀྱིས་བྱས་ནས་གནང་། དེ་ནས་ཕྱོགས་ཀྱི་རི་པ་རྣམས་སོ་སོའི་རི་ལ་རྫོངས་བ་གནང་། རྗེ་ཉིད་དཔོན་སློབ་དྲུང་རེ་ཞིག་དབུས་སུ་བཞུགས་པ་གནང་།

དེ་ནས་ནང་སོ་ཐོན་པས་གདན་འདྲེན་ཞུས་ནས་ཐོན་སེའུ་རྫོང་དུ་ཟླ་བ་འགའ་ཞིག་བཞུགས། དེ་ནས་གཡག་སྡེ་ཕྱོགས་སུ་ནང་སོ་སྤུངས་རྩ་བའི་གདན་འདྲེན་ཞུས། མདོན་དགའ་ཟེར་བའི་གནས་ཤིག་ཏུ་ཞག་ཉི་ཤུ་རྩ་གྲངས་བཞུགས། ཞལ་ངོ་རྣམས་ལ་ཚེ་དབང་ལ་སོགས་པ་གནང་།

དེ་ནས་དཀར་ཆོས་བསམ་གཏན་ཆོས་སྡིང་དུ། ཞབས་དྲུང་ཀུན་སྤུངས་རིན་པོ་ཆེས་གདན་དྲངས་ནས་ཞག་དྲུག་བདུན་ཙམ་ཞིག་བཞུགས་ནས། མཁའ་རུ་བྲག་གིས་དབེན་དགོན་དུ་ཕྱག་ཕེབས། ཞག་འགའ་བཞུགས་ནས། (༧༨བ)རྗེའི་དྲུང་དཔོན་སློབ་ཆུང་བསྡུས་ཀྱིས་གཞིས་ཀ་རིན་སྤུངས་སུ་ཕེབས་ནས་དཔོན་སློབ་དྲུང་དུ་ཚེ་ཧ་བརྒྱ་རྩ་ལ་སོགས་པ་སྟར་འཕྲོད་ལྟར་གནང་།

སླར་དབེན་དགོན་དུ་ཕེབས་ནས། གྲྭ་པ་ལས་དང་པོ་རྣམས་ལ་ངོ་སྤྲོད་དང་། ཀུན་སྤྱངས་རིན་པོ་ཆེ་དང་། གྲྭ་པ་བྱིན་ལ་ཕྱག་རྒྱ་ཆེན་པོ་ཡི་གེ་བཞི་པའི་ཁྲིད་གནང་། བར་སྐབས་སུ་ཤངས་རྣམ་རྒྱལ་གླིང་ལ་ཟླ་ཕྱེད་ཙམ་སོང་ནས་དབེན་དགོན་དུ་ཕེབས། དེར་ཟླ་བ་བདུན་བརྒྱད་ཙམ་བཞུགས།

དེ་ནས་ཧ་ལོ་ཟླ་བ་བཞི་པའི་ནང་དུ་ཕེབས་ལམ་ཡུ་ལྷ་དང་། གཡག་སྡེ་ནས་མཛད། ཐོན། ལྷུན་རབ། སྟག་ལ། ལྷ་ཡུལ་རྣམས་སུ་ཞག་ལྔ་དྲུག་བདུན་བརྒྱད་སོགས་བཞུགས་ནས། རང་རང་གི་དགོངས་པ་དང་མཐུན་པའི་(༧༧ན)དབང་དང་གདམས་པ་གནང་ནས། བན་རྫི་ལུང་དུ་ཕེབས་ཟླ་བ་གཉིས་བཞུགས། དེའི་བར་གྲྭ་པ་རྣམས་ཀྱི་ལྟོག་མཚམས་མཛད། རྗེ་ཉིད་ཀྱི་ཞལ་ངོ་རྣམས་ལ་ཚེ་དབང་ལ་སོགས་པ་གནང་།

དེ་ནས་བྲག་མིག་རྩེར་ཕེབས་གཅོད་ཁྲིད་གཅོད་དབང་སོགས་འཛུགས་པ་གནང་། གྲྭ་པ་ལྔ་བཅུ་ཙམ་ལ་བསྙེན་པར་རྫོགས་པ་གནང་། དེའི་དགུན་མཚུར་ཕུར་ཆོས་དྲུག་གནང་ནས་རས་འབུད་མཛད། དེ་རྗེས་བྲག་མིག་རྩེར་གཏུམ་མོ་ཞག་བདུན་མ་གནང་ནས་རས་འབུད་མཛད།

གསུང་རྩོམ་མཛད་པ་ལ་ཡང་། རྗེ་རང་གི་རྣམ་ཐར་མགུར་འབུམ་པོ་ཏི་གཅིག །བདེ་མཆོག་མཁའ་འགྲོ་རྒྱལ་མཚོའི་མངོན་དཀྱིལ། བདེ་མཆོག་ལཱུ་ཧི་པ་ལྷ་དྲུག་ཅུ་རྩ་གཉིས་ཀྱི་མངོན་དཀྱིལ། (༧༧བ)ལྷ་བཅུ་གསུམ་གྱི་མངོན་དཀྱིལ། ནག་པོ་པ་ལྷ་དྲུག་ཅུ་རྩ་གཉིས་ཀྱི་མངོན་དཀྱིལ། བདེ་མཆོག་དཀར་པོ་ལྷ་དགུའི་མངོན་དཀྱིལ། སངས་རྒྱས་ཐོད་པའི་སྒྲུབ་ཐབས་རྒྱས་པ། གསང་འདུས་མི་བསྐྱོད་པ་ལྷ་སུམ་ཅུ་རྩ་གཉིས་ཀྱི་སྒྲུབ་ཐབས་རྒྱས་པ། ས་ཆོག །སྟ་གོན། ཐིག་ཚོན་བྱིན་རླབས།

ཀླུ་ཆོག་སྒྲིབ་སྦྱོང་དང་བཅས་པ། གསང་འདུས་འཇམ་དཔལ་རྡོ་རྗེ་ལྷ་དགུའི་སྒྲུབ་ཐབས་རྒྱས་པ། ས་ཆོག་སོགས་ལྷན་ཐབས་ཀྱི་ཡིག་ཆུང་ཚང་མ། འཇིགས་བྱེད་ལྷ་བཅུ་གསུམ་གྱི་མངོན་དཀྱིལ། ས་ཆོག་སོགས་ལྷན་ཐབས་ཀྱི་ཡིག་ཆུང་ཚང་མ། འཇིགས་བྱེད་ལྷ་དགུ་དང་། གཤེད་དམར་ལྷ་དགུའི་སྒྲུབ་ཐབས། ཕྱག་ན་རྡོ་རྗེ་(༧༤ན)འཁོར་ལོ་ཆེན་པོའི་སྒྲུབ་ཐབས་རྒྱས་པ། དགྱེས་རྡོར་ཐོད་པ་ཅན་ལྷ་དགུའི་མངོན་དཀྱིལ་རྒྱས་པ། བདག་མེད་ལྷ་མོ་བཅོ་ལྔའི་སྒྲུབ་ཐབས་རྒྱས་པ། རྡོ་རྗེ་མཁའ་འགྲོ་མ་གུར་གྱི་མངོན་དཀྱིལ་རྒྱས་པ། དགྱེས་རྡོར་མཚོན་ཆ་ཅན་ལྷ་བཅུ་བདུན་གྱི་མངོན་དཀྱིལ་རྒྱས་པ། མ་ཧཱ་མཱ་ཡ་ལྷ་ལྔའི་མངོན་དཀྱིལ་རྒྱས་པ། རྡོ་རྗེ་གདན་བཞི་ལྷ་ལྔ་བཅུ་ང་བདུན་གྱི་མངོན་དཀྱིལ། དེ་གསུམ་གྱི་ས་ཆོག་དང་ལྷན་ཐབས་ཀྱི་ཡིག་ཆུང་ཚང་མ། གདན་བཞིའི་ཡུམ་ཡེ་ཤེས་མཁའ་འགྲོ་དབྱིངས་ཕྱུག་མ་ལྷ་བཅུ་གསུམ་གྱི་སྒྲུབ་ཐབས་རྒྱས་པ། ཕྱག་ན་རྡོ་རྗེ་འགྲོ་བཟང་ལྷ་དྲུག་ཅུ་རྩ་བདུན་གྱི་མངོན་རྟོགས་དང་དབང་ཆོག །ཕྱག་ན་རྡོ་རྗེ་ལྕགས་སྒྲོགས་ཅན་ལྷ་བཅུ་གསུམ་གྱི་སྒྲུབ་ཐབས་(༧༤བ)རྒྱས་པ། ཕྱག་ན་རྡོ་རྗེ་ལྷ་དགུའི་གཟུངས་སྒྲུབ། ཕྱག་ན་རྡོ་རྗེའི་གཏུམ་པོ་ཁྱུང་ཤམ་ཅན་ལྷ་ལྔའི་སྒྲུབ་ཐབས་རྒྱས་པ། རྡོ་རྗེ་ཁྱུང་གི་སྒྲུབ་ཐབས་རྒྱས་པ། སྨན་བླ་བདེ་གཤེགས་བརྒྱད་ཀྱི་སྒྲུབ་ཐབས་རྒྱས་པ། སྦྱོང་རྒྱུད་དཀྱིལ་འཁོར་བཅུ་གཉིས་ཀྱི་མངོན་དཀྱིལ་ཚང་མ། ཡོ་ག་གཙུག་གུའི་མངོན་དཀྱིལ་ཚང་མ། མི་འཁྲུགས་པ་ལྷ་དགུ་དང་། ཚེ་དཔག་མེད་ལྷ་དགུའི་སྒྲུབ་ཐབས་དང་དཀྱིལ་ཆོག །དཔལ་མཆོག་དང་པོ་ལྷ་དྲུག་ཅུ་རྩ་གཅིག་གི་སྒྲུབ་ཐབས་རྒྱས་པ། རྡོ་རྗེ་དབྱིངས་ཀྱི་དབང་ཕྱུག་ལྷ་དགུ་བཅུ་གོ་གཉིས་ཀྱི་སྒྲུབས་ཐབས་རྒྱས་པ། འཇམ་དཔལ་བདུན་ཅུ་རྩ་ལྔའི་སྒྲུབ་ཐབས་རྒྱས

པ། དཔལ་མགོན་གསང་ལྷན་ལྷ་ལྔ་བཅུ་ང་གསུམ་གྱི་སྒྲུབ་ཐབས་རྒྱས་པ། ཁྲོ་བོ་ཁམས་གསུམ་རྣམ་རྒྱལ་ལྷ་(༧༩ན)དྲུག་ཅུ་རྩ་ལྔའི་སྒྲུབ་ཐབས་རྒྱས་པ། འགྲོ་བ་སྒྲོལ་བ་ལྷ་དྲུག་ཅུ་རྩ་གཅིག་གི་སྒྲུབ་ཐབས་རྒྱས་པ། འཇམ་དཔལ་ཡེ་ཤེས་སེམས་དཔའི་སྒྲུབ་ཐབས། ཆོས་དབྱིངས་གསུང་དབང་གི་མངོན་དཀྱིལ་རྒྱས་པ། རྡོ་རྗེ་སེམས་དཔའ་ཡི་གེ་བརྒྱ་པའི་སྒྲུབ་ཐབས་རྒྱས་པ། སྨིན་བྱེད་དབང་གི་རིམ་པ་དེ་རྣམས་ལ་པོ་ཏི་གསུམ་ཡོད་དོ། །

གྲོལ་བྱེད་ལམ་གྱི་རིམ་པ་ལ། རི་ཆོས་ཕྲིན་ལས་ཀུན་ཁྱབ་ཀྱི་གཞུང་རྗེ་རང་བྱུང་བས་མཛད་པ་ལས་ཅུང་ཟད་གསལ་བར་མཛད་པ། སློབ་དཔོན་པདྨ་འབྱུང་གནས་དང་། རྗེ་རང་བྱུང་བས་མཛད་པའི་བཅུད་ལེན་བརྒྱ་རྩ་ལ་གཞི་མཛད་བཅུད་ལེན་བརྒྱ་རྩ་དེ་དག་གི་གེགས་སེལ། ཞལ་གདམས་ཕྱག་ལེན་དང་བཅས་པ། ཕྱག་རྒྱ་ཆེན་པོ་གཏྣ་མའི་ཁྲིད། ལྷན་ཅིག་སྐྱེས་སྦྱོར་གྱི་ཁྲིད་ཡིག་རྒྱས་བསྡུས་(༧༩བ)གཉིས། ཕྱག་རྒྱ་ཆེན་པོ་སྐུ་གསུམ་ངོ་སྤྲོད་ཀྱི་ཁྲིད། ཕྱག་རྒྱ་ཆེན་པོ་རིག་པ་གསེབ་ལམ་གྱི་ཁྲིད། ཟབ་ཆོས་གསེར་ཁུག་མའི་ཁྲིད། ཕྱག་རྒྱ་ཆེན་པོ་ཡེ་ཤེས་གསལ་བྱེད་ཀྱི་ཁྲིད། སེམས་ཁྲིད་ཡིད་བཞིན་ནོར་བུའི་ཁྲིད། ཕྱག་ཆེན་ཡི་གེ་བཞི་པའི་ཁྲིད། ཕྱག་ཆེན་རྗེའུའི་ཁྲིད། གཙུ་མའི་ཁྲིད། ས་ར་ཧའི་དོ་ཧ་མཛོད་ཀྱི་ཡོ་རྒྱུས་དང་ཁྲིད། ཕྱག་ཆེན་ལྔ་ལྡན་གྱི་ཁྲིད། འབྲེལ་པ་བཞི་ལྡན་གྱི་ཁྲིད། སྒྲ་མི་སྙན་པའི་ཚེ་སྒྲུབ་དང་ལོ་རྒྱུས་ཀྱི་ཁྲིད་ཡིག །ཕྱག་ཆེན་ཐེག་པའི་ཁྲིད། དྲན་པ་ཉེ་བར་བཞག་པ་གནས་དགུའི་ཁྲིད། ཏི་ལོའི་ཟབ་ཆོས་རོ་སྙོམས་ཀྱི་གཟེར་ལྔ་གནད་ཀྱི་ཁྲིད་ཡིག །ནཱ་རོ་གསང་སྤྱོད། ཀརྨ་གསང་སྤྱོད། རོ་སྙོམས་བཟློག་བསྒོམ། གེགས་སེལ་ཆེན་མོའི་སྐོར། སྤྱན་རས་གཟིགས་(༨༠ན)ཀྱི་དམར་ཁྲིད་རྒྱས་པ། ནཱ་

རོ་ཆོས་དྲུག་གི་ཟབ་གནད་བསྡུས་པ། ཟབ་ཆོས་ཀླུང་སེམས་གཉིས་མེད་ཀྱི་ཁྲིད། རྗེ་བཙུན་མར་པས་མཛད་པའི་ཟབ་ཆོས་སྒྱུ་མ་གསུམ་རྒྱུད་ཀྱི་ཁྲིད། ཟབ་ཆོས་འཁོར་ལོ་ལྔ་མའི་ཁྲིད། རྫོགས་པ་ཆེན་པོ་སྙིང་ཐིག་དང་། ཟངས་ཡིག་ཅན་གྱི་ཁྲིད། གཏུམ་མོ་གངས་སེང་མའི་ཁྲིད། གེགས་སེལ་ཐོགས་འདོན་དང་བཅས་པ། གཏུམ་མོ་ཞག་བདུན་མའི་ཁྲིད་གེགས་སེལ་དང་བཅས་པ། ཟབ་ལམ་མཆོག་གི་གཏུམ་མོའི་ཁྲིད་ཡིག་གཏུམ་མོ་ལ་བར་མའི་ཁྲིད། ཨུ་རྒྱན་བསྙེན་སྒྲུབ་ཀྱི་ཁྲིད། བར་དོ་འཕྲང་སྒྲོལ་གྱི་ཁྲིད་དང་། འཕོ་བ་འཇའ་ཚུགས་མ། ཕག་མོ་ལྷ་ཁྲིད་སྐོར་ལུགས་མཚུར་ལུགས་གཉིས་ཀྱི་ཁྲིད་ཡོ་རྒྱུས་དང་བཅས་པ། བདེ་མཆོག་ལཱུ་ཧི་པ་རིམ་ལྔའི་(༤༠བ)ཁྲིད། དྲིལ་བུ་རིམ་ལྔའི་ཁྲིད། ནག་པོ་རིམ་བཞིའི་ཁྲིད། ནཱ་རོ་ཆོས་དྲུག་གི་ཁྲིད། རྣལ་འབྱོར་བཞི་གསུམ་བཅུ་གཉིས་ཀྱི་ཁྲིད་བསྡུས་པ། སྙིང་པོ་དོན་གསུམ་གྱི་ཁྲིད། གསང་འདུས་རིམ་ལྔ། དམར་ཁྲིད་རྒྱས་པ། མ་གཅིག་གྲུབ་རྒྱལ་ལུགས་ཀྱི་ཚེ་ཁྲིད་ཟབ་པ་བཞི་ལྡན་རྒྱས་པ། དོ་ཧ་བསམ་གཏན་ཐུན་འཛོག་གི་ཡོ་རྒྱུས་ཁྲིད་ཡིག །དེའི་སྔོན་ཐབས་དང་ཞལ་གདམས། རྒྱ་གར་གསང་སྤྱོད་ཀྱི་ཁྲིད་ཡིག་རྒྱས་བསྡུས་གཉིས། སྦྱོར་བ་ཡན་ལག་དྲུག་གི་སྔོན་འགྲོ། ཐོག་མར་དགེ་བ་སོར་བསྡུད་དང་བསམ་གཏན་གྱི་ཁྲིད། བར་དུ་དགེ་བ་སྲོག་རྩོལ་དང་འཛིན་པའི་ཁྲིད། ཐ་མར་དགེ་བ་རྗེས་དྲན་དང་ཏིང་ངེ་འཛིན་གྱི་ཁྲིད། སྦྱོར་བ་ཡན་ལག་དྲུག་གི་ཁྲིད་བསྡུས་པ། དེ་རྣམས་ལ་པོ་ཏི་ལྔ་ཡོད།

གཅོད་སྐོར་ལ། སྨིན་(༧༤ན)པར་བྱེད་པ་དབང་གི་རིམ་པ་ཕྱི་ནང་གསང་གསུམ་གྱི་དབང་མཆོག་བཞི་བཅུ་ཞེ་བདུན། ཁྲིད་ཀྱི་སྐོར་ལ་ཐོག་མར་བླ་མ་བརྒྱུད་པའི་རྣམ་ཐར། གཅོད་ཀྱི་ས་བཅད། གཞུང་གི་ཁྲིད་དང་། ནམ་མཁའ་སྒོ་འབྱེད་ཀྱི་

ཁྲིད་ལ་སོགས་པ་ཁྲིད་བཅུ་བདུན། ཡིག་ཆུང་ལྷན་ཐབས། གེགས་སེལ། ལས་ཁ་ཚར་གྱི་ཡིག་ཆུང་སྦྱིན་སྲེག་དང་བཅས་པ་ལ་པོ་ཏི་ལྔ་ཡོད།

བཀའ་བརྒྱུད་བླ་མའི་དབང་ལ་སོགས་པ་དབང་དང་རྗེས་གནང་འདྲེས་པ་བརྒྱ་དང་བཞི་བཅུ་ཞེ་བདུན་ལ་པོ་ཏི་གཉིས། ཡོངས་དྲིལ་བཀའ་འབུམ་པོ་ཏི་བཅུ་དྲུག་ཡོད་དོ། །

མདོར་རྗེ་འདི་ཉིད་ཀྱི་ཞབས་ཀྱི་པདྨོ་ལ། དེང་སང་བོད་གངས་ཅན་ཁྲོད་ཀྱི་སྐྱེས་བུ་དམ་པ་ཕལ་མོ་ཆེ་དང་། དབུས་གཙང་གི་སྡེ་དཔོན་ཆེ་ཆུང་། དཔོན་སྐྱ་དྲག་(༧༡བ)ཞན་རྣམས་ཀྱི་བརྟེན་ཅིང་གསུང་གི་བདུད་རྩིས་འཚོ་བ་དང་མི་ཕྱེད་པའི་དད་པ་བརྟན་པ་ཤ་སྟག་ཁོ་ནའོ། །ཁམས་དང་འཇང་ཡུལ་སོགས་ཀྱི་ཆེ་དགུ་རྣམས་ཀྱིས་ཀྱང་སྙན་པའི་གྲགས་པ་རྒྱང་ནས་འཕྲུམ་སྟེ། གསེར་དངུལ། ཟ་གོས་དར་སོགས་ཀྱི་འབུལ་བ་ནར་མར་འབུལ། སྐལ་ལྡན་གྱི་གདུལ་བྱ་འཁོར་དུ་འདུས་པ་རྣམས་ཀྱང་རབ་ཏུ་བྱུང་བ་བསྙེན་པར་རྫོགས་པ་དང་། རྫོར་དཀར་དང་གདན་གཅིག་པའི་བརྟུལ་ཞུགས་འཛིན་པ་དང་། ངེས་དོན་གྱི་གདམས་པས་རྒྱུད་ཚིམས་ཏེ། ཕལ་ཆེར་མི་མེད་ལུང་སྟོང་དུ་ཆིག་རི་དང་། སྡེ་ཚོས་པ་རྣམས་ཀྱང་ཚེ་འདི་བློས་བཏང་ནས་ཐར་པ་དོན་དུ་གཉེར་ཞིང་སྒྲུབ་པའི་རྒྱལ་མཚན་འཛིན་པ་ཡང་བསམ་གྱིས་མི་ཁྱབ། བརྒྱུད་པ་འཛིན་པའི་བུ་ཆེན་ཡང་གོང་དུ་རིམ་པར་སོང་བས་(༧༢ན)འདིར་བརྗོད་མི་དགོས་པར་འདུག །འཇིག་རྟེན་པའི་སྐྱེ་བོ་ཕོ་མོ་ཁྲིད་དང་ངོ་སྤྲོད་བཏབ་པ། ཐ་ན་བླ་མའི་རྣལ་འབྱོར། མ་ཎིའི་ལུང་དང་། བསྙེན་གནས་ཀྱི་སྡོམ་པ་ཙམ་གནང་བ་ཡང་གྲངས་ལས་འདས་ཤིང་། དེ་ཐམས་ཅད་ཀྱང་ཐར་པ་བླ་ན་མེད་པའི་བྱང་ཆུབ་ཀྱི་ས་བོན་དང་བག་ཆགས་

རྒྱུད་ལ་བཞག་ནས་འབྲེལ་ཚད་དོན་ལྡན་དུ་མཛད་པ་ཡིན་ནོ། །བཤད་སྒྲུབ་གཉིས་ཀྱི་རྒྱལ་བའི་བསྟན་པ་ལ། །རྣམ་དཀར་མཛད་པ་ངོ་མཚར་རྨད་བྱུང་ཞིང་། །ལྷག་པར་ངེས་དོན་གདམས་པའི་བདུད་རྩི་ཡི། །ཞིང་འདིར་མཐའ་ཡས་འགྲོ་བ་འདྲེན་པའི་དཔལ། །ཕྲིན་ལས་མཐར་ཕྱིན་རྗེ་བཙུན་རྗེ་ལ་འདུད། །ཅེས་པ་བར་སྐབས་ཀྱི་ཚིགས་སུ་བཅད་པའོ། །

༼༤༤བ༽དྲུག་པ་ཞིང་འདིར་སྐུའི་བཀོད་པ་བསྟུས་ནས་ངོ་མཚར་བའི་ལྟས་དང་བཅས་དག་པའི་ཞིང་དུ་གཤེགས་ཚུལ་ནི་གོང་དུ་བྲག་མིག་རྩེར་རས་འབུད་མཛད་ནས། ལུག་ལོ་ཟླ་བ་བཞི་པའི་ནང་དུ་སྐྱོར་མོ་ལུང་དུ་གདན་དྲངས་ནས་ཕེབས་དུས། ཕག་མོ་རྩེ་ནས་གདན་འདྲེན་དང་ཞུ་ཡིག་ནན་ཆེན་བྱུང་བ་ལ་བརྟེན། ལྷོག་གྲྭ་བ་རྣམས་དཔོན་ས་ཁྲི་ལྷུམ་དཔོན་སློན། གསང་ཕུ་གནས་གཙང་བ་རྣམས་ཀྱིས་སྤྱིན་བདག་བྱས། སྣེ་ཐང་ནོར་བུ་བྲག་དང་། སྦུས་རི། གནོན་ཚུ་བྲག །སྣེ་ཐང་ཏ་ཅག་སོགས་སུ་ཟླ་བ་འགའ་ཡར་བཞུགས། རྗེ་ཉིད་ཕག་མོ་ལ་ཕེབས། གཞིས་ཀ་ནོར་རྒྱས་གླིང་དུ་ཡུམ་སྲས་རྣམས་ལ་ཚེ་དབང་ལ་སོགས་པ་གནང་། དེའི་དུས་སུ་མགུལ་ཚུང་ཟད་སྙེལ་བའི་ངང་ནས། སྡེ་པ་མགོན་རྒྱལ་བའི་༼༤༣ན༽མལ་གྲོ་ཀ་ཚལ་དུ་གདན་འདྲེན་ཞུས། ཚེ་དབང་ལ་སོགས་པ་གནང་དུས་ཀྱང་མགུལ་སྙེལ་བ་དེ་ཀ་བྱུང་། འཚོ་བྱེད་གཙོ་ཟེར་བ་ཞིག་གིས་གསོལ་སྨན་གྱིས་འཕྲོད་བསྟེན་ཅུང་ཟད་ཕུལ་ཀྱང་དྭངས་སྙིད་ཡེ་མ་བྱུང་བས། སྔར་ཆོས་དབྱིངས་ཕོ་བྲང་ཟེར་བའི་རི་ཁྲོད་ཞིག་ཏུ་ཕེབས་ནས་སྐུ་མཚམས་དམ་དུ་གནང་བའི་མུ་ནས་སྐུ་ཁམས་སྙེལ་བ་ལ་སོགས་ཆེར་མེད་ཀྱང་། ཞིང་འདིའི་གདུལ་བྱ་རྣམས་སྨིན་གྲོལ་ལ་བཀོད་ཟིན་པ་དང་། གདུལ་བྱ་ལེ་ལོ་ཅན་རྣམས་རྟག་འཛིན་ཟློག

པའི་ཆེད་དུ། མི་མོ་ལུག་ལོ་ཧོར་ཟླ་བཅུ་གཅིག་པའི་ཚེས་བཅོ་བརྒྱད་ཀྱི་ཉི་མ་ཤར་དྲོས་ལ་གཟུགས་སྐུའི་བཀོད་པ་བསྡུས་ནས། ཆོས་ཀྱི་དབྱིངས་སུ་གཤེགས་པའི་ཚུལ་བསྟན་ཏོ། །

དེའི་དུས་ནམ་མཁའ་ལ་འཇའ་འོད་ཀྱི་གུར་དང་མེ་(༤༣བ)ཏོག་གི་ཆར་ཁ་བ་ལྟར་བབས་པ་དང་། དེ་དང་ཁད་ཉེ་བའི་དབྱི་ཤུ་ཟེར་བ་ན། ཛོ་བོ་རྗེའི་ཐུགས་བཞུགས་པའི་མཆོད་རྟེན་བྱིན་རླབས་ཅན་ཞིག་ཡོད་པའི་ས་ན། མེ་ཏོག་སེར་ཆེན་རྐང་གཉིས་གསུམ་ཁ་ཕྱེ་བ་དང་། དེ་ཕྱོགས་ཀྱི་དགོན་པ་རྣམས་ཀྱི་ལྷུམ་ར་ཚེར་ཡང་མེ་ཏོག་བརྒྱ་མན་ཁ་ཕྱེ་བ་མང་དུ་བྱུང་། སྐྱོར་མོ་ལུང་ལྟང་ལོ་ཅན་ལ་སོགས་པ་རྣམས་སུ་ཡང་། བརྒྱ་མན་ཁ་ཕྱེ་བ་མང་པོ་བྱུང་འདུག་ཅིང་། དེ་དུས་དགུན་གྲང་སྐྱང་ཡིན་ཀྱང་། འཁྲུག་པ་ཐམས་ཅད་ཞུ་ནས། ནམ་ཟླ་ས་ཆུ་དྲོས་པ་ལྟ་བུ་བྱུང་བས། སྐལ་ལྡན་སོས་གུས་དང་ལྡན་པ་རྣམས་ལྟ་ཅི་སྨོས། སྐལ་མེད་ལོག་ལྟ་ཅན་རྣམས་ཀྱང་། ངོ་མཚར་ཚད་མེད་པ་བསྐྱེད་ཅིང་། བཀའ་བརྒྱུད་ཀྱི་བསྟན་པ་ལ་མི་ཕྱེད་པའི་དད་པ་བསྐྱེད་པར་གྱུར་ཏོ། །

སྐུ་གདུང་རིན་པོ་ཆེའི་དྲུང་དུ་ཚོས་(༤༥ན)རྗེ་པཎ་ཆེན་རིན་པོ་ཆེས་གཙོ་མཛད་པས། རྟོགས་ལྡན་ཆེན་པོ་རྣམས་ཀྱི་རྗེ་བཙུན་ནོ་རྗེ་རྣལ་འབྱོར་མ་ལྷ་ལྷའི་སྒྲུབ་མཆོད་དང་། སྟོད་ལུང་ཕུ་མདའི་སྐྱ་བཤོད་ཡར་མར་གྱི་རི་པ་རྣམས་སོ་སོ་ནས་ཕེབས་ཏེ། བུ་སློབ་བརྒྱ་ཟིན་ཙམ་གྱིས་གསོལ་འདེབས་འཛུགས་པ་གནང་དུས། ཕག་མོ་རྩེ་དང་འབྲི་གུང་ནས། དཀར་མེ་སྣན་དར་སོགས་མཆོད་པ་རྒྱ་ཆེན་པོ་དང་། རི་པ་རྣམས་ལ་བསྙེན་བཀུར་ཕུན་སུམ་ཚོགས་པའི་བདག་རྐྱེན་གནང་དུས། ངེད་གཙང་ཕྱོགས་ཀྱི་རི་པ་བརྒྱད་ཅུ་ཙམ་ཞིག་གི་ཚེས་པ་བཅོ་བརྒྱད་ཀྱི་

ཉིན་སླེབས། གཙང་ནས་ཞབས་དྲུང་ཀུན་སྤྱངས་རིན་པོ་ཆེའི་ཐོག་དྲངས། གཞིས་(ཀ་)རིན་སྤུངས་ནས་དཔོན་བློན། དཔོན་སྐྱ་དྲག་ཞན་རྣམས་ཀྱིས་དཀར་མེ་སྣན་དར་གྱི་རྒྱུ་གསེར་གཡུ་དངུལ། མང་ཇ་(༤༤བ)འབུལ་བ་འཁྱེད་རྣམ་གཞག་སོགས་ལ་ཇ་གོས་དར་དཔག་ཏུ་མེད་པ་ཡོད་པ་རྣམས་ལ་འདི་ནས་རང་རང་གི་བཀའ་བཀོད་དང་བསྟུན་པའི་སྤུང་གླང་མ་འཇོལ་བ་བསྒྲུབས། སྐུ་གདུང་རིན་པོ་ཆེ་སྐུ་ཚོགས་གསུམ་པ་ཆོས་བརྒྱུད་ཀྱི་ཐོ་རངས། རྟོགས་ལྡན་ཆེན་པོ་དགེ་འདུན་རྒྱ་མཚོ་བའི་སྤུར་གྱིས་ཞབས་ཏོག་དང་ཞུགས་འབུལ་བ་མཛད་དེ། ཞུགས་སུ་ཕུལ་དུས། ནམ་མཁའ་འཇའ་འོད་དང་མེ་ཏོག་གི་ཆར་ཉིན་མཚན་མེད་པར་བབས་པ་དང་། ལྷའི་རོལ་མོའི་སྒྲ་དང་། སྤོས་ཀྱི་དྲི་ངད་ཕྱོགས་ཀུན་ཏུ་ཁྱབ་པ་སོགས་ངོ་མཚར་བའི་ལྟས་ཀུན་མཐུན་སྣང་དུ་གྲུབ་པ་བྱུང་འདུག་ཅིང་། ཞག་གསུམ་གྱི་བར་སྤུར་ཁང་ཞལ་མ་ཕྱེ། དེ་ནས་གདུང་རུས་རྣམས་གདུང་སྒམ་དུ་གདན་དྲངས་ནས་ཆོས་བཙོ་བརྒྱད་ཀྱི་བར་དུ་གསོལ་བ་བཏབ། ཆོས་བཅུ་དགུའི་(༤༥ན)ཉིན་གདུང་སྒམ་ཞལ་ཕྱེས་པས། དབུ་རིལ་པོ་དང་། ཐུགས་ཕྱོན་འདུག །གདུང་རུས་བྱིངས་པོ་ཕྱེད་མར་དགོས་བགོས་ནས། ཕྱེད་བུ་སློབ་རྣམས་ཀྱི་དད་རྟེན་དུ་ཕུལ། ཕྱེད་དབུས་གཙང་གི་སྡེ་དཔོན་ཕན་ཕྱིན། བླ་མ་སློབ་དཔོན་དཔོན་སྐྱ་དྲག་ཞན་སོགས་སྦྱིན་བདག་སོ་སོ་ལ་དད་རྟེན་དུ་བཞག །གདུང་རུས་སོ་སོའི་ཕྱག་ཏུ་ཕུལ་བ་རྣམས་ལ། རང་རང་གི་སྐལ་བ་དང་འཚམ་པའི་ལྷ་སྐུ་རིང་བསྲེལ་ཡིག་འབྲུ་ལ་སོགས་པ་ངོ་མཚར་བ་མང་དུ་བྱོན། རྣམ་གྲངས་མང་བས་འདི་དང་འདི་ཞེས་རེ་རེ་ནས་འབྲི་མ་ནུས་སོ། །

དེ་ལྟར་ཞིང་འདིའི་གདུལ་བྱ་མཐའ་ཡས་པ། །ཡང་དག་སྨིན་གྲོལ་ལམ་

ལ་འགོད་མཛད་ནས། །ས་ལ་འབྱུང་བ་གཡོ་ཞིང་སྐྱེ་འགྲོའི་ཚོགས། །ངོ་མཚར་རྨད་དུ་བྱུང་བས་དད་པ་(༤༥བ)བསྐྱེད། །མཁའ་ལ་འཇའ་ཚོན་སྣ་ལྔའི་གུར་གྱིས་བསྐྱིམས། །བར་སྣང་ལྷ་ཡི་མེ་ཏོག་ཆར་པ་དང་། །རོལ་མོའི་སྒྲ་དང་སྤོས་ཀྱིས་དྲི་ངད་ལྡང་། །དཔའ་བོ་མཁའ་འགྲོའི་བསུ་བ་དང་བཅས་ཏེ། །དག་པའི་ཞིང་དུ་གཤེགས་པ་ཨེ་མ་ཧོ། །སྐུ་གདུང་རིན་ཆེན་ཞུགས་ལ་ཕུལ་བའི་ཚེ། །ལྷ་བུ་གཞོན་ནུའི་མེ་ཏོག་ཆར་པ་སོགས། །ཡ་མཚན་དཔག་ཏུ་མེད་པས་མཆོད་པ་དང་། །དབུ་ཐོད་བུམ་རིལ་ཐུགས་དང་ལྷ་ཡི་སྐུ། །རིང་བསྲེལ་ཡིག་འབྲུ་ལ་སོགས་དད་པའི་རྟེན། །དཔག་མེད་བསྐྲུན་པར་མཛད་ལ་གསོལ་བ་འདེབས། །ཞེས་པ་བར་སྐབས་ཀྱི་ཚིགས་སུ་བཅད་པའོ།། །།

དེ་ནས། འབྲི་གུང་རིན་པོ་ཆེ་ཟུར་པ་དང་། འབྲི་གུང་རིན་པོ་ཆེ་ཁྲི་ཐོག་པ་ལ། འབུལ་བ་རྒྱ་ཆེན་པོ་དང་། ཕག་མོ་རྩེ་ནས་ཡུམ་སྲས་བྲུང་དང་། (༤༦ན)ཞལ་ངོ་རྣམས་ལ་ཐུགས་ཀྱིས་གཙོས་པའི་བྱིན་རླབས་ཀྱིས་རྟེན་དང་། གང་ལ་གང་འོས་ཀྱི་འབུལ་བ་རྣམ་བཞག །སྡེ་པ་མགོན་རྒྱལ་བའི་དྲུང་དུ་ཡང་བྱིན་རླབས་ཀྱི་རྟེན་དང་རྣམ་གཞག །ཁྲུང་ང་བདེ་ཆེན་དུ་ཡང་བླ་མ་སློབ་དཔོན་ལ་རྣམ་གཞག་དད་རྟེན། དགེ་འདུན་སྤྱི་ལ་ཡང་དད་རྟེན་མང་ཇ་འབུལ་བ་སོགས་ཀྱིས་དགོངས་རྫོགས་རྒྱ་ཆེན་པོ་བསྒྲུབས། ཕག་མོ་རྩེ་ནས་ཀྱང་དེ་ཕྱོགས་ཀྱི་དགོན་ཆེ་ཆུང་རྣམས་སུ་མང་ཇ་གདན་གཉེན་སོགས་དང་། བུ་སློབ་རྣམས་ཟླ་བ་ལྷག་ཙམ་གྱི་བར་དུ་གསོལ་བ་འདེབས་པའི་མཛད་རིམ་གྱི་བར་ཞབས་ཏོག་དང་། ཇ་གོས་དར་གྱི་འཁྱེད་གང་ལ་གང་འོས་ཀྱི་རྣམ་གཞག་རྒྱ་ཆེན་པོ་གནང་།

དེའི་དུས། རྗེ་ཉིད་ཀྱི་སྐྱབ་བརྒྱུད་ཀྱི་བསྟན་(༤༦བ)པའི་རྒྱུན་མི་ཉམས་པའི་ཆེད་

དུ། རོང་པོ་རྟོགས་ལྡན་ཆེན་པོ་དགེ་འདུན་རྒྱ་མཚོ་ལྟོག་གྲྭ་བ་རྣམས་ཀྱི་གདན་སར་བསྐོ་བཞག་དང་མེ་ཏོག་འཐོར་བ་སོགས་མཛད། ཉེར་གཅིག་གི་ཉིན་བུ་ཆེན་རྣམས་ཀྱིས་གཙོ་མཛད་གྲྭ་ས་ཐམས་ཅད་ལྷ་ས་ལ་ཕྱིན། ཇོ་བོ་རྣམ་གཉིས་ཀྱི་གཙོ་མཛད་པའི་རྟེན་གཙོ་རྣམས་ལ་ཞལ་གསེར་སྐྱན་དར། མཆོད་ཁང་ཐམས་ཅད་དུ་དཀར་མེ་རྒྱ་ཆེན་པོ་ཕུལ་ནས་མཚུར་ཕུར་ཕྱིན། རྗེ་རང་གི་ཕྱག་རྗེས་གང་ཡོད་ཀྱི་ཐོག་ནས། མཚུར་ཕུ་ བླ་གཡེལ་ཆེན་མོར། རྒྱལ་བའི་དབང་པོའི་དྲུང་དུ། སྐུ་གསུང་ཐུགས་ཀྱི་རྟེན། གསེར་དངུལ། གཡུ་ཛ་གོས་དར། ན་བཟའ་གནམ་ཐང་ལ་སོགས་པ་འཇིག་རྟེན་གྱི་དངོས་པོ་སྣང་ཆེ་བའི་བརྒྱ་འབུལ། མཚུར་ཕུ་གུ་ཤྲི་རིན་པོ་ཆེས་ཐོག་(༤༧ན)དྲངས། གཞི་བྱེས་ཀྱི་བླ་མ་སློབ་དཔོན་རྣམས་ལ་གང་ལ་གང་འོས་ཀྱིས་འབུལ་བ་དང་རྣམ་གཞག་རྒྱ་ཆེ་བ་དང་། ཡང་ཟུར་ལ་སོགས་པ་གཞི་བྱེས་ཀྱི་དགེ་འདུན་སྟོང་ལྷག་ཙམ་ལ་མང་ཇ་གོས་དར་གྱི་འགྱེད། སྐྱི་བོ་ཕོ་མོ་ཁྲི་ཁྲག་ཙམ་ལ་ཡང་གོས་དར་ལ་སོགས་འགྱེད་རྒྱ་ཆེན་པོ་དང་བཅས་དགོངས་རྫོགས་ཚད་མེད་པ་གཞན་གྱི་མཐུན་སྣང་དུ་གྲུབ་པ་བསྐྱུབས།

ཆོས་རྗེ་སྐབས་ནས་ཀྱང་། རྗེ་ཉིད་ཀྱི་དགོངས་རྫོགས་ལ་དམིགས་ནས། དཔལ་གསང་བ་འདུས་པ། ཇོ་རྗེ་ཕག་མོ་ལྷ་ལྔ། རྒྱལ་བ་རྒྱལ་མཚོ་ལ་སོགས་པ་དཀྱིལ་འཁོར་འགའ་ཡར་གྱི་སྒྲུབ་མཆོད་དང་། ཡང་རི་ཟུར་རི་རྣམས་དང་། རྗེ་རང་གི་བུ་སློབ་དང་བཅས་པ་དགེ་འདུན་ལྔ་བརྒྱ་ཙམ་གྱི་ཟླ་བ་ཕྱེད་ཀྱིས་བར་དུ་གསོལ་འདེབས་(༤༧བ)མཛད། དེའི་དུས་སུ་ཆོས་རྗེའི་སྐབས་ནས་ཀྱང་། དྲུང་གནས་གདན་ས་པའི་གཙོ་མཛད། བུ་ཆེན་རྣམས་ལ་གང་ལ་གང་འོས་ཀྱི་རྣམ་གཞག །གྲྭ་པ་ཕྱིངས་ལ་ཡང་གསེར་དངུལ་གོས་དར་བརྒྱ་སྤྱོས་ལ་སོགས་པ་འགྱེད་དང་གནང་

སྦྱིན་ཚད་མེད་པ་བཀའ་དྲིན་བསྐྱངས།

དེ་ནས་དབུས་ཕྱོགས་ཀྱི་བུ་སློབ་ཁྱིམས་རང་རང་གི་རི་ཁྲོད་ལ་བྱོན་ནས། རང་རང་ཕྱོགས་ཀྱི་ གྲྭ་བུ་སློབ། སྦྱིན་བདག་སོ་སོ་ལ་གདུང་སྐལ་དང་། དད་རྟེན་སོ་སོར་ཕུལ་ནས་སྒྲུབ་པའི་རྒྱལ་མཚན་འཛིན་པ་དང་། འགྲོ་དོན་མཛད་པ་སོགས་རྗེ་ཉིད་ཀྱི་ཕྲིན་ལས་དང་། བཀའ་བརྒྱུད་བསྟན་པའི་མིག་ལྟོས་ལ་ཕན་པ་ད་ལྟར་ཡང་རྒྱུན་མི་འཆད་པ་བཞུགས། དྲུང་གནས་གདན་ས་པ་དང་། ཙྪག་གྲྭ་པ་རྣམས་ཀྱིས་གཞིས་ཀ་རིན་སྤུངས་ལ་(༤༤ན)བྱོན་ནས་གཙང་ཕྱོགས་ཀྱི་བླ་མ་སློབ་དཔོན། སྦྱིན་བདག་དྲག་ཞན་སོ་སོ་ལ་གདུང་སྐལ་དང་བྱིན་རླབས་ཀྱི་རྟེན་རྣམས་ཕུལ། ནང་རྟེན་བཞེངས་པའི་བཀའ་གྲོས་དང་རྒྱུ་མཚན་ཞུས། ནང་རྟེན་བཞེངས་པའི་སྦྱིན་བདག །ཞབས་དྲུང་ཀུན་སྤུངས་རིན་པོ་ཆེའི་དྲུང་དང་། གཞིས་ཀ་རིན་སྤུངས་ནས་དཔོན་བློན་དྲུང་། གཞན་ཡང་དཔོན་བརྒྱ་དྲག་ཞན་རྣམས་ཀྱིས། གསེར་དངུལ་གཡུ་ལ་སོགས་པ་རིན་པོ་ཆེའི་རིགས་དང་། ཟངས་ལ་སོགས་པ་ལྟོས་ཆེ་བ་ཕུལ་བ་རྣམས་ལ་རྒྱུ་བྱས། གཞིས་ཀ་རིན་སྤུངས་མཁའ་ཙ་སྟེང་དུ། བལ་བོད་ཀྱི་བཟོ་བོ་བདུན་ཙམ་གྱིས་བཟོ་བཙུགས་ཤིང་། མཆོད་རྟེན་གྱི་བུམ་པ་དངུལ་ལྷང་བརྡུང་ལས་གྲུབ་པ་དང་སྟོད་སྨད་རྣམས་གསེར་ཟངས་ལས་གྲུབ་ཅིང་། རྒྱུད་དང་མཐུན་པའི་ཕྱག་ཚད། (༤༤བ)བཟོའི་བཀོད་པ་ཕྲ་རྒྱན་ལ་སོགས་པ་ཕུན་སུམ་ཚོགས་ཤིང་ངོ་མཚར་བ་དང་། བུམ་པའི་སྒོ་ནང་དུ་བཞུགས་པ་རྗེ་ཉིད་ཀྱི་སྐུ་འདྲ་གསེར་སྐུ་མཐོ་གང་བ་ཞིག་གི་སྦྱིན་བདག་དཔོན་པོ་ངག་དབང་གིས་མཛད། བཟོ་བོ་རྣམས་ལ་ཡང་འཕྲལ་གྱི་ཕོགས། སྟོན་མོ་གནང་སྦྱིན་ལ་སོགས་པ་ཡིད་ཚིམས་པ་གནང་ཞིང་། དེ་རྣམས་ཀྱི་མགོ་ལུང་

ལ། རབས་འབྱམས་པ་སངས་རྒྱས་སྐལ་ལྡན་དཔོན་སློབ་བཞུགས། བྱམས་ཆེན་དང་ར་ལྡེ་ན་བཞུགས་པའི་གཟུངས་སྤྱར་ལྟོས་ཆེ་བ་འདེབས་པ་གནང་། བླ་བ་གཉིས་ཅམ་ལ་བཟོའི་བྱ་བ་རྣམས་ཡོངས་སུ་རྫོགས་པ་མཛད།

ས་ཕོ་སྤྲེའུ་ལོ་ཧོར་ཟླ་དགུ་བའི་ནང་དུ། སྟོད་ལུང་མཚུར་ཕུར་གདན་དྲངས། ཧོར་ཟླ་བཅུ་པའི་ཚེས་བཅུ་ལ་མཆོད་རྟེན་གྱི་བུམ་པའི་(༥་ན)ནང་དུ་དབུ་ཐོད་བུམ་རིལ་ཕྱིན་པ་བཞུགས་ཤིང་། རྒྱུད་སྡེ་དང་མཐུན་པའི་གཟུངས་གཞུག་དང་། རབ་གནས་ཀྱི་སྔ་གོན་གྱི་དབུ་བཙུགས་ཚེས་བཅུ་གསུམ་གྱི་ཉིན་རབ་གནས་ཀྱི་དངོས་གཞི་མཛད་དུས། རྟོགས་ལྡན་ཆེན་པོ་དགེ་འདུན་རྒྱ་མཚོ་བས་གཙོ་མཛད། རྟོགས་ལྡན་ཆེན་པོ་བསམ་གཏན་རྒྱ་མཚོ། རྟོགས་ལྡན་ཆེན་པོ་བཀྲ་ཤིས་རྒྱ་མཚོ་དྲུང་གནས་གདན་ས་པ། རབ་འབྱམས་པ་སངས་རྒྱས་སྐལ་ལྡན་པ། ས་སྐྱ་འགྲོ་མགོན་དོན་གྲུབ་རྒྱ་མཚོ་ལ་སོགས་པ་ཕྱོགས་ཀྱི་བུ་ཆེན་ཕྱིན་པ་རྣམས་དང་། གྲྭ་བུ་སློབ་སུམ་བརྒྱ་ཙམ་གྱིས་རབ་གནས་མངའ་འབུལ་བཀྲ་ཤིས་ཕུན་སུམ་ཚོགས་པ་བསྒྲུབས། དེའི་དུས་ཆོས་རྗེ་སྐར་པ་ཤངས་ལྷ་ཕུ་ན་བཞུགས་ཤིང་། འབུལ་བ་དང་། རབ་གནས་ཀྱི་དུས་ཚོས་ལ་སོགས་པའི་རྒྱུ་མཚན་འབུལ་བ་ལ་རི་པ་མཆེད་གྲོགས་འགའ་ཡར་(༥་བ)གྱིས་ཕྱིན་པས། ཚེས་བཅུ་བཞིའི་ཉིན་རྒྱལ་བའི་དབང་པོའི་དྲུང་གི་ཤངས་ནས་རབ་གནས་དང་མེ་ཏོག་འཐོར་བ་གནང་དུས་མཚུར་ཕུར་རྟེན་གྱི་དབུ་ཐོག་དང་མཆོད་གཞོམ་གྱི་ཁྲིད་དུ། མེ་ཏོག་གི་ནས་དངོས་སུ་བྱུང་ཟེར་བ་མཆེད་གྲོགས་རྣམས་ཀྱི་གསུང་ལས་ཐོས། འབྲི་གུང་ཕག་མོ་རྩེ་ནས་ཀྱང་ཐུགས་བཞུགས་པའི་གདུང་རྟེན་གསེར་ཟངས་ལས་གྲུབ་པ་མི་ཚད་ཙམ་ཞིག་བཟོ་དང་ཕྲའི་བཀོད་པ་ལ་སོགས་པ་ཕུན་སུམ་ཚོགས་ཤིང་དད་པའི་རྟེན་

དང་བསོད་ནམས་ཀྱི་ཞིང་དུ་བཞུགས་པའོ། །

མདོར་ན་རྗེ་བཙུན་དམ་པ་དེ་ཉིད་ཀྱི་རྣམ་པར་ཐར་པ་རྒྱ་མཚོ་ལྟ་བུའི་གཏིང་མཐའ་བདག་ཉིད་ཀྱིས་དཔག་པར་མི་ནུས་ཀྱང་། ཤངས་སྟོམ་སྐྱབ་རིན་ཆེན་རྒྱ་མཚོ་བ་ལ་སོགས་པ་མཆེད་གྲོགས་དམ་པ་རྣམས་ཀྱི་གསུང་ལས། རྗེ་དེ་ཉིད་ཀྱི་རྣམ་པར་ཐར་པ་སྒྲོ་སྐུར་སྤངས་ཤིང་རྒྱས་བསྡུས་རན་པ་དང་། ཞིང་(༡༠ན)གཞན་དུ་གཤེགས་པ་དང་ནང་རྟེན་བཞེངས་ཚུལ་སོགས་མཇུག་བསྡུ་བ་དང་བཅས་པ་ཡོངས་སུ་རྫོགས་པ་ཞིག་ཡི་གེར་བྲིས་ཤིག་ཅེས་པ་ནན་གྱིས་གསུངས་པ་ལ་བརྟེན། རྗེ་བཙུན་དམ་པ་དེ་ཉིད་ཀྱི་ཞབས་པད་ཡུན་རིང་དུ་བསྟེན་པ། ཕྱོགས་མེད་ཀྱི་སྤྱང་པོ་ས་སྐྱ་རས་ཆེན་ཞེས་པས། ལྕགས་མོ་ཕག་གི་ལོ་ཧོར་ཟླ་བཅུ་པའི་ཡར་ཚེས་བདུན་གྱི་ཉིན། ཡོངས་སུ་རྫོགས་པར་དབེན་གནས་ལྷུང་རིང་བྲག་དཀར་དུ་སྦྱར་བའོ། །དཔལ་ལྡན་བླ་མའི་རྣམ་ཐར་མཐའ་ཡས་པ། །བདག་འདྲའི་བློ་ཡིས་དཔག་པར་དཀའ་མོད་ཀྱང་། །རྗེ་བཙུན་ཉིད་ཀྱི་གསུང་ལ་ལེགས་བརྟེན་ནས། །མདོར་བསྡུས་ཙམ་ཞིག་དད་པའི་བློ་ཡིས་བྲིས། །འདི་ལ་ནོར་འཁྲུལ་འགལ་གསུམ་ཉེས་པའི་ཚོགས། །དམ་པ་རྣམས་ཀྱི་སྤྱན་སྔར་བཟོད་པར་གསོལ། །འདི་འབད་དགེ་བ་ཇི་སྙེད་ཡོད་པ་རྣམས། །འགྲོ་དྲུག་སེམས་ཅན་དོན་དུ་ཡོངས་སུ་བསྔོ། །ཞེས་པ་འདིས་ཀྱང་རྗེ་བཙུན་དམ་པ་དེ་ཉིད་ཀྱི་ཐུགས་ཀྱི་དགོངས་པ་ཡོངས་སུ་རྫོགས་ཤིང་། སྒྲུབ་བརྒྱུད་ཀྱི་བསྟན་པ་རིན་པོ་ཆེ་(༡༠བ)ཡུན་རིང་དུ་གནས་པའི་རྒྱུར་གྱུར་ཅིག །བཀྲ་ཤིས་དཔལ་འབར་འཛམ་གླིང་རྒྱལ་བའི་རྒྱན་དུ་ཤོག །མངྒ་ལཾ། །ཛྷ་ཡནྟུ་ཤུ་ཧྃ། དགེའོ།། །།དབེན་པའི་གནས་མཆོག་ཆོས་འཁོར་གླིང་དུ། བཙུན་པ་བསམ་རིན་བདག་གིས་བྲིས་པ་དགེའོ།། །།

༄༅། །ཛོ་ཁ་བརྒྱུད་པའི་ལོ་རྒྱུས་བཞུགས་པ་ལགས་སོ། །

བླ་མ་རྣམས་ལ་ཕྱག་འཚལ་ལོ། །ཡང་དག་པར་རྫོགས་པའི་སངས་རྒྱས་དེས། དང་པོ་བྱང་ཆུབ་མཆོག་ཏུ་ཐུགས་བསྐྱེད། བར་དུ་ཚོགས་རྣམ་པ་གཉིས་བསགས། ཐ་མ་མངོན་པར་རྫོགས་པ་སངས་རྒྱས་ནས། སེམས་ཅན་རྣམས་ཀྱི་དོན་དུ་ཆོས་ཀྱི་ཕུང་པོ་བརྒྱད་ཁྲི་བཞི་སྟོང་གསུངས་ནས། བྱང་ཆུབ་སེམས་དཔའ་བཙུ་དྲུག་ལ། སྣ་ཚོགས་སྣང་བ་སེམས་ཀྱི་རང་བཞིན་ཏེ། །དོན་དུ་སྣང་ཡང་སེམས་ཀྱི་རྣམ་པར་སྨོམ། །སེམས་ཀྱི་རྣམ་པ་ཅིར་སྣང་ཕྱག་རྒྱ་ཆེ། །དེ་ལ་གནས་ན་དངོས་གྲུབ་དམ་པའོ། །ཞེས་པར་དབང་བསྐུར་ཏེ། ལོ་བརྒྱད་ཅུ་ལ་མྱ་ངན་ལས་འདས་སོ། །

དེ་ནས་ལོ་སུམ་བརྒྱ་ནས་བྲམ་ཟེ་ཆེན་པོ་ས་ར་ཧ་པ་བྱོན་ནས། མི་ལོ་སུམ་བརྒྱར་གྲོང་ཁྱེར་དུ་འཕོ་བ་མཛད་ཅིང་སེམས་ཅན་གྱི་དོན་མཛད། (༢༩)སངས་རྒྱས་སྐུ་འདས་པ་དེ་ནས་ལོ་བཞི་བརྒྱ་ནས་ཀླུ་སྒྲུབ་དང་ས་ར་ཧ་ཆུང་དུ་སྐུ་འཁྲུངས་ཏེ། ཀླུ་སྒྲུབ་ཀྱི་ཡུལ་ནི་ལྷོ་ཕྱོགས་བྷེ་ཏའི་གྲོང་ཁྱེར་ཀ་ར་ཧ་ཏེ། ཞེས་པར་ཡབ་རྒྱལ་རིགས་ཀྲིག་ཀྲ་མ་ཞེས་པ་དང་། ཡུམ་བྲི་ཧི་ཏི་བྱ་བ་གཉིས་ལས་སྲས་གཅིག་བྱུང་བ་དང་། ནམ་མཁའ་ལ་ཀླུ་སྒྲུབ་ཅེས་པ་སྒྲ་བྱུང་བར་གྱུར་ཏོ། །ཁྱིམ་ན་གནས་པའི་མིང་ནི་ཛ་སོ་ཛ་ར་ཞེས། དགེ་སློང་མིང་ནི་ཤཱཀྱ་བཤེས་གཉེན་བྱ་བ་དེ། བྱང་ཆུབ་སེམས་དཔའ་བློ་གྲོས་རིན་ཆེན་གྱི་རིམ་གྱིས་པའི་སྟོད་དུ་དབང་བསྐུར་ནས། གསང་མཚན་ཡང་གཉིས་མེད་རྡོ་རྗེ་ཞེས་བཏགས་སོ། །

དེ་ནས་ཀླུ་སྒྲུབ་ཀྱི་ཧྲ་རི་ཏའི་ཡུལ་དུ་གཤེགས་ནས། བླ་མའི་སྐུ་འབག་གཅིག་བྲིས་ནས། ཕྱུ་ཙ་ཕྱུལ་གསོལ་བ་འདེབས་ཤིང་བཞུགས་སོ། །དེ་ནས་བྱང་ཆུབ་སེམས་དཔའ་རྟ་མགྲིན་གྱི་ཅིག་ཅར་པའི་སྟོད་དུ་བྲམ་ཟེ་ས་ར་ཧ་བྱ་བ་དེ་གཟིགས་ནས། དེ་འདུལ་བའི་དོན་དུ་ཊ་ཀི་མ་བཞི་བྲམ་ཟེ་མོ་གཅིག་རིགས་ངན་མོར་སྤྲུལ་ནས་བཏང་བས། ཡུལ་ལྷོ་ནྲ་ཊ་སྲི་ནྲ་ཛའི་མཆོད་གནས་བྱེད་ཅིང་འདུག་པའི་སྒོ་ཁར་བསྟོད་པ་དང་། བྲམ་ཟེ་སྤྱན་ལྔ་པོ་ཆོས་སྟོན་གསོལ་ནས་ཕྱིར་ཕྱོན་པ་དང་། བྲམ་ཟེ་མོ་ཚོགས་མཐོང་ནས་ཡིད་ཆགས་པར་གྱུར་ཏེ། ཁྱེད་གང་ནས་འོང་ཞེས་དྲིས་པ་དང་། དེ་གང་ནས་(༢༧)ཀྱང་མ་འོང་། གར་ཡང་མི་འགྲོ། ད་ལྟ་ཅི་ཡང་མི་བྱེད། རིགས་བྲམ་ཟེ་མོ་ཡིན་ཟེར་རོ། །འོ་ན་རིག་བྱེད་ཐོན་དང་བྱས་པས་བཞི་ཀའི་ཁ་ནས་གཤེར་བྱུང་ངོ་། །འོ་ན་བདག་པོ་མེད་དམ་བྱས་པས་མེད་ཟེར། ངེད་ཀྱི་བདག་པོ་བྱས་ན་བཏུབ་བམ་བྱས་པས་བཏུབ་ཟེར་ནས་ཕུ་བོ་བཞི་པོས་ཁྲེར་ཏེ་ནུ་བོས་བལྟས་པས། རིགས་ངན་མོ་ལས་མི་འདུག་ནས་ཡིད་མུག་སྟེ་རབ་ཏུ་བྱུང་ནས་སངས་རྒྱས་པར་ལགས་སོ། །

དེར་དགེ་སློང་དེས་དུས་ནམ་ཞིག་ན། རྒྱལ་པོའི་ཕོ་བྲང་དུ་ཕྱིན་པ་དང་། ཕྱར་གྱི་མནའ་མ་བཞི་པོ་རྩའི་ལྷམ་ར་ན་ཐོད་པ་བཞིའི་ནང་ཆང་སྣ་བཞི་འཐུང་ཞིང་འདུག་པས། ཁོང་གིས་བོས་ཏེ། དེར་ཆང་དྲངས་སོ། །དེར་བསམ་པ་བྲམ་ཟེ་མོ་ནི་ཆང་པས་ཆང་གི་སྟོད་དུ་ཡང་རེག་ཏུ་མི་བཏུབ་སྙམ། འདི་ཚོ་སྤྲུལ་པའི་ཊ་ཀི་མ་ཡིན་ཏེ་ཡོང་སྙམ་ནས་གསོལ། ཁྱེད་ཐེག་པ་ཆེན་པོའི་རིགས་ཅན་ཡིན་ནོ། །གསུངས་ནས་དབང་བཞི་རྫོགས་པར་བསྐུར་བ་དང་། ཡེ་ཤེས་སྐྱེས་པའི་དུས་སུ་གོ་བ་བདུན་གྱི་རྟོགས་པ་ཤར་ཏེ། སྣ་ཚོགས་གཉིས་མེད་ཀྱི་གོ་བ་དང་། དུ་མ་

ར་གཅིག་གི་གོ་བ་དང་། བདེ་ཆེན་ཟུང་འཇུག་གི་གོ་བ་དང་། གཉིས་མེད་ཐུག་ཕྲད་ཀྱི་གོ་བ་དང་། སྐུ་གསུམ་གོ་བ་རིམ་པ་བཞིན་དུ་ཤར་བ་དང་། གྲོང་ཁྱེར་དུ་ཕྱིན་པས་ཚོང་དུས་སུ་ཧེ་དར་མ་མདའ་མཁན་མོ་དང་ཕྲད་པས་ཁྱོད་དང་(༣ན)པོ་གང་ནས་འོང་པ་ལགས་དྲིས་པས་ཅང་མི་སྨྲ། མདའ་འདི་ཅི་བྱེད་བྱས་པས་ཁྱོད་ཀྱི་སྙིང་ལ་བསྣུན་པ་ཡིན་ཟེར། འགྲོ་འོང་མེད་པར་རྩ་བྲལ་བློ་ལས་འདས་པ་ཆོས་ཀྱི་སྐུ་ཏུ་གོ། །ནཱ་ཛའི་དཔུང་རྣམ་བཞི་ལ་མ་ཡེངས་པར་མདའ་སྦྱོང་ཞིང་། རྐྱེན་གང་གིས་ཀྱང་མ་བསླད་པར། སྐྱེ་མེད་གཉུག་མ་མ་བསླད་པ་དེ་ལོངས་སྐུར་གོ། །དེ་ནས་རིག་མ་མདའ་མཁན་མོ་དེ་ཞུན་(ཆུང་)མར་ བླངས་ནས་སྤྱོད་པ་ལ་བྱོན་པས། མི་རྣམས་ཀྱི་འཕྲུ་ཞིང་སྐུར་པ་བཏབ་པས། ནཱ་ཛ་དང་། བཙུན་མོ་དང་། ཕལ་པ་རྣམས་ཀྱི་དོན་དུ་དོ་ཧ་སྐོར་གསུམ་མགུར་དུ་བཞེངས་སོ། །

དུས་དེར་བླ་མ་བལ་པོ་ན་རེ་ཤ་བ་རི་ནི་ཧྱོ་ཧུ་ར་ཞེས་བྱ་བའི་གྲོང་ཁྱེར་ཀྱི་ནང་ན། གར་མཁན་གྱི་རིགས་བློ་གོ་ཤ་ཞེས་བྱ་བ་ཡབ་ཧྲོ་ཏུ་རི་ཞེས་བྱ་བའི་སྲིང་མོ་ཧྲི་རི་ཧ་གཉིས་མིང་པོ་ཡབ་རི་དང་གསུམ་གྱིས་ས་ར་ཧས་དོ་ཧ་སྐོར་གསུམ་མགུར་དུ་བཞེངས་པ་ཐོས་ཏེ་ཚིག་ཏུ་ཟིན་པས། སློབ་དཔོན་ཀླུ་སྒྲུབ་ཀྱི་སྤྱན་སྔར་གར་བྱེད་ཅིང་ཕྱིན་པ་དང་། སློབ་དཔོན་བླ་མའི་སྐུ་འབབ་ལ་ཕྱུ་ཚ་བྱེད་ཅིང་འདུག་པ་མཐོང་ནས། མིང་སྲིང་གསུམ་གྱི་དྲིས་པས། འདི་བདག་གི་བླ་མ་བྱང་ཆུབ་སེམས་དཔའ་བློ་གྲོས་རིན་ཆེན་བྱ་བ་ཡིན་ནོ་གསུངས། དེར་ཁྱེད་ཀྱི་བླ་མ་དེ་ད་ལྟ་གང་ན་བཞུགས། ངེད་དང་ཕྲད་པར་(༣བ)ཞུ་དང་ཞེས་ཞུས་པས། སྐྱེས་བུ་ཁྱེད་ལ་ཡེ་ཤེས་ཀྱི་སྤྱན་ཡོད་ན་མཐོང་བར་འགྱུར་ཏེ། དེ་མེད་ན་མི་མཐོང་ངོ་གསུངས་ནས། དེར་ཡེ་ཤེས་ཀྱི་སྤྱན་ཁྱེད་ཀྱི་གནང་བར་མཛད་དུ་གསོལ་ཞེས་ཞུས་པས། ཡེ་ཤེས་

ཀྱི་སྐྱེན་གནང་ནས་མཛལ། རྟག་ཏུ་གནས་པའི་དོན་དེ་ལ། ཚུ་བོ་རྒྱུན་གྱི་རྣལ་འབྱོར་བྱའོ། །རང་ལས་གཞན་དུ་བཙལ་དུ་མེད་ཅེས་པས་དབང་བསྐུར་ནས་སྨིན་པར་མཛད་དེ། རི་གསུམ་ལ་སོང་ཞིག་པར་ལུང་བསྟན་པ་ཡིན་གསུངས།

བླ་མ་ཧི་ཕུ་པའི་བཞེད་ཀྱིས་ཤ་བ་རི་དེ་བྲམ་ཟེ་ཡིན། མུ་སྟེགས་པའི་ཆ་བྱེད་དུ་བཞུགས་པ་ལ། བྱང་ཆུབ་སེམས་དཔའ་ཀློ་གྲོས་རིན་ཆེན་གྱི་སྟོད་ལྷན་དུ་གཟིགས་ནས། དེའི་རྩར་ཕྱིན་ཏེ། ཕྱི་ནང་ཐམས་ཅད་ལྷན་ཅིག་སྐྱེས་པའི་ཚོག་དབང་བསྐུར་ནས། མུ་སྟེགས་ལས་བཟློག་ནས། ནང་པ་སངས་རྒྱས་པར་ཞུགས་ནས། ཀླུ་སྒྲུབ་དང་ས་ར་ཧ་གཉིས་དང་ཡང་མཇལ་ནས། ཆོས་དང་གདམས་ངག་ཐམས་ཅད་རྫོགས་པར་ཞུས་ཏེ། གསང་སྤྱོད་ཀྱི་སྒྲུབ་པ་བྱ་སྐམ་ནས། འོ་སྐོལ་རང་རང་སོ་སོའི་རང་བཞིན་ཀྱི་ལྟ་ཐམས་ཅད་སྒོམ་སྤྱོད་པ་ལ་ཞུགས་ཤིང་། ང་ཡང་ལོ་གསུམ་དུ་བསྒོམས་ནས་ནང་པ་སངས་རྒྱས་པའི་བསྟན་པ་འདི་ཅི་ཞིག་བྱེད་ཟེར་ནས་སྒྲུབ་པ་ལ་ཞུགས་ནས། ལོ་འགའ་ནས་ཁོང་གི་ཤ་ཟོས་པའི་ཉུས་པ་དང་། ཆང་འཐུང་བའི་སྨྲང་⁽ཉ⁾མ་དང་། བུད་མེད་ཀྱི་རྗེས་འབྲ་བྱུང་བས། མུ་སྟེགས་པ་རྣམས་ཁོའི་སྒོ་ཁར་འདུས་ཏེ། འོ་སྐོལ་བཙུན་ཞིང་དཀའ་ཐུབ་དྲག་པ་ལ། ཁྱེད་ནི་ནང་པ་སངས་རྒྱས་པ་ལ་ལོག་པ་འདྲ་ན་བྱས་པས། ང་ནང་པ་སངས་རྒྱས་པ་ལ་ལོག་པ་ལ་ཅི་འོང་། ད་ཉུང་འོ་སྐོལ་རང་རང་གིས་ལྟ་སྒོམ་སྤྱོད་པ་ལ་འབུངས་ཤིག །ནང་པའི་བསྟན་པ་ཅི་ཞིག་བྱ་ཟེར་རོ། །

ཡང་ལོ་འགའ་ལོན་པ་དང་གོང་ལྟར་འདུག་ནས། བུ་ལོ་ལྔ་དྲུག་ཙམ་ལོན་པ་ཤིན་ཏུ་བཙང་(སྤྱང་བ་)གཅིག་ལྟར་བཏང་བ་དང་། ཤ་ཡང་ཟ། ཆང་ཡང་བཏུང་། བུད་མེད་ཀྱང་འདུག །ཀློ་གྲོས་རིན་ཆེན་ཡང་འདུག་གོ་ཟེར་བ་དང་། མུ་

སྟེགས་ཀྱི་སྟོན་པ་རྣམས་ཁོང་གི་སྐོར་ཁར་འདུས་ཏེ། ཕྱི་པ་མུ་སྟེགས་པའི་བསྟན་པ་འདི་ཁྱོད་ཀྱིས་བཤིགས་སོ་བྱས་པ་དང་། ཁོང་གི་ཞལ་ནས། ངས་ནི་ཤ་ཡང་མ་ཟོས། ཆང་ཡང་མ་བཏུང་། བུད་མེད་ཀྱང་མེད་ན། ད་ལྟ་རང་གསལ་གྱི་འོ་སྐོལ་རང་སྐྱུག་དང་ཟེར་བས། ཁོང་གིས་ཁོང་པར་ཤ་ཆང་བསྐྱེད་ནས་སྐྱུག་པ་དང་། ས་ར་ཧའི་སྐྱུག་པ་འོ་མར་བྱུང་ཁོང་མུ་སྟེགས་སྐྱུག་པ་ཤ་ཆང་དུ་བྱུང་བས། མུ་སྟེགས་པའི་བསྟན་པ་ངས་མ་བཤིག་ཁྱེད་རང་གིས་བཤིག་བྱས་ནས། དེར་གྲུབ་པ་ཐོབ་པར་རིག་ནས་མུ་སྟེགས་ཀྱི་སྟོན་པ་རྣམས་ཀྱིས་ཁྲི་བརྩིགས་ཏེ། ཆོས་ཞུས་པ་དང་། ཁྲི་ཁར་སོང་[༥]ནས་དོ་ཧ་མགུར་དུ་བཞེངས་ཏེ། ནམ་མཁའ་ལ་ཡིང་གི་སོང་ནས་ལོ་གསུམ་དུ་བསྒོམ་དུ་བཅུག་ནས་གྲོང་ཁྱེར་གཅིག་སངས་རྒྱས་པ་ཡིན་པ་ལ་གསུངས་ནས་སྲིང་མོ་གཉིས་ཕྱུག་རྒྱ་མར་ཁྲིད་ནས་རི་རྣམ་པ་གསུམ་ལ་གཤེགས་སོ། །

དེ་ན་གནས་པ་ལ་རྣལ་འབྱོར་པ་ཛྷ་ལ་ཕྲ་པྲ་བྱ་བ་དང་། རྣལ་འབྱོར་མ་ཀུ་ས་ལ་གཉིས་ཀྱིས་གདམས་པ་ཞུས་སོ། །རྣལ་འབྱོར་མ་ཧྲི་པ་ལ་གཉིས་ཀྱིས་ཞུས་ཏེ། དེ་བཞིན་ཡང་གྲུབ་པ་ཐོབ་པ་རེ་བྱུང་བ་ཡིན་གསུང་ངོ་། །དེ་ལྟར་གོང་གི་སློབ་དཔོན་ཀླུ་སྒྲུབ་ལ་སློབ་མ་གཉིས་ཡོད་པ་ལས། ཀླུའི་བྱང་ཆུབ་བྲམ་ཟེའི་རིགས་ཡིན་པས་སྙིང་རུས་ཆེ་བས་བསྒོམ་ཞིག་པར་གདམས། དེ་ནས་འབར་བའི་གཙོ་བོ་རྒྱལ་རིགས་ཡིན་པས་འགྲོ་བ་ཐུལ་བས་ཆོས་ཤོད་ཅིག་པར་གདམས་སོ། །

དེ་ནས་འབར་བའི་གཙོ་བོ་ཆོས་བཤད་ཅིང་ཉམས་སུ་བླངས་ནུས་པ་ཁྱད་པར་ཅན་སྐྱེས་ཏེ། རྒྱ་མཚོའི་གླིང་ནས། མུ་སྟེགས་པ་ཡོད་པ་འདུལ་སྐམ་ནས་སློབ་དཔོན་ལ་ཞུ་(བ་)ཕུལ་བས། སློབ་དཔོན་གྱི་ཞལ་ནས་ཆུ་བོ་གངྒཱ་ལ་ཆུ་བུམ་པ་གང

སློང་ལ་ཞོག་དང་གསུངས། བླངས་པ་དང་ཆུ་དེའི་ནང་ནས་རྫ་གཅིག་གི་ཆུ་ཐིགས་པ་བླངས་ནས་འདི་སྐད་གསུངས་སོ། །ཕྱིར་སངས་རྒྱས་ཀྱི་ཆོས་ཆུ་གནྒཱ་དང་འདྲ། དེ་ལ་ངས་ཤེས་པ་བུམ་པ་གང་པོ་འདི་དང་འདྲ། དེ་ལ་ཁྱོད་ཀྱིས་ཤེས་[༥༤]པ་ཆུའི་ཐིགས་པ་འདི་དང་འདྲ་བས། ད་ཐུང་མུ་སྟེགས་པ་འདུལ་བའི་དུས་ལ་མ་བབས། མ་འགྲོ་བྱས་པས། མ་ཉན། དེ་གཡོག་པོ་གསུམ་དང་བཅས་པ་ཕྱིན་པ་དང་། རྒྱ་མཚོའི་འགྲམ་དུ་སླེབས་ཏེ། འབར་བའི་གཙོ་བོ་ཆུའི་ཁར་ཕར་ཏ་ར་ར་སོང་ངོ་། །

ཀྲ་མ་ར་ཧྲི་བས་བསམ་པ་སློབ་དཔོན་གྱི་ཕྱི་ན་ཕར་ཕྱིན་ན་རྗེས་ལ་འགོངས་ཏེ་འགྲོ་སྐམ་ནས། ཡིད་དམ་ལྷའི་ཐུགས་བཟླས་ནས། ཆུ་དེ་ལ་བཏབ་པས་ཆུ་སྟོད་སྨད་ཆད་ན་གྲམ་པ་ཁྲོལ་འདུག་པ་ལ་ཕྱིན་པས། སློབ་དཔོན་གྱི་ཞལ་ནས། ཁྱོད་གྲུབ་ཐོབ་གཅིག་འདུག་ངའི་གཡོག་བྱར་མི་ཐུང་བས་ལོག་ལ་སོང་ཞིག་གསུངས། སློབ་མས་ངའི་གྲུབ་ཐོབ་ཀྱང་སློབ་དཔོན་ལས་བྱུང་བས་བདག་གཡོག་ལ་མཆིའོ་ཞེས་ཞུས་པས་ཀྱང་མ་འགྲོ་བར་ལོག་ཅིག་གསུངས་ནས་ལོག་གོ། །ད་ནས་ཀྲ་པ་དང་ཧྲི་སི་ལི་པ་གཉིས་ཁྲིད་ནས་ཕྱིན་པ་དང་། མུ་སྟེགས་ཀྱི་གླིང་དུ་ཕྱིན་ཏེ་དྲོའི་དུས་ལ་བབས་ནས་ཤིང་ཐོག་བསླང་པ་དང་། རྒྱལ་འབྱོར་མ་གཅིག་ན་རེ་རྒྱལ་འབྱོར་པ་ཡིན་ནམ་དབབ་པའི་རྒྱལ་འབྱོར་པ་གྱིས་ཟེར་ནས་འབར་བའི་གཙོ་བོས་ལྟ་སྟངས་ཀྱིས་ཤིང་ཐོག་ཕབ་པས། མོས་ཡར་སྨྱུར་ཡར་རིལ་མར་རིལ་བྱེད་ཅིང་ཡོད་ཅ་ན། མོའི་མ་བྱུང་ནས་ཁོང་སྐྱེས་བུ་དམ་པ་ལ། བཀྲས་[༥༥]པ་མ་བྱེད་པར་ཤིང་ཐོག་དྲངས་ཟེར་བས། དེའི་དུས་སུ་སློབ་གཉེར་བྱེད་པའི་པཎྜི་ཏ་མང་པོ་གླང་པོ་ཆེ་ལ་དཔེ་ཆ་མང་པོ་བཀལ་ནས་བྱུང་བ་ལ། རྒྱལ་འབྱོར་མ་དེས་གླུ་བླངས་པས། པོ་ཏི་མང་པོ་ཁུར་ནས་ནི། །དེ་ཡི་ཆེད་ལ་དགོས་པ་ཅི། །དཔེར་ན་དཔལ་

འབྲས་བུང་བ་བཞིན། །ཕྱིར་ཆོས་སྙིང་པོའི་རོ་མི་ཉེད། །དེ་ནི་ཁྱེད་ཀྱི་ཅང་ཤེས་སམ། །ཟེར་ནས་ངའི་ཤིང་ཐོག་དཔལ་འབྲས་འདི་མིག་གསུམ་ནི་སྐུ་གསུམ། ཟུར་གསུམ་ནི་ཁམས་གསུམ། ལོགས་གསུམ་ནི་དུས་གསུམ་ཡིད་ལ་མི་བྱེད་པའོ་ཟེར་ནས་དྲངས་པས། འབར་བའི་གཙོ་བོ་ཁྲོས་ཏེ་ཤིང་ཐོག་མ་བླངས་སོ། །

དེར་རྣལ་འབྱོར་མ་ཁྲོས་ཏེ་ཁྱེད་སྐྱེ་བ་རྒྱལ་བས་ང་ལ་བསད་པའི་སྦྱོར་བ་གྱིས། དེ་ནས་ངས་བསྲུང་བ་སྦྱོར་བ་བྱའོ། །དེ་ནས་ངས་ཁྱོད་ལ་བསད་པའི་སྦྱོར་བ་བྱའོ། །ཁྱོད་རང་ལུས་བསྲུང་བའི་སྦྱོར་བ་གྱིས་ཟེར་རོ། །དེ་ནས་འབར་བའི་གཙོ་བོས་མོ་ལ་བསད་པའི་སྦྱོར་བ་བྱས་པས་མོ་ལ་ཅི་ཡང་མ་བྱུང་ངོ་། །མོས་བསད་པའི་སྦྱོར་བ་བྱས་པས། ཧིང་ངེ་འཛིན་ལས་བཞེངས་པར་འདོད་ནས་སྙིང་ལ་སོགས་པ་ཁ་ནས་ཅུད་ཀྱི་དོན་དེ་གྲོངས་སོ། །དེར་སློབ་མ་གཉིས་ལ་ངས་སློབ་དཔོན་གྱིས་བཀའ་བཅག་པས་ལན་པ་ཡིན་པས། ངའི་སེམས་སློབ་དཔོན་ལ་བཤགས་པ་བྱས་ལ་འོང་གིས། (༥ན)ངའི་རོ་འདི་ཞག་གཅིག་མ་སྲེག་པར་སྲུངས་ཤིག་ཟེར་རོ། །

དེར་རྣལ་འབྱོར་མ་དེས་ཡུལ་གྱི་ནཱ་ཛའི་དྲུང་དུ་ཕྱིན་ཏེ། འོ་སྐོལ་ཡ་གི་ཡ་གི་ན་གནོད་སྦྱིན་ཆེན་པོ་ཤི་བའི་རོ་གཅིག་ཡོད་དེ་མ་བསྲེག་ན་ཞག་བདུན་ནས་རོ་ལངས་འབྱུང་ནས་ཡུལ་ཐམས་ཅད་མི་ནད་ཀྱིས་འགེངས་སོ་བྱས་པས། ནཱ་ཛ་འོང་དེ་སློབ་མས་བསྲུངས་ཀྱང་མ་ཐུབ་པར་སྲེག་གོ །

དེར་འབར་བའི་གཙོ་ལོག་ཅ་ན་ལུས་མེད་པས། དེ་ན་ལུས་བླང་སའི་སྐལ་བ་མེད་པ་ཡིན་པས། ཚེ་ཕྱི་མ་སྙིང་པོའི་དོན་ལ་སྤྱོད་པར་ཤོག་ཅིག་པར་སྨོན་ལམ་བཏབ་པས། སློབ་དཔོན་མཻ་ཏྲི་ར་སྐུ་འཁྲུངས་པ་ཡིན་ནོ། །

སློབ་དཔོན་མི་ཏྲི་པཿའི་ཡལཿ(ནི)། དབུ་ཧྲ་ཅི་ལ་ཡི་གྲོང་ཁྱེར་ཛ་ག་ནི་ཀའི་ཙའི་ཁ་ཞེས་པ་ཏུ་ཡབ་བྲམ་ཟེ་ན་གུ་ཡུམ་སའི་ཙི་དེ་གཉིས་ཀྱི་སྲས་འདི་ཞེས་བྱ་བ་དགུང་ལོ་གཅིག་ལོན་ནས་བྲམ་ཟེ་དབྱུག་གུ་པ་གཅིག་པ་ཞེས་བྱ་བའི་སྦྱོད་པ་ལོ་དགུ་མཛད་དོ། །ཁྱིམ་ནས་ཕྱིར་བྱུང་བའི་དུས་སུ་མུ་སྟེགས་ཀྱི་བསྟན་བཅོས་དང་རིག་བྱེད་ལ་སོགས་པ་ཐུགས་སུ་ཆུད་པར་མཛད་དོ། །དེ་ནས་ཧྥ་རི་ཏའི་ཡུལ་དུ་ཟིང་ག་དེ་བ་ཞེས་བྱ་བའི་སྒྲ་མཁན་ལ་སྒྲ་ནི་ག་ཞེས་བྱ་བ་ལོ་གཅིག་ཏུ་གསན་ནོ། །

དེ་ནས་དཔལ་ནཱ་རོ་པའི་སྙན་སྟར་ཕྱིན་ཏེ་ཐོད་པ་བྱས་པས། ནཱ་རོ་རྒྱལ་བས། མི་(༤བ)ཏྲི་(པས་)ནཱ་རོ་པ་ལ་སློབ་དཔོན་དུ་བཟུང་སྟེ། དབང་བསྐུར་བའི་དུས་སུ་འདོད་ཆགས་རྡོ་རྗེའི་ཞེས་བྱ་བར་མཚན་བཏགས་ནས། དབུ་ཚད་དང་ཕར་ཕྱིན་དང་སྔགས་ཀྱི་གཞུང་ལ་སོགས་ལོ་ལྔའི་བར་དུ་གསན་ནོ། །

དེ་ནས་བི་ཀྲ་མ་ལ་ཤྲཱི་ལའི་གཙུག་ལག་ཁང་དང་། ཅི་ག་མ་ཤུ་ར་ཞེས་བྱ་བར་བཞག་ནས་ག་ལི་སུ་ག་ཞེས་བྱ་བའི་ལྷ་ཁང་ཆེན་པོ་གཅིག་ཏུ། ཤཱནྟི་པ་ལ་མཁན་པོ་ཞུས་ནས་དགེ་སློང་མཛད་དོ། །མཚན་མི་ཏྲི་ཛྙ་པ་ཏ་ཞེས་བྱ་བར་བཏགས་སོ། །འདུལ་བ་ལ་སོགས་པའི་སྡེ་སྣོད་ལོ་དྲུག་གསན་ཏེ། མཁན་པོ་ཤཱནྟི་པ་དང་བགྲོ་གླེང་བྱས་པས་མི་ཏྲི་པ་རྒྱལ་བས། མཁན་པོ་ཁྲོས་ཏེ་ངའི་ཕྱོགས་སུ་མ་ཉེ་བར་སོང་ཞིག །ཟེར་ནས་ལག་ཐོན་བྱས་སོ། །

དེ་ནས་མི་ཏྲི་པས་བསམ་པས། སྙིང་པོ་དོན་གྱི་གདམས་པ་ཞིག་བཙལ་བའི་ཕྱིར། ཁ་སརྤ་ཎིར་རྨི་ལམ་གདབ་སླམ་ནས། མཁན་པོ་ལ་འདོད་ཆགས་ཞེ་སྡང་དབང་གིས་སྡོམ་པ་འབུལ་བ་ནི་མ་ལེགས། ཆོས་གཅིག་ཚུལ་དུ་འགྲོ་བའི་ཕྱིར་ཆ་ལུགས་སྤང་ངོ་བྱས་ནས་ཆོས་གོས་གཏད་དོ། །བླ་མ་བལ་པོའི་བཞེད་ཀྱི་སྒྲོལ་མའི་

སྙིང་པོ་ལོ་གཅིག་ཏུ་བཟླས་པས་ཆ་ལུགས་སྤྱོད་ལ་རྨི་ལམ་ཐོབ་ཅིང་ལུང་བསྟན་བྱུང་ཟེར།

དེ་ནས་ཕྱིན་པ་དང་རྣལ་འབྱོར་མ་ཅན་ཧྲ་མ་ནི་བྱ་བ་རྡོ་རྗེ་ཕག་མོ་མཁན་གཅིག་ཕྲད་པའི་ལོ་རྒྱུས་གསུངས། དེར་ཁ་སརྦ་ཙི་རྡོ་མོ་སྒྲོལ་མའི་[༧ན]ཡི་གེ་བཅུ་བཞི་པའི་སྙིང་པོ་བླངས་སོ། །རྨི་ལམ་བརྟགས་པས་སྨྲུན་རས་གཟིགས་ཀྱི་ལུང་བསྟན་པ། ཀྱེ་པཎྜི་ཏ་ཁྱོད་ཤཱནྟི་པའི་རིགས་མ་ཡིན་ཏེ། རྡོ་ངར་པའི་རིགས་ཡིན་ཏེ། འདི་ནས་ལྷོ་ནུབ་ཏུ་སོང་ལ། རི་གསུམ་ལ་དཔལ་ཤ་བ་རི་དབང་ཕྱུག་བྱ་བ་བཞུགས་ཀྱི། དེས་ཁྱོད་རྗེས་སུ་གཟུང་ནས་ཁྱེད་ཀྱི་འབྲུལ་པའི་ཐེ་ཚོམ་ཆོད་པར་འགྱུར་རོ་ཞེས་ལུང་བསྟན་ཏོ། །

དེར་ཕྱིན་པས་གྲོང་ཁྱེར་མཐུག་པས་ཕྱོགས་མ་རྙེད་ཏེ། ལོག་ནས་རྨི་ལམ་བརྟག་པ་དང་། ཨ་ཏི་ཤའི་གྲོང་ཁྱེར་དང་། ཝི་ན་ཡཱ་རི་གྲོང་ཁྱེར་གཉིས་གཤོག་པ་དང་ནུབ་བྱང་དུ་སོང་ཞིག་གསུངས། དེ་ནས་ཨ་ཏི་ཤར་ཕྱིན་པ་དང་། ལྷོ་ཕྱོགས་དཔལ་གྱི་རི་ལ་ཕྱིན་པ་སུ་ཡོད་བྱས་པས། དགེ་བསྙེན་དཔལ་གྱི་སྦྱིན་པས་ཕྱིན་ཟེར་བས། དེ་དང་ཕྲད་པས་ངའི་འགྲོ་རོགས་གྱིས་བྱས་པས། ངས་སྔོན་ཕྱིའི་རྒྱ་མཚོ་ནས་ནོར་བུ་རིན་པོ་ཆེ་ལེན་དུ་ཕྱིན་པ་ཡིན་ཏེ། དེ་དགོས་པ་མི་ཡོང་ཟེར་ནས་དེ་ན་དགེ་ཚུལ་ཨ་ར་སི་ཏི་བྱ་བ་ཤེ་ཆེམ་གཅིག་ཁུར་ནས་རིངས་པ་ལྷར་བྱུང་པས། གར་འགྲོ་བྱས་པས་ལྷོ་ཕྱོགས་དཔལ་གྱི་རི་ལ་འགྲོ་ཟེར། མི་རྟིས་འོ་ན་ང་ཡང་འགྲོ་བྱས་ཏེ་འགྲོགས་ཤིང་ན་ག་རའི་གྲོང་ཁྱེར་དུ་གཤེགས་ནས། སྨུ་སྟེགས་ཀྱི་གནས་ཨོ་ལ་མི་ཙ་ཀླ་ལི་བྱ་བའི་ལ་རྩ་ཞིག་ཏུ་ཕྱིན་པས་ཚོང་དཔོན་ཀླ་[༧བ]ནི་བཛྲ་དང་ཕྲད་ནས། མི་རྟིས་བདག་ཅག་གིས་ཁུར་ཙ་ཡང་ཁྱེད་ཀྱི་ཁལ་སྦྱོང་བར་

ཞུ་བྱས། ལམ་ཐང་ཆེན་པོ་ཡོད་རྒྱུགས་མང་དུ་ཁྱེར་ཟེར་ནས་རྒྱུགས་མང་པོ་བཀལ་ནས་ཐག་རིང་པོར་ཕྱིན་པ་དང་། ད་ཁྱེད་ལམ་མི་གཅིག །ངེད་ཐབ་བྱང་དུ་འགྲོ་བ་ཡིན་པས། ཁྱེད་རང་འདི་ན་ཕར་སོང་ཞིག །སང་ཉེ་མ་ཕྱེད་ན་རི་གསུམ་ལ་ཕྱིན་ནོ་ཟེར་ཏེ་ཁལ་ཁུར་བྱའོ། །

དེ་ནས་མཻ་ཏྲི་པ་ཆུ་ལ་ཞིང་ནུབ་ཙམ་ཕྱུས་ནུབ་ཙམ་དེ་ནས་སྐྱིལ་དུ་ཕྱིན་པ་དང་། ཐན་ཐོན་གཉིས་རེང་མོ་བྱུང་དྲིས་པ་དང་། རི་ཁྲིད་པ་ལ་གདམས་ངག་ཞུ་གནང་ཟེར། དེ་ནས་རི་གསུམ་པོ་དེ། མགོ་བོ་དང་ཕྲག་པའི་ཚུལ་དུ་འདུག་པས་ཤིན་ཏུ་དགའ་བར་གྱུར་ཏོ། །

དེ་ནས་ཙཻ་ཏ་ཧྲི་ཤ་མ་སེམས་ངལ་གསོ་བའི་རི་ལ་བཙལ་བས། རྣམ་རྟོག་དབྱིངས་སུ་ཡལ་ནས། མི་རྟོག་པ་རྒྱུད་ལ་ཕྲིལ་གྱིས་སྐྱེས། ཞི་བར་པ་ཐ་ལྷོ་ཕྱོགས་དཔལ་གྱི་རི་ལ་བཙལ་བས། འཁོར་འདས་གཉིས་སྐྱེ་བ་མེད་པར་རྟོགས། མ་ནུ་ཧྭ་ག་ལ་ཡིད་ཕམ་པའི་རི་ལ་བཙལ་བས་རྟོག་པ་སྣ་ཚོགས་དབྱིངས་སུ་ཐིམ་ནས་ཡིད་ལ་བྱེད་པ་ཐམས་ཅད་བྲལ་བའི་རྟོགས་པ་སྐྱེས། རི་དེའི་རི་དྭགས་རྣམས་ཀྱང་གཅིག་ལ་གཅིག་མི་འཚེ་བར་མེ་ཏོག་འཕེན་ཞིང་འདུག་གསུང་ངོ་། །

དེ་ལྟར་བཙལ་(བས་)མ་རྙེད་དེ་རི་གསུམ་འདུས་པའི་མདོར་ཐྲི་ལམ་བཏབ། ཐྲི་ལམ་དུ་མི་(འན)ནག་པོ་ཐོར་ཚུགས་བྱས་པས་ཕྱུག་རྒྱ་མོ་གཉིས་དང་བཅས་པ་མཐོང་ངོ་། །ཕྱུག་རྒྱ་མའི་མིང་ནི་མ་ཧཱ་སི་ཏི་ཧྲི་ས་ར་བྱ་བ་ཙ་དང་ལྡན་པའི་རིག་མ་དང་། མ་ཧཱ་པྲཛྙཱ་ཧྲི་ས་ར་ཏ་ཤེས་རབ་ཆེན་པོ་དང་ལྡན་པ་རིག་མའོ། །

དེ་ནས་ཞལ་མཇལ་བའི་གླིང་དུ་ཞལ་དངོས་སུ་མཇལ་ཏེ། འདི་སྐད་གསུངས་སོ། །ང་མཐོང་བས་ནི་གྲོལ་འགྱུར་ཏེ། །ང་མ་མཐོང་བ་གཅིག་ཀྱང་འཆིང་བར་

འགྱུར། །ང་མཐོང་ཡང་མཐོང་ངོ་སྙམ་དུ་མ་སེམས་ཤིག །ཁྱོད་ཀྱིས་དཀའ་བ་སྣ་ཚོགས་སྤྱད་ཀྱང་ཚིག་དང་ཐ་སྙད་དུ་སོང་བས་དོན་མེད་དོ། །སེམས་ངལ་གསོ་བའི་རི་རྩ་ལ་ཅི་དགོས་དྲན་རྟོག་དབྱིངས་སུ་ངལ་གསོ་བ་ཡིན་ཏེ། ཞེས་པ་ལ་སོགས་པ་གསུངས་ནས་མི་སྣང་བར་གྱུར་ཏོ། །

དེ་ནས་ཡང་བཅལ་བས་བརྗ་བསྟན་པའི་གླིང་དུ་རྣལ་འབྱོར་མ་གཅིག་གིས་ཤིག་གསོད་ཅིང་འདུག །རྣལ་འབྱོར་མ་གཅིག་གིས་ནག་གསེབ་ནས་ཕག་ཅིག་བྱུང་བ་ལ་མདའ་བརྒྱབ་སྐེ་གསད་ནས་ཤ་ཟོས་པ་དང་། རྣལ་འབྱོར་མས་མགུར་བཞེངས་པ། །ཁམས་གསུམ་འཁོར་བའི་ནགས་ཚལ་མཐུག་པོ་ན། །མ་རིག་པ་ཡི་ཕག་རྒོད་རྒྱུ་བ་ལ། །ཤེས་རབ་གསལ་བའི་མདའ་གཅིག་བརྒྱབ། །མ་རིག་ཕག་རྒོད་ང་ཡིས་གསོད། །ཤ་ནི་གཉིས་སུ་མེད་པར་ཟོས། །རོ་ནི་བདེ་བ་(༤༥)ཆེན་པོར་སྨྱོང་། །ཤ་ཡི་དངོས་པོ་ངས་མ་མཐོང་། །ཞེས་པ་དང་།

ཡང་ཤ་བ་གཅིག་གསད་ནས་མགུར་བཞེངས་པ། །ཁམས་གསུམ་འཁོར་བའི་ནགས་ཚལ་སྐྱེ་མེད་ན། །གཟུང་འཛིན་རི་དྭགས་ཤ་བ་རྒྱུ་བ་ལ། །ཕྱག་རྒྱ་ཆེན་པོའི་མདའ་ཞིག་བརྒྱབ། །ང་ཡིས་གསད་པ་ལ་སོགས་འགྲེའོ། །དེས་ཀྱང་ཡིད་མ་ཆེས་པ་ལས། རི་ཁྲོད་པས་མགུར་བཞེངས་པ། གང་ཡང་མི་སྐྱེ་གང་ཡང་མི་འཆི། །གང་ཡང་སྲིད་པས་བཅིངས་དང་གྲོལ་བ་མེད། །ཅེས་གསུངས་པ། དགེ་ཚུལ་ཨ་ར་སི་ཧི་ཐེ་ཚོམ་མེད་པར་ཕུང་པོ་ལྷག་མེད་དུ་སངས་རྒྱས་སོ། །རི་ཁྲོད་པ་ཡང་མི་སྣང་བར་གྱུར་ཏོ། །

ཡང་བཅལ་བས་བཞིའི་གླིང་དུ་རྣལ་འབྱོར་མ་གཅིག་གིས་ཞབས་ལ་སྐུ་མཉེ་བྱེད་ཅིང་འདུག་པ་ལ། མི་ཉིས་ཕྱག་བྱས་པས། རི་ཁྲོད་པའི་ཞལ་ནས། ང་ལ་

སངས་རྒྱས་ཀྱི་དངོས་པོ་ནམ་མཁའ་འདྲ་བ་གཅིག་ཡོད་དེ་ཁྱོད་ལ་བསྟན་པར་བྱའོ་གསུངས་པ་ལ། རྣལ་འབྱོར་གཅིག་ན་རེ། རྗེ་བཙུན་འདི་སྟོད་ལྟན་ཡིན་ནམ། མིན་ནམ་ཆ་མེད་པས་ད་ཏུང་མ་བསྟན་ཅིག །གསུངས་ནས་མཻ་ཏྲིའི་མགོ་བོ་ཇོག་པས་མནན་ནས་མི་སྣང་བར་གྱུར་ཏོ། །

དེ་ནས་དབང་བསྐུར་བའི་གླིང་དུ་གསེར་གྱི་བུམ་པ་ཕྱག་ཏུ་བསྣམས་ནས། དབང་ཚིག་མགུར་དུ། གཉུག་མའི་ཡིད་ནི་ཐམས་ཅད་གང་(ན)ཚེ་སྦྱངས་གྱུར་པ། །དེ་ཚེ་བླ་མའི་ཡོན་ཏན་སྙིང་ལ་འཇུག་པར་འགྱུར། །འདི་ལྟར་རྟོགས་ན་མདའ་བསྐུན་སླུ་ལེན་ཏེ། །ཐུགས་དང་རྒྱུད་རྣམས་གཅིག་ཀྱང་མ་མཐོང་ངོ་། །བླ་མས་སྨྲས་པ་གང་གི་སྙིང་ཞུགས་པ། །ལག་པའི་མཐིལ་དུ་གནས་པའི་གཏེར་མཐོང་འདྲ། །ཡིད་ལ་མི་བྱེད་ཕྱག་རྒྱ་ཆེན་པོའི་ལམ། །འབྲས་བུ་གང་ལ་ཡང་རེ་བ་མ་བྱེད་ཅིག །རང་གི་སེམས་ཉིད་རྟོགས་ན་ཕྱག་རྒྱ་ཆེན་པོ་སྟེ། །འདི་ལྟར་སྣང་བ་འདི་ཡང་རང་གི་སེམས་ལས་ལོགས་ན་མེད། །ཅེས་དབང་བསྐུར་བས་མཻ་ཏྲི་པ་ཡིད་མ་ཆེས་ཏེ། ཐེ་ཚོམ་སྐྱེས་པ་དང་། ཨ་ར་སི་ཏི་གླིང་བུར་དུ་བྱུང་ནས་མགུར་བཞེངས་པ། རི་བོ་མཆོག་ལ་བཞུགས་པའི་རྒྱལ་བ་རི་ཁྲོད་པ། །གཞུ་དང་ཕག་པ་མ་ཧེ་མ་ཡིན་སྤྲུལ་པ་སྟེ། །ཀླུ་བ་གང་བ་བཞིན་དུ་ཡོ་ག་ན་ནི་མཆོག་ཏུ་མཛེས། །སྤྲུལ་པའི་གཟུགས་ཀྱིས་སྐྱེ་བོ་ཐམས་ཅད་འགྱུར་བྱེད་པ། །དགེ་དང་སྡིག་པ་གང་ལའང་མི་མཐུན་གཉེན་པོ་ཁྱོད་མ་བརྟེན། །རང་རིག་ཡེ་ཤེས་སེང་གེ་བཞིན། །ཞེས་པས་ཀྱང་ཡིད་མ་ཆེས་པ་ལ། ཆོས་བཤད་པའི་གླིང་དུ་ཆོས་བཤད། རྒྱ་མཚོ་ལྟ་བུའི་རྒྱུད་གསང་བ་འདུས་པ་དང་། ཡེ་ཤེས་ལྟ་བུའི་རྒྱུད་དགྱེས་པ་རྡོ་རྗེ། ཕྱིན་རླབས་(ཕ)ལྟ་བུའི་རྒྱུད་འཁོར་ལོ་སྡོམ་པ་རྣམས་ཚིག་གཅིག་དང་གཉིས་སུ་བཀའ་སྩལ་པ། ད་ཏོ་ལ་

སོགས་པ་ཆོས་ཐམས་ཅད་བཤད་ནས། ཁྱོད་ང་ལ་མ་དད་ཅིང་ཐེ་ཚོམ་སྐྱེས་པས་ཚེ་འདི་ལ་སངས་མི་རྒྱས་ཏེ། བར་དོར་རྡོ་རྗེ་རྣལ་འབྱོར་མས་ལུང་བསྟན་སངས་རྒྱས་སོ། །ད་ཁྱོད་ཡུལ་དུ་སོང་ལ་བཤད་པ་གྱིས་གསུངས་ནས། དེ་ནས་མཻ་ཏྲི་རི་གསུམ་དང་བྲལ་ནས་དཔག་ཚད་ཙམ་ཕྱིན་པ་དང་། ཐང་ཆད་པས་བྲག་ཕུག་གཅིག་ཏུ་གཉིད་ལོག་པས། ཐམས་ཅད་དུང་གི་ཏུས་ཕྱིས་པ་བཞིན་བརྗེད་ནས་འདུག་པས་ལྡིབ་པས་དགའ་བསམ་པ་དང་། རི་ཁྲོད་པ་མདུན་གྱི་ནམ་མཁའ་ལ་བྱོན་ནས། མཻ་ཏྲི་པ་ཁྱོད་ཅི་ཉེས་གསུངས་པས། ངས་ཆོས་བརྗེད་པས་ལྡིབ་བམ་བྱས་པས། གཉིས་མེད་རྡོ་རྗེ་ཨ་ཝ་དྷཱུ་ཏཱི་པ། །མ་སྐྱེས་པ་ཡི་ཆོས་རྣམས་ལ། །བརྗེད་ཅེས་བྱ་བ་ག་ལ་ཡོད། །ཁམས་གསུམ་ཡེ་ནས་གྲོལ་བ་ལ། །མ་རིག་པ་ཡི་སྒྲིབ་པ་ཡིན། །འཁོར་ལོ་བདེ་མཆོག་བདེ་བའི་མཆོག །མ་སྐྱེས་པ་ཡི་རང་བཞིན་ཉིད། །ཅེས་གསུངས་པས། མཻ་ཏྲི་པ་རྟོག་པ་རྣྱེད་རི་གསུམ་དང་བཅས་པ་ཕྱི་ནང་གི་ཆོས་ཐམས་ཅད་ཀྱི་གོ་བ་རྙེད་ནས་རྟོགས་པ་ཕུལ་བ། ཆོས་ཐམས་ཅད་སྟོང་པ་ཉིད་དང་། །སྟོང་པ་ཉིད་དང་སྙིང་རྗེ་གཉིས། །གཉིས་སུ་མེད་པ་སློབ་དཔོན་ཡིན། །ཀུན་རྫོབ་སྣང་བ་སློབ་དཔོན་ཡིན། །རྣལ་མའི་དོན་ལ༔རྣམ༔(གདམས་)(༧༠ན)ངག་གནང་སྟེ། ངའི་རྩར་བྱུང་བ་ལ་ཁྱོད་པས་བློ་རྣོ་བ་མ་བྱུང་གསུང་སྐད། གཞན་གྱི་དྲུང་ན་ཡང་ང་ཡིས་ཆོས་ཚད་མར་ཁོས་ཞེས་གསུང་ངོ་སྐད། དེ་ནི་བླ་མ་རྣམས་ཅི་ལྟར་བསྟེན་པའི་ཚུལ་ཏེ། གང་ཞིག་བརྟེན་ཏེ་གང་ཐོས་པ་ཞེས་པའི་དོན་ཏོ། །དགེའོ།། །།

༄༅། །གཅོད་གདན་ཐོག་གཅིག་མའི་ཁྲིད་ཡིག་ཕྲིན་ལས་རྒྱ་མཚོའི་དཀར་ཆག་བཞུགས་སོ། །

ཨོཾ་སྭ་སྟི། མདོ་རྒྱུད་བསྟན་བཅོས་དུ་མའི་དགོངས་དོན་རྣམས། །གཅིག་ཏུ་དྲིལ་ནས་དམ་ཆོས་གཅོད་ཡུལ་ཞེས། །གནས་སྐབས་མཐར་ཐུག་ཀུན་ཏུ་མཆོག་སྩོལ་བའི། །ལམ་བཟང་དངོས་སུ་ལྷུག་པར་སྟོན་མཛད་པ། །བརྒྱུད་པའི་བླ་མ་རྣམས་ལ་ཕྱག་འཚལ་བསྟོད། །གཅོད་ཡུལ་གྱི་ཁྲིད་རིམ་པོ་ཏི་འདི་ཡི་ནང་ན་བཞུགས་པའི་ཆོས་ཚན་ལ། ས་བཅད་ལ་ཤོག་བུ་བཞི། གཞུང་གི་དམིགས་རིམ་སྐོར་ལ་ཤོག་བུ་ལྔ་བཅུ་རྩ་གསུམ། རྣམ་ཐར་དང་ཡིག་ཆུང་སྐོར་ལ་ཤོག་བུ་གྲངས་ཡིག་ལྷན་ཅིག་པ་ཉིས་བརྒྱ་དང་བརྒྱད་ཅུ། དབང་གི་རིམ་པའི་སྒྲུབ་ཐབས་རྣམས་ལ་གྲངས་ཡིག་ཐོན་གཅིག་པར་ཉིས་བརྒྱ་དོན་ལྔ། ནོར་བུ་རྒྱ་མཚོ་རྒྱས་འབྲིང་བསྡུས་གསུམ་ལ་ཤོག་བུ་བཞི་བཅུ་རྩ་གསུམ། མགོན་པོ་དང་སྒྲུ་རྒྱལ་གཉིས་ལ་ཤོག་བུ་ཉི་ཤུ་རྩ་བཞི། ཐམས་ཅད་ཕོན་དུ་དྲིལ་བས་ཤོག་གྲངས་དྲུག་བརྒྱ་དང་བརྒྱད་ཅུ་བཞུགས།

བླ་མ་དམ་པའི་གསུང་གི་བདུད་རྩི་མཆོག །དམ་ཆོས་གཅོད་ཡུལ་གཞུང་ཁྲིད་དབང་ཆོག་རྣམས། །མི་དབང་ཚད་མེད་བཞི་ལྡན་ཐུགས་དམ་དུ། །མཚུར་པ་བན་རྒན་ཀརྨ་བི་ཛ་ཡིས། །གཡུལ་རྒྱལ་ཕོ་བྲང་ལྷུན་གྲུབ་རབ་བརྟན་དུ། །བཅུ་ཕྲག་བདུན་གྱི་ཞག་གྲངས་ངེས་པ་ལ། །གདན་ཐོག་གཅིག་ཏུ་ལེགས་པར་གྲུབ་པ་

ཡིན། །ཕོ་ཕོ་མངས་པས་སྐྱོབས་རྒྱལ་ཆེར་མེད་ཀྱང་། །དཀར་འཛམ་ལིགས་པ་ཤོག་བུའི་ས་གཞི་ལ། །མཐིབ་མཛུབ་སྐྱུ་གུའི་བང་འགྲོས་འཁྱོར་མེད་གདའ། །ལིགས་པར་གཟིགས་བདེ་གཏིང་ངར་ཏུས་ཚུགས་ལྡན། །རས་མཐོང་མ་ཡིན་མཁས་ལ་བཟོད་པར་གསོལ། །འདི་བྲིས་རྣམ་དཀར་དགེ་བ་གང་ཡོད་པ། །དྲིན་ཆེན་ཕ་མས་གཙོ་བྱས་སེམས་ཅན་ལ། །སྨྱུར་དུ་བསྔོས་པས་མཆོག་གི་དངོས་གྲུབ་སྩོལ། །དགེ་ལིགས་གོང་འཕེལ་བཀྲ་ཤིས་བདེ་ལིགས་ཤོག །མངྒ་ལཾ། །

༄༅། །གཅོད་གདན་ཐོག་གཅིག་མའི་ཁྲིད་ཡིག་ཕྲིན་ལས་རྒྱ་མཚོའི་ས་བཅད་བཞུགས་སོ། །

བླ་མ་དང་མཁའ་འགྲོའི་ཚོགས་ལ་ཕྱག་འཚལ་ལོ། གཅོད་གདན་ཐོག་གཅིག་མའི་ཁྲིད་ཡིག་ཕྲིན་ལས་རྒྱ་མཚོའི་ས་བཅད་ཀྱི་རིམ་པ་ནི། ཁྱུངས་བཙུན་ཡིད་ཆེས་བསྐྱེད་པ་ལ། །བླ་མ་བརྒྱུད་པའི་ལོ་རྒྱུས་དགོས། །ཕྱོགས་མེད་གཞན་ཁྲིད་འཁྲིམ་པ་ལ། །ས་བཅད་སྤྱི་དང་བྱེ་བྲག་དགོས། །གཞན་ཁྲིད་དུར་ཁྲིད་གཏན་འབེབས་ལ། །ཞག་བདུན་མ་ཡི་གསང་གཅོད་དགོས། ༈ །ཞག་བདུན་མ་ཡི་གསང་གཅོད་ལ། །ཞག་གསུམ་མ་ཡི་ཁྲམས་གཅོད་དགོས། །ཞག་གསུམ་ཁྲམས་གཅོད་བྱེད་པ་ལ། །ཞག་གཅིག་མ་ཡི་ཁྲམས་གཅོད་དགོས། །གཞན་ཁྲིད་གཏན་དུ་འབེབས་པ་ལ། །གངས་རི་ལྷ་བུའི་དབང་བསྐུར་དགོས། །དུར་ཁྲིད་གཏན་དུ་འབེབས་པ་ལ། །གནམ་ལྕགས་ལྷ་བུའི་དབང་བསྐུར་དགོས། །དཔའ་བོ་མཁའ་འགྲོ་འདུ་བ་ལ། །གློག་དམར་ལྷ་བུའི་དབང་བསྐུར་དགོས། །ཕྲིན་ལས་ཕྱོགས་བཅུར་རྒྱས་པ་ལ། །ཁྲི་གདུགས་ལྷ་བུའི་དབང་བསྐུར་དགོས། །ལས་རྣམས་ཐམས་ཅད་འགྲུབ་པ་ལ། །རྨ་བྱ་ལྷ་བུའི་དབང་བསྐུར་དགོས། །སྲིད་གསུམ་ཟིལ་གྱིས་གནོན་པ་ལ། །ནམ་མཁའ་ལྷ་བུའི་དབང་བསྐུར་དགོས། །གསང་གཅོད་གཏན་དུ་འབེབས་པ་ལ། །ཆུ་བོ་ལྷ་བུའི་དབང་བསྐུར་དགོས། །རང་གཞན་དོན་གཉིས་འགྲུབ་པ་ལ། །འཁོར་ལོ་ལྷ་བུའི་དབང་བསྐུར་དགོས། །ཚོགས་ལས་དངོས་གྲུབ་རྒྱ་

མཚོ་ལ། །བུམ་ལྷ་མ་ཡི་དབང་བསྐུར་དགོས། །གབ་པ་མངོན་དུ་ཕྱུང་བ་ལ། །རྒྱ་མཚོ་ལྷ་བུའི་དབང་བསྐུར་དགོས། །དམ་ཆོས་གཅོད་ཡུལ་བཤད་པ་ལ། །མཁས་པ་བརྒྱད་དང་ལྡན་པ་དགོས། །མཁས་པ་བརྒྱད་དང་ལྡན་པ་ལ། །བསླབ་གསུམ་གསེར་གྱི་ཕྲེང་བ་དགོས། །དང་པོ་གཉན་ཁྲོད་འགྲིམ་པའི་དུས། །གཤེགས་ཚུལ་བཞི་ཡི་དམིགས་པ་དགོས། །གཉན་སར་སླེབས་ནས་ཉམས་ལེན་ལ། །ཆེ་བ་རྣམ་གསུམ་ཤིན་ཏུ་གཅེས། །སྤྱི་མ་སྤྱི་ཊུ་མ་ནོན་ན། །དགྲ་ངན་དག་ལ་བྱ་ཤོར་འདྲ། །དེ་ལ་ཟིལ་གནོན་སྤེ་བདུན་དགོས། །བར་པ་བར་དུ་མ་ནོན་ན། །དཔའ་བོ་ལག་གི་མཚོན་ཤོར་འདྲ། །དེ་ལ་རྡོ་རྗེའི་སྤྲུལ་ཞིངས་དགོས། །ཕྱི་མ་ཕྱི་ཊུ་མ་ནོན་ན། །ནོར་ངན་ཤོར་བའི་རྗེས་གཅོད་འདྲ། །དེ་ལ་དམག་དཔོན་ཁྲུང་ནག་དགོས། །ཞེས་པའམ།

རྗེས་གཅོད་དམིགས་པ་བསྐོར་གསུམ་དགོས། རྒྱལ་བས་བསྔགས་པའི་དབེན་གནས་ལ། །ནམ་འགྲོ་དུས་ཀྱི་ཁྱད་པར་དགོས། །གཉན་པའི་གཉན་དམིགས་གནོན་པ་ལ། །ཁྲོ་བྲག་དམིགས་པ་ཉེར་དྲུག་དགོས། །རྣལ་འབྱོར་བསྲུང་སྲོམ་བྱེད་པ་ལ། །དམ་ཚིག་དམིགས་པའི་རྒྱས་འདེབས་དགོས། །ལྷ་འདྲེ་དྲག་པོ་གཅོད་པ་ལ། །དབང་བསྡུད་ཟབ་མོའི་དམིགས་པ་དགོས། །བསྲུང་འཁོར་ཟབ་མོ་བསྒོམ་པ་ལ། །འགྱུར་མེད་གསུམ་གྱི་གདམས་པ་དགོས། །ཉིན་མཚན་གཉིས་ཀྱི་དབྱེ་བ་ལ། །ཟིལ་གནོན་གཉིས་ཀྱི་གདམས་པ་དགོས། །སངས་རྒྱས་བསྟན་པ་འཛིན་པ་ལ། །སྐྱབས་འགྲོ་སེམས་བསྐྱེད་དབེན་བཞི་དགོས། །བག་ཆགས་དྲི་མ་འཁྲུད་པ་ལ། །དེ་ལ་ སྡིག་སྦྱོངས་ནག་འགྲེད་དགོས། །ཡང་ན་བག་ཆགས་དྲི་མ་འཁྲུད་པ་ལ། །དེ་ལ་སྡིག་སྦྱོང་ཨ་ཁྲིད་དགོས། །ཁམས་གསུམ་ཟིལ་གྱིས་གནོན

པ་ལ། །སྐྱབས་གནས་དམ་པ་གསུམ་བརྩེགས་དགོས། །ཚོགས་ཆེན་མྱུར་དུ་རྫོགས་པ་ལ། །རང་ལུས་རྒྱས་འདེབས་མཇལ་དགོས། །ཏིང་འཛིན་འཕེལ་བར་བྱེད་པ་ལ། །སྨོན་ལམ་ཡན་ལག་བདུན་པ་དགོས། །རྣལ་འབྱོར་པ་ཡི་ཕྱག་མཚན་ལ། །རྐང་དུང་ཐོད་པ་ཌཱ་རུ་དགོས། །བྱིན་རླབས་མྱུར་དུ་འཇུག་པ་ལ། །བླ་མ་བརྒྱུད་པའི་གསོལ་འདེབས་དགོས། །རྣལ་འབྱོར་དབྱིངས་རིག་བསྲེ་བ་ལ། །ཕཊ་གཅིག་མ་ཡི་དམིགས་པ་དགོས། །རྒྱུད་པ་གསུམ་གྱི་རྒྱས་བཤད་ལ། །རྩ་བའི་གདམས་པ་རྣམ་བཞི་དགོས། །སྔོན་འགྲོ་ཆོས་སྒོ་འབྱེད་པ་ལ། །དབང་བསྐུར་ནོར་བུ་རྒྱ་མཚོ་དགོས། །སྐུ་གསུམ་བརྟན་པ་ཐོབ་པ་ལ། །གཞི་ལམ་གསུམ་གྱི་གདམས་པ་དགོས། །འགྱུར་མེད་ཆོས་སྐུ་བརྟན་པ་ལ། །བཀྲ་ཤིས་ཆོས་འཁོར་བདུན་ལྡན་དགོས། །དུས་གསུམ་འཕོ་འགྱུར་མེད་པ་ལ། །སྐུ་གསུམ་ལམ་ཁྱེར་རྣམ་གསུམ་དགོས། །ཆོས་དབྱིངས་མཐའ་དབུས་མེད་པ་ལ། །སྣ་ཚོགས་སྒྱུ་མའི་རོལ་རྩེད་དགོས། །མི་མཐུན་ཕྱོགས་ལས་རྒྱལ་བ་ལ། །རྒྱལ་བའི་གདམས་པ་རྣམ་གསུམ་དགོས། །འགག་མེད་ལོངས་སྐུའི་དཀྱིལ་འཁོར་ལ། །འཆི་མེད་བདུད་རྩིའི་ཆུ་རྒྱུན་དགོས། །བཀའ་བརྒྱུད་ཆོས་སྐུའི་ཕོ་བྲང་ལ། །སྲིད་གསུམ་མཆོད་པ་སྣ་ཚོགས་དགོས། །དྲི་མེད་རྒྱལ་བའི་དཀྱིལ་འཁོར་དུ། །འགག་མེད་བླ་མ་སྤྲུལ་སྐུ་དགོས། །ཆོས་དབྱིངས་མཁའ་ལྟར་ཡངས་པ་ལ། །དང་པོའི་སངས་རྒྱས་བརྟན་བཞུགས་དགོས། །གནས་ལུགས་ཁྱབ་གདལ་ཆེན་པོ་ལ། །ལྷ་མོའི་ཕྱག་རྒྱ་གར་མཆོད་དགོས། །མཐར་ཐུག་དོན་གྱི་སངས་རྒྱས་ལ། །གཉུག་མའི་རང་ཞལ་ལྟ་བ་དགོས། །ཆོས་ཉིད་འོད་གསལ་མཐའ་བྲལ་ལ། །ལྟ་བ་མཁའ་ལ་མདུང་བསྐོར་དགོས། །བདེ་གསལ་ཉམས་ཀྱི་ཏིང་འཛིན་ལ། །ཡེ་ཤེས་སྒྱུ་མའི་སྨོན་ལམ་དགོས། །འགྲོ་

དྲུག་ཐར་ལམ་བསྒྲོད་པ་ལ། །འཕོ་བ་ནམ་མཁའ་སྒོ་འབྱེད་དགོས། །ཁྲིད་རྒྱབ་ལུང་གི་ཡིད་ཆེས་ལ། །མཁན་པོ་གསུམ་དང་དགོས་སེལ་དགོས། །གཉན་ས་དྲག་པོ་མ་སློངས་ན། །གཡང་གཞི་མ་ཡི་དམིགས་པ་དགོས། །གཉན་ས་མྱུར་ཏུ་སློངས་པ་ལ། །རིགས་ལྔ་མ་ཡི་དམིགས་པ་དགོས། །གཉན་ས་ལྡོངས་ནས་མ་ནོན་ན། །བ་དན་མ་ཡི་དམིགས་པ་དགོས། །བདུད་ཀྱིས་གཙེ་བ་བཙུ་དྲུག་ལ། །ཕྱི་ནང་གསང་བའི་ངོས་འཛིན་དགོས། །སྟོན་ཆེན་དམར་འགྲེད་བཤམ་པ་ལ། །ཕཊ་བཙུ་མ་ཡི་དམིགས་པ་དགོས། །ལུས་གདོན་འབྲིལ་ཐག་གཅོད་པ་ལ། །རྒྱང་འཕེན་མ་ཡི་དམིགས་པ་དགོས། །ཕྲ་མ་རྣམས་ལ་སྦྱིན་པ་གཏོང་། །ཕཊ་བཞི་མ་ཡི་དམིགས་པ་དགོས། །ལྷ་འདྲེའི་སྒྲིབ་པ་སྦྱོང་བ་ལ། །སྐུ་ལྔ་མ་ཡི་དམིགས་པ་དགོས། །ལུས་སྦྱིན་ལྷ་འདྲེ་ཡོངས་ལ་བྱེད། །ཞེ་བརྒྱད་མ་ཡི་དམིགས་པ་དགོས། །སྐད་ཅིག་ལུས་སྦྱིན་བྱེད་འདོད་ན། །བམ་རོ་མ་ཡི་དམིགས་པ་དགོས། །ཕྱི་ཡི་ས་དགྲ་གཅོད་པ་ལ། །དེ་ལ་བེམ་ལེན་དམར་འགྲེད་དགོས། །དྲག་པོ་གཉན་གྱི་ས་གཅོད་ན། །གཅོད་ལུགས་གཉིས་ཀྱི་དབྱེ་བ་དགོས། །ཀློ་བུར་གདོན་གྱིས་བཏབ་གྱུར་ན། །ལུས་སྦྱིན་སོ་སོར་འཕྲུལ་བ་དགོས། །མགྲོན་རྣམས་གཞན་དུ་སོང་གྱུར་ན། །སློང་བྱེད་དཀར་མོའི་དམིགས་པ་དགོས། །དེས་ཀྱང་སློངས་པར་མ་གྱུར་ན། །དེ་ལ་དམར་ནག་ལྷུགས་ཀྱུ་དགོས། །མགྲོན་རྣམས་གཞན་དུ་སོང་གྱུར་ན། །འགུགས་བྱེད་དམར་མོའི་དམིགས་པ་དགོས། །མགྲོན་གྱིས་སྐྱུག་བྲོ་བལྟས་གྱུར་ན། །སྡེལ་སྦྱོང་གཉིས་ཀྱི་དམིགས་པ་དགོས། །ཚར་སློངས་འདྲིས་ནས་མགོ་བསྐོར་ན། །འབྱེད་པ་གསེར་གྱི་ལྡེ་མིག་དགོས། །ཆོ་འཕྲུལ་ཆེན་ནས་ཚར་ཚད་དགོན། །ཕྱུག་པོ་ཐེབས་གནོན་གྱི་དམིགས་པ་དགོས། །ལྷ་འདྲེ་དྲག་པོ་སློང་བ་ལ། །སློངས་རྟགས་ཕྱི་ནང་གསང་

གསུམ་དགོས། །གཉན་སར་ཐོག་གི་བརྡེག་པ་ལ། །རྩི་ལམ་ཉམས་སྣང་དངོས་རྟགས་དགོས། །འབྲུག་མོའི་ངར་སྐད་གཅོག་པ་ལ། །ངར་བཅིངས་མ་ཡི་དམིགས་པ་དགོས། །གློག་དམར་འཚུབས་ནས་མ་ཚུགས་ན། །ལྕེ་བཅིངས་མ་ཡི་དམིགས་པ་དགོས། །སྙིང་གདོན་ཐོག་གི་དགྲ་བྱུང་ན། །ཐོག་ཆག་གཏོར་བའི་དམིགས་པ་དགོས། །སེར་བ་ཆེས་ནས་མ་བཟོད་ན། །ཐུབ་པ་ཆེན་པོའི་གུར་ཁང་དགོས། །དྲག་པོ་ཐོག་རྒོད་བསྒྱུང་བ་ལ། །གངས་ཆེན་མཚོ་རྒྱལ་དམིགས་པ་དགོས། །སྙིང་འོག་འཁྲུག་དང་ཐོག་བྱུང་ན། །རྩིབས་སྟོང་འཁོར་ལོའི་དམིགས་པ་དགོས། །བདག་གཞན་བགེགས་ལས་སྒྲོལ་འདོད་ན། །ཀེང་རྒྱུས་མ་ཡི་དམིགས་པ་དགོས། །དུར་ཁྲོད་སླུ་གནས་འགྲིམ་པ་ལ། །ཀེང་རུས་རྡོ་རྗེའི་དམིགས་པ་དགོས། །འོག་ནད་རྒྱ་འདྲེ་ནད་ངན་ལ། །ཀེང་རུས་མེ་འབར་དམིགས་པ་དགོས། །འོག་གདོན་སླུ་ཡི་ནད་བྱུང་ན། །ཧྲ་རུ་ཙ་ཡི་དམིགས་པ་དགོས། །ཕྱུགས་ནད་གོད་ཁ་གཅོད་པ་ལ། །ཧཱུྃ་ཁྱུང་མ་ཡི་དམིགས་པ་དགོས། །འཁྲུལ་སྣང་དངོས་ཞེན་གཅོད་པ་ལ། །དེ་ལ་མཛེ་པོའི་ཐེམ་བསྐྱུར་དགོས། །གཉན་ས་གཅིག་ནས་བརྒྱ་གཅོད་ན། །སྤོབས་ལྡན་དམར་མོའི་དམིགས་པ་དགོས། །ལུས་ཀྱི་གཅེས་འཛིན་ཕྲལ་བ་ལ། །ཐེམ་བསྐྱུར་མ་ཡི་དམིགས་པ་དགོས། །བཙོས་ལོག་ཤི་ལ་ཐུགས་པ་ན། །དམིགས་པ་ཨར་གཏད་ནག་པོ་དགོས། །རྣལ་འབྱོར་བདག་ལ་དགྲ་བྱུང་ན། །གཟའ་རྒོད་ཡུན་དགུའི་དམིགས་པ་དགོས། །ཚོགས་གཉིས་ཟུང་དུ་འཇུག་པ་ལ། །དཀར་ཚོགས་ལམ་ཁྱེར་རྣམ་གསུམ་དགོས། །ལྷ་འདྲེས་དངོས་གྲུབ་སྟེར་བ་ལ། །ཚར་ཚད་སྤྱི་དང་བྱེ་བྲག་དགོས། །སྐད་ཅིག་མཆོད་པ་བཤམ་པ་ལ། །དཀར་འགྱེད་བམ་རོའི་དམིགས་པ་དགོས། །དཔའ་བོ་མཁའ་འགྲོ་མཉེས་པ་ལ། །བདུད་རྩི་

ཚོགས་ཀྱི་མཆོད་པ་དགོས། །གཟའ་བདུད་ནད་ཀྱིས་ཐེབས་གྱུར་ན། །དྲག་པོ་མེ་འབར་དམིགས་པ་དགོས། །རྒྱལ་འོག་ནད་ཀྱིས་བཏབ་པ་ལ། །ལྷ་ཁང་སྒོ་མེད་དམིགས་པ་དགོས། །བྱད་ཁ་བཟློག་པར་བྱེད་པ་ལ། །ཡོག་ནོན་གཟེར་བུའི་དམིགས་པ་དགོས། །འབྱུང་བཞིའི་ལུས་ལ་ནད་བྱུང་ན། །སེང་གེ་ལྷ་བུའི་དམིགས་པ་དགོས། །དགྲ་བོ་གཉེན་དུ་འདྲུག་པ་ལ། །སྣང་ཆེན་འཁྱིང་བའི་དམིགས་པ་དགོས། །གཉེན་བཤེས་རྣམས་ལ་སེམས་བརྟེ་ན། །འཁྲི་བ་བཅད་པའི་དམིགས་པ་དགོས། །ནོར་དང་རྫས་ལ་ཆགས་ཞེན་ན། །སྣར་ཡང་སྦྱོང་དག་བྱེད་པ་གཅེས། །གདོན་གྱི་གནོད་པ་འབྱུང་གྱུར་ན། །ལ་བཟླ་གསུམ་གྱི་དམིགས་པ་དགོས། །ལུས་ལ་གདོན་ཆེན་སྤྲུལ་ལྟར་འབྱུད། །ལག་ལྟར་འཁྱུ་བའི་དམིགས་པ་དགོས། །པང་ལ་མེ་ལྟར་བྱུང་གྱུར་ན། །མདུང་ལྟར་བསྐོར་བའི་དམིགས་པ་དགོས། །སྦྱོད་གཏོང་སྤྲིན་ལྟར་འཁྲིགས་གྱུར་ན། །རླུང་ལྟར་འབུད་པའི་དམིགས་པ་དགོས། །ཟས་གསོ་རོ་གྲིབ་ཁམས་འདུས་ལ། །བྱིན་རླབས་གནད་འབེབས་ཆེན་མོ་དགོས། །ཁ་ཚར་སྦྲམས་ཀྱི་གཏེར་མཛོད་ལ། །གོ་རིམ་དམིགས་པའི་རྒྱུས་འདེབས་དགོས། །ཕྱི་མ་ཕྱི་ཙུ་མ་ནོན་ན། །ནོར་ངན་ཤོར་བའི་རྗེས་གཅོད་འདྲ། །དེ་ལ་དམག་དཔོན་ཁྱུང་ནག་དགོས། །ཞེས་སམ།

རྗེས་གཅོད་དམིགས་པ་བསྐོར་གསུམ་དགོས། །གཉན་དམིགས་གཞན་དུ་འཕོ་བ་ལ། །ཚོད་རྟགས་རིམ་པ་ཚང་བ་དགོས། །རྗེས་ཀྱི་བྱ་བ་ཐམས་ཅད་ལ། །རིམ་པ་བདུན་གྱི་ཏིང་འཛིན་དགོས། །རྣལ་འབྱོར་རོ་གཅོད་བྱེད་པ་ལ། །མཁའ་འགྲོའི་སྤྱི་འདུས་ཆེན་མོ་དགོས། །དུར་སྲིད་ཆེན་པོ་གཅོད་པ་ལ། །ཡུ་གྲི་རེག་གཅོད་དམིགས་པ་དགོས། །ཁང་ཁྱིམ་ལ་སོགས་གཅོད་པ་ལ། །རྒྱལ་སྲིན་ཕོ་མོ་ཁ་

སྦྱོར་དགོས། །དུར་ཁྲིམ་གཙོད་པའི་ཁ་ཚར་ལ། །མི་མཆོད་ཞི་དྲག་རྒྱས་གསུམ་དགོས། །ཞེས་པ་གཙོད་གདན་ཐོག་གཅིག་མའི་ཁྲིད་ཡིག་ཕྲིན་ལས་རྒྱ་མཚོ་ཞེས་བྱ་བའི་ས་བཅད་ཀྱི་རིམ་པ་ཕྱོགས་གཅིག་ཏུ་སྡེབས་པ་འདི། ཤཱཀྱའི་དགེ་སློང་ཀྱི་འོ་ཆོས་ཀྱི་རྒྱ་མཚོ་ཞེས་བྱ་བས་དབེན་གནས་གངས་རི་ཐོད་དཀར་གྱི་མགུལ་དུ་སྦྱར་བའོ།། །།དགེའོ། །

༄༅། །གཅོད་གདན་ཐོག་གཅིག་མའི་ཁྲིད་ཡིག་ཕྲིན་ལས་རྒྱ་མཚོ་ལས།
བླ་མ་བརྒྱུད་པའི་ལོ་རྒྱུས་འཛམ་གླིང་ཀུན་ཁྱབ་
རིན་པོ་ཆེའི་གཏེར་མཛོད་
བཞུགས་སོ། །

ཤེས་བྱ་ཀུན་ལ་བློ་གྲོས་ཐོགས་མེད་རྒྱུ། །འོད་གསལ་མཐོན་པོའི་རྩེ་ལ་ཟླ་བ་བཞིན། །མ་རིག་ན་བུན་གསལ་བའི་ཤེས་རབ་མཛེས། །འཁོར་ལོ་སྡོམ་པའི་དྲ་བ་རབ་བཀྲ་ཞིང་། །རྒྱལ་བ་ཀུན་གྱི་འབྱུང་གནས་མཐའ་ཡས་གཙོ། །སྐྱེ་མེད་ཆོས་སྐུ་འགྱུར་མེད་ཀུན་ཁྱབ་ཅིང་། །མཁའ་ལྟར་ཡངས་པའི་གདུལ་བྱ་སྨིན་མཛད་ཅིང་། །བསམ་ཡས་འཕྲིན་ལས་སྲིད་པ་ཀུན་ལ་ཁྱབ། །སྨྲ་བསམ་བརྗོད་བྲལ་ཕ་རོལ་ཕྱིན་ལ་འདུད། །ཕྱི་ནང་གསང་གསུམ་རྒྱལ་བའི་གསུང་གི་བདག །ཨེ་ཝཾ་བཞི་ཡི་བཅུད་ལྡན་མེ་ཏོག་བཀྲ། །བསྐལ་བཟང་སངས་རྒྱས་གསལ་བའི་ཡུམ་ལ་འདུད། །ཁྱུངས་བཙུན་ཡིད་ཆེས་བསྐྱེད་པ་ལ། །བླ་མ་བརྒྱུད་པའི་ལོ་རྒྱུས་དགོས། །ཞེས་པ་གཅོད་གདན་ཐོག་གཅིག་མའི་ཁྲིད་ཡིག་འཕྲིན་ལས་རྒྱ་མཚོ་ལས། བླ་མ་བརྒྱུད་པའི་ལོ་རྒྱུས་རྣམ་ཐར་གྱི་ཐོག་མར་ཡུམ་ཆེན་མོ་ཤེས་རབ་ཀྱི་ཕ་རོལ་ཏུ་ཕྱིན་མ་ནི། ཐབས་གཙོ་བོར་སྟོན་པར་བྱེད་པ་དང་། ཤེས་རབ་གཙོ་བོར་སྟོན་པར་བྱེད་པ་དང་། ཟུང་འཇུག་གཙོ་བོར་སྟོན་པར་བྱེད་པའི་འབྱུང་ཁུངས་ཡིན་པའི་ཕྱིར། བདག་མོའམ། ཡུམ་ཆེན་མོ་ཞེས་སོ། །སངས་རྒྱས་ཐམས་ཅད་ཀྱི་

ལས་འབྱུང་བས་ན་ཡུམ་ཞེས་པ་དང་། ཕ་རོལ་ཏུ་ཕྱིན་པའི་ཆོས་གཙོ་བོར་སྟོན་ཅིང་འཆད་པའི་ཕྱིར་རམ། རྒྱས་འབྲིང་བསྡུས་གསུམ་སྟོན་པའི་ཕྱིར་ཡུམ་ཆེན་མོ་ཞེས་སོ། །ཐབས་གསང་སྔགས་ཀྱི་ཆོས་ཐམས་ཅད་བསྐྱེད་རྫོགས་ཀྱིས་མཚོན་བྱེད་མཛད་པ་ལ་བདག་མེད་པའམ། རྡོ་རྗེ་འཆང་དང་དབྱེར་མི་ཕྱེད་པར། ཕག་མོ་ སྒྲོལ་མ་སོགས་ཀྱི་ཚུལ་མཛོད། ཐབས་གསང་སྔགས་ཀྱི་ཆོས་རྣམས་གཙོ་བོར་སྟོན་པའི་ཡུམ་ཡིན་པས་ན་ཡུམ་ཆེན་མོའོ། །ཟུང་འཇུག་ལྷན་ཅིག་སྐྱེས་པ་སྟོན་པའི་འབྱུང་ཁུངས་ཡིན་པས་ན་ཡུམ་ཆེན་མོའོ། །འཇིག་རྟེན་པ་ཡིས་མཐོང་དུ་མེད་ཅིང་མི་མངོན་པའི་ཕྱིར་ཆོས་སྐུ་ཡུམ་ཆེན་མོ། ཆོས་ཐམས་ཅད་ཀྱི་འབྱུང་གནས་དང་ཀུན་ལ་ཁྱབ་པས་ན་ཡབ་ཡུམ་ཆེན་མོ་ཞེས་བྱའོ། །དེ་ལྟར་ཡུམ་ཆེན་མོ་ཤེས་རབ་ཀྱི་ཕ་རོལ་ཏུ་ཕྱིན་པའི་རྒྱ་མཚན་འཇིག་རྟེན་ཁམས་སུ་མི་ཤོང་ན་ཡང་། རང་གི་དད་པའི་མོས་གུས་དང་། མི་ཉག་རས་ཆེན་པ་སོགས་གུས་ལྡན་རྣམས་ཀྱིས་བསྐུལ་བའི་ངོར། ཁབ་ཀྱི་རྩེ་མོ་ཙམ་ཞིག་བླངས་ཏེ། ཤཱཀྱའི་དགེ་སློང་ཀོ་འོ་ཆོས་ཀྱི་རྒྱ་མཚོ་ཞེས་བྱ་བས་འཕྲོད་སྦྱོར་བཟང་པོ་ལ་ཨ་ས་རི་ཁྲིད་དུ་སྦྱར་བའོ། །དགེ་བ་མ་ཆན་རྣམས་ལ་བསྔོ། བཀྲ་ཤིས་དཔལ་འབར་འཛམ་གླིང་རྒྱལ་བའི་རྒྱན་དུ་ཤོག། །།

བཅོམ་ལྡན་འདས་རྒྱལ་བ་ཤཱཀྱ་ཐུབ་པའི་སྐུ་ཡི་མཛད་ཚུལ་བཞུགས་སོ། །

འཇིག་རྟེན་དབང་པོ་ལྷ་ཡི་ལྷར་གྱུར་པ། །གསེར་གྱི་མདོག་ལྟར་ཉི་མ་འབུམ་

ཀྱི་འོད། །འགྱུར་མེད་ལྷ་མིའི་གཙུག་རྒྱན་ཀུན་གྱི་རྗེ། །བདུད་རྣམས་ཀུན་ལས་རབ་རྒྱལ་མི་མཐུན་ཕྱོགས་ལས་རྒྱལ། །མཚན་བཟང་ལྡན་ཞིང་དཔལ་བཟང་ཟླ་རྒྱས་ལྡན། །སྤྲུལ་པས་འགྲོ་བ་ཡོངས་ཀྱི་མགོན་གཅིག་པོ། །བསྐལ་བཟང་དབུས་ན་འགྱུར་མེད་ཆོས་ཀྱི་སྐུ། །ཞིང་ཁམས་དུ་མར་སྤྲུལ་པའི་སྐུ་མཆོག་འགྱེད། །སྲིད་པའི་དྲ་བ་ཞིང་བཟང་དག་ལ་འགོད། །རིགས་བརྒྱ་གཅིག་ཏུ་འདུས་པའི་སྐུ་ཆེན་མཆོག །བཅུ་གཉིས་མཛད་པའི་ཚུལ་སྟོན་རྨད་དུ་བྱུང་། །བསྐལ་བཟང་མང་པོའི་ངོ་མཚར་ཅན་ལ་འདུད། །ཅེས་པ་གདན་ཐོག་གཅིག་མའི་ཁྲིད་ཡིག་འཕྲིན་ལས་རྒྱ་མཚོ་ལས་བསྟན་པའི་གཙོ་བོའི་སྐུའི་མཛད་ཚུལ་ནི། དགའ་ལྡན་དུ་རྒྱལ་ཚབ་དམ་པར་གྱུར་པ་བྱམས་པ་ལ་བསྐོས་ཏེ། འགྲོ་བའི་དོན་དུ་དགོངས་ནས་ཁབ་ཏུ་མཛེས་ལྡན་མའི་ལྷུམས་སུ་ཞུགས། ངོ་མཚར་བལྟམས་ཚེ་འཛིག་རྟེན་མཆོག་དང་ལྡན། །མཆོག་གི་རོལ་རྩེད་བཙུན་མོས་མཛེས་ཚུལ་སྟོན། །དབུ་སྐྲ་བསིལ་དང་དཀའ་ཐུབ་བསམ་གཏན་མཛད། །མངོན་སངས་རྒྱས་དང་ཆོས་འཁོར་རབ་ཏུ་བསྐོར། །མུ་སྟེགས་བཅོམ་དང་སྟོབས་ཆེན་སྨྱོན་པ་བརྟུལ། །མི་རྟག་མྱུར་འདས་ལེ་ལོ་བརྩོན་འགྲུས་ལྡན། །སོ་སོ་སྐྱེ་བོ་དང་ནི་ཉན་ཐོས་རང་རྒྱལ་སོགས། །བྱིན་གྱིས་བརླབས་ཕྱིར་རིང་བསྲེལ་དཔག་མེད་འབྱུང་། །རྣམ་ཐར་བརྒྱད་ལྡན་སྐུ་གདུང་ཆ་བརྒྱད་ལྡན། །དེ་ལྟར་བསྟན་པའི་གཙོ་བོའི་སྐུའི་མཛད་ཚུལ། དད་པའི་རྟེན་དུ་མི་ཉག་རས་ཆེན་པ་སོགས་དད་ལྡན་རྣམས་ཀྱིས་བསྐུལ་བའི་ངོར། ཚོར་མའི་རྩེ་མོ་ཙམ་ཞིག་བླངས་ཏེ། ཤཱཀྱའི་དགེ་སློང་ཀྲེ་ཧོ་ཆོས་ཀྱི་རྒྱ་མཚོ་ཞེས་བྱ་བས། དབེན་གནས་ཆེན་པོ་ཨ་ས་རི་ཁྲོད་དུ་སྦྱར་བའོ། །བཀྲ་ཤིས་དཔལ་འབར་འཛམ་གླིང་རྒྱལ་བའི་རྒྱན་དུ་ཤོག །དགེ་བ་གང་

མཆིས་སེམས་ཅན་རྣམས་ལ་བསྔོ། །

འཕགས་པ་འཇམ་དཔལ་གྱི་རྣམ་ཐར་བཞུགས་སོ། །

སྲིད་གསུམ་ཟིལ་གནོན་མཁྱེན་གཉིས་རབ་ཏུ་རྒྱས། །ཤེས་རབ་ཡངས་པའི་འོད་ཟེར་རབ་འཕྲོ་བ། །འཕྲིན་ལས་བཟང་པོ་འགྲོ་དྲུག་གནས་སུ་གསལ། །སངས་རྒྱས་སྟོང་གི་མཁྱེན་བརྩེ་ཀུན་ལ་སྤྲེལ། །མུ་མཐའ་མེད་པའི་སྲིད་པའི་དྲ་བ་གཅོད། །མ་རིག་མུན་པའི་སྒྲོན་མེ་གཞོན་ནུ་མཆོག །འཇུམ་པའི་མདངས་དང་སྐྱེག་པའི་ཉམས་ལྡན་ཞིང་། །གུར་གུམ་མདོག་ཅན་ཡང་ཚོ་ལྡན་ལ་འདུད། །ཅེས་པ་འཕགས་པ་འཇམ་དཔལ་གྱི་སྐུའི་བཀོད་པ་ནི། སྟོན་བསྐལ་པ་གྲངས་མེད་པའི་དུས་ནས་སངས་རྒྱས་འབྱུང་བ་རྣམས་ཀྱི་སྐུའི་སྤྲུལ་པ་ཡིན་ཅིང་། སངས་རྒྱས་དེ་རྣམས་ཀྱི་འཕྲིན་ལས་བསྒྲུབ་པར་བྱས་པ་ཡིན་ཅིང་། སངས་རྒྱས་ཨུཏྤ་ལ་གསེར་གྱི་མདོག་ཅན་འམ། རལ་གྲི་བཀོད་པ་ཞེས་བྱ་བར་མཚན་གསོལ་བ་ཡིན་ལ། བསྐལ་བཟང་འདི་ལ་སངས་རྒྱས་ཀྱི་འཕྲིན་ལས་འབྱུང་བ་དང་། ཁྱད་པར་དུ་ཐུབ་པའི་བསྟན་པ་དར་རྒྱས་ཕྱོགས་མཐའ་དག་ལ་ཁྱབ་ཅིང་སྤྲེལ་བ་དང་། རྒྱལ་སོང་རྫོངས་པ་རྣམས་ཀྱི་དྲན་པ་གསལ་བར་བྱེད་ཅིང་བྱིན་གྱིས་བརླབས་པར་མཛད་དོ། །ཕྱི་ཕ་རོལ་ཏུ་ཕྱིན་པའམ་སྒོ་ནས་ཆོས་སྟོན་ཅིང་། ནང་གསང་སྔགས་ཀྱི་ཆོས་རྣམས་སྨིན་པའི་ཚུལ་དུ་སྟོན་པར་བྱེད་ཅིང་། སྤྲུལ་པ་སྣ་ཚོགས་པ་འགྱེད་པར་བྱེད་དེ། རིགས་དྲུག་གནས་འདྲེན་སོགས་ཀྱི་རྣམ་འགྱུར་བསམ་གྱིས་མི་ཁྱབ་པ་མཛད་ཅིང་། ཕྱག་རྒྱ་ཆེན་པོ་ལྷན་ཅིག་སྐྱེས་པའི་ངོ་སྤྲོད་འགྲོ་

བ་ཕོ་མོ་རྣམས་ལ་མཛད་ཅིང་གྲུབ་ཐོབ་ཕོ་མོ་བསམ་གྱིས་མི་ཁྱབ་པ་དག་པ་མཁའ་སྤྱོད་ཀྱི་གནས་སུ་གཤེགས་པ་འབྱུང་ངོ་། །འཇམ་དཔལ་ནི་མཚན་དངོས་གཞིའོ། །སྨྲ་བ་ནི། ཞལ་གྱི་སྒོ་ནས་ལྗགས་ཀྱི་དབང་པོ་བཀྲམ་སྟེ། ཆོས་ཐམས་ཅད་ཐོགས་པ་མེད་པར་སྨྲ་བའོ། །སེང་གེ་ལ་ཆིབས་པས་ན་སེང་ཞེས་སོ། །དེ་ཡང་སེང་གེ་ལ་ཆིབས་ཤིང་འཁོར་དུ་མ་དང་བཅས་ཏེ་རྫུ་འཕྲུལ་སྣ་ཚོགས་པ་སྟོན་པའོ། །དེ་ལྟར་རྗེ་བཙུན་འཇམ་དཔལ་གྱི་སྐུའི་བཀོད་པ། དད་པའི་སྟོབས་ཀྱིས་མི་ཉག་རས་ཆེན་པ་མང་ཐོས་རྒྱ་མཚོ་སོགས་ཀྱིས་བསྐུལ་བའི་ངོར། བྱང་བས་སྦྲང་རྩི་ལས་བླང་བ་ཙམ་ཞིག །ཤཱཀྱའི་དགེ་སློང་ཀྲེ་འོ་ཆོས་ཀྱི་རྒྱ་མཚོ་ཞེས་བྱ་བས་དབེན་གནས་ཆེན་པོ་ཨ་ས་རི་ཁྲོད་དུ་སྦྱར་བའོ། །བཀྲ་ཤིས་དཔལ་འབར་འཛམ་གླིང་རྒྱལ་བའི་རྒྱན་དུ་ཤོག །དགེ་བ་མ་རྒན་སེམས་ཅན་རྣམས་ལ་བསྔོ། །

ཨཱརྱ་དེ་བའི་རྣམ་ཐར་བཞུགས་སོ། །

ཚོགས་གཉིས་རབ་རྫོགས་རྒྱལ་བའི་བསྟན་པ་འཛིན། །བཤེས་གཉེན་དམ་པ་གསུང་གི་གཏེར་ཁ་འབྱེད། །གནས་ལྔ་རིག་པའི་པཎ་ཆེན་མཛོད་འཛིན་པ། །མུ་སྟེགས་ལ་སོགས་རྒོལ་བ་མཐའ་དག་བཅོམ། །སངས་རྒྱས་བསྟན་པ་དར་བའི་དཔག་བསམ་ཤིང་། །བཤད་སྒྲུབ་སྙིང་པོ་དོན་གྱི་བཤེས་གཉེན་མཆོག །བྲམ་ཟེའི་རིགས་ལྡན་གཙང་ཞིང་དགེ་སློང་འཛིན། །པཎ་ཆེན་དབང་པོའི་སྡེ་དེར་གུས་པར་འདུད། །ཅེས་པ་བྲམ་ཟེའི་རིགས་བཙུན་པ་ཨཱརྱ་དེ་བའི་རྣམ་ཐར་ནི། འབྲུངས་ཡུལ་རྒྱ་གར་ལྷོ་ནུབ་ཕྱོགས་སུ་ཡབ་བྲམ་ཟེ་རིགས་ལྡན་དང་། ཡུམ་བྲམ་

ཟེ་ཆོས་དཀར་ཞེས་བྱ་བའི་སྲས་སུ་སྐུ་འཁྲུངས། སྲས་མིང་སྲིད་གསུམ་ཡོད་པའི་ཆེ་བ་ཡིན་ཅིང་། སྐུ་ན་གཞོན་པའི་དུས་ནས་ཐུགས་རིག་དྭངས་ཤིང་། ཡི་གེའི་རིགས། སྒྲ་ཚད་དུ་མ་མཁྱེན་ཅིང་། འཇམ་དབྱངས་ཀྱིས་བྱིན་གྱིས་བརླབས་ཤིང་རྗེས་སུ་གཟུང་བ་མཛོད། གསུང་རབ་མཐའ་དག་ཐུགས་སུ་ཆུད་ཅིང་མཁས་པར་གྱུར། མུ་སྟེགས་སོགས་ཚར་བཅད་ཅིང་ནང་པའི་བསྟན་པ་དར་རྒྱས་ཕུན་སུམ་ཚོགས་པ་དང་ལྡན་པར་གྱུར་ཏོ། །བླ་མའི་གཙོ་བོ་འཇམ་དབྱངས་ལ་ཕྱག་ཅིང་། རྒྱན་དྲུག་སོགས། གཞན་ཡང་བླ་མ་མང་པོ་ལ་བསྟེན་པ་མཛད། ཐལ་ཆེར་མདོ་ཕྱོགས་ཀྱིས་སློབ་མ་རྣམས་སྨིན་པར་མཛད་ཅིང་། ངེས་དོན་སྲས་པའི་ཚུལ་གྱིས་ཐུགས་ཉམས་སུ་བཞེས་ཤིང་། གཞན་ལ་སྟོན་པར་མཛད་པ་ན་གང་ཟག་རྣམས་ངོད་རྩེ་སྐྱེས་ཤིང་ས་ལམ་ཐོབ་པ་བསམ་གྱིས་མི་ཁྱབ་པ་བྱུང་བར་བཤད་དོ། །རྫུ་འཕྲུལ་དུ་མ་བསྟན་ཅིང་། གཞན་རྒྱུད་དུ་མ་མཁྱེན་པ་དང་། སྤྱོད་བསྡུས་སྒྲོན་མ་སོགས་གཞུང་ཆེ་ཆུང་དང་། གཞན་ཡང་ཊཱི་ཀ་མང་དུ་མཛད་དོ། །སངས་རྒྱས་ཀྱི་བསྟན་པ་ཉིན་མོར་བྱེད་པའི་པཎྜི་ཏ་གྲུབ་པ་བརྙེས་པའི་སྐྱེས་བུ་དམ་པར་གྱུར་པ་ཡེ་ཤེས་སྙིང་པོ་ཞེས་བྱ་བའོ། །དེ་ལྟར་བྲམ་ཟེ་ཨཱཪྻ་དེ་བ་ཞེས་བྱ་བའི་རྣམ་པར་ཐར་པ་རྒྱ་མཚོ་ལྟ་བུ་ཡོད་པའི་ནང་ནས་ཆུའི་ཟེར་མ་ཙམ་ཞིག །མི་ཉག་རས་ཆེན་པ་མང་ཐོས་རྒྱ་མཚོ་ཞེས་བྱ་བས་བསྐུལ་བའི་ངོར། དད་པའི་སྟོབས་ཀྱིས་བླངས་ཏེ་ཤཱཀྱའི་དགེ་སློང་ཀྱོ་འོ་ཆོས་ཀྱི་རྒྱ་མཚོ་ཞེས་བྱ་བས་དབེན་གནས་ཆེན་པོ་ཨ་ས་རི་ཁྲོད་དུ་སྦྱར་བའོ། །བཀྲ་ཤིས་དཔལ་འབར་འཛམ་གླིང་རྒྱལ་བའི་རྒྱན་དུ་ཤོག །དགེ་བ་གང་ཡོད་འགྲོ་བ་སེམས་ཅན་རྣམས་ལ་བསྔོ། །

ཕ་དམ་པ་རྒྱ་གར་གྱི་རྣམ་ཐར་བཞུགས་སོ། །

དུས་གསུམ་ཞེས་༑བདེ་བར་གཤེགས་པའི་འོད་ཟེར་དེ། །༑འཇམ་དབྱངས་སྤྲུལ་པས་ཤེས་བྱ་ཀུན་ལ་ཁྱབ། །ཐོག་མཐའ་མེད་པའི་སྒྲིབ་གཉིས་བག་ཆགས་དག །མ་རིག་མུན་སེལ་མཁའ་ལ་ཉི་ཟླ་བཞིན། །དུས་གསུམ་སྐྱེ་འགག་བྲལ་བ་དབུ་མའི་ལམ། །འཛམ་གླིང་དབྱེ་བ་ཕྲག་བརྒྱར་སྤྲུལ་པའི་སྐུ། །ཞིང་ཁམས་རྣམ་དག་འགྲོ་བ་ཐབས་ཀྱིས་སྒྲོལ། །འཇིག་རྟེན་དབང་པོ་དམ་པ་རྗེ་ལ་འདུད། །ཅེས་པ་དམ་པ་རིན་པོ་ཆེའི་རྣམ་ཐར་ནི། འཁྲུངས་ཡུལ་རྒྱ་གར་ལྷོ་ཕྱོགས་འཕགས་པའི་ཡུལ། ཡབ་བྲམ་ཟེ་མཚན་མཁན་གསལ་བ་དང་། ཡུམ་ཨཱརྻ་དེ་བའི་ལྕམ་སྲིང་བྲམ་ཟེ་མོ་དཔལ་ལྕམ་གཉིས་ཀྱི་སྲས་སུ་སྐུ་འཁྲུངས་ཤིང་། མཚན་རྟགས་མཆོག་ཏུ་གྱུར་པ། སངས་རྒྱས་ཀྱི་བསྟན་པ་ལ་གུས་ཤིང་། དད་པ་དང་། ཐུགས་རིག་དྭངས་ཤིང་། ཐུགས་རབ་མཆོག་ཏུ་ལྡན་པ། ཐུགས་སྦྱོངས་ཡིག་ཚང་སྒྲ་ཚད་སོགས་བསླབས་པས་མཁས་ཤིང་ཕུན་སུམ་ཚོགས་པ་དང་ལྡན་པ་འབྱུང་ངོ་། །ས་ར་ཧ། ཀླུ་སྒྲུབ། ཨཱརྻ་དེ་བ། ཐོགས་མེད་སོགས། ཕོ་རང་གི་སྐུ་ཞང་ཨཱརྻ་དེ་བ་དང་། པཎྜི་ཏ་དུ་མ་བསྟེན་ཅིང་། མཁས་པའི་དབང་པོ་པཎྜི་ཏ་ཀ་མ་ཤི་ལ་ཞེས་མཚན་གསོལ་ལོ་མདོ་སྔགས་ཕྱག་རྒྱ་ཆེན་པོ་སོགས་ཀྱི་གྲུབ་ཐོབ་རྗོད་མེད་དུ་གྱུར་ཅིང་འགྲོ་དོན་དཔག་ཏུ་མེད་པ་འབྱུང་བ་དང་། ཐུབ་པའི་བསྟན་པ་ཕྱོགས་རྣམས་ཀུན་ལ་ཁྱབ་ཅིང་སྤེལ་བར་མཛད་དོ། །ཆེ་བ་དྲུག་དང་ལྡན་ཅིང་། ལྔ་བརྒྱ་བཅུ་བདུན་གྱི་དགུང་ལོ་བཞེས་ཤིང་། བླ་མ་བསྟེན་པ་ནི། མཚན་ཉིད་ཀྱི་

བླ་མ་ཀླུ་སྒྲུབ་སོགས་དང་། ཕ་རྒྱུད་ཀྱི་བླ་མ་སངས་རྒྱས་གསང་བ་སོགས་དང་། མ་རྒྱུད་ཀྱི་བླ་མ་མཚོ་སྐྱེས་རྡོ་རྗེ་སོགས་དང་། ཕྱག་རྒྱ་ཆེན་པོའི་བླ་མ་ས་ར་ཧ་སོགས་དང་། སེམས་ཉིད་ངོ་སྤྲོད་ཀྱི་བླ་མ་མཁའ་འགྲོ་མ་བདེ་བའི་འབྱུང་གནས་སོགས་དང་། ཡང་ལྷ་བའི་རྒྱུད་ཀླུ་སྒྲུབ་ནས། སྤྱོད་པའི་རྒྱུད་ཐོགས་མེད་ནས། བྱིན་རླབས་ཀྱི་རྒྱུད་ཏི་ལོ། ན་རོ་ནས་བརྒྱུད་པའོ། །ཁྱད་པར་དུ་སངས་རྒྱས་ཀྱི་བསྟན་པ་དར་ཞིང་རྒྱས་པ་དང་། ཞི་བྱེད་གཅོད་ཡུལ་སོགས་ཀྱིས་འགྲོ་བ་ཕོ་མོ་དག་པ་མཁའ་སྤྱོད་ཀྱི་ཞིང་དུ་འགོད་པར་བྱས་པ་ཡིན་ནོ། །དེ་ལྟར་ཕ་དམ་པའི་རྣམ་ཐར་ཡུངས་ཀར་གྱི་འབྲུ་ཙམ་ཞིག །མི་ཉག་རས་ཆེན་གྲོགས་མཆེད་ཀྱིས་བསྐུལ་བའི་ངོར། གུས་པའི་སྟོབས་ཀྱིས་བླངས་ཏེ། ཕྱི་རབས་རྣམས་ལ་ཕན་པའི་ཕྱིར། ཤཱཀྱའི་དགེ་སློང་ཀྲི་འོ་ཆོས་ཀྱི་རྒྱ་མཚོ་ཞེས་བྱ་བས་དབེན་གནས་ཆེན་པོ་ཨ་ས་རི་ཁྲོད་དུ་སྦྱར་བའོ། །བཀྲ་ཤིས་དཔལ་འབར་འཛམ་གླིང་རྒྱལ་བའི་རྒྱན་དུ་ཤོག །དགེ་བ་མ་རྒན་སེམས་ཅན་རྣམས་ལ་བསྔོ། །

མ་གཅིག་ལབ་ཀྱི་སྒྲོན་མའི་རྣམ་ཐར་བཞུགས་སོ། །

ཤེས་རབ་མཁའ་ལྟར་ཁྱབ་པའི་ཡུམ་ཆེན་དང་། །འགྲོ་ལ་བུ་ལྟར་སྐྱོང་བའི་བསྟན་པའི་གཙོ། །མ་རིག་སྒྲོན་མེ་དམ་པ་སངས་རྒྱས་དང་། །གདུག་པ་འདུལ་མཛད་སྤྲུལ་སྐུ་ལབ་ཀྱི་སྒྲོན། །རྒྱལ་བའི་སྲས་མཆོག་ཆོས་རྗེ་རང་བྱུང་པ། །གངས་ཅན་གྲུབ་པའི་གཙོ་བོ་རྗེ་བཙུན་མཆོག །དངོས་གྲུབ་རྒྱུན་མི་འཆད་པའི་ཡི་དམ་ལྷ། །ཕྲིན་ལས་མྱུར་དུ་བསྒྲུབ་པའི་ཆོས་སྐྱོང་ཚོགས། །བརྒྱུད་པའི་རྩ་བོ་སྲུ་ཏིག

ཕྲེང་མཛེས་ལྟར། །རྒྱུན་མི་ཆད་པར་འཇིག་རྟེན་ཁམས་ཁེངས་ནས། །རྒྱལ་ཡུམ་བསྟན་པ་ཕྱོགས་བཅུར་རྒྱས་པ་ཡིས། །དབུལ་འཕོངས་ཟུག་རྔུའི་ནད་རྣམས་མ་ལུས་སེལ། །ལུས་ངག་ཡིད་གསུམ་གུས་པར་ཕྱག་བགྱིའོ། །གཅོད་ཡུལ་བརྒྱུད་པའི་བླ་མ་མ་གཅིག་ལབ་སྒྲོན་གྱི་ལོ་རྒྱུས་དང་རྣམ་ཐར་ཟུར་ཙམ་བྲི་བར་བྱ་སྟེ། ཐོག་མར་སངས་རྒྱས་འཁོར་བ་འཇིག །གསེར་ཐུབ། འོད་སྲུངས། ཤཱཀྱ་ཐུབ་པ་དང་བཞི་ཡི་བསྟན་པ་ལ། གསེར་གླིང་མ་ནས་མཐའ་མ་ལབ་སྒྲོན་གྱི་བར་ལ་སྐྱེ་བ་བརྒྱ་དང་བདུན་བཞེས་པའི་ཚུལ་བསྟན་པ་ལ། འཁོར་བ་འཇིག་གི་གོང་རོལ་དུ་སུམ་ཅུ། འཁོར་བ་འཇིག་གི་བསྟན་པ་ལ་ཉེར་གཉིས། གསེར་ཐུབ་ཡན་ལ་ཉེར་གཅིག །འོད་སྲུངས་ཡན་ལ་ཉི་ཤུ། ཐུབ་པའི་བསྟན་པ་འདི་ལ་བཅུ་བཞི་སྟེ། བརྒྱ་དང་བདུན་པོ་ནི་དུས་གཅིག་ལ་སྤྲུལ་པ་ལྔ་མཛད་པའི་ལྔ། བཞི། གསུམ། གཉིས། གཅིག་སྟེ་ལབ་སྒྲོན་གྱི་བར་བགྲང་བ་ཡིན་ནོ། །ལོ་ནི་རང་རང་གི་ལུགས་ཀྱི་ཉི་ཤུ་ནས། བརྒྱ། སྟོང་། ཁྲི། འབུམ་ཕྲག་གི་བར་དུ། ཚེ་རིང་ཐུང་གི་གོ་སྐབས་ལ་ཁྱད་པར་ཆེ་བར་བཤད་པས། ལོ་གྲངས་འབུམ་ཕྲག་ཉི་ཤུའི་བར་སྐྱེ་བ་ལྔ་ནས་གཅིག་གི་བར་དུ་བསྟན་པའོ། །དེ་ལ་སྐྱེས་རབས་ཆེན་མོ་དང་། འབྲིང་པོ། ཆུང་ངུ་གསུམ་སྟེ། ཆེན་མོ་ལ་ཁ་གྲངས་ཡིག་ཕྲེང་བརྒྱད་མའི་ཤོག་ལྡེབ་བརྒྱད་བརྒྱ་དང་བཅུ་བདུན། འབྲིང་པོ་ལ་ལྔ་བརྒྱ་དང་གསུམ། ཆུང་ངུ་ལ་ཉིས་བརྒྱ་དང་ཉེར་ལྔ་སྟེ། ཐོག་མ་ཐོད་སྨྱོན་སྨུག་སངས་དཔོན་སློབ་གཉིས་ཀྱིས་མ་ལ་ཞུས་པ། འབྲིང་པོ་སྟོང་སྡེ། གྲོལ་སྡེ། དར་མ། ཆོས་སེང་བཞིས་མ་ལ་ཞུས་པ་ཆུང་ངུ། རྒྱན་བཞིས་མ་ལ་ཞུས་པར་བཤད་པའོ། །རྣམ་ཐར་གསུམ་པོ་འདི་མ་གཏོགས། གཞན་ཟུར་དུ་དུམ་རེ་ཙམ་མཛད་པ་ཚོ་ནི་མ་ཚང་བ་དང་ལྷག་ཆད་ཡོད་པ་

ཡིན་པས་ངེས་པ་མེད་པར་བཤད་པའོ། །

དེ་ཡང་། འབྲུངས་ཚུལ་བྱུར་ཙམ་བཤད་ན། ཐོག་མར་ཤེས་རབ་གཙོ་བོར་སྟོན་པར་བྱེད་པའི་བསྟན་པའི་བདག་མོའམ། གཙོ་མོ་ནི་རྗེ་བཙུན་རྡོ་རྗེ་རྣལ་འབྱོར་མ། རྡོ་རྗེ་ཕག་མོ། རྡོ་རྗེ་ཁྲོན་མ། རྡོ་རྗེ་བདག་མེད་མ། རྡོ་རྗེ་སྒྲོལ་མ། ཡབ་ཡུམ་ཆེན་མོ་ཞེས་པ་སྟེ། དེ་རྣམས་དོན་གཅིག་མིང་གི་རྣམ་གྲངས་ཡིན་པར་བཤད་དོ། །འོག་མིན་ནམ། ཨ་ཀྲུན་ནམ་ཆོས་ཀྱི་དབྱིངས་སུ་རིན་པོ་ཆེ་སྣ་ཚོགས་ལས་གྲུབ་པའི་གཞལ་ཡས་ཀྱི་ཁང་པ་གྲུ་བཞི་སྒོ་བཞི་རྟ་བབས། གདུགས། རིགས་དྭགས། ཆོས་འཁོར་དང་བཅས་པའི་དབུས་སུ་པདྨ་འདབ་བཅུའི་ལྟེ་བར་ཡུམ་ཆེན་མོ། པད་འདབ་བཅུ་ལ་ཕྱོགས་བཅུའི་སངས་རྒྱས་བཞུགས་པའི་འཁོར་དུ་ས་བཅུའི་བྱང་སེམས་བཅུ་རེས་བསྐོར་བའི་མཐར་ཡང་། སེམས་དཔའ་སེམས་མ་མཆོད་པའི་ལྷ་མོ་རྣམས་ཀྱིས་མཆོད་པར་བྱེད་པ། སྒོ་བཞི་ལ་རྒྱལ་པོ་བཞི། གཞལ་ཡས་ཁང་གི་ཕྱི་རོལ་ཏུ་མཆོད་པའི་ལྷ་མོ་དང་དཔའ་བོ་དཔའ་མོ་ལ་འཁོར་འབུམ་སྡེ་འབུམ་སྡེས་བསྐོར་བ། དེའི་ཕྱི་རོལ་བར་སྣང་གི་སྤྲིན་ལ་གནས་པའི་ལྷའི་བུ་དང་བུ་མོས་གླུ་གར་དང་རོལ་མོ་དང་མེ་ཏོག་གི་ཆར་འབེབས་པ་དཔག་ཏུ་མེད་པ་དང་། དེའི་མཐར་ཆོས་སྐྱོང་ཞིང་སྐྱོང་སོགས་རང་རང་གི་འཁོར་གྱིས་བསྐོར་ནས་གཙོ་མོ་ལ་འདུད་པ། གཞལ་ཡས་ཁང་གི་ནང་དུ་ཆོས་ཀྱི་ཕུང་པོ་སྟོང་ཕྲག་བརྒྱད་བཅུའི་ཡི་གེའི་རང་སྒྲ་སྒྲོག་ཅིང་བཞུགས་པའོ། །དཀྱིལ་འཁོར་དེའི་གཙོ་མོ་ནི་སངས་རྒྱས་ཐམས་ཅད་བསྐྱེད་པར་བྱེད་པའི་ཡུམ་ཡིན་པའི་ཕྱིར་ན་ཡུམ་མོ་ཞེས་པ། བླ་ན་མེད་པའི་རྒྱུད་དམ། དཀྱིལ་འཁོར་ཐ་དད་དུ་སྟོན་པའམ། ཅིག་ཅར་དུ་སྟོན་པར་བྱེད་པའི་ཕྱིར་ཕག་མོ་དང་བདག་མེད་མ་སྒྲོལ་

མ་དབྱིངས་ཕྱུག་མ་ལ་སོགས་ལ་གྲགས་པ་ཡིན་པར་བཤད་པའོ། །ཡབ་ཡུམ་ཆེན་མོའི་ཐུགས་ཀ་ནས་མདུན་གྱི་ཐད་དུ་སྤྲུལ་པའི་གཞལ་ཡས་ཁང་གི་དབུས་སུ་ལྷ་མོ་མཐིང་ག་གར་སྟབས་སུ་ཡོད་པ་ནི་རྡོ་རྗེ་དབྱིངས་ཕྱུག་མ་ཞེས་སོ། །དབྱིངས་ཕྱུག་མའི་འཕྲིན་ལས་ཀྱི་སྤྲུལ་པ་ནི། ཕྱོགས་ཐམས་ཅད་ལ་འགྲོ་བའི་དོན་མཛད་པ་ནི་རྡོ་རྗེ་ཁྲོས་མའོ། །ཨུ་རྒྱན་གྱི་ཕོ་བྲང་དུ་བཞུགས་ནས་འགྲོ་བའི་དོན་མཛད་པ་ནི་མཁའ་འགྲོ་བདུད་འདུལ་མ་ཞེས་སོ། །བདུད་འདུལ་མའི་ཐུགས་ཀྱི་སྤྲུལ་པ། ཨུ་རྒྱན་གྱི་སྙིང་གི་ནམ་མཁར་ལྷ་མོ་སྐུ་མདོག་སེར་མོ་གཙོ་འཁོར་ལྔ་བཞུགས་ཤིང་སེམས་ཅན་གྱི་དོན་མཛད་པ་ནི་མཁའ་འགྲོ་གསེར་གླིང་མ་ཞེས་པའོ། །གསེར་གླིང་མའི་ཐུགས་ཀྱི་སྤྲུལ་པ་འོག་མིན་དུ་བྱོན་ཏེ་གཙང་མའི་ལྷ་ཡན་གྱི་དོན་མཛད་པ་ནི་བདག་མེད་མ་ཞེས་སོ། །བདག་མེད་མའི་ཐུགས་ཀྱི་སྤྲུལ་པ་གཟུགས་ཁམས་ཡན་གྱི་དོན་མཛད་པ་ནི་མཁའ་འགྲོ་དམར་མོའི་རྡོ་རྗེ་ཕག་མོ་ཞེས་སོ། །མཁའ་འགྲོ་མར་མོའི་ཐུགས་ཀྱི་སྤྲུལ་པ་དགའ་ལྡན་ཡན་གྱི་དོན་མཛད་པ་ནི་མཁའ་འགྲོ་ཌཱ་ཀི་དཀར་མོ་ཞེས་པའོ། །མཁའ་འགྲོ་དཀར་མོའི་ཐུགས་ཀྱི་སྤྲུལ་པ་རྒྱལ་ཆེན་བཞི་ཡན་གྱི་དོན་མཛད་པ་ནི་ཡུམ་ཆེན་སེར་མོ་ཞེས་སོ། །མཁའ་འགྲོ་སེར་མོའི་ཐུགས་ཀྱི་སྤྲུལ་པ་རྡོ་རྗེ་གདན་སོགས་གནས་ཆེན་དང་གནས་ཕྲན་རྣམས་སུ་བྱོན་ནས་མིའི་དོན་མཛད་པ་ནི་ལས་ཀྱི་ཌཱ་ཀི་ལྗང་སེར་ཅེས་པའོ། །ཀརྨ་ཌཱ་ཀིའི་ཐུགས་ཀྱི་སྤྲུལ་པ་ལྷ་མི་སྤྱིའི་དོན་མཛད་པ་ནི་སྣ་ཚོགས་མཁའ་འགྲོ་ཞེས་པའོ། །ཐུབ་པ་ཉིད་ཀྱི་བསྟན་པ་ལ། ཐོག་མར། སྣ་ཚོགས་མཁའ་འགྲོའི་སྐུ་གསུང་ཐུགས་ཀྱི་སྤྲུལ་པ་ནོར་བུ་ཕུན་ཚོགས་གླིང་དུ། འཁོར་འབུམ་སྡེ་དང་བཅས་ནས་འགྲོ་བའི་དོན་མཛད་པ་ནི་རྡོ་རྗེ་དབྱིངས་ཕྱུག་མ་ཞེས་པའོ། །དེའི་ཐུགས་ཀྱི་སྤྲུལ་པ་ཨུ་རྒྱན་གྱི་

གླིང་དུ་འགྲོ་བའི་དོན་མཛད་པ་ནི་ལྷ་མོ་ཁྲོ་གཉེར་མ་ཞེས་སོ། །དེའི་སྤྲུལ་པ་དུར་ཁྲོད་ལ་སོགས་གླིང་བཞི་ལ་རྒྱུ་ཞིང་། མུ་སྟེགས་དང་མུ་སྟེགས་ཀྱི་མཁའ་འགྲོ་རྣམས་འདུལ་བར་བྱེད་པ་ནི་མཁའ་འགྲོ་ཊུས་པའི་བརྒྱན་ཅན་ཞེས་སོ། །དེའི་གསུང་གི་སྤྲུལ་པ་ཨུ་རྒྱན་དང་དུར་ཁྲོད་བསིལ་བའི་ཚལ་སོགས་དུར་ཁྲོད་བརྒྱད་རྣམས་སུ་བྱོན་ནས། གསང་བ་རྒྱ་མཚོ་ལ་སོགས་མ་རྒྱུད་བླ་མེད་ཀྱི་ཟབ་ཆོས། དཀྱིལ་འཁོར་སྣན་བརྒྱུད་བསྙེན་སྒྲུབ་མན་ངག་ཟབ་ཁྲིད་དཔག་ཏུ་མེད་པ་འཁོར་རྣམས་ལ་སྟོན་ཅིང་འགྲོ་བའི་དོན་མཛད་པ་ནི་རྡོ་རྗེ་ཕག་མོ་ཞེས་པའོ། །

དེའི་སྐུ་གསུང་ཐུགས་ཀྱི་སྤྲུལ་པ་གསུམ་བྱུང་། གཉིས་བོད་དུ་ཐོག་མར་བལ་པོ་དང་རྒྱ་ནག་གཉིས་སུ་འཁྲུངས། བོད་དུ་སྤྱན་རས་གཟིགས་ཀྱི་སྤྲུལ་པ་ཆོས་རྒྱལ་སྲོང་བཙན་སྒམ་པོའི་ཡུམ་ལ་སྤྱན་དྲངས། སྐྱེས་མའི་ཚུལ་དུ་ཇོ་བོ་ཤཱཀྱ་མུ་ནེ་དང་། མི་བསྐྱོད་རྡོ་རྗེ་གདན་དྲངས། བོད་ལ་སངས་རྒྱས་ཀྱི་བསྟན་པ་དར་བའི་གཞི་བཙུགས་པའོ། །སྤྲུལ་པ་གཅིག་རྒྱ་གར་དུ་དུར་ཁྲོད་ཚོ་ལ་བྱོན་ནས་འགྲོ་བའི་དོན་མཛད་པ་ནི་ཊཱ་ཀི་དཀར་མོ་ཞེས་སོ། །དེ་གསུམ་གྱི་སྤྲུལ་པ་གཅིག་ཏུ་གྱུར་པ། བོད་དུ་ཨུ་རྒྱན་པདྨའི་གསང་ཡུམ་དུ་གྱུར་ནས་སེམས་ཅན་གྱི་དོན་མཛད་པ་ནི་ཡེ་ཤེས་མཚོ་རྒྱལ་ཞེས་སོ། །དེའི་སྤྲུལ་པ་སུམ་ཅུ་རྩ་གསུམ་པའི་ལྷ་མོ་གཅིག་ཏུ་སྐྱེ་བ་བཞེས་ཏེ། འཁོར་འབུམ་ཕྲག་དང་བཅས་ནས་འགྲོ་བའི་དོན་མཛད་པ་ནི་ལྷ་མོ་འོད་འཆང་མ་ཞེས་སོ། །དེའི་སྤྲུལ་པ་རྒྱ་གར་དུ། རྒྱལ་པོ་དཔལ་དབང་ཕྱུག་འཕགས་པ་དང་། དཔལ་མཚོ་གཉིས་ཀྱི་སྲས་སུ་འཁྲུངས། སློན་ལམ་གྲུབ་ཏུ་མིང་བཏགས། ལོ་བཅུ་ལ་རབ་ཏུ་བྱུང་། དོན་གྲུབ་བཟང་པོར་བཏགས། སློབ་གཉེར་མཛད། མཁས་པའི་དབང་པོ་པཎྜི་ཏར་གྱུར།

ཨུ་སྡིགས་དང་རྩོད་པ་མཛད་པས་རྒྱལ་བར་གྱུར་། འབུམ་ཚོ་བཅུ་བདུན་ནང་པའི་བསྟན་པར་བཙུད། མཁའ་འགྲོས་བོད་དུ་འགྲོ་དགོས་པར་ལུང་བསྟན། པོ་ཏ་རིར་སོང་ལ་བསྒྲུབ་པ་མྱུར་དུ་གྲིས་གསུང་། ཧ་ཧཱའི་ཕུག་པར་བསྒྲུབ་པ་བྱས། ཡི་དམ་མཁའ་འགྲོས་དབང་བསྐུར་ཞིང་ལུང་བསྟན་མཛད། གྲུབ་པ་ཐོབ་པའི་རྟགས་བྱུང་། ཐོ་རངས་ཁྲིས་མ་ནག་མོས་གསོད་པའི་ཚུལ་མཛད། མཁའ་འགྲོས་ཕུང་པོ་བྱིན་གྱིས་བརླབས། ཁྲིས་མས་ལམ་སྣ་བྱས་ཏེ་བོད་དུ་ཕྱིན། ལ་ཕྱི་གངས་བར་དུ་ངམ་ཤོད་སྨད་དུ་གྲོང་ཁྱེར་མཚོ་མེར་བྱ་བ་ན། ཡབ་བླ་བ་རྒྱལ་མཚན་དང་། ཡུམ་འབུམ་ལྕམ་གཉིས་ཀྱི་སྲས་སུ། ལུག་ལོ་ཟླ་བ་གསུམ་པའི་ཚེས་བཅོ་ལྔའི་ཐོ་རངས་སྐྱ་རེངས་ཤར་མ་ཤར་བའི་དུས་སུ་སྐྱ་བལྟམས་པའི་ཚེ། ལྟས་ཕུན་སུམ་ཚོགས་ཤིང་། སྤྱན་གསུམ་དང་ལྡན་པ་དབུ་སྐྲས་སྣུན་ནོན་པ། སྐུ་ཤ་དཀར་བ། འོད་འབར་བ། ཞབས་བཀྲང་བསྐུམ་གྱི་ཚུལ་མཛད་པ། ཨ་བགྲང་བ། ལྗགས་ཀྱི་སྟེང་དུ་ཧྲཱིཿདམར་པོ་ཡོད་པ། དཔྲལ་བར་ཨ་དཀར་པོ་འཕོར་བ། ཕྱག་སོར་ནྲ་བས་འབྲེལ་བ་ཕྱག་ཞབས་ཀྱི་མཐིལ་དུ་པདྨ་འདབ་བརྒྱད་དམར་པོ་ཡོད་པ། མ་དང་ཨ་ཅེ་ལ་སྤྱན་ཧྲིག་ཧྲིག་གཟིགས་པ། སྐུ་སྐྱེད་ཆེ་བ། ལོ་གསུམ་ལོན་ནས་ཡིག་དྲུག་དང་ཧཱུ་རེ། ཨ་དང་ག་ཏེ། ཏ་རི་ནི་ས་འདོན་ཞིང་། མཆོད་ཁང་གི་ལྷ་ལ་ཕྱག་བྱེད་པ། ལོ་ལྔ་ལོན་ནས་ཡི་གེ་བསླབས་ཏེ། བཛྲ་བསྟན་པ་ཙམ་གྱིས་ཡི་གེ་ལ་མཁས་པར་གྱུར་། ལོ་བརྒྱད་ནས་ཡི་གེའི་ཚོགས་ཐམས་ཅད་ཀྱི་བྲིས་ཀློག །སྒྲ་དོན། རྒྱ་བོད་གཉིས་ཀྱི་ཡི་གེ་ལ་མཁས་པ། ཉིན་རེ་བརྒྱད་སྟོང་པ་ཚར་གཉིས་ཐོན་ཏེ། མཆོད་གནས་གཞན་གྱིས། འདི་ཡེ་ཤེས་ཀྱི་མཁའ་འགྲོ་མ་ཡིན་པར་འདུག །ཤེས་རབ་སྒྲོན་མེང་ཐོགས་ཤིག་ཟེར། ཡུམ་གྱིས་སྒྲོན་ཆེ་དང་། ཨ་

སྒྲོན་མེང་བྱས་པས། ཐམས་ཅད་ལ་གྲགས་སོ། །དགུང་ལོ་བཅུ་ལ་དགེ་བཤེས་ཨ་སྟོན་ལ་དགེ་བསྙེན་གྱི་སྡོམ་པ་བླངས། སྐྲ་བྲེགས་ཏེ་མི་རྣམས་ཀྱིས་ལབ་སྒྲོན་དུ་མིང་བཏགས། ལོ་བཅུ་དྲུག་ལ་གྲྭ་པའི་མཚོད་གནས་མཛད། བཀའ་རྒྱས་འབྲིང་གསུམ་གློག །རབ་བྱུང་མཛད། བཅོ་བརྒྱད་ལ་ཆོས་ཉིད་ཀྱི་བདེན་པ་མཐོང་། ཉེ་ཤུའི་དུས་སུ་ཕར་ཕྱིན་གསང་སྔགས་གཅིག་ཏུ་དྲིལ་ནས་ཕྱག་རྒྱ་ཆེན་པོ་བདུད་ཀྱི་གཅོད་ཡུལ་ལ་མིང་བཏགས། རང་གི་ཆོས་ཀྱི་སྲོལ་བཏོད་དོ། །དེའི་དུས་སུ་སྐྱོ་སྟོན་བསོད་ནམས་བླ་མ་ལ་མ་ཡ་ལྷ་ལྷའི་དབང་ཞུས་པའི་ནུབ་མོ། ཡེ་ཤེས་ཕབ་པའི་སྐབས་ལ། མ་གཅིག་ རྫུ་འཕྲུལ་གྱིས་ནམ་མཁའ་ལ་གཤེགས། སྟོང་པོ་གསེར་ལག་ཅན་དུ་ཐོན། སྐུ་དྲག་པོ་ལག་སྐྱོང་བརྟུལ། ཡི་དམ་ལྷས་ལུང་བསྟན། ཐེག་པ་གཉིས་གཅིག་ཏུ་དྲིལ་ལ་ཕྱག་རྒྱ་ཆེན་པོ་རྗེ་ངར་དང་ལྡན་པ་གྱིས་ལ་བདུད་བཞིའི་སྲོག་རྩ་ཆོད་ཅིག་དང་། ཁྱོད་ཀྱི་བསྟན་པ་དར་ཞིང་རྒྱས་ལ་ཡུན་རིང་དུ་འབྱུང་ངོ་ཞེས་ལུང་བསྟན་ནོ། །

ལོ་ཉི་ཤུ་རྩ་གསུམ་ནས་གཉན་ཁྲོད་འགྲིམ་ཞིང་། གཅོད་ཀྱི་དམིགས་པའི་སྒོ་ནས་ནད་རིགས་བཞི་བརྒྱ་རྩ་བཞི་གཅོད་ཅིང་། བགེགས་རིགས་སྟོང་ཕྲག་བརྒྱད་ཅུ་སེལ་བ། གདོན་རིགས་བྱེ་བ་བསམ་ལས་འདས་པ་འདུས་པར་གྱུར་ནས་གདུལ་བྱའི་གཙོ་བོར་བྱུང་ཞིང་། མན་ངག་བདུད་ཀྱི་གཅོད་ཡུལ་ཞེས་གྲགས་སོ། །¦ཁྲིས་མ་ནག་མོ་བྱ་བ་ཡོད།¦ རིང་པོ་མ་ལོན་པར་བདེ་མཆོག་གི་སྤྲུལ་པ་ཞིག་འོང་བ་ཡོད་པས་ངོ་ཤེས་པར་གྱིས་ཤིག་གསུང་། ཡང་ལན་ཞིག་བུད་མེད་དཀར་མོ་དྲིལ་བུ་ལ་ཆིབས་ནས་འདུག་པ། དེ་ལས་བབས་ནས་ཕྱག་འཚལ་ཏེ། ང་ནི་དུང་སྐྱོང་མ་ཡིན། བདེ་མཆོག་གི་སྤྲུལ་པ་འབབ་རས་བྱ་བ་མཇལ་འོང་

བ་ཡོད་པས་བསུ་བ་གྱིས་གསུང་། རེ་ཤིག་ཡོན་ཙ་རྣལ་འབྱོར་པ་སྤྱན་རྩ་ཧུ་རེ་བ་ཞིག་བྱུང་། བསུ་བ་བྱས་ཏེ་མཉམ་དུ་བསྐྱོད་པའོ། །བླ་མ་གྲྭ་པ་ལ་ཞུས། རྟ་རས་བྱ་བས་བདག་བརྟགས་པར་གྱུར་བྱས་པས། བླ་མས། སེམས་མ་ཞུམ་པར་གྱིས། འགྲོ་དོན་ཡོང་བའི་རྟེན་འབྲེལ་ཡིན་གསུང་། ལོ་ཉེར་བཞི་ལ་སྲས་གཅིག་འཁྲུངས། གྲུབ་ཆེན་བཏགས། དྭགས་པོར་བྱོན། ཉང་ཀོང་ཕྱོགས་ལ་ལོ་གསུམ་ཙམ་བཞུགས། ཉེར་བདུན་ལ་སྲས་གཅིག་འཁྲུངས། ཡང་གྲུབ་ཆེན་བཏགས། ལོ་སུམ་ཅུ་ལ་སྲས་གཅིག་འཁྲུངས། གྲུབ་ཆུང་བཏགས། ལོ་སོ་བཞིའི་དུས་སུ་དབུས་ཕྱོགས་སུ་བྱོན། མི་ནག་ཕོ་མོ་ལ་ཆོས་བཤད་བྱས། འཕན་ཡུལ་སྣང་ཐང་དུ་བཞུགས། དེའི་དུས་ཡན་ལག་བདུན་པ་བརྩམས། དེ་ནས་བླ་མ་གྲྭ་པ་དང་མཇལ། རྟེན་འབྲེལ་ཡན་ལག་བཅུ་གཉིས་བརྩམས། བླ་མས་དགེ་བསྙེན་ཡོངས་རྫོགས་ཀྱི་སྡོམ་པ་ཕོག་པའི་ཚེ་ཡི་དམ་གྱི་ལྷ་དང་བླ་མས་ཞལ་གཟིགས་ནས། ཕྱག་འཚལ། བསྐོར་བ་བྱས་བླ་མས་ཟངས་རི་ཁང་དམར་ལུང་བསྟན། གདུལ་བྱ་འཕེལ་བར་གྱུར། དེ་ནས་ཡབ་ཡུལ་དུ་བྱོན། ཕྲིན་ལས་རྒྱས་པར་བྱུང་། དེ་ནས་དིང་རི་ལ་བྱོན། དམ་པ་རིན་ཆེན་དང་མཇལ། དམ་པའི་ཞལ་ནས། བོད་དུ་ཁྱོད་དང་དུས་མཉམ་ལ། ཡེ་ཤེས་ཀྱི་མཁའ་འགྲོ་མ་བཞི་བྱུང་སྟེ། ལ་སྟོད་ཀྱི་མ་གཅིག་ཞ་མ། འབྲི་མཚམས་ཀྱི་ཤེལ་ཟ་སྒྲོན་གཅིག །རྣལ་འབྱོར་རོང་གི་ཞང་ལྕམ་འབྲོག་ཆུང་མ། ཟངས་རིའི་མ་གཅིག་ལབ་སྒྲོན་ཁྱོད་དང་བཞི། ཡེ་ཤེས་ཀྱི་མཁའ་འགྲོ་རྩོད་མེད་འགྲོ་དོན་ནུས་པ་ཡིན་ནོ་གསུང་ནས། དམ་པ་རིན་པོ་ཆེ་ལ་བཞུགས་ཚད་ཀྱི་མདོ་སྔགས་ཀྱི་ལུང་། དཀྱིལ་འཁོར་གྱི་དབང་། མན་ངག་གི་ཁྲིད། ཞིབ་ཆ་གཅོད་ཡུལ་ཡན་ཚང་མ་གནང་། ཕྱིར་ཟངས་རིར་བྱོན། བླ་མ་སྐྱོ་

དང་། གྲུ་པ། དམ་པ་གསུམ་གྱི་གསུང་རབ་ཀྱི་ཐོག་ནས་གཙོད་བརྩམས། རང་ལུགས་ཀྱི་སྒྲོལ་བཏོད་པའི་སྐབ་བསྐུལ་དང་ལུང་བསྟན་མཛད། སོ་ལྔའི་དུས་ཡིན། སོ་བདུན་ལ་ཁྲུ་སྒོམ་ཆོས་སེང་། རིན་ཆེན་རྒྱན། དཔལ་ལྡན་རྒྱན། བསོད་ནམས་རྒྱན། ཆོས་མཚོ། སྟོང་སྡེ། གྲོལ་སྡེ་རྣམས་སློབ་མར་གྱུར། སོ་བརྒྱད་ལ་སྟོན་པ་དར་མ། ཡང་རི་བ་དཔོན་སློབ་ཉེར་ལྔ། སྟོད་ལུངས་པ་སོ་ལྔ། ཐོལ་པོ་ལོ་ཙྪ་བ་བཙོ་བརྒྱད། ཕམ་མཐིང་བ་རྣམས་སློབ་མར་བྱུང་སྟེ། ཕམ་མཐིང་བས་ཆོས་རྫོམ་པའི་བསྐུལ་མ་བྱས། སྔར་བླ་མ་གཉིས་ཀྱིས་ཀྱང་བསྐུལ་བ་དང་། ཕྱི་རབས་ལ་དགོངས་ནས་རང་ལུགས་ཀྱི་ཆོས་རྫོམ་པ་མཛད།

ཆོས་ལུགས་འདི་རྣམ་གྲངས་ལྔ་ཡི་ཁུངས་སུ་གསུངས་པ་ནི། མིང་འདོགས་པ་དང་གཅིག །སྒྲོལ་གསུམ་དུ་བསྟན་པ། སྲོག་ཡིག་འཛིན་པ། བཟན་སྐྱུར་གྱིས་བསྡུད་པ། རི་ཁྲིད་གཞན་ས་བསྟེན་པ་དང་ལྔའོ། །མིང་ནི་ཕ་རོལ་ཏུ་ཕྱིན་པ་དང་། གསང་སྔགས་རྒྱུད་སྡེ་བཞི་གཅིག་ཏུ་དྲིལ་ནས་བདུད་ཀྱི་གཅོད་ཡུལ་དུ་མིང་འདོགས་སྒྲོལ་གསུམ་ནི། མདོ་ལུགས། སྔགས་ལུགས། མདོ་སྔགས་ཟུང་འཇུག་གོ། །སྲོག་ཡིག་ནི། ཕཊ། ཏ། ཧཱུྃ་ངོ་། །བཟན་སྐྱུར་ནི། ཞིམ་རིག་ཁྲལ་ལ་མཆོད་སྦྱིན་བྱེད་པའོ། །རི་ཁྲོད་ནི། དུར་ཁྲོད་འཇིགས་རུང་དུ་ཉམས་ལེན་བྱེད་པའོ། །སྲས་ཕོ་མོ་ལྔ་བརྒྱ་དང་ཉེར་བདུན་ཙམ་ལ་འཆད་ཅིང་རྫོམ་པར་མཛད་དེ། སྡེ་སྣོད་ལ་བརྟེན་ནས་མདོ་ལུགས་བརྩམས། ཡིག་ཚན་ནི་རྩ་བ་བཞི། ཡན་ལག་གི་གྲངས་ནི། དང་པོ་བཀའ་ཚོམས། ཡང་ཚོམས། ཉིང་ཚོམས། སྤྱི་ཆིངས་དང་བཞི། གཉིས་པ་རྩ་བ་དང་ཡན་ལག་གསུམ། ཐུན་མོང་དང་ཐུན་མོང་མ་ཡིན་པ་ཁྱད་པར་གྱི་ཡན་ལག་སྐེ་བདུན་ནོ། །ངོ་སྤྲོད་ལ་གསུམ། དང་པོ་མ་ལྷ།

གཉིས་པ་བུ་ཉེར་གཅིག །གསུམ་པ་སྦས་དོན་ཡན་ལག་བཅོ་ལྔའོ། །བརྗོད་ཆོས་ལ་གསུམ། དང་པོ་བེམ་སྐྱུར་གྱི་བརྗོད། གཉིས་པ་དབྱིངས་རིག་གི་བརྗོད། གསུམ་པ་ཆོས་ཟད་སར་སྐྱོལ་བའི་བརྗོད་དང་གསུམ། ལ་བཟླ་བ་བཞི། དང་པོ་ལྟ་བ་ཕྱོགས་ལྷུང་མེད་པ། གཉིས་པ་བསྒོམ་པ་དམིགས་གཏད་བྲལ་བ། གསུམ་པ་སྤྱོད་པ་ཕར་ཕྱིན་དྲུག་ཉམས་སུ་ལེན་པ། བཞི་པ་འབྲས་བུ་ལྷུན་གྲུབ་མཐའ་བྲལ་ཆེན་པོ་ལ་བཟླ་བ་དང་བཞིའོ། །བཞི་པ་གནད་ཐིམ་ལ་དྲུག །དང་པོ་ལྟ་བསྒོམ་བསྟན་པ། གཉིས་པ་གེགས་སེལ། གསུམ་པ་རྩལ་སྦྱོང་། བཞི་པ་ཐོགས་འདོན། ལྔ་པ་རོ་སྙོམས། དྲུག་པ་མཐར་ཐུག་གི་དོན་བསྟན་པ་དང་དྲུག་གོ། །

ཟུར་དུ་ཡན་ལག་བཞི་བསྟན་པ་ནི། དང་པོ་ཆོས་ཐམས་ཅད་གཅིག་ཏུ་དྲིལ་བའི་གནད་དང་། གཉིས་པ་ཡང་དག་པའི་དོན། གསུམ་པ་གང་དྲི་བ་ལ་ལན་འདེབས་པ། བཞི་པ་མན་ངག་འཆད་པ་ལ་བརྗོད་བསྟན་དང་བཞི་ཡན་ལག་ཏུ་བསྟན་པའོ། །ཆོས་ཚན་རེ་དགུ་པོ་འདི་ཐོག་མར་བརྩམས་ཏེ། གཉན་ཆེན་བརྒྱ་རྩ་བརྒྱད་ལ་སོགས་གཙོད་པར་མཛད་པའོ། །ལོ་བཞི་བཅུ་ཞེ་གཅིག་ལ་རྒྱན་བཞིས། གསང་སྔགས་ཨུ་དུམ་བ་ར་དང་། དུག་ལྔ་ཀླུ་འདུལ། མ་རིག་མུན་སེལ་རྣམས། རྗེ་བཙུན་མས་དཔོན་སློབ་ལྔར་གནང་། ཀླུ་འདུལ་གྱི་རྒྱུད་ནས་རིགས་ལྔ་རེ་རེའི་སྒོ་ནས་དབང་བཞི་ཡོངས་སུ་རྫོགས་པ་རེ་རེ་བསྐུར་བའི་རིགས་ལྔའི་སྦྱོར་ཡུམ་མ་གཅིག་རང་གིས་མཛད་ཅིང་ལུང་བསྟན་མང་དུ་བྱུང་། གསང་སྔགས་ཀྱི་རྒྱུད་བཤད་ཅིང་། དཀྱིལ་འཁོར་གྱི་གཙོ་བོ་མཛད་དགོས་པའི་བརྗོད་ཆོས་སྒྲོལ་མས་གསུངས་པའོ། །རྒྱན་བཞི་ཆོས་སེང་དང་བཅས་པ་ལ་མཁའ་འགྲོ་ལྔ་བཅུའི་དབང་བཀྲ། ཚོགས་གཏོར་རིན་ཆེན་སྤུངས་པའི་དབང་བཀྲ། ལྔའི་རྗེས་གནང་

སྤྲིན་བསྐྲིག་དང་བཅས་པ་གནང་། ཕར་ཕྱིན་གྱི་བཤད་པ་མཛད། དེའི་དུས་སུ་འབའ་རས་ཡབ་སྲས་རྣམས་ཕྱིན། མ་གཅིག་དང་མཇལ། གསུང་གླིང་མང་དུ་མཛད། ཆོས་ཀྱི་བསྐུལ་མ་དང་ཁམས་བཟང་གི་མགུར་མ་མཛད་ནས་ཡབ་རྒྱ་གར་དུ་བཞུད་དོ། །ལོ་བཞི་བཅུ་ཞེ་བཞི་ལ། ཕ་དམ་པ་ཟངས་རིར་སྤྱན་དྲངས། ཡང་གྲུབ་རབ་ཏུ་བྱུང་། ཐོད་སྨྱོན་བསམ་གྲུབ་བཏགས། འགྲོ་དོན་ཡོང་བའི་ལུང་བསྟན་མཛད། མ་གཅིག་གིས་མདོ་ལུགས་ཀྱི་ཆོས་དབང་ཚ་གནང་། ཐོད་སྨྱོན་བསམ་གྲུབ་བསྒྲུབ་པར་བཅུག །དམ་བཅའ་མཛད་ནས་བཞག་པའོ། །

ཡིག་འབྲུ་མི་ཚང་། སྒྲོལ་མས་རྒྱུད་ཆེན་གསུམ། ལྷའི་སྒྲུབ་ཐབས་བཞི། ཡུམ་ཆེན་མོ་དང་མ་གཅིག་ཡན་གྱི་བླ་མ་བཅུའི་སྒྲུབ་ཐབས། སྒྲུ་འདུལ་ལ་རིགས་གསུམ་མགོན་པོ། མར་མེ་མཛད། བྱམས་མགོན། རིགས་ལྔ་དང་བཅུའི་སྒྲུབ་ཐབས་མཛད། མ་རིག་མུན་སེལ་ལ། དབྱིངས་ཕྱུག་མ་ལྷ་བཅུ་དང་ཕག་མོ་ལྷ་ལྔའི་སྒྲུབ་ཐབས་གཉིས། མཁའ་འགྲོ་ལྷ་བཅོ་ལྔ་བསྐྱེད་རྫོགས་དང་བཅས་པ། བསྐྱེད་རིམ་ཉུ་ཧྲིག་ཕྲེང་མཛེས་ལ་ཤློ་ལོ་ཀ་ཉིས་བརྒྱ་དྲུག་བཅུ་རེ་གཉིས། རྫོགས་རིམ་མཐའ་གཉིས། མུན་སེལ་ཉི་མའི་འོད་ཟེར་ལ་ཤློ་ལོ་ཀ་ཉིས་བརྒྱ་དོན་གཉིས། སངས་རྒྱས་བཅུ་ལ་བསྐྱེད་རིམ་ཡེ་ཤེས་སྒྲོན་མེ་ལ་ཤློ་ལོ་ཀ་ཉིས་བརྒྱ་དང་བརྒྱད་བཅུ་རྩ་གཉིས། རྫོགས་རིམ་གསལ་བྱེད་རིམ་གསུམ། ཟབ་ལམ་མཐར་ཕྱིན་ཞེས་པ་ལ་ཤློ་ལོ་ཀ་སུམ་བརྒྱ་དང་ལྔ། དབྱིངས་ཕྱུག་ལྷ་བཅུ་ལ་བསྐྱེད་རིམ་རིན་པོ་ཆེའི་ལྡོན་ཤིང་ལ་སྟོང་དང་ལྔ་བཅུ། རྫོགས་རིམ་ཕྲ་ཐིག་ལྔ་སྟོང་དང་དྲུག་ཅུ། མན་ངག་ཡང་ཐིག་མི་ལོང་སྐོར་གསུམ་སྟོང་དང་ཉི་ཤུ། ཕག་མོ་ལྷ་ལྔ་ལ་བསྐྱེད་རིམ་ནོར་བུའི་གཏེར་མཛོད་བདུན་བརྒྱ་དང་ལྔ། རྫོགས་རིམ་ལ་སྟོང་དང་སུམ་བརྒྱ

བཅུ་བདུན་རྣམས་ལོ་ཞེ་བདུན་ལ་གྲུབ་པར་མཛད་པའོ། །

དགུང་ལོ་ང་གཅིག་ལ་ཡིག་འབྲུ་མི་ཚང་།རྒྱ་གར་ནས་རྐང་འགྲོས་ཀྱི་པཎྜི་ཏ་གསུམ། བོད་ལ་དར་བའི་གཙོད་ཡུལ་འདི་ཆོས་ཡང་དག་ཡིན་མིན་ལྟར་བཏང་བས། མ་ཡི་དྲུང་དུ་སླེབ། བསོད་ནམས་རྒྱན་གྱི་འདི་འདྲ་འདུག་ཞུས་པས། ནང་དུ་བོས། ཞབས་ཏོག་བྱས། མ་གཅིག་གིས་རྒྱ་སྐད་ཀྱིས་ལོ་རྒྱུས་རྣམས་དྲིས། ཁོང་གསུམ་གྱིས། རྒྱ་སྐད་ཤེས་པ་ཅི་ཡིན་བྱས་པས། མས། སྐྱེ་བ་སྔོན་མ་རྒྱ་གར་དུ་སྨོན་ལམ་གྲུབ་ཡིན་བྱས། ཡུལ་མི་དང་། དགེ་བཤེས་མཁས་པ་བོས་ཏེ། ཟངས་རིར་ཚོགས་པ་འབུམ་ཚོ་ལྔ་དང་ལྔ་བརྒྱ་དོན་གསུམ། དགེ་འདུན་ཁྲི་ཚོ་བདུན། ལོ་ཙཱ་བ་མཁས་པ་བཞི་རྣམས་འཚོགས། ཆོས་སྟོན་དྲངས། དེ་ནས་མ་གཅིག་དང་ཨ་ཙ་ར་ཆོས་ཀྱི་གླེང་མོལ། རྒྱ་བོད་དུ་དར་ཚུལ། མ་གཅིག་གི་སྤྱོད་ཆོས། ཆོས་ཡང་དག་ཡིན་ཚུལ། སྨོན་ལམ་གྲུབ་ཀྱི་སྐྱེ་བ་ཡིན་ཚུལ་བཤད། རྒྱས་འབྲིང་བསྡུས་གསུམ་ལ་བརྟེན་ནས་གཙོད་བཀའ་ཚོམས་ཆེན་མོ་སོགས་བརྩམས་ཚུལ། བླ་མ་རྣམས་ཀྱིས་ལུང་བསྟན་ཚུལ་རྣམས་ལེགས་པར་བཤད་པས། ཨ་ཙ་ར་ཡིད་ཆེས། དམ་པ་དང་ཨ་ཙ་ར་སྡེབས་ནས་རྒྱ་གར་དུ་ཕྱིན། གཏམ་སྙན་སྒྲོགས། སྨོན་ལམ་གྲུབ་ཀྱི་སྐུ་གདུང་མ་ཡི་གསུང་བཞིན་འདུག་པས་གདན་དྲངས། ཕྱག་འཚལ། ཅན་དན་གྱི་ཞུགས་ཕུལ། གདུང་རྟེན་ཆ་བགོས། དབུ་ལ་རིགས་ལྔ་འཕྲིལ་སྦྱོར་ཕྱིན་པ་རྡོ་རྗེ་གདན་དུ་བཞུགས། ཐུགས་ལ་ཤཱཀྱ་ཐུབ་པ་ཕྱིན་པ་བོད་དུ་སྤྱན་དྲངས། ཐམས་ཅད་ལ་མཇལ་ཁ་བཏང་། ཐམས་ཅད་ཡིད་ཆེས། དམ་པ་རིན་པོ་ཆེའི་དད་རྟེན་མཛད། བཀའ་ཚོམས་སྐོར་རྒྱ་གར་དུ་འགྱུར་བའོ། །

ལོས་དྲུག་ལ་གངས་ཕུག་མོ་ཆེར་ཕྱིན། ཐོད་སྨྱོན་སོགས་ལ་རྒྱུད་རིན་ཆེན་

སྤྱངས་པའི་དབང་བཞི་རྫོགས་བསྐུར། མ་གཅིག་དཀྱིལ་འཁོར་གྱི་གཙོ་བོ་མཛད། རྒྱན་བཞི་སོགས། དཀར་མོ། སེར་མོ། དམར་མོ། ལྗང་གུ །དཀར་སེར། དམར་སེར། སེར་ལྗང་། དཀར་ལྗང་། མཐིང་ག་མཛད་ནས་དབང་རྣམས་གནང་། གཞན་ཡང་གསང་སྔགས་ཀྱི་དབང་ལུང་ཡོད་ཚད་གནང་བ་བྱུས། ཐོད་སྨྲོན་བསམ་གྲུབ། གྲུབ་པ་ཐོབ་པའི་རྟགས་བྱུང་། དེའི་དུས་མདོ་ལུགས་ཀྱི་རྣམ་བཤད་ཆེན་མོ་གཞུང་འགྲེལ་གཉིས་བརྩམས། གཞུང་ལ་མདའ་ཚད་ཀྱི་ཤོག་གྲངས་དྲུག་བརྒྱ་དང་དྲུག་བཅུ་རེ་དྲུག །འགྲེལ་པ་ལ་དྲུག་བརྒྱ་བཅུ་དྲུག །བླ་འོད་མུན་སེལ་མིང་སྟེ། རིན་པོ་ཆེའི་རྒྱ་མདུད། དམ་ཚིག་ཉི་ཤུ་རྩ་གཅིག །རྟེན་འབྲེལ་ཡན་ལག་བཅུ་གཉིས། དམར་ཁྲིད་རྣམས་བརྩམས། མུན་སེལ་ལ་བརྟེན་ནས་བླ་ཟེར་མཛད། མདོ་སྔགས་ཟུང་འཇུག་གི་རྣམ་བཤད་ཆེན་མོ་ལ་ཤོག་གྲངས་ཉིས་བརྒྱ་དང་སུམ་ཅུ། འགྲེལ་པ་ལ་ཤོག་གྲངས་བདུན་བརྒྱ་དང་དྲུག་བཅུ་རེ་ལྔ། གསལ་བྱེད་ཟེལ་གནོན་མིང་བཏགས། ཞུང་པོ་བཟན་སྐྱུར་གྱི་རྣམ་བཤད་ཆེན་མོ་བརྩམས། རྒྱུད་དབང་ཆེན་མོ་བསྐུར་ཞིང་། སྔགས་ཀྱི་རྣམ་བཤད་ཆེན་མོ་བརྩམས་པའོ། །

ལོས་བདུན་ལ་བཟན་སྐྱུར་ལེའུ་བཅུ་མཛད། དབྱིངས་ཕྱུག་ལྔ་བཅུའི་སྒྲུབ་ཐབས། དཀྱིལ་ཆོག །བླ་མ་བཅུའི་སྒྲུབ་ཐབས་དཀྱིལ་ཆོག །སངས་རྒྱས་བཅུའི་སྒྲུབ་ཐབས་དཀྱིལ་ཆོག །ཕག་མོ་ལྔ་ལྔའི་ཕྱི་ནང་གསང་གསུམ་གྱི་སྒྲུབ་ཐབས། དཀར་ནག་དམར་གསུམ་གྱི་སྦྱིན་བསྲེག་མེ་མཆོད་ཁ་ཚར་དང་བཅས་པ་མཛད། ཁ་འཐོར་ལ། སྒྱུ་འཕྲུལ་ཆེན་མོ་དམར་ཁྲིད། རྣལ་འབྱོར་ཟབ་ལམ་འཕོ་བ། རིགས་གསུམ་མགོན་པོའི་དམར་ཁྲིད་སྐོར་གསུམ། སྤྱན་རས་གཟིགས་སྙིང་རྗེ་གསུམ་གྱི་སྐོར། རྡོ་རྗེ་བཞིའི་ཚིག་ཐང་། ལས་བཞིའི་སྦྱོར་བ། དེ་རྣམས་ཀྱི་ལས་ཁ་ཚར་

དང་བཅས་པ་སྔགས་ལུགས་ཡིན། གདམས་པ་གསུང་གི་ཤོག་དྲིལ། ཐུགས་ཀྱི་བདུད་རྩི། གནད་ཀྱི་ཐེམ་པ། བཅུད་ཀྱི་སྙིང་པོ། དོན་གྱི་མན་ངག །སྦྲོ་མ་གོང་ཁུག་རྣམས་བཀའ་རྒྱ་མ། གསེར་ཞུན་མ། སྒྲོན་མ་སྐོར། རྒྱ་མདུད་མ། ལྟོ་གཡོ་སྐོར། རིན་ཆེན་ཕྲེང་བ། ཚིག་གསལ། དམིགས་འབུམ། དྲི་མེད་སྐོར་གསུམ། གསང་གཅོད་རྩ་བ་གསུམ། ཡན་ལག་གསུམ། གདན་ཐོག་གཅིག་མ་སྐོར་དྲུག །ཞི་བྱེད་དམར་ཁྲིད་ཧཱུྃ་སྐོར། སྙན་བརྒྱུད་གཏེར་མཛོད། ཟླ་ཟེར་ཁྲིད་ཡིག །ནད་སེལ་གདམས་པ། རྩད་གཅོད་གདམས་པ། མུན་ཕྱུང་གི་གདམས་པ། གཅེར་མཐོང་གི་གདམས་པ། དེ་རྣམས་མདོ་ལུགས་སོ། །ཚ་གྲང་ཤན་འབྱེད། རྡོ་རྗེའི་ཐོག་མདའ། ཏ་ལ་སྐོར། ཡེ་ཤེས་ཆུ་རྒྱུན། མ་ཁྲིད་ཆེ་ཆུང་བཟང་ངན་ཕན་སྣང་། མཐའ་གཏད། དྲག་སྔགས་ཆེ་ཆུང་། ཙྪ་ལ་སྐོར། མཛེ་གཅོད་རིན་ཆེན་ཕྲེང་བ། བྱེ་གཅོད་འཁོར་ལོ། དུར་གཅོད་མན་ངག །ཚེ་བསྲིང་རྡོ་རྗེའི་རྫོང་ཆེན། གནམ་ལྕགས་ཐོག་མདའ། མེ་གཅོད། ས་གཅོད། ནག་སྦྱོར་སྐོར། འཆི་སླུ་གཤིན་རྗེའི་གདོང་ཟློག །ས་དཔྱད་བརྒྱད་བཅུ། ས་གཅོད་དམིགས་པ། ཟིལ་གནོན། ཀླུ་ཚང་ཁྲུང་ཞུགས། གནད་འབེབས་དང་། མེ་ཆུའི་འཁོར་ལོ། རོ་གཅོད་དང་དྲག་གཅོད་དམར་མོ། གནམ་ལྕགས་ཐོག་འབེབས། ཕཊ་ཆོས་སྐོར་གསུམ། ས་གཅོད་རྣམས་བཙམས་པའོ། །

དགུང་ལོ་དྲུག་བཅུ་རྩ་དྲུག་ལ། གྲུབ་ཐོབ་སྔགས་པའི་མཐུ་ལ་སྐྲག་ནས། མ་ཡི་ཆོས་ལ་ཚུད། གདམས་ངག་དང་དབང་རྣམས་མ་ལུས་པར་གནང་། དགེ་བསྙེན་ཕོག །རྒྱལ་བ་དོན་གྲུབ་བཏགས། སྐྱང་ལུང་དུ་བསྒྲུབ་པ་བྱས། གྲུབ་པ་ཐོབ་པའི་རྟགས་བྱུང་།

མ་གཅིག་གི་ཆོས་སྐྱོང་འཛིན་པ་ནི། ཐོད་སྨྱོན་གྱིས་ཐུགས་སྐྱོང་འཛིན། རྒྱལ་བ་དོན་གྲུབ་ཀྱིས་མདོ་ཡི་རྒྱུད་པ་འཛིན། ཆོས་སེང་གིས་ཟུང་འཇུག་གི་རྒྱུད་པ་འཛིན་པའོ། །ཙ་བའི་བུ་ཆེན་བཞི་ནི། སྟོང་སྟེ། གྲོལ་སྟེ། ཆོས་སེང་། རྒྱལ་བ་དོན་གྲུབ་བོ། །ཡོངས་སུ་གྲགས་པའི་སྲས་བཅུ་དྲུག་ནི། བཞི་པོའི་སྟེང་དུ། རྡོ་རྗེ་སེང་གེ །སྐལ་ལྡན་སེང་གེ །དོལ་པ་ཟང་ཐལ། ཞིག་པོ་དུར་ཐོན། སྨྱོན་པ་རང་གྲོལ། གངས་པ་སླུགས་སངས། རིན་ཆེན་སེང་གེ །ཐོད་སྨྱོན་བསམ་གྲུབ། བསོད་ནམས་རྒྱན། དཔལ་ལྡན་རྒྱན། འབུམ་རྒྱན། རྒྱ་མཚན་དང་བཅུ་དྲུག་གོ། །གྲུབ་པ་ཐོབ་པ་སྟོང་ཉིས་བརྒྱ་རེ་གསུམ། ཚོགས་ལམ་ཐོབ་པ་བཞི་བརྒྱ་སོ་བདུན། གཞན་ཡང་སློབ་མ་བསམ་གྱིས་མི་ཁྱབ་པ་བཤད་པའོ། །

སྲས་ཡུམ་བཅུ་བདུན་གྱི་དགོངས་པ་རྟིལ་གྱིས་བསྡུས་ན། ཐུགས་ལ་སྡེ་བདུན། མདོ་ལ་སྡེ་སུམ་ཅུ། བདུན་ཅུ་དོན་དྲུག །ཟུང་འཇུག་ལ་སྡེ་བཅོ་བརྒྱད། ཁ་འཐོར་ལ་སྡེ་ཉི་ཤུ། ཐམས་ཅད་ཀྱི་ཐུན་མོང་ལ་སྡེ་དྲུག །ཁ་འཐོར་ཟབ་དོན་ལ་སྡེ་གསུམ་རྣམས་མ་གཅིག་གིས་མཛད་པའི་ཆོས་ཀྱི་རྣམ་གྲངས་ཡིན་ནོ། །¦མ་གཅིག་གིས་¦གཅོད་ལོག་འོང་བའི་ལུང་བསྟན་དང་། དེ་འདུལ་བའི་ལུང་བསྟན་གསུངས་པ་ནི། མ་གཅིག་མྱ་ངན་ལས་འདས་ནས་ལོ་ཉིར་ལྔའི་སྟེང་དུ། ཁ་ཆེའི་ཚོས་མཁན་མ་གཅིག་གི་བུ་ལ། ཧྲ་རས་ཞེས་པ། ཐོད་པ་ཧྲ་རའི་སྤྲུལ་པ་ཡིན་ཟེར་ནས། ཁྲག་ཐབས་རྣམས་རྗོགས་ཤེང་། གཅོད་ཡིན་ཟེར་བ་འབྱུང་སྟེ། དེ་འདུལ་བ་ལ་ཐོད་སྨྱོན་གྱི་སྤྲུལ་པ། ཚེ་དབང་རྒྱལ་གྱི་བུ་འབྲིང་པོ་ཡིན་ཏེ། མིང་ཡང་ཐོད་སྨྱོན་བསམ་གྲུབ་བཏགས། བལ་བོད་མཚམས་སུ་བྱོན་ནས། གཅོད་ལོག་མཁན་ཧྲ་རས་འདུལ་བའོ། །ཧོར་ཡུལ་དུ་སྨད་འཚོང་མའི་བུ་མོར་

བདུད་མོ་ཛོ་ལ་སྒྲོན་སྐྱེས་ཏེ། ལབ་སྒྲོན་གྱི་སྤྲུལ་པ་ཡིན་ཟེར་ནས། ཐོ་ཅོ། དྲག་སྔགས། གཅོད་ཡོག །སྨད་འཚོང་སོགས་བྱས་ནས་མི་ཐམས་ཅད་མི་དགེ་བའི་ལས་ལ་སྦྱོད་པར་བྱེད་པ་སྟེ། དེ་འདུལ་བ་ལ་ཆེ་དབང་རྒྱལ་གྱི་བུ་ཐོད་སྨྱོན་གྱི་བུ་མོར། མ་གཅིག་གི་སྤྲུལ་པ་རྡོ་རྗེ་སྒྲོན་འཁྲུངས་ཏེ། ཧོར་མོ་ཛོ་ལ་སྒྲོན་ལྷོ་བྲག་ཏུ་བརྟུལ་བའོ། །མི་ལྷུགས། རྗོད་རྭ། ཁྱི་ཐུལ། རྒྱང་གི་རྗོག་མ། རེ་བའི་ཐུལ་པ། རེ་བའི་ཞྭ་མོ། ཤེར་ཤིང་། སྐན་རྭ། ཁྱི་ལྷུགས། ཚུ་ཤིང་རྣམས་སྤྱང་དགོས་པར་བཤད། ཟུང་བརྒྱད་དང་ཡ་བཅུ་དྲུག་ཡིན། བཀའ་རྒྱུད། དོན་རྒྱུད། ཕོ་གཅོད། མོ་གཅོད། བཀའ་མ། གཏེར་མ། ཁྲིགས་ཆགས། ཁྲིགས་མེད། མདོ་ལུགས། སྔགས་ལུགས། རྒྱ་གཅོད། བོད་གཅོད། གནམ་གཅོད། ས་གཅོད། སྲས་རྒྱུད་དང་། ཁ་འཐོར། ཉམས་རྒྱུད་ཅེས་སོ། །ནམ་མཁའ་སྒོ་འབྱེད་ཀྱི་ཁྲིད་དང་ཆོ་ག་རྣམས་རྩོམ་པ་མཛད་པའོ། །

སྲས་རྒྱུད་ཀྱི་རྣམ་ཐར་ལ། རྒྱལ་བ་དོན་གྲུབ་ལོ་ཏ་ཡིན། ཐོད་སྨྱོན་ལོ་བྱ་ཡིན། རྒྱ་ཆེན་ལོ་བྱི་བ་ཡིན། རྒྱལ་བ་དོན་གྲུབ་ལ་སྲས་གཉིས་ཡོད་པ་ནི། མ་མི་གཅིག་སྟེ། སྒྲོན་མ་མཚོ་དང་། པདྨ་མཚོའོ། །ཆེ་བ་དཔོན་སྟོན་ནམ། ཁུ་བྱུག་གམ། ཆེ་དབང་རྒྱལ་མིང་ཞིག་གོ། །ཆུང་བ་ཁམ་ཧུ་ཡ་ལེ། རབ་ཏུ་བྱུང་བ་ལ་བསོད་ནམས་རིན་ཆེན་བཏགས་ཀྱང་། ཁམ་ཧུ་ཡ་ལེར་ཤིན་ཏུ་གྲགས་ཆེ་སྟེ། མ་གཅིག་གིས། རྒྱལ་བ་དོན་གྲུབ་ལ་ལུང་བསྟན་ལ། ཁྱོད་ཀྱི་སྲས་ལ་རབ་བྱུང་གི་མིང་ཁམ་ཧུ་ཡ་ལེ་ཞེས་པ་ཞིག་འོང་། ང་དང་ཕོ་གསུམ་གྱི་བར་ལ་བརྒྱུད་པ་གཞན་འཛུད་མི་དགོས་པ། ཆོས་ཐམས་ཅད་ངས་ཕོ་ལ་དངོས་སུ་སྟོན་པ་ཡིན་ཅིང་། ང་ཡི་ཆོས་ལུགས་ཐམས་ཅད་ཕོས་འཛིན་པ་ཡོད། ཅེས་གསུངས་པ་ལྟར།

གཅོད་ཀྱི་རྒྱུད་འཛིན་གྲགས་ཆེ་བར་བྱུང་བ་ཡིན་ནོ། །མ་གཅིག་གི་དངོས་སུ་ཚེས་སྐོར་ཚང་མ་དབང་ཁྲིད་དང་བཅས་པ་ལྷག་ལུས་མེད་པ་ཁམ་བྷུ་ཡ་ལེ་ལ་གནང་ཞིང་། རྒྱུད་འཛིན་གྱི་སློབ་མ་རྣམས་འོང་བའི་ལུང་བསྟན་མང་དུ་མཛད་པའོ། །འདི་ཡན་མ་གཅིག་དགུང་ལོ་¦རེ་དགུ¦དོན་དགུ། ག་དགུའི་བར་རིམ་པ་ལྟར་བརྩམས་ཤིང་། རྒྱུད་འཛིན་བྱུང་ཚུལ་དང་། འགྲོ་དོན་བྱུང་ཚུལ། སྐྱེ་བ་ཕྱི་མ་རྣམས་ཀྱི་སྐྱེས་རབས། རྣམ་ཐར། ལོ་རྒྱུས་ཆ་ཙམ་ཞིག་དད་པའི་མྱུ་གུས་བླངས་ཏེ། ཕྱི་རབས་ཀྱི་དོན་དང་། ཁྱད་པར་དུ་སྣང་རྩེ་རས་ཆེན། འབྲོག་མོ་རས་ཆེན། ཀྲི་འོ་རྟོགས་ལྡན་བློ་གྲོས་རྒྱ་མཚོ། ཀྱགས་མོ་རྟོགས་ལྡན་བསམ་གཏན་རྒྱ་མཚོ་སོགས་ཀྱིས་བསྐུལ་བའི་ངོར། གཅོད་གདན་ཐོག་གཅིག་མའི་ཁྲིད་ཡིག་ཕྲིན་ལས་རྒྱ་མཚོ་ལས། བླ་མ་བརྒྱུད་པའི་ལོ་རྒྱུས་འཛམ་གླིང་ཀུན་ཁྱབ་རིན་པོ་ཆེའི་གཏེར་མཛོད་ཅེས་བྱ་བ་འདི། ཤཱཀྱའི་དགེ་སློང་ཀྲི་འོ་ཆོས་ཀྱི་རྒྱ་མཚོ་ཞེས་བྱ་བས། གདན་ས་ཆེན་པོ་དཔལ་གྱི་མཚུར་ཕུའི་གཙུག་ལག་ཁང་གོང་མར། ས་མོ་ཡོས་ཀྱི་ལོ། ཧའི་ཟླ་བའི་ཚེས་གསུམ་ལ་སྦྱར་བའོ། །ལྷན་ཐབས་ཀྱི་ཡིག་ཆུང་ངོ། །འདི་བྲིས་དགེ་བའི་རྩ་བ་དེས། །འགྲོ་དྲུག་མ་རྒན་སེམས་ཅན་རྣམས། །གཅོད་ཡུལ་དགོངས་པ་མཐར་ཕྱིན་ནས། །འོད་གསལ་ཆོས་སྐུ་ཐོབ་པར་ཤོག །དགེའོ། །

བཟག་རམ་པའི་རྣམ་ཐར་རིན་པོ་ཆེའི་
རྒྱན་ཕྲེང་བཞུགས་སོ། །

ཡོན་ཏན་རབ་རྫོགས་ཤེས་བྱ་ཀུན་ལ་ཁྱབ། །ཕྲིན་ལས་ཡོངས་འཛིན་སྲིད་

མཐའི་བར་དུ་གནས། །མཐར་ཐུག་བདེ་སྟོང་འོད་གསལ་སྒྲོན་མེ་འདེགས། །གདུལ་བྱའི་ཞིང་ཁམས་བདུད་རྩི་སྨན་གྱི་རྗེ། །བརྩེ་བས་འགྲོ་བ་ཡོངས་ཀྱི་མགོན་གཅིག་པོ། །ཐར་པའི་ལམ་སྟོན་ཨེ་ཕཾ་བཞི་ཡི་བཅུད། །སྐུ་བཞིའི་ཡེ་ཤེས་གཉིས་མེད་རྡོ་རྗེ་འཆང་། །ཡིད་བཞིན་ནོར་བུ་དགོས་འདོད་དངོས་གྲུབ་སྩོལ། །སྐྱེགས་པའི་ཚུལ་འཛིན་ལྷ་མོའི་གར་གྱིས་མཆོད། །དཀྱིལ་འཁོར་ཡོངས་འཛིན་མཛེས་པའི་མེ་ཏོག་བཀྲ། །ཀུན་རིག་ཟབ་གསལ་ཁྲི་གདུགས་མཁའ་ལ་རྒྱས། །མུ་ཏིག་ཕྲེང་མཛེས་སྤྱི་གཙུག་རྒྱན་དུ་ཆེ། །ཞེས་དཔལ་ལྡན་བླ་མ་རྡོ་རྗེ་འཆང་དངོས་ཀྱི་རྣམ་པར་ཐར་པ་བདག་ཡིད་དད་པའི་སྟོབས་ཀྱིས་ཟུར་ཙམ་སྨོས་ཏེ། ཐོག་མར་ཡུམ་ཆེན་མོ། ཐུབ་པ་ཆེན་པོ། འཇམ་དབྱངས། ཨཱཪྻ་དེ་བ། དམ་པ་སངས་རྒྱས། མ་གཅིག་དང་། ཁམ་སྨྱོ་ཡ་ལེའི་རྣམ་ཐར་གོང་དུ་སོང་ཞིང་། འདིར་བཤག་རམ་པ་ཡེ་ཤེས་འབར་གྱི་རྣམ་པར་ཐར་པ་ལ།

འཁྲུངས་ཡུལ་ནི་སྐྱེ་མོ། ཡབ་ཡུམ་རིགས་ལྡན་གྱི་སྲས་སུ་སྐུ་འཁྲུངས་ཏེ། རྗེ་བཙུན་མ་སྒྲོལ་མས་ལུང་བསྟན། སངས་རྒྱས་ཀྱི་བསྟན་པའི་སྐོར་ཞུགས། བླ་མ་དགེ་བའི་བཤེས་གཉེན་རྣམས་དང་མཇལ། བསླབ་གཞི་སྲུངས། ཡོན་ཏན་ཐམས་ཅད་ལ་མཁས་པར་མཛད། ཁྱད་པར་དུ་འཇམ་དབྱངས་ཀྱི་སྤྲུལ་པ་ཁམ་སྨྱོ་ཡ་ལེ་དང་མཇལ་ནས། གཅོད་ཀྱི་སྐོར་ཐམས་ཅད་ལ་མཁས་པར་བསླབས། ཉམས་ལེན་མཛད། བཤག་རམ་དུ་བསྒྲུབ་པ་མཐར་ཕྱིན། གཡུ་ལོ་བཀོད་པར་སྤྲ་དྲོ་ཕར་ཕྱིན། རྗེ་བཙུན་སྒྲོལ་མ་དང་མཇལ། ཆོས་ཞུས། ལུང་བསྟན། གཅོད་ཀྱི་དར་རྒྱས་འོང་བ་ཞལ་གྱིས་བཞེས། དགོངས་མོ་ཚུར་ཕྱིན་གསང་གཅོད་ལ་འཇུག་པ་མཛད། སེམས་ཅན་ཐམས་ཅད་སྨིན་གྲོལ་ལ་འགོད་པ་དང་། ཁྱད་པར་

དུ་ཡང་ལྷ་འདྲེ་མི་མ་ཡིན་རྣམས་གཙོད་ཀྱི་སྒོ་ནས་བྱིན་གྱིས་བརླབས་ཤིང་ཐར་པའི་ལམ་དུ་འགོད་པར་མཛད་པའོ། །མཚན་ནི་ཡེ་ཤེས་འབར་ཞེས་སོ། །གྲུབ་པའི་སྐྱེས་བུ་དམ་པར་གྱུར་པ་བཤག་རམ་པ་ཡེ་ཤེས་འབར་གྱི་རྣམ་པར་ཐར་པ་རིན་པོ་ཆེའི་རྒྱན་ཞེས་པ་ཟུར་ཙམ་ཞིག་དད་ལྡན་རྣམས་ཀྱི་བསྐུལ་བའི་ངོར། ཤཱཀྱའི་དགེ་སློང་ཀྲེ་འོ་ཆོས་ཀྱི་རྒྱ་མཚོས་སྤྱར་བའོ།། །།

གནམ་མཚོ་བའི་རྣམ་ཐར་བཞུགས་སོ། །

ན་མོ་བཛྲ་ཡོ་གི་ནི། བླ་མ་དང་དཔལ་ཧེ་རུ་ཀ་རྣམས་ལ་ཕྱག་འཚལ་ལོ། གྲུབ་པའི་དབང་པོ་མི་བསྐྱོད་རྡོ་རྗེ་ཞེས་བྱ་བའི་རྣམ་པར་ཐར་པ་ནི། འཁྲུངས་ཡུལ་འཕན་ཡུལ་གྱི་སྟོད། ཡབ་བདེ་མཆོག་གི་སྤྲུལ་པ། ཡུམ་རྡོ་རྗེ་ཕག་མོའི་སྤྲུལ་པ་གཉིས་ལ་སྐུ་འཁྲུངས། ཆུང་ངུའི་དུས་ནས་བློ་གསལ་བ། རིག་པ་རྣོ་བ། སྐབས་སྐབས་སུ་བསླབ་མ་དགོས་པར། ཡི་གེའི་ཚོགས་དང་བྲིས་ཀློག་བསླབ་གཞི་རྣམས་ཤེས་ཤིང་། ཡི་དམ་གྱི་ལྷ་མང་པོ་ཞལ་གཟིགས། བདེ་མཆོག་གིས་ལུང་བསྟན། ཆོས་ཐམས་ཅད་ཡོང་དུ་ཆུད། བླ་མ་དགེ་བའི་བཤེས་གཉེན་རྣམས་ལ་གསུང་ཆོས་མང་པོ་གསན། དེ་ནས་རབ་ཏུ་བྱུང་བ་མཛད་ཅིང་། མཚན་མི་བསྐྱོད་རྡོ་རྗེར་བཏགས། ཁྱད་པར་དུ་ཡང་རིན་པོ་ཆེ་ཀརྨ་པཀྴི་ལ་གསུང་ཆོས་མང་པོ་གསན་ཅིང་། མ་འོངས་པའི་དུས་ན་འགྲོ་དོན་རྒྱ་ཆེན་པོ་འོང་བའི་ལུང་བསྟན་མཛད། བཤག་རམ་པ་ཡེ་ཤེས་འབར་གྱི་དྲུང་དུ་གཅོད་ཀྱི་སྐོར་ལྷག་ལུས་མེད་པ་གསན་བསྒྲུབ་པ་རྩེ་གཅིག་ཏུ་གྱིས་དང་འགྲོ་བའི་དོན་འབད་མེད་དུ་འོང་གསུང་བའི་

ལུང་བསྟན་མཛད། དེ་ནས་བྱུང་གི་གནམ་མཚོ་དང་། ཅ་རི་སོགས་ལ་བསྒྲུབ་པ་རྩེ་གཅིག་ཏུ་མཛད་པས་གྲུབ་པ་ཐོབ་པའི་རྟགས་དང་། ལུང་བསྟན་བཞིན་འགྲོ་དོན་བསམ་གྱིས་མི་ཁྱབ་པ་བྱུང་བའོ། །ཁྱད་པར་དུ་འཕགས་པའི་སློབ་མ་ཡ་མཚན་ཆེ་བ་རྗེ་རང་བྱུང་རྡོ་རྗེ་བྱུང་བ་ལ། དབང་། ལུང་། མན་ངག་གཅོད་ཀྱི་སྐོར་ལྷག་ལུས་མེད་པར་གནང་ངོ་། །གྲུབ་པའི་དབང་པོ་མི་བསྐྱོད་རྡོ་རྗེ་ཞེས་བྱ་བའི་རྣམ་པར་ཐར་པ། དད་ལྡན་རྣམས་ཀྱི་བསྐུལ་བའི་ངོར་ཁབ་ཀྱི་རྩེ་མོ་ཙམ་ཞིག་ཕྱི་རབས་རྣམས་ལ་ཕན་པའི་ཕྱིར་དུ་བླངས་ཏེ་ཤཱཀྱའི་དགེ་སློང་ཀྲི་ཏི་ཆོས་ཀྱི་རྒྱ་མཚོས་སྦྱར་བའོ།། ༎

ཆོས་རྗེ་རང་བྱུང་རྡོ་རྗེའི་རྣམ་ཐར་བཞུགས་སོ། །

རང་བྱུང་ཡེ་ཤེས་ཆོས་སྐུ་སྤྲོས་དང་བྲལ། །ཡིད་བཞིན་ནོར་བུ་དགོས་འདོད་ཆར་ལྟར་འབབ། །རྒྱལ་བའི་ལུང་བསྟན་ཕྲིན་ལས་ཕྱོགས་བཅུར་ཁྱབ། །རྫུ་འཕྲུལ་ཐོགས་མེད་མཁའ་ལ་སྤྲིན་ལྟར་འཁྲིགས། །བསྒྲུབ་རྒྱུད་གཙུག་རྒྱན་མཁས་པའི་དབང་པོ་འཛིན། །འོད་གསལ་ཆོས་སྐུ་སྐྱེ་མེད་བདུད་རྩི་འཁྱིད། །འགག་མེད་ལོངས་སྐུའི་མཚན་དཔེ་རྒྱ་སྐར་བཀྲ། །སྤྲུལ་སྐུའི་ཚུལ་འཛིན་ཀུན་མཁྱེན་རྗེ་ལ་འདུད། །དེ་ཡང་། ཆོས་ཀྱི་རྗེ་རང་བྱུང་རྡོ་རྗེ་གཙང་གི་གངས་ཞུར་མོའི་འགྲམ་རྩ་ཕུ་ཞེས་བྱ་བར་སྐུ་འཁྲུངས། ཡབ་སྟོན་པ་ཆོ་དཔལ། ཡུམ་ཇོ་མོ་གཡང་འདྲེན། སྤྲེལ་ལོ་ཟླ་བ་དང་པོའི་ཚེས་བརྒྱད་ལ་སྐུ་བལྟམས། ཆོས་སྐྱབས་དཔལ་བཟང་པོར་མཚན་གསོལ། གཙང་དབུས་ཁམས་གསུམ། རྒྱ་སོགས་ཐམས་ཅད་བདེ་བ་

ལ་བཀོད་ཅིང་། སངས་རྒྱས་ཀྱི་བསྟན་པ་དར་ཞིང་རྒྱས་ལ་ཡུན་རིང་དུ་གནས་པར་མཛད། བླ་མ་བརྒྱ་དང་ལྔ་བཅུ་བསྟེན་ཅིང་། བླ་མ་རྣམས་ཀྱིས་ལུང་བསྟན་དང་སྨོན་ལམ་བཏབ་མཚུར་ཕུ་བདེ་ཆེན་སོགས་དགོན་པ་མང་རབ་བཏབ། བྱ་ཆེན་དང་སློབ་མ་བསྟན་པ་འཛིན་པ་དང་། འགྲོ་དོན་འབྱུང་བ་བསམ་གྱིས་མི་ཁྱབ་པ་བྱུང་ཞིང་། སྨིན་ཅིང་གྲོལ་བར་མཛད་ནས། དགུང་ལོ་ང་དྲུག་གི་སྟེང་ཡོས་ལོ་ཟླ་བ་དྲུག་པའི་ཚེས་བཅུ་བཞིའི་ཉིན་ཕྱེད་ལ་ཕོ་བྲང་ཤར་རྫོར་སྐུའི་དཀྱིལ་འཁོར་བསྡུ་བའི་ཚུལ་བསྟན་པའོ། །དེ་ལྟར་གཙོད་གདན་ཐོག་གཅིག་མའི་ཁྲིད་ཡིག་ཕྲིན་ལས་རྒྱ་མཚོ་ལས། རྗེ་རང་བྱུང་པའི་རྣམ་པར་ཐར་པ་རྒྱ་མཚོ་ལྟ་བུའི་ནང་ནས་ཁབ་ཀྱི་རྩེ་ཙམ་ཞིག །མི་ཉག་རས་ཆེན་པ་དང་། གཙང་པ་རས་ཆེན་པ་སོགས་ཀྱིས་བསྐུལ་བའི་ངོར། དད་པའི་སྟོབས་ཀྱིས་བླངས་ཏེ། ཤཱཀྱའི་དགེ་སློང་ཀྲེ་འོ་ཆོས་ཀྱི་རྒྱ་མཚོ་ཞེས་བྱ་བས་དབེན་གནས་ཆེན་པོ་ཨ་ས་རི་ཁྲོད་དུ་སྦྱར་བའོ། །བཀྲ་ཤིས་དཔལ་འབར་འཛམ་གླིང་རྒྱལ་བའི་རྒྱན་དུ་ཤོག །དགེ་བ་མ་རྒན་སེམས་ཅན་རྣམས་ལ་བསྔོ། །

རྒྱལ་བ་གཡུང་སྟོན་པའི་རྣམ་ཐར་བཞུགས་སོ། །

བསོད་ནམས་ཡེ་ཤེས་ཚོགས་ཆེན་ལྷུན་གྲུབ་ཅིང་། །ཤེས་རབ་ལྡན་པའི་ཉི་འོད་རབ་འཕྲོས་ཏེ། །ཐུགས་ཀྱི་ལས་མཛད་དངོས་གྲུབ་ཆར་ལྟར་འབེབས། །དྲག་པོའི་ཚུལ་གྱིས་ལྷ་མི་ཐིལ་གྱིས་གནོན། །སྙིང་རྗེས་འགྲོ་དྲུག་ཐར་པའི་ཞིང་ལ་བཀོད། །མ་རུངས་གདུག་པ་སྡེ་བརྒྱད་དམ་ལ་བཏགས། །མཐུ་སྟོབས་དབང་ཕྱུག་འགྲོ་བའི་

དཔལ་གཅིག་པོ། །པད་མའི་རྗེས་འཛིན་བླ་མ་རྗེ་ལ་འདུད། །དེ་ཡང་། རྒྱལ་བ་གཡུང་སྟོན་པ་རྡོ་རྗེ་དཔལ་གྱི་འཁྲུངས་ཡུལ་ནི། གཙང་གཡུང་། ཡབ་ཡུམ་རིགས་ལྡན་གྱི་སྲས་སུ་སྐུ་འཁྲུངས། ཆུང་ངུའི་དུས་ནས་ཐུགས་དྲན་གསལ་ཞིང་། སློབ་དཔོན་པད་མས་བྱིན་གྱིས་བརླབས་ཤིང་ཞལ་གཟིགས། ཡི་གེ་བསླབས་པ་ཙམ་གྱིས་མཁས་པར་བྱུང་། རྙིང་མའི་སློབ་དཔོན་འགའ་ལ་བརྟེན་ཅིང་། རྙིང་མའི་ཆོས་བསྐོར་ལ་མཁས་པ་བྱུང་། ཁྱད་པར་དུ་གཤིན་རྗེ་ཚེ་བདག །པ་ལ་པ་ཏྲ། ལྷགས་འདྲ། དགྲ་ནག །ཁ་ཐུན་སོགས་བསྒྲུབས་ཤིང་རྟགས་ཐོན་པ་བྱུང་། ལྷ་མོ་རེ་མ་ཏི་ཐྲན་བཞིན་དུ་ཉན་པ་བྱུང་། ཆོས་རྗེ་རང་བྱུང་པའི་དྲུང་དུ་སྔོམ་པ་ཞུས་ཤིང་། རྡོ་རྗེ་དཔལ་བཏགས། བཀའ་རྒྱུད་ཀྱི་ཆོས་སྐོར་དང་། གཅོད་ཡུལ་སོགས་མང་དུ་ཞུས། འགྲོ་དོན་འོང་བའི་ལུང་བསྟན་བྱུང་། ཡི་དམ་གྱི་ལྷ་མང་པོ་ཞལ་གཟིགས། རྒྱ་ནག་ཡན་གྱི་འགྲོ་དོན་དང་གདུལ་བྱ་རྣམས་བསྐྱངས་ཤིང་། སེམས་ཅན་གྱི་དོན་དང་། སངས་རྒྱས་ཀྱི་བསྟན་པ་དར་ཞིང་རྒྱས་པར་མཛད། ཆོས་རྗེ་རོལ་པའི་རྡོ་རྗེ་ལ་ཆོས། དབང་། ཁྲིད་སོགས་ལྷག་ལུས་མེད་པར་གནང་ཞིང་། འགྲོ་དོན་མཛད་དགོས་པའི་ལུང་བསྟན་དང་། སྨོན་ལམ་བཏབ། དེ་ནས་གཙང་ཟེ་ལུང་རང་གིས་བཏབ་པའི་དགོན་པ་ཡིན་པས་དེར་བྱོན། གདུལ་བྱའི་ལྷག་མ་རྣམས་བསྐྱངས་ནས་དག་པ་མཁའ་སྤྱོད་ཀྱི་གནས་སུ་གཤེགས་སོ། །གཙོད་གདན་ཐོག་གཅིག་མའི་ཁྲིད་ཡིག་ཕྲིན་ལས་རྒྱ་མཚོ་ལས་རྒྱལ་བ་གཡུང་སྟོན་པའི་རྣམ་པར་ཐར་པ། མི་ཉག་རས་ཆེན་གྲོགས་མཆེད་རྣམས་ཀྱིས་བསྐུལ་བའི་ངོར། དད་པའི་སྟོབས་ཀྱིས་ཁབ་རྩེ་ཙམ་ཅིག་བླངས་ཏེ། ཤཱཀྱ་དགེ་སློང་ཀྲེ་འོ་ཆོས་ཀྱི་རྒྱ་མཚོ་ཞེས་བྱ་བས་དབེན་གནས་ཆེན་པོ་ཨ་ས་རི་ཁྲོད་

དུ་སྨྱུར་བའོ། །བཀྲ་ཤིས་དཔལ་འབར་འཛམ་གླིང་རྒྱལ་བའི་རྒྱན་དུ་ཤོག །དགེ་བ་མ་རྒན་སེམས་ཅན་རྣམས་ལ་བསྔོ། །

ཆོས་རྗེ་རོལ་པའི་རྡོ་རྗེའི་རྣམ་ཐར་བཞུགས་སོ། །

བསྐལ་བཟང་སངས་རྒྱས་སྟོང་དངོས་མཁྱེན་པའི་གཙོ། །མཁྱེན་རབས་ཐུགས་རྗེའི་མངའ་བདག་འཇམ་པའི་དབྱངས། །སྤྲུལ་པས་སྣ་ཚོགས་འགྲོ་བ་ཐབས་ཀྱིས་འདུལ། །སྙིང་རྗེས་འགྲོ་བ་ཡོངས་ཀྱི་མགོན་གཅིག་པོ། །དུས་གསུམ་ཤེས་བྱ་མ་ལུས་མཁྱེན་པའི་གཏེར། །ངོ་མཚར་སྲིད་པའི་དྲྭ་བ་གཅོད་མཛད་ཅིང་། །སྐྱེ་མེད་སྤྲུལ་པའི་སྐུ་མཆོག་རིན་པོ་ཆེ། །འཛམ་གླིང་གསལ་མཛད་རྒྱན་དེར་གུས་པས་འདུད། །ཅེས་པ་གཅོད་གདན་ཐོག་གཅིག་མའི་ཁྲིད་ཡིག་ཕྲིན་ལས་རྒྱ་མཚོ་ལས། ཆོས་རྗེ་རོལ་པའི་རྡོ་རྗེའི་རྣམ་ཐར་ནི། འབྲུངས་ཡུལ། རྫོང་ཨ་ལ་སྤང་དཀར་གྱི་གནམ་རྫོང་དུ། ཡབ་མི་ཉག་བསོད་ནམས་དོན་གྲུབ། ཡུམ་མཛའ་ཟ་ལྷ་བརྩོན་འགྲུས་དྲན་གཉིས་ལ། འབྲུག་ལོ་ཟླ་བ་གསུམ་པའི་ཆེས་བརྒྱད་ཀྱི་སྲོད་ཡོལ་ལ་སྐུ་བལྟམས་ཏེ། ཡར་བཞེངས་ནས་ཟླ་བ་ལ་ཕྱག་མཛུབ་གཏད་དེ། ཨ་མ་ཕ་གི་ཆེས་བརྒྱད་ཀྱི་ཟླ་བ་ཨེ་ཡིན་པ་གསུངས་སོ། །དེ་ནས་བཟུང་སྟེ་ཡི་དམ་ལྷ་དང་མཁའ་འགྲོ་ཆོས་སྐྱོང་སོགས་ཞལ་གཟིགས་ཤིང་ལུང་བསྟན། ཆོས་རྣམས་བསླབ་མ་དགོས་པར་རང་གྲོལ་དུ་མཁྱེན་ཅིང་། སྒྲ་ཚད་སྙན་ངག་སོགས་ལ་མཁས་པར་གྱུར། བླ་མ་མང་རབ་བསྟེན་ཅིང་གསུང་ཆོས་བསམ་གྱིས་མི་ཁྱབ་པ་གསན། མཚན་ཆོས་ཀྱི་གྲགས་པར་གསོལ། ཁྱད་པར་ཡ་མཚན་ཆེ་བ། སྐུ་ལུས་

འཇུག་མ་ཙམ་ལ་བརྟེན་མི་དགོས། ཁམས་ཀྱི་ཟས་ལ་མི་རྟེན། དྲི་བ་གང་ཞུས་པ་ལ་ལན་ཐེབས་པ། ཉི་མ་དང་། དགོངས་མོའི་ཟླ་བ་མར་མེ་གང་ལ་ཡང་སྐུ་ལུས་ལ་གྲིབ་མ་མི་མངའ་བ་ཡིན། འགྲོ་དོན་གཙང་དབུས། མདོ་ཁམས། རྒྱ་ཧོར་སོགས་ཐམས་ཅད་ལ་མཛད་ཅིང་། སངས་རྒྱས་ཀྱི་བསྟན་པ་ཉིན་མོར་མཛད། སེམས་ཅན་རྣམས་ལ་འགྲོ་དོན་དང་། བདེ་སྐྱིད་དཔག་ཏུ་མེད་པ་ལ་བཀོད་ཅིང་། ཐར་པའི་ལམ་ལ་སྐྱེལ་བར་མཛད་དོ། །གྲུ་པ་དཔོན་སློབ་བསམ་གྱིས་མི་ཁྱབ་པ་རྣམས་ལ་འགྲོ་དོན་དང་བསྟན་པ་འཛིན་རྒྱུས་དགོས་པའི་བཀའ་ལུང་གནང་ནས། དགུང་ལོ་བཞི་བཅུ་ཞེ་བཞིའི་སྟེང་། ཕག་ལོ་ཟླ་བ་བདུན་པའི་ཚེས་བཅོ་ལྔའི་སྐུ་རེངས་ཐ་མའི་དུས། བྱང་རྒྱང་རི་ཤེལ་དཀར་གྱི་ཞོལ་དུ། མ་འོངས་པའི་དུས་སུ་ཧོར་དམག་སོགས་མཐའ་དམག་བཟློག་པའི་ཕྱིར་དུ་སྐུའི་དཀྱིལ་འཁོར་བསྡུ་བའི་ཚུལ་བསྟན་པའོ། །དེ་ལྟར་རྗེ་རོལ་པའི་རྡོ་རྗེའི་རྣམ་པར་ཐར་པ་ཆར་གྱི་ཐིགས་པ་ཙམ་ཞིག །མི་ཉག་རས་ཆེན་མང་ཐོས་རྒྱ་མཚོ་གྲོགས་མཆེད་ཀྱིས་བསྐུལ་བའི་ངོར། དད་པའི་སྟོབས་ཀྱིས་བླངས་ཏེ། ཤཱཀྱའི་དགེ་སློང་ཀྲེ་འོ་ཆོས་ཀྱི་རྒྱ་མཚོ་ཞེས་བྱ་བས། དབེན་གནས་ཆེན་པོ་ཨ་ས་རི་ཁྲིད་དུ་སྦྱར་བའོ། །བཀྲ་ཤིས་དཔལ་འབར་འཛམ་གླིང་རྒྱལ་བའི་རྒྱན་དུ་ཤོག །དགེ་བ་མ་རྒན་སེམས་ཅན་རྣམས་ལ་བསྔོ། །

མཁས་གྲུབ་དར་རྒྱལ་བའི་རྣམ་ཐར་བཞུགས་སོ། །

འབྲུངས་ཡུལ་ནི་མཚུར་གྱི་ནང་། ཡབ་ཡུམ་རིགས་ལྡན་དུ་སྐུ་འཁྲུངས་ཏེ།

ཆུང་ངུའི་དུས་ནས་བྲིས་ཀློག་དང་། བསླབ་སྦྱོང་ལེགས་པར་མཛད། སངས་རྒྱས་ཀྱི་བསྟན་པའི་སྐོར་ཞུགས་ཤིང་། གསང་སྔགས་ཀྱི་ལག་ལེན་མཁས་པར་བསླབས། བླ་མ་རྣམས་ལ་ལུང་དང་མན་ངག །དབང་རྣམས་ལེགས་པར་ཞུས། ཁྱད་པར་དུ་ཆོས་རྗེ་རོལ་པའི་རྡོ་རྗེ་དང་། རྟོགས་ལྡན་གྲགས་པ་སེང་གེ །རྟོགས་ལྡན་བསམ་གཏན་རིན་ཆེན་དཔོན་སློབ་རྣམས་ལ་ཟབ་ཆོས་དང་། གཅོད་ཀྱི་སྐོར་ཚང་བར་གསན་ཅིང་། བསྒྲུབ་པ་མཐར་ཕྱིན་པར་མཛད་པའོ། །མཁས་གྲུབ་ཆེན་པོ་རི་ཁྲོད་དབང་ཕྱུག་དར་མ་རྒྱལ་མཚན་གྱི་རྣམ་པར་ཐར་པ་འཕྲུལ་གྱི་མེ་ལོང་ཞེས་བྱ་བ་འདི། དད་ལྡན་རྣམས་ཀྱིས་བསྐུལ་བའི་ངོར། ཤཱཀྱའི་དགེ་སློང་ཀྲི་འོ་ཆོས་ཀྱི་རྒྱ་མཚོས་སྦྱར་བའོ། །བཀྲ་ཤིས་དཔལ་འབར་འཛམ་གླིང་རྒྱལ་བའི་རྒྱན་དུ་ཤོག །

རྟོགས་ལྡན་མཁའ་སྤྱོད་དབང་པོའི་རྣམ་ཐར་བཞུགས་སོ། །

མཁའ་འགྲོས་བྱིན་རླབས་དངོས་གྲུབ་ཞུས་ལྷུར་འབེབས། །ལྷག་པའི་ལྷར་གྱུར་མི་དབང་འགྲོ་བའི་མགོན། །སྲིད་ཞིའི་དཔལ་འབྱོར་ཐར་པའི་ལམ་སྟོན་ཅིང་། །བཤེས་གཉེན་དམ་པ་དགེ་བའི་སློང་དུ་གྱུར། །རྟོགས་པ་མཐར་བྱིན་སྟོང་ཉིད་རྒྱན་གྱིས་སྤྲས། །བདེ་སྟོང་ཐབས་བཙོན་རྫུ་འཕྲུལ་ཐོགས་མེད་སྟོན། །ཀླུང་སེམས་དབང་ཐོབ་ཁྱུང་ཆེན་མཁའ་ལ་ལྡིང་། །བསྟན་པའི་ཁུར་ཁྱེར་བླ་མ་རྗེ་ལ་འདུད། །ཅེས་པ་གཅོད་གདན་ཐོག་གཅིག་མའི་ཁྲིད་ཡིག་ཕྲིན་ལས་རྒྱ་མཚོ་ལས།

ཆོས་རྗེ་མཁའ་སྤྱོད་དབང་པོའི་རྣམ་ཐར་ནི། འཁྲུངས་ཡུལ་ནི་བྱང་གི་འབྲི་ཤོད། ཡབ་ཡུམ་རིགས་ལྡན་གྱི་སྲས་སུ་སྐུ་འཁྲུངས་ཤིང་། ལྟས་ཕུན་སུམ་ཚོགས་པ་བྱུང་། ཆུང་ངུའི་དུས་ནས་དཔའ་བོ་མཁའ་འགྲོས་ཞལ་གཟིགས། བྱིན་གྱིས་རླབས། ཡི་གེ་བསླབ་པ་ཙམ་གྱིས་མཁས་པར་གྱུར། རྗེ་རོལ་པའི་རྡོ་རྗེའི་དྲུང་དུ་རབ་བྱུང་ཞུས་ཤིང་། མཚན་ཡེ་ཤེས་དཔལ་དུ་གསོལ། རྟོགས་ལྡན་གྲགས་སེང་བའི་སྐུ་སྐྱེ་ཡིན་པར་ལུང་བསྟན། གསུང་ཆོས་ལྷག་ལུས་མེད་པར་གནང་། དེ་ནི་འགྲོ་དོན་དཔག་ཏུ་མེད་པ་འབྱུང་ཞིང་། བསྒྲུབ་པའི་རྒྱལ་མཚན་འཛུགས། བསྒྲུབ་རྒྱུད་ཀྱི་བསྟན་པ་དར་ཞིང་རྒྱས་པར་མཛད། གདུལ་བྱའི་ལྷག་མ་རྣམས་བསྐྱངས་ནས། སྲས་ལུང་སྤོ་ཀུང་མཚམས་སུ་སྤྲུལ་པའི་སྐུ་བསྡུ་བའི་ཚུལ་བསྟན་པའོ། །དེ་ལྟར་ཆོས་ཀྱི་རྗེ་མཁའ་སྤྱོད་དབང་པོའི་རྣམ་པར་ཐར་པ་ཁབ་ཀྱི་རྩེ་ཙམ་ཞིག །མི་ཉག་རས་ཆེན་པ་མཆེད་གྲོགས་ཀྱིས་བསྐུལ་བའི་ངོར། དད་པའི་སྟོབས་ཀྱིས་བླངས་ཏེ། ཤཱཀྱའི་དགེ་སློང་ཀྲ་འོ་ཆོས་ཀྱི་རྒྱ་མཚོ་ཞེས་བྱ་བས། དཔེན་གནས་ཆེན་པོ་ཨ་ས་རི་ཁྲོད་དུ་སྦྱར་བའོ། །བཀྲ་ཤིས་དཔལ་འབར་འཛམ་གླིང་རྒྱལ་བའི་རྒྱན་དུ་ཤོག །དགེ་བ་མ་རྐན་སེམས་ཅན་རྣམས་ལ་བསྔོ། །

ཆོས་རྗེ་དེ་བཞིན་གཤེགས་པའི་རྣམ་ཐར་བཞུགས་སོ། །

རྒྱལ་བའི་རྒྱལ་ཚབ་མི་དབང་ལྷ་ཡི་ ཡིག་འབྲུ་མི་ཚང་། མཚན་བཟང་ལྡན་པ་དྲི་མེད་འགྲོ་བའི་མགོན། །ཐུགས་རྗེ་ཆེན་པོ་མཐུ་སྟོབས་རྫུ་འཕྲུལ་ལྡན། །མཁྱེན་པའི་ཉི་འོད་འཛམ་གླིང་ཡོངས་ལ་ཁྱབ། །སྤྲུལ་པས་རིགས་དྲུག་དག་པའི་ཞིང་དུ་

བཀོད། །མཐའ་དབུས་མེད་པར་རྒྱལ་བའི་བསྟན་པ་འཛིན། །གཟི་བརྗིད་ཆེན་པོ་ཉི་མའི་དཀྱིལ་འཁོར་རྒྱས། །འཛམ་གླིང་རྒྱན་གྱུར་ཆོས་ཀྱི་རྗེ་ལ་འདུད། །ཅེས་པ་གཙོད་གདན་ཐོག་གཅིག་མའི་ཁྲིད་ཡིག་ཕྲིན་ལས་རྒྱ་མཚོ་ལས། ཆོས་ཀྱི་རྗེ་དེ་བཞིན་གཤེགས་པའི་རྣམ་ཐར་ནི། སྐུ་འཁྲུངས་པའི་ཡུལ་ཉང་འདམ། ཡབ་ཞོང་གྲགས་གུ་རུ་རིན་ཆེན། ཡུམ་པར་ཟ་ལྷ་མོ་སྐྱིད་གཉིས་ལ། བྱི་བ་ལོ་ཟླ་བ་དྲུག་པའི་ཚེས་བཅོ་བརྒྱད་ཀྱི་ཉིན་པར་སྐུ་འཁྲུངས། ལྟས་ཕུན་སུམ་ཚོགས་པ་དང་ལྡན་ཞིང་། མེ་ཏོག་གི་ཆར་དང་འཇའ་འོད་ཀྱི་གུར་ཕུབ། དཔའ་བོ་མཁའ་འགྲོས་སྐུ་ཁྲུས་གསོལ། ལྷའི་བུ་དང་བུ་མོ་རྣམས་ཀྱིས་གར་དང་། རོལ་མོའི་སྒྲ་དང་། གླུ་དབྱངས་ལེན་པ་སོགས་བྱུང་སྟེ། ཞལ་ནས། ཏ་རི་ནི་ས་དང་། ཡིག་དྲུག་དང་། བདེ་མཆོག་གི་སྔགས་སོགས་གསུངས། སྐུ་ལུས་བསྲིངས་ཏེ་སྐྱིལ་ཀྲུང་བཅས་ནས་སྤྱན་བར་སྣང་ལ་ལྟ་སྟངས་མཛད་པ། དེའི་དུས་བཀའ་བརྒྱུད་བླ་མ་དང་། ཐུབ་པ་ཞལ་གཟིགས་ཏེ། ཐུབ་པ་སྐུ་ལ་ཐིམ་པ་བྱུང་། ཆོས་ཐམས་ཅད་རང་གྲོལ་དུ་ཐུགས་སུ་ཆུད། བླ་མ་རྣམས་ལ་དབང་ལུང་མན་ངག་སོགས་ལྷག་ལུས་མེད་པར་གསན། མཚན་ཆོས་ཀྱི་གྲགས་པ་དཔལ་གྱི་ཡེ་ཤེས་བཟང་པོར་གསོལ། བོད། དབུས་གཙང་། མདོ་ཁམས་སོགས་ལ་གདུལ་བྱ་བསྐྱངས་ཤིང་། འགྲོ་བ་རྣམས་ལ་ཐར་པའི་ས་བོན་བཏབ། དགུང་ལོ་བརྒྱད་ལ་ཕོ་བྲང་དུ་ཐོན། རྒྱ་ཡུལ་ལ་སངས་རྒྱས་ཀྱི་བསྟན་པ་དར་ཞིང་། འགྲོ་བ་རྣམས་བདེ་བར་བཀོད། དེ་ནས་བོད་དུ་ཐོན། གདུལ་བྱའི་ལྷག་མ་བསྐྱངས་ཤིང་། སངས་རྒྱས་ཀྱི་བསྟན་པ་ཉི་མ་ཤར་བ་ལྟར་དར་རྒྱས་མཛད་ནས། གྲ་བུ་སློབ་རྣམས་ལ་བསྟན་པའི་དར་རྒྱས་དགོས་པའི་བཀའ་ལུང་གནང་། དགུང་ལོ་སུམ་ཅུ་རྩ་གཉིས་ཀྱི་

སྟེང་། ཟླ་བ་བརྒྱད་པའི་ཚེས་བཅོ་ལྔ་ལ་པོ་ཏ་རིར་སྐུའི་དཀྱིལ་འཁོར་བསྒྲུ་བའི་ཚུལ་བསྟན་པའོ། །དེ་ལྟར་ཆོས་ཀྱི་རྗེ་དེ་བཞིན་གཤེགས་པའི་རྣམ་ཐར་རྒྱ་མཚོ་ལྟ་བུའི་ནང་ནས་ཁབ་ཀྱི་རྩེ་ཙམ་ཞིག །མི་ཉག་རས་ཆེན་གྲོགས་མཆེད་རྣམས་ཀྱིས་བསྐུལ་བའི་ངོར། དད་པའི་རྟེན་ལ་བླངས་ཏེ། ཤཱཀྱའི་དགེ་སློང་ཀྲེ་ཧོ་ཆོས་ཀྱི་རྒྱ་མཚོ་ཞེས་བྱ་བས། དབེན་གནས་ཆེན་པོ་ཨ་ས་རི་ཁྲོད་དུ་སྦྱར་བའོ། །བཀྲ་ཤིས་དཔལ་འབར་འཛམ་གླིང་རྒྱལ་བའི་རྒྱན་དུ་ཤོག །དགེ་བ་མ་རྒན་སེམས་ཅན་རྣམས་ལ་བསྔོ། །

མཁས་གྲུབ་རིན་ཆེན་བཟང་པོའི་རྣམ་པར་ཐར་པ་བཞུགས་སོ། །

མཁས་པའི་དབང་པོ་རིན་ཆེན་བཟང་པོའི་རྣམ་པར་ཐར་པ་ནི་འཁྲུངས་ཡུལ་ནི་སོག་གི་རོང་། ཡབ་སྔགས་པའི་རིགས་དང་། ཡུམ་ཆོས་ལ་དགའ་བའི་རིགས་སུ་སྐུ་འཁྲུངས། དང་པོ་ནས་བླ་མའི་དབོན་རྒྱུད་ཀྱི་རིགས་ཡིན་པར་ཡང་བཤད་ཅིང་། སྐུ་ནས་གཞོན་པའི་དུས་ནས་ཐུགས་རིག་བཀྲ་ཞིང་། ཆོས་ལ་མོས་པ། དགེ་བདུན་ལ་དད་པར་བཤད། དགུང་ལོ་བཅུ་ཙམ་ལ་རབ་ཏུ་བྱུང་། མཚན་རིན་ཆེན་བཟང་པོར་བཏགས། རེ་རྒྱབ་དགོན་དུ་ཆོས་རྗེ་རོལ་པའི་རྡོ་རྗེ་དང་མཇལ་བའི་དུས། གསུང་ཆོས་གནང་ཞིང་ལུང་བསྟན་མཛད། དེ་ནས་བོད་དུ་བྱོན་ནས། གསང་ཕུར་སྤེ་སྟོད་ཀྱི་ཐུགས་སྒྲུབ་མཛད་ཅིང་། མཁས་པའི་ཐོག་ཚོད་པ་བྱུང་། མཚུར་ཕུར། གསང་སྔགས་ཀྱི་ལག་ལེན་ནང་བརྟག་རྒྱུད་

གསུམ་གསན་ཅིང་བསླབས་པས་མཁས་པར་གྱུར། ཁྱད་པར་དུ་ཆོས་རྗེ་དེ་བཞིན་གཤེགས་པའི་དྲུང་དུ་ནང་དོན། བརྟག་གཉིས། ཆོས་དྲུག་རྣམས་ལེགས་པར་གསན་ཅིང་། ནང་དོན་གྱི་འགྲེལ་པ་ཡང་མཛད། ཆོས་རྗེ་དེ་བཞིན་གཤེགས་པ་དང་། རྟོགས་ལྡན་ཀུན་དགའ་རྒྱལ་མཚན། དུར་ཁྲོད་པ་དགེ་འདུན་རྒྱལ་མཚན་སོགས་ལ་གཏེར་གྱི་སྐོར་ལེགས་པར་གསན་ཅིང་། ཉམས་སུ་བླངས་ཏེ་རྟགས་ཐོན་པ་བྱུང་། བཀའ་བཞིའི་མཚན་གསོལ་བ་དང་། ཐུགས་རབ་ཆེ་བའི་མཚན་གསོལ་ཏེ། རིག་པའི་རལ་གྲི་དང་། རབ་ཏུ་བྱུང་བའི་མཚན་གསོལ་ཏེ། རིན་ཆེན་བཟང་པོ། རྒྱ་སྐད་དུ་རཏྣ་བྷ་ཏྲ་ཡང་གསོལ་བའོ། །དེ་ལྟར་མཁས་པའི་དབང་པོ་རིན་ཆེན་བཟང་པོའི་རྣམ་པར་ཐར་པ་ཟུར་ཙམ། དད་ལྡན་རྣམས་ཀྱིས་བསྐུལ་བའི་ངོར་ཤཱཀྱའི་དགེ་སློང་ཀྲི་འོ་ཆོས་ཀྱི་རྒྱ་མཚོས་སྦྱར་བའོ། །དགེ་བ་མ་ཀྲུན་སེམས་ཅན་རྣམས་ལ་བསྔོ། །

རྗེ་མཐོང་བ་དོན་ལྡན་གྱི་རྣམ་ཐར་བཞུགས་སོ། །

ཡིད་བཞིན་ནོར་བུ་གར་གྱི་རོལ་པར་མཛེས། །དཔལ་ཆེན་ལྷུན་པོ་མཚན་དཔེ་རིན་ཆེན་རྒྱན། །ལྷུན་གྲུབ་དཔག་བསམ་ཤིང་གི་ཡལ་འདབ་རྒྱས། །དཔལ་གྱི་རི་ལ་དར་ཆེན་ཕྱོགས་བཅུར་གཡོབ། །དག་པའི་ཞིང་ན་ཟ་བོའི་གསུང་སྙན་སྒྲོག །སྲིད་པའི་གནས་སུ་སྦྲང་ཆར་སིལ་མ་ཕབ། །མ་རིག་བཅོམ་ནས་གསལ་བའི་ཉི་འོད་མཆོག །རྫོང་ལྡན་དུས་འདིར་རྒྱ་དབང་ཉིད་ལ་འདུད། །ཅེས་པ་གཏེར་གདན་ཐོག་གཅིག་མའི་ཁྲིད་ཡིག་ཕྲིན་ལས་རྒྱ་མཚོ་ལས། རྗེ་མཐོང་བ་

དོན་ལྡན་གྱི་རྣམ་ཐར་ནི། སྐུ་འཁྲུངས་ཡུལ་ངམ་ཤོད་ཤེལ་གྲམ་དུ། ཡབ་གདུང་བྲག་བསམ་གྲུབ་རྡོ་རྗེ། ཡུམ་མགོ་སློན་ཟ་པདྨ་མཚོ་གཉིས་ཀྱི་སྲས་སུ། ཐྲིལ་ལོ་ཟླ་བ་གསུམ་པའི་ཚེས་བརྒྱད་ལ་སྐུ་བལྟམས། ལྟས་ཕུན་སུམ་ཚོགས་པ་བྱུང་ཞིང་། སྐུ་ལུས་བསྒྲངས་ནས། ང་ནི་ཀརྨ་པ་ཉིད་དེ། འགྲོ་བ་འདྲེན་པའི་སྐྱེས་བུ་ཡིན་གསུངས་སོ། །ཆོས་ཐམས་ཅད་རང་བཞིན་གྱིས་མཁྱེན་ཅིང་། བླ་མ་རྣམས་ལ་གསུང་ཆོས། དབང་། ལུང་སོགས་དཔག་ཏུ་མེད་པ་གསན་ཅིང་། མཚན་ཆོས་གྲགས་བཟང་པོར་གསོལ། བླ་མ་ཡི་དམ། སངས་རྒྱས་བྱང་ཆུབ་སེམས་དཔའ། དཔའ་བོ་མཁའ་འགྲོ །ཆོས་སྐྱོང་རྣམས་རྒྱུན་སར་ཞལ་གཟིགས་ཤིང་ལུང་བསྟན་དུ་མ་གནང་། འགྲོ་དོན་གཙང་དབུས་ཁམས་གསུམ། རྒྱ་སོགས། ཐམས་ཅད་ལ་མཛད་ཅིང་། སངས་རྒྱས་ཀྱི་བསྟན་པ་དར་རྒྱས་དང་། སེམས་ཅན་རྣམས་ལ་བདེ་སྐྱིད་ནམ་མཁའ་དང་མཉམ་པ་མཛད་ཅིང་། བསྒྲུབ་རྒྱུད་ཀྱི་བསྟན་པ་དར་རྒྱས་དང་། འཛིན་ཚུལ། གྲ་བུ་སློབ་དྲག་ཞན་རྣམས་ལ་ཞལ་བཀོད་སོགས་རིམ་པར་མཛད་དེ། དགུང་ལོ་སུམ་བཅུ་རྩ་བརྒྱད་ཀྱི་སྟེང་། བྱ་ལོ་ཟླ་བ་དང་པོའི་ཚེས་བརྒྱད་ལ་གསལ་ཕུར་སྐུའི་དཀྱིལ་འཁོར་བསྡུ་བའི་ཚུལ་བསྟན་ནོ། །དེ་ལྟར་ཆོས་ཀྱི་རྗེ་རིན་པོ་ཆེ་མཐོང་བ་དོན་ལྡན་གྱི་རྣམ་པར་ཐར་པ་ཟུར་ཙམ་ཞིག་མི་ཉག་རས་ཆེན་མང་ཐོས་རྒྱ་མཚོ་གྲོགས་མཆེད་སོགས་ཀྱིས་བསྐུལ་བའི་ངོར། དད་པའི་སྟོབས་ཀྱིས་བླངས་ཏེ། ཤཱཀྱའི་དགེ་སློང་ཀྲི་འོ་ཆོས་ཀྱི་རྒྱ་མཚོ་ཞེས་བྱ་བས་དབེན་གནས་ཆེན་པོ་ཨ་ས་རི་ཁྲོད་དུ་སྦྱར་བའོ། །བཀྲ་ཤིས་དཔལ་བར་འཛམ་གླིང་རྒྱལ་བའི་རྒྱན་དུ་ཤོག །དགེ་བ་སེམས་ཅན་རྣམས་ལ་བསྔོ། །

གྲུབ་པའི་མངའ་བདག་འཇམ་དཔལ་བཟང་པོའི་རྣམ་ཐར་བཞུགས་སོ། །

གྲུབ་པའི་མངའ་བདག་ཆེན་པོ་འཇམ་དཔལ་བཟང་པོའི་རྣམ་པར་ཐར་པ་ནི། འཁྲུངས་པའི་ཡུལ་ནི། ཌི་བོ་རིན་ཆེན་དང་ཉེ་བའི་གནས། འདམ་གཞུང་ཕྱོགས་སུ་སྐུ་འཁྲུངས། ཡབ་ན་རོ་པའི་དངོས་སློབ། རྗེ་དུས་གསུམ་མཁྱེན་པའི་བླ་མར་གྱུར་པ། ཆོས་རྗེ་རྫོང་པའི་ཀུས་རྒྱུད་དམ་པར་གྱུར་པ། ཆོས་རྗེ་རོལ་པའི་རྡོ་རྗེ་ལ་ཡང་ཐུག་ཅིང་གསུང་ཆོས་མང་པོ་གསན། མཚུར་ཕུ་གུའི་གོ་ཤྲཱི་ཀུན་དགའ་བློ་གྲོས་པ་མཇལ་ཞིང་གསུང་ཆོས་མང་པོ་གསན་པ་དང་། ཁྱད་པར་མཚུར་ཕུའི་གསང་སྔགས་ཀྱི་ལག་ལེན་སྙོར་ལ་འདྲིས་ཤིང་མཁས་པར་གྱུར་པ། མཚན་ཡང་དབང་བརྒྱ་པ་ཆོས་ཀྱི་རིན་ཆེན་གསོལ་བ། ཆོས་རྗེ་དེ་བཞིན་གཤེགས་པའི་བླ་མ་ལ་ཡང་གྱུར་པར་བཤད་པ་དེའི་མཆེད་ཟླ་དང་། ཡུམ་སྒྲོལ་མའི་རྣམ་སྤྲུལ་གཉིས་ཀྱི་སྲས་སུ་སྐུ་འཁྲུངས། སྐུ་མཆེད་བཞི་ཡོད་པའི་ཆེ་འོག་མ་ཡིན་ཞིང་། སྐུ་གཞོན་པའི་དུས་ནས་ཐུགས་རབ་ཆེ་ཞིང་བྲིས་ཀློག་ལ་མཁས་པར་གྱུར། རྗེ་བཙུན་སྒྲོམ་མས་ཞལ་གཟིགས་ཤིང་ལུང་བསྟན་བྱུང་། བླ་མ་ཆོས་རིན་པའི་དྲུང་དུ་རྡོ་རྗེ་ཕྲེང་བ་སོགས་ཀྱི་དབང་ལུང་མང་པོ་ཞུས། མཚལ་མིན་པ་བསོད་ནམས་བཟང་པོའི་དྲུང་དུ། མངལ་དང་ཉལ་རྩིས་པའི་དགུང་ལོ་བཅུ་དགུའི་ཐོག་ཏུ་རབ་བྱུང་དང་བསྙེན་རྫོགས་ཕྱོགས་གཅིག་ཏུ་མཛད། མཚན་འཇམ་དཔལ་བཟང་པོར་བཏགས། ལོ་འགའ་ཡར་ གྱི་རིགས་ལ་མཚལ་མིན་དུ་བཞུགས། སློབ་གཉེར་

མཛད། དེ་ནས་ནྭ་ཡེན་དྲར། ཆོས་རྗེ་རོང་སྟོན་གྱི་དྲུང་དུ་བཞུགས་ནས་མདོ་ཕྱོགས་ཀྱི་ཐུགས་སྦྱོང་རྣམས་ལ་མཁས་པར་མཛད། མཚུར་ཕུར། གསང་སྔགས་ཀྱི་ཕྱག་ལེན་རྣམས་ལ་ཐུགས་འདྲིས་ཤིང་མཁས་པར་མཛད། ཁྱད་པར་གོང་དགོན་དུ། བཀའ་འགྱུར་ཚར་གཅིག་གློག་པའི་དུས་སུ། ཕྱག་རྒྱ་ཆེན་པོ་རང་གྲོལ་དུ་ངོ་འཕྲོད། དེ་ནས་ཆོས་ཀྱི་རྗེ་མཐོང་བ་དོན་ལྡན་གྱི་དྲུང་དུ། གཅོད་ཀྱི་སྐོར་ཚང་མ་ཞུས། བྱང་སེམས་དཔལ་འབྱོར་དོན་གྲུབ་དང་རྣམ་པ་གཉིས་པོས། རྗེ་མཐོང་བ་དོན་ལྡན་གྱི་དྲུང་དུ། ཆོས་དྲུག་གི་གཏུམ་མོ་འདི་ལོ་བཞིར་ཞུས། དེ་ནས་རྟགས་དང་རྟེན་འབྲེལ་གྱི་ཉམས་མྱོང་རྣམས། ཆོས་རྗེའི་དྲུང་དུ་ཞུས་པས། ཆོས་རྗེ་རིན་པོ་ཆེ་ཐུགས་དགྱེས་ནས། སྔར་གྱི་གྲུབ་ཐོབ་གོང་མ་རྣམས་ཀྱིས་ཀྱང་འདི་ལྟར་བསྒོམ་པས་གྲུབ་པ་ཐོབ་པ་ཡིན་པས་ཤིན་ཏུ་ལེགས་གསུང་ནས་མཉེས་མཉེས་མང་པོ་མཛད་སྐད་དོ། །དེ་ནས་ཆོས་ལྷ་པོ་ལུང་ཁྲིད་ལྷ་བུ་མཛད་ནས་གནང་ངོ་། །ལྷ་ཕུ་བ་ཀུན་དགའ་ཡེ་ཤེས་ཀྱི་དྲུང་དུ་གཅོད་ཀྱི་སྐོར་མང་པོ་གསན་ཅིང་། རི་སྐོར་མཛད། རྗེ་མཐོང་བ་དོན་ལྡན་པའི་དྲུང་དུ། གཅོད་ཀྱི་སྐོར་བཀའ་མ་རྣམས་ཚང་བར་གསན་ཅིང་། གསང་གཅོད་མཛད། དེའི་དུས་སུ་ཡི་དམ་ལྷ་ཡི་ཞལ་གཟིགས་མང་པོ་བྱུང་ཞིང་ལུང་བསྟན་མཛད། དེ་ནས་ཕྲིན་ལས་བསམ་གྱིས་མི་ཁྱབ་པ་བྱུང་ཞིང་། ཁྱད་པར་དུ་ཡང་ཆོས་རྗེ་རིན་པོ་ཆེ་ཞྭ་དམར་ནག་དང་། རྗེ་བཙུན་རིན་པོ་ཆེ་དཔོན་སློབ་ཀྱི་དབུ་སྐྲ་བསིལ་བ་དང་། མཚན་གསོལ་བ་མཛད་དེ། ཐམས་ཅད་མཁྱེན་པ་ལ་ཆོས་གྲགས་རྒྱ་མཚོ་དང་། སྤྱན་སྔ་རིན་པོ་ཆེ་ལ་ཆོས་གྲགས་དཔལ་བཟང་དང་། རྗེ་བཙུན་རིན་པོ་ཆེ་ལ་འཇམ་དཔལ་རྒྱ་མཚོ་སོགས་ཀྱི་མཚན་གསོལ་ཞིང་། དབང་ལུང་མན་ངག

སོགས་རིམ་པ་ལྟར་གནང་ཞིང་། བོད་ཀྱི་མཁས་གྲུབ་ཐམས་ཅད་ཀྱི་གཙུག་རྒྱན་དུ་གྱུར་ཅིང་། སེམས་ཅན་གདུལ་བྱར་གྱུར་པ་རྣམས་ཀྱང་སྨིན་གྲོལ་གྱི་ལམ་ལ་འགོད་པར་མཛད་པའོ། །གྲུབ་པའི་མངའ་བདག་འཇམ་དཔལ་བཟང་པོའི་རྣམ་པར་ཐར་པ། རྗེས་འཇུག་རྣམས་ལ་ཕན་པའི་ཕྱིར་ཆ་ཤས་ཙམ་ཞིག་དད་ལྡན་རྣམས་ཀྱིས་བསྐུལ་བའི་ངོར། ཤཱཀྱའི་དགེ་སློང་ཀྲི་འོ་ཆོས་ཀྱི་རྒྱ་མཚོ་ཞེས་བྱ་བས་སྦྱར་བའོ། །བཀྲ་ཤིས་དཔལ་འབར་འཛམ་གླིང་རྒྱལ་བའི་རྒྱན་དུ་ཤོག །དགེ་བ་སེམས་ཅན་རྣམས་ལ་བསྔོ། །

རྒྱལ་བའི་དབང་པོ་ཆོས་གྲགས་རྒྱ་མཚོའི་
རྣམ་ཐར་བཞུགས་སོ། །

བདེ་ཆེན་གཞུག་མའི་མར་གྱིས་རོལ་པ་ཅན། །རྫུ་འཕྲུལ་མཁའ་ལ་ཐོགས་མེད་ཕྱིན་ལྟར་འཁྲིགས། །གནས་ལྔ་དག་ལ་མཁྱེན་པའི་ཉི་འོད་འཕྲོས། །རྒྱ་གར་མཁས་པའི་ལམ་ཆེན་རྒྱས་བཀྲ་ཞིང་། །གཞུང་ལུགས་རལ་པ་མཐུག་པོའི་ཐ་ཆེན་བརྟུངས། །གནས་ལུགས་ཕྱག་རྒྱ་ཆེན་པོའི་ཁྲི་གདུགས་ཤར། །གསང་བ་སྔགས་ཀྱི་ཟབ་ལམ་རྩེ་ཐོག་རྒྱས། །མཁས་པའི་མཁས་གྱུར་རྒྱལ་བ་གཉིས་སྤྲུལ་ཞིང་། །མཁའ་མཉམ་འགྲོ་ལ་རི་དབང་རྒྱས་པའི་མདངས། །འཛམ་གླིང་བྱེ་བ་འབུམ་ལ་སྤྲུལ་པ་འགྱེད། །མི་དབང་ས་སྐྱོང་རྣམས་ཀྱིས་མཆོད་པའི་གནས། །མཁས་པའི་གཙུག་རྒྱན་རྒྱལ་བ་ཉིད་ལ་འདུད། །ཅེས་པ་གཙོད་གདན་ཐོག་གཅིག་མའི་ཁྲིད་ཡིག་ཕྲིན་ལས་རྒྱ་མཚོ་ལས། རང་བྱུང་ཀུན་མཁྱེན་ཆོས་ཀྱི་རྒྱལ་པོ་མཚོ་སྐྱེས་

ཛོ་རྗེའི་རྣམ་པར་ཐར་པ་ནི། སྐུ་འཁྲུངས་པའི་ཡུལ་ཛོད་ཨ་ལ་རོང་གི་སྲི་ནང་། ཡབ་དཔལ་གྲུབ་དང་། ཡུམ་ལྷ་མོ་སྐྱིད་གཉིས་ཀྱི་སྲས་སུ་ཁྱི་ལོ་ཟླ་བ་དང་པོའི་ཚེས་བཅོ་ལྔ། སྐར་མ་རྒྱ་ཆེན་ལ་བབ་པའི་ཉིན་པར་སྐུ་འཁྲུངས་ཏེ། འཁྲུངས་མ་ཐག་སྐུ་ལུས་བསྲུངས་ཏེ། ཨ་ལ་ལ་ཞེས་གསུང་བྱོན་པ་དང་། གཞན་ཡང་ཡིག་དྲུག་དང་། ཨཱ་ལི་ཀཱ་ལི་གསུང་བ་དང་། ཡི་དམ་ལྷ་ཡི་ཞལ་གཟིགས་ཤིང་ལུང་བསྟན་མཛད་བྱིན་གྱིས་བརླབས་ཤིང་སྐུ་ཁྲུས་གསོལ། ཟླ་བ་གསུམ་བཞེས་དུས། ང་ཀརྨ་པ་ཡི་མིང་ཅན་ནི། སྐྱེ་བ་མེད་ལ་སྐྱེ་ཚུལ་སྟོན། །འཆི་བ་མེད་ལ་འཆི་ཚུལ་སྟོན། །གནས་མེད་འཁོར་བའི་སེམས་ཅན་རྣམས། །མ་ལུས་ཐར་པའི་ལམ་ལ་འགོད། །ང་འདྲའི་གང་ཟག་དཀོན་པ་སྟེ། །ང་དང་འབྲེལ་པ་གང་ཡོད་ཀུན། །ང་ཡིས་མི་བསླུ་སྨོན་ལམ་བཏབ། །བཅུ་གསུམ་ཟླ་བ་མ་རྫོགས་བར། །ཚིག་འདི་གསང་ཆེན་རྒྱ་དང་ལྡན། །དེ་ནས་ཕོ་བོ་རྩོད་བྲལ་བའི། །རྟགས་རྣམས་རིམ་གྱིས་གསལ་བར་འགྱུར་། །ཅེས་སོགས་གསུངས། དེ་ནས་རིམ་གྱིས་བླ་མ་རྣམ་གཉིས་ལ་མདོ་སྔགས་ཀྱི་ལུང་། དབང་། མན་ངག་སོགས་མ་ལུས་པར་གསན། རབ་ཏུ་བྱུང་བའི་མཚན་ཆོས་གྲགས་རྒྱ་མཚོ་དཔལ་བཟང་པོར་གསོལ། དེ་ནས་གཙང་དབུས་ཁམས་གསུམ་ཐམས་ཅད་ལ་འགྲོ་དོན་དཔག་ཏུ་མེད་པ་མཛད་ཅིང་། ཆོས་འཇིག་རྟེན་གྱི་སྦྱིན་པ་རྒྱ་ཆེན་པོ་བཏང་ཞིང་། ཐམས་ཅད་སྨིན་ཅིང་གྲོལ་བར་མཛད། སངས་རྒྱས་ཀྱི་བསྟན་པ་དར་ཞིང་རྒྱས་པ་དང་། དགོན་པ་ཞིག་པ་རྣམས་གསོས། གསར་པ་བཏབ་སྟེ་མཐའ་ཡས་པའི་ཕྲིན་ལས་བྱུང་བ་དང་། བུ་ཆེན་སློབ་མ་རྣམས་ལ་བསྟན་པའི་བསྐོ་བཞག་མཛད་དེ། སྟག་ལོ་ཟླ་བ་དང་པོའི་ཚེས་བཅུ་བཞིའམ་སྤྱོད་ཡོལ་ལ་ཀོང་པོ་རྩེ་ལྷ་¦ལྷ¦སྒང་དུ་སྐུ་ཡི་དཀྱིལ་འཁོར་

བསྡུ་བའི་ཚུལ་བསྟན་ནོ། །དེ་ལྟར། ཆོས་ཀྱི་རྗེ་རིན་པོ་ཆེ་ཆོས་གྲགས་རྒྱ་མཚོའི་རྣམ་པར་ཐར་པ་རྒྱ་མཚོ་ལྟ་བུའི་ནང་ནས། ཆར་གྱི་ཐིགས་པ་ཙམ་ཞིག་མི་ཉག་རས་ཆེན་པ་མང་ཐོས་རྒྱ་མཚོ་གྲོགས་མཆེད་ཀྱིས་བསྐུལ་བའི་ངོར། དད་པའི་རྗེན་དུ་བླངས་ཏེ། ཤཱཀྱའི་དགེ་སློང་ཀ྄་ཀྲ་ཝ་ཆོས་ཀྱི་རྒྱ་མཚོ་ཞེས་བྱ་བས། དབེན་གནས་ཆེན་པོ་ཨ་ས་རི་ཁྲོད་དུ་སྦྱར་བའོ། །བཀྲ་ཤིས་དཔལ་འབར་འཛམ་གླིང་རྒྱལ་བའི་རྒྱན་དུ་ཤོག །འདི་བྲིས་རྣམ་དཀར་དགེ་བ་དེ། །མ་རྒན་སེམས་ཅན་རྣམས་ལ་བསྔོ། །

གྲུབ་པའི་དབང་པོ་རྗེ་བཙུན་རིན་པོ་ཆེ་འཇམ་དཔལ་རྒྱ་མཚོའི་རྣམ་པར་ཐར་པ་བཞུགས་སོ། །

བླ་མ་དང་བདེ་བ་ཆེན་པོ་ལྷན་ཅིག་སྐྱེས་པའི་སྐུ་ལ་ཕྱག་འཚལ་ལོ། འགྱུར་མེད་ཡེ་ཤེས་བདེ་ཆེན་ཉིད། །རང་བཞིན་འོད་གསལ་ཆོས་ཀྱི་སྐུ། །མཐའ་བྲལ་ཆེན་པོ་ཆོས་ཀྱི་དབྱིངས། །རང་བཞིན་རྣམ་དག་མཁའ་ལྟར་ཡངས། །ལྷུན་གྲུབ་ཆེན་པོ་སྟོང་པ་ཉིད། །སྐྱེ་མེད་ཟབ་གསལ་ཧེ་རུ་ཀ །ཁྱབ་གདལ་ཆེན་པོ་ལྷུན་གྱིས་གྲུབ། །གཉུག་མ་ཡེ་ཤེས་མཐའ་དབུས་མེད། །གསལ་སྟོང་ཟུང་འཇུག་འདོད་དགུ་འབྱུང་། །ཟབ་དོན་ཆུ་གཏེར་མཁྱེན་རབ་རྒྱས། །ལྷ་སྐོམ་སྤྱོད་འབྲས་ཁྲི་གདུགས་གསལ། །གཉིས་མེད་ཡེ་ཤེས་མཁའ་ལྟར་རོལ། །བདུད་རྩིའི་བུམ་པ་རོ་མཆོག་གང་། །སྲིད་གསུམ་ཟུག་རྔུའི་ནད་རྣམས་སེལ། །མ་རུངས་གདུག་པ་མཆོག་ལ་འགོད། །ཨེ་ཝཾ་བཞི་ཡི་གར་སྟབས་བསྒྱུར། །གཉུག་མ་ཡེ་ཤེས་མཆོད་དབྱངས

ལེན། །ཕྱག་རྒྱ་བཞི་ཡི་ཕ་རོལ་སོན། །མཚན་ལྡན་བླ་མ་རྗེ་ལ་འདུད། །ཅེས་པ་གྲུབ་པའི་གཙུག་རྒྱན་དམ་པར་གྱུར་པ་རྗེ་བཙུན་རིན་པོ་ཆེ་འཇམ་དཔལ་རྒྱ་མཚོའི་རྣམ་པར་ཐར་པ་ནི། གནས་ཀྱི་བྱེ་བྲག་ནི། འཁྲུངས་པའི་ཡུལ། གནས་ཉེ་ཤུ་རྩ་བཞིའི་ཉེ་བའི་གནས་དང་ཁད་ཉེ་བའི་གཙུག་ན་རིན་པོ་ཆེའི་ཕོ་བྲང་ཆེན་པོ་དཔག་ཚད་དགུ་ཁྲི་ཡོད་པའི་ཡང་རྩེ། ཇོ་བོ་རིན་པོ་ཆེའི་བྱང་ཕྱོགས། དྲི་ཟའི་རྒྱལ་པོ་ཟུར་ཕུད་ལྔ་པ། གཉན་ཆེན་པོ་ཐང་ལྷ་ཡར་བཞུད་ཞལ་བྱང་ལ་གཟིགས་པའི་གཡས་ཟུར། ལྷོར་གཟིགས་པའི་གཡོན་ཟུར། དཔའ་བོ་མཁའ་འགྲོ། སྤྱན་རས་གཟིགས། སྒྲོལ་མ་སོགས་ཀྱིས། ཇོ་བོ་རྗེ་དཔལ་ལྡན་ཨ་ཏི་ཤ་ལ་ལུང་བསྟན། ཇོ་བོས་འབྲོམ་སྟོན་པ་རྒྱལ་བའི་འབྱུང་གནས་ལ་གནས་ཆེན་པོ་རྭ་སྒྲེང་ལུང་བསྟན། སངས་རྒྱས་ཀྱི་བསྟན་པ་ཉི་མ་ཤར་བ་ལྟར་འོང་བར་བསྟན་པའི་ཡིག་འབྲུ་ཆད།དབུ་རུ་གྱུར་པ། ལུང་བསྟན་པའི་གནས་ཆེན་པོ་དེའི་བྱང་ངོས། དཀར་ཕྱོགས་ལ་མངོན་པར་རབ་ཏུ་དཀར་བར་བྱེད་པའི་དགེ་བསྙེན་ཆེན་པོ་གང་བ་བཟང་པོའི་ནུབ་ཟུར། སློབ་དཔོན་པདྨ་དང་། རྗེ་དུས་གསུམ་མཁྱེན་པ་སོགས་སྐྱེས་བུ་དམ་པ་རྣམས་ཀྱི་གནས་ཆེན་པོར་གྱུར་པ་བརྟན་མ་བཅུ་གཉིས་ཀྱི་གཙོ་མོ། བསྟན་པའི་བདག་མོ་ཇོ་མོ་རྡོ་རྗེ་གངས་དཀར་མ་ཞེས་པའི་ཤར་ཟུར། བདེ་མཆོག་གི་ཕོ་བྲང་། གྲུབ་པ་ཐོབ་པ་རྣམས་ཀྱི་གནས་ཆེན་དུ་གྱུར་པ། རྡོ་རྗེ་མཆེད་ལྔམ་གནམ་མཚོ་ཕྱུག་མོ་ཞེས་པའི་ལྷོ་ཟུར། པདྨ་སྟོང་ལྡན་གྱིས་པའི་དབུས། ཤར་གྱི་ཕྱོགས་ན་ནས་ཐང་གདལ་བ་འདྲ། བྱང་གི་ཕྱོགས་ན་དཔག་བསམ་ལྗོན་ཤིང་འདྲ། ནུབ་ཀྱི་ཕྱོགས་ན་དར་དཀར་ཕྱར་བ་འདྲ། ལྷོ་ཡི་ཕྱོགས་ན་རིན་ཆེན་སྤུངས་པ་འདྲ། གངས་རི་རྣམས་ནི་རྡོ་རྗེ་སེམས་དཔའ་འདྲ། རྫ་རི་

རྣམས་ནི་ཁྲི་བོ་ཁྲི་མོ་འདྲ། ནགས་རི་རྣམས་ནི་མཁའ་འགྲོ་རྒྱན་འདོགས་འདྲ། སྤང་རི་རྣམས་ནི་གསེར་གྱི་ཐུབ་པ་འདྲ། རི་བྲན་རྣམས་ནི་ཁྱིས་པ་སྐྱེག་པ་འདྲ། བྲག་རི་རྣམས་ནི་སྟགས་པ་འཆམ་པ་འདྲ། ཆུ་བྲན་རྣམས་ནི་མུ་ཏིག་བསྒྲིགས་པ་འདྲ། མཚོ་ཆེན་རྣམས་ནི་གཡུ་འབྲུག་འཁྱིལ་བ་འདྲ། ཐང་ཆེན་ཐང་ཆུང་མཎྜལ་བསྒྲིགས་པ་འདྲ། མེ་ཏོག་ཅི་ཐོག་ཚོམ་བུ་བཀོད་པ་འདྲ། བྱ་བྱིལ་རྣམས་ནི་སྒྲོག་ལྷར་འཁྲུག་ཅིང་ཙེད་མོ་ཙེ་བ་འདྲ། དགུན་གྱི་དུས་སུ་ཁྲི་བོ་རྣམས་ཀྱིས་རལ་པ་བསིག་ཅིང་རྩུབ་འགྱུར་སྟོན་པ་འདྲ། དབྱར་གྱི་དུས་སུ་ན་ཆུང་རྣམས་ཀྱིས་གར་སྟབས་འཁྲུག་ཅིང་གད་མོ་དགོད་པ་འདྲ། དཔྱིད་ཀྱི་དུས་སུ་སྐྱེས་པ་རྣམས་ཀྱིས་གོ་ཁྲབ་སྒྲོད་ཅིང་མདུང་རིངས་ཕྱར་བ་འདྲ། སྟོན་གྱི་དུས་སུ་དགེ་སློང་གྲལ་ལ་བཞུགས་ཤིང་ཆོས་གོས་རྣམ་སྦྱར་གྱོན་པ་འདྲ། མཚན་མོའི་དུས་སུ་དུར་ཁྲོད་བདག་པོ་བདག་མོ་འཁྲབ་ཅིང་རྩུབ་འགྱུར་སྟོན་པར་བྱེད། ཉིན་མོའི་དུས་སུ་དཔའ་བོ་མཁའ་འགྲོ་དགོད་དེ་གླུ་དབྱངས་ལེན་ཅིང་དངོས་གྲུབ་སྟེར་བར་བྱེད། སྒྲ་རྣམས་གྲགས་པ་ཆོས་ཉིད་རང་སྒྲ་སྒྲོག་པར་བྱེད། དེར་གནས་རྣམས་ནི་དཔའ་བོ་དཔའ་མོ་ཡིན་པར་ངེས། སློབ་གཉེར་བྱས་ན་འཇམ་དབྱངས་རང་དང་མཉམ་པར་འོང་། བསྒྲུབ་པ་བྱས་ན་ཚེ་གཅིག་སངས་རྒྱས་མྱུར་དུ་འགྲུབ། མཐོང་བ་ཙམ་གྱིས་བློ་ཡི་མུན་པ་སེལ། སླེབས་པ་ཙམ་གྱིས་བདེ་གསལ་ཉམས་དང་ལྡན། ཚོར་བ་ཙམ་གྱིས་སྤྲོ་བ་གཏིང་ནས་སྐྱེ། དཔའ་བོ་མཁའ་འགྲོ་རྒྱུན་དུ་བཞུགས་པའི་གནས། དད་པ་བྱས་ན་ཞལ་གཟིགས་ལུང་བསྟན་འབྱུང་། དེ་ལྟ་བུའི་གནས་མཚན་ཉིད་དང་ལྡན་པ་དེར། ཡབ་ཀྱི་རུས་ཚན་ནི་འགྲུ།དེའི་ནང་ནས་གསེར། གསེར་གྱི་ནང་ནས་སྐྱབས་ཆེ། མཚན་ཨ་བེས་དང་། ཡུམ་བྱ་ཟ

བཀྲ་ཤིས་མཚོ་གཉིས་ལ་སྲས་ཕོ་མོ་ལྔ་ཡོད་པའི་ཆུང་ལྷག་དེ་ཇོ་བཙུན་རིན་པོ་ཆེ་ཡིན་ཞིང་། སྲས་རྣམས་ཀྱི་མཚན་ནི། ཆེ་བ་ལ་བསོད་ནམས་བཟང་པོ། དེ་འོག་ལ་ཨར་དགེ་དེ་འོག་ལ་ཨ་མཆོག །དེ་འོག་ལ་ཨ་མགུར། སྲས་མོ་ནི་སྲས་ཚོའི་ཆེ་བ་ཡིན་ཏེ། སྐྱ་མི་ལ་ཨ་མཁར། རྙིང་སོར་ཆོས་བྱས་པའི་ཆོས་མིང་ལ་བསམ་གཏན་རྒྱན་ཞེས་སོ། །སྲས་པོ་རྣམས་ནི་རིགས་རྒྱུད་བཟང་པོ། དཔོན་རྒྱུད་ཡིན་པས་ལྷུན་ཆགས་པ། ཆོས་ལ་དགར་བ། འཛིག་རྟེན་གྱི་བྱ་བ་དགྲ་ཟླུན་ཕྱེད་པ། འཕྲོར་པ། ཡོངས་སྤྱོད། དཔའ་རྩལ། གཏམ་ཚིག་ཅི་བྱེད་ཀྱང་བྱང་འགྲིག་གི་ལུགས་ཀྱིས་གཞན་གྱིས་འགྲན་ཟླ་ཐམས་ཅད་དང་བྲལ་བ། རོང་པོ་ཆེན་པོ་གཉིས་པར་གྱུར་པ་ཡིན་ཅིང་། སྐུ་མཆེད་ཚོའི་ནང་ནས། ཇོ་བཙུན་རིན་པོ་ཆེའི་སྐྱ་མིང་གི་མཚན་ཨ་མཆོག་ཡིན་ཏེ། སྐུ་ནས་གཞོན་པ་དགུང་ལོ་གཉིས་གསུམ་ཙམ་ནས་ཐུགས་རིག་རྣོད་པ་འཚུབ་པ་ཞིག་ཡོད་ཅིང་། གྲོང་ཡུལ་དང་གཞན་ཚོའི་མི་དང་ཕྱུགས། འབྲུངས་ཚུལ་ནི། མ་སོགས་ལ་བརྟུང་རྫོག་དང་རྩུབ་འགྱུར་རོལ་རྩེད་ཀྱི་རྣམ་འགྱུར་བག་རེ་མཛད་དུས། ཐམས་ཅད་ཀྱིས་དཔོན་ཚང་གི་བུ་འདི་ཡར་ཆེ་ན་མི་སུ་དང་ཡང་འགྲོགས་མི་བཏུབ་པ་ཞིག་འོང་བར་འདུག་ཟེར་སྐད། ཡབ་ཡུམ་གྱིས་གཅུན་ཀྱང་ཞལ་ལ་མི་ཉན་པ་མཛད། ཐོག་མར་སེམས་བསྐྱེད་ཀྱི་སྐོར་ནི། དགུང་ལོ་ལྔ་དྲུག་ཙམ་གྱི་དུས། ཕོ་བོ་ཨར་དགེས། པོ་ཏེ་རི་བོང་ཁྲུང་ནང་དུ་ཨེ་འགྲོ་གསུངས་ཏེ། སོང་བ་གཟིགས་ནས་རྡོ་རུག་བསྣམས་ནས་ཁྲུང་བུའི་ནང་རྡོ་རུག་གིས་བཀང་ནས་བཞག་པས། ཇ་ཡུན་གཅིག །འཕྲུང་རག་ཙམ་ནས། པོ་ཏེ་རི་བོང་གི་རྡོ་རུག་ཚོ་ཁྲུང་ནས་ཡར་ཕྱུགས། ཕྱི་ལོགས་སུ་ཐོན་ལ་ཁད་ཙ་བྱོན་ནས་ཁྲུང་སྐོའི་རྡོ་རུག་ཚུར་ཕྱུགས། པོ་ཏེ་རི་བོང་བསད་

དེ་ནང་ལ་ཁྲིར་ནས་ཤ་བཙོས་ནས་གསོལ་བ་ལ། རྗེ་བཙུན་རིན་པོ་ཆེ་སྐུ་ནས་གཞོན་ན་ཡང་། བྱང་ཆུབ་སེམས་དཔའི་རིགས་ཡིན་པས། སེམས་ཅན་ཉོམས་ཆུང་ཉེས་མེད་འདི་ཚོ་གསོད་པ་སྙིང་རེ་རྗེ་དགོངས་ནས། ཕོ་བོས། ཁྱུང་བུའི་གྲམ་ཐུག་ཚོ་བསལ་ཏེ། པོ་ཏི་རི་བོང་རྣམས་རང་གནས་སུ་བཏང་པ་ལ་ཕོ་བོས་ཁོང་ཡིན་པ་དགོངས་ཏེ། འཐབ་པ་དང་བརྡུང་བ་བྱུང་གསུང་། འཇིག་རྟེན་གྱི་བྱ་བ་གཙོད་པའི་སྐོར། དགུང་ལོ་བརྒྱད་ཀྱི་ཐོག་ཏུ། ཡུམ་གྱིས་འཐབས་པས། རྟ་བཟང་པོ་ཡོད་པ་ལ་སྐུ་རགས་ཀྱིས་སོར་བཅིངས་བྱས་ཏེ། ཇིལ་འཛུག་བྱས་ནས་འདམ་ནས་བྱང་གནམ་མཚོའི་མཚོ་ཉིས་དུ། རོང་པོ་དཔོན་ཁྲིའུ་བཞུགས་པའི་རྩར་ཕྱིན་སྐད། དགུང་ལོ་བཅུ་གཅིག་གི་ཐོག་ལ་ལུས་རྩལ་ཡང་རྫོགས་པ་བྱུང་ནས། སྐུ་མཆེད་རྣམས་དང་། གཞན་ཡང་ཇག་པ་སོང་སྟེ། སོག་པ་འཇའ་མོ་སྐོར་གྱི་རྟ་དེད། ཐོད་མ་གཅིག་ལ་རལ་གྲི་བརྒྱབ་པས། ནང་གྲོལ་ས་ལ་ལྷུང་བྱུང་བ་དེ་ལ་སྐྱོ་བ་དང་སྙིང་རྗེ་དུམ་ཙམ་སྐྱེས་པ་བྱུང་གསུང་། དགུང་ལོ་བཅུ་གཉིས་ཀྱི་སྟེང་དུ་སོག་པོའི་ཐོག་ལ་སྐུ་མཆེད་ཚོ་ཇག་ལ་ཕྱིན། རི་ལ་བསྐུངས་ནས་བསྡད་པས། སོག་པོའི་འཇའ་མོ་སྐོར་གྱིས་མཐོང་ནས་ཐམས་ཅད་ཆས་ཏེ་བསྐོར་ནས་རྒྱ་འདྲེ་བྱས་ཏེ། རྗེ་བཙུན་རིན་པོ་ཆེའི་ཕྱུག་ལ་རལ་གྲི་བརྒྱབ། གཞན་ཡང་རྨས་རྨ་ཕར་ཚུར་གཉིས་ལ་ཐོ་རེ་བ་བྱུང་བར་བཤད། ངེས་འབྱུང་སྐྱེ་བའི་སྐོར་དགུང་ལོ་བཅུ་གསུམ་གྱི་ཐོག་དབྱར་མ་སྟོན་གྱི་དུས་སུ། རོང་པོ་ཆེན་པོ་དང་། སྐྱབས་ཆེ་ཨ་བེ་ཡབ་སྲས། གཞན་ཡང་རོང་པོའི་རྒན་པོ་ཐམས་ཅད་འཚོགས་ནས་བྱང་ལ་ཧོར་དམག་འདུག་མི་འདུག་ལྟ་བ་ལ་སུ་འགྲོ་མཁན་དེ་ལ་ཚུར་སླེབ་པ་དང་འབྲི་བཅུ་སྦྱིན་བྱས་པ་ལ། རྗེ་བཙུན་རིན་པོ་ཆེས། འབྲི་བཅུ་ང་ལ་བྱིན་དང་། ང་

འགྲོ་ཐག་ཆོད་པ་བྱེད་གསུངས་པས། ཡབ་ཀྱིས། ཁྱོད་ན་སོ་གཞོན་པས་ཁན་དེ་ལ་འགྲོ་བ་མི་འོང་། གཞན་ཞིག་སོང་ན་དགའ་གསུང་ནས་བཀའ་སྐྱོན་གནང་ན་ཡང་མ་གསན་ནས། ཧ་བཟང་པོ་གཉིས་འཇོག་ཁྲིད་བྱས་ནས་ཞག་བཅོ་ལྔ་ཙམ་གྱི་ལམ་དུ་བྱོན་པས། ས་ཆ་སྟོང་པ། རི་ཆེན་པོ་མེད་པ། ས་ཆ་ཐམས་ཅད་བྱེ་མ་ཡིན་པ་ལ། རྩྭ་འཇག་མ་ཐོ་རེ་བ་སྐྱེས་འདུག་པའི་ཡུལ་ཞིག་ཏུ་ཕེབས། ཕ་བོང་ཆེན་པོ་གཅིག་འདུག་པའི་རྟ་ཧྲུ་ཧ་གཉིས་བཏགས། ཕ་བོང་གི་ཐོག་ཏུ་བྱོན་ནས་ཧོར་དམག་ཨེ་འོང་གི་གཟིགས་རྟོག་མཛད་པས། ཧོར་དམག་སོགས་གང་ཡང་མི་འདུག །ཉི་མ་ནི་དགོངས་མོར་སོང་། དེའི་མཚམས་སུ་སྤྱང་ཀུ་གཉིས་ཀྱིས་རྟ་ཟུགས་བྱས་ནས་བྱུང་སྟེ། རྗེ་བཙུན་རིན་པོ་ཆེས་དེ་གསན་པ་དང་། རྐང་ཞབས་ནས་གཟེར་ལྷང་བ་ཞིག་བྱུང་སྟེ་སྤྱི་བོར་བུད་ནས་སོང་། གཡས་གཡོན་ཐམས་ཅད་དང་ཤར་ནུབ་ཀུན་ལ་གཟིགས་པས། ས་ཆ་ཐམས་ཅད་སྟོང་ལྷང་ལྷང་བ་འདུག །ཉི་མ་ཡང་ས་འོག་ཏུ་དོན་ནས་སོང་བ་འདྲ་བྱུང་བ་ལ། ཐུགས་མི་དགའ་ཧིང་ངེ་བ་ལས། ཐུགས་སུག་པ་དང་། སྐྱོ་བ་སྐྱེ་བ་བསམ་གྱིས་མི་ཁྱབ་པ་བྱུང་ཞིང་། སྤྱན་ཆབ་མང་པོ་ཡོན་པ་མཛད་དེ། འཆི་བའི་དུས་ཀྱང་འདི་ལྟ་བུ་གཅིག་ཕྱུར་འགྲོ་དགོས། འཇིག་རྟེན་པའི་ཕོ་རྒོད་དང་། གཟི་བརྗིད་དང་། དཔའ་རྩལ་དང་། ངས་བྱས་དང་། འཁོར་པ་སོགས་ཀྱིས་ཕན་པ་མེད་པར་འདུག །ད་རེས་ཀྱང་རོང་པོ་དུད་ཀ་ཉིས་སྟོང་ཙམ་དང་། སྔོས་སུ་ཡང་ང་རང་ཕ་ཚན་གྱི་ནང་ནས་ང་གཅིག་ཕུར་བྱང་སྟོང་འདིར་འོངས་པ་དང་། འཆི་བའི་དུས་སུ་ཡང་འདི་དང་མཚུངས་པ་འོང་བར་ངེས། ད་འདི་ནས་ཕྱིར་ལོག་པ་དང་འཇིག་རྟེན་གྱི་བྱ་བ་སྤངས་ནས་ཆོས་གཅིག་མི་བྱེད་རེས་གསུང་ནས་དབུ་སྐྲུང་བཞེས། ཞབས་ཕ་

བོད་ལ་ལན་གསུམ་བརྫངས། དེ་ནས་ཕྱིར་ཉིན་ཞག་གིས་བཅད་ནས་བྱོན་པས། ཕར་ལམ་ཞག་བཅོ་ལྔ་ཙམ་ལ་ཚུར་རེས་ཞག་སོ་བཞིས་ཕེབས་པ་བྱུང་། རོང་པོ་དཔོན་གཡོག་ལ་ཧོར་དམག་མི་འདུག་པའི་ལོ་རྒྱུས་གསུང་བ་མཛད། འབྲི་བཅུ་བླངས། ཐུགས་རྒོད་པའི་ཐོག་ཆོད་པར་ཐམས་ཅད་ལ་གྲགས་སོ། །དེ་ཀའི་ལོར་ཆོས་མཛད་དགོངས་ན་ཡང་། ཐུབ་པ་ཞིག་མ་བྱུང་། བཅུ་བཞིའི་ཐོག་ལ། འབམ་རོག་བཀའ་དྲུག་པ་ནམ་མཁའ་རྒྱལ་པོ་བྱ་བའི་དྲུང་དུ་ཕྱོས་ནས་དབུ་སྐྲ་བཅད་དགོས་ཞུས་ན་ཡང་། ཕྱི་རྒྱབ་ཀྱི་ཕ་ཚན་རགས་པོ། ཁས་དྲག་པོ་ཡོད་པ་ལ་བརྟེན་ནས། དབུ་སྐྲ་བཅད་མ་ནུས་ཏེ། ཆིབས་སྔོན་པོ་བཟང་པོ་ཞིག་གནང་ནས་ཁོང་རང་གི་གཞི་ལ་སྐྱེལ་མཁན་དང་བཅས་ནས་བརྫང་བ་མཛད།

དེ་ནས་ལོ་འགའ་ཡར་གྱི་རིང་ལ། འཇིག་རྟེན་གྱི་བྱ་བ་ལ་མི་སྤྲོ་བཞིན་དུ་བཞུགས་དགོས་པ་བྱུང་ཞིང་། བླ་མ་བསྟེན་པའི་སྐོར། དགུང་ལོ་བཅུ་དགུའི་སྟེང་དུ། བན་སྐར་རིན་པོ་ཆེ་འདམ་གྱི་སླེ་ཁ་ཤེད་ན་དཔོན་སློབ་གཉིས་བཞུགས་ནས་ཡོད་པའི་དྲུང་དུ་ཆོས་ཕྱོས་ལ་བྱོན། བླ་མ་དང་མཇལ། དབུ་སྐྲ་བསིལ་དགོས་པའི་རྒྱུ་མཚན་ཕུལ་བས། བན་སྐར་རིན་པོ་ཆེས། ཉེ་གནས་ལ་སྐྲ་གཞོར་གསུང་། ཉེ་གནས་ཀྱིས། འདི་ཡི་སྐྲ་གཞར་ན་ཁོ་ཡི་ཕྱི་རྒྱབ་པས་ཐོས་ཏེ། ངེད་རང་དཔོན་སློབ་གསོད། ཐ་ན་ཡང་བརྟུང་རྗོག་བྱེད་ཅིང་ཡུལ་དུ་མི་ཆགས་པ་བྱེད་འོང་པས། བླ་མ་ཁྱེད་བློ་མ་ལྷག་ཞུས་པས། ཉེ་གནས་ལ་བཀའ་སྐྱོན་གནང་། དེ་ཡི་མགོ་ལ་ཆུ་ཞིག་བཀུས་དང་། ང་རང་གིས་གཞར་བས་ཆོག་གསུངས་པས། ཉེ་གནས་ཀྱིས་བླ་མའི་བཀའ་མ་ཆོག་སྟེ། རྗེ་བཙུན་རིན་པོ་ཆེའི་དབུ་སྐྲ་བསིལ་ནས་རབ་བྱུང་མཛད་དོ། །རབ་བྱུང་ཚར་བ་དང་ཕ་ཚན་རྣམས་ར་མདའ་ལ་སླེབས་ནས་

བྱུང་། རབ་བྱུང་ཚར་བ་རིག་ནས། བན་སྐར་བ་ལ་ཁ་འབོད་དང་། གསོད་པ་ཡིན་ཟེར་ནས་ཕོར་ཕོར་དུམ་ཙམ་བྱས་པས། བན་སྐར་བས། ཕོ་ཚོ་ཕོག་ནས་ང་ཡི་རྐུབ་ལ་རི་མོ་གྲིས་གསུང་ནས་གཟིམས་ཏེ་བཞུགས་སོ། །ཉེ་གནས་སྐྲག་ནས། བླ་མ་ལ་ཞུ་ཕོད་དང་སྨྲ་ལོག་མང་པོ་ཕུལ་ཅིང་། རྗེ་བཙུན་རིན་པོ་ཆེ་ལ་ཡང་། ཁྱེད་འདིར་འོང་དོན་ཅི་ཡིན། གཞན་ལ་མི་འགྲོ་ནས། བླ་མ་སྨྱོན་པ་འདིས་ཁོང་རང་གིས་ཁོང་རང་དེ་རིང་གསོད་བཅོལ་བ་འདི་བྱས་པ་ཡིན་ཟེར་ཞིང་ནག་གུའི་ཕག་ལ་གབ་ཅིང་འདུག་གསུང་། དེ་ནས་ཁོང་ཚོ་ཕར་ལོག་སོང་སྐད། བླ་མའི་དྲུང་དུ། རྗེ་བཙུན་རིན་པོ་ཆེས་ལོ་བཅུ་གཅིག་བཞུགས། བསྙེན་རྫོགས་མཛད་གསུང་ཆོས་མང་རབ་གསན། ཁྱད་པར་དུ་གཅོད་བཀའ་མ་སྐོར་ལུང་ཁྲིད་དང་བཅས་པ་ཚང་བར་གསན། ཕྱག་ཆེན་སྐོར་རེ་མང་གསན་ཀྱང་། ཇི་ལྟ་བ་བཞིན་ངོ་མ་འཕྲོད། ཉིན་གཅིག་བན་སྐར་རིན་པོ་ཆེས་ཉེ་གནས་ལ། ལྟ་བ་ནི་སྨྱོན་པའི་སྐད་ཆ་དང་འདྲ། སྒོམ་པ་ནི་རྒན་མོའི་མེལ་ཚེ་དང་འདྲ། སྤྱོད་པ་ནི་བྱིས་པའི་རྩེད་མོ་དང་འདྲ། འབྲས་བུ་ནི་ཕྱུག་པོའི་བང་མཛོད་དང་འདྲ། སེམས་ཉིད་འདི་ས་མདོའི་སྤྲང་ཁྱི་དང་འདྲ་གསུངས་པས། ཉེ་གནས་ཀྱིས་ནི་ཉན་མགོ་མ་ནོན། རྗེ་བཙུན་རིན་པོ་ཆེ་དེ་ཉིད་དུ་ངོ་འཕྲོད་ཅིང་ཐག་ཆོད་པ་བྱུང་འདུག །

རྗེ་བཙུན་རིན་པོ་ཆེས། སྤྱིར་བླ་མ་བརྒྱ་དང་ཉེ་ཤུ་ཙམ་ལ་དབང་དང་ལུང་མན་ངག་ཁྲིད་རྣམས་ཞུས། དེའི་ནང་ནས་རྩ་བའི་བླ་མ་བཞི་བསྟེན་ནས་གསུང་ཆོས་མང་དུ་གསན། བཞི་པོ་ནི། བན་སྐར་རིན་པོ་ཆེའི་དྲུང་དུ་གཅོད་སྐོར་ལ་ཐག་ཆོད་པར་ཞིབ་པར་མཛད། སྟག་ལུང་རིན་པོ་ཆེ་ངག་དབང་གྲགས་པའི་དྲུང་དུ། ཁྲིད་ལུང་དང་། ཕྱག་ཆེན་གྱི་སྐོར། ཁྲིད་ཀྱི་རིམ་པ་རྣམས་ཞིབ་པར་

གསན། མཚུར་ཕུ་འཇམ་དབྱངས་ཆེན་པོ་དོན་གྲུབ་འོད་ཟེར་བའི་དྲུང་དུ། དབང་ལུང་དང་། ནག་ཞོད་པའི་དགེ་བཤེས་གཅིག་དང་རྣམ་པ་གཉིས་ཀྱིས་ཆོས་དྲུག་པོ་གསུམ་དུ་གསན་པར་མཛད། དེ་དུས་རྗེ་བཙུན་རིན་པོ་ཆེས་ཨ་ས་རི་ཁྲོད་དུ་སྐུ་མཚམས་དམ་པར་མཛད་ནས་བསྒོམས་པས། ཉམས་རྟོགས་བསམ་གྱིས་མི་ཁྱབ་པ་འཁྲུངས་ཤིང་། འཇམ་དབྱངས་ཆེན་པོ་ལ་ཞུས་པས། ཐུགས་དགྱེས་པ་བྱུང་གསུང་། བྲག་དཀར་ལྷ་སྡིངས་པ་ནམ་མཁའ་རྒྱལ་མཚན་པའི་དྲུང་དུ། དབང་ལུང་མན་ངག་མང་དུ་གསན། ཁྱད་པར་དུ་ཆོ་ཁྲིད་ཟབ་པ་བཞི་ལྡན་གསན་ནས་ཐུགས་ཉམས་སུ་བཞེས་པས་རྟགས་ཐོན་པ་བྱུང་ཞིང་། བླ་མས་ལུང་བསྟན་ཡང་གནང་བ་བྱུང་གསུང་། བླ་མ་རྣམས་ཀྱི་ནང་ནས་འགྲན་ཟླ་དང་བྲལ་བ་རིགས་ཀྱི་བདག་པོར་གྱུར་པ། ཐམས་ཅད་མཁྱེན་པ་ཀརྨ་པ་ཆོས་གྲགས་རྒྱ་མཚོ་ཡིན་གསུང་།

སྒྲུབ་པ་མཛད་པའི་སྐོར། བསྒྲུབ་པ་མཛད་པའི་གནས་ཆེན་པོ་རྣམས་ནི། ལྷ་ཕུ། མཚུར་ཕུའི་སྟོད་སྨད། རྗེ་མོ་གངས། ལྷ་ཞོལ། གནམ་མཚོ་དོ། ནམ་ར། ཏེ་སྒྲོ་བྲག །སྟག་ལུང་ཕུ། ཤམ་པོ་གངས། ཙ་རི། དྭགས་ལྷ་སྒམ་པོ། མཁའ་རག །འོ་དེ་གུང་རྒྱལ། སྐྱོ་བྲག །ལ་ཕྱི་ཆུ་བར། རྐོང་ཚང་བྲག །ཤེལ་ཚ་རྒྱལ་མོ། གྲོ་བོ་ལུང་། གདན་ས་མཐིལ། ཟངས་རི་མཁར་དམར། སླང་ལུང་། ཡོ་རོ་དོན་དམ་དཀར་པོ། དོམ་ཚང་རོང་། ཀརྨ་སྒམ་པོ་གནས་ནང་། ཁ་བ་དཀར། ཀོང་སྟོད་སྨད། གཞན་ཡང་བོད་ཀྱི་གནས་ཆེན། གནས་ཕྲན་རྣམས་སུ་བཞུགས་གནས་མཛད་ཅིང་། བསྒྲུབ་པ་རྩེ་གཅིག་ཏུ་མཛད་པས། ཉམས་རྟོགས་དང་། ཡི་དམ་གྱི་ལྷ་དང་། མཁའ་འགྲོ་ཆོས་སྐྱོང་སོགས་མང་པོ་ཞལ་གཟིགས་ཤིང་ལུང་བསྟན་འབྱུང་བར་འདུག །

འདོད་ཞེན་སྤངས་པའི་སྐོར། སྐུ་ཚེའི་སྟོད་རབ་བྱུང་མཛད་ནས་འདོད་ཡོན་དངོས་པོའི་མཚན་མ་ནོར་རྫས་ཐམས་ཅད་ལ་ཞེན་པ་དང་ཆགས་པ་སྤངས་ཏེ། གསེར། དངུལ། གཡུ། རིན་པོ་ཆེ། གོས་དར། སྣམ་ཕྲུག །གནག་ལུག །ཇ། གོ་ཁྲབ །རྟ་དྲེལ་སོགས་དངོས་པོའི་རིགས་དྲག་ཞན་སུས་ཕུལ་ཀྱང་ཁབ་དང་སྐུད་པ་ཙམ་ཡང་མི་ལེན་ཞིང་། བསྔོ་བ་སྨོན་ལམ་མཛད་ནས་ཕྱིར་ལོག་པ་མཛད་པའོ། །དཀའ་ཐུབ་དང་། དཀའ་སྤྱད་མཛད་ནས་རི་ཁྲོད་སྟོང་པ་ལ་བཞུགས་པར་མཛད་པ་སྟེ། མི་ཧྲོག་རྟག་ངུས་དང་། ཚན་དང་། ཐངས་རེ་རྒྱུའི་བཅུད་ལེན། ཐངས་རེ་རྫོའི་བཅུད་ལེན། ཐངས་རེ་ཐུག་པ་དང་། ཐུལ་པ་དང་། རམ་བུ་དང་། མི་ཧྲོག་སེར་ཆེན་རྣམས་ཀྱི་བཅུད་ལེན་མཛད། སྣམ་པོ་གནས་ནང་དུ་ཆག་ཙེ་བྲེ་དྲུག་གིས་ལོ་གཅིག་ཏྲིལ་བ་གཅིག་བཅུད་ལེན་མཛད་གསུང་། དུས་ཕྱིས་སྐུ་ནས་མཐར་ཕྱིན་པ་ཡིན་ཏེ། གསོལ་ཐུག་གསོལ་ནག་པོ་ཀ་ལི་རེ་ཤོང་ཙམ་རེ་བཞེས་པ་མ་གཏོགས། གཞན་བཅའ་བ་ལྟོགས་ཐོག་ལ་ཡང་མི་བཞག་པར་འདུག །ཇ་ཞུ་བ་ལ་ཡང་། ཐུབ་གཅིག །གཉིས། གཉིས་གསུམ་མ་གཏོགས་མི་བཞེས། ཀ་ར་བུ་རམ་ལྟོགས་ཐོག་ལ་ཡང་མི་འཁྱེར། སྐུ་ཚེའི་སྟོད་སྨད་བར་གསུམ་ལ་དཀའ་ཐུབ་མཐར་ཕྱིན་པ་ཡིན་ནོ། །

ཚུལ་ཁྲིམས་སྲུང་བའི་སྐོར། ལས་རྒྱུ་འབྲས་ཀྱི་རྩིས་གདབ་ཞིབ་པར་དག་ཐོན་པར་མཛད་པ་ཡིན། ལྟ་བ་སྒོམ་པའི་ལྟ་བ་ཕོ་ཐག་ཆོད་པའི་སྐོར། བླ་མའི་དྲུང་དུ་ངོ་འཕྲོད་པ་ནས་གཟུང་སྟེ། བླ་མ་གཞན་སུ་དང་མཇལ་ངོ་སྤྲོད་ཞུས་ཀྱང་། དང་པོའི་དེ་ཀ་མ་གཏོགས། གཞན་ཟུར་པ་ཅན་མི་འདུག་པར་ཐུགས་ཐག་ཆོད་གསུང་རབ་ཐམས་ཅད་ཀྱི་སྙིང་པོ་ཡང་རང་སེམས་གཅིག་པུ་འདི་ལ་

ཟེར་བ་ཡིན་ལ། ཐ་ན་བྱ་བྱིལ་གྱི་སྐད་དང་། མི་གཞན་མའི་ཚིག་འཇམ་རྩུབ། ཅི་ལབས་ཀྱང་སེམས་ཐོག་ཏུ་འདྲིལ་ཞིང་། ལྟ་བའི་ཐོག་ཏུ་ཤར་བ་དང་། རེ་དོགས་དང་དགག་སྒྲུབ་ཐམས་ཅད་དང་བྲལ་བ་ཐུགས་ཐོག་ཏུ་ཆུད་པ་གསལ་འགྲིབ་མེད་པ། ཉིན་མཚན་མེད་པར་རང་ཤར་དུ་བྱུང་གསུང་།

གཞན་དོན་མཛད་པའི་སྐོར། དེ་ནས་འཕྲིན་ལས་རྒྱས་ཏེ། རྒྱ་ཆེན་པོས་འགྲོ་བའི་དོན་དཔག་ཏུ་མེད་པ་མཛད་པ་ནི། བོད་ཀྱི་བླ་མ་བཟང་པོ་རྣམས་དང་། སྡེ་པ། མི་ཆེན་རྣམས་གྲྭ་པ་ཡོན་བདག་ཏུ་གྱུར་པ་བྱུང་། ཕྱིར་སྐྲ་བཅད་ཀྱི་བུ་སློབ་བསམ་གྱིས་མི་ཁྱབ་པ་བྱུང་། དེའི་ནང་ནས་སྐུ་དྲག་པ། མཚུར་ཀར། འབྲི་སྟག །སྐྱེ་འོ་གུའི་ཕྲི། གནས་སྒོ་གུའི་ཕྲི། ཟུར་མང་གུའི་ཕྲི། དམ་ཚ་གུའི་ཕླི། གླིང་གུའི་ཕླི། གངས་པ་གུའི་ཕླི། འབྲི་ཏུར་གུའི་ཕླི། ལྕགས་མོ་གུའི་ཕླི། ལྷོ་རོང་གུའི་ཕླི། སྒོམ་སྡེ་ནང་ཡ་གཉིས། ཡར་རྒྱབ། བསྡམ་སྡེ། བྱ་བ་རྣམས་ཀྱི་ཞལ་ངོ་ཚོས་མཛད་ལ་སོགས་སྐུ་དྲག་མང་རབ་ཀྱིས་རབ་བྱུང་བསྙེན་རྫོགས་མཛད་ཅིང་། གསུང་གི་བདུད་རྩིས་སྨིན་པར་མཛད། གྲྭ་པ་ཕྱིར་སེམས་ངོ་མཐོང་བ་ཁྲི་ཚོ་ཁྲི་ཚོ་ཡོད་གསུང་། དེའི་ནང་ནས་བུ་ཆེན་རྟོགས་ལྡན་ཕྱོགས་ཐམས་ཅད་ལ་འགྲོ་དོན་དང་། བསྟན་པ་རྒྱ་ཆེན་པོ་སྤེལ་བར་མཛད་མཁན་སྟོང་ཕྲག་ལྷག་ཙམ་ཡོད་གསུང་། ཉིན་མོ་མི་ལ་ཆོས་བཤད་ཅིང་། མཚན་མོ་ལྷ་འདྲེ་མི་མ་ཡིན་རྣམས་ལ་ཆོས་བཤད་མཛད་གསུང་། ལར་མི་དང་ལྷ་འདྲེ་གཉིས་ལ་ཆོས་ལ་བརྩེ་བ་ལ་རེ་རེ་ལ་ལྷ་འདྲེ་འདི་བརྟན་པར་འདུག་གསུང་། ཆོས་ཐམས་ཅད་ཀྱི་ནང་ནས་གཅོད་འདིའི་སྒོ་ནས་འགྲོ་དོན་ཆེ་བ་བྱུང་གསུང་། གསན་ཡང་བོད་འདི་ལ་གཅོད་དར་ཚད་ཤོ་ལོ་ཀ་ལྔ་དྲུག་ཙམ་ཡང་ངས་མ་ཐོབ་པ་མེད་དེ། མ་

གཅིག་རང་གིས་དགོས་སུ་ཡང་གཙོད་ཀྱི་སྐོར་ལུང་དང་། མན་ངག །དབང་རྗེས་གནང་མང་པོ་གནང་བའི་སྒྲོས་པ་ཐངས་རེ་ཙམ་འགོལ་དུས་གསུང་བ་བྱུང་། གཞན་ཡང་རིགས་གསུམ་མགོན་པོ་ཁྲོས་མ་ནག་མོ། སྒྲོལ་མ། ཡུམ་ཆེན་མོ། བདེ་མཆོག །དགྱེས་རྡོར། ཐུབ་པ་ཆེན་པོ། བྱམས་མགོན་སོགས་བཀའ་རྒྱུད་ཡི་དམ་རྣམས་རྒྱུན་པར་མཇལ་ཞིང་། དབང་མན་ངག་མང་པོ་གནང་ཞིག་ལུང་བསྟན་མཛད་པ་མང་དུ་བྱུང་གསུང་།

སྤྱིར་སངས་རྒྱས་ཀྱི་བསྟན་པ། སྒོས་བཀའ་རྒྱུད་ཀྱི་བསྟན་པ་ཕྱོགས་མཐའ་དག་ལ་དར་ཞིང་རྒྱས་པར་མཛད་པ་ནི། མཚུར་ཕུའི་དར་རྒྱས། ལྷ་ཆེན་གྱི་ཞིག་གསོས། ཀརྨ། སྟག་ལུང་། ར་སྒྲེང་། འབྲི་གུང་། རི་བོ་ཆེ་སོགས་བཀའ་རྒྱུད་ཀྱི་དགོན་པ་ཉིང་པ་རྣམས་ཀྱི་ཞིག་གསོས་དར་རྒྱས་མཛད་ཅིང་། གསར་པ་བཏབ་པ་ཡང་། འབྲོག་བརྒྱ་ཚོའི་དགོན་པ། སླེ་མོ་ཁུ་སྒོམ་གྱི་དགོན་པ། སྤོ་བོ་ཀུང་མཚམས་ཀྱི་ཆུ་མདོའི་དགོན་པ། སྤོ་བོ་བྲེ་མོ་ཟབ་པོའི་དགོན་པ། ལྷོ་འོ་མ་ལུང་གི་དགོན་པ། སྒོམ་སྡེ་སྡེ་ཐང་གི་དགོན་པ། སྒོམ་སྡེ་བན་ཏུའི་དགོན་པ། གཞན་ཡང་འདམ་ཚུ་བ། བྲ་དགོན། སླང་སྟོང་། གསེར་སྡེངས། རྐོད་ཁང་། དགེ་འཕེལ། རྩེ་བླ་སྒང་གི་ཡང་རི། མཚོ་དཀར། བཀྲ་ཤིས་ལྡོངས། འཇའ་ཚོན་ཕུག །གྲུ་སྨད་དགོན། ཀོངས། དེ་འོ་རྣམས་ཀྱི་ཞིག་གསོས་དང་དར་རྒྱས་མཛད་ཅིང་། སྐུ་ཚེའི་སྨད་དུ། སྐབས་སུ་འབུལ་བ་བཞེས་ནས། ཐམས་ཅད་མཁྱེན་པའི་དྲུང་དུ་གསེར་ཞོ་ལྔ་བརྒྱ་ཙམ་ལ་བརྟུངས་པའི་གསེར་གྱི་ནོར་བུ་འཕངས་མཐོ་དམན་རྩེ་ཁྲ་གང་། འཕྲེད་ལ་སྐུམ་ཁྲ་གང་ཡོད་པའི་གསེར་གྱི་ནོར་བུས་ཐོག་དྲངས་འབུལ་བ་ཡང་ཡང་རྒྱ་ཆེན་པོ་རྒྱུན་པར་ཕུལ་སྤྱན་སྔ་རིན་པོ་ཆེའི་དྲུང་དུ་བཀའ་འགྱུར་གཅིག

བཞེངས་ནས་ཕུལ་བ་དང་། འབུལ་བ་རྒྱ་ཆེན་པོ་ཡང་ཡང་མཛད། མཚུར་ཕུ་ལ་གསེར་འབུམ་མཐོ་བཅུ་དགུ་ཙམ་ཡོད་པ་ཞིག་དང་། ཐམས་ཅད་མཁྱེན་པའི་སྐུ་འདྲ་གསེར་སྐུ་མཐོ་བཅུ་ཙམ་ཡོད་པ། རྗེ་བཙུན་རིན་པོ་ཆེ་རང་གི་སྐུ་དར་སྐུ་མཐོ་ལྡེ་ཙམ་དང་། བཞུགས་ཁྲི། མཆོད་ཆས། ལོགས་རིས། ཤིང་ཁྲ་རྣམས་མཛད། མཆོད་ཁང་གོང་གི་ཞིག་གསོས། སྤྱིན་བད། རྗེ་དུས་མཁྱེན་དང་། གཀྲ་པཀྵིའི་གདུང་འབུམ་གྱི་ཞིག་གསོས། ཕྱུགས་རྗེ་ལྷ་ཁང་གི་ཞིག་གསོས། ལོགས་རིས། འབུལ་བ། གནང་སྦྱིན་ལྷོས་ཆེ་བ་ཡང་ཡང་མཛད། སྣག་ལུང་དང་། ར་སྒྲེང་གི་གསེར་ཐོག །ཆོས་རྗེ་རྣམ་པའི་འབུལ་བ། འབྲི་གུང་ཆོས་རྗེ་རྣམ་པའི་འབུལ་བ། གནང་སྦྱིན། ཇོ་བོ་རིན་པོ་ཆེའི་དབུ་ཐོག་ཏུ་གསེར་ཞོ་སུམ་བརྒྱ་ཙམ་ལ་བརྡུངས་པའི་གསེར་གྱི་འཕོར་ལོ་ཕུལ། གཞན་ཡང་། སྟོད་སྨད་ཀྱི་སྡེ་མདུན་ཆེན་པོ་ཉི་ཤུ་ཙམ་གྱི་མདུན་མ་དང་། གནང་སྦྱིན་ཆེན་པོ་མཛད་པས། དུས་ཕྱིས་ན་ཡང་བརྟན་པོ་བྱུང་ངོ་། །ཐམས་ཅད་མཁྱེན་པ་གཞན་དོན་ལ་དགོངས་པའི་དགོངས་རྫོགས་ཆེན་མོ་ལྷ་ས་ལ་མཛད་པས། བོད་དབུས་གཙང་གི་དགོན་སྡེ་ཆེན་པོ་རྣམས་ལ་ཞོ་འགྱེད། དེ་འོག་རྣམས་ལ་ཞོ་ཕྱེད། དེ་འོག་རྣམས་ལ་བཞི་ནས། ཐ་མ་རྣམས་ལ་ཡང་མང་ཇ། རྣམ་བཞག །མི་ནག་ཕོ་མོ་ཁྲི་ཚོ་ལྷག་ཙམ་ལ་ཞོ་ཕྱེད་ཙམ་གྱི་འགྱེད། ཆོས་རྗེ་རྣམ་པ་ལ་འབུལ་བ་རྫོས་ཆེན་པོ་དང་། བླ་མ་རྣམས་ལ་ཡང་དགུ་ཚན་ལྷག་ཙམ་འབུལ་བ་མཛད། བོད་དབུས་གཙང་དུ་གཡེར་ཐོན་པ་བྱུང་བའོ། །

གྲུབ་རྟགས་མཛད་པའི་སྐོར། རྗེ་བཙུན་རིན་པོ་ཆེ་གྲུབ་པའི་དབང་པོ་དེ་མཐོང་ཐོས་དྲན་རེག་ཏུ་གྲུར་པ་ཡིན་ཅིང་། མངོན་མཁྱེན་དང་རྫུ་འཕྲུལ་ཐོགས་

རྟགས་མེད་པ་མཛད་པ་སྟེ། ཁམས་ཀྱི་ཁྲིམ་གཞུང་དང་། མཚུར་ཕུ་གཉིས་ཀྱི་བར་ལ་ཞག་བདུན་གྱིས་ཕེབས་གསུང་། ཁམས་ཀྱི་འབྲི་ཆུ་དབྱར་ཁ་རྒྱས་པ་ལ་མཉན་པ་ལ་ཕ་རིགས་ཕུད་དགོས་གསུངས་པས། ཁོས་ཕུད་མ་འདོད་པས། འཕུར་ནས་བྱོན་པ་མཛད་པས་མཉན་པ་དང་དེར་ཡོད་ཚད་དད་པ་སྐྱེས་ཏེ་འགྲོགས་པོར་ཆུ་དོན་ནས་ཆགས་ཕྱི་ཨེ་ཟིན་བལྟས་ན་ཡང་། རྗེས་མ་ཟིན་པ་བྱུང་ལུགས། གཙང་རིན་སྤུངས་དང་། ནུབ་ཆོས་ལུང་གི་བར་ལ་བྱ་རྐོད་དུ་སྤྲུལ་ནས་འབྱོན་པ་མཛད་འདུག །བྱང་གི་ལྷ་ཞོལ་ནས་ཉིན་པའི་རི་ལ་དྲ་བ་དང་། ཅོག་བུ་ཁུར་ནས་ནམ་མཁའ་ལ་བྱོན་པ་མི་འགའ་ཡར་གྱིས་མཐོང་འདུག །དབུས་སྟོད་ལ་མོ་ཆེར་གསེབ་ནས། བྱང་གནམ་མཚོའི་དོ་ལ། ཛ་འདེབས་ཅིག་གི་རིང་ཙམ་ལ་ཕེབས་པ་མཛད་འདུག །གཞན་ཡང་མངོན་མཁྱེན་དང་རྫུ་འཕྲུལ་སོགས་ཀྱི་རིམ་པ་བསམ་གྱིས་མི་ཁྱབ་པ་འདུག་སྟེ། ཡི་གེ་མང་དོགས་པས་བསྡུས་ཏེ་བྲིས་པ་ཡིན། བྱང་ཆུབ་སེམས་དཔའ་ཆེན་པོ་དེ་ཉིད་ཀྱིས་མཛད་འཕྲིན་བསམ་གྱིས་མི་ཁྱབ་པ་མཛད་ཅིང་། བོད་དུ་སྤྱིར་སངས་རྒྱས་ཀྱི་བསྟན་པ་དང་། སྒོས་བསྒྲུབ་རྒྱུད་ཀྱི་བསྟན་པ་མཁའ་ལ་ཁྲི་གདུགས་ཤར་བ་ལྟར་དར་རྒྱས་ཕུན་སུམ་ཚོགས་པ་དང་ལྡན་པར་མཛད་ཅིང་། སྐུ་ཚེ་མཐར་ཕྱིན་པ་ཚེའི་རིགས་འཛིན་བརྙེས་པར་གྱུར་པ་དགུང་ལོའི་ཚད་ནི། དགུང་སྙིང་ཧ་ཡིན་ཏེ། དགུང་ལོ་ལ་ལ་ཞལ་རྩིས་ན་བརྒྱ་དང་དགུ་ལྷག་ཙམ་བཞེས་པ། སྤྱ་ངན་ལས་འདས་པའི་སྐོར། ཧ་ཐོག་སྤྱ་ངན་ལས་འདས་པའི་སྐོར་ཏུ་ཀོང་པོ་བྲག་གསུམ་ཞོ་ཁ་ལ་སྐུ་ཆོས་ཀྱི་དཀྱིལ་འཁོར་དུ་ཐླ་བ་ལྔ་པའི་ཉེར་གསུམ་གྱི་སྔ་དྲོ་ཚ་རིང་མ་ལ་ཐིམ་པ་མཛད་དེ། འཛིག་རྟེན་གྱི་མུན་པ་འཐིབ་པོ་ཆོས་ཉིད་ཀྱི་སྒྲོན་མེ་རྒུད། བསྟན་པའི་དར་

ཆེན་རལ། ནག་པོའི་བདུད་རྣམས་ཁ་འཚོལ། བདག་ཅག་བུ་སློབ་རྣམས་ཀྱི་ཚང་འཁོར། མགོན་མེད་སེམས་ཅན་རྣམས་ཀྱི་རེ་ཐག་ཆད། འདི་ཕྱི་དང་འདི་ཕྱེད་མེད་པར་བློ་གཏོར་བར་གྱུར། སྐུ་གདུང་གི་ཆེ་ཆུང་ལ་ཕྲུ་གུ་ལོ་བརྒྱད་དགུ་ཙམ་གཅིག་ཏུ་གྱུར་པར་འདུག །ནམ་མཁའ་ལ་འཇའ་འོད་དང་མེ་ཏོག་གི་ཆར་ཉིན་མཚན་མེད་པར་བབ་ཅིང་། ས་གཡོ་བ་དང་། བྱ་བྱིལ་རྣམས་སྐད་སྣ་ཚོགས་འདོན་པ་དང་། དུས་རྒྱུན་པར་ཉེ་འཁོར་ཐམས་ཅད་དུ་དྲི་བཟང་གི་དྲི་ཡིས་ཁྱབ་ཅིང་། རོལ་མོའི་སྒྲ་སྣ་ཚོགས་གྲགས་པ་སོགས་ལྟས་ཕུན་སུམ་ཚོགས་པ་བསམ་གྱིས་མི་ཁྱབ་པ་བྱུང་། ཀོང་པོ་ནས། དྲུང་པ་སྤྲུལ་སྐུས་གཙང་མཛོད། སྐར་པ་ཆགས་ཕེབས། སྐུ་གདུང་རིན་པོ་ཆེ་ཙན་དན་གྱི་སྒྲོན་མེ་ལ་གསོལ་བ་མཛད་དེ། དབུ་ཐོད་ཧྲིལ་པོར་བྱོན་པའི་དབུ་དཔྲལ་ལ་ཡི་གེ་ཨཱཿབྱོན། སྙན་ལྟག་གཡས་ལ་ཧྲཱིཿདེའི་འོག་ཏུ་ཧཱུྃ། དབུ་དཔྲལ་གཡོན་དུ་ཨོཾ། གཡོན་གྱི་སྙན་ལྟག་ནང་མ་ལ་ཐུབ་པ་གྲོང་ཁྱེར་གྱི་སྐུ། སྙན་ལྟག་ཏུ་ཀྱཻ་རྡོར་ཡབ་ཡུམ་ཕྱག་མངས་ཀྱི་སྐུ། དབུའི་ལྟག་པ་ལ་སྤྱན་རས་གཟིགས་ཞལ་གཅིག་ཕྱག་བཞི་པ་བྱོན་འདུག །གདུང་རུས་ཕྱིན་ལ་ཡིག་དྲུག་རང་བྱོན་དང་། ཡི་གེའི་ཚོགས་མང་དུ་བྱོན་འདུག །རིང་བསྲེལ་འཕེལ་གདུང་དང་། གཞན་ཡང་ཁ་དོག་སྣ་ལྔའི་རིང་བསྲེལ་བསམ་གྱི་མི་ཁྱབ་པ་བྱོན། དེའི་ཉིན་ཆུ་མིག་རྫོལ་བ་དང་། ནམ་མཁའ་ལ་མེ་ཏོག་གི་ཕྲེང་བ་སྐོར་མོ་ལྟ་བུ་དང་། ནར་མོ་ལྟ་བུ་དང་། འཕན་ལྟ་བུ་དང་། གདུགས་ལྟ་བུ་དང་། མེ་ཏོག་བསམ་གྱིས་མི་ཁྱབ་པ་དང་། ལྟས་ཕུན་སུམ་ཚོགས་པ་བསམ་གྱིས་མི་ཁྱབ་པ་བྱུང་ཞིང་བྲག་ལུང་ཉང་གསུམ་གྱི་མི་བྱེ་བ་ཙམ་འཚོགས་པ་ལ། དྲུང་པ་སྤྲུལ་སྐུའི་དྲུང་དུ་བརྒྱ་འབུལ། གཞན་བླ་མ་རྣམས་ལ་དགུ་ཚན། དགོན་པ་རྣམས་ལ་

མང་སྐོལ། དགོན་འགྲེད། དེར་འཚོགས་པ་རྣམས་ལ་མང་ཇ། ཆང་། ཟན། ཐུད། མར། ཚ། དར་རས། ཇ་འགྲེད་སོགས་མི་ཕོ་མོ་བྱེ་བ་ཙམ་ལ་བྱས་ཤིང་། བོད་ལ་ཡང་མཚུར་ཕུ། འབྲི་གུང་མཐིལ། ཐུབ་ཆེན། ཀརྨ་གྲྭ་ཚང་སོགས་ལ་ཆོས་རྗེ་རྣམ་པ་དང་། བླ་མ་རྣམས་ཀྱི་འབུལ་བ་ཞོ་འགྲེད་ཙམ་གྱི་འགྲེད། གཞན་ཡང་དགོན་པ་རྣམས་ལ་མང་ཇ། བླ་མའི་འབུལ་བ། དགེ་བདུན་རྣམས་ལ་སྤྱི་འགྲེད་ཐད་ཐད་དུ་བྱས་པ་ཡིན། མཚུར་ཕུར་མི་ནག་ཕོ་མོ་ཁྲི་ཚོ་ཟིན་ཙམ་ལ་འགྲེད་དང་། སྟོན་མོ་བསམ་གྱིས་མི་ཁྱབ་པ་བྱས་པའོ། །

གདུང་ཁྱུས་ཆ་བགོས་ཏེ། སྤྱིད་དེ་བསམ་ཡས་འཆིམས་ཕུ་ལ་ཟངས་གསེར་ལས་གྲུབ་པའི་མཆོད་རྟེན་མཐོ་བཅུ་དགུ་ཙམ་བཞེངས་པའི་ནང་བཞུགས་དང་ བྲག་གསུམ་ཞོ་ཁ་ལ་ཟངས་གསེར་ལས་གྲུབ་པའི་གསེར་འབུམ་མཐོ་བཅོ་ལྔ་ཙམ་བཞེངས་པའི་ནང་བཞུགས་བྱས། གདུང་ཁྱུས་སྤྱིད་དེ་ལ་ཚན་པ་གསུམ་བྱས་ཏེ། ཚན་པ་གཅིག །ཆོས་རྗེ་སྒར་པ་ལ་ཕུལ། ཚན་པ་གཅིག་གྲྭ་པ་ཚོས་བྱས། ཚན་པ་གཅིག་གཙང་དབུས་ཁམས་གསུམ་གྱི་ཡོན་བདག་གྲྭ་མང་སྤྱི་ལ་འགྲེད་བྱས་སོ། །དེ་ལྟར་རྗེ་བཙུན་རིན་པོ་ཆེ་གྲུབ་པའི་རྒྱལ་མཚན་དེ་སྐུ་ཆོས་ཀྱི་དབྱིངས་སུ་ཐིམ་པ་ནས་གཟུང་སྟེ་ལོ་བཞི་ལྔ་ཙམ་ལ་བྲག་གསུམ། ཉང་ལུང་སྐོར་ལ་ལོ་ཡགས་སྐྱ་རྒྱལ་བྱུང་ཞིང་། མི་ནད་ཕྱུགས་ནད་མེད་པ་དང་། འབྲུག་སྟོད་ཐམས་ཅད་ཞི་ཞིང་། ཁྱད་པར་དུ་ཞོ་ཁ་སྐོར་ལ་མེ་ཏོག་གི་ཆར་རྒྱུན་པར་བབ་ཅིང་། དྲི་བཟང་གི་ངད་དེང་སང་གི་བར་དུ་ཁྱབ་པར་ཡོད་པ་ཡིན་ནོ། །རྗེ་བཙུན་སྐྱེས་མཆོག་མཁས་བཙུན་བཟང་གསུམ་དང་ལྡན་པ་གཙུག་གི་རྒྱན་རིན་པོ་ཆེ་མཆོད་པའི་རྟེན་གྱུར། འཇམ་དཔལ་རྒྱ་མཚོ་བ་དེ་ཉིད་ཀྱི་སྐུའི་བཀོད་པ་རྒྱ་མཚོ་ལྟ་བུ

ཡོད་པའི་ནང་ནས། རང་གི་བློ་ནུས་ཀྱིས་དཔག་པར་དཀའ་ན་ཡང་། ལྷ་སྙིངས་ཀྱི་མཁས་བཙུན་རྟོགས་ལྡན་དགེ་འདུན་རྒྱ་མཚོ་པ་དང་། དད་ལྡན་རིག་པའི་མེ་ཏོག་བཤེས་གཉེན་པ་སོགས་གུས་ལྡན་སློབ་མ་རྣམས་ཀྱིས་ཡང་ཡང་ནན་ཏུར་བསྐུལ་བ་ལ་བརྟེན་པ་དང་། རང་གི་མོས་པའི་སྣུ་གུས་ཚུ་ཐིགས་ཙམ་ཞིག་བླངས་ཏེ། ཤཱཀྱའི་དགེ་སློང་ཀྲི་ཋ་ཆོས་ཀྱི་རྒྱ་མཚོ་ཞེས་བྱ་བས། ལྕགས་ཕོ་འབྲུག་གི་ལོ་དབྱར་སྟོན་མཚོའི་ཟླ་བ་བསམ་གཏན་དྲང་སྲུང་གི་ཉི་མ་ལ་འགྲུབ་སྦྱོར་བཟང་པོའི་འཕྲོད་སྦྱོར་དང་བསྟུན་ནས་སྦྱར་བའོ།། །།

མགུར་བཞུགས་སོ། །

སྐྱེ་མེད་སྟོན་མཛད་གཙུག་གི་རིན་པོ་ཆེ། །འཁྲུལ་མེད་སྙིང་གི་ཟེ་འབྲུར་རྟག་བཞུགས་འཚལ། །གསལ་སྟོང་སྒྱུ་མའི་ཐ་ཚུང་རི་ཁྲོད་པས། །སེམས་ངེས་འབྱུང་གི་གླུ་སྐད་བཟ་ཙམ་ལེན། །ཆགས་བྲལ་ངེས་མེད་ཀྱི་རི་ཁྲོད་འགྲིམ་པ་འཚལ། །བསག་སྦྱང་བློ་བྲལ་གྱི་རྟོག་པ་ཐད་ཀར་གཅོད། །ཐེག་ཆེན་བསམ་སྦྱོར་གྱི་རིག་པ་རྗེན་པར་ལྟ། །མཐོང་ཐོས་དྲན་རེག་ཆོས་སྐུའི་ཞིང་དུ་སྨོན་ལམ་བཏབ། །མ་རིག་མཐུག་པོའི་གླིང་དུ་སྒྲོན་མེ་བཏེག །ཚ་གྲང་སྡུག་བསྔལ་གྱི་གླིང་དུ་རྒྱང་གླུ་ལེན། །བཀྲེས་སྐོམ་ཚོར་བའི་གླིང་དུ་སྟོན་ཆེན་བཏང་། །འཁོར་འདས་ཐུག་ཕྲད་ཀྱི་གླིང་དུ་དར་ཆེན་ཕྱར། །སྐུ་གསུམ་བླ་མའི་ཞིང་དུ་རྒྱལ་མཚན་འཛུགས། །མ་བཅོས་ལྷུག་པའི་ངང་ལ་སྦྱོར་ཉེར་བྱེད། །འོད་གསལ་ཀུན་ཏུ་བཟང་པོའི་དཀྱིལ་འཁོར་བཞེངས། །མགོན་མེད་འགྲོ་དྲུག་རྣམས་ལ་ཁྲིམ་དབང་བསྐུར། །བདེ་ཆེན་ཐར་པའི་གླིང་དུ་རྒྱངས་

ཀྱིས་བཏང་། །ཆོས་རྒྱལ་འོད་དཔག་མེད་ཀྱི་ཞལ་བསྟན་ནོ། །

བསྟོད་པ་བཞུགས་སོ། །

བསོད་ནམས་རིན་ཆེན་རི་བོའི་དབུས་ཚོགས་དང་། །སྡེ་སྣོད་རྒྱུད་སྡེའི་ཚོགས་ལ་རང་དབང་ཐོབ། །ཟབ་གསལ་སྐྱེ་མེད་དབུ་མའི་རང་བཞིན་ཉིད། །སྤྲོས་བྲལ་ཁྱབ་གདལ་ཕྱུག་རྒྱའི་རྩེ་ཐོག་རྒྱས། །རང་བཞིན་ལྷུན་གྲུབ་ཨེ་ཝཾ་སྒྱུ་མའི་སྐུ། །ཕ་རོལ་ཕྱིན་དྲུག་རིགས་དྲུག་སྐུ་དྲུག་ལྡན། །མཐའ་དྲུག་ཚུལ་བཞི་བདེན་པ་གཉིས་ལས་འདས། །གཞན་སེལ་རང་དོན་ཕྱག་རྒྱ་ཆེན་པོ་ཉིད། །དགག་སྒྲུབ་ཀུན་བྲལ་རྟག་ཆད་མཐའ་དང་བྲལ། །རང་བཞིན་གཉུག་མ་རིག་པའི་མེ་ཏོག་མཛེས། །ལྷན་ཅིག་སྐྱེས་སྦྱོར་རྫོགས་པའི་ཆོས་འཁོར་བསྐོར། །ལོངས་སྤྱོད་རྫོགས་སྐུའི་མཚན་དཔེ་བརྒྱན་དང་ལྡན། །སྤྲུལ་སྐུའི་ཚུལ་འཛིན་ཆོས་སྐུའི་ཕ་རོལ་ཕྱིན། །ཐ་མལ་ཤེས་པ་བདག་མེད་རྫོགས་པ་ཆེ། །བདེ་སྟོང་གཉིས་འདས་ཀུན་རིག་ཁྱབ་གདལ་ཆེ། །ཧེ་རུ་ཀ་དཔལ་གཅིག་ཆོད་རྗེ་ངར་ལྡན། །རི་བོང་ཙྣ་ཡི་རྒྱལ་པོའི་སྐུ་མཁར་བཞིན། །མོ་ཤམ་བུ་ཡིས་འཁོར་འདས་དམག་དཔོན་བྱེད། །ནམ་མཁའི་པདྨོ་དཀྱིལ་འཁོར་བུམ་པ་བཅལ། །དང་པོའི་སངས་རྒྱས་དཀྱིལ་འཁོར་གཙོ་བོར་བཞུགས། །ཉི་མ་ཟླ་བའི་མཎྜལ་བཤམས། །རྒྱུ་སྐར་རྣམས་ཀྱི་ཚོམ་བུ་བཀོད། །རང་བཞིན་གཉུག་མའི་གར་མཁན་བྱེད། །རིག་པའི་ལྷ་མོས་གར་སྟབས་བསྒྱུར། །བདེ་གསལ་བུང་བས་མཆོད་དབྱངས་ལེན། །ཀུན་མཁྱེན་ཐར་པས་མཆོད་པ་བཞེས། །རྣམ་ཐར་བརྒྱད་ཀྱི་དཀྱིལ་འཁོར་ལ། །བྱང་ཆུབ་

སེམས་ཀྱི་བུམ་པ་བཅལ། །ཚད་མེད་བཞི་ཡི་ཁ་རྒྱན་འཇུགས། །བདག་ཡིད་དང་པའི་མགུལ་ཆིངས་བཤམས། །རྣམ་ཐར་སྨན་གྱི་བུམ་རྫས་བླུག །དྲན་པ་ཡེ་ཤེས་ཚུ་ཡིས་བཀང་། །དཔལ་ལྡན་བླ་མ་རྗེ་ལ་འབུལ། །ཅེས་པ་རྗེ་བཙུན་སྐུ་དྲིན་ཅན་ཉིད་ལ་སྐུ་དྲིན་གསོལ་བ་ཙམ་དུ་བསྟོད་པའི་ཚིག་སྙན་ངག་མེད་པའི་ལྷུག་པ་བྱས་ནས། གོ་བདེ་བའི་ཁྱད་པར་དུ། ཤཱཀྱའི་དགེ་སློང་ཀྱཻ་འོ་ཆོས་ཀྱི་རྒྱ་མཚོ་ཞེས་བྱ་བས་སྣ་འབར་རི་ཁྲོད་དུ་སྦྱར་བའོ། །རྗེ་བཙུན་བླ་མ་རིན་པོ་ཆེའི། །རྣམ་ཐར་གསེར་གྱི་ཕྲེང་བ་འདིས། །བྲིས་པའི་དགེ་བའི་རྩ་བ་དེས། །བདག་སོགས་མ་རྒན་སེམས་ཅན་རྣམས། །སྒྲིབ་པ་མ་ལུས་རབ་བསལ་ནས། །དཔལ་ལྡན་སྐུ་ལྔ་རབ་རྫོགས་ཏེ། །བླ་མ་དམ་པའི་གོ་འཕང་ཐོབ་པར་ཤོག །བཀྲ་ཤིས་དཔལ་འབར་འཛམ་གླིང་རྒྱལ་བའི་རྒྱན་དུ་ཤོག །མངྒལཾ་བྷ་ཝནྟུ། །

༄༅། །གཅོད་གདན་ཐོག་གཅིག་མའི་ཁྲིད་ཡིག་ཕྲིན་ལས་རྒྱ་མཚོ་ཞེས་བྱ་བ་བཞུགས་སོ། །

བླ་མ་དང་མཁའ་འགྲོའི་ཚོགས་ལ་ཕྱག་འཚལ་ལོ། ཀརྨ་པ་རང་བྱུང་རྡོ་རྗེའི་གཅོད་གདན་ཐོག་གཅིག་མའི་ཁྲིད་ཡིག་ཕྲིན་ལས་རྒྱ་མཚོ་ཞེས་བྱ་བ་ཁྲིགས་ཆགས་སུ་སྡེབས་པ་འདི་བྲི་བ་ལ། བླ་མ་དང་མཁའ་འགྲོའི་ཚོགས་ཀྱིས་བཀའ་གནང་ཞིང་བྱིན་གྱིས་བརླབ་པ་དང་དངོས་གྲུབ་བསྩལ་དུ་གསོལ། བཀའ་ཤིས་རབ་ཀྱི་ཕ་རོལ་ཏུ་ཕྱིན་པ་མན་ངག་བདུད་ཀྱི་གཅོད་ཡུལ་འདི་འཆད་པར་བྱེད་པ་ལ་དོན་གཉིས། ཁུངས་བཙུན་ཞིང་ཡིད་ཆེས་པར་བྱ་བའི་ཕྱིར་བླ་མ་བརྒྱུད་པའི་ལོ་རྒྱུས་རྣམ་ཐར་དང་། བརྒྱུད་པ་དེ་ལས་བྱུང་བའི་གདམས་པ་དངོས་དེ་ལ་གཉིས། ས་བཅད་དང་། གདམས་པའོ། །ས་བཅད་ལ་སྤྱི་དང་བྱེ་བྲག་གཉིས། སྤྱི་ལ་སྔོམ་དང་བྱེ་བྲག་གཉིས། བྱེ་བྲག་ལ་དགོས་པ་སུམ་ཅུ་སོ་བརྒྱད་དམ། བཞི་བཅུ་ཞེ་བདུན། ལན་གཉིས། འདེབས་བཞིའོ། །བྱེ་བྲག་དངོས་ལ་སྔོམ་དང་བྱེ་བྲག་གཉིས། བྱེ་བྲག་ལ་གསུམ། རྫས་རི་དང་། རྫུས་རི་དང་། མ་ནིང་གི་རི་དང་གསུམ་མོ། །མ་ནིང་ལ་གསུམ་སྟེ། རྒྱལ་པོ་དང་། བློན་པོ་དང་། འབངས་དང་གསུམ་མོ། །ཨ་མས་གསུངས་པའི་ས་གཞུང་བཞི། །མཁས་པས་གོ་རིམ་མ་ནོར་བར། །འདི་ཡི་གཞུང་དུ་ངེས་པ་ནི། །རིམ་པ་ཉིད་དུ་བཤད་པར་མཛད། །

གདམས་པ་དངོས་ལ་གསུམ། རི་གཅོད་པར་བྱེད་པ་དང་། དུར་གཅོད་

པར་བྱེད་པ་དང་། ཁྲིམ་གཙོད་པར་བྱེད་པའོ། །རི་གཙོད་པ་ལ་གསུམ། སྤྲ་མ་དང་། བར་མ་དང་། ཕྱི་མ་དང་གསུམ་མོ། །ལྷན་ཐབས་གེགས་སེལ། ལས་ཁ་ཚར་དང་བཅས་པ་ཡིག་ཆུང་དུ་བསྟན་པའོ། །

ས་སྤྱིའི་སྡོམ་ལ། ཉལ་ས་འདོམ་གང་གྲུ་བཞི་ལ། རྣལ་འབྱོར་དགེ་སྦྱོར་འཕེལ་དང་མི་འཕེལ་ཡོད། ས་དམིགས་དྲྭ་བ་དང་འདྲ་བ་ལ། ས་གནད་ཁབ་རྩེ་དང་འདྲ་བ་ཡོད། ཅེས་བྱ་བའོ། །སྤྱིའི་བྱེ་བྲག་གི་གཞུང་ལ། ཤར་དུ་སྟག་སྐྱ་འོ་དགོས། ལྷོར་གཡུ་འབྲུག་སྔོན་མོ་དགོས། ནུབ་ཏུ་ཏྲ་སྦྲལ་རྒྱ་འོ་དགོས། བྱང་དུ་བྱ་དམར་མོ་དགོས། ཤར་ལྷོ་མཚམས་སུ་སྣང་ཆེན་སྣ་ཤལ་དགོས། ལྷོ་ནུབ་མཚམས་སུ་ཕག་ནག་མདའ་ཁུར་དགོས། ནུབ་བྱང་མཚམས་སུ་རྨ་བྱ་མཛིང་བསྒོལ་དགོས། བྱང་ཤར་མཚམས་སུ་ཤ་བ་མདའ་སྡོད་དགོས། །ཤར་དུ་སྟག་སྐྱ་འོ་དགོས་ཏེ། སྟག་ལ་ས་མདའ་མ་ཐོག་དགོས། ལྷོར་གཡུ་འབྲུག་སྔོན་མོ་དགོས་ཏེ། གཡུ་འབྲུག་ཟེ་བ་མེས་མ་ཚིག་དགོས། ནུབ་ཏུ་ཏྲུས་སྦྲལ་རྒྱ་འོ་དགོས་ཏེ། ཏྲུས་སྦྲལ་ལ་མི་རྩུས་མ་ཐོག་དགོས། བྱང་དུ་བྱ་དམར་མོ་དགོས་ཏེ། བྱ་ལ་ཁྲ་མ་ཐོག་དགོས། ཤར་རྒྱལ་མོ་ཉལ་བ་ལྟ་བུ་དགོས། ལྷོ་འབོམ་ལ་ར་རྩག་གྱོན་པ་ལྟ་བུ་དགོས། ནུབ་གཡོར་དགོས། བྱང་འདན་དགོས། རྒྱབ་རི་རྒྱལ་པོ་གདན་ལ་བཞུགས་པ་ལྟ་བུ་དགོས། མདུན་རི་བློན་པོ་གྲོས་སུ་འདུ་བ་ལྟ་བུ་དགོས། གཡས་རི་བཙུན་མོ་ཆས་སུ་ཞུགས་པ་ལྟ་བུ་དགོས། གཡོན་རི་རྒྱལ་བུ་གཡུ་ཞུད་བཏགས་པ་ལྟ་བུ་དགོས། རྒྱབ་རི་སེང་གེ་དཀར་མོ་གནམ་ལ་མཆོང་བ་ལྟ་བུ་དགོས། མདུན་རི་རྒྱ་སྟག་ནགས་ལ་ཞེན་པ་ལྟ་བུ་དགོས། གཡས་རི་སྣང་ཆེན་ཁྲིས་སུ་འཇུག་པ་ལྟ་བུ་དགོས། གཡོན་རི་དམག་དཔོན་དར་མདུང་ཕྱར་བ་ལྟ་བུ་དགོས། རྒྱབ་རི་དར་དཀར་གྱི་ཡོལ་

བ་འཕེན་པ་ལྟ་བུ་དགོས། མདུན་རི་རིན་ཆེན་སྤུངས་པ་ལྟ་བུ་དགོས། གཡས་རི་ནག་ལ་སྤུན་དགོས། གཡོན་རི་འཇམ་ལ་རྩུབ་དགོས། རྒྱབ་རི་ལྷ་ལྟར་མཚོད་དགོས། མདུན་རི་འདྲེ་ལྟར་མནན་དགོས། གཡས་རི་བདུད་ལྟར་གཟིར་དགོས། གཡོན་རི་བུ་ལྟར་སྐྱོང་དགོས། གནམ་ལ་འཁོར་ལོ་རྩིབས་བརྒྱད་དགོས། ས་ལ་པདྨ་འདབ་བརྒྱད་དགོས། ཡོགས་ལ་བཀྲ་ཤིས་རྟགས་བརྒྱད་དགོས། འདེབས་ལ་རྒྱལ་སྲིད་སྣ་བདུན་དགོས། རྒྱབ་རི་ལྷ་ས་ཡིན་མདུན་རི་འདྲེ་ས་ཡིན། གཡས་རི་བདུད་ས་ཡིན། གཡོན་རི་བུ་ཡི་ས་ཡིན། ཤར་གྱི་ལམ་ནི་གྲོག་ལམ་ཡིན། ལྷོའི་ལམ་ནི་གཤིན་ལམ་ཡིན། ནུབ་ཀྱི་ལམ་ནི་བཙན་ལམ་ཡིན། བྱང་གི་ལམ་ནི་དགྲ་ལམ་ཡིན། ཞུམ་པ་བརྟེན་དགོས། ཆད་པ་འཐུད་དགོས། འཕྱུར་བ་གནོན་དགོས། རྙིབ་པ་བཀར་དགོས། འཕྱིར་བ་སྟུད་དགོས། སྤུངས་པ་གཏོར་དགོས། རལ་བ་གྲུབ་དགོས། གས་པ་འཛོར་དགོས། ཡར་བ་སྡུར་དགོས། གནམ་གྱི་མཆེ་བ་ས་ལ་མ་ཟུག་དགོས། ས་ཡི་མཆེ་བ་གནམ་ལ་མ་ཟུག་དགོས། རྒྱང་ལེན་རྐྱེན་པོའི་མདའ་དང་འདྲ། ཉེ་ལེན་ཤན་པ་གྲི་ཐོགས་འདྲ། སྐམ་སའི་བརླན་ས་དགོས། རྩུབ་སའི་འཇམ་ས་དགོས། འཇམ་པའི་རྩུབ་ས་དགོས།

སྤྱིའི་བྱེ་བྲག་གི་འགྲེལ་པ་ནི། ཤར་དུ་སྟག་སྐྱ་འོ་དགོས་ཞེས་པ། ཤར་ཕྱོགས་སུ་ས་སྐྱ་འོ། ས་ཤུ། གད་རལ་ལོ། །ལྷོ་རུ་གཡུ་འབྲུག །སྔོན་མོ་དགོས་ཞེས་པ། ལྷོ་ཕྱོགས་སུ་མཚོའམ་ཆུ། བྲག་སྔོན་པོའམ། སྤང་སྔོན་པོ་ལའོ། །ནུབ་ཏུ་རུས་སྦྲུལ་ཁྲ་འོ་དགོས་ཞེས་པ། ནུབ་ཕྱོགས་སུ་བྲག་དེལ་འམ། ཕ་བོང་ཆེན་པོ་ལའོ། །བྱང་དུ་བྱ་དམར་མོ་དགོས་ཞེས་པ། བྱང་ཕྱོགས་སུ་བྲག་དམར་པོ་མི་རེང་ལངས་པ་ལྟ་བུ་ལ་འམ། བྲག་ཙོག །རི་རྩེ་རྟེན་པོའོ། །དེའི་ལན་དུ། ཤར་ལྷོ་མཚམས་ལ་སྤྲང་

ཆེན་སྣ་ཤལ་དགོས་ཞེས་པ། ཆུའམ་རི་རྒྱུད་མ་ཆད་པ་ལའོ། །ལྷོ་ནུབ་མཚམས་སུ་ཕག་ནག་མདའ་ཁྱུར་དགོས་ཞེས་པ། རི་ནག་པོ་རྩེ་ཤིང་རྒྱས་པ་དང་། སྔོང་པོ་ཁེར་སྐྱེས་བྲག་ཅིག་ལའོ། །ནུབ་བྱང་མཚམས་སུ་རྨ་བྱ་མཛིང་བསྒོལ་དགོས་ཞེས་པ། བྲག་དམར་མི་རེང་ལངས་པ་ལྟ་བུ་གཉིས་གོང་འོག་གམ། ཕར་ཚུར་ལ་བསྒོལ་ཐབས་སུ་ཡོད་པ་ལའོ། །བྱང་ཤར་མཚམས་སུ་ཤ་བ་མདའ་སྔོད་དགོས་ཞེས་པ། ས་ཤུའམ། གད་ཆམ། གད་རལ། ཆམ་སྐྱ་འོ་ལ་འོ། །དེའི་ལན་དུ། ཤར་དུ་སྟག་སྐྱ་འོ་དགོས་ཏེ། སྟག་ལ་ས་མདའ་མ་ཕོག་དགོས་ཞེས་པ། ཕོག་པ་ནི། ས་ཤུའམ། ས་སྐྱ་བོའི་དཀྱིལ་དུ་སྔོང་པོའམ། ཤིང་ཕུང་། བྲག་ཅིག་ལའོ། །ལྷོ་རུ་གཡུ་འབྲུག་སྔོན་མོ་དགོས་ཏེ། གཡུ་འབྲུག་ཟེ་བ་མེས་མ་ཚིག་དགོས་ཞེས་པ། ཚིག་པ་ནི། རི་ཟུར་འམ། མཚོ་དང་། ཆུ་འགྲམ་གྱི་གད་པ་དང་ས་དམར་པོ་ལའོ། །ནུབ་ཏུ་རུས་སྦལ་རྒྱ་འོ་དགོས་ཏེ། རུས་སྦལ་ལ་མེ་རྩས་མ་ཕོག་དགོས་ཞེས་པ། ཕོག་པ་ནི། ཕ་བོང་དང་བྲག་ཅིག་ཐོག་ལ། ཤིང་ཕུང་ངམ། ས་འབོར་ལའོ། །བྱང་དུ་བྱ་དམར་མོ་དགོས་ཏེ། བྱ་ལ་ཁྲ་མ་ཕོག་དགོས་ཞེས་པ། ཁྲ་ཕོག་པ་ནི། བྲག་གི་རྩེའམ། རི་རྩེ་ལ་སྔོང་པོ་ཁེར་སྐྱེས་བྲག་གི་རྩེ་ལ་བྲག་ཡོད་པ་ལའོ། །དེའི་ལན་དུ། ཤར་རྒྱལ་མོ་ཉལ་བ་ལྟ་བུ་དགོས་ཞེས་པ། ཤར་གྱི་རི་དམའ་ལ་གདལ་བ་ལྟ་བུ་ལའོ། །ལྷོར་འབོམ་ལ་ར་རྩག་གྱོན་པ་ལྟ་བུ་དགོས་ཞེས་པ། ལྷོའི་རི་འབོར་འབོར་བ་ལ་རྩི་ཤིང་། ནགས་མས་བརྒྱན་པ་ལའོ། །ནུབ་གཡོར་དགོས་ཞེས་པ། ནུབ་ཕྱོགས་ཀྱི་རི་མདའ་ལྷོང་ལ་མ་སོང་ན་ལའོ། །བྱང་འདན་དགོས་ཞེས་པ། ས་སྒོ་དང་གནམ་སྒོ་མེད་པ་ལའོ། །དེའི་ལན་ལ། རྒྱབ་རི་རྒྱལ་པོ་གདན་ལ་བཞུགས་པ་ལྟ་བུ་དགོས་ཞེས་པ། རི་མཐོ་ལ་འཛམ་པ་ལྷུན་ཆགས་པ་ལའོ། །མདུན་རི་

བློན་པོ་གྲོས་སུ་འདུ་བ་ལྟ་བུ་དགོས་ཞེས་པ། མདུན་རི་ཚུར་ལ་རི་མགོ་མདུན་ལ་གུག་པ་ལྟ་བུ་ལའོ། །གཡས་རི་མོ་བཙུན་ཚས་སུ་ཞུགས་པ་ལྟ་བུ་དགོས་ཞེས་པ། རི་ཕྲ་ལ་མཛེས་པ། རྩེ་ཤིང་མེ་ཏོག་གིས་བརྒྱན་པ་ལའོ། །གཡོན་རི་རྒྱལ་བུ་གཡུ་ཕུད་བཏགས་པ་ལྟ་བུ་དགོས་ཞེས་པ། གཡོན་རི་མཛེས་ལ་ཕྱུག་པ། རྩེ་ལ་ཚུ་ཤིག་གམ། རྫ། ཡང་ན་བྲག་ལྟ་བུ་ལའོ། །དེའི་ལན་ལ། རྒྱབ་རི་སེང་གེ་དཀར་མོ་གནམ་ལ་མཆོང་བ་ལྟ་བུ་དགོས་ཞེས་པ། བྲག་དཀར་པོའམ། རྫ་དཀར་པོ། གངས་རི་དཀར་པོ་ལའོ། །མདུན་རི་རྒྱ་སྟག་ནགས་ལ་ཞེན་པ་ལྟ་བུ་དགོས་ཞེས་པ། བྲག་གམ། ཕ་བོང་ངམ། རི་འབོར་སྒྲིབ་པ་ལྟ་བུ་ལའོ། །གཡས་རི་གླང་ཆེན་བྲིས་སུ་འཇུག་པ་ལྟ་བུ་དགོས་ཞེས་པ། རི་གླང་པོ་ཆེ་ཉལ་བ་ལྟ་བུ་ལའོ། །གཡོན་རི་དམག་དཔོན་དར་མདུང་ཕྱར་བ་ལྟ་བུ་དགོས་ཞེས་པ། རི་མཐོ་ལ་རྩེ་ཐོན་པ། རྫ་དང་བྲག་དུམ་པ་ཡོད་པ། རི་སྐེད་ཕྱིན་སྤུང་རི་ཡིན་པ་ལའོ། །དེའི་ལན་དུ། རྒྱབ་རི་དར་དཀར་གྱི་ཡོལ་བ་འཕྱེན་པ་ལྟ་བུ་དགོས་ཞེས་པ། རྒྱབ་རི་ས་སྐྱ་འོ་འམ། བྱེ་མ་དཀར་པོའི་རི་ལའོ། །མདུན་རི་རིན་ཆེན་སྤུངས་པ་ལྟ་བུ་དགོས་ཞེས་པ། རི་མཛེས་ལ་ནས་སྤུངས་པ་ལྟ་བུ་ལའོ། །གཡས་རི་ནག་ལ་སྤུན་དགོས་ཞེས་པ། རི་ནག་པོ་ཤིང་ནགས་ཡོད་པ་ལའོ། །གཡོན་རི་འཇམ་ལ་རྩུབ་དགོས་ཞེས་པ། རི་སྤུང་རི་ཡིན་པ་ལ་ཕ་བོང་། བྲག །ཤིང་ཚ་ལེ་བ་ཡོད་པ་ལའོ། །དེའི་ལན་དུ་རྒྱབ་རི་ལྷ་ལྟར་མཆོད་དགོས་ཞེས་པ། རྒྱབ་རི་ལ་ཤིང་མི་གཅོད། ས་མི་རྐོ། རྡོ་མི་སློག །རྩྭ་མི་བྲེག་པ་ལའོ། །མདུན་རི་འདྲེ་ལྟར་མནན་དགོས་ཞེས་པ། རང་གི་འོག་ཏུ་མདུན་རི་འདུ་བ་དང་། དམིགས་པས་གནོན་དགོས་པ་ལའོ། །གཡས་རི་བདུད་ལྟར་གཟིར་དགོས་ཞེས་པ། གཡས་རིའི་ས་གཏེར་རྡོ་གཏེར་སམ། སྲོག་

དབང་དུ་བསྡུས་པ་བྱེད་པ་ལའོ། །གཡོན་རི་བུ་ལྟར་སྐྱོང་དགོས་ཞེས་པ། རི་དེ་ལ་ལྷ་གསོལ་བ། སྲུས་མཁར་རམ། མཆོད་རྟེན་ལྷ་ཤུག་གིས་བརྒྱན་པ་ལའོ། །དེ་ཐམས་ཅད་ཀྱི་འདུས་ལ། གནམ་ལ་འཁོར་ལོ་རྩིབས་བརྒྱད་དགོས་ཞེས་པ། གནམ་གྱི་མཆེ་བ་མེད་པ་ལའོ། །ས་ལ་པདྨ་འདབ་བརྒྱད་དགོས་ཞེས་པ། ས་གནད་མེད་པ་ལའོ། །ཡོག་ལ་བཀྲ་ཤིས་རྟགས་བརྒྱད་དགོས་ཞེས་པ། ཕྱོགས་བཞི་མཚམས་དང་བཅས་པ་ལ་རྟགས་དེ་རྣམས་ཚང་བ་ལའོ། །འདེབས་ལ་རྒྱལ་སྲིད་སྣ་བདུན་དགོས་ཞེས་པ། དེ་དག་གི་འདེབས་ལ་གོ་སླ་བ་ལའོ། །རྒྱབ་རི་ལྷ་ས་ཡིན། གླུ་མའི་ས། ཕ་མེས་ཀྱི་ས་ཡིན་པས་མཆོད་དགོས། མདུན་རི་འདྲེ་ས་དང་འཁོར་གྱི་ས་ཡིན་པས་ནོན་དགོས། གཡས་རི་བདུད་ཀྱི་ས་དང་། དགྲ་ས་ཡིན་པས་དམིགས་པས་གཟིར། གཡོན་རི་བུ་ཡི་ས་དང་། ཕ་ཚན་གྱི་ས་ཡིན་པས་སྐྱོང་བྲན་བྱེད།

ལམ་བཞི་ལ། ཤར་གྱི་ལམ་ནི་གྲོག་ལམ་ཡིན་པས་བཟང་། ལྷོ་ཡི་ལམ་ནི་གཤིན་ལམ་ཡིན་པས་ངན། ནུབ་ཀྱི་ལམ་ནི་བཙན་དང་བདུད་ཀྱི་ལམ་ཡིན་པས་བཏུབ་ཙམ་འོང་། བྱང་གི་ལམ་ནི་དགྲ་ལམ་ཡིན་པས་ཤིན་ཏུ་ངན་པའོ། །ས་ཡི་པོ་རལ་ཞིག་གསུམ་ལ། ཞུམ་པ་བརྟེན་དགོས་ཞེས་པ། རི་རྒྱུད་རྒྱུག་པའི་སྣེ་འམ། ས་ཞུམ་པའི་སྣེར་བསྡད་པའོ། །ཆད་པ་འཐུད་དགོས་ཞེས་པ། རི་རྒྱུད་ཆད་པའམ། རི་གཉའ་ཆད། ཐང་ཆད་པ། ཆུ་འདུས་སོགས་ཆད་པ་ལའོ། །འཕྱུར་བ་མནན་དགོས་ཞེས་པ། རི་རྩེ་རྒྱལ་ལྷ་བུའམ། ཐང་དེའི་རྩེ་རྒྱལ་སོགས་ཀྱི་རྩེ་ལའོ། །བརྡེབ་པ་བཀར་དགོས་ཞེས་པ། ཐང་གི་དཀྱིལ་ལྷུང་བ་ལྟ་བུའམ། རིའི་རྩེ་མོ། རི་རྒྱུད་ཁོལ་བུར་ལྷུང་བ་ལྟ་བུའི་རྩེ་ལའོ། །འཐོར་བ་བསྡུད་དགོས་ཞེས་པ། གཉན་ས་དེ་གང་ཐང་ས་གཡོས་ལྟ་བུ་ཡིས་ཞིག་རལ་ལྟ་བུ་ལ་སོང་བའམ།

རང་བཞིན་འཁོར་བ་ལྟ་བུ་ཡིན་ན། མཐའ་ནས་རིམ་པར་སྟོད་པའམ། ས་གཏེར་རྫ་གཏེར་བསྡུས་ནས་ཕྱོགས་གཅིག་ཏུ་གཙོད་པ་ལའོ། །སྲུངས་པ་གཏོར་དགོས་ཞེས་པ། ས་འབབ་འབྱུར། གཤངས་གཞོངས་མང་པོ་ཡོད་པ་འདུག་ན་དཀྱིལ་ལའོ། །རལ་བ་གྲུབ་དགོས་ཞེས་པ། ས་ཡི་གཞོངས་སམ། ས་རལ། གད་རལ། ས་ཤུ་ཆེན་པོ་འདུག་ན་དཀྱིལ་ལའོ། །གས་པ་འཛེར་དགོས་ཞེས་པ། རི་རྩེའམ། རི་རྒྱུད། ཐང་དཀྱིལ་ཐང་ཆེན། སུམ་མདོ། ལམ་གསང་ལྟ་བུའི་རྩེ་ཟུར། དཀྱིལ་སོགས་གས་ས་འདུག་ན་གས་མཚམས་ལའོ། །ཡར་བ་སྦྱར་དགོས་ཞེས་པ། རི་རྩེའམ། རི་སྣ། རི་རྒྱུད་ཁོལ་བུར་ཆད་པ་འདུག་ན་དཀྱིལ་ལའོ། །གནམ་གྱི་མཆེ་བ་ས་ལ་མ་ཟུག་དགོས་ཞེས་པ། རི་ཕར་ཚུར་རི་རྒྱུད་མེད་པའི་ཏངས་སྟོངས་ལའོ། །དེ་བཅོས་པ་ལ་ཁང་པ་སོགས་ཡིན་ན། ཁང་པའི་རྩེ། གཉན་ས་ཡིན་ན་དམིགས་པས་རྒྱས་འདེབས་པ་ལ། དབུག་པའི་མགོ་ལ་གཡག་པ་བཙིངས་ལ། ཕྱོགས་དེར་ཁ་བསྟན་ལ་བཞག །ས་ཡི་མཆེ་བ་གནམ་ལ་མ་ཟུག་དགོས་ཞེས་པ། རི་རྩེ་མཐོན་པོ་གཡས་གཡོན་གྱི་རི་རྒྱུད་དམའ་བ་ཡོད་པ་ལའོ། །དེ་བཅོས་པ་ལ། གོང་བཞིན་མཁར་འམ། ཁང་པའི་རྩེ། ཡང་ན་དམིགས་པས་རྒྱས་འདེབས་པ་ལ། ཐུབ་ཕྱོགས་ངེས་དེར་གཟུར་བ་ལའོ། །

ལེན་གཉིས་ལ། རྒྱང་ལེན་དང་། ཉེར་ལེན་གཉིས་ཏེ། རྒྱང་ལེན་ནི། མིག་རྒྱང་གང་ཚུན། འབོད་སྐད་ཀྱིས་ཚོར་བ་ཕན། རི་རྩེ་བུད་ཅམ། བྲག་རྩེ། སྟོང་ཉགས། གཞོངས་རོང་། ཤིང་ཁེར་སྐྱེས། བྲག་མི་རེངས་ལངས་པ་ལྟ་བུ། ཚུ་ཆད་པ་ལྟ་བུ། ལམ་རྒྱ་གྲམ་བསྒྲོལ་བ་ལྟ་བུ། རལ་གྲི་འཕྱར་བ་ལྟ་བུའི་བྲག །སྡིགས་པ་མཚམས་པ་ལྟ་བུ། ཤ་ཕོ་རུ་འཛིངས་ལྟ་བུ་སྦྲུལ་རེ་འཇམ་ཐུར་ལ་རྒྱུག་པ་ལྟ་བུ།

ཕག་རྐོད་ཐུར་ལ་རྒྱུག་པ་ལྷ་བུ་འདུག་ན་ས་དགྲ་ཡིན་པས་གཟིར་བ་ལའོ། །ཉེ་ལེན་ནི། ཉལ་ས་ཕན། འཕོད་སྐད་ཚོར་བ་ཚུན་གྱི་བྲག་ཟུར། རྗེ་བརྟན་ཟུག །གང་རལ་པ་ཆད་པ། ལམ་ཆད་པ་ལྷ་བུ་ལའོ། །དེ་བཅོས་པ་ནི། མགོ་ལ་མཆོད་རྟེན་ནམ། མཐོ་ཅོག །ཕོང་པ་ལྷ་བུ་བཞག །ཐུབ་པ་གངས་ཆེན་མཚོ་རྒྱལ་མདུན་དུ་བསྐྱེད་ནས་མནན་པར་བསམ་པ་ལའོ། །འདེབས་བཞི་ནི་སྐམ་པའི་རློན་ས། ཅེས་པ། ཡུལ་ཕྱོགས་དེ་སྐམ་པ་འདུག་ན་མཐའ་འམ་དབུས། རློན་ཐིག་ལ་བསྟད། རློན་སའི་སྐམ་ས་ཅེས་པ། ཡུལ་དེ་རློན་པ་འདུག་ན་མཐའ་འམ་དབུས་སྐམ་ས་ལའོ། །འཛམ་པའི་རྩུབས་ས་ཅེས་པ་ནི། ཡུལ་ཕྱོགས་དེ་འཛམ་པ་འདུག་ན། མཐའ་འམ་དབུས་རྩུབས་པ་ལའོ། །རྩུབ་པའི་འཛམ་པ་ཅེས་པ། ཡུལ་ཕྱོགས་དེ་རྩུབ་པ་འདུག་ན། མཐའ་འམ། དབུས་འཛམ་པ་ལའོ། །དེ་ཡན་ས་སྤྱི་ཡི་དགོས་པ་བཞི་བཅུ་ཞེ་བདུན། ལེན་གཉིས། འདེབས་བཞི། ལམ་བཞི་ཕྱོགས་བཞིའི་ཡིན་ལུགས་དང་བཅས་པ་ལའོ། །

ཡང་ས་བྱེ་བྲག་ལ། སྤོམ་དང་བྱེ་བྲག་གཉིས། སྤོམ་ལ། ས་གྲ་དང་གྲ་སྡེབས་མ་ཤེས་ན། །གཉན་སའི་གཉན་དམིགས་མི་ནོན་པས། །གཉན་སའི་གཉན་དམིགས་མ་ནོན་ན། །རྣལ་འབྱོར་གྱི་ནུས་པ་མི་ཐོན་པས། །རྣལ་འབྱོར་གྱི་ནུས་པ་མ་ཐོན་ན། །གང་དགོས་ཀྱི་ཕྲིན་ལས་མི་འགྲུབ་བོ། །ཅེས་པས། ཕྲིན་ལས་འགྲུབ་པར་བྱེད་པ་ལ། ས་ཡི་སྡེབ་སྦྱོར་ཤེས་དགོས་པ་ཡིན་པ་ལ། ཟས་རི་དང་། ཟུས་རི་དང་། མ་ནིང་གི་རི་དང་གསུམ། རྒྱལ་བློན་འབངས་གསུམ་ཤེས་དགོས་པ་ལའོ། །དེ་ལ་ཟས་རི་ནི། འཇིག་རྟེན་པའི་ཟས་དང་སྡེབ་པ་ལའོ། །ཟུས་རི་ནི། འཇིག་རྟེན་ཁམས་ཀྱི་སྲོག་ཆགས་གཟུགས་འགྲོས་དང་སྡེབ་པ་ལའོ། །མ་ནིང་ནི་དེ་གཉིས་སུ་

མེད་པ་ལའོ། །ཞིབ་པར་ཡིག་ཆུང་དུ་གསལ། དངོས་གཞི་རི་འཁྲིད་པར་བྱེད་པ་ལ། རིམ་པ་ལྔར་ས་བཅད་དང་བསྟུན་ནས་བསྟན་པར་བྱ་སྟེ། ཁྲུངས་བཙུན་ཡིད་ཆེས་བསྐྱེད་པ་ལ། །བླ་མ་བརྒྱུད་པའི་ལོ་རྒྱུས་དགོས། །ཤེས་པ་ཡིག་ཆུང་དུ་གསལ། ཕྱོགས་མེད་གཉན་ཁྲིད་འཁྲིམ་པ་ལ། །ས་བཅད་སྤྱི་དང་བྱེ་བྲག་དགོས། །ཤེས་པ་སྔོན་དུ་སོང་བའོ། །གཉན་ཁྲིད་དུར་ཁྲིད་གདན་འབེབས་ལ། །ཞག་བདུན་མ་ཡི་གསང་གཅོད་དགོས། །ཞག་བདུན་མ་ཡི་གསང་གཅོད་ལ། །ཞག་གསུམ་མ་ཡི་ཁྲམས་གཅོད་དགོས། །ཞག་གསུམ་ཁྲམས་གཅོད་བྱེད་པ་ལ། །ཞག་གཅིག་མ་ཡི་ཁྲམས་གཅོད་དགོས། །གཉན་ཁྲིད་གདན་དུ་འབེབས་པ་ལ། །གངས་རི་ལྷ་བུའི་དབང་བསྐུར་དགོས། །དུར་ཁྲིད་གདན་དུ་འབེབས་པ་ལ། །གནམ་ལྕགས་ལྷ་བུའི་དབང་བསྐུར་དགོས། །དཔའ་བོ་མཁའ་འགྲོ་འདུ་བ་ལ། །གློག་དམར་ལྷ་བུའི་དབང་བསྐུར་དགོས། །ཕྲིན་ལས་ཕྱོགས་བཅུར་རྒྱས་པ་ལ། །ཁྲི་གདུགས་ལྷ་བུའི་དབང་བསྐུར་དགོས། །ལས་རྣམས་ཐམས་ཅད་འགྲུབ་པ་ལ། །རྨ་བྱ་ལྷ་བུའི་དབང་བསྐུར་དགོས། །སྲིད་གསུམ་ཟིལ་གྱིས་གནོན་པ་ལ། །ནམ་མཁའ་ལྷ་བུའི་དབང་བསྐུར་དགོས། །ཆོས་སྒོ་འབྱེད་པར་བྱེད་པ་ལ། །ནོར་བུ་རྒྱ་མཚོའི་དབང་བསྐུར་དགོས། །གསང་གཅོད་གདན་ལ་འབེབས་པ་ལ། །ཆུ་བོ་ལྷ་བུའི་དབང་བསྐུར་དགོས། །རང་གཞན་དོན་གཉིས་འགྲུབ་པ་ལ། །འཁོར་ལོ་ལྷ་བུའི་དབང་བསྐུར་དགོས། །ཚོགས་ལས་དངོས་གྲུབ་རྒྱ་མཚོ་ལ། །བུམ་ལྡུ་མ་ཡི་དབང་བསྐུར་དགོས། །གབ་པ་མངོན་དུ་ཕྱུང་བ་ལ། །རྒྱ་མཚོ་ལྷ་བུའི་དབང་བསྐུར་དགོས། །དམ་ཆོས་གཅོད་སྤྱོལ་བཤད་པ་ལ། །མཁས་པ་བརྒྱད་དང་ལྡན་པ་དགོས། །མཁས་པ་བརྒྱད་དང་ལྡན་པ་ལ། །བསླབ་གསུམ་གསེར་གྱི་ཕྲེང་བ་དགོས། །ཞེས་པ་

འདི་རྣམས་ཡིག་ཆུང་དུ་གསལ།

དང་པོ་གཉན་ཁྲོད་འགྲིམ་པའི་དུས། །གཟིགས་ཚུལ་བཞི་ཡི་དམིགས་པ་དགོས། །ཞེས་པ། རིག་པ་རོ་ཁུར་གྱི་ཚུལ་དུ་འགྲོ་ཞེས་པ་བཞི་པོ་ལའོ། །གཉན་སར་སླེབས་ནས་ཉམས་ལེན་ལ། །ཆེ་བ་རྣམ་གསུམ་ཤིན་ཏུ་གཅེས། །ཞེས་པ། སྟོང་ཉིད་ཀྱི་རྒྱབ་ཚན་ཆེ་བ། མན་ངག་གི་ཐོས་རྒྱ་ཆེ་བ། གཏོང་ཕོད་ཀྱི་བློ་བསྐྱུར་ཆེ་བ་ལའོ། །སྔ་མ་སྔ་རུ་མ་ནོན་ན། །དགྲ་ངན་དག་ལ་བྱ་ཤོར་འདྲ། །དེ་ལ་ཟིལ་གནོན་སྡེ་བདུན་དགོས། །བར་པ་བར་དུ་མ་ནོན་ན། །དཔའ་བོ་ལག་གི་མཚོན་ཤོར་འདྲ། །དེ་ལ་རྡོ་རྗེའི་སྲུལ་ཆིངས་དགོས། །ཕྱི་མ་ཕྱི་རུ་མ་ནོན་ན། །ནོར་ངན་ཤོར་བའི་རྗེས་གཅོད་འདྲ། །དེ་ལ་དམག་དཔོན་ཁྱུང་ནག་དགོས། །ཞེས་པའམ། རྗེས་གཅོད་དམིགས་པ་སྐོར་གསུམ་དགོས། །ཞེས་པ། དང་པོ་ཟིལ་གནོན་སྡེ་བདུན་ནི། མཐོ་བཙུག་པ། རྒྱན་འདོགས་པ། ལམ་སྟུད་པ། སོ་གཟིར་བ། མཆོར་མནན་པ། མཆོར་འཆག་པ། ཆ་ཐེར་འབུབས་པའོ། །རྒྱལ་བས་བསྔགས་པའི་དབེན་གནས་ལ། །ནམ་འགྲོ་དུས་ཀྱི་ཁྱད་པར་དགོས། །ཞེས་པ། གཅོད་ལ་འགྲོ་བའི་དུས་གསང་ནས་འགྲོ་སྟེ། ཤར་ཕྱོགས་ལ་འགྲོ་ན་ནུབ་ཕྱོགས་ལ་འགྲོ་ཟེར་བ་དང་། ལྷོ་ཕྱོགས་དང་བྱང་ཕྱོགས་ལ་ཡང་དེ་བཞིན་ནོ། །ཕུ་ལ་འགྲོ་ན་མདའ་ལ་འགྲོ་ཟེར་བ་བྱེད་ནས། འདི་ཕྱོགས་ལ་འགྲོ་རྒྱུ་ཡིན་ཟེར་བ་དང་། གཉན་སའི་གཉན་དམིགས་འདིར་ཡོད་ཟེར་བ་གཞན་ལ་མི་བཤད། རབ་བྱུང་ན་མཚན་ལ་འགྲོ་ཞིང་གཞན་གྱིས་མ་ཚོར་བར་བྱེད་དགོས་པ་ཡིན། ཆོད་པའི་དུས་ཡང་། འདི་ཙམ་ལ་ཆོད་རྒྱུ་ཡིན་གཞན་ལ་མི་ཟེར། ཆོད་མི་ཆོད་ཟེར་བ་ལ། གཅོད་པའི་མཚན་ཉིད་ཡིན་པས། བསྐལ་པ་སྟོངས་པ་དང་མ་སྟོངས་པ་ཟེར་བ་ཡིན།

ཞག་གི་གྲངས་ཁ་ལ་བསྐལ་པའི་གྲངས་ཁ་བྱེད་ནས། ཞག་གཅིག་ལ་བསྐལ་པ་གཅིག་དང་། ཞག་གཉིས་ལ་བསྐལ་པ་གཉིས་ལ་སོགས་པ་བྱའོ། །དང་པོ་མཐོ་བཙུག་པ་ནི། གཞན་སར་མ་སོང་བའི་ཞག་བདུན་ཙམ། ལྔ། གསུམ། སྔ་ཉིན། ཡང་ན་མ་སོང་བའི་གོང་ཙམ་ལ། ཕཊ་བཛོད། རང་ཉིད་སངས་རྒྱས་མཁའ་འགྲོར་གསལ་བའི་ཐུགས་ཀ་ནས་ངོ་བོ་སངས་རྒྱས་མཁའ་འགྲོ་ཡིན་པ་ལ། རྣམ་པ་གསེར་གྱི་རྡོ་རྗེ་རྩེ་དགུ་པ་རང་གི་ལུས་ཚད་ཙམ་གཅིག་སེར་རྒྱངས་ཀྱིས་ནམ་མཁའ་ལ་བྱ་འཕུར་བ་བཞིན་སོང་། གཞན་སའི་མཐིལ་དེར་བྱ་བབས་པ་བཞིན་དུ། ར་གཅིག་པ་ལ་ཐིམ། ལྟེ་བ་ཡན་ཆད་སེར་རྒྱངས་ཀྱིས་དོན་པས། ལྟེ་བའི་ཐད་ནས་འོད་ཟེར་ཁ་དོག་སྣ་ལྔ་འཕྲོས། གཞན་ས་དེར་གནས་པའི་ལྷ་འདྲེ་ཐམས་ཅད་ཧ་གོད་ཕུར་ལ་བཏགས་པའམ། བོང་བུ་ལག་བཏགས་བྱས་པ་བཞིན་དུ་འགྲོ་ས་དང་འཆུག་པ་མེད་པར་གནས་པར་བསམ།

གཉིས་པ་རྒྱན་འདོགས་པ་ནི། གོང་གི་དམིགས་པ་ཚར་ཚད་སོགས་བྱུང་ན། དམིགས་པ་བསྡུས་ནས་གཞན་ལ་འཕོ། མ་བྱུང་ན་འགྲོ་བ་ནི། རང་གི་ཆས་ཀ་གོས་ལག་གང་ཡོད་པ། ཧ་ཁལ་མཛོ་ཁལ་ཡིན་ནའང་འདྲ། རང་གིས་ཁྲིས་པོ་སྒྲིག་པ་ཁུར་བ་དང་། གོས་ལག་གྱོན་པ་རྣམས་དུར་ཁྲོད་ཀྱི་ཆས་བརྒྱད་ཡིན་པར་བསམ། ཆས་བརྒྱད་ནི། གླང་ཆེན་གྱི་ཀོ་ལྤགས། ཞིང་ཆུང་གི་གཡང་གཞི། ཏུས་ཆེན་གྱི་རྒྱན་དྲུག །སྦྲུལ་ནག་གི་ཚུན་པོ། སྟག་ལྤགས་ཀྱི་ཤམ་ཐབས། རཀྟའི་ཐིག་ལེ། ཞག་གི་ཟྦ་རིས། ཐལ་ཆེན་གྱི་ཚོམ་བུའོ། །

འགྲོ་བའི་དུས་ཀྱི་འགྲོ་ལུགས་ལྔ་ནི། གླང་ཆེན་གྱི་སྟོ་འགྲོས། སྟག་མོའི་ངར་འགྲོས། སྦྲུལ་ནག་གི་འཁྱོག་འགྲོས། མཁའ་འགྲོའི་བརྡ་འགྲོས། རྣལ་འབྱོར་གྱི་

གདེང་འགྲོས་སོ། །རྣལ་འབྱོར་གྱི་གདེངས་འགྲོས་ནི། སྟོང་ཉིད་ཀྱི་ལྟ་བའི་གདེང་དང་བཅས་ནས་འགྲོ་བའོ། །གླང་ཆེན་གྱི་སྟོ་འགྲོས་ནི། གླང་པོ་ཆེ་སྨྱོན་པ་ཆུ་དང་བྲག་ཤིང་ནགས་གང་ལ་ཡང་སྣ་སྡོད་མེད་པ་ལྟར་འགྲོ་བ་ལའོ། །སྟག་མོའི་ངར་འགྲོས་ནི། སྟག་མོ་བུ་སྐྱེས་པའི་དུས། གཅན་གཟན་དང་སྡེར་ཆགས་གཞན་ཟིལ་གྱིས་གནོན་པའི་ཕྱིར་ཉིན་མཚན་མེད་པར་ངར་བ་བཞིན། རྣལ་འབྱོར་པས་རིག་པ་ངར་དང་བཅས་ནས་འགྲོ་བ་ལའོ། །སྦྲུལ་ནག་གི་འཁྱོག་འགྲོས་ནི། སྦྲུལ་འགྲོ་བ་བཞིན། ལམ་ལ་ཕར་འཁྱོག་ཚུར་འཁྱོག་བྱེད་ཅིང་འགྲོ་བ་ལའོ། །མཁའ་འགྲོའི་བརྫ་འགྲོས་ནི། རང་གི་ཁྲིས་པོ་ཡོད་ན་ཕོག །མ་རལ། དབུ་བརྒྱན། རྒྱན་དྲུག་གི་ཆས་སྤྲད། ཌ་མ་རུ་དང་། དྲིལ་བུ་སྒྲོལ་ཞིང་གར་དང་མཆམས་བྱེད་ཅིང་འགྲོ་བ་ལའོ། །

གསུམ་པ་ལམ་བསྐྱུས་པ་ནི། ལམ་འགག་ཏུ་བྲག་རང་རོང་ཤིང་ཚབ་ཚུབ། ཆུ་མགོ། ཤིང་གཅིག །རི་རྡུལ། མིས་ཀྱང་གཉན་ཟེར་བ། རང་གིས་ཀྱང་འདི་གཉན་ནོ་བསམ་པ་ལ། ཕཊ་བརྗོད། དེར་གནས་པའི་ལྷ་འདྲེ་ཐམས་ཅད་རང་གི་རྗེས་ལ། འབྲོག་པ་སྐྱེས་པའི་རྗེས་ལ་ཁྱི་འབྲང་བ་ལྟར་དུ་ཁྲིད་ནས་འགྲོ་བ་ལའོ། །དེའི་ཞར་བྱུང་འགྲོ་ཚུལ་བཞི་ནི། རིག་པ་དེ་རོ་ཁུར་གྱི་ཚུལ་དུ་འགྲོ། ཕེམ་པོ་རོ་ཡི་ཚུལ་དུ་འགྲོ །ལྷ་འདྲེ་ཀླེ་སྲུང་གི་ཚུལ་དུ་འགྲོ །གཉན་ས་དུར་ཁྲོད་ཀྱི་ཚུལ་དུ་འགྲོ་བ་ལའོ། །རང་གི་རིག་པ་དེ་རོ་འཁུར་མཁན་གྱི་རྟོགས་ལྡན་རོ་བཤའ་ཡིན་པར་བསམ། ཕུང་པོ་དེ་རོ་ཡིན་པར་བསམ། ལྷ་འདྲེ་རང་གི་རྗེས་ལ་འགྲོ་བ་རྣམས་ཀླེ་སྲུང་ཡིན་པར་བསམ། གཉན་ས་དེ་དུར་ཁྲོད་ཡིན་པར་བསམ། དུར་ཁྲོད་དུ་རྟོགས་ལྡན་རོ་བཤའ་བས་རོ་དེ་བཤའ། ཀླེ་སྲུང་ལྷ་འདྲེ་ཡིན་པ་ཚོ་རོ་

དེ་ཟ་བཙུག་པ་ལ་ཁྲིད་ནས་འགྲོ་བ་ལའོ། །

བཞི་པ་སོ་གཟིར་བ་ནི། གཉན་པའི་རི་མགོ་མཐོང་བ་དང་། སྐྱིད་ནས་རྐང་དུང་ལན་གཉིས་གསུམ་འབུད། ཕཊ་གཉན་མེད་ཁ་ཡར་བྱེད། རང་གི་བ་སྤུའི་བུ་ག་དང་དབང་པོའི་སྒོ་ཐམས་ཅད་ནས་རིགས་ལྔ་མཁའ་འགྲོའི་ངོ་བོ་ཡིན་པ་ལ། རྣམ་པ་འོད་ཟེར་དཔག་ཏུ་མེད་པ་འཕྲོས་ཏེ་སོང་། རི་མགོ་དེའི་ལྷ་འདྲེ་ཚོ་སྣོ་མ་བདེ། ཡིད་མ་ཆེས། གཉིད་མ་ཁུགས་བྱས་ནས། སོ་ས་དོན་ནས་ཡོད་པ་ཚོ་ལ། འོད་ཟེར་གྱི་བསམ་རྒྱུ་མེད་པ་ལ་སྙིང་གྲིབ་ཕོག་པ་ལྟར་སྨྲོས། གཟིར། བཀྲལ། པོག །ཁ་གྲག་རྒྱུ་མེད་པར་སོང་བར་བསམ་པ་ལའོ། །

ལྔ་པ་མཆེར་མནན་པ་ནི། གཉན་སའི་མཐིལ་མཐོང་བ་དང་། ཕཊ་བརྗོད། རང་ཉིད་སངས་རྒྱས་མཁའ་འགྲོར་གསལ་བའི་བ་སྤུའི་བུ་ག་དང་དབང་པོའི་སྒོ་ཐམས་ཅད་ནས། ངོ་བོ་རིགས་ལྔ་མཁའ་འགྲོ་ཡིན་པ་ལ། རྣམ་པ་ལྕགས་ཀྱི་རྡོ་རྗེ། ཟངས་ཀྱི་རྡོ་རྗེ། གསེར་གྱི་རྡོ་རྗེ། དངུལ་གྱི་རྡོ་རྗེ། གཡུའི་རྡོ་རྗེ། སྣ་ཚོགས་རྡོ་རྗེ་ལ་སོགས་པ་རྡོ་རྗེ་དཔག་ཏུ་མེད་པ་འཕྲོས། གཉན་པ་དེ་ཐམས་ཅད་མཆེར་སྙིང་ཁ་བས་མནན་པ་བཞིན་དུ། དེར་གནས་པའི་ལྷ་འདྲེ་ཐམས་ཅད་གར་ཡང་འགྲོ་ས་དང་འཆུག་ས་མེད་པར་རྡོ་ལེབ་འོག་ཏུ་སྒྲོག་སྦྲུར་ཡོད་པ་བཞིན་དུ་གནས་པར་བསམ་པ་ལའོ། །

དྲུག་པ་མཆོར་འཆག་པ་ནི། འདེབས་བཞི་ཤེས་ན་དེས་འཐུས། མ་ཤེས་ན་ཁྲིག་པོ་ཕོག །མ་རལ། རྒྱན་དྲུག །ཊ་དྲིལ་སྒྲོལ་ཞིང་། གཉན་ས་དེའི་སྟོད་སྨད་དུ་མཚམས་བྱེད། དེའི་དུས་བཏབ་ལོག་ཕོག་པའམ། འདྲེད་པ། གོམ་པ་འཆུགས་པ། གཟུར་བ། བ་སྤུ་གཟིངས་པ། བག་ཚ་བ། ཡ་ང་བ་སོགས་གང་བྱུང་བའི་

སར་གཉན་དམིགས་ཡིན་པས་དེར་སྟོད་པའོ། །

བདུན་པ་ཆ་ཐོར་ཕུབ་པ་ནི། གཉན་དམིགས་དེ་རི་རབ་ཡིན་པ། རི་རབ་ཀྱི་རྩེ་ལ་ཆ་ཐོར་དེ་སངས་རྒྱས་མཁའ་འགྲོར་བསྐྱེད་ལ། སངས་རྒྱས་མཁའ་འགྲོ་འཁོར་དང་བཅས་པས་སྣར་བཏབ་པར་བསམ་ནས་ཆ་ཐོར་ཕུབ། ཤར་གྱི་ཚོན་ཕུར་དེ་རྡོ་རྗེ་མཁའ་འགྲོར་བསྐྱེད་ལ། ཤར་ལུས་འཕགས་པོའི་གླིང་གི་དབུས་སུ། རྡོ་རྗེ་མཁའ་འགྲོ་དཔོན་གཡོག་གི་སྣར་བཏབ་པར་བསམ་ལ་འཇུགས། ལྷོའི་ཚོན་ཕུར་དེ་རིན་ཆེན་མཁའ་འགྲོར་བསྐྱེད་ལ། ལྷོ་འཛམ་བུ་གླིང་གི་དབུས་སུ་རིན་ཆེན་མཁའ་འགྲོ་དཔོན་གཡོག་གི་སྣར་བཏབ་པར་བསམས་ལ་འཇུགས། ནུབ་ཀྱི་ཚོན་ཕུར་དེ་པདྨ་མཁའ་འགྲོར་བསྐྱེད་ལ། ནུབ་བ་ལང་སྤྱོད་ཀྱི་གླིང་གི་དབུས་སུ་པདྨ་མཁའ་འགྲོ་དཔོན་གཡོག་གིས་སྣར་བཏབ་པར་བསམ་ལ་འཇུགས། བྱང་གི་ཚོན་ཕུར་དེ་ལས་ཀྱི་མཁའ་འགྲོར་བསྐྱེད་ལ། བྱང་སྒྲ་མི་སྙན་གྱི་གླིང་གི་དབུས་སུ་ལས་ཀྱི་མཁའ་འགྲོ་དཔོན་གཡོག་གིས་སྣར་བཏབ་པར་བསམ་ལ་འཇུགས་པའོ། །

དེ་ཡང་ཟིལ་གནོན་སྡེ་བདུན། ཞར་བྱུང་འགྲོས་ལྔ། འགྲོ་ཚུལ་བཞི་དང་བཅས་པའོ། །གཉན་པའི་གཉན་མེད་གནོན་པ་ལ། །ཁྱི་ཁྲག་དམིགས་པ་ཉེར་དྲུག་དགོས། །ཞེས་པ། ཐད་ཐད་ཀྱི་དམིགས་པ་བསྟན་པ་ནི། རི་ཡི་དམིགས་པ་བདུན་ལ། གངས་རི་ཉི་མ་འབུམ་བསྐོར། རྫ་རི་རྩེ་ནས་བསྒྲིལ་བ། གཡའ་རི་རྩེ་ནས་བསྒྲིལ་བ། སྤང་རི་ཐད་དུ་གཅོད་པ། ནགས་རི་རལ་གྲིའི་འཁོར་ལོ། བྲག་རི་རྡོ་རྗེའི་ཐོག་ཆེན། བྱེ་རི་རླུང་གིས་གཏོར་བ་ལའོ། །ཐང་གི་དམིགས་པ་བཞི་ལ། ཐང་ཆེན་འོད་ཀྱིས་འགེངས་པ། ཐང་ཆུང་ཞིང་དུ་རྨོ་བ། ན་བ་མ་ཏྲ་གསེར་གྱི་ཏུས་སྤྲལ། ནེལ་མ་སེང་ལྡིང་གི་ཕུར་པ་ལའོ། །ཆུ་ཡི་དམིགས་པ་གསུམ་ལ། ཆུ་

པོ་སྦུབས་སུ་འདྲེན་པ། མཚོ་ཆེན་ཡུར་དུ་དྲང་བ། ཆུ་མིག་གནམ་ལ་འདོགས་པ་ལའོ། །ཁྲིམ་གྱི་དམིགས་པ་གསུམ་ལ། ལྷ་ཁང་བད་སྟོན་ཅན་ཡེ་ཤེས་ཀྱི་མེ་འབར་བ། ཐྲག་ཕུག་རྡོ་རྗེའི་ཕོ་ལུམ། གད་ཕུག་ཕོ་ལུམ་འབར་བ་ལའོ། །

ལམ་གྱི་དམིགས་པ་གསུམ་ལ། ལམ་ཆེན་ཞགས་པར་བསྒོག་པ། ལམ་གསང་རྡོ་རྗེའི་ར་བ། གོང་གསུམ་སྐྲང་ཆེན་འཕྲེད་ཉལ་ལོ། །ཕུང་ཤུལ་གཡང་གཞིས་འགེབས་པ། མཚོད་རྟེན་ཕྱོགས་བཞིར་འདེགས་པ། ཤིང་གཅིག་དབལ་གྱི་སྟ་རེ། དུར་ཁྲིད་རོ་ཡིངས་འབེབས་པ། སུམ་མདོ་སྟག་ཁྲག་གི་མཚོ་མོ། ཕྱུགས་ལྷས་གནམ་ལྩགས་མེ་འབར་བ་ལའོ། །གངས་རི་ཉི་མ་འབུམ་བསྐོར་ལ། རྩེ་ལ་སྟོད་ས་འདུག་ན་རྩེ་ལ་སྟོད། མི་འདུག་ན་ནང་མོ་ཉི་མ་ཤར་བའི་དུས། ནུབ་ཕྱོགས་སུ་རི་རྩེའི་གྲིབ་མ་ཕོག་མཚམས་སུའམ། ཡང་ན་དགོང་མོ་ཉི་མ་རྒས་དུས། ཤར་ཕྱོགས་སུ་རི་རྩེའི་གྲིབ་མ་ཕོག་མཚམས་སུ་སྟོད། གངས་རིའི་རྩེ་ལ་ཡོད་པར་བསམ། ཕཊ་བཟློད། དམིགས་པ་ལ། རང་ཉིད་སངས་རྒྱས་མཁའ་འགྲོར་གསལ་བའི་བ་སྤུའི་བུ་ག་ཐམས་ཅད་ནས་ཉི་མའི་དཀྱིལ་འཁོར་འབུམ་ཚོ་གཅིག་འཕྲོས་ནས་སོང་། དེའི་འོད་དང་ཚ་ཟེར་གྱིས་གངས་དེ་ཐམས་ཅད་ཞུ་ནས་རྨེད་ཡང་མེད་པར་སོང་། དེར་གནས་པའི་ལྷ་འདྲེ་ཐམས་ཅད་གནས་ས་མེད་པར་ཉམས་ཐག་ནས་རང་གི་བཀའ་ཉན་དང་གསུང་སྟོད་བྱས་པར་བསམ།

རྫ་རི་ལ། རྩེར་སྟོད་ས་འདུག་ན་རྩེ་ལ་སྟོད། རྩེར་སྟོད་ས་མི་འདུག་ན་ཤར་ནུབ་གོང་དང་འདྲ། དམིགས་པ་ལ། ཕཊ་བཟློད། རང་ཉིད་སངས་རྒྱས་མཁའ་འགྲོར་གསལ་བའི་ཐུགས་ཀ་ནས་རིགས་ལྔ་མཁའ་འགྲོ་ལ་མཁའ་འགྲོ་མ་དཔག་ཏུ་མེད་པ་འཕྲོས། རི་དེའི་རྩེར་སོང་། རྫ་དང་རྡོ་ཐམས་ཅད་ཐང་ལ་སྒྲིལ་རྫ་རྡོ་

ཤུལ་ཡང་མེད་པར་བསམས་ནས། དེར་གནས་པའི་ལྷ་འདྲེ་ཐམས་ཅད་གོང་དང་འདྲེ། གཡའ་རི་ལ་སྡོད་ས་གོང་དང་འདྲ། དམིགས་པ་ལ། ཕཊ་བརྗོད། རང་ཉིད་སངས་རྒྱས་མཁའ་འགྲོར་གསལ་བའི་བ་སྤུའི་བུ་ག་དང་དབང་པོའི་སྒོ་ཐམས་ཅད་ནས། ཛོ་བོ་རིགས་ལྔ་མཁའ་འགྲོ་ཡིན་པ་ལ། རྣམ་པ་སེང་གེ་དཔག་ཏུ་མེད་པ་འཕྲོས་ཏེ་སོང་། རི་དེའི་རྩེ་ལ་བྲོ་བརྡུངས། གར་བྱས། སྐད་ཅིག་ཉིད་དུ་རི་དེ་བསྒྱིལ་ནས་ཐང་དང་མཉམ་པ་བྱས། དེར་གནས་པའི་ལྷ་འདྲེ་ཐམས་ཅད་སོགས།

སྤྱང་རི་ལ་རྩེར་སྡོད། དམིགས་པ་ལ། རང་ཉིད་སངས་རྒྱས་མཁའ་འགྲོར་གསལ་བའི་ཕྱག་གཡས་ན་ཡེ་ཤེས་ཀྱི་རལ་གྲི་ཆེན་པོ་བསྣམས་ནས་རི་དེ་སྙིད་པ་ནས། དཔེར་ན་ཟན་བཞོས་སྙིད་པ་ནས་བཅད་པ་ལྟར་ཐད་ཀྱིས་བཅད། རྩེ་བཅད་ཁམས་འོག་མ་ལ་གཏད། མགོ་མཇུག་ཟློག །དེར་གནས་པའི་ལྷ་འདྲེ་ཐམས་ཅད་སྡོད་ས་དང་གནས་ས་མེད་པར་ཉམས་ཐག་སོགས།

ནགས་རི་ལ། རྩེའམ་ནགས་མའི་མཐོངས་སུ་སྡོད། དམིགས་པ་ལ། ཕཊ་བརྗོད། རང་ཉིད་སངས་རྒྱས་མཁའ་འགྲོར་གསལ་བའི་བ་སྤུའི་བུ་ག་དང་དབང་པོའི་སྒོ་ཐམས་ཅད་ནས་རལ་གྲིའི་འཁོར་ལོ་དཔག་ཏུ་མེད་པ་འཕྲོས། རང་འཁོར་དུ་སོང་། ནགས་དེ་ཚེ་ཚེ་ཞོ་ཁྲི་ཙམ། ཚུང་ཚུང་རྡུལ་ཕྲན་ཙམ་དུ་བཏུབས་ནས། ནགས་རྗེས་མེད་པར་བཏང་། དེར་གནས་པའི་ལྷ་འདྲེ་ཐམས་ཅད་ཀྱི་འོད། བྲག་རི་ལ་རྩེའམ། ཡང་ན་ཞོལ་གྱི་ཉེ་ལོགས་གཅིག་ཏུ་སྡོད། རྩ་བ་རང་ལ་ནི་མ་ཡིན་ནོ། །དམིགས་པ་ལ། རང་ཉིད་སངས་རྒྱས་མཁའ་འགྲོར་གསལ་བའི་ཐུགས་ཀ་ནས། ཛོ་བོ་སངས་རྒྱས་མཁའ་འགྲོ་ཡིན་པ་ལ། རྣམ་པ་གསེར་གྱི་རྡོ་རྗེ་རང་གི་

ལུས་ཚད་ཙམ་གཅིག་ནམ་མཁའ་ལ་རྒྱལ་པོ་ཆེས་མདའ་འཕངས་པ་ལྟར་རྒྱངས་ཀྱིས་སོང་ཕྱིར་བབས། བྲག་རི་དེའི་རྩེ་ལ་བརྒྱབ། ཤོ་ཁྲི་དང་རྡུལ་ཕྲན་ཙམ་དུ་བཏང་ནས་ཤུལ་ཡང་མེད་པར་སོང་། དེར་གནས་པའི་ལྷ་འདྲེ་ཐམས་ཅད་ཀྱིའོ། །

བྱེ་རི་ལ། རྩེའམ། མཐའ་ལ་སྡོད། དམིགས་པ་ལ། རང་ཉིད་སངས་རྒྱས་མཁའ་འགྲོར་གསལ། རླུང་གཅིག་གཟུང་། ཕར་གཏོང་བའི་དུས། བ་སྤུའི་བུ་ག་ཐམས་ཅད་ནས་ཡེ་ཤེས་ཀྱི་རླུང་དམར་ཆེན་པོ་ས་གཡོ་བ་ཙམ་འཁྲོས་ཏེ་སོང་། རི་དེ་གཏོར། ཤུལ་ཡང་མེད་པར་ཐང་དང་མཉམ་པར་བྱས། དེ་གནས་པའི་ལྷ་འདྲེ་ཐམས་ཅད་ཀྱིའོ། །

ཐང་ཆེན་ལ་མཐའ་དང་དབུས་ས་དམིགས་གང་ཙུང་དུ་བསྡད་ནས། ཕཊ་བརྗོད་རང་ཉིད་སངས་རྒྱས་མཁའ་འགྲོ་གསལ་བའི་བ་སྤུའི་བུ་ག་ནས་འོད་དང་འོད་ཟེར་དཔག་ཏུ་མེད་པ་འཕྲོས་ཐང་དེ་འོད་ཀྱིས་ཁེངས་དེར་གནས་པའི་ལྷ་འདྲེ་ཐམས་ཅད་བརྒྱལ། འོད་ཀྱིས་འཐོམས། གཟི་བརྗིད་མ་བཟོད་ནས་རང་གི་བཀའ་ཉན་དང་གསུང་སྡོད་བྱས་པར་བསམ།

ཐང་ཆུང་ལ། འདུག་ས་གོང་དང་མཐུན། དམིགས་པ་ལ། ཕཊ་བརྗོད། རང་ཉིད་སངས་རྒྱས་མཁའ་འགྲོར་གསལ་བའི་ཐུགས་ཀ་ནས་མཁའ་འགྲོ་མ་དཔག་ཏུ་མེད་པ་འཁྲོས་ཏེ་སོང་། ཕྱག་ན་ཐོང་གཤོལ་ཐོགས་ནས་ས་དེ་ཐམས་ཅད་ཞིང་རྨོས་པ་ལྟར་རློག་པས། དེར་གནས་པའི་ལྷ་འདྲེ་ཐམས་ཅད་སྡོད་ས་དང་གནས་མལ་མེད་པར་རང་གིའོ། །

ན་བ་ནི། དེ་ལ་རྩ་དང་ན་བ་ན་ཁོངས་པོ་ཏ་རོང་རོང་ལའོ། །གཉན་དམིགས་གང་ཡིན་དེར་སྡོད། དམིགས་པ་ལ། རང་ཉིད་འཕགས་པ་འཇམ་དཔྱངས་ཀྱི་

རྣམ་འཕྲུལ། མ་དྷ་གསེར་གྱི་རྡུས་སྤྲུལ་ཆེན་པོ་གཅིག་ཏུ་བསྐྱེད། ན་བ་དེ་ཐམས་ཅད་བྲང་འོག་ཏུ་ཚུད་པ། དེར་གནས་པའི་ལྷ་འདྲེ་ཐམས་ཅད་འགྲོ་ས་དང་འཆུག་ས་མེད་པར་ཉམས་ཐག །ཡ་ང་བ། བག་ཚ་བ། རྗོ་ལེབ་འོག་ཏུ་གྲོག་སྲུར་ཡོད་པ་ལྟར་སོང་ནས་རང་གིའོ། །

ཞེལ་མ་ལ། ཆུ་ལྟག་ལྡིག་དང་། འདམ་རྫབ་མ་རེ་མེ་རེ། ན་བ་ལྟག་ལྡིག །དེ་ལྟ་བུའི་མཐའ་དང་དབུས་སྟོད་ས་གར་འདུག་ལ་བསྒྲད་ནས། དམིགས་པ་ལ་རང་ཉིད་སངས་རྒྱས་མཁའ་འགྲོར་གསལ་བའི་ཐུགས་ཀ་ནས་རིགས་ལྔ་མཁའ་འགྲོའི་ཕྱག་ན་སེང་ལྡེང་གི་ཕུར་པ་འདོམ་རེ་བསྣམས། ཞེལ་མ་དེའི་དཀྱིལ་ལ་བརྒྱབ། འོག་མ་སྟེང་དུ་ཕུད། སྟེང་མ་འོག་ཏུ་མནན། ལྷ་འདྲེ་ཐམས་ཅད་མགོ་མཇུག་རྗེས། ཉམས་ང་བར་གྱུར་ནས་རང་གིའོ། །

ཆུ་བོ་ཆེན་པོ་ལ་གར་བབ་དེར་སྟོད། དམིགས་པ་ལ། ཕཊ་བརྗོད། རང་ཉིད་སངས་རྒྱས་མཁའ་འགྲོར་གསལ་བའི་ཐུགས་ཀ་ནས་རིགས་ལྔ་མཁའ་འགྲོས་ཕྱག་ན་ཟངས་ཀྱི་ཞ་གཞུ་ཆེན་པོ་ཐོགས་པ་འཕྲོས་ཏེ་སོང་། ཆུ་སྟོད་སྨད་འདི་ག་ཙམ་གཙོད་བསམ་པའི་དཀྱིལ་ནས་ཞ་གཞུ་དེ་བཙུགས། རི་དེའི་དཀྱིལ་ནས་རྒྱབ་ལ་རྒྱབ་ནས་བྱུས་ཡུལ་གཞན་དུ་དྲངས་ལས། བར་སྐབས་ཀྱི་ཆུ་མེད་པར་གྲམ་པ་སྐྲ་ཁྲོལ་གྱིས་སོང་བས། དེར་གནས་པའི་ལྷ་འདྲེ་ཚོ་ཉ་བྱེ་ཚན་ལ་སྐྱུར་བ་ལྟར་སྡོད་ས་དང་གནས་མལ་མེད་པར་ཉམས་ཐག་སྡེ་རང་གིའོ། །

མཚོ་ཆེན་ལ། ནང་དོ་འདུག་ན་ནང་གི་དོ་ལ་སྟོད། མི་འདུག་ན་ཕྱིའི་དོ་ཁུགས་ལ་སྟོད། དམིགས་པ་ལ། ཕཊ་བརྗོད། རང་ཉིད་སངས་རྒྱས་མཁའ་འགྲོར་གསལ་བའི་ཐུགས་ཀ་ནས་རིགས་ལྔ་མཁའ་འགྲོ་ཕྱག་ན་ཟངས་ཀྱི་བཞོས་སྐྱོགས་

ཐོགས་ནས་སྐད་ཅིག་ཉིད་དུ་མཚོ་དེ་གཞན་དུ་བཤོས། གྲམ་པ་སྐྱ་ཁྲོལ་གྱིས་སོང་། དེར་གནས་པའི་ལྷ་འདྲེ་ཐམས་ཅད་རང་གིའོ། །

ཆུ་མིག་ལ། ཆུ་མིག་མགོ་གཅིག་པའི་མགོ་ལ་སྟོད། མགོ་གཉིས་པའི་མགོ །མགོ་བདུན་པ་ཅན་གྱི་མགོ །དེ་ཕན་གྱི་འདུས་ལ་སྟོད། དམིགས་པ་ལ། ཕཊ་བརྗོད། རང་ཉིད་སངས་རྒྱས་མཁའ་འགྲོར་གསལ་བའི་ཕྱག་གཡས་ཀྱི་གྲི་གུག་གིས་ས་ཡི་རྡིང་ལ་བརྒྱབ། ཆུ་མགོ་དེ་གྲི་གུག་གི་ལྟེབས་ལ་བླངས། ས་ལ་ཆུ་མ་འགོས། ཆུ་ལ་ས་མ་འགོས་པར་མདུན་གྱི་ནམ་མཁའ་ལ་བཏགས་ནས་བཞག །དེར་གནས་པའི་ལྷ་འདྲེ།

ལྷ་ཁང་ལ། ལྷ་རྟགས་སྐུ་ཡིན་ན། ཀ་པཱ་ལའི་ནང་། ལྷ་གཞན་གྱི་པང་། ཡང་ན་མཆོད་ཁང་གི་དཀྱིལ། སྒོ་ཐེམ་གང་ཉུང་ལ་སྟོད། ལྷ་རབ་གནས་ཆགས་པ་འདུག་ན་ནམ་མཁའ་ལ་འདེགས་པའམ། གཤེགས་གསོལ་བྱེད། དམིགས་པ་ལ། རང་ཉིད་སངས་རྒྱས་མཁའ་འགྲོ་གསལ་བའི་ལྟེ་བའི་དབུས་སུ། མེ་བྱི་ཕོའི་སྒོ་ང་ཙམ་ཞིག་གསལ་འདེབས། ཧྲུང་བཟུང་། མེ་དེར་བསྟུན་པས། སྐད་ཅིག་ཉིད་དུ་མེ་ཆེན་པོ་འབར། ཁང་པ་དེ་གང་ཐང་བསྲེགས། ཐལ་བ་བུན་གྱིས་སོང་། དེར་གནས་པའི་ལྷ་འདྲེའོ། །ཚོད་ནས་ཡེ་ཤེས་པ་བསྐྱིམ། རབ་གནས་བསྐྱར་བའོ། །

བྲག་ཕུག་ལ། ཕུག་གམ། དཀྱིལ་དུ་སྟོད། ཕཊ་བརྗོད། རང་ཉིད་སངས་རྒྱས་མཁའ་འགྲོ་གསལ་བའི་ཐུགས་ཀ་ནས་གནམ་ལྕགས་ཀྱི་རྡོ་རྗེ་ཡེ་ཤེས་ཀྱི་མེ་རབ་ཏུ་འབར་བ་འཕྲོས་ཏེ་སོང་། བྲག་ཕུག་དེ་ལ་ཐོགས་རྒྱུགས་མེད་པར་ཕར་ཐལ་ཚུར་ཐལ་བྱས། ཁྲོལ་ཚགས་ལྟ་བུར་བཏང་། དེར་གནས་པའི་ལྷ་འདྲེའོ། །

གད་ཕུག་ལ། སྟོད་ས་གོང་དང་འདྲ། དམིགས་པ་ལ། ཕཊ་བརྗོད། རང་

ཉིད་སངས་རྒྱས་མཁའ་འགྲོ་གསལ་བའི་ཐུགས་ཀ་ནས་གནམ་ལྕགས་ལས་གྲུབ་པའི་ཐོ་ལུམ་མེའི་རང་བཞིན་ཅན་འཁྲོས་ཏེ་སོང་། གད་ཕུག་དེ་ཆེག །ཐལ་བ་བུན་གྱིས་སོང་བར་བསམ། དེར་གནས་པའི་ལྷ་འདྲེའོ། །

ལམ་ཆེན་ལ། དཀྱིལ་ན་སྡོད། དམིགས་པ་ནི། ཕཊ་བརྗོད། རང་ཉིད་སངས་རྒྱས་མཁའ་འགྲོ་གསལ་བའི་ཕྱག་གིས། ལམ་དེ་ཞགས་པ་བསྡོག་པ་ལྟར་བྱས། དེར་གནས་པའི་ལྷ་འདྲེ་ཐམས་ཅད། དཔེར་ན་བལ་ཕུང་སོའི་དཀྱིལ་ལ་རྡིད་ཐག་དྲུད་པ་ལྟར་བྱུང་བས་གཞན་ལ་གནས་ས་དང་སྡོད་པ་མེད་པར་རང་གིའོ། །

ལམ་སྲང་ལ། ལམ་ཁ་མང་པོ་ལ་གས་པའམ། ཡང་ན། རྒྱ་གྲོང་ཆེན་པོའི་སྲང་ཡིན་ན། སྲང་མདོ་ན་སྡོད། དམིགས་པ་ལ། ཕཊ་བརྗོད། རང་ཉིད་སངས་རྒྱས་མཁའ་འགྲོ་གསལ་བའི་བ་སྤུའི་བུ་ག་ནས་རྡོ་རྗེ་དཔག་ཏུ་མེད་པ་འཁྲོས། ལམ་སྲང་ཐམས་ཅད་རྡོ་རྗེའི་ར་བ་སྒོས་རྒྱ་བྲིས་པ་ལྟར་བྱས་ནས་ལྷ་འདྲེ་ཐམས་ཅད་ཞག་གིས་འཁོར་བ་ལ། ཡོ་མང་པོས་ཡང་མི་འཁོར་བར་རྒྱུ་ལམ་བཅད། ཁོང་ཚོ་ཉམས་ཐག་སྡེ་རང་གིའོ། །

གོང་གསུམ་ལ། གོང་ཁ་འདྲ་འདྲ་གསུམ་འདུག་ན་བར་མ་ལ་སྡོད། དམིགས་པ་ལ། ཕཊ་བརྗོད། རང་ཉིད་སངས་རྒྱས་མཁའ་འགྲོའི་ངོ་བོ་གླང་པོ་ཆེ་གོང་ཁ་གསུམ་ཀ་ནོན་པ་གཅིག་ཏུ་བསྒྲིད། དེར་གནས་པའི་ལྷ་འདྲེ་བཙན་ལ་སོགས་པ་རྒྱུ་ལམ་བཅད་ཁོང་ཚོ་ཉམས་ཐག་སྡེ་རང་གིའོ། །

ཕུང་ཤུལ་ལ། མི་མང་པོ་བསད་པའི་ཤུལ་ལམ། གཡུལ་ཆེན་པོ་ཉེས་པའི་སའམ། སྡེ་པ་མང་པོ་སྐབས་འདེབས་བྱས་པའི་ཤུལ་གྱི་མཐའ་དང་དཀྱིལ། ས་དམིགས་དང་བསྟུན་ནས་བསྡད། དམིགས་པ་ལ། ཕཊ་བརྗོད། རང་གི་རིག་

པ་རྗེ་བཙུན་རྡོ་རྗེ་རྣལ་འབྱོར་མར་བསྐྱེད། ཕུང་པོ་དེ་རང་གི་མདུན་དུ་ཡོད་བཞིན་པ་དེའི་སྤྱི་གཙུག་ནས་ཀང་མཐིལ་གྱི་བར་དུ་རྗེ་བཙུན་རྡོ་རྗེ་རྣལ་འབྱོར་མས་བཤགས། ལྤགས་པ་དེ་བཤུས། ཕཊ་བརྗོད། མགོ་བོ་དེ་མདུན་ཕྱོགས་ལ་བསྟན་ནས་བཏིང་། གཞན་ས་དེ་ཁེབས་པར་བསམ། ཡང་ལྤགས་པ་གཅིག་བཤུས། མགོ་བོ་རྒྱབ་ཕྱོགས་ལ་བསྟན། དེ་བཀབ། ཡང་ཕཊ་བརྗོད། དེ་བཤུས། གཡས་ལ་གཏོད། མཚམས་བཞི་ལ་རེ་རེ་གདད། སྟེང་དུ་གཅིག་བཀབ། དེ་རྣམས་ཀྱི་སྐྱི་ཡར་ལ་བསྟན། ཤ་མར་ལ་བསྟན། དེའི་འོག་ཏུ་ལྷ་འདྲེ་འགྲོ་ས་དང་འཆུག་ས་མེད་པར་ཉམས་ཐག་སྐྱེ་རང་གིའོ། །

མཆོད་རྟེན་ལ། རབ་གནས་མི་འདུག་ན་སྟེང་དུ་སྟོད། རབ་གནས་འདུག་ན་ནམ་མཁའ་ལ་འདེགས་པའམ་གཤེགས་གསོལ་བྱེད། གཞོང་གཅིག་ལ་སྟོད། ས་གཏེར་རྡོ་གཏེར་འོག་ཏུ་འཇུག །ཐོག་ཏུ་ཡོད་པར་བསམ། དམིགས་པ་ལ། ཕཊ་བརྗོད། རང་ཉིད་སངས་རྒྱས་མཁའ་འགྲོར་གསལ་བའི་ཕྱག་གཡས་པའི་གྲི་གུག་གིས་མཆོད་རྟེན་དེ་ས་དང་ཁ་མཚམས་ནས་གྲི་གུག་གི་སྟོབས་ཀྱིས་བླངས། ཕྱོགས་བཞིར་བརྡབས། དེ་ནས་མགོ་མཇུག་བསྒྱུར་ནས་བཞག །ལྷ་འདྲེ་ཚོ་ཡང་མགོ་མཇུག་བསྒྱུར་ནས་ཡོད་པར་བསམ། ཉམས་ཐག་ནས་རང་གིའོ། །ཤིང་གཅིག་ལ། ཤར་ནུབ་ཀྱི་གྲིབ་མ་ཕོག་སར་སྟོད། དམིགས་པ་ལ། ཕཊ་བརྗོད། རང་ཉིད་སངས་རྒྱས་མཁའ་འགྲོར་གསལ་བའི་ཐུགས་ཀ་ནས་རིགས་ལྔ་མཁའ་འགྲོ་ཕྱག་ན་སྟ་རེ་ཐོགས་པ་འཕྲོས། ཤིང་དེ་བཅད་གཏུབས་བྱས་ཤིང་། ཤོ་ཁྲི་དང་རྡུལ་ཕྲན་ཙམ་དུ་བཏང་། དེར་གནས་པའི་ལྷ་འདྲེ་ཐམས་ཅད་ཀྱིས་རང་གིའོ། །

དུར་ཁྲོད་ཀྱི་དཀྱིལ་ལ་སྟོད། དམིགས་པ་ལ་ཕཊ་བརྗོད། རིག་པ་དེ་སངས

རྒྱས་མཁའ་འགྲོ་གསལ། ཕུང་པོ་དེ་སྤྱུར། ཡང་ཕཊ་བརྗོད་པས། ཕུང་པོ་དེ་ལས་རོ་གསར་པ་མང་པོ་འཕྲོས། ཡང་ཕཊ་བརྗོད་པས་རོ་རུལ་བ་མང་པོ་འཕྲོས། ཕཊ་བརྗོད། སྲུམས་པ་མང་པོ་འཕྲོས། ཕཾ་པ་མང་པོ་འཕྲོས། རྙིད་པ་དང་སྐམས་པ་མང་པོ་འཕྲོས། གཉན་ས་དེ་ཐམས་ཅད་ཁྲིགས་སེ་ཁེངས། དེར་གནས་པའི་ལྷ་འདྲེ་ཐམས་ཅད་མི་དགའ་མི་འདོད་བཞིན་དུ་ཡ་ང་། ཉམས་ཐག །རང་གིའོ། །

སྲུམ་མདོ་ལ། ལུང་པ་ཕུ་མང་པོ་ཡིན་པ་ལ། མདའ་གཅིག་ཡིན་པའམ། སྲུམ་མདོ་ཡིན་པའམ། ལུང་ཆེན་རལ་མང་པོ་ཡོད་པའི་མདོ་ལྟ་བུ་ལ། དཀྱིལ་ན་སྡོད། དམིགས་པ་ལ། ཕཊ་བརྗོད། རང་གི་རིག་པ་དེ་རྡེ་བཙུན་རྡོ་རྗེ་རྣལ་འབྱོར་མར་བསྐྱེད། ཕུང་པོ་དེ་མདུན་དུ་ཡོད་བཞིན་པ་དེ། རྡེ་བཙུན་རྡོ་རྗེ་རྣལ་འབྱོར་མས་གྲི་གུག་གིས་ཕུང་པོ་དེའི་སྐེའི་རྩ་འོམ་ཆེ་ལ་བཏབ་པས། ཁྲག་དམར་ཆིལ་གྱིས་གཉན་ས་དེ་ཁེངས་པ་ཙམ་བྱུང་། དེ་ནས་ཁྲག་དང་ཆུ་སེར་མང་པོ་བྱུང་། སྲུམ་མདོ་དེར་སྣག་ཁྲག་གི་མཚོ་ཆེན་པོར་གྱུར། དེར་གནས་པའི་ལྷ་འདྲེ་ཐམས་ཅད་ཧ་ཅན་ཁལ་ཅན་རྒྱབ་ཆེན་པོར་བྲུག་ནས་མ་ཐོན་པ་ལྟར་ཉམས་ཐག་སྡེ་སྡུག་གྲིར་ཤི་ལ་ཁད་དུ་གྱུར་པར་བསམ། རྗེས་རང་གིའོ། །

ཕྱུག་ལྷས་ལ། དབུས་སྡོད། དམིགས་པ་ལ། ཕཊ་བརྗོད། རང་ཉིད་སངས་རྒྱས་མཁའ་འགྲོ་གསལ་བའི་ཐུགས་ཀ་ནས་གནམ་ལྕགས་ཀྱི་རྡོ་རྗེ་མེའི་ཚ་ཚ་འཕྲོ་བ་ནམ་མཁའ་ལ་རྩལ་པོ་ཆེས་མདའ་འཕངས་པ་ལྟར་སོང་། ཕྱིར་བབས། གཉན་ས་དེར་ཐོག །ས་དེ་ཐམས་ཅད་མེར་འབར། ཐལ་བ་བུན་གྱིས་སོང་བར་བསམ། དེར་གནས་པའི་ལྷ་འདྲེ་ཐམས་ཅད་སྡོད་ས་དང་གནས་མལ་མེད་པར་རང་གི་བཀའ་ཉན་དང་གསུང་སྡོད་བྱས་པར་བསམ།

གཞན་སའི་དམ་ཚིག་ལ། རྣལ་འབྱོར་སྲུང་སྡོམ་བྱེད་པ་ལ། །དམ་ཚིག་དམིགས་པའི་རྒྱུས་འདེབས་དགོས། །ཞེས་པ། སེང་གེ་དཀར་མོའི་ལྟག་མི་བཅག་ཅེས་པ་གཅོད་དཔོན་གྱི་ལྟག་ལ་གཞན་མི་སྡོད་པ་ལའོ། །ལུང་སྟོང་གི་ཡིས་མི་འདེབས། སྐད་ལོག་ཆེན་པོ་མི་བྱེད་པ་ལའོ། །མཛེས་སྡུག་རྨ་བྱའི་སྤུ་མི་ཕྱི། དབང་སྡུད་ཚར་ནས་གཞན་སའི་ཉེ་ལོགས་ཀྱི་རྩ་ཤིང་མི་འབྲེག་པ་ལའོ། །ཁྲོ་བོ་ཆེན་པོའི་ཞལ་མི་སྟོན། ས་རུབ་ནས་མེ་མི་འབུད་པ་ལའོ། །གཡུ་དུད་ཁུང་དུ་མི་གཏོང་། སྤྱོད་ལྡངས་པ་ཅན་གྱིས་ཚུ་མགོར་ཚུ་མི་བཙུ་བ་ལའོ། །གནས་བརྟན་རྒད་པོའི་མགོ་མི་བཅག །གཞན་སར་ཐབ་མི་སྦྲིལ་བ་ལའོ། །རུས་སྦལ་གྱི་སྙེད་པ་ལ་ཐོག་མི་རྒྱག །རྡོ་བརྟན་ཟླུག་གི་སྟེང་དུ་རུས་པ་མི་བརྟུང་བའམ། རྡོ་ཡིས་རྡོ་མི་རུང་བ་ལའོ། །ཀླུ་ཕྲུག་ཐང་ལ་མི་ཡན། ནད་པ་ཡོད་ན་ནད་པ། ནད་པ་མེད་ན་གཅོད་དཔོན་ཁང་རྗེན་ལ་ཕྱི་ལོག་ཏུ་མི་འགྲོ། ལི་མ་དམར་པོའི་ཐུར་སྐྱ་མི་བྱེད། གཅེར་བུར་ལངས་ནས་ཆབ་བསིལ་མི་བྱེད་པ་ལའོ། །རྣལ་འབྱོར་ཞབས་ལ་རེ་སྤུ་མི་གཏོར། གཞན་སར་ཉལ་མལ་དུ་ཁྲི་མི་གཏོང་བ་ལའོ། །དྲོད་མོང་རལ་པ་ཅན་གདན་དུ་མི་བཏིང་། གཞན་སར་བུད་མེད་རྗེན་དུ་མི་རུང་བ་ལའོ། །རི་གསུམ་གནས་མལ་མི་སྤང་། གཞན་ས་ཚོད་ནས་སྐྱིད་བུ་མལ་ལ་མི་བཞག་པར་སྤར་ཕླངས་ཤུལ་དུ་སྐྱེལ་ལོ། །རེ་བའི་བ་དན་མི་ཕྱར། སྐྱུས་ཤུལ་དུ་སྐྱིད་བུ་ངོ་ནག་ཏུ་མི་སྐྱུར་བ་ལའོ། །

བར་ས་བར་གནོན་ལ། བར་ས་བར་དུ་མ་ནོན་ན། །དཔའ་བོ་ལག་གི་མཚོན་ཞོར་འདྲ། །དེ་ལ་རྡོ་རྗེའི་སྦྲུལ་ཆིངས་དགོས། །ཞེས་པ། ཉལ་ས་བཅའ་བ་ནི། ཁྲིས་པོ་ཡོད་ན་སྟེས་གདན་བྱེད། མེད་ན། རྡོ་དང་བོང་བ་སོགས་བརྟན་ཟླུག་མ་ཡིན་

པ་བླངས་ནས་སྨྲས་གདན་ཕྱེད། རིན་པོ་ཆེའི་ཁྲི་ཡིན་པར་བསམ། ཕཊ་བརྗོད། གདན་ཆེ་ཆུང་གང་ཡོད་པ་དེ་མི་ལྤགས་ཀྱི་གཡང་གཞི་ཆེན་པོར་བསྐྱེད་ལ་བཏིང་། དེའི་སྟེང་དུ་རང་ཉིད་སངས་རྒྱས་མཁའ་འགྲོ་ཡིན་པར་བསམ་ལ་སྡོད།

དབང་སྡུད་ནི། ལྷ་འདྲེ་དྲག་པོ་གཅོད་པ་ལ། །དབང་སྡུད་ཟབ་མོའི་དམིགས་པ་དགོས། །ཞེས་པ། དབང་སྡུད་ཀྱི་དམིགས་པ་གཏོང་བའི་དུས། སྔ་དྲོ་སླེབས་ན་ཡང་དེ་ག་རང་དུ་དབང་སྡུད་མི་ཕྱེད། ཉི་མ་ཕྱེད་ཀྱི་དུས་སམ། དགོངས་ཐུན་གྱི་དུས་ལ་བྱའོ། །དེ་ལ་ཐོག་མར་ཕཊ་བརྗོད། རྐང་དུང་ལན་གསུམ་འབུད། རང་ཉིད་སངས་རྒྱས་མཁའ་འགྲོར་གསལ་བའི་ཐུགས་ཀ་ནས། རིགས་ལྔའི་མཁའ་འགྲོ་ལ་མཁའ་འགྲོ་དཔག་ཏུ་མེད་པ་འཕྲོས་ཏེ་སོང་། ཕྱག་ན་ལྕགས་ཀྱུ། ལྕགས་སྒྲོག །དྲིལ་བུ། གཡང་གཞི། ཞགས་པ། ཐོ་བ་ཐོགས་པ་རྣམས་ཀྱིས་གཉན་ས་དེར་གནས་པའི་ལྷ་འདྲེ་ཐམས་ཅད་མཐོ་རི་བོའི་རྩེ། དམའ་རྒྱ་མཚོའི་མཐིལ། ས་འོག །ས་སྟེང་། ས་བླ་གར་ཡོད་ཀྱང་། རང་དབང་མེད་པར་ར་ལུག་སེར་བས་བརྟུང་པ་ལྟར། སྡོད་ས་དང་གནས་མལ་མེད་པར་འུབ་ཉིལ་གྱིས་ལྕགས་ཀྱུ་ཅན་གྱིས་སྙིང་ནས་གཟུང་། ལྕགས་སྒྲོག་ཅན་གྱིས་ཡན་ལག་བསྡམས། ཞགས་པ་ཅན་གྱིས་མགུལ་ནས་བཏགས། དྲིལ་བུ་ཅན་གྱིས་མྱོས། གཡང་གཞི་ཅན་གྱིས་བཏབས། ཐོ་བ་རླུང་སྤུ་གྲི་རིག་གཅོད་ཙམ་ཡང་མི་ཐར་བར་ཡོད་པར་བསམ་ནས། སངས་རྒྱས་དང་། ཆོས་དང་། དགེ་འདུན། མཁའ་འགྲོ། ཆོས་སྐྱོང་སོགས་ཀྱི་བདེན་བདར་ཡང་བྱས་ནས། མཇུག་ཏུ། འདིར་འདུས་ཤིག་བྱའོ། །དེའི་རྟེང་དུ་ཕཊ་བརྗོད། རང་ཉིད་རྗེ་བཙུན་རྡོ་རྗེ་རྣལ་འབྱོར་མར་གསལ་བའི་གྲི་གུག་གིས་རང་གི་ཕུང་པོ་ཡོད་བཞིན་པའི་སྤྱི་གཙུག་ནས་རྐང་མཐིལ་གྱི་བར་དུ་ཤག་

སྙེ་བཞགས། ལྷུགས་པ་དེ་དམར་ཁྲུལ་གྱིས་བཤུས། ཤ་ཕྱིར་བསྟན། སྐྱི་ཡར་བསྟན། མགོ་མདུན་ཕྱོགས་སུ་བསྟན། ཕཊ་བརྗོད་ནས་བཀབ། ཡང་གཅིག་བཤུས། མགོ་རྒྱབ་ཕྱོགས་སུ་བསྟན་ནས་བཀབ། ཡང་གཅིག་བཤུས། མགོ་གཡས་སུ་བསྟན། གཅིག་གིས་མགོ་གཡོན་དུ་བསྟན། མཚམས་བཞི་ལ་ཡང་གོང་དང་འདྲ། རྟེང་སོར་གཅིག་བཤུས། བརྒྱད་པོའི་ཐོག་ནས་བཀབ། དེ་ལྟར་གཡང་གཞི་དགུ་སྦྲག་གིས་བཀབ་པར་བྱས་ནས། ཐོག་ནས་ཕཊ་བརྗོད། རང་གི་ཐུགས་ཀ་ནས་ཡེ་ཤེས་ཀྱི་སྤྲུལ་ནག་ཆེན་པོ་གཅིག་སྤྲོས། གཡང་གཞིའི་ཐོག་ནས་ལན་དགུ་སྦྲག་གཅིག་ཏུ་དཀྲིས་ནས་བཅིངས་པའོ། །ལྷ་འདྲེ་ཐམས་ཅད་ཀྱང་ཡ་ང་། བག་ཚ། ཉམས་ཐག །ཟྲི་ལོང་ལོང་ཡོད་པས། རང་གི་བཀའ་ཉན་དང་གསུང་སྙོད་བྱས་པར་བསམ་པ་ནི་རྡོ་རྗེའི་སྤྲུལ་ཆིངས་སོ། །རྡོ་རྗེ་ནི་ཏིང་ངེ་འཛིན་ལ་ཟེར་རོ། །སྤྲུལ་ཆིངས་ནི་ཡེ་ཤེས་ཀྱི་སྤྲུལ་གྱིས་བཅིངས་པ་ལ་ཟེར་བའོ། །མ་གཅིག་གི་ཞལ་ནས། ཟབ་མོ་སྟོང་ཉིད་བསྒོམ་པའི་མཐུ་མེད་ཀྱང་། སྙིང་རྗེས་རྒྱུད་སྦྱངས་དད་དང་དག་སྣང་བསྒོམས། སྤྲོས་བཅས་དམིགས་པའི་གོ་རིམ་མ་ནོར་བར། སྒོ་གསུམ་དགེ་ལ་འབད་པ་ཙམ་རེ་མཛོད། ཅེས་པས། གཞན་ཚོ་ནི་གོ་སླའོ། །

སྤྲོས་བཅས་དམིགས་པ་ནི། གོང་འོག་དང་ལྷག་ཆད་དུ་མ་སོང་བར། ཐད་ཀ་ཐད་ཀ་ལ་བྱེད་དགོས་པ་ལའོ། །བསང་འཁོར་ཟབ་མོ་བསྒོམ་པ་ལ། །འགྱུར་མེད་གསུམ་གྱི་གདམས་པ་དགོས། །ཞེས་པ་བཀྲ་ཤིས་པའི་སྐུ་མཁར་ལའོ། །

འགྱུར་མེད་གསུམ་ནི། སྟེང་མི་འགྱུར་བ་བཀའ་བརྒྱུད་བླ་མ་ནམ་མཁའ་གང་། བར་མི་འགྱུར་བ་ཁྲིས་མ་ནག་མོ་སྟོང་གསུམ་ཁེངས་པ། འོག་མི་འགྱུར་བ་སྤྲུལ་ནག་གི་ཆིངས་དགུ་སྦྲག་ཏུ་བྱེད་པ་ལའོ། །བསྒོམ་ལུགས་ནི། རང་གི་

སྙིང་གི་ནམ་མཁའ་ལ་བཀའ་བརྒྱུད་བླ་མ། སངས་རྒྱས་བྱང་ཆུབ་སེམས་དཔའ་རྣམས་མཐོ་རྩེག་གསུམ་བཞུགས་པའམ། ཁྲིམ་ཚོགས་སུ་བཞུགས་པའམ། ནོར་བུ་ལུགས་སུ་བཞུགས་པའམ། ཀུན་འདུས་སུ། ཁྲིག་ཐ་གྱིས། སྤྲིན་འཁྲིགས་པ་ལྟ་བུར་བཞུགས་པར་བསམས་པ་ལའོ། །རང་ཉིད་ཁྲོས་མ་ནག་མོ་སྟོང་གསུམ་ཁྱབ་པར་བསམ་མོ། །རང་གི་འོག་ཏུ་ལྷ་འདྲེ་སྤྲུལ་ཚིངས་ཅི་ལྟར་བསྐྱེད་པ་བཞིན་དུ་བསམ་པ་ལའོ། །སྐུ་མཁར་ཞེས་པ། སྙིང་བཀའ་བརྒྱུད་བླ་མ་ཆོས་འཁོར་བཅུ་གསུམ་ལའོ། །རང་ཉིད་བུམ་པ་ལའོ། །སྤྲུལ་ཚིངས་སེང་ཁྲི་ལ་བརྗོད་པར་བྱའོ། །བྱེད་ལུགས་གོ་རིམ་མ་ནོར་བ་བླ་མའི་ཞལ་ལས་ཤེས་སོ། །

ཉིན་མཚན་གཉིས་ཀྱི་དབྱེ་བ་ལས། །ཟིལ་གནོན་གཉིས་ཀྱི་གདམས་པ་དགོས། །ཞེས་པ་ནི། ཉིན་པར་རང་ཉིད་སངས་རྒྱས་མཁའ་འགྲོ་སྐུ་འོད་དང་གཟི་བརྗིད་དང་ལྡན་པས་ལྷ་འདྲེ་རྣམས་ཟིལ་གྱིས་མནན་པར་བསམ་པ་ནི་ཉིན་པར་དག་པ་ལྷ་སྐུའི་ཟིལ་གནོན་ནོ། །ནུབ་མོ་རང་གི་ལུས་པོ་པ་སྣག་པ་དྲི་མི་ཞིམ་པ་གཉན་ས་ཁེངས་པ་ཙམ་བསྐྱེད་ནས་ལྷ་འདྲེ་རྣམས་མི་དགའ་མི་འདོད་བཞིན་དུ་མནན་ནས་ཡོད་པར་བསམ་པ་ནི་ནུབ་མོ་མ་དག་སྒྱུ་ལུས་ཀྱི་ཟིལ་གནོན་ནོ། །

སྐྱབས་འགྲོ་བྱེད་པ་ལ། སངས་རྒྱས་བསྟན་པ་འཛིན་པ་ལ། །སྐྱབས་འགྲོ་སེམས་བསྐྱེད་དབེན་བཞི་དགོས། །མ་གཅིག་གི་ཞལ་ནས། ལྟ་བ་བདུད་ཀྱི་གཅོད་ཡུལ་དུ་མ་ཤོར་བ། བསྒོམ་པ་མཚན་མའི་རྣམ་རྟོག་དང་བྲལ་བ། སྤྱོད་པ་སྐྱབས་འགྲོ་སེམས་བསྐྱེད་དང་འབྲེལ་བ་དགོས། ཞེས་པ། སྟོང་པ་ཉིད་ཀྱི་ལྟ་བ་ཅི་ལྟར་ཡོད་ན་ཡང་། ཐོ་ཅོའི་སྤྱོད་པ་འཚུབ་པོའི་ངོར་ནས་ས་མ་རྐོ། བྲག་མི་བཤག །ཤིང་མི་

བཅད། ཐབ་མི་རྫོག །ཉོ་དོད་མི་བྱེད། བྱས་ན་བདུད་དུ་སོང་བ་ལའོ། །བསྒོམ་པ་ནི། བཟང་ངན། ཡགས་ཉེས། ཚིག་འཇམ་རྩུབ། རྟོག་པའི་འཕྲོ་འདུ་གང་ལ་ཡང་འཛིན་པ་མི་བྱེད་པ་ལའོ། །སྤྱོད་པ་ནི། བཟང་ངན་དགེ་སྡིག་མཐོ་དམན་གང་བྱུང་ཡང་སྐྱབས་འགྲོ་དང་སེམས་བསྐྱེད་ལ་ཧྲིལ་གྱིས་དྲིལ་བ་ལའོ། །

དབང་སྤྱོད་ཚར་ནས། ཕཊ་གཅིག་བརྗོད། གཅོད་ཀྱི་ཉམས་ལེན་ལ་ཧྲིལ་གྱིས་བསྒྲིལ་བར་བསམ་ནས། ན་མོ་གནས་ཀྱི་གདོན་དང་ལུས་ཀྱི་གདོན། སྣང་བར་བྱེད་པའི་དགྲ །གནོད་པར་བྱེད་པའི་བགེགས། བར་དུ་གཅོད་པའི་རྐྱེན། ཕུང་བར་བྱེད་པའི་སྲི། ལས་ཀྱིས་མནར་བའི་འདྲེ། འབྱུང་པོ་མི་དང་མི་མ་ཡིན་གྱིས་ཐོག་དྲངས། བདག་གཞན་ནམ་མཁའི་མཐའ་དང་མཉམ་པའི་སེམས་ཅན་ཐམས་ཅད། བླ་མ་ལ་སྐྱབས་སུ་མཆིའོ། །སངས་རྒྱས་ལ། ཆོས་ལ། དགེ་འདུན་ལ། ཡི་དམ་དཀྱིལ་འཁོར་གྱི་ལྷ་ཚོགས་རྣམས་ལ། དཔའ་བོ་མཁའ་འགྲོ་ཆོས་སྐྱོང་བསྲུང་མའི་ཚོགས་དང་བཅས་པ་རྣམས་ལ་སྐྱབས་སུ་མཆིའོ། །བླ་མ་སངས་རྒྱས་ཆོས་དང་ཚོགས་ཀྱི་མཆོག་རྣམས་ལ། །བྱང་ཆུབ་མ་ཐོབ་བར་དུ་བདག་ནི་སྐྱབས་སུ་མཆི། །བདག་གིས་སྦྱིན་སོགས་བགྱིས་པའི་བསོད་ནམས་འདི་དག་གིས། །འགྲོ་ལ་ཕན་ཕྱིར་སངས་རྒྱས་འགྲུབ་པར་ཤོག །མ་ནམ་མཁའ་དང་མཉམ་པའི་སེམས་ཅན་ཐམས་ཅད་བདེ་བ་དང་བདེ་བའི་རྒྱུ་དང་ལྡན་པར་གྱུར་ཅིག །སྡུག་བསྔལ་དང་སྡུག་བསྔལ་གྱི་རྒྱུ་དང་བྲལ་བར་གྱུར་ཅིག །སྡུག་བསྔལ་མེད་པའི་བདེ་བ་དང་མི་འབྲལ་བར་གྱུར་ཅིག །ཉེ་རིང་ཆགས་སྡང་གཉིས་དང་བྲལ་ནས་བཏང་སྙོམས་ཆེན་པོའི་ངང་ལ་སེམས་ཡུན་རིང་དུ་གནས་པར་གྱུར་ཅིག །ཅེས་པ་ཐུན་རེ་རེ་ལ་སྐྱབས་འགྲོ་བརྒྱ་དང་རྩ་བརྒྱད། སེམས་བསྐྱེད་ཉི་ཤུ་རྩ་གཅིག ། དབེན་

བཞི་ལ་བདུན་ལ་སོགས་པ་ཕྲུག་བཞིས་ལ་ཡོད་དོ། །

བག་ཆགས་དྲི་མ་འབྲུད་པ་ལ། །དེ་ལ་སྡིག་སྦྱོངས་ནག་འགྲེད་དགོས། །ཞེས་པ། དེ་ལ་ཕཊ་བརྗོད། རང་ཉིད་སངས་རྒྱས་མཁའ་འགྲོར་གསལ། ཕུང་པོ་དེ་ཙ་ཏུས་ཀྱི་དྲ་བ། ངར་སྣབས་ཀྱི་སྡོང་པ། སྣབས་ལུད་ཀྱི་ཕུང་པོ། ལུས་ངག་ཡིད་གསུམ་གྱི་དྲི་མ་ནག་མེར་རེ། ནག་ལྷེམ་མེ་ཡོད་པར་བསམ། ཨོཾ་ཨཱཿཧཱུྃ་གསུམ་གྱིས་བྱིན་གྱིས་བརླབས། ཁ་དོག་དེ་ཀ་ཡིན་པ་ལ། རྣམ་པ་ཟག་མེད་ཀྱི་བདུད་རྩིར་གྱུར་པར་བསམ་ནས། ཕཊ་བརྗོད། སྣང་སྲིད་ཀྱི་ལྷ་འདྲེ་ཐམས་ཅད་སྐད་ཅིག་ཉིད་དུ་འདུས་ནས་ཟག་མེད་ཀྱི་བདུད་རྩི་ལ་ལོངས་སྤྱོད་པས་ངོམས་ཤིང་ཚིམ། དེ་ལ་བརྟེན་ནས་སྡིག་སྒྲིབ་བག་ཆགས་ཉེས་ལྟུང་གི་དྲི་མ་སངས་ཀྱིས་དག་པར་བསམ་པའོ། །ཡང་ན། བག་ཆགས་དྲི་མ་འབྲུད་པ་ལ། །དེ་ལ་སྡིག་སྦྱོངས་ཨ་ཁྲིད་དགོས། །ཞེས་པ། ཕཊ་བརྗོད། ལྷ་འདྲེ་ཐམས་ཅད་གོང་བཞིན་འཚོགས་ནས་ཡོད་པར་བསམ། རང་ཉིད་སངས་རྒྱས་མཁའ་འགྲོར་གསལ་བའི་ཐུགས་ཀ་ནས་ཨ་གཅིག་འཕྲོས། མདུན་གྱི་ནམ་མཁའ་ལ་ཨ་དེ་ངང་བསྐོར་རེ་ཡོད་པར་བསམས་ནས། ཨ་ཨ། ཡང་ཡང་བརྗོད་པས། ཨ་དེ་ལས་ཟག་མེད་ཀྱི་བདུད་རྩི་འོ་མ་ལྟར་བབ་ལྷ་འདྲེ་ཐམས་ཅད་ཀྱི་སྤྱི་གཙུག་ནས་ཞུགས། ལུས་ཕྱི་ནང་གི་སྡིག་སྒྲིབ་བག་ཆགས། ཉེས་ལྟུང་གི་དྲི་མ་ཐམས་ཅད་དག་ནས་ལུས་ཤེལ་སྒོང་ལྟར་སོང་ནས། མཆོག་གི་དངོས་གྲུབ་ཐོབ་པར་བསམ་མོ། །

ཁམས་གསུམ་ཟིལ་གྱིས་གནོན་པ་ལ། །སྐྱབས་གནས་དམ་པ་སུམ་བརྩེགས་དགོས། །ཞེས་པ། རང་གི་སྤྱི་བོ་མདའ་གང་གི་མཚམས་སུ། པཾ་ལས་པདྨ། ཨ་ལས་ཟླ་བ། རམ་ལས་ཉི་མའི་དཀྱིལ་འཁོར་གྱི་སྟེང་དུ། གྱུད་དང་སེང་གེ་ཆེན་པོ་

བརྒྱད་ཀྱིས་བརྟེགས་པའི་རིན་པོ་ཆེ་སྣ་ཚོགས་ལས་གྲུབ་པའི་ཁྲི་ཡངས་ཤིང་རྒྱ་ཆེ་བའི་སྟེང་དུ། ལྷ་རྫས་ཀྱི་གོས་རིན་ཐང་མེད་པ་དུ་མས་བཀབ་པ། དེའི་སྟེང་དུ་ངོ་བོ་རྩ་བའི་བླ་མ་ཡིན་པ་ལ། རྣམ་པ་ཆོས་སྐུ་ཡུམ་ཆེན་མོ་སྐུ་མདོག་གསེར་བཙོ་མའི་མདོག་ལྟར་སེར་བ། ཞལ་གཅིག་ཕྱག་བཞི། ཕྱག་གཡས་ཀྱི་དང་པོ་ན་གསེར་གྱི་རྡོ་རྗེ་རྩེ་དགུ་པ་ཐུགས་ཀར་བསྣོད་པའི་ཚུལ་དུ་འཛིན་ཅིང་། གཡོན་པ་མཉམ་བཞག་གི་ཕྱག་རྒྱ་མཛད་པ། འོག་མ་གཉིས་མཉམ་བཞག་གི་ཕྱག་རྒྱ་མཛད་པའི་སྟེང་དུ་མེ་ཏོག་ཨུཏྤ་ལ་རབ་རྒྱས་སྔོན་གྱི་ཐད་ཀར་ཁ་ཕྱེ་བའི་སྟེང་དུ། བརྒྱད་སྟོང་པའི་གླེགས་བམ་རེ་ཞལ་ཕྱེ་བའི་ཡུ་བ་ནས་འཛིན་པ། སྐུ་ལ་དར་དང་རིན་པོ་ཆེའི་བརྒྱན་དུ་མས་བརྒྱན་པ། །ཞབས་རྡོ་རྗེ་སྐྱིལ་མོ་ཀྲུང་གིས་བཞུགས་པ། འོད་དང་འོད་ཟེར་རབ་ཏུ་འཕྲོ་བ། དེ་ལ་ཆོས་སྐུའི་ཚོགས་ཀྱིས་བསྐོར་ནས་བཞུགས་པའོ། །དེའི་སྤྱི་བོ་མདའ་གང་གི་མཚམས་སུ་སཾ་ལས་པདྨ། ཨ་ལས་ཟླ་བ་རཾ་ལས་ཉི་མའི་དཀྱིལ་འཁོར་གྱི་གདན་གྱི་སྟེང་དུ། ཤྲུད་དང་སེང་གེ་ཆེན་པོ་བརྒྱད་ཀྱིས་བརྟེགས་པའི་རིན་པོ་ཆེ་སྣ་ཚོགས་ལས་གྲུབ་པའི་ཁྲི་ཡངས་ཤིང་རྒྱ་ཆེ་བའི་སྟེང་དུ་ལྷ་རྫས་ཀྱི་གོས་རིན་ཐང་མེད་པ་དུ་མས་བཀབ་པ། དེའི་སྟེང་དུ་ངོ་བོ་རྩ་བའི་བླ་མ་ཡིན་པ་ལ། རྣམ་པ་བཅོམ་ལྡན་འདས་རྒྱལ་བ་ཤཱཀྱ་ཐུབ་པ་སྐུ་མདོག་གསེར་བཙོ་མའི་མདོག་ལྟར་སེར་བ། ཞལ་གཅིག་ཕྱག་གཉིས་གཡས་ས་གནོན། གཡོན་མཉམ་བཞག་གི་ཕྱག་རྒྱ་མཛད་པ། སྐུ་ལ་ན་བཟའ་ཆོས་གོས་གསུམ་དང་ལྡན་པ། དབུ་གཙུག་གཏོར་ཞབས་འཁོར་ལོ་སོགས་མཚན་བཟང་པོ་སུམ་ཅུ་རྩ་གཉིས། དཔེ་བྱད་བཟང་པོ་བརྒྱད་ཅུས་སྤྲས་པ། ཞབས་རྡོ་རྗེ་སྐྱིལ་མོ་ཀྲུང་དུ་བཞུགས་པ། འོད་འདོམ་གང་ལ་འོད་ཟེར་དཔག་ཏུ་མེད་པ་འཕྲོ་བ།

དེའི་གཡས་སུ་ཤ་རིའི་བུ་དང་གཡོན་དུ་མོའུ་མགལ་གྱི་བུ། དེ་ལ་སྲས་ཕྱོགས་བཅུའི་སངས་རྒྱས་དང་བྱང་ཆུབ་སེམས་དཔའ་ཉན་ཐོས་དང་རང་སངས་རྒྱས་ཀྱི་ཚོགས་ཀྱིས་བསྐོར་ནས་བཞུགས་པའོ། །དེ་གཉིས་ཀྱི་མདུན་ཕྱོགས་ཀྱི་ཆ་ལ་གདན་ཁྲི་བདུན་བརྩེགས་ཀྱི་སྟེང་དུ། ངོ་བོ་རྗེ་བའི་བླ་མ་ཡིན་པ་ལ། རྣམ་པ་མ་གཅིག་ལབ་ཀྱི་སྒྲོན་མ་སྐུ་མདོག་དཀར་མོ་དུང་ཕྱིས་པའི་མདོག་ལྟར་དཀར་བ། ཞལ་གཅིག་ཕྱག་གཉིས། ཕྱག་གཡས་པས་སེང་ལྡེང་གི་ཌཱ་རུ་དྲ་ཁ་མ་སྟོང་གསུམ་དུ་སྒྲ་སྒྲོག་པ་ནམ་མཁའ་ལ་འཁྲོལ་བ། གཡོན་པས་དངུལ་དཀར་གྱི་དྲིལ་བུ་སྐུ་སྨེད་ལ་བརྟེན་པ། དབུ་སྐྲ་རལ་པས་སྐུ་རྒྱབ་ཁེབས་པ། སྐུ་ལ་དར་དཀར་གྱི་ན་བཟའ་གསོལ་བ་སྣ་རགས་རྒྱ་མ་ལྷོད་དེ་བཅིངས་པ། ཞབས་གཡས་བསྐུམ་གཡོན་བརྐྱང་བའི་གར་སྟབས་ཤིང་ཤིང་མཛད་ཅིང་། ཞལ་ནས། བུ་མར་མ་མ་འགྲོ་ཡར་ལ་ཤོག་གསུང་བའི་སླུ་ཀྱུ་རུ་རུ་ལེན་པ། འོད་དང་འོད་ཟེར་རབ་ཏུ་འཕྲོ་བ། དེ་ལ་གྲུབ་ཐོབ་གཅོད་ཡུལ་བརྒྱུད་པའི་བླ་མ་རྣམས་ཀྱིས་བསྐོར་ནས་བཞུགས་པའོ། །

མཎྜལ་འབུལ་བ་ནི། ཚོགས་ཆེན་མྱུར་དུ་རྫོགས་པ་ལ། །རང་ལུས་རྒྱས་འདེབས་མཎྜལ་དགོས། །ཞེས་པ་རང་ལུས་ལ་ཚོམ་བུ་བདུན་ཙུ་དོན་དགུའམ། བརྒྱད་ཙུ་བྱས་ནས་འབུལ་ཏེ། ཕཊ་བརྗོད། རང་གི་རིག་པ་དེ་རྗེ་བཙུན་རྡོ་རྗེ་རྣལ་འབྱོར་མར་གསལ། ཕུང་པོ་དེ་སྐྱུར། རྗེ་བཙུན་མའི་ཕྱག་གཡས་པའི་གྲི་གུག་གིས་ཕུང་པོ་དེ་སྤྱི་གཙུག་ནས་རྐང་མཐིལ་གྱི་བར་ཤིག་གིས་བཤགས། ལྤགས་པ་དེ་བཤུས། སྐྱི་ཡར་བསྟན། ཤ་ཕྱིར་བསྟན་ནས། ཕཊ། ལྤགས་པ་དབང་ཆེན་གསེར་གྱི་ས་གཞི། བརྗོད་ནས་བཏིང་། དེའི་སྟེང་དུ་ཕུང་པོ་བཞག །ཕཊ། ཕུང་པོ་དབུས་ཀྱི་

རི་བོ་མཆོག་རབ། ལག་པ་གཡས་ཤར་དུ་བཞག །ཕཊ། ལག་པ་གཡས་ཤར་ལུས་འཕགས་པོ། ཕཊ། ལག་པ་གཡོན་ལྷོ་འཛམ་བུ་གླིང་། ལྷོ་རུ་བཞག །ཕཊ། རྐང་པ་གཡས། ནུབ་བ་ལང་སྤྱོད། ནུབ་ཕྱོགས་ལ་བཞག །ཕཊ། རྐང་པ་གཡོན་བྱང་སྒྲ་མི་སྙན། བྱང་ལ་བཞག །ཕཊ། ཉིང་ལག་བརྒྱད་གླིང་ཕྲན་བརྒྱད། མཚམས་བཞི་ལ་བཞག །ཚོམ་བུ་བཅུ་གསུམ་མོ། །བདག་མགོ་དབུས་སུ་བཞག །ཕཊ། མགོ་བོ་རྣམ་པར་རྒྱལ་བའི་ཁང་བཟང་། ཕཊ། མིག་གཉིས་ཉི་མ་དང་ཟླ་བ། ཕཊ། སྐྲ་ཙནྡན་གྱི་ནགས་རི། ཕཊ། ཀླད་པ་ཟག་མེད་ཀྱི་བདུད་རྩིའི་རྒྱ་མཚོ། ཕཊ། ཀླད་ཤུན་དར་གྱི་ཁུག་མ། ཕཊ། རྣ་བ་གཉིས་སྒྲ་སྙན་གྱི་རོལ་མོ། ཕཊ། སྣ་ཙན་དན་གྱི་ལྷེ་གུ། ཕཊ། ལྕེ་རོ་བརྒྱ་ལྡན་པའི་ཟས་མཆོག་ཕཊ། སོ་མུ་ཏིག་གི་ཆུན་འཕྲེང་། ཕཊ། མ་ལེ་རྒྱ་ཟོར་ཁུག་པ། ཕཊ། བཀྲག་དང་མདངས་མེ་ཏོག་གི་ཚོམ་བུ། ཚོམ་བུ་བཅུ་གསུམ་མོ། ཕཊ། གློ་བ་གསེར་གྱི་རི་བདུན། ཕཊ། སྙིང་ཡིད་བཞིན་གྱི་ནོར་བུ་རིན་པོ་ཆེ། ཕཊ། སྙིང་ཤུན་འདོད་དགུའི་གལ་ཁྲ། ཕཊ། སྲོག་རྩ་དཔག་བསམ་གྱི་ལྗོན་ཤིང་། ཕཊ། ཨོལ་ཁྲིམ་པ་དུང་གི་ཕྲེང་བ། ཚོམ་བུ་བཅུ་གཅིག་གོ། །ཕཊ། མཆིན་པ་ཨ་མོ་ལེབ་ཀའི་རྗེ་ལེབ། ཕཊ། མཆིན་གྲི་དར་དཀར་གྱི་ཡོལ་བ། ཕཊ། མཁྲིས་པ་རྒྱལ་སྲིད་སྣ་བདུན། ཚོམ་བུ་དགུའོ། །ཕཊ། མཚེར་པ་བཀྲ་ཤིས་རྟགས་བརྒྱད། ཚོམ་བུ་བརྒྱད་དོ། །ཕཊ། ཁྲག་རོལ་པའི་མཚོ་བདུན། ཚོམ་བུ་བདུན་ནོ། །ཕཊ། མཁལ་མ་གཉིས་མཆོད་པའི་ལྷ་མོ་བརྒྱད། ཚོམ་བུ་བརྒྱད་དོ། །ཕཊ། ནུ་མ་འདོད་འཇོའི་བ་མོ། ཕཊ། ཆོལ་བུ་གཏེར་ཆེན་པོའི་བུམ་པ། ཕཊ། རྒྱུ་མ་སྦྲེ་ཡི་ལྡུགས་རི། ཕཊ། སྐལ་ཚིགས་གསེར་གྱི་མཆོད་རྟེན། ཕཊ། སྐལ་ལེབ་པ་དངུལ་གྱི་ཐུར་མ། ཕཊ། རྩ་རྒྱུས་ཐམས་ཅད་གསེར་གྱི་

དྲི་མིག །ཕཊ། དམིགས་པ་གསེར་གྱི་བུ་དགུ། ཕཊ། ལྷན་ལྷིན་ཐམས་ཅད་དར་ཟབ་སྣ་ཚོགས་པ། ཕཊ། སེན་མོ་དངུལ་དཀར་གྱི་མེ་ལོང་། ཕཊ། ཚང་ར་མ་སྨྲས་པའི་ལོ་ཐོག །ཕཊ། བ་སྤུ་གུར་གུམ་གྱི་སྤང་རི། ཕཊ། མཆིལ་སྣབས་མིག་ཆུ་སོགས་དངོས་གྲུབ་ཀྱི་ཆུ་མིག །ཚོམ་བུ་བཅུ་གཉིས་སོ། །

མ་ཚང་བ་མེད་པ་འདི་དག་བླ་མ་དང་དཀོན་མཆོག་རིན་པོ་ཆེ་རྣམ་པ་གསུམ། གྲུབ་ཐོབ་གཅོད་ཡུལ་བརྒྱུད་པའི་བླ་མ། ཡི་དམ། མཁའ་འགྲོ། ཆོས་སྐྱོང་བསྲུང་མའི་ཚོགས་དང་བཅས་པ་རྣམས་ལ་འབུལ་ལོ། །ཐུགས་རྗེས་འགྲོ་བའི་དོན་དུ་བཞེས་སུ་གསོལ། །བཞེས་ནས་བྱིན་གྱིས་རླབས་ཏུ་གསོལ། །བདག་གི་ལུས་དང་ལོངས་སྤྱོད་དང་། །དུས་གསུམ་དགེ་བ་ཅི་བསགས་པ། །གུས་པའི་ཡིད་ཀྱིས་འབུལ་བར་བགྱི། །མཆོག་དང་ཐུན་མོང་དངོས་གྲུབ་བསྩལ་ཏུ་གསོལ། །མནྡལ་ལོ། །

ཡན་ལག་བདུན་པ་ནི། ཏིང་འཛིན་འཕེལ་མ་བྱེད་པ་ལ། །སྔོན་ལམ་ཡན་ལག་བདུན་པ་དགོས། །ཞེས་པ། ཧཱུྃ་བླ་མ་རྡོ་རྗེ་འཛིན་རྣམས་ལ། །སྒོ་གསུམ་གུས་པས་ཕྱག་འཚལ་ལོ། །དངོས་སམ་ཡིད་ཀྱིས་བཤམས་པ་ཡིས། །མཆོད་པ་སྣ་ཚོགས་འབུལ་བར་བགྱི། །བདག་གིས་སྡིག་པ་ཅི་བགྱིས་པ། །དེ་ཀུན་ཁྱེད་ཀྱི་སྤྱན་སྔར་བཤགས། །ཁྱེད་ཀྱི་དགེ་བའི་རྩ་བ་ལ། །ཤིན་ཏུ་དང་བས་ཡིད་རང་ངོ་། །སེམས་ཅན་ཀུན་གྱི་དོན་གྱི་ཕྱིར། །ཆོས་ཀྱི་འཁོར་ལོ་བསྐོར་ཏུ་སྩོལ། །ཇི་སྲིད་འཁོར་བ་མ་སྟོངས་བར། །དེ་སྲིད་འགྲོ་བའི་དོན་ལ་བཞུགས། །བདག་གིས་དགེ་བ་ཅི་བསགས་པ། །དེ་ཀུན་བྱང་ཆུབ་ཆེན་པོར་བསྔོ། །ཡོན་ཏན་དུ་མས་རབ་བརྒྱན་པའི། །བླ་མའི་སྐུ་ལ་གསོལ་བ་འདེབས། །བདག་གི་ལུས་ལ་བདེ་དྲོད་འབར་བར་བྱིན་གྱིས་རློབས། །སྙེ་སྟོད་དུ་མས་རབ་བརྒྱན་པའི། །བླ་མའི་གསུང་ལ་

གསོལ་བ་འདེབས། །བདག་གི་ངག་ལ་ནུས་པ་ཐོན་པར་བྱིན་གྱིས་རློབས། །ཏིང་འཛིན་དུ་མས་རབ་བརྒྱན་པའི། །བླ་མའི་ཐུགས་ལ་གསོལ་བ་འདེབས། །བདག་གི་སེམས་ལ་རྟོགས་པ་འཆར་བར་བྱིན་གྱིས་རློབས། །ཁྱེད་ཀྱི་ཐུགས་རྗེ་ཆེན་པོ་ཡིས། །བདག་གི་དགེ་སྦྱོར་འཕེལ་བ་དང་། །རྟོགས་པ་སྐྱེ་བར་བྱིན་གྱིས་རློབས། །

རྣལ་འབྱོར་པ་ཡི་ཕྱག་མཚན་ལ། །རྐང་དུང་ཐོད་པ་ཌཱ་མ་རུ་དགོས། །ཞེས་པ། རྐང་དུང་རྙེད་ན་གྲི་ཁ་མེད་དུ་སོང་བའི་རྐང་བྱུང་ན་རབ། དེ་ནི་ཆོས་མ་ཚོར་བ། མཐའ་མི། གློ་དང་། ཧོར་སོགས་ཀྱིའོ། །ཁ་མེད་ནི། གཡུལ་འགྱེད་པའི་སྐབས། གཞན་ཡང་རུང་སྟེ། ཕོ་རང་གཉིས་ཐུག་པས་གཅིག་གིས་གཅིག་གསོད་རེས་བྱས་པའི་སྐད་ཅིག་དེ་ཉིད་དུ་ཁ་གྲག་རྒྱུ་མེད་པར་ཤི་བ་ལའོ། །དེ་མ་རྙེད་ན། སྐྱེས་པའམ། བུད་མེད་དར་ལ་བབ་པ་གྲིར་ཤི་བ་བཤད། དེ་ལ། ཕོ་རྐང་དཔའ་བོ་འདུ་བ། མོ་རྐང་དཔའ་མོ་འདུ་བར་གསུངས་སོ། །

བརྟག་པ་ནི། སྐད་ལ་བརྟག་པ། ཁ་དོག་ལ་བརྟག་པ། དབྱིབས་ལ་བརྟག་པའོ། །སྐད་ལ་བརྟག་པ་ལ། ལྷང་ལྷང་གི་སྐད་སྙོམ་པོར་མ་ཡིན་པ། ཕྲ་བའི་རྩེར་རྩེར་དུ་མ་སོང་བ། སྐད་སྙན་ལ་ཚ་ཟེར་དང་བཅས་པ་ལའོ། །ཁ་དོག་ཐལ་སྐྱ་ལྟ་བུ་དང་། ལྷ་བས་ནང་གང་བ་ལྟ་བུ་དང་། རུས་པ་སྙོམ་པོར་མ་སོང་བ། དཀར་པོ། སེར་པོ། སྔོན་པོའོ། །དབྱིབས་ཤད་ཤད་དུ་མ་སོང་བ། སྒུར་སྒུར་དུ་མ་སོང་བ། ཕྲ་ལ་མཛེས་པ། ཡོ་ལུས་རན་པོ། དེ་ལྟ་བུ་ལ་གཙོད་ལུགས་ནི་འབུར་གསུམ་པོ་དེའི་སྙེ་མགུལ་ནས་གཙོད། རུས་པ་གྲུ་གསུམ་དུ་ཡོད་པས་རྐང་དུང་གི་ཁ་ཡང་གྲུ་གསུམ་རང་ཆས་སུ་འོང་བ་ཡིན། གཙོད་ལུགས་མ་ཉེས་པ་བྱེད་དགོས། བརླ་མགོ་དེ་ལ་འབྱར་བ་བྱེད་ལ། ཁ་འབྲུ་བ་དེ་བརླ་མགོ་ཕར་ཚུར་གཉིས་ཀ་འབྲུ་

སྟེ། འབྲུ་ལུགས་ནི། རང་གི་རྐང་པའི་མཐེབ་མོའི་ངོས་ལ་སྣག་ཚའམ། གྲ་ནག་པོ། རྗོ་བཙག་དམར་པོ་སྦྱངས་པ་ལྡ་བུ་བཀུས། དེ་བརྒྱ་མགོ་ཕར་ཚུར་གཉིས་ལ་བརྒྱན་ཏེ་གྲུ་གསུམ་གྱི་ཚུལ་དུ་འབྲུ་བའོ། །ཁ་ཁྲིར་ཐུང་བ་ངོས་ལའོ། །ཟུར་གཅིག་བརྒྱ་མགོ་རིང་བ་ངོས་ལའོ། །བཅད་ཚར་ནས་ས་འོག་ཏུ་ཟླ་བ་གསུམ་མམ། གཉིས། ཐ་མ་ཡང་གཅིག་ཙམ་སྦྲ། དེ་ནས་འཚག་པར་བྱེད། ར་ཁ་ཙན་ནི་འཚག་མི་རུང་བར་བཤད་པའོ། །རྐང་མ་བཞར་བ་དང་། བཟོ་བཙོས་ཟུར་པ་མི་བྱེད། ཤ་དང་ལྷན་ལྡིན་ཕྱི་བར་བྱེད་པའོ། །འབུད་ལུགས་ནི་ལན་གསུམ་འབུད་པའོ། །དང་པོ་ཕྲ་ལ་རིང་བ་ལའོ། །གཉིས་པ་ཕྲ་ལ་ཁུག་གཉིས་ཡོད་པ་ལའོ། །གསུམ་པ་ཕྲ་ལ་ཐུང་བ་ཁུག་གསུམ། ཚག་སྒྲ་དང་བཅས་པ་ལའོ། །

ཐོད་པ་ནི། མཚན་ལྡན་པོ་ཐོད་མོ་ཐོད་གང་ཡང་རུང་བ། གསོད་པའི་དུས་དཔལ་བ་རང་ལ་བསྟན་པའམ། བཅད་ཚར་ནས་ལན་གསུམ་བསྐོར་བས་དཔལ་བ་རང་ལ་བསྟན་ན་བཟང་ངོ་། །

བརྟག་པ་ནི། ཁ་དོག་དང་། དབྱིབས། ཁ་དོག་ནི་སེར་པོ། དཀར་པོ། སྨུག་པོ། དམར་པོའོ། །དབྱིབས་མཐུག་པ། ལྟེ་བ། འཇམ་པ། དུམ་བུ་གཅིག་པའམ། འཚག་རུང་བ་སྟེ། བྲག་སའི་དུས། ཤ་ཐིག །རུས་ཐིག །སྤུ་ཐིག་གསུམ་ཚང་བ། ཤ་ཐིག་ནི་རྣ་བའི་རྩེ་དུམ་ཙམ་གསོད་པ། རུས་ཐིག་ནི། ཕར་ཚུར་གྱི་རྣ་ལྟན་གྱི་རུས་པ་འབྱར་བ། སྤུ་ཐིག་ནི། སྤྱ་སོའི་སྨིན་མའི་སྤུ་ཕྱེད་མར་བགོ་བ་ལའོ། །ཞིབ་པར་ཐོད་པའི་བརྟག་པ་རྣམས་ལ་གསལ་ལོ། །དེ་ལྟ་བུའི་ཀ་པཱ་ལ་དགྲ་ས་དང་རང་ས་མ་ནོར་བ། མཁའ་འགྲོའི་ཟ་ལམ། སླང་ཆེན་གྱི་མཆེ་བ། མར་ཁུའི་མཐེབ་ཆགས། ལྕང་ལོ་སྤྲ་སོ་ལ་ཁྱུ་བ། སླང་ཆེན་གྱི་རྨིག་རྗེས་སོགས་སྤྱི་དང་མཐུན།

དགྲ་ས་ནི། ཕྱི་སོའི་སོག་སོ་སྣ་ལ་ཟེར་ཏེ་མེད་དགོས། རྣལ་འབྱོར་སྲོག་གི་སྲུ་གྲི་ཡང་ཟེར་བའོ། །རང་ས་ནི་སྤུ་སོའི་སོག་སོ་སྣ་ལ་ཟེར་ཏེ། ཡོད་ན་རྡོ་རྗེའི་ཀ་བ་ཡིན་ཏེ་བཟང་བའོ། །དེ་ལྟ་བུའི་ཀ་པཱ་ལ་གཅིག་འཚག་དགོས་པའོ། །ཛ་ཏུ་ནི་སྐྱེས་པ་ལོ་བཅོ་ལྔ་ལོན་པ་དང་། བུད་མེད་ལོ་བཅོ་ལྔ་ལོན་པ་གཉིས་གྲིར་ཤི་བ་ཡིན་ན་རབ། མིན་ན་ཡང་། དེ་གཉིས་ཀྱི་ཨོག་ཆུང་གཉིས་ཕྲལ་ཏེ་ཁ་སྦྱར་བ་བྱེད། དེ་ནི་གཞུག་གི་ཚང་ཆུང་བ་ལ་དཔྱི་གཉིས་འབྱར་བ་ལ་ཟེར་བ་ཡིན་ནོ། །

ཁ་སྦྱར་ལུགས་ནི། ལྡན་ལྡིན་སོགས་མེད་པའི་ག་དར་གཙང་མ་བྱས་ནས། སྐྱིན་ཚུ་འམ། ཕྱི་ལོག་གཉིས་ཀྱི་ཁ་སྦྱར་བའོ། །འདར་ལྷུགས་ནི། སྐྱེས་པ་གྲིར་ཤི་བའི་སྙིང་ཤུན་ལ་བྱེད་པའོ། །འདར་ལྟེ། སྐྱེས་པ་ལོ་བཅོ་ལྔ་ལོན་པའམ། གང་ཡང་ཏུང་སྟེ། རྡོ་རྗེའི་རྩ་བ་ནས་བླངས་ཏེ་ཁ་གཉིས་སུ་བཏང་། ཡ་རེ་ལ་ཡང་སྐེད་པ་ཡན་ཁ་གཉིས་སུ་བཏང་། དེ་གཉིས་ཏེ་མཉེན་པོ་བྱེད་པའོ། །

བྲན་རྫས་ནི་དེ་དག་གི་རྒྱུས་པ་བླངས་ནས་མཉེད། དེ་ནས་སྐྲིམས་པས་འདོམ་པ་དོ་ཙམ་བྱེད། ཁ་ཤིང་སྦྲའམ། ཤིང་མཉེན་པོ་ལ་བྱས་ནས་གུག་དེའི་གཞོགས་རེ་ལ་འདར་ལྷུགས་སྐྱིན་དང་བཅས་ནས་གཡོགས། དེ་ཛ་ཏུའི་ཁ་གཉིས་ལ་གཡོགས་མཚམས་བསྐྱེན། ཁ་ཤིང་གཉིས་ཀྱི་དཀྱིལ་ཁྲུག་ནས་བུག་པ་མང་པོ་ཕུག །དེ་ནས་རྒྱུས་པས་བྲན་ཏེ་ཐང་ལྷོད་རན་པ་བྱས་ནས་དྲ་ཁ་མ་བཟོ་བར་བྱེད་པའོ། །སྐེད་དཀྲིས་ལ་རིན་པོ་ཆེའི་བརྒྱན་འདོགས་པ་དང་། དཀྱིལ་གཉིས་ལ་སྤུ་སོར་གྱི་འདར་ལྟེ་གཉིས་བཏགས། ཆངས་རྟེན་དུང་ཡོག་དྭངས་མའམ། ཉ་ཕྱིས་མདོག་ལྟར་འཚེར་བའོ། །དར་སྣ་ལྔའི་འཕན་དེ་ལ་སྟག་གི་ཟར་བུ། དཔྱལ་དཀར་གྱི་མེ་ལོང་། གསེར་གཡུ་ལ་སོགས་ཀྱིས་བརྒྱན་པ། བུད་མེད་གཞོན་ནུའི་

སྒྲ་ཚབ་སྒྲིམས་པ་བཏགས་པའོ། །དེ་ལྟ་བུའི་ཊ་མ་རུ་མཚན་ཉིད་དང་ལྡན་པ་གཅིག་འཚག་པའོ། །དེ་མ་རྙེད་ན་སེང་ལྡེང་གི་ཊ་རུ་དྲ་བ་མ་འཚག་པའོ། །དེ་རྣམས་ནི་རྫས་ཀྱི་དབང་སྡུད་ཡིན་ནོ། །དེ་ནས། ཕཊ་བརྗོད། ཊ་མ་རུ་གཅིག་བརྡུང་དང་གཉིས་བརྡུངས་ཀྱི་ཚུལ་དུ་སྐད་འགྱུར་དབྱངས་དང་བཅས་ནས།

བརྒྱུད་པའི་བླ་མ་ལ་གསོལ་བ་འདེབས་པ་ནི། བྱིན་རླབས་མྱུར་དུ་འཇུག་པ་ལ། །བླ་མ་བརྒྱུད་པའི་གསོལ་འདེབས་དགོས། །ཞེས་པ། ན་མོ། གནས་སྤྱི་གཙུག་ཉི་ཟླའི་གདན་སྟེང་ན། །རྩ་བའི་བླ་མ་བྱིན་རླབས་ཅན། །བྱིན་རླབས་ཅན་ལ་གསོལ་བ་འདེབས། །བླ་མ་ལ་གསོལ་བ་འདེབས། །མ་གཅིག་ལ་གསོལ་བ་འདེབས། །ཡུམ་ཆེན་མོས་བྱིན་གྱི་རློབས། །ཤམ་བུ་འོག་མ་ཀུན་ལ་འདྲེའོ། །འོག་མིན་ཆོས་དབྱིངས་ཕོ་བྲང་ན། །ཡུམ་ཆེན་ཤེར་ཕྱིན། །བྱ་རྒོད་ཕུང་པོའི་རི་བོ་ན། །བཅོམ་ལྡན་ཤཱཀྱ་ཐུབ། །སེང་ཆེན་བརྩེགས་པའི་ཁྲི་སྟེང་ན། །འཇམ་དཔལ་སྨྲ་སེང་། །རྒྱ་གར་འཛམ་གླིང་ཁ་སྐྱོར་ན། །ཨཱརྱ་དེ་བ། །ལ་སྟོད་དིང་རིའི་གླ་བསྐོར་ན། །དམ་པ་སངས་རྒྱས། །ཟངས་རི་མཁར་དམར་དགོན་པ་ན། །མ་གཅིག་ལབ་སྒྲོན། །གཉན་ས་དུར་ཁྲོད་ཕོ་བྲང་ན། །ཁཾ་ཧྲུ་ཡ་ལེ། །གཡུ་ལོ་བཀོད་པའི་ཞིང་ཁམས་ན། །ཛྙེ་ན་ཛྙེ་ལ། །གནམ་མཚོ་དོ་ཡི་ཕོ་བྲང་ན། །གནམ་མཚོ་ཆེན་པོ། །མཚུར་མདོ་བོ་ལུང་གི་དགོན་པ་ན། །རང་བྱུང་རྡོ་རྗེ། །རང་བྱུང་མཉམ་ཉིད་རོལ་པ་ཅན། །གཡུ་སྟོན་ཆེན་པོ། །ཆོས་ཀྱི་དབྱིངས་ཀྱི་ཕོ་བྲང་ན། །རོལ་པའི་རྡོ་རྗེ། །གནས་ནང་རྒྱལ་བའི་རི་ཁྲོད་ན། །རི་ཁྲོད་དབང་ཕྱུག །སྣང་སྲིད་རྒྱལ་བའི་དཀྱིལ་འཁོར་ན། །མཁའ་སྤྱོད་དབང་པོ། །འཁོར་འདས་གཉིས་མེད་ཕོ་བྲང་ན། །དེ་བཞིན་གཤེགས་པ། །སྟོང་ཉིད་ཟབ་མོའི་དཀྱིལ་འཁོར་ན། །རིན་ཆེན་བཟང་པོ། །བདེ་

སྟོང་དབྱེར་མེད་ཕོ་བྲང་ན། །མཐོང་བ་དོན་ལྡན། །གར་བཞུགས་ཆོས་སྐུའི་ཕོ་བྲང་ན། །འཇམ་དཔལ་བཟང་པོ། །ཁམས་གསུམ་ཡོངས་སྒྲོལ་ཕོ་བྲང་ན། །ཆོས་གྲགས་རྒྱ་མཚོ། །གང་ཤར་ཆོས་དབྱིངས་ཕོ་བྲང་ན། །འཇམ་དཔལ་རྒྱ་མཚོ། །ཕྱོགས་མེད་གཉན་པའི་རི་ཁྲོད་ན། །ཆོས་ཀྱི་རྒྱ་མཚོ། །ཐུགས་རྗེ་རྒྱུན་ཆད་མེད་པ་ཡི། །ཡི་དམ་ལྷ་ཚོགས། །ཕྲིན་ལས་མུ་མཐར་ཁྱབ་པ་ཡི། །དཔའ་བོ་མཁའ་འགྲོ། །བར་ཆོད་དགྲ་དཔུང་བཟློག་པ་ཡི། །ཆོས་སྐྱོང་བསྲུང་མ་བྱིན་རླབས་ཅན། །བྱིན་རླབས་ཅན་ལ་གསོལ་བ་འདེབས། །བླ་མ་ལ་གསོལ་བ་འདེབས། །མ་གཅིག་ལ་གསོལ་བ་འདེབས། །ཡུམ་ཆེན་མོས་བྱིན་གྱིས་རློབས། །ཁྱེད་ལ་གསོལ་བ་བཏབ་པའི་བྱིན་རླབས་ཀྱིས། །བདག་དང་མ་རྒན་སེམས་ཅན་རྣམས། །བདག་འཛིན་བློ་ཡིས་ཐོངས་པར་བྱིན་གྱིས་རློབས། །སྙེམས་དང་བྲལ་བར་བྱིན་གྱི་རླབས། །སྙེམས་ཐག་ཆོད་པར། །མི་རྟག་རྒྱུད་ལ་སྐྱེ་བར། །འཆི་བ་རྗེས་སུ་དྲན་པར། །གཉན་ས་རི་ཁྲོད་འགྲིམ་པར། །ཕུང་པོ་བཟན་དུ་སྐྱུར་བར། །རྐྱེན་ངན་གྲོགས་སུ་འཆར་བར། །ན་ཚ་བོགས་སུ་ཐོན་པར། །དགྲ་ལ་སྡང་བ་མེད་པར། །གཉེན་ལ་ཞེན་པ་མེད་པར། །ནོར་ལ་བསག་བློ་མེད་པར། །ཚེ་ལ་རྟག་འཛིན་མེད་པར། །འཁོར་ལ་བདེན་འཛིན་མེད་པར། །དོན་ལ་ཡིངས་པ་མེད་པར། །ཉམས་ལ་མཐོ་དམན་མེད་པར། །སེམས་ལ་གསལ་འགྲིབ་མེད་པར། །སྐྱེ་མེད་རྟོགས་པར། །འོད་གསལ་རྟོགས་པར། །ཕྱག་ཆེན་རྟོགས་པར། །སེམས་ངོ་རྟོགས་པར། །ཆོས་ཉིད་རྟོགས་པར། །ད་ལྟ་ཉིད་དུ། །མྱུར་བ་ཉིད་དུ། །གནས་མལ་འདི་རུ། །འདུག་ས་འདི་རུ་བྱིན་གྱིས་རློབས། །

ནམ་མཁའ་སྒོ་འབྱེད་ཀྱི་དམིགས་པ་ནི། རྣལ་འབྱོར་དབྱིངས་རིག་བསྲེ་བ་

ལ། །ཕཊ་གཅིག་མ་ཡི་དམིགས་པ་དགོས། །ཞེས་པ། ཕཊ། གཏད་མེད་ཀྱི་ནམ་མཁའ་ལ། ཕྱོག་མེད་ཀྱི་རིག་པ་རྒྱངས་ཀྱིས་འཕངས། བདག་མེད་ཀྱི་ལུས་པོ་ཁྲིས་ཀྱིས་སྐྱུར། ལུས་ཀྱིས་སེམས་ལ་གཉེར་ཁ་མི་བྱེད། སེམས་ཀྱིས་ལུས་ལ་བདག་འཛིན་མི་བྱེད། དེ་ཉིད་ཀྱི་ངང་དུ་ཅི་གནས་ལ་བཞག་པའོ། །ཐུབ་པའི་ཞལ་ནས། དཔའ་བར་འགྲོ་བའི་ཏིང་ངེ་འཛིན་དང་། རྡོ་རྗེ་ལྟ་བུའི་ཏིང་ངེ་འཛིན་དང་། སྒྱུ་མ་ལྟ་བུའི་ཏིང་ངེ་འཛིན་ཡོད་དོ། །ཞེས་གསུངས་པས། དེ་ལ་དམིགས་པའོ། །ཕ་དམ་པའི་ཞལ་ནས། ནམ་མཁའ་ཡོངས་སུ་ཁྱབ་པ་ཞེས་བྱ་བའི་ཏིང་ངེ་འཛིན་དང་། ནམ་མཁའ་ཡོངས་སུ་དབྱེ་བ་ཞེས་བྱ་བའི་ཏིང་ངེ་འཛིན་དང་། ནམ་མཁའ་ཡོངས་སུ་འགེངས་པ་ཞེས་བྱ་བའི་ཏིང་ངེ་འཛིན་ཡོད་དོ། །ཞེས་གསུངས་པ་དང་། མ་གཅིག་གི་ཞལ་ནས། བེམ་རིག་ཕྲལ་ལ་དབྱིངས་རིག་བསྲེ། །རིག་པ་ཆོས་ཉིད་ཀློང་དུ་སྤོས། །དེ་ཡང་ལན་གྲངས་བརྒྱ་ཡི་བར། །ཞེས་གསུངས་པ་དང་། གནྡྷ་པ་རང་བྱུང་རྡོ་རྗེའི་ཞལ་ནས། ཕཊ་ཅིག་རྒྱབ་ལ་སྐྱུར་ནས་ཞོག །ང་རང་བྱུང་རྡོ་རྗེའི་ལྟ་བ་ཡིན། །ཞེས་གསུངས་པའོ། །གཅོད་ཡུལ། ཕྲུག་ཆེན། འཕོ་བ། དབང་བསྐུར། གེགས་སེལ། བོགས་འདོན་ཐམས་ཅད་འདི་ག་གཅིག་པོ་ཡིན་པས་འདི་ཉིད་ཀྱིས་ཆོག་པར་བཤད་པའོ། །རྒྱུད་པ་གསུམ་གྱི་རྒྱུས་བཤད་ལ། །རྩ་བའི་གདམས་པ་རྣམ་བཞི་དགོས། །ཞེས་པ་ཡིག་ཆུང་དུ་གསལ། སྔོན་འགྲོ་ཆོས་སྐོ་འབྱེད་པ་ལ། །དབང་བསྐུར་ནོར་བུ་རྒྱ་མཚོ་དགོས། །ཞེས་པ་ཡང་ཡིག་ཆུང་དུ་གསལ།

ནམ་མཁའ་སྒོ་འབྱེད་ཀྱི་ཁྲིད་ཀྱི་རིམ་པའི་ས་བཅད་ནི། སྐུ་གསུམ་བརྟན་པ་ཐོབ་པ་ལ། །གཞི་ལམ་གསུམ་གྱི་གདམས་པ་དགོས། །འགྱུར་མེད་ཆོས་སྐུ་བརྟན

པ་ལ། །བཀྲ་ཤིས་ཆོས་འཁོར་བདུན་ལྡན་དགོས། །དུས་གསུམ་འཕོ་འགྱུར་མེད་པ་ལ། །སྐུ་གསུམ་ལམ་ཁྱེར་རྣམ་གསུམ་དགོས། །ཆོས་དབྱིངས་མཐའ་དབུས་མེད་པ་ལ། །སྣ་ཚོགས་སྒྱུ་མའི་རོལ་རྩེད་དགོས། །མི་མཐུན་ཕྱོགས་ལས་རྒྱལ་བ་ལ། །རྒྱལ་བའི་གདམས་པ་རྣམ་གསུམ་དགོས། །འགག་མེད་ལོངས་སྐུའི་དཀྱིལ་འཁོར་ལ། །འཆི་མེད་བདུད་རྩིའི་ཆུ་རྒྱུན་དགོས། །བཀའ་བརྒྱུད་ཆོས་སྐུའི་ཕོ་བྲང་ལ། །སྲིད་གསུམ་མཆོད་པ་སྣ་ཚོགས་དགོས། །དྲི་མེད་རྒྱལ་བའི་དཀྱིལ་འཁོར་དུ། །འགག་མེད་བླ་མ་སྤྲུལ་སྐུ་དགོས། །ཆོས་དབྱིངས་མཁའ་ལྟར་ཡངས་པ་ལ། །དང་པོའི་སངས་རྒྱས་བརྟན་བཞུགས་དགོས། །གནས་ལུགས་ཁྲབ་གདལ་ཆེན་པོ་ལ། །ལྷ་མོའི་ཕྱག་རྒྱ་གར་མཆོད་དགོས། །མཐར་ཐུག་དོན་གྱི་སངས་རྒྱས་ལ། །གཉུག་མའི་རང་ཞལ་ལྟ་བ་དགོས། །ཆོས་ཉིད་འོད་གསལ་མཐའ་བྲལ་ལ། །ལྟ་བ་མཁའ་ལ་མདུང་བསྐོར་དགོས། །བདེ་གསལ་ཉམས་ཀྱི་ཏིང་འཛིན་ལ། །ཡེ་ཤེས་སྒྱུ་མའི་སྨོན་ལམ་དགོས། །འགྲོ་དྲུག་ཐར་ལམ་བསྒྲོད་པ་ལ། །འཕོ་བ་ནམ་མཁའ་སྒོ་འབྱེད་དགོས། །ཁྲིད་རྒྱབ་ལུང་གི་ཡིད་ཆེས་ལ། །མཁན་པོ་གསུམ་དང་དགོས་སེལ་དགོས། །ཤེས་པའི་ཁྲིད་ཀྱི་རིམ་པ་ཡིག་ཆུང་དུ་གསལ་ལོ། །

གཞན་ས་མ་སློངས་ཀྱི་བར་དུ་དབང་སྐུད། ཟིལ་གནོན། སྐྱབས་འགྲོ། མཎྜལ། གསོལ་འདེབས། ནམ་མཁའ་སྒོ་འབྱེད་ཡན་ཡང་ཡང་བྱེད། གལ་ཏེ་སློངས་མ་ཐུབ་པ་བྱུང་ན། སློང་བྱེད་ཀྱི་དམིགས་པ་ལ་གཞན་ས་དག་པོ་མ་སློངས་ན། གཡང་གཞི་མ་ཡི་དམིགས་པ་དགོས། །ཞེས་པ། ཕཊ་བརྗོད། རང་ཉིད་རྗེ་བཙུན་རྡོ་རྗེ་རྣལ་འབྱོར་མ་ཕྱག་གཡས་ན་གྲི་གུག་བསྣམས་པ་ཞིག་གསལ་འདེབས། ཕུང་པོ་དེ་མདུན་དུ་ཡོད་བཞིན་པའི་སྤྱི་གཙུག་ནས་ཧཱང་མཐིལ་གྱི་བར་ཤིག་གིས་

བཞུགས། ལྷུགས་པ་དེ་བཞུས། ཞ་ཡར་བསྟན། སྐྱི་ཕྱིར་བསྟན། དེའི་སྟེང་དུ་ཕུང་པོ་དེ་གྲི་གུག་གི་ལྟེབས་ཀྱིས་ཡར་བླང་བ་དང་། ཕུང་པོ་རང་འཕར་དུ་ལྷུགས་པའི་སྟེང་དུ་བྱུག་གྲི་གུག་གིས་དཀྲུགས་པས་ཞའི་རི་བོ། ཁྲག་གི་རྒྱ་མཚོ། རུས་པའི་བྲག་རི་ཆེན་པོར་གྱུར་པར་བསམ། རང་ཉིད་གཙེར་ཡོག་ཏུ་བུད། མཐོ་སྲིད་པའི་རྩེ་མོ་དང་། དམའ་ན་རག་གི་དམྱལ་ཁམས་ཡན་ཆད་ཀྱི་ལྷ་འདྲེ་ཐམས་ཅད་འདིར་འདུས་ཤིག །ཤ་ཟོ་ཁྲག་འཐུང་། རུས་པ་མུར་བྱེད་ལ་འབོད་པ་ལན་གསུམ་གྱི་བར་དུ་བྱ། ཁོང་ཚོས་སྐད་ཅིག་དེ་ཉིད་དུ་ཟོས། འཐུངས། ཟ་མ་ཐུབ་པའི་ལྷག་མ་ཁྲིར། དགའ་གྲགས། ཚིམ་གྲགས་ནས་ཐ་དད་དུ་སོང་བར་བསམ། ལྷག་མ་གང་ཡོད་ལུས་གདོན་ལ་སྟེར་བར་བྱེད། དེ་ཚར་བ་དང་། རང་ཉིད་རྗེ་བཙུན་མའི་ཕྱག་གཡས་པས་ལྷུགས་པ་དེ་རྩ་ཁོ་ནས་གཟུང་སྟེ་གནམ་རིམ་པ་བཅུ་གསུམ་གྱི་སྟེང་ལ་གཡུགས། ཕྱི་གཉན་པ་དེར་བརྡབས་པས་གཉན་ས་ཡང་ཞུ་ཞུམ་སོང་བས། དེར་གནས་པའི་ལྷ་འདྲེ་གནས་གདོན་དང་བཅས་པ་སྤངས་སྐྲག་འཇིགས་ནས་རང་གི་བཀའ་ཉན་དང་གསུང་སྒོད་བྱས་པར་བསམ་མོ། །མཐར་མི་དམིགས་པའི་ངང་དུ་བཞག་པའོ། །གནས་གདོན་དང་། གཉན་ས་དེ་ཀ་མ་གཏོགས་གཞན་ལྷ་འདྲེ་བསྐུས་པ་ཚོ་ལ་ནི་མ་ཡིན་ནོ། །དེ་ནི་དམར་འགྱེད་གཡང་གཞི་མ་ཟེར་བའོ། །

དེ་ལྟར་བྱས་ཀྱང་སྣོངས་མ་ཐུབ་ནས་བྱུང་ན། གཉན་ས་མུར་ཏུ་སྣོང་བ་ལ། རིགས་ལྔ་མ་ཡི་དམིགས་པ་དགོས། །ཞེས་པ། རང་ཉིད་སངས་རྒྱས་མཁའ་འགྲོ་སྐྱུ་མདོག་མཐིང་ག་ཞལ་གཅིག་ཕྱག་གཉིས་གྲི་གུག་དང་ཐོད་ཁྲག་བསྣམས་པ། སྤྱན་གསུམ་མཆེ་བ་བཞི་གཙིགས་པ། དཔྲལ་བར་ཁྲོ་གཉེར་གསུམ་བསྡུས་

པ། ལྡེ་བ་ཕྱིན་ཚད་གནམ་ལྕགས་ཀྱི་ཕུར་པ་རྩེ་མོ་ལ་རྡོ་བའི་ངར་དང་བཅས་པ། ལྡེ་བ་ཕྱིན་ཚད་གཉན་ས་དེར་ཐུག་པས་ལྷ་འདྲེ་ཐམས་ཅད་ཀྱི་སྙིང་དཀར་ནག་གི་མཚམས་སུ་ཐུག་ནས་ཡོད་པར་བསམ་ལ། ཕཊ་བརྗོད། རང་གི་ཐུགས་ཀ་ནས་རྡོ་རྗེ་མཁའ་འགྲོ་སྐུ་མདོག་དཀར་མོ་རྒྱན་ཆ་ལུགས་གཙོ་མོ་དང་འདྲ་བ་ཞིག་འཕྲོས། མདུན་ཕྱོགས་ཀྱི་གནས་དེར་ཐུག་པ་གོང་དང་འདྲ། ཡང་ཕཊ་བརྗོད། རང་གི་ཐུགས་ཀ་ནས་རིན་ཆེན་མཁའ་འགྲོ་སྐུ་མདོག་སེར་མོ་གཙོ་མོ་དང་མཚུངས་པ་ཞིག་འཕྲོས། གཡས་ཕྱོགས་ཀྱི་གནས་དེར་གོང་དང་འདྲ། ཡང་ཕཊ་བརྗོད། རང་གི་ཐུགས་ཀ་ནས་པདྨ་མཁའ་འགྲོ་སྐུ་མདོག་དམར་མོ་གཙོ་མོ་དང་མཚུངས་པ་ཞིག་འཕྲོས། རྒྱབ་ཕྱོགས་ཀྱི་གནས་དེར་གོང་དང་འདྲ། ཡང་ཕཊ་བརྗོད། རང་གི་ཐུགས་ཀ་ནས་ལས་ཀྱི་མཁའ་འགྲོ་སྐུ་མདོག་ལྗང་གུ་གཙོ་མོ་དང་མཚུངས་པ་ཞིག་འཕྲོས། གཡོན་ཕྱོགས་ཀྱི་གནས་དེར་གོང་དང་འདྲ། དེ་ལྟར་རིགས་ལྔ་མཁའ་འགྲོས་གར་དང་བྲོ་བརྡུངས་བྱས་པས། གཉན་ས་དེ་ཡི་ས་ཡང་བཤོར། ལྷ་འདྲེ་ཐམས་ཅད་སྡོད་ས་དང་གནས་མལ་ཙམ་ཡང་མེད་པར་འཆི་ལ་ཁད་པར་གྱུར། ཡ་ང་། བག་ཚ། ཉམས་ཐག་ནས་རང་གི་བཀའ་ཉན་གསུང་སྡོད་བྱེད་པར་བསམ། མཐར་མི་དམིགས་པའི་ངང་དུ་བཞག་པའོ། །དེ་ནི་རིགས་ལྔ་མདུང་བསྐོར་མའོ། །

དེ་ལྟར་བྱས་པས། ཧ་ཅང་སློངས་དྲག་ནས་མ་ནོན་ན། གཉན་ས་སློངས་ནས་མ་ནོན་ན། བ་དན་མ་ཡི་དམིགས་པ་དགོས། །ཞེས་པ། དེ་ལ་ཕཊ་བརྗོད། རང་ཉིད་རྗེ་བཙུན་རྡོ་རྗེ་རྣལ་འབྱོར་མ་གྲི་གུག་དང་ཐོད་ཁྲག་འཛིན་པ་ཞིག་ཏུ་བསྐྱེད། ཕུང་པོ་དེ་བཤས། རྐང་དང་རྩིབས་མའི་རྩེ་ལ་ལྷུགས་པ་དར་ཅོག་

ལྷ་བུར་བརྒྱན། ཤ་རྩེ་ལ་དམར་བརྒྱན་ལྟར་བཞེད། དེ་གཉན་སའི་མགོ་མཇུག་ཐམས་ཅད་ལ་འཇུགས། ཁྲག་གིས་རྩ་བ་ཐམས་ཅད་ཁེངས་པ། རྒྱུ་མས་གཉན་ས་དང་། རྐང་དང་རྩིབས་མ་རྣམས་དཀྲིས། དེར་གནས་པའི་ལྷ་འདྲེ་ཚོ་སྲོད་ས་དང་གནས་མལ་མེད་པར་ཡ་ང་། ཉམས་ཐག་པར་བྱས་ནས། རང་གི་བཀའ་ཉན་དང་གསུང་སྒྲོད་བྱེད་པར་བསམ་པའོ། །བདུད་ཀྱིས་བཙོ་བ་བཙུ་དྲུག་ལ། །ཕྱི་ནང་གསང་བའི་ངོས་འཛིན་དགོས། །ཞེས་པ་ཡིག་ཆུང་དུ་གསལ།

གཉན་ས་ནོན་པའི་རྟགས་བྱུང་ནས་དམར་འགྲེད་བྱེད་པ་ནི། སྟོན་ཆེན་དམར་འགྲེད་བཤམ་པ་ལ། །ཕཏ་བཙུ་མ་ཡི་དམིགས་པ་དགོས། །ཞེས་པ། ཕཏ་བརྗོད། རང་ཉིད་རྡོ་རྗེ་བཙུན་མོ་རྡོ་རྗེ་རྣལ་འབྱོར་མ་གྲི་གུག་དང་ཐོད་ཁྲག་བསྣམས་པ་ཞིག་ཏུ་བསྐྱེད། ཕུང་པོ་དེ་སྟོང་པོ་ཆེན་པོ་འགྲེལ་བ་ལྟ་བུར་ཁྲིས་ཀྱིས་སྐྱུར། འཇིག་རྟེན་གྱི་ཁམས་ཐམས་ཅད་ཁེངས་པ་ཞིག་ཏུ་བསམ། རང་ཉིད་རྡོ་རྗེ་བཙུན་མའི་གྲི་གུག་གིས་ཕུང་པོ་དེ་སྤྱི་གཙུག་ནས་རྐང་མཐིལ་གྱི་བར་དུ་ཤིག་གིས་བཤགས། ལྤགས་པ་དེ་བཤུས་ནས་བཏིང་། ཡང་གྲི་གུག་གིས་ཕུང་པོ་དེ་ཡི་སྙིའི་རྩ་བོ་ཆེ་ཐད་ཀྱིས་བཅད། ཁྲག་དམར་ཆེར་གྱིས་ལྤགས་པ་དེ་ནོན་པ་ཞིག་བྱུང་བ་དང་། ཕཏ། འདོད་ཆགས་ཁྲག་གི་རྒྱ་མཚོ། ཁྲག་དེའི་ནང་དུ་ཕུང་པོ་དེ་རྐང་འགག་ནས་གཟུང་སྟེ་ཡར་བཀུག་པ་དང་ཤ་ཐམས་ཅད་དམར་ཕུངས་ཀྱིས་སོང་། ཕཏ། གཏི་མུག་ཤའི་རི་བོ། དེའི་ནང་དུ་རུས་པ་དེ་དམར་ཞེངས་ཀྱིས་འཕངས། ཕཏ། ཞེ་སྡང་རུས་པའི་བྲག་རི། ཤ་ཁྲག་རུས་གསུམ་ལན་གསུམ་དཀྲུགས་པས་དབྱེར་མེད་དུ་འདྲེས་པར་བསམ། དེ་ནས་རང་ཉིད་རྡོ་རྗེ་བཙུན་མ་གཅེར་བུར་བུད། སྒོ་ལ་སྤྲེའུ་ལངས་པ་ལྟར་བྱས་ནས། འབོད་པ་བྱེད་པ་ནི། ངོ་ཕུ་ན་གནས་པའི་ལྷ་

བཙན། མདའ་ན་གནས་པའི་ཀླུ་བཙན། བར་ན་གནས་པའི་གཉན་བཙན། བདུད། མ་མོ། གཤིན་རྗེ། ཐེའུ་རང་། གྲི་འོ་གྲི་མོ། བསེ་རགས། ཡི་དྭགས། རྒྱལ་པོ། པེ་དཀར། དམ་སྲི། རྦོངས་ཐེལ་ལ་སོགས་པ་ཐམས་ཅད་འདིར་འདུས་ཤིག །ལན་གསུམ་བྱ། ལན་དང་པོས། ལྷ་འདྲེ་ཐམས་ཅད་ཉལ་ནས་ཡོད་པ་ཚོ་མགོ་བཀྱག་གིས་བྱས། ཁོ་རང་ཚོ་གཅིག་གིས་གཅིག་ལ་ལབ་སྦྲད་ནས། འབོད་པ་ཞིག་གྲག་གོ། །ཉོན་དང་། ངེད་རང་ཚོ་ལ་ཟ་རྒྱུ་འདྲ་ཡོང་བ་ཨེ་ཡིན། ཐམས་ཅད་ལོངས་དང་ཟེར། འབོད་པ་གཉིས་པ་ལ། སྐད་ཅིག་ཉིད་དུ་འདིར་འདུས་ཤིག་བྱས་པས། སྟོན་མ་ཐམས་ཅད་ལམ་དུ་ཞུགས། བར་མ་རྣམས་ལངས། རྗེས་མ་རྣམས་མགོ་བཀྱག །ལྷ་འདྲེའི་ཕྲུ་གུ་ཚོ་ཡང་དམར་ཐེ་རེ་རེ་ལངས་ཤིང་མིག་འཕྱུར་བ་དང་། སྣབས་འཚེར་ཞིང་། ཨ་ཕ། ཨ་མ། ངེད་རང་ཚོ་ལ་ཟ་རྒྱུ་འདུག་གེ་ཟེར་ཞིང་འགྲོ་བར་རྩོམ། འབོད་པ་གསུམ་པ་ལ། ད་ལྟ་ཉིད་དུ་འདིར་སླེབ་པར་གྱིས་ཤིག་བྱས་པས། ལྷ་འདྲེ་ཐམས་ཅད་ར་ལུག་ཟབ་པ་ལ་འགྲོ་བ་ལྟར་སྐད་ཅིག་ཉིད་དུ་བྱུང་ནས། སྟོན་མས་རྗེས་མ་མ་བགག །རྗེས་མས་སྟོན་མ་མ་ཟིས་པ་བྱས་ནས། ཤ་ཁྲག་ལ་ལོངས་སྤྱོད། རང་ཉིད་རྗེ་བཙུན་མས་བཟ་སྤྲོད་པ་ལ། ཁྱེད་རྣམས་ཁོམ་པ་ཚོ་ཚོས་ལ་ཟོ་ཞིག །ཁྲེལ་བ་རྣམས་རྗེན་པར་ཟོ་ཞིག །མིད་པ་ཡངས་པ་རྣམས་ཀྱིས་ཁྱུར་མིད་གྱིས་ཤིག །དོག་པ་རྣམས་ཀྱིས་བལྡད་ནས་ཟོ་ཞིག་བྱས་པས། ཁོང་ཚོས་ཡང་དེ་ལྟར་བྱས་ནས། ཚོང་པ་ཚོང་ཡག་པའམ། མགྲོན་པོ་མགྲོན་ཡག་པ་ལྟར་དགའ་གྲགས། ཆེམ་གྲགས། དགྱེས་གྲགས་ཟ་མ་ཐུབ་པའི་ལྷག་མ་མི་རབས་གཉིས་གསུམ་ལ་ཟ་རྒྱུ་ཁྱེར་ནས་ཐད་ཐད་དུ་གྱེས་ནས་སོང་། ཤ་ཁྲག་གི་ལྷག་མ་རྣམས་རང་ཉིད་རྗེ་བཙུན་མས་གྲི་གུག་གི་ལྟེབས་ལ་བཙུག་ནས་ཤར་ཕྱོགས་

ངོས་ཀྱི་ཞ་བོ། ཡོང་ང་། སྐྱུགས་པ། འོན་པ། རྐས་པ། འཕོབས་པ། ན་བ། འོང་མ་བགྱིས་པ། འོང་མ་ཚོམ་པ་ཐམས་ཅད་ལ་ཕར་འཕངས་པས། ཚུར་འོངས་པ་ལས་སྐྱལ་བ་ལྷག་ཙམ་ཡོད་པར་སེམས་ནས། ཕཊ། ཤར་དུ་ཤ་ཁྲིར་ཁྲག་ཁྲིར་བྱས་ནས་འཕངས། ཡང་གྲི་གུག་གིས་བཙུས་ནས། ལྷོར་ཤ་ཁྲིར་ཁྲག་ཁྲིར། དེ་བཞིན་དུ་ནུབ་ཏུ་ཤ་ཁྲིར་ཁྲག་ཁྲིར། བྱང་དུ་ཤ་ཁྲིར་ཁྲག་ཁྲིར། ཤར་ལྷོ་མཚམས་ལ་ཤ་ཁྲིར་ཁྲག་ཁྲིར། ལྷོ་ནུབ་མཚམས་ལ་ཤ་ཁྲིར་ཁྲག་ཁྲིར། ནུབ་བྱང་མཚམས་ལ་ཤ་ཁྲིར་ཁྲག་ཁྲིར། བྱང་ཤར་མཚམས་ལ་ཤ་ཁྲིར་ཁྲག་ཁྲིར། དེ་བཞིན་དུ་སྟེང་འོག་གཉིས་ལ་ཡང་འཕངས་ནས་སྟེང་དུ་ཤ་ཁྲིར་ཁྲག་ཁྲིར། ལྷོ་ནུབ་མཚམས་ལ་ཤ་ཁྲིར་ཁྲག་ཁྲིར། ནུབ་བྱང་མཚམས་ལ་ཤ་ཁྲིར་ཁྲག་ཁྲིར། བྱང་ཤར་མཚམས་ལ་ཤ་ཁྲིར་ཁྲག་ཁྲིར། དེ་བཞིན་དུ་སྟེང་འོག་གཉིས་ལ་ཡང་འཕངས་ནས། སྟེང་དུ་ཤ་ཁྲིར་ཁྲག་ཁྲིར། འོག་ཏུ་ཤ་ཁྲིར་ཁྲག་ཁྲིར་བྱས་ནས་ལྷག་མ་ཏིལ་འབྲུ་ཙམ་ཡང་མ་ལུས་པར་བསམས། མཐར་མི་དམིགས་པའི་ངང་དུ་བཞག །དེ་ལས་ལངས་པ་དང་བསྔོ་བ་སྨོན་ལམ་བྱ། དེ་ནི་དམར་འགྱེད་ཕཊ་བཅུ་མའོ། །

ལུས་གདོན་ལ་དམིགས་པ་ནི། ལུས་གདོན་འབྲེལ་ཐག་གཅོད་པ་ལ། །རྒྱང་འཕེན་མ་ཡི་དམིགས་པ་དགོས། །ཞེས་པ། ཕཊ་བརྗོད། རང་ཉིད་རྗེ་བཙུན་རྡོ་རྗེ་རྣལ་འབྱོར་མ་གྲི་གུག་ཐོད་ཁྲག་འཛིན་པ་གཅིག་ཏུ་བསྐྱེད། ཕུང་པོ་དེ་ཁྲིས་ཀྱིས་བསྐྱུར་ནས། སྤྱི་གཙུག་དང་རྐང་མཐིལ་གྱི་བར་གྲི་གུག་གིས་བཤགས། ལྤགས་པ་དེ་བཤུས་ནས་བཏིང་། ཡང་གྲི་གུག་གིས་བཏབ་ཙམ་བྱས་པས། རྩ་བོ་ཆེ་བཀྲལ། ཁྲག་དམར་ཆིལ་གྱིས་བྱུང་། དེའི་ནང་དུ་རྐང་འགག་ནས་བཟུང་སྟེ་སྦྲུགས་པས། ཤ་དམར་ཕུང་གིས་བྱུང་། དེའི་ནང་དུ་རུས་པ་དེ་དམར་ཟིང་

གིས་འཕངས། གྲི་གུག་གིས་དཀྲུགས། ཤ་རུས་ཁྲག་གསུམ་དབྱེར་མེད་དུ་འདྲེས་པར་བསམ། འབོད་པ་བྱེད་ལུགས་གོང་དང་འདྲ། ལྷ་འདྲེ་ཐམས་ཅད་སྐད་ཅིག་ཉིད་དུ་བྱུང་ནས་ཡོངས་སྤྱོད་པས། རང་ཉིད་རྗེ་བཙུན་མས་ཡང་ཡང་བཟ་སྤྲོད་པ་ལ། ཤ་འདོད་པ་རྣམས་ཀྱིས་ཤ་ཟོ་ཞིག །ཁྲག་འདོད་པ་རྣམས་ཀྱི་ཁྲག་འཐུང་ཞིག །རུས་པ་འདོད་པ་རྣམས་ཀྱིས་རུས་པ་མུར་ཅིག །སེམ་པ་རྣམས་ཀྱིས་ཆོས་ལ་ཟོ་ཞིག །མི་སེམ་པ་རྣམས་ཀྱིས་རྗེན་པར་ཟོ་ཞིག །གང་ལ་གང་འདོད་གྱིས་ཤིག །ཅི་ལ་ཅི་མཁོ་ཁྱེར་ཅིག །ལྷག་མ་ཏིལ་འབྲུ་ཙམ་ཡང་མེད་པར་གྱིས་ཤིག་བྱས་པས། སོང་རང་རྣམས་ཀྱིས་ཟོས་འཐུངས་ཁྱེར་ནས། དགའ་བ་དང་དགྱེས་པར་བྱས་ནས་སོང་བས། དེ་རྣམས་ཀྱིས་ཟོས་པ་དང་ཁྱེར་བ་ལ་ལུས་གདོན་མ་དགའ་ནས། སོང་རྣམས་ཀྱི་རྗེས་ལ་སྟོད་སྨད་ཐམས་ཅད་ལ་རྒྱུགས། འཇུ་འབལ་དང་འཕྲོག་འཐེན་བྱས། ཤ་ཁྲག་འདི་ཚོ་ང་རང་གིས་དབང་བ་ཡིན་པ་ལ། ཁྱོད་ཚོས་ཟོས་པ་དང་ཁྱེར་བ་མ་འོས་པ་ཡིན། ཉེས་ཆེ་ཟེར་བ་བྱས་པས་ཤ་ཁྲག་གི་ལྷག་མ་ཡོད་པ་དེ་གནས་གདོན་ལ་སྐལ་བ་གཅིག་སྟེར། དེ་ལྷག་གི་ནང་དུ་ལུས་གདོན་བཅུག །ལྤགས་པའི་ནང་དུ་དྲིལ། རྒྱུ་མས་ཁ་དཀྲིས། སྟོན་ཆད་འབྲལ་མེད་དུ་ཡོད་པ་དེ། ད་འབྲེལ་མེད་དུ་གཏོང་བས། ཕཊ་བརྗོད། ཤ་ཁྲག་དང་ལུས་གདོན་ལྤགས་པའི་ནང་དུ་གཏུམས་ནས་ཐང་ཁུག་ནང་དུ་འཛར་ཟན་བཅུག་ནས་ཡོད་པ་ལྟར། རང་ཉིད་རྗེ་བཙུན་མའི་ཕྱག་གཡས་པས་ཐྱད་ལ་ལན་གསུམ་གཡུགས། མཐའ་ཡི་རྒྱ་མཚོའི་ཕ་རི་ལ་རྒྱང་གིས་འཕངས། དེ་ལྟར་ལན་གསུམ་བྱ། མཐར་མི་དམིགས་པའི་ངང་ལ་བཞག །དེ་ལས་ལྡང་བ་དང་བསྔོ་བ་སྨོན་ལམ་གྱིས་རྒྱས་འདེབས། དེ་ནི་དམར་འགྱེད་རྒྱང་འཕེན་མའོ། །

རྗེ་བཙུན་རིན་པོ་ཆེའི་ཞལ། རབ་ཆོས་ཉིད་སྟོང་པ་ཉིད་གཙོ། འཁྲིད་ཆོས་ཅན་སྒྱུ་མ་ལྟ་བུའི་གཙོ། ཐ་མ་ཤ་ཁྲིར་ཁྲག་ཁྲིར་གྱི་གཅོད། ཅེས་པས། སྟོང་ཉིད་མེད་ན་དམར་འགྲེད་འདི་དགོས་པར་བཤད་པའོ། །ལུས་སྦྱིལ་བསྡུས་པ་བྱེད་པ་ནི། ཕྲ་མ་རྣམས་ལ་སྦྱིན་པ་གཏོང་། །ཕཊ་བཞི་མ་ཡི་དམིགས་པ་དགོས། །ཞེས་པ། ཕཊ་བརྗོད། རང་ཉིད་རྗེ་བཙུན་རྡོ་རྗེ་རྣལ་འབྱོར་མ་གྲི་གུག་དང་ཐོད་ཁྲག་འཛིན་པ་ཞིག་ཏུ་བསྐྱེད། ཕུང་པོ་དེ་བསྒྱུར་ནས། སྤྱི་གཙུག་ནས་རྐང་མཐིལ་གྱི་བར་དུ་ཤིག་གིས་བཤགས། གྲི་གུག་གིས་ལན་གསུམ་དཀྲུགས་པས་ཤ་དམར་ཕུང་ཕུང་། ཁྲག་དམར་ཆིལ་ཆིལ། རུས་པ་དམར་ཟིང་ཟིང་ཡོད་བཞིན་པ་དེ། ཕཊ་བརྗོད། སྣང་ཞིང་སྲིད་པའི་ལྷ་འདྲེ་ཐམས་ཅད་འདིར་འདུས་ཤིག །ཤ་འདོད་པ་རྣམས་ཀྱིས་ཤ་ཟོ། ཁྲག་འདོད་པ་རྣམས་ཀྱིས་ཁྲག་འཐུང་། རུས་པ་འདོད་པ་རྣམས་ཀྱིས་རུས་པ་མུར་བྱས་པས། ལྷ་འདྲེ་ཐམས་ཅད་ཀྱིས་ཀྱང་ཤ་ཟོས། ཁྲག་འཐུངས་རུས་པ་མུར་ནས་དགའ་སྤྲོ་རྒྱ་ཆེན་པོར་གྱུར་ཏེ་ཐད་ཐད་དུ་གྲེས་ནས་སོང་། ད་རུང་ལྷག་མ་ཡོད་པ་དེ། རང་ཉིད་རྗེ་བཙུན་མའི་གྲི་གུག་གི་ལྟེབས་ཀྱིས་བླངས་ནས་ཤར་དུ་འཕངས། ཕཊ་བརྗོད། ལྷོར་འཕངས། ཕཊ་བརྗོད། དེ་བཞིན་དུ་ནུབ་ཏུ་འཕངས། ཕཊ་བརྗོད། བྱང་དུ་འཕངས། ཕཊ་བརྗོད་ནས། ཤར་ཕྱོགས་ངོས་ཀྱི་ལྷ་འདྲེ་ཕྲ་མོ་རྣམས་ཚིམ་ཞིང་དགྱེས་པར་གྱུར་ཅིག །ལྷོ་ཕྱོགས་ངོས་ཀྱི་ལྷ་འདྲེ་ཡི་དགས་ཕྲ་མོ་རྣམས་ཚིམ་ཞིང་དགྱེས་པར་གྱུར་ཅིག །ནུབ་ཕྱོགས་ངོས་ཀྱི་ལྷ་འདྲེ་ཡི་དགས་ཕྲ་མོ་གནོད་སྦྱིན་རྣམས་ཚིམ་ཞིང་དགྱེས་པར་གྱུར་ཅིག །བྱང་ཕྱོགས་ངོས་ཀྱི་ལྷ་འདྲེ་ཕྲ་མོ་གནོད་བྱེད་ཕྲ་མོ་རྣམས་ཚིམ་ཞིང་དགྱེས་པར་གྱུར་ཅིག །ཕཊ། མི་དམིགས་པའི་ངང་ལ་བཞག །དེ་ལས་ལངས་ནས་བསྔོ་བ་སྨོན་

ལམ་གྱིས་རྒྱས་འདེབས། དེ་ནི་དམར་འཁྲིད་ཕཊ་བཞི་མའོ། །

དམར་འཁྲིད་སྒྲིབ་སྦྱོང་མ་ནི། ལྷ་འདྲེའི་སྒྲིབ་པ་སྦྱོང་བ་ལ། །སྐུ་ལྔ་མ་ཡི་དམིགས་པ་དགོས། །ཞེས་པ། ཕཊ་བརྗོད། རང་ཉིད་སངས་རྒྱས་མཁའ་འགྲོར་གསལ། ཕུང་པོ་དེ་སྦོང་པོ་འཁྱིལ་བ་ལྟ་བུར་ཡོད་བཞིན་པའི་སྤྱི་གཙུག་ནས་རྐང་མཐིལ་གྱི་བར་དུ་གྲི་གུག་གིས་བཤགས་ལན་གསུམ་དཀྲུགས། ཤ་རུས་ཁྲག་གསུམ་དབྱེར་མེད་དུ་འདྲེས། ཨོཾ་ཨཱཿཧཱུྃ་གསུམ་གྱིས་བྱིན་གྱིས་བརླབས། ངོ་བོ་ཟག་མེད་ཀྱི་བདུད་རྩི་ཡིན་པ་ལ་རྣམ་པ་ཤ་ཁྲག་གི་རྒྱ་མཚོ་ཆེན་པོར་གྱུར་པར་བསམ། རང་ཉིད་སངས་རྒྱས་མཁའ་འགྲོས་ཕཊ་བརྗོད། སྤྱིར་སྣང་ཞིང་སྲིད་པའི་ལྷ་འདྲེ། སྒོས་གཉན་ས་འདིར་གནས་ཀྱི་ལྷ་འདྲེ་ཆེ་དགུ་གཉེན་བཙུ་ཐམས་ཅད་འདིར་འདུས་ནས་ཤ་ཟོ། ཁྲག་འཐུང་། རུས་པ་མུར། གང་ལ་གང་འདོད་ཅི་ལ་ཅི་དགོས་ཀྱིས་ཤིག །ཁྱེར་ཅིག །ལྷག་མ་ཏིལ་འབྲུ་ཙམ་ཡང་མ་ལུས་པར་གྱིས་ཤིག །ཕཊ་བྱས་ནས། ཐམས་ཅད་དགའ་སྤྲོ་བྱས་ཏེ་དགྱེས་ནས་སོང་བར་བསམ་ལྷག་མ་གྲི་གུག་གི་ལྟེབས་ཀྱིས་བཅུས་ནས་ཤར་དུ་འཕངས། ཕཊ། ཤར་ན་གནས་པའི་ལྷ་འདྲེ་ཐམས་ཅད་ཀྱིས་ཟོ་ཞིག །འཐུང་ཞིག །རྒྱུ་དེ་ལ་བརྟེན་ནས་ཤར་ཕྱོགས་ཀྱི་ལྷ་འདྲེ་ཐམས་ཅད་ཀྱི་སྡིག་པ་དང་སྒྲིབ་པ་ཐམས་ཅད་དག །རིན་ཆེན་འབྱུང་ལྡན་ལ་ཆོས་ཞུས། རིན་ཆེན་འབྱུང་ལྡན་གྱི་སྐུ་ཐོབ་པར་བསམ། ཡང་གྲི་གུག་གི་ལྟེབས་ཀྱིས་བཅུས་ནས་ནུབ་ལ་འཕངས། ནུབ་ཕྱོགས་ངོས་ཀྱི་ལྷ་འདྲེ་ཐམས་ཅད་ཀྱིས་ཟོ་ཞིག །འཐུང་ཞིག །ཕཊ། རྒྱུ་དེ་ལ་བརྟེན་ནས་ནུབ་ཕྱོགས་ཀྱི་ལྷ་འདྲེ་ཐམས་ཅད་ཀྱི་སྡིག་པ་དང་སྒྲིབ་པ་ཐམས་ཅད་དག །འོད་དཔག་མེད་ལ་ཆོས་ཞུས། འོད་དཔག་མེད་ཀྱི་སྐུ་ཐོབ་པར་བསམ། ཡང་གྲི་གུག་གི་ལྟེབས་

ཀྱིས་བཅུས་ནས་བྱང་དུ་འཕངས། བྱང་ཕྱོགས་ངོས་ཀྱི་ལྷ་འདྲེ་ཐམས་ཅད་ཀྱིས་ཟློ་ཞིག །འཕྲུང་ཞིག །ཕཊ། རྒྱུ་དེ་ལ་བརྟེན་ནས་བྱང་ཕྱོགས་ཀྱི་ལྷ་འདྲེ་ཐམས་ཅད་ཀྱི་སྡིག་སྒྲིབ་དག །དོན་ཡོད་གྲུབ་པ་ལ་ཆོས་ཞུས་སོགས། ཡང་གྲི་གུག་གི་ལྡེབས་ཀྱིས་བཅུས། སྟེང་འོག་ཐམས་ཅད་ལ་འཕངས། སྟེང་འོག་གི་ལྷ་འདྲེ་ཐམས་ཅད་ཀྱིས་ཟློ་ཞིག །འཕྲུང་ཞིག །ཕཊ། རྒྱུ་དེ་ལ་བརྟེན་ནས་སྟེང་འོག་གི་ལྷ་འདྲེ་ཐམས་ཅད་ཀྱི་སྡིག་པ་དང་སྒྲིབ་པ་ཐམས་ཅད་དག །རྣམ་པར་སྣང་མཛད་ལ་ཆོས་ཞུས། རྣམ་པར་སྣང་མཛད་ཀྱི་སྐུ་ཐོབ་པར་བསམ། མཐར་མི་དམིགས་པའི་ངང་ལ་བཞག །དེ་ལས་ལངས་ནས་བསྔོ་བ་སྨོན་ལམ་གྱིས་རྒྱས་འདེབས། དེ་ནི་དམར་འཁྲིད་སྐུ་ལྔ་མའོ། །དམར་འཁྲིད་གོང་མ་ཚོ་ནི་གཉན་པའི་སྟོད་དང་། ནམ་སྟོད་སྐར་མ་ཡོངས་སུ་རྫོགས་པ་ལ་བྱ་བའོ། །འོག་མ་འདི་ནི་དུས་ནམ་ཡང་བྱེད་ཅིང་། ཁྱད་པར་དུ་ལྷ་འདྲེའི་སྒྲིབ་པ་སྦྱང་བ་དང་། ལྷ་འདྲེ་བྱང་ཆུབ་ཀྱི་ལམ་ལ་འགོད་པར་བྱ་བ་ཡིན་ནོ། །

དམར་འཁྲིད་སྡེ་བརྒྱད་མ། ལུས་སྦྱིན་ལྷ་འདྲེ་ཡོངས་ལ་བྱེད། །སྡེ་བརྒྱད་མ་ཡི་དམིགས་པ་དགོས། །ཞེས་པ། ཕཊ་བརྗོད། རང་ཉིད་རྗེ་བཙུན་རྡོ་རྗེ་རྣལ་འབྱོར་མ་གྲི་གུག་དང་ཐོད་ཁྲག་བསྣམས་པ། རྒྱན་ཆ་ལུགས་ཐམས་ཅད་ཡོངས་སུ་རྫོགས་པ་གཅིག་ཏུ་བསྐྱེད། ཕུང་པོ་དེ་བསྒྱུར། སྤྱི་གཙུག་ནས་རྐང་མཐིལ་གྱི་བར་དུ་གྲི་གུག་གིས་བཤགས། ལྤགས་པ་དེ་བཤུས། ཤ་ཡར་བསྟན། སྐྱི་ཕྱི་བསྟན་ནས་བཏིང་། ཕུང་པོ་དེའི་རྩ་འོ་ཆེ་དེ་བཀྲལ། ཁྲག་དམར་ཆིལ་གྱི་ལྤགས་པ་དེ་ཆོན་པ་ཞིག་བྱུང་། དེའི་ནང་དུ་ཕུང་པོ་དེའི་རྐང་འགག་ནས་བཟུང་ནས་སྤྱུགས་པས། ཁྲག་དེ་ཆོན་པ་ཞིག་གི་ཤ་དམར་ཕུང་ས་ཀྱིས་བྱུང་། ཤ་ལ་རུས་པ་མ་འགོས།

ཟུས་པ་ལ་ཤ་མ་འགོས་པར་ཐད་ཐད་དུ་བྱུང་། དེའི་ནང་དུ་ཟུས་པ་དེ་དམར་ཟིང་གིས་འཕངས། དེ་ གྲི་གུག་གིས་ལན་གསུམ་དཀྱུགས་པས་སྟོང་གསུམ་ཚུན་ཁྱངས་པར་བསམ། ཕཊ་བརྗོད། སྤྱིར་སྣང་ཞིང་སྲིད་པའི་ལྷ་འདྲེ། སྒོས་གཞན་ས་འདིར་གནས་པའི་ལྷ་འདྲེ། ཕོ་གདོན་མོ་གདོན། སྔར་འདྲེ་རྙིང་པ། ད་འདྲེ་སོ་མ། ཤ་ལ་ཞེན་པ། ཟུས་ལ་གབ་པ། བག་ལ་ཉལ་བ། གཙོ་བོའི་གདོན་ཆེན་བཅོ་བརྒྱད། བྱིས་པའི་གདོན་ཆེན་བཅོ་ལྔ། ཡི་འདྲོག་སུམ་བརྒྱ་དྲུག་ཅུ་ཐམས་ཅད་འདིར་འདུས་ཤིག །ཤ་འདོད་པ་རྣམས་ཀྱིས་ཤ་ཟོ། ཁྲག་འདོད་པ་རྣམས་ཀྱིས་ཁྲག་འཐུང་། ཟུས་པ་འདོད་པ་རྣམས་ཀྱི་ཟུས་པ་མུར། ཕཊ། ཐམས་ཅད་ཀྱིས་ཟོས་འཐུངས་ཁྱེར་ནས་དགའ་མགུ་ཡིད་རངས་ཤིང་ཐད་ཐད་དུ་གྱེས་ནས་སོང་། ལྷག་མ་དཔག་ཏུ་མེད་པ་ཡོད་པ་དེ། དཀར་པོ་ལྷ་ཡི་སྡེ་རིགས་སྡེ་ཚན་ཐམས་ཅད་འདིར་འདུས་ཤིག །ཤ་ཟོས། ཁྲག་འཐུངས། ཟུས་པ་མུར། སྔོན་པོ་དམུ་ཡི་སྡེ་རིགས་སྡེ་ཚན། དམར་པོ་བཙན་གྱི་སྡེ་རིགས་སྡེ་ཚན། ཁྲ་བོ་ཀླུ་ཡི་སྡེ་རིགས་སྡེ་ཚན། རཀྴ་སྲིན་པོའི་སྡེ་རིགས་སྡེ་ཚན། སྨུག་པོ་གཟའི་སྡེ་རིགས་སྡེ་ཚན། ནག་པོ་བདུད་ཀྱི་སྡེ་རིགས་སྡེ་ཚན། ས་མཐིལ་ནག་པོ་ལ་སོགས་པ་འོག་གདོན་ས་བདག་གི་སྡེ་རིགས་སྡེ་ཚན་ཐམས་ཅད་འདིར་འདུས་ཤིག །ཤ་འདོད་པ་རྣམས་ཀྱིས་ཤ་ཟོ། ཁྲག་འདོད་པ་རྣམས་ཀྱིས་ཁྲག་འཐུང་། ཟུས་པ་འདོད་པ་རྣམས་ཀྱིས་ཟུས་པ་མུར་ནས། ཁྱེད་རྣམས་ཀྱི་གནོད་སེམས་གདུག་སེམས་ཐམས་ཅད་ཞི་ནས་སངས་རྒྱས་ཀྱི་གོ་འཕང་རིན་པོ་ཆེ་ཐོབ་པར་གྱུར་ཅིག །ཕཊ། དེ་ཉིད་ཀྱི་ངང་དུ་ལྷོད་དེ་ཤིག་གེ་བཞག །མཐར་བསྔོ་བ་སྨོན་ལམ་གྱིས་རྒྱས་འདེབས། འདི་ནི་དམར་འགྱེད་སྡེ་བརྒྱད་མ་ཡང་ཟེར། སྡེ་བརྒྱད་བཟན་འགྱེད་ཀྱང་ཟེར།

འདི་སྤྱིར་ནད་རིགས་གང་ལ་ཡང་བྱེད། སྒོས་སུ་སྡེ་བརྒྱད་སྤྱིའི་གནོད་པ་བྱུང་བའམ། སྒོས་སྒོས་ཀྱི་གནོད་པ་བྱུང་ན་དམིགས་པ་འདི་ལ་གཅིག་དྲིལ་བྱས་ལ་མ་ཕན་གྱི་བར་དུ་བྱེད། འདི་ལས་ཟབ་པའི་དམིགས་པ་མེད་པའོ། །

མར་འགྱེད་བསྡུས་པ་བྱེད་ན། སྐད་ཅིག་ལུས་སྦྱིན་བྱེད་འདོད་ན། །བམ་རོ་མ་ཡི་དམིགས་པ་དགོས། །ཞེས་པ། ཕཊ་བརྗོད། རང་ཉིད་རྗེ་བཙུན་རྡོ་རྗེ་རྣལ་འབྱོར་མ་གྲི་གུག་དང་ཐོད་པ་འཛིན་པ་གཅིག་ཏུ་བསྐྱེད། ཕུང་པོ་དེ་བསྒྱུར། ཕུང་པོ་དེ་ལ་གྲི་གུག་གིས་ཁྲམ་བཏབ་པས་ཤ་ཁྲག་རུས་གསུམ་གྱི་རྒྱ་མཚོ་ཆེན་པོར་གྱུར་པར་བསམ་ནས། འབོད་པ་རྒྱབ། སྤྱི་སྣང་ཞིང་སྲིད་པའི་ལྷ་འདྲེ། སྒོས་གཉན་ས་འདིར་གནས་ཀྱི་ལྷ་འདྲེ་ཐམས་ཅད་འདིར་འདུས་ཤིག་བྱེད། སྐད་ཅིག་ཉིད་དུ་འདུས་ནས་ཤ་ཁྲག་ལ་ལོངས་སྤྱོད་བྱས་ནས་ལྷག་མ་ཏིལ་འབྲུ་ཙམ་ཡང་མ་ལུས་པར་ཟོས་པར་བསམ། ཁོང་རྣམས་དགའ་གྲགས་ཚིམ་གྲགས་དགྱེས་གྲགས་ནས་སོ་སོར་སོང་། མཐར་མི་དམིགས་པའི་ངང་དུ་བཞག །བསྔོ་བ་སྨོན་ལམ་ནི། རྒྱལ་པོ་བྱམས་པའི་སྟོབས་དང་ནི། །གནོད་སྦྱིན་ཤ་ཟ་སྲུན་ལྟ་ལྟར། །སྨོན་ལམ་དབང་གིས་མཚམས་སྦྱར་ནས། །དུས་ཕྱི་མ་བདག་གི་གདུལ་བྱར་ཤོག །གཞན་ལ་ཡང་འདྲ། དེ་ནི་དམར་འགྱེད་བམ་རོ་མའོ། །

ཕྱི་རོལ་གྱི་ས་དགྲ་ལ་སོགས་འདུག་ན་དམིགས་པ་བྱེད་པ་ནི། ཕྱི་ཡི་ས་དགྲ་གཅོད་པ་ལ། །དེ་ལ་བེམ་ལེན་དམར་འགྱེད་དགོས། །ཞེས་པ། ཕཊ་བརྗོད། རང་ཉིད་རྗེ་བཙུན་རྡོ་རྗེ་རྣལ་འབྱོར་མ་གྲི་གུག་དང་ཐོད་པ་འཛིན་པ་གཅིག་ཏུ་བསྐྱེད། ཕུང་པོ་བསྒྱུར། གྲི་གུག་གིས་ལན་གསུམ་བཤགས། དཀྲུགས་བྱས་པས་ཤ་ཁྲག་གི་ཕུང་པོར་གྱུར། གྲི་གུག་གི་ལྕེབས་ཀྱིས་བཅུས་ནས། གཉན་པའི་ས་དགྲ་ཡོད་

པ་ཆོ་ལ་ཕར་ལ་དམར་ལྡིག་ལྡིག །དམར་ཕུང་ཕུང་། དམར་རྒྱང་རྒྱང་འཕང་ཞིང་། ཕཊ་བརྗོད། ས་དགྲ་དེར་གནས་པའི་ལྷ་འདྲེ་མི་མ་ཡིན་ཡོད་པ་རྣམས་ཆོམ། དགྱེས། དགའ་མགུ་ཡིད་རང་ནས། གནོད་པ་དང་གདུག་པའི་བསམ་པ་ཞི་ནས་བྱང་ཆུབ་ཀྱི་སེམས་དང་ལྡན་པར་གྱུར་ནས་རང་ལ་གུས་ཤིང་དད་པར་བསམ། མཐར་མི་དམིགས་པའི་ངང་ལ་བཞག །བསྔོ་བ་སྨོན་ལམ་གྱིས་རྒྱས་འདེབས། དེ་ནི་གཙོ་ཆེར་ས་དགྲ་ལ་དམིགས་པ་ཡིན་ཅིང་། དམར་འགྱེད་བེམ་ལེན་མའོ། །

དྲག་པོ་གཞན་གྱི་ས་གཙོད་ན། །གཙོད་ལུགས་གཉིས་ཀྱི་དམིགས་པ་དགོས། །ཞེས་པ་ཡིག་ཆུང་དུ་གསལ། ནད་པ་དྲག་པོ་སྨྱོ་འབོག་ཅན་ནམ། རྒྱལ་གཟིར་ཡོད་པའམ། ཐུག་ཕྲད་ཀྱི་གདོན་ཞུགས་པའམ་གློ་བུར་དུ་འདྲེས་བཏབ་པ། གདོན་གྱིས་བསྐུངས་པ་བྱུང་ན། གློ་བུར་གདོན་གྱིས་བཏབ་གྱུར་ནས། །ལུས་སྲིན་སོ་སོར་འཕྲལ་བ་དགོས། །ཞེས་པ། ཕཊ་བརྗོད། རང་ཉིད་སྐད་ཅིག་གིས་ཁྲོས་མ་ནག་མོ་ཞལ་གཅིག་ཕྱག་གཉིས་སྤྱན་གསུམ་མཆེ་བ་བཞི་གཙིགས་པ། ཕྱག་གཡས་པས་གྲི་གུག་དང་མི་ལྤགས་ཀྱི་གཡང་གཞི་བསྣམས་པ། གཡོན་པས་མི་ཀང་གི་གླིང་བུ་འབུད་ཅིང་ཐོད་ཁྲག་བསྣམས་པ། ཞལ་ནས་ཨ་ར་ལིའི་སྒྲ་སྒྲོགས་ཤིང་ལྗགས་འདྲིལ་བ། ཕྱག་གཡས་ཉི་མ། གཡོན་ཟླ་བ། དབུས་ཉི་ཟླ་སྤེལ་མར་གྱུབ་པ། དབུ་སྐྲ་གྱེན་ལ་རྫེས་ཤིང་མེ་སྟག་འཕྲོ་བ། སྐུ་ལ་སྦྲུལ་ནག་གི་ག་ཤ་བྱས་ཤིང་། མེ་འོད་རབ་ཏུ་འབྱུག་པ་གཅིག་ཏུ་བསྐྱེད་ནས་ཕཊ་བརྗོད། ན་མོ་གཉན་ས་འདིར་གནས་ཀྱི་ལྷ་འདྲེ་དང་། སྐལ་ལྡན་འདི་ལ་ཆེ་འཕྲུལ་སྟོན་བྱེད་པ། །སྣང་ཞིང་སྲིད་པའི་ལྷ་འདྲེ་མ་ལུས་ཀུན། །ནམ་མཁའི་སྤྲིན་ཚོགས་བཞིན་དུ་འདུས་ལ་

ཤོག །བར་སྣང་ཆར་ས་བཞིན་དུ་བབ་ལ་ཤོག །ས་གཞིའི་རླུང་དམར་བཞིན་དུ་འཚུབས་ལ་ཤོག །ཅེས་བརྗོད་ཅིང་། ལག་པ་གཡས་པས་རང་ངམ། ནད་པའི་ཤ་དང་རུས་པ་ཁྲག་ལ་སོགས་པ་གཙོད་ཅིང་ལྷ་འདྲེ་རྣམས་ལ་སྐྱེར་བའི་ཚུལ་བྱེད་ཅིང་། ཕཊ་བརྗོད་ཅིང་། ཁོག་སྟོད་ཡ་བདུད་རྒྱལ་པོས་ཁྱེར། །ཡ་བདུད་རྒྱལ་པོ་འདོད་པ་ཚིམ་གྱུར་ཅིག །ཕཊ། ཁོག་སྨད་མ་བདུད་རྒྱལ་མོ་ཁྱེར། །མ་བདུད་རྒྱལ་མོ་འདོད་པ་ཚིམ་གྱུར་ཅིག །ཕཊ། སྙིད་པ་ཀླུ་བདུད་ཐེལ་རང་། གོང་དང་འདྲེ། ཀླུ་བདུད་ཐེལ་རང་། རྒྱུ་མ་ཡུལ་འདྲེ་འབྲུམ་པོ། ཕཊ། ཕྱི་ཤ་ཕྱི་ཡི་ལྷ་འདྲེ། ཕྱི་ཡི་ལྷ་འདྲེ། ཕཊ། བར་ཤ་བར་གྱི་ལྷ་འདྲེ། བར་གྱི་ལྷ་འདྲེ། ཕཊ། ནང་ཤ་ནང་གི་ལྷ་འདྲེ། ནང་གི་ལྷ་འདྲེ། ཕཊ། འདྲེ་ཤ་ལ་དགའ་བ་ཤ་ལ་རོལ། ཤ་ཟོས་ཤིག་སྐྲ་དི་རི་རི། ཕཊ། འདྲེ་ཁྲག་ལ་དགྱེས་པ་ཁྲག་ལ་རོལ། ཁྲག་འཐུང་ཧུབ་སྐྲ་དི་རི་རི། ཕཊ། འདྲེ་རུས་ལ་དགྱེས་པ་རུས་ལ་རོལ། ཁང་དུམ་ལྷ་བ་ཆེམས་སེ་ཆེམས། ཕཊ། ཕོ་གདོན་སྟོད་ལ་དགའ་བ་སྟོད་ཁྱེར། ཕཊ། མོ་གདོན་སྨད་ལ་དགའ་བ་སྨད་ཁྱེར། ཕཊ། རྒྱལ་སྲིན་ཕོ་མོ་དོན་སྙིང་ལ་དགའ་བ་དོན་སྙིང་ཁྱེར། ཕཊ། བསེ་རགས་དང་ཐེལ་རང་རྩ་རུས་ལ་དགའ་བས་རྩ་རུས་ཁྱེར། ཕཊ། འགོང་པོ་དང་ཚུན་སྲི་ནང་གྲོལ་ལ་དགའ་བས་ནང་གྲོལ་ཁྱེར། ཕཊ། ཡ་ཀི་སྤྱི་བོའི་གཙུག་མན་ཆད་དང་། མ་གི་ཁང་པའི་མཐིལ་ཡན་ཆད་ཀྱི་ལྷུབཙུ་གཉིས། མགོ་དང་བཙུ་གསུམ། ལྟད་པ་དང་ལྟད་རྒྱ། སྐྲ་དང་བ་སྤུ། ཞག་དང་ཁོང་ཁྲག །དབུགས་དང་ཚེ་སྲོག །བཀྲག་དང་གཟི་མདངས། རྒྱུ་མ་དང་ནང་གྲོལ། རྩ་རུས་དང་ཚིལ་བུ། ལྤགས་པ་དང་དྲི་མ། སོ་དང་སེན་མོ། མཁལ་མ་དང་མཆེར་པ། གློ་བ་དང་མཆིན་པ་ཐམས་ཅད་ལྷ་འདྲེ་ཁྱོད་རྣམས་ཀྱིས་ཟོས་

ཞིག །ཁྱེར་ཅིག །ལྷག་མ་ཏིལ་འབྲུ་ཙམ་ཡང་མ་ལུས་པར་གྱིས་ཞིག །ད་ལྷ་ཉིད་དུ། སྒྱུར་བ་ཉིད་དུ་ཁྱེར་ཅིག །སྤྱིར་ཁམས་གསུམ་སེམས་ཅན་གྱི་སླུད་དུ་འབུལ། སྐོས་དྲིན་ཅན་ཕ་མའི་དོན་དུ་བསྔོ། ལྷ་འདྲེ་ཁྱེད་རྣམས་ཆགས་སེམས་གནོད་སེམས་གདུག་སེམས་སྡང་སེམས་ཐམས་ཅད་ཞི་ནས། སེམས་ཞི་བ་དུལ་བ་བྱམས་སྙིང་རྗེ་བྱང་ཆུབ་ཀྱི་སེམས་དང་ལྡན་པར་གྱུར་ཅིག । ཕཊ། མཐར་མི་དམིགས་པའི་ངང་ལ་བཞག །དེ་ལས་ལངས་པ་དང་། རྒྱལ་པོ་བྱམས་པའི་སྟོབས་དང་སོགས་བསྔོ་བ་སྨོན་ལམ་བྱེད། དེ་ནི་དམར་འགྱེད་གཟན་འགྱེད་མའོ། །འདི་ནི་བཀའ་གཉན་པོ་ཡོད་པས། རང་ངམ། ནད་པ་གཅེས་པོའམ། ཡང་ན་བླ་མའི་སྐུ་རིམ། ཆོས་གྲོགས་སྙིང་དང་འདྲ་བ་མ་གཏོགས། གཞན་གར་ཐོད་ཐོད་ལ་མི་བྱེད་པའི་དམ་ཆེན་པོ་ཡོད་པ་ཡིན། བྱེད་པའི་དུས་ནམ་སྲོད་དང་། སྲོད་ཡོལ། ནམ་ཕྱེད་ཡན་དུ་བྱེད། མི་མང་པོ་ཡོད་ས་དང་། རྟ་ནོར་ར་ལུག་སོགས་ཡོད་སར་མི་བྱེད། དམིགས་པ་གསུམ། ལྷ། བདུན། ཐ་མ་ཡང་དགུ་ཕན་བྱེད་མི་དགོས་པས་ཞེས་པར་མཛོད། གོང་གི་དམིགས་པ་རྣམས་རིམ་པར་བྱས་པས། ལྷ་འདྲེ་རྣམས་ནོན་པ་དང་དབང་དུ་འདུས་པའི་རྟགས་བྱུང་ན། དམིགས་པ་གོང་མ་རང་དུ་དྲིལ་བར་བྱེད། དབང་དུ་མ་འདུས་ན་དབང་སྡུད་ཟློར་པ་སོགས་བྱེད་དགོས་པ་ཡིན་པས། མགྲོན་རྣམས་གཞན་དུ་སོང་གྱུར་ན། སྐྱོང་བྱེད་དཀར་མོའི་དམིགས་པ་དགོས། ཞེས་པ། རྗེ་ལམ་དུ་མི་མང་པོ་ཕར་གྱེས་ནས་འགྲོ་བའམ། འབྲོག་པ་སྐྱུས་པའི་ཤུལ་དུ་སླེབས་པའམ་མི་མེད་པའི་ཁང་སྟོང་མང་པོ་འདུག་པ་རྨིས་ན། གཉན་པའི་ལྷ་འདྲེ་དབང་དུ་མ་འདུས་པ་ཡིན་པས། དབང་སྡུད་དགོས། དེ་ལ་དང་པོ་ཞི་བས་བསྡུ་བ་ནི། མ་གཅིག་གམ། རྗེ་བཙུན་རྡོ་རྗེ་རྣལ་

འཁོར་མ་སྐུ་མདོག་དཀར་མོ་གདངས་རི་ལ་ཉི་མ་ཤར་བ་ལྟར་དཀར་བར་རང་ཉིད་བསྐྱེད། ཕཊ་བརྗོད། རང་གི་བ་སྤུའི་བུ་ག་ནས་འོད་དང་འོད་ཟེར་དཔག་ཏུ་མེད་པ་འཕྲོས་ནས་སོང་། དེར་གནས་པའི་ལྷ་འདྲེ་ཐམས་ཅད་སྐད་ཅིག་ཉིད་དུ་སྡོད་ས་དང་བྲོས་ས་དང་གབ་ས་མེད་པར་འདུས་པར་བསམ། དེ་ནི་སྐྱོང་བྱེད་དཀར་མོའོ། །དེ་ཉིད་ཀྱི་མ་འདུས་ན། དེས་ཀྱང་སྐྱོངས་པར་མ་གྱུར་ན། དེ་ལ་དམར་ནག་ལྕགས་ཀྱུ་དགོས། ཞེས་པ། རང་ཉིད་སྐད་ཅིག་གིས་རྗེ་བཙུན་རྡོ་རྗེ་རྣལ་འབྱོར་མ་སྐུ་མདོག་དམར་ནག་ཞལ་གཅིག་ཕྱག་གཉིས་སྤྱན་གསུམ་མཆེ་བ་བཞི་རབ་ཏུ་གཙིགས་པ། སྟོང་གསུམ་ཁེངས་པ་ཞིག་ཏུ་བསྐྱེད། ཕཊ་བརྗོད། རང་གི་ཐུགས་ཀ་ནས་རིགས་ལྔ་མཁའ་འགྲོ་ལ་མཁའ་འགྲོ་དཔག་ཏུ་མེད་པ་འཕྲོས། དེ་རྣམས་ཀྱི་ཕྱག་ན་ལྕགས་ཀྱུ་ཐོགས་པས། ལྷ་འདྲེ་ཐམས་ཅད་ཀྱི་སྙིང་དཀར་ནག་གི་མཚམས་ནས་གཟུང་སྟེ་རང་དབང་མེད་པར་བྲོས་ས་དང་གབ་ས་མེད་པར་ར་ལུག་སེར་བས་དེད་པ་ལྟར་འུབ་ཉིལ་གྱིས་འདུས། རྡོ་ལེབ་ཀྱི་ཞབས་སུ་གྲོག་སྦུར་ཡོད་པ་བཞིན་ཟེ་ལོང་ལོང་གི་དམིགས་བྱར་ཡོད་པ། མི་འདོད་མི་དགའ་མི་སྤྲོ་བཞིན་དུ་རང་གི་བཀའ་ཉན་དང་གསུང་སྡོད་བྱེད་པར་བསམ། དེ་ནི་དམར་ནག་ལྕགས་ཀྱུ་མའོ། །དེ་ཉིད་ཀྱིས་དབང་དུ་མི་འདུས་མི་སྲིད་པའོ། །ཡས་ན་མགྲོན་རྣམས་གཞན་དུ་སོང་གྱུར་ན། །འགུགས་བྱེད་དམར་མོའི་དམིགས་པ་དགོས། །ཞེས་པ། རང་ཉིད་རྗེ་བཙུན་རྡོ་རྗེ་རྣལ་འབྱོར་མར་བསྐྱེད། ཕཊ་བརྗོད། རང་གི་ཐུགས་ཀ་ནས་རིགས་ལྔ་མཁའ་འགྲོ་ལ་མཁའ་འགྲོ་མ་དཔག་ཏུ་མེད་པ་འཕྲོས་ཏེ་སོང་། དེ་རྣམས་ཀྱི་ཕྱག་ན་ལྕགས་ཀྱུ་ལྕགས་སྒྲོག་ཞགས་པ་དྲིལ་བུ་གཡང་གཞི་ཐོ་བ་ཐོགས་པ་རྣམས་ཀྱིས། མཐོ་རི་བོའི་རྩེ། དམའ་

རྒྱ་མཚོའི་མཐིལ། ས་འོག །ས་སྟེང་། ས་བླ་གར་ཡོད་ཀྱང་ཐོས་པ་དང་གབ་ས་མེད་པར་ལྕགས་ཀྱུས་སྐྱིང་ནས་བཟུང་། ཞགས་པས་མགུལ་ནས་ཁྲིད། ལྕགས་སྒྲོག་གིས་ཡན་ལག་བསྡམས། དྲིལ་བུས་སྨྱོས། གཡང་གཞིས་བརྫབས། ཐོ་བས་བརྡུངས། རང་དབང་མེད་པར་ར་རྒན་ལུག་རྒན་སེར་བས་བརྡུངས་པ་ལྟར་རང་གི་དམིགས་བྱ་མི་འདོད་མི་དགའ་མི་སྲོ་བཞིན་དུ་རང་གི་བཀའ་ཉན་དང་གསུང་སྡོད་བྱེད་པར་བསམ་པའོ། །དེ་ནི་འགུགས་བྱེད་དམར་མོའོ། །

མགྲོན་གྱིས་སྒྱུག་ཐོ་ལྟས་གྱུར་ན། །སྤྲེལ་སྦྱང་གཉིས་ཀྱི་དམིགས་པ་དགོས། །ཞེས་པ། རྫི་ལམ་དུ་མི་མང་པོ་ལ་བཟས་སྦྱིན་ཡང་མི་ཟ། མི་ལེན། མི་འདོད། ཞེ་ལོག་པ་དང་། སྐྱུག་ཐོ་བ་ལྟར་བྱེད། སྣ་དང་མཆུ་སུམ་བྱེད་པ་བྱུང་ན། ཕཊ་བཛོད། རང་ཉིད་རྗེ་བཙུན་རྡོ་རྗེ་རྣལ་འབྱོར་མར་བསྐྱེད། ཕུང་པོ་བསྒྱུར། ཕཊ་བཛོད། ཕུང་པོ་དེ་ལས་ཕུང་པོ་གསར་པ་མང་པོ་འཕྲོས་ནས་སོང་། རྙིད་པ་དང་སྐམ་པོ། ཏུལ་བ་དང་སུམས་པ་མང་པོ་འཕྲོས། གྲི་གུག་གིས་གཏུབས། ཨོཾ་ཨཱཿཧཱུྃ་གསུམ་གྱིས་བྱིན་གྱིས་རླབས། ཕཊ་བཛོད། རང་གི་ཐུགས་ཀ་ནས་རིགས་ལྔ་མཁའ་འགྲོ་ལ་མཁའ་འགྲོ་མང་པོ་འཕྲོས། དེར་གནས་པའི་ལྷ་འདྲེ་ཐམས་ཅད་རང་དབང་མེད་པར་བཀུག །ལྷ་འདྲེ་རེ་རེ་ལ་མཁའ་འགྲོ་མ་གཉིས་གཉིས་ཀྱིས་འདྲེན་པ་བའི་ཚུལ་དུ་བྱས་ཏེ། ཤ་གསར་རྙིང་སྐམ་རློན་ཏུལ་སུམས་ཐམས་ཅད་སྤྲེལ་ནས་ཁོང་ཚོ་ལ་སྦྱིན། མི་འདོད་མི་དགའ་བཞིན་དུ་ཁ་ལ་བསླང་བས། ཁོང་ཚོ་ཡང་ཉམས་དང་། སྟུག་ཐག་བྱས་ནས། རང་གི་བཀའ་དང་གསུང་ལ་ཉན་པའོ། །དེ་ནི་སྤྲེལ་སྦྱང་གི་དམིགས་པ་ལའོ། །

ཚར་ཚད་དང་སློང་ཚད་འདྲེས་པའི་དམིགས་པ་ལ། ཚར་སློངས་འདྲེས་ནས་

མགོ་བསྐོར་ན། །འཁྱིད་པ་གསེར་གྱི་ལྡེ་མིག་དགོས། །ཞེས་པ། རྫི་ལམ་དང་ཉམས་སྣང་ལ་ཚར་ཚད་འོང་མ་རན་པ་ལ་འོང་ཞིང་། ཚར་ཚད་ཡིན་པར་བསམ་ཙ་ཚོ་འཕྲུལ་འོང་། ཚོ་འཕྲུལ་ཡིན་པར་བསམ་ཙ་ཚར་ཚད་འོང་ན། ཚོ་འཕྲུལ་དང་ཚར་ཚད་འདྲེས་ནས་མ་ཕྱེད་ན། ཀ་པཱ་ལའི་ནང་དུ་གཉན་ས་དེའི་ཤིང་བུ་རྗེའུ་བླངས་ནས་བླུག །ལྷ་འདྲེའི་སྲོག་སྙིང་ཡིན་པར་བསམ། ཕཊ་བརྗོད། རང་ཉིད་སངས་རྒྱས་མཁའ་འགྲོ་བསམ། ཕུང་པོ་དེ་ཀ་པཱ་ལའི་ནང་དུ་སོང་། ཁྲི་གུག་གིས་ལན་གསུམ་དཀྲུགས། རང་གི་ཕུང་པོ་དང་གཉན་ས་དེའི་ལྷ་འདྲེ་ཐམས་ཅད་དབྱེར་མེད་དུ་ཁྲུག་གིས་འདྲེས་ནས། ལྷ་འདྲེ་རྣམས་འགྲོ་ས་དང་གནས་མལ་ཙམ་ཡང་མེད་པ། ཉམས་དང་། བག་ཚ། དུ་སྦོ། སྐྱིད་ལུག་བྱས་ནས། རང་གི་ཅི་གསུང་གི་བཀའ་ལ་ཉན་པར་བསམ་པའོ། །ཡང་ཡང་བྱེད་པ་གནད་ཡིན་ནོ། །གསེར་གྱི་ལྡེ་མིག་མའོ། །

ཚོ་འཕྲུལ་ཁོ་ན་བྱུང་ན་དམིགས་པ་ནི། ཚོ་འཕྲུལ་ཆེ་ནས་ཚར་ཚད་དཀོན། །ཕྲུག་པོ་ཐིབས་གནོན་གྱི་དམིགས་པ་དགོས། །ཞེས་པ། ཕཊ་བརྗོད། རང་ཉིད་སངས་རྒྱས་མཁའ་འགྲོར་གསལ། ཕུང་པོ་དེ་བསྒྱུར། ཁྲི་གུག་གིས་སྙེའི་རྩ་འོ་ཆེ་དེ་བཀྲལ་བས། གཉན་ས་དེ་ནོན་པ་ཞིག་གི་ཁྲག་གི་མཚོ་ཆེན་པོར་གྱུར། དེའི་ནང་དུ་ཤ་དང་རུས་པ་སྤུངས་པས། ཤ་རུས་ཁྲག་གི་མཚོ་ཆེན་པོར་གྱུར། ཕཊ་བརྗོད། དེར་གནས་པའི་ལྷ་འདྲེ་ཐམས་ཅད་བཀུག་ནས། ཤ་ཁྲག་གི་མཚོ་ཆེན་པོའི་ནང་དུ་བཅུག་པས། སྐེ་ཕྱིན་ཆད་ནུབ་ནས། དཔེར་ན་ཁལ་ཀན་ཧ་ཀན་རྫབ་ཆེན་པོའི་ནང་དུ་ཟུག་ནས་མ་ཐོན་པ་ལྟར། ཉམས་ཐག །སྡུག་བསྔལ། བྱ་ཐབས་ནི་མེད། ཐོན་ནི་མ་ཐོན་པས། རང་གི་བཀའ་ཉན་དང་གསུང་སྒྲོད་བྱེད་པར་

བསམ། ཡང་ཡང་གཟིར་བ་མན་ངག་ཡིན། དེ་ནི་ཐིབས་གནོན་མའོ། །གཉན་སར་མགོ་བའི་དམིགས་ཕྲན་བཞི་ཞེས་བྱ་བ་འདི་མན་ངག་གི་སྙིང་པོ་གསེར་གྱི་ཡང་ཞུན་ལྟ་བུ་ཡིན་པས་གནད་ཆེ་བའོ། །མ་གཅིག་གི་མ་ཁྲིད་ཆེན་མོ་ཆེ་བའི་གཞུང་དང་། རྗེ་རང་བྱུང་རྡོ་རྗེ་དང་། ཀུན་མཁྱེན་རིན་པོ་ཆེ་འཇམ་དཔལ་བཟང་པོས་གསུངས་པའི་ཤོག་དྲིལ་བཅུ་གསུམ་མ་དང་། རྗེ་བཙུན་རིན་པོ་ཆེ་འཇམ་དཔལ་རྒྱ་མཚོས་གསུངས་པའི་དམིགས་པ་ཟབ་གནད་ཡིན་པའོ། །དེ་ལ་ཡང་སོ་སོར་དབྱེ་ན། སློང་བྱེད་དཀར་མོ་དང་། དམར་ནག་ལྷུགས་ཀྱུ་གཉིས་ནི་ཤོག་དྲིལ་བཅུ་གསུམ་དུ་གསུངས། འགུགས་བྱེད་དམར་མོ་ནི། རྗེ་བཙུན་རིན་པོ་ཆེའི་གསུང་གི་བདུད་རྩི་ཡིན། སྤྱིལ་སྦྱུང་དང་། གསེར་གྱི་ལྡེ་མིག་གཉིས་ནི་རྗེ་རང་བྱུང་པའི་གསུང་སྒྲོས་ཡིན། ཕྱུག་པོ་ཐིབས་གནོན་ནི་མ་གཅིག་གི་དམར་ཁྲིད་ཆེན་མོ་ཆེ་བའི་ནང་དུ་གསུངས་པ་ཡིན་ནོ། །དེ་ནི་ལུང་ཁུངས་བཙུན་པའི་ཕྱིར་བསྟན་པའོ། །

གོང་གི་དམིགས་པ་རྣམས་རིམ་པར་བྱས་པས། ལྷ་འདྲེ་རྣམས་མ་བཟོད་ནས་ཆོ་འཕྲུལ་དྲག་པོ་སྟོན་པ་ཡིན་པས་ཤེས་དགོས། ལྷ་འདྲེ་དྲག་པོ་སློང་བ་ལ། །སློང་རྟགས་ཕྱི་ནང་གསང་གསུམ་དགོས། །ཞེས་པ། ཕྱི་ནང་གསང་གསུམ་གྱི་སློངས་རྟགས་རྣམས་ཡིག་ཆུང་དུ་གསལ། ཟབ་དོན་ལས། གང་ཚེ་ཆོས་ཉིད་དོན་ལ་མཉམ་པར་སུ་བཞག་པ། །དེ་ཚེ་བདུད་སོགས་མི་བཟོད་ཆོ་འཕྲུལ་སྣ་ཚོགས་སྟོན། །ཅེས་གསུངས་པའི་དོན་ནོ། །ཕྱིའི་ཆོ་འཕྲུལ་ལ་ཐོག་མི་ཉེས་པ་ཡོང་བས། མངོན་སུམ། ཉམས་སྣང་། རྨི་ལམ་གསུམ་དུ་བརྟག་དཔྱད་གཏོང་དགོས། དེ་ལ་ཡང་། གཉན་ས་དྲག་པོ་གཅོད་པ་ལ། །སྙིང་གདོན་ཐོག་གི་དགྲ་འོང་བས། །རྨི་

ལམ་ཉམས་སྣང་དངོས་རྟགས་དགོས། །ཞེས་པ། དང་པོ་རྨི་ལམ་དུ་བརྟག་པ་ལ། རྨི་ལམ་དུ་མགར་བ་མང་པོ་འོངས་ནས་ཐབ་ཀ་བཙའ་བ་དང་། མགར་བྱེད་པ་དང་། གྲི་དང་། མདེའུ་དང་། མདུང་དང་། གཞན་ཡང་མགར་གྱི་རིགས་གང་བྱེད་པ་རྨིས་ན། ཕྱི་ཉེན་མོ་ཐོག་ཡོང་བའི་རྟགས་ཡིན་པས། བསྲུང་འཁོར་བསྒོམ། ཉམས་སྣང་ལ་མགར་བ་ཡིན་སྙམ་པའི་ཡིད་ཡུད་བྱུང་པའམ། ཇོ་ཤེས་ཀྱི་མགར་བ་བྱུང་བསམ་པའམ། རྣ་ལམ་དུ་མགར་གྱི་སྒྲུད་པའི་སྒྲའམ། ལྕགས་བརྡུང་བའི་ཐོ་བའི་སྒྲ་གྲག་ཏོ་བསམ་པ་ལྟ་བུ་བྱུང་ན། དགོང་མོ་ཚུན་ཐོག་ཡོང་པའི་རྟགས་ཡིན་པས། དེ་ལུགས་ཀྱི་བསྲུང་འཁོར་བསྒོམ་པའོ། །

མངོན་སུམ་ལ་བརྟག་པ་ནི་གསུམ། སྤྲིན་ལ་བརྟག་པ་དང་། འབྲུག་གི་སྐད་ལ་བརྟག་པ་དང་། གློག་གི་འཁྱུག་ལ་བརྟག་པའོ། །དང་པོ་སྤྲིན་ལ་བརྟག་པ་ནི། སྔ་དྲོ་ནམ་མཁའ་དྭངས་པ་བྱུང་ན་བརྟག་དཔྱད་གཏོང་། ལྷོ་ཕྱོགས་ངོས་ཀྱི་ནམ་མཁའ་ལ་བལྟས་པས། ཡུན་རིང་དུ་སྤྲིན་མི་འདུ་ཞིང་། སྐབས་སུ་སྤྲིན་བུ་ཐོ་ཙམ་ཞིག་འོང་། དེ་མ་ཐག་ཏུ་ཡལ་ནས་སོང་། ཡང་སྔ་མའི་དེ་ཉིས་འགྱུར་ཙམ་ཅིག་བྱུང་། དེ་མ་ཐག་ཏུ་ཡལ་ནས་སོང་། དེ་ནས་ཡུན་མི་རིང་བ་ན་སྤྲིན་ནག་པོ་ཁང་པ་ཙམ་ཞིག་མགོ་དགུའི་རྣམ་པ་ལྟར་རམ། བདུན་དང་། ལྔའི་རྣམ་པ་ལྟར་བྱུང་ན་ཐོག་ཡོང་བའི་རྟགས་ཡིན། ཡང་དར་ཅིག་ནས་སྤྲིན་ནག་པོ་ཁང་པ་ཙམ་པ་ལྔ་དྲུག་ཞིག་ནམ་མཁའི་མཐའ་ནས་བྱུང་སྟེ། གཅིག་ལ་གཅིག་འབྲེལ་བ་ལྟར་བྱས་ནུབ་ཕྱོགས་ངོས་ལ་སོང་དེའི་དུས་སུ་ས་འབྲུག་དི་རི་ཡོང་བར་བཤད་པས། དེས་ནི་རིང་པོ་མི་ཐོགས་པར་ཐོག་ཡོང་པས། བསྲུང་འཁོར་བསྒོམ་པ་གལ་ཆེའོ། །

གཉིས་པ་སྐད་ལ་བརྟག་པ་ནི། འབྲུག་སྐད་ལྡང་ལྡང་བ་ལྟ་བུ་དང་། ལྩགས་ལ་ལྩགས་རྒྱབ་པ་ལྟ་བུའི་ཁྲོལ་ཆ་ཡོད་པ་ལྟར། རང་གི་སྙིང་ལ་ཡང་གཟེར་ཤར་འོང་བ་ཙམ་དང་། སྙོད་ཆ་ཡོད་པའི་ལྡིར་ཆོམ་ཅན་ལྟ་བུ་བྱུང་ན་ཐོག་མི་འོང་། སྐད་དྲག་ལ་ཁོང་ནས་མི་ཐོན་ཐོན་བྱེད་ཅིང་། རང་གི་སྐྲད་ལ་འཁོར་ཞིང་གཞན་གར་ཡང་མི་འགྲོ་བར་གྲགས་ན་དེ་འཕྲལ་དུ་ཐོག་ཡོང་བའི་རྟགས་ཡིན་ནོ། །དམིགས་པ་ནི། འབྲུག་མོའི་ངར་སྐད་བཅོག་པ་ལ། །ངར་བཅིངས་མ་ཡི་དམིགས་པ་དགོས། །ཞེས་པ། ཕཊ་བརྗོད། རང་ཉིད་སངས་རྒྱས་མཁའ་འགྲོར་གསལ་བའི་ཐུགས་ཀ་ནས་ཛོ་བོ་སངས་རྒྱས་མཁའ་འགྲོ་ཡིན་པ་ལ་རྣམ་པ་གནམ་ལྩགས་ཀྱི་རྡོ་རྗེ་རང་གི་ལུས་ཚད་ཙམ་ཞིག་ནམ་མཁའ་ལ་རྒྱངས་ཀྱིས་སོང་། འབྲུག་གི་མ་འགལ་ལ་རྒྱབ། ཀླུའི་རྩ་བ་ཕུག །ཡ་ཧན་ལ་ཕུད། ཡ་ཧན་མ་ཧན་གཉིས་འཛེར་ནས་ལྩགས་གཟེར་རྒྱབ་པ་ལྟ་བུར་སྐད་གྲག་རྒྱུ་དང་ཁ་ཕྱི་རྒྱུ་མེད་པར་བསམ། ཡང་ཡང་གཟེར་བ་མན་ངག་ཡིན།

གསུམ་པ་གློག་ལ་བརྟག་པ་ནི། གློག་སྨུག་བུ་དམར་པོ་བརྒྱུད་བ་ལྟ་བུར་དམར་ཤར་ཤར་བྱུང་ན་ཐོག་མི་འོང་བ་ཡིན། གློག་དམར་བྱུང་རེས་ཀྱིས་དམར་ཕྱང་ཕྱང་སྨུག་བུ་དམར་པོ་བཀུག་པ་ལྟ་བུར་ཡུད་པ་རེ་ལ་བསྟུད་ནས་ཡལ། ཡང་གློག་དམར་ཞགས་པའི་ཞགས་མིག་ལྟ་བུའམ། སྨུག་བུ་དམར་པོ་བཀྱུག་པ་ལྟར་དམར་ཕྱང་ཕྱང་བྱས་ནས་བྱུང་ན་ཐོག་ཡོད་པའི་རྟགས་ཡིན་ནོ། །དམིགས་པ་ལ། གློག་དམར་འཚུབས་ནས་མ་ཚུགས་ན། ཀླུ་བཅིངས་མ་ཡི་དམིགས་པ་དགོས། །ཞེས་པ། ཕཊ་བརྗོད། རང་ཉིད་སངས་རྒྱས་མཁའ་འགྲོ་གསལ་བའི་ཐུགས་ཀ་ནས། ཛོ་བོ་སངས་རྒྱས་མཁའ་འགྲོ་ཡིན་པ་ལ་རྣམ་པ་ཡེ་ཤེས་ཀྱི་སྤྲུལ་ནག་ཆེན་པོ་

གཅིག་རྒྱངས་ཀྱིས་སོང་། འབྲུག་གི་མ་ལེ་དང་ལྟེ་གཉིས་མཉམ་དུ་བཅིངས། ལན་དགུ་སྦྲགས་སུ་བསྡམས་ནས་ལྟེ་ལ་འཕར་རྒྱུ་མེད་པར་བསམ་པའོ། །ཡང་ཡང་བྱེད་པ་མན་ངག་ཡིན། དངོས་གཞི་ཐོག་ཚང་གཏོར་བའི་དམིགས་པ་ནི། སྟེང་གདོན་ཐོག་གི་དགྲ་བྱུང་ན། །ཐོག་ཚང་གཏོར་བའི་དམིགས་པ་དགོས། །ཞེས་པ། ཕཊ་བརྗོད། རང་ཉིད་སངས་རྒྱས་མཁའ་འགྲོ་གསལ་བའི་ཐུགས་ཀ་ནས་གསེར་གྱི་རྡོ་རྗེ་རྩེ་དགུ་པ་རང་གི་ལུས་ཚད་ཙམ་ཞིག་ནམ་མཁའ་ལ་རྩལ་པ་ཆེས་མདའ་འཕངས་པ་ལྟར་རྒྱངས་ཀྱིས་སོང་། འབྲུག་གི་ཨོག་མ་ལ་རྒྱབ་རྣ་བར་དུ་ཕུད། མགར་བའི་མགར་ཐབ་རྣ་བར་དུ་བཅས་ནས་ཡོད་པ་དེ་འོག་ནས་རྒྱབ། དཔེར་ན་ཐབ་ཀ་ལ་ཁོག་མ་ཡོད་པའི་ཞབས་ལ་གཡོག་པ་བརྒྱབ་ནས་རློག་པ་ལྟར་མཐའི་རྒྱ་མཚོའི་ཕ་རིའམ། དགྲ་ཡོད་ན་དགྲ་ཕྱོགས་སུ་རྒྱངས་ཀྱིས་སོང་བར་བསམ། ཡང་ཡང་གཟིར་བ་མན་ངག་ཡིན། །དེ་ནི་གཙ་པ་རང་བྱུང་རྡོ་རྗེས་གསུངས་པའི་ཐོག་དམིགས་གསེར་རྫོར་མའོ། །

གཉན་པ་ལ་སེར་བ་ཆེན་པོ་བྱུང་ན་བཀག་པ་ནི། སེར་བ་ཆེས་ནས་མ་བཟོད་ནས། །ཐུབ་པ་ཆེན་པོའི་གུར་ཁང་དགོས། །ཞེས་པ། ཕཊ་བརྗོད། རང་ཉིད་ཐུབ་པ་ཆེན་པོ་ཞལ་གཅིག་ཕྱག་གཉིས་གཡས་ས་གནོན་དང་གཡོན་མཉམ་བཞག་གི་སྟེང་དུ་ལྷུང་བཟེད་བསྣམས་པ། ཞབས་སྐྱིལ་ཀྲུང་གི་བཞུགས་པ་འོད་དང་གཟི་བརྗིད་ཉི་མ་འབུམ་དང་མཉམ་པ་གཅིག་ཏུ་བསྐྱེད་ནས། ཐོག་མར་ས་ལ་ལྷུང་བའི་སེར་བ་རྡོག་མ་གཅིག་བླངས་ནས་སྔགས་འདི་བགྲང་། ཨོཾ་མུ་ནེ་མུ་ནེ་མ་ཧཱ་མུ་ན་ཡེ་སྭཱ་ཧཱ། ལན་བདུན་ནམ་ལྔ་བརྗོད་ནས་སེར་བའི་རྡོག་མ་མིད། ཡང་རྡོག་མ་གཅིག་བླངས་ནས་སྔ་མ་ལྟར་བྱས་ཤིང་། དེ་ལྟར་ལན་བདུན་དང་

སེར་བ་རྫོག་མ་བདུན་སྲྒགས་ནས་མེད་པར་བྱས་ན་སེར་བ་མི་འོང་བར་བཤད་པའོ། །དེ་ནི་ཐུབ་པ་གུར་ཁང་མར་གྲགས་པའོ། །ཐུབ་པ་ཡིག་འབྲུ་མི་ཚང་།དྲག་པོ་ཐོག་རྡོད་བསྲུང་བ་ལ། །གངས་ཆེན་མཚོ་རྒྱལ་དམིགས་པ་དགོས། །ཞེས་པ། ཐོག་གི་ལོ་རྒྱུས་དང་ཐུབ་པ་བཙན་བཟུང་ཡིག་ཆུང་དུ་གསལ་བའོ། །གཉན་སའི་སྡོད་སྨད་བར་གསུམ་དང་། འགྲོ་བའི་དུས། དང་པོ་འོང་བའི་དུས་ལ་ཡང་བཤད་པས། ཐོག་དམིགས་བསྲུང་འཁོར་མ་འདི་མི་དགོས་ཁ་མེད་ཡིན་ནོ། །འདི་མི་ཤེས་ན། མི་དཔའ་བོ་གཡུལ་ལ་འབྲུག་པ་ལ་གོ་ཆ་བཙན་པ་མེད་པ་དང་འདྲ་བའོ། །དེ་ལ་སྙིང་འོག་འཁྱུག་དང་ཐོག་བྱུང་ན། །རྒྱིབས་སྐོང་འཁོར་ལོའི་བསྲུང་འཁོར་དགོས། །ཞེས་པ། ཐོག་མར་གཉན་སར་འགྲོ་སླམ་པའི་དུས་སམ། ཡང་ན་གཉན་སར་སླེབས་ནས་དབང་སྐུད་བྱས་ནས། ཕཊ་གཅིག་མ་ཡན་ཚར་བའི་སྐབས་དེར་བསྲུང་འཁོར་ཕུབ་པ་སྟེ། དེ་ནས་ཉིན་མཚན་མེད་པར་གཉན་ས་མཚོད་ནས། གཉན་ས་གཞན་ལ་འཕོ་ན་ཡང་བསྲུང་འཁོར་མི་སྟུད་པར་བསྒོམ་དགོས། རང་གི་ཁྱིམ་ལ་འོང་ན་རབ་ཞག་གསུམ། འབྲིང་གཉིས། ཐ་མ་གཅིག་ཏུ་མི་སྟུད་པ་ཡིན། དེ་ནས་རིམ་པར་བསྡུད་པའོ། །བསྲུང་འཁོར་འདི་མི་ཤེས་ན་གཉན་ཆེན་ལ་འགྲོ་བའི་སྐྱོབས་པ་རྣམས་གསོལ་བར་བྱའོ། །མ་གཅིག་གི་ཞལ་ནས། གཅོད་པ་ཕལ་ཆེར་ཁ་ཟས་འདོད་བྱེད་པ་འདར། ལྷ་མི་རི་ལ་འཇབ་པ་དང་འདྲ་བར་གདའ་འོ་ཨང་ངོ་གཅོད་པ་ཚོ། མན་ངག་ཟབ་མོ་མགར་བ་མཁས་པའི་ལག་ཆ་ལྟ་བུ་འཚགས་ན་ནམ་མཁོ་དུས་སུ་ཕྱུང་བས་ཅོག་པར་གདའ་འོ་ཨང་ངོ་གཅོད་པ་ཚོ། ཞེས་གསུངས་པས། དམིགས་པའི་རིམ་པ་ལ་བརྩོན་དགོས་པ་ཡིན་ནོ། །

དངོས་གཞི་ནི། རང་ཉིད་སྐད་ཅིག་གིས་སངས་རྒྱས་མཁའ་འགྲོ་སྐུ་མདོག་མཐིང་ནག་ཞལ་གཅིག་ཕྱག་གཉིས་སྤྱན་གསུམ་མཆེ་བ་བཞི་ཙུང་ཟད་གཙིགས་པ། དབུ་སྐྲ་རལ་པའི་ཐོར་ཅོག་སྤྱི་བོར་བཅིངས་ཤིང་མི་བསྐྱོད་པས་དབུ་ལ་བརྒྱན་པ། གཡས་གྲི་གུག་དང་། གཡོན་ཐོད་ཁྲག །ཁ་ཊྭཱཾ་ག་མཆན་ཁུང་དུ་བཙུག་པ། དུར་ཁྲོད་ཀྱི་ཆས་བརྒྱད་ཀྱིས་བརྒྱན་པ། སྟོང་གསུམ་དང་མཉམ་པ། སྤྱི་གཙུག་མདའ་གང་གི་མཚམས་ལ་བཀའ་བརྒྱུད་བླ་མ་ནམ་མཁའ་གང་སྤྲིན་ཀྱི་ཕུང་པོ་འཁྲིགས་པ་ལྟར་བཞུགས་པར་སེམས་པའོ། །རང་གི་ཕྱི་རོལ་གྱི་སྟེང་འོག་གཉིས་སུ་བཻཌཱུཪྻའི་འཁོར་ལོ་རྩིབས་སྟོང་དང་ལྡན་པ། རྩིབས་རེ་རེ་ལ་སངས་རྒྱས་མཁའ་འགྲོ་རེ་རེ་བཞུགས་པ། འཁོར་ལོ་གཉིས་སྟེ་འོག་ཏུ་ཁ་སྦྱར་པའི་མཚམས་ཀླུང་སྤུ་གྲི་རིག་གཅོད་ཙམ་ཡང་མི་ཐར་བར་བསམ། འཁོར་ལོ་དེའི་ཕྱི་རོལ་གྱི་སྟེང་འོག་གཉིས་སུ་ཤེལ་གྱི་འཁོར་ལོ་རྩིབས་སྟོང་དང་ལྡན་པ་རེ་རེ་ལ། རྡོ་རྗེ་མཁའ་འགྲོ་སྐུ་མདོག་དཀར་མོ་སྟོང་རེ་བཞུགས། འཁོར་ལོ་གཉིས་ཁ་སྦྱར་པ་གོང་དང་མཚུངས། འཁོར་ལོ་དེའི་ཕྱི་རོལ་གྱི་སྟེང་འོག་གཉིས་སུ་གསེར་གྱི་འཁོར་ལོ་རྩིབས་སྟོང་དང་ལྡན་པ་རེ་རེ་ལ། རིན་ཆེན་མཁའ་འགྲོ་སེར་མོ་སྟོང་རེ་བཞུགས། འཁོར་ལོ་གཉིས་ཁ་སྦྱར་པའོ། །དེའི་ཕྱི་རོལ་གྱི་སྟེང་འོག་གཉིས་སུ་པདྨ་རཱ་གའི་འཁོར་ལོ་རྩིབས་སྟོང་དང་ལྡན་པ་རེ་རེ་ལ། པདྨ་འཁའ་འགྲོ་སྐུ་མདོག་དམར་མོ་སྟོང་རེ་བཞུགས་པར་བསམ། འཁོར་ལོ་གཉིས་ཁ་སྦྱར་པ། དེའི་ཕྱི་རོལ་གྱི་སྟེང་འོག་གཉིས་སུ་གནམ་ལྕགས་ཀྱི་འཁོར་ལོ་རྩིབས་སྟོང་དང་ལྡན་པ་རེ་རེ་ལ། ལས་ཀྱི་མཁའ་འགྲོ་ལྗང་གུ་སྟོང་རེ་བཞུགས་པ། འཁོར་ལོ་གཉིས་ཁ་སྦྱར་པའི་བར་དུ་ཀླུང་སྤུ་གྲི་རེ་གཅོད་ཙམ་ཡང་མི་ཐར་བར་བསམ། མཁའ་འགྲོ་མ་ཚོ་ཡང་ཨ་ར་

ལིའི་སྦྲ་སྒྲོགས་ཤིང་གར་བྱེད་པར་བསམ་པའོ། །འཁོར་ལོ་དེའི་སྟེང་དུ་གསེར་གྱི་འཁོར་ལོ་རྩིབས་སྟོང་དང་ལྡན་པ་ལ། ཐུབ་པ་སྟོང་བཞུགས་པའོ། །

རང་གི་བསྲུང་བྱ། འཁོར། ཡོན་བདག །ཧ་ནོར། དེ་བས་རྒྱ་ཆེ་བའི་ཡུལ་གྱི་མི་སྡེ་བསྲུང་ན་ཡང་འཁོར་ལོ་འདིའི་འོག་ཏུ་བསྲུང་བར་བྱའོ། །འཁོར་ལོ་དེའི་སྟེང་དུ་གསེར་གྱི་འཁོར་ལོ་རྩིབས་སྟོང་དང་ལྡན་པ་ལ། ཡུམ་ཆེན་མོ་སྟོང་བཞུགས་པའོ། །འཁོར་ལོ་དེའི་སྟེང་དུ་ཡེ་ཤེས་ཀྱི་མེའི་འཁོར་ལོ་གཡས་སུ་འཁོར་བ། དེའི་སྟེང་དུ་བསྐལ་པའི་རླུང་གི་འཁོར་ལོ་གཡོན་དུ་འཁོར་བ། མེ་རླུང་གི་འཁོར་ལོ་དེ་གཉིས་ཀྱི་བར་དུ་ཐོག །ཐོག་བྱེད། སེར་བ། སེར་བྱེད། མགར་བ། མགར་ཚང་དང་བཅས་པ། རང་ལ་བྱད་མ་ལྟ་བུ་ཡོད་ན། བྱད་མ་ལྷ་བསྲུང་དང་བཅས་པ་ཐམས་ཅད་གཞིབ་ཐུལ་ཐུལ་བཏང་བར་བསམ་འཁོར་ལོ་དེའི་སྟེང་དུ་ཕ་དམ་པ་སྐུ་མདོག་སྔུག་ནག་ཨ་ཙ་རའི་ཆ་བྱད་ཅན། སྐུ་གཅེར་བུ། ཏུས་པའི་རྒྱན་ཆ་དྲུག་དང་ལྡན་པ། གཡས་ཊ་མ་རུ་འཁྲོལ་ཞིང་། གཡོན་མི་རྐང་གི་གླིང་བུ་འབུད་པ་ལ་གྲུབ་ཐོབ་བརྒྱད་ཅུས་བསྐོར་བ། སྐུ་མདོག་ཕྱུག་མཚན་རྒྱན་ཆ་ལུགས་དམ་པ་དང་འདྲ་བ། ཐམས་ཅད་ཀྱང་ཧ་དང་ཧཱུཾ་དང་ཕཊ་ཀྱི་སྦྲ་སྒྲོགས་ཤིང་། ཐོག །ཐོག་བྱེད་དང་བཅས་པ་བནྟག་པར་བྱེད་ཅིང་བར་སྣང་ལ་གར་བྱེད་པའོ། །དེ་རྣམས་ཀྱི་སྟེང་གི་ནམ་མཁའ་ལ་ཁྲོས་མ་ནག་མོ་སྟོང་གསུམ་དང་མཉམ་པ་གཅིག་གིས་ཕྱུག་གཡས་ན་མི་ལྤགས་ཀྱི་གཡང་གཞི་བརྫེབ་ཅིང་། གཡོན་པས་གནམ་ལྕགས་ཀྱི་ཐོ་བ་ཐོགས་ནས་ཞལ་ནས་ཨ་ར་ལིའི་སྦྲ་སྒྲོགས་ཤིང་གར་བྱེད་པ་ཐོག་བྱེད་སེར་བྱེད་བྱད་མ་དང་བཅས་པ་གཡང་གཞིས་བརྫབས་ཤིང་ཐོ་བས་བརྡུངས་ནས། མཐའི་རྒྱ་མཚོའི་ཕ་རི་ལ་རྒྱངས་རྒྱངས་བསྐྱུད་ནས་བཏང་

བར་བསམ་པའོ། །དེ་ནི་ཁྲིས་མའི་བཙན་བཟུང་མ་ཞེས་བྱའོ། །ཐོག་མ་བྱུང་དུས་བསྲུང་འཁོར་ཕུབ་ནས་བཞག །བྱུང་བ་རིག་ནས་རིམ་པར་གསལ་འདེབས་པར་བྱའོ། །བསྲུང་འཁོར་མ་ནི་གཉན་ས་ལ་རྟ་ནོར་སོགས་དང་འཁོར་འབབས་མང་ཉུང་གང་བྱུང་ཡང་འདྲ། ལམ་ཁ་ལ་འགྲོ་བའི་དུས། འཁོར་དང་རྟ་ཕྱུགས་འགྲུལ་པ་དཔུང་ཆེ་ཆུང་གང་བྱུང་ཡང་དམིགས་པ་འདི་གལ་ཆེ་བ་ཡིན། དམིགས་པ་ནི། བདག་གཞན་བགེགས་ལས་གྲོལ་འདོད་ན། །ཀེང་རུས་མ་ཡི་དམིགས་པ་དགོས། །ཞེས་པ། ཕཊ་བཟློད་རང་ཉིད་སངས་རྒྱས་མཁའ་འགྲོར་གསལ་བཏབ། འཁོར་དྲུག་པ་ཡོད་ན་རང་གི་བསྲུང་འཁོར་ནང་དུ་འཇུག །གཞན་མ་ཐམས་ཅད་ལ། ཕཊ་བཟློད། ཀེང་རུས་ཡན་ལག་དང་ཉིང་ལག་མ་བྲལ་བའི་ཤ་དང་ཁྲག་ལྷན་ལྷིན་གང་ཡང་མེད་པ་སྐྱ་ཁྲལ་ཁྲོལ་བ་རེ་ལ་བསྐྱེད། དུས་དང་གནས་སྐབས་ཐམས་ཅད་དུ་དམིགས་པ་དེ་དང་མ་བྲལ་བར་བྱས་ན། ཕྱི་རོལ་པའི་དགྲ་ཇག་དང་ནད་གདོན་བགེགས་འབྱུང་པོ་ཐམས་ཅད་ཀྱིས་ཀླགས་མི་རྙེད་པར་བསྲུང་བ་ཡིན་ནོ། །དེ་ནི་ཀེང་རུས་མའོ། །ཀེང་རུས་མའི་བསྲུང་འཁོར་ཟབ་གནད་ནི། དུར་ཁྲོད་ཀླུ་གནས་འཁྲིམ་པ་ལ། །ཀེང་རུས་རྡོ་རྗེའི་དམིགས་པ་དགོས། །ཞེས་པ། དུར་ཁྲོད་ལ་སོགས་པ་གང་གཉན་སར་འགྲོ་ནའང་། རང་དང་འཁོར་ཐམས་ཅད་ཀེང་རུས་ཀྱི་རུས་པ་སྐྱ་སང་སང་བ་གཅིག་ཏུ་བསྐྱེད་པའོ། །རྒྱུན་དུ་བསྒོམ་པ་མན་ངག་ཡིན། །དེ་ནི་ཀེང་རུས་རྡོ་རྗེ་མའོ། །

ཀེང་རུས་མེ་འབར་མ་ནི། འགོ་ནད་རྒྱ་འདྲེ་ནད་ངན་ལ། །ཀེང་རུས་མེ་འབར་དམིགས་པ་དགོས། །ཞེས་པ། ཐོར་པའམ། སྐྲ་ཐོར། སིབ་བུ། དམར་ཤལ། ཚད་རིམས། འདར་ནད། ཉ་གས། མགོ་ན་མ། གཟེར་ཀློག །གག་པ། ཀློག་པ། འགོ་

ནད་ཀྱི་རིགས་གང་བྱུང་ཡང་ཕཏ་བརྗོད། རང་ཉིད་འཁོར་བཅས་ཀེང་རུས་ཡེ་ཤེས་ཀྱི་མེ་རབ་ཏུ་འབར་བ། མེའི་ཚ་ཚ་དང་མེ་ལྕེ་རབ་ཏུ་འཁྱུག་ཅིང་འཕྲོ་བའི་སྣེ་ལ་ལྷ་འདྲེ་ནད་རིགས་ནད་བདག་ཐམས་ཅད་གཞོབ་ཧྲུག་ཧྲུག་དུད་པ་ཐུལ་སོང་བས། ནད་ནད་བདག་དང་བཅས་པ་འཁོར་ས་དང་ཉེ་སའི་སླགས་མི་རྙེད་པར་བསམ། ཡང་ཡང་བར་མ་ཆད་པར་བསྒོམས་པའོ། །བསྒོམ་པ་འདི་དང་མ་བྲལ་བར་བྱས་ན། འགོ་ནད་དང་གྲིབ་ཆེན་གྱི་ས་གང་དུ་སོང་ཡང་སྐྱོན་མི་འོང་ངོ་། །དེ་ནི་ཀེང་རུས་མེ་འབར་མའོ། །

ཀླུ་ཡི་དམིགས་པ་ནི། འོག་གདོན་ཀླུ་ཡི་ནད་བྱུང་ན། །ག་རུ་ཊ་ཡི་དམིགས་པ་དགོས། །ཞེས་པ། ཀླུ་ནད། ཁམས་གཞི། སྐྲ་སྤབ། ཆུ་ཐོར་ཅན། དམར་སྦྲོ། སླང་ཤ། སྐོར་མོ་ལ་སོགས་མཛེ་རིགས་གང་བྱུང་ཡང་། གཙོད་པ་ནི། ཀླུ་གནས་པའི་ཆུ་མིག་བརྒྱ་རྩ་བརྒྱད་དམ། དགུ། བདུན། ལྔ། ཐ་མ་གཅིག་ཀྱང་རུང་སྟེ། ཆུ་མིག་དེའི་གདེངས་ཀ་ལ་བསྟད། ནད་པ་ཆུ་མིག་གི་འདུས་སམ། ཡང་ན་འགྲམ་ལ་སྡོད། མི་སྐྲ་ཡུལ་གཞན་པའི་རིགས་ཡིན་ན། གདེགས་ཀ་བྱང་མའི་སྟེང་དུ་འམ། བྱང་མའི་འབྲིང་མའམ། མཐའ་མ་ཡང་རུང་སྟེ། དེར་བསྟད། མལ་ས་བཅའ། རང་གི་སྐྲ་ཐག་བྱུང་ན་རབ། མ་བྱུང་ན་དར་སྣ་ལྔ་བསྒྲིམས་པའི་ཐག་པའམ། མ་རྙེད་ན་ཐག་པ་གཞན་ཡང་རུང་སྟེ། འདོམ་པ་གསུམ། ལྔ། བདུན། དགུ་སོར་གང་རྙེད་ཀྱི་སྣེ་ལ་སེང་ལྡེང་གི་ཕུར་པ་འདོམ་གང་ངམ། ཁྲུ་གང་གང་འཛོམ། ཐ་མ་མཐོ་གང་སོར་བཞི་ཙམ་ཡང་རུང་བར་བསད་པས། ཕུར་པ་དེ་སྣེ་ལ་འདོགས། ཐག་པའི་སྣེ་གཅིག་ནད་པའི་མགུལ་དུ་བཏགས། སེང་ལྡེང་གི་ཕུར་པ་ཆུ་མིག་ནང་དུ་འཛུགས། ཀླུའི་ལག་ཏུ་གཏད་པར་བསམ་ལ། ངག་ཏུ་

འདི་བརྗོད། འོག་ཀླུ་རྒྱལ་རིགས། རྗེ་རིགས། དམངས་རིགས། བྲམ་ཟེའི་རིགས། གདོལ་པའི་རིགས་ཁྱེད་རྣམས་ཀྱིས། ནད་པ་འདིའི་ནད་འདི་དང་ཕྲོལ་ཅིག །གལ་ཏེ་མི་འབྲལ་ན་ཁྱེད་རྣམས་ཀྱི་ཕོ་བྲང་དུ་ང་བསྐལ་པ་མ་སྟོངས་ཀྱི་བར་དུ་སྡོད་པར་བྱའོ་བྱས་ནས། ཕཊ་བརྗོད། སྐྱབས་འགྲོ་སེམས་བསྐྱེད། གསོལ་འདེབས། ཕཊ་གཅིག་མ་ཡན་གོང་གི་སྤྱི་མཐུན་དང་འདྲ། རང་ཉིད་སྐད་ཅིག་གིས་ཡེ་ཤེས་ཀྱི་བྱ་ཁྲུང་འཛིགས་སུ་རུང་བ། མིག་གསེར་ལ་བྱས་པ། ར་དང་མཆུ་སྡེར་གནམ་ལྕགས་ལས་གྲུབ་པ། ཞལ་ནས་ཧཱུྃ་ཧཱུྃ་གི་སྒྲ་སྒྲོག་པ། གཤོག་པ་བརྒྱངས་ནས་ཆུ་མགོ་གདེངས་ཀ་ཐམས་ཅད་བྲང་འོག་ཏུ་མནན་པ། སྐབས་སྐབས་སུ་གཤོག་པ་བརྡབས་པས་མེ་ཡི་ཚ་ཚ་འཕྲོ་བ། ཀླུ་ཐམས་ཅད་ཟ་བར་བརྩམས་པས། ཀླུ་ཐམས་ཅད་སྐྲག་ནས་འདར་ཤི་ལི་ལི་བྱེད་པ། ཁྱེད་ཀྱིས་རི་གསུང་གི་བཀའ་ལ་ཉན་ཟེར་ཞིང་། ནད་པའི་ནད་དང་འབྲལ་བར་བསམ། ཚར་ཚད་མ་བྱུང་གི་བར་དུ་དམིགས་པས་ཡང་ཡང་བཙུན། བྱུང་ནས་དཀར་འཕྲེད་བྱ་ཞིང་བསྔོ་བ་སྨོན་ལམ་ཆུ་གཏོར་བྱ། ཚོད་རྟགས་བྱུང་ནས་གཞན་ལ་འཕོ། ཀླུ་ཡི་ནད་ལས་གྲོལ་བར་འགྱུར། འདི་ཡི་མན་ངག་དང་ཙཀྲ་འཁོར་ལོ་རྣམས་བླ་མའི་ཞལ་ལས་ཤེས། ཀླུ་ནད་གང་བྱུང་ཡང་སྔོན་གྱི་ལས་མ་གཏོགས་འདིས་མི་ཐུབ་པ་དང་མི་བཏུབ་པ་དང་མི་ཚོད་པ་མེད་ཅིང་། འདི་བཀའ་གཉན་པོ་ཡོད་པས་རང་དང་གྲོགས་མཆེད་སོགས་སྙིང་དང་འདྲ་བ་རེ་རེ་ཙམ་ལ་མི་བྱ་ཁ་མེད་བྱུང་ན་མིན་པ་མི་བྱའོ། །ས་མ་ཡ། རྒྱ་རྒྱ། དེ་ནི་ཀླུ་དམིགས་བྱ་ཁྲུང་མ་ཞེས་བྱའོ། །

གོད་ཁ་གཅོད་པའི་དམིགས་པ་ནི། ཕྱུགས་ནད་གོད་ཁ་གཅོད་ས་ལ། །ཧོ་ཁྲུང་མ་ཡི་དམིགས་པ་དགོས། །ཞེས་པ། དུད་འགྲོ་གནག་ལ་གློའམ་ཁ་ཚ། ཧོན།

ཉ་སེར། ཉ་ནག །ཇིལ་དུག །ལྕོག་པ། སྨྱོ་ནད། གོར། ར་ལུག་ལ། ཁ་ཚ། འབྲིམ་ནད། ཇིལ་ནད། ཨོལ་འགགས། ས་དུག །མགོ་སྐྲངས། ཧ་དྲིལ་ལ། རྒྱུ་འགགས། གློ་གཟེར། མཆིན་ལངས། ཅོང་ནད། རྒྱུ་བཤལ། མཆེར་ཤ། སྨྱོ་ནད། དུད་འགྲོ་སྤྱིའི་ནད་ཡིན་ན་ཡང་འདྲ། སྐོམ་ནད་གང་གཅོད་ན། གཅོད་མཁན་གྱི་གཅོད་པ་དེ་ལ་གསེར་ཞུན་ནས་གཅོད་དགོས་སོ། །ནན་ཏན་དུ་བྱའོ། །རྣལ་འབྱོར་པ་དེས་ཀྱང་གསེར་བཞེས་ནས། སེམས་ཅན་ལ་སྙིང་རྗེའི་ངོས་ནས་གཅོད་པར་བྱའོ། །གཅོད་ལུགས་ནི། སུམ་མདོའམ། རི་རྒྱུག་པ་ལྔ་བུའི་སྣ། ཆུ་ཆད་པ་ལྔ་བུའི་སྣ། ས་ཆད་པ་ལྔ་བུའི་སྣ། བྲག་སྣའམ། ཡང་ན་ལམ་རྒྱ་གྲམ་དང་གྲོང་ཁྱེར་གྱི་གསང་མདོ་ལ་སོགས་གང་རུང་དུ་བསྡད། མལ་འོག་ཏུ་ཧོཾ་ཁྱུང་གྲུ་གསུམ་བྲི། ཡང་ན་བརྩིག་ཐབ་ཏུ་བྱེད། དེའི་ནང་དུ་དུད་འགྲོ་ཤི་བ་ཚོའི་རྣ་སྣེ་རྨིག་སྣེ་ཙ་གེ་རུ་ཙུ་ཡུ་འཇག་སོགས་བྱུང་ན་མངོན་སུམ་དུ་བསྲུས་ནས། ཧོཾ་ཁྱུང་ནང་དུ་བཙུག །མ་རྙེད་ན་དམིགས་པས་བསྲུས་ནས་བཙུག །རྡོ་ལེབ་ལ་རྡོ་རྗེ་རྒྱ་གྲམ་བྲིས་ནས་ཁ་བཅད། བྲི་རྫས་མཚལ་དཀར་རམ། བ་སླ། རྒྱ་སྣག་གང་རུང་གིས་བྲི་བའོ། །དེའི་སྟེང་དུ་གདན་གང་འདིངས་ཀྱང་། གླང་ཆེན་གྱི་ལྤགས་པའམ། སྟག་ལྤགས་མགོ་སྣ་ཚངས་བའམ། ཡང་ན་མི་ལྤགས་ཀྱི་གཡང་གཞི་ཡིན་པར་བསམ། དེའི་སྟེང་དུ་རང་ཉིད་ཁྲོས་མ་ནག་མོ་སྐྲ་མདོག་མཐིང་ནག་ཕྱག་གཡས་ན་ཐོ་བ་དང་། གཡོན་ན་མི་ལྤགས་ཀྱི་གཡང་གཞི་བསྣམས་ནས། ཏ་དང་ཧཱུྃ་དང་ཕཊ་བརྗོད་ནས། ཐུགས་ཀ་ནས་རང་འདྲ་བའི་མཁའ་འགྲོ་མ་དཔག་ཏུ་མེད་པ་འཕྲོས་ཏེ་སོང་། གོད་སྲི་གོད་འདྲེ་དུད་འགྲོ་ལ་གནོད་པ་སྐྱེལ་བའི་ལྷ་འདྲེ་ཐམས་ཅད་སྐད་ཅིག་ཉིད་དུ་གབ་པ་དང་འཕྲོས་ས་མེད་པར་བཀུག་ནས།

ཧཱུྃ་ཁྲུང་ནང་དུ་རྣ་རྨིག་ཙ་གེ་ལ་བསྙིམས། ཁོང་ཚོ་ཡང་མི་འདོད་མི་སྤྲོ་མི་དགའ་བཞིན་དུ་རྗེ་ལེབ་འོག་ཏུ་གྲོག་ཚང་ཡོད་པ་ལྟར་ཟེ་ལོང་ལོང་བྱེད་ཅིང་། རང་གིས་ཅི་གསུང་གི་བཀའ་ལ་ཉན་པར་བསམ་ཞིང་། དབང་དུ་འདུས་པའི་རྟགས་བྱུང་ན་དུད་འགྲོའི་ཤ་ཁྲག་འཕྱེད། ཚར་ཚད་བྱུང་ནས་དཀར་འཕྱེད་བྱ། ཚོད་ཚད་བྱུང་ནས་བསྔོ་བ་སྨོན་ལམ་སྦྱི་དང་མཐུན་པའོ། །དེ་ནི་ཧཱུྃ་ཁྲུང་མ་ཞེས་བྱའོ། །ཐད་ཐད་དུ་གཅོད་ན། གནག་ལ་རི་སྣ་བྲག་སྣ། སུམ་མདོ་གཅོད། ལུས་ལ་སྤྲང་སྣ། ཕྱུགས་ལྷས། སྤྲང་མདོ་གཅོད། རྟ་ལ་གུང་གསུམ། བྲག་སྣ། ལམ་རྒྱ་གྲམ་གཅོད། དྲེལ་ལ་ཆུ་ཆད་པ། ས་ཆད་པ། སྤྲང་མདོ་གཅོད། ར་ལ་ས་ཕུག་བྲག་ཕུག །ལྷ་ཁང་། ཕྱུགས་ལྷས་རྣམས་གཅོད། རྟ་དྲེལ་གྱི་སྲི་གཅོད་ལུགས་ཀྱི་དམིགས་པ་ཟུར་པ་ཙན་རྣམས་བླ་མའི་ཞལ་ལས་ཤེས།

ལུས་ཀྱི་ཞེན་པ་གཅོད་པ་ནི། འཕྲུལ་སྣང་མངོན་ཞེན་གཅོད་པ་ལ། །དེ་ལ་མཛེ་པོའི་བེམ་སྒྱུར་དགོས། །ཞེས་པ། ཕཊ་བརྗོད། རང་ཉིད་སངས་རྒྱས་མཁའ་འགྲོ་ལ་¦གསལ་¦བཏབ། བེམ་པོ་དེ་བསྒྱུར། བེམ་པོ་དེའི་ཤ་དང་ལྤགས་པའི་མཚམས་སུ་སྤྲུལ་དང་། སྦལ་པ་དང་། འཇོང་མོ་དང་། སྡོམ་དང་། སྡིག་པ་ར་ཙ་དང་། གཙང་ཕག་དང་། སྦུར་པ་དང་། ཉའུ་ཆུང་དང་། གྲོག་མ་ལ་སོགས་པ་ཐམས་ཅད་ཀྱིས་ཁེངས་ནས་ཡོད་ཅིང་། བལྟས་ན་ཡང་བ་དང་། སྐྱུག་བྲོ་བ་དང་། ཞེ་ལོག་པ་དང་། ཡི་ག་འཆུས་པ་དང་། བག་ཚ་བ་དང་། བམ་པ་དང་། སྣག་པ་དང་། གཞན་ཡང་འབུ་སྲིན་མང་པོས་ཟ་ཞིང་། ལུས་ཐམས་ཅད་འབུ་སྲིན་གྱིས་གཡེངས་ནས་ཤིག་ཤིག་བྱེད་པ། བུང་བུང་བྱེད་པ་ཞིག་ཏུ་བསྐྱེད་ནས་བདག་འཛིན་དང་གཅེས་འཛིན་ཐམས་ཅད་དང་བྲལ་ནས་ཅི་ཡང་

མི་སེམས་པའི་ངང་དུ་ལྷོད་དེ་ཤིག་གེ་བཞག །དེ་ལས་ལངས་པ་དང་བསྔོ་བ་སྨོན་ལམ་གྱིས་རྒྱས་འདེབས་པའོ། །དེ་ནི་འཕྲུལ་པའི་སྣང་བས་ལུས་འདི་ལ་ཞེན་ཅིང་ཆགས་པས་འཁོར་བར་གཏོང་བ་ཡིན་པས། ལུས་ཀྱི་བདག་འཛིན་གཅོད་པ་ཞེས་བྱ་བ་མཛེ་པོའི་བེམ་སྐྱུར་མའོ། །མ་གཅིག་གི་ཞལ་ནས། རབ་དྲན་པ་མེད་ཅིང་ཡིད་ལ་བྱར་མེད་དང་། འབྲིང་དྲན་པ་དབང་བསྒྱུར། ཐ་མ་བདའ་བདའ་བསྒྲག་བསྒྲག་པ། ཅེས་གསུངས་པའི་དོན་ནོ། །

གཉན་དམིག་གཅིག་ནས་གཉན་ས་བརྒྱ་གཅོད་པ་ནི། གཉན་ས་གཅིག་ནས་བརྒྱ་གཅོད་ན། །སྟོབས་ལྡན་དམར་མོའི་དམིགས་པ་དགོས། །ཞེས་པ། གཉན་ས་ཆེན་པོ་གཅིག་གི་རྩེར་སྡོད། གཞན་དེ་ནས་མཐོང་བའི་རི་བྲག་བརྒྱ་དང་རྩ་བརྒྱད་དམ། བརྒྱའམ། གང་ཐུང་གི་ས་གཏེར་རྫོ་གཏེར་ཚོ་བཙུས་ནས་ཁྲུག་མར་ཆུག །རང་གི་འོག་ཏུ་འཇུག །དམིགས་པའི་རིམ་པ་ཚོ་གོང་དང་འདྲ། རི་ཚོའི་རྩེ་ལ་རང་ཉིད་ཡོད་པར་བསམ། ཚར་ཚད་དང་ཚོད་ཚད་ཅིག་ཆར་དུ་འོང་བའམ། རིམ་པར་འོང་བ་ཡིན་པས། བྱུང་ན། བྱུང་རིམ་གྱིས་ས་གཏེར་རྫོ་གཏེར་རྣམས་སྔ་མའི་མལ་ལ་སྐྱིལ་བར་བྱ། རྗེས་ལ་བསྔོ་བ་སྨོན་ལམ་བྱེད་ལུགས་རྣམས་གཞན་དང་མཐུན། དེ་ནི་ནེ་ཚུང་འཕར་མའོ། །དམིགས་པའི་བྱེད་ལུགས་ཀྱི་རིམ་པ་ཞལ་ལས་ཤེས།

བེམ་སྐྱུར་མ་ནི། ལུས་ཀྱི་གཅེས་འཛིན་སྤྲལ་བ་ལ། །བེམ་སྐྱུར་མ་ཡི་དམིགས་པ་དགོས། །ཞེས་པ། ཐུག་སྤྲད་ཀྱི་གདོན་བྱུང་བའམ། བྱུང་གི་དགོས་པའམ། ཡུལ་ཕྱོགས་ཀྱི་ལྷ་འདྲེ་འདི་གནོད་པ་འདུག་ཟེར་བ། རྒྱུབ་ཟེར་བ་བྱུང་ན། སེམས་ལ་བདེ་དོག་གར་ཡོད་པའི་ས་དེར། ཕཊ་བརྗོད། རང་གི་ལུས་པོ་དེ་ཁོ་ཡི་ཐོག་ཏུ་

རྒྱངས་ཀྱིས་འཕངས། བདག་འཛིན་གྱི་འཁྲི་བ་ཐད་ཀྱིས་བཅད། ཡང་ཡང་བྱེད་པ་མན་ངག་ཡིན། དེ་ནི་ཐེམ་སྐྱུར་མའོ། །

བཅོས་ལོག་ཤི་ལ་ཐུག་པ་ན། །དམིགས་པ་ཨར་གཏད་ནག་པོ་དགོས། ཞེས་པ། གདོན་ནད་དྲག་པོས་རྐྱེན་བྱས། ལྷ་རྗེ་དང་རིམ་གྲོ་གང་བྱས་ཀྱང་ཕན་མ་ཐུབ། ལོད་དུ་སོང་བ་འདྲ་བྱུང་བ་དང་། རྩིས་མཁན་མོ་མ་ཐམས་ཅད་ཀྱིས་འདི་ད་ལེན་མི་སོས་པ་འདྲ། འཆི་བ་འདྲ་ཟེར་ནས། མོ་མ་དང་སྨན་པ་ཐམས་ཅད་ཀྱིས་བོར་ན། ཕྱི་རྒྱབ་པ་དང་། ནད་པ་རང་གིས་གཅོད་པ་ལ་གུས་པར་བྱས། ཐལ་མོ་སྦྱར། ཕྱག་འཚལ་ནས་ཞབས་སྤྱི་བོར་བླངས་ནས། བླ་མ་གཅོད་པ་ལགས། ཁོང་སྨན་པ་དང་མོ་རྩིས་པ་ཐམས་ཅད་ཀྱིས་ནི་ཁྱོད་འཆི་བར་འདུག །རིམ་གྲོ་སྨན་དཔྱད་ཀྱིས་ནི་ཕན་པར་མི་གདའ་འོ་ཟེར་བྱུང་ལགས། ད་ཁྱེད་ཀྱིས་ང་མི་འཆི་བའི་ཐབས་འདྲ་བྱེད་རྒྱུ་ཡོད་དམ་ཟེར་བྱུང་ན། ཁྱོད་སེམས་ཕམ་པོ་མ་བྱེད་དང་། བདག་གིས་ཁྱོད་མི་འཆི་བའི་དམིགས་པ་བྱའོ་བྱས་ཤིང་། ཞག་གསུམ་ཙམ་ལ་དམིགས་པ་བྱེད། གདོན་གྱིས་བར་ཆད་རྫོམ་པར་འདུག་ན། ནད་པ་དེ་བྲག་རལ་གྲི་དང་། སོག་ལེ་དང་། མདའ་སྒྲོ་འདྲ་བའི་སྟེའམ་ཡང་ན་ས་གྲུ་གསུམ་གྱི་སྟེའམ། ཚ་གྲུ་གསུམ་གྱི་སྟེའམ། རི་ཕག་རྐོད་ཐུར་ལ་རྒྱུག་པ་ལྟ་བུའི་སྟེར་རང་ཉིད་དང་ནད་པ་བསྡད། ཀླུ་བོ་ཉིན་པར་མ་གཏོགས་ནུབ་མོ་མི་བཞག་ཅིང་། ནུབ་མོ་སྐར་མ་ཡོངས་སུ་རྫོགས་པ་དང་། རང་ཉིད་གཅེར་བུར་བུད་ནས། ནད་པ་དེ་ཡང་གཅེར་བུར་ཕུད། རང་ཉིད་ཏཱང་དུང་ལན་གསུམ་འབུད། ཕཊ་ཁ་ཡར་བརྗོད་ནས། འོ་ལྷ་འདྲེ་ཁྱེད་རྣམས་ཉོན་ཅིག །ངས་ནད་པ་འདི་ལྷ་འདྲེ་ཁྱེད་རྣམས་ལ་གཏད་འོངས་པ་ཡིན་པས། ནད་པ་འདི་ཁྱེར་ལ།

འདི་རབ་ངན་སོང་གསུམ་དུ་ཐོངས་ཤིག །འབྱིང་ད་ལྟ་ཉིད་དུ་འཆི་བར་གྱིས་ཤིག །ཐ་མ་ཡང་ནད་པ་འདི་དབུགས་ད་ལྟ་ཉིད་དུ་ཕྲོགས་ཤིག །མྱུར་བ་ཉིད་དུ་ཕྲོགས་ཤིག །ཡང་ན་ད་ལྟ་ཉིད་དུ་ལྷ་འདྲེ་ཁྱེད་རྣམས་ཀྱིས་ནད་པ་འདིའི་ནད་དང་ཕྲོལ་ཅིག །ཕན་པར་གྱིས་ཤིག །སོས་པར་གྱིས་ཤིག །གལ་ཏེ་མི་བྱེད་ན། ངས་རི་བོ་རྒྱང་ནས་བཤིག །རྒྱ་མཚོ་ཧུབ་ཀྱིས་འདེབས། ཉི་ཟླ་ལ་ཆ་ལང་བྱེད། གནམ་སར་བྱེད། ས་གནམ་དུ་བྱེད། ལྷ་འདྲེ་ཁྱེད་རྣམས་སྡོད་ས་དང་གནས་མལ་མེད་པར་བྱེད་པ་ཡིན་ནོ། །དེ་ལྟར་བྱས་ནས། ཡང་བསྐལ་པ་ཁྲི་ཕྲག་བརྒྱའི་བར་དུ་ང་གཉན་ས་འདིར་སྡོད་པ་ཡིན་ནོ། །ལྷ་འདྲེ་ཁྱེད་རྣམས་ཀྱིས་གོ་བར་གྱིས་ཤིག །ཤེས་པར་གྱིས་ཤིག་བྱས་ནས། རབ་ཡིན་ན་ནད་པ་དེ་ཕར་དྲུད་ཚུར་དྲུད་བྱེད། ཐ་མ་ཡང་ནད་པ་དེའི་དྲི་ཆེན་དང་དྲི་ཆུ་གཏོར་ཞིང་། ཕཊ་བརྗོད། ནད་པའི་ནད་གདོན་ཐམས་ཅད་ཁྱེར་བའི་དམིགས་པ་བྱེད། དམར་འཁྱིད་ཕཊ་བཅུ་མ་བྱེད་པའོ། །དེ་ལྟར་ཡང་ཡང་བྱས་པས་ནད་པ་སྤྱི་ལས་ཐར་བར་བཤད་པ་ཡིན་ནོ། །དེ་ནི་དམིགས་པ་ཨར་གཏད་མའོ། །

དགྲའི་དམིགས་པ་ནི། རྣལ་འབྱོར་བདག་ལ་དགྲ་བྱུང་ན། །གཟའ་རྐྱེད་སྲུན་དགུའི་དམིགས་པ་དགོས། །ཞེས་པ་ཡིག་ཆུང་དུ་གསལ། དེ་ལྟར་དམིགས་པའི་རིམ་པ་རྣམས་བྱས་པས་ལྷ་འདྲེ་དབང་དུ་འདུས་ཤིང་། ཆོ་འཕྲུལ་ཕལ་ཆེར་ཞི། ཚར་ཚད་ཡང་མང་བ་བྱུང་།

ཆོ་འཕྲུལ་ཐོར་བུ་བ་ཙམ་བྱུང་ན། གཉན་སའི་སྐྱེད་ཡིན་པས། ལུས་སྦྱིན་དཀར་ཚགས་བྱེད་པ་ནི། ཚོགས་གཉིས་ཟུང་དུ་འཇུག་པ་ལ། །དཀར་ཚོགས་ལམ་ཁྱེར་རྣམ་གསུམ་དགོས། །ཞེས་པ་དེ་ལ་གསུམ། ཁྲ་འཁྱིད་མཆོག་ཕུར་མ། མགྲོན་

བཞི་མ། ཐོད་ཞལ་མའོ། །དང་པོ་ལ་གསུམ། རབ། འབྲིང་། ཐ་མའོ། །དང་པོ་རབ་ནི། ཕཊ་བརྗོད། རང་ཉིད་རྫེ་བཙུན་རྡོ་རྗེ་རྣལ་འབྱོར་མ་གྲི་གུག་དང་ཐོད་ཁྲག་བསྣམས་པ། རྒྱན་ཆ་ལུགས་ཡོངས་སུ་རྫོགས་པ་གཅིག་ཏུ་བསྐྱེད། ཕུང་པོ་དེ་བསྒྱུར། ཕུང་པོ་དེའི་སྤྱི་གཙུག་ནས་ཐང་མཐིལ་གྱི་བར་གྲི་གུག་གིས་བཤགས། ལྤགས་པ་དེ་བཤུས། རྩ་བཞི་ལ་ཐང་ངར་བཞི་པོ་དེ་འཐུར་བ་བྱས། ཐང་ངར་བཞི་པོ་དེ་ཡང་ལག་པའི་གྲུ་ཚིགས་ནས་བྲལ། ཐང་པའི་པུས་མོ་ནས་བྲལ་བར་བྱའོ། །ལྤགས་པ་དེའི་ཐང་ངར་བཞི་པོ་ས་ལ་བཙུགས། རང་ཉིད་ཀྱི་གྲི་གུག་གིས་ལྤགས་པ་དེ་ལ་རི་མོ་རྒྱ་གྲམ་མིག་མང་གི་རི་མོ་ལྟར་བྱས་ཏེ། མཛོད་ཀྱི་བང་བ་ལྟ་བུ་ཡོད་པ་དེའི་ནང་དུ་གྲི་གུག་གི་སྟེབས་ཀྱིས་བེམ་པོ་དེ་བླངས་པ་དང་། བེམ་པོ་ཡང་རང་འཕར་དུ་བྱུང་ནས། ལྤགས་པའི་སྟེབས་བང་བའི་དམིགས་ཚེ་ལྟར་ཡོད་པའི་ནང་དུ་སོང་། བང་བ་ཚ་ཁྲག་གིས་ཁེངས། བང་བ་ཚ་ཡང་ལ་ལ་གསེར་གྱིས་ཁེངས། དངུལ་དང་། ཟངས་ལྕགས་དང་། ཁྲབ་དང་། གྲི་རལ་དང་། སྨམ་ཐེར། ཟ་གསོ་དར། ནས་རྩམ་ལ་སོགས་པའི་འབྲུའི་རིགས། རྩ་ རྒྱུ་ཤིང་ཤ་མར་ཐུད་གསུམ། གཞན་ཡང་འཛིག་རྟེན་གྱི་ཁམས་སུ་ཡོད་པའི་དངོས་པོ་སྲིད་རི་སྲིད་ཚད་ཐམས་ཅད་བང་བ་རེ་རེ་ལྟར་ཁེངས་ནས་ཡོད་པར་རྒྱ་ཆེ་ཆུང་གི་དབང་དུ་བྱས་ན་འཛིག་རྟེན་གྱི་ཁམས་དང་མཉམ་པ་ཡོད་པ་དེ་ལ། ཨོཾ་ཨཱཿཧཱུཾ་གསུམ་གྱིས་བྱིན་གྱིས་རླབས་པས། ངོ་བོ་ཟག་མེད་ཀྱི་བདུད་རྩི་ཡིན་པ་ལ། རྣམ་པ་དངོས་པོ་ཐ་དད་དུ་དབང་བའི་དམིགས་ཚེ་ལྟར་ཁེངས་ནས་ཡོད་བཞིན་པ་དེ། ཕཊ་བརྗོད། མདུན་གྱི་ནམ་མཁའ་ལ་བླ་མ་ཡི་དམ་གྱི་ཚོགས་དཔག་ཏུ་མེད་པ་བྱོན། ཟག་མེད་ཀྱི་བདུད་རྩི་ལ་ལོངས་སྤྱོད་པས་དགྱེས་ཤིང་ཚིམ་པར

བསམ། ཡང་ཕཊ་བརྗོད། ཆོས་སྐྱོང་གི་རིགས་ཐམས་ཅད་བྱོན། བདུད་རྩི་ལ་ལོངས་སྤྱོད་པས་དགའ་ཞིང་ཡིད་རངས་བར་བསམ་ནས་ཐ་དད་དུ་གྱེས་ནས་སོང་། ཡང་ཕཊ་བརྗོད་པས། རིགས་དྲུག་ཐམས་ཅད་སྐད་ཅིག་ཉིད་དུ་བྱུང་། གང་ལ་གང་མགོ། ཅི་ལ་ཅི་འདོད་ཀྱི་ཚུལ་དུ་བཞེས་ཤིང་ཁྱེར་ནས་སོང་བས་དགའ་ཞིང་ཡིད་རངས་བར་བསམ། ལྷག་མ་ལན་ཆགས་དང་བགེགས་རིགས་རྣམས་ལ་བྱིན་པས་དགའ་ཞིང་ཚིམ་པར་བསམ། ཁྱད་པར་དུ་ཡང་གཉན་ས་དེའི་ལྷ་འདྲེ་ཐམས་ཅད་ཀྱིས་ཟོས་འཐུངས་ཁྱེར་ནས་སོང་བས་དགའ་མགུ་ཡིད་རངས་བར་བསམ། མཐར་མི་དམིགས་པའི་ངང་དུ་བཞག །བསྔོ་བ་སྨོན་ལམ་བྱ། དེ་ནི་ཁྲ་འཁྱིད་མཆོག་ཕུར་མའོ། །

གཉིས་པ་སྤྲུལ་སྟོན་མ་ནི། ཕཊ་བརྗོད། རང་ཉིད་རྗེ་བཙུན་མར་གསལ། ཕུང་པོ་དེ་བསྒྱུར། སྤྱི་གཙུག་ནས་རྐང་མཐིལ་གྱི་བར་གྲི་གུག་གིས་ཤགས་ཀྱིས་བཤགས། ལྤགས་པ་དེ་བཤུས་ནས་བཏིང་། གྲི་གུག་གིས་སྟར་དང་འདྲ་བའི་རི་མོ་བང་བའི་དམིགས་ཚེ་ལྟར་བྱས། བེམ་པོ་དེ་གྲི་གུག་གིས་བཅུས་པ་དང་འཕར་བ་དུས་མཉམ་དུ་བྱུང་། བང་བའི་དམིགས་ཚེ་སྟ་ལྟར་ཡོད་པ་དེ་ཐམས་ཅད་འཇིག་རྟེན་ཁམས་ཀྱི་དངོས་པོ་མ་ཚང་བ་མེད་པ་མ་འདྲེས་སོ་སོར་བང་བ་ཚོའི་ནང་དུ་ཁེངས་ནས་ཡོད་པ་དེ་ལ། ཨོཾ་ཨཱཿཧཱུྃ་གསུམ་གྱིས་བྱིན་རླབས་དེ་ཚར་བ་དང་། ཕཊ་བརྗོད། མདུན་གྱི་ནམ་མཁའ་ལ་བླ་མ་ཡི་དམ་གྱི་ཚོགས་ཐམས་ཅད་བྱོན། ཟག་མེད་ཀྱི་བདུད་རྩི་ལ་ལོངས་སྤྱོད། དགྱེས་ཤིང་ཚིམ་པར་གྱུར་ནས་ཐ་དད་དུ་བྱོན་པར་བསམ། ཡང་ཕཊ་ཀྱིས་བརྡ་སྤྲོད། ཆོས་སྐྱོང་གི་རིགས་ཐམས་ཅད་བྱོན། ཟག་མེད་ཀྱི་བདུད་རྩི་ལ་ལོངས་སྤྱོད། དགའ་ཞིང་མགུ་བར་

གྱུར་ནས་ཐ་དད་དུ་ཕྱོན་པར་བསམ། ཡང་ཕཊ་ཀྱིས་བརྗ་སྒྲོད། རིགས་དྲུག་པོ་སྐད་ཅིག་ཉིད་དུ་བྱུང་། ལྷ་ལ་མགོ་བའི་བདུད་རྩི། མི་ཧོག་གི་རྒྱན་ལ་སོགས་པ་གང་འདོད་ཁྱེར། ཅི་འདོད་ཐོས་དགྱེས་པར་གྱུར་ནས་སོང་། ལྷ་མ་ཡིན་ལ་གོ་ཁྲབ་དང་མཚོན་ཆ་ལ་སོགས་པ་ཕོ་རང་ཚོ་ལ་གང་མགོ་བའི་ཡོ་བྱད་ཐམས་ཅད་ཁྱེར་ནས་སོང་། མི་ལ་མགོ་བའི་དར་ཟབ་གོ་མཚོན་རིན་པོ་ཆེ་ལ་སོགས་པ་མགོ་བའི་ཡོ་བྱད་གང་དགོས་པ་ཅི་མགོ་བ་ཐམས་ཅད་ཐ་དད་དུ་ཁྱེར་ནས་དགྱེས་ཤིང་ཚིམ་པར་གྱུར། དུད་འགྲོ་ལ་རྩ་ཆུ་ཁིབས་ལ་སོགས་པ་གང་འདོད་པ་ལ་ལོངས་སྤྱོད། ཅི་འདོད་པ་ཁྱེར། དགའ་ཞིང་ཚིམ་པར་བསམ། ཡི་དྭགས་བཀྲེས་པ་ཚོ་ལ་བཟའ་བ། སྐོམ་པ་ཚོ་ལ་བཏུང་བ། སྐྱབས་མེད་པ་ལ་སྐྱབས་སུ་གྱུར། མགོན་མེད་པ་ལ་མགོན་དུ་གྱུར་པ། སེར་སྣ་ཅན་ལ་ཟད་མི་ཤེས་པའི་གཏེར་དུ་གྱུར། ཡི་དྭགས་སྤྱི་ལ་བཟའ་བཏུང་ཕུན་སུམ་ཚོགས་པ་དང་ལྡན་པར་གྱུར་ནས་དགའ་བ་དང་ཚིམ་པར་བསམ། དམྱལ་བ་ཚ་བ་ལ་བསིལ་བའི་ཆ་ཡོད་པའི་ཟས་སྐོམ། གྲང་བ་ཚོ་ལ་དྲོ་བའི་ཆ་ཡོད་པའི་ཟས་སྐོམ། ཞེ་སྡང་ཅན་ལ་ཞི་བའི་ཟས་སྐོམ་ལ་སོགས་པའི་འབྱོར་པ་ཕུན་སུམ་ཚོགས་པ་ལ་ལོངས་སྤྱོད་པའི་སྐལ་བ་དང་ལྡན་ནས་དམྱལ་བ་ཚ་གྲང་གི་སྡུག་བསྔལ་ཞི་བར་བསམ། ལྷག་མ་ལན་ཆགས་དང་ཤ་མགོན། བུ་ལོན་གྱི་བདག་པོ་བདག་མོ་ཚོས་ཐོས་པ་དང་ཁྱེར་བས་དགའ་ཞིང་ཡིད་རང་བར་བསམ་པའོ། །རྗེས་མཉམ་བཞག་དང་བསྔོ་བ་སྔོན་ལམ་བྱ། དེ་ནི་ཁྲ་འཁྱེད་སྦྱུས་སྟོན་མའོ། །

གསུམ་པ་ནི། ཕཊ་བརྗོད། རང་ཉིད་རྗེ་བཙུན་མར་གསལ། ཕུང་པོ་བསྒྱུར། གྲི་གུག་གིས་ཕུང་པོ་དེ་ལ་རི་མོ་བཏང་བའི་དམིགས་རྩེ་ལྟར་བྱས་ཨོཾ་ཨཱཿཧཱུྃ་གིས་

བྱིན་གྱིས་རླབས། དེ་ཡང་ངོ་བོ་ཟག་མེད་ཀྱི་བདུད་རྩི་ཡིན་པ་ལ། རྣམ་པ་འཇིག་རྟེན་ཁམས་ཀྱི་དངོས་པོ་ཡོད་ཚད་ཐ་དད་དུ་གསལ་བ་དེ་ལ། ཕཊ་བརྗོད། བླ་མ་ཡི་དམ་ཐུན་ནས་བཞེས། ཆོས་སྐྱོང་ཐམས་ཅད་ཐུན་ནས་བཞེས། རིགས་དྲུག་ཐམས་ཅད་ཕཊ་ཀྱིས་བཟ་སྲིད་མ་ཐག་ཏུ་བྱུང་ནས་གང་ལ་གང་འདོད་ཅི་ལ་ཅི་མགོའི་ཚུལ་དུ་བཞེས་ཁྱེར་བྱས་ནས་དགའ་མགུ་ཡིད་རངས་པར་བསམ། ལྷག་མ་ལན་ཆགས་ཤ་འཁོན་བགེགས་རིགས་གཞན་ས་དེའི་ལྷ་འདྲེ་ལ་བྱིན། ལྷག་མ་ཉིལ་འབྲུ་ཙམ་ཡང་མ་ལུས་པར་བསམ། མཐར་ཅི་ཡང་མི་དམིགས་པའི་ངང་དུ་བཞག །དེ་ལས་ལངས་པ་དང་བསྔོ་བ་སྨོན་ལམ་སྤྱི་དང་མཐུན། དེ་ནི་ཁྲ་འཁྲིད་བསྡུས་ནས་བསྟན་པའོ། །གཉན་པའི་སྐྱིད་ལ་བྱེད་པའི་ཁྲ་འཁྲིད་ཀྱི་རིམ་པའོ། །

དེ་ནས་ཚོ་འཕྲུལ་རྣམས་སིབ་ཀྱིས་རྫོགས་ནས་ཚར་ཚད་འབབ་ཞིག་ཏུ་བྱུང་ན་དཀར་འཁྲིད་བྱེད་པའོ། །ལྷ་འདྲིས་དངོས་གྲུབ་སྟེར་བ་ལ། །ཚར་ཚད་སྤྱི་དང་བྱེ་བྲག་དགོས། །ཞེས་པ། ཚར་ཚད་ཡོང་ཚུལ་གྱི་རིམ་པ་རྣམས་ཡིག་ཆུང་དུ་གསལ་ལོ། །གཉིས་པ་དཀར་འཁྲིད་མགྲོན་བཞི་མ་ལ་བཞི། དང་པོ་ནི། ཕཊ་བརྗོད། རང་གི་རིག་པ་དེ་རྗེ་བཙུན་རྡོ་རྗེ་རྣལ་འབྱོར་མ་སྐུ་མདོག་དམར་མོ་ཞལ་གཅིག་ཕྱག་གཉིས་སྤྱན་གསུམ། མཆེ་བ་བཞི་རབ་ཏུ་གཙིགས་པ། དཔྲལ་བ་ལ་ཁྲོ་གཉེར་གསུམ་དང་ལྡན་པ་དབུ་སྐྲ་དམར་སེར་གྱེན་དུ་བརྫེས་པ་ལ། ཐོད་སྐམ་ལྔ་ཡིས་དབུ་ལ་བརྒྱན་པ། ཐོད་རློན་ལྔ་བཅུ་རྩ་གཅིག་གིས་དོ་ཤལ་བྱས་པ། ཐལ་བ་སྤྲངས་པའི་ཕྱག་རྒྱ་དང་ལྡན་པ། ཕྱག་གཡས་གྲི་གུག་ནམ་མཁའ་ལ་འཕྱར་བ་གཡོན་པས་ཐོད་ཁྲག་ཐུགས་ཀར་བསྣམས་པ། བཅུ་དྲུག་ལོན་པའི་ན་ཚོད་ལྟར་གཞོན་པ། སྐྱེག་པ་མི་སྡུག་པའི་གཟུགས་སྣ་ཚོགས་སྟོན་

པ། ཞབས་གཡས་བསྐུམ་གཡོན་བརྐྱང་བའི་གར་ཐབས་སུ་བཞུགས་པ་གཅིག་ཏུ་བསྐྱེད། ཕུང་པོ་དེ་རང་གི་མདུན་དུ་སྟོང་པོ་འགྲེལ་བ་ལྟ་བུར་ཡོད་པ། དེ་ཡང་ཆེ་བ་ཆོ་བ་ན་ཚོད་དར་ལ་བབ་པ། གཞོན་ཞིང་ཡིད་དུ་འོང་བ་གཅིག་ཏུ་བསམ། ཐུད་རྐྱལ་ལྟ་བུའི་སྦོང་སྦོང་པོ་མ་ཡིན་པ་མར་རྐྱལ་ལྟ་བུའི་སློག་སློག་པོ་མ་ཡིན་པ། འོ་རྐྱལ་ལྟ་བུའམ་ཞོམ་པ་མ་ཡིན་པ། ཞོ་རྐྱལ་ལྟ་བུའི་ཉེར་ཉེར་པོ་མ་ཡིན་པ་གཅིག་ཏུ་བསྐྱེད། རང་ཉིད་རྗེ་བཙུན་རྡོ་རྗེ་རྣལ་འབྱོར་མའི་གྲི་གུག་གིས་ཕུང་པོ་དེ་སྤྱི་གཙུག་ནས་རྐང་མཐིལ་གྱི་བར་དུ་ཤིགས་བཤགས། ཨོཾ་ཨཱཿཧཱུྃ། ཡང་ཡར་ལ་བཤགས། ཨོཾ་ཨཱཿཧཱུྃ། ཕྱིར་ལ་བཤགས། ཨོཾ་ཨཱཿཧཱུྃ། དེ་ལྟར་ཐུགས་དང་ཕྱག་རྒྱ་དང་ཏིང་ངེ་འཛིན་གསུམ་གྱིས་བྱིན་གྱིས་རླབས་པ་ལ་དཔགས་ཏེ། ད་ཅི་ཤ་ཁྲག་རུས་གསུམ་ཡིན་པ་ལ། ད་ཟག་མེད་ཀྱི་བདུད་རྩི་ཁ་དོག་ཤེལ་དྭངས་མ་བཅག་པ་ལྟ་བུ་ངང་སེང་སེང་ཡོད་པ། རོ་སྦྲང་རྩི་དང་བུ་རམ་ལ་ལྷད་མ་ཐོག་པ་ལྟ་བུ་མངར་བའི་རང་བཞིན་ཅན་གཅིག་ཏུ་ཡོད་པར་བསམ། དེ་ཡང་གཟུགས་ཕུན་སུམ་ཚོགས་པ། སྒྲ། དྲི། རོ། རེག་བྱ་ཕུན་སུམ་ཚོགས་པ་དང་ལྡན་པ། ལུས་ཐོག་ཏུ་རེག་ན་ལུས་ཀྱི་སྒྲིབ་པ་དག་ནུས་པ། ལྕེ་ཐོག་ཏུ་རེག་ན་ངག་གི་སྒྲིབ་པ་དག་ནུས་པ། ཡིད་ཐོག་ཏུ་བསམ་པ་ཙམ་གྱིས་ཡིད་ཀྱི་སྒྲིབ་པ་དག་པ། རོ་ནུས་ཞུ་རྗེས་དེ་ལྟ་བུའི་ཟག་མེད་ཀྱི་བདུད་རྩིས་ངང་མེར་རེ་ལྟེམ་མེ་སྟོང་གསུམ་ཚུན་དུ་ཁེངས་པ་དེ་འདྲེན་རྒྱུའི་ཚུལ་དུ་བསམ། རང་ཉིད་མགྲོན་བདག་གི་ཚུལ་དུ་བསམ་ནས། ཕཊ་བརྗོད། སྤྱན་ནམ་མཁའ་ལ་ཧིག་གེ་བྱེད་ནས། དཀོན་མཆོག་སྲིད་ཞུའི་མགྲོན་སྤྱན་འདྲེན་པ་ནི། བླ་མ་ཡི་དམ་སངས་རྒྱས་བྱང་ཆུབ་སེམས་དཔའ། ཉན་ཐོས། རང་སངས་རྒྱས། འཕགས་པའི་དགེ་བདུན་གྱི་ཚོགས།

མདུན་གྱི་ནམ་མཁའ་ལ་སྤྲིན་གྱི་ཕུང་པོ་འཁྲིགས་པ་ལྟ་བུའམ། ནམ་མཁའ་ལ་ཁ་བ་བབ་པ་བཞིན་དུ་འོག་མས་གོང་མ་མ་བཀག་པ། གོང་མས་འོག་མ་མ་རྫིས་པར། ཁྲིག་ཐེམ་བཞུགས་ནས་ཕྱག་འོད་ཟེར་གྱི་སྦྲུ་གུའི་རྒྱུད་ལ་ལྷགས་འོད་ཟེར་གྱི་སྦྲུ་གུ་བཙུག་ནས་ཟག་མེད་ཀྱི་བདུད་རྩི་ལ་ལོངས་སྤྱོད་ཅིང་བཞེས་པས། སྐུ་མཉེས། གསུང་མཉེས། ཐུགས་མཉེས། ཡོན་ཏན་ཕྲིན་ལས་ཐམས་ཅད་མཉེས་ཤིང་ཚིམ་པ་ལ་དཔགས་ཏེ། བདག་དང་སེམས་ཅན་ཐམས་ཅད་ལ་མཆོག་དང་ཐུན་མོང་གི་དངོས་གྲུབ་སྩོལ་བར་བསམ། ཡང་གོང་ང་ན་ཕཊ་ཀྱིས་བཛ་སྲིད་པ་ལ་དཔགས་ཏེ། དེའི་འོག་ཙམ་ན་དཔལ་ཡེ་ཤེས་ཀྱི་མགོན་པོ། ལེགས་ལྡན་ནག་པོ། སྲས་མཆོག་བེར་ནག་པོ་ཅན། ཕྱོགས་བཅུ་མགོན་པོའི་ཚོགས་དང་བཅས་པ། དཔལ་ལྷ་མོ་རེ་མ་ཏི་མ་མོ་འབུམ་སྡེའི་ཚོགས་དང་བཅས་པ། ཕྱག་བཞི་པ། ཕྱག་དྲུག་པ། གུར་གྱི་མགོན་པོ་ལ་སོགས་པ་ཆོས་སྐྱོང་གི་རིགས་ཐམས་ཅད་བྱོན་ནས་ཕྱག་འོད་ཟེར་གྱི་སྦྲུ་གུའི་རྒྱུད་ནས། ལྷགས་འོད་ཟེར་གྱི་སྦྲུ་གུ་བཙུགས་ནས་ཟག་མེད་ཀྱི་བདུད་རྩི་ལ་ལོངས་སྤྱོད་པས་ཚིམ་ཞིང་དགྱེས་པར་གྱུར་ནས། སངས་རྒྱས་ཀྱི་བསྟན་པ་ཕྱོགས་མེད་དུ་དར། སེམས་ཅན་ལ་བདེ་སྐྱིད་འབད་མེད་དུ་འབྱུང་བར་བསམ་པ་ནི་མགོན་པོ་ཡོན་ཏན་གྱི་མགྲོན། དེ་རྣམས་ཐ་དད་དུ་བྱོན་པར་བསམ། གོང་བཞིན་ཕཊ་ཀྱིས་བཛ་སྲིད་པས། ལྷ་ཚངས་པ་ནས་བཟུང་སྟེ་ལྷ་བྲན་ཆུང་དུ་ཡན་སྐད་ཅིག་ཉིད་དུ་བྱུང་། ཟག་མེད་ཀྱི་བདུད་རྩི་ལ་ལོངས་སྤྱོད། ངོམས་ཤིང་ཚིམ་པར་བསམ། རྒྱུ་དེ་ལ་བརྟེན་ནས་ལྷ་འཆི་འཕོ་ལྟུང་བྱེད་ཀྱི་སྡུག་བསྔལ་ལས་གྲོལ་ཞིང་ཐར་བར་བསམ། ཡང་ཕཊ་ཀྱིས་བཛ་སྲིད་པས། ཐགས་བཟང་རིས་ནས་བཟུང་སྟེ་ལྷ་མ་ཡིན་གྱི་རིགས་ཐམས་ཅད་བྱུང་། ཟག་

མེད་ཀྱི་བདུད་རྩི་ལ་ལོངས་སྤྱོད། ངོམས་ཤིང་ཚིམ་པར་བསམ། རྒྱུ་དེ་ལ་བརྟེན་ནས་ལྷ་མ་ཡིན་འཐབ་རྩོད་ཀྱི་སྡུག་བསྔལ་ལས་གྲོལ་ཞིང་ཐར་བར་བསམ། ཡང་ཕཊ་ཀྱིས་བཛྲ་སྤྲད་པས། འཁོར་ལོས་བསྒྱུར་བའི་རྒྱལ་པོ་ནས་བཟུང་མཛེ་སྤྲང་ཡན་མི་ཡི་རིགས་ཐམས་ཅད་སྐད་ཅིག་ཉིད་དུ་བྱུང་། ཟག་མེད་ཀྱི་བདུད་རྩི་ལ་ལོངས་སྤྱོད། ངོམས་ཤིང་ཚིམ་པར་གྱུར། རྒྱུ་དེ་ལ་བརྟེན་ནས་མི་དབུལ་འཕོངས་ཀྱི་སྡུག་བསྔལ་ལས་གྲོལ་ཞིང་ཐར་བར་བསམ་ཀྱིས་བཛྲ་སྤྲད་པས། སླང་པོ་ཆེ་ས་སྲུངས་དང་། སེང་གེ་ཡི་དམ་བརྟན་པ་ནས་བཟུང་སྟེ། དུད་འགྲོ་ཁ་འཐོར་བའི་རིགས་དང་བཅས་པ་ཐམས་ཅད་བྱུང་། ཟག་མེད་ཀྱི་བདུད་རྩི་ལ་ལོངས་སྤྱོད། ངོམས་ཤིང་ཚིམ་པར་གྱུར། རྒྱུ་དེ་ལ་བརྟེན་ནས་དུད་འགྲོ་གླེན་ལྐུགས་ཀྱི་སྡུག་བསྔལ་ལས་གྲོལ་ཞིང་ཐར་བར་བསམ། ཡང་ཕཊ་ཀྱིས་བཛྲ་སྤྲད་པས། ཡི་དྭགས་ཀྱི་རྒྱལ་མོ་ཁ་ལ་མེ་འབར་མས་གཙོ་བྱས་པའི་ཡི་དྭགས་ཀྱི་རིགས་བྱེ་བ་སུམ་ཅུ་སོ་བདུན་ལ་སོགས་པ་ཡི་དྭགས་ཐམས་ཅད་བྱུང་། ཟག་མེད་ཀྱི་བདུད་རྩི་ལ་ལོངས་སྤྱོད། ངོམས་ཤིང་ཚིམ་པར་བསམ། རྒྱུ་དེ་ལ་བརྟེན་ནས་ཡི་དྭགས་བཀྲེས་སྐོམ་གྱི་སྡུག་བསྔལ་ལས་གྲོལ་ཞིང་ཐར་བར་བསམ་ཡང་ཕཊ་ཀྱིས་བཛྲ་སྤྲད་པས། གཤིན་རྗེ་ཆོས་ཀྱི་རྒྱལ་པོ་ནས་བཟུང་སྟེ། ཚ་དམྱལ་བརྒྱད། གྲང་དམྱལ་བརྒྱད། ཉེ་ཚེ་ཉེ་འཁོར་བ་ལ་སོགས་པའི་དམྱལ་བའི་རིགས་ཐམས་ཅད་བྱུང་། ཟག་མེད་ཀྱི་བདུད་རྩི་ལ་ལོངས་སྤྱོད་ངོམས་ཤིང་ཚིམ་པར་བསམ། རྒྱུ་དེ་ལ་བརྟེན་ནས་དམྱལ་བ་ཚ་གྲང་གི་སྡུག་བསྔལ་ལས་གྲོལ་ཞིང་ཐར་བར་བསམ། རིགས་དྲུག་སྙིང་རྗེའི་མགྲོན་དེ་རྣམས་ཐ་དད་དུ་གྱེས་ནས་སོང་། ཡང་ཕཊ་ཀྱིས་བཛྲ་སྤྲད་པས། །ཚོཾ། །འཁོར་བ་ཐོག་མ་མེད་པ་ནས་བསགས་པའི་ལན་ཆགས་

ཀྱི་བདག་པོ་བདག་མོ། བུ་ལོན་གྱི་བདག་པོ་བདག་མོ། ཤ་འཁོན་གྱི་བདག་པོ་བདག་མོ། ནད་ཀྱི་བདག་པོ་བདག་མོ། ཡམས་ཀྱི་བདག་པོ་བདག་མོ། རིམས་ཀྱི་བདག་པོ་བདག་མོ། གྲིབ་ཀྱི་བདག་པོ་བདག་མོ། གནས་གདོན་ལུས་གདོན་ལ་སོགས་སྐད་ཅིག་ཉིད་དུ་བྱུང་། ཟག་མེད་ཀྱི་བདུད་རྩི་ལ་ལོངས་སྤྱོད། ངོམས་ཤིང་ཚིམ་པར་བསམ། རྒྱུ་དེ་ལ་བརྟེན་ནས་ལན་ཆགས་བྱུང་། བུ་ལོན་ཁོར། ཤ་མཁོན་ཞི་ནས་གཉིས་འཛིན་གྱི་རྟོག་པ་རང་སར་གྲོལ། གཉིས་མེད་ཀྱི་ཡེ་ཤེས་རྒྱུད་ལ་སྐྱེས། ཐུགས་ཞི་བ་དུལ་བ་བྱང་ཆུབ་ཀྱི་སེམས་དང་ལྡན་པར་བསམ། དེ་ལྟར་རིགས་དྲུག་པོ་སོའི་སྡུག་བསྔལ་གྲོལ་ཞིང་ཐར་ནས། རིགས་དྲུག་པ་རྡོ་རྗེ་འཆང་གི་གོ་འཕང་ཐོབ་པར་བསམ། ལན་ཆགས་ཤ་འཁོན་གྱི་མགྲོན་དེ་རྣམས། མཐར་ཅི་ཡང་མི་དམིགས་པའི་ངང་ལ་བཞག །དེ་ལས་ལངས་ནས་བསྔོ་བ་སྨོན་ལམ་བྱའོ། །དེ་ནི་དཀར་འགྲེད་མགྲོན་བཞི་མའོ། །

གཉིས་པ་ནི། ཕཊ་བརྗོད། རང་ཉིད་རྗེ་བཙུན་མར་གསལ་བ་གོང་དང་འདྲ། ཕུང་པོ་དེ་བསྒྱུར། སྤྱི་གཙུག་ནས་ཀང་མཐིལ་གྱི་བར་གྱི་གུག་གིས་བཤགས། ཨོཾ་ཨཱཿཧཱུྃ། དེ་ལྟར་ལན་གསུམ་བཤགས་པ་དང་། ཡི་གེ་གསུམ་གྱིས་བྱིན་གྱིས་བརླབས་པ་ལན་གསུམ་བྱས་པས། ཟག་མེད་ཀྱི་བདུད་རྩི་རོ་མཆོག་བརྒྱ་དང་ལྡན་པ་འཇིག་རྟེན་གྱི་ཁམས་ཐམས་ཅད་ཁེངས་པ་གཅིག་ཏུ་བསམ། ཕཊ་བརྗོད། མདུན་གྱི་ནམ་མཁར་བླ་མ་ཡི་དམ་སྤྱན་ནས་བཞེས་པར་བསམ། ཡང་ཕཊ་བརྗོད། ཆོས་སྐྱོང་ཐམས་ཅད་སྤྱན་བཞེས། ས་སོར་གྱེས་ནས་སོང་། ཡང་ཕཊ་བརྗོད། རིགས་དྲུག་ཐམས་ཅད་སྐད་ཅིག་ཏུ་བྱུང་ནས་འདུས་ནས་བསྟད་པར་བསམ། ཕཊ་བརྗོད། རང་གི་ཐུགས་ཀ་ནས་རིགས་ལྔ་མཁའ་འགྲོ་ལ་མཁའ་

འགྲོ་མ་དཔག་ཏུ་མེད་པ་འཁྲོས། གྲི་གུག་གི་ལྡེབས་ཀྱིས་ཟག་མེད་ཀྱི་བདུད་རྩི་བཙུས་ཏེ་མགྲོན་ཐམས་ཅད་ལ་ཐ་དད་དུ་དྲངས་པས། མགྲོན་ཐམས་ཅད་ཀུང་རྫོགས་ཤིང་ཚིམ། དགྱེས་ཤིང་དགའ་ནས་ཐ་དད་དུ་གྱེས་ཏེ་སོང་། ལྷག་མ་ལན་ཆགས་ཤ་འཁོན་བགེགས་རིགས། གཉན་ས་དེ་ཡི་ལྷ་འདྲེ་ཐམས་ཅད་ལ་བྱིན་ནས་ལྷག་མ་ཏིལ་འབྲུ་ཙམ་ཡང་མ་ལུས་པར་བསམ། དེ་ཉིད་ཀྱི་ངང་ལ་ཅི་གནས་སུ་བཞག །མཐར་བསྔོ་བ་སྨོན་ལམ་སྤྱི་དང་མཐུན། དེ་ནི་དཀར་འགྱེད་རིགས་དྲུག་གཟན་འགྱེད་མའོ། །

གསུམ་པ་ནི། ཕཊ་བརྗོད། རང་ཉིད་རྡོ་རྗེ་བཙུན་མོ་རྡོ་རྗེ་རྣལ་འབྱོར་མ་གྲི་གུག་དང་ཐོད་ཁྲག་འཛིན་པ་རྒྱན་ཆ་ལུགས་ཐམས་ཅད་ཡོངས་སུ་རྫོགས་པ་གཅིག་ཏུ་བསྐྱེད། ཕུང་པོ་དེ་བསྒྱུར་སྤྱི་གཙུག་ནས་རྐང་མཐིལ་གྱི་བར་དུ་ཤག་གིས་བཤགས། ཨོཾ་ཨཱཿཧཱུྃ་གསུམ་གྱིས་བྱིན་གྱིས་རླབས་པས། ཟག་མེད་ཀྱི་བདུད་རྩི་ཁ་དོག་ཤེལ་བཅག་པ་ལྟ་བུ་རོ་སྦྲང་རྩི་མ་སླད་པ་མངར་བའི་རང་བཞིན་ཅན་སྟོང་གསུམ་ཚུན་ཁེངས་པ་གཅིག་ཏུ་བསམ། ཕཊ་བརྗོད། དཀོན་མཆོག་སྤྱིད་ཞུའི་མགྲོན་ཐམས་ཅད་བྱོན་ནས་བཞེས། ཚིམ་ཞིང་དགྱེས་པར་བསམ། ཡང་ཕཊ་བརྗོད། མགོན་པོ་ཡོན་ཏན་གྱི་མགྲོན་ཐམས་ཅད་བྱོན། ཟག་མེད་ཀྱི་བདུད་རྩི་ལ་ལོངས་སྤྱོད། ཚིམ་ཞིང་དགྱེས་པར་བསམ། ཕཊ་བརྗོད། ལྷའི་མགྲོན་རིགས། ལྷ་མ་ཡིན་གྱི་མགྲོན་རིགས། མི་ཡི་མགྲོན་རིགས། དུད་འགྲོའི་མགྲོན་རིགས། ཡི་དྭགས་ཀྱི་མགྲོན་རིགས། དམྱལ་བའི་མགྲོན་རིགས་ཐམས་ཅད་བྱུང་ནས་ཟག་མེད་ཀྱི་བདུད་རྩི་ལ་ལོངས་སྤྱོད་དེ། རྒྱུ་དེ་ལ་བརྟེན་ནས་རིགས་དྲུག་སོ་སོའི་སྡུག་བསྔལ་ལས་གྲོལ་ཞིང་ཐར་ནས་མྱུར་དུ་རྣམ་པ་ཐམས་ཅད་མཁྱེན་པ་སངས་རྒྱས་ཀྱི་གོ་

འཕང་ཐོབ་པར་བསམ། ལྷག་མ། ལན་ཆགས་ཀྱི་བདག་པོ་བདག་མོ། ཤ་འཁོན་གྱི་བདག་པོ་བདག་མོ་རྣམས་ལ་བྱིན། ཆོས་ཞིང་དགྱེས་པར་བསམ། མཐར་མི་དམིགས་པའི་ངང་དུ་བཞག །དེ་ལས་ལངས་བ་དང་བསྔོ་བ་སྨོན་ལམ་བྱ། དེ་ནི་དཀར་འགྱེད་འབྲིང་མའོ། །

བཞི་པ་ནི། ཕཏ་བརྗོད། རང་ཉིད་རྗེ་བཙུན་མ་ཁྲོ་ཐོད་འཛིན་པ་གཅིག་ཏུ་བསྐྱེད། ཕུང་པོ་དེ་བསྒྱུར། ཁྲོ་གཙུག་ནས་ཀང་མཐིལ་གྱི་བར་དུ་ཁྲི་གུག་གིས་ཤག་གིས་བཤགས། ཨོཾ་ཨཱཿཧཱུྃ། དགུ་ཕྲུགས་གཅིག་གིས་བྱིན་གྱི་རླབས་པས་ཟག་མེད་ཀྱི་བདུད་རྩི་དང་ལྡེམ་གྱིས་ཡོད་པར་བསམ། ཕཏ་བརྗོད། དཀོན་མཆོག་སྲིད་ཞུའི་མགྲོན་གྱིས་བཞེས་པར་བསམ། ཕཏ་བརྗོད། མགོན་པོ་ཡོན་ཏན་གྱི་མགྲོན་རྣམས་ཀྱིས་བཞེས་པར་བསམ། ཕཏ་བརྗོད། རིགས་དྲུག་སྙིང་རྗེའི་མགྲོན་རྣམས་ཀྱིས་བཞེས་པར་བསམ། ཕཏ་བརྗོད། ལན་ཆགས་ཤ་འཁོན་གྱི་མགྲོན་རྣམས་ཀྱིས་བཞེས་པར་བསམ། དེ་ཉིད་ཀྱི་ངང་དུ་ཅི་གནས་ལ་བཞག །དེ་ལས་ལངས་པ་དང་བསྔོ་བ་སྨོན་ལམ་བྱ། དེ་ནི་དཀར་འགྱེད་མགྲོན་བཞི་མ་བསྡུས་པའོ། །

གསུམ་པ་དཀར་འགྱེད་ཐོད་ཞལ་མ་ལ་གཉིས། དང་པོ་ནི། ཕཏ་བརྗོད། རང་ཉིད་རྗེ་བཙུན་རྡོ་རྗེ་རྣལ་འབྱོར་མ་ཁྲོ་གུག་དང་ཐོད་ཁྲག་འཛིན་པ་རྒྱན་ཆ་ལུགས་ཐམས་ཅད་ཡོངས་སུ་རྫོགས་པ་གཅིག་ཏུ་བསྐྱེད་ཕུང་པོ་དེ་སྟོང་པོ་འགྲེལ་བ་བཞིན་དུ་བསྒྱུར། ཕུང་པོ་དེ་ཡང་ཆེ་བ། ཚོ་བ། ན་ཚོད་དར་ལ་བབ་པའི་ཕུང་པོ་གཅིག་ཏུ་བསམ། ཁྲི་གུག་གིས་ཕུང་པོ་དེའི་སྐྱེ་ནས་བཏབ་ཙམ་བྱས་པས། དུས་གཅིག་ཏུ་མགོ་བོ་གསུམ་དུ་གྱུར་པ། ཡང་ཁྲི་གུག་གིས་བཏབ་ཙམ་བྱས་པས། ཀ་པཱ་ལ་མིག་མཚམས་ཡན་ཆད་ཀྱིས་བཅད། ཀ་པཱ་ལ་ཡང་མཚན་

ཉིད་ཡོངས་སུ་རྫོགས་པ་སྟོང་གསུམ་གྱི་ཚད་དང་མཉམ་པ་དེ་མགོ་བོའི་སྙིད་པོ་གསུམ་གྱི་སྟེང་དུ་སྐར་གྱིས་བཙུགས་དེའི་ནང་དུ་གྲི་གུག་གི་ལྟེབས་ཀྱིས་ཕུང་པོ་དེ་ཕླངས་པ་དང་རང་འཕར་དུ་བྱུང་སྟེ། ཀ་པཱ་ལའི་ནང་དུ་ཅབ་ཀྱིས་སོང་། གྲི་གུག་གིས་ལན་གསུམ་ཀྲུགས། ཨོཾ་ཨཱཿཧཱུྃ་གིས་བྱིན་གྱིས་རླབས་པས། གཟུགས་ཕུན་སུམ་ཚོགས་པ། སྒྲ་ཕུན་སུམ་ཚོགས་པ། དྲི་ཕུན་སུམ་ཚོགས་པ། རེག་བྱ་ཕུན་སུམ་ཚོགས་པ་གཅིག་ཏུ་གྱུར་པར་བསམ། ཕཊ་བརྗོད། བླ་མ་དཀོན་མཆོག་སྤྱན་དྲངས། ཕྱག་འོད་ཟེར་གྱི་སྦྲུ་གུའི་རྒྱུད་ནས་ལྷགས་འོད་ཟེར་གྱི་སྦྲུ་གུ་བཙུགས་ནས་ཟག་མེད་ཀྱི་བདུད་རྩི་ལ་ལོངས་སྤྱོད་པས། སྐུ་གསུང་ཐུགས་མཉེས་ནས་བདག་དང་སེམས་ཅན་ཐམས་ཅད་ལ་མཆོག་དང་ཐུན་མོང་གི་དངོས་གྲུབ་སྩོལ་བར་བསམ། ཐད་ཐད་དུ་ཐིམ་ནས་སོང་། ཕཊ་བརྗོད། ཆོས་སྐྱོང་ཞིང་སྐྱོང་གི་ཚོགས་ཐམས་ཅད་སྤྱན་དྲངས། གཏོར་ཚོགས་བ་ལིམ་གི་ཚུལ་དུ་བཞེས་ནས། སྐུ་གསུང་ཐུགས་ཤིན་ཏུ་མཉེས་ནས་སངས་རྒྱས་ཀྱི་བསྟན་པ་ཕྱོགས་མེད་དུ་དར། སེམས་ཅན་ལ་བདེ་སྐྱིད་འབད་མེད་དུ་འབྱུང་བར་བསམ། ཐད་ཐད་དུ་ཐིམ་ནས་སོང་། ཡང་ཕཊ་བརྗོད། རིགས་དྲུག་དང་། ཁྱད་པར་དུ་ཡང་སྣང་ཞིང་སྲིད་པའི་ལྷ་འདྲེ། དགོས་གཉན་ས་དེར་གནས་པའི་ལྷ་འདྲེ་ཐམས་ཅད་འདུས་ནས་མི་གྲལ་བྱས་པ་ལྟ་བུར་ཡོད་པར་སེམས། ཕཊ་བརྗོད། རང་གི་ཐུགས་ཀ་ནས་རིགས་ལྔ་མཁའ་འགྲོ་ལ་མཁའ་འགྲོ་མ་དཔག་ཏུ་མེད་པ་འཕྲོས་ནས་སོང་། དེ་རྣམས་ཀྱི་ཕྱག་ན་ཀ་པཱ་ལ་ཆོས་བརྒྱད་ཀྱི་ཟླ་བ་ཤར་བ་ལྟར་དང་ཤག་པ་རེ་བསྣམས་ནས། ཟག་མེད་ཀྱི་བདུད་རྩི་བཅུས། མགྲོན་རེ་རེ་ལ་མཁའ་འགྲོ་མ་རེ་རེ་བྱས་ནས་དྲངས་པས། ཁོང་རྣམས་ངོམས་ཤིང་ཚིམ། དགའ་མགུ་ཡིད་རང་

ནས་བྱང་ཆུབ་ཀྱི་སེམས་བླ་ན་མེད་པ་འབྱོངས་ནས་སངས་རྒྱས་ཐོབ་པར་བསམ། ལྷག་མ། ཡན་ཆགས་ཀྱི་བདག་པོ་བདག་མོ། བུ་ལོན་གྱི་བདག་པོ་བདག་མོ། ཤ་འཁོན་གྱི་བདག་པོ་བདག་མོ་ནད་ཀྱི་བདག་པོ་བདག་མོ། རིམས་ཀྱི་བདག་པོ་བདག་མོ། གྲིབ་ཀྱི་བདག་པོ་བདག་མོ། ཐམས་ཅད་ལ་བྱིན་པས། ཆོམ་ཞིང་ངོམས་ནས། གཉིས་འཛིན་གྱི་རྟོག་པ་རང་སར་ཞི། གཉིས་མེད་ཀྱི་ཡེ་ཤེས་རྒྱུད་ལ་སྐྱེས། སེམས་ཞི་བ་དུལ་བ་བྱང་ཆུབ་ཀྱི་སེམས་དང་ལྡན་པར་བསམ། སྤྱོད་འཇུག་ལས། མགོ་དང་ཡན་ལག་གཏོང་ཞིང་ཞུམ་པའི་སེམས་ཀྱང་མེད། །དེ་ཚེ་ཕྱི་རོལ་དངོས་པོ་གཏོང་བ་སྨོས་ཅི་དགོས། །ཞེས་གསུངས་པ་དང་། མ་གཅིག་གི་ཞལ་ནས། སྟོང་གསུམ་གྱི་སྟོང་ཆེན་པོ་འདི་རིན་པོ་ཆེ་སྣ་ལྔས་བཀང་ནས། དུས་གསུམ་གྱི་སངས་རྒྱས་ཐམས་ཅད་ལ་མངོན་སུམ་དུ་ཕུལ་བ་བས། དེ་བས་ཀྱང་ལུས་སྦྱིན་འདྲེས་མེད་གཅིག་དགའ་འོ། །ཞེས་གསུངས་པའི་དོན་ཡང་དཀར་འགྱེད་དམར་འགྱེད་ལུས་སྦྱིན་འདི་ལ་དགོངས་པ་ཡིན་ནོ། །མཐར། གཏོང་མཁན་དང་གཏོང་རྒྱུ་གཏོང་ས་ཐམས་ཅད་མི་དམིགས་པའི་ངང་དུ་ཡུན་རིང་དུ་བཞག །དེ་ལས་ལངས་པ་དང་། སྦྱིན་པ་རྒྱ་ཆེན་གྱུར་པ་འདི་ཡི་མཐུས། །འགྲོ་བའི་ནང་ནས་རང་བྱུང་སངས་རྒྱས་ཤོག །སྔོན་གྱི་རྒྱལ་བ་རྣམས་ཀྱིས་མ་སྒྲོལ་བ། །ཚད་མེད་སྐྱེ་བོའི་ཚོགས་རྣམས་སྦྱིན་པའི་སྟོབས་ཀྱིས་སྒྲོལ་གྱུར་ཅིག །དེ་ནི་དཀར་འགྱེད་ཐོད་ཞལ་མའོ། །

གཉིས་པ་ནི། ཕཊ་བརྗོད། རང་ཉིད་རྗེ་བཙུན་རྡོ་རྗེ་རྣལ་འབྱོར་མ་གོང་བཞིན་བསྐྱེད། ཕུང་པོ་དེ་བསྒྱུར། རང་ཉིད་རྗེ་བཙུན་མའི་གྲི་གུག་གིས་ཕུང་པོ་དེའི་སྤྱི་གཙུག་ནས་རྐང་མཐིལ་གྱི་བར་དུ་ཤག་གིས་བཤགས། ཨོཾ་ཨཱཿཧཱུྃ། ཡང་ཡར་

ལ་བཞགས། ཨོཾ་ཨཱཿཧཱུཾ། ཕྱིར་ལ་བཞགས། ཨོཾ་ཨཱཿཧཱུཾ། ལན་དགུ་ཕྲུགས་ཞིག་གིས་བྱིན་གྱིས་བརླབས། ཟག་མེད་ཀྱི་བདུད་རྩི་དང་མེ་རེ་རེ། ངང་ལྷེམ་ལྷེམ་ཡོད་པ་དེ། ཕཊ་བརྗོད། བླ་མ་ཡི་དམ་སྤྱན་དྲངས། ཕྱག་འོད་ཟེར་གྱི་སྦྱུ་གུ་རྒྱུད་ནས་རང་སྟོབས་ཀྱིས་བཞེས་པར་བསམ། ཕཊ་བརྗོད་ཆོས་སྐྱོང་ཞིང་སྐྱོང་ལ་སོགས་པ་ཐམས་ཅད་སྤྱན་དྲངས། གཏོར་ཚོགས་བ་ལིམ་གི་ཚུལ་དུ་བཞེས་པར་བསམ། དེ་ཚར་བ་དང་ཕཊ་བརྗོད་ནས། རིགས་དྲུག་དང་། ཁྱད་པར་དུ་ཡང་གཞན་ས་དེར་གནས་པའི་ལྷ་འདྲེ་ཐམས་ཅད་ཁུབ་ཀྱིས་འདུས། ཁྲོམ་ཚོགས་ཀྱི་ཚུལ་དུ་ཡོད་པར་བསམ། ཕཊ་བརྗོད། རང་གི་ཐུགས་ཀ་ནས་རིགས་ལྔ་མཁའ་འགྲོ་འཕྲོས། ཕྱག་གཡས་ན་ཀ་པཱ་ལ་རེ་བསྣམས་ནས་ཟག་མེད་ཀྱི་བདུད་རྩི་ཀ་པཱ་ལ་ཡིས་བཅུས་ནས་དེར་འཚོགས་པ་ཐམས་ཅད་ཀྱི་པང་དུ་རྒྱངས་རྒྱངས་འཕངས། ཁོང་ཚོས་ཡང་དེར་ལོངས་སྤྱོད་པ་ཚོས་ལོངས་སྤྱད། ཕར་ཁྱེར་ནས་འགྲོ་མཁན་ཚོས་ཁྱེར་ནས་སོང་བས་ལོ་རྒྱགས་ཟླ་རྒྱགས་ཙམ་དུ་གྱུར་ནས། དགའ་གྲགས་ཚེམ་གྲགས་དགྱེས་གྲགས་ནས་ཐ་དད་དུ་སོང་བར་བསམ། ལྷག་མ་ལན་ཆགས་བགེགས་རིགས་ཚོ་ལ་བྱིན་ནས་ཏིལ་འབྲུ་ཙམ་ཡང་མ་ལུས་པར་བསམ། མཐར་མི་དམིགས་པའི་ངང་དུ་བཞག །དེ་ལས་ལངས་ནས་བསྔོ་བ་སྨོན་ལམ་བྱ། དེ་ནི་དཀར་འགྱེད་ཐོད་ཞལ་སྤྲང་སྟོན་མའོ། །

དཀར་འགྱེད་བམ་རོ་མ་ནི། སྐད་ཅིག་མཆོད་པ་བཞམ་པ་ལ། །དཀར་འགྱེད་བམ་རོའི་དམིགས་པ་དགོས། །ཞེས་པ། ཕཊ་བརྗོད། རང་ཉིད་སངས་རྒྱས་མཁའ་འགྲོ་གྲི་ཐོད་འཛིན་པ་གཅིག་ཏུ་བསྐྱེད། ཕུང་པོ་དེ་སྡོང་པོ་འགྱེལ་བ་ལྟར་ཁྲལ་གྱིས་བསྒྱུར། གྲི་གུག་གིས་ཕུང་པོ་དེ་ལ་ཁྲམ་བཏབ་ནས། ཨོཾ་ཨཱཿཧཱུཾ་གསུམ་

ཀྱིས་བྱིན་གྱིས་བརླབས་པས་ཟག་མེད་ཀྱི་བདུད་རྩིའི་རྒྱ་མཚོ་ཆེན་པོ་གཅིག་ཏུ་བསྐྱེད། ཕཊ་བརྗོད། བླ་མ་ཡི་དམ་མཁའ་འགྲོ་ཆོས་སྐྱོང་ནོར་ལྷ་གཏེར་བདག་ཞིང་སྐྱོང་རྣམས་སྤྱན་དྲངས། ཟག་མེད་ཀྱི་བདུད་རྩི་ལ་ལོངས་སྤྱོད་པས་ཚིམ་ཞིང་དགྱེས་པར་བསམ། ཕཊ་བརྗོད། རིགས་དྲུག་གི་སེམས་ཅན་ཐམས་ཅད་ལ་བྱིན་པས་ངོམས་ཤིང་ཚིམ་པར་བསམ། ཕཊ་བརྗོད། ལན་ཆགས་ཤ་འཁོན་བགེགས་རིགས་རྣམས་ལ་བྱིན་པས་བྱང་ཆུབ་ཀྱི་སེམས་དང་ལྡན་པར་བསམ། གནད་གདོན་ལུས་གདོན་གཉིས་ཀྱིས་གཙོ་བྱས་གཉན་ས་དེའི་ལྷ་འདྲེ་རྣམས་ལ་སྐྱོ་གསུམ་བྱིན་པས་བསམ་པ་ཕུན་སུམ་ཚོགས་པ་དང་ལྡན་པར་བསམ། ལྷག་མ་ཏིལ་འབྲུ་ཙམ་ཡང་མ་ལུས་པར་བྱས་པའོ། །དེ་ཉིད་ཀྱི་ངང་དུ་བཞག །རྗེས་བསྔོ་བ་སྨོན་ལམ་བྱ། དེ་ནི་དཀར་འགྱེད་བམ་རོ་མའོ། །

མཁའ་འགྲོ་གཟན་འགྱེད་ནི། དཔའ་བོ་མཁའ་འགྲོ་མཉེས་པ་ལ། །བདུད་རྩི་ཚོགས་ཀྱི་མཆོད་པ་དགོས། །ཞེས་པ། ཕཊ་བརྗོད། རང་ཉིད་སྐེམས་མ་སྔོན་མོ་གྲི་གུག་དང་ཐོད་པ་འཛིན་པ་བཅུ་དྲུག་ལོན་པའི་ན་ཚོད་ལྟར་གཞོན་ཞིང་སྒེག་པ་གཅིག་ཏུ་བསྐྱེད། ཕུང་པོ་དེ་བསྒྱུར། གྲི་གུག་གིས་ཕུང་པོ་དེའི་མགུལ་ནས་བཏབ་ཙམ་བྱས་པས། དུས་གཅིག་ཏུ་མགོ་བོ་གསུམ་དུ་གྱུར་པ་ཆད་ནས་བྱུང་། དེ་ཡང་མི་མགོའི་སྒྱེད་པོ་རི་རབ་ཙམ་གསུམ་དུ་གྱུར་པ་ལྟག་པ་ནང་དུ་བསྟན། དཔྲལ་བ་ཕྱིར་བསྟན་པ། ཕཊ་བརྗོད། གྲི་གུག་གིས་ཡང་ཕུང་པོ་དེའི་དཔྲལ་བའི་མིག་མཚམས་ནས་ཐད་ཀྱིས་བཅད། ཀ་པཱ་ལ་ཐོད་པའི་སྒྱེད་པོ་གསུམ་གྱི་སྟེང་དུ་རང་གིས་བཞག་མ་དགོས་པ་ལ་འཕར་ཏེ་ཕྱི་རྐན་ནས་བྱུང་བར་བསམ། ཀ་པཱ་ལ་ལྷུན་ལྷིན་ཐམས་ཅད་དང་བྲལ་ནས་མཚན་ཉིད་ཡོངས་སུ་རྫོགས་པ་

གཅིག་ཏུ་ཡོད་པར་བསམ། རང་ཉིད་ཀྱི་གྲི་གུག་གིས་ལྟེབས་ཀྱིས་ཕུང་པོ་དེ་བླངས་པ་དང་རང་འཕར་དུ་བྱུང་། ཀ་པཱ་ལའི་ནང་དུ་ཅབ་ཀྱིས་བྱུར། གྲི་གུག་གིས་ལན་གསུམ་དཀྲུགས་ཨོཾ་ཨཱཿཧཱུྃ། ལན་དགུ་ཕྱུགས་སུ་བྱིན་གྱིས་རླབས་པས། ཟག་མེད་ཀྱི་བདུད་རྩི་ཁ་དོག་ཤེལ་དྭངས་མ་བཅག་པ་ལྟ་བུ། ཁ་ནས་བལྟས་ན་གཏིང་གསལ་བ། ཕུན་སུམ་ཚོགས་པ་ལྔ་དང་ལྡན་པ་གཅིག་ཏུ་བསྐྱེད། ཕཊ་བརྗོད། བླ་མ་རྡོ་རྗེ་འཆང་གི་ངོ་བོར་གྱུར་པ་ལ་བླ་མ་ཐམས་ཅད་ཀྱིས་བསྐོར་ནས་བཞུགས་པ། དེའི་གཡས་གྲལ་དུ་དཔའ་བོ་རྣམས་གར་བྱེད་ཅིང་བྲོ་བརྡུང་བ། གཡོན་གྲལ་དུ་དཔའ་མོ་རྣམས་འཚོགས་ནས་གླུ་ལེན་ཞིང་གད་རྒྱངས་སྒྲོག་པ་དེ་ལ། རང་ཉིད་སྙེམས་མ་སྔོན་མོ་ཀ་པཱ་ལ་བདུད་རྩིས་གང་བ་དེ་ཕྱག་གིས་བསྣམས་ཏེ། བླ་མ་རྡོ་རྗེ་འཆང་ལ་ཕུལ་བས་མཉེས་ཤིང་ཚིམ། སྐུ་བཀྲག་དང་གཟི་མདངས་ཆེ་བར་གྱུར་པར་བསམ། དེ་ནས་བླ་མ་རྣམས་ལ་རིམ་པར་ཕུལ་བས། བླ་མ་རྣམས་ཡང་མཉེས་ཤིང་ཚིམ་ནས་སེམས་ཅན་གྱི་དོན་དཔག་ཏུ་མེད་པ་འབྱུང་བར་བསམ། དེ་ནས་གཡས་ཀྱི་དཔའ་བོ་རྣམས་ལ་ཕུལ་བས་མཉེས་ཤིང་ཚིམ་པར་བསམ། དེ་ནས་གཡོན་གྱི་མཁའ་འགྲོ་མ་རྣམས་ལ་ཕུལ་བས་ཚིམ་ཞིང་དགྱེས། སྐུ་ལ་འོད་དང་འོད་ཟེར་རབ་ཏུ་འཕྲོ་ཞིང་དགའ་བའི་ཚུལ་འཛུམ་པའི་མདངས་སྟོན་ཅིང་། མདུན་གྱི་བར་སྣང་ལ་ཌ་མ་རུ་དང་དྲིལ་བུའི་སྒྲ་སྒྲོག་ཅིང་། མི་རྐང་གི་གླིང་བུ་འབུད་པ། གར་དང་གླུ་ལེན་ཞིང་ནམ་མཁའ་ལ་འཇའ་ཡལ་བ་བཞིན་དུ་བླ་མ་ཚོས་སྐུ་བྲངས། དཔའ་བོ་ཚོས་དཀྱིལ་བྱས། མཁའ་འགྲོ་ཚོས་རྗེས་བྱས་ནས་སོང་བར་བསམ། བདུད་རྩིའི་ལྷག་མ་རིགས་དྲུག་དང་ལན་ཆགས་བགེགས་རིགས་ལ་སྦྱིན། ལྷག་མ་ལྷ་འདྲེ་རྣམས་ལ་སྦྱིན། དེ་ཉིད་ཀྱི་ངང་

ཏུ་ཧིང་ངེ་འཛིན་ལ་བཞག །མཐར། རྒྱལ་བ་མཆོད་པས་མཉེས་གྱུར་ཅིག །དམ་ཅན་ཐུགས་དམ་བསྐང་གྱུར་ཅིག །རིགས་དྲུག་འདོད་པ་ཚིམ་གྱུར་ཅིག །ལན་ཆགས་བུ་ལོན་ཁོར་གྱུར་ཅིག །ཤ་འགོན་སྡིག་སྒྲིབ་དག་གྱུར་ཅིག །དེ་ནི་མཁའ་འགྲོ་གཟན་འགྱེད་མའོ། །

གཟའི་དམིགས་པ་ནི། གཟའ་བདུད་ནད་ཀྱིས་ཐེབས་གྱུར་ན། །དྲག་པོ་མེ་འབར་དམིགས་པ་དགོས། །ཞེས་པ། རཱ་ཧུ་ལའི་ནད་གང་བྱུང་ཡང་། ས་ཤུའམ། གྲོག་རོངས། ས་ཆད་པའི་མཚམས་སམ། གང་ཉུང་དུ་བསྡད། ཕཊ་བརྗོད། རང་ཉིད་སྐད་ཅིག་གིས་བཛྲ་པཱ་ཎི་སྐུ་མདོག་སྔོན་པོ་ཞལ་གཅིག་ཕྱག་གཉིས་སྤྱན་གསུམ་མཆེ་བ་བཞི་རབ་ཏུ་གཙིགས་པ། དབུ་སྐྲ་དམར་སེར་གྱེན་དུ་བརྫེས་པ། གཟུགས་ཐུང་ཞིང་གསུས་ཁྱིམ་ཆེ་བ། སྦྲུལ་ནག་གིས་ག་ཤ་བྱས་པ། གནམ་ལྕགས་ཀྱི་རྡོ་རྗེ་རྩེ་ལྔ་པ་རྩེ་ལ་མེའི་ཚ་ཚ་འཁྲོ་བ་གཡས་སུ་བསྣམས་པ། གཡོན་པ་སྡིགས་མཛུབ་དང་ཞགས་པ་གདོན་བགེགས་ལ་གཏད་པ། སྐུ་ལ་ཡེ་ཤེས་ཀྱི་མེ་རབ་ཏུ་འབར་བ། རི་རབ་བང་རིམ་བཞི་པའི་སྟེང་དུ་བྱམས་བཞུགས་མཛད་པ་གཅིག་ཏུ་བསྐྱེད། རང་གི་མདུན་དུ་རཱ་ཧུ་ལ་སྐུ་མདོག་དཀར་པོ། འཁོར་དགུ་ཡང་དེ་དང་འདྲ་བ་ཕྱག་ན་རྣ་ཡི་མདའ་གཞུ་བཟུང་བ། རང་ལ་གུས་པའི་ཚུལ་དུ་ཐལ་མོ་སྙིང་གར་སྦྱོར་ཞིང་མགོ་སྒུར་བྱེད་པར་བསམ་ནས། རང་གི་ཞལ་ནས། ཨོཾ་བཛྲ་པཱ་ཎི་ཧཱུྃ། ཞེས་པས་རཱ་ཧུ་ལ་འཇིགས་ཤིང་ཞེད་པས་འདར་ཕྲི་ལི་ལི་བྱེད་པ། བདག་ཅག་རྣམས་ཁྱེད་ལ་སྐྱབས་སོ། །ཁྱེད་ཀྱིས་བཀའ་གང་གནང་བ་བདག་ཅག་རྣམས་ཀྱིས་བསྒྲུབ་པོ་ཟེར་ཞིང་ཕྱག་འཚལ་བར་བསམ། རང་གིས་བཀའ་བསྒོས་པས། དྲང་སྲོང་ཁྱེད་རྣམས་ཀྱིས་རིགས་ཀྱི་བུ་འདི་ཡི་ལུས་ཀྱི་ན་ཚ། སེམས་

ཀྱི་སྡུག་བསྔལ་འདི་དང་བྲལ་ཅིག །གལ་ཏེ་མི་འབྲལ་བ་ཡིན་ན་བསྐལ་པ་མ་སྟོངས་ཀྱི་བར་དུ་ཁྱེད་ཚོ་འདིར་བསྡད་དགོས་ཤིང་ཐལ་བ་རྡུལ་དུ་བརླག་པར་བྱེད་པ་ཡིན་ནོ། །དེ་བས་ང་ཡི་བཀའ་ལ་ཉོན་ཞིག་བྱས་ནས་ཕྱག་གི་རྡོ་རྗེ་ནམ་མཁའ་ལ་གདེང་གདེང་བྱས་པས། ཁོང་ཚོ་ལུས་ཚལ་པར་གས་པ་སྐམ་བྱེད་ཅིང་། སྲོག་སྙིང་ཕུལ། ཕྱག་འཚལ། བསྐོར་བ་བྱས། ཆོས་ཞུས། ནད་དང་བྲལ། ཕྱག་གི་མདའ་གཞུ་ཕུལ་བར་སེམས། ཚར་ཚད་དང་ཆོད་ཚད་མ་བྱུང་གི་བར་དུ་དམིགས་པས་བཙུན། ཚར་ཚད་བྱུང་ནས་དཀར་འཁྱེད་བྱ། བསྔོ་བ་སྨོན་ལམ་གྱིས་རྒྱས་བཏབ། ཁོང་ཚོ་ཡང་གུས་པའི་ཚུལ་དུ་ཕྲུ་གུ་ལོ་བརྒྱད་པ་ཙམ་བྱས་ནས། ཕྱིར་འགྲོས་བྱས་ནས་རྒྱབ་ཏུ་དོན་ནས་སོང་བར་བསམ། དེ་ནི་དྲག་པོ་གཟའ་དམིགས་མའོ། །

རྒྱལ་པོའི་དམིགས་པ་ནི། རྒྱལ་འགོང་ནད་ཀྱིས་བཏབ་པ་ལ། །ལྷ་ཁང་སྒོ་མེད་དམིགས་པ་དགོས། །ཞེས་པ། རྒྱལ་པོའི་ནད་ལ་མཆོད་རྟེན། ཕུང་ཤུལ། ལྷ་ཁང་གོག་པོ། དགོན་པ་སྟོངས་པའི་དགོན་རོ་ལྟ་བུ་ལ་བསྡད། ཕཊ་བརྗོད། རང་ཉིད་སངས་རྒྱས་མཁའ་འགྲོར་གསལ། ཕུང་པོ་དེའི་ལྷག་ཁུང་གི་བདུད་སྒོ་དེ་ཕྱེ། ཕུང་པོའི་ནང་དེ་ལྷ་ཁང་བཀྲག་དང་ལྡན་པ། སྒོ་སུམ་རིམ་དུ་ཡོད་པ། དེའི་ནང་དུ་རིན་པོ་ཆེའི་ཁྲི་དང་། གོས་དར་སྣ་ཚོགས་པའི་ཁྲི་ཁེབས་དང་། ཡོལ་བ་དང་། བླ་རེས་དང་། འཕན་དང་། དར་དཔྱངས་ལ་སོགས་པ་སྣ་ཚོགས་པའི་བཀོད་པ་ལྟ་བས་ཆོག་མི་ཤེས་པ། ཟས་སྣ་སྣ་ཚོགས་པས་ཁེངས་ནས་ཡོད་པར་བསམ། དེ་ནས་རང་ཉིད་སངས་རྒྱས་མཁའ་འགྲོས་ལྷག་པའི་བདུད་སྒོ་ནས། ཕྱག་གཡས་ན་རེ་བའི་བ་དན་ཕྱར་ནས་རྒྱལ་པོ། དཔེ་དཀར། སྲིན་མོ། ཐེལ་རང་། འགོང་

པོ་ཁྱིད་རྣམས་འདིར་ཕྱིན་ཅིག །ཁྱེད་རྣམས་ལ་གནས་མལ་བཟང་པོ་ཡོད་ཀྱི། རིན་པོ་ཆེ་དང་དར་ཟབ་སྣ་ཚོགས་པ་ཡོད་ཀྱི། བཟའ་བཏུང་སྣ་ཚོགས་པ་ཡོད་ཀྱི། ཞེས་ལན་གསུམ་གྱི་འབོད་པ་བྱས་པས་ཁོང་ཚོ་ཐམས་ཅད་བྱུང་། རིན་པོ་ཆེའི་ཁྲི་ཚོའི་ཐོག་ལ་བསྡད། དར་ཟབ་གོན་ཅིང་རིན་པོ་ཆེའི་རྒྱན་བཏགས། ཟས་སྣ་ཐམས་ཅད་གསོལ་ནས་དགའ་བ་དང་སྤྲོ་བ་མང་པོ་བྱེད་ཅིང་འདུག །དེ་ནས་རང་ཉིད་སངས་རྒྱས་མཁའ་འགྲོས་ཁོང་ཚོ་ནང་དུ་བཟའ་བཏུང་སྣ་ཚོགས་པ་དང་ལྡན་དུ་བཞག་ནས། འདི་སྐད་དུ་བརྗོད། འོ་ཁྱིད་རྣམས་གནས་མལ་འདི་ན་ཡོད། བཟའ་རྒྱུ་དང་གོན་རྒྱུ་ནི་ཡོད་པས། བསྐལ་པ་མ་སྟོངས་ཀྱི་བར་དུ་འདིར་སྡོད་ཅིག་བྱས་ནས་སྒོ་དང་པོ་གསེར་གྱི་སྒོ་བཅད། བར་པ་དངུལ་གྱི་སྒོ་བཅད། ཕྱི་མ་སེང་ལྡེང་གི་སྒོ་ཁྲིགས་ཀྱིས་བཅད་པས། ཁོང་ཚོ་གྲོས་བྱས། ཟ་རྒྱུ་དང་ལོངས་སྤྱོད་མང་པོ་བྱས། དགའ་བ་དང་སྐྱིད་པ་ཡོད་པ་ལ། ཆོག་དེ་ཐོས། སྒོ་བཅད་བྱས་པས་བློ་མ་བདེ། སྡུག་གྲགས། འགྲོ་ས་དང་བྲོས་ས་གང་ཡང་མེད་ནས་བློ་གཏོར་བ། རིག་པ་ཡུན་པར་གྱུར་ནས། བདག་གི་བཀའ་ཉན་དང་གསུང་སྡོད། སྲོག་སྙིང་ཕུལ་བ་སོགས་ཅི་ཟེར་གྱི་བཀའ་ལ་ཉན་པར་བསམ་པའོ། །ཚར་ཚད་དང་ཆོད་ཚད་བྱུང་ན་དཀར་འཁྱིད་སོགས་བྱ། མཐར་ཅི་ཡང་མི་དམིགས་པའི་ངང་དུ་བཞག །བསྔོ་བ་སྨོན་ལམ་བྱ། དེ་ནི་ལྷ་ཁང་མའོ། །རྒྱལ་པོའི་དམིགས་པ་ཟུར་པ་ཡིག་ཆུང་དུ་གསལ།

བྱད་ཁ་བཟློག་པའི་དམིགས་པ་ནི། བྱད་ཁ་བཟློག་པར་བྱེད་པ་ལ། །ཡོག་ནོན་གཟེར་བུའི་དམིགས་པ་དགོས། །ཞེས་པ། རང་ལ་བྱད་ཁ་ལྟ་བ་དང་། འདིས་མཐུ་བྱེད་སྙམ་པ་དང་། གཞན་གྱིས། འདིས་ཁྱོད་ལ་མཐུ་བྱེད་པར་འདུག་ཟེར་

བ་བྱུང་ན། མཐུ་ཅན་མཁན་ངོ་ཤེས་ན་དེའི་ཡུལ་དུ་འགྲོ་ལ། གཏོར་མ་འཕང་བའི་གཏོར་ལམ་དེར་མགོ་མཇུག་བཟློས་ནས་གན་རྐྱལ་དུ་ཉལ། པོའི་གཏོར་ཁང་གི་འོག་ཏུ་ཡོད་པར་བསམ། གཏོར་མ་འཕངས་པ་ཚ་ཟ་རྒྱུ་བྱུང་ན་ཟ། གཞན་བསམ་མནོ་གང་ཡང་མི་གཏོང་། རང་གི་ཤ་ཁྲག་པོ་ཡི་གཏོར་མ་ལ་བྲན། པོའི་ཆོས་སྐྱོང་དང་རང་གི་ཆོས་སྐྱོང་གཉིས་ཀས་གསོལ། ཚེམ་ཞིང་དགྱེས། དགའ་མགུ་ཡིད་རང་བར་བསམ། སྐབས་སྐབས་སུ་དམིགས་པ་དེ་ཡང་ཡང་བྱ། སྐབས་སྐབས་སུ་ཅི་ཡང་མི་དམིགས་པའི་ངང་དུ་བཞག །མཐུ་ཅན་མཁན་ངོས་ཟིན། ཚ་འཕྲུལ་དང་ལྟས་བྱུང་ན། པོ་ཡི་གཏོར་མ་བཅས་པའི་གཏོར་ཁྲིའི་འོག་ཏུ་གོང་ལྟར་བྱས་པར་བསམ། དེ་ལྟར་བྱས་ན་ཞག་གསུམ། ལྔ། བདུན། ཐ་མ་ཡང་ཞག་དགུ་ལ་མཐུ་པོ་རང་ལ་ལོག་ནས་འཆི་བར་ངེས་པར་བཤད་པའོ། །དེ་ནི་བྱད་བཟློག་མའོ། །བྱད་མ་ཤི་བ་ཚོར་ན་སྲིབ་སྦྱོང་གི་ཚ་ག་བྱེད། བསྔོ་བ་སྨོན་ལམ་གྱིས་རྒྱས་འདེབས་པའོ། །འདི་ཡན་གཉན་སའི་ཐོག་མར་མཇལ་ས་བཅའ་ཞིང་གདན་འདིང་བ་ཕྱིན་ཆད་བར་པ་བར་གནོན་གྱི་བསྐོར་རྣམས་ཡིན་ནོ། །

དེ་ཡང་། བར་པ་བར་དུ་མ་ནོན་ན། །དཔའ་བོ་ལག་གི་མཚོན་ཤོར་འདྲ། །དེ་ལ་རྡོ་རྗེའི་སྦྲུལ་ཆིངས་དགོས། །ཞེས་པའི་དོན་ཡིན་ནོ། །འབྱུང་བཞིའི་ལུས་ལ་ནད་བྱུང་ན། །སེང་གེ་ལྷ་བུའི་དམིགས་པ་དགོས། །དགྲ་བོ་གཉེན་དུ་འཇུག་པ་ལ། །སྙིང་ཆེན་འགྲིང་བའི་དམིགས་པ་དགོས། །གཉེན་བཤེས་རྣམས་ལ་སེམས་བརྩེ་ན། །འཁྲི་བ་གཙོད་པའི་དམིགས་པ་དགོས། །ནོར་དང་ཟས་ལ་ཆགས་ཞེན་ན། །སྨྲར་ཡང་སྤོང་དག་བྱེད་པ་གཅེས། །གདོན་གྱིས་གནོད་པ་བྱུང་གྱུར་ན། །ལ་བཟླ་གསུམ་གྱི་དམིགས་པ་དགོས། །ལུས་ལ་གདོན་ཆེན་སྦྲུལ་ལྟར་འཁྱུད། །ལག་

ལྷར་སྒྱུ་བའི་དམིགས་པ་དགོས། །པང་ལ་མེ་ལྷར་བྱུང་གྱུར་ན། །མདུང་ལྷར་བསྐོར་བའི་དམིགས་པ་དགོས། །སྤྲོད་གཏོང་སྤྲིན་ལྷར་འཁྲིགས་གྱུར་ན། །རླུང་ལྷར་འབུད་པའི་དམིགས་པ་དགོས། །ཟས་གོས་རོ་གྲིབ་ཁམས་འདུས་ལ། །བྱིན་རླབས་གནད་འབེབས་ཆེན་མོ་དགོས། །ཁ་ཚར་སྲྨོམས་ཀྱི་གཏེར་མཛོད་ལ། །གོ་རིམ་དམིགས་པའི་རྒྱུས་འདེབས་དགོས། །ཞེས་པ་རྣམས་ཡིག་ཆུང་དུ་གསལ་ལོ། །དེས་གཉིས་པ་བར་གནོན་སོང་ནས།

དེ་གསུམ་པ་ལ། ཕྲི་མ་ཕྲི་ཏུ་མ་ནོན་ན། །ནོར་དང་ཤོར་བའི་རྗེས་གཅོད་འདྲ། །དེ་ལ་དམག་དཔོན་ཁྲུང་ནག་དགོས། །ཞེས་སམ། རྗེས་གཅོད་དམིགས་པ་བསྐོར་གསུམ་དགོས། །ཞེས་པའི་དོན་ནི། གཉན་ས་མ་ཆོད་པར་བློ་རྒྱུག་ཁར་འགྲོ་དགོས་པ་བྱུང་ན། རང་གི་མལ་ས་དེར་མགྲོ་ཆེན་པོ་ཞིག་བཅིག །དེའི་ཁྲུང་དུ་རྫོ་ལེབ་ལ་མཚལ་ལམ། རྒྱ་སྣག་གིས། ངོ་བོ་སངས་རྒྱས་མཁའ་འགྲོ་ཡིན་པ་ལ། རྣམ་པ་ཡེ་ཤེས་ཀྱི་བྲ་ཁྲུང་མེ་རབ་ཏུ་འབར་བ་ཞིག་གི་སྐུ་བྲིས། དེའི་ཐུགས་ཀར་ཧཱུྃ་ཡིག་གི་མཐའ་ལ། ཨོཾ་ཧྲཱ་ཏྲ་ཊ་ཙ་ལེ་ཙ་ལེ་ཧཱུྃ་ཧཱུྃ་ཕཊ། ཅེས་པ་གཡས་བསྐོར་དུ་བྲིས། བགེགས་བསྔད་ཅིང་བརྟན་བཞུགས་རབ་གནས་བྱེད། སྐུ་དངོས་བྲི་བ་མ་བྱུང་ན་ཧཱུྃ་ལ་སྔགས་ཀྱིས་བསྐོར། རབ་གནས་བྱེད། གཉན་ས་དེའི་ཤིང་བུ་རྩེའུ་བརྟུས་ལ་ལྷ་འདྲེའི་སྲོག་སྙིང་ཡིན་པར་བསམ་ཁུག་མར་བླུག །ཁ་བཙིངས། རང་གར་སྡོད་སའི་འོག་ཏུ་བཙུག །དམིགས་པའི་རིམ་པ་རྣམས་སྔ་མ་ལྟར་བྱེད། རང་ཉིད་གཉན་སར་ཡོད་པར་བསམ། སྐུ་དང་ཧཱུྃ་ཡིག་མཁའ་འགྲོའི་ངོ་བོ་བྲ་ཁྲུང་འཛིགས་སུ་ཏྲུང་བ་གཉན་ས་དེ་ཁེབས་པ་ཞིག་ཏུ་བསྐྱེད་ནས། ལྷ་འདྲེ་རྣམས་འགྲོ་ས་དང་བྲོས་ས་མེད་པར་བསམ། ཆོད་རྟགས་བྱུང་ནས་ཤིང་བུ་རྩེའུ་རང་

མལ་དུ་སྐྱིལ། ལྷ་གཤེགས་གསོལ་བྱེད། མཐོ་དང་མལ་ས་ཐབ་ཀ་རྣམས་སྔར་གྱི་ས་ས་མལ། རྡོ་རྗེ་མལ་དུ་བསྐྱལ་ལོ། །དེ་ནི་དམག་དཔོན་ཁྱུང་ནག་ཅེས་བྱའོ། །

ཡང་ན། མཐོ་བརྩིགས། རྡོ་ལེབ་བམ། ཤིང་ལེབ། ཤོག་གུ་གང་རུང་ལ། ཁྲིས་མ་ནག་མོའི་སྐུ་བཞེངས། ཐུགས་ཀར་ཧྲཱིཿཡིག་གི་མཐར། ཨོཾ་ཀྲོ་ཧྲི་ཀཱ་ལི་ཧ་རི་ནི་ས་ཨཱ་བེ་ཤ་ཡ་ཧཱུྃ་ཕཊ། ཅེས་པ་བྲིས། བགེགས་བསྐྲད། ཡེ་ཤེས་པ་སྤྱན་དྲངས། བརྟན་བཞུགས་བྱ། རབ་གནས་དང་བཀྲ་ཤིས་བརྗོད། གཉན་ས་དེར་གནས་པའི་ལྷ་འདྲེ་ཐམས་ཅད་དབང་དུ་བསྡུས་ཤིང་ཟིལ་གྱི་གནོན་པར་བསམ། ཤིང་བུ་ཛེའུ་ཁུག་མར་བཅུག །ཁ་བཅད། རང་གར་སྡོད་སའི་མལ་འོག་ཏུ་བཅུག །རང་ཉིད་གཉན་སར་ཡོད་པར་བསམ། དམིགས་པ་སྔོན་མ་ལྟར་བྱ། ཚར་ཚད་ཆོད་ཚད་བྱུང་ན་ཤིང་བུ་ཛེའུ་རང་མལ་དུ་སྐྱིལ། ལྷ་གཤེགས། མཐོ། ཉལ་མལ། ཐབ་ཀ་མི་མངོན་པར་བྱེད། དེ་ནི་རྫས་གཙོད་ཁྲིས་མའོ། །

ཡང་ན། མཐོ་ལྔ་བརྩིགས། དབུས་མའི་ཁུང་དུ་རྡོ་ལེབ་ལ་ཧཱུྃ་བྲིས། མཐར། ཧཱུྃ་བཛྲ་ཕཊ་བྲིས། བགེགས་བསྐྲད། དཔལ་ཕྱག་ན་རྡོ་རྗེ་སྤྱན་དྲངས་ལ་བསྟིམ། རབ་གནས་བྱ། ཕྱོགས་བཞིའི་མཐོ་བཞི་ལ། རྡོ་རྗེ་སེམས་དཔའ། རིན་འབྱུང་། སྣང་མཐའ། དོན་གྲུབ་རྣམས་བསྐྱེད། སྤྱན་འདྲེན། བརྟན་བཞུགས། རབ་གནས་མི་དགོས། ཤིང་བུ་ཛེའུ་ཁུག་མར་རླུགས་ཁ་བཅད། རང་གར་གནས་པའི་མལ་འོག་ཏུ་བཅུག །རང་ཉིད་གཉན་སར་ཡོད་པར་བསམ། དམིགས་པ་གོང་ལྟར་བྱ། ཚར་ཚད་ཆོད་ཚད་བྱུང་ན་ཤིང་བུ་ཛེའུ་སྔར་མལ་དུ་སྐྱིལ། ལྷ་གཤེགས། མཐོ། མལ་ས། ཐབ་ཀ། ཕུར་པ། ཐལ་བ། ཤིང་འཇག་ཅམ་ཡང་མ་ལུས་པར་ཐ་དད་དུ་བསྐྱལ་ནས་ལས་ཀྱི་རྫས་མི་མངོན་པར་བྱེད་པའོ། །དེ་ནི་རྫས་གཙོད་རིགས་

ལྷ་མའོ། །དེ་གསུམ་རེ་རེ་བྱེད་པའམ། ཡང་ན་གསུམ་ཀ་དུས་གཅིག་ཏུ་བྱས་ཀྱང་རུང་། དུས་གཅིག་ཏུ་བྱེད་ན། དབུས་སུ་ཁྲུང་། གཡས་སུ་ཕྱག་ན་རྡོ་རྗེ། གཡོན་དུ་ཁྲོས་མ། ཕྱོགས་བཞི་ལ་རིགས་བཞི་བསྐྱེད་པར་བྱའོ། །དེ་ནི་ཕྱི་མ་ཕྱི་གནོན་གྱི་དམིགས་པ་དམག་དཔོན་ཁྲུང་ནག་ཞེས་ཀྱང་བྱ། རྗེས་གཅོད་བསྐོར་གསུམ་ཞེས་ཀྱང་བྱའོ། །

གཉན་དམིགས་གཞན་དུ་འཕོ་བ་ལ། །ཚོད་རྟགས་རིམ་པ་ཚང་བ་དགོས། །ཞེས་པ། ཚོད་རྟགས་ཀྱི་རིམ་པ་ཡིག་ཆུང་དུ་གསལ། ཚོད་རྟགས་བྱུང་ནས་རྗེས་ཀྱི་བྱ་བ་ལ། རྗེས་ཀྱི་བྱ་བ་ཐམས་ཅད་ལ། །རིམ་པ་བདུན་གྱི་ཏིང་འཛིན་དགོས། །ཞེས་པ། གཉན་ས་གསོ་བ། ལྷ་འདྲེའི་སྒྲིབ་པ་སྦྱོང་བ། ལྷ་འདྲེ་ལ་ཆོས་འཆད་པ། ལྷ་འདྲེས་སྲོག་སྙིང་འབུལ་བ། ལྷ་འདྲེ་ལྷར་བསྐྱེད་པ། ཆུ་གཏོར་བཏང་བ། བསྔོ་བ་སྨོན་ལམ་བྱེད་པ་དང་བདུན་ནོ། །དང་པོ་གཉན་ས་གསོ་བ་ནི། ཕཊ་བརྗོད། རང་ཉིད་སྐད་ཅིག་གིས་རྗེ་བོ་ཁ་སར་པ་ཎི་སྐུ་མདོག་དཀར་པོ་ཞལ་གཅིག་ཕྱག་གཉིས་ཞབས་སྐྱིལ་ཀྲུང་དུ་བཞུགས་པ། ཕྱག་གཡས་ཀྱི་མཐིལ་དུ། ཨོཾ་ཨཱཿཧཱུཾ་གསུམ་ལ་བདུད་རྩིའི་རྒྱུན་སྲིན་ལག་གི་རྩེ་ནས་བབ། གཉན་ས་དེ་ཐམས་ཅད་ཟག་མེད་ཀྱི་བདུད་རྩིས་ཁེངས་པས། གཉན་ས་ཡང་སྔར་ལས་ལེགས་པ། འཛམ་པ། རྩི་ཤིང་རྒྱས་པ། མེ་ཏོག་དང་རྩི་ཐོག་རྒྱས་པར་བསམ་པའོ། །

གཉིས་པ་ལྷ་འདྲེའི་སྒྲིབ་པ་སྦྱོང་བ་ལ། རིན་པོ་ཆེའི་ཁྲི་ཡངས་ཤིང་རྒྱ་ཆེ་བའི་སྟེང་དུ། རང་ཉིད་སྐད་ཅིག་གིས་རྗེ་བོ་མི་འཁྲུག་པ་སྐུ་མདོག་སྔོན་པོ་ཞལ་གཅིག་ཕྱག་གཉིས། གཡས་པས་བཻཌཱུརྻའི་བུམ་པ་ཟག་མེད་ཀྱི་བདུད་རྩིས་གང་བ་བསྣམས་པ། གཡོན་པས་བཻཌཱུརྻའི་ཕྲེང་བ་བརྒྱ་རྩ་བརྒྱད་འཛིན་ཅིང་། ཕཊ་

བརྗོད། གཉན་ས་དེར་གནས་པའི་ལྷ་འདྲེ་ཐམས་ཅད་རང་གི་མདུན་དུ་སྐད་ཅིག་ཉིད་དུ་འཚོགས་ནས་ཡོད་པར་བསམ། བུམ་པའི་བདུད་རྩིས་ལྷ་འདྲེ་ཚོ་ལ་ཁྲུས་བྱེད་ཅིང་། ཞལ་ནས། ཨོཾ་གཾ་ག་ནི། གཾ་ག་ནི། རོ་ཙ་ནི་རོ་ཙ་ནི། ཧོ་ཏ་ནི་ཧོ་ཏ་ནི། ཏྲ་ས་ནི། ཏྲ་ས་ནི། པྲ་ཏི་ཧ་ན་པྲ་ཏི་ཧ་ན། སརྦ་ཀརྨ་པ་རཾ་པ་ཎཱ་ཀི་མེ། སྭཱ་ཧཱ། ཞེས་བརྗོད་ཅིང་ཁྲུས་བྱས་པས་ལྷ་འདྲེ་ན་བ་ཚ་སོས། རྒས་པ་ཚོ་གཞོན། ཉམས་ཐག་པ་ཚོ་གཟི་བརྗིད་དང་ལྡན། ཁྱད་པར་དུ་ཡང་དུག་ལྔ་དུག་གསུམ་ནད་གདོན་སྡིག་སྒྲིབ་རྣམས་སངས་ཀྱིས་དག་ནས། གཉིས་མེད་ཀྱི་ཡེ་ཤེས་རྒྱུད་ལ་སྐྱེས་པར་བསམ་པ་ནི་སྒྲིབ་པ་སྦྱོང་བའོ། །

གསུམ་པ་ལྷ་འདྲེ་ལ་ཆོས་འཆད་པ་ནི། ཕཊ་བརྗོད། གཉན་ས་དེའི་ལྷ་འདྲེ་ཐམས་ཅད་རང་གི་མདུན་དུ་སྐད་ཅིག་ཉིད་དུ་འཚོགས་ནས་ཡོད་པར་བསམ། སེང་གེའི་ཁྲིའི་སྟེང་དུ། རང་ཉིད་སྐད་ཅིག་གིས་ཐུབ་པའི་དབང་པོ་སྐུ་མདོག་གསེར་བཙོ་མའི་མདོག་ལྟར་སེར་བ། ཞལ་གཅིག་ཕྱག་གཉིས་ཆོས་འཆད་དང་མཉམ་བཞག་མཛད་ནས། ལྷ་འདྲེ་ཁྱེད་རྣམས་དེ་སྔ་མ་གོ་མ་རིག་པའི་སྟོབས་ལ་བརྟེན་ནས། གཅིག་གིས་གཅིག་ལ་གནོད་པ་དང་གདུག་པ་ཕྲག་དོག་དང་ངན་སེམས་འཆང་བ་ཡིན་པས། ད་ཕན་ཚུན་ཕ་མ་དང་གཉེན་ཚན་དུ་འཁོར་བ་ཐོག་མ་མེད་པ་ནས་འབྲེལ་བ་ཡིན་པས། གོ་ཞིང་རིག་པར་གྱིས་ལ། ཕྲག་དོག་དང་གནོད་སེམས་སྤོངས་ལ་གཅིག་གིས་གཅིག་ལ་ཕ་མ་དང་བུ་ཚའི་འདུ་ཤེས་བསྐྱེད་ལ། སེམས་ཞི་བ་དང་དུལ་བ་བྱང་ཆུབ་ཀྱི་སེམས་དང་ལྡན་པར་གྱིས་ལ། དགའ་བ་དང་སྤྲོ་བ་བྱེད་དགོས་པ་ཡིན་ནོ་གསུངས་པས། ཁོང་ཚོས་ཡང་བྱེད་པར་ཁས་ལེན་ཞུས་པར་བསམ་པའོ། །དེ་ནི་ལྷ་འདྲེ་ལ་ཆོས་བཤད་པའོ། །

བཞི་པ་ལྷ་འདྲེས་སྲོག་སྙིང་ཕུལ་བ་ནི། རང་ཉིད་སངས་རྒྱས་མཁའ་འགྲོ་ཞི་ཞིང་དུལ་བ་གཅིག་ཏུ་བསྐྱེད། ཕཊ་བརྗོད། གཉན་ས་དེར་གནས་པའི་ལྷ་འདྲེ་ཐམས་ཅད་རང་གི་མདུན་དུ་འདུས་ནས་ཕྱག་འཚལ་ལོ། །བསྐོར་བ་བྱེད། ཞབས་སྤྱི་བོར་བླངས། དུས་ད་ནས་གཟུང་སྟེ་ཁྱེད་ཀྱི་འབངས་སུ་བདག་ཅག་རྣམས་མཆིས་སོ། །བདག་ཅག་རྣམས་ཀྱི་ལུས་ལོངས་སྤྱོད་ཁ་རྗེ་དབང་ཐང་སྲོག་གི་སྙིང་པོ་ཁྱེད་ལ་འབུལ་ཞིང་། ཁྱེད་ཀྱིས་དབང་བ་ཡིན་པས། གཞན་སུས་ཀྱང་མི་དབང་ངོ་ཟེར་བ་ནི་སྲོག་སྙིང་ཕུལ་བའོ། །

ལྔ་པ་ལྷར་བསྐྱེད་པ་ནི། ཕཊ་བརྗོད། པདྨ་དང་ཟླ་བའི་གདན་ལ་རང་ཉིད་སྐད་ཅིག་གིས་འཕགས་པ་སྤྱན་རས་གཟིགས་སྐུ་མདོག་དཀར་པོ་ཞལ་གཅིག་ཕྱག་བཞི་དང་པོ་གཉིས་ཐུགས་ཀར་ཐལ་མོ་སྦྱར་བ། འོག་མ་གཉིས་ཤེལ་དཀར་གྱི་ཕྲེང་བ་བརྒྱ་རྩ་བརྒྱད་བགྲང་བ་དང་། པདྨ་དཀར་པོ་བསྣམས་པ་གཅིག་ཏུ་བསྐྱེད། ལྷ་འདྲེ་ཚོའི་སྤྱི་བོར་སྤྱན་རས་གཟིགས་རང་འདྲ་བ་རེ་རེ་བཞུགས་པར་བསམ་ནས་ཡི་གེ་དྲུག་པ་བགྲང་བས། ལྷ་འདྲེ་རྣམས་ཀྱིས་ཀྱང་ཇུར་དི་རི་རི་བགྲང་བར་བསམ་ནས་བརྒྱ་ཕྲག་གམ་ཉི་ཤུ་རྩ་གཅིག་བགྲང་བར་བྱའོ། །མཐར་སྤྱི་གཙུག་གི་སྤྱན་རས་གཟིགས་རྣམས་ལྷ་འདྲེ་རང་རང་ལ་ཐིམ། ལྷ་འདྲེ་རྣམས་སྤྱན་རས་གཟིགས་ཞལ་གཅིག་ཕྱག་གཉིས་པ་གཅིག་ཏུ་གྱུར་ནས། པོ་ཏ་ལར་སྤྱན་རས་གཟིགས་ཀྱིས་ཞིང་ཁམས་བསྐྱོད་པར་བསམ་པ་ནི་ལྷར་བསྐྱེད་པའོ། །

དྲུག་པ་ཆུ་གཏོར་བཏང་བ་ནི། རང་ཉིད་སྤྱན་རས་གཟིགས་ཁ་སར་པ་ཎིར་བསྐྱེད་ནས། བརྒྱ་རྩ་གཏོར་མ་གཞུང་བཞིན་བྱེད། ལྷ་འདྲེ་རྣམས་འཚོགས་ནས་ཆུ་སྦྱིན་འཐུངས། ཁྲུས་བྱས། བསམ་པ་ཕུན་སུམ་ཚོགས་པ་དང་ལྡན་པར་བསམ་

པ་ནི་ཚུ་གཏོར་བཏང་བའོ། །

བདུན་པ་བསྔོ་བ་སྨོན་ལམ་ནི། ཕཊ་བརྗོད། ལྷ་འདྲེ་ཐམས་ཅད་སྐད་ཅིག་ཉིད་དུ་འཚོགས་ནས་དད་ཅིང་གུས་པས་ཡོད་པར་སེམས་ནས། བསྔོ་བ་རྒྱས་པར་བྱེད། ཁྱད་པར་དུ་ཡང་ལྷ་འདྲེ་ཁྱེད་རྣམས་ཀྱི་ཕ་མ་ཉེ་དུ་གཉེན་འབྲེལ་དང་བཅས་པ་ཐམས་ཅད་ཀྱི་ལུས་ཀྱི་ན་ཚ། སེམས་ཀྱི་སྡུག་བསྔལ་ཐམས་ཅད་ཞི་ནས་མྱུར་དུ་རྣམ་པ་ཐམས་ཅད་མཁྱེན་པ་སངས་རྒྱས་ཀྱི་གོ་འཕང་རིན་པོ་ཆེ་ཐོབ་པར་གྱུར་ཅིག །ཁྱེད་རྣམས་ཀྱི་གནོད་སེམས་དང་གདུག་སེམས་ཐམས་ཅད་ཞི་ནས་བསམ་པ་བྱང་ཆུབ་ཀྱི་སེམས་དང་ལྡན་པར་གྱུར་ཅིག །རྒྱལ་པོ་བྱམས་པའི་སྟོབས་དང་ནི། །སོགས་དང་། ཆོས་དབྱིངས་བྱང་ཆུབ་སེམས་ཀྱི་དཀྱིལ་འཁོར་དུ། །བདག་སོགས་སེམས་ཅན་ཐམས་ཅད་ཀྱིས། །དུས་གསུམ་བསགས་དང་རྫོགས་པ་ཡིས། །འགྲོ་དྲུག་སེམས་ཅན་ཐམས་ཅད་མ་ལུས་པ། །སྐུ་ལྔ་ཡོངས་རྫོགས་སངས་རྒྱས་མྱུར་འགྲུབ་ཤོག །དེ་ནི་རྗེས་ཀྱི་བྱ་བའོ། །

ཅེས་གཅོད་གདན་ཐོག་གཅིག་མའི་ཁྲིད་ཡིག་འདི། ཀཱ་ཧི་ང་གུའི་ཐྭ་གངས་པ་ཀུན་དགའ་རྒྱ་མཚོ་ནས་ཀྱི་དྲུང་དང་། འབྲུ་དབོན་པོ་བསོད་ནམས་རིན་ཆེན་དང་། མི་ཉག་རྟོགས་ལྡན་དཔལ་ལྡན་སེང་གེ་དང་། རྟོགས་ལྡན་སེ་འོ་ཕྱུག་པ་དགེ་འདུན་རྒྱལ་མཚན་དང་། སྔང་རྩེ་རབས་ཆེན་པ་བསམ་གྲུབ་རྒྱ་མཚོ་དང་། འབྲོག་མོ་རབས་ཆེན་པ་བརྩོན་འགྲུས་རྒྱ་མཚོ་སོགས་དད་ལྡན་གྱི་སྐྱེས་བུ་དམ་པ་རྣམས་ཀྱིས་ཡང་ཡང་ནན་དུ་བསྐུལ་བའི་ངོར། རྗེ་རང་བྱུང་པའི་གདན་ཐོག་གཅིག་མ་གཞིར་བཞག །རྗེ་བཙུན་རིན་པོ་ཆེ་བསྒྲུབ་པའི་གཙུག་རྒྱན་འཇམ་དཔལ་རྒྱ་མཚོའི་ཞལ་གྱི་བདུད་རྩིའི་ཆུ་རྒྱུན་ཡང་ཡང་སྤྱོད་ཞིང་། གཞན་ཡང་

ཨ་དེ་རྟོགས་ལྡན་པ་བློ་གྲོས་རྒྱ་མཚོའི་གསུང་ངག་ལ་བརྟེན་པ་དང་། མ་གཅིག་གི་མ་ཁྲིད་ཆེན་མོ་ཆེ་ཆུང་ལས། ཉེ་བར་མཁོ་བའི་དམིགས་པའི་རིམ་པ་ཐོགས་པ་དང་། སྤྲུལ་ཚོ་དྲུག་པའི་ཟབ་གནད་ཀྱི་རིམ་པ་ཕོལ་བུར་ཕྱུང་བ་དང་ཀུན་མཁྱེན་འཇམ་དཔལ་བཟང་པོས་མཛད་པའི་ཤོག་དྲིལ་བཅུ་གསུམ་མའི་ནང་ནས་ཟབ་གནད་ཕྱུང་བ་དང་། ལྷ་ཕུ་བ་རྟོགས་ལྡན་ཀུན་ཡེ་ནས། བན་སྨར་བ་བློ་ལྡན་པ་ལས། དེ་ལ་དབོན་པོ་འཇམ་གྲགས་པས་གསན། དེ་ཉིད་ལ་བདག་གིས་ཐོབ་པའི་དམིགས་པ་ཟབ་གནད་ཀྱི་རིམ་པ་ཕོལ་བུར་ཕྱུང་བ་དང་། རྟོད་ཕྲུག་རས་པས་བསྒྲིགས་པའི་མ་ཁྲིད་ཆེན་མོའི་སྨྲས་དོན་དང་། ཟབ་ཐིག་གི་རིམ་པ་རྣམས་བསྡུས་པ་དང་། ཤུ་རྒྱན་པའི་གཅོད་སྐན་བརྒྱུད་ཀྱི་ཟབ་གནད་ཀྱི་རིམ་པ་དང་། གདན་ས་ཐེལ་པ་དགེ་བཤེས་རི་ཁྲོད་པ་བྱ་བའི་སྐལ་ལྡན་ཐར་ལམ་གྱི་ཁྲིད་ཡིག་དང་ཟིན་བྲིས་མཛད་པ་ཤོག་ལྷེབ་ཉིས་བརྒྱ་ལྷག་ཙམ་གྱི་ལུང་ཁྲིད། བླ་མ་བསམ་གཏན་གླིང་པའི་དྲུང་དུ་ཐོབ་སྟེ། དེ་ཉིད་ཀྱི་ཟབ་གནད་ཀྱི་རིམ་པ་ཕོལ་བུར་ཕྱུང་བ་དང་། གྲུབ་ཐོབ་སྨན་རྗེར་རྒྱ་འོས་མཛད་པའི་མ་ཁྲིད་ཆེན་མོའི་དམིགས་པ་ཟབ་བསྡུས་རིམ་པ་རྣམས་དང་། ཟབ་དོན་ཐུགས་སྙིང་གི་སྨྲས་དོན་ཞལ་ཤེས་ཀྱི་རིམ་པ་རྣམས་ཕྱོགས་གཅིག་ཏུ་བསྡུས་ནས་གདན་ཐོག་གཅིག་ཏུ་ཉམས་སུ་བླང་བདེ་བ་ཁྲིག་ཆགས་སུ་སྡེབས་པ། གཅོད་གདན་ཐོག་གཅིག་མའི་ཁྲིད་ཡིག་ཕྲིན་ལས་རྒྱ་མཚོ་ཞེས་བྱ་བ་ཁ་གསལ་ལ་ལག་ལེན་བདེ་བ་འདི། ས་ཕོ་སྟག་གི་ལོ་སྨིན་དྲུག་ཟླ་བ། སྟག་གི་ཉི་མ་ལ། སྐྱེ་ཕུ་ཤྲུག་གསེབ་ཀྱི་དབེན་གནས་གངས་རི་ཐོད་དཀར་གྱི་མགུལ་དུ་ཤཱཀྱའི་དགེ་སློང་ཀྱེ་འོ་ཆོས་ཀྱི་རྒྱ་མཚོ་ཞེས་བྱ་བས་ལེགས་པར་སྦྱར་བའོ། །

བདག་གི་བློ་ནུས་ཀྱིས་དཔག་པར་དཀའ་ནའང་། རྣལ་འབྱོར་དབང་ཕྱུག་གངས་ཅན་མཁས་པ་རྣམས་ལ་བཟོད་པར་གསོལ། རྒྱལ་བས་གསུངས་པའི་མདོ་རྒྱུད་དང་། །བསྟན་བཅོས་ལེགས་བཤད་དུ་མ་ལས། །རིམ་པར་བདུད་རྩིའི་ཆུ་རྒྱུན་བབ། །དཔལ་ལྡན་བླ་མ་དགྱེས་མཛད་ནས། །དེ་ལས་ཐེག་མཆོག་བདུད་རྩིའི་རྒྱུན། །ངོམས་པ་མེད་པར་ལེགས་འཐུངས་ནས། །འདི་ཉིད་རང་བཟོ་མ་ཡིན་ཏེ། །མཁས་གྲུབ་དུ་མའི་ཞལ་ཤེས་དང་། །གཞུང་ལུགས་མན་ངག་དུ་མ་ལ། །ལེགས་པར་བལྟས་ནས་ཡོལ་བུར་བྱུང་། །ཟབ་གནད་རིམ་པ་ཁྲིད་དུ་སྡེབས། །ནོར་འཁྲུལ་མེད་པར་ཡི་གེར་བཀོད། །དེ་ལས་བྱུང་བའི་དགེ་བ་དེས། །མཁའ་མཉམ་སེམས་ཅན་མ་ལུས་པ། །སྒྲིབ་གཉིས་མ་ལུས་རབ་བསལ་ནས། །ཡུམ་ཆེན་པོ་འཕང་ཐོབ་པར་ཤོག །ཁྲིད་ལུང་གཞན་ཚེ་ཐོབ་པས་འདི་ཉིད་ཐོབ་པར་མི་འགྲོ་བས་ཕོ་ཚོད་དང་ཁེ་དྲགས་དང་ང་རྒྱལ་དང་བྱེད་འདོད་ཀྱིས་གཞན་ལ་འཆད་པར་བྱས་ན། བྱིན་རླབས་དང་དངོས་གྲུབ་མི་འབྱུང་ཞིང་། ཆོས་བདག་མཁའ་འགྲོས་བར་ཆད་སྐྱུར་དུ་འོང་བས་འདིའི་ཁྲིད་ལུང་མ་ཐོབ་པར་འཆད་པར་མི་བྱའོ། །ཁྲིད་དང་ལུང་ལེགས་པར་ཐོབ་ནས་གཞན་ལ་འཆད་པར་མཛད་ན། མ་དང་མཁའ་འགྲོ་དགྱེས་ཤིང་ཆོས་བདག་བསྲུང་མས་ཕྲིན་ལས་བསྒྲུབ། བྱིན་རླབས་དང་དངོས་གྲུབ་འབྱུང་། ཚེ་བསྲིང་ཞིང་བར་ཆད་སེལ། ཕྲིན་ལས་ནམ་མཁའ་དང་མཉམ་པ་འབྱུང་བར་འགྱུར་རོ། །དེ་གང་གི་ཕྱིར་ན། བདག་གིས་བླ་མ་མང་རབ་ཀྱི་ཞལ་ཤེས་དུ་མ་ཐོབ་པའི་ཕྱིར་རོ། །བཀྲ་ཤིས་ཡིད་འོང་བཀྲ་ཤིས་རྒྱས་མཛད་པ། །བཀྲ་ཤིས་རབ་གསལ་བཀྲ་ཤིས་ཕུན་ཚོགས་ཤིང་། །བཀྲ་ཤིས་རྟགས་བརྒྱད་བཀྲ་ཤིས་དཔལ་འབར་གནས། །བཀྲ་

ཤིས་ལྷུན་གྲུབ་ཀཱ་རྨའི་བཀྲ་ཤིས་ཤོག །

བརྒྱུད་པའི་གསོལ་འདེབས་ནི། ཆོས་དབྱིངས་མཁའ་ལྟར་ཡངས་པའི་ཡུམ་ཆེན་མོ། །སྲིད་གསུམ་དབུལ་བ་སེལ་བའི་བཅོམ་ལྡན་འདས། །མཁྱེན་རབ་ངག་གི་དབང་པོ་འཇམ་པའི་དབྱངས། །གཙོད་ཡུལ་མཐའ་རུ་ཕྱིན་པར་བྱིན་གྱིས་རློབས། །མདོ་རྒྱུད་ཡོངས་ཀྱི་མངའ་བདག་ཤཱཀྱ་དེ། །མཁྱེན་པ་གཉིས་ཁ་གསལ་དུ་བཏང་བ་ཡིན། །རྣམ་མང་ཕྲིན་ལས་རྫུ་འཕྲུལ་མཁའ་ལ་སྤྲིན་ལྟར་འཁྲིགས། །ཁྲི་གདུགས་ཀུན་ཁྱབ་བཀྲ་ཤིས་ཉི་འོད་སྒྲོ་བྱེད་པ། །དགོས་འདོད་ཟུང་འཇུག་བདེ་སྟོང་ཤིས་རབ་སྤྲུལ་པ་འགྱེད། །མཐའ་བྲལ་དབུ་མའི་ཉེ་ལམ་ལྷུན་གྱིས་གྲུབ་ཅེས་བརྗོད། །ཕ་རོལ་ཕྱིན་དྲུག་རྒྱལ་བ་ཀུན་གྱི་གསུང་གི་མཛོད། །ཧེ་རུ་ཀ་དཔལ་གསང་སྔགས་ནང་གི་དོན་ཞེས་སོགས། །རིམ་གཉིས་ཟབ་མོ་ཀུན་རིག་གཙོད་ཅེས་གྲགས་པ་ཡི། །བདུད་རྣམས་ཀུན་ལས་རྣམ་རྒྱལ་མི་མཐུན་ཕྱོགས་ལས་རྒྱལ། །རྒྱལ་བའི་བསྟན་པ་སྲིད་མཐའི་བར་དུ་ཁྱབ་མཛད་གཙོ། །བཤད་སྒྲུབ་འཛིན་བྱེད་རྣལ་འབྱོར་གཉུག་མའི་དོན་གཟིགས་ནས། །གོ་རིམ་བདུད་རྩིའི་ཆུ་རྒྱུན་ལེགས་སྤེལ་ཆོས་བྱེད་པ། །འཛམ་གླིང་ཡོངས་འཛིན་སློབ་མ་དང་བཅས་ཀུན་གྱི་མཛོད། །བསོད་ནམས་འཕྲིན་ལས་ནོར་བུའི་དགེ་ཚོགས་སྤེལ་བྱེད་པ། །སྟོང་གསུམ་མི་ཟད་གང་གི་རྒྱུ་གང་ལྷབ་ལྷུབ་སྤེལ། །བྱེ་བ་དུང་ཕྱུར་དགོས་འདོད་རེ་བསྐོང་བསམ་མི་ཁྱབ། །དྲིན་ཅན་གཙོར་གྱུར་མཁའ་ཉམས་མ་ལུས་ཐོབ་པར་ཤོག །དགེ་ཞིང་བཀྲ་ཤིས་པར་གྱུར་ཅིག། ༎

༄༅། །གཅོད་ཀྱི་སྤྱི་བཤད་རིན་ཆེན་བང་མཛོད་བཞུགས་སོ། །

དཀོན་མཆོག་གསུམ་དང་བླ་མ་མཁའ་འགྲོའི་ཚོགས། །གུས་པར་ཕྱག་འཚལ་མཆོད་པ་བཞི་རྫོགས་འབུལ། །ཚེ་འདི་བློས་བཏང་འཆི་བ་ཡིད་ལ་བསམ། །མི་རྟག་རྒྱུད་ལ་སྐྱེས་ཤིང་རི་ཁྲོད་དབེན་གནས་འགྲིམ། །ཕྱི་མ་དོན་དུ་གཉེར་ལ་ཁ་བསག་གཡོ་སྒྱུ་སྤང་། །བླ་མའི་བཀའ་བཞིན་བསྒྲུབས་ལ་དམ་ཚིག་ཡལ་མི་འདོར། །ཉམས་ལེན་རྒྱུན་དུ་བྱེད་ཅིང་བླ་མ་ཐོད་དུ་ཁུར། །གསང་གཅོད་རོ་སྙོམས་བྱེད་ཅིང་སེམས་ཉིད་རྩ་བ་གཅོད། །ཟས་གོས་འདུན་པ་སྤངས་ཤིང་ཆོས་ཉིད་དོན་ལ་ལྟ། །འཇིག་རྟེན་ཆོས་བརྒྱད་སྤངས་ཤིང་རྟག་ཏུ་དམན་ས་འཛིན། །ཉམས་མྱོང་སྟུག་བཅོར་མི་བྱེད་གང་ཤར་ཉམས་སུ་ལེན། །རྨི་ལམ་ཆེད་འཛིན་མི་བྱེད་ཚེ་ཡི་བར་ཆད་འོང་། །ཉམས་མྱོང་གཞན་ལ་བཤད་ན་རྡོད་དང་རྟེན་འབྲེལ་ཡལ། །མཚམས་ལ་ཏུར་འདོན་བྱས་ན་བྱིན་རླབས་འབྱུང་མི་སྲིད། །གསང་སྔགས་ཡལ་བར་དོར་ན་མཁའ་འགྲོའི་བར་ཆད་འོང་། །ཆོས་ལ་ནན་ཏན་བྱས་ན་རིགས་རུས་བརྩི་མི་དགོས། །རྟེན་འབྲེལ་འགྲིག་དུས་ཡོག་ན་རྗེས་ལ་འགྲིག་མི་སྲིད། །ལུས་ལ་ན་ཚ་བྱུང་ན་སྔོན་ལས་བསམས་ནས་བསྒོམས། །དགོས་མེད་རྒྱུད་ལ་སྐྱེས་ན་བྱ་བ་ཐོངས་པ་འོང་། །གཞན་ཟེར་ཁ་ལ་མི་ཉན་རང་ཐག་རང་གིས་ཆོད། །ཡོངས་སྤྱོད་ཚོགས་འཁོར་མང་ན་གཞན་གྱིས་ལབ་རྒྱུ་འོང་། །བུད་མེད་

རིགས་དང་འགྲོགས་ན་འཕོར་བའི་མཐའ་ལ་ལྷུང་། །དེ་ལྟར་ཤེས་པར་གྱིས་ལ་གཅིག་པུར་རི་ཁྲོད་འགྲིམས། །ཞེས་སོ། །

གཉིས་པ་གཙོད་ཀྱི་དགོས་དོན་གྱི་ལོ་རྒྱུས་ལ། སྔོམ་ལ། ཟུང་བརྒྱད་དང་ཡ་བཅུ་དྲུག་ཅེས་སོ། །

གསུམ་པ་ངོས་འཛིན་ནི། ཕོ་གཙོད། མོ་གཙོད། བཀའ་མ། གཏེར་མ། རྒྱ་གཙོད། བོད་གཙོད། མདོ་ལུགས། སྔགས་ལུགས། སྲས་རྒྱུད། དོན་རྒྱུད། གནམ་ཆོས། ས་ཆོས། ཁྲིགས་ཆགས། ཁྲིགས་མེད། ཁ་འཐོར། ལེའུ་ལག །ཉམས་རྒྱུད་དོ། །

ཡིན་ལུགས་རྒྱས་པར་བཤད་པ་ལ། ཕོ་གཙོད་ཞེས་པ་ད་ལྟ་ཡོངས་སུ་གྲགས་པའི་སྦྱུལ་ཚོ་དྲུག་པ་ལ་ཟེར་རོ། །སྦྲ་དོན་ནི། སྦྱུལ་ཞེས་པ་ཉོན་མོངས་པ་ལ་ངོས་འཛིན་ཏེ། དེ་ཡང་གཞུང་ལས། ཉོན་མོངས་པ་དུག་སྦྱུལ་དང་འདྲ་བའི་གཉེན་པོར་གཙོད་ཚོ་དྲུག་བཤད་ཅིང་། ཕོ་གཙོད་སྦྱུལ་ཚོ་དྲུག་པ་ཞལ་གདམས་བཅུ་བཞི་དང་བཅས་པ། ལ་བཟླ་བསྐོར་གསུམ། ལྔ་གསུམ་བཅོ་ལྔ། དྲུག་གསུམ་བཅོ་བརྒྱད་ཀྱི་གདམས་པ། ཕཊ་ཆོས་སུམ་ཅུ་སོ་དྲུག །དུར་གཙོད་ཆེ་ཆུང་། སྒྲོལ་མ་དྲུག་བསྐོར་གྱི་གདམས་པ་རྣམས་ལ་བརྗོད་པ་ཡིན་ནོ། །

མོ་གཙོད་དུ་གྲགས་པ་ནི། ཡུམ་ཆེན་མོ་ནས་སྒྲོལ་མ། སུ་ཀ་མ། མ་གཅིག་ལབ་སྒྲོན་ནས་བརྒྱུད་པའམ། ཡང་ན་སྒྲོལ་མ་ནས། མ་གཅིག་གམ། ཡང་ན་ཁྲོས་མའི་གཙོད་སྐོར། ཁྲོས་མ་རང་གིས་མ་གཅིག་ལ་གནང་ཞིང་། དེ་ནས་བརྒྱུད་པའམ། ཡང་ན་ཡུམ་ཆེན་མོ། རྡོ་རྗེ་ཕག་མོ། མ་གཅིག་ནས་བརྒྱུད། དམར་མོ་དྲག་གཙོད་ཀྱི་སྐོར་སོགས་ཕག་མོའི་གཙོད་སྐོར་མ་གཅིག་ནས་བརྒྱུད་པ་དང་། དེ་ཚེ་རིམ་པར་ཕ་དམ་པ་ནས་བརྒྱུད་དེ། མ་གཅིག་གིས་རྒྱས་སུ་བཏང་། གཙོད་

ཀྱི་ཊཱི་ཀ་ཆེ་ཆུང་རྒྱས་བསྡུས་ལས་ཚོགས་ཕྲན་ཚོགས་ཞལ་གདམས་ཆེ་ཆུང་། མོ་གཅོད་ཀྱི་ས་བཅད་རྒྱས་བསྡུས། གནམ་ལྕགས་ཐོག་འབེབས། ལྷོ་གཡོའི་བསྐྱབ་སྐོར། བཟང་ངན་ཤན་འབྱེད། མེ་ཆུའི་འཁོར་ལོ། གཤིན་རྗེའི་གདོང་རློག །གདན་ཐོག་གཅིག་མའི་སྐོར་མ་ཁྲིད་ཆེ་ཆུང་སོགས་གཞན་ཡང་མང་དུ་མཛད་པ་རྣམས་ལ་ཟེར་ཞིང་། སྟོང་སྡེ་ནས་བརྒྱུད་པའམ། ཀོང་པོའི་རྗེ་བཙུན་ཟེལ་གནོན་ནས་བརྒྱུད་པའམ། སྲས་མོ་རྒྱན་བཞི་ནས་ཕ་ཏ་ཆོས་ཉི་ཤུ་རྩ་ལྔ་སོགས་རིམ་པར་བརྒྱུད་པ་རྣམས་ལ་མོ་གཅོད་ཅེས་མིང་འདོགས་པ་ཡིན་ནོ། །

བཀའ་མ་ཞེས་པ་ནི། ཡུམ་ཆེན་མོ་ནས་རིམ་པར་བརྒྱུད་པའམ། བསྟན་པའི་གཙོ་བོ་ནས་རིམ་པར་བརྒྱུད་པའམ། མདོར་ན་བླ་མ་གང་དང་གང་ནས་བརྒྱུད་པ་བར་མ་ཆད་པ། ད་ལྟ་རང་རང་གི་བླ་མ་མུ་ཏིག་བསྟར་ལ་བརྒྱུས་པ་ལྟར་བཞུགས་པ་རྣམས་ཀྱིས་གསུངས་པའི་སྐོར་ལ་བཀའ་མ་ཞེས་བཤད་པ་ཡིན་ནོ། །

གཏེར་མ་ཞེས་པ་ནི། ཡུམ་ཆེན་མོས་བྲེ་རྡོད་ཕུང་པོའི་རི་ལ་གཏེར་དུ་སྦས། མ་གཅིག་གིས་དམ་པ་ལ་ལུང་བསྟན། དམ་པ་རིན་པོ་ཆེས་གཏེར་ནས་བཏོན་ཏེ། བོད་དུ་གདན་དྲངས་པ་ནི། གསང་སྔགས་ཨུ་དུམ་བ་ར་ཞེས་བྱ་བ་ཡོངས་སུ་གྲགས་པ་ཡིན་ནོ། །གཞན་ཡང་དམ་པ་རིན་པོ་ཆེ་ཡིས་རྒྱ་གར་འབྲས་སྤུངས་ཀྱི་མཆོད་རྟེན་གྱི་ནང་ནས་གཏེར་ནས་བཏོན་ཏེ་གདན་དྲངས་པ་ནི། དུར་གཅོད་གདན་དྲུག །དུག་གཅོད་ཏ་ལ་ནག་པོ། གོར་མོ་རྗེ་གཅོད། རྨ་བྱ་འཇམ་གཅོད། མཁའ་འགྲོ་འཕྲུལ་གཅོད། བཀྲ་ཤིས་བརྩེགས་གཅོད། ནད་གདོན་ཧཱུྃ་གཅོད། ཕྲུག་རྒྱ་ཆེ་གཅོད། ཉེར་ཞི་སྒྲོན་གཅོད། བསྐོར་བཞི་འཕྲུལ་གྱི་མེ་ལོང་། གབ་ཙེ་འབུམ་ཆུང་ཞེས་པ་རྣམས་གདན་དྲངས། མ་གཅིག་ལ་གནང་། མ་གཅིག་

ནས་རིམ་པར་བརྒྱུད་ཅིང་དར་བ་ཡིན་ནོ། །ཡང་ཁྲིམས་མས་གཏེར་དུ་སྦས། མ་གཅིག་གིས་གཏེར་ནས་བཏོན། དེ་ནས་དར་བ་ཚོ་ལ་ཁྲིམས་མའི་གཏེར་མ་ཡང་ཟེར་རོ། །མ་གཅིག་གིས་གཏེར་དུ་སྦས། རྒྱལ་བ་དོན་གྲུབ་ཀྱིས་གཏེར་ནས་བཏོན་པའམ། གཞན་ཡང་བླ་མ་སོ་སོས་གཏེར་ནས་བཏོན་པ་རྣམས་ལ་གཏེར་མ་ཞེས་པ་ཡོངས་སུ་གྲགས་པ་དང་། ཨུ་རྒྱན་རིན་པོ་ཆེ་ནས་བརྒྱུད་པའི་གཅོད་ཕལ་ཆེར་ཚོ་ལ་ཡང་གཏེར་མ་ཟེར་རོ། །གཞན་ཡང་གཅོད་གཏེར་ནས་བཏོན་པའམ། གཞན་ཡང་བླ་མ་སོ་སོས་གཏེར་ནས་བཏོན་པ་རྣམས་ལ་གཏེར་མ་ཞེས་པ་ཡོངས་སུ་གྲགས་པ་དང་། ཨུ་རྒྱན་རིན་པོ་ཆེ་ནས་བརྒྱུད་པའི་བཅོད་ཕལ་ཆེར་ཚོ་ལ་ཡང་གཏེར་མ་ཟེར་རོ། །གཞན་ཡང་གཅོད་གཏེར་ནས་གང་ཐོན་པའི་རིགས་ལ་གཏེར་མ་ཞེས་མཚན་གསོལ་བར་བཤད་པའོ། །

རྒྱ་གཅོད་ཅེས་བཤད་པ་ནི། ཨཱཪྱ་དེ་བའི་རྒྱ་གཞུང་ཆེ་ཆུང་དང་། ཧེ་ལོ་པའི་རོ་སྙོམས་གཟེར་ལྔ། ནཱ་རོ་པའི་གསང་གཅོད། ནག་པོ་པའི་གསང་གཅོད། ཤ་བ་རི་པའི་གསང་གཅོད། མཻ་ཏྲི་པའི་གསང་གཅོད། མཻ་ཏྲི་པ་ནས་བརྒྱུད་པའི་རྒྱ་གར་གསང་གཅོད། རྡོ་རྗེ་འཆང་ནས་མཁའ་འགྲོ་མ་སུ་མ་ཏི་ཞེས་བྱ་བ་ནས་བརྒྱུད་པའི་གསང་གཅོད་གབ་པ་མངོན་བྱུང་། མཁའ་འགྲོ་མ་སུ་ག་མའི་གཅོད་སྐོར། གཞན་ཡང་གྲུབ་ཐོབ་བརྒྱད་ཅུ་སོགས་རྒྱ་གར་དུ་དར་བའི་གཅོད་ཚོ་ལ་རྒྱ་གཅོད་ཅེས་མཚན་གསོལ་ཞིང་ཡོངས་སུ་གྲགས་པའོ། །

བོད་གཅོད་ཅེས་པ་ནི། ཕ་དམ་པ་ནས་མ་གཅིག་གིས་བོད་དུ་མཛད་ཅིང་དར་བ་དང་། གཞན་ཡང་བོད་དུ་དར་བའི་གཅོད་རྣམས་ལ་བོད་གཅོད་ཅེས་བཤད་པ་ཡིན་ནོ། །

མདོ་ལུགས་ཞེས་པ་ནི། སྤྱིར་བཤད་པ་དང་། རྒྱས་པར་བཤད་པ་དང་། མཇུག་བསྡུ་བ་གསུམ་སྟེ། སྤྱིར་བཤད་པ་ནི། སྡེ་སྣོད་གསུམ་ལ་བརྟེན་ནས་གང་མཛད་པ་ཚོ་ཡིན་ཅིང་། རྒྱས་པར་བཤད་པ་ལ། བཀའ་ཚོམས་ཆེན་མོའི་སྐོར། ལེའུ་ལག་གི་སྐོར། གནད་ཐེམ་གྱི་སྐོར། ལ་བཟླའི་སྐོར། གབ་སྦས་གསེར་ཞུན་མའི་སྐོར། ཟབ་དོན་གྱི་སྐོར་དང་། སྤྲོ་མ་གོང་ཁུག་ཆེ་ཆུང་དང་། རྟེན་འབྲེལ་ཡན་ལག་བཅུ་གཉིས། ཕར་ཕྱིན་དྲུག་གི་སྤྱི་དོན། ཤེས་རབ་གསལ་བའི་མེ་ལོང་། ས་ལམ་སྤྱིའི་རྣམ་བཤད་སོགས་དང་། མ་གཅིག་མདོ་ལུགས་ཀྱི་རྣམ་བཤད་ཆེན་མོ་གཞུང་འགྲེལ་གཉིས། གཞུང་ལ་མདའ་ཚད་ཀྱི་ཤོག་གྲངས་དྲུག་བརྒྱ་དང་དྲུག་ཅུ་རེ་དྲུག །འགྲེལ་པ་ལ་དྲུག་བརྒྱ་དང་བཅུ་དྲུག །ཟླ་འོད་མུན་སེལ་ཞེས་བྱ་བའི་མཚན་གསོལ། རིན་པོ་ཆེའི་རྒྱ་མདུད་དམར་ཁྲིད། དམ་ཚིག་ཉི་ཤུ་རྩ་གཅིག །ཤེས་རབ་བགྲ་བརྩེགས། འདུལ་བའི་ཊཱི་ཀ །རྟེན་འབྲེལ་གྱི་ཡིན་ལུགས། བདེན་བཞིའི་ཡིན་ལུགས། ངེས་དོན་གྱི་རྣམ་བཤད། མུན་སེལ་ལ་བརྟེན་ནས་ཟླ་ཟེར་མཛད། མདོ་སྔགས་ཐུན་མོང་དུ་བཤད་པ་ལ་ཤོག་གྲངས་ཉིས་བརྒྱ་དང་སུམ་ཅུ་འགྲེལ་པ་ལ་ཤོག་གྲངས་བདུན་བརྒྱ་དང་དྲུག་ཅུ་རེ་ལྔ། གསལ་བྱེད་ཟིལ་གནོན་དུ་མིང་བཏགས། ཕུང་པོ་བཟན་སྐྱུར་གྱི་རྣམ་བཤད་ཙམ་ལ་སོགས་པ། གཞན་ཡང་གཅོད་མདོ་ལུགས་ལ་བརྟེན་པ་གང་ཡིན་པ་ཚོ་ལ་མདོ་ལུགས་ཞེས་མིང་འདོགས་པ་ཡིན་ནོ། །

སྔགས་ལུགས་ཞེས་པ་ནི། གསང་སྔགས་རྒྱུད་སྡེ་བཞི་ལ་བརྟེན་ནས་མཛད་པ་ལ། སྒྲོལ་མའི་རྒྱུད་ཆེན་བཞི། ལྷའི་སྒྲུབ་ཐབས་བཞི། ཡུམ་ཆེན་མོ་ནས་མ་གཅིག་ཡན་གྱི་བླ་མ་བཅུའི་བསྒྲུབ་ཐབས་བླུ་འདུལ་ལ་རིགས་གསུམ་མགོན་པོ།

མར་མེ་མཛད། བྱམས་མགོན། རིགས་ལྔ་དང་བཅུའི་སྒྲུབ་ཐབས་མཛད། མ་རིག་སྨུན་སེལ་ལ། དབྱིངས་ཕྱུག་མ་ལྔ་བཅུ་དང་། ཕག་མོ་ལྷ་ལྔའི་སྒྲུབ་ཐབས་གཉིས། མཁའ་འགྲོ་ལྷ་བཅོ་ལྔའི་སྒྲུབ་ཐབས་དང་བཅས་པ་མཛད། བསྐྱེད་རིམ་སྨུ་ཏིག་ཕྲེང་མཛེས་ལ་ཤོ་ལོ་ཀ་ཉིས་བརྒྱ་དྲུག་ཅུ་རེ་གཉིས། རྫོགས་རིམ་མཐའ་གཉིས་སྨུན་སེལ་ཉི་མའི་འོད་ཟེར་ལ་ཤོ་ལོ་ཀ་ཉིས་བརྒྱ་དང་དོན་གཉིས་མཛད། སངས་རྒྱས་བཅུའི་བསྐྱེད་རིམ་ཡེ་ཤེས་སྒྲོན་མེ་ལ་ཤོ་ལོ་ཀ་ཉིས་བརྒྱ་བརྒྱད་ཅུ་རྩ་གཉིས། རྫོགས་རིམ་གསལ་བྱེད་རིགས་གསུམ་ཟབ་གནད་མཐར་ཕྱིན་ལ་ཤོ་ལོ་ཀ་སུམ་བརྒྱ་དང་ལྔ། དབྱིངས་ཕྱུག་མ་ལྔ་བཅུ་ལ། བསྐྱེད་རིམ་རིན་པོ་ཆེའི་ལྗོན་ཤིང་ལ་ཤོ་ལོ་ཀ་སྟོང་དང་ལྔ་བཅུ། རྫོགས་རིམ་ཕྲ་ཐིག་ལ་ཤོ་ལོ་ཀ་ལྔ་སྟོང་དང་དྲུག་ཅུ། མན་ངག་ཡང་ཐིག་མེ་ལོང་སྐོར་གསུམ་ལ་ཤོ་ལོ་ཀ་སྟོང་དང་ཉི་ཤུ། ཕག་མོ་ལྷ་ལྔ་ལ་བསྐྱེད་རིམ་ནོར་བུའི་གཏེར་མཛོད་ལ་ཤོ་ལོ་ཀ་བདུན་བརྒྱ་དང་ལྔ། རྫོགས་རིམ་ལ་ཤོ་ལོ་ཀ་སྟོང་དང་སུམ་བརྒྱ་བཅུ་བདུན། རྒྱུད་རིན་ཆེན་སྤུངས་པའི་བསྐྱེད་རྫོགས། རྒྱུད་དབང་ཆེན་མོའི་བསྐྱེད་རྫོགས། གསང་སྔགས་ཨུ་དུམ་ཝ་ར་ལ་བརྟེན་ནས་ཚོགས་གཏོར་རིན་ཆེན་སྤུངས་པའི་བསྐྱེད་རྫོགས་མཛད། བླ་མེད་ཀྱི་རྒྱུད་རྣམས་ལ་བརྟེན་ནས་དུས་འཁོར། བདེ་མཆོག །ཀྱེ་རྡོར། མ་ཡ། གསང་འདུས། འཇིགས་བྱེད། རྟ་མཆོག་རྣམས་ཀྱི་བསྐྱེད་རྫོགས་མཛད། རྒྱུད་དབང་ཆེན་མོ་ལ་བརྟེན་ནས་རྡོ་རྗེ་འཆང་གི་བསྐྱེད་རྫོགས། ལྷ་མོ་བཅོ་ལྔའི་བསྐྱེད་རྫོགས་མཛད། གཞན་ཡང་གཅོད་དུ་མིང་འདོགས་པའི་དབང་བསྐྱེད་རྫོགས་རྗེས་གནང་སོགས་གང་མཛད་པ་རྣམས་ནི་སྔགས་ལུགས་ཞེས་བཤད་པ་ཡིན་ནོ། །

སྤྲས་རྒྱུད་ཅེས་པ་ནི། རྒྱལ་བ་དོན་གྲུབ་དང་། ཐོད་སྨྱོན་བསམ་གྲུབ། ཁམ་ཧྲུ་ཡ་ལེ། མཁའ་འགྲོ་རྒྱ་ཆེན་དང་བཞི་ལས་གང་བརྒྱུད་པ་ལ་སྤྲས་རྒྱུད་ཅེས་མིང་འདོགས་པ་ཡིན་ནོ། །

དོན་གྱི་བརྒྱུད་པ་ནི། ཁྱུ་སྒོམ་ཆོས་སེང་ནས་གང་བརྒྱུད་པ་རྣམས་ལ་མིང་འདོགས་པ་ཡིན་ནོ། །

གནམ་ཆོས་ཞེས་པ་ནི། གཡུའི་ཐོག་འབེབས། གཡུའི་ཏྲོད་ཆུང་། རང་གཤེད་རང་ལ་དབབ་པ། མཁའ་འགྲོའི་གུར་ཁང་། འཁོར་ལོ་རྩིབས་སྟོང་ལྡན་པ། ཁྲོས་མའི་གོ་ཆ་འཁོར་ལོ་རྩིབས་སྟོང་ལྡན་པ། ཐུབ་པ་གུར་གྱི་ཁང་པ། ཐུབ་ཆེན་གསེར་གྱི་བཙན་བཟུང་། སྟོང་པ་ཆོས་ཉིད་བཙན་བཟུང་། གསེར་གྱི་རྡོ་རྗེ་བསྐྲེང་ཚུལ། དྲག་པོའི་ངར་སྐད་བཅག་པ། བར་སྣང་འཛའ་ལ་ཧཾ་རྒྱུག་ཅེས་པ་སོགས་ལ་མིང་འདོགས་པ་ཡིན་ནོ། །

ས་གཅོད་ཅེས་པ་ནི། གབ་སྦས་འཕྲུལ་གྱི་མེ་ལོང་། མོ་གཅོད་གཏེར་མའི་ས་བཤད། འཕྲུལ་གཅོད་བཀའ་རྒྱ་མ། ས་བཤད་བརྒྱད་ཅུ་མ། ས་བཤད་འཕྲུལ་གྱི་མེ་ལོང་། གླུ་ཐིག་འདོམ་ལ་འཇལ་བ། ལོ་རྒྱན་དྲུག་ཅུའི་བལྟག་ལུགས། རྩི་བ་དཀར་ནག་འཁོར་རྩིས། འོག་གཞི་མཁའ་འགྲོའི་གུར་ཁང་། མཛེ་གཅོད་རིན་ཆེན་སྤུངས་པ། རྒྱ་མཚོའི་དཀྱིལ་ན་གུར་ཕུབ། གླུ་བརྒྱད་དམ་ལ་བཏགས་ཚུལ་སོགས་ལ་མིང་འདོགས་པ་ཡིན་ནོ། །

ཁྲིགས་ཆགས་ཞེས་པ་ནི། མ་ཁྲིད་ཆེ་ཆུང་། གདན་ཐོག་གཅིག་མ་ཆེ་ཆུང་། ཟབ་དོན་ཐུགས་སྙིང་། གབ་པ་ཀུན་འདུས། ཟབ་མོ་ཀུན་འདུས། ཟབ་དོན་ཐུགས་སྙིང་ཉི་མའི་དཀྱིལ་འཁོར། རིན་ཆེན་ཕྲེང་བ། ཚེ་བསྲིང་རྡོ་རྗེའི་གཟུངས་ཆེན།

སྒྲོལ་མ་དྲུག་སྐོར། སྤྲུལ་ཚོ་དྲུག་པ། ལྷོ་གཡོའི་སྐོར་ཚོ། མདོ་སྔགས་ཀྱི་སྤྱི་ཁྲིད། གཞན་ཡང་གཅོད་ཁྲིགས་ཆགས་སུ་སྡེབས་པ་རྣམས་ལ་མིང་འདོགས་པ་ཡིན་ནོ། །

ཁྲིགས་མེད་ཅེས་པ་ནི། རྒྱ་མདུད་མ། ཚོགས་གསལ། དམིགས་འབུམ། དྲི་མེད་སྐོར་གསུམ། གསང་གཅོད་རྩ་བ་གསུམ། ཞི་བྱེད་དམར་ཁྲིད་ཧཱུྃ་སྐོར། སྙན་བརྒྱུད་གཏེར་མཛོད་དོ། །གནད་སེལ་གདམས་པ། རྩད་གཅོད་གདམས་པ། གཅེར་མཐོང་གདམས་པ། ཐུན་མོང་གི་གདམས་པ། ཟླ་ཟེར་ཁྲིད་ཡིག །ཚ་གྲག་ཤན་འབྱེད། རྡོ་རྗེའི་ཐོག་མདའ། ཏ་ལ་སྐོར། ཡེ་ཤེས་ཆུ་རྒྱུན། བཟང་ངན་འཕེན་སྣང་། མཐར་གཏད། དྲག་སྔགས་ཆེ་ཆུང་། ཛ་ལ་སྐོར། བྱེད་གཅོད་འཁོར་ལོ། དུར་གཅོད་མན་ངག །གནམ་ལྕགས་ཐོག་མདའ། མེ་གཅོད། ས་གཅོད། ནག་སྦྱོར་སྐོར། འཆི་བསླུ་རྡོ་རྗེའི་གདོང་ཟློག །སླུ་ཚང་ཁྱུང་ཞུགས། གནད་འབེབས། མེ་ཆུའི་འཁོར་ལོ། ཕཊ་ཆོས་སྐོར་གསུམ། གནམ་ལྕགས་ཐོག་འབེབས། གཞན་ཡང་ཁྲིགས་ཆགས་སུ་མ་སྡེབས་པ་རྣམས་ལ་ཁྲིགས་མེད་ཅེས་མིང་འདོགས་པ་ཡིན་ནོ། །

ཁ་འཐོར་ཞེས་པ་ནི། མ་གཅིག་གིས་དམིགས་པ་ཐོར་བུ་བ་།གཟན་།ལ་བསྟན་པ་རྟེང་སོར་ཕྱོགས་གཅིག་ཏུ་བསྡུས་པ་རྣམས་ལ་ཟེར་བ་ཡིན་ཅིང་། ཟབ་དོན་སྐོར་གསུམ། སྒྱུ་འཕྲུལ་ཆེན་མོའི་དམར་ཁྲིད། རྣལ་འབྱོར་ཟབ་ལམ། འཕོ་བ། རིགས་གསུམ་མགོན་པོའི་དམིགས་སྐོར་གསུམ། སྤྱན་རས་གཟིགས་སྙིང་རྗེ་གསུམ་གྱི་སྐོར། རྡོ་རྗེ་བཞིའི་ཚིག་རྐང་། ལས་བཞིའི་སྦྱོར་བ། གནད་བཞིའི་སྦྱོར་བ་སོགས་ལ་མིང་འདོགས་པ་ཡིན་ནོ། །

ལེའུ་ལག་ཅེས་པ་ནི། མ་གཅིག་གིས་གསུངས་པའི་ལེའུ་ལག་འདི་དག་ལ་

གསུངས་པ་ཡིན་པས། དེ་ལ་རྩ་བ་དང་ཡན་ལག་གསུམ། ཐུན་མོང་དང་། ཐུན་མོང་མ་ཡིན་པ། ཁྱད་པར་གྱི་ལེའུ་ལག་དང་བདུན་ནོ། །

ངོ་སྤྲོད་ལ་གསུམ། དང་པོ་ལ་ལྔ། གཉིས་པ་བུ་ཉེར་གཅིག །གསུམ་པ་སྤྱས་དོན་ཡན་ལག་བཅོ་ལྔའོ། །བརྡ་ཆོས་ལ་གསུམ། དང་པོ་བེམ་སྒྱུར་གྱི་བརྡ། གཉིས་པ་དབྱིངས་རིག་གི་བརྡ། གསུམ་པ་ཆོས་ཟད་སར་སྐྱོལ་བའི་བརྡ་དང་གསུམ།

ལ་བཟླ་བ་བཞི་ནི། དང་པོ་ལྟ་བ་ཕྱོགས་ལྷུང་མེད་པ་ལ་བཟླ། གཉིས་པ་བསྒོམ་པ་དམིགས་གཏད་བྲལ་བ། གསུམ་པ་སྤྱོད་པ་ཕར་ཕྱིན་དྲུག་ཉམས་སུ་ལེན་པ། བཞི་པ་འབྲས་བུ་ལྷུན་གྲུབ་མཐའ་བྲལ་ཆེན་པོ་ལ་བཟླ་བ་དང་བཞིའོ། །

བཞི་པ་གནད་ཐེམ་ལ་དྲུག །དང་པོ་ལྟ་སྒོམ་བསྟན་པ། གཉིས་པ་གེགས་སེལ། གསུམ་པ་རྩལ་སྦྱོང་། བཞི་པ་བོགས་འདོན། ལྔ་པ་རོ་སྙོམས། དྲུག་པ་མཐར་ཐུག་གི་དོན་བསྟན་པ་དང་དྲུག་གོ། །

ཟུར་དུ་ཡན་ལག་བཞི་བསྟན་པ་ནི། དང་པོ་ཆོས་ཐམས་ཅད་གཅིག་ཏུ་དྲིལ་བའི་གནད། གཉིས་པ་ཡང་དག་པའི་དོན། གསུམ་པ་གང་དྲི་བ་ལ་ལན་ཐེབས་པ། བཞི་པ་མན་ངག་འཆད་པ་ལ་བརྡ་བསྟན་པ་དང་བཞི་ཡན་ལག་ཏུ་བསྟན་པའོ། །དེ་ཉམས་སུ་ལེན་པ་ལ་ཉམས་ཀྱི་རྒྱུད་པ་ཡང་ཟེར་ཞིང་། ལེའུ་ལག་ཉམས་རྒྱུད་ཅེས་མིང་འདོགས་པ་ཡིན་ནོ། །དེ་ལྟར་དང་པོ་རྣལ་འབྱོར་པས་རི་ཁྲོད་དབེན་གནས་འགྲིམ་པའི་གོ་དོན་བསྟན་པ། གཉིས་པ་གཅོད་ཟུང་བརྒྱད་དང་ཡ་བཅུ་དྲུག་གིས་སྤྱི་སྟོམ་བསྟན་པ། གསུམ་པ་ཐད་ཐད་དུ་ངོས་འཛིན་ཅིང་རྒྱས་པར་བཤད་པ་དུམ་བུ་བཅུ་དྲུག་གིས་གཏན་ལ་དབབ་པར་བྱས་པ་ཡིན་ཅིང་། ཞིབ་པར་གཅོད་དར་ཚུལ་གཞན་རྣམས་ལས་ཤེས་པར་བྱའོ། །

གཙོད་གདན་ཐོག་གཅིག་མའི་ཁྲིད་ཡིག་ཕྲིན་ལས་རྒྱ་མཚོ་ལས། ཟུང་བརྒྱད་དང་ཡ་བཅུ་དྲུག་གི་ཡིན་ལུགས་ངོས་འཛིན་གོ་བདེ་བ་ཞིག་དགོས་ཞེས། སྣགས་དོན་ལྷུར་བླངས་གནས་ལུགས་གཏན་ལ་ཕབ། །ཡོན་ཏན་རབ་སྨིན་རྟོགས་ལྡན་དགེ་རྒྱམ་དང་། །སྟེ་སྣོད་གཏན་ཕབ་གནས་ལུགས་མཁའ་ལ་ཤར། གྲུབ་པའི་རྒྱལ་མཚན་ས་སྐྱ་རས་ཆེན་དང་། །བློ་གསལ་དོན་ལྡན་དད་གུས་ཕུལ་དུ་ཕྱིན། །བསོད་ནམས་རབ་ལྡན་རྣམ་མཾ་ག་ལ། །གཞན་ཡང་མོས་འཛིན་དུ་མས་རབ་བསྐུལ་ནས། །རང་གི་བློ་གྲོས་མཚུངས་མེད་ཁ་ཕྱེ་སྟེ། །གཅོད་ཀྱི་སྤྱི་སྡོམ་སྔོས་ཀྱི་དབྱེ་བ་དང་། །ངེས་འཛིན་ཚིག་གསལ་དྲུམ་བུ་བཅོ་བརྒྱད་ཀྱིས། །གཏན་ལ་ཕབ་ཅིང་ཡི་གེའི་སྡེབས་སུ་བཅུག །མཇུག་བསྡུ་བསྔོ་བའི་རྒྱུས་འདེབས་དང་། །མཛད་བྱང་ཡི་གེའི་མཐའ་ཅན་ཡིན། །ཞེས་པ་གཅོད་གདན་ཐོག་གཅིག་མའི་ཁྲིད་ཡིག་ཕྲིན་ལས་རྒྱ་མཚོ་ལས། ཟུང་བརྒྱད་ཡ་བཅུ་དྲུག་གིས་ངོས་འཛིན་རགས་པ་ཙམ་ཞིག །སའི་ཐིག་ལེ་སླེ་མོ་ཕུན་ཚོགས་རབ་བརྟན་དུ་ལྷུགས་ཕོ་སྟག་གི་ལོ་དཔྱིད་ཟླ་ར་བའི་ཚེས་ཉེ་ཤུ་ལ་སྡོམ་བརྩོན་ཕྱོམ་བུ་བ་མེ་ཡ་ཀཱ་ནྟ་ཞེས་བྱ་བས་སྦྱར་བའོ། །དགེ་བ་མ་རྒན་སེམས་ཅན་རྣམས་ལ་བསྔོ། །བཀྲ་ཤིས་དཔལ་འབར་འཛམ་གླིང་རྒྱལ་བའི་རྒྱན་དུ་ཤོག །ལྷན་ཐབས་ཀྱི་ཡིག་ཆུང་ངོ་། །

༄༅། །ཅྱེ་བྲག་གི་ས་བཤད་བཞུགས་སོ། །

བླ་མ་དང་མཁའ་འགྲོའི་ཚོགས་ལ་ཕྱག་འཚལ་ལོ། ཕྱོགས་མེད་གཞན་ཕྲིད་འགྲིམ་པ་ལ། །ས་བཤད་སྐྱི་དང་ཅྱེ་བྲག་དགོས། །ཞེས་པའི་དོན། སྐྱི་དང་ཅྱེ་བྲག་གི་སྔོམ་གཞུང་དུ་གསལ་ཏེ། ཅྱེ་བྲག་ལ། རྫས་རི། བརྫུས་རི། མ་ཉིང་གི་རི་དང་གསུམ་ཡོད་པ་ལས། དང་པོ་རྫས་རི་ནི། ས་ཕྱོགས་དེ་རིན་པོ་ཆེ་འབར་བ་ལྟ་བུའི་ལྟེ་བར་སྔོད། གདུགས་འདྲ་བའི་ཏོག །རྒྱལ་མཚན་གྱི་རྩེ་དར་པོ་ཆེའི་ཡུ་བ། མདུང་གི་བ་དན། འཕན་གྱི་གོང་བ། དུང་གི་ཁ་པོར། པདྨའི་ཟེའུ་འབྲུ། དཔལ་བེའུའི་དཀྱིལ། བུམ་པའི་ལྟོ་བ། ཁཊྭཱཾ་གི་མགུལ་པ། མཎྜལ་གྱི་དཀྱིལ། མཁར་རྔའི་དཀྱིལ། ཆ་ལང་གི་སྦུབས། ཀ་ལིང་གི་དཀྱིལ། སྦྲུ་ཕག་གི་སྙིང་མཚམས། རིན་ཆེན་སྤུངས་པའི་དཀྱིལ། དར་ཕྱར་བའི་དར་ལྕེ། མཁར་བསིལ་གྱི་རྒྱ་མདུད། བེར་གྱི་གོང་བ། རྔོག་གི་ཁྱུང་དོར། སུམ་འཕྲུའི་དཀྱིལ་མ། ཁྲབ་ཀྱི་བསེ་ཤམ་ལ། སྟོད་ཁྲབ་ཀྱི་གོང་བ། ཕུབ་ཀྱི་དུད་ཁུང་། རལ་གྲིའི་ཡུ་བ། གཞུའི་ཚངས་ཐུངས། མདའི་ལྟོང་། གྲི་གུག་གི་འཁྱུགས། ཆུ་སྐོར་གྱི་མིག་ཁུང་། དྲིལ་བུའི་ལྟེ། རྡོ་རྗེ་ལྟེ་བ། ཌ་མ་རུའི་སྙིང་པ། སྟོད་ཁ་གྱེན་ལ་བསྟན་པའི་ཁ། ཁ་སྤུབ་པའི་སྙིང་། ཞགས་པའི་ཞགས་མིག །མེ་རི་འབར་བའི་དཀྱིལ། ཕུས་ཁེབས་ཀྱི་བཅིང་མཚམས། ཞྭ་ཐེབས་ཀྱི་ཏོག །གསོ་ཕུ་དུང་ཅན་གྱི་ཕུ་དུང་། ཕྲེང་བ་ལྟ་བུའི་མདུད་མཚམས། འཁོར་ལོའི་ལྟེ་བ། རྡོ་རྗེ་རྒྱ་གྲམ་གྱི་དཀྱིལ། གཡུང་དྲུང་

གི་གྲུ། རྫིང་གི་དཀྱིལ། སྣ་ང་འདྲ་བའི་མཐིལ། གཞོང་པའི་ཟུར། དཀར་ཡོལ་གྱི་ཡུ་བ། ཕོར་པའི་ཁ། དཀྱིལ་འཁོར་གྱི་དབུས། ཐང་ག་འདྲ་བའི་གོང་ཞམ། ལག་སྐོར་གྱི་ཡུ་བ། གཏོར་ཆའི་ལུང་། ཀ་པཱ་ལའི་རྒྱབ་སོའི་མཚམས་ཁ། སྟེར་མའི་མཐིལ། གསེར་འཕྲུའི་ལྟོ་བ། གསེར་ཐོག་གི་སྐང་། ལྷ་ཁང་འདྲ་བའི་ནང་དུ་སྟོད། པོ་ཏི་འདྲ་ན་གསེར་སྟོང་གི་སྟེང་། འདུ་ཁང་གི་རྒྱལ་སྒོ། ཏིང་ཞག་གི་ལུང་། སོག་ལེའི་སོ། གུར་དཀར་གྱི་ཐོག །ཡོལ་བའི་གོ་བ་བླ་བྲིས་ཀྱི་དཀྱིལ་ལམ་ཞམ་བུ། སྙིང་གི་མཚམས། གློ་བའི་སྐང་། མཆིན་པ་འདྲ་བའི་མཆིན་གྲིའི་མཚམས་ཕོ་བ་འདྲ་བའི་ཕོ་མིག་གི་མཚམས་སུ་སྟོད་པའོ། །

གཉིས་པ་བརྩུས་རིང་ནི། ཉ་འདྲ་བའི་སྐེད་པར་སྟོད། སྦྲུལ་གྱི་སྐེ་བ། སེང་གེའི་གཡུ་རལ། སྟག་གི་ཁ་འཛུམ་མམ་སྟེར་མོ། གཟིག་གི་ཐིག་ལེ། སྤྱང་ཀུའི་ཁ། དོམ་གྱི་སྙིང་ཁ། དྲེད་མོང་གི་སོགས་པའི་དཀྱིལ། འཕར་བའི་ལྟག་པ། འབྲོང་གི་སྤྱི་གཙུག་གམ་ཟེ་བ། སྡིག་པའི་རྣ་བར། སྦལ་པའི་སྙིང་ཁ། ལྕུང་མོའི་མགོ། ཕག་རྒོད་ཀྱི་ཟེ་བ། ཆུ་སྲིན་གྱི་ཁ། རྨ་བྱའི་མདོངས། ཁྱུང་གི་རྣ་བར། བྱ་རྒོད་ཀྱི་སྐེ། ཞ་ཕོའི་རྣ་བར། ཞ་པོ་རྒྱུ་འཛིངས་ཀྱི་མཚམས། ཉ་དང་སྦྲོང་མོའི་བར། རྟའི་སྐལ་པ། གཡག་རྒོད་ཀྱི་མཛིང་པ། སྲིན་མོ་གན་རྐྱལ་དུ་འགྱེལ་བའི་སྙིང་ཁ། བྲག་མི་ལངས་པ་འདྲ་བའི་ཕྲག་པ། སྟགས་པ་འདྲ་བའི་ཁ། འབྲུག་གི་ཟེ་བ། ཁྲ་དང་ནེ་ལེ་འདྲ་བའི་ཁ། བྱ་བྱིལ་འདྲ་བའི་སྙིང་གའི་སྟེར་མོ། བུད་མེད་རལ་པ་བསིག་པ་འདྲ་བའི་ནུ་བར། ཕྱ་མི་རོ་ལ་འཇབ་པ་འདྲ་བའི་སྙིང་ག །སྤྲེའུ་འདྲ་བའི་མཁལ་ཁྲུང་། གླང་པོ་ཆེའི་སྣ་ཞགས། ཡི་དྭགས་འདྲ་ན་ལྟོ་བ། གྲོག་མ་འདྲ་ན་སྐེད་པ། ལུག་རོ་འདྲ་ན་མགོ་བོ། མི་རོ་གན་རྐྱལ་འདྲ་བའི་སྙིང་ཁ། ཁྱི་

རྐོད་ཉལ་བ་འདྲ་ན་མགོ། ཐོན་སྟུགས་སྦྱུབ་ཁང་གི་ནང་། སྟུགས་པའི་གཏོར་ཁྲི་འདྲ་བའི་འོག །ཐོན་པོ་ཛ་རྟུང་འདྲ་བའི་མཐིང་པ། སྟུགས་པ་དབལ་གྱོན་འདྲ་བའི་སྤྱི་གཙུག །ཕག་སྦྲུལ་ཁ་འཐབ་ཀྱི་བར། ཐོན་པོ་འདྲ་བའི་ཕྲག་གོང་། བན་དེ་འདྲ་བའི་པང་། སྟུགས་པ་འདྲ་བའི་སྙིང་ཁ། བུད་མེད་འདྲ་བའི་ནུ་མ། སྲིན་མོ་རལ་པ་བསིག་པ་ལྟ་བུའི་མགོའམ་ལྟག་པ། དཔའ་བོ་གཡུལ་འགྱེད་པ་འདྲ་བའི་མཚམས། སྟུགས་པ་མཐུ་འདྲེན་བྱེད་པའི་བར། སྦྲུལ་གྱེན་ལ་འགྲོ་བའི་སྐེད་པ། ཐུར་ལ་རྒྱུག་པའི་མགོ། འཕྲེད་ལ་རྒྱུག་པའི་སྐེ་བ། ཉ་གྱེན་ལ་འགྲོ་བའི་ཁ། ཐུར་ལ་རྒྱུག་པའི་སྐེ་བ། འཕྲེད་ལ་རྒྱུག་པའི་སོག་བར། སྦལ་པ་གྱེན་ལ་རྒྱུག་པའི་སྙིང་ཁ། ཐུར་ལ་འགྲོ་བའི་སོག་བར། འཕྲེད་ལ་འགྲོ་བའི་སྐེད་པ། སེང་གེ་གནམ་ལ་མཆོངས་འདྲའི་ཁ་ནང་། དོམ་ནག་ཐུར་ལ་རྒྱུག་འདྲའི་སྣ། ཕག་རྐོད་གྱེན་ལ་འགྲོ་བའི་རྣ་བ། ཐུར་ལ་རྒྱུག་པའི་ཁ། མགོ་མེད་ཁོག་རྟུམ་འདྲ་བའི་སྐེ་འཁྲོ། ལུས་མེད་མགོ་བོ་འདྲ་བའི་དཔྲལ་བར་སྡོད་པའོ། །

གསུམ་པ་མ་ནིང་གི་རི་ལ། རྒྱལ་པོ་འདྲ་ན་གདན་སྟེང་། ཙོག་རྩེའི་སྟེང་། པང་། ལྟེ་བ། སྙིང་ག །ཕྲག་གོང་། སྤྱི་བོ་རྣམས་སུ་རིགས་མི་རིགས་དང་བསྟུན་ནས་སྡོད། བཙུན་མོའི་པང་། སྙིང་ག །ཕྲག་པ། སྤྱི་བོར་སྡོད། རྒྱལ་བུའི་སྤྱི་གཙུག་གམ། ཚེ་སྒྲ། ཕྲག་པར་སྡོད། བློན་པོའི་དཔུང་པའམ། མགོ་བོར་སྡོད། འབངས་འདྲ་བའི་མགོ། ཐང་ཞུ་གྱོན་པ་འདྲ་བའི་དཔུང་པ། ཕ་བོང་ལག་པ་འདྲ་བའི་དབུས། ཕ་བོང་གི་སྟེང་། རི་གཟར་གྱི་སྣེ། ཐང་གྲུ་གསུམ་དང་ཕ་བོང་འདྲེས་པ་འདྲ་བའི་ལྟག །ཀླུ་གམ་འདྲ་བའི་ཁུང་། ཉི་མ་འཁྱིལ་བ་འདྲ་བའི་དཀྱིལ། གད་པའི་སྟེང་། བྲག་ལ་ཆུ་འཐབ་ཀྱི་སྣ། ཆུ་མིག་མགོ་ནུབ་ཏུ་ལྟ་བའི་མགོ། ཤར་

སྐོར་ལྔ་བའི་མདོ། ཤར་བཞི་པའི་འདུས། སྐོ་ནུབ་གསུམ་པའི་མདོ། བྱང་ཤར་གཉིས་ཀྱི་མདོ། ནུབ་བྱང་གི་སྙིང་ངམ་མགོ། ཤར་སྐོ་གསུམ་པའི་མདོ། ནུབ་བྱང་གཉིས་པའི་བར། ཆུ་མིག་གི་ལྷག་པ། ཤིང་ཚེར་མ་ཅན་སྐྱེ་བའི་ཞོལ། བྲག་དག་ཆུ་མིག་ལྐུགས་པ། ནེའུ་སེང་གི་དཀྱིལ། སྤྲེའུའི་གདོང་པ་འདྲ་ན་ཁ། བྲག་སྤྱང་ཀུ་དང་ཁྱི་འཐབ་པ་འདྲ་ན་སྔེར་མོ། མཆོད་རྟེན་འདྲ་ན་བང་རིམ། མཚོ་ཁ་བྱང་བལྟས་ཀྱི་འགྲམ། བྲག་སྐྱིབས། གྲམ་ཕུག །ཙང་རོང་། གྲོག་པོ་ཕུགས་རྟགས་ཀྱི་སུམ་མདོ། ཕག་སྤྲུལ་འཐབ་པ་འདྲ་ན་བར། ཁྱི་ཕག་འཐབ་པ་འདྲ་ན་ཁ་བར། བྱ་སྟག་འཐབ་པ་འདྲ་ན་ཁ་བར། ཆུ་མིག་གི་སྙིང་དུ་སྤྲུལ་འཐབ་པ་འདྲ་ན་བར། རི་རབ་འཐེམས་པ་འདྲ་ན་ཐེམ་ཆིགས། གྲོག་པོ་གཉིས་ཀྱི་བར། རུས་སྦལ་འདྲ་ན་སྙིང་། གྲོག་པོ་སུམ་མདོའི་འཛོམས། ཤིན་ཏུ་རྩུབ་པའི་རི་ལ་ས་སྣ། མཚོ་དང་ཆུ་ཡོད་པའི་བར། མཚོའི་སྙིང་ལ་བྲག་དམར་པོ་ཡོད་པའི་གཞོགས། རི་དམར་པོ་སོ་འདྲ་བའི་རྩ་བ། རི་པདྨ་དང་ཁྱུང་འདྲ་བའི་དབུས། གནས་གཞི་གོག་པོ། ཤིང་ཚང་ཚིང་། མི་རྟོག་རིགས་མི་གཅིག་པ་སྐྱེ་བའི་དཀྱིལ། སྤང་གོང་། གཡའ་གོང་། གངས་གོང་ལམ་རྒྱ་གྲམ་རྣམས་ཀྱི་དཀྱིལ། བྲག་ནག་པོ་སྐས་འདྲ་བའི་འོག་ནས་ཆུ་འབབ་པའི་སྙིང་། ཕ་བོང་དམར་སེར་གྱི་སྙིང་། རི་བང་རིམ་ཅན་སེང་གེ་ཁྲིས་པ་འདྲ་ན་སྙིང་། ཆུ་སྤྲུལ་འདྲ་བའི་གཞོགས། སོག་པོ་གོ་ཁྲབ་གྱོན་པ་འདྲ་བའི་རྩེ། མི་ནག་པོ་རྟ་ནག་ཞོན་པ་འདྲ་ན་སྙིང་། མཚོ་འགྲམ་ཤིང་གཅིག་སྐྱེས་པའི་གཡས་གཡོན། ཕ་བོང་དང་ནགས་གཡག་པ་འདྲ་བ་ཡོད་པའི་དབུས། མཚོ་བྲག་ཤིང་སྣམ་སྔོན་སྐྱེས་པའི་དབུས། ཐང་གྲུ་གསུམ་གྱི་དབུས། ཞིང་གི་དཀྱིལ་ན་ཆུ་རྫུལ་ཡོད་པ། མཚོ་མི་རྟོག་སྐྱེས་པའི་འགྲམ། ན་བ་བྲ་མས་བསྐོར་

བའི་མཚམས། འདམ་དང་ཆུ་འབབ་པའི་མཚམས། མཚོ་གཞི་དང་བྲག་ནག་པོ་ཐུར་དུ་རྒྱུག་པ་འདྲ་བའི་མཚམས། ཐང་བཟླུམ་པོའི་དཀྱིལ། ཁང་པ་དང་ཞིང་གི་མུའི་བར། གཡང་གཞི་བརྡིང་བ་འདྲ་ན་མཐའ། བྲག་བཤམ་ན་ཆུ་འབབ་པའི་མཚམས། རི་མགོ་གཉིས་ཀྱི་བར། སྦྲང་མ་འདྲ་བའི་ར་བར། རི་མགོ་གསུམ་པའི་འོག་ནས་ཆུ་འབབ་པའི་རྩེ། མཚོ་ལུམ་དང་བྲག་དམར་གྱི་བར། མཚོ་ཉ་འདྲ་བའི་འགྲམ་ན་བྲག་ཁྱི་མགོ་ཡོད་པ་འདྲ་བའི་བར། བྲག་ལ་ཆུ་འཐབ་སྟག་འདྲ་བའི་བར། གཙོ་བོ་འདྲ་བའི་སྙིང་ཁ། རྩ་བརྒྱུད་གོག་པའི་གཉའ་ལྟག །རི་བོ་ཆེན་པོའི་ཞོལ། ས་རལ་གྱི་མདོ། ལྷ་རྗེའི་སྙིང་། རིན་པོ་ཆེའི་ཨོཾ་བཙུགས་ཀྱི་མགོ །ཇག་རྐུན་གྱི་ཤུལ། འཕན་འཚོགས་བྱེད་པའི་བཟན་གནས། ཆུ་འདུས་པའི་རྒྱ་མཚོའི་དཀྱིལ། ཆུའི་དཔལ་འཇིག་མ་དང་འོམ་བུའི་ཚལ་དུ་བསྟོད་པའོ། །

གནས་ཕོ་མོའི་དབྱེ་བ་ནི། རི་ལ་ཕོ་རི་དང་མོ་རི་གཉིས། ཤིང་ལ་ཕོ་ཤིང་དང་མོ་ཤིང་གཉིས། ཐང་ལ་ཕོ་ཐང་མོ་ཐང་གཉིས། ཆུ་ལ་ཕོ་ཆུ་དང་མོ་ཆུ་གཉིས། རྡོ་ལ་ཕོ་རྡོ་དང་མོ་རྡོ་གཉིས་སོ། །རྒྱབ་ལ་སྒྲོམ་པ་ཕོ་རི་སྟེ། མྲ་ལ་མཛེས་པ་མོ་རི་ཡིན། སྒྲོམ་ལ་ཤུན་པ་མཐུག་པ་མཛེར་པ་མང་བ་ཕོ་ཤིང་ཡིན། མཉེན་པ་མཛེར་པ་མེད་པ་ཤུན་ལྷགས་སྲབ་པ་མོ་ཤིང་ཡིན། མཐུག་ལ་རྒྱབ་པ་ཕོ་ཐང་སྟེ། སྲབ་ལ་འཇམ་པ་མོ་ཐང་ཡིན། ཐ་དང་དྲག་འབབ་བྱེད་པ་ཕོ་ཆུ་སྟེ། འཇམ་ལ་དལ་ཞིང་འཁྱིལ་བ་མོ་ཆུ་ཡིན། རྒྱབ་ལ་ཟུར་ཡོད་པ་ཕོ་རྡོ་སྟེ། འཇམ་ལ་མཉེན་པ་མོ་རྡོ་ཡིན་ཞེས་པའོ། །

ཟ་རི་དཀར་པོའམ། གངས་རི། བྲག་རི་དཀར་པོ་ལ་ལྷ་བཙན་གནས། ནགས་རིའམ། ཟ་རི་ནག་པོ་ལ་བདུད་བཙན་གནས། བྲག་རིའམ། ཟ་རི་དམར་པོ་ལ་

བཙན་གནས། སྤྱང་རིའམ། རྫ་རི་སྔོན་པོ་ལ་དམུ་བཙན་གནས། རྫ་རི་ཁྲ་བོའམ། བྲག་རི་ཁྲ་བོ་ལ་ཀླུ་བཙན་གནས། གུང་གསུམ་ལ་བཙན་གྱི་ཇག་པ་སྐྱ་བདུན་གནས། ཤིང་གཅིག་ལ་བདུད་མི་གཅིག་རྐང་གཅིག་གནས། སུམ་མདོ་ལ་བཙན་གནས། ལྷ་ཁང་དང་མཆོད་རྟེན་ལ་རྒྱལ་པོ་གནས། ཁྱིམས་ཁང་ལ་དཀོར་བདག་གནས། ཕུང་ཤུལ་ལ་ཟ་འདྲེ་གནས། བྲག་ཕུག་དང་གད་ཕུག་ལ་ཐེའུ་རང་གནས། ལམ་སྲང་ལ་བཙན་གྱི་ཇག་པ་སྐྱ་ལྔ་གནས། གད་པ་ཟླ་གམ་ལྟ་བུ་ལ་ཀླུ་དུང་སྐྱོང་དཀར་པོ་གནས། ཉི་མ་འཁྱིལ་བ་ལྟ་བུ་ལ་ཀླུ་ལྕམ་སེར་མོ་གནས། ཐང་གྲུ་བཞི་ལ་བསེ་མོ་གནས། ཐང་ཟླུམ་པོ་ལ་སྨན་མོ་གནས། ཐང་ཆེན་ལ་དམ་སྲི་གནས། ཐང་ཆུང་ལ་མ་སངས་གནས། དུར་ཁྲོད་ལ་གཤིན་རྗེ་གཤེད་དང་དམ་སྲི་ཟ་འདྲེ་གནས། ཕུགས་ལྷས་ལ་ཡི་དྭགས་གནས། ས་ཤོ་ས་རལ་གྲོག་རོང་རྣམས་ལ་གཟའ་གནས། གངས་རི་དཀར་པོ་ལ་····གནས། དེ་ཡི་གངས་ཁྲོད་ཉལ་བ་ཡིས། །ཚེ་འཕྲུལ་ཁྱི་དཀར་རྒྱ་དཀར་དང་། །རྒྱ་མི་དཀར་པོ་ཁྲིམ་མེ་བ། །དངོས་ཉམས་རྨི་ལམ་གསུམ་དུ་འོང་། །ཚར་ཆོད་ཟས་འབྲེལ་ཆོས་ཞུ་དང་། །སྨོམ་པ་ལེན་པ་འོང་བ་ཡིན། །དེ་ལྟར་བྱུང་ན་གཞན་དུ་འཕོ། །དེ་ལ་རིག་པའི་སྨན་མོ་ནི། །གདེང་དང་འཁྲིལ་ལ་གནས་པ་ཡིན། །དེ་ཡི་འཁྱིལ་དང་ལྗོང་དུ་ཉལ། །ཚེ་འཕྲུལ་བུད་མེད་ཟླ་བཟང་འབྱུང་། །ཚར་ཆོད་བྱུང་ན་གཞན་དུ་འཕོ། །གཡའ་རི་དམར་པོ་བཙན་གྱི་གནས། །ཕོ་བྲང་ལྗོང་ངམ་གང་བདེར་ཉལ། །ཚེ་འཕྲུལ་མི་དམར་རྟ་དམར་ཅན། །ཁྱི་དམར་རོལ་དུ་ཁྲིད་པ་འབྱུང་། །ཚར་ཆོད་བྱུང་ན་གཞན་དུ་འགྲོ། །དེ་ཡི་སྨན་ནི་འཁྱིལ་སྦུབས་གནས། །ཚེ་འཕྲུལ་བུད་མེད་མདོག་དམར་འབྱུང་། །ཚར་ཆོད་བྱུང་ན་གཞན་དུ་འགྲོ། །རྫ་རི་ནག་པོ་བདུད་བཙན་

གནས། །དེ་ཡི་བྲག་པ་གཡས་པ་འཁྲམ། །སྤྲང་ནི་མེ་ལོང་ཙམ་དང་ཆུ་མིག་ཉལ། །ཚོ་འཕྲུལ་མི་ནག་འབྲོང་དང་ནི། །མཛོ་གཡག་ནག་པོ་འབྱུང་བ་ཡིན། །ཚར་ཚད་ཁྲི་ལ་བསྟད་པ་དང་། །ཁང་བཟང་ནང་དུ་བསྡོད་པ་འབྱུང་། །དེ་ཡི་སྨན་ནི་ཆུ་མིག་དང་། །འཛམ་པའི་རྩུབ་ལ་གནས་པ་ཡིན། །ཚོ་འཕྲུལ་མེད་ན་དམིགས་པ་ནི། །བྲག་བཞིག་ཤིང་བཅད་ཆུ་མིག་དགྲུག །ཚར་ཚད་བྱུང་ན་གཞན་དུ་འགྲོ། །དམུ་བཙན་གཡའ་རི་ཀླུམ་ལ་གནས། །དེ་ཡི་གོང་ངམ་ཉར་ཉེར་འཁྲིལ། །ཕྱུག་ཏུ་ཉལ་ནས་བསྟད་པ་ཡིས། །ཚོ་འཕྲུལ་སྐྲ་མི་སྨུག་དང་ཤ་བ་སྨུག །རྐང་ཐང་མང་པོ་འབྱུང་བ་ཡིན། །ཁ་ཡོ་མིག་སླིར་ཡ་ལ་ལ། །ཞ་རེ་ས་ལ་སོགས་འབྱུང་བ་ཡིན། །ནན་ལ་བོར་ནས་བསྟད་པ་ཡིས། །མཛོ་གཡག་བརྟངས་དང་ཁྲིས་རྒྱུགས་འབྱུང་། །མཐའ་གཏད་ཞལ་ལས་ཤེས་པ་ནི། །རི་བོ་རྒྱང་ནས་བཞིག་ཅིང་ཐང་ལ་གདལ། །ཏུས་པའི་རི་བརྩིགས་ཁྲག་གི་མཚོ་བསྐྱིལ་ལ། །ལྷགས་པ་བཤུས་ནས་རི་བོ་གཡོགས་པར་བསམ། །དེས་ཀྱང་ཚར་ཚད་མ་བྱུང་ན། །ལྕགས་ཀྱི་ཕུར་པ་ཁྲོ་ཞལ་ཅན། །འོད་ཟེར་འཕྲོས་པས་རི་བོ་བཞིག །ཚར་ཚད་བྱུང་ན་གཞན་དུ་འཕོ། །དེ་ཡི་སྨན་ནི་སྤྲུབས་འཁྱིལ་དང་། །དེ་ཏུ་ཉལ་ནས་བསྟད་པ་ཡིས། །ཚོ་འཕྲུལ་བུད་མེད་གོས་ནག་གྱོན། །བཞིན་མི་སྡུག་ཅིང་གདམ་ངན་སྨྲ། །མང་པོ་འཚོགས་ནས་གཡབ་མོ་བྱེད། །ཡ་བག་མེད་པར་འགོང་བ་དང་། །ཁྱི་ནག་དག་གིས་ཕུག་པ་འབྱུང་། །མཐའ་གཏད་ཞལ་ལས་ཤེས་པ་ནི། །ཟངས་ཕུར་འདོམས་པ་དགུ་བརྒྱ་པ། །ས་ཡི་གཏི་རློག་ཁྲག་མཚོ་བསྐྱིལ། །ལྷགས་པ་དག་གིས་རི་བོ་གཡོགས། །རྒྱུ་མའི་ཞགས་པས་ཡན་ལག་བཅིངས། །ཚར་ཚད་བྱུང་ན་གཞན་དུ་འཕོ། །ཤིལ་ཕུག་རྩ་ལ་རིག་པའི་སྨན་གཅིག་གནས། །ཚོ་འཕྲུལ་འཛམ་ལ་ཚར་

ཚད་མེད། །མཐའ་གཏད་ཞལ་ལས་ཤེས་པ་ནི། །རང་ལུས་ལྟུགས་ཀྱི་རྡོ་རྗེ་ཡིས། །ས་
རྐོ་རྡོ་རློག་ཤིང་བཅད་བྱ། །ཚར་ཚད་བྱུང་ན་གཞན་དུ་འཕོ། །སྐྱིལ་ཕྱུགས་ཡངས་
ཀྱི་ཕྱུགས་སུ་ཉལ། །བདུད་ལས་རིག་པའི་སྨན་གཅིག་གནས། །ཚོ་འཕྲུལ་འཇམ་
ཞིང་ཚར་ཚད་མེད། །མཐའ་གཏད་ཞལ་ལས་ཤེས་པ་ནི། །རང་གི་ལུས་ལ་མི་
འབར་ནས། །གསུར་གཞོབ་ཁྲག་ཐབས་དུས་མཉམ་བྱ། །ཚར་ཚད་བྱུང་ན་གཞན་
དུ་འཕོ། །གཡའ་ཕྱུག་གཡའ་ཞོལ་ན་ག་ཆར་ཆེར་ཡོད། །ཀླུ་ལ་རིག་པའི་སྨན་
གཅིག་གནས། །ཚོ་འཕྲུལ་མེད་ན་མཐའ་གཏད་ནི། །ལྷགས་པ་བཤུས་ནས་གཏི་
མུག་ཁྲག་མཚོ་བསྐྱིལ། །ས་ཏུས་རྒྱུས་པས་མཐའ་མ་བསྐོར། །གཅེར་བུར་ལངས་
ལ་སྐད་མདའ་བཏང་། །ས་རྐོ་རྡོ་རློག་ཤིང་བཅད་བྱས། །ཚར་ཚད་བྱུང་ན་གཞན་
དུ་འཕོ། །སེང་གེ་འདྲ་བའི་གཡུ་རལ་ལ། །ལྷ་ལ་རིག་པའི་སྨན་གཅིག་གནས། །ཁྲག་
དམར་ སྦྲིལ་གདོང་ཁྲག་རལ་འདྲ། །སྲིན་ལ་རིག་པའི་སྨན་གཅིག་གནས། །ཁྲག་
མི་རེང་འདྲ་བའི་ཕྱུག་གཡས་ལ། །དེ་ལ་བཙན་རྒྱང་གཅེར་བུ་གནས། །སྲིན་མོ་
གན་རྒྱལ་བསྐྱིལ་བ་འདྲ། །དེ་ཡི་ཟླ་གའི་ནང་དུ་ཉལ། །བསེན་མོ་གནས་པ་ཡིན་
པས་ན། །མཐའ་གཏད་ཞལ་ལས་ཤེས་པ་ནི། །ཟླ་ག་དེ་ནི་བསྣུབ་བསྣང་བྱེད། །བུ་
མེད་སྐྱིལ་ཀྱང་བྱས་འདྲ་ཡི། །ནུ་མ་གཉིས་ཀྱི་བར་དུ་ཉལ། །ཀླུ་མོ་སྲོག་བདག་
མོ་གཅིག་གནས། །མཐའ་གཏད་ལྟུགས་ཀྱི་ཕ་ལམ་གྱིས། །མི་འབར་བས་ནི་དགྲུག་
སློང་བྱེད། །སྟག་མོ་ནགས་ལ་མཆོང་བ་ཡིས། །དེ་ཡི་འཛུམ་ལ་ཉལ་བར་བྱ། །དེ་
ལ་ཀླུ་བདུད་མོ་གཅིག་གནས། །ངོ་སྲིད་བྱེད་ཅིང་མ་སློངས་ན། །གནམ་ལྟུགས་
མེ་ནི་འབར་བ་ཡིས། །ས་གཞི་རློག་ཅིང་སེང་གེ་ཡི། །ངར་ཅན་གཅིག་གིས་འཁྲབ་
ཅིང་བསྐྱིལ། །ཁྱད་སྟོབས་ཅན་གཅིག་ཁྲི་ཚུ་ཡི། །ཕ་འོང་བརྒྱབ་པར་བསྒོམ་པ་

འོ། །གཡུ་རྡུང་འདྲ་བའི་དཀྱིལ་ན་ཉལ། །དེ་ལ་སྐྱུ་སྨན་མོ་གཅིག་གནས། །ཉ་ཡར་ལ་འགྲོ་བའི་སྐེད་པར་ཉལ། །དེ་ལ་སྐྱུ་བཙན་མོ་གཅིག་གནས། །མར་ལ་འགྲོ་བའི་སྣ་རུ་ཉལ། །དེ་ལ་སྐྱུ་བདུད་མོ་གཅིག་གནས། །སྦྲུལ་ཡར་ལ་འགྲོ་བའི་སྐེད་པར་ཉལ། །དེ་ལ་གདོལ་པ་ནག་པོ་གནས། །མར་ལ་འགྲོ་བའི་སྣ་རུ་ཉལ། །དེ་ལ་བདུད་མོ་ནག་མོ་གནས། །ཤ་ཕོ་རུ་བཅུ་འདྲ་བ་ཡི། །ཟངས་ཀའི་ནང་དུ་ཉལ་བར་བྱ། །སྐྱུ་བཙན་རྒྱང་པ་གནས་པ་ཡིན། །དོམ་ནག་ཕུར་ལ་རྒྱུག་པ་འདྲ། །དེ་ཡི་སྣ་རུ་ཉལ་བར་བྱ། །བདུད་ལ་རིག་པའི་བཙན་གཅིག་གནས། ། རྨ་བྱ་འདྲ་བའི་མདོངས་ལ་ཉལ། །མདོངས་གསུམ་བཙན་ལ་བར་པ་འདྲེ། གདུད་མོ་མཆེད་བཞི་བཙན་སྨན་གནས། །ཚེ་འཕྲུལ་བྱུང་ཡང་ནན་ལ་བོར། །མཐའ་གཏད་རང་གི་རིག་པ་ནི། །གསེར་གྱི་རྡོ་རྗེ་རྩེ་དགུ་ཡིས། །ས་ཇོ་རི་བཞིག་གཡའ་མ་བཞོག །ཚར་ཚད་བྱུང་ན་གཞན་དུ་འཕོ། །ལུས་འདྲ་ཁ་ཡི་ནང་དུ་ཉལ། །དེ་ལ་གཟའ་ནི་གདུག་པ་གནས། །མགོ་མེད་ལུས་ཀྱི་སྟེ་བར་ཉལ། །རྒྱུ་སྐར་ཉི་ཤུ་རྩ་བརྒྱད་དང་། །གཟའ་ཆེན་མིག་དམར་ཕུར་བུ་གནས། །ཚེ་འཕྲུལ་བྱུང་ཡང་ནན་ལ་བོར། །དེ་ལ་མཐའ་གཏད་བྱ་བ་ནི། །རང་རིག་ཁྲོ་བོས་ནམ་མཁའ་གང་། །གནམ་ལྕགས་ཐོག་གི་ཚ་ཚ་འཕྲོ། །ཉི་ཟླ་འཁྱུད་ནས་བཙོན་དུ་བཟུང་། །དེ་ལྟར་བྱས་པས་ཚར་ཚད་འབྱུང་། །བོན་པོ་རྙེད་གཞུ་གྱོན་འདྲ་ཡི། །མདུན་ཉལ་གཟའ་ནི་དམ་སྲི་གནས། །ཚེ་འཕྲུལ་བྱུང་ཡང་ནན་ལ་བོར། །མཐའ་གཏད་ཞལ་ལས་ཞེས་པ་ནི། །རང་གི་ལྷགས་པས་ནླ་རེས་བྱས། །ཁྲག་གི་མཚོ་སྐྱིལ་རྒྱུ་མ་ཡིས། །རི་དཀྲིས་ཤ་ཡི་རི་བོ་སྐྱིལ། །རང་ཉིད་མེ་ཆེན་འབར་བར་བྱ། །དེ་ལྟར་བྱས་པས་ཚར་ཚད་འབྱུང་། །སྐྱང་ཆེན་བྲེས་ལ་ཉལ་འདྲ་ཡི། །དེ་ཡི་སྣ་ལ་ཉལ་བར་བྱ། །དེ་ལ་སྐྱུ་ནི་ཐོད་དཀར་

གནས། །སྐོབས་ལྡན་བཙོན་དུ་གཟུང་བ་འདྲ། །དེ་ལ་གཉན་ཆེན་སྲེ་བཞི་གནས། །ཚེ་འཕྲུལ་བྱུང་ཡང་ནན་ལ་བོར། །མཐའ་གཏད་ཞལ་ལས་ཞེས་པ་ནི། །རང་ལུས་གསེར་གྱི་རྡོ་རྗེར་བསྒོམ། །རིག་པ་གནམ་ལྕགས་འབར་བའི་ཐོག །ཟུར་གསུམ་བཏ་མཆོག་ཙམ་ལ་ནི། །ལན་གྲངས་ཉི་ཤུ་རྩ་གཅིག་བབ། །ཐམས་ཅད་རྗེས་གཅོད་ཡང་རྟ་མགྲིན་འདྲ་བ་ཡིན། ཐོག་ཤུལ་ཤ་དང་ཁྲག་གིས་བཀང་། །དེ་ལྟར་བྱས་པས་ཚར་ཆོད་འབྱུང་། །རི་རྒྱལ་གདན་ལ་བཞུགས་པ་འདྲ། །རི་བྲག་ལྗོན་པའི་ཐ་མ་བསྐོར། །ཡ་བདུད་རྒྱལ་པོའི་འཁོར་དུ་ནི། །བདུད་རིགས་བྱེ་བས་བསྐོར་བར་གནས། །དེ་ཡི་གཡོན་ཟུར་རི་ཆད་ནི། །བཙུན་མོ་པང་ལ་བུ་ཁྱེར་འདྲ། །མ་བདུད་སྲིན་མོའི་འཁོར་དུ་ནི། །བདུད་མོ་བྱེ་བས་བསྐོར་བར་གནས། །ཕྱུག་པ་བྲག་བརྟུང་འདྲ་བ་ཡི། །ཉ་མའི་བར་དུ་གསུམ་བར་བྱ། །ས་དམིགས་ཡོད་དེ་ཉལ་མི་བྱ། །གདེང་ཐོབ་ཡོད་ན་ཉལ་བ་ཡིན། །ཚེ་འཕྲུལ་བྱུང་ཡང་ནན་ལ་བོར། །མཐའ་གཏད་ཞལ་ལས་ཞེས་པ་ནི། །ཁ་སྦྱོར་རྡོ་རྗེ་བུ་གར་བསམ། །རང་གི་རྐུ་མས་ཡན་ལག་བསྡམས། །མཉམ་པར་སྦྱོར་ལ་བསྲི་བར་བྱ། །དེ་ལྟར་བྱས་པས་ཚར་ཆོད་འབྱུང་། །ཤིང་གཅིག་བཙན་གནས་དེ་འོག་ཉལ། །ཞག་འབྱམས་ཚེ་འཕྲུལ་འབྱམས་པ་དང་། །ཚར་ཆོད་འབྱམས་དང་གཡེང་བས་འབྱམས་པ་དང་། །འཐིབས་ལ་ཉིན་མོ་མཚན་མོ་གཉིས། །ཕྱི་བས་ཉིན་མོ་སྡོད་མི་ཟུག །སད་པས་མཚན་མོ་གཉིད་མི་ཁུགས། །མཐའ་གཏད་ཞལ་ལས་ཞེས་པ་ནི། །གཅེར་བུར་བུད་ལ་སྐད་མདའ་བཏང་། །ས་རྐྱ་རྡོ་སློག་ཤིང་རྣམས་བཅད། །ཚར་ཆོད། ས་ལྟེ་བ་འདྲ་བ་ལ་སྨན་མོ་གནས་པ་ཡིན། ཚེ་འཕྲུལ་འབྱམས་སམ་མ་སློངས་ན། །མཐའ་གཏད་ཞལ་ལས་ཞེས་པ་ནི། །དམག་འདྲེན། ས་རྐྱ་རྡོ་ཧློག་ཤིང་རྣམས

བཅད། ཡ་རྒྱེ་མཛོ་གསུམ་གང་འདེབས་ཟེར། །ཚར་ཚད། སྲིབས་ཀྱི་བྲེ་གུ་བདུད་བཙན་གནས། །ཉིན་གྱི་བྲེ་གུ་བྱ་ཚང་ཅན། །དེ་ལ་བཙན་གཅིག་གནས། གོང་གསུམ་བཙན་གནས་དཀྱིལ་མར་གནས། །གྲང་བཛེག་བས་མཐའ་བཙན་གཅིག་གནས། །ལུང་པ་ཤར་ལྟའི་ཆུ་མིག་ལ། །རྒྱལ་རིགས་དུང་སྐྱོང་དཀར་པོ་གནས། །མི་དཀར་དུང་གི་ཐོར་ཚུགས་ཅན། །སྤྲུལ་མཐུག་སྦྲུག་དང་སེམས་ཅན་ནི། །དཀར་པོའི་ཚོགས་རྣམས་ཐམས་ཅད་འབྱུང་། །ཚར་ཚད། ཆུ་མིག་མགོ་གསུམ་ནུབ་ལ་ལྟ། །གང་དུ་ཉལ་ཀྱང་ཐམ་ཟེ་གནས། །མགོ་བོ་གཡས་དཀར་གཡོན་དམར་དབུས་ཁྲ་འོ། །གཡས་ལ་རོལ་ལུག་རྒྱུ་བ་དང་། །བུད་མེད་དཀར་མོ་སྐྱོད་པ་དང་། །སྐྱེས་པ་དཀར་པོས་ སྡིག་པ་དང་། །ཁྱི་གུ་དཀར་པོས་གཙེ་བ་འབྱུང་། །ཚར་ཚད། མགོ་གཉིས་པ་ཡང་དེ་ཡིས་མཚོན། །ཚར་ཚད། མེར་པ་གླིང་གི་དཀྱིལ་ན་ཉལ། །སློང་ན་མཐའ་གཏད་འདི་ལྟར་བྱ། །སེང་ལྡེང་ཕུར་པ་འདོམ་དགུ་པས། །བཏབ་ནས་ཁ་ཞབས་ལན་གསུམ་བཟློག །ཞག་རེ་བཞི་བརྒྱ་འབོགས་པ་འབྱུང་། །དེ་ལ་གསོ་ཐབས་འདི་ལྟར་བྱ། །རང་ལུས་དཀར་གསུམ་མངར་གསུམ་དང་། །སྨན་དང་འདོད་དགུ་རྫས་ཀྱིས་གསོ། །སོས་རྟགས་རོལ་ལུག་རྩེ་དང་ཁྲུས་བྱེད་འབྱུང་། །ཚང་ཚོང་ཕུག་ན་དམངས་རིགས་ཀྱི། །ཐམ་ཟེ་གནས་ཤིང་ཚེ་འཕྲུལ་ནི། །ལུས་ལ་སྤྲལ་སྦྲུལ་འབྱུང་དག་འཁྲིལ། །སྐྲ་ཀུན་ཚ་ཅག་བྱེད་པ་འབྱུང་། །མི་ཏོག་དྲུང་བཞིན་དམངས་རིགས་ཀྱི། །ཀླུ་མོ་གནས་ཤིང་ཚེ་འཕྲུལ་ནི། །ཁྱི་མོས་རྨུག་དང་རྨ་འབྱུང་དང་། །དམིགས་པས་བཀུག་ལ་འདོམས་ན་བཅུག །ཐེ་གུས་བཅིངས་ལ་སྤུས་འོག་བཅུག །ཚར་ཚད། ཁྱི་མོ་ཅམ་ལ་དེ། མོ་རིགས་ཅམ་ལ་འོ་མ་བཞོ། །སྤང་ལ་རྒྱལ་རིགས་དམངས་རིགས་གནས། །ཚེ་

འཕྲུལ་བུར་ནག་རོལ་ལུག་དང་། །བུང་ཆུ་གོག་གེ་བྱེད་པ་འབྱུང་། །འཁྲིལ་ལ་བྲམ་ཟེ་དམངས་རིགས་གནས། །ལྟེང་ག་རྒྱལ་རིགས་བྲམ་ཟེ་གནས། །སྦྲུལ་ལ་སྐྱེ་རྒགས་བྱས་པ་ཡིས། །དེ་ལ་མཐའ་གཏད་བྱེད་པ་ནི། །ཟངས་ཀྱི་ཕུར་པ་འདོམ་དགུ་པས། །བཏབ་ལ་ཁ་ཞབས་གཏིང་གསུམ་སློག །ཡོང་རོ་མགོ་བཅད་མཇུག་བཅད་ལ། །པགས་ཀྱི་རིགས་རྣམས་ཉར་ཉེར་གནས། །བེམ་སྟེངས་ཀླུ་ནི་ཞ་གྲུམ་གནས། །ཐང་མཚམས་རི་ལ་བཙན་གཅིག་གནས། །ཐང་ཆེན་དཀྱིལ་ན་བཙན་གནས་ཤིང་། འཕྲང་ལ་འཕྲང་བཙན་གནས་པ་ཡིན། །ལུག་གསུམ་ཟད་པར་ལྷ་འདྲེ་འདུ། །ན་ཐང་མཚམས་ན་གཉན་གནས་ཤིང་། །རི་ལ་གནས་པའི་ཕྱུགས་དག་གིས། །ཕྱུགས་ཉལ་བྲག་སྲིན་མོ་གཅིག་གནས། །ཕྱུག་པ་ཤར་དུ་ལྡ་ལ་ཀླུ་མོ་གནས། །ལམ་སྲང་ཕུག་ཏུ་འདྲེ་མོ་གནས། །དེ་ཡི་ཕུག་ཏུ་ཉལ་བར་བྱ། །གསོན་འདྲེ་གནས་པའི་གསང་མདོར་ཉལ། །ཕཏ་མི་བཏབ་ཅིང་དམིགས་པ་བཟུང་། །ཚོ་འཕྲུལ་བྱུང་ཡང་ནན་ལ་བོར། །མཐའ་གཏད་ཞལ་ལས་ཞེས་པ་ནི། །རང་གི་རྒྱུ་མ་བཟུང་ནས་ནི། །གྲོང་གི་ཐ་མ་བསྐོར་བར་བྱ། །དམིགས་པས་བསྡུས་ལ་ཤ་ཁྲག་སྲིན། །རྒྱུ་མས་བསྐོར་བ་སྒྲིལ་བར་བྱ། །དེ་ལྟར་བྱས་པས་ཚར་ཚད་འབྱུང་། །ས་རལ་གསུམ་མདོར་ཐེལ་རང་གནས། །ཚོ་འཕྲུལ་བྱུང་ཡང་ནན་ལ་བོར། །དེ་ལ་མཐའ་གཏད་འདི་ལྟར་བྱ། །སོ་ནི་ཕྱོགས་རྣམས་ཀུན་ཏུ་སྒྲིལ། །དེ་ལྟར་བྱས་པས་ཚར་ཚད་འབྱུང་། །ལྷ་ཁང་རྒྱལ་པོ་གནས་པ་ཡིན། །རབ་གནས་ཅན་གྱི་ཁྲམས་གྱུར་གནས། །རབ་གནས་ཞིག་པའི་ཕུག་དང་ནི། །ལྡེར་སོ་ཡི་ནི་པང་དུ་ཉལ། །ཚོ་འཕྲུལ་བྱུང་ཡང་ནན་ལ་བོར། །མཐའ་གཏད་ཞལ་ལས་ཞེས་པ་ནི། །རང་ཉིད་ཁྲོ་ཆུའི་ཕ་འོང་གི། །གྱད་རྡོ་ཙམ་ཞིག་བསམ་པ་ཡིན། །ཕྱི་ནང་ཕར་ཐལ་ཚུར་

ཐལ་བྱ། །དེ་ལྟར་བྱས་པས་ཚར་ཚད་འབྱུང་། །

ད་ནི་ཆུ་མིག་ལ་གནས་པ་ནི། ཆུ་འཁྱིལ་བཙན་གནས་སྤྲུལ་སྐུ་ཉལ། །གློང་དུ་བདུད་གནས་འགྲམ་དུ་ཉལ། །མཐའ་གཏད་གློང་ནི་ཁྲག་མཚོར་བསམ། །རབ་ཁར་ལྷ་འདྲེའི་ཚོགས་འདུ་བྱེད། །གྲུ་ཁའི་གྲུ་སོར་ཉལ་བར་བྱ། །ལྷ་འདྲེ་སྣ་ཚོགས་འདུ་བ་ཡིན། །རྒྱུན་དུས་ཆུ་ཡི་གླིང་བར་ནི། །འབབས་ཚད་འཚེའུ་འཁྱིལ་བ་ལ། །དུང་སྐྱོང་དཀར་མོ་གནས་པ་ཡིན། །མཐའ་གཏད་འཚེའུ་ཡུར་བར་དྲང་། །ཆུ་གླིང་ཆུ་ཡི་དུར་ཁྲོད་ཡིན། །དཀྱིལ་ཉལ་དུར་ཁྲོད་བདག་མོ་གནས། །ཆུ་གླིང་རལ་གྲིའི་སོ་འདྲ་བ། །ཀླུ་ནི་བྲམ་ཟེ་མོ་གཅིག་གནས། །དེ་ཡི་ཟུར་མགོར་ཉལ་བར་བྱ། །ཀླི་ལ་མདུང་འདྲའི་རྩེ་ལ་ཉལ། །དེ་ལ་ལྷ་བཙན་གནས་པ་ཡིན། །ཆུ་མགོ་ཏུ་སྦལ་འདྲ་བའི་མགོ་ལ་ཉལ། །ཚར་ཚད་ལོན་ན་གཞན་དུ་འགྲོ། །ཀླི་མ་བུད་པའི་ཆུ་ལ་ཉལ། །ཀླུ་མོ་རྒྱལ་རིགས་མོ་གཅིག་གནས། །སྐང་ཟུར་དམངས་རིགས་རྗེ་རིགས་གནས། །མགོ་མཇུག་ཆད་པའི་འཁྱིལ་ཆུ་ལ། །བོན་པོ་ཛ་ཧུང་བྱེད་པ་གནས། །ཚོ་འཕྲུལ་བྱུང་ཡང་ནན་ལ་བོར། །མཐའ་གཏད་ཞལ་ལས་ཞེས་པ་ནི། །བྱེ་ཁྱུང་ཀེ་ཏུ་མགོ་ནག་པ། །མཆུ་སྡེར་སེན་གསུམ་ཟངས་ལ་བྱས། །གཞོག་པ་སྤུ་གྲི་མེ་ལྟར་འབར། །སྣ་ནས་དུད་འཕྲུལ་མིག་ནས་ནི། །མི་སྡུག་ཚ་ཚ་འཕྲོ་བ་གཅིག་གིས་ནི། །སྦྲུལ་ལྡོང་ཐམས་ཅད་སྐམ་སར་བཏོན་པར་བསམ། །དེ་ཡི་མ་མཆུ་གནམ་ལྕགས་ཀྱི། །ཐུ་ལུམ་མེ་འབར་བཟོང་ཐུག་བྱས། །གསོ་ཐབས་ཆབ་གཏོར་མང་དུ་བྱ། །ཀླི་ཁ་མི་ཡམ་གཡང་གཞི་འདྲ། །དེ་ཡི་དཀྱིལ་དུ་ཉལ་བར་བྱ། །ཀླུ་ནི་བཟུར་ཟ་ནག་པོ་གནས། །དེ་ཡི་མཐའ་གཏད་ཞལ་ཞེས་ནི། །བྱེ་ཁྱུང་ཁྲ་འོ་བཟེ་མིག་པས། །སྦྲུལ་ལྡོང་ཐམས་ཅད་སྐམ་ལ་བཏོན། །ཀླི་མ་དར་སྐྱོན་རྒྱུག་འདྲ་ཡི། །དེ་

ཡི་མགོ་ཐོག་ཉལ་བར་བྱ། །དེ་ལ་སྐུ་བཙན་མི་རེང་གནས། །ཆུ་སྦྲ་མི་རེང་འདྲ་བའི་དཀྱིལ་ལ་ཉལ། །ཆུ་བཙན་གནས་ཏེ་མཐའ་གཏད་ནི། །ཆུ་བོ་ཡུར་བར་དྲངས་རྗེས་སུ། །མི་དང་ཆུ་འོ་གྱེན་ལ་བཟློག །བྲག་འཕྲང་ཆུ་འཐབ་སྐུ་བཙན་གནས། །མཐའ་གཏད་ཆུ་བོ་གྱེན་ལ་བཟློག །མགར་བ་ཐོ་ཐོགས་དཔག་མེད་ཀྱིས། །བྲག་བཤིག་སོལ་མེས་ཆུ་བོ་བསྐམས། །ཆུ་འཁྱིལ་དེ་ཡི་རྩ་ན་ཉོལ། །སྐུ་ནི་ཙུས་སྨྲལ་ནག་པོ་གནས། །ཆུ་སྲིན་འདྲ་བའི་ཁ་འཇུམ་ཉལ། །དེ་ལ་སྲིན་རིགས་བཙན་གཅིག་གནས། །ཆུ་བསྟན་དྲག་པར་ཡོད་པའི་སར། །རྩེའམ་ཧག་ཏུ་ཉལ་བར་བྱ། །ལྷ་བཙན་དཀར་པོ་གནས་པ་ཡིན། །གཞུ་འདྲའི་ཚང་ཟུངས་མཆོག་མ་དང་། །རྒྱུད་ཉལ་བཙན་གྱི་གནས་ཡིན་ནོ། །མདའ་ཡི་མདེལ་དང་ལྡོང་ལ་ཉལ། །རལ་གྲིའི་རྩེའམ་མགོ་ལ་ཉལ། །མདུང་གི་རྩེ་འམ་ཧེང་པར་ཉལ། །གཟི་བརྗེད་སྟག་གི་འཇུམ་ལ་ཉལ་བར་བྱའོ། །འདི་རྣམས་སྐུ་ཡི་གནས་ཡིན་ནོ། །སྦྲུལ་གྱི་མགོ་དང་ཉ་ཡི་སྐེད། །ཙུས་སྨྲལ་ལྟོ་བ་སྨྲལ་པའི་མགོ །ལྕོང་མོའི་མགོ་དང་འདབ་ཆགས་སྐེད། །འདི་རྣམས་བཙན་གྱི་གནས་ཡིན་ནོ། །དུང་གི་ལྟོ་བ་དཔལ་བེའི་དཀྱིལ། །གདུགས་དང་རྒྱལ་མཚན་ཏོག་ལ་ཉལ། །བུམ་པའི་ལྟོ་བ་པདྨའི་ལྟེ་བར་ཉལ། །ལུག་པ་ཞུ་གཉིས་མདའ་གཅིག་མདའ་ཙུ་ཉལ། །མདའ་གཉིས་ཞུ་གཅིག་རྩེ་ལ་ཉལ། །མདའ་གསུམ་ཞུ་གཉིས་དཀྱིལ་དུ་ཉལ། །མི་རེང་གན་རྐྱལ་འདྲ་བའི་སྐེད་གར་ཉལ་ཏེ་བདུད་བཙན་གནས། ཡང་གསང་དཀྱིལ་ཉལ་སྨན་མོ་གནས། །བྲག་རོང་ཤ་བ་འཁྲོགས་པ་འདྲ། །བཙན་ཡ་བ་རྐྱ་བདུན་གནས། །མཐའ་གཏད་ཞལ་ལས་ཞེས་པ་ནི། །རང་ཉིད་སེང་གེ་རི་བོ་བསྐྱིལ། །འཇོར་ཐོགས་སྟོང་གིས་རྐོས་ཤུལ་དུ། །ཡམས་མཛོ་རྫི་གསུམ་གྲོང་གདབ་པོ། །སྨན་ལམ་བྱུང་པར་སྨན་མོ་

གནས། །སྨེ་བ་ལུག་པ་ལུག་རོ་འདྲ་བ་ལ། །དེ་ལ་ལྷ་སྨན་དཀར་མོ་གནས། །སྣང་ཆེན་མཆེ་བ་འདྲ་བ་ལ། །དེ་ལ་བཙན་ནི་མི་རེང་གནས། །གད་པ་ཟླ་གམ་འདྲ་བ་ལ། །ཀླུ་ནི་དུང་སྐྱོང་དཀར་པོ་གནས། །ཉི་མ་འཁྱིལ་བ་འདྲ་བ་ལ། །ཀླུ་བཙན་སེར་མོ་གནས་པ་ཡིན། །ཐང་ཆེན་དཀྱིལ་དང་ལམ་ཆེན་དཀྱིལ། །ལམ་ནི་རྒྱ་གྲམ་དཀྱིལ་དུ་ཉལ། ། སྤྱི་ཚིངས་མཐའ་གཏད་འདི་ལྟར་བྱ། །རི་བོ་རྩེ་ནས་སྙིལ། བྲག་གི་མཚོ་མོ་སྐྱིལ། ཤའི་ཐང་གདལ། རུས་པའི་མཁར་པོ་བརྩིགས། ཐང་དཀྱིལ་དུ་དུང་བུས་པས་བྲག་གིས་བཀག་ལ་ཐ་མར་ནི། ཤ་རུས་དག་གིས་བསྐུར་གཞོབ་བྱ། །རང་རིག་གསེར་གྱི་རྡོ་རྗེ་ནི། །རྩེ་དགུ་པས་ནི་རྒྱ་མཚོའི་གཏིང་། །དཀྲུགས་ལ་རུ་སྦལ་སྐམ་སར་བཏོན། །ཆུ་བོ་ཆེན་པོ་གྱེན་ལ་བཟློག །གནས་ནི་ཟིལ་གྱིས་གནོན་པ་ལ། །གཉན་ཁྲོད་དུར་ཁྲོད་འབེབས་པ་བཞིན། །ཆུ་མིག་གནས་སུ་ཀླུ་གླིང་འབེབས་པ་ཡིན། །སྨན་གནས་མ་མོ་ཁྲག་འཐུང་འབེབས་པ་ཡིན། །བཙན་བདུད་གནས་སར་བཙན་རྐོད་སྡེ་བཞི་འབེབས། །གཤིན་རྗེ་སྲོག་བདག་གནས་སར་མ་མོ་ནི། །དེ་ལ་སྲིན་པོ་འབེབས་པོ་ཡིན། །ཀླུ་ལུས་ཟིལ་གནོན་ཆེན་པོ་སྔོམ། །

དགོན་རོ་དང་མཆོད་རྟེན་ཞིག་རལ་ཕུང་ཤུལ་རྣམས་ལ་མོ་འདྲེ་དང་དགོར་བདག་གནས། ཆུ་མིག་ཁ་ཤར་དུ་ལྟ་བ་ལ་ཀླུ་དུང་སྐྱོང་དཀར་མོ་གནས། ལྷོར་ལྟ་བ་ལ་རྗེ་རིགས། ནུབ་ཏུ་ལྟ་བ་ལ་གདོལ་པ། བྱང་དུ་ལྟ་བ་ལ་རྗངས་རིགས། བྱང་ཤར་དུ་ལྟ་བ་ལ་བྲམ་ཟེ། ཤར་ལྷོར་ལྟ་བ་ལ་ཀླུ་མོ་ནག་མོ་གནས། ལྷོ་ནུབ་ཏུ་ལྟ་བ་ལ་གཙུག་ན་རིན་ཆེན་གནས། ནུབ་བྱང་དུ་ལྟ་བ་ལ་རྒྱལ་རིགས་གནས། སྤང་གཤོངས་ཐམས་ཐེམ་ལ་སྲིན་མོ་དང་སྨན་མོ་གནས། ས་ནག་ལ་དམ་སྲི་དང་ཡི་དྭགས་གནས། ས་མདོ་ཆེན་པོ་ལ་ས་བདག་གནས། ཆུ་འགྲམ་ལ་ཡི་དྭགས་དང་

ཆུ་འདྲེ་གནས། མཚོ་འགྲམ་ལ་ཀླུ་མོ་དང་དམ་སྲི་སྨན་མོ་གནས། རྒྱ་གྲོང་དང་མཚོ་ཆེན་པོ་ཚོང་འདུས་རྣམས་སུ་དཀོར་བདག་དང་དཔེ་དཀར་གནས་པའོ། །

རོ་དང་། དུར་ཁྲོད། ལྷ་ཁང་གོག་པོ། ཕུང་ཤུལ་རྣམས་འཕྲལ་འཛིགས། གདུག་རྩུབ་ཆེ། ཕུགས་མི་འཛིགས་པའོ། །ནོན་སླ། གཏིང་ཐུང་བ་ཡིན། གད་ཕུག །བྲག་ཕུག །གྲོག་ཕུག །ཐང་ཆེན་རྣམས་འཕྲལ་ཕུགས་གཉིས་ཀ་མི་འཛིགས་པ་ཡིན་ནོ། །ཤིང་གཅིག །ཆུ་མིག །རྒྱ་མཚོ་ཕ་འོང་ཆེན་པོ་རྣམས་འཕྲལ་མི་འཛིགས་ཀྱང་། གཏིང་ཡིངས་ཆེ། སློངས་ནས་ནོན་དཀའ། ཚོད་དཀའ་བ་ཡིན། པེ་ཀར། རྒྱལ་པོ། དཀོར་བདག །ཁྲི་འོ། ཁྲི་མོ་རྣམས་ཤེས་པ་འཚུབ། རིག་པ་ལ་མཐོ་དམན་ཆེ། འཕྲལ་ཕུགས་རྩུབ། ཚ་འཕྲུལ་ཆེ། སློངས་པ་སླ། ཡིངས་ཆུང་། ནོན་སླ་བའོ། །

དམ་སྲི་མ་དང་སྲིན་མོ་མ་མོ་སྨན་མོ་རྣམས་སེམས་ལ་ཆགས་པ་སྐྱེ། ཐིག་ལེ་འཕྲོག །རིག་པ་འཕྲོ། འགྲོ་སྙིང་འདོད་། ནོན་པ་དཀའ། ཚ་འཕྲུལ་ཆུང་། གདུག་རྩུབ་མི་སྟོན། གཏིང་ཞེ་གནག་པ་ཡིན། བཙན་དང་ཡུལ་ལྷ་མ་སངས་རྣམས་ཟང་ཟིང་མ། རྨི་ལམ་གཏད་མེད་མང་པོ་སྟོན། མིང་ནས་འབོད། བཤུག་པ་འདེབས། འོ་དོད་འབོད། གནོད་པ་ཆུང་། རྒྱུ་འགྲུལ་མང་། སློང་བ་དང་ནོན་པ་སླ། མ་སློངས་པ་དང་མ་ནོན་པ་ཐམས་ཅད་ལ་རྒྱུན་བསྲིང་བ་གནད་ཆེའོ། །རོ་དང་འདྲེ་ལ་གཅོད་པ་བས། ན་ཚ་སྡུག་བསྔལ་ལ་གཅོད་པ་དཀའ། དེ་བས་ཆགས་སྡང་ཆོས་བརྒྱད་གཅོད་པ་དཀའ། ཕྱི་གཅོད་པ་བས་ནང་གཅོད་པ་དཀའ། དེ་བས་རང་གི་སེམས་ཉིད་གཅོད་པ་དཀའ།

སེམས་ཉིད་ཡང་དག་ཚོད་པ་ན། །ཡོན་ཏན་མྱུར་དུ་སྐྱེ་བ་ཡིན། །དེ་ལྟར་རང་སེམས་གཅོད་དགོས་སོ། །དུས་གསུམ་སངས་རྒྱས་ཐམས་ཅད་ཀྱིས། །ཡང་ཡང་

བསྔགས་པའི་དབེན་གནས་ལ། །ཡུམ་ཆེན་ཐུགས་སྤྲུལ་ལབ་སྒྲོན་གྱིས། །ལེགས་པར་བསྒྲིགས་པའི་ས་གཞུང་བཞི། །དེ་ལས་བཏུས་ནས་ལེགས་པར་སྒྲིགས། །གོ་རིམ་མ་ནོར་ས་བཤད་འདི། །མཁས་པ་རང་བྱུང་རྡོ་རྗེ་ཡི། །ཞལ་གྱི་བདུད་རྩིའི་ཆུ་རྒྱུན་བཞིན། །རིམ་པ་མུ་ཏིག་ཕྲེང་མཛེས་ལྟར། །གངས་ཅན་བསྐྱུབ་པའི་ཤིང་རྟའི་མཛོད། །ཐུབ་པས་ཀུན་དགའ་བོ་བཞིན་དུ། །འཇམ་དཔལ་རྒྱ་མཚོའི་གསུང་ལ་བརྟེན། །རང་གི་དད་པའི་སྨྱུ་གུ་ཡིས། །རྒྱ་མཚོའི་ཆུ་ཐིགས་ཙམ་ཞིག་བླངས། །ཕྱི་རབས་རྣམས་ལ་ཕན་པའི་ཕྱིར། །ཅུང་ཟད་ཙམ་ཞིག་བཀོད་པར་བྱས། །དགེ་བ་བྱང་ཆུབ་ཆེན་པོར་བསྔོ། །སེམས་ཅན་རྣམས་ལ་དེ་སྨིན་ཤོག །ཅེས་པ་གཙོད་གདན་ཐོག་གཅིག་མའི་ཁྲིད་ཡིག་ཕྲིན་ལས་རྒྱ་མཚོ་ལས། ས་བཤད་འཕྲུལ་གྱི་ལྡེ་མིག་འདི་དང་ལྡན་རྣམས་ཀྱིས་བསྐུལ་བའི་ངོར། ཤཱཀྱའི་དགེ་སློང་ཀྲེ་འོ་ཆོས་ཀྱི་རྒྱ་མཚོ་ཞེས་བྱ་བས། སྐང་དཀར་རྩད་པོ་བྲག་གི་དབེན་གནས་སུ་སྦྱར་བའོ། །སྨན་ཐབས་ཀྱི་ཡིག་ཆུང་ངོ།། །།

༄། །གསང་གཅོད་ཞག་བདུན་མའི་ཁྲིད་ཡིག་བཞུགས་སོ། །

མཐའ་ཡས་རྒྱ་གཏེར་ཡོན་ཏན་ནོར་བུའི་ཕྲེང་། །ཚོགས་གཉིས་ཕྲིན་ལས་རླབས་ཕྲེང་སྲིད་མཐའི་བར། །དོན་གཉིས་བདེ་ཆེན་ལྷུན་གྲུབ་ཆོས་མཛད་པ། །དཔལ་ལྡན་བླ་མའི་ཞབས་ལ་གུས་པས་འདུད། །སྤྲུལ་པའི་ཚུལ་གྱིས་ཡིད་འོང་གཟུགས་མཛེས་མ། །གློག་དམར་འཁྱུག་འདྲ་གར་དགུའི་ཉམས་དང་ལྡན། །སྒེག་པའི་རོལ་སྟབས་སྣ་ཚོགས་མཆོད་པས་དགྱེས། །ཕྲིན་ལས་རྩོལ་མཛད་ལ་དེར་གུས་པས་འདུད། །གཟུང་འཛིན་མཐའ་བྲལ་རྒྱལ་ཡུམ་སྒེག་པའི་ཚུལ། །སྣ་ཚོགས་སྒྱུར་སྟོན་དུར་ཁྲོད་བདག་མཛད་མ། །ཆོས་སྐུའི་ངང་ལས་མ་ཉུངས་ཞིང་གཞན་བསྐྲད། །ཡི་དམ་ཁྲོ་མོའི་ཚུལ་དེ་གུས་པས་འདུད། །

གསང་གཅོད་ནི། གཉན་ཁྲོད་དུར་ཁྲོད་གཏན་འབེབས་ལ། །ཞག་བདུན་མ་ཡི་གསང་གཅོད་དགོས། །ཞེས་པ་འདི་ལ་བདུན། གནས་གཏན་ལ་འབེབས་པ་དང་། བདག་གཏན་ལ་འབེབས་པ་དང་། ལྷ་གཏན་ལ་འབེབས་པ་དང་། འདྲེ་གཏན་ལ་འབེབས་པ་དང་། འཁོར་བ་གཏན་ལ་འབེབས་པ་དང་། མྱང་འདས་གཏན་ལ་འབེབས་པ་དང་། ཆོས་སྐྱིའི་འདུག་ཚུལ་གཏན་ལ་འབེབས་པ་དང་བདུན་ནོ། །དང་པོ་གནས་གཏན་ལ་འབེབས་པ་ནི། གཉན་ཁྲོད་བཞི། དུར་ཁྲོད་བཞི། གཉན་ཁྲོད་བཞི་ནི་ཞི་བ་ཡིན། དུར་ཁྲོད་བཞི་ནི་དྲག་པོ་ཡིན། ཕྱོགས་

གཅིག་ཏུ་བསྒོམས་ན་དུར་ཁྲོད་བརྒྱད་ཅེས་བཤད་པ་རྒྱ་གར་ལ་གྲགས་སོ། །བོད་ལ་དེ་དང་མཐུན་པའི་བས་མཐའ་བརྒྱད་ཡོད་པ་སྟེ། ཞིབ་པར་ས་བཅད་ཆེན་མོར་གསལ། ལག་ལེན་ལ་འདེབས་པ་ལ། དུར་ཁྲོད་བས་མཐའ་སོགས་བྱུང་ན་རབ། མ་བྱུང་ཡང་དུར་ཁྲོད་ཀྱི་མིང་འདོགས་པ་དང་། ཕུང་ཤུལ། རི་སྤྱིལ། ཤིང་གཅིག །བྲག་སྣ་ཆུ་འདུས་ཡ་ང་བ་དང་བག་ཚ་བའི་གནས། དེ་ལྟ་བུ་གཏན་ལ་འབེབས་དགོས་སོ། །

གཉིས་པ་ལ། དེ་ལྟ་བུའི་གནས་དེར་འགྲོ་བའི་དུས་མཚན་མོ། མི་གཞན་སུས་ཀྱང་མ་ཚོར་བར་བྱས་ནས་གཅིག་པུར་འགྲོ་ནས་གནས་དེར་སྡོད། ཡ་ང་བ་བག་ཚ་བ་ཀྱི་གཡའ་བ་སོགས་ཆོ་འཕྲུལ་ཆེ་ཆུང་ཅི་བྱུང་ཡང་བདག་ལ་ཡ་ང་བག་ཚ་འོང་བའི་གནས་ནི་ལུས་འདི་ཡིན། ལུས་ནི་ས་རྫ་དང་འདྲ་བས་སུས་ཁྱེར་ཀྱང་དེ་ག་ཡིན། སེམས་འདི་ནི་གཟུགས་མེད་ཀྱི་ཆོ་འཕྲུལ་སྟོན་མཁན་ཁྱེད་ཚོ་མི་དགོས། བདག་པོ་ང་རང་གི་ཡང་དངོས་མ་ཐོགས་མ་མཐོང་དེ་ག་ཡིན་བསམ་པར་བྱས་ནས་སྡོད་པར་བྱ་བའོ། །

ཐུབ་གསུམ་པ་ལ། རང་གི་སེམས་ཐོག་ནས་དཔྱད་པས་ལྷ་ཟེར་བ་འདི་གཟུགས་ཡོད་དམ་མེད། གཟུགས་ཡོད་ན་སྟོན་དགོས། མེད་ན་ལྷ་ཟེར་ནས་མིང་འདོགས་པའི་དོན་མ་མཆིས། ངེད་རང་ལ་མགོན་དང་སྐྱབས་སུས་བྱེད། དངོས་མ་ཐོགས་པའི་མགོན་སྐྱབས་ཀྱིས་ཕན་མི་ཐོགས་པ་འདུག་པས། ལྷ་མི་དགོས་ཤིང་། བྱེད་མཁན་སེམས་འདི་ཡིན་པར་འདུག་སྙམ་ནས་ཐག་ཆོད་པར་བྱའོ། །

ཐུབ་བཞི་པ་ལ། འདྲེ་ཟེར་བ་འདི་གང་ལ་ཟེར། སུ་འདྲེ་བས་ན་འདྲེ། ད་ལྟ་གར་ཡོད། དེ་སྔ་གང་ནས་འོངས། སུ་ལ་གནོད། གཟུགས་མེད་པའི་གནོད་པ་

བསྐྱིལ་བར་བྱེད་པ་འབྱུང་ཆུང་། བྱེད་མཁན་དེ་ཚོ་མི་བྱེད་དགུ་བྱེད་ཀྱི་སེམས་འདི་ཁོ་ན་ཡིན་པར་འདུག །གཟུགས་མེད་ཀྱི་སེམས་ཅན་ཕྲ་མོ་འདི་རྣམས་སྙིང་རེ་རྗེ་སྙམ་ནས་དཀར་འགྲེད་སྤྲང་སྟོན་མ་བྱ་བའོ། །

ཉུབ་ལྔ་འཁོར་བ་འདི་ལ་གཞིག་འགྲེལ་བཏང་ནས། སྡུག་བསྔལ་གྱིས་གཙེར་བ་འདི་རྣམས་ཕ་མ་གཉེན་འདུན་ཁོ་ན་ཡིན་པར་འདུག །མ་གོ །མ་རིག །བརྡ་མ་འཕྲོད། འཁྲུལ་པའི་དབང་གིས་གཅིག་གིས་གཅིག་ལ་གནོད་པ་དང་ཕྲག་དོག་ཟུར་ཟ་འགྲན་སེམས་བྱེད་པར་འདུག་ཅིང་། དོན་གྱིས་བརྟགས་ན། རྩ་བ་སེམས་མ་རྟུངས་པ་འདི་ལ་ཐུག་ནས་འདུག་པས། འདི་ཡི་རྩ་བ་གཅོད་དགོས་པར་འདུག་སྙམ་ནས་སེམས་རང་གི་ངོ་བོ་ལ་ཅེར་གྱིས་བལྟས་ནས་མ་ཡེངས་པར་བྱེད། དེ་ལས་ལངས་པ་དང་མ་རྣན་སེམས་ཅན་རྣམས་ལ་ཁྲ་འགྲེད་ཡུས་སྟོན་མ་བྱེད་པའོ། །

ཉུབ་དྲུག་པ་ལ། སྨྱུ་ངན་ལས་འདས་པ་བསྒྲུབ་པར་བྱེད་པ་ལ། ད་ལྟར་གྱི་སེམས་འདི་མ་གཏོགས་པ་གཞན་འགྲོ་ས་དང་ལམ་བསྒྲོད་པ་ཟུར་པ་ཅན་མི་འདུག་པས། ཡོན་ཏན་ཐམས་ཅད་ཀྱི་གཞི་བྱེད་མཁན་བྱེད་པ་བྱེད་རྟུང་ཐམས་ཅད་ཀྱང་སེམས་འདི་གཅིག་པུའི་ཡོ་ལང་ཡིན་པར་ཁོ་ཐག་བཅད་པ་ནི་མྱང་འདས་གཏན་ལ་ཕབ་པའོ། །

ཉུབ་བདུན་པ་ལ། བཅོམ་ལྡན་འདས་ཀྱིས་གསུངས་པའི་ཆོས་ཐམས་ཅད་དོན་ཅིའི་ཕྱིར་དུ་གསུངས་ན། སེམས་གཅིག་པུའི་དོན་དུ། རྒྱས་པ། འབྲིང་། ཐ་མ་ཡང་བསྡུས་པ་བྱས་ནས་གསུངས། སེམས་རང་གི་བྱེད་པ་ལ་བལྟས་ན་ལྷ་དང་ཀླུ་དང་གནོད་སྦྱིན་སོགས་དང་། བཟང་པོ་དང་། ངན་པ་དང་། བདེ་

དགེ །ཡགས་ཉེས། དགའ་ཡོད། ཆོས་བྱས་ན་བཟང་དུ་རེ་བ། སྡིག་པ་དང་མི་དགེ་བ་བྱས་ན་ངན་དུ་དགོས་པ། བྱེད་མཁན་ཐམས་ཅད་སེམས་གཅིག་པུ་འདི་ཡིན་པས། སེམས་རང་གི་ཐོག་ཏུ་རྩིལ་གྱི་དྲིལ་ནས་ཅི་ཡོང་ཤོག །གང་བྱེད་ཀྱིས་ཤིག །ཁ་ལ་ཡང་བརྗོད། ཡིད་ལ་ཡང་བསམས་ནས་ལྷོད་ཀྱིས་གློད། ཤིགས་ཀྱིས་བཤིག །ཡ་ང་བག་ཚ་དང་བྲལ་བར་བྱས་ཏེ་ཉལ་ནས་བསྡད་པའོ། །དེ་ལས་ལངས་པ་དང་མཁའ་འགྲོ་བཟན་འགྱེད་བྱས་ནས་བསྔོ་བ་སྨོན་ལམ་བྱེད། གནས་དང་ཉེ་གནས་དུར་ཁྲོད་བས་མཐའ་སོགས། །རང་ལུས་ཆགས་བྲལ་དངོས་ཞེན་འཁྲི་གཅོད་ལ། །ཡ་ང་བག་ཚ་གཉེན་པོའི་གོ་ཆས་སྲུས། །མི་འགྱུར་ཆོས་སྐུ་གཏུག་མའི་རྒྱལ་ས་འཛིན། །བཟང་ངན་དགའ་ཡོད་སེམས་སུ་ཐག་ཆོད་ཅེས། །གཅོད་གདན་ཐོག་གཅིག་མའི་ཁྲིད་ཡིག་ཕྲིན་ལས་རྒྱ་མཚོ་ལས། གསང་གཅོད་ལྷུན་གྲུབ་རྒྱན་ཕྲེང་འདི། སྣངས་རྩེ་རས་ཆེན་པ་བསམ་གྲུབ་རྒྱ་མཚོ་དང་། འབྲོག་མོ་རས་ཆེན་པ་བརྩོན་འགྲུས་རྒྱ་མཚོ་ཆོས་གྲོགས་ཀྱིས་ཡང་ཡང་བསྐུལ་བའི་ངོར། ཤཱཀྱའི་དགེ་སློང་ཀ་ཏོ་ཆོས་ཀྱི་རྒྱ་མཚོ་ཞེས་བྱ་བས་དབེན་གནས་ཆེན་པོ་དུར་ཁྲོད་བརྒྱད་སྐོར་དུ་སྦྱར་བའོ། །ལྷན་ཐབས་ཡིག་ཆུང་ངོ་། །

བླ་མ་དང་མཁའ་འགྲོའི་ཚོགས་ལ་ཕྱག་འཚལ་ལོ། །ཞག་བདུན་མའི་གསང་གཅོད་ལ། ཞག་གསུམ་མ་ཡི་ཁྲམས་གཅོད་དགོས། །ཞེས་པ། དང་པོ། གནས་ཡ་ང་བ་བག་ཚ་བ་དུར་ཁྲོད་སོགས་ལ་མཚན་མོ་མིས་མ་ཚོར་བར། ལུས་ལ་མཆོན་དང་བསྡུང་འཁོར་སོགས་མི་འདོགས་པར་འགྲོ། ཡ་ང་བག་ཚ་མེད་པར་ཉལ་ནས་བསྡད།

གཉིས་པ། ལྷ་འདྲེ། བདུད་དང་སྲིན་པོ་མི་མ་ཡིན་ཐམས་ཅད་སུ་འོང་ཡང་

ཞོག་ཅིག །ངེད་རང་ཚོ་མཉམ་དུ་ཞལ་ནས་བསྟོད་པ་ཡིན་བརྗོད་ནས། བསམ་མནོ་གང་ཡང་མེད་པའི་ངང་ལ་ཞལ་ནས་བཤད་པའོ། །

ནུབ་གསུམ་པ། ཁྱུས་ལ་གོས་ལག་གང་ཡང་མི་གྱོན་པར། ཅེར་ཐང་མར་བུད། ཕར་རྒྱུག་ཚུར་རྒྱུག་ལན་གསུམ་བྱེད། དེ་ནས་གོས་ལག་གྱོན། ཡ་ང་བག་ཚ་མེད་པར་མགོ་མཇུག་ལོག་ལ་ཞལ་ནས་བཤད་པའོ། །དེ་ནི་ཁྲམས་གཅོད་ཀྱི་རིམ་པ། ཨ་མ་ལབ་སྒྲོན་ལ། སྲས་རྒྱལ་བ་དོན་གྲུབ་ཀྱི་ཡང་ཡང་འབྲུལ་ཆེན་བཀྲུག་ནས་ཞུས་པས་གནང་བའོ། །གཅོད་གདན་ཐོག་གཅིག་མའི་ཁྲིད་ཡིག་ཕྲིན་ལས་རྒྱ་མཚོ་ལས་ཁྲམས་གཅོད་ཀྱི་རིམ་པ་ནི། རས་པ་གྲོགས་མཆེད་ཀྱིས་བསྐུལ་བའི་ངོར། ཤཱཀྱའི་དགེ་སློང་ཀེ་ཝ་ཆོས་ཀྱི་རྒྱ་མཚོ་བྱ་བས། དབེན་གནས་ཆེན་པོ་དུར་ཁྲོད་བརྒྱད་བསྐོར་དུ་སྦྱར་བའོ། །ལྷན་ཐབས་ཀྱི་ཡིག་ཆུང་ངོ་། །

བླ་མ་དང་མཁའ་འགྲོའི་ཚོགས་ལ་ཕྱག་འཚལ་ལོ། ཞག་གསུམ་ཁྲམས་གཅོད་བྱེད་པ་ལ། །ཞག་གཅིག་མ་ཡི་ཁྲམས་གཅོད་དགོས། །ཞེས་པ་མིས་མ་ཚོར་བར་མཚན་མོ་འགྲོ་སྟེ། མི་གྲིར་ཤི་བ་སྐྲག་པའི་ཤུལ་ལམ། མི་རོ་སྐྱུར་བའི་བྱ་ཁྲིས་གནོད་པ་མ་སོང་བའི་ཕུང་པོ་དེ་ཡི་རྟ་ཧུ་འགྲོ། །དེར་བཤད། ཕུང་པོ་དེ་རང་གིས་ཧུམ་སྟེ། ཕུང་པོའི་ལྟོ་བ་དང་རང་གི་ལྟོ་བ་སྦྱར། སྐེ་གཉིས་བསྡོལ་ལ་གཉིད་ལ་སྟོད། གཉིད་མ་བྱུང་བ་དང་། སྐྲག་པ་དང་། འཇིགས་པ་དང་། སྣང་བ་དང་། བློ་མི་བདེ་བ་དང་། ཤེས་པ་འཚུབ་པ་དང་། སྐྱུག་བྲོ་བ་དང་། དྲི་མི་ཞིམ་པ་བྱུང་ན། རང་གི་ཕུང་པོ་འདི་དང་གཞན་གྱི་ཕུང་པོ་འདི་གཉིས་ལ་ཁྱད་པར་ཅི་ཡོད། རང་གི་ཕུང་པོ་འདི་ཡང་དུས་ནམ་ཞིག་ཅ་ན་འདི་ལྟ་བུའི་སྲ་སྲ་བ། གོང་གོང་པོ། དྲི་མི་ཞིམ་པ། སྐྱུག་བྲོ་བ་འདི་ལྟ་བུའི་ཆོས་ཉིད་དང་། འདི་

ལྷ་བུའི་ཆོས་ཅན་འོང་རྒྱུ་ཡིན་པ། ང་འདི་ལ་སྐྲག་འཇིགས་འོང་བ་དང་། སྐྱུག་བྲོ་ལྷ་བ་ངོ་རེ་ཚ། འདི་བྱེད་མཁན་དང་། འཇིག་མཁན་སེམས་འདི་ཡིན་པས། སེམས་འདི་ལ་ནི་གཟུགས་དང་དངོས་པོ་ཞིག་མི་འདུག་བསམ་ནས། ཕུང་པོ་དང་སྣ་མ་ལྷུར་སྐེ་བསྐོལ། ཁ་ལ་ཁ་བརྐྱན། ཡ་ང་བག་ཚ་མེད་པར་ཉལ་ནས་བསྡད་པའོ། །གཅོད་གདན་ཐོག་གཅིག་མའི་ཁྲིད་ཡིག་ཕྲིན་ལས་རྒྱ་མཚོ་ལས། ཁྲམས་གཅོད་གནད་ཀྱི་གདམས་པ་འདི། ཡོངས་སུ་གྲགས་པའི་སྲས་བཅུ་དྲུག་གིས། སྤྲུལ་སྐུ་རྣལ་འབྱོར་མ་ལ་འབུལ་ཆེན་བཅུ་གསུམ་བྱས་ནས་ཡང་ཡང་ཞུས་པས་རྗེང་མ་ལ་གནང་བར་བཤད། གདམས་པ་འདི་སྐལ་ལྡན་གྱི་སྐྱེས་བུ་རས་པ་གྲོགས་མཆེད་ཀྱིས་བསྐུལ་བའི་ངོར། ཤཱཀྱའི་དགེ་སློང་ཀྲ་འོ་ཆོས་ཀྱི་རྒྱ་མཚོ་བྱ་བས། དབེན་གནས་ཆེན་པོ་དུར་ཁྲོད་བརྒྱད་བསྐོར་དུ་སྦྱར་བའོ། །ལྷན་ཐབས་ཀྱི་ཡིག་ཆུང་ངོ་། །ཤུབྷཾ།། །།

༄༅། །ནང་གི་གསང་གཅོད་ཕྱག་རྒྱ་ཆེན་པོ་རིག་པ་འཕྲུལ་གཅོད་བདུད་རྩིའི་རྒྱ་མཚོ་ཕྲིན་ལས་ཀུན་ཁྱབ་ཅེས་བྱ་བ་བཞུགས་སོ། །

སྣང་གསལ་འོད་ཀྱིས་འཛིག་རྟེན་ཁེངས། །རྫུ་འཕྲུལ་མཁའ་ལ་སྤྲིན་ལྟར་འཁྲིགས། །བདུད་བཞིའི་དམག་ལས་རབ་རྒྱལ་བ། །བཀའ་བརྒྱུད་ནོར་བུ་ལྟ་བུར་བསྟོད། །དགའ་བཞི་བདེ་ཆེན་གཏུག་མ་ཉིད། །དྲིགས་པས་དུར་ཁྲོད་གནས་རྣམས་ཁྱབ། །རིགས་ཀྱི་མཁའ་འགྲོ་སྐྱེག་ཚུལ་སྟོན། །བདེ་བ་ཆེན་པོའི་སྐུ་ལ་བསྟོད། །རིགས་ཀྱི་ལྷ་མོ་དུར་ཁྲོད་བདག །སྣ་ཚོགས་གར་དང་གཞོན་སྐྱེག་ཚུལ། །ཆས་བརྒྱད་དུར་ཁྲོད་རྒྱན་གྱིས་མཛེས། །ནམ་མཁའི་མདོག་ཅན་ཁྲོ་མོར་འདུད། །ཅེས་ནང་གི་གསང་གཅོད་ཕྱག་རྒྱ་ཆེན་པོ་ནང་རིག་པ་འཕྲུལ་གཅོད་ཅེས་བྱ་བ་འདི་ལ་དོན་བདུན་སྟེ་བཀའ་བརྒྱུད་ལ་གསོལ་བ་འདེབས་པ། གཞལ་ཡས་ཁང་བསྐོམ་པ། བསྐྱེད་རིམ་ལུས་ལ་བརྟེན་པ། གསང་བ་བོགས་འདོན་པ། དུམ་བུ་གསུམ་གྱི་ཕྲིན་ལས་བྱ་བ། ཕྱོགས་ལས་རྣམ་རྒྱལ་གྱི་སྤྱོད་པས་གཏན་ལ་འབེབས་པ། ཕྱག་རྒྱ་ཆེན་པོ་རོ་སྙོམས་པ་དང་བདུན་ནོ། །

དང་པོ་གནས་དུར་ཁྲོད་དམ། ཤིང་གཅིག་གམ། རོ་རྟུལ་ལ་སོགས་འཇིགས་སུ་རུང་བའི་གནས་སུ། ནུབ་མོ་མིས་མ་ཚོར་བར་སྐར་མ་ཡོངས་སུ་རྫོགས་པ་དང་འགྲོ། གནས་དེར་བསྡད་དེ། རྡོ་རྗེ་འཆང་ནས་རྩ་བའི་བླ་མའི་བར་བརྒྱུད་

པ་འདིའི་བླ་མ་རྣམས་དང་། གཞན་ཡང་བཀའ་རྒྱུད་བླ་མ་རྣམས་བསྐྱེད་ཚོག་བྱེད་ཅིང་གསོལ་བ་བཏབ་པར་བྱེད་པ་ཡིན་ཏེ། མཐར་བཀའ་བརྒྱུད་བླ་མ་རང་ལ་བསྡུ་ཡ་ང་བག་ཚ་མེད་པར་མཉམ་པར་བཞག་པར་བྱེད་པ་ཡིན་ནོ། །

གཉིས་པ་ནི། གནས་དེ་གཞལ་ཡས་ཀྱི་ཁང་པ་གྲུ་བཞི་སྒོ་བཞི་རྒྱན་རྟ་བབས་དང་བཅས་པ་ཡངས་ཤིང་རྒྱ་ཆེ་བའི་དབུས་སུ། པདྨ་ཉི་མ་ཟླ་བའི་སྟེང་དུ། སྙིང་པོ་ཆེའི་ལྷུགས་པ་སྔོན་པའི་སྟེང་དུ། ཡི་གེ་ཧཱུྃ་སྔོན་པོ་ཡོངས་སུ་གྱུར་པ་ལས། རང་ཉིད་སྐད་ཅིག་གིས་འཁོར་ལོ་བདེ་མཆོག་སྐུ་མདོག་སྔོན་པོ་ཞལ་གཅིག་ཕྱག་གཉིས། རྡོ་རྗེ་དྲིལ་བུ་ཐུགས་ཀར་བསྣོལ་ཐབས་སུ་འཛིན་པ་རྒྱན་ཆ་ལུགས་བཞུགས་ཚུལ་ཐམས་ཅད་ཚ་གའི་རིམ་པ་ལྟར་ཡོངས་སུ་རྫོགས་པར་བསྐྱེད། དེའི་མདུན་དུ་རྡོ་རྗེ་མཁའ་འགྲོ་གྲི་ཐོད་འཛིན་པ་སྔོན་མོ། གཡས་སུ་རིན་ཆེན་མཁའ་འགྲོ་སེར་མོ། རྒྱབ་ཏུ་པདྨ་མཁའ་འགྲོ་དམར་མོ། གཡོན་དུ་ལས་ཀྱི་མཁའ་འགྲོ་ལྗང་གུ་གྲི་ཐོད་འཛིན་པའོ། །གཙོ་འཁོར་ལྔ་པོ་ཡང་ཞབས་གར་ཐབས་ཀྱི་ཚུལ་དུ་གནས་པ། མེ་དཔུང་རབ་ཏུ་འབར་བའོ། །གཙོ་བོའི་ཐུགས་ཀར་ཧཱུྃ་ཡིག་གི་མཐའ་སྐོར་དུ་འཁོར་བར་དམིགས་ཏེ། ཨོཾ་ཧྲཱིཿཧ་ཧ་ཧཱུྃ་ཧཱུྃ་ཕཊ། སྟོང་ཚའམ། བརྒྱ་ཙ་བཟླས། མཐར། ཧ་རི་ནི་ས་ཧཱུྃ་ཕཊ་སྭཱ་ཧཱ། བཏགས་ཏེ་བརྒྱ་ཙ་བཟླས་སོ། །དེ་ཐུགས་ཡིག་འབྲུ་རྣམས་ལས་འོད་ཟེར་འཕྲོས། དཔའ་བོ་མཁའ་འགྲོ་ཐམས་ཅད་དབང་དུ་བསྡུས། རང་ལ་གུས་པའི་ཚུལ་དུ་ཁྲིམ་ཚོགས་སུ་བཞུགས་པར་བསམ་པ་སྟེ། བསྐྱེད་རིམ་དེ་དང་མ་བྲལ་བའི་ངང་ནས་ལྷོད་དེ་བཞག་པའོ། །

ཉུབ་གསུམ་པ་ལ། དུར་ཁྲོད་ཆེན་པོའི་དབུས་སུ་རང་ཉིད་འཁོར་ལོ་བདེ་མཆོག་སྐུ་མདོག་ལྗང་སྔོན། རྡོ་རྗེ་ཕག་མོ་དམར་མོས་འཁྲིལ་བ་ཆ་ལུགས་གཙོ་

པོ་དང་མཚུངས་པའོ། །སྙིང་གར་རྩ་འདབ་བརྒྱད་ལ་འཁོར་ལོ་བདེ་མཆོག་སྐུ་མདོག་དམར་པོ་ཡུམ་སྔོན་མོས་འཁྲིལ་བ་གོང་བཞིན་ནོ། །མགྲིན་པར་རྩ་འདབ་བཅུ་དྲུག་ལ་འཁོར་ལོ་བདེ་མཆོག་སེར་པོ་ཡུམ་དཀར་མོས་འཁྲིལ་བ་གོང་བཞིན་ནོ། །སྤྱི་བོར་རྩ་འདབ་སུམ་ཅུ་སོ་གཉིས་ལ་འཁོར་ལོ་བདེ་མཆོག་སྐུ་མདོག་དཀར་པོ་ཡུམ་དུད་ཁས་འཁྲིལ་བ་གོང་བཞིན་ནོ། །གསང་བར་རྩ་འདབ་སོ་གཉིས་ལ་འཁོར་ལོ་བདེ་མཆོག་སྐུ་མདོག་སྔོན་པོ་ཡུམ་སེར་མོས་འཁྲིལ་བ་གོང་བཞིན་བསྒོམ་པར་བྱའོ། །དེ་རྣམས་ཀྱི་གནས་གསུམ་ལས་འོད་ཟེར་ཕྱོགས་ཕྱོགས་སུ་འཕྲོས། བཀའ་བརྒྱུད་བླ་མ་རྣམས་སྟེང་གི་ནམ་མཁའ་ལ་བཞུགས་པ། དཔའ་བོ་མཁའ་འགྲོ་རྣམས་བར་གྱི་ཆ་ལ་གནས་པ། ཆོས་སྐྱོང་ཞིང་སྐྱོང་འོག་གི་ཆ་ལ་གནས་པ། སྤྱིར་སྣང་སྲིད་ལྷ་འདྲེ་མི་མ་ཡིན་ཐམས་ཅད་རང་གི་མདུན་དུ་དད་པ་དང་གུས་པ་བྱེད་པར་བསྒོམས་ནས་སྤགས་གོང་བཞིན་བགྲང་། དེར་བཞུགས་པ་ཚོས་ཀྱང་བགྲངས་པས། དེ་མ་ཐག་ཏུ་ཐམས་ཅད་བདེ་མཆོག་རང་གི་སྐུར་ལམ་གྱིས་གྱུར་པར་བསམ་ལ། དེ་ཉིད་ཀྱི་ངང་དུ་མཉམ་པར་བཞག །བརྟན་པར་བྱེད། མཐར་དེ་རྣམས་ཐམས་ཅད་འོག་མིན་དུ་སངས་རྒྱས་པར་བསམ་ལ་བསྔོ་བ་བྱེད་དེ། བསོད་ནམས་ཡེ་ཤེས་ཚོགས་བསགས་ཤིང་། །བསོད་ནམས་ཡེ་ཤེས་ལས་བྱུང་བ། །དམ་པ་སྐུ་གཉིས་ཐོབ་ནས་ཀྱང་། །འགྲོ་ཀུན་སངས་རྒྱས་ཐོབ་པར་ཤོག །ཅེས་བརྗོད་ལ་ཡང་དག་ཚ་མེད་པར་ལྷོད་དེ་ཤིག་གེ་བཞག །དེ་ལྟར་བྱས་པས། བཀའ་བརྒྱུད་བླ་མ་རྣམས་དང་། དཔའ་བོ་མཁའ་འགྲོ་ཆོས་སྐྱོང་ཞིང་སྐྱོང་རྣམས་དང་ཞལ་མཇུར་དུ་མཇལ་བར་གསུངས་སོ། །

བཞི་པ་ནི། དུར་ཁྲོད་ཆེན་པོ་བརྒྱད་ཀྱི་དབུས་སུ་རི་སྐམ་རློན་གྱི་ཁྲིའི་སྟེང་

དུ་ཟླ་བ་ཉི་མ་བརྩེགས་པའི་དབུས་སུ་འཛིགས་བྱེད་དུས་མཚན་མནན་པའི་རང་ཉིད་བདེ་མཆོག་དཔའ་གསང་སྐུ་མདོག་དམར་པོ་ཞལ་ཕྱག་རྒྱན་ཆ་ལུགས་ཐམས་ཅད་གོང་དང་མཐུན་པར་བསྐྱེད། རང་གི་ལུས་ཀྱི་དབུས་ན་རྩ་གསུམ་འཁོར་ལོ་བཞི་བསྐྱེད། དབུ་མའི་ཡར་སྣེར་ཟླ་བའི་ཁམས་ཀྱི་རང་བཞིན་བདེ་མཆོག་དཀར་པོ་ཚོན་གང་བ་གཅིག་བཞུགས་པ། མར་སྣེ་མེའི་ཁམས་དག་པར་བྱེད་པའི་ཕག་མོ་མཚལ་གྱི་མདོག་ཅན་ཚོན་གང་བ་གཅིག་བཞུགས་པ། རླུང་བཟུང་སྟེ་རོ་རྐྱང་ནས་རྒྱུད། དབུ་མའི་དམར་སྣེའི་ཕག་མོ་ལ་བསྣུན་པས། སྐད་ཅིག་ཉིད་དུ་ཕག་མོ་ལས་མེ་འབར། སྤྱི་བོར་སོང་། བདེ་མཆོག་དཀར་པོ་འོད་དུ་ཞུ། ཕག་མོ་དང་གཉིས་སུ་མེད་པར་གྱུར་ནས་ལུས་ཐམས་ཅད་བདེ་བས་ཁྱབ། ཞུ་བདེ་ལྷན་ཅིག་སྐྱེས་པའི་ཡེ་ཤེས་རྒྱུད་ལ་སྐྱེས། རླུང་གི་འགྲོ་ལྡོག་ལ་བརྟེན་ནས། འབྱུང་བའི་དུས་སུ་དཀར་དམར་གྱི་བདུད་རྩི་ཕྱིར་འཕྲོས། རིགས་དྲུག་གི་སེམས་ཅན་ཐམས་ཅད་དང་ས་ཇོ་རི་བྲག་རྩྭ་ལྕུག་ཤྲ་རབ་ཐམས་ཅད་ལ་ཕོག །དེ་རྣམས་ཐམས་ཅད་བདེ་མཆོག་ཡབ་ཡུམ་གྱི་སྐུར་གྱུར། ཅི་གནས་ཀྱི་རིང་ལ་བཞག །རྔུབ་འཇུག་པའི་དུས་སུ་དེ་ཐམས་ཅད་རང་གི་ལུས་ལ་སིབ་ཀྱི་ཐིམ། སྐུ་དང་ཡེ་ཤེས་གཉིས་སུ་མེད་པའི་ཉམས་དང་ལྡན་པར་བསམ། ཡང་འབྱུང་བའི་དུས་སུ་ཡེ་ཤེས་ཀྱི་མེ་འཕྲོས། དེ་རྣམས་ཐམས་ཅད་ཀྱི་རྒྱུད་ལ་ཡོད་པའི་ཉོན་མོངས་པ་དུག་ལྔ་བསྲེགས། ཡེ་ཤེས་ལྔ་མངོན་དུ་གྱུར་པར་བསམ་ནས་བརྟན་པར་བྱེད། མཐར་ཐམས་ཅད་འོད་ཀྱི་གོང་བུར་གྱུར་པས་བདེ་བ་ཆེན་པོའི་སྐུ་ཐོབ་པར་བསམ་སྟེ། སྤྲོས་བཅས་བརྟུལ་ཞུགས་ཀྱི་སྤྱོད་པ་བག་རེ་བྱེད། དེའི་བྱེད་ལུགས་ནི་བླ་མའི་ཞལ་ལས་ཤེས། མཐར་བསྔོ་བ་སྨོན་ལམ་བྱའོ། །

ཞུབ་ལྷ་པ་ནི། རླུང་གཅིག་ཕར་སངས་ཀྱིས་འབུད་པ་དང་། སྣ་བུག་གཡོན་ནས་རང་གི་རིག་པ་དེ་དུར་ཁྲོད་བདག་མོ་སྐུ་མདོག་མཐིང་ནག་ཞལ་གཅིག་ཕྱག་གཉིས་གྲི་གུག་དང་ཐོད་ཁྲག་བསྣམས་པ། སྤྱན་གསུམ་པ། དུར་ཁྲོད་ཀྱི་ཆས་བརྒྱད་ཀྱིས་བརྒྱན་པ། ཤིན་ཏུ་གཏུམ་པའི་ཆ་བྱད་ཅན། གནས་གསུམ་ནས་འོད་ཟེར་འཕྲོས། ཡི་དམ་རྒྱུད་སྡེ་བཞི་ཡི་ལྷ་ཚོགས་སྤྱན་དྲངས་ཏེ་རང་གི་ལུས་ལ་ཐིམ་པས། རང་གི་སྤྱི་བོར་དུས་ཀྱི་འཁོར་ལོ། མགྲིན་པར་གསང་བ་འདུས་པ། སྙིང་གར་དགྱེས་པ་རྡོ་རྗེ། ལྟེ་བར་འཁོར་ལོ་བདེ་མཆོག། གསང་བར་རྡོ་རྗེ་འཇིགས་བྱེད། དཔུང་མགོ་གཡས་པར་བྱམས་པ་སྟོན་པོ། གཡོན་པར་འཇམ་དབྱངས་དམར་པོ། པུས་མོ་གཡས་པར་སྤྱན་རས་གཟིགས་དཀར་པོ། གཡོན་པར་ཕྱག་ན་རྡོ་རྗེ་སེར་པོ་རྣམས་བསྐྱེད་དོ། །དེ་ལྟར་ལྷ་ཚོགས་བསྐྱེད་པའི་མདུན་དུ་ཕུང་པོ་དེ་སྟོང་པོ་འགྱེལ་བ་ལྟར་ཡོད་བཞིན་པ་དེའི་སྐེ་ནས་གྲི་གུག་གིས་ཐད་ཀྱིས་བཅད་པས། མགོ་བོ་གསུམ་དུ་གྱུར། ཡང་ཕུང་པོ་དེའི་སྨིན་མཚམས་ནས་ཐད་དེ་བཅད། ཀ་པཱ་ལ་དེ་མི་མགོའི་སྒྱེད་པོ་གསུམ་གྱི་སྟེང་དུ་བཙུགས། དེའི་ནང་དུ་གྲི་གུག་གི་སྟེབས་ཀྱིས་བླངས་པ་དང་རང་འཕར་དུས་མཉམ་དུ་ཀ་པཱ་ལའི་ནང་དུ་ཙབ་ཀྱིས་བྱུང་། གྲི་གུག་གིས་ལན་གསུམ་ཀྲུགས་པས། ཤ་རུས་ཁྲག་གསུམ་དབྱེར་མེད་དུ་ཁྲུག་ཀྱིས་འདྲེས་ནས། འཇིག་རྟེན་གྱི་ཁམས་ཁེངས་པ་ཞིག་ཏུ་བསམ་སྟེ། བླ་མ་དཀོན་མཆོག་དང་། རང་གི་ལུས་ཀྱི་རྩ་གནས་ཀྱི་ལྷ་རྣམས་ལ་དྲངས། དེ་ནས་རིགས་དྲུག་དང་། སྡེ་བརྒྱད་བགེགས་རིགས་རྣམས་ལ་དྲངས། དགྱེས་ཤིང་ཡིད་རང་བར་བསམ། དེའི་ལྷག་མ་དེར་གནས་པའི་ལྷ་འདྲེ་དང་། ཆོས་སྐྱོང་། ཞིང་སྐྱོང་སྤྱི་ལ་ཕུལ་ནས། ལྷག་མ་ཏིལ་འབྲུ་ཙམ་ཡང་མེད་པར་

བསམ། མཐར་བསྔོ་བ་སྨོན་ལམ་བྱེད། དེ་ནི་ནམ་སྲོད་ལ་བྱའོ། །ཨོཾ་ཨཱི་བཛྲ་བྷཱ་ནྲྀ་ཏི་ཀྲོ་རྡི་ཀཱ་ལི་ཨཱ་བེ་ཤ་ཡ་ཧཱུྃ་ཧཱུྃ་ཕཊ། བརྗོད་པས་རང་གི་མདུན་དུ་ཕུང་པོ་ཆེ་ཚོ་ལྡན་པ། འཇིག་རྟེན་གྱི་ཁམས་ཁེངས་པ་ཡོད་པར་བསམ། གྲི་གུག་གིས་ལན་གསུམ་དགུགས་ཨོཾ་ཨཱཿཧཱུྃ། ལན་གསུམ་གྱིས་བྱིན་གྱི་རླབས། འཇིག་རྟེན་གྱི་དངོས་པོ་ཐ་དད་དུ་གསལ་ནས་ཡོད་པ་དེ། བླ་མ་ཡི་དམ་གྱི་ཚོགས་ལ་ཕུལ། དེ་ནས་ཆོས་སྐྱོང་ལ་ཕུལ། དེ་ནས་རང་གི་རྩ་གནས་ཀྱི་ལྷ་ལ་ཕུལ། དེ་ནས་རིགས་དྲུག་དང་བགེགས་རིགས་ཐམས་ཅད་བྱུང་སྟེ། རང་རང་ལ་གང་མཁོ་བའི་ཡོ་བྱད་གང་འདོད་པ་བསྔམས་ཏེ། ངོམས་ཤིང་ཚིམ་པར་བསམ་མོ། །ལྷག་མ་དེར་གནས་པའི་ལྷ་འདྲེ་རྣམས་ལ་བྱིན་པས། ལྷག་མ་ཉིལ་འབྲུ་ཙམ་ཡང་མ་ལུས་པར་བསམ། མཐར་བསྔོ་བ་སྨོན་ལམ་བྱ། དེ་ནི་སྦྱུས་སྟོན་ནོ། །

ཐོ་རེངས་ཡང་སྔ་མ་ལྟར། སྔགས་ཀྱི་སྒྲ་བརྗོད་པས། རང་གི་མདུན་དུ་རང་གི་ཕུང་པོ་སྔ་མ་ལྟར་ཡོད་པར་བསྐྱེད་དོ། །གྲི་གུག་གིས་ཀ་པཱ་ལ་བཅད། ཀ་པཱ་ལའི་ནང་དུ་ཕུང་པོ་དེ་གྲི་གུག་གི་སྟེབས་ཀྱིས་འཕངས། ལན་གསུམ་དགུགས། ཨོཾ་ཨཱཿཧཱུྃ་གསུམ་གྱིས་ཟག་མེད་ཀྱི་བདུད་རྩི་དང་མེར་གྱིས། ཕོད་པས་འཇིག་རྟེན་གྱི་ཁམས་ཁེངས་ནས་ཡོད་པར་བསམ་སྟེ། ཡང་སྔགས་ཀྱི་སྒྲ་བརྗོད་པས། རང་གི་སྙིང་ག་ནས་མཁའ་འགྲོ་སྡེ་ལྔ་འཕྲོས། ཕྱག་གཡས་ན་ཀ་པཱ་ལ་ཆོས་བརྒྱད་ཀྱི་ཟླ་བ་ལྟར་དང་ཤག་པ་རེ་བསྣམས་ཏེ། ཟག་མེད་ཀྱི་བདུད་རྩི་བཙུས་ནས། བླ་མ་དཀོན་མཆོག་དང་། ཡི་དམ་ཆོས་སྐྱོང་། རང་གི་རྩ་གནས་ཀྱི་ལྷ་རྣམས་ལ་ཕུལ་བས། དགྱེས་ཤིང་ཚིམ་པར་བསམ། དེ་ནས་རིགས་དྲུག་དང་། སྡེ་བརྒྱད། བགེགས་རིགས། གཉན་ས་དེར་གནས་པའི་ལྷ་འདྲེ་ཚོ་ལ་རིམ་པ་ལྟར། ཀ་པཱ་

ལས་བཅུས་ནས་བྱིན་པས། ངོམས་ཤིང་ཚིམ་པར་བསམ། ལྷག་མ་ཏིལ་འབྲུ་ཙམ་ཡང་མ་ལུས་པར་བྱས་ཏེ། མཐར་བསྔོ་བ་སྨོན་ལམ་བྱ། དེ་ནས་རང་ཉིད་དུར་ཁྲོད་བདག་མོས་མི་ལྤགས་ཀྱི་གཡང་གཞི་སྟེང་གི་ནམ་མཁར་གཡུགས་པས། བླ་མ་ཡི་དམ་ཆོས་སྐྱོང་རྣམས་དབང་དུ་འདུས། བར་སྣང་ལ་གཡུགས་པས་རིགས་དྲུག་པོ་དབང་དུ་འདུས། ས་ལ་བརྡབས་པས། ཀླུ་དང་ས་བདག། དུར་ཁྲོད་བརྒྱད་ཀྱི་ལྷ་འདྲེ། མི་མ་ཡིན་རྣམས་དབང་དུ་འདུས་པར་བསམ་ནས། ཆོས་ཉིད་ཀྱི་ངང་དུ་མ་ཡེངས་པར་མཉམ་པར་བཞག་པར་བྱའོ། །སྦྱོར་བཅས་ཀྱི་དམིགས་པ་ཞལ་ལས་ཤེས། རྣམ་པར་མི་རྟོག་པའི་ངང་ནས། བརྟུལ་ཞུགས་ཐུག་ཕྲད་ལམ་དུ་འཁྱེར་བ་ལ། ཕྱོགས་ཐམས་ཅད་ལས་རྣམ་པར་རྒྱལ་བ་བྱེད་དགོས་པས། བྱེད་ལུགས་ཀྱི་རིམ་པ་ཞལ་ལས་ཤེས།

ཉུབ་བདུན་པ་འཁོར་འདས་ཐམས་ཅད་རང་སེམས་སུ་ཤེས་པ་སེམས་ཐོག་ཏུ་ཐག་ཆོད་པར་དགོས་ཤིང་། རང་གི་ཐུགས་ཀ་ནས་རང་འདྲ་བ་དཔག་ཏུ་མེད་པ་སྤྲོས། དུར་ཁྲོད་ཆེན་པོ་བརྒྱད་དང་། ཡུལ་དང་། གནས་དང་། ཕྱོགས་ཐམས་ཅད་ལ་སོང་། ཐ་དད་དུ་གནས་པའི་དཔའ་བོ་མཁའ་འགྲོ་ཆོས་སྐྱོང་། ཞིང་སྐྱོང་། སྡེ་བརྒྱད། ས་བདག། ཀླུ་གཉན་ཐམས་ཅད་ལ་གཅོད་བྱས། དེ་རྣམས་དབང་དུ་བསྡུས། རང་གི་ལུས་ལ་སིབ་ཀྱིས་ཐིམ། ཆོས་ཐམས་ཅད་སྟོང་ཞིང་བདག་མེད་པའི་ངང་ནས་རོ་མཉམ་པར་བྱེད་ནས་རྟོག་མེད་ཀྱི་ངང་དུ་གནས། རྟོག་མེད་ཀྱི་ངང་དུ་གཅོད། མ་བཅོས་པར་བཞག། ཡང་ཕཊ་བརྗོད། རང་གི་རིག་པ་དམར་མོ་དབང་གི་བདག་མོ་སྒྲོལ་དམར་ལྟར་འཕྲོས་ཏེ་སོང་། གོང་གི་གནས་རྣམས་ལ་གཅོད་བྱས། དེར་གནས་པ་རྣམས་ཀྱི་སྲོག་སྙིང་དབང་དུ་

བསྡུས། རང་ལ་ཐིམ། རང་ཉིད་སྐད་ཅིག་གིས་དམར་མོ་དབང་གི་བདག་མོ་སྒྲོལ་དམར་ལྷར་ཡོད་པ་དེ་སྲིད་པ་གསུམ་ག་ཁེངས་པ་ཅིག་ཏུ་བསྐྱེད། ཐམས་ཅད་ཁྱབ་ཅིང་དབང་དུ་བསྡུས་པའི་ཕྲིན་ལས་ལ་མངའ་བརྙེས་པར་བསམ་སྟེ། དེ་ཉིད་ཀྱི་ངང་དུ་མ་ཡེངས་པར་བྱེད་པའོ། །མཐར་བསྔོ་བ་སྨོན་ལམ་གྱིས་རྒྱས་འདེབས། དེ་ནས་སྤྲོས་བྲལ་ཕྱག་རྒྱ་ཆེན་པོ་འོད་གསལ་ལྷན་ཅིག་སྐྱེས་པ་མྱུར་དུ་ཐོབ་པའི་རྟགས་ཁྱད་པར་ཅན་བྱེད་པ་ཡིན་ནོ། །ནང་གི་གསང་གཅོད་ཕྱག་རྒྱ་ཆེན་པོ། ནང་རིག་པ་འཕྲུལ་གཅོད་ཅེས་བྱ་བ་སྙན་ནས་སྙན་དུ་བརྒྱུད་པ། ཨ་མ་ལབ་སྒྲོན་གྱི་སྙིང་གི་ཐིགས་པ། བཀའ་བརྒྱུད་གོང་མ་རྣམས་ཀྱི་སྦས་དོན། བདུད་རྩིའི་ཆུ་རྒྱུན་རྒྱ་མཚོ་འདི་ཡི་གེར་བྲི་བར་མི་འོས་ཀྱང་། རང་རིག་པའི་ཁྲིའུ་ཚུང་དང་། མཁས་བཙུན་གསང་སྔགས་མཛོད་འཛིན། སློབ་དཔོན་དཀོན་རྒྱམ་གྱིས་ཡང་ཡང་བསྐུལ་བའི་ཕྱིར། ཤཱཀྱའི་དགེ་སློང་ཀྲེ་འོ་ཆོས་རྒྱམ་གྱིས་གདན་ས་ཆེན་པོ་དཔལ་གྱི་མཚུར་ཕུར་འཕྲོད་སྦྱོར་བཟང་པོའི་དུས་དང་བསྟུན་ནས་སྦྱར་བའོ། །ཟབ་མོ་ཏིང་འཛིན་མཁའ་ལ་མེ་ཏོག་མཛེས། །རིག་པའི་ཁྱུང་ཆེན་སྲིད་ཞིའི་མཐའ་དང་བྲལ། །དྲག་པོའི་སྟོབས་ལྡན་གཡུ་ཡི་རལ་པ་རྒྱས། །མ་རུངས་སྟོབས་ཀྱིས་འཇོམ་དྲུག་ཁོང་ནས་བཀྲ། །ཟུང་འཇུག་བདེ་ལྡན་མཁའ་ལ་ཉི་ཟླ་འཁོར། །འཕྲུལ་གྱི་ལྡེ་མིག་འཁོར་འདས་ཤན་འབྱེད་ཅིང་། །བཅུ་དྲུག་ཐབས་ཀྱི་གནད་ལ་རྫུ་འཕྲུལ་སྟོན། །མཐའ་དྲུག་ཚུལ་བཞི་བདེན་གཉིས་ལ་འདས་གནས། །བདེ་ཆེན་གནས་སུ་རྡོ་རྗེ་འཆང་ཆེན་སྐུ། །བསམ་པ་ཙམ་གྱིས་རིགས་དྲུག་གནས་ནས་འདྲེན། །ཕྲིན་ལས་དཔག་མེད་ཆོས་སྐུ་ལྷུན་གྱིས་གྲུབ། །ཅེས་གཅོད་གདན་ཐོག་གཅིག་མའི་ཁྲིད་ཡིག་ཕྲིན་ལས་རྒྱ་མཚོ་ལས། ནང་གི་གསང་

གཙོད་ཕྲུག་རྒྱ་ཆེན་པོ་ནང་རིག་པ་འཕྲུལ་གཙོད་བདུད་རྩིའི་རྒྱ་མཚོ་ཕྲིན་ལས་ཀུན་ཁྱབ་ཅེས་བྱ་བ་འདི་བྲིས་པའི་དགེ་བའི་རྩ་བ་རྣམས་འགྲོ་དྲུག་མ་རྒན་རྣམས་ལ་བསྔོ། ལྷན་ཐབས་ཡིག་ཆུང་ངོ་།། །།

༄༅། །ནང་རིག་པ་འཕྲུལ་གཅོད་ཀྱི་མན་ངག་གབ་པ་མངོན་ཕྱུང་གསང་བ་བརྡ་ཆོས་ཀྱི་ཁྲིད་ཡིག་ཐོས་གྲོལ་ཆེན་མོ་ཚ་ཀླུང་རྒྱ་མཚོ་ཞེས་བྱ་བ་བཞུགས་སོ། །

བླ་མ་དང་མཁའ་འགྲོའི་ཚོགས་ལ་ཕྱག་འཚལ་ལོ། །གསང་བའི་རྣམ་དཔྱོད་གར་གྱི་རོལ་པར་མཛེས། །ཤེས་བྱ་ཀུན་ལ་གློག་དམར་སྣེག་ཚུལ་སྟོན། །རང་འདྲའི་རིགས་ལ་འཕྲུད་ཅིང་གར་སྐབས་སྐྱུར། །མཐའ་བྲལ་བདེ་ཆེན་སྐུ་ལ་གུས་པར་འདུད། །དུར་ཁྲོད་གནས་སུ་གེང་རུས་བརྩེགས་པའི་སྐུས། །བསྐལ་པ་མེ་ལྟར་འབར་བའི་དཀྱིལ་འཁོར་དུ། །ཁྲོ་འཇོམ་ཧཱུྃ་སྒྲ་སྒྲོགས་དེར་གུས་པར་འདུད། །དུར་ཁྲོད་ཆས་བརྒྱད་དཔྲལ་བར་ཁྲོ་གཉེར་སྟུད། །དབུ་སྐྲ་གྱེན་བརྫེས་སྤྱན་གསུམ་རབ་འཁྲུག་པས། །དགྲ་སྟ་ཞགས་པ་ཁ་ཊྭཾ་མདུང་རྩེ་བསྣམས། །དངོས་གྲུབ་ཆར་ལྟར་འབེབས་དེར་གུས་པར་འདུད། །ཅེས་གསུང་བ་སྐྱོད་པ་ནང་རིག་པ་འཕྲུལ་གཅོད་ཀྱི་མན་ངག་གབ་པ་མངོན་དུ་ཕྱུང་བའི་གསང་བ་བརྡ་ཆོས་ཀྱི་ཁྲིད་ཡིག་འདི་ལ་དོན་གསུམ་སྟེ། སྔོན་འགྲོ་རྒྱུད་སྦྱང་བ། དངོས་གཞི་གཏན་ལ་འབེབས་པ། མཇུག་བསྡུ་བ་དང་གསུམ་མོ། །

སྔོན་འགྲོ་རྒྱུད་སྦྱང་བ་ལ་བཅུ་གསུམ་སྟེ། དང་པོ་སྟོད་བརྟག་པ། གཉིས་པ་དུས་བརྟག་པ། གསུམ་པ་གནས་བརྟག་པ། བཞི་པ་རྒྱན་བརྟག་པ། ལྔ་པ་གྲོགས་བརྟག་པ། དྲུག་པ་ཚུལ་བརྟག་པ། བདུན་པ་ཟས་བརྟག་པ། བརྒྱད་པ་

སྤྱོད་ལམ་བརྟག་པ། དགུ་པ་ཆོས་བརྟག་པ། བཅུ་པ་སེམས་ཅན་བརྟག་པ། བཅུ་གཅིག་པ་ལྷ་འདྲེ་བརྟག་པ། བཅུ་གཉིས་པ་ཡི་དམ་གྱི་ལྷ་བརྟག་པ། བཅུ་གསུམ་པ་རྨི་ལྟས་བརྟག་པའོ། །དང་པོ་ནི། སློབ་མ་རྣམས་བརྟག་སྟེ། དམ་ཚིག་ཐུབ་མི་ཐུབ་དང་། སྙིང་རུས་ཆེ་ཆུང་དང་། ཆོས་ལ་གནད་དུ་བསྣུན་མི་སྣུན་དང་། བླ་མ་ལ་མོས་གུས་ཐང་ལྷོད་མེད་པ་འོང་མི་འོང་དང་། བླ་མས་ཅི་གསུང་སྤྱི་བོར་ལེན་ཅིང་བཀའ་བཞིན་དུ་བསྒྲུབ་པ་ནུས་མི་ནུས་དང་། ནོར་རྫས་ལ་ཆགས་ཞེན་འདུག་མི་འདུག་སོགས་རིམ་པར་དྲི་ཞིང་བརྟག་སྟེ། རབ་ལོ་གསུམ། འབྲིང་གཉིས། ཐ་མ་གཅིག །ཐ་ནའང་དགུར་ངོ་དགུན་ངོའམ། ཟླ་བ་གཉིས་གསུམ་ཙམ་བརྟག་སྟེ། སྤྱོད་ལམ་བྱེད་ལུགས་རྣམས་བསྒོམ་པ་ལྟར་མ་བྱུང་ན་ཆོས་འདི་མི་སྦྱིན་ཏེ། ཆོས་གཞན་གྱི་འབྲེལ་བ་ཙམ་དང་། རྒྱུ་རྫས་ཕྲན་ཚེགས་སྟེར་ཞིང་། ངག་འཇམ་པོས་ཐབས་ཀྱིས་བསླད་ནས་བཏང་ངོ་། །དེ་ལྟར་མ་ཡིན་པ་ལ་རིམ་པར་སྦྱིན་དགོས་སོ། །

གཉིས་པ་ནི་གསང་གཅོད་ལ་འགྲོ་བའི་དུས་དབྱར་དང་སྟོན། དགུན་དང་དཔྱིད་གང་རུང་གི་ཉི་ཤུ་དགུའམ། བཅུ་དགུ། ཚེས་དགུ་ལ་སོགས་ལ་འགྲོ་བའོ། །

གསུམ་པ་ནི། གནས་དུར་ཁྲོད་ཆེན་པོ་དང་། འབྲིང་དང་། ཆུང་དུ་སོགས། ཡ་ང་བ། བག་ཚ་བ། མིས་ཀྱང་འདི་རྒྱུབ་ཟེར་བ། རང་གིས་ཀྱང་འདི་གཉན་པོ་བསམ་པ་ལའོ། །

བཞི་པ་ནི། རང་གི་གོས་ལག་ཁྲིས་པོ་སོགས་གང་ཡོད་པ་དེ། དུར་ཁྲོད་ཀྱི་ཆས་བརྒྱད་དུ་བསམ་ལ་བཏག་གོ། །

ལྔ་པ་ནི། གྲོགས་རིག་མ་མཚན་དང་ལྡན་པ། གྲོང་པའི་ཆོས་ཀྱིས་མ་གོས་པ་

བརྒྱད་གཉིས་ལོན་པའི་ན་ཚོད་དམ། ཉེར་ལྔ་ཚུན་གང་ཡུང་དེ་བྱུང་ན་འཁྲིད་པའོ། །མ་བྱུང་ན་གྲོགས་དམ་ཚིག་གཙང་བ་དང་འགྲོགས་སོ། །

དྲུག་པ་ནི། འགྲོ་བའི་ཚུལ། ནམ་སྲོད། སྲོད་ཡོལ། ནམ་ཕྱེད་སོགས་ལ་རང་གི་བེམ་པོ་དེ་རོའི་ཚུལ། རིག་པ་དེ་རོ་འཕུར་མཁན་གྱི་ཚུལ། གཉན་ས་དེ་དུར་ཁྲོད་ཀྱི་ཚུལ། དུར་ཁྲོད་ཀྱི་ལྷ་འདྲེ་ཚོ་རོ་ཟ་མཁན་གྱི་ཚུལ་དུ་བསམས་ནས་འགྲོ་བའོ། །

བདུན་པ་ནི། ཟས་ཤ་ཆང་སྐྲོག་ཙོང་སོགས་དམན་པའི་ཟས་མ་ཡིན་པ་གཙང་ལ་ཞིམ་པ། མངར་བ། སྐྱུར་བ། སྣ་བ། བདུད་རྩི་ལྔའི་རང་བཞིན་དུ་བསམས་ལ་ལོངས་སྤྱོད་པའོ། །

བརྒྱད་པ་ནི། སྤྱོད་ལམ་ཞི་བ། དུལ་བ། ངག་འཇམ་པ། བསམ་པ་ཕུན་སུམ་ཚོགས་པ་དང་ལྡན་པ། ཀུན་དང་མཐུན་པ་ལེགས་པའོ། །

དགུ་པ་ནི། ཆོས་གསང་གཅོད་པོ་ན་ཉམས་སུ་ལེན་ཅིང་། སྐབས་སུ་བེམ་སྐྱུར་རེ་ཙམ་བྱེད་ཅིང་། ཕྱག་རྒྱ་ཆེན་པོའི་ངང་ལས་རིག་པ་ངར་དང་ལྡན་པ་བྱེད་པའོ། །

སེམས་ཅན་ཐམས་ཅད་རང་གི་ཕ་མ་ཡིན་པས། ཕ་མ་འདི་རྣམས་འཁོར་བར་འཁྱམས་ཤིང་སྡུག་བསྔལ་བ་ཉམས་ཐག་པ་འདི་རྣམས་སྙིང་རེ་རྗེ། སྙིང་རེ་རྗེ་བསམ་ཞིང་། སེམས་ཅན་གྱི་དོན་བྱེད་དགོས་བསམ་པའི་ངོས་ནས་བསྒོམ་པའོ། །

བཅུ་གཅིག་པ་ནི། ལྷ་འདྲེ་ཡོད་དམ་མེད། ཡོད་ན་གཟུགས་སྟོན་དགོས་ཏེ། ང་འདིར་ཡོད། ལྷ་འདྲེ་ཁྱེད་ཚོ་གར་ཡོད། འདིར་ཤོག་ཅིག །ངེད་རང་ཚོ་མཉམ་དུ་སྡོད། ཟ་མ་ལྷན་དུ་ཟ། གྲོས་མཉམ་དུ་བྱ་ཟེར་ཀྱང་། ཁོང་ཚོ་འོང་རྒྱུ་དང་། ལྷན་དུ་སྡོད་རྒྱུ་མེད་པར་འདུག་པས། ལྷ་འདྲེ་ཡོད་པ་མི་བདེན་པར་ཤེས་ཏེ།

ཡ་ང་བག་ཚ་མེད་པར་ལྟོད་དེ་ཤིག་གེ་བའི་ངང་ལ་མཉམ་པར་བཞག་པའོ། །

བཅུ་གཉིས་པ་ནི། ཡི་དམ་འཁོར་ལོ་བདེ་མཆོག་སྐུ་མདོག་དམར་པོ་ཞལ་གཅིག་ཕྱག་བཞི། ཡུམ་ཕག་མོ་དམར་མོ་ལ་འཁྲིལ་བ། རྒྱན་ཆ་ལུགས་ཐམས་ཅད་ཡོངས་སུ་རྫོགས་པའི་སྐུར་རང་ཉིད་བསྐྱེད་ཤར་དུ་རྡོ་རྗེ་མཁའ་འགྲོ་སྔོན་མོ། ལྷོར་རིན་ཆེན་མཁའ་འགྲོ་སེར་མོ། ནུབ་ཏུ་པདྨ་མཁའ་འགྲོ་དམར་མོ། བྱང་དུ་ལས་ཀྱི་མཁའ་འགྲོ་ལྗང་གུ། དེ་རྣམས་ཀྱི་གཡས་ཐོད་པ་ཁྲག་གིས་གང་བ་བསྣམས་ཤིང་། གཡོན་ཁཊྭཱཾ་ག་འཛིན་པ། དེ་ལྟ་བུའི་ཡི་དམ་ལྷའི་ང་རྒྱལ་དང་མ་བྲལ་བར་བསྒོམ་པའོ། །

བཅུ་གསུམ་པ་ནི། རོ་སྙོམས་ལ་བརྟུལ་ཞུགས་ཀྱི་སྤྱོད་པ་བྱ་དགོས་པའི་བྱ་ལུགས་རྣམས་བླ་མའི་ཞལ་ལས་ཤེས་སོ། །དེས་སྔོན་འགྲོ་རྒྱུད་སྦྱོང་བ་བསྟན་པའོ། །

དངོས་གཞི་གདན་ལ་འབེབས་པ་ལ་དྲུག་སྟེ། དང་པོ་དབང་བསྐུར། གཉིས་པ་རྣམ་བཤད། གསུམ་པ་སྣན་བརྒྱུད། བཞི་པ་རོ་སྙོམས། ལྔ་པ་ལོག་ནོན། དྲུག་པ་བརྟུལ་ཞུགས་སོ། །དང་པོ་ནི། ཕྱིའི་དབང་། ནང་གི་དབང་། གསང་བའི་དབང་། རིག་པ་བརྟུལ་ཞུགས་ཀྱི་དབང་། ཉམས་མྱོང་ཐོད་རྒྱལ་ཆེན་མོའི་དབང་གཞུང་ལྟར་བསྐུར་བར་བྱའོ། །

གཉིས་པ་ནི། དལ་འབྱོར་རྙེད་དཀའ། འཆི་བ་མི་རྟག་པ། ལས་རྒྱུ་འབྲས། འཁོར་བའི་ཉེས་དམིགས། ཐར་པའི་ཕན་ཡོན། སྐྱབས་སུ་འགྲོ་བ། སེམས་བསྐྱེད་པ། ཚད་མེད་བཞི་བསྒོམ་པ། སྒྲིབ་པ་སྦྱོང་བ། ཚོགས་གཉིས་གདན་ཐོག་གཅིག་ཏུ་རྫོགས་པ། སྤྲོ་བོའི་གཙུག་ཏུ་ཡིད་བཞིན་ནོར་བུ་འཆང་བའོ། །

དེ་ལ་ཡང་། དལ་འབྱོར་རྙེད་དཀའ་ནི། བདེ་བའི་སྟན་ལ་ལུས་གནད་ལེགས་

པར་བཅའ་སྟེ། དལ་འབྱོར་གྱི་ལུས་འདི་ཐོབ་པར་བྱེད་པ་ལ། དལ་བ་བརྒྱད་དང་། འབྱོར་པ་བཅུ་ཚང་དགོས། དལ་བ་བརྒྱད་ནི། དམྱལ་བ་ཡི་དགས་དུད་འགྲོ་དང་། །ཀློག་ལྷ་ཚེ་རིང་ལྷ་དང་ནི། །ཀླ་ཀློ་སངས་རྒྱས་ཀྱིས་སྟོང་པ། །ཀླུགས་པ་འདི་དག་མི་ཁོམ་བརྒྱད། །ཅེས་སོ། འབྱོར་པ་ནི། མི་ཉིད་དབུས་སྐྱེས་དབང་པོ་ཚང་། །ལས་མཐའ་མ་ལོག་གནས་ལ་དད། །སངས་རྒྱས་བྱོན་དང་དེས་ཆོས་གསུངས། །བསྟན་པ་གནས་དང་དེར་རྗེས་འཇུག །གཞན་ཕྱིར་སྙིང་ནི་བརྩེ་བའོ། །ཞེས་སོགས་དལ་འབྱོར་རེ་རེ་ནས་ངོ་སྤྲོད་པར་བྱའོ། །

འཆི་བ་མི་རྟག་པ་ནི། དེ་སྟ་སྐྱེས་པ་ཐམས་ཅད་ཀྱང་འཆི་བར་འདུག །ཅེས་ཀྱང་འཆི་བར་འདུག །མི་བསྡོད་པར་འཆི་བར་འདུག །ད་ལྟ་ཟ་བས་ཐོས། མིག་གིས་མཐོང་། ལག་ལེན་ལ་ཐེབས་པའི་ཉེ་རིང་མེད་པ་ཐམས་ཅད་འཆི་བར་འདུག་ན། རང་ཉིད་ཀྱང་འཆི་དགོས། འཆི་བ་ནམ་འོང་མི་ཤེས་པས། ནམ་འཆི་ཨང་བསམ་ཞིང་བསྒོམ། མི་རྟག་པ་རྒྱ་ཁའི་ཟླེལ་པ་དང་འདྲ་བར་འདུག །ཨ་ཙ་མ། འཁོར་བ་ཐམས་ཅད་མི་རྟག་པ་སྐད་ཅིག་ཉིད་དུ་འགྱུར་བའི་ཆོས་ཅན་འདི་ལྟ་བུ་ཞིག་འདུག་བསམ་ནས་བསྒོམ།

རྒྱུ་འབྲས་བདེན་པར་འདུག་པས། ཚོགས་གསོག་སྒྲིབ་སྦྱོང་དང་། གནོད་སེམས་སྤོང་ཞིང་། ཕན་བཏགས་པ་སོགས་ཞིབ་པར་བྱེད་པའོ། །

འཁོར་བ་འདི་དུག་གི་མཚོ་དང་སྡོང་པོ་ཡིན་པས་སྤོང་བར་བྱའོ་སྙམ་པ་བྱས་ཏེ་བསྒོམ་པའོ། །

ཐར་པ་རིན་པོ་ཆེ་འདི་ཕན་ཡོན་ཆེ་བར་འདུག་པས། དཀོན་མཆོག་གསུམ་ལ་བློ་ཐུགས་གཏད་ཅིང་། དད་ཅིང་གུས་པར་བྱའོ་སྙམ་པའི་ངོས་ནས། བདག་

གཞན་མ་ཚོགས་ནམ་མཁའ་དང་མཉམ་པའི་སེམས་ཅན་ཐམས་ཅད། བླ་མ་ལ་སྐྱབས་སུ་མཆིའོ། སངས་རྒྱས་ལ། ཆོས་ལ། དགེ་བདུན་ལ་སོགས་མང་དུ་བགྲང་ཞིང་། སེམས་བསྐྱེད་ནི། བླ་མ་སངས་རྒྱས་ཆོས་དང་ཚོགས་ཀྱི་མཆོག་རྣམས་ལ། །བྱང་ཆུབ་མ་ཐོབ་བར་དུ་བདག་ནི་སྐྱབས་སུ་མཆི། །བདག་གིས་སྦྱིན་སོགས་བགྱིས་པའི་བསོད་ནམས་འདི་དག་གིས། །འགྲོ་ལ་ཕན་ཕྱིར་སངས་རྒྱས་འགྲུབ་པར་ཤོག །ཚད་མེད་བཞི་ནི། མ་ནམ་མཁའ་དང་མཉམ་པའི་སེམས་ཅན་ཐམས་ཅད་བདེ་བ་དང་བདེ་བའི་རྒྱུ་དང་ལྡན་པར་གྱུར་ཅིག །སྡུག་བསྔལ་དང་སྡུག་བསྔལ་གྱི་རྒྱུ་དང་བྲལ་བར་གྱུར་ཅིག །སྡུག་བསྔལ་མེད་པའི་བདེ་བ་དམ་པ་དང་མི་འབྲལ་བར་གྱུར་ཅིག །སེམས་ཅན་ཐམས་ཅད་ཉེ་རིང་ཆགས་སྡང་གཉིས་དང་བྲལ་ནས་བཏང་སྙོམས་ཆེན་པོའི་ངང་ལ་ཡུན་རིང་དུ་གནས་པར་གྱུར་ཅིག །ལན་གཉིས་གསུམ་མམ། མང་དུ་བཟླས་པར་བྱའོ། །

སྒྲིབ་སྦྱོང་ནི། རང་གི་སྤྱི་བོར་ཨ་དཀར་པོ་དང་སྒོ་རེ་བ་ཞིག་གསལ་བཏབ། དེ་ལ་གཏད་ནས། ཨ་ཨ་ཞེས་བརྗོད་པས། ཨ་དེ་ལ་ཟག་མེད་ཀྱི་བདུད་རྩི་འོ་མ་ལྟ་བུ་དང་ན་ར་ར་བབ་སྟེ། རང་གི་སྤྱི་བོ་ནས་ཞུགས། ལུས་ཀྱི་ཕྱི་ནང་ཐམས་ཅད་ཟག་མེད་ཀྱི་བདུད་རྩི་བབ་པས། སྡིག་སྒྲིབ་ཐམས་ཅད་སངས་ཀྱིས་དག་ནས། ལུས་དར་དཀར་པོའི་གུར་ལྟ་བུ་སྟོང་སང་ངེ་ཡོད་པར་བསམ། ཡང་སྤྱི་བོའི་ཨ་ལ་གཏད། ཨ་ཨ་བརྗོད་པས་ཟག་མེད་ཀྱི་བདུད་རྩི་མང་དུ་བབ། ལུས་ཐམས་ཅད་བདུད་རྩིས་དཀར་ལྷེམ་གྱིས་གང་བས། སྐད་ཅིག་ཉིད་དུ་རང་གི་ལུས་ཨ་དཀར་པོ་གཅིག་ཏུ་གྱུར་པར་བསམ་ལ་མི་དམིགས་པའི་ངང་དུ་བཞག་པའོ། །

ཚོགས་གཉིས་རྫོགས་པ་ནི། མདུན་གྱི་ནམ་མཁར་རིན་པོ་ཆེ་སྣ་ཚོགས་ལས་

གྲུབ་པའི་ཁྲི་ཡངས་ཤིང་རྒྱ་ཆེ་བ། དེའི་སྟེང་དུ་མ་གཅིག་ལབ་ཀྱི་སྒྲོན་མ། གཡས་སུ་འཇམ་དབྱངས། གཡོན་དུ་དམ་པ་རྒྱ་གར། སྟེང་དུ་ཤཱཀྱ་ཐུབ་པ། དེའི་སྐྱི་བོར་ཡུམ་ཆེན་མོ། མདུན་དུ་སྒྲོལ་མ། རྒྱབ་ཏུ་ཁྲོས་མ་ནག་མོ། དེ་རྣམས་ལ་སངས་རྒྱས་དང་བྱང་ཆུབ་སེམས་དཔའ། འཕགས་པའི་དགེ་བདུན་གྱི་ཚོགས་དང་བཅས་པས་བསྐོར་ཏེ་བཞུགས་པར་བསྐྱེད་ལ། མཉྫལ། ས་གཞི་སྤོས་ཀྱིས་བྱུགས་ཤིང་མེ་ཏོག་བཀྲམ། །རི་རབ་གླིང་བཞི་ཉི་ཟླས་བརྒྱན་པ་འདི། །སངས་རྒྱས་ཞིང་དུ་དམིགས་ཏེ་ཕུལ་བ་ཡིས། །འགྲོ་ཀུན་རྣམ་དག་ཞིང་ལ་སྤྱོད་པར་ཤོག །གུ་རུ་རཏྣ་མཎྜ་ལ་པཱུ་ཛ་མེ་གྷ་ས་མུ་དྲ་སྥ་ར་ཎ་ས་མ་ཡ་ཨཱཿཧཱུྃ། ཞེས་མང་དུ་ཕུལ་ཞིང་། མཐར་བླ་མ་རྣམས་རང་ཉིད་ལ་ཐིམ་པར་བསམ་སྟེ། མི་དམིགས་པའི་ངང་དུ་བཞག །

སྐྱི་བོར་ནོར་བུ་འཆང་བ་ནི། རང་གི་སྐྱི་བོར་རིན་པོ་ཆེའི་ཁྲི་ཡངས་ཤིང་རྒྱ་ཆེ་བའི་དབུས་སུ། དར་སྣ་ཚོགས་ཀྱི་ཁྲི་ཁེབས་ཀྱི་སྟེང་དུ། སེམས་དཔའ་རང་བྱུང་རྡོ་རྗེ་སྐུ་མདོག་གསེར་བཙོ་མའི་མདོག་ལྟར་སེར་བ། ཞལ་གཅིག་ཕྱག་གཉིས་ཆོས་འཆད་ཀྱི་ཕྱག་རྒྱ་མཛད་པ། སྐུ་ལ་ཆོས་གོས་ངུར་སྨྲིག་གསུམ་གསོལ་བ། ཞབས་རྡོ་རྗེ་དཀྱིལ་མོ་དཀྲུང་གིས་བཞུགས་པ། དབུ་ལ་ཞྭ་ནག་གི་ཅོད་པན་གྱིས་མཛེས་པ། གཡས་སུ་འཇམ་དབྱངས། གཡོན་དུ་སྤྱན་རས་གཟིགས། སྐྱི་བོར་རྡོ་རྗེ་འཆང་། རྒྱབ་ཏུ་བྱམས་པ། མདུན་དུ་ཕྱག་ན་རྡོ་རྗེ། དེ་རྣམས་ཀྱི་སྐྱི་བོར་ཨོཾ། མགྲིན་པར་ཨཱཿ ཐུགས་ཀར་ཧཱུྃ། ཐུགས་ཀའི་ཧཱུྃ་ལས་འོད་ཟེར་འཕྲོས་པས། སངས་རྒྱས་དང་བྱང་ཆུབ་སེམས་དཔའ་ཐམས་ཅད་སྤྱན་དྲངས། བླ་མ་གཙོ་འཁོར་ལྔ་ལ་ཐིམ་པས། བླ་མ་རྣམས་འོད་དང་གཟི་བརྗིད་དང་ལྡན་པར་

བསམ་སྟེ། བླ་མ་རྣམས་ལ་ཨ་རྒྷཾ་ལ་སོགས་པས་མཆོད། བསྟོད་པ་ནི། དུས་གསུམ་སངས་རྒྱས་ཀུན་གྱི་ངོ་བོ་ཉིད། །འགྲོ་དྲུག་སེམས་ཅན་རྣམས་ཀྱི་མགོན་གཅིག་པོ། །དངོས་གྲུབ་རྒྱུན་མི་ཆད་པའི་ཐུགས་རྗེ་ཅན། །དགོས་འདོད་ཀུན་འབྱུང་བླ་མ་རྣམས་ལ་ཕྱག་འཚལ་བསྟོད། །ཅེས་བསྟོད་ཅིང་། བདག་ལ་དབང་བཞི་བསྐུར་བར་མཛད་དུ་གསོལ། །རྒྱུད་བཞི་སྨིན་པར་བྱིན་གྱིས་རློབས། །ཕྲིན་ལས་རྣམ་བཞིའི་དངོས་གྲུབ་སྩལ་དུ་གསོལ། །ཞེས་གསོལ་བ་བཏབ་པས། བླ་མ་རྣམས་ཀྱི་དཔྲལ་བ་ནས་འོད་ཟེར་དཀར་པོ་བྱུང་། རང་གི་དཔྲལ་བར་ཞུགས། ལུས་སྒྲིབ་དག །བུམ་དབང་ཐོབ། མགྲིན་པ་ནས་འོད་ཟེར་དམར་པོ་བྱུང་། རང་གི་མགྲིན་པར་ཞུགས། ངག་སྒྲིབ་དག །གསང་དབང་ཐོབ། ཐུགས་ཀ་ནས་འོད་ཟེར་མཐིང་ག་བྱུང་། རང་གི་སྙིང་གར་ཞུགས། ཡིད་སྒྲིབ་དག །གསུམ་པ་ཐོབ། བླ་མ་རྣམས་ཀྱི་སྐུ་གསུང་ཐུགས་ལས་འོད་ཟེར་དཀར་དམར་མཐིང་གསུམ་བྱུང་། རང་གི་ཕུང་ཁམས་སྐྱེ་མཆེད་ལ་ཐིམ། ལུས་ངག་ཡིད་གསུམ་གྱི་སྒྲིབ་པ་དག །བཞི་པ་ཐོབ་པར་བསམ་ནས་མི་དམིགས་པའི་ངང་དུ་བཞག །དེ་ལས་ལངས་པ་དང་བསྔོ་བ་སྨོན་ལམ་བྱའོ། །དེ་ཡན་ཆད་ཀྱིས་རྣམ་པར་བཤད་པ་སོང་།

ད་ནི་སླན་བརྒྱུད་བཤད་པར་བྱ་སྟེ། རང་ཉིད་སྐད་ཅིག་གིས་འཁོར་ལོ་བདེ་མཆོག་ཞལ་གཅིག་ཕྱག་གཉིས་སྤྱན་གསུམ། མཆེ་བ་བཞི་ཙུང་ཟད་གཙིགས་པ། དབུ་སྐྲ་རལ་པའི་ཐྱིད་སྤྱི་བོར་བཅིངས་ཤིང་། ཟར་བུས་དཔུང་ཟུར་གཉིས་སུ་སླེབས་པ། ཕྱག་གཉིས་སུ་རྡོ་རྗེ་དང་དྲིལ་བུ་བསྣོལ་ཐབས་སུ་ཡུམ་ལ་འཁྱུད་པ། དུར་ཁྲོད་ཀྱི་ཆས་བརྒྱད་ཀྱིས་བརྒྱན་པ། དེའི་པང་དུ་ཡུམ་རྡོ་རྗེ་ཕག་མོ་སྐུ་མདོག་དམར་མོ་ཡབ་ལ་འཁྱུད་པ། ཞལ་གཅིག་ཕྱག་གཉིས། གཡས་གྲི་གུག་ཡབ་ཀྱི་

ཕྲག་གོང་གཡོན་དུ་ཕྱར་ཐབས་སུ་བརྐྱང་བ། གཡོན་པས་ཐོད་ཁྲག་གཡབ་ཀྱི་མཆན་ཁུང་གཡས་ནས་སྐུ་རྒྱབ་ཏུ་ཡབ་ལ་སྙེར་བའི་ཚུལ་དུ་འཛིན་པ་ཕྱག་རྒྱ་ལྔ་ཡིས་བརྒྱན་པའོ། །ཡབ་ཡུམ་ཞབས་ཉེ་མའི་སྙིང་དུ་གར་ཐབས་སུ་མཛད་པ། སྐུ་ལུས་དར་དམར་པོའི་གུར་ལྟར་སྟོང་སང་ངེར་ཡོད་པའི་ལུས་ཀྱི་དབུས་དྲང་པོ་ན་རྩ་དབུ་མ་མཚན་ཉིད་བཞི་དང་ལྡན་པ། དཀར་ལ་སྔོ་བའི་མདངས་ཆགས་པ། མདའ་སྨྱུག་འབྲིང་པོ་ཙམ་གྱི་ཡར་སྣེ་སྤྱི་གཙུག་ནས་སྨིན་མཚམས་སུ་ཟུག་པ། མར་སྣེ་ལྟེ་འོག་སོར་བཞིའི་མཚམས་སུ་ཟུག་པ། སྟོང་སང་ངེ་ཡོད་པ། གཡས་སུ་རྩ་རྐྱང་མ་དཀར་པོ་ན་ལྟག་གཡས་ནས་སྣ་བུག་གཡས་སུ་ཟུག་པ། མར་སྣེ་དབུ་མ་དང་ལྷན་ཅིག་ཏུ་ཟུག་པའོ། །གཡོན་དུ་རོ་མ་དམར་མོ་ཡར་སྣེ་ན་ལྟག་གཡོན་ནས་སྣ་བུག་གཡོན་དུ་ཟུག་པ། མར་སྣེ་དབུ་མ་དང་ལྷན་ཅིག་ཏུ་ཟུག་པའོ། །དེ་ལྟར་རྩ་གསུམ་བསྐྱེད་ནས། སྙིང་གར་རྩ་འདབ་བརྒྱད། དབུ་མར་འཕྱུར་ལ་མ་རིག་པའི་ཚུལ་དུ་གདུགས་ལྟ་བུ་རྒྱུད་དེ་སྟོང་སང་ངེ་ཡོད་པར་གསལ་གདབ། དེ་ནས་རླུང་སྦྱངས་ཏེ། ཕྱི་ལོག་ནས་ནང་དུ་རླུང་གཅིག་རོ་རྐྱང་ནས་རྔུབས་ཏེ། མཆིལ་མ་ཐོགས་གཅིག་དང་ཟུངས་ཏེ་དབུ་མའི་སྣེ་ལ་བཟུང་། མ་ཐུབ་ནས་ཕྱུང་བ་དང་། ཕར་སངས་ཀྱིས་སྣ་བུག་གཡོན་ནས་བཏང་། གཟུང་བའི་སྒོ་ནས་བསགས་པའི་སྡིག་སྒྲིབ་དག་པར་བསམ། ཡང་ནང་དུ་རླུང་རྔུབས། སྔ་མ་ལྟར་དབུ་མའི་མར་སྣེར་བཀག། ཕར་སངས་ཀྱིས་སྣ་བུག་གཡས་ནས་བཏང་། འཛིན་པའི་སྒོ་ནས་བསགས་པའི་སྡིག་སྒྲིབ་དག་པར་བསམ། ཡང་རླུང་ནང་དུ་དབུ་མར་དགང་། ཕར་གཏོང་བས་སྣ་བུག་གཉིས་ཀ་ནས་སོང་། གཟུང་འཛིན་གཉིས་མེད་ཀྱི་སྒོ་ནས་བསགས་པའི་སྡིག་སྒྲིབ་དག་པར་བསམ།

དེ་ལྟར་ལན་དགུའམ། དྲུག་བྱའོ། །

ད་ནི་རྡོ་རྗེའི་བཟླས་པ་བྱ་སྟེ། རླུང་ནང་དུ་འཇུག །དབུ་མའི་མར་སྣེར་དགང་། ཕར་གཏོང་བའི་དུས་སུ་ཧཱུྃ་སྔོན་པོ་གཅིག་ཏུ་གྱུར། སྣ་རྩེའི་ཐད་སོར་བཅུ་གསུམ་ཙམ་ལ་ཧཱུྃ་སྔོ་ཀྲོང་ངེ་ཡོད་པ་ལ་སེམས་གཏད་དེ་བཟུང་ཅིང་། ཐུབ་རིང་ལ་ཕྱི་ལོག་དེར་འཛིན། མ་ཐུབ་བྱུང་ན། ཧཱུྃ་དེ་ཨོཾ་དཀར་པོ་གཅིག་ཏུ་བྱས། ནང་དུ་རྐྱང་མ་ནས་འཇུག། མཆིལ་མ་ཐོགས་གཅིག་དང་མཉམ་དུ་དབུ་མའི་མར་སྣེར་དགང་། ཨོཾ་དེ་ཨཱཿདམར་པོ་གཅིག་ཏུ་གྱུར། དབུ་མའི་མར་སྣེའི་ཨཱཿདམར་སྔོར་རེ་ཡོད་པ་ལ་སེམས་གཏད་བཟུང་ཅི་ཐུབ་ཀྱི་རིང་དེར་འཛིན། མ་ཐུབ་བྱུང་ན། སྔ་མ་ལྟར་ཨཱཿདེ་ཧཱུྃ་དུ་གྱུར་པ་སོགས་སྔ་མ་བཞིན་རླུང་ཁུག་ཐུན་རེ་རེ་ལ་ལྔ་བརྒྱ་ཙམ་འཛིན་པའོ། །

ད་ནི་ཐིག་ལེ་སྦྱོང་བ་ནི། དབུ་མའི་ཡར་སྣེ་སྨིན་མཚམས་སུ་ཐིག་ལེ་དཀར་ལ་འཚེར་བ། སྣུམ་ལ་འདྲིལ་བ། དངུལ་ཆུའི་རྗོག་པོ་ལྟ་བུ་འོད་ཧྲིལ་ལེ་ཡོད་པ། རླུང་ནང་དུ་འཇུག་པའི་དུས་སུ་ཐིག་ལེ་སྤྱི་བོར་བྱུང་། རླུང་ཅི་ཐུབ་ཀྱི་རིང་དུ་དབུ་མའི་མར་སྣེར་རླུང་ནུས་ཞེད་གསུམ་གཏད་ནས་བསྒོམ། ཕར་གཏོང་བའི་དུས་སུ་སྤྱི་བོར་ཐིག་ལེ་དེ་མལ་དུ་སྡད། ནང་དུ་འཇུག་པའི་དུས་སུ་སྤྱི་བོའི་ཐིག་ལེ་དེ་མགྲིན་པར་བྱུང་། རླུང་ཅི་ཐུབ་ཀྱི་རིང་ལ་དབུ་མར་དགང་། རླུང་ཕར་གཏོང་བའི་དུས་སུ་ཐིག་ལེ་མགྲིན་པར་སྡད། རླུང་ནང་དུ་འཇུག་པའི་དུས་སུ་ཐིག་ལེ་སྙིང་གར་བྱུང་། རླུང་ཕར་གཏོང་བའི་དུས་སུ་སྙིང་གར་སྡད། ནང་དུ་འཇུག་པའི་དུས་སུ་ལྟེ་བར་བྱུང་། སྔ་མ་ལྟར་ཕར་གཏོང་བའི་དུས་སུ་ལྟེ་བར་སྡད། ནང་དུ་འཇུག་པའི་དུས་སུ་ཐིག་ལེ་གསང་གནས་སུ་བྱུང་། རླུང་ཕར་གཏོང་བའི་

དུས་སུ་དེར་སྣང༌། ནང་དུ་འཇུག་པའི་དུས་སུ། ཐིག་ལེ་ཡུམ་གྱི་སྙིང་གར་བྱུང༌། ཕར་གཏོང་བའི་དུས་སུ་དེར་སྣང༌། ནང་དུ་འཇུག་པའི་དུས་སུ་ཐིག་ལེ་དེ་ཡུམ་གྱི་མགྲིན་པར་བྱུང༌། ཕར་གཏོང་བའི་དུས་སུ་དེར་སྣང༌། ནང་དུ་འཇུག་པའི་དུས་སུ་ཐིག་ལེ་དེ་ཡུམ་གྱི་སྤྱི་བོར་བྱུང༌། ཕར་གཏོང་བའི་དུས་སུ་དེར་སྣང༌། ནང་དུ་འཇུག་པའི་དུས་སུ་ཡུམ་གྱི་སྨིན་མཚམས་ནས་ཐོན། རང་གི་སྨིན་མཚམས་དབུ་མའི་ཡར་སྣ་ནས་ཞུགས། སྤྱི་བོར་བྱུང་སྟེ། འོད་ཏིལ་ལེ་དེར་སྣང༌། དེ་ལྟར་ཐིག་ལེ་མ་བྱུང་གི་བར་དུ་ཡང་ཡང་སྤ་མ་ལྟར་སྦྱང་བར་བྱའོ། །སྐབས་སུ་སྟོང་སྒོམ་ཡང་བྱས་ཏེ། རང་གི་སྨིན་མཚམས་ནས་ཡུམ་གྱི་སྨིན་མཚམས་སུ་བརྒྱུད། མཁའ་ནས་ཐོན། ཡབ་ཀྱི་རྡོ་རྗེ་ནོར་བུའི་རྩེ་ནས་ཞུགས། རིམ་པ་བཞིན་སྤ་མ་ལྟར་རྒྱུད། རང་གི་སྤྱི་བོའམ། སྨིན་མཚམས་སུ་འོད་ཏིལ་ལེ་གནས་པར་བསམ། ལུས་ཐམས་ཅད་བདེ་བས་ཁྱབ་པ་ལ་སེམས་བཞག་པའོ། །ཐིག་ལེ་བཀྲམ་པ་དང༌། དགྲམ་པ་དང༌། བཟློག་པ་སོགས་བྱེད་ལུགས་ཞལ་ལས་ཤེས་སོ། །

འབར་འཛག་ནི། དབུ་མའི་མར་སྣེར་ཉི་མའི་དཀྱིལ་འཁོར་དམར་དཀྱིལ་ལེ་བ་གཅིག་བསམ། དེའི་དབུས་སུ་མེ་ཁ་དོག་དམར་བ། རེག་བྱ་ཚ་བ། བྱེའུ་ཚུང་གི་སྒོ་ང་ཙམ་གཅིག་བསམ། འཇམ་རླུང་བུམ་པ་ཅན་བཟུང༌། འོག་རླུང་ཆ་གཉིས་ཡར་འཐེན། སྟེང་རླུང་ཆ་གཉིས་ཕྱིར་མནན། རླུང་གཙུ་ཁ་སྦྱོར་གྱི་ཚུལ་དུ་མེ་ལ་བསྣུན་པས། མེ་ཚ་བ་ཆེག་པ་ངར་དང་ལྡན་པར་བསམ། ཡང་ཡང་འཇམ་རླུང་བུམ་པ་ཅན་མེ་ལ་བསྣུན་པས། མེ་ཆེར་འབར་བས་མར་མེའི་རྩེ་མོ་ལྟར་ལྟེ་བའི་དབུས་སུ་མེའི་རྩེ་མོ་དམར་ཞུག་གེ་བྱུང་བར་བསམ་ལ། རླུང་བཟུང་བས་སྙིང་གའི་དབུས་སུ་བྱུང༌། རླུང་བཟུང་བས་སྤྱི་བོའི་ཐིག་ལེ་དེ་མེའི་

ཚ་ངར་གྱིས་ཧཾ་གི་རྣམ་པ་ལྷ་བུར་གྱུར་ཏེ། ཧཾ་གི་རྣམ་པ་དེ་ལ་ཐིག་ལེ་བ་ཐག་ལྷ་བུ་ཙམ་ཆད་ནས་བྱུང་། མིའི་རྩེ་མོར་བརྒྱབ། སྙིང་གའི་ཕྱོགས་བཞིའི་རྩ་འདབ་བཞི་དང་། མགྲིན་པ་ཕྲིན་གྱི་དབུ་མ་མེ་ཡིས་ཚོག །ཡང་སྤྲ་མ་ལྷར་ཧཾ་གི་ཐིག་ལེ་ཆད་ནས་བྱུང་། མིའི་རྩེ་མོར་བརྒྱབ་པས། མཚམས་བཞིའི་རྩ་འདབ་དང་ལྟེ་བ་ཡན་གྱི་དབུ་མ་ཚོག །ཡང་རླུང་བཟུང་བས་ཐིག་ལེ་སྤྲ་མ་ལྷར་ཆད། མིའི་དབུས་སུ་བརྒྱབ་པས། སྙིང་གའི་རྩ་འདབ་བརྒྱད་དང་ལྟེ་བ་ཡན། མགྲིན་པ་ཕྲིན་གྱི་དབུ་མར་སོང་སྙེ་སྤར་བས་ཞིགས་པར་བསམ། ལུས་ཐམས་ཅད་བདེ་དྲོད་ཀྱིས་ཁྱབ་པར་བསམ་སྟེ། ལུས་མིའི་རང་བཞིན་ཅན་དུ་གྱུར་ཏེ། རླུང་ནུས་ཤེད་གསུམ་མིའི་རྩ་བ་ལ་གཏད་ཅིང་རླུང་བུམ་པ་ཅན་བཟུང་། རླུང་ཕར་གཏོང་བའི་དུས་ལུས་ཀྱི་རྩ་གནས་སུ་སིབ་ཀྱིས་སོང་བར་བསམ། འཁྲུལ་འཁོར་ནི་སྟག་མོ་སྒྲུག །སེང་ཆེན་རྩེ། ཕ་མོའི་སྟོམ། སྦྲའུ་ཁྱིམ། ཐང་ཀར་རྒྱང་། སྤྲང་ཆེན་རྫོགས། ཞེས་པ་འཁྲུལ་འཁོར་ལ་བརྩོན་པར་བྱེད། ཁ་ཟས་བཅུད་ཅན་བསྟེན། ཐུན་བསྡུ་བའི་དུས་སུ་ཐིག་ལེ་སླེན་མཚམས་སུ་གནས། མེ་རིམ་པར་སྡུད་དེ། ལྟེ་འོག་གི་མེ་བྱེའུ་ཚང་གི་སྒོ་ང་ཙམ་ལ་བསྡུས་ནས་བཞག་པའོ། །དེ་ནི་སྙན་བརྒྱུད་ཀྱི་གདམས་པ་བསྡུས་ཏེ་བསྟན་པའོ། །

རོ་སྙོམས་ནི། རང་ཉིད་སྐད་ཅིག་གིས་བདེ་མཆོག་སྐུ་མདོག་སེར་པོ་ཞལ་གཅིག་ཕྱག་གཉིས་སྤྱན་གསུམ་མཆེ་བ་བཞི་ཙུང་ཟད་གཙིགས་པ། དབུ་སྐྲ་རལ་པའི་ཕྱེད་སྤྱི་བོར་བཅིངས་ཤིང་། རྡོ་རྗེ་རྩེ་ལྔ་པས་བརྒྱན་པ། ཟར་བུ་དཔུང་ཟུར་གཉིས་སུ་འཆང་བ། ཕྱག་གཉིས་ཐོད་པ་བདུད་རྩིས་བཀང་བ་བསྣམས་ཤིང་། ཡུམ་ལ་འཁྱུད་པ། དུར་ཁྲོད་ཀྱི་ཆས་བརྒྱད་ཀྱིས་བརྒྱན་པ། དེའི་པང་དུ་ཡུམ་རྡོ་

རྗེ་ཕག་མོ་དཀར་མོ་གྲི་གུག་དང་ཐོད་ཁྲག་འཛིན་པས་ཡབ་ལ་འཁྱུད་པ། ཐལ་བ་སྤྲངས་པའི་ཕྱག་རྒྱ་ལྔ་དང་ལྡན་པ། རང་གི་སྤྱི་བོར་རྡོ་རྗེ་འཆང་སྐུ་མདོག་སྔོན་པོ་ཞལ་གཅིག་ཕྱག་གཉིས། རྡོ་རྗེ་དང་དྲིལ་བུ་འཛིན་པ། ཡུམ་བདག་མེད་མ་སྔོན་མོ་ལ་འཁྱུད་པ། ཞབས་རྡོ་རྗེའི་དཀྱིལ་མོ་དཀྲུང་དུ་བཞུགས་པ་རིན་པོ་ཆེའི་རྒྱན་སྣ་ཚོགས་ཀྱིས་བརྒྱན་པའོ། །མགྲིན་པར་གསང་བ་འདུས་པ་སྐུ་མདོག་སྔོན་པོ་ཞལ་གཅིག་ཕྱག་གཉིས་རྡོ་རྗེ་དང་དྲིལ་བུ་འཛིན་ཅིང་། ཧཱུྃ་མཛད་ཀྱི་ཕྱག་རྒྱ་དང་ལྡན་པ། ཡུམ་རིག་བྱ་རྡོ་རྗེ་མ་སྔོན་མོ་ལ་འཁྱུད་པ་ཀླུ་བརྒྱད་ཀྱིས་བརྒྱན་ཅིང་། རྒྱན་ཆ་ལུགས་ཡོངས་སུ་རྫོགས་ཤིང་། ཞབས་ཀྱིས་དཀྱིལ་ཀྲུང་གིས་བཞུགས་པའོ། །སྙིང་ཁར་ཀྱེའི་རྡོ་རྗེ་སྐུ་མདོག་སྔོན་པོ་ཞལ་གཅིག་ཕྱག་གཅིག། རྡོ་རྗེ་དང་དྲིལ་བུ་འཛིན་ཅིང་། ཡུམ་བདག་མེད་མ་དམར་མོ་ལ་འཁྱུད་པ། རྒྱན་ཆ་ལུགས་དང་ལྡན་ཞིང་། ཞབས་གར་སྟབས་ཀྱིས་ཉི་མའི་སྟེང་དུ་བཞུགས་པའོ། །ལྟེ་བར་དུས་ཀྱི་འཁོར་ལོ་སྐུ་མདོག་སྔོན་པོ་ཞལ་གཅིག་ཕྱག་གཉིས་བུམ་པ་འཛིན་ཅིང་། ཡུམ་སྣ་ཚོགས་རྡོ་རྗེ་སེར་མོ་ལ་འཁྱུད་པ། ཀླུ་བརྒྱད་ཀྱིས་བརྒྱན་ཅིང་། ཞབས་འདོར་སྟབས་ཀྱིས་ཟླ་བའི་གདན་ལ་བཞེངས་པའོ། །གསང་གནས་སུ་རྡོ་རྗེ་འཇིགས་བྱེད་སྐུ་མདོག་མཐིང་ནག་ཞལ་གཅིག་ཕྱག་གཉིས་ཐོད་དབྱུག་དང་ཞགས་པ་འཛིན་པ་ཡུམ་གཤིན་རྗེ་མ་ལྗང་གུ་ལ་འཁྱུད་པ། རྒྱན་ཆ་ལུགས་དང་ལྡན་པ། ཞབས་གཉིས་མ་ཧེའི་སྤྱི་གཙུག་དང་། ཟ་མོང་མནན་པའོ། །དེ་ལྟར་རང་ཉིད་བདེ་མཆོག་ཡབ་ཡུམ་ལྷའི་ཚོགས་དང་བཅས་པའི་ཤར་དུ་རོ་ལངས་མ་དཀར་མོ། ལྷོར་དུར་ཁྲོད་མ་སེར་མོ། ནུབ་ཏུ་ཀེང་རུས་མ་དམར་མོ། བྱང་དུ་རལ་གཅིག་མ་ལྗང་གུ། ཤར་ལྷོར་དུམ་སྐྱེས་མ་དཀར་སེར། ལྷོ་ནུབ་ཏུ་སྦྱོས་

བྱེད་མ་སེར་དམར། ནུབ་བྱང་དུ་ཚུ་སྐྱེས་མ་དམར་ལྗང་། བྱང་ཤར་དུ་ཀི་ལི་མ་ལྗང་སྔོན། ལྷ་ཚོགས་དེ་རྣམས་ཀྱི་དཔྲལ་བར་ཨོཾ། མགྲིན་པར་ཨཱཿ ཐུགས་ཀར་ཧཱུྃ། ཐུགས་ཀའི་ཧཱུྃ་ལས་འོད་ཟེར་འཕྲོས་པས། ཕྱོགས་བཅུ་ནས་བླ་མ་ཡི་དམ་སངས་རྒྱས་བྱང་ཆུབ་སེམས་དཔའ་ཐམས་ཅད་སྤྱན་དྲངས། རང་ལ་ཐིམ་པས་གཉིས་སུ་མེད་པར་གྱུར་པར་བསམ། སླར་ཡང་རང་ཉིད་ཡི་དམ་འཁོར་དང་བཅས་པའི་ཐུགས་ཀ་ནས་འོད་ཟེར་འཕྲོས། རིགས་དྲུག་གི་སེམས་ཅན་རྣམས་རང་གི་མདུན་དུ་བསྡུས་ཏེ། རིགས་དྲུག་ཁྱེད་རྣམས་འཁོར་བ་ཐོག་མ་མེད་པ་ནས་འཁོར་བར་འཁྱམས་ཤིང་། སྡུག་བསྔལ་བ་འབྱུང་བ་ནི། རང་གིས་རང་མ་རིག་པ་ཡིན་པ་ལ་བརྟེན་ནས་བྱུང་བ་སྟེ། ད་ངོ་ཤེས་པར་བྱ་བ་ནི། འཁྲུལ་པའི་སྣང་བ་དེ་ངོ་བོ་སྐྱེ་མེད་འཁྲུལ་གཞི་དང་བྲལ་བ་ཡིན། འགག་མེད་སྣ་ཚོགས་སུ་འཆར་བ་ནི། སྐྱེ་མེད་ཀྱི་རང་མདངས་ལོངས་སྤྱོད་རྫོགས་པའི་སྐུ་ཡིན། གཟུང་འཛིན་གྱི་སྣང་བ་སྣ་ཚོགས་སུ་འཆར་བ་ནི་སྤྲུལ་པའི་སྐུ་ཡིན། དེ་གསུམ་དབྱེར་མེད་པ་ངོ་བོ་ཉིད་ཀྱི་སྐུ་ཡིན། དེ་ལྷུན་གྱིས་གྲུབ་པ་རྒྱལ་བ་རིགས་ལྔའི་སྐུ་ཡིན། དེ་ལྔ་ཡེ་གདོད་མ་ནས་ཀ་ནས་དག་པ་འོད་གསལ་འགྱུར་བ་མེད་པ་དྲུག་པ་རྡོ་རྗེ་འཆང་གི་སྐུ་ཡིན་པས་དེ་ངོ་ཤེས་པར་གྱིས་ལ། ངེད་སངས་རྒྱས་དྲུག་གི་སྤྲུལ་པ་རིགས་དྲུག་པོ་ཁྱེད་རྣམས་ཡིན་ནོ། །འདིར་མ་བུ་ངོ་སྤྲོད་ཀྱི་གདམས་ངག་ཕྱིན་ཅི་མ་ལོག་པ་ཡིན་པས། ངོ་འཕྲོད་པར་གྱིས་ཤིག །བདག་གི་སྤྲུལ་པ་ནི་ལྷ་ཡིན་ནོ། །རྡོ་རྗེ་འཆང་གི་སྤྲུལ་པ་ནི་ལྷ་མ་ཡིན་ནོ། །དེ་ལྟར་རིགས་དྲུག་པོའི་དཀྱིལ་འཁོར་བདག་སངས་རྒྱས་རིགས་ལྔའི་དཀྱིལ་འཁོར་དུ་བསྡུས་ཤིག །ཅེས་བརྗོད་ནས་རིགས་དྲུག་ཡི་དམ་རང་རང་དུ་བསྡུས་ནས་དམིགས་མེད་དུ་རོ་སྙོམས་པར་

བྱེད་པའོ། །དེ་ལས་ལངས་པ་དང་སྣང་སྲིད་སྐུ་དྲུག་གི་ངོ་བོ་གསལ་འདེབས་ཤིང་ལམ་དུ་འཁྱེར་བའོ། །བསྔོ་བ་སྨོན་ལམ་བྱའོ། །

ཡང་གཞལ་ཡས་ཀྱི་ཁང་པ་གྲུ་བཞི་སྒོ་བཞི་རྟ་བབས་གདུགས་རི་དགས་ཀྱིས་མཚན་པ། དེའི་དབུས་སུ་པདྨ་ཉི་མ་ཟླ་བའི་སྟེང་དུ་བུམ་པས་མཚན་པ། དེའི་སྟེང་དུ་རང་ཉིད་དུས་ཀྱི་འཁོར་ལོ་ཞལ་གཅིག་ཕྱག་གཉིས་སྐྱིལ་ཞབས་ཞལ་དུ་བཞེས་ཤིང་། ཕྱག་གིས་བསྣམས་པ། ཡུམ་མི་སྡུག་པའི་གཟུགས་ཅན་ནག་མོ་ལ་འཁྱུད་པ། དུར་ཁྲོད་ཀྱི་ཆས་བརྒྱད་དང་ལྡན་པ། ཞབས་གཉིས་བུམ་པའི་སྟེང་དུ་གདོན་བགེགས་ལ་གཏད་པའི་འདོར་སྟབས་ཀྱིས་གནས་པ། དེའི་སྤྱི་བོར་ཡུམ་ཆེན་མོ་སེར་མོ། མགྲིན་པར་ཁྲོས་མ་ནག་མོ། ལྟེ་བར་དབང་ཕྱུག་མ་དཀར་མོ། གསང་གནས་སུ་ཁྲོ་གཉེར་ཅན་དམར་མོ། དཔུང་མགོ་གཡས་ལ་བྱམས་པ་དམར་པོ། གཡོན་དུ་ཐུབ་པ་སེར་པོ། རྣ་ལྟག་གཡས་སུ་ནཱ་ཡཱ་ལྟཱ་ལྦ། གཡོན་དུ་མི་འཁྲུག་པ་སྔོན་པོ། ཞབས་ཕུས་གཡས་སུ་ཕྱག་རྡོར་ནག་པོ། གཡོན་དུ་འཇམ་དབྱངས་དམར་སེར། བརླ་གཡས་སུ་སྤྱན་རས་གཟིགས་དཀར་པོ། གཡོན་དུ་ཚེ་དཔག་མེད་དམར་པོ། དེ་རྣམས་ཀྱི་མདུན་དུ་བླ་མ། གཡས་སུ་ཡི་དམ། རྒྱབ་ཏུ་ཆོས་སྐྱོང་། གཡོན་དུ་ནོར་ལྷ། རང་རང་གི་རྒྱན་ཆ་ལུགས་དང་ལྡན་པའོ། །ལྷ་ཚོགས་དེ་རྣམས་ཀྱི་དཔྲལ་བར་ཨོཾ། མགྲིན་པར་ཨཱཿ ཐུགས་ཀར་ཧཱུྃ། ཐུགས་ཀའི་ཧཱུྃ་ལས་འོད་ཟེར་འཕྲོས་པས། ཆོས་ཀྱི་དབྱིངས་ནས་བླ་མ་ཡི་དམ་སངས་རྒྱས་བྱང་ཆུབ་སེམས་དཔའ་སྤྱན་དྲངས། རང་ཉིད་གཙོ་འཁོར་ལ་ཐིམ་པས་གཉིས་སུ་མེད་པར་གྱུར་པར་བསམ། རང་ཉིད་གཙོ་འཁོར་གྱི་ཞལ་ནས་ཧཱུྃ་ཧཱུྃ་ཞེས་བརྗོད་པས་དུར་ཁྲོད་དང་དུར་ཁྲོད་མ་ཡིན་པའི་ལྷ་སྲིན་སྡེ་བརྒྱད་ཐམས་ཅད་དབང་དུ་བསྡུས།

རང་ཉིད་ཡི་དམ་གཙོ་འཁོར་ལ་སྟིམ་གྱིས་ཐིམ་པར་བསམ་ལ། བྱམས་སྙིང་རྗེ་རྒྱུན་ཆད་མེད་པར་བསྒོམ་ཞིང་། ངག་ཏུ་ཡང་སྙིང་རེ་རྗེ་སྙིང་རེ་རྗེ། ཞེས་ཁ་གཏིང་མེད་པར་ཐེངས་རེ་ལ་བརྒྱ་རྩ་བརྒྱད་དམ། ཅི་རིགས་པ་བརྗོད་ཅིང་། མཐར་ལྷ་སྲིན་སྡེ་བརྒྱད་བླ་མ་ཡི་དམ་གྱི་སྐུར་ཡམ་གྱིས་བསྐྱེད་ཅིང་། ལྷ་སྲིན་སྡེ་བརྒྱད་དབང་དུ་འདུས་ཤིང་། བྲན་དུ་བསྐུལ་བའི་བདག་ཉིད་ཅན་དུ་གྱུར་པ་ལ་ངོ་སྔོམས་པར་བྱས་ཏེ་བསྒོམ་པར་བྱའོ། །མཐར་བསྔོ་བ་སྨོན་ལམ་བྱའོ། །

གསུམ་པ་མེ་དཔུང་འབར་བའི་དབུས་སུ་དུར་ཁྲོད་བདག་མོ་ཀེང་རུས་ཅན་ཞལ་གཅིག་ཕྱག་གཉིས་སྤྱན་གསུམ་མཆེ་བ་བཞི་གཙིགས་ཤིང་། རལ་པ་དམར་པོ་གྱེན་དུ་རྫེས་ཤིང་མེ་འོད་རབ་ཏུ་འཁྲོ་བ། སྐུ་ལ་མེ་འབར་ཞིང་། ཞལ་དུ་མི་རོ་ཁྲག་འཛག་ཟ་བ། བ་སྤུའི་བུ་ག་ནས་མེ་སྟག་འཕྲོ་བ། ཕྱག་གཉིས་རི་རབ་དང་ཉི་ཟླ་བསྣམས་པ། འཁོར་ཀེང་རུས་མ་བཅུ་གཉིས་ཀྱིས་བསྐོར་བ། སྐད་ཅིག་ཡུད་ཙམ་ལ་གླིང་བཞིའི་དུར་ཁྲོད་བསྐོར་ཞིང་ཉུལ་བ་རྣམས་ཀྱི་ཞལ་ནས་ཧཱུྃ་ཧཱུྃ་མང་དུ་བགྲང་བས་གླིང་བཞི་རི་རབ་དང་བཅས་པ་ལྷ་སྲིན་སྡེ་བརྒྱད་མི་མ་ཡིན་ཐམས་ཅད་དབང་དུ་བསྡུས་ཤིང་དམ་ལ་ཐོགས་པར་བསམ་ལ། ཐུན་རེ་ལ་ཧཱུྃ་ལྔ་བརྒྱའམ། བརྒྱ་ལས་མི་ཉུང་བ་བཟླས་ཤིང་བགྲང་བར་བྱས་པས་ལྷ་འདྲེ་དབང་དུ་འདུས། རིགས་དྲུག་ཐེལ་གྱིས་ནོན། ནད་པ་ནད་དང་བྲལ། གདོན་ཆེན་བསྐྲངས་ལ་བཅར། ཚེ་ཟད་ཚེ་རིང་འགྱུར། མི་མཐུན་ཕྱོགས་ལས་རྒྱལ། ཚེ་གཅིག་སངས་རྒྱས་ཐོབ། དབུལ་འཕོངས་འཇིགས་ལས་གྲོལ། ལྷ་འདྲེའི་འགྲོ་དོན་ནུས་པའི་མན་ངག་གསེར་གྱི་འཁོར་ལོ་ཁྱད་པར་ཅན། ཚེ་སྒྲུབ་རྡོ་རྗེའི་རྫོང་ཆེན། ནད་གདོན་ཧཱུྃ་སྐོར་གྱི་གདམས་པ་ཡིན་པས། དེ་ལས་མ་གཡོས་པར་ངོ་སྔོམས

པར་བྱའོ། །བསྔོ་བ་སྨོན་ལམ་བྱ།

བཞི་པ་ཀེང་རུས་སྐྱ་མཁར་བརྩེགས་པའི་དབུས་སུ། རང་ཉིད་འཁོར་ལོ་བདེ་མཆོག་སྐུ་མདོག་དམར་ནག་ཞལ་གཅིག་ཕྱག་གཉིས་སྤྱན་གསུམ་མཆེ་བ་བཞི་གཙིགས་པ། དབུ་སྐྲ་མེ་འོད་འཁྱུག་པ་གཡོན་དུ་འཁྱིལ་བ། ཕྱག་གཡས་མི་རོ་ཟ་ཞིང་། ཕྱག་གཡོན་རི་རབ་དགྲ་ལ་འཕེན་པ་མེ་རི་འབར་བའི་དབུས་སུ་རང་འདྲ་བའི་ཀེང་རུས་ཅན་དྲུག་ཅུ་ཙ་གཉིས་ཀྱིས་བསྐོར་བ། ལྷ་ཚོགས་དེ་དག་ཐམས་ཅད་ཀྱི་ཞལ་ནས་ཧ་ཧཱུྃ་ཕཊ་བརྗོད་པས་ཐོག་དང་སེར་བའི་བུ་ཡུག་འཚུབ་པ། ལྷ་དང་མི་དང་ལྷ་མ་ཡིན་དང་བཅས་པ་དབང་དུ་འདུས་ཤིང་། དགྲ་བགེགས་ཐམས་ཅད་ཚར་གཅོད་པ། འབྱུང་པོ་མ་རུངས་པ་དང་། བདུད་དང་མུ་སྟེགས་ཐམས་ཅད་ཀྱིས་སྲོག་སྙིང་ཕུལ་ཞིང་། གུས་པ་བྱེད་པར་བསམ་ཞིང་། ཆོས་ཉིད་ཀྱི་ངང་དུ་རོ་སྙོམས་པ་བསྒོམ་པར་བྱས་པ་ཡིན་ནོ། །མཐར་བསྔོ་བ་སྨོན་ལམ་གྱི་རྒྱས་འདེབས། དེ་ཉིད་ནི་མེ་ཆུའི་འཁོར་ལོ་བཀའ་རྒྱ་ཅན་ཡིན་ཅིང་། བྱ་ལུགས་ཟུར་པ་ཅན་ཞལ་ལས་ཤེས། མཐར་བསྔོ་བ་སྨོན་ལམ་གྱིས་རྒྱས་འདེབས་པའོ། །

ལྔ་པ་ནི། བདག་གཞན་མཉམ་པར་རོ་སྙོམས། འཁོར་བ་མྱང་འདས་རོ་སྙོམས། དགྲ་དང་བུ་གཉིས་རོ་སྙོམས། གསེར་དང་བོང་བ་རོ་སྙོམས། དམྱལ་བ་དང་འོག་མིན་རོ་སྙོམས། སེམས་ཅན་དང་སངས་རྒྱས་རོ་སྙོམས། འཁྲུལ་པ་དང་ཡེ་ཤེས་རོ་སྙོམས། འཁོར་བ་མྱང་འདས་རོ་སྙོམས། མ་རིག་པ་དང་ཆོས་སྐུ་སྙོམས་ཏེ་བསྒོམ་པར་བྱའོ། །མཐར་བསྔོ་བ་སྨོན་ལམ་གྱིས་རྒྱས་འདེབས།

དྲུག་པ་ནི། ཆོས་ཐམས་ཅད་རོ་གཅིག་པ་ཞེས་བྱ་བའི་ཏིང་ངེ་འཛིན་ཡིན་

པས། གང་དུ་གཅིག་པོའི་ཐོག་ཏུ་གཅིག་གོ། །སེམས་ནི་ང་དང་བདག་ཏུ་འཛིན་མཁན་གྱི་སེམས་རིག་རིག་དུར་དུར་པོ་ཐ་མལ་གྱི་ཤེས་པ་མ་བཅོས་པ་སོ་མ་ལྷུག་པ་ས་ལེ་སིང་ངེ་བ་སྤྲོས་པའི་མཐའ་ཐམས་ཅད་དང་བྲལ་བ་འདི་ག་ཡིན། འདི་ག་མ་གཏོགས་གཞན་ཟུར་པ་ཅན་མེད་པས། འགྲོ་འཆག་ཉལ་འདུག་སྤྱོད་ལམ་ཐམས་ཅད་དུ་གང་ཤར་གྱི་ངོ་བོ་འདི་ག་རོ་སྙོམས་པར་བྱེད་པ་ཡིན་ནོ། །མཐར་བསྔོ་བ་སྨོན་ལམ་གྱིས་རྒྱས་འདེབས། དེ་ནི་རོ་སྙོམས་ཀྱི་ཁྲིད་ཁ་གསལ་ལ་དོན་འདུས་པ་ཡིན་ནོ། །ཞེས་ལྡན་རྣམས་ཀྱིས་དགོངས་པར་མཛོད།

འོག་ནོན་ནི། ཕྱི་སྣང་བ་ལོགས་སུ་གནོན་པ་ནི། སྣང་བའི་ཡུལ་གྱི་ལྷ་འདྲེ་ཐམས་ཅད་ཀྱིས་ཆོ་འཕྲུལ་ཅི་བྱུང་ཅི་སྟོན་ཡང་། ཡ་ང་བག་ཚ་མེད་པར་བལྟ་ཞིང་། གཟུགས་མེད་ཀྱི་ལྷ་འདྲེ་ཁྱེད་རྣམས་ལ་བདེན་པར་གྲུབ་པ་སྤུ་ཙམ་ཡང་མེད། ཡོད་ན་སྟོན་དང་། ཁྱོད་ཀྱི་གཟུགས་ལ་བདག་གིས་ཀྱང་ལྟ་འདོད་པས་བལྟ་བར་བྱ། གཟུགས་ཅི་འདྲ་ཞིག་ཡོད། གྲུ་གསུམ་གཅིག་ཡོད་དམ། གྲུ་བཞི། ནར་མོ། སྒོར་མོ། ཟླ་གམ། རིལ་མོ། འཛིང་མོ། ལེབ་པོ། རིང་རིང་། ཐུང་ཐུང་གང་ལྟར་ཡོད། ཁ་དོག་ཀྱང་དཀར་པོ། སེར་པོ། དམར་པོ། ལྗང་གུ། ཁྲ་བོ་གང་ལྟར་འདུག་བལྟ་བར་བྱའོ། །དེ་སྟ་མཐོང་སྣང་བ་ཞིག་ཡིན་ནམ། མཐོང་མ་སྣང་བ་ཞིག་ཡིན་བལྟ་བར་བྱས་ནས། རབ་ཀྱི་བླ་མ་བྱེད། ཆོས་ཞུས། འབྲིང་གིས་ཡི་དམ་བྱེད། དངོས་གྲུབ་བླང་། ཐ་མ་ཡང་ཆོས་སྐྱོང་བྱེད་གཏོར་མ་འབུལ། ཕྲིན་ལས་བཅོལ། ཐ་ན་ཡང་ངོ་ཤེས་བསྐྱབ། གཉེན་འབྲེལ་འདོགས། སྤྱིན་འོས་པར་འདུག་ན་དངོས་པོ་དང་རྫས་དང་ཡོ་བྱད་སྦྱིན། ཏ་ཏ་དང་ཏི་ཏིའི་གད་མོ་ཆེན་པོ་སྒྲོག །ཀུ་རེ་དང་བཞད་གད་ཀྱིས་ལ་འདའ་བར་བྱེད་དོ། །གཟུགས་མེད་ན་

ཚོ་འཕྲུལ་སྟོན་པ། སྟོན་མཁན་ངོ་ཚ། ཅོལ་ཆུང་། སྐྱིད་ལུག །སྤྲ་ཆལ་དུ་སོང་བ་ཡིན་པས། གཟུགས་མེད་ཀྱི་ཆོ་འཕྲུལ་སྟོན་པས། སྟོན་པའི་མི་རྣམས་མི་སྐྲག །མི་འཇིགས། མི་དངངས་། ཡ་མི་ང་། བག་མི་ཚ། བ་སྤུ་མི་ཟིང་། འཆི་བ་མི་འོང་། བརྒྱལ་བ་མི་འོང་། དགོད་པ་མི་འོང་། བྲེད་པ་མི་འོང་བས། གཟུགས་མེད་ཀྱི་ཆོ་འཕྲུལ་སྟོན་པ་འཇུངས་རེ་ཆུང་ཨང་། མི་ཆུང་ན། དེ་བས་ཆེ་བ་ཞིག་གི་ཆོ་འཕྲུལ་སྟོན་དང་། ང་ཡང་དགའ་འོ་བྱས་ལ། ཐེ་ཚོམ་མེད་པར་མགོ་མཇུག་བསྒྱུར་ནས་བསམ་མནོ་མེད་པར་གཉིད་ནས་བསྡད་པའོ། །དེ་ནི་ཕྱི་སྣང་བ་ཡོགས་སུ་གནོན་པ་ཡིན་ནོ། །

རྣམ་རྟོག་ཡོགས་སུ་གནོན་པ་ནི། སྣང་སྲིད་ཐམས་ཅད་སེམས་ལས་བྱུང་ཞིང་། སེམས་ནི་རྣམ་རྟོག་གི་ཕུང་པོ་འཁྲུལ་པའི་དྲ་བ་འདི་བྱེད་མཁན་སེམས་མི་བྱེད་དགུ་བྱེད་སྤྲ་མ་ལག །གཞུང་ངན་པོ། ཕྱི་མ་ནང་འདི་ཡིན་པས། སེམས་རྣམ་རྟོག་གང་བྱུང་བ་དེ་ལ་ཅེར་གྱིས་བལྟས་པས། རྩ་བ་གཅིག་ཐོག་ཏུ་བཅད་དེ་བསྒོམ་ལ། ཡོགས་སུ་གནོན་པར་བྱའོ། །དེ་ཉིད་ཀྱི་ངང་དུ་བཞག་མ་ཡེངས་པར་བྱེད་དོ། །

གཡེང་བ་ཡེ་ཤེས་ཡོགས་སུ་གནོན་པ་ནི། ཡེ་ཤེས་ཞེས་བྱ་བ་ནི་རང་སེམས་ལས་ཡོགས་སུ་གྱུར་པ་མི་གདའ། སྔོན་འདི་ནས་འོངས། བར་དུ་འདིར་གནས། ཐ་མ་འདིར་འགྲོ་ཟེར་རྒྱུ་མི་འདུག་པས། གཟུང་འཛིན་གཉིས་མེད་ཀྱི་ཆོས་ཉིད་དེ་ལ་ཡེ་ཤེས་ཞེས་བྱ་བའི་མིང་འདོགས་པ་ཡིན་པར་འདུག་ཨང་སྐབས་ནས་དེ་ཐོག་ཏུ་མ་ཡེངས་པར་ཡོགས་སུ་གནོན་པར་བྱེད་པའོ། །

ངོ་བོ་ཕྱག་རྒྱ་ཆེན་པོས་ཡོགས་སུ་གནོན་པ་ནི། ཕྱག་རྒྱ་ཆེན་པོ་ཞེས་བྱ་བ་

སྒྲ་ཆེན་པོ། གཡེར་ཆེན་པོ་བྱེད་པ་འདི་སེམས་ཅན་གྱི་རྒྱུད་ཀྱི་ལྷན་ཅིག་སྐྱེས་པའི་སེམས་ཉིད་རང་ག་མ་ཐ་མལ་གྱི་ཤེས་པ་འདི་ལ་ཟེར་བ་གདའོ། །འདི་ལ་དཔྱད་ཅིང་བརྟགས་ན། གཟུང་འཛིན་གྱི་དྲི་མས་མ་གོས་པ་ན་ཕྱུག་དང་། རྒྱ་མ་ཆད་ཅིང་ཕྱོགས་སུ་མ་ལྷུང་བ། ཐམས་ཅད་ལ་ཁྱབ་པས་ན་རྒྱ་དང་། འཁོར་འདས་ཐམས་ཅད་ཀྱི་དབུས་སུ་གནས་པས་ན་ཆེན་པོའོ། །དེ་ནི་སེམས་སྐད་ཅིག་མ་འདི་གར་འདུག་པས། འདི་ག་ལ་བསྒོམ་རྒྱུ་མེད་པའི་ངང་ལ་མ་ཡེང་བ་ཙམ་བྱས་ཤིང་། སྣང་བ་ཐམས་ཅད་སེམས་ཉིད་ཀྱི་ཐོག་ཏུ་ཡོགས་སུ་གནོན་པར་བྱེད་པའོ། །མཐར་བསྡོ་བ་སྨོན་ལམ་གྱིས་རྒྱས་འདེབས། དེ་ནི་ཡོག་གནོན་གྱི་ཁྲིད་ཡིག་ངོ་སྤྲོད་གནམ་ལྕགས་ཐོག་འབེབས་ཞེས་བྱ་བ་ཡིན་ནོ། །རྣལ་འབྱོར་སྒོམ་ཆེན་རྣམས་ཀྱིས་སྙིང་ཐུས་བསྐྱེད་ཅིག །

བརྟུལ་ཞུགས་ནི་དང་པོ་རང་སེམས་ལ་བརྟུལ་ཞུགས་བསྐྱེད་དགོས་ཏེ། སེམས་ཉིད་སྟོང་པ་ཉིད་ལ་གདེང་ཐོབ་ཅིང་། རང་དབང་ཐོབ་པ། ཡ་ང་བག་ཚ་དང་བྲལ་བ། འཇིགས་སྐྲག་གི་དྲི་མས་མ་གོས་ཤིང་། འཁྲུལ་པའི་སྣང་བ་ཆད་སྣང་བ་ལ་གཏད་སོ་མེད་པ་བུ་ཚུང་ལྟ་བུར་བརྟུལ་ཞུགས་བསྐྱེད་པར་བྱེད་པའོ། །

གཉིས་པ་འབྱུང་བཞི་ལ་བརྟུལ་ཞུགས་སྤྱོད་དགོས་ཏེ། ས་ཆུ་ལ་བསྒྱུར། ཆུ་མེ་ལ་བསྒྱུར། མེ་རླུང་ལ་བསྒྱུར། རླུང་ནམ་མཁའ་ལ་བསྒྱུར། ཡང་ཕྱིར་བཟློག་སྟེ། ནམ་མཁའ་རླུང་ལ་བསྒྱུར་བ་ནི། རླུང་མེ། ཆུ་ས་ལ་རིམ་པར་བསྒྱུར་ཞིང་། རིག་པ་ངར་དང་ལྡན་པར་བྱེད་པའོ། །

ཡང་ཐུན་མོང་དུ་བརྟུལ་ཞུགས་སྤྱོད་པ་ནི། མེ་ལ་སྤྱོད་པ་དང་། མཚོན་ལ་སྤྱོད་པ་དང་། ཆུ་ལ་སྤྱོད་པ་དང་། ས་རྫོ་ལ་སྤྱོད་པ་དང་། དུག་ལ་སྤྱོད་པ་དང་།

དུག་སྦྱར་མ་ལ་སྦྱོད་པ་སྟེ། དང་པོ་མེ་རང་ལ་བསྟིམ་པ་དང་། རང་མེ་ལ་བསྟིམ་
པ་དང་། མེ་ཆེན་པོའི་དཀྱིལ་ལ་སྡོད་པར་བྱེད། ཆུ་རང་ལ་བསྟིམ་པ་དང་། རང་
ཆུ་ལ་བསྟིམ་པ་དང་། ཆུ་ཡི་དཀྱིལ་ལ་བསྡོད་པ་དང་། ཆུ་ལ་མི་བྱིང་བ་དང་།
ཆུ་བཅད་པ་དང་། ཆུ་གྱེན་ལ་བཟློག་པ་དང་། ཆུ་ནམ་མཁའ་ལ་འདོགས་པ་
དང་། མཚོའི་དཀྱིལ་ལ་གུར་ཕུབ་ནས་སྡོད་པ་དང་། མཚོའི་འོག་ཏུ་བསྡོད་པ་
སོགས་བྱེད། ས་རང་ལ་བསྟིམ་པ་དང་། རང་ས་རྡོ་ལ་ཕར་བསྟིམ་པ་དང་། ས་
རྡོ་ནམ་མཁའ་ལ་འདོགས་པ་དང་། རི་ཆེ་ཆུང་པང་པས་བླངས་ཏེ་འཕང་པ་
དང་། རིའི་ཁོང་སེང་དུ་རང་འགྲོ་བ་དང་། བསྡོད་པ་སོགས་བྱེད། དུག་ཟ་བ་
དང་། བཙན་དུག་མང་པོ་ཚོད་མ་བྱས་ཏེ་འཐུང་བ་དང་། དུག་གི་ཕྱེ་ལ་ཐུག་
པ་བསྐོལ་ནས་འཐུང་བ་དང་། ལྕེ་གུ་བྱས་ནས་ཟ་བ་དང་། ཟན་བྱས་ནས་ཟ་བ་
དང་། རྩམ་པ་བྱས་ནས་འཇམ་པ་སོགས་བྱས། སྦྱར་དུག་གི་རིགས་ཡིན་ཚད་
དང་། སྦྱར་གཞི་བྱས་པའི་དུག་རིགས་ཐམས་ཅད་བསྡུས་ཏེ་སྟོ་མ་ལྟར་ཟ་བ་
དང་། འཐུང་བ་དང་། ཡོངས་སྤྱོད་པ་བྱས་ནས། རང་ལ་མི་གནོད་ཅིང་། ལུས་
གཟི་མདངས་དང་བཅས་པ་འོང་ཞིང་བསྐྱེད་པར་བྱེད། ཡང་འཇིག་རྟེན་པའི་
མི་དང་། ཕྱུགས་དང་། ཁྱི་ལ་སོགས་པ་ཚོགས་ཆེན་པོའམ། ཆུང་ངུ་དང་། ཆེན་
པོ་རྣམས་ལ་བརྟུལ་ཞུགས་ཀྱི་སྤྱོད་པ་བྱས་ཏེ། མི་རྣམས་ལ་ཁ་ཚིག་དང་། སྨྲ་
ལག་ངན་པ་བརྗོད། རྒྱག་བརྡུང་བྱས། ཡགས་ཉེས་ཀྱི་སྤྱོད་པ་སྣ་ཚོགས་ཅི་ལྟར་
རིགས་པར་བྱེད། མི་རྣམས་ཀྱིས་ཚུར་སྨྲ་ལག་ངན་པ་བརྗོད་པ་དང་། བརྡུང་
བ་དང་མཚོན་ཆ་མདའ་མདུང་གྲི་རལ་སོགས་ཀྱིས་བརྒྱབ་པ་དང་། གཡང་ལ་
སྐྱུར་བ་སོགས་གང་བྱས་ཀྱང་། ཡ་ང་བག་ཚ་མེད་པར་སྤྱོད་པ་བྱས། དེ་ནས་

རལ་པའི་ཐོར་ཅོག་དང་། ནུས་པའི་རྒྱན་དྲུག །སྐུག་ལྷུགས། མི་ལྷུགས་ཀྱི་གཡང་གཞི་སོགས་ཆས་སྤྲད་དེ། ཕྱོགས་ལས་རྣམ་པར་རྒྱལ་བའི་བརྟུལ་ཞུགས་འཛིན་པར་བྱེད་དོ། །

ཐུན་མོང་མ་ཡིན་པའི་བརྟུལ་ཞུགས་ནི། ཟས་གོས་ལོངས་སྤྱོད་དགྲ་གཉེན་གང་ལ་ཡང་མ་ཆགས། མི་སྡང་། འདུན་པ་དང་བྲལ་བ། རི་སྟོང་། ལུང་སྟོང་། བྲག་གསེབ། ནགས་གསེབ། གྲོང་གསེབ་གང་དུ་ཡང་འགྲོ་ཞིང་འདུག་པ་དང་། རྒྱུ་བ་དང་། ནམ་མཁའ་ལ་དཀྱིལ་དཀྲུང་བཅའ་བ་དང་། ལྷའི་བུ་མོ་འགུགས་པ་དང་། ཏིང་ངེ་འཛིན་གྱི་ཟས་ཟ་བ་དང་། སྟོང་པ་ཉིད་ཀྱི་ཚོགས་འཁོར་བསྐོར་བ་དང་། ཆོས་ཉིད་བདེ་བའི་གོས་གྱོན་པ་དང་། ཕྱོགས་གཏད་མེད་པས་བརྟུལ་ཞུགས་སྤྱོད་པ་དང་། ངེས་མེད་ཀྱི་སྤྱོད་པ་སྣ་ཚོགས་པ་སེམས་ལ་གང་ཤར་བྱེད་པ་ནི། སྨྱོན་པ་ལྟ་བུའི་བརྟུལ་ཞུགས་ཡིན་པས་ཐེ་ཚོམ་མི་བྱ་ཞིང་སྤྱོད་པར་བྱའོ། །དེ་ནི་རྡོ་རྗེ་འཆང་གི་དགོངས་པ། ས་ར་ཧའི་མན་ངག །ཏི་ལོ་ནཱ་རོ། བརྟུལ་ཞུགས་སྤྱོད་པའི་གྲུབ་ཐོབ་རྣམས་ཀྱི་ཕྱག་ལེན་ཐུན་མོང་མ་ཡིན་པའི་མན་ངག་ཡིན་ནོ། །དེ་ནི་གྲུབ་ཐོབ་ཀྱི་བརྟུལ་ཞུགས་སྤྱོད་པ་གསང་གཅོད་ཀྱི་རྩ་བའི་ཆིངས་བྱ་བའོ། །

མཇུག་བསྡུ་བ་ནི། རིག་པ་འཕྲུལ་གཅོད་ཀྱི་གབ་ཚེ་ནི། གཉན་དམིགས་རྫུ་འཕྲུལ་གྱིས་གཅོད་ན། ཉིན་ནམ། ཞག་གཅིག་ལ་གཉན་དམིགས་སམ་གཉན་ས་ཉེ་ཤུ་རྩ་གཅིག་གམ། བཅུ་བཞིའམ། བདུན་གཅོད་པར་བྱ་སྟེ། གཅོད་ལུགས་ལ། གཉན་དམིགས་གཅིག་ཏུ་བསྡད། ཅོག་བུའི་སྒོ་ཤར་དུ་བསྟན་ལ་ཕུབ། མལ་ས་བཅལ། གདན་བཏིང་། སྦྱོར་དངོས་རྗེས་གསུམ་ཚང་བའི་དབང་སྐུར་ཞིལ་གནོན།

སྐྱབས་འགྲོ་སེམས་བསྐྱེད། གསོལ་འདེབས་སོགས་གཞུང་བཞིན་གཉན་ས་ཆེན་པོ་ལ་ཧཱུྃ་ལྷ་བྱེད་པ་བཞིན་དུ་བྱེད། ཏིང་ངེ་འཛིན་ཐུན་གཅིག་སྒོམ། དེ་ལས་ལངས་པ་དང་བསྔོ་བ་སྨོན་ལམ་བྱས། ཡང་གཉན་དམིགས་གཞན་དུ་སྤོས། ཙག་བུའི་སྒོ་ཐུབ་ཏུ་བསྟན་ནས་ཕུབ། བྱེད་ལུགས་ཚེ་སྔ་མ་ལྟར་རོ། །ཡང་གཉན་དམིགས་གཞན་དུ་སྤོས། ཙག་བུའི་སྒོ་ལྷོར་བསྟན་ཏེ་ཕུབ། སྔ་མ་ལྟར་རོ། །ཡང་བྱང་དུ་སྔ་མ་ལྟར་རོ། །ཡང་ལྷོ་ནུབ་སོགས་མཚམས་རྣམས་སུ་ཡང་སྔ་མ་ལྟར་རོ། །སྤོ་བའི་དུས་སུ་ཡ་ང་བག་ཚ་མེད་པ། ཐེ་ཚོམ་དང་སློམས་མ་ཞུགས་པ། གཉན་ས་ཚོད་མི་ཚོད་མི་བྱེད་པར། ཚོད་པར་ཐག་ཆོད་པའི་ངང་ནས་སྤོ་བར་བྱའོ། །བྱེད་ལུགས་ཕྲན་ཚེགས་རྣམས་བླ་མའི་ཞལ་ལས་ཤེས་སོ། །

སྤྱིར་བཅོམ་ལྡན་འདས་ཀྱིས་གསུངས་པའི་ཆོས་ཐམས་ཅད་ཀྱི་རྩ་བ། མན་ངག་ཐམས་ཅད་ཀྱི་སྙིང་པོ། གྲུབ་ཐོབ་གོང་མ་རྣམས་ཀྱི་སྙིང་གི་ཐིགས་པ། ཨ་མ་ལབ་སྒྲོན་གྱི་མན་ངག་གབ་པ། ཁམ་ཟླ་ཡ་ཞིའི་སྐན་བརྒྱུད། རང་བྱུང་རྡོ་རྗེའི་སྙིང་གཏམ། རྗེ་བཙུན་འཇམ་དཔལ་རྒྱ་མཚོའི་ཞལ་ཤེས། སྟོན་ཚད་ཡི་གེ་མེད་པ། ད་ལན་ཡི་གེར་བཏབ་པ་འདི། བླ་མ་མཁའ་འགྲོས་བཟོད་པར་གསོལ། བྱིན་གྱིས་བརླབས་ཤིང་དངོས་གྲུབ་སྩོལ། བར་ཆད་སེལ་ཞིང་ཕྲིན་ལས་སྐྱོང་དུ་སྩོལ། བདེ་ཆེན་ཚུ་ཟླའི་དཀྱིལ་འཁོར་རབ་རྒྱས་ཤིང་། །བདེ་སྟོང་བུང་བའི་གར་གྱིས་རྣམ་རོལ་ཞིང་། །སྐྱེ་མེད་དམག་དཔོན་དར་གྱིས་སྲིད་གསུམ་ཁེངས། །མཚན་ལྡན་ནོར་བུའི་ལེགས་བཤད་སྦྲང་ཆར་བབ། །མཁའ་འགྲོ་དར་གྱི་འདུས་ཟླར་ཚུ་རྒྱུན་བབ། །མི་དབང་ལྷུན་པོར་རིན་ཆེན་སྣོད་ཁེངས་ཤིང་། །ཤེས་རབ་ཀུན་དགའི་ཁྲི་གདུགས་གླིང་བཞི་བསྐོར། །སྟོང་ཉིད་བཙུན་མོའི་ཚུ་ཟླུང་གཞན་སྦྱིན

ཞིང་། །ཐར་པའི་ས་བོན་ཐར་པའི་ལམ་ལ་བཀོད། །རྣམ་དཀར་བྱུང་བའི་ཚོགས་རྣམས་གཤོག་དྲུག་རྒྱས། །ཞེས་པ་གཅོད་གདན་ཐོག་གཅིག་མའི་ཁྲིད་ཡིག་ཕྲིན་ལས་རྒྱ་མཚོ་ལས། ནང་རིག་པ་འཕྲུལ་གཅོད་ཀྱི་གབ་པ་མངོན་དུ་ཕྱུང་བའི་གསང་བ་བཛ་ཆོས་ཀྱི་ཁྲིད་ཡིག་ཐོས་གྲོལ་ཆེན་མོ། ཆུ་ཀླུང་རྒྱ་མཚོ་ཞེས་བྱ་བ་འདི། རིག་པའི་དབང་ཕྱུག་ཕྱོགས་ལས་རྣམ་རྒྱལ་དང་། རིག་པ་འཛིན་པ་མི་ཉག་རས་ཆེན་པ་མང་ཐོས་རྒྱ་མཚོ་སོགས། སྐྱེས་བུ་དམ་པ་རྣམས་ཀྱིས་བསྐུལ་བའི་ངོར། ཤཱཀྱའི་དགེ་སློང་ཀྲེ་ཧོ་ཆོས་ཀྱི་རྒྱ་མཚོ་ཞེས་བྱ་བས། བླ་མའི་གསུང་དང་མན་ངག་གི་ལུགས་བཞིན། གཡང་མོའི་ཕོ་གར་ཆེན་གྱི་ཟླ་བ་སྨིན་བྱེད་ཀྱི་ཉ། དར་བྱེད་ཀྱི་གཟའ། ཆུ་ཚོད་ཀྱི་འཕྲོད་སྦྱོར་དང་བསྟུན་ཏེ། གདན་ས་ཆེན་པོ་དཔལ་གྱི་མཚུར་ཕུའི་དབེན་གནས། གྲུབ་ཐོབ་རྣམས་ཀྱི་འབྱུང་ཁུངས་ཨ་ས་རི་ཁྲོད་དུ་སྦྱར་བའོ། །འདི་བྲིས་དགེ་བའི་རྩ་བ་དེས། འགྲོ་དྲུག་མ་རྒན་སེམས་ཅན་རྣམས། །འཁྲུལ་པའི་རྟོག་པ་རབ་སངས་ནས། །ཡེ་ཤེས་རིག་པ་སངས་རྒྱས་ཕྱིར་བསྔོ། །བཀྲ་ཤིས་དཔལ་འབར་འཛམ་གླིང་རྒྱལ་བའི་རྒྱན་དུ་ཤོག །མངྒ་ལཾ་བྷ་ཝནྟུ། །

༄༅། །མཁས་པ་བརྒྱད་ལྡན་གྱི་ངོས་འཛིན་བཞུགས་སོ། །

མཁས་པ་བརྒྱད་ནི། དམ་ཆོས་གཙོད་ཡུལ་འཆད་པ་ལ། །མཁས་པ་བརྒྱད་དང་ལྡན་པ་དགོས། །ཞེས་པ། ཚིག་དོན་རྟོགས་ཤིང་བྱམས་བརྩེས་རང་དོན་མཐའ་རུ་ཕྱིན། སྟོང་ཉིད་སྙིང་རྗེས་སྐྱོན་སེལ་མཁས་པ་བརྒྱད་དང་ལྡན། ཚིག་ལ་མཁས་པ་དགོས་ཏེ། རྒྱལ་བས་གསུངས་པའི་མདོ་རྒྱུད་ཐམས་ཅད་ལ་རྩོད་པ་དང་རྩོམ་པ་གཞན་ལ་འཆད་པ་གང་བྱེད་ཀྱང་། ཡི་གེའི་སྦྲོས་དང་འདོགས་གུ་གུ་དང་ར་རྟགས་ཙམ་ལ་ཡང་ཆད་ལྷག་མེད་པ། ཚིག་ལ་སྡེབ་སྦྱོར་དང་། བརྗོད་པ་གཙང་བ། སྒྲ་དག་པ། འཆད་ལུགས་བཙུན་པའོ། །

དོན་ནི་ཚིག་དེའི་ཡིན་ཏེ། གསུང་རབ་ཀྱི་སྡུགས་དང་དཀྱུས་ཚིག་གང་བརྗོད་ཀྱང་། དེའི་དོན་ཤེས་དགོས། དོན་མ་ཤེས་ན། བླ་མཆོད་སོགས་ཀྱིས་ཡི་གེ་ཀློག་མཁས་ཀྱང་། དོན་མི་ཤེས་པ་ཡིན་ཏེ། དོན་ཤེས་པ་གང་ཟག་དགེ་བའི་བཤེས་གཉེན་ལྟ་བུ། སྦྱང་ཡོན་ལ་བསླབ་གཞི་མཛད་པའམ། ཡང་ན་ལྟ་བའི་གདེང་ཐོབ་པ་གྲུབ་པའི་དབང་ཕྱུག་རྣམས་ཀྱིས་དོན་ལ་མཁས་པར་བཤད་པའོ། །

རྟོགས་པ་ནི། དོན་ཤེས་པ་ཙམ་ལ་མི་བཞག་ཅིང་རང་གི་རྒྱུད་ཐོག་ཏུ་སྦྱར་ནས་ཉམས་སུ་བླང་དགོས་ཤིང་། ཉམས་སུ་བླངས་པས་རྟོགས་པ་ཕྱིན་ཅི་མ་ལོག་པ་སྐྱེ། དེའི་ཤུགས་ལ་རྟགས་བཅུ་སོགས་དང་ཉམས་མྱོང་ཡང་འཆར་ཏེ། དེ་ལ་འཛིན་པ་དང་ཆགས་པ་མེད་པར་སེམས་ཐོག་ཏུ་ཧྲིལ་གྱིས་དྲིལ་ནས་ཉམས་སུ་

བླངས་པས། ཚིག་དང་དོན་ཐམས་ཅད་རང་གྲོལ་ལྟ་བུར་རྟོགས་ནས་འོང་། དེ་བྱུང་ན་འཁོར་འདས་ཀྱི་ས་མཚམས་དང་དབྱེ་བའི་དོན་རྟོགས་པ་ལ་མཁས་པའོ། །

བྱམས་པ་ནི། སེམས་ཅན་ཐམས་ཅད་འཁོར་བ་ཐོག་མ་མེད་པ་ནས་ཕ་མ་དང་གཉེན་བཤེས་ཡིན་པས། དེ་ལ་གང་ཕན་བྱེད་ཅིང་རྩུབ་འགྱུར་གྱི་ལས་མི་སོག །གང་བྱམས་བྱེད། ཕན་གང་ཐོགས་བྱེད་པའོ། །

བརྩེ་བ་ནི། གང་ལ་བརྩེ་ན། འཁོར་བར་འཁྱམས་པའི་མ་རྒན་སེམས་ཅན་ཉམས་ཆུང་ཞིང་ཁས་དམན་པ་རྣམས་ལ་ལྷག་པར་བརྩེ་དགོས། འཁོར་བའི་གཏིང་ནས་དྲང་ཅི་ཐུབ་ལ་སེམས་གཏད་དེ། སྐྱོ་ངས་མེད་པར་བརྩེ་བས་བསྐྱང་མཁས་པར་བྱའོ། །

རང་དོན་ནི། སྤྱིར་ཆོས་ཐམས་ཅད་རྩེ་གཅིག་ཏུ་བསྒྲུབ་པ་ཡིན་ཏེ། སྐོས་སུ་ཆོས་འདིའི་ལུང་བྱུས་ན། རང་ཉིད་གཅིག་པུས་གཞན་ས་བརྒྱ་དང་རྩ་བརྒྱད་དམ། བརྒྱ་དང་བརྒྱད་གཙོད། ཚོགས་དང་ལས་འགྲུབ་པའི་ཁ་ཚར་ཡིན་པས། སྒྲིབ་སྲིག་བརྒྱ་དང་བརྒྱད་བྱེད་དེ། དེ་རང་དོན་མཐར་ཕྱིན་ཡིན་པའོ། །

སྟོང་ཉིད་ནི། གཞན་དོན་བྱེད་པ་ལ་སྟོང་ཉིད་ཀྱི་ལྟ་བ་ཕྱིན་ཅི་མ་ལོག་པའི་གདེང་དང་ལྡན་པ། སྟོང་ཉིད་ཀྱི་ངོས་འཛིན་ནི་གོ་སླ་བའོ། །དེའི་ངང་ནས་ལྷ་འདྲེ་ལ་སོགས་ལ་ཐོ་ཅོའི་སྤྱོད་པས། ལྷ་ཇོ་བཤིག་པ་དང་། ཐབ་ཇོགས་སོགས་གནོད་པའི་ལས་གང་ཡང་མི་བྱེད་ཅིང་། རྒྱུན་པར་སྙིང་རྗེ་ཁོ་ན་ལས་མ་གཡོས་པ་ལ་མཁས་པར་སྦྱང་བའོ། །

སྐྱོན་བསལ་བ་ནི། སྟོང་ཉིད་སྙིང་རྗེའི་སྙིང་པོ་ཅན་ཡོད་ཀྱང་། ལས་རྒྱུ་འབྲས་ལ་ཞིབ་ཏུ་བཏད་ནས། དགེ་བའི་ཡོན་ཏན་ཕྲ་ཞིང་ཕྲ་བ་ནས་བསགས་

ཏེ་གོང་འཕེལ་དུ་གཏོང་། མི་དགེ་བའི་ལས་དང་སྐྱོན་ཉེས་དམིགས་སོགས་མི་བསག །བཤགས་རྒྱུ་དང་སྡོམ་རྒྱུ་གང་ཡོད་པ་རིམ་པ་ལྟར་བཤགས་སྡོམ་ལ་མཁས་པར་བྱེད་པའོ། །དེ་ནི་མཁས་པ་བརྒྱད་དང་ལྡན་པའི་ངོས་འཛིན་བསྡུས་ཏེ། ཤཱཀྱའི་དགེ་སློང་ཀྲ་འོ་ཆོས་ཀྱི་རྒྱ་མཚོ་བྲ་བས། དབེན་གནས་ཐོད་དཀར་གྱི་མགུལ་དུ་སྦྱར་བའོ། །ལྷན་ཐབས་ཡིག་ཆུང་ངོ་།། །།

༄༅། །བསླབ་པ་གསུམ་གྱི་དབྱེ་བ་བཞུགས་སོ། །

བསླབ་པ་གསུམ་ནི། མཁས་པ་བརྒྱད་དང་ལྡན་པ་ལ། བསླབ་གསུམ་གསེར་གྱི་ཕྲེང་བ་དགོས། ཞེས་པ། སྤྱིར་གྱི་འདི་ལ་ངོས་འཛིན་བྱེད་ལུགས་མང་པོ་འདུག་སྟེ། གཙོད་ཡུལ་བའི་ལུགས་ལ། ལྷག་པ་ཚུལ་ཁྲིམས་ཀྱི་བསླབ་པ་དང་། ལྷག་པ་སེམས་ཀྱི་བསླབ་པ་དང་། ལྷག་པ་ཤེས་རབ་ཀྱི་བསླབ་པའོ། །ཚུལ་ཁྲིམས་ཀྱི་བསླབ་པ་ནི། སོ་སོ་ཐར་པའི་སྡོམ་པ་ཡིན་ཏེ། དགེ་སློང་ཕ་མ་གཉིས། དགེ་ཚུལ་ཕ་མ་གཉིས། བར་སློབ་མ་གཉིས་སུ་བཤད་པའོ། །ཉེ་བར་ལག་ལེན་ལ་འདེབས་པ་ལ། དགེ་བསྙེན་རིགས་བདུན་ནས། དགེ་སློང་གི་བར་བླང་ཞིང་གས་ཆག་མེད་པར་ལེགས་པར་བསྲུང་སྡོམ་མིག་གི་འབྲས་བུ་ལྟར་བྱེད། གནོད་པ་ཞིབ་བཅས་སུ་སྤང་དགོས་པར་བཤད་པའོ། །

སེམས་ཀྱི་བསླབ་པ་ནི། བྱང་ཆུབ་སེམས་དཔའི་བསླབ་པ་ཡིན་ཏེ། ཀུན་རྫོབ་དོན་དམ། སྨོན་འཇུག་གཉིས། སེམས་བསྐྱེད་དྲུག་པ། སེམས་བྱུང་ཉེར་གཅིག་པའམ། ལྟ་བཅུ་རྩ་གཉིས། ཉེ་བར་བསྟུ་ན། རབ་འབྲིང་ཐ་མ་དང་གསུམ་སོགས་ནི་སྤྱིའི་བཤད་པ་ཡིན་ཅིང་། རྟེལ་གྱིས་དྲིལ་ནས་ཉམས་སུ་ལེན་པར་བྱེད་པ་ནི། སློབ་དཔོན་གྱི་དྲུང་དུ་སྡོམ་པ་བླངས་བསྲུང་སྡོམ་བྱེད། ཕན་སེམས་ཞིབ་བཅས་སུ་འདོགས་པར་བྱེད་པ་ནི་སེམས་ཀྱི་བསླབ་པའོ། །

ཤེས་རབ་ཀྱིས་བསླབ་པ་ནི། གསང་སྔགས་ཀྱི་རྩ་བའི་སྡོམ་པ་ཡིན་པར་

བཤད་དེ། སྤྱིར་གསང་སྔགས་ཀྱི་དམ་ཚིག་གི་བཤད་པ་ནི། ས་ཡ་འབུམ་སྡེ་ཙམ་ཡོད་པར་བཤད། ཉེ་བར་སྲུང་སྡོམ་དང་ལག་ལེན་ལ་འདེབས་རྒྱུ་དབང་གི་རིམ་པའི་སྐབས་ནས་གསུངས་ཏེ། རིགས་ལྔའི་སྡོམ་པ་ལ་བརྟེན་ནས་ཆགས་པར་བཤད། སོ་སོར་དབྱེ་ན། རྡོ་རྗེའི་རིགས་ལ་བཞི། རིན་ཆེན་རིགས་ལ་གསུམ། པདྨ་ཟབ་པ་ཡིན་པས་རིགས་ལ་བཞི། ལས་ཀྱི་རིགས་ལ་གཉིས། སངས་རྒྱས་རིགས་ལ་གཅིག་ཏུ་བཤད་པ་ཡིན་པས། རྩ་བའི་སྡོམ་པ་བཅུ་བཞི་པོ་འདི་ག་གཉན། བསྲུང་སྡོམ་ཡང་ཁག་པར་བཤད་པ་ཡིན་པས། མ་ཉམས་པར་ལེགས་པར་བསྲུང་དགོས་པར་བཤད་པའོ། །བསླབ་པ་གསུམ་གྱི་ངོས་འཛིན་བསྡུས་པ་འདི། ཤཱཀྱའི་དགེ་སློང་ཀྲེ་འོ་ཆོས་ཀྱི་རྒྱ་མཚོས་དབེན་གནས་ཆོས་ཀྱི་དབྱིངས་སུ་སྦྱར་བའོ། །གཙོད་གདན་ཐོག་གཅིག་མའི་ཁྲིད་ཡིག་ཕྲིན་ལས་རྒྱ་མཚོ་ལས་བསླབ་པ་གསུམ་གྱི་ངོས་འཛིན་ཅེས་པ་ལྷན་ཐབས་ཀྱི་ཡིག་ཆུང་ངོ།། །།

༄༅། །ཁྲིམས་པ་མིག་འབྱེད་དགོས་དོན་གསལ་བྱེད་བཞུགས་སོ། །

བུ་མ་དང་མཁའ་འགྲོའི་ཚོགས་ལ་ཕྱག་འཚལ་ལོ། །སྤྱིར་གཙོད་ཅེས་པ་གང་ཞེ་ན། སྐྲར་བརྗོད་པ་མང་དུ་བཤད་ཡོད་ཀྱང་། རྩིལ་གྱིས་དྲིལ་ན། ཕྱི་འཇིགས་པའི་ཡུལ་ལ་བརྟེན་ནས། ནང་འཇིགས་མཁན་གྱི་སེམས་ཀྱི་རྩ་བ་གཙོད་པ་ལ་གཙོད་ཅེས་བྱ་བའོ། །ཀུན་རྫོབ་འབྲུལ་སྣང་གི་གཙོད་བྱེད་པ་ནི། ལྷ་འདྲེ་དྲག་གཞན་ཕྲ་མོ་རྣམས་གཙོད་པ་དང་། བརྟུང་བ་དང་། བསྐྲད་པ་སོགས་བྱེད་རྒྱུ་ཡིན་ཟེར་བ་འདུག་སྟེ། དེ་འདྲ་མ་ཡིན། དེའི་དོན་གང་ཞེ་ན། སྤྱིར་སེམས་ཅན་ཐམས་ཅད་རང་གི་ཕ་མར་མ་གྱུར་པ་གཅིག་ཀྱང་མེད་པའི་ཕྱིར། ཕ་མ་ཡིན་ན། ཕ་མ་ལ་གཙོད་པ་དང་། བརྟུང་བ་དང་། བསྐྲད་པ་སོགས་བྱེད་དུ་མི་རུང་བས། ཕ་མ་ཉམས་ཆུང་། ཁས་དམན། ཡི་དགས་ཁ་ལ་རྒྱུ་བ་ལ་སྐྱེས་པ་རྣམས་ལ་སྙིང་རྗེ་དང་བྱང་སེམས་སྒོམ་དགོས་པས། མ་ཉམས་ཆུང་རྣམས་ལ་སྙིང་རྗེ་མི་སྒོམ་ན་སུ་ལ་སྒོམ་ལྟ་བུ་ཡིན་པས། སྙིང་རྗེ་བསྒོམ་པར་བྱེད་པ་ལ། འཁོར་བའི་གཏིང་ནས་བདེ་བ་ཅན་ནམ། འོག་མིན་ལྟ་བུར་འདྲེན་པར་བྱེད་པའོ། །དེར་འདྲེན་པ་ལ། ཁོང་ཚོ་གསོད་པ་དང་། བསྐྲད་པ་སོགས་མ་ཡིན། མི་དགེ་བ་ལ་གོམས་དྲག་པས། ལང་ཤོར་ལ་སོགས་བས་འདུལ་མི་ཐུབ་པ་ཡིན་པས། ཐོག་མར་བཙུན་དགོས་ཏེ། དཔེར་ན། ཕ་མ་གཉིས་ལ་བུ་གཅིག་ཡོད་པ་དེ་ཁོང་གཉིས་ཀྱིས་གཅེས་དྲགས་ནས་བྱམས་པོ་བྱས་པས་ཁོ་ལང་ལ་ཤོར་ནས་ཁ་ལ་མི་ཉན།

ཤེས་རྒྱུད་གྲོང་པོ་བྱས་པ་ལ། ཕ་མ་གཉིས་ཀྱིས་སྙིང་བརྩེ་བ་ལ་བཟོད་སྒྲུགས་མེད་པ་ཡིན་ཏེ། ཁོ་བཤུལ་ངན་ལ་མི་གཏོང་ཞིང་། བཟང་པོའི་ལམ་ལ་འཇུག་པའི་ཕྱིར། ཐོག་མར་བུ་ཆུང་ལ་ཁས་ལེན་བསྐོར་ཏེ། ཁྱོད་ངེད་གཉིས་པོའི་ཁ་ལ་ཉན་པར་བྱེད་དམ་མི་བྱེད། མི་བྱེད་ན་ངེད་གཉིས་པོ་ལ་ཁྱོད་རང་མི་དགོས་པ་འདུག་པས། ཆུ་ལ་བསྐྱུར་བ་ཡིན་ནོ་བྱས་ཀྱང་ཁོས་ཁས་མི་ལེན་ཏེ། ཁོང་གཉིས་ལ་གཅེས་པོ་ཡོད། ཆུ་རང་ལ་འཕེན་པ་མི་ཡོང་བསམ་ནས། ལབ་ལན་མི་འཇལ་ལོ། །ཁོང་གཉིས་ཀྱིས། དེ་ག་ཡིན་ན་ཆུ་ལ་བསྐྱུར་བ་ཡིན་ནོ་བྱས་ཆུ་ཁར་ཁྲིད་ཁས་ཨེ་ལེན་ལྟ། ཁོས་ད་ྭུང་མི་བདེན་བསམ་ཁས་མི་ལེན་པས། ཁོང་གཉིས་ཀྱིས་ཁོའི་རྐང་ལག་ནས་བཟུང་སྟེ་ཆུ་ནང་དུ་སྦྱི་གཙུག་བཙུག་པ་ཙམ་གྱིས་ཁས་ཨེ་ལེན་ལྟ། མི་ལེན་ན་མགོ་བོ་དང་བཤུལ་རྒྱུད་ཆུ་ནང་དུ་བཙུག་ལ་ཁས་ཨེ་ལེན་བལྟ་བར་བྱས་པས་ཕྲུ་གུ་སྐྲག་ནས། ད་ནི་ཕ་མ་གཉིས་ཀྱི་ཆུ་ལ་འཕེན་པར་ཐག་ཆོད་པར་འདུག་བསམ་སྟེ་ཁས་ལེན། ད་ཆུ་ལ་མ་འཕེན་དང་། ཁྱེད་གཉིས་པོས་གང་ཟེར་མི་བྱེད་རེས། གཤིས་ངན་བྱེད་རེས་ཟེར་ནས་ཁས་ལེན་ནོ། །དེ་ནས་གསུམ་ག་ནང་དུ་འོངས། བཟའ་བཏུང་ལ་ལོངས་སྤྱོད་པར་བྱས་སོ། །ཕྱིན་ཆད་ཡང་སྐབས་སུ་བུ་ཆུང་གིས་གཤིས་ངན་བྱེད་པར་བརྩམས་ན་སྔ་མའི་ཁས་ལེན་བསྐོར་ཏེ། ཁྱོད་ཡང་འདི་ག་བྱེད་རྒྱུ་ཨེ་ཡིན་བྱས་ནས་བསྡིགས་པ་ཙམ་གྱིས་ཉན་པར་བྱེད་དེ། སྔར་གྱི་སྤྱོད་པ་ངན་པ་སྐྱུར་ནས། ཕྱིན་ཆད་སྤྱོད་ལམ་བཟང་པོ་བྱེད་པར་འགྱུར་རོ། །

དཔེ་དེ་བཞིན་དུ། ལྟ་འདྲེ་ཆོས་ཡང་སྔར་གྱི་ལམ་ངན་པ་སྐྱུར་ཏེ་ཕྱིས་ལམ་བཟང་པོ་བྱང་ཆུབ་ཀྱི་ལམ་ལ་འགོད་ཐུབ་པར་འགྱུར་བ་ཡིན་ཏེ། མ་གཅིག་གི་ཞལ་

ནས། ལྷ་འདྲེ་སྟོང་པའི་རང་གཟུགས་འདི། །བླ་མ་ཡིན་གྱིས་སྤྱི་བོར་བསྒོམས། །ཡི་དམ་ཡིན་གྱིས་དངོས་གྲུབ་ཞུས། །ཕ་མ་ཡིན་གྱིས་སྙིང་རྗེ་སྒོམས། །ལྷན་སྐྱེས་ཡིན་པས་ངང་ལ་ཞོག །ཅེས་གསུངས་སོ། །རྗེ་རང་བྱུང་རྡོ་རྗེའི་ཞལ་ནས། ཟབ་མོ་སྟོང་ཉིད་བསྒོམ་པའི་མཐུ་མེད་ཀྱང་། །སྙིང་རྗེས་རྒྱུད་སྦྱངས་དད་དང་དག་སྣང་སྒོམས། །སྤྲོས་བཅས་དམིགས་པའི་གོ་རིམ་མ་ནོར་བར། །སྒོ་གསུམ་དགེ་ལ་འབད་པ་ཙམ་རེ་མཛད་དོ། །ཞེས་གསུངས་པའི་དོན་ཡིན་པས། གཅོད་པ་དེ་ཡང་གང་ཡིན་ཡིན་གྱི་ལས་ཀྱིས་ཐོ་ཅོ་དང་། ཤིང་གཉན་གཅོད་པ་དང་། རྡོ་གཉན་བཤག་པ་དང་། མཚོ་གཉན་དཀྲུག་པ་དང་། མི་འབུད་པ་དང་། སྦྲབ་བསྒྲིལ་བ་དང་། ཐབ་རྫོགས་པ་དང་། ཆེར་རྒྱུག་བྱེད་པ་དང་། ཀུ་འདེབས་པ་སོགས་ཐོ་ཅོའི་སྤྱོད་པ་གང་ཡང་མི་རུང་བར་བཤད་པས། མ་གཅིག་གི་ཞལ་ནས། དེ་འདྲ་བྱེད་པའི་གཅོད་པ་ཚོ་བཤན་པ་གྲི་ཐོགས་དང་འདྲ་བས་ང་ཡི་རྗེས་སུ་མི་གཏོགས་སོ། །ཞེས་གསུངས་པ་དང་། བན་སྒར་རིན་པོ་ཆེ་འཇམ་དཔལ་བཟང་པོའི་ཞལ་ནས། ལྟ་བའི་གོ་ཡུལ་ཙམ་ཡང་མེད་པ་ལ། །ཐོ་ཅོའི་སྤྱོད་པས་ལས་འབྲས་ཁྱད་དུ་བསད། །བརྫུན་གྱི་ཚིག་གིས་བླུན་པོའི་མགོ་བོ་སྐོར། །གཉིས་ཕུང་འདི་ལ་སྤྱོད་པ་ཞེས་སུ་གྲགས། །ཞེས་གསུངས་པ་དང་མཐུན་པ་ཡིན་པས། གཅོད་པ་ཞེས་བྱ་བ་བསླབ་པ་གསུམ་དང་ལྡན་ཅིང་སེམས་ཞི་བ་དུལ་བ་སྙིང་རྗེ་དང་བྱང་སེམས་ཀྱི་གཞི་གཟུང་ནས། ལྷ་འདྲེ་ཕྲ་མོ་མ་ཀྲན་སེམས་ཅན་རྣམས་ལ་གནོད་པ་སྤྱངས་ཤིང་། བརྩེ་བས་བསྐྱངས་ཏེ་ཆོས་ལ་འཛུད་ཅིང་བྱང་ཆུབ་ལ་འགོད་དགོས་པ་ཡིན་པའི་ཕྱིར། སྨོན་ལམ་བཏབ་པའི་དུས་སུ་ཡང་། ལྷ་འདྲེའི་འགྲོ་དོན་ནུས་པར་བྱིན་གྱི་རླབས། །ཞེས་པའི་དོན་ཡང་དེ་ཡིན་ལ། གཅོད་སྟོན་པ་ཚོས།

རབ་སྟོང་ཉིད་བསྒོམ་པར་མཛད། དེ་མིན་ཀྱང་། ཡི་དམ་ལྷའི་བསྐྱེད་རིམ་དང་མ་བྲལ་བར་བྱེད་པའམ། སྔགས་ཀྱི་ཁ་ཐེམ་ཚང་བར་བྱེད་ཅིང་། དཀར་ཕྱོགས་དགེ་བའི་ལས་ཆོས་སྤྱོད་དགེ་བ་བཅུ་ལ་སོགས་ཆུ་བོ་རྒྱུན་གྱི་རྣལ་འབྱོར་རམ། དུས་དྲུག་ཏུ་དུས་བཞིའི་ཉམས་ལེན་དཀོན་མཆོག་གི་ཐུགས་ཀྱིས་མི་ཁྲེལ་བར་མཛད་པ་གལ་ཆེ་བ་ཡིན་ནོ། །

བདེ་གསལ་ཧྲིང་འཛིན་གཅུག་མའི་དོན་གཟིགས་ནས། །གཞུང་ལུགས་ཁོག་ཕུབ་གནས་ལུགས་དོན་དང་ལྡན། །ཞི་རྒྱས་དབང་དང་ཕྲིན་ལས་རྩལ་འཛིན་ཅིང་། །དྲག་པོའི་ལས་སྦྱངས་ཉམས་ཀྱི་དྲི་མ་དག །དབེན་པའི་གནས་བརྟེན་བསམ་གཏན་ཕ་རོལ་ཕྱིན། །ཚིག་གསལ་དོན་འདུས་འཆི་མེད་བདུད་རྩིའི་རྒྱུན། །སྨོམ་ལྡན་སྨོམ་བརྩོན་ཕྱི་ནང་གསང་བའི་དོན། །བཤེས་གཉེན་དམ་པ་ཀུན་མཁྱེན་ཐོབ་འདོད་འགས། །ངག་གི་དབྱངས་སྙན་ཡིད་ཀྱི་མེ་ཏོག་མཛེས། །ཕྱིར་མི་ལྡོག་པས་ཁྲི་གདུགས་གླིང་བཞི་བསྐོར། །ཡིད་བཞིན་ནོར་བུ་གཙུག་གི་རྒྱན་ཆེན་གྱིས། །གསུང་གི་བདུད་རྩི་སྙན་བརྒྱུད་ཟབ་མོའི་གདམས་པ་འདི། །སྲིད་གསུམ་སྙན་དུ་ཌ་བོ་ཆེ་ཡི་སྒྲ་བཞིན་དུ། །ཕྱི་རབས་གང་ཟག་རྣམས་ལ་ཕན་པའི་ཕྱིར། །ཤཱཀྱའི་དགེ་སློང་ཆོས་ཀྱི་རྒྱ་མཚོ་ཡིས། །གདན་ས་ཆེན་པོ་དཔལ་གྱི་མཆུར་ཕུ་རུ། །སྐྱིབ་སྦྱོར་ངག་སྙན་འཕྲོད་སྦྱོར་བཟང་པོ་ལ། །འཛམ་གླིང་རྒྱལ་མཚན་བཀྲ་ཤིས་སྙན་དུ་སྒྲོར། །དགེ་བ་གང་མཆིས་མ་རྒན་རྣམས་ལ་བསྔོ། །བཀྲ་ཤིས་དཔལ་འབར་གཅོད་ཡུལ་མཐར་ཕྱིན་ཤོག །ཅེས་གཅོད་གདན་ཐོག་གཅིག་མའི་ཁྲིད་ཡིག་ཕྲིན་ལས་རྒྱ་མཚོ་ལས། སྦྲས་པ་མིག་འབྱེད་དགོས་དོན་གསལ་བྱེད་ཅེས་བྱ་བ་ལྷན་ཐབས་ཀྱི་ཡིག་ཆུང་ངོ་།། །།

༄༅། །དུས་དྲུག་གི་དམིགས་པའི་རིམ་པ་བཞུགས་སོ། །

བླ་མ་དང་མཁའ་འགྲོའི་ཚོགས་ལ་ཕྱག་འཚལ་ལོ། །དུས་དྲུག་གི་ཉམས་ལེན་ལ། སྔ་དྲོ་དགོང་ཞོགས་གཉིས། སྲོད་ཐོ་རངས་གཉིས། ནམ་ཕྱེད། ཉིན་ཕྱེད་གཉིས་དང་དྲུག་གོ། །དེ་ལ་ཡང་། སྔ་དྲོ་ཟུས་སྣང་དང་ཁ་འབྱེད་པའི་དུས། ཉིན་ཕྱེད་སྤྲིན་མོ་ལྷོ་ལ་ཡིངས་པའི་དུས། དགོང་མོ་རི་མགོ་གསེར་ཞུ་གྱོན་པའི་དུས། ནམ་སྲོད་ལ་དམག་ཆེན་ཁྲིམ་ཚོགས་བྱེད་པའི་དུས། ནམ་ཕྱེད་འཆི་བདག་སྲོག་ལ་འཇབ་པའི་དུས། ཐོ་རངས་སྟག་རྒྱ་འོ་ཤུབས་ནས་དོན་པའི་དུས་སོ། །

དེ་ལ་སྔ་དྲོ་ཉི་མ་འབོལ་དྲོས་ཀྱི་དུས་ཡིན་པས། ཉི་མ་མ་དྲོས་པར་ཟུས་སྣང་འཁྲུགས་ནས་ལུག་གི་བསྐུམ་སྐྱེ་ཉལ་ནས་བསྡད་པ་ཡིན་པས་ལྷོ་མི་ཟའོ། །ཉི་མ་དྲོས་པ་དང་དུས་མཉམ་དུ་ལངས་ནས་བཟའ་འཚོལ་བར་བྱེད་པའོ། །དེའི་དུས་ལ་དམིགས་པ་གཏོང་བའི་དུས་ཡིན་པས། ནད་ས་གདོན་གཅོད་དགོས། བླ་མ་སྐྱི་བོར་སྒོམ། དེ་ནས་དམིགས་པ་བྱའོ། །ཉིན་ཕྱེད་འཛག་མའི་གྲིབ་མ་རང་འཁོར་གྱི་དུས། འཇིག་རྟེན་པའི་མི་ཐམས་ཅད་ཀྱིས་གྲོ་བཞེས་བྱེད་པའི་དུས་ཡིན་ཏེ། དེའི་དུས་ལ་གཅོད་བྱ། ནད་ཕོ་གདོན་གཅོད་དགོས། སྙིང་གར་བླ་མ་སྒོམ། དེའི་དུས་ལ་དམིགས་པ་བྱའོ། །དགོང་མོ་གྲིབ་མས་རི་སྐེད་ཟིན་པའི་དུས་ཡིན་པས། ནད་རྒྱལ་འགོང་གཅོད་དགོས། བླ་མ་མགྲིན་པར་སྒོམ། དེ་ནས་དམིགས་པ་བྱའོ། །ནམ་སྲོད་ལ་སྐར་མ་ཡོངས་སུ་རྫོགས་པའི་དུས་ཡིན་པས། ནད་མོ་

གདོན་གཅོད་དགོས། བླ་མ་ལྟེ་བར་སྒོམ། དེ་ནས་དམིགས་པ་བྱའོ། །ནམ་ཕྱེད་ཀྱི་དུས་ལ་བབ་པའི་དུས་ཡིན་ཏེ། ནད་འཆི་བདག་གཅོད་དགོས། རྩ་དམིགས་ཐམས་ཅད་ལ་བླ་མ་སྒོམ། དེ་ནས་དམིགས་པ་བྱའོ། །ཐོ་རངས་སྐར་ཆེན་ཤར་བའི་དུས་ཡིན་ཏེ། ནད་ཀླུ་གདོན་གཅོད་དགོས། བླ་མ་སྨིན་མཚམས་སུ་སྒོམ། དེ་ནས་དམིགས་པ་བྱའོ། །དེ་ལྟར་དམིགས་པའི་རིམ་པ་རྣམས་གོ་རིམ་མ་ནོར་བར་བྱ་དགོས་ཏེ། ནད་ཐོག་ཏུ་སྨན་ཐེབས་པ་དང་འདྲ་བར་བཤད་དོ། །གཅོད་གདན་ཐོག་གཅིག་མའི་ཁྲིད་ཡིག་ཕྲིན་ལས་རྒྱ་མཚོ་ལས། དུས་དྲུག་གི་དམིགས་པའི་བྱེད་ལུགས་ཀྱི་རིམ་པ་ཁ་གསལ་ལ་དོན་བསྡུས་ཏེ། ཤཱཀྱའི་དགེ་སློང་ཀྲེ་འོ་ཆོས་ཀྱི་རྒྱ་མཚོ་ཞེས་བྱ་བས། མཚུར་ཕུ་མཆོད་ཁང་གོང་དུ་སྦྱར་བའོ། །འདི་ཡིས་དགེ་བའི་རྩ་བ་དེ། །མ་རྒན་སེམས་ཅན་རྣམས་ལ་བསྔོ། །བཀྲ་ཤིས་དཔལ་འབར་གཅོད་ཡུལ་མཐར་ཕྱིན་ཤོག །ལྷན་ཐབས་ཀྱི་ཡིག་ཆུང་ངོ།། །།

༄༅། །བརྒྱུད་པ་གསུམ་གྱི་གདམས་པ་བཞུགས་སོ། །

བརྒྱུད་པ་གསུམ་ནི། བརྒྱུད་པ་གསུམ་གྱི་རྒྱས་བཤད་ལ། །རྩ་བའི་གདམས་པ་རྣམ་བཞི་དགོས། །ཞེས་པ། རྒྱ་ཆེན་སྤྱོད་པའི་རྒྱུད་དང་། ཟབ་མོ་ལྟ་བའི་རྒྱུད། ཉམས་ལེན་བྱིན་རླབས་ཀྱི་རྒྱུད་དང་གསུམ། རྒྱ་ཆེན་སྤྱོད་པའི་རྒྱུད་ནི། ཐུབ་པ་ཆེན་པོ། ཐོགས་མེད། དབྱིག་གཉེན། རྣམ་གྲོལ་སྡེ། གྲོལ་བའི་སྡེ། འདུལ་བའི་སྡེ། རྣམ་སྣང་མཛད། སེང་གེ་བཟང་། ཀུ་སུ་ལུ་ཆེ་བ། ཆུང་བ། གསེར་གླིང་པ། ཇོ་བོ་རྗེ། འབྲོམ་སྟོན་པ། ཚུལ་ཁྲིམས་འབར། བྱ་ཡུལ་བ། ཡེ་ཤེས་འབར། ལྷུགས་རེ་བ། སྣེ་ཟུར་བ། དྭགས་པོ་རིན་པོ་ཆེ། དུས་གསུམ་མཁྱེན་པའོ། །

ཟབ་མོ་ལྟ་བའི་བརྒྱུད་ལ། འཇམ་པའི་དབྱངས། ཀླུ་སྒྲུབ། འཕགས་པ་ལྷ། ཟླ་བ་གྲགས་པ། རིག་པའི་ཁུ་བྱུག་གཉིས། ཇོ་བོ་རྗེ།

ཉམས་ལེན་བྱིན་རླབས་ཀྱི་བརྒྱུད་ལ། རྡོ་རྗེ་འཆང་། ཏེ་ལོ། ནཱ་རོ། མར་པ། མི་ལ། དྭགས་པོ་རིན་པོ་ཆེ། དུས་གསུམ་མཁྱེན་པ་ཡབ་སྲས་སོ། །

ཡང་ན། ཐོགས་མེད། དབྱིག་གཉེན་ནས། གསེར་གླིང་པ་ཡན་གཅིག་སྟེ། ཕ་དམ་པ་ནས། མ་ལབ་སྒྲོན་ལའོ། །ལྟ་བའི་བརྒྱུད་པ་ཡང་། ཀླུ་སྒྲུབ་ནས། རིག་པའི་ཁུ་བྱུག་ཡན་གཅིག་སྟེ། དེ་ནས་ཕ་དམ་པ། མ་ལབ་སྒྲོན་ལའོ། །བྱིན་རླབས་བརྒྱུད་པ་ཡང་། ནཱ་རོ་པ། ཕ་དམ་པ། ཨ་མ་ལབ་ཀྱི་སྒྲོན་མའོ། །

བརྒྱུད་པ་གསུམ་པོའི་གདམས་པ་ཕྱིན་ཅི་མ་ལོག་པ། ཆོས་སྐུ་ཡུམ་ཆེན་མོའི་

ཐུགས་ཀྱི་སྒྲུབ་པ། ཨ་མ་ལབ་ཀྱི་སྒྲོན་མའི་ཞལ་ནས་གསུངས་པའི་རྩ་བའི་གདམས་པ་བཞི་གསུངས་པ་སྟེ། མུད་བཞི་ཟླའི་གྱིས་གནོན་པ་ཐེག་པ་ཆེན་པོའི་ཚོས། །འཕོར་འདས་དགག་སྒྲུབ་མེད་པ་ཕ་རོལ་ཕྱིན་པའི་དོན། །མི་མཐུན་ཕྱོགས་སུ་འཁྱེར་བ་ཨ་མ་ཇོ་མོའི་གཅོད། །འགལ་རྐྱེན་བར་ཆད་སེལ་བ་གཅོད་ཀྱི་གདམས་པར་བཤད། །ཅེས་པའོ། །

བདུད་བཞི་ནི། སྤྱི་བཅོམ་ལྡན་འདས་ཀྱིས་གསུངས་པའི་མདོ་རྒྱུད་ཐམས་ཅད་དེ་ལ་བརྟེན་ནས་དེའི་གཉེན་པོར་གསུངས་པ་ཡིན་ཞིང་། སྒོས་སུ་གཅོད་འདི་བདུད་དེ་ལ་བརྟེན་ནས་དེའི་གཉེན་པོར་གསུངས་པས་ན་བདུད་ཀྱི་གཅོད་ཡུལ་ཞེས་གྲགས་པ་ཡིན་ནོ། །བདུད་རང་གི་ངོས་འཛིན་དབྱེ་བ་བཅུ་དྲུག་པོ་འོག་ཏུ་སྟོན་པའོ། །ཐེག་པ་ཆེན་པོ་ནི་བསྟུ་ན་གཉིས་སུ་བཤད་དེ། དེ་ཡང་གཞུང་ལུགས་ཀྱི་སྒོ་ནས་བཤད་པ་དང་། གནས་ལུགས་ཀྱི་སྒོ་ནས་བཤད་པ་གཉིས་སོ། །གཞུང་ལུགས་ཀྱི་སྒོ་ནས་བཤད་པ་ནི། བཅོམ་ལྡན་འདས་རྡོ་རྗེ་འཆང་ཆེན་པོས་རྒྱུད་སྡེ་བསམ་གྱིས་མི་ཁྱབ་པ་གསུངས་ཏེ། དེ་ལྟར་ཐུབ་པས་བཞི་རུ་བསྡུས་ཏེ་གསུངས་པ་ལྟར། བྱ་རྒྱུད་སྤྱོད་རྒྱུད། རྣལ་འབྱོར་རྒྱུད། རྣལ་འབྱོར་བླ་ན་མེད་པའི་རྒྱུད་དང་བཞིར་གསུངས་པ་ཡིན་ནོ། །དེ་ལ་དུས་ནི། བསྐལ་པ་རྫོགས་ལྡན་གྱི་དུས་དང་། གཉིས་ལྡན་དང་། གསུམ་ལྡན་དང་། རྩོད་ལྡན་གྱི་དུས་སོ། །རིགས་ནི། བྲམ་ཟེའི་རིགས་དང་། རྒྱལ་རིགས་དང་། དམངས་རིགས་དང་། གདོལ་པའི་རིགས་སོ། །དེ་ཡང་བྲམ་ཟེའི་རིགས་སུ་བྱ་རྒྱུད་གསུངས། རྒྱལ་རིགས་སུ་སྤྱོད་རྒྱུད་གསུངས། དམངས་རིགས་སུ་རྣལ་འབྱོར་རྒྱུད་གསུངས། གདོལ་པའི་རིགས་སུ་རྣལ་འབྱོར་བླ་ན་མེད་པའི་རྒྱུད་གསུངས་སོ། །ཞིབ་པར་གཞན་དུ་ཤེས་སོ། །

གནས་ལུགས་ལ་གཉིས་སུ་གསུངས་ཏེ། ཐུན་མོང་བ་དང་། ཐུན་མོང་མ་ཡིན་པའོ། །ཐུན་མོང་བ་ལ། བསྐྱེད་རྫོགས་ཟུང་འབྲེལ་དུ་སྒོམ་པ་དང་གནས་ལུགས་ཕྱག་རྒྱ་ཆེན་པོ་ཙ་ཐིག་རླུང་གསུམ་ལ་བརྟེན་ནས་སྒོམ་པའོ། །

ཐུན་མོང་མ་ཡིན་པ་ལ་གསུམ་དུ་གསུངས་ཏེ། ཞི་གནས་དང་། ལྷག་མཐོང་དང་། ཞི་ལྷག་ཟུང་འབྲེལ་དུ་སྒོམ་པའོ། །ཞི་ལྷག་ཟུང་འབྲེལ་དུ་སྒོམ་པའི་ཐུན་མོང་མ་ཡིན་པ་ནི། ཕྱག་རྒྱ་ཆེན་པོ་རྒྱ་ཆད་ཕྱོགས་ལྷུང་མེད་པ་སྤྲོས་པའི་མཐའ་ཐམས་ཅད་དང་བྲལ་བ་ཡིན་ནོ། །ཕ་རོལ་ཏུ་ཕྱིན་པའི་ཆོས་ལ་ཕར་ཚད་དབུ་སྡེ་འདུལ་མངོན་སོགས་ཀྱི་རྒྱས་བསྡུས་གང་རིགས་པ་བྱས་ཏེ་དོན་ལ་སྦྱར་ནས་བཤད་པ་ནི་ཕ་རོལ་ཏུ་ཕྱིན་པའི་དོན་ཡིན་ནོ། །

མི་མཐུན་པ་ནི། འཇིག་རྟེན་པའི་སྣང་ངོར་རང་རང་གི་བློ་ཐོག་ཏུ་ཡགས་ཉེས་འཕྲོད་མི་འཕྲོད། བཟང་ངན་སོགས་བྱུང་བ་ལ། ཡགས་ཕྱོགས་དེ་འདོད་ཉེས་ཕྱོགས་དེ་མི་འདོད་པར་བྱེད་པ་རང་རང་གི་ལུགས་ཡིན་ཏེ། གཅོད་ལ། མི་མཐུན་པ་ཐམས་ཅད་གྲོགས་སུ་འཁྱེར་བ་ཡིན་པས། ཨ་མ་རྗེ་མོའི་གཅོད་ཅེས་སོ། །

འགལ་རྐྱེན་ལ། སྲིད་པའི་དྲ་བ་འཁོར་ལོ་ཡིན་པས་འགལ་རྐྱེན་བར་ཆད་མི་མཐུན་པ་སོགས་ཤིན་ཏུ་མང་བ་བློ་བུར་དུ་འང་འོང་སྲིད་པས། དེ་སེལ་བར་བྱེད་པ་ལ་གཅོད་ཀྱི་གདམས་པ་ཟབ་མོ་འདི་དགོས་པར་བཤད་པའོ། གདམས་པ་འདི། ཞི་ཕྱག་རྫོགས་གསུམ་ཡང་འདི་ལ་ཚང་བ་ཡིན་ནོ། །རྒྱས་པར་བླ་མའི་ཞལ་ལས་ཤེས་སོ། །གཅོད་གདན་ཐོག་གཅིག་མའི་ཁྲིད་ཡིག་ཕྲིན་ལས་རྒྱ་མཚོ་ལས་རྒྱུད་པ་གསུམ་གྱི་གདམས་པའི་རིམ་པ་འདི། ཤཱཀྱའི་དགེ་སློང་ཀྱེ་འོ་ཆོས་ཀྱི་རྒྱ་མཚོ་ཞེས་བྱ་བས་དབེན་གནས་མཚུར་ཕུའི་རི་ལ་སྦྱར་བའོ། །ལྷན་ཐབས་ཀྱི་ཡིག་ཆུང་ངོ།། །།

༄༅། །ནམ་མཁའ་སྒོ་འབྱེད་ཀྱི་ཁྲིད་ཡིག་འཛམ་གླིང་རྒྱ་མཚོ་བཞུགས་སོ། །

སྐྱེ་མེད་ཆོས་སྐུའི་ངང་ལས་མ་གཡོས་ཀྱང་། །སྣང་ལ་མ་འགགས་སྣ་ཚོགས་སྒྱུ་སྤྲུལ་པ། །གནས་དང་ཉེ་གནས་ཕྱོགས་སུ་སྤྲུལ་པ་འགྱེད། །བླ་མ་མཁའ་འགྲོའི་ཚོགས་ལ་ཕྱག་འཚལ་ལྟོད། །མ་བསླབ་མཁས་པ་རང་བྱུང་ཡེ་ཤེས་ཡིན། །མཁས་པའི་རང་བཞིན་སྣང་སྲིད་ཡོངས་ལ་ཁྱབ། །རིག་པའི་ངོ་བོ་བྱང་ཆུབ་ཆེན་པོའི་རྒྱལ་ས་བཟུང་། །མཁའ་ཁྱབ་ཕྱག་རྒྱ་ཆེན་པོ་ལ་ཕྱག་འཚལ། །ཆོས་སྐུའི་ངང་ལས་སྒྱུ་མའི་བརྡ་སྤྲུལ་ནས། །ལྷ་མོའི་གཟུགས་འཆང་འགག་མེད་དོན་སྐུ་མཛེས། །བདེ་སྟོང་ཉམས་རྟགས་ཡིད་འོང་གར་གྱིས་རོལ། །སྙིང་བརྩེ་ཆགས་བྲལ་མཆོག་རྩོལ་ཡུམ་ལ་བསྟོད། །དེ་གཅོད་གདན་ཐོག་གཅིག་མའི་ཁྲིད་ཡིག་ཕྲིན་ལས་རྒྱ་མཚོ་ལས། ནམ་མཁའ་སྒོ་འབྱེད་ཀྱི་ཁྲིད་ཀྱི་རིམ་པ་བྲི་བར་བྱ། དེ་ལ་སྔོན་འགྲོ། དངོས་གཞི། རྗེས་དང་གསུམ་མོ། །

སྔོན་འགྲོ་གཏན་ལ་འབེབས་པ་ལ་བརྒྱད། དང་པོ་ནི། སྐུ་གསུམ་བརྟན་པ་ཐོབ་པ་ལ། །གཞི་ལམ་གསུམ་གྱི་གདམས་པ་དགོས། །ཞེས་པ། ཐོག་མར་ཆོས་བྱེད་པ་ལ། དད་པ་དང་ངེས་འབྱུང་ཐུན་མོང་མ་ཡིན་པ་ལྷང་ལྷང་སྐྱེ་དགོས་ཤིང་། སྙུར་པོ་ཆེ་གསུམ་འཛུགས་དགོས་སོ། །དེ་ལ་འཁྲུགས་སྙུར་གོས་ལག་མཐའ་གཉིས་སུ་མ་ལྷུང་བ་གྱི་ན་ཙམ་ལ་བརྟེན་དགོས་ཤིང་གཏུམ་མོ་བསྒོམ།

ལྷོགས་སྐྱུར་དཀའ་ཐུབ་ཆུ་འཐུང་། ལྷོ་ཟ་དང་ཚོད་མ་ཀ་ཎྜ་ལ་གང་རམ། ཕྱེད་དོ་ཙམ་ལ་བརྟེན་དགོས། འཇིགས་སྐྱུར། རི་སྟོང་པ་ལ་འཇིགས་པའི་སྣང་བ་ཅི་བྱུང་ཡང་གཅོད་ཀྱི་དམིགས་པ་བག་རེ་བྱས་ནས་ཡ་ང་བག་ཚ་མེད་པར་སྟོད་ཚུགས་པ་དགོས་སོ། །

གཞི་ལམ་ནི། གནས་དབེན་པ། མཐོ་བ། བཙན་པ། སྔོན་གྱི་གྲུབ་ཐོབ་གོང་མས་ཞབས་ཀྱིས་བཅགས་པ་མཐོང་བ་ཙམ་གྱིས་ཡིད་འགྲོ་བ། གནས་བདག་ཆོས་ལ་དགར་བ་ཞིག་ལ་གཞི་བཅའོ། །ལམ། གྲོགས་ལྟ་སྤྱོད་མཐུན་པ། དགྲ་ཇག་དང་ཆོམ་རྐུན། སྟག་གཟིག་དོམ་དྲེད་གསའ་སྤྱང་སོགས་ཀྱི་གནོད་པ་མེད་ན་ལམ་གྱི་གེགས་སེལ་བའོ། །ཆུ་བཟང་ཞིང་ཉེ་རིང་རན་པ་དང་། ཤིང་མོད་པ། ཐུག་ཐུག་སྔག་རྩོང་རྒྱས་པ། རི་པ་ལ་མཁོ་བའི་འབྲས་བུ་ཆ་མཐུན་པ་དགོས་སོ། །

གཉིས་པ་ལ། འགྱུར་མེད་ཆོས་སྐུ་བརྟན་པ་ལ། །བཀྲ་ཤིས་ཆོས་འཁོར་བདུན་ལྡན་དགོས། །ཞེས་པ། མཉམ་བཞག་གི་དྲན་པ་བརྟན་པར་བྱེད་པ་ལ། ལུས་གནད་བསྲུང་དགོས་ཏེ། རྐང་པ་བསྐྱིལ། སྙལ་ཚིགས་བསྲང་། མགྲིན་པ་འགུག །ལྕེ་མཆུ་རང་སོར་བཞག །མིག་སྣ་རྩེའི་ཐད་ལ་ཕབ། དཔུང་པ་བརྒྱང་། ལག་པ་མཉམ་བཞག་གི་ཕྱག་རྒྱ་ལྟེ་འོག་ཏུ་བཅར་གྱི་བཅའ་ནས་བྱང་ཆུབ་སེམས་དཔའི་བཞུགས་སྟངས་བྱེད་པའོ། །རྡོ་རྗེ་གཅོད་པ་ལས། སྐུ་དྲང་པོར་བསྲངས་ཏེ་དྲན་པ་མངོན་དུ་བཞག་ནས་བཞུགས་སོ། །ཞེས་པའི་དོན་ནོ། །

གསུམ་པ་ལ། དུས་གསུམ་འཕོ་འགྱུར་མེད་པ་ལ། །སྐུ་གསུམ་ལམ་ཁྱེར་རྣམ་གསུམ་དགོས། །ཞེས་པ། དུས་ནི། ལུས་ངག་ཡིད་གསུམ་བཞི་ལྡན་དུ་འཕོ་འགྱུར་མེད་པ་ཡིན་པ་ལ། ཀློ་བུར་གྱི་བག་ཆགས་ས་རྟུལ་ལྟ་བུ་དག་གོས་པས། ཕྱི་ལོག

ནས་རླུང་གཅིག་ནང་དུ་རྔུབ། ལྟེ་འོག་ཏུ་བཟུང་། ཕར་སངས་ཀྱིས་སྣ་བུག་གཡས་ནས་འབུད། ཡང་ནང་དུ་འཛིན། སངས་ཀྱིས་གཡོན་ནས་འབུད། ཡང་ནང་དུ་འཛིན། ཕར་སངས་ཀྱིས་སྣ་བུག་གཉིས་ཀ་ནས་ཕུད། གཡས་ནས་བཟུང་བ། གཡོན་ནས་འཛིན་པ། གཉིས་ཀ་ནས་བཟུང་འཛིན་གཉིས་མེད་ཀྱི་ སྡིག་སྒྲིབ་སངས་ཀྱིས་དག་པར་བསམ་པ་ནི། སྐུ་གསུམ་ལམ་དུ་འཁྱེར་བའོ། །

བཞི་པ་ལ། ཆོས་དབྱིངས་མཐའ་དབུས་མེད་པ་ལ། །སྣ་ཚོགས་སྒྱུ་མའི་རོལ་རྩེད་དགོས། །ཞེས་པ། འཇིག་རྟེན་གྱི་ཁམས་མཐའ་དང་མུ་མེད་པ་ཡིན་པ་ལ། རིགས་དྲུག་གི་སེམས་ཅན་སྣ་ཚོགས་པ་གཏན་མེད་པ་ལ་སྒྱུ་མའི་གཟུགས་བརྙན་སྣ་ཚོགས་སུ་ལངས་ནས་སྡུག་བསྔལ་སྣ་ཚོགས་མྱོང་བ་ཡིན་པས། དལ་འབྱོར་རྙེད་དཀའ། འཆི་བ་མི་རྟག་པ། ལས་རྒྱུ་འབྲས། འཁོར་བའི་ཉེས་དམིགས། ཐར་པའི་ཕན་ཡོན་སོགས་རེ་རེ་ནས་བཀར་ཏེ་ཡིན་ལུགས་ཀྱི་རོལ་རྩེད་སྤྱད་པར་བྱའོ། །

ལྔ་པ་ལ། མི་མཐུན་ཕྱོགས་ལས་རྒྱལ་བ་ལ། །རྒྱལ་བའི་གདམས་པ་རྣམ་གསུམ་དགོས། །ཞེས་པ། བདུད་དང་མུ་སྟེགས་ལོག་འདྲེན་ཆོས་མི་མཐུན་ཐམས་ཅད་ལས་རྒྱལ་བར་བྱེད་པ་ལ། རྒྱལ་བ་ཤཱཀྱ་ཐུབ་པས་གསུངས་པའི་སྐྱབས་འགྲོ་སེམས་བསྐྱེད་ཚད་མེད་པ་བཞི་རྒྱས་པར་གཞུང་བཞིན་བྱའོ། །

དྲུག་པ་ལ། འགག་མེད་ཡོངས་སྐུའི་དཀྱིལ་འཁོར་ལ། །འཆི་མེད་བདུད་རྩིའི་ཆུ་རྒྱུན་དགོས། །ཞེས་པ། རང་གི་སྤྱི་བོར་པད་ཟླའི་སྟེང་དུ་སྐད་ཅིག་གིས་རྡོ་རྗེ་སེམས་དཔའ་ཡོངས་སྐུའི་ཆ་བྱད་ཅན་སྐུ་མདོག་དཀར་པོ་ཞལ་གཅིག་ཕྱག་གཉིས་གཡས་རྡོ་རྗེ་རྩེ་ལྔ་ཐུགས་ཀར་བསྣོད་པ། གཡོན་དྲིལ་བུ་དཀུར་བརྟེན་པ། ཞབས་རྒྱལ་པོ་རོལ་པའི་སྟབས་ཀྱིས་བཞུགས་པ། འོད་དང་གཟི་བརྗིད་འབར་

བའི་ཐུགས་ཀར་ཟླ་བའི་སྟེང་དུ་ཧཱུཾ་ཡིག་གི་མཐར་ཡི་གེ་བརྒྱ་པས་བསྐོར་བར་དམིགས་ལ་ཡིག་བརྒྱ་བགྲང་། གསོལ་བ་བཏབ་པ་ལ་བརྟེན་ནས་ཞབས་གཡས་པའི་མཐེ་བོང་གི་རྩེ་ནས་ཟག་མེད་ཀྱི་བདུད་རྩི་འོ་མ་ལྟ་བུ་བབ། རང་གི་ལུས་ཕྱི་ནང་གི་སྡིག་སྒྲིབ་ཐམས་ཅད་སངས་ཀྱིས་དག །ཤེལ་སྒོང་ལྟ་བུར་གྱུར། སདྟ་བགྲང་། མཆོད་བསྟོད་བྱེད། རྡོ་རྗེ་སེམས་དཔའ་རང་ལ་བསྟིམ། དེ་ཉིད་ཀྱི་ངང་དུ་བཞག་པའོ། །

བདུན་པ་ལ། བཀའ་བརྒྱུད་ཆོས་སྐུའི་ཕོ་བྲང་ལ། །སྲིད་གསུམ་མཆོད་པ་སྣ་ཚོགས་དགོས། །ཞེས་པ། མདུན་གྱི་ནམ་མཁར་པདྨ་ཉི་མ་ཟླ་བའི་སྟེང་དུ་རིན་པོ་ཆེའི་ཁྲི་ཡངས་ཤིང་རྒྱ་ཆེ་བའི་སྟེང་དུ། སེམས་དཔའ་རང་བྱུང་རྡོ་རྗེ་ལ་བཀའ་བརྒྱུད་ཀྱི་བླ་མ་ཆོས་སྐུའི་ངོ་བོར་ཁྲིགས་སེ་བསྐོར་ནས་བཞུགས་པ། སྣ་འོད་དང་གཟི་བརྗིད་ཉི་མ་འབུམ་དང་མཉམ་པ་ལ། མཉྫལ་ཚོམ་བུ་བདུན་པའམ། སོ་བདུན་མའམ། བྱེ་བ་འབུམ་དང་དུང་ཕྱུར་ཕྱོགས་གཅིག་ཏུ་བསྡུས་ནས་ཡང་ཡང་འབུལ་ལོ། །མཐར་བཀའ་བརྒྱུད་བླ་མ་རྣམས་རང་ལ་བསྟིམ་ནས་མཉམ་པར་བཞག་པའོ། །

བརྒྱད་པ་ལ། དྲི་མེད་རྒྱལ་བའི་དཀྱིལ་འཁོར་དུ། །འགག་མེད་བླ་མ་སྤྲུལ་སྐུ་དགོས། །ཞེས་པ། རང་གི་སྤྱི་བོར་པད་ཉི་ཟླ་བའི་སྟེང་དུ། གྱད་དང་སེང་གེ་བརྒྱད་ཀྱིས་བཏེག་པའི་རིན་པོ་ཆེའི་ཁྲི་ཡངས་ཤིང་རྒྱ་ཆེ་བའི་དབུས་སུ། ལྷ་རྫས་ཀྱི་གོས་རིན་ཐང་མེད་པ་དུ་མས་བཀབ་པའི་སྟེང་དུ། དྲིན་ཅན་རྩ་བའི་བླ་མ་དུས་གསུམ་སངས་རྒྱས་ཐམས་ཅད་ཀྱི་ངོ་བོར་གྱུར་པ། རྗེ་བཙུན་རིན་པོ་ཆེ་སྤྲུལ་པའི་སྐུའི་ཆ་བྱད་ཅན་ཞལ་གཅིག་ཕྱག་གཉིས་ཆོས་འཆད་ཀྱི་ཕྱག་རྒྱ་མཛད་

པ། ཞབས་དཀྱིལ་དཀྲུང་དུ་བཞུགས་པ། སྐུ་ལ་ཆོས་གོས་ངུར་སྨྲིག་གསུམ་དང་ལྡན་པ། སྐུ་མདོག་བཙོ་ལྷའི་ཟླ་བ་ལྟར་དཀར་ཞིང་རྒྱས་པ་འོད་དང་གཟི་བརྗིད་རབ་ཏུ་འབར་ཞིང་ལྟ་བས་ཆོག་མི་ཤེས་པ། བྱིན་རླབས་དང་དངོས་གྲུབ་འབྱུང་ངོ་ཤེས་པ་ཞིག་ཏུ་བསམ། དེའི་སྤྱི་བོར་རྒྱལ་བའི་དབང་པོ་ཆོས་གྲགས་རྒྱ་མཚོ་དབུ་ལ་ཞྭ་ནག་གི་ཅོད་པན་གྱིས་མཛེས་པ། རིགས་བདག་གི་ཚུལ་དུ་བཞུགས་པ། བླ་མའི་སྐུ་གསུང་ཐུགས་ལས་འོད་ཟེར་འཕྲོས་པས། ཕྱོགས་བཅུའི་བླ་མ་ཡི་དམ་སངས་རྒྱས་བྱང་ཆུབ་སེམས་དཔའི་ཚོགས་དང་བཅས་པ་བྱོན། བླ་མའི་སྐུ་ལ་ཐིམ། བླ་མ་ཀུན་འདུས་པའི་བདག་ཉིད་ཅན་དུ་གྱུར་པ་དེ་ལ་མཆོད་བསྟོད་བྱེད་ཅིང་གསོལ་བ་བཏབ་པས། བླ་མའི་སྐུ་གསུང་ཐུགས་ལས་ཟག་མེད་ཀྱི་བདུད་རྩི་བབ། རང་གི་སྤྱི་བོ་ནས་ཞུགས། སྨིན་མཚམས་ཡན་ཁེངས། ལུས་སྒྲིབ་དག །བུམ་དབང་ཐོབ། མགྲིན་པ་ཡན་ཁེངས། ངག་སྒྲིབ་དག །གསང་དབང་ཐོབ། སྙིང་ག་ཡན་ཁེངས། ཡིད་སྒྲིབ་དག །གསུམ་པ་ཐོབ། ལྟེ་བ་ཡན་ཁེངས། སྒྲིབ་པ་བཞི་དག །བཞི་པ་ཐོབ། དེ་ལྟར་དབང་བཞི་ཐོབ་པས། ལུས་ཐམས་ཅད་བདེ་བའི་ཉམས་དང་ལྡན་པར་བསམ་ནས། སེམས་གར་ཡང་མི་འཕྲོ་བར་བླ་མའི་རྣལ་འབྱོར་ལ་གཏད་ནས་མ་ཡེངས་པར་བྱེད་པའོ། །དེས་སྔོན་འགྲོ་སོང་ནས།

དངོས་གཞི་ལ་བཞི་ཡོད་པའི་དང་པོ་ནི། ཆོས་དབྱིངས་མཁའ་ལྟར་ཡངས་པ་ལ། །དང་པོའི་སངས་རྒྱས་བརྟན་བཞུགས་དགོས། །ཞེས་པ། དེ་ལ་དམིགས་སྐོར་བརྒྱད་ཡོད་པའི་དང་པོ་ལ། མདུན་གྱི་ནམ་མཁའ་ལ་བཅོམ་ལྡན་འདས་རྒྱལ་བ་ཤཱཀྱ་ཐུབ་པ་མཚན་དཔེས་བརྒྱན་པ་སེར་ལམ་མེ་བཞུགས་པ། དེ་ལ་སེམས་འདས་པའི་རྗེས་མི་གཅོད། མ་འོངས་པའི་སྔོན་མི་སུ། ད་ལྟར་གྱི་ཤེས་པ་ལ་རྩིས་

གདབ་མི་བྱེད། འཕྲ་འགྲོ་དང་ཡངས་ཡིངས་ཀྱི་རྗེས་སུ་མི་འབྲང་། དེ་ལ་གཏད། འགྲོ་བ་བྱུང་ན་སྐུ་དེ་གསལ་འདེབས་ཤིང་སྒོམ། ཞག་གཉིས་གསུམ་བྱེད། ཏིང་ངེ་འཛིན་རྒྱལ་པོའི་མདོ་ལས། གསེར་གྱི་བརྟེན་པ་ཕྱིས་པ་ལྟ་བུ་ཡི། །དེ་བཞིན་གཤེགས་པ་ཤིན་ཏུ་མཛེས་པའི་སྐུ། །ཏིང་འཛིན་དེ་ལ་མཉམ་པར་སུས་བཞག་པ། །བྱང་ཆུབ་སེམས་དཔའ་དེ་མཉམ་བཞག་ཅེས་བརྗོད། །ཅེས་གསུངས་པའི་དོན་ཡིན་ནོ། །

གཉིས་པ་ལོངས་སྐུ་ལ་བརྟེན་པ་ནི། མདུན་གྱི་ནམ་མཁའ་ལ་ཡུམ་ཆེན་མོ་ལོངས་སྐུའི་ཆ་བྱད་ཅན་སེར་ལམ་མེ་བཞུགས་པ། དེ་ལ་སེམས་གཏད་ནས་སྔ་མ་ལྟར་མ་ཡེངས་པར་བྱེད་པའོ། །

གསུམ་པ་མདུན་གྱི་སྣ་རྩེའི་ཐད་སོར་བཅུ་གསུམ་ཙམ་ལ། མ་གཅིག་ལབ་སྒྲོན་སྐུ་མདོག་དཀར་མོ་སོར་བཞི་པ་ཙམ་ལ་སེམས་གཏད་ནས་མ་ཡེངས་པར་བསྒོམ།

བཞི་པ་མདུན་གྱི་ནམ་མཁའ་ལ་མ་གཅིག་གི་ཐུགས་ཀར་ཕ་དམ་པ་སྐུ་མདོག་སྨུག་ནག་གཟི་བརྗིད་དང་ལྡན་པ་ཆེན་གང་བ་གཅིག་ལ་སེམས་གཏད་ནས་མ་ཡེངས་པར་བསྒོམ།

ལྔ་པ་རང་གི་སྙིང་གི་དབུས་སུ་ཧཱུྃ་སྔོན་པོ་ཆེན་གང་བ་ལ་སེམས་གཏད་ནས་མ་ཡེངས་པར་བསྒོམ།

དྲུག་པ་མདུན་གྱི་ནམ་མཁར་ཨ་དཀར་པོ་དང་སྒོར་རེ་གཅིག་ལ་སེམས་གཏད་ནས་མ་ཡེངས་པར་བསྒོམ།

བདུན་པ་རང་གི་སྨིན་མཚམས་སུ་ཐིག་ལེ་ཉུངས་གར་ཙམ་ཁ་དོག་ལྔ་པ་

འཇའ་འོད་འཁྲིག་པ་གཅིག་ལ་སེམས་གཏད་ནས་མ་ཡེངས་པར་བསྒོམ།

བརྒྱད་པ་དམིགས་གཏད་གང་ཡང་མེད་པའི་ནམ་མཁའི་མཐའ་ལ་སེམས་གཏད་ནས་མ་ཡེངས་པར་བསྒོམ་པའོ། །མཚན་བརྗོད་ལས། ནམ་མཁའི་མཐའ་ལ་རབ་གནས་པ། །ཞེས་པའི་དོན་ནོ། །དེ་རེ་རེ་ལ་ཞག་གཉིས་གསུམ་ཙམ་བློ་དང་བསྟུན་ནས་བླ་མའི་ཞལ་ལས་ཤེས་སོ། །

གཉིས་པ་གནས་ལུགས་ཁྲབ་གདལ་ཆེན་པོ་ལ། ལྷ་མོའི་ཕྱག་རྒྱ་གར་མཚོད་དགོས། །ཞེས་པ། དམིགས་སྐོར་ལྔའི་དང་པོ་ལ། སེམས་འདི་ལྷན་ཅིག་ཏུ་སྐྱེས་ཀྱང་ངོ་མ་ཤེས་པ་དེ་མ་ལེགས། ད་ངོ་ཤེས་པར་བྱེད་པ་ལ། སེམས་རང་གི་ངོ་བོ་ལ་བལྟས་ནས་དབྱིབས་དང་ཁ་དོག་གང་འདྲ་འདུག །ནར་མོར་ཨེ་འདུག །སྒོར་མོ། ཟླ་གམ། ཟུར་གསུམ། གྲུ་བཞི། ལེབ་རྡན། རྫིལ་མོ་གང་དུ་འདུག །ཡང་ཁ་དོག་དཀར་པོ་སྔོན་པོ། སེར་པོ། དམར་པོ། ལྗང་གུ། ཁྲ་བོ། ནག་པོ་གང་འདུག་ལྟོས་ཞེས་བརྗོད། མ་རྙེད་ན།

ཕྱི་རོལ་གྱི་རྣ་བའི་ཚོར་ས་ཐམས་ཅད་ལ་ཚོལ། དེ་ནས་མིག་གིས་མཐོང་ས་ཚོ་ལ་ཚོལ་ནས་ཤོག །དེ་ཚོ་ལ་ཡོད་པར་ངེས་སོ། །དེར་མ་རྙེད་ན།

རང་འགྲོ་སྦྱོང་བའི་ཡུལ། བསྡད་པའི་ས། ངོ་ཤེས་གཉེན་ཚན་ཚོའི་རྩར་སོང་བ་ཡིན་པས་ཚོལ་ནས་ཤོག །ཅེས་པས་མ་རྙེད་ན།

བཞི་པ་རང་གི་ཉེ་འཁོར། གོས་ལག་དང་བཅའ་མོ། གདན། ཐབ་ཀའི་འཁྲིས། བརྩིག་པའི་གསེབ་ཚུན་ལ་ཚོལ་ནས་ཤོག །ཅེས་པས་མ་རྙེད་ན།

ལྔ་པ་འཚོལ་མཁན་རང་ཅི་འདྲ་འདུག །ང་ཟེར་མཁན། བདག་ཏུ་འཛིན་མཁན། མི་བྱེད་དགུ་བྱེད་མི་འཕྲོ་དགུ་འཕྲོ། ཟ་མཁན། འགྲོ་མཁན་འདི་ནི་

འདུག །མེད་ན་འདི་འདྲ་ཡོད་དོན་མེད། ཡོད་ན་རྙེད་དགོས་པས། ལུས་མགོ་མཇུག་ཕྱི་ནང་ཚོལ་མཁན་རང་དང་བཅས་པ་ལ་རྩ་ཏར་ཞིབ་ཏུ་གྱིས་ཤིག །མ་རྙེད་པའི་ཐབས་མེད་དོ་ཞེས་བརྗོད་དོ། །ཏི་ལོ་པའི་ཞལ་ནས། དཔེར་ན་སྟོང་ཐག་ཡལ་ག་ལོ་འདབ་རྒྱས་གྱུར་ཀྱང་། །རྩ་བ་གཅིག་བཅད་ཡལ་ག་ལོ་འདབ་ཁྲི་འབུམ་སྐམས། །དེ་བཞིན་སེམས་ཀྱི་རྩད་ཆོད་འཁོར་བའི་ལོ་འདབ་སྐམས། །ཞེས་གསུངས་པའི་དོན་ཡིན་ནོ། །

གསུམ་པ། མཐར་ཐུག་དོན་གྱི་སངས་རྒྱས་ལ། །གཉུག་མའི་རང་ཞལ་བལྟ་བ་དགོས། །ཞེས་པ། དམིགས་བསྐོར་བཞི་ཡི་དང་པོ་ལ། སྣང་བའི་ཡུལ་ལ་གང་ཤར་བ་དེ་སེམས་ཡིན། གསལ་བ་དང་། བདེ་བ་དང་། རིག་པ་དང་། རྟོགས་པ་དང་། ཁ་དོག་དང་དབྱིབས་གང་བྱུང་ཡང་སེམས་ཡིན། སེམས་ཀྱི་ངོ་བོ་ཡིན། ཁ་དོག་ཡིན། དེ་རིག་པར་གྱིས། གོ་བར་གྱིས། ཤེས་པར་གྱིས་ལ་སྒོམས།

གཉིས་པ། སེམས་ཀྱི་ངོ་བོ་ལ་བལྟས་པས་ཅི་ཡང་མི་འདུག་ན། མི་འདུག་པ་དེ་རིག་ནས་བྱུང་བ་ཡིན་པས། དེ་སེམས་ཀྱི་ངོ་བོ་ཡིན། སེམས་ལ་འདི་ཡིན་དང་འདི་མིན་གྱི་བརྗོད་གཞི་དང་བྲལ་བས་སྟོང་པ་ནམ་མཁའ་ལྟ་བུ་ཡིན། ད་ལྟར་གྱི་སྣང་བ་ལ་ཤར་བའི་རི་ར་བ་ཁང་ཁྱིམ། སྐྱེས་པ་བུད་མེད། རྟ་དང་གླང་པོ་འདི་ཚོ་ཡང་བརྟགས་ཤིང་དཔྱད་ན། དང་པོ་འདི་ནས་བྱུང་ཟེར་རྒྱུ་མེད་ཐ་མ་འདིར་འགྲོ་ཟེར་རྒྱུ་མེད། རང་བཞིན་གྱིས་སྟོང་པ་ཡིན། ཞེར་སྙིང་ལས་གསུངས་པ་ལྟར་ཡིན་ནོ། །

གསུམ་པ། སེམས་ཀྱི་ངོ་བོ་ཟུང་འཇུག་ཡིན་པས་ཡ་བྲལ་དུ་མ་སོང་བ་དགོས་ཤིང་། དེ་ཡང་གསལ་སྟོང་ཟུང་འཇུག །བདེ་སྟོང་ཟུང་འཇུག །རིག་སྟོང་ཟུང་

འཇུག །ཡོད་མེད་ཟུང་འཇུག །ཐབས་ཤེས་ཟུང་འཇུག་དང་པོའི་དུས་ནས་ཡིན་པས་ཡ་མ་བྲལ་བར་སྒོམ་དགོས་སོ། །

བཞི་པ། ཆོས་ཐམས་ཅད་ཀྱི་རྩ་བ་རང་གི་སེམས་ཡིན་པས། རང་སེམས་ལས་ལྷག་པའི་ཆོས་མེད་དོ། །འདོད་ཁ་ཡེ་ཤེས་ལས། སེམས་རྟོགས་ན་སངས་རྒྱས་ཡིན་པས། སངས་རྒྱས་གཞན་དུ་མི་འཚོལ་བའི་འདུ་ཤེས་རབ་ཏུ་བསྒོམ་པར་བྱའོ། །གསུངས་པའི་དོན་རང་སེམས་ལས་ལྷག་པའི་སངས་རྒྱས་ཟུར་པ་མེད་པ་ཡིན་པས། རང་སེམས་ལ་ཡིད་ཆེས་ཤིང་ཐག་ཆོད་པ་མ་ཡེངས་པར་རྒྱུན་བསྲིང་ནས་ཉམས་སུ་བླང་བ་ཡིན་ནོ། །

བཞི་པ་ལ། ཆོས་ཉིད་འོད་གསལ་མཐའ་བྲལ་ལ། །ལྟ་བ་མཁའ་ལ་མདུང་སྐོར་དགོས། །ཞེས་པ། སངས་རྒྱས་ཀྱི་ཐུགས་ཀྱི་དགོངས་པ་ལ། སངས་རྒྱས་ཞེས་དང་། ཡེ་ཤེས་དང་། ཆོས་སྐུ་དང་། ཕྱག་རྒྱ་ཆེན་པོ། རྫོགས་པ་ཆེན་པོ། དབུ་མ་ཆེན་པོ། རོ་སྙོམས་ཆེན་པོ། འོད་གསལ་སྟོང་ཉིད་ཀྱི་ལྟ་བ་ཆེ་བ་སྐད། བཟང་བ་སྐད། ཟབ་པ་སྐད། མཐོན་པོ་ཡིན་པ་སྐད་བྱེད་པ་ཚོ་དང་། མདོ་སྔགས་ཀྱི་གཞུང་ཕྱོགས་གཅིག་ཏུ་དྲིལ་བའི་ཟབ་གནད་ཀྱི་རིམ་པ་མདོར་ཧྲིལ་གྱིས་དྲིལ་ན་རང་གི་སེམས་དེ་ལ་ཟེར་བ་ཡིན། སེམས་ལ་བལྟས་པས་ལྟ་རྒྱུ་མི་འདུག་པ་དེ་སྐྱེ་མེད་ཡིན། དེ་ལ་ཆོས་སྐུ་ཟེར་མི་འདུག་པའི་རིག་པ་དེ་འགག་མེད་ཡིན། དེ་ལ་ལོངས་སྐུ་ཟེར། དེའི་ངང་ལ་དྲན་ཚོར་གང་བྱུང་དེ་གནས་མེད་ཡིན། དེ་ལ་སྤྲུལ་སྐུ་ཟེར། དེ་ལ་བལྟས་པ་ལ་ལྟ་བ་ཟེར། མ་ཡེངས་པ་ལ་བསྒོམ་པ་ཟེར། བཟང་ངན་ཐམས་ཅད་དང་བསྲེ་ཐུབ་པ་ལ་སྤྱོད་པ་ཟེར། ཆགས་འཛིན་སྒོམ་སྒྲུབ་ཀྱི་མཐའ་དང་བྲལ་བ་ལ་འབྲས་བུ་ཟེར། སེམས་མ་བཅོས་པ་ལ་གཞི་ཟེར། སྣ་

ཚོགས་སུ་འཆར་བ་ལ་ལམ་ཟེར། ངོས་འཛིན་ཐམས་ཅད་དང་བྲལ་བ་ལ་འབྲས་བུ་ཟེར། སེམས་ཐོག་ཏུ་མ་བདེ་བ་མེད་པ་ལ་བདེ་བ་ཟེར། བདེ་བ་ངོས་ཟིན་པ་ལ་གསལ་བ་ཟེར། གཟུང་འཛིན་གྱི་དྲི་མས་མ་གོས་པ་ལ་མི་རྟོག་པ་ཟེར་བ་ཡིན་པས། རང་སེམས་ལས་ལྷག་པའི་སངས་རྒྱས་དང་ཆོས་སྐུ་མེད་པར་ཐག་བཅད། སྟོང་ན་སྟོང་ཐོག་དུ་བཅད། སྣང་ན་སྣང་ཐོག །བདེ་ན་བདེ་ཐོག །བཟང་ན་བཟང་ཐོག །ངན་ན་ངན་ཐོག་ཏུ་ཐག་བཅད་ནས་བསྒོམ་པ་ཡིན། ས་ར་ཧའི་ཞལ་ནས། མདུན་དང་རྒྱབ་དང་ཕྱོགས་བཅུ་རུ། །གང་གང་མཐོང་བ་དེ་དེ་ཉིད། །ཅེས་གསུངས་པའི་དོན་ཡིན་ནོ། །

བདེ་གསལ་ཉམས་ཀྱི་ཏིང་འཛིན་ལ། །ཡེ་ཤེས་སྒྱུ་མའི་སྨོན་ལམ་དགོས། །ཞེས་པ། བདེ་གསལ་སྐྱེ་མེད་ཆོས་སྐུའི་དཀྱིལ་འཁོར་དུ། །བདག་སོགས་དགེ་བཅུ་བསགས་རྟོགས་ཆོས་ཉིད་དབྱིངས། །འགྲོ་དྲུག་སེམས་ཅན་སྤྲུལ་སྐུའི་ས་ཐོབ་ནས། །འགྱུར་མེད་སངས་རྒྱས་གོ་འཕངས་མྱུར་ཐོབ་ཤོག །བདེ་ཆེན་མཐའ་བྲལ་མཁའ་ལ་རྒྱུ་སྐར་བཀྲ། །བདེ་གསལ་མི་རྟོག་ཉམས་ཀྱི་ཁྲི་གདུགས་ཤར། །སྟོང་ཉིད་ཏིང་འཛིན་ལོངས་སྐུའི་གཡུ་རལ་རྒྱས། །གནས་ལུགས་འགྱུར་མེད་ཆོས་སྐུའི་ལོ་འདབ་ཕྱུག །འོད་གསལ་ཟུང་འཇུག་སྒྲོན་མེའི་འཇུམ་དྲུག་བཀྲ། །གསལ་རིག་ཐབས་ཤེས་མཛེས་པའི་རྩེ་ཐོག་རྒྱས། །རྒྱལ་སྲས་ནོར་བུ་སྟོང་ཉིད་སྤྲིན་ལྷར་འཁྲིགས། །ཚོམ་བྱེད་ཆུ་རྒྱུན་ཡན་ལག་སྦྲང་ཆར་བབ། །ངོ་མཚར་རྨད་བྱུང་བྱུང་བས་དགྱེས་པར་རོལ། །ཐ་མལ་རང་སེམས་གསལ་སྟོང་འབྲས་བུ་སྨིན། །ལེགས་བཤད་དུར་པའི་ཚོགས་རྣམས་རབ་སྨིན་ནས། །ལྷུན་པོ་མ་ལ་ཡ་རུ་རྩེ་གཅིག་སྒྲུབས། །ཞེས་པ་གཙོད་གདན་ཐོག་གཅིག་མའི་ཁྲིད་ཡིག་ཕྲིན་ལས་རྒྱ་མཚོ་ལས།

ནམ་མཁའ་སྒོ་འབྱེད་ཀྱི་ཁྲིད་ཀྱི་རིམ་པ་འཛམ་གླིང་རྒྱ་མཚོ་ཞེས་པ་འདི། དད་ལྡན་གྱི་སྐྱེས་བུ་སྟང་རྩེ་རས་ཆེན་པ་བསམ་གྲུབ་རྒྱ་མཚོ་དང་། འབྲོག་མོ་རས་ཆེན་པ་བརྩོན་འགྲུས་རྒྱ་མཚོ་ཚོས་གྲོགས་ཀྱིས་ཡང་ཡང་ནན་དུ་བསྐུལ་བའི་ངོར། ཤཱཀྱའི་དགེ་སློང་ཀྲི་འོ་ཆོས་ཀྱི་རྒྱ་མཚོ་ཞེས་བྱ་བས། དབེན་གནས་ཆོས་ཀྱི་དཀྱིལ་འཁོར་དུ་སྦྱར་བའོ། །ལྷན་ཐབས་ཡིག་ཚང་ངོ་།། །།

༄༅། །འཕོ་བ་ནམ་མཁའ་སྒོ་འབྱེད་བཞུགས་སོ། །

བླ་མ་མཁའ་འགྲོའི་ཚོགས་ལ་ཕྱག་འཚལ་ལོ། །འགྲོ་དྲུག་ཐར་ལམ་བསྒྲོད་པ་ལ། །འཕོ་བ་ནམ་མཁའ་སྒོ་འབྱེད་དགོས། །ཞེས་པ། འཕོ་བ་བསྒོམ་པར་འདོད་པ་ལ། སྦྱང་བ་དང་ལས་ལ་སྦྱར་བའོ། །དང་པོ་སྦྱང་བ་ལ། དབེན་པར་ལུས་གནད་དཀྱིས་དཀྱུང་དང་ཙོག་བུ་གང་བདེ་བྱེད། ལུས་ཁྲུ་མ་ཕྱུས་རྐྱངས་པ་ལྟ་བུ་ཕྱི་གསལ་ནང་གསལ་དུ་ཡོད་པའི་རྩ་གསུམ་འདུས་མདོར་སེམས་ཉིད་ཀྱི་ངོ་བོ་ཐིག་ལེ་དཀར་ལ་དམར་བའི་མདངས་ཆགས་པ། དམར་ལ་དཀར་བའི་མདངས་ཆགས་པ། འཕར་ལ་ཁད། ཡར་ལ་ཁད་ཡོད་པ། བྱ་མ་གསར་གྱི་སྒོ་ང་ཙམ་ཞིག་ཏུ་བསྐྱེད། སྤྱི་བོར་མ་གཅིག་ལབ་ཀྱི་སྒྲོན་མ་ལ་གཅོད་ཡུལ་བརྒྱུད་པས་བསྐོར་བ། དེའི་སྤྱི་བོར་ཡུམ་ཆེན་མོ་ལ་ཆོས་སྐུའི་ཚོགས་ཀྱིས་བསྐོར་བ། དེའི་སྤྱི་བོར་རྒྱལ་བ་ཤཱཀྱ་ཐུབ་པ་ལ་སངས་རྒྱས་དང་བྱང་ཆུབ་སེམས་དཔའི་ཚོགས་ཀྱིས་བསྐོར་བ་བསྐྱེད། དེ་ནས་ཕཊ་བརྗོད་པས། ཐིག་ལེ་དམར་པོ་དེ་མལ་དུ་བསྡད། དཀར་པོ་སྐར་མདའ་འཕོས་པ་ལྟར་དཀར་རྐྱངས་ཀྱིས་ལྟེ་བའི་དབུས་སུ་ཕྱུང་བར་བསམ། ཕཊ་བརྗོད་པས། སྙིང་གའི་དབུས་སུ་དཀར་རྐྱངས་ཀྱིས་ཕྱུང་བར་བསམ། ཕཊ་བརྗོད་པས་མགྲིན་པའི་དབུས་སུ་དཀར་རྐྱངས་ཀྱིས་ཕྱུང་བར་བསམ། ཕཊ་བརྗོད་པས། སྤྱི་བོ་ཚངས་པའི་བུ་ག་གསལ་ཧ་རེ་ཡོད་པ་ནས་དཀར་རྐྱངས་ཀྱིས་སོ། །མ་གཅིག་གི་ཐུགས་ཀར་བསྟིམ་གྱིས་ཐིམ་པར་བསམ

སྟེ། དེར་སེམས་གཏད་ནས་ཅི་གནས་ཀྱི་རིང་ལ་བསྡད། མ་གནས་ནས་བྱུང་བ་དང་ཐིག་ལེ་དེ་ཕྱིར་མར་ཕབ་སྟེ། མར་སྣེའི་ཐིག་ལེ་ཁྲ་ཤིག་སེ་ཡོད་པར་བསམ་ཕཊ་བརྗོད་པས། སྟ་མ་ལྷར་དམར་པོ་མལ་དུ་བསྡད། དཀར་པོ་རིམ་པ་བཞིན་བརྒྱུད་ནས་མ་གཅིག་གི་ཐུགས་ཀར་ཐིམ་པ། འཕོ་བ་མ་འབྱོངས་ཀྱི་བར་དུ་བྱེད། འབྱོངས་པའི་རྟགས་ལ་ལུས་འཕར་བ་དང་འདར་བ་དྲན་པས་མི་ཟིན་པ། མགོ་ན་ཞིང་འཐིབ་པ། སྤྱི་བོར་སྐྲངས་འབུར་དང་ཆུ་སེར་འཛག་པ་འོང་། དེ་བྱུང་ན་སྦྱུང་མི་དགོས། མ་རྗེད་ཙམ་གྱིས་ཆོག་པའོ། །

ལས་ལ་སྦྱར་བ་ནི། འཆི་བ་ལ་ཐུག་ནས་བྱུང་བ་དང་། སྔར་ལྷར་སྐྱབས་གནས་གསལ་འདེབས་བྱེད། ཕྱི་དབུགས་མ་ཆད་རིང་ལ་བརྒྱུད་པའི་གསོལ་འདེབས་དང་། བར་དོ་ངོ་སྤྲོད་རྒྱས་བསྡུས་ཅི་རིགས་པ་བྱ། ཕྱི་དབུགས་ཆད་པ་དང་། རྩ་གསུམ་འདུས་མདོའི་སེམས་ཉིད་ཀྱི་ངོ་བོ་ཐིག་ལེ་དཀར་ལ་དམར་བའི་མདངས་ཆགས་པ། དམར་ལ་དཀར་བའི་མདངས་ཆགས་པ། བྱ་མ་གསར་གྱི་སྒོ་ང་ཙམ་ཁྲ་ཤིག་ཤིག་པ་འཕར་ལ་ཁད་ཡར་ལ་ཁད་ཡོད་པ་དེ། ཕཊ་བརྗོད་པས། ལྷག་ལུས་མེད་པར་སྐར་མདའ་འཕོས་པ་ལྷར་དཀར་རྒྱངས་ཀྱིས་ལྟེ་བའི་དབུས་སུ་བྱུང་། ཕཊ་བརྗོད། སྙིང་གའི་དབུས་སུ། ཕཊ་བརྗོད། མགྲིན་པའི་དབུས་སུ། ཕཊ་བརྗོད། སྤྱི་བོ་ཚངས་པའི་བུ་ག་ཁང་པའི་རྒྱ་མཐོངས་ཁ་ཕྱེ་བ་ལྟར་གསལ་ཏ་རེ་ཡོད་པ་ནས་དཀར་རྒྱངས་ཀྱིས་མ་གཅིག་གི་ཐུགས་ཀར་བསྙིམ་གྱིས་ཐིམ། མ་གཅིག་གི་འཁོར་ཚོ་ཡང་མ་གཅིག་ཉིད་ལ་ཐིམ། མ་གཅིག་ཉིད་ཀྱང་ཡུམ་ཆེན་འཁོར་བཅས་ལ་ཐིམ། ཡུམ་ཆེན་གྱི་འཁོར་ལོ་རྣམས་ཀྱང་ཡུམ་ཉིད་ལ་ཐིམ། ཐུབ་པའི་འཁོར་ཚོ་ཐུབ་པ་ཉིད་ལ་ཐིམ། ཐུབ་པ་ནམ་མཁའ་ལ་འཇའ་

ཡལ་བ་བཞིན་སོང་བའམ། འོག་མིན་དུ་མངོན་པར་རྫོགས་པར་སངས་རྒྱས་པར་བསམ་མོ། །ཆོས་ཉིད་དོན་རྟོགས་ཆོས་ཅན་སྣ་ན་མེད། །མཐའ་བྲལ་དབུ་མའི་ལམ་སྟོན་མཁྱེན་པ་རྒྱས། །ཆོས་སྐུ་འགྱུར་མེད་མཁའ་ལ་ཟླ་བ་བཞིན། །སྐུ་གསུམ་བདེ་ཆེན་གནས་སུ་མངོན་སངས་རྒྱས། །ཞེས་གཙོད་གདན་ཐོག་གཅིག་མའི་ཁྲིད་ཡིག་ཕྲིན་ལས་རྒྱ་མཚོ་ལས། གཞན་ཕན་འཕོ་བའི་རིམ་པ་འདི། རས་ཆེན་གྲོགས་མཆེད་ཀྱིས་ཡང་ཡང་ནན་ཏུར་བསྐུལ་བའི་ངོར། ཤཱཀྱའི་དགེ་སློང་ཀྲེའོ་ཆོས་ཀྱི་རྒྱ་མཚོ་ཞེས་བྱ་བས་དབེན་གནས་ཆེན་པོ་ཐར་པ་གླིང་དུ་སྦྱར་བའོ། །ལྷ་ཐབས་ཀྱི་ཡིག་ཆུང་ངོ་།། །།

༄༅། །ནམ་མཁའ་སྒོ་འབྱེད་ཀྱི་འཕོ་བ་བར་དོའི་ཐོབ་རྒྱལ་
འབྱུང་ལུགས་བསྡུས་པ་བཞུགས་སོ། །

བླ་མ་དང་མཁའ་འགྲོའི་ཚོགས་ལ་ཕྱག་འཚལ། གཅོད་ནམ་མཁའ་སྒོ་འབྱེད་ཀྱི་འཕོ་བའི་རིམ་པ་བྱེད་དུས་བར་དོ་ངོས་འཛིན་གྱི་ངོ་སྤྲོད་པ་ནི། སམ་པུ་ཊི་ལས། བཅུ་གཉིས་མཐའ་ཡི་ཚིག་གི་དོན། །གང་གིས་རྟག་ཏུ་གོམས་གྱུར་ན། །དེ་ནི་དངོས་གྲུབ་བདེ་བའི་ཕྱིར། །རྡོ་རྗེ་འཛིན་པར་རང་ཉིད་འགྱུར། །ཅེས་གསུངས་པའི་དོན་འདི་ལ་གཉིས་ཏེ། བར་དོ་གསུམ་ལ་རིམ་གྱིས་བསྒྲོད་པ་དང་། ཅིག་ཅར་དུ་བསྒྲོད་པ་གཉིས་ལས། འཆི་བ་དོན་དམ་བདེན་པའི་ལམ་དུ་འཆར་བ་ནི། བར་དོ་དང་པོ་སེམས་སྣང་བ་གསུམ་གྱི་སྒོ་ནས་ཆོས་ཀྱི་སྐུ་དངོས་གཟུང་བ་ནི། དང་པོ་འབྱུང་བ་བཞི་ཐིམ་པའི་དུས་སུ། ས་ཆུ་ལ་ཐིམ། ཆུ་མེ་ལ་ཐིམ། མེ་རླུང་ལ་ཐིམ། རླུང་རྣམ་པར་ཤེས་པ་ལ་ཐིམ་སྟེ། འབྱུང་བཞིའི་ཐིམ་ལུགས་ཡིན། དབང་པོ་སྒོ་ལྔའི་ཡུལ་ཐིམ་ལུགས་ནི་མིག་གི་གཟུགས་མི་གསལ་ཞིང་རྣ་བའི་སྒྲ་ལ་ཐིམ། རྣ་བའི་སྒྲ་མི་གསལ་ཞིང་སྣའི་དྲི་ལ་ཐིམ། དྲི་མི་ཚོར་ཞིང་ལྗེའི་རོ་ལ་ཐིམ། རོ་མི་མྱོང་ཞིང་ལུས་ཀྱི་རེག་བྱ་ལ་ཐིམ། རེག་བྱ་མི་ཚོར་ཞིང་ཡིད་ཀྱི་རྣམ་པར་ཤེས་པ་ལ་ཐིམ། ཡུལ་ལྔ་ཐིམ་པ་སྟེ་དགུ།

སྣང་བ་གསུམ་ལ། རྣམ་པར་ཤེས་པ་སྣང་བ་ལ་ཐིམ་པའི་དུས་སུ་ཕྱི་རྟགས་ཟླ་བ་ཤར་བ་ལྟ་བུ་ལ། ནང་རྟགས་དུ་བ་ལྟ་བུ་འབྱུང་། སྣང་བ་མཆེད་པ་ལ་

ཐིམ་པའི་དུས་སུ་ཕྱི་རྟགས་ཉི་མ་ཤར་བ་ལྟ་བུ་ལ། ནང་རྟགས་ཤེས་པ་མར་མེ་ལྟ་བུ་འབྱུང་། མཆེད་པ་ཐོབ་པ་ལ་ཐིམ་པའི་དུས་སུ། ཕྱི་རྟགས་མུན་པ་ལྟ་བུ་ལ། ནང་རྟགས་མར་མེ་ལྟ་བུ་འབྱུང་། དེ་ལྟར་སྣང་བ་གསུམ་ཐིམ་པ་སྟེ་བཅུ་གཉིས་ཐིམ་པའི་རྗེས་ལ། ཐོབ་པ་འོད་གསལ་ལ་ཐིམ་པ་ན། རྟགས་ཐོ་རངས་ཀྱི་སྐྱ་རེངས་ཤར་བ་ལྟ་བུ་གསལ་ཞིང་སྟོང་བ་འབྱུང་། ཤེས་པ་ནམ་མཁའ་སྤྲིན་དང་བྲལ་བ་སྟོན་ཀའི་ནམ་མཁའ་ལྟར་དྲི་མ་མེད་པ་སྟེ། མི་རྟག་པ་བློ་འདས་འོད་གསལ་མ་བུ་འཕྲོད་པའི་སྐབས་ཡིན་པས། རྣལ་འབྱོར་པ་ལ་སྔར་བསྒོམས་པའི་སྟོབས་ཀྱིས་རང་བཞིན་ཤར་ནས་ངོས་ཟིན་ཏེ། རང་བཞིན་གྱིས་འོད་གསལ་འཆར་བ་ངོས་ཟིན་ཏེ། མཉམ་རྗེས་སྒྱུ་མ་ལྟ་བུ་ཡེ་ཤེས་ཀྱི་སྐུར་གྱུར་ཏེ། སློབ་པའི་ཟུང་འཇུག་ཅེས་བྱ་བ་ཟུང་འཇུག་གི་སྐུ་ཐོབ་ནས། རྣམ་པ་གཟུགས་སྐུ་ལ་ངོ་བོ་ཆོས་སྐུར་གནས་པའི་དུས་སུ། སྐུ་གཅིག་གིས་ཞིང་ཁམས་ཐམས་ཅད་ལ་ཁྱབ་པ་དང་། གསུང་གཅིག་གིས་གདུལ་བྱ་སོ་སོར་གོ་བ་དང་། ཐུགས་ཏིང་ངེ་འཛིན་ལས་མི་གཡོ་བས། ཏིང་ངེ་འཛིན་གྱི་སྒོ་བསམ་གྱིས་མི་ཁྱབ་པ་ལ་འཇུག་ཅིང་སྤྲོ་བསྡུ་བྱེད་པ་སྟེ། ཐམས་ཅད་མཁྱེན་པར་གྱུར་པ་ཡིན་ཏེ། ས་དང་པོ་ནས་བཅུ་ཡི་བར་དུ་རིམ་གྱིས་བགྲོད་ནས། བཅུ་གཅིག་པ་ཀུན་ཏུ་འོད་ནས་བཅུ་གཉིས་པ་ཡེ་ཤེས་ཆེན་པོ་ལ་སློབ་པ་དང་། མི་སློབ་པའི་ཟུང་འཇུག་གིས་བསྒྲོད་དེ། རྣལ་འབྱོར་ཆེན་པོ་གཉིས་སུ་མེད་པ་རྣམ་པར་རྒྱལ་བའི་རྒྱུད་ནས། བསྐྱེད་པའི་རིམ་པ་ལ་གནས་པའི། །རབ་ཏུ་དགའ་བ་ནས་བརྩམས་ཏེ། །མངོན་དུ་གྱུར་པའི་བར་བགྲོད་དེ། །ས་བརྒྱད་པའོ། །སྣང་བ་གསུམ་ལ་ཞུགས་པ་དག །ས་བཅུ་ལ་ནི་ངེས་པར་གནས། །རང་བཞིན་བརྒྱད་ཅུ་དྲུག་ཅུ་སོགས། །འོད་གསལ་

བ་ལ་ཐིམ་གྱུར་པས། །སྒྱུ་བྱ་སྦྱོང་བྱེད་གཉིས་ལ་ནི། །སློབ་དང་མི་སློབ་རྣམ་གཉིས་ཀྱི། །བཅུ་གཅིག་བཅུ་གཉིས་བདེ་གཤེགས་ལ། །དེར་གནས་བདེ་བ་ཆེན་པོ་ཡི། །བཅུ་གསུམ་རྡོ་རྗེ་འཛིན་ལ་གནས། །ཞེས་སམ། ས་བཅུ་གཉིས་བསྒྲོད་ནས་བཅུ་གསུམ་རྡོ་རྗེ་འཛིན་པའི་ས་ལ་གནས་པ་ན། རྡོ་རྗེ་འཛིན་པར་རང་ཉིད་འགྱུར། །ཞེས་པ་དང་། དབང་པོ་ཡང་རབ་ཀྱིས་སྒྱུ་ལུས་འོད་གསལ་གྱིས་སེམས་སྦྱང་། དེ་ལ་ཟུང་འཇུག་བཅུ་གསུམ་རྡོ་རྗེ་འཛིན་པའི་ས་མངོན་དུ་བྱས་པའོ། །དབང་པོ་ཡང་རབ་བྱང་ཆུབ་སེམས་དཔའ་ཆེན་པོ་རྣམས་དང་མཐུན་པ། ས་བཅུ་གཅིག་པ་ལ་གནས་ཤིང་། དེའི་ངང་ལས་ཏིང་ངེ་འཛིན་གྱི་རྩལ་སྦྱངས་པས་ཐམས་ཅད་མཁྱེན་པར་འགྱུར་བ་དང་། འབྲིང་གིས་ལམ་རིམ་པ་ནས་རིམ་པར་བསྒྲོད་དེ། རིག་པ་འཛིན་པ་མཁའ་སྤྱོད་དུ་ལུས་འཇའ་ལུས། སེམས་ཆོས་སྐུར་གནས་པ་དང་། ཐ་མལ་ལུས་ཀྱི་རྩོལ་བ་དང་། ལྷ་བའི་གདེང་གིས་གར་བསྒོད་པའི་སར་འཕོས་པས། བདེ་གསལ་དེ་ཉིད་རྟོགས་པའི་རྒྱུར་གྱུར་ནས་སངས་རྒྱས་པར་འགྱུར་བའོ། །

ཚེ་འདི་ཉིད་ལ་ཅིག་ཅར་དུ་འཇུག་པ། འོད་གསལ་རྒྱུད་ལ་ཤར་ནས་སངས་རྒྱས་པ་ལ། རྟགས་ལྔ་དང་། ཡོན་ཏན་བརྒྱད་འགྱུར་དགོས་ཏེ། ས་ཆུ་ལ་ཐིམ་པའི་རྟགས་སུ་དུ་བ་ལྟ་བུ། ཆུ་མེ་ལ་ཐིམ་པའི་རྟགས་སྨིག་སྒྱུ་ལྟ་བུ། མེ་རླུང་ལ་ཐིམ་པའི་རྟགས་སྲིན་བུ་མེ་ཁྱེར་ལྟ་བུ། རླུང་ནམ་མཁའ་ལ་ཐིམ་པའི་རྟགས་སུ་སྤྲིན་མེད་པའི་ནམ་མཁའ་ལྟ་བུ་འཆར་ཏེ། བསྐྱེད་རྫོགས་ཟུང་འཇུག་བསྒོམས་པ་ལ་བརྟེན་ནས། ཞི་གནས་ཀྱི་དུས་སུ་ས་ཆུ་མེ་རླུང་བཞི་མངོན་དུ་གྱུར་པ་སྟེ། འབྱུང་བ་བཞིའི་རླུང་ཨ་བ་དྷཱུ་ཏིར་དབང་དུ་འདུས་པའི་རྟེན་འབྲེལ་དུ་ཤེས་པར་

བྱའོ། །ནམ་མཁའ་ལྟ་བུ་ནི་ལྷག་མཐོང་རྟོགས་པའི་རྟགས་སོ། །ཡོན་ཏན་བརྒྱད་འཆར་བ་ནི་ས་ཡི་ཡོན་ཏན་ལུས་མདངས་ཆེ་བ། ཆུ་ཡི་ཡོན་ཏན་ལུས་སྣུམ་པ། མེ་ཡི་ཡོན་ཏན་ལུས་བཀྲག་ཆེ་བ། རླུང་གི་ཡོན་ཏན་ལུས་ཡང་བ། ཟླ་བའི་གྲིབ་མ་གཞན་གྱིས་མི་མཐོང་བ། ཉི་མའི་གཟུགས་མི་སྣང་བ། ནམ་མཁའི་ཡོན་ཏན་སྟོན་ཀའི་དུས་ཀྱི་ནམ་མཁའ་ལྟ་བུ། ཉིན་མཚན་མེད་པར་མིག་ཧྲེ་བཙུམ་མེད་པ་འབྱུང་བའོ། །དེ་ལྟར་ཡོན་ཏན་བཅུ་གཉིས་པོ་མངོན་དུ་གྱུར་ན། བཅུ་གཉིས་མཐའི་ཚིག་གི་དོན་ཞེས་པ་སྟེ། ཐ་མ་ཐམས་ཅད་ཀུན་ཏུ་སོན་པའི་ཡོན་ཏན་བདེ་བ་སྤྲོས་མེད་ལྷན་ཅིག་སྐྱེས་པའི་ཡེ་ཤེས་ནང་ནས་འཆར་བ། འོད་གསལ་རྒྱུན་ཆད་མེད་པ་འབྱུང་སྟེ། རྟེན་གྱི་གང་ཟག་གིས་རྟག་ཏུ་མཉམ་རྗེས་མེད་པར་བསྒོམ་པར་བྱེད་ན། ཕྱག་རྒྱ་ཆེན་པོ་མཆོག་གི་དངོས་གྲུབ་ཚེ་འདིར་ཐོབ་སྟེ། རྡོ་རྗེ་འཛིན་པར་རང་ཉིད་འགྱུར། །ཞེས་པ། བཅུ་གསུམ་རྡོ་རྗེ་འཛིན་པའི་ས་ལ་གནས་པའི་དོན་ཡིན་ནོ། །

རིམ་གྱི་པ་དང་ཅིག་ཅར་བ་གང་གི་སྒོ་ནས་བསྒོམས་པས་མངོན་དུ་གྱུར་པའི་དུས་སུ། སྐུའི་སྒོ་དགུ་འགག །གསུང་གི་སྒོ་བཞི་འགག །ཐུགས་ཀྱི་སྒོ་གཉིས་འབྱེད་པའོ། །སྒོ་དགུ་ནི། བུ་ག་དགུའི་རླུང་ཡིན་པས། བསྡུས་ན། དབང་པོ་སྒོ་ལྔའི་རླུང་དང་། ཡིད་ཀྱི་རྣམ་པར་ཤེས་པའི་རླུང་དང་དྲུག་སྟེ་རླུང་དེ་རྣམས་ཀྱི་རྒྱུ་བ་རགས་པ་འགགས་ཏེ། མིག་གི་རླུང་དང་། སྣའི་རླུང་དང་། རྣ་བའི་རླུང་དང་། ལྕེའི་རླུང་། ལུས་ཀྱི་རེག་བྱའི་རླུང་། རྣམ་པར་ཤེས་པའི་རླུང་དང་དྲུག་ཏུ་འབྱུང་། དེའི་ཐོག་ཏུ་གསུང་གི་སྒོ་བཞི་འགག་པ་ནི། སྣ་བུག་གཉིས་ནས་འབྱུང་བཞིའི་རླུང་ལ། གཡས་དང་གཡོན་དང་གཉིས་ཀ་དང་། །དལ་བར་རྒྱུ་བ་རྣམས

བཞི་རྒྱུ། །ཞེས་པ་སྟེ། འབྱུང་འཇུག་རྒྱུན་ཆད་པ་དང་། ཐུགས་ཀྱི་སྒོ་གཉིས་དབྱེ་བ་ནི། སྙིང་མ་རིག་པའི་རྩ་བུག་དབྱེ་བ་དང་། སྨིན་མཚམས་ཀྱི་མཛོད་སྤུའི་ཡེ་ཤེས་ཀྱི་ཐོངས་དབྱེ་བའོ། །གསུང་གི་སྒོ་བཞི་འགགས་ནས་ཐུགས་ཀྱི་སྒོ་གཉིས་དབྱེ་བ་སྟེ་བཅུ་གཉིས་སོ། །ལུས་ཀྱི་གནས་ཆེན་པོ་བཅུ་གཉིས་པོ་རྣམས་སུ། རྩའི་མདུད་པར་གཏུམ་མོའི་མེ་སྦར་ནས་ཐིག་ལེ་ཁ་འབུས་པས། རྩ་མདུད་གྲོལ་བས། ས་བཅུ་གཉིས་བསྒྲོད་པའི་དོན་དང་། རླུང་གི་དབང་དུ་བྱས་ན། རྩ་བའི་རླུང་ལྔ། ཡན་ལག་གི་རླུང་ལྔ། སྲོག་རྩོལ་གྱི་རླུང་གཉིས་དབུ་མར་ཐིམ་པས་མི་རྟོག་པའི་ཡེ་ཤེས་འཆར། སེམས་ཀྱི་དབང་དུ་བྱེད་ན། ལྟེ་བར་སྐུའི་ཐིག་ལེ་གསུམ། སྙིང་གར་ཐུགས་ཀྱི་ཐིག་ལེ་གསུམ། མགྲིན་པར་གསུང་གི་ཐིག་ལེ་གསུམ། སྤྱི་བོ་བདེ་ཆེན་གྱི་འཁོར་ལོར་བདེ་བའི་རྟེན་ཐིག་ལེ་གསུམ་དང་བཅུ་གཉིས་པོ་དོན་དམ་བདེ་བ་བསྐྱེད་པ་སྟེ་རྩ་སྐུ་རྡོ་རྗེ་སྐྱེ་མེད་དུ་དག །རླུང་གསུང་རྡོ་རྗེ་བརྗོད་མེད་དུ་དག །ཐིག་ལེ་ཐུགས་རྡོ་རྗེ་རྟོག་མེད་དུ་དག །རྡོ་རྗེ་གསུམ་པོ་རོ་གཅིག་པ་ཟུང་འཇུག་ཆེན་པོ་ཡེ་ཤེས་ཀྱི་རྡོ་རྗེ་དག་པར་རང་ཉིད་འགྱུར་ཞེས་པའོ། །རྟེན་འབྲེལ་བཅུ་གཉིས་ཡང་རྟོགས་པར་འབྱུང་སྟེ། མ་རིག་པ་ནས་རྒ་ཤིའི་བར་དུ་འགག་སྟེ། ཤེས་སུ་ཐིམ་པས། སྣང་བ་གསུམ་གྱི་སྒོ་ནས་འོད་གསལ་ཆོས་ཀྱི་སྐུ་ངོས་གཟུང་། འབྲས་བུ་ཐོབ་པ་བསྟན་པའོ། །

བར་དོ་གཉིས་པ་དག་མ་དག་གི་སྒྱུ་ལུས་ངོས་བཟུང་ནས། སྲིད་པ་བར་དོར་སངས་རྒྱ་བའི་ཚུལ་ནི། ཞག་ཕྱེད་དང་བཞི་ཕན་ཆོད་ལ་སྟོ་མའི་ལུས་སུ་སྣང་སྟེ། སྔོན་བྱུང་སྲིད་པའི་ཤ་གཟུགས་ཅན། །དབང་པོ་ཀུན་ཚང་ཐོགས་མེད་རྒྱུ། །ལས་ཀྱི་རྫུ་འཕྲུལ་ཤུགས་དང་ལྡན། །མི་རྟོག་འདི་ནི་དྲི་ཟ་འོ། །ཞེས་པ། བྱིས་པ་ལོ་ལྔ་

པའི་ཚད་ཙམ་སྟེ། ཟས་སུ་དྲི་ཟ་བ། ལུས་ལ་ཐོགས་རྡུགས་མེད་པ། འབྱུང་བའི་གནོད་པས་མི་ཚུགས་པར་འགྲོ་བའོ། །དབང་པོ་རྣོན་པོའི་སེམས་དང་ལྡན་པ་སྟེ། ལས་ཀྱི་སྟོབས་ལས་འབྱུང་བ་ཡིན་ནོ། །བར་དོར་སེམས་ཅན་ཕོ་མོ་སྦྱོར་བ་བྱེད་པ་མཐོང་བར་འགྱུར་ཏེ། དང་པོ་སྐྱེ་ཤི་བར་དོར་བླ་མ་ཡབ་ཡུམ་ལ་གསང་བའི་དབང་ཞུ་བའི་དུས་བཞིན་དུ། མིག་སེར་ཞེ་སྡང་ཀུན་སྤངས་ནས། བླ་མ་དང་ཡི་དམ་ཡབ་ཡུམ་དུ་བསམ་ལ། དབང་དང་གདམས་ངག་ཞུ་བར་བྱེད་བསམ་ནས་བསྒོམ་བྱའོ། །དེ་ཡིས་སྲིད་པ་བར་དོ་ཁེགས་པར་འགྱུར། སྐྱོ་ངན་པ་བགག་ཅིང་བཟང་པོ་བསྒྲུབ་པ་ནི། ངན་པ་ནི་ཁྱི་ཕག་དང་། དུད་འགྲོ་དང་། མི་སྡིག་ཅན་དང་། རིགས་ངན་དུ་མི་འཇུག །སྡུགས་པ་དམ་ཚིག་ཅན་དང་། དགེ་བཤེས་ཡོན་ཏན་ཅན་དང་། མི་ཆོས་ལ་དཀར་བ་དད་པ་ཅན་གྱི་རྒྱུད་དུ་འཇུག་སྟེ། དེ་ཡང་བླ་མ་ཡབ་ཡུམ་ལ་གསང་དབང་ངམ། དབང་དང་མན་ངག་ཞུ་བསམ་པ་བྱས་ནས་འཇུག་པར་བཤད་པའོ། །

བར་དོ་སྤྱིར་བཤད་པའི་ལུགས་བྱས་ནས། སྐྱེ་ཤི་བར་དོ། རྨི་ལམ་བར་དོ། སྲིད་པ་བར་དོའོ། །སྐྱེས་ནས་མ་ཤིའི་བར་ལ་སྐྱེ་ཤི་བར་དོ། གཉིད་ནས་མ་སད་ཀྱི་བར་དུ་རྨི་ལམ་བར་དོ། ཤི་ནས་ལུས་མ་བླངས་ཀྱི་བར་དུ་སྲིད་པ་བར་དོར་བཤད་པའོ། །ཕྱག་རྒྱ་ཆེན་པོ་ཅིག་ཅར་དུ་རྟོགས་པའི་རྣལ་འབྱོར་པ་ལ་བར་དོ་ཡོད་པར་མ་བཤད་དོ། །རིམ་གྱི་པའི་སྒོམ་ལུགས་ཀྱི་ཁྱད་པར་དུ་བར་དོ་ཙུང་ཟད་འབྱུང་བར་བཤད་པ་ཡིན་ནོ། །རང་བཞིན་པ་ལ་ནི་ལྟ་ཅི་སྨོས་སོ། །དེ་བས་ན་རྣལ་འབྱོར་པ་ཐམས་ཅད་ཀྱིས་གཡེལ་བ་མེད་པར་ཕྱག་རྒྱ་ཆེན་པོ་འོད་གསལ་བསམ་གྱིས་མི་ཁྱབ་པ་ཉམས་སུ་བླང་བར་བྱའོ། །དེ་ལྟར་མ་བྱུང་བ་རྣམས་ཀྱིས

ཀྱང་བསྐྱེད་རྫོགས་བསྒོམ་ཞིང་། དབང་བཞི་ལེན་པ་སོགས་ཀྱི་ལས་རིམ་ལ་སྟུགས་བསྒྲིངས་ཏེ་འབད་པ་བརྟོན་ནས་བསྒོམ་པར་བྱའོ། །གཙོད་གདན་ཐོག་གཅིག་མའི་ཁྲིད་ཡིག་ཕྲིན་ལས་རྒྱ་མཚོ་ལས། ནམ་མཁའ་སྒོ་འབྱེད་ཀྱི་འཕོ་བ་བར་དོའི་ཐོབ་ཚུལ་འབྱུང་ལུགས་བསྡུས་པ་འདི། མི་ཉག་རྟོགས་ལྡན་དཔལ་ལྡན་སེང་གེ་དང་། འབྲོག་མོ་རས་ཆེན་པ་བརྩོན་འགྲུས་རྒྱ་མཚོ་ཆོས་གྲོགས་ཀྱིས་ཡང་ཡང་བསྐུལ་བའི་ངོར། ཤཱཀྱའི་དགེ་སློང་ཀྲེ་ཝོ་ཆོས་ཀྱི་རྒྱ་མཚོ་ཞེས་བྱ་བས་མཚུར་ཕུ་བདེ་ཆེན་བསམ་གཏན་སྒྲིངས་ཆེན་དུ་སྦྱར་བའོ། །སྒྲ་བརྗོད་བྲལ་བ་ཆོས་ཀྱི་སྐུ། །ཟུང་འཇུག་བདེ་ཆེན་དབུ་མའི་ལམ། །བར་དོ་རྣམ་གཉིས་སྐུ་གསུམ་རྫོགས། །རྡོ་རྗེ་འཆང་ཆེན་ཆོས་ཉིད་དབྱིངས། །ཡེ་ཤེས་མཁའ་འགྲོ་སྒྱུ་མའི་སྐུ། །བསྐྱེད་རྫོགས་གཉིས་པ་ཧེ་རུ་ཀ །བཞི་གསུམ་བཅུ་གཉིས་ཕྱིར་མི་ལྡོག །རྡོ་རྗེ་འཛིན་པ་དེར་འགྱུར་རོ། །ལྷན་ཐབས་ཀྱི་ཡིག་ཆུང་འཕོ་བའི་ཆ་ལག །མངྒལཾ།། །།

༄༅། །ཐིག་ལེའི་རྣམ་བཤད་རིན་ཆེན་རྒྱན་འདྲ་བཞུགས་སོ། །

དཔལ་བདེ་བ་ཆེན་པོ་ལ་ཕྱག་འཚལ་ལོ། །ནམ་མཁའ་སྒོ་འབྱེད་ཀྱི་འཕོ་བ་བྱེད་པའི་དུས་དམིགས་བྱ་ཐིག་ལེའི་སྒྲ་དོན་དང་རྣམ་པ་བཤད་པ་ལ། དབྱིབས་དང་ཚད། ཁ་དོག་བཤད་པ། སྒྲ་དོན་ནི། ཐིག་དང་ལེ་གཉིས་ཏེ། ཐིག་ཅེས་བྱ་བ་བདེ་བ་ཆེན་པོ་སྙིང་པོ་ངོ་བོ་ཉིད་ཀྱི་སྐུའོ། །ལེ་ཞེས་བྱ་བ་ནི། འཁོར་འདས་ཀྱི་དབུས་སུ་གནས་པ་དང་། སྣང་བ་དུ་མ་གདལ་བ་ཞེས་བྱ་བའི་དོན་ནོ། །དབྱིབས་ནི་ཡུངས་ཀར་རམ། སྲན་མ་ལྟ་བུའི་ཟླུམ་པོ་ཧྲིལ་མོའོ། །ཚད་དང་ཁ་དོག་ནི། མ་གཅིག་གི་ཞལ་ནས། རླུང་ཤུགས་ཀྱི་སྟོབས་ཀྱིས་ཕུལ་ཏེ། སེམས་ནམ་མཁའི་དབྱིངས་སུ་འཕངས་ནས། ལུས་སེམས་ཕྲལ་བར་བྱ་སྟེ། དེ་ཡང་རྣམ་ཤེས་ཐིག་ལེ་ལ་བརྟེན་ནས། དམིགས་བཅས་རྫས་ལས་གྲུབ་པའི་ཚུལ་གྱིས། སྤྱི་བོར་འཕོ་བ་བྱེད་པའི་ལུགས་འདི་ལྟར་ཡིན་པ་ཡིད་ལ་ཟུང་ཤིག་བུ། ངས་ལེགས་པར་བཤད་དོ། །ཁྱོད་ཉོན་ཅིག་ཨང་། འོ་ན་རང་གི་བྱང་ཆུབ་སེམས་ཀྱི་ཐིག་ལེ་དཀར་དམར་གཉིས་གཅིག་ཏུ་འདྲེས་པ་ལས། བྱ་དང་པོ་ཚང་གསར་པ་དེའི་སྒོ་ང་ཙམ། དཀར་ལ་འཚེར་བ། སྨུམ་ལ་འདྲིལ་བ། གསལ་ལ་དྭངས་པ། འོད་ཀྱི་རང་བཞིན་འོད་ཟེར་འབར་བའི་རྣམ་པ་ཅན་ཆེ་ཆུང་མཐེའུ་ཆུང་གི་ཚིགས་མགོ་ཙམ་མི་མཉམ་པ་མེད་ཅིང་ཤིན་ཏུ་ཟླུམ་པའི་རྣམ་པ་ཅན་དུ་དམིགས་དགོས་སོ། །དེ་ཡང་རྒྱ་གར་གྱི་མཁན་པོ་པོ་ཏ་རིའི་ལྷོ་ཕྱོགས་ངོས་སུ། བྲག་སྔོན་པོ་བཻཌཱུརྻའི་མདོག་ལྟར་རབ་ཏུ་སྔོ་བའི་དཀྱིལ་

དུ། ཕུག་པ་བཟང་པོ་བྱ་བ་དབྱིབས་ཆོས་འབྱུང་ལྟར་འདུག་ཅིང་འཇའ་འོད་སྣ་ལྔའི་རི་མོ་འཆར་ཞིང་། འཇའ་ཚོན་འཁྲིག་པའི་ཕུག་པ་ཤིན་ཏུ་བཟང་བ་ཡོན་ཏན་དུ་མ་དང་ལྡན་པ། དཔའ་བོ་དང་དཔའ་མོ་མཁའ་འགྲོའི་ཚོགས་རྣམས་དུས་རྟག་ཏུ་འདུ་བའི་ཕུག་པ་དེར། སྔར་ང་འདུག་པའི་ཙནྡན་གྱི་ཚལ་ཆེན་པོའི་གསེབ་ཏུ་བྱིའུ་ཆུང་ཅིག་ཆུང་བྱ་བ་མདོག་སྔོ་ལྗང་ལ་གཤོག་པ་གཉིས་དཀར་པོ་ཟླ་ཕྱེད་ལྟ་བུ་མཛུག་མའི་ལེབ་མ་ལྔ་ཡོད་པ། ཁ་དོག་སྣ་ལྔའི་རང་བཞིན་ཅན། རྐང་པ་ཉ་ཕྱིས་ཀྱི་མདོག་དང་མཚུངས་པ། སེན་མོ་དང་མཆུ་ནི་དཀར་པོ། མིག་དམར་ལ་མགྲིན་པ་ཡན་ཆད་ཀྱི་མགོ་བོ་རྨ་བྱའི་མདོངས་ཀྱི་ཁ་དོག་དང་མཚུངས་པའི་སྤྱི་བོར་སྤྲོ་འཛག་མ་གསུམ་ཁ་དོག་འོད་སྣ་ཚོགས་འབར་བའི་གཙུག་ཕུད་དང་ལྡན་པ་ཞིག་ཡོད་པ་དེས། འབུ་སྲིང་སྲོག་ཆགས་ཀྱི་རིགས་མི་གསོད་ཅིང་། ས་ལ་རྐང་པ་མི་འཛོག་པར་མེ་ཏོག་དང་ལྗོན་ཤིང་གི་ཁ་ལ་རྟག་ཏུ་འདུག་ཅིང་། ཏཱ་རེ་ཏུཏྟཱ་རེ་སྐད་འགྱུར་ཤིན་ཏུ་སྙན་པ་དང་མི་འབྲལ་བར་བྱེད་པ་དང་། མེ་ཏོག་བཟང་པོའི་ཟེའུ་འབྲུ་དང་ག་བུར་ལ་སོགས་པའི་དྲི་ཤིན་ཏུ་བཟང་པོའི་སྨན་སྣ་ཚོགས་པ་ལ་བཟའ་བ་བྱེད་ཅིང་། ག་བུར་གྱི་སྡོང་པོའི་ནང་དུ་ཉལ་བ། ཆགས་པ་མཆུ་གཉིས་སྦྲད་པས་དབྱུགས་ཀྱི་ཁྱིམ་པར་བྱེད་པའི་བྱིའུ་ལ་སྒོ་ང་གཉིས་ཁ་ནང་དུ་ཕར་འབྱུང་སྟེ། ག་བུར་ཡི་ནང་དུ་བཞག་ནས་ཚང་དེ་རུ་བཅས་པའི་བྱ་ཕོ་མོ་གཉིས་ནི། རྗེ་བཙུན་སྒྲོལ་མས་བྱིན་གྱིས་བརླབས་པའི་བྱ་ཡིན་པར་འདུག་ལ། ཁ་ཅིག་གིས། སྒྲོལ་མའི་སྤྲུལ་པ་ཡིན་པར་སྨྲ་བ་ཡང་བྱེད་དོ། །གང་ཡིན་ཀྱང་ཕལ་པའི་བྱ་མ་ཡིན་པར་ངེས་པས། བྱ་དེའི་རིལ་མ་ལོན་ན་ཁོང་དུ་བཏང་བས་ནད་རིགས་བཞི་བརྒྱ་རྩ་བཞི་ཐམས་ཅད་འཇོམས་ཤིང་སེལ་བར་བྱེད། བྱ་དེའི་

ཤ་ཟོས་ན་མཆོག་གི་དངོས་གྲུབ་ཐོབ། སྲོ་དང་སྦུ་ཡིན་ཡང་ཐུན་མོང་གི་དངོས་གྲུབ་ཐོབ། མཐོང་བ་དང་སྐད་ཐོས་པས་ཀྱང་ངན་སོང་ལས་ཐར་ནས་ལྷ་མི་ལ་འགོད་པར་ནུས་པ་སྟེ། བྱ་དེ་ནི་ཤིན་ཏུ་དཀོན་ལ་གྲངས་ཉུང་ཅིང་། ལས་དང་སྐལ་བར་ལྡན་པ་ཞིག་མིན་པས་སུ་ཡིན་ཡིན་གྱིས་མཐོང་དུ་མི་བཏུབ་པ་ཡིན་ནོ། །

བྱ་དེ་གཉིས་ཀྱིས་འབུ་སྲིང་དང་། བྱ་རིགས་གཞན་དང་། ནགས་ལ་གནས་པའི་སེམས་ཅན་མང་པོ་ལ་ཆོས་ཀྱི་འབྲེལ་པ་བྱེད་ནས་ཐར་པ་ལ་འགོད་པར་བྱེད་པའི་ལས་ཡོད་པ་ཡིན་ཅིང་། སྒོ་ང་གཉིས་ལ་བྱེའུ་གཞོག་རྩལ་ནུས་པ་རེ་རེད་པས་ན། བྱ་ཕོ་མོ་གཉིས། ཚང་དང་། བྱིལ་བུ་གཉིས་དང་། ཡུལ་དེ་ལ་མི་ཆགས་ཤིང་། ཤར་ནུབ་བམ། ལྷོ་བྱང་ལྟ་བུར་སོ་སོར་སོང་ནས། དེ་ཕྱིན་ཆོད་ཚང་སྤྱིལ་བར་མི་བྱེད་པ། འཁོར་བའི་བྱ་བ་ལ་སྐྱོ་བ་སྐྱེས་པའི་ཚུལ་སྟོན་པ་ཡིན་ནོ། །

ཡང་བྱེའུ་གཉིས་ལ་ཚང་གཅིག་ཆོད་པའི་སྒོ་ང་གཉིས་ལ་བྱིལ་བུ་གཉིས་རེད་པ་དང་། བྱ་ཕ་མ་གཉིས་ཕྱོགས་གཉིས་སུ་སོ་སོར་བྱེར་ནས་དེ་ཕྱིན་ཆད་ཚང་མི་བཟུང་བས། བྱ་ཅོག་ཆུང་གི་སྒོ་ངའི་སྒོང་ཤུན་ནི་དཀར་ལ་དམར་བའི་ཟེར་ཅུང་ཟད་ཆགས་ཤིང་སྣུམ་པའི་མདངས་དང་ལྡན་པ། སྒྲིབ་གཡོགས་མེད་པར་ཤེལ་ལྟར་གསལ་བ། འོད་ཟེར་འབར་བས་འདོམ་པ་བཞི་ཙམ་གྱི་མུན་པ་སེལ་ནུས་པའི་ཕྱི་ཡི་ཤུན་པས་ཡེ་ཤེས་མཚོན་ནུས་པའོ། །ནང་གི་སྒོ་ངའི་ཤུན་པའི་ཕྱི་རིམ་དཀར་པོ་དེའི་ནང་དུ་དམར་པོ། དེའི་ནང་དུ་སེར་པོ། དེའི་ནང་དུ་ལྗང་གུ། དེའི་ནང་དུ་སྔོ་སྐྱ། དེའི་ནང་དུ་མཐིང་ག་ནམ་མཁའི་མདོག་གམ། དེ་བཻཌཱུཪྻའི་མདོག་ལྟར་ཤིན་ཏུ་སྔོ་བའི་ངར་དང་ལྡན་པ་སྲན་ཆུང་ཙམ་གྱི་དཀྱིལ་དུ། རྡོ་རྗེ་འཆང་ཡུངས་ཀར་འབྲུ་མ་ཙམ་གྱི་ཐིག་ལེ་འོད་ཁ་དོག་སྣ་ཚོགས་འཁྱུ་བ་ཞིག་གིས་མཚན་

པའི་སྒོ་ཆུའི་རིམ་པ་རྣམས་དབྱེར་མེད་དུ་གནས་ཀྱང་ཚུ་ཀླུ་ལྟ་བུའམ། མི་ཡོང་དང་གཟུགས་བརྙན་ལྟ་བུ་མ་འདྲེས་ཤིང་སོ་སོར་གསལ་པོར་མངོན་པར་རིགས་ལྔ་དང་རིགས་དྲུག་པའི་བདག་ཉིད། རིགས་རྣམས་ཀུན་གྱི་གཙོ་བོ་རྡོ་རྗེ་འཆང་རང་ཆས་སུ་མཆོན། ཁ་དོག་དྲུག་གི་རིམ་པ་དྲུག་ལ་འོད་འབར་བའི་འོད་རྣམས་ལ་རྒྱལ་བ་རང་རང་གི་ཡུམ་རྣམས་མཚོན་པ་དང་བཅས་པ་བྱ་ཙོག་ཆུང་གི་སྒོ་ང་ལ་འཛོམ་པའི་རྟེན་འབྲེལ་ཡོད་པས། རང་གི་རྣམ་ཤེས་ཡང་བྱ་ཙོག་ཆུང་གི་སྒོ་ང་ལྟར་བསྒོམས་ན་བསོད་ནམས་ཆེན་པོ་ཐོབ་པ་ཡིན་པ་ནི། ཙོག་ཆུང་གི་སྒོ་ང་ལ་རྒྱལ་བ་རིགས་ལྔ་དང་། རིགས་རྣམས་ཀུན་གྱི་གཙོ་བོ་དང་དྲུག་ལ་རང་རང་གི་ཡུམ་དང་བཅས་པ་དང་། ཡེ་ཤེས་ལྔ་དང་ལྡན་པས་སྒོ་ང་དེ་དྲན་པ་ཙམ་གྱིས་བསོད་ནམས་ཐོབ་པས། རང་གི་རྣམ་པར་ཤེས་པ་སྒོ་ངར་དམིགས་ཏེ་འཕོས་ན་བླ་ན་མེད་པའི་གོ་འཕང་ཐོབ་པར་ཚོགས་མེད་པས་ཚེ་གཅིག་ལུས་གཅིག་ལ་སངས་རྒྱས་པར་ནུས་པ་ཐེ་ཚོམ་མེད་དོ་རིགས་ཀྱི་བུ། ཞེས་གསུངས་པས། དེ་ལྟར་ཐིག་ལེའི་ཆེ་ཆུང་། ཁ་དོག །དབྱིབས་དེ་ལྟ་བུ་དང་ལྡན་པར་དམིགས་པ་ཁྲིད་དུ་བཤད་པ་བཞིན་བྱས་ན་ཡོན་ཏན་གོང་བཞིན་འབྱུང་ངོ་། །ཞེས་གཅོད་གདན་ཐོག་གཅིག་མའི་ཁྲིད་ཡིག་ཐྲིན་ལས་རྒྱ་མཚོ་ལས་ནམ་མཁའ་སྒོ་འབྱེད་ཀྱི་འཕོ་བ་བྱེད་པའི་ཐིག་ལེའི་རྣམ་བཤད་རྒྱས་པ་མ་གཅིག་ལབ་སྒྲོན་གྱི་གསུང་བཞིན། ཕྱི་རབས་ཀྱི་སེམས་ཅན་རྣམས་ལ་ཕན་པའི་ཕྱིར། ཤཱཀྱའི་དགེ་སློང་ཀྲེ་འོ་ཆོས་ཀྱི་རྒྱ་མཚོས་གདན་ས་ཆེན་པོ་དཔལ་གྱི་མཚུར་ཕུའི་གཙུག་ལག་ཁང་དུ་སྦྱར་བའོ། །དགེ་བ་གང་མཆིས་མ་རྒན་དོན་དུ་བསྔོ། །བཀྲ་ཤིས་དཔལ་འབར་གཅོད་ཡུལ་མཐར་ཕྱིན་ཤོག །ལྷན་ཐབས་ཡིག་ཆུང་ངོ་།། །།

༄། །ནམ་མཁའ་སྒོ་འབྱེད་ཀྱི་རྒྱབ་ཆོས་བཞུགས་སོ། །

ཁྲིད་འདིའི་རྒྱབ་ཆོས་ཀྱི་ལུགས་ལ། བརྒྱད་སྟོང་པ་ལས། སེམས་ནི་སེམས་མ་མཆིས་ཏེ། སེམས་ཀྱི་རང་བཞིན་འོད་གསལ་བའོ། །ཞེས་གསུངས་སོ། །འབུམ་ལས། མ་རིག་པ་རྣམ་པར་དག་པས་རྣམ་པ་ཐམས་ཅད་མཁྱེན་པ་ཉིད་རྣམ་པར་དག་པ་འདི་ལ་གཉིས་སུ་མེད་དེ་གཉིས་སུ་བྱར་མེད་སོ་སོ་མ་ཡིན་ཐ་མི་དད་དོ། །ཞེས་གསུངས། གསེར་འོད་ལས། སེམས་ཀྱི་རང་བཞིན་འོད་གསལ་གང་ཡིན་པ། །དེ་ནི་ནམ་མཁའ་བཞིན་དུ་འགྱུར་བ་མེད། །ཅེས་གསུངས་། སྟོང་ཉིད་བདུན་བརྒྱད་ལས། རེ་བ་མེད་པ་སྟོང་པ་ཉིད་དོ། །དགོས་པ་མེད་པ་སྟོང་པ་ཉིད་དོ། །ཞེས་གསུངས། ཏིང་ངེ་འཛིན་བརྒྱད་ཅུ་ལས། དཔའ་བར་འགྲོ་བའི་ཏིང་ངེ་འཛིན་དང་། རྡོ་རྗེ་ལྟ་བུའི་ཏིང་ངེ་འཛིན་དང་། སྒྱུ་མ་ལྟ་བུའི་ཏིང་ངེ་འཛིན་ཡོད་དོ། །ཞེས་གསུངས་སོ། །རྒྱུད་བླ་མ་ལས། འདི་ལ་བསལ་བྱ་ཅི་ཡང་མེད། །བཞག་པར་བྱ་བ་ཅུང་ཟད་མེད། །ཡང་དག་ཉིད་ལ་ཡང་དག་ལྟ། །ཡང་དག་མཐོང་ན་རྣམ་པར་གྲོལ། །ཞེས་གསུངས། དབུ་མ་ལས། དངོས་མེད་རྣམ་དག་ནམ་མཁའ་མཉམ། །མ་ལུས་ཚིག་མེད་ཡི་གེ་བྲལ། །འདས་དང་མ་འོངས་ཀུན་ཏུ་སྣང་། །ཀུན་ནས་མ་ལུས་ཐམས་ཅད་སྟོང་། །ཞེས་གསུངས། སྤྱོད་འཇུག་ལས། སེམས་བསྲུང་བརྟུལ་ཞུགས་མ་གཏོགས་པའི། །བརྟུལ་ཞུགས་མང་པོས་ཅི་ཞིག་བྱ། །བསླབ་པ་བསྲུང་བར་འདོད་པ་ཡིས། །རབ་ཏུ་བསྒྲིམས་ཏེ་སེམས་

སྲུངས་ཤིག །སེམས་འདི་བསྲུང་བར་མ་ནུས་ན། །བསླབ་པ་བསྲུང་བར་ཡོངས་མི་ནུས། །ཞེས་གསུངས། མདོ་སྡེ་རྒྱན་ལས། ཡེ་ཤེས་དང་ནི་དྲི་མ་གཉིས། །དེ་ནི་དྲི་བཅས་དྲི་མ་མེད། །དག་པ་བཞིན་དུ་དག་པ་འོད། །ཞེས་གསུངས། དོ་ཧ་ལས། སེམས་ཉིད་གཅིག་པུ་ཀུན་གྱི་ས་བོན་ཏེ། །གང་ལ་སྲིད་དང་མྱ་ངན་འདས་འཕྲོ་བ། །འདོད་པའི་འབྲས་བུ་སྟེར་བར་བྱེད་པ་ཡི། །ཡིད་བཞིན་ནོར་འདྲའི་སེམས་ལ་ཕྱག་འཚལ་ལོ། །ཞེས་གསུངས། སྤྱོད་འཇུག་ལས། ཡན་ལག་འདི་དག་ཐམས་ཅད་ནི། །ཐུབ་པས་ཤེས་རབ་དོན་དུ་གསུངས། །དེ་ཡི་ཕྱིར་དུ་ཤེས་རབ་སྐྱེད། །ཅེས་གསུངས། ཏི་ལོ་པས། དཔེར་ན་ནམ་མཁའ་ཁ་དོག་དབྱིབས་ལས་འདས། །དཀར་ནག་དག་གིས་གཡོ་ཞིང་འགྱུར་བ་མེད། །དེ་བཞིན་རང་སེམས་ཁ་དོག་དབྱིབས་ལས་འདས། །དགེ་སྡིག་དག་གིས་གོས་ཤིང་འགྱུར་བ་མེད། །ཅེས་གསུངས། ཡང་དེ་ཉིད་ཀྱིས། སྣ་ཚོགས་སྣང་བ་དཀར་དམར་འདི། །སྐྱེ་བ་མེད་པར་མ་རྟོགས་བར། །ཚོགས་གཉིས་ཤིང་རྟའི་འཁོར་ལོ་དང་། །བྲལ་བར་མ་བྱེད་ནཱ་རོ་པ། །ཞེས་གསུངས། ཧེ་བཛྲ་ལས། སྒོམ་མེད་སྒོམ་པ་པོ་ཡང་མེད། །ལྷ་མེད་སྔགས་ཀྱང་ཡོད་མ་ཡིན། །སྤྲོས་པ་མེད་པའི་རང་བཞིན་ལ། །ལྷ་དང་སྔགས་ནི་ཡང་དག་གནས། །ཞེས་གསུངས། དུས་འཁོར་ལས། རྟག་པ་མ་ཡིན་མི་རྟག་མིན། །གཅིག་མིན་དུ་མའི་མཚན་ཉིད་ཡིན། །དངོས་མིན་དངོས་པོ་མེད་པ་མིན། །དྲི་མེད་ཆོས་སྐུ་ལ་ཕྱག་འཚལ། །ཞེས་གསུངས། བདེ་མཆོག་ལས། རང་སེམས་ཆོས་སྐུ་མ་གཏོགས་པའི། །ཕྱི་རོལ་དོན་མཐོང་འཁྲུལ་པའི་བློ། །ཞེས་གསུངས། རྣལ་འབྱོར་རྒྱུད་ལས། རྡོ་རྗེ་སེམས་དཔའ་བདག་རང་ཉིད། །མཉམ་པར་བཞག་ནས་བསྒོམ་པར་བྱ། །གསུངས་སོ། །ནཱ་རོ་པས། རང་སེམས་སྐྱེ་མེད་ཆོས་སྐུ་ལ། །རྣམ་

རྟོག་སྣ་ཚོགས་གང་བྱུང་ཡང་། །བཙིར་གྱིས་བཟུང་ལ་ཉམས་སུ་ལོང་། །གསུངས་སོ། །མར་པས། རིག་པ་སེམས་ཀྱི་འདུག་ཚུལ་ཤེས། །གཉེན་པོ་གསར་པ་བསྒོམ་དུ་མེད། །བསྒོམ་པའི་རྟོག་པ་ཕྱི་མ་ལ། །སེམས་ལ་ལྷན་པོ་གདབ་ཏུ་མེད། །ཅེས་གསུངས། མི་ལ་རས་ཆེན་གྱིས། ངོ་ཚ་མི་ཤེས་གཅེར་ཉལ་མཁན། །ཡིད་ལ་མི་བྱེད་སྙིང་པོའི་དོན། །ནམ་མཁའི་མཚན་ཉིད་ལྟ་བ་དེ། །མི་ལ་སྒོམ་ཆེན་མ་ལགས་སམ། །ཞེས་གསུངས། རྗེ་རང་བྱུང་པས། སེམས་གསལ་དངས་ཀྱི་ཤེས་པ་ངར་དང་བཅས། །ཡུལ་གང་ཤར་གྱི་སྟེང་ལ་རྩལ་སྦྱོང་གྱིས། །ཞེས་གསུངས་སོ། །ཕ་དམ་པས། རྣམ་རྟོག་སྤངས་ནས་མི་རྟོག་བསྒྲུབ་འདོད་ན། །མར་འདོད་ཆུ་ལ་ནན་གྱིས་བསྲུབ་པ་འདྲ། །བསྐལ་པར་བསྒྲུབས་ཀྱང་དོན་མི་འགྲུབ། །དེ་བས་རྣམ་རྟོག་ཉམས་ལེན་གཅེས། །གསུངས་སོ། །མ་གཅིག་གིས། ཚོད་ནས་ཐོང་། འོག་ཐོང་། སྟོད་ཐོང་། ཞེས་གསུངས་སོ། །དེ་བཞིན་གཤེགས་པས། སྒོམ་མེད་ཡེངས་སུ་མེད་པར་བྱིན་གྱི་རློབས། །ཤེས་གསུངས། ཐམས་ཅད་མཁྱེན་པས། ད་ལྟ་ཐ་མལ་གྱི་ཤེས་པ་འདི་ཀ་ཉམས་སུ་ལོང་ཞིག་གསུང་ངོ་། །རྗེ་བཙུན་རིན་པོ་ཆེས། ལྟ་བ་ལྟ་བ་ཟེར་ཙམ་ན། །རང་གི་སེམས་ལ་ལྟ་བ་ཡིན། །མ་ཡེངས་བསྒོམ་པ་ཉམས་སུ་ལོང་། །ཞེས་གསུངས། མི་མཐུན་པ་ནི་ཀུན་ཡིན་ཏེ། །གཅིག་དོན་རྟོགས་ན་ཀུན་ལ་འགྲིག །རང་སེམས་ཆོས་སྐུའི་ངོ་བོ་ཅན། །སངས་རྒྱས་ཡིན་པར་ཕོ་ཐག་ཆོད། །ཅེས་པ་ནམ་མཁའ་སྒོ་འབྱེད་ཀྱི་ངོ་སྤྲོད་ཀྱི་རྒྱབ་ཆོས་འདི། དབེན་གནས་ཆོས་ཀྱི་དཀྱིལ་འཁོར་དུ། ཤཱཀྱའི་དགེ་སློང་ཀྲེ་འོ་ཆོས་ཀྱི་རྒྱ་མཚོས་སྦྱར་བའོ། །ལྷན་ཐབས་ཡིག་ཆུང་ངོ༎ ༎

༄༅། །ཁྲིད་ཡིག་ཐྲིན་ལས་རྒྱ་མཚོ་ལས་ཁྲིད་རྒྱབ་ལུང་གི་མཁན་པོ་བཞུགས་སོ། །

བླ་མ་དང་མཁའ་འགྲོའི་ཚོགས་ལ་ཕྱག་འཚལ་ལོ། །མཁན་པོ་གསུམ་གྱི་ངོས་འཛིན་ནི། ཁྲིད་རྒྱབ་ལུང་གི་མཁན་པོ། ངོ་སྤྲོད་ལུང་གི་མཁན་པོ། ཡིད་ཆེས་ལུང་གི་མཁན་པོ་དང་གསུམ་མོ། །དང་པོ་ནི། སྡེ་སྣོད་རིན་པོ་ཆེ་བསྟན་པའི་མདོ་ལས། དོན་ཤེས་རབ་ཀྱི་ཕ་རོལ་ཏུ་ཕྱིན་པ་རྟོགས་པར་འདོད་ན། དེ་བཞིན་གཤེགས་པའི་བཀའ་དྲི་མ་མེད་པ་དང་། དེ་ལ་བརྟེན་པའི་དགེ་བའི་བཤེས་གཉེན་དམ་པ་རྣམས་ཀྱི་མན་ངག་རིན་པོ་ཆེ་ལས་རྟོགས་པར་བྱའོ། །ཞེས་གསུངས་པས། ཐོག་མར་བླ་མའི་མཚན་ཉིད་ཇི་ལྟ་བུ་བསྟེན་དགོས་སྙམ་ན། སྡུད་པ་ལས། བླ་མ་མཁས་པ་རྣམས་ནི་རྟག་ཏུ་བསྟེན་པར་བྱ། །ཅི་ཕྱིར་ཞེ་ན་མཁས་པའི་ཡོན་ཏན་དེ་ལས་འབྱུང་། །སངས་རྒྱས་ཆོས་རྣམས་དགེ་བའི་བཤེས་ལ་བསྟེན་ཏོ། །ཞེས། ཡོན་ཏན་ཀུན་གྱི་མཆོག་ལྡན་རྒྱལ་བས་དེ་སྐད་གསུངས། །ཞེས་པ་དང་། རིན་པོ་ཆེའི་ཕུང་པོའི་མདོ་ལས། བྱམས་པས་གསོལ་པ། བླ་མ་ཇི་ལྟ་བུ་ཞིག་བསྟེན་པར་བགྱི། བཀའ་སྩལ་པ། བླ་མ་ནི་ཆོས་ཅི་དང་ཅི་སྟོན་པ་ཐམས་ཅད་ཆོས་ཀྱི་དབྱིངས་དོན་དམ་པའི་བདེན་པ་འབའ་ཞིག་ལས་བརྩམས་ཏེ་སྟོན་པ་དང་གསལ་བར་བྱེད་པ་དེ་ནི་བླ་མས་ལམ་དྲང་པོ་ནས་འཁྲིད་པར་བྱེད་པ་ཡིན་ནོ། །ཞེས་པ་དང་། དེ་ལྟར་བླ་མ་བསྟེན་ནས་གདམས་ངག་ཐོབ་པ་ནི། མདོ་ལས། ཤཱ་རིའི་

ཞུས་གསོལ་པ། དགེ་སློང་རྣམས་ཀྱིས་མཚན་མ་དང་བཅས་པའི་ཐ་སྙད་མང་པོ་ལ་མིང་བཏགས་ནས་སྤེལ་བར་བྱེད་པ་དེ་རྣམས་ནི་བྱིས་པ་རྣམས་འཁྲིད་པར་བྱེད་པ་ཡིན་ནོ། །ཆོས་ཐམས་ཅད་བདག་མེད་ཅེས་རང་བཞིན་གྱིས་འོད་གསལ་བར་བྱེད་པ་དོན་དམ་པའི་གདམས་ངག་དེ་ལེགས་པར་ཞུས་ཤིང་ནན་ཏན་བྱའོ། །དེ་ལྟར་ཐ་སྙད་ཀྱི་ན་ཡམས་དང་། ཚིག་གི་འཁྲུལ་པ་མང་པོ་བོར་ནས། ངེས་པའི་དོན་སྐྱེ་མེད་ཚིག་ཆོད་ཀྱི་གདམས་པ་ཞུས་ཤིང་ནན་ཏན་དུ་བྱེད་པ་ལ། དང་པོ་དཀོན་མཆོག་གསུམ་ལ་སྐྱབས་སུ་འགྲོ་བ་ནི་མཐར་ཐུག་གི་སྐྱབས་གནས་རང་ཡིན་ཞེ་ན། དྲིན་ལན་གསབ་པའི་མདོ་ལས། དགའ་བོས་གསོལ་པ། སངས་རྒྱས་གང་ལ་སྐྱབས་སུ་འགྲོ་བ་ལགས། བཀའ་སྩལ་པ། ཆོས་ཀྱི་སྐུ་ལ་སྐྱབས་སུ་འགྲོ་ཡིས་གཟུགས་ཀྱི་སྐུ་ལ་ནི་མ་ཡིན་ནོ། །ཆོས་གང་ལ་སྐྱབས་སུ་འགྲོ་བ་ལགས། དོན་དམ་པའི་ཆོས་ལ་སྐྱབས་སུ་འགྲོ་ཡི། བསྟན་པའི་ཆོས་ལ་ནི་མ་ཡིན་ནོ། །དགེ་འདུན་གང་ལ་སྐྱབས་སུ་འགྲོ་བ་ལགས། དོན་དམ་པའི་དགེ་འདུན་ལ་སྐྱབས་སུ་འགྲོ་ཡི། ཀུན་རྫོབ་ཀྱི་དགེ་འདུན་ལ་ནི་མ་ཡིན་ནོ། །ཞེས་སོ། །དེ་དག་ཀྱང་ཕྱི་རོལ་ན་མེད་དོ། །དོན་དམ་པར་རང་གི་སེམས་ཉིད་ཀྱི་དོན་རྟོགས་ན། དེ་ཉིད་སྐྱབས་གནས་ཀྱི་དམ་པ་སངས་རྒྱས་དངོས་ཡིན་ཏེ། འདའ་དཀའ་ཡེ་ཤེས་ལས། སེམས་རྟོགས་ན་སངས་རྒྱས་ཡིན་པས། སངས་རྒྱས་གཞན་དུ་མི་བཙལ་བའི་འདུ་ཤེས་བསྒོམ་པར་བྱའོ། །ཞེས་གསུངས་པས།

དེ་ལྟར་ཆོས་ཉིད་ཀྱི་དོན་རྟོགས་པ་བྱེད་པ་ལ་གསུམ། སྣང་བ་སེམས་སུ་ཤེས་པ། སེམས་སྟོང་པར་ཤེས་པ། སྣང་སྟོང་གཉིས་མེད་དུ་ཤེས་པའོ། །དང་པོ་ནི། སྣང་བ་སྣ་ཚོགས་སུ་ཤར་བ་ཐམས་ཅད་རང་སེམས་ལས་མ་འདས་ཏེ། འཇམ་

དཔལ་རྣམ་པར་རོལ་པའི་མདོ་ལས། ལྷའི་བུ་པདྨ་རོལ་པས་འཇམ་དཔལ་ལ་སྨྲས་པ། ཕྱི་རོལ་གྱི་ཡུལ་འདི་རྣམས་བྱེད་པ་པོས་བྱས་པའམ། ཇི་ལྟར་བལྟ་བར་བྱ། འཇམ་དཔལ་གྱིས་སྨྲས་པ། ལྷའི་བུ། ཕྱི་རོལ་གྱི་ཡུལ་འདི་རྣམས་བྱེད་པ་པོས་བྱས་པ་མ་ཡིན་ཏེ། སེམས་རྟོག་པའི་བག་ཆགས་འཐས་པའི་དབང་གིས་སྣང་བ་ཡིན་ནོ། །ལྷའི་བུས་སྨྲས་པ་བག་ཆགས་ཇི་ལྟར་འཐས་ཀྱང་རི་བོ་དང་། རྒྱ་མཚོ་དང་། ཉི་ཟླ་ལ་སོགས་པ་སྲ་ཞིང་འཐས་པ་འདི་ལྟར་སྣང་དུ་ག་ལ་རུང་། འཇམ་དཔལ་གྱིས་སྨྲས་པ། རྣམ་པར་རྟོག་པ་འཐས་པའི་དབང་གིས་དེ་ལྟར་སྣང་དུ་རུང་སྟེ། སྡོན་བ་ར་ཙ་སེར་བྲམ་ཟེ་མོ་གཞོན་ནུ་བྱ་བ་ཞིག་གིས་རང་ལུས་སྟག་ཏུ་བསྒོམས་པས། མི་ཐམས་ཅད་ཀྱིས་སྟག་དངོས་སུ་མཐོང་སྟེ་བྲོས་པས། གྲོང་ཁྱེར་སྟོངས་པ་བྱུང་ངོ་། །ཡུན་ཐུང་ངུས་ཀྱང་དེ་ལྟར་སྣང་ན། ཐོག་མ་མེད་པ་ནས་བག་ཆགས་འཐས་པས་ཅི་སྟེ་མི་སྣང་། ལྷས་སྨྲས་པ། བག་ཆགས་འཐས་པའི་དབང་གིས་དེ་ལྟར་སྣང་བ་ཅི་སྟེ་ཞེ་ན། འཇམ་དཔལ་གྱིས་སྨྲས་པ། སྣང་བ་ཐམས་ཅད་མ་ངེས་པ་ཡིན་ཏེ། ལ་ལའི་སྣང་བ་ནི་ལ་ལའི་མུན་པ་ཡིན་ནོ། །ཕལ་པོ་ཆེ་ལས། སེམས་ནི་རི་མོ་མཁན་དང་འདྲ། །སེམས་ཀྱི་ཕུང་པོ་བྱས་པ་སྟེ། །འཇིག་རྟེན་ཁམས་འདི་ཇི་སྙེད་པ། །དེ་སྙེད་ཐམས་ཅད་སེམས་ཀྱིས་བྲིས། །ཞེས་པ་དང་། རྡོ་རྗེ་གུར་ལས་ཀྱང་། རིན་ཆེན་སེམས་ལས་ཕྱིར་གྱུར་པའི། །སངས་རྒྱས་མེད་ཅིང་སེམས་ཅན་མེད། །རྣམ་པར་ཤེས་པའི་གནས་དོན་དང་། །ཕྱི་རོལ་གྱུར་པ་ཅུང་ཟད་མེད། །ཆོས་ཀྱི་དབྱིངས་ནི་མཆོག་ཏུ་ཞི། །འདི་ནི་རིན་ཆེན་སེམས་སུ་བརྗོད། །ཅེས་པས། སེམས་ཉིད་ལ་སོགས་པའི་ཕྱི་རོལ་གྱི་ཡུལ་མེད་པའོ། །ཡང་ས་བཅུ་པ་ལས། ཀྱེ་རྒྱལ་བའི་སྲས་དག །ཁམས་གསུམ་པོ་

འདི་དག་ནི་སེམས་ཙམ་མོ་ཞེས་པ་དང་། སུམ་ཅུ་རྩ་གསུམ་པའི་ལེའུ་ལས། ལྷའི་བུ་ཁམས་གསུམ་པོ་འདི་དག་ནི་སེམས་ཙམ་དུ་ཟད་ལ། ཞེས་ཡང་དང་ཡང་དུ་བཀའ་སྩལ་པ་ཡིན་ནོ། །དེས་ན་འདོད་ཁམས་གཟུགས་ཁམས། གཟུགས་མེད་ཀྱི་ཁམས་ཏེ། ཁམས་གསུམ་འཁོར་བ་འདི་ཐམས་ཅད་རང་གི་སེམས་ཡིན་ནོ། །འོ་ན་ས་རྗོ་རི་བྲག་ལ་སོགས་པ་ཕྱི་རོལ་ཡི་དོན་དང་། སེམས་ལ་སོགས་པ་ཐམས་ཅད་ཤན་པེ་འདུག་པ་སྙམ་ན། ལང་གར་གཤེགས་པའི་མདོ་ལས། བག་ཆགས་ཀྱིས་ནི་དཀྲུགས་པའི་སེམས། །མངོན་དུ་སྣང་བ་རབ་ཏུ་འབྱུང་། །ཞེས་སོ། །འོ་སྐོལ་རྣམས་ཀྱིས་ཚེ་འཁོར་བ་ཐོག་མ་མེད་པ་ནས་དོན་སྣང་གི་བག་ཆགས་འདི་གོམས་ཆེ་བས། དངོས་འཛིན་གྱི་རྟོག་པ་འདི་ཡུན་རིང་པོར་མཐུ་བརྟས་པས་ལས་སྣང་གི་བག་ཆགས་ཡུལ་དུ་ཤར་ནས། ཕྱི་རོལ་གྱི་དོན་ཡིན་པ་སྐད་དུ་སྣང་བ་ནི་འབྱུང་བ་ཡིན། དེ་ལ་ཕྱི་རོལ་གྱི་དོན་དུ་གྲུབ་པ་མེད་པ་ཐམས་ཅད་སེམས་འབའ་ཞིག་ཡིན། ཕྱི་རོལ་དོན་མཐོང་ལོག་པས་ཏེ། །དོན་མེད་སེམས་འདི་འབའ་ཞིག་གོ། །ཞེས་དང་། ཡང་འཕགས་པ་རྒྱན་སྟུག་པོ་བཀོད་པའི་མདོ་ལས། སྣ་ཚོགས་སྣང་བ་རང་སེམས་ཉིད། །ཅེས་པ་དང་། དཀོན་བརྩེགས་སྒོ་མཐའ་ཡས་པ་རྣམ་པར་སྦྱོང་བའི་མདོ་ལས། ཆོས་ཐམས་ཅད་སེམས་ཙམ་སྟེ། སེམས་དང་མཚུངས་པར་ལྡན་པ་ཡིན་ནོ། །ཞེས་གསུངས་པས། དེ་ཅིའི་ཕྱིར་ན། སེམས་ཉིད་གཏན་ལ་ཕབ་པས་འཁོར་འདས་ཀྱི་ཆོས་ཐམས་ཅད་གཏན་ལ་ཕེབས་ནས། འཁོར་བ་ངན་པ་ཞིག་ཡང་མ་དགོས། མྱང་འདས་བཟང་པོ་ཞིག་བསྒྲུབ་མ་དགོས་པར། སྤང་བླང་དགག་སྒྲུབ་མེད་པར་འཁོར་འདས་མཉམ་ཉིད་དུ་ཉམས་སུ་ལེན་པ་སྟེ། རྡོ་རྗེ་སྙིང་པོའི་གཟུངས་ཞེས་བྱ་བའི་མདོ་ལས། སངས་རྒྱས་ཀྱི་ཆོས་རྣམས་

ཀྱང་གཟུང་བར་མི་བྱ། སོ་སོ་སྐྱེ་བོའི་ཆོས་རྣམས་ཀྱང་འདོར་བར་མི་བྱའོ། །དེ་ལ་མཉམ་ཉིད་ལམ་དུ་ཁྱེར་བས། གཟུང་འཛིན་གཉིས་དང་བྲལ་བའི་ཟག་མེད་ཀྱི་བདེ་བས་དྲན་སྣང་ཐམས་ཅད་སྐྱེ་མེད་དུ་ཡོངས་སྤྱོད་པའོ། །

གཉིས་པ་སེམས་ཀྱི་རང་བཞིན་སྐྱེ་མེད་སྟོང་པར་བསྟན་པ་ནི། བྱམས་པས་ཞུས་པའི་མདོ་ལས། བྱམས་པས་གསོལ་པ། རང་གི་སེམས་ཇི་ལྟར་བལྟ་བར་བགྱི། བཀའ་སྩལ་པ། སེམས་ནི་དབྱིབས་མེད་པ། ཁ་དོག་མེད་པ་གནས་མེད་པ། ནམ་མཁའ་ལྟ་བུའོ། །ཞེས་སོ། །སྣང་སྲིད་འཁོར་འདས་ཀྱིས་བསྡུས་པའི་ཆོས་ཐམས་ཅད་ངོ་བོ་ཡེ་ནས་གཉིས་མེད་མཉམ་པ་ཉིད་རང་གྲོལ་ཆེན་པོར་གཏན་ལ་ཕབ་ལ། དང་པོ་ཆོས་ཐམས་ཅད་མཉམ་པ་ཉིད་དུ་བསྟན་པ་ནི། ཆོས་འབྱུང་བ་མེད་པའི་མདོ་ལས། སེམས་ཅན་རང་བཞིན་བྱང་ཆུབ་ཉིད་དུ་བསྟན། །བྱང་ཆུབ་རང་བཞིན་སེམས་ཅན་ཉིད་དུ་གསུངས། །སེམས་ཅན་རྣམས་དང་བྱང་ཆུབ་གཉིས་མ་ཡིན། །དེ་ལྟར་ཤེས་ན་བྱང་ཆུབ་མཆོག་ཏུ་འགྱུར། །ཞེས་པ་དང་། མྱ་ངན་ལས་འདས་པ་ལས། བྱང་ཆུབ་སེམས་དཔའ་སེང་གེ་སྒྲས་གསོལ་པ། སངས་རྒྱས་རང་བཞིན་ཞེས་པ་གང་ལ་བགྱི། བཀའ་སྩལ་པ། སངས་རྒྱས་ཀྱི་རང་བཞིན་ཞེས་བྱ་བ་ནི། སེམས་ཀྱི་རང་བཞིན་དོན་དམ་སྟོང་པའོ། །དོན་དམ་པ་ནི་ཡེ་ཤེས་སོ། །སྟོང་པ་ཞེས་བྱ་བ་ནི་སྟོང་པ་དང་མི་སྟོང་པ་གཉིས་ཀ་མི་མཐོང་བའོ། །སངས་རྒྱས་ཀྱི་རང་བཞིན་ནི། དབུས་མཐའ་གཉིས་དང་བྲལ་བར་རིག་པར་བྱའོ། །ཞེས་པ་དང་། དཀོན་རྩེགས་ཀྱི་འོད་སྲུངས་ཀྱི་ལེའུ་ལས། འདི་ལྟར་སེམས་ཡོངས་སུ་ཚོལ་ཏེ། འདོད་ཆགས་པར་གྱུར་པ་དང་། ཞེ་སྡང་བར་གྱུར་པ་དང་། གཏི་མུག་པར་གྱུར་པའི་ཆོས་དེ་གང་ཡིན་ན། དེ་ལ་

སེམས་འདས་པ་གང་ཡིན་པ་དེ་ནི་ཟད་པའོ། །མ་འོངས་པ་གང་ཡིན་པ་དེ་ནི་མ་ཕྱིན་པའོ། །ད་ལྟར་བྱུང་བ་གང་ཡིན་པ་དེ་ནི་གནས་མེད་པའོ། །འོད་སྲུངས་སེམས་ནི་ནང་ན་ཡང་མེད། ཕྱི་རོལ་ན་ཡང་མེད། གཉིས་ཀ་ན་ཡང་མེད་ཅིང་མི་དམིགས་སོ། །ཞེས་མདོ་ལས་གསུངས་སོ། །རྒྱུད་སྡེ་ལས་ཀྱང་། སྒོམ་དུ་མེད་པའི་དོན་བསྒོམ་ན། །མ་སྒོམ་པ་ཉིད་བསྒོམས་པའི་མཆོག །རང་སེམས་གང་གིས་མཐོང་གྱུར་ན། །དངོས་དང་མཚན་མ་ག་ལ་མཐོང་། །མ་མཐོང་བ་ནི་མཐོང་བའི་མཆོག །ཅེས་དང་། སྒྲོལ་མ་ཀུ་རུ་ཀུལླེའི་རྒྱུད་ལས། སེམས་ཙམ་པ་ནི་མཉམ་པར་བཞག །ཐ་མལ་དངོས་པོ་སྤངས་པའི་ཕྱིར། །སེམས་ནི་སླར་ཡང་སྟོང་པར་བཏྟག །ཡང་སྲིད་ལེན་པའི་ཕུང་པོ་ལྔ། །སྟོང་པ་ཉིད་ཀྱི་མེ་ཡིས་བསྲེག །ཅེས་སོ། །ཡང་བྱང་ཆུབ་སེམས་དཔའི་སྡེ་སྣོད་བློ་གྲོས་མི་ཟད་པ་ལས། དོན་དམ་པའི་བདེན་པ་ནི་གང་ལ་སེམས་རྒྱུ་བ་མེད་པས་ཏེ། ཡི་གེ་ལྟ་ཅི་སྨོས་ཤེས་བཀའ་སྩལ་པ་ཡིན་ནོ། །སྒྲོས་པ་མཐའ་བྲལ་གྱི་སྟོང་པ་ཉིད་ཀྱང་ཟེར། སྟོང་པ་ཞེས་པ་དེ་ནི་དངོས་པོར་ཞེན་པ་མེད་ཅིང་འཛིན་པ་མེད་པའི་ཚིག་བླ་དགས་སོ། །ཞེས་ཀྱང་གསུངས། འདི་ནི་སྨྲ་བརྗོད་དང་བསམ་པའི་ཡུལ་ལས་འདས་པ་ཡིན་ཏེ། སྨྲ་བ་དང་བརྗོད་པ་དང་སེམས་པར་བྱས་ན་རྣམ་རྟོག་འགྱུས་པས་ངོ་བོ་མི་མཐོང་བའི་ཕྱིར་རོ། །གསར་དུ་སྐྱེས་པ་མ་ཡིན། ད་བཟོད་འགག་པ་མ་ཡིན་པས། སྨྲ་བསམ་བརྗོད་མེད་ཤེས་རབ་ཕ་རོལ་ཕྱིན། །མ་སྐྱེས་མི་འགག་ནམ་མཁའི་ངོ་བོ་ཉིད། །སོ་སོ་རང་རིག་ཡེ་ཤེས་སྤྱོད་ཡུལ་བ། །དུས་གསུམ་རྒྱལ་བའི་ཡུམ་ལ་ཕྱག་འཚལ་ལོ། །ཞེས་པའོ། །བདག་མེད་མས་ཞུས་པའི་མདོ་ལས། བདེ་བ་བཟང་པོ་ཀུན་བཟང་ལ། བྱང་ཆུབ་སེམས་དཔས་གསོལ་པ། རྣལ་འབྱོར་པ་

ཡིས་རྟག་ཏུ་བསྒོམ། །དངོས་པོ་མེད་ཅིང་དམིགས་སུ་མེད། །ཐམས་ཅད་སྟོང་པ་གནས་མེད་པར། །སྤྲོས་པ་རྣམས་ལས་ཡང་དག་འདས། །བྱང་ཆུབ་སེམས་ཀྱི་མཚན་ཉིད་ཡིན། །རིང་བ་མ་ཡིན་ཐུང་བ་མིན། །ཟླུམ་པོ་མ་ཡིན་གྲུ་བཞི་མིན། །ཕྲ་བ་མ་ཡིན་སྦོམ་པ་མིན། །བྱང་ཆུབ་སེམས་ཀྱི་མཚན་ཉིད་དོ། །ཞེས་པ་དང་། ཀོཙྪ་ཤི་ཀའི་མདོ་ལས། འགག་པ་མེད་ཅིང་སྐྱེ་མེད་པ། །ཆད་པ་མེད་ཅིང་རྟག་པ་མེད། །ཐ་དད་དོན་མིན་གཅིག་པ་མིན། །འོང་བ་མེད་ཅིང་འགྲོ་བ་མེད། །ཅེས། ཡངས་པའི་སྙིང་པོའི་མདོ་ལས། ཡང་དག་སྟོང་པ་ཉིད་ལ་སྒོམ་ཞུགས་ན། །གདོན་མི་ཟ་བར་དཔག་དཀའི་ཤེས་རབ་ཐོབ། །ཅེས་སོ། །དེ་ཁོ་ན་ཉིད་ངེས་པར་བསྟན་པའི་མདོ་ལས། ཤཱ་རིའི་བུ། གང་གིས་བསྐལ་པ་གཅིག་གི་བར་དུ་ཉན་པ་བས། གང་གིས་སེ་གོལ་ཏོག་ཙམ་དུ་དེ་ཁོ་ན་ཉིད་ཀྱི་ཏིང་ངེ་འཛིན་བསྒོམ་ནས། དེ་བས་དེ་ཆེས་བསོད་ནམས་མང་དུ་འཕེལ་ལོ། །ལུས་ངག་གིས་དངོས་སུ་སེམས་ཅན་གྱི་དོན་ཇི་སྙེད་ཅིག་བྱས་པ་བས། ནང་དུ་སེམས་སྟོང་པ་ཉིད་ལ་མཉམ་པར་བཞག་ན་འགྲོ་དོན་ཆེ་བར་བསྟན་པ་ནི། རྟོགས་པ་ཆེན་པོའི་མདོ་ལས། ཐེངས་གཅིག་བསམ་གཏན་ཐུན་ཞུགས་ན། །ཁམས་གསུམ་གང་བའི་མི་རྣམས་ལ། །སྲོག་སྐྱིན་པས་ཀྱང་བསོད་ནམས་ཆེ། །ཞེས་པ་དང་། ཏིང་ངེ་འཛིན་རྒྱལ་པོ་ལས། ཁམས་གསུམ་གྱི་སེམས་ཅན་ཐམས་ཅད་དགེ་བ་བཅུའི་ལམ་ལ་བཀོད་པ་བས། ཆོས་བདག་མེད་པའི་དོན་ལ་སེམས་པ་བྱས་ནས་དགོན་པའི་ཕྱོགས་ལ་གོམ་པ་བདུན་བོར་ན་དེ་བས་དེ་བསོད་ནམས་ཆེའོ། །ཞེས་དང་། དམ་པ་འཇུག་པའི་མདོ་ལས། ཁམས་གསུམ་གྱི་སེམས་ཅན་ལ་ཇི་སྲིད་འཚོའི་བར་དུ་འཚོ་བའི་ཡོ་བྱད་ཀྱིས་འཚོ་བ་བསོད་ནམས་ཆེ་སྟེ། དེ་བས་རྣལ་འབྱོར་

པས་སྟོང་པ་ཉིད་ཐུན་གཅིག་བསྒོམ་ན་བསོད་ནམས་ཆེ་བར་གསུངས་སོ། །

གསུམ་པ་སྣང་སྟོང་གཉིས་མེད་ནི། ཆོས་འབྱུང་བ་མེད་པའི་མདོ་ལས་བྱང་ཆུབ་སེམས་དཔའ་སེང་གེའི་རྩལ་གྲོལ་བས་གསོལ་པ། ཐབས་མཁས་པའི་ཚོགས་གང་། ཉན་ཐོས་དང་། རང་སངས་རྒྱས་དང་། གསར་བུར་ཞུགས་པའི་བྱང་ཆུབ་སེམས་དཔའ་རྣམས་ཀྱི་ཡུལ་མ་ལགས་པ། ཟབ་མོ་ལ་མོས་པ་གཅིག་པའི་ཆོས་སྤྲུལ་དུ་གསོལ། བཀའ་སྩལ་བ། འདོད་ཆགས་མི་དམིགས། དེ་བཞིན་ཞེ་སྡང་དང་གཏི་མུག་ནམ་ཡང་འདི་ལ་མི་དམིགས་ཏེ། ཆོས་རྣམས་ཀུན་ཀྱང་ནམ་མཁའ་འདྲའོ་ཞེས། དེ་ལྟར་གང་ཤེས་དེ་ནི་རྒྱལ་བར་འགྱུར། །ལྟ་དང་ལྟ་མེད་གཉིས་ཀ་ཚུལ་གཅིག་སྟེ། །མཉམ་དང་མི་མཉམ་དེ་བཞིན་མཉམ་པ་ཉིད། །སངས་རྒྱས་མེད་ཅིང་ཆོས་དང་དགེ་བདུན་མེད། །དེ་ལྟར་སུས་ཤེས་དེ་ནི་མཁས་པ་ཡིན། །སེམས་ཅན་རང་བཞིན་བྱང་ཆུབ་ཉིད་དུ་གསུངས། །ཞེས་སོ། །ཡང་ནམ་མཁའ་མཛོད་ཀྱིས་ཞུས་པའི་མདོ་ལས། ཆོས་སུ་སྣང་བ་ཇི་སྙེད་པ། །དེ་དག་ཆོས་ཀྱི་དབྱིངས་ལས་བྱུང་། །ཞེས་སོ། །དེས་ན་ཆོས་ཀྱི་དབྱིངས་ལ་བྲི་གང་ངམ་བཅིངས་གྲོལ་ལམ། འཕོ་འགྱུར་མེད་དེ། འོད་གསལ་གྱི་རང་སྒྲ། སྐྱེ་མེད་ཀྱི་རང་མདངས་ཙམ་ལས་སྣ་ཚོགས་སུ་འཆར་བ་ནི་གནས་ལུགས་ཀྱི་རང་སྒྲའི་རྟེན་འབྲེལ་ཡིན་ཏེ། ནམ་མཁའ་མཛོད་ཀྱི་མདོ་ལས། གང་ཡང་མ་ཡིན་ཞིང་། ཡུལ་སེམས་དབྱེར་མེད་དེ་ནི་ཕྱི་བཟུང་བའི་ཡུལ་དང་ནང་འཛིན་པའི་སེམས་དོན་དམ་པ་སྟེ། དེའི་ཕྱིར་ལམ་ཟབ་མོ་ཞེས་བྱའོ། །ཞེས་པས་ཆོས་ཐམས་ཅད་རྟེན་ཅིང་འབྲེལ་བར་འབྱུང་སྟེ་ཟབ་པ་ཞེས་བྱའོ། །དེ་ལྟ་བུའི་ཕྱོགས་ལྷུང་དང་བྲལ་བའི་གནས་ལུགས་ཏེ། གཞི་ཇི་ལྟར་སྣང་བཞིན་པ་དེ་ཀ་ལྟར་མ་

བཅོས་པར་བསྐྱངས་པ་ལས། ཆོས་ཅན་ཕྱི་རོལ་གྱི་ཡུལ་སྣ་ཚོགས་པ་དང་། ཆོས་ཉིད་སྤྲོས་བྲལ་གྱིས་བརྟུས་པའི་ཆོས་རྣམས་ལ། སྤང་བླང་བྱ་རྒྱུ་མེད་པར་ཐམས་ཅད་ལ་རྫོག་པས་དབང་བསྒྱུར་བར་བྱེད་དོ། །གཞན་ཡང་ཡིད་ཆེས་གསུམ་ལྡན་གྱི་སྒོ་ནས། ཆོས་ཐམས་ཅད་རྨི་ལམ་སྒྱུ་མ་ལྟ་བུར་ཐག་བཅད་པ་ནི། དེ་ལྟར་ཐོས་བྱུང་ཤེས་རབ་ཀྱིས་མང་དུ་ཐོས་པའི་ཚེ་ན། བཀའ་དང་བསྟན་བཅོས་རྒྱུད་སྡེ་དང་མན་ངག་རྣམས་ནས་ཞལ་མཐུན་པར་བྱུང་། ཆོས་ཐམས་ཅད་སྣང་ལ་རང་བཞིན་མེད་པ་རྨི་ལམ་སྒྱུ་མ་ལྟ་བུར་ཡིད་ཆེས་ཏེ། བསམ་བྱུང་ཤེས་རབ་ཀྱི་ལེགས་པར་བསམས་པའི་ཚེ་ན། ཐམས་ཅད་སྣང་དུས་ཉིད་ནས་ངོས་བཟུང་མེད་པར་སྒྲུ་བ་སག་གེ་སོང་བྱུང་། སྒོམ་བྱུང་ཤེས་རབ་ཀྱིས་ལེགས་པར་བསྒོམ་པའི་ཚེ་ན། སྟོང་པ་ཉིད་ཀྱི་གཟུགས་བརྙན་སྣ་ཚོགས་པ་ཞིག་རྗེན་ཆེར་གྱིས་མཐོང་བ་ལགས་སོ། །ད་ནི་ཐམས་ཅད་སྣང་དུས་ཉིད་ནས་སྟོང་ཞིང་། སྟོང་དུས་ནས་སྣང་བ་ལམ་མེ་བ། འདུག་ཚད་སྣང་སྟོང་དབྱེར་མེད་ཀྱི་ངང་དུ་ཤིགས་སེ་བར་ཐག་ཆོད་དོ། །ཡང་ཏིང་ངེ་འཛིན་རྒྱལ་པོ་ལས། ནམ་ཞིག་འཇིག་རྟེན་ཁམས་འདི་འབྱུང་བ་དང་། །འཇིག་རྟེན་ཐམས་ཅད་ནམ་མཁར་གྱུར་པའི་ཚེ། །ཇི་ལྟར་སྔོན་བཞིན་ཕྱིས་ཀྱང་དེ་བཞིན་ཏེ། །ཆོས་རྣམས་ཐམས་ཅད་དེ་བཞིན་ཤེས་པར་གྱིས། །འཇིག་རྟེན་འདི་ན་ཇི་སྙེད་ཅི་ཡོད་པའི། །ཆུ་ཡི་ཕུང་པོ་དེ་དག་འོག་ཏུ་འགྲོ། །འོག་ཏུ་ཇི་བཞིན་སྟེང་དུ་དེ་བཞིན་ཏེ། །ཆོས་རྣམས་ཐམས་ཅད་དེ་བཞིན་ཤེས་པར་གྱིས། ཇི་ལྟར་བར་སྣང་ཅུང་ཟད་སྤྲིན་མེད་ལས། སྐད་ཅིག་ཉིད་ལ་ཉི་མའི་དཀྱིལ་འཁོར་སྣང་། ཐོག་མར་གང་ལས་བྱུང་བ་ཤེས་པར་བྱ། །ཆོས་རྣམས་ཐམས་ཅད་དེ་བཞིན་ཤེས་པར་གྱིས། །དེ་བཞིན་གཤེགས་པ་མྱ་ངན་འདས་པ་

དག །ཇི་ལྟར་ཡིད་ལ་བྱས་བཞིན་གཟུགས་བརྙན་སྣང་། །སྨོན་མཐའ་ཇི་བཞིན་ཕྱིས་ཀྱང་དེ་བཞིན་ཏེ། །ཆོས་རྣམས་ཐམས་ཅད་དེ་བཞིན་ཤེས་པར་གྱིས། །ཇི་ལྟར་སྦུ་བ་མང་པོ་བསྡུས་པ་དག །ཆུ་བོས་ཁྱེར་བ་སྐྱེས་བུ་དེས་མཐོང་སྟེ། །དེ་ལ་བརྟགས་ན་སྙིང་པོ་ཡོད་མི་སྣང་། །ཆོས་རྣམས་ཐམས་ཅད་དེ་བཞིན་ཤེས་པར་གྱིས། །ཇི་ལྟར་ཆར་གྱི་ཐིགས་ཆེན་བབ་པ་ན། །ཆུ་ཡི་ཆུ་བུར་དག་ནི་ཐ་དད་འབྱུང་། །བྱུང་ནས་ཞིག་སྟེ་ཆུ་ཡི་ཆུ་བུར་མེད། །ཆོས་རྣམས་ཐམས་ཅད་དེ་བཞིན་ཤེས་པར་གྱིས། །ཇི་ལྟར་སྤྲིང་ཡིག་གྲོང་གཞན་བསྐུར་བ་ལས། །དགེ་དང་མི་དགེའི་བྱ་བ་སོ་སོར་འབྱུང་། །སྤྲ་ལས་སྤྲིང་ཡིག་དུ་ནི་འཕོས་པ་མེད། །ཆོས་རྣམས་ཐམས་ཅད་དེ་བཞིན་ཤེས་པར་གྱིས། །ཇི་ལྟར་མི་དག་ཆང་གིས་སྨྱོས་ནས་ནི། །ས་འདི་ཀུན་ཏུ་འཁོར་སྙམ་བྱེད་མོད་ཀྱི། །ས་འདི་འགུལ་ཞིང་གཡོ་བའང་མེད་པ་ལྟར། །ཆོས་རྣམས་ཐམས་ཅད་དེ་ལྟར་ཤེས་པར་གྱིས། །མེ་ལོང་ངོས་དང་འབྲུ་མར་སྣོད་རྣམས་ལ། །བུད་མེད་ཁ་བཞིན་བརྒྱན་པས་བལྟས་པ་ན། །ཤེས་པ་དེ་ནི་དེ་ལ་ཆགས་བསྐྱེད་ནས། །འདོད་པ་ཚོལ་བའི་ཕྱིར་ལ་ཤིན་ཏུ་རྒྱུག །བཞིན་ནི་དེར་ཡང་འཕོས་པ་མ་ཡིན་ཏེ། །གཟུགས་བརྙན་ལས་ནི་ནམ་ཡང་བཞིན་མི་རྙེད། །རྨོངས་པ་དེ་དག་འདོད་ཆགས་བསྐྱེད་པ་ལྟར། །ཆོས་རྣམས་ཐམས་ཅད་དེ་ལྟར་ཤེས་རབ་གྱིས། །ཇི་ལྟར་སྨིག་སྒྱུ་དྲི་ཟའི་གྲོང་ཁྱེར་དང་། །སྒྱུ་མ་ཇི་བཞིན་རྨི་ལམ་ཇི་ལྟ་བར། །མཚན་མ་བསྒོམས་པས་ངོ་བོ་ཉིད་ཀྱིས་སྟོང་། །ཆོས་རྣམས་ཐམས་ཅད་དེ་བཞིན་ཤེས་པར་གྱིས། །ཇི་ལྟར་ནམ་མཁའ་དངས་པའི་ཟླ་ཤར་དང་། །དེ་ཡི་གཟུགས་བརྙན་དངས་པའི་མཚོན་སྣང་སྟེ། །ཟླ་བ་ཆུ་ཡི་སྟེང་དུ་འཕོས་པ་མེད། །ཆོས་རྣམས་ཐམས་ཅད་དེ་བཞིན་ཤེས་པར་གྱིས། །ཇི་ལྟར་མི་

དག་ཐག་རིའི་ཁྲོད་འདུག་སྟེ། །སྒྱུ་ལེན་སྒྲ་དང་རྐོད་དང་ངུ་བ་ལས། །སྣང་ཆ་ཐོས་ཀྱང་བདེན་པ་མེད་པ་ལྟར། །ཆོས་རྣམས་ཐམས་ཅད་དེ་བཞིན་ཤེས་པར་གྱིས། །སྒྱུ་མ་བྱེད་པ་དག་གིས་གཟུགས་སྤྲུལ་ཏེ། །རྟ་དང་གླང་པོ་ཤིང་རྟ་སྣ་ཚོགས་བྱས། །དེ་ལ་ཇི་ལྟར་སྣང་ཞིང་གང་ཡང་མེད། །ཆོས་རྣམས་ཐམས་ཅད་དེ་བཞིན་ཤེས་པར་གྱིས། །ཇི་ལྟར་བུ་མོ་གཞོན་ནུའི་རྨི་ལམ་བུ། །བུ་ཕོ་སྐྱེས་ནས་ཤི་བ་དེ་མཐོང་སྟེ། །སྐྱེས་ན་དགའ་སྟེ་ཤི་ན་མི་དགའ་བ། །བུ་ཕོ་སྐྱེས་པའང་མེད་ལ་ཤི་བའང་མེད། །ཆོས་རྣམས་ཐམས་ཅད་དེ་བཞིན་ཤེས་པར་གྱིས། །ཇི་ལྟར་མཚན་མོ་ཆུ་ཡི་ཟླ་བ་དག །དངས་ཤིང་རྙོག་པ་མེད་པའི་ཆུ་ནང་སྣང་། །ཆུ་ཟླ་སྟོང་པ་སོབ་སྟེ་བཟུང་དུ་མེད། །ཆོས་རྣམས་ཐམས་ཅད་དེ་ལྟར་ཤེས་པར་གྱིས། །ཇི་ལྟར་སོས་ཀའི་ཉི་མ་ཕྱེད་དུས་ཚེ། །སྐྱེས་བུ་སྐོམ་པས་གདུངས་ཏེ་ཉམས་ཐག་ཚེ། །སྨིག་སྒྱུ་དག་ལ་ཆུ་ཡི་ཕུང་པོར་མཐོང་། །མི་མཁས་དེ་ནི་དེ་ལ་འཕྱུང་འདོད་དེ། །མི་བདེན་ཆུ་ནི་སྣང་བར་སོང་མ་ནུས། །ཆོས་རྣམས་ཐམས་ཅད་དེ་ལྟར་ཤེས་པར་གྱིས། །ཞེས་གསུངས་སོ། །

ཡང་ཟུང་འཇུག་སྤྲོས་བྲལ་དུ་བསྟན་པ་ནི། ནམ་མཁའ་རིན་པོ་ཆེའི་མདོ་ལས། ཇི་ལྟར་ཆུ་ལ་ཆུ་བཞག་དང་། །མར་ལ་མར་ནི་བཞག་པ་ལྟར། །རང་གི་རིག་པའི་ཡེ་ཤེས་ནི། །ལེགས་མཐོང་གང་ཡིན་འདིར་ཕྱག་ཡིན། །ཞེས་པ་དང་། རྒྱུད་བླ་མ་ལས། འདི་ལ་བསལ་བྱ་ཅི་ཡང་མེད། །བཞག་པར་བྱ་བ་ཅུང་ཟད་མེད། །ཡང་དག་ཉིད་ལ་ཡང་དག་ལྟ། །ཡང་དག་མཐོང་ན་རྣམ་པར་གྲོལ། །ཞེས་སོ། །

གནས་ལུགས་ཀྱི་དོན་ལ་འབྲུལ་པ་དང་། གཉེན་པོ་བཅིངས་གྲོལ་མེད་པར་བསྟན་པ་ནི། གཟུགས་ལ་སོགས་པ་ནི་མ་བཅིངས་མ་གྲོལ་བའོ། །དེ་ཅིའི་ཕྱིར་ཞེ་

ན། རང་བཞིན་གྱིས་སྟོང་པའི་ཕྱིར་མ་བཅིངས་མ་གྲོལ་བའོ། །ཆོས་ཀྱི་དབྱིངས་ཀྱི་རང་བཞིན་དབྱེར་མེད་པར་བསྟན་པའི་མདོ་ལས། ཤཱ་རིའི་བུ། དེ་དག་ནི་ཅི་ཙམ་དུ་འཁོར་བའི་འགྲོ་བ་ཡོངས་སུ་གཟུང་བ་དེ་ཙམ་དུ་ཀུན་ནས་ཉོན་མོངས་པ་དེ་ཡང་ཆོས་ཀྱི་དབྱིངས་ཀྱི་རང་བཞིན་ཡིན་པས། ཀུན་ནས་ཉོན་མོངས་པ་ཆོས་ཀྱི་དབྱིངས་ཀྱི་རང་བཞིན་དུ་ཡོངས་སུ་ཤེས་པ་གང་ཡིན་པ་དེ་ཉིད་རྣམ་པར་བྱང་བ་ཞེས་བྱའོ། །ཞེས་པ་ཆོས་ཐམས་ཅད་ཕྱག་རྒྱ་ཆེན་པོའི་ངང་ལས་སྤང་བླང་མེད་པ་ཁོང་དུ་ཆུད་དགོས་པའི་དོན་ཡིན་නོ། །

ཆོས་ཉིད་གཉིས་མེད་མཁའ་ལ་རོལ་པས་མཛེས། །ཡིད་བཞིན་ནོར་བུའི་མཛོད་ལྟར་ལུང་གིས་ཕྱུག །ངོ་མཚར་རྨད་བྱུང་བདུད་རྩི་སྨན་གྱི་མཆོག །སྐལ་ལྡན་གདུལ་བྱ་རྣམས་ཀྱི་རེ་བསྐོང་མཛོད། །ཅེས་པ་གཅོད་གདན་ཐོག་གཅིག་མའི་ཁྲིད་ཡིག་ཕྲིན་ལས་རྒྱ་མཚོ་ལས་ནམ་མཁའ་སྒོ་འབྱེད་ཀྱི་ཁྲིད་རྒྱབ་ལུང་གི་མཁན་པོ་འདི་མི་ཉག་རྟོགས་ལྡན་དང་། འབྲོག་མོ་རས་ཆེན་སོགས། དད་ལྡན་རྣམས་ཀྱིས་བསྐུལ་བའི་ངོར། ཤཱཀྱའི་དགེ་སློང་ཀྲ་འོ་ཆོས་ཀྱི་རྒྱ་མཚོ་ཞེས་བྱ་བས་མཚུར་ཕུ་བདེ་ཆེན་གྱི་རི་ཁྲོད་དུ་སྦྱར་བའོ། །སྙན་ཐབས་ཀྱི་ཡིག་ཆུང་ངོ་།། །།

༄༅། །ངོ་སྤྲོད་ལུང་གི་མཁན་པོ་བཞུགས་སོ། །

བླ་མ་དང་དཔལ་ཧེ་རུ་ཀ་ལ་ཕྱག་འཚལ་ལོ། །ངོ་སྤྲོད་ལུང་གི་མཁན་པོ་ལ། བྲམ་ཟེ་ཆེན་པོ་ས་ར་ཧའི་ཞལ་ནས། སེམས་ཉིད་གཅིག་པུ་ཀུན་གྱི་ས་བོན་ཏེ། །གང་ལ་སྲིད་དང་མྱ་ངན་འདས་འཕྲོ་བ། །འདོད་པའི་འབྲས་བུ་སྟེར་བར་བྱེད་པ་ཡི། །ཡིད་བཞིན་ནོར་འདྲའི་སེམས་ལ་ཕྱག་འཚལ་ལོ། །ཞེས་དང་། ལེ་ལག་ལས། བདུད་རྣམས་མ་ལུས་སེམས་ལ་བྱུང་། །སེམས་ནི་ངོ་བོར་མ་གྲུབ་པས། །སྣང་དང་སྲིད་དང་ལྷ་དང་འདྲེ། །ཞེས་དང་། མ་གཅིག་ཕྱུལ་སྐུས་མཛད་པའི་ལེ་ལག་ལས། སྣང་དང་དེ་ནི་སྟོང་པ་ལ། །ཡིད་ཀྱིས་སྙེམས་བྱེད་མ་ཞུགས་ན། །བདུད་རྣམས་མ་ལུས་སེམས་སུ་བཅད། །སེམས་ནི་སྐྱེ་མེད་དབྱིངས་སུ་གྲོལ། །ཞེས་དང་། བཀའ་ཆེམ་ལས། རྣལ་འབྱོར་པ་ལ་སྣང་ཚད་ཀུན་ཀྱང་རང་བྱུང་སེམས་ཡིན་པས། དངོས་པོར་འཛིན་པའི་སྒོམ་མཁན་ཞིག་གིས་བསྒོམ་དུ་མེད། དག་དང་མ་དག་ཅི་བྱུང་གང་ཤར་བྱུང་ཚད་རྣམས་ལྷང་ངེ་ལྷམ་མེ་ལྷན་ནེར་བཞག །ཅེས་དང་། ཡང་མ་གཅིག་གི་ཞལ་ནས། བྱང་ཆུབ་སེམས་ཀྱི་སྦྱིན་པ་བཏང་། །ཀུན་ཀྱང་རང་བྱུང་སེམས་ཡིན་པས། །སྣང་སྲིད་ཆོས་ལ་ཉེ་རིང་མེད། །བདག་མེད་ཁྱབ་གདལ་ཆེན་པོར་ཞོག །ཅེས་དང་། ཡང་མ་གཅིག་གིས། རང་སྤྱོད་རང་བྱུང་རང་གྲོལ་ལ། །ཆེད་དུ་བྱས་ནས་སྤྱད་དུ་མེད། །མཉམ་བཞག་གཉེན་པོས་གཟུང་དུ་མེད། །ཀུན་ཀྱང་རང་སེམས་ཡིན་ཤེས་ན། །རང་ལ་རང་

གྲོལ་བཀག་པ་མེད། །རྟོགས་པའི་ཁྱད་པར་མི་འགྱུར་བས། །ངེས་པར་སྣང་བ་དགག་ཏུ་མེད། །ཅེས་དང་། ཡང་མ་གཅིག་སྤྲུལ་སྐུའི་ཞལ་ནས། འདྲེ་སེམས་སུ་ཤེས། ནད་སྣོབ་དཔོན་དུ་ཤེས། རྐྱེན་དངོས་གྲུབ་ཏུ་ཤེས། དུ་ཁ་ཆོས་ཉིད་ཏུ་ཤེས། ཅེས་པས་འདྲེ་སེམས་སུ་ཤེས་པས་ཉམས་ང་བག་ཚ་མེད། ནད་སྣོབ་དཔོན་དུ་ཤེས་པས་དགེ་སྦྱོར་གྱི་བསྐུལ་འདེབས་བྱེད། རྐྱེན་དངོས་གྲུབ་ཏུ་ཤེས་པས་བར་ཆད་རང་སར་གྲོལ། སྡུག་བསྔལ་ཆོས་ཉིད་ཏུ་ཤེས་པས་བདེ་བ་ལ་རྒྱུན་ཆད་མེད་པ་ཡིན་གསུངས།

ཡང་མ་གཅིག་གི་ཞལ་ནས་ལྟ་བ་ཆོད་ཐོང་། སྒོམ་པ་ཞོག་ཐོང་། སྤྱོད་པ་ལྷུག་ཐོང་། ཞེས་པས། ལྟ་བ་ཆོད་ཐོང་ནི། སྣང་སྲིད་འཁོར་འདས་ཀྱི་སྣང་བ་ཐམས་ཅད་རང་གི་སེམས་སུ་ཐག་ཐད་ཀྱིས་ཆོད་ལ། སྣང་བའི་བདེན་འཛིན་ཐམས་ཅད་ཀློས་ཕིངས་ཀྱིས་རྒྱུར་ལ་ཐོང་། ཞེས་པའོ། །སྒོམ་པ་ཞོག་ཐོང་ནི། སེམས་ཉིད་འདུས་མ་བྱས་པའི་སྟེང་དུ། ཤེས་པ་འཛིན་མེད་དུ་ཁྲིས་སེ་བཞག །ཕྲ་རགས་ཀྱི་ཤེས་པ་ཐམས་ཅད་རྩད་ནས་ཆོད་ལ་ཐོང་ཞེས་སོ། །སྤྱོད་པ་ལྷུག་ཐོང་ནི། འཇུར་བུས་བཅིངས་ནས་སྒྲིམས་པས་སངས་མི་རྒྱ། ཚོགས་དྲུག་སྤྱོད་པ་ཐམས་ཅད་ལྷུག་པར་ཐོང་། ཞེས་པའོ། །དོན་རྟེལ་གྱིས་བསྡུས་པས། སྣང་སྲིད་འཁོར་འདས་ཀྱི་ཆོས་ཐམས་ཅད་སེམས་སུ་ཐག་ཆོད་ལ་ཐོང་། སེམས་ཉིད་བྱར་མེད་འཛིན་མེད་ཀྱི་ངང་དུ་ཞོག་ལ་ཐོང་། བྱར་མེད་ཀྱི་ངང་དུ་ལྷུག་པར་ཐོང་། ཞེས་གསུངས་པས། སྣང་གྲགས་ཀྱི་ཆོས་ཐམས་ཅད་སེམས་སུ་ཐག་གཅོད། ཞི་བ་ལྷའི་ཞལ་ནས། ལྕགས་བསྲེགས་ས་གཞི་སུ་ཡིས་བྱས། །མེ་ཚོགས་དེ་དག་གང་ལས་བྱུང་། །དེ་འདྲ་དེ་དག་ཐམས་ཅད་ནི། །སྡིག་སེམས་ཡིན་པར་ཐུབ་པས་གསུངས། །ཞེས་

དང་། ས་སྙེ་ལས། དམྱལ་བ་ཡི་དྭགས་དུད་འགྲོ་ཡི། །ལྷ་རྣམས་སོ་སོར་རིགས་རིགས་སུ། །དངོས་གཅིག་ཡིད་ནི་ཐ་དད་ཕྱིར། །དོན་མ་གྲུབ་པར་འདོད་པ་ཡིན། །ཞེས་པ་ལྟར། དངོས་པོ་གཅིག་ཉིད་ལ་རིགས་དྲུག་གི་སེམས་ཅན་རང་རང་ལ་མཐོང་སྣང་གི་འཆར་ཚུལ་མི་འདྲ་བ་དུ་མར་འགྱུར་བའི་ཕྱིར། ཕྱི་རོལ་གྱི་དོན་ཡོད་པ་མ་ཡིན་ནོ། །དེ་ཡང་སྣང་བ་འདིས་གསལ་བར་བྱས་ཏེ་ལྟ་ན། ཆུ་འདི་ཉིད་ལ་འདོད་ཁམས་དང་གཟུགས་ཁམས་ཀྱི་ལྷ་རྣམས་ཀྱིས་ནི་བདུད་རྩིར་མཐོང་། ཡི་དྭགས་འགའ་ཞིག་གིས་ནི་རྣག་ཁྲག་ཏུ་མཐོང་། འོ་སྐོལ་མི་རྣམས་ཀྱིས་ནི་ཆུར་མཐོང་། ཡི་དགས་འགའ་ཞིག་དང་ཚ་དམྱལ་བ་རྣམས་ཀྱིས་ནི་མེ་མ་མུར་དུ་མཐོང་། གཟུགས་མེད་ཁམས་ཀྱི་ལྷ་རྣམས་ཀྱིས་ནི་འདུས་མ་བྱས་ཀྱི་ནམ་མཁར་མཐོང་། ཀླུ་རྣམས་ཀྱིས་ནི་གཞལ་མེད་ཁང་དུ་མཐོང་། འོ་ན་མཐོང་སྣང་དེ་རྣམས་གང་དུ་ཡོད། བདུད་རྩིར་ཡོད་དམ་རྣག་ཁྲག་ཏུ་ཡོད་མེ་རུ་ཡོད་དམ་ཆུ་རུ་ཡོད་ཅེས་པས། དེས་ན་མཐོ་རིས་རྣམས་ལ་བསོད་ནམས་བསགས་པའི་དབང་གིས་དགེ་སེམས་ཡུལ་དུ་ཤར་ནས་དེ་ལྟར་སྣང་། ངན་སོང་གསུམ་གྱིས་ལས་ངན་བསགས་པའི་སྟོབས་ཀྱིས་སྡིག་སེམས་ཡུལ་དུ་ཤར་ནས་དེ་ལྟར་དུ་སྣང་བ་ཡིན། ཕྱི་རོལ་ན་ཡོད་པར་མི་འདུག་སྟེ། ལུགས་བསྒྲིགས་ས་གཞི་སུ་ཡིས་བྱས་སོགས་ཀྱི་དོན་ནོ། །

གཞན་ཡང་དངོས་པོ་གཅིག་ཉིད་ལ་མཐོང་ལུགས་མི་འདྲ་བ་དུ་མ་འབྱུང་བ་འདི། འཇིག་རྟེན་ཕལ་པ་རྣམས་ལ་ཡང་གསལ་བར་བསྟན་དུ་ཡོད་དེ། སྐྱེས་བུ་གཅིག་ཉིད་ལ་གཡས་ཕྱོགས་ནས་དགྲས་བལྟས་པའི་ཚེ། མི་མཛེས་ཤིང་ཡིད་དུ་མི་འོང་བར་སྣང་། གཡོན་ཕྱོགས་ནས་གཉེན་གྱིས་བལྟས་པའི་ཚེ། ཡིད་དུ

འོང་བར་སྣང་། མདུན་ནས་བཏང་སྙོམས་པ་ཞིག་གིས་བལྟས་པའི་ཚེ། བར་མར་མཐོང་སྟེ། གཅིག་པོ་དེ་ཉིད་ཆ་གསུམ་དུ་ཡོད་པ་མ་ཡིན་གྱི། ལྟ་མཁན་དེ་ཉིད་ཀྱི་སེམས་གོམས་རྗེས་སུ་སོང་བའི་ཕྱིར་བག་ཆགས་ཀྱི་མཐོང་སྣང་གི་འཆར་ཚུལ་མི་འདྲ་བ་གསུམ་དུ་གྱུར་པ་ལ་བརྟག །ཡང་སྐྱེས་བུ་དེ་དག་གཡས་ཀྱི་དགྲ་གཉིས་པོའི་བར་དུ་སྐྱེས་བུ་ཐབས་མཁས་པ་ཞིག་གིས་འཁྲིག་གཅིག་བྱས་ནས་ཁོང་གཉིས་བསམ་པ་མཐུན་པའི་ཚེ། དེའི་མོད་ལ་ནང་གི་བསམ་པ་འགྱུར་ནས། དེ་མ་ཐག་ཏུ་གཅིག་ལ་གཅིག་མཛེས་པར་སྣང་བ་ལ་ལྟོས། སྔར་མ་མཛེས་པར་སྣང་བ་དེ། དེ་མ་ཐག་ཏུ་མཛེས་པར་མཐོང་བ་འདི་རྟུལ་ཕྲན་འདུས་ནས་བྱུང་བ་མ་ཡིན་ཏེ། ལྟ་མཁན་དེ་རྣམས་ཀྱི་སྣང་ངོར། །དཔེར་ན་ཡི་དྭགས་རྣམས་ཀྱིས་ཆུ་བརྐམས་པར་མཐོང་བ་དེ། རྟུལ་ཕྲ་རབ་འདུས་ནས་མ་བྱུང་བ། སེམས་སྣང་ཡུལ་དུ་ཤར་བ་ལྟ་བུ་སྟེ། ཐམས་ཅད་དེ་དང་འདྲའོ། །

མདོར་ན་དེ་ལྟར་ནང་གི་སེམས་རྒྱུད་འགྱུར་ཙ་ན། ཕྱི་རོལ་གྱི་མཐོང་སྣང་ཡང་འགྱུར་འགྲོ་ལུགས་འདིས། ཐམས་ཅད་སེམས་འདིའི་བྱེད་ལས་དང་ཆོ་འཕྲུལ་དུ་འདུག་པ། ཡང་ལྷ་འདྲེ་ཆགས་པའི་ས་རྫོ་རི་བྲག་ལ་སོགས་པ་འདི་རྣམས། ལྷ་འདྲེ་རྣམས་ཀྱིས་ནི་སྟེང་ཁང་དང་འོག་ཁང་དང་བཅས་པའི་ཁང་བཟང་དུ་མཐོང་གི་ཡོད་པར་འདུག །འོ་སྐོལ་རྣམས་ཀྱིས་མཐོང་བ་ལ་ནི་རི་ཁོང་སྟོང་འཇུབ་མོ་ཤོང་བ་ཙམ་ཡང་མེད་པར་ས་རྫོ་གདངས་གྲུར་དུ་སྲ་ཐིལ་ལེ་འདུག །འོ་ན་ལྷ་འདྲེ་རྣམས་ལ་སྣང་བའི་ཁང་བཟང་དེ་སུས་བྱས་འོ་སྐོལ་རྣམས་ཀྱིས་མཐོང་བའི་གདངས་གྲུར་དེ་གང་ལས་བྱུང་། ཁོང་ལས་མཐུན་བསགས་པ་རྣམས་ཀྱི་སྣང་ངོར་ཁང་པ་ཤར། འོ་སྐོལ་ལས་མཐུན་མ་བསགས་པ་རྣམས་ཀྱི་སྣང་ངོར་གདངས་གྲུར་

ཤར་བ་ཙམ་མ་གཏོགས་པ་བྱེད་མཁན་ནི་ཡོགས་ན་མི་གདའ། གང་ཤར་གང་སྣང་ཐམས་ཅད་འདི་དང་མཚུངས་སོ། །ད་ནི་ཡུལ་ཅིར་སྣང་ཐམས་ཅད་སེམས་ཀྱི་རང་སྣང་དུ་གོ་བར་བྱ། ཞེས་གསུངས།

རྗེ་བཙུན་མི་ལའི་ཞལ་ནས་ཀྱང་། རྟོགས་ན་ཅིར་སྣང་སེམས་སུ་ཤེས། །སེམས་ལ་ཉིན་དང་མཚན་དུ་ལྟོས། །སེམས་ལ་བལྟས་པས་མཐོང་བ་མེད། །མ་མཐོང་བ་ཡི་ངང་དུ་ཞོག །ཅེས་དང་། རྗེ་བཙུན་རྡོ་ཡོ་པས། དཔེར་ན་ནམ་མཁའི་དཀྱིལ་ནི་བརྟག་བྱས་ནས། །མཐའ་དང་དབུས་སུ་འཛིན་པ་འགག་པར་འགྱུར། །དེ་བཞིན་སེམས་ཀྱིས་སེམས་ལ་བལྟས་བྱས་ན། །རྣམ་རྟོག་ཚོགས་འགག་སེམས་ཀྱི་རང་བཞིན་མཐོང་། །ཞེས་དང་། ཡང་མི་ལས། ཕྱི་སྣང་བ་ཇི་ལྟར་སྣང་ལགས་ཀྱང་། །མ་རྟོགས་པ་ལ་འཁྲུལ་སྣང་སྟེ། །ཕྱི་ཡུལ་གྱི་ཞེན་པས་འཆིང་བར་བྱེད། །རྟོགས་པ་རྣམས་ལ་སྒྱུ་མར་སྣང་། །ཡུལ་སྣང་བ་སེམས་ཀྱི་གྲོགས་སུ་ཤར། །མཐར་ཐུག་གི་དོན་ལ་སྣང་མ་མྱོང་། །སྐྱེ་མེད་ཆོས་སྐུར་དག་གོ་གསུང་། །ཞེས་དང་། ཡང་མ་གཅིག་གི་ཞལ་ནས། འཁོར་བ་མྱང་འདས་ཡིན་པ་ལ། །སྡུག་བསྔལ་བདེ་བ་ཡིན་པ་ལ། །སེམས་ཅན་སངས་རྒྱས་ཡིན་པ་ལ། །སེམས་ཅན་སྤྱངས་པའི་ཕ་རོལ་ན། །སངས་རྒྱས་ཚོལ་བ་སླིང་རེ་རྗེ། །ཞེས་པ་དང་། དེ་ལྟར་རང་གི་མན་ངག་དང་བཅས་པ་ཞལ་མཐུན་པས་སྣང་བ་སེམས་སུ་ཡིད་ཆེས། བསམ་བྱུང་ཤེས་རབ་ཀྱིས་བསམ་པའི་ཚེ་ན། སྣང་བ་འདི་སེམས་ཅན་རང་རང་གི་མཐོང་སྣང་གི་འཆར་ཚུལ་ཐ་དད་དུ་ཁྱེར་ནས་སོང་། སྒོམ་བྱུང་ཤེས་རབ་ཀྱིས་ལེགས་པར་སྒོམ་པའི་ཚེ་ན། སེམས་སྣང་ཉིད་ཡུལ་དུ་ཤར་ནས་སྣང་བ་སྣ་ཚོགས་སུ་སྣང་བ་འབྱུང་ངོ་། །ད་ནི་སྣང་ཞིང་སྲིད་པའི་ཆོས་ཐམས་ཅད་ཕྱི་རོལ་ན་མི་

གདའི། ཐ་མལ་པའི་གཉིས་སྣང་ལ་ཤར་བ་འདི་དང་འདྲ་བར། སེམས་སྣང་ཉིད་ཡུལ་དུ་ཤར་བ་ཡིན་པར་ངེས་སོ། །ཞེས་དང་། ལྔ་སྒོམ་པའི་ཞལ་ནས། དེ་ལྟར་ན་ཐམས་ཅད་སེམས་ཀྱི་རང་སྣང་། འདུག་ཚད་སེམས་ཀྱི་ཆོ་འཕྲུལ། གང་ཤར་སེམས་ཀྱི་ཡོ་ལང་དུ་ཐག་ཆོད། ཞེས་དང་། ཡང་དེ་ཉིད་ཀྱི་ཞལ་ནས། དེ་ཕྱིར་མ་ལུས་སེམས་ཀྱི་ངང་དུ་གཅིག །སེམས་ཀྱི་ཁང་པར་སེམས་ཀྱི་གནས་མལ་འཆའ། །སེམས་ཀྱི་སྙིང་དུ་སེམས་ཀྱིས་སེམས་ལ་རྒྱུག །སེམས་ཀྱི་སློབ་དཔོན་སེམས་ཀྱི་བཤད་ཉན་བྱེད། །ཐམས་ཅད་རང་གི་སེམས་ཀྱི་ཡོ་ལང་ཡིན། །སེམས་ཉིད་གཅིག་པུ་མ་གཏོགས་སུ་ཡང་མེད། །སེམས་ཉིད་གཅིག་པུའི་ཆོ་འཕྲུལ་ཡ་ལ་ལ། །ཞེས་གསུངས།

དེ་ལྟར་སྣང་གྲགས་ཀྱི་ཆོས་ཐམས་ཅད་སེམས་སུ་བསྟན་ནས། སེམས་ཀྱི་གནས་ལུགས་ཇི་ལྟ་བུ་ཞེ་ན། མ་གཅིག་སྒྲོལ་སྐྱའི་ཞལ་ནས། ཡུམ་ཆེན་ཞལ་མཐོང་གི་གདམས་པ་ལས་ངོ་སྤྲོད་པར་བྱའོ། །ཞེས་གསུངས་ཏེ། དེ་ཡང་རྣལ་འབྱོར་པས་རང་གི་སེམས་ལ་ནང་དུ་བལྟས་པས་ངོ་བོ་སྟོང་པ་རྟོགས་ཏེ། མཐོང་རྒྱུ་ཅི་ཡང་མེད་པ་དེ་ནང་སྟོང་པ་ཉིད་དོ། །ཕྱི་རོལ་དུ་བལྟས་ཀྱང་བདེན་པའི་དོན་ཅི་ཡང་མ་རྙེད་པས་ཕྱི་སྟོང་པ་ཉིད་དོ། །ཕྱི་ནང་གཉིས་ཀར་བལྟས་པས་སྟོང་པའི་ངང་ལས་མཐོང་རྒྱུ་མ་རྙེད་པ་ནི་ཕྱི་ནང་སྟོང་པ་ཉིད་དོ། །དོན་ལ་སྟོང་པ་ཉིད་ཙམ་དུ་ཡང་མི་འཛིན་པས་སྟོང་པ་ཉིད་སྟོང་པ་ཉིད་དོ། །དེ་ཉིད་མཐར་ཕྱིན་པ་དོན་གྱི་སངས་རྒྱས་ཆེན་པོ་སྟོང་པ་ཉིད་དོ། །ཀུན་རྫོབ་ཀྱི་བདེན་འཛིན་མེད་པས་དོན་དམ་པ་སྟོང་པ་ཉིད་དོ། །ཆོས་ཐམས་ཅད་སེམས་སུ་ཤེས་ཤིང་རང་བཞིན་གྱིས་གྲུབ་པ་མེད་པ་ནི་འདུས་བྱས་སྟོང་པ་ཉིད་དོ། །སེམས་ཉིད་རྒྱུ་

རྐྱེན་གྱིས་མི་འཛིག་པས་འདུས་མ་བྱས་སྟོང་པ་ཉིད་དོ། །སེམས་ཉིད་སྤྲོས་པའི་མཐའ་དང་བྲལ་བས་མཐའ་ལས་འདས་པ་སྟོང་པ་ཉིད་དོ། །སེམས་ཉིད་དང་པོ་བྱུང་ས་མ་རྙེད་ཐ་མར་འགྲོ་ས་མ་རྙེད་པས། ཐོག་མ་དང་ཐ་མ་མེད་པ་སྟོང་པ་ཉིད་དོ། །ངོ་བོ་སྐྱོན་དང་བྲལ་བས་དོར་བ་མེད་པ་སྟོང་པ་ཉིད་དོ། །རང་གི་ཐ་སྙད་དང་བྲལ་བས་རང་བཞིན་སྟོང་པ་ཉིད་དོ། །སེམས་དང་སེམས་ལས་བྱུང་བའི་ཆོས་ཐམས་ཅད་སེམས་ཉིད་སྟོང་པ་ཉིད་ཀྱི་ངང་དུ་རོ་གཅིག་སྟེ་ཆོས་ཐམས་ཅད་སྟོང་པ་ཉིད་དོ། །འཁོར་འདས་ལ་རང་བཞིན་མ་གྲུབ་པས་ཆོས་ཉིད་སྟོང་པ་ཉིད་དོ། །སེམས་ཉིད་དུས་གསུམ་དུ་མི་འགྱུར་བས་རང་གི་མཚན་ཉིད་སྟོང་པ་ཉིད་དོ། །སེམས་ཉིད་ལ་དམིགས་པའི་ཡུལ་མེད་པས་མི་དམིགས་པ་སྟོང་པ་ཉིད་དོ། །སེམས་ཉིད་ལ་དབྱིབས་དང་ཁ་དོག་མ་གྲུབ་པས་དངོས་པོ་མེད་པ་སྟོང་པ་ཉིད་དོ། །སེམས་ཀྱི་དངོས་པོ་ལ་མཚན་མའི་ཡུལ་མེད་པས་ངོ་བོ་ཉིད་སྟོང་པ་ཉིད་དོ། །སེམས་ཙམ་དུ་ཡང་འཛིན་པ་མེད་པས་དངོས་པོ་མེད་པའི་ངོ་བོ་ཉིད་སྟོང་པ་ཉིད་དོ། །ཞེས་གསུངས།

ཡང་མོ་གཅོད་གཏེར་མ་ལས། ཕ་རོལ་ཏུ་ཕྱིན་པ་དྲུག་ལ་ངོ་སྤྲད་པ་ནི། སྦྱིན་པའི་ཕ་རོལ་ཏུ་ཕྱིན་པ་ནི། ཆོས་ཉིད་སྟོང་པ་ཉིད་ལ་མཐའ་དང་བྲལ་བའི་ངང་ལ་མ་ཆགས་པར་སྤྱད་པས། རང་དོན་རྫོགས་ནས་སེམས་ཅན་གྱི་དོན་འབྱུང་བས་ཏེ། དཔེར་ན་རིན་པོ་ཆེ་ལ་དགོས་འདོད་འབྱུང་བ་ལྟ་བུའོ། །ཚུལ་ཁྲིམས་ནི། ཆོས་ཐམས་ཅད་སྟོང་པ་ཉིད་ཀྱི་དོན་ལ་བྱིང་རྒོད་ལ་སོགས་པའི་སྐྱོན་མེད་པར་ཤེས་བཞིན་གྱི་བྱ་ར་བས་ཟིན་པ་སྟེ། དཔེར་ན་སྣེག་མོ་མེ་ཡོང་ལ་བལྟ་བ་ལྟ་བུའོ། །བཟོད་པ་ནི། ཆོས་ཐམས་ཅད་སྟོང་པ་ཉིད་ཀྱི་དོན་དེ་ཉམས་སུ་བླངས་

པས་སེམས་གནས་ཤིང་ཉོན་མོངས་པའི་ཟུག་རྔུས་མི་གནོད་པས། བར་དུ་མཉམ་བཞག །ཐ་མར་རྗེས་ཐོབ་ལ་གོམས་པ་མས་བུ་གསོ་བ་ལྟ་བུའོ། །བརྩོན་འགྲུས་ནི། ཆོས་ཉིད་སྟོང་པ་ཉིད་ཀྱི་དོན་ལ་ལེ་ལོ་དང་བཏང་སྙོམས་སུ་མི་འཛོག་པར་རྩོལ་བྲལ་དུ་ཉམས་སུ་བླངས་པས། རྒྱལ་པོ་གདན་ལ་བཞུགས་པས་དགོས་འདོད་ཐམས་ཅད་ཤུགས་ལས་འབྱུང་བ་ལྟ་བུའོ། །བསམ་གཏན་ནི། བསྒོམ་བྱ་སྒོམ་བྱེད་ཀྱི་རྣམ་པར་རྟོག་པ་དང་བྲལ་བའི་ངང་ནས་ནམ་མཁའི་དབྱིངས་སུ་བལྟ། དེ་ལ་བལྟས་པས་དངོས་པོ་དང་མཚན་མ་གང་དུ་ཡང་མ་གྲུབ་ཅིང་བལྟས་པས་མཐོང་བ་མེད་དེ། ཧ་རེ་ལོང་གིས་ཅི་ཡང་མ་མཐོང་བ་ལྟ་བུའོ། །ཤེས་རབ་ཀྱི་ཕ་རོལ་ཏུ་ཕྱིན་པ་ནི། ཆོས་ཐམས་ཅད་རང་གི་སེམས་སུ་ཤེས། སེམས་སྟོང་པར་ཤེས། སྟོང་པ་ཡུམ་ཆེན་མོར་ཤེས་ནས་འཁོར་བ་དང་མྱ་ངན་ལས་འདས་པའི་མཐར་ཕྱིན་པ་ནི། སེམས་དང་ཡུམ་ཆེན་མོ་ངོ་སྤྲོད་པ་མ་དང་བུ་འཕྲད་པ་ལྟ་བུའོ། །ཡང་རང་སེམས་སྟོང་པ་དེ་ཉིད། ཡེ་ཤེས་ལྔར་ངོ་སྤྲད་པ་ལ། ཡུམ་ལས། མ་རིག་པ་ལས་ལོག་ན་རིག་པའི་ཡེ་ཤེས་ཡིན་ཏེ། འདིར་ཡེ་ཤེས་ལྔའི་ལམ་པ་ཞེས་གསུངས་པས། དེ་ཡང་ཆོས་ཀྱི་དབྱིངས་ཀྱི་ཡེ་ཤེས། མེ་ལོང་ལྟ་བུའི་ཡེ་ཤེས། མཉམ་པ་ཉིད་ཀྱི་ཡེ་ཤེས། སོ་སོར་རྟོགས་པའི་ཡེ་ཤེས། བྱ་བ་གྲུབ་པའི་ཡེ་ཤེས་དང་ལྔའོ། །དེ་རྣམས་ཀྱི་དོན་འདིར་ངོ་སྤྲོད་དེ། ཆོས་ཐམས་ཅད་ཀྱི་རང་བཞིན་ནི་སྐྱེ་མེད་སྐྱེ་མེད་ཀྱི་ངོ་བོ་ནམ་མཁའ། ནམ་མཁའི་མཚན་ཉིད་ཧེན་མེད། ཡེ་ཤེས་ཐོབ་པར་བྱ་བའི་རིག་བྱ་དང་བྲལ་བ་དེའི་ངང་ལས་རིག་པ་ཙོགས་བཞག་ཏུ་བཞག་ཙ་ན། ཆོས་ཐམས་ཅད་ནམ་མཁའི་ངང་ལས་ཤར། ནམ་མཁའི་ངང་ལ་གནས་ནམ་མཁའི་ངང་ལ་ཐིམ། ནམ་མཁའི་ཧེན་མེད་ཀྱི་ངང་ལ་གནས་པ

འདི་ཆོས་ཀྱི་དབྱིངས་ཀྱི་ཡེ་ཤེས་ཞེས་བྱའོ། །དེ་ལྟར་ནམ་མཁའ་རྟེན་མེད་ཀྱི་ངང་ལ་རིག་པ་དངོས་མེད་དུ་བཞག་པས། ཆུ་ལ་ཆུ་བཞག་པ་བཞིན་དུ་གྱུར་ཏེ་གསལ་ལ་དངས་པ་ཆོས་ཉིད་བདེན་པའི་མཐིལ་མཐོང་བའི་དཔེ་མི་རྟོག་པ་མེ་ལོང་ལྟ་བུའི་ཡེ་ཤེས་ཞེས་བྱའོ། །དེ་ལ་གསལ་བ་ནི་རིག་པའི་རང་སྒོ། དངས་པ་ནི་རྟོག་དཔྱོད་ཀྱི་བློ་གང་གིས་ཀྱང་མ་བཅོས་པར་བཞག་ཙ་ན་དངོས་པོ་དངོས་མེད། རང་དང་གསུམ་དུ་མ་བཅོས་པས་མ་བསླད་པའོ། །དེ་ཡང་ཡུལ་ཆོས་ཅན་སོ་སོ་ལ་ཆོས་ཉིད་སྟོང་པས་མ་ཁྱབ་པ་མེད་དེ། སོ་སོར་ཀུན་ཏུ་རྟོག་པའི་ཡེ་ཤེས་ཞེས་བྱའོ། །དེ་ཡང་ཡུལ་ཆོས་ཅན་སོ་སོར་ས་ལེར་འདུག་ཀྱང་། འདུག་མི་འདུག་གི་རྟོག་དཔྱོད་ཀྱིས་བདག་ཏུ་མ་བཟུང་བའི་གོང་དུ་བསྟན་པ་བཞིན་དུ། ནམ་མཁའ་དང་རིག་པ་ཐ་དད་མེད་པར་ཁྲིལ་ལེ་གནས་ཙ་ན། ཆོས་ཐམས་ཅད་ཀྱི་ཆོས་ཉིད་དེ་ལྟར་ཡིན་ཏེ། གཅིག་གི་སྟོང་ཉིད་གང་ཡིན་པ་དེ་ཀུན་གྱི་སྟོང་ཉིད་ཡིན། དེ་ཡང་འདམ་བུ་གཅིག་གི་ཁོག་སྟོངས་ན་ཀུན་ཁོག་སྟོངས་ཞེས་གསལ་ལོ། །དེ་ལ་མཉམ་པ་ཉིད་ཀྱི་ཡེ་ཤེས་ཞེས་བྱའོ། །དེ་ཙ་ན་ཆེད་དུ་བྱས་པ་མེད་པར་སེམས་ཅན་གྱི་དོན་ལ་དེ་ལྟར་ཡིན་པ་མ་གོ་བ་རྣམས་སྙིང་རེ་རྗེ་སྙམ་པ་སྐྱེས་ཏེ་སེམས་ཅན་ལ་དམིགས་པའི་སྙིང་རྗེ་ཞེས་བྱའོ། །སེམས་ཅན་ཐམས་ཅད་ཀྱིས་ཆོས་ཉིད་ཀྱི་དོན་འདི་ལྟ་བུ་མཐོང་ན་ཅི་མ་རུང་སྙམ་པ་བསྐྱེད་དེ། ཆོས་ལ་དམིགས་པའི་སྙིང་རྗེ་ཞེས་བྱའོ། །དེ་ཡང་སྙིང་རྗེ་མཁན། སྙིང་རྗེ་བ། སྙིང་རྗེ་གསུམ་བདག་ཏུ་འཛིན་པ་མེད་ཀྱང་། སྙིང་རྗེ་ཆེན་པོ་རང་ཤུགས་ཀྱིས་སྐྱེ་བ་དེ་ལ་དམིགས་པ་མེད་པའི་སྙིང་རྗེ་ཞེས་བྱ་སྟེ། དེ་ལ་བྱ་བ་གྲུབ་པའི་ཡེ་ཤེས་ཞེས་བྱའོ། །ཡང་བསྐོར་གཞི་འཕྲུལ་གྱི་གདམས་པ་ལས། ཕུང་པོ་འདུས་

བྱས་སུ་ཡིད་ཆེས་པས་བྱ་བ་ཐམས་ཅད་མི་རྟག་པར་ཐག་ཆོད། ལྟ་བ་སྟོང་ཉིད་དུ་ཡིད་ཆེས་པས། ཅི་ལ་ཡང་ལྟོས་པ་མེད་པར་ཐག་ཆོད་གསུང་། ད་ལྟ་ཆོས་ཐམས་ཅད་རང་རང་གི་ངོ་བོས་སྟོང་ཞིང་བདེན་པར་མ་གྲུབ་པ་ནི་སེམས་ཀྱི་རང་བཞིན་མ་གྲུབ་བཞིན་དུ་འགག་མེད་ཀྱི་རྩལ་སྣ་ཚོགས་སུ་ཤར་བ་ཐམས་ཅད་སྣང་སྟོང་། རིག་སྟོང་། བདེ་སྟོང་། གསལ་སྟོང་། ཡུལ་མེད། འཁོར་འདས་མཉམ་ཉིད་ཀྱི་དོན། སྐྱེ་མེད་ཟུང་འཇུག །ཕྱག་རྒྱ་ཆེན་པོ། དོན་ཤེར་ཕྱིན། རིག་པ་གཅེར་བུ། དོན་དམ་བྱང་ཆུབ་ཀྱི་སེམས། ཤིན་ཏུ་སྤྲོས་མེད། བདག་མེད་ཀྱི་གནས་ལུགས་ལ་སོགས་མིང་གི་རྣམ་གྲངས་མང་དུ་བཤད་ཀྱང་། དོན་གྱི་ངོ་བོ། ཆོས་ཐམས་ཅད་ཀྱི་གཤིས་ལུགས་སྨྲ་བསམ་བརྗོད་མེད་ལས་འདས་མ་སྤྱོང་། དེ་ཡང་ཡུམ་ལས། སྨྲ་བསམ་བརྗོད་མེད་ཤེས་རབ་ཕ་རོལ་ཕྱིན་སོགས། ཞེས་པ་དང་། བྲམ་ཟེ་ཆེན་པོའི་ཞལ་ནས། བླ་མའི་གསུང་ལ་བརྟེན་ཅིང་གུས་འབད་ན། །ལྷན་ཅིག་སྐྱེས་པ་འབྱུང་བར་ཐེ་ཚོམ་མེད། །ཁ་དོག་ཡོན་ཏན་ཡི་གེ་དཔེ་བྲལ་བ། །སྨྲ་རུ་མ་བཏུབ་བདག་གིས་གྱི་ན་མཚོན། །གཞོན་ནུའི་བདེ་བ་སྙིང་ལ་ཞེན་པ་བཞིན། །དབང་ཕྱུག་དམ་པ་དེ་ནི་སུ་ལ་སྨྲ་ནུས་སམ། །ཞེས་དང་། བླཱི་ལྷ་པས། གདོད་ནས་ལྷན་ཅིག་སྐྱེས་པ་གཞན་ནས་བཙལ་དུ་མེད། །སེམས་ཉིད་མིང་སྟོང་བྲལ་བ་ཕྱག་རྒྱ་ཆེན་པོ་སྟེ། །ཞེས་དང་། ཏཻ་ལོ་པས། ཀྱེ་ཧོ་འདི་ནི་རང་རིག་ཡེ་ཤེས་ཏེ། །ངག་གི་ལམ་འདས་ཡིད་ཀྱི་སྤྱོད་ཡུལ་མིན། །ཏཻ་ལོ་ངས་ནི་ཅི་ཡང་བསྟན་དུ་མེད། །རང་གིས་རང་ཉིད་མཚོན་ཏེ་ཤེས་པར་གྱིས། །ཞེས་དང་། ཤཱ་བ་རི་པས། གང་གིས་གདོད་ནས་སེམས་ཉིད་རྟོགས་པ་ཡིས། །དུས་གསུམ་རྒྱལ་བའི་དགོངས་པ་དམ་པ་རྙེད། །ཅེས་དང་། ནག་པོ་པས། ཡི་སངས་

རྒྱས་གཅིག་ཡིན་པ་ལ། །ཡང་སངས་རྒྱས་གཅིག་འདོད་པ་འཁྲུལ། །ཅེས་དང་། ནཱ་རོ་པས། སེམས་ཀྱི་གནས་ལུགས་ལྟ་བའི་གདེང་། །ཞེས་དང་། ཊཱི་ཀ་སྦྱུས་ལས། སེམས་ཀྱང་དྲན་རིག་འགྱུར་བ་ཙམ། །རང་བཞིན་མེད་དེ་རླུང་གི་རྩལ། །ངོ་བོ་སྟོང་པ་ནམ་མཁའ་བཞིན། །ཆོས་སྐུ་མཁའ་འདྲ་མཉམ་གནས་ལ། །ཕྱག་རྒྱ་ཆེ་ཞེས་བརྗོད་པ་ཡིན། །ཞེས་དང་། སྐྱེས་མཆོག་མར་པས། རང་གསལ་རིག་པ་འགག་པ་མེད། །ཟུང་འཇུག་རིག་པ་གཉུག་མའི་ངང་། །ཡེ་ཤེས་ལྷུན་གྲུབ་ལྟ་བ་ལགས། །ཞེས་དང་། རྗེ་བཙུན་མི་ལས། སེམས་སྐྱེ་མེད་ཀྱི་ངང་ལ་འགག་མེད་འགྱོ། །སྐྱེ་འགག་གི་མཚན་མ་རང་སར་ཞི། །ལྟ་བའི་ཐག་ཆོད་བློ་རེ་བདེ། །ཞེས་དང་། རྗེ་སྒམ་པོ་པས། ལྷན་ཅིག་སྐྱེས་པའི་རྣམ་ཤེས་འདི། །ཡེ་ཤེས་ཡིན་པར་བཅིར་གྱིས་ཟུང་། །ཞེས་དང་། འགྲོ་མགོན་གྱིས། སེམས་གདོད་ནས་དག་པའི་དེ་བཞིན་ཉིད། །གདོད་ནས་ཞི་ཞིང་མ་སྐྱེས་པ། །ཡེ་ནས་སྤྲོས་པའི་མཐའ་དང་བྲལ། །ཞེས་དང་། བླ་མ་ཞང་གིས། ཤེས་པ་ལྷོད་ཀྱིས་གློད་པའི་ཚེ། །གསལ་ལ་རྟོག་པ་མེད་པའི་ཉམས། །བར་སྣང་དག་པའི་དཀྱིལ་ལྟར་འཆར། །དེ་ཉིད་འོད་གསལ་ཆོས་སྐུ་ཡིན། །ཞེས་དང་། དུས་གསུམ་མཁྱེན་པས། སངས་རྒྱས་རང་གི་སེམས་ལ་རྙེད། །གྲུབ་པ་ཐོབ་འདོད་བློ་དང་བྲལ། །ཞེས་དང་། ཁྲོད་ཚང་པས། སྐྱེ་བོ་དུས་ཀྱི་ཤེས་པ་འདི། །ཆོས་ཀྱི་སྐུ་རུ་འདུག་པ་ལ། །བླ་མས་བསྟན་ཡང་མི་དགོས་པར། །རང་གིས་གཤིས་སུ་འཐད་པ་ལ། །ཞེས་དང་། ཡང་དགོན་པས། སེམས་དངོས་བཟུང་མེད་པ་སྟོང་པའི་དབྱིངས། །འགག་མེད་དུ་གསལ་བ་རིག་པའི་སྒོ། །བློ་བྲལ་གྱི་གསལ་སྟོང་རྗེན་པ་འདི། །རང་སར་ཞོག་གིན་རང་ལ་ལྟོས་དང་། །སྒོམ་ལྟག་མཐོང་གི་རང་གསལ་མཐོང་བ་ཞིག་ཡོང་གི། །ཞེས་དང་།

སེམས་ཀྱི་ངོ་བོ་ལ་སྐུ་གསུམ་དང་དཀོན་མཆོག་གསུམ་གྱི་དོན་ཚང་སྟེ། བིརྺ་
པས། སྣ་ཚོགས་ཆོས་སྐུར་གསལ་བས། །སྤྱོད་ལེན་གྱི་སེམས་མི་འབྱུང་། །ཞེས་
དང་། དེ་ཉིད་ལས་བླ་མས་བསྟན་པས་གཉུག་མའི་གནས་ལུགས་རྟོགས་གྱུར་
ན། །དྲན་རིག་སྣ་ཚོགས་ཆོས་ཀྱི་དབྱིངས་སུ་རང་གིས་ལྷག་གིས་མཐོང་། །ཞེས་
དང་། མཻ་ཏྲི་པས། མ་སྐྱེས་པ་ལ་རྟོག་པ་བློ་བུར་བ། །རྟོག་པ་དེ་ཉིད་དབྱིངས་
ཀྱི་ངོ་བོ་ཉིད། །དེ་ཉིད་གདོད་ནས་ཐ་དད་མེད་པ་སྟེ། །དེ་གཉིས་རོ་མཉམ་གྱུར་
པ་ངས་བསྟན་ནོ། །ཞེས་དང་། ནཱ་རོ་པས། ཉོན་མོངས་ཡེ་ཤེས་ཆེན་པོ་སྟེ། །ནགས་
ལ་མེ་བཞིན་རྣལ་འབྱོར་གྲོགས། །རྣམ་རྟོག་རང་གྲོལ་ཡེ་ཤེས་ཆེ། །ཞེས་དང་།
ཤཱ་བ་རི་པས། རང་གི་དེ་ཉིད་རང་གིས་རྟོགས་གྱུར་ན། །ཡེངས་པའི་སེམས་
ཀྱང་ཕྱག་རྒྱ་ཆེན་པོར་འཆར། །ཞེས་དང་། ཡང་བྲམ་ཟེ་ཆེན་པོས། སྤྲོས་དང་
བྲལ་བ་རང་གི་སེམས་མཐོང་ནས། །སྤྲོས་པ་ཆེད་དུ་བྱེད་པའི་རྣལ་འབྱོར་ནི། །ནོར་
བུ་རྙེད་ནས་འཆིང་བུ་ཚོལ་བ་ལྟར། །ཞེས་དང་། སྒོམ་དུ་མེད་པ་ཡིད་ལ་མི་བྱ་
སྟེ། །ཐ་མལ་ཤེས་པ་གནས་ལུགས་གཉུག་མ་ལ། །བཅོས་མའི་དམིགས་པ་དག་
གིས་མ་བསླད་དེ། །རང་བཞིན་དག་པའི་སེམས་ལ་བཅོས་མ་དགོས། །ཞེས་སམ།
ཤཱ་བ་རི་པས། ཡིད་ལ་བྱར་མེད་ཕྱག་རྒྱ་ཆེན་པོ་ལ། །བསྒོམ་རྒྱུ་རྡུལ་ཙམ་མེད་
པས་མི་སྒོམ་སྟེ། །སྒོམ་མེད་དོན་དང་འབྲལ་མེད་བསྒོམ་པའི་མཆོག །ཅེས་དང་།
ནོར་བུ་གླིང་པ་བདེ་བའི་རྡོ་རྗེས། གཅིག་དང་དུ་བྲལ་གཏན་ཚིགས་རྣམས། །འོད་
གསལ་ཤེས་ན་དགོས་པ་མེད། །བདེ་ཆེན་དེར་སྣང་མངོན་སུམ་ལ། །ལུང་དང་
རྗེས་དཔག་བཙལ་མི་དགོས། །སྤྱོད་བ་དངོས་པོའི་གཞིས་ཡིན་པས། །ཆད་པར་
ལྟ་བའི་དགོས་པ་མེད། །གང་ལའང་དེ་འོ་མི་སེམས་པས། །སྒྲོ་འདོགས་པ་ཡི་

དགོས་པ་མེད། །ཅེས་དང་། ཡང་མ་གཅིག་སྤྲུལ་སྐུའི་ཞལ་ནས། དྲི་ཟའི་གྲོང་ཁྱེར་ལ་ཐོགས་པ་མི་གདའ། །སྒྱུ་མའི་སྐྱེས་བུ་ལ་རིག་པ་མི་གདའ། །མོ་ཤམ་གྱི་བུ་ལ་དྲག་ཞན་མི་གདའ། །གཙོད་གཡུལ་གྱི་ལྟ་བ་ལ་མཐོ་དམན་མི་གདའ། །རྒན་མོ་ང་ལ་ལྟ་བ་མི་བདོག །ཡང་མའི་ཞལ་ནས། འཁོར་བ་ལ་དངོས་པོ་མེད་པས་སྐྱོན་དུ་མི་ལྟ། གཉེན་པོ་ལ་རང་བཞིན་མེད་པས་ཡོན་ཏན་དུ་མི་ལྟ། དེ་ཁོ་ན་ཉིད་ལ་འདི་ཡིན་དང་འདི་མིན་མེད་པས་བློ་གང་ལའང་ཆེད་འཛིན་མི་བྱ་གསུང་། གནས་ལུགས་དེ་ལ་གནོད་བྱེད་བདུད་ཀྱང་མེད། བདུད་ཐམས་ཅད་ངར་འཛིན་དེ་ལས་བྱུང་། ང་མེད་རྟོགས་པ་རྡོ་རྗེ་སེམས་དཔའི་སྤྱོད་པ་ཡིན། ཆོས་སྐུ་སྐྱེ་མེད་ཀྱི་ངང་དུ་བདུད་ཀྱིས་ཅི་བྱེད་གསུང་། ཡང་མའི་ཞལ་ནས། དོན་སྐྱེ་མེད་རྟོགས་པ་ཤེས་རབ་ཀྱི་གདེང་། ཉམས་སུ་སྦྱོང་བ་གོམས་འདྲིས་ཀྱི་གདེང་། ཉམས་ང་མེད་པ་གློང་དུ་གྱུར་པའི་གདེང་། གདེང་ཆེན་གསུམ་དང་མ་བྲལ་ན་བློ་བདེ་བར་མཆིས་སོ། །གསུང་། ཡང་མའི་ཞལ་ནས། ནམ་མཁའ་ལ་དཔེ་བྱས་པས་ལྟ་བ་ལ་ཕྱོགས་རིས་མི་གདའ། བར་སྣང་ལ་དཔེ་བྱས་པས་བསྒོམ་པ་ལ་ངོས་བཟུང་མི་གདའ། བུ་ཆུང་ལ་དཔེ་བྱས་པས་སྤྱོད་པ་ལ་ཏིག་ཏད་མི་གདའ་གསུང་། ཡང་ཤེས་རབ་བརྒྱ་རྩ་ལས། གང་གིས་གཉིས་འཛིན་སྙེམས་དང་བཅས། །བློ་སེམས་རྟོག་པ་ཡུལ་དུ་སྤྱོད། །དོན་དང་མི་ལྡན་ཤིན་ཏུ་ནྲུན། །ཡུལ་མེད་ཐབས་སུ་ཤེས་གྱུར་ན། །ཡུལ་སེམས་ངོ་སྤྲོད་མན་ངག་ཡིན། །དེ་ཉིད་དོན་གྱི་གནས་ཐབས་ནི། །འཛིན་མེད་མ་བཀག་ཡན་པ་ལ། །མ་བཅོས་ལྷུག་པར་བཞག་པ་དང་། །བདག་འཛིན་བག་ཆགས་སྙེམས་བྱེད་བདུད། །ཁྲུ་འཕྲིག་ཉམས་ང་རེ་དོགས་བདུད། །གཉིས་འཛིན་འདུ་ཤེས་བཅད་པ་ལས། །ཆེད་དུ་བྱ་བ་གང་ཡང་

མེད། །དོན་དུ་གཉེར་བྱ་ཅི་ཡང་མེད། །འཛིན་པ་ཐོང་ལས་ལྷུག་པར་ཞོག །དུས་གསུམ་སངས་རྒྱས་དགོངས་པ་དེ། །གཉིས་མེད་ནམ་མཁའ་ལྟ་བུ་ལ། །གསལ་སྣང་ཉི་ཟླ་ལྟ་བུ་འབྱུང་། །བདག་འཛིན་འདུ་ཤེས་བྲལ་བ་འོ། །ཡང་མའི་ཞལ་ནས། ང་མེད་ལམ་དུ་ཞུགས་ན་བདེ། །འཛིན་མེད་གྲོགས་དང་འགྲོགས་ན་བདེ། །འདྲིས་མེད་ཡུལ་དུ་བསྡད་ན་བདེ། །རྗེན་མེད་དགོན་པ་གཟུང་ན་བདེ། །ངོ་སྲུངས་འཁྲི་བ་བཅད་ན་བདེ། །མཐུན་འཇུག་བཙིག་པ་བསྒྲིལ་ན་བདེ། །འཛིན་པ་ཀུན་དང་བྲལ་ན་བདེ། །ཚོགས་དྲུག་ལྷུག་པར་བཞག་ན་བདེ། །དེ་ལྟར་ང་ཡིས་སྨྲས་པ་ལ། །རྗེས་འཇུག་དེ་ལྟར་བསླབ་པར་བྱོས། །ཡང་མའི་ཞལ་ནས། རིག་པ་འདི་ལ་འཛིན་པ་མེད་པ་ལ་སངས་རྒྱས་ཟེར་བ་ཡིན། སེམས་འདི་བཟུང་འཛིན་དང་གཉིས་འཛིན་གྱིས་ཆུད་མ་གསན་པར་སྐོམས་ཤིག་གསུང་། ཡང་མ་གཅིག་གི་ཞལ་ནས། རེ་བ་ཞིག་པས་ལྷ་དང་བྲལ། །དགོས་པ་ཞིག་པས་འདྲེ་དང་བྲལ། །འཁྲུལ་པ་ཞིག་པས་ནད་དང་བྲལ་གསུང་། །

ཡང་མའི་ཞལ་ནས། སྣང་བ་སེམས་སུ་ངོ་སྤྲོད། སེམས་སྟོང་པར་ངོ་སྤྲོད། སྟོང་པ་ལྷན་ཅིག་སྐྱེས་པར་ངོ་སྤྲོད། ལྷན་ཅིག་སྐྱེས་པ་ཆོས་ཀྱི་སྐུར་ངོ་སྤྲོད། ཅེས་གསུངས་པས། དེ་ལ་དང་པོ་སྣང་བ་སེམས་སུ་ངོ་སྤྲོད་པ། འཁོར་འདས་ཀྱི་ཆོས་ཐམས་ཅད་སེམས་སུ་ངོ་ཤེས། ཡིད་ཆེས། ཐག་ཆོད་པའོ། །སེམས་སྟོང་པར་ངོ་སྤྲོད་པས། སེམས་ཉིད་ཀྱི་ངོ་བོ་སྟོང་པར་ངོ་ཤེས། ཡིད་ཆེས། ཐག་ཆོད་པའོ། །སྟོང་པ་ལྷན་ཅིག་སྐྱེས་པར་ངོ་སྤྲོད་པས། དོན་ལ་སྣང་སྟོང་གཉིས་མེད་དུ་ངོ་ཤེས། ཡིད་ཆེས། ཐག་ཆོད་པའོ། །ལྷན་ཅིག་སྐྱེས་པ་ཆོས་ཀྱི་སྐུར་ངོ་སྤྲོད་པས། སེམས་ཀྱི་གནས་ལུགས་སྤྲོས་པའི་མཐའ་ལས་འདས་པ་སྟེ། དོན་ཆོས་ཀྱི་

སྐུ་ཡིན་པར་ངོ་ཤེས། ཡིད་ཆེས། ཐག་ཆོད་པའོ། །དེ་ལྟར་ཐག་ཆོད་པས། ཡ་ང་བག་ཚ་དང་བྲལ་བ་ཡིན་པས། གཞན་དོན་ལྷུན་གྲུབ་ཏུ་འོང་ཞིང་བྱེད་དགོས་པ་ཡིན། རྣལ་འབྱོར་པ་དེ་ལྟ་བུའི་རང་དོན་ལ་མི་ལྟོས་པར་གཞན་དོན་འབའ་ཞིག་ལྷུར་ལེན། སངས་རྒྱས་ཀྱི་བསྟན་པ་ལ་ཕན་པའི་བྱ་བ་བྱེད་དགོས་པ་ཡིན་པས། རང་ལ་ཅི་བྱས་ཆོག་པ་ཡིན་ནའང་། དགེ་བ་ཕྲ་ཞིང་ཕྲ་བ་ནས་ཡར་བཙག །སྡིག་པ་བཤགས་པའི་ཚུལ་མཛད། ལས་རྒྱུ་འབྲས་ལ་ཁབ་དང་སྐུད་པ་ཙམ་ལ་ཡང་སྤང་བླང་གི་སྒོ་ནས་ཞིབ་ཆ་དང་འཛེམ་བག་རིམ་པར་བྱེད་པ་མཆོག་ཏུ་གྱུར་པ་ཡིན་ནོ། །ཞེས་པ་གཅོད་གདན་ཐོག་ཅིག་མའི་ཁྲིད་ཡིག་ཕྲིན་ལས་རྒྱ་མཚོ་ལས། ངོ་སྤྲོད་ལུང་གི་མཁན་པོ་འདི། མི་ཉག་རྟོགས་ལྡན་དང་། འབྲོག་མོ་རས་ཆེན་སོགས་གྲོགས་མཆེད་རྣམས་ཀྱིས་བསྐུལ་བའི་ངོར། ཤཱཀྱའི་དགེ་སློང་ཀྲེ་འོ་ཆོས་ཀྱི་རྒྱ་མཚོ་ཞེས་བྱ་བས། མཚུར་ཕུ་བདེ་ཆེན་གྱི་དབེན་གནས་སུ་སྦྱར་བའོ། །ཆོས་སྐུ་མཁའ་ལྟར་དག་པ་ལ། །གཟུགས་སྐུ་འཇའ་ཚོན་སྒྱུ་མའི་སྐུ། །ཚོགས་དྲུག་སྣ་ཚོགས་སྤྲུལ་པའི་སྐུ། །ཐ་མལ་ཤེས་པ་རྗེ་རྗེ་འཆང་། །ཐེ་ཚོམ་བྲལ་བ་དབུ་མའི་དོན། །ཡིངས་མེད་བསྒོམ་པ་ངོ་མཚར་ཆེ། །ཟིན་བྲིས་དགའ་སྟོན་ཆེན་པོ་འདི། །འགྲོ་དྲུག་མ་རྒན་རྣམས་ལ་བསྔོ། །མངྒལཾ་བྷ་ཝནྟུ། །ལྷན་ཐབས་ཡིག་ཆུང་ངོ།། །།

༄༅། །ཡིད་ཆེས་ལུང་གི་མཁན་པོ་བཞུགས་སོ། །

བླ་མ་དང་མཁའ་འགྲོའི་ཚོགས་ལ་ཕྱག་འཚལ་ལོ། །ནམ་མཁའ་སྒོ་འབྱེད་ཀྱི་ཁྲིད་རྒྱབ་ཡིད་ཆེས་ལུང་གི་མཁན་པོ་ནི། རིན་པོ་ཆེ་གཙྭ་པཀྲིའི་ཞལ་ནས། ལྟ་སྒོམ་སྤྱོད་འབྲས་བསྒོམ་པ་ལ། །རང་སེམས་ཉིད་ལ་ཐག་ཆོད་ནས། །ཉམས་མྱོང་ཡིད་ཆེས་སྐྱེ་བ་དགོས། །ཞེས་དང་། རྗེ་རང་བྱུང་རྡོ་རྗེའི་ཞལ་ནས། སྣ་ཚོགས་སྣང་བ་རང་གི་སེམས། །རང་སེམས་ཆོས་སུ་བརྟེན་པ་འདི། །ཐ་མལ་ཤེས་པ་ཨེ་མ་ཧོ། །ཞེས་དང་། རྗེ་རོལ་པའི་རྡོ་རྗེའི་ཞལ་ནས། ལྟ་བ་མཐའ་བྲལ་དབུ་མའི་ལམ། །ལྟ་སྒོམ་སྤྱོད་འབྲས་ཕྱག་རྒྱ་ཆེ། །ཉམས་དང་མྱོང་བ་ཐབས་ཀྱི་ལམ། །རྟོགས་ལྡན་ཆེན་པོ་ངོ་མཚར་ཆེ། །ཞེས་པས། དེ་ལ་ལྟ་བའི་ཡིད་ཆེས་གསུམ། བསྒོམ་པའི་ཡིད་ཆེས་གསུམ། སྤྱོད་པའི་ཡིད་ཆེས་གསུམ། འབྲས་བུའི་ཡིད་ཆེས་གསུམ་མོ། །དང་པོ་གསུམ་ནི། སྣང་བ་སེམས་སུ་ཡིད་ཆེས། སེམས་སྟོང་པར་ཡིད་ཆེས། སྟོང་པ་རིག་སྟོང་དབྱེར་མེད་དུ་ཡིད་ཆེས་པའོ། །དང་པོ་ནི། དེ་ཡང་བདུད་ནི་ཐོགས་བཅས་ཐོགས་མེད་གཉིས་སུ་འདུས་ཏེ། དེ་གཉིས་གང་དུ་འདུས་ཤེ་ན་སྣང་བ་དང་། སྟོང་པའོ། །སྣང་བ་ལ་ཆོས་སུ་སྣང་བ་དང་། འཁྲུལ་སྣང་། དོན་སྣང་དང་གསུམ་མོ། །དང་པོ་ཆོས་སྣང་ནི། དཀར་པོ་དགེ་བ་བཅུ་སྤྱོད་པའོ། །འཁྲུལ་སྣང་ནི། བློ་ཕྱིན་ཅི་ལོག་ལ་ཞེན་ཏེ། ང་དང་བདག་ཏུ་འཛིན་པའོ། །དོན་སྣང་ནི། ཡང་དག་པའི་དོན་མཐོང་བའོ། །དེ་དག་ཀྱང་

དོན་རང་གི་སེམས་ཡིན་ཏེ། སེམས་ཉིད་སྣང་བ་སྣ་ཚོགས་སུ་སྣང་ཞིང་ཤར་བས། ཀུན་ནས་ཉོན་མོངས་འཁོར་བའི་ཆོས་དང་། རྣམ་པར་བྱང་བ་མྱ་ངན་ལས་འདས་པའི་ཆོས་སུ་སྣང་སྟེ། གཟུགས་ནས་རྣམ་པ་ཐམས་ཅད་མཁྱེན་པ་ཉིད་ཀྱི་བར་དུ་སྣང་བའོ། །དེ་ཡང་སེམས་མིན་གྱི་དོན་གཅིག་ཕྱི་རོལ་ན་ཡོད་དམ་སྙམ་ན་ཡང་སེམས། ཡོད་ལ་སྦྱོང་ན་ཡང་སེམས། དཔེར་ན་ཆུ་དང་རླབས་ལྟ་བུའོ། །དེ་ལྟར་སེམས་སུ་ཡིད་ཆེས་ཙ་ན། བདེ་སྡུག་ལ་སོགས་པ་ཐམས་ཅད་ཡུལ་དུ་གྲུབ་པ་མེད་པས། སྣང་བ་ཐམས་ཅད་སེམས་སུ་རྣམ་པར་དག་པའོ། །དེ་ལྟར་རྣམ་པར་དག་པ་ཕྱི་སྣང་བ་ཡུལ་གྱི་བདུད་ཆོད་པའོ། །

གཉིས་པ་སེམས་སྟོང་པར་ཡིད་ཆེས་པ་ནི། དེ་ལྟ་བུའི་སེམས་དེ་སྣང་བའི་ཡུལ་ན་སྟོང་པ་ལས་མ་འདས་པའོ། །དེ་ཡང་ཤེར་སྙིང་ལས། གཟུགས་སྟོང་པའོ་ཞེས་སོ། །དེ་ལྟར་སེམས་ཉིད་ཀྱི་ཆོ་འཕྲུལ་ཅི་ཤར་ཅི་བྱུང་ཡང་རང་སེམས་ཡིན་ཏེ། སྟོང་པ་བཅོ་བརྒྱད་ཀྱི་དོན་ནོ། །དེས་ན་སེམས་སྟོང་པ་ཡིན་པས། དེ་ལས་བྱུང་བའི་ཆོ་འཕྲུལ་ཐམས་ཅད་ཀྱང་སྟོང་པའོ། །དེ་ཙ་ན་སྟོང་པ་ཉིད་ཀྱིས་སྟོང་པ་ཉིད་ལ་སླུགས་མི་ཉེད། མཚན་མ་མེད་པས་མཚན་མ་མེད་པ་ལ་སླུགས་མི་ཉེད། སྨོན་པ་མེད་པས་སྨོན་པ་མེད་པ་ལ་སླུགས་མི་ཉེད་དོ། །དེས་ན་སེམས་ཉིད་རྒྱུ་རྐྱེན་དང་བྲལ་བ་དེ་སྟོང་པར་ཡིད་ཆེས་པའོ། །དེ་ཙ་ན་ཐོགས་མེད་སྟོང་པའི་བདུད་ཆོད་པའོ། །

གསུམ་པ་རིག་སྟོང་དབྱེར་མེད་ལ་ཡིད་ཆེས་པ་ནི། དེ་ཡང་སྟོང་པའི་དུས་ན་རིག་པ་མ་འགགས་ཏེ། གསལ་ཆ་དང་རིག་པའི་རྩལ་ཅིར་ཡང་འཆར། རིག་པར་ཤར་བའི་དུས་ན་སྟོང་པ་མ་སྤངས་ཏེ། ཤར་བའི་དུས་ན་ངོ་བོ་ལ་དངོས་པོ་

འདི་ཡིན་ཞེས་བསྟན་དུ་མེད་པས་ངོ་བོ་མ་གྲུབ་པ་ནི་རང་བཞིན་སྟོང་པའོ། །སྟོང་པའི་རྩལ་མ་འགགས་པས་རིག་པའོ། །དེས་ན་རིག་སྟོང་དབྱེར་མེད་པའོ། །ཤེར་སྙིང་ལས། གཟུགས་སྟོང་པའོ། །སྟོང་པ་ཉིད་གཟུགས་སོ། །གཟུགས་ལས་ཀྱང་སྟོང་པ་ཉིད་གཞན་མ་ཡིན་ནོ། །སྟོང་པ་ཉིད་ལས་ཀྱང་གཟུགས་གཞན་མ་ཡིན་ནོ་ཞེས་སོ། །འབུམ་ལས་ཀྱང་། གཟུགས་རྣམ་པར་དག་པས་འབྲས་བུ་རྣམ་པར་དག་པ་འདི་ལ་གཉིས་སུ་མེད་དེ། གཉིས་སུ་བྱར་མེད་སོ་སོ་མ་ཡིན་ཐ་མི་དད་དོ། །ཞེས་སོ། །དེ་ཙ་ན་གཉིས་སྣང་སྙེམས་བྱེད་ཀྱི་བདུད་ཆོད་པའོ། །དེ་རྣམས་ཀྱིས་ལྟ་བའི་ཆོས་གསུམ་བསྟན་པའོ། །

གཉིས་པ་བསྒོམ་པའི་ཡིད་ཆེས་གསུམ་ནི། མ་བཅོས་པ། བདེ་གསལ། རྩོལ་སྒྲུབ་མེད་པའོ། །དང་པོ་མ་བཅོས་པར་ཡིད་ཆེས་པ་ནི། ཆོས་ཉིད་ཡེ་ནས་རྣམ་པར་དག་པས་སྒྲིབ་གཡོགས་ཐམས་ཅད་དང་བྲལ་བ། གང་གི་ཡང་མཐའ་ལ་མི་གནས་པ་དེ་ལ་བློ་ཡིས་བཅོས་བསླད་མི་དགོས་ཏེ། ཕོ་རང་རང་ལུགས་སུ་བཞག་པས་ཆོས་ཉིད་ཀྱི་དོན་ལ་རང་བཞིན་གྱིས་གནས་ཏེ། ཡེངས་མེད་དུ་གནས་པས་བཟང་པོས་བཅོས་རྒྱུ་མེད་པའོ། །དེ་ཡང་སྡུད་པ་ལས། བདག་དང་བདག་གིར་མི་དམིགས་རྣམ་པར་བྱང་བར་གསུངས་ཞེས་སོ། །དེས་བློས་བཞག་སེམས་འཛིན་གྱི་བདུད་ཆོད་པའོ། །

གཉིས་པ་བདེ་གསལ་དུ་ཡིད་ཆེས་པ་ནི། བདེ་བ་ནི་ཡུན་གྱི་བདེ་བ་སྟེ། ཟག་པ་མེད་པའི་བདེ་བ་རྒྱུད་ལ་སྐྱེས་པའོ། །གསལ་བ་ནི། སྣང་གྲགས་ཐམས་ཅད་ཆོས་ཉིད་སྐྱེ་འགག་གཉིས་མེད་ཐིག་ལེ་ཉག་གཅིག་ཏུ་གསལ་བའོ། །དེ་ཡང་བརྒྱད་སྟོང་པ་ལས། སེམས་ནི་སེམས་མ་མཆིས་ཏེ། སེམས་ཀྱི་རང་བཞིན་འོད་གསལ་

བའོ། །ཞེས་སོ། །དེ་ཙ་ན་མ་རིག་རྫོངས་པའི་བདུད་ཆོད་པའོ། །

རྩོལ་སྒྲུབ་མེད་པར་ཡིད་ཆེས་པ་ནི། བཅོས་བསླད་མེད་པའི་དོན་ལ་ལུས་ཀྱི་འཁྲུལ་འཁོར་དང་། ངག་གིས་བཟླས་བརྗོད་དང་། སེམས་ཀྱིས་བསྐྱེད་རིམ་ལ་སོགས་པ་མི་དགོས་པས་ལྷུག་པ། ཡན་པ། ཁྱལ་པ། ཡིན་ཙམ་དུ་བཞག་པའོ། །དེ་ཡང་། སྒྲུབ་མེད་རྩོལ་བ་སྒོམ་པ་མེད་པའི་ལམ། །ཞེས་སོ། །དེ་ཙ་ན་འབད་རྩོལ་བྱ་བྱེད་ཀྱི་བདུད་ཆོད་པའོ། །

གསུམ་པ་སྤྱོད་པ་ལ་གསུམ་སྟེ་བདེ་བ་བསྒྲུབ་ཏུ་མེད་པར་ཡིད་ཆེས། སྡུག་བསྔལ་སྤང་དུ་མེད་པར་ཡིད་ཆེས། སྤྱོད་པ་སྤྱད་དུ་མེད་པར་ཡིད་ཆེས་པའོ། །དང་པོ་བདེ་བ་བསྒྲུབ་ཏུ་མེད་པར་ཡིད་ཆེས་པ་ནི། སེམས་ཆོས་ཉིད་དུ་ཡིད་ཆེས་ན། མྱ་ངན་ལས་འདས་པ་འདི་ཡིན་བྱ་བ་ཅིག་ཡོགས་ནས་བསྒྲུབ་དུ་མེད། རང་ལ་ཡེ་ནས་གྲུབ་པས་འབད་རྩོལ་ལ་རག་མ་ལུས། ཆོས་ཉིད་འདུས་མ་བྱས་ཏེ་ཡོན་ཏན་ཐམས་ཅད་ཀྱི་ངོ་བོར་ལྷུན་གྱིས་གྲུབ་པས། དེ་བཞག་ནས་བཙལ་ཞིང་བསྒྲུབ་དུ་མེད་པར་ཡིད་ཆེས་པའོ། །དེ་ཡང་། རྩོལ་སྒྲུབ་བྲལ་བའི་བདེ་ཆེན་འདི། །ཡེ་ནས་མ་བྱས་ལྷུན་གྱིས་གྲུབ། །ཅེས་སོ། །དེ་ཙ་ན་སྤང་བླང་དགག་སྒྲུབ་ཀྱི་བདུད་ཆོད་པའོ། །

གཉིས་པ་སྡུག་བསྔལ་སྤང་དུ་མེད་པར་ཡིད་ཆེས་པ་ནི། སྡུག་བསྔལ་དང་བདེ་བ་གཉིས་ངོ་བོ་སེམས་སུ་གཅིག་པ་ལ། གང་ཟག་གི་བློའི་བྱེ་བྲག་གིས་བདེ་སྡུག་རེ་མོས་སུ་ཤར་བ་ཡིན། དེ་ལ་སྡུག་བསྔལ་སྤངས་ནས་བདེ་བ་རྙེད་པ་མ་ཡིན་ཏེ། སྡུག་བསྔལ་ལ་ངོ་བོ་མ་གྲུབ་པར་ཤེས་ཙ་ན། བདེ་བ་ཤུགས་ཀྱིས་འབྱུང་སྟེ། སྡུག་བསྔལ་ཡོགས་སུ་སྤང་དུ་མེད། དེས་ན་སྡུག་བསྔལ་ལ་རང་བཞིན་མ་

གྲུབ་པས་སྟོང་དུ་མེད་པར་ཡིད་ཆེས་པའོ། །དེ་ཡང་། སྟོངས་པས་སྟོང་བར་མི་འགྱུར་ཏེ། །སྟོང་ན་ཆུ་དང་རྣལ་ཉིད་འདྲ། །ཞེས་སོ། །དེ་ཙ་ན་བཟང་ངན་བླང་དོར་གྱི་བདུད་ཆོད་པའོ། །

གསུམ་པ་སྤྱོད་པ་སྤྱད་དུ་མེད་པར་ཡིད་ཆེས་པ་ནི། འདི་ཡི་ལུགས་ཀྱིས་ལྷ་ལ་བཟང་པོར་མི་འཛིན་པས་གོང་དུ་མཆོད་དུ་མེད། འདྲེ་ལ་ངན་པར་མི་འཛིན་པས་འོག་ཏུ་མནན་དུ་མེད། ལྷ་འདྲེ་དང་བཟང་ངན་གཉིས་སྣང་ཐམས་ཅད་རང་གི་སེམས་ཡིན་ཏེ། ཐམས་ཅད་སེམས་ལས་མི་འདའ་བས་དགག་སྒྲུབ་དང་འབད་རྩོལ་ཇི་ལྟར་བྱས་ཀྱང་། དོན་ལ་བཟང་དུ་སོང་བ་མེད། མ་བྱས་པས་ངན་དུ་སོང་བ་ཡང་མེད་པས། ཆེད་དུ་བྱས་པའི་སྤྱོད་པ་ཐམས་ཅད་བློ་ཡིན་ནོ། །དེ་ཡང་། གཅིག་པོ་གར་སྤྱོད་ཤེས་རབ་ཕ་རོལ་ཕྱིན་པ་ཡིན། །ཞེས་སོ། །དེ་ཙ་ན་བློས་བྱས་བཟང་རྟོག་གི་བདུད་ཆོད་པའོ། །

བཞི་པ་འབྲས་བུ་ལ་ཆོས་གསུམ་སྟེ། འཁོར་བ་སྤང་དུ་མེད་པར། མྱ་ངན་ལས་འདས་པ་བསྒྲུབ་ཏུ་མེད་པར། རང་སེམས་སངས་རྒྱས་སུ་ཡིད་ཆེས་པའོ། །དང་པོ་འཁོར་བ་སྤང་དུ་མེད་པར་ཡིད་ཆེས་པ་ནི། སྤྱིར་འཁོར་བ་ཞེས་པ་ནི། ཀུན་ནས་ཉོན་མོངས་པའི་ཆོས་རྣམས་ལ་ཟེར་བ་ཡིན་ཏེ། འདི་རྣམས་ལ་བརྟགས་ཤིང་དཔྱད་ན་རང་བཞིན་བདེན་པར་གྲུབ་པ་གང་ཡང་མེད་དེ། ཐམས་ཅད་རྨི་ལམ་སྒྱུ་མ་ལྟ་བུའི་རང་བཞིན་ཅན་ནོ། །དེ་ཡང་འཁོར་བ་བདེན་མེད་དུ་ཤེས་ན་ལོགས་སུ་སྤང་དུ་མེད་པའོ། །མ་སྤངས་རང་བཞིན་མེད་པར་གྲོལ་བས། འཁོར་བ་ངན་པར་བྱས་ནས་སྤང་དུ་མེད་པར་ཡིད་ཆེས་པའོ། །དེ་ཡང་ཆོས་ཐམས་ཅད་རྨི་ལམ་སྒྱུ་མ་ལྟ་བུའོ། །ཞེས་སོ། །དེ་ཙ་ན་འདོད་པ་བག་ཆགས་ཀྱི་བདུད་ཆོད་པའོ། །

གཉིས་པ་མྱ་ངན་ལས་འདས་པ་བསྒྲུབ་ཏུ་མེད་པར་ཡིད་ཆེས་པ་ནི། སྤྱིར་མྱ་ངན་ཞེས་པ་ནི། ཉོན་མོངས་སྡུག་བསྔལ་གྱི་ཕུང་པོ་ལ་ཟེར་བ་ཡིན། སྡུག་བསྔལ་ལ་བརྟགས་ཤིང་དཔྱད་ན་རང་བཞིན་གང་དུ་ཡང་མ་གྲུབ་སྟེ། དེ་ཉིད་ཆོས་ཉིད་བདེ་བ་ཆེན་པོར་རང་ཤར་བའོ། །དེ་ལྟར་སྡུག་བསྔལ་ཆོས་ཉིད་ཀྱི་ཡོ་ལང་། རྣམ་པར་དག་པའི་ཡེ་ཤེས་སུ་གྲོལ་བ་ལ་མྱ་ངན་ལས་འདས་པ་ཞེས་བྱའོ། །དེ་ཉིད་སྡུག་བསྔལ་ཆོས་ཉིད་དུ་གྲོལ་བ་ལས་བྱུང་བ་ཡིན་ཏེ། གཞན་ཡང་བསྒྲུབ་ཏུ་མེད་པའོ། །དེ་ཡང་། མྱ་ངན་འདས་པ་བསྒྲུབ་བྱར་མེད། ཅེས་སོ། །དེ་ཙ་ན་བདེ་བ་མངོན་ཞེན་གྱི་བདུད་ཆོད་པའོ། །

རང་སེམས་སངས་རྒྱས་སུ་ཡིད་ཆེས་པ་ནི། དེ་ཡང་རང་སེམས་ནི་འཁོར་འདས་ཐམས་ཅད་ཀྱི་རྩ་བ་ཡིན་ཏེ། ཐམས་ཅད་ཤེས་བྱས་པའི་དོན་ལས་སངས་རྒྱས་ཀྱི་སྐུ་དང་ཡེ་ཤེས་བྱུང་། སེམས་ཅན་གྱིས་ལས་དང་བག་ཆགས་བྱུང་། ཐེག་པའི་རིམ་པ་དང་། སྟོན་པ་དང་། གདུལ་བྱ་དང་། བདེ་སྡུག་དང་། བཟང་ངན་ལ་སོགས་པ་སྣ་ཚོགས་བྱུང་སྟེ། དེའི་དུས་ན་སེམས་ཉིད་པོ་རང་གི་ངོ་བོ་ལ་འགྱུར་བ་མེད་དེ། དོན་དམ་ཆོས་ཉིད་ཀྱི་ངོ་བོར་གནས་པས། ཆོས་ཀྱི་སྐུར་སངས་རྒྱས་པའོ། །དེའི་རྩལ་འདོད་ཡོན་དུ་སྣང་བ་འཛིན་མེད་དུ་སྤྱོད་པས། ལོངས་སྤྱོད་རྫོགས་པའི་སྐུར་སངས་རྒྱས་པའོ། །དེ་ཉིད་གཉིས་སུ་མེད་པ་ཐུགས་རྗེའི་རྩལ་གདུལ་བྱའི་ཡུལ་དུ་ཤར་བས། སྤྲུལ་པའི་སྐུར་སངས་རྒྱས་པའོ། །དོན་འཁྲུལ་སྣང་གི་གཟུང་འཛིན་ཐམས་ཅད་སྤངས་ནས། མཁྱེན་པའི་ཡེ་ཤེས་ཕྱོགས་མེད་དུ་རྒྱས་པས་རང་སེམས་སངས་རྒྱས་སུ་ཡིད་ཆེས་པའོ། དེ་ཡང་། སངས་རྒྱས་ཆོས་སྐུ་རྣམ་དག་པ། །རང་སེམས་རྟོགས་པ་པོ་ན་འོ། །ཞེས་སོ། །དེ་ཙ་ན་ཕྱོགས་ཞེན་

ཀྱི་བདུད་ཆོད་པའོ། །དེ་ལྟར་ཡིད་ཆེས་པས། སྙིམས་ཐག་ཕྱོགས་མེད་དུ་ཆོད་དེ་བདུད་ཐམས་ཅད་ལས་གྲོལ་བའོ། །ཞེས་གསུངས་སོ། །རྟོགས་པའི་གདེང་དང་མི་ལྡན་ན། ད་ཏུང་བརྟན་པ་མ་ཐོབ་པ་ཡིན་པས། དབང་པོ་འབྲིང་གིས་ཐབས་ཤེས་རབ། ལྟ་བ་དང་སྤྱོད་པ་ཟུང་འཇུག་གི་སྤྱོད་པ་ལ་བསླབ་པ་ནི། སྡུད་པ་ལས། ཐབས་དང་ལྡན་པས་ཤེས་རབ་ཕ་རོལ་ཕྱིན་ལ་སྦྱོར། །འདྲེན་པའི་ཤེས་རབ་མེད་ན་ཐོབ་པར་འགྱུར་མ་ཡིན། །ཞེས་སོ། །

དེ་ལྟར་ཐབས་ཤེས་རབ་དང་ལྡན་པས་སྤྱོད་པ་ཟུང་འཇུག་ཏུ་བསླབ་པ་འཐད་པ་ནི། ལྷས་ཞུས་པའི་མདོ་ལས། ལྟ་བ་ཡངས་སུ་མི་བགྱིད་དུ། །ཆོས་ཀྱི་དབྱིངས་ལ་ཡངས་དོག་མེད། །སྤྱོད་པ་ཞིབ་ཏུ་མི་བྱེད་ཏུང་། །ཁམས་གསུམ་འཁོར་བ་གཡང་ས་ཆེ། །ཞེས་སོ། །དོན་རྟོགས་ནས་བློ་གྲོལ་བའི་དབང་པོ་ཡང་རབ་ཀྱིས་ཤེས་རབ་དང་བསྟུན་པའི་སྤྱོད་པ་ལྟར་བྱ་བ་ནི། ཉི་མ་རབ་ཏུ་སྣང་བའི་མདོ་ལས། བྱང་ཆུབ་སེམས་དཔའ་ཉི་མ་རབ་ཏུ་སྣང་བས་གསོལ་པ། རྣལ་འབྱོར་པ་ཞེས་བགྱི་བ་ཅི་ཙམ་གྱིས་ན་རྣལ་འབྱོར་སྤྱོད་པའི་གྲངས་སུ་ཚུད་པ་ལགས། བཀའ་སྩལ་པ། རྣལ་འབྱོར་གང་ཞེ་ན། སེམས་ཀྱི་རང་བཞིན་འོད་གསལ་བ། མ་བྱས་པ། མ་བཅོས་པ། མ་བསླད་པ། རྣལ་མ་དེ་ལ་བྱའོ། །སྤྱོད་པ་ཞེས་བྱ་བ་གང་ཞེ་ན། དེ་མ་ནོར་བར་ཉམས་སུ་ལེན་པ་ལ་བྱའོ། །དེ་ལྟར་ཉམས་སུ་ལེན་པ་དེ་ལ་དགེ་སློང་རྣལ་འབྱོར་སྤྱོད་པ་ཞེས་བྱའོ། །དུས་ཐ་མའི་ཚེ་ཁོ་ཅག་རྣལ་འབྱོར་པ་ཡིན་ནོ་ཞེས་ཁས་ཆེས་པ། སེམས་ཀྱིས་དོན་མི་ཤེས་པར་ངའི་བསྟན་པ་ཉམས་པར་བྱེད་པ་མང་དུ་འབྱུང་ངོ་། །ཞེས་གསུངས། དེ་ལྟ་བུའི་རྣལ་འབྱོར་པ་དེ་ལ་དགག་སྒྲུབ་མེད་པར་བསྟན་པ་ནི། གོ་ཆ་བཀོད་པ་བསྟན་པའི་མདོ་ལས།

གཟུགས་མེད་ཁ་དོག་མཚན་མ་མེད། །དེ་ཕྱིར་སྤྱོད་པ་ཐམས་ཅད་མེད། །ལྟ་བ་དག་ལ་འཛིན་པ་མེད། །འདི་ནི་སྤྱོད་པ་མེད་པ་ཡིན། །ཞེས་སོ། །དེ་ལྟར་གྲོལ་བའི་རྣལ་འབྱོར་པ་ལ་ཆེད་དུ་བྱ་བ་ཅི་ཡང་མེད་ལ། ཤུགས་འབྱུང་གི་སྤྱོད་པ་ཅི་བྱས་ཀྱང་མི་འགལ་བ་ནི། ཉི་མ་འཁོར་ལོའི་མདོ་ལས། རླུང་གིས་ཤིང་བཅད་པ་ལྟ་བུ་ནི་སྲོག་བཅད་ཀྱང་མི་འགལ་ལོ། །ཆུ་ཡིས་ས་ཁྱེར་བ་ལྟ་བུ་ནི། མ་བྱིན་པར་བླངས་ཀྱང་མི་འགལ་ལོ། །ཆུ་ནང་དུ་ཆུ་བླུག་པ་ལྟ་བུ་ནི། མི་ཚངས་པར་སྤྱད་ཀྱང་མི་འགལ་ལོ། །བྲག་གི་བྲག་ཆ་ལྟར་རྟོགས་ན། བརྫུན་དུ་སྨྲས་ཀྱང་མི་འགལ་ལོ། །

དེ་ལྟར་ལྟ་སྒོམ་སྤྱོད་པའི་དོན་མཐར་ཕྱིན་པའི་འབྲས་བུ་ལ་ཆོས་ལྔ་སྟེ། དང་པོ་ཟབ་མོའི་དོན་འདི་ལ་ནན་ཏན་གྱིས་བསྒྲུབས་ན་འབྲས་བུ་མྱུར་དུ་ཐོབ་པར་བསྟན་པ་ནི། གོ་ཆ་བཀོད་པ་བསྟན་པའི་མདོ་ལས། བྱང་ཆུབ་སེམས་དཔའ་ཆེན་པོ་གང་ཆོས་ཐམས་ཅད་ལ་གནས་པ་གང་ཡིན་པ་དེས། ངས་ཇི་སྐད་བཤད་པའི་ཡོན་ཏན་མཆོག་ཏུ་གྱུར་པ་དེ་དག་ཐོབ་པར་འགྱུར་རོ་ཞེས་སོ། །དེས་སྟོང་ཉིད་ཟབ་མོའི་ཆོས་ལ་བརྩོན་འགྲུས་ཀྱིས་བསྒྲུབས་ན་སྐྱེ་བ་རྒྱུད་མི་དགོས་ཏེ། ལུས་འདི་སྤངས་པའི་ཚེ་མཆོག་གི་འབྲས་བུ་ཐོབ་པར་བསྟན་པ་ནི། གཙུག་ཏོར་གྱི་མདོ་ལས། ཆོས་ཐམས་ཅད་མཚན་མ་མེད་པའི་ཕྱིར་ཡེ་ཤེས་ལ་གནས་པ་དེ་ནི། ལུས་འདི་བོར་ནས་བླ་ན་མེད་པའི་བྱང་ཆུབ་ཏུ་དྲན་པར་འགྱུར་ན། སེམས་ལུས་དང་བྲལ་མ་ཐག་ཏུ་ཁྱུང་སྒོ་ང་ལས་ཐོན་པ་བཞིན་ཏུ། བླ་མེད་ཀྱི་ཡིད་ལུས་ལ་བརྟེན་ནས་འགྲོ་བ་དང་འོང་བ་ལ་ཐོགས་པ་མེད་པའོ། །ཞེས་སོ། །མཐར་ཕྱིན་པའི་འབྲས་བུ་དངོས་ནི་སྐུ་དང་ཡེ་ཤེས་ཏེ། སྐུ་ནི་མིང་ཙམ་དུ་བཏགས་

པའོ། །ལོངས་སྐུ་དང་སྤྲུལ་སྐུ་ནི་གཟུགས་ཙམ་དུ་སྤྲུལ་ནས་སེམས་ཅན་གྱི་དོན་བྱེད་ཅིང་། སྤྲུལ་སྐུ་ནི་ཕུང་པོ་ལྷག་བཅས་སུ་མྱ་ངན་ལས་འདའ་འོ། །ལོངས་སྐུ་ནི་ལྷག་མེད་དུ་འདའ་འོ། །ཆོས་སྐུ་ནི་མིང་ཙམ་དུ་སྐུ་གཉིས་པོའི་གཞིར་གྱུར་པ་ཡེ་ཤེས་ཀྱི་རང་སྣང་ངོ་། །བརྗོད་མེད་ཀྱི་དོན་བསྟན་དུ་མེད་པ་མཐོང་དུ་མེད་པ་ཡིན་ཏེ། རྡོ་རྗེ་གཅོད་པ་ལས། གང་དག་ང་ལ་གཟུགས་སུ་མཐོང་། །གང་དག་ང་ལ་སྒྲར་ཤེས་པ། །ལོག་པའི་ལམ་དུ་ཞུགས་པ་སྟེ། །སྐྱེས་བུ་དེས་ནི་ང་མི་མཐོང་། །སངས་རྒྱས་རྣམས་ནི་ཆོས་ཉིད་བལྟ། །འདྲེན་པ་རྣམས་ནི་ཆོས་ཀྱི་སྐུ། །ཆོས་ཉིད་ཤེས་པར་བྱེད་མིན་པ། །དེ་ནི་རྣམ་པར་ཤེས་མི་ནུས། །ཞེས་གསུངས་པའི་དོན་ནོ། །

དོན་རྟེན་གྱིས་དྲིལ་ན། གང་ལ་ཡང་སློམས་ཐག་ཐད་ཀྱིས་གཅོད་དགོས་པ་ཡིན་པས། བཟང་ངན། ཡག་ཉེས། བདེ་སྡུག་ཐམས་ཅད་ལ་རོ་སྙོམས་ཤིང་། བདག་འཛིན་རྩད་ནས་གཅོད་པར་བྱེད་དེ། ཉམས་མྱོང་ཡིད་ཆེས་ནང་ནས་འཆར། ཞེན་པ་ལོག །དགག་སྒྲུབ་དང་བྲལ། མཛེ་རོ་ཁུར། ཁ་འཕྲོ་ཟ་བར་བྱེད་པ་དེ་ཡང་དག་པའི་གཅོད་ཡིན་ནོ། །དེ་ཐམས་ཅད་ལ་སློམས་ཐག་ཆོད་ཅིང་ཡིད་ཆེས་པ་གལ་ཆེ་སྟེ། སྤྱིར་ཆོས་ཐམས་ཅད་ཀྱི་རྩ་བ་ཡང་ཡིན་ཅིང་། མཐར་ཐུག་གཅོད་ཡུལ་ཕྱག་རྒྱ་ཆེན་པོའི་དོན་ཕྱིན་ཅི་མ་ལོག་པ་ཉམས་སུ་ལེན་པ་ཡིན་ནོ། །ཞེས་པ་གཅོད་གདན་ཐོག་གཅིག་མའི་ཁྲིད་ཡིག་ཕྲིན་ལས་རྒྱ་མཚོ་ལས་ནམ་མཁའ་སྒོ་འབྱེད་ཀྱི་ཁྲིད་རྒྱབ་ཡིད་ཆེས་ཉམས་མྱོང་ལུང་གི་མཁན་པོ་ཞེས་བྱ་བ་འདི། མི་ཉག་རྟོག་ལྡན་དང་། འབྲོག་མོ་རས་ཆེན་པོ་སོགས་སློབ་མ་སྐལ་ལྡན་རྣམས་ཀྱིས་བསྐུལ་བའི་ངོར། ཤཱཀྱའི་དགེ་སློང་ཏཱ་ར་ཆོས་ཀྱི་རྒྱ་མཚོ་ཞེས་བྱ་བས་མཚུར་

ཕུ་བདེ་ཆེན་གྱི་དབེན་གནས་སུ་སྦྱར་བའོ། །ཡིག་འབྲུ་ཚད། མ་སོང་བ། །དབྱིངས་རིག་གཉིས་སུ་ཡིད་ཆེས་གཅེས། །ཤེས་བྱ་ཀུན་ལ་མ་འཐས་པར། །གཉུག་མའི་བརྩན་ས་འཛིན་པ་གཅེས། །ཐོས་བསམ་གོ་ཡུལ་མ་ཤོར་བར། །མན་ངག་གནད་དུ་བསྣུན་པ་གཅེས། །ལྟ་བ་ཁ་ཚོ་མ་ཆེ་ལ། །རང་སེམས་ཉིད་ལ་ག་དར་གཅེས། །སྤྱོད་པ་ཀླུང་ལ་མ་སླུར་བར། །ལས་འབྲས་ཞིབ་ཏུ་བརྩི་བ་གཅེས། །འཛིན་པ་ལས་ཀྱིས་མ་གཡེང་བར། །ཡེངས་མེད་རང་ཐག་གཅོད་པ་གཅེས། །འབྲས་བུ་ཕྱི་དུས་མ་རེ་བར། །ད་ལྟ་རང་སེམས་སངས་རྒྱས་གཅེས། །འཇིག་རྟེན་བྱ་བ་བློས་ཐོང་ལ། །རྟག་ཏུ་གཅིག་པུར་གཉན་ཁྲོད་གཅེས། །ཡང་། འཁོར་བའི་བྱ་བ་དྲི་ཟའི་གྲོང་ཁྱེར་འདྲ། །ཡག་ཉེས་སྐད་ཆ་བྲག་ཆ་སྟོང་པ་འདྲ། །འདུས་བྱས་ཆོས་རྣམས་སྐྱེ་སེར་ལྷག་པ་འདྲ། །གང་ལ་བརྟགས་ཤིང་ཞེན་པ་ནམ་མཁའི་སྐར་མ་འདྲ། །དེ་ལྟར་ཤེས་པར་གྱིས་ལ་ཐོས་བསམ་སྒོམ་ལ་འབད། །རྣལ་འབྱོར་ཆོས་རྒྱལ་སྙན་བསྐུལ་འདི། །ཐམས་ཅད་ཀུན་གྱིས་དགོངས་པར་མཛོད། །བཀྲ་ཤིས། ལྷན་ཐབས་ཡིག་ཆུང་ངོ་།། །།

༄། །ལམ་གྱི་རྟོགས་པའི་འཕྲང་སེལ་བཞུགས་སོ། །

བླ་མ་དང་མཁའ་འགྲོའི་ཚོགས་ལ་ཕྱག་འཚལ་ལོ། །གཅོད་ནམ་མཁའ་སྒོ་འབྱེད་ལས། ལམ་གྱི་དོགས་པའི་འཕྲང་བསལ་བ་ནི། ཁ་ཅིག་ནི། ཉོན་མོངས་པ་མ་སྤངས་པར་བྱང་ཆུབ་མི་ཐོབ་ཟེར་བའི་དོགས་པ་བསལ་བ་ནི། དཀོན་བརྩེགས་ལས། འོད་སྲུངས་ཀྱིས་གསོལ་པ། ལུང་བཅས་མཚན་དང་ལྡན་པ་ལས། །ས་བོན་སྐྱེ་ཡི་ཚ་གོས་གདུངས་རྣམས་མིན། །དེ་བཞིན་ཉོན་མོངས་ལོག་ལྟ་ལས། །རྒྱལ་བའི་ཆོས་རྣམས་ཐམས་ཅད་སྐྱེ། །ཞེས་སོ། །ཀུན་ནས་སྙོའི་མདོ་ལས། དུག་གསུམ་ཉིང་ངེ་འཛིན་དུ་རྟོགས་པར་བྱའོ། །ཞེས་སོ། །ཚུལ་བརྒྱ་ལྔ་བཅུ་པ་ལས། ལག་ན་རྡོ་རྗེ་ཤེས་རབ་ཀྱི་ཕ་རོལ་ཏུ་ཕྱིན་ཚུལ་འདི་ཉིད་ཉན་པ། འཛིན་པ། ཀློག་པ། བསྒོམ་པ་དེ། འདོད་ཆགས་དང་དྲི་མ་ཐམས་ཅད་ཀྱི་ནང་ན་འདུག་ཀྱང་། པདྨ་ལྟ་བུར་འདོད་ཆགས་ཀྱི་ཉེས་པ་རྣམས་དང་། དྲི་མ་རྣམས་དང་གློ་བུར་གྱི་ཉོན་མོངས་པ་རྣམས་ཀྱིས་གོས་པར་མི་འགྱུར་ཏེ། མྱུར་དུ་བླ་ན་མེད་པ་ཡང་དག་པར་རྫོགས་པའི་བྱང་ཆུབ་ཏུ་མངོན་པར་རྫོགས་པར་སངས་རྒྱས་པར་འགྱུར་རོ། །ཞེས་སོ། །ཡང་ལ་ལས་ནི། འཁོར་བ་འདི་མི་རྟག་པ། སྡུག་བསྔལ་འབའ་ཞིག་ཏུ་བསྒོམ་ཞིང་། སྐྱེ་བ་མ་སྐྱེས་ན་འཁོར་བ་ལས་མི་གྲོལ་ཟེར་བའི་དོགས་པ་བསལ་བ་ནི། ཟླ་འོད་གཞོན་ནུས་ཞུས་པའི་མདོ་ལས། ཟླ་འོད་གཞོན་ནུས་གསོལ་པ། བཅོམ་ལྡན་འདས་སྐྱེ་བ་ཇི་ལྟར་བསྐྱེད་པར་བགྱི། བཀའ་སྩལ་པ།

གཞོན་ནུ་འཁོར་བ་འདི་མི་རྟག་པ་སྡུག་བསྔལ་བ་ལ་སྐྱོ་བ་ནི་བྱིས་པའི་སྐྱེ་བོ་ཞེས་བྱའོ། །བྱང་ཆུབ་སེམས་དཔའ་རྣམས་ཀྱིས་འཁོར་བ་འདི་བདག་ཏུ་བཟུང་བ། མཚན་མ་མེད་པ་ལ་དངོས་པོར་བཟུང་བས་འཁྲུལ་པའི་ལམ་ནོར་པ་འབབ་ཞིག་ཡིན་ཏེ། ཡེ་ནས་རང་བཞིན་མེད་པར་ཤེས་པས། དངོས་པོར་འཛིན་པ་ལས་ཡིད་ཕྱུང་བ་ནི་ཡང་དག་པའི་སྐྱོ་བ་ཞེས་བྱ། ཞེས་སོ། །འོ་ན་འཁོར་བ་ལ་ཡེ་ནས་རང་བཞིན་མེད་ཅིང་། བདག་མེད་དངོས་པོ་མེད་པ་ཡིན་ན། འཁོར་བར་འཇུག་ལྡོག་ནི་ཇི་ལྟར་ཡིན་ཞེ་ན། ཉི་མའི་སྙིང་པོའི་མདོ་ལས། བྱང་ཆུབ་སེམས་དཔའ་ཉི་མའི་སྙིང་པོས་གསོལ་པ། འཁོར་བའི་འཇུག་ལྡོག་ཇི་ལྟར་ཤེས་པར་བགྱི། བཀའ་སྩལ་པ། གང་བདག་ཏུ་འཛིན་པ་ནི་འཁོར་བར་འཇུག་ལ། བདག་མེད་པར་ཤེས་པ་དེ་ནི་འཁོར་བ་ལས་ལྡོག་གོ། །ཞེས་སོ། །

ཡང་ཁ་ཅིག་ནི། རྒྱུ་འབྲས་ཕྲ་མོས་ཡང་མི་སླུ་བར་ཡིད་ཆེས་པར་མ་བྱས་ན། སྟོང་པ་ཉིད་ཀྱི་ལྟ་སྒོམ་གྱིས་མི་ཕན་ཏེ། ལོག་ལྟར་འགྲོ་ཟེར་བའི་དོགས་པ་བསལ་བ་ནི། དང་པོ་ལས་ཀྱི་བྱུང་ལུགས་བསྟན་པ་ནི། དྲན་པ་ཉེར་བཞག་ལས། ལས་ཀྱི་གཞི་ནི་མ་རིག་པ་ཡིན་ཏེ། རིག་ན་ལས་ཀྱི་དབང་དུ་མི་འགྲོ་བའི་ཕྱིར་རོ། །ལས་ཀྱི་དཔེ་ནི་རི་མོ་མཁན་དང་འདྲ་བ་ཡིན་ནོ། །སྣ་ཚོགས་སུ་སྣང་བ་ཡིན་ནོ། །ལས་ཀྱི་རྒྱུ་ནི་དགེ་བ་བཅུ་དང་མི་དགེ་བ་བཅུ་ཡིན་ནོ། །ལས་ཀྱི་རྐྱེན་ནི་རང་རེའི་སེམས་ཀྱིས་བྱས་པ་ཡིན་ཏེ། སེམས་ནི་སྤྲེའུ་དང་འདྲ་སྟེ་བྱ་བྱེད་མང་བ་ཡིན་ནོ། །ཉ་དང་འདྲ་སྟེ་དུས་གཏན་དུ་སྲིད་པའི་རྒྱ་མཚོ་ན་འཕྱོ་བ་ཡིན་ནོ། །ཁྱི་དང་འདྲ་སྟེ་བག་ཆགས་ཐམས་ཅད་གསོག་པ་ཡིན་ནོ། །སྒྱུ་མ་དང་འདྲ་སྟེ་མེད་བཞིན་སྣང་བ་ཡིན་ནོ། །འབྲས་བུ་ནི་ངན་སོང་གསུམ་དང་མཐོ་རིས་སོ། །ལས་

ཀྱི་རང་བཞིན་གང་དུ་ཡང་རྙེད་པ་མ་ཡིན་ནོ། །ཞེས་སོ། །རྣམ་སྨིན་ཡོད་མེད་ཀྱི་དུས་ཚོད་ནི། ལས་མཐའ་ཡས་པའི་མདོ་ལས། བཅོམ་ལྡན་འདས་རྣམས་ནི་ལས་ཀྱི་རྒྱུ་འབྲས་མི་སླུ་བ་ཡིན་ནོ་ཞེས་འཆད། གཅེར་བུ་རྣམས་ནི་ལས་དང་ལས་ཀྱི་རྣམ་སྨིན་མེད་ཅེས་འཆད་ན། དེ་ཇི་ལྟར་བཟུང་བར་བགྱི། བཀའ་སྩལ་པ། ཇི་ཙམ་དུ་སེམས་ལ་རྣམ་པར་རྟོག་པ་གཉིས་འཛིན་དང་མ་བྲལ་བ་ལས་ཀྱང་ཡོད་ལ། ལས་ཀྱི་རྣམ་སྨིན་ཀྱང་ཡོད་དེ། ཕྲ་མོས་ཀྱང་བསླུ་བར་མི་འགྱུར་རོ། །ཇི་ཙམ་དུ་སེམས་རྣམ་པར་རྟོག་པ་བཟུང་འཛིན་དང་བྲལ་བས་གསེར་དང་བོང་བ་མཉམ་པའི་དུས་སུ་ལས་ཀྱང་མེད་ལ། ལས་ཀྱི་རྣམ་པར་སྨིན་པ་ཡང་མེད་དོ། །དགེ་བ་དང་སྡིག་པ་ཡང་འདྲའོ་ཞེས་སོ། །བྱམས་པ་ཆེན་པོའི་མདོ་ལས། རྣམ་རྟོག་མ་ཟད་བར་དུ་ལས་ཡོད་པས། ལས་ཀྱི་རྣམ་སྨིན་ལ་ཡིད་ཆེས་པར་བྱ། སྟོང་པ་ཉིད་ཀྱི་ཡང་རྩེས་ཟིན་གྱུར་ན། དུག་ལ་སྔགས་ཀྱིས་ཐེབས་པ་བཞིན་ནོ་ཞེས་སོ། །

ལས་ཀྱི་རང་བཞིན་སྟོང་པ་ཉིད་དུ་བསྟན་པ་ནི། ལས་རྣམ་པར་དག་པའི་མདོ་ལས། བཅོམ་ལྡན་འདས་ལས་དང་ལས་ཀྱི་རྣམ་སྨིན་གྱི་རང་བཞིན་ཇི་ལྟ་བུ་ལགས། བཀའ་རྩལ་པ། རང་བཞིན་སྟོང་པ་ཉིད་དོ། །འོ་ན་སེམས་ཅན་ཐམས་ཅད་ལམ་ལ་མ་འབད་པར་གྲོལ་བར་རིགས་སོ། །བཀའ་སྩལ་པ། དེ་ནི་མི་རིགས་ཏེ། འོ་མ་མ་དཀྲུགས་བར་དུ་མར་མི་ཡོང་བ་དང་། དངུལ་རྫོ་མ་བཞུ་བར་དངུལ་མི་འོང་བ་བཞིན་དུ། སེམས་ཅན་ཡང་མ་སྒོམ་མ་སྦྱབ་བར་དུ་སངས་མི་རྒྱའོ། །གསོལ་པ། ཡེ་ནས་ཆོས་ཉིད་དུ་གནས་པ་ལ་བསྒོམ་ཅི་འཚལ། རྣམ་རྟོག་གློ་བུར་བ་ནམ་མཁའ་ལ་སྤྲིན་འགྱུས་པ་ལྟ་བུ་དེ་སེལ་དགོས་པས་བསྒོམ་དགོས་སོ། །གསོལ་པ།

རྣམ་རྟོག་བློ་བུར་བ་ལགས་ན་སངས་རྒྱས་ཀྱང་འབྱུང་བར་རིགས་སོ། །བཀའ་སྩལ་པ། སངས་རྒྱས་ནས་རྟོག་པ་རྩད་ནས་ཆོད་པ་ཡིན་ཏེ། དཔེར་ན་རིམས་ནད་ཞིགས་པར་བྱུང་བ་དང་འདྲའོ་ཞེས་སོ། །ལིཙྪཱ་བི་གཞོན་ནུ་དྲི་མ་མེད་པའི་མདོ་ལས། དཔེར་ན་རྟ་དམུ་རྒོད་དང་། གླང་པོ་ཆེ་སྨྱོན་པ་འདུལ་བ་ལ། སྣ་ལ་ལྕགས་ཀྱུ་བཏབ་ནས་བདའ་བར་འགྱུར་རོ། །དེ་བཞིན་དུ་ལྷོ་འཛམ་བུ་གླིང་པ་ལ། ཉོན་མོངས་གསུམ་གྱིས་བསྡིགས་ཤིང་འདུལ་བར་འགྱུར་བ་ཡིན་ལ། གཞན་གྱིས་འདུལ་བ་ནི་མ་ཡིན་ནོ། །ཞེས་དང་། འདུལ་བ་གཏན་ལ་ཕབ་པའི་མདོ་ལས། སེམས་དམྱལ་བ་འཇིགས་པ་ང་ཡིས་བསྟན་བྱས་ཏེ། །སེམས་ཅན་སྟོང་ཕྲག་དུ་མ་སྐྱབས་བྱས་ཀྱང་། །གང་དག་ཤི་འཕོས་ངན་སོང་འགྲོ་བ་ཡི། །འགྲོ་བ་དེ་དག་ནམ་ཡང་ཡོངས་མ་ཡིན། །ཞེས་དང་། འོད་ཟེར་བཀྱེ་བའི་མདོ་ལས། གཟུགས་ནི་མང་པོ་བསྟན་པ་ཡང་། །ཐམས་ཅད་སངས་རྒྱས་སྤྲུལ་པ་ཡིན། །དམུ་རྒོད་འདུལ་བར་དཀའ་བ་ལ། །སེམས་ཅན་དམྱལ་བའི་བཤད་པ་མཛད། །ཅེས་སོ། །དཀོན་བརྩེགས་ལས། རྣམ་སྨིན་འབྲས་བུ་ཡོད་པ་ནི། །དེ་དག་ཐམས་ཅད་མིང་ཙམ་དུ། །རྐང་གཉིས་གཙོ་བོས་བཤད་པ་མཛད། །ཅེས་དང་། ཡུམ་ལས། དོན་དམ་པར་ན་ལས་ཀྱང་མེད། ལས་ཀྱི་རྣམ་པར་སྨིན་པ་ཡང་མེད། ཅེས་སོ། །

སྒྱུ་མ་ཙམ་གྱི་ལས་ཀྱི་སྒྲིབ་པ་སྦྱོང་ལུགས་ནི། གསང་བ་མཐའ་ཡས་པའི་མདོ་ལས། བཅོམ་ལྡན་འདས་སྒྲིབ་པ་ཇི་ལྟར་སྦྱོང་བ་ལགས། བཀའ་སྩལ་པ། དཔེར་ན་མེ་ཡི་ཕུང་པོ་འབར་བ་ལ། དེ་ཞི་བར་འདོད་ནས་ཤིང་ཡང་དང་ཡང་དུ་བསྣན་ན། མེའི་ཕུང་པོ་དེ་ཆེར་འབར་བར་འགྱུར་རོ། །དེ་བཞིན་དུ་དེ་དག་ལས་ཀྱི་སྒྲིབ་པ་དག་པར་འདོད་པས། སྦྱིན་པ་དང་ཚུལ་ཁྲིམས་ལ་སོགས་པ་མཆན་

མ་དང་བཅས་པའི་དགར་པོའི་ཕྱོགས་ཐམས་ཅད་ལ་སྤྱོད་པས་སླར་འཕོར་བ་འཕེལ་བར་འགྱུར་རོ། །དེ་རྣམས་ནི་ལས་ཀྱིས་འཕངས་པ། ལས་ཀྱི་དགོས་སྐལ་ལ་སྤྱོད་པ། ལྷ་དང་མི་ཡི་ཐེག་པ་ཡིན་ནོ། །གསོལ་པ། འོ་ན་སྒྲིབ་པ་ཅི་ལྟར་སྦྱོང་བ་ལགས། བཀའ་སྩལ་པ། དཔེར་ན་མེའི་ཕུང་པོ་ཞི་བར་འདོད་ན་ཆུ་ཡང་དང་ཡང་དུ་བཏབ་ན་མེད་པར་འགྱུར་ཞིང་། ཞི་བར་འགྱུར་བ་དེ་བཞིན་དུ། དགེ་སློང་རྣམས་ཀྱིས་ཆོས་བདག་མེད་པའི་དོན་གསལ་བར་བསྒོམས་ན་ཉོན་མོངས་པའི་མེ་ཆེན་པོ་ནི་ཞི། ལོག་པའི་རྒྱ་མཚོ་ལས་ནི་ཐར། མྱ་ངན་ལས་འདས་པའི་བདེ་བའི་ཐང་ལ་ནི་ཕྱིན། ཞེས་པ་དང་། ཆོས་འབྱུང་བ་མེད་པའི་མདོ་ལས། འཇམ་དཔལ་གྱིས་གསོལ་པ། ཅི་ཙམ་གྱིས་ལས་ཀྱི་སྒྲིབ་པ་འདག་པར་འགྱུར། བཀའ་སྩལ་པ། གང་ཆོས་བདག་མེད་ཅིང་རྣམ་པར་སྨིན་པ་མེད་པར་ཤེས་ནས། དེས་ལས་ཀྱི་སྒྲིབ་པ་ཐམས་ཅད་རྣམ་པར་དག་པ་ཐོབ་བོ། །ཞེས་སོ། །

ཡང་ལ་ལས་ནི། ཚུལ་ཁྲིམས་མ་བསྲུང་ན་སྟོང་ཉིད་བསྒོམས་པ་འབའ་ཞིག་གིས་སངས་མི་རྒྱ་ཟེར་བའི་དོགས་པ་བསལ་བ་ནི། ལྷའི་བུ་བློ་གྲོས་རབ་བརྟན་གྱིས་ཞུས་པའི་མདོ་ལས། བསླབ་པའི་ཚུལ་ཁྲིམས་ཇི་ལྟ་བུ་བསྲུང་བར་བགྱི། འཇམ་དཔལ་གྱིས་བཀའ་སྩལ་པ། ལྷའི་བུ་དགེ་སློང་རྣལ་འབྱོར་སྤྱོད་པ། ཚུལ་ཁྲིམས་དང་ཚུལ་ཁྲིམས་འཆལ་བ་དང་། ཚུལ་ཁྲིམས་བསྲུང་བ་ལ་སོགས་པའི་འདུ་ཤེས་སྣ་ཚོགས་དང་ལྡན་པ་ནི། འཕོར་བའི་ཚུལ་ཁྲིམས་ཏེ། ལྷའི་བདེ་བ་སྤྱོད་ནས་སླར་ཡང་ངན་སོང་དུ་འཕོར་ལོ། །གང་ལ་སྡོམ་པ་དང་སྡོམ་པ་མ་ཡིན་པའི་རློམ་སེམས་མེད་ཅིང་རྟོག་པ་མེད་པ་དེ་ནི་མྱ་ངན་ལས་འདས་པའི་ཚུལ་ཁྲིམས་ཏེ། ཚུལ་ཁྲིམས་རྣམ་པར་དག་པའོ་ཞེས་པ་དང་། སྡུད་པ་ལས། གལ་

ལྟེ་བྱང་ཆུབ་སེམས་དཔའ་རྒྱལ་བའི་ལམ་སྤྱོད་པ། །སེམས་ཅན་འདི་དག་ཁྲིམས་ལྡན་འདི་དག་ཁྲིམས་འཆལ་ཞེས། །སྣ་ཚོགས་འདུ་ཤེས་ཞུགས་པ་ཤིན་ཏུ་ཚུལ་ཁྲིམས་འཆལ། །ཚུལ་ཁྲིམས་ཉམས་ཤིང་ཡོངས་དག་ཚུལ་ཁྲིམས་མེད། །གང་ལ་བདག་གི་འདུ་ཤེས་སེམས་ཅན་འདུ་ཤེས་མེད། །འདུ་ཤེས་འདོད་ཆགས་བྲལ་ལ་སྡོམ་མིན་ག་ལ་ཡོད། །གང་ལ་བདག་གི་སྡོམ་དང་སྡོམ་པ་མ་ཡིན་རློམ་སེམས་མེད། །འདི་ནི་ཚུལ་ཁྲིམས་སྡོམ་པ་རྣམ་པར་འདྲེན་པས་གསུངས། །ཞེས་སོ། །དགོན་བརྩེགས་ལས། འོད་སྲུངས། བཞི་པོ་འདི་དག་ནི་ཤི་ལ་འཆལ་པ། ཤི་ལ་དང་ལྡན་པ་ལྟར་བཅོས་པ་ཡིན་ནོ། །གང་ཞེ་ན། སོ་སོ་ཐར་པའི་སྡོམ་པས་བསྡོམས་ཤིང་གནས་ཆོས་དང་སྤྱོད་ཡུལ་ཕུན་སུམ་ཚོགས། ཁ་ན་མ་ཐོ་བ་ཕྲ་རགས་རྣམས་ལ་ཡང་འཇིགས་པར་བལྟ། ཡང་དག་པར་བསླབ་སྟེ། བསླབ་པའི་གཞི་རྣམས་ལ་སློབ་ཅིང་། ལུས་ཀྱི་ལས་དང་། ངག་གི་ལས་དང་། ཡིད་ཀྱི་ལས་ཡོངས་སུ་དག་པ་དང་ལྡན་པར་གནས་པས་འཚོ་བ་ཡོངས་སུ་དག་ཀྱང་བདག་ཏུ་སྨྲ་བ་ཡིན་ཏེ། འོད་སྲུངས། དེ་ནི་ཚུལ་ཁྲིམས་འཆལ་པ། ཚུལ་ཁྲིམས་དང་ལྡན་པ་ལྟར་བཅོས་པ་དང་པོའོ། །འོད་སྲུངས། གཞན་ཡང་འདི་ལ་དགེ་སློང་ཁ་ཅིག་འདུལ་བ་འཛིན་ཅིང་འདུལ་བ་ལ་ཞུགས་ཏེ། འདུལ་བའི་ཚུལ་ལ་གནས་པ་ཡིན་ཀྱང་། འཇིག་ཚོགས་ལ་ལྟ་བ་ལས་མ་སྐྱོད་པ་ཡིན་ཏེ། འོད་སྲུངས། དེ་ནི་ཚུལ་ཁྲིམས་འཆལ་པ། ཚུལ་ཁྲིམས་དང་ལྡན་པ་ལྟར་བཅོས་པ་གཉིས་པའོ། །འོད་སྲུངས། གཞན་ཡང་འདི་ལ་དགེ་སློང་ཁ་ཅིག་བྱམས་པ་ལ་གནས་པ་ཡིན་ཏེ། སེམས་ལ་དམིགས་པའི་བྱམས་པ་དང་ལྡན་པ་ཡིན་ཡང་འདུ་བྱེད་ཐམས་ཅད་སྐྱེ་བ་མེད་པར་ཐོས་ནས་སྐྲག་སྟེ་མཛད། སྐྲར་ཀུན་ཏུ་མ་དད་པར་འགྱུར་ཞིང་། ཀུན་ཏུ་

རབ་ཏུ་མ་དད་པར་འགྱུར་བ་དེ་ནི། འོད་སྲུངས། ཤྲཱི་ལ་འཆལ་པ། ཤྲཱི་ལ་དང་ལྡན་པ་ལྟར་བཅོས་པ་གསུམ་པའོ། །འོད་སྲུངས། གཞན་ཡང་འདི་ལ་དགེ་སློང་ཁ་ཅིག་སྦྱངས་པའི་ཡོན་ཏན་བཅུ་གཉིས་ཡང་དག་པར་བླངས་ཀྱང་དམིགས་པར་ལྟ་བ་ཡིན་ཏེ། ངར་འཛིན་པ་དང་། ང་ཡིར་འཛིན་པ་ལ་གནས་པ་དེ་ནི། འོད་སྲུངས། ཤྲཱི་ལ་འཆལ་པ་ཤྲཱི་ལ་དང་ལྡན་པ་ལྟར་བཅོས་པ་བཞི་པ་ཡིན་ཏེ། འོད་སྲུངས། བཞི་པོ་འདི་དག་ནི་ཤྲཱི་ལ་འཆལ་པ། ཤྲཱི་ལ་དུག་ལྡན་པད་ལྟར་བཅོས་པ་ཡིན་ནོ། །འོད་སྲུངས་ཤྲཱི་ལ་ཤྲཱི་ལ་ཞེས་བྱ་བ་ནི། གང་ལ་བདག་མེད་ཅིང་། བདག་གི་འཛིན་པ་མེད་པ་དེ་ནི། དེ་ཙམ་གྱིས་ནི་ཤྲཱི་ལ་ལ་གནས་པ་ཡིན་ཞེས་བརྗོད་དོ། །སངས་རྒྱས་སྤྱོད་ཡུལ་སྟོང་པ་ཉིད་ལ་ལྷག་པར་མོས། །དེ་ཡི་ཤྲཱི་ལ་དེ་ནི་ཉམས་པ་མེད་པའོ། །ཞེས་སོ། །ཆེད་དུ་བརྗོད་པའི་མདོ་ལས། བཅོམ་ལྡན་འདས་ཀྱིས་དགེ་སློང་རྣམས་ལ་བཀའ་སྩལ་པ། དགེ་སློང་མགོ་རེག་ལ་བྱང་ཆུབ་ག་ལ་ཡོད། རྣལ་མ་སེར་པོ་ལ་བྱང་ཆུབ་ག་ལ་ཡོད། ཆུས་བཀྲུས་པ་ལ་བྱང་ཆུབ་ག་ལ་ཡོད། དགོང་ལྟོ་བཅག་པ་ལ་བྱང་ཆུབ་ག་ལ་ཡོད། ཅེས་གསུངས་པ་དང་། དགེ་སློང་རྣམས་ཐེ་ཚོམ་དུ་གྱུར་ཏེ། འོ་ན་པོ་ཧྲི་ཅེས་ཐོབ་སྙམ་པ་ལ། བཀའ་སྩལ་པ་ཤེས་རབ་ཀྱི་སྤུ་གྲིས་རྣམ་རྟོག་གི་སྐྲ་བྲེག་པར་བྱའོ། །སྟོང་པ་ཉིད་ཀྱི་ཆོས་གོས་ཀྱིས་ཉོན་མོངས་པའི་ཚད་པ་སྐྱབ་པར་བྱའོ། །ཡེ་ཤེས་ཀྱི་ཆུས་མ་རིག་པའི་དྲི་མ་བཀྲུ་བར་བྱའོ། །བསམ་གཏན་གྱི་ཟས་ཀྱིས་འདོད་པའི་བཀྲེས་པ་བསལ་བར་བྱའོ། །ཞེས་སོ། །

ཡང་ཁ་ཅིག་གིས། དཀོན་མཆོག་ལ་མཆོད་པ་དང་སྦྱིན་པ་ལ་སོགས་པ་བསོད་ནམས་མ་བསགས་ན་སངས་མི་རྒྱ་ཟེར་བའི་དོགས་པ་བསལ་བ་ནི།

དཀོན་བརྩེགས་ལས། གང་ལ་སངས་རྒྱས་ཀྱི་འདུ་ཤེས་མེད། ཆོས་ཀྱི་འདུ་ཤེས་མེད། དགེ་འདུན་གྱི་འདུ་ཤེས་མེད། ཡང་དག་པའི་མཆོད་པ། ཞེས་གསུངས། དམ་པ་འཇུག་པའི་མདོ་ལས། ཁམས་གསུམ་གྱི་སེམས་ཅན་ལ་ཇི་སྲིད་འཚོའི་བར་དུ་ཚོགས་བསགས་པ་བས་རྣལ་འབྱོར་པས་སྟོང་པ་ཉིད་ཐུན་གཅིག་སྒོམ་པ་བསོད་ནམས་ཆེའོ། །ཞེས་པ་དང་། སྲུད་པ་ལས། འཛམ་བུ་གླིང་ན་སེམས་ཅན་མ་ལུས་ཇི་སྙེད་པ། །དེ་དག་ཐམས་ཅད་བྱང་ཆུབ་མཆོག་ཏུ་སེམས་བསྐྱེད་ནས། །ལོ་སྟོང་བྱེ་བ་མང་པོར་སྦྱིན་པ་བྱིན་བྱས་ནས། །ཀུན་ཀྱང་འགྲོ་བའི་དོན་དུ་བྱང་ཆུབ་སྒྱུར་བསྔོས་ཀྱང་། །གང་ཞིག་ཤེས་རབ་ཕ་རོལ་ཕྱིན་ལ་མངོན་བརྩོན་པས། །ཐ་མ་ཉི་མ་གཅིག་གཅིག་རྗེས་སུ་ཐུན་བྱེད་ན། །དེ་ལ་སྦྱིན་པའི་ཕུང་པོའི་བསོད་ནམས་ཆར་མི་ཕོད། །དེ་ཕྱིར་དབྱེར་མེད་རྟག་ཏུ་ཤེས་རབ་ཕ་རོལ་ཕྱིན་ལ་འཇུག་པར་བྱ། །ཞེས་སོ། །

ཡང་འགའ་རེས་ནི། སྡིག་པ་བཤགས་པ་ལ་མ་འབད་ན། སེམས་ཀྱི་ལྟ་སྒོམ་གྱིས་སངས་མི་རྒྱ་ཟེར་བའི་འཕྲང་བསལ་བ་ནི། ཕྱོགས་བཅུ་རྒྱས་པའི་མདོ་ལས། གང་ཞིག་འགྱོད་འཚངས་བྱེད་འདོད་ན། །དྲང་པོར་འདུག་ལ་ཡང་དག་ལྟོས། །ཡང་དག་ཉིད་ལ་ཡང་དག་ལྟ། །ཡང་དག་མཐོང་ན་རྣམ་པར་གྲོལ། །འདི་ནི་འགྱོད་འཚངས་མཆོག་ཡིན་ནོ། །ཞེས་པ་དང་། ཆོས་ཀྱི་རྒྱལ་པོའི་མདོ་ལས། སེམས་གཅིག་སྟེ་གཉིས་སུ་མེད་པར་འདོད་ན། དཔེར་ན་མེ་ལོང་གི་སྟེང་དུ་ལོ་སྟོང་གི་རྫུལ་ཆགས་པ་སྐད་ཅིག་ལ་མེད་པ་དང་འདྲའོ། །ཁང་སྟོང་གི་མུན་པ་ལོ་སྟོང་ལོན་པ་ཡང་མར་མེ་གཅིག་སྦར་བས་དུས་གཅིག་ལ་བསལ་བ་བཞིན་དུ། སེམས་ལ་ངོ་བོ་ཉིད་མེད་པ་ཡང་དག་པའི་དོན་ཤེས་པས། བསྐལ་པ་གྲངས་

མེད་པར་བསགས་པའི་སྡིག་པ་སྣད་ཅིག་མས་བྱང་ངོ་། །ཞེས་པ་དང་། བྱམས་པ་འཇུག་པའི་མདོ་ལས། མི་དགེ་བ་བཅུའི་ལམ་ཡང་དག་པར་བླངས་ཏེ་འདུག་གམ། མཚམས་མེད་པ་ལྔའི་ལས་བྱས་སུ་ཟིན་ཀྱང་། བྱང་ཆུབ་ཀྱི་སེམས་དང་མ་བྲལ་ན་སྡིག་པར་མི་འགྱུར་རོ། །ཞེས་པ་དང་། དེས་ན་ཆོས་ཐམས་ཅད་སྐྱེ་བ་མེད་པར་རྟོགས་ཤིང་ཡིད་ཆེས་ཏེ་མོས་པ་ཙམ་གྱིས་ཀྱང་སྡིག་པ་ལྕི་བ་ཐམས་ཅད་རྫོགས་པར་སྤྱོད་ཀྱང་ངན་སོང་དུ་མི་སྐྱེ་སྟེ། དེ་བཞིན་གཤེགས་པ་མཛོད་ཀྱི་མདོ་ལས། ཕ་ཡང་ཡིན་རང་སངས་རྒྱས་ཀྱང་ཡིན་པ་དེའི་སྲོག་བཅད་ན་དེ་ནི་སྲོག་བཅད་པའི་ནང་ནས་མ་ཐུང་པའོ། །དཀོན་མཆོག་གསུམ་གྱི་དཀོར་རྐུ་བ་ནི། མ་བྱིན་པར་ལེན་པ་རྣམས་ཀྱི་ནང་ནས་མ་ཐུང་པའོ། །ཆོས་འདོད་པ་རྣམས་པར་གཡེང་བར་བྱེད་པ་ནི་ཚིག་འཁྱལ་པའི་ནང་ནས་མ་ཐུངས་པའོ། །འཕགས་པའི་དགེ་འདུན་གྲོགས་མཆེད་རྣམས་ལ་གནོད་པ་ནི་ཚིག་རྩུབ་པ་རྣམས་ཀྱི་ནང་ནས་མ་ཐུང་ངོ་། །མ་ཡང་ཡིན་ལ་དགྲ་བཅོམ་མ་ཡང་ཡིན་པ་ལ་འཁྲིག་པ་སྤྱོད་པ་ནི་འདོད་ལོག་རྣམས་ཀྱི་ནང་ནས་མ་ཐུང་པའོ། །དེ་བཞིན་གཤེགས་པ་ལ་བསྐུར་པ་འདེབས་པ་དེ་བརྫུན་དུ་སྨྲ་བ་རྣམས་ཀྱི་ནང་ནས་མ་ཐུང་པའོ། །མཚམས་མེད་པ་བྱེད་ཤོམ་པ་ནི་གནོད་སེམས་ཀྱི་ནང་ནས་མ་ཐུང་པའོ། །ཡང་དག་པར་སྤོང་བ་རྣམས་ཀྱི་ནང་ནས་རྙེད་པ་འཕྲོག་པའི་སེམས་ནི་བརྣབ་སེམས་ཀྱི་ནང་ནས་མ་ཐུང་པའོ། །ལྟ་བ་ལོག་པར་འཛིན་པ་འདི་ནི་ལོག་པར་ལྟ་བའི་ནང་ནས་མ་ཐུང་པའོ། །འོད་སྲུངས། དེ་དག་ནི་མི་དགེ་བ་བཅུའི་ལས་ཀྱི་ལམ་ཆེན་པོ་ཁ་ན་མ་ཐོ་བ་དང་བཅས་པའོ། །དེ་ལྟར་ཡིན་ཀྱང་ཆོས་ཐམས་ཅད་གདོད་མ་ནས་རྣམ་པར་དག་པར་ཡིད་ཆེས་པར་མོས་ན། སེམས་ཅན་དེ་དག་ངན་སོང་

གསུམ་དུ་འགྲོ་བར་ང་མི་སྨྲའོ། །ཞེས་སོ། །

ཡང་ཁ་ཅིག་ནི། སེམས་ལ་སྙིང་རྗེ་ཆེན་པོ་མ་སྒོམ་ན། སྟོང་པ་ཉིད་འབའ་ཞིག་གིས་སངས་མི་རྒྱ་ཟེར་བའི་དོགས་པ་བསལ་བ་ནི། ནམ་མཁའ་མི་ཟད་པའི་མདོ་ལས། བྱང་ཆུབ་སེམས་དཔའ་སྤྱན་རས་གཟིགས་ཀྱིས་གསོལ་བ། བཅོམ་ལྡན་འདས་སྙིང་རྗེ་ཆེན་པོ་ཞེས་བགྱི་བ་ཇི་ལྟར་ལགས། བཀའ་སྩལ་པ། བདག་དང་སེམས་ཅན་དང་སྙིང་རྗེ་གསུམ་དུ་དམིགས་པ་དེ་ནི་སྙིང་རྗེ་ཆུང་ངུ་ཡིན་ལ། བདག་མ་མཐོང་། སེམས་ཅན་མ་མཐོང་། སྙིང་རྗེ་ཡང་མ་མཐོང་། དེ་ཐམས་ཅད་མཉམ་པ་ཉིད་དུ་ཤེས་པ་ནི་སྙིང་རྗེ་ཆེན་པོའོ། །ཞེས་སོ། །དེས་ན་ཀུན་རྫོབ་སྒྱུ་མ་ཙམ་དུ་སྙིང་རྗེ་ཆེན་པོ་བསྐྱེད་ཀྱང་། དོན་དམ་པར་བདག་དང་སེམས་ཅན་སྙིང་རྗེ་གསུམ་དུ་དམིགས་སུ་མེད་དེ། སྡུད་པ་ལས། སྙིང་རྗེ་ཆེན་པོ་བསྐྱེད་ཀྱང་སེམས་ཅན་འདུ་ཤེས་མེད། །འདི་ནི་ཤེས་རབ་ཕ་རོལ་ཕྱིན་མཆོག་སྤྱོད་པ་ཡིན། །ཞེས་སོ། །

ཡང་ལ་ལས་ནི། ཕ་རོལ་ཏུ་ཕྱིན་པ་དྲུག་ག་ལ་མ་སྤྱད་ན་སངས་མི་རྒྱ་ཟེར་བའི་དོགས་པ་བསལ་བ་ནི། ཚངས་པ་ཁྱད་པར་ཅན་གྱིས་ཞུས་པའི་མདོ་ལས། མི་འཛིན་པ་ནི་སྦྱིན་པ། །མི་བསྲུང་བ་ནི་ཚུལ་ཁྲིམས། །མི་གནས་པ་ནི་བཟོད་པ། །མི་བརྩོན་པ་ནི་བརྩོན་འགྲུས། །མི་སེམས་པ་ནི་བསམ་གཏན། །མི་དམིགས་པ་ནི་ཤེས་རབ་ཡིན། །ཞེས་སོ། །རྡོ་རྗེ་ཏིང་ངེ་འཛིན་གྱི་མདོ་ལས། རང་གི་སེམས་སྟོང་པ་ཉིད་ལས་མ་གཡོས་ན། ཕ་རོལ་ཏུ་ཕྱིན་པ་དྲུག་དང་ལྡན་ནོ། །ཞེས་སོ། །

ཁ་ཅིག་ནི། ཏིང་ངེ་འཛིན་མང་པོ་མ་སྒྲུབ་ན། ཏིང་ངེ་འཛིན་སྣ་གཅིག་གིས་སངས་མི་རྒྱ་ཟེར་བའི་དོགས་པ་བསལ་བ་ནི། རྒྱལ་མཚན་དམ་པའི་མདོ་ལས།

ཏིང་འཛིན་བསམ་གྱིས་མི་ཁྱབ་པ། །རྣལ་འབྱོར་སྤྱོད་པ་རྣམས་ལ་བཤད། །དེ་དག་ཐམས་ཅད་དོན་གཅིག་སྟེ། །སེམས་ཉིད་སྟོང་པར་འདུས་པར་བཤད། །ཅེས་དང་། གསང་བ་མཛོད་ཀྱི་མདོ་ལས། ཆུ་རྣམས་ཐམས་ཅད་རྒྱ་མཚོ་རོ་གཅིག་གོ། །སྣ་ཚོགས་ཐ་དད་ཆོས་ཀྱི་དབྱིངས་སུ་རོ་གཅིག་གོ། །ཞེས་སོ། །

ལ་ལས་ནི་ལམ་ལྔ་ས་བཅུ་རིམ་གྱིས་མ་བསྒྲོད་ན་སངས་མི་རྒྱ་ཟེར་བའི་དོགས་པ་བསལ་བ་ནི། ཡེ་ཤེས་སྣང་བ་རྒྱན་གྱི་མདོ་ལས། རྒྱུ་རྐྱེན་རྟེན་འབྲེལ་བཤད་པ་དང་། །རིམ་པར་འཇུག་པ་བསྟན་པ་ཡང་། །རྨོངས་པ་རྣམས་ལ་ཐབས་སུ་གསུངས། །ལྷུན་གྱིས་གྲུབ་པའི་ཆོས་འདི་ལ། །རིམ་པར་འཇུག་པ་ག་ལ་ཡོད། །ཅེས་པ་དང་། ནམ་མཁའ་རིན་པོ་ཆེའི་མདོ་ལས། ཆོས་ཀྱི་དབྱིངས་ཀྱི་རྒྱ་མཚོར་མ་ཞུགས་ཀྱི་བར་དུ་ས་དང་ལམ་ཐ་དད་པ་དང་། ཡེ་ཤེས་ལ་འཕེལ་འགྲིབ་ཡོད་མོད་ཀྱི། ནམ་ཆོས་ཀྱི་དབྱིངས་ཀྱི་རྒྱ་མཚོར་ཕྱིན་ནས། ས་དང་ལམ་ཆེད་དུ་ཡང་བགྲང་དུ་མེད་དོ། །ཞེས་སོ། །

ཡང་ཁ་ཅིག་ནི། སྟོང་པ་ཉིད་འབའ་ཞིག་བསྒོམས་པས་སངས་རྒྱས་དང་སངས་རྒྱས་ཀྱི་ཞིང་ཁམས་ཁྱད་པར་ཅན་མི་མཐོང་ཟེར་བའི་དོགས་པ་བསལ་བ་ནི། ཤེས་རབ་བདུན་བརྒྱ་པ་ལས། དེ་བཞིན་གཤེགས་པ་བལྟ་བར་འདོད་ན། ཤེས་རབ་ཀྱི་ཕ་རོལ་ཏུ་ཕྱིན་པ་འདི་ཉིད་ལ་མི་སྒོམ་པའི་ཚུལ་གྱིས་བསྒོམ་པར་བྱའོ། །བསྙེན་བཀུར་ལ་སོགས་པ་འདྲིའོ། །དཀོན་མཆོག་འབྱུང་གནས་ཀྱི་མདོ་ལས། འཇམ་དཔལ་གྱིས་སངས་རྒྱས་ཀྱི་ཞིང་ཁམས་བརྗོད་དུ་མེད་པ་བལྟ་བར་འདོད་པས་སྟོང་པ་ཉིད་ལ་བསླབ་པར་བྱའོ། །སྟོང་པ་ཉིད་ལ་བསླབས་ན་སངས་རྒྱས་ཀྱི་ཞིང་ཇི་ལྟར་སྨོན་པ་དེ་ལྟར་ཐོབ་བོ། །ཞེས་སོ། །

ཡང་འགའ་རེས་ནི། གསང་སྔགས་ཀྱི་དབང་དང་བྱིན་རླབས་ཁྱད་པར་ཅན་ལ་མ་བརྟེན་པར། ལམ་གཞན་གྱིས་མཆོག་དང་ཐུན་མོང་གི་དངོས་གྲུབ་ཁྱད་པར་ཅན་མྱུར་དུ་མི་ཐོབ་ཟེར་བའི་དོགས་པ་བསལ་བ་ནི། སྤྱིར་ལམ་གསང་སྔགས་དང་ཕར་ཕྱིན་གཉིས། གཞུང་མདོ་སྡེ་དང་རྒྱུད་སྡེ་ལ་སོགས་པ་ཐེག་པ་ཐམས་ཅད་ཀྱི་དོན་དགོངས་པ་མཚན་ཉིད་མཉམ་པ་ཉིད་དུ་གཅིག་གོ། །མཐར་ཐུག་གི་འབྲས་བུ་ཡང་ཆོས་ཀྱི་སྐུར་རོ་གཅིག་པར་གསང་སྔགས་ཀྱི་རྒྱུད་སྡེ་ནས་བསྟན་ཏེ། མཚན་བརྗོད་ལས། ཐེག་པ་སྣ་ཚོགས་ཐབས་ཚུལ་གྱིས། །འགྲོ་བའི་དོན་ལ་སྟོན་པ་པོ། །ཐེག་པ་གསུམ་གྱི་ངེས་འབྱུང་ལ། །ཐེག་པ་གཅིག་གི་འབྲས་བུར་གནས། །ཞེས་པ་དང་། སམ་བུ་ཊི་ལས། གང་ཕྱིར་ཆོས་རྣམས་དུ་མ་ནི། །ཆུ་བོ་རྒྱུན་གྱི་རྒྱ་མཚོ་ལྟར། །ཐ་དད་ཉིད་ནི་གཅིག་ཉིད་དོ། །མང་པོར་དམིགས་པ་མི་འགྱུར་རོ། །ཞེས་སོ། །དེ་ཡང་དོན་གྱི་དགོངས་པ་ལ་ཁྱད་མེད་ཀྱང་། སྔགས་སྨིན་བྱེད་དབང་གི་ཁྱད་པར་དུ་བྱས་སོ། །ཞེས་དང་། བཀའ་སྔ་འགྱུར་གྱི་ཀུན་འདུས་རིག་པའི་རྒྱུད་ལས། རྫས་དང་ཚིག་དང་གང་ཟག་གི། །ཀུན་རྫོབ་དབང་དེ་མ་ཐོབ་ཀྱང་། །སེམས་ལ་ཆོས་ཀྱི་དབང་ཐོབ་ན། །རྒྱལ་བ་རིག་འཛིན་ཐམས་ཅད་དང་། །སྲིད་གསུམ་དབང་བྱེད་ཐམས་ཅད་ཀྱིས། །དེ་ལ་དབང་ནི་བསྐུར་བར་འགྱུར། །ཞེས་པ་དང་། སེམས་ལུང་ཆེན་པོའི་རྒྱུད་ལས། ཆོས་རྣམས་ཐམས་ཅད་སྟོང་པ་ལ། །དབང་དང་རིམ་པ་ག་ལ་ཡོད། །ཅེས་སོ། །བརྟག་གཉིས་ལས། བསྒོམ་མེད་སྒོམ་པ་པོ་ཡང་མེད། །ལྷ་མེད་སྔགས་ཀྱང་ཡོད་མ་ཡིན། །སྤྲོས་པ་མེད་པའི་རང་བཞིན་ལ། །ལྷ་དང་སྔགས་ནི་ཡང་དག་གནས། །ཞེས་སོ། རྡོ་རྗེ་གཙུག་ཏོར་གྱི་རྒྱུད་ལས། དེ་ཁོ་ན་ཉིད་ལ་མཉམ་བཞག་ན། །དམ་ཚིག་མེད་

ཅིང་སླར་ཡང་མེད། །རྫོ་རྗེ་དྲིལ་བུ་བཟུང་མི་དགོས། །བསྐྱེད་རིམ་དེ་ཁོ་ན་ཉིད་ལེགས། །དེ་ཉིད་བཅུ་བྲལ་གྲུབ་པར་འགྱུར། །ཞེས་པ་དང་། པདྨ་དབང་ཆེན་གྱི་རྒྱུད་ལས། དངོས་གྲུབ་ཅེས་བྱ་བ་ནང་དུ་ཡོད་པ་མ་ཡིན་ཏེ། དངོས་ནི་བྱང་ཆུབ་སེམས་ལ་བྱ། གྲུབ་ནི་མི་རྟོག་མངོན་དུ་གྱུར། དངོས་གྲུབ་ཅེས་ནི་དེ་ལ་བྱ། ཞེས་སོ། །

ཡང་འགའ་ཞིག་ནི། གསང་སྔགས་ཀྱི་བཟླས་པ་ཚད་དུ་མ་སྐྱོལ་ཞིང་། ཡི་དམ་ལྷ་ཡི་དམིགས་པ་ལ་བརྟན་པ་མ་ཐོབ་པར། སེམས་ལ་ལྟ་སྒོམ་བྱས་ཀྱང་། ཕྱི་རོལ་བདུད་ཀྱིས་ཁྱེར་ཟེར་བའི་དོགས་པ་བསལ་བ་ནི། ནམ་མཁའ་མཛོད་ཀྱི་མདོ་ལས། དཔེར་ན་བུ་ག་ནས་རླུང་འཇུག་པ་དེ་བཞིན་དུ་གང་དང་གང་ནས་སེམས་ལ་སྐྱོན་བྱུང་བ་དེ་དང་དེ་དག་ཉིད་ནས་བདུད་ཀྱིས་གླགས་རྙེད་དོ། །དེ་བས་ན་བྱང་ཆུབ་སེམས་དཔའ་སེམས་དཔའ་ཆེན་པོས་སེམས་ལ་སྐྱོན་མེད་པར་བྱའོ། །སེམས་ལ་སྐྱོན་མང་བ་ནི་ཡིད་སྟེ། རྣམ་པ་ཐམས་ཅད་ཀྱི་མཆོག་དང་ལྡན་པའི་སྟོང་པ་ཉིད་ཀྱི་ཏིང་ངེ་འཛིན་ཡོངས་སུ་རྫོགས་པའོ། །ཞེས་སོ། །སྟོང་པ་ཉིད་ཀྱི་ལྟ་སྒྲོད་དང་མ་བྲལ་ན་ཉོན་མོངས་པ་ཐམས་ཅད་ངང་གིས་ཞི་ཞིང་གྲོལ་བས། དེ་ལ་བདུད་ཀྱིས་གླགས་རྙེད་པར་མི་འགྱུར་ཏེ། སྲིད་མེད་ཀྱི་བུས་ཞུས་པའི་མདོ་ལས། ཤེས་རབ་དང་ལྡན་པས་ཉོན་མོངས་པ་རབ་ཏུ་ཞི་བར་འགྱུར་རོ། །ཉོན་མོངས་པ་མེད་པ་ལ་བདུད་ཀྱིས་གླགས་མི་རྙེད་དོ། །ཞེས་སོ། །

ཡང་ཁ་ཅིག་ནི། མདོ་སྡེ་ནི་གང་ཟག་གི་རིགས་སྣ་ཚོགས་ལ་དགོངས་ཏེ་གསུངས་པས། སོ་སོ་སྐྱེ་བོས་ངེས་དོན་དང་དྲང་དོན་གྱི་དབྱེ་བ་དཀའ་བས། ལུང་འདི་དག་ངེས་དོན་ཡིན་པའི་ངེས་པ་མེད་ཟེར་བའི་དོགས་པ་བསལ་བ་ནི། བྱང་

ཆུབ་སེམས་དཔའ་སྡེ་སྣོད་ཀྱི་མདོ་ལས། དེ་ལ་ངེས་པ་དོན་གྱི་མདོ་སྡེ་ནི་གང་། དྲང་བའི་དོན་གྱི་མདོ་སྡེ་ནི་གང་ཞེ་ན། མདོ་གང་དག་ལམ་དུ་འཇུག་པ་དེ་དག་ནི་དྲང་བའི་དོན་ཞེས་བྱའོ། །མདོ་གང་དག་འབྲས་བུ་ལ་འཇུག་པ་དེ་དག་ནི་ངེས་པའི་དོན་ཞེས་བྱའོ། །ཀུན་རྫོབ་བསྒྲུབ་པར་བྱེད་པ་དེ་དག་ནི་དྲང་དོན་ནོ། །ཞེས་སོ། །ཉི་མའི་སྙིང་པོའི་མདོ་ལས། བྱིས་པ་བློ་གྲོས་དམན་པ་དག །རིམ་གྱིས་དྲང་བར་བྱ་བའི་ཕྱིར། །དབུགས་དང་མི་གཙང་བསྒོམ་པ་དང་། །བདེན་བཞི་ལ་སོགས་ལམ་གྱི་ཆོས། །ཐམས་ཅད་དྲང་བའི་དོན་དུ་གསུངས། །ཞེས་སོ། །

ཡང་མི་ཁ་ཅིག་ནི། སྟོང་པ་ཉིད་འབའ་ཞིག་ལ་བསྒོམས་ན་དངོས་སམ་རྒྱུད་ནས་སེམས་ཀྱི་དོན་རྒྱུན་ཆད་ཟེར་བའི་དོགས་པ་བསལ་བ་ནི། སྙིང་རྗེ་ཆེན་པོའི་མདོ་ལས། བདག་མེད་པའི་དོན་བསྒོམས་པས་ཆོས་ཀྱི་སྐུ་ཐོབ་བོ། །དེའི་བྱིན་རླབས་གཟུགས་སྐུ་རྣམ་གཉིས་ཀྱིས་སེམས་ཀྱི་དོན་མཛད། ཞེས་པ་དང་། ཉེར་ཞི་ལས། གང་ཆོས་ཐམས་ཅད་ཀྱི་རང་བཞིན་ལ་མཁས་པས་ནི་བྱང་ཆུབ་ཀྱི་ལམ་ཡོངས་སུ་རྫོགས་པར་བྱེད་དོ། །སེམས་ཅན་རྣམས་སྨིན་པར་བྱེད་པའོ། །སངས་རྒྱས་ཀྱི་ཞིང་ཡོངས་སུ་དག་པར་འཛིན་ཏོ། །ཞེས་པ་དང་། ཏིང་རྒྱལ་ལས། ཏིང་ངེ་འཛིན་ཞི་བ་འདི་གང་འཛིན་པ་དེ་ལ་དཔེ་བྱད་བཟང་པོ་དང་། མཚན་རྣམས་དང་། འདྲེན་པའི་སངས་རྒྱས་ནི་བརྒྱ་ཕྲག་བཅོ་བརྒྱད་དང་། སྟོབས་དང་མི་འཇིགས་པའང་བརྗོད་པ་རྙེད་མི་དཀའོ། །ཞེས་སོ། །དེས་ན་ལམ་ལ་གནས་པའི་བྱང་ཆུབ་སེམས་དཔའ་རྣམས་ཀྱིས་དངོས་སུ་ཡང་སེམས་ཅན་གྱི་དོན་ནུས་ཚད་བྱ་བར་བཤད་དོ་ཞེ་ན། དེ་དག་ཀུན་རྫོབ་སྒྱུ་མ་ཙམ་ཞིག་ཏུ་བྱང་ཆུབ་སེམས་དཔའ་བློ་སྦྱོང་བ་ཙམ་ཞིག་མ་གཏོགས་པ། བདག་དང་སེམས་ཅན་

དང་དོན་གྱི་དངོས་པོ་གང་ཡང་མི་དམིགས་ཏེ། ཡུམ་ལས། རབ་འབྱོར་གྱིས་འདི་ལྟར་གཟུགས་ནས་རྣམ་མཁྱེན་གྱི་བར་གྱི་ཆོས་ནི་སངས་རྒྱས་ཐམས་ཅད་ཀྱི་སྤྱན་ལྔས་ཀྱང་མ་གཟིགས་ན། སྐྱེས་བུ་ཡོང་བ་མིག་མེད་པ་དག་གིས་ནི་ག་ལ་མཐོང་། འོ་ན་བཅོམ་ལྡན་འདས་ཀྱིས་འགྲོ་དོན་ཇི་ལྟར་མཛད། བཀའ་སྩལ་པ། རབ་འབྱོར། ངས་ནི་སེམས་གང་ཡང་མ་དམིགས་ཏེ། འོན་ཀྱང་སེམས་ཅན་དངོས་པོ་མེད་པ་ལ་དངོས་པོར་འདུ་ཤེས་པ་དེ་དག་ནི་འཇིག་རྟེན་གྱི་ཐ་སྙད་ཙམ་དུ་ཡིན་གྱི། དོན་དམ་པར་ནི་མ་ཡིན་ནོ། །ཞེས་སོ། །དེས་ན་རང་སྣང་ལ་སངས་རྒྱས་ནས་ཞལ་དུ་མ་ལུས་ཏེ། སྣང་བ་རང་སྣང་། འཁྲུལ་པ་རང་འཁྲུལ། འཁོར་བ་རང་འཁོར་བ་ཡིན་པའི་ཕྱིར་རོ། །དེས་ན་སྣང་གྲགས་ཀྱི་ཆོས་ཐམས་ཅད་བརྫུན་སྣང་འབའ་ཞིག་གོ། །

ཡང་ལ་ལས་ནི། རྒྱལ་བའི་བཀའ་ཚིག་དང་ཡི་གེ་དུམ་བུར་བཀོད་ནས་བཤད་པར་མི་ཚུང་ངོ་ཟེར་བའི་དོགས་པ་བསལ་བ་ནི། གཞུང་དམ་པའི་མདོ་ལས། བྱང་ཆུབ་སེམས་དཔའ་སེང་གེ་སྒྲས་གསོལ་པ། མདོ་སྡེའི་དོན་ཇི་ལྟར་བཤད་པར་བགྱི། བཀའ་སྩལ་པ། དོན་གྱི་དབང་དུ་ཅི་བདེར་སྦྱོར་ཅིག །ཅེས་པ་དང་། གསེར་འོད་དམ་པ་ལས། འདི་ལྟ་སྟེ་བླ་ན་མེད་པ་ཡང་དག་པར་རྫོགས་པའི་སངས་རྒྱས་འདོད་པ་ཞིག་ཡོད་ན་མདོ་རྣམས་ཀྱི་ནང་ནས་ཚིག་གཅིག་གམ། ལེའུ་གཅིག་གཞན་ལ་བསྒྲིལ་ནས་བཤད་ན། བསོད་ནམས་དང་དགེ་བའི་རྩ་བ་དཔག་ཏུ་མེད་དོ་ཞེས་པ་དང་། ཕྱོགས་བཅུ་རྒྱས་པའི་མདོ་ལས། ལ་ལས་ཕྱོགས་བཅུའི་འཇིག་རྟེན་གྱི་ཁམས་རིན་པོ་ཆེས་བཀང་སྟེ་བྱིན་པའམ། སྟོང་ཁམས་ཡོངས་ཀྱི་སེམས་ཅན་ལ་སྲོག་གི་སྦྱིན་པ་བྱིན་པ་བས། ཆོས་ཀྱི་ཡི་

གེ་འདི་ཙམ་ཞིག་ཐོས་པ་ཙམ་དུ་མི་ཕོད་དོ། །ཞེས་སོ། །

ཡང་མི་ལ་ལས་ནི། ཐབས་དང་དམིགས་པ་ལ་བརྟེན་ནས་བློ་རིམ་གྱིས་མ་སྦྱངས་ན་སྟོང་པ་ཉིད་ཅིག་ཅར་དུ་བསྒོམ་པ་གོལ་སར་འགྲོ་ཟེར་བའི་དོགས་པ་བསལ་བ་ནི། སྤྱིར་ཐེག་པ་ཆེན་པོ་ལ་གོལ་ས་མང་དུ་ཡོད་ཀྱང་། བསྡུ་ན། ཁམས་གསུམ་དང་ཉན་རང་གཉིས་སུ་འདུས་ལ་དེ་དག་ཏུ་གོལ་བའི་རྒྱུ་ནི་ཡིད་ལ་བྱེད་པ་དང་། དམིགས་པ་དང་། ཆགས་པ་དང་། ཞེན་པའོ། །ཞེས་དང་། ཉི་ཁྲི་ལས། ཡིད་ལ་བྱེད་པས་འདོད་པའི་ཁམས་སུ་འདྲེ་བར་འགྱུར་ལ། ཡིད་ལ་མི་བྱེད་པས་ནི་གང་དུ་ཡང་འདྲེ་བར་མི་འགྱུར་རོ། །དེས་ཁམས་གསུམ་པོར་ཡང་འདྲེའོ། །ཁྲི་བརྒྱད་སྟོང་པ་ལས། ཤཱ་རིའི་བུ། བྱང་ཆུབ་སེམས་དཔའ་སེམས་དཔའ་ཆེན་པོས་ཆོས་ཐམས་ཅད་དངོས་པོར་མི་རྟོག །མཚན་མར་མི་རྟོག །ཡིད་ལ་མི་བྱེད་པ་ནི་ཁམས་གསུམ་དུ་གོལ་བར་མི་འགྱུར་རོ། །ཉན་རང་གི་སར་ལྷུང་བར་མི་འགྱུར་རོ། །ཞེས་སོ། །དེ་ལྟར་འཕྲང་དང་དོགས་པ་ཆོད་པར་བྱས་ནས། ནམ་མཁའ་སྒོ་འབྱེད་ཀྱི་ལྟ་བ་ཅིག་ཅར་དུ་ཉམས་སུ་བླང་ཞིང་། གཞན་ལ་སྟོན་པ་དང་འཆད་པ་ལ་དབང་བསྐུར། ཅིར་སྣང་ཐམས་ཅད་ཆོས་ཉིད་ཀྱི་རོལ་པར་ཤེས་པར་བྱེད་པའོ། །གཅོད་གདན་ཐོག་གཅིག་མའི་ཁྲིད་ཡིག་ཕྲིན་ལས་རྒྱ་མཚོ་ལས། ནམ་མཁའ་སྒོ་འབྱེད་ཀྱི་ཁྲིད་ཀྱི་རྒྱབ་ཆོས་འཕྲང་གི་དོགས་སེལ་མེ་ལོང་མ་ཞེས་བྱ་བ་འདི། མི་ཉག་རྟོགས་ལྡན་དང་། འབྲོག་མོ་རས་ཆེན་པ་ལ་སོགས་པ་བུ་སློབ་རྣམས་ཀྱིས་བསྐུལ་བའི་ངོར། ཤཱཀྱའི་དགེ་སློང་ཀྲ་འོ་ཆོས་ཀྱི་རྒྱ་མཚོ་ཞེས་བྱ་བས། མཚུར་ཕུ་བདེ་ཆེན་གྱི་ཡང་རིར་སྦྱར་བའོ། །ཡིག་འབྲུ་མི་ཚང་།རྒྱལ་དབང་བསྟན་པའི་གཙོ། །མཁའ་འགྲོ་ཀུན་འདུས་ཨ་མ་ལབ་ཀྱི་སྒྲོན། །འཛམ་གླིང་གཙུག་རྒྱན་ཆོས་

རྗེ་རང་བྱུང་པ། །བསྒྲུབ་རྒྱུད་བསྟན་པའི་སྲོག་ཤིང་རྗེ་བཙུན་མཆོག །དེ་ལས་བརྒྱུད་པའི་དམ་ཆོས་གཅོད་ཅེས་གྲགས། །དཔག་བསམ་ཤིང་དང་དཔེ་ཏུ་སྦྱར་མཚོན་པ། །ཟབ་དོན་གཉིས་མེད་ནོར་བུའི་ཆུ་གཏེར་མཚོ། །དྲི་མེད་ཡང་དག་དོན་གྱི་ས་གཞི་ཡངས། །ཤེས་རབ་ཕ་རོལ་ཕྱིན་ཞེས་སྟོང་པོ་ལ། །སྡེ་སྣོད་རྣམ་གསུམ་དག་གི་ཡལ་ག་རྒྱས། །མདོ་རྒྱུད་རྒྱལ་བའི་གསུང་ཞེས་ལོ་འདབ་ཕྱུག །ལུང་རིག་སྨྲ་ཡིས་བརྗོད་པའི་མེ་ཏོག་མཛེས། །བསྐྱེད་རྫོགས་ཐབས་ཤེས་ལྡན་པའི་ཟེའུ་འབྲུ་རྒྱས། །རྒྱུད་སྡེ་བཞི་ཡི་འདབ་བཟང་འབྲས་བུ་སྨིན། །གཉིས་མེད་བྱང་ཆུབ་ཕྱག་རྒྱ་ཆེན་པོ་སྟེ། །དམ་ཆོས་བདུད་ཀྱི་གཅོད་ཡུལ་ཞེས་སུ་བཤད། །མི་མཐུན་ཕྱོགས་རྣམས་ཀུན་ལས་རབ་རྒྱལ་བ། །མཐའ་དབུས་མེད་པར་ཕྱོགས་མཐའ་ཀུན་ཁྱབ་འདི། །ཁམས་གསུམ་པ་ཡི་དབུལ་སེལ་ཡིན། །སྒོམ་ཆེན་རྣམས་ཀྱི་ཁྲི་གདུགས་ཡིན། །མཁས་པ་རྣམས་ཀྱི་བཤད་པ་ཡིན། །ཆོས་རྗེ་རྣམས་ཀྱི་ཕྱག་དཔེ་ཡིན། །མི་ཆེན་རྣམས་ཀྱི་གཟི་བརྗིད་ཡིན། །ཕྱུག་པོ་རྣམས་ཀྱི་བང་མཛོད་ཡིན། །ཐ་སྐད་མཁན་གྱི་དོགས་སེལ་ཡིན། །བསྒོམ་པ་མཁན་གྱི་ཉམས་ལེན་ཡིན། །རྣལ་འབྱོར་རྣམས་ཀྱི་ནང་ནོར་ཡིན། །དབུལ་པོ་རྣམས་ཀྱི་ཕྱི་རྒྱགས་ཡིན། །བར་ཆད་ཅན་གྱི་གེགས་སེལ་ཡིན། །ཚེ་ཟད་རྣམས་ཀྱི་ཚེ་སྒྲུབ་ཡིན། །ངེས་འབྱུང་ཅན་གྱི་སྐྱོ་གྲོགས་ཡིན། །རི་པ་རྣམས་ཀྱི་རི་རྒྱགས་ཡིན། །གྲོང་ཡུལ་བ་ཡི་ལོངས་སྤྱོད་ཡིན། །བདུད་རྣམས་ཀུན་གྱི་ཟིལ་གནོན་ཡིན། །ལྷ་འདྲེ་ཀུན་གྱི་དཔོན་པོ་ཡིན། །ཐར་ལམ་བསྒྲོད་པའི་སྐྱེལ་མ་ཡིན། །ནད་རྣམས་ཀུན་གྱི་སྨན་མཆོག་ཡིན། །ཁས་དམན་རྣམས་ཀྱི་མགོན་སྐྱབས་ཡིན། །དཔའ་རྩལ་འཛོམ་པའི་ངར་ཆུ་ཡིན། །སྡར་མ་རྣམས་ཀྱི་དཔུང་རོགས་ཡིན། །ཐམས་ཅད་ཀུན་ལ་

སྤྲིན་གཏོང་ཡིན། །ངན་སོང་གསུམ་གྱི་གཉའ་གནོན་ཡིན། །མ་རིག་པ་ཡི་འོད་གསལ་ཡིན། །རྡོ་རྗེ་འཆང་གི་གསང་ཚིག་ཡིན། །ཐུབ་པ་ཆེན་པོའི་བསྟན་འཛིན་ཡིན། །མཁས་གྲུབ་ཀུན་གྱི་དགོངས་པ་ཡིན། །སྡིག་སྒྲིབ་ཅན་གྱི་བཤགས་སྡོམ་ཡིན། །སངས་རྒྱས་བསྟན་པའི་བསྲུངས་མ་ཡིན། །རྣལ་འབྱོར་བདག་གིས་སྦྲས་པ་ཡིན། །ཞེས་པ་ཉམས་དགའི་བཞད་གད་ཡི་གེར་བཀོད་པ་འདི་མ་དང་མཁའ་འགྲོས་བཟོད་པར་གསོལ། དགེ་བ་མ་ཀན་རྣམས་ལ་བསྔོ། །འགྲོ་དྲུག་རྣམས་ལ་བཀྲ་ཤིས་ཤོག །མངྒལཾ་ཛྙཱཡནྟུ། །ལྷན་ཐབས་ཀྱི་ཡིག་ཆུང་ངོ་།། །།

༄། །བདུད་ངོས་འཛིན་བཞུགས་སོ། །

བདུད་ངོས་འཛིན་ནི། བདུད་ཀྱིས་སྐྱོ་བ་བཙུ་དྲུག་ལ། །ཕྱི་ནང་གསང་བའི་ངོས་འཛིན་དགོས། །ཞེས་པ། ཕྱིའི་བདུད་བཞི། ནང་གི་བདུད་བཞི། གསང་བའི་བདུད་བཞི། དེ་ཁོ་ན་ཉིད་ཀྱི་བདུད་བཞིའོ། །ཕྱིའི་བདུད་བཞི་ལ། ལྷའི་བུའི་བདུད། ཉོན་མོངས་པའི་བདུད། འཆི་བདག་གི་བདུད། ཕུང་པོའི་བདུད་དོ། །ལྷའི་བུ་ཡི་བདུད་ནི། གང་ལ་དགའ་བ་དང་ཞེན་ཅིང་ཆགས་པར་བྱེད་པའོ། །ཉོན་མོངས་པའི་བདུད་ནི། བག་ཆགས་འཁྲུལ་པའི་རྗེས་སུ་འབྲང་ཞིང་སྐྱོད་པ་སྣ་ཚོགས་བྱེད་པའོ། །འཆི་བདག་གི་བདུད་ནི། དགེ་བའི་ཆོས་བྱེད་པ་ལ་བར་དུ་གཅོད་ཅིང་ལམ་གྱི་གེགས་བྱེད་པའོ། །ཕུང་པོའི་བདུད་ནི། དབང་པོའི་ཡུལ་དུ་ཞུགས་ཤིང་བྱུང་ཚོར་གྱི་རྗེས་སུ་འབྲང་བའོ། །

ནང་གི་བདུད་བཞི་ནི། ཐོགས་བཅས་བདུད། ཐོགས་མེད་བདུད། དགའ་བྲོད་བདུད། སྙེམས་བྱེད་བདུད་དང་བཞིའོ། །ཐོགས་བཅས་བདུད་ཀྱི་ཡུལ་གྱི་འཁྲི་བ་བཅད། ཐོགས་མེད་བདུད་ཀྱི་ཡིད་ཀྱི་འཁྲི་བ་བཅད། དགའ་བྲོད་བདུད་ཀྱི་བདག་གི་འཁྲི་བ་བཅད། སྙེམས་བྱེད་བདུད་ཀྱི་འཁྲི་བ་ཐམས་ཅད་བཅད། ཅེས་པའོ། །

གསང་བའི་བདུད་བཞི་ནི། ཞུ་བའི་བདུད། སྒོམ་པའི་བདུད། སྤྱོད་པའི་བདུད། འབྲས་བུའི་བདུད་དོ། །ཞུ་བའི་བདུད་ནི་ཕྱོགས་རིས་ཡིན། སྒོམ་པའི་

བདུད་ནི་ཕྱིང་རྐོད་ཡིན། སྤྱོད་པའི་བདུད་ནི་ཕྱང་བླང་ཡིན། འབྲས་བུའི་བདུད་ནི་རེ་དོགས་ཡིན། ཞེས་པའོ། །

དེ་ཁོ་ན་ཉིད་ཀྱི་བདུད་བཞི་ནི། བླ་མ་ལ་མོས་གུས་ཆུང་བ། ཆོས་བྱེད་པ་ལ་སྙིང་རུས་ཆུང་བ། སེམས་ཅན་ལ་སྙིང་རྗེ་ཆུང་བ། ཆོས་གྲོགས་ལ་དག་སྣང་ཆུང་བའོ། །ཞེས་པ་རྒྱུད་ལ་ཡོན་ཏན་མི་སྐྱེ་ཞིང་། བྱིན་རླབས་ཆུང་བ་དང་། འགལ་རྐྱེན་མང་བར་བཤད་པའོ། །སྙིང་རུས་མེད་པ་ལ་ཡོན་ཏན་སྐྱེ་བར་མ་བཤད་པས། ཀླད་པ་ཆུང་བ་ལྟ་བུ་བྱས་ནས་རང་རྩུགས་མ་ཟིན་ཅིང་། གཞན་ཐམས་ཅད་ཀྱི་ངོ་འཛིན་པའི་ལུགས་བྱེད་ཅིང་། བཤད་གད་དང་། ཁ་འཇོམ་བྱེད་ཅིང་རྒྱུགས་པས། རང་ལ་དགོས་པའི་རང་རྩུགས་ནི་མ་ཟིན། རྩིང་སོར་གཞན་གྱི་གཡོག་ལས་ལྟོ་བག་རེ་ལ་བལྟས་ནས་འགྲོ་དགོས་པར་བཤད་པའོ། །དག་སྣང་ལ་བརྟེན་དགོས། ལམ་གྱི་གེགས་དང་རྐྱེན་ལ་མི་འགྲོ་བ་ཡིན་པས། སྙིང་རྗེ་དང་སྐྱོ་ཤས་ངེས་འབྱུང་ཐུན་མོང་མ་ཡིན་པ་བཤད་པའོ། །ཅེས་པ་འདི་ནི་ཤཱཀྱའི་དགེ་སློང་ཀླུ་འོ་ཆོས་ཀྱི་རྒྱ་མཚོ་ཞེས་བྱ་བས། དབེན་གནས་ཟིལ་གནོན་དུ་སྦྱར་བའོ། །ལྷན་ཐབས་ཡིག་ཆུང་ངོ༎ ༎

༄༅། །ལུགས་གཉིས་ཀྱི་དབྱེ་བ་བཞུགས་སོ། །

དྲག་པོ་གཞན་གྱི་ས་གཅོད་ན། །གཅོད་ལུགས་གཉིས་ཀྱི་དབྱེ་བ་དགོས། །ཞེས་པ། སྤྱིར་གཅོད་ལ་གཅོད་ལུགས་གཉིས་སུ་བཤད་པ་ནི། རོ་སྙོམས་ཐོག་རྫིས་དང་། རྟེན་འབྲེལ་གནས་གཅོད་གཉིས་སོ། །རོ་སྙོམས་ཐོག་རྫིས་ཀྱི་ལུགས་ལ། གཞན་དམིགས། ནོན་པར་བྱས་ནས་གཅོད་དཔོན་སྟོད། འཁོར་ཚོ་གང་བདེར་སྟོད། དཔོན་གྱིས་གཅོད་ཚོད་ན། དཔོན་སློབ་ལྷན་དུ་སྒྲོ། དཔོན་གྱིས་མ་ཚོད་ན། འཁོར་རྣམས་ཀྱིས་རིམ་པར་སུས་ཚོད་ཀྱང་སྒྲོ་བར་མི་བྱའོ། །གཅོད་དཔོན་གྱིས་ཚོད་ཡག་ཙམ་མ་བྱུང་ཀྱང་ཚོད་མི་ཚོད་ཀྱི་རྩིས་འདེབས་མི་བྱེད་དེ། ཁ་ཞེ་མེད་པར་སྒྲོ་བར་བྱའོ། །དེ་རོ་སྙོམས་ཐོག་རྫིས་ཀྱི་ལུགས་སོ། །

རྟེན་འབྲེལ་གྱི་ལུགས་ལ། དཔོན་སློབ་ཏུ་ཡོད་ཀྱང་། གཞན་དམིགས་དྲག་པ་ལ་དཔོན་སྟོད། འཁོར་རྣམས་ཀྱང་གཞན་དམིགས་རེ་རེ་ལ་སྟོད། སྔོན་ལ་དཔོན་གྱིས་ཚོད། འཁོར་གྱིས་མ་ཚོད་ན། དཔོན་ཟུར་དུ་སྒྲོ། དེ་ནས་འཁོར་ཚོ་ཚོད་རིམ་གྱིས་སྒྲོ། དཔོན་གྱིས་མ་ཚོད། འཁོར་ཚོས་ཚོད་ན། ཚོད་རིམ་གྱིས་སྒྲོ། དཔོན་མི་སྒྲོ། རྟིང་སོར་ཚོད་པ་དང་ཕྱོགས་གཅིག་ཏུ་གཞན་ལ་སྒྲོ་བར་བྱེད། ས་དམིགས་ཅིག་བུའི་སྒོ་སྟོན་ལུགས། རྩི་ལམ་གྱི་རིམ་པ། ཚོད་རྟགས་ཀྱི་མཚན་ཉིད་རྣམས་ངེས་ངེས་ཏིག་ཏིག་བྱེད་པ་སྟེ་དེ་ནི་རྟེན་འབྲེལ་གནད་གཅོད་ཀྱི་ལུགས་སོ། །ཞེས་པ་གཅོད་ལུགས་གཉིས་ཀྱི་དབྱེ་བ་འདི། སྔང་རྩེ་རས་ཆེན་པ་

བསམ་གྲུབ་རྒྱ་མཚོས་བསྐུལ་བའི་ངོར། ཤཱཀྱའི་དགེ་སློང་ཨ་དེ་རྟོགས་ལྡན་པ་ཀྲེ་འོ་ཆོས་ཀྱི་རྒྱ་མཚོ་བྱ་བས་དབེན་གནས་གཡུ་ལོ་བཀོད་པར་སྦྱར་བའོ། །ལྷན་ཐབས་ཡིག་ཚང་ངོ་། །

༄༅། །སློང་ས་རྟགས་ཡིག་ཚང་བཞུགས་སོ། །

སློངས་རྟགས་ནི། ལྷ་འདྲེ་དྲག་པོ་སློངས་བ་ལ། །སློངས་རྟགས་ཕྱི་ནང་གསང་གསུམ་དགོས། །ཞེས་པ། ཕྱི་སློངས་ལྷ་འདྲེའི་ཆོ་འཕྲུལ། ནང་སློངས་ལུས་ཀྱི་ན་ཚ། གསང་སློངས་སེམས་ཀྱི་ཟུག་རྔུ། །ཕྱི་སློངས་ནི། ས་གཡོ་བ་དང་། རི་རྡུར་བ་དང་། ཕྱོགས་ཚམ་འོང་བ་དང་ནམ་མཁེད་ལ་སྐད་རྒྱག་པ་དང་། ཐོག་དང་སེར་བ་འོང་བ་དང་། མངོན་སུམ་དུ་མི་འོངས་ནས་རྐང་པ་ནས་འཐེན་པ་དང་། མགོ་བཅད་ནས་འཁྱེར་བ་དང་། ཡན་ལག་བཅད་ནས་འཁྱེར་བ་དང་། སྙིང་བཏོན་ནས་འཁྱེར་བ་དང་། རྗོ་འཕེན་པ་དང་། གཡང་ལ་སྐྱུར་བ་དང་། རི་བཤིག་པ་དང་། ཉི་ཟླ་ཐང་ལ་འབེབས་པ་དང་། མཚོ་འཕྱུར་ནས་རང་ཁྱེར་སླམ་པ་དང་། གཟུགས་མེད་པའི་ལག་པ་རྐྱོང་བ་དང་། མགོ་མེད་པའི་ལུས་སྟོན་པ་དང་། ལུས་མེད་པའི་མགོ་སྟོན་པ་དང་། ཁ་ནས་མེ་འབར་བ་དང་། མིག་ནས་དུ་བ་འཐུལ་བ་དང་། རི་འཕེན་པར་བྱེད་པ་དང་། དམག་མང་པོས་བརྟུང་བཏག་གཏོང་བ་དང་། སྐེ་ལ་ཐག་པ་བཏགས་ཏེ་ཁྲིད་ནས་འགྲོ་སླམ་བྱེད་པ་དང་། རྨི་ལམ་དུ་ཡང་མི་མང་པོས་གསོད་པ་དང་། ཁྲིད་ནས་འགྲོ་བ་དང་། ཁྱོད་ཀྱི་སྔོན་གྱི་ཕ་མེས་བདུན་རྒྱུད་ཚུན་གྱི་སྲོག་ངས་བཅད་པ་ཡིན། ཁྱོད་ཀྱི་སྲོག་ཡང་ང་དབང་བ་ཡིན། ད་ཁྱོད་ཞག་དང་ཟླ་བ་འདི་ཙམ་ལ་འཆི་རྒྱུ་ཡིན་ཟེར་བའམ། ཁྱོད་ཀྱི་ཆོས་ནོར་འདུག །ཆོས་འདི་བྱས་པས་སངས་མི་རྒྱ་ཟེར་བའམ། ཁྱོད་ཀྱི་སྔ་རོལ་གྱི་བླ་མ་ང་ཡིན། ངས་ཆོས་བཤད། ངས་

གང་ཟེར་གྱིས་དང་སྒྲུབ་པ་ཡུན་རིང་མི་དགོས་པར་སངས་རྒྱའི་ཟེར་བའམ། ཡང་ན། ཁྱོད་ཀྱི་ཆོས་དེ་ཡིན་པས་ཆོས་མ་ནོར་འདུག །སྒྲུབ་པ་མཐར་ཕྱིན་ནས་སངས་རྒྱས་ཚར་འདུག་པས། ད་ཆོས་བྱེད་མི་དགོས། ད་ལྷ་ཉིད་དུ་འདིར་མ་བསྡོད་པར་གྲོང་ཡུལ་དུ་སོང་ལ་ཅི་བསམ་པ་གྱིས། གང་འདོད་པ་ལ་ལོངས་སྤྱོད་པར་བྱའོ། །ངས་ལུང་སྟོན་པ་ཡིན། ཡང་ན། གཉན་ས་ཆོད་ཚར་ནས་འདུག་པས་གཞན་དུ་འཕོ་བར་གྱིས་ཟེར་བའམ། གཉན་ས་འདིར་མ་སྡོད། གཉན་ས་འདི་ང་དབང་བ་ཡིན། ཁྱོད་རང་གཞན་དུ་སོང་། མི་འགྲོ་ན་ཞགས་གསུམ་ཚུན་ངས་ཁྱོད་གསོད་པ་ཡིན་ཟེར་བ་ཆོ་གང་བྱུང་ཡང་ཆོ་འཕྲུལ་ཡིན་པས་ཡ་ང་བག་ཚ་མེད་པར་སྡོད་ཚུགས་པ་གལ་ཆེའོ། །དེ་ནི་ཕྱི་སྐྱོངས་ལྷ་འདྲེའི་ཆོ་འཕྲུལ་ལོ། །

ནང་སྐྱོངས་པ་ནི། ལུས་ལ་ན་ཚ་བརྒྱལ་ནད་དང་། ཐོར་པ་དང་། ཤུ་བ་དང་། སྐྱི་ན་དང་། གྲོང་ཐོགས་དང་། ཤ་བཀྲ་དང་། ལྷོག་པ། གག་པ། སྲེ་ཤུ་གློ་གཟེར་དང་། གཟེར་ཐུང་། རྒྱ་ཐོར། ཉ་གས། འདའ་ཊུ། དམར་བཤལ། མཁྲིས་པ། བད་ཀན། སྟོད་གཟེར། ཕོ་ལོག །སྨྲོས་ནད་སོགས་གང་བྱུང་ཡང་། ལྷ་རྫེ་མི་འབོད་རྩ་མི་བསྟུན། སྨན་མི་གཏོང་། མོ་མི་བཏབ། རྩིས་མི་བྱེད། རིམ་གྲོ་སོང་གང་ཡང་མི་བྱེད། སྔ་མའི་དགེ་སྦྱོར་གྱི་རིམ་པ་ཆོ་ལས་མ་གཡོས་པར་བྱེད་པའོ། །སྲས་འཇམ་དབྱངས་མགོན་པོའི་ཞལ་ནས། གང་ཚེ་ནད་དང་སྡུག་བསྔལ་དྲག་པོས་གཟིར་བའི་ཚེ། །དེ་ཚེ་བདེ་བྲལ་ཞུམ་བཅས་རྩོད་པ་དོར་ལ་ལྟོས། །ཞེས་གསུངས་པའི་དོན་ཡང་འདི་ཡིན་ནོ། །དེ་ནི་ནང་གི་སྐྱོངས་རྟགས་སོ། །ལོག་ནོན་མཐའ་གཏད་དགོས་པ་རྣམས་བླ་མའི་ཞལ་ལས་ཤེས།

གསང་སྐྱོངས་སེམས་ཀྱི་ཟུག་རྫུ་ནི། སེམས་ལ་ཟུག་རྫུའི་རིགས་བློ་མི་ཐེབས་པ་

དང་། ཉམས་འཕྱོ་བ་དང་། ཚིག་པ་ཟ་བ་དང་། འགྲོ་འདོད་པ་དང་། ཁྲོ་འདོད་པ་དང་། གྲོགས་རྣམས་ཀྱིས་གཞི་སྐྱུར་བྱེད་དོ་བསམ་པ་དང་ཁོང་ཚོ་གྲོས་བྱས་ནས་གསོད་པ་འདྲ་སེམས་པ་དང་། གནས་འདིར་ཡོང་རྒྱུ་མིན་པར་འདུག་ཅ་ཡོང་དྲན། ད་འགྲོ་དགོས། རང་གི་གཞི་ལ་ཡོད་པའི་ནོར་རྫས་རྣམས་གཞན་གྱིས་ཟ་བ་འདྲ། འཕྲོག་པ་འདྲ། རྐུ་བ་འདྲ། ང་རང་མ་སོང་ན་ཁོང་ཚོས་བཞག་པར་མི་འདུག་བསམ་ནས་འགྲོ་འདོད་པའམ། ཉམས་འབར་ནས་འཁྲབ་སྙིང་འདོད་པ། རྒྱུག་འདོད་པ། ཝ་དོད་ཆེན་པོ་བྱེད་སྙིང་འདོད་པ། དྲན་པས་མི་ཟིན་པ། གཞན་དུ་འཕྲོས་པ། བཟང་ངན་གང་བྱེད་ཀྱང་རང་གིས་མི་དྲན་པའམ། ཞོགས་སྣང་ཆེན་པོ་ཡོད་པའམ། དོན་མེད་པ་ལ་རང་གི་ནོར་རྫས་གཞན་ལ་སྦྱིན་སྙིང་འདོད་པའམ། གཞན་གྱི་ནོར་རང་གིས་འཕྲོག་སྙིང་འདོད་པའམ། ཡང་ན་ཕྱི་ལོག་ཏུ་ རླུང་གིས་འཛག་མའམ། རི་ཤོ་བ་ལ་བརྒྱབ་པས་ཤོབ་ཤོབ་ཟེར་བ་ལ། གཉན་པ་འདི་ཡི་ལྡ་འདྲེ་ཡིན་སྙམ་པའམ། གད་པའི་ཟུར་དུ་རྗེ་བྲུལ་ལ་ཁྱད་དམ། བོང་བ། བྲུལ་ལ་ཁད་ལྟུང་ནས་ས་ལ་ཐོག་ཕྱིགས་ཟེར་བ་ལ་ལྡ་འདྲེ་ཡིན་བསམ་པ་དང་། བྱེའུའི་གཤོག་སྒྲ་དང་། བྲ་བ་དང་བྱི་བ་རྒྱུགས་པ་ཚོ་ལྡ་འདྲེའི་ཆོ་འཕྲུལ་ཡིན་བསམ་པ་བྱུང་ཡང་། ཐར་གྱི་དམིགས་པ་དང་། དགེ་སྦྱོར་ལས་མ་གཡོས་པར་སེམས་ལྷོད་བྱས་ནས་སྡོད་ཚུགས་པར་བྱའོ། །དེ་ནི་གསང་སྔགས་སེམས་ཀྱི་ཟུག་རྔུ་ཞེས་བྱའོ། །གཅོད་གདན་ཐོག་གཅིག་མའི་ཁྲིད་ཡིག་ཕྲིན་ལས་རྒྱ་མཚོ་ལས། སྔགས་རྟགས་ཀྱི་རིམ་པ་འདི་སྐད་རྗེ་རས་ཆེན་པ་བསམ་གྲུབ་རྒྱ་མཚོ་དང་། འབྲོག་མོ་རས་ཆེན་པོ་བརྩོན་འགྲུས་རྒྱ་མཚོ་ཚོས་གྲོགས་ཀྱིས་བསྐུལ་བའི་ངོར། ཤཱཀྱའི་དགེ་སློང་ཀྲེ་ཝོ་ཆོས་ཀྱི་རྒྱ་མཚོ་ཞེས་བྱ་བས་དབེན་གནས་གངས་རི་ཐོད་དཀར་གྱི་མགུལ་དུ་སྦྱར་བའོ། །

༄། །ཐོག་གི་ལོ་རྒྱུས་བཞུགས་སོ། །

ཐོག་གི་ལོ་རྒྱུས་ལ། རི་གཅོད་པའི་གཅོད་པ་དེར་སྡོད་པར་བྱེད་པ་ལ། ལྷ་འདྲེ་ཚོ་མ་དགའ་བ་བྱས་ནས། ཐེལ་རང་གིས་མགར་བ་ལ། གཅོད་པ་འདི་ཡིས་ངེད་ཀྱི་གནས་ལ་བྱུང་ནས་བབས་བྱས་ནས་ཡོད་པ་ཡིན་པས། ད་ཁྱོད་ཀྱིས་ངེད་རྣམས་ཀྱི་རོགས་བྱེད་དགོས་པ་ཡིན། ཁྱོད་མིན་པ་རེ་ས་མེད། དབྱུངས་ཤིག་བྱས་ནས་ཡང་ཡང་སྨྲན་པས། ཁོས་ཀྱང་དེ་ག་བྱའོ། །བདག་གིས་མཚོན་ཆ་སོགས་ཀྱི་སྒྲུབ་ཚུལ་བྱས་ནས་འོང་གི་བྱའོ། །དེ་ནས་སྒྲུབ་ཚུལ་སོགས་བྱེད་པ་ལ་སྲུང་མདོ། ཚོང་འདུས། འཚེར་རྙིང་། བརྒྱ་ལམ་ཚོ་ལ་འཚོལ་བས། ཟངས་ལྩགས་ཁྲིའི་ཚལ་པ། ཚ་ལ་དང་། སོ་ལ་རྙིང་པ། རང་སྲུ། རྣ་གཞོབ་རྩ་འོ་རྣམས་འཚག་པར་བྱས། ཁོ་གནས་ས་ཉི་ས་འོག་ཏུ་ཡོད་པར་བཤད་པས། ས་འོག་ཏུ་གནས་མལ་ལ་སོང་། འབྲུག་ཡོད་པ་ལ་བཙིབས་ནས་ནམ་མཁའ་ལ་ཕྱིན། འབྲུག་གི་རྣ་བར་དུ་མགར་གྱི་ཐབ་ག་བཙས། ཁོ་རང་འབྲུག་གི་ཟེ་བ་ལ་བསྣུད་ནས་བཟོ་བྱས་པས། ཟངས། ལྩགས། ཁྲོ། རེ་ཡུ། ར་གཞོབ་རྣམས་མེ་ལ་བཞུ། ཚ་ལ། ཏི་ཙས་ཞུན་རྒྱབ་བྱས་པ་ལ་བརྗེན་ནས། མེ་སྟག་དམར་ཕྲོམ་ཕྲོམ་ཕྱོགས་ཐམས་ཅད་ལ་འཕྲོས་པས། འབྲུག་སྐྲག་ནས་སྐད་འདོན་པ་ལ། མགར་བས། འདིས་སྐད་འདོན་ན་གཅོད་པས་ཚོར་བ་འདུག་པས། ཚོར་ན་ཁོ་ལ་ངས་གནོད་པ་མི་ཐེངས་པ་འོང་བ་འདུག་བསམ་ནས། ལག་པ་གཡོན་གྱིས་འབྲུག་གི་སོར་སུབ་པ་བྱས་པས། འབྲུག་གིས་སྐད་འདོན་པ་

ལ་སྐད་ཐོན་མི་ཐོན་འོང་བའི་དོན་ནི་དེ་ཡིན་པར་བཤད། ལག་པ་གཡས་པས་ཁྲོ་ལྕུགས་ཞུན་མ་ལ་མདའ་དང་མདུང་གྲི་རལ་མཚོན་ཆ་ཡིན་པའི་ལུགས་བྱས་ནས་དམར་ཕྲོམ་གྱིས་ནམ་མཁའ་ནས་འཕངས་པས། གཙོད་པས་དམིགས་པ་བརྟན་པོ་བྱུང་ན་ཐོག་གི་གནོད་པ་མི་འོང་། དམིགས་པ་མ་བརྟན་ན་ཐོག་གི་གནོད་པ་འོང་བས། དམིགས་པ་བརྟན་པ་གལ་ཆེ་བར་བཤད་པའོ། །ཞེས་ཐོག་གི་ལོ་རྒྱུས་འདི་ཤཱཀྱའི་དགེ་སློང་ཀྲེ་འོ་ཆོས་ཀྱི་རྒྱ་མཚོས་སྦྱར་བའོ། །ལྷན་ཐབས་ཡིག་ཚུང་ངོ་། །

༄༅། །ཐུབ་པ་བཙན་བཟུང་བཞུགས་སོ། །

ཐུབ་པ་བཙན་བཟུང་ནི། དྲག་པོ་ཐོག་རྫོང་བསྲུང་བ་ལ། །གངས་ཅན་མཚོ་རྒྱལ་དམིགས་པ་དགོས། །ཞེས་པ། རང་ཉིད་ཐུབ་པ་གངས་ཆེན་མཚོ་རྒྱལ་སྐུ་མདོག་སེར་པོ་དབུ་སྐྲིད་པའི་རྩེ་མོ་དང་མཉམ་པ། སྐུ་སྐྲིད་པ་གསུམ་ལ་ཁྲབ་པ་ཞིག་ཏུ་བསྐྱེད། རང་གི་ལྟེ་བའི་འོག་ཏུ་འབྲུག་འཁོར་ཞིང་བསྒྲག་པར་བྱེད་པ། ཕྱག་གཡས་ས་གནོན་དང་གཡོན་མཉམ་བཞག་གི་ཕྱག་རྒྱ་མཛད་པའི་འོག་ཏུ་འབྲུག་དང་ཐོག །ཐོག་བྱེད་དང་བཅས་པ་མནན་ནས་མགུལ་མི་ཤེས་པར་བསམ། ཞལ་ནས། ཨོཾ་མུ་ནེ་མུ་ནེ་མ་ཧཱ་མུ་ནེ་ཤཱཀྱ་མུ་ན་ཡེ་སྭཱ་ཧཱ། ཞེས་བཟླས་པས། འབྲུག་དང་ཐོག་བྱེད་སྐྲག་ཅིང་སྔངས་ནས་རང་ལ་སྲོག་སྙིང་ཕུལ་བར་བསམ་ནས་མཉམ་བཞག་བྱེད་པའོ། །ཡང་ཡང་བསྒོམ་པ་མན་ངག་ཟབ་མོ་ཡིན་ནོ། །དེ་ནི་གཙོད་གདན་ཐོག་གཅིག་མའི་ཁྲིད་ཡིག་ཕྲིན་ལས་རྒྱ་མཚོ་ལས་ཐོག་དམིགས་ཐུབ་པ་བཙན་བཟུང་ཞེས་པ་འདི་ཤཱཀྱའི་དགེ་སློང་ཀྲི་འོ་ཆོས་ཀྱི་རྒྱ་མཚོས་དབེན་གནས་གངས་རི་ཐོད་དཀར་གྱི་མགུལ་དུ་སྦྱར་བའོ། །ལྷན་ཐབས་ཡིག་ཆུང་ངོ་།། །།

༄༅། །ཚར་ཚད་ཀྱི་ཡིག་ཆུང་བཞུགས་སོ། །

བླ་མ་དང་མཁའ་འགྲོའི་ཚོགས་ལ་ཕྱག་འཚལ་ལོ། །ཚར་ཚད་ནི། ལྷ་འདྲིས་དངོས་གྲུབ་སྟེར་བ་ལ། །ཚར་ཚད་སྤྱི་དང་བྱེ་བྲག་དགོས། །ཞེས་པ། སྤྱི་དང་བྱེ་བྲག་གཉིས། སྤྱི་ལ། དཀར་གསུམ་མངར་གསུམ་སྦྱིན་པ་དང་། རིན་པོ་ཆེའི་རིགས་སྦྱིན་པ་དང་། གོས་དར་སྣ་ཚོགས་བྱིན་པ་དང་། སྣམ་ཐེར་གསར་པ་མང་པོ་བྱིན་པ་དང་། གོས་གསར་པ་དང་། སྟན་གསར་པ་བྱིན་པ་དང་། རྟ་ནོར་མང་པོ་བྱིན་པ་དང་། མེ་ཏོག་དང་། རྫི་ཐོག་མང་པོ་བྱིན་པ་དང་། བཟའ་བཏུང་མང་པོ་བླུད་པ་དང་། གཞན་ཡང་དངོས་པོའི་རིགས་མང་པོ་བྱིན་པ་དང་། གསུང་རབ་དང་རྟེན་མཆོད་མང་པོ་བྱིན་པ་སོགས་ནི་སྤྱིའི་ཚར་ཚད་ཡིན་པས་བསྡུས་པ་ཙམ་ཞིག་བྲིས་པའོ། །

བྱེ་བྲག་ལ། མཆོག་གི་ཚར་ཚད་དང་། སྒྲིབ་པ་དག་པའི་ཚར་ཚད་དང་། འགྲོ་དོན་ཡོང་བའི་ཚར་ཚད་དང་། མཁའ་འགྲོ་འདུ་བའི་ཚར་ཚད་དང་། ཆོས་སྐྱོང་འདུ་བའི་ཚར་ཚད་དང་། གསང་སྔགས་བསྒྲུབ་པའི་ཚར་ཚད་དང་། དབང་དུ་འདུས་པའི་ཚར་ཚད་དང་། འབྲས་བུ་སྨིན་པའི་ཚར་ཚད་དང་། སྦྱིན་གཏོང་ཐངས་པའི་ཚར་ཚད་དང་། ཆོས་ལ་འཇུད་པའི་ཚར་ཚད་དང་། ཕྲིན་ལས་འགྲུབ་པའི་ཚར་ཚད་དོ། །

མཆོག་གི་ཚར་ཚད་ལ། བདེ་གསལ་མི་རྟོག་པའི་ཏིང་ངེ་འཛིན་རྒྱུད་ལ

སྐྱེས་ཤིང་། ཉམས་ཀྱི་བྱུང་ཚོར་ཐམས་ཅད་སེམས་སུ་ཐག་བཅད། སེམས་བཟུང་འཛིན་གྱི་མཐའ་དང་བྲལ་བ་ནམ་མཁའ་ལྟ་བུར་ཤེས་ནས་བྱུང་བ་ནི་མཆོག་གི་ཚར་ཚད་དོ། །

སྒྲིབ་པ་དག་པའི་ཚར་ཚད་ལ། ཁྲུས་བྱེད་པ་དང་། གོས་དཀར་པོ་གྱོན་པ་དང་། ལུས་ལ་ཉི་ཟླ་ཤར་བ་དང་། གཅེར་བུར་བུད་པ་དང་། སྐས་ལ་འཛེགས་ནས་ཐོག་ལ་འགྲོ་བ་དང་། སྤྱིན་ལ་འགྲོ་བ་དང་། རི་ཡི་རྩེ་ལ་འཛེགས་པ་དང་། གཞན་ཡང་གོས་ནག་པོ་དང་ཁྲ་བོ་མ་ཡིན་པའི་གསར་པ་མང་པོ་གྱོན་པ་དང་། མཁའ་ལ་འཕུར་ནས་འགྲོ་བ་དང་། ཉི་མ་དང་ཟླ་བའི་ཟེར་ལ་འཛེགས་ནས་འགྲོ་བ་སོགས་ནི་སྒྲིབ་པ་དག་པའི་ཚར་ཚད་དོ། །

འགྲོ་དོན་ཡོང་བའི་ཚར་ཚད་ལ། ཆུ་ཆེ་ཆུང་གང་ལ་ཡང་ལྷུགས་ཟམ་ཤིང་ཟམ་ཇོ་ཟམ་འཛུགས་པ་ནི་འགྲོ་དོན་ཡོང་བའི་ཚར་ཚད་དོ། །

མཁའ་འགྲོ་འདུ་བའི་ཚར་ཚད་ལ། ཌཱ་མ་རུ་དང་དྲིལ་བུ་སྒྲོག་ཅིང་རྐང་དུང་འབུད་པ་དང་། མེ་ཏོག་མང་པོས་ལུས་ལ་བརྒྱན་ཅིང་གླུ་དབྱངས་བླང་བ་དང་། སྐྱེ་དམན་གཞོན་ཞིང་རྒྱན་བཟང་པོ་བཏགས་པ་མང་པོ་འཚོགས་ཤིང་བསྐོར་བ་བྱེད་པ་དང་། གླུ་ལེན་ཅིང་གར་སྟབས་བསྒྱུར་བ་དང་། ཌཱ་མ་རུ་སྒྲོག་ཅིང་རང་ལ་གུས་པ་སོགས་ནི་མཁའ་འགྲོ་འདུ་བའི་ཚར་ཚད་དོ། །

ཆོས་སྐྱོང་འདུ་བའི་ཚར་ཚད་ལ། ཟ་མང་པོ་གཞན་གྱིས་བྱིན་པ་དང་། རང་གིས་འཚག་པ་དང་། བརྡུང་བ་དང་། དམར་གཏོར་ཤ་ཡིས་བརྒྱན་པ། ཆོས་སྐྱོང་གི་སྟགས་འདྲེན་པ་སོགས་ནི་ཆོས་སྐྱོང་འདུ་བའི་ཚར་ཚད་དོ། །

གསང་སྔགས་བསྒྲུབ་པའི་ཚར་ཚད་ནི། གཏོར་མ་རྒྱན་བཟང་པོས་བརྒྱན་

པ་མང་པོ་བཅའ་བ་དང་། ཡི་དམ་གྱི་སྔགས་མང་པོ་བགྲང་བ་དང་། མཚམས་བྱེད་པ་དང་། ཡི་དམ་གྱི་ལྷ་མང་པོ་བཞེངས་པ་དང་། དཀྱིལ་འཁོར་མང་པོ་བཞེངས་པ་སོགས་ནི་གསང་སྔགས་བསྒྲུབ་པའི་ཚར་ཚད་དོ། །

དབང་དུ་འདུས་པའི་ཚར་ཚད་ལ། མི་མང་པོ་འཚོགས་ནས་རང་ལ་གུས་པར་བྱེད་པ་དང་། ཕྱག་འཚལ་བ་དང་། བསྐོར་བ་བྱེད་པ་དང་། གྱེས་ནས་མི་འགྲོ་ཞིང་དེར་འཚོགས་ནས་སྡོད་པ་དང་། རང་གིས་ཅི་ཟེར་ལ་ཉན་པའི་ཚུལ་བྱེད་པ་སོགས་ནི་དབང་དུ་འདུས་པའི་ཚར་ཚད་དོ། །

འབྲས་བུ་སྨིན་པའི་ཚར་ཚད་ལ། ལོ་ཏོག་ལེགས་ནས་བཙས་མ་རན་ནས་ཡོད་པ་དང་། ཤིང་ཏོག་རྒྱས་ནས་སྤྱུངས་པ་ལྷུར་ཡོད་པ་དང་། ས་འོག་ན་གྲོ་མའི་གཏེར་མང་པོ་ཡོད་པ་སོགས་ནི་འབྲས་བུ་སྨིན་པའི་ཚར་ཚད་དོ། །

སྦྱིན་གཏོང་ཐེངས་པའི་ཚར་ཚད་ལ། སྤྱོད་སྣད་ཀྱི་མི་མང་པོ་འཚོགས་ནས་ཡོད་པ་ལ་སྟོན་མོ་བཤམས་ནས་འགྱེད་མང་པོ་བྱས་པས། ཕོང་རྣམས་དགའ་ཞིང་ཚིམ་ནས་སོང་བར་བསམ་པ་ནི་སྦྱིན་གཏོང་ཐེངས་པའི་ཚར་ཚད་དོ། །

ཆོས་ལ་འཛུད་པའི་ཚར་ཚད་ལ། མི་ཐམས་ཅད་འཚོགས་ནས་ཆོས་བཤད་མི་འདྲ་བ་མང་པོ་འཆད་པ་དང་། སྟོན་པ་དང་། འཁྲིད་པ་སོགས་བྱེད་པ་ནི་ཆོས་ལ་ཚུད་པའི་ཚར་ཚད་དོ། །

ཕྲིན་ལས་འབྱུང་བའི་ཚར་ཚད་ལ། མི་མང་པོ་དང་། དུད་འགྲོ་མང་པོ་ཆུ་ཆེན་པོ་ལས་སྒྲོལ་བ་དང་། ཤན་དང་། ཀོ་གྲུ་ལ་སྒྲོལ་ནས་བཏང་བ་སོགས་ནི་ཕྲིན་ལས་འབྱུང་བའི་ཚར་ཚད་དོ། །

ད་ནི། ཚར་ཚད་འདྲ་བའི་ཆོ་འཕྲུལ་དང་། །ཆོ་འཕྲུལ་འདྲ་བའི་ཚར་ཚད

ཡོད། །ཅེས་པ། ཚར་ཚད་འདྲ་བའི་ཚོ་འཕྲུལ་ལ། ཛ་ནག་པོ་དང་། སྤྲང་དང་། བྱ་རམ་མ་སྐྱོར་བའི་འདུར་མོ་དང་། གོས་དར་ནག་པོ་དང་། ལྕུགས་སླང་། ཁྲོ། ཁོག་མ། སྣུན། ཕྱིང་པ། གོས། སྣམ་བུ། རེ་བ་ནག་པོ་སོགས་དང་། མི་གཞན་གྱིས་རང་ལ་མདའ་མཚོན་རྒྱབ་པས་རྨ་དང་ཁྲག་མ་བྱུང་བ་དང་། མཛོ་གཡག་གིས་བརྡུང་པ་དང་། ཁྲིས་རྒྱུག་པ་ཚོ་ལ་རྨ་དང་ཁྲག་མ་བྱུང་བ་དང་། མདའ་དང་མདུང་། རལ་རྩེ་གཏད་ནས་བྱིན་པ་ཚོ་ནི་ཚར་ཚད་འདྲ་བའི་ཚོ་འཕྲུལ་ཡིན། ཚོ་འཕྲུལ་འདྲ་བའི་ཚར་ཚད་ལ། གྲི་རལ་མདའ་མདུང་རྒྱབ་པས་རྨ་དང་ཁྲག་བྱུང་ན་ཚར་ཚད་ཡིན། མཛོ་གཡག་གིས་བརྡུང་པ་དང་ཁྲིས་རྒྱུག་པ་ལ་རྨ་དང་ཁྲག་བྱུང་ན་ཚར་ཚད་ཡིན། བདུད་གནས་སར་བདུད་ཀྱི་རེ་བ་ནག་པོ་དང་། ཧ་ནག་པོ་དང་། ཕྱིང་པ་དང་། གོས་ལག་ནག་པོ་བྱིན་ན་ཚར་ཚད་ཡིན། བཙན་གནས་སར་ཤ་དམར་པོ་ཁྲག་དམར་པོ་པགས་པ་དམར་པོ་བྱིན་ན་ཚར་ཚད་ཡིན། སྲིན་མོ་གནས་སར་ཁྲག་ཚོད་དང་། རམ་བུ་བྱིན་ན་ཚར་ཚད་ཡིན། དེ་ནི་ཚོ་འཕྲུལ་འདྲ་བའི་ཚར་ཚད་དོ། །བདུད། བཙན། སྲིན་མོ་ཚོས་དཀར་གསུམ་མངར་གསུམ་སོགས་དང་། དཀར་པོའི་རིགས་བྱིན་ན་ཚོ་འཕྲུལ་ཡིན་པར་བཤད་པས་བརྟག་ཤེས་པར་བྱའོ། །གཅོད་གདན་ཐོག་གཅིག་མའི་ཁྲིད་ཡིག་ཕྲིན་ལས་རྒྱ་མཚོ་ལས། ཚར་ཚད་ཀྱི་རིམ་པ་བསྡུས་པ་ཤཱཀྱའི་དགེ་སློང་ཆོས་ཀྱི་རྒྱ་མཚོས་ཤུགས་གསེབ་ཀྱི་དབེན་གནས་གཡུ་ལོ་བཀོད་པར་བྲིས་པའོ། །ལྷན་ཐབས་ཡིག་ཆུང་ངོ།། ||

༄༅། །ཕྲིན་ལས་གཟའི་དམིགས་པ་སྒྱུར་འགྱོགས་རླུང་གི་སྒྲ་གྲི་བཞུགས་སོ། །

བླ་མ་དང་མཁའ་འགྲོའི་ཚོགས་ལ་ཕྱག་འཚལ་ལོ། །རྣལ་འབྱོར་བདག་ལ་དགྲ་བྱུང་ན། །གཟའ་གཏོད་སྲུན་དགུའི་དམིགས་པ་དགོས། །ཞེས་པ། དེ་ལ། རྫས་དང་སྔགས་དང་དམིགས་པ་གསུམ། །རྫས་སྔགས་གཉིས་ནི་ཞལ་ལས་ཤེས། །དམིགས་པ་ནི། གཟའ་གནས་པའི་ས་ལ། ས་ཤོ། ས་རལ། གྲོག་རོང་། གད་པ། བྲག་བྱ་རོག་འདྲ་བ། བྲག་སྐྱུང་ཀ་འདྲ་བ། ཤིང་ཁེར་སྐྱེས་མི་རིང་ལངས་པ་འདྲ་བ། སྤྲངས་དང་ནགས་ཀྱི་ཐམ་ཐེམ། དེ་ལྟ་བུར་བསྟད། དེ་ནས་དམིགས་པ་གཏོང་སྟེ། ཕཏ་བརྗོད། རང་ཉིད་ཕྱག་ན་རྡོ་རྗེ་སྐུ་མདོག་མཐིང་ནག་ལུས་རགས་ལ་བསྲུས་ཁྲིམ་ཆེ་བ། ཕྱག་གཡས་པས་གནམ་ལྕགས་ཀྱི་རྡོ་རྗེ་རྩེ་ལྔ་པ་ཡེ་ཤེས་ཀྱི་མེ་འབར་བ་ནམ་མཁའ་ལ་འཕྱར་བ། གཡོན་པས་སྡིགས་འཛུབ་གདོན་བགེགས་ལ་གཏད་ཅིང་ལྕགས་ཀྱུ་དང་མེའི་ཞགས་པ་བསྣམས་པ། སྐུ་ལ་སྦྲུལ་རིགས་ལྔས་བརྒྱན་ཅིང་ག་ཤལ་བྱས་པ། ཞབས་གཉིས་བགེགས་མནན་པའི་དཔྲལ་བ་དང་སྙིང་གར་གཏད་པ། སྐུ་ལ་ཡེ་ཤེས་ཀྱི་མེ་རབ་ཏུ་འབར་བ་གཅིག་ཏུ་བསྐྱེད། རང་གི་ཐུགས་ཀ་ནས་འོད་ཟེར་འཕྲོས། གཟའ་བདུད་མཚོད་དགུ་གང་ན་གནས་པ་ནས་བཀུག་སྟེ། རང་གི་མདུན་དུ་ཐལ་མོ་སྦྱར་ཞིང་འདར་ཤྲི་ལི་ལི་གནས་པར་བསམ་སྟེ། བཀའ་བསྒོ་བ་ནི། གཟའ་བདུད་མཆེད་དགུ་ཁྱེད་རྣམས་ཀྱིས་བདག

གི་ཞི་རྒྱས་དབང་དྲག་ལས་བཞིའི་ཕྲིན་ལས་གང་བསྒོ་བ་བཞིན་བསྒྲུབ་དགོས། གལ་ཏེ་མི་སྒྲུབ་ན་གནས་འདིར་བསྐལ་པ་མ་སྟོངས་ཀྱི་བར་དུ་སྡོད་པ་ཡིན་པས། དེ་ལྟར་བསྒོ་བ་བཞིན་གྱིས་ཤིག་ཅེས་བཀའ་བསྒོས་པས། ཁོང་ཚོས་ཡང་ཕྲིན་ལས་བསྒྲུབ་པར་ཁས་ལེན་པ་ཡིན་ནོ། །

གལ་ཏེ་མི་ལེན་པ་འདུག་ན། གཟའ་བདུད་དྲག་པོ་གནད་བསྐུལ་གྱི་མན་ངག་ནི། རང་ཉིད་རི་རབ་བང་རིམ་གསུམ་པའི་སྟེང་དུ་བྱམས་བཞུགས་བྱས་ཏེ། ཁོང་རྣམས་མདུན་དུ་ཡོད་བཞིན་པ་ལ། རང་གི་ཞལ་ནས་ཧཱུཾ་ཧཱུཾ་ཕཊ་ཕཊ་བརྗོད། ཕྱག་གཡས་པའི་རྡོ་རྗེ་ནམ་མཁའ་ལ་དེང་དེང་བྱས་པས། ཁོང་རྣམས་ལུས་ཚལ་པར་གས་ཤིང་བརྒྱལ་བ་དང་། འཇིགས་པར་གྱུར་ནས། ཁྱོད་ཀྱིས་བཀའ་གང་བསྒོ་བའི་ཕྲིན་ལས་ངེད་རྣམས་ཀྱིས་བསྒྲུབ་ཅིང་སྐྱོང་བ་ཡིན་པས། སྲོག་གི་སྙིང་པོ་ཡང་ཁྱོད་ལ་འབུལ་ལོ་ཞེས་ཁས་བླངས་ཏེ་བསྒྲུབ་པ་འོང་། བསྒྲུབས་ནས་མཐར་ཁོང་རྣམས་ལ་སེམས་བསྐྱེད་ཕོག་ཅིང་སྦྲིབ་པ་སྦྱངས། སངས་རྒྱས་ཐོབ་པའི་སྨོན་ལམ་བཏབ། སྒོམ་པ་ཡང་ཡང་བྱེད་པ་གནད་ཀྱི་དམིགས་པ་ཡིན། རང་རང་སྲོག་སྙིང་ཕུལ་ན་ཚར་ཚད་མྱུར་དུ་ཡོང་། ཁས་ལེན་ཙམ་ལ་ཆེད་དུ་མ་འཛིན་ཅིག །རྟ་མགོ་ཁྲི་ཕག་རྒྱལ་པོ་བུ་ཆུང་བྱུང་གྱུར་ན། ཁོང་རྣམས་དབང་དུ་འདུས་པའི་རྟགས་ཡིག་ཡིན་ནོ། །འཇའ་དང་མེ་ཏོག་ནམ་མཁའ་འོད་ཁེངས་སོགས། །ཁོ་ཡི་རང་འོད་ཡིན་ནོ་རིགས་ཀྱི་བུ། །ཉི་ཟླ་གཟའ་སྐར་ཐང་ལ་འབེབས་ཤིང་བཀྲ། །ཚེ་འཕྲུལ་བར་ཆད་ཡིན་པས་བསྲུང་བཟློག་སྒོམས། །རིན་ཆེན་ལ་སོགས་དངོས་པོ་གང་བྱུང་ཀྱང་། །ཚར་ཚད་སྟོན་མ་ཡིན་པར་ཤེས་པར་གྱིས། །རྟ་མགོ་མདའ་གཞུ་ཕུལ་བ་བྱུང་གྱུར་ན། །གནད་ཀྱི་ཚར་ཚད་ཡིན་པས་སྨོན་ལམ་

ཐོབ། །བྱ་ནག་ཁྱི་ནག་མང་པོ་འཁོར་བ་ན། །ཕོང་རྣམས་དམ་ལ་ཐོགས་པའི་རྟགས་ཡིན་ནོ། །ཞེས་གཅོད་གདན་ཐོག་གཅིག་མའི་ཁྲིད་ཡིག་ཕྲིན་ལས་རྒྱ་མཚོ་ལས། ཕྲིན་ལས་གཟའི་དམིགས་པ་ཟབ་ཅིང་རྒྱ་ཆེ་བ། སྨུར་འགྲོགས་རླུང་གི་སྐུ་གྲི་ཞེས་བྱ་བ་འདི། ཕྱི་རབས་རྣམས་ལ་ཕན་པའི་ཕྱིར། ཤཱཀྱའི་དགེ་སློང་ཀྲེ་འོ་ཆོས་ཀྱི་རྒྱ་མཚོ་ཞེས་བྱ་བས། དཔལ་མཚུར་ཕུའི་གཙུག་ལག་ཁང་དུ་སྦྱར་བ་འདིས་ཀྱང་བསྟན་པ་དང་སེམས་ཅན་ལ་ཕན་པ་རྒྱ་ཆེན་པོ་འབྱུང་བར་གྱུར་ཅིག །ལྷན་ཐབས་ཀྱི་ཡིག་ཆུང་ངོ་།། །།

༄། །ཚོམ་རའི་དགོས་དོན་གྱི་རྣམ་བཤད་བཞུགས་སོ། །

བླ་མ་དང་ཡེ་ཤེས་མཁའ་འགྲོ་མ་ལ་ཕྱག་འཚལ་ལོ། །ཚོམ་ར་བཅང་དགོས་པའི་རྒྱུ་མཚན་ནི། སྤྱིར་བཤད་པ་དང་། སྒོས་སུ་བཤད་པ་གཉིས་ལས། སྤྱིར་བཤད་པ་ནི། འདུལ་བ་ལས། ཚོམ་གྱི་ལྷྭགས་པ་བཅང་བར་བྱའོ། །གསུངས་ཤིང་། མདོ་ལས་ཀྱང་བྱང་ཆུབ་སེམས་དཔའ་ཚོམ་གྱི་ལེའུ་ལས་རྒྱས་པར་གསུངས་སོ། །ཁྱེ་བྲག་ཏུ་མ་གཅིག་གི་ཞལ་ནས་རྒྱས་པར་བསྟན་ཏེ། དེ་ཡང་། ཚོམ་གྱི་ལྷྭགས་པ་མགོ་ལ་གྱོན་པ་ལ། ཆས་ལོག་པ་དང་། ཆས་ལོག་པར་མི་འགྱུར་བའི་ཚུལ་གཉིས་ཡོད་དེ། དེ་ལ་ལོག་པ་ནི། གཅོད་མཁན་གང་གིས་ཕ་རོལ་གཞན་ལ་འཇིགས་པར་བྱ་བའི་ཕྱིར་དང་རང་ཉིད་ཀྱིས་ཟོམ་ཟུ་ཆེན་པོའི་ཕྱིར་དུ་ཚོམ་གྱི་ལྷྭགས་པ་གང་ཡང་རུང་བ་མགོ་ལ་གྱོན་ནས་དྲེགས་པ་བསྐྱེད་པ་རྣམས་མ་འོངས་པར་འབྱུང་བ་རྣམས་ལོག་པ་ཅན་ཡིན་ཅིང་། དེ་ལྟར་མ་ཡིན་པའི་ཆོས་ཀྱི་སེང་གེས་གྱོན་པའི་འདུ་ཤེས་དང་། དེའི་ཚུལ་གྱིས་གྱོན་པ་ནི་ལོག་པའི་ཆས་སུ་མི་འགྲོ་བ་ནི། ཆོས་སེང་གེས་ཚོད་ཚད་མ་ཐོབ་ཀྱང་གཞན་དོན་ལ་ལྷག་པར་བརྩོན་ནས་འགྲོ་བ་བཟང་ངན་མེད་པའི་དོན་ལ་ཐབས་སྣ་ཚོགས་ཀྱི་སྒོ་ནས་སྙིང་སྟོབས་ཆེན་པོས་ལུས་སྲོག་འདོར་ནུས་པ་ཙམ་ཡོད་པ་ལ། ཤིན་ཏུ་གྲིབ་ཆེ་བ་དང་འཕྲད་པའི་ཚེ། གྲིབ་ནོན་པ་མ་བསལ་ན་མང་དུ་འདས་ལ་ཁད་ཀྱི་སྐྱུང་ཟུག་མང་པོ་བྱུང་བ་ལ་ཁོང་རང་ལ་འཁྲོད་སེམས་དང་ཉམས་ང་མེད་ཀྱང་། ཟང་ཐལ་ལ་སོགས་སློབ་

མ་རྣམས་ཀྱིས་གྲིབ་ལ་བསྲུང་བ་དགོས་པ་ལན་མང་དུ་ནན་གྱིས་གསོལ་བ་དང་། མིག་རྒྱུན་དམར་བ་སྲུང་བར་བྱུང་བའི་དོན་དུ་གྲོན་པ་ཡིན་ཏེ། དོམ་ནག་གི་སྨིན་རས་གྲིབ་ཐམས་ཅད་བསྲུང་ཞིང་། མིག་ནད་ཆུ་མང་དུ་འཛག་པ་དེ་སེལ་བར་མ་གཅིག་ཉིད་ཀྱིས་གསུངས་པ་ཡིན་ནོ། །དེ་ཡང་དོམ་ནག་ཐོང་ག་དཀར་ལ་སྤུ་ཤིན་ཏུ་རྒྱས་པ་དེ་ཡིན་པའི་རྩ་བ་ནས་དཔུང་པའི་མགོ་ཡི་བར་གྱི་གཡས་གཡོན་དུ་སྨིན་ར་ལྟ་བུར་སྤུ་གཞན་ལས་ཏ་ཅང་རིང་བ་ཞིག་སྐྱེས་པ། དེའི་རྣ་རྩ་ཕྱིན་དང་། དཔུང་མགོའི་དཀར་ཆ་དང་བཅས་པའི་བར་ལྷགས་པ་བཀོལ་ཏེ། ཞིང་དུ་སོར་དྲུག་དྲུག །དཀྱུས་སུ་སོར་བཅོ་ལྔ་པ་གཉིས་མཉེས་པར་བྱས། མགོ་བོ་གཉིས་སྦྲད་ནས་ཁ་ཟུར་གཉིས་ཅུང་ཟད་བསྐུས་ཏེ། སག་ར་ཞིང་དུ་སོར་གཉིས་པ། དཀྱུས་སུ་དོམ་ལས་གཡས་གཡོན་དུ་སོར་གཅིག་ཐུང་བ་ལ་སྦྱར་བའི་གཡས་སུ་རྨ་བྱའི་མགོའི་སྒྲོ་མདོངས་གཉིས་དང་། སྐང་གི་ཐུར་མ་གཅིག་དང་གསུམ་བཏགས། གཡོན་དུ་ཊུས་སྤྲལ་ཤོག་པ་གཅིག་དང་། དཀྱིལ་དུ་དངུལ་གྱི་མེ་ལོང་གཅིག་བཏགས་པ་གྲོན་པས་གྲིབ་ཐམས་ཅད་སེལ་ཞིང་མིག་ནད་སེལ་ནས་འགྲོ་དོན་བྱེད་པའི་མཐུན་རྐྱེན་ལ་ཕན་ཅིང་། ཆས་ལོག་ཏུ་མི་འགྲོ་བར་ངེས་སོ། །དེ་ལྟར་གཞན་ཕན་གྱི་ཕྱིར་མ་ཡིན་པ་བག་མེད་པའི་ཚུལ་དང་། གཅོད་པས་དོམ་ལྤགས་གང་ཊུང་གྲོན་པ་ནི་ཆས་ལོག་ཡིན་ནོ། །དེ་ལ་དོམ་ལྤགས་གྲོན་པ་ལ་ལོག་པ་དང་མ་ལོག་པ་གཉིས་ནི་མ་གཅིག་ཉིད་ཀྱིས་གསུངས་སོ། །དེ་ལྟར་དོམ་ར་གྲོན་པའི་བླང་དོར་དང་དགོས་ཆེད་རྣམས་ཤེས་པར་བྱའོ། །ཞེས་གཅོད་གདན་ཐོག་གཅིག་མའི་ཁྲིད་ཡིག་ཕྲིན་ལས་རྒྱ་མཚོ་ལས་དོམ་རའི་དགོས་དོན་གྱི་བཤད་པ་འདི། ཤཱཀྱའི་དགེ་སློང་ཀྲ་འོ་ཆོས་ཀྱི་རྒྱ་མཚོས་དཔལ་ལྡན་མཚུར་

ཕུའི་གཙུག་ལག་ཁང་དུ་སྤྱར་བའོ། །ལྷན་ཐབས་ཡིག་ཆུང་ངོ་། །

ཞུབ་རའི་རྣམ་བཤད་བཞུགས་སོ། །

བླ་མ་དང་མཁའ་འགྲོའི་ཚོགས་ལ་ཕྱག་འཚལ་ལོ། །མགོ་བྱེད་ཞུབ་རའི་བཤད་པ་ནི། མ་གཅིག་གི་ཞལ་ནས། ཞུབ་རང་བཞིན་བྱུང་གི་འཁྲོང་གཡག་གམ། ཁྲིམ་ནོར་གྱི་བཙན་གཡག་དང་། སྲིན་གཡག་དང་། མཛོ་མོ་ལས་བྱུང་བའི་རྫོལ་པོ་དང་གསུམ། ནག་པོ་མདོངས་ཅན་དང་མདོངས་མེད་ཀྱང་ནག་པོ་སྒྲོས་མ་ཉམས་པ་དང་། རྟ་གསེབ་བྲ་ནག་ཁ་དཀར་དང་། རྒྱང་སྨུག་པོ་ཁ་དཀར་དང་། དེ་ལྔ། ཛ་མ་སོ་སོར་བསྒྲིམས་ཏེ་རྫོལ་པོ་ལ་གཞུང་བྱེད། དེའི་མཆན་གཡས་གཡོན་སྲིན་གཡག་དང་འཁྲོང་གཡག་གང་རུང་ལ་བྱེད། ཁ་ཟུར་གཉིས་རྟ་དང་རྒྱང་ལ་བྱེད་ནས། ཞིང་ལ་སོར་བཅུ་གཉིས། དཀྱུས་ལ་སོར་ཉི་ཤུ་རྩ་བཞི་པའི་གཡས་གཡོན་དུ་གནས་ཉི་ཤུ་རྩ་བཞི། ཞིང་སུམ་ཅུ་སོ་གཉིས་དང་། གནས་དང་ཉེ་བའི་གནས། ཞིང་དང་ཉེ་བའི་ཞིང་། གྲོངས་མིག་དཀར་རྣམས་བྱས་ལ། མཐའ་གཉིས་ནས་ཞུབ་ཀྱིས་བསྐྱུས་ནས་ཟུར་གཉིས་སྤྲད་དེ་རྒྱལ་བ་རླུང་གིས་དགང་བ་ལྟར་བྱས་པའི་དཀྱིལ་དུ་གོས་སྐུད་ནག་པོ་གསུམ་གཤིབས་ཏེ་བསྐྱུས་ནས་མུ་ཏིག་གི་ཕྲེང་བའི་སྐྲུ་རིགས་བྱ། ཐ་མ་ཡང་མུ་ཏིག་རྫོག་པོ་འདོགས་ཏེ། དངུལ་གྱི་མེ་ལོང་། རྩ་བྱ། སྣང་ཐུར་དང་གསུམ་རེ་གཡས་གཡོན་གྱི་ནང་དུ་བཙུག་ཅིང་། ཚོན་སྐུད་སྣ་ལྔ་དང་དར་སྐུད་སྣ་ལྔ་རེས་བསྒྲིལ་ནས་ལྕུང་བྱས་ནས་ཐོད་དུ་བཅིང་ངོ་། །ཞེས་གསུངས་པས། ཞུབ་ར་བཅིང་པར་འདོད་པ་རྣམས་ཀྱི་དོན་

དུ་བྲིས་པའོ། །ཞེས་གསོད་གདན་ཐོག་གཅིག་མའི་ཁྲིད་ཡིག་ཕྲིན་ལས་རྒྱ་མཚོ་ལས། ཙུབ་རའི་དགོས་དོན་འདི་ཤཱཀྱའི་དགེ་སློང་ཀྲེ་འོ་ཆོས་ཀྱི་རྒྱ་མཚོས་དཔལ་ལྷན་མཚུར་ཕུར་སྦྱར་བའོ། །སྨན་ཐབས་ཡིག་ཆུང་ངོ་། །

ཙོམ་ར་དང་ཙུབ་རའི་རབ་གནས་ཀྱི་ཆོ་ག་བཞུགས་སོ། །

བླ་མ་དང་ཊྭ་ཀིའི་ཚོགས་ལ་ཕྱག་འཚལ་ལོ། །ཙོམ་ར་དང་ཙུབ་རའི་རབ་གནས་ཀྱི་ཆོ་ག་ནི། མཉྫལ་གྱི་སྟེང་དུ་ཆོས་འབྱུང་བྲིས་པའི་དབུས་སུ་ཙོམ་ར་དང་ཙུབ་ར་གཉིས་གང་རུང་བཞག །མཆོད་པ་ལྔ་དང་། ཡི་དམ་ཆོས་སྐྱོང་དང་། བགེགས་གཏོར་བཤམ། རང་གིས་གཞུང་བསྲུང་བའི་སྒྲུབ་ཐབས། བསྡུས་པ་བྱས་ཀྱང་རུང་བ་དང་། མདུན་བསྐྱེད་གཅིག་པུ་ཡིན་ཀྱང་ཆོག་པ་དང་། སྲས་གཉིས་གསང་གནས་ཁྲོ་བོ་སྦྲེ་བརྩེགས་བསྐྱེད་པའམ། ཡང་ན་ངོ་བོ་ལས་ཀྱི་མཁའ་འགྲོ་མ་ལ་རྣམ་པ་གྲིབ་བདག་ཆེན་མོ་བསྐྱེད་ནས། དེ་ཞུ་བ་ལས་བྱུང་བའི་སྨིན་ར་དང་ཙུབ་རར་གྱུར་པ་བྱས་ལ། དེ་ལྟར་བསམས་ནས་གྱོན་པས། གྲིབ་མཐའ་དག་བསྲུང་ཞིང་། མིག་ལ་དཀར་པོ་དང་། འོད་དང་། ཟེར་དང་། རླུང་ཕོག་པས་མཆི་མ་འབྱུང་བའི་ནད་རྣམས་ངེས་པར་སེལ་ལོ། །ཞེས་སུམ་པ་ལྟར་ཤེས་པར་བྱའོ། །གསོད་གདན་ཐོག་གཅིག་མའི་ཁྲིད་ཡིག་ཕྲིན་ལས་རྒྱ་མཚོ་ལས། ཙོམ་ར་དང་ཙུབ་རའི་རབ་གནས་འདི། ཤཱཀྱའི་དགེ་སློང་ཀྲེ་འོ་ཆོས་ཀྱི་རྒྱ་མཚོས་དཔལ་ལྷན་མཚུར་ཕུར་སྦྱར་བའོ། །སྨ་ཐབས་ཀྱི་ཡིག་ཆུང་ངོ་། །

༄༅། །གེགས་སེལ་གྱི་སྐོར་རྣམས་བཞུགས་སོ། །

བླ་མ་དང་མཁའ་འགྲོའི་ཚོགས་ལ་ཕྱག་འཚལ་ལོ། །ཞེས་བྱ་ཀུན་ལ་སྨིན་གྲོལ་རབ་འབར་བ། །ཞེས་རིག་སྲིད་མཐའི་བར་དུ་རབ་ཁྱབ་པ། །ཞེས་རབ་གཡོ་བའི་སེམས་རྣམས་ལ་བརྩེ་བ། །ཞེས་དངོས་འོད་གསལ་བླ་མའི་ཚོགས་ལ་བསྟོད། །འབྱུང་བཞིའི་ལུས་ལ་ནད་བྱུང་ན། །སེང་གེ་ལྷ་བུའི་དམིགས་པ་དགོས། །ཞེས་པ། དང་པོ་སྟོད་ལ་ཚ་བ་མི་ལྷར་དུ་འབར་ན། ཧིང་ངེ་འཛིན་འཁྲུགས་པ་ལྟར་གསལ་འདེབས་པའི་དམིགས་པ་ནི། རོ་སྟོད་ལ་ཚ་བའི་རིགས་ཀྱི་ནད་གང་བྱུང་ཡང་། སྙིང་གི་དཀྱིལ་དུ་ རླ་བའི་གདན་ལ་ཆུ་ཞལ་བསིལ་བའི་ངད་དང་ལྡན་པ། ཨ་ཏུ་ར་ཙམ་ཞིག་བསམ། དེ་ལ་འོད་ཟེར་བསིལ་ངད་དང་ལྡན་པ་འཕྲོས་ནས་རོ་སྟོད་ཐམས་ཅད་ཁྱབ་པས་ནད་ཐམས་ཅད་སངས་ཀྱིས་སོང་བར་བསྒོམས་ནས་ཆུ་རླུང་བཟུང་བའོ། །

སྨད་དུ་གྲང་བ་ཆུ་ལྟར་དུ་འབྲུབ་ན། ཧིང་ངེ་འཛིན་མེ་ལྟར་སྦར་བ་ནི། གསང་གནས་སུ་ཉི་མའི་གདན་ལ་རམ་དམར་པོ་ཚ་ཟེར་དང་བཅས་པ་གཅིག་ལ་མེ་ཆེར་འབར་བས་ལུས་ཐམས་ཅད་མེ་འབར་བར་བསམས་ནས། མེ་རླུང་བཟུང་བའོ། །

བར་དུ་བད་ཀན་རྫིང་ལྟར་འཁྱིལ་ན། ཧིང་ངེ་འཛིན་ཡུར་བ་ལྟར་ཡུར་བ་ནི། སྙིང་རླུང་མནན། ཕོ་བོ་སོགས་གང་ན་སར་སྦྲུ་གུ་ཏ་རེར་ཡོད་པར་བསམ་ལ། ཕོ་སྐོར་དང་སྐེད་སྐོར་སོགས་བྱེད་ཅིང་། ནད་ཐམས་ཅད་ཁྲག་དང་ཆུ་སེར་

རླངས་པ་སྔོ་དམར་གྱི་རྣམ་པར་ཐོན་ནས་སོང་བར་བསམས་པའོ། །

སྟོད་དུ་མདའ་ལྟར་ཟུག་ན། ཏིང་ངེ་འཛིན་ཡུར་བ་ལྟར་བསྡམས་པ་ནི། མེད་པའི་ནང་དུ་པདྨ་ཁ་ཕྱུར་དུ་ལྟ་བ་ཅིག་གི་ཟེ་འབྲུ་ལ། ཤ་འཕེབ་མོ་ཙམ་ཞིག་གིས་བཀག་པར་བསམས་ལ་སྙིང་རླུང་མནན་པའོ། །

སྨད་དུ་ཆུ་ལྟར་འཁྱམས་ན། ཏིང་ངེ་འཛིན་གག་པ་ལྟར་བསྡམ་པ་ནི། གཤང་ལམ་དུ་གསེར་གྱི་རྡོ་རྗེ་རྒྱ་གྲམ་ཅིག་གིས་ཐེམ་བུ་བཀག་པ་ལྟར་ཡོད་པར་བསམས་ནས། འོག་རླུང་དྲག་ཏུ་འཐེན་པའོ། །

མགོ་བོ་ཆུ་ལྟར་ཁོལ་ན། ཏིང་ངེ་འཛིན་མདུང་ལྟར་བསྐོར་བ་ནི། ཕཊ་བརྗོད། མགོ་བོ་སྲབ་དུ་སོང་། ཡང་ཕཊ་བརྗོད་པས། ཛེ་སྲབ་ཛེ་སྲབ་དུ་སོང་། དེ་ནས་ཚལ་པ་གཉིས་སུ་སོང་། ཕཊ་བརྗོད་པས། བཞི་དང་བརྒྱད་དུ་སོང་། དེ་ནས་གླད་པ་དེ་ཐང་དུ་ལྷུང་ནས། སྲིན་བུ་ཁྲི་ཕྲག་ཙམ་ཞིག་གིས་སྐད་ཅིག་ཉིད་དུ་ཟོས་ནས་ཤུལ་ཡང་མ་བཞག་པར་བསམས་པའོ། །

ཚིགས་བཞི་ཆང་ལྟར་ཁོལ་ན། ཏིང་ངེ་འཛིན་བུག་པ་ལྟར་ཕུག་པ་ནི། ཕཊ་བརྗོད། ཚིགས་ཚ་ལོ་བུག་པ་དྲ་བ་ལྟར་ཁྲ་ཏང་ཏང་བ་ཡོད་པར་བསམས་ནས། སྙིང་འོག་གི་རླུང་བཙུན་ཞིང་དྲ་མིག་ནས་རླངས་པ་སྔོ་དམར་སྔོ་ཕྱུར་ཕྱུར་སོང་ནས། ནད་དང་བྲལ་བར་བསམས་ཞིང་། ཕཊ་བརྗོད་ནས་རྐང་ལག་སྤྲུག་པའོ། །

ལུས་དཀྱིལ་ཆུ་ཚན་ལྟར་ཁོལ་ན། ཏིང་ངེ་འཛིན་དྲ་བ་ལྟར་གསལ་བ་ནི། ཕཊ་བརྗོད་ནས། སྦྲང་བུ་ཤ་སྦྲང་དཔག་ཏུ་མེད་པས་རྐང་རང་གྱི་དཀྱིལ་ནས་ཕར་ཐལ་ཚུར་ཐལ་དུ་རྒྱུག་ཅིང་རྐང་དང་ལྷ་བ་ཐམས་ཅད་འབེབས་ནས་རུས་པ་ཁྲ་སེང་སེང་བཏང་བར་བསམས་པའོ། །རྒྱལ་བས་གསུངས་པའི་དམ་ཆོས་

ལས། །དམིགས་པ་རྩལ་ཆེན་མདའ་ལྟ་བུས། །གར་གཏད་ས་ལ་གཡོ་བ་མེད། །མི་རྟོག་སྨན་གྱི་བདུད་རྩི་འདི། །ལེགས་པར་བླངས་ནས་ཡི་གེར་བཀོད། །ཕན་བྱ་སེམས་ཅན་རྣམས་ལ་བསྔོ། །གཅོད་གདན་ཐོག་གཅིག་མའི་ཁྲིད་ཡིག་ཕྲིན་ལས་རྒྱ་མཚོ་ལས། མི་རྟོག་དམིགས་པའི་མཚོན་ཆ་འདི། །དད་ལྡན་རྣམས་ཀྱིས་བསྐུལ་བའི་ངོར། །ཤཱཀྱའི་དགེ་སློང་ཀྲེ་འོ་ཆོས་ཀྱི་རྒྱ་མཚོ་ཞེས་བྱ་བས་སྨ་དཀར་རྩང་པོ་བྲག་ཏུ་སྦྱར་བའོ། །གེགས་སེལ་གྱི་ཡིག་ཆུང་། །

༄ བླ་མ་དང་མཁའ་འགྲོའི་ཚོགས་ལ་ཕྱག་འཚལ་ལོ། །དགྲ་བོ་གཉེན་དུ་འཇུག་པ་ལ། །སྙིང་ཆེན་འཁྱིལ་བའི་དམིགས་པ་དགོས། །ཞེས་པ། དགྲ་བླ་མར་ཤེས་པ། ཕ་མར་ཤེས་པ། དགེ་བའི་བཤེས་གཉེན་དུ་ཤེས་པ། ཉེ་འབྲེལ་དུ་ཤེས་པ། བྱམས་སྙིང་རྗེ་བསྒོམ་པ་དང་ལྔའོ། །དང་པོ་རང་གི་ཕ་མ་དང་གཉེན་ཚན་སྤུན་ཟླ་སོགས་ཀྱིས་ཕ་རོལ་པའི་ཕྱིར་བརྒྱབ་པའམ་མི་བསད་པ་ནོར་ཕྲོགས་པ། ཉེས་པ་གང་ཡང་བསགས་པའམ་ཕ་རོལ་པོ་ཡིས་ཚུར་དེ་ལྟར་དུ་བྱས་པ་གང་ཡིན་ཡང་ཐེ་ཚོམ་བྲལ་བར་བྱས་ནས། དགྲ་གང་ཡིན་པའི་གསེབ་ཏུ་རྒྱངས་ཀྱིས་ཕྱིན་ནས་སྨོད་པ་དང་། དགྲ་བོ་འདི་རྣམས་ཐོག་མ་མེད་པ་ནས་ད་ལྟ་ཡན་དུ་ང་ཡི་བླ་མ་ཡིན། ཆོས་མང་པོ་ཞུས། སྐུ་དྲིན་ཆེ་བ་ཡིན་པས། འདི་ཚེ་ལ་དད་པ་དང་མོས་གུས། བླ་མ་ལ་མི་སྐྱེ་ན་སུ་ལ་སྐྱེ་བསམ་ནས་མ་ཡེངས་པར་བྱེད་པའོ། །

གཉིས་པ། དགྲ་འདི་རྣམས་ཀྱིས་རང་གི་ཕ་མ་གྲངས་མེད་པ་བྱས་པ་ཡིན་པས། ཕ་མ་དྲིན་ཅན་འདི་རྣམས་ཀྱི་ཞབས་ཏོག་དང་དྲིན་ལན་ཅི་འགྱུར་བྱེད་དགོས་བསམས་པའོ། །

གསུམ་པ། དགྲ་འདི་རྣམས་དགེ་བའི་བཤེས་གཉེན་མཁས་བཙུན་བཟང་

གསུམ་འཇོམ་པ་ཡིན་པས། རང་ལ་གནོད་པ་འོང་བ་མ་མཆིས་ཤིང་། ཕར་ཞེད་པ་དང་སྐྲག་པ་དང་། གནོད་པ་འོང་དོན་མེད་ཅིང་། ཞབས་ཏོག་ཏུ་ཅི་འགྱུར་བྱེད་དགོས་བསམས་པའོ། །

བཞི་པ། དགྲ་འདི་རྣམས་རང་གི་ཉེ་འབྲེལ་ཡིན་པས། སྐྱོ་བ་དང་གདུང་བ་ཡོད་ཅིང་། ཉེ་འབྲེལ་དང་འཕྲད་པར་འོང་བ་ཡིན་བསམས་ནས། དགེ་སྦྱོར་གྱི་སྙིང་དུ་ལྷང་ངེ་བཞག་པའོ། །

ལྔ་པ། དགྲ་བོ་འདི་རྣམས་འཁོར་བར་འཁྱམ་པ། སྡུག་བསྔལ་བ། མགོན་སྐྱབས་མེད་པ་འདི་རྣམས་སྙིང་རེ་རྗེ་སྙམ་དུ་ཆོས་འཛིག་རྟེན་གྱིས་ཕན་གང་ཐོགས་བྱེད་ཅིང་བྱམས་པ་དང་སྙིང་རྗེ་བསྒོམ། ཆོས་ཉིད་ཀྱི་ངང་དུ་ལྷང་ངེ་འཇོག་པའོ། །སྐྱེ་མེད་ངང་ལས་སྐྱེ་མེད་ཐབས་སྟོན་ཅིང་། །མ་རིག་ཟུག་རྔུའི་ནད་རྣམས་འཇོམས་པའི་ཕྱིར། །སྟོང་ཉིད་སྙིང་རྗེའི་གཟི་བརྗིད་ཁྱབ་པ་འདི། །དད་ལྡན་རྣམས་ཀྱིས་བསྐུལ་བའི་ངོར། །ཁྲིད་ཡིག་ཕྲིན་ལས་རྒྱ་མཚོ་ལས། །ནད་བརྒྱ་སྨན་གཅིག་གདམས་པ་འདི། །དགེ་སློང་ཆོས་ཀྱི་རྒྱ་མཚོ་ཡིས། །དབེན་པའི་གནས་སུ་སྦྱར་བའོ། །གེགས་སེལ་ཡིག་ཆུང་ངོ་། །

༄ བླ་མ་དང་མཁའ་འགྲོའི་ཚོགས་ལ་ཕྱག་འཚལ་ལོ། །གཉེན་བཤེས་རྣམས་ལ་སེམས་བརྟེ་ན། །འཁྲི་བ་བཅད་པའི་དམིགས་པ་དགོས། །ཞེས་པ། གཉེན་འབྲེལ་ལ་གདུང་སེམས་ཆེས་ནས་འབྲལ་མ་ཕོད་ན། རང་གིས་རང་ལ་གཞིག་འགྲེལ་བྱས་ནས། ང་མི་ལུས་ཐོབ་པའི་ཐོག་འདི་ལ་ཆོས་མ་བྱས་ན། མི་ལུས་ཡང་ཡང་ཨེ་ཐོབ་མི་ཤེས་པས། ཆོས་གཅིག་བྱ་དགོས། ཆོས་བྱེད་པ་ལ་གཉེན་འབྲེལ་འདི་གཉེན་འབྲེལ་དུ་མི་འདུག །དགྲ་རུ་འདུག །ཆོས་བྱེད་པའི་གེགས་སུ་

འདུག །གཞོལ་མར་འདུག་བསམས་ནས་གཉེན་འབྲེལ་གྱི་འཁྲི་བ་ཐད་ཀྱིས་བཅད། རང་ཡུལ་སྤངས། གཞན་ཡུལ་གྱི་ནགས་ཁྲོད་རི་ཁྲོད་དབེན་གནས་སོགས་ལ། ཤི་མེད་ཐས་མེད་དུ་སེམས་མ་བཅོས་པའི་ངང་དུ་ལྷོད་དེ་ཤིག་གེ་བཞག་ནས་ཆོས་ཉིད་ཟད་སར་སྐྱོལ་བར་བྱེད་པའོ། །དུས་གསུམ་སངས་རྒྱས་དགོངས་པ་ཐུགས་སུ་ཆུད། །འགྲོ་དྲུག་སེམས་ཅན་རྣམས་ལ་ཕན་བྱའི་ཕྱིར། །བཙན་ཐབས་འཁྲི་བ་གཅོད་ཅིང་གཅིག་བུར་རི་ཁྲོད་འགྲིམ། །ཆོས་སྐུ་དྲི་མེད་གཉུག་མའི་བརྟན་ས་འཛིན། །ཞེས་པ་ཁྲིད་ཡིག་ཕྲིན་ལས་རྒྱ་མཚོ་ལས་ཞེན་བྲལ་ཨུཏྤ་ལའི་རལ་གྲི་ཞེས་པ་འདི། དད་ལྡན་རྣམས་ཀྱིས་བསྐུལ་བའི་ངོར་ཤཱཀྱའི་དགེ་སློང་ཀྱེ་འོ་ཆོས་ཀྱི་རྒྱ་མཚོ་ཞེས་བྱ་བས་སྟད་པོ་བྲག་གི་དབེན་གནས་སུ་སྦྱར་བའོ། །དེ་ལས་བྱུང་བའི་དགེ་བ་དེ། །འགྲོ་དྲུག་མ་རྒན་རྣམས་ལ་བསྔོ། །གེགས་སེལ་ཡིག་ཆུང་ངོ་། །

༄ བླ་མ་དང་མཁའ་འགྲོའི་ཚོགས་ལ་ཕྱག་འཚལ་ལོ། །ནོར་དང་རྫས་ལ་ཆགས་ཞེན་ན། །སླར་ཡང་སྦྱོང་དག་ཕྱེད་པ་གཅེས། །ཞེས་པ། ནོར་རྫས་དངོས་པོ་ལ་ཆགས་ཤིང་ཞེན་པ་དང་། སེར་སྣའི་དབང་གིས་ཆོས་ཕྱོགས་དང་གཞན་ལ་སྟེར་མ་ནུས་པ་བྱུང་ན། རང་ཉིད་ལ་ཞེ་ཁྲེལ་བ་དང་། ཕྱར་ཁ་བཏང་སྟེ། ཁྱོད་ལ་འདི་འདྲའི་སེར་སྣ་དང་ཞེན་ཆགས་སྐྱེ་བ་འདི་ཕྱི་མ་ཡི་དྭགས་ལ་སྐྱེ་བར་ངེས། དེར་སྐྱེས་ན་སྡུག་བསྔལ་མ་གཏོགས། བདེ་བ་སྐད་ཅིག་ཙམ་ཡང་མི་འབྱུང་སྟེ། ཡི་དྭགས་སུ་སྐྱེ་བ་དེ་སེར་སྣ་དང་ཞེན་ཆགས་བྱས་པས་ལན་པར་འདུག །ད་ནོར་རྫས་གང་ཡོད་སྦྱོང་དག་བྱེད་དགོས་བསམས་ནས། རང་ལ་ཕོར་པ་གྲ་ཁུག་ཅིག་བུ་ཙམ་ཞིག་མ་གཏོགས། མཆོད་པ་དང་སྦྱིན་པར་སྦྱོང་དག་སེབ་ཀྱིས་བྱས་ནས། གཅིག་ཀྱང་མ་ལུས་པར་བྱས་ནས། ཆགས་ཞེན་མེད་པར་ཕྱག་རྒྱ་ཆེན་

པོའི་ངང་ལ་ལྷོད་དེ་ཤིག་གེ་བཞག་པའོ། །དམ་ཆོས་འཇིགས་མེད་ཆོས་སྐུའི་ངོར་ཐོབ་ནས། །རྣམ་སྣང་ཏིང་འཛིན་མ་བཅོས་ལྷུན་གྱིས་གྲུབ། །ཀུན་མཁྱེན་ངོར་བུ་མཁའ་ལྟར་མི་རྟོག་རྒྱས། །རང་སེམས་འགྱུར་མེད་ཀུན་རིག་རྫོགས་སངས་སྐུ། །ཞེས་པ། དད་ལྡན་རྣམས་ཀྱིས་བསྐུལ་བའི་ངོར། །ཁྲིད་ཡིག་ཕྲིན་ལས་རྒྱ་མཚོ་ལས། །སྤྱོང་དག་མདུད་འགྲོལ་རྣམ་སྣང་མན་ངག་འདི། །ཤཱཀྱའི་དགེ་སློང་ཆོས་ཀྱི་རྒྱ་མཚོ་ཡིས། །དབེན་གནས་རྩད་པོ་བྲག་ཏུ་སྦྱར་བའོ། །དགེ་བ་མ་རྒན་རྣམས་ལ་བསྔོ། གེགས་སེལ་ཡིག་ཆུང་ངོ་། །

༈ བླ་མ་དང་མཁའ་འགྲོའི་ཆོས་ལ་ཕྱག་འཚལ་ལོ། །གདོན་གྱི་གནོད་པ་བྱུང་གྱུར་ན། །ལ་བཟླ་གསུམ་གྱི་དམིགས་པ་དགོས། །ཞེས་པ། མགོ་བསྐོར་བ་ལ་ལ་བཟླ་བ་དང་། བཙོན་དུ་གཟུང་བ་ལ་ལ་བཟླ་བ་དང་། ཆོས་ཉིད་ལ་ལ་བཟླ་བའོ། མགོ་བསྐོར་བ་ནི། རྒྱལ་པོས་གནོད་པའམ། ཐེལ་རང་གིས་བཏབ་པའམ། སྲིན་མོས་བཏབ་པ་སོགས་ལ། རང་གིས་ལུས་གཞལ་ཡས་ཀྱི་ཁང་པ་རིན་ཆེན་སྣ་ཚོགས་ལས་གྲུབ་པ། དར་ཟབ་སྣ་ཚོགས་པའི་བླ་རེས་དང་། ཡོལ་བ། རིན་པོ་ཆེའི་ཁྲི་སོགས་བཀོད་པ་བསམ་གྱིས་མི་ཁྱབ་པ་ཡོད་པར་བསམ་ལ། ཕཊ་བརྗོད། གནོད་པའི་རྒྱལ་པོ་དང་། སྲིན་མོ་ཐེལ་རང་འཁོར་དང་བཅས་པ་སོགས་ལ་སྐད་གཏོང་། མིང་ནས་འབོད། ཁྱོད་རྣམས་འདིར་བྱོན་དང་། བཞུགས་ཁང་དང་གདན་ཁྲི་ལོངས་སྤྱོད་ཕུན་སུམ་ཚོགས་པ་ཡོད་པས་ཅིས་ཀྱང་བྱོན་ཅིག་བྱས་ནས། བསུ་བ་དང་རོལ་མོ་སྣ་ཚོགས་བྱས་ཏེ་སྤྱན་དྲངས་པས་ཁོང་ཚོ་ཡང་དགའ་གྲགས། ཚིམ་གྲགས། དགྱེས་གྲགས་ནས་བྱོན། ལྟག་པའི་བདུད་ཀྱི་སྒོ་ནས་ཞུགས། རང་རང་གི་ཁྲི་ཐོག་ཏུ་བཞུགས། བཟའ་བཏུང་ལ་ལོངས་སྤྱད། དགའ་

མགུ་ཡིད་རང་སྟེ་གཞི་ཕབ་ནས་བསྟོད་པས། ལྟེ་བའི་ཐད་དུ་མེ་ཐྱིལ་སྟོང་ཙམ་ཅིག་གསལ། རླུང་བཟུང་། མེ་ཆེར་འབར། མགྲོན་བཞུགས་ཁང་དང་བཅས་པ་ཚིག་ནས་ཐལ་བ་བུན་གྱིས་སོང་བར་བསམ། མཐར་ཆོས་ཉིད་ཀྱི་ངང་དུ་བཞག །དེ་ནི་མགོ་བསྐོར་བའོ། །

བརྩོན་དུ་གཟུང་བ་ནི། རང་ངམ། ནད་པའི་ལུས་གཞལ་ཡས་ཀྱི་ཁང་པ་ཞིང་རྩི་སྣ་ཚོགས་དང་མེ་ཏོག་སྣ་ཚོགས་སྐྲེས་པ། དེའི་དབུས་སུ་ལྷ་ཁང་བཀྲ་བ། གཟི་བརྗིད་ཆེ་བ་སྒོ་ཞེལ་ལས་བྱས་པའི་ནང་དུ་གསེར་ཁྲི་དང་གཡུ་ཁྲི། ར་ཁྲི་ཡོད་པ་བཤམས། རང་གཞན་ལ་གནོད་པའི་རྒྱལ་པོ་སྲིན་མོ། །ཐེལ་རང་འཁོར་དང་བཅས་པ་རྣམས་སྤྱན་དྲངས། རྒྱལ་པོ་ལ་གསེར་ཁྲི། བཙུན་མོ་ལ་གཡུ་ཁྲི། ཐེལ་རང་ལ་ར་ཁྲིའི་ཐོག་ཏུ་བཞུགས། ལོངས་སྤྱོད་སྣ་ཚོགས་པ་དྲངས། ཁོང་རྣམས་དགའ་སྤྲོ་རྒྱ་ཆེན་པོ་ཡོད་པའི་ངང་ལ། ལྷ་ཁང་གི་ཞེལ་གྱི་སྒོ་ཁྲིགས་ཀྱིས་བཅད་དེའོ། །ཁྱོད་རྣམས་འཁོར་བ་མ་སྟོངས་བར་དུ་འདིར་སྡོད་རྒྱུ་ཡིན། གར་ཡང་འགྲོ་ས་མེད། ཅེས་བརྗོད་པས། ཁོང་རྣམས་བརྒྱལ་བ་དང་། བགོ་བ་དང་། སྙིང་མ་དགའ་བར་སོང་སྟེ། གནོད་པ་དང་ནད་དང་བྲལ་བར་བྱས་ཏེ་ཞབས་ཀྱི་པོར་བླུགས་པར་བསམས་པ་ནི་ལ་བཟླ་གཉིས་པའོ། །

ཆོས་ཉིད་ལ་ལ་བཟླ་བ་ནི། གནོད་པ་སྐྱེལ་མཁན་གྱི་གདོན་དང་། ནད་པ་དང་། རང་དང་བཅས་པ་ཐམས་ཅད་སྟོང་ཧཾ་གིས་སོང་ནས། གཟུགས་དང་དངོས་པོ་ཐམས་ཅད་དང་བྲལ་ཏེ་ངོས་བཟུང་མེད་པའི་ངང་ལ་ཐེ་ཚོམ་མེད་པར་ལྟོད་དེ་ཤིག་གེ་གཏད་མེད་དུ་སྐྱུར་ནས་བཞག་པ་ནི་ཆོས་ཉིད་ལ་ལ་བཟླ་བའོ། །སྐུ་གསུམ་ལྷ་བའི་རང་ཞལ་མཐོང་། །གཡོ་མེད་ཏིང་འཛིན་ངང་ལ་

བཞག །སྐྱོན་ཡོན་བྲལ་བའི་ཁྲི་གདུགས་ཤར། །མཉམ་ཉིད་རྟོགས་པའི་གདེང་དང་ལྡན། །ཞེས་པ། དད་ལྡན་རྣམས་ཀྱིས་བསྐུལ་བའི་ངོར། །ཁྲིད་ཡིག་ཕྲིན་ལས་རྒྱ་མཚོ་ལས། །མ་རིག་འདུལ་ཐབས་ཧིང་ངེ་འཛིན་འདི། །དགེ་སློང་ཆོས་ཀྱི་རྒྱ་མཚོ་ཡིས། །དབེན་གནས་རྩད་པོ་བྲག་ཏུ་སྦྱར། །དེ་ལས་བྱུང་བའི་དགེ་བ་དེས། །འགྲོ་དྲུག་ནད་གདོན་ལས་གྲོལ་ཤོག །གེགས་སེལ་ཡིག་ཆུང་ངོ་། །

༄ བླ་མ་དང་མཁའ་འགྲོའི་ཚོགས་ལ་ཕྱག་འཚལ་ལོ། །ལུས་ལ་གདོན་ཆེན་སྤྱལ་ལྟར་འབྱུད་ན། །ལག་ལྟར་སྦྱར་བའི་དམིགས་པ་དགོས། །ཞེས་པ་ནི་གསུམ་སྟེ། གདོན་སྐྱིངས་སུ་བཙུག་པ་དང་། བརྩོན་དུ་གཟུང་བ་དང་། མགོ་བསྐོར་བའོ། །སྐྱིངས་སུ་བཙུག་པ་ལ་གསུམ། ལུས་ཚོགས་སུ་འབུལ་བ་དང་། ལུས་ལ་བྱུངས་རྩེ་བ་དང་། ཁོང་པར་ཕོ་བྲང་བཅའ་བའོ། །དང་པོ་ཚོགས་སུ་འབུལ་བ་ནི། གནོད་བྱེད་ཡིད་ཀྱིས་སྤྱན་དྲངས། ལུས་ཤ་ཁྲག་རུས་པ་ནང་ཁྲོལ་དང་བཅས་པ་འཕངས་མེད་དུ་གང་ལ་གང་འདོད་དུ་འབུལ། སེམས་མ་བཅོས་པར་བཞག་པའོ། །

གཉིས་པ་བྱུངས་རྩེ་བ་ནི། རང་གི་ལུས་ཀྱི་ཤ་ལྤགས་བར་དང་། ནང་ཐམས་ཅད་དུ་སྦལ་སྤྱལ་ཉ་ཙོང་། སྲིག་སྲོམ་ལ་སོགས་ལྷ་འདྲེའི་རང་གཟུགས་ཀྱིས་ཁེངས་པར་བསམ། ལུས་གཅེས་འཛིན་མེད་པར་ཁོང་རྣམས་ཅི་དགའ་བྱེད་དུ་བཅུག །ལུས་སེམས་ཕྲལ་ལ་སྐྱེ་མེད་ཀྱི་ངང་ལ་ལྷོད་ཀྱིས་བཞག་པའོ། །

གསུམ་པ་ཕོ་བྲང་བཅའ་བ་ནི། རང་གི་ཁོང་པར་གདོན་གྱི་གདན་ཁྲི་བཤམས། གདོན་རྣམས་སྤྱན་འདྲེན་ལ་དེར་བཞུགས་སུ་གསོལ། རང་གི་ཤ་ཁྲག་རུས་པ་ནང་ཁྲོལ་ལོངས་སྤྱོད་དུ་འབུལ། ཁྱེད་གར་ཡང་མ་བཞུད་པར་འདིར་སྡོད་ཅིག

བརྗོད། ཞེམ་རིག་ཕྲལ། སྦྱོས་མེད་དུ་བཞག་པའོ། །

སྤྱི་དོན་གཉིས་པ་བརྟོན་དུ་གཟུང་བ་ལ་གསུམ་སྟེ། དང་པོ་ལུས་སེམས་ཕྲལ། ཁོང་པ་སྟོང་པར་བཞག །བུ་ག་དགུ་སྐར་ཁུང་ཕ་རེར་ཡོད་པར་བསམ། དེའི་ནང་དུ་ལྷ་འདྲེ་ཐམས་ཅད་བཙུག་ནས། སྤྲོ་སྙིང་ནང་ཁྲོལ། ཤ་ཁྲག་ཏབ་ཐོབ་བྱས་ནས་ཟློས་པར་བསམ། རིག་པ་སྐྱེ་མེད་དུ་བཞག་པའོ། །

གཉིས་པ་རྗེན་བཅའ་བ་ནི། རང་གི་སྙིང་གི་དཀྱིལ་དུ་གནོད་བྱེད་བསམ། སེམས་ཅན་ཐམས་ཅད་ཀྱི་གདོན་ཡང་དེ་ལ་བསྡིམ། རང་ལུས་ལ་ཕོ་བྲང་བཅའ། ཤ་ཁྲག་ནང་གྲོལ་ལོངས་སྤྱོད་དུ་འབུལ། ཁྱོད་བྱང་ཆུབ་བསྒྲུབ་པའི་དྲིན་ཅན་ཡིན་པས། དྲིན་ལན་དུ་ལུས་འདི་ཕོ་བྲང་དུ་འབུལ། ཤ་ཁྲག་དབང་པོ་དོན་སྙིང་ལོངས་སྤྱོད་དུ་འབུལ། གར་ཡང་མ་འགྲོན་པར་འདིར་བཞུགས་ཤིག་བྱས་ལ། ཏིང་ངེ་འཛིན་གྱིས་བཟུང་། ཞེམ་རིག་ཕྲལ་ལ་ཆོས་ཉིད་སྤྲོས་བྲལ་དུ་བཞག་པའོ། །

གསུམ་པ་རང་ལུས་ཁང་སྟོང་ལྟ་བུར་བསམ། སྒོ་དེ་ལྟག་ཁུང་དུ་ཕ་རེར་ཡོད་པར་བསམ། མཉམ་པོར་འོངས་པའི་བདུད་ཀྱིས་གདོན་བགེགས་ཐམས་ཅད་བོས་ནས། སྒོ་དེ་ནས་ཞུགས་ཏེ་ལུས་ཀྱི་ནང་ཐམས་ཅད་ཁེངས་པར་བསམ། སྒོ་དེ་བཅད། ཕྱིར་འགྲོ་ས་མེད་པར་བསམ་སྟེ། ཕཊ་བརྗོད། ལུས་སེམས་ཕྲལ་ནས། ལུས་ཁང་པ་རྗེབ་པ་ལྟར་སྲུམ་གྱིས་འཁྱིལ་ནས་ལུས་གདོན་དང་བཅས་པ་ཐམས་ཅད་ཐལ་བ་རླུང་གིས་ཁྱེར་བ་ལྟར་སོང་བར་བསམ། རིག་པ་སྐྱེ་མེད་ཀྱི་ངང་དུ་ལྷོད་ཀྱིས་བཞག་པའོ། །

སྤྱི་དོན་གསུམ་པ་མགོ་བསྐོར་བ་ལ་གསུམ་སྟེ། དང་པོ་གནོད་བྱེད་ཐམས་ཅད་ཡིད་ཀྱིས་བཀུག །ལུས་ཀྱི་སྒོ་དགུ་ནས་ཞུགས་ཏེ། ན་བུན་ནང་དུ་འགྲོ་བ་

ལྟར། ཤ་ཁྲག་ལ་སོགས་བཟུང་རྒྱུ་མ་རྙེད་པར་བསམ་སྟེ། ལུས་སེམས་ཕྲལ། སྐྱེ་མེད་ཀྱི་ངང་དུ་བཞག་པའོ། །

གཉིས་པ་གདོན་ཐམས་ཅད་བཀུག་ནས། ལུས་སེམས་ཕྲལ་ཏེ། ལུས་ཁང་རུལ་ཞིག་པ་ལྟར་འགྱེལ་ནས་འབྱུང་བའི་སོ་སོར་ཐིམ་སྟེ། གདོན་གྱིས་བྱེད་རྒྱུ་མ་རྙེད་པར་བསམ། སེམས་སྤྲོས་བྲལ་དུ་བཞག་པའོ། །

གསུམ་པ་རང་ཡེ་ནས་མ་གྲུབ་སྟེ་སྟོང་པ་ཡིན། གདོན་ཡང་སྟོང་པ། དེ་ལྟར་རང་དང་གདོན་གཉིས་ཀ་སྟོང་པ་ཡིན་པས་གང་ཡང་མ་གྲུབ་པའི་ངང་དུ་བཞག་པའོ། །སྟོང་ཉིད་སྤྲོས་བྲལ་སྒྱུ་མའི་ཏིང་ངེ་འཛིན་ཏེ། །རང་བཞིན་འགག་མེད་ལྷུན་གྲུབ་ལོངས་སྤྱོད་རྫོགས། །སྣ་ཚོགས་སྒྱུ་མའི་གཟུགས་ཀྱི་སྤྲུལ་པ་འགྱེད། །གདོད་མའི་གནས་ལུགས་མཁའ་དབྱིངས་རོལ་པའི་སྐུ། །ཞེས་པ། དད་ལྡན་རྣམས་ཀྱིས་བསྐུལ་བའི་ངོར། །ཁྲིད་ཡིག་ཕྲིན་ལས་རྒྱ་མཚོ་ལས། །འཆི་མེད་བདུད་རྩིའི་ཆུ་རྒྱུན་འདི། །དགེ་སློང་ཆོས་ཀྱི་རྒྱ་མཚོ་ཡིས། །རྩད་པོ་བྲག་གི་དབེན་གནས་སྦྱར། །དགེ་བ་སེམས་ཅན་རྣམས་ལ་བསྔོ། །གེགས་སེལ་ཡིག་ཆུང་ངོ་། །

༈ བླ་མ་དང་མཁའ་འགྲོའི་ཚོགས་ལ་ཕྱག་འཚལ་ལོ། །པང་ལ་མེ་ལྟར་བྱུང་གྱུར་ན། །མདུང་ལྟར་བསྐོར་བའི་དམིགས་པ་དགོས། །ཞེས་པ། གློ་བུར་དུ་ཉམས་མི་དགའ་བ་དང་། བག་ཚ་བ། ཀྱི་ཟིང་བ་དང་། རྨི་ལམ་འཚུབ་པ་སོགས་བདུད་ཀྱི་རྟོག་པ་ནམ་སྐྱེས་པའི་དུས་སུ། ཕཊ་བརྗོད། ལུས་སེམས་ཕྲལ་ཏེ། བདག་མེད་ཀྱི་ཕུང་པོ་དེ་གནོད་བྱེད་ཚོ་ལ་བཟན་དུ་བསྒྱུར་ནས། སེམས་མ་བཅོས་པའི་ངང་ལ་ལྷོད་དེ་བཞག་པའོ། །བར་ཆད་ཐམས་ཅད་ཆོས་ཉིད་ལམ་དུ་འགྱུར་བ་ཡིན་

ནོ། །ཡེ་ཤེས་གཉིས་མེད་མཐའ་དབུས་བྲལ་བའི་དབུས། །ཆོས་སྐུ་ཁྱབ་གདལ་མ་བཅོས་ལྷུན་གྱིས་གྲུབ། །བདེ་སྟོང་རྩ་བྲལ་ཧིང་འཛིན་དབུ་མའི་ལམ། །དང་པོའི་མགོན་པོ་ཨེ་ཝཾ་ལྷན་ཅིག་སྐྱེས། །དུས་གསུམ་འདུ་འབྲལ་མེད་པའི་འཇའ་འོད་འཁྱིལ། །བདེ་ཆེན་ཉམས་ཀྱི་ཕྱག་རྒྱའི་ཉི་འོད་འགྲོ། །ལྷ་བ་ཟུང་འཇུག་འོད་གསལ་ཐབས་ཀྱི་ལམ། །ཐ་མལ་ཤེས་པ་གཉུག་མའི་རང་ཞལ་སྟོན། །ཞེས་པ། དད་ལྡན་རྣམས་ཀྱིས་བསྐུལ་བའི་ངོར། །ཁྲིད་ཡིག་ཕྲིན་ལས་རྒྱ་མཚོ་ལས། །སློག་པ་གསེར་གྱི་སྦུ་གྲི་འདི། །དགེ་སློང་ཆོས་ཀྱི་རྒྱ་མཚོ་ཡིས། །རྩད་པོ་བྲག་གི་དབེན་གནས་སྦྱར། །དགེ་བ་བྱང་ཆུབ་ཆེན་པོར་བསྔོ། །གེགས་སེལ་ཡིག་ཆུང་ངོ། །

༔ བླ་མ་དང་མཁའ་འགྲོའི་ཚོགས་ལ་ཕྱག་འཚལ་ལོ། །སྤོད་གཏོང་སྦྲིན་ལྟར་འཁྲིགས་གྱུར་ན། །རླུང་ལྟར་འབུད་པའི་དམིགས་པ་དགོས། །ཞེས་པ། དེ་ལ་གསུམ་སྟེ། གནོད་བྱེད་ལྷ་ཏུ་འབོད་པ། ལྷ་ངན་གཡང་དུ་ལེན་པ། རང་གེད་རང་ལ་དབབ་པའོ། །དང་པོ་གནོད་བྱེད་ལྷ་ཏུ་འབོད་པ་ནི། སྤོད་གཏོང་གང་ན་གནས་པའི་ཕྱོགས་ནས་གནོད་བྱེད་སྤྱན་དྲངས་ལ། རང་གི་གནས་ཁང་ཁོང་གི་གནས་ཁང་དུ་འབུལ། །ཤ་ཁྲག་ལོངས་སྤྱོད་དུ་འབུལ། རྟག་ཏུ་འདིར་བཞུགས་ཤིག །ཁྱེད་ཆོས་ལ་བསྐུལ་བའི་སློབ་དཔོན་ཡིན་པས། ལུས་སྲོག་དང་ནོར་ལོངས་སྤྱོད་ཐམས་ཅད་ཁྱེད་ལ་འབུལ་ལོ་བྱས་ནས། ལུས་སེམས་ཕྲལ། རིག་པ་སྦྲིས་བྲལ་དུ་ལྟོད་དེ་བཞག་པའོ། །ལྷ་དང་ཆོས་སྐྱོང་དུ་འགྱུར་བ་ཡིན་ནོ། །

གཉིས་པ་རྩི་ལམ་དུ་སྤོད་གཏོང་གི་མཚན་མ་དྲག་པོ་བྱུང་ན། རྟོག་པ་མི་བྱ། ལེ་ལོ་ཤོར་བའི་བསྐུལ་འདེབས་ཡིན་སྙམ་དུ་བྱེད་ལ། གཏོང་མཁན་གང་འདུག་སར་བཀུག་སྟེ། རང་ལུས་ཞེན་པ་མེད་པར་གནོད་བྱེད་རྣམས་ལ་བྱིན་

ནས། ཅི་དགར་བྱེད་དུ་བཅུག་སྟེ། ལུས་སེམས་ཁྲལ་སེམས་ཆོས་ཉིད་ཀྱིས་ངང་ལ་བཞག་པའོ། །

གསུམ་པ་རང་གཤེད་རང་ལ་དབབ་པ་ནི། རབ་བྱེད་མ་དེས་མ་ཚོར་བར་ཁོའི་ཧོམ་ཁུང་དང་གཏོར་ཁྲིའི་རྩར་འགྲོ་བར་བསྒོམ། འབྲིང་བ་ཕྱོགས་སུ་ཕྱིན་པར་བསྒོམ། ཐ་མ་གར་སྡོད་ཀྱི་ཕྱོགས་སུ་ཁ་ལྷས་ལ་བསྒོམས་པས། བྱེད་མ་རང་ལ་ལོག་གོ། །ཡང་ན་ཡིད་ཀྱིས་གནོད་བྱེད་བཀུག །རང་གི་སྙིང་དེ་སངས་རྒྱས་ཤཱཀྱ་ཐུབ་པ་སེང་གེའི་ཁྲི་ལ་བཞུགས་ཤིང་། བྱང་ཆུབ་ཀྱི་ཤིང་ལ་སྐུ་རྒྱབ་གཏད་པར་བསམ། ཕུང་པོ་ལྷག་མ་རྣམས་ཉན་ཐོས་དང་དགྲ་བཅོམ་པའི་ཚོགས་སུ་གྱུར་པ་ལ། སངས་རྒྱས་ཀྱིས་ཆོས་གསུངས་པས། གནོད་བྱེད་རྣམས་འཁྱོད་པ་སྐྱེས་ནས། སངས་རྒྱས་ཀྱི་ཞབས་དྲུང་དུ་ཆོས་ཉན་པར་བསམས་ལ། ལུས་སེམས་ཁྲལ། རིག་པ་ཆོས་ཉིད་ཀྱི་ངང་དུ་བཞག་པས། བདུད་དང་ལྷ་སྲུང་པོ་རང་གི་ཐོག་ཏུ་འབབ་པར་འགྱུར་རོ། །ཆོས་ཉིད་བདེན་པས་བསྟན་པའི་གཏེར་ཁ་འབྱེད། །རྒྱལ་བའི་དགོངས་པས་སྒྲིབ་གཉིས་བག་ཆགས་དག །མཁྱེན་བརྩེ་རབ་རྒྱས་ཆོས་དབྱིངས་མཁའ་ལྟར་སྤྱངས། །དམིགས་མེད་རབ་བརྩེ་མ་ཧུངས་ཐབས་ཀྱིས་འདུལ། །ཞེས་པ། དད་ལྡན་རྣམས་ཀྱིས་བསྐུལ་བའི་ངོར། །ཁྲིད་ཡིག་ཐྲིན་ལས་རྒྱ་མཚོ་ལས། །ནད་འཇོམས་ཉི་མའི་ཤིང་རྟ་འདི། །དགེ་སློང་ཆོས་ཀྱི་རྒྱ་མཚོ་ཡིས། །དབེན་གནས་རྩད་པོ་བྲག་ཏུ་སྦྱར། །དགེ་བ་སེམས་ཅན་རྣམས་ལ་བསྔོ། །གེགས་སེལ་ཡིག་ཆུང་ངོ་། །

༄ བླ་མ་དང་མཁའ་འགྲོའི་ཚོགས་ལ་ཕྱག་འཚལ་ལོ། །ཟས་གོས་རོ་གྲིབ་ཁམས་འདུས་ལ། །ཕྱིན་རླབས་གནང་འབེབས་ཆེན་མོ་དགོས། །ཞེས་པ། ཟས་གྲིབ་དང་གོས་གྲིབ་རོ་གྲིབ་ལ་བརྟེན་ནས། ཁམས་འདུས་རིག་པ་མཐོ་དམན་སོགས་བྱུང་ན།

ཕཊ་བརྗོད། སྐྱབས་འགྲོ་སེམས་བསྐྱེད། ཚད་མེད་བཞི་སྔོན་དུ་གཏོང་། བརྒྱུད་པའི་བླ་མ་ལ་གསོལ་འདེབས་གཞུང་བཞིན་བྱེད་ཅིང་། རང་གི་ལག་པ་གཡས་ཀྱི་འཛུབ་མོ་ལྟ་མཁའ་འགྲོ་སྟེ་ལྟར་བསམ། གཡོན་གྱི་འཛུབ་མོ་ལྟ་སེང་གེ་འཇིགས་སུ་རུང་བ་ལྟར་བསམ། ནད་ནད་བདག་དང་བཅས་པ་མཁའ་འགྲོས་གཏུབས་ཤིང་སེང་གེས་ཟོས་པས། ལྷག་མ་ཧཱུྃ་ལ་འབྲུ་ཙམ་ཡང་མ་ལུས་པར་བསམས་ནས། ཕཊ་མང་དུ་བྱ། མཐར་ཆོས་ཉིད་ཀྱི་ངང་དུ་བཞག་པའོ། །ཡོན་ཏན་རྒྱས་མཛད་ཐར་པའི་ལམ། །ཀུན་མཁྱེན་བརྩེ་བའི་ཐུགས་རྗེ་ཡིས། །མ་རྒན་སེམས་ཅན་ཐམས་ཅད་ནི། །མི་མཐུན་ཕྱོགས་ལས་རྒྱལ་བར་འགྱུར། །

ཡང་ན་ཕཊ་བརྗོད། ལྷ་འདྲེ་ཚོ་བསྡུས་ནས། ཁྱོད་ཚོས་ནད་པ་འདི་ད་ལྟ་ཉིད་དུ་ཞི་བར་གྱིས་ཤིག །ཡང་ན་ནད་པ་འདིའི་ནད་དང་གྲོལ་ཅིག་བྱས་ལ། ནད་པ་ཅེར་བུར་ཕུད། ཕར་བྲུད་ཚུར་བྲུད་བྱེད། ཕཊ་མང་དུ་བྱ། དེ་ལྟར་བྱས་པས་ནད་པ་ནད་དང་བྲལ་བ་ཡིན་ནོ། །མཐར་མི་དམིགས་པའི་ངང་དུ་བཞག །བསྔོ་བ་སྨོན་ལམ་བྱའོ། །ཡོན་ཏན་རྒྱས་མཛད་ཐར་པའི་ལམ། །ཀུན་མཁྱེན་བརྩེ་བའི་ཐུགས་རྗེ་ཡིས། །མ་རྒན་སེམས་ཅན་ཐམས་ཅད་ནི། །མི་མཐུན་ཕྱོགས་ལས་རྒྱལ་བར་འགྱུར། །ཞེས་པ། དད་ལྡན་རྣམས་ཀྱིས་བསྐུལ་བའི་ངོར། །བྱིན་རླབས་གནད་ཀྱི་ སྨྲ་གྲི་འདི། །དགེ་སློང་ཆོས་ཀྱི་རྒྱ་མཚོ་ཡིས། །རྩད་པོ་བྲག་གི་གནས་སུ་སྦྱར། །དགེ་བ་བྱང་ཆུབ་ཆེན་པོར་བསྔོ། །གེགས་སེལ་གྱི་ཡིག་ཆུང་ངོ་། །

༄ གེགས་སེལ་མཚོན་ཆ་ཕ་ལམ་གྱི་རིམ་པ་བཞུགས། བླ་མ་དང་མཁའ་འགྲོའི་ཚོགས་ལ་ཕྱག་འཚལ་ལོ། །གཉན་སར་ནང་སྙིངས་ལུས་ཀྱི་ན་ཚའི་སྙིངས་རྟགས་ཆེན་པོ་ལ། ལུས་ལ་ཐོར་པ་བྱུང་ན། གཉན་ས་དེ་ཡི་རྗེའུ་བླངས་ལ་ཐོར་པ་ལ་སླན།

དེ་ནས་ཆུ་ལ་སྐྱུར་བར་བྱེད་པའོ། །ཡང་ལུས་འདར་བ་དང་། ཤ་འཁྲིག་པ་དང་། ལུས་ཀྱི་ན་ཚའི་སློངས་རྟགས་ཆེན་པོ་ལ། ལུས་ལ་ཐོར་པ་བྱུང་ན། གཉན་ས་དེ་ཡི་རྫིའུ་བླངས་ལ་ཐོར་པ་ལ་སླན། དེ་ནས་ཆུ་ལ་སྐྱུར་བར་བྱེད་པའོ། །ཡང་ལུས་འདར་བ་དང་། ཤ་འཁྲིག་པ་དང་། ལུས་ཚ་ཡམ་ཡམ་བྱུང་བ་དང་། ལུས་ལ་གྲང་ཤུམ་བྱུང་བ་དང་། ཁམས་འདུས་དང་། ལུས་འཕར་བ་སོགས་བྱུང་ན། ལུས་མགོ་མཇུག་ཐམས་ཅད་ཆུ་གཙང་མས་བཀྲུ་ལ། ཁྲུས་ཆུ་དེ་གཉན་ས་དེའི་བྲག་དང་ཤིང་རྩི་བན་བུན་དང་། རྡོ་རང་རོང་སོགས་ཀྱི་གཉན་པའི་སྟོད་སྨད་ཐམས་ཅད་ལ་གཏོར་ཞིང་། ཕཊ་བརྗོད། ལུས་ཐམས་ཅད་སྦྱིན་པའི་དམིགས་པ་བྱེད། དེའི་དུས་ནི་མིས་མ་ཚོར་བར་ནམ་ཕྱེད་དམ། སྐར་མ་ཡོངས་སུ་རྫོགས་པ་དང་བྱེད་པ་ཡིན་ནོ། །ཡང་ན་རང་གི་དྲི་ཆུ་དང་མཆིལ་སྣབས་དྲི་ཆེན་སོགས་ལ་གོང་གི་དམིགས་པ་བྱས་ནས། ནམ་ཕྱེད་དམ། སྲོད་ཐུན་ཐ་མའི་དུས་ལ་གཏོར་བར་བྱེད་པ་ཡིན་ནོ། །ཡང་ན་ཟན་ལ་རང་གི་ལུས་ཀྱི་དྲི་མ་དང་། མཆིལ་སྣབས། སྐྲ་སེན། དྲི་ཆེན་ཐམས་ཅད་ཡོད་པར་བྱས་ནས་གཟུགས་བརྙན་ངར་སླུད་བཟོ། དེ་ལ་ལན་ཆགས་ཀྱིས་བསྐོར། སྟེར་ནང་དུ་བཅུག །རང་གི་མདུན་དུ་བཞག །རང་གི་ཁ་ཆུ་དང་། ཁྲུས་ཆུ་བྱས་ནས་བླུག །དེ་ནས། ན་མོ་རྗེ་བཙུན་རྩ་བ་དང་བརྒྱུད་པར་བཅས་པའི་དཔལ་ལྡན་བླ་མ་བརྒྱུད་པ་དང་བཅས་པ་རྣམས་ཀྱི་བཀའ་བདེན་པ་དང་། སངས་རྒྱས། ཆོས་དགེ་བདུན། གྲུབ་ཐོབ་གཙོད་ཡུལ་བརྒྱུད་པའི་དཔལ་ལྡན་བླ་མ་བརྒྱུད་པ་དང་བཅས་པ་རྣམས་ཀྱི་བཀའ་བདེན་པ་དང་། བདེན་པ་ཆེན་པོའི་བྱིན་རླབས་ཀྱིས། ལན་ཆགས་བགེགས་རིགས་རྣམས་དང་། ཁྱད་པར་དུ་ཡང་གཉན་ས་འདིར་གནས་པའི་ལྷ་འདྲེ་སྡེ་བརྒྱད། ལན་ཆགས་སླུད་གཏོར་ལ་དགའ་

བ་རྣམས་ལ་སྦྱིན་ནོ། །ལན་ཆགས་སྐྱུད་གཏོར་འདིས་ཚིམ་ཞིང་དགྱེས་པར་གྱིས་ལ། རང་རང་སོ་སོའི་གནས་སུ་དེངས་ཤིག །བདག་ཅག་དཔོན་སློབ་ཡོན་མཆོད། གྲྭ་ཚན། གྲོགས་མཆེད་འཁོར་དང་བཅས་པ་རྣམས་ལ་གནོད་པ་དང་འཚེ་བ་མ་བྱེད་པར། བསམ་པ་ཞི་བ་བྱང་ཆུབ་ཀྱི་སེམས་དང་ལྡན་པར་གྱུར་ཅིག་བྱས་ནས། བགེགས་གཏོར་ཕྱི་རོལ་གོམ་པ་དགུའི་སར་ཁ་ཕར་ལ་བསྟན་ནས་སྐྱེལ་ལོ། །སྲུམ་ཐྭ་ཉིས་མཚམས་གཅོད་བྱེད། རྗེས་སུ་ཚོགས་ལས་ཀྱི་གཞུང་ལྟར་བྲོ་བརྒྱང་ན་ཡང་ཉུང་བ་ཡིན་ནོ། །གཉན་པའི་གེགས་སེལ་གྱི་དམིགས་པ། རྗེ་རང་བྱུང་པའི་ཞལ་ནས། རྗེ་བཙུན་རིན་པོ་ཆེ་འཇམ་དཔལ་རྒྱ་མཚོའི་གསུང་རྒྱུན་དང་། ཨ་དེ་བླ་མ་བློ་གྲོས་རྒྱ་མཚོའི་གསུང་རྒྱུན། ཟུར་འདེབས་ཀྱི་དམིགས་པ་རྣམས་ཕྱོགས་གཅིག་ཏུ་བསྡུས་པ་འདི། ཀོ་ཀོ་ཧི་ང་གུའི་ཤྲཱི་གདངས་པ་ཀུན་དགའ་རྒྱ་མཚོ་དང་། འབྲོག་མོ་རས་ཆེན་པ་བཙོན་འགྲུས་རྒྱ་མཚོ་དཔོན་སློབ་ཀྱིས་བསྐུལ་བའི་ངོར། ཤཱཀྱའི་དགེ་སློང་ཀྲི་འོ་ཆོས་ཀྱི་རྒྱ་མཚོ་ཞེས་བྱ་བས། གདན་ས་ཆེན་པོ་དཔལ་གྱི་མཚུར་ཕུའི་མཆོད་ཁང་གོང་གི་ཡང་སྟེང་དུ་སྦྱར་བའོ། །དགེ་བ་མ་རྒན་སེམས་ཅན་རྣམས་ལ་བསྔོ། གེགས་སེལ་གྱི་ཡིག་ཆུང་ངོ་། །འདི་ནི་ལོག་ནོན། ནད་འཇོམས། གེགས་སེལ། གཟེར་བུ་མཆོན་ཆ་རྣོན་པོ་ལྟ་བུའམ་རྡོ་རྗེ་ཕ་ལམ་ལྟ་བུ་ཡིན་པས་མང་པོར་མི་སྤེལ་བ་བཀའ་རྒྱ་ཡིན། འདི་གཉན་ས་སྤྱི་ལ་འགྲོ་དགོས་རྒྱུའི་དམིགས་པ་ཞལ་ཤེས་ཡིན་པས། ས་བཅད་ཟུར་པ་མ་བྱས་པ་ཡིན་ནོ། །གཅོད་གདན་ཐོག་གཅིག་མའི་ཁྲིད་ཡིག་ཕྲིན་ལས་རྒྱ་མཚོ་ལས། གེགས་སེལ་མཆོན་ཆ་ཕ་ལམ་གྱི་རིམ་པ་བྲིས་པ་ཡིན་ནོ། གེགས་སེལ་ཡིག་ཆུང་ངོ་། །

༄༅། །ལས་ཁ་ཚར་གྱི་སྐོར་རྣམས་བཞུགས་སོ། །

བླ་མ་དང་མཁའ་འགྲོའི་ཚོགས་ལ་ཕྱག་འཚལ་ལོ། །ཁ་ཚར་སྐྲོམས་ཀྱི་གཏེར་མཛོད་ལ། །གོ་རིམ་དམིགས་པའི་རྒྱས་འདེབས་དགོས། །ཞེས་པ། ལུས་སྦྱིན་ཆེན་མོ་གཏོང་བ་ལ། ཕཊ་བརྗོད། རང་ཉིད་སངས་རྒྱས་མཁའ་འགྲོར་གསལ། ཐེམ་པོ་དེ་བསྐྱུར། ལྷ་འདྲེ་ཚོ་བསྡུ་བ་ནི། ལྷའི་རིགས། ཀླུའི་རིགས། བཙན་གྱི་རིགས། བདུད། དམུ། ས་བདག །མ་མོ། སྲིན་མོ། སྲི་མོ། མ་སངས། འགོང་པོ། ཐེའུ་རང་། རྒྱལ་པོ། རྡངས་ཐེལ། སེ་དཀར། ཟ་འདྲེ། ཕུང་འདྲེ། གོད་འདྲེ། མི་མ་ཡིན། འབྱུང་པོ། ཆུང་སྲི། ཀ་སྲི། དར་སྲི། དམ་སྲི་ལ་སོགས་སྣང་སྲིད་ཀྱི་ལྷ་འདྲེ་ཆེ་དགུ། གཉེན་བཞུ། གཙོ་བོའི་གདོན་ཆེན་བཅོ་བརྒྱད། བྱིས་པའི་གདོན་ཆེན་བཅོ་ལྔ། ཡི་འདྲོག་སུམ་བརྒྱ་དྲུག་ཅུ། སྐོས་སུ་གཉན་ས་འདིར་གནས་པའི་ལྷ་འདྲེ་ཐམས་ཅད་འདིར་འདུས་ཤིག །ལན་གསུམ་འབོད་པ་བྱས་པས་ཐམས་ཅད་འདུས་པར་བསམ་ལ། ཕཊ་བརྗོད། ཕུང་པོ་དེ་ཆེ་བ། ཚོ་བ། ན་ཚོད་དར་ལ་བབ་པ། གཞོན་ཞིང་ཡིད་དུ་འོང་བ་ཞིག་གི་ཕུང་པོ་ཡིན་པར་བསམ་ནས། ལྷ་འདྲེ་རེ་རེ་ལ་ཕུང་པོ་རེ་རེ་གཏད་པས་ལྷ་འདྲེ་ཚོ་དགའ་ཞིང་ཚིམ་ནས། དེར་ཟ་ཐུབ་པ་ཟོས། མ་ཐུབ་པ་ཁྱེར་ནས་སོང་བར་བསམ་ཞིང་། ལྷ་འདྲེ་ཕྱུར་མ་སླེབས་པ་རྣམས་ལ་ཕུང་པོ་རེ་རེ་ཕར་གཏད་ཅིང་། ཕཊ་བརྗོད། ཕོང་རྣམས་དགའ་མགུ་ཡིད་རང་ཞིང་བསམ་པ་བྱང་ཆུབ་ཀྱི་སེམས་དང་ལྡན་པར་བསམ། མཐར་

མི་དམིགས་པའི་ངང་ལ་བཞག །བསྔོ་བ་སྨོན་ལམ་གྱིས་རྒྱས་བཏབ་པའོ། །དེ་ནི་ཕུང་པོ་སྤྱི་འགྱེད་ཆེན་མོ་ཞེས་བྱ་བ་ཡིན་ཞིང་། ནད་རིགས་གང་བྱུང་ན་ཡང་བྱེད་པའོ། །ཟབ་པའི་མན་ངག་བཀའ་རྒྱ་ཅན་ཡིན། །

ཡང་། རང་ལ་བྱད་ཁ་སྦྱོད་གཏོང་གི་རིགས་སོགས་མཚན་མ་གང་བྱུང་ཡང་། རང་ཉིད་སངས་རྒྱས་མཁའ་འགྲོར་གསལ། རླུང་གཅིག་ཕར་བཏང་བས་ཡེ་ཤེས་ཀྱི་རླུང་དམར་ས་གཡོ་བ། རི་བཤིག་པ་ཙམ་ཞིག་མཚོན་ཆ་དང་། མེའི་འཁོར་དང་། ཐོག་གི་ཚ་ཚ་དང་། འཚུབ་མ་དང་། མུན་པ་དང་། སེར་བ་དང་། ཆར་དྲག་དང་། སྐར་མདའི་རྣམ་པ་བསམ་གྱིས་མི་ཁྱབ་པ་འཕྲོས་ཏེ་སོང་། གནོད་བྱེད་བྱད་མ་ལྷ་བསྲུང་དང་བཅས་པ་རིགས་རྒྱུད་མི་ནོར་འཁོར་དང་བཅས་པ་ལ་ཕོག་པས། དེ་རྣམས་ཐམས་ཅད་ཐོག་གིས་བཅོམ། མེ་ཡིས་ཚིག །མུན་པས་འཐུམས། མཚོན་ཆས་གཏུབས། སྐར་མདས་གཟིར། རླུང་གིས་གཏོར་ནས་ལྷག་མ་ཏིལ་འབྲུ་ཙམ་ཡང་མ་ལུས་པར་ཤུལ་ཡང་མེད་པར་བསམ་པ་ནི། ཡོག་ནོན་ཕུང་བྱེད་ཆེན་མོ་ཞེས་བྱ་བ་ཞལ་གདམས་སྙན་བརྒྱུད་བཀའ་རྒྱ་ཅན་ཡིན་པས་གསང་བར་བྱའོ། །ས་མ་ཡ། རྒྱ་རྒྱ་རྒྱ།། །།

ཆར་འབེབས་བྱེད། རང་ཉིད་སངས་རྒྱས་མཁའ་འགྲོ་དཀར་མོར་བསྐྱེད་པའམ། འཕགས་པ་སྤྱན་རས་གཟིགས་ཞལ་གཅིག་ཕྱག་བཞི་པའམ། ཁ་སར་པ་ཎིར་བསྐྱེད་ལ། སྐྱབས་འགྲོ་སེམས་བསྐྱེད་ཚད་མེད་བཞི། སྤྱན་འདྲེན་མཆོད་འབུལ་རྣམས་བྱེད་ཅིང་། ཀླུ་སྨན་དཀར་གསུམ། སྐྱེ་བདུན་གྱི་རིལ་བུ་རྣམས་སྦྱིལ་ནས་ཆུ་མགོ་གཙང་མར་འཇུག་ཅིང་། ཆུ་གཏོར་དང་ཀླུ་གཏོར་སྔོང་། ཁྲི། འབུམ་སོགས་གཏོང་ཞིང་། དཀོན་མཆོག་དང་བཀའ་བརྒྱུད་བླ་མ་ལ་ཆར་པ་

འབབ་པའི་གསོལ་བ་བཏབ། ཆོས་སྐྱོང་ལ་ཆར་པ་འབབ་པའི་སྟོང་གྲོགས་དང་བར་ཆད་བསལ་བའི་གཏོར་མ་འབུལ། གཞི་བདག་ལ་གེགས་མི་བྱེད་པ་དང་། མཐུན་སྦྱོར་བསྒྲུབ་པའི་དཀར་གཏོར་བསྔོ། ཁྱད་པར་དུ་ཡང་ཀླུ་གཏོར་བསྔོ་ཞིང་འཇིག་རྟེན་གྱི་ཁམས་སུ་ཆར་འབབ་ཏུ་གསོལ་ཞེས་པའི་གསོལ་བ་གདབ་པར་བྱེད་པའོ། །དེས་མ་ཕེབས་ན། ཆུ་མགོ་གཙང་སར་འགྲོ་ནས་བཤད། སྐྱབས་འགྲོ་སེམས་བསྐྱེད། སྤྱན་འདྲེན་མཆོད་འབུལ། གསོལ་འདེབས། ཆུ་གཏོར། ཀླུ་གཏོར་སྔ་མ་ལྟར་བྱེད་ཅིང་། བླ་མ་དང་མཁའ་འགྲོ་ལ་ཚོགས་འཁོར་རྒྱ་ཆེན་པོ་བཤམས། ཕན་བརྗོད། ཀླུའི་རྒྱལ་པོ་དྲག་པོ་ལག་སྐྱོང་དང་། དུང་སྐྱོང་དཀར་པོ་དང་། རྡོ་རྗེ་རྒྱལ་པོ་དང་། སྤྱལ་མགོ་བཙོ་ལྔ་པ་དང་། བཅུ་གཅིག་པ། དགུ་པ། བདུན་པ། ལྔ་པ། གསུམ་པ་སོགས་བྲལ་ཟེའི་རིགས། རྒྱལ་རིགས། རྗེ་རིགས། དམངས་རིགས། གདོལ་པའི་རིགས། ཀླུ་ལྕམ་སེར་མོ་སོགས་ཀླུ་མོའི་རིགས་ཁྱེད་རྣམས་ཀྱིས་འཇིག་རྟེན་གྱི་ཁམས་སུ་ཐན་པ་དང་ཚ་གདུང་གིས་གཟིར་བ་འདི་ལ་ཆར་ཆེན་པོ་ཕོབ་ཅིག །ད་ལྟ་ཉིད་དུ། མྱུར་བ་ཉིད་དུ། དོ་དགོང་ཙམ་ལ། ཞག་གཉིས་ཙམ་ལ། ཐ་མ་ཡང་ཞག་གསུམ་ཙམ་ལ་ཕོབ་ཅིག །གལ་ཏེ་མི་ཕབ་ན། ང་ཀླུའི་ཕོ་བྲང་དུ་ཡོངས་ནས། ཁྱུང་གཅིག །ཁྱུང་ལྔ། ཁྱུང་བདུན། ཁྱུང་དགུ། བཅུ་གཅིག་པ། བཅོ་ལྔ་པ། ཁྱུང་ཉི་ཤུ་རྩ་ལྔ་པ། སུམ་ཅུ་སོ་བདུན་པ། ཁྱུང་བརྒྱ་པ། ཁྱུང་ཉིས་བརྒྱ་པ། ཁྱུང་སུམ་བརྒྱ་པ་ཁྱུང་ལྔ་བརྒྱ་པ་ལ་སོགས་པ་ཁྱུང་གི་རིགས་ཐམས་ཅད་བསྡུས་ནས། ཀླུའི་ཕོ་བྲང་དུ་ཡོངས་ནས་བསྐལ་པ་མ་སྟོངས་ཀྱི་བར་དུ་སྡོད་པ་ཡིན་པས། གོ་བར་གྱིས་ལ་འཇིག་རྟེན་གྱི་ཁམས་སུ་ཆར་ཆེན་པོ་སྐད་ཅིག་ཉིད་དུ་ཕོབ་ཅིག་བྱས་ནས་ཏིང་ངེ་འཛིན་གྱིས་གཟིར་བའོ། །ཏིང་

ངེ་འཛིན་གྱིས་གཟིར་ལུགས་དང་བྱེད་ལུགས་ཕྲན་ཚེགས་རྣམས་བླ་མའི་ཞལ་ལས་ཤེས། མན་ངག་བརྒྱ་ཚོགས་སྟོང་ཚོགས་ཀྱང་འདི་བས་ཟབ་པ་ཡོད་རེ་ན་ར་གན། ཐོ་ཅོ་ཅན་ལ་གསང་བར་བྱ། ཨ་མའི་སྙན་བརྒྱུད་བདུད་རྩིའི་ཐིགས་པ་ཅན་གབ་སྒྲས་གསེར་ཞུན་མ་ཞེས་བྱའོ། །

དགྲ་བཟློག་པར་བྱེད་པ་ལ། ས་སྟོངས་ལ་འགྲུལ་ཚན་མང་ཉུང་ཅི་ཡོད་ན་ཡང་། ནམ་སྲུ་མོ་ནས་ལངས་ཏེ། འགྲུལ་པ་གཞན་སྔོན་དུ་མ་སོང་བ་བྱེད། རང་ཉིད་སྔོན་འགྲོ། རྗེའུ་དཀར་པོ་དགུ། ནག་པོ་དགུ་བླངས་ནས། ཨོཾ་ཚུམ་ཚུམ་ཤིག་ཤིག་མྣ་ར་ཡ་ཕཊ་སྭཱ་ཧཱ། ལམ་གྱི་འཇིགས་པ་བསྲུང་དུ་གསོལ། ཞེས་པ་བརྒྱ་རྩ་བརྒྱད་དམ། ཉི་ཤུ་རྩ་གཅིག་བཟླས་ནས་རྗེའུ་ལ་བཏབ་སྟེ། རྗེའུ་དཀར་པོ་ཡེ་ཤེས་ཀྱི་སེང་གེ་ཆེན་པོ་འཇིགས་སུ་རུང་བ་དགུ་ལ་བསྐྱེད་ནས་མདུན་དུ་གཏོར། མདུན་ཕྱོགས་ཀྱི་དགྲ་ཇག་ཐམས་ཅད་བསྲུང་བར་བསམ། ནག་པོ་དགུ་མཁའ་འགྲོ་མ་ནག་མོ་དགུར་བསྐྱེད་ནས་རྒྱབ་ཕྱོགས་སུ་གཏོར། རྒྱབ་ཕྱོགས་ཀྱི་འཇིགས་པ་ཐམས་ཅད་བསྲུང་བར་བསམ། ས་སྣར་གང་ལ། ཨོཾ་ཐུམ་ཐུམ་ནོན་ནོན་དགྲ་ཇག་ཚོལ་རྐུན་གྱི་ཁ་ཆིངས་ཤིག །བརྒྱ་རྩའམ། ཉི་ཤུ་རྩ་གཅིག་བཟླས་ནས་ས་ལ་བཏབ་སྟེ། སྟག་དང་གཟིག་ལ་བསྐྱེད་ནས་གཡས་གཡོན་དུ་གཏོར། གཡས་གཡོན་གྱི་འཇིགས་པ་ཐམས་ཅད་བསྲུང་བར་བསམ། རང་ཉིད་ཡེ་ཤེས་ཀྱི་ཁྲོ་བོ་ལུས་ལ་མེ་འབར་བ། ཕྱག་གཡས་ན་ཤེལ་གྱི་རལ་གྲི་ནམ་མཁའ་ལ་འཕྱར་བ་ལ་ཡེ་ཤེས་ཀྱི་མེ་འབར་བ། གཡོན་པ་བསྡིགས་འཛུབ་དང་ཞགས་པ་བསྣམས་པ་གཅིག་ཏུ་བསྐྱེད་ནས། ལམ་གྱི་འཇིགས་པ་ཐམས་ཅད་བསྲུང་བར་བསམ་ནས་འགྲོ་བའོ། །ལམ་བསྲུངས་ཀྱི་དམིགས་པ་བཀའ་རྒྱ་ཅན་ཨི་ཏི། །རྣལ་འབྱོར་རི་

ཁྲོད་འབྲིམ་པའི་ཚེ། །གཅན་ཟན་གྱི་གནོད་པ་བྱུང་དོགས་ན། །རང་ཉིད་སེང་གེ་འཇིགས་རུང་ཞིག་ཏུ་བསྐྱེད། །ཨོཾ་མུ་ལི་མུ་ལི་སྭཱ་ཧཱ། བརྒྱ་རྩ་བརྒྱད་ས་ལ་བཟླས་ནས་ཕྱོགས་བཞིར་གཏོར། དེས་ཐུབ་པར་ཐེ་ཚོམ་མེད། ནོར་དང་ར་ལུག་ལ་སྲུང་ཀུ་བྱུང་བ་བསྲུང་ན། ས་ལ་ཨོཾ་ཡ་ལི་ཡ་ལི་སྭཱ་ཧཱ། སྟོང་རྩ་གཅིག་བཟླས་ནས། དུད་འགྲོ་ལ་གཏོར་ན་དེས་ཐུབ་པར་ཐེ་ཚོམ་མེད། ཨི་ཏི། །

ཁྱིམ་མི་ཕུག་པའི་གདམས་ངག་ནི། ས་ལ། ཨོཾ་ཧྲུག་གེ་ཧྲུག་གེ་སྭཱ་ཧཱ། ཤུ་ཤུ་ནཱ་ཙའི་ཁ་ཆིངས་ཤིག །བརྒྱ་རྩ་བརྒྱད་བཟླས་ནས་བཏབ་སྟེ། ཁྱི་ཡོད་ཕྱོགས་སུ་གཏོར་ན་དེས་ཐུབ་པར་ཐེ་ཚོམ་མེད། མན་ངག་ཟབ་མོ་ཨི་ཏི། །

ཁྱི་དང་ཤ་བ་ཁ་འཕྲལ་བའི་མན་ངག་ནི། ཁྱིའི་ཁ་ནང་ལ་གསེར་གྱི་མཆོད་རྟེན་བང་རིམ་བཅུ་གསུམ་དང་ལྡན་པ་ཞིག་བཅུག །གཉའ་ལྟག་ཏུ་ཕ་དམ་པ་སྐྱུག་ནག་གཟི་བརྗིད་དང་ལྡན་པ་ཞིག་གིས་ཞོན་ནས་ཕྱག་གཡོན་གྱིས་ཁྱིའི་མཆུ་བསྡམས་པ། གཡས་ཀྱིས་གསེར་གྱི་རྡོ་རྗེ་རྩེ་དགུ་པ་ཞིག་གིས་ཁྱིའི་སྤྱིར་ལ་རྒྱབ་པས་ཁ་ཆལ་ཆལ་བྱས་ཤིང་། ཤ་བ་མི་མཐོང་ཞིང་ཁ་ཕྱེ་རྒྱུ་མེད་པར་བསམ་ནས། ཏིང་ངེ་འཛིན་གཟིར། ཁྱི་དང་ཤ་བ་ཕྱེ་བའི་མན་ངག་ཟབ་ཐིག་ཅན་ཨི་ཏི། །

ཐིག་ལེ་འཁྲུག་ན། རང་གི་ནོར་བུ་དེ་སྤྲེའུ་ཧ་ལུ་མ་ཏྲ་དམར་པོ་མགོ་གསེར་ལ་བྱས་པ། རི་རབ་ཙམ་ཞིག་བསྐྱེད། དེའི་མགོར་སྲིན་མོ་དེ་བཀུག་ནས་སྐྱོན། སྲིད་པ་གསུམ་དུ་གཡུགས་ནས། ཐིག་ལེ་འཁྲུག་ན། རང་གི་ནོར་བུ་དེ་སྤྲེའུ་ཧ་ལུ་མ་ཏྲ་དམར་པོ་མགོ་གསེར་ལ་བྱས་པ། རི་རབ་ཙམ་ཞིག་བསྐྱེད། དེའི་མགོར་སྲིན་མོ་དེ་བཀུག་ནས་སྐྱོན། སྲིད་པ་གསུམ་དུ་གཡུགས་ནས་བསྐོར། སྲིན་མོ་དེ་ཡང་སྐྲག་ཅིང་སྡུགས། འོ་དོད་ཆེན་པོ་བྱས་པར་བསམ་ལ། མཐའི་རྒྱ་མཚོའི་ཕར་

རི་ལ་རྒྱངས་རྒྱངས་འཕངས་པར་བསམ་ནས་ཏིང་ངེ་འཛིན་བསྒོམ། དམིགས་པ་ཟབ་མོ་ཨྠྲི་ཏི། །

ཐོར་ནད་པའི་དཀྱིལ་ལ་འགྲོ། ཡ་ང་བག་ཚ་མི་བྱེད། ཐོར་ཤུན་བདུན་བཏོགས་ནས་ཁར་བཅུག་ལ་མིད། མཐར་ལུས་སྦྱིན་བྱེད། མི་དམིགས་པའི་ངང་ལ་བཞག །དམིགས་པ་ཟབ་མོ་ཨི་ཏི། རང་གི་སྣ་བུག་གཉིས་ལ་སྦྲུལ་ནག་གཉིས་སོང་། ཁྲག་དང་ཆུ་སེར་ཐམས་ཅད་འཇིབས། ལྷ་བ་སྐྱངས་སང་སོང་བར་བསམ། མན་ངག་གནད་ཀྱི་གདམས་པ་ཡིན་ནོ། །

ཚད་པའི་ནད་བྱུང་ན། ཞིམ་རིག་ཁྲལ་ཞིམ་པོའི་མདུན་དུ་བྱུང་ནས་མི་ཡི་ལུས་ལ་མགོ་བོ་བཅུ་གཅིག་མིག་གིས་གང་བ་སེང་གེ་ལ་ཞོན་པ། ལག་པ་བཅུ་གཅིག་གིས་ཟངས་སྦུབས་བཙུགས་ནས་ནད་ཐམས་ཅད་ལྷག་མ་མེད་པར་ཟློས་ཤིང་འཕྲུངས་པར་བསམ། བར་བར་དུ་འཁྲུག་པའི་དཀྱིལ་ན་ཡོད་པར་དམིགས། སྦྱོད་ལམ་ཁ་ཟས་དྲོད་ཅན་བསྟེན། ཤིན་ཏུ་ཟབ་པའི་མན་ངག་གོ། །

རླུང་གི་ནད་ལ། ཡུལ་ཕྱོགས་ཐམས་ཅད་སེར་པོར་ཡོད་པ། ཕཊ་བརྗོད། རང་གི་ལུས་ལ་ཚུར་བསྡུ། ནང་གི་འབྱུང་བ་ལྔ་ཕྱིའི་འབྱུང་བ་ལྔ་ལ་ཐིམ། ཤ་ས་ལ། ཁྲག་ཆུ་ལ། དྲོད་མེ་ལ། དབུགས་རླུང་ལ། སེམས་ནམ་མཁའ་ལ་ཐིམ་པར་བསམ། ཁ་ཟས་དྲོད་ཅན་བསྟེན། དམིགས་པ་ཟབ་མོ་ཨྠྲི་ཏི། །

སླང་བའི་ནད་ལ། རང་གི་རྒྱུ་ཞབས་སུ་སེང་ཞོན་མགོ་མང་གིས་ལྕགས་ཀྱི་ཐོ་ལུམ་མེ་འབར་བ་རྒྱབ་པས། ནད་དང་ཤ་ཁྲག་རུས་པ་ཐམས་ཅད་བསྲེགས་པར་བསམ་ཞིང་། སྙིང་འོག་གི་རླུང་ཁ་སྦྱར་བུམ་པ་ཅན་གཟུང་། ཏིང་ངེ་འཛིན་དྲག་དུ་གཟིར། དམིགས་པ་ཟབ་མོའོ། །

རྒྱུ་མ་དང་ནང་གྲོལ་ཚ་གྲང་ལ་བརྟེན་ནས་ན་བ་དང་བཤལ་བར་གྱུར་ན། མི་ནག་པོ་བསུས་ཁྲིམ་ཆེ་བ་འཇིགས་པའི་གཟུགས་ཅན་གྱིས་རང་གི་རྒྱུ་མ་དང་ནང་གྲོལ་ལག་སྙོགས་བྱས་ནས་ཟོས་པར་བསམ་ཞིང་། ལྷག་མ་བྱ་ཁྱི་རྣམས་ཀྱིས་ཕར་ཐེན་ཚུར་ཐེན་བྱེད་ཅིང་ལྷག་མ་མེད་པར་ཟོས་པར་བསམ་ལ། ཕཊ་བརྗོད། མན་ངག་ཟབ་མོ་ཤྲཱི་ཏི། །

ཡིག་འབྲུ་མི་ཚང་། པོས་འདར་བ་དང་། མགོ་དང་ཡན་ལག་ན་བ་དང་། ལུས་སྤྱི་ཁྱབ་ཏུ་ན་བ་དང་། འགྲོ་འདོད་པ་བྱུང་ན། མི་གདུག་པ་ཅན་གནོད་བྱེད་རྣམས་ཀྱིས་རང་གི་ཕུང་ཁམས་སྐྱེ་མཆེད་རྣམས་ས་འོག་ཏུ་ཁྲིར་ནས། ཕག་ནག་གྲངས་མེད་ཀྱིས་ལྷག་མ་མེད་པར་ཟོས་པར་བསམ་ཞིང་། དམིགས་པ་ཐུར་དུ་གཏད། ཐྲེད་ཅན་བསྟེན། དམིགས་པ་ཟབ་མོ་ཤྲཱི་ཏི། །

མགོ་བོ་ན་ཞིང་མ་བདེ་ན། ཕཊ་བརྗོད། མགོ་བོ་ཚལ་པ་སྟོང་དུ་སོ་སོར་གྱེས་པ་ལ། བྱ་ཁྱུང་གྲངས་མེད་པས་ཀླད་པ་ཟོས་ནས་ཤུལ་ཡང་མེད་པར་བསམ། དམིགས་པ་ཟབ་མོའོ། །

མིག་ན་ན། སེང་ཞོན་མགོ་མངས་ཀྱིས་མིག་གཉིས་བླུས་ནས། བྱ་རོག་ཤ་ཟན་རྣམས་ལ་བྱིན་ནས། ཤུལ་དུ་ཕུ་བཏབ། ལྷག་པའི་བར་དུ་སྟོང་སང་ངེ་བ་ལ་ཤེས་པ་གཏད། བར་བར་དུ་ལུས་སྦྱིན་བྱེད། དམིགས་པ་ཟབ་མོའོ། །

རྣ་བ་འོན་པ་དང་གཟེ་ཞིང་དྲན་ན། སེང་ཞོན་སེང་མགོ་ཅན་གྱིས་རྐྱབ་ནས་ལྕགས་ཀྱི་ཐོ་ལུམ་འབར་བ་རྣ་བུག་གཉིས་སུ་རྐྱབ་པས། ཕར་ཐལ་ཚུར་ཐལ་ལ་ཆིག་པར་བསམ་ཞིང་། ལུས་སྦྱིན་བྱེད། ཏིང་ངེ་འཛིན་བསྒོམ། དམིགས་པ་ཟབ་མོ་ཤྲཱི་ཏི། །

ལྔེ་ན་བ་ལ། རང་གི་མདུན་དུ་སྟག་ཞོན་གནོད་སྦྱིན་མགོ་མང་གིས་མཚོན་ཆ་ཐོགས་ནས། ལྔེ་ཚལ་པ་བཅུ་གཅིག་དུ་བཤགས་ཏེ་གནོད་སྦྱིན་རྣམས་ཀྱིས་ཁར་འཛིབས་པས། ནད་ཁྲག་ཆུ་སེར་མ་ལུས་པ་ཐོན་པར་བསམ། ལུས་སྦྱིན་བྱེད། དམིགས་པ་ཟབ་མོ་ཛྲཱིཾ་ཏི། །

སོ་ན་བ་ལ། རང་གི་མདུན་དུ་སེང་ཞོན་མགོ་མངས་མཚོན་ཆ་ཐོགས་པ་ལྡས། སོ་རྣམས་བཏོན་ནས་ཕྲེང་བར་བརྒྱུས་ཏེ་གནོད་སྦྱིན་རྣམས་ཀྱིས་ག་ཤ་བྱས་པར་བསམ། ལུས་སྦྱིན་བྱེད། དམིགས་པ་ཟབ་མོ་ཛྲཱིཾ་ཏི། །

མིག་པ་འཆུས་པ། མགུལ་པ་འགགས་པ་བྱུང་ན། མི་ནག་སྦྲུལ་མགོ་ཅན་ཁ་ནས་ཞུགས། ཕོ་བ་མིད་པ་དང་བཅས་པ་ཟོས་ཤིང་། ལྐུག་མ་བྱ་ཁྱུང་དམར་པོས་ཟོས་པར་བསམ། ལུས་སྦྱིན་བྱེད། དམིགས་པ་ཟབ་མོ་ཛྲཱིཾ་ཏི། །

གློ་བ་ན་བ་ལ། རང་གི་མདུན་རྒྱབ་དུ་མི་ནག་བསུས་ཁྲིམ་ཆེ་བ། གཟུགས་ཐུང་ལ་ཡན་ལག་རགས་པ། སྟག་དང་དྲེད་ལ་ཞོན་པས་རང་གི་ཕོལ་བ་ཕུག་ནས་ཁར་བཙུག་སྟེ། སྣག་ཁྲག་རྣམས་འཛིབས་ཤིང་འཕྲུངས་པས་ལྐུག་མ་མེད་པར། སང་སང་སོང་བར་བསམ། ལུས་སྦྱིན་བྱེད། དམིགས་པ་ཟབ་མོ་ཛྲཱིཾ་ཏི། །

རོ་སྟོད་གཟེར་ཞིང་ན་བ་ལ། ཕཊ་བརྗོད། མདུན་རྒྱབ་ཏུ་ཁྲོལ་ཚགས་ལྟ་བུ་ཁྲ་སེང་སེང་བ་ཡོད་པའི་ནང་ནས། ནད་དང་ཆུ་སེར་རླངས་པ་སྔོ་དམར་སི་རི་རི་ཐོན་པས་སྟོང་སང་ངེ་སོར་བར་བསམ་དམིགས་པ་གཟེར། ལུས་སྦྱིན་བྱེད། དམིགས་པ་ཟབ་མོ་ཛྲཱིཾ་ཏི། །

མཆིན་པ་ན་བ་ལ། རང་གི་རིག་པ་གནམ་ལྕགས་ཀྱི་རྡོ་རྗེ་རྒྱ་གྲམ་མེ་འབར་བ་སྤྱི་བོ་ནས་ཐོན། ནམ་མཁའ་ནས་ཕྱིར་བྱུང་། མཆིན་པའི་དཀྱིལ་དུ་བརྒྱབ།

མར་ལ་ལྷུགས་བསྙིགས་བརྒྱབ་པ་བཞིན་དུ་མཆིན་པ་ཞུ་ནས་ཁྲག་ཏུ་གྱུར། སེང་ཞོན་མགོ་མང་གྱིས་ཟངས་ཀྱི་སྣུ་གུ་བཙུགས་ནས་འཐུངས་པས་ཤུལ་ཡང་མེད་པར་བསམ། ཡང་གཟིར་བ་མན་ངག་ཡིན་དམིགས་པ་ཟབ་མོ་ཨྠི་ཏི། །

སྐྲན་གྱི་ནད་ལ། མདུན་གྱི་ནམ་མཁར་མི་ནག་པོ་སེང་གེ་ལ་ཞོན་པ། གནམ་ལྷུགས་ཀྱི་ཐོ་ལུམ་མེ་རབ་ཏུ་འབར་བ་ན་སར་བརྒྱབ་པས། སྐད་ཅིག་ཉིད་དུ་ཞུ་ནས་ཤུལ་ཡང་མེད་པར་བསམ་ཞིང་། ལྕག་མ་ཁྲུང་དང་སྤྲུལ་དང་སྦྲང་ཀུ་ཁྲི་ལ་སོགས་པས་ཟོས་ཤིང་ཆོམ་པར་བསམ། རྗེས་ལུས་སྦྱིན་བྱེད། དམིགས་པ་ཟབ་མོ་ཨྠི་ཏི། །

སྙིང་ནད་དང་སྙིང་རླུང་སྙིང་གཟེར། ཤེས་པ་དྲན་མེད་དུ་འགྲོ་བ་བྱུང་ན། རང་གི་སྙིང་ཚོན་སྐུད་སྣ་ལྔས་དཀྲིས་ཤིང་བཅིངས་པའི་ནང་དུ་རང་གི་རིག་པ་མར་མེ་རླུང་གིས་མ་སྐྱོད་པ་ལྟར་འོད་སིང་ངེ་གསལ་སིང་ངེ་བ་ལ་སེམས་གཏད། མ་ཡེངས་པར་བྱས་པས་ནད་ལས་གྲོལ་བར་ཐེ་ཚོམ་མེད། དམིགས་པ་ཟབ་གནད་ཅན་ཨྠི་ཏི། །དེས་མ་ཕན་ན་རང་གི་སྙིང་འཇའ་ཚོན་སྣ་ལྔའི་གུར་དུ་བསམ་པའི་ནང་དུ། མ་གཅིག་སྐུ་མདོག་དཀར་མོ་ཚོན་གང་བ་ཞིག་བསྐྱིད་པའི་ཐུགས་ཀར། གསེར་གྱི་རྡོ་རྗེ་ནས་གང་བ་གཅིག་ལ་སེམས་གཏད། མ་ཡེངས་པར་བྱེད། བར་བར་དུ་སྙིང་རྗེ་བསྒོམ། ལུས་སྦྱིན་བྱེད། དེས་སོས་པར་ཐེ་ཚོམ་མེད། མན་ངག་ཟབ་མོ་ཨྠི་ཏི། །

མ་ཞུ་ན། བྱ་ཁྲུང་མགོ་ནག་མིག་ནས་ཚ་ཚ་འཁྲོ་བ། སྣ་ནས་དུད་པ་འཐུལ་བ། ཁ་ནས་མེ་འབར་བ། མཆུ་སྡེར་ལྷུགས་ལས་བྱས་པ་ཞིག་གིས་ཕོ་བ་ཕུག་ནས། ཕོ་བའི་ནང་གི་ལྷན་ལྷིན་ཐམས་ཅད་ཟོས་ནས་ཤུལ་ཡང་མེད་པར་ཡང་

ཡང་བསམ། ལུས་སྦྱིན་བྱེད། དམིགས་པ་ཟབ་མོའོ། །

གདོན་ནད་མིག་འཆུས་ན་བ་ལ། སྤྲུལ་སེར་པོ་མེའི་ཟེ་བ་ཅན་འོག་སྒོ་ནས་ཞུགས་ཏེ་ཕོ་བ་ཕུག་ནས་མིད་པའི་ནང་དུ་ཞུགས་ཏེ་ཕྱིར་ཐོན། ཡང་ནང་དུ་ལོག་ནས་ཕོ་བའི་ནད་གི་ལྷན་ལྷིན་ཐམས་ཅད་ཟོས་ནས་ཤུལ་ཡང་མེད་པར་བསམ། རྗེས་ལུས་སྦྱིན་བྱེད། གདམས་པ་ཟབ་མོ་གནད་ཅན་ནོ། །

སྙིང་པ་དང་མཁལ་རྩ་ལ་ཚ་གྲང་གི་ནད་བྱུང་ན། སྤྲུལ་དཀར་ནག་སྔོ་གསུམ་གྱིས་སྙིད་པ་བཙིངས་ལ། སྤྲུལ་མགོས་མཁལ་མ་གཡས་གཡོན་ཟོས་པར་བསམ་ཞིང་། ཏིང་ངེ་འཛིན་སྒོམ། ལུས་སྦྱིན་བྱེད། དམིགས་པ་ཟབ་མོའོ། །

མགོ་བོ་ན་ཞིང་གས་པ་སླམ་བྱུང་ན། རང་གི་ལག་པ་གཡས་སུ་རལ་གྲི་རྣོ་ངར་དང་ལྡན་པས་མགོ་བྲེགས་ནས། རི་གཟར་གྱི་རྩེ་ནས་ཐབ་ཏུ་འདྲིལ་བས་རི་ཞོལ་དུ་སླེབས་ནས་དུམ་བུ་མང་པོར་སོང་སྟེ། སྲིན་བུ་དཀར་ནག་གཉིས་ཀྱིས་ལྷག་མ་མེད་པར་ཟོས་པར་བསམ། ལུས་སྦྱིན་བྱེད། དམིགས་པ་ཟབ་མོ་ཨྠི་ཏི། །

མིག་ལ་ལིང་ཐོག་བྱུང་ན། ཁྲིས་མ་ནག་མོས་ཕྱག་གཉིས་ཀྱིས་མིག་གཉིས་ཕུད། ཕྲེང་བ་བྱས་ཏེ་རི་ཕར་ཚུར་དུ་བརྒྱངས་པས། ནམ་མཁའ་ལྡིང་གི་རྒྱལ་པོ་གསེར་མིག་ཅན་གྱིས་ཟོས་པས་ཤུལ་ཡང་མེད་པར་བསམ། ལུས་སྦྱིན་བྱེད། གནད་ཀྱི་གདམས་པ་ཟབ་མོའོ། །

དམར་བཤལ་དང་རྒྱུ་ནད་གློ་བུར་དུ་བྱུང་ན། རང་གི་མདུན་དུ་ཁྱི་སྤྱང་ཕོ་རོག་དང་གསུམ་གྱིས་རྒྱུ་མ་དང་ནང་གྲོལ་འགོ་སྒོ་ནས་བླུས་ཏེ་ཕར་ཐེན་ཚུར་ཐེན་བྱེད་ཅིང་། རྩེ་ཤིང་དང་བྲག་ཟུར་ལ་རྒྱུ་མ་རྣམས་དཀྲིས་པར་བསམ། ཀླུང་སྟེང་འོག་ཁ་སྦྱར་ཞིང་མཆོང་འཁྲབ་བྱ། ལུས་སྦྱིན་བྱེད། དེས་སོས་པར་ཐེ་ཚོམ་

མེད། དམིགས་པ་གནད་ཀྱི་གདམས་པ་ཨྠིྃ་ཧི། །

མཆེར་པ་ན་བའི་དམིགས་པ་ལ། མཆེར་པའི་སྙིང་དུ་ལྕགས་ཀྱི་འཁོར་ལོ་དྲག་ཏུ་འཁོར་བས་མཆེར་པ་ནད་དང་བཅས་པ་ཞུ་ནས། མི་ནག་པོ་དོམ་ལ་ཞོན་པས་ཟངས་ཀྱི་སྦུ་གུ་བཙུགས་ནས་འཛིབས་པས་ཤུལ་ཡང་མེད་པར་བསམ་ཞིང་། ལུས་སྦྱིན་བྱེད། དམིགས་པ་ཟབ་མོ་ཨྠིྃ་ཧི། །

ཡོང་སྲིན་དང་ཡོང་དུག་ན་བ་ལ། ཡོང་གའི་ནང་དུ་ལྕགས་བསྒྲིགས་ཀྱི་འཁོར་ལོ་རྩིབས་བརྒྱད་པ་རྣོ་ངར་དང་ལྡན་པས་ཡོང་ག་ཕུག་ནས། ཡོང་ག་ནད་དང་བཅས་པ་ཞུ་ནས། སྟག་ཁྲག་ལྡོན་ལྡིན་རྣམས་ལྕགས་ཀྱི་སྦྱོར་ཀུ་འབུམ་གིས་འཕྲུངས་ཤིང་ལྷག་མ་མེད་པར་ཟོས་པར་བསམ། ཏིང་ངེ་འཛིན་གཟེར། ལུས་སྦྱིན་བྱེད། དམིགས་པ་ཟབ་མོ་ཨྠིྃ་ཧི། །

ཚ་གྲང་གི་ནད་བྱུང་ན། བྱ་ཁྱུང་ནག་པོ་མེའི་གཤོག་པ་ཅན་མཆུ་སྡེར་ལྕགས་ལ་བྱས་པ། མེའི་ཚ་ཚ་འཕྲོ་བ། ཁ་ནས་མེ་འབར་བ་སྣ་ནས་དུ་བ་འཕྱུལ་བས་ནད་ནད་འདྲེ་དང་བཅས་པ་ཟོས་པར་བསམ་ལུས་སྦྱིན་བྱེད། དམིགས་ཟབ་མོ་ཨྠིྃ་ཧི། །

ཆུ་འགགས་པ་དང་ལྒང་ཕུག་གི་ནད་བྱུང་ན། བུད་མེད་ནག་མོ་ཞིག་གིས་ལྒང་ཕུག་ལ་ཅག་ཅག་བྱས་པས། ནད་ཐམས་ཅད་སངས་སངས་ཀྱིས་སོས་པར་བསམ། ལུས་སྦྱིན་བྱེད་དམིགས་པ་ཟབ་གནད་ཡིན་ནོ། །

གཞང་འབྲུམ་དང་སྲིན་བུའི་ནད་བྱུང་ན། བྱ་ཁྱུང་ཁྲ་བོ་གཟི་མིག་ཅན་གྱིས་ནད་སྲིན་བུ་དང་བཅས་པ་ཟོས་ནས་ཤུལ་ཡང་མེད་པར་བསམ། ཏིང་ངེ་འཛིན་གཟེར། ལུས་སྦྱིན་བྱེད་དམིགས་པ་ཟབ་མོ་ཨྠིྃ་ཧི། །

གྲང་བའི་ནད་ཀྱིས་མཁལ་རྩ་དང་ཕོ་བ་ན་བ་ལ། བྱ་ཁྱུང་དམར་པོ་མེའི་གཞོག་པ་ཅན་ཞིག་གིས་མཁལ་མ་དང་ཆིལ། ཕོ་བ་རྣམས་ཟོས་ཤིང་ཤུལ་དུ་མེའི་གཞོག་པ་བརྫབས་པས་མེ་འབར་ཞིང་ཆིག་ནས་ཤུལ་ཡང་མེད་པར་བསམ། ཏིང་ངེ་འཛིན་བསྒོམ། ལུས་སྦྱིན་བྱེད། སྲོག་རླུང་འཛོམས་པའི་དམིགས་པ་ཟབ་མོ་ཨྠི་ཏི། །

མཁྲིས་པ་མིག་སེར་ན་བ་ལ། མདུན་དུ་མི་ནག་པོ་ལྷགས་ཀྱི་མགོ་བོ་ལ་བྱ་རོག་གི་མཆུ་ཡོད་པ་ཞིག་གིས་མཆིན་ཁ་ནས་ཕུག་ནས། མཁྲིས་པ་མ་ལུས་པ་འཐུངས་ཤིང་། ལྷག་མ་བྱ་ནག་འབུམ་གྱིས་ཟོས་པར་བསམ་ཞིང་། ཏིང་ངེ་འཛིན་བསྒོམ། ལུས་སྦྱིན་བྱེད། མན་ངག་ཟབ་མོ་ཨྠི་ཏི། །

ལུས་སྤྱི་ཁྱབ་ན་བ་ལ། རང་གི་སྤྱི་གཙུག་ནས་རྐང་མཐིལ་གྱི་བར་ཨ་དཀར་པོ་འོད་ཟེར་དཀར་པོ་འཕྲོ་བ་གྲངས་མེད་པས་ལུས་ཁེངས་པ་ལ་དམིགས་པ་གཏད། བར་བར་དུ་དཀར་འཁྱིད་བམ་རོ་མ་བྱེད། ཤིན་ཏུ་ཟབ་པའི་དམིགས་པ་ཨྠི་ཏི། །

རྒྱལ་འགོང་གི་ནད་བྱུང་ན། བཙུན་པ་དང་མི་རེང་ཤན་པ་གྲངས་མེད་ཀྱིས་ལག་དུ་སྤུ་གྲི་དང་རལ་གྲི་ཐོགས་ཏེ་རང་གི་ཤ་ཁྲག་རུས་གསུམ་གཏུབས་ནས་གཅན་ཟན་སྟག་གཟིག་དོམ་དྲེད་སོགས་གཅན་ཟན་རྣམས་ལ་ཡང་ཡང་བྱིན་ཞིང་། གནོད་བྱེད་དང་སེམས་ལ་སྙིང་རྗེ་དྲག་པོ་བསྒོམ། ཏིང་ངེ་འཛིན་གཟེར། དམིགས་པ་ཟབ་མོ་ཨྠི་ཏི། །

དབུགས་དང་(ཡིག་འབྲུ་མི་ཚང་།) གྱིས་རྐྱེན་པའི་ནད་བྱུང་ན། ལུས་བཤན་པས་གཏུབས་ཤིང་། གྲི་ཐོགས་གྲངས་མེད་དང་། གཡག་རོག་རྟ་ལ་མི་སྨུག་འཕྲོ་བས་བརྟུངས་ཤིང་ཁྲེ་མར་བཏང་། མི་ནག་གྲི་ཐོགས་འབུམ་དང་། རྟ་དམར་

པོ་ཞེན་པ་དྲུག་འབུམ་གྱིས་ཤ་ཟུས་ནད་དང་བཅས་པ་ཟློས་ཞིང་ཤུལ་ཡང་མེད་པར་བསམ། ཧིང་ངེ་འཛིན་གཟིར། དམིགས་པ་ཟབ་མོ་ཨྰོ་ཧི། །

གཉན་དང་ས་བདག་གི་ནད་བྱུང་ན། རང་གི་མདུན་རྒྱབ་ཏུ་གླང་དམར་པོ་ར་ལ་མེ་འབར་བ། སྤྱལ་པ་ཁྲ་བོ་སྟོབས་ཆེན་འཇིགས་རུང་གསུམ་དང་། དུག་སྦྲུལ་ནག་པོ་གསུམ་དང་། སྣང་སྲིད་ཀྱི་ལྷ་འདྲེ་དཔག་ཏུ་མེད་པས་མཐའ་བསྐོར་ནས་ཡོད་པ་ལ་གླང་གིས་བརྡུངས་ནས་རྫིས། ཤ་ཁྲག་གནོད་བྱེད་རྣམས་ཀྱིས་ཟློས་པར་བསམ། སྙིང་རྗེ་བསྒོམ། སྐྱེ་མེད་ཀྱི་ངང་ལ་བཞག །དམིགས་པ་ཟབ་མོ་ཨྰོ་ཧི། །

གཟའ་བདུད་ཀྱི་ནད་དང་ཚེ་འཕྲུལ་བྱུང་ན། གཟའ་བདུད་ནག་པོ་མགོ་དགུ་པ་དང་། ཉི་མ། ཟླ་བ། གཟའ་ཆེན་བརྒྱད། རྒྱུ་སྐར་ཉི་ཤུ་རྩ་བརྒྱད། སྟོང་མོ་མཆེད་བཞི། སྟོང་མཐའ་ལྷ་སྲིན་སྡེ་བརྒྱད་རྣམས་ལ་རང་གི་ལུས་གཏུབས་ལ་ཡང་ཡང་བྱིན་པས་ཚིམ་ཞིང་། ལན་ཆགས་བུ་ལོན་ཁོར་བར་བསམ། གནས་ལུགས་ངང་ལ་བཞག །དམིགས་པ་ཟབ་མོ་ཨྰོ་ཧི། །

གཟའ་རྐོད་སྨྱུན་དགུ་གནད་ལ་བསྐུལ་ན། རང་གི་སྙིང་ཚལ་པ་བརྒྱད་དུ་སོང་བའི་ལྟེ་བར་ཟླ་བའི་དཀྱིལ་དུ་ནྲ་ཧུ་ལ་སྐུ་མདོག་ནག་པོ་སྐུ་སྨད་སྦྲུལ་ལ་སྐུ་སྟོད་མི་མགོ་དགུའི་དབུས་ན་ཁ་ཧའི་མགོ་ཡོད་པ། གཡས་ན་ཆུ་སྲིན་གྱི་རྒྱལ་མཚན་དང་། གཡོན་ན་རྣའི་མདའ་གཞུ་འཛིན་པ། འདབ་མ་བརྒྱད་ལ་གཟའ་བརྒྱད་ཀྱིས་བསྐོར་བར་བསམ་ལ། ར་ཧུ་ལ་གཟའ་བརྒྱད་ཀྱིས་བསྐོར་བ་སྤྱན་དྲངས་ལ་བསྟིམ། ཛཿཧཱུྃ་བཾ་ཧོཿདགུག་གཞུག་བྱེད། ཧེ་སྲིད་གནས་ཀྱི་བར་ལ་འདིར་བཞུགས་ཤིག །གནས་ཁང་དུ་འབུལ་ལོ། །ཕུང་པོ་ཤ་ཁྲག་འདི་ཁྱེད་ཚོ་ལ་ཚོགས་

སུ་འབུལ་བས། ཅི་བདེ་བར་ནི་བཞེས་སུ་གསོལ། ལྟོས་པ་མེད་པར་བྱིན། མཐར་མི་དམིགས་པའི་ངང་དུ་བསྔོ་བས་རྒྱས་འདེབས། ཟབ་མོ་བཀའ་རྒྱ་ཅན་ཨྠི་ཏི། །

ཐྲུ་བརྒྱད་ཀྱི་ནད་དང་ཚེ་འཕྲུལ་བྱུང་ན་གནད་ལ་དབབ་སྟེ། རང་གི་སྙིང་ཚལ་པ་བརྒྱད་ཀྱི་སྟེང་དུ་ཟླ་བའི་གདན་ལ་ཚུ་བདག་བ་ཏུ་ཊ་སྐུ་མདོག་དཀར་པོ་སྐུ་སྨད་སྦྲུལ་ལ་སྐུ་སྟོད་མི། ཞལ་གཅིག་ཕྱག་བཞི་པའི་དང་པོ་གཉིས་ཐུག་གར་ཐལ་མོ་སྦྱར་བས། གཡས་འོག་ཤེལ་ཕྲེང་དང་། གཡོན་འོག་མེ་ཏོག་པདྨ་འཛིན་པ། དབུ་ལ་སྦྲུལ་གྱིས་བརྒྱན་པ། འདབ་མ་བརྒྱད་ལ་ཐྲུ་བརྒྱད་ཀྱིས་བསྐོར་བའི་མཐར་ཧཱུྃ་ཀར་པོ་ལས་འོད་ཟེར་འཕྲོས་པས། རྒྱ་མཚོའི་དཀྱིལ་ནས་ཚུ་བདག་བ་ཏུ་ཊ་ལ་ཐྲུ་བརྒྱད་ཀྱིས་བསྐོར་བ་སྤྱན་དྲངས་ལ་བསྟིམ། ཛཱཿཧཱུྃ་བཾ་ཧོཿདགུ་གཞུག་བྱེད། ཧཱུྃ་སྲིད་གནས་ཀྱི་བར་དུ་བཞུགས་ཤིག །ཤ་ཁྲག་ཐྲུའི་ཚོགས་སུ་འབུལ་བས། ཅི་བདེ་བར་ནི་བཞེས་སུ་གསོལ། ལྟོས་མེད་དུ་བྱིན། ལུས་གནས་ཁང་དུ་འབུལ། བསྔོ་བ་བྱེད། སྐྱེ་མེད་ཀྱི་ངང་དུ་བཞག །དམིགས་པ་ཟབ་མོ་གནད་ཀྱི་གདམས་པ་ཨྠི་ཏི། །

བྱད་མ་ནང་ཐུག་བྱུང་ན། རང་གི་མདུན་དུ་རྒྱ་མཚོ་ཆེན་པོ་ནག་མེ་མེར་བ་ཁོལ་བའི་དཀྱིལ་དུ། རི་རབ་ཕུར་པའི་རྩེ་ལྷ་བུ་རྣོ་བའི་ངར་དང་ལྡན་པའི་དཀྱིལ་དུ། བྱད་མའི་སྒྲུབ་ཁང་གང་ཡུང་གི་ནང་དུ་དམ་ཉམས་དགྲ་བོ་གནོད་བྱེད་དམིགས་ལ། སྙིང་དུ་རང་གི་ཤ་ཁྲག་རྣམས་སྤུངས། ཤ་ཁྲག་གི་དཀྱིལ་ནས་ཀླུང་དམར་ལངས་ནས། ཁོའི་བླ་མ་ཡི་དམ་ཆོས་སྐྱོང་། འོང་བའི་ལྷ་ཐམས་ཅད་ཕྱིན་ཁ་ལོག་ཏུ་བསྐོར་ནས་ཁྱེར་བས་སོ་སོར་བསྒྲོལ། རང་གི་ལག་པས་རི་རབ་བླངས་ནས། རྩེ་མོ་རྒྱ་མཚོའི་ནང་དུ་བརྣབས་པས། དགྲ་བོ་རྡུལ་ཕྲན་བཞིན་

ཏུ་བཏྲུག་པར་བསམ། དེའི་རྩེ་ནས་བྱུད་མའི་སྒྲུབ་ཁང་ཡུལ་གྲོང་དང་བཅས་པ་རྣམས་ཚ་ཚ་ནག་པོ་རི་དེའུ་ཙམ་པ་མང་པོས་རྫུལ་ཕྲན་བཞིན་ཏུ་བཏྲུག་པར་བསམ། དེ་ཏུས་རང་ཉིད་ཁྲོས་ནག་ཏུ་བསྒོམ། ཧྲིང་ངེ་འཛིན་གཟེར། དམིགས་པ་ཟབ་མོ་ཤྲཱི་ཧཱ། །

རྒྱལ་པོ་ལ་མནོས་བྱེད་ན། སྐྱབས་འགྲོ་སེམས་བསྐྱེད་བྱས་ལ། སྐལ་ཚོགས་གཏུགས་ཀྱི་ཡུ་བ་ལ། །མགོ་དང་ལག་པ་ཁོག་སྟོད་གཏུགས། །དོན་སྙིང་ལ་སོགས་ཡན་ལག་རྣམས། །རྒྱལ་པོ་མཉེས་པའི་མནོས་སུ་འབུལ། །རྒྱ་མ་ནང་གྲོལ་ཤ་དང་ཚིལ། །རྒྱང་ཏུ་བལ་ཚོན་ཏུ་མར་བསམ། །གནོད་བྱེད་རྒྱལ་པོ་མཉེས་པའི་མནོས་ཆེན་འདི། །འཁོར་ཏུ་གནས་པའི་ལྷ་འདྲེ་ལ། །ཕུང་པོ་དམ་པ་འདི་འབུལ་ལོ། །གཟུགས་དྲུག་བྲང་དང་དོན་སྙིང་མགོ་དང་དགུ། །སྐྱེ་མེད་མནོས་འདི་སྲིན་མོའི་ཚོགས་ལ་སྦྱིན། །ལན་ཆགས་བུ་ལོན་ཁོར་ཞིང་ཚིམ་པར་གྱིས། །དམིགས་པས་གཟེར། དམིགས་པ་ཟབ་མོ་ཤྲཱི་ཧཱ། །

སྨན་ནད་ཚ་སྨན་ལ། བྱ་ཁྱུང་དམར་པོ་མཆུ་སྡེར་ཟངས་ལ་བྱས་པ། གཤོག་པ་ལ་སྤུ་གྲི་ཡོད་པ། རྗེ་བའི་དཔལ་དང་ལྡན་པ། སྣ་ནས་ཏུད་པ་འཕྲུལ་བ། མིག་ནས་མེ་སྟག་འཕྲོ་བ་ཞིག་གིས་འོག་སྒོ་ནས་ཞུགས། ནད་སྨན་ཐམས་ཅད་ཟོས་པར་བསམ། གྲང་སྨན་ལ། བྱ་ཁྱུང་དཀར་པོ་མགོ་ནག་གིས་སྨན་དང་ནད་ཟོས་པར་བསམ། གདོན་སྨན་ལ། བྱ་ཁྱུང་ནག་པོ་མཆུ་སྡེར་ལྕགས་ལ་བྱས་པ་གཉིས་ཀྱིས་ནད་རྣམས་བྲུས་ཤིང་ཟོས་པས་ནད་སངས་ཀྱིས་ཐོན་པར་བསམ། ཧྲིང་ངེ་འཛིན་གཟེར། དམིགས་པ་ཟབ་མོ་ཤྲཱི་ཧཱ། །ས་བདག་གི་སྣན་ལ། སྦྲུལ་ནག་པོ་ཅིག་གིས་ཟོས་པས་ཤུལ་ཡང་མེད་པར་ནད་སངས་ཀྱིས་སོང་བར་བསམ།

དམིགས་པ་ཟབ་མོ་ཛྲིཾ་ཏི། །

སྐྱུ་ནད་བཅོས་ན། རང་ཉིད་བྱ་ཁྱུང་རྣ་ལ་མེ་འབར་བ་ཞིག་གིས། སྦྲུལ་ཆེན་པོ་ཟོས་པས་མེད་པར་བསམ། ཡང་ཐུགས་ཀ་ནས་བྱ་ཁྱུང་རིགས་ལྔ་བསྐྱེད་དེ། མཚོ་དང་ཆུ། སྐྱུ་རྣམས་ཟོས་ཤིང་འཐུངས། ས་གཞི་བར་སྣང་ཐམས་ཅད་ཁེངས་ཤིང་། ཐལ་བ་རྡུལ་དུ་བརླག་པར་བསམ། དམིགས་པ་ཟབ་མོ་ཛྲིཾ་ཏི། །

ས་བདག་གི་ནད་ལ། ཤ་ཁྲིར་ཁྲག་ཁྲིར་བདུན་ཚར་རེ་བྱེད། སྦལ་པ་ནག་པོ་གཉིས་ཀྱིས་མགོ་མཇུག་གཉིས་ནས་ལྷག་མ་མ་ལུས་པར་ཟོས་པར་བསམ། གླང་དམར་པོ་རྣ་ལ་མེ་སྐྲག་འཁྲོ་བ་གཉིས་ཀྱིས་རྭའི་རྩེ་ལ་ལུས་བླངས་ནས་ཕུང་པོ་རྡུལ་ཕྲན་བཞིན་དུ་ལྷག་མ་མེད་པར་བསམ། ཛྲིཾ་ཏི། །

ཁོག་པའི་ནང་དུ་གཟེར་དྲག་པོ་བྱུང་ན་སྐལ་ཚོགས་རྣམས་ལ་བུག་པ་མང་པོ་ཕུག་ལ། དེ་ནས་ནད་ཐམས་ཅད་ཐོན་པར་བསམ་ལ། ཕཊ་བརྗོད། ལུས་སྦྲུག །ལུས་སྦྱིན་བྱེད། ཏིང་ངེ་འཛིན་གྱིས་གཟེར། དམིགས་པ་ཟབ་མོ་ཛྲིཾ་ཏི། །

བད་ཀན་ཕོ་བར་ལྷུང་བ་དང་། མིག་འཆུས་བྱུང་བ་ལ། སྨན་གྱིས་གསོ་ན། མ་ནི་ཙོང་ཞི་ཕུལ་གང་ཙམ། ཆང་ཚག་སྐྱུར་མེད་པའི་ཉིང་ཁུས་གྲང་འཕུར་བྱེད། ནས་ཙམ་སྲན་མ་ཙམ་དུ་བརྟུངས། ནང་རེ་ཐུར་མགོ་རེ་འགམ། ཆང་དར་བ་གང་ཉེད་ཀྱིས་ཕུལ། ཞག་གྲངས་མང་དུ་བྱ། ཕོ་འབྲུལ་བྱེད། སྐབས་སྐབས་སུ་སྦལ་པ་ནག་པོ་ཟངས་ཀྱི་མགོ་ཅན་གྱིས་མེད་པའི་ནང་དུ་འཚངས་ནས་མེད་པ་གཙུབས་ཤིང་ཟོས། ཕར་ཐལ་ཚུར་ཐལ་དུ་ཕུག །གདངས་ལ་ཉི་མ་ཤར་བ་བཞིན་དུ་ཕོ་བ་ནད་དང་བཅས་པ་ཞུ་བར་བསམ། དམིགས་པ་ཟབ་མོ་ཛྲིཾ་ཏི། །

ས་ནད་དང་གཞན་གྱི་རིགས་ལ། སྤྱི་བོར་བླ་མ་བསྒོམ། དབྱིངས་རིག་བསྲེ།

སྐྲངས་འབུར་བྱ་ཁྱུང་དམར་པོ་ཟྭགས་ཀྱི་མཆུ་ཅན་གྱིས་སྐྲངས་ཐོག་ཏུ་མཆུ་བཙུགས་ནས་བྲུས་ཤིང་ཟོས་པར་བསམ། ནད་པ་ནད་བདག་ལ་སྙིང་རྗེ་བསྒོམ། ཏིང་ངེ་འཛིན་གཟིར། ལུས་སྦྱིན་བྱེད། ས་བདག་གཉན་གྱི་དམིགས་པ་ཟབ་མོ་ཨྠི་ཏི། །

དགྲ་བོ་དབང་དུ་བསྡུ་ཞིང་བྲན་དུ་བཀོལ་ན། བྲན་དུ་བཀོལ་ན། རང་ཉིད་མཁའ་འགྲོ་མ་འབྲུག་གི་མགོ་ཅན་གཡས་ལྕགས་ཀྱུ། གཡོན་ཁཊྭཱཾ། རླུང་གི་གཤོག་པ་ཅན། འཇའ་ཚོན་གྱི་ན་བཟའ་གསོལ་བ། ཕྱོགས་བཞིར་རང་འདྲ་བ་རེ་རེ་བསྐྱེད། མཚམས་བཞིར། སེང་གེ། སྟག་གཟིག་དོམ་གྱི་མགོ་ཅན་རེ་རེ་བསྐྱེད། སྤྱི་གཙུག་དང་སྙིང་གར་དོན་ཡོད་གྲུབ་པ་ཡབ་ཡུམ་བསྐྱེད། སྙིང་ག་ནས་འོད་ཟེར་འཕྲོས། དུར་ཁྲོད་ཀྱི་མཁའ་འགྲོ་མ་རྣམས་ལ་ཕོག །མཁའ་འགྲོ་བྲན་གཡོག་གི་ཚུལ་དུ་འདུས། མི་དང་མི་མ་ཡིན་ཐམས་ཅད་དབང་དུ་བསྡུས་ཏེ། རང་ལ་ཐམས་ཅད་ཀྱིས་དད་གུས་བྱས་པར་བསམ། འབྲུག་སྒྲ་སྒྲོགས་ཤིང་རླུང་གི་གཤོག་པ་བསྐྱེད་པས། འཛམ་བུ་གླིང་མེར་མེར་ཡིང་ཡིང་འཁོར་བས་དགྲ་བོ་ཕོ་མོ་ཐམས་ཅད་བྲན་དང་གཡོག་གི་ཚུལ་དུ་དབང་དུ་འདུས་པར་བསམ་ནས། ངག་ཏུ། ཏ་རི་ནི་ས་ཨ། ཧྲཱིཿམ་མ་དྲུང་འདུས། རཀྟ་ཏ་རི་ནི་ས། ཛཿཧཱུྃ་བཾ་ཧོཿའགྲོ་བ་ཕོ་མོ་དང་དགྲ་བོ་དབང་དུ་འདུས་པར་གྱུར་ཅིག །བརྗོད་ནས་འབུམ་ཚོ་གསུམ་བཟླས་ཤིང་བསྒོམས་ན་དབང་དུ་འདུས་པར་འགྱུར་རོ། །མན་ངག་གདམས་པ་འདི་འདྲ་གཞན་ལ་མེད། ཨྠི་ཏི། །

སྲོག་ཆགས་གང་ཡང་རུང་བ་ན་ཞིང་འདར་བ་དང་། འཁྱིལ་བ་སོགས་བྱུང་ན། རིག་པ་རང་ལ་བསྟིམ། ལྤགས་པ་བཤུས་པའི་ནང་དུ་ནད་གདོན་གནོད་བྱེད་བཙུག་ལ་རྒྱུ་མས་ཁ་བསྡམ། རང་ཉིད་མཁའ་འགྲོ་མ་མཐིང་ནག་གིས་བཅིངས་

མཚམས་ནས་གཟུང་སྟེ་ལྕུགས་བསྒྲིགས་ཀྱི་ས་གཞི་ལ་བརྒྱབ་པས་གཞོབ་ཐུལ་ཐུལ་ཐལ་བ་བུན་བུན་སོང་བར་བསམ། ཤིན་ཏུ་ཟབ་པའི་མན་ངག་བདུད་རྩིའི་ཐིགས་པ་ཟློ་ཏེ། །

སྲུ་ནག་ལ་སློ་གོར་སོགས་བྱུང་ན། སྐྱབས་འགྲོ་སེམས་བསྐྱེད། ཚོགས་མཆོད་གཏོར་མ་འབུལ་ཞིང་། བརྒྱུད་པའི་གསོལ་འདེབས་མང་དུ་བྱ། རང་ཉིད་མཁའ་འགྲོ་དམར་མོས་ནད་བདག་ལྷ་འདྲེ་ཐམས་ཅད་ཕྱོགས་ཀུན་ནས་བཀུག་ལ། ནད་པ་ལ་བསྟིམ། ཕཊ་བརྗོད། རང་གི་ཐུགས་ཀ་ནས་ལྕུགས་ཀྱི་རྡོ་རྗེ་རྒྱ་གྲམ་མེ་འབར་བ་འཕྲོས་ནས་ནད་པ་ལ་བརྒྱབ་པ། ནད་ནད་འདྲེ་དང་བཅས་པ་གཞོབ་ཐུལ་གྱིས་སོང་བར་ཡང་ཡང་བསམ། ཡང་ན། ཕྱུགས་ཀྱི་རིག་པ་རང་ལ་།བསྟིམ།། ནད་དང་ནད་འདྲེ་ཡོད་པར་བསམ། ཕྱོགས་མཚམས་ཀུན་ནས་མཁའ་འགྲོ་མས་གང་བར་བསམ་སྟེ། ཕཊ་བྱ། རང་གི་ཐུགས་ཀ་ནས་ལྕུགས་ཀྱི་འཁོར་ལོ་རྩིབས་སྟོང་དང་ལྡན་པ་མེ་རབ་ཏུ་འབར་བ་ཕྱིར་འཕྲོས། ནད་ནད་འདྲེ་དང་བཅས་པའི་ལུས་དམར་མྱུལ་མྱུལ་གཞོབ་ཐུལ་ཐུལ་ཐལ་བ་བུན་བུན་སོང་བར་བསམ། སློ་གོར་གཅོད་པའི་མན་ངག་ཟབ་ཐིགས་ཅན་ཟློ་ཏེ། །

ར་ལུག་ལ་ལྟེ་འབྲུམ་བྱུང་ན། སྐྱབས་འགྲོ་སེམས་བསྐྱེད། ཚོགས་གཏོར། གསོལ་འདེབས་མང་དུ་བྱ། ར་ལུག་ནད་པའི་སྐལ་པར་རྡོ་རྗེ་རྒྱ་གྲམ་བྲིས་ལ་ལྕུགས་ཀྱི་ཁ་སྒྲོམ་མེ་འབར་བར་བསམ། དེའི་ནང་དུ་གནོད་བྱེད་གནོད་འདྲེ་བསྐྱེད་རང་གི་ཐུགས་ཀ་ནས་འོད་ཟེར་འཕྲོས། དགུག་གཞུག་བྱེད། ར་ལུག་བསྡུས་ལ་དུག་དབྱུང་བྱེད། རང་ཉིད་མཁའ་འགྲོ་མ་མཐིང་ནག་གཡས་མི་ལྤགས། གཡོན་མི་རྐང་། རུས་པའི་རྒྱན་དྲུག་གསོལ་བ་ཞིག་ཏུ་བསྐྱེད་ནས། ཕཊ་བྱ། རང་གི་

ཐུགས་ཀ་ནས་མཁའ་འགྲོ་མ་གྲངས་མེད་འཕྲོས། ར་ལུག་གི་སྙིང་ནང་དུ་གནོད་བྱེད་ནད་འདྲེ་ཡོད་པ་དེ་མཁའ་འགྲོ་མ་རྣམས་ཀྱིས་གཏུབས་ནས་ཚོགས་མཆོད་བྱས་ཤིང་གསོལ་བར་བསམ། རྗེས་བྲོ་འཁྲབ། གར་བྱེད། ཕཊ་ཀྱིས་རྐྱས་བཏབ། རང་དང་ཡོན་བདག་སོགས་ཀྱིས་གསོལ་འདེབས་བྱེད། རྣམ་འཇོམས་གཟུངས་ཆུས་བཀྲུ། བརྒྱ་རྩ་གཏོར་མ་གཏོང་ཞིང་ཆུ་གཏོར་བྱ། ལྟེ་འབྲུམ་གཅོད་པའི་མན་ངག་ཟབ་མོ་ཨྠི་ཏི། །

སྲིའུ་གསོ་བ་ལ་གསུམ་སྟེ། རབ་གཉན་སར་ཁྱེར། འབྲིང་འདྲེ་ལ་བྱིན་ཐ་མ་གླུད་གཏོང་བའོ། །དང་པོ་བུ་ཆུང་འཆི་འཕྲོ་ཅན་གཞན་གྱིས་མ་སོས་པ། གཙོད་ཀྱིས་གསོ་སྟེ་ཨ་མ་ཇོ་མོ་སོགས་བརྒྱུད་པའི་བླ་མ་རྣམས་དང་། ཡུམ་ཆེན་མོ། སྒྲོལ་མ། མཁའ་འགྲོ་མ་ནག་མོ་སོགས་ཡི་དམ་རྣམས་བཞུགས་པར་བསྒོམ་ལ། བུ་ཆུང་དེ་མཛེས་ཤིང་ཡིད་དུ་འོང་བ། རྩ་བའི་མཆོད་པ་བཞི་རྫོགས་སུ་ཕུལ་ཏེ་བུ་ཆུང་འདི་ངེད་མི་དབང་། བླ་མ་དཀོན་མཆོག་དབང་བ་ཡིན་སྙམ་པ་བྱ། དེ་ནས་གཉན་ཁྲོད་དུ་ཁྱེར་ལ། སྤྱིར་ལྷ་འདྲེ་ཐམས་ཅད་དང་། སྒོས་བུ་ཆུང་ལ་གནོད་པར་བྱེད་པའི་གདོན་བགེགས་དེ་ཚོ་འབོད་ལ། མདུན་དུ་འདུག་པར་བསྒོམ་ལ། བུ་ཆུང་འདི་ཡི་བླ་དང་དབུགས་ཕྲོགས། ཚེ་དང་སྲོག་ཆོད། ལུས་ངག་ཡིད་གསུམ་ལ་གནོད་པར་བྱེད་པའི་འབྱུང་པོ་ཁྱོད་ལ། བུ་ཆུང་འདིའི་ལུས་སྦྱིན་པར་གཏོང་བས། ཤ་འདོད་པས་ཤ་ཁྱེར། ཁྲག་འདོད་པས་ཁྲག་ཁྱེར། འདི་ཡི་བུ་ལོན་ལན་ཆགས་ཐམས་ཅད་དག་པར་བསྔོའོ། །ལུས་དུམ་བུ་བརྒྱ་སྟོང་དུ་གཏུབས་ལ། གང་ལ་གང་འདོད་དུ་བཏང་བས། ཕོང་རྣམས་ཀྱིས་ཟོས་ཤིང་ངོམས་པས། ཚིམ་ཞིང་དགྱེས་པར་བསམ། ཞག་གསུམ་དུ་ཐུན་བདུན་བདུན་བྱ། རྗེས་སུ་བུ

ཚུང་གི་སྒྲིབ་པ་དག །ལྷ་འདྲེའི་ལན་ཆགས་ཁོར། རང་རང་སོ་སོའི་གནས་ལ་སོང་བར་བསམ།

གཉིས་པ་ནི། རང་ཉིད་སངས་རྒྱས་མཁའ་འགྲོར་གསལ། གནོད་བྱེད་ལྷ་འདྲེ་ཚོ་འགུགས་ལ། མདུན་དུ་ཡོད་པར་བསམ། བུ་ཚུང་འདི་ཁྱེད་ཚོ་ལ་བཙོལ་ལོ། །ལྷ་འདྲེ་ཁྱེད་ཚོ་ལ་གཏད་དོ། །ཁྱེད་ཚོས་ཉ་ར་ཐུབ་པར་གྱིས་ཤིག་བྱས་ལ། བུ་ཚུང་ལྷ་འདྲེ་ལ་བློ་ཞེ་འཁྲི་མེད་པར་གཏད་ནས་བཞག་པའོ། །

ཐ་མ་སླུད་གཏོང་བ་ནི། བུ་ཚུང་ཚུས་བཀུས་པའི་ཚུ་ལ་ཟན་སྲུས་ཏེ། བུ་ཚུང་དང་མཉམ་པའི་གཟུགས་བྱེད། སླུད་དུ་བསྔོས། ལྷ་འདྲེ་ལ་བྱིན། ལྷ་འདྲེ་ཚིམ་ཞིང་དགྱེས་པར་བསམ། རང་རང་སོ་སོའི་གནས་སུ་སོང་བར་བསམ་ཞིང་། བསྔོ་བ་སྨོན་ལམ་བྱེད། ཕཏ་བརྗོད། ཏིང་ངེ་འཛིན་གྱི་ངང་དུ་བཞག །སྲིའུ་གསོ་བའི་མན་ངག་ཟབ་མོ་ཟླ་ཏེ། །

སྲུ་ཁག་བྱུང་ནས་མ་ཆོད་ན། རྡོ་རྗེ་དཀྱིལ་དཀྲུང་བྱ། ལུས་ས་ལ་བརྡབ། ཁུ་ཚུར་གྱིས་ཕྱི་ལོག་གི་གར་སླེབས་སར་བརྡུང་། ཡང་ན་ལངས་ཏེ། འཁྲབ་པ་དང་། ཁུ་ཚུར་གྱིས་བརྡུང་བ་དུས་མཉམ་དུ་བྱས་ན་ཆད་པར་འགྱུར་རོ། །ཡང་ན་སྣིན་མཚམས་སུ་དབྱུག་པས་བརྡུངས་ན་འཆད། དེས་མ་ཆོད་ན། ཚུ་གྲང་མོ་ཕོར་པ་གང་འཐུངས་ན་ཆད་པར་ཐེ་ཚོམ་མི་ཟའོ། སྣ་ཁྲག་གཅོད་པའི་གདམས་པ་ཁྱད་ཆོས་ཅན་ཟབ་མོ་ཟླ་ཏེ། །

དུག་ནད་ན་བ་ལ། རང་ཉིད་རྨ་བྱ་གཅིག་ཏུ་བསྐྱེད། སྤྱི་བོར་ཕྱག་ན་རྡོ་རྗེ་བཞུགས་པར་བསམ། ཟ་མ་གང་ཟ་ཐམས་ཅད་ཡེ་ཤེས་ཀྱི་བདུད་རྩི་མེའི་རང་བཞིན་ཅན་ཞིག་ཏུ་བསྐྱེད་ལ་འཐུངས་པས། ནང་གི་ནད་ཐམས་ཅད་སྐད་ཅིག་

ཏུ་བསྒྲིགས་པར་བསམ་ཞིང་། ཕྱག་ན་རྡོ་རྗེའི་ཐུགས་ཀ་ནས་འཆི་མེད་བདུད་རྩིའི་ཆུ་རྒྱུན་བྱུང་། རང་གི་སྤྱི་བོ་ནས་ཞུགས། ལུས་ཐམས་ཅད་བཀྲུས། དཀར་སངས་ཀྱིས་སོང་བར་བསམ་ལ། ཨོཾ་བཛྲ་ཙཎྜ་མ་ཧཱ་རོ་ཥ་ཎ་ཧཱུྃ་ཕཊ། འབུམ་ཚོ་བཟླས་ཤིང་ཏིང་ངེ་འཛིན་གཟིར། །གཉན་ཁྲིད་འགྲིམ་ཞིང་ལུས་སྦྱིན་བྱ། །ཁ་ཚར་ཕཊ་ཀྱིས་བརྡ་སྦྲོད་བྱེད། །ནད་ལས་གྲོལ་བར་ཐེ་ཚོམ་མེད། །དམིགས་པ་ཟབ་གནད་ཅན་ཨི་ཏི། །

ཤ་དུག་ན་བ་ལ། རང་ཉིད་སངས་རྒྱས་མཁའ་འགྲོར་གསལ་ནས། ཨོཾ་ཤ་ནག་པོ་ལ་གི་ཅིས་གེ་སྭཱ་ཧཱ། ཁྲི་ཚོའམ་སྟོང་ཚོ་བཟླས་ལ་ཆུ་ལ་བཏབ་ནས་འཐུངས་ན་ནད་ལས་གྲོལ་བར་ཐེ་ཚོམ་མེད། རྗེས་ཕཊ་བརྗོད། ལུས་སྦྱིན་བྱེད། ཤ་ནད་གསོ་བའི་གདམས་པ་ཟབ་མོ་ཨི་ཏི། །

གློག་པའི་ནད་ལ། རང་ཉིད་འཁོར་ལོ་བདེ་མཆོག་མཐིང་ནག་གཅིག་ཏུ་གསལ་ནས། ཨོཾ་དམར་མོ་དམར་ཆུང་སི་ཏི་སོ། ཁྲི་སྟོང་ཙམ་བཟླས་ནས་ཆུ་གཙང་ལ་བཏབ། ནད་པ་ལ་ཡང་ཡང་བླུད་པས་ཕན་པར་འགྱུར། དུད་འགྲོ་ཤི་བའི་རོ་ལ་ཆུ་གཏོར། རང་གི་ལག་པ་དང་གྲི་ལ་སྔགས་བཏབ། དེ་ནས་བཤའ་བར་བྱའོ། གློག་པ་ལ་ཕན་པའི་སྔགས་ཀྱི་གདམས་པ་ཁྱད་པར་ཅན་ཟབ་མོ་ཨི་ཏི། །

ཡིག་འབྲུ་མི་ཚང་། སྐྱེ་མ་ཐུབ་ན། སྐྱེས་པ་དེ་ཡི་དྲི་ཆུ་བར་པ་བྱིན། ཨོཾ་ལུས་ཤིག་ལུས་ཤིག་འབྱུང་བ་བཞིའི་སྒོ་ཕྱེས་ཤིག །བརྒྱ་རྩ་བཟླས་ནས་ཆུ་གཙང་ལ་བཏབ་སྟེ་བྱིན། དེས་ཕན་པར་ཐེ་ཚོམ་མེད་མན་ངག་ཟབ་མོ་ཨི་ཏི། །

དམིགས་པ་གནད་ཀྱི་མན་ངག་ལ་ཟབ་ཁྱད་ཉི་ཤུ་རྩ་བཞི་ནི། སྐུ་ཡི་དམིགས་པ་ཞི་བ་ལ། རང་ཉིད་མཁའ་འགྲོ་མ་སྐུ་མདོག་དམར་མོར་བསྐྱེད། སངས་རྒྱས་

དང་བྱང་ཆུབ་སེམས་དཔའ་ཐམས་ཅད་ཀྱིས་དབང་བསྐུར། དབུ་རྒྱན། སངས་རྒྱས་བྱང་ཆུབ་སེམས་དཔའ་དང་མཁའ་འགྲོ་མ་ཐམས་ཅད་ཀྱི་ཐུགས་ཀ་ནས་བདུད་རྩིའི་རྒྱུན་བྱུང་། ནད་པའི་ལུས་ངག་ཡིད་གསུམ་གྱི་སྡིག་སྒྲིབ་དག་པར་བསམ། རྒྱས་པ་ལ། རང་ཉིད་མཁའ་འགྲོ་མ་སེར་མོར་བསྐྱེད་ལ། རང་འདྲའི་མཁའ་འགྲོ་མས་བསྐོར་བར་བསམ། ནད་པའི་རིག་པ་རང་ལ་བསྟིམ། ནད་པའི་ལུས་གྱི་གུག་གིས་གདུབས་ནས། གཡོན་པའི་ཐོད་པར་བླུགས། ཨོཾ་ཨཱཿཧཱུྃ་གིས་བྱིན་གྱིས་རླབས། དཀོན་མཆོག་སྲི་ཞུ། མགོན་པོ་ཡོན་ཏན་རིགས་དྲུག་སྙིང་རྗེ། ལན་ཆགས་ཤ་མགྲོན་རྣམས་ལ་རིམ་པར་འབུལ་བས་ཚིམ་པར་བསམ། དྲག་པོ་ལ། ཕཊ་བརྗོད། ནད་པ་དེ་མཁའ་འགྲོ་མ་གྲངས་མེད་ཀྱིས་སྐེ་ལ་འཇུས་ནས། དབང་ཆེན་གསེར་གྱི་ས་གཞི་ལ་བརྡབས་ཏེ། གཞོབ་ཐུལ་གྱིས་སོང་བར་བསམ། སྐུའི་དམིགས་པ་སྒྲི་ཏི། །

གསུང་གི་ཞི་བ་ནི། རང་ཉིད་མཁའ་འགྲོ་མ་སེར་མོ་གཡས་ཊ་མ་རུ། གཡོན་དྲིལ་བུ། རྒྱན་དྲུག་དང་ལྡན་པ་བསྐྱེད། ཕཊ་བརྗོད། མཁའ་འགྲོ་མ་གྲངས་མེད་ཀྱིས་བསྐོར་བར་བསམ། བླ་མ་ཡི་དམ་མཁའ་འགྲོས་བྱིན་གྱིས་རློབས་ཤིག །ཨོཾ་ཨཱཿཧཱུྃ། ཞེས་བརྗོད། རྒྱས་པ་ལ། ཕཊ་དང་ཧྲཱིཿདྲག་པོ་བརྗོད་པས། ནད་པའི་གདོན་ཕྱིར་བསྐྲད། མཐའི་མུན་པ་ལ་བསྟིམ་པར་བསམ། ལུས་སྦྱིན་བྱ། དྲག་པོ་ལ། རང་གི་ཐུགས་ཀ་ནས་མེའི་ཚ་ཚ་འཕྲོས་པས། ནད་འདྲེ་དེ་གཞོབ་ཐུལ་གྱིས་སོང་བར་བསམ། སྔགས་ཚུ་གཏོར། གསུང་གི་དམིགས་པ་སྒྲི་ཏི། །

ཐུགས་ཀྱི་ཞི་བ་ལ། རང་ཉིད་མཁའ་འགྲོ་མ་དམར་མོ་གྲི་ཐོད་འཛིན་པར་བསྐྱེད། རིག་པ་རང་ལ་བསྟིམ། ཤ་ཁྲག་མཁའ་འགྲོ་མ་རྣམས་ཀྱིས་ཐོད་པར

ཐུགས་ནས་གསོལ་བར་བསམ། སྔགས་ཆུ་གཏོར། །རྒྱས་པ་ལ། མཁའ་འགྲོ་མ་ནག་མོ་གཡས་མཚོན་ཆ་སྣ་ཚོགས་དང་། གཡོན་དྲིལ་བུ་འཛིན་པར་བསྐྱེད། ཕཊ་བཟློད། འཁོར་རང་འདྲ་བ་གྲངས་མེད་སྤྲོས། ནད་པའི་བེམ་རོ་གཏུབས་ཤིང་མཁའ་འགྲོ་རྣམས་ཀྱིས་གསོལ་བར་བསམ། དྲག་པོ་ལ། རང་མཁའ་འགྲོ་མཐིང་ནག་ཞལ་གཅིག་ཕྱག་གཉིས་སྤྱན་གསུམ། སྐུ་ལ་རུས་པའི་རྒྱན་དྲུག་གསོལ་བར་བསམ་ལ། ཕཊ་བཟློད། མཁའ་འགྲོ་མ་གྲངས་མེད་འཕྲོས་ནས། ནད་པ་ལ་བྱིན་རླབས་བྱས་པས། སྡུག་བསྔལ་ཐམས་ཅད་ཞི་ནས་ནད་སངས་ཀྱིས་སོང་བར་བསམ། རྗེས་ལུས་སྦྱིན་བྱ། ཐུགས་ཀྱི་དམིགས་པ་ཤྲཱི་ཧི། །

ཡོན་ཏན་གྱི་ཞི་བ་ལ། རང་ཉིད་མཁའ་འགྲོ་དམར་མོ་ཞལ་གཅིག་ཕྱག་གཉིས་སྐུ་ལ་སྟག་ལྤགས་རློན་པ་གསོལ་བ་གཅིག་ཏུ་བསྐྱེད། རིག་པ་རང་ལ་བསྟིམ། ནད་པའི་སྙི་ནས་བཟུང་། ས་གཞི་ལ་བརྡབས་པས་ཆོག་པར་བསམ། རྒྱས་པ་ལ། རང་ཉིད་མཁའ་འགྲོ་མཐིང་ནག །སྐུ་སྟོད་ལ་སེང་ཆེན་གྱི་གཡང་གཞི་གསོལ་བ། རྒྱན་དྲུག་གིས་བརྒྱན་པ་གཅིག་ཏུ་བསྐྱེད་ལ། རིག་པ་རང་ལ་བསྟིམ། ཕཊ་བཟློད། རང་གི་ཐུགས་ཀ་ནས་མཁའ་འགྲོ་དམར་ལྗང་ཞལ་གཅིག་ཕྱག་གཉིས་རིན་པོ་ཆེའི་རྒྱན་གྱིས་བརྒྱན་པའི་ཕྱག་གི་སོར་མོ་ལྔ་ཡེ་ཤེས་ཀྱི་མཁའ་འགྲོ་ལྔར་བསྐྱེད་ལ། ནད་པའི་མགོ་ཐོག་ཏུ་བཞག་པས་ནད་གདོན་ཐམས་ཅད་མེད་པར་བསམ། རྗེས་ལུས་སྦྱིན་བྱེད། དྲག་པོ་ལ། རང་ཉིད་མཁའ་འགྲོ་ནག་མོ་གཡས་མེའི་སྟོང་པོ་མེ་འབར་བ་བརྣམས་པ་བསྐྱེད་ལ། རིག་པ་རང་ལ་བསྟིམ། མེའི་སྟོང་པོ་ནད་པ་ལ་བརྒྱབ་པས། ནད་པ་ནད་འདྲེ་དང་བཅས་པ་ཡང་ཡང་བསྲེགས་པར་བསམ། རྗེས་མི་དམིགས་པའི་རྒྱས་བཏབ། ཡོན་ཏན་

གྱི་དམིགས་པ་ཟབ་མོ་ཡྀི་ཏེ། །

ཕྲིན་ལས་ཀྱི་ཞི་བ་ལ། རང་ཉིད་མཁའ་འགྲོ་དཀར་མོ་སེང་གེའི་གདོང་པ་ཅན་ཞལ་གཅིག་ཕྱག་གཉིས་སྐུ་ལ་དར་དཀར་གྱི་ན་བཟའ་གསོལ་བ་གཅིག་ཏུ་བསྐྱེད། ཕཊ་བརྗོད། རང་གི་ཐུགས་ཀ་ནས་རང་འདྲའི་མཁའ་འགྲོ་མ་འཕྲོས། ནད་པ་ལ་བྱིན་རླབས་བྱས་པས། རྩ་བའི་བླ་མ། བརྒྱུད་པའི་བླ་མ། མཁའ་འགྲོ་ཆོས་སྐྱོང་བསྲུང་མའི་ཚོགས་དང་བཅས་པ་ནད་པ་ལ་ཐིམ། ནད་ནད་འདྲེ་དང་བཅས་པ་སངས་ཀྱིས་སོང་བར་བསམ། ཨོཾ་ཨཱཿཧཱུཾ་བརྗོད། རྒྱས་པ་ལ། རང་ཉིད་མཁའ་འགྲོ་དམར་སེར་བསྐྱེད་པའི་ཕྱག་སོར་ལྷ། སྟག་གཟིག་དོམ་དྲེད་སྤྱང་ཀུ་དང་ལྷར་བསམ་ལ། རིག་པ་ནམ་མཁའ་ལ་བསྒོམ། ནད་པའི་ནད་གདོན་ལུས་དང་བཅས་པ་ཟོས་པར་ཡང་ཡང་བསམ། ཏིང་ངེ་འཛིན་བསྒོམ། དྲག་པོ་ལ། རང་ཉིད་མཁའ་འགྲོ་མ་དམར་མོ་གཡས་བདུད་རྩིའི་བུམ་པ་ནད་པའི་མགོ་ཐོག་ཏུ་བཞག་ཅིང་། ནད་པ་ལ་བླུད་པས་ནད་གདོན་ཐམས་ཅད་སངས་ཀྱིས་དག་པར་བསམ། རྗེས་མི་དམིགས་པས་རྒྱས་འདེབས། མོ་རྒྱུད་མཁའ་འགྲོ་འདུ་བའི་རྒྱུད་ཆེན་དུ་གསུངས་པའི་མན་ངག་ཟབ་མོ་ཡྀི་ཏེ། །

ཡིག་འབྲུ་མི་ཚང་། སཾ་གླ་ཡ། ཕོ་རྒྱུད་དཔའ་བོ་འདུ་བ་སྟེ། །ཞི་བ་རྒྱས་པ་དྲག་པོ་སྟེ། །རེ་རེ་ལ་ཡང་གསུམ་གསུམ་མོ། །ཞི་བ། དང་པོ་ལ། རང་ཉིད་མཁའ་འགྲོ་དམར་མོ་ཞལ་གཅིག་ཕྱག་གཉིས་སྤྱན་གསུམ། གཡས་ལྕགས་ཀྱི་རྡོ་རྗེ་རྩེ་ལྔ་པ་ནད་པའི་མགོ་ཐོག་ཏུ་བཞག་ལ། ཨོཾ་ཨཱཿཧཱུཾ་ཕཊ་བརྗོད་པས། ནད་གདོན་ཐམས་ཅད་ཞི་བར་ཡང་ཡང་བསམ། རྗེས་ལུས་སྦྱིན་བྱ།

གཉིས་པ་ལ། རང་མཁའ་འགྲོ་མ་དཀར་མོ་གཡས་སྦྲུལ་ནག་གི་ཞགས་པ་

བསྒོམས་པ་བསྐྱེད་ལ། རིག་པ་རང་ལ་བསྡིམ། སྨྱུལ་ཞགས་ནད་པའི་སྙི་ལ་བཏགས་ནས་ས་གཞི་རི་རབ་དང་བཅས་པ་ལ་བརྡབས་པས། ཤ་ཁྲག་རུས་གསུམ་འཐོར་ནས། སྡེ་བརྒྱད་ཀྱིས་ལྷག་མེད་དུ་ཟོས་པར་བསམ། ཏིང་ངེ་འཛིན་གཟིར།

རང་མཁའ་འགྲོ་སྔོན་མོ་མེ་འབར་བ་གཅིག་ཏུ་བསྐྱེད་ལ། དབྱིངས་རིག་བསྲེ། རང་ལ་མེ་འབར་བས་ནད་འདྲེ་དང་བཅས་པ་བསྲེགས་པར་བསམ། སྟོང་ཉིད་ཀྱི་ངང་ལ་བཞག །ཞི་བའི་དམིགས་པ་ཨྠཱི་ཏི། །

རྒྱས་པའི་དམིགས་པ་དང་པོ་ལ། རང་མཁའ་འགྲོ་མཐིང་ནག་ཞལ་གཅིག་ཕྱག་གཉིས་སྤྱན་གསུམ་སྐྱང་མིག་ཕྱོགས་བཙུར་གཟིགས་པ། ལྡགས་ལ་ཡེ་ཤེས་ཀྱི་མེ་རབ་ཏུ་འབར་བས་ནད་གདོན་དང་བཅས་པ་ཡང་ཡང་ཚིག་པར་བསམ། མི་དམིགས་པ་ལ་བཞག །བསྒོ་བ་བྱ།

གཉིས་པ། རང་མཁའ་འགྲོ་དམར་ནག་གཅིག་ཏུ་བསྐྱེད། དབྱིངས་རིག་བསྲེ། ཕཊ་བརྗོད། རང་གི་ཐུགས་ཀ་ནས་ལྕགས་ཀྱི་རྡོ་རྗེ་རྩེ་དགུ་པ་མེའི་ཚ་ཚ་འཕྲོ་བས་ནད་གདོན་བསྲེག་པར་བསམ། ཏིང་ངེ་འཛིན་བསྒོམ།

གསུམ་པ། རང་མཁའ་འགྲོ་སྔོ་སྐྱ་སྤྱན་གསུམ་པ་གཡས་ཡེ་ཤེས་ཀྱི་རལ་གྲི་བསྣམས་པར་བསྐྱེད། དབྱིངས་རིག་བསྲེ། རལ་གྲིས་ནད་འདྲེ་དང་བཅས་པ་གཏུབས་ནས་མཁའ་འགྲོ་གྲངས་མེད་ཀྱི་གསོལ་བར་ཡང་ཡང་བསམ། དམིགས་པའི་རྒྱས་འདེབས་བྱེད། རྒྱས་པའི་དམིགས་བསྐོར་ཨྠཱི་ཏི། །

དྲག་པོའི་དམིགས་པ། དང་པོ་ལ། རང་ཡེ་ཤེས་ཀྱི་ཁྲོ་བོ་མཐིང་ནག་སྤྱན་གསུམ་ཁྲོ་གཉེར་དང་བཅས་པ། གཡས་རྡོ་རྗེ། གཡོན་ལྕགས་ཀྱུ་བསྣམས་པར་བསྐྱེད་ལ། དབྱིངས་རིག་བསྲེ། ནད་པའི་སྙིང་གི་དཀྱིལ་དུ་གནོད་འདྲེ་བསྐྱེད།

ནད་པའི་སྙིང་དང་ནད་འདྲེ་ཐམས་ཅད་ལྷུགས་ཀྱུས་བཟུང་། ཁྲོ་བོ་གྲངས་མེད་ཀྱིས་ནད་འདྲེ་ཐམས་ཅད་ཐལ་བའི་རྡུལ་དུ་བརླག་པར་བསམ། ལུས་སྦྱིན་བྱ།

གཉིས་པ་ལ། རང་ཁྲོ་བོ་རྟས་པའི་རྒྱན་ཅན་མཐིང་ནག་ཁྲོས་པ་གཅིག་ཏུ་བསྐྱེད། སོར་མོ་ལྔ་ཡེ་ཤེས་ཀྱི་ཁྲུང་ལྔ་མེའི་ཚ་ཚ་འཕྲོ་བ། དབྱིངས་རིག་བསྲེ། ནད་ནད་བདག་དང་བཅས་པ་གཞོབ་ཐུལ་གྱིས་ཚིག །ཁྲུང་ལྔས་ནད་གདོན་ཐམས་ཅད་ཟོས་པར་བསམ། སྟོང་ཉིད་ཀྱི་ངང་ལ་བཞག །བསྔོ་བ་བྱ།

གསུམ་པ་ལ། རང་ཡེ་ཤེས་ཀྱི་ཁྲོ་བོ་མཐིང་དམར། ཞལ་གཅིག་ཕྱག་གཉིས། སྤྱན་གསུམ། ཞལ་གདངས་ཤིང་མཆེ་བ་གཙིགས་པ། ཞྭགས་ལ་མེ་འབར་བ། ཁྲུང་ལྔས་དབུ་ལ་བརྒྱན་པ། སྐུ་ལ་ཡེ་ཤེས་ཀྱི་མེ་རབ་ཏུ་འབར་བ། གཡས་ཀྱི་སོར་མོ་ལྔ་ཡེ་ཤེས་ཀྱི་སེང་གེ་ལྔ། གཡོན་གྱི་སོར་མོ་ལྔ་ཁྲོས་མ་ལྔ། སྐུ་ལ་མེའི་ཚ་ཚ་རབ་ཏུ་འཕྲོ་བ། ཐུགས་ཀ་ནས་རང་འདྲ་བའི་མཁའ་འགྲོ་མ་གྲངས་མེད་པ་སྟེང་འོག་ཕྱོགས་མཚམས་ཐམས་ཅད་དུ་འཕྲོས། དབྱིངས་རིག་བསྲེ། ནད་པ་ནད་འདྲེ་དང་བཅས་པ་ཐམས་ཅད་གཏུབས་ཤིང་ཟོས། ལྷག་མ་སྡེ་བརྒྱད་ལ་བྱིན། དེའི་ལྷག་མ་ལྷ་འདྲེ་ཡོངས་ལ་བྱིན། སྟོང་ཉིད་ཀྱི་ངང་དུ་བཞག །བསྔོ་བ་སྨོན་ལམ་བྱ། དྲག་པོའི་དམིགས་པ་ཟབ་མོ་ཀྲྀ་ཏི།། །།

༄། །ཧྲེ་ཧོ་ཆོས་ཀྱི་རྒྱ་མཚོའི་གསུང་འབུམ་བཞུགས་སོ། །

(སྟོད་ཆ། བར་ཆ། སྨད་ཆ།)

སྒྲིག་པ་པོ།	མ་ཧཱ་ཤྲཱི་གསུང་རབ་གླིང་།
རྩོམ་སྒྲིག་འགན་འཁུར་བ།	བཀྲ་ཤིས་བསམ་གྲུབ།
པར་འདེབས་འགན་འཁུར་བ།	ཟླ་སྒྲོན།
དཔེ་སྐྲུན་འགྲེམས་སྤེལ་ཚན་པ།	བོད་ལྗོངས་མི་དམངས་དཔེ་སྐྲུན་ཁང་། (ལྷ་ས་གླིང་སྐོར་བྱང་ལམ་སྒོ་ཨང་20པ།)
པར་འདེབས་ཚན་པ།	བོད་ལྗོངས་ཤིན་ཧྭ་པར་འདེབས་ཚད་ཡོད་མཐུན་གཉེར་ཁང་།
དེབ་ཚད།	787×1092 1/16
སྒྲིའི་དཔར་ཤོག	91.375
ཡིག་གྲངས།	ཁྲི་80
པར་གཞི་སྒྲིག་ཐེངས།	2024ལོའི་ཟླ་11པར་པར་གཞི་1བསྒྲིགས།
དཔར་ཐེངས།	2024ལོའི་ཟླ་11པར་པར་ཐེངས་1བཏབ།
དཔར་གྲངས།	01—2,000
དཔེ་རྟགས།	ISBN978—7—223—07694—4
བཅད་གོང་།	སྒོར་280.00 (སྟོད་བར་སྨད།)

༄། །ཧྲེ་རོ་ཆོས་ཀྱི་རྒྱ་མཚོའི་གསུང་འབུམ་བཞུགས་སོ། །

མ་ཧཱ་ཌྷཱི་གསུང་རབ་གླིང་ནས་བསྒྲིགས།

བོད་ལྗོངས་མི་དམངས་དཔེ་སྐྲུན་ཁང་།

图书在版编目（CIP）数据

哲霍曲吉加措文集： 藏文/玛哈师利古籍文库整理室整理. -- 拉萨：西藏人民出版社, 2024.7
ISBN 978-7-223-07694-4

Ⅰ. ①哲… Ⅱ. ①玛… Ⅲ. ①藏族－风水－中国－文集－中国－藏语 Ⅳ. ①B992.4-53

中国版本图书馆CIP数据核字(2024)第095473号

哲霍曲吉加措文集（全三册）

整　　理　玛哈师利古籍整理室
责任编辑　扎西桑珠
责任印制　达　　珍
出版发行　西藏人民出版社（拉萨市林廓北路20号）
印　　刷　西藏新华印刷有限公司
开　　本　787×1092　1/16
总 印 张　91.375
字　　数　800千
版　　次　2024年11月第1版
印　　次　2024年11月第1次印刷
印　　数　01-2,000
书　　号　ISBN978-7-223-07694-4
定　　价　280.00元（全三册）

发行部联系电话（传真）：0891-6826115

གང་གིས་བདག་གི་སེམས་ཀྱི་གསང་། །ཕྱག་རྒྱ་ཆེ་ལ་ངོ་སྤྲོད་པའི། །
བཀའ་དྲིན་ཉེ་བར་སྟོན་པའི་མགོན། །ཆོས་ཀྱི་རྒྱ་མཚོ་ལ་ཕྱག་འཚལ། །

ཇོ་ནང་ཀུན་དགའ་གྲོལ་མཆོག་གིས།

༄༅། །དེ་ཡང་གངས་ཅན་ཁ་བའི་ལྗོངས་སུ་སངས་རྒྱས་ཀྱི་བསྟན་པ་དར་ནས་ད་ལྟའི་བར་དུ་མཁས་གྲུབ་རིམ་པར་བྱོན་པ་རྣམས་ཀྱི་སྒྲོང་བ་དམར་འཁྲིད་དང་། གདམས་ངག་ཁྲིན་ཅན། ཤེས་རབ་ཀྱི་ཆུ་བོ་གཅིག་ཏུ་བསྒྲིལ་བའི་གཞུང་ལུགས་སོགས་གསུང་རབ་རྒྱ་མཚོ་ལྟ་བུར་བཞུགས་པ་རྣམས་ལས་དུ་མ་ཞིག་དུས་དབང་གིས་དཔེ་རྒྱུན་ཤིན་ཏུ་དཀོན་པས་མཇལ་དཀའ་བའི་གནས་སུ་གྱུར་པ་རྣམས་མི་ཉམས་དཔེ་རྒྱུན་སྤེལ་བའི་ཆེད། ཁོ་བོས་མེ་ཏོག་ཆུང་ཡང་ལྷ་རྫས་ཀྱི་དཔེ་ལྟར་བསྟན་འགྲོའི་སྤྱི་ཞུ་ལ་གནད་སྨིན་རེ་ཡོང་རམ་སྙམ་སྟེ། ༼ མ་ཏྲཱ་ཤྲཱི་གསུང་རབ་གླིང་ ༽ ཞེས་པ་གསར་བཙུགས་གཉེར་སྐྱོང་གིས་བསྟན་པའི་སྲོག་སྙིང་གསུང་རབ་རིན་ཆེན་རྣམས་སྤར་རྫེས་ཤུལ་འཛིན་དང་། ཕྱི་རྗེས་དར་སྤེལ་གྱི་རྐྱེན་དུ་བསྒྲོམས་ཏེ། རིས་མེད་ཀྱི་གསུང་རབ་རིམ་པར་དཔར་བསྐྲུན་ཞུས་དང་ཞུ་འཆར་ལགས་པས། འདིས་ཀྱང་བསྟན་པ་ཡུན་རིང་དུ་གནས་པ་དང་། རྩ་བའི་བླ་མའི་ཐུགས་དགོངས་དགྱེས་པའི་རྒྱུ་རུ་འགྱུར་བའི་སྨོན་ལམ་དང་བཅས།

དཔའ་བོ་སྐུ་ཕྲེང་བཅུ་གཅིག་པ་གཙུག་ལག་སྨྲ་བའི་སྒྲ་དབྱངས་ཀྱིས།

དཀར་ཆག །

༄༅། །གཅོད་གདན་ཐོག་གཅིག་མའི་ཁྲིད་ཡིག་ཕྲིན་ལས་རྒྱ་མཚོ་ལས། ནམ་མཁའ་སྒོ་འབྱེད་ཀྱི་རྒྱབ་ཆོས་ཀྱི་ངོ་སྤྲོད་མ་ཚང་བ་ཁ་བསྐང་བའི་ལུང་སྦྱོར་ཆེན་པོ་བཞུགས་སོ། །

བླ་མ་དང་མཁའ་འགྲོའི་ཚོགས་ལ་ཕྱག་འཚལ་ལོ། །གཅོད་ནམ་མཁའ་སྒོ་འབྱེད་ཀྱི་རྒྱབ་ཆོས་ཀྱི་མ་ཚང་བ་ཁ་བསྐང་བའི་ལུང་སྦྱོར་ཆེན་མོ་རྣམས་ལ་ངོ་སྤྲོད་པར་བྱ་སྟེ། རྣལ་འབྱོར་པས་ཇི་ལྟར་ཉམས་སུ་བླང་བར་བྱེད་པ་ལ་རིམ་པ་ལྟར་ཉམས་དང་སྦྱོང་བས་དྲོད་ཚད་བསྐྱེད་དགོས་ཏེ། དེ་ལ་ཡང་དང་པོ་གནས་དབེན་པར་འགལ་རྐྱེན་མེད་ཅིང་། མཐུན་རྐྱེན་བསྒྲུབ་པར་བྱས་ནས། ལུས་གནད་བསྲུངས་ཏེ། སྐད་ཅིག་ཀྱང་མ་ཡེངས་པར་རླུང་སེམས་གནད་དུ་ཚུད་པས། དགེ་སྡིག་ཚང་བུ་བརྡིབ་པ་ཡིས། །དཀར་ནག་ལས་ཀྱིས་མ་གོས་པར། །འདུན་པའི་དྲི་མ་དག་ཙམ་ན། །དགེ་འདུན་མི་བརྗེད་གཟུངས་ཐོབ་ཡིན། །དེ་ལ་ཡང་། རྟགས་བཅུ་དང་ཡོན་ཏན་བརྒྱད་སོགས་རིམ་པ་ལྟར་འོང་བ་སྟེ། རླུང་རྒྱ་ཧྲིར་ཚུད་པས་སའི་རླུང་ཟིན་པ་ཡིན་ཏེ། དུ་བ་ལྟ་བུ། རྒྱང་མ་ཏུ་ཚའི་རླུང་ཟིན་པའི་དུས་སུ་སྨིན་བུ་མར་མེ་ལྟ་བུ་འབྱུང་སྟེ། ཡང་དག་པའི་ཆོས་ཉིད་ལ་དབང་བ་ཡིན། ཕྱིའི་ཕན་ཡོན་ནི། མར་མེ་ལྟ་བུ། ས་དབང་དུ་འདུས་པའི་ཡོན་ཏན་ནི། ལུས་སྲ་བ་དང་། མཁྲེགས་པ་དང་། གཟུགས་བཟང་པོ་འབྱུང་

ངོ། །ཆུ་དབང་དུ་འདུས་པའི་ཡོན་ཏན་ནི། སྐམ་ཤས་ཆེ། མེའི་ཡོན་ཏན་ནི་དྲོད་ཆེ། གཟི་མདངས་ཆེ། སྐབས་སྐབས་སུ་ཙི་ཟོས་འཛུ་ཞིང་དང་ཁ་བདེ། རླུང་གི་ཡོན་ཏན་ནི། ལུས་ཡང་ཞིང་འགྱོགས་པ་དང༌། གཡང་སོགས་ལ་ལྡང་བ་དང༌། འབྱུང་བའི་དགྲ་ཡིས་མི་སྐྱིག་པ་འབྱུང༌། ནམ་མཁའི་ཡོན་ཏན་ནི། ནམ་མཁའ་ལྟ་བུར་རྟོགས་པ་ཡིས། །ཉིན་མཚན་དབྱེ་བ་མེད་པ་དང༌། །ཆོས་ཉིད་མངོན་སུམ་རྟོགས་པ་འབྱུང༌། །ཉི་མའི་ཡོན་ཏན་ནི། རང་ལུས་གཞན་གྱིས་མི་མངོན་པ་འབྱུང༌། ཟླ་བའི་ཡོན་ཏན་ནི། ལུས་ལ་གཉེར་མ་དང་སྐྱིན་བུ་མི་འབྱུང་ཞིང་ཤ་བཀྲག་དཀར་བ་འབྱུང༌། ཡོན་ཏན་ཐམས་ཅད་རྫོགས་པའི་དུས་སུ། ལུས་ས་ཆུ་གང་ལ་ཡང་ཐོགས་རྡུགས་མེད་པ་དང༌། སེམས་བདེ་སྟོང་སྤྲོས་བྲལ་དུ་འཆར་ཞིང༌། སེམས་ཀྱི་ཉམས་སྣང་ལ། ཉི་མ་འཕེལ་ཞིང་འཁྲིམས་པས། ནམ་མཁའ་ལ་ཉི་མ་མང་པོ་ཤར་བ་དང༌། ལྗང་པ་མེའི་རང་བཞིན་དུ་འབར་བ་དང༌། ས་གཞི་ལ་མེ་ཏོག་དམར་པོས་ཁེབས་པ། ལྗང་པ་ལ་སོགས་མཐོང་ཚད་དམར་པོའི་ཉམས་སྣང་འབྱུང༌། ཟླ་བ་འཕེལ་ཞིང་འཁྲིམས་པས། ནམ་མཁའ་ལ་ཟླ་བ་དང་སྐར་མས་ཁེངས་པ་ལ་ཆར་བབ་པ། ས་གཞི་ཐམས་ཅད་དཀར་པོ་ལ་མེ་ཏོག་དཀར་པོས་ཁེངས་པའི་ཉམས་སྣང་འོང༌། ནམ་མཁའི་རྟགས་སུ་ཐོག་དང་མགོ་ཐིབས་མེད་པར་ཏར་པོར་སོང་བའི་ཉམས་སྣང་འོང༌། རླུང་གི་ཉམས་ལ་ནམ་མཁའ་ལ་འཕུར་བ། མཚོ་ལ་རྐྱལ་རྒྱབ་པ་དང༌། མི་འཕྲིངས་བར་ཕྱིན་པ་དང༌། མངོར་ན་དེ་མཐུན་མང་པོ་འོང༌། ལུས་ཉམས་ལ་འཕར་བ་དང༌། སྤྲུག་པ་སོགས་བདེ་ཉམས་སྣ་ཚོགས་པ་ཞིག་འོང་སྟེ། དེ་ཐུན་མོང་གི་རྟགས་ཡིན།

མཆོག་གི་རྟགས་ལ་ནི། རང་དོན་ཆོས་སྐུ་སྤྲོས་དང་བྲལ་བ་ལ། གཞན་དོན་

ཏུ་གཟུགས་སྐུ་རྣམ་གཉིས་ཀྱིས་འགྲོ་བའི་དོན་འགྲུབ་པ་འབྱུང་བའོ། དེ་ཡང་དེ་གསལ་གཉིས་ཀྱིས་ལོངས་སྐུ་ཐོབ་པ་ཡིན་ཏེ། དེ་སོ་སོར་དབྱེ་ན། བདེ་བ་སྤྲུལ་སྐུར་བཞེད་པ་དང་། གསལ་བ་ལོངས་སྐུར་བཞེད་པ་ཡོད་ལ། ལ་ལ་ཡིས་གསལ་བ་སྤྲུལ་སྐུ་དང་། བདེ་བ་ལོངས་སྐུར་བཞེད་པའོ། །འཕོ་འགྱུར་མེད་པའི་སྒོམ་པ་ལ། མི་རྟོག་པ་ལ་ཆོས་སྐུ། ཟུང་འཇུག་ལ་མཉམ་ཉིད་ངོ་བོ་ཉིད་ཀྱི་སྐུ། མཐའ་དབུས་མེད་པ་རྡོ་རྗེའི་སྐུ། དགོངས་པ་ཐམས་ཅད་མཐུན་པ་ལགས་སོ། །བསླབ་གསུམ་ལྡན་ཅིང་དམ་ཚིག་གཙང་བས་ན་མཁའ་འགྲོ་འདུ་བའི་རྟགས་ཏེ། དེ་ལ་དང་པོར་ཆོས་བྱས་པའི་མི་ཏོག་ལ། སྤྱན་རྣམ་པ་ལྔ་དང་། མངོན་ཤེས་དྲུག །མི་བརྗེད་པའི་དྲན་པ་དྲུག་ལ་སོགས་པ་ཐོབ་ཅིང་། དེ་ཡིས་དཔའ་བོ་མཁའ་འགྲོ་རྣམས་འདུ་བ་སྟེ། དེ་ལ་སྤྱན་ལྔ་ནི། ཤའི་སྤྱན། ལྷའི་སྤྱན། ཆོས་ཀྱི་སྤྱན། ཤེས་རབ་ཀྱི་སྤྱན། སངས་རྒྱས་ཀྱི་སྤྱན་དང་ལྔའོ། །དང་པོ་ཤའི་སྤྱན་གྱི་རྒྱུ་ཟག་བཅས་ཀྱི་དགེ་བ་ལས་འབྱུང་བ་སྟེ། གང་གིས་ཡང་སྒྲིབ་བྱེད་མི་ནུས། ཡུལ་རྒྱ་ཆེན་པོ་མཐོང་བའོ། །དེ་རྒྱལ་པོ་ཆེན་པོ་བཞི་ལ་ཡོད་པར་གསུངས། རྣལ་འབྱོར་པའི་རྩལ་ཉམས་ལ་འབྱུང་སྟེ། ཉམས་ཀྱི་འོད་གསལ་གྱིས་གཟིགས་པའོ། །

གཉིས་པ་ལྷ་ཡི་སྤྱན་ནི། རྒྱུ་ཟག་བཅས་ཀྱི་རྟོག་པ་འཁོར་གསུམ་ཡོངས་སུ་དག་པ་ལ་འབྱུང་། ཡོན་ཏན་རྣམས་གསལ། སྣོད་བཅུད་ཐམས་ཅད་དུས་གཅིག་ལ་གཟིགས་པ་ཡོད་པ་སྟེ། དེ་སུམ་ཅུ་རྩ་གསུམ་གྱི་ལྷ་རྣམས་ལ་ཡོད། རྣལ་འབྱོར་པ་ལ་སྦྱོར་ལམ་གྱི་སྙིང་དུ། དེ་ལྟ་བུའི་ཕྱི་ནང་གི་ཡོན་ཏན་རྒྱུད་ལ་སྐྱེ་བའོ། །

གསུམ་པ་ཆོས་ཀྱི་སྤྱན་ནི། རྒྱུ་ཚོགས་རྣམ་པ་གཉིས་ཟུང་འཇུག་ཏུ་བསགས་པ་ལས་འབྱུང་ཡོན་ཏན་རང་དོན་ཆོས་སྐུའི་གདན་ས་མཐོང་ཅིང་གཞན་གྱི་དོན་

དུ་གཟུགས་སྐུ་ཚད་མེད་པ་བཞིའི་སྒོ་ནས་སེམས་ཅན་གྱི་དོན་འགྲུབ་པ་ཡོད། དེ་ས་ཆེན་པོ་ལ་གནས་པའི་བྱང་ཆུབ་སེམས་དཔའ་རྣམས་ལ་ཡོད། རྣལ་འབྱོར་པས་ཆོས་ཉིད་ཀྱི་བདེན་པ་མཐོང་ནས། དེ་ལྟ་བུའི་ཡོན་ཏན་ཐོབ་པའོ། །

བཞི་པ་ཤེས་རབ་ཀྱི་སྤྱན་ནི། རྒྱུ་ཡེ་ཤེས་ཀྱི་ཚོགས་འཁོར་ཡུག་ཏུ་བསྒྲུབས་པ་ལས་འབྱུང་། ཡོན་ཏན་སྣང་སྲིད་འཁོར་འདས་ཀྱི་ཆོས་ཐམས་ཅད་རང་རེའི་ཤེས་རྒྱུད་ཀྱི་སྟེང་དུ་རྟོགས་ཏེ། འཁོར་འདས་ལམ་གསུམ་གྱིས་བསྡུས་པའི་ཆོས་ཐམས་ཅད་ཐེ་ཚོམ་དང་ཡིད་གཉིས་ལ་སོགས་པའི་མི་བདེ་བ་མེད་པའི་གདེང་ཐོབ་སྟེ། སངས་རྒྱས་དང་དམྱལ་བའི་འཚང་རིག །བར་ལག་འགྲེལ། བཙུན་ཁུངས་བཟོད། རེ་དོགས་དང་བྲལ་བའོ། །དེ་སྒོམ་རོ་གཅིག་རྟོགས་པའི་རྟོགས་ལྡན་ཆེན་པོ་ཚོ་ལ་ཡོད། ད་ལྟ་སྐལ་ལྡན་རྣམས་ཀྱིས་བསྒོམས་ནས་འབྱོན་པ་ཡིན།

ལྔ་པ་སངས་རྒྱས་ཀྱི་སྤྱན་ནི། ཚོགས་གཉིས་ཡོངས་སུ་རྫོགས་པ་དང་སྒྲིབ་གཉིས་ཡོངས་སུ་བྱང་བ་དང་། ཟག་པ་ཐམས་ཅད་དང་བྲལ་བ་དང་། ཤེས་བྱའི་དྲི་མ་དག་པ་དང་། རྣམ་པར་མི་རྟོག་པ་ཐོབ་སྟེ། ཡོན་ཏན་ནི་སྐུ་ལྔ་དང་། ཡེ་ཤེས་ལྔ། མ་འདྲེས་པའི་ཆོས་བཅོ་བརྒྱད་རྣམས་ཐོབ་པའོ། དེ་སངས་རྒྱས་ཀྱི་ས་ན་ཡོད་པའོ། །

ཡེ་ཤེས་ལྔ་ནི། དབྱིངས་ཆེན་ལྷུན་གྲུབ་ཆོས་ཀྱི་དབྱིངས། །གཉིས་མེད་འོད་གསལ་མེ་ལོང་ཉིད། །ཤུགས་འབྱུང་སྣང་ཡངས་སོར་རྟོག་ལ། །འཛིན་རྟོག་དྲི་མེད་བྱ་བ་གྲུབ། །གཉིས་སུ་མེད་གཟིགས་མཉམ་པ་ཉིད། །དེ་རྣམས་ཡེ་ཤེས་ལྔ་ལགས་སོ། །ཆོས་སྐུ་ཆེ་བའི་ཡོན་ཏན་ཆོས། །གནས་དང་གནས་མིན་ལས་རྣམས་ཀྱིས། །རྣམ་སྨིན་དང་ནི་དབང་པོ་དང་། །ཁམས་རྣམས་དང་ནི་མོས་

པ་དང་། །ཀུན་འགྲོ་ལམ་དང་བསམ་གཏན་སོགས། །ཉོན་མོངས་དྲི་མ་མེད་པ་དང་། གནས་ནི་རྗེས་སུ་དྲན་པ་དང་། ལྷ་ཡི་མིག་དང་ཞི་བ་དག །མཁྱེན་པའི་སྟོབས་ནི་རྣམ་པ་བཅུའོ། །ཆོས་སྐུ་རྫོགས་པར་བྱང་ཆུབ་དང་། །གེགས་ནི་འགོག་པར་བྱེད་པ་དང་། །ལམ་སྟོན་པ་དང་འགོག་སྟོན་དང་། །མི་འཇིགས་པ་དང་རྣམ་བཞི་འོ། །འཁྲུལ་དང་ཙ་ཅོ་མི་མངའ་སྟེ། །སྟོན་པ་བསྙེལ་བ་མི་མངའ་འོ། །མཉམ་པར་མ་བཞག་ཐུགས་མི་མངའ། །འདུ་ཤེས་སྣ་ཚོགས་ཀྱང་མི་མངའ། །མ་བརྟགས་བཏང་སྙོམས་མི་མངའ་འོ། །འདུན་པ་བརྩོན་འགྲུས་དྲན་པ་དང་། །ཏིང་ངེ་འཛིན་དང་ཤེས་རབ་དང་། །རྣམ་པར་གྲོལ་བ་ཉམས་མི་མངའ། །འདས་དང་མ་འོངས་ད་ལྟ་ལ། །ཡེ་ཤེས་མ་ཐོགས་མ་ཆགས་པའོ། །སྐུ་གསུང་ཐུགས་ཀྱི་ཕྲིན་ལས་ནི། །ཡེ་ཤེས་སྔོན་འགྲོ་རྗེས་སུ་འཇུག །དེ་ལྟར་མ་འདྲེས་བཅོ་བརྒྱད་དོ། །

དེ་ལྟར་སྟོབས་བཅུ། མི་འཇིགས་པ་བཞི། མ་འདྲེས་པའི་ཆོས་རྣམས་སངས་རྒྱས་ཁོ་ནའི་ཁྱད་ཆོས། རྣལ་འབྱོར་པས་བརྩོན་འགྲུས་བསྐྱེད་ནས་ད་ལྟ་བསྒོམས་ན་རིང་པོར་མི་ཐོགས་པར་གདན་ཐོག་གཅིག་གི་སྟེང་དུ་འགྲུབ་པར་ཐེ་ཚོམ་མེད་པར་མདོ་རྒྱུད་ཐམས་ཅད་ནས་ཞལ་འཆམ་པར་གསུངས་པ་ཡིན་པས་བརྩོན་འགྲུས་བསྐྱེད་ཅིག །ད་ལྟ་ལུས་འདི་ཡི་ཐོག་ནས་རྣལ་འབྱོར་གྱི་ཕོ་ཤན་ཕྱེ། འཁོར་འདས་ཀྱི་འཁྲུལ་ཤན་ཕྱེ། ཏལ་ཀ་སྐྱོམ་ཐག་ཆུ་ནང་དུ་གཅོད་དགོས་པའི་དུས། ད་ལེན་ལུས་འདིའི་ཐོག་ནས་བྱ་དགོས་པ་ཡིན་ནོ། །ཚེ་འདི་ལ་ལོ་ཡོ་དང་བཏང་སྙོམས་ལ་བཏང་ནས་འཇིག་རྟེན་གྱི་ཆེ་འདོད་དང་གྲགས་འདོད་ལ་བཏང་ཞིང་། ཆོས་ཕྱི་མ་ལ་བསྒྲུབ་པའི་སྒྲོན་ལམ་བྱས་ན་ཐོག་ཏུ་ཕོག་པའི་

ཆ་མེད་པས་ད་ལྟ་སྙིང་ཏུས་བསྐྱེད་ཅིག །ཨ་མའི་བུ་ཚ་དགོངས་མཛོད་ཅིག །

མངོན་ཤེས་དྲུག་ལ་ངོ་སྤྲོད་པ་ནི། ཚོགས་དྲུག་ལ་ཐོབ་པའི་ཡོན་ཏན་དེ་རྣམས་ལས་མ་བསྐྱེད་པ་དང་། མ་ཇོགས་པ་མེད་པ་སྟེ། རྒྱན་ནི་འཁོར་འདས་བདེ་སྡུག་བསྐྱེད། ཇོགས་ནི་དགེ་འབྲས་དུག་འབྲས་ཇོགས། ཞེས་པ། ད་ལྟ་དགེ་འབྲས་ཡོན་ཏན་སྟོན་ཏེ། དྲང་དོན་གྱི་དབང་དུ་བྱས་ན། མིག་གི་མངོན་ཤེས་ཀྱིས་འདས་མ་འོངས་ད་ལྟར་དུས་གསུམ། མི་མཇེད་འཇིག་རྟེན་ཁམས་ཀྱི་གཟུགས་དང་ཁ་དོག་དབྱིབས་རྣམས་མཐོང་ཞིང་ཚོར་ལ། དེ་བཞིན་དུ་སྒྲ་དང་དྲི་དང་རོ་དང་རེག་བྱའི་ཚོགས་མཐོང་ཚོར་ཐམས་ཅད་གཏན་ལ་ཕེབས་པ་ལ་སོགས་པའི་རྣམ་པར་ཤེས་པའི་མངོན་ཤེས་ནི། སྤྱིར་གྱིས་རྒྱུ་ཀུན་ཁྱབ་ཀྱི་མཁན་པོ་ཡིན་ལ། ཡང་སྣོས་སུ་སེམས་ཅན་རྣམས་ཀྱི་ཤེས་རྒྱུད་ཐམས་ཅད་ཇི་ལྟ་བ་བཞིན་ཤེས་པའོ། །དེ་ཡང་རང་ལས་རྟོགས་པ་མཐོ་བའི་ལམ་གོང་མ་རྣམས་ཀྱི་དགོངས་པ་མི་ལོན་པར་གསུངས་སོ། །ངེས་དོན་གྱི་དབང་དུ་བྱས་ན། དེ་དག་ཐམས་ཅད་ཀུང་རྫུན་སྣང་ལས་གྲུབ་ཅིང་མ་འདས་ཏེ། སྣང་སྲིད་ཐམས་ཅད་ལྷུན་གྲུབ་ཀྱི་དབྱིངས་སུ་དག །འགྱུར་མེད་ཀྱི་བརྟན་པ་ཐོབ། ཤེས་འཛིན་གྱི་མཁན་པོ་ཡལ། རང་གྲིབ་ཀྱི་མུན་པ་སངས། རྟོག་འཛིན་གྱི་ན་བུན་ཡལ། ནམ་མཁའི་དབྱིངས་སུ་འདྲེས། ངར་འཛིན་གྱི་སྟོང་པོ་འགྱེལ། ནོར་བུའི་སྙིང་དུ་གསེར་ཐིག་པོར། རྒྱ་མཚོའི་དབྱིངས་སུ་ཁ་ཆར་བབ། སྲིན་བྲལ་བས་འཇའ་ཚོན་ཡལ། ཟེར་དང་བྲལ་བས་ཤེལ་འོད་འགྲིབ། ཁྲིམ་དང་བྲལ་བས་མུན་པ་སངས། བར་སྣང་ཁམས་སུ་མ་འདྲེས་ཇོགས། དེ་ན་བར་དོའི་མིང་ཡང་མེད། དེ་བཞིན་མངོན་ཤེས་གཏིང་ཤེས་སོ། །གཉིས་སུ་དབྱེ་བའི་ཡུལ་མ་གྲུབ། བདག་ཉིད་ཆེན་པོའི་

དོན་རྟོགས་ནས། ཡང་དག་དོན་གྱི་མངོན་ཤེས་སོ། །

རྗེས་དྲན་དྲུག། སངས་རྒྱས་རྗེས་སུ་དྲན་པ། ཆོས་རྗེས་སུ་དྲན་པ། དགེ་འདུན་རྗེས་སུ་དྲན་པ། ལྷ་རྗེས་སུ་དྲན་པ། སྟོང་པ་རྗེས་སུ་དྲན་པ། གནས་རྗེས་སུ་དྲན་པ་དང་དྲུག་སྟེ། དེའི་སྟེང་དུ་བླ་མ་དང་། སེམས་ཅན་རྗེས་སུ་དྲན་པའོ། །དེ་ལ་ཡང་དྲང་དོན་ངེས་གཉིས་ཏེ། །དྲང་དོན་ཙམ་ནི་གོ་བར་སླ། །ངེས་དོན་གྱི་དབང་དུ་བྱས་ན། །བླ་མ་ལ་སྐུ་དྲིན་མོས་གུས་དང་། །རང་སེམས་དབྱེ་རུ་མེད་པ་ཡི། །དག་པའི་དབྱིངས་སུ་འདྲེས་ཙམ་ན། །བླ་མ་མི་རྗེད་གཟུངས་ཐོབ་ཡིན། །སངས་རྒྱས་སེམས་ཅན་རང་སེམས་གསུམ། །ཐ་མི་དད་པར་ཐག་ཆོད་པའི། །རྡོ་རྗེ་སེམས་དཔར་གྱུར་པ་ན། །སངས་རྒྱས་མི་རྗེད་གཟུངས་ཐོབ་ཡིན། །འཁོར་འདས་གཉིས་ཀྱི་འཚང་རིག་ན། །ཆོས་རྣམས་རང་བཞིན་ཉིད་དུ་ཟད། །བྱ་བྱེད་འབད་རྩོལ་དྲི་མ་དག །ཆོས་ལ་མི་རྗེད་གཟུངས་ཐོབ་ཡིན། །དགེ་སྡིག་ཚང་བུ་བཟིབ་པ་ཡིས། །དཀར་ནག་ལས་ཀྱིས་མ་གོས་པ། །འདུན་པའི་དྲི་མ་དག་ཙམ་ན། །དགེ་འདུན་མི་རྗེད་གཟུངས་ཐོབ་ཡིན། །རིགས་ལྔ་རང་བཞིན་ལྷུན་གྲུབ་ལ། །བསྒྲུབ་བློའི་ཐོབ་འདོད་ཟད་པ་ཡི། །བཅོས་བསླད་སྐྱོན་གྱིས་མ་གོས་ན། །ལྷ་སྐུ་མི་རྗེད་གཟུངས་ཐོབ་ཡིན། །དུས་གསུམ་ངོ་བོ་ཉིད་དུ་རྟོགས། །སྣང་སྲིད་སྟོང་ཉིད་དབྱིངས་སུ་དག །འཁོར་འདས་མ་འདྲེས་ཡོངས་རྫོགས་པས། །སྟོང་ཉིད་མི་རྗེད་གཟུངས་ཐོབ་ཡིན། །བདག་དང་སེམས་ཅན་སྙིང་རྗེ་གསུམ། །ཆོས་ཉིད་ངང་དུ་རོ་གཅིག་པས། །བཟང་ངན་མེད་པར་རྟོགས་ཙམ་ན། །སེམས་ཅན་མི་རྗེད་གཟུངས་ཐོབ་ཡིན། །དེ་རྣམས་ནི་མི་རྗེད་གཟུངས་ཐོབ་ཀྱི་དྲན་པ་ངོ་སྤྲོད་པའོ། །མཚན་བརྗོད་ལས། མངོན་ཤེས་དྲུག་ལྡན་རྗེས་

དྲན་དྲུག་ཅེས་གསུངས་པའི་དོན་ཡིན་ནོ། །

མཁའ་འགྲོ་འདུ་བ་ནི། གནས་གསུམ་མཁའ་འགྲོ་ཞེས་པ་ནི། རྣལ་འབྱོར་པའི་ལམ་གསུམ་ལ་གནས་པ་ཡིན་ཏེ། ཚོགས་ལམ་ལ་གནས་ནས་ཐུན་མོང་གི་དངོས་གྲུབ་སྟེར། མཐོང་ལམ་ལ་གནས་ནས་མཆོག་གི་དངོས་གྲུབ་སྟེར། སྒོམ་ལམ་ལ་གནས་ནས་གཉིས་སུ་མེད་པ། དེ་བཞིན་རྣལ་འབྱོར་པའི་རྒྱུད་ལ་ཡོན་ཏན་སྐྱེས་པའི་དུས་ན། མཁའ་འགྲོ་རྣམས་དང་སྐལ་བ་མཉམ་པ་ཡིན་ནོ། །ཇི་ལྟ་བའི་རྟོགས་པ་རྒྱུད་ལ་སྐྱེ་བའི་དུས་སུ་མི་འགྱུར་བའི་ཆོས་ཉིད་ལ་བརྟན་པ་ཐོབ་སྟེ། སངས་རྒྱས་མཁའ་འགྲོ་རྣམས་དང་སྐལ་བ་མཉམ། ཕན་བདེ་བྱང་ཆུབ་ཀྱི་སེམས་ཁྱད་པར་ཅན་རྒྱུད་ལ་སྐྱེས་པས། སེམས་ཅན་རྣམས་ཀྱི་འདོད་དགུའི་འབྱུང་གནས་སུ་འགྱུར་ཏེ། རིན་ཆེན་རིགས་ཀྱི་མཁའ་འགྲོ་རྣམས་དང་སྐལ་བ་མཉམ། ཉམས་མྱོང་གི་གློང་རྡོལ། ཡེ་ཤེས་ཀྱི་ལམ་དབྱེ། མི་རྗེད་ཀྱི་གཟུངས་ཐོབ། ཆོས་རྣམས་ཐོགས་མེད་དུ་སྨྲ་བའི་དུས། པདྨ་རིགས་ཀྱི་མཁའ་འགྲོ་དང་སྐལ་བ་མཉམ། བདག་གཞན་གྱི་དོན་རྣམས་འབད་མེད་ལྷུན་གྲུབ་ཏུ་འགྲུབ་ཙམ་ན། ལས་ཀྱི་མཁའ་འགྲོ་དང་སྐལ་བ་མཉམ། ཇི་སྙེད་པ་མཁྱེན་ཅིང་། ཤེས་སྒྲིབ་མ་ལུས་པ་དག་པས། བདག་གཞན་སྣང་སྲིད་འཁོར་འདས་ཐམས་ཅད་གཉིས་སུ་མེད་པ་ཟུང་དུ་འཇུག་པ། རྡོ་རྗེ་རིགས་ཀྱི་མཁའ་འགྲོ་རྣམས་དང་སྐལ་བ་མཉམ་པ་ཡིན་ནོ། །

དེ་ལྟར་མཁའ་འགྲོ་འདུ་བའི་རྟགས་ལ་ནི། བུད་མེད་དཀར་དམར་ཁྲ་གསུམ་དཔག་ཏུ་མེད་པས་ལུང་སྟོན་པ། ཆོས་ཐོས་མ་མྱོང་བ་མང་པོ་ཤེད་པ་དང་། འདྲི་བ་དང་། མདའ་དར་སྣ་ཚོགས་འཕྱར་བ། ཟ་མ་མྱོང་བའི་ཟས་སྟེར་བ། འཐུང་མ་

སྤྱོང་བའི་སྐོམ་སྐྱེར་བ། གོན་མ་སྤྱོང་བའི་གོས་བཀན་པ། འདོགས་མ་སྤྱོང་བའི་རྒྱན་ཆ་འདོགས་པ། འཛའ་དང་དར་སྣ་ཚོགས་ཀྱི་གུར་འབིགས་པ། སྡོད་པའི་ཁྲི་མཐོན་པོ་བརྩིག་པ། ཕྲུག་རྟེན་དང་འབུལ་བ་སྣ་ཚོགས་བྱེད་པ། རོལ་མོའི་སྒྲ་སྣ་ཚོགས་པ་དེ་རང་ལ་ཡང་སྐྱེར་ཅིང་། ཕོ་རང་ཚོ་ཡང་འཁྲོལ་བ། མེ་ལོང་དང་གསེར་གཡུ་གཟི་ལ་སོགས་པའི་བཛ་ཆོས་མང་པོ་སྟོན་པ་དང་། དེ་རྣམས་ཀྱི་དོན་ཤོད་པ་དང་། དབང་བསྐུར་བ། ཆོས་མི་ཤེས་པའི་ལག་ཁྲིད་སྟོན་པ་བརྩོན་འགྲུས་བསྐུལ་བ་དང་། དྲན་པ་གསོ་བ། ཇེད་བསྐུལ་ལ་སོགས་སྣ་ཚོགས་པ་ཞིག་ཡོང་སྟེ། བརྗོད་ཀྱིས་མི་ལང་ངོ་། །དཔའ་བོ་རྣམས་ཀྱང་གོང་དང་འདྲ་སྟེ། མི་ནག་པོ་མང་པོས་གོང་བཞིན་བྱེད་པ་སྐྱེ་གོ་བར་སླའོ། །དཔའ་བོ་མཁའ་འགྲོའི་རྟགས་ཟུར་ཙམ་མོ། །

དེ་བཞིན་ལམ་རྟགས་རིམ་པ་བཅུ་གཉིས་འབྲེལ་པ་བྱས་ནས་བསྟན་པ་རྣམས་ཀྱང་། ངེས་དོན་ཁོ་ནར་བསྟན་པ་ཚོ་མཆོག་གི་རྟགས་ཡིན་ཏེ། དྲང་དོན་དུ་བསྟན་པ་ཐམས་ཅད་ནི་ཐུན་མོང་གི་རྟགས་སོ། །ནམ་མཁའ་ལ་འཕུར་བ་དང་། ཆུ་ལ་མི་བྱིང་བ། དབང་བསྐུར་བ་དང་ལུང་སྟོན་པ། མདོར་ན་གོང་དུ་བསྟན་པ་རྣམས་ཐམས་ཅད་ལ་ཡོང་བས་ན་ཐུན་མོང་སྟེ། ལྷ་ཡི་བྱིན་རླབས་མ་ཡིན་པ། འདྲེས་བྱིན་གྱིས་བརླབས་ཀྱང་ཡོང་པར་གསུངས་པས་བརྟག་པ་ལེགས་པར་བྱེད་པ་ཡིན་ལ། ཐུན་མོང་མ་ཡིན་པའི་རྟགས་རྣམ་པ་གཉིས་ཡོད་དེ། ལྷ་ཡིས་བྱིན་གྱིས་བརླབས་ཤིང་ཆོས་ལམ་དུ་སོང་བའི་རྟགས་དང་། སྡུག་འདྲེས་བྱིན་གྱིས་བརླབས་ཤིང་། བདུད་དང་བར་ཆད་ཀྱི་རྟགས་གཉིས་སོ། །དེ་ལ་དང་པོ་ལྷའི་རྟགས་ནི། ཞི་བ། དུལ་བ། འདོད་པ་ཆུང་བ། རྒྱུད་དུལ་བ། རྟགས་ལ་རློམ་

སེམས་ང་རྒྱལ་མེད། འདུས་བྱས་ཐམས་ཅད་རྨི་ལམ་སྒྱུ་མར་ཤེས་པ་དེ་ནི་ཆོས་ལམ་དུ་སོང་ཞིང་ལྷ་ཡིས་བྱིན་གྱིས་བརླབས་པའི་རྟགས་སོ། །

འདྲེ་ཡིས་བྱིན་བརླབས་བདུད་ཀྱི་རྟགས་ལ། འདོད་པ་ཆེར་འགྲོ། ཉེ་འབྲེལ་དང་། ནོར་ལ་སྲེད་པས་དགོན་པར་མི་ནུས། དགེ་སྦྱོར་བྱས་ན་ཁམས་འདུས་ཡོང་ཞིང་བྱེད་མི་ཚུགས། སྡོད་སྙིང་མི་འདོད། འགྲོ་ལ་དགའ། གཅིག་པུར་མི་ཚུགས་ཟླ་བོ་རྩི། ཡོན་ཏན་ཆུང་ལ་ང་རྒྱལ་ཆེ། །རྒྱུ་འབྲས་མེད་ཅིང་ཁ་ལྟ་མཐོ། །བླ་མས་ཅི་གསུང་ཡོག་པར་མཐོང་། །དག་སྣང་ཆུང་ལ་ཕྲག་དོག་ཆེ། །ཆོས་འདུན་ཆུང་ལ་ནོར་འདུན་ཆེ། །བདག་བསྟོད་གཞན་ལ་སྨྲ་བ་དང་། །རྨི་ལམ་ཆེད་འཛིན་ཆེ་བ་དང་། །རྟགས་ལ་བློ་ཞེན་ང་རྒྱལ་ཆེ། །ཉན་བཤད་དུས་སུ་བསྒོམ་སྙིང་འདོད། །བསྒོམ་པའི་དུས་ན་ཉན་སྙིང་འདོད། །རྒྱ་དང་བཅས་པ་ཀུན་དང་བྲལ། །ཆོས་མིན་སྤྱོད་པ་སྣ་ཚོགས་ཡོང་། །དེ་དུས་མཚན་མོའི་རྨི་ལྟས་ཡང་། བླ་མས་བཀའ་སྐྱོན་ཕྱོན་པ་དང་། ན་བཟའ་ནག་ལ་རྟུལ་བ་བཞེས་པ་དང་། སྐྱུ་ཚད་ཆུང་དུ་སོང་བ་རྨི། རང་རེས་དུག་རྟུལ་གྱོན་པ་དང་། ཞྭ་ཙུས་རིང་པོ་མགོ་ལ་གོན་པ་དང་། ཐུར་ལ་ཕྱིན་པ་གཡང་ལ་ལྷུང་བ་དང་། མུན་ནག་དང་ཅོང་རོང་ནས་མ་ཐར་བ། དགེ་འདུན་མང་པོའི་གསེབ་ནས་ཁ་ཕྱིན་ཁ་ཡོག་ལ་ལྟས་ནས་ཕྱིན་པ་དང་། ཆུ་ཆེན་པོས་ཁྱེར་བ། སྐས་ལ་མ་ཐར་བ། དཔེ་འབྲུགས་ཀྱིས་ལུང་པ་ཁེངས་པ་རྣམས་རྨི་སྟེ། ཡོག་ལྟ་སྐྱེ་ཞིང་དམ་ཚིག་ཉམས་པའི་རྟགས་ཏེ། བཤགས་པ་བྱེད་པ་དང་། དབང་ཞུ་བ། ཡིག་བརྒྱ་དང་། ཏིང་ངེ་འཛིན་གྱི་དབང་སྟོང་ཁ་ཙམ་ལེན་པ་སོགས་གང་ཤེས་བྱེད་པ་ཡིན། སྡུག་འདྲེས་ཁ་ལོ་ཕྱིན་ཅི་ཡོག་ལ་བསྒྱུར་བའི་རྟགས་ནི། རང་རེ་དགེ་སྦྱོར་དམར་བའི་དུས་སུ་འཛིགས་

སྒྲག་ཆེན་པོ་སྟོན་པ་དང་། རེས་འགའ་བྲན་དུ་ཁས་ལེན་ཅིང་། ཁྱོད་ནི་སངས་རྒྱས་དང་སྐལ་བ་མཉམ་ད་ནི་འགྲོ་དོན་དུས་ལ་བབ། གནས་དང་ས་ཕྱོགས་འདི་འདྲ་ན་ཁྱོད་ཀྱི་གདུལ་བྱའི་ཞིང་ཁམས་ཡོད་ཅེས་ལུང་སྟོན་ཞིང་། གྲུབ་མཐའ་ལ་སོགས་ཆོས་མིན་ལ་ཅི་འགྱུར་བྱེད། སྟགས་ནུས་ལ་སོགས་བྱིན་གྱིས་རླབས་ནས། །ཐང་ཐིང་གཡེངས་རྐྱེན་སྣ་ཚོགས་ཡོང་། །དེ་རྣམས་སྟུག་འདྲེའི་བྱིན་རླབས་ཡིན། །ལྐད་མེད་རླུང་པོས་ཁྱེར་ཉན་ཡོད། །སྟུག་འདྲེའི་རྟགས་སུ་ཤེས་པར་མཛོད། །བདེན་མེད་དྲག་སྟགས་བརྒྱབ་ན་ཟབ། །

དེ་ལྟར་དུས་སྟོང་མཁའ་འགྲོ་འདུ་བ་དང་། རྟགས་སྟོན་པ་དང་། དངོས་གྲུབ་སྟེར་བ་དང་། བྱིན་གྱིས་བརླབ་པ་དང་། བདུད་ཀྱིས་བྱིན་གྱིས་བརླབས་ཤིང་བར་ཆད་བྱེད་པ་དང་། རྣལ་འབྱོར་པ་རྣམས་ཀྱི་ཐུགས་དམ་དང་ས་ལམ་གྱི་གེགས་བྱེད་པ་དང་། བོགས་འདོན་པ་དང་། ཡོན་ཏན་སྐྱེ་བ་ལ་སོགས་ལྷ་དང་བདུད་ཀྱི་རྟགས་རྣམས་མ་འདྲེས་པར་སོ་སོར་དབྱེ་ནས་ངོ་སྤྲོད་པར་བྱས་པ་ཡིན་པས་གང་ཟག་སྐལ་བ་དང་ལྡན་པ་རྣམས་ཀྱིས་དགོངས་ལ་ལེགས་པར་མཁྱེན་པར་མཛད་དགོས་སོ། །

ཡང་ལམ་རྣམ་པ་ལྔ་ལ་ངོ་སྤྲོད་པ་ནི། ཚོགས་ཀྱི་ལམ་དང་། སྦྱོར་བའི་ལམ་དང་། མཐོང་བའི་ལམ་དང་། སྒོམ་པའི་ལམ་དང་། མཐར་ཕྱིན་པའི་ལམ་དང་ལྔ་ཡིན་ཏེ། སྐྱེས་བུ་ཆུང་འབྲིང་གཉིས་ཀྱི་ཆོས་བསྒོམས་ནས་ཞི་གནས་བརྟན་པར་བྱ་བ་དང་། དེ་ནས་སྨོན་འཇུག་གཉིས་ཀྱི་སེམས་བསྐྱེད་པ་དང་། ཚོགས་གཉིས་བསགས་པ་ལ་འབད་པ་བསྟན་པ་སྟེ། དེ་རྣམས་ཀྱིས་ཚོགས་ལམ་བསྟན་པ་ཡིན་ནོ། །རིམ་གྱིས་དྲོད་སོགས་ཐོབ་པར་བྱས་ནས་སྦྱོར་ལམ་བསྟན་པ་ཡིན་

ནོ། །རབ་དགའ་ལ་སོགས་ཐོབ་འགྱུར་ཏེ་ཞེས་པ་ནི། མཐོང་ལམ་དང་། སྒོམ་ལམ་དང་། མཐར་ཕྱིན་པའི་ལམ་བསྟན་པ་ཡིན་ནོ། །

དེ་ལ་ཡང་ཚོགས་ཀྱི་ལམ་ནི། རིགས་དང་ལྡན་པ་ཞིག་གིས། དང་པོར་བྱང་ཆུབ་མཆོག་ཏུ་སེམས་བསྐྱེད་དེ། སློབ་དཔོན་ལ་གདམས་ངག་ཐོབ་ནས་དྲོད་ཀྱི་ཡེ་ཤེས་མ་སྐྱེས་ཀྱི་བར་དུ་དགེ་བ་ལ་འབད་པ་བྱས་ཚད་རྣམས་ཡིན་ནོ། །དེ་ཡང་སྐབས་སུ་རྟོག་པ་དང་མོས་པ་ལས་གྱུར་པ་དང་། ལྷག་པར་འདོད་པ་ལས་གྱུར་པ་དང་། ཐོབ་པ་ལས་གྱུར་ཏེ་བཞིའོ། །དེ་ལ་ཅིའི་ཕྱིར་ཚོགས་ལམ་ཞེ་ན། དྲོད་ལ་སོགས་པ་རྟོགས་པ་སྐྱེ་བའི་སྣོད་དུ་རུང་བར་བྱ་བའི་ཕྱིར་དགེ་བའི་ཚོགས་གསོག་པར་བྱེད་པས་ན་ཚོགས་ལམ་ཞེས་པའོ། །དེ་དག་ལ་ཐར་པའི་ཆ་དང་མཐུན་པའི་དགེ་བའི་རྩ་བ་ཞེས་ཀྱང་བྱའོ། །གནས་སྐབས་སུ་དབྱེ་ན། བྱང་ཆུབ་ཀྱི་ཕྱོགས་ཀྱི་ཆོས་ཀྱི་དབང་དུ་བྱས་ན། དྲན་པ་ཉེ་བར་བཞག་པ་བཞི་དང་། ཡང་དག་པར་སྤོང་བ་བཞི་དང་། རྫུ་འཕྲུལ་གྱི་རྐང་པ་བཞི་སྟེ། འདུན་པའི་ཏིང་ངེ་འཛིན་དང་། བརྩོན་འགྲུས་ཀྱི་ཏིང་ངེ་འཛིན་དང་། སེམས་ཀྱི་ཏིང་ངེ་འཛིན་དང་། སྤྱོད་པའི་ཏིང་ངེ་འཛིན་ཏེ། དེ་དག་ནི་ཚོགས་ལམ་ཆེན་པོའི་དུས་སོ། །

སྦྱོར་བའི་ལམ་ནི། ཚོགས་ལམ་རབ་ཀྱི་མཐར་ཕྱིན་པའི་རྗེས་ལ། བདེན་པ་བཞི་རྟོགས་པ་དང་རྗེས་སུ་མཐུན་པའི་ངེས་འབྱེད་ཡན་ལག་རྣམ་བཞི་ཞེས་བྱ་བ་སྐྱེས་ཏེ། དྲོད་དང་། རྩེ་མོ་དང་། བཟོད་པ་དང་། འཇིག་རྟེན་ཆོས་ཀྱི་མཆོག་རྣམས་སོ། །དེ་དག་ལ་ཅིའི་ཕྱིར་སྦྱོར་ལམ་ཞེས་བྱ་ཞེ་ན། བདེན་པ་མངོན་པར་རྟོགས་པ་ལ་སྦྱོར་བའི་དོན་གྱིས་ན་སྦྱོར་ལམ་ཞེས་བྱའོ། །དེ་ཡང་དྲོད་དང་རྩེ་མོའི་གནས་སྐབས་ན་དབང་པོ་ལྔ་དང་ལྡན་ཏེ། དད་པའི་དབང་པོ་དང་། བརྩོན་

འགྲུས་ཀྱི་དབང་པོ་དང་། དྲན་པའི་དབང་པོ་དང་། ཏིང་ངེ་འཛིན་གྱི་དབང་པོ་དང་། ཤེས་རབ་ཀྱི་དབང་པོའོ། །བཟོད་པ་དང་འཇིག་རྟེན་ཆོས་མཆོག་གི་གནས་སྐབས་ན་སྟོབས་ལྔ་དང་ལྡན་ཏེ། དད་པའི་སྟོབས་དང་། བརྩོན་འགྲུས་ཀྱི་སྟོབས་དང་། དྲན་པའི་སྟོབས་དང་། ཏིང་ངེ་འཛིན་གྱི་སྟོབས་དང་། ཤེས་རབ་ཀྱི་སྟོབས་སོ། །

མཐོང་བའི་ལམ་ནི། འཇིག་རྟེན་ཆོས་མཆོག་གི་མཇུག་ཐོག་ཏུ། འཕགས་པའི་བདེན་པ་བཞི་ལ་དམིགས་པའི་ཞི་གནས་དང་ལྷག་མཐོང་མཚུངས་པ་དང་། བཅས་པར་ལྡན་པ་དང་བཅས་པ་སྟེ། དེ་ཡང་སྡུག་བསྔལ་ལ་ཆོས་ཤེས་པའི་བཟོད་པ་དང་། སྡུག་བསྔལ་ལ་ཆོས་སུ་ཤེས་པ་དང་། སྡུག་བསྔལ་རྗེས་སུ་རྟོགས་པར་ཤེས་པའི་བཟོད་པ་དང་། སྡུག་བསྔལ་ལ་རྗེས་སུ་རྟོགས་པར་ཤེས་པ་ལ་སོགས་པ་བདེན་པ་བཞི་རེ་རེ་ལ་བཞི་བཞི་སྟེ། བཟོད་པ་དང་ཤེས་པ་སྐད་ཅིག་མ་བཅུ་དྲུག་གི་བདག་ཉིད་ཅན་ནོ། །དེ་དག་ལ་ཅིའི་ཕྱིར་མཐོང་ལམ་ཞེས་བྱ་ཞེ་ན། སྔོན་མ་མཐོང་བའི་འཕགས་པའི་བདེན་པ་མཐོང་བས་ན་མཐོང་བའི་ལམ་ཞེས་བྱའོ། །གནས་སྐབས་དེ་ན་བྱང་ཆུབ་ཀྱི་ཡན་ལག་བདུན་དང་ལྡན་ཏེ། དྲན་པ་ཡང་དག་བྱང་ཆུབ་ཀྱི་ཡན་ལག་དང་། ཆོས་རྣམ་པར་འབྱེད་པ་ཡང་དག་བྱང་ཆུབ་ཀྱི་ཡན་ལག་དང་། བརྩོན་འགྲུས་ཡང་དག་བྱང་ཆུབ་ཀྱི་ཡན་ལག་དང་། དགའ་བ་ཡང་དག་བྱང་ཆུབ་ཀྱི་ཡན་ལག་དང་ཤིན་ཏུ་སྦྱངས་པ་ཡང་དག་བྱང་ཆུབ་ཀྱི་ཡན་ལག་དང་། ཏིང་ངེ་འཛིན་ཡང་དག་བྱང་ཆུབ་ཀྱི་ཡན་ལག་དང་། བཏང་སྙོམས་ཡང་དག་བྱང་ཆུབ་ཀྱི་ཡན་ལག་གོ། །

སྒོམ་པའི་ལམ་ནི། མཐོང་ལམ་སྐྱེས་པའི་རྗེས་ཐོབ་ནས་བཟུང་སྟེ། དེ་ཡང་

འཇིག་རྟེན་པའི་ལམ་དང་། འཇིག་རྟེན་ལས་འདས་པའི་ལམ་གཉིས་སོ། །དེ་ལ་འཇིག་རྟེན་པའི་སྒོམ་ལམ་ནི། འཇིག་རྟེན་པའི་བསམ་གཏན་དང་པོ་དང་། གཉིས་པ་དང་། གསུམ་པ་དང་། བསམ་བརྟན་བཞི་པའོ། །ནམ་མཁའ་མཐའ་ཡས་སྐྱེ་མཆེད་དང་། རྣམ་ཤེས་མཐའ་ཡས་སྐྱེ་མཆེད་དང་། ཅི་ཡང་མེད་པའི་སྐྱེ་མཆེད་དང་། འདུ་ཤེས་མེད་འདུ་ཤེས་མེད་མིན་སྐྱེ་མཆེད་རྣམས་སོ། །འདི་དག་བསྒོམ་པ་ལ་དགོས་པ་གསུམ་ཡོད་དེ། སྒོམ་སྤངས་ནི་ཉོན་མོངས་པ་རྣམས་མགོ་ནོན་པར་བྱེད་པ་དང་། ཚད་མེད་པ་ལ་སོགས་པའི་ཡོན་ཏན་ཁྱད་པར་ཅན་བསྒྲུབ་པར་བྱེད་པ་དང་། འཇིག་རྟེན་འདས་པའི་ལམ་གྱི་རྟེན་བྱེད་པའོ། །

འཇིག་རྟེན་ལས་འདས་པའི་སྒོམ་ལམ་ནི། ཡེ་ཤེས་གཉིས་ལ་དམིགས་པའི་ཞི་གནས་དང་ལྷག་མཐོང་ཟུང་དུ་འབྲེལ་བ་དང་བཅས་པ་སྟེ། དེ་ཡང་མཐོང་བའི་ལམ་དུ་བདེན་པ་བཞི་པོ་རེ་རེ་ལ་བཟོད་པ་དང་ཤེས་པ་བཞི་བཞི་སྟེ་བཅུ་དྲུག་ཏུ་མཐོང་བ་ལ། བཟོད་པ་བརྒྱད་ནི་མཐོང་ལམ་དུ་མཐོང་བ་དེས་ཆོག །ཤེས་པ་བརྒྱད་པོ་ནི་སྒོམ་ལམ་དུ་བསམ་གཏན་བཞི་དང་། གཟུགས་མེད་གསུམ་གྱིས་ཏིང་ངེ་འཛིན་དང་མཚུངས་པར་ལྡན་པའི་སྒོ་ནས་ཞི་གནས་དང་ལྷག་མཐོང་གིས་གོམས་པར་བྱེད་པའོ། །དེ་ཡང་རྟོགས་པ་རྣམས་གོམས་པར་བྱེད་པ་ནི་ཆོས་ཤེས་ཕྱོགས་ཡིན་ལ། ཡེ་ཤེས་རྟོགས་པ་རྣམས་གོམས་པར་བྱེད་པ་ནི་རྗེས་སུ་རྟོགས་པའི་ཤེས་པའི་ཕྱོགས་ཡིན་ནོ། །འདུ་ཤེས་མེད་འདུ་ཤེས་མེད་མིན་སྐྱེ་མཆེད་ནི་འདུ་ཤེས་ཀྱི་རྒྱུ་ལ་ཡོངས་སུ་མི་གསལ་བའི་ཕྱིར་འཇིག་རྟེན་པ་ཉིད་དོ། །

དེ་དག་ལ་ཅིའི་ཕྱིར་སྒོམ་པའི་ལམ་ཞེས་བྱ་ཞེ་ན། མཐོང་ལམ་དུ་རྟོགས་པའི་དེ་ཁོ་ན་ཉིད་དེ་སྒོམ་པ་གོམས་པར་བྱེད་པས་ན་སྒོམ་ལམ་ཞེས་བྱའོ། །གནས་

སྐབས་དེ་ན་འཕགས་པའི་ལམ་ཡན་ལག་བརྒྱད་དང་ལྡན་ཏེ། ཡང་དག་པའི་ལྟ་བ་དང་། ཡང་དག་པའི་རྟོགས་པ་དང་། ཡང་དག་པའི་ངག་དང་། ཡང་དག་པའི་ལས་ཀྱི་མཐའ་དང་། ཡང་དག་པའི་འཚོ་བ་དང་། ཡང་དག་པའི་རྩོལ་བ་དང་། ཡང་དག་པའི་དྲན་པ་དང་། ཡང་དག་པའི་ཏིང་ངེ་འཛིན་ནོ། །

མཐར་ཕྱིན་པའི་ལམ་ནི། དེ་ལྟ་བུའི་ཏིང་ངེ་འཛིན་གྱི་རྗེས་ལ་སྐྱེས་པ། ཟད་པ་ཤེས་པ་དང་། མི་སྐྱེ་བ་ཤེས་པའི་རང་བཞིན་ནོ། །དེ་ལ་རྡོ་རྗེ་ལྟ་བུའི་ཏིང་ངེ་འཛིན་ནི། སློམ་པའི་ལམ་གྱི་མཐའི་མི་སྤོང་བའི་ལམ་གྱི་གནས་སྐབས་ཏེ། སྦྱོར་བའི་ལམ་དང་བར་ཆད་མེད་པའི་ལམ་གྱིས་བསྡུས་པའོ། །ཏིང་ངེ་འཛིན་དེ་ཡང་བར་ཆད་མེད་པ། སྲ་བ། བརྟན་པ། རོ་གཅིག་པར་ཁྱབ་པས་ན་རྡོ་རྗེ་ལྟ་བུ་ཞེས་བཏགས་པའོ། །དེ་ལ་བར་ཆད་མེད་པ་ནི། རྐྱེན་འཇིག་རྟེན་པའི་སྤྱོད་པས་བར་མི་ཆོད་པའི་ཕྱིར་རོ། །སྲ་བ་ནི་སྒྲིབ་པ་ཐམས་ཅད་ཀྱིས་མི་ཤིགས་པའོ། །བརྟན་པ་ནི་རྣམ་རྟོག་གིས་མི་བསྐྱོད་པའོ། །རོ་གཅིག་པ་ནི་རྣལ་འབྱོར་རོ་གཅིག་པས་སོ། །ཁྱབ་པ་ནི་ཤེས་བྱ་ཐམས་ཅད་ཀྱི་སྤྱི་དོན་དེ་བཞིན་ཉིད་ལ་དམིགས་པའི་ཕྱིར་རོ། །ཏིང་ངེ་འཛིན་དེའི་རྗེས་ལ་སྐྱེས་པའི་ཟད་པ་ཤེས་པ་ནི། རྒྱུ་ཀུན་འབྱུང་ཟད་པའི་དབང་གིས་བདེན་པ་བཞི་ལ་དམིགས་པའི་ཡེ་ཤེས་སོ། །ཡང་ན་རྒྱུ་ཟད་པ་དང་འབྲས་བུ་མི་སྐྱེ་བ་ལ་དམིགས་པའི་ཡེ་ཤེས་ནི་ཟད་པ་དང་མི་སྐྱེ་བ་ཤེས་པའོ། །

དེ་དག་ལ་ཅིའི་ཕྱིར་མཐར་ཕྱིན་པའི་ལམ་ཞེས་བྱ་ཞེ་ན། བསླབ་པ་མཐར་ཕྱིན་པ་ཡིན་ཅིང་། མྱ་ངན་ལས་འདས་པའི་གྲོང་ཁྱེར་དུ་འགྲོ་བས་ན་མཐར་ཕྱིན་པའི་ལམ་ཞེས་བྱའོ། །གནས་སྐབས་དེ་ན་མི་སློབ་པའི་ཆོས་བཅུ་ཡོད་དེ། མི་སློབ་

པའི་ཡང་དག་པའི་ལྟ་བ་ནས། མི་སློབ་པའི་ཡང་དག་པའི་ཏིང་ངེ་འཛིན་གྱི་བར་དང་། མི་སློབ་པའི་རྣམ་འགྲོར་གྲོལ་བ་དང་། མི་སློབ་པའི་ཡང་དག་པའི་ཡེ་ཤེས་སོ། །མི་སློབ་པའི་ཆོས་བཅུ་པོ་དེ་ལ་ཟག་མེད་ཀྱི་ཕུང་པོ་ལྔའི་དབང་དུ་བྱས་པ་སྟེ། དེ་ལ་མི་སློབ་པའི་ཡང་དག་པའི་ངག་དང་། ལས་ཀྱི་མཐའ་དང་། འཚོ་བ་དང་གསུམ་གྱིས་ཚུལ་ཁྲིམས་ཀྱི་ཕུང་པོའོ། །ཡང་དག་པའི་དྲན་པ་དང་། ཏིང་ངེ་འཛིན་དང་གཉིས་ནི་ཏིང་ངེ་འཛིན་གྱི་ཕུང་པོའོ། །ཡང་དག་པའི་ལྟ་བ་དང་། རྟོགས་པ་དང་། རྩོལ་བ་གསུམ་ནི་ཤེས་རབ་ཀྱི་ཕུང་པོའོ། །ཡང་དག་པའི་རྣམ་པར་གྲོལ་བ་ནི། རྣམ་པར་གྲོལ་བའི་ཕུང་པོའོ། །ཡང་དག་པའི་ཤེས་པ་ནི་རྣམ་པར་གྲོལ་བའི་ཡེ་ཤེས་མཐོང་བའི་ཕུང་པོའོ། །ཞེས་སོ། །

མདོར་ན་འདུས་བྱས་དང་འདུས་མ་བྱས་ལ་སོགས་པའི་དགེ་བའི་རྩ་བ་ལུས་ངག་ཡིད་གསུམ་གྱི་སྒོ་ནས་རྒྱ་ཆེན་པོ་གསོག་པ་རྣམས་ནི་ཚོགས་ལམ་མོ། །ཞི་གནས་ཀྱི་ཏིང་ངེ་འཛིན་མི་གཡོ་བ་བརྟན་པ་མཐར་ཕྱིན་པ་ལ་སྦྱོར་བས་ན་སྦྱོར་ལམ་ཞེས་སོ། །བླ་མ་དམ་པས་སེམས་ཡིག་འབྲུ་མི་ཚང་།རང་གི་སེམས་ཀྱི་ངོ་བོ་མཐོང་། བདེན་པར་ཡིད་ཆེས་པས་ན་མཐོང་ལམ་ཞེས་སོ། །སེམས་ངོ་མཐོང་ནས་མ་ཡེངས་པར་གནད་དུ་བསྣུན་ནས་གོམས་འདྲིས་བྱས་ཏེ་བསྒོམ་པ་ནི་སྒོམ་ལམ་ཞེས་སོ། །ཆོས་ཐམས་ཅད་དུ་མ་རོ་གཅིག་གིས་རྩ་བ་རང་གི་སེམས་གཅིག་པུ་འདི་ཡིན་པ་ལ་གོམས་འདྲིས་གནད་དུ་བསྣུན་ཏེ་ཉིན་མཚན་ལ་ཁྱད་མེད་པ་དང་། དབེན་པའི་གནས་དང་། མི་མངས་ཀྱི་དཀྱིལ་ལམ། ཚོང་འདུས་ཆེན་པོ་རྣམས་ལ་ཁྱད་མེད་པར་མཐར་ཕྱིན་པ་ནི་མཐར་ཕྱིན་པའི་ལམ་ཞེས་སོ། །ལམ་འོག་མ་རྣམས་དང་། བག་ལ་ཉལ་གྱི་དྲི་མ་ཐམས་ཅད་ཀྱིས་མི་གོས། གོས་པར་མི་འགྱུར་

བ་དེ་ནི་མི་སློབ་པའམ། ཕྱིར་མི་ལྡོག་པ་ཞེས་བྱ་བའི་ལམ་ཡིན་ནོ། །དེ་རྣམས་ནི་ལམ་ལྔའི་ངོས་འཛིན་དང་། སྦྱོར་གཞི་དང་། དབྱེ་བ་དང་། ངེས་ཚིག་དང་། དོན་དུ་བསྡུས་ནས་བསྟན་ཏེ་ངོ་སྤྲོད་པར་བྱས་པ་ཡིན་པས་གང་ཟག་སློམ་ཆེན་པ་རྣམས་དང་། དགེ་བའི་བཤེས་གཉེན་པ་རྣམས་ཀྱིས་དགོངས་པར་མཛོད།

ཡང་ས་བཅུ་གཉིས་ལ་ངོ་སྤྲོད་པ་ནི། ས་དང་པོ་རབ་ཏུ་དགའ་བ། གཉིས་པ་དྲི་མ་མེད་པ། གསུམ་པ་འོད་བྱེད་པ། བཞི་པ་འོད་འཕྲོ་བ། ལྔ་པ་སྦྱང་དཀའ་བ། དྲུག་པ་མངོན་དུ་གྱུར་པ། བདུན་པ་རིང་དུ་སོང་བ། བརྒྱད་པ་མི་གཡོ་བ། དགུ་པ་ལེགས་པའི་བློ་གྲོས། བཅུ་པ་ཆོས་ཀྱི་སྤྲིན། བཅུ་གཅིག་ཀུན་ཏུ་འོད། བཅུ་གཉིས་མ་ཆགས་པདྨ། བཅུ་གསུམ་རྡོ་རྗེ་འཛིན་པའི་ས་ཞེས་པའོ། །དེ་ལ་ལས་དང་པོ་པའི་ས་ནི་ཚོགས་ལམ་གྱི་གནས་སྐབས་ཏེ། རང་གི་རྒྱུད་མ་སྨིན་པས་བྱེད་པ་ཡིན་པས་སོ། །མོས་པ་སྤྱོད་པའི་ས་ནི་སྦྱོར་ལམ་གྱི་གནས་སྐབས་ཏེ། སྟོང་ཉིད་ཀྱི་དོན་ལ་མོས་པ་བྱེད་པ་ཙམ་ཡིན་པས་སོ། །དེ་ཡི་དུས་ན་ཕ་རོལ་ཏུ་ཕྱིན་པའི་མི་མཐུན་པའི་ཕྱོགས་སེར་སྣ་ལ་སོགས་པ་དང་། མཐོང་སྤངས་ཀྱི་ཉོན་མོངས་པ་དང་། ཤེས་བྱའི་སྒྲིབ་པ་ཀུན་ཏུ་བཏགས་པ་རྣམས་མི་འབྱུང་བར་མགོ་ནོན་པ་ཡིན་ནོ། །

བྱང་ཆུབ་སེམས་དཔའི་ས་བཅུ་ནི། ས་དང་པོ་རབ་ཏུ་དགའ་བ་ན། བཅུ་པ་ཆོས་ཀྱི་སྤྲིན་གྱི་བར་རོ། །དེ་ལྟར་ཡང་། འཕགས་པ་ས་བཅུ་པའི་མདོ་ལས། ཀྱེ་རྒྱལ་བའི་སྲས་དག །བཅུ་པོ་འདི་ནི་བྱང་ཆུབ་སེམས་དཔའི་ས་རྣམས་ཡིན་ཏེ། བྱང་ཆུབ་སེམས་དཔའི་ས་རབ་ཏུ་དགའ་བ་ཞེས་བྱ་བ་དང་། ཞེས་པ་ལ་སོགས་པ་གསུངས། དེ་ལའང་ས་དང་པོ་རབ་ཏུ་དགའ་བ་ནི་མཐོང་ལམ་སྐྱེས

པའི་གནས་སྐབས་ཏེ། སྟོང་ཉིད་ཀྱི་དོན་དངོས་སུ་རྟོགས་པའོ། །ས་གཉིས་པ་ནས་བཟུང་ནས་ས་བཅུ་པའི་བར་ནི་སྒོམ་ལམ་གྱི་གནས་སྐབས་ཏེ། ས་དང་པོར་རྟོགས་པའི་དེ་ཁོ་ན་ཉིད་ལ་བསྒོམ་པར་བྱེད་པའོ། །བྱང་ཆུབ་སེམས་དཔའི་ས་བཅུ་པོ་དེ་དག་ཀྱང་སྤྱིའི་ཆོས་དང་བྱེ་བྲག་གི་ཆོས་གཉིས་སུ་ཤེས་པར་བྱའོ། །

དེ་ལ་སྤྱིའི་ཆོས་ནི་གསུམ་སྟེ། སའི་ངོ་བོ་དང་། སའི་ངེས་ཚིག་དང་། ས་བཅུར་དབྱེ་བའི་རྒྱུ་མཚན་ནོ། །དེ་ལ་སའི་ངོ་བོ་ནི། ཆོས་བདག་མེད་པ་མངོན་སུམ་དུ་རྟོགས་པའི་ཤེས་རབ་ཀྱིས་གྲོགས་ཏིང་ངེ་འཛིན་དང་མཚུངས་པར་ལྡན་པའི་རྒྱུད་ཀྱིས་བསྡུས་པའོ། །

སའི་ངེས་ཚིག་ནི། ས་དེ་དང་དེའི་གནས་སྐབས་ཀྱི་ཡོན་ཏན་གྱི་ཆོས་ཀྱི་རྟེན་བྱེད་པའོ། །ས་གོང་མ་གོང་མ་བསྐྱེད་པར་བྱེད་པས་ན་ས་ཞེས་བྱའོ། །སའི་ངེས་ཚིག་ནི། ཡེ་ཤེས་དེ་ལ་གནས་ཤིང་ལོངས་སྤྱོད་པས་ན་ས་སྟེ། དཔེར་ན་བ་ལང་གི་ལྷས་བཞིན་ནོ། །ཡེ་ཤེས་དེ་ཉིད་བསྒྲོད་པས་ན་ས་སྟེ། དཔེར་ན་རྟས་དཀྲུས་པ་བཞིན་ནོ། །ཡེ་ཤེས་དེ་ཡོན་ཏན་གྱི་ཆོས་ཐམས་ཅད་བསྐྱེད་འབྱུངས་ཀྱི་གཞིར་གྱུར་པས་ན་ས་སྟེ། དཔེར་ན་ཞིང་བཞིན་ནོ། །

ས་བཅུར་དབྱེ་བའི་རྒྱུ་མཚན་ནི། ཡོངས་སུ་སྦྱོང་བའི་ཁྱད་པར་གྱིས་བཅུར་དབྱེ་བའོ། །བྱེ་བྲག་གི་ཆོས་ནི། ས་རེ་རེ་ཞིང་ཁྱད་པར་དགུ་དགུས་སྟོན་ཏེ། མིང་གི་ཁྱད་པར་དང་། ངེས་ཚིག་གི་ཁྱད་པར་དང་། ཡོངས་སུ་སྦྱོང་བའི་ཁྱད་པར་དང་། ཉམས་སུ་བླང་བའི་ཁྱད་པར་དང་། རྣམ་པར་དག་པའི་ཁྱད་པར་དང་། རྟོགས་པའི་ཁྱད་པར་དང་། སྤངས་པའི་ཁྱད་པར་དང་སྐྱེ་བའི་ཁྱད་པར་དང་། མཐུ་ཡི་ཁྱད་པར་རོ། །

དེ་ལ་ས་དང་པོའི་མིང་གི་ཁྱད་པར་ནི་རབ་ཏུ་དགའ་བའོ། །ངེས་ཚིག་གི་ཁྱད་པར་ནི། ས་དེ་ཐོབ་པ་དང་བྱང་ཆུབ་ལ་ཉེ་ཞིང་སེམས་ཅན་གྱི་དོན་འགྲུབ་པས་རབ་ཏུ་དགའ་བར་འགྱུར་བས་ན་རབ་ཏུ་དགའ་བའོ། །དེ་ལྟར་ཡང་མདོ་སྡེ་རྒྱན་ལས། བྱང་ཆུབ་ལ་ནི་ཉེ་བ་དང་། །སེམས་ཅན་དོན་གྲུབ་མཐོང་བ་ལ། །རབ་ཏུ་དགའ་བ་སྐྱེ་འགྱུར་ཏེ། །དེ་ཕྱིར་རབ་དགའ་ཞེས་བརྗོད་དོ། །ཞེས་གསུངས། ཡོངས་སུ་སྦྱོང་བའི་ཁྱད་པར་ནི། གཞི་ཐམས་ཅད་ལ་གྱུ་གྱུ་མེད་པའི་བསམ་པ་ལ་སོགས་པ་ཆོས་བཅུ་ལ་སྦྱངས་པས་ས་དེ་ཐོབ་པ་ཡིན་ནོ། །དེ་ལྟར་ཡང་མངོན་རྟོགས་རྒྱན་ལས། ཡོངས་སུ་སྦྱོང་བ་རྣམ་བཅུ་ཡིས། །ས་ནི་དང་པོ་ཐོབ་འགྱུར་ཏེ། །ཞེས་པ་ལ་སོགས་པ་གསུངས་སོ། །ཉམས་སུ་བླང་བའི་ཁྱད་པར་ནི། ས་འདི་ལ་གནས་པའི་བྱང་ཆུབ་སེམས་དཔའ་དེ་སྦྱིར་ཕ་རོལ་ཏུ་ཕྱིན་པ་བཅུ་ཀ་ཉམས་སུ་ལེན་ཡང་། ཁྱད་པར་དུ་སྦྱིན་པའི་ཕ་རོལ་ཏུ་ཕྱིན་པ་ཤས་ཆེ་སྟེ། སེམས་ཅན་ཐམས་ཅད་འཚོ་བར་བྱེད་དོ། །དེ་ལྟར་ཡང་། འཕགས་པ་ས་བཅུ་པའི་མདོ་ལས། ས་དང་པོའི་ཐད་ཀ་ལས། ཕ་རོལ་ཏུ་ཕྱིན་པ་བཅུ་པོ་དག་ལས། དེ་ལ་སྦྱིན་པའི་ཕ་རོལ་ཏུ་ཕྱིན་པ་ཤས་ཆེ་བ་ཡིན་ཏེ། ལྷག་མ་རྣམས་ཀྱང་མི་འགྲུབ་པ་ནི་མ་ཡིན་ནོ། །ཞེས་གསུངས། རྣམ་པར་དག་པའི་ཁྱད་པར་ནི། ཇི་སྐད་དུ། ས་བཅུ་པ་ལས། ས་རབ་ཏུ་དགའ་བ་འདི་ལ་མཐོང་བ་རྒྱ་ཆེན་པོ་དང་། སྨོན་ལམ་གྱི་སྟོབས་ཀྱིས་སངས་རྒྱས་མང་པོ་མཐོང་བར་འགྱུར་ཏེ། སངས་རྒྱས་བརྒྱ་ཕྲག་མང་པོ་དང་། སངས་རྒྱས་སྟོང་ཕྲག་མང་པོ་དང་། དེ་བཞིན་དུ་སྦྲར་ཏེ། སངས་རྒྱས་བྱེ་བ་ཁྲག་ཁྲིག་འབུམ་ཕྲག་མང་པོ་སྣང་བར་འགྱུར་རོ། །དེ་དག་མཐོང་ནས་ལྷག་པའི་བསམ་པ་རྒྱ་ཆེན་པོས་མཆོད་པར་བྱེད། བཀུར་སྟིར་བྱེད་དོ། །དེ་བཞིན་དུ་

སྒྲུར་ཏེ། དེའི་དགེ་འདུན་གྱི་ཚོགས་ལ་ཡང་རི་མོར་བྱེད་དོ། །དགེ་བའི་རྩ་བ་དེ་དག་ཀྱང་བླ་ན་མེད་པའི་བྱང་ཆུབ་ཏུ་བསྔོ་བར་བྱེད་དོ། །སངས་རྒྱས་དེ་དག་ལ་ཆོས་ཉན་པ་དང་། ལེན་པ་དང་། འཛིན་པར་བྱེད་དོ། །ཆོས་དེ་དག་ཀྱང་ནན་ཏན་གྱིས་བསྒྲུབ་པར་བྱེད་དོ། །བསྡུ་བའི་དངོས་པོ་བཞིས་ཀྱང་སེམས་ཅན་རྣམས་ཡོངས་སུ་སྨིན་པར་བྱེད་དོ། །ཞེས་གསུངས། དེ་ལྟར་ན་བསྐལ་པ་མང་པོར་སངས་རྒྱས་དང་ཆོས་དང་དགེ་འདུན་གསུམ་མཆོད་ཅིང་རྗེས་སུ་གཟུང་བ་དང་། སེམས་ཅན་ཡོངས་སུ་སྨིན་པར་བྱས་པ་དང་། དགེ་བ་བླ་ན་མེད་པའི་བྱང་ཆུབ་ཏུ་བསྔོས་པ་ཏེ། རྒྱུ་གསུམ་པོ་དེས་དེའི་དགེ་བའི་རྩ་བ་རྒྱ་ཆེར་རྣམ་པར་དག་པར་འགྱུར་བ་ཡིན་ནོ། །དེའི་དཔེ་ཡང་། ཇི་སྐད་དུ། དཔེར་ན་གསེར་ས་ལེ་སྦྲམ་དེ་ཉིད་གསེར་མགར་དག་གིས་ཇི་ཙམ་ཇི་ཙམ་མེར་བསྲེགས་པས་དེ་ཙམ་དུ་བྱང་བ་དང་། ཡོངས་སུ་དག་པ་དང་། ཅི་དགར་ལས་སུ་རུང་བར་འགྱུར་རོ། །དེ་བཞིན་དུ་ས་དང་པོ་ལ་གནས་པའི་བྱང་ཆུབ་སེམས་དཔའ་དེའི་དགེ་བའི་རྩ་བ་ཡང་རབ་ཏུ་བྱང་བ་དང་། ཡོངས་སུ་དག་པ་དང་། ཅི་དགར་ལས་སུ་རུང་བར་འགྱུར་རོ། །ཞེས་གསུངས། རྟོགས་པའི་ཁྱད་པར་ནི། སྤྱིར་ས་བཅུ་པོ་འདི་རྣམས་མཉམ་བཞག་ལ་རྟོགས་པ་གཅིག་མཚུངས་མོད་ཀྱི། རྗེས་ཀྱི་ངེས་པ་འདྲེན་པའི་བྱེ་བྲག་ལ་ལྟོས་ནས་སོ་སོར་ཡོད། སོ་སོ་དེ་བཤད་ན། ས་དང་པོ་ལ་ཆོས་ཀྱི་དབྱིངས་ཀུན་ཏུ་འགྲོ་བའི་དོན་རྟོགས་ཏེ། དེས་བདག་གཞན་མཉམ་པ་ཉིད་དུ་རབ་ཏུ་ཐོབ་བོ། །དེ་ལྟར་ཡང་། དབུས་མཐའ་ལས། ཀུན་ཏུ་འགྲོ་དོན། ཞེས་གསུངས། སྤངས་པའི་ཁྱད་པར་ནི། ས་དེ་ལ་ཉོན་མོངས་པའི་སྒྲིབ་པའི་དབང་དུ་བྱས་ན། མཐོང་སྤངས་ཀྱི་ཉོན་མོངས་པ་བརྒྱད་ཅུ་རྩ་གཉིས་ཡོད་པ་

ལས་མ་ལུས་པར་སྤངས་པ་ཡིན་ནོ། །ཤེས་བྱའི་སྒྲིབ་པའི་དབང་དུ་བྱས་ན་གསུམ་ཡོད་པ་ལས། པགས་ཤུན་ལ་ཡོད་པ་ལྟ་བུ་རྣམས་སྤངས་པ་ཡིན་ནོ། །འཇིགས་པ་ལྔ་དང་ཡང་བྲལ་ལོ། །འཕགས་པ་ས་བཅུ་པའི་མདོ་ལས་ཀྱང་། ས་རབ་ཏུ་དགའ་བ་འདི་ཐོབ་མ་ཐག་ཏུ། འཇིགས་པ་ལྔ་པོ་གང་ཡིན་པ་འདི་ལྟ་སྟེ། འཚོ་བ་མེད་པས་འཇིགས་པའམ། ཚིགས་སུ་བཅད་པ་མེད་པས་འཇིགས་པའམ། ངན་འགྲོས་འཇིགས་པའམ། འཁོར་གྱི་ནང་དུ་བག་ཚ་བའི་འཇིགས་པའམ། དེ་དག་ཐམས་ཅད་དེ་ལ་མེད་པ་ཡིན་ནོ། །ཞེས་གསུངས། སྐྱེ་བའི་ཁྱད་པར་ནི། ས་འདི་ལ་གནས་པའི་བྱང་ཆུབ་སེམས་དཔའ་དེ། ཕལ་ཆེར་འཛམ་བུའི་གླིང་ལ་དབང་བའི་འཁོར་ལོས་བསྒྱུར་བའི་རྒྱལ་པོར་འགྱུར་ཏེ། སེམས་ཅན་རྣམས་ཀྱི་སེར་སྣའི་དྲི་མ་སེལ་ལོ། །དེ་ལྟར་ཡང་རིན་ཆེན་ཕྲེང་བ་ལས། དེ་ཡི་རྣམ་པར་སྨིན་པ་ནི། །འཛམ་གླིང་དབང་ཕྱུག་ཆེན་པོར་འགྱུར། །ཞེས་གསུངས། སྐྱེ་བའི་ཁྱད་པར་གསུངས་པ་འདི་དག་ཀྱང་། རང་གཞན་ལ་བསམ་གྱི། གཞན་དོན་དུ་ནི་རྣམ་པ་དུ་མར་ཡང་ཀུན་ཏུ་སྟོན་ཏེ། སྐྱེས་པའི་རབས་རྣམས་ལ་གསུངས་པ་བཞིན་ནོ། །མཐུ་ཡི་ཁྱད་པར་ནི། ཇི་སྐད་དུ། རབ་ཏུ་དགའ་བའི་ས་ལ་གནས་པའི་བྱང་ཆུབ་སེམས་དཔའ་ནི། འདོད་པས་བརྩོན་འགྲུས་བརྩམས་ཏེ་རབ་ཏུ་བྱུང་ན། སྐད་ཅིག་ཐང་ཅིག་ཡུད་ཙམ་ཞིག་ལ་ཏིང་ངེ་འཛིན་བརྒྱ་ཐོབ་ཅིང་སྙོམས་པར་འཇུག་པ་དང་། བསྐལ་པ་བརྒྱར་གནས་པར་བྱེད་པ་དང་། སྔོན་གྱི་མཐའ་དང་། ཕྱི་མའི་མཐའ་བསྐལ་པ་བརྒྱ་ཡང་རབ་ཏུ་ཤེས་པ་དང་། ཆོས་ཀྱི་སྒོ་བརྒྱ་རྣམ་པར་འབྱེད་པ་དང་། སངས་རྒྱས་བརྒྱ་མཐོང་བ་དང་། དེ་དག་གི་བྱིན་རླབས་ཀྱང་ཡང་དག་པར་ཤེས་པ་དང་། འཇིག་རྟེན་གྱི་ཁམས་བརྒྱ་གཡོ་བར་བྱེད་པ་

དང་། སངས་རྒྱས་ཀྱི་ཞིང་བརྒྱར་འགྲོ་བ་དང་། འཇིག་རྟེན་གྱི་ཁམས་བརྒྱ་སྣང་ཞིང་སེམས་ཅན་བརྒྱ་ཡོངས་སུ་སྨིན་པར་བྱེད་པ་དང་། ལུས་ཀྱིས་སྤྲུལ་པ་བརྒྱ་ཀུན་ཏུ་སྟོན་པ་དང་། ལུས་རེ་རེ་ཞིང་བྱང་ཆུབ་སེམས་དཔའི་འཁོར་བརྒྱ་བརྒྱ་དང་ལྡན་པར་ཀུན་ཏུ་སྟོན་པའོ། །ཞེས་གསུངས་སོ། །

ས་གཉིས་པའི་མིང་གི་ཁྱད་པར་ནི་དྲི་མ་མེད་པའོ། །ངེས་ཚིག་གི་ཁྱད་པར་ནི། ས་དེ་ལ་འཆལ་པའི་ཚུལ་ཁྲིམས་ཀྱི་དྲི་མ་དང་བྲལ་བས་ན་དྲི་མ་མེད་པ་ཞེས་བྱའོ། །དེ་ལྟར་ཡང་། འཆལ་ཚུལ་རྩོལ་བའི་དྲི་བྲལ་ཕྱིར། །དྲི་མ་མེད་པ་ཞེས་བརྗོད་དོ། །ཞེས་གསུངས་སོ། །ཡོངས་སུ་སྦྱོང་བའི་ཁྱད་པར་ནི། ཚུལ་ཁྲིམས་དང་བྱས་པ་བཟོ་བ་ལ་སོགས་པ་ཡོངས་སྦྱོང་བརྒྱད་ཀྱིས་ས་དེ་ཐོབ་པ་ཡིན་ནོ། །དེ་ལྟར་ཡང་། ཚུལ་ཁྲིམས་བྱས་པ་བཟོ་དང་བཟོད། །རབ་ཏུ་དགའ་དང་སྙིང་བརྩེ་ཆེ། །ཞེས་པ་ལ་སོགས་པ་གསུངས་སོ། །ཉམས་སུ་བླང་བའི་ཁྱད་པར་ནི། ས་འདི་ལ་གནས་པའི་བྱང་ཆུབ་སེམས་དཔའ་དེ། ཕྱིར་ཕ་རོལ་ཏུ་ཕྱིན་པ་བཅུ་ཀ་ཉམས་སུ་ལེན་ཡང་། ཁྱད་པར་དུ་ཚུལ་ཁྲིམས་ཀྱི་ཕ་རོལ་ཏུ་ཕྱིན་པ་ཤས་ཆེ་བར་གསུངས། རྣམ་པར་དག་པའི་ཁྱད་པར་ནི། སྔར་བཤད་པ་ལྟར་རྒྱུ་གསུམ་པོ་དེས། དེའི་དགེ་བའི་རྩ་བ་རྒྱ་ཆེར་རྣམ་པར་དག་པར་འགྱུར་ཏེ། ཇི་སྐད་དུ། དཔེར་ན་གསེར་ས་ལེ་སྦྲམ་དེ་ཉིད། གསེར་མགར་དག་གིས་ནག་ཚུར་གྱིས་བཀུས་ནས་མེར་བཙུག་ན། དེ་བས་ཀྱང་དྲི་མ་ཐམས་ཅད་དང་བྲལ་བར་འགྱུར་རོ། །དེ་བཞིན་དུ་ས་གཉིས་པ་ལ་གནས་པའི་བྱང་ཆུབ་སེམས་དཔའ་དེའི་དགེ་བའི་རྩ་བ་ནི། སྔར་བས་ཀྱང་ཆེས་རྣམ་པར་དག་པ་དང་། བྱང་བ་དང་། ལས་སུ་རུང་བར་འགྱུར་རོ། །ཞེས་གསུངས། རྟོགས་པའི་ཁྱད་པར་ནི། ས་དེ་ལ་

ཆོས་ཀྱི་དབྱིངས་མཆོག་གི་དོན་དུ་རྟོགས་ཏེ། དེས་འདི་སྙམ་དུ། བདག་གིས་རྣམ་པ་ཐམས་ཅད་དུ་ཡོངས་སུ་སྦྱོང་བ་མངོན་པར་བསྒྲུབ་པ་ལ་བརྩོན་པར་བྱའོ་སྙམ་མོ། །དེ་ལྟར་ཡང་། མཆོག་གི་དོན་ཞེས་གསུངས་སོ། །སྤངས་པའི་ཁྱད་པར་ནི། ས་གཉིས་པ་ནས་གཟུང་སྟེ་བཅུ་པའི་བར་འདིས་ཉོན་མོངས་པའི་སྒྲིབ་པའི་དབང་དུ་བྱས་ན། སྒོམ་སྤངས་ཀྱི་ཉོན་མོངས་བཅུ་དྲུག་ཡོད་པ་ལས། དེ་རྣམས་ཀྱི་ས་བོན་ཙམ་ནི་མི་སྤོང་བར་འཛོག་ལ། མངོན་གྱུར་རྣམས་ནི་མགོ་ནོན་པ་ཡིན་ནོ། །ཤེས་བྱའི་སྒྲིབ་པའི་དབང་དུ་བྱས་ན། སྤྱི་ལ་ཡོད་པ་ལྟ་བུ་རྣམས་སྤོང་བ་ཡིན་ནོ། །སྐྱེ་བའི་ཁྱད་པར་ནི། ས་འདི་ལ་གནས་པའི་བྱང་ཆུབ་སེམས་དཔའ་དེ། ཕལ་ཆེར་གླིང་བཞི་ལ་དབང་བའི་འཁོར་ལོས་བསྒྱུར་བའི་རྒྱལ་པོར་འགྱུར་ཏེ། སེམས་ཅན་རྣམས་མི་དགེ་བ་བཅུ་ལས་བཟློག་ནས། དགེ་བ་བཅུའི་ལས་ལ་འཛུད་དོ། །དེ་ལྟར་ཡང་། དེ་ཡི་རྣམ་པར་སྨིན་པ་ནི། །དཔལ་ལྡན་རིན་ཆེན་བདུན་དག་གིས། །འགྲོ་ཕན་འཁོར་ལོས་བསྒྱུར་བར་འགྱུར། །ཞེས་གསུངས། མཐུའི་ཁྱད་པར་ནི། སྐད་ཅིག་ཐང་ཅིག་ཡུད་ཙམ་ཞིག་ལ་ཏིང་ངེ་འཛིན་སྟོང་ཐོབ་པ་ལ་སོགས་པ་སྦྱར་རོ། །

ས་གསུམ་པའི་མིང་གི་ཁྱད་པར་ནི་འོད་བྱེད་པའོ། །ངེས་ཚིག་གི་ཁྱད་པར་ནི། ས་དེ་ལ་ཆོས་དང་ཏིང་ངེ་འཛིན་གྱི་སྣང་བ་གསལ་བ་དང་། གཞན་དག་ལ་ཆོས་ཀྱི་སྣང་བ་ཆེན་པོ་བྱེད་པས་ན། འོད་བྱེད་པ་ཞེས་བྱའོ། །དེ་ལྟར་ཡང་། ཆོས་ཀྱི་སྣང་བ་ཆེན་པོ་ནི། །བྱེད་པའི་ཕྱིར་ན་འོད་བྱེད་པའོ། །ཞེས་གསུངས། ཡོངས་སུ་སྦྱོང་བའི་ཁྱད་པར་ནི། ཐོས་པས་མི་ངོམས་པ་ལ་སོགས་པ་ཆོས་ལྔ་ལ་བསླབས་པས་ས་དེ་ཐོབ་པ་ཡིན་ནོ། །དེ་ལྟར་ཡང་། ཐོས་པས་མི་ངོམས་པ་

ཉིད་དང་། །ཟང་ཟིང་མེད་པར་ཆོས་སྦྱིན་དང་། །ཞེས་པ་ལ་སོགས་པ་གསུངས། ཉམས་སུ་བླང་བྱའི་ཁྱད་པར་ནི། ས་འདི་ལ་གནས་པའི་བྱང་ཆུབ་སེམས་དཔའ། སྤྱིར་ཕ་རོལ་ཏུ་ཕྱིན་པ་བཅུ་ཀ་ཉམས་སུ་ལེན་ཡང་། ཁྱད་པར་དུ་བཟོད་པའི་ཕ་རོལ་ཏུ་ཕྱིན་པ་ཤས་ཆེ་བར་གསུངས་སོ། །རྣམ་པར་དག་པའི་ཁྱད་པར་ནི། སྔར་བཤད་པ་ལྟར་རྒྱུ་གསུམ་པོ་དེས་དེའི་དགེ་བའི་རྩ་བ་རྒྱ་ཆེར་རྣམ་པར་དག་པར་འགྱུར་ཏེ། ཇི་སྐད་དུ། དཔེར་ན་གསེར་ས་ལེ་སྦྲམ་དེ་ཉིད་གསེར་མགར་མཁས་པའི་ལག་ཏུ་བསྲེལ་ན། དང་པོའི་སྲང་གྲངས་ཀྱི་ཚད་གང་ཡོད་ལས་ཉུང་དུ་མི་འགྲོ་བར་སྐྱོན་དང་དྲི་མ་ཐམས་ཅད་ཟད་པར་བྱེད་དོ། །དེ་བཞིན་དུ་ས་གསུམ་པ་ལ་གནས་པའི་བྱང་ཆུབ་སེམས་དཔའ་དེའི་དགེ་བའི་རྩ་བ་ནི་མི་འགྲིབ་པར་གནས་ཤིང་། ཤིན་ཏུ་དག་པ་དང་། བྱང་བ་དང་། ལས་སུ་རུང་བར་འགྱུར་རོ། །ཞེས་གསུངས་སོ། །རྟོགས་པའི་ཁྱད་པར་ནི། ས་འདི་ལ་གནས་པའི་བྱང་སེམས་དཔའ་དེས། ཆོས་ཀྱི་དབྱིངས་དེའི་རྒྱུ་མཐུན་པའི་ཆོས་དོན་གྱི་མཆོག་ཏུ་རྟོགས་ཏེ། དེས་ཚིགས་སུ་བཅད་པ་རེ་རེ་ཙམ་ཐོས་པའི་ཕྱིར་ཡང་མེའི་འོབས་སྟོང་གསུམ་ཙམ་དུ་བདག་ཉིད་མཆོང་བར་བྱེད་དོ། །དེ་ལྟར་ཡང་། རྒྱུ་མཐུན་མཆོག་གི་དོན་ཉིད་དང་། །ཞེས་གསུངས། སྐྱེ་བའི་ཁྱད་པར་ནི། ས་འདི་ལ་གནས་པའི་བྱང་ཆུབ་སེམས་དཔའ་དེ་ཕལ་ཆེར་ལྷའི་དབང་པོ་བརྒྱ་བྱིན་དུ་འགྱུར་ཏེ། སེམས་ཅན་རྣམས་ཀྱི་འདོད་པའི་འདོད་ཆགས་ལས་བཟློག་པ་ལ་མཁས་སོ། །དེ་ལྟར་ཡང་། ལྷ་ཡི་དབང་ཆེན་མཁས་པ་དེས། །འདོད་པའི་འདོད་ཆགས་བཟློག་པ་ཡིན། །ཞེས་གསུངས་སོ། །མཐུའི་ཁྱད་པར་ནི། སྐད་ཅིག་ཐངས་ཅིག་ཡུད་ཙམ་ཞིག་ལ་ཏིང་ངེ་འཛིན་འདུམ་ཕྲག་ཐོབ་པ་ལ་སོགས་པ་སྦྱར་རོ། །

ས་བཞི་པའི་མིང་གི་ཁྱད་པར་ནི། འོད་འཕྲོ་བའོ། །ངེས་ཚིག་གི་ཁྱད་པར་ནི། ས་དེ་ལ་བྱང་ཆུབ་ཀྱི་ཕྱོགས་དང་མཐུན་པའི་ཆོས་རྣམས་ཀྱི་ཡེ་ཤེས་འཕྲོ་བས། སྒྲིབ་པ་གཉིས་བསྲེགས་པས་ན་འོད་འཕྲོ་བ་ཞེས་བྱའོ། །དེ་ལྟར་ཡང་། འདི་ལྟར་བྱང་ཆུབ་མི་མཐུན་ཆོས། །རབ་ཏུ་བསྲེག་བྱེད་འོད་ལྟ་བུ། །དེ་ལྡན་ཕྱིར་ན་ས་དེ་ནི། །གཉིས་པོ་བསྲེག་པའི་འོད་འཕྲོ་ཅན། །ཞེས་གསུངས་སོ། །ཡོངས་སུ་སྦྱོང་བའི་ཁྱད་པར་ནི། དགོན་པར་གནས་པར་བྱ་བ་ལ་སོགས་པ་བཅུས་ས་དེ་ཐོབ་པ་ཡིན་ནོ། །དེ་ལྟར་ཡང་། ནགས་གནས་འདོད་ཆུང་ཆོག་ཤེས་དང་། །སྦྱངས་པ་ཡང་དག་སྡོམ་ལྡན་དང་། །ཞེས་པ་ལ་སོགས་པ་གསུངས་སོ། །ཉམས་སུ་བླང་བྱའི་ཁྱད་པར་ནི། ས་འདི་ལ་གནས་པའི་བྱང་ཆུབ་སེམས་དཔའ་དེས་སྦྱིན་པ་རོལ་ཏུ་ཕྱིན་པ་བཅུ་ཀ་ཉམས་སུ་ལེན་ཡང་། ཁྱད་པར་བརྩོན་འགྲུས་ཀྱི་ཕ་རོལ་ཏུ་ཕྱིན་པ་ཆེས་ཤས་ཆེ་བར་གསུངས་སོ། །རྣམ་པར་དག་པའི་ཁྱད་པར་ནི། སྔར་བཤད་པ་ལྟར་རྒྱུ་གསུམ་པོ་དེས་དེའི་དགེ་བའི་རྩ་བ་རྒྱ་ཆེར་རྣམ་པར་དག་པར་འགྱུར་ཏེ། ཇི་སྐད་དུ། དཔེར་ན་གསེར་ས་ལེ་སྦྲམ་དེ་ཉིད་གསེར་མགར་མཁས་པས་རྒྱན་གྱི་རྣམ་པར་བྱས་པ་ནི། རྒྱན་དུ་མ་བྱས་པའི་གསེར་རྣམས་ཀྱིས་མི་འཕྲོག་པ་ཡིན་ནོ། །དེ་བཞིན་དུ་ས་བཞི་པ་ལ་གནས་པའི་བྱང་ཆུབ་སེམས་དཔའ་དེ་ཡི་དགེ་བའི་རྩ་བ་དེ་ཡང་། ས་འོག་མ་དག་ལ་གནས་པའི་བྱང་ཆུབ་སེམས་དཔའི་དགེ་བའི་རྩ་བ་རྣམས་ཀྱིས་མི་འཕྲོག་པ་ཡིན་ནོ། །ཞེས་གསུངས་སོ། །རྟོགས་པའི་ཁྱད་པར་ནི། ས་འདི་ལ་གནས་པའི་བྱང་ཆུབ་སེམས་དཔའ་དེས་ཡོངས་སུ་འཛིན་པ་མེད་པའི་དོན་དུ་རྟོགས་ཏེ། འདི་ལྟར་ཆོས་ལ་སྲེད་པ་ཡང་ལྡོག་གོ། །དེ་ལྟར་ཡང་། འཐབ་བྲལ་གནས་ཀྱི་ལྷ་རྒྱལ་འགྱུར། །འཇིག་ཚོགས་ལྟ་བ་

མང་བྱུང་བ། །ཀུན་ནས་འཛོམས་བྱེད་མཁས་པ་ཡིན། །ཞེས་གསུངས། མཐུའི་ཁྱད་པར་ནི། སྐད་ཅིག་ཐངས་ཅིག་ཡུད་ཙམ་ཞིག་ལ་ཏིང་ངེ་འཛིན་བྱེ་བ་འཐོབ་པ་ལ་སྦྱར་རོ། །

ས་ལྔ་པའི་མིང་གི་ཁྱད་པར་ནི། ཤིན་ཏུ་སྦྱང་དཀའ་བའོ། །ངེས་ཚིག་གི་ཁྱད་པར་ནི། ས་དེ་ལ་སེམས་ཅན་སྨིན་པར་བྱེད་པར་བརྩོན་ཡང་། སེམས་ཅན་གྱིས་ལོག་པར་བསྒྲུབས་པས་ཀུན་ནས་ཉོན་མོངས་པར་མི་འགྱུར་ཏེ། དེ་གཉིས་ཀ་བྱ་དཀའ་བའི་ཕྱིར་སྦྱང་དཀའ་བ་ཞེས་བྱའོ། །དེ་ལྟར་ཡང་། སེམས་ཅན་དོན་ནི་བསྒྲུབ་པ་དང་། །རང་གི་སེམས་ཀྱང་བསྲུང་བས་ན། །བློ་ལྡན་རྣམས་ཀྱིས་སྦྱང་དཀའ་བ། །དེ་ཕྱིར་སྦྱང་དཀའ་ཞེས་བྱའོ། །ཞེས་གསུངས། ཡོངས་སུ་སྦྱོང་བའི་ཁྱད་པར་ནི། ཉེད་སོགས་ཀྱི་དོན་དུ་ཁྱིམ་པ་དང་འདྲིས་པར་བྱེད་པ་ལ་སོགས་པ་བཅུ་སྤངས་པས་ས་དེ་ཐོབ་པ་ཡིན་ནོ། །དེ་ལྟར་ཡང་། འདྲིས་དང་ཁྱིམ་ལ་འཁྲིལ་བ་དང་། འདུ་འཛིར་གྱུར་པའི་གནས་དང་ནི། ཞེས་པ་ལ་སོགས་པ་གསུངས་སོ། །ཉམས་སུ་བླང་བྱའི་ཁྱད་པར་ནི། ས་འདི་ལ་གནས་པའི་བྱང་ཆུབ་སེམས་དཔའ་དེ། སྤྱིར་ཕ་རོལ་ཏུ་ཕྱིན་པ་བཅུ་ག་ཉམས་སུ་ལེན་ཡང་། ཁྱད་པར་དུ་བསམ་གཏན་གྱི་ཕ་རོལ་ཏུ་ཕྱིན་པ་ཆེས་ཤས་ཆེ་བར་གསུངས་སོ། །རྣམ་པར་དག་པའི་ཁྱད་པར་ནི། སྔར་བཤད་པ་ལྟར་རྒྱུ་གསུམ་པོ་དེས་དེའི་དགེ་བའི་རྩ་བ་རྒྱ་ཆེར་རྣམ་པར་དག་པར་འགྱུར་ཏེ། ཇི་སྐད་དུ། དཔེར་ན་གསེར་ས་ལེ་སྦྲམ་དེ་ཉིད་གསེར་མགར་མཁས་པས་བྱི་དོར་བྱས་ལ། དེ་ལ་རིན་པོ་ཆེ་སྤུགས་ཀྱིས་སྦྲས་ན་མཚུངས་པ་མེད་པའི་ཕྱིར། དེ་མ་ཡིན་པའི་གསེར་དག་གིས་མི་འཕྲོག་པ་ཡིན་ནོ། །དེ་བཞིན་དུ་ས་ལྔ་པ་ལ་གནས་པའི་བྱང་ཆུབ་སེམས་དཔའ་དེའི་དགེ་

བའི་ཚ་བ་ཡང་། ཐབས་ཤེས་རབ་གཉིས་ཀྱིས་དཔྱད་པས་རྣམ་པར་དག་སྟེ། ས་འོག་མ་ལ་གནས་པའི་བྱང་ཆུབ་སེམས་རྣམས་ཀྱིས་མི་འགྲོག་པ་ཡིན་ནོ། །ཞེས་གསུངས་སོ། །རྟོགས་པའི་ཁྱད་པར་ནི། ས་འདི་ལ་གནས་པ་དེས་རྒྱུད་ཐ་དད་མེད་པའི་དོན་དུ་རྟོགས་ཏེ། མཉམ་པ་ཉིད་བཅུ་ཞེས་བྱའོ། །དེ་ལྟར་ཡང་། རྒྱུད་རྣམས་ཐ་དད་མེད་པ་དང་། །ཞེས་གསུངས། སྐྱེ་བའི་ཁྱད་པར་ནི། ས་འདི་ལ་གནས་པའི་བྱང་ཆུབ་སེམས་དཔའ་དེས། ཕལ་ཆེར་ལྷ་ཡི་རྒྱལ་པོ་དགའ་ལྡན་དུ་སྐྱེ་བར་འགྱུར་ཏེ། མུ་སྟེགས་ཐམས་ཅད་ཀྱི་ལྟ་བ་བཟློག་པ་ལ་མཁས་སོ། །དེ་ལྟར་ཡང་། དེ་ཡི་རྣམ་པར་སྨིན་པ་ནི། །དགའ་ལྡན་གནས་ཀྱི་ལྷ་རྒྱལ་འགྱུར། །མུ་སྟེགས་བྱེད་པ་ཐམས་ཅད་ཀྱི། །ཉོན་མོངས་ལྟ་གནས་བཟློག་པར་བྱེད། །ཅེས་གསུངས། མཐུ་ཡི་ཁྱད་པར་ནི། སྐད་ཅིག་ཐངས་ཅིག་ཡུད་ཙམ་ཞིག་ལ་ཏིང་ངེ་འཛིན་བྱེ་བ་སྟོང་ཐོབ་པ་ལ་སོགས་པ་ལ་སྦྱར་རོ། །

ས་དྲུག་པའི་མིང་གི་ཁྱད་པར་ནི། མངོན་དུ་ཕྱུར་པའོ། །ངེས་ཚིག་གི་ཁྱད་པར་ནི། ས་དེ་ལ་ཤེས་རབ་ཀྱི་ཕ་རོལ་ཏུ་ཕྱིན་པ་ལ་བརྟེན་ནས། འཁོར་འདས་གཉིས་ལ་མི་དམིགས་པའི་ཕྱིར། འཁོར་འདས་ཀྱང་མྱ་ངན་ལས་འདས་པ་དག་ལ་མངོན་དུ་ཕྱུར་པས་ན་མངོན་དུ་ཕྱུར་པ་ཞེས་བྱའོ། །དེ་ལྟར་ཡང་། ཤེས་རབ་ཕ་རོལ་ཕྱིན་བརྟེན་ནས། །འཁོར་བ་དང་ནི་མྱ་ངན་འདས། །གཉིས་ནི་མངོན་དུ་ཕྱུར་པའི་ཕྱིར། །མངོན་དུ་ཕྱུར་པའི་ས་ཞེས་བཤད། །ཅེས་གསུངས། ཡོངས་སུ་སྦྱོང་བའི་ཁྱད་པར་ནི། སྦྱིན་པ་ལ་སོགས་པ་ཆོས་དྲུག་ཡོངས་སུ་རྫོགས་པར་བྱ་བ་ལ་བསླབ་པ་དང་། ཉན་རང་ལ་འདོད་པ་ལ་སོགས་པ་ཆོས་དྲུག་སྤང་བ་ལ་བསླབ་པ་སྟེ། དེ་ལྟར་བཅུ་གཉིས་ཀྱིས་ས་དེ་ཐོབ་པ་ཡིན་ནོ། །དེ་ལྟར་ཡང་།

སྦྱིན་དང་ཚུལ་ཁྲིམས་བཟོད་བརྩོན་འགྲུས། །བསམ་གཏན་ཤེས་རབ་ཡོངས་རྫོགས་པས། །ཞེས་པ་ལ་སོགས་པ་གསུངས། ཉམས་སུ་བླང་བྱའི་ཁྱད་པར་ནི། ས་འདི་ལ་གནས་པའི་བྱང་ཆུབ་སེམས་དཔའ་དེ། ཕྱིར་ཕ་རོལ་ཏུ་ཕྱིན་པ་བཅུ་ཀ་ཉམས་སུ་ལེན་ཡང་། ཁྱད་པར་དུ་ཤེས་རབ་ཀྱི་ཕ་རོལ་ཏུ་ཕྱིན་པ་ཆེས་ཤས་ཆེ་བར་གསུངས། རྣམ་པར་དག་པའི་ཁྱད་པར་ནི། སྔར་བཤད་པ་ལྟར་རྒྱུ་གསུམ་པོ་དེས། དགེ་བའི་རྩ་བ་རྣམ་པར་དག་པར་འགྱུར་ཏེ། ཇི་སྐད་དུ། དཔེར་ན་གསེར་ས་ལེ་སྦྲམ་དེ་ཉིད་གསེར་མགར་མཁས་པས་རིན་པོ་ཆེ་བཻཌཱུརྻས་སྦྲས་ན་མཚུངས་པ་མེད་པའི་ཕྱིར། དེ་མ་ཡིན་པའི་གསེར་ཐམས་ཅད་ཀྱིས་མི་འཕྲོག་པ་ཡིན་ནོ། །དེ་བཞིན་དུ་ས་དྲུག་པ་ལ་གནས་པའི་བྱང་ཆུབ་སེམས་དཔའ། དེའི་དགེ་བའི་རྩ་བ་ཡང་ཐབས་དང་ཤེས་རབ་ཀྱིས་དཔྱད་པས་རྣམ་པར་དག་ཅིང་འོད་གསལ་ཏེ། དེ་མ་ཡིན་པའི་ས་འོག་མ་ལ་གནས་པའི་བྱང་ཆུབ་སེམས་དཔས་མི་འཕྲོག་པ་ཡིན་ནོ། །ཞེས་གསུངས། རྟོགས་པའི་ཁྱད་པར་ནི། ས་འདི་ལ་གནས་པ་དེས། ཀུན་ནས་ཉོན་མོངས་པ་དང་རྣམ་པར་དག་པ་ཡིན་པའི་དོན་དུ་རྟོགས་ཏེ། རྟེན་ཅིང་འབྲེལ་པར་འབྱུང་བ་ལ་གང་ཀུན་ནས་ཉོན་མོངས་པའམ་རྣམ་པར་དག་པར་གྱུར་པའི་ཆོས་གང་ཡང་མེད་པར་ཤེས་པར་བྱའོ། །དེ་ལྟར་ཡང་། ཉོན་མོངས་རྣམ་དག་མིན་དོན་དང་། །ཞེས་གསུངས། སྐྱེ་བའི་ཁྱད་པར་ནི། ས་འདི་ལ་གནས་པའི་བྱང་ཆུབ་སེམས་དཔའ་དེ་ཕལ་ཆེར་ལྷའི་རྒྱལ་པོ་རབ་འཕྲུལ་དགར་འགྱུར་ཏེ། སེམས་ཅན་རྣམས་ཀྱི་མངོན་པའི་ང་རྒྱལ་བཟློག་པ་ལ་མཁས་སོ། །དེ་ལྟར་ཡང་། དེ་ཡི་རྣམ་པར་སྨིན་པ་ནི། །ལྷ་ཡི་རྒྱལ་པོ་རབ་འཕྲུལ་དགའ། །ཉོན་མོངས་རྣམས་ཀྱིས་མི་འཕྲོག་པ། །ལྷག་པའི་ང་རྒྱལ་ཅན་ཞི་བྱེད། །ཅེས་གསུང་།

མཐུའི་ཁྱད་པར་ནི། སྐད་ཅིག་ཐངས་ཅིག་ཡུད་ཙམ་ཞིག་ལ་ཏིང་ངེ་འཛིན་བྱེ་བ་ཕྲག་འབུམ་ཐོབ་པ་ལ་སོགས་པ་སྨྲར་རོ། །

ས་བདུན་པའི་མིང་གི་ཁྱད་པར་ནི། རིང་དུ་སོང་བའོ། །ངེས་ཚིག་གི་ཁྱད་པར་ནི། ས་དེ་བསྒྲོད་པ་གཅིག་པའི་ལམ་དང་འབྲེལ་བའི་ཕྱིར་རིང་དུ་སོང་བ་ཡིན་ནོ། །སྦྱོར་བའི་མཐར་སོན་པའི་ཕྱིར་རོ། །དེ་ལྟར་ཡང་། བསྒྲོད་ཅིག་ལམ་དང་འབྲེལ་བའི་ཕྱིར། །རིང་དུ་སོང་བའི་སར་འདོད་དོ། །ཞེས་གསུངས། ཡོངས་སུ་སྦྱོང་བའི་ཁྱད་པར་ནི། བདག་ཏུ་འཛིན་པ་ལ་སོགས་ཉི་ཤུ་སྤངས་ནས། དེ་ལས་བཟློག་པའི་ཆོས་རྣམ་ཐར་སྒོ་གསུམ་ཤེས་པ་ལ་སོགས་པ་ཉི་ཤུ་བསྟེན་པས་ས་དེ་ཐོབ་པ་ཡིན་ནོ། །དེ་ལྟར་ཡང་། བདག་དང་སེམས་ཅན་འཛིན་པ་དང་། །ཞེས་པ་ལ་སོགས་པ་དང་། རྣམ་ཐར་སྒོ་གསུམ་ཤེས་པ་དང་། །ཞེས་པ་ལ་སོགས་པ་གསུངས་སོ། །ཉམས་སུ་བླང་བྱའི་ཁྱད་པར་ནི། ས་འདི་ལ་གནས་པའི་བྱང་ཆུབ་སེམས་དཔའ་དེ། ཕྱིར་ཕ་རོལ་ཏུ་ཕྱིན་པ་བཅུ་ག་ཉམས་སུ་ལེན་ཡང་། ཁྱད་པར་དུ་ཐབས་ཀྱི་ཕ་རོལ་ཏུ་ཕྱིན་པ་ཤས་ཆེ་བར་གསུངས། རྣམ་པར་དག་པའི་ཁྱད་པར་ནི། སྔར་བཤད་པ་ལྟར། རྒྱུ་གསུམ་པོ་དེས། དེའི་དགེ་བའི་རྩ་བ་རྒྱ་ཆེར་རྣམ་པར་དག་པར་འགྱུར་ཏེ། ཇི་སྐད་དུ། དཔེར་ན་གསེར་ས་ལེ་སྦྲམ་དེ་ཉིད་གསེར་མགར་མཁས་པས་ནོར་བུ་རིན་པོ་ཆེ་ཐམས་ཅད་ཀྱིས་སྤྲས་ན་ཤིན་ཏུ་མཛེས་ཏེ། དེ་མ་ཡིན་པ་འཛམ་བུ་གླིང་པའི་རྒྱན་ཐམས་ཅད་ཀྱིས་མི་འཕྲོག་པ་ཡིན་ནོ། །དེ་བཞིན་དུ་ས་བདུན་པ་ལ་གནས་པའི་བྱང་ཆུབ་སེམས་དཔའ་དེའི་དགེ་བའི་རྩ་བ་ཡང་ཆེས་རྣམ་པར་དག་པས། ཉན་རང་དང་། དེ་མ་ཡིན་པའི་ས་ལ་གནས་པའི་བྱང་ཆུབ་སེམས་དཔའི་དགེ་བའི་རྩ་བ་རྣམས་

ཀྱིས་མི་འཕྲོག་པ་ཡིན་ནོ། །ཞེས་གསུངས། རྟོགས་པའི་ཁྱད་པར་ནི། ས་འདི་ལ་གནས་པའི་བྱང་ཆུབ་སེམས་དཔའ་དེས་ཐ་དད་མེད་པའི་དོན་དུ་རྟོགས་ཏེ། མདོ་ལ་སོགས་པའི་ཆོས་ཀྱི་མཚན་མ་ཐ་དད་མི་འབྱུང་ངོ་། །དེ་ལྟར་ཡང་། ཐ་དད་མེད་པའི་དོན་ཉིད་དང་། །ཞེས་གསུངས། སྐྱེ་བའི་ཁྱད་པར་ནི། ས་འདི་ལ་གནས་པའི་བྱང་ཆུབ་སེམས་དཔའ་དེ་ཕལ་ཆེར་ལྷའི་རྒྱལ་པོ་དབང་བསྒྱུར་དུ་འགྱུར་ཏེ། ཉན་རང་གི་མངོན་པར་བསྒྲུབ་པ་ལ་མཁས་སོ། །དེ་ལྟར་ཡང་དེ་ཡི་རྣམ་པར་སྨིན་པས་ནི། །དབང་བསྒྱུར་ལྷ་ཡི་རྒྱལ་པོར་འགྱུར། །འཕགས་པའི་བདེན་པ་མངོན་རྟོགས་པས། །སློབ་དཔོན་ཁྱུ་མཆོག་ཆེན་པོར་འགྱུར། །ཞེས་གསུངས། མཐུའི་ཁྱད་པར་ནི། སྐད་ཅིག་ཐངས་ཅིག་ཡུད་ཙམ་ཞིག་ལ་ཏིང་ངེ་འཛིན་བྱེ་བ་ཁྲག་ཁྲིག་འབུམ་ཕྲག་ཐོབ་པ་ལ་སོགས་པ་སྔར་རོ། །

ས་བརྒྱད་པའི་མིང་གི་ཁྱད་པར་ནི། མི་གཡོ་བའོ། །ངེས་ཚིག་གི་ཁྱད་པར་ནི། མཚན་མ་ལ་རྩོལ་བའི་འདུ་ཤེས་དང་མཚན་མ་མེད་པ་ལ་བརྩོན་པའི་འདུ་ཤེས་ཀྱི་མི་གཡོ་བའི་ཕྱིར་རོ། །དེ་ལྟར་ཡང་། འདུ་ཤེས་གཉིས་ཀྱིས་མི་གཡོ་ཕྱིར། །མི་གཡོ་བ་ཞེས་མངོན་པར་བརྗོད། །ཅེས་གསུངས། ཡོངས་སུ་སྦྱོང་བའི་ཁྱད་པར་ནི། སེམས་ཅན་ཐམས་ཅད་ཀྱི་སྤྱོད་པ་ཅི་ལྟ་བ་བཞིན་ཤེས་པ་ལ་སོགས་ཡོངས་སུ་སྦྱོང་བ་བརྒྱད་ཀྱིས་ས་དེ་ཐོབ་པ་ཡིན་ནོ། །དེ་ལྟར་ཡང་སེམས་ཅན་ཀུན་ཡིད་ཤེས་པ་དང་། །མངོན་པར་ཤེས་པས་བརྩེ་བ་དང་། །ཞེས་གསུངས། ཉམས་སུ་བླང་བྱའི་ཁྱད་པར་ནི། ས་འདི་ལ་གནས་པའི་བྱང་ཆུབ་སེམས་དཔའ་དེས་སྦྱིར་ཕ་རོལ་ཏུ་ཕྱིན་པ་བཅུ་ཀ་ཉམས་སུ་ལེན་ཡང་ཁྱད་པར་དུ་སྨོན་ལམ་གྱི་ཕ་རོལ་ཏུ་ཕྱིན་པ་ཤས་ཆེ་བར་གསུངས། རྣམ་པར་དག་པའི་ཁྱད་པར་ནི། སྔར་བཤད་

པ་ལྟར་རྒྱུ་གསུམ་པོ་དེས་དེའི་དགེ་བའི་རྩ་བ་རྣམ་པར་དག་པར་འགྱུར་ཏེ། ཇི་སྐད་དུ། དཔེར་ན་གསེར་ས་ལེ་སྦྲམ་དེ་ཉིད་མགར་བ་མཁས་པས་རྒྱན་དུ་ཟིན་པར་བྱས་ནས་འཛམ་བུའི་གླིང་གི་བདག་པོའི་མགུལ་དུ་བཏགས་ན། འཛམ་བུ་གླིང་པའི་རྒྱན་ཐམས་ཅད་ཀྱིས་མི་འཕྲོག་པ་ཡིན་ནོ། །དེ་བཞིན་དུ་ས་བརྒྱད་པ་ལ་གནས་པའི་བྱང་ཆུབ་སེམས་དཔའ་དེའི་དགེ་བའི་རྩ་བ་དེ་ཤིན་ཏུ་རྣམ་པར་དག་པའི་ཕྱིར། ཉན་རང་ཐམས་ཅད་དང་བྱང་ཆུབ་སེམས་དཔའ་ས་བདུན་པ་ལ་གནས་པའི་བར་དག་གིས་མི་འཕྲོག་པ་ཡིན་ནོ། །ཞེས་གསུངས། རྟོགས་པའི་ཁྱད་པར་ནི། ས་འདི་ལ་གནས་པ་དེས་ཆོས་ཐམས་ཅད་རྣམ་པར་རྟོག་པའི་འདུ་ཤེས་དང་བྲལ་ཞིང་། ནམ་མཁའ་འདྲ་བར་ཡོང་དུ་ཆུད་པས་སྟོང་ཉིད་སྐྱེ་མེད་ཀྱི་དོན་ལ་མི་དངངས་མི་སྐྲག་སྟེ། མི་སྐྱེ་བའི་ཆོས་ལ་བཟོད་པ་ཐོབ་པ་ཞེས་བྱའོ། །མི་སྐྱེ་བའི་ཆོས་ལ་བཟོད་པ་ཐོབ་པས། བྲི་བ་མེད་པ། འཕེལ་བ་མེད་པའི་དོན་དུ་རྟོགས་ཏེ། ཀུན་ནས་ཉོན་མོངས་པའམ། བྲི་བའམ། འཕེལ་བ་མི་མཐོང་བའོ། །དེ་ལྟར་ཡང་། བྲི་མེད་འཕེལ་བ་མེད་དོན་དུ། །ཞེས་གསུངས། ཡང་། དབང་གི་རྣམ་པ་བཞིའི་གནས། །ཞེས་གསུངས་ཏེ། རྣམ་པར་མི་རྟོག་པ་ལ་དབང་བ་དང་། ཞིང་ཡོངས་སུ་དག་པ་ལ་དབང་བ་དང་། ཡེ་ཤེས་ལ་དབང་བ་དང་། ལས་ལ་དབང་བ་དང་བཞི་ཡོད་པ་ལས། ས་བརྒྱད་པ་ལ་གནས་པ་དེས་རྣམ་པར་མི་རྟོག་པ་ལ་དབང་བ་དང་། ཞིང་ཡོངས་སུ་དག་པ་ལ་དབང་བའི་གནས་ཉིད་དུ་རྟོགས། གཞན་ཡང་ས་བརྒྱད་པ་ལ་གནས་པ་དེས། དབང་རྣམ་པ་བཅུ་ཡང་ཐོབ་པར་གསུངས། དེ་ལ་དབང་རྣམ་པ་བཅུ་ནི། ཚེ་ལ་དབང་བ་དང་། སེམས་ལ། ལས་ལ། སྐྱེ་བ་ལ། སྨོན་ལམ་ལ། ཆོས་ལ། རྫུ་འཕྲུལ་ལ། ཡེ་ཤེས་ལ་དབང་

བའོ། །སྐྱེ་བའི་ཁྱད་པར་ནི། ས་འདི་ལ་གནས་པའི་བྱང་ཆུབ་སེམས་དཔའ་དེ་ཕལ་ཆེར་སྟོང་སྤྱི་ཕུད་ལ་དབང་བའི་རྒྱལ་པོ་ཚངས་པར་འགྱུར་ཏེ། དགྲ་བཅོམ་དང་། རང་རྒྱལ་ལ་སོགས་པའི་དོན་གཏན་ལ་འབེབས་སོ། །དེ་ལྟར་ཡང་། དེ་ཡི་རྣམ་པར་སྨིན་པས་ནི། །སྟོང་གི་བདག་པོ་ཚངས་པར་འགྱུར། །དགྲ་བཅོམ་རང་རྒྱལ་ལ་སོགས་ཀྱི། །དོན་གཏན་འབེབས་ལ་འཕྲོག་པ་མེད། །ཅེས་གསུངས། མཐུ་ཡི་ཁྱད་པར་ནི། སྐད་ཅིག་ཐངས་ཅིག་ཡུད་ཙམ་གཅིག་ལ་ཏིང་ངེ་འཛིན་སྟོང་གསུམ་འབུམ་ཕྲག་བཅུའི་རྩལ་ཉིད་ཐོབ་པ་ལ་སོགས་སྨྲར་རོ། །

ས་དགུ་པའི་མིང་གི་ཁྱད་པར་ནི། ལེགས་པའི་བློ་གྲོས། ངེས་ཚིག་གི་ཁྱད་པར་ནི། ས་དེ་ལ་སོ་སོ་ཡང་དག་པར་རིག་པའི་བློ་གྲོས་བཟང་བའི་ཕྱིར་རོ། །དེ་ལྟར་ཡང་། སོ་སོ་ཡང་དག་རིག་བློ་བཟང་། །ས་དེ་ལེགས་པའི་བློ་གྲོས་ཡིན། །ཞེས་གསུངས། ཡོངས་སུ་སྦྱོང་བའི་ཁྱད་པར་ནི། སྨོན་ལམ་མཐའ་ཡས་པ་ལ་སོགས་པ་བཅུ་གཉིས་ཀྱིས་ས་དེ་ཐོབ་པ་ཡིན་ནོ། །དེ་ལྟར་ཡང་། སྨོན་ལམ་དག་ནི་མཐའ་ཡས་དང་། །ལྷ་ལ་སོགས་པའི་སྐད་ཤེས་དང་། །ཞེས་པ་ལ་སོགས་པ་གསུངས། ཉམས་སུ་བླང་བྱའི་ཁྱད་པར་ནི། ས་འདི་ལ་གནས་པའི་བྱང་ཆུབ་སེམས་དཔའ་དེས་སྦྱིར་ཕ་རོལ་ཏུ་ཕྱིན་པ་བཅུ་ཀ་ཉམས་སུ་ལེན་ཡང་། ཁྱད་པར་དུ་སྟོབས་ཀྱི་ཕ་རོལ་ཏུ་ཕྱིན་པ་ཤས་ཆེ་བར་གསུངས། རྣམ་པར་དག་པའི་ཁྱད་པར་ནི། སྔར་བཤད་པ་ལྟར་རྒྱུ་གསུམ་པོ་དེས། དེའི་དགེ་བའི་རྩ་བ་རྣམ་པར་དག་པར་འགྱུར་ཏེ། ཇི་སྐད་དུ། དཔེར་ན་གསེར་ས་ལེ་སྦྲམ་དེ་ཉིད་གསེར་མགར་མཁས་པས་རྒྱན་དུ་བྱས་པ་དེ། འཁོར་ལོས་བསྒྱུར་བའི་རྒྱལ་པོའི་མགོའམ་མགུལ་དུ་བཏགས་ན་ཁམས་ཀྱི་རྒྱལ་པོ་རྣམས་དང་གླིང་བཞི་པའི་སེམས་ཅན་རྣམས་ཀྱི་རྒྱན་གྱི་རྣམ་

པ་རྣམས་ཀྱིས་མི་འཕྲོག་པ་ཡིན་ནོ། །དེ་བཞིན་དུ་ས་དགུ་པའི་བྱང་ཆུབ་སེམས་དཔའི་དགེ་བའི་རྩ་བ་ཡེ་ཤེས་ཀྱི་སྣང་བ་ཆེན་པོས་བརྒྱན་ཏེ། ཉན་རང་ཐམས་ཅད་དང་ས་འོག་མ་ལ་གནས་པའི་བྱང་ཆུབ་སེམས་དཔའ་ཐམས་ཅད་ཀྱིས་མི་འཕྲོག་པ་ཡིན་ནོ། །ཞེས་གསུངས། རྟོགས་པའི་ཁྱད་པར་ནི། དབང་བཞི་པོ་དེ་ལས་ཡེ་ཤེས་ལ་དབང་བའི་གནས་ཉིད་དུ་རྟོགས་ཏེ། སོ་སོ་ཡང་དག་པར་རིག་པ་བཞི་འདི་ལྟ་སྟེ། ཆོས་སོ་སོ་ཡང་དག་པར་རིག་པ་དང་། དོན་སོ་སོ་ཡང་དག་པར་རིག་པ་དང་། ངེས་ཚིག་སོ་སོ་ཡང་དག་པར་རིག་པ་དང་། སྤོབས་པ་སོ་སོ་ཡང་དག་པར་རིག་པ་རྟག་པར་རྒྱུན་དུ་འབྱུང་ངོ་། །ཞེས་གསུངས། སྐྱེ་བའི་ཁྱད་པར་ནི། ས་འདི་ལ་གནས་པའི་བྱང་ཆུབ་སེམས་དཔའ་དེ། ཕལ་ཆེར་སྟོང་གཉིས་པ་བར་མའི་འཇིག་རྟེན་གྱི་ཁམས་ལ་དབང་བའི་ལྷའི་རྒྱལ་པོ་ཚངས་པར་འགྱུར་ཏེ། དྲིས་པ་ཐམས་ཅད་ཀྱི་ལན་འདེབས་པར་བྱེད་དོ། །དེ་ལྟར་ཡང་། དེ་ཡི་རྣམ་པར་སྨིན་པས་ནི། །སྟོང་གསུམ་བདག་པོ་ཚངས་པར་འགྱུར། །སེམས་ཅན་བསམ་པ་དྲིས་པ་ལས། །དགྲ་བཅོམ་སོགས་ཀྱིས་འཕྲོག་པ་མེད། །ཅེས་གསུངས། མཐུའི་ཁྱད་པར་ནི། སྐད་ཅིག་ཐངས་ཅིག་ཡུད་ཙམ་ཞིག་ལ་ཏིང་ངེ་འཛིན་སངས་རྒྱས་ཀྱི་ཞིང་གྲངས་མེད་པ་ན་འབུམ་ཕྲག་བཅུ་ཚང་བའི་རྡུལ་ཕྲ་རབ་ཀྱི་རྡུལ་སྙེད་ཐོབ་པ་ལ་སོགས་པ་སྨྲར་རོ། །

ས་བཅུ་པའི་མིང་གི་ཁྱད་པར་ནི། ཆོས་ཀྱི་སྤྲིན་ནོ། །ངེས་ཚིག་གི་ཁྱད་པར་ནི། ས་དེ་ལ་གནས་པས་ནི་སྤྲིན་བཞིན་དུ་ཆོས་ཀྱི་ཆར་ཕབ་ནས་སེམས་ཅན་རྣམས་ཀྱི་ཉོན་མོངས་པའི་རྡུལ་ཕྲ་རབ་ཞི་བར་བྱེད་པས་ན་ཆོས་ཀྱི་སྤྲིན་ནོ། །ཡང་ན། སྤྲིན་བཞིན་དུ་ཏིང་ངེ་འཛིན་དང་གཟུངས་ཀྱི་སྙོམས་ཐོབ་པའི་ཆོས་རྟེན་ལ་

ཡོད་པ་ནམ་མཁའ་ལྟ་བུར་ཁྱབ་པའི་ཕྱིར་ཆོས་ཀྱི་སྤྲིན་ཞེས་བྱའོ། །དེ་ལྟར་ཡང་། སྤྲིན་བཞིན་གཉིས་ནི་ནམ་མཁའི་ཆོས། །ཁྱབ་པའི་ཕྱིར་ན་ཆོས་ཀྱི་སྤྲིན། །ཞེས་གསུངས། ཡོངས་སུ་སྦྱོང་བའི་ཁྱད་པར་ནི། མངོན་རྟོགས་རྒྱན་ལས་མ་བསྟན་ཏེ། འཕགས་པ་ས་བཅུ་པའི་མདོ་ལས་ཀྱང་། ཀྱེ་རྒྱལ་བའི་སྲས་དག །བྱང་ཆུབ་སེམས་དཔའ་དེ་ལྟར་ས་དགུ་པའི་བར་དུ་ཤེས་བྱ་ཚད་མེད་པ་ལ་རྣམ་པར་དག་པའི་བློ་གྲོས་ཤིན་ཏུ་རྣམ་པར་ཕྱེ་བ། རྣམ་པར་འབྱེད་པ། ཞེས་པ་ལ་སོགས་པ་ཡོངས་སུ་སྦྱོང་བ་རྣམ་པ་བཅུས་ཐམས་ཅད་མཁྱེན་པའི་ཡེ་ཤེས་ལ་དབང་བའི་ས་ཐོབ་པར་གསུངས་སོ། །ཐམས་ཅད་མཁྱེན་པའི་ཡེ་ཤེས་ལ་དབང་བསྐུར་བའི་ས་ཞེས་པ་ནི་ས་བཅུ་པའོ། །ས་བཅུ་པ་ཐམས་ཅད་མཁྱེན་པའི་ཡེ་ཤེས་ལ་དབང་བསྐུར་བའི་ས་ཟེར་བ་ཅིའི་ཕྱིར་ཞེ་ན། ས་བཅུ་ས་ལ་གནས་པའི་བྱང་ཆུབ་སེམས་དཔའ་དེ་ཕྱོགས་བཅུའི་སངས་རྒྱས་ཀྱི་འོད་ཟེར་གྱིས་དབང་བསྐུར་བའི་ཕྱིར་ཏེ། རྒྱས་པར་ས་བཅུ་པའི་མདོ་ལས་ཤེས་པར་བྱའོ། །རིན་ཆེན་ཕྲེང་བ་ལས་ཀྱང་། བྱང་ཆུབ་སེམས་དཔའི་སངས་རྒྱས་ཀྱི། །འོད་ཟེར་བྱམས་པ་དང་། བྱམས་པའི་ཊཱི་ཀ་ལས་དེ་ལྟར་གསུངས། གསང་སྔགས་ནས་ས་བཅུ་པའི་མཐར་བྱང་ཆུབ་སེམས་དཔའ་དེ་ལ་ཕྱོགས་བཅུའི་སངས་རྒྱས་ཀྱིས་དབང་བསྐུར་བས་འཚང་རྒྱ་བར་གསུངས་པ་དེ་དང་། འདིར་སྨོས་པ་གཉིས་གཅིག་པ་ཡིན་ཟེར། དྲི་བ་ལན་མི་འདྲ་ཡང་དོན་ལ་འགལ་བ་མེད་དོ། །དབང་གིས་དབང་བསྐུར་ཕྱིར། །ཞེས་གསུངས། ཉམས་སུ་བླང་བྱའི་ཁྱད་པར་ནི། ས་འདི་ལ་གནས་པའི་བྱང་ཆུབ་སེམས་དཔའ་དེས་སྦྱིར་ཕ་རོལ་ཏུ་ཕྱིན་པ་བཅུ་ག་ཉམས་སུ་ལེན་ཡང་། ཁྱད་པར་དུ་ཡེ་ཤེས་ཀྱི་ཕ་རོལ་ཏུ་ཕྱིན་པ་ཤས་ཆེ་བར་གསུངས་སོ། །རྣམ་པར་དག་པའི་ཁྱད་པར་ནི། སྔར་བཤད་པ་ལྟར་རྒྱུ་གསུམ་པོ་དེས་དེའི་དགེ་བའི་རྩ་

བ་རྣམ་པར་དག་པར་འགྱུར་ཏེ། ཇི་སྐད་དུ། དཔེར་ན་ལྷའི་རྒྱན་ཆ་དེ་མཁན་པོའམ་བཟོ་བོས་མ་བྱས་པར། ནོར་བུ་རིན་པོ་ཆེས་སྦྲས་པ་དེ། ལྷའི་རྒྱལ་པོ་དབང་བསྒྱུར་གྱི་མགོའམ་མགུལ་དུ་བཏགས་ན། དེ་མ་ཡིན་པའི་ལྷ་དང་མིའི་རྒྱན་གྱི་རྣམ་པ་དག་གིས་མི་འཕྲོག་པ་ཡིན་ནོ། །དེ་བཞིན་དུ་ས་བཅུ་པ་ལ་གནས་པའི་བྱང་ཆུབ་སེམས་དཔའི་ཡེ་ཤེས་ཀྱི་རྒྱུ་དེ་དག་ཀྱང་། སེམས་ཅན་ཐམས་ཅད་དང་། ཉན་རང་ཐམས་ཅད་དང་། ས་དགུ་པ་མན་ཆད་ཐོབ་པའི་བྱང་ཆུབ་སེམས་དཔའ་རྣམས་ཀྱིས་མི་འཕྲོག་པ་ཡིན་ནོ། །ཞེས་གསུངས། རྫོགས་པའི་ཁྱད་པར་ནི། དབང་བཞི་པོ་དེ་དག་ལས། ལས་ལ་དབང་བའི་གནས་ཉིད་དུ་རྫོགས་ཏེ། ཅི་ལྟར་བཞེད་པ་བཞིན་དུ་སྤྲུལ་པ་སྣ་ཚོགས་ཀྱི་སེམས་ཅན་གྱི་དོན་མཛད་པའི་ཕྱིར་རོ། །སྐྱེ་བའི་ཁྱད་པར་ནི། ས་འདི་ལ་གནས་པའི་བྱང་ཆུབ་སེམས་དཔའ་དེ། ཕལ་ཆེར་ལྷ་ཡི་རྒྱལ་པོ་དབང་ཕྱུག་ཆེན་པོར་འགྱུར་ཏེ། སེམས་ཅན་དང་། ཉན་རང་དང་། བྱང་ཆུབ་སེམས་དཔའ་ཐམས་ཅད་ལ་ཕ་རོལ་ཏུ་ཕྱིན་པའི་ཆོས་སྟོན་པ་ལ་མཁས་སོ། །དེ་ལྟར་ཡང་། དེ་ཡི་རྣམ་པར་སྨིན་པས་ནི། །གནས་གཙང་ལྷ་ཡི་བདག་པོར་འགྱུར། །བསམ་པས་ཡེ་ཤེས་ཡུལ་གྱི་བདག །དབང་ཕྱུག་ཆེན་པོ་མཆོག་ཡིན་ནོ། །ཞེས་གསུངས། མཐུའི་ཁྱད་པར་ནི། སྐད་ཅིག་ཐངས་ཅིག་ཡུད་ཙམ་ཞིག་ལ་ཏིང་ངེ་འཛིན་སངས་རྒྱས་ཀྱི་ཞིང་བརྗོད་དུ་མེད་པ་བྱེ་བ་ཁྲག་ཁྲིག་འབུམ་ཕྲག་བཅུའི་རྡུལ་ཕྲ་རབ་ཀྱི་རྡུལ་སྙེད་ཐོབ་ཅིང་། སྙོམས་པར་འཇུག་པ་ལ་སོགས་པ་སྦྱར་རོ། །གཞན་ཡང་བ་སྤུའི་ཁུང་བུ་རེ་རེ་ལས་ཀྱང་། གྲངས་ལས་འདས་པའི་སངས་རྒྱས་དང་བྱང་ཆུབ་སེམས་དཔའ་འཁོར་ཚད་མེད་པ་དང་བཅས་པ་སྐད་ཅིག་མ་ལ་སྟོན་པར་ནུས་སོ། །ལྷ་དང་མི་ལ་སོགས་པའི་འགྲོ་བ་

མང་པོ་སྟོན་ནུས་སོ། །གདུལ་བྱ་གང་ལ་གང་འདུལ་དུ་བརྒྱ་བྱིན་དང་། ཚངས་པ་དང་། འཇིག་རྟེན་སྐྱོང་བ་དང་། རྒྱལ་པོ་དང་། ཉན་རང་དང་། དེ་བཞིན་གཤེགས་པའི་གཟུགས་སུ་གནས་ནས་ཆོས་སྟོན་པར་ནུས་སོ། །དེ་ལྟར་ཡང་། དབུ་མ་འཇུག་པ་ལས། བ་སྤུའི་ཁུང་ནས་རྫོགས་པའི་སངས་རྒྱས་རྣམས། །གྲངས་མེད་བྱང་ཆུབ་སེམས་དཔའི་འཁོར་བཅས་དང་། །གཞན་ཡང་ལྷ་དང་མི་དང་ལྷ་མ་ཡིན། །སྐད་ཅིག་སྐད་ཅིག་སྟོན་པར་ནུས་པ་ཡིན། །ཞེས་གསུངས། བྱང་ཆུབ་སེམས་དཔའི་ས་བཤད་ཟིན་ཏོ། །

སངས་རྒྱས་ཀྱི་ས་ནི་མཐར་ཕྱིན་པའི་ལམ་གྱི་གནས་སྐབས་ཏེ། རྡོ་རྗེ་ལྟ་བུའི་ཏིང་ངེ་འཛིན་སྐྱེས་པས་སྒྲིབ་སྤང་གི་ཉོན་མོངས་པ་དང་། ཤེས་བྱའི་སྒྲིབ་པ་སྙིང་པོ་ལ་ཡོད་པ་ལྤ་བུ་ཅིག་ཙར་དུ་སྤོང་བའོ། །དེ་ལྟར་ས་དེ་དག་ཀུང་བསྐལ་པ་གྲངས་མེད་པ་གསུམ་གྱིས་བསྒྲོད་པར་འགྱུར་ཏེ། ཇི་སྐད་དུ། བྱང་ཆུབ་སེམས་དཔའི་ས་ལས། དེ་དག་ཐམས་ཅད་ནི་བསྐལ་པ་ཆེན་པོ་གྲངས་མེད་པ་གསུམ་གྱིས་ཡང་དག་པར་འགྲུབ་སྟེ། བསྐལ་པ་ཆེན་པོ་གྲངས་མེད་པ་དང་པོས་ནི་མོས་པ་སྤྱོད་པ་ལས་ཡང་དག་པར་འདས་ནས་རབ་ཏུ་དགའ་བ་ལ་གནས་པ་ཐོབ་སྟེ། དེ་ཡང་རབ་ཏུ་འབད་པས་ཐོབ་ཀྱིས་མི་འབད་པས་ནི་མ་ཡིན་ནོ། །བསྐལ་པ་ཆེན་པོ་གྲངས་མེད་པ་གཉིས་པས་ནི་ས་རབ་ཏུ་དགའ་བ་ནས་བདུན་པ་རིང་དུ་སོང་བའི་བར་ལས་འདས་ཏེ། ས་བརྒྱད་པ་མི་གཡོ་བ་ཐོབ་པར་འགྱུར་རོ། །དེ་ནི་ངེས་པ་ཕོ་ནས་ཏེ། འདི་ལྟར། བསམ་པ་དག་པའི་བྱང་ཆུབ་སེམས་དཔའ་ངེས་ངེས་པར་འབབ་པའི་ཕྱིར་རོ། །བསྐལ་པ་ཆེན་པོ་གྲངས་མེད་པ་གསུམ་པས་ནི་ས་བརྒྱད་པ་དང་དགུ་པ་ལས་ཡང་དག་པར་འདས་ནས། ས་བཅུ་པ་ཆོས་ཀྱི་སྤྲིན་

ཐོབ་པར་འགྱུར་རོ། །སྲུ་བརྩོན་འགྲུས་རྩོམ་པ་ཆེན་པོས་སྦྱོར་བ་དེ་ཡི་ནང་ན་ལ་ལ་ནི་བར་གྱི་བསྐལ་པ་མང་པོ་ཞིག་ཏུ་འདུག་པར་བྱེད་དོ། །ལ་ལ་ནི་བསྐལ་པ་ཆེན་པོ་དག་གི་བར་དུ་འདུག་པར་བྱེད་ཀྱི། གྲངས་མེད་པར་འདུག་པར་བྱེད་པ་ནི་འགའ་ཡང་མེད་པར་རིག་པར་བྱའོ། །དེ་ལྟར་སའི་རྣམ་གྲངས་རྣམས་ཕར་ཕྱིན་དྲུག་དང་། བྱང་ཆོས་སོ་བདུན་པོ་རྣམས་དང་། རིམ་པར་བྱང་ཆུབ་ལམ་སྒྲོན་ལས་ཇི་ལྟར་གསུངས་པ་བཞིན་འདིར་བསྟན་པར་བྱས་པ་ཡིན་ནོ། །

མདོར་ཧྲིལ་གྱིས་དྲིལ་ན། བླ་མ་དམ་པས་ངོ་སྤྲད་པས་རང་གི་སེམས་ཀྱི་ངོ་བོ་མཐོང་བས་དགའ་བ་སྐྱེས་པས་ན། ས་དང་པོ་རབ་ཏུ་དགའ་བ་ཞེས་བྱའོ། །སེམས་ངོ་མཐོང་ནས་དེ་ལ་ཅེར་གྱིས་བལྟས་པས་གཟུང་འཛིན་གྱི་དྲི་མས་མ་གོས་པས་ན་གཉིས་པ་དྲི་མ་མེད་པའོ། །དེའི་ངང་དུ་མཉམ་པར་བཞག་པས་གསལ་སིང་ངེ་བ་ཡོད་པས་ན་གསུམ་པ་འོད་བྱེད་པའོ། །དེ་ལ་གཏད་ཅིང་བསྒོམ་པས་ཆོས་ཐམས་ཅད་ཀྱི་རང་བཞིན་རང་གྲོལ་དུ་ཤེས་ནས་ཡོང་བ་དེ་ནི་བཞི་པ་འོད་འཕྲོ་བའོ། །ས་འོག་མ་རྣམས་དང་རྐྱེན་གཞན་གྱིས་གནོད་པ་མི་ཐུབ་པས་ན་ལྔ་པ་སྦྱང་དཀའ་བའོ། །རང་སེམས་གཅིག་པུ་དེ་ལ་ཐག་ཆོད་པས་འཁོར་འདས་ལམ་གསུམ་གྱིས་བསྡུས་པའི་ཆོས་ཐམས་ཅད་མངོན་སུམ་དུ་རྟོགས་པས་ན་དྲུག་པ་མངོན་དུ་གྱུར་པའོ། །སེམས་ཉིད་དེ་ལ་གོམས་ཤིང་འདྲིས་པར་བྱས་པས་འཁོར་བ་ལས་རིང་དུ་སོང་བས་ན་བདུན་པ་རིང་དུ་སོང་བའོ། །སེམས་ཉིད་དེ་ལ་བརྟན་པ་ཐོབ་པས་ས་འོག་མ་རྣམས་ཀྱིས་གཡོ་མི་ནུས་པས་ན་བརྒྱད་པ་མི་གཡོ་བའོ། །ཆོས་ཐམས་ཅད་རང་སེམས་གཅིག་པུའི་རང་བཞིན་དང་། ཚོ་འཕྲུལ་དང་། ཡོ་ལང་དུ་མཁྱེན་ཅིང་གཟིགས་པས་ན་དགུ་པ་ལེགས་པའི་བློ་གྲོས་ཞེས་པའོ། །སེམས་

ཉིད་གཅིག་པུ་དེའི་ཐོག་ཏུ་སྟོན་པས་གསུངས་པའི་ཆོས་ཐམས་ཅད་སྐུ་གསུམ་གྱི་ངོ་བོར་མ་འདུས་པ་མེད་པས་ན་བཅུ་པ་ཆོས་ཀྱི་སྤྲིན་ཞེས་པའོ། །སེམས་ཉིད་དེ་འོད་གསལ་གཅིག་པུའི་དཀྱིལ་འཁོར་ཡིན་པས་ན་བཅུ་གཅིག་ཀུན་ཏུ་འོད་ཅེས་པའོ། །སེམས་ཉིད་དེ་ལ་རེ་དོགས་ཀྱི་མཚན་མ་དང་བྲལ་ཞིང་ལྷུན་གྱིས་གྲུབ་པས་ན་བཅུ་གཉིས་མ་ཆགས་པདྨ་ཞེས་པའོ། །སེམས་ཉིད་འདི་ལ་སངས་རྒྱས་མཁས་པས་མ་བཅོས་ཤིང་སེམས་ཅན་སྒྲིབ་པས་མ་བསླད་པ། རྣལ་མ། གཉུག་མ། སྲ་བ། བརྟན་པ། གཞོམ་ཞིག་ཐམས་ཅད་དང་བྲལ་བས་ན་བཅུ་གསུམ་རྡོ་རྗེ་འཛིན་པ་ཆོས་ཀྱི་སྐུ་ཞེས་པའོ། །དེ་ལྟར་ངོ་སྤྲོད་པ་བཞིན་རིག་པ་ཅན་རྣམས་ཀྱིས་སྙིང་རུས་བསྐྱེད་ལ་དབེན་པར་ཉམས་སུ་ལོང་དང་འགྲུབ་པར་ཐེ་ཚོམ་མི་ཟའོ། །སངས་རྒྱས་བྱེ་བ་དུང་ཕྱུར་གཅིག་ཞལ་བསྟུན་ན་ཡང་འདི་ཀ་མ་གཏོགས་པ། འདི་ལས་ལྷག་པ་མེད་པར་ཐག་ཆོད་དེ། གང་ཟག་རྣམས་ཀྱིས་དགོངས་མཛོད་ཅིག །

དེ་ཡང་བྱང་ཆོས་ཐ་དད་དུ་ངོས་འཛིན་པར་བྱེད་ན། དྲན་པ་ཉེ་བར་བཞག་པ་བཞི་ནི། ལུས་དྲན་པ་ཉེ་བར་བཞག་པ་དང་། ཚོར་བ་དྲན་པ་ཉེ་བར་བཞག་པ་དང་། སེམས་དྲན་པ་ཉེ་བར་བཞག་པ་དང་། ཆོས་དྲན་པ་ཉེ་བར་བཞག་པའོ། །ཡང་དག་པར་སྤོང་བ་བཞི་ནི། སྡིག་པ་མི་དགེ་བའི་ཆོས་སྐྱེས་པ་སྤང་བ་དང་། མ་སྐྱེས་པ་མི་སྐྱེ་བ་དང་། གཉེན་པོ་དགེ་བའི་ཆོས་མ་སྐྱེས་པ་སྐྱེས་པ་དང་། སྐྱེས་པ་འཕེལ་བར་བྱེད་པའོ། །རྫུ་འཕྲུལ་གྱི་རྐང་པ་བཞི་ནི། འདུན་པའི་ཏིང་ངེ་འཛིན་དང་། བརྩོན་འགྲུས་ཀྱི་ཏིང་ངེ་འཛིན་དང་། སེམས་ཀྱི་ཏིང་ངེ་འཛིན་དང་། སྤྱོད་པའི་ཏིང་ངེ་འཛིན་ཞེས་པའོ། །དེ་ནི་ཕར་ཕྱིན་ཐེག་པའི་

ལུགས་བྱས་ན་ཚོགས་ལམ་དང་བསྟུན་ཏེ། ཆེ་འབྲིང་ཆུང་གསུམ་དང་སྦྱར་ཞིང་། ཚོགས་ལམ་བཞི་གསུམ་བཅུ་གཉིས་སོ། །སྒོམ་ཆེན་པའི་ལུགས་བྱས་ན་ལུས་ཀྱི་བཅའ་ཐབས་ནས་གཟུང་སྟེ། ཞི་གནས་ཀྱི་ཏིང་ངེ་འཛིན་ཕན་ཆོད་དུ་སྦྱར་ལ།

སྦྱོར་ལམ་ནི། ཚོགས་ལམ་མཐར་ཕྱིན་པའི་རྗེས་ལ། བདེན་པ་བཞི་མངོན་པར་རྟོགས་པ་ལ་སྦྱོར་བའི་དོན་གྱིས་ན་སྦྱོར་ལམ་ཞེས་པའོ། །དྲོད་དང་རྩེ་མོའི་སྐབས་ན་དབང་པོ་ལྔ་དང་ལྡན་ཏེ། དད་པའི་དབང་པོ་དང་། བརྩོན་འགྲུས་ཀྱི་དབང་པོ་དང་། དྲན་པའི་དབང་པོ་དང་། ཏིང་ངེ་འཛིན་གྱི་དབང་པོ་དང་། ཤེས་རབ་ཀྱི་དབང་པོའོ། །

མཐོང་བའི་ལམ་ནི། འཇིག་རྟེན་ཆོས་མཆོག་གི་མཇུག་ཐོག་ཏུ་འཕགས་པའི་བདེན་པ་བཞི་ལ་དམིགས་པའི་ཞི་གནས་དང་། ལྷག་མཐོང་མཚུངས་པ་དང་བཅས་ཏེ། སྡུག་བསྔལ་ལ་ཆོས་ཤེས་པའི་བཟོད་པ་དང་། ཆོས་སུ་ཤེས་པ་དང་། རྗེས་སུ་རྟོགས་པ་ཤེས་པའི་བཟོད་པ་དང་། སྡུག་བསྔལ་ལ་རྗེས་སུ་རྟོགས་པ་ཤེས་པ་ལ་སོགས་པ་བདེན་པ་བཞི་རེ་རེ་ལ་བཞི་བཞི་སྟེ། བཟོད་པ་དང་ཤེས་པ་སྐད་ཅིག་མ་བཅུ་དྲུག་གི་བདག་ཉིད་ཅན་ནོ། །དེ་དག་ལ་མཐོང་ལམ་ཅིའི་ཕྱིར་ཞེ་ན། སྔོན་མ་མཐོང་བའི་བདེན་པ་མཐོང་བས་ན་མཐོང་ལམ་ཞེས་སོ། །

གནས་སྐབས་དེ་ན་བྱང་ཆུབ་ཀྱི་ཡན་ལག་བདུན་དང་ལྡན་ཏེ། དྲན་པ་ཡང་དག་བྱང་ཆུབ་ཀྱི་ཡན་ལག་དང་། ཆོས་རྣམ་པར་འབྱེད་པ་བྱང་ཆུབ་ཀྱི་ཡན་ལག་དང་། བརྩོན་འགྲུས་དང་། དགའ་བ་དང་། ཤིན་ཏུ་སྦྱངས་པ་དང་ཏིང་ངེ་འཛིན་དང་། བཏང་སྙོམས་སོགས་ནི་སྒོམ་ལམ་སྟེ། མཐོང་ལམ་གྱི་རྗེས་སུ་ཐོབ་པ་ཡིན་ནོ། །

འཇིག་རྟེན་དང་འཇིག་རྟེན་ལས་འདས་པའི་ལམ་གཉིས་ནི། བསམ་གཏན་དང་པོ་དང་གཉིས་པ་དང་གསུམ་པ། བཞི་པ། ནམ་མཁའ་མཐའ་ཡས་སྐྱེ་མཆེད་དང་། རྣམ་ཤེས་མཐའ་ཡས། ཅི་ཡང་མེད་པའི་སྐྱེ་མཆེད་དང་། འདུ་ཤེས་མེད་འདུ་ཤེས་མེད་མིན་སྐྱེ་མཆེད་རྣམས་སོ། །སྒོམ་སྤང་ནི། ཉོན་མོངས་པ་མགོ་ནོན་པར་བྱེད་པ། ཚད་མེད་པ་སོགས་ཡོན་ཏན་ཁྱད་པར་ཅན་བསྐྱེད་པར་བྱེད་པ་དང་། སྐྱང་འདས་ལམ་གྱི་རྟེན་བྱེད་པའོ། །དེ་རྣམས་ནི་འཇིག་རྟེན་པའི་བསྒོམ་ལམ་མོ། །

འཇིག་རྟེན་ལས་འདས་པའི་བསྒོམ་ལམ་ནི་ཡེ་ཤེས་གཉིས་ལ་དམིགས་པའི་ཞི་གནས་དང་། ལྷག་མཐོང་རྗེས་སུ་འབྲང་བ་ཞེས་པ་སྟེ། མཐོང་ལམ་དུ་བདེན་བཞི་རེ་རེ་ལ་བཞི་བཞི་སྟེ་བཅུ་དྲུག་དང་། བཟོད་པ་བརྒྱད་ནི་མཐོང་ལམ། ཤེས་པ་བརྒྱད་ནི་སྒོམ་ལམ། བསམ་གཏན་བཞི་དང་གཟུགས་མེད་གསུམ་གྱི་ཏིང་ངེ་འཛིན་དང་ལྡན་པའི་སྒོ་ནས་ཞི་ལྷག་གོམས་པར་བྱེད་པའོ། །རྟོགས་པ་རྣམས་གོམས་པར་བྱེད་པ་ནི་ཆོས་ཤེས་པའི་ཕྱོགས་ཡིན། ཡེ་ཤེས་རྟོགས་པ་རྣམས་གོམས་པར་བྱེད་པ་ནི་རྗེས་སུ་རྟོགས་པའི་ཤེས་པའི་ཕྱོགས་ཡིན་ནོ། །འདུ་ཤེས་མེད། འདུ་ཤེས་མེད་མིན་གྱི་སྐྱེ་མཆེད་ནི། འདུ་ཤེས་རྒྱུད་ལ་ཡོངས་སུ་མི་གསལ་བའི་འཇིག་རྟེན་པ་ཉིད་དོ། །དེ་ལ་ཅིའི་ཕྱིར་སྒོམ་ལམ་ཞེ་ན། མཐོང་ལམ་གོམས་པར་བྱེད་པ་ན་སྒོམ་ལམ་ཞེས་སོ། །གནས་སྐབས་དེ་ན་འཕགས་པའི་ལམ་ཡན་ལག་བརྒྱད་དང་ལྡན་ཏེ། ཡང་དག་པའི་ལྟ་བ་དང་། རྟོགས་པ་དང་། ངག་དང་། ལས་ཀྱི་མཐའ་དང་། འཚོ་བ་དང་། རྩོལ་བ་དང་། དྲན་པ་དང་། ཏིང་ངེ་འཛིན་ཏེ།

མཐར་ཕྱིན་པའི་ལམ་ནི། རྡོ་རྗེ་ལྟ་བུའི་ཏིང་ངེ་འཛིན་གྱི་རྗེས་ལས་སྐྱེས་པ་ཟད་པ་ཤེས་པ་དང་། མི་སྐྱེ་བ་ཤེས་པའི་རང་བཞིན་ནོ། །དེ་ལ་རྡོ་རྗེ་ལྟ་བུའི་ཏིང་ངེ་འཛིན་ནི། སྒོམ་ལམ་གྱི་མཐའ་མ་སྤྱོང་བའི་ལམ་གྱི་གནས་སྐབས་ཏེ། སྦྱོར་ལམ་དང་བར་ཆད་མེད་པའི་ལམ་འདུས་པའོ། །ཏིང་ངེ་འཛིན་དེ་ཡང་བར་ཆད་མེད་པ་སྲ་བ། བརྟན་པ། རོ་གཅིག་པ། ཁྱབ་པས་ན་རྡོ་རྗེ་ལྟ་བུའོ། །བར་ཆད་མེད་པ་ནི། རྐྱེན་འཇིག་རྟེན་པའི་སྤྱོད་པས་ཕར་གནོད་མི་ཐུབ་པའི་ཕྱིར། སྲ་བ་ནི་སྒྲིབ་པ་ཐམས་ཅད་ཀྱིས་མི་ཤིགས་པ། བརྟན་པ་ནི་རྣམ་རྟོག་གིས་མི་བསྒྱོད་པ། རོ་གཅིག་པ་ནི་རྣལ་འབྱོར་རོ་གཅིག་པ། ཁྱབ་པ་ནི་ཤེས་བྱ་ཐམས་ཅད་ལ་ཁྱབ་པའི་ཕྱིར་རོ། །ཏིང་ངེ་འཛིན་དེའི་རྗེས་ལ་སྐྱེས་པའི་ཟད་པ་ཤེས་པ་ནི། རྒྱུ་ཀུན་འབྱུང་ཟད་པའི་དབང་གིས་བདེན་པ་བཞི་ལ་དམིགས་པའི་ཡེ་ཤེས་སོ། །མི་སྐྱེ་བ་ཞེས་པ་ནི། འབྲས་བུ་སྡུག་བསྔལ་སྤངས་པའི་དབང་གིས་བདེན་པ་བཞི་ལ་དམིགས་པའི་ཡེ་ཤེས་སོ། །དེ་ལ་ཅིའི་ཕྱིར་མཐར་ཕྱིན་པའི་ལམ་ཞེ་ན། བསླབ་པ་མཐར་ཕྱིན་པ་ཡིན་ཞིང་མྱ་ངན་ལས་འདས་པའི་གྲོང་ཁྱེར་དུ་འགྲོ་བས་ན་མཐར་ཕྱིན་པའི་ལམ་མོ། །གནས་སྐབས་དེ་ན་མི་སློབ་པའི་ཆོས་བཅུ་ཡོད་དེ། མི་སློབ་པའི་ལྟ་བ་དང་། ཏིང་ངེ་འཛིན་དང་། རྣམ་པར་གྲོལ་བ་དང་། ཡེ་ཤེས་སོགས་ཆོས་བཅུ་པོ་དེ་ཡང་ཟག་མེད་ཀྱི་ཕུང་པོ་ལྔའི་དབང་དུ་བྱས་པ་སྟེ། ངག་དང་། ལས་མཐའ་དང་། འཚོ་བ་དང་གསུམ་གྱིས་ཚུལ་ཁྲིམས་ཀྱི་ཕུང་པོ། དྲན་པ་དང་། ཏིང་ངེ་འཛིན་དང་གཉིས་ནི་ཏིང་ངེ་འཛིན་གྱི་ཕུང་པོ། ལྟ་བ་དང་རྟོགས་པ་དང་། རྩོལ་བ་གསུམ་ནི་ཤེས་རབ་ཀྱི་ཕུང་པོ། རྣམ་པར་གྲོལ་བ་ནི་རྣམ་པར་གྲོལ་བའི་ཕུང་པོ། ཤེས་པ་ནི་ཡེ་ཤེས་མཐོང་བའི་ཕུང་པོ་ཡིན་

ནོ། །དེ་ལྟར་བྱང་ཆོས་སོ་བདུན། སྟོབས་བཅུ་མི་འཇིགས་པ་བཞི་སོགས་སོ་སོ་སྐྱེ་བོ་ནས་ལམ་པ་པོ་ཉན་རང་བྱང་སེམས་སངས་རྒྱས་ཀྱི་བར་རྣལ་འབྱོར་པས་བསྒོམས་པའི་ཉམས་མྱོང་དང་བསྟུན་ནས་ངོ་སྤྲོད་པར་བྱས་པ་ཡིན་ནོ། །

ཡང་། མཁྱེན་གཟིགས་གཉིས་སུ་ངོ་སྤྲོད་པ་དང་། སྤང་རྟོགས་གཉིས་སུ་ངོ་སྤྲོད་པ་དང་། དེ་ལ་དང་པོ་ཡང་དག་པར་རྫོགས་པའི་སངས་རྒྱས་ཀྱི་རང་བཞིན་གྱིས་སྤངས་པ་ཕུན་སུམ་ཚོགས་པའོ། །དེ་ལ་སྤངས་པ་ཕུན་སུམ་ཚོགས་པ་ནི། ཉོན་མོངས་པའི་སྒྲིབ་པ་དང་། ཤེས་བྱའི་སྒྲིབ་པ་ལམ་རྣམས་སུ་སུན་ཕྱུང་ནས་རྡོ་རྗེ་ལྟ་བུའི་ཏིང་ངེ་འཛིན་གྱི་མཇུག་ཐོག་ཏུ་མ་ལུས་པར་སྤངས་པ་སྟེ། དེ་ཡང་སྙོམས་འཇུག་གི་སྒྲིབ་པ་ལ་སོགས་པ་ནི་སྒྲིབ་པ་གཉིས་པོ་དེ་དབྱེ་བར་ཟད་པས་གཉིས་པོ་དེ་སྤངས་པས་སྒྲིབ་པ་ཐམས་ཅད་སྤངས་པ་ཡིན་ནོ། །

ཡེ་ཤེས་ཕུན་སུམ་ཚོགས་པ་ལ་བཞེད་པ་ཐ་དད་དེ། དེ་ལ་ཁ་ཅིག་ན་རེ། སངས་རྒྱས་ལ་རྣམ་རྟོག་ཀྱང་མངའ། ཡེ་ཤེས་ཀྱང་མངའ་ཟེར་རོ། །ཁ་ཅིག་ན་རེ། སངས་རྒྱས་ལ་རྣམ་རྟོག་ནི་མི་མངའ་ལ། ཅི་ཡང་ས་ལེར་མཁྱེན་པའི་ཡེ་ཤེས་ནི་མངའ་ཟེར། ཁ་ཅིག་ན་རེ། ཡེ་ཤེས་རྒྱུན་ཆད་དུ་ཡིན་ཟེར་རོ། །ཁ་ཅིག་ན་རེ། སངས་རྒྱས་ལ་ཡེ་ཤེས་ཡོད་མ་མྱོང་བ་ཡིན་ཞེས་ཟེར་རོ། །དེ་ཡང་མདོ་བསྟན་བཅོས་གཉིས་ཆར་གྱི་གཞུང་ལས་ནི། སངས་རྒྱས་ཀྱི་ཡེ་ཤེས་བཤད་དེ། ཇི་སྐད་དུ། འཕགས་པ་སྡུད་པ་ལས། དེ་ལྟ་བས་ན་གལ་ཏེ་སངས་རྒྱས་ཡེ་ཤེས་མཆོག །རིག་པར་འདོད་ན་རྒྱལ་བའི་ཡུམ་འདིར་རིག་པར་གྱིས། ཞེས་གསུངས། ཤེས་རབ་ཀྱི་ཕ་རོལ་ཏུ་ཕྱིན་པ་སྟོང་ཕྲག་བརྒྱ་པ་ལས། ཡང་དག་པར་རྫོགས་པའི་སངས་རྒྱས་ནི་ཆོས་ཐམས་ཅད་ལ་སྒྲིབ་པ་མེད་པའི་ཡེ་ཤེས་བརྙེས་པ། ཞེས་གསུངས།

ཡང་དེ་ཉིད་ཀྱི་ལེའུ་ཉེར་གཅིག་པ་ལས་ཀྱང་། བླ་ན་མེད་པའི་སངས་རྒྱས་ཀྱི་ཡེ་ཤེས་ཡོད་དོ། །ཆོས་ཀྱི་འཁོར་ལོ་བསྐོར་བ་ཡོད་དེ། སེམས་ཅན་ཡོངས་སུ་སྨིན་པ་ཡོད་དོ། །ཞེས་གསུངས། མདོ་གཞན་ལས་ཀྱང་ཡེ་ཤེས་བཤད་པ་མང་དུ་ཡོད་དོ། །བསྟན་བཅོས་ཀྱི་དབང་དུ་བྱས་ན། མདོ་སྡེ་རྒྱན་ལས། ཇི་ལྟར་ཉི་མའི་འོད་ཟེར་ཞིག །བྱུང་ན་འོད་ཟེར་ཀུན་འབྱུང་བ། །དེ་བཞིན་སངས་རྒྱས་རྣམས་ཀྱིས་ཀྱང་། །ཡེ་ཤེས་འབྱུང་བར་ཤེས་པར་བྱ། །ཞེས་པ་ལ་སོགས་པ་དང་། མེ་ལོང་ཡེ་ཤེས་མི་གཡོ་སྟེ། །ཡེ་ཤེས་གསུམ་ནི་དེ་ལ་བརྟེན། །མཉམ་པ་ཉིད་དང་སོ་སོར་རྟོགས། །བྱེ་བ་གྲུབ་པ་ཁོ་ན་འོ། །ཞེས་པ་ལ་སོགས་པ་དང་། བསྟན་བཅོས་གཞན་ལས་ཀྱང་། སངས་རྒྱས་ཀྱི་ཡེ་ཤེས་བཤད་དོ། །གཞུང་དེ་དག་ལ་བརྟེན་ནས་ཁ་ཅིག་སངས་རྒྱས་ལ་ཡེ་ཤེས་མངའ་བར་བཞེད་དོ། །

དེ་ཡང་མངའ་ལུགས་བཤད་ན། ཡེ་ཤེས་ནི་མདོར་བསྡུས་ན། ཇི་ལྟ་བ་བཞིན་མཁྱེན་པའི་ཡེ་ཤེས་དང་། ཇི་སྙེད་མཁྱེན་པའི་ཡེ་ཤེས་གཉིས་ཡིན་ལ། དེ་ལ་ཇི་ལྟ་བ་མཁྱེན་པ་ནི། དོན་དམ་པ་མཁྱེན་ཏེ། སྔར་བརྗོད་པ་ལྟར། རྡོ་རྗེ་ལྟ་བུའི་ཏིང་ངེ་འཛིན་གྱི་མཐར་ཐུག་པ་དེ་ཁོ་ན་ཉིད་ཡོངས་སུ་གོམས་པ་ལས། ཡུལ་གྱི་སྤྲོས་པ་མ་ལུས་པར་བཅད་པས་ན། བློ་ཡི་འཇུག་པ་མཐའ་དག་རབ་ཏུ་ཞི་བས། ཆོས་ཀྱི་དབྱིངས་སྤྲོས་པ་མེད་པ་དང་། ཡེ་ཤེས་སྤྲོས་པ་མེད་པར་རོ་གཅིག་པས་ཆུ་ལ་ཆུ་བཞག་པའམ་མར་ལ་མར་བཞག་པ་ལྟར་དབྱེར་མེད་པའི་གཟུགས་ཅི་ཡང་མ་མཐོང་བ་ལ། ནམ་མཁའ་མཐོང་བས་རྗེད་པ་ལྟར་རམ། སྣང་བ་མེད་པའི་ཤེས་རབ་ཆེན་པོ་ཡོན་ཏན་རིན་པོ་ཆེ་ཐམས་ཅད་ཀྱི་རྟེན་དུ་གྱུར་པ་སྟེ། དེ་ལྟར་ཡང་། ཇི་ལྟར་ཆུ་ལ་ཆུ་བཞག་དང་། མར་ལ་མར་ནི་རྗེས་ཞུགས་ལྟར། ཤེས་

བྱ་སྒྲོས་བྲལ་དེ་ཉིད་དང་། དབྱེར་མེད་ཡེ་ཤེས་རྣམ་འདྲེས་པ། དེ་ནི་སངས་རྒྱས་ཐམས་ཅད་ཀྱི། རང་བཞིན་ཆོས་སྐུ་ཞེས་བྱར་བརྗོད། ཅེས་པ་དང་། ནམ་མཁའ་མཐོང་ཞེས་སེམས་ཅན་ཚིག་ཏུ་རབ་བརྗོད་པ། །ནམ་མཁའ་ཇི་ལྟར་མཐོང་བའི་དོན་དེ་བརྟག་པར་གྱིས། །དེ་ལྟར་ཆོས་མཐོང་བ་ཡང་དེ་བཞིན་གཤེགས་པས་བསྟན། །མཐོང་བའི་དཔེ་གཞན་གྱིས་ནི་རྗེད་པར་ནུས་མ་ཡིན། །ཞེས་གསུངས།

ཇི་སྙེད་པ་མཁྱེན་པ་ནི། ཀུན་རྫོབ་ཐ་སྙད་པའི་དོན་རྣམ་པ་ཐམས་ཅད་དུ་མཁྱེན་པ་ཡིན་ཏེ། རྡོ་རྗེ་ལྟ་བུའི་ཏིང་ངེ་འཛིན་ལ་བརྟེན་ནས་སྒྲིབ་པའི་ས་བོན་ཐམས་ཅད་བཅོམ་པས་ཤེས་རབ་ཆེན་པོར་གྱུར། དེའི་སྟོབས་ཀྱིས་ཤེས་བྱའི་ཚོགས་དུས་གསུམ་གྱིས་བསྡུས་པའི་དོན་མཐའ་དག་སྐྱུ་རུ་ར་སྣོན་པ་ལག་མཐིལ་དུ་བཞག་པ་ལྟར་མཁྱེན་ཅིང་གཟིགས་པ་ཡིན་ནོ། །མདོ་ལས་ཀྱང་སངས་རྒྱས་རྣམས་ཀྱིས་ཀུན་རྫོབ་མཁྱེན་པར་བཤད་དེ། ཇི་སྐད་དུ། ཟླ་བའི་མདོངས་ནི་གཅིག་པུ་ཡིས། །རྒྱུ་ཡི་རྣམ་པ་ཐམས་ཅད་ལ། །ཀུན་མཁྱེན་མིན་པའི་ཤེས་བྱ་མེད། །དེ་ཤེས་པ་ནི་ཀུན་མཁྱེན་སྟོབས། །ཞེས་པའོ། །རྒྱུད་བླ་མ་ལས་ཀྱང་། ཐུགས་རྗེ་ཆེན་པོ་འཇིག་རྟེན་མཁྱེན། །འཇིག་རྟེན་ཀུན་ལ་གཟིགས་ནས་ནི། །ཞེས་གསུངས། དེ་ཡང་ཇི་ལྟར་མཁྱེན་ཅིང་གཟིགས་ན་དངོས་འཛིན་ལྟ་བུ་ནི་མ་ཡིན་ཏེ། སྒྱུ་མ་ལྟ་བུར་མཁྱེན་ཅིང་གཟིགས་པའོ། །དེ་ལྟར་ཡང་། ཆོས་ཡང་དག་པར་སྡུད་པའི་མདོ་ལས། དཔེར་ན་སྒྱུ་མ་མཁན་པོ་འགའ། །སྒྱུ་མ་ཐར་བར་བྱ་ཕྱིར་བརྩོན། །གང་ཕྱིར་དེས་འདིར་དངོས་ཤེས་པས། །སྒྱུ་མ་ལ་ནི་དེ་མ་ཆགས། །དེ་བཞིན་སྲིད་གསུམ་སྒྱུ་མ་ལྟར། །རྫོགས་པའི་བྱང་ཆུབ་མཁས་པས་མཁྱེན། །ཞེས་གསུངས། ཡབ་སྲས་མཇལ་བའི་མདོ་ལས་ཀྱང་། སྒྱུ་མ་མཁན་པོས་སྒྱུ་སྤྲུལ་བ། །སྒྱུ་

མ་ལགས་པར་འཚལ་བས་ན། །དེ་ལ་རྫོངས་པར་འགྱུར་མ་ལགས། །ཁྱོད་ཀྱིས་འགྲོ་ཀུན་དེ་བཞིན་གཟིགས། །ཐམས་ཅད་གཟིགས་ལ་ཕྱག་འཚལ་བསྟོད། །ཅེས་གསུངས།

ཡང་ཁ་ཅིག་ན་རེ། ཡང་དག་པར་རྫོགས་པའི་སངས་རྒྱས་ལ་ཇི་ལྟ་བ་མཁྱེན་པའི་ཡེ་ཤེས་བྱ་བ་དོན་དམ་མཁྱེན་པ་མངའ་བ། ཇི་སྙེད་པ་མཁྱེན་པའི་ཡེ་ཤེས་བྱ་བ་ཀུན་རྫོབ་མཁྱེན་པ་ནི་མི་མངའ་འོ། །དེ་ཡང་མཁྱེན་རྒྱུ་ཡོད་པ་ལ་མ་མཁྱེན་པ་ནི་མ་ཡིན་ཏེ། མཁྱེན་རྒྱུ་ཀུན་རྫོབ་མེད་པས་དེ་མཁྱེན་པའི་ཡེ་ཤེས་མེད་པའོ། །དེ་ཡང་ཀུན་རྫོབ་ཇི་ལྟར་མེད་ཅེ་ན། ཀུན་རྫོབ་ནི་ཉོན་མོངས་པ་ཅན་གྱི་མ་རིག་པ་རྒྱུ་བྱས་པའི་བྱིས་པ་སོ་སོ་སྐྱེ་བོ་རྣམས་ལ་སྣང་། ཉོན་མོངས་པ་ཅན་མ་ཡིན་པའི་མ་རིག་པས་རྒྱུ་བྱས་པའི་འཕགས་པ་གསུམ་ལ་སྣང་སྟེ། དཔེར་ན་མིག་ནད་ཅན་ལ་སྐྲ་ཤད་ཅན་དང་། རབ་རིབ་སྣང་བ་ལྟ་བུ་ཡིན། སངས་རྒྱས་ནི་རྡོ་རྗེ་ལྟ་བུའི་ཏིང་ངེ་འཛིན་གྱི་མཇུག་ཏུ་མ་རིག་པ་སྤངས་ནས། ཆོས་གང་ཡང་མཐོང་བ་མེད་པའི་ཚུལ་གྱིས་དེ་ཁོ་ནའི་དོན་གཟིགས་པས། ཀུན་རྫོབ་འཁྲུལ་པ་འདི་སངས་རྒྱས་ལ་མི་སྣང་སྟེ། དཔེར་ན་མིག་ནད་དག་པའི་གང་ཟག་ལ་སྐྲ་ཤད་རབ་རིབ་མི་སྣང་བ་ལྟ་བུ་ཡིན་ནོ། །དེས་ན་ཀུན་རྫོབ་སྣང་བ་འདི་མ་རིག་པའི་དབང་གིས་ཡིན་ལ་འཇིག་རྟེན་ལ་ལྟོས་ནས་བཞག་པར་ཟད་ཀྱི་སངས་རྒྱས་ལ་ལྟོས་ནས་མེད་པས་དེ་མཁྱེན་པའི་ཡེ་ཤེས་ཀྱང་མེད་པ་ཡིན་ནོ། །གལ་ཏེ་སངས་རྒྱས་ལ་སྣང་བ་དང་བཅས་པའི་བློ་ཡོད་ན་འཁྲུལ་པའི་ཡུལ་དུ་སྣང་བས་སངས་རྒྱས་ཉིད་ཀྱང་འཁྲུལ་བཅས་སུ་འགྱུར་བ་ལ། ཐུབ་པ་ཆེན་པོ་རྣམས་རྟག་ཏུ་མཉམ་པར་བཞག་པའི་ལུང་དང་འགལ་ལོ་ཞེ་ན། རྒྱ་ཆེར་རོལ་པ་ལས།

ཡང་དག་པར་རྫོགས་པའི་སངས་རྒྱས་ནི་དུས་ཐམས་ཅད་དུ་མཉམ་པར་བཞག་པའོ། །ཞེས་གསུངས།

དེ་ལ་འདོད་པ་སྔ་མ་བ་ན་རེ། རྗེས་ཐོབ་ཡིན་པ་ཙམ་གྱིས་གཡེང་བ་ལ་སོགས་པར་མི་འགྱུར་བས། རྟག་ཏུ་མཉམ་པར་བཞག་པ་ལ་སོགས་པ་གསུངས་པའི་ལུང་དང་མི་འགལ་ལ། འཁྲུལ་ཡུལ་སྣང་བ་ཙམ་འཁྲུལ་པར་བརྗོད་པ་ཡང་མི་འཐད་དེ་གཞན་ཤེས་ངོ་བོའི་འཁྲུལ་ཡུལ་ཐམས་ཅད་སྣང་ཡང་། དེ་འཛིན་པའི་བློས་མ་ལུས་པར་འཁྲུལ་པ་ཉིད་ཤེས་བཞིན་དུ་འགྲོ་བ་རྣམས་ཀྱི་མཐོ་རིས་དང་། བྱང་གྲོལ་གྱི་རྒྱུ་ཉིད་བརྟེན་པར་ཟད་པས་འཁྲུལ་བཅས་སུ་ག་ལ་འགྱུར། དེས་ན་འཁྲུལ་པར་མི་འགྲོ་ཞེས་ཀྱང་ཟེར། མ་འཁྲུལ་བ་ཉིད་དུ་ངེས་པར་བཟུང་། ཞེས་གསུངས། ཞེས་ཟེར། ཁ་ཅིག་ན་རེ། བདེན་ཞེན་མེད་པའི་ཀུན་རྫོབ་ཡུལ་དུ་བྱས་པ་ལ་ཚད་མའི་གནོད་པ་མེད་ལ། གནོད་པ་མེད་པ་དེ་སངས་རྒྱས་ཀྱི་ཡུལ་བྱས་ཀྱང་འཁྲུལ་པར་མི་འགྲོ་ཞེས་ཀྱང་ཟེར། དེས་ན་འདོད་པ་སྔ་མ་ནི་ཇི་སྙེད་མཁྱེན་པ་ཞེས་བྱ་བ་སངས་རྒྱས་ལ་རྗེས་སུ་ཐོབ་ཀྱི་ཡེ་ཤེས་མངའ་བར་འདོད་པ་སྟེ། ཇི་སྐད་དུ། སྔ་མ་ཇི་ལྟར་མཁྱེན་པ་ནི། །འཁྲུལ་མེད་མཉམ་བཞག་བློ་འཇུག་མེད། །ཕྱི་མ་ཇི་སྙེད་མཁྱེན་པ་ནི། །འཁྲུལ་སྣང་རྗེས་ཐོབ་བློ་འཇུག་ཅན། །ཞེས་གསུངས།

འདོད་པ་ཕྱི་མ་ནི། སངས་རྒྱས་ལ་རྗེས་ཐོབ་ཀྱི་ཡེ་ཤེས་མི་མངའ་བར་འདོད་པ་སྟེ། འཕགས་པ་སྒོ་མཐའ་ཡས་སྒྲུབ་པའི་མདོ་ལས། དེ་བཞིན་གཤེགས་པ་མངོན་པར་སངས་རྒྱས་ནས་ཆོས་གང་ཡང་ཐུགས་སུ་མ་ཆུད། མི་མཁྱེན་ནོ། །དེ་ཅིའི་ཕྱིར་ཞེ་ན། མཁྱེན་པར་བྱ་བའི་ཡུལ་གང་ཡང་མེད་པའི་ཕྱིར་རོ། །ཞེས་

གསུངས། གཞན་ལས་ཀྱང་། མུ་སྟེགས་བྱེད་པ་ཁ་ཅིག་ནི། །ཐར་པར་འགྲོ་དང་ལྡན་ཞེས་སྨྲ། །ཁྱེད་ནི་ཞི་བར་གཤེགས་གྱུར་ནས། །བཞུགས་སམ་ལྟ་བུར་བགྲང་དུ་མེད། །ཅེས་གསུངས། དེ་ལྟར་ན་འདོད་པ་ཐ་དད་པ་བཤད་ཟིན་ཏོ། །

དགོས་པ་ནི། ཡང་དག་པར་སོགས་པའི་སངས་རྒྱས་དངོས་ནི་ཆོས་ཀྱི་སྐུ་ཡིན་ལ། ཆོས་ཀྱི་སྐུ་ཞེས་བྱ་བ་ནི་ནོར་པ་ཐམས་ཅད་ཟད་པའམ་རང་བཞིན་ལོག་ཙམ་ཞིག་ལ་དེ་སྐད་དུ་ཐ་སྙད་བྱས་པ་ཙམ་ཡིན་ཏེ། དོན་ཆོས་སྐུ་སྐྱེ་མེད་སྤྲོས་བྲལ་དུ་བཞེད། རྗེ་བཙུན་མི་ལའི་བཞེད་ཀྱིས། ཡེ་ཤེས་བྱ་བ་ཡང་ད་ལྟར་གྱི་ཤེས་པ་བཟོ་བཅོས་མ་ཕོག་པ། ཡོད་མེད་རྟག་ཆད་ཚིག་དང་བློ་ལས་འདས་པ་འདི་རང་ཡིན། འདི་ལ་ཇི་ལྟར་བརྗོད་ཀྱང་འགལ་བ་ཡིན་པས་ཡེ་ཤེས་ཀྱང་དེ་ལྟ་བུ་ཡིན་ཏེ། མཁས་སུ་རེ་བའི་བློ་གྲོས་བྱས་པས། སངས་རྒྱས་རང་ལ་ཞུས་ཀྱང་ཕྱོགས་གཅིག་པ་ཞིག་གསུངས་དུ་ཡོང་མི་སྙམ། ཆོས་སྐུ་བློ་འདས་སྐྱེ་མེད་སྤྲོས་བྲལ་ཡིན། ང་ལ་མ་འདྲི་སེམས་ལ་ལྟོས་དང་དེ་འདྲ་ཞིག་ཡིན་གསུངས་པས་དེ་ལྟར་བཞེད་པ་ཡིན་ནོ། །མདོ་སྡེ་རྒྱན་ལས་ཀྱང་། ཐར་པ་ནོར་པ་ཟད་ཙམ་ཉིད། །ཅེས་གསུངས། དེས་ན་སངས་རྒྱས་ནི་ཆོས་ཀྱི་སྐུ་ཡིན་ལ། ཆོས་སྐུ་ནི་སྐྱེ་མེད་སྤྲོས་བྲལ་ཡིན་པས་ཡེ་ཤེས་མི་མངའ་འོ། །འོ་ན་མདོ་ལས་ཡེ་ཤེས་གཉིས་གསུངས་པ་དང་འགལ་ལོ་ཞེ་ན། མི་འགལ་ཏེ། མིག་གི་རྣམ་པར་ཤེས་པ་སྔོན་པོར་སྣང་དུ་སྐྱེས་པ་ལ་སྔོན་པོ་མཐོང་ཞེས་ཟེར་བ་བཞིན་དུ། ཡེ་ཤེས་ཉིད་ཆོས་ཀྱི་དབྱིངས་སུ་གྱུར་པ་ལ་ཇི་ལྟ་བ་མཁྱེན་པར་བཞེད་ལ། ཇི་སྙེད་པ་ཀུན་རྫོབ་ཡིན་པས་གདུལ་བྱའི་སྣང་བ་ལ་འཇོག་པས་ན་ལུགས་འདི་བདེ་བ་ཡིན་ཞེས་གསུངས། དེ་ལྟར་ན་སྤངས་པ་ཕུན་སུམ་ཚོགས་པ་དང་། ཡེ་ཤེས་

ཕུན་སུམ་ཚོགས་པ་དེ་སངས་རྒྱས་ཀྱི་ངོ་བོའམ་རང་བཞིན་ཡིན་ནོ། །རྒྱུད་བླ་མ་ལས་ཀྱང་། སངས་རྒྱས་ཉིད་ནི་དབྱེར་མེད་པ། །དག་པའི་ཆོས་ཀྱིས་རབ་ཕྱེ་བ། །ཉི་མཁའ་བཞིན་ཏེ་སྤངས་པ་དང་། །ཡེ་ཤེས་གཉིས་ཀྱི་མཚན་ཉིད་དོ། །ཞེས་གསུངས། མདོ་སྡེ་རྒྱན་ལས་ཀྱང་། གང་ལ་ཉོན་མོངས་ཤེས་བྱའམ་སྒྲིབ་པའི་ས་བོན་དུས་རིང་ལྡན་པ་དག །སྤོང་བ་ཤིན་ཏུ་རྒྱ་ཆེན་རྣམ་པ་ཀུན་གྱིས་རབ་ཏུ་བཅོམ་གྱུར་ཅིང་། །གནས་གྱུར་ཆོས་དཀར་ཡོན་ཏན་མཆོག་ལྡན་ཐོབ་པ་སངས་རྒྱས་ཉིད། །ཅེས་གསུངས།

སྒྲ་ཡི་དོན་བཤད་ན། ཅིའི་ཕྱིར་སངས་རྒྱས་ཞེས་བྱ་ཞེ་ན། མ་རིག་པ་གཉིད་དང་འདྲ་བ་ལས་སངས་ནས་ཡེ་ཤེས་གཉིས་ལ་བློ་རྒྱས་པས་ན་སངས་རྒྱས་ཞེས་བྱའོ། །དེ་ལྟར་ཡང་། མ་རིག་གཉིད་ལས་སངས་ཕྱིར་དང་། །བློ་རྒྱས་གཉིས་ཕྱིར་སངས་རྒྱས་ཡིན། །ཞེས་གསུངས། དེ་ལ་མ་རིག་པའི་གཉིད་ལས་སངས་ཞེས་པའི་དོན་ནི། སྔར་བཤད་པའི་སྤངས་པ་ཕུན་སུམ་ཚོགས་པ་ཉིད་ཡིན་ནོ། །ཤེས་བྱ་བློ་རྒྱས་ཞེས་བྱ་བ་ཡང་སྔར་བཤད་པའི་ཡེ་ཤེས་ཕུན་སུམ་ཚོགས་པ་ཉིད་ཡིན་ནོ། །དབྱེ་བ་བཤད་ན། སངས་རྒྱས་ལ་དབྱེ་ན་སྐུ་རྣམ་པ་གསུམ་སྟེ། ཆོས་ཀྱི་སྐུ་དང་། ལོངས་སྤྱོད་རྫོགས་པའི་སྐུ་དང་། སྤྲུལ་པའི་སྐུའོ། །དེ་ལྟར་ཡང་གསེར་འོད་དམ་པའི་མདོ་ལས། དེ་བཞིན་གཤེགས་པ་ཐམས་ཅད་ལ་སྐུ་གསུམ་མངའ་སྟེ། ཆོས་ཀྱི་སྐུ་དང་། ལོངས་སྤྱོད་རྫོགས་པའི་སྐུ་དང་། སྤྲུལ་པའི་སྐུའོ། །ཞེས་གསུངས། འོ་ན་གཞུང་ཁ་ཅིག་ལས། སྐུ་གཉིས་སུ་བཤད་པ་ཡོད། སྐུ་བཞིར་བཤད་པ་ཡང་ཡོད། སྐུ་ལྔར་བཤད་པ་ཡོད་དོ་ཞེ་ན། དེ་ལྟར་བཤད་ཀྱང་། ཐམས་ཅད་སྐུ་གསུམ་པོ་དེ་རང་དུ་འདུས་པ་ཡིན་ཏེ། མདོ་སྡེ་རྒྱན་ལས་

ཀྱང་། སྐུ་གསུམ་དག་གིས་སངས་རྒྱས་ཀྱི། །སྐུ་བསྡུས་པར་ནི་ཤེས་པར་བྱ། །ཞེས་གསུངས། སྐུ་གསུམ་གྱི་རྣམ་པར་བཞག་པ་བཤད་ན། ཆོས་ཀྱི་སྐུ་ནི་སངས་རྒྱས་དངོས་ཡིན་ཏེ། འཕགས་པ་བརྒྱད་སྟོང་པ་ལས་ཀྱང་། དེ་བཞིན་གཤེགས་པ་ནི་གཟུགས་ཀྱི་སྐུར་མི་ལྟ་སྟེ། དེ་བཞིན་གཤེགས་པ་ནི་ཆོས་ཀྱི་སྐུའོ། །ཞེས་གསུངས་སོ། ཏིང་ངེ་འཛིན་རྒྱལ་པོ་ལས་ཀྱང་། རྒྱལ་བའི་དབང་པོ་གཟུགས་ཀྱི་སྐུར་མི་ལྟ་སྟེ། ཞེས་གསུངས། གཟུགས་སྐུ་གཉིས་ནི་ཆོས་ཀྱི་སྐུའི་བྱིན་རླབས་དང་། གདུལ་བྱའི་སྣང་བ་དང་། སྔོན་གྱི་སྨོན་ལམ་ལས་གྲུབ་པའི་སྐུ་སྟེ། དེ་གསུམ་འཛོམ་པ་ལས་བྱུང་བར་ཤེས་པར་བྱའོ། །དེ་ཡང་ཆོས་ཀྱི་དབྱིངས་ཀྱི་བྱིན་རླབས་འབའ་ཞིག་ལས་བྱུང་བ་ཡིན་ན་ནི། ཆོས་ཀྱི་དབྱིངས་ཀྱིས་སེམས་ཅན་ཀུན་ལ་ཁྱབ་ལ་ཀུན་ནས་འབད་པ་མེད་པར་གྲོལ་བར་རིགས་པའམ། ཡང་ན་སེམས་ཅན་ཀུན་སངས་རྒྱས་དང་ཞལ་མཇལ་བར་ཡང་རིགས་པ་སྟེ། དེ་ལྟར་ཡང་མི་འདུག་པས། ཆོས་ཀྱི་དབྱིངས་ཀྱི་བྱིན་རླབས་གཅིག་པུ་ལས་བྱུང་བ་ཡང་མ་ཡིན་ནོ། །གདུལ་བྱའི་སྣང་བ་འབའ་ཞིག་ཡིན་ན་ནི། མེད་པར་སྣང་བ་དེ་ལོག་ཤེས་ཡིན་ལ། ལོག་ཤེས་ལ་བརྟེན་ནས་སངས་རྒྱས་ན་སེམས་ཅན་རྣམས་ཀྱི་ཐོག་མ་མེད་པ་ནས་ལོག་ཤེས་ལ་སྤྱོད་པས། ད་ཙམ་ཀུན་སངས་རྒྱས་པར་རིགས་ཏེ། དེ་ལྟར་ཡང་མི་འདུག་པས་གདུལ་བྱའི་སྣང་བ་གཅིག་པུ་ཡང་མ་ཡིན་ནོ། །སྨོན་ལམ་འབའ་ཞིག་ལས་བྱུང་བ་ཡིན་ན་ནི། ཡང་དག་པར་རྫོགས་པའི་སངས་རྒྱས་སྨོན་ལམ་ལ་མངའ་བརྙེས་སམ་མ་བརྙེས། མ་རྙེད་ན་ཐམས་ཅད་མཁྱེན་པར་ཡང་མི་འགྱུར་ལ། བརྙེས་ན་སྨོན་ལམ་ནི་སེམས་ཅན་ཐམས་ཅད་ཀྱི་དོན་དུ་ཉེ་རིང་མེད་པར་བཏབ་པས། སྨོན་ལམ་གྱི་སྒོ་ནས་ཀུན་འབབ་པ་མེད་པར་གྲོལ་

བར་རིགས་ཏེ། དེ་ལྟར་ཡང་མི་འདུག་པས། སྨོན་ལམ་གཅིག་པུ་ལས་བྱུང་བ་ཡང་མ་ཡིན་ནོ། དེས་ན་གཟུགས་སྐུ་གཉིས་ནི་གསུམ་པོ་དེ་འཛོམ་པའི་མཐུ་ལས་བྱུང་བ་ཡིན་ནོ། །

སྐུ་གསུམ་དུ་གྲངས་ངེས་པའི་རྒྱུ་མཚན་ནི། དགོས་པ་ལ་ལྟོས་པའི་གྲངས་ངེས་ཏེ། རང་དོན་དུ་ཆོས་སྐུ་ཡིན་ལ། གཞན་དོན་དུ་གཟུགས་སྐུ་རྣམ་གཉིས་ཡིན་ནོ། །དེ་ལ་ཆོས་སྐུས་རང་དོན་ཅི་ལྟར་བྱེད་ན། ཆོས་ཀྱི་སྐུ་དེ་ཐོབ་ན་ཡོན་ཏན་ཐམས་ཅད་ཀྱི་གཞི་ཡིན་པས། སྟོབས་དང་མི་འཇིགས་པ་ལ་སོགས་པའི་ཡོན་ཏན་ཐམས་ཅད་བོས་པ་བཞིན་དུ་འདུ་བར་འགྱུར་བའི་ཕྱིར་རོ། །གཞན་ཡང་ཆོས་སྐུ་དེ་ཐོབ་པར་མ་ཟད་ཆོས་ཀྱི་སྐུ་དེ་ལ་མོས་པ་བྱས་པ་དང་། ཚུང་ཟད་རྟོགས་པ་དང་། ཕྱོགས་གཅིག་རྟོགས་པ་དང་། ཕལ་ཆེར་རྟོགས་པ་རྣམས་ཀྱང་ཡོན་ཏན་རིམ་པ་ལྟར་ཚུང་ཟད་དང་། མང་པོ་དང་། དུ་མ་དང་། དཔག་ཏུ་མེད་པ་དང་ལྡན་ནོ། །དེ་ལ་འཇིག་རྟེན་ཆོས་མཆོག་མན་ཆད་ཀྱི་ཏིང་ངེ་འཛིན་དང་མངོན་ཤེས་དང་མཐུ་སྟོབས་ཕུན་སུམ་ཚོགས་པ་ཐམས་ཅད་ནི་ཆོས་སྐུ་ལ་མོས་པ་བྱས་པའི་ཡོན་ཏན་ཡིན་ནོ། །འཕགས་པ་ཉན་ཐོས་དགྲ་བཅོམ་པ་རྣམས་ཀྱིས་སྤངས་པ་དང་མངོན་ཤེས་རྫུ་འཕྲུལ་ལ་སོགས་པ་ཐམས་ཅད་ནི་ཆོས་ཀྱི་སྐུ་ཚུང་ཟད་རྟོགས་པའི་ཡོན་ཏན་ཡིན་ནོ། །འཕགས་པ་རང་སངས་རྒྱས་དགྲ་བཅོམ་པ་རྣམས་ཀྱིས་སྤངས་པ་དང་ཏིང་ངེ་འཛིན་དང་མངོན་ཤེས་ལ་སོགས་པ་ཐམས་ཅད་ཀྱང་ཆོས་སྐུ་ཕྱོགས་གཅིག་རྟོགས་པའི་ཡོན་ཏན་ཡིན་ནོ། །བྱང་ཆུབ་སེམས་དཔའ་དང་ལམ་ལ་གནས་པ་རྣམས་ཀྱིས་སྤངས་པ་དང་ཏིང་ངེ་འཛིན་དང་མངོན་ཤེས་ལ་སོགས་པ་ཐམས་ཅད་ཀྱང་ཆོས་སྐུ་ཕལ་ཆེར་

རྟོགས་པའི་ཡོན་ཏན་ཡིན་ནོ། །གཞན་དོན་དུ་གཟུགས་སྐུ་རྣམ་གཉིས་འཇོག་པ་ལ་ཡང་གདུལ་བྱ་རྣམ་པ་གཉིས་ཡོད་པས་བཞག་པ་ཡིན་ཏེ། ༑དག་པའི་གདུལ་བྱའི་ངོ་ལ་ལོངས་སྐུ་དང་། མ་༑དག་པའི་གདུལ་བྱའི་ངོ་ལ་སྤྲུལ་སྐུའོ། །དེས་ན་སངས་རྒྱས་ལ་སྐུ་རྣམ་པ་གསུམ་ངེས་སོ། །

སྐུ་གསུམ་པོ་སོ་སོའི་མཚན་ཉིད་འཆད་པ་ལ། ཆོས་ཀྱི་སྐུ་ཞེས་པ་དེ་ཡང་ཆོས་ཀྱི་དབྱིངས་སྟོང་པ་ཉིད་ཀྱི་དོན་རྟོགས་པས་ནོར་པ་ཐམས་ཅད་ཟད་པའོ། །འཁྲུལ་ངོར་སྣང་བའི་རང་བཞིན་ལོག་པ་ཙམ་ཞིག་ལ་ཆོས་ཀྱི་སྐུ་ཞེས་ཐ་སྙད་དུ་བཏགས་པ་ཙམ་ཡིན་གྱི། དོན་གྱི་ངོ་བོ་ལ་ཆོས་ཀྱི་སྐུ་དང་། ཆོས་ཀྱི་སྐུའི་མཚན་ཉིད། མཚན་གཞིར་གྲུབ་པ་གང་ཡང་མི་མངའ་བའི་ཕྱིར་ཞེས་བླ་མ་མི་ལས་གསུངས་པ་དེ་ག་ལྟར་ཡིན་ནོ། །ལྡོག་པའི་སྒོ་ནས་བཅལ་ན་ཆོས་ཀྱི་སྐུ་མཚན་ཉིད་བརྒྱ་དང་ལྡན་ཏེ། མཉམ་པ་དང་། ཟབ་པ་དང་། རྟག་པ་དང་། གཅིག་པ་དང་། ཡང་དག་པ་དང་། གཙང་བ་དང་། འོད་གསལ་བ་དང་། ལོངས་སྤྱོད་རྫོགས་པ་དང་འབྲེལ་བའོ། །དེ་ཡང་མཉམ་པ་ནི། སངས་རྒྱས་ཐམས་ཅད་ཀྱི་ཆོས་ཀྱི་སྐུ་ལ་ཁྱད་པར་མེད་པའི་ཕྱིར་རོ། །ཟབ་པ་ནི། སྤྲོས་པ་ཐམས་ཅད་དང་བྲལ་བས་རྟོགས་པར་དཀའ་བའི་ཕྱིར་རོ། །རྟག་པ་ནི། འདུས་མ་བྱས་པས་ཐོག་མཐའ་བར་གསུམ་དུ་སྐྱེ་འགག་དང་བྲལ་བའི་ཕྱིར་རོ། །གཅིག་པ་ནི། དབྱིངས་དང་ཡེ་ཤེས་ཐ་མི་དད་པས་དབྱེར་མེད་པའི་ཕྱིར་རོ། །ཡང་དག་པ་ནི། སྒྲོ་སྐུར་གཉིས་ཀྱི་མཐའ་ལས་འདས་པས་ཕྱིན་ཅི་མ་ལོག་པའི་ཕྱིར་རོ། །གཙང་བ་ནི། ཉོན་མོངས་པ་དང་ཤེས་བྱ་སྙོམས་འཇུག་གི་སྒྲིབ་པ་གསུམ་གྱི་དྲི་མ་དང་བྲལ་བའི་ཕྱིར་རོ། །འོད་གསལ་བ་ནི། རྣམ་རྟོག་མེད་པ་སྟེ་རྣམ་པར་མི་རྟོག

པས་མི་རྟོག་པ་ཉིད་དུ་དམིགས་པའི་ཕྱིར་རོ། །ལོངས་སྤྱོད་རྫོགས་པ་དང་འབྲེལ་བ་ནི། ཡོན་ཏན་རྒྱ་ཆེན་པོའི་བདག་ཉིད་ཀྱིས་ལོངས་སྤྱོད་རྫོགས་པའི་རྟེན་དུ་གྱུར་པའི་ཕྱིར་རོ། །དེ་ལྟར་ཡང་། རྒྱུད་བླ་མ་ལས། ཐོག་མ་དབུས་མཐའ་མེད་ཅིང་རྣམ་དབྱེར་མེད། །གཉིས་མེད་གསུམ་བྲལ་དྲི་མེད་རྣམ་རྟོག་མེད། །ཆོས་དབྱིངས་རང་བཞིན་གང་ཡིན་དེ་རྟོག་པས། །མཉམ་པར་བཞག་པའི་རྣལ་འབྱོར་པ་ཡིས་མཐོང་། །ཞེས་གསུངས་པ་དང་། མདོ་སྡེ་རྒྱན་ལས་ཀྱང་། རང་བཞིན་སྐུ་ནི་མཉམ་པ་དང་། །ཕྲ་ཞིང་ལོངས་སྤྱོད་རྫོགས་འབྲེལ་དང་། །ཞེས་གསུངས། ལོངས་སྤྱོད་རྫོགས་པའི་སྐུ་ཡང་མཚན་ཉིད་བརྒྱད་དང་ལྡན་ཏེ། འཁོར་དང་། ཞིང་དང་། སྐུ་དང་། མཚན་དང་། ཆོས་དང་། མཛད་པ་དང་། ལྷུན་གྱིས་གྲུབ་པ་དང་། རང་བཞིན་མེད་པའོ། །གང་ལ་གང་དང་ལྡན་ཅིག་ཏུ་ལོངས་སྤྱོད་པའི་འཁོར་ནི་ས་བཅུ་པ་ལ་གནས་པའི་བྱང་ཆུབ་སེམས་དཔའ་ཤ་སྟག་གོ། །གང་དུ་ལོངས་སྤྱོད་པའི་ཞིང་ནི་ཞིང་ཁམས་ཡོངས་སུ་དག་པའོ། །གང་གིས་ལོངས་སྤྱོད་པའི་སྐུ་ནི་དཔལ་རྣམ་སྣང་མཛད་ལ་སོགས་པའོ། །གང་དང་ལྡན་པའི་མཚན་ཉིད་ནི་སྐུ་དེ་མཚན་བཟང་པོ་སུམ་ཅུ་རྩ་གཉིས་དང་ལྡན། དཔེ་བྱད་བཟང་པོ་བརྒྱད་ཅུ་དང་ལྡན་པའོ། །གང་ལ་རྫོགས་པར་ལོངས་སྤྱོད་པའི་ཆོས་ནི་ཐེག་པ་ཆེན་པོ་འབའ་ཞིག་གོ། །གང་མཛད་པའི་ཕྲིན་ལས་ནི་རྒྱལ་སྲས་ལུང་སྟོན་པ་ལ་སོགས་པ་མཛད་པའོ། །ལྷུན་གྱིས་གྲུབ་པ་ནི་མཛད་པ་ལ་སོགས་པ་དེ་དག་ཐམས་ཅད་ཀྱང་འབད་པ་དང་བྲལ་ཏེ་ནོར་བུའི་རྒྱལ་པོ་ལྟར་ལྷུན་གྲུབ་ཏུ་འབྱུང་བའོ། །རང་བཞིན་མེད་པ་ནི་སྐུ་ལ་སོགས་པ་སྣ་ཚོགས་སུ་སྣང་ཡང་ཤེལ་གྱི་ཁ་དོག་ལྟར་སྣ་ཚོགས་ཀྱི་རང་བཞིན་དང་བྲལ་བའོ། །དེ་ལྟར་ཡང་མདོ་སྡེ་

རྒྱན་ལས། ཡོངས་སྤྱོད་རྫོགས་པ་ཁམས་ཀུན་ཏུ། །འཁོར་ཡོངས་སྟུད་དང་ཞིང་དང་མཚན། །སྐུ་དང་ཆོས་རྫོགས་ལོངས་སྤྱོད་དང་། །མཛད་པ་དག་གིས་ཐ་དད་དོ། །ཞེས་གསུངས། མངོན་རྟོགས་རྒྱན་ལས་ཀྱང་། མཚན་ནི་སུམ་ཅུ་རྩ་གཉིས་དང་། །དཔེ་བྱད་བརྒྱད་ཅུའི་བདག་ཉིད་ནི། །ཐེག་ཆེན་ཉེ་བར་ལོངས་སྤྱོད་ཕྱིར། །ཐུབ་པའི་ལོངས་སྤྱོད་རྫོགས་སྐུར་བཞེད། །ཅེས་བརྗོད། སྤྲུལ་པའི་སྐུ་ཡང་མཚན་ཉིད་བརྒྱད་དང་ལྡན་ཏེ། རྟེན་དང་། རྒྱུ་དང་། ཞིང་དང་། དུས་དང་། རང་བཞིན་དང་། འཇུག་པར་བྱེད་པ་དང་། སྨིན་པར་བྱེད་པ་དང་གྲོལ་བར་བྱེད་པའོ། །དེ་ལ་རྟེན་ནི། ཆོས་ཀྱི་སྐུ་སྐྱེ་གཡོ་བ་མེད་བཞིན་དུའོ། །རྒྱུ་ནི་འགྲོ་བ་མཐའ་དག་ལ་ཕན་པར་བཞེད་པའི་སྙིང་རྗེ་ཆེན་པོ་ལས་བྱུང་བའོ། །ཞིང་ནི་ཡོངས་སུ་དག་པའི་ཞིང་དང་ཡོངས་སུ་མ་དག་པའི་ཞིང་ཡང་ངོ་། །དུས་ནི་འཇིག་རྟེན་ཇི་སྲིད་གནས་ཀྱི་བར་དུ་རྒྱུན་མི་འཆད་པའོ། །རང་བཞིན་ནི་སྤྲུལ་པ་གསུམ་གྱི་གཟུགས་ཀྱིས་ཏེ། བཟོ་སྤྲུལ་པ་པི་ཝང་ལེན་པ་ལ་སོགས་པ་བཟོ་སྣ་ཚོགས་དཔེ་མེད་པར་མཁས་ཤིང་སྟོན་པ་དང་། སྐྱེ་བ་སྤྲུལ་པ་རི་བོང་ལ་སོགས་པ་ལུས་དམན་པ་སྣ་ཚོགས་ཀྱང་ལེན་པ་དང་། མཆོག་གི་སྤྲུལ་པ་དགའ་ལྡན་གནས་ནས་གཤེགས་པ་དང་ལྷུམས་སུ་འཇུག་པ་ནས་ཞི་བ་ཆེན་པོར་གཤེགས་པའི་བར་སྟོན་པའོ། །དེ་ལྟར་ཡང་མདོ་སྡེ་རྒྱན་ལས། བཟོ་དང་སྐྱེ་དང་བྱང་ཆུབ་ཆེ། །མྱ་ངན་འདས་པ་དག་སྟོན་པ། །སངས་རྒྱས་པ་ཡི་སྐུ་འདི་ནི། །རྣམ་པར་གྲོལ་བའི་ཐབས་ཆེན་ནོ། །ཞེས་གསུངས། རྒྱུད་བླ་མ་ལས་ཀྱང་། སྤྲུལ་པའི་རང་བཞིན་སྣ་ཚོགས་ཀྱིས། །སྐྱེ་བ་མངོན་པར་སྐྱེ་བ་དང་། །དགའ་ལྡན་གནས་ནས་འཕོ་བ་དང་། །ལྷུམས་སུ་འཇུག་དང་བལྟམས་པ་དང་། ། བཟོ་ཡི་གནས་ལ

མཁས་པ་དང་། །བཙུན་མོའི་འཁོར་ལ་དགྱེས་རོལ་དང་། །ངེས་འབྱུང་དཀའ་བ་སྤྱོད་པ་དང་། །བྱང་ཆུབ་སྙིང་པོར་གཤེགས་པ་དང་། །བདུད་སྡེ་བཅོམ་དང་རྫོགས་པར་ནི། །བྱང་ཆུབ་ཆོས་ཀྱི་འཁོར་ལོ་དང་། །མྱ་ངན་འདས་པར་གཤེགས་མཛད་རྣམས། །ཡོངས་སུ་མ་དག་ཞིང་རྣམས་སུ། །སྲིད་པ་ཇི་སྲིད་གནས་པར་སྟོན། །ཞེས་གསུངས། འཇུག་པར་བྱེད་པ་ནི། འཇིག་རྟེན་ཐ་མལ་པ་དག་ཅི་རིགས་པར་མྱ་ངན་ལས་འདས་པ་རྣམ་པ་གསུམ་ལ་འདུ་ཞིང་འཇུག་པར་བྱེད་པའོ། །སྨིན་པར་བྱེད་པ་ནི། ལམ་ལ་ཞུགས་པ་རྣམས་ཚོགས་ཡོངས་སུ་སྨིན་པར་བྱེད་པའོ། །གྲོལ་བར་བྱེད་པ་ནི། དགེ་བ་ཡོངས་སུ་སྨིན་པ་དག་སྲིད་པའི་འཆིང་བ་ལས་གྲོལ་བར་བྱེད་པའོ། །དེ་ལྟར་ཡང་རྒྱུད་བླ་མ་ལས། འཇིག་རྟེན་པ་ཡི་ལམ་ལ་རབ་འཇུག་དང་། །རབ་ཏུ་སྨིན་དང་ལུང་སྟོན་རྒྱུ་ཡི་གཟུགས། །ཞེས་སོ། །དེ་ལྟར་བརྒྱད་པོ་དེ་སྤྲུལ་པའི་སྐུ་ཡི་མཚན་ཉིད་དོ། །མངོན་རྟོགས་རྒྱན་ལས་ཀྱང་། །གང་གི་སྲིད་པ་ཇི་སྲིད་པར། །འགྲོ་ལ་ཕན་པ་སྣ་ཚོགས་དག །མཉམ་དུ་མཛད་པའི་སྐུ་དེ་ནི། །ཐུབ་པའི་སྤྲུལ་སྐུ་རྒྱུན་མི་འཆད། །ཅེས་གསུངས། ཁྱད་པར་ནི་གསུམ་སྟེ། མཉམ་པའི་ཁྱད་པར་དང་། རྟག་པའི་ཁྱད་པར་དང་། སྣང་བའི་ཁྱད་པར་རོ། །དེ་ལ་དང་པོ་མཉམ་པའི་ཁྱད་པར་ནི། སངས་རྒྱས་ཐམས་ཅད་ཀྱི་ཆོས་ཀྱི་སྐུ་ནི། རྟེན་ཆོས་ཀྱི་དབྱིངས་ཐ་དད་མེད་པས་མཉམ་པའོ། །སངས་རྒྱས་ཐམས་ཅད་ཀྱི་ལོངས་སྤྱོད་རྫོགས་པའི་སྐུ་ནི་དགོངས་པ་ཐ་དད་མེད་པས་མཉམ་པའོ། །སངས་རྒྱས་ཐམས་ཅད་ཀྱི་སྤྲུལ་པའི་སྐུ་ནི་ཕྲིན་ལས་ཐུན་མོང་དུ་གྱུར་པས་མཉམ་པའོ། །དེ་ལྟར་ཡང་མདོ་སྡེ་རྒྱན་ལས། དེ་དག་རྟེན་དང་དགོངས་པ་དང་། །ཕྲིན་ལས་ཀྱིས་ནི་མཉམ་པ་ཉིད། །ཅེས་གསུངས། རྟག་པའི་ཁྱད་པར་

ནི། ཆོས་ཀྱི་སྐུ་དོན་དམ་པར་སྐྱེ་འགག་དང་བྲལ་བའི་བདག་ཉིད་ཡིན་པས་རང་བཞིན་གྱིས་རྟག་པའོ། །ལོངས་སྤྱོད་རྫོགས་པའི་སྐུ་ནི། ཆོས་ཀྱི་ལོངས་སྤྱོད་རྒྱུན་ཆད་མེད་པའི་ཕྱིར་རྒྱུན་གྱིས་རྟག་པའོ། །སྤྲུལ་པའི་སྐུ་ནི། མི་སྣང་བར་གྱུར་ནས་ཀྱང་ཡང་དང་ཡང་དུ་ཀུན་ཏུ་སྟོན་པ་སྟེ། རིགས་མཐུན་ཆད་ཀྱང་འཚམས་པའི་དུས་ལས་མི་ཡོལ་བར་འབྱུང་བའི་ཕྱིར་བྱ་བ་བྱེད་པ་རྟག་པའོ། །དེ་ལྟར་ཡང་མདོ་སྡེ་རྒྱན་ལས། རང་བཞིན་དང་ནི་རྒྱུན་མི་ཆད། །རྒྱུན་གྱིས་དེ་དག་རྟག་པ་ཉིད། །ཅེས་གསུངས། སྣང་བའི་ཁྱད་པར་ནི། ཆོས་ཀྱི་དབྱིངས་ལས་ཤེས་བྱའི་སྒྲིབ་པ་དག་པས་ནི་ཆོས་སྐུར་སྣང་ངོ་། །ཉོན་མོངས་པའི་སྒྲིབ་པ་དག་པས་ནི་ལོངས་སྐུར་སྣང་ངོ་། །ལས་ཀྱི་སྒྲིབ་པ་དག་པས་ནི་སྤྲུལ་སྐུར་སྣང་ངོ་། །

མདོར་ན། སྐུ་གསུང་ཐུགས་ཀྱི་ཕྲིན་ལས་རྒྱུན་མི་འཆད་པ་ལྷུན་གྲུབ་ཏུ་འབྱུང་བ་ཡིན་ཏེ། དཔེར་ན་ལྷ་དབང་བརྒྱ་བྱིན་དེ་ལྷའི་བུ་མོའི་ཚོགས་དང་བཅས་ནས་རྣམ་པར་རྒྱལ་བའི་ཁང་བཟང་ལ་བཞུགས་པ་ལ། ཁང་བཟང་དེ་བཻ་ཌཱུརྻའི་རང་བཞིན་དག་ཅིང་དྭང་བ་ཡིན་པས། བརྒྱ་བྱིན་གྱི་གཟུགས་བརྙན་ཁང་བཟང་གི་ཕྱི་རོལ་དུ་སྣང་བར་འགྱུར་རོ། །དེར་ས་གཞི་ལ་གནས་པའི་སྐྱེས་པ་དང་བུད་མེད་གཞན་དག་གིས་བརྒྱ་བྱིན་གྱི་སྐུའི་གཟུགས་བརྙན་དང་ལོངས་སྤྱོད་ཀྱི་གཟུགས་མཐོང་བས། དེ་དག་ཀྱང་མྱུར་དུ་འདི་འདྲར་གྱུར་ཅིག་ཅེས་སྨོན་ལམ་འདེབས་ཤིང་། དེའི་དོན་དུ་དགེ་བ་ལ་འབད་པས། ཤི་འཕོས་ནས་དེར་སྐྱེའོ། །གཟུགས་བརྙན་སྣང་བ་དེ་ལ་ནི་རྣམ་རྟོག་མེད་ཅིང་གཡོ་བ་མེད་དོ། །དེ་བཞིན་དུ་དོན་ཆེན་པོ་ལ་ཉེ་བར་ཞུགས་པ། དད་པ་ལ་སོགས་པ་བསྒོམ་པ་ལ་རྫོགས་པའི་སངས་རྒྱས་རྣམས་ཀྱི་སྐུ་མཚན་དང་དཔེ་བྱད་ཀྱིས་བརྒྱན་པ། འཆག་པ་དང་། བཞེངས་

པ་དང་། གཟིམས་པ་དང་། ཆོས་གསུང་བ་དང་། མཉམ་པར་བཞག་པ་ལ་སོགས་ཆོ་འཕྲུལ་ཆེན་པོ་མཛད་པ་སྣ་ཚོགས་མཐོང་བར་འགྱུར་ལ། དེ་ལ་སྣང་བས་དེ་ལ་དད་ཅིང་འདུན་ཏེ། དེ་འཐོབ་པར་བྱ་བའི་ཕྱིར་དེའི་རྒྱུ་སེམས་བསྐྱེད་པ་ལ་སོགས་པ་ལ་འཇུག་པས་མཐར་སངས་རྒྱས་ཐོབ་པར་འགྱུར་རོ། །སྐྱུར་སྣང་བ་དེ་ནི་རྣམ་རྟོག་མེད་ཅིང་གཡོ་བ་མེད་དོ། །དེ་ལྟར་ཡང་། ཇི་ལྟར་བཻཌཱུར་ས་གཞི་གཙང་མ་ལ། །ལྷ་དབང་ལུས་ཀྱི་གཟུགས་བརྙན་སྣང་བ་ལྟར། །དེ་བཞིན་འགྲོ་སེམས་ས་གཞི་གཙང་མ་ལ། །ཐུབ་པའི་དབང་པོའི་སྐུ་ཡི་གཟུགས་བརྙན་འཆར། །ཞེས་པ་ལ་སོགས་པ་གསུངས། དེས་ན་སྐུ་རྣམ་རྟོག་མེད་པས་འགྲོ་དོན་མཛད་པའོ། །

ལྷ་ཡི་རྔ་བཞིན་ཞེས་པ་ནི། གསུང་རྣམ་རྟོག་མེད་པས་འགྲོ་དོན་མཛད་པའི་དཔེ་སྟེ། དཔེར་ན་རྣམ་པར་རྒྱལ་བའི་ཁང་བཟང་ན་ལྷའི་རྔ་ཆོས་ཀྱི་ཤུགས་འཆང་ཞེས་བྱ་བ། ལྷ་རྣམས་ཀྱི་སྔོན་གྱི་དཀར་པོ་ལས་ཀྱི་མཐུ་ཡིས་གྲུབ་པ་ཞིག་ཡོད་དེ། བཀར་རྟགས་ཀྱི་ཕྱག་རྒྱ་བཞི་ནི། ཆོས་ཐམས་ཅད་ནི་བདག་མེད་པའོ། །ཟག་པ་ཐམས་ཅད་ནི་སྡུག་བསྔལ་བའོ། །ཁམས་གསུམ་པོ་འདི་དག་ནི་སྟོང་པའོ། །རྣམ་པར་རྟོག་པ་མེད་བཞིན་དུ་འདུས་བྱས་ཐམས་ཅད་ནི་མི་རྟག་པའོ། །ཞེས་པ་ལ་སོགས་པའི་སྐད་ཀྱིས་བག་མེད་པའི་ལྷ་རྣམས་བསྐུལ་ལོ། །དེ་ལྟར་ཡང་། ཇི་སྐད་དུ། ཇི་ལྟར་ལྷ་ནང་ལྷ་རྣམས་ཀྱིས། །སྔོན་གྱི་དཀར་པོའི་མཐུ་ཡིས་ནི། །འབད་དང་གནས་དང་ཡིད་གཟུགས་དང་། །རྣམ་པར་རྟོག་པ་མེད་བཞིན་དུ། །མི་རྟག་སྡུག་བསྔལ་བདག་མེད་དང་། །ཞི་བའི་སྒྲ་ཡིས་བག་མེད་པའི། །ལྷ་རྣམས་ཐམས་ཅད་ཡང་ནས་ཡང་། །ཆོས་ཀྱི་རྔས་ནི་བསྐུལ་བྱེད་ལྟར། །ཞེས་གསུངས། དེ་བཞིན་དུ་འབད་རྩོལ་དང་བྲལ་ཞིང་རྣམ་རྟོག་མེད་

ཀྱང་། སངས་རྒྱས་གསུང་གིས་སྐལ་ལྡན་རྣམས་ལ་ཇི་ལྟར་འཚམས་པའི་ཆོས་སྟོན་ཏོ། །དེ་ལྟར་ཡང་། དེ་བཞིན་ཁྱབ་བདག་འབད་སོགས་དང་། །བྲལ་ཡང་འགྲོ་བ་མ་ལུས་པ། །སངས་རྒྱས་གསུང་གི་ཁྱབ་མཛད་དེ། །སྐལ་ལྡན་རྣམས་ལ་ཆོས་སྟོན་ཏོ། །ཞེས་གསུངས། དེས་ནི་གསུང་རྣམ་རྟོག་མེད་པས་འགྲོ་དོན་མཛད་པའོ། །

སྤྲིན་བཞིན་ཞེས་བྱ་བ་ནི་ཐུགས་རྟོག་པ་མེད་པས་འགྲོ་དོན་མཛད་པའི་དཔེ་སྟེ། དཔེར་ན་དབྱར་གྱི་དུས་སུ་འབད་རྩོལ་མེད་པར་ནམ་མཁའ་ལ་སྤྲིན་ཚོགས་ཏེ། རྣམ་རྟོག་མེད་པར་ཆར་པ་ས་ལ་བབ་ནས་ལོ་ཏོག་ཕུན་སུམ་ཚོགས་པར་བསྐྱེད་དོ། །དེ་ལྟར་ཡང་། ཇི་ལྟར་དབྱར་གྱི་དུས་ན་སྤྲིན། །ལོ་ཏོག་ཕུན་སུམ་ཚོགས་པའི་རྒྱུ། །ཆུ་བོའི་ཕུང་པོ་འབད་མེད་པ། །ས་ལ་མངོན་པར་འབབ་པ་ལྟར། །ཞེས་གསུངས་དེ་བཞིན་དུ་ཐུགས་རྗེའི་སྤྲིན་ལས་རྣམ་རྟོག་མེད་པར་ཆོས་ཀྱི་ཆར་གདུལ་བྱ་ལ་ཕབ་ནས། དགེ་བའི་ལོ་ཏོག་སྨིན་པར་བྱེད་དོ། །དེ་ལྟར་ཡང་། དེ་བཞིན་ཐུགས་རྗེའི་སྤྲིན་ལས་ནི། །རྒྱལ་བའི་དམ་ཆོས་ཆུ་ཡི་ཆར། །འགྲོ་བའི་དོན་དུ་ལོ་ཏོག་རྒྱུ། །རྣམ་པར་རྟོག་པ་མེད་པར་འབེབས། །ཞེས་གསུངས། དེས་ན་ཐུགས་རྣམ་རྟོག་མེད་པས་འགྲོ་དོན་མཛད་པའོ། །

ཚངས་པ་བཞིན་ཞེས་པ་ནི། དཔེར་ན་ལྷའི་རྒྱལ་པོ་ཚངས་པ་དེ་ཚངས་པའི་གནས་ལས་མ་འཕོས་བཞིན་དུ་ལྷའི་གནས་ཐམས་ཅད་དུ་གནས་པར་སྟོན་ཏོ། །དེ་བཞིན་དུ་སངས་རྒྱས་ཀྱང་ཆོས་ཀྱི་སྐུ་ལས་མ་བསྒྱོད་བཞིན་དུ། གདུལ་བྱ་རྣམས་ལ་མཛད་པ་བཅུ་གཉིས་ལ་སོགས་པར་སྤྲུལ་ནས་དོན་མཛད་དོ། །དེ་ལྟར་ཡང་། ཅི་ལྟར་ཚངས་པ་ཚངས་པ་ཡིས། །གནས་ནས་འཕོ་བ་མེད་བཞིན་དུ། །ལྷ་ཡི་

གནས་ནི་ཐམས་ཅད་དུ། །སྣང་བ་འབབ་མེད་སྟོན་པ་ལྟར། །དེ་བཞིན་ཐུབ་པ་ཆོས་སྐུ་ལས། །སྐྱེ་བ་མེད་པར་ཁམས་ཀུན་ཏུ། །སྐལ་ལྡན་རྣམས་ལ་འབབ་མེད་པར། །སྤྲུལ་པ་དག་གིས་སྟོན་པར་མཛད། །ཅེས་གསུངས། ཉི་མ་བཞིན་ཞེས་བྱ་བ་ནི། དཔེར་ན་ཉི་མའི་འོད་ཟེར་གྱིས་རྟོག་པ་མེད་པར་དུས་ཅིག་ཅར་དུ་པདྨ་ལ་སོགས་པ་མེ་ཏོག་གི་བྱེ་བྲག་དཔག་ཏུ་མེད་པ་ཁ་འབྱེད་པར་བྱེད་དོ། །དེ་བཞིན་དུ་སངས་རྒྱས་ཀྱི་ཆོས་ཀྱི་འོད་ཟེར་གྱིས་རྣམ་རྟོག་དང་འབད་རྩོལ་མེད་བཞིན་དུ། གདུལ་བྱ་རིགས་དང་མོས་པ་དཔག་ཏུ་མེད་པའི་བློའི་པདྨ་དཀར་པོའི་ཕྱོགས་སུ་ཁ་འབྱེད་པར་བྱེད་དོ། །དེ་ལྟར་ཡང་། ཇི་ལྟར་ཉི་མ་རྟོག་མེད་པ། །རང་འོད་ཅིག་ཅར་སྤྲོས་པ་ཡིས། །པདྨ་རྒྱས་པར་བྱེད་པ་དང་། །གཞན་དག་སྨིན་པར་བྱེད་པ་ལྟར། །དེ་ནི་དེ་བཞིན་གཤེགས་པ་ཡིས། །ཉི་མ་དམ་ཆོས་འོད་ཟེར་དག །གདུལ་བྱའི་སྐྱེ་བོའི་པདྨ་ལ། །རྣམ་པར་རྟོག་པ་མེད་པར་འཇུག །ཞེས་གསུངས། ཡང་དཔེར་ན་ཉི་མ་དེའི་གཟུགས་བརྙན་སྣོད་དྭངས་པ་ཐམས་ཅད་དུ་ཅིག་ཅར་དུ་འཆར་བ་ལྟར། སངས་རྒྱས་ཀྱང་གདུལ་བྱ་སྣང་བ་དག་པ་ཐམས་ཅད་ལ་དུས་ཅིག་ཅར་དུ་འཆར་རོ། །དེ་ལྟར་ཡང་། གང་ཕྱིར་གདུལ་བྱ་དག་པ་ཡི། །ཆུ་ཡི་སྣོད་ནི་ཐམས་ཅད་དུ། །བདེ་གཤེགས་ཉི་མའི་གཟུགས་བརྙན་ནི། །དཔག་ཏུ་མེད་པ་ཅིག་ཅར་འཆར། །ཞེས་གསུངས། ཡིད་བཞིན་ནོར་བུ་ཞེས་པ་ནི། དཔེར་ན་ཡིད་བཞིན་གྱི་ནོར་བུ་རིན་པོ་ཆེ་ལ་རྣམ་རྟོག་མེད་ཀྱང་། གསོལ་བ་བཏབ་པས་ཅི་དགོས་པ་འབད་པ་མེད་པར་འབྱུང་བ་ལྟར། བུདྡྷ་ལ་བརྟེན་ནས་ཉན་ཐོས་ལ་སོགས་པ་བསམ་པ་ཐ་དད་པ་རྣམས་ཀྱི་དོན་དུ་གྲུབ་པའོ། །དེ་ལྟར་ཡང་། ཅི་ལྟར་ཡིད་བཞིན་ནོར་བུ་ནི། །རྟོག་པ་མེད་ཀྱང་ཅིག་ཆར་དུ། །སྤྱོད་

ཡུལ་གནས་པ་རྣམས་ཀྱིས་ནི། །བསམ་པ་སོ་སོར་རྫོགས་བྱེད་ལྟར། །དེ་བཞིན་བུདྡྷ་ཡིད་བཞིན་ལ། །བརྟེན་ནས་བསམ་པ་ཐ་དད་རྣམས། །སྣ་ཚོགས་ཆོས་ནི་ཐོས་ནས་ཀྱང་། །དེ་ནི་དེ་ལ་རྣམ་མི་རྟོག །ཞེས་གསུངས། དེ་བཞིན་དུ་སྒྲ་སྙན་དང་ནམ་མཁའ་དང་། ས་གསུམ་གྱིས་ཀྱང་རྣམ་རྟོག་མེད་པར་འགྲོ་དོན་མཛད་པའི་དཔེ་བསྟན་པའོ། །དེ་ཡང་མཁྱེན་གཟིགས་ཤེས་པ་ནི། མཁྱེན་པ་ནི། འདས་མ་འོངས་ད་ལྟར་དུས་གསུམ་ཇི་ལྟ་བ་དང་ཇི་སྙེད་པ་མཁྱེན་པས་ན་མཁྱེན་པ་ཞེས་པའོ། །མཁྱེན་པ་དེ་སོ་སོར་སྤྱུ་རིས་འབྱེད་པ་དང་། ངོས་འཛིན་པ་དེ་ཕྱི་ལམ་སྒྱུ་མ་ལྟ་བུའི་ངང་ནས་གཟིགས་ཤིང་། སེམས་ཅན་གྱི་དོན་ཡང་ཐུགས་ལ་འབྱུང་བས་ན་གཟིགས་པ་ཞེས་སོ། །སྤང་རྟོགས་ཡང་། ཉོན་མོངས་པ་བརྒྱད་ཁྲི་བཞི་སྟོང་བག་ལ་ཉལ་དང་བཅས་པ་སངས་ཀྱིས་སྤངས་པས་ན། སྤང་པ་ཕུན་སུམ་ཚོགས་པ་དང་ལྡན་པའོ། །རྟོགས་པ་ནི། གཉུག་མ་སེམས་ཀྱི་ངོ་བོ་ཕྱིན་ཅི་མ་ལོག་པར་རྟོགས་པས་ན། རྟོགས་པ་ཕུན་སུམ་ཚོགས་པ་ཞེས་པའོ། །

མདོར་རིལ་གྱིས་དྲིལ་ན། མཁྱེན་གཟིགས་དང་སྤངས་རྟོགས་གཅིག་ཡིན་ཏེ། སེམས་ལྷན་ཅིག་སྐྱེས་པའི་ངོ་བོ་དེ་རྟོགས་པས་ན་རྟོགས་པ་དང་། དེ་རྟོགས་ནས་སེམས་དེ་ལ་དྲི་མ་དང་བྲལ་བས་ན་སྤངས་པ་དང་། སྤངས་ནས་ཐམས་ཅད་མཁྱེན་པས་ན་མཁྱེན་པ་དང་། མཁྱེན་ནས་སོ་སོར་ངོས་འཛིན་པས་ན་གཟིགས་པ་ཞེས་བྱའོ། །

ད་ནི་སེམས་ཀྱི་ཐོག་ནས་ཉམས་མྱོང་དང་བསྟུན་ཏེ་རིམ་པ་ལྟར་ངོ་སྤྲོད་པ་ནི། ཤེས་རབ་ཀྱི་ཕ་རོལ་ཏུ་ཕྱིན་པ་ནི། སེམས་སྐད་ཅིག་མ་འདི་ལ་ཤེས་རབ་ཅེས་མིང་འདོགས་པ་ཡིན་ཏེ། སྤྱོད་འཇུག་ལ། ཡན་ལག་འདི་དག་ཐམས་ཅད་ནི། །ཐུབ་

པས་ཤེས་རབ་དོན་དུ་བཤད། །དེ་ཡི་ཕྱིར་དུ་ཤེས་རབ་སྦྱོད། །ཅེས་གསུངས་པས། ད་ལྟར་གྱི་སེམས་རིག་རིག་དུར་དུར་པོ་མི་དྲན་དགུ་དྲན་གྱི་སེམས་འདི་ཤེས་པ་ནི། ཤེས་པའི་རབ་ཡིན་པས་ན་ཤེས་རབ་ཅེས་སོ། །འདི་མ་ཤེས་ན་གཞན་གང་ཤེས་ཀྱང་ཤེས་པ་ནི་མིན། རབ་ནི་མ་ཡིན་ནོ། །ཤེས་རབ་དངོས་ཀྱི་སེམས་གཅིག་པུ་འདི་ཤེས་ན། སྣང་སྲིད་འཁོར་འདས་ཀྱིས་བསྡུས་པའི་ཆོས་ཐམས་ཅད་ཁོ་རང་གི་རང་རྩལ་ཡིན་ཏེ། ཏཻ་ལོ་པས། སྣ་ཚོགས་སྣང་བ་དཀར་དམར་འདི། །སྐྱེ་བ་མེད་ལ་མ་རྟོགས་བར། །ཚོགས་གཉིས་ཤིང་རྟའི་འཁོར་ལོ་དང་། །བྲལ་བར་མ་བྱེད་ནཱ་རོ་པ། །ཞེས་གསུངས་པ་དང་། རྡོ་རྗེ་ཕག་མོ་ལས། སྣང་བ་ཆོས་སྐུའི་གཞལ་ཡས་ནས། །རྩ་བའི་བླ་མ་གཤེགས་སུ་གསོལ། །ཞེས་གསུངས་པའི་དོན་ནོ། །སེམས་འདི་མི་ཤེས་ན། འཕགས་པ་སྡུད་པ་ལས། དམུས་ལོང་མིག་བུ་མེད་པ་བྱེ་བ་ཁྲག་ཁྲིག་ནི། །ལམ་ཡང་མི་ཤེས་གྲོང་ཁྱེར་དག་ཏུ་འཇུག་པར་ག་ལ་ནུས། །དེ་བཞིན་ཤེས་རབ་མིག་མེད་ཕ་རོལ་ཕྱིན་ལྔ་ཡིས། །མིག་བུ་མེད་པས་བྱང་ཆུབ་རེག་པར་ནུས་མ་ཡིན། །ཞེས་གསུངས། དེ་ལས་བཟློག་སྟེ་ཤེས་རབ་དང་ལྡན་ན། ཡོང་ཁྲིད་ཀྱིས་ལོང་བའི་ཚོགས་གྲོང་ཁྱེར་དུ་འཁྲིད་པ་ལྟར། སྦྱིན་པ་ལ་སོགས་པ་དགེ་བའི་ཚོགས་ཐམས་ཅད་སངས་རྒྱས་ཀྱི་ལམ་དུ་བསྒྱུར་ནས་ཐམས་ཅད་མཁྱེན་པའི་གོ་འཕང་ཐོབ་བོ། །དེ་ལྟར་ཡང་དབུ་མ་འཇུག་པ་ལས། ཅི་ལྟར་ལོང་བའི་ཚོགས་ཀུན་བདེ་བླག་ཏུ། །མིག་ལྡན་སྐྱེ་བོ་གཅིག་གིས་འདོད་པ་ཡི། །ཡུལ་དུ་འཁྲིད་པ་དེ་བཞིན་ཤེས་རབ་ཀྱིས། །མིག་མེད་ཡོན་ཏན་བླངས་ཏེ་རྒྱལ་བར་འཁྲིད། །ཅེས་གསུངས། འཕགས་པ་སྡུད་པ་ལས་ཀྱང་། ཤེས་རབ་ཀྱིས་ནི་ཆོས་ཀྱི་རང་བཞིན་ཡོངས་ཤེས་ནས། །ཁམས་གསུམ་མ་ལུས་པ་ལས་ཡང་

དག་འདའ་བར་འགྱུར། །ཞེས་གསུངས།

འོ་ན་ཤེས་རབ་ཁོ་ནས་ཆོག་མོད། སྦྱིན་པ་ལ་སོགས་པ་ཐམས་ཅད་ཅི་དགོས་ཤེ་ན། མི་ཆོག་སྟེ་བྱང་ཆུབ་ལམ་གྱི་སྒྲོན་མ་ལས། ཐབས་དང་བྲལ་བའི་ཤེས་རབ་དང་། །ཤེས་རབ་བྲལ་བའི་ཐབས་དག་ཀྱང་། །གང་ཕྱིར་འཆིང་བ་ཞེས་གསུངས་པས། །དེ་བས་གཉིས་ཀ་སྤང་མི་བྱ། །ཞེས་གསུངས། འོ་ན་ཐབས་ཤེས་ཡ་བྲལ་དུ་ཉམས་སུ་བླངས་ན་གང་དང་གང་དུ་འཆིང་ཞེ་ན། བྱང་ཆུབ་སེམས་དཔའ་ཐབས་དང་བྲལ་བའི་ཤེས་རབ་བསྟེན་ན། ཉན་ཐོས་ཀྱི་འདོད་པའི་ཞི་བ་ཕྱོགས་གཅིག་པའི་མྱ་ངན་ལས་འདས་པ་དེར་ལྷུང་ནས་བཅིངས་པ་བཞིན་དུ་འགྱུར་ཏེ། མི་གནས་པའི་མྱ་ངན་ལས་འདས་པ་ཐོབ་པར་མི་འགྱུར་རོ། །དེ་ཡང་ཐེག་པ་གསུམ་དུ་འདོད་པའི་ལུགས་ཀྱི་ནི། གཏན་དུ་དེར་བཅིངས་པར་འདོད་ལ། ཐེག་པ་གཅིག་ཏུ་འདོད་པས་ཀྱང་། བསྐལ་པ་ཆེན་པོ་བརྒྱད་ཁྲི་བཞི་སྟོང་དུ་དེར་བཅིངས་པར་འདོད་དོ། །ཤེས་རབ་དང་བྲལ་བའི་ཐབས་བསྟེན་ན་ཡང་བྱིས་པའི་སྐྱེ་བོའི་ས་ལས་མི་འདའ་བས་འཁོར་བ་ཉིད་དུ་བཅིངས་པ་ཁོ་ནར་འགྱུར་བའོ། །དེ་ལྟར་ཡང་བློ་གྲོས་མི་ཟད་པའི་མདོ་ལས་ཀྱང་། ཐབས་དང་བྲལ་བའི་ཤེས་རབ་ཀྱིས་མྱ་ངན་ལས་འདས་པར་འཆིང་ལ། ཤེས་རབ་དང་བྲལ་བའི་ཐབས་ཀྱིས་འཁོར་བར་འཆིང་བས་ཟུང་དུ་འབྲེལ་བ་ཞིག་དགོས་སོ། །ཞེས་གསུངས། འཕགས་པ་དྲི་མ་མེད་པས་བསྟན་པའི་མདོ་ལས་ཀྱང་། བྱང་ཆུབ་སེམས་དཔའ་རྣམས་ཀྱི་འཆིང་བ་ནི་གང་། ཐར་པ་ནི་གང་ཞེ་ན། ཐབས་ཀྱིས་མ་ཟིན་པའི་ཤེས་རབ་ནི་འཆིང་བའོ། །ཐབས་ཀྱི་ཟིན་པའི་ཤེས་རབ་ནི་ཐར་པའོ། །ཤེས་རབ་ཀྱིས་མ་ཟིན་པའི་ཐབས་ནི་འཆིང་བའོ། །ཤེས་རབ་ཀྱིས་ཟིན་

པའི་ཐབས་ནི་ཐར་པའོ། །ཞེས་གསུངས། དེས་ན་ཐབས་དང་ཤེས་རབ་ཡ་བྲལ་དུ་ཉམས་སུ་ལེན་པ་ནི་བདུད་ཀྱི་ལས་ལ་སྤྱོད་པ་ཡིན་ཏེ། ཀླུའི་རྒྱལ་པོ་རྒྱ་མཚོས་ཞུས་པའི་མདོ་ལས་ཀྱང་། བདུད་ཀྱི་ལས་ནི་གཉིས་ཏེ་ཤེས་རབ་དང་བྲལ་བའི་ཐབས་དང་། ཐབས་དང་བྲལ་བའི་ཤེས་རབ་སྟེ་བདུད་ཀྱི་ལས་སུ་ཤེས་པས་སྤང་བར་བྱའོ། །ཞེས་གསུངས་སོ། །ཡང་དཔེར་ན་ཡིད་ལ་འདོད་པའི་གྲོང་ཁྱེར་དུ་འགྲོ་བ་ལ། ལམ་ལ་ལྟ་བའི་མིག་དང་ས་གཅོད་པའི་རྐང་པ་གཉིས་འཛོམ་པས་འདོད་པའི་གྲོང་ཁྱེར་དུ་འགྲོ་བ་ལྟར། ཤེས་རབ་ཀྱི་མིག་དང་ཐབས་ཀྱི་རྐང་པ་གཉིས་ཟུང་དུ་འབྲེལ་དགོས་པ་ཡིན་ནོ། །ག་ཡ་གོ་རིའི་མདོ་ལས་ཀྱང་། ཐེག་པ་ཆེན་པོ་ལ་མདོར་བསྡུས་ན་གཉིས་ཏེ། ཐབས་དང་ཤེས་རབ་བོ། །ཞེས་གསུངས།

ཡང་ཤེས་རབ་དེ་ཡང་རང་དགར་མི་སྐྱེ་སྟེ། དཔེར་ན་ཤིང་ཙུང་ཟད་ཙམ་ལ་མེ་སྦར་ཡང་། མེ་ཆེ་ལ་ཡུན་རིང་བ་མི་འབྱུང་ལ། ཤིང་ཤིན་ཏུ་སྐམ་ཞིང་མང་བ་བསགས་ནས་མེ་སྦར་ན་མེ་ཆེ་ལ་ཡུན་རིང་བ་བསད་ཀྱང་མི་སོད་པ་འབྱུང་ངོ་། །དེ་བཞིན་དུ་བསོད་ནམས་ཙུང་ཟད་ཙམ་ལས་མ་བསགས་པ་ལ་ཤེས་རབ་ཆེན་པོ་མི་སྐྱེ་ལ། སྦྱིན་པ་དང་ཚུལ་ཁྲིམས་ལ་སོགས་པའི་བསོད་ནམས་ཆེན་པོ་བསགས་པ་ལ་ཤེས་རབ་ཆེན་པོ་འབྱུང་སྟེ། སྒྲིབ་པ་ཐམས་ཅད་བསྲེག་གོ། །དེས་ན་ཤེས་རབ་ཉིད་ཀྱི་ཆེད་དུ་སྦྱིན་པ་ལ་སོགས་པ་བརྟེན་དགོས་སོ། །དེ་ལྟར་ཡང་། སྤྱོད་འཇུག་ལས། ཡན་ལག་འདི་དག་ཐམས་ཅད་ནི། །ཐུབ་པས་ཤེས་རབ་དོན་དུ་གསུངས། །ཞེས་འབྱུང་ངོ་། །ཤེས་རབ་ཀྱི་ངོ་བོ་ནི་ཆོས་རྣམ་པར་འབྱེད་པའོ། །དེ་ལྟར་ཡང་། ཆོས་མངོན་པ་ལས། ཤེས་རབ་གང་ཞེ་ན། ཆོས་རབ་ཏུ་རྣམ་པར་འབྱེད་པའོ། །ཞེས་གསུངས། ཤེས་རབ་ལ་ཡང་དབྱེ་ན། མདོ་སྡེ་རྒྱན་གྱི་འགྲེལ་

པ་ལས་རྣམ་པ་གསུམ་དུ་གསུངས་ཏེ། འཇིག་རྟེན་པའི་ཤེས་རབ་དང་། འཇིག་རྟེན་ལས་འདས་པ་དམན་པའི་ཤེས་རབ་དང་། འཇིག་རྟེན་ལས་འདས་པ་ཆེན་པོའི་ཤེས་རབ་བོ། །དེ་དག་སོ་སོའི་མཚན་ཉིད་བཤད་ན། འཇིག་རྟེན་པའི་ཤེས་རབ་ནི། གསོ་བ་རིག་པ་དང་། གཏན་ཚིགས་རིག་པ་དང་། སྒྲ་རིག་པ་དང་། བཟོ་རིག་པ་དང་། རིག་པའི་གནས་བཞི་པོ་དག་ལ་བརྟེན་ནས་སྐྱེས་པའི་ཤེས་རབ་གང་ཡིན་པ་དེའོ། །འཇིག་རྟེན་ལས་འདས་པའི་ཤེས་རབ་གཉིས་པོ་དེ་ནི་ནང་རིག་པ་ཆོས་བྱ་བ་དམ་པའི་ཆོས་ལ་བརྟེན་ནས་སྐྱེས་པའི་ཤེས་རབ་གང་ཡིན་པ་དེའོ། །དེ་ཡང་དང་པོ་འཇིག་རྟེན་ལས་འདས་པ་དམན་པའི་ཤེས་རབ་ནི། ཉན་ཐོས་དང་རང་རྒྱལ་བ་དག་གིས་ཐོས་བསམ་སྒོམ་གསུམ་ལས་བྱུང་བའི་ཤེས་རབ་སྟེ། ཉེ་བར་ལེན་པའི་ཕུང་པོ་འདི་མི་གཙང་བ་དང་། སྡུག་བསྔལ་བ་དང་། མི་རྟག་པ་དང་། བདག་མེད་པར་རྟོགས་པའོ། །གཉིས་པ་འཇིག་རྟེན་ལས་འདས་པ་ཆེན་པོའི་ཤེས་རབ་ནི། ཐེག་པ་ཆེན་པོའི་ཐོས་བསམ་སྒོམ་གསུམ་ལས་བྱུང་བའི་ཤེས་རབ་སྟེ། ཆོས་ཐམས་ཅད་རང་བཞིན་གྱིས་སྐྱེ་བ་མེད་པ། གཞི་མེད་རྩ་བྲལ་དུ་ཤེས་པར་བྱའོ། །དེ་ལྟར་ཡང་། ཤེས་རབ་ཀྱི་ཕ་རོལ་ཏུ་ཕྱིན་པ་བདུན་བརྒྱ་པ་ལས་ཆོས་ཐམས་ཅད་སྐྱེ་བ་མེད་པར་ཤེས་པ་གང་ལགས་པ་དེ་ཤེས་རབ་ཀྱི་ཕ་རོལ་ཏུ་ཕྱིན་པ་ལགས་སོ། །ཞེས་གསུངས། འཕགས་པ་སྡུད་པ་ལས་ཀྱང་། ཆོས་རྣམས་རང་བཞིན་མེད་པར་ཡོངས་སུ་ཤེས་གྱུར་ན། དེ་ནི་ཤེས་རབ་ཕ་རོལ་ཕྱིན་མཆོག་སྤྱོད་པ་ཡིན། ཞེས་གསུངས། བྱང་ཆུབ་ལམ་སྒྲོན་ལས་ཀྱང་། ཕུང་པོ་ཁམས་དང་སྐྱེ་མཆེད་རྣམས། །སྐྱེ་བ་མེད་པར་རྟོགས་གྱུར་པའི། །རང་བཞིན་སྟོང་ཉིད་ཤེས་པ་ནི། །ཤེས་རབ་ཅེས་ནི་ཡོངས་སུ་བཤད། །ཅེས་གསུངས།

ཤེས་རབ་ལ་གསུམ་ཡོད་པ་ལས། ཤེས་རབ་ཤེས་པར་བྱ་བ་ནི། འཇིག་རྟེན་ལས་འདས་པ་ཆེན་པོའི་ཤེས་རབ་དེ་ཤེས་པར་བྱ་དགོས་པ་ཡིན་ནོ། །དེ་འཆད་པ་ལ་དོན་རྣམ་པ་དྲུག་གིས་སྟོན་ཏེ། དངོས་པོར་འཛིན་པ་དགག་པ་དང་། དངོས་མེད་དུ་འཛིན་པ་དགག་པ་དང་། མེད་པར་འཛིན་པའི་སྐྱོན་དང་། འཛིན་པ་གཉིས་ཆར་གྱི་སྐྱོན་དང་། གྲོལ་བར་འགྱུར་བའི་ལམ་དང་། གྲོལ་བའི་རང་བཞིན་མྱ་ངན་ལས་འདས་པའོ། །དེ་ལ་དང་པོ་དངོས་པོར་འཛིན་པ་དགག་པ་ནི། ཇོ་བོས་ལམ་སྒྲོན་དུ། ཡོད་པ་སྐྱེ་བའི་རིགས་མིན་ཏེ། །མེད་པའང་ནམ་མཁའི་མེ་ཏོག་བཞིན། །ཞེས་པ་ལ་སོགས་པ་གཏན་ཚིགས་ཆེན་པོ་རྣམས་ཀྱིས་དཔྱད་ནས་གསུངས་ཏེ། ལམ་རིམ་དུ་གསུངས་པ་ལྟར་ན། དངོས་པོའམ། དངོས་པོར་འཛིན་པ་ཐམས་ཅད་བདག་གཉིས་སུ་འདུས་ལ། བདག་གཉིས་པོ་དེ་རང་བཞིན་གྱིས་སྟོང་ཉིད་ཡིན་པར་གསུངས་སོ། །འོ་ན་བདག་རྣམ་པ་གཉིས་སམ། སེམས་ཞེས་བྱ་བ་དེ་གང་ཡིན་ཞེ་ན། གང་ཟག་གི་བདག་ཅེས་བྱ་བ་དང་། ཆོས་ཀྱི་བདག་ཅེས་བྱའོ། །

དེ་ལ་གང་ཟག་གི་བདག་གམ། སེམས་ཞེས་བྱ་བ་དེ་གང་ཡིན་ན། འདི་ལ་འདོད་ལུགས་མང་སྟེ། དོན་ལ་གང་ཟག་བྱ་བ་ནི་རིག་པ་དང་བཅས་ཉེ་བར་ལེན་པའི་ཕུང་པོའི་རྒྱུའམ་མི་བྱེད་དགུ་བྱེད་རིག་རིག་ཐྲུ་ཐྲུ་པོ་འདི་ཡིན་ནོ། །དེ་ལྟར་ཡང་མདོ་སིལ་བུ་ལས། རྒྱུན་ལ་གང་ཟག་ཅེས་བྱ་སྟེ། །ཁྲ་ཐྲུ་འཁྲོ་བ་འདི་རང་ཡིན། །ཞེས་གསུངས། གང་ཟག་གམ་སེམས་དེ་ལ་རྟག་པ་དང་གཅིག་པར་གཟུང་ནས་ང་དང་བདག་ཏུ་ཞེན་ཅིང་ཆགས་པ་དེ་ལ་གང་ཟག་གི་བདག་གམ་སེམས་ཞེས་བྱའོ། །བདག་དེས་ནི་ཉོན་མོངས་པ་བསྐྱེད་དོ། །ཉོན་མོངས་ཀྱིས་

ལས་བསྐྱེད་དོ། །ལས་ཀྱིས་སྡུག་བསྔལ་བསྐྱེད་དོ། །དེས་ན་སྡུག་བསྔལ་དང་ཉེས་པ་ཐམས་ཅད་ཀྱི་རྩ་བ་ནི་བདག་གམ་སེམས་དེ་ཡིན་ནོ། །དེ་ལྟར་ཡང་རྣམ་འགྲེལ་ལས། བདག་ཡོད་ན་ནི་གཞན་དུ་ཤེས། །བདག་གཞན་ཆ་ལས་འཛིན་དང་སྡང་། །འདི་དག་དང་ནི་འབྲེལ་པ་ལས། །ཉེས་པ་ཉིད་ཐམས་ཅད་འབྱུང་བ་འགྱུར། །ཞེས་གསུངས།

ཆོས་ཀྱི་བདག་དེ་གང་ཡིན་ན། དེ་ལ་ཆོས་ཞེས་པ་ནི། ཕྱི་གཟུང་བའི་ཡུལ་དང་ནང་འཛིན་པའི་སེམས་སོ། །དེ་ཅིའི་ཕྱིར། དེ་ལ་ཆོས་ཞེས་བྱ་ཞེ་ན། དེ་དག་རང་གི་མཚན་ཉིད་འཛིན་པའི་ཕྱིར་རོ། །དེ་ལྟར་ཡང་མདོ་སིལ་བུ་ལས། མཚན་ཉིད་འཛིན་པ་ཆོས་ཞེས་བྱ། །ཞེས་གསུངས། གང་དེ་ལྟར་བཟུང་འཛིན་གཉིས་པོ་དེ་དངོས་པོར་གཟུང་ནས་ཞེན་པ་ནི་ཆོས་ཀྱི་བདག་ཅེས་བྱའོ། །

བདག་དེ་གཉིས་རང་བཞིན་གྱིས་སྟོང་ཉིད་ཡིན་པར་འཆད་པ་ལ། དང་པོ་གང་ཟག་གི་བདག་དགག་སྟེ། སློབ་དཔོན་ཀླུ་སྒྲུབ་ཀྱིས་མཛད་པའི་རིན་ཆེན་ཕྲེང་བ་ལས། བདག་ཡོད་བདག་གིར་ཡོད་ཅེས་པ། །འདི་ནི་དམ་པའི་དོན་དུ་ལོག །ཅེས་གསུངས་ཏེ། བདག་དེ་དོན་དམ་པར་མ་གྲུབ་པའི་དོན་ཏོ། །གལ་ཏེ་བདག་གམ་སེམས་དེ་དོན་དམ་པར་གྲུབ་ནས་ཡོད་ན། བདེན་པ་མཐོང་བའི་དུས་ན་ཡང་ཡོད་དགོས་པ་ལས། བདེན་པ་མཐོང་བའམ། སེམས་ཀྱི་ངོ་བོ་མཐོང་བའི་དུས་ན་ང་བདག་མེད་པས་ན། མ་གྲུབ་པ་ཡིན་نོ། །དེ་ལྟར་ཡང་རིན་ཆེན་ཕྲེང་བ་ལས། གང་ཕྱིར་ཡང་དག་ཇི་ལྟ་བ། །ཡོངས་སུ་ཤེས་པ་གཉིས་མི་འབྱུང་། །ཞེས་གསུངས་ཏེ། དེ་ལ་ཡང་དག་པ་ཇི་ལྟ་བར་ཤེས་པ་ནི་བདེན་པ་མཐོང་བས་སེམས་མཐོང་བའོ། །གཉིས་མི་འབྱུང་བ་ནི་བདག་དང་བདག

གིར་འཛིན་པ་མི་འབྱུང་བས་སོ། །

ཡང་། གལ་ཏེ་བདག་གམ་སེམས་དེ་ཡོད་པར་གྱུར་ན། རང་ལས་སྐྱེའམ། གཞན་ལས་སྐྱེའམ། གཉིས་ཀ་ལས་སྐྱེའམ། དུས་གསུམ་ལས་སྐྱེ་ཞེས་བརྟག་པར་བྱའོ། །དེ་ཡང་རང་ལ་མི་སྐྱེ་སྟེ། རང་གྲུབ་ཟིན་ནམ་མ་ཟིན། གྲུབ་མ་ཟིན་ན་ཅིས་རྒྱུ་བྱེད། རྒྱུར་མི་རུང་བའམ། གྲུབ་མ་ཟིན་ན་རྒྱུར་མི་རུང་ལ། རང་གྲུབ་ཟིན་པ་དེ་རྒྱུ་ཡིན་ན་འབྲས་བུ་གང་ན་ཡོད། དེ་མེད་པས་འབྲས་བུར་མི་རུང་བའོ། །གྲུབ་ཟིན་ན་འབྲས་བུ་མི་རུང་ཞིང་། བྱ་བ་དང་བྱེད་པ་གཉིས་ཐ་དད་དགོས་པས། རང་ལ་རང་བྱེད་པ་འགལ་བས་སོ། །གཞན་ལས་ཀྱང་མི་སྐྱེ་སྟེ། དེ་ནི་རྫས་མ་ཡིན་པའི་ཕྱིར། རྒྱུ་ཇི་ལྟར་མ་ཡིན་ན། འདི་ལྟར་རྒྱུ་ནི་འབྲས་བུ་ལ་ལྟོས་པ་ཡིན་པས་ཇི་སྲིད་འབྲས་བུ་མ་བྱུང་བ་དེ་སྲིད་དུ་ནི་རྒྱུ་མ་ཡིན་ནོ། །གང་གི་ཚེ་རྒྱུ་མ་ཡིན་པ་དེའི་ཚེ་ནི་འབྲས་བུ་ཡང་མི་སྐྱེ་བས་ཐ་མ་ཁོ་ན་བཞིན། གཉིས་ཀ་ལས་ཀྱང་མི་སྐྱེ་སྟེ། ཕྱོགས་གཉིས་ཀ་སྔར་བཤད་པ་ལྟར་སྐྱོན་ཅན་ཡིན་པའི་ཕྱིར་རོ། །དུས་གསུམ་ལས་ཀྱང་མི་སྐྱེ་སྟེ། འདས་པས་མ་སྐྱེས་པ་ནི་དེ་ཉིད་ས་བོན་རུལ་པ་བཞིན་ནོ། །མ་འོངས་པས་མི་བསྐྱེད་པ་ནི་མོ་གཤམ་གྱི་བུ་བཞིན་ནོ། །ད་ལྟར་བས་མི་བསྐྱེད་པ་ནི་ཕན་གདགས་བྱ་འདོགས་བྱེད་མི་འཐད་པས་སོ། །དེ་ལྟར་ན་རིན་ཆེན་ཕྲེང་བ་ལས། དེ་ནི་རང་གཞན་གཉིས་ཀ་དང་། །དུས་གསུམ་ཉིད་དུ་མ་ཐོབ་ཕྱིར། །ངར་འཛིན་པ་ནི་ཟད་པར་འགྱུར། །ཞེས་གསུངས་ཏེ། མ་ཐོབ་པ་ཞེས་པ་ནི་མི་སྐྱེ་བའི་དོན་ཏོ། །ཡང་ན་ཇི་ལྟར་གོ་བར་བྱ་སྟེ། བདག་གམ་སེམས་ཞེས་བྱ་བ་དེ་རང་གི་ལུས་ལ་ཡོད་དམ། སེམས་ལ་ཡོད་དམ་མིང་ལ་ཡོད་ཅེས་བརྟག་ཅིང་འཚོལ་བར་བྱའོ། །དེ་ལ་ལུས་ནི་འབྱུང་བ་བཞིའི་རང་

བཞིན་ཡིན་ཏེ། ལུས་ཀྱི་སྲ་བ་ནི་ས་ཡིན་ནོ། །གཤེར་བ་ནི་ཆུ་ཡིན། དྲོད་ནི་མེ་ཡིན། དབུགས་དང་གཡོ་མགུལ་ནི་རླུང་ཡིན་ནོ། །དེ་ལྟར་འབྱུང་བ་བཞི་ལ་བདག་གམ། སེམས་མེད་དེ། དཔེར་ན་ཕྱི་རོལ་གྱི་ས་ཆུ་ལ་སོགས་པའི་འབྱུང་བ་བཞི་ལ་བདག་གམ་སེམས་མེད་པ་བཞིན་ནོ། །སེམས་ལ་བདག་ཡོད་དོ་ཞེ་ན། སེམས་ནི་ཅིར་ཡང་མ་གྲུབ་པ་སྟེ། རང་གཞན་གཉིས་ཀས་མ་མཐོང་བའི་ཕྱིར་རོ། །དེས་ན་སེམས་རང་མ་གྲུབ་པས་བདག་གྲུབ་པ་མེད་དོ། །མིང་ལ་བདག་གི་སེམས་ཡོད་དོ་ཞེ་ན། མིང་བློ་བུར་དུ་བཏགས་པ་ཡིན་ཏེ། རྫས་སུ་ཡང་མ་གྲུབ་ལ། བདག་དང་ཡང་འབྲེལ་མེད་དོ། །དེ་ལྟར་ན་རྒྱུ་མཚན་གསུམ་གྱི་སྒོ་ནས་གང་ཟག་གི་བདག་གམ། སེམས་མ་གྲུབ་པར་བསྟན་ནོ། །

ད་ནི་ཆོས་ཀྱི་བདག་དགག་པ་ལ་གཉིས་ཏེ་ཕྱི་གཟུང་བའི་ཡུལ་མ་གྲུབ་པར་བསྟན་པ་དང་། ནང་འཛིན་པའི་སེམས་མ་གྲུབ་པར་བསྟན་པའོ། །དེ་ལ་དང་པོ་བཤད་ན། ཁ་ཅིག་ཕྱི་གཟུང་བའི་ཡུལ་དངོས་པོར་གྲུབ་པར་འདོད་དེ། དེ་ཡང་ཅི་ལྟག་ཏུ་སྨྲ་བ་ན་རེ། རྡུལ་ཕྲ་རབ་ཀྱི་ངོ་བོ་ཟླུམ་གོང་ཆ་ཤས་མེད་པ་ཞིག་རྫས་སུ་ཡོད། དེ་དག་ཚོགས་པ་ནི་གཟུགས་ལ་སོགས་པའི་ཡུལ་འདི་ཡིན་ཏེ། དེ་ཡང་རྡུལ་དེ་རྣམས་སིལ་བུ་སོ་སོ་བ་བསྐོར་བ་བར་དང་བཅས་པར་ཡོད། ད་ལྟ་ཕྱོགས་གཅིག་ཏུ་སྣང་བ་ནི། དཔེར་ན་གཡག་རྫ་དང་ནེའུ་སིང་གི་ཚུལ་ལྟར་ཡིན། མི་གྲིས་པ་ནི་སེམས་ཅན་གྱི་ལས་ཀྱིས་བསྡུས་པ་ཡིན་ཞེས་ཟེར་རོ། །མདོ་སྡེ་པ་ནི། རྡུལ་དེ་དག་ཀྱང་བསྐོར་བ་བར་མེད་པ་འབྱར་ལ་མ་རེག་པར་ཡོད་ཅེས་ཟེར་རོ། །དེ་ལྟར་འདོད་ཀྱང་དེ་མ་གྲུབ་སྟེ། རྡུལ་དེ་གཅིག་ཏུ་ཡོད་དམ། དུ་མར་ཡོད། གཅིག་ཡིན་ན་རྡུལ་དེ་ལ་ཕྱོགས་ཆའི་དབྱེ་བ་ཡོད་དམ་མེད། ཕྱོགས་

ཚའི་དབྱེ་བ་ཡོད་ན་ཤར་ནུབ་དང་ལྷོ་བྱང་དང་སྟེང་འོག་གི་ཆ་སྟེ། ཆ་དྲུག་ཏུ་སོང་བས་གཅིག་ཏུ་འདོད་པ་ཉམས་སོ། །ཕྱོགས་ཚའི་དབྱེ་བ་མེད་ན་དངོས་པོ་ཐམས་ཅད་ཀྱང་རྡུལ་གཅིག་གི་ངོ་བོར་འགྱུར་དགོས་ཏེ། དེ་ལྟར་ཡང་མ་ཡིན་ཏེ། མངོན་སུམ་གྱིས་བསལ་བ་ཡོད་དོ། །དེ་ལྟར་ཡང་ཉི་ཤུ་པ་ལས། དྲུག་གིས་ཅིག་ཅར་སྦྱར་བས་ན། །ཕྲ་རབ་རྡུལ་ཆ་དྲུག་ཏུ་འགྱུར། །དྲུག་པོ་དག་ནི་གོ་གཅིག་ན། །གོང་བུ་རྡུལ་ཕྲན་ཙམ་དུ་འགྱུར། །ཞེས་གསུངས། དུ་མ་ཡིན་ཞེ་ན། གཅིག་གྲུབ་ན་གཅིག་བསགས་པའི་དུ་མ་འགྲུབ་ཏུ་རུང་བ་ལས། གཅིག་མ་གྲུབ་པ་དེས་བསགས་པའི་དུ་མ་ཡང་མ་གྲུབ་བོ། །དེས་ན་རྡུལ་ཕྲ་རབ་རྫས་སུ་མ་གྲུབ་པས་དེའི་རང་བཞིན་གྱིས་ཕྱིའི་ཡུལ་འདི་ཡང་མ་གྲུབ་བོ། །འོ་ན་ད་ལྟ་མངོན་སུམ་དུ་སྣང་ཞིང་འདུག་པ་འདི་ཅི་ཡིན་སྙམ་ན། འདི་ནི་རང་ཉིད་འཁྲུལ་ནས་ཕྱི་རོལ་གྱི་ཡུལ་དུ་སྣང་བ་འདི་རང་གི་སེམས་ལ་དེ་ལྟར་དུ་ཤར་ནས་སྣང་བ་ཡིན་ནོ། །དེ་ལྟར་ཡིན་པར་ཅིས་ཤེས་ན། ལུང་དང་རིག་པ་དང་དཔེ་གསུམ་གྱིས་ཤེས་པར་བྱའོ། །དེ་ལ་ལུང་ནི། སངས་རྒྱས་ཕལ་པོ་ཆེ་ལས། ཀྱེ་རྒྱལ་བའི་སྲས་དག་ཁམས་གསུམ་པོ་འདི་ནི་སེམས་ཙམ་མོ། །ཞེས་གསུངས། ལང་ཀར་གཤེགས་པའི་མདོ་ལས་ཀྱང་། བག་ཆགས་ཀྱིས་ནི་དཀྲུགས་པའི་སེམས། །དོན་དུ་སྣང་བ་རབ་ཏུ་བྱུང་། །དོན་ཡོད་མ་ཡིན་སེམས་ཉིད་དེ། །ཕྱི་རོལ་དོན་མཐོང་ལོག་པ་ཡིན། །ཞེས་གསུངས། རིག་པ་ནི། ཕྱི་སྣང་བ་འདི་ཆོས་ཅན། སེམས་ཀྱི་འཁྲུལ་སྣང་ཡིན་པར་དམ་བཅའ། མིའི་རའམ་བསྒོམ་པའི་ལྟོན་ཤིང་ལྟ་བུ། མེད་པ་སྣང་ཞིང་འདུག་པའི་ཕྱིར། ཞེས་གཏན་ཚིགས་སོ། །དེ་བཞིན་དུ་ཡོད་པ་མི་སྣང་བའི་ཕྱིར་དང་། སྣང་བ་འགྱུར་ཞིང་འགྲོ་བའི་ཕྱིར་དང་། རྐྱེན་གྱི་སྟོབས་ཀྱིས་འགྱུར་བ་དང་། བསྒོམ

པའི་སྟོབས་ཀྱིས་འགྱུར་བ་དང་། རིགས་དྲུག་གི། སྣང་བ་ཐ་དད་པའི་ཕྱིར་སྣང་བ་འདི་སེམས་ཀྱི་འཁྲུལ་སྣང་ཁོ་ན་ཡིན་ནོ། །དཔེ་ནི། རྨི་ལམ་དང་སྒྱུ་མ་ལ་སོགས་པ་བཞིན་ནོ། །དེ་དག་གིས་ཕྱི་གཟུང་བའི་ཡུལ་མ་གྲུབ་པར་བསྟན་ཏོ། །

གཉིས་པ་བཤད་ན། རང་རྒྱལ་དང་སེམས་ཙམ་པ་ཁ་ཅིག་ནང་འཛིན་པའི་སེམས་རང་རིག་རང་གསལ་དུ་དངོས་སུ་གྲུབ་པར་འདོད་དོ། །དེ་ལྟར་འདོད་ཀྱང་དེ་མ་གྲུབ་པའི་རྒྱུ་མཚན་གསུམ་སྟེ། སེམས་དེ་སྐད་ཅིག་མར་བརྟགས་པས་མ་གྲུབ་པ་དང་། སེམས་དེ་སུས་ཀྱང་མཐོང་བ་མེད་པས་དངོས་སུ་མ་གྲུབ་པ་དང་། ཡུལ་མེད་པས་སེམས་མ་གྲུབ་པའོ། །དེ་ལ་དང་པོ་ནི། ཁྱོད་འདོད་པའི་སེམས་རང་རིག་རང་གསལ་དེ་སྐད་ཅིག་ཏུ་ཡོད་དམ། དུ་མར་ཡོད། སྐད་ཅིག་ཏུ་ཡོད་དོ་ཞེ་ན། དེ་ལ་དུས་གསུམ་གྱི་ཆ་ཤས་ཡོད་དམ། དེ་ལ་དུས་གསུམ་གྱི་ཆ་ཤས་མེད། དང་པོ་ལྟར་ན། སྐད་ཅིག་མ་མ་གྲུབ་སྟེ་དུ་མར་ཐལ་ལོ། །དེ་ལྟར་ཡང་རིན་ཆེན་ཕྲེང་བ་ལས། ཅི་ལྟར་སྐད་ཅིག་མཐའ་ཡོད་པ། །དེ་བཞིན་ཐོག་མཐའ་དབུས་བརྟགས་དགོས། །དེ་ལྟར་སྐད་ཅིག་གསུམ་བརྟགས་ཕྱིར། །འཇིག་རྟེན་སྐད་ཅིག་ལ་མི་གནས། །ཞེས་གསུངས་སོ། །དེ་ལ་དུས་གསུམ་གྱི་ཆ་ཤས་མེད་ན་སྐད་ཅིག་མ་དེ་དངོས་མེད་དུ་ཐལ་ལོ། །དེས་ན་སྐད་ཅིག་མ་མ་གྲུབ་པའི་སེམས་ཀྱང་མ་གྲུབ་བོ། །དུ་མར་ཡོད་དོ་ཞེ་ན། སྐད་ཅིག་གྲུབ་ན་སྐད་ཅིག་བསགས་པའི་དུ་མ་གྲུབ་ཏུ་རུང་བ་ལ། སྐད་ཅིག་མ་མ་གྲུབ་པས་དེ་བསགས་པའི་དུ་མ་ཡང་མ་གྲུབ་བོ། །དུ་མ་མ་གྲུབ་པས་སེམས་ཀྱང་མ་གྲུབ་བོ། །

དོན་གཉིས་པ་བཤད་ན། སེམས་ཞེས་བྱ་བ་འདི་ལུས་ཀྱི་ཕྱི་ནང་བར་གསུམ་སྟོད་སྨད་གང་དུ་གནས་པ་འཚོལ། གཟུགས་སམ་ཁ་དོག་ཅི་ལྟ་བུ་ཞིག་འདུག

པ་ལེགས་པར་བརྟགས་ལ། ངེས་ཤེས་སྐྱེས་སྐྱེས་སུ་འཚོལ་བ་དང་། དམིགས་རིམ་སྦྱོ་བ་ལ་སོགས་ཞལ་ལས་ཤེས་པ་ལྟར་འཚོལ། དེ་ལྟར་ཇི་ཙམ་བཙལ་ཡང་མ་མཐོང་མ་རྙེད་ན། མཐོང་རྒྱུའམ། ཁ་དོགས། དངོས་པོའི་མཚན་མ་ཙུང་ཟད་གཅིག་ཀྱང་མེད། ཡོད་པ་དེ་མ་མཐོང་མ་རྙེད་པ་མ་ཡིན། བཙལ་བ་པོ་རང་འཚོལ་རྒྱུའམ། འཚོལ་མཁན་བློ་ཡི་ཡུལ་ལས་འདས་པ་སྨྲ་བསམ་ཤེས་བརྗོད་ཀྱི་ཡུལ་ལས་འདས་པ་ཡིན་པས། གང་དུ་བཙལ་ཡང་མི་མཐོང་སྟེ། ཇི་སྐད་དུ། འོད་སྲུངས་ཀྱིས་ཞུས་པའི་མདོ་ལས། འོད་སྲུངས་སེམས་ནི་ནང་ན་ཡང་མེད། ཕྱི་རོལ་ན་ཡང་མེད་གཉིས་ཀ་མེད་པ་ཡང་མི་དམིགས་སོ། །འོད་སྲུངས། སེམས་ནི་དཔྱད་དུ་མེད་པ། བསྟན་དུ་མེད་པ། སྣང་བ་མེད་པ། རྣམ་པར་རིག་པ་མེད་པ། གནས་པ་མེད་པའོ། །འོད་སྲུངས། སེམས་ནི་འདས་པའི་སངས་རྒྱས་རྣམས་ཀྱིས་ཀྱང་མ་གཟིགས། མི་གཟིགས། གཟིགས་པར་མི་འགྱུར་རོ། །ཞེས་གསུངས་སོ། །དམ་པའི་ཆོས་ཡོངས་སུ་འཛིན་པའི་མདོ་ལས་ཀྱང་། དེ་ཕྱིར་སེམས་ནི་གསོག་དང་གསོབ། །ཡོད་པ་མིན་པར་རབ་ཤེས་ནས། །དེ་ལ་སྙིང་པོར་མི་བཟུང་སྟེ། །དེ་དག་ངོ་བོ་ཉིད་ཀྱིས་སྟོང་། །ངོ་བོ་ཉིད་ཀྱིས་སྟོང་པའི་ཆོས། །དེ་དག་ལ་ནི་གྲུབ་པ་མེད། །ཆོས་རྣམས་ཐམས་ཅད་བཏགས་པ་སྟེ། །རང་བཞིན་དེ་ལྟར་རབ་ཏུ་བསྟན། །མཐའ་གཉིས་ཟློག་གྱིས་མནན་ནས་སུ། །མཁས་རྣམས་དབུ་མ་སྤྱོད་པར་བྱེད། ངོ་བོ་ཉིད་ཀྱིས་ཆོས་སྟོང་པ། །དེ་ནི་བྱང་ཆུབ་ལམ་ཡིན་ཏེ། །ངས་ཀྱང་དེ་ནི་བསྟན་པ་ཡིན། །ཞེས་གསུངས། ཆོས་ཉིད་མི་གཡོ་བའི་མདོ་ལས་ཀྱང་། ཆོས་ཐམས་ཅད་རང་བཞིན་གྱིས་མ་སྐྱེས་པ། ངོ་བོ་ཉིད་ཀྱིས་མི་གནས་པ། ལས་དང་བྱ་བའི་མཐའ་ཐམས་ཅད་དང་བྲལ་བ། རྟོག་པ་

དང་མི་རྟོག་པའི་ཡུལ་ལས་འདས་པའོ། །ཞེས་གསུངས། དེས་ན་སེམས་དེ་སུས་ཀྱང་མ་མཐོང་བས་ན། རང་རིག་རང་གསལ་དུ་བརྗོད་པ་དོན་མེད་དོ། སྤྱོད་འཇུག་ལས། གང་ཚེ་འགགས་ཀྱང་མཐོང་མེད་ན། །གསལ་བ་འམ་ནི་མི་གསལ་ན། །མོ་གཤམ་བུ་ཡི་འགྱིང་བག་བཞིན། །དེ་ནི་བརྗོད་ཀྱང་དོན་མེད་དོ། །ཞེས་གསུངས། ཏི་ལོ་པས་ཀྱང་། ཀྱཻ་ཧོ་འདི་ནི་རང་རིག་ཡེ་ཤེས་ཏེ། །ངག་གི་ལམ་འདས་ཡིད་ཀྱི་སྤྱོད་ཡུལ་མིན། །ཞེས་གསུངས།

དོན་གསུམ་པ་བཤད་ན། ཡང་གོང་དུ་བཤད་པ་ལྟར་གཟུགས་ལ་སོགས་པ་ཕྱིའི་ཡུལ་མ་གྲུབ་པ་ན། དེར་འཛིན་པའི་ནང་གི་སེམས་ཀྱང་མ་གྲུབ་སྟེ། ཆོས་ཀྱི་དབྱིངས་ཀྱི་རང་བཞིན་དབྱེར་མེད་པར་བསྟན་པའི་ལེའུ་ལས་ཀྱང་། སེམས་འདི་སྔོན་པོའམ། སེར་པོའམ། དམར་པོའམ། དཀར་པོའམ། ལྗོད་ཁའམ། ཤེལ་གྱི་ཁ་དོག་ལྟ་བུའམ། ཡང་དག་པའམ། ཡང་དག་པ་མ་ཡིན་པ་ལྟ་བུའམ། རྟག་ཅེས་བྱ་བའམ། མི་རྟག་ཅེས་བྱ་བའམ། གཟུགས་ཅན་ནམ། གཟུགས་ཅན་མ་ཡིན་པ་ཞིག་ཅེས་སོ་སོར་རྟོགས་ཤིག །སེམས་ནི་གཟུགས་ཅན་མ་ཡིན་པ། བསྟན་དུ་མེད་པ། སྣང་བ་མེད་པ། ཐོགས་པ་མེད་པ། རྣམ་པར་རིག་བྱེད་མ་ཡིན་པས་ནང་ན་མི་གནས། ཕྱི་རོལ་ན་མི་གནས་པ། གཉིས་ཀའི་བར་ན་མི་གནས་པའི་ཕྱིར། ཡང་དག་པར་ཡོངས་སུ་གྲུབ་པ་མ་ཡིན་ཞིང་། དེ་ལ་རྣམ་པར་གྲོལ་བ་མེད་དེ། ཆོས་ཀྱི་དབྱིངས་ཀྱི་རང་བཞིན་ནོ། །ཞེས་གསུངས། སྤྱོད་པ་ལ་འཇུག་པ་ལས་ཀྱང་། ཤེས་བྱ་མེད་ན་ཅི་རིག་ན། །གང་གིས་ཤེས་པ་ཞེས་བརྗོད་བྱེད། །ཅེས་པ་དང་། དེས་ན་ཤེས་བྱ་ཉེར་གནས་པ། །མེད་པར་ཤེས་པ་མེད་ཅེས་ངེས། །ཞེས་གསུངས། དེ་དག་གིས་ནང་འཛིན་པའི་སེམས་མ་གྲུབ་པར་བསྟན་ཏོ། །

དེ་ལྟར་དངོས་པོར་འཛིན་པ་བཀག་ནས། དོན་གཉིས་པ་དངོས་མེད་དུ་འཛིན་པ་དགག་པ་ལ། གལ་ཏེ་བདག་གཉིས་པོ་དེ་དངོས་པོ་ཅི་ཡང་མ་གྲུབ་པས་དངོས་མེད་ཞིག་ཡིན་ནམ་ཞེ་ན། དེ་ནི་དངོས་མེད་དུ་ཡང་མ་གྲུབ་སྟེ། ཅི་ལྟར་ཞེ་ན། བདག་གཉིས་པོའམ། སེམས་དེ་སྔར་དངོས་པོར་ཡོད་པ་ལ། ཕྱི་མེད་པ་ཡིན་ན་དངོས་མེད་ཅེས་བྱར་རུང་སྟེ། བདག་གཉིས་སམ། སེམས་ཞེས་བྱ་བའི་ཆོས་ཡེ་ནས་རང་བཞིན་གྱིས་མ་གྲུབ་པས་ན། དངོས་པོར་ཡོད་པ་དང་མེད་པའི་མཐའ་ལས་འདས་སོ། །ས་ར་ཧ་པས། དངོས་པོར་འཛིན་པ་ཕྱུགས་དང་འདྲ་བས་ཏེ། །དངོས་མེད་འཛིན་པ་དེ་བས་ཀྱང་ནི་གླེན། །ཞེས་གསུངས། ལང་ཀར་གཤེགས་པ་ལས་ཀྱང་། ཕྱི་རོལ་དངོས་པོར་ཡོད་མེད་མིན། །སེམས་ཀྱང་ཡོངས་སུ་གཟུང་བ་མེད། །ལྟ་བ་ཐམས་ཅད་རབ་སྤངས་པ། །དེ་ནི་སྐྱེ་མེད་མཚན་ཉིད་དོ། །ཞེས་གསུངས། རིན་ཆེན་ཕྲེང་བ་ལས་ཀྱང་། གང་ཚེ་དངོས་པོ་མི་རྙེད་པ། །དེ་ཚེ་དངོས་མེད་ག་ལ་འགྱུར། །ཞེས་གསུངས།

དོན་གསུམ་པ་མེད་པར་འཛིན་པའི་སྐྱོན་འཆད་པ་ལ། འོ་ན་དངོས་པོར་འཛིན་པ་ནི་འཁོར་བའི་རྩ་བར་འདུག་ན་དངོས་མེད་དུ་བལྟས་ན་འཁོར་བ་ལས་གྲོལ་བར་འགྱུར་བ་མིན་ནམ་ཞེ་ན། སྔ་མ་བས་ཕྱི་མ་སྐྱོན་ཆེ་སྟེ། ས་ར་ཧ་པས། དངོས་པོར་འཛིན་པ་ཕྱུགས་དང་འདྲ་བས་ཏེ། །དངོས་མེད་འཛིན་པ་དེ་བས་ཀྱང་ནི་གླེན། །ཞེས་གསུངས། ཇི་སྐད་དུ། དཀོན་མཆོག་བརྩེགས་པ་ལས། འོད་སྲུངས། གང་ཟག་ཏུ་ལྟ་བ་རི་རབ་ཙམ་དུ་གནས་པ་ནི་སླའི། མངོན་པའི་ང་རྒྱལ་ཅན་སྟོང་པ་ཉིད་དུ་ལྟ་བ་ནི་དེ་ལྟ་མ་ཡིན་ནོ། །ཞེས་གསུངས། ཡང་ཇི་སྐད་དུ། སྟོང་པ་ཉིད་ལ་ལྟ་ཉེས་ན། །ཤེས་རབ་ཆུང་རྣམས་ཕུང་བར་འགྱུར། །ཞེས་གསུངས།

རྩ་བ་ཤེས་རབ་ལས་ཀྱང་། གང་དག་སྟོང་པ་ཉིད་ལྟ་བ། །དེ་དག་གསོར་མི་རུང་བར་གསུངས། །ཞེས་གསུངས། གསོར་ཅི་ལྟར་མི་རུང་ཞེ་ན། དཔེར་ན་ནད་པ་ལ་འབྲུ་སྨན་བཏང་བས་ནད་དང་འབྲུ་སྨན་གཉིས་ཅིག་ཅར་འཁྲུས་ན་ནད་སོས་པ་ཡིན་ལ། ནད་འཁྲུས་ནས་འབྲུ་སྨན་མ་ཞུ་ན་ནད་པ་གསོར་མི་རུང་སྟེ་འཆི་བར་འགྱུར་རོ། །དེ་བཞིན་དུ་དངོས་པོར་ལྟ་བ་དེ་སྟོང་ཉིད་བསྒོམས་པས་བྱུད་ཀྱང་། སྟོང་ཉིད་ལ་ཞེན་ཅིང་བལྟ་ན། སྟོང་པའི་བདག་པོ་སྟོང་པར་འགྲོ་སྟེ། ངན་འགྲོར་ཕྱོགས་པར་འགྱུར་བའོ། །རིན་ཆེན་ཕྲེང་བ་ལས་ཀྱང་། ཡོད་པ་པོ་ནི་བདེ་འགྲོར་འགྲོ། །མེད་པ་པོ་ནི་ངན་འགྲོར་འགྲོ། །ཞེས་གསུངས། དེས་ན་སྟ་མ་བས་ཕྱི་མ་སྐྱོན་ཆེའོ། །

དོན་གཉིས་པ་འཛིན་པ་གཉིས་ཆར་གྱི་སྐྱོན་འཆད་པ་ལ། དོན་ལ་ཡོད་པར་འཛིན་པ་དང་མེད་པར་འཛིན་པ་གཉིས་ཆར་སྐྱོན་ཅན་ཡིན་ཏེ། རྟག་ཆད་གཉིས་ཀྱི་མཐར་ལྟུང་བའི་ཕྱིར་རོ། །རྩ་བའི་ཤེས་རབ་ལས་ཀྱང་། ཡོད་ཅེས་བྱ་བ་རྟག་པར་ལྟ། །མེད་ཅེས་བྱ་བ་ཆད་པར་ལྟ། །ཞེས་གསུངས། རྟག་ཆད་ཀྱི་མཐར་ལྟུང་བ་ནི་རྨོངས་པའོ། །རྨོངས་པས་ནི་འཁོར་བ་ལས་གྲོལ་བར་མི་འགྱུར་བའོ། །དེ་ལྟར་ཡང་རིན་ཆེན་ཕྲེང་བ་ལས། དེ་ལྟར་མིག་སྒྱུ་ལྟ་བུ་ཡི། །འཇིག་རྟེན་ཡོད་པའི་མེད་པ་ཞེས། །འཛིན་པ་དེ་ནི་རྨོངས་པ་སྟེ། །རྨོངས་པ་ཡོད་ན་མི་གྲོལ་ལོ། །ཞེས་གསུངས།

དོན་ལྔ་པ་གྲོལ་བར་འགྱུར་བའི་ལམ་འཆད་པ་ལ། འོ་ན་གང་གིས་གྲོལ་ཞེ་ན། མཐའ་གཉིས་ལ་མི་གནས་པ་དབུ་མའི་ལམ་གྱིས་གྲོལ་བར་འགྱུར་རོ། །དེ་ལྟར་ཡང་རིན་ཆེན་ཕྲེང་བ་ལས། ཡང་དག་ཇི་བཞིན་ཡོངས་ཤེས་ཆོས་ཐམས་ཅད་ཡི

ནས་སྐྱེ་མེད་དུ་པ། །གཉིས་རྟག་ཆད་ལ་མི་བརྟེན་འཁོར་བ་ལས་ཐར་བར་འགྱུར། །ཞེས་པ་དང་། དེས་ན་གཉིས་ལ་མི་བརྟེན་པས་རྟག་ཆད་གཉིས་ཀྱི་མཐའ་ལས་གྲོལ། །ཞེས་གསུངས། རྩ་བའི་ཤེས་རབ་ལས་ཀྱང་། དེ་ཕྱིར་ཡོད་དང་མེད་པ་ལ། །མཁས་པས་གནས་པར་མི་བྱའོ། །ཞེས་གསུངས། འོ་ན་མཐའ་གཉིས་སྤངས་པའི་དབུ་མ་ཉིད་ཅི་ལྟ་བུ་ཡིན་སྙམ་ན། འཕགས་པ་དཀོན་མཆོག་བརྩེགས་པ་ལས། འོད་སྲུངས། བྱང་ཆུབ་སེམས་དཔའ་ཚུལ་བཞིན་དུ་ཆོས་ལ་སྦྱོར་བ་གང་ཞེ་ན། འདི་ལྟ་སྟེ། དབུ་མའི་ལམ་ཆོས་རྣམས་ལ་སོ་སོར་ཡང་དག་པར་བརྟག་གོ། །འོད་སྲུངས། དབུ་མའམ། ཆོས་རྣམས་ལ་སོ་སོར་རྟོག་པ་གང་ཞེ་ན། དེ་བཞིན་དུ་སྦྱར་ཏེ། འོད་སྲུངས། རྟག་ཅེས་བྱ་བ་ནི་མཐའ་གཅིག་གོ། །མི་རྟག་ཅེས་བྱ་བ་ནི་མཐའ་གཉིས་སོ། །མཐའ་དེ་གཉིས་ཀྱི་དབུས་གང་ཡིན་པ་དེ་ནི་དཔྱད་དུ་མེད་པ། བསྟན་དུ་མེད་པ། སྣང་བ་མེད་པ། རྣམ་པར་རིག་པ་མེད་པ་སྟེ། འོད་སྲུངས། འདི་ནི་དབུ་མའི་ལམ་ཆོས་རྣམས་ལ་ཡང་དག་པར་སོ་སོར་རྟོག་པ་ཞེས་བྱའོ། །འོད་སྲུངས། བདག་ཅེས་བྱ་བ་ནི་མཐའ་གཅིག་གོ། །བདག་མེད་ཅེས་བྱ་བ་ནི་མཐའ་གཉིས་སོ། །དེ་བཞིན་དུ་སྦྱར་ཏེ། འོད་སྲུངས། འཁོར་བ་ཞེས་བྱ་བ་ནི་མཐའ་གཅིག་གོ། །མྱ་ངན་ལས་འདས་པ་ཞེས་བྱ་བ་འདི་ནི་མཐའ་གཉིས་སོ། །མཐའ་དེ་གཉིས་ཀྱི་དབུ་མ་གང་ཡིན་པ་དེ་ནི་དཔྱད་དུ་མེད་པ། བསྟན་དུ་མེད་པ། སྣང་བ་མེད་པ། རྣམ་པར་རིག་པ་མེད་པ་སྟེ། འོད་སྲུངས། འདི་ནི་དབུ་མའི་ལམ་ཆོས་རྣམས་ལ་ཡང་དག་པར་སོ་སོར་རྟོགས་པ་ཞེས་བྱའོ། །ཞེས་གསུངས། ཞི་བ་ལྷས་ཀྱང་། ནང་ཡང་སེམས་མིན་ཕྱི་མིན་ཞིང་། །གཞན་དུ་ཡང་ནི་རྙེད་མ་ཡིན། །འདྲེས་མིན་ལོགས་སུ་བཀར་མེད་དེ། །འདི་ནི་ཅུང་ཟད་མིན་དེའི་ཕྱིར། །སེམས་ཅན་རང་

བཞིན་མྱ་ངན་འདས། །ཞེས་སོ། །དེས་ན་མཐའ་གཉིས་ལ་མི་རྟོག་ཅིང་། དགེ་བའི་ལམ་བྱས་ཀྱང་དགེ་བ་ཉིད་ལའང་བརྟག་རྒྱུ་མེད་དོ། །དོན་ལ་དེར་འཛིན་གྱི་ཤེས་པ་དང་བྲལ་བ་བློ་ལས་འདས་པར་གནས་པའོ། །ཇོ་བོས་ཀྱང་། དེའང་འདི་ལྟར་འདས་པའི་སེམས་ནི་འགགས་ཤིང་ཞིག །མ་འོངས་པའི་སེམས་ནི་མ་སྐྱེས་ཤིང་མི་འབྱུང་། ད་ལྟར་གྱི་སེམས་ནི་ཤིན་ཏུ་བརྟག་དཀའ་སྟེ། ཁ་དོག་མེད་པ། དབྱིབས་དང་བྲལ་བ་ནི་ནམ་མཁའ་དང་འདྲ་བར་གྲུབ་བོ། །ཞེས་གསུངས། མངོན་པར་རྟོགས་པའི་རྒྱན་ལས་ཀྱང་། ཚུ་རོལ་ཕ་རོལ་མཐའ་ལ་མིན། །དེ་དག་བར་ན་མི་གནས་པ། །དུས་རྣམས་མཉམ་པ་ཉིད་ཤེས་ཕྱིར། །ཤེས་རབ་ཕ་རོལ་ཕྱིན་པར་འདོད། །ཅེས་གསུངས།

དོན་དྲུག་པ་གྲོལ་བའི་རང་བཞིན་མྱ་ངན་ལས་འདས་པ་འཆད་པ་ལ། འཁོར་བའི་ཆོས་ཐམས་ཅད་དངོས་མེད་གང་དུའང་མ་གྲུབ་པ་ཡིན་ན། མྱ་ངན་ལས་འདས་པ་ཞེས་བྱ་བ་དེ་དངོས་པོ་ཞིག་ཡིན་ནམ། དངོས་མེད་ཅིག་ཡིན་ཞེ་ན། དམིགས་པ་ཅན་ལ་ལ་དག་མྱང་འདས་དངོས་པོར་ཡོད་པ་སྙམ་དུ་སེམས་སོ། །དེ་མ་ཡིན་ཏེ། རིན་ཆེན་ཕྲེང་བ་ལས། མྱ་ངན་འདས་པ་དངོས་མེད་པའང་། །མིན་ན་དངོས་པོ་ག་ལ་ཡིན། །ཞེས་གསུངས། གལ་ཏེ་དངོས་པོ་ཡིན་ན་མྱ་ངན་ལས་འདས་པ་འདུས་བྱས་སུ་འགྱུར་རོ། །འདུས་བྱས་ཡིན་ན་མཐར་འཇིག་པར་འགྱུར་རོ། །དེས་ན་རྩ་བ་ཤེས་རབ་ལས། གལ་ཏེ་མྱ་ངན་འདས་དངོས་ན། །མྱ་ངན་འདས་པ་འདུས་བྱས་འགྱུར། །ཞེས་པ་ལ་སོགས་པ་གསུངས། དངོས་པོ་མེད་པའང་མ་ཡིན་ཏེ། དེ་ཉིད་ལས། དེ་ལ་དངོས་མེད་ཡོད་མ་ཡིན། །ཞེས་གསུངས། འོ་ན་ཅི་ཙམ་ལ་བྱ་ཞེ་ན། དངོས་པོར་འཛིན་པ་དང་དངོས་མེད་དུ་འཛིན་པའི་

བློ་ཐམས་ཅད་ཟད་པ། བློ་འདས་བརྗོད་བྲལ་དེ་ཉིད་ལ་མྱ་ངན་ལས་འདས་པ་ཞེས་བྱའོ། །དེ་ལྟར་ཡང་རིན་ཆེན་ཕྲེང་བ་ལས། དངོས་པོ་དངོས་པོར་མེད་འཛིན་པ། །ཟད་པ་མྱ་ངན་འདས་ཞེས་བྱ། །ཞེས་གསུངས། བྱང་ཆུབ་སེམས་དཔའི་སྤྱོད་པ་ལ་འཇུག་པ་ལས། གང་ཚེ་དངོས་དང་དངོས་མེད་དག །བློ་ཡི་མདུན་ན་མི་གནས་པ། །དེ་ཚེ་རྣམ་པ་གཞན་མེད་པས། །དམིགས་པ་མེད་པར་རབ་ཏུ་ཞི། །ཞེས་གསུངས་སོ། །འཕགས་པ་ཚངས་པས་ཞུས་པའི་མདོ་ལས་ཀྱང་། ཡོངས་སུ་མྱ་ངན་ལས་འདས་པ་ཞེས་བགྱི་བ་ནི། གང་མཚན་མ་ཐམས་ཅད་རབ་ཏུ་ཞི་བ། གཡོ་བ་ཐམས་ཅད་དང་བྲལ་བའོ། །ཞེས་གསུངས། དམ་ཆོས་པདྨ་དཀར་པོ་ལས་ཀྱང་། འོད་སྲུངས། ཆོས་ཐམས་ཅད་མཉམ་པ་ཉིད་ཁོང་དུ་ཆུད་པ་ནི་མྱ་ངན་ལས་འདས་པའོ། །ཞེས་གསུངས། དེ་ལྟར་མྱ་ངན་ལས་འདས་པ་དེ་ནི་བློའི་འཇུག་པ་ཞི་བ་ཙམ་ལས་མ་གཏོགས་པའི་སྐྱེ་འགག་གམ། སྤྱང་ཐོབ་ལ་སོགས་པའི་ཆོས་གང་དུ་ཡང་གྲུབ་པ་མེད་དོ། །དེ་ལྟར་ཡང་རྩ་བའི་ཤེས་རབ་ལས། སྤངས་པ་མེད་པ་ཐོབ་མེད་པ། །ཆད་པ་མེད་པ་རྟག་མེད་པ། །འགག་པ་མེད་པ་སྐྱེ་མེད་པ། །དེ་ནི་མྱ་ངན་འདས་པའོ། །ཞེས་གསུངས། ཞེས་པ་ལྟར། དེ་ལྟར་སྐྱེ་འགག་གམ། སྤྱངས་ཐོབ་ལ་སོགས་པ་གང་ཡང་མེད་པས་ན། མྱ་ངན་ལས་འདས་པ་དེ་ལ་གང་གིས་བྱས་པའམ། བཅོས་པའམ། བསྒྱུར་བ་མེད་དོ། །དེ་ལྟར་ཡང་ནམ་མཁའ་རིན་པོ་ཆེའི་མདོ་ལས། འདི་ལ་བསལ་བྱ་ཅི་ཡང་མེད། །བཞག་པར་བྱ་བ་ཅུང་ཟད་མེད། །ཡང་དག་ཉིད་ལ་ཡང་དག་ལྟ། །ཡང་དག་མཐོང་ན་རྣམ་པར་གྲོལ། །ཞེས་སམ། དེ་ལྟར་ཤེས་རབ་བམ། རང་སེམས་ཤེས་པར་བྱ་བའི་ཚིག་དེ་དག་ཀྱང་། རྟོག་པ་བཅད་པའི་དོན་ནས་ཡིན་ལ། ཤེས་རབ་སེམས་ཀྱི་དོན་

ནི་ཤེས་པར་བྱ་བའམ། བརྗོད་པར་བྱ་བ་ལས་འདས་པ་ཡིན་ནོ། །དེ་ལྟར་རབ་རྩལ་གྱི་རྣམ་པར་གནོན་པས་ཞུས་པའི་མདོ་ལས་ཀྱང་། ཤེས་རབ་ཀྱི་ཕ་རོལ་ཏུ་ཕྱིན་པ་ནི། ཆོས་གང་གིས་ཀྱང་བརྗོད་པར་བྱ་བ་མ་ཡིན་ཏེ། ཆོས་ཐམས་ཅད་ལས་འདས་པའོ། །ཞེས་གསུངས། སྒྲ་གཅན་འཛིན་གྱི་ཡུམ་ལ་བསྟོད་པ་ལས་ཀྱང་། སྨྲ་བསམ་བརྗོད་མེད་ཤེས་རབ་ཕ་རོལ་ཕྱིན། །མ་སྐྱེས་མི་འགག་ནམ་མཁའི་ངོ་བོ་ཉིད། །སོ་སོར་རང་རིག་ཡེ་ཤེས་སྤྱོད་ཡུལ་བ། །དུས་གསུམ་རྒྱལ་བའི་ཡུམ་ལ་ཕྱག་འཚལ་ལོ། །ཞེས་གསུངས། ཤེས་རབ་ཞེས་པ་སྤྱིའི་བཤད་པ་ངོ་སྤྲོད་པ་ཡིན་ནོ། །

ད་ནི་སེམས་ཤེས་རབ་ཀྱི་དོན་དེ་གོམས་པར་བྱེད་པ་ལ་ངོ་སྤྲོད་པ་ནི། འོ་ན་ཆོས་ཐམས་ཅད་སྟོང་པ་ཉིད་ཡིན་ན། ཤེས་པ་དེ་ལ་གོམས་པར་བྱ་བ་ཅང་དགོས་སམ་ཞེ་ན་དགོས་ཏེ། དཔེར་ན་དངུལ་རྡོ་དེ་དངུལ་གྱི་རང་བཞིན་ཡིན་ཡང་། བཞུ་བརྡུལ་མ་བྱས་ཀྱི་བར་དུ་དངུལ་མི་སྣང་ལ། དངུལ་འདོད་ན་དངུལ་རྡོ་དེ་བཞུ་བརྡུལ་བྱ་དགོས་སོ། །དེ་བཞིན་དུ་ཆོས་ཐམས་ཅད་ཡེ་ནས་རང་བཞིན་སྟོང་པ་ཉིད་སྤྲོས་པ་ཐམས་ཅད་དང་བྲལ་བ་ཡིན་ཡང་། སེམས་ཅན་རྣམས་ལ་དངོས་པོ་སྣ་ཚོགས་སུ་སྣང་ཞིང་སྡུག་བསྔལ་སྣ་ཚོགས་སུ་མྱོང་བས། ཤེས་པ་དང་གོམས་པར་བྱ་དགོས་སོ། །དེས་ན་གོང་གི་ལྟར་ཤེས་པར་བྱས་ནས། གོམས་པར་བྱེད་པ་ལ་བཞི་སྟེ། སྔོན་འགྲོ་དང་། མཉམ་བཞག་དང་། རྗེས་ཐོབ་དང་། གོམས་རྟགས་སོ། །དེ་ལ་སྔོན་འགྲོ་ནི། སེམས་རྣལ་དུ་དབབ་པའོ། །ཇི་ལྟར་དབབ་ན། ཤེས་རབ་ཀྱི་ཕ་རོལ་ཏུ་ཕྱིན་པ་བདུན་བརྒྱ་པ་ལས། རིགས་ཀྱི་བུའམ། རིགས་ཀྱི་བུ་མོས་དབེན་པའི་མལ་སྟན་བརྟེན་པར་བྱ། འདུ་འཛི་མེད་པ་ལ་དགའ་བར་

བྱ། མཚན་མ་ཐམས་ཅད་ཡིད་ལ་མི་བྱེད་པར་དཀྱིལ་ཀྱང་བཅས་ཏེ་འདུག་ནས་ཞེས་པ་ལ་སོགས་པ་དང་། ཕྱག་རྒྱ་ཆེན་པོའི་སྔོན་འགྲོ་ལྟར་བྱའོ། །དེས་ན་མཉམ་པར་བཞག་པའི་ཐབས་རྣམས་ཀྱང་ཕྱག་རྒྱ་ཆེན་པོའི་ཁྲིད་ལུགས་ལྟར་བྱས་ནས། ཡོད་མེད་སྣང་དོར་ཅི་ལ་ཡང་མི་སེམས་པར་འབད་རྩོལ་དང་བྲལ་བར་བཞག་གོ། །དེ་ལྟར་ཡང་ཏཻ་ལོ་པས། མི་མནོ་མི་བསམ་མི་དཔྱད་ཅིང་། །མི་སྒོམ་མི་སེམས་རང་བབ་བཞག །སེམས་ནི་རང་བཞིན་ཉིད་དུ་གནས། །ཞེས་སམ། སེམས་ཉིད་ངལ་བསོར་ཡང་། བུ་ཉོན་ཁྱོད་གང་རྣམ་པར་རྟོག །འདིར་བདག་མ་བཅིངས་མ་གྲོལ་ཕྱིར། །མ་ཡེངས་མ་བཅོས་རང་གར་ནི། །ཀྱེ་ཧོ་དུབ་པ་ངལ་སོས་ཤིག །ཅེས་གསུངས། ཚུ་སྒྲུབ་ཀྱིས་ཀྱང་། སྣང་ཆེན་ལམ་ནས་སེམས་ཚགས་ཚུད་པ་ལྟར། །འགྲོ་འོང་བཅད་ན་ངང་གིས་དལ་བ་སྟེ། །འདི་ལྟར་རྟོགས་སོ་ང་ལ་ཆོས་ཅི་དགོས། །ཞེས་དང་། ཡང་དེ་ཉིད་ཀྱིས། གར་ཡང་མ་རྟོག་ཅིར་ཡང་མ་སེམས་ཤིག །བཅས་བཅོས་མ་བྱེད་རང་བཞིན་ལྷུག་པར་ཞོག །མ་བཅོས་པ་ནི་སྐྱེ་མེད་རང་བཞིན་མཛོད། །དུས་གསུམ་རྒྱལ་བ་ཀུན་གྱི་གཤེགས་ཤུལ་ཡིན། །ཞེས་གསུངས། རི་ཁྲོད་དབང་ཕྱུག་གིས་ཀྱང་། གང་ལའང་སྐྱོན་དུ་མི་ལྟ་ཞིང་། །ཅི་ཡང་མ་ཡིན་ཉམས་སུ་སྣང་། །ཏྲོད་ཏྟགས་ལ་སོགས་འདོད་མི་བྱ། །བསྒོམ་དུ་མེད་པར་བསྟན་མོད་ཀྱང་། །ལེ་ལོ་བཏང་སྙོམས་དབང་མི་བཏང་། །རྒྱུན་དུ་དྲན་པས་བསྒོམ་པར་བྱ། །ཞེས་གསུངས། སྒོམ་དོན་གྲུབ་པ་ལས། བསྒོམ་པའི་ཚེ་ན་ཅི་ཡང་མི་སྒོམ་སྟེ། །ཐ་སྙད་ཙམ་དུ་དེ་ལ་སྒོམ་ཞེས་བྱ། །ཞེས་གསུངས། ས་ར་ཧ་པས་ཀྱང་། གང་ལ་ཞེན་པ་ཡོད་ན་དེ་ཡང་ཐོང་། །རྟོགས་པར་གྱུར་ན་ཐམས་ཅད་དེ་ཡིན་ཏེ། །དེ་ལས་གཞན་པ་སུས་ཀྱང་ཤེས་མི་འགྱུར། །ཞེས་

གསུངས། ཇོ་བོས་ཀྱང་། ཟབ་ཅིང་སྤྲོས་བྲལ་དེ་བཞིན་ཉིད། །འོད་གསལ་འདུས་མ་བྱས་པ་གང་། །མ་སྐྱེས་མ་འགགས་བཟོད་ནས་དག །རང་བཞིན་མྱ་ངན་འདས་པ་ཡི། །ཆོས་དབྱིངས་མཐའ་དང་དབུས་མེད་པ། །བློ་མིག་ཞིབ་མོ་རྟོག་བྲལ་བས། །བྱིང་རྒོད་རབ་རིབ་མེད་པར་བལྟ། །ཞེས་པ་དང་། ཆོས་དབྱིངས་སྤྲོས་དང་བྲལ་བ་ལ། །ཤེས་པ་སྤྲོས་དང་བྲལ་བར་བཞག །ཅེས་གསུངས། དེ་ལྟར་བཞག་པ་ནི་ཤེས་རབ་ཀྱི་ཕ་རོལ་ཏུ་ཕྱིན་པ་ལ་གོམས་པར་བྱ་བའི་ཐབས་ཕྱིན་ཅི་མ་ལོག་པ་ཡིན་ནོ། །དེ་ལྟར་ཡང་། ཤེས་རབ་ཀྱི་ཕ་རོལ་ཏུ་ཕྱིན་པ་བདུན་བརྒྱ་པ་ལས། ཆོས་གང་ལ་ཡང་བླང་བའམ། གཟུང་བའམ། དོར་བ་མ་མཆིས་པ་དེ་ཤེས་རབ་ཀྱི་ཕ་རོལ་ཏུ་ཕྱིན་པ་བསྒོམ་པ་ལགས་སོ། །གང་ཅི་ལ་ཡང་མི་གནས་པ་དེ་ཉིད་ཤེས་རབ་ཀྱི་ཕ་རོལ་ཏུ་ཕྱིན་པ་བསྒོམ་པ་ལགས་སོ། །གང་ལ་ཡང་མི་སེམས་རྣམ་པར་མི་དམིགས་པ་དེ་ནི་ཤེས་རབ་ཀྱི་ཕ་རོལ་ཏུ་ཕྱིན་པ་བསྒོམ་པ་ལགས་སོ། །ཞེས་གསུངས། འཕགས་པ་བརྒྱད་སྟོང་པ་ལས་ཀྱང་། ཤེས་རབ་ཀྱི་ཕ་རོལ་ཏུ་ཕྱིན་པ་བསྒོམ་པ་འདི་ནི་ཆོས་གང་ལ་ཡང་མི་སྒོམ་པ་ལགས་སོ། །ཞེས་གསུངས། ཡང་མདོ་སྡེ་དེ་ཉིད་ལས། ཤེས་རབ་ཀྱི་ཕ་རོལ་ཏུ་ཕྱིན་པ་བསྒོམ་པ་འདི་ནི་ནམ་མཁའ་བསྒོམ་པ་ལགས་སོ། །ཞེས་གསུངས། འོ་ན་ནམ་མཁའ་ཇི་ལྟར་བསྒོམ་ན། ནམ་མཁའ་རྟོག་པ་མེད་པ་ཉིད་ཤེས་རབ་ཀྱི་ཕ་རོལ་ཏུ་ཕྱིན་པ་རྟོག་པ་མེད་པ་ཉིད་དོ། །ཞེས་གསུངས། འཕགས་པ་སྡུད་པ་ལས། སྐྱེ་བ་མེད་དང་སྐྱེ་བ་གཉིས་ཀར་མི་རྟོག་པ། །འདི་ནི་ཤེས་རབ་ཕ་རོལ་ཕྱིན་མཆོག་སྤྱོད་པ་ཡིན། །ཞེས་གསུངས། སློབ་དཔོན་ངག་གི་དབང་ཕྱུག་གི་ཞལ་ནས་ཀྱང་། བསམ་བྱ་བསམ་པར་མི་བྱ་ཞིང་། །བསམ་མིན་པ་ཡང་མི་བསམ་

སོ། །བསམ་དང་བསམ་མིན་མ་བསམས་ན། །དེས་ན་སྟོང་ཉིད་མཐོང་བར་འགྱུར། །ཞེས་སམ། སྟོང་པ་ཉིད་ཅི་ལྟ་བུར་མཐོང་ཞེ་ན། ཇི་སྐད་དུ། ཆོས་ཡང་དག་པར་བསྡུད་པའི་མདོ་ལས། སྟོང་པ་ཉིད་མཐོང་བ་ནི་མཐོང་བ་མ་མཆིས་པའོ། །ཞེས་པ་དང་། བཅོམ་ལྡན་འདས་ཆོས་ཐམས་ཅད་མ་མཐོང་བ་ནི་ཡང་དག་པར་མཐོང་བའོ། །ཞེས་པ་དང་། འགའ་ཡང་མཐོང་བ་མེད་པ་ནི་དེ་ཁོ་ན་ཉིད་མཐོང་བའོ། །ཞེས་གསུངས། དབུ་མ་རྟེན་འབྲུང་ལས་ཀྱང་། མ་མཐོང་བ་ཉིད་དེ་མཐོང་བར། །ཤིན་ཏུ་ཟབ་པའི་མདོ་ལས་གསུངས། །ཞེས་གསུངས། འཕགས་པ་སྡུད་པ་ལས་ཀྱང་། ནམ་མཁའ་མཐོང་ཞེས་སེམས་ཅན་ཚིག་ཏུ་རབ་བརྗོད་པ། །ནམ་མཁའ་ཅི་ལྟར་མཐོང་བའི་དོན་འདི་བརྟག་པར་གྱིས། །དེ་ལྟར་ཆོས་མཐོང་བ་ཡང་དེ་བཞིན་གཤེགས་པས་བསྟན། །ཞེས་གསུངས།

རྗེས་ཐོབ་ལ་ཆོས་ཐམས་ཅད་སྒྱུ་མ་ལྟ་བུར་བལྟ་ཞིང་། སྦྱིན་པ་ལ་སོགས་པའི་བསོད་ནམས་ཀྱི་ཚོགས་ཅི་ནུས་བསག་གོ། །དེ་ལྟར་ཡང་འཕགས་པ་སྡུད་པ་ལས། གང་ཞིག་ཕུང་པོ་ལྔ་དག་སྒྱུ་མ་འདྲར་ཤེས་ཤིང་། །སྒྱུ་མ་གཞན་དང་ཕུང་པོ་གཞན་དུ་མི་བྱེད་པ། །སྣ་ཚོགས་འདུ་ཤེས་བྲལ་ཞིང་ཉེ་བར་ཞི་སྤྱོད་པ། །དེ་ནི་ཤེས་རབ་ཕ་རོལ་ཕྱིན་མཆོག་སྤྱོད་པ་ཡིན། །ཞེས་གསུངས། ཏིང་ངེ་འཛིན་རྒྱལ་པོའི་མདོ་ལས། སྒྱུ་མ་བྱེད་པ་དག་གིས་གཟུགས་སྤྲུལ་ཏེ། །རྟ་དང་གླང་པོ་ཤིང་རྟ་སྣ་ཚོགས་བྱས། །དེ་ལ་ཅི་བཞིན་སྣང་བ་གང་ཡང་མེད། །ཆོས་རྣམས་ཐམས་ཅད་དེ་འདྲར་ཤེས་པར་གྱིས། །ཞེས་གསུངས། སྤྱོད་པའི་དེ་ཁོ་ན་ཉིད། ལས་ཀྱང་། མི་རྟོག་དྲན་པའི་བློ་ཡོད་ཀྱང་། །བསོད་ནམས་ཚོགས་ནི་རྒྱུན་མི་བཅད། །ཅེས་གསུངས། དེ་ལྟར་གོམས་པ་དང་མཉམ་རྗེས་གཉིས་ཀྱང་ཐ་

དད་དུ་འགྱུར་ཞིང་རློམ་སེམས་དང་བྲལ་བར་འགྱུར་རོ། །དེ་ལྟར་ཡང་། བདག་ཉིད་མཉམ་པར་བཞག་ཅེའམ་ལངས་ཞེས་རློམ་སེམས་མེད། ཅི་ཕྱིར་ཞེ་ན་ཆོས་ཀྱི་རང་བཞིན་ཡོངས་ཤེས་ཕྱིར། ཞེས་གསུངས། དེ་ལྟར་དོན་དམ་སྟོང་ཉིད་ཤེས་རབ་ཀྱི་ཕ་རོལ་ཏུ་ཕྱིན་པ་དེའི་ངང་ལ་དར་ཅིག་ཙམ་གནས་ན་བསྐལ་པའི་བར་དུ་ཉན་པའམ། ཀློག་པའམ། དགེ་བའི་རྩ་བ་སྦྱིན་པ་ལ་སོགས་པ་བྱས་པ་བས་བསོད་ནམས་དཔག་ཏུ་མེད་པར་ཆེ་བ་ཡིན་ནོ། །དེ་ལྟར་ཡང་། དེ་ཁོ་ན་ཉིད་བསྟན་པའི་མདོ་ལས་ཀྱང་། ཤ་རིའི་བུ། གང་གིས་བསྐལ་པ་གཅིག་གི་བར་དུ་ཉན་པ་བས། གང་གིས་སེ་གོལ་ཏོག་ཙམ་ཞིག་ཏུ་དེ་ཁོ་ན་ཉིད་ཀྱི་ཏིང་ངེ་འཛིན་བསྒོམ་ན་བསོད་ནམས་འཕེལ་ལོ། །ཤཱ་རིའི་བུ། དེ་ལྟ་བས་ན་དེ་ཁོ་ན་ཉིད་ཀྱི་ཏིང་ངེ་འཛིན་འདི་གཞན་ལ་ནན་ཏན་གྱིས་གདམས་པར་བྱའོ། །ཤཱ་རིའི་བུ། གང་སངས་རྒྱས་སུ་ལུང་བསྟན་པའི་བྱང་ཆུབ་སེམས་དཔའ་ཐམས་ཅད་ཀྱང་ཏིང་ངེ་འཛིན་འདི་ལ་གནས་པ་ཤ་སྟག་གོ། །ཞེས་གསུངས། རྟོགས་པ་ཆེན་པོ་རྒྱས་པའི་མདོ་ལས་ཀྱང་། ཐངས་ཅིག་བསམ་གཏན་ཐུན་ཞུགས་ན། །ཁམས་གསུམ་པ་ཡི་མི་རྣམས་ལ། །སྦྱོག་བྱིན་པས་ནི་འདི་དོན་ཆེ། །ཞེས་གསུངས། གཙུག་ཏོར་ཆེན་པོའི་མདོ་ལས་ཀྱང་། བསྐལ་པ་མང་པོའི་བར་ཐོས་པ་དང་བསམ་པ་བས་ནི། ཉིན་གཅིག་ཆོས་ཉིད་ཀྱི་དོན་བསྒོམས་ན་བསོད་ནམས་ཆེའོ། །དེ་ཅིའི་ཕྱིར་ཞེ་ན། དེས་སྐྱེ་ཤིའི་ལམ་དང་རིང་དུ་འབྲལ་བར་བྱེད་པའི་ཕྱིར་རོ། །ཞེས་གསུངས། དད་པ་ལ་འཇུག་པའི་མདོ་ལས་ཀྱང་། ཁམས་གསུམ་གྱི་སེམས་ཐམས་ཅད་ཀྱིས་ཅི་སྲིད་འཚོའི་བར་དུ་འཚོ་བའི་ཡོ་བྱད་ཀྱི་ཚོགས་བསགས་པ་བས། རྣལ་འབྱོར་པས་སྟོང་པ་ཉིད་ཐུན་གཅིག་བསྒོམ་པ་བསོད་ནམས་ཆེའོ། །ཞེས་གསུངས། སྟོང་

པ་ཉིད་ཀྱི་དོན་ལ་མི་གནས་ན། གཞན་དགེ་བ་དེ་དག་གིས་བདག་གྲོལ་བ་མི་ཐོབ་པར་བསྟན་ཏེ། ཆོས་འབྱུང་བ་མེད་པར་བསྟན་པའི་མདོ་ལས། ཡུན་རིང་དུས་སུ་ཚུལ་ཁྲིམས་བསྲུང་བྱེད་ཅིང་། །བསྐལ་པ་བྱེ་བར་བསམ་གཏན་བརྟེན་བྱས་ཀྱང་། །ཡང་དག་དོན་གྱི་མཐའ་འདི་མ་རྟོགས་ན། །བསྟན་པ་འདི་ལ་དེ་དག་གྲོལ་མི་འགྱུར། །ཅི་ཡང་མེད་པའི་ཆོས་འདི་སུས་ཤེས་པ། །ནམ་ཡང་དེ་ནི་ཆོས་ཀུན་ཆགས་མི་འགྱུར། །ཞེས་གསུངས། ས་ཡི་སྙིང་པོ་འཁོར་ལོ་བཅུ་པའི་མདོ་ལས་ཀྱང་། ཏིང་འཛིན་བསྒོམས་པས་ཐེ་ཚོམ་གཅོད་འགྱུར་གྱིས། །དེ་མ་གཏོགས་པ་གཞན་གྱིས་ནུས་མ་ཡིན། །དེ་བས་ཏིང་ངེ་འཛིན་བསྒོམ་པ་མཆོག་ཡིན་གྱི། །མཁས་པ་དག་གིས་དེ་ལ་ནན་ཏན་བྱ། །ཞེས་པ་དང་། ཡང་དེ་ཉིད་ལས། ཆོས་བྲི་བ་དང་། ཀློག་པ་དང་། ཉན་པ་དང་། འཆད་པ་དང་། ཁ་ཏོན་རྣམས་བསྐལ་པར་བྱས་པ་བས། ཉི་མ་གཅིག་བསྒོམ་པ་དོན་ཆེའོ། །ཞེས་གསུངས། དེ་ལྟ་བུའི་སྟོང་པ་ཉིད་ཀྱི་དོན་དང་ལྡན་ན་ཆོས་འདི་ལ་མ་འདུས་པ་གཅིག་ཀྱང་མེད་དོ། །སྐྱབས་སུ་འགྲོ་བ་ཡང་ཡིན་ཏེ། མ་དྲོས་པས་ཞུས་པའི་མདོ་ལས། བྱང་ཆུབ་སེམས་དཔའ་ཆོས་ཐམས་ཅད་བདག་མེད་པ། སེམས་ཅན་མེད་པ། སྲོག་མེད་པ། གང་ཟག་མེད་པར་ཤེས། གཟུགས་སུ་མ་ཡིན། མཚན་དུ་མ་ཡིན། ཆོས་སུ་མ་ཡིན་པར་དེ་བཞིན་གཤེགས་པ་ཡང་དག་པར་རྗེས་སུ་མཐོང་བ་དེ་ལྟ་བུ་ནི། ཟང་ཟིང་མེད་པའི་སེམས་ཀྱིས་སངས་རྒྱས་ལ་སྐྱབས་སུ་སོང་བ་ཡིན་ནོ། །དེ་བཞིན་གཤེགས་པའི་ཆོས་ཉིད་གང་ཡིན་པ་དེ་ནི་ཆོས་ཀྱི་དབྱིངས་སོ། །ཆོས་ཀྱི་དབྱིངས་གང་ཡིན་པ་དེ་ནི་ཆོས་ཐམས་ཅད་ཀྱི་རྗེས་སུ་སོང་བ་ཞེས་བྱ་སྟེ། དེ་ལྟར་ཆོས་ཐམས་ཅད་ཀྱི་ཆོས་ཀྱི་དབྱིངས་སུ་སོང་བ་མཐོང་སྟེ། དེ་ལྟར་མཐོང་

བ་དེ་ལྟ་བུ་ནི་ཟང་ཟིང་མེད་པའི་སེམས་ཀྱིས་ཆོས་ལ་སྐྱབས་སུ་སོང་བ་ཡིན་ནོ། །གང་ཆོས་ཀྱི་དབྱིངས་འདུས་མ་བྱས་པར་བསྒོམ་པ་དང་ཉན་ཐོས་ཀྱི་ཐེག་པ་འདུས་མ་བྱས་པར་བསྟན་པ་དང་། འདུས་བྱས་དང་འདུས་མ་བྱས་པར་གཉིས་སུ་མེད་པར་འདི་ལྟ་བུ་ནི་ཟང་ཟིང་མེད་པའི་སེམས་ཀྱིས་དགེ་འདུན་ལ་སྐྱབས་སུ་སོང་བ་ཡིན་ནོ། །ཞེས་གསུངས། བྱང་ཆུབ་ཏུ་སེམས་བསྐྱེད་པའང་དེ་ཉིད་ཡིན་ཏེ། སེམས་བསྐྱེད་ཆེན་མོའི་ལས། འོད་སྲུངས། ཆོས་ཐམས་ཅད་ནམ་མཁའ་ལྟར་མཚན་ཉིད་མེད་ཅིང་ཡེ་ནས་འོད་གསལ་བ་རྣམ་པར་དག་པ་དེ་ལ་ནི་བྱང་ཆུབ་ཏུ་སེམས་བསྐྱེད་པ་ཞེས་བྱའོ། །ཞེས་གསུངས། བསྐྱེད་རིམ་གྱི་ལྷ་སྒོམ་པ་དང་སྔགས་ཀྱི་བཟླས་བརྗོད་ཀྱང་འདི་ཡོད་ན་ཚང་བར་གསུངས། དེ་ཡང་གང་ནས་གསུངས་ན། ཀྱེ་རྡོ་རྗེ་ལས། སྒོམ་མེད་སྒོམ་པ་པོ་ཡང་མེད། །ལྷ་མེད་སྔགས་ཀྱང་ཡོད་མ་ཡིན། །སྤྲོས་པ་མེད་པའི་རང་བཞིན་ལ། །ལྷ་དང་སྔགས་རྣམས་ཡང་དག་གནས། །རྣམ་སྣང་མི་བསྐྱོད་དོན་གྲུབ་དང་། །རིན་ཆེན་དཔག་མེད་སེམས་དཔའ་འོ། །ཞེས་གསུངས། སངས་རྒྱས་མཉམ་སྦྱོར་ལས། གཟུགས་བརྙན་ལུགས་མ་ལ་སོགས་ལ། །རྣལ་འབྱོར་འབྱུང་བར་མི་འགྱུར་གྱི། །བྱང་ཆུབ་སེམས་ལ་རབ་བརྟེན་ན། །དེ་ལས་རྣལ་འབྱོར་ལྟར་འགྱུར་རོ། །ཞེས་གསུངས། རྡོ་རྗེ་རྩེ་མོ་ལས་ཀྱང་། སྔགས་རྣམས་ཀྱི་ནི་མཚན་ཉིད་ནི། །སངས་རྒྱས་ཀུན་གྱི་ཐུགས་ཡིན་ཏེ། །ཆོས་ཀྱི་སྙིང་པོ་བསྒྲུབ་བྱེད་ཡིན། །སྔགས་ཀྱི་མཚན་ཉིད་ཡིན་པར་བརྗོད། །ཅེས་གསུངས། སྦྱིན་སྲེག་བྱེད་པ་ཡང་དེ་ཉིད་ལ་འདུས་པ་ཡིན་ཏེ། གསང་བ་བདུད་རྩི་རྒྱལ་པོའི་རྒྱུད་ལས། གང་གི་ཕྱིར་ན་སྦྱིན་སྲེག་ནི། །དངོས་གྲུབ་དམ་པ་སྟེར་བ་དང་། །རྣམ་རྟོག་འཇོམས་ཕྱིར་སྦྱིན་སྲེག་སྟེ། །ཤིང་སོགས་

བསྲིགས་པས་སྦྱིན་སྲིག་མེད། །ཞེས་གསུངས། ལམ་ཕ་རོལ་ཏུ་ཕྱིན་པ་དྲུག་ཀྱང་འདི་ཉིད་ལ་ཚང་སྟེ། རྡོ་རྗེ་ཏིང་ངེ་འཛིན་གྱི་མདོ་ལས། སྟོང་པ་ཉིད་ལས་མ་གཡོས་ན། །ཕ་རོལ་ཕྱིན་པ་དྲུག་འདུས་སོ། །ཞེས་གསུངས། ཚངས་པ་ཁྱད་པར་ཅན་གྱིས་ཞུས་པའི་མདོ་ལས་ཀྱང་། མི་སེམས་པ་ནི་སྦྱིན་པའོ། །ཐ་དད་ལ་མི་གནས་པ་ནི་ཚུལ་ཁྲིམས་སོ། །ཁྱེ་བྲག་མི་འབྱེད་པ་ནི་བཟོད་པའོ། །བླང་དོར་མེད་པ་ནི་བརྩོན་འགྲུས་སོ། །མ་ཆགས་པ་ནི་བསམ་གཏན་ནོ། །མི་རྟོག་པ་ནི་ཤེས་རབ་བོ། །ཞེས་གསུངས། ས་ཡི་སྙིང་པོའི་མདོ་ལས་ཀྱང་། མཁས་པས་སྟོང་ཉིད་ཆོས་བསྒོམས་པ། །འཇིག་རྟེན་ཀུན་ལ་རྟེན་མི་གནས། །སྲིད་པ་ཀུན་ལ་གནས་མ་ཡིན། །རྣམ་པར་དགེ་བའི་ཚུལ་ཁྲིམས་བསྲུང་། །ཞེས་གསུངས། ཡང་དེ་ཉིད་ལས། ཆོས་ཐམས་ཅད་ལ་རོ་གཅིག་མཐུན་པར་སྟོང་པ་མཚན་མ་མེད་པའི་ཞི་བ་སེམས་ནི་ཅི་ལའང་མི་གནས་མི་ཆགས། བཟོད་པ་འདི་ནི་ཕན་ཡོན་ཆེན་པོར་འགྱུར་རོ། །མཁས་པས་བརྩོན་འགྲུས་བརྩམས་པ་དག་ནི་ཆགས་པ་ཐམས་ཅད་རིང་དུ་སྤངས་ཏེ། སེམས་ནི་ཅི་ལའང་མི་གནས་མི་ཆགས། ཡང་དག་བསོད་ནམས་ཞིང་ཞེས་དེ་ལ་བྱ། སེམས་ཅན་ཀུན་ལ་ཕན་དང་བདེ་བའི་ཕྱིར། །ཏིང་འཛིན་བསྒོམ་ཞིང་ཁུར་ལྕི་ཡང་ལྟ་སྟེ། ཀུན་ནས་ཉོན་མོངས་ཐམས་ཅད་རབ་སེལ་བ་དེ་ནི་ཡང་དག་མཁས་པའི་མཚན་ཉིད་ཡིན། ཞེས་གསུངས། ཕྱག་འཚལ་བ་ཡང་འདི་ཉིད་ཡིན་ཏེ། ནམ་མཁའ་རིན་པོ་ཆེའི་མདོ་ལས། ཅི་ལྟར་ཆུ་ལ་ཆུ་བཞག་དང་། །ཇི་ལྟར་མར་ལ་མར་བཞག་ལྟར། །རང་གིས་རང་གི་ཡེ་ཤེས་འདི། །ལེགས་མཐོང་གང་ཡིན་འདིར་ཕྱག་ཡིན། །ཞེས་གསུངས། ཡང་འདི་ཉིད་ཡོད་ན་མཆོད་པ་ཡང་ཡིན་ཏེ། ཡབ་སྲས་མཇལ་བའི་མདོ་ལས། སྟོང་

ཉིད་ཆོས་ལ་རྟེན་བགྱིད་ཅིང་། །སངས་རྒྱས་སྤྱོད་ཡུལ་གང་མོས་པ། །དེ་དག་སྟོན་པ་མཆོད་པ་དེ། །མཆོད་པ་འདི་ནི་བླ་ན་མེད། །ཅེས་གསུངས། གསང་བ་བདུད་རྩིའི་རྒྱུད་ལས་ཀྱང་། མཉེས་པའི་དོན་གྱིས་མཆོད་པ་སྟེ། །སྤྱོས་སོགས་ཕུལ་བས་མཉེས་པ་མེད། །རང་སེམས་ལས་སུ་རུང་བ་དག །མཉེས་པའི་མཆོད་པ་ཆེན་པོ་འོ། །ཞེས་གསུངས། ཡང་འདི་ཉིད་དང་ལྡན་ན་སྡིག་པ་བཤགས་པའང་འདི་རང་ཡིན་ཏེ། ལས་རྣམ་པར་དག་པའི་མདོ་ལས། གང་ཞིག་བཤགས་པ་བྱེད་འདོད་ན། །དྲང་པོར་འདུག་ལ་ཡང་དག་ལྟོས། །ཡང་དག་ཉིད་ལ་ཡང་དག་བལྟ། །འདི་ནི་འགྱོད་ཚངས་མཆོག་ཡིན་ནོ། །ཞེས་གསུངས། ཡང་དོན་འདི་ཉིད་ལ་ཚུལ་ཁྲིམས་དང་དམ་ཚིག་བསྲུང་བ་ཡང་ཚང་སྟེ། ལྷའི་བུས་ཞུས་པའི་མདོ་ལས། གང་ལ་སྡོམ་པ་མ་ཡིན་པའི་རློམ་སེམས་མེད་པ་དེ་ནི་མྱ་ངན་ལས་འདས་པའི་ཚུལ་ཁྲིམས་ཡིན་ཏེ། ཚུལ་ཁྲིམས་རྣམ་པར་དག་པ་ཡིན་ནོ། །ཞེས་གསུངས། འཁོར་ལོ་བཅུ་པའི་མདོ་ལས་ཀྱང་། ཁྲིམ་ན་གནས་ཤིང་སྐྲ་དང་ཁ་སྤུ་ཡང་མ་བྲེགས། ཆོས་གོས་ཀྱང་མ་གོན། ཚུལ་ཁྲིམས་ཀྱང་མ་མནོས་མོད་ཀྱང་། འཕགས་པའི་ཆོས་ཉིད་དང་ལྡན་པ་དེ་ཉིད། དོན་དམ་པའི་དགེ་སློང་ཞེས་བྱའོ། །ཞེས་གསུངས། ཡང་དོན་དེ་ཉིད་ལ་ཐོས་པ་དང་། བསམ་པ་དང་། བསྒོམ་པ་གཉིས་ཡང་ཚང་སྟེ། རབ་ཏུ་མི་གནས་པའི་རྒྱུད་ལས། མ་བཅོས་རྣལ་མའི་ཟས་ཅིག་ཟོས་གྱུར་ན། །གྲུབ་མཐའ་མ་ལུས་ཀུན་ཀྱང་ཚིམ་པར་འགྱུར། །ཁྲིས་པ་མ་རྟོགས་ཐ་སྙད་ཚིག་ལ་བརྟེན། །ཐམས་ཅད་རང་གི་སེམས་ཀྱི་མཚན་ཉིད་ཡིན། །ཞེས་གསུངས། ས་ར་ཧས་ཀྱང་། གློག་པ་དེ་ཡིན་འཛིན་དང་བསྒོམ་པའང་དེ་ཡིན་ཏེ། །བསྟན་བཅོས་སློང་ལ་འཆང་བའང་དེ་ཡིན་ནོ། །དེ་ལ་མཆོན་པའི་

ལྟ་བ་ཡོད་མིན་ཏེ། །ཞེས་གསུངས། ཡང་དོན་དེ་ཉིད་གཏེར་མ་ཆོས་སྤྱོད་ཀྱང་ཡིན་ཏེ། གསང་བ་བདུད་རྩི་རྒྱལ་པོའི་རྒྱུད་ལས། མཆོད་དང་གཏོར་མ་ལ་སོགས་པའི། །ལས་དང་བྱ་བ་སྣ་ཚོགས་ཀུན། །སེམས་ཀྱི་དེ་ཉིད་རྟེན་གྱུར་ལས། །ཐམས་ཅད་འདི་ཡིན་བསྡུད་པར་ངེས། །ཞེས་གསུངས། འོ་ན་ངོ་བོའམ་སེམས་ཉིད་གཅིག་པུ་བསྒོམ་པ་ལ་དེ་དག་ཐམས་ཅད་འདུས་ན། ཐབས་ཀྱི་རིམ་པ་མང་དུ་གསུངས་པ་དག་འབྱུང་བ་རྣམས་ཇི་ལྟར་ཡིན་ཞེ་ན། གནས་ལུགས་ལ་རྨོངས་པའི་སྐལ་བ་དམན་པ་རྣམས་འཁྲིད་པའི་ཕྱིར་ཏེ། ཡེ་ཤེས་སྣང་བ་རྒྱན་གྱི་མདོ་ལས། རྒྱུ་རྐྱེན་འབྲེལ་པར་བཤད་པ་དང་། །རིམ་པས་འཇུག་པར་བསྟན་པ་ཡང་། །རྨོངས་པ་རྣམས་ལ་ཐབས་སུ་གསུངས། །ལྷུན་གྱིས་གྲུབ་པའི་ཆོས་འདི་ལ། །རིམ་གྱིས་སྦྱང་དུ་ཅི་ཞིག་ཡོད། །ཅེས་གསུངས། བདེ་མཆོག་སྡོམ་པ་འབྱུང་བ་ལས་ཀྱང་། འདི་ལྟར་བདག་ཉིད་མཁའ་མཚུངས་པ། །རྟག་ཏུ་གྲོལ་བའི་བདག་ཉིད་འཐོབ། །ཅེས་གསུངས། ནམ་མཁའ་རིན་པོ་ཆེའི་མདོ་ལས་ཀྱང་། ཆོས་ཀྱི་དབྱིངས་ཀྱི་རྒྱ་མཚོར་ཕྱིན་ནས། ས་དང་ལམ་ཅུང་ཟད་ཀྱང་བགྲོད་དུ་མེད་དོ། །ཞེས་གསུངས། ཛ་བོས་ཀྱང་། གཅིག་ཏུ་མཉམ་བཞག་སེམས་བརྟན་ན། །ལུས་ངག་དགེ་ལ་བརྩོན་མི་བྱ། །ཞེས་གསུངས། ཤེས་རབ་གོམས་པའི་རྟགས་ནི། དགེ་བ་ལ་བག་ཡོད་པར་འགྱུར། ཉོན་མོངས་པ་ཤས་ཆུང་བར་འགྱུར། སེམས་ཅན་ལ་སྙིང་རྗེ་སྐྱེ་བར་འགྱུར་རོ། །སྒྲུབ་པ་ལ་ནན་ཏན་བྱེད་པར་འགྱུར་གཡེང་བ་ཐམས་ཅད་སྤོང་བར་འགྱུར། ཚེ་འདི་ལ་མ་ཆགས་ཤིང་ཞེན་པ་མེད་པར་འགྱུར་རོ། །དེ་ལྟར་ཡང་རིན་ཆེན་ཕྲེང་བ་ལས། སྟོང་པ་ཉིད་ལ་གོམས་པ་ཡིས། །དགེ་བ་དག་ལ་བག་ཡོད་འཐོབ། །ཞེས་པ་ལ་སོགས་པ་གསུངས།

ཤེས་རབ་ཀྱི་འབྲས་བུ་ནི། མཐར་ཐུག་དང་གནས་སྐབས་གཉིས་སུ་ཤེས་པར་བྱའོ། །དེ་ལ་མཐར་ཐུག་ནི། བླ་ན་མེད་པའི་བྱང་ཆུབ་འཐོབ་སྟེ། དེ་ལྟར་ཡང་། ཤེར་ཕྱིན་བདུན་བརྒྱ་པ་ལས། འཇམ་དཔལ། ཤེས་རབ་ཀྱི་ཕ་རོལ་ཏུ་ཕྱིན་པ་ལ་སྤྱོད་ན། བྱང་ཆུབ་སེམས་དཔའ་ཆེན་པོ་མྱུར་དུ་བླ་ན་མེད་པ་ཡང་དག་པར་རྫོགས་པའི་བྱང་ཆུབ་མངོན་པར་རྫོགས་པར་སངས་རྒྱ་བར་འགྱུར་རོ། །ཞེས་གསུངས། གནས་སྐབས་སུ་ནི་བདེ་ལེགས་ཐམས་ཅད་འབྱུང་སྟེ། ཇི་སྐད་དུ། འཕགས་པ་སྡུད་པ་ལས། སངས་རྒྱས་སྲས་དང་ཉན་ཐོས་རང་རྒྱལ་ལྷ་རྣམས་དང་། །འགྲོ་བ་ཀུན་གྱི་བདེ་སྐྱིད་ཆོས་རྣམས་ཇི་སྙེད་པ། །དེ་ཀུན་ཤེས་རབ་ཕ་རོལ་ཕྱིན་པ་མཆོག་ལས་བྱུང་། །ཞེས་གསུངས་སོ། །

དེ་ལྟར་སེམས་ཀྱི་ངོ་བོ། རང་བཞིན། མཚན་ཉིད་ཇི་ལྟ་བུ་ཞེ་ན། ངོ་བོ་མཚན་མ་ཐམས་ཅད་དང་བྲལ་བས་ན་སྐྱེ་མེད་དམ། སྟོང་པ་ཉིད་དམ། རི་བོང་གི་རྭ་དང་། མོ་གཤམ་གྱི་བུ། ནམ་མཁའི་པདྨོ། ཙུས་སྤྲུལ་གྱི་སྤྲུ་སོགས་དང་འདྲ་སྟེ། ཡོད་མ་མྱོང་། གྲུབ་མ་མྱོང་། སེམས་ཀྱི་རང་བཞིན་ནི། མེད་བཞིན་དུ་ཐམས་ཅད་ལ་ཁྱབ་ཅིང་གསལ་བ་དང་། སྒྲར་བརྗོད་པ་ཐམས་ཅད་ཀྱི་མིང་འདོགས་མཁན་ཐམས་ཅད་ཁོས་བྱས་ཤིང་ཁོ་ལས་བྱུང་བ་ཡིན་པས། རི་བོང་གི་རྭ་སོགས་ཡང་མེད་བཞིན་དུ་རི་བོང་རྭ་ཞེས་པའི་བརྗོད་གཞི་ཐ་སྙད་བཏགས་པ་ལས་བྱུང་བ་ཡིན་ནོ། །དེ་ཡང་སེམས་ཀྱི་ངོ་བོ་ཡོད་མ་མྱོང་བ་དང་། རི་བོང་རྭ་ཡོད་མ་མྱོང་བ་གཉིས་སེམས་སྐྱེ་མེད་དམ། སྟོང་པ་ཡོད་མ་མྱོང་བའི་ངོ་ནས་གཅིག་གོ། །ཡོད་མ་མྱོང་བའི་ངོ་ནས་སྣང་བ་ཐམས་ཅད་མིང་འདོགས་དང་བཅས་པ་བྱུང་ཞིང་། རི་བོང་རྭ་ཡང་དེ་བཞིན་དུ་བརྗོད་གཞི་མིང་འདོགས་དང་བཅས་

པ་བྱུང་བའི་ངོ་ནས་བྱུང་བ་ཡིན་ནོ། །དེ་ཡང་གོ་བདེ་བའི་ཁྱད་པར་དུ་བྱས་ན། ཐབས་ཤེས་གཉིས་ཏེ། ཐབས་ཀྱི་ཆ་ནས་མེད་མ་མྱོང་ཞིང་། ཤེས་རབ་ཀྱི་ཆ་ནས་ཡོད་མ་མྱོང་བའོ། །དེ་ཡང་གསེར་འོད་དམ་པའི་མདོ་ལས་ཀྱང་། ལི་ཙ་བྱི་གཞོན་ནུས། བྲམ་ཟེ་ཀེའུ་དི་ཉུ་ལ་ཚིགས་སུ་བཅད་པ་དག་གིས་སླར་སྨྲས་པ། ནམ་ཞིག་གང་གཱའི་ཆུ་རྒྱུན་ལ། །མེ་ཏོག་རྣམས་ནི་སྐྱེ་བ་དང་། བྱ་རོག་དམར་པོར་འགྱུར་བ་དང་། །ཁྲུ་བྱུག་དུང་མདོག་འདྲ་འགྱུར་དང་། །འཛམ་བུ་ཏ་ལའི་འབྲུ་ཆགས་དང་། །བྲ་གོར་ཨ་སྨྲའི་དགོས་པ་ཆགས། །དེ་ཡི་ཚེ་ན་ཡུངས་འབྲུ་ཙམ། །རིང་བསྲེལ་དུ་ནི་གསལ་བར་འགྱུར། །ནམ་ཞིག་རུས་སྦལ་སྤུ་རྣམས་ལ། །གོས་སུ་ལེགས་པར་བཏགས་གྱུར་ཏེ། །དགུན་གྱི་གྲང་བ་སེལ་བྱེད་པ། །དེ་ཚེ་རིང་བསྲེལ་ཡོད་པར་འགྱུར། །ནམ་ཞིག་སྦྲང་བུའི་རྐང་ལག་ལས། །ཡངས་དོག་ལེགས་པར་བྱས་གྱུར་ཏེ། །བརྟན་ཞིང་རབ་ཏུ་མི་གཡོ་བ། །དེ་ཚེ་རིང་བསྲེལ་ཡོད་པར་འགྱུར། །ནམ་ཞིག་སྲིན་བུ་པདྨ་ཀུན། །སོ་ནི་དཀར་པོར་སྐྱེས་གྱུར་ཏེ། །རྣོ་ཞིང་ཆེན་པོར་གྱུར་པ་ན། །དེ་ཚེ་རིང་བསྲེལ་ཡོད་པར་འགྱུར། །མཐོ་རིས་སུ་ནི་འཛེག་པའི་ཕྱིར། །ནམ་ཞིག་རི་བོང་རྭ་རྣམས་ལས། །སྐས་ནི་ལེགས་པར་བྱས་གྱུར་པ། །དེ་ཚེ་རིང་བསྲེལ་ཡོད་པར་འགྱུར། །ནམ་ཞིག་སྐས་ལ་དེར་འཛེགས་ཏེ། །བྱིས་པས་ཟླ་བ་གཟུང་བ་དང་། །སྒྲ་གཅན་ལ་ཡང་གནོད་བྱེད་པ། །དེ་ཚེ་རིང་བསྲེལ་ཡོད་པར་འགྱུར། །གྲོང་དུ་རྒྱུ་བའི་སྦྲང་བུ་ཡིས། །ནམ་ཞིག་ཟྱ་མའི་ཆང་འཐུངས་ཏེ། །ཁྱིམ་ན་གནས་པར་བྱེད་གྱུར་པ། །དེ་ཚེ་རིང་བསྲེལ་ཡོད་པར་འགྱུར། །ནམ་ཞིག་བོང་བུ་བདེ་གྱུར་ལ། །མཆུ་དམར་བིམ་པ་འདྲ་གྱུར་ཅིང་། །གླུ་གར་རྣམས་ལ་མཁས་གྱུར་པ། །དེ་ཚེ་རིང་བསྲེལ་ཡོད་པར་འགྱུར་ལ། །ནམ་

ཞིག་ཙུག་པ་བྱ་རོག་རྣམས། །དབེན་པར་དོང་ནས་བརྟེ་བ་དང་། །ཕན་ཚུན་མཐུན་པར་གྱུར་པ་ན། །དེ་ཚེ་རིང་བསྲེལ་ཡོད་པར་འགྱུར། །པ་ལ་ཤ་ཡི་ལོ་མ་རྣམས། །རིན་ཆེན་སྣ་གསུམ་གདུགས་གྱུར་ཏེ། །ཆར་བབ་སྐྱབས་སུ་ནམ་འགྱུར་བ། །དེ་ཚེ་རིང་བསྲེལ་ཡོད་པར་འགྱུར། །ནམ་ཞིག་རྒྱ་མཚོའི་གྲུ་བོ་ཆེ། །འཁྲུལ་འཁོར་དང་ནི་གཡོར་མོར་བཅས། །ཐང་ལ་བྱུང་སྟེ་འགྲོ་བ་ན། །དེ་ཚེ་རིང་བསྲེལ་ཡོད་པར་འགྱུར། །ནམ་ཞིག་བྱ་ནི་ཙུག་པ་ཡིས། །རི་བོ་སྤོས་ཀྱི་ངད་ལྡན་པ། །མཆུ་ལ་ཐོགས་ཏེ་འགྲོ་འགྱུར་བ། །དེ་ཚེ་རིང་བསྲེལ་ཡོད་པར་འགྱུར། །སློབ་དཔོན་ལུང་སྟོན་པ་བྲམ་ཟེ་ཀོཙ་དེ་ཝ་ཚིགས་སུ་བཅད་པ་འདི་དག་ཐོས་ནས། ལི་ཙ་བྱི་གཞོན་ནུ་འཇིག་རྟེན་ཐམས་ཅད་ཀྱིས་མཐོང་ན་དགའ་བ་ལ་ཚིགས་སུ་བཅད་པ་འདི་དག་གིས་སླར་སྨྲས་པ། འཇིག་རྟེན་མགོན་པོ་སྐྱོབ་པ་པོ། །དེ་བཞིན་གཤེགས་པའི་ཆེ་བ་ཉིད། །བསམ་གྱིས་མི་ཁྱབ་གོ་རིམ་བཞིན། །གཞོན་ནུས་བདག་ལ་མཉན་པར་བགྱི། །སངས་རྒྱས་ཡུལ་ནི་བསམ་མི་ཁྱབ། །དེ་བཞིན་གཤེགས་པ་མཚུངས་པ་མེད། །སངས་རྒྱས་ཐམས་ཅད་རྟག་ཏུ་ཞི། །སངས་རྒྱས་ཐམས་ཅད་ཡང་དག་འབྱུང་། །སངས་རྒྱས་ཐམས་ཅད་ཁ་དོག་མཚུངས། །འདི་ནི་སངས་རྒྱས་ཆོས་ཉིད་ཡིན། །བཅོམ་ལྡན་འདས་ནི་བཅོས་མ་མིན། །དེ་བཞིན་གཤེགས་པ་མ་སྐྱེས་ཏེ། །རྡོ་རྗེ་ལྟ་བུར་སྲ་བའི་སྐུ། །སྤྲུལ་པའི་སྐུ་ནི་སྟོན་པར་མཛད། །དྲང་སྲོང་ཆེན་པོའི་རིང་བསྲེལ་ནི། །ཡུངས་འབྲུ་ཙམ་ཞེས་བྱ་བ་མེད། །སྐུ་ལ་རུས་པ་ཁྲག་མེད་ན། །རིང་བསྲེལ་ཡོད་པར་ག་ལ་འགྱུར། །སེམས་ཅན་རྣམས་ལ་ཕན་པའི་ཕྱིར། །ཐབས་ཀྱི་རིང་བསྲེལ་བཞག་པར་མཛད། །རྫོགས་པའི་སངས་རྒྱས་ཆོས་ཀྱི་སྐུ། །དེ་བཞིན་གཤེགས་པ་ཆོས་ཀྱི་དབྱིངས། །ཆོས་སྟོན་མཛད་པ་

ཅི་འདྲ་བ། །བཅོམ་ལྡན་འདས་ཀྱི་སྐུ་དེ་འདྲ། །ཞེས་གསུངས་ཏེ། སེམས་ཀྱི་ངོ་བོ་དང་། རང་བཞིན། རི་བོང་རྭ་སོགས་ཡོད་མེད། བསྐྱེད་རྫོགས་ཐབས་ཤེས་ཀྱི་ཆ་ལས་སྟོན་པ་ལུང་དང་བཅས་པས་བརྒྱན་ཏེ་བསྟན་པ་ཡིན་ནོ། །

སེམས་ཀྱི་མཚན་ཉིད་ནི། གཉིས་སུ་མེད་པའི་ཡེ་ཤེས་འོད་གསལ་ཆོས་སྐུ་ཞེས་པ་ནི། རང་རིག་པའི་སེམས་ཉིད་རིག་རིག་དུར་དུར་པོ་མི་རྒྱུ་དགུ་རྒྱུ་བྱེད་མཁན་ནི་ཐ་མལ་གྱི་ཤེས་པ་འདི་ཀ་ཡིན་པས། འདི་བལྟས་པས་ལྟ་རྒྱུ་གཟུགས་དང་ཁ་དོག་གང་ཡང་མ་གྲུབ་པ་དེ་ནི་སྟོང་པའམ། སྐྱེ་མེད་ཡིན། སྟོང་པ་དང་སྐྱེ་མེད་དུ་གསལ་བའམ་རིག་པ་དེ་གསལ་བ་ཡིན། དེ་གཉིས་ཟུང་འཇུག་མི་ཕྱེད་པའི་ཆོས་ཉིད་དམ། སྟོང་ཉིད་ཡེ་ཤེས་ཆེན་པོ་ཆོས་ཀྱི་སྐུ་ལྷུན་གྲུབ་ཆེན་པོ་ཡིན་ནོ། །

ཡང་ཏིང་ངེ་འཛིན་གསུམ་པོ་ངོ་སྤྲོད་པ་ནི། དང་པོ་དཔའ་བར་འགྲོ་བའི་ཏིང་ངེ་འཛིན་གྱིས་གཅོད་བྱ་བ་དང་། རྡོ་རྗེ་ལྟ་བུའི་ཏིང་ངེ་འཛིན་གྱིས་ངོ་སྤྲོད་པ་དང་། སྒྱུ་མ་ལྟ་བུའི་ཏིང་ངེ་འཛིན་གྱིས་སྤྱོད་ལམ་ལ་འཇུག་པ་དང་གསུམ་སྟེ། དང་པོ་དཔའ་བར་འགྲོ་བའི་ཏིང་ངེ་འཛིན་གྱིས་གཅོད་བྱ་བ་ནི། ལྷ་འདྲེ། མཆོད་རྟེན་ལ་སོགས་གནས་པའི་རྩར་སོང་སྟེ། བརྟུལ་ཞུགས་ཀྱི་སྤྱོད་པ་བརྒྱད་བརྩམས། ཆུ་བོ་གྲིན་ལ་བརྫོག་ཙུང་། རི་བོ་རྩེ་ནས་ཉིལ་ཙུང་། ཉི་ཟླ་ས་ལ་ལྷུང་ཙུང་། དགུང་སྔོན་མཐོངས་ནས་འཁྲིབ་ཙུང་། དོན་སྙིང་ཁ་ནས་ཐོན་ཙུང་། སྤྲིན་མིག་མེ་སྟག་བྲུལ་ཙུང་། སྟོད་དུ་མེ་འབར་ཙུང་། སྨད་དུ་འབུས་གཡེངས་ཙུང་། འཕྲག་འཕྲིག་གམ། སླམ་སླེམས། ཚམ་ཚོམ་མེད་པར་ཅལ་ལེ་ཉལ་ལ་བཞག་གོ། །དེ་ཡང་། འདུ་ཤེས་རྣམ་པར་བཤིག་ལ་སྤྱངས་ནས་ཕ་རོལ་འགྲོ། །ཞེས་སོ། །དེའི་དུས་སུ་ཆོ་འཕྲུལ་ཆེ་ཆུང་ཅི་བྱུང་ཡང་། དབང་པོ་རབ་ཀྱིས་རང་གི་

སེམས་ཀྱི་འཆར་ལུགས་ཤེས་པར་བྱས་ལ་སེམས་སྤྲོས་པ་དང་བྲལ་བའི་ངང་ལ་ལྷོད་ནས་བཞག །དེས་ཆོ་འཕྲུལ་རང་ཞིར་འགྲོ་སྟེ། དེ་ཡང་། མི་ཡི་སེང་གེ་ཤེས་རབ་ཕ་རོལ་ཕྱིན་བརྟེན་ནས། །མུ་སྟེགས་ཅན་རྣམས་སྐྲག་བྱེད་སྒྲ་ཡང་སྒྲོག །ཅེས་སོ། །དབང་པོ་འབྲིང་གིས་གདོན་གྱི་ཆོ་འཕྲུལ་དང་། སྣམ་སྣེམས་ཅི་བྱུང་ཡང་། རྟོག་པ་དེ་ཉིད་ལ་གཏད་ཀྱིན་བལྟས་པས་ངོས་བཟུང་མེད་པར་འགྲོ་སྟེ། དེའི་ངང་ལ་རང་སར་བཞག་གོ། །དེར་སྣེམས་ཆོད། རྟོག་པ་ཞི་སྟེ་ཆོས་འཕྲུལ་རང་ཞི་ལ་འགྲོ། དེ་ཡང་། བདུད་ཀྱིས་ཐུབ་པར་དཀའ་ཞིང་སྣེམས་པར་མི་ནུས་ཏེ་ཞེས་སོ། །

དབང་པོ་ཐ་མ་སྙིང་རྗེ་བསྒོམ་སྟེ། གདོན་འདི་རྣམས་ཀྱིས་ཚེ་སྔོན་མ་ལས་ངན་བྱས་པས། འདིར་ཡི་དྭགས་སུ་སྐྱེས་སེམས་ཅན་ལ་གནོད་པ་བྱས་པས་མཐར་ཐུག་སྡུག་བསྔལ་ལས་མི་ཐར་བ་སྙིང་རེ་རྗེ། ངས་ནི་ལུས་ངག་ཡིད་གསུམ་སེམས་ཅན་གྱི་དོན་དུ་བསྔོས་པ་ཡིན་པས་ཤ་འདོད་ན་ཤ་ཁྱེར། ཁྲག་འདོད་ན་ཁྲག་ཁྱེར། མི་རིང་ན་ཚོས་ལ་ཟོ་རིང་ན་རྗེན་པར་ཟོ། ང་ལ་སྔག་ཁྲག་གི་ཕུང་པོ་འདིས་དགོས་པ་མེད། ཅི་འདོད་ཁྱེར། ནམ་འདོད་ཡོང་སྣམ་དུ་བསམ་ལ། ལུས་ལ་གཅེས་འཛིན་ཙུང་ཟད་ཀྱང་མེད་པར་ཁྲིམས་ཀྱིས་བོར་ལ་བཞག་གོ། །དེ་ཡང་། མགོ་དང་རྐང་ལག་གཏོང་ཞིང་ཞུམ་པའི་སེམས་ཀྱང་མེད། །ཅེས་སོ། །

གཉིས་པ་རྡོ་རྗེ་ལྷ་བུའི་ཏིང་ངེ་འཛིན་གྱི་ངོ་སྤྲོད་ནི། བླ་མའི་མདུན་དུ་སློབ་མས་ལུས་དྲང་པོར་བསྲངས། ཐལ་མོ་སྤྱི་བོར་སྦྱར་ཏེ། ཤིན་ཏུ་དགའ་ཞིང་སྤྲོ་བའི་བསམ་པས། དུས་འདི་ཉིད་དུ་ཆོས་ཉིད་ཀྱི་དོན་རྟོགས་པར་བྱ་སྣམ་དུ་སེམས་བསྐྱེད། དེ་ཡང་། དགའ་དང་འདུན་པ་བསྐྱེད་ན་བྱང་ཆུབ་མྱུར་དུ་རེག །ཅེས་

སོ། །དེ་ནས་སློབ་མའི་སྤྱི་བོར་ཨཱཿདཀར་པོ་བསྒོམ་དུ་གཞུག །དེ་ལ་སེམས་ཟིན་པ་དང་། ཨཱཿལས་བདུད་རྩིའི་རྒྱུན་བབ་པས། རང་གི་ལུས་ཐམས་ཅད་བདུད་རྩིའི་ཆུ་ཡིས་དཀར་ལྷེམ་གྱིས་གང་བར་བསམ། དེ་ནས་ལུས་དང་བདུད་རྩིར་བཅས་པ་མས་རིམ་གྱིས་མེ་ལོང་ལ་ཧས་བཏབ་ངས་ཡལ་བ་བཞིན་དུ་འདུས་ཏེ་ཨཱཿལ་ཐིམ། ཨཱཿཡང་ཇེ་ཆུང་དང་ཇེ་ཕྲ་ལ་སོང་ནས་རང་བཞིན་མེད་པར་སྟོང་སངས་ཀྱིས་སོང་བར་བསྒོམ་མོ། །དེའི་ངང་ལ་ལྷན་གྱིས་བཞག །ཁྲིས་ཀྱིས་བོར་ལྟོད་ཀྱིས་གློད་ལ་བཞག་གོ། །མདོར་ན་ནམ་མཁའ་ལ་སྤྲིན་དེངས་པའམ། མཚོ་ལ་འཁྲུགས་པ་ཞུ་བའི་ཚུལ་དུ་ངོས་བཟུང་མེད་པ་དམིགས་གཏད་མེད་པ་ནམ་མཁའ་ལྟ་བུར་བསྒོམ་མོ། །དེ་ལ་རྟེན་མེད་ཀྱི་ནམ་མཁར་རིག་པ་སྐྱུར་ནས། བདག་མེད་ཀྱི་ལུས་པོ་ས་ལ་བོར་བ་བྱ་བ་ཡིན་པས། ལུས་ཀྱི་བདག་འཛིན་སེམས་ཀྱིས་མི་བྱ། སེམས་ཀྱི་གཉེར་ཁ་ལུས་ཀྱིས་མི་བྱ། དམིགས་མེད་ཀྱི་ངང་དུ་ཁྲིས་སེ་བཞག་གོ། །

གསུམ་པ་སྒྱུ་མ་ལྟ་བུའི་ཏིང་ངེ་འཛིན་གྱི་སྤྱོད་ལམ་ལ་འཇུག་པ་ནི། དེ་ལྟར་ཉམས་སུ་ལེན་པའི་དུས་སུ་སྤྱོད་ལམ་གྱི་ཆོས་དྲུག་དང་ལྡན་པར་བྱ་སྟེ། བརྙ་ཤ་གདན་དུ་བཏིང་། ལག་ངར་ཐུས་སུ། ལྷམ་གོས་སུ་སྒྱུར། ལྷན་མིག་རྒྱབ་ཏུ་བཀབ། ལྟོ་གོས་ལ་གྱོང་སྒྱུར། ལུས་སེམས་གཉེར་མེད་དུ་བཞག་གོ། །སྒྱུ་མ་ཙམ་དུ་སྐྱབས་འགྲོ་སེམས་བསྐྱེད། བླ་མ་ལ་བྱིན་རླབས་ཞུ་བ་དང་། ལུས་ངག་གི་ཆོས་སྤྱོད་རྣམས་བྱའོ། །ཡང་དག་པར་ལུས་ཡལ་ནས། ངག་ལྷུགས་པ། སེམས་གཉེར་མེད་དུ་ཅོགས་ཀྱིས་བཞག་པ། ཁྲིས་ཀྱིས་བོར། རྒྱངས་ཀྱིས་སྐྱུར་རོ། །དེ་ཡང་། སྒྱུ་མ་ལྟ་བུས་གནས་ཤིང་ཞི་བ་རབ་ཞིར་སྤྱོད་ཅེས་སོ། །ནམ་མཁའ་སྒོ་འབྱེད་ཀྱི་

གདམས་པ་ཧིང་ངེ་འཛིན་གྱི་ངོ་སྤྲད་པ་ཡིན་ནོ། །ཡང་གཞུང་གི་ལྟ་སྒོམ་སྤྱོད་འབྲས་ཀྱི་ལམ་ཁྱེར་བཞི་འདིར་ངོ་སྤྲོད་པ་ནི། ལྟ་བ་བདུད་ཀྱི་སྤྱོད་ཡུལ་དུ་མ་ཤོར་བ་དང་། བསྒོམ་པ་མཚན་མའི་རྣམ་རྟོག་རང་སར་གྲོལ་བ་དང་། སྤྱོད་པ་སྐྱབས་འགྲོ་སེམས་བསྐྱེད་དང་བཅས་པ་དང་། འབྲས་བུ་སྐུ་བཞི་རང་ཆས་སུ་འགྲུབ་པའོ། །

སྤྱི་བདུད་ཅེས་བྱ་བ་ལམ་ལོག་པ་ལ་སྦྱོར་བའམ། ཐར་པའི་གེགས་སུ་འགྱུར་བ་ཙམ་ཡིན་ལ། འདིར་བདུད་ངོས་བཟུང་ན། ཐོགས་བཅས་ཀྱི་བདུད་དང་། ཐོགས་མེད་ཀྱི་བདུད་དང་སྙེམས་བྱེད་ཀྱི་བདུད་དོ། །ཐོགས་བཅས་ཀྱི་བདུད་ནི། ཡུལ་སྣང་བ་ལ་བརྟེན་ནས་ཆགས་སྡང་སྐྱེ་བའོ། །ཐོགས་མེད་ཀྱི་བདུད་ནི། ལྷ་དང་འདྲེ་ལ་བརྟེན་ནས་ཕན་གནོད་དུ་འཛིན་པའོ། །སྙེམས་བྱེད་ཀྱི་བདུད་ནི། འགྱུ་བྱེད་ཀྱི་རྟོག་པ་སྣ་ཚོགས་ཀྱི་སེམས་གནས་སུ་མི་འཇུག་པའོ། །དེ་རྣམས་ནི་བདུད་ཀྱི་སྤྱོད་ཡུལ་ཡིན། དེར་མི་འཆར་བར་བྱ་བ་ལ་གནད་རྣམ་པ་བཞི་སྟེ། སྐར་ཆེན་ཐབ་དུ་བསྲེག་པ་དང་། ཡོག་ནོན་མཐའ་ལ་གཏད་པ་དང་། གཉན་ཆེན་བསྒྱུངས་སུ་བཅར་བ་དང་། ཐེག་ཆེན་ཟིལ་གྱིས་མནན་པའོ། །དང་པོར་སྐར་ཆེན་ཐབ་ཏུ་བསྲེག་པ་ནི། ཐབ་ནི་ཆོས་ཉིད་ལ། བསྲེག་པའི་རང་བཞིན་འཛག་པའོ། །ཉི་ཟླ་མཁའ་ལ་ཤར་བས་སྐར་མ་ཟིལ་གྱིས་མནན་པ་བཞིན་རྣམ་པར་རྟོག་པ་དང་ཚོ་འཕྲུལ་ཅི་བྱུང་ཡང་སེམས་ཀྱི་ཆོས་ཉིད་དུ་ཤེས་པར་བྱས་ལ་རང་བྱུང་རང་ཞིར་བཞག་གོ། །ཡོག་ཆེན་མཐའ་ལ་གཏད་པ་ནི། ཡོག་ཆེན་ནི་བདུད་གསུམ་གྱི་རྟོག་པ་དེས་ལོག་པའི་ལམ་དུ་འཇུག་པའོ། །དེ་མཐའ་ལ་གཏད་པ་ནི། རྟོག་པ་གང་སྐྱེས་པ་དེ་ཉིད་ལ་རིག་པ་ལྷན་གྱིས་གཏད་ནས་དེའི་རྩ་བ

བཅད་པས་རང་ཞི་ལ་འགྲོའོ། །གཉན་ཆེན་བསྐྱངས་སུ་བཅར་བ་ནི། ངོས་མ་ཟིན་ན་གཞན་གྱིས་གནོད་པ་སྐྱེལ་བ་ལ། ངོས་ཟིན་ནས་ཐུགས་དང་རྫས་ཀྱིས་བསྐྱངས་སུ་བཅར་བས་གནོད་མི་ནུས་པ་བཞིན། རྣམ་རྟོག་རང་རྒྱུད་པར་ཤོར་ན་འཁོར་བར་འཁྱམ་ལ། འདིར་བདུད་ངོས་ཟིན་ནས་ལམ་དུ་གཅོད་པས་རྟོག་པས་གནོད་མི་ནུས་ཏེ། ཆོས་ཉིད་ལས་མ་འདས་པའོ། །ཐེག་ཆེན་ཟིལ་གྱིས་མནན་པ་ནི། ཤེས་རབ་ཀྱི་ཕ་རོལ་ཏུ་ཕྱིན་པ་སྨྲ་བསམ་བརྗོད་མེད་འདི་ཡིན་ལ། ཟིལ་གྱིས་མནན་པ་ནི། དོན་དེ་རྟོགས་པས་བདུད་ཀྱི་རྟོག་པ་ཐམས་ཅད་ཟིལ་གྱིས་མནན་ཏེ། རྟོག་པ་ཐམས་ཅད་ཤེས་རབ་ཀྱི་ཕ་རོལ་ཏུ་ཕྱིན་པ་སྨྲ་བསམ་བརྗོད་མེད་ཀྱི་ངོ་བོར་གྱུར་པའོ། །

སྒོམ་པ་མཚན་མའི་རྣམ་པར་རྟོག་པ་དང་བྲལ་བ་ལ་བཞི་སྟེ། ཡུལ་གང་ལ་ཡང་མི་དམིགས་པ་དང་། སེམས་ཀྱི་རྟེན་གང་ལ་ཡང་མི་འཆའ་བ་དང་། ལུས་སེམས་ཡོང་གློད་པས་མཚན་མའི་རྣམ་པར་རྟོག་པ་རང་གྲོལ་རང་ཞིར་བཞག་པའོ། །དང་པོར་ཡུལ་གང་ལ་ཡང་མི་དམིགས་པ་ནི། ནམ་མཁའ་སྒོ་འབྱེད་ཀྱི་ངོ་སྤྲོད་ཀྱི་དུས་སུ་ཕྱི་རོལ་གྱི་སྣང་ཆ་རགས་པ་དེ་དངས་ནས་ནང་རྟོག་མེད་ཀྱི་ཡེ་ཤེས་རང་སྣང་དེ་ལ་ཡུལ་གྱི་རྟོག་པ་མེད་དེ། ཡུལ་གཟུགས་ལ་སོགས་གང་ལ་ཡང་དམིགས་པ་མེད་དོ། །དེ་ཡང་། བར་སྐབས་དེར་ནི་མཚན་མ་རབ་ཏུ་བསྒོམ་མི་བྱེད། །ཅེས་སོ། །སེམས་ཀྱི་རྟེན་གང་ལ་ཡང་མི་འཆའ་བ་ནི། ངོ་སྤྲོད་པའི་དུས་སུ་སེམས་ཀྱི་ངོ་བོ་སྟོང་པ་ཉིད་རྟེན་གང་ལ་ཡང་མི་འཆའ་སྟེ། ཕྱི་ཡུལ་ལ་མི་བརྟེན། བར་ལུས་ལ་མི་རྟེན། ནང་རྩ་དང་རླུང་དང་ཐིག་ལེ་ལ་མི་བརྟེན་པར་རྟེན་མེད་ཀྱི་རིག་པ་རྗེན་པ་བསམ་གྱིས་མི་ཁྱབ་པའི་འགྱུ་བ་ཆད་པས་བསམ

ཏུ་མེད་པའི་ངང་དུ་བཞག་པའོ། །དེ་ཡང་། གང་ཞིག་གཟུགས་མིན་ཚོར་མིན་འདུ་ཤེས་སེམས་པ་མིན། །ཞེས་སོ། །ལུས་སེམས་སློད་པ་ནི། དེ་ལྟར་ཉམས་སུ་ལེན་པའི་ཚེ། ལུས་སོབ་ཕོན་ཐག་པ་ཆད་པ་བཞིན་དུ་སློད་དོ། །ལུས་རྩོལ་སྒྲུབ་ཞིག་སེམས་བྱ་བ་ཟིན་པའི་སྐྱེས་བུ་བཞིན་བཞག །སྐྱེམས་དང་བྲལ་བའི་ངང་ལ་སློད་ལ་བཞག་གོ མདོར་ན་ལུས་ཡན་པ། ངག་ལྷུགས་པ། སེམས་རྗེན་པ། སྤྱོད་ལམ་ཡན་པའོ། །དེ་ཡང་། དེ་ཚེ་ལུས་སེམས་ངག་ནི་མཁའ་ལ་བྱ་ལྟར་རྒྱུ། །ཞེས་སོ། །མཚན་མའི་རྣམ་རྟོག་རང་བྱུང་རང་ཞིར་བཞག་པ་ནི། དཔེར་ན་ནམ་མཁའི་སྤྲིན་དང་འདྲ་སྟེ། རྣམ་པར་རྟོག་པ་ཅི་བྱུང་ཡང་། བྱུང་ཡང་སེམས་ཉིད་སྟོང་པའི་ངང་ལས་བྱུང་། གནས་ཀྱང་སེམས་ཉིད་སྟོང་པའི་ངང་ལ་གནས། ཐིམ་ཡང་སེམས་ཉིད་སྟོང་པའི་ངང་ལ་ཐིམ། འདིར་སོང་གི་ངོས་བཟུང་མེད་པས་རྣམ་རྟོག་ཅི་བྱུང་ཡང་སྐམ་སྐེམས་རྩིས་གདབ་མི་བྱ་བར་རང་བྱུང་རང་ཞིར་སློད་ལ་བཞག་གོ། །དེའི་དུས་སུ། མ་བསྒོམ་པའི་སྒོམ་པ་ཆེན་པོ་ཞིག་འབྱུང་སྟེ། སྟོང་པ་ལ་བློས་བྱས་དང་བྲལ་བ། གསལ་བ་ལ་དམིགས་གཏད་མེད་པ། མི་རྟོག་པ་ལ་ངར་གྱིས་ཐེབས་པ། སྐྱེམས་ཐག་ཆོད་པའི་ལྟ་བ། དམིགས་གཏད་མེད་པའི་བསྒོམ་པ། བློ་དང་བྲལ་བའི་ཉམས། རང་ངོ་ཤེས་པའི་རྟོག་པ་ཞིག་འབྱུང་ངོ་། །སྤྱོད་པ་སྐྱབས་འགྲོ་སེམས་སྐྱེད་དང་བཅས་པ་ནི། དུས་རྟག་ཏུ་ལྟ་བའི་ངང་ལ་མ་ཡེངས་པར་སྐྱབས་སུ་འགྲོ་བ་དང་། སེམས་བསྐྱེད་པ་དང་བྱིན་རླབས་ཞུ་བ་རྣམས་བྱའོ། །དེ་ལ་དགོས་པ་ཅི་ཡོད་ན། སྐྱབས་སུ་སོང་བས་ཚེ་འདི་དང་ཕྱི་མའི་སྡུག་བསྔལ་ཞི། སེམས་བསྐྱེད་པས་གཞན་དོན་འབྱུང་། བྱིན་རླབས་ཞུས་པས་ཏིང་ངེ་འཛིན་ཁྱད་པར་ཅན་སྐྱེ་བའོ། །དེ་ཡང་རྒྱས་པར་བྱེད་

ན་སྐྱབས་འགྲོ་སེམས་བསྐྱེད་གོང་བཞིན། བསྡུས་པར་བྱེད་ན། སངས་རྒྱས་ཆོས་དང་ཚོགས་ཀྱི་མཆོག་རྣམས་ལ། །བྱང་ཆུབ་མ་ཐོབ་བར་དུ་བདག་ནི་སྐྱབས་སུ་མཆི། །བདག་གིས་སྦྱིན་སོགས་བགྱིས་པའི་བསོད་ནམས་འདི་དག་གིས། །འགྲོ་ལ་ཕན་ཕྱིར་སངས་རྒྱས་འགྲུབ་པར་ཤོག །ཅེས་ལན་གསུམ་བརྗོད་ལ། དེ་ནས་བྱིན་རླབས་ཞུ་བའོ། །འབྲས་དུ་སྐུ་བཞི་རང་ཆས་ནི། ནམ་མཁའ་སྒོ་འབྱེད་ཀྱི་ངོ་སྤྲོད་པའི་དུས་སུ་སེམས་ཆོས་ཉིད་ནམ་མཁའ་ལྟར་སྐྱེ་འགག་གཉིས་སུ་མེད་པའི་དོན་སྤྲོས་པ་ཐམས་ཅད་དང་བྲལ་བ་ཉམས་སུ་མྱོང་བ་ནི་ཡུམ་ཆེན་མོའི་ཞལ་མཐོང་བ་ཞེས་བྱ་སྟེ་ཆོས་ཀྱི་སྐུའོ། །དེའི་ངང་ལས་མ་གཡོས་ཤིང་དེ་ལ་གནས་དེ་ལ་སྤྱོད་པ་ནི་ལོངས་སྤྱོད་རྫོགས་པའི་སྐུའོ། །དེ་ལ་བདག་གཞན་གྱི་དོན་འགྲུབ་ཅིང་དགོས་འདོད་འབྱུང་བས་ན་སྤྲུལ་པའི་སྐུའོ། །དེ་ལྟར་སྐུ་གསུམ་ཡེ་ནས་རང་ཆས་སུ་གནས་པས་ད་ལྟ་རང་ངོ་འཕྲོད་ནས་ཡོད་དེ། ནམ་ཞིག་གཞན་ནས་འབྱུང་བ་ལྟ་བུ་མ་ཡིན་ནོ། །དེ་ལྟར་སྐུ་གསུམ་དབྱེར་མེད་དུ་གནས་པ་དེ་ལ་སངས་རྒྱས་ཞེས་བྱ། ངོ་བོ་ཉིད་ཀྱི་སྐུ་སྟེ། མིང་ཙམ་དུ་བཏགས་པ་ལས། དོན་ལ་ཁ་མིག་རྣ་བ་ཅན་མེད་དེ། སྟོང་ཉིད་ཀྱི་ཡུལ་མངོན་དུ་གྱུར་ནས་རྣམ་པར་རྟོག་པ་ཆོས་ཀྱི་དབྱིངས་སུ་ཡལ་ཙམ་ལ་བྱ་བའོ། །དེ་ནི་ལམ་ཁྱེར་བཞི་ལ་ངོ་སྤྲད་པ་ཡིན་ནོ། །

ཡང་གཅོད་པ་དང་། སྐྱེ་བ་དང་། གཉིས་སུ་མེད་པ་དང་གསུམ་ལ་ངོ་སྤྲད་པ་ནི། དང་པོ་ལ་གསུམ་ཚན་ལྔ་སྟེ། བཅད་པའི་ཡུལ་གསུམ། དེ་གསུམ་སྐྱེ་བའི་གང་ཟག་གསུམ། གཅོད་བྱ་བའི་ཐབས་གསུམ། གཅོད་པའི་སྐབས་གསུམ། གཅོད་པའི་དུས་གསུམ་སྟེ། གཅོད་པའི་ཆོས་བཅོ་ལྔ་སྟོན་པའོ། །དང་པོ་བཅད་པའི་

ཡུལ་གསུམ་ནི། ཕྱི་གཟུང་བའི་ཡུལ་བཅད་པ། ནང་འཛིན་པའི་སེམས་བཅད་པ། གསང་བ་ཉམས་ཀྱི་ཞེན་པ་བཅད་པའོ། །ཕྱི་གཟུང་བའི་ཡུལ་ནི། རྒྱུ་རྐྱེན་ལས་སྐྱེས་པ་དབང་པོའི་ཡུལ་གྱི་སྣང་བ། སྣ་ལྔའི་སྣང་བ་བཀག་ལམ་མེ་བ་འདིའོ། །ནང་འཛིན་པའི་སེམས་ནི། ཡིད་ཀྱི་ཡུལ་དུ་འགྱུ་བ་བློའི་སྣང་བ་དྲུག་ལྔའི་སེམས་མི་དྲན་དགུ་དྲན་འདིའོ། །གསང་བ་ཉམས་ཀྱི་ཞེན་པ་ནི། བདེ་གསལ་གྱི་ཉམས་རང་གི་ལྷ་སྒོམ་ལ་ཞེན་པའོ། །

གཉིས་པ་དེ་སྐྱེ་བའི་གང་ཟག་གསུམ་ནི། སྣང་བ་དང་པོ་སོ་སོ་སྐྱེ་བོའི་བློ་ལ་གཅོད། སྣང་བ་གཉིས་པ་སྒོམ་ཆེན་གྱི་ཉམས་ལ་གཅོད། སྣང་བ་གསུམ་པ་སྟོན་ཆེན་ཕྱི་ཡུལ་གྱི་བདེན་འཛིན་གཅོད་དོ། །སོ་སོ་སྐྱེ་བོའི་བློ་ནི་རྒྱུ་རྐྱེན་ལས་སྐྱེས་པ་དབང་པོ་ཡུལ་གྱི་སྣང་བ་འདི་ལ་བདེན་པར་འཛིན་པ་དེ་གཅོད་པའོ། །སྒོམ་ཆེན་རྣམས་ནི་གཉིས་ཀ་གཅོད་ཀྱང་། གཡོ་འགྱུལ་ཕྲ་མོ་ཉམས་ཀྱི་སྣང་བ་བདེ་གསལ་གྱི་ཞེན་པ་མ་ཆོད་པས་དེ་གཅོད་དོ། །སྣང་བ་གསུམ་པ་སྟོན་ཆེན་རྣམས་ཀྱི་བདེན་འཛིན་ལོག་ཀྱང་ཡིད་ཀྱི་ཡུལ་དུ་འགྱུ་བ་བློའི་སྣང་བ་འགྱུ་བྱེད་ཀྱི་རྟོག་པ་འདི་མ་ཆོད་པ་དེ་གཅོད་པའོ། །

བཅད་ཐབས་གསུམ་ནི། སྣང་བ་མངོན་གཅོད། ཉོན་མོངས་བཙན་གཅོད། རིག་པ་འཁྲིར་གཅོད་དོ། །སྣང་བ་མངོན་གཅོད་ནི། སྣ་ལྔའི་ཡུལ་སྣང་ལ་བདེན་པར་ཞེན་ནས་ཆགས་སྡང་སྣ་ཚོགས་སྐྱེ་བ་འདི་གཅོད་དོ་དེ་ལ་གཉིས། བློའི་ཞེན་པ་ནང་ནས་བཅད་པ་དང་། ཡུལ་གྱི་འཁྲི་བ་ཕྱི་ནས་བཅད་པའོ། །དང་པོ་ནི། སྣ་ལྔའི་ཡུལ་གྱི་སྣང་བ་ཐམས་ཅད་ཀྱི་ཕྱི་རོལ་ན་བདེན་པར་གྲུབ་པ་མེད་དེ། རང་གི་སེམས་ཀྱི་འཆར་ལུགས་ཟླ་ལམ་ལྟ་བུར་བཅད་ལ་བཞག་གོ། །ཡུལ་གྱི་

འཁྲི་བ་ཕྱི་ནས་བཅད་པ་ནི། ཡུལ་རྟོག་དེ་མི་སྤྱང་བར་ཐོག་ཏུ་གཅོད་པ་ཡིན་ཏེ། གཉེན་དང་བྲལ་གྱིས་དོགས་ན་སླར་ལ་འཁྲི་བ་བཅད། དགྲ་དང་འཕྲད་ཀྱི་དོགས་ན་སླར་ལ་དགྲ་གསེབ་ཏུ་འགྲོ། ནོར་རྫས་ཟད་ཀྱི་དོགས་ན་སླར་ལ་སྤྱོང་དག་བྱ། ལུས་ཀྱི་ཁ་འཛིན་ཆེ་ན་སླར་ལ་དམའ་ས་བཟུང་ངོ་། །རང་ཐོག་ཏུ་གཅོད་པའོ། །

ཉོན་མོངས་བཙན་གཅོད་ནི། ཕྱི་ཡུལ་གྱི་བདེན་འཛིན་ལོག་ཀྱང་ནང་འགྱུ་བྱེད་ཀྱི་རྟོག་པས་ཆགས་སྡང་སྣ་ཚོགས་སྐྱེའོ། །དེ་ལ་གཅོད་ལུགས་གཉིས་ཏེ། གཞི་ལ་བཅད་པ་དང་། རང་ཐོག་ཏུ་བཅད་པའོ། །དང་པོ་ནི་རྟོག་པ་སྣ་ཚོགས་རང་སེམས་སུ་ཤེས་པར་བྱས་ལ་སེམས་ཀྱི་སྙིམས་ཐམས་ཅད་གཅོད། མ་བཅོས་པའི་ངང་ལ་གློད་ལ་བཞག་གོ། །རང་ཐོག་ཏུ་བཅད་པ་ན། ལྷ་ལ་ཞེན་པ་སྐྱེས་ན་བདུད་དུ་ཤེས་པར་གྱིས་ལ་མཆོད་པ་འབུལ། འཕྲོ་ཆོད། འདྲེ་ལ་འཇིགས་པ་སྐྱེས་ན་སེམས་སུ་ཤེས་པར་གྱིས་ལ་གཉན་ས་དུ་མར་ཉོལ། ལུས་ལ་ན་ཚ་བྱུང་ན་ལམ་དུ་འཁྱེར་ཤེས་པར་གྱིས་ལ་མོ་དཔྱད་རིམ་གྲོ་ཤོལ། གདོན་གྱི་ཚེ་འཕྲུལ་བྱུང་ན་ཉམས་ང་མེད་པར་གྱིས་ལ་ཤིང་གཉན་ཆོད། རྡོ་གཉན་ཏོག །ལུས་ལ་གཅེས་འཛིན་བྱུང་ན་འཕངས་པ་མེད་པར་གྱིས་ལ་ལུས་སྲོག་བཟན་དུ་སྐྱུར་རོ། །

རིག་པ་འཁྱེར་གཅོད་ནི། ཕྱི་ནང་གི་སྙིམས་ཆོད་ཀྱང་རང་གི་སྒོམ་ཉམས་བཟང་པོ་དེ་ལ་ཆགས་པ་ཡིན་ཏེ་འདི་གཅོད་པའོ། །དེ་ལ་གཉིས་ཏེ། ལམ་ལ་བཅད་པ་དང་། རང་ཐོག་དུ་བཅད་པའོ། །དང་པོ་ནི། བདེ་གསལ་མི་རྟོག་པའི་ཉམས་དང་། ས་སྣ་རྐྱེ་དུ་མ་སྐྱེས་ཀྱང་སེམས་ཀྱི་བློ་ཡིན། བཟང་རྟོག་ཡིན། གཉེན་པོ་བརྟེན་ཤེས་པའི་སྒྲིབ་པ་ཡིན། སྒྲིབ་པ་གཉིས་དང་མ་བྲལ་བའི་བར་ལ་སངས་

རྒྱས་མི་ཐོབ། རྟོག་པ་མ་ཟད་བར་དུ་བདེ་བ་མི་མཐོང་། གཉེན་པོ་མ་ཞིག་བར་དུ་འབྲས་བུ་མི་ཐོབ་པས། ཉམས་ཅན་ཡིན་གྱི་ཞེན་པ་ཤིག །གཉེན་པོའི་རྟོག་པ་བཅད། བསྒོམ་མེད་པར་ཐག་བཅད་ལ། རིག་པ་རྗེན་པ་རྗེན་མེད་གཏད་མེད་དུ་བཞག་གོ། །རང་ཐོག་དུ་བཅད་པ་ནི། བདེ་ན་བདེ་མཁན་ལ་བལྟ། གསལ་ན་གསལ་མཁན་ལ་བལྟ། སྟོང་ན་སྟོང་མཁན་ལ་བལྟ། རིག་ན་རིག་མཁན་ལ་བལྟ། གོ་ན་གོ་མཁན་ལ་བལྟ། དེ་ལྟར་ཐམས་ཅད་ལ་བལྟས་པས་རང་གི་ངོ་བོས་སྟོང་སྟེ། འདི་ཡིན་མེད་པར་སོང་ནས་ཉམས་ཀྱི་ཞེན་པ་དང་བྲལ། སྣང་བའི་ཆགས་ སྡུད་ཆོད། ཡིད་ཀྱི་འགྱུ་བ་ཆད་ནས་ཆོས་ཟད་བློ་ཟད་དུ་སོང་བའོ། །

གཅོད་པའི་སྐབས་གསུམ་ནི། སླེམས། རྟོག །འཛིན་པ་གསུམ་ལ་གཅོད་པའོ། །དང་པོ་སླེམས་ལ་གཅོད་པ་ནི། སྣང་བ་གསུམ་གྱི་སླེམས་བྱུང་མ་ཐག་ཏུ་བཅད། དེ་ལ་མ་ཆོད་ན། དེ་བས་མཐུ་བརྟས་པའི་སྣང་བ་གསུམ་གྱི་རྟོག་པ། དེ་བས་རགས་པའི་སྣང་བ་གསུམ་རྫོང་གིས་ལངས་པ་ལ་བཅད། དེ་ལ་མ་ཆོད་ན་ཆེད་དུ་རྟོག་ཅིང་སྤྱོད་པ་ལ་བཅད་དོ། །དེ་བས་ད་ལྟར་མཐུ་བརྟས་པའི་སྣང་བ་གསུམ་གྱི་ཞེན་འཛིན་ལ་བཅད་དོ། །

གཅོད་པའི་དུས་གསུམ་ནི། དབང་པོ་རབ་གཞི་ལ་བཅད། འབྲིང་ལམ་ལ་བཅད། ཐ་མ་བཙས་བཙས་བསླུག་བསླུག་ནས་བཅད་པའོ། །རབ་གཞི་ལ་བཅད་པ་ནི། སྣང་བ་གསུམ་གྱི་རྟོག་པ་གང་བྱུང་ཡང་རང་རྒྱུད་དུ་འཛིན་པ་མེད་དེ། རང་གི་སེམས་ཀྱི་འཆར་ལུགས་སུ་ཤེས་པས་རང་སར་གྲོལ་ཏེ་གཞི་ལ་ཆོད་པའོ། །འབྲིང་ལམ་ལ་གཅོད་དེ། སྣང་བ་གསུམ་གྱི་རྟོག་པ་གང་སྐྱེས་ཀྱང་ཐད་ཀར་བཅོད། གཅོད་ལུགས་གོང་དུ་བསྟན་ནོ། །ཐ་མ་བལྟས་བལྟས་བསླུག

བསླག་ནས་བཅོད། སྣང་བ་གསུམ་གྱི་རྟོག་པ་དེ་ཉིད་ལ་ཡང་ཡང་ལྟ་ཞིང་། རྟོག་པ་དེ་ཉིད་ཀྱི་རྩ་བདར་བཅད་པས་རྟོག་པ་གང་སྐྱེས་ཀྱང་། དེ་ཉིད་དང་པོ་བྱུང་ས་སྟོང་། བར་དུ་གནས་ས་སྟོང་། ཐ་མ་འགྲོ་ས་སྟོང་། རང་གི་ངོ་བོས་སྟོང་པའོ། །རྟོག་པ་གཞི་མེད་རྩ་བྲལ་དུ་གཅོད་པའོ། །གཉིས་པ་བསྐྱེད་པ་ནི། དེ་ལྟར་རྟོག་པའམ། སྙེམས་བཅད་པས། མི་རྟོག་པའམ། སྙེམས་དང་བྲལ་བ་བསྐྱེད་དེ་ཕྱི་གཟུང་བའི་ཡུལ་རྟོག་པ་རགས་པ་ཆོད་པས་རང་བཞིན་མེད་པའི་དོན་རྟོགས་ཏེ། སྟོང་པ་ཉིད་རྒྱུད་ལ་སྐྱེས་ནང་འཛིན་པའི་རྟོག་པ་འཁྲུ་བྱེད་འདི་ཆོད་པས་མི་རྟོག་པ་རྒྱུད་ལ་སྐྱེ། གསང་བ་ཉམས་ཀྱི་ཞེན་པ་བཅད་པས། བློ་དང་བྲལ་བའི་རྟོག་པ་སྐྱེ། དེས་ན་བསྐྱེད་ཅེས་བྱའོ། །གསུམ་པ་གཉིས་སུ་མེད་པ་ནི། ཕྱི་གཟུང་བའི་རྟོག་པ་རགས་པ་བཅད་པས། རང་བཞིན་མེད་པར་སྟོང་ཉིད་ཀྱི་གོ་བ་སྐྱེས། རང་བཞིན་མེད་པར་རྟོགས་ཀྱང་བཟུང་བྱའི་སྣང་བ་རགས་པ་མ་འགགས་ཏེ། དེ་གཉིས་མེད་དུ་རྟོགས་པས་སྒྱུ་མ་ལྟ་བུའི་རྟོགས་པ་སྐྱེ། ནང་འཛིན་པའི་རྟོག་པ་བཅད་པས་མི་རྟོག་པ་རྒྱུད་ལ་སྐྱེ་རྟོགས་མི་རྟོགས་གཉིས་ཀ་སེམས་ཀྱི་འཆར་ལུགས་སུ་ཤེས། སེམས་ཉིད་ལ་རྟོགས་མི་རྟོགས་གཉིས་སུ་མེད་པའི་དོན་རྟོགས་པས་ཆུ་ཟླབས་ལྟ་བུའི་རྟོགས་པ་སྐྱེའོ། །གསང་བ་ཉམས་ཀྱི་ཞེན་པ་བཅད་པས་བློ་དང་བྲལ་བའི་དོན་རྒྱུད་ལ་སྐྱེའོ། །ཉམས་ཀྱི་གསལ་ཆ་མ་འགགས་ཀྱང་ཉམས་ཀྱི་ཞེན་པ་ཆོད་པས། ཉོན་མོངས་གསལ་སྟོང་གཉིས་མེད་དུ་གྱུར་ཏེ་ནམ་མཁའ་དང་འཇའ་ལྟ་བུའི་རྟོགས་པ་གཉིས་སུ་མེད་པ་ཞེས་བྱ་སྟེ། དེ་ཡང་། ཆགས་པ་གཅོད་བྱེད་ཀུན་ལ་ཆགས་པ་ཟད་པར་འདོད། །ཅེས་སོ། །དེ་ལྟ་བུའི་དོན་ཉམས་སུ་བླངས་པས་ལྟ་བ་རྐྱེན་ཐུབ་སྟེ་རྟོགས་པ་མི་འབར།

སྒོམ་པ་བློ་ཐུབ་སྟེ་རྟོག་མེད་ཀྱི་ཉམས་ཤར། སྤྱོད་པས་ཡུལ་ཐུབ་སྟེ་སྣང་བ་སྣ་ཚོགས་ལམ་ལ་སློང་། བློ་ཡི་སྙེམས་ཆོད། ཉམས་ཀྱི་ཞེན་པ་ཆོད། ལྷ་བའི་སྒྲོ་འདོགས་ཆོད། ཉམས་ཇི་བཟང་། བློ་ཇི་བདེ། ཆོ་འཕྲུལ་ཇི་ཆུང་། ནད་ཟླིའི་རྟོག་པ་ཇི་ཆུང་ལ་འགྲོ། སྙེམས་རྟོག་བཅལ་ཀྱང་མི་རྙེད། ལྷ་འདྲེ་བོས་ཀྱང་མི་འོང་། ཉམས་ང་བག་ཚ་ཐམས་ཅད་བྲལ་བར་འགྱུར་རོ། །གཅོད་དང་སྐྱེ་དང་གཉིས་སུ་མེད་པའི་ཡེ་ཤེས་ལ་ངོ་སྤྲད་པ་ཡིན་ནོ། །

དོན་དྲུག་པ་དྲུག་ཚན་གསུམ་གྱི་གདམས་པ་བློའི་སྦྲོས་པ་སྙེམས་གཅོད་པ་བསྟན་ནོ། །དྲུག་ཚན་དང་པོ་བརྟགས་ཏེ་བཅད་པ་དང་། དྲུག་ཚན་གཉིས་པ་བཞག་སྟེ་བཅད་པ་དང་། དྲུག་ཚན་གསུམ་པ་མཉམ་པ་ཆེན་པོ་ལ་བཟླ་སྟེ་བཅད་པའོ། །དང་པོ་ནི། རྒྱུས་པས་བདག་བཅད། གཏུགས་པས་ཡུལ་བཅད། བཞག་པས་རྣམ་རྟོག་བཅད། བོར་བས་གཉེན་པོ་བཅད། སྙོད་པས་རྩོལ་བ་བཅད་པའོ། །དང་པོ་ནི། བདག་གི་ལུས་ལ་ཡིན་ཏེ། འབྱུང་བ་བཞི་ལ་གཡར་བའི་བེམ་པོ་འདི་ནི། བདག་གི་ངག་མ་ཡིན་ཏེ། འབྱུང་བ་བཞིའི་རྩ་དང་རང་སྐད་ཡིན། དེ་གཉིས་ཤི་བ་ཙམ་གྱིས་བོར་བ་མ་ཡིན། རྣམ་རྟོག་བདག་མ་ཡིན་ཏེ་བརྟག་མི་ཐུབ་ཅིང་དངོས་བཟུང་མེད། སེམས་བདག་མ་ཡིན་ཏེ་རང་གིས་ཀྱང་མ་མཐོང་ལ། གཞན་གྱིས་ཀྱང་མ་མཐོང་བས་སྟོང་པ་ཉིད་དོ། །བསྒོམས་པས་གཞན་བཅད་ཅེས་པ་བདག་མ་གྲུབ་སྟེ་སྟོང་པ་དེ་བཞིན་དུ་གཞན་མ་གྲུབ་སྟེ་སྟོང་པར་བསྒོམས་པས་བཅད་དོ། །གཏུགས་པས་ཡུལ་བཅད་ཅེས་པ། ཡུལ་གྱི་རྐྱེན་བཟང་ངན་ཅི་བྱུང་ཡང་སྙེམས་མ་ཞུགས་པར་ཡུལ་ཐོག་ཏུ་གཏུགས་པས་བཅད་དོ། །བཞག་པས་རྣམ་རྟོག་བཅད་ཅེས་པ། བདག་གཞན་མ་གྲུབ་སྟོང་པའི་

ངང་ལ་ཅོག་གིས་བཞག་པས་རྟོག་པ་ཐམས་ཅད་རང་འགགས་ལ་འགྲོ། བོར་བས་གཉེན་པོ་བཅད་ཅེས་པ། སྟོང་པ་ཡིན་སྙམ་པའམ་སྟོང་པ་ལས་འདོད་བློ་མེད་པ། རྟོག་པ་ལ་ཡང་བློ་མེད་པར་ལྷོད་ཀྱིས་བོར་ལ་བཞག་གོ། །བཅད་བྱ་གཅོད་བྱེད་ཀྱི་རྩོལ་བ་མེད་པར་ལུས་སེམས་ཁོང་གློད་ལ་བཞག་གོ། །

དྲུག་ཚན་གཉིས་པ་བཞག་སྟེ་བཅད་པ་ལ་དྲུག་སྟེ། རང་སྣང་སོ་མ་རྩིས་གདབ་མེད་པར་བཞག་ཅེས་བྱ་སྟེ། གཞན་སྣང་ལ་རྩིས་གདབ་མི་བྱ་བར་རང་སྣང་རང་གྲོལ་རང་བཅས་རྩིས་གདབ་མེད་པར་ལྷན་གྱིས་བཞག་གོ། །མ་བཅོས་གཉུག་མ་སྤྲོ་བསྡུ་མེད་པར་བཞག་ཅེས་པ། རང་སེམས་གཉུག་མ་འདི་ལ་སྤྲོ་བསྡུ་དང་འཕེལ་འགྲིབ་དང་འགྲོ་འོང་མེད་པར་བཅོས་སླད་ཐམས་ཅད་དང་བྲལ་བར་བཞག་གོ། །གཉེར་མེད་རང་གྲོལ་བདེ་བ་ཆེན་པོར་བཞག་ཅེས་པ་ནི། ལུས་ཀྱི་གཉེར་སེམས་ཀྱིས་མི་བྱ་བར་ཅི་ཤར་ཐམས་ཅད་རང་བྱུང་རང་གྲོལ་བདེ་བ་ཆེན་པོར་བཞག་གོ། །ཀུན་ལ་ཁྱབ་པས་ཕྱོགས་ལྷུང་མེད་པར་བཞག་ཅེས་པ་ནི། བདེ་སྡུག་ལེགས་ཉེས་འཁོར་འདས་ཐམས་ཅད་ལ་སེམས་ཀྱིས་ཁྱབ་པས་སེམས་དེ་ཉིད་ཕྱོགས་ལྷུང་མེད་པར་བཞག་གོ། །དོན་དང་ལྡན་པས་སྤྲོས་མེད་ཡན་པར་བཞག་ཅེས་པ་ནི། ཆོས་ཐམས་ཅད་སེམས་ཡིན་སེམས་ཀྱི་དོན་རྟོགས་ན་འབད་པ་དང་རྩོལ་སྒྲུབ་མེད་དེ་ཆོས་ཉིད་ཡན་པར་བཞག་གོ། །གཉིས་མེད་བདེ་ཆེན་འོད་གསལ་ངང་ལ་བཞག་ཅེས་པ་ནི། འཁོར་འདས་བདེ་སྡུག་ཐམས་ཅད་ལ་གཉིས་སུ་མེད་དེ། སེམས་ཉིད་བདེ་བ་ཆེན་པོའི་རོས་ཁྱབ་པས་ཟུག་རྔུ་ཐམས་ཅད་དང་བྲལ་བའི་ངང་དུ་རང་གསལ་དུ་ལྷན་གྱིས་བཞག་གོ། །

དྲུག་ཚན་གསུམ་པ་མཉམ་པ་བདེ་བ་ཆེན་པོ་ལ་བརླ་སྟེ་བཅད་པ་ནི།

དུས་གསུམ་གཅིག་པས་སྔ་ཕྱི་མེད་པར་མཉམ་སྟེ། དུས་གསུམ་དུ་འཛིན་པ་འཁྲུལ་པའི་བློ་རྟོག་པ་ཡིན་པས་འདིར་དུས་གསུམ་དུས་མེད་རྟོགས་པ་པོར་ལ་བཟླའོ། །བདག་གཞན་མེད་པས་གཉིས་སུ་མེད་པར་མཉམ་སྟེ། བདག་གཞན་མ་གྲུབ་པ་དེ་བཞིན་དུ་སེམས་ཅན་ཐམས་ཅད་ཀྱང་མ་གྲུབ་སྟེ། བདག་ཅི་འདྲ་བ་དེ་འདྲར་སེམས་ཅན་ཐམས་ཅད་ཤེས་པར་ལ་བཟླའོ། །སེམས་ལ་འབད་རྩོལ་མེད་པས་འབྲས་བུ་སྤངས་ཐོབ་མེད་པར་མཉམ་སྟེ། རྒྱུ་སེམས་ཉིད་སངས་རྒྱས་སུ་རྟོགས་པས་ལམ་གྱི་རྩོལ་བ་མེད་དེ། འབྲས་བུ་ལ་སྤངས་ཐོབ་དང་རེ་དོགས་མེད་པར་ལ་བཟླའོ། །ཐམས་ཅད་སེམས་སུ་གསལ་བས་བཟང་ངན་མེད་པར་མཉམ་སྟེ། འཁོར་འདས་གཉིས་ཀ་སེམས་ཀྱི་འཆར་ལུགས་ཡིན་པས་སེམས་ཉིད་ལ་བཟང་ངན་མེད་པས། འཁོར་འདས་བཟང་ངན་མེད་པར་མཉམ་པ་ཆེན་པོར་ལ་བཟླའོ། །ཀང་བྱུང་ཐད་ཀར་བཅད་པས་གཉེན་པོ་ལ་དྲག་ཞན་མེད་པར་མཉམ་སྟེ། བཟང་རྐྱེན་ངན་རྐྱེན་ཐམས་ཅད་ཐད་ཀར་བཅད་པས་ཕྱོགས་མེད་ལམ་དུ་སློངས་ཏེ་རྐྱེན་གྲོགས་སུ་ཤར་ནས་སྤང་བླང་མེད་པར་ལ་བཟླའོ། །འགྲོ་དྲུག་རང་སར་གྲོལ་བས་གནས་ལ་མཐོ་དམན་མེད་པར་མཉམ་སྟེ། སེམས་ཀྱི་རྩ་བ་ཆོད་པས་འགྲོ་དྲུག་རང་སར་གྲོལ་ཏེ་གནས་ལ་མཐོ་དམན་དུ་སྐྱེ་བའི་རྩིས་གདབ་མེད་པར་ལ་བཟླའོ། །ཤེས་བྱ་དྲུག་བསྐོར་དྲུག་གསུམ་བཅོ་བརྒྱད་མན་ངག་གི་ཉིང་ཁུ། ལྟ་བའི་མཐར་ཐུག །དགོངས་པའི་སྙིང་པོ། །ཤེས་རབ་ཀྱི་ཕ་རོལ་ཏུ་ཕྱིན་པའི་བཅུད་ཕྱུང་བ་དྲུག་གསུམ་བཅོ་བརྒྱད་ཀྱི་གདམས་པ་ལ་ངོ་སྤྲོད་པ་ཡིན་ནོ། །

ཡང་། ཇོ་རང་བྱུང་པའི་ངོ་སྤྲོད་བདུད་རྩིའི་ཆུ་རྒྱུན་ལ་ངོ་སྤྲོད་པ་ནི། བླ

མ་དམ་པ་རྣམས་ལ་ཕྱག་འཚལ་ལོ། །དུས་གསུམ་སངས་རྒྱས་ཐམས་ཅད་ཀྱི་དགོངས་པ། དམ་པ་རྣམས་ཀྱིས་དོན་དུ་གཉེར་བ། ཆོས་སྐུ་ཕྱག་རྒྱ་ཆེན་པོ་ཟེར་བའི་སྒྲ་བོ་ཆེ་གཡེར་པོ་ཆེ་དེ་རང་གི་སེམས་ལ་ཟེར་བ་ཡིན། རང་སེམས་ངོ་མ་ཤེས་ན། ངའི་སེམས་ངའི་སེམས་ཟེར་བའི་མི་དྲན་དགུ་དྲན་གྱི་རིག་པ་འདི་ཡིན། འཁོར་བ་དང་མྱ་ངན་ལས་འདས་པའི་ཆོས་ཐམས་ཅད་ཀྱང་རིག་པ་འདི་རང་ལས་མ་འདས། སྡེ་སྣོད་མདོ་རྒྱུད་ཀྱི་བཅུད་ཀྱང་འདི་ཡིན། འདི་ཉམས་སུ་ལེན་ན་བསྒོམ་རྒྱུ་ཅི་ཡང་མེད། རིག་པ་འདི་ཧྲིག་གེ་རང་སར་བཞག་གོ། །དེ་ཕྱག་རྒྱ་ཆེན་པོ་ཡིན་ནམ་མིན་ནམ་སླམ་པའི་ཐེ་ཚོམ་མི་དགོས། ཡག་ཏུ་རེ་བ་དང་། ཉེས་ཀྱི་དོགས་པ་ཡེ་མ་བྱེད། རྟོག་པ་བན་བུན་མང་པོའི་རྗེས་སུ་མ་འབྲང་། རིག་པ་ཧྲིག་གེ་བ་འདི་རང་གི་ཐོག་ཏུ་ཞོག །སྟོད་དེ་གློད་ལ་ཞོག །བསྒོམ་རྒྱུ་དེ་ཅི་ཡང་མི་བདོག་གོ། །དེ་ལྟར་ཡང་དང་ཡང་དུ་བསྒོམས་པས་དུས་ཚོད་ཅིག་ཙམ་ན་རྣམ་རྟོག་རང་ངོ་ཤེས་ནས། གཞི་མེད་རྩ་བྲལ་དུ་ལྷང་གིས་རྟོགས་ནས། ཞེན་པ་ཐམས་ཅད་རང་སར་གྲོལ་ནས། སྐད་ཅིག་ལ་བག་ཆགས་མ་ལུས་པ་དྭངས་ཕྱུང་སྟེ། དེ་ཉིད་དུ་སངས་རྒྱས་པ་ཞེས་བྱའོ། །སྐད་ཅིག་གཅིག་གིས་བྱེ་བྲག་ཕྱེད། །སྐད་ཅིག་གཅིག་གིས་རྫོགས་སངས་རྒྱས། །ཞེས་པ་ཕྱག་རྒྱ་ཆེན་པོའི་སྙིང་གཏམ་ཚིག་གཅིག་མ། བླ་མ་དམ་པ་གྲུབ་པ་ཐོབ་པ་རྣམས་ཀྱི་མན་ངག་མཐར་ཐུག་པ། དེ་ལས་གཞན་དག་ཡོད་རེ་ཤེ། གཞན་ལ་མི་བསྟན་པར་ཞུ། གསང་སྔ་ཡལ་བར་དོར་ན་བྱིན་རླབས་འབྱུང་མི་སྲིད་པ་ལགས་སོ། །དུས་རྟག་ཏུ་ཁོ་བོ་དྲན་པར་གྱིས་ཤིག །དེ་ལ་འཆུག་པ་མི་བདོག་གོ། །བྱིན་རླབས་འབབ་ཞིག་ལ་རེ་བ་ཡིན། ཁྲིད་མ་ཚར་བར་དཔེ་མི་མཐོང་བ་དང་། སུ་ལ་མི་བསྟན་

པ་བཀའ་རྒྱ་ཡིན། ཞེས་པ་འདི་རང་བྱུང་རྡོ་རྗེས་ཀརྨའི་གནས་ཡང་དགོན་དུ་མཛད་པའོ། །ས་མ་ཡ། རྒྱ་རྒྱ་རྒྱ།། །།

སྐུ་གསུང་ཐུགས་ལ་ཕྱག་འཚལ་ལོ། །ངོ་སྤྲོད་གསལ་བྱེད་དོན་བསྡུས་བསྟན་པ་ལ། རང་གི་འགྱུ་བ་གང་བྱུང་ཡང་བལྟས་པས་འགྱུ་མཁན་མེད་པས་རང་རིག་པའི་ངོ་བོ་ཅིར་ཡང་མ་གྲུབ་པ་སྟོང་ཕྱལ་ལེ་བ་འདི་དབྱིངས་བྱ་བ་ཡིན། ཞི་གནས་བྱ་བ་ཡིན། རྣམ་རྟོག་ཞི་ནས་སྟོང་པ་ལ་གནས་པ་དེ་ཞི་གནས་བྱ་བ་ཡིན། སྟོང་པ་དེའི་ངང་ནས་ས་ལེ་སིང་ངེ་ཧྲིག་གེ་ཡེར་རེ་ཁྲུག་གེ་ཤལ་ལེ་འདུག་པ་དེ་ཡེ་ཤེས་བྱ་བ་ཡིན། དེ་ཁ་ཁར་ཕྱེད་དགོས་པ་ཡིན། དེ་གཉིས་མ་ཕྱེད་ན་སྟོང་པ་དང་གསལ་བ་མི་ཟེར་བ་ཡིན། ཤ་མོ་གལ་ལ་ཟིན་པ་དང་འདྲ་བས་གལ་ཆེ། སྐུ་གསུང་ཐུགས་ཕྱེ་ནས་སྟོན་པ་ནི། གང་གི་སྟོང་པ་དེ་སྐུ་ཡིན། ས་ལེ་བ་དེ་གསུང་ཡིན། དེ་གཉིས་སུ་མེད་པ་མཉམ་པོར་གནས་པ་དེ་ཐུགས་ཡིན། དེ་ལ་སྐུ་གསུང་ཐུགས་ཀྱི་ངོ་སྤྲོད་ཟེར་བ་ཡིན། སྐུ་གསུམ་གྱི་ངོ་སྤྲོད་བསྟན་པ་ནི། ངོ་བོ་སྟོང་པ་ཆོས་སྐུ་ཡིན། རང་བཞིན་གསལ་བ་ལོངས་སྐུ་ཡིན། མ་འགགས་ཅིར་ཡང་སྣང་བ་དེ་སྤྲུལ་སྐུ་ཡིན། དེ་སྐུ་གསུམ་གྱི་ངོ་སྤྲོད་ཡིན། ད་ནི་ཡེ་ཤེས་ལྔའི་ངོ་སྤྲོད་ནི། སྟོང་པ་དེ་ཆོས་ཀྱི་དབྱིངས་ཀྱི་ཡེ་ཤེས་ཡིན། གསལ་བ་དེ་མེ་ལོང་ལྟ་བུའི་ཡེ་ཤེས་ཡིན། དེ་གཉིས་མཉམ་པོར་གནས་པ་དེ་མཉམ་པ་ཉིད་ཀྱི་ཡེ་ཤེས་ཡིན། དེ་གཉིས་མ་འདྲེས་སོ་སོར་གནས་པ་དེ་སོ་སོར་རྟོགས་པའི་ཡེ་ཤེས་ཡིན། དེ་རྣམས་མ་བཙོས་ལྷུན་གྱིས་གྲུབ་པ་དེ་བྱ་བ་གྲུབ་པའི་ཡེ་ཤེས་ཡིན། དེ་ཡེ་ཤེས་ལྔའི་ངོ་སྤྲོད་ཡིན། ཐབས་དང་ཤེས་རབ་གཉིས་ཀྱང་དབྱིངས་དང་ཡེ་ཤེས་གཉིས་ལ་ཟེར་བ་ཡིན། སྐྱེ་འགག་གཉིས་ཀྱི་ངོ་སྤྲོད་ཀྱང་། ཡེ་ཤེས་སྐྱེས་དུས་འཁྲུལ་པ་

འགག །འཁྲུལ་པ་སྐྱེས་དུས་ཡེ་ཤེས་འགག །དེ་ལ་འཁྲུལ་པ་ཡེ་ཤེས་གཉིས་ཀྱི་ངོ་སྤྲོད་ཟེར་བ་ཡིན། ད་རིག་པ་གཅེར་མཐོང་གི་ངོ་སྤྲོད་ལ། རང་རིག་པའི་ངོ་བོ་ལ་གཅེར་གྱིས་ལྟོས་དང་། དངོས་པོ་མེད་པར་ལྷག་གིས་མཐོང་བ་ཡིན། དེ་ལྷག་མཐོང་གི་ཡེ་ཤེས་ཡིན། ད་ཟིལ་གནོན་དང་། འབུར་འཇོམས་དང་། རྗེས་སླེབ་ཀྱང་འདྲ་བ་ཡིན། སྒོམ་རབ་ལ་རྣམ་རྟོག་མི་མངའ། འབྲིང་ལ་དྲན་མ་ཐོག་ཏུ་ཡལ་བས་འཇོམས་པ་ཡིན། ཐ་མ་ལ་འཁྲུལ་པ་གཅིག་རེད་ཙ་རྗེས་ཤེས་སླེབ་པ་ཡིན། རང་རིག་པའི་ངོ་བོ་ལྷུན་གྱིས་གྲུབ་པ་ཡིན། ལྷུན་གྲུབ་ཀྱི་ཉམས་ཟེར་བ་ཡིན། ད་ནི་གོལ་ས་བཅད་པ་ནི། རང་རིག་སྟོང་པ་ལ་ས་ལེ་ཧྲིག་གེ་བ་མེད་ནས་ཡེ་ཤེས་སྟོང་པར་འཛིན་ན་གོལ་སར་སོང་བ་ཡིན། གསལ་སིང་ངེ་བ་ལ་དངོས་པོར་འཛིན་ན་རྟོག་པ་ཡིན། དེ་ལ་གོལ་ས་བཅད་པ་ཟེར་བ་ཡིན། ད་སྒོམ་པ་སྟོང་བསམ་ན་གསལ་བ་ཡིན། གསལ་བ་བསམ་ན་སྟོང་པ་ཡིན། དེ་ལ་གསལ་སྟོང་གཉིས་མེད་ཀྱི་ཉམས་ཟེར་བ་ཡིན། རང་རིག་པའི་ངོ་བོ་བཅོར་གྱིས་བཟུང་དང་། གཅེར་གྱིས་མཐོང་བ་ཡིན། དེ་ལ་རིག་པ་གཅེར་མཐོང་གི་ཉམས་ཟེར་བ་ཡིན། རང་རིག་པ་ལ་རང་གིས་ལྟོས་པ་ན་ལྟ་བ་ཟེར་བ་ཡིན། སྤྱོད་རྒྱུ་མེད་པ་ལ་སྤྱོད་པ་ན་སྤྱོད་པ་ཟེར་བ་ཡིན། དེ་ལ་ལྟ་སྤྱོད་ཟུང་འཇུག་ཟེར་བ་ཡིན། མ་ཡེངས་པར་གནས་པ་དེ་ལ་བསྒོམ་པ་ཟེར་བ་ཡིན། དེ་ལ་ལྟ་སྒོམ་སྤྱོད་གསུམ་ཟེར་བ་ཡིན། རང་རིག་པ་ལ་དངོས་པོ་མེད་པ་དེ་གཞི་ཡིན། དེ་ལ་གོམས་ནས་འདུག་པ་དེ་ལམ་ཡིན། རེ་དོགས་མེད་པར་གོ་ན་འབྲས་བུ་ཡིན། དེ་ལ་གཞི་ལམ་འབྲས་གསུམ་གྱི་ངོ་སྤྲོད་ཟེར་བ་ཡིན། ལར་དུག་ལྔ་པོ་འདི་དངོས་པོར་མ་གྲུབ་ན། དུག་ལྔ་སྤྱོད་པ་འདི་སྤྱོད་པའི་མཆོག་ཡིན་ནོ། །དུག་ལྔ་རང་སར་དག་ན་བསྒོམ

རྒྱུ་ལོགས་ན་མེད། ལྟ་བྱེད་མཁན་པོས་བལྟས་པ་ཡིན། སྐད་ཅིག་མ་ཡེངས་དོན་ཀུན་རྟོགས་པ་ཡིན། ལྟ་མེད་དུ་ལྟོས་ཞིག །སྤྱོད་མེད་དུ་སྤྱོད་ཅིག །སྒྲུབ་མེད་དུ་སྒྲུབས་ཞིག །སྒོམ་མེད་དུ་སྒོམས་ཞིག །ཁོ་དང་འགྲོགས་ཡུན་རིང་སྟེ་མཐོང་མ་མྱོང་། ལྷན་ཅིག་སྐྱེས་ཏེ་ངོ་མ་ཤེས། ཀུན་གཞི་སེམས་ཙན་ཀུན་ལ་རིག་པ་སྟོང་པར་གནས་ཏེ་ངོ་མ་ཤེས་པ་ཡིན་པས་ཀུན་གཞི་ཟེར་བ་ཡིན། གསལ་སྟོང་དེ་རྟོགས་ནས་སེམས་ཅན་གྱི་དོན་བྱེད་པ་ཡིན། ངོ་སྤྲོད་གསལ་བྱེད་ཀྱི་རིམ་པ་རྫོགས་སོ། །གསེར་ཞུན་མ་དང་འདྲའོ། །དོན་ལ། རང་གི་སེམས་ལ་ལྟས་ན་ལྟ་བ་ཡིན། དེ་ལ་མ་ཡེངས་ན་སྒོམ་པ་ཡིན། དེ་དང་མ་བྲལ་ན་སྤྱོད་པ་ཡིན། དེ་མངོན་དུ་གྱུར་ན་འབྲས་བུ་ཡིན། ལྟས་པས་བལྟ་རྒྱུ་མེད་དོ་སྣང་བ་སེམས་ཉིད་ཡིན། །བསྒོམ་པས་བསྒོམ་རྒྱུ་མེད་དོ་རིག་པ་རང་གསལ་ཡིན། །སྤྱོད་པས་སྤྱོད་རྒྱུ་མེད་དོ་རང་བྱུང་ཞུགས་ལ་སྤྱོད། །འབྲས་བུ་བསྒྲུབ་རྒྱུ་མེད་དོ་རང་སེམས་སངས་རྒྱས་ཡིན། །ཞེས་པ་འདི་རང་བྱུང་རྗེ་རྗེས་སྒྲུར་བ་རྫོགས་སོ། །

སྐྱབས་འགྲོ་བྱེད་ན། སེམས་ཀྱི་ངོ་བོ་སྤྲོས་པའི་མཐའ་ཐམས་ཅད་དང་བྲལ་བ་དེ་སངས་རྒྱས་ལ་སྐྱབས་སུ་སོང་བ་ཡིན། དེའི་ངང་ལ་མ་བཅོས་པར་འཇོག་པ་དེ་ཆོས་ལ་སྐྱབས་སུ་སོང་བ་ཡིན། དེའི་ངང་ནས་དྲན་ཤེས་བཞིན་གྱིས་སྐྱོང་བ་དེ་དགེ་འདུན་ལ་སྐྱབས་སུ་སོང་བ་ཡིན། བཀྲ་ཤིས་དཔལ་འབར་འཛམ་གླིང་རྒྱན་དུ་ཤོག །འདི་དག་ནི་རྗེ་རང་བྱུང་པའི་ངོ་སྤྲོད་བདུད་རྩིའི་ཆུ་རྒྱུན་ལ་ངོ་སྤྲད་པ་ཡིན་ནོ། །

གཞུང་གི་དམ་ཚིག་དམིགས་པའི་ཟུར་འདེབས་ལ་ངོ་སྤྲད་པ་ནི། རི་བོ་རྩེ་ནས་མ་བསྐྱིལ་ཅིག །མུ་སྟེགས་ཀྱི་སྤྱོད་པ་མི་བྱེད། རྒྱ་མཚོ་མཐའ་ནས་མ་སྐེམས

ཞིག །ས་རྗོ་མི་ལོག །མི་ཆེན་ལ་བརྙས་པ་མ་བྱེད་ཅིག །རང་སེམས་སངས་རྒྱས་ཀྱི་རྐང་པ་ཡིན། ཡིད་བཞིན་ནོར་བུ་མ་སྟོར་ཅིག །བླ་མའི་གདམས་ངག་ཟབ་མོ། །བྱུ་ཆུང་བསམ་མེད་མ་བྲིད་ཅིག །རང་མགོ་རང་གིས་མ་སྐོར་ཅིག །བཙན་དུག་ཟས་སུ་མ་ཟ་ཅིག །མི་དགེ་བ་སྤྱོངས། སྤྲུ་མཚན་ངོ་ཚ་མ་སྐྱུར་ཅིག །མེ་མདའ་མཚོ་ལ་ཕོག་པ་མི་བྱེད། ཕོ་ཉས་ཐག་རིག་མ་བགྲོད་ཅིག །རྣམ་རྟོག་མ་འཕྲོ། ཏྲེད་སྐོམ་གདན་དུ་མ་འདིངས་ཞིག །ཡུགས་ས་མ་མི་འགོང་། རྫི་ཤ་ཁ་ཏུ་མ་ཟ་ཅིག །གཉན་སར་ནལ་མི་བྱེད། བཙོལ་མ་མི་ལ་མ་སྐུར་ཅིག །ནད་པ་ལ་མ་ཡིངས་པར་བྱེད། ཤ་ཏུ་གནམ་དུ་མ་བཙུག་ཅིག །མཁའ་འགྲོ་མ་ལ་འཚང་མི་འབྲུ། བདུད་རྩི་ཁ་ནས་མ་ཕོ་ཅིག །བུད་མེད་སྤྱོད་པ་ལ་མི་ལྷིང་། གཏམ་ངན་མི་ལ་མ་རྗོད་ཅིག །དམོད་པ་མི་བྱེད། ཚད་མདོ་བུ་དང་མ་འཕོན་ཅིག །གར་ཐོད་ཐོད་དུ་ཁྲག་ཐབས་མི་བྱ། ཁྱིམ་ཆོས་དགྲ་ཏུ་མ་སླང་ཅིག །གཉན་སའི་ཤིང་མི་བཅད། རྣ་དམར་ལ་ཐུར་རྐྱུ་མ་རྒྱུག་ཅིག །ཅེར་བུར་ཐུར་ལ་མི་རྒྱུག །རང་ནོར་མི་ལ་མ་སྐུར་ཅིག །གདམས་ངག་གཞན་ལ་མི་སྟེར། མུན་ནག་ལ་འཐོམས་འགྲོས་མ་བྱེད་ཅིག །གདམས་ངག་གིས་ཕྱུག་པ་ཞིག་དགོས། རང་སྒྲོག་རང་གིས་མ་གཅོད་ཅིག །ཐེམ་རིག་ཕྲལ། རང་ཤ་རང་གིས་ཟ་བ་མིན། རང་སེམས་སྐྱེ་མེད་དུ་ཤེས་པ་ཡིན། ཕ་མ་གཉིས་དེ་བསད་པ་མིན། སྣང་སྟོང་དབྱེར་མེད་དུ་ཤེས་དགོས། མགོ་བཅད་གཡང་ལ་སྐྱུར་བ་མིན། རང་ལུས་དང་གཞན་ཕྲལ། བར་བར་ཤེས་པས་གླིང་བཞི་བསྐོར། ཚད་མེད་བཞི་བསྒོམ། རང་ཡུལ་མི་ལ་བསྐུར་བ་མིན། གཉན་ས་ན་སྤང་ཡོད། གཞན་ཡུལ་རང་གིས་གཟུང་བ་མིན། རི་ཁྲོད་འགྲིམ། ཞིང་ཆུ་མ་མཐའ་ནས་སྐམས་པ་མིན། ནམ་ཡང་ཞེན་མེད་བྱེད་པ་ཡིན།

མི་རྐོད་སླད་ལ་བསྐོར་བ་ཡིན། རྣམ་རྟོག་བཙུད་ལ་བོར་བ་ཡིན། དགྲ་ལ་རྩལ་མཐུན་བྱེད་པ་ཡིན། ནམ་ཡང་ལྷ་འདྲེ་ལ་སེམས་བསྐྱེད་བསྒོམ། གཉེན་ལ་གྲུ་ཚུགས་བྱེད་པ་ཡིན། གཞན་སའི་ལྷ་འདྲེ་ཡོད་པར་ཤེས། ལྷ་ལ་མིག་གོར་བྱེད་པ་ཡིན། གང་ལ་ཡང་རེ་བ་མེད་པ། རྒྱ་མཚོ་ནང་དུ་འདུག་པ་ཡིན། དམན་ས་བཟུང་། བྱ་ར་རི་བོའི་རྩེ་ནས་བྱེད། རིག་པ་དམན་སར་བཞག །སྤྲུལ་ནག་མདུད་པ་བཤིག་པ་ཡིན། སྐེམས་ཐལ་བྱེད། གང་མཐོང་མགྲོན་དུ་འབོད་པ་ཡིན། དགྲ་གཉེན་མེད་པར་ཤ་ཁྲེར་ཁྲག་ཁྲེར་བྱེད། ཞུགས་ལྷམ་སྔོན་པོ་གྱོན་པ་མིན། རྟ་མི་འཛོག །དུག་མཚོ་ཁོལ་མ་འབོག་པ་མིན། ལོག་པའི་ཟས་མི་ཟ། བརྩོན་དོང་ནག་པོ་འཁྲིམ་པ་མིན། རང་ཡུལ་སྤང་། རང་ལྟེ་རང་གིས་བཅད་པ་མིན། བླ་མ་ལ་རྫུན་མི་རྫོ། དར་དཀར་ཡོལ་བ་བཀྲལ་བ་མིན། བླ་མའི་ཐུགས་མི་དཀྲུག །ཤྭག་ཐུབ་བརྩོན་དུ་མི་བཟུང་། གྲུབ་མཐའ་ངན་པ་དང་མི་འགྲོགས། དབང་ཕྱུག་ཆེན་པོ་ལ་ནོར་མི་སྐུར། མུ་སྟེགས་པ་ལ་གདམ་མི་བཤད། ক্লুང་བཙུད་བུ་ཕྲག་ལ་མ་གཡུག་ཅིག །ཕྱི་ནང་འདྲེས་པའི་ཆོས་མི་བཤད། གྲོག་ཚང་ནང་དུ་འདུག་པ་མིན། ཉེ་དུའི་ནང་དུ་མི་འདུག །བཙན་དང་རྩེད་མོ་རྩེ་བ་མིན། དམ་ཉམས་དང་མི་འགྲོགས། བདུད་དང་ནོར་བགོ་བྱེད་པ་མིན། སྔོན་འགྲོ་དམར་འཁྱིད་མི་བྱེད། མི་ཆེན་པོ་དང་རྟག་ཏུ་འགྲོགས་པ་མིན། ལྷ་འདྲེ་གནས་སར་རྟག་ཏུ་འདུག །ཚངས་པ་བྱེ་རུ་འགྲོ་བ་ཡིན། རྟག་ཏུ་མཉེན་པར་བརྗོད། ནམ་མཁའི་མཐོངས་སུ་འདུག་པ་ཡིན། དུས་རྟག་ཏུ་སྟོང་ཉིད་བསྒོམ། མ་ཡི་རུམ་དུ་ཉལ་བ་ཡིན། བླ་མ་དང་རྟག་ཏུ་འགྲོགས་པ་ཡིན། མུན་པ་རྟག་ཏུ་ཞེན་པ་ཡིན། སུ་ཡིས་མ་མཐོང་བར་སྐྲ་བ་བཅད་ལ་འགྲོ། མདུང་མོའི་མགོ་རུ་འདུག་པ་ཡིན། རིག་པ་

རྟེན་ནེ་ཞོག །མི་རྣ་མིག་ལ་མེ་རྩ་ཞོག །གཉན་དམིགས་སུ་འདུག །བུ་ལོན་མ་ལོན་བར་དུ་འདུག །ཚར་སློངས་མ་ཕྱེད་བར་དུ་འདུག །གསེར་གྱི་རི་ལ་གཞར་བ་ཡིན། མཁས་པ་དང་རྣག་ཏུ་འགྲོགས། སེང་གེ་དཀར་མོ་བཞོན་དུ་ཞོན། བླ་མའི་བཀའ་བཞིན་བསྒྲུབ། མི་ཆེན་གསུམ་ལ་དོ་མ་བསྡོ། དཀོན་མཆོག་གསུམ་ལ་བློ་མ་ལོག །མི་ཆེན་གསུམ་དང་དུས་མ་འཐབ། གཉན་སར་འགྲོ་མ་ཟེར། མི་བཞི་བཙོན་དུ་གཟུང་བ་ཡིན། བདུད་བཞི་ཟིལ་གྱིས་གནོན་པ་ཡིན། སེང་གེ་དཀར་མོའི་རྗེས་ཞབས་སུ་མི་འདུག །གངས་སྲུད་ཡོང་སར་མི་འདུག །རྒྱ་གྲོག་པའི་ཚང་མ་སློང་། ལྕོག་རོ་ལ་ཐབ་རྫིས་མི་བྱེད། དམག་པོ་ཆེའི་རྣ་མི་བརྟེན། བཤའ་རྒྱུད་དང་ཚུ་རྣ་ལ་མི་འདུག །དུང་དཀར་སྐྱད་ལ་གཡུག་པ་མིན། ནམ་ཡིན་ལ་འོ་དོད་མི་འབོད། སེང་གེའི་གཡུ་རལ་རྙོག་པ་མིན། བླ་མའི་གདམས་ངག་མི་རྐུ། གཡུ་འབྲུག་གི་ཟེ་བ་བྲེག་པ་མིན། རང་སྐྲ་རང་གིས་བྲེག་པ་མིན། གསེར་ཕྱེ་རླུང་ལ་བསྐུར་བ་མིན། །དམ་ཉམས་ལ་ཆོས་མི་བཤད། བཙུན་མོ་མི་ལ་བསྐུར་བ་མིན། མུན་ཊུབ་ནས་མེ་མི་འབུད། སྐང་ཆེན་སྨྱོན་པའི་རྣ་བརྟེན་པ་མིན། མཆོད་རྟེན་ཞབས་ན་ཉལ་བ་མིན། ལ་ཡི་གཅེས་ཟས་ཟ་བ་མིན། བསྒྲུབ་པ་བྱེད་པའི་ཟས་མི་ཟ། ཟླ་བོ་དོང་དུ་སྐྱུར་བ་མིན། བྲག་རོང་དང་དོང་དུ་མི་འཚོང་། མ་རང་དུ་རྫིས་པ་མིན། ཆོས་ཐམས་ཅད་སེམས་ལ་བཀུར། ནགས་ཚལ་མེ་ཡིས་བསྲེག་པ་མིན། ཆོས་ཐམས་ཅད་ལ་སྐུར་བ་མི་གདབ། མེ་མུར་ཐལ་ཚན་འབོག་པ་མིན། ཐེ་ཚོམ་མི་བྱེད། རལ་གྲི་རྗེ་ལ་བཞུ་བ་མིན། གར་ཐོད་ཐོད་དུ་རིམ་གྲོ་སྤྲང་། ཧ་ཀོད་སྒྲོག་དུ་བཅུག་པ་མིན། རང་སེམས་རང་གིས་བཅིང་བ་མིན། བྱ་ཀོད་སྙི་ལ་བཟུང་བ་མིན། བུད་མེད་རིགས་དང་མི་འགྲོགས། རྨི་མོའི་

བྲང་རྒྱན་བཀོག་པ་མིན། ལྷ་ཚའི་རྒྱན་མི་བཀོག །སྲིན་མོའི་བྲང་རྩར་ཉལ་བ་མིན། བྲག་ཉིལ་སར་མི་ཉལ། སྲིན་པོ་གནས་སར་འབྲང་མི་བཏབ། ཐབ་སྐོར་མི་འདུག །ཕྱུགས་དང་ཁྱིམ་ཆོས་བྱེད་པ་ཡིན། ཆུ་མིག་ཡོད་སར་འདུག །དབུལ་པོའི་ཁྱིམ་ཆོས་སྤྱང་བ་ཡིན། ཆུ་ཤིང་མེད་ས་སྤྱང་། ཉོ་མེད་ཀྱི་མ་ཧེ་འཚག་པ་མིན། ཆོས་མེད་པའི་བླ་མ་སྤྱང་། དགོས་པའི་མེ་ཆ་འཚག་པ་ཡིན། གདམས་ངག་རྣོན་པོ། ཤ་འབྲིང་བཙུད་ལ་བོར་བ་ཡིན། འབྲུལ་འཁོར་དང་ལུས་སྦྱོང་བྱེད། གསེར་ལ་ནག་ཚུར་བཏང་བ་མིན། དབང་བསྐུར་ཟབ་མོ་ཞུ་དགོས། རང་བུ་གཅེས་པར་གཟུང་བ་ཡིན། ཀླུང་བཟུང་བ་ལ་ཟེར་བ་ཡིན། ཁྱི་སྨྱོན་དང་གདོང་ཐུག་བྱེད་པ་མིན། ཧག་རྐུན་ཡོད་སར་གཟབ། ཀ་པོ་བཞི་ལ་གསོར་ཞོན་གྱིས། ཚད་མེད་བཞི་ལ་སྦྱང་། ཧག་ཏུ་བྱ་འཕུར་ཧྲེས་སུ་སོང་། སྐྱེ་མེད་བསྒོམ། མི་ཡི་ཁྱིམ་ཆོས་བྱེད་པ་མིན། མི་ཚེ་སྟོང་ཟད་བྱེད་པ་སྤྱང་། བཙན་པོའི་དམག་སྣ་མཐའ་ནས་བསྒྱུར། སེར་བ་དང་ཐོག་ལ་དམིགས་པ་དྲག་པོ་བྱེད། བཙུན་མའི་མི་དང་གཏམ་པ་མིན། ལྷ་འདྲེ་མེད་སར་མི་འདུག །ཁྱི་ནག་ཁ་ཧུ་ཐོག་མདའ་རྒྱོབ། དགྲ་བོ་བདུད་དགག་བཏང་། འཁྲུགས་པའི་བྱ་དེ་ཞགས་པས་བཟུང་། སྒྱུར་བར་གཏད། ཅེས་པ་གཞུང་གི་དམ་ཚིག་དམིགས་པའི་རྒྱུས་འདེབས་ཀྱི་ཟུར་འདེབས་རིམ་པ་རྣམས་ལ་ངོ་སྤྲོད་པར་བྱས་པ་ཡིན་ནོ།། །།

འདི་དག་¦ད་¦ནི་རྗེ་རང་བྱུང་པའི་ཕྱག་ཆེན་གྱི་སྨོན་ལམ་བར་ཆད་ཀུན་སེལ་འབྲི་བར་བྱ་སྟེ། བླ་མ་རྣམས་དང་ཡི་དམ་དཀྱིལ་འཁོར་ལྷ། །ཕྱོགས་བཅུ་དུས་གསུམ་རྒྱལ་བ་སྲས་དང་བཅས། །བདག་ལ་བརྩེ་དགོངས་བདག་གི་སྨོན་ལམ་རྣམས། །ཇི་བཞིན་འགྲུབ་པའི་མཐུན་འགྱུར་བྱིན་རླབས་མཛོད། །བདག་

དང་མཐའ་ཡས་སེམས་ཅན་ཐམས་ཅད་ཀྱིས། །བསམ་སྦྱོར་རྣམ་དག་གངས་རི་ལས་སྐྱེས་པའི། །འཁོར་གསུམ་རྟོག་མེད་དགེ་ཚོགས་ཆུ་རྒྱུན་རྣམས། །རྒྱལ་བ་སྐུ་བཞིའི་རྒྱ་མཚོར་འཇུག་གྱུར་ཅིག །ཇི་སྲིད་དེ་མ་ཐོབ་པ་དེ་སྲིད་དུ། །སྐྱེ་དང་སྐྱེ་བའི་ཚེ་རབས་ཀུན་ཏུ་ཡང་། །སྡིག་དང་སྡུག་བསྔལ་སྒྲ་ཡང་མི་གྲགས་ཞིང་། །དགེ་བདེ་རྒྱ་མཚོའི་དཔལ་ལ་སྤྱོད་པར་ཤོག །དལ་འབྱོར་མཆོག་ཐོབ་དད་བརྩོན་ཤེས་རབ་ལྡན། །བཤེས་གཉེན་བཟང་བསྟེན་གདམས་པའི་བཅུད་ཐོབ་ནས། །ཚུལ་བཞིན་བསྒྲུབ་ལ་བར་ཆད་མ་མཆིས་པ། །ཚེ་རབས་ཀུན་ཏུ་དམ་ཆོས་སྤྱོད་པར་ཤོག །ལུང་རིག་ཐོས་པས་མི་ཤེས་སྒྲིབ་ལས་གྲོལ། །མན་ངག་བསམ་པས་ཐེ་ཚོམ་མུན་ནག་བཅོམ། །སྒོམ་བྱུང་འོད་ཀྱིས་གནས་ལུགས་ཇི་བཞིན་གསལ། །ཤེས་རབ་གསུམ་གྱི་སྣང་བ་རྒྱས་པར་ཤོག །རྟག་ཆད་མཐའ་བྲལ་དེ་ཉིད་བཞི་ཡི་དོན། །སྒྲོ་སྐུར་མཐའ་བྲལ་ཚོགས་གཉིས་ལམ་མཆོག་གིས། །སྲིད་ཞི་མཐའ་བྲལ་དོན་གཉིས་འབྲས་ཐོབ་པའི། །གོལ་འཆུག་མེད་པའི་ཆོས་དང་འཕྲད་པར་ཤོག །སྦྱང་གཞི་སེམས་ཉིད་གསལ་སྟོང་ཟུང་འཇུག་ལ། །སྦྱོང་བྱེད་ཕྱག་ཆེན་རྡོ་རྗེ་རྣལ་འབྱོར་ཆེ། །སྦྱང་བྱ་གློ་བུར་འཁྲུལ་པའི་དྲི་མ་རྣམས། །སྦྱང་འབྲས་དྲི་བྲལ་ཆོས་སྐུ་མངོན་གྱུར་ཤོག །གཞི་ལ་སྒྲོ་འདོགས་ཆོད་པ་ལྟ་བའི་གདེང་། །དེ་ལ་མ་ཡེངས་སྐྱོང་བ་སྒོམ་པའི་གནད། །སྒོམ་དོན་ཀུན་ལ་རྩལ་སྦྱོང་སྤྱོད་པའི་མཆོག །ལྟ་སྒོམ་སྤྱོད་པའི་གདེང་དང་ལྡན་པར་ཤོག །ཆོས་རྣམས་ཐམས་ཅད་སེམས་ཀྱི་རྣམ་འཕྲུལ་ཏེ། །སེམས་ལ་སེམས་མེད་སེམས་ཀྱི་ངོ་བོས་སྟོང་། །སྟོང་ཞིང་མ་འགགས་ཅིར་ཡང་སྣང་བ་སྟེ། །ལེགས་པར་བརྟགས་ནས་གཞི་རྩ་ཆོད་པར་ཤོག །ཡོད་མ་མྱོང་གི་རང་སྣང་ཡུལ་དུ་འཁྲུལ། །མ་རིག་

དབང་གིས་རང་རིག་བདག་ཏུ་འཁྲུལ། །གཉིས་འཛིན་དབང་གིས་སྲིད་པའི་གློང་དུ་འཁྱམས། །མ་རིག་འཁྲུལ་པའི་གཞི་རྩ་ཆོད་པར་ཤོག །ཡོད་པ་མ་ཡིན་རྒྱལ་བས་ཀྱང་མ་གཟིགས། །མེད་པ་མ་ཡིན་འཁོར་འདས་ཀུན་གྱི་གཞི། །འགལ་འདུ་མ་ཡིན་ཟུང་འཇུག་དབུ་མའི་ལམ། །མཐའ་བྲལ་སེམས་ཀྱི་མཚན་ཉིད་རྟོགས་པར་ཤོག །འདི་ཉིད་མ་རྟོགས་འཁོར་བའི་རྒྱ་མཚོར་འཁོར། །འདི་ཉིད་རྟོགས་ན་སངས་རྒྱས་གཞན་ན་མེད། །ཐམས་ཅད་འདི་ཡིན་འདི་ཉིད་གང་ཡང་ཡིན། །ཆོས་ཉིད་ཀུན་གཞིའི་མཚང་ནི་རིག་པར་ཤོག །སྣང་ཡང་སེམས་ལ་སྟོང་ཡང་སེམས་ཉིད་དེ། །རྟོགས་ཀྱང་སེམས་ལ་འཁྲུལ་ཀྱང་རང་གི་སེམས། །སྐྱེས་ཀྱང་སེམས་ལ་འགག་ཀྱང་སེམས་ཡིན་པས། །སྒྲོ་འདོགས་ཐམས་ཅད་སེམས་ལ་ཆོད་པར་ཤོག །བློས་བྱས་རྩོལ་བའི་སྒོམ་གྱིས་མ་བསླད་ཅིང་། །ཐ་མལ་འདུ་འཛིའི་རླུང་གིས་མི་བསྐྱོད་པར། །མ་བཅོས་གཉུག་མའི་རང་བབས་འཛིག་ཤེས་པའི། །སེམས་དོན་ཉམས་ལེན་མཁས་ཤིང་སྐྱོང་བར་ཤོག །ཕྲ་རགས་རྟོག་པའི་ཐ་གློང་རང་སར་ཞི། །གཡོ་མེད་སེམས་ཀྱི་ཆུ་བོ་དངང་གིས་གནས། །བྱིང་རྨུགས་རྙོག་མའི་དྲི་མ་དང་བྲལ་བའི། །ཞི་གནས་རྒྱ་མཚོ་མི་གཡོ་བརྟན་པར་ཤོག །ལྟར་མེད་སེམས་ལ་ཡང་ཡང་བལྟས་པའི་ཚེ། །མཐོང་མེད་དོན་དེ་ཇི་བཞིན་ལྷག་གིས་མཐོང་། །ཡིན་མིན་དོན་ལ་ཐེ་ཚོམ་ཆོད་པ་ཡིས། །འཁྲུལ་མེད་རང་ངོ་རང་གིས་ཤེས་པར་ཤོག །ཡུལ་ལ་བལྟས་པས་ཡུལ་མེད་སེམས་སུ་མཐོང་། །སེམས་ལ་བལྟས་པས་སེམས་མེད་ངོ་བོས་སྟོང་། །གཉིས་ལ་བལྟས་པས་གཉིས་འཛིན་རང་སར་གྲོལ། །འོད་གསལ་སེམས་ཀྱི་གནས་ལུགས་རྟོགས་པར་ཤོག །ཡིད་བྱེད་བྲལ་བ་འདི་ནི་ཕྱག་རྒྱ་ཆེ། །མཐའ་དང་བྲལ་བ་དབུ་མ་ཆེན་པོ་ཡིན། །འདི་ནི་ཀུན་

འདུས་རྫོགས་ཆེན་ཞེས་ཀྱང་བྱ། །གཅིག་ཤེས་ཀུན་དོན་རྟོགས་པའི་གདེང་ཐོབ་ཤོག །ཞེན་པ་མེད་པའི་བདེ་ཆེན་རྒྱུན་ཆད་མེད། །མཚོན་གཞི་མེད་པའི་འོད་གསལ་སྒྲིབ་གཡོགས་བྲལ། །བློ་ལས་འདས་པའི་མི་རྟོག་ལྷུན་གྱིས་གྲུབ། །རྩོལ་མེད་ཉམས་མྱོང་རྒྱུན་ཆད་མེད་པར་ཤོག །བཟང་ཞེན་ཉམས་ཀྱི་འཛིན་པ་རང་སར་གྲོལ། །ངན་རྟོག་འཁྲུལ་པའི་རང་བཞིན་དབྱིངས་སུ་དག །ཐ་མལ་ཤེས་པ་སྤང་བླང་བྲལ་ཐོབ་མེད། །སྤྲོས་བྲལ་ཆོས་ཉིད་བདེན་པ་མཐོང་བར་ཤོག །འགྲོ་བའི་རང་བཞིན་རྟག་ཏུ་སངས་རྒྱས་ཀྱང་། །མ་རྟོགས་དབང་གིས་མཐའ་མེད་འཁོར་བར་འཁྱམས། །སྡུག་བསྔལ་མུ་མཐའ་མེད་པའི་སེམས་ཅན་ལ། །བཟོད་མེད་སྙིང་རྗེ་རྒྱུན་དུ་སྐྱེ་བར་ཤོག །བཟོད་མེད་སྙིང་རྗེའི་རྩལ་ཡང་མ་འགགས་ཤིང་། །རྩལ་དུས་ངོ་བོ་སྟོང་དོན་རྗེན་པར་ཤར། །ཟུང་འཇུག་གོལ་ས་བྲལ་བའི་ལམ་མཆོག་འདི། །འབྲལ་མེད་ཉིན་མཚན་ཀུན་ཏུ་བསྒོམ་པར་ཤོག །གོམས་སྟོབས་ལས་བྱུང་སྤྱན་དང་མངོན་ཤེས་དང་། །སེམས་ཅན་སྨིན་བྱས་སངས་རྒྱས་ཞིང་རབ་སྦྱངས། །སངས་རྒྱས་ཆོས་རྣམས་འགྲུབ་པའི་སྨོན་ལམ་རྫོགས། །རྫོགས་སྨིན་སྦྱངས་གསུམ་མཐར་ཕྱིན་སངས་རྒྱས་ཤོག །ཕྱོགས་བཅུའི་རྒྱལ་བ་སྲས་བཅས་ཐུགས་རྗེ་དང་། །རྣམ་དཀར་དགེ་བ་ཇི་སྙེད་ཡོད་པའི་མཐུས། །དེ་ལྟར་བདག་དང་སེམས་ཅན་ཐམས་ཅད་ཀྱིས། །སྨོན་ལམ་རྣམ་དག་དེ་བཞིན་འགྲུབ་གྱུར་ཅིག །ཅེས་ངེས་དོན་ཕྱག་རྒྱ་ཆེན་པོའི་སྨོན་ལམ་ཐམས་ཅད་མཁྱེན་པ་རང་བྱུང་རྡོ་རྗེས་མཛད་པ་ལ་ངོ་སྤྲད་པ་ཡིན་ནོ། །

ཡང་རྟེན་འབྲེལ་བཅུ་གཉིས་ལ་ངོ་སྤྲོད་པ་ནི། མ་རིག་པ་དང་། ཚོར་བ་དང་། འདུ་ཤེས་དང་། འདུ་བྱེད་དང་། རྣམ་པར་ཤེས་པ་དང་། མིང་གཟུགས།

རིག་པ་དང་། སྲིད་པ་དང་། ལེན་པ་དང་། སྲིད་པ་དང་། སྐྱེ་བ་དང་། རྒ་ཤི་སོགས། དེ་ལ་ཡང་ལུགས་འབྱུང་དང་ལུགས་བཟློག་གཉིས་སུ་བཤད་དེ། ལུགས་འབྱུང་གཞན་དུ་ཤེས་སོ། །འདིར་ལུགས་ཟློག་ལ་བརྟེན་ནས་ངོ་སྤྲོད་པ་ནི། མ་རིག་པ་ནི། སེམས་ཀྱི་ངོ་བོ་ལ་བལྟས་དུས་ན། གཟུགས་དང་ཁ་དོག །རིག་བྱ་རིག་བྱེད་གང་ཡང་མ་རྙེད། བཟུང་འཛིན་གང་ཡང་མ་གྲུབ་པ་ལའོ། །དེ་ཡང་འབུམ་ལས། མ་རིག་པ་རྣམ་པར་དག་པ་དང་། རྣམ་པ་ཐམས་ཅད་མཁྱེན་པ་ཉིད་རྣམ་པར་དག་པ་འདི་ལ་གཉིས་སུ་མེད། གཉིས་སུ་བྱར་མེད་སོ་སོ་མ་ཡིན་ཐ་མི་དད་དོ། །ཞེས་གསུངས་པའི་དོན་ཡིན་ནོ། །ཚོར་བ་ནི། སེམས་ཀྱི་ཚོར་བ་གང་བྱུང་ཡང་། ཚོར་བ་པོ་སེམས་ཀྱི་རང་བཞིན་ཡིན་པས་སེམས་ནི་བཟུང་འཛིན་དང་བྲལ་བ་ཡིན་ནོ། །དེ་བས་ན་ཡུམ་ལས། ཚོར་བ་པོ་རྣམ་པར་དག་པ་ཞེས་པའི་དོན་ཡིན་ནོ། །འདུ་ཤེས་ནི། ཚོགས་དྲུག་གི་འདུར་ཤེས་པ་གང་ཡིན་པ་དེ་ནི་སེམས་ཀྱི་རང་བཞིན་ཡིན་པས། སེམས་ནི་མིང་འདོགས་ཐམས་ཅད་དང་བྲལ་བ་ཡིན་ནོ། །དེ་བས་ན་འདུ་ཤེས་རྣམ་པར་དག་པའི་དོན་ཡིན་ནོ། །འདུ་བྱེད་ནི། འདུས་མ་བྱས་ཀྱི་བྱ་བ་གང་ཡང་སེམས་ཀྱི་སྣང་བ་ལ་འཆར་བ་ཡིན་ཏེ། འདུ་བྱེད་དང་། འདུ་མི་བྱེད་གཉིས་སུ་མེད་པ་མི་རྟག་པ། སྒྱུ་མ། རྨི་ལམ་མམ། མཐའ་ཐམས་ཅད་དང་བྲལ་བ་ཡིན་ནོ། །དེ་བས་ན་འདུ་བྱེད་རྣམ་པར་དག་པ་ཞེས་པའི་དོན་ཡིན་ནོ། །རྣམ་པར་ཤེས་པ་ནི། རང་གི་སེམས་ཀྱིས་བཏགས་པས་སྣང་བའི་རྣམ་པའམ། ཁ་དོག་གི་རྣམ་པའམ། དངོས་པོའི་རྣམ་པ་གང་བྱུང་བ་ལ་རྣམ་པ་དང་། དེ་ཤེས་པའམ་རྟོག་པ་ལ་ཤེས་པ་སྟེ། དེ་བས་ན་རྣམ་པར་ཤེས་པ་ཡེ་ནས་སེམས་ཀྱི་ངོ་བོ་ལ་དྲི་མས་མ་གོས་པས་ན།

རྣམ་ཤེས་རྣམ་པར་དག་པའི་དོན་ཡིན་ནོ། །གཟུགས་ནི། གཟུགས་ཀྱི་སྣང་བ་ལ་འཆར་བའི་རིག་པ་རྫོག་པ་གང་བྱུང་ཡང་སེམས་ཀྱི་རང་བཞིན་ཡིན་ཏེ། དེ་ལ་བཟུང་འཛིན་གྱི་དྲི་མས་མ་གོས་པའོ། །དེ་བས་ན་གཟུགས་ལ་རང་བཞིན་མེད་གང་ལ་རང་བཞིན་མེད་པ་དེ་ནི་བརྗོད་དུ་མེད་པའོ། །གཟུགས་ཀྱི་རང་བཞིན་གང་ནས་ཀྱང་མ་བྱུང་། གང་དུ་ཡང་མི་གནས། གར་ཡང་འགྲོ་བ་དང་གནས་པ་དང་འགྱུར་བ་མེད་དོ། །ཞེས་པའི་དོན་ཡིན་ནོ། །རིག་པ་ནི། འཛམ་རྒྱུབ་ཀྱི་རྣམ་པའམ། སྤྱོད་ལེན་གང་བྱུང་ཡང་རིག་པའོ། །སེམས་ཀྱི་རང་བཞིན་ཁོ་ན་ཡིན་ཏེ། དོན་གྱི་ངོ་བོ་ལ་ཆོས་ཉིད་མཐའ་དབུས་མེད་པ་རང་བཞིན་གྱིས་དག་པ་ཡིན་ནོ། །དེས་ན་རིག་པ་རྣམ་པར་དག་པ་ཞེས་པའི་དོན་ཡིན་ནོ། །སྲིད་པ་ནི། སྣང་བའི་ཡུལ་ལ་རི་ར་བ་ཁང་ཁྱིམ་སྐྱེས་པ་བུད་མེད། རྟ་དང་གླང་པོ་སོགས་སྣ་ཚོགས་པ་གང་ཤར་བ་ཡང་སེམས་ཀྱི་རང་བཞིན་ལས་བྱུང་སྟེ། དེ་བཞིན་དུ་སེམས་ཀྱིས་སྲིད་པ་ནི། གང་ལ་སྲིད་ན། རང་གང་འདོད་པ་དེ་ལ་སྲིད་པས་ན་སྲིད་པ་ཞེས་པའོ། །སྲིད་པ་དེ་རང་སེམས་གཅིག་པུའི་འཁྲུལ་སོ་དང་། ཡོ་ལང་ཡིན་པས། སེམས་མ་རྟོགས་པ་ལས་བྱུང་སྟེ། རྟོགས་ན་གཉིས་མེད་ཡེ་ཤེས། རང་སེམས་སྐྱེ་མེད་ཆོས་སྐུ་ཡིན་ནོ། །དེ་བས་ན་མདོ་སྡེ་རྒྱན་ལས། སེམས་ལས་གཞན་མེད་པར་ནི་བློས་རིག་སྟེ། །དེ་ནས་སེམས་ཀྱང་མེད་པ་ཉིད་དུ་རྟོགས། །བློ་དང་ལྡན་པས་གཉིས་པོ་མེད་རིགས་ནས། །དེ་མི་ལྡན་པ་ཆོས་ཀྱི་དབྱིངས་སུ་གནས། །ཞེས་པའི་དོན་ཡིན་ནོ། །ལེན་པ་ནི། སེམས་ཉིད་གཅིག་པུའི་འདོར་ལེན་ཡིན་ཏེ། དགའ་བ་དང་། འདོད་པ་དང་། བཟང་བ་རྣམས་ལེན། དེ་མ་ཡིན་པ་རྣམས་མི་ལེན། གང་ལྟར་ན་ཡང་ལེན་པ་པོ་གང་ཡིན་པ་དེ་

སེམས་ཡིན། སེམས་ནི་གསལ་སྟོང་འཛིན་མེད་ཀྱི་ངོ་བོ་ས་ལེ་སིང་ངེ་བ་ཀ་དག་ཡེ་ནས་གནས་པ་འདི་ཡིན་ནོ། །དེས་ན་དོ་ཧ་ལས། སེམས་ཉིད་གཅིག་པུ་ཀུན་གྱི་ས་བོན་ཏེ། །གང་ལ་སྲིད་དང་མྱ་ངན་འདས་འཕྲོ་བ། །འདོད་པའི་འབྲས་བུ་སྟེར་བར་བྱེད་པ་ཡིས། །ཡིད་བཞིན་ནོར་འདྲའི་སེམས་ལ་ཕྱག་འཚལ་ལོ། །ཞེས་གསུངས་པའི་དོན་ཡིན་ནོ། །སྲིད་པ་ནི། འཁོར་བའི་རྒྱ་མཚོ་ཞེས་མིང་དུ་འདོགས་ཏེ། འཁོར་བ་ནི་སེམས་ལས་བྱུང་། སེམས་མེད་ན་མིང་འདོགས་དང་བྲལ། མིང་འདོགས་བྱས་པ་དེ་ནི་སྲིད་པའི་འཁོར་བ་རིགས་དྲུག་ལ་འཁོར་ཞིང་སྡུག་བསྔལ་སྣ་ཚོགས་ཀྱི་ཚོར་བ་མྱོང་སྟེ། འཁོར་བའི་རྩ་བ་སྡུག་བསྔལ་མྱོང་མཁན་ནི་རང་སེམས་གཅིག་པུ་ཡིན། རང་སེམས་ནི་གཞི་མེད་རྩ་བྲལ་ཡིན། ཆོས་སྐུ་ལྷུན་གྲུབ་ཡིན། དེ་ཡིན་པས་ན། འཁོར་བའམ། སྡུག་བསྔལ་གང་ཡིན་པ་དེ་ནི་ཆོས་སྐུ་ཁོ་ན་ཡིན་པར་བཤད། དེ་ཡང་མདོ་ཉི་མའི་འོད་ཟེར་ལས། སེམས་ཅན་དམྱལ་བའི་གཡང་ས་ནི། །འོག་མིན་ཆོས་ཀྱི་ཕོ་བྲང་ཡིན། །ཚ་གྲང་གཉིས་ཀྱི་སྡུག་བསྔལ་ནི། །སྤྲོས་དང་བྲལ་བའི་ཆོས་སྐུ་ཡིན། །ཞེས་པའི་དོན་ཡིན་ནོ། །སྐྱེ་བ་ནི། བཞི་ལས། མངལ་སྐྱེས་དང་། སྒོང་སྐྱེས་དང་། དྲོད་གཤེར་ལས་སྐྱེས་པ་དང་། རྫུས་སྐྱེས་སོགས་གང་དུ་སྐྱེ་ཡང་། སྐྱེ་བ་པོ་ཡང་སེམས་ཡིན། སེམས་ནི་སྐྱེ་མེད་འོད་གསལ་གཉིས་མེད་ཡེ་ཤེས་སྟོང་པ་ཉིད་ཀྱི་རང་མདངས་ཡིན་པས་ན། ཏི་ལོ་པས། སྐྱེ་མེད་སྟོན་པའི་རྗེ་བཙུན་ལ། །སྣང་བ་དཀར་དམར་ཤར་ཙ་ན། །ཤེས་པ་བྱ་རོག་རྗིངས་བཞིན་ཐོང་། །འདོད་ཡོན་སྤྱོད་ཅིག་ནཱ་རོ་པ། །ཞེས་པའི་དོན་ཡིན་ནོ། །ཆ་ཤེ་ནི། ཕྱིར་གང་ལ་དགའ་བ་དེ་ལ་ཟེར་ཀྱང་། སྔོས་སུ་སེམས་ཀྱི་རང་བཞིན་ནམ། ང་བོ་མཐོང་བ་དང་ཞི་ལྷག་ཟུང་འབྲེལ་དུ་ཉམས་སུ་ལེན་པའམ།

སྒོམ་པ་ལ་དགའ་བ་བྱང་ཆུབ་སེམས་དཔའི་སར་སྤྲོ་བ་ན་དགའ་བ་སངས་རྒྱས་ཀྱི་ཞིང་བླ་ན་མེད་པ་ཐོབ་པར་བྱེད་པ་ལ་སྤྲོ་བས་ན་དགའ་བ་ཞེས་སོ། །ཕྱི་ནི་འཁོར་འདས་ཀྱི་དབུས་སུ་གནས་པའམ་བཞུགས་པ་ཡིན་པའི་ཕྱིར་དཔལ་ཡིན་པས་ཏེ། སམ་སྐྲི་ཏའི་སྐད་དུ་ཤྲཱི་ཞེས་སོ། །དོན་ལ་དཔལ་ཡིན་པའི་ཕྱིར། དེའི་དོན་གྱིས་ན་ཏ་ཤིར་མིང་འདོགས། དེ་རང་སེམས་ཐ་མལ་གྱི་ཤེས་པ་ལ་བཙོས་པ་འདི་འཁོར་འདས་ཀྱི་དཔལ་ཆོས་སྐུའམ་སངས་རྒྱས་རྡོ་རྗེ་འཆང་ཡིན་ནོ། །དེས་ན་འདས་ཀ་ཡེ་ཤེས་ལས། སེམས་རྟོགས་ན་སངས་རྒྱས་ཡིན་པས། སངས་རྒྱས་གཞན་དུ་མི་བཙལ་བའི་འདུ་ཤེས་རབ་ཏུ་བསྒོམ་པར་བྱའོ། །ཞེས་དང་། དུས་གསུམ་མཁྱེན་པས། སངས་རྒྱས་རང་གི་སེམས་ལ་རྙེད། །གྲུབ་པ་ཐོབ་འདོད་བློ་དང་བྲལ། །ཞེས་གསུངས་པའི་དོན་ཡིན་ནོ། །དེ་ལྟར་རྟེན་འབྲེལ་བཅུ་གཉིས་ལུགས་ཟློག་ཏུ་སེམས་དང་སྦྱར་ནས་ངོ་སྤྲོད་པ་བྱས་པ་ཡིན་ནོ། །

ད་ནི་མཐའ་དྲུག་ལ་བརྟེན་ནས་ངོ་སྤྲད་དགོས་ཏེ། དེ་ཡང་སྤྱིར་བཤད་པ་དང་། སོ་སོར་དོན་དུ་བཤད་པ་ལས། འདིར་དོན་གྱིས་བསྡུས་ཏེ་ངོ་སྤྲོད་པ་ནི། དང་པོ་དངོས་བསྟན་ནི། རྟེན་ཅིང་འབྲེལ་འབྱུང་ལ། འགག་པ་དང་སྐྱེ་བ་གཉིས། ཆད་པ་དང་རྟག་པ་གཉིས། འོང་བ་དང་འགྲོ་བ་གཉིས་ཏེ་དྲུག་གོ། །རྟེན་འབྲེལ་ནི། སྣང་བ་ཐམས་ཅད་རྟེན་ཅིང་འབྲེལ་འབྱུང་ལས་བྱུང་སྟེ། དེ་ལ་མཐའ་དྲུག །ཚུལ་བཞི། བདེན་པ་གཉིས་འབྱུང་ངོ་། །དང་པོ་ནི། གདོད་མའི་སེམས་འདི་འགག་མེད་དུ་སྣ་ཚོགས་སུ་སྣང་བ། སྣ་ཚོགས་སུ་འཆར་བ་འདི་གསལ་བའི་ཆ་རིག་པ་སྐད་ཅིག་མའི་རང་རྩལ་འདི་ཡིན་ནོ། །གཉིས་པ་ནི། སྐྱེ་བ་མེད་པ་ནི་སེམས་ཀྱི་ངོ་བོ་སྟོང་ཞིང་། འདི་ནས་སྐྱེ་བྱ་བ་དང་། འདི་ན་གནས་བྱ་བ་དང་།

འདིར་སོང་བྱ་བ་བསྟན་དུ་མེད་པས་སྐྱེ་མེད་ཅེས་སོ། །སེམས་མ་འགགས་པའི་ངོ་བོ་བརྗོད་གཞི་དང་བྲལ་བས་ན་སྐྱེ་མེད་སོགས་སོ། །གསུམ་པ་ནི། སེམས་སྐད་ཅིག་མ་འདི་སྔོན་འཁོར་བ་ཐོག་མ་མེད་པའི་དུས་ནས་རྒྱུན་ཆད་པ་མེད་ཅིང་རྣལ་མ་གཉུག་མར་ཡོད་ཅིང་། མ་འོངས་པའི་མཐར་ཐུག་པའི་བར་དུ་ཡང་རྒྱུན་ཆད་མེད་ཅིང་རྒྱུན་ཆད་མ་མྱོང་བའི་ཕྱིར། ད་ལྟར་སེམས་གཉུག་མ་རྣལ་མ་རིག་རིག་དུར་དུར་པོ་འདི་ཡིན་ནོ། །བཞི་པ་ནི། འཇིག་རྟེན་གྱི་ཁམས་ཀྱི་བཟུང་འཛིན་གྱིས་བསྡུས་པའི་ཆོས་ཐམས་ཅད་སེམས་ཀྱི་རང་སྣང་དང་སེམས་ཀྱི་རང་བཞིན་ལས་བྱུང་བ་མ་གཏོགས། གཞན་རྟག་རྟག་པ། བརྟན་བརྟན་པ། ཨ་འཐས་པ། ཐེར་ཟུག་པ་ཞིག་མ་ཡིན་ཏེ། མི་རྟག་པའི་རང་བཞིན། སྒྱུ་མའམ། རྨི་ལམ་ལྟ་བུ་སྣང་ལ་རང་བཞིན་མེད་པ་སྤྲོས་པ་དང་བྲལ་བ་འདི་ཡིན་ནོ། །ལྔ་པ་ནི། སེམས་ཉིད་འདི་དང་པོ་འདི་ནས་བྱུང་ཟེར་བ་དང་། །ད་འདི་ན་འོང་ཟེར་བ་ཁུངས་མེད་པ་རི་བོང་གི་རྭ་ལྟ་བུའམ། མོ་གཤམ་གྱི་བུ་ལྟ་བུ། ཁུངས་བསྟན་དུ་མེད་པ་སྟེ། སེམས་ཀུང་སྐྱེ་གཞི་འབྱུང་ཁུངས་མེད་པའི་ཕྱིར་རོ། །དྲུག་པ་ནི། སེམས་འདི་འགྲོ་བའི་ཡུལ་འདིར་འགྲོ་བྱ་བའི་གནས། ད་འགྲོ་བའི་ཁུངས་བྱ་བ་གང་ཡང་མེད། དེ་བཞིན་དུ་སྣང་སྲིད་ཐམས་ཅད་འགྲོ་འོང་གི་མཐའ་ཐམས་ཅད་དང་བྲལ་བ་བརྙན་མའི་རྫུན་ཕུགས་བརྡིབ་པ་ལྟ་བུ་ཡིན་ནོ། །དེ་བས་ན་འཇུག་པ་ལས། དང་པོ་ང་ཞེས་བདག་ལ་ཞེན་གྱུར་ཅིང་། །བདག་གིས་འདི་ཞེས་དངོས་ལ་ཆགས་སྐྱེད་པའི། །བློ་ཆུན་མཆན་ལྟར་རང་དབང་མེད་པ་ཡི། །འགྲོ་ལ་སྙིང་རྗེར་གྱུར་གང་དེ་ལ་འདུད། །ཅེས་དང་། འགྲོ་འོང་མི་གནས་དམིགས་སུ་མེད་པར་ངས་བསྟན་ནོ། །ཞེས་གསུངས་པའི་དོན་ཡིན་ནོ། །མཇུག་བསྡུ་བ་

ནི། ཐ་དད་པའི་སྣང་བ་སྣ་ཚོགས་གང་ཤར་བ་སེམས་སྣང་ལ་ཤར་བ་ཡིན་ཞིང་། ཐ་དད་དུ་ཡོད་པ་མ་ཡིན་གྱི། འོ་ན་གཅིག་ཡིན་ནམ་སྙམ་ན་མ་ཡིན་གྱི། ངོ་བོ་བརྗོད་གཞི་དང་བཟུང་འཛིན་ཐམས་ཅད་དང་བྲལ་བ་ཡིན་ནོ། །དེ་ལྟར་མཐའ་དྲུག་གི་དོན་བསྡུས་ཏེ་འདིར་ངོ་སྤྲོད་པ་ཡིན་ནོ། །

ཚུལ་བཞི་ལ། སྤྱི་ཡི་ཚུལ། ཡི་གེའི་ཚུལ། སྦས་པའི་ཚུལ། མཐར་ཐུག་གི་ཚུལ་དང་བཞིའོ། །དང་པོ་ནི། སྟོན་པས་གསུངས་པའི་ཆོས་འཁོར་གསུམ་སྟེ། དང་པོ་བདེན་པ་བཞི་དང་། བར་པ་མཚན་ཉིད་མེད་པ་དང་། ཐ་མ་རྣམ་པར་ངེས་པའི་ཆོས་སྤྱིའི་རྣམ་པ་རྒྱ་ཆེ་བའི་ཚུལ་དུ་བཤད། སེམས་ཐོག་ཏུ་རྩིལ་གྱིས་དྲིལ་ན། སེམས་ཀྱི་སྒྲོ་འདོགས་རིམ་པ་བཞིན་གཅོད་ཅིང་གཏན་ལ་འབེབས་པ་ནི་སྤྱི་ཡི་ཚུལ་ཡིན་ནོ། །གཉིས་པ་ནི། ཡི་གེའི་ཚོགས་ཀྱི་སྒྲ་དོན་ནི། ངོ་བོ་ཨཱ་ལི་ཀཱ་ལི་ལ་འབྱུང་སྟེ། འདོགས་དང་། དབྱངས་དང་། གསལ་བྱེད་རིང་པོ་དང་། ཐུང་ངུ་དང་། ཞི་དྲག །ཐབས་ཤེས། ཡབ་དང་། ཡུམ་གྱི་ཁྱད་པར་སོགས་གང་བརྗོད་ཀྱང་། རྩ་བ་ཨེ་ཝཾ་མ་ཡཱའི་ཡི་གེ་གཉིས་ཀྱི་ཚུལ་ཏེ། ཨ་ཧཾ་སོགས་ཏེ་ཡི་གེ་གཅིག་གི་ཚུལ་ཏེ། ཨ་གཅིག་པོ་དེ་སེམས་གཅིག་པུའི་ཚུལ་ཏེ། ཨ་སྐྱེ་བ་མེད་པ་ཞེས་པ་སེམས་སྐྱེ་བ་མེད་པའི་དོན་བསྟན་པའི་ཕྱིར། སེམས་སྐྱེ་བ་མེད་པ་ཞེས་ངོ་སྤྲོད་པ་ཡི་གེའི་ཚུལ་ཞེས་སོ། །གསུམ་པ་ནི། གསང་སྔགས་སྦས་པའི་ཚུལ་དུ་བསྟན་པ་སྟེ། ཡི་གེ་བཞིའམ། བླ་མེད་ཀྱི་རྒྱུད་གཉིས་སུ་མེད་པའམ། མ་རྒྱུད་ཀྱི་བསྐྱེད་རྫོགས་རྩ་ཐིག་རླུང་གསུམ་སྦས་ཚུལ་དུ་བསྟན་པས་སེམས་ཉིད་བདེ་སྟོང་གི་ཉམས་དང་ལྡན་པའི་ཚུལ་དུ་ངོ་སྤྲོད་པ་ཡིན་ནོ། །བཞི་པ་ནི། བསྐྱེད་རྫོགས་ཟུང་འཇུག་པ་བསྟན་པ་ནི། ཕྱག་རྒྱ་ཆེན་པོ་བསམ་གྱིས་མི་ཁྱབ་པ་གཉུག་མ་

ལྡན་ཅིག་སྐྱེས་པའི་སྐུ་སྦྲོས་པ་དང་བྲལ་བ། རྡོ་རྗེ་འཆང་ཞེས་འགྱུར་བ་མེད་པའི་དོན། སངས་རྒྱས་སུ་ངོ་སྤྲོད་པ་ནི་མཐར་ཐུག་གི་ཚུལ་གྱི་དོན་ཡིན་ནོ། །དེ་ལྟར་ཚུལ་བཞིའི་ཡིན་ཚུལ་རྣམས་སེམས་ཐོག་ཏུ་ངོ་སྤྲད་པས་ཆོས་རྣམས་རང་གྲོལ་དུ་ངོ་འཕྲོད་པ་ཡིན་པས་ཤེས་རབ་དང་ལྡན་པ་རྣམས་ཀྱིས་དགོངས་མཛོད། ཐར་པའི་ལམ་ཟབ་བདེ་བ་ཆེན་པོ་བགྲོད་མ་དགོས་པར་རང་བཞིན་གྱིས་སླེབ་པར་འགྱུར་རོ། །ཨ་ཨ་ཧེ་ཧེ།

བདེན་པ་ལ་ངོ་སྤྲོད་པ་ནི། ཀུན་རྫོབ་དང་། དོན་དམ་གཉིས་སོ། །ཀུན་རྫོབ་ནི། འདུས་བྱས་ཀྱི་མཚན་ཉིད་རྣམ་ཤེས་ཚོགས་དྲུག་གམ། ཚོགས་བརྒྱད་ལས་བྱུང་བའི་སྣ་ཚོགས་ཀྱི་སྣང་བ་བཟུང་འཛིན་གྱི་དངོས་པོར་གྲུབ་པ་ཐམས་ཅད་ཀུན་རྫོབ་ལས་བྱུང་བ་ཡིན་ཞིང་། ཀུན་རྫོབ་ནི་བདེན་པར་འཛིན། ཡོད་པར་འཛིན། རྟག་པར་འཛིན་བྱས་ཏེ། ཁོ་རང་གི་སྣང་ངོར་བདེན་པའི་སྣང་བ་བྱུང་ངོ་། །དཔེར་ན་དགོངས་མོ་རྨི་ལམ་རྨིས་པས། བཟང་ངན་དགའ་ཡོད་གང་རྨི་ཡང་། དེ་རྨི་པོ་རང་གི་སྣང་ངོར་བདེན་པར་འཛིན། དོན་ལ་རྨི་ལམ་ལ་བདེན་པ་ནི་མེད་པ་མི་བདེན་པའི་དཔེ་ཡིན་པ་སྟེ། དེ་བཞིན་དུ་ཀུན་རྫོབ་ཀྱི་སྣང་བ་གང་སྣང་ཐམས་ཅད་ཀྱང་ཡོད་མ་མྱོང་གྲུབ་མ་མྱོང་བའོ། །མཚན་ཉིད་ཐེག་པའི་དགེ་བའི་བཤེས་གཉེན་པ་རྣམས་ཀྱི་གསུང་སྒྲོས་ལ་ཡང་། གཞི་གྲུབ་ན་བདེན་མེད་ཡིན་པས་ཁྱབ། ཅེས་གསུངས་པའི་དོན་ཡིན་ནོ། དོན་དམ་བདེན་པ་ལས། བཟུང་འཛིན་དངོས་པོ་ཐམས་ཅད་ཀྱི་རང་བཞིན། མཐའ་ཐམས་ཅད་དང་བྲལ་བ། འཁོར་འདས་ཀྱི་མཐའ་ལས་འདས་པ། སངས་རྒྱས་དང་སེམས་ཅན་ཞེས་མིང་འདོགས་བརྗོད་གཞི་མཐའ་དག་དང་བྲལ་བ་ཡིན་ནོ། །རྗེ་བཙུན་

མི་ལས། དོན་དམ་བདེན་པའི་དབང་དུ་ནི། །བགེགས་ལས་སངས་རྒྱས་ཉིད་ཀྱང་མེད། །ཅེས་གསུངས་པའི་དོན་ཡིན་ནོ། །མདོར་རྩིལ་གྱིས་དྲིལ་ན། སེམས་ཀྱི་ངོ་བོ་སྟོང་པ་ཆོས་སྐུ་འགྱུར་བ་མེད་པ་དེ་དོན་དམ་པའི་བདེན་པའོ། །སེམས་ཀྱི་གསལ་བའི་ཆ་ལས་བྱུང་བ་གང་ཡིན་པ་དེ་ཀུན་རྫོབ་བདེན་པ་ཞེས་སོ། །གསལ་སྟོང་དེ་གཉིས་ཡེ་ནས་ཟུང་འཇུག་འབྲལ་མ་མྱོང་བ་ཡིན་པས་ན་ཟུང་འཇུག་ལྷུན་གྱིས་གྲུབ་པའི་ཡེ་ཤེས་སམ། འོད་གསལ་ལམ། ཆོས་སྐུའམ་སངས་རྒྱས་སམ། རྡོ་རྗེ་འཆང་དངོས་སུ་བཞུགས་པ་ཡིན་ནོ། །གསོལ་འདེབས་ཟུང་འཇུག་མ་ལས། ཟུང་འཇུག་བདེ་བ་ཆེན་པོའི་ཕོ་བྲང་ན། །བདེ་གཤེགས་རྡོ་རྗེ་འཆང་ལ་གསོལ་བ་འདེབས། །ཞེས་དང་། དབུ་མ་རྩ་བ་ཤེས་རབ་ལས། སངས་རྒྱས་རྣམས་ཀྱིས་ཆོས་བསྟན་པ། །བདེན་པ་གཉིས་ལ་ཡང་དག་བརྟེན། །འཇིག་རྟེན་ཀུན་རྫོབ་བདེན་པ་དང་། །དམ་པའི་དོན་གྱིས་བདེན་པའོ། །ཞེས་དང་། རྒྱུད་བརྟག་པ་གཉིས་པ་ལས། བསྐྱེད་པའི་རིམ་པ་ཉིད་དང་ནི། །རྫོགས་པའི་ཡང་ནི་རིམ་ཉིད་དོ། །རིམ་གཉིས་མཉམ་པར་བཞག་ནས་ནི། །རྡོ་རྗེ་ཅན་གྱིས་ཆོས་འཆད་དོ། །ཞེས་གསུངས་པའི་དོན་ཡིན་ནོ། །དེ་ནི་བདེན་གཉིས་སོ་སོར་དང་། ཟུང་འཇུག་ཏུ་ངོ་སྤྲད་པ་བསྡུས་ཏེ་གོ་བདེ་བའི་ཕྱིར་བསྟན་པ་ཡིན་ནོ། །

མངོན་རྟོགས་རྒྱན་ལས། སྤྱངས་སྨིན་རྫོགས་གསུམ་ལ་ངོ་སྤྲོད་པ་ནི། སྦྱང་བ་ཞེས་པ་བྱང་ཆུབ་སེམས་དཔའི་ཞིང་སྦྱང་བ་དང་། སྨིན་པ་ཞེས་པ་སེམས་ཅན་གྱི་དོན་ཁོ་ན་བྱས་པ་ལ་སྨིན་པ་དང་། རྫོགས་ཞེས་པ་རང་གཞན་གྱི་དོན་མཐར་ཕྱིན་པའམ་ལྷུན་གྲུབ་ཏུ་རྫོགས་པ་ན་རྫོགས་པའི་སངས་རྒྱས་ཞེས་པའོ། །དེ་ཡང་སེམས་ཀྱི་ཐོག་ཏུ་བྱས་ན་སེམས་ངོ་མཐོང་ནས་གོམས་ཤིང་འདྲིས་པར་བྱས་པ་

ན་སྨྲང་བ་དང་། གོམས་འདྲིས་དེ་ལ་རང་དབང་ཐོབ་པ་མཐར་ཕྱིན་པ་ན་སྨིན་པ། སེམས་ལ་གོལ་ས་མེད་ཅིང་གདེང་ཐོབ་པ་ན་རྫོགས་པའི་སངས་རྒྱས་ཆོས་ཀྱི་སྐུ་ཅན་ཞེས་སོ། །མདོ་སྡེ་རྒྱན་ལས། ཡེ་ཤེས་དང་ནི་དྲི་མ་གཉིས། །དེ་བཞིན་དྲི་བཅས་དྲི་མ་མེད། །ཆུ་ཁམས་གསེར་དང་ནམ་མཁའ་བཞིན། །དག་པ་བཞིན་དུ་དག་པར་འདོད། །ཅེས་དང་། ཏི་ལོ་པས། རང་རིག་གཞན་རིག་ཐམས་ཅད་ཀྱང་། །ཀུན་ལ་ཕན་པའི་གང་ཟག་མཆོག །ཅེས་པ་དང་། མདོ་ཉི་མའི་འོད་ཟེར་ལས། མུ་མཐའ་ཡོངས་གྲོལ་ལྟ་བའི་རྒྱལ་པོ་ཡིན། །མུ་མེད་གཉིང་ཡངས་སྒོམ་པའི་རྒྱལ་པོ་ཡིན། །མཐའ་ཆོད་ཕྱོགས་བྲལ་སྤྱོད་པའི་རྒྱལ་པོ་ཡིན། །རེ་དོགས་མེད་ན་འབྲས་བུ་མངོན་དུ་འགྱུར། །ཞེས་གསུངས་པའི་དོན་ཡིན་ནོ། །

ཡང་དབུས་མཐའ་ལས། དྲན་པ་དྲན་མེད་སྐྱེ་མེད་བློ་འདས་ཞེས་སོ། །དེ་ལ་ངོ་སྤྲོད་པ་ནི། དང་པོ་ལ་ལྔ་སྟེ། ཨ་འཐས་ཀྱི་དྲན་པ། བཟུང་འཛིན་གྱི་དྲན་པ། སོ་འཇུགས་ཀྱི་དྲན་པ། རྩོད་མེད་ཀྱི་དྲན་པ། རྩོད་མེད་ཡང་དག་གི་དྲན་པའོ། །དང་པོ་ནི། སེམས་ཅན་གྱི་རྒྱུད་ལ་གནས་པའི་རང་གཞན་གྱི་དོན་ཨ་འཐས་ཀྱི་དྲན་པས་འཛིན་པའོ། །གཉིས་པ་ནི། བཟུང་འཛིན་གྱིས་བསྡུས་པའི་ཆོས་ཐམས་ཅད་ང་དང་ང་ཡིར་འཛིན་པའོ། །གསུམ་པ་ནི། དྲན་ཤེས་ཀྱིས་འཛིན་པའོ། །བཞི་པ་བརྩོན་འགྲུས་དང་བཅས་ཏེ་འཛིན་པའོ། །ལྔ་པ་ནི། མི་གཡོ་བར་འཛིན་པའོ། དེ་ཡང་དྲན་པ་སེམས་ཐོག་ཏུ་རྟིལ་གྱིས་དྲིལ་ནས་ངོ་སྨྲད་པ་ལ། ཞི་གནས་ཀྱི་ཏིང་ངེ་འཛིན་ལ་རྩེ་གཅིག་ཏུ་གནས་པ་ནི། ཨ་འཐས་ཀྱི་དྲན་པའོ། །ཞི་གནས་ཀྱི་ཉམས་བཟང་ངན་ལ་ཆགས་ཤེད་ཞེན་པ་ནི། བཟུང་འཛིན་གྱི་དྲན་པའོ། །ལྷག་མཐོང་གི་ཏིང་ངེ་འཛིན་ལ་མ་ཡེངས་པར་སྐྱོང་བ་

ནི་སོ་འཇོག་ཀྱི་དྲན་པའོ། །དེ་ལ་གོམས་ཤིང་འདྲིས་པ་ནི་རྩོད་མེད་ཀྱི་དྲན་པའོ། །དེ་ལ་མཐར་ཕྱིན་པ་ནི་རྩོད་མེད་ཡང་དག་གི་དྲན་པའོ། །གཉིས་པ་དྲན་མེད་ནི། ཨ་འཐས་དང་བཟུང་འཛིན་གྱི་དྲན་པ་ཉེ་བར་ཞི་ཞིང་མ་བཅོས་ལྷུག་པར་བཞག་པ་ནི་དྲན་མེད་ཅེས་པའོ། །གསུམ་པ་སྐྱེ་མེད་ནི། དྲན་པ་དེའི་ངོ་བོ་སྟོང་པའམ་སྐྱེ་མེད་འདི་ལས་བྱུང་། འདི་ལས་སྐྱེས་ཞེས་དངོས་མ་ཐོབ་པ། མི་ཐོབ་པ། ཐོབ་རྒྱུ་མེད་པ་ན་སྐྱེ་མེད་དོ། །བཞི་པ་བློ་འདས་ནི། དྲན་པའམ། སེམས་འདི་བཟུང་འཛིན་དང་། བརྗོད་པ་དང་། བརྗོད་པའི་ཡུལ་བློ་དང་། བློ་ཡི་ཡུལ་ལས་འདས་པ་ན་བློ་འདས་སོ། །དེ་ལྟར་དྲན་པ་དྲན་མེད་སྐྱེ་མེད་བློ་འདས་བཞི་ལ་ངོ་སྤྲོད་པ་ཁ་གསལ་ལ་དོན་བསྡུས་ཚིག་ཉུང་བྱས་ཏེ་བསྟན་པ་ཡིན་ནོ། །དེ་ཡང་མ་གཅིག་གི་ཞལ་ནས། རབ་དྲན་པ་མེད་ཅིང་ཡིད་ལ་བྱར་མེད། འབྲིང་དྲན་པ་དབང་བསྒྱུར་བ་ཞེས་དང་། ཕ་དམ་པས། དྲན་མེད་ཀྱི་སྟེང་དུ་ཡེངས་མེད་ཀྱི་བྱ་ར་ཐོང་། །སྒོམ་ལ་བྱིང་རྒོད་མེད་དོ་དིང་རི་བ། །ཞེས་དང་། ཡང་དེ་ཉིད་ཀྱིས། དྲན་པ་ཡེངས་མེད་སྣེག་མོའི་མེ་ལོང་འདྲ། །སྒོམ་ལ་རྒྱུན་ཆད་མེད་དོ་དིང་རི་བ། །ཞེས་དང་། རྗེ་འཇིག་རྟེན་མགོན་པོས། ཕྱག་གཡོན་པའི་མཐིལ་དུ་གཡས་པའི་འཇུབ་མོ་གཏད་ནས། མདོར་རྩིལ་གྱིས་དྲིལ་ན། དྲན་པ་དྲན་པ། དྲན་པ་རབ་ལ་སྒོམ་རབ། དྲན་པ་འབྲིང་ལ་སྒོམ་འབྲིང་། ཞེས་གསུངས་སོ། །ཏི་ལོ་པས། ཀྱེ་ཧོ་འདི་ནི་རང་རིག་ཡེ་ཤེས་ཏེ། །ངག་གི་ལམ་འདས་ཡིད་ཀྱི་སྤྱོད་ཡུལ་མིན། །ཏི་ལོ་ངས་ནི་ཅི་ཡང་བསྟན་དུ་མེད། །རང་གིས་རང་ཉིད་མཚོན་ཏེ་ཤེས་པར་གྱིས། །ཞེས་དང་། མཚན་བརྗོད་ལས། རྫོགས་པའི་སངས་རྒྱས་ཨ་ལས་བྱུང་། །ཨ་ནི་ཡིག་འབྲུ་ཀུན་གྱི་མཆོག །དོན་ཆེན་ཡི་གེ་དམ་པ་

སྟེ། །ཕོང་ནས་བྱུང་བ་སྐྱེ་བ་མེད། །ཅེས་དང་། འབུམ་ལས། བརྗོད་པ་མ་ཡིན་བརྗོད་པའི་ཡུལ་ལས་འདས། །ཚིག་བྲལ་མ་ཡིན་བརྗོད་པ་ཀུན་གྱི་གཞི། །ཞེས་གསུངས་པའི་དོན་ཡིན་ནོ། །

མདོན་པ་ལས། ཚུལ་གནས་ཐོས་དང་བསམ་པ་ཡིས། །སྒོམ་པ་ལ་ནི་རབ་ཏུ་སྦྱོར། །ཞེས་གསུངས་ཏེ། དེ་ལ་འདིར་ངོ་སྤྲོད་པ་ལ། དང་པོ་དངོས་བསྟན་ནི་དྲུག་སྟེ། དང་པོ་ཚུལ་ཁྲིམས་བསྟན་པ། གཉིས་པ་ཞི་གནས་བསྟན་པ། གསུམ་པ་ཐོས་པ་བསྟན་པ། བཞི་པ་བསམ་པ་བསྟན་པ། ལྔ་པ་སྒོམ་བསྟན་པ། དྲུག་པ་སྦྱོར་གཞིའི་སྒོམ་པའི་ཡུལ་བསྟན་པའོ། །དང་པོ་ལ་གསུམ་སྟེ། སོ་ཐར་དང་། བྱང་སེམས་དང་། སྔགས་སྡོམ་མོ། །སོ་ཐར་ནི། ཟ་བ་རང་སེམས་འདི་བསྲུང་བ་ཡིན་ཏེ། སྤྱོད་འཇུག་ལས། སེམས་བསྲུང་བརྟུལ་ཞུགས་མ་གཏོགས་པའི། །བརྟུལ་ཞུགས་མང་པོས་ཅི་ཞིག་བྱ། །བསླབ་པ་བསྲུང་བར་འདོད་པ་ཡིས། །རབ་ཏུ་བསྒྲིམས་ཏེ་སེམས་སྲུངས་ཤིག །སེམས་འདི་བསྲུང་བར་མ་ནུས་ན། །བསླབ་གསུམ་བསྲུང་བར་ཡོངས་མི་ནུས། །ཞེས་གསུངས་པའི་དོན་ཡིན་ནོ། །བྱང་སེམས་ནི། བསྲུང་བའི་ཡུལ་དང་། རྒྱུ་དང་། རྟེན་མེད་པ་སེམས་ཀྱི་རང་བཞིན་རྣལ་མ་གཉུག་མ་བཅོས་སླད་མེད་པ། རང་བབས་སུ་གནས་པ་འདི་བྱང་སེམས་ཀྱི་སྡོམ་པ་ཡིན་པར་གསུངས་ཏེ། བརྒྱད་སྟོང་པ་ལས་བྱང་ཆུབ་སེམས་དཔའ་ཞི་བའི་བློ་གྲོས་ཀྱིས་བཅོམ་ལྡན་འདས་ལ་གསོལ་པ། བྱང་ཆུབ་སེམས་དཔའ་སེམས་དཔའ་ཆེན་པོ་བྱང་ཆུབ་སེམས་དཔའི་བསླབ་པ་ཡོངས་སུ་རྫོགས་པ་མི་གཏོང་བ་ཞེས་བྱ་བ་སྟེ། གང་ལགས་ཞེས་ཞུས་པས། བཅོམ་ལྡན་འདས་ཀྱིས་བཀའ་སྩལ་པ། བྱང་ཆུབ་སེམས་དཔའ་སེམས་དཔའ་ཆེན་པོ་བྱང་ཆུབ་སེམས་དཔའི་བསླབ་པ་ཡོངས་

སུ་ རྫོགས་ པ་ མི་ གཏོང་ བ་ ཞེས་ བྱ་ བ་ དེ་ ནི། བྱང་ ཆུབ་ སེམས་ དཔའི་ བསླབ་ པ་ རྒྱ་ མེད་ པ་ སྟེ། བྱང་ ཆུབ་ སེམས་ དཔའི་ བསླབ་ པ་ ཡོངས་ སུ་ རྫོགས་ པ་ མི་ གཏོང་ བ་ ཞེས་ བྱ་ བའོ། །ཞེས་ གསུངས་ པའི་ དོན་ བསླབ་ པ་ ལ་ ཤོར་ བ་ དང་ ཐོབ་ པ་ མེད་ པའི་ དོན་ བསྟན་ པ་ ཡིན་ ནོ། །སྔགས་ སྡོམ་ ནི། རྟོག་ པས་ སྒྲོ་ བཏགས་ པའི་ རིགས་ ལྔའི་ སྡོམ་ པ་ ལ་ ཤོར་ ཐོབ་ ཡོད་ པས། ཤོར་ ཐོབ་ མེད་ པའི་ སྡོམ་ པ་ ལྷུན་ གྲུབ་ ཏུ་ གནས་ པ་ ཞིག་ དགོས་ ཏེ། བརྟག་ གཉིས་ ལས། རྟོག་ པས་ བསྲུང་ སྡོམ་ དམ་ ཚིག་ དོན་ ལས་ ཉམས། །འདི་ ལ་ མི་ བྱེད་ ཞི་ འདོད་ ཀུན་ དང་ བྲལ། །ཞེས་ གསུངས་ པའི་ དོན་ ཡིན་ ནོ། །གཉིས་ པ་ ཞི་ གནས་ ལ་ གསུམ་ སྟེ། ཆུང་ ངུ་ དང་། འབྲིང་ པོ་ དང་། ཆེན་ པོ་ གསུམ་ མོ། །ཆུང་ ངུ་ ནི། དམིགས་ རྟེན་ སྣ་ ཚོགས་ པ་ གང་ ཟུང་ བརྟེན་ ནས་ བསྒོམས་ པས་ སྤྲ་ དྲོ་ ཙམ་ མམ། ཇ་ འདེབས་ གཉིས་ ཙམ། ཅི་ རིགས་ སུ་ གར་ ཡང་ མི་ འཕྲོ་ བར་ བརྟན་ པ་ ལའོ། །འབྲིང་ ནི། །དམིགས་ རྟེན་ གང་ ཡང་ མེད་ པར་ ཞག་ པོ་ ལྔ་ དྲུག་ གམ། གཉིས་ གསུམ། ཐ་ ན་ ཞག་ གཅིག་ ཙམ་ ལ་ མི་ གཡོ་ བར་ བརྟན་ པ་ ལའོ། །ཆེན་ པོ་ ནི། མི་ མང་ ཉུང་ གང་ ཡིན་ པ་ དང་། རི་ སྟོང་། ལུང་ སྟོང་། ཁྲིམ་ ཆེན་ པོའི་ གསེབ་ དང་། ཉིན་ མཚན་ ལ་ ཁྱད་ མེད་ པ་ འཕེལ་ འགྲིབ་ མེད་ པར་ བརྟན་ པ་ ལའོ། །གསུམ་ པ་ ཐོས་ པ་ ལ་ གསུམ་ སྟེ། མང་ པོ་ ཐོས་ པས་ ཚིག་ གི་ མཐའ་ ཆོད་ པ། གདམས་ ངག་ ཐོས་ པས་ སེམས་ རྒྱུད་ གྲོལ་ བ། ངོ་ སྤྲོད་ ཐོས་ པས་ ཉམས་ མྱོང་ རྒྱུད་ ལ་ སྐྱེ་ བ་ དང་ གསུམ་ མོ། །བཞི་ པ་ བསམ་ པ་ ལ་ གསུམ་ སྟེ། ལུང་ རིག་ གི་ རྗེས་ སུ་ མི་ འབྲང་ ཞིང་ རྩ་ བ་ སེམས་ ལ་ ཐུག་ པ་ ཡིན་ པར་ བསམ། སྟོང་ པ་ ཉིད་ ལ་ རྒྱུས་ མི་ འདེབས་ ཤིང་ སེམས་ ཆོས་ ཉིད་ ཀྱི་ ཀློང་ དུ་ འཛོག་ པ་ ཡིན་ པར་ བསམ། སྣང་ སྲིད་ འཁོར་ འདས་ ཀྱིས་ བསྡུས་ པའི་ ཆོས་ ཐམས་ ཅད་ སེམས་ སྐད་ ཅིག་ མ་ ཆོས་

སྐུའི་ངོ་བོར་རོ་གཅིག་པ་ཡིན་པར་བསམ་མོ། །ལྔ་པ་སྒོམ་པ་ལ་གསུམ། ཐོས་བསམ་གྱི་རྗེས་སུ་མི་འབྲང་བར་དྲན་ཤེས་ཀྱི་རྩེ་དང་མ་བྲལ་བར་བསྒོམ། མི་མང་གི་གསེབ་ཏུ་མི་སྡོད་པར་རི་ཁྲོད་དབེན་གནས་སུ་གཅིག་པུར་བསྡད་དེ་བསྒོམ། ཡོང་གཏམ་མང་པོའི་རྗེས་སུ་མི་འབྲང་ཞིང་རྟག་ཏུ་སྨྲ་བ་བཅད་དེ་བསྒོམ་མོ། །དྲུག་པ་སྦྱོར་གཞིའི་བསྒོམ་པའི་ཡུལ་བསྟན་པ་ལ་དྲུག་སྟེ། གཏི་མུག་རོ་ཉལ་མི་བྱེད་ཅིང་སེམས་ཆོས་ཉིད་ཀྱི་རྒྱུད་ལ་སྦྱར་ཏེ་བསྒོམ། ཚེ་འདིའི་བྱ་བྱེད་ཀྱི་རྗེས་སུ་མི་འབྲང་ཞིང་ཕྱི་མའི་དོན་རྒྱུད་ཐོག་ཏུ་སྦྱར་ཞིང་བསྒོམ། ཉིན་མཚན་ཟས་ཆང་མང་པོའི་རྗེས་སུ་མི་འབྲང་ཞིང་། རང་གིས་རང་ལ་སྙིང་རྗེ་རྒྱུད་ཐོག་ཏུ་སྦྱར་ཞིང་བསྒོམ། རང་སེམས་ཆོས་སྐུ་སངས་རྒྱས་ཡིན་པར་ཐག་བཅད་དེ། ཅིར་སྣང་གང་ཤར་ཆོས་ཀྱི་སྐུ་ཡིན་པ་རྒྱུད་ཐོག་ཏུ་སྦྱར་ཞིང་བསྒོམ། ཆོས་ཐམས་ཅད་རོ་གཅིག་པ་ཡིན་པས་སྣང་སྲིད་ཐམས་ཅད་བཟང་ངན་མེད་པར་སེམས་ཀྱི་ཐོག་ཏུ་རྫོགས་པ་རྒྱུད་ཐོག་ཏུ་སྦྱར་ཏེ་བསྒོམ། སེམས་ཀྱི་ངོ་བོ་བཟུང་འཛིན་གྱི་དྲི་མས་མ་གོས་པ་རྒྱ་ཆད་ཕྱོགས་ལྷུང་མེད་པ་མཐའ་བྲལ་ནམ་མཁའ་ལྟ་བུ་ག་ནས་དག་པ་རྒྱུད་ཐོག་ཏུ་སྦྱར་ཞིང་བསྒོམ་པའོ། །

མཇུག་བསྡུ་བ་ནི། ཆོས་ཉིད་སྟོང་པ་ཉིད་ཀྱི་དོན། སེམས་ཉིད་གཉིས་མེད་ཡེ་ཤེས་ཀྱི་གཤིས། ཡེ་ནས་གནས་ལུགས་ཕྱག་རྒྱ་ཆེན་པོའི་ངང་། གཉུག་མ་ལྷན་ཅིག་སྐྱེས་པའི་རྒྱུ། མ་བཅོས་ལྷུན་གྱིས་གྲུབ་པའི་མཚན་ཉིད། ཆོས་སྐུ་རྫོགས་པ་ཆེན་པོའི་ངོ་བོ། སངས་རྒྱས་ཚད་མར་སྟོན་པའི་ཆོས། དབུ་མའི་རང་བཞིན་སྤྲོས་དང་བྲལ་བའི་ཆ། མཚན་མ་སོགས་ཐམས་ཅད་ནི་ཧྲིལ་གྱིས་དྲིལ་ན། རང་སེམས་ཐ་མལ་གྱི་ཤེས་པ་གྲ་མ་ཆག །གྲུ་མ་ཉམས། སངས་རྒྱས་མཁས་ཏེ་མ་

བཅོས། སེམས་ཅན་སྒྲིབ་སྐྱེ་མ་བསླད་པ། མ་བསྒྲིབས་པ། གཉུག་མ། རྣལ་མ། རིག་རིག །ཧུར་ཧུར་པོ་དེ་ཀ་ཡིན་ནོ། །མངོན་པའི་རྩ་བའི་ཚིངས། ཚུལ་གནས་ཐོས་བསམ་སྒོམ་པ་སྦྱོར་བའི་ངོ་སྤྲོད་དོན་བསྡུས་ཏེ་བསྟན་པ་ཡིན་ནོ། །

རྣལ་འབྱོར་བཞི་གསུམ་བཅུ་གཉིས་ཀྱི་ཐོབ་ཚུལ་ཟུར་ཙམ་སྟོན་པ་སྟེ། རྩེ་གཅིག །སྤྲོས་བྲལ། རོ་གཅིག །སྒོམ་མེད་སོགས། དེ་རེ་རེ་ལ་ཡང་གསུམ་གསུམ་སྟེ་བཞི་གསུམ་བཅུ་གཉིས་བཤད་པའོ། །དེ་ནི་བྱང་ས་དང་བསྟུན་ན། རྩེ་གཅིག་དང་པོ་ཞི་གནས་ཀྱིས་ངོ་བོ་མཐོང་བས་རབ་ཏུ་དགའ་བ་ན། ས་དང་པོ་རབ་ཏུ་དགའ་བའམ། མཐོང་ལམ་ཞེས་སོ། །རྩེ་གཅིག་འབྲིང་པོའི་ངོ་བོ་མཐོང་བ་དེ་ལ་དྲི་མས་མ་གོས་པ། དྲི་མ་མེད་པ་དང་། རྩེ་གཅིག་ཆེན་པོ་དྲི་མ་དང་བྲལ་བའི་གསལ་སིང་ངེ་བ་འོད་དང་ལྡན་པ་དེ་ལ་འོད་བྱེད་པ་དང་། སྤྲོས་བྲལ་དང་པོ་འོད་ཀྱིས་རང་བཞིན་ཐམས་ཅད་ལ་སྒྲོ་བ་ན་འོད་འཕྲོ་བ་དང་། སྤྲོས་བྲལ་འབྲིང་པོ་ས་འོག་མ་ལས་འཕགས་པ་ན་སྦྱང་དཀའ་བ་དང་། སྤྲོས་བྲལ་ཆེན་པོ་ཆོས་ཉིད་ཀྱི་བདེན་པ་མངོན་དུ་གྱུར་པས་ན་མངོན་དུ་གྱུར་པ་དང་། རོ་གཅིག་དང་པོ་ཆོས་ཉིད་རོ་གཅིག་ཏུ་རྟོགས་པས་ཉོན་མོངས་པའི་དྲི་མ་རིང་དུ་སོང་བས་ན་རིང་དུ་སོང་བ་དང་། རོ་གཅིག་འབྲིང་པོའི་ཆོས་ཉིད་རོ་གཅིག་པ་དེ་ལ་བརྟན་པ་ཐོབ་པ་ན་བརྒྱུད་པ་མི་གཡོ་བ་དང་། རོ་གཅིག་ཆེན་པོ་བརྟན་པ་ཐོབ་པ་མཐར་ཕྱིན་ཞིང་ལེགས་པ་ན་ལེགས་པའི་བློ་གྲོས་དང་། སྒོམ་མེད་དང་པོ་འཁོར་འདས་ཀྱི་ཆོས་ཐམས་ཅད་རང་བཞིན་མེད་ཅིང་མེད་བཞིན་དུ་ཡེ་ཤེས་ཀྱི་ངོ་བོར་འདུས་པ་ན་ཆོས་ཀྱི་སྤྲིན་དང་། སྒོམ་མེད་འབྲིང་པོ་རྟེན་མེད་ཀྱི་ནམ་མཁའ་ལ་བདག་མེད་ཀྱི་འོད་གསལ་གྱི་དཀྱིལ་འཁོར་རྒྱས་པ་ན་ཀུན་ཏུ་འོད་དང་།

སྒོམ་མེད་ཆེན་པོ་འཁོར་འདས་ཀྱི་ཆོས་དང་། བསྒོམ་མི་སྒོམ་གང་ལ་ཡང་ཆགས་ཞེན་ཐམས་ཅད་དང་བྲལ་བས་ན་བཅུ་གཉིས་མ་ཆགས་པ་ལྔའི་ས་ཞེས་སོ། །དེ་ལྟར། རྗེ་དྭགས་པོ་རིན་པོ་ཆེའི་ཞལ་ནས་གསུངས་པ་དང་བསྟུན་ཏེ་རྣལ་འབྱོར་བཞི་རིམ་དང་། ས་དང་པོ་ནས་བཅུ་གཉིས་ཀྱི་བར་རིམ་པས་བསྡུས་ཏེ་ངོ་སྤྲོད་པར་བྱས་པ་ཡིན་པས་ཕྱི་རབས་ཀྱི་ཤེས་ལྡན་རྣམས་ཀྱིས་དགོངས་པར་མཛོད།

རྣལ་འབྱོར་བཞི་རིམ་འདི་ལ་ཤེས་ལྡན་འགའ་ཞིག་གིས་བཞེད་ལུགས་མང་པོར་སྣང་སྟེ། དོན་ལ་ངོ་སྤྲོད་པ་འདི་ཀ་ཁོ་ན་ཡིན་ནོ། །རྗེ་རྐོང་ཚང་པའི་ཞལ་ནས། རྣལ་འབྱོར་བཞི་གསུམ་བཅུ་གཉིས་ལ་སྦྱོར་བྲལ་ཡན་ཆད་ནས་ས་དང་པོ། དེ་ནས་རིམ་པ་བཞིན་དུ་ས་དང་སྦྱར་གསུངས་ཏེ། དེ་རང་མཐའ་གཅིག་ཏུ་མ་ངེས་པར་བཤད་པས། སྒོ་ལམ་ཙམ་ལ་ཡང་ས་ཐོབ་པའི་རིམ་པ་ཡོད་པ་ཡིན་ཏེ། སྒོ་ལམ་ངེས་པར་བསྟན་པ་ལས་ཐུབ་པས། མཆོད་རྟེན་འཛམ་པ་ལས་བྱས་པ་མཐོང་ན་ས་དང་པོ་ཐོབ་པ་དང་། རྡོ་ལས་བྱས་པ་ས་གཉིས་པ། རྡོ་ཐལ་གྱིས་བྱུགས་པ་ས་གསུམ་པ། སྟེགས་བུར་བྱས་པ་འདུག་པ་ས་བཞི་པ། རྡོ་སྐས་ཀྱིས་དོར་བྱས་པ་ས་ལྔ་པ། གསེར་གྱིས་སྦྲས་པ་མཐོང་བ་ས་དྲུག་པ། རིན་ཆེན་དྲ་བས་གཡོགས་པ་མཐོང་བ་ས་བདུན་པ། གཡེར་ཁའི་དྲ་བས་གཡོགས་པ་སྒྲིབ་པ་ས་བརྒྱད་པ། དེ་ཡན་ཆད་ལ་སྒོ་ལམ་མེད་པར་བཤད་པས་ས་མ་ཊིས་པར་བཤད་པ་ཡིན་ནོ། །དཔེ་དེ་བཞིན་དུ་བཞི་གསུམ་བཅུ་གཉིས་ཀྱི་རྩེ་གཅིག་ནས་སྒོམ་མེད་ཀྱི་བར་སའི་རིམ་པ་རྫོགས་པ་དོན་མཐུན་དུ་བསྟན་པ་བཤད་པའོ། །

རྣལ་འབྱོར་བཞི་རིམ་ཉམས་སུ་བླངས་པའི་ཤེས་ལྡན་རྣམས་ཀྱིས་སྙིང་རུས་དང་ཞི་བཅད་དྲག་པོ་བྱེད་དགོས་ཤིང་། བཞི་རིམ་གཅིག་པོར་མ་ཟད། ཆོས་གང་

ཉམས་སུ་ལེན་པ་ལ་མཛད་དགོས་པ་ཡིན་ལ། སྙིང་རུས་ཞེ་བཅད་མཛད་ལུགས། རྗེ་བཙུན་གྱི་རྒྱལ་པོ་མི་ལ་རས་པ་ལྟ་བུ་དང་། རྗེ་རྒོད་ཚང་བ་ལྟ་བུ་དང་། རྗེ་བཙུན་རིན་པོ་ཆེ་སྐྱབས་ཆེ་རྗོགས་ལྡན་ལྟ་བུ་དང་། གྲུབ་ཐོབ་གོང་མ་རྣམས་ཀྱིས་ཇི་ལྟར་མཛད་པའི་ཕྱག་བཞེས། མཛད་ལུགས་པོ་ན་མཛད་དགོས་རྒྱུ་ཡིན་པས། ནོར་བཟང་པོ། རྙེད་པ་བཟང་པོ། ཕྱག་རྒྱ་ཆེན་པོ་ཞེས་དང་། སངས་རྒྱས་དང་ཆོས་སྐུ་ཞེས་པ་གཞན་ནས་ཚོལ་མི་དགོས་པས་རང་སེམས་པོ་ནར་ཐག་ཆོད་པ། ཡིད་ཆེས་པ་མཛད་པས་ཆོག་རྒྱུ་ཡིན་པར་གདའ། རྣལ་འབྱོར་བཞི་རིམ་ཉམས་སུ་བླང་བ་ཁ་བཤད་ཙམ་ལ་མི་འཇོག་པར། དོན་ཧྲིལ་གྱི་དྲིལ་ནས་ཉམས་མྱོང་དང་བསྟུན་ནས་ཉམས་སུ་བླང་དགོས་ཏེ། ཉམས་སུ་མ་བླངས་ན་ཤོར་ས་དང་གོལ་སར་འགྲོ་བར་བཤད་པས། ཚེ་གཅིག་ཁྲི་སྐུས་མུན་པར་འཕྱུལ། །སྤྲོས་བྲལ་མེད་པ་སྟོང་བཟེས་ཁྱེར། །རོ་གཅིག་འགགས་པས་སྦྲ་ལ་གཡེངས། །སྒོམ་མེད་ཉི་མ་ སྦྲིན་གྱི་བསྒྲིབས། །ཞེས་པ་དང་། རྩེ་གཅིག་ནལ་ཕྲུག་སྐྱེ་དང་མཚུངས། །སྐྱེ་བ་མང་སྟེ་བདག་མཁན་ཉུང་། །སྤྲོས་བྲལ་སོས་དགའི་རྟ་རྒྱུབ་འདྲ། །འཛིན་མཁན་མང་སྟེ་ཆགས་མཁན་ཉུང་། །རོ་གཅིག་གཏེར་གྱི་ཁ་བྱང་འདྲ། །བཤད་མཁན་མང་སྟེ་ཐོན་མཁན་ཉུང་། །སྒོམ་མེད་དམངས་པོའི་བུ་དང་འདྲ། །སྨོན་མཁན་མང་སྟེ་འགྲུབ་མཁན་ཉུང་། །ཞེས་པའི་རྒྱུ་མཚན་ཡང་མང་དུ་ཡོད་དོ། །ཉམས་སུ་བླངས་པའི་གང་ཟག་ལ་སངས་རྒྱས་དང་གྲུབ་ཐོབ་འབྱུང་སྟེ། རྗེ་བཙུན་མི་ལའི་སློབ་མ་བཅུ་གཉིས། རྗེ་དུས་གསུམ་མཁྱེན་པའི་སློབ་མ་བརྒྱད་ཅུ་ཙ་བཞི། གཙང་པ་རྒྱ་རས་ཀྱི་སློབ་མ་བདུན་ཅུ་དོན་བརྒྱད། རྗེ་རང་བྱུང་རྡོ་རྗེའི་སློབ་མ་བརྒྱད་ཅུ་ཐམ་པ། རྗེ་རོལ་པའི་རྡོ་རྗེའི་སློབ་མ་བཅུ་གཉིས། རྗེ་དེ་བཞིན་གཤེགས་

པའི་སློབ་མ་གཅིག །རྗེ་མཐོང་བ་དོན་ལྡན་གྱི་སློབ་མ་གཅིག་རྣམས་ཛོ་ཐོགས་པར། ལུས་མ་སྤངས་པར་འཇའ་ལུས་ལ་གྲོན་པ་ངེས་ཅན་དུ་བཤད་པའོ། །དེ་ཡང་རང་སེམས་ཁོ་ན་རྩེ་གཅིག་ཏུ་མ་ཡེངས་པ་བྱེད་དགོས་སོ། །རྗེ་བཙུན་མི་ལའི་ཞལ་ནས། ལྟ་བ་ཡིན་པར་ངེས་ཀྱི་རང་གི་སེམས་ལ་ལྟོས། །རང་གི་སེམས་ལ་མ་བལྟས་ན། །གྲུད་ཀྱི་ནོར་བུ་ཚོལ་དང་འདྲའོ། །སྒོམ་པ་ཡིན་པར་ངེས་ཀྱི་བྱིང་རྒོད་སྐྱོན་མ་སེལ། །སེལ་ན་ཉིན་པར་མར་མེ་བཏེག་པ་དང་འདྲའོ། །སྤྱོད་པ་ཡིན་པར་ངེས་ཀྱི་བླང་དོར་མ་བྱེད། །བྱས་ན་སྦྲང་མ་རྩི་ལ་འབྱར་བ་དང་འདྲའོ། །འབྲས་བུ་ཡིན་པར་ངེས་ཀྱི་རེ་དོགས་མ་བྱེད། །བྱས་ན་སྦལ་ཝ་གནམ་ལ་འཕུར་བ་དང་འདྲའོ། །ཞེས་གསུངས། དེ་ལྟར་མ་ཡིན་པས་རྣལ་འབྱོར་གྱི་དབང་ཕྱུག་རྣམས་ཀྱིས་ཉམས་སུ་བླངས་ན། རྗེ་བཙུན་ཆེན་པོས་འཆི་བྲོད་ཀྱི་མགུར་གསུངས་ཏེ། སེམས་མཐའ་བྲལ་ཆེན་པོའི་སེང་གེ་ལ། །ཀློ་ཡངས་ཡེངས་མེད་པའི་གཡུ་རལ་རྒྱས། །འགྱུགས་ཞུ་མེད་པའི་གདངས་ལ་ཉལ། །རྣལ་འབྱོར་ལྟ་བ་མཁན་དེ་འཆི་ནའང་འཆི། །འཆི་བ་རང་དགའ་བདེ་མོའི་རྒྱུ། །འཆི་ན་རྣལ་འབྱོར་ཤིན་ཏུ་སྐྱིད། །ཅེས་གསུངས་པའི་དོན་ཁོ་ན་འོང་བ་ཡིན་ནོ། །དེ་ལྟར་ཐུགས་ཉམས་སུ་བཞེས་པའི་རྣལ་འབྱོར་རྣམས་ལ་སྐྱེ་འཆི་ལ་རང་དབང་ཐོབ་པར་བཤད་པས་དགོངས་པར་ཞུ།

ཤེས་བྱའི་མཁས་ལ་¦མཁྱེན་རབ་¦དཀྱིལ་འཁོར་རྒྱས། །བདེ་ཆེན་མི་གཡོ་རྒྱུ་སྐར་མཁའ་ལ་བཀྲ། །མ་བཅོས་ལྷུན་གྲུབ་འོད་གསལ་ཁྲི་གདུགས་རྒྱས། །གཉིས་མེད་ཡེ་ཤེས་བརྒྱད་གཉིས་སྤྲིན་གཡོགས་བྲལ། །མཁྱེན་པ་གཉིས་ལྡན་རང་གཞན་དོན་གཉིས་རྫོགས། །རྫོགས་པའི་སངས་རྒྱས་འགྱུར་མེད་ཆོས་ཀྱི་སྐུ། །བསྐྱེད་

རྫོགས་ཀུན་རིག་ཟབ་གསལ་བདེ་བ་ཆེ། །ཟུང་འཇུག་གསལ་རིག་མཐར་ཐུག་ངོ་བོ་ཉིད། །མ་རིག་མུན་སེལ་སྒྲིབ་གཉིས་སྐྱོན་དང་བྲལ། །ཐར་པའི་ལམ་སྟོན་ཨེ་ཝཾ་བཞི་ཡི་བཅུད། །དབུ་མའི་རང་བཞིན་གསལ་སྟོང་མཐའ་དང་བྲལ། །དང་པོའི་སངས་རྒྱས་མཐའ་དྲུག་དབུས་སུ་གནས། །བདེ་གསལ་ནོར་བུའི་ས་གཞི་ཡངས་པ་ལ། །དགོས་འདོད་ཀུན་འབྱུང་འགྱུར་མེད་རྩེ་ཐོག་རྒྱས། །འཁོར་ལོས་བསྒྱུར་རྒྱལ་མཁའ་ལ་སྤྲིན་ལྟར་འཁྲིགས། །ལྟ་སྒོམ་སྤྱོད་འབྲས་སྦྲང་ཆར་སིལ་མ་བབ། །རྡོ་རྗེ་བཞི་ལྡན་མི་འགྱུར་འབྲས་བུ་སྨིན། །རྒྱལ་སྲས་དྲུང་པའི་ཚོགས་རྣམས་ཆོམ་མཛད་ཅིང་། །རིགས་དྲུག་མ་ཀྲན་རྒྱལ་བའི་ཡུམ་གྱུར་ཅིང་། །འཕོ་འགྱུར་མེད་པ་ལྷག་པའི་ལྷར་འགྱུར་རོ། །སྣང་བ་ཆོས་སྐུར་རང་སེམས་ངོ་བོ་ཉིད། །ལྷག་བསམ་དག་པ་ཡེ་ཤེས་སྒྱུ་མའི་སྐུ། །བདེ་སྟོང་བུང་བས་མཁའ་ལ་གར་སྟབས་བསྒྱུར། །དང་པོའི་མགོན་པོ་རྡོ་རྗེ་འཆང་ཆེན་ཉིད། །སྤྲ་བརྗོད་དང་བྲལ་འགྱུར་མེད་ཆོས་ཀྱི་སྐུ། །རང་གིས་རང་ཉིད་མཚོན་པ་རྒྱལ་བ་ཉིད་དང་མཉམ། །ཤེས་བྱའི་དཔུང་ཚོགས་རབ་དཀར་ཆུ་གཏེར་མཛོད། །མཁའ་འགྲོ་རྒྱ་མཚོའི་སྟོང་ཉིད་མཁྱེན་གསུམ་རྒྱས། །ཞེས་པ་གཅོད་གདན་ཐོག་གཅིག་མའི་ཁྲིད་ཡིག་ཕྲིན་ལས་རྒྱ་མཚོ་ལས། ནམ་མཁའ་སྒོ་འབྱེད་ཀྱི་རྒྱབ་ཆོས་མཁན་པོ་གསུམ་དང་དགོས་སེལ་གྱི་མ་ཚང་བ་ཁ་བསྐང་བ་བྱས་པ་འདི། ཀཽ་ཏིང་གུའི་སྣེ་གངས་པ་ཀུན་དགའ་རྒྱ་མཚོ་བ་དང་། མི་ཉག་རྟོགས་ལྡན་དཔལ་ལྡན་སེང་གེ་དང་། རབ་སྟོང་ཚར་སྣང་གི་སྟོན་སྒོམ་མི་ཉག་རས་ཆེན་པ་མང་དུ་ཐོས་པའི་རྒྱ་མཚོ་སོགས་གྲུས་ལྡན་གྱི་སློབ་མ་སྨིན་གྲོལ་མཐར་ཕྱིན་པ་རྣམས་ཀྱིས་རིམ་པར་བསྐུལ་བའི་ངོར། ཤཱཀྱའི་དགེ་སློང་ཀིརྟི་ཆོས་ཀྱི་རྒྱ་མཚོ་ཞེས་བྱ་བས་རང་གི་བློ་

ནུས་ཀྱིས་དཔག་པར་དཀའ་ན་ཡང་། དཀོན་མཆོག་གསུམ་དང་བཀའ་བརྒྱུད་བླ་མ་དཔའ་བོ་མཁའ་འགྲོས་བྱིན་གྱི་བརླབས་ཤིང་། བླ་མ་རྗེ་བཙུན་ཆོས་ཀྱི་སྤྱན་ཅན་གྱིས་ཡང་ཡང་བཀའ་གནང་བ་བཞིན། ལུང་དང་རིགས་པའི་སྒོ་ནས་བཤད་པ་དང་བསྟུན་ཏེ། རྒྱ་ཆེ་བ་དང་གྲངས་མང་བ་མ་ཡིན་པ་བསྡུས་ཙམ་ཞིག་སེམས་ཐོག་ཏུ་བླངས་ནས་ངོ་སྤྲོད་པ་འདི། གཡང་མོའི་ལོ། གཡང་དཀར་གྱི་ཟླ་བ་དཀར་པོའི་ཆོས་རི་བོང་རྒྱས་པའི་དུས། བསམ་གཏན་འཕེལ་བའི་སྐབས་སུ་རྒྱལ་བས་ལུང་བསྟན་པའི་གནས་མཆོག་ཆེན་པོ། གྲུབ་པ་ཐོབ་པ་རྣམས་ཀྱི་ཞབས་ཀྱིས་བཅགས་པའི་མཚུར་ཕུའི་དབེན་གནས། གང་ཤར་འོད་གསལ་གྱི་དཀྱིལ་འཁོར་རྒྱས་ཤིང་། འཇའ་དང་འོད་ཀྱི་གུར་ཁང་དུ་མེ་ཏོག་གི་ཆར་འབབ་ཅིང་། དཔའ་བོ་མཁའ་འགྲོ་ཚོགས་ཀྱི་འཁོར་ལོ་བསྐོར་ཞིང་ལྷའི་བུ་དང་བུ་མོ་རྣམས་ཀྱིས་སྤྲོ་བ་གདིང་ནས་སྐྱེ་བའི་དབེན་གནས་ཨ་ས་རི་ཁྲོད་དུ་སྦྱར་བའོ། །འདི་བྲིས་དགེ་བའི་རྩ་བ་དེ། །མ་རྒན་སེམས་རྣམས་ལ་བསྔོ། །འགྱུར་མེད་ཆོས་སྐུ་ཐོབ་པར་ཤོག །བདག་ཅག་དཔོན་སློབ་ཐམས་ཅད་ཀྱི། །ཕྲིན་ལས་ཕྱོགས་བཅུར་རྒྱས་པ་དང་། །དེ་ལ་བར་ཆད་མེད་པ་དང་། །འགྲོ་བའི་དོན་ལ་སྤྱོད་པར་ཤོག །ཚེ་རིང་ནད་མེད་ཕུན་སུམ་ཚོགས། །སངས་རྒྱས་བསྟན་པ་དར་བ་དང་། །བཤད་སྒྲུབ་འཛིན་སྐྱོང་སྤེལ་བ་དང་། །དགེ་བདུན་སྡེ་ཡང་དར་བར་ཤོག །བཀྲ་ཤིས་དཔལ་འབར་འཛམ་གླིང་རྒྱལ་བའི་རྒྱན་དུ་ཤོག །མངྒལཾ་ཛྷཝནྟུ།། །།

༄༅། །ཆོས་རྗེ་རང་བྱུང་རྡོ་རྗེས་མཛད་པའི་སེམས་ཅན་ལ་ཕན་བྱའི་སྔོར་རྣམས་བཞུགས་སོ། །

བླ་མ་དམ་པ་རྣམས་ལ་ཕྱག་འཚལ་ལོ། །མི་ཏ་ཁྲི་གསུམ་གང་ཏུང་ཆུ་འཛོགས་པ་འབྱིན་པའི་སྔགས་ལ། ཆུ་གཙང་མ་ལ་སྔགས་འདི་སྔོང་གདབ། ཨོཾ་མཧཱ་ཀུ་ལེ་ཏུན། མཧཱ་ཀུ་ལེ་ཆུ་ཏུན་ཙར་ཙར། ཙིར་ཙིར། ཧིབ་ཧྲི་ཧིབ་ཧྲི། ཧི་ཙར་ཧུཾ་ཕྱུང་ཙག་ཤུ་སྭཱ་ཧཱ། དེས་མི་ཏ་ཁྲི་གསུམ་ཆུ་འཛོགས་པ་འབྱིན་པར་འགྱུར་རོ། །ཨྠི་ཏི། །

བད་ཀན་སྲིན་བུ་སྐྲངས་ལ་སོགས་པ་ཀུན་ལ་སྔགས་ཀྱི་སྦྱོངས་བཏང་བ་ནི། རང་ཉིད་བྱ་ཁྱུང་ཁྲ་བོ་གནམ་ལྕགས་ཀྱི་མཆུ་སྡེར་ཅན་ཞིག་བསྒོམ། ནད་པའི་ལིང་ག་ནང་ན་ཡང་བྱ་ཁྱུང་ཁྲ་མོ་གཉིས་ཡར་འགྲོ་མར་འགྲོ་བྱེད་ཅིང་། བད་ཀན། སྲིན་བུ། སྐྲངས་ལ་སོགས་པ་འཇོམས་པར་བསྒོམ། ཚ་མར་ལ་སྔགས་གདབ་པ་ནི། ཨོཾ་ཏ་ར་སེང་མུག་ཐུམ་སྭཱ་ཧཱ། ཨོཾ་ས་ཧྲ་ཧྲི་སྭཱ་ཧཱ། ཨོཾ་ག་བྱེན་ཊི་བྱེན་ཏུག་སོད་ཏུས་ནོན་སྭཱ་ཧཱ། ཨོཾ་ཧྲ་ཏ་ཋ་སྲོག་ཆོག་ནན་ཐབ། ཏུ་ཡ་ཏུ་ཡེ་ཤིག་ཤིག་སྭཱ་ཧཱ། ཨོཾ་ཤིག་ཤིག་ཏུམ་ཏུམ་སྲིན་ནོན་སོད་སྭཱ་ཧཱ། རྟགས་མ་བྱུང་བར་སྔགས། རྟགས་ནི་ཁོང་པ་འཁྲིག་པ་དང་། རང་ཡང་བཤལ་བ་ལ་སོགས་པ་འོང་། དེའི་དུས་སུ་ནད་པ་ལ། ཚ་ཆུ་རྡོ་འཇམ་བྱེད་ནས་གཏོང་བ་ཡིན། སྐྱུག་ཏུ་མི་འཇུག་པ་ནི། དང་ཁར་ཆུ་རྡོ་གྲང་མོས་གནོན། ལུས་དྲང་པོར་འདུག །དང་ཁར་ཆུ་གྲང་བཏུག །སྨན་རྒྱ་སྦྱོངས་རྗེས་མཐུན་ནོ། །ཨྠི་ཏི། །

༦དྲག་པོ་སྔགས་སྦྲིལ་གྱི་ཕྱོག་སྔགས་འདི་ལ།༦ རང་ཉིད་དབང་ཕྱུག་ཆེན་པོ་སྐུ་མདོག་ཐལ་སྐྱ་ཕྱག་གཡས་རལ་གྲི། གཡོན་ན་བདུད་རྩིའི་བུམ་པ་བསྣམས་པ། ཡུམ་བྲམ་ཟེ་མ་དམར་སྐྱུག་སྐུ་ལ་འཁྲིལ་བ། ཕྲག་པ་གཡས་ལ་ཕོ་རོག །གཡོན་ལ་སྤྱང་ཀི། སྤྱི་བོ་ན་བྱ་ཁྱུང་གཤོག་པས་བསྐྱུང་བྱ་ཁེབས་པ། ཕོ་ཉ་རྣམས་ཀྱིས་ཕྱོག་འདྲེ་ལ་རྔམ་སྣམ་པ་ཞིག་བསྒོམ། སྔགས་གདབ་པའི་དུས་སུ་ཕྱག་གཡས་པའི་རལ་གྲིས་ཕྱོག་འདྲེ་གཏུབས་ནས་ཕོ་ཉ་རྣམས་ཀྱིས་ཏབ་ཐོབ་དུ་ཟོས་པར་བསྒོམ། མལ་དུ་གཡོན་པའི་བདུད་རྩི་བུམ་པ་བླུག་པས་སོར་ཆུད་པར་བསམ། སྔགས་ཀྱི་ཕྱེད་དྲི་ཆུ་བར་པ་ལ་བཏབ་ལ་ཁོང་དུ་བཏང་། སྔར་ཀྱི་ཕྱེད་རྒྱབ་ཏུ་འདེབས། སྔགས་ནི། ཨོཾ་མ་ཧཱ་དེ་བ་ས་མ་ཡ་ཀུ་རུ་ན་ཛ་ལི་ཧཱུྃ་ཕཊ། རུ་ཏུ་སི་ང་བ་ཀུ་ཤ་རི་ཀེ་རུ་རེ། བྲམ་ཟེ་དམར་པོ་ཁ་ལ་ཐོག་ཐོག །ཕྱོག་པ་སྤུན་དགུའི་དབལ་སོད་སོད། ངར་ཞི་ཞི། མལ་མལ། སོད་སོད། ཐད་ཐད། ཆོད་ཆོད་སྭཱ་ཧཱ། ཀྲཱི་ཏི། །

གནམ་མཚོ་སངས་རྒྱས་ཉི་མ་ལ་དམ་པས་ཞུས་སོ། །རང་བྱ་ཁྱུང་དམར་པོ་དཔྲལ་གྱི་མདོག་ཅན་ལྕགས་ཀྱི་མཆུ་སྡེར་ཅན་ཞིག་བསྒོམ། དེའི་སྤྱི་བོར་ཁྱུང་སྔོན་པོ་ལྕགས་ཀྱི་མཆུ་སྡེར་ཅན་ཞིག་བསྒོམ། སྔགས་ནི། ཨང་ཨང་ཐིབས། ཁྱུང་ཁྱུང་ཐིབས། རྦབས་རྦབས་ཐིབས། ཧོང་ཧོང་ཐིབས། ཁ་ལ་ཁྱུང་ཐིབས། ནད་ཀྱི་ཕ་ལ་ཐིབས། ནད་ཀྱི་མ་ལ་ཐིབས། ཨར་ཐད་དུར་ཐད་སོད། ཨར་ཐིག་ཏུ་ཧ་སོད་སོད། ཨོཾ་ཨག་ཙེ་ཐིབས་ཐུན། ཐིབས་ཁྱུང་ཁ་ལ་རཀྵ། ཐིབས་ཐུན་ཁྱུང་ནི། ཐིབས་ཐུན་སྭཱ་ཧཱ། ཞག་བདུན་གྱིས་སྨན་འགོག་པ་ཡིན་ནོ། །ཀྲཱི་ཏི། །

༦ཨོཾ་ཧྲིང་ཧྲུཾ་༦ཕྲོམ་ཕུང་བཛྲ་གཎྜ་ཀ་ནི་ཊིས་ཏ་སྭཱ་ཧཱ། གུར་གུམ་ཤླ་རྩི་རྣམས་

ཀྱིས་ཤགས་འདི་གྲོ་ག་ལ་བྲིའོ། །བཏགས་པས་ལུས་ལ་ཛེ་སྲིད་ཡོད་ཀྱི་བར་དེ་སྲིད་འབུམ་བུའི་ནད་ཐུབ་བོ། །ཀླྀ་ཧྲི། །

ཨོཾ་ཧྲི་ལི་ཧྲི་ལི་ནི་སཙྪ་མྱུང་ཀླཾ་ཛ་རཾ་ཧྲིས་མ་ཏ་ཏ་ལ་ན་ཡ། བ་ཏ་ཏང་སྲེ་བ་སྭཱ་ཧཱ། ས་ཕྱར་གང་ལ་བཏབ་ལ་ཕྱོགས་བཞིར་གཏོར་རོ། །ཐེ་ཆོམ་མེད་པར་ཆོམ་རྐུན་ཐུབ་བོ། །ཀླྀ་ཧྲི། །

¦འབྲུམ་བུ་བསྲུང་བ་ལ།¦ མི་ཡི་རུས་པ་བཏགས་ལ་ཆུ་དང་སྦྱར་ནས་བྱུགས་ན་ཐུབ། རུ་རཀྟ་ཆུ་སྲྀང་རྩི་དང་སྦྱར་ནས་འཐུངས་ན་ཐུབ། ཟུག་གཟེར་འཆག །མི་འཆི་ངེས་སོ། །ཁྲིས་རྒྱུགས་པ་ལ་སྔགས་འདི་ལན་བདུན་བཟླས་ནས་ཆུ་ཡི་ཁ་ཕྲུ་བཏབ་ན་ཞག་བདུན་ནས་ཕན་ནོ། །ཨོཾ་ཨུ་ལུ་མུ་ལུ་སུ་ཁ། ཨོཾ་ག་ཡ་ལ། ལན་བདུན་བཟླས་ནས་རྐ་ལ་གདབ་བོ། །བྱི་མོ་ནག་མོའི་སྙིང་འོ་མ་བཀོལ་བ་ལ་ག་ར་བཏབ་ནས་བཏང་ན་འབོག་གོ། །ཀུ་ཤ་ཧྲན་ཧྲ་རྣ་བ་ལ་བཏགས་ན་འབོག་པའི་ནད་སེལ་ལོ། །ཀླྀ་ཧྲི། །

ཟེད་བྱེད་ཀྱི་གདོན་ལ། ཁྱི་ནག་པོ་ཞག་གཅིག་ལྟོགས་སུ་བཅུག་ལ། གཡག་ནག་པོའི་ཞོ་སྦྱར་ལ་ བླུད་པས། དེའི་རྟུག་པ་བྲུས་ལ་ཏིལ་གཟུང་བ་ལ་མར་ཁུ་བཏོན་ལ་རྣ་བར་བླུག་པས་ཟེད་བྱེད་ཀྱི་གདོན་ལས་ཐར་རོ། །ཀླྀ་ཧྲི། །

འབྲུམ་པ་དཀར་པོ་སྤབ་མོ་བྱུང་བའི་འབྲུམ་བུ་བདོག་པ་བདུན་བརྒྱད་ཅིག་ཆང་གར་མ་ལ་བཏབ་ནས་འཐུངས་ན་འབྲུམ་བུ་ཐར་ངེས། ཡང་བ་གཅིག་ཡོང་བ་ཡང་སྲིད་དེ། མ་བྱུང་ན་ཐར་ངེས་སོ། །ཨོཾ་བཛྲ་ལ་མ་ཐ་ར་ཚ་པ་འདུ་ཡེ། འཆང་བ་པོ་ལ་འབྲུམ་བུ་ལ་རཀྵ་རཀྵ། ཨོཾ་བ་ར་རས་མ་ཐ་ར་ར་ཧ་ཨི་ས་ར་སཾ་ག་ཧྲི། ཀླྀ་ཧྲི། །

ན་མོ་བུ་དྡྷ་ཡ། ན་མོ་དྷརྨཱ་ཡ། ན་མོ་སཾ་གྷཱ་ཡ། ཏདྱ་ཐཱ། ཨོཾ་ཨད་ཊེ་བད་ཊེ་ཀྵིད་ཊེ། ཀུ་ནན་ཊེ། ཊ་ཀེ། ཊ་ཐ་ག་ཀེ། ཊ་ར་ག་ཀ། ཧུ་རུ་མ་ཊི། ཧི་ལི་ཧི་ལི། མི་ལི་མི་ལི། སཾ་ཛྷག་ཀྲ། བི་ཛྷཀྲ། ཛྷ་མུ་ན། ཛཱན་ནན། སིང་སན། ས་ཧྶུ་ཛྷན་དྷཱ་སྨྲ་ཧྲ། སེམས་བསྐྱེད་སྐྱེ་དང་མཐུན། པདྨ་དཀར་པོ་འདབ་བཞིའི་སྟེང་དུ་ཡི་དམ་ལྷ་གང་ཡིན་གྱི་ས་བོན་འོད་དུ་ཞུ་བས། རང་ལུས་ལྷུགས་ཀྱི་རྡོ་རྗེ་རྩེ་དགུ་པར་བསམ། ལྟེ་བར་ཡི་དམ་གྱི་ས་བོན་ལ་སྔགས་ཀྱིས་བསྐོར་བར་བསྒོམ། སྤྱོད་དང་སྔ་དྲོ་བཟླ། ཉི་མ་ནུབ་པ་ལ་མི་བཟླའོ། །བརྒྱུད་པ་ནི། ལྷའི་དགེ་བསྙེན། དགྲ་བཅོམ་པ་བློ་གྲོས་དཔལ་ལོ་སྟོང་། ཧ་རུ་ཙཎྜ་ལོ་ལྔ་བརྒྱ། དར་མ་གྲགས་ལོ་ཉིས་བརྒྱ། མངའ་རིས་པ་ཡེ་ཤེས་རྒྱལ་པོ་སུམ་བརྒྱ། ཤེས་རབ་གྲགས་ཉིས་བརྒྱ། ཛྙཱ་ན་སི་ཏི། རཏྣ་ཨ་ནནྡ། དེས་བདག་ལའོ། །ཟབ།

ལམ་བསྲུངས་ལ། ན་ཛྷའུ་ར་ཤུ་ཕྲ་ར་ཛྷི་ཏུང་ཏ་ཏ་པ་ར། ཛྷི་མ་ལ། ལཾ་ཛྷ་ལཾ་བུ་ཙན་དྷ་པ་ར་ནི། སཾ་ཤྲ་ར་ཤའི་ཀ་ཤ་ར་ཧེ་ཧྲེ་ཛྷུ་ནཿརྫ་ན་ནི། ཛྷམ་ཛྷ་མ། ཨོཾ་ཛྷ་ཏ་ཏཀྐ་ན། མ་ཐེབ་ཏི་མ་ར་གེ་ཏྲའི་དེ། ཏ་རྻ་ཛྷ་ར་ཤེ་ན་མ་ཏའུ་བ་ར་ཏའུ། ཏ་ཛྷན་རྫེ་གུ་ན་ན་ཏུ་པེ་མ་ར་ན་རྫེ་ཏ་ར། ཀླྀཾ་ག་ནེ། ཀླྀཾ་ག་མུ་ཏྲ། འཇག་མ་སོར་བཅུ་གཉིས་པ་ལ་སྔགས་ལན་བདུན་བཏབ་ནས་རྣ་ལྟག་ཏུ་བཙུགས་ན་ལམ་བསྲུངས་ཤིན་ཏུ་ཟབ་པོ། །ཨོཾ་ར་ག་ཏི་རི་ཏི་ཙཀྲ་གོ་ར་ཁ་རཀྵ་རཀྵ། ཁྲག་གཅོད་པའི་སྔགས་བརྒྱ་རྩ་བརྒྱད་པའོ། །ཕྱི་ཏི། །

བུ་ལི་ན། ཕེར་ཕར་པ་ཧོ་ཏ་ཧི་ཀུ་པ་ཙི་ལི་ཤུ་ལ་ལེ་ཧི་ཏྲ་ཧི་ཏ། པེའུ་ཛྷ་ནེ་ཆེ་མོ་ནེ་ཀ་མུ་ཁ། ཁཎྜེ་ཤུ་ལ་ཧྲུ་ཏ་ནེ། ལན་གསུམ་ཆུ་ལ་བཏབ་ནས་འཐུངས་ན་བཤུས་པའི་ཁྲག་ནད་¦ལ་¦ཕན་ནོ། །ཕྱི་ཏི། །

ནག་པོ་མཛེ་འཇོམས་པའི་མན་ངག་ལ། དང་པོ་ཡི་དམ་ལྷ་བསྒོམ། དེ་མིན་ན་རང་ཉིད་ཐ་མལ་པར་བསྒོམ། དེའི་ལྟེ་བར་འཁོར་ལོ་རྩིབས་བཞི་པ་གཡོན་དུ་འཁོར་བར་བསྒོམ། དེ་ལས་འོད་ཟེར་འཕྲོས། ནད་པ་ལ་ཕོག་པས། ནད་ཐམས་ཅད་རང་དབང་མེད་པར་འདུས་པར་བསྒོམ། ཨོཾ་ཙུབ་ཙུབ། འདུས་འདུས། སརྦ་ནན་ཐད་སྭཱ་ཧཱ། ཨོཾ་མག་སད། མུག་སད། གཉན་ནད་སད་ཀྱི་སྭཱ་ཧཱ། ཨོཾ་ཞུ་ཞུ་ལྡེམ་ལྡེམ་སརྦ་ནིར་སི་ཏི་སྭཱ་ཧཱ། ཨོཾ་ན་མོ་ལ་ཕུད་ཕུད་ཡེ་སྭཱ་ཧཱ། སྔགས་འདི་ནང་རེ་སྲུམ་བརྒྱའམ། ལྔ་བརྒྱ་ལ་སོགས་པ་མ་ཆག་པར་བགྲངས་ན་མཛེ་ནད་ཐམས་ཅད་སོས་པར་ཐེ་ཚོམ་མེད་པས་སོམ་ཉི་མི་བྱའོ། །ཞྭི་ཏི། །

ཨོཾ་ནིར་ཧྲ་ན་ཧྲ་ན་འགའུ་རི་ཙཎྜ་ན་པདྨའི་ཤོག་ཤོབ། ཏུ་ན་ཀུ་ལུ་ཀུ་ལུ་ས་ག་ར་ཤ་རི་ར། སརྦ་ར་ས་ཧྲཱུ་ནི། ཟས་ཟོས་ནས་སྲ་ར་ར་སྔ་མ་ལ་ལན་གསུམ་གསུམ་བསྔགས་ཏེ། བཟའ་བ་འོ་མ་དང་ཆང་འཐུང་། སྐྱུར་དང་ལོ་མ་སྔོག་པ་ཡོད། དང་པོ་སེ་བ་གཅིག །གཉིས་པ་གཉིས། གསུམ་པ་གསུམ། བརྒྱད་ནས་བརྒྱད། ཟས་ཟོས་རྗེས་ཙུང་ཟད་ལུས་བསྐྱངས་ལ་དལ་བར་བྱ། ཡོན་ཏན་ནི་སྟོབས་ཆེ། དབང་པོ་གསལ། ཚེ་རིང་། སྐྲ་དཀར་མེད། གཉེར་མ་མི་འོང་། མཚོན་གྱིས་མི་ཚུགས། ནད་མེད། མཛེ་མི་འོང་། དུག་གིས་མི་ཚུགས་སོ། །སྦྱོར་ར་ཁའི་མན་ངག །ཛོ་གི་ཨི་མ་ལ་ཙུ་ཥི་ཏི་ཧྲ་ལས་བྱུང་བ་ས་མ་ཏ་ག་སཾ་ཧྲ་ཏི་པ་མི་ཧྲ་ཥ་ནི་ཏུ་པོ་པ། སྨེ་མདོ་བ་ཀུན་དགའ་དོན་གྲུབ། རང་བྱུང་རྡོ་རྗེ། ཞྭི་ཏི། །

སངས་རྒྱས་སྨན་གྱི་ལྷ་ལ་ཕྱག་འཚལ་ལོ། །དངུལ་ཆུ་ལ་བརྟེན་ནས་དུག་གིས་མི་ཚུགས་པའི་ཐབས་ནི། ཤངས་པ་རྗོག་ཅོག་པ་ལ་ཡེ་ཤེས་ཀྱི་མཁའ་འགྲོ་མས་ཞལ་ལམ་དུ་གནང་བའོ། །དེས་སློས་ལྷ་ལ་གནང་། དེ་ལྟ་བུའི་གདམས་གང་

བླ་མ་རིན་པོ་ཆེའི་སྙན་དུ་ཕྱིན་པ་ལ་བརྟེན་ནས། ཡེ་ཤེས་ཀྱི་མཁའ་འགྲོ་མས་ཀྱང་གནང་། དེ་ཉིད་ཀྱི་བརྒྱུད་པ་ལ་བདག་གིས་གདུགས་སོ། །དེ་ལ་འདྲིས་ཀྱི་སྦྱོར་ཐབས་ནི། དངུལ་ཆུ་དུལ་མ་ལ་གཞི་བྱ། མེད་དུ་མི་རུང་བའི་སོག་སྨན་ནི། སྲད་མ་དཀར་ནག་གཉིས། སྲད་ཆུང་དང་གསུམ་མོ། །འབྲུ་སྨན་གསུམ་ནི། ཉུངས་དཀར་ནག་གཉིས། པལ་གངས་དང་གཉིས་མོ། རོ་བཙན་གསུམ་ནི། མི་ཧ་ཁྲི་གསུམ་གྱི་ཕྲུ་གུ་སྐྱེས་མ་ཐག་གི་སྤྲིན་ནོ། །ཚ་མཆོན་དུར་ཡོངས་པ་བསྲིགས་ལ་བཏང་། སྟོང་གི་སྨན་ནི། བཟང་པོ་དྲུག །ཨ་རུ་ར་གསེར་མདོག །ཕོང་ང་དམར་པོ། སླ་རྩི་རྣམས་ཆ་མཉམ་ལ་བཏང་། དེ་རྣམས་ཞིབ་མོར་བརྡུངས་ལ་དགེ་སློང་ཚུལ་ཁྲིམས་རྣམ་དག་གམ། བྱིས་པ་ནུ་མ་འཐུང་པའི་དྲི་ཆུས་སྦྱར་ལ་རྡྲིན་བཏགས་བྱ། རི་ལུ་ཆེ་ཆུང་སྲན་མ་ཙམ་བྱའོ། །རི་ལུ་ཟ་བའི་དུས་སུ་དགོང་མོའི་ལྟོ་བཅག །སྲོད་ལ་གཡེར་ཆུ་བཏང་། ཐོ་རངས་རི་ལུ་ཟོས་པའི་རྗེས་ལ་མར་ཁུ་བཙག་བཅད་ཅིག་བཏུང་། དེས་ཟླ་བ་བཞི་ཐུབ། ཅེས་གསུངས། ཡང་། ཉམས་སུ་མྱོང་བས་ཟླ་བ་གཅིག་ངེས་པར་ཐུབ་བོ། །རི་ལུ་ཁོང་ན་ཡོད་པའི་བར་ལ་དུག་ལྟོ་ཏ་བྱུང་ན་འབྲུ་སྐྱུགས་འོང་། དེའི་དུས་སུ་བཤལ་བའམ། སྐྱུགས་བཏང་ངོ་། །དེ་རྗེས་རི་ལུ་ཟ། དེས་ངེས་པར་ཐུབ་བོ། །སྨན་གྱི་སྦྱོར་ལུགས། ཐུན་ཚད་ཞལ་ལས་ཤེས་པར་བྱའོ། །ལི་ཤི་བཟང་དྲུག་གྲི་ཧྃ་དེ་དང་མཉམ། དོམ་ཁྲིས་སླ་རྩི་དེ་ཡི་ཕྱེད། དུག་མེན་གསུམ་ནི་ཞོ་རེ་རེ། ཨ་རུ་ར་ནི་རྣམ་པ་བཅུ། ལྕུམ་སྟག་བཅུ་མ་ཕོ་མཉམ་མོ། །མ་ནི་ཞོ་དེ་བཏང་ན་བཟང་། གངས་ཟེ་མདངས་མེད་སྲང་གང་ངོ་། །གངས་ཐིགས་ཞོ་གང་མན་ངག་ཡིན། ཚན་དུ་མ་མཆེན་པ་ཧི་ཤའོ། །འགྲམ་པའི་ཕུར་པའི་ས་ཟབ་མོ། །ཤྲཱི་ཧི། །

ཏབ་ཐབ་ཏབ་ཐབ་སོད། འབྲུག་ཐབ་འབྲུག་ཐབ་སོད། གཉན་སོད། གཉན་སོད། ཨ་རང་ནག་པོ་སོད་སྭཱ་ཧཱ། ཨོཾ་སཾ་པ་ར་ཀྵི་མ་ན་པ་ན་མ་ཧཱ་ཛཾ་ཛྷ་ཧཱུྃ། སྔགས་འདི་བརྒྱ་རྩ་བརྒྱད་ཕྲེང་བ་ལ་བཏབ་ན་བྱེ་བའི་འགྱུར་ཡོད་དོ། །འབྲས་གསོད་པའི་སྔགས་ལ་ཨོཾ་ག་རི་སོད། ཀྱ་རི་སོད། ཉ་རི་སོད། འདི་མོ་སོད། ཙ་མོ་ཞ་ཞི། ལྷན་སོད། ཞི་ཞུ་ལན་སོད། ཐབ་ཐུལ། ཐབ་ཐུལ་སོད། མནན་གསུམ་གཅིག་ཏུ་མནན་ཏེ་མ་འདར་ཅིག །བཅད་གསུམ་གཅིག་ཏུ་བཅད་དེ་མ་སྐྱེ་ཞིག །ཨ་ཙ་ར་ཟླ་བ་ནག་པོའི་གདམས་ངག་མར་ལ་བཏབ་ལ་བྱུག །ཀྲི་ཏི། །

ཁོང་སྲིན་གྱི་སྔགས་ལ། སྲིན་གྱི་བུ་ཕོ་སོད། སྲིན་གྱི་བུ་མོ་སོད། བྲམ་ཟེ་ག་ལ་ཡ་ཙེ་སོད། ཚ་མར་ལ་སྔགས་བཏབ་ལ་ཁོང་དུ་བཏང་། ཚ་སྲིན་གྲག་སྲིན་གང་ལ་ཡང་ཕན་ནོ། །ཀྲི་ཏི། །

ཨོཾ་ཤན་ཏི་བི་ཤན་ཏི། ཨོཾ་ཁྲག་ཉག་རཾ་སོད་སྭཱ་ཧཱ། ཁྲག་སྭཱ་ཧཱ། ཁྲག་སྔགས་ཟབ་མོ་ཉམས་སུ་ལོང་དང་གསལ། སུམ་བརྒྱ་ཙམ་རེ་གདབ་བོ། །ཀྲཱི། །

¦མགོ་སྲིན།¦ སྲིན་ཆུང་། གདོན་གང་ཡིན་ཡང་སྨན་འདི་ཐེངས་པས་ཆོག་གོ། །ཀླུ་རྩེ། སྤོག་སྐྱུ། ཤིང་ཀུན་གསུམ་སྲན་མ་ཙམ་རེ། བོང་ང་འབྲི་ཚིལ་མ་སྲན་མ་ཕྱེད་རེ། དེ་རྣམས་ཞིབ་པར་བཏགས་ལ་མར་དང་བསྐོལ་ནས་འགྲམ་པ་གང་ན་བའི་ངོས་ཀྱི་རྣ་བའི་ནང་དུ་བླུག །སློ་བར་སེ་ས་ལེ་མུ་སླེག །ཨོཾ་ཧ་ཧེ། བརྒྱ་རྩ་བརྒྱད་བཏབ། ཁྲག་སྔགས་ལུགས་གཅིག་ཡིན་ཟབ། །རོ་དམར་ལེན་གྱི་གདམས་ངག་གི་སྔགས་ལ། ཨོཾ་ཞི་བ་ཤཱནྟི་ཀུ་རུ་ཡེ་སྭཱ་ཧཱ། རཀྵ་ཞི་བ་ཤཱནྟི་ཀུ་རུ་ཡེ་སྭཱ་ཧཱ། དེ་ཕ་ཤཱནྟི་ཀུ་རུ་ཡེ་སྭཱ་ཧཱ། ཨོཾ་མུག་ཐུམ་མུག་ཐུམ་སོད། སཙྪ་མུག་ཐུམ་སོད། ཙ་ཏི་མུག་ཐུམ་སོད། བ་ཡ་ཀྵི་ཡ་སོད། བི་ཡ་ཤན་ཏེ་ཡེ་སོད་སྭཱ་ཧཱ། རང་ཡི་དམ་

ལྷ་བསྒོམ། ནམ་ལངས་ཁ་ཤར་དུ་ལྟ། རླུང་ལན་གསུམ་ཕྱིར་འབུད། ཁང་མཐིལ་དྲི་མ་སྣུར་ནས་སྣ་སྒོར་རྟུབ། ར་དམར་ལེན་གྱི་གདམས་པ་ཟབ་བོ། །ཤྲཱི་ཧི། །

¦གཉན་སྡུགས་འདི་ལ¦ རང་བྱ་ཁྱུང་ནག་པོ་རྣ་དང་མཆུ་སྟེར་ཡོད་པར་བསྒོམ། ཨོཾ་ནག་པོ་ཀ་ལ་རཀྴ་ཐད་སྭཱ་ཧཱ། སོད་སོད། ཕུང་ཕུང་། སྲུ་གྲི་ཟང་ཟང་། ལྕགས་ཀྱི་སྡེར་མོས་གནོད་བྱེད་འབྱུང་པོའི་སྙིང་ལ་ཟོ་ན་ག་བྱི་ར་མ་སོད། ན་ག །བྱི་མ་ལི་སོད། སྔ་བཅད་བྱས་ནས་བརྒྱ་རྩ་བརྒྱད་བཟླས་པས་གཉན་སོད། སྡུགས་ཆུ་ཁོང་དུ་བཏང་། ཕྱིའི་སྐྲང་ལ་སོགས་པ་ལ་ཕྱི་ནས་གདབ་བོ། །གར་གྲོས་པའི་ངོས་ནས་བརྗེག་གོ། །ཤྲཱི་ཧི། །

རྒྱ་ནད་བསྲུང་བ་ལ། ཨོཾ་སྲུར་མོ་སྲུར་མོ། ཆུ་འཛམ་ཧྲིལ་སོད། སྡུགས་ཆུ་ལྡོ་སྟོང་ལ་བཏང་། གོང་མ་ལ་ཉེ་ཤུ་རྩ་གཅིག་བགྲང་། ཨོཾ་མེ་སོད། དུ་སོད། འདམ་སོད། དུ་སོད། ཡཀྴ་སོད། ཡར་ཡར་སོད། དེ་ནི་བུ་ཡིན་ནོ། །འོག་མ་ལ་བཅོ་ལྔ་ལ་གསུམ་ཆ་བགྲང་ངོ་། །མི་ལ་སྡུགས་ཆུ་སྦྱིན་ནོ། །རང་བསྲུང་བ་ལ་སྡུགས་བགྲང་། མཁས་པ་གཡུ་ཐོག་མགོན་པོའི་གདམས་པ་ཟབ་མོ། །ཤྲཱི་ཧི། །

བུད་མེད་བུ་ཚ་¦བཙའ་¦མ་ཐོན་པ་དང་། རྟ་ཕྲུགས་བེའུ་དང་ཤ་མ་འཐོགས་པ་ལ། ཨོཾ་ཀེ་ཀེ་མལ་ཞི་མལ། ཧི་ཧི་མལ་ཞི་མལ། ཤ་ཧི་མལ་ཞི་མལ། ན་མོ་རྒྱུ་འབྱུང་བ་བཞིའི་སྒོ་ཕྱེས། སྡུགས་འདི་བརྒྱ་རྩ་བརྒྱད་བགྲང་ནས། ཟན་དྲོན་ནམ། ཆང་ལ་བཏབ་ནས་རྟ་ཕྲུགས་ལ་སྦྱིན། བུད་མེད་ལ་ཆུ་གཙང་མ་ལ་བཏབ་ལ་ཁོང་དུ་བཏང་། ཐེངས་པས་ཆོག། ཨོཾ་ལི་མ་ལི་ཙེ་ཛ་ནན། སྲོད་སད་ཤིག་ཟ་མདལ་སྭཱ་ཧཱ། མར་ཉིང་ལ་སྡུགས་སོ། །ཐོ་རངས་སྒོ་མ་ཕྱེ་བ་དང་། མི་དང་ལབ་མ་བྱས་པ་ལ་སྡུགས་འབུམ་ཚོ་བགྲང་ངོ་། །གོང་བསྙེན་དེ་ལ་སྟོང་ཕྲག་བརྒྱད

དང་། ཉིས་བརྒྱ་འགྲུག་ཞིང་། ཤིག་སྐྱེས་སར་མཆིལ་མའམ་མར་བྱུག་གོ། །ཤྲཱི་ཧི། །

བོན་པོ་ལྷའི་ལམ་བསྲུངས་འདི་ལ། ཤིང་སྐམ་འབུ་མེད་པ་སོར་བཞི་པ་གཅིག་ལ་ཐོ་རངས་ཁ་བརྒྱ་རྩ་བརྒྱད་བཏབ་ལ། ནང་ནས་ཕྱིར་འགྲོ་ཅན་ཐེམ་པའི་ཕྱི་ངོས་སུ་མདའ་གཞུའི་མདེལ་རྩེ་ཕྱིར་བསྟན་པ་གཅིག་བྲིས་ལ་དེ་ལ་འགོགས་ནས་འགྲོའོ། །འགྲོ་ཅན་ཤིང་དེ་ན་ལྷག་གཡས་པར་བཀལ་ལ་འགྲོའོ། །འཇིགས་པ་རྣམས་སུ་སྔགས་བགྲང་ངོ་། །ཨོཾ་མ་ཧཱ་ཐ་ནུ་ཆོམ་ནི་ཚེ་ཛག་རྐུན་ཆིངས་ཤིག །ཤྲཱི་ཧི། །

ཆུ་ཡི་སྟེང་ན་ཕར་འགྲོ་བའི་སྔགས་དང་རྫས་ལ། ཡ་མ་ལ་དུ་ཧྲཱིཿན་སྭཱ་ཧཱ། བརྒྱ་རྩ་གཅིག་དང་ཉེར་བརྒྱད་བཟླས་ནས་མི་གཙང་བ་དང་ལྷམ་མཐིལ་དུ་ལྷན་ན་བྱ་བཞིན་དུ་འགྱུར་རོ། །ཤྲཱི་ཧི། །

མོ་གདོན་བསྲུང་བ་ལ། སྐུད་པ་ནག་པོ་སྐེད་པ་འཁོར་བ་ལ། སྔགས་འདི་བརྒྱ་རྩ་བརྒྱད་བཟླས་ནས་སྐེད་པ་ལ་དཀྲིས་ན་མོ་གདོན་གྱིས་མི་ཚུགས་སོ། །སྔགས་ནི། ཨོཾ་འབྲེ་ཧེ་འབྲེ་ཧེ་མ་ཧཱ་འབྲེ་ཧེ་སྭཱ་ཧཱ། འཆང་བ་པོ་ལ་དགོང་མོའི་སྦྱོར་བ་རྒྱུན་ཆོད་ཅིག །ཡི་གེ་གཟབ་ཏུ་མཚལ་གྱིས་བྲིས་ལ་སྐུད་པ་ལ་བཏགས་ལ་མི་ལ་ཡང་སྦྱིན། རང་ལ་ཡང་བཏགས། ཟླ་བ་རེ་རེ་ལ་རབ་གནས་སྐྱར་རོ། །ཤྲཱི་ཧི། །

ཁྱི་མི་འོང་བའི་སྔགས་ནི། ཨོཾ་གཾ་ཧཾ། གཾ་ནི། གེང་གེང་ཤེ་དམིགས་ཟེམ་ཟེམ་ཤེ་སྭཱཧཱ། རང་གི་ལག་པ་གཡས་ཧཱའི་མགོའམ། སེང་གེའི་མགོར་བསྒོམས་ལ་ས་གཏོར་རོ། །ཤྲཱི་ཧི། །ཁྱིས་གཟུང་བ་ལ་སྔགས་འདི་བཏབ་པས་ཆོག །ཨོཾ་ཨག་ཁུའི་ཧི་སྭཱ་ཧཱ། ཉང་རོའི་ཐོ་བརྡུང་མ། བརྒྱ་རྩ་བརྒྱད་བཏབ་ནས་ཐོ་བརྡུངས་པས་ཆོག །ཤྲཱི་ཧི། །

ཨོཾ་ཀུན་ཏྲ་ཀུན་པཾ་ཧུཾ་ཤར་ཤར་སྭཱ་ཧཱ། རིམས་ནད་ཐམས་ཅད་ཐུབ་པོ། །ཆུ་

གཙང་ལ་སྔགས་བཅུ་ཡན་བཏབ་ནས་འཐུངས་པས་རིམས་ཐམས་ཅད་སེལ་ལོ། །ལྟོ་སྟོང་ལ་གལ་ཆེའོ། །ཟབ་བོ། །འབྲུ་བ་བཅད་པ་ལ། ཨོཾ་ཎི་ར་སེང་ཡེར་ཐད་སྭཱ་ཧཱ། རང་སྔགས་པས་ཆོག །གཞན་ལ་ཆུ་ལ་བཏབ་ནས་བཏང་ངོ། །ཤྲཱི་ཧི། །

ཨོཾ་སྲ་ཀྲི་ཁྲི་མེ་དྲུ་ཏུ་དྲུ་ཏུ་ཐད་ཙད། ཟས་སྐམ་ལ་དྲུག་སྟོང་གདབ། གཙོད། འབྲུ་བ་ཀུན་ལ་ཕན། ཅེས་པ་འབྲུ་བ་ལ་ཟབ་བོ། ཆུ་ཉི་མ་མ་ཕོག་པ་ལ་བསྔགས་སོ། །¦ཨོཾ་ཀུན་ཧྲེ་ཀུན་ཧྲེ།¦ ཕཾ་ཡཾ་བྲུཾ་ཤལ་ཤལ་ཐད་ཙ། ཅེས་པ་འབྲུ་གཙོད་ཤིན་ཏུ་ཟབ་བོ། །ཤྲཱི་ཧི། །ན་མོ་མ་ཧེ་ག་ན་སྲིཙ་ཧྲི་བུ་འདི་ཛ་སྭཱ་ཧཱ། ཅེས་པ་མི་དྲུ་བའོ། །སྔགས་འདིས་འདྲེས་མི་གནོད་པའོ། །ཤྲཱི་ཧི། །

ཨོཾ་ས་ར་ས་ར་བི་ས་ར་ཕཊ་ཕཊ། ཨོཾ་གུར་ཎི་གུར་ཎི་ཟན་ཟུན་སྭཱ་ཧཱ། སྔགས་འདིས་མི་ལ་མར། ཕྱུགས་ལ་ཟན་དྲོན་ལ་བསྔགས་ནས་བཏང་བས་བུ་འདོན་ནོ། །ཟབ་བོ། །རང་ཉིད་བྱ་ཁྱུང་དུ་བསྒོམ། ནད་པ་དེ་འབུར་བསྒོམ། སོ་ན་ས་དེ་སྲིན་བུར་བསྒོམ། བསྲུང་འཁོར་དེ་ཙོང་ག་སོགས། ཨོཾ་ཁ་ཁ་ཏུ་ཙེ་ནན། སྲིན་བུ་ཙེ་ཤུ་ནན། ཨོཾ་ཨཱཿཧཱུྃ། གཟབ་ཆུང་འཕྲེང་གཅིག་བྲིས་ལ་བསྲུང་བ་བྱ། སྔགས་འདི་བརྒྱ་རྩ་བརྒྱད་དང༌། གར་གོང་སྲིན་མེད་མེར་བསྲེགས་ལ། ལང་ཏ་ཙེ་ལ་བསྔགས་ནས་སོ་ལ་བདུག །ཐོབ་ཐོག་སོད། ནོར་རིས་སོད། སྔགས་འདི་རྨ་ལ་ཡང་གདབ། ཆུ་ཕོར་གང་ལ་བཏབ་ལ་འཕྲུར། རང་ཉིད་ཨ་ཙ་ར་ནག་པོ་གཅིག་ཏུ་བསྒོམ། མི་དེ་མདོག་སྐྱ་བ་ཤིན་ཏུ་རིད་པ་གཅིག་ཏུ་བསྒོམ་ལ། སྙིང་རྗེ་དྲུངས་པ་བསྒོམ། རྨ་མེད་བྱ་བ་ཡིན་ན། སྔགས་འདི་ཉེར་གཅིག་བཟླས། ཨོཾ་ཤིབ་ཏི་ནན། ཙར་ཡ་ཡ་ནན་སྭཱ་ཧཱ། རྨ་འཕིབ་འཛུབ་ཀྱིས་མནན་ནས་དེ་ལྟར་ཡང་ཡང་བྱའོ། །ཁྲག་ཆོད་དོ། །ཟབ་བོ། །

མིག་གི་ཡིད་ཐོག་སྔགས་ལ། མདུན་དུ་ཆུ་ཕོར་གང་བཞག་ལ། ལྕག་ཁུང་དུ་བལ་འདབ་གཅིག་ལ་སྔགས་བརྒྱ་རྩ་བརྒྱད་བཏབ་པ་སྦྱིན་སྔགས་ནི། ཨོཾ་མེ་ཙ་ཐུན། མེ་ཙ་ཤིག །མེ་ཙ་ཕུང་སྭཱ་ཧཱ། མངས་ན་མིག་འདོན་པས་བརྒྱ་ལས་མི་མང་བ་བྱ། ཕུག་རོན་དང་ཉུས་ཕྲུག །རང་ཐུགས་རྗེ་ཆེན་པོར་བསྒོམ། ཨྠིཾ་ཏི། །ཡང་ཡིད་ཐོག་གི་སྔགས་ལུགས་གཅིག་ལ། ཨོཾ་ཡིད་ཡིད་སོ། རོ་ཡིད་སོད། འབྲུ་ཡིད་སོ། མིག་ན་ཕྱོགས་གནམ་དུ་བསྒོམ། ཡིད་ཐོག་ སྤྲིན་དུ་བསྒོམ། རླུང་གིས་སྤྲིན་གཏོར་བར་བསྒོམ། སྔགས་དུས་གསུམ་ལྟོ་སྟོང་ལ་བརྒྱ་རྩ་རེ་གདབ་བོ། །ཨྠིཾ་ཏི། །

ཨོཾ་པྲ་ཙ་ཧྲ་ནི་དུ་དུ་ཞི་ཞི། གཉན་ལྟོག་གི་སྔགས་སོ། །བརྒྱ་རྩ་རེ་བཏབ་པས་ཕན་ནོ། །རིགས་གསུམ་མགོན་པོའི་ལམ་བསྒྲུངས་འདི་ལ། རིན་པོ་ཆེའི་སྣོད་དུ་མིས་མ་འགོངས་པའི་རྫེའུ་དཀར་སེར་ནག་གསུམ་ལ་སྔགས་འདི་ཞག་གསུམ་བཏབ། དགྲ་བྱུང་དུས་སུ་དཀར་ནག་འཕང་། དམར་སེར་ཚགས་བྱ། དགྲ་འགྲོ་མི་ཤེས་སོ། །དམར་པོ་སྐྲུར་བས་གྲོལ་ནས་འགྲོའོ། །སྔགས་ནི། ཨོཾ་ཧྲ་ག་ཥ་ཧི་ཧྲ་གི་ཤྲཱི་པ་ར་མ་ཧེ་ཤྲ་ར་ཡ་ཧཱུྃ་ཕཊ། ཅེས་པའི་སྔགས་མི་ལ་མ་སྤེལ། རྒྱ་རྒྱ། ཨྠིཾ་ཏི། །

ཡང་རིགས་གསུམ་མགོན་པོའི་ལམ་བསྒྲུངས་ལ། རྫེའུ་དཀར། སེར་ནག་གསུམ་ས་གཙང་ས་ནས་བླངས་ལ་སྔགས་བརྒྱ་རྩ་བརྒྱད་བཏབ་ནས་ལུས་ལ་བཅངས་པས་འཇིག་པ་མི་འོང་ངོ་། །ཨོཾ་ཧི་པ་ཧི་པ་སྭཱ་ཧཱ། ཟབ་བོ། །བསྲུང་བ་དང་བྱུང་ཟིན་པ་ལ་ཕན་པའི་སྔགས་ནི། ཨོཾ་ར་མ་ཏུ་ཏེ་ཕཊ། ཨྠིཾ་ཏི། །མཐུ་ཟློག་སྔགས་ལ། ནྲ་ར་ཡ་ཕཊ། ཏྲུ་ར་ཡ་ཕཊ། ཀུཎྜ་ཕཊ། ལང་ཙ་ཕཊ། འབྲུས་རྒྱུགས་ཕཊ། པོ་ཏ། པོ་ཏ་ཡ་ཕཊ། མཐུ་ཟློག་སྔགས་ཞག་རེ་ལ་སུམ་བརྒྱ་རེ་མ་ཆག་པར་བྱའོ། །ཨྠིཾ་ཏི། །

རྒྱུ་ནད་བསྲུང་བ་ལ། ཨོཾ་ཛམྦྷ་ཛམྦྷ། ཚེམྦྷ་ཚེམྦྷ། ཛིན་ཛ་ཛིན་ཛ། ཏ་ར་ཡ། ཏ་ར་ཡ། སོ་ཤ་ཡ། དོང་ཤ་ཡ། སྭེ་ཏ་ཡ་སྭཱ་ཧཱ། རང་བསྲུང་ན་ཆུ་ལ་བཏབ་ལ་བཏང་ངོ་། །ཟབ་བོ། །མཚོན་བསྲུང་བ་ལ། ན་མོ་རཏྣ་ཏྲ་ཡཱ་ཡ། བི་ཥ་ཡོ་ཀི་ཏེ། ཛ་ཡ་སྭཱ་ཧཱ། འབྲུག་གྲལ་དུ་བགྲངས་ན་མཚོན་ཚུར་མི་འཕོག་གོ། །ཨི་ཏི། །

བུ་དང་ཤ་མ་འཛིན་པའི་སྔགས་ལ། ཨོཾ་ཙང་ཙང་། ཕྲིག་ཕྲིག །ཐེན་ཐེན། ཧུར་ཧུར། ལྷང་ངེ་ཁེ། ལྷང་ངེ་ཁེ། ཁེས་ན་མེ་ན། ཧུར་ན་ཧུར་ཕྱུང་། བརྒྱ་ཙམ་བཏབ་ལ་བཏང་ངོ་། །མང་ན་ལུག་པས་མི་བཟང་། ཀྲྀ་ཏི། །ཨོཾ་རྦ་ལ་དགེ་སྭཱ་ཧཱ། ཁྲག་སྔགས་ཟབ་མོ། ཧ་རི་ནི་སཏྭ་པ་ཤི་ཁྲག་ཆོད། ཁྲག་སྔགས་ཟབ་བོ། །ཨོཾ་ཐེབས་ཐེབས། ཁྲེབས་ཁྲེབས་སྭཱ་ཧཱ། རྦ་སྔགས་ཁྲག་གཅོད་ཡིན་པས་ཤིན་ཏུ་ཟབ། སྣ་ཁྲག་གཅོད་པ་ལ། སྤྲིའི་མེ་ཏོག་སྐམ་པོ་བཏགས་ལ་གང་ནས་བྱུང་སར་འདེབས་པ་ཡིན། དེ་ཡང་ཟབ་བོ། །ཡང་སྣ་ཁྲག་མ་ཆོད་ན། ཀར་ཤ་པ་ཆེ་བསྲེགས་པའི་ཐལ་བ་སྣ་བུག་ཏུ་བླུག །བུད་མེད་ནུ་མ། སྐྱེས་པའི་སྦྲོ་བ་སྐྱིགས་པས་ཕན་ནོ། །འབྲུ་ནད་ལ་བདུད་རྩིའི་དུ་བ་སྣ་བུག་ཏུ་བཏང་ངོ་། །གཟེར་ལ། ཤ་རུའི་དུད་པ་སྣ་བུག་ཏུ་བཏང་ངོ་ཟབ་བོ། །མེ་སྔགས་ལ། ཨོཾ་མེ་དུར་ཤི་སྭཱ་ཧཱ། ཚ་རྒྱུན་བབ་པར་བསམ་མོ། །ཀྲྀ་ཏི། །

ཨོཾ་བི་ཤུདྡྷེ་ཧཱུྃ་ཕཊ། མང་དུ་བཏབ་ཅིང་བྱུག་གོ། །མིག་ཕྱིད་པ་ལ་ཕན་ནོ། །ནག་པོ་དགུ་སྐྱོར་གྱི་བསྲུང་བ་ལ། ཧྲི་ཕྱཾ། བཙན་དུག །སླ་རྩི། ཤུ་དག །གུ་གུ། མུ་ཟི། ཤིང་ཀུན། བ་བླ། རྒྱ་སྣག་ལ་གཞི་བླངས་པའི་རི་ལུ་ལུས་ལ་བྱུང་ན། ཕན་ཡོན་ནི། ཀླུ་དང་། ལྷོག་པ། གཉན། འབྲུམ་ནག །ཙ་གཟེར། བལ་ནད་ཐམས་ཅད་ཐུབ་བོ། །ཀྲྀ་ཏི། །

ལུས་ལ་ཤིག་མི་འོང་བའི་གདམས་ངག་ལ། བྲི་ཏང་ཀ། ཀླ་ཀྲི། མུ་ཟེ་གསུམ་ལ། ན་མོ་བཛྲ་ཕ་ཊེ། ཨོཾ་ཡོ་ར་ཙནྡྲ་སྭཱ་ཧཱ། འབུམ་ཚོ་བཟློད་ལ་མར་ནག་དང་སྦྱར་བ་བྱུག་གོ། །ཤིག་མི་འོང་ངོ་། །ཕྱོང་རོས། བྲི་ཏང་ཀ། མུ་ཟེ་གསུམ་ཆ་མཉམ་ལ་སྦྱར། མར་ནག་དང་སྦྱར་ནས་ལུས་ལ་བྱུག་གོ། །ཤིག་ཐུབ་བོ། །མུ་ཟེ། བྲི་ཏང་ཀ །མར་ནག་དང་སྦྱར་ལ། ཨོཾ་བཛྲ་ཕ་ཊེ་མེ་ཙཀྲ་ལེ་ལ་ཡེ་སྭཱ་ཧཱ། མང་དུ་བཟླས་ནས་བྱུག །དེས་ཀྱང་ཤིག་ཐུབ། ཤྲཱི་ཏི། །སྲིན་ཐོར་གྱི་སྔགས་ལ། ཨོཾ་སྲིན་བུ་ཙག་ཤུ་ནན། བཀྲ་རྩ་གདབ་པའོ། །ཤྲཱི་ཏི། །

འབྲུ་བ་བཅད་པའི་སྔགས་ལ། ཨོཾ་ཧྲཱུྃ་ཕཊ། ག་ན་ན་ག་ཕ་ཊེ་ཡེ་ཧྲཱུྃ་ཕཊ། ཚུ་ལ་སྔགས་སྟོང་བཏབ་ནས་དགོང་མོ་བཏང་ན་ནང་པར་ཆོད། ཤིན་ཏུ་ཟབ་བོ། །ཁྲི་ཤིག་བསྲུང་བ་ལ། གཡེར་མ་དང་པི་པི་ལིང་གཉིས་བཏགས་ལ་མར་ནག་དང་སྦྱར་ལ་བྱུག །ཁྲི་ཤིག་གིས་མི་གནོད་དོ། །ཁྲག་སྔགས་ལ་མཐེབ་མོས་གནོན། ཨོཾ་ཙུབ་ཙུབ་སཧ་ནན་ཧད། ཁྲག་སྔགས་ཟབ་བོ། །བྱ་དང་བྱི་བའི་ཁ་འཆིང་བའི་ཐབས་ལ། ཨོཾ་ཐེང་ཐེང་ནད་ལ་ཐེང་། ཨོཾ་ཕ་ལ་ཏ་ཏེ་ཏེ་ཏེ་ཙེ་མ་ལ་ནེ་ཏྲ་ཡ་ཁོང་ཚུམ་ནད་ལ་ཚུམ་ཚུམ་ཤག་སྭཱ་ཧཱ། བྱེ་མ་ལ་སྟོང་རྩ་བརྒྱད་བཏབ་ལ་བསྐོར། བྱ་དང་བྱི་བའི་ཁ་འཆིང་བར་འགྱུར་རོ། །ཤྲཱི་ཏི། །

དྲང་སྲོང་ཡིད་ལ་སྐྱེས་ཀྱིས་འདི་སྐད་ཅེས་ཞུས་སོ། །ཀྱེ་སྟོན་པ་དྲང་སྲོང་རིག་པའི་ཡེ་ཤེས་ལགས། ད་ལྟ་དུས་བཟང་སྤྱོད་པ་བཙུན་གྱུར་ཀྱང་། ལྔ་བརྒྱའི་དུས་སུ་ནད་ངན་དར་བའི་ཚེ་དེ་དུས་བདག་གཞན་བསྲུང་ཐབས་ཡོད་དམ་མེད། མེད་ན་གཞན་གསོ་རང་ལ་མི་འབྱུང་ངམ། ཡོད་ན་འགྲོ་བའི་མགོན་པོས་བཀའ་སྩལ་འཚལ། ཞུས་པས་སྟོན་པས་བཀའ་རྩལ་པ། ཀྱེ་དྲང་སྲོང་ཆེན་པོ་ཡི་སྐྱེས། བདེན་

ནོ་ཁྱོད་བདེན་ངས་བཤད་ཀུས་པས་ཉོན། །ལན་གཅིག་ལྔ་བརྒྱའི་ཐ་མར་བབ་དུས་ན། །འབྱུང་པོ་རྣམས་ཀྱིས་བློ་བུར་ཡི་འདྲོག་གཏོང་། །མ་དང་མཁའ་འགྲོས་ཡམས་དང་ནད་དུ་འབེབས། །མུ་སྟེགས་གདུག་པས་རྫས་ཀྱི་སྦྱོར་བ་བྱེད། །དེ་དུས་བདག་གཞན་བསྲུང་བ་ཤིན་ཏུ་གཅེས། །དང་པོ་འབྱུང་པོའི་གདོན་ཚོགས་བསྲུང་བ་ནི། །ག་བུར་བཟང་པོ་དྲུག་ལ་སོགས་པ་དང་། །གླ་རྩི་ཤིང་ཁུན་གུ་གུལ་ཤུ་དག་སོགས། །དྲི་དང་ལྡན་པའི་སྨན་རྣམས་ཐམས་ཅད་དང་། །མ་ནུ་ལྤོང་རོས་མུ་ཟི་བྱ་རྒོད་སྤོས། །ས་རྡོ་སྤོ་སྨན་དྲི་ཅན་ཐམས་ཅད་དང་། །བསེ་དྲི་ཅན་དང་བཤུལ་ཆགས་ཤ་རྣམས་དང་། །བྱ་གཅན་ར་ལུག་ལ་སོགས་ཐམས་ཅད་ཀྱི། །སྤུ་བྲུན་ཆུ་དང་སེན་མོ་མཁྲིས་པ་དང་། །སྦལ་སྦྲུལ་གཉིས་དང་ཙོང་མོ་ལ་སོགས་ཤ། །འབྲུ་སྣ་དུག་སྣ་ཁྲག་སྣ་ཀུན་བསོག་ལ། །ཞིབ་ཏུ་བཏགས་ལ་རིལ་བུ་དྲིལ་བྱས་ལ། །དུ་བས་བདུག་དང་ཁུ་བས་བསྲུང་བ་དང་། །ཁུ་བ་ཕོང་དུ་བཏང་བས་འབྱུང་པོ་ཐམས་ཅད་འཇེར། །སྟེང་གདོན་འོག་གདོན་ཀུན་དང་འབྱུང་པོ་ཐམས་ཅད་ཐུབ། །ཁྱད་པར་རིམས་བསྲུང་སྲི་དང་བྱེ་བྲག་གཉིས། །སྲི་རུ་བསྲུང་ཐབས་རྫས་སྔགས་གཉིས་ཡིན་ཏེ། །དང་པོ་རང་ཉིད་མཐུ་སྟོབས་བདག་པོར་བསྐྱེད། །ཨོཾ་ཧྲི་ཏན་པ་ལེ་ཁ་ཕུར་ཨ་ཧི་ཕུར་བི་ཕུར་སོད། བི་ཏུར་སོད། མུ་ར་ཡ་སོད། ཀུ་ར་ཡ་སོད། ལི་ཙ་སོད། ཧཀྵ་ཧཀྵ་སོད་བཛྲ་པ་ནེ་པ་ནེ་སོད། ཏིཥྛ་སོད། ན་མོ་དུ་ཙུ་སོད། པུ་ཙ་པོ་གི་ནི་སོད། དུས་རྒྱུན་དུ་བརྒྱ་རྩ་བརྒྱད་རྒྱུན་གྱིས་ཡིད་ལ་བྱས་ནས། ཕྱོགས་ན་ཡོད་ན་སུམ་བརྒྱ་བཟླས་པར་བྱ། ནད་པ་གསོ་ན་སུམ་བརྒྱ་རེ་མ་ཆག་པར་བྱ། དེའི་རྗེས་ལ། ཨོཾ་མུག་ཐུམ། སརྦ་མུག་ཐུམ། ཛྲི་ཙ་མུག་ཐུམ། ཐེ་ཕུར་སོད། ནེ་ཕུར་སོད། བྱ་ཤང་སོད། ནད་སོད། རིམས་སོད།

དལ་སོད། ཡམས་སོད། སུམ་བརྒྱའི་མཆིལ་མ་སྲིན་ལག་གིས་རྐང་མཐིལ་དྲི་མ་སྐུར་ལ་སྣ་སྒོར་བདུག །

ཟས་ཀྱིས་བསྲུང་བ་ལ། བཙན་དུག །ཆོས་སྨན། ཀླུ་རྩི། ཤུ་དག །ཨུ་ཟི། གུ་གུལ། བྱ་རྒོད་སྤོས། སྒོག་སྐྱ། དྲི་ཆེན། དྲི་ཆུའི་རི་ལུ་བྱ། ནང་རེ་སུམ་བརྒྱར་གོང་བཞིན་ཞེས་པར་བྱ། བཙན་དུག །ཀླུ་རྩི། ཤུ་དག །ཨུ་ཟི། གུ་གུལ་དཀར་ནག་གཉིས་དང་། སྒོག་སྐྱ། ཁྲོལ་བུར་དུམ་བུ་སྐེར་གདགས། སྣ་སྒོར་བདུག །དེ་ཡིས་རིམས་ནད་བསྐལ་པའི་མེ་ལྟར་འབར་བ་ཡང་རང་ལུས་རྡོ་རྗེ་འདྲ་སྟེ་ཅིས་མི་ཚུགས། ལྟོ་སྟོང་སེམས་ཞུམ་དུས་སུ་ནད་འདྲི་བསྲུང་། །འགྲངས་དོམས་བསྲུང་པས་དཔལ་བསྐྱེད་དེ་དུས་བལྟ། །དུས་ཐུག་བདུད་རྩི་གཉིས་ཀྱིས་སྒོ་དགུ་དགག །བསྲུང་བ་མི་ལྡན་རིམས་ནད་བག་མེད་འཚོས། །དམག་རྒོད་ཅེར་བུར་རལ་མེད་འཁྱིད་དང་མཚུངས། །བསྲུང་མཆོག་འདི་ཡིས་ནད་རིམས་ཐམས་ཅད་ཐུབ། །ཀྲཱི་ཧི། །

ཕྱུགས་ཀྱི་གོར་བསྲུང་པ་ལ། ཚུལ་ཁྲིམས་རྣམ་པར་དག་པའི་དགེ་སློང་བཞི་སྟེ་ཞིག་གིས་རྣམ་འཇོམས་ཀྱི་ཁྲུས་མང་དུ་བྱ་ཞིང་། ཕྱུགས་དང་ར་བ་སོགས་ལ་གཏོར། ཐ་མ་ཁྲུས་ཆུའི་རྒྱུན་གྱིས་བསྐོར་ཞིང་རྣམ་འཇོམས་བཟླ། དེ་ནས་རྡེའུ་དཀར་ནག་མང་དུ་བསོག་སྟེ། དཀར་པོ་ལ། ཨོཾ་ཀུན་ཧྣ་ལེ་ཀུན་ཧྣ་ལེ་ཀུན་བཾ་ལཾ་ལཾ་བྲུམ་ཤལ་ཤལ་སྭཱ་ཧཱ། མང་དུ་བཟླས། ནག་པོ་ལ། ཨོཾ་ཧྲི་ཡེ་ར་དུ་སྭཱ་ཧཱ། མང་དུ་བཟླས་ལ། དཀར་པོས་གྱེན་ལ་འདེད་ཅིང་འཐབ། ནག་པོས་ཐུར་ལ་འདེད་ཅིང་འཐབ། ཕྱུགས་དུ་ཡོད་ཀྱི་གྲངས་རྡེའུའི་འོག་ཏུ་ཚུད་པར་བྱའོ། །དེ་ནས་བསྲུང་བ་བྲི་བ་ནི། མཚལ། ཆོས། ཚ་ལ། ཞུ་མཁན་བཙོད་དང་སྦྱར། ཨོཾ་ཀུན་ཧྣ་ལེ་ཀུན་ཧྣ་ལེ་ཀུན་བཾ་ལཾ་བྲུཾ་ཤལ་ཤལ་སྭཱ་ཧཱ། དེའི་རྒྱབ་ལ། ཨོཾ་ཧྲི་ཏུ་མ་ར་དུ་

སྭཱ་ཧཱ། གཟབ་ཏུ་བྲི། ལྟེབ་ལུགས་ནི། ཨོཾ་གཉིས་ཐད་ཀར་སྤྲད་ལ་དྲིལ། རྟེན་འབྲེལ་སྙིང་པོས་རབ་གནས་བྱ། སྐོགས་དང་སྐུད་པ་དམར་པོས་བཅིངས་ལ་ཟྲེ་བ་གཡོན་པ་ལ་གདགས་སོ། །དམ་ཚིག་ལ་གཏར་ཀ་མི་བྱ། ནད་པ་གསོ་བ་ལ་སྔགས་ཆུ་ཕོང་དུ་བཏང་། དེ་ལས་གཞན་པའི་ཆུ་མི་བཏང་། ཆེ་ཕྱུགས་ལ་དུས་གསུམ་དུ་ཆུ་བྲེ་རེ་རེ་ཆུང་བ་ལ་ཕུལ་བཞི་ཙམ་བཏང་ངོ་། །འདི་ཡི་བརྒྱུད་པ་ནི། སློབ་དཔོན་པདྨས་ཨུ་རྒྱན་དུ་གཏེར་དུ་སྦས། གྲུབ་ཐོབ་སེང་གེས་བཏོན། ཞང་བཙུན་ཡེ་ཤེས་རྒྱལ་མཚན་ལ་གནང་། ཁོང་གིས་ཁ་སྐོད་ལྷོ་བྱང་དུ་ཕན་པ་མང་དུ་མཛད་དོ། །ཁོང་ལ་སློབ་དཔོན་གཞོན་ནུ་འབུམ་བྱ་བས་ཞུས། དེ་ལ་ཐམས་ཅད་མཁྱེན་པ་རང་བྱུང་རྡོ་རྗེས་ཞུས། གཟའ་སྐར་བཟང་པོ་ལ་བྱའོ། །གསེར་ཞོ་རེ་ཕུལ་ནས་ཞུས་སོ། །བདག་གིས་ཕན་པ་མང་པོ་ལ་ཐོགས་པ་ལགས་སོ། །ཤྲཱི་ཧི། །

བླ་མ་དམ་པ་རྣམས་ལ་ཕྱག་འཚལ་ལོ། །བསྐྱབས་སངས་རྒྱས་ཡེ་ཤེས་ཞབས་ལ། ཆོས་སྐྱའི་མཁའ་འགྲོ་མས་མིག་རབ་ཏུ་གསལ་བར་བྱེད་པའི་གདམས་པ་ཁྱད་པར་ཅན་འདི་གནང་ངོ་། །དེ་ལ་ལག་པ་གཡོན་པའི་སྲིན་ལག་ལ་ལྷུགས་ཀྱི་སོར་གདུབ་ཉིས་རིམ་པ་གཅིག་བཙུག །ཚ་ལ་མེད་པར་བྱའོ། །སྔགས་འདི་གོང་དུ་སྨྲ་བཅད་བྱས་ལ་ཁྲི་ཚོ་གཉིས་བཟླ། དེ་རྗེས་ནང་རེ་བརྒྱའམ། ཉི་ཤུ་རྩ་གཅིག་རེ་སོར་གདུབ་ལ་བཏབ་ལ་མིག་ཕྱིས་པས་གསལ་ལམ་པ་ཕོ་རོག་གི་མིག་བཞིན་དུ་ནག་ཧྲིག་གེ་བ་བྱུང་བར་བསམ། སྔགས་ནི། ཨོཾ་ཧྲི་ཧེ། ཡི་ཧྲི་ཤག །ཧེ་ཧྲི། རཏྣ་ཧྲི། མ་ཧཱ་ཧྲི། ལུང་བྱེད་དུས་གཏོར་མ་རྒྱན་དང་བཅས་པ་བཤམས་ནས་མཁའ་འགྲོ་མ་ལ་འབུལ་བ་ནི། ན་མོ་བུདྡྷ་ཌཱ་ཀི་ནི། རཏྣ། པདྨ། ཀརྨ། བི་ཤྭ་ཌཱ་ཀི་ནི་ཁ་ཁ་ཁཱ་ཧི་ཁཱ་ཧི། ཞེས་འབུལ། བསྐྱབས་ནས་བརྒྱུད། བླ་མ་རྗེ་རྒྱལ།

ཕླ་མ་གཙང་པ། དེས་བདག་ལའོ། །ཤྲཱི་ཧི། །༦ན་མོ་རཏྣ་མི་ཏ་ལ་མ་སྭཱ་ཧཱ།༦ བྱང་བུ་ལ་བྲིས་ལ་མགུལ་དུ་བཏགས་ན་ཆུས་མི་འཁྱེར་རོ། །ཤྲཱི་ཧི། །

གཉན་ལྷོག་གི་སྔགས་ལ། མ་ཧཱ་ཡན་ཡན། ན་མོ་ཡན་ཡན། དེ་སེར་ཡན་ཡན། རང་ཉིད་ལྷ་ཁྱུང་ཀྱི་ཕག་པ་མཆེ་བ་ཅན་དུ་བསྒོམ། གཉན་ལྷོག་ཐུལ་བཏང་བར་བསྒོམ་མོ། །ཤན་ཏི་ཤན་ཏི་བི་ཤན་ཏི། ཁྲག་ཉག་ཪཾ་སོད། རང་ཉིད་ཁྲམ་ཟེར་བསྒོམ། སྔགས་སུམ་བརྒྱ་བཟླས་ལ་མཆིལ་མ་ཕོང་དུ་མིད། སྔགས་འདི་བྲིས་ལ་དྲི་བཟང་བྱུགས་ནས་བཏགས་པས་ཐུབ་བོ། །ལྷོག་པའི་ནད་ཐམས་དང་། ཁྱད་པར་ཁྲག་ནད་རྒྱུ་གཟེར་ཐུབ་བོ། །ཤྲཱི་ཧི། །ཡམ་མེ་ཡམ་མེ་སོད་ཨུག་གེ་ཨུག་གེ་སོད། ཐོག་ཐོག་དབལ་སོད། རང་ཉིད་ཨ་ཙ་ར་སྐྱ་མདོག་ནག་པོ་གཟི་མདངས་དང་ལྡན་པར་བསྒོམ། བཏབ་པ་ཙམ་གྱིས་འབྲས་ལྷོག་མེ་སྟག་གིས་གཞོབ་ཐུལ་ཐུལ་སོར་བར་བསམ། ཁྱད་པར་དུ་འབྲས་ལ་བསྔགས་པ་ལགས་སོ། །༦སྲིན་སྔགས་ལ།༦ སྲིན་བུ་ཤི་ནན། འཁྲིག་པ་ཙ་སུ་ཏུ་ཡེ་སྭཱ་ཧཱ། སྔགས་སུམ་བརྒྱ་ཙམ་རེ་བཟླས་ལ། ཆང་ངམ་སྲེངས་པོ་ལ་བཏབ་ལ་བཏང་། རང་ཉིད་ཨ་ཙ་ར་གཟི་མདངས་དང་ལྡན་པར་བསམ་མོ། །ཤྲཱི་ཧི། །

རྨ་མེད་སྔགས་ལ། ཨོཾ་ཕུ་ར་ཕུ་ར་ནན་སྭཱ་ཧཱ། ཟབ་བོ། །ལམ་དུ་ཪག་རྐུན་བསྲུང་བའི་སྔགས་ནི། ཧྲ་ནེ་ཧྲ་ནེ་སཏ་ཧྲ་ནེ། ཙ་ཪ་ཧྲ་ནེ། ཨུ་ཏ་པ་ཧི། སྔགས་སུམ་བརྒྱ་ཙམ་བཟླ། ལམ་དཀྱིལ་གྱི་ས་ལ་བཏབ་ལ་གར་འགྲོ་ཕྱོགས་སུ་གཏོར། རང་ཉིད་ཕྱག་ན་རྡོ་རྗེའམ། ཡི་དམ་དུ་བསྒོམ། དར་སྣ་ལྔའམ། བལ་ཚོན་སྣ་ལྔའི་ཐི་གུ་ལ་སུམ་ལྡེབ་བྱས་ལ། དེ་ལ་ལན་ལྔ་དཀྲིས་ལ། མདུད་པ་ལྔོད་དེ་བྱས་ལ་བཟུང་། ཙར་བྱུང་ན་མདུད་པ་དམ་དུ་བཏང་། ཕོའི་རྐང་རྗེས་ཀྱི་ས་བླངས་

ལ། སྔགས་སུམ་བརྒྱ་བཏབ་ལ་ཐིག་གུ་ལ་བྱུགས་པས་རེངས་ནས་འགྲོ་མི་ཤེས་སོ། །བཤིག་པའི་སྔགས་ནི། ཧིག་ཙ་ཧཱུྃ་ཕཊ། ཅེས་པ་ཡང་ཀང་རྗེས་ཀྱི་ས་ལ་བཏབ་པ་ཐི་གུ་བཤིག་པས་གྲོལ་ལོ། །སྒྲི་ཏི། །

རྒྱ་གར་སྐད་དུ། པྲ་ན་མ་ནེ་ན་མ་ཧྲ་ར་ནི། བོད་སྐད་དུ་རིམས་ནད་མེད་པའི་གཟུངས། དཀོན་མཆོག་གསུམ་ལ་ཕྱག་འཚལ་ལོ། ན་མོ་ཨ་མི་དེ་བྷ་ཡ། ཏདྱཐཱ། ཨི་མི་ལི་ཏེ་མི་ལི་ཏ་ནེ་སུ་ཏ་ནེ་ཧྲ་གི་ཛ་ར་ན་ཧྲན་ཧྲ་མེའི་ཨ་ཀ་ཏེ་ཀྲ་ཏེ་ཏེ་ཀ །ཧི་ཏ་ཀན། ཙ་ཏུ་ར་ཏ་ཀན་ནི་ཏྲེ་ཛ་ར་ན་སྭཱ་ཧཱ། ཆོ་ག་འདི་ཡི་གེར་བྲིས་ཏེ་མགུལ་དུ་བཏགས་ན་རིམས་ནད་ཐམས་ཅད་མེད་པར་འགྱུར་རོ། །ནད་བསལ་བའི་གཟུངས་རྫོགས་སོ། །ཟབ།

རྒྱ་གར་སྐད་དུ། ཧྲ་ན་ན་མ་ཧྲ་ར་ནི། བོད་སྐད་དུ། སྨོན་ལམ་ཇི་ལྟར་བཏབ་པ་བཞིན་དུ་འགྲུབ་པའི་གཟུངས། དཀོན་མཆོག་གསུམ་ལ་ཕྱག་འཚལ་ལོ། །དེ་བཞིན་གཤེགས་པ་དགྲ་བཅོམ་པ་ཡང་དག་པར་རྫོགས་པའི་སངས་རྒྱས་རྣམ་པར་སྣང་མཛད་རྒྱལ་པོ་ལ་ཕྱག་འཚལ་ལོ། །འཕགས་པ་བྱང་ཆུབ་སེམས་དཔའ་སེམས་དཔའ་ཆེན་པོ་ཐུགས་རྗེ་ཆེན་པོ་དང་ལྡན་པ་ནམ་མཁའི་སྙིང་པོ་ལ་ཕྱག་འཚལ་ལོ། །ཏདྱ་ཐཱ། པཉྩ་ཧི་ཡ་ཨ་བྷ་བོ་ཧྲ་ནི་སྭཱ་ཧཱ། ཆོ་ག་འདི་རྟག་ཏུ་བཟླས་བརྗོད་བྱས་ན། འཕགས་པ་ཤེས་རབ་ཀྱི་ཕ་རོལ་ཏུ་ཕྱིན་པ་ལ་གནས་པར་འགྱུར་རོ། །བདུད་ཐམས་ཅད་དང་། དགྲ་ཐམས་ཅད་དང་། བགེགས་ཐམས་ཅད་དང་། ལོག་འདྲེན་ཐམས་ཅད་ཀྱིས་མི་མཐོང་བར་འགྱུར་རོ། །འཆི་བའི་དུས་བྱེད་པ་ན་འཕགས་པ་ཚེ་དཔག་མེད་མཐོང་བར་འགྱུར་རོ། །དེ་བཞིན་གཤེགས་པ་ཐམས་ཅད་དང་། བྱང་ཆུབ་སེམས་དཔའ་ཐམས་ཅད་མཐོང་བར་འགྱུར་རོ། །སྨོན་ལམ་

ཇི་ལྟར་བཏབ་པ་བཞིན་དུ་སྐྱེ་བར་འགྱུར་རོ། །སྨོན་ལམ་ཇི་ལྟར་བཏབ་པ་བཞིན་དུ་འགྲུབ་པའི་གཟུངས་རྫོགས་སོ། །ཇྲི་ཏི། །

ཡོ་ན་མ་ལམ་བྲུམ་ཤལ་ཤལ་སྭཱ་ཧཱ། རྩོད། སྨག །ཞུ་མཁན་གསུམ་གྱི་ཁུ་བས་གཟབ་ཏུ་བྲིས་ལ། བལ་གྱིས་བཏུམས་ནས་མགུལ་དུ་བཏགས་ན། དམར་ནད་བསྲུང་བ་ལ་འདི་ལས་ཟབ་པ་མེད་དོ། །ཇྲི་ཏི། །ཁྲག་ནད་ལ། ཨོཾ་ཁྲད་ཁྲིད། དབུགས་ཐོག་རེས་ཐུབ་ཚད་བྱའོ། །ཁྲག་ཅི་ལྟར་བྱུང་ཡང་ཆོད། ཇྲི་ཏི། །ཨོཾ་རུ་ཙེ་མར་ནི་པྲ་ཕཊ་ཡ་སྭཱ་ཧཱ། སྔགས་འདི་བཟླས་པ་བྱེད་པའི་དུས་སུ་བགྲང་ཕྲེང་ལ་ལན་བདུན་བཟླས་ཏེ་བགྲངས་ན། དེ་ཡིས་རིགས་སྔགས་གཅིག་བཟླས་པས་ཀྱང་བྱེ་བ་ས་ཡ་བཟླས་པར་འགྱུར་རོ། །མདོ་སྡེ་ཁང་བུ་བརྩེགས་པ་ནས་གསུངས་སོ། །ཟབ་བོ། །

མིག་གི་རབ་རིབ་བསལ་བའི་གདམས་ངག་ནི། ནང་པར་ལངས་ནས་ཙོག་བུར་བསྡད། སྲིན་ལག་གཉིས་ཕྲག་མར་བཙུགས། མིག་གྱེན་ལ་བསྒྲོག་སྟེ། ནམ་མཁའ་ལ་ཤཱཀྱ་ཐུབ་པ་བཞུགས་ནས་བྱིན་གྱི་རླབས་པར་བསམ། སྔགས་འདི་ཉེར་གཅིག་བཟླའོ། །ཨོཾ་མ་ཧི་ན་མ། ཞེས་པས་ལག་མཐིལ་གཡས་པར་ཐུད་ཐུད་བྱས་ལ། གཡོན་གྱི་སྲིན་ལག་གིས་མཉེས་པས་མིག་གཡོན་པ་ལ་བཀུ། ཡང་གཡོན་པ་ལ་ཐུད་ཐུད་བྱས་ལ་སླར་གོང་གཞིན་ནོ། །དུས་བཟང་པོ་ལ་ཁྲུས་རེ་ཡང་བྱའོ། །མ་ཆེད་པར་ནང་རེ་བཞིན་བྱས་པས་མིག་ཡོང་མི་སྲིད་དོ། །ཇྲི་ཏི། །

ཤིག་མི་འོང་བའི་ཐབས་ལ། བ་རྩྭ། བུལ་ཏོག །སླ་རྩེའི་ཆུ། ཤིང་ཁུན། སྔོག་སྐྱ། ཀུ་ཀུལ་རྣམས་ཆ་མཉམ་དུ་བྱས་ཏེ། ལུས་བཀྲུས་ནས་ལུས་ཀུན་ལ་བྱུག་གོ། །གོས་གྱོན་ན་གོས་དེ་ཟད་ཟད་ཤིག་ཐུབ། རྗེ་དམ་པའི་གདམས་པའོ། །ཇྲི་ཏི། །

འཇོར་པ་བཅད་པའི་སྔགས་ནི། ཨོཾ་འཇོར་ལ་འཇོར་ཤིག །ཕྲ་མ་ཕྲ་མ་ཐོད་པ་སྐྱ་བོ་ཁྱེར་ཁྱེར། རེ་བ་ནག་པོ་ཚལ་པ་གཅིག་ལ་སྔགས་བརྒྱ་རྩ་བརྒྱད་རེ་སྐར་མ་མ་གྲེས་པ་ལ་ཐོ་རངས་བཏབ་ཅིང་ཕྱིས་པས་ཕན་པར་ཐེ་ཚོམ་མེད་དོ། །ལག་ལེན་མང་བར་བྱས་པ་ཡིན། ཕྱག་རྗེན་ལ་ཁབ་རེ་ལེན་པ་གདམས་ངག་ཡིན་པར་སྣང་། ཟ་བཞེད་མིན་པས་གོ་བར་མཛོད། ཤྲཱི་ཧི། །

ཁྲི་སྔགས་ལ། རྨ་སྤྲ་བར་བསམ། སྔགས་མེ་སྟག་དུ་བསམ་ལ། སྤྲ་བཅད་བྱས་ནས་མང་དུ་བཏབ་པས་སྤྲ་བ་ཐུ་ལུ་ལུ་ཆིག་པར་བསྒོམ། དེ་ཡང་སྔགས་མཁན་ཚང་མི་བཏུབ། ནད་པ་མར་མི་ཟའོ། །ཨོཾ་སཏ་ལུ་ཁྲག་ཚོད་ཧཱུཾ་ཕཊ། རྨ་སྐྲངས་ན། ཨོཾ་བཛྲ་ན་ཛ་ཏད། ཅེས་པ་ཡང་བཏབ་བོ། །དེ་ནས་སྔགས་བཏབ་ནས་ནད་པའི་མགུལ་དུ་བཏགས་སོ། །མིང་ཡང་སྟག་རྩེའི་ཁྲི་སྔགས་བྲོ་བཏུང་མ་ཞེས་བྱའོ། །ཤྲཱི་ཧི། །མིག་གསལ་བར་བྱེད་པའི་སྨན་སྦྱོར་ལ། རྟག་ཏུ་ཏྲུ། ཙ་ཨ་བ། གོ་སྣོད། གུར་གུམ། དོམ་མཁྲིས། ལྕགས་སྦྱུལ་གྱི་ཤ། ཨ་རུ་ར། ལྕགས་དྲེག །རྡོ་མཐུང་རྩེ། འདི་རྣམས་ཞིབ་ཏུ་བཏགས་ལ་སྦྲང་དང་སྦྱར་ནས་རི་ལུ་ཤ་བའི་རིལ་མ་ཙམ་བྱས་ལ། ནང་མོ་ལྟོ་སྟོང་ལ་ཟ། མིག་ཤིན་ཏུ་གསལ་བར་འགྱུར་རོ། །ཤྲཱི་ཧི། །

ཨོཾ་སྭ་སྟི། དཀོན་མཆོག་གསུམ་ལ་ཕྱག་འཚལ་ལོ། །རིམས་ཀྱི་བདག་མོ་མཁའ་འགྲོ་མ་ཐམས་ཅད་ལ་ཕྱག་འཚལ་ལོ། །གྲུབ་པ་ཛ་ཧཾ་ལ་ཕྱག་འཚལ་ལོ། །ཚེ་གེ་མོའི་རྒྱུ་ནད་བསྲུང་དུ་གསོལ། །ཏདྱ་ཐཱ། ཨོཾ་ཧྲཀྵ་ཡ། ཧྲན་ཧྲ་ཡ། ཆོན་ཧྲ་ཡ། ཆོན་ཧྲ་ཡ། ཧྲི་ཧྲ་ཡ། ཧྲི་ཧྲ་ཡ། ཏ་ར་ཡ། ཏ་ར་ཡ། སོ་ཧ་ཡ། སོ་ཧ་ཡ། སྟེ་ཊ་ཡ། སྟེ་ཊ་ཡ། དེ་ཡན་ཆོད་གཙོ་མོ་ཡེ་ཤེས་ཀྱི་མཁའ་འགྲོ་མའི་བཟླས་པ་ཡིན།

ཨོཾ་ཀུན་ཧྲེ་ཀུན་ཧྲེ་པཾ་ལཾ་བྲུམ་ཤལ་ཤལ་སྭཱ་ཧཱ། འདི་གཡོག་མོ་ནད་ཀྱི་བདག་མོའི་སྙིང་པོ་ཡིན། གཙོ་མོ་ལ་བརྒྱ་རེ་གཡོག་མོའི་སྔགས་ལ་བརྒྱ་རེ་བཏབ། དེས་འགྲུབ། གཞན་ཡང་བྱ་བ་ནི། རིན་པོ་ཆེའི་བུམ་པའམ། ཟངས་བུམ་པ་རུ་ཆུ་མིག་ཁ་ཤར་དུ་ལྟ་བའི་ཆུ་དང་། རིན་ཆེན་དང་། བཟང་དྲུག་བླུག་ལ། དཀྱིལ་འཁོར་གྱི་སྟེང་དུ་བཞག་ཡང་ན་ཕྱིང་པའི་སྟེང་དུ་མེ་ཏོག་དང་འབྲས་བུ་འབྱར་བས་ཁ་བརྒྱན། མགུལ་ཆིངས་གཞུང་བཞིན་བྱ། རྡོ་རྗེའམ། རིན་པོ་ཆེ་ལ་གཟུངས་ཐག་སུམ་སྐྲིལ་བཏགས་ནས་རང་གིས་བཟུང་། བདག་ཡི་དམ་དུ་བསྒོམ། དབུ་ལ་རང་གི་ལས་ཀྱི་མཁའ་འགྲོ་མ་བསྒོམ། བུམ་པ་མི་དམིགས་པ་ལས་རིན་པོ་ཆེའི་གཞལ་ཡས་ཁང་དུ་བསྒོམ། དེའི་ནང་དུ་མཁའ་འགྲོ་མ་ཛ་ཧྲ་མ་སྐུ་མདོག་དཀར་མོ་ཕྱག་གཡས་ན་བདུད་རྩིའུ་བུམ་པ་བསྣམས་པ་གཡོན་ན་ཉི་མའི་དཀྱིལ་འཁོར་བསྣམས་པ། སྐུ་ལ་འོད་ཟེར་འཕྲོད་པ། འོད་ཟེར་འཕྲོས་པས་རིགས་དྲུག་གི་དོན་བྱས། ཚུར་འདུས་པས་བདག་ལ་རྡོ་རྗེའི་དངོས་གྲུབ་སྟེར་བར་བསམ། རབ་ཁྲི། འབྲིང་སྟོང་། ཐ་མ་བརྒྱ་རྩ་བརྒྱད་ཆུ་ལ་བཏབ་ལ་ཁྲུས་བྱས། འཐུང་དུ་བཙུག་ལ། མར་ལ་བྱིན། བསྲུང་སྲུང་བྱའོ། །ཨྠིཿ ཏི། །

སྐྱོབ་པའི་ལྷ་ལ་ཕྱག་འཚལ་ལོ། །རྒྱུ་གཟེར་བསྲུང་བའི་གདམས་ངག་ནི། གྲོ་གའམ་རས་སམ། ཤོག་གུ་ལ། རྒྱ་ཡི་སྟོང་སྣག་ལེགས་པ་ཡིས། འཁོར་ལོ་དཔེ་ཆུང་ལྟར་བྱས་ལ། སྙིགས་གཙང་མའི་སྟེང་དུ་ལེགས་པར་བཞག་ནས། མེ་ཏོག་གང་ཡང་རུང་བ་ལ། རྟེན་འབྲེལ་སྙིང་པོ་བརྒྱ་དང་བརྒྱད་བཏབ་ནས་ལེགས་པོར་མཐོང་བར་བྱ། ཁྲི་བ་དང་རབ་གནས་ཚོ་གའོ། །དེ་ལྟར་གཏོར་མ་བཞི་བཤམས་ཏེ། །དཀོན་མཆོག་ཆོས་སྐྱོང་ཡུལ་བདག་དང་། །ནད་བདག་མོ་སོགས་རིམ་གྱིས

འབྱུལ། །སྤགས་དང་ཕྱིན་རླབས་ཁ་འབར་བཞིན། །དེ་ནས་དྲིལ་ལ་བསྲུང་བྱ་ཡི། །སྐྱི་ལ་ལེགས་པར་བཏག་པར་བྱ། །སྔར་ནས་མ་ཕོག་བསྲུང་བར་དེས། །ཕོག་པ་དག་ཀྱང་ནད་ཆུང་འགྱུར། །རིམས་ནི་ཐངས་རེ་བྱུང་བ་ལ། །འཁོར་ལོ་གསར་དུ་རེ་རེ་བྲི། །རབ་གནས་ལ་སོགས་གོང་བཞིན་བྱ། །སྔོན་གྱི་འཁོར་ལོས་ཕྱིས་མི་བསྲུང་། །གོང་དུ་བསྲུང་བའི་རྒྱུ་གཟེར་ལ། །སྨན་མཆོག་མོན་ལུག་ལེགས་པ་ལ། །ལྷ་བརྒྱ་སྤགས་ཀྱི་བཏབ་བྱས་ལ། །ནད་པ་དག་ལ་སྦྱིན་པར་བྱ། །རྒྱུ་གཟེར་བསྲུང་བའི་མན་ངག་རྫོགས་སོ། །

བླ་མ་རིན་པོ་ཆེ་ཨུ་རྒྱན་པའི་ཕྱག་ལེན་རི་ལུའི་སྦྱོར་ཐབས་ནི། རྩ་བའི་སྨན་དྲུག །ཡན་ལག་གི་སྨན་བརྒྱད། དུག་གསུམ་བསྲེས་པས་སྨན་དུ་འགྱུར། རང་བསྲུང་གཞན་ནི་གསོ་བས་ཏེ། ཕན་ཡོན་ནུས་པ་བསམ་མི་ཁྱབ། དངུལ་ཆུ་ཞོ་གང་། དེའི་གཉེན་པོ་མུ་ཟི་སེར་པོ་ཞོ་གང་། བཙན་དུག་ཞོ་གང་། ཤུ་དག་ནག་པོ་ཞོ་གང་། ཤིང་ཁུན་ཞོ་གང་། གུ་གུལ་ནག་པོ་ཞོ་གང་། བཟང་དྲུག་ཐུན་རེ། སླ་རྩི་དྲི་ཆེན་གཅིག །སྟག་ཤ་ཐུན་གཅིག །མུ་ཟི་ཉི་མ་ལ་བསྐོལ་ནས་དངུལ་ཆུ་དང་བསྲེས་ལ་བཏགས་ནས་སྤོ་ཀད་ཀྱིས་མ་སོང་བར་དངུལ་ཆུ་བཏགས་ལ། སྨན་གཞན་རྣམས་ཀྱང་སོ་སོར་ཞིབ་ཏུ་བཏགས་ནས་ཀུན་བསྲེས་པ་དགེ་སློང་ངམ། ཕྱིས་པ་ལོ་བརྒྱད་པའི་ཆུས་གུ་གུལ་སྦྲང་ཞིང་། མེ་ལ་བསྲེགས་པས་འདམ་བཏགས་ཡུན་རིང་དུ་བྱ་ཞིང་། རི་ལུ་བྲ་རིལ་ཙམ་དུ་བྱའོ། །རང་བསྲུང་བ་ལ་ཐོ་རངས་གསུམ་གསུམ་བྱའོ། །གཞན་བསྲུང་ན་ནད་ཚབས་དང་བསྟུན་ལ་ཉེར་གཅིག་ལ་སོགས་པ་ནད་དང་སྦྱར། ནུས་པ་ནི། ནད་ཐམས་ཅད་བཤལ་དུ་འགྲོ། སྨན་ནད་ཟི་བ་འོང་། དེ་མ་ནུས་ན་ལྷའམ་བདུན་ལ་སོགས་པ་སྐྱུར། མཛེ་ནད་

ཅན་ལ་བཅུ་གཅིག་བཅོ་ལྔ་ལ་སོགས་པ་ནད་མ་སོས་བར་དུ་བརྟེན་ནོ། །སྐྱུ་ཡི་སྙིང་ན་ཕྲུག་ན་རྡོ་རྗེ་ཡིན། །དུག་གི་སྙིང་ན་རྨ་བྱ་གསོན་མ་ཡིན། །ནད་ཀྱི་སྙིང་ན་རྡོ་རྗེ་ཕ་ལམ་ཡིན། །ཁྱད་པར་བདུན་དྲུག་འཛོམས་པའི་ཐོ་བ་ཡིན། །གཉན་ཚད་གག་ལྷོག་དེ་དང་འདྲ། །འབྲུམ་པས་ཤི་བའི་རྐང་མར་དང་། །སྨྱུར་ན་འབྲུམ་བུའི་ནད་ལ་ཐེངས་པས་ཆོག་གོ། །འདིའི་ལག་ལེན་མང་དུ་བྱས། སེམས་ཅན་ལ་ཕན་པའི་ཕྱིར་རི་ལུ་ཀུན་ལ་གཏེར་བ་དང་། འགྲོ་དོན་མང་དུ་མཛད་པར་ཞུ། སྲུང་རེ་སྲུང་དོའི་ཕྱིར་མ་སྦྱིན། གྱི་ཏི། །

¦བུའི་ཤ་རོ་ལ།¦ དངུལ་ཆུ། ཤ་དག །བོང་ང་། ཤིང་ཁུན། དེ་དག་ཆ་མཉམ་བྱས་ལ། དངུལ་ཆུ་མི་ཆོལ་གྱིས་བཤིག །གུ་གུལ་དྲི་ཆུ་ལ་སྦྱར་ཏེ། འདམ་བཏགས་རིལ་བུའི་ཚད་ནི་གོང་དང་འདྲ། གསུམ། ལྔ། བདུན་ཙུ་གཅིག །བཅོ་ལྔ་མན་ཆད་བརྟག་པར་བྱ། ནད་འཛོམས་ཕན་ཡོན་གོང་དང་འདྲ། །ཁྱད་པར་མཛེ་ནད་འདི་ཡིས་གསོ། །རྐང་ལག་ཆད་དང་མཛེ་ཡི་མེ་ཧོག་རྒྱས། །དེ་ཡི་ཚེ་ནི་བསྲིང་བར་ནུས། །ཤ་རོ་ཤ་མགུལ་ཤ་མདོག་འགྱུར། །སྨིན་མ་བྱི་བའི་རྟགས་ལ་སོགས། །མི་བདེ་ཅི་ཡོད་འདི་ཡིས་འཛོམས། །བསྐྱེད་རིམ་བཟླས་བརྗོད་མཆོག་ཏུ་བཤད། །མ་ནུས་ཉལ་བས་ཆོག་པར་འགྱུར། །ལོ་གཅིག་བརྟེན་ན་ཐེ་ཚོམ་མེད། །དངུལ་ཆུ། སུ་ཏྲི་ཆ་མཉམ་ཞོ་དོ། ཨ་རུ་ར་ཤ་ཆེན་ཞོ་དོ། བ་རུ་ར་ཞོ་གང་། སྐྱུ་རུ་ར་ཞོ་ཕྱེད། ཀླ་ཀྲི། ཙནྡན་དཀར་པོ། སི་ལ། ག་བུར། ལྷོང་རོས་རྣམས་ལ་བཞི་ནམ་རེ། འདི་རྣམས་སྤར་ཞུན་དང་། ཁུར་མང་བཙོར་བའི་ཁུ་བས་འདམ་བཏགས་ལན་གསུམ་བྱས་ཏེ། ཟས་ཟོས་པའི་རྗེས་ལ་བཞི་ནམ་རེ་ཟའོ། །ཟ་ཚེ་མ་འགྲམས་པར་བྱའོ། །སྨན་ཏྲ་ཆང་བཟང་པོ་ཛ་སུན་ཙམ་རེ་བཟང་ངོ་། །ཞག་བཅུ་ལ་ཆང་

བཟང་པོས་རང་གི་ལུས་བཀྲུས་ན་གེགས་མི་འབྱུང་ངོ་། །མི་འཇུ་བ་འདྲ་ན་ཞག་འགའ་རེ་སློད། ཆང་མི་མང་པ་རེ་འཐུང་། ཁ་སོ་ན་ཞིང་གཡའ་ཐྲོ་བ་སླམ་བྱེད་ན་ནག་ཚུར་དང་། ཏར་བུ། ཨ་རུ་ར་དང་སྦྱར་ལ་ཐུན་རེ་འཐུང་ཞིང་ཁ་ཡང་བཤལ་བར་བྱ། ཤིན་ཏུ་ཟབ་པས་གང་ཡིན་ལ་མ་སྤེལ་ཅིག །ཟླི་ཏི། །

བླ་མ་དམ་པ་རྣམས་ལ་ཕྱག་འཚལ་ལོ། །གདམས་ངག་འདི་ཡི་བརྒྱུད་པ་ནི། དཔལ་ཤ་བ་རི་དབང་ཕྱུག །པཎྜི་ཏ་ཨ་ཙནྡྲ་པ་ལོ། སན་ཐ་ར། དགེ་བཤེས་ཆོས་ཀྱི་བློ་གྲོས། སློབ་དཔོན་བརྩོན་འགྲུས་ཤེས་རབ། སྨོན་ལམ་རྒྱལ་མཚན། ཛྙ་ན་ཀེ་ཏུ། དེས་བདག་ལའོ། །གདམས་ངག་དངོས་ནི། ལག་པ་གཡས་པར་རྫས་བཞག་ལ། ལག་པ་གཡོན་པའི་མཐེབ་སྲིན་གྱིས་རེག་བྱས་ལ། སྔགས་ཚར་གསུམ་དང་། གཡོན་བསྐོར་བྱས་ལ་ཕུས་བཏབ་ལ་ཟའོ། །སྔགས་ནི། ག་རི་ཙཎྜ་ན་སླའི་ཤན་ཤན། ཧྲ་ན་ཀུ་ལུ་ཀུ་ལུ། སྭ་ཧྲ་ཕལ་ཤ་རི་ར། སཏ་ར་སཾ་ཧྲཱ་མི། བརྟེན་ཚུལ་ནི། ལུས་རྡོ་རྗེ་དཀྱིལ་ཀྲུང་བྱས་ནས། སློ་མ་ཤོར་བར་བྱས་ལ། མིས་མ་མཐོང་བར་ཟས་ཟོས་པའི་རྗེས་ལ་བརྟེན་ནོ། །གེགས་ཀྱིས་ལུས་ལ་འབྲུམ་པ་བྱུང་ན། མི་འཕྲུག་པར་ས་སྣན་གྱིས་མནན་པར་བྱའོ། །སོ་ལ་སོང་ནས་འགྲུལ་ན། མར་ཁུ་ཕྱིང་བུ་སྐྱུམ་བཙོས་མནན། དྲི་ཆུས་ཀྱང་སོའི་ཕྱི་ནང་དུ་མནན་པས་སོས། རླུང་གིས་སྐྲངས་ན་མར་ཁུ་བཏང་བས་ཕན་ནོ། གྲང་རླུང་ཤས་ཆེ་ན། ཡུངས་འབྲུ་ཅམ་རིམ་པར་བསླབ་བོ། །གལ་ཏེ་སློ་བར་ཤོར་ན། གྲོགས་གཅིག་གིས་མགོ་རྟིང་བཟློག་ལ་པང་གིས་བཏབ་ནས་སྤྲུག་བཙོལ་ལོ། །རཾ། ཡཾ། དྲག་པོ་བཏོན་པས་ཕན་ནོ། །ཕན་ཡོན་འཆི་བ་མེད་པ་ལ་སོགས་ཏེ་དཔག་ཏུ་མེད་པ་གསུངས་ཀྱང་། སྤྱོད་བས་གྲུབ་པ་ནི། དུག་དང་། མཛེ་དང་། ནམ་མཁའི་ནད་དང་། བད་ཀན་

སྨུག་པོ་དང་ཚ་སྨན་དང་། འགོ་ནད་བསྲུང་བ་དང་། གཉན་རིགས་ཀུན་ལ་ཕན་ནོ། །ཁྱད་པར་དུ་འདིས་ཐིག་ལེ་འཛིན་པས་ཤིན་ཏུ་ཟབ་བོ། །ཤྲཱི་ཧི། །

སྤོས་སྦྱོར་ལ། གུར་གུམ། ཀཀྐོ་ལ། ཛ་ཏི། ལི་ཤི། ཤིང་ཚ། སུག་སྨེལ། བ་ལེ་ཀ། སྤྲ་རྩི། གུ་གུལ། ག་བུར། དེ་རྣམས་མང་སྦྱོར་ཡིན། ཉུང་སྦྱོར་ལ། ག་བུར་གུར་གུམ་སྦྱོར། གུ་གུལ། ཨ་ཀ་རུ། ཀཀྐོ་ལ། དེ་རྣམས་སྤོས་ལྷག་མ་ལ་སྦྱོར་བ་ནི། སྔོན་ལ་བུ་རམ་སྦྱང་། དེ་ནས་སྨན་སྦྱང་། དེ་སྟེང་སྤོས་སྦྱོར་ཞག་གཅིག་གོས་བཀབ་ལ་བཞག །ཙནྡན་དཀར་དམར་བཏང་བ་ནི་རྒྱུ་ཤུག་པ་ཡིན་ན་མི་དགོས། ཤྲཱི་ཧི། །

རྫ་གསོད་པའི་སྔགས་ནི། ཨོཾ་བལ་མ་ལི་བལ་མ་ལི། བྱི་མ། མི་བྱི། མ་ལི། བྱི་སྐུ་རུ་མ་ཧེ་ཧེ་འབྲུག་འབྲུག་སྭཱ་ཧཱ། ཐལ་བ་རྙིང་པ་ལ་སྔགས་ལ་ཕུར། ཟབ་བོ། །ཨོཾ་ཧཱ་རེ་ཏུཊྚ་རེ་ཏུ་རེ་སྭཱ་ཧཱ། ཧེ་རུ་ཀ་ཛ་ལ་ཧི་ཛེ་ཧེ་ཧཱུྃ་ཕཊ་སྭཱ་ཧཱ། སྔགས་འདི་གྲོ་ག་ལ་བྲིས་ཏེ་མགུལ་དུ་བཏགས་ན་སྨུག་པའི་ནད་སྐྱེ་བར་མི་འགྱུར་རོ། །སྦྲིད་པ་མང་དུ་བྱུང་ན། ལག་པ་གཡོན་གྱི་འཇུབ་མོས་དཔྲལ་བ་གཉིས་ན་ཕན་ནོ། །བུ་རམ་དང་འོ་མ་བསྐོལ་བ་དྲོན་མོ་བླུད་ཅིང་། སྦྲིད་པའི་ནད་ལས་ཐར་རོ་ཞེས་ཐ་སྐར་གྱི་བུས་བཤད་དོ། །ཨ་རུ་ར་དང་། ག་ར། པི་པི་ལིང་རྣམས་ཀྱི་ཕྱེ་མ་མར་གསར་དང་སྦྱར་ནས་ཟོས་ན། ནམ་ཡང་གཞང་འབྲུམ་གྱི་ནད་མི་འབྱུང་ངོ་། །

བུད་མེད་བུ་དང་ཤ་མ་མ་ཐོན་པའི་ཟུག་རྫུ་འཕྱིན་པའི་མན་ངག །ཡང་དག་པར་རྫོགས་པའི་སངས་རྒྱས་ཀྱིས་རིགས་སྔགས་གསུངས་པ། ཏདྱ་ཐཱ། ཨོཾ་ཀཀྵི་ཀ་པ་མ་ཧཱ་ཀ་སྭཱ་ཧཱ། སྔགས་འདི་གྲོ་ག་ལ་བྲིས་ཏེ་སྐྱེ་བོར་བཏགས་ན་འཕྱིན་པར་འགྱུར་རོ། །ཤྲཱི་ཧི། །གལ་ཏེ་བུ་དྲང་པོར་མི་འབྱུང་ཞིང་འཁྱེད་དུ་ལྷུར་ནས་འབྱུང་དུ་མ་བཏུབ་ན། སྦྲུལ་གྱི་ལྤགས་པ་བཏགས་ལ་ཚ་དང་སྦྱར་ནས་བྱིན་ན་

ལུགས་བཞིན་འབྱུང་བར་འགྱུར་རོ། །ཤྲཱི་ཧི། །བུད་མེད་ཟླ་མཚན་དུས་མ་ཡིན་པར་འབྱུང་བ་ལ་ནི། དངུལ་རྫོའམ། ལྕགས་རྫོའམ། ཐག་ཞུན་གང་རུང་མར་དང་སྦྱར་ནས་བྱིན་ན་ཐེ་ཚོམ་མེད་དོ། །ཤྲཱི་ཧི། །ཧུག་འགགས་གསོ་བ་ལ། རྒྱ་ཚྭ། ཁ་རུ་ཚྭ། སྤྲ་མའི་འབྲས་བུ། དུར་བྱིད། སྐ་སྐྱུ། ཤིང་མངར། དེ་རྣམས་ཆ་མཉམ་པའི་ཕྱེ་མ་གཅིན་དང་མངར་སྐྱུར་དང་སྦྱར་ནས་བཏང་ན་དྲི་མ་འགགས་པ་སེལ་ལོ། །ཤྲཱི་ཧི། །ཙ་སྣ་དང་སེར་པོ་གཉིས་དང་། ཡུངས་ཀར་དང་། ཁྱིམ་གྱི་དུད་པ། དུག་མོ་ཉུངས་ཀྱི་ས་བོན་རྣམས་ཞིབ་པར་བཏགས་ཏེ། ལུས་ལ་དྲིས་བྱུགས་ན་གཡའ་བ་ཕན་ཞིང་། ཤ་བཀྲ་དང་། ཤུ་བ་དང་། འབྲུམ་ཕྲན་དང་། གཡན་པ་དང་། ལྤགས་ནད་ཐམས་ཅད་སེལ་ལོ། །རྟག་ཏུ་བརྟེན་ན། སྦྱོར་བ་འདིས་བུད་མེད་དམ། བྱིས་པའི་མཛེ་དང་། ཤ་བཀྲས་བཏབ་པ་ལ་འདི་ལས་ཟབ་པ་མེད་དོ། ཟབ། །མིའི་མགོ་རུས་དང་། སྐྲ་དང་། རུས་པ་དང་། དེ་རྣམས་ཀྱི་ཕྱེ་མ་མིའི་གཅིན་དང་སྦྱར་ཏེ་བགྲུས་ན་སྦྱོར་བ་བརྒྱུས་མི་འཚོ་བའི་རྨ་ཡང་ཞི་བར་འགྱུར་རོ། །ཤྲཱི་ཧི། །

དུག་འཇོམས་པར་བྱེད་པའི་སྨན་ནི། གསོ་མ་ར་ཙ་ལས་ལྷག་པ་གཞན་མེད་དེ། བ་ལང་གཅི་བའི་ཁུ་བ་དང་སྦྱར་ཏེ་བླུད་ན་རྒྱུ་བ་དང་མི་རྒྱུ་བའི་དུག་འཇོམས་ཏེ། འཆི་བ་འཚོ་བར་བྱེད་པའི་མཆོག་ཡིན་ནོ། །ཤྲཱི་ཧི། །སྐྱེར་པའི་ཕྱེ་མ་ཆུ་དང་སྦྱར་ལ་རི་ལུ་བྱས་ཏེ། ཡ་ཆུ་ལ་བཏབ་སྟེ་འཐུངས་ན། དུག་ལུས་ལ་ཁྱབ་ཅིང་བྱེར་བར་མི་འགྱུར་རོ། །ཤྲཱི་ཧི། །ཨོཾ་ཨ་ལོ་དཀར་པོ་ཤ་ཟ་ཧཱུྃ། ཞེས་པ་དེ་ནང་པར་སྔ་མོར་ཅི་འགྲུབ་ཏུ་བཟློད་ནས་སྣ་བུག་ཏུ་བུས་པས་ཆམས་པ་མི་འབྱུང་ངོ་། །རིམས་གཞན་ཡང་བསྲུང་། ཟབ་བོ། །¦ཨོཾ་རྟ་མགོ་¦ཤང་ཤང་། ཁྱི་

མགོ་སྒྲིགས་སྒྲིགས། སུམ་པ་ར་ན་སུར་ན། སྣ་ཚ་པར་སུམ། ཀུ་ཀུ་ནྣ་ཙ་ཁ་ཐམ། ཀུ་ཀུ་ནྣ་ཙ་ཁ་ཆིངས། ཨོཾ་པདྨ་ལ་ཡེ་ཧྲིཿ ཞེས་བཟློད་ཅིང་སོར་མོ་ལྔ་པོ་སེང་གེ་རལ་པ་ཅན་ལྟར་བསྒོམས་ཏེ་ཁྲི་ལ་གཏད་པས་རྨུག་པར་མི་འགྱུར་རོ། །སླཱ་ཙྪི། ཀླི་ཡང་། སྨན་ཆེན། གུ་གུལ་ནག་པོ། ཙ་ཏྲ། ཤིང་ཀུན། ཤུ་དག་ནག་པོ། མུ་ཟི་སེར་པོ། སྤོག་སྐྱ་རྫོག་གཅིག །བཟང་དྲུག་ཐུན་ཕྱེད་རྣམས་ལེགས་པར་བཏགས་ལ། རི་ལུ་སྲན་མ་ཙམ་བྱས་ནས་ནང་རེ་ལ་རེ་རེ་ཁོང་དུ་བཏང་ན་ནད་ཐམས་ཅད་བསྲུང་བར་འགྱུར་རོ། །ཀྲཱི་ཏི། །

ཨོཾ་ཏ་ས་ཏ་སི་ག་ལི་ག་མེ་ཏུ་ཙ་སང་ཡོང་ས་ཧྣ་ཏ། སྔགས་བརྒྱ་རྩ་བརྒྱད་བཟླས་ནས་ལྕོ་སྟོང་ལ་མ་ཆག་པར་སྲུག་སླེ་དང་ཨ་རུ་ར་ལ་བཏབ་ལ་བཏང་། འབྲུ་རྨུག་བྱེད། དུག་གི་རིགས་ཐམས་ཅད་ཐུབ་པོ། །སྦྱར་དུག་ཡུན་རིང་པ་ཡང་སོས། ཨུ་རྒྱན་པ། རང་བྱུང་པ། ཟབ་བོ། །ཟ་ཕྲུགས་ལ། མུ་ཟི། རེ་ལྕུག་རྩ་བ་བསྲེགས་པའི་ཐལ་བ། ཐར་ནུ་མར་དང་སྦྱར་ལ་བྱུག །དེས་སོས་པར་འགྱུར་རོ། །ཟབ། །ན་མོ་གུ་ཏུ། ཨོཾ་ལྷང་ལྷང་། ཙེར་ཙེར། གྲི་ཏ་ཤག་ཤག །དུམ་དུམ། ཤེལ་ཤེལ། ག་བུར་སོད། ཛེ་རོ་ཏ་ར་ཏོ་ར་སོད། སོད་སོད། སློབ་དཔོན་ཀླུ་སྒྲུབ་ལ་མུ་སྟེགས་སྐལ་ལྡན་རྒྱལ་པོས་ཕུལ། མུ་ཏེགས་ཀྱི་དྲག་སྔགས་རྗེ་འགགས་མ་ལགས་སོ། །འདིས་གག་པ། ལྟོག་པ། འབྲས། འབྲུམ་བུ། ཀླུ། གཉན་རིགས་ཀུན་ལ་ཕན། སྐྲངས། འབྲུམ་བུའི་རིགས། རིམས། དྲག་རིམས། སྔགས། སྦྱོར་བ། ནུ་མ་ཆུ་ཤོར། སྲིན་སོགས་གང་ཡང་ཐུབ། གསེར་འོ་རེ་ཕུལ་ནས་ཞུས་པ་ཡིན། ཀྲཱི་ཏི། །

རྒྱལ་པོའི་བསྲུང་བ་ལ། རམས། མུ་ཟི་ནག་པོ། གུ་གུལ་ནག་པོ་དང་གསུམ་ལ་སྔགས་འདི་བརྒྱ་རྩ་བརྒྱད་བཟླས་ལ་གདབ། ཁོང་དུ་བཏོང་། ནྣ་ཙ་ཁ་བ

ཤིག །ཅེས་སོ། །རྒྱལ་པོའི་བསྲུང་བ་ཟབ། སྲིན་མོའི་བསྲུང་བ་ལ། རེ་ལྟག །འཕང་དྲག །སྲིན་མོ་ཡོད་པའི་རྗོ་དྲེག་དང་གསུམ་པོ་ལུས་ལ་བཏགས་ན་གནོད་པ་མི་འབྱུང་། མིའི་སྲིའུ་གསོ་ན་བསྲུང་བ་འདི་ཐོགས་པས་ཆོག །ཕྱུགས་གོར་བསྲུང་བ་ལ། ནད་ཡོང་དུ་མ་ཞུགས་པ་ལ་འདི་ཐོགས་པས་ཆོག །ན་མོ་རཏྣ་ཏྲ་ཡཱ་ཡ། ཏདྱ་ཐཱ། ཨོཾ་ཛ་ལ་ནི། བྲ་ཙ་ལི་ནི། བྲ་ཙ་ལ་ནི། བྲ་པ་ནི། བྲ་ཤ་མ་ནི། ས་མ་ཧེ། མ་ཧེ་སྲིད་ཧ་དར་ཧེ་ཡེ་སྭཱ་ཧཱ། སངས་རྒྱས་ཀྱི་བདེན་པ་དང་། ཆོས་ཀྱི་བདེན་པ་དང་། དགེ་བདུན་གྱི་བདེན་པ་དང་། བདེན་པ་ཆེན་པོའི་བྱིན་གྱི་རླབས་ཀྱིས། བསྲུང་སྐྱུད་འདི་འཆང་བ་པོ་ལ་གནོད་པར་བྱེད་པའི་མེ་ལྷེ་རིས་ཀྱི་རིམས་ཐམས་ཅད་སོད་ཅིག །འབྱུང་པོ་རོ་ལངས་ཀྱི་གནོད་པ་ཐམས་ཅད་སོང་ཞིག །མ་འདུག་པར་སོང་ཞིག །ཡང་དག་པར་སོང་ཞིག །ཨོཾ་སིདྡྷི་ས་ཧྲ་ར་ཧཱུཾ། བྱི་བྲ་གནོད་བྲ་མ་ཨ་ནུ་མོ་ཏ་ནི་སྭཱ་ཧཱ། འདིའི་ལག་ལེན། བལ་མ་ཡིན་པ། རྩིད་པའམ། ཁྲུལ་ལུའི་སྐུད་པ་འདོམ་གང་བ་གཅིག་ལ་ནང་པར་ལྷོ་སྟོང་ལ་སླ་བ་བཙད་ལ་སྔགས་གོང་མ་བདུན་བཟླས་ཏེ། སྲད་བུ་ལ་མདུད་པ་བྱ། མདུད་པ་ཉེར་གཅིག་བར་དུ་མདུན་པ་རེ་རེ་ལ་ལན་བདུན་བདུན་བཏབ། དེ་ཚར་བ་དང་བདེན་པ་ཚར་གཅིག་བརྗོད། དེ་ནས་བསྲུང་སྐྱུད་སླེམ་པར་བཙུག །སྔགས་འོག་མ་བཏབ། དེ་ས་ལ་མི་བཞག །མི་ལག་མི་འགྲིམ་པར་བཏགས། བདག་ཉིད་ཀྱི་ལག་པ་གཉིས་ཀྱིས་ཕྱུགས་ཀྱི་སྣེ་ལ་མདུད་པ་བྱ། མ་ཤོར་བར་བྱ། ཤོར་ན་སྐྱོར་དགོས། ཕྱུགས་རེ་ལ་སྲད་བུ་རེ་བྱ། ཕྱུགས་མང་ན་ཐོ་རངས་སྔ་མོ་ནས་བྱ། ལྷོར་མངར་ཚུད་ན་མི་ཕན། གཞན་ཐོགས་པས་ཆོག །བདེན་རྫུན་ལག་ཏུ་ཡོང་དང་གསལ། ཤྲཱི་ཏེ། །

ཞི་དུར་ཐད། མུགས་སྨྱིགས་ཐད། ཚལ་པ་ཐད། སྙིང་ཁ་ཁ་ཐད། ཀུར་ཐུམ་

སྲོག་ལ་ཐད། སྔགས་འདི་སུམ་བརྒྱ་ཙམ་བགྲངས་ལ་ཚྭ་ལ་བཏབ་ལ་ཆུ་སྐོལ་དང་། ཚྭ་ཐུར་མགོ་རེ་ཙམ་དང་སྦྱར་ལ་བཏང་། སྲིན་དང་མ་ཞུ་བའི་རིགས་སྤྲོས་པ་ལ་སོགས་ཀུན་ལ་ཕན། ཡར་སྐྱུག་མར་བཤལ་གཉིས་ཀ་འོང་སྟེ་ཕན་ནོ། །ཤིན་ཏུ་ཟབ་བོ། །བཅོམ་ལྡན་འདས་དེ་བཞིན་གཤེགས་པ་དགྲ་བཅོམ་པ་ཡང་དག་པར་རྫོགས་པའི་སངས་རྒྱས་ཆོས་གྲངས་དང་གཟའ་དང་རྒྱུ་སྐར་དང་ཡུད་ཙམ་གྱི་རྒྱལ་པོ་ལ་ཕྱག་འཚལ་ལོ། །ཏདྱ་ཐཱ། ཧཱུ་ཧེ་ཧཱུ་ཧེ་སྭཱ་ཧཱ། ཏི་ཐི་སུ་ཊུ་ཏུ་ར་རེ། མེསྨི་ཏ་ནི། ལན་བདུན་བཟླས་ནས་སོང་ན་དོན་ཐམས་ཅད་འགྲུབ་བོ། །ཨྀ་ཏི། །

ལུས་ཀྱི་ཁྲག་མ་ཆོད་པ་བཅད་པའི་སྔགས་ནི། ཨོཾ་ཨ་དན་ཆོད། ད་དུ་ཆོད། མ་མ་ཆོད། མང་ཆོད། ཉུང་ཆོད། ཁྲག་ཆོད། ཡོས་ཆོད། ཅེས་བཏབ་པས་ཁྲག་ཆོད་པར་འགྱུར་རོ། །ཨྀ་ཏི། །

ན་མོ་ཧྲ་ག་ཧྲི་ཨུཥྞི་ཏྲ་ཡ། ཧྲ་རེ་ཧྲ་རེ་ནི་ཧྲ་ཡ་སྭཱ་ཧཱ། ཧྲིཿཕང་ལ་བརྒྱ་རྩ་བརྒྱད་བཟླས་ལ། དཔྱལ་བར་ཐིག་ལེ་བྱས་ན་གང་དང་འཕྲད་པ་ཀུན་དགའ་བར་འགྱུར་རོ། །མི་ཚོལ་ལ་བཏབ་ནས་མིག་ལ་བྱུགས་ན་ཀུན་དགའ་བར་འགྱུར་རོ། །ཆུ་ཁྱོར་གང་ལ་བཏབ་ནས་འཐུངས་ན་ཟས་མ་བླངས་པར་གཏེར་རོ། །མི་མང་པོའི་ནང་དུ་འགྲོ་ན་རང་གི་གོས་ཀྱི་ཐུ་བ་ལ་ལག་པ་གཡོན་གྱིས་བཟུང་ནས་སྔགས་ཉི་ཤུ་རྩ་གཅིག་བཟླས་ན་སྨྲ་མཁས་པར་འགྱུར་ཞིང་ཤགས་ཐེབས་ཤིང་ཚིག་བཙན་པའི་མཆོག་ཏུ་འགྱུར་རོ། །རྨི་ལམ་ངན་པ་དང་མཚན་མ་ངན་པ་ཐམས་ཅད་བཟློག་པར་འགྱུར་རོ། །ལམ་དུ་ཞུགས་ན་དོན་ཐམས་ཅད་འགྲུབ་པར་འགྱུར་རོ། །མ་བསྒྲུབས་ཀྱང་ལས་ཐམས་ཅད་འགྲུབ་པར་འགྱུར་རོ། །ཨྀ་ཏི། །

ཏ་པོང་གི་ཛག་ཆིངས་ལ། ཞ་ཉེ་མཐེ་འོང་ཙམ་ལ་བུག་པ་བྱས་ནས་སྟེ་ལ་

སྐྲུད་པ་བཏགས་ཏེ། དེ་ལ་བག་ཕྱེའི་ལྡེ་གུ་བྱས་ལ་སྔགས། ཨོཾ་ཞི་ཞི་མལ་ཞི་མལ་ཞི་སྭཱ་ཧཱ། ཞེས་བརྒྱ་རྩ་བརྒྱད་བཟླས་ཏེ་ཞ་ཉེ་ལ་བཏབ་ལ་ཕྲུམ་ཕྲུམ་མཾ། རྡོག་མའི་གསེབ་དུ་བསྣམ་མོ། །དགྲ་བྱུང་ན་ཞ་ཉེ་རྣ་བའི་ཁུང་བུར་བཅུག་པས་རྣ་བོང་འགྲོ་མི་ཤེས་ཏེ་དགྲས་མི་འཁྱེར་བ་ཡིན་ནོ། །ཀྲཱི་ཏེ། །རྗེ་བཙུན་མ་འཕགས་མ་སྒྲོལ་མ་ལ་ཕྱག་འཚལ་ལོ། །ཨོཾ་པ་ར་ན་དུ་ཡ་ར་ན་ཕཊ། མི་ལ་ཆང་ལ་བཏབ་ལ་བཏང་། ཕྱུགས་ལ་སྤྲང་མ་ལ་བཏབ་ལ་བཏང་ངོ་། །བྱུ་དང་ཤ་མ་ཐོན་པར་འགྱུར་རོ། །ཀྲཱི་ཏེ། །

རྣེའུ་དཀར་ནག་གཉིས་སྔགས་ལ། ཨོཾ་སཾ་ཕ་ར་ཊ་བདུད་ཀར་ཧཱུྃ་ཕཊ། ཅེས་བཏབ་ནས་ཞོ་རྫའི་ནང་དུ་བཅུག་ན་འདྲེ་མི་འོང་། མིས་མ་འགོངས་པ་བྱའོ། །ཟབ་བོ། །ལག་ན་རྡོ་རྗེས་གནང་བའི་ནོར་སྒྲུབ་ལ། ཨོཾ་ཨ་རི་མིས་རི་དང་ནཾ་མེ་པེ་ཧཱུྃ་པ་ཡཾ་ཧྲ་ཧྲ་ཕ་ཧཱུྃ་ཕཊ་སྭཱ་ཧཱ། གོས་ཕྲུག་གཅིག་ལ་སྔགས་སྟོང་བཏབ། རང་གི་བླ་མ་ལ་ཕུལ་ན་བརྒྱ་སྟེར་བར་འགྱུར་རོ། །ཀྲཱི་ཏེ། །ཕྱང་རྒྱན་དཀར་པོའི་མེ་ཏོག་ལ་སྔགས། ཨོཾ་སྤྲང་བུ་ཏི་པ་མཚུ་རིང་སོད། ཅེས་བཏབ་ནས་མགོ་ལ་བཏགས་ན་སྤྲང་བུས་ལུས་ལ་སོ་མི་ཐེབས་སོ། །ཀྲཱི་ཏེ། །མཚན་འགྲོས་བྱེད་པའི་དུས་སུ། ཨོཾ་ཨཱཿཧཱུྃ། ཞེས་བརྒྱ་རྩ་བརྒྱད་མཆིལ་མ་ལ་བཏབ་ལ་ལོགས་གཡས་གཡོན་དུ་བྱུགས་ནས་ཕྱིན་ན་འདྲེ་དང་མི་འཕྲད་དོ། །ཀྲཱི་ཏེ། །ཙཎྜན་གྱི་རལ་གྲི་ལ། ཨོཾ་ཧྲི་ཧྲི་མི་གཏཊ་ཏི་ཥྚ། བཛྲ་བཛྲ། ཏས་ཀ་ར་མ་ཧཱ་པ་ཏ་ཐ་ལ་ལ་སྭཱ་ཧཱ། ཉི་ཤུ་རྩ་གཅིག་བཏབ་ནས་ལག་པ་གཡས་སུ་ཁྱེར་ནས་མི་རྙེད་བྱུང་བའི་དུས་སུ་ཕྱུར་ན་འགྲོ་མི་ཤེས་པར་འགྱུར་རོ། །ཀྲཱི་ཏེ། །ཨོཾ་ཨ་མུ་ན་ན་ཡེ་རཾ་རཾ། ཙ་ཕྱི་རཾ་རཾ། ཙ་ཕྱི་སྤྱཾ། ཞི་ཕྱི་རཾ་རཾ། ཨ་ཏི་ཨུག་ན་རཾ་རཾ་སྭཾ་སྭཾ་སྭཱ་ཧཱ། ཁྱི་སྨྱོན་གྱིས་གཟུང་བ་ལ་བཏབ་

ན་ཕན་ནོ། །ཕན་ཐོགས་ཆེ་བར་འགྱུར་རོ། །ཤྲཱི་ཧི། །

ཨ་ཏུ་ར། ཚ་ལ། ཐྲག་ཞུན་གསུམ་ལ། ཨོཾ་ཁྲག་རཾ་ཉག་སྭཱ་ཧཱ། ཞེས་བཏབ་ནས་བཏང་ན་ཤ་དུག་སེལ་ཞིང་མི་འབྱུང་ངོ་ཟབ་བོ། །ཡང་དུག་སྔགས་ཤ་ལ་བཏབ་ནས་ཀྱང་ཟ། བྱུང་ཟིན་ནས་ཀྱང་འདི་ལས་ལྷག་པ་གཞན་ན་མེད། སྔགས་ནི། ཧྲིཨུ་ཤ་དུག་ཞི། ཟ་བྱ་ལྡོགས་ཀྱིས་ཕྱིས། སྟོང་ཚོ་རེ་བཟླས། ཆུ་གྲང་ལ་བཏབ་ནས་བཏང་། ཤྲཱི་ཧི། ཨ་ཏུ་ར། རྒྱ་ཚྭ། པི་པི་ལིང་གསུམ་ལ། ཨོཾ་ཧྲི་སོད། ཧ་ནུ་སོད། རི་སོད་སྭཱ་ཧཱ། ཞེས་སྟོང་བཏབ་ནས་ལྟོར་བཏང་ན་བཙན་དུག་སེལ་བར་འགྱུར་རོ། །ཤྲཱི་ཧི། །

ས་ཡི་རྗེན་འབྲེལ་གྱིས་ཕྱོགས་ངན་བཟློག་པ་ནི། དང་པོ་གསོལ་བ་བཏབ། ཕྱི་ཁྱིང་ཁ་ཤར་དུ་ལྟ་བའི་ས་སྦྲར་གང་ལ། ཨོཾ་མ་ཧཱ་བཛྲ་པྣ་ཧཱ་ཧཱུཾ་ཕཊ། ཅེས་སྔགས་བཏབ་ནས། ལའམ། འཕྲང་ངམ། ཟམ་པ་ལ་འགྲོ་བའི་དུས་ཁ་ཕྱིར་བལྟས་ནས། སས་ལམ་བཅད་ནས་ཕྱིན་ན་བར་ཆོད་མི་འབྱུང་ངོ་། །ཤྲཱི་ཧི། །

ན་མོ་གུ་རུ། བཅོམ་ལྡན་འདས་ཡིད་བཞིན་ནོར་བུའི་མན་ངག་འདི་ལ་དོན་གསུམ་སྟེ། རྫས། སྔགས། ཏིང་ངེ་འཛིན། མན་ངག་འདི་བྱེད་པའི་དུས་སུ་ཤ་ཁྲག །གཡེར་མ། སྒོག་པ་མི་ཟའོ། །རྫས་ལ། ཀླད་པ་ན་བ་ལ་ཕོ་རོག་གི་དང་ཏུ་ལ་སྔགས་ལ་བྱབ། མིག་ན་བ་ལ་ཕུག་རོན་གྱི་དང་ཏུ་ལ་སྔགས་ལ་བྱབ། རྣ་བ་ན་བ་ལ་འབྲི་མར་ལ་སྔགས་ལ་རྣ་བར་བླུག །ལྟེ་ཀློག་ན་བ་ལ་ཐབ་ཀའི་ས་ཚིག་པོ་དང་ཆུ་ལ་སྔགས་ནས་བླུད། སྣ་འཚུབས་པ་དང་། ཕོ་བ་དང་། རྒྱུ་མ་ན་བ་ལ་ཆུ་བླུད། འབྲས་རྐོད་དང་སྐྲངས་པ་ལ་མདའ་བྱ་རྐོད་མས་བྱབ། གཟེར་ཐབས་སུ་ན་བ་ལ་ཡུངས་མ་ལ་སྔགས་ལ་བྱབ། གག་པ་ན་བ་ལ་དཔའ་བོ་སེར་

པོ་དང་། ཡུང་བ་སེར་པོ་གཉིས་ཀྱི་ཁུ་བ་ལ་སྦྱགས་ལ་ཁོང་དུ་བཏང་། ལྗོག་སྐྲན་
ན་བ་ལ་གོ་བོའི་སྦྲོ་ལའོ། །དུག་ནད་སྣ་ཚོགས་ན་བ་ལ་ཆུ་དྲོན་ལ། བུད་མེད་བུ་
དང་ཤ་མ་མ་ཐོན་པ་ལ་གཙང་པོའི་ཆུ། མཁལ་སྙིང་ན་བ་ལ་ཐེ་གུ་དཀར་པོ་ལ་
སྦྱགས་ལ་དགྲི། དྲེག་དང་གྲུམ་བུ་རྒྱུ་ནད་ན་བ་ལ་ཆང་ལ་སྦྱགས་ལ་བླུད། སྣ་
ཁྲག་མ་ཆོད་པ་ལ་ཆུ་ནང་གི་རྗེའུ་གཅིག་བདར་ལའོ། །གློ་བ་ན་བ་ལ་རའི་འོ་
མ་ལ་སྦྱགས་ལ་བླུད། བཤལ་བ་ལ་གངས་ཆུའོ། །རིམས་ནད་སྣ་ཚོགས་ན་བ་ལ།
ཆུ་མིག་སྣ་ཚོགས་མང་པོའི་ཆུའོ། །རྨ་ན་བ་ལ་རྨའི་སྨན་ལའོ། །བད་ཀན་ན་བ་
ལ་ལྷུམ་གྱི་རྩ་བ་ལའོ། །མིག་སེར་དམུ་ཆུ་མཁྲིས་པ་ན་བ་ལ་ཆུ་དྲག་ལའོ། །ཁྲིས་
གཟུང་བ་ལ་ཁྲི་སྤྲུ་དང་ར་བལ་ལ་སྦྱགས་ལ་དགྲི། སོ་ན་བ་ལ་འུག་པའི་དང་
རུའོ། །བལ་ལྗོགས་དང་ཤུ་བ་ན་བ་ལ་མར་དཀར་ལ་སྦྱགས་ལ་བྱུག །སྲིན་ན་བ་
ལ་ཕག་ཚིལ། ཡོང་སྲིན་ན་བ་ལ་རྒྱ་ཚིལ་ལའོ། །མེ་ལྕེ་འཁོར་བ་ལ་ཆུ་ལ་སྦྱགས་
ལ་དགྲིའོ། །མ་ཞུ་བ་ན་བ་ལ་མི་ཤ་མ་གོད་པ་བརྫངས་ལ་བཏང་། ནད་ངོས་མ་
ཟིན་པ་ལ་འབྲིའི་ཆུ་ལ་སྦྱགས་ལ་བཏང་ན་ནད་གང་ལ་ཡང་ཕན། ཐམས་ཅད་
ལ་སྦྱགས་བརྒྱ་རྩ་བརྒྱད་གདབ་པར་བྱའོ། །ཉིང་དེ་འཛིན་ནི། རང་ཉིད་བྲམ་ཟེ་
དམར་པོ་སྣ་རྟོག་ཆེ་བ། མིག་དམར་བ། ཨག་ཚོམ་བྲང་ལ་སླེབ་པ། གཡས་པ་
མེའི་ཐོ་བ་བསྣམས་པ། གཡོན་པ་མེའི་ཞགས་པ་བསྣམས་པ། ལུས་ལ་མེ་སྟག་
འཕྲོ་བའི་ཨ་ཙ་ར་གཅིག་བསྒོམ། སྔགས་བཟླས། སྔགས་ཀྱི་མེ་འོད་ཚ་ར་ར་འཕྲོ་
བར་བསམ། སྔགས་ནི། ཐིས་སོ་ཐིས་སོ་ཧྥ་ཕ་ཐིས་སོ། །རྦུངས་ན་རྦུངས་ན་ཤེལ་
ལ་རྦུངས་ན། གྲམ་ན་གྲམ་ན་ཤེལ་ལ་གྲམ་ན། ཤིས་སོ་ཤིས་སོ། །ཚེ་ལི་སོད་སོད།
ཐེད་ཐེད་ནད་ཐམས་ཅད་ཞི་བར་གྱུར་ཅིག་སྭཱ་ཧཱ། རྗེ་ཕག་མོ་གྲུ་པའི་ཇ་སིག་

དགུ་མ་ཞེས་བྱ་བ་ཡིན་ནོ། །ཤྲཱི་ཧི། །

བླ་མ་བསྒོམ་པས་ལྟོག་པ་གསོད་པའི་སྔགས། ལྟོག་པའི་རིགས་གང་ཡིན་ཡང་ཙོས་བཟུང་མི་དགོས། དེ་ཡང་སྔགས་འདིའི་ལུགས་ཀྱིས། ནད་པ་དེ་དབུགས་མ་ཆད་པ་ལ་སླེབ་པས་ཆོག །དེ་ཡང་སྔགས་འདི་ལན་བདུན་བདུན་བགྲང་ཞིང་ཆུ་ཁྱོར་བ་རེ་ལ་བཏབ་ཅིང་ལྟོར་བཏང་། དེ་ནས་ཡང་སྐྲངས་པོ་ཡོད་པ་གང་ཡིན་པ་ཚོ་ལ་སྔགས་བཏབ་པོ། །དེས་ན་བྲམ་ཟེ་རེ་བའི་སྔགས་ལྷད་མེད་འདི་འོ། །ཨོཾ་སད་ར་སད་ཨ་མ་སད། བྲམ་ཟེ་ནག་པོ་བུ་གཅིག་སད། བྲམ་ཟེ་དཀར་ནག་སད། ཧེ་ཡོང་ཁྱེས་པ་སད། སུ་ག་ས་མེད་པར་སྭཱ་ཧཱ། ཞེས་པ་འདིས་ལྟོག་རོ་ཕྱིར་ཐོན་ཐོན་དུ་བཏེག །དེ་ནས་ཡོག་ནོན་ལ་སྔགས་འདིས་བཏེག་གོ། །ཨོཾ་མ་འགྱུར་གྱི་སད། མུ་མ་སད་ཇུ་པ་སད། ཐོར་ཐོར་སད། ཐོག་ཏུ་མེ་སད། ལང་ལང་སད། ལང་གུ་སད། ལག་སད། ཨིག་སད། ནེ་གེ་སད་སྭཱ་ཧཱ། ཞེས་པ་དེས་བཏེག་གོ། །ལྟོག་སྔགས་ལ་འདི་ལས་ཟབ་པ་མེད་དོ། །ཤྲཱི་ཧི། །

ཨོཾ་ག་ཧྲི་ར་མེ་ཀྲ་ཡུག་ལ་ཧཱུྃ་ཕཊ། སྔགས་འདི་ནང་པར་སྔ་མོར་མི་ཆིག་མ་འདྲེས་པར་བཀྲུའམ། དེ་ལས་ལྷག་པ་ཅི་འགྲུབ་བཟླས་པས། སྲིན་ལག་གཉིས་ཀྱི་ལྟེ་ཐོག་ནས་མཆིལ་མ་བླངས། མིག་གཉིས་ལ་བྱུགས་པའི་རྗེས་ལ། དེ་བཞིན་གཤེགས་པ་ཤཱཀྱ་ཐུབ་པ་ལ་ཕྱག་འཚལ་ལོ། །དེ་བཞིན་གཤེགས་པ་སྨན་པའི་རྒྱལ་པོ་ལ་ཕྱག་འཚལ་ལོ། །བྱང་ཆུབ་སེམས་དཔའ་སེམས་དཔའ་ཆེན་པོ་འཕགས་པ་སྤྱན་རས་གཟིགས་དབང་ཕྱུག་ལ་ཕྱག་འཚལ་ལོ། །གསུམ་ཡན་བྱའོ། །དེས་མིག་ནད་ཀྱི་རིགས་སུ་གྱུར་པ། བྲུས་པ་མ་ཡིན་པ་ཐམས་ཅད་ལ་ཕན་པར་ཐེ་ཚོམ་མེད་དོ། །ཤྲཱི་ཧི། །

རྒྱུན་རྒྱལ་བར་འདོད་པའི་སྔགས་ལ། ཨོཾ་དོན་ལྷ་ལེང་སྭཱ་ཧཱ། མོ་ཧ་ནི་སྭཱ་ཧཱ། ཅི་ཕུ་ནི་སྭཱ་ཧཱ། བསླེན་པ་སྟོང་བྱ། འཕྲུལ་དུ་བརྒྱ་ཙ་བརྒྱད་བགྲང་། ཤོ་གང་འདོད་པའི་མིང་ནས་འབོད་དོ། །ཟབ་བོ། །ཆུ་ཡི་གདོན་བསྲུང་བའི་མན་ངག་ལ། ཉ་མགོ་ཆུ་ངོས་ལ་བསྟན། སྲུ་ཚིལ་གྱི་དཀྱིལ་དུ་བཙུག །རགས་གསེབ་དུ་བཞག །མགོ་མཇུག་གཉིས་ལ་ལཾ་རེ་བྲི། ཉའི་དཀྱིལ་དུ་སྔགས་བྲི། གཞུག་དུས་མིས་མ་མཐོང་པ་གལ་ཆེའོ། །ཞིབ། ཆུ་ཆེན་པོ་རེངས་པར་གྱིས་ཤིག །ལཾ། ཨོཾ་ཧཱི་ཨ་མེ་ཏ་ནི་ཛ་ཛ། ཡ། ཡ། འདི་དཔེ་ཁྲིས་ཡོད། སྦྲི་ཏི། །

སྒོམ་ཆེན་པའི་སྟོད་འཚངས་སྙིང་རླུང་སེལ་བའི་ཐབས་ནི། སྙིང་མི་དགའ་བ་དང་། སྙིང་རླུང་ཡོང་སྐམ་བྱེད་ནས་དགེ་སྦྱོར་བྱེད་མི་འདོད་ཅིང་སྟོད་འཚངས་ཡོང་སྐམ་བྱེད་ན་འདི་བཞིན་བྱ། འོག་རླུང་བསྲུམ། སྙིང་རླུང་དྲག་པར་མནན། ལུས་དཀྱིལ་ཀྲུང་། ལག་པ་ས་གནོན་གྱི་ཕྱག་རྒྱ་བྱས་ལ། ལྟག་པ་དགྱེ་ནས་ཁ་ནས་མར་རླུང་ཧབ་བྱས་ནས་ཚུར་གུག་བྱས་ལ་ཧ་གསུམ་བྱ། ཉེ་ཙ་གཅིག་འདོན། དཀྱིལ་ཀྲུང་བྱས་ལ་ལག་པ་གཉིས་བཙུགས་ལ་ལན་གསུམ་ཙམ་རེ་བརྫེག །རླུང་གནོན་པ་ལ་ལན་གསུམ་སྔ་མ་ལྟར་བྱ། ལུས་པོ་ཕུར་སྲུབ་བྱའོ། །དམིགས་པ་ལ། རླུང་དང་སྟོང་པའི་ཧ་རྒྱངས་ཁ་ནས་ཚུར་ཐོན། ནམ་མཁར་རྒྱངས་སེ་སོང་བར་དམིགས་པས་ཆོག །སྙིང་རླུང་བྱུང་ནས་ལོ་གཅིག་སོང་བ་ཡིན་ཡང་ཕན། ཧ་འདོན་པའི་དུས་སུ་ནད་གདོན་ཐོན་པར་བསམ་པ་གལ་ཆེ། རོ་སྟོད་ན་བ་ལ། འོག་རླུང་བསྲུམ། དམིགས་པ་ཐུར་དུ་གཏད། ལུས་འདར་ན་སྙིང་རླུང་གནོན། བླ་མ་རིན་པོ་ཆེའི་གདམས་ངག་སེམས་ཅན་རྣམས་ལ་ཕན་ཐོགས་པར་གྱུར་ཅིག །སྦྲི་ཏི། །

ཁྱིས་རྨུགས་ཀྱང་མི་ཕྱེད་པར་བྱ་བའི་སྔགས་འདི་འོ། །ཨོཾ་ནག་ཤེ་ཐད། ཐུག་ཤག་ཤིག་ཐད་སྭཱ་ཧཱ། ཨོཾ་གོལ་ཡུལ་ཤཾ་ཤཾ་ཧྲཱ་ཙཾ་ཐུཾ་ཐུཾ་སུཾ་པ་ནི་སྭཱ་ཧཱ། ཨོཾ་པ་མ་ག་གཱ་ལ་ཧཱུཾ་ཏ་ཏ་ཕཊ་སྭཱ་ཧཱ། ཀུ་ཀུ་ཛ་ཙ་ཁ་ཐཾ། མཆེ་བ་སྒྲུངས་ཤིག །ཡི་གེ་གཟབ་དུ་བྲིས་ལ་མགུལ་དུ་བཏགས་ན་ཁྱིས་མི་ཕྱེད་དོ། །ཀྱཻ་ཧི། །ནག་ཚུར་བཏགས་ལ་མར་དང་སྦྱར་ནས་སོ་རྩར་བསྐུས་ན་སོ་ནད་དེ་མ་ཐག་གྲོལ་ལོ། །ཀྱཻ་ཧི། །ནག་ཚུར་མར་དང་བསྐོལ་ཏེ་སོ་ལ་བསྐུས་ན་སོ་ཡི་ཟུག་གཟེར་འཇོམས་སོ། །ཀྱཻ་ཧི། །སོ་ནད་གསོ་བ་ལ། ཨ་རུ་རའི་ཕྱེ་མ་སྦྲང་དང་སྦྱར་ནས་སོ་ལ་ཡང་ཡང་བསྐུས་ནས། སོ་ལས་སྐྱེས་པའི་ཟུག་གཟེར་དང་། མ་ཞུ་བ་དང་། ཁ་ན་ཐམས་ཅད་སེལ་བར་འགྱུར་རོ། །ཀྱི་ཧི། །ཆམ་པའི་ནད་གསོ་བ་ལ། ནས་ཀྱི་ཕྱེ་མ་དང་། འབྲུ་མར་སྦྲུས་པ་བསྲེགས་པའི་དུད་པ་སྣར་བཏང་ན་ཆམ་པ་ཐམས་ཅད་སེལ་ལོ། །ཀྱཻ་ཧི། །དུར་བྱིད། པི་པི་ལིང་། སྣ་སྐྱ། དེ་གསུམ་གྱི་ཕྱེ་མ་ཆུ་གྲང་དང་སྦྱར་ནས་བླུད་ན་སྐྲན་ནད་ཐམས་ཅད་སེལ་ལོ། །ཀྱཻ་ཧི། །

གཞང་འབྲུམ་གསོ་བ་ལ། བཟེ་མ་བསྐོལ་བའི་ཁུ་བ་མར་ཁ་ཚ་མོ་དང་ལེགས་པར་སྦྱར་ལ། ཞག་གསུམ་གྱི་བར་དུ་བླུག་ན་གཞང་འབྲུམ་གྱི་ནད་ཐམས་ཅད་འཇོམས་སོ། །ཟབ། སྐྲ་ནག་པོར་བཙོ་བའི་སྦྱོད་ལ། འབྲས་བུ་གསུམ་པ། ལྕགས་ཕྱེ་དང་། ཅོ་ཀྲ་ག་དང་། སེ་འབྲུའི་རྩ་བ་དང་། འདི་རྣམས་སྣོད་ཀྱི་ནང་དུ་ཟླ་བ་གཅིག་གི་བར་དུ་བཞག་སྟེ་བསྐུས་ན། རུས་གོག་དང་འདྲ་བའི་སྐྲ་དཀར་པོ་ཡང་ནག་པོར་འགྱུར་རོ། །ཀྱཻ་ཧི། །མངལ་ཆགས་པའི་ཐབས་ལ། ཕབས་ལ་བའི་གཅིན་དང་ཞགས་གསུམ་བར་དུ་སྦྲངས་ནས། དེའི་འོག་ཏུ་གཅིན་དང་བཅས་པ་འཐུངས་ན། མངལ་ཆགས་པའི་གདམས་ངག་ཡིན་ནོ། །སྦྱོར་བའི་ཕྲེང་བ་

ཟབ་པོ། །ཤྲཱི་ཧི། །ཞུན་མར་བློ་གསལ་དྲོད་སྟོབས་བསྐྱེད། །འབྲས་ཡོས་དག་གིས་འབྲུ་བ་གཅོད། །སྤོད་ཀུན་ཟས་ཀྱི་སྟོབས་བསྐྱེད་ཡིད་ཁར་འོང་། །སྐྱེར་པའི་མེ་ཏོག་འབྲས་བུས་འབྲུ་བ་གཅོད། །རེ་རལ་འོམ་བུས་ཤ་དུག་སྦྱར་དུག་སེལ། །ལྕམ་པས་སྐོམ་དང་ཆུ་འགགས་འབྲུ་བ་སེལ། །ཤུག་ཆོས་སྣ་དང་རྣ་བའི་ནད་སེལ་སྐྲུས་པ་སྦྱོང་། །རྒྱུ་མ་ཐོད་པའི་རྒྱུ་གཟེར་འཇོམས་པ་འོ། །གཙོད་ཁྲག་གིས་ནི་འབྲུ་བ་གཅོད། །སྦྲུལ་ཤས་ཤ་བཀྲ་སྐྲང་ཤུ་སེལ། །སྤང་རྒྱན་དཀར་པོ་གྲི་བའི་སྨན། །ལྕགས་ཕྱེ་སྐྱེར་ཤུན་འབྲས་བུ་གསུམ། །ཁུ་བ་གྲང་མོ་བཏང་ན་མིག་ནད་སེལ། །རྒྱ་ཚྭ་ཆིག་ཐང་གིས་ནི་དྲི་ཆུ་འགགས་པ་སེལ། །སོག་ཚིགས་ཆིག་ཐང་གིས་ནི་ཆང་མ་ཞུ་བ་འཇུ། །རྒྱ་ཚྭ་སྦྲང་རྩིའི་རི་ལུ་སོ་སྐྱིང་བཞག །སོ་སྲིན་འཇོམས་ཤིང་སོ་ཡི་བཙུད་ལེན་འགྱུར། །ཤིག་སྲོ་མང་ལ་ཤ་བའི་ཚིལ་བྱུག །སྐྲང་ཤུ་ཕག་ཚིལ་མུ་ཟི་ནག་པོ་བྱུག །མུ་ཟི། དུ་བ། ཚྭ། ཕབས། མར་རྙིང་དང་སྦྱར་བའི་ལྡེ་གུས་བྱུགས་པས་ཤུ་བ་སེལ་བར་བྱེད། དུད་པ། ཏུ་རུ། ཆུ་རྩ། རེ་ལྕག་ཐལ་བ། ཕབས། ཟྭ་བོ་རྣམས་ཀྱིས་རྣའི་གོང་ཤུ་ཟ་ཕྲུག་སེལ། དུག་ལ་ཨ་རུ་ར་དང་ཉུངས་མ་མཆོག །གཉན་ནད་ཀུན་ལ་གུ་གུལ་སླ་རྩི་མཆོག །མིས་ཚིག་སྨན་ལ་ཨ་རུ་ར་ཉིད་མཆོག །ཕན་བྱེད་རིན་ཆེན་སྒྲོན་མའོ། །

གཏོར་མ་ལྷ་ལ་མཁའ་འགྲོ་མ་ལྷ་དང་མཐུན་པའི་དར་འཛུགས། རྗེ་དམ་པ་ལ་མཆོད་པའི་ཚོགས་ཀྱི་ཡོ་བྱད་བཤམས་ལ། གཏོར་མ་རྣམས་ཕྱོགས་བཞི་དབུས་དང་ལྷོར་བཤམ། དེ་ནས་གཅིག་ལ་ལན་གཉིས་བཏབ། དེ་ནས་ཤེས་ན་ཚོགས་འབུལ་བའི་ཚེ་ག་རྒྱས་པར་བྱ། མི་ཤེས་པས། རྗེ་དམ་པ། སེང་གེ་བརྒྱད་ཀྱི་ཁྲི་ལ་བཞུགས་པར་བསམ། མཁའ་འགྲོ་མ་རྣམས་སྤྱན་གྱིས་གཟིགས་པས་

དགྲེས་ནས་གར་མཛད་པར་བསམ། དེ་ནས་ལྕགས་བསྐྱིག་ཅིང་སྡིགས་བཏབ་པའི་བཅག་ལན་གཉིས་བཏབ་ལ་ལན་གསུམ་བསྐྱིག་ཅིང་ལྕགས་དྲག་བསལ། རྙིང་པ་བརྫིག་པའི་ཚེ། རྗེ་དམ་པའི་སྐུ་སྨད་ཕུར་བུ་རྡོ་བ་མགར་བའི་སོ་མལ་གྱི་ལྕགས་ཀྱུ་ནད་ལ་ཐིབ་ཀྱིས་སོང་བས། ནད་བྱ་སྦྲོ་མེས་ཚིག་པ་ལྟར་བསམ་མོ། །

ཕ་དམ་པ་རིན་པོ་ཆེ་ལ་ཕྱག་འཚལ་ལོ། །དམ་པའི་རྟེན་འབྲེལ་ཟབ་མོ་གཞན་ལ་ཕན་པའི་ཐབས་ལ་གསུམ་སྟེ། སྡིགས་དང་། རྫས་དང་། ཏིང་ངེ་འཛིན་གསུམ་མོ། །རྫས་ལྕགས་ལེབ་གཅིག །བཅག་དང་གཉིས། དར་དམར་པོ་ཁ་གང་། ཚང་ཚོར་གང་དེ་རྣམས་བསགས་ལ། བདག་དམ་པ་རྒྱ་གར་སྐུ་མདོག་ནག་ལ་མིག་ཟབ་པ། སྣ་མཐོ་བ། ཕྱག་གཡས་ཌ་མ་རུ། གཡོན་དབྱུལ་གྱི་དྲིལ་བུ་བསྣམས་པར་བསྒོམ་ལ། སྡིགས་ནི། ཨོཾ་ཨ་ཆེ་ཡེ། ཨེ་མ་ཧྲ་ད་ཡེ་ན་ད་ཡེ་ལི་ཕཊ། སིཙུ་སི་མ་ཧྲུ་སི་ཧྲ་ར་སི་ཧྲ་ཧཱུཾ་ཕཊ། ལྕགས་མེ་ལ་དམར་ལེང་གིས་བསྐྱིགས་ལ་ལན་གསུམ་ཤད་ཤད་བཏབ། ལྕགས་དྲིག་བཅད་ལ། བཅག་ལ་སྡིགས་སུམ་བརྒྱ་ཙམ་གདབ། དེ་ནས་རང་གི་རྙིང་པས་རྗེས་ལ་སྐྲངས་ནད་ལ་དར་བཀབ། དེའི་སྟེང་དུ་རྙིང་པ་གཏད་ལ་དམིགས་པ་བྱ། རང་ཉིད་རྙིང་པ་ལྕགས་ལེབ་བསྐྱིགས་པའི་མ་ཐུང་ན། གོར་གསེབ་དུ་རྒྱབ་ཀྱང་མི་ལྡོའོ། །ན་ན་ཕུད་ཕྱེ་སླུད་ན་མདོ་ལ་ཕན་ནོ། །གཞན་ཆོ་ཞལ་ལས་ཤེས་སོ། །ཀྲྀ་ཏི། །ཨ་ག་རུ། ཙནྡན་དམར་པོ། རུ་རྟ། ལི་ཤི། གུ་གུལ། ཛ་ཏི། སྙིང་ཞོ་ཤ། སྤོད་འཚངས་སྤྱིའི་སྨན་ནོ། །ཡང་ཤིང་ཀུན། ཤ་སྐྱ། ཁ་རུ་ཚ། འདི་གསུམ་ཀྱང་ཕན་ནོ། །ཟབ་བོ། །

དཔལ་རྡོ་རྗེ་སེམས་དཔའ་ལ་ཕྱག་འཚལ་ལོ། །བདག་འདྲ་སངས་རྒྱས་ཡེ་ཤེས་ཀྱིས། །ལྔ་བརྒྱ་ཐ་མའི་དུས་འདི་ལ། །རིམས་ནད་སྣ་ཚོགས་འབྱུང་བའི་

དུས། །ལྷོག་རིགས་སྣ་ཚོགས་འབྲུག་པའི་དུས། །སྐྱོངས་རྣམས་ནད་ཀྱིས་ཟིན་པའི་དུས། །དེ་ལ་ཁྲོ་བོ་ཁྱུང་ཞོན་བཤད། །ཁྲོ་བོ་མཐིང་ནག་ཞལ་གཅིག་པ། །དུར་ཁྲོད་ཆོས་ཀྱིས་རབ་ཏུ་བརྒྱན། །སྤྲུལ་སྔོན་ཐོད་རློན་སེ་རལ་ཁ། །ཕོ་ཁྱུང་མོ་ཁྱུང་ཡབ་ཡུམ་བཅུ། །ཕྱག་སོར་རེ་རེའི་རྩེ་ལ་འཁྲིད། །ཁྱུང་ནག་ཞོན་པར་བདག་ཉིད་བསྐྱེད། །སྔགས་ཀྱི་འོད་ཟེར་དམར་པོ་ཡིས། །ནད་ཀྱི་དངོས་པོ་བསྲེགས་པར་བསམ། །སྔགས་འདེབས་དུས་ཀྱི་དམ་ཚིག་ནི། །འོ་ཆུ་དཀར་ཆུ་མི་འཐུང་སྟེ། །ཤ་ཡི་རིགས་ཀྱང་སྤང་བར་བྱ། །བདག་ཉིད་བསྲུང་བར་བྱ་བ་ནི། །ཁྱུང་གཟུགས་སྔགས་ཀྱིས་གཡས་སུ་བསྐོར། །དགེ་སློང་ཚུལ་ཁྲིམས་གོས་ཀྱི་རས་མས་བཏུམ། །སྤྱི་བོའི་གཙུག་ཏུ་བཏགས་པར་བྱ། །ཀླུ་གཟུགས་སྔགས་ཀྱིས་གཡོན་དུ་བསྐོར། །ལི་ཁྲ་དར་གྱིས་དྲིལ་བ་སྙིང་གར་བཏགས། །དེ་ལྟར་བཙོན་འགྲུས་བྱས་པ་ན། །ལྷོག་པའི་ནད་ལ་སྨོས་ཅི་དགོས། །འབྱུང་པོ་ཀླུ་ནད་བསྲུང་བར་བྱ། །དེས་ནི་བདག་ཉིད་བསྲུང་བའོ། །དེ་ནས་ལྷོག་རོ་བཤའ་འདོད་ན། །སྔགས་བརྒྱ་དང་རྩ་བརྒྱད་ཡར་ལ་འདེབས། །རྣ་ཡི་རྩེ་མོ་ལག་ངར་ཙམ་དུ་བྱས། །བྲང་ཕུས་མཚམས་ནས་ཕོ་མཚན་ཐད་དུ་རྩལ་ཆེ་ཆུང་རན་པར་དྲིལ་ན་དེ་མ་ཐག་ཏུ་ཆུ་འགགས་པ་སེལ་ལོ། །ཤིན་ཏུ་ཟབ་པའི་མན་ངག །སྔོན་འགྲོ་ལན་ཚགས་གཏོར་མ་དང་། བརྒྱ་རྩ་ལ་སོགས་པ་གཏོང་བ་མན་ངག་གོ། །ཤག་ཚུལ་ཁྲིམས་རྒྱལ་བའི་གདམས་པ་སེམས་ཅན་ལ་ཕན་ཐོགས་པར་གདའོ། །ཨྠི་ཏི། །

བླ་མ་དམ་པ་རྣམས་ལ་ཕྱག་འཚལ་ལོ། །རྗེའུ་ཡི་གེགས་སེལ་འདི་ལ། རྗེའུ་ཕོ་བར་འདྲིལ་ནས་གང་གིས་ཀྱང་མ་སོས་ན། འདི་ལྟར་བྱ། ཤིང་སྦོམ་ཕྲ་ལག་ངར་ཙམ་གཅིག་བཅིག་པའམ། ནས་ཡ་ལ་གཏད་དེ། ཡང་ན་ཕྱིང་པ་དྲིལ་ལ

ལག་ངར་ཅམ་རྫེའུ་འདྲིལ་སར་བཙུགས་ནས་འཁྲུལ་འཁོར་གཡས་གཡོན་ཚད་ལྟ་ཞིང་བསྐོར་བས། དེ་མ་ཁད་འདྲིལ་པོ་རྣམས་ཞིག་ནས་ཐམས་ཅད་མར་ལ་ཐོན་ནོ། །བླ་མ་རིན་པོ་ཆེས་སློམ་ཆེན་རྣམས་ཀྱི་དོན་དུ་མཛད་པའི་གདམས་པའོ། །ཀྲཱི་ཏི། །

ཨོཾ་ཨ་མ་ར་ཎི་ཛཱི་ཝན་ཏེ་སྭཱ་ཧཱ། ཨོཾ་བཛྲ་ར་ཐ་ར་ཏུ་ཡེ་སྭཱ་ཧཱ། ཞེས་དཔུངས་པ་གཡོན་ལ་བཏགས། འབྲུམ་ནད་པའི་གཡོག་གྱིས། དགེ་གཉེན་བྱ་ཡུལ་བའི་ཞལ་ནས། འདི་ཐོགས་ནས་འབྲུམ་པ་བྱུང་ན་ང་ལྟེབས་ནས་སྡོད་གསུང་། ཀྲཱི་ཏི། །

ཡང་འབྲུམ་བསྲུངས་ལ། ཨོཾ་བཛྲ་ལ་མ་ཐ་ར་ཚ་པ་འདུ་ཡེ་སྭཱ་ཧཱ། འཆང་བ་པོ་ལ་རཀྵ་རཀྵ། རབ་ནས་བྱ། དྲི་བཟང་བྱུག །གཟབ་ཏུ་ཐྲིས་ལ་དཔུང་པ་གཡོན་ལ་བཏགས་སོ། །ཟབ་བོ། །གོར་བསྲུངས་ལ། བཙན་དུག །ར་དུག །ཐར་ནུ་གསུམ་བསྲེས་ལ། བུད་མེད་དང་བཙུན་པ་གཉིས་བསྲེགས་པའི་ཐལ་ཆེན་ལ། ཞིབ་དུ་བརྡུངས་ཏེ་ཚང་དང་སྦྱར་ནས་སྣ་སྟེང་དུ་བཞག་སྟེ། དེ་ནས་རྟིང་པ་ནད་པའི་གང་ན་སར་བཞག །ཏིང་ངེ་འཛིན་ཞལ་ལས་ཤེས་སོ། །རྟིང་པ་སྨན་རག་ལ་ཐོག་པས་ཆོག །ལན་གསུམ་བྱ། དམ་པའི་རྟིང་བསྐོར་མ་ཡིན་ནོ། །ཨོཾ་ཧྲཱ་མ་ཏེ་བ་ཡ་ཐ་ཡ། ན་མ་ཊུ། ན་མ་ཛ་ཡ་ཐ། ན་མ་ཛ་ཐ་ཡ། ན་མ་ཊུ། ཨོཾ་ཧུཾ་ཧུཾ་ཕཊ་ཕཊ་སྭཱ་ཧཱ། རྒྱ་ཐོར་གྱི་སྟགས་ལ་འདི་ལས་ཟབ་པ་མེད་དོ། །ཀྲཱི་ཏི། །

སྐྱོས་ལོ་ལྔ་བའི་དྲག་སྔགས་ཕན་པ་དགུ་སྐོར་རྡོ་ངར་རེག་ཚད། ལྷོག་པ། སྐྲན། ཐབ། ཆུ་སེར། གག་པ། རྨ། ལྦ་བ། དྲག །སྐྲངས། སྐྱ། སེན་བུ་ལ་སོགས་ཀུན་ལ་བསྟགས་སོ། །ཙུབ་ཙུབ། ཆུམ་ཆུམ། གུམ་གུམ། རིག །རིལ་རིལ། ཉོལ་ཉོལ། སོད་སོད། ཐྲ་མོ་ཏ་དུན་སྒྲོ། དུན་སོད། བྲ་མོ་ཤ་ལ་ཐིམ། བྲ་མོ་ཤ་ལ་

ཐིས། པྲ་མོ་ཁྲག་ལ་ཐིས། པྲ་མོ་རུས་ལ་ཐིས། ཚོམ། ཏི་བས། ཕོལ། ཆུས། སོད། ཤིག །ཨོཾ་ཁ་ཆུ་ལི། ཆུ་ལ་ལི་སྭཱ་ཧཱ། ཀྲཱི་ཏི། །

ཨོཾ་ཙ་ལེ་ཙ་ལེ་གྲང་ལྷིང་ཡེ་སྭཱ་ཧཱ། མཆིལ་མ་ལ་སྔགས་ལ་མིག་ལ་བྱུག་གོ། །ཁ་བས་མིག་ཕྱིད་པ་ལ་ཕན་པར་འགྱུར་རོ། །མི་སྐྱེས་པ་རྣམས་ཀྱི་ཆུ་འགགས་པ་སེལ་བའི་གདམས་ངག་ལ། ནད་པ་སྨན་འཐུག་པོ་བྱས་ཏེ་གན་རྐྱལ་དུ་བསྒྱེལ་ནས། གཡས་གཡོན་དུ་ནས་ཡ་རེ་རེ། སྔས་སུ་ནས་ཡ་བཙུག་པ་རྐང་རྗེང་འཕངས། གཡས་གཡོན་དུ་གཏད་ནས། སྐྱིད་ཁུང་པའི་ཐད་གཉིས་སུ་ཤིང་ལག་ངར་ཅམ་ཞིག་ནད་པ་རང་གི་ཁྲུ་གང་གིས་བརྒྱངས་ནས་དེ་མི་གཅིག་གིས་བཟུང་། དེ་ནས་ནད་པའི་བྲང་པུས་མཚམས་ཀྱི་ཐད་ནས་ཕྱིང་པ་ལེགས་པོ་གྲུ་བཞི་པ་ལ་མདའ་གང་ཚད་ཙམ་དུ་ལེགས་པར་དྲིལ། སྒོམ་ཕྲ་བཅད་པར་བྱ། བརྒྱ་དང་རྩ་བརྒྱད་ཕྱིར་ལ་བཟླས། ཕྱི་མི་མཇུག་མ་བཅད་པར་བྱ། ཨོཾ་བཛྲ་ག་རུ་ཊ་ཁྱུང་ག་ར་གྲོ་ཏ་ན་ཧཱུྃ་ཕཊ། ཨོཾ་ལྐོག་པའི་སྙིང་པོ་ཟུ་ར་ར་གྲཾ། སྲིན་མོའི་སྙིང་པོ་རུ་རུ་ཤོ། ཨོཾ་ནན་ལུ་རུ་དུམ་ཤོ་མུར་ཁུར་ནན། ཏུཾ་པ་ཤ་ནན། མུ་རཾ་ནན། གེ་རོ་མ་ནི་ནན། བྱེ་བྱེ་ཏ་ཡོ་ཏ་ཡོ་ནན། ཁྱུང་ཁྱུང་། ཆིག་ཆིག །ལྷི་ལྷི། ཛྲ་ལ་རཾ་ཤག །སྔགས་འདིས་ཁྱུང་ལ་བསྔོར། ཏཏྲ་ཐྭཱ། ལི་ཏི་ལི་ཏི་ཕཊ། དུ་སི་དུ་ནི་ཕཊ། ཊ་པི་ཊ་པི་ཕཊ། ཉ་ཛ་ཙོ་ཚོ་ཁྱུང་ཏི་ཕཊ། ཤི་ཊ་བུས་ཐལ་བར་རློག །ཤི་ན་རང་དུ་ཤི། ཡར་ན་གནམ་དུ་ཡར། ལྐོག་པ་གྲེན། ཉག་མ་གྲེན། ཕྲ་མོ་ནི་ལ་ནི་བསད་དེ་ཕཊ་སྭཱ་ཧཱ། སྔགས་འདིས་སྐུ་གཟུང་ལ་བསྔོར། སྔགས་འདེབས་དུས་གཉིས་ཀ་སྦྲེལ་མ་བྱ། སྔགས་འདི་ནི་ལྷ་ཆེན་པོ་མ་ཧཱ་དེ་བས་ཚངས་པ་གདོང་བཞི་པ་ལ་བཤད། དེས་ནག་པོ་ཐོར་གཙུག་ཅན་ལ། དེས་མོན་པ་ལྕུགས་མཁར་ཅན་ལ། དེས་ཨ་ཙ་

ར་ཤི་ཧི་གཉྫ་ལ། དེས་དུར་ཁྲོད་ཕུ་ལུང་ནག་པོ་རུ་སྐྱབས་བན་འཁྲུམ་པོ་བདག་ལ་བཤད། གཡུ་ཕུའི་བྲག་མི་ནག་ཧ་ནག་ཅན་ཁྱོད་ལ་གཏད། ས་མ་ཡ། རྒྱ་རྒྱ་རྒྱ། སྐྱབས་སངས་རྒྱས་ཡེ་ཤེས་ནས་བརྒྱུད་པའོ། །ཤྲཱི་ཧི། །

གློ་སྨན་ལ། ཤིང་མངར། ཏར་ཞུན། སྤྲོ་ལོ། ཅུ་གང་། རུ་རྟ། ཀུན་འབྲུམ། འདི་རྣམས་སེངས་པོས་ཕུལ་ལ་བཏང་བས་གློ་ལ་ཕན་པར་ཐེ་ཚོམ་མེད་དོ། །ཟབ་བོ། །དང་ཁ་འབྱེད་པའི་སྨན་ལ། སེ་འབྲུ། སུག་སྨེལ། ཤིང་ཚ། ཤིང་མངར། ཏར་ཞུན། སྒ་སྐྱུ། ཅུ་གང་། པི་པི་ལིང་རྣམས་ཀྱིས་དང་ཁ་འབྱེད་པའོ། །སློབ་དཔོན་པདྨ་འབྱུང་གནས་ཀྱིས། འདྲིས་མི་གནོད་པ་དང་ཕྱིར་མི་འབྲང་བའི་མན་ངག་ལ། བེ་ཤིང་ངམ། སྤག་པ་ལ་ཕུར་པ་སོར་བཞི་པ་བྱས་ལ། ཁོང་བྲུས་ལ། གྲོ་གའམ་རྒྱ་ཤོག་ལ། བེ་སོ་ཡོ་ཤིའི་སྔགས་བྲིས་ལ། ཟངས་མའི་ཁབ་ལ་དྲིལ། ཕུར་པའི་ནང་དུ་གཞུག་གོ། །འདྲེ་ཕྱི་འོང་ལ་མཚལ་གྱི་ཙཀྲ་བྲིས་ལ། རྩ་བ་མར་བསྣན་པས་ཁ་ཚོད་བྱ། མཚམས་ལ་ཆས་བསྡམ། དེ་ལུས་ལ་བཏག་གོ། །དེ་ནས་འདྲེ་ཆེ་བར་སྨོད་པའམ། རྟིང་ལ་འབྲངས་ཀྱི་དོགས་པ་ལ། ཕུར་པ་ཆག་སོར་བཅུག་ལ། སྔགས་འདི་བཟླས། ཨོཾ་ཨཱཿཧཱུྃ་མྣ་ར་ཡ་ནན། པྲ་མ་ཙྪ་ཙ་ཧི་ནན། རྦུ་ན་རཀྵ་རྦུད་ཤིང་། ཨོཾ་བཛྲ་ཀྲོ་ཏ་ནཱ་ཛ་སི་ཧི་ས་མ་ཡ་ཕེབས་ཛ། ནཱ་ཛ་ཨ་ནི་བྲྃ་ཐད། ཉེར་གཅིག་རེ་བཟླ། དེ་ལྟར་བྱས་པས་འདྲིས་མི་གོས་སོ། །འདྲེ་རྗེས་སུ་མི་འབྲང་ངོ་། །བེ་སོ་ཡོ་ཤིང་དུག་བསྐྱེད་བྲི། བྲམ་ཟེ་ཤེལ་ལ་རྒྱབ་བོ། །ཙ་ན་རུ་ལུ་རུ་ལུ། རྩད་ནས་ཕྱུང་། ཕུར་པའི་ནང་དུ་གཞུག་སྔགས་སོ། །ཤྲཱི་ཧི། །

ཏབ་ཤ་འདི་ཡི་སེམས་ཆིངས། ཏབ་ཤ་འདི་ཡི་ཚེ་ཆིངས། ཏབ་ཤ་འདི་ཡི་བླ་ཆིངས། ཐུག་རེ་དམར་གྲོའི་སོག་བལ་གཡས། ཁྱི་ནག་པོའི་སོག་སྤུ་གཡོན།

སྤྱུ་ཕག་ནག་བཀྲོལ། ཙ་ཏ་ལ་ཏ་ལ་ཤིག་ཤིག །ཕུ་ལ་ཕུ་ལ་ཤིག་ཤིག །ར་མ་ན་ཤིག །ནག་ཤེ་ཐུམ་ཆིངས། ཀླུ་སྒྲུབ་ལུགས་སོ། །ཤྲཱི་དེ། །

ཕོ་མོ་གཉིས་ཀའི་ཐིག་ལེ་བསྲུང་བའི་གདམས་ངག་ནི། ཨོཾ་ཧྲི་ཊི་ཧྲི་ཊི་མ་ཧྲི་ཊི། མ་ཧྲི་ཊི། མ་ཧྲི་ཤ། མ་ཧྲི་ཤ། མ་ཛ་ར། མ་ཛ་ར། ཧཱུཾ་ཧཱུཾ་ཕཊ་ཕཊ་སྭཱ་ཧཱ། དེ་ཕོ་ཡི་སྔགས། ཨོཾ་ཧ་ར་ན་ཧྲན་ཧྲ་ན། ཤུ་ཏྲ་ཧྲ་རི་ནི་ཤི་ཧ་ཧེ་སྭཱ་ཧཱ། དེ་མོ་ཡི་སྔགས་སོ། །སྔགས་འདི་མཚལ་གྱི་ཡི་གེས་གཟབ་ཏུ་བྲིས་ནས་སྐེ་ལ་བཏགས་སོ། །བསྲུང་སྐུད་བལ་ནག་ལ་མདུད་པ་སྔགས་མདུད་བྱས་ལ་བཏགས་སོ། །ཟབ་བོ། །ཨ་ཨཱ། ཀ་ཁ་ག་གྷ་ང་ཏ་རྣམས་ནམ་མཁའི་ཡི་གེ། ཨི་ཨཱི། ཙ་ཚ་ཛ་ཛྷ་ཉ་ཡ་རྣམས་རླུང་གི་ཡི་གེའོ། །རྀ་རཱྀ་ཊ་ཋ་ཌ་ཌྷ་ཎ་ར་ཥ་རྣམས་མེའི་ཡི་གེའོ། །ཨུ་ཨཱུ། ཨོ་ཨཽ། པ་ཕ་བ་བྷ་མ་ཝ་རྣམས་ཆུའི་ཡི་གེའོ། །ལྀ་ལཱྀ། ཏ་ཐ་ད་དྷ་ན་ཤ་ས་རྣམས་སའི་ཡི་གེའོ། །ཨཾ་ཨཿཀྵ་ཡེ་ཤེས་ཀྱི་ཡི་གེའོ། །ནམ་མཁའ་དང་ཡེ་ཤེས་ཀུན་གྱི་གྲོགས། ས་དགྲ་མེ། མེ་དགྲ་ཆུ། ཆུ་དགྲ་རླུང་། རླུང་དགྲ་ས། སའི་གྲོགས་ཆུ། རླུང་བཏང་སྙོམས། ཆུའི་གྲོགས་ས། མེ་བཏང་སྙོམས། རླུང་གི་གྲོགས་མེ། ཆུ་བཏང་སྙོམས། མེའི་གྲོགས་རླུང་། ས་བཏང་སྙོམས་སོ། །བོད་ཡིག་དྲུག་པོ་ནམ་མཁའི་ཡི་གེའོ། །གྲུ་འགྲེང་བུ་རླུང་། ར་བཏགས་མེ། ལ་བཏགས་ས། ཞབས་ཀྱུ་དང་ཝ་བཏགས་ཆུ། ཡ་བཏགས་རླུང་། འབྱུང་བའི་ཡི་གེ་རྣམས་ཨཾ། མཐར་སྭཱ་ཧཱ་སྦྱར་ན་འབྱུང་བ་དེ་ཚོའི་སྔགས་ཡིན། ཨོཾ་ཀ་ཁ་ག་གྷ་ང་ཡ་སྭཱ་ཧཱ། རླུང་གི་སྔགས་དེས་གཞན་ཀུན་འདྲ། ཀ་ཁ་ཊ་ཙ་ཏ་ད་པ་སའི་ཡི་གེ། ཁ་ཚ་ཐ་ཐ་ཕ་ཆུའི་ཡི་གེ། ག་ཛ་ཊ་ད་པ་མེའི་ཡི་གེའོ། །ཨོཾ་ར་དུ་མགོ་མཇུག་ཏུ་བཏགས་ན་འབྱུང་ཚང་གི་སྔགས་སོ། །ཚ་ཚ་ལ་སྔགས་བྱས་ལ་གང་བསྲུང་བའི་སྙིང་དུ་གཞུག །ན་བཟའ་སེར་པོ་

གསོལ། ས་སེར་ལ་ས་སྔོའི་སྡིགས་བཟླས་ལ་ཚ་ཚ་ལ་བྱུག །རྟེན་འབྲེལ་སྙིང་པོས་རབ་གནས་བྱ། དེའི་སྟེང་དུ་བཞུགས་པས་གཉིས་མེད། ཀླུང་འཁོར་བུ་ཁུགས་སོ། །ཟབ་པོ། །

གནད་བདུན་གདམས་པ། བདག་འདྲ་པདྨ་འབྱུང་གནས་ཀྱིས། །ཕྱི་རབས་རྣལ་འབྱོར་གནད་ཀྱི་ལས་བྱང་བསྟན་པར་བྱ། །བསྒྲུབ་པའི་རྣལ་འབྱོར་མན་ངག་མཁས་གྱུར་ཀྱང་། །བདེར་གནས་སྒྲིན་སྲིག་བྱས་མལ་དུ། །སེར་བ་བསྒྲུབས་ན་མི་ཐོན་ཞུད་པའི་གནད་གཅིག་ཡིན། །དབུ་མར་ཕྱིན་རླབས་ཚེ་གཟུངས་བསྒྲུབ་པ་ལ། །མཐུ་ཕྲན་བསྒྲུབས་ན་མི་ཐོན་ཞུད་པའི་གནད་གཅིག་ཡིན། །མཆོད་རྟེན་ཚ་ཚ་བཤིག་མལ་དང་། །སྟོང་ཉིད་གསུང་རབ་བསླུགས་མལ་དུ། །ལྷས་ངན་བསྒྲུབས་ན་མི་ཐོན་ཞུད་པའི་གནད་གཅིག་ཡིན། །ཞུང་ཤུལ་བསད་བཅད་གཡུལ་འགྱེད་དུར་ཁྲོད་རོ་གནས་ཐམས་ཅད་དུ། །རྡོ་མཐོང་མངོན་ཤེས་བསྒྲུབས་ན་མི་ཐོན་གནད་གཅིག་ཡིན། །དུག་སྦྲུལ་ས་རལ་བཤལ་སྲུད་ཡུལ། །ནོར་སྒྲུབ་བསྒྲུབས་ན་མི་ཐོན་གནད་གཅིག་ཡིན། །མལ་སྟན་ནམ་མཁར་གཡུག་པ་དང་། །རྟེན་གཏོར་ཁྱི་ལ་ཤོར་བ་དང་། །ཐུས་པ་རྣ་ཡི་ཕྲེང་བ་བགྲང་བ་རྣམས། །ད་རེས་སྒྲུབ་པ་གང་བྱེད་ཡལ་བའི་གནད་གཅིག་ཡིན། །མདུན་བསྐྱེད་རང་བས་མཐོ་བ་མི་བསྐྱེད་ལ། །དམ་རྫས་མ་ཚང་བསྒྲུབ་པ་ནི། །གོང་ནས་བསྐང་བ་སྒྲུབ་པའི་གནད་ཅིག་ཡིན། །དེ་འདྲའི་གནད་བདུན་གལ་འགག་བསྟན། །བདག་འདྲ་པདྨ་འབྱུང་གནས་ཀྱིས། །མན་ངག་གནད་བདུན་གསལ་བསྟན་ལ། །སེར་བ་མུན་ཁུང་ནག་པར་བསྒྲུབ། །མེ་དང་ཉི་མ་ཁ་ཟས་མདངར་ཅན་དང་། །དེ་འདྲ་ཟོས་དང་བསྐྱེད་ན་བསྒྲུབ་པ་ཡལ། །ལྷས་ངན་སྒྲུབ་དུས་དབང་ནི་བསྐུར་མི་བྱ། །མཐུ་ཕྲན་སྒྲུབ་སར་

སྟོང་ཉིད་སྒོམ་མི་བྱ། །ཚེ་གཟུངས་མི་འདོན། རྡོ་མཐོང་སྒྲུབ་པར་ཐ་ཤ་ཁྲག་རོ་མི་སྤྱིར། ནོར་སྒྲུབ་སར་ནང་ཆའི་གཏོར་མ་མི་མཆོད། གདན་མི་སྤྲུག །སྐྱི་ལམ་མི་ཡོང་། ཀུས་པ་རྣ་ཡི་ཕྲེང་བ་བགྲངས་པས་བྱིན་རླབས་མི་འབྱུང་། མདུན་བསྐྱེད་རང་ལས་མཐོ་བར་བསྐྱེད་ན་ཁོང་མི་ནོན། མནན་པ་བྱེད་ན་མཚོའི་སྲུང་སྒོ། ཚུ་མིག་མགོ་དེ་རྣམས་མི་རློག །རྒྱབ་དུ་མི་བཞག །བཟན་དུ་བོར་རོ། །སྔགས་པ་ཚེ་རིང་བར་འདོད་ན་གཡག་ཤིང་འཁྲིང་ཚད་མི་བྱའོ། །འདི་འདྲའི་གདམས་ངག་གནད་བདུན་ཤེས་པར་བྱ། ཕྱི་རབས་བསྟན་པ་དར་བར་ཤོག །གཏེར་རྒྱ། སྦས་རྒྱ། གཏད་རྒྱ། ས་ཕག །ཁ་ཐཾ། །

ཨོཾ་པི་སིལ་ཟྭ་བ་རི་སཏྭ་པན་ས་ནན་ཡབ་ཛ་ལེན་པ་ཡེ་སྭཱ་ཧཱ། སྔགས་འདི་ཚར་གཉིས་མགོ་སྦྲིད་ནས་བྲིས་ལ། འཆང་བ་པོ་ལ་དགྲ་རྐུན་ལས་སྲུངས་ཤིག་གདགས་ལ་བྲི། རབ་གནས་བྱས་ལ་ལྟེབ་པའི་རྒྱབ་གཉིས་སུ་རྡོ་རྗེ་རྒྱ་གྲམ་བྲིས་ལ་བཏགས་སོ། །ཛག་སྲུང་ས་ཟབ་བོ། །སྨྲ་བ་ཐི་ན་མ། སྨྲ་བ་ཐི་ན་མ། ལག་མཐིལ་གསེར་གྱི་གྱོ་མོ། སྲིན་ལག་གསེར་གྱི་ཐུར་མ། མཆིལ་མ་བདུད་རྩིར་བསྒོམ། སྔགས་བརྒྱ་རྩ་བརྒྱད་ཀྱིས་མིག་གི་སྐྲ་རིབ་སེལ་ལོ། །ཤྲཱི་ཧི། །

ན་མོ་གུ་རུ། གཉིད་བསྲུང་བའི་མན་ངག་ལ། རྫའི་སྤྲལ་པ་མཐེ་བོང་ཙམ་པ་ཁ་གདངས་པ་གཅིག་གི་ནང་དུ་འཕོར་ལོ་རྩིབས་བཞི་པ་གཅིག་བྲིས་ལ། རྨུགས་ཉལ་ཧྲུགས་པ་ཡེར། རྩ་ཞར་རྨུགས་པ་ཡེར། ཤ་ཀུས་རྨུགས་པ་ཡེར། ཟེ་ཟེ་རྨུགས་པ་ཡེར། དེ་རྣམས་འཕོར་ལོའི་རྩིབས་བཞི་པོ་ལ་བྲིས་ལ་སྤྲལ་པའི་ནང་དུ་གཞུག །གཉིད་འོང་བར་འདོད་ན་ཁ་ཡར་ལ་བསྟན། གཉིད་མི་འོང་བར་འདོད་ན་ཁ་ཕྱིར་བསྟན། སྤྲལ་པ་ཁ་དོག་སེར་པོ་ལ་ནག་པོའི་ཐིག་ལེ་བྱའོ། །ཤྲཱི་ཧི། །

རྣ་ཡི་ཟུག་པ་འཆིང་བའི་ཐབས་ལ། དང་པོ་ཕྱི་བའི་ཤ་རྡུལ་སྲུམས་མེད་པ་གྲིབ་སྐམས་བྱས་ལ་བཏག །སྲོས་དཀར་དང་གཉིས་ཞིབ་ཏུ་བཏགས་ལ་བསྲེས་པས། རྣ་ལ་ལྷུགས་མེད་ནས་ཟུག་པ་བྱུང་གི་དོགས་པའི་དུས་སུ། སྣ་བུག་ཏུ་ཚུམས་གཅིག་བཏབ་པོ། དེས་གང་དུ་ཁྲིད་ཀྱང་མི་འགྲོ་ངེས་སོ། །དེ་ནས་འགྲོ་བའི་དུས་སུ་ཙན་ལྡན་དཀར་པོ་དང་། སྲོས་ཕྱི་མའི་དུད་པས་བདུགས་པས་དེར་གྲོལ་བར་འགྱུར་རོ། །ཀྲྀ་ཏི། །རླུང་བསྐོམས་པས་ལྷགས་པ་ཟ་བ་དང་། འདར་བ་དང་། སྲིད་པ་དང་། ཤ་ལྷགས་མཚམས་སུ་སྲིན་མ་ཙམ་ཡོད་སྙམ་བྱེད་པ་བྱུང་ན། ཚ་ཙག་དང་། ཟ་བ་དང་། མཛེ་ཡོད་པ་ཨེ་ཡིན་སྙམ་པ་བྱུང་ན། རྩི། གཡེར་མ། མི་བསྐྱོད་པ་སོགས་ཀྱིས་ཁྲུས་བྱ། བྱུག་པ་བྱ། གདམས་པ་ཟབ་བོ། །

རླུང་སྟོད་དུ་འཚངས་པའི་གེགས་སེལ་གྱི་གདམས་པ་ལ་ལུས་རྡོ་རྗེ་དཀྱིལ་ཀྲུང་བྱ། ལག་པ་ས་གནོན་གྱིས་པུས་མོ་གནོན། ས་ཁད་མཉམ་པ་ལ་གདན་ཡོད་པར་བྱས་ལ། སླིལ་མོའམ། གཡང་ཤུན་སྟེང་དུ་སྟོད་དུ་བཙུག་ལ། འོག་རླུང་ཞིགས་པར་བསྡམས་སྟེང་རླུང་ཡན་པར་བཞག །མི་བཟུང་། དམིགས་པ་ནི། སྟོད་ཀྱི་རླུང་དང་། ནད་གདོན་ཐམས་ཅད་འོག་སྒོ་ནས་མར་ལ་སངས་སངས་སོང་བར་བསམ་པའམ། ཡས་མར་རིམ་གྱི་སོང་བར་བསམ་ལ། རང་གིས་ནུས་ན་རང་གིས་བྱ། མ་ནུས་ན། གྲོགས་གཉིས་ཀྱིས་ཡར་སོར་བཞི་ཙམ་བཏེག་ལ། ཏིག་ཏིག་པ་ལན་གསུམ་ཙམ་བྱ། ཡང་ན་དེ་ལས་མཐོ་བར་ལན་གསུམ་ཙམ་བཏེག །རོ་སྟོད་ལ་ཁུ་ཚུར་རན་པར་བྱས་ལ་བརྡེག །མདུན་ལ་མར་རོ། སྨྲུམ་གྱིས་བཀུ་བྱུག་བྱ། ཛ་ཏི་ཆ་ལ་བཏབ་ལ་བཏང་། ཆོས་རྗེས་མཛད་པའི་གེགས་སེལ་གྱི་གདམས་པ། སྟོད་འཚངས་ཡོང་སྙམ་བྱེད་ན་འདི་བཞིན་བྱའོ། །ཀྲྀ་ཏི། །

ན་མོ་གུ་རུ། དྲང་སྲོང་གཟའི་བསྲུང་བ་འདིའི་ལོ་རྒྱུས་ནི། ཆོས་རྗེ་དུས་གསུམ་མཁྱེན་པ་སྤྱང་ཕུག་དགོན་ན་བཞུགས་པའི་དུས་སུ། གདུགས་ཀྱི་གུང་། གྲོ་གསོལ་བའི་དུས་སུ། ཁོང་གི་ཕྱག་ནས་དཀར་ཡོལ་ཤོར་ཏེ། སྐུ་གཉེར་བ་གྲགས་སེ་ལ་ཕོས་ནས། ཅུང་ཞིག་སྙིལ་བ་ལྟ་བུ་ཞིག་མཛད། དེའི་དུས་སུ་དགེ་འདུན་རྣམས་སྐྲག་སྟེ། ཏབ་ཏབ་པོར་གྱུར་ཏེ་གསོལ་བ་བཏབ་ནས་ཞུས་པས། ཁོང་གི་ཞལ་ནས། འཇིག་རྟེན་གྱི་ཁམས་ན་གཟའ་བྱ་བ་འདི་གདུག་པ་ཆེ་བར་འདུག །ཉི་མ་ཤར་ཕྱོགས་ནས་འོད་ཟེར་དམར་པོ་ཕྲོམ་ཙམ་ཞིག་ངའི་སྙིང་གར་ཐིམ་པར་འདུག་པས། ཁོ་བོ་རྫི་ལམ་བསྒོམ་པ་ཡིན་གསུངས། དེའི་ནུབ་མོ་ཚོགས་ཀྱི་འཁོར་ལོ་བཤམས་ནས་གསོལ་བ་བཏབ་པས། ཊཱ་ཀི་མས་ལུང་བསྟན་གནང་བ་ལགས་སོ། །མཐིང་ཤོག་ལ་གསེར་རྃ། དཏུལ་ལམ། མཚལ་དཀར་གྱི་ཡི་གེ་བྱང་བུའི་གཟུགས་སུ་བྲིས་ལ། རིམ་པ་གཉིས་པ་བྱ། ནུབ་ཕྱོགས་སུ། གཟའ་ཁ་ཧ་རུ་ཧ་ཡེ་སྭཱ་ཧཱ། ཞེས་ཡི་གེ་གཟའ་ཡིག་སྔགས་མགོ་གཉིས་ཐུར་དུ་བསྟན་མཇུག་གྱེན་དུ་བསྟན་པ་གདམས་ངག །གཟའ་ཡིག་ལ་ཐིག་ལེ་བཞི་བཅུ་ཞེ་དགུས་བསྐོར། བཤར་ཡིག་ལ་བསྐོར་མི་དགོས། བྲིས་ནས་བཏགས་པ་རང་གིས་ཆོག །སྔགས་དང་རབ་གནས་གང་ཡང་གསུངས་པ་མེད་དོ། །འདི་འདྲའི་མན་ངག་གཞན་ན་དཀོན། ཤྲཱི་ཏེ། །འདི་ཡི་རྒྱབ་ངོས་ལ། ཨ་ཡ་མ་སྲི་ཏུ་ཧི་ཤི་ལ་ན། ཅེས་པ་འདི་ཡི་གེ་བཤར་མར་བྲི། འདི་ལ་ཐིག་ལེ་མེད་གསུངས།

འཁོར་ལོ་འདི་འདོགས་པའི་དུས་སུ། སྔགས་ཉི་ཤུ་རྩ་གཅིག་བཟླས། རི་བོང་གི་སྤུས་བཏུམ། བུ་མོ་གཙང་མས་བཀལ་བའི་སྐུད་པ་དང་། རི་བོང་གི་སྤུས་མི་གསལ་བར་སྒྲིབ་ནས་ལུས་ལ་བཏགས་ན་ཧྲག་པ་དང་འཕྲོད་པ་མི་སྲིད་

དོ། །གདུང་མ་ལ་བཏགས་ན་ཀ་ཅ་རྐུན་མས་འཁྱེར་མི་སྲིད་དོ། །དབྱུག་པ་ལ་
བཏགས་ནས་ཞིང་ལ་བཙུགས་ན་རྐུན་མས་ཞིང་ལ་གནོད་མི་སྲིད་དོ། །སྔགས་
ནི། ཨོཾ་ན་མོ་སཱ་ཏ་ཪྻ་ག་ཏ་ཨ་ཕ་ལོ་ཀི་ཡེ། ཛྷ་ལ་ཡེ་ཛྷ་ལ་ཡེ་སྭཱ་ཧཱ། ཆོམ་རྐུན་
ཆིངས་ཤིག་ཆིངས་ཤིག །བསྐྱུང་འཁོར་གྱི་རྩིབས་དང་མཆན་ལ་བྲི་སྔགས་ལགས་
སོ། །ཟབ་བོ། །དམ་པ་ལ་ན་མོ། ར་རོག་གི་ལྕེ་དང་། སྙིང་དང་། རི་བྱིའི་ལྕེ་དང་།
སྙིང་དང་། ཁུར་ཚོས་པས་མིག་གི་མཐའ་ལ་བྱུགས་ན་གཏེར་མཐོང་། ལྡོང་རོས།
མུ་ཟི། གཙན་དུག་ལུས་ལ་བྱུགས་ན་ཤིག་མི་འོང་། ཀྱཻ་ཧེ། །ལོ་བཙན་འཕེང་པོ་
དང་། བོང་དུག་པ། ཕ་དང་། སྦྱང་གིའི་མིག་གྲིབ་སྐམས་བྱས་པའི་ཕྱེ་མ་མིག་ལ་
བྱུགས་ན་འབྱུང་པོ་ཐམས་ཅད་མཐོང་ངོ་། །དེ་ལ་མི་འཇིགས་ན་ཅི་བླངས་ཀྱང་
འོང་ངོ་། །ཉ་ལྕིབས་སྐབས་ལ། དེའི་ཕྱེ་མ་དར་བར་བླུག་ན་སྐད་ཅིག་གིས་སྦྲལ་
པར་འགྱུར་རོ། །དབྱར་ཟླ་ར་བའི་ཚེས་གཅིག་ལ་ལྕང་མ་བླངས་ནས་སྔོ་ལ་ཨོཾ་
ཨཱཿཧཱུྃ་བྲིས་ནས་བཏགས་ན་འདྲེ་ཐམས་ཅད་ཐུབ་བོ། །ཟླ་བ་གང་ཡང་རུང་བའི་
ཚེས་གཅིག་ལ་སྲིན་ལག་གཡོན་པས་ལྕེ་བའི་ཁུང་བུ་བཀྲུས་ན་ཕྱུག་ཅིང་བཙན་
པར་འོང་ངོ་། །སྟོན་ཟླ་འབྲིང་པོའི་ཚེས་བཅུ་དྲུག་ལ་སྲན་མ་དམར་པོ་བདུན་
ཟོས་ན་ཐམས་ཅད་འབྱུང་ངོ་། །ལྡོང་རོས་དང་ཚངས་པའི་ཁྲག་མིག་ལ་བྱུགས་
ན་གཏེར་མཐོང་ངོ་། །དབྱར་ཟླ་ར་བའི་ཚེས་གཅིག་གི་ནང་པར་མིས་མ་བཙུས་
པའི་ཆུས་བྱད་བཀྲུས་ན་འདྲེ་ཐམས་ཅད་ཐུབ་བོ། །བ་ལང་གི་རྩིག་པ་ཁང་པའི་
ཟུར་བཞིར་བཞག་ན་བཀྲ་ཤིས་པར་འགྱུར་རོ། །ལྕེ་བའི་ཁུང་དུ་མར་ནག་བྱུགས་
ན་ཆུ་འགགས་སེལ་ལོ། །སླེ་ཏྲེས། སྔོག་སྐྱ། ཤིང་ཁུན། ཤ་སྐྲ། མཛེ་པོའི་སེན་མོས་
མཛེ་ཐུབ་བོ། །རི་བོང་བྲུན། རྒྱ་སྐྱག །མུ་ཟི་དཀར་པོ། སླ་རྩི། སྤྲ་བ་རྣམས་རས་

ཀྱི་སྡོང་བུ་ལ་དྲིལ་ན་མེ་མར་དུ་འོང་ངོ་། །གཏོར་མ་དམར་པོ་འདོད་ན། བྱང་གི་བུལ་ཏོག །ཚུར་ནག །ཆུ་རྩ་བསྲེས་ལ་གཏོར་ན། ཆུའམ་ཆང་བླུག་པས་ཁྲག་ཏུ་འགྲོའོ། །གཏོར་མ་ཁོལ་བར་འདོད་ན། ནང་དུ་ལྕགས་བཙུག་ལ། བྱང་གི་བུལ་ཏོག་དང་། ཆང་ཁ་ཚ་བ་གསུམ་བསྲེས་ནས་བྱུགས་ན་ཁོལ་ལོ། །གཏོར་མ་ལ་མེ་འབར་བར་འདོད་ན། ཐོང་བུ། རི་བོང་ལ་སོགས་མར་དང་མཐུན་ནོ། །གཏོར་མ་འཁབ་འགྲོ་མས་ཟ་བར་འདོད་ན། བུལ་ཏོག་སུམ་གཉིས། ཕྱེ་སུམ་ཆ། བྱང་གི་བུལ་ཏོག་སྣ་འཚུབས་མ། གཏོར་མར་ཆུའམ་ཞུད་བསྲོས་ལ་བླུག །དེས་གར་སོང་ཆ་མེད་པར་འགྲོའོ། །ཆུ་ཁར་དཀྱིལ་འཁོར་འབྲི་ན། ཕ་བ་གོར་གོར་ནང་གི་ནག་པོ་དང་། དུ་བ་བྱ་བལ་མ་གཉིས། ཤུག་པའི་ཐལ་བ་སྐམ་པོ་དང་གསུམ་ཆུའི་ཁར་བཏབ་ནས། དེ་ནས་དེ་ཡི་ཁར་དཀྱིལ་འཁོར་བྲི་བའི་ཚོན་གྱིས་དཀྱིལ་འཁོར་བྲིས་ན་ཚོན་ཐེག་གོ། །སྒོ་ངའི་ནང་སྦྱོགས་ལ་སྐམས་ནས། སྒོ་ང་དེའི་ནང་དུ་ཕྱེ་དང་སྲོ་བ་བླུག་ལ་ནང་དུ་མེ་བཙུག་ན་མེ་འབར་རོ། །སྦྲུལ་གྱི་ལྤགས་པ་ལ་སྡོང་བུ་བྱས་ནས་ཟར་མའི་མར་ཁུ་ལ་མར་མེ་བྱས་ན་ཁྱིམ་སྦྲུལ་གྱིས་གང་བར་འགྱུར་རོ། །ཆུའི་མར་མེ་ལ་མི་ཚིལ། ཉ་ཚིལ་གང་རྙེད། ཉ་ལྤིབས་དང་རུས་གང་རྙེད་ལ་སྡོང་བུ་བྱས་ནས་གོང་མ་ཚི་བྱུགས་ནས་མེ་མར་ཀོང་བུའི་ནང་དུ་ཆུ་བླུག་ནས་སྡོང་བུ་ལ་མི་སྦར་ན་མེ་འབར་བར་འགྱུར་རོ། །མེ་འབར་བ་ཆུས་མི་འཆི་བར་འདོད་ན། བྱང་གི་བུལ་ཏོག་དང་རྒྱ་ཚྭ་བཏང་ན་ཆུས་མི་འཆིའོ། །ཆུ་ལ་མེ་འབར་བར་འདོད་ན། ཀྱུང་ཀའི་ཁྲག །ར་དཀར་གཉའ་ཁྲ་གཉའ་ནག་གི་ཚིལ་བུ། བ་དམར་གྱི་ཆུ་དང་ཉ་བྱུགས་ན་ཁྱད་པར་རླན་ཡོག་ན་འབར་རོ། །སྤོ་ཁྲག་ཅན། སྦལ་པའི་ཁྲག །སྦྲང་མ་འབུས་ཟོས་པའི་ཕྱེ་མ་གསུམ། བདུད་རྩི་དྲི་ཆེན་དྲི

ཆུས་སྦྱར་ནས་ཕུར་པའི་དབལ་ལ་བྱུགས་ན། ཐྲག་ལ་ཕུར་པ་ཐེབས་སོ། །འཕུར་བར་འདོད་ན། ར་མོ་ཤག་གི་བཅུད་ལེན་བྱེད་ཅིང་། རླུང་བསྒོམས་ན་ཡོ་གཅིག་ནས་བྱ་དང་འདྲ་བར་འགྱུར་རོ། །གྲང་བ། ཆུ་སེར། ཟ་ཕྲུག་ལ། སྨ་སྐྱུ། བོང་བུའི་ཚིལ་བུ་བྱུག །སླང་ཤུ་མདོག་འགྱུར་བ་ལ། ཕག་ཚིལ་མི་ཞུན་སྦྱར་བ་བྱུག །ཁྲི་རྨ་རིངས་ལ་ཁྲི་ཚིལ་བྱུག །ཤིག་སྒོ་མང་ལ་ཤ་ཚིལ་བྱུག །མཁལ་མ་ཉམས་ཆུང་ས་ཕོན་འཛག །བསྣམ་¦སྲམ་¦མཾ་ད་བྱེད་ཚིལ་བུ་བྱུག །ལུས་ལ་ཁྲབ་པའི་གོས་ལའོ། །ཤྲཱི་ཧི། །

སེམས་ཅན་ཐམས་ཅད་རྫོགས་པའི་སངས་རྒྱས་ཐོབ་པར་བྱ། དེའི་ཆེད་དུ། བཅོམ་ལྡན་འདས་རྡོ་རྗེ་ཐུགས་རྗེ་ཆེན་པོའི་རྩི་ལམ་བརྟག་པར་བྱའོ་སྙམ་དུ་བསམ། ཐུགས་རྗེ་ཆེན་པོའི་སྒོ་ནས་རྩི་ལམ་བརྟག་པར་འདོད་པས། ཐུགས་རྗེ་ཆེན་པོའི་རྟེན་རབ་གནས་ཅན་གྱི་མདུན་དུ། མཆོད་པ་ལྔ་བཤམ། མཎྜལ་ཕུལ། གཏོར་མ་བཤམས་ལ། འདོད་པའི་དོན་གང་ཡིན་པ་རྩི་ལམ་དུ་བསྟན་དུ་གསོལ། ཞེས་གསོལ་བ་བཏབ། ཨོཾ་མུ་ཙི་ལི་སྭཱ་ཧཱ། མུ་ཁ་ལི་སྭཱ་ཧཱ། མོ་ཏ་ནི་སྭཱ་ཧཱ། དན་ཏི་ལི་སྭཱ་ཧཱ། བརྒྱ་རྩ་བརྒྱད་བཟླས་ལ་ཆུ་ལ་བཏབ་ལ་ཁྲུས་བྱས་ཏེ། གཞོགས་གཡས་པ་འོག་ཏུ་ཕབ་ལ་མི་སྨྲ་བར་འདོད་པའི་དོན་ཡིད་ལ་བསམས་ལ་གཉིད་ལོག་གོ། །ཤྲཱི་ཧི། །

ཨ་རུ་ར། ཛ་ཏི། སླེང་ཞོ་ཤ། ཙ་ཏྲ། ན་ག་གེ་སར། སྤོས་དཀར། རུ་གང་། ཨ་ག་རུ། བུར་དཀར་རྣམས་ཞིབ་པར་བཏག་གོ། །སྟོད་འཚངས་ཀྱི་སྨན་ནོ། །མི་དང་འདྲེས་མི་མཐོང་བའི་རྫས་ལ། ཁྲི་ནག་པོས་རྐང་ལག་བཞི་ག་བསྒྲད་ནས་ཆུ་བཏང་བའི་ཤུལ་ནས་ས་བླངས་ལ། ས་བཟང་པོ་དང་སྦྱར་བའི་རི་ལུ་ཤུག་པའི་

འབྲུ་གུ་ཙམ་བྱས་ལ། མིག་ཕྱུག་ལ་གྲིབ་སྐམས་བྱ། ལུག་ནག་པོའི་བལ་ལ་སྐུད་པ་བྱས་ནས། རང་གི་མགུལ་དུ་བཏགས་ན་མི་དང་འདྲེས་མི་མཐོང་ངོ་། །ཟབ་བོ། །གྲོ་ག་མེ་ལ་བསྲེགས་པའི་ཐལ་བ། ལྕང་མ་ལྕང་ཚེར། བྱ་མོ་ནག་མོའི་སྒོ་ང་སེར་པོ་དང་། མར་ནག་དང་སྦྱར་ལ་བྱུགས་ན་དགྲས་ཁྱེར་ཡང་མེ་དམར་རམ་རམ་འོང་ངོ་། །རང་རེའི་གོས་ལ་བྱུགས་ནས་བཟབས་ན་མེ་དམར་རི་ལི་ལི་འོང་ངོ་། །

ལྷ་མོ་དཀར་མོའི་སྤྲ་དབབ་པའི་གདམས་ངག་ལ། རང་སྤྱོས་ཀྱིས་ཁྲུས་བྱས་ལ་སྨྲ་བཅད་བྱ། ཞག་ལྔ་བསྒྲུབས་ན་འཇིག་རྟེན་གྱི་འདྲེ་འགུལ་ཚད་ཐམས་ཅད་མཐོང་བར་འགྱུར་རོ། །ཨོཾ་སྒྲིབ་པ་ཀརྨ་ཏྣ་ཙ་སར་ཐེན་ཕཊ་སྭཱ་ཧཱ། ན་ར་སད་སད། དེས་མཐོང་བར་འགྱུར་རོ། །ཕར་ལ་འབེབས་པར་འདོད་ན། ནས་བྲེ་གང་ལ་མདའ་རྗོད་སྒྲོ་ཤར་མ་གཅིག་བཙུགས། མདའ་ལ་མེ་ལོང་བཏགས། དར་ཁ་གང་ཡང་བཏགས། སྨན་བཤོས་གཅིག །ཆང་ཕུད་ཀྱི་མཆོད། རང་གི་མདུན་དུ་ཁྱེའུའམ། བུ་མོ་གཙང་མ་ཁྲུས་བྱས་ལ། མདུན་དུ་མཆོད་རྟེན་གཅིག་སེམས་སུ་བཙུག་ལ། སྔགས་སྟོང་བཟླས་ལ་གདབ་བོ། །ཨོཾ་བྲུཾ་བྲུཾ་ཀྱིང་ཀྱིང་ན་ག་ཕོབ། ན་གས་སྟོན། ཆུ་བུར་རྗོལ་བའི་མིག་གི་གོ་སོལ། སྤྱན་རས་གཟིགས་ཀྱིས་ཕོབ། སྤྱན་རས་གཟིགས་ཀྱིས་སྟོན། ཆུ་བུར་རྗོལ་པའི་མིག་གི་གོ་སོལ། དེས་འཇིག་རྟེན་གྱི་ལྷ་འདྲེ་འགུལ་ཚད་མཐོང་བར་འགྱུར་རོ། །ཕྱུགས་ལ་གནོད་པའི་ནད་བསྲུང་ཞིང་། ཕྱི་བྲག་དུ་བེ་དཀར་བསྲུང་བ་ལ། བེའུ་སྐྱེས་མ་ཁད་ལ་བསྲུང་བ་འདི་གདགས། ཡི་གེ་གཟབ་དུ་བྲི། ར་རྒྱ་བོ། ཁྱི་རྒྱ་བོ་གཉིས་ཀྱི་སྤུ་ལ་སྐུད་པ་ཕྱིར་སྒྲིལ་བྱས་ལ། སུམ་སྒྲིལ་གྱིས་བསྲུང་ཐག་བྱ། བཤམ་དུ་ཡེ་ཛྙ་ཛ་བྲི། རྒྱབ་ཏུ་ཨོཾ་ཨཱཿཧཱུཾ་

བྲི། འདི་འདྲ་ཚན་པ་ཕ་ཚད་ངར་དུམ་པ་རེ་བྱས་ལ་ཚན་པ་གསུམ་བྲི། སྔགས་ནི་འདིའོ། །ཨོཾ་ཙཎྜ་མ་ཧཱ་རོ་ཥ་ཎ་ཧཱུྃ་ཕཊ། ཨོཾ་སུཾ་བྷ་ནི་སུམ་བྷ་ཧཱུྃ། གྲྀཧྞ་གྲྀཧྞ་ཧཱུྃ། གྲྀཧྞ་པ་ཡ་གྲྀཧྞ་པ་ཡ་ཧཱུྃ། ཨཱ་ན་ཡ་ཧོཿ བྷ་ག་ཝན། བིདྱཱ་རཱ་ཛ་ཧཱུྃ་ཕཊ། ཕྱུགས་ལ་གནོད་པར་བྱེད་པའི་གོད་འདྲེ་འགོང་པོ་ཁ་ཆིངས། མཱ་ར་ཡ་ཧཱུྃ་ཕཊ། ནཱ་ཙ་ཏིག་ནན་མཱ་ར་ཡ་ཧཱུྃ་ཕཊ། རཀྵ་རཀྵ་སྭཱ་ཧཱ། ཨོཾ་ཡེ་དྷརྨཱ་བྲིའོ། ཨོཾ་ཨཱཿཧཱུྃ་གིས་རབ་གནས་བྱའོ། །རྟའི་ཐོར་བུ་མཛེ་དྲུས། གནག་བེལ་ལ་བཏགས་པས་ཀྱང་ནད་མི་འབྱུང་བ་དང་། མ་སོས་པ་རྣམས་སོས་པར་འགྱུར་རོ། །ཤྲཱི་ཧི། །

ཡི་དམ་ལྷ་ལ་ཕྱག་འཚལ་ལོ། །སེར་བ་བསྲུང་བ་ལ་བཞི་སྟེ། ཞི་བས་བསྲུང་བའི་གཟེར་དྲག་པོས་བཟློག་པའི་གཟེར། མན་ངག་བཞུ་བའི་གཟེར། གདབ་པ་ཕུར་པའི་གཟེར་དང་བཞིའོ། །གདོང་བཟློག་དུ་བསྲུང་བ་ནི། སྤྲིན་ནམ་བྱུང་བའི་དུས་སུ། རང་ཡི་དམ་ལྷར་བསྒོམ། ལག་པ་གཡོན་པས་ཆུ་བུམ་པ་གང་བཟུང་ལ། གཡས་པས་གཏོར་ཞིང་སྔགས་འདི་བཟླའོ། །ཨོཾ་བཛྲ་ཀི་ལི་ཀཱི་ལ་ཡ། མ་མ་ཚོད་ཚོད། ཅེས་པས་བསྲུང་ངོ་། །དྲག་པོས་བཟློག་པའི་གཟེར་ནི། ཉུངས་ཀར་མཚོན་ཆར་བསམས་ནས་བྲབ་ཅིང་། སྔགས་བཟླས་སོ། །ཨོཾ་བཛྲ་ཀི་ལི་ཀཱི་ལ་ཡ། མ་མ་ཚོད་ཚོད། སེར་བ་ཐད་ནན། ཕྱོ་བཟློག །ཤིག་ཤིག་ཧཱུྃ་ཕཊ་སྭཱ་ཧཱ། ཞེས་བཟླས་པས་ལུག་དེད་པ་བཞིན་དུ་འགྲོའོ། །སེར་བ་བཞུ་བ་ནི། ནམ་མཁའ་ཐམས་ཅད་མེ་དཔུང་བཞིན་དུ་བསྒོམས་ལ། ཐལ་ཆེན་གཏོར་ཞིང་སྔགས་འདི་བཟླའོ། །ཨོཾ་བཛྲ་ཀི་ལི་ཀཱི་ལ་ཡ། མ་མ་ཚོད་ཚོད། སེར་བ་རཾ་རཾ། ཀུ་རུ་ཡེ་སྭཱ་ཧཱ། རང་གཞི་ལ་མེད་ན་ཕུར་པས་བསྲུང་བ་ནི། སྐྱེར་པའི་ཕུར་པ་དགུ་དང་། ཡུངས་ཀར་ལ་ཆོས་བཅོ་ལྔའི་ཉིན་དུས་སུ་སྔགས་སྟོང་རྩ་བརྒྱད་བཟླས་ལ། ཕྱོགས་བཞི་མཚམས་

བཞི་དབུས་དང་དགུར་སྔགས་བྲིས་ལ། ཁྲོ་བོ་དམར་པོ་དགུ་བསྐྱེད་ལ་བཞག་སྔགས་འདི་བཟླས་སོ། །ཨོཾ་བཛྲ་ཀི་ལི་ཀཱི་ལ་ཡ། མ་མ་ཚོད་ཚོད། ཧྲུཾ་ཧྲུཾ་ཧྲུཾ། ན་ག་པ་ཤ་ཧྲཱིཿ སེར་བ་ཐད་ནས། ཧཱུྃ་བཟློག །ཤིག་ཤིག་ཕཊ་ཕཊ་སྭཱ་ཧཱ། ཞེས་བསྲུང་ངོ་། །ཡུལ་ཕྱོགས་སུ་སེར་བ་དང་ཁ་བ་ཡང་འབབ་མི་སྲིད་དོ། །སེར་བ་གདོང་བཟློག་གི་མན་ངག་གོ། །འདི་ལ་བསྙེན་སྒྲུབ་བྱ་བ་དང་། ཚངས་ཕུར་གཟུགས་པ། སྲིན་གྱི་མན་ངག་འཕྲོག་པ། སློག་གི་བར་དབྲི་བ། འབྲུག་གི་སྒྲ་བཅག་པ། ཐོག་སེར་གྱི་བླ་བཅག་པ། སེར་བའི་གཞུ་བཅག་པ། སྤྲིན་གི་འཕྲུལ་འཁོར་བཅད་པ། ཕྱོགས་ཀྱི་རྒྱུན་འཕྲང་བཀག་པ། ལྷ་འདྲེ་ངོས་གཟུང་བ་རྣམས་གང་ཡང་མི་དགོས་ཏེ། ངན་སྔགས་གཟེར་བཞིས་ཐུག་ཕྲད་དུ་བསྲུང་བའོ། །གཟེར་བཞི་གང་གིས་བསྲུང་ཀྱང་ལུག་དེད་པ་བཞིན་འགྲོ་བ་ཡིན་ནོ། །ཤྲཱི་ཏི། །རྒྱ་སེར་བསྲུང་བ་ནི། སེར་གཏོང་གི་ངག་མནན་པ་དང་། ཐོག་སེར་གྱི་བླ་བཅག་པ་དང་། རང་ལ་ཐོག་བསྲུང་བ་དང་གསུམ། བླ་མ་རང་ཉིད་བསྲུང་བ་ནི། ཕྱག་ན་རྡོ་རྗེར་བསྒོམ་པ་ཞལ་ལས་ཤེས་པར་བྱའོ། །བལ་པོ་ཧྲི་མཛུ་ལ་གསེར་སྲང་གསུམ་ཕུལ་ནས་ཞུས་པ་ལགས་སོ། །དགེ་བཤེས་ནམ་གོང་མའི་ཐུགས་དམ་ལགས་སོ། །དེ་ལ་བླ་མ་ཟླ་བས་ཞུས། དེ་ལ་བླ་མ་སྒོ་འོས། དེ་ལ་སློབ་དཔོན་ཧྲ་རས། དེ་ལ་སློབ་དཔོན་རྡོ་རྗེ་ཨ་མ་ལས། དེ་ལ་སློབ་དཔོན་བཀྲ་ཤིས། དེ་ལ་རྗེ་བོ་སེང་གེ་གཞོན་ནུ། དེ་ལ་སློབ་དཔོན་རྒྱས་ཞུས། དེས་བླ་མ་རིན་པོ་ཆེ་ལ་ཕུལ། རྡོ་རྗེ་གཞོན་ནུའི་སེར་སྲུངས་རྫོགས་སོ། །དཔལ་རྡོ་རྗེ་གཞོན་ནུའི་གདོང་བཟློག་དུ་བསྲུང་བའི་མན་ངག་འདི་ལས་ཟབ་པ་མེད་དོ་གསུངས། གཞན་ལ་མ་ཡེལ་རང་གི་དབྱིངས་སུ་བཅང་། ལོ་ཐོག་ཟ་བའི་ཁ་ཆིངས་རྣམ་སྨིན་ཆེ་བས་ཤིན་

ཏུ་གསང་བར་བྱའོ། །ཀྱཻ་ཧི། །

སངས་རྒྱས་སྨན་གྱི་ལྷ་ལ་ཕྱག་འཚལ་ལོ། །བུད་མེད་བུ་བཙའ་ཐུ་མ་འདོད་ན། ཕ་འོང་ཁ་གྲི་རྩེ་གང་སླ་ང་ལ་རྫོས་ལ་རང་གི་སྤྱི་བོའི་སྐྲ་དུམ་གཅིག་བསྡིགས་པ་དང་གཉིས་པོ་ཆང་གི་ནང་དུ་བཏབ་ལ་བཏང་པས་ཡོང་ངོ་། །ཟླ་དའི་ཁྲག་གཅོད་ན། རྩ་ཁུ་ཕྱུག་ཆང་ལ་བཏབ་ནས་བཏང་ན་ཆོད། ཚིག་མའི་ཁུ་བ་ལ་ཁུ་ཕྱུག་དང་། རང་གི་སྐྲ་གཞོབ་དང་། སྤྲང་རྩི་ཙུ་གང་སྦྱར་ལ་བཏང་ལ། ལུས་མཆོད། ད་ཞབས་སུ་ཆུ་གྲང་གིས་བྲབ་ཅིང་འདད་དུ་བཙོ་ལྡེ་པས་ཆོད་དོ། །བུ་རོ་མི་འབྱིན་ན་རྒྱ་སྤལ་དང་། བསེ་ཐུ་དང་། ལུག་ཐུག་གི་རྭ་དང་གསུམ་པོ་ཆང་ཞིམ་པོ་ལ་སྦྱར་ལ་བཏང་ན་སོས་ངེས་སོ། །བྱ་མ་བྱེའུའི་མཇུག་སྒྲོ་དང་། བྱ་མ་བྱེའུའི་ཤ་ཆང་ཞིམ་པོ་ལ་བཏབ་ནས་བཏང་ན་སོས་སོ། །རྐྱ་ཞབས་སུ་ཕྱུག །བཤུལ་ལ་ཐྲན་ན་ཡོང་ངེས་སོ། །ད་བྱིད་ཀྱི་ཤ་ཆང་ལ་བཏབ་ནའོ། །བུ་ཚ་མགོ་མཇུག་མ་ལོག་པར་སྐྱེ་ཐུ་མ་འདོད་ན། མ་ཡི་རྐང་པ་གདུང་མ་ལ་བཏགས་ནས་སྤྱི་བོ་ས་ལ་རེག་པ་ཙམ་བྱས་ནས་སྙིད་པ་ནས་བཟུང་སྟེ། ལན་གསུམ་བསྐོར་ནས་ཕེབས་ཀྱིས་བཏང་ན་འོང་ངོ་། །ཐབ་ཀའི་འོག་གི་ས་སེར་པོ་དེ་ཆུ་ལ་བཏབ་ནས་བཏང་ནའང་འོང་ངོ་། །རྩིམ་རྙིང་པའི་ཕྱིའི་ཤུན་པ་དེའི་ཕྱེ་མ་ཆུ་ལ་བཏབ་ནས་བཏང་ན་འོང་ངོ་། །ངན་ཏ་གཅིག །མི་གཉིས་ཀྱིས་ཕྱེ་ཤུན་ནང་གི་ལྡེ་ཆུང་ལ་སེ་ཙམ་བརྫོས་ལ་མར་དང་སྦྱར་ནས་བཏང་ནའང་ཡོད་དོ། །བུ་རོ་མ་ཐོན་ན་རྒྱ་ཐུ་དང་། རྫོས་ཐུ་གཉིས་མེ་ལ་རག་རོག་བསྡིགས་ལ་རྩི་བཞིན་དུ་བཏགས་ལ་རང་གི་ཆུ་དང་བསྲེས་ནས་ལྤོ་སྟོང་ལ་བཏང་ངོ་། །ཡང་ཁྲིའི་འབྲས་བུ་དང་། ཏ་བོང་གི་འབྲས་བུ། ལུས་ཐུག་སྐྱེས་མ་ཐག་གི་ཚིག་བུ་མགོ་བལ་དཀར་པོ་གཅིག་ཡོད་

ཏོ། །ཚོག་བུ་དང་འདི་རྣམས་ཆོད་མ་བྱའོ། །དེས་མི་འཛིན་མི་སྲིད་དོ། །

ཆང་བསྲུང་བའི་གདམས་ངག་ལ། ཁམ་སའི་སྤྲལ་པ་ཞིག་གི་ནང་དུ་སྔགས་འདི་ཤོག་གུ་ལ་བྲིས་ལ་གཞུག །ཨོཾ་ཐོག་ཐོག །འུར་བུར། ཆེམ་ཆེམ། ཐུག་ཐུག །སྙིང་པོ་འབྲས་བུའི་བཟླས་པའི་ཡོན་ཏན་ནི། ཆང་འདྲེ་ཆོམ་ཆོམ། ཐུལ་ཐུལ། འདི་ལ་ཐོག་རྡོད་འབར་བ་ཆར་ལྟར་ཕོབ། རབ་གནས་བྱ། མིས་མ་མཐོང་བར་ཆང་གི་ཁར་བཞག་གོ། །¦སྲིས་ཀུན་ཁ་ཆིངས་¦བའི་གདམས་པ་ནི། ཤུག་པའི་ཕུར་པ་ཁྲུ་གང་པའམ། འཇུབ་གང་པ་ལ་སོགས་པ་ལ་སྔགས་འདི་བྲིས་ལ། སྔགས་བརྒྱ་རྩ་བརྒྱད་དོ། །ཨོཾ་ཏུ་ལུ་ཏུ་ལུ་ཙཀྲི་སྭཱ་ཧཱ། སྨད་ཕུར་པའི་དབལ་དང་ལྡན་པ་མེ་འབར་བ། སྟོད་ཁྲོ་བོ་ཞལ་མཆེ་བ་གཙིགས་པ། མེ་རི་མེ་དཔུང་འབར་བའི་དབུས་ན་བཞུགས་པར་བསྒོམ་མོ། །སྲིས་ཀུན་གྱིས་སྙུགས་མི་ཉིད་པར་བསྒོམ། སོར་བརྒྱད་ཕུར་པ་ཡིན། ཕུར་པ་དེ་བང་བའམ། རྩམ་ཀུལ་དུ་བཙུག་ན་སྲིས་ཀུན་ཐམས་ཅད་ཁ་འཆིང་བར་འགྱུར་རོ། །ཨོཾ་ཏུ་ལུ་ཏུ་ལུ་ཙཀྲི་སྭཱ་ཧཱ། ཛྲི་ཏི། །ཨོཾ་ནག་པོ་ཏི་པ་ཙ་ལ་ན་ག་རཀྵ་ཧཱུྃ་ཧཱུྃ་ཕཊ། །ཚ་ལ་སྔགས་སོ། །རང་ཕ་དམ་པར་བསྒོམ་ལ། རྗེའུ་བདུན་ལན་གཉིས་བླུགས། སྔགས་བདུན་བཟླས་ཏེ། གཡས་གཡོན་དུ་གཏོར་ནས། རང་དང་འདྲ་བའི་ཨ་ཙ་ར་བདུན་དུ་གྱུར་ནས། སྲུང་སྐྱོབས་བྱེད་ཅིང་གཡས་གཡོན་འགྲོ་བར་བསམ། ཨོཾ་ས་སེ་དེ་ནན་སྭཱ་ཧཱ། འགྲོལ་མི་དགོས་པའི་ཁ་ཆིངས་འགྲོ་ཞིང་། ཆོམ་རྐུན་བྱེད་ཙམ་བྱུང་ཡང་གནོད་པ་མི་ནུས་པས་གཞན་ལས་ཁྱད་པར་འཕགས་སོ། །ཟབ་མི་ཟབ་ལག་དུ་ལོང་དང་གསལ། ཛྲི་ཏི། །

ཟས་ངན་དུག་གི་བསྲུང་བ་འདི་ལ་དོན་གཉིས་སྟེ། སྒོམ་པ་དང་། བཟླས་པ་དང་། བསྲུང་བ་བཏགས་ཐབས་དང་གསུམ་མོ། །སྒོམ་པ་ནི། ལུས་རྨ་བྱར་

བསྐོམ་སྐྱེ། མཆུ་སེར་པོ། མིག་དང་རྐང་པ་དམར་པོ། ལུས་ལྗང་གུ། མདོག་སྔོ་ལྗིའི་འོད་འཕྲོ་བ་ཞིག་བསྒོམ། ཞག་རེ་ལ་དྲན་ཙམ་བྱས་པས་ཆོག །མ་གསལ་ཀྱང་རང་རྨ་བྱ་ཡིན་སྙམ་པས་ཆོག །བཟླས་པ་ནི། ཨོཾ་བི་ཧུ་ན་ག་ལ་ཙཀྲ་ཧ་ཧཱུཾ་ཕྱི་ཤ་མ་ནྟ་ཧེ། ཕྱེ་ཤ་མྣ་ར་ཧེ་ཧོ། མ་ཧེ་དུ་ཁ་ཡེ་བོ་ཤི་ན་ཧཾ་ཕྱེ་ན་སྭཱ་ཧཱ། ཞག་རེ་ལ་བརྒྱ་རྩའམ། བརྒྱ་མན་དུ་འགྲུབ་དགོས་ཞག་རེ་ལ་བརྒྱ་བས་མང་ན་མི་དགའ། ཀྱཻ་ཧོ། །

རང་ཉིད་སྐད་ཅིག་གིས་ལུས་རྡོ་རྗེ་ཕ་ལམ་ལས་གྲུབ་པ། སྲ་བ། བརྟན་པ། མི་ཆོད་པ། མི་ཤིགས་པ། བར་མཚམས་མེད་པ། དུམ་བུ་གཅིག་ཏུ་གྱུར་པ། རྒྱ་ཁྱོན་ནམ་མཁའི་མཐས་ཁྱབ་པ། སྐུ་མདོག་དམར་ཞིང་གཟི་བརྗིད་ཕུན་སུམ་ཚོགས་པ། དབྱིབས་སྒོང་དང་འདྲ་བའི་ནང་དུ། ཉི་ཟླ་གཅུ་ཁ་སྦྱོར་བྱས་པའི་ནང་དུ། རིག་པའི་ངོ་བོ་དེ་འོད་ཀྱི་ཐིག་ལེ། འོད་ཟེར་འཛིག་རྟེན་སྣང་བ་ཙམ་ཡོད་པར་བསམ། ཕྱི་རོལ་དུ་མཚོན་ཆ་སྣ་ཚོགས་ཆར་བཞིན་འཕྲོས་པས་གནོད་བྱེད་རྟུལ་བཞིན་བརླག་པར་བསམ་ལ་སྔགས་འདི་བཟླས་སོ། །ཨོཾ་བཛྲ་ཀན་ཏ་ཀན་ཏ་སོ་ཏ་ན་ཨ་པ་ར་བཛྲ་ཨཀྵ། བཛྲ་གི་ནི་བཛྲ་སཏྭ། ཉིན་རེ་བདུན་རེ་བཟླས་པས་སྐྱེ་བརྒྱུད་ཀུན་གྱི་བདུད་དུ་འགྱུར། ཁྱད་པར་དྲང་སྲོང་བསྲུང་བ་ལ་འདི་འདྲ་ཡོད་པ་ན་ར་ཀན་གསུང་ནས་ཨ་ཙ་རས་གནང་སྐད། བླ་མའི་ཞལ་ནས། འདི་ལྟ་བུའི་མན་ངག་ནི་འཛམ་བུའི་གླིང་ན་དཀོན་ཏེ། འདི་འདྲ་རྙེད་པ་བསོད་ནམས་ཤིན་ཏུ་ཆེའོ་གསུང་། ཤིན་ཏུ་གསང་། ཀྱཻ་ཧོ། །

བླ་མ་དང་དཀོན་མཆོག་གསུམ་ལ་ཕྱག་འཚལ་ལོ། །སེམས་ཅན་གྱི་དོན་དུ་སངས་རྒྱས་ཐོབ་པར་བྱ། དེའི་དོན་དུ་ཐུབ་པ་ཆེན་པོ་བསྒོམ་སྙམ་དུ་སེམས་བསྐྱེད་

ལ། རང་གི་མདུན་དུ་ཐུབ་པའི་སྐུ་རབ་གནས་དང་ལྡན་པ་བཞུགས་པར་བསམ། དེ་ལ་མཆོད་པ་ལྔ་དབུལ་ཡན་ལག་བདུན་པ་རྒྱས་པར་བྱ། དེའི་རྗེས་ལ་འདུན་པ་གཞན་གྱིས་བར་མ་ཆོད་པར། ཕྱི་མ་གར་སྐྱེ་ལ་སོགས་པ་ལུང་བསྟན་དུ་གསོལ་ཞེས་གསོལ་བ་བཏབ་ཅིང་། ཨོཾ་བུ་ཙུ་རྒྱ་མ་ཛ་ཙུ་ཏུ་ཀེ་སྭཱ་ཧཱ། ཞེས་བཟླས་པས་རང་གིས་ཅི་འདོད་པ་དེ་ལུང་སྟོན་པར་འགྱུར་རོ། །དེའི་དམ་ཚིག་ཤ་ཆང་སྐོག་གསུམ། །གྲིབ་ཅན་གྱི་ཟས་དང་གོས་ལ་སོགས་པ་བསྲུང་བ་གལ་ཆེ། ཐུབ་པ་ཆེན་པོའི་རྨི་ལམ་བརྟག་པའོ། །སེམས་ཅན་ལ་ཕན་ཐོགས་པར་གྱུར་ཅིག །ཟབ་བོ། །ཨོཾ་ཏ་རི་ནི་ས་ཁྲག་ཆོད་ཆོད། ཐད་ཐད་ནན། ཁྲག་ཐུགས་སོ། །ཤྲཱི་ཏི། །

ཨོཾ་ཊ་ཁ་ཛ་ཋུ་དགྲ་དང་ཆོམ་རྐུན་ཐམས་ཅད་ཆིངས་ཤིག །ལུག་ནག་གི་སོག་པ་གཡས་ཀྱི་བལ། ཁྱི་ནག་གི་སོག་པ་གཡོན་གྱི་སྤུ་བསྲེས་ལ་སྲད་བུ་སུམ་སྒྲིལ་བྱས་ལ་མདུད་པ་དགུ་བྱ། བསྲུང་བྱའི་མགུལ་དུ་བཏགས་སོ། །ཟབ། ཨོཾ་ཙནྡྲ་མ་ཧཱ་བཙོ་རོ་ཙ་ཧཱུྃ་ཕཊ། ཨོཾ་ནཱི་ལཱཾ་བ་ར་རྷ་ར་བཛྲ་པྲ་ཊི་ཧཱུྃ་ཕཊ། ཨོཾ་ཧྲཱིཿཧྲཱི་ཥི་ཀྲི་ཏ་ན་ན་ཧཱུྃ་ཕཊ། ཨོཾ་སུམྦྷ་ནི་སུམྦྷ་ཧཱུྃ། ཨོཾ་གྲྀ་ཧྞ་གྲྀ་ཧྞ་ཧཱུྃ། གྲྀཧྞ་པ་ཡ་གྲྀ་ཧྞ་པ་ཡ་ཧཱུྃ། ཨཱ་ན་ཡ་ཧོ། ཧྲ་ག་ཁན་བིཏྲ་ནཱ་ཛ་ཧཱུྃ་ཕཊ། ཕྱུགས་ལ་གནོད་པའི་གདོན་འདྲེ་གོད་སྲི་ཁ་ཆིངས་ཤིག །མཱ་ར་ཡ་ཧཱུྃ་ཕཊ། ནཱ་ཙ་ཏྲིག་ནན་མཱ་ར་ཡ་ཧཱུྃ་ཕཊ། རཀྵ་རཀྵ་སྭཱ་ཧཱ། ཨོཾ་ཡེ་དྷ་རྨཱ་ཧེ་ཏུ་པྲ་བྷ་ཝཱ་ཧེ་ཏུན་ཏེ་ཥཱན་ཏ་ཐཱ་ག་ཏོ། ཧྱ་བ་ད་ཏེ། ཥཱཉྩ་ཡོ་ནི་རོ་དྷ། ཨེ་ཝཾ་བཱ་དཱི་མ་ཧཱ་ཤྲ་མ་ཎཿསྭཱཧཱ། ཨོཾ་ཨཱཿཧཱུྃ། སེམས་ཅན་གྱི་དོན་དུ་ཕན་བྱའི་སྐོར་རྣམས་ཕྱོགས་གཅིག་ཏུ་བསྡུས་པ་རང་བྱུང་རྡོ་རྗེས་སྦྱར་བ་རྫོགས་སོ། །བཀྲ་ཤིས་དཔལ་འབར་འཛམ་གླིང་རྒྱན་དུ་ཤོག །ཆོས་ཉིད་དོན་རྟོགས་དྲི་མེད་མཁའ་ལ་འཁྱོ། །རང་བཞིན་སྤྲོས་བྲལ་འཛིགས་མེད་ལྷུན་གྱིས་གྲུབ། །ཟུང་

འཇུག་འོད་གསལ་གཏུག་མའི་ཏིང་འཛིན་བརྟན། །གཞན་སྣང་དབང་བསྒྱུར་སྣ་ཚོགས་སྒྱུ་མའི་གཟུགས། །ར་སྐྱོམས་གཅོད་ཀྱི་གོ་རིམ་དམིགས་པས་བརྒྱན། །གང་ལ་གང་འདུལ་གདམས་ངག་སྨན་གཞུང་བཞིན། །ནད་ཐོག་སྨན་གྱིས་བཏབ་པ་ཇི་བཞིན་དུ། །མགར་མཁན་ལག་ཆ་ལྟ་བུ་འདིར་གསལ་ལོ། །མ་འོངས་སེམས་ཅན་རྣམས་ལ་ཕན་ཕྱིར་བཀོད། །ཅེས་པ་གཅོད་གདན་ཐོག་གཅིག་མའི་ཁྲིད་ཡིག་ཕྲིན་ལས་རྒྱ་མཚོ་ལས། མན་ངག་སྒྲོམ་གྱི་གཏེར་མཛོད་འདི། ཀོ་ཏིང་གུའི་ཤྲཱི་གངས་པ་ནང་སོ་ཀུན་དགའ་རྒྱ་མཚོའི་དྲུང་དང་། སྣང་རྩེ་རས་ཆེན་པ་བསམ་གྲུབ་རྒྱ་མཚོ་དཔོན་སློབ་ཀྱིས་བསྐུལ་བའི་ངོར། གྲུ་སྨད་ཀྱི་དབེན་གནས་ཤེལ་ཕུག་བྲག་ཏུ། ཤཱཀྱའི་དགེ་སློང་ཀྱེ་འོ་ཆོས་ཀྱི་རྒྱ་མཚོ་ཞེས་བྱ་བས་སྦྱར་བའོ། །ཁ་ཚར་གྱི་ཡིག་ཆུང་ངོ་། །

༄༅། །ཁ་ཚར་མེ་མཆོད་ཀྱི་རིམ་པ་བཞུགས།

བླ་མ་དང་མཁའ་འགྲོའི་ཚོགས་ལ་ཕྱག་འཚལ་ལོ། །ཁར་ཚར་མེ་མཆོད་ཀྱི་རིམ་པ་ལ་གསུམ་སྟེ། ཉེ་བར་བསྡུ་བ་དང་། བཀྲ་ཤིས་པ་དང་། ལས་སྣ་ཚོགས་འགྲུབ་པའོ། །དང་པོ་ལ། གཉན་ས་ནས་གཞན་དུ་མ་འཕོས་པའི་གོང་དུ། སྒུར་དཀར་རམ། མཁན་དཀར་རོ། སྡིན་དཀར་གང་རུང་ཚགས་བྱས་ཏེ། རང་གི་མདུན་ནམ། ཉལ་སར་ཐབ་ཀྱི་མེ་སྤར་ཏེ། ཟན་ལ་རང་གི་ལུས་ཀྱི་དྲི་མ། སྐྲ་སེན། ནད་པ་གལ་ཆེན་ནམ། གཅེས་འཛིན་ཅན་ཡོད་ན་དེ་ལྟར་བྱ། མེད་ན་བྱེད་མི་དགོས་ཏེ། ཟན་དེ་ངར་སྒྲུད་བྱེད་པའམ། ལན་ཆགས་བྱེད་ཀྱང་རུང་། གནོད་བྱེད་བཀུག་ལ་བསྟིམ། རང་ཉིད་སངས་རྒྱས་མཁའ་འགྲོར་གསལ་བཏབ་སྟེ། དབྱངས་དང་བཅས་པས་བསྒྲལ་འདྲེན་གྱི་བསྒྲུལ་འདི་བྱའོ། །ཧཱུྃ། ང་ནི་ཛམ་ཆེན་ཁྲོ་མོའི་སྐུ། །སྐུ་མདོག་མཐིང་ནག་འཇིགས་པའི་གཟུགས། །ཞལ་གདངས་མཆེ་གཙིགས་སྣ་ར་སེར། །སྤྱན་གསུམ་དམྲལ་བར་ཁྲོ་གཉེར་སྟུད། །དབུ་སྐྲ་དམར་སེར་གྱེན་ལྟར་འཕྱུག །དུར་ཁྲོད་ཆས་བརྒྱད་སྐུ་ལ་གསོལ། །ཞལ་ནས་ཧ་ཧཱུྃ་ཕཊ་སྒྲ་སྒྲོགས། །མེ་དཔུང་དབུས་ན་གར་སྟབས་འགྱིངས། །ཕྱག་ན་ཡེ་ཤེས་མཚོན་ཆ་བསྣམས། །དུག་ལྔ་ཡེ་ཤེས་ལྔ་རུ་བསྒྲལ། །དུག་གསུམ་སྐུ་གསུང་ཐུགས་སུ་བསྒྲལ། །ཁམས་གསུམ་ཡུམ་གྱི་གློང་དུ་བསྒྲལ། །སྲིད་གསུམ་ཡུམ་ཆེན་ཐུགས་ལ་བསྒྲལ། །འགལ་རྐྱེན་ཆོས་ཉིད་ངང་དུ་བསྒྲལ། །བར་ཆད་མི་མངོན་དབྱིངས་སུ་བསྒྲལ། །རྣམ་རྟོག་ལོངས་སྤྱོད་ཚོགས་སུ་བསྒྲལ། །རིག་པ་ཆོས་ཀྱི་དབྱིངས་སུ་སྦྱོར། །ཨོཾ་ཨཱཿཧཱུྃ་ཧོ་ཕཊ། ཛ་ཛཿཧཾ་རཾ། ཐད་ཐད་གཏུབས་གཏུབས། ཤིག་ཤིག །བརྡུངས་བརྡུངས། ནཱ་ར་ཡ་ཧཱུྃ། ཞེས་བརྗོད་ནས། ངར་སྒྲུད་དམ། ལན་ཆགས་གཏུབས་ནས། ཛ་ཕུད་

འོ་ཕུད་ཕྱེ་མར་སོགས་དང་བསྟུན་ནས་མེ་ནང་དུ་རིམ་པས་བླུག་ཅིང་། ཀྱཻ་མ་མི་མིན་ཡེ་ཤེས་མཁའ་འགྲོ་མ། །ཤར་ཕྱོགས་རྡོ་རྗེ་རིགས་ཀྱི་མཁའ་འགྲོ་འབུམ། །སྐུ་མདོག་དཀར་མོ་རྒྱན་གྱི་མཛེས། །འཁོར་ཡང་དཀར་མོ་འབུམ་གྱིས་བསྐོར། །མ་འདིར་གཤེགས་རྒྱན་གྱི་མཆོད་པ་བཞེས། །འདོད་ཡོན་ལྷ་ཡིས་ཚིམ་གྱུར་ཅིག །མཆོག་གི་དངོས་གྲུབ་ཐོབ་པར་ཤོག །ལྷོ་ཕྱོགས་རིན་ཆེན་རིགས་ཀྱི་མཁའ་འགྲོ་འབུམ། །གོང་གི་ཤམ་བུ་འགྲེ། ནུབ་ཕྱོགས། བྱང་ཕྱོགས། དབུས་ཕྱོགས། མཚམས་མཚམས་སུ་རོལ་མོ་དང་། ཕཊ་བཟློད། རྒྱན་དྲུག །མ་རལ། དབུ་རྒྱན་སོགས་ཡོད་ན་ཆས་སྤྲད་དགོས་སོ། །རྗེས་སུ་ཐལ་བ་ཆུ་ལ་བསྐྱལ་བའམ། མི་མངོན་པའི་དབྱིངས་སུ་དོར་བའོ། །དེ་ནས་གཞུང་གི་དམིགས་པ་བདུན་པོ་རིམ་པ་ལྟར་བྱེད་པ་ཕྱུག་བཞེས་ཡིན། གདམས་པ་གསེར་ཁྱུག་ཅན་ཛྙཱི་ཧི། གཙོད་གདན་ཐོག་གཅིག་མའི་ཁྲིད་ཡིག་ཕྲིན་ལས་རྒྱ་མཚོ་ལས། ཉེ་བར་བསྡུ་བའི་མེ་མཆོད་གསེར་ཁྱུག་ཅན་འདི། སྐྱེས་བུ་དམ་པ་རྣམས་ཀྱིས་བསྐུལ་བའི་ངོར་ཤཱཀྱའི་དགེ་སློང་ཀློའོ་ཆོས་ཀྱི་རྒྱ་མཚོ་བྱ་བས་ཤེལ་ཕུག་བྲག་གི་དབེན་གནས་སུ་སྦྱར་བའོ། །

བླ་མ་དང་མཁའ་འགྲོའི་ཚོགས་ལ་ཕྱག་འཚལ་ལོ། །གཉན་སར་མེ་མཆོད་བྱེད་ན། ས་སྙིགས་ཀྱི་མནྡལ་བྱེད། ནག་རྩི་བྱུག །ཆོས་འབྱུང་བྲི། ཕྱི་རོལ་དུ་མེ་རི། དབུས་སུ་པདྨ་འདབ་བརྒྱད་བྲིས་ལ། ལྟེ་བ་དམར་པོ། ཤར་དཀར། ལྷོ་སེར། ནུབ་དམར། བྱང་ལྗང་། ཤར་ལྷོ་སྔོ། ལྷོ་ནུབ་ནག །ནུབ་བྱང་སྣ་ཚོགས་མདོག །བྱང་ཤར་དམར་སྐྱ་བྱ། ཡི་གེ་བཀོད་ན། དབུས་སུ་ཧྲིཿ ཤར་དུ་བཾ། ལྷོར་ཧཾ། ནུབ་ཏུ་ཨཿ བྱང་དུ་ར། ཤར་ལྷོར་ཏ། ལྷོ་ནུབ་ཏུ་རི། ནུབ་བྱང་དུ་ནི། བྱང་ཤར་དུ་ས་བྱེད་པའོ། །ཐབ་ཤིང་འོམ་བུ། འོ་མ་ཅན་གྱི་ཤིང་སེ་ཤིང་དམར་པོ། ཙནྡ་དམར་པོ་སོགས་གྲུ་གསུམ་དུ་བརྩིག །མཐོ་དམན་ཁང་གང་། རྒྱར་ཁང་གང་སོར་བཞི་བྱེད། དེ་ནས་སློབ་དཔོན་རང་ཉིད་བདེ་བའི་སྟན་ལ་ཞལ་ནུབ་ཏུ་ལྟ་བའམ། ཤར་དུ་ལྟ་བ་གང་རུང་བྱེད། མཆོད་པ་གཡས་གཡོན་དུ་བཤམ།

གཏོར་མ་གསུམ་ལ། གཅིག་བླ་མ། གཅིག་ཆོས་སྐྱོང་། གཅིག་གཞི་བདག་གཏོར་མར་བཅས་ལ་རིམ་པར་བཤམ། གཏོར་འདབ་དཀར་རྒྱན་དམར་རྒྱན་སོགས་ཀྱིས་བརྒྱན། མདུན་དུ་སྙེགས་ཀྱི་ཁར་ཊ་མ་ཧྲ། རྡོར་དྲིལ། ནང་མཆོད་བཞག །བྲུམ་པ་ཟུར་པ་གཅིག་ལ་བུམ་ཆུ་དང་ཁ་རྒྱན་མགུལ་ཆིངས་དང་བཅས་ཏེ་རྡོ་རྗེ་གནོད་སྦྱིན་བསྐྱེད་པར་བྱེད། གཡོན་དུ་ཚོགས་རྫས། མར་ཁུ། ཕྱེ་མར་དར་སྣ། རིན་པོ་ཆེ་རྣམས་བཞག །བསྲེག་རྫས་ཤུག་པ། འོམ་བུ། ཤུར་དཀར། སྤེན་དཀར། འོ་མ་ཅན་གྱི་ཤིང་རྣམས་སོར་བཞི་པའམ། བཅུ་གཉིས། བདུན་པ། གང་ཚུང་བྱེད། ནས། འབྲས། སྲན་མ། གྲོ། དུར་བ། རྒྱུན་འབྲུམ། ཤིང་ཐོག་སྣ་ཚོགས་བཤམ། དེ་ནས་ནང་མཆོད་བྱིན་རླབས་ནས་བཟུང་སྟེ། དཀར་གཏོར། བགེགས་གཏོར་བཏང་ཞིང་མཚམས་བཅད། ཚོགས་ལས་གཞུང་བཞིན་གཏོང་ཞིང་། ཐབ་ལ་བུམ་ཆུ་གཏོར་ཞིང་། བཛྲ་ཡཀྵ་བསང་། སྟོང་པའི་ངང་ལས། མེ་ལྷ་རྡོ་རྗེ་མཁའ་འགྲོ་སྐུ་མདོག་སྔོན་པོ་ལྗེ་བ་འཕྱུང་ཞིང་ཞལ་གདངས་པ། ཕྱག་གཉིས་རྡོ་རྗེ་དྲིལ་བུ་མཐར་བསྐོལ་ཐབས་སུ་འཛིན་པར་བསྐྱེད་ནས། མཆོད་པ་ཉེར་སྤྱོད་ལྔ་དང་། དཔལ་ལྡན་རྡོ་རྗེ་མཁའ་འགྲོ་སོགས་ཀྱིས་བསྟོད་ནས། དཔལ་འབར་གྱིས་མེ་སྦྲོན་ཞིང་། མེ་སྦར་མ་ལྔ་ཡི་བསྐུལ་ཡང་བྱེད། བསྡུས་པར་བྱེད་ན་མི་དགོས་སོ། །མར་ཁུ། འོ་ཐུད། ཕྱེ་མར། ཇ་ཕུད། ཆང་ཕུད་ཕུལ་ཞིང་། ཨོཾ་ཨཱཿཧཱུཾ། བཛྲ་ཌཱ་ཀི་ནི་ཧཱུཾ་ཕཊ་སྭཱ་ཧཱ། ལན་གསུམ་ཕུལ་ཞིང་བཟླས་པ་བྱེད། དེ་ནས་མེ་ལྷའི་ཐུགས་ཀར། ཨེ་ལས་ཆོས་ཀྱི་འབྱུང་གནས་གྲུ་གསུམ་པ་ནས། པདྨ་འདབ་བརྒྱད་ཀྱི་སྟེང་དུ་ཉི་མའི་དཀྱིལ་འཁོར་གྱི་དབུས་སུ། རྗེ་བཙུན་རྡོ་རྗེ་རྣལ་འབྱོར་མ་སྐུ་མདོག་དམར་མོ་ཞལ་གཅིག་ཕྱག་གཉིས། གཡས་གྲི་གུག །གཡོན་

ཐོད་ཁྲག་བསྣམས་པ། རུས་པའི་རྒྱན་དྲུག་དང་ལྡན་པ། ཁ་ཊྭཱཾ་ག་མཆན་ཁུང་དུ་བཅུག་ཅིང་གར་སྟབས་སུ་བཞུགས་སམ། ཤར་དུ་དཀར་མོ་སྐུའི་ཌཱ་ཀི། ལྷོར་སེར་མོ་ཡོན་ཏན་གྱི་ཌཱ་ཀི། ནུབ་ཏུ་དམར་མོ་དབང་གི་ཌཱ་ཀི། བྱང་དུ་ལྗང་གུ་ལས་ཀྱི་ཌཱ་ཀི། ཤར་ལྷོར་སྔོན་མོ་རྡོ་རྗེ་ཌཱ་ཀི། ལྷོ་ནུབ་ཏུ་སེར་མོ་རིན་ཆེན་ཌཱ་ཀི་ནུབ་བྱང་དུ་དམར་མོ་པདྨ་ཌཱ་ཀི། བྱང་ཤར་དུ་ལྗང་མོ་ཀརྨ་ཌཱ་ཀི། ཐམས་ཅད་ཀྱང་རྒྱན་ཆ་ལུགས་གཙོ་མོ་དང་མཚུངས་པའོ། །དེ་རྣམས་ཀྱི་སྤྱི་བོ། མགྲིན་པ། སྙིང་ག་ནས་འོད་ཟེར་འཕྲོས། ཨུ་རྒྱན་གྱི་གནས་ནས་རྗེ་བཙུན་མ་ལ་སངས་རྒྱས་དང་བྱང་ཆུབ་སེམས་དཔས་བསྐོར་བ་སྤྱན་དྲངས་ལ་བསྟིམ། ཉེར་སྤྱོད་ལྔ་དང་། བསྟོད་པ་རྒྱས་བསྡུས་སྐབས་དང་བསྟུན། དེ་ནས་བསྲེག་རྫས་དགང་གཟར་བླུག་གཟར་ཡོད་ན་རབ་མེད་ན་སྐྱོགས་ལྟ་བུས་གཡོན་བསྐོར་དུ་བྱེད་ཅིང་འབུལ་བ་སྟེ། གཡས་ནས་སློབ་མས་རིམ་པ་བཞིན་དུ་ཕུལ་ཏེ། བུདྡྷ་ཌཱ་ཀི་ནི་ཨོཾ་ཨཱཿཧཱུཾ། བཛྲ། རཏྣ། པདྨ། ཀརྨ། པི་ཤ། ས་མ་ཡ། ཡོ་ག། ཏ་ས་ཌཱ་ཀི་ནི་ཨོཾ་ཨཱཿཧཱུཾ། འབྲས། སྲན་མ། གྲོ་དུར་བ། ཏུན་འབྲུམ་ལ་སོགས་ཤིང་ཐོག་སྣ་ཚོགས་རིམ་པར་གོང་གི་སྔགས་བཟླས་ཤིང་འབུལ་བའོ། །དེ་ནས་ཤུག་པའམ། འོམ་བུ། སུར་དཀར། སྤྱེན་དཀར། འོ་མ་ཅན་གྱི་ཤིང་རྣམས་ཉི་ཤུ་རྩ་གཅིག་རེ་སྔགས་ཀྱིས་རིམ་པར་འབུལ། དེ་ནས་རིན་པོ་ཆེ་དང་གོས་དར་འབུལ། མཐར་དཀར་གསུམ་དང་ཚོགས་ཕུད་ཕུལ་ཞིང་། བདག་ཅག་དཔོན་སློབ་ཡོན་མཆོད་མི་ནོར་འཁོར་དང་བཅས་པའི་ཚེ་དང་བསོད་ནམས་དཔལ་དང་འབྱོར་པ་ཐམས་ཅད་རྒྱས་པར་གྱུར་ཅིག །འགལ་རྐྱེན་བར་ཆད་ཐམས་ཅད་ཞི་བར་གྱུར་ཅིག །བཀྲ་ཤིས་བདེ་ལེགས་ཕུན་སུམ་ཚོགས་པར་གྱུར་ཅིག་སོགས་བཏགས་ནས་གསུམ་

མམ། ལྷའམ། བདུན་གང་ཉུང་ཕུལ། མཐར་མཆོད་བསྟོད་བྱེད་ཅིང་། ཡེ་ཤེས་པ་གཤེགས། མེ་ལྷ་ལ་བསྲེག་རྫས་ལྷག་མ་དང་དཀར་གསུམ། ཚོགས་ཕུད་ཚར་གཅིག་ཕུལ། མཆོད་བསྟོད་བྱེད། ཚོགས་ལ་ལོངས་སྤྱོད། ལྷག་གཏོར་བསྔང་། མེ་ལྷ་གཤེགས། དེ་ནས་བཀྲ་ཤིས་བརྗོད་གསོལ་རྗེས་ཆོག་སྤྱི་དང་མཐུན། ཐལ་བ་ཆུ་ལ་བཤེགས། ལས་ཀྱི་རྗེས་མི་མངོན་པར་བྱེད་པའོ། །མེ་མཆོད་བཀྲ་ཤིས་ཀྱི་རིམ་པ་འདི་གཞན་སའམ། རང་གི་ཐུགས་དམ་གྱི་རིམ་པའམ། དངོས་གྲུབ་དང་བཀྲ་ཤིས་འབྱུང་བའི་ཕྱིར་དུ་བྱེད་པའོ། །ཁྲིད་ཡིག་ཕྲིན་ལས་རྒྱ་མཚོ་ལས། མེ་མཆོད་བཀྲ་ཤིས་དངོས་གྲུབ་ཀུན་འབྱུང་འདི། སྐལ་ལྡན་གང་ཟག་རྣམས་ཀྱིས་བསྐུལ་བའི་ངོར། ཤཱཀྱའི་དགེ་སློང་ཀློའོ་ཆོས་ཀྱི་རྒྱ་མཚོ་བྱ་བས་དབེན་གནས་ཞིལ་ཕུག་བྲག་ཏུ་སྦྱར་བའོ། །ཁ་ཚར་གྱི་ཡིག་ཆུང་ངོ་། །

བླ་མ་དང་མཁའ་འགྲོའི་ཚོགས་ལ་ཕྱག་འཚལ་ལོ། །གཞན་སའམ། གང་ཡང་ཉུང་བ་ལ། དྲག་པོ་མེ་མཆོད་དགོས་པ་བྱུང་ན། ས་སྟེགས་མཉྫལ་ནག་པོ་བྱེད། ཆོས་འབྱུང་བྲིས་ཤིང་། དབུས་སུ་པད་འདབ་བཞི། དབུས་མཐིང་ནག །ཤར་སྔོ། ལྷོ་སེར། ནུབ་དམར། བྱང་ལྗང་། དབུས་སུ་ཡི་གེ་བཾ། ཤར་དུ་ཏཱ། ལྷོར་རི། ནུབ་ཏུ་ནི། བྱང་དུ་ས། ཆོས་འབྱུང་གི་ཕྱི་རིམ་དུ་ཐོད་ར། རྗེ་ར། དུར་ཁྲོད་རབ། མེ་རི་བྲི། དྲག་པོའི་ཤིང་སྐྱེར་པ། སླ་བ་སོགས་ལ་ཐབ་བརྩིག །སྐྱེར་པ་ཚེར་མ་ཅན་གྱི་ཤིང་སོར་བཅུ་གཉིས། ཁ་བྲག་དང་བཅས་པ་མང་པོ་དང་། ཤ་ཆེན། གུ་གུལ། ཕྱེ་མར། མར་ཁུ། ཆང་ཕུད། སྨན་ལྡུ། དར་ཟབ། ལྕགས་རས། དུར་བ། ཡུངས་ཀར་སོང་མང་དུ་བསགས། མཆོད་པ། ཚོགས་ཆས། ནང་མཆོད། ཊ་ཀྲི་ལ། རཀྟ་དུང་། གཞན་ཡང་རོལ་མོ་གང་འཛོམ་དང་མཆོད་པ་རྒྱས་པ་བཤམས།

ཟུར་དུ་བུམ་པ་ཁ་རྒྱན་མགུལ་ཆིངས་ཆུས་ཕྱེད་བཀང་བ་ལ། ཁྲོ་བོ་རྟ་མགྲིན་ཞལ་གཅིག་ཕྱག་བཞི་པ་བསྐྱེད་པར་བྱ། ནང་མཆོད་ནས། གཞི་བདག་གཏོར་མ། བགེགས་གཏོར་བཏང་ཞིང་མཚམས་བཅད། ཁྲོས་མའི་ཚོགས་ལས་ཀྱིས་གཞུང་བསྲུང་། དེ་ནས་མེ་ལྷ་བསྐྱེད་པ་ནི། བུམ་ཆུས་བསང་། སྭ་བྷཱ་ཝས་སྦྱངས། སྟོང་པའི་ངང་ལས་ཆོས་འབྱུང་མཐིང་ནག་གྲུ་གསུམ་ཡངས་ཤིང་རྒྱ་ཆེ་བའི་དབུས་སུ། མེ་ལྷ་དམར་ནག་ཞལ་གཅིག་ཕྱག་བཞི། དར་དམར་གྱི་ན་བཟའ་གསོལ་བ། ཕྱག་གཡས་ཀྱི་དང་པོ་བདུད་རྩིའི་བུམ་པ་གཉིས་པ་ན་རལ་གྲི། གཡོན་གྱི་དང་པོ་བགྲང་ཕྲེང་། གཉིས་པ་ན་སྤྱི་བླུགས་འཛིན་པ། ཞལ་རབ་ཏུ་གདངས་པ་གཅིག་ཏུ་བསྐྱེད། མཆོད་བསྟོད་བྱེད། དེ་ནས་མེ་སྦར། མཁའ་འགྲོ་ལྔ་ཡི་བསྐུལ་བྱེད། དཀར་གསུམ་མངར་གསུམ། ཛ་ཕུད་ཚང་ཕུད་འོ་ཕུད་རྣམས་མེ་ལྷ་ལ་འབུལ་ཞིང་། ཨོཾ་ཨགྣེ་སོགས་དང་། ཨོཾ་ཨཱཿཧཱུཾ་གསུམ་གྱིས་འབུལ། དེ་ནས་མེ་ལྷའི་མཐར། རྡོ་རྗེ་རྒྱ་གྲམ་གྱི་སྟེང་དུ་ཆོས་འབྱུང་གྲུ་གསུམ་གྱི་དབུས་སུ་ཉི་མའི་གདན་ལ། བམ་ལས་ཁྲོས་མ་ནག་མོ་རྒྱན་ཆ་ལུགས་ཐམས་ཅད་ཡོངས་སུ་རྫོགས་པ་གཅིག་ཏུ་བསྐྱེད། ཕྱོགས་བཞིར་མཁའ་འགྲོ་སྡེ་བཞི་སྤྱི་དང་མཐུན་པར་བསྐྱེད། དེ་རྣམས་ཀྱི་གནས་གསུམ་ལས་འོད་ཟེར་འཕྲོས། ཨུ་རྒྱན་ནས་ཁྲོས་མ་ནག་མོ་ལ་སངས་རྒྱས་དང་བྱང་ཆུབ་སེམས་དཔས་བསྐོར་བ། མ་ལུས་མས་སྤྱན་འདྲེན། དཔལ་ལྡན་རྡོ་རྗེ་མཁའ་འགྲོས་བསྟོད། པདྨ་ཀ་མ་ལས་གདན་འབུལ། ཛཿཧཱུྃ་བཾ་ཧོཿབསྟིམ། ཉེར་སྤྱོད་ལྔ་དང་བསྟོད་པ་རྒྱས་བསྡུས་གང་རུང་བྱེད་ལ། བསྲེག་རྫས་འབུལ་ཏེ། མར་ཁུ་ཨགྣེས་འབུལ། སྐྱེར་པ་དང་སྒྲ་བ་སོགས་འབུལ་ཞིང་། བཾ་ཏ་རི་ཎི་ས། ཨོཾ་ཨཱཿཧཱུྃ་བཏགས་ནས་ཕུལ། དེ་ནས་ཤ་ཆེན། གུ་གུལ། ཕྱེ་མར།

ཚང་ཕུད། སྨན་སྣ། དར་ཟབ། ལྕགས་རས། དུར་བ་ཡུངས་ཀར་རྣམས་རིམ་པར་གོང་གི་སྔགས་དང་བཅས་ནས་འབུལ་བ་ལ། འཁོར་གྱི་སྔགས་བསྒྱུར་བ་ནི། ཧ་རི་ནི་ས་བཾ་ཨོཾ་ཨཱཿཧཱུཾ། རི་ནི་ས་ཧ་བཾ་ཨོཾ་ཨཱཿཧཱུཾ། ནི་ས་ཧ་རི་བཾ་ཨོཾ་ཨཱཿཧཱུཾ། ས་ཧ་རི་ནི་བཾ་ཨོཾ་ཨཱཿཧཱུཾ། ཨོཾ་ཤྲཱི་བཛྲ་ཨཱ་ནནྡ་ཧེ་ཀྲོ་ཏི་ཀཱ་ལི་ཧ་རི་ནི་ས་ཧཱུཾ་ཕཊ། ཨོཾ་ཨཱཿཧཱུཾ་བརྗོད་ནས། བདག་ཅག་དཔོན་སློབ་འཁོར་དང་བཅས་པ་རྣམས་ཀྱི་ལུས་ངག་ཡིད་གསུམ་ལ་གནོད་ཅིང་འཚེ་བར་བྱེད་པའི་ལྷ་འདྲེ་སྡེ་བརྒྱད། སྒོས་གཞན་ས་འདིར་གནས་པའི་ལྷ་འདྲེ་མི་མ་ཡིན། རྒྱལ་འགྱུར་སྟོན་པ་ཐམས་ཅད་ཨཱ་ར་ཡ་ཐད་སྒྲུད་ཚོམས་ཤིག་སྭཱ་ཧཱ། བདག་ཅག་དཔོན་སློབ་འཁོར་དང་བཅས་པ་རྣམས་ཀྱི་ལོངས་སྤྱོད་དབང་ཐང་ཚེ་སྲོག་ཁ་རྗེ་རྒྱས་པར་བྱིན་གྱི་རླབས་དུ་གསོལ། སྐྱི་འགྲོ་སྲོག་ཆགས་ལྷ་སྲིན་སྡེ་བརྒྱད་མི་མ་ཡིན་ཐམས་ཅད་དབང་དུ་འདུས་པའི་ཕྲིན་ལས་བསྒྲུབ་པར་མཛད་དུ་གསོལ། ལས་ཐམས་ཅད་འགྲུབ་པའི་ཕྲིན་ལས་དམ་པ་མཛད་དུ་གསོལ་ཞེས་བརྗོད་ནས་ཉེར་གཅིག་འབུལ། དེ་ནས་ཚོགས་ཕུད་ཕུལ་ནས་མཆོད་བསྟོད་བྱེད། གཤེགས་སུ་གསོལ། མི་ལྷ་ལ་སྒོས་སུ་བསྲེག་རྫས་ལྷག་མ་རྣམས་འབུལ། མཆོད་བསྟོད་བྱེད། དེ་ནས་གཤེགས་སུ་གསོལ་བྱ། ཚོགས་ལ་ལོངས་སྤྱོད། ལྷག་གཏོར་གཏོང་། བཀྲ་ཤིས། བཟོད་གསོལ། ཡིག་བརྒྱས་ལྷག་ཆད་ཁ་བསྐང་། བསྔོ་བ་སོགས་སྤྱི་དང་མཐུན། གཞན་ས་མ་སློངས་པའམ། ཡོག་པ། མ་ནོན་པ་སོགས་བྱུང་ན། མི་མཆོད་ཚར་རྗེས། དྲག་པོའི་ལས་བྱེད་ལུགས་ཚོ་སྨྲ་མའི་ཞལ་ལས་ཤེས། ཐལ་བ་དང་ཐབ་ཞག་གསུམ་བཞག །དེ་ནས་གྲོང་ཁྱེར་གྱི་ལམ་སྲང་དམ། ཚོང་འདུས། རྒྱ་ལམ་དུ་བསྐྱལ་ནས་རྗེས་མི་མངོན་པར་བྱེད། གཙོད་གདན་ཐོག་གཅིག་མའི་ཁྲིད་ཡིག་ཕྲིན་ལས་རྒྱ་

མཚོ་ལས། དྲག་པོའི་མེ་མཆེད་ཕྲིན་ལས་ཀུན་ཁྱབ་བྱ་བ་འདི། སྐྱེས་བུ་དམ་པ་རྣམས་ཀྱིས་བསྐུལ་བའི་ངོར། ཤཱཀྱའི་དགེ་སློང་ཀྲེའོ་ཆོས་ཀྱི་རྒྱ་མཚོ་བྱ་བས། གྲུ་སྣད་ཀྱི་དབེན་གནས་ཤེལ་ཕུག་བྲག་ཏུ་སྦྱར་བའོ། །ཁ་ཚར་གྱི་ཡིག་ཆུང་ངོ་། །

༄༅། །ཚོད་རྟགས་ཀྱི་རིམ་པ་བཞུགས་སོ། །

ཚོད་ཚད་ལ། གཉན་དམིགས་གཞན་དུ་འཕོ་བ་ལ། །ཚོད་རྟགས་རིམ་པ་ཚང་བ་དགོས། །ཞེས་པ། གཉན་ས་ཚོད་ནས་གཞན་དུ་འཕོ་རན་པའི་རྟགས་ལ། ནམ་ལངས་པ་དང་། ཉི་མ་ཤར་བ་དང་། ཤིང་ཐོག་སྨིན་པའི་འབྲས་བུ་མང་པོ་ཆགས་པ་དང་། ལོ་ཡགས་པའི་བཙས་མ་ཚོད་ཚར་བ་བྱས་པ་དང་། ཆོས་འཆད་པས་འཆད་ཚར་ནས་བྱུང་བ་དང་། རྒྱ་རྒྱལ་ནས་ཕར་ལ་སངས་ཀྱིས་ཐོན་པ། ཟམ་པ་འཛུགས་པས་བཙུགས་ཚར་བ། གོས་ལག་བཟོས་པས་བཟོ་ཚར་བ། གྲི་མཚོན་ཤུབས་ནས་བཏོན་པས་བཏོན་ཚར་བ། གཞན་ལ་ཁ་མཆུ་ལབས་པས་འཆམ་ནས་སོ་སོར་སོང་བ། གོ་ཆ་སྲུད་པ་ལ་ཕྲུ་འཛུགས་པ། ཚོང་བྱེད་པ་ལ་ཚོང་ཐག་ཚོད་ནས་སོ་སོར་གྱེས་པ། འབྲུ་གཡུལ་ཐོན་པ་ནང་དུ་བསྐྱལ་ཚར་བ། ཤིང་གཅོད་པ་ཡིན་ན་བཅད་ཚར་བ། ལྷ་དང་གསུང་རབ་བཞེངས་པ་ཡིན་ན་བཞེངས་ཚར་བ། ཁལ་རྟ་ལ་ཁལ་འགེལ་བ་ལ་འགེལ་ཚར་ནས་འགྲོ་བ་དང་། ཞིང་རྨོ་བ་ལ་རྨོས་ཐག་སིབ་ཀྱིས་ཚོད་པ་དང་། རང་གི་ཅོག་ཕྱུ་སོགས་ཁྲིས་པོ་མ་ལུས་པར་ཁུར་ནས་འགྲོ་བ། ཐ་མ་ས་ལ་ཟུག་པའི་རྗེ་བརྟན་ཟུག་ཡར་འདོན་པའམ། ཕུར་པ་ས་ལ་ཟུག་པ་ཡར་འདོན་པ། གཞན་གྱི་རྩ་ནས་ཁོ་ཐག་ཚོད་ནས་གཞན་དུ་འགྲོ་བ་སོགས་གང་བྱུང་ཡང་གཅོད་ཚོད་རྟགས་ཡིན་པས་གཞན་དུ་འཕོ་བའོ། །གཅོད་གདན་ཐོག་གཅིག་མའི་ཁྲིད་ཡིག་ཕྲིན་ལས་རྒྱ་མཚོ་ལས། ཚོད་

རྟགས་ཀྱི་རིམ་པ་འདི་ཤཱཀྱའི་དགེ་སློང་ཀྱེ་འོ་ཆོས་ཀྱི་རྒྱ་མཚོ་བྱ་བས་དབེན་གནས་ཆེན་པོ་འོག་མིན་དུ་སྦྱར་བའོ། །ལྷན་ཐབས་ཀྱི་ཡིག་ཆུང་ངོ་། །

༄། །ཕྲིན་ཡིག་ཕྲིན་ལས་རྒྱ་མཚོའི་གཏོར་མའི་རིམ་པ་རྣམས་བཞུགས། །

བླ་མ་དང་མཁའ་འགྲོའི་ཚོགས་ལ་ཕྱག་འཚལ་ལོ། །རྗེས་ཀྱི་བྱ་བ་གཏོར་མའི་རིམ་པ་ནི། རྣལ་འབྱོར་གཏོར་མར་མི་བརྗོད་ན། །དེ་ཡི་བར་ཆད་གང་གིས་སེལ། །ཞེས་གསུངས་པས། རྣལ་འབྱོར་པས་ཕྱི་ནང་གི་གཏོར་མ་ལ་གཡེལ་བ་མེད་པར་བསྒྲུབ་དགོས། དེ་ལ་ཐོག་མར་རྒྱལ་བ་སྲས་དང་བཅས་པ་རྣམས་ལ་སྐྱབས་སུ་སོང་ཞིང་སེམས་བསྐྱེད་ནས། མཆོད་པའི་ཡོ་བྱད་བསང་སྦྱངས་བྱིན་གྱི་རླབས་པ་ནི། ཨོཾ་བཛྲ་ཨ་མྲི་ཏ་ཀུཎྜ་ལི་ཧ་ན་ཧ་ན་ཧཱུྃ་ཕཊ། གྱིས་བསང་། ཨོཾ་སྭ་བྷཱ་ཝ་ཤུདྡྷཱ་སརྦ་དྷརྨ་སྭ་བྷཱ་ཝ་ཤུདྡྷཱ་ཧཾ། སྟོང་པའི་ངང་ལས་ཨོཾ་ལས་རིན་པོ་ཆེའི་སྣོད་ཡངས་ཤིང་རྒྱ་ཆེ་བའི་ནང་དུ། ཨོཾ་ཨཱཿཧཱུྃ་འོད་དུ་ཞུ་བ་ལས་བྱུང་བའི་ལྷ་རྫས་ལས་གྲུབ་པའི་མཆོད་ཡོན། ཞབས་བསིལ། མེ་ཏོག །བདུག་སྤོས། མར་མེ། དྲི་ཆབ། ཞལ་ཟས། རོལ་མོ་དངས་ཤིང་ཐོགས་པ་མེད་པ་ས་དང་ནམ་མཁའ་བར་སྣང་ཐམས་ཅད་གང་བ། འཕགས་པ་ཀུན་ཏུ་བཟང་པོའི་རྣམ་པར་ཐར་པ་ལས་བྱུང་བའི་མཆོད་སྤྲིན་ལྟ་བུ། ཟག་པ་མེད་པའི་བདེ་བ་ཁྱད་པར་ཅན་བསྐྱེད་པ་བསམ་གྱིས་མི་ཁྱབ་པར་གྱུར། ཨོཾ་བཛྲ་ཨརྒྷཾ་པྲ་ཏཱིཙྪ་སྭཱ་ཧཱ། པཱདྱཾ་པྲ་ཏཱིཙྪ་སྭཱ་ཧཱ། ཨོཾ་བཛྲ་པུཥྤེ་ཨཱཿཧཱུྃ། ཨོཾ་བཛྲ་དྷཱུ་པེ་ཨཱཿཧཱུྃ། ཨོཾ་བཛྲ་ཨཱ་ལོ་ཀེ་ཨཱཿཧཱུྃ། ཨོཾ་བཛྲ་གནྡྷེ་ཨཱཿཧཱུྃ། ཨོཾ་བཛྲ་ནཻ་ཝི་དྱ་ཨཱཿཧཱུྃ། ཨོཾ་བཛྲ་ཤབྡ་ཨཱཿཧཱུྃ། བཛྲ་ས་མཱ་ཛཿ རྡོ་རྗེ་བསྣུ་བའི་ཕྱག་རྒྱ་དང་། མ་ལུས་སེམས་ཅན་ཀུན་གྱི་མགོན་གྱུར་ཅིང་། །བདུད་སྡེ་དཔུང་བཅས་མི་བཟད་འཇོམས་མཛད་ལྷ། །དངོས་རྣམས་མ་ལུས་ཇི་བཞིན་

མཁྱེན་གྱུར་པའི། །བཅོམ་ལྡན་འདས་འཁོར་བཅས་གནས་འདིར་གཤེགས་སུ་གསོལ། །པདྨ་ཀ་མ་ལ་ཡ་སྟྭཾ། ཞེས་བླ་མ་ཡི་དམ་སངས་རྒྱས་བྱང་སེམས་དཔག་མེད་སྤྱན་དྲངས། རིན་ཆེན་སེམས་དེ་གཟུང་བར་བྱ་བའི་ཕྱིར། །དེ་བཞིན་གཤེགས་པ་རྣམས་དང་དམ་པའི་ཆོས། །དཀོན་མཆོག་དྲི་མ་མེད་དང་སངས་རྒྱས་སྲས། །ཡོན་ཏན་རྒྱ་མཚོ་རྣམས་ལ་ལེགས་པར་མཆོད། །མེ་ཏོག་འབྲས་བུ་ཇི་སྙེད་ཡོད་པ་དང་། །སྨན་གྱི་རྣམ་པ་གང་དག་ཡོད་པ་དང་། །འཇིག་རྟེན་རིན་ཆེན་ཇི་སྙེད་ཡོད་པ་དང་། །ཆུ་གཙང་ཡིད་དུ་འོང་བ་ཅི་མཆིས་དང་། །རིན་ཆེན་རི་བོ་དང་ནི་དེ་བཞིན་དུ། །ནགས་ཚལ་ས་ཕྱོགས་དབེན་ཞིང་ཉམས་དགའ་དང་། །ལྗོན་ཤིང་མེ་ཏོག་རྒྱན་སྤྲས་ཡུཧྲལ་དང་། །ཤིང་གང་འབྲས་བཟང་ཡལ་ག་དུད་པ་དང་། །ལྷ་སོགས་འཇིག་རྟེན་ན་ཡང་དྲི་དང་ནི། །སྤོས་དང་དཔག་བསམ་ཤིང་དང་རིན་ཆེན་ཤིང་། །མ་རྨོས་འཁྲུངས་པའི་ལོ་ཏོག་རྣམ་པ་དང་། །གཞན་ཡང་མཆོད་པར་འོས་པའི་རྒྱན་རྣམས་ནི། །མཚོ་དང་རྫིང་བུ་པདྨས་བརྒྱན་པ་དང་། །ངང་པ་ཤིན་ཏུ་སྐད་སྙན་ཡིད་འོང་ལྡན། །ནམ་མཁའ་རབ་འབྱམས་ཁམས་ཀྱི་མཐའ་གཏུགས་པ། །ཡོངས་སུ་གཟུང་བ་མེད་པ་འདི་དག་ཀུན། །བློ་ཡིས་བླངས་ནས་ཐུབ་པ་སྐྱེས་ཀྱི་མཆོག །སྲས་དང་བཅས་པ་རྣམས་ལ་ལེགས་འབུལ་ན། །ཡོན་གནས་དམ་པ་ཐུགས་རྗེ་ཅན་རྣམས་ཀྱིས། །བདག་ལ་བརྩེ་དགོངས་བདག་གི་འདི་དག་བཞེས། །བདག་ནི་བསོད་ནམས་མི་ལྡན་བཀྲེན་ཆེན་ཏེ། །མཆོད་པའི་ནོར་གཞན་བདག་ལ་ཅང་མ་མཆིས། །དེས་ན་གཞན་དོན་དགོངས་པའི་མགོན་གྱིས་ནི། །བདག་གི་དོན་སླད་ཉིད་ཀྱི་མཐུས་བཞེས་ཤིག །རྒྱལ་དང་དེ་སྲས་རྣམས་ལ་བདག་གིས་ནི། །བདག་གི་ལུས་ཀུན་གཏན་དུ་འབུལ་བར་བགྱི། །སེམས་

དཔའ་མཆོག་རྣམས་བདག་ནི་ཡོངས་བཞེས་ཤིག །གུས་པས་ཁྱེད་ཀྱི་འབངས་སུ་མཆི་བར་བགྱི། །བདག་ནི་ཁྱེད་ཀྱིས་ཡོངས་སུ་གཟུང་བས་ན། །སྲིད་ན་མི་འཇིག་སེམས་ཅན་ཕན་པར་བགྱི། །སྔོན་གྱི་སྡིག་ལས་ཡང་དག་འདའ་བགྱིད་ཅིང་། །སྡིག་པ་གཞན་ཡང་སླན་ཆད་མི་བགྱིད་དོ། །བསྟུ་ན། འདི་ནས་བྱུག་པར་བགྱིའི་བར་གྱིས་འབུལ། ཁྲུས་ཀྱི་ཁང་པ་ཤིན་ཏུ་དྲི་ཞིམ་པ། །ཤེལ་གྱི་ས་གཞི་གསལ་ཞིང་འཚེར་བ་ལྟར། །རིན་ཆེན་འབར་བའི་ཀ་བ་ཡིད་འོང་ལྡན། །དེ་བཞིན་གཤེགས་པ་རྣམས་དང་དེ་སྲས་ལ། །རིན་ཆེན་བུམ་པ་མང་པོ་སྤོས་ཀྱི་ཆུ། །ཡིད་འོང་ལེགས་པར་བཀང་བའི་གླུ་དང་ནི། །རོལ་མོར་བཅས་པ་དུ་མས་སྐུ་ཁྲུས་གསོལ། །དེ་དག་སྐུ་ལ་མཚུངས་པ་མེད་པའི་གོས། །གཙང་ལ་དྲི་རབ་བགོས་པས་སྐུ་ཕྱི་འོ། །དེ་ནས་དེ་ལ་ཁ་དོག་ལེགས་བསྒྱུར་བའི། །ན་བཟའ་ཤིན་ཏུ་དྲི་ཞིམ་དམ་པ་འབུལ། །གོས་བཟང་སྲབ་ལ་འཇམ་པ་སྣ་ཚོགས་དང་། །རྒྱན་མཆོག་བརྒྱ་ཕྲག་དེ་དང་དེ་དག་གིས། །འཕགས་པ་ཀུན་ཏུ་བཟང་དང་འཇམ་དབྱངས་དང་། །འཇིག་རྟེན་དབང་ཕྱུག་སོགས་ལ་བརྒྱན་པར་བགྱི། །སྟོང་གསུམ་ཀུན་ཏུ་དྲི་ངད་ལྡན་པའི། །སྤོས་མཆོག་རྣམས་ནི་ཐུབ་དབང་རྣམས་ཀྱི་སྐུ། །གསེར་སྦྱངས་བཙོ་མ་ཕྱི་དོར་བྱས་པ་ལྟར། །འོད་ཆགས་འབར་བས་དེ་དག་བྱུག་པར་བགྱི། །ཐུབ་དབང་མཆོད་གནས་མཆོག་ལ་ཡིད་འོང་བའི། །མེ་ཏོག་མནྡཱ་ར་དང་པདྨ་དང་། །ཨུཏྤལ་ལ་སོགས་དྲི་ཞིམ་ཐམས་ཅད་དང་། །ཕྲེང་བ་སྤེལ་ལེགས་ཡིད་འོང་རྣམས་ཀྱིས་མཆོད། །སྤོས་མཆོག་ཡིད་འོང་དྲི་ངད་ཁྱབ་པ་ཡིས། །བདུག་པའི་སྤོས་མཆོག་རྣམས་ཀྱང་དབུལ་བར་བགྱི། །ཞལ་ཟས་བཟའ་བཏུང་སྣ་ཚོགས་བཅས་པ་ཡིས། །ལྷ་བཤོས་རྣམས་ཀྱང་དེ་ལ་འབུལ་བར་བགྱི། །གསེར་གྱི་པདྨ་མཚར་དུ་མདངར་བ

ཡིས། །རིན་ཆེན་སྦྲོན་མེ་རྣམས་ཀྱང་དབུལ་བར་བགྱི། །ས་གཞི་བདར་བ་སྤོས་ཀྱིས་རབ་བྱུགས་པར། །མེ་ཏོག་ཡིད་འོང་སིལ་མ་བཀྲམ་བྱས་ཏེ། །གཞལ་མེད་ཕོ་བྲང་བསྟོད་དབྱངས་ཡིད་འོང་ལྡན། །མུ་ཏིག་རིན་ཆེན་རྒྱན་འཕྱང་མཛེས་འབར་བ། །དཔག་ཡས་ནམ་མཁའི་རྒྱན་གྱུར་དེ་དག་ཀྱང་། །ཐུགས་རྗེའི་རང་བཞིན་ཅན་ལ་འབུལ་བར་བགྱི། །རིན་ཆེན་གདུགས་མཛེས་གསེར་གྱི་ཡུ་བ་ཅན། །ཁོར་ཡུག་རྒྱན་གྱི་རྣམ་པ་ཡིད་འོང་ལྡན། །དབྱིབས་ལེགས་ལྟ་ན་སྡུག་པ་བསྒྲེང་བ་ཡང་། །རྟག་ཏུ་ཐུབ་དབང་རྣམས་ལ་འབུལ་བར་བགྱི། །དེ་ལས་གཞན་ཡང་མཆོད་པའི་ཚོགས། །རོལ་མོ་དབྱངས་སྙན་ཡིད་འོང་ལྡན། །སེམས་ཅན་སྡུག་བསྔལ་སིམ་བྱེད་པའི། །སྤྲིན་རྣམས་སོ་སོར་གནས་གྱུར་ཅིག །དམ་ཆོས་དཀོན་མཆོག་ཐམས་ཅད་དང་། །མཆོད་རྟེན་རྣམས་དང་སྐུ་གཟུགས་ལ། །རིན་ཆེན་མེ་ཏོག་ལ་སོགས་ཆར། །རྒྱུན་མི་འཆད་པར་འབབ་པར་ཤོག །ཇི་ལྟར་འཇམ་དབྱངས་ལ་སོགས་པས། །རྒྱལ་བ་རྣམས་ལ་མཆོད་མཛད་པ། །དེ་བཞིན་བདག་གིས་དེ་བཞིན་གཤེགས། །རྒྱལ་བ་སྲས་དང་བཅས་རྣམས་མཆོད། །ཡོན་ཏན་རྒྱ་མཚོ་རྣམས་ལ་བདག །བསྟོད་དབྱངས་ཡན་ལག་རྒྱ་མཚོས་བསྟོད། །བསྟོད་དབྱངས་སྙན་སྤྲིན་དེ་དག་ལ། །ངེས་པར་ཀུན་ཏུ་འབྱུང་གྱུར་ཅིག །

དེ་ནས་ཇམ་སེར་གྱི་ཆུ་སྦྱིན་ནི། ས྄་ཧླཱ་ཕཾ། སྟོང་པའི་ངང་ལས་པཾ་ལས་པདྨ། ཨ་ལས་ཟླ་བའི་དཀྱིལ་འཁོར་གྱི་སྟེང་དུ། ཛམ་སེར་པོ་ཡོངས་སུ་གྱུར་པ་ལས། ཛམ་བྷ་ལ་སྐུ་མདོག་སེར་པོ་ཞལ་གཅིག་ཕྱག་གཉིས་པ། གཡས་པས་ཤིང་ཐོག་བཱི་ཛ་པཱུ་ར་དང་། གཡོན་པས་ནེའུ་ལེའི་རྒྱལ་པ་བསྣམས་པ། ཨུཏྤ་ལའི་ཕྲེང་བ་ཅན། ཞབས་གཉིས་ཀྱིས་དུང་དང་པདྨའི་གདོང་གི་གཏེར་མནན་པ། དར་དང་རིན་པོ་ཆེ་

སྣ་ཚོགས་ཀྱིས་བརྒྱན་པའི་སྤྱི་བོར་ཨོཾ། མགྲིན་པར་ཨཱཿ ཐུགས་ཀར་ཧཱུྃ། ཛཿཧཱུྃ་བཾ་ཧོཿ ཞེས་པས་ཡེ་ཤེས་པ་གཞུག །དེ་བཞིན་གཤེགས་པ་ཐམས་ཅད་ཀྱིས་མངོན་པར་དབང་བསྐུར་དུ་གསོལ། ཞེས་པས་དབང་བསྐུར་གྱི་ལྷ་ལ་གསོལ་བ་བཏབ། དབང་བསྐུར། དྲི་མ་དག །ཆུ་ལྷག་མ་ཡར་ལུད་པ་ལས། རིན་ཆེན་འབྱུང་ལྡན་གྱིས་དབུ་རྒྱན། ལག་པ་གཡས་པའི་མཐིལ་དུ། ཧྲཱུཾ། ཨཾ། ཛྲིཾ། ཁཾ། ཧཱུྃ་ལས་བྱུང་བའི་དེ་བཞིན་གཤེགས་པ་ལྔ་ཞུ་བའི་ཆུར་གྱུར། ཨཏྲ་ཛྙཾ་ལ་ཛ་ལེན་ཏུ་ཡ་སྭཱ་ཧཱ། ཞེས་མང་དུ་བཟླས་ཤིང་ཆུ་སྦྱིན། ཨཏྲ་ཛཾ་ཛྙཱ་ལ་ས་པ་རི་ཤ་ར་ཨརྒྷཾ། པུཥྤེ། དྷཱུ་པེ། ཨཱ་ལོ་ཀེ། གནྡྷེ། ནཻ་ཝིདྱ། ཤབྡ་ཨཱཿཧཱུྃ། ནོར་གྱི་དབང་ཕྱུག་རིན་ཆེན་གཏེར་མངའ་ཞིང་། །གནོད་སྦྱིན་ནོར་འཆང་མང་པོ་ཀུན་གྱི་རྗེ། །བྱང་ཕྱོགས་སྐྱོང་བའི་མགོན་པོ་ཛཾ་བྷ་ལ། །དངོས་གྲུབ་མཆོག་སྩོལ་མཛད་ལ་ཕྱག་འཚལ་ལོ། །སེར་སྣའི་ལས་ཀྱིས་མི་ཡིས་གདུངས་པ་རྣམས། །སྐྱེ་དང་སྐྱེ་བར་ཁྱེད་ལ་སྐྱབས་སུ་མཆི། །རིན་ཆེན་གཏེར་གྱི་བདུད་རྩིའི་ཆར་རྒྱུན་གྱིས། །སེམས་ཅན་དབུལ་འཕོངས་སྡུག་བསྔལ་ཞི་བར་མཛོད། །

དེ་ནས་ཛམ་ནག་གི་ཆུ་སྦྱིན་ནི། སུམྦྷ་ཡ། སྟོང་པའི་ངང་ལས་པཾ་ལས་པདྨ། རཾ་ལས་ཉི་མའི་དཀྱིལ་འཁོར་གྱི་སྟེང་དུ། ཧཱུྃ་མཐིང་ནག་ཡོངས་སུ་གྱུར་པ་ལས། ཛཾ་བྷ་ལ་སྐུ་མདོག་ནག་པོ་ཞལ་གཅིག་ཕྱག་གཉིས་པ། གཡས་པས་ཐོད་པ་ཁྲག་གིས་བཀང་བ་དང་། གཡོན་པས་ནེའུ་ལེའི་རྒྱལ་པ་བསྣམས་པ། ཞབས་གཡོན་བརྐྱང་བའི་སྟབས་ཀྱིས་ནོར་བདག་སེར་པོ་མནན་པ། ཀླུ་ཆེན་པོ་བརྒྱད་ཀྱིས་བརྒྱན་པའི་དཔྲལ་བར་ཨོཾ། མགྲིན་པར་ཨཱཿ ཐུགས་ཀར་ཧཱུྃ། ཛཿཧཱུྃ་བཾ་ཧོཿ དེ་བཞིན་གཤེགས་པ་ཐམས་ཅད་ཀྱིས་མངོན་པར་དབང་བསྐུར་དུ་གསོལ། དབང་བསྐུར། དྲི་མ་དག །ཆུ་ལྷག་མ་ཡར་ལུད་པ་ལས་མི་བསྐྱོད་པས་དབུ་རྒྱན། ཨོཾ་ཨིནྡྲ་ནི་མུ་ཁཾ་

ཧཱུ་མ་རི་སྭཱ་ཧཱ། ཨོཾ་ཛཾ་ལུཾ་སྭཱ་ཧཱ། ན་མོ་རཏྣ་ཏྲ་ཡཱ་ཡ། ན་མོ་མ་ཎི་བྷ་དྲ་ཡེ། མ་ཧཱ་ཡཀྵ་སེ་ན་པ་ཏ་ཡེ། ཏདྱ་ཐཱ། ཨོཾ་ཛཾ་བྷ་ལ་ཛ་ལེནྡྲ་ཡ་སྭཱ་ཧཱ། ཨཱཙྪ་ཛཾ་བྷ་ལ་ས་པ་རི་ཝཱ་ར་ཨརྒྷཾ་ནས། ཤབྡའི་བར་གྱིས་མཆོད་ མགོན་པོ་ནམ་མཁའི་མདོག་ཅན་ནོར་གྱི་ཆར་འབེབས་པ། །མ་སྐྱེས་རང་བཞིན་དག་པས་སྐུ་མདོག་སྔོན་པོར་བཞུགས། །ཁྱོད་ནི་རྡོ་རྗེ་སེམས་དཔའ་ཉིད་དུ་བདག་དྲན་ན། །རྟག་ཏུ་ཡིད་ལ་རེ་བའི་འབྲས་བུ་མཆིས་པར་མཛོད། །སེམས་ཅན་ཐམས་ཅད་དབུལ་འཕོངས་ཀྱི་སྡུག་བསྔལ་ལས་གྲོལ་ཐར་ནས་ཆོས་མཐུན་གྱི་འབྱོར་པ་རྒྱ་ཆེན་པོ་དང་ལྡན་ཏེ། ལོག་པའི་འཚོ་བས་མི་འཚོ་ཞིང་། ཡང་དག་པའི་འཚོ་བས་འཚོ་བར་བྱིན་གྱིས་བརླབ་ཏུ་གསོལ། དངོས་གྲུབ་ཀྱི་ཚུལ་དུ་ཆུ་ཐིགས་པ་གཅིག་ལྟེ་ཐོག་ལ་བཞག །བཛྲ་མུཿ འདི་གོང་མ་ལྟར་བརྗོད། ཡེ་ཤེས་པ་གཉིས་ཀ་གཤེགས། དམ་ཚིག་པ་མི་དམིགས་པར་བསམ་མོ། །

དེ་ནས་ཡི་དགས་ལ་ཆུ་སྦྱིན་པ་ནི། རང་སྤྱན་རས་གཟིགས་སུ་གསལ་བའི་ཕྱག་གཡས་མཆོག་སྦྱིན་ལས་བདུད་རྩིའི་རྒྱུན་བྱུང་བས་ཡི་དགས་ཐམས་ཅད་ཚིམ་པར་བསམ་ལ། ཆུ་ཐིགས་པར་བཅད་ཅིང་སེ་གོལ་ཏོག །སྐྱོན་གྱིས་མ་གོས་སྐུ་མདོག་དཀར། །རྫོགས་སངས་རྒྱས་ཀྱིས་དབུ་ལ་བརྒྱན། །ཐུགས་རྗེའི་སྤྱན་གྱིས་འགྲོ་ལ་གཟིགས། །སྤྱན་རས་གཟིགས་ལ་ཕྱག་འཚལ་ལོ། །ཨོཾ་མ་ཎི་པད་མེ་ཧཱུྃ། ཨོཾ་ཨཱཿཧཱུྃ་ཧྲཱིཿ ཞེས་བཟླས་ཤིང་ཆུ་སྦྱིན། ཨོཾ་ཛ་ལ་མི་ར་སརྦ་སྲེ་ཏེ་ཧྲུ་སྭཱ་ཧཱ། འཕགས་པ་སྤྱན་རས་གཟིགས་དབང་གི། །ཕྱག་ནས་འབབ་པའི་འོ་རྒྱུན་གྱིས། །ཡི་དགས་རྣམས་ནི་ཚིམ་བྱས་ནས། །ཁྲུས་བྱས་རྟག་ཏུ་བསིལ་བར་ཤོག །ན་མོ་རཏྣ་ཏྲ་ཡཱ་ཡ། ན་མོ་བྷ་ག་ཝ་ཏེ་ཨཀྵོ་བྷྱ་ཏ་ཐཱ་ག་ཏཱ་ཡ། ཨ་ར་ཧ་ཏེ་སཾམྱཀ་སཾ་བུདྡྷཱ་ཡ། ཏདྱཐཱ། ཨོཾ་ཀཾ་ཀ་ནི་ཀཾ་ཀ་ནི། རོ་ཙ་ནི་རོ་ཙ་ནི། ཏྲོ་ཊ་ནི་ཏྲོ་ཊ་ནི། ཏྲཱ་ས་ནི་ཏྲཱ་ས་ནི། པྲ་ཏི་ཧ་ན་པྲ་ཏི་ཧ་ན། སརྦ་ཀརྨ་པ་རཾ་པ་ར་ཎི་མེ་ཡེ་སྭཱ་ཧཱ། ཆུ་ཡི་སྦྱིན་པ་རྒྱ་ཆེན་པོ་

འདི་ལ་བརྟེན་ནས། སླུའི་རྒྱལ་པོ་དགའ་བོ་དང་འཇོག་པོ་ལ་སོགས་པ་ཆུ་སླུང་གི་བདག་པོ་རྣམས་ཀྱིས། སྦྱིན་པ་དམ་པ་སེམས་ཀྱི་རྒྱན། སེམས་ཀྱི་ཡོ་བྱད་རྣལ་འབྱོར་གྱི་ཚོགས། དོན་གྱི་མཆོག་རྫོགས་པའི་སངས་རྒྱས་ཀྱི་གོ་འཕང་རིན་པོ་ཆེན་ཐོབ་པར་གྱུར་གཅིག །ཅེས་པས་སྨོན་ལམ་གདབ།

དེ་ནས་གཏོར་མ་ཆ་བཅུ་གཏོང་བར་འདོད་པས་དོན་བཞི་སྟེ། བདག་བསྐྱབ་པ་དང་། རྫས་བསྐྱབ་པ་དང་། མགྲོན་བསྐྱབ་པ་དང་། འབུལ་བའི་རིམ་པའོ། །བདག་བསྐྱབ་པ་ནི། རང་ཉིད་ཇོ་བོ་ཐུགས་རྗེ་ཆེན་པོ་བསྒོམ་པར་བྱའོ། །རྫས་བསྐྱབ་པ་ནི། གཏོར་མའི་རྒྱུ་ཤ་ཆང་སྨོག་གསུམ་མ་འདྲེས་པ་དང་། དཀར་གསུམ། མངར་གསུམ། རྩམ་པ་ལ་སོགས་པ་ལ་བྱས་པའི་གཏོར་མ་རིན་པོ་ཆེའི་སྣོད་དུ་བཤམས་ཤིང་། སྔགས་ཀྱི་ཁར་བཞག་ལ་ཆུ་གཙང་གིས་བྲན་པར་བྱའོ། །དེ་ནས། ཨོཾ་བཛྲ་ཨ་མྲི་ཏ། ས྄་བྷཱ་ཝ། ཨོཾ་ཨཱཿཧཱུྃ། སྟོང་པར་སྦྱངས། སྟོང་པའི་ངང་ལས་རིན་པོ་ཆེའི་སྣོད་ཀྱི་ནང་དུ་གཏོར་མ་དངས་ཤིང་ཐོགས་པ་མེད་པ་མགྲོན་རིགས་སོ་སོ་དང་འཚམ་པའི་མཆོད་པའི་ཡོ་བྱད་དུ་སོགས་ལ། རང་ཡི་དམ་དུ་བསྒོམ་པའི་ལག་པའི་མཐིལ་དུ་ཟླ་བའི་དཀྱིལ་འཁོར་ཉ་གང་བའི་སྟེང་དུ། ཡི་གེ་གསུམ་བསམ་ཞིང་དག་ཏུ་ཡང་བརྗོད་པས། ཡི་གེ་གསུམ་དང་ཟླ་བའི་དཀྱིལ་འཁོར་འོད་དུ་ཞུ་བས་ཡེ་ཤེས་ཀྱི་བདུད་རྩི་ཆར་བཞིན་དུ་བབ་ནས་གཏོར་མ་ལ་ཐིམ་པས་དམ་ཚིག་པ་དང་ཡེ་ཤེས་པ་གཉིས་སུ་མེད་པར་བསམ་མོ། །འདི་བཤམ་ཐེབས་རེ་ལ་ལན་རེ་བྱ། མགྲོན་བསྐྱབ་པ་ནི། མདུན་གྱི་ནམ་མཁའ་ས་གཞི་བར་སྣང་རྣམས་ལ། སྲིད་ཞུའི་མགྲོན་བླ་མ་ཡི་དམ་སངས་རྒྱས་བྱང་ཆུབ་སེམས་དཔག་ཏུ་མེད་པ་དང་། ཡོན་ཏན་གྱི་མགྲོན་ཚངས་པ་དང་བརྒྱ་བྱིན་ལ་སོགས་པ་རྣམས་དང་། སྙིང་རྗེའི་མགྲོན་རིགས་དྲུག་གི་སེམས་ཅན་ཐམས་ཅད་དང་། ལན་ཆགས་ཀྱི་མགྲོན་གདོན་བགེགས་ལ་སོགས་ཐམས་ཅད་སྤྲིན་གྱི་ཕུང་པོ་གཏིབས་པ་ལྟར་གནས་པར་བསམ་ལ། འབུལ་བའི་

དུས་སུ་མགྲོན་རིགས་གང་ཡིན་པ་དེ་དང་འཚམ་པའི་ལོངས་སྤྱོད་ཟད་མི་ཤེས་པ་མང་པོ་སོ་སོར་ཕུལ་བར་བསམ་མོ། །

འབུལ་བའི་རིམ་པ། ཆ་དང་པོ་བླ་མ་ཡི་དམ་ལ་འབུལ་བ་ནི། ན་མ་སརྦ་ཏ་ཐཱ་ག་ཏ་ཧྲྀ་ན་ཨ་བ་ལོ་ཀི་ཏ། ཨོཾ་སཾ་བྷཱ་ར་སཾ་བྷཱ་ར་ཧཱུྃ། ཕྱོགས་བཅུ་དུས་གསུམ་ན་བཞུགས་པའི་རྩ་བ་དང་བརྒྱུད་པར་བཅས་པའི་བླ་མ་ཡི་དམ་རྒྱུད་སྡེ་བཞི་ཡི་ལྷ་ཚོགས། སངས་རྒྱས་དང་བྱང་ཆུབ་སེམས་དཔའ་དུས་གསུམ་གྱི་རྒྱལ་བ་སྲས་དང་བཅས་པ་རྣམས་ལ་འབུལ་ལོ། །ལྷགས་འོད་ཟེར་གྱི་ཚུལ་དུ་གཏོར་མ་ལ་ཐིམ་ནས་གསོལ་བས་སྐུ་གསུང་ཐུགས་མཉེས་ནས་མཆོག་དང་ཐུན་མོང་གི་དངོས་གྲུབ་མ་ལུས་པ་རྩལ་དུ་གསོལ།

ཆ་གཉིས་པ་ཡེ་ཤེས་པའི་ཆོས་སྐྱོང་ལ་འབུལ་བ་ནི། ཨ་ཀྲོ་ཏ་ས་བསང་། སྭཱ་བྷཱ་ཝ་སྦྱངས། ཨོཾ་ཨཱཿཧཱུྃ་གིས་བྱིན་གྱིས་རླབས་ཏེ། ན་མ་སརྦ་སོགས་ལན་གསུམ་བརྗོད་ནས། དམ་པ་ཡེ་ཤེས་པའི་ཆོས་སྐྱོང་བའི་བསྲུང་མ། དཔལ་ཡེ་ཤེས་ཀྱི་མགོན་པོ་ཕྱག་བཞི་པ། ཕྱག་དྲུག་པ། གུར་མགོན། ཡབ་ལེགས་ལྡན་ནག་པོ། སྲས་མཆོག་ནག་པོ། ཕྱོགས་བཅུ་མགོན་པོའི་ཚོགས་དང་བཅས་པ། དཔལ་རྡོ་རྗེ་ནག་མོ་རེ་མ་ཏི། ནག་མོ་འབུམ་སྡེ་དང་བཅས་པ་རྣམས་ལ་འབུལ་ལོ། །སངས་རྒྱས་ཀྱི་བསྟན་པ་དར་ཞིང་སེམས་ཅན་ལ་བདེ་སྐྱིད་ཕུན་སུམ་ཚོགས་པ་འབྱུང་བའི་ཕྲིན་ལས་མཛོད་ཅིག །

ཆ་གསུམ་པ་འཇིག་རྟེན་པའི་ཆོས་སྐྱོང་ལ་འབུལ་བ་ནི། ཨ་ཀྲོ་ཏ། སྭ་བྷཱ་ཝ། ཨོཾ་ཨཱཿཧཱུྃ། དེ་བཞིན་གཤེགས་པ་རིན་ཆེན་མང་ལ་ཕྱག་འཚལ་ལོ། །དེ་བཞིན་གཤེགས་པ་གཟུགས་མཛེས་དམ་པ་ལ་ཕྱག་འཚལ་ལོ། །དེ་བཞིན་གཤེགས་པ་སྐུ་འཇམ་གླས་ལ་ཕྱག་འཚལ་ལོ། །དེ་བཞིན་གཤེགས་པ་འཇིགས་པ་ཐམས་ཅད་དང་ཡོངས་སུ་བྲལ་བ་ལ་ཕྱག་འཚལ་ལོ། །ན་མ་སརྦ་ཏ་ཐཱ་ག་ཏ་ཨ་བ་ལོ་ཀི་ཏེ། ཨོཾ་སཾ་བྷཱ་ར་སཾ་བྷཱ

ར་ཧཱུྃ། ཕྱོགས་སྐྱོང་བཅུ། ལྷ་ཆེན་པོ་བརྒྱད། ཀླུ་ཆེན་པོ་བརྒྱད། གཟའ་ཆེན་པོ་བརྒྱད་རྒྱུ་སྐར་ཉི་ཤུ་རྩ་བརྒྱད། རྒྱལ་པོ་ཆེན་པོ་བཞི་ལ་སོགས་པ་ཕྱི་རོལ་རྡོ་རྗེའི་རིགས་ཀྱི་བསྲུང་མ་ཐམས་ཅད་ལ་འབུལ་ལོ། །སངས་རྒྱས་ཀྱི་བསྟན་པ་དར་ཞིང་སེམས་ཅན་ལ་བདེ་སྐྱིད་ཕུན་སུམ་ཚོགས་འབྱུང་བའི་ཕྲིན་ལས་མཛོད་ཅིག །

བཞི་པ་ལྷ་མིའི་དྲང་སྲོང་ལ་འབུལ་བ་ནི། ལྷ་ཡི་དྲང་སྲོང་མི་ཡི་བྲམ་ཟེ་མངོན་པར་ཤེས་པ་ལྔ་དང་ལྡན་པ། རི་རབ་ཀྱི་ཁོར་སེང་རྒྱ་མཚོའི་གླིང་བར་ན་གནས་པ་རྣམས་ལ་འབུལ་ལོ། །སངས་རྒྱས་ཀྱི་བསྟན་པ་དར་བ། སེམས་ཅན་ལ་བདེ་སྐྱིད་ཕུན་སུམ་ཚོགས་པ་འབྱུང་བའི་སྨོན་ལམ་རྣམ་པར་དག་པ་གདབ་ཏུ་གསོལ།

ལྔ་པ་ལྷན་ཅིག་སྐྱེས་པའི་ལྷ་དང་མཉམ་པོར་འོངས་པའི་བདུད་ལ་འབུལ་བ་ནི། ལྷན་ཅིག་སྐྱེས་པའི་ལྷ་དང་མཉམ་པོར་འོངས་པའི་བདུད་གཉིས་ལ་འབུལ་ལོ། །ལྷས་ཚེ་བསྲིངས། དཔལ་བསྐྱེད། བདུད་ཀྱིས་མི་མཐུན་པའི་ཕྱོགས་ཐམས་ཅད་ཞི་བར་མཛོད་ཅིག །

དྲུག་པ་རིགས་དྲུག་ལ་འབུལ་བ་ནི། འགྲོ་བ་རིགས་དྲུག །ལམ་རྒྱུད་ལྔ། སྐྱེ་གནས་བཞིས་བསྡུས་པའི་སེམས་ཅན་ཐམས་ཅད་ལ་འབུལ་ལོ། །སོ་སོའི་སྡུག་བསྔལ་ཅི་ཡོད་པ་ལས་ཐར་ནས་མྱུར་དུ་སངས་རྒྱས་ཀྱི་གོ་འཕང་ཐོབ་པར་གྱུར་ཅིག །

བདུན་པ་ཀླུ་དང་ས་བདག་ལ་འབུལ་བ་ནི། ཀླུ་ཆེན་པོ་བརྒྱད་ཀྱིས་གཙོ་བྱས་པའི་ཀླུ་དང་ས་བདག་རྣམས་ལ་འབུལ་ལོ། །ཁྱུ་ཁྱུང་དང་། བྱི་ཚན་དང་། ཁྲོ་བོ་མེ་རིའི་སྡུག་བསྔལ་ལས་གྲོལ་ནས་མྱུར་དུ་སངས་རྒྱས་ཀྱི་གོ་འཕང་རིན་པོ་ཆེ་ཐོབ་པར་གྱུར་ཅིག །

བརྒྱད་པ་ཡི་དྭགས་ལ་འབུལ་བ་ནི། ཡི་དགས་ཀྱི་རྒྱལ་མོ་ཁ་ལ་མེ་འབར་མས་གཙོ་བྱས་པའི་ཡི་དྭགས་གནྡྷ་ཀླུང་གི་བྱེ་མ་སྙེད་ཀྱི་གྲངས་དང་མཉམ་པ་རྣམས་ལ་འབུལ

ལོ། །བཀྲིས་སྐྲམ་གྱི་སྡུག་བསྔལ་དང་བྲལ་ནས་མྱུར་དུ་སངས་རྒྱས་ཀྱི་གོ་འཕང་རིན་པོ་ཆེ་ཐོབ་པར་གྱུར་ཅིག །

དགུ་པ་ལན་ཆགས་བགེགས་རིགས་ལ་འབུལ་བ་ནི། གེགས་ཀྱི་རྒྱལ་པོ་བྱི་ན་ཡ་ཀས་གཙོ་བྱས་པའི་བགེགས་རིགས་སྟོང་ཕྲག་བརྒྱད་ཅུ། འཁོར་བ་ཐོག་མ་མེད་པ་ནས་ནད་དང་ནོར་དང་སྲོག་གི་ལན་ཆགས་པའི་གདོན་བགེགས་ཐམས་ཅད་ལ་འབུལ་ལོ། །བུ་ལོན་འཁོར་ཤ་འཁོན་ཞི། ལན་ཆགས་བྱང་ནས་སངས་རྒྱས་ཀྱི་གོ་འཕང་རིན་པོ་ཆེན་ཐོབ་པར་གྱུར་ཅིག །

བཅུ་པ་གཞི་བདག་སྤྱི་ལ་འབུལ་བ་ནི། མཐོ་བ་ནམ་མཁའ་ལ་གནས་པ་དམའ་བ་ས་གཞི་ལ་གནས་པ། དབུས་ཀྱི་རི་བོ་མཆོག་རབ། གསེར་གྱི་རི་བདུན། རོལ་པའི་མཚོ་བདུན་ལ་གནས་པ། བོད་ཁམས་སྐྱོང་བའི་བརྟན་མ་བཅུ་གཉིས། བོད་ཀྱི་མགུར་ལྷ་བཅུ་གསུམ། སྲིད་པ་ཆགས་པའི་ལྷ་དགུ། སྟོད་མངའ་རིས་སྐོར་གསུམ། བར་དབུས་གཙང་རུ་བཞི། སྨད་མདོ་ཁམས་སྒང་གསུམ་ལ་གནས་པའི་གཞི་བདག་རྣམས་དང་། དམ་ཅན་སྐྱེས་བུ་ཆེན་པོ་མཆེད་སུམ་བརྒྱ་དྲུག་ཅུ་དང་བཅས་པ་རྣམས་ལ་འབུལ་ལོ། །སངས་རྒྱས་ཀྱི་བསྟན་པ་དར་བ། སེམས་ཅན་ལ་བདེ་སྐྱིད་འབྱུང་བའི་ཕྲིན་ལས་མཛོད་ཅིག །

བཅུ་གཅིག་པ་གཞི་བདག་གཏོར་མ་ནི། གཉུག་མར་གནས་པའི་གཞི་བདག་ཆེ་གེ་མོ་ལ་སོགས་པ་གནས་བདག །ཡུལ་བདག །གཞི་བདག །གྲོང་བདག །ས་ཕྱོགས་འདིར་གནས་པ་རྣམས་ལ་འབུལ་ལོ། །སངས་རྒྱས་ཀྱི་བསྟན་པ་དར་ཞིང་སེམས་ཅན་ལ་བདེ་སྐྱིད་འབྱུང་བ། ཁྱད་པར་དུ་ཡང་དམ་པའི་ཆོས་བསྒྲུབ་པའི་འགལ་རྐྱེན་ཐམས་ཅད་ཞི་ཞིང་། མཐུན་རྐྱེན་ཐམས་ཅད་ཡིད་བཞིན་དུ་བསྒྲུབ་པའི་ཕྲིན་

ལས་རྒྱ་ཆེན་པོ་མཛོད་ཅིག །

བཅུ་གཉིས་པ་ལྷག་མ་ཆ་བརྒྱད་ནི། རིགས་དྲུག་གི་ནང་ནས་ཁས་ཉེན་ལ་དབང་ཆུང་བ་ལྷག་མ་དང་བཤལ་ཆུ་ལ་དབང་བ། ཞ་བོ། ཡོང་བ་འོན་པ། ལྐུགས་པ། སྨྱོན་པ་ལ་སོགས་པ་རྣམས་ལ་འབུལ་ལོ། །ཞ་བོ་རྣམས་ཞ་རངས། ཡོང་བས་མིག་གིས་གཟུགས་མཐོང་། འོན་པ་རྣམས་ཀྱི་རྣ་བས་སྒྲ་ཐོས། ལྐུགས་པ་སྨྲ་ཤེས། སྨྱོན་པས་དྲན་པ་སླར་རྙེད་ནས་མྱུར་དུ་སངས་རྒྱས་ཀྱི་གོ་འཕང་རིན་པོ་ཆེ་ཐོབ་པར་གྱུར་ཅིག །བདག་གི་བསམ་པའི་སྟོབས་དང་ནི། །དེ་བཞིན་གཤེགས་པའི་བྱིན་སྟོབས་དང་། །ཆོས་ཀྱི་དབྱིངས་ཀྱི་སྟོབས་རྣམས་ཀྱིས། །སངས་རྒྱས་རྣམས་ལ་མཆོད་པ་དང་། །སེམས་ཅན་རྣམས་ལ་ཕན་གདགས་ཕྱིར། །དོན་རྣམས་གང་དག་བསམ་པ་ཀུན། །དེ་དག་ཐམས་ཅད་ཅི་རིགས་པ། །འཇིག་རྟེན་ཁམས་ནི་མ་ལུས་པར། །ཐོགས་པ་མེད་པར་འབྱུང་གྱུར་ཅིག །ཆོས་རྣམས་ཐམས་ཅད་རྒྱུ་ལས་བྱུང་། །དེ་རྒྱུ་དེ་བཞིན་གཤེགས་པས་གསུངས། །རྒྱུ་ལས་འགོག་པ་གང་ཡིན་པ། །དགེ་སྦྱོང་ཆེན་པོས་འདི་སྐད་གསུངས། །སྡིག་པ་ཅི་ཡང་མི་བྱ་སྟེ། །དགེ་བ་ཕུན་སུམ་ཚོགས་པར་སྤྱོད། །རང་གི་སེམས་ནི་ཡོངས་སུ་འདུལ། །འདི་ནི་སངས་རྒྱས་བསྟན་པ་ཡིན། །ལུས་ཀྱི་སྡོམ་པ་ལེགས་པ་སྟེ། །ངག་གི་སྡོམ་པ་ལེགས་པ་ཡིན། །ངག་གི་སྡོམ་པ་ལེགས་པས་ནི། །ཡིད་ཀྱི་སྡོམ་པ་ལེགས་པ་ཡིན། །ཡིད་ཀྱི་སྡོམ་པ་ལེགས་པས་ནི། །ཐམས་ཅད་དུ་ནི་སྡོམ་པ་ལེགས། །ཐམས་ཅད་བསྲུང་བའི་དགེ་སྦྱོང་དག །སྡུག་བསྔལ་ཀུན་ལས་དེ་གྲོལ་ལོ། །ཆོས་རྣམས་གཟུགས་བརྙན་ལྟ་བུ་སྟེ། །གསལ་ཞིང་དག་ལ་རྙོག་པ་མེད། །བཟུང་དུ་མེད་ཅིང་བརྗོད་དུ་མེད། །རྒྱུ་དང་ལས་ལ་ཀུན་ཏུ་འབྱུང་། །ངོ་བོ་མེད་ཅིང་གནས་

མེད་པ། །ཆོས་རྣམས་དེ་ལྟར་ཤེས་གྱིས་ལ། །སེམས་ཅན་དོན་ནི་མཉམ་མེད་ཐོས། །འོན་ཀྱང་སྐྱོབ་པའི་ཐུགས་སུ་སྐྱོ། །ཨོཾ་ཡེ་དྷརྨཱ་ཧེ་ཏུ་པྲ་བྷ་ཝཱ་ཧེ་ཏུནྟེ་ཥཱནྟ་ཐཱ་ག་ཏོ་ཧྱ་བ་དཏ། ཏེ་ཥཱཉྩ་ཡོ་ནི་རོ་དྷ་ཨེ་ཝཾ་བཱ་དཱི་མ་ཧཱ་ཤྲ་མ་ཎ་ཡ་སྭཱ་ཧཱ། ཞེས་པས་མགྲོན་རིགས་ཕལ་པ་ལ་ཆོས་ཀྱི་སྦྱིན་པ་བྱ། ཨོཾ་ཁྱོད་ཀྱིས་སེམས་ཅན་དོན་ཀུན་མཛད། །རྗེས་སུ་མཐུན་པའི་དངོས་གྲུབ་རྩོལ། །སངས་རྒྱས་ཡུལ་དུ་གཤེགས་ནས་ཀྱང་། །སེམས་ཅན་རྣམས་ཀྱི་དོན་སླད་དུ། །སླར་ཡང་འབྱོན་པར་མཛད་དུ་གསོལ། །བཛྲ་མུཿ མཆོད་སྦྱིན་གནས་འདིར་གང་ལྷགས་པའི། །འབྱུང་པོ་ས་འོག་རྒྱུ་བ་དང་། །གང་ཡང་ས་སྟེང་འཁོད་པ་དང་། །ས་བླར་གྱུར་པ་གང་ཡིན་པ། །མགུ་བར་གྱིས་ལ་རང་གནས་སུ། །ཐམས་ཅད་ཐམས་ཅད་འགྲོ་བར་གྱིས། །སརྦ་བྷཱུ་ཏ་གཙྪ། ཞེས་པས་འཇིག་རྟེན་པ་ཐམས་ཅད་རང་གནས་སུ་བཏང་། དགེ་བ་འདི་ཡིས་སྐྱེ་བོ་ཀུན། །བསོད་ནམས་ཡེ་ཤེས་ཚོགས་བསགས་ཏེ། །བསོད་ནམས་ཡེ་ཤེས་ལས་བྱུང་བ། །དམ་པ་གཉིས་ནི་ཐོབ་པར་ཤོག །འབྱུང་པོ་གང་དག་འདིར་ནི་ལྟར་གྱུར་ཏེ། །སའམ་འོན་ཏེ་བར་སྣང་འཁོད་ཀྱང་རུང་། །སྐྱེ་དགུ་རྣམས་ལ་རྟག་ཏུ་བྱམས་བྱེད་ཅིང་། །ཉིན་དང་མཚན་དུ་ཆོས་ལ་སྤྱོད་པར་ཤོག །ཅེས་སོགས་བསྔོ་བ་སྨོན་ལམ་ཚང་བར་བྱའོ། །

དེ་ནས་བྱོལ་གཏོར་ཆ་ལྔ་གཏོང་བར་འདོད་པས། ཆ་དང་པོ་བླ་མ་ཡི་དམ་ལོངས་སྐུ་ལ་འབུལ་བ་ནི། ཨོཾ་བཛྲ་ཨ་མྲི་ཏ། སྭ་ཧཱ་ཁ། སྟོང་པའི་ངང་ལས་ཐོད་པའི་སྣོད་ཡངས་ཤིང་རྒྱ་ཆེ་བའི་ནང་དུ། རང་གི་ལུས་ཀྱི་སྟོད་དེ་ཕྱར་སེ་འཕར། ཤ་ལྔ་བདུད་རྩིའི་ལྔའི་རང་བཞིན་དུ་ཞུ་བར་བསམ། མདུན་གྱི་ནམ་མཁར་བླ་མ་ཡི་དམ་སངས་རྒྱས་བྱང་སེམས་ལོངས་སྤྱོད་རྫོགས་པའི་ཆ་ལུགས་ཅན་དཔག་ཏུ་མེད་པ་བཞུགས་པར་བསམ་ལ། ཨོཾ་

ཨཱཿཧཱུྃ། ན་མ་སརྦ་ཏ་ཐཱ་ག་ཏ་ཧྲྀ་ན་ཡ་བ་ལོ་ཀི་ཏེ། ཨོཾ་སཾ་བྷཱ་ར་སཾ་བྷཱ་ར་ཧཱུྃ། ཨོཾ་མ་ཧཱ་པཉྩ་ཧཱུྃ། ཤ་ཕུ་བདུད་རྩི་ཕུའི་ཆར་བབ་པར་བསམ་ལ། མ་ཧཱ་བགྲང་། རི་ལུ་རི་སྦྱུར་བ་ཉི་ཤུ་རྩ་གཅིག་ལ་སོགས་པ་བྱའོ། ཨརྒྷཾ། ཕྱོགས་བཅུ་དུས་གསུམ་ན་བཞུགས་པའི་རྩ་བ་དང་བརྒྱུད་པར་བཅས་པའི་བླ་མ་ཡི་དམ་རྒྱུད་སྡེ་བཞིའི་ལྷ་ཚོགས་ཡོངས་རྫོགས་པའི་ཆ་ལུགས་ཅན་རྣམས་ལ་འབུལ་ལོ། །བླ་མའི་དཀོར་ལ་འབགས་པ། ཐུགས་དང་འགལ་བ། གསུང་བཅག་པ་ལ་སོགས་པའི་རྩ་བ་དང་ཡན་ལག་གི་དམ་ཚིག་ཉམས་པ་ཐམས་ཅད་བྱང་ཞིང་དག་པར་བྱིན་གྱིས་བརླབ་ཏུ་གསོལ། ཆ་གཉིས་པ་སངས་རྒྱས་བྱང་སེམས་རབ་ཏུ་བྱུང་བའི་ཆ་ལུགས་ཅན་རྣམས་ལ་འབུལ་བ་ནི། ཨ་མྲྀ་ཏ། སྭཱ་ཧཱ་ཁཱ། སྟོང་པའི་ངང་ལས་པདྨའི་སྣོད་ཡངས་ཤིང་རྒྱ་ཆེ་བའི་ནང་དུ། རང་གི་ལུས་ཀྱི་བར་ཁྲིགས་དེ་སྲིད་སེ་འཕར། མཆོད་པའི་ཡོ་བྱད་དཔག་ཏུ་མེད་པར་ཞུ། མདུན་གྱི་ནམ་མཁར་སངས་རྒྱས་བྱང་སེམས་རབ་བྱུང་གི་ཆ་ལུགས་ཅན་དཔག་མེད་བཞུགས་པར་བསམ། ཨོཾ་ཨཱཿཧཱུྃ། ན་མ་སརྦ། ཨོཾ་མ་ཧཱ། མཆོད་ཡོན་མེ་ཏོག་ལ་སོགས་པ་མཆོད་པའི་ཡོ་བྱད་བསམ་གྱིས་མི་ཁྱབ་པ་ཆར་བཞིན་བབ། ཨརྒྷཾ། བསྐལ་བཟང་གི་སངས་རྒྱས་སྟོང་ལ་སོགས་པ་ཕྱོགས་བཅུ་དུས་གསུམ་ན་བཞུགས་པའི་སངས་རྒྱས་དང་བྱང་ཆུབ་སེམས་དཔའ་རབ་ཏུ་བྱུང་བའི་ཆ་ལུགས་ཅན་རྣམས་ལ་འབུལ་ལོ། །དཀོན་མཆོག་གསུམ་གྱི་དཀོར་ལ་འབགས་པ་དང་སྤྱད་པ། ཕ་མ་མཁན་སློབ་གྲོགས་ཚངས་པ་དང་མཚུངས་པར་སྤྱོད་པ་ལ་མ་གུས་པ། གསུང་རབ་ཀྱི་གླེགས་བམ་ཟིན་པ་ལ་སོགས་པའི་དཀོར་དང་། སྐུ་གསུང་གི་དཀོར་ལ་སོགས་པ་ཐམས་ཅད་བྱང་ཞིང་དག་པར་བྱིན་གྱིས་བརླབ་ཏུ་གསོལ། གསུམ་པ་ཡན་ཆགས་ལ་འབུལ་བ་ནི། ཨ་མྲྀ་ཏ། སྭཱ་ཧཱ་ཁཱ། སྟོང་པའི་ངང་ལས་རིན་པོ་ཆེའི་སྣོད་ཡངས་ཤིང་རྒྱ་ཆེ

བའི་ནང་དུ། རང་གི་ལུས་ཀྱི་སྨད་དེ་སྤུར་སེ་འཕར་འདོད་པའི་ཡན་ཏན་བསམ་གྱིས་མི་ཁྱབ་པར་ཞུ། འཁོར་བ་ཐོག་མ་མེད་པ་ནས་ལན་ཆགས་པ་དང་གདོན་བགེགས་ཐམས་ཅད་མདུན་དུ་བསྡུས་ལ། ཨོཾ་ཨཱཿཧཱུྃ། བཅོམ་ལྡན་འདས་དེ་བཞིན་གཤེགས་པ་རིན་ཆེན་མང་ལ་ཕྱག་འཚལ་ལོ། །དེ་བཞིན་གཤེགས་པ་གཟུགས་མཛེས་དམ་པ་ལ་ཕྱག་འཚལ་ལོ། །དེ་བཞིན་གཤེགས་པ་སྐུ་འཇམ་ཕྲས་ལ་ཕྱག་འཚལ་ལོ། །དེ་བཞིན་གཤེགས་པ་འཇིགས་པ་ཐམས་ཅད་དང་ཡོངས་སུ་བྲལ་བ་ལ་ཕྱག་འཚལ་ལོ། །ན་མ་སརྦ་ཏ་ཐཱ་ག་ཏ་ཝཱ་ན་ཨ་བ་ལོ་ཀི་ཏེ། ཨོཾ་སཾ་བྷ་ར་སཾ་བྷ་ར་ཧཱུྃ། ཨོཾ་མ་ཊ། ཨཀྵཾ། རིན་པོ་ཆེ་གང་ལ་གང་འདོད་ཀྱི་ལོངས་སྤྱོད་བསམ་གྱིས་མི་ཁྱབ་པ་ཆར་བཞིན་བབ། འཁོར་བ་ཐོག་མ་མེད་པ་ནས་ནད་དང་ནོར་དང་སྲོག་བཅད་པའི་ལན་ཆགས་རྣམས་དང་། གནོད་ཅིང་འཚེ་བར་བྱེད་པའི་གདོན་བགེགས་རྣམས་ལ་འབུལ་ལོ། །ལན་ཆགས་བྱང་། བུ་ལོན་ཁོར། ཤ་མཁོན་ཞི་ནས་སངས་རྒྱས་ཀྱི་གོ་འཕང་རིན་པོ་ཆེ་ཐོབ་པར་གྱུར་གཅིག །ཚ་བཞི་པ་ཆུ་བདག་བ་རུ་ཎ་ལ་འབུལ་བ་ནི། ཨ་མྲི་ཏ་སྭ་ཧཱ་ཁཱ། ཧཱུྃ་ཨཱཿཧཱུྃ། ཀླུའི་རྒྱལ་པོ་བ་རུ་ཎ་ཨི་དཾ་བ་ལིཾ་ཏ་ཁ་ཁ་ཁཱ་ཧི་ཁཱ་ཧི། ཀླུའི་རྒྱལ་པོ་བ་རུ་ཎ་འཁོར་དང་བཅས་པ་རྣམས་ལ་འབུལ་ལོ། །འཕགས་པ་སྤྱན་རས་གཟིགས་དབང་ཕྱུག་གི་སྤྱན་སྔར་དམ་བཅས་པ་བཞིན་དུ། སངས་རྒྱས་ཀྱི་བསྟན་པ་དར་ཞིང་སེམས་ཅན་ལ་བདེ་སྐྱིད་ཕུན་སུམ་ཚོགས་པ་འབྱུང་བ་དང་། འཇིག་རྟེན་གྱི་ཁམས་ཐམས་ཅད་དུ་ཆར་ཆུ་དུས་སུ་འབབ་ཅིང་། ལོ་ཕྱུགས་རྟག་ཏུ་ལེགས་པར་མཛད་དུ་གསོལ། ལྔ་པ་བར་དོའི་སེམས་ཅན་ལ་འབུལ་བ་ནི། ཨ་མྲི་ཏ། སྭ་ཧཱ་ཁཱ། ཨོཾ་ཨཱཿཧཱུྃ། དེ་བཞིན་གཤེགས་པ་རིན་ཆེན་མང་ལ་ཕྱག་འཚལ་ལོ། །དེ་བཞིན་གཤེགས་པ་གཟུགས་

མཛོས་དམ་པ་ལ། དེ་བཞིན་གཤེགས་པ་སྐུ་འཇམ་ཀླས་ལ། དེ་བཞིན་གཤེགས་པ་འཇིགས་པ་ཐམས་ཅད་དང་ཡོངས་སུ་བྲལ་བ་ལ། ན་མ་སརྦ་ཏ་ཐཱ་ག་ཏ་ཧྲཱི་ན་ཨ་བ་ལོ་ཀི་ཏེ། ཨོཾ་སཾ་བྷ་ར་སཾ་བྷ་ར་ཧཱུྃ། འཇིག་རྟེན་འདི་ནས་འཇིག་རྟེན་ཕ་རོལ་ཏུ་སོང་ཞིང་ཚེ་ལས་འདས་པ་བར་དོའི་སེམས་ཅན་རྣམས་ལ་འབུལ་ལོ། །བར་དོའི་འཇིགས་པ་ཐམས་ཅད་དང་བྲལ་ནས་སངས་རྒྱས་ཀྱི་གོ་འཕང་རིན་པོ་ཆེ་ཐོབ་པར་གྱུར་ཅིག །དེ་ནས་ཀླུའི་དགེ་བསྙེན་ཆེན་པོ་ལ་གཏོར་མ་འབུལ་བར་འདོད་ན། ཨ་མྲྀ་ཏ། སྭཱ་བྷཱ་ཝ། ཨོཾ་ཨ་མྲྀ་ཏེ་ཧཱུྃ་ཕཊ། སྟོང་པའི་ངང་ལས་པ་ལས་པདྨ། ཨ་ལས་ཟླ་བའི་སྟེང་དུ་ཧཱུྃ་ལས་རིན་པོ་ཆེའི་སྣོད་དུ་གཏོར་མ་བདུད་རྩིའི་རྣམ་པར་བསམས་ཏེ། བདག་གི་ཐུགས་ཀའི་ས་བོན་ལས་འོད་ཟེར་འཕྲོས་པས། མི་ཡོང་ལ་གཟུགས་བརྙན་ཤར་བ་བཞིན་དུ་པདྨ་དང་ཟླ་བ་སྟེང་པོ་ཆེའི་གདན་ལ་ཡི་གེ་ཕུ་ནག་པོ། དེ་ཡོངས་སུ་གྱུར་པ་ལས། ཀླུའི་དགེ་བསྙེན་ཆེན་པོ་སྐུ་མདོག་ནག་པོ་ཞལ་གཅིག་པ་ལ་སྦྲུལ་མགོའི་གདེངས་ཀ་བདུན་དང་ལྡན་པ། ཕྱག་གཉིས་ཐུགས་ཀར་ཐལ་མོ་སྦྱར་ཞིང་ཡིད་བཞིན་གྱི་ནོར་བུ་འཛིན་པ། རིན་པོ་ཆེའི་རྒྱན་ཐམས་ཅད་ཀྱིས་བརྒྱན་པ། ཁྱིའུ་ཆུང་གི་ཚུལ་དུ་གནས་པའི་ཐུགས་ཀར་ཟླ་བའི་སྟེང་དུ་ཡི་གེ་ཕུ་ནག་པོའི་མཐར། ཨོཾ་ན་ག་ན་ཛ། བཛྲ་ན་ཛ། དྲག་པོའི་ཕྲིན་ལས་བཅོལ་ན། ཁྲོས་པའི་གཟུགས་ཅན། གཡས་རྡོ་རྗེ། གཡོན་ན་ནད་ཀྱི་རྒྱལ་པ་ཐོགས་པ། ཞལ་ནས་མེ་འབར་བ། དགེ་བསྙེན་རྡོ་རྗེ་རྒྱལ་པོ་ཆུ་བོ་དང་རྒྱ་མཚོ་ཆེན་པོ་གང་ན་གནས་པ་ནས་སྤྱན་དྲངས་པར་བསམ་ཞིང་། ཀླུ་ལ་དུག་གི་ན་བུན་འཕྱིན་པས་གནོད་བྱེད་ཐམས་ཅད་ཐལ་བ་རྡུལ་དུ་བརླགས་པར་བྱེད་པ་བསྐྱེད་དོ། །བཛྲ་ས་མ་ཛཿ ཞེས་པས་དགེ་བསྙེན་རྡོ་རྗེ་རྒྱལ་པོ་ཆུ་བོའམ། རྒྱ་མཚོ་གང་ན་གནས་པ་ནས་སྤྱན་དྲངས་པར་

བསམ། ཧཱུྃ་ཀླུ་ཡུལ་ན་ར་སིང་སྔོན་ནས་དགེ་བསྙེན་རྡོ་རྗེ་རྒྱལ་པོ་ཀླུ་བཙན་མིང་སྲིང་དང་། བར་སློན་ཆེན་པོ་གནས་འདིར་ཁུག །ཨོཾ་ན་ག་རཱ་ཛ་བཛྲ་རཱ་ཛ་ས་མ་ཡ་ཛཿཧཱུྃ་བཾ་ཧོཿ ཞེས་པས་སྤྱན་དྲངས། དམ་ཚིག་པ་ལ་བསྟིམ། ཨོཾ་ནཱ་ག་རཱ་ཛ། བཛྲ་རཱ་ཛ་ཨི་དཾ་བ་ལིཾ་ཏ་ཁ་ཁ་ཁཱ་ཧི་ཁཱ་ཧི། དྲག་པོའི་དུས་སུ་སྔགས་ཀྱི་ཤམ་བུ་ཆེ་གེ་མོ་ལ་བྱའོ། །བསད་པ་ལ་མཱ་ར་ཡ་ཐད་ཞེས་གདགས། དཀོན་མཆོག་གསུམ་གྱི་བདེན་པའི་བྱིན་རླབས་དང་། །བདག་གི་ལྷག་བསམ་དག་པའི་མཆོད་སྦྱིན་གཏོར་མ་འདི། །འདོད་པའི་ཡོན་ཏན་ལྔ་དང་ལྡན་གྱུར་པས། །དགེ་བསྙེན་ཆེན་པོ་ཚིམ་ཞིང་དགྱེས་གྱུར་ཅིག །བདག་གི་ཕྲིན་ལས་ཐམས་ཅད་བསྒྲུབ་ཏུ་གསོལ། །ནཱ་ག་རཱ་ཛ་བཛྲ་སུཿ བདག་གི་བསམ་པའི་སྟོབས་དང་ནི། །ཞེས་སོགས་གོང་མ་བཞིན་བརྗོད། ལས་དང་པོ་པ་ལ་ཕན་གདགས་པའི་སླད་དུ་བྲིས་པའོ། །

དེ་ནས་དཀར་གཏོར་ལྔ་བཤམས་ནས་ཐམས་ཅད་ཀྱང་། ཨོཾ་བཛྲ་ཨ་མྲྀ་ཏ་ཀུཎྜ་ལི་ཧ་ན་ཧ་ན་ཧཱུྃ་ཕཊ། ཅེས་པས་བསང་ཞིང་། ཨོཾ་སྭ་བྷཱ་ཝ་ཤུདྡྷ་སརྦ་དྷརྨ་སྭ་བྷཱ་ཝ་ཤུདྡྷོ་ཧཾ། ཞེས་པས་སྦྱངས་ནས། ཡི་གེ་གསུམ་གྱིས་བྱིན་གྱི་རླབས་པའི་ཐོག་མར་རྗེ་བཙུན་མི་གཡོ་བ་ལ་འབུལ་བ་ནི། སྙིང་ག་ནས་འོད་ཟེར་འཕྲོས་པས། མདུན་གྱི་ནམ་མཁར་བཅོམ་ལྡན་འདས་མི་གཡོ་བ་སྐུ་མདོག་སྔོན་པོ་རལ་གྲི་དང་ཞགས་པ་བསྣམས་པ། པདྨ་ཉི་མའི་གདན་ལ་བཞུགས་པ། རྒྱན་ཐམས་ཅད་དང་ལྡན་པ་སྤྱན་དྲངས་ནས་བཞུགས་པར་གསོལ་བར་བསམ་ཞིང་། ཨོཾ་ཙཎྜ་མ་ཧཱ་རོ་ཥ་ཎ་ཧཱུྃ་ཕཊ། ཅེས་པའི་མཐར། ཨརྒྷཾ་ཨ་ཙ་ལ་ས་པ་རི་ཝཱ་ར། ཞེས་པས་སྔོན་དུ་འགྲོ་བའི་ཨརྒྷཾ་ལ་སོགས་པས་མཆོད་ཅིང་། ཀྱེ་མཐའ་གཉིས་དག་ལས་རྣམ་པར་མ་གཡོས་ཤིང་། །སྤྲུལ་པའི་གཟུགས་ཀྱིས་འགྲོ་དོན་དཔག་མེད་མཛད། །འཇིགས་བྱེད་ཆེན་པོས་འགྲོ་བ་ཀུན་སྐྱོལ་ཞིང་། །སྲིད་པ་གསུམ་ན་དགྱེས་པའམ་གར་མཛད་པ། །སྲིད་པའི་ཆུ་བོ་སྐེམས་ཤིང་མི་མཐུན་བདུད་རྣམས་འཇོམས། །སྲིད་པའི་

རླུང་གིས་མ་གཡོས་ཐུགས་རྗེ་མི་གཡོ་མགོན། །རབ་བརྗིད་མི་གཡོ་མགོན་ལ་ཕྱག་འཚལ་ལོ། །ཞེས་པས་བསྟོད་དེ། སེམས་ཅན་ཐམས་ཅད་བདུད་བཞིའི་བར་དུ་གཅོད་པ་མཐའ་དག་ཉེ་བར་ཞི་བར་མཛད་དུ་གསོལ། འཇིག་རྟེན་དང་འཇིག་རྟེན་ལས་འདས་པའི་དངོས་གྲུབ་མ་ལུས་པ་རྩལ་དུ་གསོལ། ཞེས་པས་གསོལ་བ་གདབ་པར་བྱའོ། །དྲུག་ཅུ་རྩ་བཞི་པ་གཏོང་ནའང་ཚོ་ག་འདི་ཉིད་ཀྱིས་གཏོང་ངོ་། །

དེ་བཞིན་དུ་གཉིས་པ། རྗེ་བཙུན་མ་སྒྲོལ་མ་ལ་འབུལ་ཏེ། འཕགས་མ་འཁོར་དང་བཅས་པས་གསོལ་བར་བསམ་ཞིང་། ན་མཿསརྦ་བུདྡྷ་བོ་དྷི་སཏྭ་ནཱཾ། ཨ་པྲ་ཏི་ཧ་ཏ་ཤཱ་སྣཱ་ནཱཾ། ཏེ་ཏེ་ཛྙ་ག་ཕ་ཏི་མ་ཧཱ་སཏྭ། སརྦ་བུདྡྷ་ཨ་བ་ལོ་ཀི་ཏེ། སྭཱ་ཧྲི་ལཾ་བ། སྭཱ་ཧྲི་ལཾ་བ། ཨི་དཾ་བ་ལིཾ། གྲིཧྣ་པ་ཡ་གྲིཧྣ་པ་ཡ་ཧཱུཾ་ཧཱུཾ་སརྦ་བི་པཀྵ་རེ་སྭཱ་ཧཱ། ཞེས་བརླབས་པའི་མཐར། ཨརྒྷཾ་ལ་སོགས་པས་མཆོད་ཅིང་། ལྷ་དང་ལྷ་མིན་ཅོད་པན་གྱིས། །ཞབས་ཀྱི་པདྨོ་ལ་བཏུད་དེ། །འཕོངས་པ་ཀུན་ལས་སྒྲོལ་མཛད་མ། །སྒྲོལ་མ་ཡུམ་ལ་ཕྱག་འཚལ་བསྟོད། །སེམས་ཅན་ཐམས་ཅད་འཇིགས་པ་ཆེན་པོ་བརྒྱད་དང་བཅུ་དྲུག་ལས་སྐྱབ་དུ་གསོལ། འཁོར་བ་སྡུག་བསྔལ་གྱི་རྒྱ་མཚོ་ཆེན་པོ་ལས་བསྒྲལ་དུ་གསོལ། ཞེས་པ་ལ་སོགས་པས་གསོལ་བ་གདབ་བོ། །ཉི་ཤུ་རྩ་གཅིག་མ་གཏོང་བར་འདོད་ནའང་ཚུལ་འདི་ཉིད་དོ། །

གསུམ་པ་ཀླུ་རྣམས་ལ་འབུལ་ཏེ། རྡོ་རྗེ་གནོད་སྦྱིན་གྱི་ཕྱག་རྒྱ་བསྟན་ལ། ཨོཾ་བཛྲ་ཡཀྵ་ཧཱུཾ། ཞེས་བརྗོད་པས་མ་དག་པ་བསང་། རྡོ་རྗེ་མེའི་ཕྱག་རྒྱ་བསྟན་ལ། ཨོཾ་བཛྲ་ཛྭ་ལ་ཨ་ན་ལ་ཧ་ན་ད་ཧ་པ་ཙ་མ་ཐ་བྷཉྫ་ར་ཎ་ཧཱུཾ་ཕཊ། ཅེས་བརྗོད་པས། རིན་པོ་ཆེའི་སྣོད་ཡངས་ཤིང་རྒྱ་ཆེ་བའི་ནང་དུ་བདུད་རྩིའི་རྒྱ་མཚོས་གང་བར་བསམ་ཞིང་། རྡོ་རྗེ་བསྣམས་པའི་ཕྱག་རྒྱ་འདེབས་པའི་ཚུལ་དུ་བྱས་ལ། ཨོཾ་ཨ་ཀཱ་རོ་མུ་ཁཾ་སརྦ་དྷརྨཱ་ཎཾ་ཨཱདྱ་ནུཏྤནྣ་ཏྭཱ་ཏ་ཨོཾ་ཨཱཿཧཱུཾ་ཕཊ་སྭཱ་ཧཱ། ཞེས་བརྗོད་པས་ཅི་འདོད་པའི་ཡོ་བྱད་ཐམས་ཅད་ཐོགས་པ་མེད་པར་བསམ་ཞིང་། འདོད་པའི་

རྒྱལ་པོའི་ཕྱག་རྒྱ་དང་སྙིང་གའི་འོད་ཟེར་གྱིས་སྤྱན་དྲངས་པར་བསམ་ལ། ཨོཾ་པ་ཏ་ལི་པ་ཏ་ལི་ཧཱུཾ་ཧཱུཾ་ཛཿ ཛཿ ཞེས་པ་དང་། ཨོཾ་ཀླུ་རྒྱལ་མཐའ་ཡས་ནོར་རྒྱས་བུ། །འཇོག་པོ་དང་ནི་སྟོབས་ཀྱི་རྒྱུ། །པདྨ་པདྨ་ཆེན་པོ་དང་། །དུང་སྐྱོང་དང་ནི་རིགས་ལྡན་དང་། །ལྐ་མོ་ལྐ་མོ་ཆེན་མོ་དང་། །ཀླུ་བའི་སྤྱི་གཙུག་སྤྱི་གཙུག་ཆེ། །དབྱུག་འཛིན་དབྱུག་འཛིན་ཆེན་པོ་དང་། །སོག་མ་མེད་དང་རུ་ལུན་ཏ། །དགའ་བོ་དང་ནི་ཉེར་དགའ་བོ། །རྒྱ་མཚོ་རྒྱ་མཚོ་ཆེན་པོ་དང་། །ཚ་བ་ཚ་བ་ཆེན་པོ་དང་། །དཔལ་གྱི་འོད་དང་འོད་པོ་ཆེ། །རིན་ཆེན་འོད་དང་གཟུས་མཛེས་དང་། །གཟུགས་མཛེས་ཆེན་པོ་སྤྲུལ་བཟང་དང་། །ལྟོ་འཕྱེ་ཆེན་པོ་ཚོལ་ལི་དང་། །ཚོ་ལི་ཆེན་པོ་རྣམས་དང་ནི། །མཆོད་པའི་གནས་འདིར་གཤེགས་སུ་གསོལ། །ཨོཾ་ཨཱ་གཙྪ། མ་ཧཱ་ནཱ་ག་ཨཱ་དྷི་པ་ཏ་ཡེ་སཔ་ཧྲུར་ཧྲུ་ཕ་ཕྲུཾ་ཕྲུཾ་སྭཱ་ཧཱ། ཞེས་པས་མདུན་གྱི་ནམ་མཁར་བྱོན་པར་བསམ་སྟེ། པདྨ་ཀ་མ་ལ་ཡ་སྟྭཾ། ཞེས་པས་གདན་འབུལ་ཞིང་། ཨོཾ་མ་ཧཱ་ན་ག་ཨ་དྷི་པ་ཏ་ཡེ་གྲིཧྣེ་དཾ་ཨརྒྷཾ་སྭཱ་ཧཱ། དེ་བཞིན་དུ་པཱདྱཾ་སྭཱ་ཧཱ། པུཥྤེ་སྭཱ་ཧཱ། དྷཱུ་པཾ་སྭཱ་ཧཱ། གནྡྷཾ་སྭཱ་ཧཱ། ནཻ་ཝེ་དྱེ་སྭཱ་ཧཱ། ཤབྡ་སྭཱ་ཧཱ། ཞེས་པ་རྣམས་ཀྱིས་མཆོད་ནས། ཀླུ་དགའ་བར་བྱེད་པའི་ཕྱག་རྒྱ་བཅས་ལ། ཨོཾ་ཧི་ལི་ཧི་ལི་མ་ཏ་ཧི་ལི་ཕྲུཾ་ཕྲུཾ། ཞེས་པས་སེ་གོལ་གྱི་སྒྲ་དང་བཅས་པ་དང་། ཨོཾ་ཧྲཱིཀྐཱ་ཡ་ཧྲཱིཀྐཱ་ཡ། ས་མ་ཡ་ཏཏྲ ཛྲུཾ་ཕྲུཾ་ཕྲུཾ་ཧཱུཾ་སྭཱ་ཧཱ་ཞེས་པས་ཕུལ་ཞིང་། ཨོཾ་ཡེ་དྷརྨཱ་ཧེ་ཏུ་པྲ་བྷ་ཝཱ་ཧེ་ཏུནྟེ་ཥཱན་ཏ་ཐཱ་ག་ཏོ་ཧྱ་ཝ་དཏ་ཏེ་ཥཱཉྩ་ཡོ་ནི་རོ་དྷ་ཨེ་ཝཾ་བཱ་དཱི་མ་ཧཱ་ཤྲ་མ་ཎ་ཡེ་སྭཱ་ཧཱ། བདག་གི་བསམ་པའི་སྟོབས་དང་ནི། །སོགས་ནས། འོན་ཀྱང་སྐྱབ་པའི་སྲས་སུ་སྐྱེས། །ཞེས་པའི་བར་བརྗོད། ཀླུ་ཆེན་པོ་བརྒྱད་ཀྱིས་གཙོ་བྱས་པའི་ཀླུའི་རིགས་སུ་གྱུར་པ་ཐམས་ཅད་དང་། ཁྱེ་བྲག་ཏུ་ཡང་བདག་ཅག་དཔོན་སློབ་འཁོར་དང་བཅས་པ་ཐམས་ཅད་ལ་གནོད་ཅིང་ལན་ཆགས་པའི་ཀླུ་དང་ས་བདག་ཐམས་ཅད་ཚིམ་ཞིང་དགྱེས་

པར་གྱུར་ཅིག །གནོད་པ་དང་གདུག་པའི་བསམ་པ་ཉེ་བར་ཞི་ནས་ཕན་པ་དང་ཞི་བ་བྱང་ཆུབ་ཀྱི་སེམས་དང་ལྡན་པར་གྱུར་ཅིག །ཅེས་བརྗོད་ནས། ཨོཾ་མ་ཧཱ་ཀཱ་ག་ཨ་ཧྲི་པ་ཏ་ས་ས་རི་ལྷཱ་ར་གཙྪ། ཞེས་པས་རང་གི་གནས་སུ་གཤེགས་སུ་གསོལ། བྱ་ཁྱུང་གི་ཕྱག་རྒྱ་བཅས་ལ། ཨོཾ་ག་རུ་ཌཱ་ཧཾ་པློ་ཧེ་ཙ་ལེ་ཙ་མེ་སྭཱ་ཧཱ། ཞེས་པས་ནག་པོའི་ཕྱོགས་ཀྱི་ཀླུ་རིགས་རྣམས་བསྐྲད་པར་བསམ་མོ། །སྐབས་གཞན་དུ་ཀླུ་ལ་གཏོར་མ་འབུལ་བར་འདོད་ན་འང་ཚོ་ག་འདི་ཉིད་ཀྱིས་སོ། །

བཞི་པ་སྲུ་ཏུ་པའི་ཐུགས་ཀྱིས་ཡི་དྭགས་ལ་གཏོར་མ་སྦྱིན་པར་བྱ་སྟེ། རང་སྐད་ཅིག་གིས་སྤྱན་རས་གཟིགས་སུ་བསྒོམ། དེ་བཞིན་གཤེགས་པ་རིན་ཆེན་མང་ལ་ཕྱག་འཚལ་ལོ། །དེ་བཞིན་གཤེགས་པ་གཟུགས་མཛེས་དམ་པ་ལ་ཕྱག་འཚལ་ལོ། །དེ་བཞིན་གཤེགས་པ་སྐུ་འཇམ་ཀླས་ལ་ཕྱག་འཚལ་ལོ། །དེ་བཞིན་གཤེགས་པ་འཇིགས་པ་ཐམས་ཅད་དང་ཡོངས་སུ་བྲལ་བ་ལ་ཕྱག་འཚལ་ལོ། །གཏོར་མ། ཨོཾ་ཨཱཿཧཱུྃ་གིས་བྱིན་གྱིས་རླབས་ལ། བདུད་རྩིའི་རྒྱ་མཚོ་ཆེན་པོ་ཟད་མི་ཤེས་པར་བསམས་ནས། ན་མཿསུ་རུ་པཱ་ཡ། ཏ་ཐཱ་ག་ཏཱ་ཡ། ཨ་ར་ཧ་ཏེ་སམྱཀྶཾ་བུདྡྷཱ་ཡ། ཏདྱ་ཐཱ། ཨོཾ་སུ་རུ་སུ་རུ། པྲ་སུ་རུ་པྲ་སུ་རུ། ཏ་ར་ཏ་ར། ཛ་ར་ཛ་ར། སཾ་ཛ་ར་སཾ་ཛ་ར། སྨ་ར་སྨ་ར། སན་ཏར་པ་ཡ། སན་ཏར་པ་ཡ། སརྦ་པྲེ་ཏཱ་ནཱཾ་སྭཱ་ཧཱ། ཞེས་པ་ལན་བདུན་བཟླས་པ་དང་། ལག་པ་གཡོན་པས་སེ་གོལ་གསུམ་བྱ་ཞིང་། ཨ་པ་ས་རནྟུ། ཨ་ཥྚུ་པྲེ་ཏཱ་ཧོ་ད་ནཱ་ཤྭ་ཏེ། སརྦ་ཡོ་ག་ཧྣ་ཏུ་ཛ་སི་ནཾ། པྲེ་ཏཱ་ནཱ། མ་ཧཱ་རཾ། ཞེས་པའམ། ཡང་ན། དེ་ཉིད་བོད་སྐད་དུ་བསྒྱུར་ལ། འཇིག་རྟེན་གྱི་ཁམས་ཐམས་ཅད་ན་གནས་པའི་ཡི་དྭགས་རྣམས་ལ་བདག་གིས་བཟའ་བ་སྟེར་གྱིས། སླགས་ལྟ་བ་རྣམས་ཕྱིར་དེངས་ཤིག །ཡི་དྭགས་རྣམས་བཟའ་བ་དང་བཏུང་བ་ལ་སོགས་པའི་འབྱོར་པ་ཕུན་སུམ་ཚོགས་པ་ལ་ལོངས་སྤྱོད་པར་གྱུར་ཅིག །བཀྲེས་པ་དང་འཕོངས་པ་ལ་སོགས་པའི་སྡུག་བསྔལ་མཐའ་དག་ལས་གྲོལ་ཐར་བར་

གྱུར་ཅིག །མཐོ་རིས་དང་ཐར་པའི་བདེ་བ་རྣམ་པར་དག་པ་ཐོབ་པར་གྱུར་ཅིག །ཅེས་པ་ལ་སོགས་པའི་སྨོན་ལམ་རྒྱ་ཆེན་པོ་གདབ་བོ། །འདི་ནི་ཟབ་མ་ཟློས་པ་ཁོ་ན་ལ་བྱ་སྟེ། དེ་ལྟར་ན་ཡི་དྭགས་ཐམས་ཅད་ལ་འབྲས་བྲེ་བོ་ཆེ་རེ་རེའི་བཟའ་བ་སོ་སོར་བྱིན་པར་འགྱུར་ཏེ། དེ་ལྟར་བྱས་ན་ཉམས་ཆུང་བར་མི་འགྱུར་རོ། །དབུལ་པོར་མི་འགྱུར་རོ། །སྐྱེ་བ་ནས་སྐྱེ་བར་སྟོབས་ཆེ་བ་དང་། རབ་ཏུ་དང་བ་དང་ལྡན་པ་དང་། ལྟ་བར་བྱ་བ་དང་། ཕྱུག་པ་དང་། ལོངས་སྤྱོད་ཆེན་པོར་འགྱུར་རོ། །ཚེ་རིང་བ་དང་། ནད་མེད་པ་དང་། མྱུར་དུ་བླ་ན་མེད་པ་ཡང་དག་པར་རྫོགས་པའི་བྱང་ཆུབ་ཏུ་མངོན་པར་རྫོགས་པར་འཚང་རྒྱ་བར་འགྱུར་རོ། །ཤི་འཕོས་ནས་ཀྱང་འཇིག་རྟེན་གྱི་ཁམས་བདེ་བ་ཅན་དུ་སྐྱེ་བར་འགྱུར་རོ། །ཞེས་གསུངས་པ་ལྟར་ཕན་ཡོན་ཆེན་པོ་དང་ལྡན་པའོ། །

ལྔ་པ་ནི། ཨ་ཀཱ་རོ་ལ་སོགས་པ་ཇི་ལྟར་རིགས་པས་གཞི་བདག །ལན་ཆགས། རིགས་དྲུག་ལ་སྦྱིན་ཞིང་། བདག་གི་བསམ་པའི་སྟོབས་དང་ནི། །དེ་བཞིན་གཤེགས་པའི་སྦྱིན་སྟོབས་དང་། །ཆོས་ཀྱི་དབྱིངས་ཀྱི་སྟོབས་རྣམས་ཀྱིས། །འཕགས་པ་རྣམས་ལ་མཆོད་པ་དང་། །སེམས་ཅན་རྣམས་ལ་ཕན་གདགས་ཕྱིར། །དོན་རྣམས་གང་དག་བསམ་པ་ཀུན། །དེ་དག་ཐམས་ཅད་ཅི་རིགས་པ། །འཇིག་རྟེན་ཁམས་ནི་མ་ལུས་པར། །ཐོགས་པ་མེད་པར་འབྱུང་གྱུར་ཅིག །ཅེས་པ་ལ་སོགས་པའི་བསྔོ་བ་སྨོན་ལམ་བྱའོ། །

ཆབ་གཏོར་གཏོང་བར་འདོད་ན། སྣོད་གཙང་མར་ཆུ་གཙང་ལ་འབྲུ་དང་། སེ་ཏོག །པདྨ། དྲི་དང་། རིན་པོ་ཆེ་དར་སྣ་ཚོགས་པ་བཏབ་ལ། ནམ་མཁའ་དང་མཉམ་པའི་སེམས་ཅན་ཐམས་ཅད། བླ་མ་ལ་སྐྱབས་སུ་མཆིའོ། །སངས་རྒྱས་ལ། ཆོས་ལ། དགེ་འདུན་ལ། ཡི་དམ་དཀྱིལ་འཁོར་གྱི་ལྷ་ཚོགས་རྣམས་ལ། དཔའ་བོ་མཁའ་འགྲོ་ཆོས་སྐྱོང་བསྲུང་མའི་ཚོགས་དང་བཅས་པ་རྣམས་ལ་སྐྱབས་སུ་མཆིའོ། །སངས་རྒྱས་ཆོས་དང་ཚོགས་ཀྱི་མཆོག་རྣམས་ལ། །བྱང་ཆུབ་མ་ཐོབ་བར་དུ་བདག་ནི་སྐྱབས་སུ་མཆི། །བདག་གིས་སྦྱིན་སོགས་བགྱིས་པའི་བསོད་ནམས་འདི་དག་གིས། །འགྲོ་ལ་ཕན་ཕྱིར་སངས་

ཀྱིས་འགྲུབ་པར་ཤོག །སེམས་ཅན་ཐམས་ཅད་བདེ་བ་དང་བདེ་བའི་རྒྱུ་དང་ལྡན་པར་གྱུར་ཅིག །སྡུག་བསྔལ་དང་སྡུག་བསྔལ་གྱི་རྒྱུ་དང་བྲལ་བར་གྱུར་ཅིག །སྡུག་བསྔལ་མེད་པའི་བདེ་བ་དམ་པ་དང་མི་འབྲལ་བར་གྱུར་ཅིག །ཉེ་རིང་ཆགས་སྡང་གཉིས་དང་བྲལ་བའི་བཏང་སྙོམས་ལ་སེམས་གནས་པར་གྱུར་ཅིག །ཨོཾ་སྭ་བྷཱ་ཝ་ཤུདྡྷཱ་སརྦ་དྷརྨཱ་སྭ་བྷཱ་ཝ་ཤུདྡྷོ་ཧཾ། སྟོང་པ་ཉིད་དུ་གྱུར། སྟོང་པའི་ངང་ལས་པཾ་ལས་པདྨ། ཨ་ལས་ཟླ་བའི་དཀྱིལ་འཁོར་གྱི་སྟེང་དུ་མུ་ལས་རལ་གྲི་ཨུས་མཚན་པ་ཡོངས་སུ་གྱུར་པ་ལས། རང་ཉིད་འཕགས་པ་འཇམ་དཔལ་སྐུ་མདོག་གསེར་བཙོ་མ་ལྟ་བུ། ཞལ་གཅིག་ཕྱག་གཉིས་པ། གཡས་ཤེས་རབ་ཀྱི་རལ་གྲི་ནམ་མཁའ་ལ་འཕྱར་བ། གཡོན་ཨུཏྤ་ལའི་སྟེང་དུ་ཤེས་རབ་ཀྱི་ཕ་རོལ་ཏུ་ཕྱིན་པའི་གླེགས་བམ་འཛིན་པ། མཚན་དཔེས་སྤྲས་ཤིང་། རིན་པོ་ཆེ་དང་དར་སྣ་ཚོགས་ཀྱིས་བརྒྱན་པ། འོད་ཟེར་དཔག་ཏུ་མེད་པ་འཕྲོ་བ། སྤྱི་བོར་ཟླ་བའི་སྟེང་དུ་ཨོཾ་དཀར་པོ་མགྲིན་པར་པདྨའི་སྟེང་དུ་ཨཱཿདམར་པོ། མཐར་ཉི་མའི་སྟེང་དུ་ཧཱུྃ་སྔོན་པོ། ཐུགས་ཀའི་ས་བོན་ལ་སྙིང་པོའི་སྔགས་ཀྱིས་བསྐོར་བ། སྤྱི་བོ་ནས་ཧཱུྃ་ཞུ་བ་ཐིམ་པས། ལུས་ཐམས་ཅད་ལ་རྡོ་རྗེའི་གོས་གྱོན་པར་གྱུར། ཨོཾ་ཝཱ་གཱི་ཤྭ་རི་མུ། ཨོཾ་སྭཱ་བྷཱ་ཝ་ཤུདྡྷཱ་སརྦ་དྷརྨཱ་སྭ་བྷཱ་ཝ་ཤུདྡྷོ་ཧཾ། མ་དག་པ་ཐམས་ཅད་སྦྱངས་ནས་སྟོང་པ་ཉིད་དུ་གྱུར། ན་མཿསརྦ་ཏ་ཐཱ་ག་ཏེ་བྷྱོཿ བི་ཤྭ་མུ་ཁེ་བྷྱཿ སརྦ་ཐ་ཁཾ་ཨུད་ག་ཏེ་སྥ་ར་ཎ་ཨི་མཾ་ག་ག་ཞེས་བརྒྱ་རྩ་སོགས་ཅི་རིགས་པ། དེ་ནས་གཏོར་མ་ལ་དམིགས་ཏེ། ཆོས་ཉིད་རྣམ་པར་དག་པའི་ཕྱག་རྒྱ་ནི། །སོར་མོ་རྣམས་རྩེ་སྤྲད་ཅིང་ཐལ་མོ་ཁོང་སྟོང་དུ་སྦྱར། ནམ་མཁའ་མཛོད་ཀྱི་ཕྱག་རྒྱ་ནི། སོར་མོ་དབུས་མ་གསུམ་རྩེ་སྤྲད་ལ་ཐལ་མོ་སྦྱར་བའི་གཞན་བཞི་སྒྲིང་བ་ཟུར་ཅན་རིན་པོ་ཆེའི་སྒྲོམ་བུ་ལྟར་བྱ། ན་པཾ་སྭཱ་ཧཱ། མགྲོན་པོའི་མོས་པ་དང་མཐུན་

པའི་ཡོ་བྱད་རྣམས་ཀྱིས་ནམ་མཁའི་ཁམས་ཐམས་ཅད་ཁྱབ་པར་གྱུར། ཨོཾ་ཨ་ བདུད་རྩི་ཐལ་སྦྱར་གྱི་སྔགས་དང་ཕྱག་རྒྱ་ནི། སོར་མོ་ཐམས་ཅད་སྦྱར་བའི་ཐལ་མོ་གྱེན་དུ་ཕྱེ་ནས་མཐེ་བོང་བསྒོལ་བ། མྲྀ་ཏ་ཀུཎྜ་ལི་ཧ་ན་ཧ་ན་ཧཱུྃ་ཕཊ། ཐམས་ཅད་ཀྱང་སྡུག་བསྔལ་མཐའ་དག་ཞི་བར་བྱེད་པའི་བདུད་རྩིའི་རྒྱ་མཚོ་ཆེན་པོར་གྱུར། རྒྱ་ཆེན་ཤུགས་ལྡན་འོད་ཀྱི་སྔགས་དང་ཕྱག་རྒྱ་ནི། གཡོན་མཉམ་བཞག་དང་། གཡས་རྡོ་རྗེ་ཁུར་ལས་འཛུབ་མོ་སྒྲེང་སྟེ། ན་མཿསརྦ་ཏ་ཐཱ་ག་ཏ་ཨ་བ་ལོ་ཀི་ཏེ། སཾ་བྷ་ར་སཾ་བྷ་ར་ཧཱུྃ། འཕགས་པ་རྣམས་ཀྱི་སྤྱན་སྔར་མཆོད་པའི་སྤྲིན་ཕུང་མཐའ་ཡས་པ་དང་། སེམས་ཅན་རྣམས་ཀྱི་སྤྱོད་ཡུལ་དུ་འདོད་པའི་ལོངས་སྤྱོད་ཟད་མི་ཤེས་པ་འབྱུང་བར་གྱུར། ཨོཾ་ ཡེ་ཤེས་སྐར་མདའི་སྔགས་དང་ཕྱག་རྒྱ་ནི། གཡོན་མཐེ་བོང་བསྣང་བའི་ཁུ་ཚུར་སྙིང་གར་བསྟན་ལ། གཡས་མཆོད་སྤྲིན་གྱི་སྟོད་འདེགས་པའི་ཚུལ་དུ་བྱས་ཏེ། གཡས་ཁུ་ཚུར་དང་གཡོན་མཆོད་སྤྲིན་བྱེད་ཟེར་བ་འདུག །ཏྟཱཾ་ན་ཨ་བ་ལོ་ཀི་ཏེ། ན་མ་ས་མནྟ་སྥྲ་ར་ཊ་རསྨི་བྷ་ཤ་ས་མ་ཡ། མ་ཧཱ་མ་ཎི་དུ་ཙུ་དུ་ཙུ་ཧྲི་དཱ་ཡ་ཛྭ་ལ་ནི་ཧཱུྃ། ལུས་ཞིང་གི་རྡུལ་ཕྲ་རབ་དང་མཉམ་པ་འཕགས་པ་རྣམས་ལ་ཕུལ་བས་མཉེས་ཤིང་། སེམས་ཅན་རྣམས་ཀྱང་ཡོ་བྱད་ལ་རྫོང་པ་མེད་ཅིང་མཐུན་པའི་བསམ་པ་དང་ལྡན་པར་གྱུར། ན་མཿས་དབང་བསྒྱུར་འཁོར་ལོའི་སྔགས་དང་ཕྱག་རྒྱ་ནི། རྡོ་རྗེ་བསྣམས་པ་ལས་མཐེ་བོང་གཉིས་གཤིབས་པ་བརྐྱང་ལ། མནྟ་བུདྡྷཱ་ནཱཾ། གྲ་ཧེ་ཤ་ར་པྲ་ཕ་ན་ཛི་ཏི་མ་ཧཱ་ས་མ་ཡེ་སྭཱ་ཧཱ། ཐམས་ཅད་ཀྱང་དམ་ཚིག་ལ་གནས་པས་ཕན་པ་དང་བདེ་བའི་ཕྲིན་ལས་འབའ་ཞིག་བསྒྲུབ་པར་གྱུར། ན་མོ། བདེ་གཤེགས་སྙིང་པོས་འགྲོ་ཀུན་ཡོངས་ལ་ཁྱབ། །སེམས་ནི་རྒྱ་ཆེན་མཆོག་ཏུ་རབ་བསྐྱེད་ཅིང་། །འགྲོ་བ་འདི་དག་མ་ལུས་སངས་རྒྱས་རྒྱུ། །འདི་ན་སྣོད་མིན་སེམས་ཅན་གང་ཡང་མེད། །བཞེངས་ཤིག་བཞེངས་ཤིག་སྐྱོབས་བཅུ་མངའ་བའི་ལྷ། །དུས་ལ་མི་འདའ་ཐུགས་རྗེའི་དབང་གིས་ནི། །སེམས་ཅན་དོན་ལ་

དགོངས་པའི་དཀོན་མཆོག་གསུམ། །ཡིད་ཀྱིས་སྤྲུལ་ཞིང་བཤམས་པའི་གནས་འདི་རུ། །གཏན་པ་མེད་པའི་མཆོད་སྦྱིན་རྒྱལ་པོ་ལ། །སྤྱན་འདྲེན་འཁོར་དང་བཅས་ཏེ་གཤེགས་སུ་གསོལ། །རྒྱལ་བ་རྒྱལ་སྲས་ཉན་ཐོས་རང་རྒྱལ་དང་། །ལྷ་སྲིན་སྡེ་བརྒྱད་འགྲོ་དྲུག་སེམས་ཅན་དང་། །བགེགས་རྣམས་གཏན་པ་མེད་པའི་མཆོད་སྦྱིན་ལ། །སྤྱན་འདྲེན་འཁོར་དང་བཅས་ཏེ་གཤེགས་སུ་གསོལ། །ཞེས་པས་སྤྱན་དྲངས་ཏེ། པདྨ་ཀ་མ་ལ་ཡེ་སྟྭཾ། ཞེས་གདན་དབུལ་ཞིང་། དཀོན་མཆོག་གསུམ་གྱི་བདེན་པ་ཆེན་པོའི་བྱིན་རླབས་དང་། སྔགས་དང་། ཕྱག་རྒྱ་དང་། ཏིང་ངེ་འཛིན་གྱི་མཐུ་དང་། དོན་དམ་ཆོས་ཀྱི་དབྱིངས་རང་བཞིན་གྱི་རྣམ་པར་དག་ཅིང་། ཀུན་རྫོབ་རྟེན་ཅིང་འབྲེལ་པར་འབྱུང་བ་རྒྱུ་དང་འབྲས་བུ་མི་བསླུ་བའི་བདེན་པའི་བྱིན་རླབས་ཀྱིས། རྩ་བ་དང་བརྒྱུད་པར་བཅས་པའི་བླ་མ་དམ་པ་རྣམས་དང་། ཡི་དམ་དཀྱིལ་འཁོར་གྱི་ལྷ་ཚོགས་སངས་རྒྱས་དང་བྱང་ཆུབ་སེམས་དཔའ་འཕགས་པའི་ཚོགས་ཐམས་ཅད་ཀྱི་ཕོ་བྲང་དུ་ཀུན་ཏུ་བཟང་པོའི་མཆོད་པའི་སྤྲིན་ཕུང་རབ་འབྱམས་མཐའ་ཡས་པ་འབྱུང་ཞིང་ཐམས་ཅད་དགྱེས་པར་གྱུར་ཅིག །སེམས་ཅན་ཐམས་ཅད་ཀྱི་རྒྱུད་ལ་ཚོགས་གཉིས་རྫོགས་ཤིང་སྒྲིབ་གཉིས་བྱང་ནས་མྱུར་དུ་སངས་རྒྱས་ཐོབ་པར་བྱིན་གྱིས་བརླབ་ཏུ་གསོལ། དཔལ་ཚངས་པ་དང་བརྒྱ་བྱིན། རྒྱལ་པོ་ཆེན་པོ་བཞི་དང་། ཕྱོགས་སྐྱོང་བ་བཅུ་དང་། གཟའ་ཆེན་པོ་བརྒྱད། རྒྱུ་སྐར་ཉི་ཤུ་རྩ་བརྒྱད། གནོད་སྦྱིན་གྱི་སྡེ་དཔོན་རྣམས་དང་། གཙུག་ལག་ཁང་གི་བསྲུང་མ་རྣམས་དང་བསྟན་པ་ལ་དད་པའི་འབྱུང་པོ་མཐུ་སྟོབས་ཅན་འཁོར་དང་བཅས་པ་རྣམས་ཀྱི་ཕོ་བྲང་དུ་འདོད་པའི་ཡོན་ཏན་ལྔ་དང་ལྡན་པའི་མཆོད་རྫས་ཕུན་སུམ་ཚོགས་པ་འབྱུང་སྟེ་མཉེས་ཤིང་ཚིམ་པར་

གྱུར་ཅིག །སངས་རྒྱས་ཀྱི་བསྟན་པ་དར་ཞིང་རྒྱས་པ་དང་། སེམས་ཅན་ཐམས་ཅད་བདེ་ཞིང་སྐྱིད་པའི་ཕྲིན་ལས་རྒྱ་ཆེན་པོ་མཛད་དུ་གསོལ། འགྲོ་བ་རིགས་དྲུག །ལམ་རྒྱུད་ལྔ། སྐྱེ་གནས་རྣམ་པ་བཞིས་བསྡུས་པའི་སེམས་ཅན་ཐམས་ཅད་ཀྱི་སྤྱོད་ཡུལ་དུ་རང་རང་གི་མོས་པ་དང་མཐུན་པའི་ཆོས་དང་། ཟང་ཟིང་གི་འབྱོར་པ་དཔག་ཏུ་མེད་པ་འབྱུང་སྟེ་ཚིམ་ཞིང་དགྱེས་པར་གྱུར་ཅིག །རིགས་དྲུག་སོ་སོའི་སྡུག་བསྔལ་ཐམས་ཅད་ལས་ཐར་ནས་མྱུར་དུ་རྫོགས་པའི་སངས་རྒྱས་ཀྱི་གོ་འཕང་རིན་པོ་ཆེ་ཐོབ་པར་གྱུར་ཅིག །ཡུལ་ཕྱོགས་དང་ཉེ་འཁོར་ན་གནས་པའི་ལྷ་ཀླུ་གནོད་སྦྱིན་འབྱུང་པོའི་རིགས་ཐམས་ཅད་ལ་རང་རང་གི་འདོད་པ་དང་མཐུན་པའི་ལོངས་སྤྱོད་དཔག་ཏུ་མེད་པ་འབྱུང་བར་གྱུར་ཅིག །ལན་ཆགས་དང་བུ་ལོན་ཤ་མགོན་གཉེར་བའི་འབྱུང་པོ་ཐམས་ཅད་ཀྱང་འདོད་པའི་ཡོན་ཏན་ཕུན་སུམ་ཚོགས་པས་ཚིམ་ནས། གནོད་པ་དང་གདུག་པའི་བསམ་པ་ཉེ་བར་ཞི་ཞིང་། ཕན་པ་དང་ཞི་བ་བྱང་ཆུབ་ཀྱི་སེམས་དང་ལྡན་པར་གྱུར་ཅིག །ཅེས་པ་དང་། གཏན་པ་མེད་པའི་མཆོད་སྦྱིན་རྒྱལ་པོ་འདི། །ཆོས་ཉིད་རྣམ་པར་དག་པའི་བྱིན་རླབས་དང་། །དཀོན་མཆོག་ཡོན་ཏན་དཔག་མེད་ཆེ་བ་དང་། །སྙིང་པོ་ཕྱག་རྒྱ་ངེས་པའི་དམ་ཚིག་དང་། །རྒྱུ་རྐྱེན་རྟེན་འབྲེལ་ཚོགས་པའི་ནུས་མཐུ་དང་། །དྲང་སྲོང་རིག་འཛིན་རྣམས་ཀྱིས་གྲུབ་པ་དང་། །བདག་གི་སྨོན་ལམ་ཤེས་རབ་རང་བཞིན་གྱིས། །ཡེ་ཤེས་ལྔ་ཡི་འོད་ཟེར་རྣམ་པར་འཕྲོ། །དབང་པོ་དྲུག་གི་ལོངས་སྤྱོད་མགོ་དགུ་ལྡན། །ནམ་མཁའི་མཐའ་ཀླས་གཏེར་ཆེན་གྱུར་པ་འདི། །མཆོད་གནས་བླ་མ་ཁྱེད་ཀྱི་ཕོ་བྲང་དུ། །མཆོད་པའི་སྦྱིན་གྱིས་རྒྱས་ཤིང་བཏབ་པར་སྨོན། །བདག་གི་བསོད་ནམས་མཐུ་ཡིས་ནི། །སེམས་

ཅན་ཐམས་ཅད་བདེ་གྱུར་ཅིག །སྒྲིབ་པ་མེད་པའི་ཚུལ་གྱིས་སུ། །མ་ཐོགས་པར་ནི་འགྲུབ་པར་ཤོག །ཕྱོགས་སོང་གཅིག་ལ་གཅིག་ཟ་བ། །གནོད་པ་དེ་དག་ཡོངས་མི་འབྱུང་། །ཡི་དྭགས་རྣམས་ལ་ཟས་དང་སྐོམ། །ཐོགས་པ་མེད་པར་འབྱུང་བར་ཤོག །སེམས་ཅན་དམྱལ་བའི་སྡུག་བསྔལ་གང་། །མི་ཟད་རྣམ་པ་སྣ་ཚོགས་དག །བསོད་ནམས་འདི་ཡི་བྱིན་རླབས་ཀྱིས། །དེ་དག་མྱུར་དུ་ཞི་གྱུར་ཅིག །ས་འམ་མཁའ་ལ་འཁོད་པ་ཡི། །ལྷ་ཀླུ་གནོད་སྦྱིན་སྲིན་པོ་དང་། །འབྱུང་པོ་མང་པོ་གང་འཁོད་པའི། །དགེ་བའི་བསམ་པ་རྫོགས་གྱུར་ཅིག །ཅེས་པས་བསྔོས་ནས། ཆོས་རྣམས་ཐམས་ཅད་རྒྱུ་ལས་བྱུང་། །དེ་རྒྱུ་དེ་བཞིན་གཤེགས་པས་གསུངས། །རྒྱུ་ལས་འགོག་པ་གང་ཡིན་པ། །དགེ་སྦྱོང་ཆེན་པོས་འདི་སྐད་གསུངས། །སྡིག་པ་ཅི་ཡང་མི་བྱ་སྟེ། །དགེ་བ་ཕུན་སུམ་ཚོགས་པར་བྱ། །རང་གི་སེམས་ནི་ཡོངས་སུ་འདུལ། །འདི་ནི་སངས་རྒྱས་བསྟན་པ་ཡིན། །ལུས་ཀྱི་སྡོམ་པ་ལེགས་པ་སྟེ། །ངག་གི་སྡོམ་པ་ལེགས་པ་ཡིན། །ཡིད་ཀྱི་སྡོམ་པ་ལེགས་པ་སྟེ། །ཐམས་ཅད་དུ་ནི་སྡོམ་པ་ལེགས། །ཐམས་ཅད་བསྲུང་བའི་དགེ་སྦྱོང་དག །སྡུག་བསྔལ་ཀུན་ལས་ངེས་གྲོལ་ལོ། །ཆོས་རྣམས་གཟུགས་བརྙན་ལྟ་བུ་སྟེ། །གསལ་ཞིང་དག་ལ་རྙོག་པ་མེད། །བཟུང་དུ་མེད་ཅིང་བརྗོད་དུ་མེད། །རྒྱུ་དང་ལས་ལ་ཀུན་ཏུ་འབྱུང་། །དེ་ལྟར་ཆོས་རྣམས་ཤེས་གྱིས་ལ། །སེམས་ཅན་དོན་ནི་མཉམ་མེད་ཕྱོས། །འོན་ཀྱང་སྐྱོབ་པའི་སྲས་སུ་སྐྱེ། །ཞེས་པས་ཆོས་ཀྱི་སྦྱིན་པ་བྱིན། རྒྱུན་གྱིས་བརྒྱུན་པར་བྱས་ཀྱང་ཆོས་སྤྱོད་ཅིང་། །དུལ་ཞིང་ཡང་དག་སྡོམ་ལ་ཚངས་པར་སྤྱོད། །འབྱུང་པོ་ཀུན་ལ་ཆད་པ་སྤངས་པ་ནི། །དགེ་སློང་དགེ་སྦྱོང་དེ་ཡིན་བྲམ་ཟེ་དེ། །མཚོན་ཆས་མི་འཇིག་གང་ཡང་མེད། །འཆི་བའི་སྲོག་ལ་ཀུན་ཀྱང་འཇིགས། །རང་གི་ལུས་ལ་

དཔེ་ཡོང་ལ། །གཞན་ལ་གནོད་པ་མ་བྱེད་ཅིག །ཅེས་པས་གནོད་པའི་ལས་མི་བྱེད་པར་གདམས་པའོ། །དེ་ནས། ཨོཾ་བྱེད་ཀྱིས་སེམས་ཅན་དོན་ཀུན་མཛད། །རྗེས་སུ་མཐུན་པའི་དངོས་གྲུབ་རྩོལ། །སངས་རྒྱས་ཞིང་དུ་གཤེགས་ནས་ཀྱང་། །སླར་ཡང་འབྱོན་པར་མཛད་དུ་གསོལ། །ཨོཾ་བཛྲ་མུཿ ཞེས་པས་འཕགས་པ་རྣམས་གཤེགས་སུ་གསོལ་ཞིང་། མཆོད་སྦྱིན་གནས་འདིར་གང་ལྷགས་པའི། །འབྱུང་པོ་ས་འོག་རྒྱུ་བ་དང་། །གང་ཡང་ས་སྟེང་འཁོད་པ་དང་། །ས་བླར་གྱུར་པ་གང་ཡིན་པ། །མགུ་བར་གྱིས་ལ་རང་གནས་སུ། །ཐམས་ཅད་ཐམས་ཅད་འགྲོ་བར་གྱིས། །སརྦ་བྷཱུ་ཏ་གཙྪ་ཞེས་པས་འབྱུང་པོ་རྣམས་རང་རང་གི་གནས་སུ་བཏང་ནས། བདག་བསྲུང་ཞིང་བསྔོ་བ་སྨོན་ལམ་བྱས་ཏེ། ཆུ་གཏོར་ཇི་ལྟར་བྱ་བའི་ཚོ་གའོ། ཡང་ན། ཤཱཀྱ་ཐུབ་པ་བསྒོམས་ལ། གཡས་རྡོ་རྗེ་རྩེ་གསུམ་གྱི་ཕྱག་རྒྱ་བཅས་ལ། ཨོཾ་སརྦ་ཀ་ཐམས་ཅད་བྱེད་པ་ཀ་རི་ཧཱུཾ། ཞེས་བརྗོད་པས་རྡོ་རྗེ་ཐམས་ཅད་རིན་པོ་ཆེ་ལས་གྲུབ་པར་བསམ་ཞིང་། ཨོཾ་སརྦ་སིདྡྷི་ཧཱུཾ། ཞེས་བཅུད་དེ་བདུད་རྩིའི་རང་བཞིན་དུ་བསྒོམས་ནས། ན་མ་སརྦ་ཏ་ཐཱ་ག་ཏ། སོགས་དང་། ཇི་ལྟར་རིགས་པའི་ཚིག་གིས་བསྔོས་ནས། ཨོཾ་ཨཱཿཧཱུཾ། ཞེས་པས་ཐམས་ཅད་སངས་རྒྱས་ཀྱི་ས་ལ་བཀོད་པར་བསམ་པའམ། ཡང་ན་རྣམ་གྲངས་གང་ལ་མོས་པ་རེ་བྱའོ། །རྒྱས་བསྡུས། ¦མི་འཇིགས་དཔའ་བོ་¦རྣལ་འབྱོར་དབང་ཕྱུག་གཙོ། །དཔལ་ཆེན་ཀ་ཡོའི་སྐུ་ལ་སྐྱབས་སུ་མཆི། །སེམས་ཅན་ཉོན་མོངས་མེས་ཚིག་གདུངས་པ་ལ། །ཐུགས་རྗེས་ཞི་བའི་ཆུ་རྒྱུན་བསིལ་མཛད་ཅིང་། །རང་བཞིན་བདེ་ལྡན་གནས་སུ་འཁྲིད་མཛད་པའི། །མགོན་པོ་སྤྱན་རས་གཟིགས་ལ་སྐྱབས་སུ་མཆི། །

སྐུ་གཏོར་གཏོང་བར་འདོད་ན། ཞི་བའི་སྒོ་ཉས་སྐུ་ལ་གཏོར་མ་སྦྱིན་པ་དང་། སྐུའི་ནད་གསོ་བ་ནི། སྐྱབས་སུ་འགྲོ་བ་དང་། སེམས་བསྐྱེད་པ། ཚད་མེད་བཞི་བསྒོམ་པོ་སྔོན་དུ་འགྲོ་བས་ཨོཾ་སྭ་བྷཱ་ཝ་སོགས་བརྗོད་སྟོང་པར་བསྒོམ། སྟོང་པའི་ངང་ལས་པཾ་ལས་པདྨ་ཨ་ལས་ཟླ་བའི་དཀྱིལ་འཁོར་གྱི་སྟེང་དུ། ཧྲཱིཿདཀར་པོ་ཆེ་དྲུག་དང་བཅས་པ་དེ་ཡོངས་སུ་གྱུར་པ་ལས། རང་ཉིད་སྤྱན་རས་གཟིགས་

སྐུ་མདོག་དཀར་པོ་ཞལ་གཅིག་ཕྱག་གཉིས། གཡས་མཆོག་སྦྱིན། གཡོན་པདྨ་དཀར་པོའི་ཡུ་བ་ཐུགས་ཀར་འཛིན་པ། མཚན་དཔེས་སྤྲས་ཤིང་། རིན་པོ་ཆེའི་རྒྱན་དང་། དར་སྣ་ཚོགས་ཀྱི་ན་བཟའ་ཅན། ཞབས་སེམས་དཔའི་དཀྱིལ་མོ་དཀྲུང་གིས་བཞུགས་པའི་དཔྲལ་བར་ཨོཾ། མགྲིན་པར་ཨཱཿ མཐར་ཧཱུྃ། ཐུགས་ཀར་ཟླ་བའི་དཀྱིལ་འཁོར་གྱི་སྟེང་དུ་ཧྲཱིཿཡིག་ལ་སྙིང་པོས་བསྐོར་བ་གྱུར་པར་བསམ་སྟེ། ཨོཾ་མ་ཎི་པད་མེ་ཧཱུྃ། ཅེས་བརྒྱ་ལ་སོགས་པ་ཅི་རིགས་པ་བཟླའོ། །དེ་ནས། ཧྲཱིཿཡི་འོད་ཟེར་གྱིས་ཀླུ་ཆེན་པོ་བརྒྱད་ཀྱིས་གཙོ་བྱས་པའི་ཀླུ་དང་ས་བདག་རྣམས། ཁྱད་པར་དུ་ཡང་ཡིན་ལག་ཉམས་ཤིང་དམན་པའི་རིགས་ཐམས་ཅད་བཀུག་པར་གྱུར། པར་བསམ་ཞིང་། ལྕགས་ཀྱུའི་ཕྱག་རྒྱ་བཅས་ལ། རི་བོ་ཆེན་པོའི་སྟེང་ཤོད་དང་། །རྒྱ་མཚོ་ཆེན་པོའི་ནང་དང་ནི། །སྐམ་དང་རླན་ལ་གནས་པ་ཡི། །འཛམ་བུ་གླིང་གི་དབུས་མཐའ་ནས། །ཀླུ་ཆེན་ས་བདག་འཁོར་དང་བཅས། །གནས་འདིར་མཆོད་ཕྱིར་གཤེགས་སུ་གསོལ། །འདོད་ཆགས་ཧམ་པའི་སེམས་ཀྱིས་མ་འཁྱོན་ཅིག །ཞེ་སྡང་ཁྲོས་པའི་སེམས་ཀྱིས་མ་འཁྱོན་ཅིག །གཏི་མུག་རྨོངས་པའི་སེམས་ཀྱིས་མ་འཁྱོན་ཅིག །བྱམས་དང་སྙིང་རྗེའི་སེམས་ལྡན་པས། །གནས་འདིར་མཆོད་ཕྱིར་གཤེགས་སུ་གསོལ། །ཨོཾ་ནཱ་ག་ས་པ་རི་ཝཱ་ར། ས་མ་ཡ་ཧཱུྃ་ད་ཛཿ ཞེས་སྤྱན་དྲང་ངོ་། །དེ་ནས་ཀླུ་སྨན་དང་འོ་མ་ཆུ་གཙང་དང་བཅས་པ་བཤམས་ལ། ཨོཾ་ཨཱཿཧཱུྃ། ཞེས་ལན་གསུམ་ལ་སོགས་པ་བརྗོད།

གནས་ཡིད་དུ་འོང་བ་རིན་པོ་ཆེའི་བྱ་སྐྱིབས་ཅན། མཚོ་དང་། རྫིང་བུ་དང་། བེའུ་སིང་དང་། ཕོ་བྲང་དང་། སྐྱིད་མོས་ཚལ་ལ་སོགས་པ་རྣམས་སུ། ལོངས་སྤྱོད་ཕུན་སུམ་ཚོགས་པ་དང་། ཀླུ་ནད་ཐམས་ཅད་ཞི་བར་བྱེད་པའི་བདུད་རྩིས་ཡོངས་སུ་གང་བར་གྱུར། པར་བསམ་ཞིང་མཆོག་སྦྱིན་གྱི་ཕྱག་རྒྱ་བཅས་ལ། ཨོཾ་བཱ་སུ་ཀི་སཾ་སྭཱ་ཧཱ།

ཕྱག་གཡས་པ་ནས་བདུད་རྩིའི་རྒྱུན་འོ་མ་ལྟ་བུ་གཏོར་མའི་ནང་དུ་བབ་པས། ཀླུ་རྣམས་ཀྱིས་འཐུངས་ཤིང་ཁྲུས་བྱས་པས། ནད་དང་། སྡུག་བསྔལ་སྡིག་པ་དང་སྒྲིབ་པ་ཐམས་ཅད་དག་ནས། ཡན་ལག་དང་། ཉིང་ལག་དང་། དབང་པོ་ཐམས་ཅད་ཚང་བས་ལྷ་ཡི་ལུས་ལྟ་བུར་གྱུར་པས་མཉེས་ཤིང་ཚིམ་པར་གྱུར། པར་བསམ་ལ། ཨོཾ་མཐའ་ཡས་དང་ནི་འཇོག་པོ་དང་། །སྟོབས་ཀྱི་རྒྱུ་དང་རིགས་ལྡན་དང་། ནོར་རྒྱས་དང་ནི་དུང་སྐྱོང་དང་། །པདྨ་དང་ནི་ཚུ་ལྷ་དང་། །རྒྱ་མཚོ་རྒྱ་མཚོ་ཆེན་པོ་དང་། །དཔལ་གྱི་འོད་དང་འོད་པོ་ཆེ། །ཀླུ་ཆེན་འཁོར་བཅས་གཏོར་མ་བཞེས། །མཛེས་པའི་དཀར་གསུམ་གཏོར་མ་འདི། །མངར་གསུམ་འོ་མའི་རྒྱ་མཚོ་ཆེ། །རིན་ཆེན་ཕྲེང་བའི་ཐེམ་སྐས་ཅན། །ཀླུ་ཡི་གནོད་པ་སྐྱོབ་བྱེད་པ། །མཐུན་པའི་རྫས་སུ་འདི་གྱུར་ཅིག །བདག་ཅག་འཁོར་དང་བཅས་རྣམས་ལ། །ཀླུ་ལས་གྱུར་པའི་གནོད་པ་ནི། །མཐོང་བའི་དུག་དང་རེག་པའི་དུག །ཚ་ངལ་དུག་དང་ཁ་རླངས་དུག །དེ་ལ་སོགས་པའི་དུག་རྣམས་ཀུན། །ཡུད་ཙམ་གྱིས་ནི་ཞི་གྱུར་ཅིག །བདག་པས་གཅེས་པའི་རྫས་ཁྱེར་ལ། །བདག་ལ་གནོད་པ་མ་བྱེད་ཅིག །རྟག་ཏུ་བྱམས་པའི་སེམས་ལྡན་ཞིང་། །ཕ་མ་ལྟ་བུའི་སེམས་ཀྱིས་ལྟོས། །གཞན་ཡང་ལས་ལ་སྐྱེས་པ་ཡི། །བཀའ་དང་དམ་ལས་མ་ཐོགས་པའི། །གདུག་པ་ཅན་གྱི་ཀླུ་ཚོགས་ཀུན། །བཀའ་ཡི་ཕ་འབབ་འདི་ལོང་ལ། །སོ་སོ་རང་རང་གནས་སུ་དེངས། །ཆོས་རྣམས་གཟུགས་བརྙན། །ཞེས་པ་ནས། སྐྱོབ་པའི་སྲས་སུ་སྐྱེ། །ཞེས་པའི་བར་བརྗོད་དོ། །ཆོས་རྣམས་ཐམས་ཅད་རྒྱུ་ལས་བྱུང་། །ཞེས་པ་ནས། འདི་ནི་སངས་རྒྱས་བསྟན་པ་ཡིན། །ཞེས་སོགས་སྔ་མ་བཞིན་དུ་ཆོས་ཀྱི་སྦྱིན་པ་བྱིན་ལ། ཀླུ་རྣམས་ཀྱི་སྒྲིབ་པ་སྦྱོང་བའི་ཕྱིར་དུ། ན་མོ་རཏྣ་ཏྲ་ཡཱ་ཡ། ཨོཾ་ཀཾ་ཀ་ནི་ཀཾ་ཀ་ནི། རོ་ཙ་ནི་རོ་ཙ་ནི།

ཛ་ཊ་ནི་ཛ་ཊ་ནི། ཧྣ་ས་ནི། ཧྣ་ས་ནི། ཕྲ་ཧི་ཏ་ན་ཕྲ་ཧི་ཏ་ན། སརྦ་ཀརྨ་པ་རཾ་པ་རྣ་ཎི་མེ་ཡ་སྭཱ་ཧཱ། ཞེས་བརྗོད་ཅིང་། སླར་ཡང་འདི་སྐད་དུ། ཀླུ་ཡི་རིགས་ནི་ཁྱེད་རྣམས་ཀུན། །སེམས་དང་ཤེས་པ་གསལ་གྱུར་ཅིག །བཀའ་དང་དམ་ལས་མ་འདའ་བར། །ཤིན་ཏུ་ཁྲོས་པ་ཞི་གྱུར་ཅིག །དབང་པོ་ལྔ་ཡི་སྤྱོད་ཡུལ་དུ། །མགོ་དགུའི་ལོངས་སྤྱོད་ཐམས་ཅད་ལྡན། །ཉམས་པའི་ལུས་རྣམས་སོས་ཤིང་རྒྱས། །ཡན་ལག་ཐམས་ཅད་བདེ་གྱུར་ཅིག །ནད་སོང་གསུམ་ལས་ཐར་ནས་ཀྱང་། །ཚངས་པའི་གདེང་དང་ལྡན་གྱུར་ཅིག །ཆོས་སྤྱོད་དབང་པོ་དུལ་ནས་ཀྱང་། །ཕྱུག་ན་ཇོ་རྗེའི་ཞལ་མཐོང་ཤོག །ཐུགས་དང་སྨན་སོགས་བྱིན་རླབས་ཀྱིས། །ནད་དང་ཉེར་འཚེ་ཀུན་སྤངས་ནས། །དྲིན་ལན་དམ་ཚིག་དྲན་གྱིས་ལ། །རང་རང་གནས་སུ་འགྲོ་བར་གྱིས། །ཨོཾ་ནཱ་ག་ས་པ་རི་ཝཱ་ར་གཙྪཿ། ཞེས་པས་གཤེགས་སུ་གསོལ་ནས། གཏོར་མ་རྣམས་གཙང་སའམ། ཀླུ་ཡོད་པའི་གནས་སུ་འདོར་བར་བྱའོ། །དེ་ལྟར་ཉི་མ་རེ་ལ་ལན་གསུམ་གསུམ་མ་ཆག་པར་བྱས་ནས། རང་ལ་ཀླུ་ནད་མེད་པ་ཀུན་གྱི་བཏང་ཡང་། བསོད་ནམས་ཆེར་ཐོབ་ཅིང་། རང་ལ་ན་ཚ་བྱུང་བ་ཀུན་གྱིས་བཏང་ན། དང་པོ་ན་ཚ་དྲག་པོ་དང་ཆོ་འཕྲུལ་ཆེན་པོ་འབྱུང་སྟེ། ཕྱིས་ནས་ཁད་ཀྱིས་སོས་ཤིང་བདེ་བར་འགྱུར་རོ། །དགེའོ། །

བར་དོ་གཏོར་མ་གཏོང་བར་འདོད་ན། སྣོད་གཙང་མ་ལྔའམ་གསུམ། གཅིག་གང་ཙང་གི་ནང་དུ། ཆུ་གཙང་བླུག་ཅིང་ཟན་འབྲུ་འཐོར་ཏེ། རང་ཉིད་འཕགས་པ་སྤྱན་རས་གཟིགས་སུ་བསྐྱེད་ནས། ཨོཾ་ཨཱཿཧྲཱིཿཧཱུཾ། བརྒྱ་རྩ་བཟླས་པ་དང་། ཨོཾ་མ་ཎི་པ་མེ་ཧཱུཾ། བརྒྱ་རྩ་དང་། ན་མོ་རཏྣ་ཏྲ་ཡཱ་ཡ། ཨོཾ་གཾ་ག་ནི་གཾ་ག་ནི། རོ་ཙ་ནི་རོ་ཙ་ནི། ཛ་ཊ་ནི། ཛ་ཊ་ནི། ཧ་ས་ནི། ཧ་ས་ནི། ཕྲ་ཧི་ཏ་ན། ཕྲ་ཧི་ཏ་ན། སརྦ་ཀརྨ་པ་རཾ་པ་རྣ་ཎི་མེ་ཡེ་སྭཱ་ཧཱ། བརྒྱ་རྩ་བཟླས་ཤིང་། འཇིག་རྟེན་འདི་ནས་འཇིག་རྟེན་ཕ་རོལ་ཏུ་ཚེ་ལས་འདས་པ་ཚེ་གེ་མོ་ཞེས་བྱ་བ་ལ་སོགས་པ། སྲིད་པ་བར་དོ་ན་གནས་པའི་སེམས་ཅན་ཐམས་ཅད་ལ་སྦྱིན་ནོ། །བར་དོའི་སྡུག་

བསྡུལ་ཐམས་ཅད་ཞི་བར་གྱུར་ཅིག །བཀྲེས་པའི་སྡུག་བསྔལ་ཐམས་ཅད་ཞི་བར་གྱུར་ཅིག །སྐོམ་པའི་སྡུག་བསྔལ་ཐམས་ཅད་ཞི་བར་གྱུར་ཅིག །བར་དོའི་འཇིགས་པ་ཐམས་ཅད་ལས་གྲོལ་བར་གྱུར་ཅིག །སྐྲག་པ་ཐམས་ཅད་ལས་གྲོལ་བར་གྱུར་ཅིག །སྡངས་པ་ཐམས་ཅད་ལས་གྲོལ་བར་གྱུར་ཅིག །མགོན་མེད་པ་ལ་མགོན་དུ་གྱུར་ཅིག །སྐྱབས་མེད་པ་ལ་སྐྱབས་སུ་གྱུར་ཅིག །བར་དོའི་སྡུག་བསྔལ་མཐའ་དག་ཞི་ནས། མྱུར་དུ་རྣམ་པ་ཐམས་ཅད་མཁྱེན་པ་སངས་རྒྱས་ཀྱི་གོ་འཕང་རིན་པོ་ཆེ་ཐོབ་པར་གྱུར་ཅིག །བདག་གི་བསམ་པའི་སྟོབས་དང་ནི། །དེ་བཞིན་གཤེགས་པའི་བྱིན་སྟོབས་དང་། །སོགས་རྒྱས་པར་བརྗོད་དོ། །ཤུཾ། །

འབྱུང་བཞིའི་གཏོར་མ་གཏོང་བར་འདོད་པས། ཕ་དམ་པ་རིན་པོ་ཆེ་ལ་སྐྱབས་སུ་མཆིའོ། །ཞེས་སྐྱབས་འགྲོ་ལན་གསུམ་བྱས་ལ། ཟན་ཟླ་གམ་དེ། སྭ་བྷཱ་ཝས་བསངས། ཡི་གེ་གསུམ་གྱིས་བྱིན་གྱི་རླབས། ཡཾ་ལས་རླུང་། རྫས་སྔོན་པོ་ཡང་ཞིང་གཡོ་བར་བསམ་ལ། ཨོཾ་ཏ་ཐ་ཊ་ཊ་ཋ། ཡཾ་ཨོཾ་ཨོཾ། ལྷཱའམ། ཉེར་ལྔས། ཤར་རྡོ་རྗེ་སེམས་དཔའ་འཁོར་དང་བཅས་པ་ལ་འབུལ་ལོ། །སྣང་བ་རྟེན་འབྲེལ་དུ་འཆར་བར་བྱིན་གྱི་བརླབ་ཏུ་གསོལ། རྟེན་འབྲེལ་གྱིས་འགྲོ་བ་སེམས་ཅན་གྱི་དོན་རྒྱ་ཆེན་པོ་འགྲུབ་པར་བྱིན་གྱི་བརླབ་ཏུ་གསོལ། ཉོན་མོངས་པ་དང་རྒྱལ་དང་ནད་རླུང་གི་ནད། གདོན་ལྷའི་གདོན་དང་དྲི་ཟའི་གནོད་པ་ཞི་བར་གྱུར་ཅིག །ཟུར་གསུམ། བསང་སྦྱངས་བྱིན་རླབས་གོང་བཞིན་བྱས་ལ། རཾ་ལས་མེ། རྫས་དམར་པོ་ཚ་ཞིང་བསྲེག་པར་བསམ་ལ། ཨོཾ་ཙ་ཚ་ཛ་ཛ་ཉ། ཨོཾ་ཨེ་ཨེ། གསུམ་མམ། ཉེར་གསུམ་གྱིས། ལྷོ་རིན་ཆེན་འབྱུང་ལྡན་འཁོར་དང་བཅས་པ་ལ་འབུལ་ལོ། །སྣང་བ་རྟེན་འབྲེལ་དུཿ རྟེན་འབྲེལ་གྱིསཿ ཉོན་མོངས་པ་འདོད་ཆགས་དང་། ནད་ཚ་བའི་ནད། གདོན་གཤིན་རྗེ་དང་ཕོ་གདོན་གྱི་གནོད་པ་ཞི་བར་མཛད་དུ་གསོལ། ཟླུམ་པོ་དེ་བསང་སྦྱངས

ཕྱིན་རླབས་གོང་བཞིན་བྱས་ལ། པཾ་ལས་ཚུ། རྫས་ལྡང་གུ་བརླན་ཞིང་གཤེར་བར་བསམ་ལ། ཨོཾ་པ་ཕ་བ་ཌྷ་མ། པཾ་ཨུ་ཨུཿ ཧྲུག་གཾ །ཞེར་ཧྲུག་གིས། ནུབ་སྣང་བ་མཐའ་ཡས་འཁོར་དང་བཅས་པ་ལ་འབུལ་ལོ། །སྣང་བ་རྟེན་འབྲེལ་དུཿ རྟེན་འབྲེལ་གྱིསཿ ཉོན་མོངས་པ་ཞི་སྐྱང་དག །ནད་གྲང་བའི་ནད། གདོན་ཚུ་ལྷ་དང་མོ་གདོན་གྱི་གནོད་པ་ཞི་བར་མཛད་དུ་གསོལ་ལོ། །གྲུ་བཞི་དེ། བསང་སྦྱངས་ཕྱིན་རླབས་གོང་བཞིན་བྱས་ལ། ལཾ་ལས་ས། རྫས་སེར་པོ་སྲ་ཞིང་བརྟན་པར་བསམ་ལ། ཨོཾ་ཏ་ཐ་ད་ཌྷ་ན། ལཾ་ཨི་ཨཱི། བཞིའམ། ཞེར་བཞིས། བྱང་དོན་ཡོད་གྲུབ་པ་འཁོར་དང་བཅས་པ་རྣམས་ལ་འབུལ་ལོ། །སྣང་བ་རྟེན་འབྲེལ་དུཿ རྟེན་འབྲེལ་གྱིསཿ ཉོན་མོངས་པ་གཏི་མུག་དང་། ནད་བད་ཀན་གྱི་ནད། གདོན་ས་གདོན་དང་ཀླུའི་གནོད་པ་ཞི་བར་མཛད་དུ་གསོལ་ལོ། །གླུད་བསང་སྦྱངས་ཕྱིན་རླབས་གོང་བཞིན་བྱས་ལ། དེ་བཞིན་གཤེགས་པ་བཞིའི་མཚན་བརྗོད་ལ། ན་མཿསརྦ་ཏ་ཐཱ་ག་ཏའི་སྔགས་བརྗོད་པའི་རྗེས་ལ། ཀྱཻ། སྲིད་གསུམ་འདི་ན་གང་ཡང་རུང་། །གནོད་པར་བྱེད་པའི་གདོན་བགེགས་རྣམས། །ཚུར་ཤོག་རྒྱལ་བའི་བཀའ་ལ་ཉོན། །འབྲུ་མཆོག་ངར་གླུད་ཡ་མཚན་ཅན། །སྲོན་ཚེ་ལྷ་དབང་བརྒྱ་བྱིན་གླུད། །དཱ་ལྟ་རྒྱུ་སྦྱོར་སྦྱིན་བདག་གླུད། །གླུད་བདག་ཐམས་ཅད་གླུད་ལོང་ཅིག །ཡས་ཀྱི་བདག་པོ་ཡས་བཞེས་ཤིག །རྒྱུ་སྦྱོར་སྦྱིན་པའི་བདག་པོ་ཡི། །རུས་པའི་གླུད་འདི་རྗོ་ལ་གཏོང་། །རྗོ་ལ་གནས་པའི་ལྷ་འདྲེ་རྣམས། །གླུད་དང་ལན་ཆགས་འདི་ལོང་ལ། །འཁོར་འདིར་གནོད་པ་མ་མཛད་ཅིག །རྒྱུ་སྦྱོར་སྦྱིན་པའི་བདག་པོ་ཡི། །ཤ་ཡི་གླུད་འདི་ས་ལ་གཏོང་། །ས་ལ་གནས་པའི་ལྷ་འདྲེ་རྣམས། །གླུད་དང་ལན་ཆགས་འདི་ལོང་ལ། །འཁོར་འདིར་གནོད་པ་མ་མཛད་ཅིག །རྒྱུ་སྦྱོར་སྦྱིན་པའི་བདག་པོ་ཡིན། །ཁྲག་གི་གླུད་འདི་ཆུ་ལ་གཏོང་། །ཆུ་ལ་གནས་པའི་ལྷ་འདྲེ་རྣམས། །གླུད་

དང་ལྡན་ཚགས༔ འཁོར་འདིར་གནོད་པ༔ རྒྱུ་སྦྱོར་ཡོན་གྱི་བདག་པོ་ཡི། །དྲོད་ཀྱི་སླུད་འདི་མེ་ལ་གཏོང་། །མེ་ལ་གནས་པའི་ལྷ་འདྲེ་རྣམས། །སླུད་དང་ལྡན་ཚགས་འདི༔ འཁོར་འདིར༔ རྒྱུ་སྦྱོར་སྦྱིན་པའི་བདག་པོ་ཡི། །དབུགས་ཀྱི་སླུད་འདི་རླུང་ལ་གཏོང་། །རླུང་ལ་གནས་པའི་ལྷ་འདྲེ་རྣམས། །སླུ་དང་ལྡན་ཚགས་འདི༔ འཁོར་འདིར༔ སྟོན་ཚེ་བདེན་པའི་བྱིན་རླབས་དང་། །ད་ལྟར་རྒྱུ་སྦྱོར་སྦྱིན་བདག་གིས། །བསམ་པ་དག་པས་བཤགས་པ་ཡིས། །མཆོད་སྦྱིན་སླུད་གཏོར་འདི་བཞེས་ལ། །ཁྲམ་ལ་བབ་ན་ཁྲམ་ཁ་ཕྱིས། །ཤོ་ལ་བབ་ན་ཤོ་ཁ་སྐོར། །རྩིས་ལ་བབ་ན་རྩིས་ཁ་ཕྱུང་། །རྒྱན་ལ་བབ་ན་རྒྱན་ཁ་སློས། །གཟུང་བ་ཐོག་ལ་བཙིངས་པ་གྲོལ། །བདུད་ཀྱི་ཞལ་ཁ་སླར་བསྒྱུར་ཅིག །སྦྱིན་པའི་བདག་པོ་འཁོར་དང་བཅས་པའི་ལྡན་ཚགས་བུ་ལོན་ཤ་མགོན་ཅི་དང་ཅི་གཉེར་བ་ཐམས་ཅད། སླུད་ཆངས་བུ་དང་བཅས་པ་འཕྲེར་ཞིང་བྱུང་བར་གྱུར་ཅིག །གནོད་པ་དང་གདུག་པའི་སེམས་ཞི་ནས་ཕན་པ་དང་བདེ་བ་བྱང་ཆུབ་ཀྱི་སེམས་དང་ལྡན་པར་གྱུར་ཅིག །

ཚ་གསུམ་གཏོར་མ་ནི། ཨོཾ་བཛྲ་ཡཀྵ་ཧཱུྃ། ཧཱུྃ་བཛྲ་ཛྭ་ལ་ཨ་ན་ལ་ཧ་ན་ད་ཧ་པ་ཙ་མ་ཐ་བྷཉྫ་ར་ཎ་ཧཱུྃ་ཕཊ། ཨོཾ་སྭ་བྷཱ་ཝ་ཤུདྡྷ་སརྦ་དྷརྨ་སྭ་བྷཱ་ཝ་ཤུདྡྷེ་ཧཾ། སྟོང་པའི་ངང་ལས་ཨོཾ་ལས་རིན་པོ་ཆེའི་སྣོད་ཡངས་ཤིང་རྒྱ་ཆེ་བའི་ནང་དུ། ཨོཾ་འོད་དུ་ཞུ་བ་ལས་བྱུང་བའི་ལྷ་རྫས་ལས་གྲུབ་པའི་གཏོར་མ་དངས་ཤིང་ཐོགས་པ་མེད་པ་ཟག་པ་མེད་པའི་བདེ་བ་ཁྱད་པར་ཅན་བསྐྱེད་པ་ནམ་མཁའི་མཐའ་དང་མཉམ་པར་གྱུར། ཨོཾ་ཨ་ཀཱ་རོ་མུ་ཁཾ་སརྦ་དྷརྨཱ་ཎཱཾ་ཨཱདྱ་ནུཏྤནྣ་ཏྭཱ་ཏ་ཨོཾ་ཨཱཿཧཱུྃ། ལན་གསུམ་གྱིས་གཏོར་མ་བྱིན་གྱི་རླབས། བྱ་རྒྱུད་བཟང་པོ་སྤྱངས་བཟང་ནས་གསུངས་པ། ཤར་ཕྱོགས་རྡོ་རྗེ་ཅན་གྱི་ལྷ་ཚོགས་འཁོར་དང་བཅས། །གཏོར་མ་ཕུལ་བ་འདི་དག་བཞེས་སུ་གསོལ། །མེ་

དང་གཤིན་རྗེ་བདེན་བྲལ་སྲིན་པོའི་བདག །ཆུ་བདག་རླུང་བདག་ནོར་གྱི་བདག་པོ་དང་། །དབང་ལྡན་ལྷ་སྐྱེ་འབྱུང་པོའི་བདག་པོ་དང་། །སྙིང་གི་ཉི་ཟླ་ཚངས་པ་ཆེན་པོ་དང་། །ལྷ་རྣམས་ཀུན་དང་གང་དག་ས་སྐྱོང་ཀླུ། །རི་ཡི་ལྷ་དང་གནོད་སྦྱིན་ཚོགས་བཅས་ལ། །ས་ས་སོ་སོར་གཏོར་མ་ཕུལ་བ་རྣམས། །རབ་ཏུ་དགྱེས་པ་ཡིས་ནི་བཞེས་ནས་ཀྱང་། །རང་རང་ཕྱོགས་སུ་ལེགས་པར་བཞུགས་ནས་སུ། །རང་གི་བུ་སྨད་མཛའ་བཤེས་གཉེན་འདུན་དང་། །ནང་མི་དམག་དང་དཔུང་བཅས་ལྷན་ཅིག་ཏུ། །མེ་ཏོག་དྲི་དང་བྱུག་པ་གཏོར་མར་བཅས། །འདི་རྣམས་བཏུང་ཞིང་ལེགས་པར་གསོལ་ནས་ཀྱང་། །བདག་གི་ལས་ཀྱི་འབྲས་བུ་མཆིས་པར་མཛོད། །ཨོཾ་ཨིནྡྲ་ཡེ་སྭཱ་ཧཱ། ཨོཾ་ཨགྣ་ཡེ་སྭཱ་ཧཱ། ཨོཾ་ཡ་མཱ་ཡ་སྭཱ་ཧཱ། ཨོཾ་ནི་རེ་ཏྲི་ཡེ་སྭཱ་ཧཱ། ཨོཾ་བ་རུ་ཎ་ཡ་སྭཱ་ཧཱ། ཨོཾ་བཱ་ཡ་བེ་སྭཱ་ཧཱ། ཨོཾ་ཀུ་བེ་རཱ་ཡ་སྭཱ་ཧཱ། ཨོཾ་ཨཱི་ཤཱ་ནཱ་ཡ་སྭཱ་ཧཱ། ཨོཾ་ཨུརྡྷེ་བྲཧྨ་ནཱ་ཡ་སྭཱ་ཧཱ། ཨོཾ་སཱུརྻ་ཡ་ཉི་མ་སྭཱ་ཧཱ། ཨོཾ་ཙནྡྲཱ་ཡ་སྭཱ་ཧཱ། ཨོཾ་པྲ་ཐྭི་ས་འི་ལྷ་མོ་སྭཱ་ཧཱ། ཨོཾ་ནཱ་ཀླུ་གཱི་ཧྲི་སྭཱ་ཧཱ། ཨོཾ་ཨ་སུ་རཱ་ཧྲེཿསྭཱ་ཧཱ། ན་མཿསརྦ་ཏ་ཐཱ་ག་ཏེ་བྷྱོ། བི་ཤྭ་མུ་ཁེ་བྷྱཿ སརྦ་ཐ་ཁཾ་ཨུད་ག་ཏེ་སྥ་ར་ཎ་ཨི་མཾ་ག་ག་ན་ཁཾ་གྲྀཧྞ་དཾ་བ་ལིཾ་ཏ་ཁ་ཁ་ཁཱ་ཧི་ཁཱ་ཧི། བདག་ཅག་ལ་བགེགས་མེད་པར་མཛོད་ཅིག །ལས་ཀྱི་དངོས་གྲུབ་རྩལ་དུ་གསོལ། །དབང་པོ་རྡོ་རྗེ་འཆང་བའི་ལྷ། །ལྷ་ཡི་རྒྱལ་པོ་གདོན་གྱིས་བདག །ཤར་ཕྱོགས་གདོན་གྱི་ཚོགས་བཅས་ལ། །མཆོད་ཅིང་བསྟོད་དེ་ཕྱག་ཀྱང་འཚལ། །མེ་སྐྱེ་བསྲེག་བྱ་ཟ་བའི་ལྷ། །དྲང་སྲོང་རྒྱལ་པོ་གདོན་གྱི་བདག །ཤར་ལྷོ་མེ་ལྷའི་ཚོགས་བཅས་ལ། །མཆོད་ཅིང་བསྟོད་དེ་ཕྱག་ཀྱང་འཚལ། །གཤིན་རྗེ་བེ་ཅོན་འཆང་བའི་ལྷ། །མ་མོའི་རྒྱལ་པོ༔ ལྷོ་ཕྱོགས༔ མཆོད་ཅིང་བསྟོད་དེ༔ བདེན་དང་བྲལ་བ་ལེགས་ལྡན་ལྷ། །སྲིན་པོའི་རྒྱལ་པོ་གདོན་

ཀྱི་བདག །ཕྱོ་ནུབ་སྲིན་པོའི་ཚོགས་བཅས་ལ། །མཆོད་ཅིང་བསྟོད་དེ་ཕྱག་ཀྱང་
འཚལ། །ཞགས་པ་ཐོགས་པ་ཆུ་ཡི་ལྷ། །ཚིག་སྲུངས་གདོན་གྱི་བདག་པོ་སྟེ། །ནུབ་
ཕྱོགས་ཆུ་ལྷ་ཚོགས་བཅས་ལ། །མཆོད་ཅིང་བསྟོད་དེ་ཕྱག་ཀྱང་འཚལ། །རླུང་
སྟེ་སྲོག་ཀྱང་འཛིན་པའི་ལྷ། །རིག་འཛིན་རྒྱལ་པོ་གདོན་གྱིས་བདག །ནུབ་བྱང་
རླུང་ལྷའི་ཚོགས་བཅས་ལ། །མཆོད་ཅིང་བསྟོད་དེ་ཕྱག་ཀྱང་འཚལ། །གནོད་
སྦྱིན་ལག་ན་དབྱུག་ཏོ་ཐོགས། །ནོར་བསྲུང་རྒྱལ་པོ་གདོན་གྱི་བདག །བྱང་ཕྱོགས་
གནོད་སྦྱིན་ཚོགས་བཅས་ལ། །མཆོད་ཅིང་བསྟོད་དེ་ཕྱག་ཀྱང་འཚལ། །དབང་
དང་ལྡན་པ་འདྲེན་པའི་ལྷ། །འབྱུང་པོའི་རྒྱལ་པོ་གདོན་གྱིས་བདག །བྱང་ཤར་
དབང་ལྡན་ཚོགས་བཅས་ལ། །མཆོད་ཅིང་བསྟོད་དེ་ཕྱག་ཀྱང་འཚལ། །སྟེང་
གི་ཚངས་པ་ཆེན་པོ་དང་། །ཉི་མ་ཟླ་བ་གཟའ་ཆེན་པོ། །གཟའ་དང་རྒྱུ་སྐར་
བཅས་པ་ལ། །མཆོད་ཅིང་བསྟོད་དེ་ཕྱག་ཀྱང་འཚལ། །འོག་གི་ཀླུ་སྟེ་ས་ཡི་ལྷ། །ས་
འཛིན་ལག་པ་ཆེན་པོ་དང་། །དམ་ཚིག་ཤེས་པའི་ཚོགས་བཅས་ལ། །མཆོད་
ཅིང་བསྟོད་དེ་ཕྱག་ཀྱང་འཚལ། །ཕྱོགས་སྐྱོང་འཁོར་དང་བཅས་པ་རྣམས། །མཆོད་
སྦྱིན་གཏོར་མ་འདི་བཞེས་ལ། །རྣལ་འབྱོར་བདག་ཅག་འཁོར་བཅས་ལ། །ནད་
མེད་ཚེ་དང་དབང་ཕྱུག་དང་། །དཔལ་དང་གྲགས་དང་སྐལ་བ་བཟང་། །ལོངས་
སྤྱོད་རྒྱ་ཆེན་ཀུན་ཐོབ་ཅིང་། །ཞི་དང་རྒྱས་ལ་སོགས་པ་ཡི། །ལས་ཀྱི་དངོས་གྲུབ་
བདག་ལ་སྩོལ། །དམ་ཚིག་ཅན་གྱིས་བདག་ལ་སྲུངས། །དངོས་གྲུབ་ཀུན་གྱི་སྟོང་
གྲོགས་མཛོད། །དུས་མིན་འཆི་དང་ནད་རྣམས་དང་། །གདོན་དང་བགེགས་
རྣམས་མེད་པར་མཛོད། །རྨི་ལམ་ངན་དང་མཚན་མ་ངན། །བྱ་བྱེད་ངན་པ་
མེད་པར་མཛོད། །འཇིག་རྟེན་བདེ་ཞིང་ལོ་ལེགས་དང་། །འབྲུ་རྣམས་འཕེལ་

ཞིང་ཆོས་འཕེལ་དང་། །བདེ་ལེགས་ཕུན་སུམ་ཚོགས་པ་དང་། །ཡིད་ལ་འདོད་པ་ཀུན་འགྲུབ་ཤོག །ཕྱོགས་སྐྱོང་བཅུ་འཁོར་དང་བཅས་པ་རྣམས་ཀྱིས། སངས་རྒྱས་ཀྱི་བསྟན་པ་དར་བ། སེམས་ཅན་ལ་བདེ་སྐྱིད་འབྱུང་བ། དམིགས་པའི་ཡུལ་གྱི་ས་ལམ་གྱི་བར་ཆད་ཐམས་ཅད་ཉེ་བར་ཞི་བའི་སྟོང་གྲོགས་མཛོད་ཅིག །དཔུང་བཟངས་ཀྱི་རྒྱུད་ནས་གསུངས་པའི། ལྷ་དང་ཀླུ་དང་གནོད་སྦྱིན་སྲོ་འཕྱེ་གྲུལ། །ནམ་མཁའ་ལྡིང་དང་འདབ་བཟང་ལུས་སྲུལ་པོ། །དྲི་ཟ་སྲིན་པོ་གདོན་གྱི་རིགས་རྣམས་དང་། །གང་དག་ས་ལ་གནས་པའི་རྫུ་འཕྲུལ་ཅན། །བུ་སྨད་བཅས་ཤིང་གཡོག་འཁོར་བཅས་པ་ལ། །བདག་གི་ཕྱུས་མོ་ས་ལ་བཙུགས་ནས་ནི། །ཐལ་མོ་སྦྱར་ནས་ཁྱེད་ལ་གསོལ་འདེབས་ཀྱིས། །གསན་ནས་ཕན་གདགས་སླད་དུ་འདིར་གཤེགས་ཤིག །ཨོཾ་དེ་ཝཿནཱ་ག །ཡཀྵཱ། རཀྵསཱ། ཨ་སུ་ར། ག་རུ་ཊ། གིནྣ་ར། མ་ཧོ་ར་ག །མ་ནུ་ཤ། ཨ་མ་ནུཥྱ། ཨེ་ཧྱེ། པདྨ་ཀ་མ་ལ་ཡེ་སྟྭཾ། ཀྱི་གདན་ཕུལ། ཉེར་སྤྱོད་ཕུལ་མཚོད། ཨོཾ་དེ་ཝ། ནཱ་ག །ཡཀྵཱ། གན་དྷར་ཝ། ཨ་སུ་ར། ག་རུ་ཊ། གི་ཙ་ར། མ་ཧོ་ར་ག །མ་ནུ་ཥྱ། ཨ་མ་ནུ་ཥྱ་ས་པ་རི་ཝཱ་ར། ན་མཿསརྦ་ཏ་ཐཱ་ག་ཏེ་བྷྱོ། བི་ཤྭ་མུ་ཁེ་བྷྱཿ སརྦ་ཐཱ་ཁཾ་ཨུད་ག་ཏེ་སྥ་ར་ཎ་ཨི་མཾ་ག་ག་ན་ཁཾ་གྲྀཧྞ་དཾ་བ་ལི་ཏེ་སྭཱཧཱ། གསུམ་མམ་བདུན་གྱིས་གཏོར་མ་ཕུལ་ལ་ཉེར་སྤྱོད་ཕུལ་མཚོད། འབྱུང་པོ་གང་དག་རི་རབ་སྟེང་གནས་དང་། །དགའ་བའི་ཚལ་དང་ལྷ་ཡི་གནས་རྣམས་དང་། །ཤར་ནུབ་རི་དང་ཉི་ཟླའི་ཁྱིམ་རྣམས་དང་། །རི་བོ་ཀུན་ལ་གང་དག་གནས་པ་དང་། །རིན་ཆེན་གླིང་ན་ལྷག་པར་གང་གནས་དང་། །ཆུ་བོ་ཀུན་དང་ཆུ་ཡི་མདོ་རྣམས་དང་། །མཚོ་དང་རྫིང་བུ་ལྟེང་ཀ་ཆུ་དོགས་དང་། །གཡའ་ཆུ་སིལ་མ་ཅན་ལ་གང་གནས་དང་། །གྲོང་དང་ཕྱུགས་ལྷས་གྲོང་ཁྱེར་སྟོང་པ་དང་། །ཁང་སྟོང་དག་དང་ལྷ་

ཡི་ཁང་པ་དང་། །གཙུག་ལག་ཁང་དང་མཆོད་རྟེན་གནས་རྣམས་དང་། །དགའ་ཐུབ་གནས་དང་སྨྲང་ཆེན་བྲིས་གནས་དང་། ། རྒྱལ་པོའི་དགོར་ཁང་དག་ལ་གནས་པ་དང་། །ལམ་སྲང་གསུམ་མདོ་དང་ནི་བཞི་མདོ་དང་། །གང་དག་ལམ་པོ་ཆེ་དང་ཤིང་གཅིག་དྲུང་། །དུར་ཁྲོད་ཆེན་པོ་ནགས་ཚལ་ཆེན་པོ་དང་། །སེང་གེ་དྲེད་དང་གཅན་གཟན་གནས་རྣམས་དང་། །འབྲོག་ཆེན་འཇིགས་སུ་རུང་བར་གང་གནས་དང་། །གང་དག་གླིང་མཆོག་དག་ན་གནས་པ་དང་། །ལྷུན་པོ་དུར་ཁྲོད་དག་ན་གནས་པ་རྣམས། །རབ་ཏུ་དགྱེས་ཤིང་མགུ་བར་གྱུར་ནས་སུ། །ཕྲེང་བ་མེ་ཏོག་དྲི་དང་བྱུག་པར་བཅས། །བསྣོད་དང་གཏོར་མ་མར་མེ་གུས་འབུལ་ན། །འདི་དག་གསོལ་ཞིང་ལེགས་པར་བསྣམས་ནས་ཀྱང་། །བདག་གི་ལས་ཀྱི་འབྲས་བུ་མཆིས་པར་མཛོད། །སྡེ་བརྒྱད་འཁོར་དང་བཅས་པ་རྣམས་ཀྱིས་སངས་རྒྱས་ཀྱི་བསྟན་པ་དར་བ། སེམས་ཅན་ལ་བདེ་སྐྱིད་འབྱུང་བ། དམིགས་པའི་ཡུལ་གྱི་ས་ལམ་གྱི་བར་ཆད་ཐམས་ཅད་ཉེ་བར་ཞི་བའི་སྟོང་གྲོགས་མཛོད་ཅིག །ཧཱུྃ་ག་ར་ཧཱུྃ་ཧི། འདོད་པའི་རྒྱལ་པོའི་ཕྱག་རྒྱ་བྱས་ལ། ན་མོ་རྗེ་བཙུན་རྩ་བ་དང་བརྒྱུད་པར་བཅས་པའི་དཔལ་ལྡན་བླ་མ་དམ་པ་རྣམས་ཀྱི་བཀའ་བདེན་པ་དང་། སངས་རྒྱས་ཀྱི། ཆོས་ཀྱི། དགེ་འདུན་གྱི། གསང་སྔགས་དང་རིགས་སྔགས་རྣམས་ཀྱིས་བྱིན་གྱིས་བརླབས་ཀྱི་བགེགས་ཀྱི་རིགས་གང་ཡིན་པ་དེ་དག་ཐམས་ཅད་སྐད་ཅིག་ཡུད་ཙམ་ལ་འདིར་མཆིས་པར་གྱུར་ཅིག །ཨོཾ་ཊཀྐི་ཧཱུྃ་ཛ། ཨོཾ་གུང་ཀ་རི་གུང་ཀ་རི་སྭཱ་ཧཱ། ཨོཾ་པི་ཙི་པི་ཙི་སྭཱ་ཧཱ། ཨོཾ་གུང་གུང་སྭཱ་ཧཱ། ཨོཾ་གྲིཧྣེ་དཾ་ཨཀྲཾ་སྭཱ་ཧཱ། ཞེས་སོགས་ཀྱི་མཆོད། པདྨ་ཀ་མ་ལ་ཡ་སྟྭཾ། ཀྱིས་གདན་ཕུལ། ཨོཾ་གུང་ཀ་རི་གུང་ཀ་རི་སྭཱ་ཧཱ། ཨོཾ་པི་ཙི་པི་ཙི་སྭཱ་ཧཱ། ཨོཾ་གུང་གུང་སྭཱ་ཧཱ། །ཨོཾ་སརྦ་བིགྣཱན། ན་མཿསརྦ་ཏ་ཐཱ་ག་ཏེ་

ཧྲཱུྃ། བི་ཤྭ་མུ་ཁེ་བྷྱཿ སརྦ་ཏད་ཁམ་ཨུད་ག་ཏེ་སྥ་ར་ཎ་ཨི་མཾ་ག་ག་ན་ཁཾ་གྲྀཧྞ་ཎཾ་བ་ལིཾ་ཏེ་སྭཱ་ཧཱ། ལ་སོགས་པའི་སྔགས་གསུམ་མམ་བདུན་གྱིས་གཏོར་མ་ཕུལ་ལ་ཞེར་སྤྱོད་ལྷས་མཆོད། གང་ཞིག་མཚན་མོ་རྒྱུ་བ་ཡི། །འབྱུང་པོ་རྣམས་དང་ཤ་ཟ་དང་། །སྲིན་པོ་ཤ་རྗེན་ཟ་བ་དང་། །སེམས་ཅན་རྣམ་པ་སྣ་ཚོགས་པ། །ལྗོན་ཤིང་གེལ་པ་སོགས་གནས་དང་། །དེ་དང་དེ་ལ་གཏོར་མ་ནི། །བཟའ་བ་ཤ་ཆང་ལ་ཕུག་བཅས། །འབྲས་ཆེན་འབྲས་བུ་མང་པོ་དང་། །མཆོད་པ་འདི་ཡིས་མགུ་གྱུར་ལ། །གནོད་པའི་བསམ་པ་ཞི་བ་དང་། །བདག་ཅག་རྣམས་ལ་ཕན་པའི་ཡིད། །དེ་རིང་ཕྱིན་ཆད་བསྐྱེད་པར་བགྱི། །རྒྱན་གྱིས་བརྒྱན་པར་བྱས་ཀྱང་ཆོས་སྤྱོད་ཅིང་། །དུལ་ཞིང་ཡང་དག་སྡོམ་ལ་ཚངས་པར་སྤྱོད། །འབྱུང་པོ་ཀུན་ལ་ཆད་པ་སྤངས་པ་སྟེ། །དགེ་སློང་དགེ་སྦྱོང་དེ་ཡི་བྲམ་ཟེ་དེ། །མཚོན་ཆས་མི་འཇིག་གང་ཡང་མེད། །འཚོ་བའི་སྲོག་ལ་ཀུན་ཀྱང་འཛེམ། །རང་གི་ལུས་ལ་དཔེ་ཡོང་ལ། །གཞན་ལ་གནོད་པ་མ་བྱེད་ཅིག །ཨོཾ་ཆེན་པོའམ་ཆུང་ངུ་གང་དག་གིས། །ལུས་ལ་མངོན་པར་གནོད་གྱུར་པའི། །ནད་དེ་མྱུར་དུ་ཕྱུང་ནས་སུ། །གདོན་དེ་རང་གི་གནས་སུ་དེངས། །དེ་ལྟར་བདག་གིས་ཅི་ནུས་ཀྱིས། །མཆོད་དང་བསྙེན་བཀུར་བྱས་པ་ཡིས། །དམ་ཚིག་ལ་ནི་གནས་ནས་སུ། །བདག་གི་བསམ་པ་བསྐང་བར་མཛོད། །རྟག་ཏུ་དམ་ཚིག་ལ་གནས་ཤིང་། །འདིར་ནི་སེམས་ཅན་ཐམས་ཅད་ཀྱི། །ནད་དེ་རབ་ཏུ་སོལ་མཛོད་ལ། །གདོན་དེ་རང་གི་གནས་སུ་སོང་། །ཨོཾ་བཛྲ་ཡཀྴ་ཧཱུྃ། ཨོཾ་སུམ་བྷ་ནི་སུམ་བྷ་ཧཱུྃ། ཨོཾ་གྲྀཧྞ་གྲྀཧྞ་ཧཱུྃ། གྲྀཧྞ་པ་ཡ་གྲྀཧྞ་པ་ཡ་ཧཱུྃ། ཨཱ་ན་ཡ་ཧོ་བྷ་ག་ཝན་བིདྱ་རཱ་ཛ་ཧཱུྃ་ཕཊ། ཨོཾ་དེ་ཝ་སོགས་ཀྱི་མཐར་ཨརྒྷཾ་སྭཱ་ཧཱ། ལ་སོགས་པས་མཆོད་གཏོར་ཞེས་པས་གཤེགས་སུ་གསོལ། ཨོཾ་ཨཱཿཧཱུྃ་ཨཱཿ་སྭཱ་ཧཱ། ལ་སོགས་པས་མཆོད། གཏོར། འབྱུང་པོ་གང་དག

འདིར་ནི་ལྷགས་ཀྱུར་ཏེ། །ས་འམ་འོན་ཏེ་བར་སྣང་འཕོད་ཀྱང་རུང་། །སྐྱེ་དགུ་རྣམས་ལ་རྟག་ཏུ་བྱམས་བྱེད་ཅིང་། །ཉིན་དང་མཚན་དུ་ཆོས་ལ་སྤྱོད་པར་ཤོག །ཨོཾ་བཛྲ་སཏྭ་ས་མ་ཡ། མ་ནུ་པཱ་ལ་ཡ། བཛྲ་སཏྭ་ཏེ་ནོ་པ་ཏིཥྛ། དྲི་ཌྷོ་མེ་བྷ་ཝ། སུ་ཏོ་ཥྱོ་མེ་བྷ་ཝ། སུ་པོ་ཥྱོ་མེ་བྷ་ཝ། ཨ་ནུ་རཀྟོ་མེ་བྷ་ཝ། སུ་ཏོ་ཥྱོ་མེ་བྷ་ཝ། སུ་པོ་ཥྱོ་མེ་བྷ་ཝ། ཨ་ནུ་རཀྟོ་མེ་བྷ་ཝ། སརྦ་སིདྡྷི་མེ་པྲ་ཡཙྪ། སརྦ་ཀརྨ་སུ་ཙ་མེ། ཙིཏྟཾ་ཤྲེ་ཡཿ ཀུ་རུ་ཧཱུྃ། ཧ་ཧ་ཧ་ཧ་ཧོཿ བྷ་ག་ཝཱན་སརྦ་ཏ་ཐཱ་ག་ཏ་ཧྲི་ད་ཡ། བཛྲ་མཱ་མེ་མུཉྩ། བཛྲཱི་བྷ་ཝ་མ་ཧཱ་ས་མ་ཡ་སཏྭ་ཨཱཿ མ་འབྱོར་བ་དང་ཉམས་པ་དང་། །གང་ཡང་བདག་རྨོངས་བློ་ཡིས་ནི། །བགྱིས་པ་དང་ནི་བགྱིད་རྒྱལ་བ། །དེ་ཀུན་མགོན་པོས་བཟོད་པར་མཛོད། །ཅེས་གཅོད་གདན་ཐོག་གཅིག་མའི་ཁྲིད་ཡིག་ཕྲིན་ལས་རྒྱ་མཚོ་ལས། གཏོར་མའི་རིམ་པ་འདི་ཉིད་དད་ལྡན་རྣམས་ཀྱིས་བསྐུལ་བའི་ངོར། ཤཱཀྱའི་དགེ་སློང་ཀྲེ་ཧོ་ཆོས་ཀྱི་རྒྱ་མཚོ་ཞེས་བྱ་བས་སྣང་རྩེ་གྲྭ་རི་རྩེར་སྦྱར་བའོ།། །།

༄༅། །ཁྲིད་ཡིག་ཕྲིན་ལས་རྒྱ་མཚོའི་བསྔོ་བའི་རིམ་པ་རྣམས་བཞུགས།

བླ་མ་དང་མཁའ་འགྲོའི་ཚོགས་ལ་ཕྱག་འཚལ་ལོ། །བསྔོ་བའི་རིམ་པ་ནི། རྒྱས་པ་བྱེད་ན་ཡོན་བཤད་སྟོན་དུ་གཏོང་། བསྡུས་པ་བྱེད་ན་བསྔོ་བའི་དཔང་པོ་བསྐྱེད་དེ། མདུན་གྱི་ནམ་མཁར་སེང་གེ་བརྒྱད་ཀྱིས་བཏེག་པའི་རིན་པོ་ཆེའི་ཁྲི་ཡངས་ཤིང་རྒྱ་ཆེ་བའི་སྟེང་དུ། ལྷ་རྫས་ཀྱི་གོས་རིན་ཐང་མེད་པ་དུ་མས་བཀབ་པ། དེའི་སྟེང་དུ་བཅོམ་ལྡན་འདས་ཡང་དག་པར་རྫོགས་པའི་སངས་རྒྱས་རྒྱལ་བ་ཤཱཀྱ་ཐུབ་པ་སྐུ་མདོག་གསེར་བཙོ་མའི་མདོག་ལྟར་སེར་བ་ཞལ་གཅིག་ཕྱག་གཉིས། གཡས་ས་གནོན་གཡོན་མཉམ་བཞག་གི་ཕྱག་རྒྱ་མཛད་པ། སྐུ་ལ་ན་བཟའ་ཆོས་གོས་གསུམ་དང་ལྡན་པ། མཚན་དང་དཔེ་བྱད་ཀྱིས་སྤྲས་པ། གཡས་སུ་ཤཱ་རིའི་བུ། གཡོན་དུ་མོའུ་འགལ་གྱི་བུ་སོགས་སྲས་ཕྱོགས་བཅུའི་སངས་རྒྱས་དང་བྱང་ཆུབ་སེམས་དཔའ་ཉན་ཐོས་དང་རང་སངས་རྒྱས་ཀྱི་ཚོགས་ཀྱིས་བསྐོར་ནས་བཞུགས། དེའི་མདུན་དུ་དམིགས་ཡུལ་རྣམས་ལུས་གུས་པའི་སྒོ་ནས་ཐལ་མོ་སྦྱར་བ། ངག་གུས་པའི་སྒོ་ནས་གསོལ་བ་འདེབས་པ། ཡིད་གུས་པའི་སྒོ་ནས་སྐད་ཅིག་ཀྱང་མ་ཡེངས་པའི་ངོས་ནས། བདག་གི་ལུས་ལོངས་སྤྱོད་དགེ་བའི་རྩ་བ་དང་བཅས་པ་ཐམས་ཅད་ལྟོས་པ་དང་འཕངས་པ་མེད་པའི་སྒོ་ནས་འབུལ་སྙམ་པ་གྱིས་ལ་གསོན་ཅིག །སྐབས་སུ་བབ་དུས་འདིར་བཞུགས་པའི་དགེ་འདུན་པ་རྣམས་ཀྱིས་བསྔོ་བའི་མཐུན་འགྱུར་མཛད་འཚལ། ཞེས་བརྗོད་ཅིང་།

རང་གི་བླ་མའི་དགོངས་རྫོགས་མཆོད་འབུལ་ཡིན་ན། ཕྱོགས་བཅུ་ན་བཞུགས་པའི་སངས་རྒྱས་དང་བྱང་ཆུབ་སེམས་དཔའ་རྒྱལ་བའི་དབང་པོ་སྲས་དང་སློབ་མར་བཅས་པ་ཐམས་ཅད་བདག་ཅག་རྣམས་ལ་དགོངས་སུ་གསོལ། བདག་ཅག་རྣམས་ཀྱིས་འདས་པའི་དགེ་བའི་རྩ་བ། མ་འོངས་པ་ན་དགེ་བའི་རྩ་བ། ད་ལྟར་གྱི་དགེ་བའི་རྩ་བ་རྣམས་ཕྱོགས་གཅིག་ཏུ་བསྡུས་ཏེ་བསགས་པ་དང་ཡོད་པ་རྣམས། བསགས་པའི་དགེ་བའི་རྩ་བ་རྒྱ་ཆེན་པོ་མཆོད་པའི་སྤྲིན་ཕུང་བསམ་གྱིས་མི་ཁྱབ་པ་འདི་དག །དཔལ་ལྡན་བླ་མ་གོང་མ་ཆོས་ཀྱི་དབྱིངས་སུ་སྐུ་ཞི་བར་གཤེགས་པ་རྣམས་ཀྱི་ཐུགས་རྒྱུད་ལ་འབུལ་བར་བགྱིའོ། །ཐུགས་ཀྱི་དགོངས་པ་ཁྱད་པར་ཅན་གོང་ནས་གོང་དུ་ཡོངས་སུ་རྫོགས་པར་གྱུར་ཅིག །ས་དང་ལམ་གྱི་བར་ཆད་མི་མཐུན་པའི་ཕྱོགས་ཐམས་ཅད་ཉེ་བར་ཞི་བར་གྱུར་ཅིག །སྤངས་རྟོགས་ཀྱི་ཡོན་ཏན་ཐམས་ཅད་གོང་ནས་གོང་དུ་འཕེལ་ཞིང་རྒྱས་པར་གྱུར་ཅིག །ཁམས་གསུམ་ཆོས་ཀྱི་རྒྱལ་པོ་སྐུ་བཞིའི་གོ་འཕང་མཆོག་ལ་བཞུགས་ཏེ། བདག་ཅག་གདུལ་བྱར་གྱུར་པ་རྣམས་ཀྱི་འདྲེན་པ་དམ་པ་མཛད་པར་གྱུར་ཅིག །ན་བཟའ་དམ་པ་རྣམས་དང་དྲི་མཆོག་དང་། །ཕྱེ་མའི་ཕུར་མ་རི་རབ་མཉམ་པ་དང་། །བཀོད་པའི་ཁྱད་པར་འཕགས་པའི་མཆོག་ཀུན་གྱིས། །རྒྱལ་བ་དེ་དག་ལ་ཡང་མཆོད་པར་བགྱི། །མཆོད་པ་གང་དག་བླ་མེད་རྒྱ་ཆེ་བ། །དེ་དག་རྒྱལ་བ་ཐམས་ཅད་ལ་ཡང་མོས། །བཟང་པོ་སྤྱོད་ལ་དད་པའི་སྟོབས་དག་གིས། །རྒྱལ་བ་ཀུན་ལ་ཕྱག་འཚལ་མཆོད་པར་བགྱི། །དཔལ་ལྡན་བླ་མ་དེ་རྣམས་ལ། ཕྱག་འཚལ་བ་དང་མཆོད་ཅིང་བཤགས་པ་དང་། །རྗེས་སུ་ཡིད་རང་བསྐུལ་ཞིང་གསོལ་བ་ཡིས། །དགེ་བ་ཅུང་ཟད་བདག་གིས་ཅི་བསགས་པ། །ཐམས་ཅད་རྫོགས་པའི་བྱང་ཆུབ་ཆེན་པོར་བསྔོ

བར་བགྱི། །ཞེས་བརྗོད། ཆོས་འབྲེལ་མེད་པའི་བླ་མ་ཡིན་ན། ཐུགས་རྒྱུད་ལ་དགོངས་སུ་གསོལ་དང་། བདག་ཅག་མི་སྤྱོར་ཞིང་། སེམས་ཅན་ཐམས་ཅད་ཀྱི་འདྲེན་པ་མཛད་ནུས་པར་གྱུར་ཅིག །སོགས་འདོན་པ་བསྒྱུར་བའོ། །གཞན་ཡང་གང་ཤེས་ཀྱི་མཆོད་པ་འབུལ་ཞིང་། མཐར་དངོས་གྲུབ་ཀྱི་ཚུལ་དུ། རྒྱལ་མཚན་རྩེ་མོ་དབང་གི་རྒྱལ་པོ་ལྟར། །སོགས་ཀྱི་བཀྲ་ཤིས་བརྗོད་ཅིང་དངོས་གྲུབ་བླང་བའོ། །

ཞལ་བཞུགས་པའི་སྐུ་རིམ་ཡིན་ན། གོང་གི་སྲུས་དང་སྦྱོབ་མར་བཅས་པ་ཡན་བརྗོད་ཅིང་། དེ་རྣམས་ཀྱི་ཐུགས་རྗེ་དང་བྱིན་རླབས་ནུས་མཐུ་བརྟུལ་ཞུགས་ཀྱི་མཐུ་ལ་བརྟེན་ནས། ད་ལྟ་ཞལ་བཞུགས་པའི་སྐྱེས་བུ་དམ་པ་འདི་ཞེས་པ་སོགས་ཀྱི་སྐུ་ཚེ་རིང་བར་གྱུར་ཅིག །སྐུ་ཁམས་བཟང་བར་གྱུར་ཅིག །མཛད་པ་དང་ཕྲིན་ལས་ཐམས་ཅད་ཟླ་བ་ཡར་གྱི་ངོ་བཞིན་དུ་གོང་ནས་གོང་དུ་འཕེལ་ཞིང་རྒྱས་པར་གྱུར་ཅིག །ཐུགས་དམ་གྱི་བར་དུ་གཅོད་པ་མི་མཐུན་པའི་ཕྱོགས་ཐམས་ཅད་ཉེ་བར་ཞི་བར་གྱུར་ཅིག །དཔལ་ལྡན་བླ་མ་སྐུ་ཚེ་བརྟན་པ་དང་། །མི་མཐུན་ཕྱོགས་ཀྱི་གནོད་པ་ཞི་བ་དང་། །མཁའ་མཉམ་འགྲོ་ལ་བདེ་སྐྱིད་འབྱུང་བ་དང་། །སངས་རྒྱས་བསྟན་པ་དར་ཞིང་རྒྱས་པར་ཤོག །དཀོན་མཆོག་གསུམ་གྱི་བདེན་པས་དེ་བཞིན་དུ་འགྲུབ་པར་གྱུར་ཅིག །ཆོས་ཉིད་ཀྱི་བདེན་པས། རྟེན་འབྲེལ་བསླུ་བ་མེད་པའི་བདེན་པས། ཆོས་ཟ་ཆེན་པོའི་སྨྲ་ཡིས་ནི། །སྡུག་བསྔལ་སེམས་ཅན་ཐར་བགྱིད་ཤོག །བསྐལ་པ་བྱེ་བ་བསམ་ཡས་སུ། །ཆོས་སྟོན་མཛད་ཅིང་བཞུགས་གྱུར་ཅིག །བྱང་ཆུབ་སེམས་དཔའ་རྣམས་ཀྱིས་ནི། །འགྲོ་དོན་ཐུགས་ལ་དགོངས་འགྲུབ་ནས། །མགོན་པོ་ཡིས་ནི་གང་དགོངས་པ། །སེམས་ཅན་རྣམས་ལ་དེ་འབྱོར་ཤོག །ཅེས་སོགས་བརྟན་བཞུགས་གང་ཤེས་བྱེད་པའོ། །

ཚེ་འདས་ཀྱི་བསྔོ་བ་བྱེད་ན། འཇིག་རྟེན་འདི་ནས་འཇིག་རྟེན་ཕ་རོལ་ཏུ་ཚེ་ལས་འདས་

པ་མིང་སྨོས་པ་འདི་ལ་དགོངས་སུ་གསོལ། ཕ་རོལ་ཏུ་ཚེ་འདས་མིང་སྨོས་པ་འདི་དག་གིས་འདས་མ་ཐོངས་ད་ལྟར་དུས་གསུམ་དུ་བསགས་པའི་དགེ་བའི་རྩ་བ་སྦྱིན་པ་ལས་བྱུང་བ་དང་། ཚུལ་ཁྲིམས། བཟོད་པ། བརྩོན་འགྲུས། སྒོམ་པ། ཤེས་རབ་ལས་བྱུང་བའི་དགེ་བའི་རྩ་བ། དཀོན་མཆོག་གི་དྲུང་དུ་མཆོད་པ་ཕུལ་བ་དགེ་བདུན་སྡེ་ལ་ཆོས་སྟོན་དྲངས་པ། སྦྱིན་སྦྱོང་གི་ཚོ་ག་ཕྱིན་ཅི་མ་ལོག་པ་བྱས་པ། ཆུ་གཏོར་བཏང་བ། ཡུལ་མི་དང་སྐྱེ་བའི་ཚོགས་ལ་སྦྱིན་གཏོང་རྒྱ་ཆེན་པོ་བགྱིས་པའི་དགེ་བའི་རྩ་བ་ཆེན་བྲན་ཆུང་གསུམ་ཇི་སྙེད་ཅིག་ཡོད་པ་དང་། རང་གིས་བྱས་པ། གཞན་ལ་བྱེད་དུ་བཅུག་པ། གཞན་གྱིས་བྱས་པ་ལ་རྗེས་སུ་ཡིད་རང་ཕུལ་བའི་དགེ་བའི་རྩ་བ་དེ་དག་ཐམས་ཅད། ཕ་རོལ་ཏུ་ཚེ་ལ་འདས་པ་མིང་འདི་ཞེས་བགྱི་བ་རྣམས་ཀྱི་རྗེས་སུ་འབྲང་ཞིང་རྗེས་སུ་འཇུག་པར་གྱུར་ཅིག །རྗེས་སུ་འབྲང་ཞིང་རྗེས་སུ་ཞུགས་ནས་ཀྱང་། རིགས་དྲུག་སོ་སོའི་སྡུག་བསྔལ་ཅི་ཡོད་པ་ལས་གྲོལ་ཞིང་ཐར་བར་གྱུར་ཅིག །མྱུར་དུ་རྣམ་པ་ཐམས་ཅད་མཁྱེན་པ་སངས་རྒྱས་ཀྱི་གོ་འཕང་རིན་པོ་ཆེ་ཐོབ་པར་གྱུར་ཅིག །ལན་གསུམ་བྱས་ནས། དེ་དག་གི་མཐུ་དང་ནུས་པ་ལ་བརྟེན་ནས། ཕ་རོལ་ཏུ་ཚེ་འདས་འདི་ཞེས་བྱ་བ། དལ་འབྱོར་བཅོ་བརྒྱད་ཚང་བའི་མི་ལུས་རིན་པོ་ཆེ་ཐོབ་པར་གྱུར་ཅིག །དེ་ཡང་རིགས་མཐོ་བ་དང་། གཟུགས་བཟང་བ་རྣམས་ཀྱི་ནང་ནས་མཆོག་ཏུ་སྐྱེ་བར་གྱུར་ཅིག །དད་པ་ཆེ་བ་རྣམས་ཀྱི་ནང་ནས། ཤེས་རབ་ཆེ་བ་རྣམས་ཀྱི་ནང་ནས། ཚེ་རིང་བ་རྣམས་ཀྱི་ནང་ནས། ནད་མེད་པ་རྣམས་ཀྱི་ནང་ནས། གཏོང་བ་ལ་དགའ་བ་རྣམས་ཀྱི་ནང་ནས། ངོ་ཚ་ཤེས་པ་རྣམས་ཀྱི་ནང་ནས། ཁྲེལ་ཡོད་པ་རྣམས་ཀྱི་ནང་ནས། ཚེ་འདས་འདི་ཞེས་བྱ་བའི་རྒྱུད་ལ་སངས་རྒྱས་ཀྱི་ཆོས་རྣམས་ཡོངས་སུ་

རྫོགས་པར་གྱུར་ཅིག །རང་བྱུང་གི་ཆོས་རྣམས། རྣམ་པ་ཐམས་ཅད་མཁྱེན་པ་ཉིད་ཀྱི་ཆོས་རྣམས། སངས་རྒྱས་སྐུ་བཞི་ཡེ་ཤེས་ལྔའི་བདག་ཉིད་ཅན་བཅོམ་ལྡན་འདས་རྡོ་རྗེ་འཆང་ཆེན་པོའི་གོ་འཕང་རིན་པོ་ཆེ་མྱུར་དུ་ཐོབ་པར་གྱུར་ཅིག །ཕ་རོལ་ཏུ་ཚེ་འདས་མིང་འདི་ཞེས་བྱ་བ། བར་དོའི་དུས་སུ་ཡང་བར་དོ་ལ་རང་ངོ་ཤེས་པར་གྱུར་ཅིག །བར་དོའི་དུས་སུ་མཚོན་ཆའི་ཆར་ཆེན་པོ་བབ་པ་རྣམས་ཀུང་ལྷའི་མེ་ཏོག་གི་ཆར་ཆེན་པོ་བབ་པ་དང་ལྡན་པར་གྱུར་ཅིག །བར་དོའི་དུས་སུ་རླུང་དམར་ཆེན་པོས་འཐུམས་པ་རྣམས་འཇའ་དང་འོད་ཀྱི་རང་བཞིན་དང་ལྡན་པར་གྱུར་ཅིག །བར་དོའི་དུས་སུ་སྨུ་གྲིའི་ཚུལ་དང་། སྣག་ཁྲག་གི་འདམ་རྫབ། མེ་འབོས་དང་། ཤལ་མ་རིའི་སྡོང་པོ་རྣམས་ལྷའི་ཁང་བཟང་རྣམ་པར་དག་པ་དང་ལྡན་པར་གྱུར་ཅིག །བྲེ་ཡུག་དང་སེར་དྲག་མུན་པ་འཐིབས་པ་རྣམས་ནི་ཆོས་ཉིད་ཀྱི་རང་བཞིན་འོད་གསལ་དུ་འཆར་བར་གྱུར་ཅིག །བར་དོའི་དུས་སུ་གཤིན་རྗེའི་ལས་མཁན་གྱི་འཇིགས་པ་ཐམས་ཅད་ཡི་དམ་ལྷ་ཡི་སྐུ་གཟུགས་རྣམ་པར་དག་པར་འཆར་བར་གྱུར་ཅིག །བར་དོའི་དུས་སུ་ཡང་། བར་དོར་རྒྱལ་བ་ལོངས་སྤྱོད་རྫོགས་པའི་སྐུ་མངོན་དུ་ཐོབ་པར་གྱུར་ཅིག །ཕ་རོལ་ཏུ་ཚེ་འདས་པ་མིང་སྨོས་པ་འདི་ཡི་རྒྱུད་ལ། ལན་དང་རྣམ་པར་སྨིན་པ་ལ་མི་རེ་བའི་སྦྱིན་པ་གཏོང་ནུས་པར་གྱུར་ཅིག །སྲིད་པར་སྐྱེ་བ་ལ་འདུན་པ་དང་བྲལ་བའི་ཚུལ་ཁྲིམས་བསྲུང་ནུས་པར་གྱུར་ཅིག །སེམས་ཅན་ཐམས་ཅད་ལ་ཞེ་འགྲས་པ་མེད་པའི་བཟོད་པ་བསྒོམ་ནུས་པར་གྱུར་ཅིག །དཀར་པོ་དགེ་བའི་ཆོས་རྣམས་བསྡུས་པའི་སྒོ་ནས་བརྩོན་འགྲུས་རྩོམ་ནུས་པར་གྱུར་ཅིག །གཟུགས་མེད་པའི་སྒོ་ནས་ཏིང་ངེ་འཛིན་ལ་མཉམ་པར་འཇོག་ནུས་པར་གྱུར་ཅིག །ཐབས་ཤེས་

རབ་གཉིས་ཡ་མ་བྲལ་བའི་སྒོ་ནས་ཤེས་རབ་ཀྱི་ཕ་རོལ་ཏུ་ཕྱིན་པ་ལ་སྤྱོད་ཅིང་། འཇུག་ནུས་པར། ཕ་རོལ་ཏུ་ཚེ་ལས་འདས་པ། འདི་ནས་ནུབ་ཀྱི་ཕྱོགས་རོལ་ཏུ། །འོད་དཔག་མེད་པའི་ཞིང་ཁམས་ཡོད། །སུ་ཞིག་དེ་ཡི་མཚན་འཛིན་པ། །དེ་ནས་དེ་རུ་སྐྱེ་བར་ཤོག །པདྨ་འདབ་གྱིས་མ་གོས་ལྟར། །སྲིད་གསུམ་དྲི་མས་མ་གོས་པ། །སྲིད་པའི་པདྨ་ལས་བྱུང་བ། །བདེ་བ་ཅན་དུ་སྐྱེ་བར་ཤོག །ཚེ་འདས་ངན་སོང་སྡུག་བསྔལ་མ་མྱོང་ཞིང་། །སོགས་དང་། གཞན་ཡང་གང་ཤེས་བརྗོད་པར་བྱའོ། །

གསོན་བསྔོ་བྱེད་ན། ཐམས་ཅད་རྒྱུ་སྦྱོར་བ་བྱེད་པའི་སྦྱིན་པའི་བདག་པོ་མིང་འདི་ཞེས་བྱ་བ་ལ་དགོངས་སུ་གསོལ། འདི་ཞེས་བྱ་བ་རྣམས་ཀྱི་ནད་གདོན་སྡིག་སྒྲིབ་བག་ཆགས་ཉེས་ལྟུང་དྲི་མའི་ཚོགས་ཐམས་ཅད་བྱང་ཞིང་དག་པར་གྱུར་ཅིག །ཕྱི་མ་བྱམས་ཆེན་ཆོས་ཀྱི་རྒྱལ་པོའི་ཞབས་དྲུང་དུ་སྐྱེ་བར་གྱུར་ཅིག །དེར་སྐྱེས་ནས་ཀྱང་། མ་ཕམ་ཆོས་ཀྱི་བླ་མ་ལ་སོགས་པ་ཕྱོགས་བཅུའི་སངས་རྒྱས་རྒྱལ་བ་སྲས་དང་བཅས་པ་རྣམས་ཀྱི་ཞབས་ཀྱི་པདྨོ་དྲི་མ་མེད་པ་ལ་སྤྱི་བོས་གཏུགས་ཏེ་ཐེག་པ་ཆེན་པོའི་ཆོས་ཟབ་ཅིང་རྒྱ་ཆེ་བ་རྣམས་ལ་ལོངས་སྤྱོད་པར་གྱུར་ཅིག །བྱམས་སྙིང་རྗེ་དགའ་བ་བཏང་སྙོམས་ཚད་མེད་པ་བཞི་དང་ལྡན་པར་གྱུར་ཅིག །ཚེ་འདིའི་འགལ་རྐྱེན་བར་ཆད་མི་མཐུན་པའི་ཕྱོགས་ཐམས་ཅད་ཉེ་བར་ཞི་བར་གྱུར་ཅིག །མཐུན་རྐྱེན་ཚེ་དང་བསོད་ནམས་དཔལ་དང་འབྱོར་པ་ཐམས་ཅད་ཟླ་བ་ཡར་གྱི་ངོ་བཞིན་དུ་གོང་ནས་གོང་དུ་འཕེལ་ཞིང་རྒྱས་པར་གྱུར་ཅིག །ནད་རིགས་བཞི་བརྒྱ་རྩ་བཞིའི་གནོད་པ་ཐམས་ཅད་ཉེ་བར་ཞི་བར་གྱུར་ཅིག །བགེགས་རིགས་སྟོང་ཕྲག་བརྒྱད་ཅུའི་གནོད་པ་ཐམས་ཅད། བྱིས་པའི་གདོན་ཆེན་བཅོ་ལྔའི་གནོད་པ་ཐམས་ཅད། ཡི་འདྲོག་སུམ་བརྒྱ་

དྲུག་ཅུའི་གནོད་པ་ཐམས་ཅད། བཀྲ་མི་ཤིས་པའི་དངོས་པོ་ཐམས་ཅད། བདུད་དང་ལོག་འདྲེན་དང་ཕྲལ་གྱི་རྐོལ་བ་ཐམས་ཅད། མི་མཐུན་པའི་ཕྱོགས་ཐམས་ཅད། རྨི་ལམ་ངན་པ་དང་ལྟས་ངན་པ་ཐམས་ཅད། ལོ་སྐག་དང་ཟླ་སྐག་ཐམས་ཅད། བྱད་ཁ་དང་ཕུར་ཁ་ཐམས་ཅད། མོ་ངན་པ་དང་རྩིས་ངན་པ་ཐམས་ཅད་ཉེ་བར་ཞི་བར་གྱུར་ཅིག །བསོད་ནམས་སྟོབས་ཆེན་འདི་ཡི་མཐུས། །སོགས་དང་། སངས་རྒྱས་སྐུ་གསུམ་བརྙེས་པའི་བྱིན་རླབས་དང་། །རྒྱལ་བའི་དཀྱིལ་འཁོར་དང་། ཆོས་དབྱིངས་བྱང་ཆུབ་སེམས་ཀྱི་དང་། འཇིག་རྟེན་འདྲེན་པའི་དང་། བདུད་བཞི་ལས་རྒྱལ་སོགས་གང་ཤེས་བྱའོ། །

བསྟན་པ་སྤྱི་བསྔོ་བྱེད་ན། དེ་དག་གི་མཐུ་ནུས་བྱིན་རླབས་ལ་བརྟེན་ནས། ཕྱིར་ཕན་བདེའི་འབྱུང་གནས། སངས་རྒྱས་བཅོམ་ལྡན་འདས་ཀྱི་བསྟན་པ་རིན་པོ་ཆེའི་སྒོ་དང་ཕྱོགས་དུས་གནས་སྐབས་ཐམས་ཅད་དུ་དར་ཞིང་རྒྱས་ལ་ཡུན་རིང་དུ་གནས་པར་གྱུར་ཅིག །བསྟན་པ་རིན་པོ་ཆེའི་རྩ་ལག་འཛིན་སྐྱོང་སྤེལ་གསུམ་མཛད་པའི་སྐྱེས་བུ་དམ་པར་གྱུར་པ་དགེ་བའི་བཤེས་གཉེན་ཐམས་ཅད་སྐུ་ཁམས་བཟང་བར༔ སྐུ་ཚེ་རིང་བར༔ མཛད་པ་ཕྲིན་ལས་ཐམས་ཅད་གོང་ནས་གོང་དུ་འཕེལ་ཞིང་རྒྱས་པར་གྱུར་ཅིག །དེ་ལ་གེགས་ཀྱི་རིགས་སྐད་ཅིག་ཙམ་ཡང་མི་འབྱུང་བར༔ དེའི་མཐུ་དང་ནུས་པ་ལ་བརྟེན་ནས། ཕྱོགས་བཅུའི་དགེ་འདུན་པ་རྣམས་ཀྱང་ཐུགས་མཐུན་ཅིང་། ཆོས་སྤྱོད་དགེ་བ་བཅུའི་བསྒྲུབ་པ་གོང་ནས་གོང་དུ་འཕེལ་ཞིང་རྒྱས་པར་གྱུར་ཅིག །བཤད་པ་དང་བསྒྲུབ་པ་དང་སྒོམ་པ་ཐམས་ཅད་ཟླ་བ་ཡར་གྱི་ངོ་བཞིན་གོང་ནས་གོང་དུ་འཕེལ་ཞིང་རྒྱས་པར་གྱུར་ཅིག །དེ་དག་གི་ཐུགས་རྗེ་དང་བྱིན་རླབས་ནུས་པ་བྱེད་པ་ལ་བརྟེན་ནས།

འཇིག་རྟེན་གྱི་ཁམས་སུ་ཆར་ཆུ་དུས་སུ་འབབ་པར་གྱུར་ཅིག །ལོ་ཕྱུག་རྟག་ཏུ་ལེགས་པར༔ མི་ནད་ཐམས་ཅད་རྒྱུན་ཆད་པར༔ ཕྱུགས་ནད་ཐམས་ཅད་རྒྱུན་ཆད་པར༔ དུས་ཀྱི་འཁྲུག་པ་ཐམས་ཅད་ཉེ་བར་ཞི་བར༔ མཚོན་གྱི་བསྐལ་པ་ཐམས་ཅད་ཉེ་བར་ཞི་བར༔ བཀྲ་མི་ཤིས་པའི་དངོས་པོ་ཐམས་ཅད་ཉེ་བར་ཞི་བར༔ མཐའི་དམག་དཔུང་ཐམས་ཅད་ཉེ་བར་ཞི་བར༔ མི་མཐུན་པའི་ཕྱོགས་ཐམས་ཅད་ཉེ་བར་ཞི་བར༔ མུ་གེའི་བསྐལ་པ་ངན་པ་ཐམས་ཅད་ཉེ་བར་ཞི་བར༔ རྒྱུ་དེ་ལ་བརྟེན་ནས་དཔལ་ལྡན་བླ་མ་དམ་པ་རྣམས་ལ་མཆོད་པ་ཕུལ་བ་དང་མི་འབྲལ་བར་གྱུར་ཅིག །སངས་རྒྱས་བཅོམ་ལྡན་འདས་རྣམས་ཞལ་མཇལ་ཞིང་རྗེས་སུ་འཛིན་པ་དང་མི་འབྲལ་བར༔ དམ་པའི་ཆོས་ཐོས་ཤིང་བྲི་བ་དང་ཁ་ཐོན་བགྱིད་པ་དང་མི་འབྲལ་བར༔ འཕགས་པའི་དགེ་བདུན་རྣམས་ལ་བཀུར་སྟི་དང་རིམ་གྲོ་བྱེད་པ་དང་མི་འབྲལ་བར༔ དཔལ་ཀཱུ་པ་ལ་སོགས་པ་ཕྱོགས་བཅུའི་སྐྱེས་བུ་དམ་པ་རྣམས་དང་མཇལ་ཞིང་ཆོས་ཉན་པ་དང་མི་འབྲལ་བར༔ ཐོས་བསམ་བླ་ན་མེད་པ་བྱེད་པ་དང་མི་འབྲལ་བར་གྱུར་ཅིག །ལྟ་བ་མཐའ་བྲལ་རྫོགས་ཤིང་གཉུག་མ་ཆོས་ཉིད་ཀྱི་ངང་ལ་གནས་པ་དང་མི་འབྲལ་བར༔ བྱིང་རྒྱུགས་འཐིབ་གསུམ་རང་སར་དག་ནས་སྒོམ་པ་ཡེངས་མེད་ཀྱི་བརྩོན་ས་འཛིན་པ་དང་མི་འབྲལ་བར༔ སྣང་དོར་གནས་ལ་མི་ཞེན་ཞིང་། གང་ཤར་གྱི་ངོ་བོ་ཆོས་ཉིད་མཐའ་དབུས་མེད་པ་ལ་ལོངས་སྤྱོད་པར༔ བཟུང་འཛིན་རེ་དོགས་གཉིས་འཛིན་དང་བྲལ་ནས་ཆོས་སྐུ་འོད་གསལ་ཁྱབ་གདལ་ཆེན་པོའི་ངང་ལ་བཞུགས་པ་དང་མི་འབྲལ་བར༔ ངོ་བོ་གཉིས་སུ་མེད་པ་རྡོ་རྗེ་འཆང་ཆེན་པོའི་སྐུ་མངོན་དུ་གྱུར་པ་དང་མི་འབྲལ་བར་གྱུར་ཅིག །གཞན་ཡང་སྨོན་ལམ་རང་རང་གིས་གང་

ཞེས་དང་། ཆོས་དབྱིངས་མ་ལ་སོགས་པ་སྤྱི་དང་མཐུན་པར་བྱའོ། །

གཉན་ས་རང་གི་བསྒོ་བ་བྱེད་ན། ཐམས་ཅད་གཉན་ས་འདིར་གནས་པའི་ལྷ་འདྲེ་ཞི་དྲག་མི་མ་ཡིན་རྣམས་ལ་དགོངས་སུ་གསོལ། ལྷ་འདྲེ་ཞི་དྲག་མི་མ་ཡིན་འདི་རྣམས་ཀྱི་ནད་དང་གནོད་པ་རྐྱེན་དང་བར་ཆད་ཐམས་ཅད་ཉེ་བར་ཞི་བར་གྱུར་ཅིག །ལྷ་འདྲེ་འདི་རྣམས་ཀྱི་བསམ་པ་ངན་པ་དང་། སྦྱོར་བ་རྩུབ་པ་དང་། གནོད་པ་བྱེད་པ་ཐམས་ཅད་ཉེ་བར་ཞི་བར༔ ལྷ་འདྲེ་འདི་རྣམས་འཁྲུལ་པའི་དབང་གིས་གཅིག་གིས་གཅིག་ངོ་མ་ཤེས་ཤིང་། གནོད་འཚེ་དང་གདུག་རྩུབ་བསྟན་པ་རྣམས་ཕན་ཚུན་དུ་ཕ་མ་བུ་ཚ་ལྟར་ངོ་ཤེས་ཤིང་བསམ་པ་ཕུན་སུམ་ཚོགས་པ་དང་ལྡན་པར་གྱུར་ཅིག །འདི་རྣམས་ཀྱི་ཚོགས་གཉིས་རྫོགས་སྒྲིབ་གཉིས་བྱང་ནས་དམ་པའི་ཆོས་ཕུན་སུམ་ཚོགས་པ་ལ་ལོངས་སྤྱོད་པར་གྱུར་ཅིག །དྲན་པ་རྒྱུགས་ཤིང་གོ་མ་འབྱེད་པ་ལ་སོགས་པ། སངས་རྒྱས་ཀྱི་ཐུགས་གཉིས་སུ་མེད་པའི་ཤེས་རབ་ཁྱད་པར་ཅན་དང་ལྡན་པར་གྱུར་ཅིག །སྔར་བྱས་ཀྱི་ལས་ངན་གྱི་བསམ་པ་ཐམས་ཅད་སྐད་ཅིག་ཉིད་དུ་ཞི་ནས། ཕྱག་རྒྱ་ཆེན་པོ་མཆོག་གི་དངོས་གྲུབ་ཐོབ་པར་གྱུར་ཅིག །མཐར། བསོད་ནམས་སྟོབས་ཆེན་མ་དང་། ཆོས་དབྱིངས་མ་བྱེད་ཅིང་། བཀྲ་ཤིས་བརྗོད་པའོ། །གཅོད་གདན་ཐོག་གཅིག་མའི་ཁྲིད་ཡིག་ཐྲིན་ལས་རྒྱ་མཚོ་ལས། བསྒོ་བ་དང་སྨོན་ལམ་གྱི་རིམ་པ་འདི། དད་ལྡན་རྣམས་ཀྱིས་ཡང་ཡང་བསྐུལ་བའི་ངོར། ཤཱཀྱའི་དགེ་སློང་ཀྱེ་འོ་ཆོས་ཀྱི་རྒྱ་མཚོ་ཞེས་བྱ་བས། དབེན་གནས་མཚུར་ཕུ་བདེ་ཆེན་འོག་མིན་དང་མཉམ་པའི་དབེན་གནས་ཆེན་པོ་བཀྲ་ཤིས་འོད་ཀྱི་གུར་ཁང་དུ་སྦྱར་བའོ། །གོང་གི་ཆུ་གཏོར་གྱི་རིམ་པ་འདི། རྗེ་རང་བྱུང་པས་མཛད་པའི་གཏོར་མའི་རིམ་པ་གཞིར་བཞག་པ་ཡིན་ཅིང་། གཉན་ས་དང་། གཉན་ས་མ་ཡིན་པའི་དུས་ཐམས་ཅད་དུ་ཉམས་སུ་ལེན་པར་བྱའོ།། ||

༄༅། །རོ་གཅོད་མཁའ་འགྲོ་རྒྱན་ཕྲེང་བཞུགས་སོ། །

ཉི་ཤུ་རྩ་བཞིའི་གནས་མཆོག་ན། །དུར་ཁྲོད་བདག་མོ་ནམ་མཁའི་མདོག །སྣ་ཚོགས་སྤྲུལ་པ་བྱེ་བ་འབུམ། །ཕྲིན་ལས་བསྒྲུབ་མཛད་མ་ལ་འདུད། །རོ་གཅོད་བྱེད་པ་ལ། རྣལ་འབྱོར་རོ་གཅོད་བྱེད་པ་ལ། །མཁའ་འགྲོ་སྤྱི་འདུལ་ཆེན་མོ་དགོས། །ཞེས་པ། སྤྱི་གཅོད་པས་རོ་བརྒྱ་དང་བརྒྱད་བཤལ། འཕྲིང་ཉི་ཤུ་རྩ་ལྔ། ཐ་མ་ཡང་བདུན། ལྔ། གསུམ། གང་འུང་ཞིག་བཤའ་དགོས་པར་བཤད་པའོ། །ཕུང་པོའི་སྟེས་སུ་འགྲོ་ནས་བསྟོད་པ་དང་། རིག་པ་སྤོར་ཏེ། སྤྱི་གཙུག་ཉི་ཟླའི་གདན་སྟེང་ན། །རྩ་བའི་བླ་མ་གཤེགས་སུ་གསོལ། །ཚེ་འདས་ཕུང་པོ་ཡོན་དུ་འབུལ། །ཡོན་འདི་བཞེས་ལ་གནས་འདི་སྤོར། །སེམས་ཉིད་བྱང་ཆུབ་ཀྱི་ལམ་ལ་དྲོངས། །དུར་ཁྲོད་ཆེན་པོའི་གནས་བརྒྱད་ནས། །མཁའ་འགྲོ་ནག་མོ་གཤེགས་སུ་གསོལ། །ཚེ་འདས་ཕུང་པོ༔ ཡོན་འདི༔ སེམས་ཉིད༔ ཤར་ཕྱོགས་དུར་ཁྲོད༔ ལྷོ་ཕྱོགས་དུར་ཁྲོད༔ ནུབ་ཕྱོགས་དུར་ཁྲོད༔ བྱང་ཕྱོགས་དུར་ཁྲོད༔ དཔའ་བོ་རྣམས་ཀྱིས་གཡས་གྲལ་བྱས། །དཔའ་མོ་རྣམས་ཀྱིས་གཡོན་གྲལ་བྱས། །ཤ་ཟའི་ཚོགས་རྣམས་སྤུངས་ཤིང་ཊམ། །ཁྲག་འཐུང་ཚོགས་རྣམས་ལྷགས་སེ་རྒོད། །བཙན་གྱི་ཤ་ལེན་ཤ་ར་ར། །བདུད་ཀྱི་ལས་བྱེད་ཁྱུགས་སེ་ཁྱུག །སྨན་གྱི་བྲོ་བརྡུང་ཁྲིགས་སེ་ཁྲིགས། །མཁའ་འགྲོའི་སྲུན་མ་སྤྲུངས་སེ་སྤྲུངས། །ད་ནི་གཤེགས་སོ་དབྱིངས་སུ་གཤེགས། །སེམས་ཉིད་བྱང་ཆུབ་ལམ་སྣ་དྲོངས། །ཕུང་པོའི་རིག་པ་སྤོར་བྱེད་མཛོད། །མཁའ་འགྲོ་སྤྱན་འདྲེན་ནི། འདི་ནས་ནུབ་ཀྱི་ཕྱོགས་རོལ་ན། །ཨུ་རྒྱན་ཡུལ་གྱི་ནུབ་བྱང་མཚམས། །ཨུ་ཙ་ཡ་ནའི་དུར་ཁྲོད་ན། །རི་བོ་ཐམས་ཅད་ཉུས་པའི་

རེ། །རྩེ་ཤིང་ནགས་ཚལ་མདའ་དང་མདུང་། །ཆུ་རྣམས་ཐམས་ཅད་ཁྲག་དང་རྣག །སྒྲ་སྐད་ཐམས་ཅད་ཏུ་འབོད་སྒྲ། །ཁྲོ་བཙུ་རྒྱུ་བར་མི་ནུས་ཤིང་། །ཕྱག་ན་རྡོ་རྗེ་འཇིགས་པའི་ས། །རྩུབ་འགྱུར་ཚལ་གྱི་དུར་ཁྲོད་ནས། །མཁའ་འགྲོ་ནག་མོ་གཤེགས་སུ་གསོལ། །སྐུ་མདོག་ནག་ལ་མདངས་དང་ལྡན། །ཕྱི་གཙུག་ཕག་ཞལ་ནག་པོ་དུར། །ཕྱག་གཡས་ཞིང་ཆེན་གཡང་གཞི་བརྡབ། །ཕྱག་གཡོན་མི་རྐང་གླིང་བུ་འབུད། །དུར་ཁྲོད་ཆས་བརྒྱད་སྐུ་ལ་གསོལ། །བཾ་ཆེན་རོ་ཡི་གདན་ལ་འགྱིང་། །གཡང་གཞི་ཤར་དུ་གཡུགས་ཙ་ན། །རྡོ་རྗེ་མཁའ་འགྲོ་ཕོ་ཉ་འགྱེད། །ཤར་ཕྱོགས་ཟ་འདྲེ་ཤི་གཤེད་རྣམས། །མ་ལུས་ཐམས་ཅད་གནས་འདིར་ཁུག །དབང་དུ་བསྡུས་ལ་རྡུལ་དུ་རློག །གཡང་གཞི་ལྷོ་རུ་གཡུགས་ཙམ་ན། །རིན་ཆེན་མཁའ་འགྲོ་ཕོ་ཉ་འགྱེད། །ལྷོ་ཕྱོགས་ཟ་འདྲེ་ཤི་གཤེད་རྣམས། །མ་ལུས་ཐམས་ཅད་གནས་འདིར་ཁུག །དབང་དུ་བསྡུས་ལ་རྡུལ་དུ་རློག །གཡང་གཞི་ནུབ་ཏུ་གཡུགས་ཙམ་ན། །པདྨ་མཁའ་འགྲོ་ཕོ་ཉ་འགྱེད། །ནུབ་ཕྱོགས༔ མ་ལུས༔ དབང་དུ༔ གཡང་གཞི་བྱང་༔ ལས་ཀྱི༔ བྱང་ཕྱོགས༔ མ་ལུས༔ དབང་དུ༔ ཕུང་པོ་ཤ་ཁྲག་གི་ཚོགས་བཤམས་ཏེ་བསྔོ་བ་ནི། ཤར་མི་འགྱུར་རྡོ་རྗེའི་དུར་ཁྲོད་ནས། །རྡོ་རྗེ་མཁའ་འགྲོ་བྱིན་རླབས་ཅན། །སྐུ་མདོག་དཀར་མོའི་རང་བཞིན་ལ། །འཁོར་ཡང་དཀར་མོ་འབུམ་གྱིས་བསྐོར། །དབུ་ལ་ཐོར་གཙུག་ལྷེམས་སེ་ལྷེམ། །ཕྱག་གདུབ་ཞབས་གདུབ་སི་ལི་ལི། །དཔའ་བོའི་ངར་སྐད་སངས་སེ་སང་། །དཔའ་མོའི་གླུ་ལེན་ཀྱུ་རུ་རུ། །དཔུང་པའི་སོགས་འགྱུར་ཤིགས་སེ་ཤིགས། །སྲིད་པ་ཀྱི་ཀྱོང་ལིངས་སེ་ལིང་། །ཕྱག་གི་གར་ཐབས་ཁྲུགས་སེ་ཁྲུག །ཞབས་ཀྱི་བྲོ་བརྡུང་ཁྲིགས་སེ་ཁྲིགས། །ཞིང་ཆེན་གཡང་གཞི་ཞམས་སེ་ཞམ། །ཤ་ཆེན་དུད་པ་ཆི་ལི་ལི། །ཞུན་ཆེན་མར་མེ་ལྷབས

སེ་ལྐབ། །མི་ཊང་གླིང་བུ་ཀྲུ་རུ་རུ། །མི་ཐོད་ཊ་རུ་ཁྲོལ་ལོ་ལོ། །རུས་པའི་རྒྱན་ཚ་ཁྲིགས་སེ་ཁྲིགས། །ཚོགས་ཀྱི་འཁོར་ལོ་ཀྱི་ལི་ལི། །མ་ཚོགས་བདག་ཆེན་མོ་ཚོགས་ལ་རོལ། །ཚོགས་ལ་རོལ་ཞིང་ཚོགས་ལ་བྱོན། །ཞལ་དུ་བསྟབ་བོ་ཁ་རཾ་ཁཱ་ཧི། །མགུར་དུ་བསྙིམ་མོ་ས་མ་ཡ། །ལྷོ་ཕྱོགས༔ ནུབ་ཕྱོགས༔ བྱང་ཕྱོགས༔ གཡང་གཞི་བཞུད་ནས་ཟ་འདྲེ་འགུགས་པའི་བསྐུལ་ནི། ¦མ་ཡུམ་ཆེན་¦ཐུགས་ལས་སྤྲུལ་པའི་ཐུགས་ཀྱི་སྲས། །མ་གཅིག་རྗེ་མོའི་རྣལ་འབྱོར་མ། །མ་ཕ་རོལ་ཕྱིན་པའི་གྲུབ་ཐོབ་མ། །མ་ཐུགས་དམ་བསྐུལ་ལོ་མཁའ་འགྲོའི་ཚོགས། །སངས་རྒྱས་མཁའ་འགྲོའི་དུས་ལ་བབ། །མཁའ་འགྲོ་ནག་མོའི་དུས་ལ་བབ། །དུར་ཁྲོད་བདག་མོའི་དུས་ལ་བབ། །མ་ཤར་ཕྱོགས་དུར་ཁྲོད་གཞལ་ཡས་ནས། །རྡོ་རྗེ་རིགས་ཀྱི་མཁའ་འགྲོ་མ། །དཀར་མོ་ཆེན་མོ་སེང་གེའི་གདོང་། །ཤར་ནས་དཀར་མོ་སེང་གདོང་མ། །ལྷོ་ནས་སེར་མོ་སེང་གདོང་མ། །ནུབ་ནས་དམར་མོ་སེང་གདོང་མ། །བྱང་ནས་ལྗང་མོ་སེང་གདོང་མ། །ཤར་ཕྱོགས་མཁའ་འགྲོ་སྡེ་ལྔ་ཡང་། །ཕྱག་གཡས་ཞིང་ཆེན་གཡང་གཞི་སྡེབས། །གཡོན་པ་འགུགས་པའི་ལྕགས་ཀྱུ་བསྣམས། །ཤར་ཕྱོགས་མཁའ་འགྲོའི་དུས་ལ་བབ། །ཟ་འདྲེ་འགུགས་པའི་དུས་ལ་བབ། །སྲོག་གཅོད་འགུགས་པའི་དུས་ལ་བབ། །དབུགས་ལེན༔ ཤ་གཤེད༔ བཀུག་ནས་བསྒྲལ་བའི་དུས་ལ་བབ། །དུས་ལ་བབ་སོ་ས་མ་ཡ། །ལྷོ་ཕྱོགས་དུར་ཁྲོད་གཞལ་ཡས་ནས། །རིན་ཆེན་རིགས་ཀྱི་མཁའ་འགྲོ་མ། །སེར་མོ་ཆེན་མོ་སྟག་གི་གདོང་། །ཤར་ནས་དཀར་མོ་སྟག་གདོང་མ། །ལྷོ་ནས་སེར་མོ༔ ནུབ་ནས་དམར་མོ༔ བྱང་ནས་ལྗང་མོ༔ ལྷོ་ཕྱོགས་མཁའ་འགྲོ་སྡེ་ལྔ་ཡང་། །ཕྱག་གཡས་ཞིང་ཆེན་གཡང་གཞི་སྡེབས། །ཕྱག་གཡོན་འཁྱུར༔ ལྷོ་ཕྱོགས་མཁའ་འགྲོའི་དུས་ལ་བབ། །དེས་འགྲེའོ། །ནུབ་ཕྱོགས་དུར་

ཁྲིད་གཞལ་ཡས་ནས། །པདྨ་རིགས་ཀྱི་མཁའ་འགྲོ་མ། །དམར་མོ་ཆེན་མོ་ཆུ་སྲིན་གདོང་། །ཤར་ནས་དཀར་མོ་ཆུ་སྲིན་གདོང་། །ལྷོ་ནས་སེར་མོ༔ ནུབ་ནས་དམར་མོ༔ བྱང་ནས་ལྗང་མོ༔ ནུབ་ཕྱོགས་མཁའ་འགྲོ་སྡེ་ལྔ་ཡང་། །དེས་འགྲེའོ། །བྱང་ཕྱོགས་དུར་ཁྲོད་གཞལ་ཡས་ནས། །ལས་ཀྱི་རིགས་ཀྱི་མཁའ་འགྲོ་མ། །ལྗང་མོ་ཆེན་མོ་འབྲུག་གི་གདོང་། །ཤར་ནས་དཀར་མོ་འབྲུག་གདོང་མ། །ལྷོ་ནས་སེར་མོ༔ ནུབ་ནས་དམར་མོ༔ བྱང་ནས་ལྗང་མོ༔ བྱང་ཕྱོགས་མཁའ་འགྲོ་སྡེ་ལྔ་ཡང་། །ཕྱག་གཡས་ཞིང་ཆེན་གཡང་གཞི་སྣེབས། །ཕྱག་གཡོན་འཁྱུགས་པའི་ལྕགས་ཀྱུ་བསྣམས། །བྱང་ཕྱོགས་མཁའ་འགྲོ་དུས་ལ་བབ། །ཅེས་སོ། །ཡིང་ག་ཁྲིས་ནས་རིམ་པར་བསྐྱིམ་པར་བྱའོ། །ཞེས་པ་གོང་དང་འདྲའོ། ད་ནི་བམ་རོ་ལ་ཁྲམ་བཏབ་ཅིང་བསྐུལ་བྱེད་པ་ནི། མགོ་ནས་མཇུག་ཏུ་ལན་གསུམ་མཆོངས་བྱས་ནས། ཧཱུྃ་མ་ཡུམ་ཆེན་ཐུགས་ལས་སྤྲུལ་པའི་ཐུགས་ཀྱི་སྲས། །ཤར་རྡོ་རྗེ་རིགས་ཀྱི་མཁའ་འགྲོ་མ། །ཧི་ར་རོ་ཡི་ཁྲི་སྟེང་ན། །དུང་གི་བུད་མེད་ཆེན་མོ་ལ། །རོལ་པོ་མཁའ་འགྲོ་འབུམ་གྱིས་བསྐོར། །གཅེར་བུ་རུས་པའི་རྒྱན་དང་ལྡན། །གར་ཐབས་བསྒྱུར་ཞིང་ཐར་ལམ་བསྒྲོད། །རྒྱང་གླུ་ལེན་ཅིང་འཇིགས་སྒྲ་གཅོད། །ཏ་ཏ་ཧི་ཧིའི་སྒྲ་སྒྲོག་ཅིང་། །མ་འདིར་གཤེགས་ཚོགས་ཀྱི་མཆོད་པ་བཞེས། །ཀེང་རུས་བམ་ཆེན་འདི་ལ་ད་རོལ་ཅིག །ཟ་འདྲེ་ཤི་གཤེད་འདི་དང་ད་ཕྲོལ་ཅིག །དབུགས་ལེན་སྲོག་གཅོད་འདི་དང་ད་ཕྲོལ་ཅིག །གསོན་བདུད་གཤིན་ལྕགས་འདི་དང་ད་ཕྲོལ་ཅིག །འཁོར་བའི་བག་ཆགས་འདི་དང་ད་ཕྲོལ་ཅིག །ལས་ངན་རྣམ་སྨིན་འདི་དང་ད་ཕྲོལ་ཅིག །མཇུག་ནས་མགོ་ལ་ལན་གསུམ་མཆོངས་ནས། མ་ཡུམ་ཆེན་ཡོན་ཏན་སྤྲུལ་པ་ལས། །ལྷོ་རིན་ཆེན་རིགས་ཀྱི་ཌཱ་ཀི་མ། །ཧི་ར་རོ་ཡི་ཁྲི་སྟེང་ན། །གསེར་གྱི་བུད་མེད་ཆེན་མོ་ལ། །རོལ་པོ་སོགས་འོག་མ་ཀུན་ལ་འགྲེ།

གཡས་ནས་གཡོན་ལ་ལན་གསུམ་མཆོངས་ནས། མ་ཡུམ་ཆེན་གསུང་ལས་སྤྲུལ་པ་ལས། །རྣལ་པདྨ་རིགས་ཀྱི་ཌཱ་ཀི་མ། །ཧི་ར་རོ་ཡི་ཁྲི་སྟེང་ན། །ཟངས་ཀྱི་བུད་མེད་ཆེན་མོ་ལ། །རོལ་པོ་སོགས་འགྲེ། གཡོན་ནས་གཡས་ལ་ལན་གསུམ་མཆོངས་ནས། མ་ཡུམ་ཆེན་ཕྲིན་ལས་སྤྲུལ་པ་ལས། །བྱང་ལས་ཀྱི་རིགས་ཀྱི་ཌཱ་ཀི་མ། །ཧི་ར་རོ་ཡི་ཁྲི་སྟེང་ན། །གཡུ་ཡི་བུད་མེད་ཆེན་མོ་ལ། །རོལ་པོ་སོགས་འགྲེ། མཚམས་བཞི་ལ་མཆོངས་ཤིང་། མ་ཡུམ་ཆེན་ཐུགས་ཀྱི་སྤྲུལ་པ་ལས། །དབུས་སངས་རྒྱས་རིགས་ཀྱི་ཌཱ་ཀི་མ། །ཧི་ར་རོ་ཡི་ཁྲི་སྟེང་ན། །མཐིང་གི་བུད་མེད་ཆེན་མོ་ལ། །རོལ་པོ་མཁའ་འགྲོ་འབུམ་གྱིས་བསྐོར། །སོགས་འགྲེའོ། །ཕུང་པོ་བསྟབ་པ་ནི། ཞིང་ག་ལ་འཁྱུགས་ནས་ཕུང་པོ་དང་ཕྱོགས་གཅིག་ཏུ་བསྟབ་པ་ལ་ཀྱི། མ་མི་མིན་ཡེ་ཤེས་མཁའ་འགྲོ་མ། །མཁའ་འགྲོ་བྱེ་བ་འབུམ་དང་བཅས། །མ་གནམ་ས་ཙམ་གྱི་ཞལ་ཕྱེ་ལ། །གདངས་རི་ཙམ་གྱི་མཆེ་གཙིགས་པས། །རི་རབ་ཙམ་གྱི་ལྗགས་སྐྱོང་ལ། །བསྟབས་སོ་བསྟབས་སོ་ཞལ་དུ་བསྟབས། །གཏི་མུག་གི་ཕུང་པོ་ཞལ་དུ་བསྟབས། །ལུས་ཤ་ཁྲག་གི་ཕུང་པོ་ཞལ་དུ་བསྟབ། །སེམས་དམིགས་མེད་ཆོས་སྐུའི་ངང་དུ་སྦྱོར། །ཆོས་སྐུའི་དབྱིངས་སུ་ད་སྦྱོར་ཅིག །ཆོས་དབྱིངས་ཡེ་ཤེས་དངོས་གྲུབ་སྩོལ། །ཤར་རྡོ་རྗེ་རིགས་ཀྱི་ཌཱ་ཀི་ཞལ་ཕྱེ་ཞིག །ཞེ་སྡང་གི་ཕུང་པོ་ཞལ་དུ་བསྟབ། །ལུས་ཤ་ཁྲག་རུས་པའི་ཚོགས་ལ་རོལ། །སེམས་དམིགས་མེད་ཆོས་སྐུའི་ངང་དུ་སྦྱོར། །ཆོས་སྐུའི་དབྱིངས་སུ་ད་སྦྱོར་ཅིག །མེ་ལོང་ཡེ་ཤེས་དངོས་གྲུབ་སྩོལ། །ལྷོ་རིན་ཆེན་རིགས་ཀྱི་ཌཱ་ཀི་ཞལ་ཕྱེ་ཞིག །ང་རྒྱལ་གྱི་ཕུང་པོ་ཞལ་དུ་བསྟབ། །སེམས་དམིགས་མེད་ཆོས་སྐུའི་ངང་དུ་སྦྱོར། །ཆོས་སྐུའི༔ མཉམ་ཉིད་ཡེ་ཤེས་དངོས་གྲུབ་སྩོལ། །ནུབ་པདྨ་རིགས་ཀྱི་ཌཱ་ཀི་ཞལ་ཕྱེ་ཞིག །འདོད་ཆགས་ཀྱི་ཕུང་པོ༔ སེམས་དམིགས་མེད༔ ཆོས་སྐུའི༔ སོར་རྟོག

ཡེ་ཤེས་དངོས་གྲུབ༔ བྱང་ལས་ཀྱི་རིགས་ཀྱི་ཌཱ་ཀི་ཞལ་གྱི་ཞིག །ཕྲག་ལྟོག་ཕུང་པོ༔ སེམས་དམིགས་མེད༔ ཆོས་སྐུའི༔ བྱ་གྲུབ་ཡེ་ཤེས་ཀྱི༔ མ་སྙིང་འོག་ཕྱོགས་མཚམས་སོ་སོ་ནས། །སྣ་ཚོགས་མཁའ་འགྲོའི་ཞལ་གྱི་ཞིག །འབྱུང་བཞིའི་ཕུང་པོ་ཞལ་དུ་བསྟབ། །ལུས་ཤ་ཁྲག་རུས་པའི་ཚོགས་ལ་རོལ། །སེམས་དམིགས་མེད༔ ཆོས་སྐུའི༔ བདེ་བ་ཆེན་པོའི་དངོས་གྲུབ་རྩོལ། །མི་མཆོད་ཁ་ཚར་དུ་གསལ་ལོ། །སྐྱི་མེད་དང་ལ་ཐུགས་རྗེའི་ཉི་འོད་ཤར། །འགག་མེད་རིན་ཆེན་ནོར་བུའི་གཏེར་མཛོད་ཀྱིས། །སྤྲུལ་སྐུས་ཐར་འདོད་འགྲོ་བའི་མགོན་གྱུར་པ། །ཕྲིན་ལས་སྣ་ཚོགས་ཐར་པའི་གླིང་ལ་འགོད། །ཅེས་པ་འདི་ལ་དོན་བདུན་ཏེ། རིག་པ་སྒོར་ཆོག །མཁའ་འགྲོ་སྤྱན་འདྲེན། ཕུང་པོ་ཚོགས་འབུལ། གཡང་གཞི་འགུགས་བྱེད། བམ་རོ་རྒྱས་འདེབས། བཏབ་པ་བམ་འགྲོས། བསྔོ་བ་སྨོན་ལམ་དང་བདུན་ནོ། །གཅོད་གདན་ཐོག་གཅིག་མའི་ཁྲིད་ཡིག་ཕྲིན་ལས་རྒྱ་མཚོ་ལས། རོ་གཅོད་ཕུང་པོ་དམར་ལེན་མཁའ་འགྲོ་རྒྱན་གྱི་ཕྲེང་བ་འདི། རས་པ་གྲོགས་མཆེད་ཀྱིས་ཡང་ཡང་ནན་དུ་བསྐུལ་བའི་ངོར། ཤཱཀྱའི་དགེ་སློང་ཀྲེ་ཋོ་ཆོས་ཀྱི་རྒྱ་མཚོ་བྱ་བས་དབེན་གནས་གངས་རི་ཁྲོད་དཀར་གྱི་མགུལ་དུ་སྦྱར་བའོ། །ཤུབྷཾ། །

༄། །དུར་གཅོད་སྤུ་གྲི་རིག་གཅོད་ཐར་པའི་
ལམ་སྟོན་བཞུགས་སོ། །

མཐའ་བྲལ་གཅིག་མ་ཆོས་སྐུའི་དབྱིངས་ཉིད་ལ། །རྣམ་དག་ལོངས་སྐུ་གར་གྱི་རྒྱན་ཕྲེང་མཛེས། །དབྱིངས་རིག་སྣ་ཚོགས་ལས་སྤྲུལ་ཞིང་ལ་འགྱེད། །ཨུཏྤལ་མདོག་འདྲ་བླ་མ་མཁའ་འགྲོར་འདུད། །དུར་གཅོད་པ་ནི། དུར་སྲི་ཆེན་པོ་གཅོད་པ་ལ། །སྤུ་གྲི་རེ་གཅོད་དམིགས་པ་དགོས། །ཞེས་པ། དེ་ལ་འབྱེད་པ་དྲུག་ཤེས་དགོས་ཏེ། གནས་དང་དུར་སྲི་འབྱེད་པ། གཤིན་པོའི་སེམས་དང་དུར་སྲི་འབྱེད་པ། ནང་ཚང་དང་དུར་སྲི་འབྱེད་པར་བྱེད་པ་སྟེ་གནས་དང་དུར་སྲི་འབྱེད་མ་ཐུབ་ན། དུར་སྲི་གཤིན་པོའི་གཟུགས་སུ་སྤྲུལ་ནས་གནས་དེའི་འདྲེ་དང་སྡོངས་ཏེ་རི་གླིང་ཐམས་ཅད་ལ་ཀུ་འདེབས་ཤིང་རྒྱུག་པར་བྱེད་པའོ། །རྣམ་ཤེས་དང་འབྱེད་མ་ཐུབ་ན། ཤུལ་གྱི་དགེ་རྩ་གཏོང་བ་ཚོ་ཁོང་རྣམས་ཀྱིས་བདག་ནས་གཤིན་པོ་ལ་ཕན་མི་ཐོགས་ཤིང་ལམ་གྱི་གེགས་བྱེད་དེ། རབ་ངན་སོང་དུ་གཏོང་། འབྲིང་བར་དོ་ལ་འཁྱར། ཐ་མ་ཁ་ལ་རྒྱུ་བ་ལ་སྐྱེས་ནས་འཁྱམས་པར་བྱེད་པའོ། །ཕྱི་རྒྱབ་ནང་ཚང་དང་འབྱེད་མ་ཐུབ་ན། དུར་སྲི་གཤིན་པོའི་མིང་དང་གཟུགས་སུ་བཟུང་ནས། ཤུལ་གྱི་ཞིང་དང་ཁང་པ་ར་ལུག་རྟ་ཕྱུགས་དངོས་པོའི་རིགས་དང་། ནང་མི་དང་ཉེ་རིང་ཁྱིམ་ཚེས་སོགས་ལ་གནོད་པ་སྐྱེལ་བར་བྱེད་པའོ། །གཅོད་པས་མི་གཅོད་པ་ནི། མི་གཅོད་པའི་དུར་གསུམ། མི་སྡོད་པའི་གནས་གསུམ་ཞེས་

སོ། །དུར་གསུམ་ནི། བླ་མ་ཡོན་ཏན་ཅན་བྱིན་རླབས་ཅན་ཐུགས་དམ་ཅན་བཟང་པོའི་གདུང་སྲི་གཅོད་མི་དགོས་སོ། །མི་བསོད་ནམས་ཅན་བུ་ཚ་བོ་མང་པོ་ཡོད་པའི་བཀྲ་རྐན་གྱི་དུར་གཅོད་མི་དགོས་སོ། །རབས་ཆད་ཕོ་མོའི་དུར་མི་གཅོད་དེ། ཤུལ་དུ་ཡོད་པའི་མི་དང་རྫས་གང་ཡང་མེད་པ་ཡིན་པ་ལ་རབས་ཆད་ཀྱི་དུར་གཅོད་པས་གཅོད་མི་རུང་བར་བཤད་པའོ། །མི་སྟོད་པའི་གནས་གསུམ་ནི། ཆུ་བོ་ཆེན་པོའི་བགྲམ་དུ་མི་སྟོད། ཆུ་མེད་ལུང་པའི་སུམ་མདོར་མི་སྟོད། བྲག་ཆེན་པོའི་སྟེང་དུ་མི་སྟོད་པའོ། །གཅོད་ལུགས་ནི་དར་སྲི་གཅོད་པ་དང་། རྐན་སྲི་གཅོད་པ་དང་། ཆུང་སྲི་གཅོད་པ་དང་། མོ་དུར་གཅོད་པའོ། །དར་སྲི་གཅོད་པ་ལ། རང་ནད་ཀྱིས་ཤི་བ་དང་། གྲིར་ཤི་བ་གཉིས་སོ། །རང་ནད་ཀྱིས་ཤི་བ་ལ་ནི། རི་རྒྱུག་པའི་སྣེ་འམ། བྲག་སྣ། ཤིང་སྣ། ཤི་ས། མེ་ལ་བསྲེགས་ན་བསྲེགས་ཁྲིའི་སྟེང་དུ་བསྟོད་པའོ། །གྲིར་ཤི་བ་ནི། ཆུ་གླིང་། བྲག་རལ་གྱི་ལྷ་བུའི་སྣེ། རི་རྒྱུད་གསུམ་གྱི་འདུས། བསད་པའི་ཤུལ་དུ་བསྟད། ཆུའི་གླིང་བར་བྱུང་ན་རབ་སྟེ། གཞུང་ལས། ཆུ་གླིང་ཆུ་ཡི་དུར་ཁྲོད་ལ། །ཤ་ཟ་རུ་འཛོམས་འདྲ་བ་ཡོད། །སྐྱེས་པའི་དར་སྲི་གཅོད་པའི་ས་དམིགས་ཡིན། །ཞེས་སོ། །རྐན་སྲི་གཅོད་པ་ནི། ཤི་ས། བསྲེགས་ཁྲི། འབུམ་པའི་སྟེང་ངམ། ལྷག་ལ་བསྟད་པའོ། །ཆུང་སྲི་གཅོད་པ་ནི། ས་གྲུ་གསུམ། བྲག་ཟུར། ཤི་མལ་དུ་བསྟད་པའོ། །ཆུས་ཁྱེར་ནས་ཤི་བ་ཡིན་ན། དང་པོ་ཁྱེར་སའམ། ཕུང་པོ་དོན་སའི་རྒྱ་འགྲམ་དུ་བསྟོད་པའོ། །གཡང་ལ་རིམ་ནས་ཤི་ན་རིལ་སར་སྟོད། འགག་ནས་ཤི་ན་འགགས་སར་སྟོད། མོ་དུར་གཅོད་པ་ནི། བསྲེགས་ཤུལ་ལམ། ཤི་ས། སྤང་འདེབས་ལ་བསྟོད་པའོ། །དུར་རི་ལ་ཁྱེར་ནས་གཅོད་ན། ས་དམིགས་སྤྱི་དང་མཐུན་པའོ། །ཕུང་པོ་མེད་ན་

ཊུས་བུའམ། བཤིན་པོ་རང་གི་གོས་ལག་དྲི་མ་ཅན། གོ་མཚོན་དམིགས་རྟེན་དུ་བྱེད་པར་བཤད། དེ་རྣམས་མི་འདུག་ན། བྱང་བུ་བྲིས་ནས་དམིགས་རྟེན་བྱེད་པའོ། །དགེ་བའི་བཤེས་གཉེན་སོགས་ཡིན་ན། གདུང་འབུམ་དང་གདུང་ཊུས་གདུང་ཐལ་ན་བཟའ་སོགས་རང་གི་སྐུ་གཞོགས་གཡོན་ཕྱོགས་ལ་འཛོག་པར་བྱ། གཞན་མ་ཆེ་རང་གི་འོག་ཏུ་འཛོག་པར་བྱའོ། །དེ་ཡན་ནི་དུར་གཅོད་སྤྱིའི་དགོས་ལུགས་དང་ཡིན་ལུགས་བྱ་ཐབས་བཤད་པ་བསྡུས་ཏེ་ཁྲིགས་སུ་སྡེབས་ནས་བསྟན་པར་བྱས་པའོ། །

དངོས་གཞི་ལག་ལེན་ལ་འདེབས་པ་ལ། དུར་ཐོག་ཏུ་བསྐོ་ཐབ་རྩིག་ཐབ་གང་ཊུང་གྲུ་གསུམ་བྱེད་ལ། ཤིང་ག་དང་དམིགས་བྱ་ནང་དུ་བཞག །དུར་ཁྲོད་དབུས་སུ་རང་ཉིད་ངོ་བོ་སེང་གེ་སྟོབས་ལྡན་འཁྱིང་བ་ཡིན་པ་ལ། རྣམ་པ་མ་གཅིག་ཁྲོས་མ་ནག་མོའི་གཟི་བརྗིད་ཀྱིས་མནན་ནས་ཡོད་པར་བསམ་ལ། ཕཊ་བརྗོད། རང་གི་ཐུགས་ཀ་ནས་མཁའ་འགྲོ་སྡེ་བཞི་འཕྲོས་ཏེ་སོང་། གནོད་བྱེད་དུར་སྲི་རང་དབང་མེད་པར། ཤར་ནས་ཁྱུ་གདོང་མ་དཀར་མོས་ལྕགས་ཀྱུས་སྙིང་ནས་བཟུང་། ལྷོ་ནས་ཕག་གདོང་མ་སེར་མོས་ཞགས་པས་ཡན་ལག་བཅིངས། ནུབ་ནས་ཁྱི་གདོང་མ་དམར་མོས་ལྕགས་སྒྲོག་གིས་དབང་པོ་བསྡམས། བྱང་ནས་ཝ་གདོང་མ་ལྗང་གུས་དྲིལ་བུས་མྱོས་སུ་བཅུག །མཐའ་མ་ཆོན་སྐྱུད་སྣ་ལྔས་དཀྲིས་ལ་བསྐལ་པའི་མེ་རི་འབར་བས་གནོད་བྱེད་དུར་སྲི་བསྐྲད་པར་བསམ། བདེན་པ་བརྗོད་ཞིང་དབང་འཛུག་པ་ནི། སངས་རྒྱས་རྐང་གཉིས་མཆོག་གི་གཙོ་སྟེ་བདེན་པའི་མཆོག །ཆོས་ཉིད་ཆགས་དང་བྲལ་ཏེ་བདེན་པའི་མཆོག །དགེ་འདུན་མི་ཕྱེད་ཚོགས་ཏེ་བདེན་པའི་མཆོག །བདེན་པའི་མཆོག་ནི་དཀོན་མཆོག་གསུམ་ཡིན་ཏེ། དཀོན་མཆོག་གསུམ་གྱིས་གཟུ་དང་

དཔང་མཛོད་ཅིག །ཡི་དམ་ལྷ་ཚོགས་གཟུ་དང་དཔང་མཛོད་ཅིག །ཆོས་སྐྱོང་བསྲུང་མས་གཟུ་དང་དཔང་མཛོད་ཅིག །སྙིང་གི་ལྷ་ཡང་འདིར་མི་འགྱུར། འོག་གི་གླུ་ཡང་འདིར་མི་འགྲུགས། བར་གྱི་བཙན་ཡང་འདིར་མི་འགྲུགས། གནོད་ཅིང་འཚེ་བར་མ་བྱེད་པར། ཁྱེད་རང་ཚོ་རང་རང་གནས་སུ་དེངས་ཤིག །དམ་ཉམས་གནོད་བྱེད་ལས་ངན་འདིས། །དང་པོ་སངས་རྒྱས་བསྟན་པ་བཞིག །བར་དུ་དཀོན་མཆོག་དབུ་འཕངས་སྨད། ཐ་མར་དགེ་བདུན་བསྟན་དགྲ་བྱེད། འདི་ནི་བསྒྲལ་བའི་ཞིང་ཡིན་པས། ཞིང་བཅུ་འདུལ་བའི་དུས་ལ་བབ། ཧཱུྃ་སྙིང་གི་ཕྱོགས་ནས་གདོན་དང་བགེགས་འགྲུགས་མ། །བུདྡྷ་མཁའ་འགྲོའི་ཚོགས་ནི་སྐར་ལྟར་འཁྲུག །གཡས་ཀྱི་ཕྱག་ན་གྲི་གུག་བསྣམས། །གཡོན་གྱི་ཕྱག་ན་ལྕགས་ཀྱུ་བསྣམས། །གདོན་བགེགས་རྣམ་ཤེས་གར་གནས་པའི། །ལྕགས་ཀྱུས་བཟུང་ལ་གྲི་གུག་ཐོབ། །གཟུགས་ཀྱི་ལིང་ག་འདི་ལ་བསྙིམ། །སྙིང་གི་ཕྱོགས་ནས་ཁྱུག་ལ་ཤོག །ཤར་གྱི་ཕྱོགས་ནས་གདོན་དང་བགེགས་འགྲུགས་མ། །རྡོ་རྗེ་མཁའ་འགྲོའི་ཚོགས་ནི་སྐར་ལྟར་འཁྲུག །གཡས་ཀྱི་ཕྱག་ན་ལྕགས་ཀྱུ་བསྣམས། །གཡོན་གྱི་ཕྱག་ན་གྲི་གུག་བསྣམས། །གདོན་བགེགས་རྣམ་ཤེས་གར་གནས་པའི། །ལྕགས་ཀྱུས་བཟུང་ལ་གྲི་གུག་ཐོབ། །གཟུགས་ཀྱི་ལིང་ག་འདི་ལ་བསྙིམ། །ཤར་གྱི་ཕྱོགས་ནས་ཁྱུག་ལ་ཤོག །ལྷོ་ཡི་ཕྱོགས་ནས་གདོན་དང་བགེགས་འགྲུགས་མ། །རིན་ཆེན་མཁའ་འགྲོའི་ཚོགས་ནི་སྤྲིན་ལྟར་གཏིབས། །གཡས་ཀྱི་ཕྱག་ན༔ གཡོན་གྱི་ཕྱག་ན༔ གདོན་བགེགས་རྣམ་ཤེས༔ ལྕགས་ཀྱུས་བཟུང་ལ་གྲི་གུག་ཐོབ། །གཟུགས་ཀྱི་ལིང་ག༔ ལྷོ་ཡི་ཕྱོགས་ནས་ཁྱུག་ལ་ཤོག །ནུབ་ཀྱི༔ པདྨ་མཁའ་འགྲོའི་ཚོགས་ནི་སྒྲོག་ལྟར་འཁྱུག །གཡས་ཀྱི༔ གཡོན་གྱི༔ གདོན་བགེགས་རྣམ་ཤེས༔ ལྕགས་ཀྱུས་

བཟུང་ལ༔ གཟུགས་ཀྱི༔ ནུབ་ཀྱི་ཕྱོགས་ནས༔ བྱང་གི་ཕྱོགས་ནས༔ ལས་ཀྱི་མཁའ་འགྲོའི་ཚོགས་ནི་ཐོག་ལྟར་འབེབས། །གཡས་ཀྱི༔ གཡོན་གྱི༔ གདོན་བགེགས༔ ལྕགས་ཀྱུས་བཟུང་ལ༔ གཟུགས་ཀྱི༔ བྱང་གི་ཕྱོགས་ནས་ཁྲུག་ལ་ཐོག །ཁྭ་གདོང་དཀར་མོའི་ཕྱག་ན་ལྕགས་ཀྱུ་བསྣམས། །ཕག་གདོང་སེར་མོའི་ཕྱག་ན་ཞགས་པ་བསྣམས། །ཁྱི་གདོང་དམར་མོའི་ཕྱག་ན་ལྕགས་སྒྲོག་བསྣམས། །འུག་གདོང་ལྗང་སྔོན་ཕྱག་ན་དྲིལ་བུ་བསྣམས། །ལྕགས་ཀྱུ་དཀར་མོའི་ཚོགས་ནི་སྐར་ལྟར་འཁྲུག །ཞགས་པ་སེར་མོའི་ཚོགས་ནི་སྤྲིན་ལྟར་འཁྲིགས། །ལྕགས་སྒྲོག་དམར་མོའི་ཚོགས་ནི་གློག་ལྟར་འཁྱུག །དྲིལ་བུ་ལྗང་སྔོན་ཚོགས་ནི་ཐོག་ལྟར་འབེབས། །ལྕགས་ཀྱུ་ཅན་གྱིས་སྙིང་ནས་གཟུང་ལ་ཐོག །ཞགས་པ་ཅན་གྱིས་ཡན་ལག་ཆིངས་ལ་ཐོག །ལྕགས་སྒྲོག་ཅན་གྱིས་དབང་པོ་སྡོམས་ལ་ཐོག །དྲིལ་བུ་ཅན་གྱི་མྱོས་སུ་ཆུག་ལ་ཐོག །དམིགས་པའི་ལིང་ག་འདི་ལ་ཁྲུག་ལ་ཐོག །སྒོ་བ་ལག་ཏུ་ཐོགས་ཏེ། ཧཱུྃ་ཏྲ་ཊ་བསྒྲལ་བའི་ཕོ་བ་ལ། །དེ་ལ་གཉེད་སྒྲོ་ནག་པོ་དགོས། །གཉེད་སྒྲོའི་འོག་ཏུ་ཁྲུག་ལ་ཐོག །དེ་ཀུན་ལ་འགྲེ། ཐག་པ་ལག་ཏུ་ཐོགས་ཏེ། ཧཱུྃ་ཏྲ་ཊ་བསྒྲལ་བའི་རྒྱུ་མ་ལ། །དེ་ལ་གཉེད་ཐག་ནག་པོ་དགོས། །སླ་ང་བཟུང་སྟེ། ཧཱུྃ་ཏུ་ཊ་བསྒྲལ་བའི་མགོ་ལྤགས་ལ། །དེ་ལ་སླ་ང་བེ་སླང་དགོས། །ཐོ་བ་བཟུང་སྟེ། ཧཱུྃ་ཏྲ་ཊ་བསྒྲལ་བའི་ཐོད་ཚུས་ལ། །དེ་ལ་གཉེད་པོ་བརྡུང་བའི་ཐོ་བ་དགོས། །གཡང་གཞི་དཀར་ནག་བཟུང་སྟེ། ཧཱུྃ་ཏྲ་ཊ་བསྒྲལ་བའི་འགྲམ་པ་གཡས་གཡོན་ལ། །དེ་ལ་གཉེད་གཞི་དཀར་ནག་དགོས། །རལ་གྲི་བཟུང་སྟེ། ཧཱུྃ་ཏྲ་བསྒྲལ་བའི་ལྟེ་མོ་ལ། །དེ་ལ་གཉེད་པོ་གསོད་པའི་རལ་གྲི་དགོས། །ཛ་མ་དཀར་ནག་བཟུང་སྟེ། ཧཱུྃ་ཏྲ་ཊ་བསྒྲལ་བའི་མགོ་ཡི་རལ་པ་ལ། །དེ་ལ་གཉེད་ཀྱི་ཛ་མ་དཀར་ནག་དགོས། །ཛ་མའི་འོག་ཏུ་ཁྲུག་ལ་ཐོག །གཉེད་པོ་ལས་ངན་ཁྲུག་ལ་ཐོག །ཟ་

འདྲེ་ཤི་གཤེད་ཁྱུག་ལ་ཐོག །སྲོག་གཅོད་དབུགས་ལེན་ཁྱུག་ལ་ཐོག །སྲོག་བདུད་གཤིན་ཆགས་ཁྱུག་ལ་ཐོག །གྲུ་གསུམ་འབར་བའི་ནང་དུ་ཁྱུག །ཨོཾ་བཛྲ་ཨ་ཀུ་ཤ་ཛཿ ཅེས་བརྗོད་ནས། གནམ་ལྕགས་ཀྱི་ཁང་སྒྲོམ་གྲུ་གསུམ་སྦུབས་མེད་པའི་ནང་དུ་བཀུག་ལ་བཞག །མི་ལྤགས་ཀྱི་གཡང་གཞིས་བཀབ། སྦྲུལ་དཀར་ནག་གཉིས་ཀྱི་དམ་དུ་བཅིངས། རྫས་ཆོ་དེའི་ཐོག་དུ་བཞག་ལ། སླ་ང་ཁ་སྦུབ། མཐའ་རྩང་གིས་བསྐོར། དེའི་མཐའ་ལ་གོང་གི་ཚོན་སྐུད་སྣ་ལྔས་གྲུ་གསུམ་གྱི་ཚུལ་དུ་བྲན་པར་བྱེད། སྟེང་དུ་སློབ་དཔོན་རང་ཉིད་ཁྲོས་མ་ནག་མོ་སྟོང་གསུམ་ཁྱབ་པ། སྤྱི་བོར་བཀའ་བརྒྱུད་བླ་མ་ནམ་མཁའ་གང་བ་བཞུགས་པ་བསྐྱེད་ལ། ཙང་དུང་ལན་གསུམ་འབུད། ཊ་མ་རུ་དང་དྲིལ་བུ་སྒྲོལ་ཞིང་། ཕཊ་བརྗོད། ན་མོ་གནས་ཀྱི་གདོན་དང་ལུས་ཀྱི་གདོན། །ཞེས་པ་ནས། སྐྱབས་འགྲོ་སེམས་བསྐྱེད་ཚད་མེད་བཞི། སྐྱབས་གནས་གསུམ་བཅྟགས། མཎྜལ། ཡན་ལག་བདུན་པ། གསོལ་འདེབས། ཕཊ་གཅིག་མ་ཡན་གཞུང་དུ་གསལ་བ་ལྟར་བྱས་ཤིང་། དབང་བསྟུད་ཀྱི་རིམ་པ་ལ། ཚོད་རྟགས་མ་བྱུང་གི་བར་དུ་འབད་པར་བྱའོ། །ཚོད་རྟགས་བྱུང་ནས་བསྔོ་བ། སྨོན་ལམ། བཀྲ་ཤིས་བརྗོད་ནས། མལ་ས་བཅའ་གཞི་རྣམས་སོ་སོར་སྐྱིལ་ཏེ་མི་མངོན་པར་བྱེད་པའོ། །དམིགས་པའི་སྐབས་སུ། གཤིན་པོའི་རྣམ་ཤེས་ནམ་མཁའ་ལ་འཕགས་པའམ། མ་གཅིག་གི་ཐུགས་ཀར་བསྟིམ་ཞིང་། མ་གཅིག་ཀྱང་ནམ་མཁའ་ལ་འཇའ་ཡལ་བ་ལྟར་སོང་བ། ཡང་ཡང་རིམ་པ་ལྟར་བྱེད་པ་གཅོད་འདིའི་ཟབ་གནད་ཁྱད་པར་ཅན་ཡིན་པས་ཤེས་པར་མཛོད། མ་ཚོད་པ་ལ་འགྲོ་དགོས་པ་བྱུང་ན། མལ་སར་མཚོད་རྟེན་བརྩིག །སེང་ཁྲིའི་ནང་དུ་བསྐྱབ་བྱ་ཚོ་ཡོད་པར་བསམ། དུམ་པའི་ནང་དུ་རང་ཉིད་ཁྲོས་མ་ནག་མོ་བཞུགས་པར་བསམ་ལ། ཁྲོས་མའི་སྐུ་ཅ་ག་ལིའམ། རྡོ་ལེབ་ཤིང་ལེབ་ལ་ཧཱུྃ་བྲིས། མཐའ་མར་སྔགས་ཀྱིས་བསྐོར། ཆོས་འཁོར་དུ་བཀའ་བརྒྱུད་བླ་མ་བཞུགས་པར་བསམ། ལྷ་བསྐྱིམ། རབ་གནས་བྱས་ཏེ་བཞག །ཡིང་ག་དང་གནས་དེའི་ཤིང་བུ་རྡེའུ་ལྷ་འདྲེའི་སྲོག་སྙིང་ཡིན་པར་བསམ་ནས་བསྒམས་ཏེ། རང་གར་བསྡོད་པའི་འོག་ཏུ་བཞག་ནས། དམིགས་པའི་རིམ་པ་ཚོ་གོང་ལྟར་བྱེད། ཚོད་རྟགས་མ་བྱུང་གི་བར་དུ་བྱེད་ཅིང་། ཚོད་རྟགས་བྱུང་ནས་ཤིང་བུ་རྡེའུ་སྤར་གྱི་མལ་དུ་སྐྱིལ། མཚོད་རྟེན་གྱི་ལྷ་གཤེགས་སུ་གསོལ་བྱེད་བཞིག་ནས་ས་རྗེ་སྤར་མལ་དུ་སོ་སོར་སྐྱིལ། ལས་ཀྱི་རྗེས་མི་མངོན་པར་བྱེད་ཅིང་། བསྔོ་བ་སྨོན་ལམ། བཀྲ་ཤིས་བརྗོད་པའོ། །ཡིང་ག་ཞི་བའི་མེ་ལ་སྲུལ། གཅོད་གདན་ཐོག་གཅིག་མའི་ཁྲིད་ཡིག་ཐྲིན་ལས་རྒྱ

མཚོ་ལས། དུར་གཅོད་སྲུ་གྲི་རིག་གཅོད་ཐར་པའི་ལམ་སྟོན་འདི། སྔང་རྩེ་རས་ཆེན་པ་བསམ་གྲུབ་རྒྱ་མཚོ་དང་། འབྲོག་མོ་རས་ཆེན་བརྩོན་འགྲུས་རྒྱ་མཚོ་ཆོས་གྲོགས་ཀྱིས་བསྐུལ་བའི་ངོར། ཤཱཀྱའི་དགེ་སློང་ཀྲེ་ཧོ་ཆོས་ཀྱི་རྒྱ་མཚོ་ཞེས་བྱ་བས་དབེན་གནས་ཐོད་དཀར་གྱི་མགུལ་དུ་སྦྱར་བའོ། །

༄༅། །དུར་གཅོད་ཀྱི་སྦྱིན་སྲེག་མེ་འོད་ཕྲེང་བ་བཞུགས་སོ། །

བླ་མ་དང་མཁའ་འགྲོའི་ཚོགས་ལ་ཕྱག་འཚལ་ལོ། །དུར་གཅོད་ཀྱི་ཁ་ཚར་མེ་མཆོད་ཀྱི་རིམ་པ་ནི། དུར་ཁྲིམ་ལ་སོགས་གཅོད་པ་ལ། །མེ་མཆོད་ཞི་དྲག་རྒྱས་གསུམ་དགོས། །ཞེས་པ། མེ་མཆོད་འདི་ལ་གཉིས། ཞི་བ་དང་། དྲག་པོའོ། །ཞི་བ་ལ་ས་སྟེགས་ཀྱི་སྟེང་དུ་པདྨ་འདབ་བཞི་བྲི། ཤུག་པའམ། སུར་ཀར་སྐམ་རློན་རན་པས་ཀླུམ་པོར་བརྩིག །དཀར་གསུམ་མངར་གསུམ་ཕྱེ་མར་འོལ་ཁོམ་ཡིང་ག་དར་ཟབ་རིན་པོ་ཆེ་འཛོམ་ན་བཞག །ཚོགས། གཏོར་མ། མཆོད་བཤམས་གཞུང་ལྟར་ཚོ་གའི་རིམ་པ་བྱ། རང་ཉིད་ཁ་ཤར་དུ་ལྟ། མདུན་དུ་ཐབ་ཁུང་དུ་མེ་ལྷ་སྐུ་མདོག་དཀར་མོ་ཞལ་གདངས་ནས་ཡོད་པར་བསམ་ལ། ཨགྣིཾ་སོགས་དང་དཀར་གཏོར་ཕུལ། དཔལ་ལྡན་རྡོ་རྗེ་མཁའ་འགྲོ་མས་བསྐོད། ཛྭ་ལ་རཾ་གྱིས་མེ་སྦར། མེ་ལྷའི་ཞལ་དུ་ཚོགས་ཕུད་དཀར་གསུམ་མངར་གསུམ་ཡིང་ག་རིན་པོ་ཆེ་དར་ཟབ་རྣམས་རིམ་པ་ལྟར་ཕུལ་ཞིང་། ཨོཾ་ཨཱཿཧཱུྃ་དང་། བུདྡྷ་ཌཱ་ཀི་ནི། བཛྲ་རཏྣ། པདྨ། ཀརྨ་རྣམས་ལ་ཡི་གེ་གསུམ་བཏགས་ནས་འབུལ། མཐར། ཨོཾ་ཨོཾ་ཨོཾ་སརྦ་བུདྡྷ་ཌཱ་ཀི་ནི་བཛྲ་ཝརྞ་ནི་བཻ་རོ་ཙ་ནི་ཧཱུྃ་ཕཊ་དང་། འོལ་ཁོམ་ཕུལ། གཉེན་པོ་དང་གདོན་བགེགས་ཀྱི་སྡིག་པ་དང་སྒྲིབ་པ་ཐམས་ཅད་དག་པར་གྱུར་ཅིག །ཤུལ་གྱི་ཡོན་བདག་ཚེ་གེ་མོ་མི་ནོར་འཁོར་དང་བཅས་པ་རྣམས་ཀྱི་འགལ་རྐྱེན་བར་ཆད་ཞི་ཞིང་བསོད་ནམས་དང་དཔལ་འབྱོར་རྒྱས་པར་གྱུར་

ཅིག །བཛོད་ཅིང་། ཉི་ཤུ་རྩ་གཅིག་གམ། བདུན། ལྔ། གསུམ་ག་ཏུང་གིས་འབུལ་ལོ། །མི་ལྷ་ལ་མཆོད་བསྟོད་བྱེད་ཅིང་གཤེགས། ཚོགས་ལ་ལོངས་སྤྱོད། ལྷག་གཏོར་གཏོང་། བཟོད་གསོལ། བསྔོ་བ། བཀྲ་ཤིས་བརྗོད། ཐལ་བ་ཆུ་ལ་སྐྱུར་། རྗེས་མི་མངོན་པར་བྱ། དེ་ནི་ཞི་བའོ། །

དྲག་པོ་ནི། དུར་སྲི་འདུལ་མ་ཐུབ་ཅིང་མ་ནོན། ཤུལ་དུ་ཡང་གནོད་པ་སྐྱེལ་བ་ལྟར་བྱུང་ན། ས་སྡིགས་ནག་པོ་གྲུ་གསུམ་ཉིས་བརྩིག་བྱེད། མཐའ་རྫོ་ར་དང་མེ་རིས་བསྐོར། དཀྱིལ་འཁོར་དབུས་སུ་རཾ་གཅིག་བྲི། ཚེར་མ་ཅན་གྱི་ཤིང་གྲུ་གསུམ་བརྩིག །འབྲུ་སྣ་ཚང་མ། མར་ཁུ། འོལ་སོམ། གཏོར་ཆུ་དྲུག །བྱང་བུ་དྲུག །འཐིབ་ཀྱུ་དྲུག །ཀུ་ས་ཡཾ་ཤིང་། ཤིང་ག །མི་གཙོད་པའི་སྨད་མའི་ཕྱེ་མ་རྣམས་འཚོགས་ལ། སློབ་དཔོན་ཁ་ལྷོ་ལ་བལྟས་ནས་འདི་སྐད་དོ། །ཨོཾ་བཛྲ་ཨ་མྲིས་བསང་། སྭ་བྷཱ་ཝ་སྦྱངས། སྟོང་པའི་ངང་ལས། དམར་ནག་ཆོས་འབྱུང་གྲུ་གསུམ་མཐིང་ནག་འབར་བ། རྩེ་མོ་ཕྲ་བ་ཐུར་དུ་ཟུག་པ། གདེངས་ཁ་ཆེ་བ་གྱེན་དུ་བསྟན་པ། རྡོ་རྗེ་དམར་པོའི་ཕྲེང་བ་དང་མེ་རིས་བསྐོར་བ། དཔངས་སུ་ཁྲུ་ཉི་ཤུ་རྩ་གཅིག་ཡོད་པ། དེའི་དབུས་སུ་རཾ་ཡོངས་སུ་གྱུར་པ་ལས། མི་ལྷ་དམར་པོ་རྔ་སྐྱེས་ཁམ་པའི་ཁྲི་ལ་བཞུགས་པ། ཞལ་གཅིག་ཕྱག་བཞི་གཡས་དང་པོས་བགྲང་ཕྲེང་། གཉིས་པས་རྩེ་གསུམ་གཡོན་དང་པོ་སྤྱི་ལྷུགས། འགོ་མ་བ་དན་རྩེ་གཉིས་འཛིན་པའོ། དེའི་སྤྱི་བོར་ཨོཾ། མགྲིན་པར་ཨཱཿ མཐར་ཧཱུཾ། ཐུགས་ཀའི་ཧཱུཾ་ལས་འོད་ཟེར་འཕྲོས་པས། ཤར་ལྷོ་མཚམས་ནས་མི་ལྷ་ལ་སངས་རྒྱས་དང་བྱང་ཆུབ་སེམས་དཔའི་ཚོགས་དཔག་ཏུ་མེད་པས་བསྐོར་བ་སྤྱན་དྲངས། བཛྲ་ས་མ་ཛཿཧཱུཾ། དད་པ་དང་ནི་དམ་ཚིག་གིས། །ཚུར་གཤེགས་ཚུར་གཤེགས་འབྱུང་བ་ཆེ། །མི་ལྷའི་རྒྱལ་པོ་དྲང་སྲོང་མཆོག །དྲག་པོའི་ཚུལ་གྱིས་སྤྱན་འདྲེན་ན། །འབར་བ་མེ་ཡི་གཞལ་ཡས་སུ། །ཙི་བདེ་བར་ནི་བཞུགས་སུ་གསོལ། །ཛཿཧཱུཾ་

བཾ་ཧོཿ འབྱུང་བ་བཞི་ལ་རྒྱུ་བྱས་པའི། །ལྷ་རྫས་བཟང་པོའི་རྣམ་ལྔ་འདི། །མི་ལྷ་འཁོར་དང་བཅས་ལ་འབུལ། །ཕྲིན་ལས་བསྒྲུབ་ཕྱིར་བཞེས་སུ་གསོལ། །ཨཀྲྂ་ཚོགས་ཀྱི་མཆོད། ཚངས་པ་དབང་ཕྱུག་འཇིག་རྟེན་མགོན། །མི་ལྷའི་རྒྱལ་པོ་འཁོར་བཅས་ལ། །ལུས་ངག་ཡིད་གསུམ་ཕྱག་འཚལ་བསྟོད། །མི་ལྷའི་ལྟོ་བ་ཡངས་ཤིང་རྒྱ་ཆེ་བའི་ནང་དུ་པདྨ་མའི་སྟེང་དུ། ཧཱུྃ་མཐིང་ནག་ཡོངས་སུ་གྱུར་པ་ལས། ཁྲོས་མ་ནག་མོ་སྐུ་མདོག་མཐིང་ནག་ཞལ་གཅིག་ཕྱག་གཉིས་ཞལ་གདངས་ཤིང་མཆེ་བ་བཞི་གཙིགས་པ། ལྗགས་འདྲིལ་བ། སྤྱན་གསུམ་ཁྲོ་བོར་བསྒྲུས་པ། དབུ་སྐྲ་གྱེན་རྫེས་ཐུར་དུ་གྲོལ་བ། དབུ་ལ་ཐོད་སྐམ་ལྔས་བརྒྱན་པ། ཕག་ཞལ་དུར་བ། ཕྱག་གཡས་གྲི་ཐིག་འཕྱུར་ཞིང་། གཡོན་པས་ཐོད་ཁྲག་དང་ཁཊྭཾ་ག་བསྣམས་པ། གཡས་བསྐུམ་ཞིང་གཡོན་བརྐྱང་བས་རོའི་སྟེང་གར་མནན་པ། སྐུ་ལ་དུར་ཁྲོད་ཀྱི་ཆས་བརྒྱད་ཀྱིས་བརྒྱན་པ་མེ་ཡི་དབུས་ན་བཞུགས་སོ། །རྡོ་རྗེ་མཁའ་འགྲོ་ཞེ་སྡང་མེ་འབར་མ། །རིན་ཆེན་མཁའ་འགྲོ་རྒྱལ་མེ་འབར་མ། །པདྨ་མཁའ་འགྲོ་འདོད་ཆགས་མེ་འབར་མ། །ལས་ཀྱི་མཁའ་འགྲོ་ཕྲག་མེ་འབར་མ། །དཀར་སེར་དམར་ལྗང་གྲི་གུག་ཐོད་ཁྲག་བསྣམས། །ལྷ་མོ་ལྔའི་སྤྱི་བོར་ཨོཾ། མགྲིན་པར་ཨཱཿ ཐུགས་ཀར་ཧཱུྃ། ཐུགས་ཀའི་ཧཱུྃ་ལས་འོད་ཟེར་འཕྲོས་པས། ཨུ་རྒྱན་ནས་ལྷ་ལྔའི་དཀྱིལ་འཁོར་སྤྱན་དྲངས། །བཛྲ་ས་མ་ཛཿ ཛཿཧཱུྃ་བཾ་ཧོཿ གཉིས་སུ་མེད་གྱུར། ཀྱེ། མ་མི་མིན་ཡེ་ཤེས་མཁའ་འགྲོ་མ། །དབུས་ཀྱི་ཕྱོགས་ནས་སྤྱན་འདྲེན་ན། །སྐུ་མདོག་ནག་ལ་འོད་ཟེར་འཕྲོ། །སངས་རྒྱས་མཁའ་འགྲོ་འབུམ་གྱིས་བསྐོར། །ཆོས་ཉིད་ནམ་མཁའི་གློང་ཡངས་ནས། །ཐུགས་རྗེའི་སྤྲིན་ཕུང་ཐིབས་སེ་ཐིབ། །བྱིན་རླབས་ཆར་རྒྱུན་སི་ལི་ལི། །བྱིན་གྱིས་རློབ་ཅིང་གཤེགས་སུ་གསོལ། །དེ་འགྲོ། །ཤར།

ཀྲོཾ། ནུབ། བྱང་། འབྱུང་བ་བཞི་ལ་རྒྱུ་བྱས་པའི། །ལྷ་རྫས་བཟང་པོའི་རྣམ་ལྔ་འདི། །ཁྲིམས་མ་འཁོར་དང་བཅས་ལ་འབུལ། །ཕྲིན་ལས་བསྒྲུབ་ཕྱིར་བཞེས་སུ་གསོལ། །ཧ་རི་ནི་ས་ཨརྒྷཾ་སོགས་ཀྱིས་མཆོད། ཆོས་དབྱིངས་དག་པའི་དཀྱིལ་འཁོར་ནས། །ཐུགས་རྗེའི་སྤྲུལ་སྐུ་བདག་གཞན་དཔལ། །རྣམ་ཐར་གསུམ་ལ་ལེགས་གནས་པ། །ཤེས་རབ་ཕ་རོལ་ཕྱིན་ལ་བསྟོད། །བདེ་ཆེན་དཀར་མོ་འཇིགས་པ་ཀུན་ལས་སྒྲོལ། །སེར་མོ་དོན་གྲུབ་ཚེ་དབང་རྒྱས་པར་མཛད། །དམར་མོ་སྒྲ་སྒྲོག་ཁམས་གསུམ་དབང་དུ་བསྡུད། །སྔ་ཚོགས་མཐར་ཕྱིན་མདོན་སྤྱོད་ལས་རྣམས་མཛད། །མཁའ་འགྲོ་སྡེ་བརྒྱད་ཕྲིན་ལས་རྣམ་བཞི་བསྒྲུབས། །བདེ་སྟོང་མཁའ་འགྲོ་རྣམས་ལ་ཕྱག་འཚལ་བསྟོད། །དེ་ནས་མེ་སྦྱར་བ་ནི། མེ་དར་ལག་ཏུ་ཐོགས་ནས་འདི་སྐད་དོ། །ཤར་གྱི་ཕྱོགས་ནས་མེ་སྦྱར་བ། །དཀར་མོ་དུང་གི་སྦྲུ་ཏུ་ཅན། །ཁ་བརྒྱ་མེ་འབར་ལམ་སེ་ལམ། །ལག་བརྒྱ་སྐྲེ་མགུལ་ཤིགས་སེ་ཤིགས། །སྔོན་ཡང་ཞི་བའི་མེ་སྦར་མ། །དོ་ནུབ་ཞི་བའི་མེ་སྦོར་ཅིག །ཤཱནྟིཾ་ཀུ་རུ་ཡེ་སྭཱ་ཧཱ། དེ་འགྲེའོ། །ལྷོའིཿ སེར་མོ་གསེར་གྱི་སྦྲུ་ཏུ་ཅན། །པུཥྚིཾ་ཀུ་རུ་ཡེ་སྭཱ་ཧཱ། ནུབ་ཀྱིཿ དམར་མོ་ཟངསཿ བ་ཤཾ་ཀུ་རུ་ཡེ་སྭཱ་ཧཱ། བྱང་གིཿ ལྗང་མོ་གཡུའིཿ མཱ་ར་ཡ་ཕཊ། ལིང་ག་བསྒྲལ་བ་ནི། གཡས་པས་གྲི་གུག་གཟུང་ནས། ཧཱུཾ་དམ་ཉམས་སྡིག་ཅན་ལས་ངན་འདི། །དང་པོ་ཞེ་སྡང་ཕ་ཡི་སྐད། །ཕ་ཡི་སྐད་དུ་ས་མ་ཡ། །དེ་ནས་འདོད་ཆགས་མ་ཡི་མངལ། །མ་ཡི་མངལ་དུཿ འགྲེ། ཐ་མར་རང་འཁྲུལ་འཁོར་བར་འཁྱམས། །སླར་ཡང་རྩད་ནས་གཅོད་པའི་ཕྱིར། །ལྟེ་བའི་རྩ་ལ་སཿ རྣམ་པར་ཤེས་པ་སྙིང་ཡིན་པས། །དཀར་ནག་མཚམས་སུ་སཿ དབང་པོའི་རྟེན་བྱེད་མགོ་ཡིན་པས། །སྲིད་པའི་རྩ་ལཿ ལྟ་བར་བྱེད་པ་མིག་ཡིན་པས། །མཐོང་བྱེད་རྩ་ལ་སཿ ཉན་པར་བྱེད་པ་རྣ་བ་སྟེ། །སྒྲ་

ཚོར་རྩ་ལ༔ བསྒོམ་པར་བྱེད་པ་སྣ་ཡིན་ཏེ། །དྲི་ཚོར་རྩ་ལ་ས༔ སྨྲ་བར་བྱེད་པ་ལྕེ་ཡིན་ཏེ། །ཚིག་བྱེད་རྩ་ལ་ས༔ བྱ་བ་བྱེད་པ་ལག་པ་སྟེ། །སོག་པ་གཉིས་ལ་ས༔ འགྲོ་བར་བྱེད་པ་རྐང་པ་སྟེ། །བྱིན་པ་གཉིས་ལ་ས་མ་ཡ། །དེ་ནས་དཔལ་འབར་ལག་ཏུ་ཐོགས་ནས་འདི་སྐད་དོ། །མ་ཤར་ནས་མེ་འབུད་འདི་ལྟར་འབུད། །རྡོ་རྗེ་མཁའ་འགྲོའི་མེ་གཅིག་འབུད། །རྡོ་རྗེ་མཁའ་འགྲོའི་མེ་གཅིག་འབུད། །སྣང་ཞིང་སྲིད་པའི་སྒྲིབ་མེ་འབུལ། །ཚེ་འདས་མ་རིག་ཕུང་པོ་བསལ་དུ་གསོལ། །བཛྲ་ཌཱ་ཀི་ནི་ཛྭ་ལ་རཾ། ལྷོ་སོགས་འགྲེའོ། །རཏྣ་ཌཱ་ཀི་ནི། ནུབ་ནས༔ པདྨ་ཌཱ་ཀི་ནི་བྱང་ནས༔ ཀརྨ་ཌཱ་ཀི་ནི༔ དབུས་ནས་མེ་འབུད་འདི་ལྟར་འབུད། །སངས་རྒྱས་མཁའ་འགྲོའི་མེ་གཅིག་འབུད། །སྣང་ཞིང་གསལ་བའི་ཞུན་མེ་འབུལ། །ཚེ་འདས་མ་རིག་ཕུང་པོ་བསལ་དུ་གསོལ། །བུདྡྷ་ཌཱ་ཀི་ནི་ཛྭ་ལ་རཾ། ཞེས་པས་མེ་སྦར། དེ་ནས་བསྲེག་རྫས་འབུལ་བ་ནི། སློབ་དཔོན་གྱིས་གཡས་སུ་བླུག་གཟར། གཡོན་དགང་གཟར། གཡས་གཡོན་གཉིས་ལ་མི་གཉིས་བསྐྱོད་ལ། གཡོན་ནས་འབྲུ་སྣ་འོལ་སོམ། ཀུ་ཤ་སྦྱིན། གཡས་ནས་མར་ཁུ་ཡམ་ཤིང་ལིང་ག་སྦྱིན། གཅིག་གིས་གྲངས་བྱེད། ཁྲོས་མ་ལ་བརྒྱ་རྩ་བརྒྱད་འབུལ། མཁའ་འགྲོ་བཞི་ལ་ལྔ་བཅུ་རེ། མེ་ལྷ་ལ་ཉེ་ཤུ་རྩ་གཅིག་འབུལ། དེ་ནས་འདི་སྐད་དོ། །ཧཱུྃ་སྨུག་ནག་གྲུ་གསུམ་འབར་བའི་དཀྱིལ་འཁོར་ནས། །ཡེ་ཤེས་མེ་དཔུང་འབར་བའི་གཞལ་ཡས་སུ། །ཡུམ་ཆེན་ཁྲོས་མ་ནག་མོ་ལ། །མཐིང་ནག་གྲུ་གསུམ་འབར་བའི་ཧཱུྃ་ཁྲུང་ངུ། །དམ་རྫས་བདུད་རྩི་འབར་བའི་སྦྱིན་སྲེག་འབུལ། །ཚེ་འདས་སྒྲིབ་པ་བྱང་ཞིང་བཞེས་སུ་གསོལ། །གཤེད་མ་གཤེད་དང་བྲལ་ཕྱིར་བཞེས་སུ་གསོལ། །ལས་ངན་རྣམ་སྨིན་སྦྱོང་ཕྱིར་བཞེས་སུ་གསོལ། །ཨོཾ་ཤྲཱི་བཛྲ་བྷཱ་ར་ཧི་ཀྲོ་དྷི་ཀཱ་ལི་ཛྭཱ་བེ་ཤ་ཡ་ཧཱུྃ་ཕཊ། ཧཱུྃ་མཐིང་ནག༔ ཡེ་ཤེས་མེ༔ རྡོ་རྗེ་རིགས་ཀྱི་མཁའ་འགྲོ་ལ། །གོང་དང་འགྲེའོ། །བཛྲ་ཌཱ་ཀི་ནི་ཤཱནྟིཾ་ཀུ་རུ་སེ་སྭཱ་ཧཱ། སེར་སེར་ནག༔ རཏྣ་ཌཱཀི་ནི་པུཥྚིཾ་ཀུ

ཙཿ ཉུབ་དམར་ནགཿ པདྨ་ཊཱ་ཀི་ནིཿ བ་ཨཾ་ཀུ་ཙཿ བྱང་ལྗང་ནགཿ ཀརྨ་ཊཱ་ཀི་ནི་སྣ་ར་ཡ་ཕཊ། འབྱུང་བ་བཞི་ལ་རྒྱུ་བྱས་པའི་སོགས་མཆོད་པ་དང་། བསྟོད་པ་ནི། ཧཱུྃ། ཤར་ལྷོ་མཚམས་ཀྱི་དུར་ཁྲོད་ནས། །མི་ལྟའི་རྒྱལ་པོ་དྲང་སྲོང་མཆོག །འཁོར་དང་བཅས་ལ་ཕྱག་འཚལ་བསྟོད། །ཨརྒྷ་ཡེ་ཛྷ་ལ་རཾ། ཞེས་པའི་རྗེས་སུ། སྦྱིན་བདག་གི་གཟི་བརྗིད་ཕུན་སུམ་ཚོགས་པ་ལ་བར་དུ་གཅོད་པ་ཐམས་ཅད་ཤཱནྟིཾ་ཀུ་རུ་ཡེ་སྭཱ་ཧཱ། འཁོར་པ་གོང་དང་འགྲེའོ། །དགེ་བཿ བདེ་བཿ བསོད་ནམས་རྒྱས་པ་ལཿ ནོར་དང་འབྲུཿ ཤུགསཿ སྟོབསཿ ནད་མེད་པཿ ཚེ་ཕུན་སུམ་ཚོགས་པཿ བསྲུང་བ་ཕུན་སུམ་ཚོགས་པ་ལ་བར་དུ་གཅོད་པ་ཐམས་ཅད་ཤཱནྟིཾ་ཀུ་རུ་ཡེ་སྭཱ་ཧཱ། བཛྲ་མུཿ ཞེས་པའོ། །མི་གཅོད་ན། བདེན་པ་བདར་ལ། དྲག་པོའི་སྔགས་ཀྱིས་གཅོད། བྲོ་བརྡུང་ན་འདི་སྐད་དོ། །དབུས་ནས་བྲོ་ཙུང་འདི་ལྟར་བརྡུང་། །ཁྲིས་མ་ནག་མོའི་བྲོ་གཅིག་བརྡུང་། །འོག་མིན་སླེབ་པར་བྱིན་གྱི་རླབས། །ཚེ་འདས་སླེབ་པར་ལམ་སྣ་དྲོངས། །ཤར་ནས་བྲོ་བརྡུངཿ རྡོ་རྗེ་མཁའ་འགྲོའིཿ མངོན་དགའ་སླེབཿ ཚེ་འདསཿ ལྷོ་ནསཿ རིན་ཆེནཿ དཔལ་རིའིཿ ཚེ་འདསཿ ནུབ་ནསཿ པདྨཿ བདེ་ཆེནཿ ཚེ་འདསཿ བྱང་ནསཿ ལས་ཀྱིཿ ཨཾ་ཀྲ་ལཿ ཚེ་འདསཿ དབུས་ནས་བྲོ་བརྡུང་འདི་ལྟར་བརྡུང་། ཨ་མ་རྗེ་མོའི་བྲོ་གཅིག་བརྡུང་། །སྡུག་བསྔལ་བྲལ་བར་བྱིན་གྱི་རླབས། །སྡུག་བསྔལ་བྲལ་བར་ལམ་སྣ་དྲོངས། །ཚེ་འདས་གྲོལ་བར་ལམ་སྣ་དྲོངས། །མཐར་མི་དམིགས་པའི་ངང་དུ་བཞག །བསྔོ་བ་སྨོན་ལམ་བྱ། ལས་ཀྱི་མཐའ་མི་མངོན་པར་བྱའོ། །གཅོད་གདན་ཐོག་གཅིག་མའི་ཁྲིད་ཡིག་ཕྲིན་ལས་རྒྱ་མཚོ་ལས། སྦྱིན་བསྲེག་མེ་འོད་འཕྲེང་བ་འདི། རས་ཆེན་གྲོགས་མཆེད་ཀྱིས་བསྐུལ་བའི་ངོར། ཤཱཀྱའི་དགེ་སློང་ཀྲོ་བོ་ཆོས་ཀྱི་རྒྱ་མཚོ་བྱ་བས་གངས་རི་ཐོད་དཀར་གྱི་མགུལ་དུ་སྦྱར་བའོ།། ༎

༄། །དུར་གཅོད་ཀྱི་ཁ་ཆར་ཡིག་ཆུང་བཞུགས་སོ། །

དུར་གཅོད་བྱེད་པ་ལ། ངོ་མི་ཤེས་པ་བྱུང་ན་གནས་གདོན་ཡིན། ཤེས་པ་ཚོ་དུར་སྲི་གཉེད་པོའི་གཟུགས་སུ་སྤྲུལ་བ་ཡིན། ཚར་ཚད་ནི་གྲིར་ཤི་བ། གྲི་རལ་གྱིས་བསད་པ་ཡིན་ན། གྲི་རལ་གྱི་ཡུ་བ་བསྟན་ནས་འབུལ་དགོས། མདའ་ཡིན་ན་ལྟོང་དང་། གཞུ་ཡི་ཆངས་བཟུང་བསྟན་ནས་འབུལ་དགོས། གཞན་ཡང་ཕོ་རང་གི་རྫས་སྙིང་ལ་ཆགས་པ་འབུལ་དགོས། ཚར་ཚད་གཞན་སྐྱི་དང་མཐུན། ཕྱག་འཚལ་བ་དང་བསྐོར་བ་བྱེད་པ་དང་བྱིན་བརླབས་ཞུ་བ་བྱུང་ན་དབང་དུ་འདུས་པའི་རྟགས་ཡིན། ཚར་ཚད་དངོས་གཞི་ནི་མ་ཡིན་ནོ། །ཚོད་ཚད་གཞུང་དང་མཐུན་ནོ། །བླ་མའི་དགོངས་པ་དམ་ཆོས་ཚུལ་བཞིན་སྐྱོད། །ཡིན་ལུགས་ཤེས་པས་མཁའ་འགྲོའི་གདམས་པ་མནོས། །འགྲོ་བ་རྣམས་ལ་ཕན་པ་རྒྱས་མཛད་པ། །མ་རུངས་གདུག་པ་ཅན་རྣམས་ཚར་གཅོད་ཅིང་། །རྣམ་ཤེས་སྐྱེ་མེད་ཆོས་སྐུར་བསྐྱིམ་པར་བྱ། །ཅེས་གཅོད་གདན་ཐོག་གཅིག་མའི་ཁྲིད་ཡིག་ཕྲིན་ལས་རྒྱ་མཚོ་ལས། དུར་གཅོད་ཀྱི་ཁ་ཚར་ཞལ་ཤེས་ཀྱི་ཡིག་ཆུང་འདི། རས་པ་གྲོགས་མཆེད་ཀྱིས་བསྐུལ་བའི་ངོར། ཤཱཀྱའི་དགེ་སློང་ཀྲོའོ་ཆོས་ཀྱི་རྒྱ་མཚོ་བྱ་བས། དབེན་གནས་གངས་རི་ཐོད་དཀར་གྱི་མགུལ་དུ་སྦྱར་བའོ།། །།

༄༅། །ཁྲིམ་གཙོད་ནོར་བུའི་ཕྲེང་བ་གསལ་བྱེད་བཞུགས་སོ། །

དུས་གསུམ་བདེ་གཤེགས་བསྟན་པ་ལ། །ཕྲིན་ལས་སྣ་ཚོགས་འགྲེད་པའི་དཔལ། །དགོས་འདོད་ཀུན་བྱུང་མཁའ་འགྲོའི་ཚོགས། །བདེ་གཤེགས་ལྷ་ཡུམ་བླ་མར་འདུད། །ཁྲིམ་གཙོད་ནི། ཁང་ཁྲིམ་ལ་སོགས་གཙོད་པ་ལ། །རྒྱལ་སྲིན་ཕོ་མོ་ཁ་སྒྱུར་དགོས། །ཞེས་པ། ཁང་པ་ཡིན་ན་དཀྱིལ་ལམ། གོང་གང་ཉུང་དུ་སྡོད། འབྲོག་པའི་སྦྲ་ཡིན་ན་ཕྱུག་གམ། ཅིག་བུ་ཡོད་ན་ཕྱི་ལོག་གི་ཉེ་འཁོར་གང་ཉུང་ལ་ཕུབ་ནས་སྡོད། སྦྲ་ནང་ན་ཡོད་པར་བསམ། རང་གི་མལ་འོག་ཏུ་ལྟགས་ཀྱི་པ་ཉུ་སྦུབས་མེད་པ་ཁ་དོག་ལ་གཏིང་ཟབ་པ་གཅིག་ཡོད་པར་བསམ། ཕཊ་བརྗོད། རང་ཉིད་སངས་རྒྱས་མཁའ་འགྲོ་གསལ་བའི་ཐུགས་ཀ་ནས་མཁའ་འགྲོ་མ་རིགས་ལྔ་འཕྲོས། ཁྲིམ་དེར་གནས་པའི་ལྷ་འདྲེ་དང་རྒྱལ་སྲིན་དཀོར་བདག་ཕོ་མོ་འགུགས་ལ་ཁ་སྒྱུར། སྤྱལ་དཀར་ནག་གཉིས་ཀྱིས་སྙེད་པ་ནས་བཅིངས་ནས་པ་ཉུའི་ནང་དུ་བཅུག །མི་ལྷགས་ཀྱི་གཡང་གཞི་བཀབ། ཕཊ་མང་དུ་བརྗོད། སྐྱབས་འགྲོ་སེམས་བསྐྱེད་ཕཊ་གཅིག་མ་ཡན་གཞུང་བཞིན་བྱེད། ཚར་ཚད། ཚོད་ཚད་མ་བྱུང་བར་དམིགས་པས་བཅུན། བྱུང་ནས་གཞུང་བཞིན་བྱེད། ཚོགས་གཉིས་རབ་རྫོགས་ཡེ་ཤེས་སྒྲུ་མའི་སྐུ། །ཕྲིན་ལས་རབ་འབྱམས་དོན་གཉིས་ལྷུན་གྱིས་གྲུབ། །གདུལ་བྱ་མཐའ་ཡས་མཁའ་ལ་སྤྲིན་ལྟར་འཁྲིགས། །འགྲོ་བ་ཐམས་ཅད་བགེགས་དང་བར་ཆད་སེལ། །ཁྲིམ་གཙོད་ཀྱི་བྱེད་ལུགས་ཞིབ་པར་བླ་མའི་

ཞལ་ལས་ཤེས། གཅོད་གདན་ཐོག་གཅིག་མའི་ཁྲིད་ཡིག་ཕྲིན་ལས་རྒྱ་མཚོ་ལས། ཁྲིམས་གཅོད་ནོར་བུའི་ཕྲེང་བ་གསལ་བྱེད་འདི། སྔང་རྩེ་རས་ཆེན་དང་། འབྲོག་མོ་རས་ཆེན་ཆོས་གྲོགས་ཀྱིས་བསྐུལ་བའི་ངོར། ཤཱཀྱའི་དགེ་སློང་ཀྲེ་ཧོ་ཆོས་ཀྱི་རྒྱ་མཚོ་ཞེས་བྱ་བས་དབེན་གནས་གངས་རི་ཐོད་དཀར་གྱི་མགུལ་དང་སྦྱར་བའོ།། །།

༄། །ཁྲིམ་གཙོད་ཀྱི་ཁ་ཚར་མེ་མཆོད་ཡིག་ཆུང་བཞུགས་སོ། །

མེ་མཆོད་ནི། དུར་ཁྲིམ་ལ་སོགས་གཙོད་པ་ལ། མེ་མཆོད་ཞི་དྲག་རྒྱས་གསུམ་དགོས། ཤེས་པ་དང་པོ་ཞི་བ་ནི། ཤུག་པའམ། སྤེན་མ། ཤིང་སྐམ་སྔོན་གང་རུང་གིས་ཐབ་ཟླུམ་པོ་བརྩིག །མེ་ལྷའི་ཐུགས་ཀར་མཁའ་འགྲོ་མ་དཀར་མོ་བསྐྱེད། དཀར་གཏོར་དང་དཀར་གསུམ་མངར་གསུམ་འབུལ། ཨོཾ་ཨཱཿཧཱུྃ་གསུམ་གྱི་སྔགས་ཚིག་བརྗོད། ཕྱེ་མར་འོལ་ཁོམ་གྱིས་མེའི་དཔལ་སྐྱེད། ཚ་ག་ཚོགས་གཏོར་སོགས་གཞུང་བཞིན་བྱེད། ཚོགས་ཕུད་འབུལ་ཞིང་། སྦྱིན་པའི་བདག་པོའི་ཚེ་དང་བསོད་ནམས་རྒྱས་ཤིང་འཁོར་པ་ཕུན་སུམ་ཚོགས་པ་དང་ལྡན་པར་གྱུར་ཅིག །ཅེས་སོགས་བརྗོད། མཆོད་བསྟོད་བྱེད། བསྔོ་བ་སྨོན་ལམ་ཡིག་བརྒྱ་བཟློད་གསོལ་གཞུང་ལྟར་རོ། །ཁྲིམ་གཙོད་ཀྱི་ཁ་ཚར་ཞི་བའི་མེ་མཆོད་དོ། །མེ་མཆོད་རྒྱས་པར་བྱེད་ན་ཤུག་པ། བ་ལུ་སོགས་ཀྱི་ཤིང་སྐམ་སྔོན་རན་པས་ཐབ་གྲུ་བཞིར་བརྩིག །མེ་ལྷའི་ཐུགས་ཀར་ཡུམ་ཆེན་མོ་ལྷ་ལྕེ་བསྐྱེད། ཚོགས་གཏོར་གཞུང་བཞིན་བཤམ། མེ་ལྷ་ལ་དཀར་གཏོར་ཕུལ། མར་ཁུ། རིན་པོ་ཆེ། དར་ཟབ། ཚོགས་ཕུད་རྣམས་ལ། བུདྡྷ་ཌཱ་ཀི་ནི། བཛྲ་ཌཱ་ཀི་ནི། རཏྣ་ཌཱ་ཀི་ནི། པདྨ་ཌཱ་ཀི་ནི། ཀརྨ་ཌཱ་ཀི་ནཱི་ཡེ། མཐར། ཨོཾ་ཨཿཧཱུྃ་བཏགས་ནས་འབུལ་ལོ། །ཟན་ལ་ངར་མི་བཟློད་ལ་ལན་ཆགས་ཀྱིས་བསྐོར། གདོན་བགེགས་བསྡམས། རྣམ་ཤེས་སྦྱར། ངར་མི་ལན་ཆགས་གཏུབས་ནས་མེ་མཆོད་དུ་འབུལ། སྦྱིན་པའི་

བདག་པོའི་འགལ་རྐྱེན་བར་ཆད་ཞི་ཡོངས་སྤྱོད་དང་དཔལ་འབྱོར་རྒྱས་པར་གྱུར་ཅིག །བདག་གཞན་གྱི་འཚེ་བ་མི་མཐུན་པའི་ཕྱོགས་ཐམས་ཅད་ཉེ་བར་ཞི་བར་གྱུར་ཅིག །དེ་ནས་མཆོད་བསྟོད་སྨོན་ལམ་སྤྱི་དང་མཐུན་ནོ། །རྒྱས་པའི་མེ་མཆོད་དོ། །

དྲག་པོའི་ལས་བྱེད་ན། ཤིང་ཚེར་མ་ཅན་གྲུ་གསུམ་བརྩིག །དབུས་སུ་མེ་ལྷ་གཞུང་བཞིན་བསྐྱེད། ཤར་ལྷོ་མཚམས་ནས་མེ་ལྷ་འབུམ་གྱིས་བསྐོར་བ་སྤྱན་དྲངས། ཛཿཧཱུྃ་བཾ་ཧོཿ གཉིས་སུ་མེད་པར་གྱུར། སྟོང་པའི་ངང་ལས་དུར་ཁྲོད་ཆེན་པོ་བརྒྱད་ཀྱིས་བསྐོར་བའི་དབུས་སུ། པཾ་ལས་པདྨ་རཾ་ལས་ཉི་མའི་དཀྱིལ་འཁོར་གྱི་སྟེང་དུ། ཧཱུྃ་མཐིང་ནག་ཡོངས་སུ་གྱུར་པ་ལས། ཁྲོས་མ་སྐྲ་མདོག་མཐིང་ནག་ཞལ་གཅིག་ཕྱག་གཉིས་མ་མངོན་རྟོགས་ལྟར་བསྒོམ། གནས་གསུམ་བྱིན་གྱི་བརླབས་ནས་མེ་འབར་མ་བཞི་སྤྱན་དྲང་བ་ནི། ཧཱུྃ། ཤར་གྱི་ཕྱོགས་ནས་མེ་སྦར་མ། །དཀར་མོ་དུང་གི་སྦྲུ་ཏུ་ཅན། །ཁ་བརྒྱ་མེ་འབར་ལམས་སེ་ལམ། །ལག་བརྒྱ་འགལ་འགྲུལ་ཤིགས་སེ་ཤིགས། །སྟེར་ཡང་ཞི་བའི་མེ་སྦར་མ། །ཤཱནྟིཾ་ཀུ་རུ་ཡེ་ཛྭ་ལ་རཾ། ཧཱུྃ། ལྷོ་ཡི་ཕྱོགས་ནས་མེ་སྦར་མ། །སེར་མོ་གསེར་གྱི་སྦྲུ་ཏུ་ཅན། །དེ་འཕྲོ། །པུཥྚིཾ་ཀུ་རུ། ཧཱུྃ། ནུབ་ཀྱི་ཕྱོགས་ནས་མེ་སྦར་ལ། །དམར་མོ་ཟངས་ཀྱི་སྦྲུ་ཏུ་ཅན། །བ་ཤཾ་ཀུ་རུ་ཨེ་ཛྭ་ལ་རཾ། ཧཱུྃ། བྱང་གི་ཕྱོགས་ནས་མེ་སྦར་མ། །སྔོན་མོ་གཡུ་ཡི་སྦྲུ་ཏུ་ཅན། །མ་ར་ཡ་ཧཱུྃ་ཕཊ། ཧཱུྃ། ཡེ་ཤེས་མེ་དཔུང་འབར་བའི་དཀྱིལ་འཁོར་ནས། །མཐིང་ནག་གྲུ་གསུམ་འབར་བའི་ཆོས་འབྱུང་དུ། །ཡུམ་ཆེན་ཁྲོས་མ་འཁོར་བཅས་ལ། །དམ་རྫས་བདུད་རྩི་འབར་བའི་བསྲེག་རྫས་འབུལ། །སྦྱིན་བདག་སྒྲིབ་པ་སྦྱང་ཕྱིར་བཞེས་སུ་གསོལ། །ཨགྣེ་ཡེ་ཛྭ་ལ་རཾ་རཾ། ཤིང་གཞམ། ངར་མི་ལན་ཆགས་སོགས་འབུལ། མཆོད་བསྟོད་བྱེད། རྗེས་ཀྱི་བྱ་བ་སྤྱི་དང་མཐུན་ནོ། །དྲག་པོའི་མེ་མཆོད་དོ། །རང་དོན་མཐར་

ཕྱིན་ཡོན་ཏན་རབ་རྒྱས་པ། །གཞན་དོན་ཐར་པའི་ཞིང་ས་སྤྲུལ་སྐུ་ལ། །སྔ་ཚོགས་ལས་རྣམས་མཐར་ཕྱིན་མེ་འོད་འབར། །ཞི་དྲག་གསུམ་གྱི་ལྷུད་མོ་ཕུན་སུམ་ཚོགས། །གཙོད་གདན་ཐོག་གཅིག་མའི་ཁྲིད་ཡིག་ཕྲིན་ལས་རྒྱ་མཚོ་ལས། ཁྲིམ་གཙོད་ཀྱི་ཁ་ཚར་ཞི་དྲགས་གསུམ་གྱི་མེ་མཆོད་བར་ཆད་སེལ་བྱེད་ཅེས་བྱ་བ་འདི། སྔངས་རྩེ་རས་ཆེན་པ་དང་། འབྲོག་མོ་རས་ཆེན་པ་ཆོས་གྲོགས་ཀྱིས་བསྐུལ་བའི་ངོར། ཤཱཀྱའི་དགེ་སློང་ཀྲི་འོ་ཆོས་ཀྱི་རྒྱ་མཚོ་ཞེས་བྱ་བས། དབེན་གནས་གངས་རི་ཐོད་དཀར་གྱི་མགུལ་དུ་སྦྱར་བའོ། །བཀྲ་ཤིས་དཔལ་འབར་འཛམ་གླིང་རྒྱལ་བའི་རྒྱན་དུ་ཤོག །དགེའོ། །

༄༅། །གངས་རི་ལྷ་བུའི་དབང་བསྐུར་དངོས་གྲུབ་ཀུན་འབྱུང་བཞུགས།

བླ་མ་དང་མཁའ་འགྲོའི་ཚོགས་ལ་ཕྱག་འཚལ་ལོ། །གཉན་ཁྲོད་གཏན་དུ་འབེབས་པ་ལ། །གངས་རི་ལྷ་བུའི་དབང་བསྐུར་དགོས། །ཞེས་པ། ས་སྟེགས་ཀྱི་སྟེང་དུ་པདྨ་འདབ་བཞི་བྲི། ལྟེ་བར་ཧཱུྃ། འདབ་མ་བཞི་ལ་ཧ་རི་ནི་ས་བཞི་བྲི། ལྟེ་བར་མཆིའི་ཁར་དབང་གཏོར་རླུམ་པོ་ལ་མཐེབ་ཀྱུས་བསྐོར་ཏེ་ཕྱེར་དཀར་དུ་བཞག །ཡོགས་ཤིག་ཏུ་བུམ་པ་མཚན་ཉིད་དང་ལྡན་པ་མགུལ་ཆིངས་ཁ་རྒྱན་དང་བཅས་པ་མཆིའི་ཁར་བཞག །གཏོར་མ་ཚ་གསུམ་དཀར་རྒྱན་དམར་རྒྱན་གྱིས་བརྒྱན་ནས་གོང་དུ་བསྒྲིག །ཚོགས་གཏོར། ཚོགས་ཆང་། ཟས་སྣ་དང་བཅས་པ་ཕྱོགས་གཅིག་ཏུ་བཞག །མཐར་མཆོད་པས་བསྐོར། དེ་ནས་རང་ཉིད་གདན་གྱི་ཁར་བསྡད་དེ། མདུན་དུ་སྟེགས་ཀྱི་ཁར་ནང་མཆོད། ཊ་དྲིལ། ཕང་དུང་བཞག །ནང་མཆོད་བྱིན་རླབས་ནི། ཨོཾ་ཨཱཿཝིགྷྣཱནྟ་ཀྲིཏ་ཧཱུྃ་ཕཊ། ཨོཾ་སྭ་བྷཱ་ཝ་ཤུདྡྷཱ་སརྦ་དྷརྨཱཿསྭ་བྷཱ་ཝ་ཤུདྡྷོ྅ཧཾ། སྟོང་པ་ཉིད་དུ་གྱུར། སྟོང་པའི་ངང་ལས་ཡཾ་ལས་རླུང་གི་དཀྱིལ་འཁོར་སྔོན་པོ་དབྱིབས་གཞུ་བཏྲུངས་པ་ལྟ་བུ། མཆོག་མ་གཉིས་ལ་གཡོ་བའི་བ་དན་གྱིས་མཚན་པ། དེའི་སྟེང་དུ་རཾ་ལས་མེའི་དཀྱིལ་འཁོར་གྲུ་གསུམ་དམར་པོ་འབར་བ་རཾ་གྱིས་མཚན་པ། དེའི་སྟེང་དུ་ཀཾ་གསུམ་ལས་ཐོད་པའི་སྒྱེད་བུ་གསུམ་གྱི་སྟེང་དུ། ཨ་ཡོངས་སུ་གྱུར་པ་ལས། ཀ་པཱ་ལ་ཕྱི་དཀར་ལ་ནང་དམར་བ་ཡངས་ཤིང་རྒྱ་ཆེ་བ། དེའི་དབུས་སུ་མུ་ལས་དྲི་ཆུ་བཻཌཱུརྱ་ལྟ་བུ། ཤར་དུ་བི་ལས་དྲི་ཆེན་ཤེལ་ལྟ་བུ། ལྷོར་ར་ལས་རཀྟ་གསེར་བཙོ་མ་ལྟ་བུ། ནུབ་དུ་ཤུ་ལས་བྱང་སེམས་དཀར་དམར། བྱང་དུ་མ་ལས་ཀླད་པ། སླར་ཡང་དབུས་སུ་ན་ལས་མིའི་ཤ །ཤར་ལྷོར་

གོ་ལས་བ་གླང་གི་ཤ །ཀྱེ་ནུབ་ཏུ་ཀུ་ལས་ཁྱིའི་ཤ །ནུབ་བྱང་དུ་ད་ལས་གླང་པོ་ཆེའི་ཤ །བྱང་ཤར་དུ་ཏ་ལས་རྟའི་ཤ། དེ་རྣམས་སྣར་ཡང་ཡི་གེ་དེ་དག་གིས་མཚན་པ། རང་གི་ཐུགས་ཀའི་ས་བོན་ལས་འོད་ཟེར་འཕྲོས། རླུང་གཡོས། མེ་སྦར་རྫས་རྣམས་ཁོལ། ཉེས་པའི་སྐྱོན་རྣམས་ཕྱིར་ལུད། རླངས་པ་འོད་ཟེར་གྱི་ཚུལ་དུ་ཡར་སོང་། སངས་རྒྱས་དང་བྱང་ཆུབ་སེམས་དཔའ་ཐམས་ཅད་ཀྱི་ཐུགས་ཀ་ནས་ཡེ་ཤེས་ཀྱི་བདུད་རྩི་བཀུག །དམ་ཚིག་གི་བདུད་རྩི་དང་གཉིས་སུ་མེད་པར་འདྲེས། ཡེ་ཤེས་ཀྱི་བདུད་རྩིའི་རྒྱ་མཚོ་ཆེན་པོར་གྱུར། ཨོཾ་ཨཱཿཧཱུྃ། དེ་ནས་ཤ་ཁྲག་མ་འདྲེས་པའི་དཀར་གཏོར་གཅིག་བཤམས་ལ། ཕུད་ཁྲོད་ཆུ་གཙང་གིས་བྲན། ཨོཾ་ཨཱཿབིགྷྣཱན་ཀྲྀ་ཏ་ས་བསང་། ཀྱ་ཧླ་ཕས་སྦྱངས། སྟོང་པའི་ངང་ལས་བྷྲཱུྃ་ལས་རིན་པོ་ཆེའི་སྣོད་ཡངས་ཤིང་རྒྱ་ཆེ་བའི་ནང་དུ། ཨོཾ་ཡིག་དཀར་པོ་འོད་དུ་ཞུ་བ་ལས་བྱུང་བ་ལྷ་རྫས་ལས་གྲུབ་པའི་གཏོར་མ་དངས་ཤིང་ཐོགས་པ་མེད་པ་འདོད་པའི་ཡོན་ཏན་ལྔ་དང་ལྡན་པར་གྱུར། ཨོཾ་ཨ་ཀཱ་རོ་མུ་ཁཾ་སརྦ་དྷརྨཱ་ཎཾ་ཨཱདྱ་ནུཏྤནྣ་ཏྭཏ་ཨོཾ་ཨཱཿཧཱུྃ་ཕཊ་སྭཱ་ཧཱ། ཞེས་ལན་གསུམ་གྱིས་བྱིན་གྱིས་བརླབས། བྷུ་མི་པ་ཏི་ས་པ་རི་ཝ་ར་བཛྲ་ས་མ་ཛཿཛཿ ཞེས་པས་གཏོར་མགྲོན་རྣམས་སྤྱན་འདྲེན། བྷུ་མི་པ་ཏི་ས་པ་རི་ཝ་ར་ཨརྒྷཾ་ལ་སོགས་པས་མཆོད། མཆོད་སྦྱིན་གྱི་གཏོར་མ་རྒྱ་ཆེན་པོ་འདི། སྟོང་གསུམ་གྱི་སྟོང་ཆེན་པོ། མཐོང་བ་ནམ་མཁའ། དམའ་བ་ས་གཞི། དབུས་ཀྱི་རི་བོ་མཆོག་རབ། གསེར་གྱི་རི་བདུན། རོལ་པའི་མཚོ་བདུན། མཚོ་མ་ཕམ། གངས་ཏི་སེ། རྒྱ་གར། ཁ་ཆེ། རྒྱ་ནག་རི་བོ་རྩེ་ལྔ། བོད་ཀྱི་མགུར་ལྷ་བཅུ་གསུམ། འཛམ་གླིང་གི་བརྟན་མ་བཅུ་གཉིས་ལ་སོགས་པ་སྟོང་གསུམ་རབ་འབྱམས་ཀྱི་གཞི་བདག་རྣམས་དང་། ཕྱི་བྲག་ཏུ་ཡང་བདག་ཅག་དཔོན་སློབ་འཁོར་དང་བཅས་པ་སྟོན་ཆད་གང་དུ་སོང་བའི་གནས། ཕྱིན་

ཚད་གང་དུ་འགྲོ་བའི་གནས། ད་ལྟ་ཡུལ་རི་འདིར་གནས་པའི་གཞིའི་བདག་པོ། གནས་ཀྱི་བདག་པོ། གྲོང་གི་བདག་པོ། གཏུག་མར་གནས་པ་རྣམས་ལ་འབུལ་ལོ། །མཆོད་སྦྱིན་གྱི་གཏོར་མ་རྒྱ་ཆེན་པོ་འདི་བཞེས་ལ། བདག་ཅག་དཔོན་སློབ་འཁོར་དང་བཅས་པ་རྣམས་འགྲོ་ན་མ་བཀོལ། འདུག་ན་མ་སྡང་། བསམ་པ་མ་ངན། སྦྱོར་བ་མ་རྩུབ། ལས་དཀར་པོ་ཆོས་དང་མཐུན་པའི་སྟོང་གྲོགས་མཛད་དུ་གསོལ། བདག་གི་བསམ་པའི་སྟོབས་དང་ནི། །ཞེས་སོགས་བརྗོད་ཅིང་། གཏོར་མ་གཙང་སར་འབུལ།

དེ་ནས་བགེགས་ཀྱི་གཏོར་མ་བཏང་བ་ནི། བདག་དང་སྦྱིན་པོའི་ལུས་ལ་བྲུད་པའི་ཟན་ལ་ཆངས་བུ་བགེགས་གཏོར་བྱས་ནས་བཤམས་ལ། ཆུ་གཙང་གིས་བྲན་ལ། བིགླན་གྱིས་བསང་བ་ནས། ཨོཾ་ཨཱཿཧཱུྃ་ཕཊ་སྭཱ་ཧཱ། བགེགས་གཏོར་བྱིན་གྱིས་བརླབས་ནས། ལྷའི་ང་རྒྱལ་དང་ལྡན་པས། ཧཱུྃ་མཛད་ཀྱི་ཕྱག་རྒྱ་བཅས་ལ། ཧཱུྃ། ན་མོ་རྗེ་བཙུན་རྩ་བ་དང་རྒྱུད་པར་བཅས་པའི་དཔལ་ལྡན་བླ་མ་དམ་པ་རྣམས་ཀྱི་བཀའ་བདེན་པ་དང་། སངས་རྒྱས་ཀྱི། ཆོས་ཀྱི། དགེ་འདུན་གྱི། གསང་སྔགས་དང་། རིགས་སྔགས་དང་། སྙིང་པོ་དང་། ཕྱག་རྒྱ་དང་། ཆོས་ཉིད་རྣམ་པར་དག་པའི་བདེན་པ་དང་། བདེན་པ་ཆེན་པོའི་བྱིན་རླབས་ཀྱིས། བདག་ཅག་དཔོན་སློབ་ཡོན་མཆོད་འཁོར་དང་བཅས་པའི་ལུས་ངག་ཡིད་གསུམ་ལ་གནོད་ཅིང་འཚེ་བར་བྱེད་པའི་ལོག་འདྲེན་འབྱུང་པོའི་ཚོགས་དང་བཅས་པ་ཐམས་ཅད་སྐད་ཅིག་ཡུད་ཙམ་གྱིས་འདིར་མཆིས་པར་གྱུར་ཅིག །ཏ་ཀྲི་ཏྭ་ཛཿ ཛཿཧཱུྃ་བཾ་ཧོཿ ལན་གསུམ་གྱིས་དགུག་གཞུག་བྱ། ཨོཾ་གུང་ཀ་རི་གུང་ཀ་རི་སྭཱ་ཧཱ། པི་ཙི་པི་ཙི་སྭཱ་ཧཱ། གུང་གུང་སྭཱ་ཧཱ། གྲིཧྣེ་དཾ་བ་ལིཾ་ཏ་ཡེ་ཨཀྵཾ་ནཻ་ཏེ། ཤཏྲུའི་བར་བརྗོད་ནས། མཆོད་སྦྱིན་གྱི་གཏོར་མ་རྒྱ་ཆེན་པོ་འདི། བགེགས་ཀྱི་རྒྱལ་པོ་བི་ན་ཡ་ཀས་གཙོ་བྱས་པའི་བགེགས་རིགས་

སྟོང་ཕྲག་བརྒྱད་ཅུའི་ཚོགས་དང་བཅས་པ་རྣམས་ལ་འབུལ་ལོ། །ལན་ཆགས་ནི་བྱང་། བུ་ལོན་ནི་སོད། ཤ་མཐོན་ནི་ཞི་ནས་སངས་རྒྱས་ཀྱི་གོ་འཕང་རིན་པོ་ཆེ་ཐོབ་པར་གྱུར་ཅིག །ཕཊ། རིགས་ལྔའི་མཁའ་འགྲོ་དཔག་ཏུ་མེད་པ་འཁྲོས་ནས། ཧཱུྃ། ཉོན་ཅིག་བགེགས་དང་ལོག་འདྲེན་ཚོགས། །ཁྱོད་གནས་འདིར་མ་འདུག་གཞན་དུ་དེངས། །ཅེས་ཏེ་མི་འགྲོ་འདུག་འགྱུར་ན། །ཤར་རྡོ་རྗེ་རིགས་ཀྱི་དཔའ་བོ་དང་། །རྡོ་རྗེ་མཁའ་འགྲོ་མ་རྣམས་ཀྱིས། །རྡོ་རྗེའི་མཚོན་ཆ་འབར་བ་ཡིས། །བགེགས་ཀྱི་ཚོགས་རྣམས་ཚར་ཆོད་ཅིག །ཅེས་གོང་གི་འགྲེས་སོ། །ཧཱུྃ། ཉོན་ཅིགཿ ཁྱོདཿ ཅེས་ཏེཿ ལྷོ་རིན་ཆེན་རིགས་ཀྱིཿ རིན་ཆེནཿ རིན་ཆེན་མཚོན་ཆཿ བགེགས་ཀྱིཿ ཧཱུྃ། ཉོན་ཅིགཿ ཁྱོད་གནསཿ ཅེས་ཏེཿ ནུབ་པདྨཿ པདྨ་མཁའ་འགྲོཿ པདྨ་མཚོན་ཆཿ བགེགསཿ ཧཱུྃ། ཉོན་ཅིགཿ ཁྱོདཿ ཅེས་ཏེཿ བྱང་ལས་ཀྱིཿ ལས་ཀྱིཿ ལས་ཀྱི་མཚོན་ཆཿ བགེགསཿ ཧཱུྃ། ཉོན་ཅིགཿ ཁྱོདཿ ཅེས་ཏེཿ དབུས་སངས་རྒྱས་མཁའ་འགྲོཿ ཡེ་ཤེས་མཚོན་ཆཿ བགེགས་ཀྱིཿ ཨོཾ་སུམྦྷ་ནི་སུམྦྷ་ཧཱུྃ་ཧཱུྃ་ཕཊ་སྭཱ་ཧཱ། སོགས་རོལ་མོ་དྲག་ཏུ་དཀྲོལ་ཞིང་གཏོར་མ་ཕྱི་རོལ་ཏུ་དོར། སྟེང་འོག་བར་གསུམ་རྡོ་རྗེའི་གུར་གུར་དུ་གྱུར། ཨོཾ་བཛྲ་རཀྵ་རཀྵ་ཧཱུྃ། ཧཱུྃ། ན་མོ་གནས་ཀྱི་གདོན་དང་ལུས་ཀྱི་གདོན། །གནས་གདོན་ལུས་གདོན་གཙོ་བྱས་སེམས་ཅན་རྣམས། །ཀྱེ། མ་མོ་མིན་ཡེ་ཤེས་མཁའ་འགྲོ་མ། །ཀྲྀ་ཀི་དཀར་མོའི་ཚོགས་ལ་སྐྱབས་སུ་མཆི། །རང་རིག་ཡེ་ཤེས་སྟོན་མཛད་པ། །བླ་མ་རྣམས་ལ་སྐྱབས་སུ་མཆི། །དངོས་གྲུབ་ངེས་པར་སྟེར་མཛད་པ། །ཡི་དམ་རྣམས་ལཿ སྤངས་རྟོགས་ཕུན་སུམ་ཚོགས་པ་ཡི། །སངས་རྒྱས་རྣམས་ལཿ ཞི་གྱུར་འདོད་ཆགས་བྲལ་བ་ཡི། །དམ་ཆོས་རྣམས་ལཿ གང་ལ་ཕུལ་ན་དོན་ཡོད་པ། །དགེ་འདུན་རྣམས་ལཿ གཞོན་ནུའི་སྐུ་ལུས་མཛེས་ཚུལ་ལྡན། །འཇམ་

པའི་དབྱངས་ལཿ སྙིང་རྗེས་ངེས་པར་དགོངས་མཛད་པའི། །སྤྱན་རས་གཟིགས་ལཿ མཐུ་སྟོབས་ཆེན་པོས་གདུག་པ་འདུལ། །རྡོ་རྗེ་འཛིན་ལཿ བརྩེ་གདུང་དམ་ཚིག་ལྡན་པ་ཡིས། །མཁའ་འགྲོའི་ཚོགས་ལཿ བདུད་དཔུང་བར་ཆད་ཞི་མཛད་པ། །ཆོས་སྐྱོང་རྣམས་ལཿ ཁྱེད་རྣམས་ལ་ནི་བདག་སྐྱབས་མཆི། །ཁྱེད་རྣམས་ལ་ནི་བདག་བརྟེན་ནོ། །སྡིག་པ་མི་དགེ་སོ་སོར་བཤགས། །འགྲོ་བའི་དགེ་ལ་རྗེས་ཡིད་རང་། །སངས་རྒྱས་བྱང་ཆུབ་ཡིད་ཀྱིས་བཟུང་། །སངས་རྒྱས་ཆོས་དང་ཚོགས་མཆོག་ལ། །བྱང་ཆུབ་བར་དུ་སྐྱབས་སུ་མཆི། །རང་གཞན་དོན་ནི་རབ་སྒྲུབ་ཕྱིར། །བྱང་ཆུབ་སེམས་ནི་བསྐྱེད་པར་བགྱི། །བྱང་ཆུབ་མཆོག་གི་སེམས་ནི་བསྐྱེད་བགྱིས་ནས། །སེམས་ཅན་ཐམས་ཅད་བདག་གི་མགྲོན་དུ་གཉེར། །བྱང་ཆུབ་སྤྱོད་མཆོག་ཡིད་འོང་སྤྱད་པར་བགྱིད། །འགྲོ་ལ་ཕན་ཕྱིར་སངས་རྒྱས་འགྲུབ་པར་ཤོག །འགྲོ་རྣམས་བསྒྲལ་འདོད་བསམ་པ་ཡིས། །སངས་རྒྱས་ཆོས་དང་དགེ་འདུན་ལ། །བྱང་ཆུབ་སྙིང་པོར་མཆིས་ཀྱི་བར། །རྟག་པར་བདག་ནི་སྐྱབས་སུ་མཆི། །ཤེས་རབ་སྙིང་བརྩེ་དང་བཅས་པས། །བརྩོན་པས་སེམས་ཅན་དོན་དུ་བདག །སངས་རྒྱས་མདུན་དུ་གནས་བཅས་ཏེ། །རྫོགས་པའི་སངས་རྒྱས་ཐོབ་པར་བགྱི། །ཞེས་ལན་བདུན་ནམ་ལྔའམ། གསུམ་གང་རིགས་བྱའོ། །

ཚོགས་ཞིང་སྤྱན་འདྲེན་པ་ནི། རང་ཉིད་སྐད་ཅིག་གིས་ཌཱ་ཀི་དཀར་མོར་གསལ་བའི་སྐུ་གསུང་ཐུགས་ལས་འོད་ཟེར་འཕྲོས་པས། ཆོས་ཀྱི་དབྱིངས་ནས་ཌཱ་ཀི་ལྷ་ལྷའི་དཀྱིལ་འཁོར་རྟེན་དང་བརྟེན་པར་བཅས་པ་མདུན་གྱི་ནམ་མཁར་སྤྱན་དྲངས། བཛྲ་ས་མ་ཛཿ ཨོཾ་སརྦ་ཏ་ཐཱ་ག་ཏ་བཛྲ་ཨརྒྷཾ་ཨཱཿཧཱུཾ། པུཥྤེ། དྷཱུ་པེ། ཨཱ་ལོ་ཀེ། གནྡྷེ། ནཻ་ཝེ། ཤབྡའི་བར་བརྗོད། དཔལ་ལྡན་རྡོ་རྗེ་མཁའ་འགྲོ་མ། །མཁའ་

འགྲོ་མ་ཡི་འཁོར་ལོ་བསྒྱུར། །ཡེ་ཤེས་ལྷ་དང་སྐུ་གསུང་ཐུགས། །འགྲོ་བ་སྐྱོབ་ལ་ཕྱག་འཚལ་བསྟོད། །ཡུམ་ཆེན་མོ་ལ་གསོལ་བ་འདེབས། ཊཱ་ཀི་དཀར་མོ་ལཿ མ་གཅིག་ལབ་སྒྲོན་ལཿ མཁའ་འགྲོ་རྒྱལ་མཚན་ལཿ རྣལ་འབྱོར་ཏུས་པའི་རྒྱན་ཅན་ལཿ རྟོགས་ལྡན་བསམ་རིན་ལཿ ཀུན་ཡེ་ལཿ འཇམ་དཔལ་བཟང་པོ་ལཿ འཇམ་དཔལ་རྒྱ་མཚོ་ལཿ བདག་རྒྱུད་སྨིན་པར་མཛད་དུ་གསོལ། ཚོགས་ཞིང་རྣམས་རང་ཉིད་ལ་ཐིམ་པར་གྱུར། ཨོཾ་ཨཱཿཧཱུཾ།

བདག་བསྐྱེད་བསྒྲུབ་པ་ནི། ཨོཾ་སྭ་བྷཱ་ཝ་ཤུདྡྷཿསརྦ་དྷརྨཱཿསྭ་བྷཱ་ཝ་ཤུདྡྷོ་ཧཾ། སྟོང་པ་ཉིད་དུ་གྱུར། སྟོང་པའི་ངང་ལས་ཨེ་ལས་ཆོས་ཀྱི་འབྱུང་གནས་གྲུ་གསུམ་པ། རྩ་བ་ཕྲ་བ་ཁྱུར་དུ་ཟུག་པ། ཁ་གདེངས་ཆེ་བ་གྱེན་དུ་བསྟན་པ། ཕྱི་སྔོ་ལ་ནང་དཀར་བ། ཡངས་ཤིང་རྒྱ་ཆེ་བ། དེའི་དབུས་སུ་སྣ་ཚོགས་པདྨ་འདབ་མ་བཞི་པའི་ཟེ་འབྲུའི་ལྟེ་བར་ཟླ་བའི་དཀྱིལ་འཁོར་གྱི་སྟེང་དུ། ཡི་གེ་ཧཱུཾ་ཡིག་དཀར་པོ། པད་འདབ་བཞི་ལ་ཧ་རི་ནི་ས། ཡི་གེ་ལྷ་ལས་འོད་ཟེར་འཕྲོས། སེམས་ཅན་གྱི་དོན་བྱས། ཚུར་འདུས་ཧཱུཾ་ལ་ཐིམ། ཧཱུཾ་དེ་ཡོངས་སུ་གྱུར་པ་ལས། དཀར་མོ་སྐུའི་ཊཱ་ཀི་སྐུ་མདོག་དཀར་མོ་གངས་རི་ལ་ཉི་མ་ཤར་བ་ལྟར་དཀར་ཞིང་འོད་ཟེར་ཕྱོགས་བཅུར་འཕྲོ་བ། ཞལ་གཅིག་ཕྱག་གཉིས། གཡས་པས་ཌ་མ་རུ་སྟོང་གསུམ་དུ་སྒྲ་སྒྲོགས་པ་ནམ་མཁའ་ལ་འཁྲོལ་བ། གཡོན་པ་དྲིལ་བུ་དཀུར་བརྟེན་པ། སྤྱན་གསུམ་དང་ལྡན་པ། ཞལ་ཙུང་ཟད་བགྲད་པ། དབུ་སྐྲ་རལ་པའི་ཐོར་ཅོག་གྱེན་དུ་བཅིངས་ཤིང་ཟར་བུ་དཔུང་མགོ་གཉིས་ལ་སླེབ་པ། ཐོད་སྐམ་ལྔ་ཡིས་དབུ་རྒྱན་ཅིང་། ཐོད་རློན་ལྔ་བཅུའི་དོ་ཤལ་བྱས་པ། ཁཊྭཱཾ་ག་མཆན་ཁུང་དུ་བཅུག་ཅིང་བཅུ་དྲུག་ལོན་པའི་ན་ཚོད་ལྟར་གཞོན་ཞིང་སྒེག་པ། ནུ་འབུར་གཉིས་ཀྱིས་

བྲང་གི་དཀྱིལ་འཁོར་མཛེས་པ། ཞབས་གཡས་བསྐུམ་གཡོན་བརྐྱང་བའི་གར་ཐབས་སུ་བཞུགས་པ། དེའི་ཤར་དུ་ཧཾ་ལས་རྡོ་རྗེ་ཌཱ་ཀི་སྐུ་མདོག་སྔོན་མོ་ཞལ་གཅིག་ཕྱག་གཉིས་གཡས་ཌ་མ་རུ་དང་། གཡོན་དྲིལ་བུ་བསྣམས་པ། ལྷོར་རི་ལས་རིན་ཆེན་མཁའ་འགྲོ་སྐུ་མདོག་སེར་མོ་ཞལ་གཅིག་ཕྱག་གཉིས་གཡས་ཌ་མ་རུ་དང་། གཡོན་དྲིལ་བུ་འཛིན་པ། ནུབ་ཏུ་ནི་ལས་པདྨ་ཌཱ་ཀི་སྐུ་མདོག་དམར་མོ་ཞལ་གཅིག་ཕྱག་གཉིས། གཡས་ཌ་མ་རུ་དང་། གཡོན་དྲིལ་བུ་འཛིན་པ། བྱང་དུ་ས་ལས་ལས་ཀྱི་མཁའ་འགྲོ་སྐུ་མདོག་ལྗང་གུ་ཞལ་གཅིག་ཕྱག་གཉིས་གཡས་ཌ་མ་རུ་དང་། གཡོན་དྲིལ་བུ་འཛིན་པ། དེ་ཐམས་ཅད་ཀྱང་སྐྱ་ཅེར་བུ། རྒྱན་ཆ་ལུགས་ཐམས་ཅད་གཙོ་མོ་དང་མཚུངས་པའོ། །ལྷ་ཚོགས་དེ་དག་ཐམས་ཅད་ཀྱི་དཔྲལ་བར་ཨོཾ། མགྲིན་པར་ཨཱཿ ཐུགས་ཀར་ཧཱུྃ། ཐུགས་ཀའི་ཧཱུྃ་ལས་འོད་ཟེར་འཕྲོས་པས། ཆོས་ཀྱི་དབྱིངས་ནས་ཌཱ་ཀི་དཀར་མོ་ལྷ་ལྔ་ལ་སངས་རྒྱས་དང་བྱང་ཆུབ་སེམས་དཔའི་ཚོགས་ཀྱིས་བསྐོར་བ་སྤྱན་དྲངས། བཛྲ་ས་མ་ཛཿ དམ་ཚིག་པ་དང་གཉིས་སུ་མེད་པར་གྱུར། གསང་གནས་ཉི་མའི་སྟེང་དུ་ཧཱུྃ་ཡིག་གི་མཐར། ཨོཾ་ཨོཾ་སརྦ་བུདྡྷ་ཌཱ་ཀི་ནི། བཛྲ་ཝརྞ་ནཱི་ཡེ། བཛྲ་བཻ་རོ་ཙ་ནཱི་ཡེ་ཧ་རི་ནི་ས་ཧཱུྃ་ཧཱུྃ་ཕཊ་སྭཱཧཱ། མཐར། རྟེན་གཞལ་ཡས་ཁང་རང་ཉིད་ལ་ཐིམ། མི་དམིགས་པར་བཞག་པའོ། །

མདུན་བསྐྱེད་བསྒྲུབ་པ་ནི། སྭ་བྷཱ་ཝ་ནས། ས་མཱ་ཛའི་བར་བདག་བསྐྱེད་བཞིན་བྱེད། མ་ལུས་སེམས་ཅན་ཀུན་གྱི་མགོན་གྱུར་ཅིང་། །བདུད་སྡེ་དཔུང་བཅས་མི་ཟད་འཇོམས་མཛད་ལྷ། །དངོས་རྣམས་མ་ལུས་ཇི་བཞིན་མཁྱེན་གྱུར་པའི། །བཅོམ་ལྡན་འཁོར་བཅས་གནས་འདིར་གཤེགས་སུ་གསོལ། །བཅོམ་ལྡན་ཁྱེད་ནི་བྱོན་པ་ལེགས། །བདག་ཅག་བསོད་ནམས་སྐལ་བར་ལྡན། །བདག་གི་མཆོད་ཡོན་བཞེས་ནས་ཀྱང་། །འདི་

ཉིད་དུ་ནི་བཞུགས་སུ་གསོལ། །པདྨ་ཀ་མ་ལ་ཡ་སྟྭཾ། ཛཿཧཱུྃ་བཾ་ཧོཿ གཉིས་སུ་མེད་པར་གྱུར། བཟླས་པ་བྱེད། ཨོཾ་སརྦ་ཏ་ཐཱ་ག་ཏ་ཨརྒྷཾ་པྲ་ཏཱིཙྪ་པུ་ཛ་མེ་གྷ་ས་མུ་དྲ་སྥ་ར་ཎ་ས་མ་ཡེ་ཨཱཿཧཱུྃ། དེ་བཞིན་དུ། པུཥྤེ། དྷཱུ་པེ། ཨཱ་ལོ་ཀེ། གནྡྷེ། ནཻ་ཝེ། ཤབྡ་པྲ་ཏཱིཙྪ་སོགས་བྱ། གང་གི་དྲིན་གྱིས་བདེ་ཆེན་ཉིད། །སྐད་ཅིག་ཉིད་ལ་འཆར་བ་གང་། །བླ་མ་རིན་ཆེན་ལྟ་བུའི་སྐུ། །རྡོ་རྗེ་ཅན་ཞབས་པད་ལ་འདུད། །ས་གཞི་སྤོས་ཀྱིས་བྱུགས་ཤིང་མེ་ཏོག་བཀྲམ། །རི་རབ་གླིང་བཞི་ཉི་ཟླས་བརྒྱན་པ་འདི། །སངས་རྒྱས་ཞིང་དུ་དམིགས་ཏེ་ཕུལ་བ་ཡིས། །འགྲོ་ཀུན་རྣམ་དག་ཞིང་དུ་སྤྱོད་པར་ཤོག །དཔལ་དང་ལྡན་པའི་བཅོམ་ལྡན་འདས་མ་ཁྱོད། །མཁའ་མཉམ་བདེ་རོལ་འགྲོ་བ་ཀུན་བདག་མོ། །ལོངས་སྤྱོད་སྐུ་མའི་གཟུགས་དང་ཆགས་པའི་མདངས། །མཁའ་འགྲོ་དྲ་བ་སྡོམ་ལ་ཕྱག་འཚལ་བསྟོད། །ཕྱག་འཚལ་བ་དང་མཆོད་ཅིང་བཤགས་པ་དང་། །རྗེས་སུ་ཡིད་རང་བསྐུལ་ཞིང་གསོལ་བ་ཡིས། །དགེ་བ་ཅུང་ཟད་བདག་གིས་ཅི་བསགས་པ། །ཐམས་ཅད་རྫོགས་པའི་བྱང་ཆུབ་ཆེན་པོར་བསྔོ་བར་བགྱིའོ། །སྔགས་མོ་ཁྲིང་བ་སླུ་མ་གར། །སྤྲོས་དང་མི་རྟོག་མར་མེ་དྲི། །ཕྱི་ནང་སྔགས་མོ་བརྒྱད་པོ་ཡང་། །མཆོག་ཏུ་དད་པས་འབུལ་བར་བགྱི། །ཆོས་ཉིད་སྐྱེ་བ་མེད་པའི་དོན་རྟོགས་ཤིང་། །གཟུགས་མཛེས་ཡིད་འོང་སྔགས་པའི་གཟུགས་འཛིན་མ། །སྐུ་མདོག་དཀར་གསལ་ཟླ་བའི་འོད་ལྟར་འཕྲོ། །འཛུམ་པའི་མདངས་ལྡན་གར་དགུའི་ཚུལ་དེར་འདུད། །འཁོར་ལོ་ནོར་བུ་བཙུན་མོ་དང་། །བློན་མོ་གླང་པོ་རྟ་མཆོག་དང་། །དམག་དཔོན་རིན་ཆེན་སྣ་བདུན་ཡང་། །མཆོག་ཏུ་དད་པས་འབུལ་བར་བགྱི། །དཔལ་ལྡན་རྡོ་རྗེ་མཁའ་འགྲོ་མ། །མཁའ་འགྲོ་མ་ཡི་འཁོར་ལོ་བསྒྱུར། །ཡེ་ཤེས་ལྷ་དང་སྐུ་གསུང་ཐུགས། །འགྲོ་བ་སྐྱོབ་ལ་ཕྱག་

འཚལ་བསྟོད། །ནང་མཆོད་འབུལ་བ་ནི། བརྒྱུད་པའི་མཚན་ནས་སྨོས་ཏེ། ཨོཾ་ཨཱཿཧཱུྃ་བཏགས། མཐར་རང་གི་ལྕེ་ལ་བདུད་རྩི་བཞག །ལས་བུམ་བསྐུལ། ཚོགས་བསྔོ་ཞིང་། ཚོགས་ལྷུད་གཏོར་མ་ལ་བྲན། གཞུང་བཞིན་བསྔོ་བར་བྱ།

དེ་ནས་སློབ་མ་འཇུག་པར་བྱེད་པ་ལ། ཁྲུས་བྱས། སྤོས་དཀར་དང་གུ་གུལ་གྱི་དུད་པས་བདུག །ཡོལ་བའི་ནང་དུ་ཁྲིད། རང་གི་མདུན་དུ་གདན་ཐོག་ཏུ་བཞག །བགེགས་གཏོར་གཏོང་ཞིང་ཐུན་གྱིས་བྲབས་ཏེ། བགེགས་བསྐྲད། གཏོར་མ་ཕྱི་རོལ་དུ་དོར་ཞིང་། མཚམས་གཅོད་བྱས་ནས་རང་ལ་ཕྱག་འཚལ་དུ་བཅུག །མེ་ཏོག་དང་བཅས་ནས་མནྡལ་ཕུལ་ཏེ། སློབ་དཔོན་གྱིས་གཅོད་ཀྱི་རིམ་པ་ལྟར། གཅོད་ཀྱི་ལོ་རྒྱུས་དང་། དལ་འབྱོར་རྙེད་དཀའ། འཆི་བ་མི་རྟག་པ། ལས་རྒྱུ་འབྲས། འཁོར་བའི་ཉེས་དམིགས། ཐར་པའི་ཕན་ཡོན་རྣམས་རིམ་པར་བཤད་ཅིང་། ཐར་པ་ཐོབ་པར་བྱེད་པ་ལ། དཀོན་མཆོག་གསུམ་ལ་སྐྱབས་སུ་འགྲོ་དགོས་པ་ཡིན་པས། འདིའི་རྗེས་ཟློས་མཛོད་ཅིག །དགའ་ཆེན་ཁྱོད་བདག་སྟོན་པ་སྟེ། །ཞེས་པ་ནས། མགོན་པོས་བདག་ནི་འཇུག་པར་འཚལ། །ཞེས་པའི་བར་ལན་གསུམ་བརྗོད། ཐེག་པ་ཆེན་པོའི་གཞི་འཛིན་པར་བྱེད་པ་ལ་སེམས་བསྐྱེད་དགོས་པས་འདི་ཡི་རྗེས་ཟློས་མཛོད་ཅིག །འགྲོ་རྣམས་བསྒྲལ་འདོད་བསམ་པ་ཡི། །སངས་རྒྱས་ཆོས་དང་དགེ་འདུན་ལ། །སོགས་ནས། རྫོགས་པའི་སངས་རྒྱས་ཐོབ་པར་བྱ། །ཞེས་པའི་བར་ལན་གསུམ་བརྗོད། སློབ་མ་རྣམས་ལ་བུམ་ཆུ་གཏོར་ཞིང་། ཨོཾ་བཛྲ་ཨ་མྲི་ཏ་ཀུཎྜ་ལི་ཧ་ན་ཧ་ན་ཧཱུྃ་ཕཊ། ཅེས་པས་བསང་ཞིང་། ལྷ་བསྒོམ་པ་ནི། ཁྱེད་རང་རྣམས་སྐད་ཅིག་གིས་དཀར་མོ་སྐུའི་ཌཱ་ཀི་སྐུ་མདོག་དཀར་མོ་གངས་རི་ལ་ཉི་མ་ཤར་བ་ལྟ་བུར་དཀར་བ། འོད་ཟེར་ཕྱོགས་བཅུར་འཕྲོ་བ། ཞལ་གཅིག་ཕྱག་གཉིས་གཡས་པས་ཌ་མ་རུ་སྟོང་གསུམ་དུ་སྒྲ་སྒྲོག་པ་ནམ་མཁའ་ལ་འཁྲོལ་བ། གཡོན་པས་དྲིལ་བུ་དཀུར་བརྟེན་པ། སྤྱན་གསུམ་དང་ལྡན་པ། ཞལ་ཚུང་ཟད་བསྒྲད་པ། དབུ་སྐྲ་རལ་པའི་ཐོར་ཅོག་ཅན་དུ་བཅིངས་ཤིང་། ཟར་བུས་དཔུང་མགོ་གཉིས་ལ་སླེབ་པ། ཐོད་སྐམ་ལྔ་ཡིས་དབུ་རྒྱན་ཅིང་། ཐོད་རློན་ལྔ་བཅུའི་དོ་ཤལ་བྱས་པ། ཁཊྭཱཾ་ག་མཆན་ཁུང་དུ་བཅུག་ཅིང་། བཅུ་དྲུག་ལོན་པའི་

ན་ཚོད་ལྟར་གཞོན་ཞིང་སྐེག་པ། ནུ་འབུར་གཉིས་ཀྱིས་བྲང་གི་དཀྱིལ་འཁོར་མཛེས་པ། ཞབས་གཡས་བསྐུམ་གཡོན་བརྐྱང་བའི་གར་སྟབས་སུ་བཞུགས་པ་བསྐྱེད་ལ། གནས་གསུམ་དུ་དྲིའི་ཐིག་ལེ་བཀོད་ཅིང་། སྤྱི་བོ། མགྲིན་པ། སྙིང་གར། ཨོཾ་ཨཱཿཧཱུཾ་གསུམ་གྱིས་བྱིན་གྱིས་རློབས། ཉེར་སྤྱོད་ཕྱེས་མཆོད་པའོ། །

ཡི་ཤེས་དབབ་པའི་དོན་དུ་མནྡལ་ཕུལ་ལ། ཨོཾ་སྭ་བྷཱ་ཝ་ཤུདྡྷ་སརྦ་དྷརྨཱཿསྭ་བྷཱ་ཝ་ཤུདྡྷོ྅ཧཾ། སྟོང་པའི་ཉིད་དུ་གྱུར། སྟོང་པའི་ངང་ལས་མདུན་གྱི་ནམ་མཁའི་གནས་སུ་སྣ་ཚོགས་པདྨ་འདབ་མ་བཞི་པའི་ཟེ་འབྲུའི་ལྟེ་བར་ཟླ་བའི་དཀྱིལ་འཁོར་གྱི་སྟེང་དུ། ཡི་གེ་ཧཱུཾ་ཡིག་དཀར་པོ། པད་འདབ་བཞི་ཨ་ཏ་རེ་ནི་ས། ཡི་གེ་ལྔ་ལས་འོད་ཟེར་འཕྲོས། སེམས་ཅན་གྱི་དོན་བྱས་ཚུར་འདུས་ཧཱུཾ་ལ་ཐིམ། ཧཱུཾ་དེ་ཡོངས་སུ་གྱུར་པ་ལས། དཀར་མོ་སྐུའི་ཌཱ་ཀི་སྐུ་མདོག་དཀར་མོ་གངས་རི་ལ་ཉི་མ་ཤར་བ་ལྟར་དཀར་ཞིང་འོད་ཟེར་ཕྱོགས་བཅུར་འཕྲོ་བ། ཞལ་གཅིག་ཕྱག་གཉིས་གཡས་པས་ཌ་མ་རུ་སྟོང་གསུམ་དུ་སྒྲ་སྒྲོག་པ་ནམ་མཁའ་ལ་དཀྲོལ་བ། གཡོན་པས་དྲིལ་བུ་དཀྲུར་བརྟེན་པ། སྤྱན་གསུམ་དང་ལྡན་པ། ཞལ་ཅུང་ཟད་བགྲད་པ། དབུ་སྐྲ་རལ་པའི་ཐོར་ཅོག་གྱེན་དུ་བཅིངས་ཤིང་། ཟར་བུ་དཔྱང་མགོ་གཉིས་ལ་སླེབས་པ། ཐོད་སྐམ་ལྔ་ཡི་དབུ་རྒྱན་ཅིང་། ཐོད་རློན་ལྔ་བཅུའི་དོ་ཤལ་བྱས་པ། ཁཊྭཱཾ་ཁ་མཆན་ཁུང་དུ་བཅུག་ཅིང་། བཅུ་དྲུག་ལོན་པའི་ན་ཚོད་ལྟར་གཞོན་ཞིང་སྐེག་པ། ནུ་འབུར་གཉིས་ཀྱིས་བྲང་གི་དཀྱིལ་འཁོར་མཛེས་པ། ཞབས་གཡས་བསྐུམ་གཡོན་བརྐྱང་བའི་གར་ཐབས་སུ་བཞུགས་པ། དེའི་ཤར་དུ་ཏ་ལས་རྡོ་རྗེ་ཌཱ་ཀི་སྐུ་མདོག་སྔོན་མོ་ཞལ་གཅིག་ཕྱག་གཉིས་གཡས་ཌ་མ་རུ་དང་གཡོན་དྲིལ་བུ་བསྣམས་པ། ལྷོར་རི་ལས་རིན་ཆེན་ཌཱ་ཀི་སྐུ་མདོག་སེར་མོ་

ཞལ་གཅིག་ཕྱག་གཉིས་གཡས་ཊ་མ་རུ། གཡོན་དྲིལ་བུ་འཛིན་པ། ནུབ་ཏུ་ནི་ལས་པདྨ་ཌཱ་ཀི་སྐུ་མདོག་དམར་མོ་ཞལ་གཅིག་ཕྱག་གཉིས་གཡས་ཊ་མ་རུ་དང་གཡོན་དྲིལ་བུ་འཛིན་པ། བྱང་དུ་ས་ལས་ལས་ཀྱིས་ཌཱ་ཀི་སྐུ་མདོག་ལྗང་གུ་ཞལ་གཅིག་ཕྱག་གཉིས་གཡས་ཊ་མ་རུ་དང་གཡོན་དྲིལ་བུ་འཛིན་པའོ། །དེ་ཐམས་ཅད་ཀྱང་སྐུ་གཅེར་བུ་རྒྱན་ཆ་ལུགས་ཐམས་ཅད་གཙོ་མོ་དང་མཚུངས་པའོ། །དེའི་མདུན་དུ་མནྜལ་འབུལ་བ་ནི། ས་གསུམ་གྲངས་ཀྱིས་མཆོན་པའི་ལྷུན་པོ་དང་། །ལུས་ཅན་ཡོ་བྱད་རྫོགས་པའི་གླིང་རྣམས་དང་། །རིན་ཆེན་ས་འཛིན་རྣམས་དང་བདུད་རྩིའི་མཚོ། །དག་བྱེད་སྨུ་ཁྲུད་ཕྱོགས་རྣམས་བཀང་སྟེ་འབུལ། །ཞེས་དང་། ཡན་ལག་བདུན་པ། གསོལ་འདེབས་ཀྱི་རིམ་པ་རྣམས་སྤྱི་དང་མཐུན། དེ་ལྟར་གསོལ་བ་བཏབ་པ་ལ་བརྟེན་ནས། བདེ་ཆེན་དཀར་མོ་ལྷ་ལྷའི་སྐུ་གསུང་ཐུགས་ལས་ཡེ་ཤེས་ནམ་མཁའ་ལྡ་བྱུ། ནོར་བུ་ལྡ་བྱུ། བདུད་རྩི་ལྡ་བུའི་ཚོགས་ཆར་བཞིན་དུ་བབ་སྟེ། ཁྱེད་རང་རྣམས་ཀྱི་ལུས་ངག་ཡིད་གསུམ་ལ་རྫོ་ཚན་ལ་ཁ་བ་བབ་པ་བཞིན་དུ་སིབ་སིབ་ཐིམ་པའི་མོས་པ་མཛོད་ཅིག །བཛོད་ལ། ཊ་དྲིལ་དང་། ཟ་དང་། རུང་། རོལ་མོ་དཀྲོལ་ཞིང་བུདྡྷ་ཌཱ་ཀི་ནི། བཛྲ། རཏྣ། པདྨ། ཀརྨ་ཌཱ་ཀི་ནི་ཨོཾ་ཨཱཿཧཱུཾ། བཟློད་ཅིང་ཡེ་ཤེས་པ་བབ་པར་བསམ། སྐུ་ལ་བབས་ན་འཕར་བ་དང་། འདར་བ། ངག་ལ་བབས་ན་སཾ་སྐྲི་ཏའི་སྐད་འདོན་པ། སེམས་ལ་བབས་ན་བདེ་གསལ་མི་རྟོག་པའི་ཏིང་ངེ་འཛིན་རྒྱུད་ལ་སྐྱེ་བ་ཡིན་ནོ། །ཞེས་པས་ངོ་སྤྲོད། རྡོ་རྗེ་མགོ་བོ་བཞག་ཅིང་། ཏིཥྛ་བཛྲ། ཞེས་པས་ཡེ་ཤེས་པ་བརྟན་པར་བྱ།

དབང་དངོས་གཞི་ལ། ཆོས་དབང་སེམས་ལ་བསྐུར་བ་དང་། ལྷ་དབང་ལུས་ལ་བསྐུར་བ་གཉིས་ལས། དང་པོ་ཆོས་དབང་སེམས་ལ་བསྐུར་ཏེ། དེ་ཡང་ཕན་མ་གོ་མ་རིག་པའི་དབང་གིས། ལུས་འདི་ཤ་ཁྲག་གི་ཕུང་པོ། སྔག་ཁྲག་གི་རྒྱལ་པ། ངར་སྣབས་ཀྱི་སྦོང་པོ། རྩ་

རྒྱུས་ཀྱི་དྲ་བ་མི་གཙང་བའི་རྫས་སུམ་ཅུ་རྩ་གཉིས་ལས་གྲུབ་པ་འདི་ལ་ཞེན་ཅིང་ཆགས་པ་བྱས་པས་འཁོར་བ་མུ་མེད་དུ་སྐྱུར་བ་ཡིན། ད་ལུས་འདི་ལ་ཞེན་ཅིང་ཆགས་པ་སྤུའི་རྩེ་ཙམ་ཡང་མི་བྱེད་དེ། ལུས་བར་སྣང་ལ་འཇའ་ཤར་བ་ལྟ་བུ་ཡོད་བཞིན་པའི་རྩ་གསུམ་འདུས་མདོ་ལ། སེམས་ཉིད་ཀྱི་ངོ་བོ་ཐིག་ལེ་དཀར་ལ་དམར་བའི་མདངས་ཆགས་པ། འཕར་ལ་ཁད། ཡར་ལ་ཁད། བྱིལ་སྒོང་ཙམ་གཅིག་ཡོད་པ་དེ། ཕཊ་ཀྱིས་བརྡ་སྦྱད་དེ། ལྡེ་བའི་དབུས་སུ་རྒྱངས་ཀྱིས་བྱུང་། ཕཊ་ཀྱིས་བརྡ་སྦྱད་པས། སྙིང་ག །ཕཊ་ཀྱིས་བརྡ་སྦྱད་པས། མགྲིན་པ། ཕཊ་ཀྱིས་བརྡ་སྦྱད་པས། སྤྱི་བོ་ཚངས་པའི་བུ་ག་གསལ་ཕ་རེ་ཡོད་པ་ནས་རྩལ་པོ་ཆེས་མདའ་འཕངས་པ་བཞིན་དུ་རྒྱངས་ཀྱིས་སོང་། མ་གཅིག་བདེ་ཆེན་དཀར་མོའི་ཐུགས་ཀར་བསྡིམ་གྱིས་ཐིམ། འཁོར་ཚོགས་ཡང་བདེ་ཆེན་དཀར་མོ་ཉིད་ལ་ཐིམ། བདེ་ཆེན་དཀར་མོ་ཉིད་ཀྱང་ནམ་མཁའ་ལ་འཇའ་ཡལ་བ་བཞིན་དུ་སོང་བར་བསམ་པའོ། །དེ་ནི་ཐོག་མར་སྦྱང་བ་ཡིན། ཐ་མ་ལས་ལ་སྦྱར་བ་ནི། ལུས་རྡོ་རྗེ་དཀྱིལ་དཀྲུངས་བཅའ། སྤྱི་གཙུག་ཏུ་ཐལ་མོ་སྦྱར་ཏེ། ལྡེ་བའི་འོག་ཏུ་གོང་ལྟར་ཐིག་ལེ་དཀར་ལ་དམར་བའི་མདངས་ཆགས་པ། དམར་ལ་དཀར་བའི་མདངས་ཆགས་པ། སྤར་སྤར་ཤུར་ཤུར་ལིང་ལིང་བྱེད་ཅིང་། འཕར་ལ་ཁད། ཡར་ལ་ཁད་དུ་ཡོད་བཞིན་པ་དེ། ཕཊ་ཀྱིས་བརྡ་སྦྱད་པ་དང་། ལྡེ་བའི་དབུས་སུ་རྒྱངས་ཀྱིས་འཕངས། སྙིང་ག །མགྲིན་པ། སྤྱི་བོ་ནས་རྒྱངས་ཀྱིས་གོང་ལྟར་མ་གཅིག་བདེ་ཆེན་དཀར་མོའི་ཐུགས་ཀར་ཐིམ། བདེ་ཆེན་དཀར་མོ་ཉིད་ཀྱང་ནམ་མཁའ་ལ་འཇའ་ཡལ་བ་བཞིན་དུ་སོང་བར་བསམ་སྟེ་དེ་ཉིད་ཀྱི་ངང་དུ་ཅི་གནས་ལ་བཞག །དེ་ནས་ཕབ་པ་བྱེད་པའོ། །དེ་ནི་ཆོས་དབང་སེམས་ལ་བསྒྱུར་བ་ཡིན་ནོ། །

ད་ལྟ་དབང་ལུས་ལ་བསྒྱུར་བར་བྱེད་པ་ལ། བུམ་པའི་དབང་དང་། གསང་བའི་དབང་དང་། ཤེས་རབ་ཡེ་ཤེས་

ཀྱི་དབང་དང་། བཞི་པའི་དབང་དང་། བརླས་ལུང་དང་། ལྷ་བསྟིམ་པའོ། །དང་པོ་བུམ་པའི་དབང་ལ། མཎྜལ་ཕུལ། གསོལ་བ་བཏབ་པ་ནི། དུས་གསུམ་སངས་རྒྱས་ཐམས་ཅད་དང་། །བླ་མ་མཁའ་འགྲོ་སྟེ་ལྔའི་ཚོགས། །སེམས་ཅན་ཀུན་ལ་ཕན་དོན་དུ། །བདག་ལ་བུམ་དབང་བསྐུར་དུ་གསོལ། །ལན་གསུམ་གྱིས་གསོལ་བ་བཏབ་སྟེ། བུམ་པ་སློབ་མའི་མགོར་བཞག་ནས། དབང་བསྐུར་རྡོ་རྗེ་ཆེན་པོ་ནི། །ཁམས་གསུམ་ཀུན་གྱིས་ཕྱག་བྱས་པ། །སངས་རྒྱས་ཀུན་གྱི་གསང་གསུམ་གྱིས། །གནས་ལས་བྱུང་བ་སྦྱིན་པར་བྱ། །ཨོཾ་སརྦ་ཏ་ཐཱ་ག་ཏ་ཨ་བྷི་ཥེ་ཀ་ཏ་ས་མ་ཡ་ཤྲི་ཡེ་ཧཱུྃ། ཞེས་བརྗོད་ཅིང་། བུམ་ཆུ་གཏོར་ཞིང་བླུད་པས། སྐུ་བུམ་པའི་དབང་ཐོབ་ལུས་ཀྱི་སྒོ་ནས་བསགས་པའི་སྡིག་སྒྲིབ་ཐམས་ཅད་སངས་ཀྱིས་དག །བུམ་པའི་དབང་ཐོབ་པའི་མོས་པ་གྱིས་ཤིག །བཀྲ་ཤིས་བརྗོད། གསང་བའི་དབང་ཞུ་བ་ལ་ཡང་མཎྜལ་ཕུལ། གསོལ་བ་གོང་ལྟར་བཏབ་བདག་ལ་གསང་བའི་དབང་བསྐུར་དུ་གསོལ་སོགས་ཀྱིས་འདོན་པ་བསྐུར། ཐོད་པ་སློབ་མའི་དཔྲལ་བ་དང་མགྲིན་པར་གཏུགས་ཤིང་། བླ་མ་མཁའ་འགྲོ་སྡེ་ལྔ་ཡིས། །སྐུ་གསུམ་ཐུགས་ཀྱི་བདུད་རྩི་ནི། །གསང་བའི་རྫ་གར་བརྒྱུད་ནས་ནི། །ཁྱོད་ལ་ཡང་དག་སྦྱིན་པར་བྱ། །བུདྡྷ་ཌཱ་ཀི་ནི། བཛྲ། རཏྣ། པདྨ། ཀརྨ་ཌཱ་ཀི་ནི། ཧ་རི་ནི་ས། ཨོཾ་ཨཱཿཧཱུྃ་བརྗོད་ཅིང་། བདུད་རྩི་སྦྱིན་པར་བྱས་ནས། གསུང་གསང་བའི་དབང་བསྐུར་བས་ལུས་ཀྱི་རྩ་གནས་ཐམས་ཅད་བདེ་སྟོང་གྱིས་ཁྱབ་ཅིང་། ངག་གི་སྒོ་ནས་བསགས་པའི་སྡིག་སྒྲིབ་སངས་ཀྱིས་དག །ཐོད་པ་ལ་བརྟེན་ནས་གསང་བའི་དབང་ཐོབ་པའི་མོས་པ་བསྐྱེད། བཀྲ་ཤིས་བརྗོད། ཕྱག་མཚན་ལ་བརྟེན་ནས་ཤེས་རབ་ཡེ་ཤེས་ཀྱི་དབང་སྐུར་བ་ནི། མཎྜལ་ཕུལ། གོང་བཞིན་གསོལ་བ་བཏབ་པའི་རྗེས་ལ། བདག་ལ་ཤེས་རབ་ཡེ་ཤེས་ཀྱི་དབང་བསྐུར་དུ་གསོལ། ཞེས་བརྗོད། ཕྱག་མཚན་ཌཱ་དྲིལ་སློབ་མའི་མགོ་དང་སྙིང་གར་རེག་ཅིང་། དཔོན་སློབ་གཉིས་ཀས་ཐིམ་པར་དམིགས། ཨོཾ་ཤྲུ་ཛྙཱ་ཏྲ་ཛྙཱ་ན་བཛྲ་སྭ་བྷཱ་ཝ་ཨཱཏྨ་ཀོ྅ཧཾ། ཞེས་བརྗོད། ཡིད་ཀྱི་སྒོ་ནས་བསགས་པའི་

སྡིག་སྒྲིབ་ཐམས་ཅད་སངས་ཀྱིས་དག །ཤེས་རབ་ཡེ་ཤེས་ཀྱི་དབང་ཐོབ་པའི་མོས་པ་མཛོད་ཅིག །བཀྲ་ཤིས་བརྗོད། བཞི་པའི་དབང་ནི། མཎྜལ་ཕུལ། གསོལ་བཏབ་གོང་ལྟར་བྱས་པའི་རྗེས་སུ། བདག་ལ་བཞི་པའི་དབང་བསྐུར་དུ་གསོལ། །ལན་གསུམ་བརྗོད་ཅིང་། ལྟོས་ཤིག་ལྟོས་ཤིག་སེམས་དཔའ་ཆེ། །རང་གི་སེམས་ལ་བལྟ་བར་གྱིས། །སེམས་ཉིད་སྟོང་པ་ནམ་མཁའ་འདྲ། །མཐའ་དབུས་མེད་པའི་ངང་ལ་ཞོག །ཅེས་བརྗོད་ཅིང་བགྲིས་བྱེད་པའོ། །

དེ་ནས་བཀླས་ལུང་ནི། ཕྲེང་བ་འཛིན་དུ་བཙུག་ནས་རྗེས་ཟློས་བྱེད། བུདྡྷ་ཌཱ་ཀི་ནི་ཧ་རི་ནི་ས་ཧཱུྃ་ཧཱུྃ་ཕཊ་ཕཊ་སྭཱ་ཧཱ། བརྒྱའམ། ཉེར་གཅིག །བདུན་ནམ། ལྔ། གསུམ་གང་རིགས་བྱེད་ཅིང་། ཕྲེང་བ་མགྲིན་པར་གཏུགས་ནས། བཅོམ་ལྡན་འདི་ལ་སྒྲུབ་ལགས་ཀྱིས། །འདི་ལ་འགོ་བར་མཛད་དུ་གསོལ། །སློབ་མ་ཀྱི་ནུས་པ་ཐོན་པར་བྱིན་གྱིས་རློབས། སློབ་མས། བཅོམ་ལྡན་བདག་ལ་སྒྲུབ་ལགས་ཀྱིས། །བདག་ལ་འགོ་བར་མཛད་དུ་གསོལ། །ཞེས་བརྗོད་དུ་བཙུག །

ལྔ་བསྔོམ་པ་ནི། གཏོར་མ་སློབ་མའི་མགོ་བོར་བཞག །གཏོར་མ་འདི་དང་ཐ་མི་དད་པར། བླ་མ་དང་མཁའ་འགྲོ་སྲེ་ལྔ་དབྱེར་མེད་པ་ཁྱེད་རང་གི་སྤྱི་བོ་ནས་ཐིམ་པར་མོས་ཤིག །བདག་གིས་ཀྱང་བསྔོམ་པར་བྱེད་པ་ཡིན་པས། ཞེས་བརྗོད་པས། བརྒྱུད་པའི་བླ་མ་རྣམས་ཀྱི་མཚན་ནས་སྨོས་ཤིང་བསྔོམ་པར་བྱེད། མཐར་གནས་གསུམ་དུ་ཨོཾ་ཨཱཿཧཱུྃ་བརྗོད་ཅིང་། གཏོར་མ་རིག་པར་བྱེད། གཏོར་རྒྱན་མགོ་ལ་བསྐྱུ། བཀྲིས་བརྗོད། དེ་ནས་སློབ་མས། གཙོ་བོས་ཇི་ལྟར་བཀའ་སྩལ་པ། །དེ་དག་ཐམས་ཅད་བདག་གིས་བགྱི། །ལན་གསུམ་དང་། དེང་ནས་བཟུམས་ཏེ་བདག་བྲན་དུ། །ཁྱེད་ལ་བདག་ནི་འབུལ་ལགས་ཀྱི། །ཁྱེད་ཀྱིས་སློབ་མར་འཛིན་པ་དང་། །ཆ་ཡིས་ཀྱང་ནི་སྤྱད་དུ་གསོལ། །ཞེས་ལན་གསུམ་བརྗོད་ཅིང་། བཀའ་དྲིན་བཏང་རག་གི་མཎྜལ་ཕུལ། ཚོགས་ལ་ལོངས་སྤྱོད། ལྷག་གཏོར་གཏོང་། རྗེས་ཆོག་གི་རིམ་པ་གཞུང་དུ་གསལ། གཙོད་གདན་ཐོག་གཅིག་མའི་ཁྲིད་ཡིག་ཐིན་ལས་རྒྱ་མཚོ་ལས། གཞན་ཁྲིད་གདན་དུ་འབེབས་པ་ལ་གདངས་རི་ལྷ་བུའི་དབང་བསྐུར་དངོས་གྲུབ་ཀུན་

འབྱུང་ཞེས་བྱ་བ་འདི། ཀོ་ཏིང་ཀུའི་ཤྲཱི་གདངས་པ་ཀུན་དགའ་རྒྱ་མཚོ་དང་། སེ་སྟོད་ཡོངས་ཀྱི་བདག་པོ་མདོ་སྔགས་རབ་འབྱམས་པ་ཉི་མ་བགྲེས་པ་དང་། གསང་སྔགས་རྒྱུད་གྲོལ་དཀྱིལ་འཁོར་ཀུན་གྱི་གསལ་བྱེད་སློབ་དཔོན་དཀོན་མཆོག་རྒྱ་མཚོ་དང་། འབྲོག་མོ་རས་ཆེན་པ་བརྩོན་འགྲུས་རྒྱ་མཚོ་ཚོས་གྲོགས་དཔོན་སློབ་རྣམས་ཀྱིས་ཡང་ཡང་ནན་དུ་བསྐུལ་བའི་ངོར། ཤཱཀྱའི་དགེ་སློང་ཀྱཻ་འོ་ཚོས་ཀྱི་རྒྱ་མཚོ་ཞེས་བྱ་བས། གདན་ས་ཆེན་པོ་དཔལ་གྱི་མཚུར་ཕུའི་གཙུག་ལག་ཁང་གོང་གི་ཡང་སྟེང་དུ་སྦྱར་བའོ། །འདི་ཡིས་དགེ་བ་འགྲོ་དྲུག་རྣམས་ལ་བསྔོ། །ཐར་པའི་ལམ་བསྒྲོད་མྱུར་དུ་སངས་རྒྱས་ཤོག །ལྷན་ཐབས་ཡིག་ཆུང་ངོ་།། །།

༄༅། །གནམ་ལྕགས་ལྷ་བུའི་དབང་བསྐུར་དུར་ཁྲོད་བདག་མོའི་སྒྲུབ་ཐབས་ཀྱི་ཆོ་ག་དྲི་མེད་ཟེགས་གསལ་བཞུགས་སོ། །

བླ་མ་དང་དུར་ཁྲོད་བདག་མོ་ལ་ཕྱག་འཚལ་ལོ། །འདིར་དུར་ཁྲོད་བདག་མོའི་སྒྲུབ་ཐབས་ཀྱི་ཆོ་གའི་རིམ་པ་ངེས་གསལ་བྲི་བར་བྱ་སྟེ། རྒྱལ་ཆེན་ནམ། ཚོམ་བུའི་ཚོས་འབྱུང་གྲུ་གསུམ་པ་ཉིས་རྩེག །དབུས་སུ་པད་འདབ་བཞི་བཀོད། དབུས་སུ་མཐིའི་སྟེང་དུ་བུམ་པ་མཚན་ཉིད་དང་ལྡན་པ་བུམ་རྫས་མགུལ་ཆིངས་དང་བཅས་ནས་བཞག །སྟེང་དུ་ཐོད་པ་མཚན་ལྡན་བདུད་རྩིས་བཀང་། དེའི་ཁ་ལ་མེ་ལོང་ལི་ཁྲིའི་ཚོས་འབྱུང་དང་། དབུས་སུ་འདབ་བཞི་ལ། ཐཾ་ཧ་རི་ནི་ས་བྲིས་ལ་བཞག །རས་སམ། དར་སྔོན་པོ་དམར་པོ་གང་རུང་གིས་བཀབ། མཐར་མཆོད་པ་རྣམ་ལྔས་བསྐོར། དབང་གཏོར་གྲུ་གསུམ་དང་། བླ་མའི་གཏོར་མ། ཚོས་སྐྱོང་གི་གཏོར་མ། གཞི་བདག་གཏོར་མ་སོགས་ལ་དཀར་རྒྱན་དམར་རྒྱན་གྱི་རྒྱན་བཟང་པོ་དང་བཅས་ནས་གོང་དུ་བཞག །དུར་ཁྲོད་ཀྱི་མཁའ་འགྲོ་སྡེ་དང་། ཤ་ཟ་ཞིང་སྐྱོང་སོགས་ལ་གཏོར་མ་གསུམ། གྲུ་གསུམ། དཀར་དམར་གྱི་རྒྱན་ཅན། གྲི་ཁྲག་གམ་ཁྲག་གིས་བྲན་ལ་དཀྱིལ་འཁོར་གྱི་གཡས་གཡོན་དུ་བཞག །ཚོགས་རྫས་སོགས་དཔུང་ཆེ་བ་བཤམས། དེ་ནས་རང་ཉིད་དཀྱིལ་འཁོར་གྱི་མདུན་དུ་བདེ་བའི་སྟན་ལ་ཁ་ནུབ་ཕྱོགས་སུ་བལྟས་ནས་འདུག །མདུན་དུ་སྔགས་ཀྱི་ཁར་ནང་མཆོད། ཊ་དྲིལ། རྐང་གླིང་། ལས་བུམ་སོགས་བཞག་ནས། ནང་མཆོད་བྱིན་རླབས། དཀར་གཏོར། བགེགས་གཏོར་སྦྱི་དང་མཐུན་པར་བཏང་། མཚམས་བཅད་སྟེང་འོག་བར་གསུམ་རྡོ་རྗེ་མེའི་བསྲུང་འཁོར་བསྒོམ། ན་མོ་གནས་ཀྱི་གདོན་དང་ལུས་ཀྱི་གདོན། །གདོན་གཉིས་གཙོ་བྱས་སེམས་ཅན་རྣམས། །བཀའ་བརྒྱུད་བླ་མའི་སྐུ་ལ་སྐྱབས་སུ་མཆི། །ཡི་དམ་ལྷ་ཡི་གསུང་ལ་སྐྱབས་སུ་མཆི། །དུར་ཁྲོད་བདག་མོའི་ཐུགས་ལ་སྐྱབས་སུ་

མཆི། །རིགས་བཞི་མཁའ་འགྲོའི་སྐུ་གསུང་ཐུགས་ལ་སྐྱབས་སུ་མཆི། །མཁའ་
འགྲོ་ཆོས་སྐྱོང་སྲུང་མ་ལ་སྐྱབས་སུ་མཆི། །སྐྱབས་གནས་དམ་པ་ཀུན་ལ་སྐྱབས་སུ་
མཆི། །དངོས་གྲུབ་སྟེར་མཛད་རྣམས་ལ་སྐྱབས་སུ་མཆི། །ཕྲིན་ལས་སྐྱོང་བྱེད་
རྣམས་ལ་སྐྱབས་སུ་མཆི། །བར་ཆད་བཟློག་བྱེད་རྣམས་ལ་སྐྱབས་སུ་མཆི། །སྡིག་
པ་མི་དགེ་སོ་སོར་བཤགས། །འགྲོ་བའི་དགེ་ལ་རྗེས་ཡི་རང་། །སངས་རྒྱས་བྱང་
ཆུབ་ཡིད་ཀྱིས་བཟུང་། །བདག་གིས་བྱང་ཆུབ་སེམས་མཆོག་བསྐྱེད། །འགྲོ་ལ་
ཕན་ཕྱིར་སངས་རྒྱས་འགྲུབ་པར་ཤོག །ཚོགས་ཞིང་ནི། མདུན་གྱི་ནམ་མཁའི་གནས་
སུ་དུར་ཁྲོད་བདག་མོའི་ལྷ་ཚོགས་གསལ་བར་གྱུར། བཅོམ་ལྡན་ཁྱེད་ནི་བྱོན་
པ་ལེགས། །སོགས་ནས་འདི་ཉིད་དུ་ནི་བཞུགས་སུ་གསོལ། །སོགས་ཀྱི་བར་བྱེད་དེ། ཉེར་སྤྱོད་
ལྔ་དང་། དུར་ཁྲོད་བདག་མོ་འཇིགས་པའི་སྐུ། །ཧམ་སྤབས་གར་གྱིས་རྣམ་པར་
རོལ། །རིགས་བཞི་མཁའ་འགྲོའི་འཁོར་གྱིས་བསྐོར། །མཁའ་འགྲོའི་གཙོ་ལ་ཕྱག་
འཚལ་བསྟོད། །དཔལ་ལྡན་རྡོ་རྗེ་མཁའ་འགྲོ་མ། །སོགས་དང་། གཞན་ཡང་བསྟོད་པ་ཅི་རིགས་
པ་བྱ། སེམས་ཅན་ཐམས་ཅད་བདེ་དང་ལྡན་གྱུར་ཅིག །སེམས་ཅན་ཐམས་ཅད་
སྡུག་བསྔལ་ཀུན་དང་བྲལ། །སྡུག་བསྔལ་མེད་པའི་བདེ་བ་ཀུན་ལྡན་ཏེ། །སྲིད་
ཞི་མཉམ་པ་ཉིད་ལ་གནས་གྱུར་ཅིག །ཚོགས་ཞིང་རྣམས་བདག་ཉིད་ལ་ཐིམ་
པར་གྱུར། ཧཱུྃ་ཨཱཿཨོཾ།

བདག་བསྐྱེད་ནི། ཨོཾ་སྭ་བྷཱ་ཝ་ཤུདྡྷ་སརྦ་དྷརྨཱ་སྭ་བྷཱ་ཝ་ཤུདྡྷོ་གོ྅་ཧཾ། སྟོང་པ་ཉིད་དུ་
གྱུར། སྟོང་པའི་ངང་ལས་ཆོས་ཀྱི་འབྱུང་གནས་གྲུ་གསུམ་པ་རྩ་བ་ཕྲ་བ་ཐུར་དུ་
ཟུག་པ། ཁ་གདེངས་ཆེ་བ་གྱེན་དུ་བསྟན་པ། ཕྱི་ནག་ལ་ནང་སྔོ་བ་ཉིས་རྩེག །
ཐོད་པ། པདྨ། ཉི་ར། མེ་རིས་བསྐོར་བ། དེའི་དབུས་སུ་རོ་དམར་པོ་མགོ་གཡོན་

ཏུ་བསྟན་པའི་སྙིང་གར་ཉི་མའི་དཀྱིལ་འཁོར་གྱི་སྟེང་དུ་ཡི་གེ་པཾ་སྔོ་ནག །པད་འདབ་ལ་ཧ་རི་ནི་ས། ཡི་གེ་ལྔ་ལས་འོད་ཟེར་འཕྲོས། སེམས་ཅན་ཐམས་ཅད་ཀྱི་སྡིག་སྒྲིབ་སྦྱངས། བྱང་ཆུབ་ལ་བཀོད། སླར་ཚུར་འདུས་པཾ་ལ་ཐིམ། དེ་ཡོངས་སུ་གྱུར་པ་ལས། རང་ཉིད་དུར་ཁྲོད་བདག་མོ་སྐྱ་མདོག་སྔོ་ནག །ཞལ་གཅིག་ཕྱག་གཉིས། སྤྱན་གསུམ་མཆེ་བ་བཞི་རབ་ཏུ་གཙིགས་པ། དབུ་སྐྲ་དམར་སེར་གྱེན་དུ་འབར་བའི་སྤྱི་བོར་ཕག་ཞལ་སྔོ་ནག་གཡས་སུ་གཟིགས་ཤིང་དུར་བ། ཕྱག་གཡས་གནམ་ལྕགས་ཀྱི་གྲི་གུག་མེ་འབར་བ་ནམ་མཁའ་ལ་འཕྱར་ཞིང་། གཡོན་པས་ཐོད་པ་ལྕང་ལོ་ཅན་ཀླད་ཁྲག་གིས་གང་བ་བསྣམས་པ། ཁ་ནས་མེ་འབར་བ། སྣ་ནས་དུ་བ་འཐུལ་བ་མིག་ནས་མེའི་ཚ་ཚ་འཕྲོ་བ། དུར་ཁྲོད་ཀྱི་ཆས་བརྒྱད་ཀྱིས་རབ་ཏུ་བརྒྱན་ཅིང་། ཞབས་བརྐྱང་བསྐུམ་གྱིས་ཉི་མ་ལ་གནས་པའོ། །ཤར་དུ་རྡོ་རྗེ་མཁའ་འགྲོ། ལྷོར་རིན་ཆེན་མཁའ་འགྲོ། ནུབ་ཏུ་པདྨ་མཁའ་འགྲོ། བྱང་དུ་ལས་ཀྱི་མཁའ་འགྲོ་རྣམས་ཤིན་ཏུ་ཁྲོས་པ། རྒྱན་ཆ་ལུགས་ཐམས་ཅད་གཙོ་མོ་དང་མཚུངས་པར་གྱུར། དེ་རྣམས་ཀྱི་སྤྱི་བོར་ཨོཾ། མགྲིན་པ་ཨཱཿ ཐུགས་ཀར་ཧཱུྃ། ཡི་གེ་གསུམ་ལས་འོད་ཟེར་འཕྲོས་པས། དུར་ཁྲོད་བརྒྱད་ནས་མཁའ་འགྲོ་ལྔ་ལྔ་ལ། སངས་རྒྱས་དང་བྱང་ཆུབ་སེམས་དཔའ། ཡེ་ཤེས་མཁའ་འགྲོའི་ཚོགས་ཀྱིས་བསྐོར་བ་སྤྱན་དྲངས། བདག་གི་ལུས་ངག་ཡིད་གསུམ་ལ་ཐིམ་པར་གྱུར། གཙོ་མོའི་གསང་གནས་སུ་ཆོས་འབྱུང་གི་དབུས་སུ་པཾ་ཡིག་གི་མཐའ་མར། ཨོཾ་བཛྲ་བཱ་རཱ་ཧི་ཀྲོ་དྷི་ཀཱ་ལི་པཾ་ཧ་རི་ནི་ས་ཨཱ་བེ་ཤ་ཡ་ཧཱུྃ་ཕཊ་སྭཱ་ཧཱ། སྔོང་རྩ་བཟློག །

བུམ་བསྐྱེད་བྱེད་ན། སྭཱ་ཧཱ་ཕྱས་སྦྱངས། སྟོང་པའི་ངང་ལས་གནམ་ལྕགས་ལས་གྲུབ་པའི་བུམ་པ་མཚན་ཉིད་དང་ལྡན་པ་ཁ་རྒྱན། མགུལ་ཆིངས། བུམ་རྫས། བདུད་

རྩིས་གང་བའི་དབུས་སུ་ཆོས་ཀྱི་འབྱུང་གནས་གྲུ་གསུམ་པ་སོགས་ནས། དུར་ཁྲོད་བརྒྱད་ནས་མཁའ་འགྲོ་ལྷ་ལྔ་ལ། སངས་རྒྱས་དང་བྱང་ཆུབ་སེམས་དཔའི་ཚོགས་ཀྱིས་བསྐོར་བ་སྤྱན་དྲངས། བཛྲ་ས་མ་ཛཿ མ་ལུས་མ་དང་། གདན་འབུལ། ཉེར་སྤྱོད་ལྔ་དང་། དཔལ་ལྡན་རྡོ་རྗེ་མཁའ་འགྲོ་སོགས་ཀྱིས་བསྟོད་ནས། བསྙེན་པ་བྱེད། མཐར་མི་ཡོང་ཐོད་པ་བདུད་རྩིས་ཁེངས་ཞིང་བུམ་ལྷ་ཞུ་བར་གྱུར།

མདུན་བསྐྱེད་ནི། སྭ་བྷཱ་ཝ། སྟོང་པའི་ངང་ལས་མདུན་གྱི་ནམ་མཁར་ཆོས་ཀྱི་འབྱུང་གནས་གྲུ་གསུམ་པ་ནས། དཔལ་ལྡན་རྡོ་རྗེ་མཁའ་འགྲོ་སོགས་གོང་ལྟར་རིམ་པ་བཞིན་དུ་བྱེད་པའོ། །དཀར་མཆོད་དམར་མཆོད་ནི་ནོར་བུ་རྒྱ་མཚོ་ཏུ་གསལ། གསོལ་འདེབས་ནི། ཆོས་དབྱིངས་དག་པའི་ཕོ་བྲང་ནས། །ཡུམ་ཆེན་ཆོས་ཀྱི་སྐུ་ལ་གསོལ་བ་འདེབས། །རྐྱེན་ངན་བར་ཆད་སེལ་བར་བྱིན་གྱིས་རློབས། །མཆོག་གི་དངོས་གྲུབ་ཐོབ་པར་མཛད་དུ་གསོལ། །དེ་འོག་མ་ཀུན་ལ་འགྲེ། རྩུབ་འགྱུར་ཚལ་གྱི་དུར་ཁྲོད་ནས། །ཡུམ་གཅིག་དུར་ཁྲོད་བདག་མོ་ལ། །ལ་སྟོད་དིང་རིའི་གླ་འཕོར་ནས། །ཕ་གཅིག་དམ་པ་སངས་རྒྱས་ལ། །མཁའ་སྤྱོད་དག་པའི་སྣང་ལུང་དུ། །ཨ་མ་ལབ་ཀྱི་སྒྲོན་མ་ལ། །རྒྱ་གར་ཕོ་ཏ་རི་རྩེ་ནས། །མཁས་བཙུན་རིན་ཆེན་སེང་གེ་ལ། །ལྷུང་ལོ་ཅན་གྱི་གནས་མཆོག་ན། །གྲུབ་ཐོབ་ཡེ་ཤེས་མཚན་ཅན་ལ། །མཁའ་འགྲོ་འབུམ་གྱི་དཀྱིལ་འཁོར་ན། །རྒྱལ་སྲས་རྡོ་རྗེ་མཚན་ཅན་ལ། །རང་བྱུང་གནས་མཆོག་དམ་པ་ན། །ཀུན་གཟིགས་རང་བྱུང་རྒྱལ་པོ་ལ། །ཞེན་མེད་ཕྱོགས་མཐའ་ཀུན་གྲོལ་ན། །དྲང་སྲོང་རཏྣའི་མཚན་ཅན་ལ། །གསང་བ་ལྷ་སྲིན་འདུལ་གྱུར་པ། །རྒྱས་སྲས་ཀུ་ཏའི་མཚན་ཅན་ལ། །བདག་འཛིན་གྲོལ་བའི་གནས་མཆོག་ན། །མཁས་གྲུབ་རང་བྱུང་སངས་རྒྱས་ལ། །གསང་སྔགས་དབང་གི་དཀྱིལ་འཁོར་ན། །རྒྱལ་བ་བཟང་པོའི་མཚན་

ཅན་ལ། །བསྟན་པ་ཕྱོགས་མཐར་སྤེལ་མཛད་པ། །བློ་འཕེལ་ཡིད་བཞིན་ནོར་བུ་ལ། །མི་མཐུན་ཕྱོགས་ལས་རྒྱལ་གྱུར་པ། །སྟགས་འཆང་བློ་ཡི་མཚན་ཅན་ལ། །འགལ་རྐྱེན་བར་ཆད་སེལ་བར་བྱིན་གྱིས་རློབས། །ཐུན་མོང་དངོས་གྲུབ་ཐོབ་པར་མཛད་དུ་གསོལ། །ཉེ་རྒྱུད་བྱེད་ན། ཡུམ་ཆེན་མོ། དུར་ཁྲོད་བདག་མོ། ཨ་མ་ལབ་སྒྲོན། རྗེ་བཙུན་རིན་པོ་ཆེ། ཡང་ན། དུར་ཁྲོད་བདག་མོ། རྗེ་བཙུན་རིན་པོ་ཆེ། དེས་བདག་ཆོས་ཀྱི་རྒྱ་མཚོ་ལའོ། །

འབུམ་བསྐུལ་ནི། ཧཱུྃ་ཕྲོ། ཉེ་མ་ནུབ་ཕྱོགས་ཕ་གི་ཤ། །རྡོ་རྗེ་གདན་གྱི་ནུབ་བྱང་མཚམས། །ཕུ་རྒྱན་ཡུལ་གྱི་དུར་ཁྲོད་དུ། །གཏུམ་དྲག་ཚལ་གྱི་དགོན་པ་ན། །རི་བོ་ཐམས་ཅད་རུས་པའི་རི། །རྩི་ཤིང་ཐམས་ཅད་མདའ་དང་མདུང་། །ཆུ་རྣམས་ཐམས་ཅད་ཁྲག་དང་རྣག །སྒྲ་སྐད་ཐམས་ཅད་དུ་འབོད་སྒྲ། །མེ་རི་མེ་དཔུང་འབར་བའི་དབུས། །ཕྱག་ན་རྡོ་རྗེ་འཛིགས་པའི་ས། །པཾ་རོ་ཕོ་མོ་བཅལ་དུ་བཀྲམ། །དེ་ནང་སུ་བཞུགས་སུ་མི་བཞུགས། །འཁོར་གྱི་མཁའ་འགྲོ་དེ་ན་བཞུགས། །མ་ཡི་སྤྱི་གཙུག་ཕག་ཞལ་ནག་པོ་ཁྲོས་པ་ལ། །བདེ་གཤེགས་ལམ་ལ་འཁྲིད་པའི་མཁའ་འགྲོ་འབུམ། །གཡོན་གྱི་ཁྲོ་ཞལ་སྔོ་ནག་བཞིད་པ་ལ། །ཆོས་ཉིད་འགྱུར་བ་མེད་པའི་མཁའ་འགྲོ་འབུམ། །ཞལ་གདངས་མཆེ་བ་རབ་ཏུ་གཙིགས་པ་དེ། །ཁམས་གསུམ་དབང་དུ་བསྡུད་པའི་མཁའ་འགྲོ་འབུམ། །དབུ་སྐྲ་དམར་སེར་གྱེན་དུ་འབར་བ་དེ། །ཐར་པའི་ལམ་ཆེན་བསྒྲོད་པའི་མཁའ་འགྲོ་འབུམ། །དུར་ཁྲོད་ཆས་ཀྱིས་སྐུ་ལ་བརྒྱན་པ་དེ། །རྣམ་ཐར་བརྒྱད་དང་ལྡན་པའི་མཁའ་འགྲོ་འབུམ། །ཕྱག་གཡས་གནམ་ལྕགས་གྲི་གུག་ཕྱར་བ་དེ། །སྲོག་གཅོད་དགུགས་ལེན་བྱེད་པའི་མཁའ་འགྲོ་འབུམ། །ཕྱག་གཡོན་ཁྲག་བཀང་ལྕང་ལོ་བསྣམས་པ་དེ། །ཁྲག་ནད་རྒྱུ་གཟེར་གཏོང་བའི་མཁའ་འགྲོ་འབུམ། །ཁཊྭཱཾ་རྩེ་གསུམ་གཡོན་

ན་བསྟམས་པ་དེ། །སྐུ་གསུམ་དོན་དང་ལྡན་པའི་མཁའ་འགྲོ་འབུམ། །གཡེར་ཁའི་དྲིལ་བུ་སིལ་སིལ་སྒྲོག་པ་དེ། །སྐྱེ་མེད་མངོན་སངས་རྒྱས་པའི་མཁའ་འགྲོ་འབུམ། །རྗོག་མེད་རོ་ཡི་གདན་ལ་བཞུགས་པ་དེ། །དུར་ཁྲོད་ཟིལ་གྱིས་གནོན་པའི་མཁའ་འགྲོ་འབུམ། །དམར་གཏོར་ཆེན་པོ་མི་ཤས་བརྒྱན་པ་དེ། །ཞིང་སྐྱོང་མཁའ་འགྲོའི་སྲོག་སྙིང་ཕུལ་བའི་མཁའ་འགྲོ་འབུམ། །མི་རྐང་གླིང་བུ་རྒྱུན་དུ་འབུད་པ་དེ། །ལྷ་སྲིན་སྡེ་བརྒྱད་ཁྲན་དུ་འཁོལ་བའི་མཁའ་འགྲོ་འབུམ། །དད་མོས་དྲག་པོའི་སྟོབས་ཀྱིས་གསོལ་བཏབ་ནས། །ཐུགས་རྗེས་རྒྱུན་ཆད་མེད་པར་དགོངས་མཛོད་ལ། །ལས་ཆེན་པོ་མོ་རྣམས་ལ་བྱིན་གྱིས་རློབས། །དད་ལྡན་སྐྱེས་བུ་རྣམས་ལ་བཅུད་ཅིག་ཕོབ། །མཆོག་དང་ཐུན་མོང་དངོས་གྲུབ་རྩལ་དུ་གསོལ། །བསྟོད་པ་རྒྱས་པར་བྱེད་ན་གཞན་དུ་ཤེས། ལས་བུམ་ལ་བདུད་རྩི་འཁྱིལ་པ་བསྐྱེད་ཅིང་མཆོད་བསྟོད་ཅི་རིགས་པ་དང་། སྔགས་ནི། ཨོཾ་བཛྲ་ཀུཎྜ་ལི་ཧ་ན་ཧ་ན་ཧཱུྃ་ཕཊ། བརྒྱ་རྩ་བརྒྱད་བཟླས་སོ། །

བདག་འཇུག་ལེན་པ་ནི། སློབ་མ་རྣམས་ཁྲུས་བྱེད། ཐུན་གྱིས་ཐབ། གུ་གུལ་དང་། མི་ཤ་སོགས་ཀྱི་དུད་པས་བདུག་སྟེ། ཡོལ་བའི་ཕྱི་ནས་རྡིག་རྡིག་བྱེད། ཡོལ་བའི་ནང་ནས་བླ་མ་འདི་སྐད་གསུངས། ཁྱེད་རྣམས་རིགས་ཅན་སུ་ཡིན་ལགས་བརྗོད། སློབ་མ་རྣམས་ཀྱིས། བདག་ནི་དད་པ་རབ་ཏུ་སྐྱེས། །དུར་ཁྲོད་མཁའ་འགྲོ་ལྷ་སྐལ་ཡིན། །དཀྱིལ་འཁོར་གསང་བ་བསྟན་དུ་གསོལ། །བརྗོད། བླ་མས། སངས་རྒྱས་བསྟན་ལ་འཇུག་པ་ན། །ཁྱོད་ནི་རིགས་ཅན་སྐལ་བར་ལྡན། །ཡོལ་བའི་ནང་དུ་རིམ་པར་ཞུགས། །སྔགས་ནི་འདི་དག་བརྗོད་པར་གྱིས། །པཾ་ཧ་རི་ནི་ས་ཨཱ་བེ་ཤ་ཡ་ཧཱུྃ་ཕཊ་སྭཱ་ཧཱ། སྔགས་ཀྱི་ལམ་ལ་རབ་ཞུགས་ནས། །ཕྱག་གསུམ་ལམ་ལ་རབ་ཞུགས་ནས། །ཕྱག་གསུམ་ཚོལ་ལ་གདན་ལ་འཁོད། །འཛིགས་སུ་རུང་བའི་དུར་ཁྲོད་ལ། །ཇམ་པའི་དུར་ཁྲོད་བདག་མོ་བཞུགས། །མཛལ་བའི་

ཚུལ་དུ་གསོལ་བ་ཐོབ། །དུར་ཁྲོད་སྣན་བརྒྱུད་བསྟན་པར་བྱ། །ཞེས་བརྗོད་པར་བྱེད། དེ་ནས་སློབ་མ་རྣམས་ཚེ་འདིའི་བྱ་བ་སྤངས་ཏེ། ངེས་འབྱུང་དང་སྐྱོ་ཤས་མོས་གུས་དྲག་པོའི་སྒོ་ནས་ཕྱག་དང་འབུལ་བ་ཕྱོགས་གཅིག་ཏུ་ཕུལ་ཞིང་། གདན་ལ་འཁོད་པར་བྱའོ། །དེ་ནས་བླ་མས་མིག་དར་གཏད་དེ། ཨོཾ་ཙཀྲ་ཀྵ་ར་ཧཱུཾ། མེ་ཏོག་གཏད། ཨཱ་ཁཾ་བཱི་ར་སོགས་བརྗོད་ཅིང་། བགེགས་གཏོར་དོར། མཚམས་གཅོད་བྱེད། བསྐྱང་འཁོར་བསྒོམ་ལ། བླ་མས། ཁྱེད་རྣམས་དཀྱིལ་འཁོར་ཟབ་མོ་འདི་ལ་འཇུག་པ་ལེགས། ལེགས་པའི་རྒྱུ་མཚན་ནི། འཁོར་བ་འདི་སྡུག་བསྔལ་གྱི་འཁོར་ལོ། མི་གཙང་བའི་ཕུང་པོ། གཏི་མུག་གི་མུན་པ། ང་རྒྱལ་གྱི་རི་བོ། འདོད་ཆགས་ཀྱི་མཚོ་མོ། ཞེ་སྡང་གི་རལ་གྲི། ཕྲག་དོག་གི་གླིང་བཞི། སེར་སྣའི་མདུད་པ་འདི་ལྟ་བུ་ཡིན་པས། ཟབ་ནི་དུག་གི་སྡོང་པོ་ཟ། འཕྲུང་བ་ནི་ཁྲི་ཚུ་ཁོལ་མ་འཕྲུང་། སྤྱོད་པ་ནི་སྡུག་བསྔལ་གྱི་ཡོ་ལང་དུ་སྤྱོད་པ་འདི་ཡིན་པས། འདི་ལས་ཐར་བར་འདོད་པ་དེ་སྐལ་བ་ཤིན་ཏུ་བཟང་གསུངས་ཤིང་། གཞན་ཡང་ལས་རྒྱུ་འབྲས་ཀྱི་བཤད་པ་མང་དུ་བཤད་ཅིང་། འདི་གསང་སྔགས་ཟབ་མོའི་ནང་ནས་ཤིན་ཏུ་བཟང་ཞིང་། བཀའ་ཡང་གཉན། བསྲུང་སྡོམ་ཡང་ཁག་པ་ཡིན་པས། ཐོག་མར་རིགས་ལྔའི་སྡོམ་པ་བཟུང་དགོས་ཏེ། འདི་ཡི་རྗེས་ཟློས་མཛོད། བླ་མ་ཡི་དམ་མཁའ་འགྲོའི་ཚོགས། །ཐམས་ཅད་བདག་ལ་དགོངས་སུ་གསོལ། །དཔོན་སློབ་ཆོས་ཕྱག་ལུ་གུ་རྒྱུད་དུ་སྦྲེལ་བ་བྱེད་དེ། བདག་མིང་འདི་ཞེས་བགྱི་བས། །དུས་འདི་ནས་ནི་བཟུང་ནས་སུ། །ཇི་སྲིད་སངས་རྒྱས་མ་ཐོབ་བར། །རྡོ་རྗེ་རིགས་ཀྱི་སྡོམ་བཞི་དང་། །རིན་ཆེན་རིགས་ཀྱི་སྡོམ་པ་གསུམ། །པདྨའི་རིགས་ཀྱི་སྡོམ་བཞི་དང་། །ལས་ཀྱི་རིགས་ཀྱི་སྡོམ་པ་གཅིག །དམ་ཚིག་སྡོམ་པ་བཅུ་བཞི་འདི། །དེང་ནས་བཙམས་ཏེ་ནམ་དུ་ཡང་། །བཏང་བར་བྱ་བ་མི་བྱའོ། །ལན་གསུམ་བརྗོད་ཅིང་། སྐྱབས་སུ་འགྲོ་བ་ནི། ཆོས་ཐམས་ཅད་སྟོན་དུ་འགྲོ་བ་ལམ་རྒྱུས་མཁན་

དང་འདྲ་བས། སྐྱབས་འགྲོ་དགོས་ཏེ། རྗེས་བློས་མཛོད་ཅིག་བརྗོད་ནས། བླ་མ་ཡི་དམ་མཁའ་འགྲོ་ལྷ་ཚོགས་དང་། །གསང་སྔགས་རྒྱུད་སྡེ་བཞི་ཡི་ལྷ། །ཁྱད་པར་དུར་ཁྲོད་ལྷ་ཚོགས་ལ། །བདག་ཉིད་གུས་པས་སྐྱབས་སུ་མཆི། །ཐེག་པ་དམན་ལ་མི་འཇུག་ཅིང་། །ཐེག་ཆེན་བླ་ན་མེད་པའི་ལམ། །བར་ཆད་ཉེས་བྱས་མེད་པ་རུ། །ཁྱེད་རྣམས་ལ་ནི་སྐྱབས་སུ་མཆི། །ཁྱེད་རྣམས་ལ་ནི་བདག་བརྟེན་ནོ། །སྡིག་པ་མི་དགེ་སོ་སོར་བཤགས། །འགྲོ་བའི་དགེ་ལ་རྗེས་ཡིད་རང་། །ཆོས་ཀྱི་འཁོར་ལོ་བསྐོར་དུ་གསོལ། །ལན་གསུམ་དང་། སེམས་བསྐྱེད་ནི། ཐེག་པ་ཆེན་པོ་གྲོལ་ལམ་ཟབ་མོ་བསྒོམ་པ་ལ། །བྱང་ཆུབ་མཆོག་ཏུ་སེམས་བསྐྱེད་དགོས་པ་ཡིན་པས། །རྗེས་བློས་མཛོད་ཅིག་བརྗོད་ནས། བླ་མ་མཁའ་འགྲོ་བསྟན་པའི་གཙོ། །ཐམས་ཅད་ཀུན་འདུས་བདག་ལ་དགོངས། །འཁོར་བ་སྙིང་པོ་མེད་པ་རུ། །བདག་གི་སྐྱོ་བ་གཏིང་ནས་སྐྱེས། །བྱང་ཆུབ་སེམས་ནི་བདག་གིས་བཟུང་། །མི་ཤིགས་པར་ནི་བདག་གིས་བརྟན། །མ་རིག་འཁྲུལ་འཁོར་སེམས་ཅན་རྣམས། །མ་གྲོལ་བ་རྣམས་བདག་གིས་དགྲོལ། །མ་སྒྲལ་བ་རྣམས་བདག་གིས་བསྒྲལ། །དབུགས་མ་ཕྱུང་རྣམས་དབུགས་དབྱུང་ཞིང་། །སེམས་ཅན་མྱ་ངན་འདས་ལ་འགོད། །ཀུན་ཀྱང་སངས་རྒྱས་ཐོབ་པར་བྱ། །ལན་གསུམ་དང་། སྡོམ་པ་དང་སྐྱབས་འགྲོ་སེམས་བསྐྱེད་ཡིན་ཚུལ་གྱི་བཤད་པ་རྒྱས་པར་བྱེད་པའོ། །དེ་ནས་བུམ་ཆུས་བསངས་ཏེ། སློབ་མ་རྣམས་སྐད་ཅིག་གིས་དུར་ཁྲོད་མཁའ་འགྲོ་ཞལ་གཅིག་ཕྱག་གཉིས་པ་ཞིག་ཏུ་ལམ་གྱིས་བསྐྱེད། གནས་གསུམ་དུ་དྲིའི་ཐིག་ལེ་བྱེད་ཅིང་། ཧཱུྃ། ཨཱཿ ཨོཾ་བརྗོད། ཉེར་སྤྱོད་ཞལ་ཟས་མཆོད། སྙིང་གར་རྡོ་རྗེ་བཟུང་སྟེ། སྙིང་གར་ཀུན་རྫོབ་ཏུ་ཟླ་བའི་དཀྱིལ་འཁོར། དེའི་སྟེང་དུ་དོན་དམ་དུ་རྡོ་རྩེ་ལྔ་པ་རེ་སྒོམས་ཤིག །དེ་ནས་དམ་ཚིག་གི་ཆུ་སྦྱིན་ཏེ། འདི་ནི་ཁྱོད་ཀྱི་དམ་ཚིག་ཆུ། །དམ་ཚིག་འདས་ན་སྲེག་པར་བྱེད། །དམ་ཚིག

བསྒྲུངས་ན་དངོས་གྲུབ་འབྱུང་། །རྡོ་རྗེ་བདུད་རྩིའི་ཆུ་འདི་འཐུང་། །ཨ་མྲི་ཏོ་ཏ་ཀ་ཧཱུཾ། དེ་ནས་སློབ་དཔོན་གྱིས་རྡོ་རྗེ་ཐལ་མོ་མགོར་བཞག་སྟེ། རྡོ་རྗེ་སློབ་དཔོན་ང་ཡིན་གྱིས། །ང་ཡིས་ཇི་ལྟར་བཀའ་བསྒོ་བ། །ཁྱོད་ཀྱིས་དེ་ལྟར་བྱ་དགོས་སོ། །སྐྱོ་བ་མེད་པར་བསྒྲུབ་པར་གྱིས། །དཀྱིལ་འཁོར་ལྷ་ཡིས་བཀའ་བསྒོ་བ་ནི། ཌ་མ་རུ་དང་དྲིལ་བུ་མགོར་བཞག་སྟེ། དཀྱིལ་འཁོར་ལྷ་ཡི་ཚིག་འདི། །གདུག་རྩུབ་མཁའ་འགྲོའི་སྙན་བརྒྱུད་ཡིན། །དམ་ཉམས་སྣོད་མིན་རྣམས་ལ་གསང་། །གལ་ཏེ་བཤད་ན་ཉམས་པར་འགྱུར། །བགེགས་དང་བར་ཆད་མྱུར་དུ་འོང་། །ནོར་དང་རྫས་ལ་མི་འཚོང་བར། །གཡོ་སྒྱུ་ཅན་ལ་གསུངས་ཏ་རེ། །ཞེན་ལོག་ཆོས་སེམས་ཅན་ལ་ལྷུག་པར་བྱིན་ཏ་རེ། །དུར་ཁྲོད་བདག་མོའི་དམ་ཚིག་ནི། །ཀྱེ་ཀྱེ་མཁའ་འགྲོའི་སྙིང་གི་ཐིགས་པ་འདི། །ལེགས་པར་ལོང་ལ་རི་ཁྲོད་འགྲིམས། །དུར་ཁྲོད་བརྒྱད་སོགས་ས་དམིགས་གནོན། །ཁས་ལེན་དམ་བཅའ་དྲན་པར་གྱིས། །ཉམས་པར་གྱུར་ན་ཆད་པ་འོང་། །བྱིན་རླབས་དབབ་པའི་དོན་དུ་གསོལ་བ་འདེབས་པ་ནི། བླ་མ་དཀྱིལ་འཁོར་ལྷ་ཚོགས་དང་། །དུར་ཁྲོད་བདག་མོ་རིགས་བཞིས་བསྐོར། །གཞན་ཡང་མཁའ་འགྲོ་ཆོས་སྐྱོང་ཚོགས། །སྐུ་གསུང་ཐུགས་ཀྱི་བྱིན་རླབས་ནི། །བདག་ལ་ད་ལྟ་དབབ་ཏུ་གསོལ། །མྱུར་བ་ཉིད་དུ་དབབ་ཏུ་གསོལ། །སྐད་ཅིག་འདི་རུ་དབབ་ཏུ་གསོལ། །ཞེས་བརྗོད་ནས། ལུས་སྟེང་འོག་ཏུ་རྡོ་རྗེ་རྩེ་གསུམ་གྱི་ཕྱག་རྒྱ་བཅའ་བར་བྱེད་དེ། དཀྱིལ་འཁོར་གྱི་ལྷ་ཚོགས་འཁོར་དང་བཅས་པའི་སྐུ་གསུང་ཐུགས་ལས་ཟག་མེད་ཀྱི་བདུད་རྩི་བབ། ཁྱེད་རང་རྣམས་ཀྱི་སྤྱི་བོ་ནས་ཞུགས། །ལུས་ཀྱི་ནང་ཐམས་ཅད་གང་བའི་མོས་པ་མཛོད་ཅིག །ཨ་ཨ་ཨ་ཨ་ཨ་ཨ། རོལ་མོ་དྲག་ཏུ་དཀྲོལ་ཞིང་། ཡེ་ཤེས་པ་བབ་པར་བསམ། ལྟོས་ཤིག་སྐལ་བ་ཅན་གྱི་བུ། །རང་སེམས་སྟོང་པ་ཆོས་ཀྱི་སྐུ། །སྐྱེ་བ་མེད་པ་ཨ་ཡི་དོན། །འགག་པ་མེད་

པ་སྣ་ཚོགས་འཆར། །གཅེར་གྱིས་ལྟོས་ལ་བཅེར་གྱིས་བཟུང་། །ཨ་ཧཾ། རྡོ་རྗེ་མགོར་བཞག་སྟེ། ཧཱུཾ་བཛྲ། བརྟན་པར་བསམ། དཀྱིལ་འཁོར་ཁ་དོག་བརྟག །མེ་ཏོག་འཐོར། ཟབ་མོའི་དཀྱིལ་འཁོར་འདི་དག་ཏུ། །བྱང་ཆུབ་སེམས་ཀྱི་མེ་ཏོག་འདི། །སྔོན་ཆེ་ལྷ་གང་ཡིན་པ་ལ་ཕོག་པར་ཤོག་ཅིག །པྲ་ཏཱིཙྪ་ཧོཿ དངོས་གྲུབ་ཚུར་བསྡུ། མེ་ཏོག་མགོར་བཞག །མ་ཧཱ་ཧྲཱ་ལ། གསེར་གྱི་ཐུར་མས་མིག་དར་བསལ་བར་བསམ་སྟེ། མ་རིག་རྨོངས་པའི་ལིང་ཐོག་འདི། །ད་ལྟ་ཉིད་དུ་བསལ་བར་བྱ། །ཡེ་ཤེས་སྤྱན་དང་ལྡན་གྱུར་ཅིག །དཀྱིལ་འཁོར་ལྷ་ཡི་ཞལ་བསྟན།

དངོས་གཞི་བུམ་དབང་ཞུ་བའི་ཡོན་དུ་མནྡལ་ཕུལ། གསོལ་བ་བཏབ་པ་ནི། བླ་མ་དཀྱིལ་འཁོར་ལྷ་ཚོགས་དང་། །དུར་ཁྲོད་བདག་མོ་རིགས་བཞི་སོགས། །མཁའ་འགྲོའི་ཚོགས་རྣམས་དགོངས་སུ་གསོལ། །བདུད་རྩི་བུམ་པ་ཆུ་ཡི་དབང་། །དེ་རིང་བདག་ལ་བསྐུར་དུ་གསོལ། །ལན་གསུམ་དང་། སློབ་དཔོན་གྱིས་བུམ་པ་སློབ་མའི་མགོར་འཇོག་ཅིང་། མཛེས་ལྡན་བུམ་པ་བདུད་རྩིས་བཀང་། །སྐལ་ལྡན་བུ་ལ་དབང་བསྐུར་རོ། །མེ་ལྟར་འབར་བའི་ཞེ་སྡང་རབ་གཅོད་དེ། །རྡོ་རྗེ་མཁའ་འགྲོར་ཕྱོད་འགྱུར་རོ། །བུམ་ཆུ་སྦྱིན། ཇི་ལྟར་བལྟམས་པ་ཙམ་གྱིས་ནི། །ལྷ་རྣམས་ཀྱིས་ནི་ཁྲུས་གསོལ་ལྟར། །ལྷ་ཡི་ཆུ་ནི་དག་པ་ཡིས། །དེ་བཞིན་བདག་གིས་སྐུ་ཁྲུས་གསོལ། །ཨོཾ་སརྦ་ཏ་ཐཱ་ག་ཏ་ཨ་བྷི་ཥེ་ཀ་ཏ་ས་མ་ཡ་ཤྲཱི་ཡེ་ཧཱུྃ། བཟློད། དབུ་རྒྱན་ཐོགས་ཏེ་སློབ་མའི་མགོར་བཞག །རིགས་ལྔའི་ཅོད་པན་ལྷབ་ལྷུབ་དར་གྱིས་བརྒྱན། །སྐལ་ལྡན་རིགས་ཀྱི་བུ་ལ་དབང་བསྐུར་རོ། །རི་བོ་ལྟ་བུའི་ང་རྒྱལ་རབ་གཅོད་དེ། །རིན་ཆེན་མཁའ་འགྲོར་ཕྱོད་འགྱུར་རོ། །ཇི་ལྟར་བལྟམས་པ་སོགས། རྡོ་རྗེ་གོར་བཞག་སྟེ། དབྱིབས་ལེགས་རྩེ་ལྔ་གསེར་གྱིས་མཛེས་པའི་གཟུགས། །སྐལ་ལྡན་རིགས་ཀྱི་བུ་ལཿ ཆུ་ལྟར་ཁོལ་བའི་འདོད་ཆགས་རབ་གཅོད་དེ། །པདྨ་མཁའ་འགྲོར་ཕྱོད་འགྱུར་རོ། །ཇི་ལྟར་སོགས། དྲིལ་བུ་མགོར་བཞག

སྟེ། དབྱིབས་ལེགས་རྩེ་ལྔ་གསེར་གྱིས་མཛེས་པའི་གཟུགས། །སྐལ་ལྡན་རིགས་ཀྱི་བུ་ལ༔ ཆུ་ལྟར་ཁོལ་བའི་འདོད་ཆགས་རབ་གཅོད་དེ། །པདྨ་མཁའ་འགྲོར་ཁྱོད་འགྱུར་རོ། །ཇི་ལྟར་སོགས། དྲིལ་བུ་མགོར་བཞག་ཅིང་གཡོན་དུ་གཏད་དེ། རྣམ་སྣང་དཀྱིལ་འཁོར་རབ་མཛེས་གསུང་སྣན་འདི། །སྐལ་ལྡན༔ རླུང་ལྟར་འཚུབ་པའི་ཕྲག་དོག་རབ་གཅོད་དེ། །ལས་ཀྱི་མཁའ་འགྲོ༔ ཇི་ལྟར་སོགས། རྡོ་རྗེ་དྲིལ་བུ་མགོར་བཞག་སྟེ་གསང་མཚན་བཏགས་ནས། ཐབས་ཤེས་ལྡན་པའི་མིང་དབང་འདི། །སྐལ་ལྡན༔ མུན་ལྟར་འཐིབ་པའི་གཏི་མུག་རབ་གཅོད་དེ། །སངས་རྒྱས་མཁའ་འགྲོ༔ ཇི་ལྟར་སོགས། བཀྲ་ཤིས་བརྗོད། ས་ཡི་དཀྱིལ་འཁོར་མགོར་བཞག་སྟེ། གྲུ་བཞི་རབ་བརྟན་ས་ཡི་དཀྱིལ་འཁོར་འདི། །སྐལ་ལྡན༔ བག་ཆགས་འཐས་པའི་རྒྱུད་རྣམས་རབ་གཅོད་དེ། །སྐྱིག་མོ་ས་ཡི་ལྷ་མོར་ཁྱོད་འགྱུར་རོ། །ཇི་ལྟར༔ ཆུའི་དཀྱིལ་འཁོར་མགོར་བཞག་སྟེ། གསལ་དངས་དཀར་སྣུམ་ཆུ་ཡི་དཀྱིལ་འཁོར་འདི། །སྐལ་ལྡན༔ བག་ཆགས་སླན་པའི་རྒྱུད་རྣམས་རབ་གཅོད་དེ། །ཆུ་ཡི་ལྷ་མོར་ཁྱོད་འགྱུར་རོ། །ཇི་ལྟར༔ མེའི་དཀྱིལ་འཁོར་མགོར་བཞག་སྟེ། མདངས་ལྡན་གྲུ་གསུམ་མེ་ཡི་དཀྱིལ་འཁོར་འདི། །སྐལ་ལྡན༔ བག་ཆགས་ཚ་བའི་རྒྱུ་རྣམས་རབ་གཅོད་དེ། །མེ་ཡི་ལྷ་མོར་ཁྱོད་འགྱུར་རོ། །ཇི་ལྟར་སོགས། རླུང་གི་དཀྱིལ་འཁོར་མགོར་བཞག་སྟེ། མཐིང་ནག་ཟླ་གམ་རླུང་གི་དཀྱིལ་འཁོར་འདི། །སྐལ་ལྡན༔ བག་ཆགས་འཐིབས་པའི་རྒྱུད་རྣམས་རབ་གཅོད་དེ། །རླུང་གི་ལྷ་མོར་ཁྱོད་འགྱུར་རོ། །ཇི་ལྟར་སོགས། ནམ་མཁའི་དཀྱིལ་འཁོར་མགོར་བཟུང་སྟེ། འདབ་སྟོང་མཐིང་ག་ལྷ་ཡི་དཀྱིལ་འཁོར་འདི། །སྐལ་ལྡན་རིགས་ཀྱི་བུ་ལ་དབང་བསྐུར་རོ། །བག་ཆགས་འཐིབས་པའི་རྒྱུད་རྣམས་རབ་གཅོད་དེ། །ནམ་མཁའི་ལྷ་མོར་ཁྱོད་འགྱུར་རོ། །ཇི་ལྟར་སོགས། དུར་ཁྲོད་བརྒྱད་ཀྱི་དཀྱིལ་འཁོར་མགོར་བཞག་སྟེ། གཏུམ་དྲག་ཚང་ཚིང་དུར་ཁྲོད་བརྒྱད། །སྐལ་

ལྡན་རིགས་ཀྱི་བུ་ལཿ བག་ཆགས་སློམས་བྱེད་རྒྱུད་རྣམས་རབ་གཙོད་དེ། །རབ་གཏུམ་དུར་ཁྲོད་བདག་མོར་ཁྱོད་འགྱུར་རོ། །ཇི་ལྟར་སོགས། དེ་ལྟར་བུམ་པའི་དབང་བཅུ་གཅིག་བསྐུར་བས། ལུས་ཀྱི་སྒྲིབ་པ་དག །སྣང་བ་ཐམས་ཅད་ལ་དབང་བསྒྱུར། ས་བཅུ་གཅིག་རབ་ཏུ་རྫོགས། མཐོང་ཐོས་དྲན་རེག་ཞིགས་པའི་ལམ་ལ་འགོད་པའོ། །བཀྲ་ཤིས་བརྗོད།

མཆོག་དབང་དང་པོ་བསྐུར་བ་ནི། མཎྜལ་ཕུལ། གསོལ་བ་བཏབ། བླ་མ་དཀྱིལ་འཁོར་ལྷ་ཚོགས་དང་། །དུར་ཁྲོད་བདག་མོ་རིགས་བཞི་སོགས། །མཁའ་འགྲོའི་ཚོགས་རྣམས་དགོངས་སུ་གསོལ། །བདག་ལ་གསང་མཆོག་བདུད་རྩིའི་དབང་། །འདི་ཉིད་དུ་ནི་བསྐུར་དུ་གསོལ། །གསུམ་བརྗོད། ཐོད་པ་སྨོན་མའི་སྤྱི་བོ། དཔྲལ་བ་མཐེན་པར་གཏུག་ཅིང་། མཚན་ལྡན་རིན་ཆེན་ཐོད་པ་འདི། །ཟག་མེད་གསང་མཆོག་བདུད་རྩིས་བཀང་། །སྐལ་ལྡན་བུ་ལ་དབང་བསྐུར་རོ། །ཟག་མེད་བདེ་བས་རྒྱས་གྱུར་ཅིག །ཨོཾ་ཨཱཿཧཱུྃ། བརྗོད་ནས་བླུད། དེ་ལྟར་གསང་མཆོག་བདུད་རྩིའི་དབང་བསྐུར་བ་ལ་བརྟེན་ནས། ངག་གི་སྒྲིབ་པ་དག །ལོང་གཏམ། འཁྲུལ་ཚིག །ངག་འཁྲུལ་རྣམས་གཅོད་ཅིང་། གསུང་དབྱངས་ཡན་ལག་དྲུག་ཅུ་དང་ལྡན་ཏེ། ས་བཅུ་གཉིས་རབ་ཏུ་ཐོབ་པའོ། །བཀྲ་ཤིས་བརྗོད།

མཆོག་དབང་གཉིས་པ་བསྐུར་བའི་དོན་དུ་ཕྱག་དང་མཎྜལ་ཕུལ་ནས་གསོལ་བ་བཏབ་པ་ནི། བླ་མ་དཀྱིལ་འཁོར་ལྷ་ཚོགས་དང་། །དུར་ཁྲོད་བདག་མོ་རིགས་བཞི་སོགས། །མཁའ་འགྲོའི་ཚོགས་རྣམས་དགོངས་སུ་གསོལ། །ཤེས་རབ་མཚལ་གྱི་དཀྱིལ་འཁོར་མཛེས། །མ་རིག་སྒྲོན་མེ་འདེབས་པའི་ཕྱིར། །དབང་མཆོག་དེ་ནི་བདག་ལ་སྩོལ། །གསུམ་དང་། མེ་ལོང་དཔྲལ་བ་དང་སྙིང་ག་ལྟེ་བ་རྣམས་ལ་རེག་ཅིང་། སྤྱི་བོར་བཞུང་སྟེ། དངས་གསལ་རྟོག་མེད་མེ་ལོང་

ལ། །ཤེས་རབ་མཚལ་གྱི་དཀྱིལ་འཁོར་མཛེས། །མ་རིག་སྒྲོན་མེ་འདེགས་པའི་ཕྱིར། །དབང་མཆོག་དེ་ནི་བདག་ལ་སྩོལ། །གསུམ་དང་། མེ་ལོང་དཔྲལ་བ་དང་སྙིང་ག །ལྟེ་བ་རྣམས་ལ་རེག་ཅིང་། སྤྱི་བོར་བཟུང་སྟེ། དངས་གསལ་རྟོག་མེད་མེ་ལོང་ལ། །ཤེས་རབ་མཚལ་གྱི་དཀྱིལ་འཁོར་བཞེངས། །མཁའ་འགྲོའི་སྒྲོག་ཡིག་ཕྲུགས་ཀྱིས་བརྒྱན། །འགྱུར་མེད་ཐུགས་ཀྱི་དཀྱིལ་འཁོར་འདིས། །སྐལ་ལྡན་རིགས་ཀྱི་བུ་ལ་དབང་བསྐུར་རོ། །ནམ་མཁའི་ཆར་རླུང་སྤྲིན་ཚོགས་རབ་དྭངས་ནས། །གསལ་དྭངས་བདེ་སྟོང་རྒྱུན་དང་ལྡན་གྱུར་ཅིག །ཧཱུཾ་ཧཱུཾ་ཧཱུཾ། དེ་ལྟར་ཤེས་རབ་མཚལ་གྱི་དབང་བསྐུར་བ་ལ་བརྟེན་ནས། མི་གཡོ་ཉིད་དེ་འཛིན་མཁྱེན་པའི་ཀློང་དང་མ་བྲལ་བ། ཤེས་བྱ་ཇི་ལྟ་བ་དང་། ཇི་སྙེད་པ་ཐམས་ཅད་རང་བཞིན་དག་ཅིང་། རང་བཞིན་གསལ་བར་གྱུར་ཏེ། ས་བཅུ་གསུམ་ཐོབ་པར་འགྱུར་རོ། །བཀྲ་ཤིས་བརྗོད།

མཆོག་དབང་གསུམ་པ་ནི། ཕྱག་དང་མཇལ་ཕུལ་ཏེ། ཨ་ཧཾ། སྐྱེ་འགག་རིག་པའི་ངོ་བོ་འདི། །གཉིས་སུ་བརྗོད་པ་མ་ཡིན་ཏེ། །གཅིག་ཏུ་བརྗོད་ན་བསམ་ལས་འདས། །མ་བརྗོད་པ་སྟེ་བརྗོད་པའི་མཆོག །སྣ་ཚོགས་སྣང་བ་གང་ནས་བྱུང་། །རང་གི་རིག་པ་དེ་ཉིད་ཡིན། །གང་ཤར་སེམས་ཀྱི་ངོ་བོ་ཡིན། །གསལ་སྟོང་སེམས་ཀྱི་གཞི་མ་ཡིན། །འགྲོ་འདུ་སེམས་ཀྱི་ལམ་འཁྱེར་ཡིན། །གཉིས་སུ་མེད་པ་འབྲས་བུ་ཡིན། །ཁོ་ཐག་ཆོད་པ་ཆོས་སྐུ་ཡིན། །དེ་ལྟར་རང་གི་སེམས་ལ་ལྟོས། །ལྟོས་ཤིག་ལྟོས་ཤིག་སེམས་ལ་ལྟོས། །སངས་རྒྱས་གཞན་དུ་མ་འཚོལ་བར། །རང་སེམས་ཡིན་པར་ཁོ་ཐག་ཆོད། །མཐར་ཐུག་མཆོག་དབང་གསུམ་པ་ཡིན། །དེ་ལྟར་བགྱིས་སོ་རིགས་ཀྱི་བུ། །མཆོག་ཆེན་ཆེན་པོའི་དབང་བསྐུར་བ་ལ་བརྟེན་ནས་ངོ་བོ་གཉིས་སུ་མེད་པ་ཕྱག་རྒྱ་ཆེན་པོ་འབད་མེད་དུ་འབྱུང་ཞིང་། མཐའ་དབུས་མེད་པ་ཆོས་སྐུ་

འགྱུར་བ་མེད་པའི་གོ་འཕང་ལ་སྲིད་པ་གསུམ་པོ་རབ་ཏུ་བཀོད་དེ། ཕྱིར་མི་ལྡོག་པའི་ཆོས་འཁོར་རབ་ཏུ་བསྐོར་བའོ། །བཀྲ་ཤིས་བརྗོད།

རྡོ་རྗེ་སློབ་དཔོན་གྱི་དབང་ནི། ཕྱག་དང་མཎྜལ་ཕུལ། བླ་མ་ལྷ་ཡི་མཆོག་དབང་དེ། །དེང་འདིར་བདག་ལ་བསྐུར་བར་བྱ། །སློབ་དཔོན་ཆེན་པོས་བཀའ་སྩལ་ཏོ། །སློབ་མ་སྐད་ཅིག་གིས་དམ་ཚིག་གི་ལྷ་མོ་སྡོ་ལྗང་རེ་གསལ་བར་གྱུར། བུམ་པ་མགོར་བཞག །སློབ་དཔོན་ཉིང་འཛིན་དཀྱིལ་འཁོར་དུ། །ལྷ་མཆོག་བུམ་པའི་དབང་བསྐུར་རོ། །རིག་པའི་མེ་ཏོག་ཁྱེད་རྣམས་ཀྱིས། །རབ་ཏུ་ཡོང་ལ་ཉམས་སུ་ལོང་། །ཨ་ཧྲི་ཕ་ཀ་ཏ་ས་མ་ཡ་ཧྲཱི་ཡེ་ཧཱུྃ། བུམ་ཆུ་བླུད་ཅིང་གཏོར་བ་བྱེད་པ་སྟེ། སློབ་དཔོན་གྱི་དབང་ངོ་། །རྡོ་རྗེའི་དམ་ཚིག་སྦྱིན་པ་ནི། གཡས་ལ་རྡོ་རྗེ་གཏད། དུས་གསུམ་སངས་རྒྱས་ཐམས་ཅད་དང་། །རྡོ་རྗེ་སེམས་དཔའི་ཕྱག་ན་གནས། །ཁྱོད་ཀྱིས་རྟག་ཏུ་འཆང་བ་གྱིས། ཧཱུྃ་ཧཱུྃ། དྲིལ་བུ་གཡོན་དུ་བྱིན། དྲི་མེད་ཡིད་འོང་གསུང་སྙན་འདི། །མ་སྐྱེས་མི་འགག་ངོ་བོ་ཉིད། །ཁྱོད་ཀྱིས་རྟག་ཏུ་གཟུང་བར་གྱིས། །ཨ་ཨ། རྡོ་རྗེ་དྲིལ་བུ་མཉམ་དུ་སྦྱོར་བར་བྱེད་དུ་བཅུག །རྡོ་རྗེ་དྲིལ་བུ་མཉམ་སྦྱོར་བ། །འཁོར་འདས་མཉམ་པ་ཉིད་ལ་སྦྱོར། །དེས་དམ་ཚིག་གསུམ་གྱི་དབང་སོང་། མེ་ལོང་སྤྱི་བོར་བཞག་ནས་ལྷ་བསྒོམ་དུ་བཅུག་སྟེ། བླ་མ་དང་དཀྱིལ་འཁོར་གྱི་ལྷ་ཚོགས་རྒྱུན་དུ་སྤྱི་བོར་སྒོམས་ཤིག །སྙིང་ག་དང་ལྟེ་བར་ཤེས་རབ་མཚལ་ཐིགས། ཡུམ་གཅིག་དུར་ཁྲོད་བདག་མོ་སྙིང་དང་མ་བྲལ་བར་གྱིས་ཤིག །ནས་འཐོར།

དེ་ལྟར་སྤྱིའི་དབང་སོང་ནས། ད་རྗེས་གནང་སྦྱིན་པ་ནི། དབང་རྫས་ཐ་དད་དུ་འཁྲིམ་ཞིང་། སྤྱི་གཙུག་ཕག་ཞལ་ནག་པོ་དུར་བ་འདི། །ཆོས་ཉིད་འགྱུར་བ་མེད་པའི་དབང་དང་ལྡན་གྱུར་ཅིག །ཁྲོ་ཞལ་ནག་པོ་རབ་ཏུ་བརྗིད་པ་འདི། །བདེ་གཤེགས་ལས་ལ་འགྲེད་པའི་དབང་དང་ལྡན་གྱུར་ཅིག །ཞལ་གདངས་མཆེ་བར་རབ་ཏུ་གཙིགས་པ་

འདི། །ཁམས་གསུམ་དབང་དུ་བསྡུད་པའི་དབང་དང་ལྡན་གྱུར་ཅིག །དབུ་སྐྲ་དམར་སེར་གྱེན་དུ་འབར་བ་འདི། །ཐར་ལམ་མྱུར་དུ་བགྲོད་པའི་དབང་དང་ལྡན་གྱུར་ཅིག །དུར་ཁྲོད་ཆས་ཀྱིས་སྐུ་ལ་བརྒྱན་པ་འདི། །རྣམ་ཐར་བརྒྱད་ལྡན་དབང་དང་ལྡན་གྱུར་ཅིག །ཕྱག་གཡས་གནམ་ལྕགས་གྲི་གུག་བསྣམས་པ་འདི། །དགྲ་ཡི་ཚེ་སྲོག་གཅོད་པའི་དབང་དང་ལྡན་གྱུར་ཅིག །གཡོན་པས་ལྕང་ལོ་ཁྲག་གིས་བཀང་བ་འདི། །དགྲ་ལ་ཁྲག་ནད་གཏོང་བའི་དབང་དང་ལྡན་གྱུར་ཅིག །ཁཊྺཱཾ་རྩ་གསུམ་གཡོན་ན་བསྣམས་པ་འདི། །སྐུ་གསུམ་དོན་དང་ལྡན་པའི་དབང་དང་ལྡན་གྱུར་ཅིག །གཡེར་ཁའི་དྲིལ་བུས་རབ་ཏུ་བརྒྱན་པ་འདི། །སྐྱེ་སངས་རྒྱས་པའི་དབང་དང་ལྡན་གྱུར་ཅིག །རྟོག་མེད་རོ་ཡི་གདན་ལ་བཞུགས་པ་འདི། །དུར་ཁྲོད་བརྒྱད་དང་ལྡན་པའི་དབང་དང་ལྡན་གྱུར་ཅིག །དམར་གཏོར་ཆེན་པོ་མི་ཤས་བརྒྱན་པ་འདི། །ཞིང་སྐྱོང་མཁའ་འགྲོས་སྲོག་སྙིང་ཕུལ་བའི་དབང་དང་ལྡན་གྱུར་ཅིག །མི་རྐང་གླིང་བུ་རྒྱུན་དུ་འབུད་པ་འདི། །ལྷ་སྲིན་སྡེ་བརྒྱད་བྲན་དུ་འཁོལ་བའི་དབང་དང་ལྡན་གྱུར་ཅིག །ཐུགས་ཀྱི་བརླས་པ་རྒྱུན་དུ་བྱེད་པ་འདི། །རིགས་སྔགས་མངོན་དུ་འགྲུབ་པའི་དབང་དུ་ལྡན་གྱུར་ཅིག །དེ་ནས་གཟིངས་བསྟོད་དེ། དེ་ལྟར་དབང་། མཐའ་རྟེན། རྗེས་གནང་དང་བཅས་པ་བསྐུར་བ་ཡིན་པས། འདི་ཡི་སྒོ་ནས་སེམས་ཅན་གྱི་དོན་རྒྱ་ཆེན་པོ་སྒྲུབས་ཤིག་དང་། རིང་པོ་མི་ཐོགས་པར་རྡོ་རྗེ་མཁའ་འགྲོ་མངོན་དུ་འགྱུར་ཞིང་སངས་རྒྱས་ཐོབ་པར་ཐེ་ཚོམ་མེད་པ་ཡིན་ནོ། །ལུང་དང་མན་ངག་གཞན་ལ་འཆད་པར་གྱིས་ཤིག །བཏང་རག་གི་མཎྜལ་ཕུལ་ནས། གཙོ་བོས་ཇི་ལྟར་བཀའ་སྩལ་པ། །དེ་དག་ཐམས་ཅད་བདག་གིས་བགྱིད། །ལན་གསུམ། དེང་ནས་བཟུང་སྟེ་བདག་བྲན་དུ། །ཁྱེད་ལ་བདག་ནི་

འབུལ་ལགས་ཀྱིས། །ཁྱེད་ཀྱིས་སློབ་མར་གཟུང་བ་དང་། །ཆ་ཡིས་ཀྱང་ནི་སྲུང་དུ་གསོལ། །ལན་གསུམ་བྱ། དེ་ནས་ཚོགས་བསྔོ། ཚོགས་ཕུད་གཏོར་མ་བྲན་ནས་བསྔོ། དེ་ནས་ཚོགས་ལ་ལོངས་སྤྱོད་ལྷག་མ་བསྡུས་ནས་ཚབ་བྲན་ནས་བསྔོ། ཕྱི་རོལ་དུ་སྐྱུར། རོལ་མོ་སོགས་དྲག་ཏུ་བསྔོ། རྗེས་ཆོག་བྱས་ཏེ། མཆོད་ཕྱིར་གནས་འདིར་གང་ལྷགས་པ། །འབྱུང་པོ་ས་འོག་རྒྱུ་བ་དང་། །གང་ཡང་ཉིང་འཁོད་པ་དག །ས་བླར་གྱུར་པ་གང་ཡིན་པ། །མགུ་བར་གྱིས་ལ་རང་གནས་སུ། །ཐམས་ཅད་མ་ལུས་འགྲོ་བར་གྱིས། །སྭ་གཙྪ། གཙྪ། ཚོ་ག་ལྷག་ཆད་འགལ་འཁྲུལ་ཉེས་པའི་ཚོགས་ཐམས་ཅད་དག་ནས། ཡུན་གྱི་སྒྲིབ་པ་དང་། འཁྲུལ་གྱི་རྐྱེན་དུ་མི་འགྱུར་བར་མཛད་དུ་གསོལ། །ཡིག་བརྒྱ་བརྗོད། བཀྲ་ཤིས་བརྗོད། ཡེ་ཤེས་པ་རང་གནས་སུ་གཤེགས། དམ་ཚིག་པ་རང་ལ་བསྡུ། རང་ཉིད་སྐད་ཅིག་གིས་རྡོ་རྗེ་མཁའ་འགྲོར་གྱུར། སྣང་བསམ་བརྗོད་མེད་ཤེས་རབ་ཕ་རོལ་ཕྱིན། །མ་སྐྱེས་མི་འགག་ནམ་མཁའི་ངོ་བོ་ཉིད། །སོ་སོ་རང་རིག་ཡེ་ཤེས་སྤྱོད་ཡུལ་བ། །དུས་གསུམ་རྒྱལ་བའི་ཡུམ་ལ་ཕྱག་འཚལ་ལོ། །དཀོན་མཆོག་རིན་ཆེན་གསུམ་ལ་ཕྱག་འཚལ་ལོ། །སོགས་དང་། ཆོས་དབྱིངས་བྱང་ཆུབ་སེམས་ཀྱི་དཀྱིལ་འཁོར་དུ། །བདག་སོགས་སེམས་ཅན་ཐམས་ཅད་ཀྱིས། །དུས་གསུམ་བསགས་དང་རྫོགས་པ་ཡིས། །འགྲོ་དྲུག་སེམས་ཅན་མ་ལུས་པ། །སྐུ་ལྔ་ཡོངས་རྫོགས་སངས་རྒྱས་མྱུར་དུ་འགྲུབ་པར་ཤོག །དེ་ཡན་ལྷ་དབང་ལུས་ལ་བསྐུར་བ་ཡིན་ཅིང་།

དོན་དབང་སེམས་ལ་བསྐུར་བར་བྱེད་པ་ལ། ལུས་སྣང་ལ་རང་བཞིན་མེད་པའི་ངང་ནས། །ལྟེ་བའི་འོག་ཏུ་ཡི་གེ་ཨ་དཀར་པོ་གཅིག་གསལ་བཏབ། །སྤྱི་བོར་བླ་མ་དང་རྡོ་རྗེ་མཁའ་འགྲོ་དབྱེར་མེད་པ་བསྐྱེད། སྤྱི་བོར་ཐལ་མོ་སྦྱར། རྐང་པ་དཀྱིལ་ཀྲུང་བཅའ། ལུས་ཐང་ཞ་བཅད། ཕཊ་བརྗོད་པས། ལྟེ་འོག་གི་ཨ་དེ་ལྟེ་བའི་ཐད་

དུ་དཀར་རྒྱངས་ཀྱིས་བྱུང་། སྙིང་གའི་ཐད་དུ་དཀར་རྒྱངས་ཀྱི་བྱུང་། མགྲིན་པའི་ཐད་དུ་དཀར་རྒྱངས་ཀྱིས་བྱུང་། སྤྱི་བོ་ཚངས་པའི་བུ་ག་ཁང་པའི་རྒྱ་མཐོངས་ཁ་ཕྱེ་བ་ལྟར་གསལ་ཏ་རེ་ཡོད་པ་ནས། རྩལ་པོ་ཆེས་མདའ་འཕངས་པ་ལྟར་དཀར་རྒྱངས་ཀྱིས་སོང་། བླ་མ་དང་རྡོ་རྗེ་མཁའ་འགྲོ་ཐ་མི་དད་པའི་ཐུགས་ཀར་བསྟིམ་གྱིས་ཐིམ། བླ་མ་འོག་མིན་དུ་མངོན་པར་རྫོགས་པར་སངས་རྒྱས་པར་བསམ་ལ། དེ་ཉིད་ཀྱི་ངང་དུ་ཅི་གནས་སུ་བཞག །དེ་ནས་ཕབ་པར་བྱེད། ངོ་སྒྲོད་ཀྱང་རིམ་པ་ལྟར་བྱེད་པའོ། །དེ་ནི་ཆོས་དབང་སེམས་ལ་བསྐུར་བ་ཡིན་པས་རྗེས་གནང་ཚོའི་རྗེས་སུ་བྱེད་རྒྱུ་ཡིན་ནོ། །དེ་ཡན་དབང་རྒྱས་པའི་ལུགས་སོ། །

དབང་བསྡུས་པ་བྱེད་ན། མཎྜལ་ཕུལ། སྐྱབས་འགྲོ་སེམས་བསྐྱེད། ཡི་ཤེས་ཕབ་པ་སྔོན་དུ་གཏོང་བ་བྱེད་དེ། གཏོར་མ་འདི་ལ་བརྟེན་ནས་སྐུ་ཡི་དབང་དང་། གསུང་གི་དབང་། ཐུགས་ཀྱི་དབང་། བཞི་པ་བསྐུར་བར་བྱེད་པ་ལ། ཐོག་མར་སྐུ་ཡི་དབང་ཞུ་བའི་དོན་དུ་མཎྜལ་ཕུལ་ནས་གསོལ་བཏབ་བྱེད་པ་ནི། བླ་མ་རྡོ་རྗེ་མཁའ་འགྲོའི་ཚོགས། །འདིར་གཤེགས་བདག་ལ་དགོངས་མཛོད་ལ། །དངོས་གྲུབ་མ་ལུས་རྩོལ་བའི་ཕྱིར། །སྐུ་ཡི་རྗེས་གནང་རྩལ་དུ་གསོལ། །ལན་གསུམ་བརྗོད་ནས། གཏོར་མ་མགོ་ཐོག་ཏུ་བཟུང་ནས། རྡོ་རྗེ་མཁའ་འགྲོའི་སྐུ་ལུས་ཀྱི་ཆ་ནས་སྐུ་ཆེ་ཆུང་འབྲིང་གསུམ་ཆར་བཞིན་དུ་བབ། ཁྱེད་རང་གི་ལུས་ལ་སིབ་སིབ་ཐིམ་པའི་མོས་པ་མཛོད་ཅིག །རྡོ་རྗེ་མཁའ་འགྲོ་སྐུ་འཁོར་དང་བཅས་པ་ཐམས་ཅད་ཀྱིས། རྡོ་རྗེའི་སློབ་མ་འདི་དག་ལ་དབང་བཞི་ཡོངས་སུ་རྫོགས་པར་བསྐུར། རྒྱུད་བཞི་སྨིན། ཕྲིན་ལས་རྣམ་བཞིའི་དངོས་གྲུབ་སྩོལ་དུ་གསོལ་བརྗོད། གཏོར་རྒྱན་མགོ་ལ་བསྐུ། ནང་མཆོད་ལག་ཏུ་བླུད་ནས་འཐུང་བཅོལ་ཏེ། ཨ་ཀྵི་ཕེ་ཀཱ་ཏ་ས་མ་ཡ་ཤྲི་ཡེ་ཧཱུཾ། བརྗོད་ཅིང་བཀྲ་ཤིས་བརྗོད། ཕྲེང་བ་ལག་ཏུ་གཏད་དེ། ཨོཾ་ཤྲཱི་བཛྲ་ཌཱ་ཀ་ཏེ་ཀྲོ་ཀྵི་ཀཱ་ལི་ཏ་རི་ཎི་ས། ཨ་བེ་ཤ་ཡ་ཧཱུཾ་ཕཊ་སྭཱ་ཧཱ། ཉེར་གཅིག་གམ། བདུན། ལྔ་སོགས་བརྗོད་ཅིང་། ཕྲེང་བ་མགྲིན་པར་གཏུག །བཅོམ་ལྡན་

འདི་ལ་སྐུལ་ལགས་ཀྱི། །འདི་ལ་འགོ་བར་མཛད་དུ་གསོལ། །ཐུགས་ཀྱི་ནུས་པ་ཐོན་པར་བྱིན་གྱིས་རློབས། །ནང་མཆོད་བླུད། བཀྲ་ཤིས་བརྗོད། །ཡང་གོང་ལྟར་མཎྜལ་དང་གསོལ་བཏབ་བྱེད། གཏོར་མ་མགོར་བཟུང་། རྡོ་རྗེ་མཁའ་འགྲོའི་ཐུགས་ཀ་ནས་ཕྱག་མཚན་གྱི་ཚོགས་བྱུང་། ཁྱེད་རང་གི་སྙིང་གར་ཐིམ་པའི་མོས་པ་མཛོད་ཅིག །བླ་མ་དང་རྡོ་རྗེ་མཁའ་འགྲོ་སྐུ་འཁོར་དང་བཅས་པ་ཐམས་ཅད་ཀྱིས། རྡོ་རྗེ་སློབ་མ་འདི་དག་གི་ལུས་ཀྱི་ན་ཚ། སེམས་ཀྱི་སྡུག་བསྔལ་ཐམས་ཅད་ཞི་ནས། བསམ་པའི་དོན་ཐམས་ཅད་ཆོས་ལྡན་ཡིད་བཞིན་དུ་འགྲུབ་པར་མཛོད་ཅིག །ནང་མཆོད་བླུད། བཀྲ་ཤིས་བརྗོད། དབང་བཞི་པ་ནི། གཏོར་མ་མགོར་བཟུང་། བླ་མ་བརྒྱུད་རིམ་གྱི་མཚན་ནས་སྨོས་ཏེ། རྡོ་རྗེའི་སློབ་མ་འདི་དག་གི་འགལ་རྐྱེན་བར་ཆད་མི་མཐུན་པའི་ཕྱོགས་ཐམས་ཅད་ཉེ་བར་ཞི་བར་གྱུར་ཅིག །མོ་འདྲེ། ཐེལ་རང་། ཟ་འདྲེ་ཤི་གཤེད་ཀྱི་གནོད་པ་ཐམས་ཅད་ཉེ་བར་ཞི་བར་གྱུར་ཅིག །སྨྱོ་འབོག་དང་། རྒྱལ་སྲིན་གྱི་གནོད་པ་ཐམས་ཅད་ཉེ་བར་ཞི་བར་གྱུར་ཅིག །ཕོ་ཉ་མོ་དང་། ལས་མཁན་གྱི་གནོད་པ་ཐམས་ཅད་ཉེ་བར་ཞི་བར་གྱུར་ཅིག །བརྗོད། བཀྲ་ཤིས་དང་། གཙོ་བོས་ཇི་ལྟར་བཀའ་སྐུལ་པ་སོགས། དེང་ནས་བཙམས་ཏེ་བདག་བྲན་དུ་སོགས་ནས། བཏང་རག་གི་མཎྜལ་ཕུལ། ཚོགས་དང་རྗེས་ཆོག་སོགས་གོང་དུ་གསལ་ལོ། །རིག་པའི་ལྷ་མོ་གསལ་བྱེད་གར་སྟབས་འཁྱུག །དྲེགས་འཛོམས་ཛམ་ཚུལ་སྒྲ་ཡིས་སྲིད་གསུམ་ཁེངས། །གཡོ་མེད་ཏིང་འཛིན་འཕྲུལ་གཙོད་བདེ་ལྡན་བདག་འདྲ་སྐྱོངས། །ཐོག་མཐའ་ཀུན་ལ་མདངས་གསལ་རྒྱན་བཀྲ་འདོད་དགུ་ཆར་ལྟར་ལྷམ་མེ་བརྙེས། །ཞེས་པ་གཙོད་གདན་ཐོག་གཅིག་མའི་ཁྲིད་ཡིག་ཕྲིན་ལས་རྒྱ་མཚོ་ལས་གནམ་ལྕགས་ལྷ་བུའི་དབང་བསྐུར་ངེས་གསལ་འདི། རྟོགས་ལྡན་ལྷ་ཕྱེངས་པ་སོགས་མོས་འཛིན་རྣམས་ཀྱིས་བསྐུལ་བའི་ངོར། ཤཱཀྱའི་དགེ་སློང་ཀ་ཤ་ཆོས་ཀྱི་རྒྱ་མཚོ་ཞེས་བྱ་བས། དབེན་གནས་ཆེན་པོ་གངས་དཀར་དུ་སྦྱར་བའོ། །སྨན་ཐབས་ཡིག་ཚང་ངོ།། །།

༄། །གློག་དམར་ལྷ་བུའི་དབང་བསྐུར་རྡོ་རྗེ་རྣལ་འབྱོར་མའི་སྒྲུབ་ཐབས་ཆོ་གའི་རིམ་པ་བཞུགས་སོ། །

བླ་མ་དང་མཁའ་འགྲོའི་ཚོགས་ལ་ཕྱག་འཚལ་ལོ། །དཔའ་བོ་མཁའ་འགྲོ་འདུ་བ་ལ། །གློག་དམར་ལྷ་བུའི་དབང་བསྐུར་དགོས། །ཞེས་པ་དམར་མོ་དབང་གི་མངའ་བདག་རྡོ་རྗེ་རྣལ་འབྱོར་མའི་སྒྲུབ་ཐབས་ཟིན་བྲིས་ཀྱི་དཀའ་སྟོན་བྲི་བར་བྱ་སྟེ། ཐོག་མར་རྟུལ་ཚོན་དང་ཚོམ་བུ་གང་རུང་གི་ཆོས་འབྱུང་གྲུ་གསུམ་པའི་དབུས་སུ་འདབ་བརྒྱད་ཕྱོགས་ཚོན་གྱི་ཚུལ་དུ་བྱེད། ཆོས་འབྱུང་གི་ཕྱི་རིམ་དུ་ནས་འདྲ་རིས་ཀྱི་དཀྱིལ་འཁོར། དེའི་ཕྱི་རིམ་དུ་པད་ར། རྡོ་ར། མེ་རི་བྲི། དབུས་སུ་མཆེའི་སྟེང་དུ་བུམ་པ་བུམ་རྫས་རྒྱུས་གསུམ་གཉིས་ཙམ་གང་། མགུལ་ཆིངས་དམར་པོ་དང་འོ་མ་ཅན་གྱི་ཤིང་གིས་ཁ་རྒྱན། ཐོད་པ་མཚན་ལྡན་བདུད་རྩིས་བཀང་སྟེ་ཐོག་ཏུ་བཞག །གཏོར་མ་ཆ་གསུམ་དང་། དབང་གཏོར་ཀླུམ་པོ་རྒྱན་ལྡན་རྣམས་གོང་དུ་བཤམ། ཚོགས་གཏོར་མཆོད་པ་རྣམ་ལྔས་མཐའ་བསྐོར། མདུན་དུ་སྟེགས་ཀྱི་ཁར་རང་ཉིད་སྟོད་ཅིང་། ནང་མཆོད་ཊ་དྲིལ་རྣམས་བཤམས་ཏེ། ནང་མཆོད་བྱིན་རླབས་ནི། ཨོཾ་ཨཱཿཝིགྷྣཱ་ན་ཀྲི་ཏ་ཧཱུཾ་ཕཊ། ཨོཾ་སྭ་བྷཱ་ཝ་ཤུདྡྷ་ས་དྷརྨཱ་སྭ་བྷཱ་ཝ་ཤུདྡྷོ྅་ཧཾ། སྟོང་པ་ཉིད་དུ་གྱུར། སྟོང་པའི་ངང་ལས་ཡཾ་ལས་རླུང་གི་དཀྱིལ་འཁོར་སྔོན་པོ་དབྱིབས་གཞུ་བཏྲངས་པ་ལྟ་བུ། མཆོག་མ་གཉིས་ལ་གཡོ་བའི་བ་དན་གྱིས་མཚན་པ། དེའི་སྟེང་དུ་རཾ་ལས་མེའི་དཀྱིལ་འཁོར་གྲུ་གསུམ་དམར་པོ་རཾ་གྱིས་མཚན་པ། དེའི་སྟེང་དུ་ཀཾ་གསུམ་ལས་ཐོད་པ་བུམ་རིལ་གྱི་སྒྱིད་བུ་ལྟག་པ་ནང་དུ་བསྟན་པ་སྐམ་པོ་གསུམ་གྱི་སྟེང་དུ། ཡི་གེ་ཨ་ཡོངས་སུ་གྱུར་པ་ལས། ཀ་པཱ་ལ་ཕྱི་དཀར་ལ་ནང་དམར་བ་རྒྱ་ཁྱོན་ཆོས་ཀྱི་དབྱིངས་དང་མཉམ་པ། དེའི་དབུས་སུ་མུ་ལས་དྲི་ཆུ་བཻཌཱུརྻ་ལྟ་བུ། ཤར་དུ

ཐི་ལས་དྲི་ཆེན་ཤེལ་ལྡ་བུ། ལྷོར་ར་ལས་རཀྟ་གསེར་བཙོ་མ་ལྡ་བུ། ནུབ་ཏུ་ཤུ་ལས་བྱང་སེམས་དཀར་དམར། བྱང་དུ་མ་ལས་ཀླད་པ། དབུས་སུ་ན་ལས་མིའི་ཤ །ཤར་ལྷོར་གོ་ལས་བ་ལང་གི་ཤ །ལྷོ་ནུབ་ཏུ་ཀུ་ལས་ཁྱིའི་ཤ །ནུབ་བྱང་དུ་ད་ལས་གླང་པོ་ཆེའི་ཤ །བྱང་ཤར་དུ་ཧ་ལས་རྟའི་ཤ། །དེ་རྣམས་སླར་ཡང་ཡི་གེ་དེ་དག་གིས་མཚན་པའོ། །རང་གི་སྙིང་ཁུག་གཡོན་པ་ནས་རླུང་ཧཱུྃ་གི་དབྱིབས་ཅན་འཕྲོས། རླུང་གི་དཀྱིལ་འཁོར་ལ་ཕོག །བ་དན་བསྐྱོད། རླུང་གཡོས། མེ་སྦར། ཐོད་པ་དྲོས། རྫས་རྣམས་ཁོལ། ཉེས་པའི་སྐྱོན་རྣམས་ཕྱིར་ལུད། རླངས་པ་འོད་ཟེར་གྱི་ཚུལ་དུ་ཡར་སོང་། སངས་རྒྱས་དང་བྱང་ཆུབ་སེམས་དཔའ་རྣམས་ཀྱི་ཐུགས་ཀ་ནས་ཡེ་ཤེས་ཀྱི་བདུད་རྩི་བཀུག །དམ་ཚིག་གི་བདུད་རྩི་དང་གཉིས་སུ་མེད་པར་འདྲེས། ཡེ་ཤེས་ཀྱི་བདུད་རྩིའི་རྒྱ་མཚོ་ཆེན་པོར་གྱུར། ཨོཾ་ཨཱཿཧཱུྃ། དཀར་གཏོར་ཆུ་གཙང་གིས་བྲན་ནས། གཏོར་མ་དངས་ཤིང་ཐོགས་པ་མེད་པ། གཞི་བདག་རྣམས་ཀྱི་འདོད་པའི་ཡོན་ཏན་ལྔ་དང་ལྡན་པར་གྱུར། ཨ་ཀཱ་རོ་ས་རྒྱས་འདེབས། རོལ་མོ་དང་བཅས་ནས་ཕུལ། བགེགས་གཏོར་བཤམས་ཏེ་ཆབ་བྲན། དགུག་གཞུག་བྱེད། མཆོད་སྦྱིན་གྱི་གཏོར་མ་རྒྱ་ཆེན་པོ་འདི། བགེགས་ཀྱི་རྒྱལ་པོ་བི་ནཱ་ཡ་ཀས་གཙོ་བྱས་བགེགས་རིགས་ལན་ཆགས་ཀྱི་ཚོགས་དང་བཅས་པ་རྣམས་ལ་འབུལ་ལོ། །བདག་ཅག་དཔོན་སློབ་འཁོར་དང་བཅས་པ་རྣམས་ཀྱི་ལུས་ངག་ཡིད་གསུམ་ལ་གནོད་ཅིང་འཚེ་བར་བྱེད་པའི་གདོན་བགེགས་འབྱུང་པོའི་ཚོགས་རྣམས་གཏོར་མ་འདིས་ཚིམ་པར་གྱིས་ལ་འདིར་མ་གནས་པར་ཕྱིར་དེངས་ཤིག །སུཾ་བྷ་ནི་ས་མཚམས་བཅད། བསྲུང་འཁོར་བསྒོམ། སྐྱབས་འགྲོ་སེམས་བསྐྱེད། ཚད་མེད་བཞི་བསྒོམ་ཞིང་།

ཚོགས་ཞིང་ནི། མདུན་གྱི་ནམ་མཁར་རྡོ་རྗེ་རྣལ་འབྱོར་མའི་ལྷ་ཚོགས་གཞལ་ཡས་

ཁང་དང་བཅས་པ་སྤྱན་དྲངས། བཛྲ་ས་མ་ཛཿ ཨརྒྷཾ་སོགས་ཀྱིས་མཆོད། དུས་གསུམ་བདེ་གཤེགས་ཡུམ་གཅིག་མ། །འགྲོ་བའི་དཔལ་མགོན་སྒྲོལ་པའི་ཚུལ། །མཁའ་འགྲོའི་ཚོགས་དང་བཅས་པ་ལ། །བདག་ཉིད་གུས་པས་ཕྱག་འཚལ་བསྟོད། །ས་གཞི་སྤོས་ཀྱིས་བྱུགས་ཤིང་སོགས་དང་། རྒྱས་པར་བྱེད་ན་ཡན་ལག་བདུན་པ་ཚང་མ་ཕུལ། གསོལ་འདེབས་ནི། མཐའ་དབུས་བྲལ་བའི་ཡུམ་ཆེན་དང་། །མི་མངོན་དབྱིངས་སུ་བདག་མེད་མ། །བྲོ་རྩོལ་བྲལ་བའི་ཕག་མོ་ལ། །གསོལ་བ་འདེབས་སོ་བྱིན་གྱིས་རློབས། །མཁའ་འགྲོའི་ལུང་བསྟན་ཏི་ལོ་པ། །དོན་གཉིས་མཐར་ཕྱིན་ནཱ་རོ་པ། །དགོངས་པ་མཐར་ཕྱིན་དམ་པ་རྗེ། །གསོལ་བ་འདེབས་སོཿ འགྲོ་བ་འདྲེན་མཛད་ལབ་སྒྲོན་དང་། །སྲས་མཆོག་དམ་པ་ཕཾ་ཐྲུ་ཡབ། །མཁྱེན་པ་རྒྱས་མཛད་བཞག་རམ་པ། །གསོལ་བ་འདེབས་སོཿ ངེས་དོན་ཟབ་མོའི་གནམ་མཚོ་བ། །མཁྱེན་པ་གཉིས་ལྡན་རང་བྱུང་རྗེ། །རྣལ་འབྱོར་དུས་པའི་རྒྱན་ཅན་ལ། །གསོལ་བ་འདེབས་སོཿ ངེས་མེད་མཐར་ཕྱིན་ལྷ་ཕུ་བ། །གནས་ལྔ་མཁྱེན་བརྩེ་འཇམ་དཔལ་བཟང་། །གྲུབ་པའི་གཙུག་རྒྱན་རྗེ་བཙུན་མ། །གསོལ་བ་འདེབས་སོཿ དངོས་གྲུབ་སྟེར་མཛད་མཁའ་འགྲོའི་ཚོགས། །བར་ཆད་མ་ལུས་སེལ་བ་ཡི། །ཕྲིན་ལས་བསྒྲུབ་པའི་ཆོས་སྐྱོང་ལ། །གསོལ་བ་འདེབས་སོ་བྱིན་གྱིས་རློབས། །དེ་ནས་ཚོགས་ཞིང་རྣམས་རང་ཉིད་ལ་ཐིམ་པར་གྱུར། ཨོཾ་ཤཱུ་ནྱ་ཏཱ་ཧཱུྃ། བདག་བསྐྱེད་ནི། སྭ་བྷཱ་ཝས་སྦྱངས། སྟོང་པའི་ངང་ལས་རཾ་ལས་མེའི་ཆོས་འབྱུང་གྲུ་གསུམ་ཕྱི་དཀར་ལ་ནང་དམར་བ་ཡངས་ཤིང་རྒྱ་ཆེ་བ། དེའི་ཕྱི་རིམ་དུ་རྡོ་རྗེ་རྩེ་གཅིག་པའི་གཞལ་ཡས་ཁང་མཆུ་དང་ཁ་ཁྱེར་སོར་བཞི་བཞི། དེའི་ཕྱི་རིམ་དུ་པདྨ་རྡོ་རྗེ། མེ་རིས་བསྐོར་བ་དང་བཅས་པའི་དབུས་སུ་པདྨ་འདབ་བརྒྱད། ལྟེ་བར་ཉི་མའི་དཀྱིལ་འཁོར་གྱི་སྟེང་དུ། རཾ་དམར་

སེར་ལས་འོད་ཟེར་འཕྲོས། འཕགས་པ་མཆོད། སེམས་ཅན་གྱི་དོན་བྱས། ཚུར་འདུས་ཧྲིཿལ་ཐིམ། དེ་ཡོངས་སུ་གྱུར་པ་ལས། རྡོ་རྗེ་རྣལ་འབྱོར་མ་ཕག་གདོང་མ་དམར་མོ་མེ་འོད་དང་ལྡན་པ་ཞལ་གཅིག་ཕྱག་གཉིས་སྤྱན་གསུམ་མཆེ་བ་བཞི་རབ་ཏུ་གཙིགས་པ། དབུ་སྐྲ་དམར་སེར་གྱེན་དུ་བརྫེས་པ་ལ་ཐོད་སྐམ་ལྔ་ཡིས་དབུ་ལ་བརྒྱན་པ། རློན་པ་ལྔ་བཅུ་རྩ་གཅིག་གིས་དོ་ཤལ་བྱས་པ། གླང་ཆེན་གྱི་སྟོད་གཡོགས་ཞིང་ཆེན་གྱི་སྨད་དཀྲིས་བྱས་པ། ཕྱག་གཡས་ལྕགས་ཀྱུ་དང་མེའི་ཞགས་པ་བསྣམས་པ་ནམ་མཁའ་ལ་འཕྱར་བ། གཡོན་པས་ཀ་པཱ་ལ་དམར་གཏོར་ཁྲག་གིས་བྲན་པ་གང་བ་བསྣམས་པ། ཞབས་གཡས་བསྐུམ་གཡོན་བརྐྱང་བའི་སྟབས་ཀྱིས་ཉི་མ་ལ་གནས་པའོ། །དེའི་ཤར་དུ་ཧ་ལས་ཕག་གདོང་མ་སྔོན་མོ། ལྷོར་རི་ལས་ཕག་གདོང་མ་སེར་མོ། ནུབ་ཏུ་ནི་ལས་ཕག་གདོང་མ་དམར་མོ། བྱང་དུ་ས་ལས་ཕག་གདོང་མ་ལྗང་གུ། ཤར་ལྷོར་པཾ་ལས་ཕག་གདོང་མ་དམར་སེར། ལྷོ་ནུབ་ཏུ་ཧཾ་ལས་ཕག་གདོང་མ་སེར་དམར། ནུབ་ཏུ་ཧྲ་ལས་ཕག་གདོང་མ་དམར་ལྗང་། བྱང་ཤར་དུ་ར་ལས་ཕག་གདོང་མ་ལྗང་སྔོན། དེ་ཐམས་ཅད་ཀྱང་ཞལ་གཅིག་ཕྱག་གཉིས། རྒྱན་ཆ་ལུགས་གཙོ་མོ་དང་མཚུངས་པའོ། །ལྷ་ཚོགས་དེ་དག་ཐམས་ཅད་ཀྱི་དཔྲལ་བར་ཨོཾ། མགྲིན་པར་ཨཱཿ ཐུགས་ཀར་ཧཱུྃ། དེ་ལས་འོད་ཟེར་འཕྲོས་པས། མཁའ་སྤྱོད་དང་ཕྱོགས་མཚམས་ནས་རྡོ་རྗེ་རྣལ་འབྱོར་མ་ལ་སངས་རྒྱས་དང་བྱང་ཆུབ་སེམས་དཔའི་ཚོགས་ཀྱིས་བསྐོར་བ་སྤྱན་དྲངས། བཛྲ་ས་མཱ་ཛཿ དེ་རྣམས་ཀྱི་སྤྱི་བོ་ནས་འོད་ཟེར་དཀར་པོ་བྱུང་། མགྲིན་པ་ནས་འོད་ཟེར་དམར་པོ་བྱུང་། ཐུགས་ཀ་ནས་འོད་ཟེར་མཐིང་ག་བྱུང་། རང་གི་གནས་གསུམ་དུ་ཐིམ་པར་གྱུར། ཨོཾ་བཛྲ་བེ་རོ་ཙ་ནི་ཡ་ཧ་རི་

ཉི་ས་པཾ་ཧཱུཾ་ད་ར་སྭཱ་ཧཱ། གསང་གནས་སུ་ཆོས་འབྱུང་གི་དབུས་སུ་ཧྲཱིཿཡིག་མཐར་གཡོན་སྐོར་དུ་འཁོར་བར་དམིགས་ནས་སྔོང་རྩ་གསུམ་སོགས་བགྲང་།

ཡུམ་བསྐྱེད་རྒྱས་བསྡུས་གང་བྱེད་ནི། ཧྲཱིཿ་ལས་རིན་པོ་ཆེའི་ཡུམ་པ་མཚན་ཉིད་དང་ལྡན་པ། མགུལ་ཆིངས་དམར་ལ། འོ་མ་ཅན་གྱི་ཤིང་གིས་ཁ་བརྒྱན་པ། ཡུམ་རྫས་ཆུས་གང་བའི་དབུས་སུ་མེའི་ཆོས་འབྱུང་སོགས་ནས། སྤྱན་འདྲེན། བདུད་རྩི་དཀར་དམར་ཡུམ་ལྷ་ལ་ཐིམ་པར་གྱུར་དང་། ཐུགས་ཅི་རིགས་བགྲང་བར་བྱ་ཞིང་། ཡུམ་ལྷ་འོད་ཞུ་བྱེད།

མདུན་བསྐྱེད། མདུན་གྱི་ནམ་མཁར་མེའི་ཆོས་འབྱུང་ནས། ཡི་གེ་སྦྲོ་བསྡུ་བདག་གི་གནས་གསུམ་དུ་ཐིམ་པར་གྱུར་སོགས་དང་། ཐུགས་བགྲང་། མཆོད་པ་ནི་ཨརྒྷཾ་ནས་ཤབྡའི་བར་དང་། གཟུགས་མཛེས་ཡིད་འོང་སྣ་ཚོགས་དང་། །སྒྲ་སྙན་རོལ་མོ་ལ་སོགས་པ། །དྲི་ཡི་མཆོད་པ་སྣ་ཚོགས་རྣམས། །ཌཱ་ཀ་མཁའ་འགྲོའི་ཚོགས་ལ་འབུལ། །བཅུད་ལྡན་རོ་མཆོག་ཞིང་རབ་ཁྱེངས། །འཇམ་ལྡན་ལྷབ་ལྷུབ་གོས་མཆོག་དང་། །འཛིག་རྟེན་ཁམས་ཀྱི་རྒྱན་བཟང་རྣམས། །ཌཱ་ཀ་མཁའ་འགྲོའི་ཚོགས་ལ་འབུལ། །སོགས་ནས། མཆོད་པ་རྒྱས་བསྡུས་སྐབས་དང་སྦྱར། བསྟོད་པ་ནི། བདེ་ལྡན་ལྷ་མོ་ཡིད་འོང་མ། །སྐྱོ་མེད་དོན་སྟོན་སྐུ་མདོག་དམར། །སྒེག་པའི་ཚུལ་སྟོན་གར་གྱིས་རོལ། །མ་ཧཱུངས་གདུག་པ་སྒྲག་མཛད་མ། །མཁའ་འགྲོའི་ཚོགས་ལ་ཕྱག་འཚལ་བསྟོད། །རྒྱས་པར་བྱེད་ན་གཞན་དུ་ཤེས། འབུམ་བསྐུལ་ནི། ཀྱཻ། མ་མི་མིན་ཡེ་ཤེས་མཁའ་འགྲོ་མ། །ཤར་ཕྱོགས་རྡོ་རྗེ་རིགས་ཀྱི་མཁའ་འགྲོ་འབུམ། །ལྷོ་ཕྱོགས༔ ནུབ་ཕྱོགས༔ བྱང་ཕྱོགས༔ མཚམས་བཞི་སྣ་ཚོགས་རིགས་ཀྱི་མཁའ་འགྲོ་འབུམ། །དབུས་ཕྱོགས་སངས་རྒྱས་རིགས་ཀྱི་མཁའ་འགྲོ་འབུམ། །སྐུ་མདོག་དམར་ཞིང་མེ་འོད་རབ་ཏུ་འབྱུག །གཟུང་འཛིན་གཉིས་སུ་བྲལ་བའི། །མཛེས་ལྡན་རྒྱན་ཆ་སྐུ་ལ་རབ་རྫོགས་པ། །ཡོན་ཏན་ཀུན་དང་

ལྡན་པ་ཡི། །ཆང་གླིང་ཊ་དྲིལ་ཁཊྭཱ་རབ་རྒྱན་པ། །སྣང་སྲིད་དབང་དུ་བསྡུད་པའི་མཁའ་འགྲོ་འབུམ། །

བདག་འཇུག་ནི། སློབ་མ་རྣམས་ཁྲུས་བྱེད། ཐུན་གྱིས་བྲབ། ཡོལ་བའི་ནང་དུ་འཇུག །གུ་གུལ་གྱི་དུད་པས་བདུག །ཕྱག་དང་མཎྜལ་ཕུལ་ཏེ། སློབ་དཔོན་གྱིས་ལོ་རྒྱུས་དང་། ལས་རྒྱུ་འབྲས་ཀྱི་བཤད་པ་བྱེད། དགའ་ཆེན་ཁྱོད་བདག་སྟོན་པ་སྟེ་སོགས་ནས། མགོན་པོས་བདག་ནི་འཇུག་པར་འཚལ། །སོགས་ལན་གསུམ་དང་། འགྲོ་རྣམས་བསྒྲལ་འདོད་བསམ་པ་ཡིས། །སོགས་ནས། ཀུན་ཀྱང་སངས་རྒྱས་ཐོབ་པར་བྱ། སོགས་ཀྱི་བར་ལན་གསུམ་བཟློད། ཐུམ་ཆུ་གཏོར་ཞིང་། ཨ་ཁྲོ་ཏ་ས་བསངས་ཏེ། ཁྱེད་རང་རྣམས་སྐད་ཅིག་གིས་རྡོ་རྗེ་རྣལ་འབྱོར་མ་ཕག་གདོང་དམར་མོ་ཞལ་གཅིག་ཕྱག་གཉིས་པ་གཅིག་ཏུ་གསལ་བར་གྱུར། དྲིའི་ཐིག་ལེས་གནས་གསུམ་དུ་རེག་ཅིང་། ཨོཾ་ཨཱཿཧཱུྃ་བརྗོད་དེ་བརྟན་པར་བྱེད། ཙཀྲ་ཤ་ར་མ་ཊ་ཡ་ཧཱུྃ་གིས་མིག་དར་གདོང་། ཨཱ་ཁཾ་བཱི་རས་མེ་ཏོག་གཏད། སྙིང་གར་རྡོ་རྗེ་བཟུང་སྟེ། སེམས་ཉིད་ཆོས་སྐུའི་ངོ་བོ་རྡོ་རྗེ་ཙིཏྟ་ལྤུ་པ་རེ་བསྒོམ། སྡོམ་པ་ནི། གསང་སྔགས་ཟབ་མོའི་སྡོམ་པ་ནི། །རིགས་ལྔའི་རང་བཞིན་ཡིན་པ་སྟེ། །གཡོ་བ་མེད་པར་བརྟན་པ་ནི། །བདག་གིས་རབ་ཏུ་གཟུང་བར་བྱ། །ལན་གསུམ་བཟློད། དམ་བཞག་ནི། བླ་མ་རྡོ་རྗེ་རྣལ་འབྱོར་མ། །རྡོ་རྗེ་སློབ་དཔོན་བདག་ཉིད་ཡིན། །བདག་གིས་ཇི་ལྟར་བསྒོ་བ་བཞིན། །ཁྱོད་ཀྱིས་དེ་ལྟར་བྱ་དགོས་སོ། །ཐལ་མོ་མགོར་བཞག །ཡེ་ཤེས་ཕབ་པའི་དོན་དུ་མཎྜལ་ཕུལ། གསོལ་བ་བཏབ་པ་ནི། བླ་མ་རྡོ་རྗེ་རྣལ་འབྱོར་མ། །སྐུ་གསུང་ཐུགས་ཀྱི་ཡེ་ཤེས་དེ། །བདག་ལ་ད་ལྟ་དབབ་དུ་གསོལ། །མྱུར་བ་ཉིད་དུ་དབབ་དུ་གསོལ། །ལན་གསུམ་བཟློད། རྡོ་རྗེ་རྣལ་འབྱོར་མའི་གནས་གསུམ་ནས་ཟག་མེད་ཀྱི་བདུད་རྩི་ཡེ་ཤེས་ཀྱི་ངོ་བོ་ཁྱེད་རང་གི་སྤྱི་བོ་ནས་ཞུགས། ལུས་སྟོད་སྨད་གང་བའི་མོས་པ་མཛོད། ཨོཾ་ཨཱཿཧཱུྃ། ཕཾ་ཕཾ། རྡོ་རྗེ་མགོར་བཞག །ཏིཥྛ་བཛྲས་བརྟན་པར་བྱེད་

པའོ། །དཀྱིལ་འཁོར་ཁ་དོག་བརྟག །མེ་ཏོག་འཐོར། པྲ་ཏི་ཙྪ་ཧོཿ ཡི་དམ་གྱི་ལྷ་ལ་ཕོག །མར་མེ་གཅིག་ལ་གཉིས་ཚད་ཀྱི་ཚུལ་དུ་བྱུང་། ཁྱེད་རང་ལ་ཐིམ་པར་གྱུར། མེ་ཏོག་མགོར་བཞག །རྡོ་རྗེའི་མིག་གི་བླ་ན་མེད། མིག་དར་བསལ་ལོ། །དཀྱིལ་འཁོར་བསྟན།

བུམ་དབང་ཞུ་བའི་དོན་དུ་མཎྜལ་ཕུལ། གསོལ་བ་བཏབ་པ་ནི། བླ་མ་རྡོ་རྗེ་རྣལ་འབྱོར་མ། །ཡེ་ཤེས་བདུད་རྩི་བུམ་པའི་དབང་། །རྒྱན་བཟང་བཅུད་ཀྱིས་གང་བ་དེ། །དེང་འདིར་བདག་ལ་བསྐུར་དུ་གསོལ། །ལན་གསུམ་བརྗོད་ཅིང་། སློབ་དཔོན་གྱིས་བུམ་པ་སློབ་མའི་མགོར་བཞག་སྟེ། གསོན་ཅིག་སྐལ་ལྡན་རིགས་ཀྱི་བུ། །རིགས་ལྔའི་ངོ་བོ་བུམ་བཟང་འདི། །ལྷབ་ལྷུབ་རྒྱན་གྱིས་རབ་སྤྲས་ཏེ། །ཁྱོད་ལ་ཡང་དག་བསྐུར་བར་བྱ། །ཨོཾ་བཛྲ་ཨ་བྷི་ཥིཉྩ་ཧཱུྃ། རཏྣ་ཨ་བྷི་ཥིཉྩ་ཏྲཱྃ། པདྨ་ཨ་བྷི་ཥིཉྩ་ཧྲཱིཿ ཀརྨ་ཨ་བྷི་ཥིཉྩ་ཨཱ། བུདྡྷ་ཨ་བྷི་ཥིཉྩ་ཨོཾ། བརྗོད་ཅིང་། བུམ་ཆུ་སྦྱིན། ཇི་ལྟར་བལྟམས་པ་ཙམ་གྱིས་ནི། །ལྷ་རྣམས་ཀྱིས་ནི་ཁྲུས་གསོལ་ལྟར། །ལྷ་ཡི་ཆུ་ནི་དག་པ་ཡིས། །དེ་བཞིན་བདག་གིས་སྐུ་ཁྲུས་གསོལ། །ཨོཾ་སརྦ་ཏ་ཐཱ་ག་ཏ་ཨ་བྷི་ཥེ་ཀ་ཏ་ས་མ་ཡ་ཤྲཱི་ཡེ་ཧཱུྃ། མིང་འདོགས། ཀྱེ་དཔལ་གསང་མཚན་འདི་ཞེས་བྱ་བའི་རིགས་ལྔའི་དེ་བཞིན་གཤེགས་པར་གྱུར། དེས་བུམ་པའི་དབང་བསྐུར་བས་དྲི་མ་དག །ཆུའི་ལྷག་མ་ཡར་ལུད་པ་ལས་རིགས་ལྔས་དབུ་རྒྱན་པར་གྱུར།

སློབ་དཔོན་གྱི་དབང་ནི། མཎྜལ་ཕུལ། གསོལ་བ་བཏབ་པ་ནི། རྡོ་རྗེ་སློབ་དཔོན་གྱི་ནི་དབང་། །བདག་ལ་རབ་ཏུ་བསྐུར་བར་བྱ། །ལན་གསུམ་བརྗོད། སློབ་དཔོན་གྱིས། སྙིམས་མ་དཀར་ལྡིང་ཕྲུག་གཉིས་མ། །ཁྱོད་རང་རབ་ཏུ་གསལ་བར་གྱུར། །བུམ་པ་མགོར་བཞག་སྟེ། རྡོ་རྗེ་སློབ་དཔོན་གྱི་ནི་དབང་། །གསང་བ་གསུམ་གྱི་དཀྱིལ་འཁོར་ཡིན། །ཁམས་གསུམ་པ་ནི་གྲོལ་གྱུར་པ། །ཁྱོད་ལ་ཡང་དག་སྦྱིན་པར་བྱ། །བུམ་ཆུ་སྦྱིན། ཇི་ལྟར་བལྟམས་

པ་སོགས་བརྗོད་ཅིང། སྤྱི་བོར་བླ་མ་རྡོ་རྗེ་སེམས་དཔས་དབུ་རྒྱན་པར་གྱུར། བཀྲ་ཤིས་བརྗོད། དེ་ལྟར་རྡོ་རྗེ་སློབ་དཔོན་གྱི་དབང་བསྐུར་བས། དབང་བསྐུར། རབ་གནས། གཞན་ཕན་རབ་ཏུ་མཛད། བརླས་པ་ སྔགས་ཀྱི་དབང་བསྐུར་ཏེ། ཨོཾ་བཛྲ་བཻ་རོ་ཙ་ནི་ཡེ་ཧ་རི་ནི་ས་བཾ་ཧཱུཾ་ཧ་ར་སྭཱ་ཧཱ། ཞེར་གཅིག་བརྗོད་ནས། ཕྲེང་བ་མགྲིན་པར་གདུགས་ཤིང་། བཟླས་པའི་རིམ་པ་རྣམས་དང་མ་བྲལ་བར་གྱིས་ཤིག་བརྗོད།

གསང་དབང་ནི། མཉྫལ་ཕུལ། བླ་མ་རྡོ་རྗེ་རྣལ་འབྱོར་མའི་སྦྱོར་མཚམས་ནས་ཟག་མེད་ཀྱི་བདུད་རྩི་བབ། ཁྱེད་རང་གི་སྤྱི་བོ་ནས་ཞུགས་པས་ཁྱེད་རང་གི་རྩ་གནས་རྣམས་གང་བའི་མོས་པ་མཛད། སྔགས་ཚར་གསུམ་བརྗོད་ཅིང་། ཐོད་པ་སྤྱི་བོར་བཟུང་། བདུད་རྩི་བླུད། ཨོཾ་ཨཱཿཧཱུཾ་བརྗོད་ཅིང་། བཀྲ་ཤིས་ཀྱི་ནས་འཐོར། དེ་ལྟར་ཐོད་པའི་དབང་བསྐུར་བ་ལ་བརྟེན་ནས་གསུང་དབྱངས་ཡན་ལག་དྲུག་ཅུ་ཐོབ་ཅིང་། མཚན་དཔལ་ལོངས་སྐུའི་དཀྱིལ་འཁོར་དང་ལྡན་པར་གྱུར་པའོ། །

ཤེས་རབ་ཡེ་ཤེས་ཀྱི་དབང་ནི། མཉྫལ་ཕུལ། སློབ་དཔོན་གྱི་ཐུགས་ཀ་ནས་རྡོ་རྗེ་རྣལ་འབྱོར་མ་སྒྲོག་དམར་ལྟ་བུ་གཅིག་འཕྲོས། ཁྱེད་རང་རྣམས་ཀྱི་རིག་མར་གྱུར་ཅིང་། ལྷན་ཅིག་སྐྱེས་པའི་དགའ་བ་རྒྱུད་ལ་སྐྱེ་བར་མཛད་ཅིག །བརྗོད་ཅིང་། རྡོ་རྗེ་རྣལ་འབྱོར་མའི་སྐུ་དཔྲལ་བ་དང་མགྲིན་པ་སྙིང་ག་རྣམས་སུ་གཏད་པར་བྱེད་དེ། དེ་ལྟར་རིག་མའི་ཕྱག་རྒྱ་གཏད་པ་ལ་བརྟེན་ནས། དགའ་བཞིའི་ཡེ་ཤེས་མངོན་དུ་གྱུར་པ་འོད་གསལ་ལྷན་ཅིག་སྐྱེས་པའི་སྐུ་མངོན་དུ་གྱུར་པར་བྱས་སོ། །

བཞི་པ་ཕྱག་རྒྱ་ཆེན་པོའི་དབང་ནི། མཉྫལ་ཕུལ། སློབ་དཔོན་གྱིས་ཐལ་མོའི་རིག་མ་ཕྱག་རྒྱ་གཏད་པ་ལ་བརྟེན་ནས། དགའ་བཞིའི་ཡེ་ཤེས་མངོན་དུ་གྱུར་པ་འོད་གསལ་ལྷན་ཅིག་སྐྱེས་པའི་སྐུ་མངོན་དུ་གྱུར་པར་བྱས་སོ། །བཞི་པ་ཕྱག་རྒྱ་ཆེན་པོའི་དབང་ནི། མཉྫལ་ཕུལ།

སློབ་དཔོན་གྱིས་ཐལ་མོའི་སྒྲ་བསྒྲག་པར་བྱ་སྟེ། ཆོས་ཐམས་ཅད་མི་རྟག་ཅིང་མི་བརྟན་པ་ཐལ་མོའི་སྒྲ་དེ་དང་མཚུངས་པར་སྣང་བ་ཡིན། སྣང་བ་ཐམས་ཅད་ལ་ངོས་བཟུང་དང་བྲལ་བ། རང་སེམས་རིག་པ་སྐད་ཅིག་མ་འདི་ཤེས་པར་གྱིས་ཤིག །དེ་ལྟར་ཕྱག་རྒྱ་ཆེན་པོ་སྐད་ཅིག་མའི་དབང་དེ་ལ་བརྟེན་ནས་མཆོག་གི་དངོས་གྲུབ་ཐོབ་པ་ཡིན་ནོ། །དེ་ཡན་གྱིས་དབང་བཞི་པ་སོང་ཞིང་། ད་སྔོས་མེད་ཐིག་ལེའི་དབང་བསྐུར་བ་ནི། ལུས་རྡོ་རྗེ་དཀྱིལ་ཀྲུང་བཅའ། སྤྱི་གཙུག་ཏུ་གཙུག་ཏོར་ནོར་བུའི་ཕྱག་རྒྱ་བྱེད་དེ། ཕཊ་གཅིག་བརྗོད། སྙིང་ག་ནས་ཐིག་ལེ་སེམས་ཉིད་ཀྱི་ངོ་བོ་བྱ་མ་གསར་གྱི་སྒོ་ང་ཙམ་གཅིག་སྤྱི་གཙུག་ནས་རྒྱངས་ཀྱིས་ཐོན། བླ་མ་རྡོ་རྗེ་རྣལ་འབྱོར་མའི་ཐུགས་ཀར་བསྟིམ་གྱིས་ཐིམ། བླ་མ་རྡོ་རྗེ་རྣལ་འབྱོར་མ་མཁའ་སྤྱོད་དུ་འཇའ་ཡལ་བ་བཞིན་དུ་སོང་བར་བསམ། དེ་ཉིད་ཀྱི་ངང་དུ་ལྷོད་དེ་ཤིག་གེ་བཞག །དེ་ནས་ཕབ་ཅིང་ངོ་སྤྲོད་བྱེད་པའོ། །

དེ་ལྟར་རྡོ་རྗེ་རྣལ་འབྱོར་མའི་དབང་བཞི་ཡོངས་སུ་རྫོགས་པར་བསྐུར་བས། གནས་སྐབས་སུ་ཁས་བླངས་པའི་སྡོམ་པ་དམ་ཚིག་ཚུལ་བཞིན་དུ་བསྲུང་སྙམ་པ་གྱིས་ལ་འདིའི་རྗེས་ཟློས་མཛོད། གཙོ་བོས་ཇི་ལྟར་བཀའ་སྩལ་པ། །དེ་དག་ཐམས་ཅད་བདག་གིས་བགྱིད། །དེང་ནས་བཟུང་སྟེ་བདག་བྲན་དུ། །ཁྱེད་ལ་བདག་ཉིད་འབུལ་ལགས་ཀྱི། །ཁྱེད་ཀྱིས་སློབ་མར་འཛིན་པ་དང་། །ཆ་ཡིས་ཀྱང་ནི་སྤྱད་དུ་གསོལ། །ལན་གསུམ་བརྗོད། བཏང་རག་གི་ཡོན་དུ་མཎྜལ་ཕུལ། ཚོགས་ལ་ཆབ་བྲན་ཞིང་བསྔོ། ཚོགས་ཕུད་གཏོར་མ་ལ་བྲན་ཞིང་བསྔོ། ཚོགས་ལ་ལོངས་སྤྱོད། ལྷག་གཏོར་བསྔུས་ལ་བྲན་ཏེ། རོལ་མོ་དང་བཅས་ནས་ཕྱི་རོལ་དུ་སྐྱེལ། སྟོད་ཆུ་གཙང་གིས་བཤལ་ཏེ་སྡུབ་ལ་བཞག །མ་འབྱོར་བ་དང་ཉམས་པ་དང་། །གང་ཡང་བདག་རྨོངས་བློ་ཡིས་ནི། །བགྱིས་པ་དང་ནི་བགྱིད་སྒྲུལ་བ། །དེ་ཀུན་མགོན་པོས་བཟོད་པར་མཛོད། །ཡིག་བརྒྱ་བགྲང་ཞིང་བཟྲ་ཤིས་བརྗོད། ཡེ་ཤེས་པ་གཤེགས། དམ་ཚིག་པ་རང་ལ་བསྡུ། ཨོཾ་

ཁྱེད་ཀྱིས་སེམས་ཅན་དོན་ཀུན་མཛོད་སོགས་དང་། མཆོད་སྦྱིན་གནས་འདིར་གཤེགས་པ་སོགས་དང་། དཀོན་མཆོག་རིན་ཆེན་གསུམ་ལ་ཕྱག་འཚལ་ལོ། །སོགས་དང་། ཆོས་དབྱིངས་བྱང་ཆུབ་སེམས་ཀྱི་དཀྱིལ་འཁོར་དུ། །བདག་སོགས་སེམས་ཅན་ཐམས་ཅད་ཀྱིས། །དུས་གསུམ་བསགས་དང་རྫོགས་པ་ཡིས། །འགྲོ་དྲུག་སེམས་ཅན་མ་ལུས་པ། །སྐུ་ལྔ་ཡོངས་རྫོགས་སངས་རྒྱས་མྱུར་དུ་འགྲུབ་པར་ཤོག །

གཏོར་དབང་བྱེད་ན། གོང་གི་སྐྱབས་འགྲོ་སེམས་བསྐྱེད། ཡི་ཤེས་ཕབ་པ་སོགས་སྔོན་དུ་གཏོང་། དངོས་གཞི་སྐུ་གསུང་ཐུགས་ཀྱི་རྗེས་གནང་བྱེད་པ་ལ། མཎྜལ་ཕུལ། བླ་མ་རྡོ་རྗེ་རྣལ་འབྱོར་མ། །སྲིད་པའི་འཁོར་ལས་སྒྲོལ་བའི་ཕྱིར། །དེ་རིང་དངོས་གྲུབ་ཉིད་འཛིན་འདི། །གཙོ་བོས་བདག་ལ་བཀའ་དྲིན་སྩོལ། །ལན་གསུམ་བཟློད་ནས། གཏོར་མ་མགོར་བཟུང་ལ། རྡོ་རྗེ་རྣལ་འབྱོར་མའི་ལྷ་ཚོགས་འཁོར་དང་བཅས་པ་རྣམས་ཀྱིས་རིགས་ཀྱི་བུ་འདི་དག་ལ་སྐུའི་སྒོ་ནས་བྱིན་གྱིས་རློབས་ཤིག །སྐུ་མི་འགྱུར་བ་རྡོ་རྗེར་བྱིན་གྱིས་རློབས་ཤིག །ནང་མཆོད་བླུད། བཀྲ་ཤིས་བརྗོད། གསུང་གི་བྱིན་རླབས་ཞུ་བའི་དོན་དུ་མཎྜལ་ཕུལ། གོང་གི་གསོལ་བས་བཏབ། ཕྲེང་བ་ལག་དུ་གཏད་དེ་སྔགས་ཉེར་གཅིག་བརྗོད། ཕྲེང་བ་མགྲིན་པར་གདུགས། སྔགས་ཀྱི་ནུས་པ་ཐོན་པར་བྱིན་གྱིས་རློབས་བརྗོད་ཅིང་། ནང་མཆོད་བླུད། བཀྲ་ཤིས་བརྗོད། ཐུགས་ཀྱི་བྱིན་རླབས་ཞུ་བའི་དོན་དུ་མཎྜལ་ཕུལ། གསོལ་བས་བཏབ། རྡོ་རྗེ་རྣལ་འབྱོར་མའི་ལྷ་ཚོགས་འཁོར་དང་བཅས་པ་རྣམ་ཀྱིས། རིགས་ཀྱི་བུ་འདི་དག་ལ་ཐུགས་ཀྱི་སྒོ་ནས་བྱིན་གྱིས་རློབས་ཤིག །སེམས་ཀྱི་ན་ཚ་སྡུག་བསྔལ་ཐམས་ཅད་ཉེ་བར་ཞི་བར་གྱུར་ཅིག །ཐུགས་མི་འགྱུར་བ་རྡོ་རྗེར་བྱིན་གྱིས་རློབས་ཤིག །ནང་མཆོད་བླུད། བཀྲ་ཤིས་བརྗོད། གཏོར་མ་མགོར་བཟུང་སྟེ། བཅོམ་ལྡན་འདས་འདི་ལ་སྟོན་ལགས་ཀྱི། །འདི་ལ་འགོ་བར་མཛད་དུ་གསོལ། །སློབ་མས། བཅོམ་ལྡན་བདག་གིས་བཟུང་ལགས་ཀྱིས། །བདག་ལ་འགོ་བར་མཛད་དུ་གསོལ། །བརྗོད་ཅིང་།

གཏོར་རྒྱན་མགོ་ལ་བསྐྱ། དེ་ནས་གོང་གི་ཐིག་ལེའི་དབང་བསྐུར་བ་བྱེད། ཚོགས་དང་རྗེས་ཆོག་གི་རིམ་པ་གོང་ལྟར་བྱེད་པའོ། །ཟབ་མོའི་སྒྲུབ་ཐབས་སྙན་བརྒྱུད་རབ་གསལ་ལས། །མཛོས་ལྡན་བྱུང་བའི་ཚོགས་རྣམས་གདུང་བ་སེལ། །ཟབ་ལྡན་ཆུ་བོའི་གཞུང་ལྟར་རྒྱུན་མི་འཆད། །དཀྱིལ་འཁོར་ཟབ་རྒྱས་གེ་སར་རབ་སྨིན་པ། །ཞེས་པ་གཙོད་གདན་ཐོག་གཅིག་མའི་ཁྲིད་ཡིག་ཕྲིན་ལས་རྒྱ་མཚོ་ལས། རྡོ་རྗེ་རྣལ་འབྱོར་མའི་སྒྲུབ་ཐབས་ཚོ་གའི་རིམ་པ་ཁ་གསལ་ལ་དོན་འདུས་པ་འདི། དད་ལྡན་རྣམས་ཀྱིས་བསྐུལ་ཏེ། ཤཱཀྱའི་དགེ་སློང་ཏྲེ་ཧོ་ཆོས་ཀྱི་རྒྱ་མཚོ་བྱ་བས། དབེན་གནས་སྟག་ལུང་རྩེ་ཏུ་སྦྱར་བའོ། །དགེ་བས་འགྲོ་ཀུན་ཁྱབ་གྱུར་ཅིག །སྙན་ཐབས་ཀྱི་ཡིག་ཆུང་ངོ།། །།

༄༅། །ཁྲི་གདུགས་ལྷ་བུའི་དབང་བསྐུར་རིན་ཆེན་མཁའ་འགྲོའི་ སྒྲུབ་ཐབས་ཚོགས་དབང་རིན་ཆེན་ སྤྲུངས་པ་བཞུགས་སོ། །

བླ་མ་དང་རིན་ཆེན་མཁའ་འགྲོའི་ཚོགས་ལ་ཕྱག་འཚལ་ལོ། །ཕྲིན་ལས་ཕྱོགས་བཅུར་རྒྱས་པ་ལ། །ཁྲི་གདུགས་ལྷ་བུའི་དབང་བསྐུར་དགོས། །ཞེས་པ། རིན་ཆེན་མཁའ་འགྲོའི་ཚོགས་དབང་རིན་ཆེན་སྤུངས་པ་ཞེས་བྱ་བའི་ཆོ་གའི་རིམ་པ་འདི་ལ་དོན་གསུམ་སྟེ། གཞི་བཅའ་བ། བསྐྱེད་པ། གཞན་དོན་སྒྲུབ་པ་དང་གསུམ། དང་པོ་གཞི་བཅའ་བ་ལ། གནས་ཁང་གི་དོར་དང་ཕྱག་བདར། ཀྱང་ནུལ། ཆག་ཆག་བྱེད་ཅིང་། ཡོལ་བ་དང་བླ་རེས་བསྐོར། བ་བྱུང་ལྔ་ཡིས་དཀྱིལ་འཁོར་བྱུག །དབུས་སུ་མཆེའི་ཁར་དབང་གཏོར་རིན་པོ་ཆེ་འབར་བ། དཀར་དམར་གྱི་རྒྱན་བཟང་པོ་དང་། ཟས་སྣ་གཏོར་འདབ་ཀྱི་སྤུངས་པ་ལྟར་བསྐོར་བ་བྱས་ནས་བཞག །གཞན་གཏོར་མ་ཆ་གསུམ་དང་། ཚོགས་གཏོར། ལས་བུམ། མཆོད་པ་རྣམ་ལྔ་གཡོ་བ་མེད་པར་བཤམས། དཀྱིལ་འཁོར་གྱི་མདུན་དུ་སྟེགས་ཀྱི་ཁར་རང་ཉིད་སྡོད་ཅིང་། མདུན་དུ་ནང་མཆོད། ཌ་དྲིལ། རྐང་གླིང་རྣམས་བཞག །དཀར་གཏོར། བགེགས་གཏོར་རིམ་པ་ལྟར་བཤམ། བསྟོ་བ་ནི་ནོར་བུ་རྒྱ་མཚོ་ལྟར་བྱའོ། །བཅའ་གཞི་རྣམས་ལེགས་པར་གྲུབ་པར་བྱེད་པ་ནི་གཞི་བཅའ་བའོ། །བསྐྱེད་པ་ནི། ནང་མཆོད་བྱིན་རླབས་ནས་དཀར་གཏོར་བགེགས་གཏོར་གཏོང་ཞིང་མཚམས་བཅད་སྲུང་འཁོར་བསྒོམ། མཆོད་པ་རྣམས་བྱིན་རླབས་བྱེད་པ་ནི། ཆུ་གཙང་དང་ནང་མཆོད་གཏོར་ཏེ། ར་ཀྵི་ནས། ཨོཾ་སྭ་བྷཱ་ཝ་ཤུདྡྷཿསརྦ་དྷརྨཱ་སྭ་བྷཱ་ཝ་ཤུདྡྷོ྅ཧཾ། སྟོང་པ་ཉིད་དུ་གྱུར། སྟོང་པའི་ངང་ལས་ཨ་ལས་ཐོད་པའི་སྣོད་ཡངས་ཤིང་རྒྱ་ཆེ་བའི་ནང་དུ། ཧཱུྃ་ཡིག་གི་ཚོགས་དཔག་ཏུ་མེད་པ་འོད་དུ་ཞུ་བ་ལས་བྱུང་བའི་ལྷ་རྫས་ལས་གྲུབ་པའི་མཆོད་ཡོན་ཡོ་བྱད་རྣམས་དངས་ཤིང་ཐོགས་པ་མེད་པ་ནམ་མཁའ་དང་མཉམ་

པར་གྱུར། ཨོཾ་བཛྲ་ཨརྒྷཾ་ཨཱཿཧཱུྃ་སྭཱ་ཧཱ། སོ་སོའི་ཕྱག་རྒྱ་དང་བཅས་ནས། ཤབྡའི་བར་བརྗོད། ཚོ་ག་གོང་འོག་གི་མཚམས་སུ་ཕཊ་དང་། རོལ་མོ་རྐང་དུང་སོགས་བྱེད་པའོ། །སྐྱབས་འགྲོ་ནི། རང་རིག་ཡེ་ཤེས་སྟོན་མཛད་པ། །བླ་མ་རྣམས་ལ་སྐྱབས་སུ་མཆི། །དངོས་གྲུབ་ངེས་པར་སྟེར་མཛད་པ། །ཡི་དམ་ལྷ་ལ༔ སྤྱངས་རྟོགས་ཕུན་སུམ་ཚོགས་པ་ཡི། །སངས་རྒྱས༔ ཞི་ཁྲོར་འདོད་ཆགས་བྲལ་བ་ཡི། །དམ་ཆོས༔ གང་ལ་ཕུལ་ན་དོན་ཆེ་བ། །དགེ་འདུན༔ གཞོན་ནུའི་སྐུ་ལུས་མཛེས་ཚུལ་ལྡན། །འཇམ་པའི་དབྱངས་ལ༔ སྙིང་རྗེས་ངེས་པར་དགོངས་མཛད་པའི། །སྤྱན་རས་གཟིགས་ལ༔ མཐུ་སྟོབས་ཆེན་པོས་གདུག་པ་འདུལ། །རྡོ་རྗེ་འཛིན་ལ༔ བརྩེ་གདུང་དམ་ཚིག་ལྡན་པ་ཡི། །མཁའ་འགྲོའི་ཚོགས་ལ༔ བདུད་དཔུང་བར་ཆད་ཞི་མཛད་པ། །ཆོས་སྐྱོང་རྣམས་ལ་སྐྱབས་སུ་མཆི། །སྡིག་པ་མི་དགེ་སོ་སོར་བཤགས། །བཀའ་ཆོས་ཀྱི་འཁོར་ལོ་བསྐོར་དུ་གསོལ། །སེམས་བསྐྱེད་ནི། བྱང་ཆུབ་སེམས་ནི་ཡོངས་སུ་བཟུང་། །བྱང་ཆུབ་མཆོག་གི་སེམས་ནི་བསྐྱེད་བགྱིས་ནས། །སེམས་ཅན་ཐམས་ཅད་བདག་གི་མགྲོན་དུ་གཉེར། །བྱང་ཆུབས་སེམས་མཆོག་ཡིད་འོང་བསྐྱེད་པར་བགྱི། །འགྲོ་ལ་ཕན་ཕྱིར་སངས་རྒྱས་འགྲུབ་པར་ཤོག །ཚོགས་ཞིང་ནི། མདུན་གྱི་ནམ་མཁར་རིན་ཆེན་མཁའ་འགྲོའི་ལྷ་ཚོགས་རྟེན་དང་བརྟེན་པར་བཅས་པ་གསལ་བར་གྱུར། བཅོམ་ལྡན་ཁྱེད་ནི་བྱོན་པ་ལེགས། །བདག་ཅག་བསོད་ནམས་སྐལ་བར་ལྡན། །བདག་གི་མཆོད་ཡོན་བཞེས་སླད་དུ། །འདི་ཉིད་དུ་ནི་བཞུགས་སུ་གསོལ། །ཨོཾ་སརྦ་ཏ་ཐཱ་ག་ཏ་པདྨ་ཀ་མ་ལ་ཡེ་སྟྭཾ། ཨརྒྷཾ་ནས། ཤབྡའི་བར་མཆོད་ཅིང་། དཔལ་ལྡན་རྡོ་རྗེ་མཁའ་འགྲོ་མ། །མཁའ་འགྲོ་མ་ཡི་འཁོར་ལོས་བསྐོར། །ཡེ་ཤེས་ལྷ་དང་སྐུ་གསུངས་ཐུགས། །འགྲོ་བ་སྐྱོབ་ལ་ཕྱག་འཚལ་བསྟོད། །སྐབས་གསུམ་གྲངས་ཀྱིས་མཆོད་

པའི་ལྷུན་པོ་དང་། །ལུས་ཅན་ཡོ་བྱད་རྫོགས་པའི་གླིང་རྣམས་དང་། །རིན་ཆེན་ས་འཛིན་རྣམས་དང་བདུད་རྩིའི་མཚོ། །དག་བྱེད་མུ་ཁྱུད་ཕྱོགས་རྣམས་བཀང་སྟེ་འབུལ། མནྟྲ་ལ་པུ་ཛ་མེ་ཧྲཱ་ས་མུ་དྲ་སྥ་ར་ཎ་ས་མ་ཡེ་ཧཱུྃ། མཚན་དཔལ་དཔེ་བྲལ་ཟུང་འཇུག་རྗོ་རྗེ་འཆང་། །བདེ་ཆེན་གཙུག་མའི་དོན་ལྡན་མཁའ་འགྲོ་མ། །སྤྲུལ་པས་འགྲོ་དོན་མཛད་པའི་ཧེ་ན་ས། །འཁོར་བའི་རྒྱུན་ཐག་གཅོད་མཛད་སིདྡྷི་མ། །མི་ཕྱེད་ནམ་མཁའི་མཛོད་འཛིན་དམ་པ་རྗེ། །དོན་གཉིས་ལྷུན་གྲུབ་ཨ་མ་ལབ་ཀྱི་སྒྲོན། །སྒྲུབ་པ་མཐར་ཕྱིན་པའི་སྣ་ལུང་བ། །ཤེས་རབ་མཁྱེན་གཉིས་ལྡན་པའི་ཀརྨ་པ། །སྟོང་ཉིད་སྙིང་རྗེའི་དབང་ཐོབ་དགེ་འདུན་འབུམ། །བསོད་ནམས་ལས་གྲུབ་ཆོས་རྗེ་རང་བྱུང་པ། །བསྟུ་བྱའི་གཏེར་དང་ལྡན་མཛད་མགོན་པོ་རྒྱལ། །རང་བྱུང་བདེ་ཆེན་ཆོས་རྗེ་འཛམ་གླིང་པ། མཁས་པའི་ཉི་མ་དོན་གྲུབ་འོད་ཟེར་མཚན། །གྲུབ་པའི་གཙོ་བོ་འཛམ་དཔལ་རྒྱ་མཚོའི་ཞབས། །ངེས་མེད་རི་ཁྲོད་མཐར་ཕྱིན་པ་ཡི། །རྩ་བའི་བླ་མ་ཆོས་ཀྱི་རྒྱ་མཚོའི་མཚན། །དངོས་གྲུབ་རྒྱུན་མི་འཆད་པའི་ཡི་དམ་ལྷ། །བར་ཆད་མྱུར་དུ་སེལ་མཛད་ཆོས་སྐྱོང་ལ། །གསོལ་བ་འདེབས་སོ་དངོས་གྲུབ་རྩལ་དུ་གསོལ། །ཞེ་རྒྱུད་ནི། རིན་ཆེན་མཁའ་འགྲོ། ཨ་མ་ལབ་སྒྲོན། རྗེ་བཙུན་རིན་པོ་ཆེ། ཡང་ན། ཨ་མ་ལབ་སྒྲོན། རང་བྱུང་པ། མགོན་རྒྱལ་བ། རྗེ་བཙུན་རིན་པོ་ཆེ་ཡན་འདྲ། ཚོགས་ཞིང་རྣམས་བདག་ཉིད་ལ་ཐིམ་པར་གྱུར། བདག་བསྐྱེད་བྱེད་དེ། ཨོཾ་སྭ་བྷཱ་ཤུདྡྷཱ་སརྦ་དྷརྨཱ་སྭ་བྷཱ་ཝ་ཤུདྡྷོ྅ཧཾ། སྟོང་པ་ཉིད་དུ་གྱུར། སྟོང་པའི་ངང་ལས་རིན་པོ་ཆེ་སྣ་ཚོགས་ལས་གྲུབ་པའི་གཞལ་ཡས་ཁང་གྲུ་གསུམ་པ། དེའི་ཕྱི་རོལ་དུ་གྲུ་བཞི་སྒོ་བཞི་རྟ་བབས་བང་རིམ་ལྔ་དང་ལྡན་པ། གདུགས། རི་དྭགས། ཆོས་འཁོར་གྱིས་ལེགས་པར་མཛེས་པ།

བཀྲ་ཤིས་རྫས་བརྒྱད། རྒྱལ་སྲིད་སྣ་བདུན་སོགས་ཀྱིས་བསྐོར་བ། དེའི་ཕྱི་རོལ་དུ་ཆུས་བཅད་པའི་དུར་ཁྲོད། དེའི་ཕྱི་རིམ་དུ་བསྐལ་པའི་མེ་རི་རབ་ཏུ་འབར་བས་བསྐོར་བ། གཞལ་ཡས་ཁང་གི་དབུས་སུ། སྣ་ཚོགས་པདྨ་འདབ་མ་བཞི་པའི་ལྟེ་བར། རིན་པོ་ཆེའི་ཁྲི་ལ་དར་ཟབ་ཀྱི་ཁྲི་ཁེབས་དང་བཅས་པའི་དབུས་སུ། ཉི་མའི་དཀྱིལ་འཁོར་གྱི་སྟེང་དུ། རིན་ཆེན་མཁའ་འགྲོ་སྐུ་མདོག་གསེར་གཙོ་མའི་མདོག་ལྟར་སེར་བ། ཉི་འོད་རབ་ཏུ་འཕྲོ་བ། ཞལ་གཅིག་ཕྱག་གཉིས་སྤྱན་གསུམ། དབུ་སྐྲ་རལ་པའི་ཐོར་ཅོག་གྱེན་དུ་བཅིངས་པ་ལ་རིན་པོ་ཆེ་སྣ་ཚོགས་ཀྱི་རྩེ་བྲན་ལྷུས་བརྒྱན་པ། ཕྱག་གཡས་རིན་པོ་ཆེ་འབར་བ་དང་། གཡོན་པས་རིན་པོ་ཆེའི་བུམ་པ་དགོས་འདོད་འབྱུང་བ་འཆི་མེད་ཚེའི་བདུད་རྩིས་གང་བ་བསྣམས་པ། རིན་པོ་ཆེའི་སྙན་རྒྱན། མགུལ་རྒྱན། ཕྱག་གདུབ། ཞབས་གདུབ། སོར་མོ་དོ་ལ་སོགས་པ་རྒྱན་སྣ་ཚོགས་ཀྱི་བརྒྱན་པ། ཁ་ཊྭཱཾ་ག་མཆན་ཁུང་གཡོན་དུ་བསྣྲིང་བ། བཅུ་དྲུག་ལོན་པའི་ན་ཚོད་ལྟར་གཞོན་ཞིང་སྒེག་པ། འཛུམ་པའི་མདངས་དང་ལྡན་པ། ཞབས་གཡས་བསྐུམ་གཡོན་བརྐྱང་བས་ཉི་མ་ལ་གནས་པའོ། །དེའི་ཤར་དུ་རྡོ་རྗེ་མཁའ་འགྲོ་དཀར་མོ། ལྷོར་རིན་ཆེན་མཁའ་འགྲོ་སེར་མོ། ནུབ་ཏུ་པདྨ་མཁའ་འགྲོ་དམར་མོ། བྱང་དུ་ལས་ཀྱི་མཁའ་འགྲོ་ལྗང་གུ། ཐམས་ཅད་ཀྱང་རྒྱན་ཆ་ལུགས་བཞུགས་ཚུལ་གཙོ་མོ་དང་མཚུངས་པའོ། །ཕྱིའི་ཤར་སྒོར་ལྕགས་ཀྱུ་མ་སྔོན་མོ། ལྷོ་སྒོར་ཞགས་པ་མ་སེར་མོ། ནུབ་སྒོར་ལྕགས་སྒྲོག་མ་དམར་མོ། བྱང་སྒོར་དྲིལ་བུ་མ་ལྗང་གུ་རྣམས་ཉི་མའི་གདན་ལ་གར་སྟབས་ཀྱིས་གནས་པའོ། །ལྷ་ཚོགས་དེ་དག་ཐམས་ཅད་ཀྱི་དཔྲལ་བར་ཨོཾ་དཀར་པོ། མགྲིན་པར་ཨཱཿདམར་པོ། ཐུགས་ཀར་ཧཱུྃ་སྔོན་པོ། ཐུགས་ཀའི་ཧཱུྃ་ལས་འོད་ཟེར་འཕྲོས་

པས་རང་བཞིན་གྱི་གནས་དང་། ཨུ་རྒྱན་གྱི་གནས་ནས་རིན་ཆེན་མཁའ་འགྲོའི་ལྷ་ཚོགས་མདུན་གྱི་ནམ་མཁའི་གནས་སུ་སྤྱན་དྲངས། བཛྲ་ས་མ་ཛཿ དེ་རྣམས་ཀྱི་སྐུ་ལས་ཟླ་བའི་དཀྱིལ་འཁོར་བྱུང་། རང་གི་དཔྲལ་བར་ཐིམ། གསུང་ལས་དབྱངས་ཡིག་བྱུང་། རང་གི་མགྲིན་པར་ཐིམ། ཐུགས་ལས་ཟག་མེད་ཀྱི་བདུད་རྩི་བྱུང་། རང་གི་སྙིང་གར་ཐིམ། སྐུ་གསུང་ཐུགས་མི་ཟད་པ་རྒྱན་གྱི་འཁོར་ལོར་གྱུར། གསང་གནས་སུ་ཧཱུྃ་ཡིག་གི་ཐ་མར། ཨོཾ་ཨོཾ་སརྦ་བུདྡྷ་ཌཱ་ཀི་ནི་བཛྲ་ཝརྞ་ནི་བཛྲ་བཻ་རོ་ཙ་ནཱི་ཡེ་ཧ་རི་ནི་ས་ཧཱུྃ་ཧཱུྃ་ཕཊ་སྭཱ་ཧཱ། བརྒྱ་རྩ་སོགས་བཟླ། ཕྱི་རོལ་གྱི་སྣོད་བཅུད་རྟེན་གཞལ་ཡས་ཁང་དང་བཅས་པ་ཐམས་ཅད་བདག་ཉིད་ལ་ཐིམ་པར་གྱུར། བདག་ཉིད་ཀྱང་ཟུང་འཇུག་གི་སྐུ་རིན་ཆེན་མཁའ་འགྲོ་ཞལ་གཅིག་ཕྱག་གཉིས་པ་གཅིག་ཏུ་གསལ་བར་གྱུར།

མདུན་བསྐྱེད་བསྒྲུབ་པ་ནི། སྭ་བྷཱ་ཝ། སྟོང་པའི་ངང་ལས་མདུན་གྱི་ནམ་མཁར་གཞལ་ཡས་ཀྱི་ཁང་སོགས་ནས། གསལ་བར་གྱུར་གྱི་བར་བརྗོད་ཅིང་། མཆོད་བསྟོད་བྱེད་པ་ནི། ཨརྒྷཾ་ནས་ཤབྡའི་བར་དང་། སྒེག་མོ་ཕྲེང་བ་གླུ་མ་གར། །སྤོས་དང་མེ་ཏོག་མར་མེ་དྲི། །ཞལ་ཟས་རོལ་མོ་ལ་སོགས་པ། །བཅོམ་ལྡན་འཁོར་དང་བཅས་ལ་འབུལ། །བསྟོད་པ་ནི། དཔལ་ལྡན་རྡོ་རྗེ་མཁའ་འགྲོ་སོགས་དང་། མི་མངོན་དབྱིངས་ནས་སྐུ་སྟོན་པ། །ཉི་མའི་འོད་ཀྱི་མདངས་འཕྲོག་ཅིང་། །གསེར་གྱི་མདོག་ཅན་རིན་ཆེན་ཕྲས། །རིན་ཆེན་མཁའ་འགྲོ་ལ་ཕྱག་འཚལ། །སོགས་དང་རྒྱས་པར་བྱེད་ན་གཞན་དུ་ཤེས། འབུམ་བསྐུལ་ནི། ཧཱུྃ། ང་ནི་སེར་མོ་དོན་གྲུབ་སྐུ། །སྐུ་མདོག་ཉི་འོད་རབ་འཕྲོ་བ། །ཚ་གྲང་གདུང་བ་སེལ་བའི་མཁའ་འགྲོ་འབུམ། །རིན་ཆེན་སྣ་ཚོགས་སྐུ་ལ་རབ་བརྒྱན་པ། །རང་བྱུང་ལྷུན་གྱིས་གྲུབ་པའི་མཁའ་འགྲོ་འབུམ། །འབར་བའི་ནོར་བུ་གཡས་ཀྱི་ཕྱག་

ན་བསྔམས། །ཆོས་ཉིད་དོན་དང་ལྡན་པའི་མཁའ་འགྲོ་འབུམ། །རིན་ཆེན་བུམ་པ་བདུད་རྩིས་གང་བ་འདི། །འཆི་མེད་དངོས་གྲུབ་ཐོབ་པའི་མཁའ་འགྲོ་འབུམ། །རྩེ་གསུམ་ཁ་ཊྭཱཾ་ལྷབ་ལྷུབ་དར་གྱིས་བརྒྱན། །དུས་གསུམ་རྩད་ནས་གཅོད་པའི་མཁའ་འགྲོ་འབུམ། །བརྐྱང་བསྐུམ་གར་གྱི་ཚུལ་དུ་གནས་པ་དེ། །ཕྱོགས་མེད་འགྲོ་དོན་འབྱུང་བའི༔ ཚ་ཟེར་ཉི་མ་གདན་དུ་གནས་པ་དེ། །ངན་སོང་ཞབས་ཀྱིས་གནོན་པའི༔ ཁྲི་ཁེབས་ལྷབ་ལྷུབ་དར་གྱི་རྒྱན་ཆེན་འདི། །རྒྱལ་བའི་གདུང་འཛིན་བྱེད་པའི༔ རིན་ཆེན་སྣ་ཚོགས་ཁྲི་ལ་བརྩེགས་པ་དེ། །སྲིད་གསུམ་དབུལ་བ་སེལ་བའི༔ རིན་ཆེན་གཞལ་ཡས་གྲུ་གསུམ་ཡོད་པ་དེ། །སྐུ་གསུམ་དོན་དང་ལྡན་པའི༔ གཞལ་ཡས་ཁང་ཆེན་གྲུ་བཞི་ཡོད་པ་དེ། །ཚད་མེད་བཞི་དང་ལྡན་པའི༔ མི་འགྱུར་གནས་ཀྱི་སྒོ་བཞི་ཡོད་པ་དེ། །སྐུ་བཞི་མཐའ་རུ་ཕྱིན་པའི་མཁའ་འགྲོ་འབུམ། །བརྩིག་པ་རིམ་ལྔ་རེ་ཁ་ནག་པོ་དེ། །འཁོར་བར་ཕྱི་ཕྱག་འཚལ་བའི༔ རྟ་བབས་བང་རིམ་ལྔ་དང་ལྡན་པ་དེ། །སྐུ་ལྔ་རིམ་གྱིས་བསྒྲོད་པའི༔ གདུགས་དང་རི་དྭགས་ཆོས་འཁོར་བརྒྱན་པ་དེ། །བཅུ་གསུམ་ས་ལ་གནས་པའི༔ བཀྲ་ཤིས་རྒྱལ་སྲིད་མཐའ་ནས་བསྐོར་བ་དེ། །ཡོངས་སྐྱོད་འཁོར་ལ་སྤྱིན་པའི༔ རབ་འཛིགས་དུར་ཁྲོད་ཕྱི་ནས་བསྐོར་བ་དེ། །རྣམ་ཐར་བརྒྱད་དང་ལྡན་པའི༔ བསྐལ་པའི་མེ་རི་རབ་ཏུ་འབར་བ་དེ། །དྲུག་ལྡ་རབ་ཏུ་བསྲེག་པའི༔ དབང་གཏོར་རིན་ཆེན་རབ་ཏུ་སྤུངས་པ་དེ། །མཚན་དཔལ་རྒྱན་བཟང་ལྡན་པའི༔ ཐུན་མོང་མཆོག་གི་དངོས་གྲུབ་རྩལ་དུ་གསོལ། །ལས་བུམ་དུ་བགེགས་མཐར་བྱེད་བསྐྱེད་ཅིང་སྔགས་བགྲང་བ་བྱེད་པ་ཡིན།

བདག་འཇུག་བྱེད་པ་ནི། ཁྲུས་བྱས། ཕྱག་དང་མཎྜལ་ཕུལ། སློབ་དཔོན་གྱིས་ལོ་རྒྱུས་དང་། ངེས་འབྱུང་བསྐུལ་བའི་ཕྱིར་ལས་རྒྱུ་འབྲས་ཀྱི་བཤད་པ། དབང་གི་ཡིན་ཚུལ་གྱི་བཤད་པ་སོགས་བྱས་ཤིང་། དགའ་ཆེན་ཁྱོད་བདག

སོགས་ནས། འགྲོ་ལ་ཕན་ཕྱིར་སངས་རྒྱས་འགྲུབ་པར་ཤོག་གི་བར། སྐྱབས་འགྲོ་དང་སེམས་བསྐྱེད་ནོར་བུ་རྒྱ་མཚོ་ལྟར་བྱེད། བུམ་ཆུས་བསང་། ཁྱེད་རང་རྣམས་སྐད་ཅིག་གིས་རིན་ཆེན་མཁའ་འགྲོ་སྐུ་མདོག་སེར་མོ་ཞལ་གཅིག་ཕྱག་གཉིས་པ་གཅིག་ཏུ་གསལ་བར་གྱུར། དེའི་ཐིག་ལེ་གནས་གསུམ་དུ་བྱེད་ཅིང་། རྡོ་རྗེ་རྩེ་གཅིག་པའི་ཕྱག་རྒྱ་དཔྲལ་བར་རེག་ཅིང་། ཨོཾ། བདུད་རྩི་པདྨ་ཁ་ཕྱེ་བའི་ཕྱག་རྒྱ་མགྲིན་པར་རེག་ཅིང་། ཨཱཿ རྡོ་རྗེ་རྩེ་གསུམ་པའི་ཕྱག་རྒྱ་སྙིང་གར་རེག་ཅིང་། ཧཱུྃ། ཉེར་སྤྱོད་ལྔས་མཆོད། གདོང་གཡོགས་བཅིང་། མེ་ཏོག་གཏད། རྡོ་རྗེ་སྙིང་གར་རེག །དོན་དམ་སྐུ་ལྔའི་བདག་ཉིད་རྡོ་རྗེ་རྩེ་ལྔ་པ་གཅིག་བསྒོམ་སྡོམ་པ་གཟུང་བ་ནི། རིན་ཆེན་རིགས་ཀྱི་སྡོམ་པ་དང་། གཞན་ཡང་རིགས་བཞིའི་སྡོམ་པ་སོགས། ཟབ་ཅིང་རྒྱ་ཆེ་མ་ལུས་པ། །དེ་རིང་ཕྱིན་ཆད་གཟུང་བར་བགྱི། །ལན་གསུམ་བརྗོད། དམ་བཞག་ནི། རྡོ་རྗེ་མགོ་བོ་དང་སྙིང་གར་རེག །ཆུ་སྦྱིན། ཐལ་མོ་མགོར་བཞག་སྟེ། ཕན་ཡོན་ཉེས་དམིགས་གཉིས་ཀ་དང་། སློབ་དཔོན་བདག་གི་དམ་ཚིག་སོགས། མ་ལུས་པར་ནི་བསྲུང་བར་བགྱི། །ལན་གསུམ་བརྗོད། ཡེ་ཤེས་ཕབ་པའི་དོན་དུ་མཚལ་ཕུལ། མདུན་གྱི་ནམ་མཁའི་གནས་སུ་རིན་ཆེན་མཁའ་འགྲོའི་ལྷ་ཚོགས་བཞུགས་པའི་གནས་གསུམ་ནས་ཡེ་ཤེས་ཀྱི་ཆུ་རྒྱུན་བྱུང་། ཁྱེད་རང་རྣམས་ཀྱི་སྤྱི་བོར་ཞུགས། ལུས་ཀྱི་ནང་ཐམས་ཅད་གང་བའི་མོས་པ་མཛོད། ཧཾ་ཀ་རི་ནི་ས་ཨཱ་བེ་ཤ་ཡ་ཨཱ་བེ་ཤ་ཡ་ཧཱུྃ། རྡོ་རྗེ་མགོར་བཞག །ཏིཥྛ་བཛྲ། རིན་ཆེན་མཁའ་འགྲོ་དཀྱིལ་འཁོར་དུ། །སློབ་མའི་ཚོགས་རྣམས་གཞུག་པར་བགྱི། །མཁའ་འགྲོའི་ཚོགས་ཀྱི་རིམ་པ་བཞིན། །བསོད་ནམས་གང་ཡིན་དེ་བཞིན་ཤོག །མེ་ཏོག་འཐོར། པྲ་ཏིཙྪ་ཧོ། ལྷ་དེ་སློབ་མ་ལ་ཐིམ་པའི་མོས་པ་བྱེད་དེ། མེ་ཏོག་སློབ་མའི་མགོར་བཅིང་། པྲ་ཏཱིཙྪ་ཧཱུྃཿ དཀྱིལ་འཁོར་གྱི་ཁ་དོག་བཏག །དེ་ནས་མིག་དར་གསེར་གྱི་སྦྲུ་གུས་ཕྱེ་སྟེ། རྡོ་རྗེའི་མིག་ནི་བླ་ན་མེད། །བརྗོད། ལྷ་ཞལ་བསྟན།

དངོས་གཞི་ནི། མཚལ་ཕུལ། གསོལ་བ་བཏབ་པ་ནི། བླ་མ་དཀྱིལ་འཁོར་ལྷ་ཡི་ཚོགས། །རིན་ཆེན་མཁའ་འགྲོའི་དཀྱིལ་འཁོར་དུ། །སྨིན་བྱེད་དབང་གི་རིམ་པ་ནི། །བདག་ལ་

དེ་རིང་བསྐུར་དུ་གསོལ། །ལན་གསུམ་བརྗོད། སློབ་དཔོན་གྱིས་དབང་གཏོར་སློབ་མའི་མགོར་འཇོག་ཅིང་། ཚོགས་དབང་རིན་ཆེན་ཕྲེང་བ་འདི། །བླ་མ་མཁའ་འགྲོ་དབྱེར་མེད་པ། །དངོས་གྲུབ་ཐམས་ཅད་དེ་ལས་འབྱུང་། །སྐལ་བ་ཅན་གྱིས་བླང་བར་གྱིས། །བུདྡྷ་ཨ་བྷི་ཥིཉྩ་ཨོཾ། བརྗོད། ནང་མཆོད་བླུད་ཅིང་། ཨོཾ་ཨོཾ་སརྦ་བུདྡྷ་ཌཱ་ཀི་ནཱི། བཛྲ་ཝརྞ་ནཱི། བཛྲ་བཻ་རོ་ཙ་ནཱི། ཧ་རི་ནི་ས་ཧཱུྃ་ཧཱུྃ་ཕཊ། བརྗོད་པར་བྱ། དེས་རྣམ་པར་སྣང་མཛད་ཀྱིས་དབང་བསྐུར་བས་ཉོན་མོངས་པ་གཏི་མུག་དག །རྣམ་པར་སྣང་མཛད་ཀྱི་ངོ་བོར་གྱུར་པའོ། །ཡང་གོང་བཞིན་གསོལ་བ་བཏབ་པས། གཏོར་མ་མགོར་བཟུང་། སྐལ་བ་ཅན་གྱིས་ལེན་པར་གྱིས་སོ། །བཛྲ་ཨ་བྷི་ཥིཉྩ་ཧཱུྃ། ནང་མཆོད་དང་། ཕྱག་གོང་ལྟར་བརྗོད། དེ་ལྟར་རྡོ་རྗེ་སེམས་དཔའི་དབང་བསྐུར་བས་ཞེ་སྡང་དག །རྡོ་རྗེ་སེམས་དཔའ་ཉིད་དུ་གྱུར་པའོ། །གཏོར་མ་མགོར་བཟུང་། རཏྣ་ཨ་བྷི་ཥིཉྩ་ཏྲཱཾ། ང་རྒྱལ་དག །རིན་འབྱུང་དུ་གྱུར། པདྨ་ཨ་བྷི་ཥིཉྩ་ཧྲཱིཿ འདོད་ཆགས་དག །འོད་དཔག་མེད། ཀརྨ་ཨ་བྷི་ཥིཉྩ་ཨཿ ཕྲག་དོག་དག །དོན་ཡོད་གྲུབ་པར། རྡོ་རྗེ་དྲིལ་བུ་མགོར་བཞག །མིང་འདོགས། དཔལ་མ་འོངས་པ་ན་རིགས་ཀྱི་བདག་པོར་གྱུར། ནང་མཆོད་དང་ཕྱག་བགྲང་། གོང་བཞིན་གསོལ་བཏབ། བླང་བར་གྱིས་སོགས། གཏོར་མ་མགོར་བཞག །ཚོགས་དབང་རིན་ཆེན་ཕྲེང་བ་ཡིས། །སྐལ་བ་ཅན་ལ་དབང་བསྐུར་བས། །བདེ་གཤེགས་སྐུ་ལྔ་རབ་རྫོགས་ནས། །རིགས་ཀྱི་བདག་པོར་གྱུར་པ་དང་། །ཡོན་ཏན་ཐམས་ཅད་རབ་རྫོགས་ནས། །སྤྲུལ་པའི་སྐུ་ནི་ཐོབ་པར་འགྱུར། །ནང་མཆོད་དང་ཕྱག་བགྲང་། བཀྲ་ཤིས་བརྗོད། བདག་པོའི་དབང་ནི་ཕྱག་དང་མཇལ་ཕྱལ། སློབ་མ་རྣམས་ལྷ་མོ་སེར་མོ་གསལ་བར་གྱུར། ཕྱི་ནང་གཏོར་མ་བཟུང་སྟེ། སངས་རྒྱས་ཀུན་གྱི་ངོ་བོ་ཉིད། །རྡོ་རྗེའི་དབུ་མར་ཆེན་པོ་ནི། །གསང་བ་གསུམ་ལས་རབ་འཕྲོས་པ། །ཁྱོད་ལ་ཡང་དག་སྦྱིན་པར་བྱ། །ནང་མཆོད་བླུད། ཨོཾ་ཨཱཿཧཱུྃ་བརྗོད། ནས་འཐོར། དེ་ལྟར་

བདག་པོའི་དབང་བསྐུར་བས་ལུང་དང་མན་ངག་ཐམས་ཅད་སློབ་མ་ལ་བཤད་པར་གྱིས་ཤིག །གསང་དབང་ནི། གཏོར་མ་མགོར་བཟུང་། བླ་མ་དང་རིན་ཆེན་མཁའ་འགྲོ་ཐ་མི་དད་པའི་གསང་བའི་བདུད་རྩི་ཆེར་བབ་སྟེ། ཁྱེད་རང་གི་དཔྲལ་བ་ནས་ཞུགས། བ་སྤུའི་བུ་ག་ཚུན་ལྟེམ་གྱིས་གང་བར་བསམ། ཐུགས་བརྗོད། བདུད་རྩི་ལན་གསུམ་བླུད། དེ་ལྟར་བདུད་རྩི་བྱང་སེམས་ཀྱིས་དབང་བསྐུར་བས། རྩ་ཐིག་རླུང་གསུམ་ལ་དབང་ཐོབ་པའི་སྐལ་བ་དང་ལྡན་པར་བྱས་སོ། །བཀྲ་ཤིས་བརྗོད། ཤེས་རབ་ཡེ་ཤེས་ཀྱི་དབང་ནི། ཕྱག་དང་མཆོད་ཕུལ། བླ་མ་དང་རིན་ཆེན་མཁའ་འགྲོ་གཏོར་མ་འདི་དང་ཐ་མི་དད་པའི་ཐུགས་ཀ་ནས་རིགས་ཀྱི་ལྷ་མོ་སེར་མོ་གཅིག་འཕྲོས། ཁྱེད་རང་ལ་འཁྲིལ་ཞིང་བདེ་སྟོང་གི་ཡེ་ཤེས་རྒྱུད་ལ་སྐྱེ་བའི་སྐལ་བ་དང་ལྡན་པར་བྱས་སོ། །བཀྲ་ཤིས་བརྗོད། བཞི་པ་ནི། ཆོས་ཐམས་ཅད་སྟོང་ཞིང་བདག་མེད་པ་ཡིན་པ། ངོ་བོ་ངོས་བཟུང་ཐམས་ཅད་དང་བྲལ་བ། སེམས་ཉིད་གཅིག་པུའི་ཡོ་ལང་ཡིན་པ་ངོ་ཤེས་པར་གྱིས་ཤིག །བཀྲ་ཤིས་བརྗོད།

དེ་ནས་ནམ་མཁའ་སྒོ་འབྱེད་ཀྱི་དབང་དངོས་གཞི་ཐིག་ལེའི་དབང་ནི། ལངས་ཏེ་རྐང་པ་གཉིས་གཤིབས། སྤྱི་བོར་ཐལ་མོ་སྦྱར། རྐང་མཐིལ་གཉིས་སུ་སེམས་ཀྱི་ངོ་བོ་ཐིག་ལེ་དཀར་དམར་གཉིས་བྱ་མ་གསར་གྱི་སྒོ་ང་ཙམ་འོད་ཏྲི་ལི་ལི་ཡོད་པ་དེ། ཕཊ་གྱིས་བརྫ་སྦྱོད། ཅིན་པའི་རྒྱུད་ནས་ཡར་བྱུང་། པུས་མོའི་གཉའ་གོང་ན་བྱུང་། རྩ་གསུམ་འདུས་མདོར་ཐིག་ལེ་དཀར་དམར་གཉིས་རྫིལ་གྱིས་འདྲིལ། དེ་ཕཊ་ཀྱིས་བརྫ་སྤྲད་པས། ལྟེ་བའི་དབུས་སུ་བྱུང་། སྙིང་གའི་དབུས་སུ། མགྲིན་པའི་དབུས་སུ། སྤྱི་བོ་ཚངས་པའི་བུ་ག་ནས་རྩལ་པོ་ཆེས་མདའ་འཕངས་པ་ལྟར་རྒྱངས་ཀྱིས་ཐོན། རིན་ཆེན་མཁའ་འགྲོའི་ཐུགས་ཀར་ཐིམ། དེ་ཉིད་ཀྱི་ངང་དུ་ཅི་གནས་སུ་

བཞག །དེ་ནས་ཕབ་སྟེ་རིན་ཆེན་མཁའ་འགྲོ་རང་ལ་ཐིམ་པར་བསམ་སྟེ། སྤྲོས་མེད་ནམ་མཁའ་སྒོ་འབྱེད་ཐིག་ལེའི་དབང་སོང་། མཇུག་ཕྱག། བཀྲ་ཤིས་བརྗོད། གཙོ་བོས་ཇི་ལྟར་སོགས་དང་། དེང་ནས་བཟུམས་ཏེ་བདག་བྲན་དུ་སོགས་བརྗོད། ཚོགས་བསྔོ་ཞིང་། ཚོགས་ཕུད་གཏོར་མར་བྲན་ལ་བསྔོ། ཚོགས་ལ་ལོངས་སྤྱོད། ལྷག་གཏོར་གཏོང་། བཀྲ་ཤིས། བཟོད་གསོལ། ཡིག་བརྒྱ་སོགས་འདོན་ཞིང་། ཡེ་ཤེས་པ་གཤེགས། དམ་ཚིག་པ་རང་ལ་བསྡུ། བསྔོ་བ་ནི། ཆོས་དབྱིངས་བྱང་ཆུབ་སེམས་ཀྱི་དཀྱིལ་འཁོར་དུ། །བདག་སོགས་སེམས་ཅན་ཐམས་ཅད་ཀྱིས། །དུས་གསུམ་བསགས་དང་རྫོགས་པ་ཡིས། །འགྲོ་དྲུག་སེམས་ཅན་མ་ལུས་པ། །སྐུ་ལྔ་ཡོངས་རྫོགས་སངས་རྒྱས་མྱུར་དུ་འགྲུབ་པར་ཤོག །རང་བྱུང་སྐྱེ་མེད་རང་བྱུང་དོན་རྟོགས་ཤིང་། །རང་བྱུང་ལྷ་མོ་རང་བྱུང་སྤྲུལ་པའི་སྐུ། །རང་བྱུང་བདེ་ཆེན་མཁའ་ལ་རྫུ་འཕྲུལ་ལྡན། །དགའ་བའི་པད་ཚལ་གསེར་གྱི་ཉི་འོད་མཛེས། །བཅུག་ལྡན་སྙིག་རྩུབ་ཕ་རོལ་ཕྱིན་དྲུག་ལྡན། །ཡིད་འོང་དབྱངས་སྙན་བདག་འདྲ་རབ་ཏུ་སྐྱོངས། །བདག་གི་ཡིད་ལ་ཉེ་བར་མཛད་དུ་གསོལ། །ཞེས་གཙོད་གདན་ཐོག་གཅིག་མའི་ཁྲིད་ཡིག་ཐིན་ལས་རྒྱ་མཚོ་ལས། རིན་ཆེན་མཁའ་འགྲོའི་ཚོགས་དབང་རིན་ཆེན་སྤུངས་པ་ཞེས་བྱ་བའི་སྒྲུབ་ཐབས་ཀྱི་ཆོ་གའི་རིམ་པ། བླ་མའི་གསུང་བཞེད་དུ་འཕངས་པ་དང་། རྟོགས་ལྡན་ལྷ་སྟེངས་པ་སོགས་མོས་འཛིན་རྣམས་ཀྱིས་བསྐུལ་བའི་ངོར། ཁ་གསལ་ལ་ལག་ལེན་བདེ་བ། །ཕྱི་རབས་རྣམས་ལ་ཕན་པའི་ཕྱིར། ཤཱཀྱའི་དགེ་སློང་ཀྲི་འོ་ཆོས་ཀྱི་རྒྱ་མཚོ་ཞེས་བྱ་བས། དབེན་གནས་ཆེན་པོ་སྟག་ལུང་རྩེ་དྲུ་སྦྱར་བའོ། །ལྷན་ཐབས་ཀྱི་ཡིག་ཆུང་ངོ་།། །།

༄༅། །རྨ་བྱ་ལྷ་བུའི་དབང་བསྐུར་སྔ་ཚོགས་མཁའ་འགྲོའི་སྒྲུབ་ཐབས་ཚོ་གའི་རིམ་པ་བཞུགས་སོ། །

བླ་མ་དང་སྔ་ཚོགས་མཁའ་འགྲོ་ལ་ཕྱག་འཚལ་ལོ། །ལས་རྣམས་ཐམས་ཅད་བསྒྲུབ་པ་ལ། །རྨ་བྱ་ལྷ་བུའི་དབང་བསྐུར་དགོས། །ཞེས་པ། དཀྱིལ་འཁོར་གྲུ་གསུམ་ལྷང་གུ་གཉིས་རྩེག་ཟླ་གདན་གྱི་དབུས་སུ་མཆེའི་ཁར་ཐོད་པ་མཚན་ལྡན་བདུད་རྩིས་བཀང་བ་བཞག །གཏོར་མ་གསུམ་དང་དབང་གཏོར་ཟླུམ་པོ་གཏོར་ཚུང་བདུན་གྱིས་བསྐོར་བ་རྣམས་ལ་དཀར་དམར་གྱི་རྒྱན་བཟང་པོ་དང་བཅས་ཏེ་དཀྱིལ་འཁོར་གྱི་གོང་དུ་བཞག །ཚོགས་དང་མཆོད་པས་དཀྱིལ་འཁོར་གྱི་མཐའ་མ་བསྐོར། མདུན་དུ་སྔགས་ཀྱི་ཁར་རང་ཉིད་སྡོད་ཅིང་། ནང་མཆོད་ཊ་དྲིལ་ཞང་དུང་སོགས་མདུན་དུ་བཞག །ནང་མཆོད། དཀར་གཏོར། བགེགས་གཏོར་གཞུང་ལྟར་བྱེད། མཚམས་གཅོད་བྱེད་ཅིང་སྲུང་འཁོར་བསྒོམ། མཆོད་པ་བྱིན་རླབས་ཏེ།

རང་གི་ཐུགས་ཀ་ནས་ཨོཾ་ཨཱཿཧཱུྃ་གསུམ་ལས་འོད་ཟེར་འཕྲོས་པས། མཆོད་པའི་དངོས་པོ་དངས་ཤིང་ཐོགས་པ་མེད་པ་ས་དང་ནམ་མཁའ་བར་སྣང་ཐམས་ཅད་གང་བར་གྱུར། ཨརྒྷཾ་ནས་ཤབྡའི་བར་བརྗོད། དུས་གསུམ་སངས་རྒྱས་ཀུན་གྱི་ངོ་བོ་ཉིད། །དཔལ་ལྡན་བླ་མའི་སྐུ་ལ་སྐྱབས་སུ་མཆི། །ཡོན་ཏན་ཐམས་ཅད་འབྱུང་བའི་གནས། །སངས་རྒྱས་རྣམས་ལཿ འགག་མེད་ལྷུན་གྲུབ་རྒྱས་མཛད་པ། །སྐྱོབ་པའི་ཆོས་ལཿ ཞིང་རྟུལ་ཀུན་ཉེད་ཚོགས་པ་ཡི། །དགེ་འདུན་རྣམས་ལཿ བྱིན་གྱིས་བརླབ་ཅིང་དངོས་གྲུབ་རྩོལ། །སྔ་ཚོགས་མཁའ་འགྲོཿ བདེ་གཤེགས་བསྟན་པ་སྐྱོང་མཛད་པ། །ཆོས་སྐྱོང་རྣམས་ལཿ ཁྱེད་རྣམས་ལ་ནི་བདག་སྐྱབས་མཆི། །འདོད་ཡོན་ལྔ་ཡིས་ཚིམ་གྱུར་ཅིག །འགྲོ་བ་མ་ལུས་སངས་རྒྱས་ཤོག །སྐད་ཅིག་གིས་

སྣ་ཚོགས་མཁའ་འགྲོའི་ལྷ་ཚོགས་མདུན་གྱི་ནམ་མཁར་གསལ་བར་གྱུར། གདན་འབུལ་ཨཀྵྃ་ནས་ཤབྡའི་བར་དང་། ལྟེ་བའི་དབུས་གནས་རྣལ་འབྱོར་མ། །ཞེ་སྡང་གཅོད་མཛད་གྲུབ་པ་མོ། །མི་ལོང་ཡེ་ཤེས་ངོ་བོ་ཉིད། །སྣ་ཚོགས་མཁའ་འགྲོར་ཕྱག་འཚལ་བསྟོད། །སྐབས་གསུམ་གྲངས་ཀྱིས་མཆོད་པའི་ལྷུན་པོ་དང་། །ལུས་ཆེན་པོ་བྱེད་རྫོགས་པའི་གླིང་རྣམས་དང་། །རིན་ཆེན་ས་འཛིན་རྣམས་དང་བདུད་རྩིའི་མཚོ། །དག་བྱེད་མུ་ཁྱུད་ཕྱོགས་རྣམས་བཀང་སྟེ་འབུལ། །ཚོགས་ཞིང་གི་ལྷ་ཚོགས་རྣམས་བདག་ཉིད་ལ་ཐིམ་པར་གྱུར། ཨོཾ་ཨཱཿཧཱུྃ།

བདག་བསྐྱེད་ནི། སྭ་བྷཱ་ཝ། སྟོང་པའི་ངང་ལས་ཨེ་ལས་ཆོས་ཀྱི་འབྱུང་གནས་གྲུ་གསུམ་གཉིས་རྩེག་ཕྱི་སྟེ་ལ་ནང་ལྡང་བ། པདྨ། ཉི་གདན། །སུ་ཏིག །མི་རིས་བསྐོར་བའི་དབུས་སུ། སྣ་ཚོགས་འདབ་བདུན་པད་ཉིའི་སྟེང་དུ་ཧཱུྃ་ཡིག་ལྗང་གུ །དེ་ལས་འོད་ཟེར་འཕྲོས། འཕགས་པ་མཆོད། སེམས་ཅན་གྱི་དོན་བྱས། ཚུར་འདུས་ཡོངས་སུ་གྱུར་པ་ལས། སྣ་ཚོགས་མཁའ་འགྲོ་སྐུ་མདོག་ལྗང་གུ་ཞལ་གཅིག་ཕྱག་གཉིས་སྤྱན་གསུམ་མཆེ་བ་བཞི་རབ་ཏུ་གཙིགས་པ། དབུ་སྐྲ་དམར་སེར་གྱེན་དུ་བརྫེས་པ་ལ་ཐོད་སྐམ་ལྔ་ཡིས་དབུ་ལ་བརྒྱན་པ། རློན་པ་ལྔ་བཅུ་རྩ་གཅིག་གིས་དོ་ཤལ་བྱས་པ། ཕྱག་གཡས་རྡོ་རྗེས་མཚན་པའི་གྲི་གུག་དང་། གཡོན་པས་ཐོད་པ་ལྟང་ལོ་ཁྲག་གིས་གང་བ་བསྣམས་པ། གྲུ་མོ་ན་ཁཊྭཱཾ་ག་བཅུག་པ། རུས་པའི་རྒྱན་དྲུག་གིས་སྐུ་ལ་བརྒྱན་ཅིང་། ཞབས་གཡས་བསྐུམ་གཡོན་བརྐྱང་བས་པད་ཉི་ལ་གནས་པའོ། །འདབ་མ་རྣམས་ལ་ཤར་ནས་རིམ་པ་བཞིན་དུ། བཾ་ལས་རྡོ་རྗེ་ཕག་མོ་དམར་མོ། ཡཾ་ལས་གཤིན་རྗེ་མ་སྔོན་མོ། མཾ་ལས་རྨོངས་བྱེད་མ་དཀར་མོ། ཧི་ལས་བསྐྱོད་བྱེད་མ་སེར་མོ། ཧཱུྃ་ལས་སྐྲག་བྱེད་མ་ལྗང་གུ། ཕཊ་

ལས་གཏུམ་མོ་དུད་ཁ། དེ་ཐམས་ཅད་ཀྱང་ཞལ་གཅིག་ཕྱག་གཉིས། གཡས་པ་རྣམས་ཀྱིས་པདྨ་དང་། རྡོ་རྗེ་དང་། འཁོར་ལོ་དང་། རིན་པོ་ཆེ་དང་། རལ་གྲི་དང་། རྒྱ་གྲམ་གྱིས་མཚན་པའི་གྲི་གུག་དང་། གཡོན་པ་རྣམས་ཀྱིས་ཐོད་པ་ལྷུང་ཡོ་ཁྲག་གིས་བཀང་བ་བསྣམས་པ། རྒྱན་ཆ་ལུགས་ཐམས་ཅད་གཙོ་མོ་དང་མཚུངས་པའོ། །ལྷ་ཚོགས་དེ་དག་ཐམས་ཅད་ཀྱི་དཔྲལ་བར་ཨོཾ་དཀར་པོ། མགྲིན་པ་ཨཱཿདམར་པོ། ཐུགས་ཀར་ཧཱུྃ་སྔོན་པོ། ཐུགས་ཀའི་ཧཱུྃ་ལས་འོད་ཟེར་འཕྲོས་པས་འོག་མིན་དང་ཨུ་རྒྱན། དུར་ཁྲོད་རྣམས་ནས་སྣ་ཚོགས་མཁའ་འགྲོ་ལ་སངས་རྒྱས་དང་བྱང་ཆུབ་སེམས་དཔའི་ཚོགས་དཔག་ཏུ་མེད་པས་བསྐོར་བ་མདུན་གྱི་ནམ་མཁའི་གནས་སུ་སྤྱན་དྲངས། བཛྲ་ས་མ་ཛཿ མ་ལུས་སེམས་ཅན་ཀུན་གྱི་མགོན་གྱུར་ཅིང་། །བདུད་སྡེ་དཔུང་བཅས་མི་ཟད་འཇོམས་མཛད་ལྷ། །དངོས་རྣམས་མ་ལུས་ཇི་བཞིན་མཁྱེན་གྱུར་པའི། །བཅོམ་ལྡན་སྣ་ཚོགས་མཁའ་འགྲོ་འཁོར་བཅས་རྣམས། །སེམས་ཅན་དོན་ལ་དགོངས་མཛད་ལ། །སྐད་ཅིག་ཙམ་གྱིས་གཤེགས་སུ་གསོལ། །པདྨ་ཀ་མ་ལ་ཡེ་སྟྭཾ་ཨརྒྷཾ་ནས་ཤབྡའི་བར་བརྗོད་ཅིང་། དཔལ་ལྡན་རྡོ་རྗེ་མཁའ་འགྲོ་མ། །མཁའ་འགྲོ་འབུམ་གྱི་འཁོར་གྱིས་བསྐོར། །འགྲོ་བ་སྐྱོབ་པའི་ཐུགས་རྗེ་ཅན། །མཁའ་འགྲོ་མ་ལ་ཕྱག་འཚལ་བསྟོད། །དེ་རྣམས་ཀྱི་སྐུ་གསུང་ཐུགས་ལས་ཟག་མེད་ཀྱི་བདུད་རྩི་བྱུང་། རང་གི་གནས་གསུམ་དུ་ཐིམ་པར་གྱུར། གསང་གནས་ཆོས་འབྱུང་གི་དབུས་སུ་ཧཱུྃ་ཡིག་གི་མཐའ་གཡོན་སྐོར་དུ། བུདྡྷ་ཌཱ་ཀི་ནི། བཛྲ་བཻ་རོ་ཙ་ནི། བཾ། ཡཾ། མཾ། ཧྲི། ཧྲཾ། ཕཊ་སྭཱ་ཧཱ། བརྒྱ་ཙ་བཟླས། གསོལ་འདེབས་ནི། ཆོས་དབྱིངས་མཐའ་དབུས་མེད་པ་ནས། །ཆོས་སྐུ་ཡུམ་ཆེན་བྱིན་རླབས་ཅན། །བྱིན་རླབས་ཅན་ལ་གསོལ་བ་འདེབས། །མཁའ་སྤྱོད་

དག་པའི་གཞལ་ཡས་ནས། །རྫོགས་པའི་སངས་རྒྱས་བྱིན་རླབས། །འོག་མིན་འཐུག་པོ་བཀོད་པ་ནས། །སྣ་ཚོགས་མཁའ་འགྲོ་བྱིན་རླབས། །གཡུ་ལོ་བཀོད་པའི་ཞིང་ཁམས་ནས། །རྗེ་བཙུན་སྒྲོལ་མ༔ དག་པ་ཅམ་གྱི་དུར་ཁྲོད་ནས། །སྲུ་ཁ་སིདྡྷི༔ རྒྱ་གར་འཛམ་མའི་སྤྱིལ་པོ་ནས། །ཨཱནྡྷ་དེ་བ༔ ལ་སྟོད་དིང་རི་གླ་འཁོར་ནས། །དམ་པ་སངས་རྒྱས༔ གཡེ་སྨད་སྣང་ལུང་དགོན་པ་ནས། །ཨ་མ་ལབ་སྒྲོན༔ བདེ་ཆེན་གཉུག་མའི་དཀྱིལ་འཁོར་ནས། །ཁཾ་ཧྲུ་ཡ་ལེ༔ རིན་ཆེན་གསལ་བའི་ཁྲི་སྟེང་ནས། །ཡེ་ཤེས་འབར་བ༔ འཁོར་ལོ་བཞི་ཡི་དཀྱིལ་ཤེད་ནས། །རྡོ་རྗེ་སེམས་དཔའ༔ ཕོ་བྲང་ལྷ་ཡི་གཞལ་ཡས་ནས། །རང་བྱུང་རྡོ་རྗེ༔ ཆོས་ཉིད་དུར་ཁྲོད་གཞལ་ཡས་ནས། །བསམ་གཏན་རིན་ཆེན༔ ལྷ་སྲུ་ཤེལ་གྱི་གུར་ཁང་ནས། །ཀུན་དགའ་ཡེ་ཤེས༔ ཡོར་བ་མཚལ་གྱི་ལྷ་སྟེངས་ནས། །འཇམ་དཔལ་བཟང་པོ༔ རང་བྱུང་ཤེལ་གྱི་ཁང་པ་ནས། །འཇམ་དཔལ་རྒྱ་མཚོ༔ བདེ་གཤེགས་ཐུགས་ཀྱི་ཡང་སྟེང་ནས། །ཆོས་ཀྱི་རྒྱ་མཚོ༔ བླ་མ་ཡུམ་ཆེན་སོས་བྱིན་གྱི་རློབས། །སོགས་བརྗོད།

མདུན་བསྐྱེད་ནི། མདུན་གྱི་ནམ་མཁར་ཨེ་ལས་ཆོས་ཀྱི་འབྱུང་གནས་སོགས་ནས། མཁའ་འགྲོ་མ་ལ་ཕྱག་འཚལ་བསྟོད་ཀྱི་བར་བརྗོད་པར་བྱའོ། །འབུམ་བསྐུལ་ནི། ཧཱུྃ། སྐུ་མདོག་སྣ་ཚོགས་སྟོན་པ་དེ། །འགྱུར་མེད་སྣ་ཚོགས་མཁའ་འགྲོ་འབུམ། །ཁྲི་ཐོད་རྒྱན་དྲུག་གསོལ་བ་དེ། །འགྲོ་དྲུག་ཐར་ལམ་འདྲེན་པའི༔ སྣ་ཚོགས་མཁའ་འགྲོ་དྲུག་གིས་བསྐོར་བ་དེ། །བཅོ་བརྒྱད་སྟོང་ཉིད་རྫོགས་པའི༔ གཉིས་རྩེག་ཟུར་དྲུག་གཞལ་ཡས་ཁང་ཆེན་འདི། །ཟུང་འཇུག་སྐུ་དྲུག་ལྡན་པའི༔ ཤར་ཕྱོགས་པདྨ་རིགས་ཀྱི་མཁའ་འགྲོ་འབུམ། །ལྷོ་ཕྱོགས་རྡོ་རྗེ་རིགས་ཀྱི་མཁའ་འགྲོ་འབུམ། །ནུབ་ཕྱོགས་འཁོར་ལོ་རིགས་ཀྱི་མཁའ་འགྲོ་འབུམ། །བྱང་ཕྱོགས་རིན་ཆེན་རིགས་ཀྱི་

མཁའ་འགྲོ་འབུམ། །ཤར་རྡོ་ལས་ཀྱི་རིགས་ཀྱི་མཁའ་འགྲོ་འབུམ། །ནུབ་བྱང་དེ་བཞིན་རིགས་ཀྱི་མཁའ་འགྲོ་འབུམ། །དབུས་ཕྱོགས་སངས་རྒྱས་རིགས་ཀྱི་མཁའ་འགྲོ་འབུམ། །བདག་དང་འགྲོ་དྲུག་སེམས་ཅན་རྣམས། །ལུས་ལ་བདེ་བ་བསྐྱེད་དུ་གསོལ། །ངག་ལ་ནུས་པ་འབར་དུ་གསོལ། །སེམས་ལ་རྟོགས་པ་འཆར་དུ་གསོལ། །མཆོག་ཐུན་མོང་དངོས་གྲུབ་སྩོལ་དུ་གསོལ། །

བདག་འཇུག་བྱེད་ན། ཁྲུས་བྱེད། ཕྱག་དང་མཆོད་ཕུལ། གདོང་གཡོགས་དང་མེ་ཏོག་གཏད། ལས་རྒྱུ་འབྲས་དང་། དབང་གི་བཤད་པ་བྱེད། དགའ་ཆེན་ཁྱོད་བདག་ནས། འཇུག་པར་འཚལ་ཀྱི་བར་བརྗོད། དཀོན་མཆོག་གསུམ་ལ་བདག་སྐྱབས་མཆི་ནས། འགྲོ་ལ་ཕན་ཕྱིར་སངས་རྒྱས་འགྲུབ་པར་ཤོག་གི་བར་ལན་གསུམ་བརྗོད། སྡོམ་པ་བཟུང་། རྡོ་རྗེ་རིགས་ཀྱི་སྡོམ་བཞི་དང་། །རིན་ཆེན་རིགས་ཀྱི་སྡོམ་པ་གསུམ། །པདྨ་རིགས་ཀྱི་སྡོམ་བཞི་དང་། །ལས་ཀྱི་རིགས་ཀྱི་སྡོམ་པ་གཉིས། །སངས་རྒྱས་རིགས་ཀྱི་སྡོམ་པ་གཅིག །དམ་ཚིག་སྡོམ་པ་བཅུ་བཞི་འདི། །དེང་ནས་བཟུང་སྟེ་ནམ་དུ་ཡང་། །གཏོང་བར་བྱ་བ་མ་ཡིན་ནོ། །ལན་གསུམ་བརྗོད། ལུས་ལྷར་བསྐྱེད། ཡི་གེ་གསུམ་གྱིས་བྱིན་གྱིས་རླབས། ཐལ་མོ་མགོར་བཞག །སློབ་དཔོན་ཆེན་པོ་བདག་ཉིད་ཡིན། །བསྒོ་བ་བཞིན་དུ་བསྒྲུབ་པར་བགྱི། །བརྗོད། ཡེ་ཤེས་ཕབ་པ་ནི། མདུན་གྱི་ནམ་མཁར་སྣ་ཚོགས་མཁའ་འགྲོ་ལྷ་བདུན་གྱི་གནས་གསུམ་ནས་ཟག་མེད་ཀྱི་བདུད་རྩི་བྱུང་། ཁྱེད་རང་རྣམས་ཀྱི་རྩ་གནས་སུ་ཐིམ་པའི་མོས་པ་མཛོད། རོལ་མོ་བཀྲོལ། གུ་གུལ་གྱི་དུད་པས་བདུག །ཨ་ཨ་ཧྲི་ཧྲི་ཕཾ་ཕཾ་རྡོ་རྗེ་མགོར་བཞག་ཅིང་། ཏིཥྛ་བཛྲ་བརྗོད། དཀྱིལ་འཁོར་ཁ་དོག་བཏག །མེ་ཏོག་འཐོར། མིག་དར་བསལ། ལྷ་ཞལ་བསྟན་པ་རྣམས་སྤྱི་མཐུན་བྱེད། དེ་ཡན་སྔོན་འགྲོ་ཡིན་ཏེ།

ད་དངོས་གཞི་བུམ་དབང་ཞུ་བའི་དོན་དུ་ཕྱག་དང་མཆོད་ཕུལ། གསོལ་བ་བཏབ་པ་ནི། བླ་མ་དཀྱིལ་འཁོར་མཁའ་འགྲོའི་ཚོགས། །རིན་ཆེན་ཐོད་པ་བུམ་པའི་དབང་། །གཉིས་མེད་ཡེ་ཤེས་

བདུད་རྩིས་བཀང་། །བྱིན་རླབས་ཆེན་པོ་བདག་ལ་སྩོལ། །བླ་མས་ཐོད་པ་སྤྱི་བོར་བཞུང་སྟེ། ཉིད་དགའ་མཚན་ལྡན་ཐོད་པ་འདི། །བུམ་པ་གཞན་གྱི་དོད་མ་ཡིན། །དངོས་གྲུབ་ཐམས་ཅད་འདི་ལས་འབྱུང་། །ཁྱོད་ལ་བདག་གིས་ཡང་དག་སྦྱིན། །ཨོཾ་ཧྲཱིཾ་ཧྲཱུཾ།སྔགས་བགྲང་ཞིང་ནང་མཆོད་བླུད་དེ། རིན་ཆེན་ཐོད་པ་བུམ་པའི་དབང་བསྐུར་བ་ལ་བརྟེན་ནས་ཕུང་པོ་ལྔ་དག །ཡེ་ཤེས་ལྔའི་ངོ་བོ་རིགས་ལྔར་གནས་འགྱུར། སྐུ་ལྔ་ཡིས་དབུ་རྒྱན་པ་བྱས་སོ། །བཀྲ་ཤིས་བརྗོད།

ད་ནི་བུམ་པའི་དབང་སྟེ། གསང་དབང་ཞུ་བའི་དོན་དུ་མཎྜལ་ཕུལ། གསོལ་བ་བཏབ་པ་ནི། བླ་མ་སྣ་ཚོགས་མཁའ་འགྲོ་ཐུགས་རྗེའི་བདག །དབྱེར་མེད་གསང་དབང་ཆེན་མོ་ནི། །ཐུགས་རྗེའི་སྟོབས་ཀྱིས་བདག་ལ་སྩོལ། །ལན་གསུམ་བརྗོད། བླ་མ་ཡབ་ཡུམ་དབྱེར་མ་མཆིས་པའི་གསང་བ་ཡེ་ཤེས་བསམ་གྱིས་མི་ཁྱབ་པའི་བདུད་རྩི་ཡི་གེའི་རྣམ་པར་བབ། ཁྱེད་རང་རྣམས་ཀྱི་སྤྱི་བོ་ནས་ཞུགས། ལུས་ཐམས་ཅད་ཁྱབ་པའི་མོས་པ་མཛོད། སྔགས་བགྲང་། བདུད་རྩི་བླུད། ཐོད་པ་དཔྲལ་བ་དང་མགྲིན་པར་གཏུགས། ཨ་སྐྱེ་བ་མེད་པ་མངོན་དུ་གྱུར་པར་བྱིན་གྱིས་བརླབ་ཏུ་གསོལ། བཀྲ་ཤིས་བརྗོད། དེ་ལྟར་གསང་བའི་དབང་བསྐུར་བས་ངག་གི་སྒྲིབ་པ་དག །ངག་ལོངས་སྤྱོད་རྫོགས་པའི་སྐུ་བ་དང་ལྡན་པར་བྱས་སོ། །

དབང་གསུམ་པ་ནི། མཎྜལ། གསོལ་བ་བཏབ་པ་ནི། མཁྱེན་བརྩེའི་བདག་ཉིད་ཐུགས་རྗེ་ཅན། །དག་པའི་དཀྱིལ་འཁོར་རྣམ་དག་ནི། །རིགས་ཀྱི་ལྷ་མོའི་དབང་བསྐུར་དེ། །དེང་འདིར་བདག་ལ་སྩལ་དུ་གསོལ། །སྣ་ཚོགས་མཁའ་འགྲོ་ལས་མཁའ་འགྲོ་མ་གཅིག་མར་མེ་གཅིག་ལ་གཉིས་ཆད་ཀྱི་ཚུལ་དུ་འཕྲོས། ཁྱེད་རང་གི་ལུས་ལ་རེག་ཅིང་ཐིམ་པས་དགའ་བ་བཞི་རབ་ཏུ་རྒྱས་ཤིང་། ལུས་བདེ་སྟོང་གིས་

ཁྱབ་པར་སྒོམས་ཤིག །བཀྲ་ཤིས་བརྗོད། དེ་ལྟར་ཤེས་རབ་ཡེ་ཤེས་ཀྱིས་དབང་བསྐུར་བས་ཕུན་སུམ་ཚོགས་པའི་ཡེ་ཤེས་མངོན་དུ་གྱུར་པར་བྱས་སོ། །

བཞི་པ་ནི། མནྡལ་ཕུལ། ཁྱོད་ནི་སྲས་མཆོག་རིགས་ཀྱི་བུ། །བདེ་བ་ཆེན་པོ་རྡོ་རྗེའི་སྐུ། །རིགས་ཀྱི་བདག་པོ་ཕྱག་རྒྱ་ཆེ། །ཞེན་མེད་སྤྲོས་བྲལ་ནམ་མཁའ་ཡངས། །སེམས་ཀྱི་རང་བཞིན་ཆོས་སྐུ་སྟེ། །ངོ་བོ་རང་བཞིན་གཉིས་སུ་མེད། །གང་ཤར་དེ་ཡི་ངོ་བོ་ལྟོས། །དེ་ལ་མ་ཡེངས་གོམས་པར་གྱིས་ཤིག་བུ། །བཀྲ་ཤིས་བརྗོད། ཐུགས་ཀྱི་རྗེས་གནང་ནི། རྗེས་གནོས་བཙལ་ནས་ཐུགས་བསྒྲང་། ཕྲེང་བ་མཁྲིན་པར་གཏུགས་ཤིང་། ཐུགས་ཀྱི་ནུས་པ་ཐོན་པར་བྱིན་གྱིས་རློབས། བརྗོད་དེ། དེ་ནས་ཐིག་ལེའི་དབང་བསྐུར་ཏེ། ལུས་གར་སྟབས་བྱེད། ལྕེ་འོག་ཏུ་ཐིག་ལེ་དཀར་དམར་གཉིས་བསྒོམ། སྤྱི་བོར་ཐལ་མོ་སྦྱར། ཕཊ་བརྗོད། ཐིག་ལེ་དཀར་པོ་དེ་རྒྱངས་ཀྱིས་བྱུང་། སྤྱི་བོ་རྒྱ་མཐོངས་ཁ་ཕྱེ་བ་ལྟ་བུ་གསལ་ཏ་རེ་ཡོད་པ་ནས། རྩལ་པོ་ཆེས་མདའ་འཕངས་པ་ལྟར་རྒྱངས་ཀྱིས་ཐོན། སྣ་ཚོགས་མཁའ་འགྲོའི་ཐུགས་ཀར་བསྟིམ་གྱིས་ཐིམ། སྣ་ཚོགས་མཁའ་འགྲོ་ནམ་མཁའ་ལ་འཇའ་ལྟར་ཡལ། དེ་ཉིད་ཀྱི་ངང་དུ་ཅི་གནས་ལ་བཞག །དེ་ནས་ཕབ་པ་བྱེད་ཅིང་ངོ་སྤྲོད། དེ་ནས་རྗེས་གནང་གི་ཙ་ག་ལི་གཏད་དེ། དབུ་སྐྲ་གྱེན་བཅིངས་ཐོད་སྐམ་ལྷུ་ཡིས་བརྒྱན། །རྟོག་མེད་འགྲོ་དོན་འབྱུང་བའི་དབང་དང་ལྡན་གྱུར་ཅིག །ནུས་པའི་རྒྱན་དྲུག་ཁ་ཊྭཱཾ་ག་འཆང་བའི། ལོངས་སྤྱོད་རྫོགས་སྐུའི་ཕྲིན་ལས་རང་བྱུང་ཤོག །གྲི་གུག་ལྟུང་ཐོད་ཁྲག་བཀང་བསྣམས་པ་ཡིས། །བདུད་རྣམས་ཀུན་ལས་རབ་ཏུ་རྒྱལ་གྱུར་ཅིག །མཛེས་ལྡན་རིགས་དྲུག་འཁོར་གྱིས་རབ་བསྐོར་བ། །མི་མཐུན་ཕྱོགས་རྣམས་ཀུན་ལས་རྒྱལ་གྱུར་ཅིག །འཇམ་བྱེད་གསུང་སྙན་སྲིད་གསུམ་ཡིད་འཕྲོག་འདི། །ལྷ་ཡི་དབྱངས་སྙན་དྲུག་ཅུ་རབ་ཐོབ་འགྱུར། །དམར་ཆེན་གཏོར་མ་ཁྲག་གིས་བརྒྱན་པ་འདི། །རིགས་དྲུག་འཁོར་

ལོའི་རྒྱུན་རྣམས་གཅོད་གྱུར་ཅིག །བཀྲ་ཤིས་བརྗོད། ཚོགས་བསྔོ། ཚོགས་ཕུད་གཏོར་མ་ལ་བྲན་ནས་བསྔོ། ཚོགས་ལ་ལོངས་སྤྱོད། ལྷག་མ་བསྡུས་ནས་ཆབ་བྲན། རོལ་མོ་དང་བཅས་ནས་ཕྱི་རོལ་དུ་དོར། བཟོད་གསོལ། ཡིག་བརྒྱ། བཀྲ་ཤིས་བརྗོད། ཡེ་ཤེས་པ་གཤེགས། དམ་ཚིག་པ་རང་ལ་བསྡུ། ཨོཾ་ཁྱེད་ཀྱིས་སེམས་ཅན་དོན་ཀུན་མཛོད། །རྗེས་སུ་མཐུན་པའི་དངོས་གྲུབ་སྩོལ། །སངས་རྒྱས་ཞིང་དུ་གཤེགས་ནས་ཀྱང་། །སེམས་ཅན་རྣམས་ཀྱི་དོན་སླད་དུ། །སླར་ཡང་འབྱོར་པར་མཛད་དུ་གསོལ། །བཛྲ་མུཿ དཀོན་མཆོག་རིན་ཆེན་སོགས་དང་། བསྔོ་བ་ཆོས་དབྱིངས་མ་བྱེད།

གཏོར་མ་ལ་བརྟེན་ནས་རྗེས་གནང་བསྡུས་པ་བྱེད་ན། སྐྱབས་འགྲོ་སེམས་བསྐྱེད་གོང་དུ་བཏང་ཡེ་ཤེས་པ་ཕབ། མནྜལ་ཕུལ། གཏོར་མ་མགོར་བཞག །གཏོར་མ་འདི་དང་ཐ་མི་དད་པའི་སྣ་ཚོགས་མཁའ་འགྲོ་འཁོར་དང་བཅས་པ་ཁྱེད་རང་གི་སྤྱི་བོར་བྱུང་སྟེ། སྐུའི་སྒོ་ནས་སྐུ་ཆེ་ཆུང་འབྲིང་གསུམ་གྱི་ཚོགས་བྱུང་། ཁྱེད་རང་གི་ལུས་ལ་ཐིམ་པའི་མོས་པ་མཛོད། ཨོཾ་ཀཱ་ཡི་དངོས་གྲུབ་སྩོལ་དུ་གསོལ། ནང་མཆོད་བླུད། བཀྲ་ཤིས་བརྗོད། ཡང་མནྜལ་དང་གསོལ་བཏབ་བྱས་པས། སྣ་ཚོགས་མཁའ་འགྲོ་འཁོར་དང་བཅས་པའི་མགྲིན་པ་ནས་སྔགས་ཀྱི་དཀྱིལ་འཁོར་བྱུང་། ཁྱེད་རང་གི་མགྲིན་པར་ཞུགས་པའི་མོས་པ་གྱིས། ཨཱཿ གསུང་གི་དངོས་གྲུབ་ཐོབ་པར་གྱུར་ཅིག །ནང་མཆོད་བླུད། བཀྲ་ཤིས་བརྗོད། ཡང་གཏོར་མ་སྤྱི་བོར་བཟུང་། མནྜལ་དང་གསོལ་བཏབ་བྱེད། སྣ་ཚོགས་མཁའ་འགྲོའི་ཐུགས་ཀ་ནས་ཕྱག་མཚན་སོགས་བྱུང་། ཁྱེད་རང་གི་སྙིང་གར་ཐིམ་པའི་མོས་པ་གྱིས། ཧཱུཾ་ཐུགས་ཀྱི་དངོས་གྲུབ་སྩོལ་དུ་གསོལ། ནང་མཆོད་དང་བཀྲ་ཤིས་བརྗོད། གཏོར་མ་སྤྱི་བོར་བཟུང་། སྣ་ཚོགས་མཁའ་འགྲོ་འཁོར་དང་བཅས་པ་རྣམས་ཀྱིས། རིག་པ་འཛིན་པ་འདི་རྣམས་ཀྱི་འགལ་རྐྱེན་བར་ཆད་མི་མཐུན་པའི་ཕྱོགས་ཐམས་ཅད་ཉེ་བར་ཞི་བར་གྱུར་ཅིག །མཐུན་རྐྱེན་དཔལ་འབྱོར་ཕུན་སུམ་ཚོགས་པ་ལ་ལོངས་སྤྱོད་པའི་སྐལ་བ་དང་ལྡན་པར་

གྱུར་ཅིག །མཐར་ཐུག་མཆོག་གི་དངོས་གྲུབ་ཐོབ་པར་གྱུར་ཅིག །གནས་གསུམ་དུ་རེག་ཅིང་། **ཨོཾ་ཨཱཿཧཱུྃ་**བརྗོད། གཏོར་རྒྱན་མགོ་ལ་བསྐུ། **གཙོ་བོས་**སོགས་ནས། **ཆ་ཡིས་ཀྱང་ནི་སྲིད་དུ་གསོལ།** །སོགས་བརྗོད་ཅིང་། མཇལ་ཕྱུལ། ཐིག་ལེའི་དབང་བསྐུར། ཚོགས་ལ་ལོངས་སྤྱོད། རྗེས་ཀྱི་བྱ་བ་གོང་དང་མཐུན། །ཟབ་མོའི་དོན་གྱི་རྒྱུ་སྐར་བཀྲ། །ཤེས་བྱའི་ཚ་ཟེར་སྣྲོག་ཕྲན་འཕྱུག །རྒྱུད་ལྡན་ཆུ་བོ་རྒྱུ་བཙུ་རྒྱས། །མཛེས་པའི་མེ་ཏོག་ཟེ་འབྲུས་བརྒྱན། །གཞལ་ཡས་བུམ་པ་བདུད་རྩིས་ཁེངས། །འདོད་པའི་འབྲས་བུ་རྣམས་ལ་སྨིར། །ངོམས་པ་མེད་པར་ཚིམ་གྱུར་ཅིག །བཙུ་གསུམ་ཆོས་ཀྱི་འཁོར་ལོ་བསྐོར། །ཞེས་པ། ཟབ་ཆོས་སྣ་ཚོགས་མཁའ་འགྲོའི་སྒྲུབ་ཐབས་ཀྱི་རིམ་པ་འདི། མདོ་སྔགས་ཡོངས་ཀྱི་མངའ་བདག །རབ་འབྱམས་ཉི་མའི་མཚན་ཅན་དང་། །གསང་སྔགས་རྒྱུད་གྲོལ་སློབ་དཔོན་དཀོན་རྒྱལ་པ། །སྟོང་ཉིད་དོན་ལྡན་སྣང་ངས་རྩེ་རས་ཆེན་དང་། །གཙུག་མའི་དོན་འཛིན་རྟོགས་ལྡན་དགེ་རྒྱལ་སོགས། །ཕྲིན་ལས་སྣ་ཚོགས་གྲུབ་པའི་རྟོགས་ལྡན་རྣམས། །ཡང་ཡང་ཐུགས་ཀྱི་པདྨོ་ཁ་འབྱེད་ནས། །ནན་དུར་དྲག་པོའི་སྐོབས་ཀྱིས་རབ་བསྐུལ་བས། །རིགས་དྲུག་སེམས་ཅན་རྣམས་ལ་ཕན་པའི་ཕྱིར། །བློ་གྲོས་ཟབ་མོའི་ནུས་པ་མ་མཆིས་ཤིང་། །རྒྱ་ཆེན་ཡངས་པའི་རྒྱུད་ལ་མ་སྦྱངས་པས། །འདབ་བརྒྱད་དབང་གི་བུམ་པ་ཁ་འཛུམ་ཡང་། །བསྐུལ་བ་པོ་རྣམས་འཛུམ་དྲུག་རྒྱས་བྱའི་ཕྱིར། །དཔལ་ལྡན་བླ་མ་རྒྱ་མཚོ་ལྷ་བུ་ལ། །རབ་ཏུ་ཞུས་ཏེ་ཆུ་ཡི་ཟིལ་ཙམ་བླངས། །དབེན་གནས་ཆེན་པོ་སྟག་ལུང་ཡང་རྩེ་ཏུ། །ཤཱཀྱའི་དགེ་སློང་ཀྲི་འོ་ཆོས་ཀྱི་མཚན། །རྒྱ་མཚོའི་མཐའ་ཅན་གང་དེས་རབ་ཏུ་སྦྱར། །དེ་ཡི་དགེ་བས་མ་རྒན་སེམས་ཅན་རྣམས། །རྫོ་རྗེ་འཛིན་པའི་གོ་འཕངས་ཐོབ་པར་ཤོག །བཀྲ་ཤིས་དཔལ་འབར་འཛམ་གླིང་རྒྱལ་བའི་རྒྱན་གྱུར་ཅིག །གཙོད་གདན་ཐོག་གཅིག་མའི་ཁྲིད་ཡིག་ཕྲིན་ལས་རྒྱ་མཚོ་ལས། སྣ་ཚོགས་མཁའ་འགྲོའི་སྒྲུབ་ཐབས་ཚེ་གཞི་རིམ་པ་གསལ་བར་བཀོད་པ་རྫོགས་སོ། །ལྷན་ཐབས་ཡིག་ཆུང་ངོ་། །མངྒ་ལཾ་བྷ་ཝནྟུ།། །།

༄༅། །ནམ་མཁའ་ལྷ་བྲིའི་དབང་གི་ཆོ་གའི་རིམ་པ་འཛམ་གླིང་ཀུན་ཁྱབ་ཅེས་བྱ་བ་བཞུགས།

བླ་མ་དང་དཀྱིལ་འཁོར་གྱི་ལྷ་ལ་ཕྱག་འཚལ་ལོ། །སྣང་སྲིད་ཐིལ་གྱིས་གནོན་པ་ལ། །ནམ་མཁའ་ལྷ་བྲིའི་དབང་བསྐུར་དགོས། །ཞེས་པ། འདིར་ཡུམ་ཆེན་མོའི་གསང་བ་ཕུགས་ཀྱི་དཀྱིལ་འཁོར། བ་བྱུང་ལྔ་སོགས་ཀྱིས་ལེགས་པར་བྲི་བར་བྱེད། ཡོལ་བ་བླ་རེས་སོགས་རྒྱན་གྱིས་སྤྲས། དབུས་སུ་མཐིལ་ཁར་བུམ་པ་མཚན་ཉིད་དང་ལྡན་པ་མགུལ་ཆིངས། ཁ་རྒྱན། བུམ་རྫས་ཉེ་ཤུ་ཙ་ལྔ། ཚུ་གཙང་མས་སུམ་གཉིས་ཁེངས་པ་བྱས་ཏེ་བཞག །གཏོར་མ་ཆ་གསུམ། དབང་གཏོར། མཁའ་འགྲོ་སྤྱི་གཏོར། གཏོར་ཆུང་ཉེ་ཤུ་ཙ་ལྔའམ། ཙ་གཅིག །བདུན་ནམ། གསུམ་གང་ཉུང་སྐབས་དང་སྦྱར་ཏེ་བཅའ། ཚོགས་གཏོར་ཟས་སྣ་ཚང་མ་དང་། བཏུང་བ་བཟང་པོ་སོགས་དང་། མཆོད་བཤམས་རྒྱས་པས་མཐའ་བསྐོར་ཏེ་བཤམས། དཀྱིལ་འཁོར་གྱི་ཤར་ཕྱོགས་སུ་ཁྲི་བཤམས་པའི་སྟེང་དུ་རང་ཉིད་སྡོད། རང་གི་མདུན་དུ་ཅོག་ཙེའམ། སྟེགས་ཀྱི་ཁར་གཡོན་ནས་རིམ་པ་བཞིན་དུ་ཐོད་པ་མཚན་ལྡན་བཏུང་བ་བཟང་པོས་བཀང་སྟེ་བཞག །དེ་ནས་དྲིལ་བུ། ཌ་མ་རུ། ཀང་དུང་བཞག །ལས་བུམ་ཁ་རྒྱན། མགུལ་ཆིངས། བུམ་རྫས་བཀང་སྟེ་དཀྱིལ་འཁོར་གྱི་མདུན་དུ་བཞག །དཀར་གཏོར། བགེགས་གཏོར་བཤམས། བགེགས་གཏོར་ནི། བདག་དང་སྦྱིན་པའི་བདག་པོ་སོགས་ཀྱི་ལུས་ལ་དྲུད་པའི་ཟན་ལ་གཟུགས་བརྙན་བཅའ་ཞིང་། མཐར་ལན་ཆགས་ཀྱིས་བསྐོར། དམར་རྒྱན་བཞག །དེ་ནས་ནང་མཆོད་བྱིན་གྱིས་རླབས་ཏེ། ཨོཾ་ཨཱཿཝིགྷྣཱན་ཏ་ཀྲྀཏ་ཧཱུཾ་ཕཊ། ཨོཾ་སྭ་བྷཱ་ཝ་ཤུདྡྷ་སརྦ་དྷརྨ་སྭ་བྷཱ་ཝ་ཤུདྡྷོ་ཧཾ། སྟོང་པ་ཉིད་དུ་གྱུར། སྟོང་པའི་ངང་ལས་ཡཾ་ལས་རླུང་གི་དཀྱིལ་འཁོར་སྔོན་པོ་དབྱིབས་གཞུ་བཏྲུངས་པ་ལྟ་བུ། མཆོག་མ་གཉིས་ལ་གཡོ་བའི་བ་དན་གྱིས་མཚན་པ། དེའི་སྟེང་དུ་རཾ་ལས་མེའི་དཀྱིལ་འཁོར་གྲུ་གསུམ་དམར་པོ་རཾ་གྱིས་མཚན་པ། དེའི་སྟེང་དུ་ཀཾ་

གསུམ་ལས་ཐོད་པ་བུམ་རིལ་གྱི་སྙིང་བུ་ལྷག་པ་ནང་དུ་བསྟན་པ་སྐམ་པོ་གསུམ་གྱི་སྟེང་དུ། ཡི་གེ་ཨ་ཡོངས་སུ་གྱུར་པ་ལས། ཀ་པཱ་ལ་ཕྱི་དཀར་ལ་ནང་དམར་བ་ཡངས་ཤིང་རྒྱ་ཆེ་བའི་དབུས་སུ། སུ་ལས་དྲི་ཆུ་བཻཌཱུརྻ་ལྟ་བུ། ཤར་དུ་བི་ལས་དྲི་ཆེན་ཤེལ་ལྟ་བུ། ལྷོར་ར་ལས་རཀྟ་གསེར་བཙོ་མ་ལྟ་བུ། ནུབ་ཏུ་ཤུ་ལས་བྱང་སེམས། བྱང་དུ་མ་ལས་ཀླད་པ་སྣར་ཡང་དབུས་སུ་ན་ལས་མིའི་ཤ །ཤར་ལྷོར་གོ་ལས་བ་ལང་གི་ཤ །ལྷོ་ནུབ་དུ་ཀུ་ལས་ཁྱིའི་ཤ །ནུབ་བྱང་དུ་ད་ལས་གླང་པོ་ཆེའི་ཤ །བྱང་ཤར་དུ་ཧ་ལས་རྟའི་ཤ །དེ་རྣམས་སྣར་ཡང་ཡི་གེ་དེ་དག་གིས་མཚན་པའོ། །རང་གི་ཐུགས་ཀའི་ས་བོན་ལས་འོད་ཟེར་འཕྲོས། རླུང་གི་བ་དན་ལ་ཐོག །བ་དན་བསྐྱོད། རླུང་གཡོས། མེ་སྦར། ཐོད་པ་དྲོས། རྫས་རྣམས་ཁོལ། ཉེས་པའི་སྐྱོན་རྣམས་ཕྱིར་ལུད། རླངས་པ་འོད་ཟེར་གྱི་ཚུལ་དུ་ཡར་སོང་། སངས་རྒྱས་དང་བྱང་ཆུབ་སེམས་དཔའ་ཐམས་ཅད་ཀྱི་ཐུགས་ཀ་ནས་ཡེ་ཤེས་ཀྱི་བདུད་རྩི་བཀུག །དམ་ཚིག་གི་བདུད་རྩི་དང་གཉིས་སུ་མེད་པར་འདྲེས། སྣར་ཡང་ཡེ་ཤེས་ཀྱི་བདུད་རྩིའི་རྒྱ་མཚོ་ཆེན་པོར་གྱུར། ཨོཾ་ཨཱཿཧཱུྃ། དེ་ནས་དཀར་གཏོར་ཆུ་གཙང་གིས་བྲན་ཏེ། བིགྷྣཱ་ནྟ་ཀྲྀཏ་ཧཱུྃ་ཕཊ། ཨོཾ་སྭ་བྷཱ་ཝ་ཤུདྡྷཿསརྦ་དྷརྨཱཿསྭ་བྷཱ་ཝ་ཤུདྡྷོ྅ཧཾ། སྟོང་པ་ཉིད་དུ་གྱུར། སྟོང་པའི་ངང་ལས་རིན་པོ་ཆེའི་སྣོད་ཡངས་ཤིང་རྒྱ་ཆེ་བའི་ནང་དུ་ཨོཾ་ཨཱཿཧཱུྃ་ཞུ་བ་ལས་བྱུང་བའི་ལྷ་རྫས་ལས་གྲུབ་པའི་གཏོར་མ་དངས་ཤིང་ཐོགས་པ་མེད་པ་ཟག་པ་མེད་པའི་བདེ་བ་ཁྱད་པར་ཅན་བསྐྱེད་པ་ནམ་མཁའ་དང་མཉམ་པར་གྱུར། ཨོཾ་ཨ་ཀཱ་རོ་མུ་ཁཾ་སརྦ་དྷརྨཱ་ཎཱཾ་ཨཱདྱ་ནུཏྤནྣ་ཏྭཱཏ་ཨོཾ་ཨཱཿཧཱུྃ་ཕཊ་སྭཱ་ཧཱ། ལན་གསུམ་དང་། མཆོད་སྦྱིན་གྱི་གཏོར་མ་རྒྱ་ཆེན་པོ་འདི་བསྔོ་ཞིང་འབུལ་བའི་གནས་སུ་གྱུར་པ་ནི། ཕྱོགས་སྐྱོང་བ་བཅུ། ལྷ་ཆེན་པོ་བརྒྱད།

སྐུ་ཆེན་པོ་བརྒྱད། གཟའ་ཆེན་པོ་བརྒྱད། རྒྱུ་སྐར་ཉི་ཤུ་རྩ་བརྒྱད། སྟོད་མངའ་རིས་སྐོར་གསུམ། བར་དབུས་གཙང་རུ་བཞི། སྨད་མདོ་ཁམས་སྒང་གསུམ། སྟོད་ལུང་མཚུར་ཕུ། ཀརྨ་ལྷ་སྟེང་། སྨམ་པོ་གནས་ནང་། མཚོ་མ་ཕམ། གངས་ཏི་སེ། ལ་ཕྱི་ཆུ་བར། ལྷོ་བྲོ་བོ་ལུང་། ཤར་དྭགས་ལྷ་དཔལ་གྱི་སྨམ་པོ། བཀའ་བརྒྱུད་གོང་མ་རྣམས་ཀྱིས་ཞབས་ཀྱིས་བཅགས་པའི་གཞི་བདག་གནས་བདག་རྣམས་དང་། ཁྱད་པར་དུ་ཡང་བདག་ཅག་དཔོན་སློབ་འཁོར་དང་བཅས་པ་རྣམས། སྔོན་ཆད་གང་དུ་སོང་བའི་གནས། ཕྱིན་ཆད་གང་དུ་འགྲོ་བའི་གནས། ད་ལྟ་ཡུལ་རི་འདི་ལ་གནས་པའི་གཞི་བདག་གནས་བདག་རྣམས་ལ་འབུལ་ལོ། །མཆོད་སྦྱིན་གྱི་གཏོར་མ་རྒྱ་ཆེན་པོ་འདི་བཞེས་ལ། བདག་ཅག་དཔོན་སློབ་འཁོར་དང་བཅས་པ་རྣམས་འགྲོ་ན་མ་བཀོལ། འདུག་ན་མ་སྡང་། བསམ་པ་མ་ངན། སྦྱོར་བ་མ་རྩུབ་ལས་དཀར་པོ་དགེ་བའི་སྟོང་གྲོགས། ཆོས་མཐུན་གྱི་སྟོང་གྲོགས་རྒྱ་ཆེན་པོ་མཛད་དུ་གསོལ། བདག་གི་བསམ་པའི་སྟོབས་དང་ནི། །དེ་བཞིན་གཤེགས་པའི་བྱིན་སྟོབས་དང་། །གསང་སྔགས་རིགས་སྔགས་མཐུ་སྟོབས་དང་། །ཆོས་ཀྱི་དབྱིངས་ཀྱི་སྟོབས་རྣམས་དང་། །དོན་རྣམས་གང་དག་བསམ་པ་ཀུན། །དེ་དག་ཐམས་ཅད་ཅི་རིགས་པར། །ཐོགས་པ་མེད་པར་འབྱུང་གྱུར་ཅིག །རོལ་མོ་དང་བཅས་ཏེ་གཏོར་མ་ཕྱི་རོལ་དུ་དོར། བགེགས་གཏོར་ལ་ཆབ་སྦྱིན། བིགྷྣཱན་ཀྲྀཏ། ཧཱུ་ཕཊ། སྟོང་པའི་ངང་ལས་པདྨའི་སྣོད་ཡངས་ཤིང་རྒྱ་ཆེ་བའི་ནང་དུ། གཏོར་མ་དངས་ཤིང་ཐོགས་པ་མེད་པ་ནམ་མཁའ་དང་མཉམ་པར་གྱུར། ཨ་ཀཱ་རོ་དང་། མཆོད་སྦྱིན་གྱི་གཏོར་མ་རྒྱ་ཆེན་པོ་འདི། བགེགས་རིགས་སྟོང་ཕྲག་བརྒྱད་ཅུའི་ཚོགས་དང་བཅས་པ་རྣམས་ལ་འབུལ་ལོ། །གཏོར་མ་འདིས་ཚིམ་པར་གྱིས་ལ། འདིར་མ་གནས་པར་

གཞན་དུ་དེངས་ཤིག །གལ་ཏེ་མི་འགྲོ་ན་རྡོ་རྗེ་མཁའ་འགྲོ་མ་རྣམས་ཀྱིས་མཚོན་ཆ་སྣ་ཚོགས་པས་མགོ་བོ་ཚལ་པ་བརྒྱར་འགས་པར་བྱེད་པ་ཡིན་ནོ། །ཧཱུྃ། ཉོན་ཅིག་བགེགས་དང་ལོག་འདྲེན་ཚོགས། །ཁྱོད་གནས་འདིར་མ་འདུག་གཞན་དུ་དེངས། །ཅིས་ཏེ་མི་འགྲོ་འདུག་གྱུར་ན། །ཤར་རྡོ་རྗེ་རིགས་ཀྱི་སེང་གདོང་མ། །དཔའ་བོ་དཔའ་མོའི་ཚོགས་དང་བཅས། །མཚོན་ཆ་སྣ་ཚོགས་འབར་བ་ཡིས། །བགེགས་རྣམས་ཐམས་ཅད་ཚར་ཆོད་ཅིག །འོག་མ་ཀུན་ལ་འགྲེ། ཧཱུྃ། ཉོན་ཅིགཿ ལྷོ་རིན་ཆེན་རིགསཿ ཕག་གདོང་མཿ ཧཱུྃ། ཉོན་ཅིགཿ ནུབ་པདྨ་རིགས་ཀྱིཿ ཁྱི་གདོང་མཿ ཧཱུྃ། ཉོན་ཅིགཿ བྱང་ལས་ཀྱི་རིགས་ཀྱིཿ འུག་གདོང་མཿ ཧཱུྃ། ཉོན་ཅིགཿ སྟེང་མཁའ་སྤྱོད་རིགས་ཀྱིཿ ཁྲ་གདོང་མཿ ཧཱུྃ། ཉོན་ཅིགཿ འོག་ས་སྤྱོད་རིགས་ཀྱིཿ སྟག་གདོང་མཿ དཔའ་བོ་དཔའ་མོའི་ཚོགས་དང་བཅས། །མཚོན་ཆ་སྣ་ཚོགས་འབར་བ་ཡིས། །བགེགས་རྣམས་ཐམས་ཅད་ཚར་ཆོད་ཅིག །གཏོར་མ་ཕྱི་རོལ་དུ་སྐྱེལ། ཕཊ། སུམྦྷ་ནི་སུམྦྷ་ནི་ཧཱུྃ། གྲྀཧྞ་གྲྀཧྞ་ཧཱུྃ། གྲྀཧྞ་པ་ཡ་གྲྀཧྞ་པ་ཡ་ཧཱུྃ། ཨཱ་ན་ཡ་ཧོ། བྷ་ག་ཝན། བིདྱ་རཱ་ཛ་ཧཱུྃ་ཕཊ། མཚམས་བཅད། སྐྱབས་འགྲོ་བྱེད་པ་ནི། ཨོཾ་སྭ་བྷཱ་ཝ་ཤུདྡྷཿསརྦ་དྷརྨཱཿསྭ་བྷཱ་ཝ་ཤུདྡྷོ་ཧཾ། སྟོང་པའི་ངང་ལས་རིན་པོ་ཆེའི་སྣོད་ཡངས་ཤིང་རྒྱ་ཆེ་བ་རྣམས་ཀྱི་ནང་དུ། ལྷ་རྫས་གྲུབ་པའི་མཆོད་ཡོན། མེ་ཏོག །བདུག་སྤོས། མར་མེ། དྲི་ཆབ། ཞལ་ཟས། རོལ་མོ་ལ་སོགས་ནམ་མཁའ་དང་མཉམ་པར་གྱུར། ཨརྒྷཾ་པྲ་ཏཱིཙྪ་པུ་ཛ་མེ་གྷ་ས་མུ་དྲ་སྥ་ར་ཎ་ས་མ་ཡ་ཨཱཿཧཱུྃ། ཤབྡའི་བར་བརྗོད། གནས་ཀྱི་གདོན་དང་ལུས་ཀྱི་གདོན། །མ་རྒན་སེམས་ཅན་ཐམས་ཅད་རྣམས། །དཀོན་མཆོག་གསུམ་ལ་སྐྱབས་སུ་མཆི། །བདེ་ཆེན་དངོས་གྲུབ་སྟེར་མཛད་པ། །བླ་མ་རྣམས་ལ་སྐྱབས་སུ་མཆི། །ཐར་པའི་གྲོང་དུ་འཛུག་པ་ཡི། །ཡི་དམ་ལྷ་ལ་སྐྱབས་

སུ་མཆི། །ཤེས་བྱ་ཀུན་ལ་ཐོགས་མེད་པ། །ཡུམ་ཆེན་སྐུ་ལ་སྐྱབས་སུ་མཆི། །སྤངས་རྟོགས་ཕུན་སུམ་ཚོགས་པ་ཡི། །སངས་རྒྱས་རྣམས་ལ༔ ཞི་གྱུར་འདོད་ཆགས་བྲལ་བ་ཡི༔ དམ་ཆོས༔ གང་ལ་ཕུལ་ན་དོན་ཆེ་བ། །དགེ་འདུན༔ གཞོན་ནུའི་སྐུ་ལུས་མཛེས་ཚུལ་ལྡན། །འཇམ་པའི་དབྱངས་ལ༔ སྙིང་རྗེས་ངེས་པར་གང་བ་ཡི། །སྤྱན་རས་གཟིགས་ལ༔ མཐུ་སྟོབས་ཆེན་པོས་གདུག་པ་འདུལ། །རྡོ་རྗེ་འཛིན་ལ༔ བརྩེ་གདུང་དམ་ཚིག་ལྡན་པ་ཡི། །མཁའ་འགྲོའི་ཚོགས་ལ༔ བདུད་དཔུང་བར་ཆད་ཞི་མཛད་པ། །ཆོས་སྐྱོངས་རྣམས་ལ༔ ཁྱེད་རྣམས་ལ་ནི་སྐྱབས་སུ་མཆི། །ཁྱེད་རྣམས་ལ་ནི་བདག་བརྟེན་ནོ། །སྡིག་པ་མི་དགེ་སོ་སོར་བཤགས། །འགྲོ་བའི་དགེ་ལ་རྗེས་ཡིད་རངས། །སངས་རྒྱས་བྱང་ཆུབ་ཡིད་ཀྱིས་བཟུང་། །སངས་རྒྱས་ཆོས་དང་ཚོགས་མཆོག་ལ། །བྱང་ཆུབ་བར་དུ་སྐྱབས་སུ་མཆི། །རང་གཞན་དོན་ནི་རབ་སྒྲུབ་ཕྱིར། །བདག་གིས་བྱང་ཆུབ་སེམས་མཆོག་བསྐྱེད། །བྱང་ཆུབ་སྤྱོད་ལ་རྗེས་ཡིད་རངས། །སངས་རྒྱས་བྱང་ཆུབ་ཡིད་ཀྱིས་བཟུང་། །སངས་རྒྱས་ཆོས་དང་ཚོགས་མཆོག་ལ། །བྱང་ཆུབ་བར་དུ་སྐྱབས་སུ་མཆི། །རང་གཞན་དོན་ནི་རབ་སྒྲུབ་ཕྱིར། །བདག་གིས་བྱང་ཆུབ་སེམས་མཆོག་བསྐྱེད། །བྱང་ཆུབ་སྤྱོད་མཆོག་ཡིད་འོང་མཛད་བཞིན་བསྐྱེད། །འགྲོ་ལ་ཕན་ཕྱིར་སངས་རྒྱས་འགྲུབ་པར་ཤོག །ཚོགས་ཞིང་ནི། མདུན་གྱི་ནམ་མཁའི་གནས་སུ་ཡུམ་ཆེན་མོའི་ལྷ་ཚོགས་རྟེན་གཞལ་ཡས་ཁང་དང་བཅས་པ་བརྟེན་པ་གསལ་བར་གྱུར། བཅོམ་ལྡན་ཁྱེད་ནི་བྱོན་པ་ལེགས། །བདག་ཅག་བསོད་ནམས་སྐལ་བར་ལྡན། །བདག་གི་མཆོད་ཡོན་བཞེས་སླད་དུ། །འདི་ཉིད་དུ་ནི་བཞུགས་སུ་གསོལ། །ཨོཾ་སརྦ་ཏ་ཐཱ་ག་ཏ་པདྨ་ཀ་མ་ལ་ཡ་སྟྭཾ། ཧཱུཾ། བཞེངས་ཤིག་བཞེངས་ཤིག་སྟོབས་བཅུ་མངའ་

བའི་ལྷ། །དུས་ལ་མི་འདའ་ཐུགས་རྗེའི་དབང་གིས་ནི། །སེམས་ཅན་དོན་ལ་དགོངས་པའི་བླ་མེད་དཀོན་མཆོག་གསུམ། །དངོས་དང་ཡིད་ཀྱིས་བཤམས་ཤིང་མཆོད་པའི་གནས་འདི་རུ། །རྒྱལ་བ་འཁོར་བཅས་མ་ལུས་གནས་འདིར་གཤེགས་སུ་གསོལ། །དཔལ་ལྡན་རྡོ་རྗེ་མཁའ་འགྲོ་མ། །མཁའ་འགྲོ་མ་ཡི་འཁོར་ཡོས་བསྐྱུར། །ཡེ་ཤེས་ལྷ་དང་སྐུ་གསུང་ཐུགས། །འགྲོ་བ་སྐྱོབ་ལ་ཕྱག་འཚལ་བསྟོད། །ཧེ་སྙིང་རྡོ་རྗེ་མཁའ་འགྲོ་མ། །ཀུན་ཏུ་རྟོག་པ་འཆིང་གཅོད་ཅིང་། །འཇིག་རྟེན་བྱ་བ་རབ་འཇུག་མ། །དེ་སྙིང་རྣམས་ལ་ཕྱག་འཚལ་བསྟོད། །ཧཱུྃ། གཟུགས་མཛེས་རིན་ཆེན་རྒྱན་གྱིས་སྤྲས། །ཡེ་ཤེས་སྒྱུ་མའི་སྐུར་སྟོན་པ། །བདེ་ཆེན་གཙུག་མའི་ངོ་བོ་ཉིད། །ཡུམ་ཆེན་སྐུ་ལ་ཕྱག་འཚལ་བསྟོད། །བདེ་གཤེགས་གཙུག་མའི་ཏིང་འཛིན་རྒྱས། །བདེ་ཆེན་མཁའ་ལ་ཁྲི་གདུགས་ཤར། །བདེ་སྟོང་ཉམས་ཀྱི་སྤྲིན་ཚོགས་འཁྲིགས། །ཡུམ་གྱུར་མ་ལ་ཕྱག་འཚལ་བསྟོད། །ཨཀྲོཾ་ནས་ཤཱནྟའི་བར་བརྗོད་ཅིང་། སྐབས་གསུམ་གྲངས་ཀྱིས་མཆོན་པའི་ལྷུན་པོ་དང་། །ལུས་ཆེན་ཡོ་བྱད་རྫོགས་པའི་གླིང་རྣམས་དང་། །རིན་ཆེན་ས་འཛིན་རྣམས་དང་བདུད་རྩིའི་མཚོ། །དག་བྱེད་སུ་ཁྱུད་ཕྱོགས་རྣམས་བཀང་སྟེ་འབུལ། གསོལ་འདེབས་ནི། ཤེས་བྱ་ཀུན་ལ་ཐོགས་མེད་པ། །ཡུམ་ཆེན་སྐུ་ལ་གསོལ་བ་འདེབས། །བདག་རྒྱུད་སྨིན་པར་བྱིན་གྱིས་རློབས། །རྒྱུ་སྐར་མཁའ་ལ་ཟླ་བ་བཞིན། སྒྲོལ་མའི་སྐུ་ལཿ འཇའ་འོད་སྤྲིན་ལྟར་འཁྲིགས་པའི་དབུས། །སུ་ཁ་སིདྡྷིཿ དུར་ཁྲོད་ཀུན་ཏུ་རབ་རྒྱུ་བ། །ལབ་སྒྲོན་སྐུ་ལཿ གངས་ཆེན་མཁའ་ལ་ཉི་འོད་ཤར། །སྤྲུལ་པའི་སྐུ་ལཿ སྟོང་ཉིད་སྙིང་རྗེ་ལྡན་པ་ཡི། །མཁའ་འགྲོ་མ་ལཿ དགོངས་པ་རྒྱ་མཚོ་ལྟ་བུ་ཡི། །ཀརྨ་པ་ལཿ རང་བྱུང་དགོངས་པ་ལྷུན་གྲུབ་པའི། །ཟླ་བ་སེང་གེཿ མདོ་རྒྱུད་གཉིས་

ལ་ཐོགས་པ་མེད། །བྱ་བྲལ་ཆེན་པོ༔ འོད་གསལ་ཆེན་པོའི་ཉི་མ་ཤར། །མཛྙོ་ཤྲཱི་ལ༔ བཀའ་བརྒྱུད་ཀུན་གྱི་གདུང་འཛིན་པ། །རིན་པོ་ཆེ་ལ༔ ལུང་བསྟན་དགོངས་པ་ཕྱིར་མི་ལྡོག །རྒྱལ་ཚབ་མཚན་ཅན༔ བདུད་སྡེའི་དཔུང་རྣམས་རབ་བཅོམ་པ། །མ་མགོན་གཉིས་ལ་གསོལ་བ་འདེབས། །བདག་རྒྱུད་སྨིན་པར་བྱིན་གྱིས་རློབས། །ཚོགས་ཞིང་རྣམས་རང་གི་གནས་སུ་ཐིམ་པར་གྱུར། ཨོཾ་ཨཱཿཧཱུྃ། བདེ་སྡུག་བྲལ་བའི་བཏང་སྙོམས་ལ་གནས་པར་གྱུར།

བདག་བསྐྱེད་བསྒྲུབ་པ་ནི། ཝིཥྞུ་ཀྲྀཏ། ས་ཧླ་ཕ། སྟོང་པའི་ངང་ལས། ཆོས་ཀྱི་དབྱིངས་སུ་རིན་པོ་ཆེ་སྣ་ཚོགས་ལས་གྲུབ་པའི་གཞལ་ཡས་ཀྱི་ཁང་པ་གྲུ་བཞི་སྒོ་བཞི། རྟ་བབས། གདུགས། རི་དྭགས། ཆོས་འཁོར་དང་བཅས་པ་རྩིག་པ་རིམ་པ་བཞི། ནང་ནས་རིམ་པ་བཞིན་དུ་སྔོན་པོ། དཀར་པོ། ལྗང་གུ། ནག་པོ་དང་བཅས་པའོ། །དེའི་ཕྱི་རོལ་དུ་མེ་ཆུང་སྣ་ཚོགས་ལས་གྲུབ་པའི་གཞལ་ཡས་ཁང་པ་གྲུ་བཞི་སྒོ་བཞི་རྟ་བབས་གདུགས་རི་དྭགས་ཆོས་འཁོར་དང་བཅས་པ། རྩིག་པ་རིམ་པ་ལྔ་ནང་ནས་རིམ་པ་བཞིན་དུ་དཀར་པོ་སེར་པོ་དམར་པོ་ནག་པོ་ལྗང་གུའོ། །གཞལ་ཡས་ཁང་གི་ཤར་སྒོ། ལྷོ་སེར། ནུབ་དམར། བྱང་ལྗང་། རིན་པོ་ཆེའི་ཀ་བ་བཞི་བཞི་བརྒྱད་བརྒྱད་དང་ལྡན་པ་སྟེ། སྟེང་རྡོ་རྗེའི་གདུང་བཞིས་མིག་མང་རིས་སུ་བྲིས་པས་མཛེས་པར་ཕུབ་པ། ཟུར་རེ་རེ་རྒྱ་གྲំ་གྱི་ཁོངས་སེང་དུ་ཟུག་པ། གཙོ་བོའི་འདོམ་གང་དང་ལྡན་པ། དབུས་ཕྱུར་བུར་གྱུར་པའི་སྟེང་དུ་རྡོ་རྗེ་རིན་པོ་ཆེའི་ཏོག་གིས་སྤྲས་པ། མདའ་ཡབ། པུ་ཤུ། རིན་པོ་ཆེ་སྣ་ཚོགས་ལས་གྲུབ་པ། སྨུ་ཏིག་གི་ཆུན་འཕྱང་དང་། དྲ་བ་དྲ་ཕྱེད་ཟླ་བ་རྡོ་རྗེས་མཚན་པ། བཀྲ་ཤིས་རྫས་བརྒྱད། ཟ་ཡབ་ནོར་བུའི་ཡུ་བ་ཅན་ལ་སོགས་པ། ཕྱེའུའི་ཁ

ནས་དྲིལ་བུ་གཡེར་ཁའི་གསུང་སྙན་སྒྲོག་པར་བྱེད་པ་རྒྱན་སྣ་ཚོགས་ཀྱིས་བརྒྱན་པའོ། །རྡིག་པའི་རྩ་བར་འདོད་ཡོན་གྱི་སྣམ་བུ་དམར་པོ་ལ་གནས་པའི་མཆོད་པའི་ལྷ་མོ་འཁོར་འབུམ་ཕྲེས་བསྐོར་བ་རྣམས་ཀྱིས་མཆོད་པ་སྣ་ཚོགས་ཐོགས་ནས་བཅོམ་ལྡན་འདས་ལ་འདུད་པའི་ཚུལ་དུ་བསྐོར་བ་བྱེད་པའོ། །

དེའི་ཕྱི་རོལ་བར་སྣང་གི་སྤྲིན་ལ་གནས་པའི་ལྷའི་བུ་དང་བུ་མོས་སླུ་གར་དང་རོལ་མོ་དང་མེ་ཏོག་གི་ཆར་འབེབས་པ་དཔག་ཏུ་མེད་པ་བྱེད་པ། དེའི་མཐར་ཆོས་སྐྱོང་ཞིང་སྐྱོང་སོགས་རང་རང་གི་འཁོར་གྱིས་བསྐོར་ནས་གཙོ་མོ་ལ་འདུད་པར་བྱེད་པའོ། །གཞལ་ཡས་ཁང་གི་དབུས་སུ་ཨེ་ལས་ཆོས་ཀྱི་འབྱུང་གནས་དམར་སེར་གཉིས་རྩེག། དེའི་དབུས་སུ་པད་འདབ་ལྔ། དེའི་དབུས་སུ་པད་འདབ་བཞི། དེའི་དབུས་སུ་སྣ་ཚོགས་པདྨ་འདབ་མ་བཞི་པའི་ལྟེ་བར་པཾ་ལས་པདྨ། ཨ་ལས་ཟླ་བ། རཾ་ལས་ཉི་མའི་དཀྱིལ་འཁོར་གྱི་གདན་གྱི་སྟེང་དུ། གྱད་དང་སེང་གེ་ཆེན་པོ་བརྒྱད་ཀྱིས་བཏེག་པའི་རིན་པོ་ཆེའི་ཁྲི་ཡངས་ཤིང་རྒྱ་ཆེ་བའི་དབུས། ལྷ་རྫས་ཀྱི་གོས་རིན་ཐང་མེད་པ་སྣ་ཚོགས་ཀྱིས་ཁྲི་ཁེབས་ལྷབ་ལྷུབ་དུ་བཏིང་བ། དེའི་སྟེང་དུ་ཆོས་ཀྱི་ཕུང་པོ་སྟོང་ཕྲག་བརྒྱད་ཅུའི་ཡི་གེའི་རང་སྒྲ་སྒྲོག་པར་བྱེད་པའི་དབུས་སུ། ཧཱུྃ་ཡིག་ལྗང་སེར། དེ་ལས་འོད་ཟེར་འཕྲོས། འཕགས་པ་མཆོད། སེམས་ཅན་གྱི་དོན་བྱས། ཚུར་འདུས་ཧཱུྃ་ལ་ཐིམ། དེ་ཡོངས་སུ་གྱུར་པ་ལས། སངས་རྒྱས་ཐམས་ཅད་བསྐྱེད་པར་བྱེད་པའི་ཡུམ་ཆེན་མོ་ཤེས་རབ་ཀྱི་ཕ་རོལ་ཏུ་ཕྱིན་པ་ལ་སྐུ་མདོག་གསེར་བཙོ་མའི་མདོག་ལྟར་སེར་བ། ཞལ་གཅིག་ཕྱག་བཞི། ཕྱག་གཡས་ཀྱི་དང་པོ་རྡོ་རྗེ་དང་གཡོན་པས་པོ་ཏི་འཛིན་པ། འོག་མ་གཉིས་མཉམ་བཞག་གི་ཕྱག་རྒྱ་མཛད་པ། སྤྱན་གསུམ་དང་

ལྡན་པ། དབུ་སྐྲ་རལ་པའི་ཁྱེད་སྤྱི་གཙུག་ཏུ་བཅིངས་ཤིང་ཟར་བུས་དཔུང་ཟུར་གཉིས་སུ་སླེབ་པ་ལ་རིན་པོ་ཆེའི་རྒྱ་བྲན་ལྷུས་སྤྱི་བོར་བརྒྱན་ཅིང་། སྙན་རྒྱན། མགུལ་རྒྱན། དཔུང་རྒྱན། ཕྱག་གདུབ། ཞབས་གདུབ། སོར་མོ་དོ་ལ་སོགས་པ་རིན་པོ་ཆེས་བརྒྱན་ཅིང་། དར་སྣ་ཚོགས་ཀྱི་སྟོད་གཡོགས་དང་། སྨད་དཀྲིས་བྱས་པ། ཞི་བའི་ཉམས་འཛུམ་པའི་མདངས་དང་ལྡན་པ། ཞབས་རྡོ་རྗེ་དཀྱིལ་མོ་དཀྲུང་གིས་གདན་ལ་བཞུགས་པའོ། །

དེའི་ཤར་དུ་དབྱངས་ཅན་མ་དཀར་མོ་པི་ཝང་འཛིན་པ། ལྷོ་རུ་སྣ་ཚོགས་ཡུམ་སེར་མོ་གྲི་ཐོད་འཛིན་པ། ནུབ་ཏུ་ཕག་མོ་དཀར་མོ་ལྕགས་ཀྱུ་དང་ཞགས་པ་འཛིན་པ། བྱང་དུ་དོན་གྲུབ་མ་ལྗང་གུ་སྣ་ཚོགས་རྡོ་རྗེ་དང་རིན་པོ་ཆེའི་སྒྲོམ་བུ་འཛིན་པ། ཞབས་རྡོ་རྗེའི་དཀྱིལ་ཀྲུང་སུ་བཞུགས་ཤིང་ཆ་ལུགས་གཙོ་མོ་དང་མཚུངས་པའོ། །

ཕྱི་རོལ་གྱི་པད་འདབ་བཞི་ལ། ཤར་དུ་འཁོར་བ་འཇིག་དཀར་པོ་གཡས་ཆོས་འཆད་དང་གཡོན་ལྷུང་བཟེད་བདུད་རྩིས་གང་བ་བསྣམས་པ། ཡུམ་དཀར་མོ་ལ་འཁྲིལ་བ། ལྷོར་ཐུབ་པ་སེར་པོ་གཡས་ཆོས་འཆད་དང་། གཡོན་ལྷུང་བཟེད་བདུད་རྩིས་བཀང་བ་བསྣམས་པ། ཡུམ་སེར་མོ་ལ་འཁྲིལ་བ། ནུབ་ཏུ་གསེར་ཐུབ་དམར་པོ་གཡས་ཆོས་འཆད། གཡོན་ལྷུང་བཟེད་བདུད་རྩིས་བཀང་བ་བསྣམས་པ། ཡུམ་དམར་མོ་ལ་འཁྲིལ་བ། བྱང་དུ་འོད་སྲུངས་ལྗང་གུ་གཡས་ཆོས་འཆད་དང་། གཡོན་ལྷུང་བཟེད་བདུད་རྩིས་བཀང་བ་བསྣམས་པ། ཡུམ་ལྗང་གུ་ལ་འཁྲིལ་བ། དེ་ཐམས་ཅད་ཀྱང་དར་སྣ་ཚོགས་ཀྱི་སྟོད་གཡོགས་དང་སྨད་དཀྲིས་བྱས་པ། ཞབས་རྡོ་རྗེ་དཀྱིལ་ཀྲུང་དུ་བཞུགས་པའོ། །

དེའི་ཕྱི་རོལ་པད་འདབ་ལྔ་ལ་རིམ་པ་བཞིན་དུ་རྣམ་པར་སྣང་མཛད་དཀར་པོ་ཉིད་དེ་འཛིན་གྱི་ཕྱག་རྒྱ་ཅན། རྡོ་རྗེ་སེམས་དཔའ་སྔོན་པོ་རྡོ་རྗེ་དང་དྲིལ་བུ་འཛིན་པ། རིན་ཆེན་འབྱུང་ལྡན་སེར་པོ་ས་གནོན་དང་མཉམ་བཞག་མཛད་པ། འོད་དཔག་མེད་དམར་པོ་འཆི་མེད་ཚེའི་བུམ་པ་བསྣམས་པ། དོན་ཡོད་གྲུབ་པ་ལྗང་གུ་མཆོག་སྦྱིན་དང་མཉམ་བཞག་མཛད་པ། དེ་བཞིན་གཤེགས་པ་ལྔ་ཡང་དར་ལའི་སྟོད་གཡོགས་དང་སྨད་དཀྲིས་བྱས་ཤིང་། རང་རང་གི་རིགས་ཀྱི་ཡུམ་ལ་འཁྱུད་པ། ཞབས་རྡོ་རྗེ་དཀྱིལ་མོ་དཀྲུང་གིས་བཞུགས་པའོ། །

དེའི་ཕྱི་རོལ་ཆོས་འབྱུང་ཟུར་དྲུག་གི་མཚམས་མཚམས་སུ་གནས་པའི་ལྷ་མོ་རྣམས་ནི། ཕག་མོ་དམར་མོ། གཤིན་རྗེ་མ་སྔོན་མོ། རྨོངས་བྱེད་མ་དཀར་མོ། སྐྲོད་བྱེད་མ་སེར་མོ། སྐྲག་བྱེད་མ་ལྗང་གུ། གཏུམ་མོ་མཐིང་ནག་རྣམས་ཀྱི་གཡས་སུ་ལྕགས་ཀྱུ། ལྕགས་སྒྲོག །ཞགས་པ། ཐོ་བ། དྲིལ་བུ། གཡང་གཞི། རྩེ་གསུམ། གཡོན་པ་རྣམས་ཀྱིས་ཐོད་ཁྲག་ཐུགས་ཀར་བསྣམས་པ་ཞབས་གར་སྟབས་ཀྱི་ཚུལ་དུ་གནས་པའོ། །

དེའི་ཕྱི་རོལ་པད་འདབ་བཅུ་གཉིས་རྣམས་སུ། རིམ་པ་བཞིན་དུ་ཀུན་ཏུ་བཟང་པོ་སྔོན་པོ། འཇམ་དཔྱངས་དམར་སེར། སྤྱན་རས་གཟིགས་དཀར་པོ། ཕྱག་རྡོར་ནག་པོ། སྒྲིབ་པ་རྣམ་སེལ་དཀར་དམར། རྡོ་རྗེ། སྤྱི་བླུགས། ཀླུ་ཤིང་། མཆོད་སྦྱིན། ཆོས་འཆད། མཉམ་བཞག །པདྨ། འཁོར་ལོ། རྣམ་རྒྱལ། གཡོན་པ་རྣམས་ཀྱིས་མཉམ་བཞག་པོ་ཏི། པདྨ། ཤིག་འཛུབ། མཁར་བསིལ། ལྷུང་བཟེད། བུམ་པ། སྣམ་སྦྱར། སྤྱི་བླུགས། ཆོས་འཆད། ཟ་ཡབ། མཉམ་བཞག་མཛད་ཅིང་། རང་རང་གི་རིགས་ཀྱི་ཡུམ་ལ་འཁྲིལ་བ། དར་གྱི་སྟོད་གཡོགས་

དང་སྨད་དཀྲིས་བྱས་ཤིང་། ཞབས་རྡོ་རྗེ་དཀྱིལ་མོ་དཀྲུང་གིས་བཞུགས་པའོ། །

དེའི་ཕྱི་རིམ་ལྷ་སྣམ་ལ་ཤར་ནས་རིམ་པ་བཞིན་དུ། དབྱིངས་ཕྱུག་མ་མཐིང་ག །ཁྲོས་མ་མཐིང་ནག །བདུད་འདུལ་མ་དཀར་མོ། གསེར་གླིང་མ་སེར་མོ། བདག་མེད་པ་སྔོ་སྐྱ། ཕག་མོ་དམར་མོ། ༀ་ཀི་དཀར་མོ། ཡུམ་ཆེན་སེར་མོ། གཙ་ལྗང་གུ །ཁྲོ་གཉེར་མ་ལྗང་ནག །ཧུས་པའི་རྒྱན་ཅན་སྔོ་སྐྱ། ཨེ་ཀ་ཙ་ཏི་སྔོ་ལྗང་། ཙཙྪི་ཀཱ་དམར་ནག །ཀུ་རུ་ཀུལླེ་དམར་སེར། གཡས་པ་རྣམས་ཀྱིས་གྲི་གུག །གཡོང་གཞི། རྡོ་རྗེ། རིན་པོ་ཆེ། ཐོད་པ། ཌ་མ་རུ། འཁོར་ལོ། པོ་ཏི། ནོར་བུ་འབར་བ། མདའ། རྩེ་གསུམ། རལ་གྲི། གྲི་གུག །ཨུཏྤ་ལའི་མདའ། གཡོན་པ་རྣམས་ཀྱིས་ཐོད་པ་བདུད་རྩིས་བཀང་བ་བསྣམས་པ། དུར་ཁྲོད་ཀྱི་ཆས་བརྒྱད་དང་། གར་སྟབས་ཀྱི་ཚུལ་དུ་གནས་པའོ། །

དེའི་ཕྱི་རོལ་གཞལ་ཡས་ཁང་བར་མའི་དབུས་ཀྱི་པད་འདབ་བཅུ་དྲུག་ལ་ཤར་ནས་རིམ་པ་བཞིན་དུ་སྒེག་མོ་དཀར་མོ། ཕྲེང་བ་མ་སེར་མོ། ཕྲེང་བ་མ་སེར་མོ། གླུ་མ་དམར་མོ། གར་མ་ལྗང་གུ། བདུག་སྤོས་མ་སེར་མོ། མེ་ཏོག་མ་དམར་མོ། མར་མེ་མ་དམར་སྐྱ། དྲི་ཆབ་མ་ལྗང་གུ། གཟུགས་མ་དཀར་མོ། སྒྲ་མ་སེར་མོ། དྲི་མ་སྔོན་མོ། རོ་མ་དམར་མོ། རེག་མ་ལྗང་སྔོན། སྒྲོལ་མ་དཀར་མོ། ནམ་མཁའི་ལྷ་མོ་མཐིང་ག །སངས་རྒྱས་མཁའ་འགྲོ་ལྗང་གུ། གཡས་པ་རྣམས་ཀྱིས་གར་སྟབས་དང་ཕྲེང་བ། ཡི་ཕད་། རྡོ་རྗེ། སྤོས་ཕོར། མེ་ཏོག །མར་མེ། མཆོད་པ། མེ་ལོང་། ཛ་ཛ། དྲི་བཟང་། སྦྱིན་བྱེད། ན་བཟའ། སྐྱབས་སྦྱིན། བུམ་པ། སྦྱི་བླུགས། གཡོན་པ་རྣམས་ཀྱིས་རང་རང་གི་མོས་པ་བསྐྱེད་པའི་ཕྱག་རྒྱ་མཛད་ཅིང་། རིན་པོ་ཆེའི་རྒྱན་དང་ལྡན་ཞིང་། ཞབས་གཉིས་གར་སྟབས

བསྐྱུར་ཞིང་གནས་པའོ། །ལྷ་སྣམ་བར་མའི་ཁྱིམས་སུ། ཤར་ནས་རིམ་པ་བཞིན་དུ་སྒྲོལ་མ་ལྗང་གུ་མ་ནས་བཟུང་སྟེ། སྒྲོལ་མ་ཉེར་གཅིག་གི་ལྷ་ཚོགས་སྐུ་མདོག་ཁ་དོག་དྲུག་དང་ལྡན་ཞིང་། གཡས་པ་རྣམས་ཀྱིས་སྐྱབས་སྦྱིན་དང་། གཡོན་པ་རྣམས་ཀྱིས་ཨུཏྤ་ལའི་ཡུ་བ་ནས་འཛིན་ཅིང་། དར་དང་རིན་པོ་ཆེའི་རྒྱན་གྱིས་སྤྲས་པ། ཞབས་རྣམས་རྒྱལ་པོ་རོལ་པའི་དོར་སྟབས་ཀྱིས་པདྨ་ལ་གནས་པའོ། །

ལྷ་སྣམ་ཕྱི་མའི་ཁྱིམས་ཀྱི་དབུས་སུ། ཤར་ནས་རིམ་པ་བཞིན་དུ་སའི་ལྷ་མོ་སེར་མོ། ཆུའི་ལྷ་མོ་དཀར་མོ། མེའི་ལྷ་མོ་དམར་མོ། རླུང་གི་ལྷ་མོ་ལྗང་གུ། ནམ་མཁའི་ལྷ་མོ་སྔོན་མོ། རྡོ་རྗེ་མཁའ་འགྲོ་སྔོན་མོ། རིན་ཆེན་མཁའ་འགྲོ་སེར་མོ། པདྨ་མཁའ་འགྲོ་དམར་མོ། ལས་ཀྱི་མཁའ་འགྲོ་ལྗང་གུ། སངས་རྒྱས་མཁའ་འགྲོ་མཐིང་སྔོན། སྣ་ཚོགས་མཁའ་འགྲོ་རྒྱན་བཀྲ། བདེ་ཆེན་ལྷ་མོ་དཀར་སེར། དོན་གྲུབ་ལྷ་མོ་སེར་དམར། སྒྲ་སྒྲོག་ལྷ་མོ་དམར་ལྗང་། མཐར་ཕྱིན་ལྷ་མོ་ལྗང་སྔོན། ལྷ་མོ་དུས་སྐྱེས་སྔོ་དཀར། པི་ཝང་མ་སྔོན་མོ། གླིང་བུ་མ་སེར་མོ། རྫ་རྔ་དམར་མོ། མུ་ཀུན་ཏ་མ་ལྗང་གུ། བཞད་མ་དམར་མོ། སྒེག་མ་སྔོན་མོ། གླུ་མ་སེར་མོ། གར་མ་ལྗང་གུ། སེང་གདོང་མ་དཀར་མོ། སྟག་གདོང་མ་སེར་མོ། ཕག་གདོང་མ་དམར་མོ། ཁྱི་གདོང་མ་ལྗང་གུ། ཨུག་གདོང་ལྗང་སྔོན། ཁྭ་གདོང་སྣ་ཚོགས། གཽ་རི་མ་དཀར་མོ། ཙཽ་རི་མ་དཀར་མོ། པུཀྐ་སི་སེར་མོ། དུས་སྐྱེས་མ་དམར་མོ། གྷསྨ་རི་ལྗང་གུ། ལ་མ་མཐིང་ག །ཁཎྜ་རོ་ཧེ་མཐིང་སྨུག །གཡས་པ་རྣམས་ཀྱིས་རང་རང་གི་ཕྱག་མཚན་སྣ་ཚོགས་པ་འཛིན་ཅིང་། གཡོན་པ་རྣམས་ཀྱིས་ཐོད་པ་ལྷུང་ཡོ་ཁྲག་གིས་བཀང་བ་བསྣམས་པ། རིན་པོ་ཆེ་དང་མེ་ཏོག་གི་རྒྱན་དུ་མ་དང་ལྡན་ཞིང་ཞབས་དཀྱིལ་མོ་དཀྲུང་གིས་བཞུགས་པའོ། །

དེའི་ཕྱི་རོལ་གྱི་ཁྱམས་སུ། ཤར་ནས་རིམ་པ་བཞིན་དུ་དུས་འཁོར་དཀར་པོ། གསང་འདུས་སེར་པོ། བདེ་མཆོག་དམར་པོ། ཀྱཻ་རྡོར་སྔོན་པོ། འཇིགས་བྱེད་ནག་པོ། ནཱ་ཡཱ་མཐིང་ག །གདན་བཞི་སེར་པོ། ཧ་མགྲིན་དམར་པོ། པདྨ་གར་དབང་མཐིང་སེར། རྡོ་རྗེ་ཉི་མ་དཀར་དམར། སྒྱུ་མ་འབྱུང་བ་དམར་ནག །སངས་རྒྱས་ཐོད་པ་དཀར་པོ། ཤཱ་ར་ལི་མཐིང་ག །གཤེད་དམར་དམར་སེར། མཁའ་འགྲོ་རྒྱ་མཚོ་དུད་ཁ། གུར་སྔོན་པོ། ཚེ་དཔག་མེད་དམར་པོ། གསང་ལྡན་མཐིང་སེར། འཇམ་རྡོར་སྔོན་པོ། དཔལ་མཆོག་དམར་སེར། རྩེ་མོ་དུད་ཁ། རྡོར་སེམས་དཀར་པོ། འཁོར་ཆེན་མཐིང་སེར། གཏུམ་པོ་དུད་ཁ། དབྱུག་སྔོན་ཅན་ནག་པོ། དགྲ་ནག་དུད་སྔོན། གདོང་དྲུག་ནག་པོ། མི་གཡོ་བ་དཀར་པོ། དྲིལ་བུ་སྔོན་པོ། མི་འཁྲུག་པ་སྔོན་པོ། ཀུན་རིགས་དཀར་པོ། ཆོས་དབྱིངས་གསུང་དབང་དམར་པོ། དྲེགས་པ་ཀུན་འདུལ་ནམ་མཁའི་མདོག །འཁོར་ལོ་སྡོམ་པ་དུད་ཁ། སྒྱུ་འཕྲུལ་དྲ་བ་དམར་ནག །སྡོམ་འབྱུང་སྔོན་པོ། མཚོན་ཆ་ཅན་དུད་ཁ། མཉམ་སྦྱོར་དམར་པོ། དྲན་པ་རྒྱ་མཚོ་དམར་པོ། གསང་སྒྲུབ་དཀར་པོ། རྡོར་དབྱིངས་སྔོན་པོ། ཁམས་གསུམ་རྣམ་རྒྱལ་སེར་ནག །གཉིས་མེད་རྣམ་རྒྱལ་དཀར་པོ། རྡོ་རྗེ་འཆང་སྔོན་པོ། རྣམ་འཇོམས་དཀར་པོ། ཐུབ་དབང་སེར་པོ། བདེ་མཆོག་དཀར་པོ། རྡོ་རྗེ་སེམས་དཔའ་དམར་པོའོ། །ཕྱག་རྣམས་ཀྱིས་རང་རང་གི་ཕྱག་མཚན་དང་གར་སྟབས་བསྒྱུར་ཞིང་། རྒྱན་ཆ་ལུགས་སྣ་ཚོགས་དང་ལྡན་པ། རང་རང་གི་ཡུམ་ལ་འཁྲིལ་བ། ཞབས་རྣམས་དཀྱིལ་ཀྲུང་དང་གར་སྟབས། མཉམ་བརྐྱང་སོགས་རང་རང་གི་བཞུགས་སྟབས་སུ་གནས་པའོ། །

དེའི་ཕྱི་རོལ་གྱི་ལྷ་སྣམ་ལ་གནས་པའི་ལྷ་རྣམས་ནི། རིམ་པ་བཞིན་དུ་གཙུག་

ཧོར་དཀར་པོ། གཙུག་ཧོར་རྣམ་རྒྱལ། གཙུག་གཧོར་ནག་མོ། བཅུ་གཅིག་ཞལ་ཕྱག་སྟོང་། བཅུ་གཅིག་ཞལ་ཕྱག་བཞི། སྤྱན་རས་གཟིགས་དབང་ཕྱུག །སེང་གེ་སྒྲ། ཁ་སར་པ་ཎི། ན་རག་གྲིང་གྲིང་། སེམས་ཉིད་ངལ་བསོ། ནོར་བུ་འཛིན་པ། ཡི་གེ་དྲུག་མ། འཁོར་ལོ་འཛིན་པ། དོན་ཡོད་ཞགས་པ། དཔུང་བཟང་། སྒོ་དྲུག་པ། ཧ་ལ་ཧ་ལ། ཧྲི་ཡ་ཙོད་པན། ཤུ་ཙ། གསེར་འཁོར་ཅན། གཏུམ་ཆུང་། ཁྱུང་ལྡེ། འགྲོ་བཟང་། གོས་ཤམ་ཅན། གོས་སྔོན་པོ། ཁྱུང་ཁྲ། ཡེ་ཤེས་སེམས་དཔའ། པོ་ཏི་འཛིན་པ། དམར་སེར། དཀར་པོ། ནག་པོ། སྔོན་པོ། བདེ་དྲོད། མེ་ལྕེ། ལྕེ་འབབ་པ། ས་འོག །རྣམ་སྣང་། མངོན་བྱང་། ནོར་རྒྱུན། ཛཾ་སེར། ཛཾ་དཀར། ཛམ་ནག །ཛམ་ལྷང་། མི་གཡོ་བ་དཀར་པོ། སེར་པོ། སྔོན་པོ། ལྷང་གུ །དམར་པོ། ལྕགས་རལ་ཅན། དབྱུག་སྔོན་ཅན། ཤྭ་ན། སྨེ་བརྩེགས། གསང་སྒྲུབ། གྲི་གུག་ཅན། ཕྱག་དྲུག་པ། ཕྱག་བཞི་པ། བྲག་ལྷ་མགོན་པོ། བྱ་རོག་གདོང་ཅན། ཐག་ཤད་ནག་པོ། སེང་གདོང་ཅན། རེ་མ་ཏི། ཙན་ཏི་མ། ཨེ་ཀ་ཛ་ཏི། རྣམ་ཐོས་སྲས། ཕྱག་རྣམས་ཀྱིས་རང་རང་གི་ཕྱག་མཚན་སྣ་ཚོགས་པ་བསྣམས་ཤིང་། རྒྱན་སྣ་ཚོགས་དང་ལྡན་པ། རང་གི་འཁོར་དང་བཞུགས་སྟབས་ཀྱིས་གནས་པའོ། །

ཕྱི་ཡི་ཁྲམས་ལ་བསྐལ་པ་བཟང་པོའི་སངས་རྒྱས་སྟོང་། སྤྲུལ་པའི་ཉན་ཐོས་བཅུ་དྲུག །རང་རྒྱལ་བཅུ་གཉིས་རྣམས་རང་རང་གི་སྐུ་མདོག་དང་མཐུན་པར་བཞུགས་པའོ། །

ནང་གི་སྒོ་བ་བཞི་ནི། ལྕགས་ཀྱུ་དཀར་མོ། ཞགས་པ་སེར་མོ། ལྕགས་སྒྲོག་དམར་མོ། དྲིལ་བུ་ལྗང་གུའོ། །བར་གྱི་སྒོ་བ་བཞི་ནི། བདུད་རྩི་འཁྱིལ་པ། བགེགས་མཐར་བྱེད། སྟོབས་པོ་ཆེ། དབྱུག་ཧོ་འཛིན་པའོ། །ཕྱི་ཡི་སྒོ་བ་བཞི་ནི། ཡུལ་འཁོར་

བསྲུང་། འཕགས་པ་སྐྱེས་པོ། སྤྱན་མི་བཟང་། ལུས་ངན་པོ་དང་བཞིའོ། །ཕྱི་རོལ་ཁོར་ཡུག་གི་སྒོ་བ་རྣམས་ནི། སེང་གདོང་། ཁྱི་གདོང་། ཕག་གདོང་། ཝུག་གདོང་། ཁྭ་གདོང་། སྟག་གདོང་རྣམས་སོ། །དེ་ཐམས་ཅད་ཀྱི་ཕྱི་རོལ་དུ་པདྨའི་ར་བ། རྡོ་རྗེའི་ར་བ། མུ་ཏིག་གི་ཕྲེང་བས་མཛེས་པ། དེའི་ཕྱི་རོལ་དུ་ཚུས་བཅད་པའི་དུར་ཁྲོད་ཆེན་པོ་བརྒྱད་ཀྱིས་བསྐོར་བ། དེའི་ཕྱི་རོལ་དུ་ཡེ་ཤེས་ཀྱི་མེ་རིས་རབ་ཏུ་བསྐོར་བའོ། །ལྷ་ཚོགས་དེ་དག་ཐམས་ཅད་ཀྱི་དཔྲལ་བར་ཨོཾ། མགྲིན་པར་ཨཱཿ ཐུགས་ཀར་ཧཱུྃ། ཐུགས་ཀའི་ཧཱུྃ་ལས་འོད་ཟེར་འཕྲོས་པས། ཆོས་ཀྱི་དབྱིངས་ནས་ཡུམ་ཆེན་མོའི་ལྷ་ཚོགས་ལ་སངས་རྒྱས་དང་བྱང་ཆུབ་སེམས་དཔའི་ཚོགས་དཔག་ཏུ་མེད་པས་བསྐོར་བ་མདུན་གྱི་ནམ་མཁའི་གནས་སུ་སྤྱན་དྲངས། བཛྲ་ས་མ་ཛཿ ཐུགས་ཀའི་ཧཱུྃ་ལས་འོད་ཟེར་འཕྲོས་པས། ཆོས་ཀྱི་དབྱིངས་ནས་ཡུམ་ཆེན་མོའི་ལྷ་ཚོགས་ལ་སངས་རྒྱས་དང་བྱང་ཆུབ་སེམས་དཔའི་ཚོགས་དཔག་ཏུ་མེད་པས་བསྐོར་བ་མདུན་གྱི་ནམ་མཁའི་གནས་སུ་སྤྱན་དྲངས། བཛྲ་ས་མ་ཛཿ མ་ལུས་མས་སྤྱན་འདྲེན། བཅོམ་ལྡན་ཁྱེད་ནི་བྱོན་པ་ལེགས་སོགས་ནས། པདྨ་ཀ་མ་ལ་ཡེ་སྭཱ། ཞེས་གདན་ཕུལ་ནས། ནམ་མཁར་བཞུགས་པའི་ཡེ་ཤེས་པ་ལ་མཆོད་བསྟོད་བསྡུས་པ་གཅིག་བྱ། ཛཿཧཱུྃ་བཾ་ཧོཿ ཡེ་ཤེས་པ་དང་དམ་ཚིག་པ་གཉིས་སུ་མེད་པར་གྱུར། སླར་ཡང་ཐུགས་ཀའི་ཧཱུྃ་ལས་འོད་ཟེར་འཕྲོས་པས། དབང་གི་ལྷ་ཚོགས་སྤྱན་དྲངས། པཉྩ་ཀུ་ལ་ས་པ་རི་ཝཱ་ར་ཨརྒྷཾ་སོགས་ཀྱིས་མཆོད། དེ་བཞིན་གཤེགས་པ་ཐམས་ཅད་ཀྱིས་དབང་བསྐུར་དུ་གསོལ། ཞེས་གསོལ་བ་བཏབ་པས། ཇི་ལྟར་བལྟམས་པ་ཙམ་གྱིས་ནི་སོགས་ནས། ཨ་བྷི་ཥི་ཀ་ཏའི་བར་བརྗོད་དེ། ལྷ་ཚོགས་རྣམས་ཀྱི་ཐུགས་ཀ་ནས། རིགས་ལྔའི་མཁའ་འགྲོའི་ཕྱག་ན་རིན་པོ་ཆེའི་བུམ་པ་ཟག་མེད་ཀྱི་བདུད་རྩིས་གང་བ་

ཐོགས་ཏེ། སྤྱི་བོ་ནས་ཁྲུས་བྱས། དྲི་མ་དག །ཆུའི་ལྷག་མ་ཡར་ལུད་པ་ལས་རང་རང་གི་རིགས་ཀྱི་ལྷ་རྣམས་ཀྱིས་དབུ་ལ་བརྒྱན་པར་གྱུར། མཆོད་བསྟོད་འོག་ནས་འབྱུང་བ་བཞིན་བྱེད། ལྷ་ཚོགས་རྣམས་ཀྱི་ཐུགས་ཀར་ཟླ་བའི་དཀྱིལ་འཁོར་གྱི་སྟེང་དུ་ཧཱུྃ་ཡིག་གི་མཐར་གཡོན་སྐོར་དུ་འཁོར་བ་ལ་དམིགས་ཏེ། ཨ་ཨཱ། ཨི་ཨཱི། ཨུ་ཨཱུ། རྀ་རཱྀ། ལྀ་ལཱྀ། ཨེ་ཨཻ། ཨོ་ཨཽ། ཨཾ་ཨཿ གཡས་སྐོར་དུ། ཀ་ཁ་ག་གྷ་ང་། ཙ་ཚ་ཛ་ཛྷ་ཉ། ཏ་ཐ་ད་དྷ་ན། པ་ཕ་བ་བྷ་མ། ཡ་ར་ལ་ཝ། ཤ་ཥ་ས་ཧ་ཀྵ་ཨ། བརྒྱ་རྩ་སོགས་བཟླས། མཐར། ལྷ་ཚོགས་རྣམས་ཀྱི་སྐུ་ལས་སྐུ་དཔག་ཏུ་མེད་པ་བྱུང་། རང་གི་ལུས་ལ་ཐིམ། མགྲིན་པ་ནས་ཨཱ་ལི་ཀཱ་ལིའི་ཚོགས་བྱུང་། རང་གི་མགྲིན་པར་ཐིམ། ཐུགས་ཀ་ནས་ཡེ་ཤེས་ལྔའི་རང་བཞིན་གྱི་བདུད་རྩི་བྱུང་། རང་གི་སྙིང་ཀར་ཐིམ། སྐུ་གསུང་ཐུགས་བདེ་བ་དང་ལྡན་པར་གྱུར་ཅིང་། ལྷ་ཚོགས་རྣམས་རང་རང་གི་སྐུ་ལ་ཐིམ་སྟེ་གཉིས་སུ་མེད་པར་གྱུར།

ལག་མཆོད་བྱེད་པ་ནི། སུ་བླཱ་ཕ་ནས། ཨོཾ་ཨཱཿཧཱུྃ་གི་བར་བརྗོད་ཅིང་། ཡུམ་ཆེན་མོ་ཤེས་རབ་ཀྱི་ཕ་རོལ་ཏུ་ཕྱིན་མའི་ཞལ་དུ་ཨོཾ་ཨཱཿཧཱུྃ། འོག་མ་ཚོ་ལ་ཡང་འགྲེ། རྗེ་བཙུན་མ་འཕགས་མ་སྒྲོལ་མའིཿ མཁའ་འགྲོ་མ་སུ་ཁ་སིདྡྷཱིཿ མ་གཅིག་ལབ་ཀྱི་སྒྲོན་མའིཿ རྒྱལ་སྲས་མཆོག་རྒྱལ་བ་དོན་གྲུབཿ གྲུབ་ཆེན་གརྦ་པཱ་ཎིཿ མཁས་གྲུབ་ཟླ་བ་སེང་གེཿ མཁས་པ་བྱ་བྲལ་ཆེན་མོཿ མཁས་བཙུན་འཇམ་དཔལ་བཟང་པོཿ རྗེ་བཙུན་འཇམ་དཔལ་རྒྱ་མཚོཿ གཞན་ཡང་ལྷ་ཚོགས་གང་ཐོན་དུ་འབུལ། མཐར་ཆོས་སྐྱོང་དང་གནས་བདག་སོགས་ལ་འབུལ། དངོས་གྲུབ་ཀྱི་ཚུལ་དུ། ཨོཾ་ཨཱཿཧཱུྃ་གིས་གནས་གསུམ་དུ་རེག་ཅིང་། རང་གི་ལྗེ་ལ་བཞག་པའོ། །

བུམ་བསྐྱེད་བྱེད་ན། ཏ་ཀྲིཏ་ཏས་བསང་། སྟོང་པའི་ངང་ལས་རིན་པོ་ཆེའི་བུམ་པ་སེར་པོ་ཞབས་ཞུམ། ལྟོ་བ་ལྡིར། མགྲིན་པ་ཕྲ། མཆུ་འཕྱང་། ལྷ་རྫས་ཀྱི་གོས་ཀྱིས་མགྲིན་པ་དཀྲིས་ཤིང་། དཔག་བསམ་གྱི་ཤིང་གིས་ཁ་བརྒྱན་པ། མཚན་ཉིད་

ཡོངས་སུ་རྫོགས་པ། དེའི་དབུས་སུ་རིན་པོ་ཆེ་སྣ་ཚོགས་ལས་གྲུབ་པའི་གཞལ་ཡས་ཁང་ སོགས་ནས། སྔགས་ཡན་བརྗོད། མཐར་ལྷ་ཚོགས་འོད་དུ་ཞུ་ནས་བུམ་པའི་ཆུར་གྱུར་པའོ། །

མདུན་བསྐྱེད་ནི། བིསྨྲན་ གྱིས་བསང་། སྟོང་པའི་ངང་ལས་མདུན་གྱི་ནམ་མཁར་རིན་པོ་ཆེ་སྣ་ཚོགས་ལས་གྲུབ་པའི་གཞལ་ཡས་ཀྱི་ཁང་པ་ སོགས་ནས། སྔགས་ཀྱི་བར་བརྗོད་པའོ། །མཎྜལ་ཕུལ། མཆོད་བསྟོད་བྱེད་པ་ནི། སྟོང་གསུམ་རབ་འབྱམས་སྟོང་གསུམ་ཞིང་ཁམས་དང་། །སྟོང་གསུམ་གཏྭ་ཟེ་སྐྱིད་ཡོད་པ་རྣམས། །བཅོམ་ལྡན་ལྷ་ཡི་ཚོགས་ལ་འབུལ་བར་བགྱི། །ཐུགས་རྗེས་འགྲོ་བའི་དོན་དུ་བཞེས་སུ་གསོལ། །རྡོ་རྗེ་ཐལ་མོ་ཁ་ཕྱེ་བས། ཨོཾ་སརྦ་ཏ་ཐཱ་ག་ཏ་ཨརྒྷཾ་པྲ་ཏཱིཙྪ་པཱུ་ཛ་མེ་གྷ་ས་མུ་དྲ་སྥ་ར་ཎ་ས་མ་ཡ་ཨཱཿཧཱུྃ་སྭཱ་ཧཱ། འོག་མ་རྣམས་ལ་འགྲེ། སྟོང་གསུམ་མེ་ཏོགཿ དྷཱུ་པེ། མེ་ཏོག་དོར་ཚུལ་བྱ། པུཥྤེ། སྟོང་གསུམ་བདུག་སྤོསཿ རྡོ་རྗེ་ཁ་བུབ་པས་སྤོས་ཐུག་པའི་ཚུལ་བྱ། དྷཱུ་པེ། སྟོང་གསུམ་སྣང་གསལཿ ལག་གཉིས་ཁུ་ཚུར་ལས་མཐེ་བོང་བསྒྲེང་བས། ཨཱ་ལོ་ཀེ། སྟོང་གསུམ་དྲི་མཆོགཿ ལག་གཉིས་དྲི་བྱུག་པའི་ཚུལ་གྱིས། གནྡྷེ། སྟོང་གསུམ་ཞལ་ཟསཿ ལག་གཉིས་ཞལ་ཟས་ཀྱིན་དུ་འདེགས་པའི་ཚུལ་གྱིས། ནཻ་ཝེ། སྟོང་གསུམ་རོལ་མོཿ ཊ་རུ་ཀང་དུང་དང་། ཤབྡ། སྟོང་གསུམ་གདུགས་མཛེས་ནོར་བུའི་ཕྱུ་བ་ཅན། །གཡོན་ཁུ་ཚུར་ལས་མཐེ་བོང་བསྒྲེང་བའི་སྟེང་དུ་གཡས་ཐལ་མོ་ཁ་སྦྱར་བས། ཚ་ཏྲཾ། སྟོང་གསུམ་རྣམ་རྒྱལ་དགོས་འདོད་ནོར་བུའི་ཏོག །ཀེ་ཏུ་ཀ སྟོང་གསུམ་སྣ་ཚོགས་དར་གྱི་ལྡ་ལྡིས་བརྒྱན། །གཡོན་རྡོ་རྗེ་ཁུ་ཚུར་ཐུགས་ཀར་བཞག །གཡས་པའི་རྡོ་རྗེ་ཁུ་ཚུར་ལས་གུང་མཛུབ་གཉིས་ཀྱིས་བྲིས་ཚུལ། པ་ཏཾ་ཀ་ལཾ་པ། སྟོང་གསུམ་ནམ་མཁའ་ལས་རྒྱན་སྲུལ་མང་མཛེས། །ཐལ་མོ་གཉིས་སྟེང་འོག་ཏུ་བརྒྱུད་ལ། བི་ཏ་ན། སྟོང་གསུམ་གསུང་སྙན་སྒྲ་ཡི་མཐར་ཛ་འདི། མཁར་ཛ་བརྡུང་བའི་ཚུལ་གྱིས། བཻ་ཎ། སྟོང་གསུམ་མཛེས་བྱེད་

དར་གྱི་ལྷབ་ལྷུབ་ཅན། །ལག་གཉིས་རྡོ་རྗེ་ཁུ་ཚུར་ལས་བྲིས་པའི་ཕྱིས། ཛྷ་ཏ། སྟོང་གསུམ་ཆུ་གཏེར་དགོས་འདོད་གསེར་མིག་འཁྱིལ། །གཡོན་རྡོ་རྗེ་ཁུ་ཚུར་གྱི་སྟེང་དུ་གཡས་ཀྱི་གུང་མཛུབ་བཞག་པས། མཉྫུ། སྟོང་གསུམ་རབ་དཀར་སྒྲ་ཡིས་གླིང་རྣམས་གཡོ། །རྡོ་རྗེ་ནང་སྡམས་ལས་གཡས་ཀྱི་སེར་མོ་གསུམ་དང་གཡོན་གྱི་གཉིས་བརྐྱང་བས། ཨཾ་ཁ་སརྦ། སྟོང་གསུམ་དྲི་བྲལ་མཛེས་བྱེད་ནམ་མཁའ་ཁེངས། ལག་གཉིས་སོར་མོ་རྣམས་པད་མའི་རྒྱས། ཀ་མ་ལ་སརྦ། སྟོང་གསུམ་གཏེར་མཛོད་རིན་ཆེན་རྒྱན་གྱིས་སྤྲས། །ནམ་མཁའ་མཛོད་ཀྱི་བྷཱ་མ་ཊ། སྟོང་གསུམ་མཛེས་ལྡན་འོད་ཀྱིས་རབ་ཏུ་བཀྲ། །ཧྲི་ས་ར། སྟོང་གསུམ་ཀུན་ལས་རབ་རྒྱལ་རྒྱལ་བའི་མཚན། རྒྱལ་མཚན་བསྒྲེང་ཚུལ། ཧླཱ་ཛ། སྟོང་གསུམ་ཕྱིབས་སྟོང་མཛེས་བྱེད་དགོས་འདོད་འབྱུང་། །བཅོམ་ལྡན་ལྷ་ཡི་ཚོགས་ལ་འབུལ་བར་བགྱི། །ཐུགས་རྗེས་འགྲོ་བའི་དོན་དུ་བཞེས་སུ་གསོལ། །ལག་གཉིས་ལྟོ་བ་སྦྱར། སོར་མོ་རྣམས་ཕྱིབས་ཀྱི་རྣམ་པས། ཨོཾ་སརྦ་ཏ་ཐཱ་ག་ཏ་ཙཀྲ་པྲ་ཧྲིཥྚ་པུ་ཛ་མེ་ཧཱ་ས་མུ་དྲ་སྥ་ར་ཎ་ས་མ་ཡ་ཨཱཿཧཱུྃ་སྭཱ་ཧཱ། རོལ་མོ་བྱ། བསྟོད་པ་ནི། དཔལ་ལྡན་རྡོ་རྗེ་མཁའ་འགྲོ་མ་ནས། ཡུམ་གྱུར་མ་ལ་ཕྱག་འཚལ་བསྟོད་ཀྱི་བར་བརྗོད་ཅིང་། བཅོམ་ལྡན་འདས་མ་ཤེས་རབ་ཕ་རོལ་ཕྱིན། །མ་སྐྱེས་མི་འགག་ནམ་མཁའི་ངོ་བོ་ཉིད། །སོ་སོ་རང་རིག་ཡེ་ཤེས་སྤྱོད་ཡུལ་བ། །དུས་གསུམ་རྒྱལ་བའི་ཡུམ་ལ་ཕྱག་འཚལ་བསྟོད། །དུས་གསུམ་རྒྱལ་བའི་ཡུམ་གཅིག་མ། །སྟོང་ཉིད་ལྡན་པའི་ཕ་རོལ་ཕྱིན། །ཐུགས་རྗེའི་སྤྱན་གྱིས་འགྲོ་ལ་གཟིགས། །ཡུམ་གྱུར་མ་ལ་ཕྱག་འཚལ་བསྟོད། །བདེ་གཤེགས་ཀུན་གྱི་གདུང་འཛིན་མ། །སྐྱེ་མེད་དབྱིངས་སུ་རབ་བཞུགས་ནས། །སྤྲུལ་པ་སྣ་ཚོགས་སྟོན་མཛད་མ། །ཡུམ་གྱུར་མ་ལ་ཕྱག་འཚལ་བསྟོད། །ཕ་རོལ་ཕྱིན་པའི་ཚུལ་སྟོན་ཅིང་། །གསང་སྔགས་དཀྱིལ་འཁོར་ཀུན་གྱི་བདག །གཙོ་མོའི་ཚུལ་དུ་རབ་བཞུགས་མ། །ཡུམ་གྱུར་མ་ལ་ཕྱག་འཚལ་བསྟོད། །ཞི་བའི་ཆ་ལུགས་སྐུ་ལ་

རྫོགས། །ཆོས་ཉིད་སྒྲ་སྒྲོག་གསུང་དང་ལྡན། །མཁྱེན་རབ་ཟབ་རྒྱས་ཐུགས་མངའ་
མ། །ཡུམ་ཀྱུར་མ་ལ༔ ཞིང་ཁམས་ཐམས་ཅད་སྐུ་ལ་རྫོགས། །མཁའ་འགྲོ་དྲ་བ་
སྡོམ་པས་བསྐོར། །མཚན་དཔལ་མི་འཇིགས་སྟོབས་མངའ་མ། །ཡུམ་ཀྱུར་མ་
ལ༔ སྟོང་ཉིད་ཆོས་སྐུ་རབ་ལྡན་པ། །ཡེ་ཤེས་སྒྱུ་མའི་ཚུལ་དུ་གནས། །དག་པའི་
ལོངས་སྐུ་རབ་རྫོགས་མ། །ཡུམ་ཀྱུར་མ་ལ༔ ཚད་མེད་བཞི་ལྡན་འགྲོ་བའི་
མགོན། །སྐུ་གསུམ་དོན་ལྡན་གཙུག་མའི་ངང་། །བདེ་བ་ཆེན་པོ་སྟོན་མཛད་
མ། །ཡུམ་ཀྱུར་མ་ལ་ཕྱག་འཚལ་བསྟོད། །ཨོཾ་ཨཱཿཧཱུཾ། རོལ་མོ་བྱེད། འཁོར་ལོའི་ཕྱག་རྒྱས། ཙཀྲ་
རཏྣ། ནོར་བུའི་ཕྱག་རྒྱས། མ་ཎི་རཏྣ། རལ་གྲིའི་ཕྱག་རྒྱས། ཁ་ཊི་རཏྣ། ཐལ་མོར་སྦྱར། མཐེབ་མོ་སྦྲེན་
ལག་ནང་དུ་བཀུག་ལ། མ་ཧཱ་ཏ་རཏྣ། གཡས་པའི་གུང་མོ་བརྐྱང་། གཞན་བཞི་བསྐུམ་པ་གཡོན་པའི་རྡོ་རྗེ་ཁུ་ཚུར་
སྟེང་དུ་བཞག་ལ། ཏསྟི་རཏྣ། ཐལ་མོ་སྦྱར་བའི་མཐེབ་མོ་མཐིལ་ཆུང་ནང་དུ་བཙུག །འཐིབ་ཆེན་གཉིས་བསྒྲེང་པས།
ཏུ་རཾ་ག་ཨ་ཤྭ་རཏྣ། གཡོན་རྡོ་རྗེ་ཁུ་ཚུར་སྟེང་གར་བཞག །གཡས་རྐྱབས་སྦྱིན་བྱས་ལ། ཁཌྒ་རཏྣ། སྒེག་
མོ་ཕྲེང་བ་གླུ་མ་གར། །སྤོས་དང་མེ་ཏོག་མར་མེ་དྲི། །ཕྱི་ནང་ལྷ་མོའི་མཆོད་པ་
རྣམས། །བཅོམ་ལྡན་དཀྱིལ་འཁོར་ལྷ་ལ་འབུལ། །སྒེག་མོའི་རྒྱས། བཛྲ་ལཱསྱེ། ཕྲེང་བ་
མའི་རྒྱས། བཛྲ་མཱ་ལེ། གླུ་མའི་རྒྱས། བཛྲ་གཱིཏི། གར་མའི་རྒྱས། བཛྲ་ནྲིཏྱེ། བདུག་སྤོས་མའི་རྒྱས། བཛྲ་
དྷུ་པེ། མར་མེ་མའི་རྒྱས། བཛྲ་ཨཱ་ལོ། དྲི་མའི་རྒྱས། བཛྲ་གནྡྷེ། པི་ཝང་གླིང་བུ་རྫ་ང་ང་
ཆེན་མ། །བཞད་སྒེག་གླུ་མ་གར་མ་ལྡང་། །རིགས་ཀྱི་ལྷ་མོའི་མཆོད་པ་རྣམས། །བཅོམ་
ལྡན་འདས་དཀྱིལ་འཁོར་ལྷ་ལ་འབུལ། །པི་ཝང་སྒྲེང་ཚུལ་བྱས་ལ། བཛྲ་ཝཱི་ཎེ། གླིང་བུ་
འབུད་པའི་ཚུལ་གྱིས། བཛྲ་ཝཾ་སེ། རྫ་ང་བརྡུང་བའི་ཚུལ་གྱིས། བཛྲ་མུ་རན་ཛེ། ང་ཆེན་བརྡུང་བའི་ཚུལ་
གྱིས། བཛྲ་མུ་ཀུནྡ། བཞད་མའི་རྒྱས། བཛྲ་ཧ་ས། སྒེག་མོའི་རྒྱས། བཛྲ་ལཱ་སྱེ། གླུ་མའི་རྒྱས། བཛྲ་
གཱིརྟེ། གར་མའི་རྒྱས། བཛྲ་ནིརྟེ། ཀཾ་ཙ་བེ་ཏ་པུཥྤ་སི། །སྨི་ཤ་ཙནྡ་ཊོཥྨི་ནི། །དགྱེས་

མཛད་ནང་གི་ལྷ་མོས་མཆོད། །བཅོམ་ལྡན་དཀྱིལ་འཁོར་ལྷ་ལ་འབུལ། །གཡས་པའི་རྡོ་རྗེ་ཁུ་ཚུར་གྱི་སྟེང་དུ་གཡོན་པའི་ཐལ་མོ་བཞག་པས། བཛྲ་གཱིཾ་ཏེ། གཡོན་པའི་ཁུ་ཚུར་གྱི་སྟེང་དུ་གཡས་པའི་ཐལ་མོ་བཞག་པས། བཛྲ་ཙཾ་ཏེ། ཨཀྲྂ་གྱི་ཕྱག་རྒྱས། བཛྲ་བཻ་ཏྣ་ལི། གཡོན་རྡོ་རྗེ་ཁུ་ཚུར་གྱི་སྟེང་དུ་གཡས་ཀྱི་སོར་མོ་བསྣུམ་ཏེ་སྟེང་དུ་བསྟན་ཏེ་བཞག་པས། བཛྲ་ཧྲ་སྨྲ་ཏེ། རྡོ་རྗེ་ཁུ་ཚུར་གྱིས་ཤ་འདྲད་པའི་ཚུལ་གྱིས། མཆོད་ཡོན་གྱི་ཕྱག་རྒྱས། བཛྲ་པུཥྤ་ཥི། གཡོན་པའི་མཐེབ་སྲིན་གྱིས་བདུད་རྩི་འཐོར་ཚུལ་གྱིས། བཛྲ་ཤ་བ་རི། གཡས་ཊ་མ་རུ་སྒྲོལ་ཚུལ་གྱིས། བཛྲ་ཙཀྵུ་ལི། ལག་གཉིས་འཁྲུད་པའི་ཚུལ་གྱིས། བཛྲ་ཏཾ་བི་ནི། དབུ་མ་འཁོར་ལོ་དགའ་བཞིའི་བཅུད། །དག་མཛེས་ངད་གསལ་དྲི་བཅུད་སྒྲ། །རྩ་གནས་ལྷ་མོ་གསང་བའི་མཆོད། །བཅོམ་ལྡན་དཀྱིལ་འཁོར་ལྷ་ལ་འབུལ། །ཨོཾ་སརྦ་ཏ་ཐཱ་ག་ཏ་མ་ཏཾ་གི། སྙན་དབྱངས། བཛྲ། མདངས་ལྡན། བཛྲ། མཛེས་བྱེད། བཛྲ། སྒྲོས་སམ། བཛྲ། གསལ་བྱེད། བཛྲ། ངད་ལྡན། བཛྲ། དགྱེས་མཛད། བཛྲ་པྲ་ཏཱིཙྪ་པཱུ་ཛ་མེ་གྷ་ས་མུ་དྲ་སྥ་ར་ཎ་ས་མ་ཡ་ཨཱཿཧཱུྃ། གཟུགས་མཛེས་སྒྲ་སྙན་བསིལ་བྱེད་དྲི་ངད་ལྡན། །བཅུད་ལྡན་རོ་མཆོག་སྣ་ཚོགས་གོས་བཟང་རྒྱན། །རིན་ཆེན་མཛེས་པའི་མཆོད་པ་འདི་དག་རྣམས། །བཅོམ་ལྡན་དཀྱིལ་འཁོར་ལྷ་ཡི་ཚོགས་ལ་འབུལ། །ཨོཾ་སརྦ་ཏ་ཐཱ་ག་ཏ། བཛྲ་རཱུ་པ། བཛྲ་ཤབྡ། བཛྲ་གནྡྷེ། བཛྲ་ར་ས། བཛྲ་པཉྩེ་པཱུ་ཛ་མེ་གྷ་ས་མུ་དྲ་སྥ་ར་ཎ་ས་མ་ཡ་ཨཱཿཧཱུྃ། རོལ་མོ་བྱ། བསྟོད་པ་ནི། ཞིང་ཁམས་ཐམས་ཅད་གསེར་གྱི་ས་གཞི་ལ། །མེ་ཏོག་པུཎྜ་རཱི་ཀ་ཆར་ལྟར་འབེབས། །རྩི་བཅུད་སྨན་སྦྱོར་དབང་པོའི་དྲི་ཞིམ་ལྡན། །པ་རོལ་ཕྱིན་དྲུག་རྫོགས་ལ་གུས་ཕྱག་འཚལ། །ཤེས་རབ་བསྐྱེད་མཛད་དབྱིངས་ཀྱི་དབང་ཕྱུག་མ། །བདེ་ཆེན་ཉམས་ལྡན་དོན་གྲུབ་ཚོགས་དང་བཅས། །སྐུ་གསུམ་འབྲལ་མེད་སྙིང་པོ་མཆོག་སྩོལ་མ། །ལྷ་མོ་བཞི་ཡི་སྐུ་ལ་ཕྱག་འཚལ་བསྟོད། །བསྐལ་

བཟང་དོན་ལྡན་འཇིགས་སེལ་གསེར་མདོག་ཅན། །གསེར་ཐུབ་ཆེན་པོ་མར་མེ་མཛད་འཛིན་པ། །བསྐལ་པ་བཟང་པོའི་ཁྲི་གདུགས་ཤིང་རྟའི་མཛོད། །མི་འཇིགས་སངས་རྒྱས་བཞི་ལ་ཕྱག་འཚལ་བསྟོད། །དུག་ལྔ་རབ་གཅོད་སྐུ་ལྔ་རབ་རྫོགས་པ། །ཡེ་ཤེས་ལྔ་ལྡན་མཁྱེན་པ་ལྔ་དང་ལྡན། །གསང་སྔགས་རྒྱུད་འཛིན་གཙོ་བོ་ལྔ་ཡི་ཚུལ། །རིགས་ལྔ་བདེ་བར་གཤེགས་ལ་ཕྱག་འཚལ་བསྟོད། །བདེ་ཆེན་རང་བྱུང་ཕྱག་རྒྱ་ཆེན་པོའི་སྐུ། །སྤྲུལ་པའི་གཟུགས་ཀྱིས་འགྲོ་རྣམས་དབང་དུ་བསྡུ། །མི་འགྱུར་ཡེ་ཤེས་སྒྱུ་མའི་སྐུར་སྟོན་པ། །བདེ་སྟེར་ལྷ་མོ་དྲུག་ལ་ཕྱག་འཚལ་བསྟོད། །མཁའ་ལྟར་ཡངས་པའི་རིན་ཆེན་ལྷུན་པོ་ལ། །འདས་དང་མ་འོངས་ད་ལྟ་གསུམ་སྤྲུལ་བ། །གདུང་བའི་ནད་སེལ་མཁའ་ལ་ཁྲི་གདུགས་ཤར། །བཅུ་གཉིས་བདེ་བར་གཤེགས་ལ་ཕྱག་འཚལ་བསྟོད། །རིག་པའི་ལྷ་མོས་རྣམ་འགྱུར་གར་དང་བཅས། །ཆགས་པའི་ཚུལ་སྟོན་འཛུམ་པའི་མདངས་དང་ལྡན། །སྣ་ཚོགས་ཕྱག་ན་མཆོད་པ་དུ་མ་ཐོགས། །རང་རིག་ལྷ་མོ་བཅུ་དང་བཞི་ལ་བསྟོད། །དྲ་བ་སྟོམ་མ་ཤེས་རབ་དབྱངས་སྙན་སྒྲོག །ཀུན་དའི་ཐབས་ལེན་བདེ་ཆེན་ཉམས་དང་ལྡན། །སྙིག་པའི་ལྷ་མོ་དཀྱིལ་འཁོར་སྟོན་མཛད་མ། །བཅུ་དྲུག་རིག་མའི་སྐུ་ལ་ཕྱག་འཚལ་བསྟོད། །སྲིད་པ་གསུམ་ན་གཡོ་བའི་ཟླ་བ་བཞིན། །འཇིགས་པ་ཀུན་ལས་སྒྲོལ་བའི་ཕྲིན་ལས་ཅན། །འཕོངས་པ་ཀུན་ལས་སྒྲོལ་བ་སྙིང་རྗེའི་བདག །ཉེར་གཅིག་ལྷ་མོའི་སྐུ་ལ་ཕྱག་འཚལ་བསྟོད། །བདེ་གཤེགས་སྙིང་པོས་ཤེས་རབ་རྒྱས་མཛད་ཚུལ། །ཞི་དྲག་དབང་ལྡན་གར་དགུ་ཉམས་དང་ལྡན། །ཕྲིན་ལས་རྣམ་བཞིས་མཁའ་ལ་ཁྱིན་ལྟར་འཁྲིགས། །སོ་དྲུག་རིགས་ཡུམ་སྐུ་ལ་ཕྱག་འཚལ་བསྟོད། །ཤེས་བྱ་ཀུན་ལ་ཐབས་དང་སྤྲུལ་པ་འགྱེད། །འོག་མིན་གནས་

སུ་རིགས་ཀྱི་བདག་པོར་སྟོན། །གསང་བའི་དཀྱིལ་འཁོར་སྤྱགས་པའི་མཆོག་དང་ལྡན། །ཞི་བརྒྱད་དཀྱིལ་འཁོར་ལྷ་ལ་ཕྱག་འཚལ་བསྟོད། །རིག་པའི་མཁའ་ལ་སྤྲུལ་པའི་རྒྱུ་སྐར་བཀྲ། །རྫོགས་ལྡན་གཉིས་ལྡན་ལྷ་མིའི་དབང་པོ་བཀྲོལ། །གཙང་མ་རིགས་ཀྱི་ཐུགས་རྗེའི་འགྲོ་བ་སྐྱོང་། །དྲུག་བཅུ་བཞི་ཡི་དཀྱིལ་འཁོར་ལྷ་ལ་བསྟོད། །དུང་ཕྱིར་ཁྲི་འབུམ་རྒྱུད་རྣམས་ཀུན་གྱི་གཙོ། །ཁྲག་ཁྲིག་གྲངས་ཆེན་གསང་སྔགས་ནང་གི་ཆོས། །དབང་པོའི་ཡུལ་ལས་རབ་འདས་ལྷ་ཡི་ཚོགས། །རྒྱུད་སྡེ་བཞི་ཡི་ལྷ་ལ་ཕྱག་འཚལ་བསྟོད། །བསྐལ་པ་བཟང་པོའི་ཉི་མ་སྒྲིན་དང་བྲལ། །འཇིག་རྟེན་མ་ལུས་ཐར་པའི་གྲོང་ཁྱེར་འཇུག །མི་མཇེད་འཇིག་རྟེན་ཁམས་སུ་ཉི་འོད་འགེངས། །བསྐལ་བཟང་སངས་རྒྱས་སྟོང་ལ་ཕྱག་འཚལ་བསྟོད། །ལྷགས་ཀྱུ་ལ་སོགས་བདུད་རྩི་འཁྱིལ་ལ་སོགས། །རྒྱལ་ཆེན་རིགས་བཞི་སྒོ་མ་གདོང་ཆེན་དྲུག །ཕྲོགས་ལས་རབ་རྒྱལ་བར་ཆད་སེལ་མཛད་པ། །བཅོ་བརྒྱད་སྒོ་སྲུང་རྣམས་ལ་ཕྱག་འཚལ་བསྟོད། །གཞན་ཡང་མཆོད་པའི་ཚོགས་རྣམས་དང་། །དབྱངས་སྙན་ཡིད་འོང་རོལ་མོར་བཅས། །སེམས་ཅན་སྡུག་བསྔལ་སེལ་མཛད་པ། །སོ་སོར་སྒྲིན་ལ་གནས་གྱུར་ཅིག །རོལ་མོ་བྱེད།

ལས་བུམ་ལ་སྔ་གོན་བྱེད་ན་མཚམས་འདིར་བྱེད། ཐོག་མར་ལས་བུམ་བསྒྲུབ། ལས་བུམ་དུ་པདྨ་དང་ཉི་མའི་གདན་ལ། བགེགས་མཐར་བྱེད་སྐུ་མདོག་མཐིང་ནག་ཞལ་གཅིག་ཕྱག་གཉིས། སྤྱན་གསུམ། མཆེ་བ་རབ་ཏུ་གཙིགས་པ། དབུ་སྐྲ་དམར་སེར་གྱེན་དུ་འབར་བ། གཡས་དབྱུག་ཏོ་དང་གཡོན་ཞགས་པ་འཛིན་པ། ཁྲོ་བོའི་ཆས་ཀྱིས་བརྒྱན་པ། ཞབས་འཁྱིང་ཐབས་ཀྱིས་གནས་པའི་སྐུ་གསུང་ཐུགས་ལས་འོད་ཟེར་འཕྲོས་པས། རང་བཞིན་གྱི་གནས་ནས་ཡེ་ཤེས་པ་སྤྱན་དྲངས། དམ་ཚིག་པ་ལ་

ཐིམ་པར་གྱུར། ཛཿཧཱུྃ་བཾ་ཧོཿ ཨརྒྷཾ་ནས་ཤབྡའི་བར་དང་། ཧཱུྃ། སྟོང་ཉིད་དང་ལས་དྲག་པོའི་སྐུར་སྟོན་ཅིང་། །འགྲོ་དོན་མཛད་ཕྱིར་འཇིགས་པའི་ཆ་ལུགས་སྟོན། །ཞི་རྒྱས་དབང་དྲག་མི་མཐུན་ཕྱོགས་ལས་རྒྱལ། །ཁྲོ་ཆེན་འབར་བའི་ཚོགས་ལ་ཕྱག་འཚལ་བསྟོད། །ཅེས་མཆོད་བསྟོད་བསྡུས་པ་བྱས་ཤིང་། སྔགས་བགྲང་བ་ནི། ཐུགས་ཀར་ཉི་མའི་དཀྱིལ་འཁོར་གྱི་སྟེང་དུ་ཧཱུྃ་ཡིག་གི་མཐའ་གཡས་སྐོར་དུ། ཨོཾ་ཨཱཿབིགྷྣཱནྟ་ཀྲྀཏ་ཧཱུྃ་ཕཊ། བརྒྱ་རྩ་བཟླས་ཤིང་། ཁྲོ་བོ་བགེགས་མཐར་བྱེད་ཀྱིས་དཀྱིལ་འཁོར་གྱི་ཕྱི་བ་མཐར་ཕྱིན་པའི་ཕྲིན་ལས་མཛོད་ཅིག །

དེ་ནས་སློབ་མ་སྐྱ་གོན་ནི། སློབ་མ་རྣམས་གཅིག་ནས་ཉི་ཤུ་རྩ་ལྔའི་བར་ཆ་མི་བྱེད་ཅིང་གྲངས་ཆེན་བྱེད་དེ། ཁྲུས་བྱེད། ཕྱག་དང་མཎྜལ་ཕུལ། གྲལ་ལ་འཁོད། སློབ་དཔོན་གྱིས་སྤྱི་སྐོར་གྱི་ཆོས་བཤད་རྒྱས་པ་བྱེད། སྐོར་སུ་ཆོས་འདི་ཡི་ཡིན་ཚུལ་དང་དར་ཚུལ་བཤད། སྔོན་དུ་སྡོམ་པ་སྦྱིན་ཏེ། ཟབ་མོ་བདུད་ཀྱི་ཡུལ་གྱི་དཀྱིལ་འཁོར་འདི་བཀའ་གཉན་པ་ཡིན་པས། ཐོག་མར་སྔོན་དུ་རིགས་ལྔའི་སྡོམ་པ་བཟུང་དགོས་ཏེ། འདི་ཡི་རྗེས་ཟློས་ལམ་ལམ་པ་མཛོད། བླ་མ་སངས་རྒྱས་དགོངས་སུ་གསོལ། །བདག་མིང་འདི་ཞེས་བགྱི་བས་ཀྱང་། །དུས་འདིར་བྱང་ཆུབ་མཆིས་ཀྱི་བར། །སྡོམ་པ་ཡི་ནི་བརྟན་པོར་བཟུང་། །རྡོ་རྗེ་རིགས་མཆོག་ཆེན་པོ་དང་། །རྡོ་རྗེ་དྲིལ་བུའི་ཕྱག་རྒྱ་ཡང་། །ཡང་དག་ཉིད་དུ་གཟུང་བར་བགྱི། །སློབ་དཔོན་དག་ཀྱང་གཟུང་བར་བགྱི། །རིན་ཆེན་རིགས་མཆོག་ཆེན་པོ་ཡི། །དམ་ཚིག་ཡིད་དུ་འོང་བ་ལ། །ཉིན་རེ་བཞིན་དུ་དུས་དྲུག་ཏུ། །སྦྱིན་པ་རྣམ་བཞི་རྟག་ཏུ་སྦྱིན། །བྱང་ཆུབ་ཆེན་པོ་ལས་བྱུང་བའི། །པདྨའི་རིགས་ཆེན་དག་པ་ལ། །ཕྱི་ནང་གསང་བ་ཐེག་པ་གསུམ། །དམ་པའི་ཆོས་ནི་མ་ལུས་བཟུང་། །ལས་ཀྱི་རིགས་མཆོག་ཆེན་པོ་ལ། །སྡོམ་པ་ཐམས་ཅད་ལྡན་པར་ནི། །ཡང་དག་ཉིད་དུ་གཟུང་བར་བགྱི། །མཆོད་

པའི་ལས་ཀྱང་ཅི་ནུས་བགྱི། །བྱང་ཆུབ་སེམས་ནི་བླ་ན་མེད། །དམ་པ་བདག་
གིས་བསྐྱེད་བགྱིས་ནས། །སེམས་ཅན་ཀུན་གྱི་དོན་གྱི་ཕྱིར། །བདག་གིས་སྡོམ་
པ་མ་ལུས་བཟུང་། །མ་སྒྲལ་བ་རྣམས་བདག་གིས་བསྒྲལ། །མ་གྲོལ་བ་རྣམས་
བདག་གིས་དགྲོལ། །དབུགས་མ་ཕྱུང་རྣམས་དབུགས་དབྱུང་ཞིང་། །སེམས་ཅན་
མྱ་ངན་འདས་ལ་འགོད། །ལན་གསུམ་བཟློད། སྐྱབས་འགྲོ་སེམས་བསྐྱེད་བསྡུས་པ་ནི། བླ་མ་སངས་
རྒྱས་དཀོན་མཆོག་གསུམ། །ཡི་དམ་ལྷ་ཚོགས་འཁོར་དང་བཅས། །བདག་ནི་
གུས་པར་སྐྱབས་སུ་མཆི། །བྱང་ཆུབ་སེམས་ནི་བཟུང་བར་བགྱི། །ཐེག་པ་དམན་
ལ་མི་འཇུག་ཅིང་། །ཐེག་ཆེན་བླ་ན་མེད་པའི་ལམ། །དཀྱིལ་འཁོར་གསུམ་པོ་
འདི་དག་ཏུ། །ཡང་དག་ཉིད་དུ་འཇུག་པར་འཚལ། །ལན་གསུམ་བཟློད། སློབ་དཔོན་གྱིས།
བུ་ཚུར་ཐེག་པ་ཆེན་པོ་ཡི། །ཁྱོད་ནི་ཐེག་ཆེན་སྣོད་ཡིན་ཏེ། །གསང་སྔགས་ཚོ་
གའི་དཀྱིལ་འཁོར་འདིར། །ཁྱོད་ལ་ཡང་དག་བཤད་པར་བྱ། །བཟློད། དེ་ནས་དྲི་ཞིམ་
པོའི་ཤིང་སོར་བཅུ་གཉིས། རྩེ་མོ་རྡོ་བ་རྩ་བ་མདར་སྡོང་དང་སོར་གཅིག་གི་མཚམས་སུ་ཧྲིག་སྣན་ལྷོས་ཤིང་། རྩེ་མོར་མེ་
ཏོག་བཅིངས་པས། དྲི་བཟང་དམ། བུ་རམ་བསྐུ། སློབ་དཔོན་གྱིས་མཐུལ་བཟུང་སྟེ། སློབ་མས། སོར་བཅུ་གཉིས་ཀྱི་ཤིང་
ཐལ་མོ་གཉིས་ཀྱིས་བརྒྱངས་ཏེ། རྩེ་མོའི་མེ་ཏོག་ལ་སོ་ཡིས་ནེམ་བྱེད་དེ། མཐུལ་ཐོག་ཏུ། ཨོཾ་ཧ་ས་ཧ། བཟློད་ནས་
དོར། མཐུལ་ཐོག་ཏུ་མ་བྱུང་ན་སྐྱུར་ནས་དོར། ཤར་ནས་ཕྱོགས་མཚམས་སྟེང་འོག་ཏུ་རྩེ་མོ་གར་བསྟན་དང་བསྟུན་ཏེ། ཞི་
རྒྱས་དབང་དྲག་སྣ་ཚོགས། མཁའ་སྤྱོད། ས་སྤྱོད་འགྲུབ་པ་སོགས་ཀྱི་བཟང་བཤད་བྱེད། སྐུད་པ་དམར་པོ་སུམ་སྒྲིལ་གྱིས་
རྡོ་རྗེའི་རྒྱ་མདུད་བྱེད། སྐྱེས་པའི་དཔུང་པ་གཡོན། བུད་མེད་ཀྱི་དཔུང་པ་གཡས། ཉིས་ཁྲུག་རྒྱ་མདུད་བྱེད་དེ། བུམ་ཆུས་
བསང་། ཨོཾ་བཛྲ་མི་ཧི་རཀྵ་རཀྵ་སརྦཾ་སྭཱ་ཧཱ། རྡོ་རྗེ་རྒྱ་གྲམ་དུ་བསྲུང་བ་བྱས་སོ། །དེ་ནས་ལས་བུམ་གྱི་
ཆུ་བླུད་དེ། ཨོཾ་བི་ཤུདྡྷ་ཡ་ཨུད་ག་ཏེ་ཐ་ཐ། བཟློད་ནས་བླུད། ཁྲི་ལས་སྐྱེས་པའི་ཀུ་ཤ་ཆེ་ཆུང་གཉིས་
བྱེད། སློབ་དཔོན་གྱིས་ཕྱག་བརྫོལ་ཏེ་སྦྱིན། ཆེ་བ་གཡས། ཆུང་བ་གཡོན་དུ་གདང་དེ། ཨོཾ་བཛྲ་ཏིཀྵྞ་བཾ། བཟློད

དེ། ཀུ་ཤ་ཆེ་བ་གདན། ཆུང་བ་སྔས་གྱིས་ལ་གཞོགས་གཡས་པ་ས་ལ་ཕབ་ནས། དོ་དགོངས་རྨི་ལམ་སྒྲུགས། སང་ངེད་ལ་སྨྲོས་ཤིག ཅེས་བརྗོད། དེང་ནས་བཙམས་ཏེ་བུ་ཁྱོད་ཀྱི། །ཡོན་ཏན་ཐམས་ཅད་རབ་རྫོགས་པ། །ཤེས་རབ་ཆེན་པོ་ཆོས་ཀྱི་མཛོད། །ཡང་དག་ཉིད་དུ་སྐྱོང་བར་གྱིས། །སྤྲུལ་པའི་གཟུགས་ཀྱིས་འགྲོ་དོན་དང་། །སྐྱོབ་པ་སངས་རྒྱས་ཆོས་རྣམས་དང་། །ཐར་པའི་གྲོང་ཁྱེར་དགའ་ཆེན་པོ། །བུ་ཡི་བློ་གྲོས་འདི་གྱིས་ཤིག །མཎྜལ་ཕུལ། ཚོགས་ལ་ལོངས་སྤྱོད། ལྷག་གཏོར་གཏོང་། བཀྲ་ཤིས་བརྗོད་པའོ། །དེས་སྟོན་འགྲོའི་སྔ་གོན་གྱི་རིམ་པ་རྫོགས་པར་བྱས་སོ། །

དེ་ནས་ཕྱི་ནང་རྨི་ལམ་དྲི་བཟང་ན་གཟིངས་བསྟོད། ངན་ན་བགེགས་བསྐྲད། དེ་ནས་ཁྲུས་བྱེད། ཡོལ་བའི་ནང་དུ་འཇུག །གྲལ་ལ་འཁོད། སྤྱང་བ་མར་མེ་དང་བཅས་ཏེ་ཚངས་བུས་བསྐོར། ཆུ་གཙང་གིས་བྲན། བིགྷྣཱནྟ་ཀྲིཏ་སོགས་ནས། སུམ་བྷ་ནི་ས་མཚམས་བཅད་པ་ཡན་ཚང་མ་བྱེད་ཅིང་། གཏོར་མ་ཕྱི་རོལ་དུ་གོམ་པ་དགུ་ཡི་ས་རུ་སྐྱེལ། གཏོར་སྔོད་ཆུས་བཤལ་ཞིང་ཁ་སྦུབ་ལ་བཞག །དེ་ནས་མཎྜལ་ཕུལ། སློབ་དཔོན་གྱིས་ཆོས་བཤད་བྱེད་ཅིང་ངེས་འབྱུང་བསྐུལ། ཁྱེད་རྣམས་གསང་སྔགས་ཟབ་མོའི་དཀྱིལ་འཁོར་དུ་འཇུག་པར་བྱེད་པ་ལ་ཐོག་མར་སྐྱབས་སུ་འགྲོ་བ་རྒྱས་པར་བྱ་སྟེ། འདིའི་རྗེས་ཟློས་མཛོད། དགའ་ཆེན་ཁྱོད་བདག་སྟོན་པ་སྟེ། །སློབ་དཔོན་ཁྱོད་ནི་དགོངས་སུ་གསོལ། །བྱང་ཆུབ་ཆེན་པོའི་ཚུལ་བསྟན་པ། །མགོན་པོ་ཆེན་པོ་བདག་འཚལ་ལོ། །དམ་ཚིག་དེ་ཉིད་བདག་ལ་སྩོལ། །བྱང་ཆུབ་སེམས་ཀྱང་བདག་ལ་སྩོལ། །སངས་རྒྱས་ཆོས་དང་དགེ་འདུན་ཏེ། །སྐྱབས་གསུམ་དག་ཀྱང་བདག་ལ་སྩོལ། །ཐར་པ་ཆེན་པོའི་གྲོང་མཆོག་ཏུ། །མགོན་པོས་བདག་ནི་འཇུག་པར་འཚལ། །ལན་གསུམ་དང་། ཐེག་པ་ཆེན་པོའི་གཞི་འཛིན་པར་བྱེད་པ་ལ་སེམས་བསྐྱེད་དགོས་པས། འདིའི་རྗེས་ཟློས་མཛོད། བླ་མ་ཡི་དམ་ལྷ་ཚོགས་དང་། །དཀྱིལ་འཁོར་ལྷ་རྣམས་བདག་

ལ་དགོངས། །འཁོར་བ་ཐོག་མ་མེད་པ་ནས། །ཐ་མ་ད་ལྟ་ཐུག་གི་བར། །སྲོག་
གཅོད་བཞི་དང་མ་བྱིན་ལེན། །རྫུན་དང་འདོད་ལོག་སྤྱོད་པ་རྣམས། །ཡང་དག་
ཉིད་དུ་སྤང་བར་བགྱི། །སེམས་ཅན་རྣམས་ལ་བརྩེ་བ་ཅན། །བྱམས་པའི་སེམས་
ཀྱིས་ཡོངས་སུ་བསྐྱངས། །བྱང་ཆུབ་སེམས་ནི་རབ་ཏུ་དགའ། །སེམས་དཔའ་
མཆོག་འདི་བདག་གིས་བཟུང་། །སེམས་ཅན་ཐམས་ཅད་བདག་གིས་མགྲོན་དུ་
གཉེར། །བདག་གིས་དགེ་རྩ་དཔག་མེད་བགྱིས་པ་དང་། །བགྱིས་སམ་བགྱིད་
དུ་སྩལ་བ་གང་། །འགྲོ་བ་རྣམས་ལ་ཕན་པར་བགྱིད། །མྱུར་དུ་སངས་རྒྱས་ཐོབ་
པར་བྱ། །ཡན་གསུམ་བཟོད། བུམ་ཆུས་བསང་ལ། ཁྱེད་རང་རྣམས་སྐད་ཅིག་གིས་ཡུམ་ཆེན་
མོ་ཞལ་གཅིག་ཕྱག་གཉིས་པ་གཅིག་ཏུ་གསལ་བར་བསྒོམ། དྲིའི་ཐིག་ལེ་གནས་གསུམ་དུ་
རེག་ཅིང་། ཨོཾ་ཨཱཿཧཱུྃ་དང་། ཧཱུྃ་ཨཱཿཨོཾ། བཟོད་ནས་བརྟན་པར་བསམ། ཁྱེད་རང་རྣམས་ཡི་དམ་
གྱི་ལྷར་གསལ་བ་ལ། ངེད་ཀྱིས་མཆོད་པ་འདི་རྣམས་ཕུལ་བ་བཞེས་དགོངས་
པ་མཛོད་ཅིག །ཨོཾ་སརྦ་ཏ་ཐཱ་ག་ཏ་དྷཱུ་པ་པཱུ་ཛ་མེ་གྷ་ས་མུ་དྲ་སྥ་ར་ཎ་ས་མ་ཡ་
ཨཱཿཧཱུྃ། ཤབྡ། གནྡྷེ། ར་ས། པིཎྜི་ཨཱཿཧཱུྃ་གི་བར་བཟོད། མཎྜལ་ཕུལ། དུས་གསུམ་སངས་
རྒྱས་ཐམས་ཅད་དང་། །དཀྱིལ་འཁོར་ལྷ་ལ་བདག་སྐྱབས་མཆི། །ཡུམ་ཆེན་ལྷ་
མོ་ཆེན་མོ་ཡིས། །བདག་ལ་བྱིན་གྱིས་བརླབ་ཏུ་གསོལ། །ཡན་གསུམ། སློབ་དཔོན་གྱིས། བླ་
མ་དཀྱིལ་འཁོར་ལྷ་ཚོགས་དང་། །རིགས་ཀྱི་བདག་པོ་ཆེན་པོ་རྣམས། །ཐ་དད་
མ་ཡིན་དོན་གཅིག་སྒོམས། །དངོས་གྲུབ་དམ་པ་ཁྱེད་ལ་སྦྱིན། །ཨོཾ་ཙཀྲ་བཛྲ་ཕ་
ར་སྣ་ཧྲ་ཡ་ཧཱུྃ། བཟོད་ནས་མིག་དར་གཏོང་། དར་སྣ་བརྩེགས་པའི་མེ་ཏོག་གི་ཕུ་བ་ལ་རིན་པོ་ཆེ་སྣ་ལྔ་བཏུས་ཏེ་
གཏད་ནས། ཨོཾ་ཨཱ་ཁཾ་བཱི་ར་ཧཱུྃ།བཟོད། དེ་ནས་མེ་ཏོག་དང་བཅས་ཏེ་ལངས་ལ་དཀྱིལ་
འཁོར་གྱི་ཤར་སྒོ་ནས་ཞུགས། ལྷ་སྣམ་ནང་མའི་དཀྱིལ་འཁོར་ལ་ཕྱིན་པའི་མོས་

པ་མཇོད། ན་མ་ཧེ་ཧཱུྃ། ན་མ་མེ་ཧཱུྃ། ན་མོ་ན་མཿཧཱུྃ། བརྗོད་དེ་ཕྱག་འཚལ། ཤར་ཕྱོགས་ཀྱི་ལྷ་ལ་གཡས་བསྐོར་གཅིག་བྱས། ཤར་སྒོ་ནས་དོན། ལྷོ་སྒོའི་ནང་དུ་ཞུགས། ལྷ་རྣམ་ནང་མའི་དཀྱིལ་འཁོར་གྱི་ལྷ་ལ་ཕྱག་འཚལ་བའི་མོས་པ་མཇོད། གོང་གི་འགྲེས། ལྷོ་སྒོ་ནས་དོན། ནུབ་སྐོར་འཇུག །དེ་ནས་བྱང་སྒོ་དང་། དཀྱིལ་འཁོར་གྱི་དབུས་སུ་བཅོམ་ལྡན་མ་ལ་ཕྱག་འཚལ་བའི་མོས་པ་མཇོད། ན་མ་ཧེ་ཧཱུྃ། ན་མ་མེ་ཧཱུྃ། ན་མོ་ན་མཿཧཱུྃ། བརྗོད་ནས་ཕྱག་འཚལ་བའོ། །སྙིང་གར་རྡོ་རྗེ་བཟུང་སྟེ། ཁྱོད་རང་གི་སྙིང་གར་བླ་བའི་དཀྱིལ་འཁོར་ཞ་གང་བ། དེའི་སྟེང་དུ་མི་འགྱུར་བ་བྱང་ཆུབ་སེམས་ཀྱི་ངོ་བོ་རྡོ་རྗེ་ལྔ་པ་འོད་ཟེར་ཀུན་ཏུ་འཕྲོ་བ་དང་བཅས་པ་གཅིག་སྒོམས་མཇོད། སྤྱི་བོར་རྡོ་རྗེ་རྩེ་གཅིག་པའི་ཕྱག་རྒྱ་བཅས་ཏེ། ཨོཾ་སརྦ་ཡོ་ག་ཙིཏྟ་ཨུཏྤཱ་ད་ཡཱ་མི། མགྲིན་པར་པདྨ་ཁ་བྱེ་བའི་ཕྱག་རྒྱ་བྱས་ཏེ། ཨོཾ་སུ་ར་ཏེ་ས་མ་ཡ་སྟྭཾ། སྙིང་གར་རྡོ་རྗེ་ནོར་བུའི་ཕྱག་རྒྱ་བཅས། ཧོ་སིདྡྷི་བཛྲ་ཡ་ཐཱ་སུ་ཁཾ། ཐམས་ཅད་རྡོ་རྗེའི་རང་བཞིན་དུ་བརྟན་པར་བྱས་སོ། །དེ་ནས་དམ་ཚིག་གི་ཆུ་སྦྱིན་ཏེ། འདི་ནི་ཁྱོད་ཀྱི་དམ་ཚིག་ཆུ། །དམ་ཚིག་འདས་ན་དམྱལ་བར་འགྲོ། །དམ་ཚིག་བསྲུངས་ནས་སངས་རྒྱས་ཉིད། །རྡོ་རྗེ་བདུད་རྩིའི་ཆུ་འདི་འཐུང་། །བཛྲ་ཨུ་ཀི་ཎི་ཨ་མྲི་ཧོ་ཏ་ཀ །རྡོ་རྗེ་སྙིང་གར་བཞག །དཀྱིལ་འཁོར་ལྷ་ཡི་དམ་ཚིག་འདི། །སྙིང་ལ་ཡང་དག་ཞུགས་པར་གྱུར། །གལ་ཏེ་ཚུལ་འདི་སྨྲས་ན་ནི། །དེ་མ་ཐག་ཏུ་དྲལ་ཏེ་གཤེགས། །ཐལ་མོ་མགོར་བཞག །གསང་སྔགས་ཟབ་མོའི་ཆོ་ག་འདི། །མདུན་དུ་སྨྲ་བར་མ་བྱེད་ཅིག །སྨྲས་ན་ཉམས་པར་འགྱུར་བའོ། །རྡོ་རྗེ་ཐལ་མོ་མགོར་བཞག །དུས་འདི་ནས་ནི་བུ་ཁྱོད་ཀྱི། །རྡོ་རྗེ་འཛིན་པ་ང་ཡིན་གྱིས། །ང་ཡིས་ཇི་ལྟར་བཀའ་སྩལ་པ། །སྐྱོ་བ་མེད་པར་ཁྱོད་ཀྱིས་སྒྲུབས། །གང་ཡང་ང་ལ་མ་གུས་མིན། །དེ་བཞིན་གུས་པར་མ་བྱས་ན། །བདུད་ཀྱིས་བཅོམ་ནས་ངན་འགྲོར་འགྲོ། །དེ་བས་དམ་

ཚིག་གནས་པར་གྱིས། །རིས་ཕན་ཡོན་དང་ཉེས་དམིགས་གཉིས་ཀའི་སྒོ་ནས་དམ་ལ་བཞག་པ་དང་། ཉེས་དམིགས་ཀྱི་སྒོ་ནས་དམ་ལ་བཞག་པ་དང་། ཕན་ཡོན་གྱི་སྒོ་ནས་དམ་ལ་བཞག་པ་དང་། རྡོ་རྗེ་སློབ་དཔོན་བཀའ་ཉན་པའི་སྒོ་ནས་དམ་ལ་བཞག་པ་དང་བཞི་སོང་བ་ཡིན་ནོ། །དཀྱིལ་འཁོར་ཁ་དོག་བརྟག །དཀྱིལ་འཁོར་ཁ་དོག་ཅི་འདུག་སྨོས་ཤིག་བརྗོད། དཀར་པོ་ཞི་བ། སེར་པོ་རྒྱས་པ། དམར་པོ་དབང་། ལྗང་གུ་ཕྲིན་ལས། ཁྲ་བོ་ལས་སྣ་ཚོགས་འགྲུབ་པར་བཤད་པའོ། །ཡི་དམ་ལྷ་ཡི་དཀྱིལ་འཁོར་དུ། །མཁའ་འགྲོ་རིགས་ཀྱི་རིམ་པ་བཞིན། །སྔོན་ཆེ་གང་ལ་སྦྱངས་པའི་ལྷ་དེ་ལ་ཕོག་པར་ཤོག་ཅིག །མེ་ཏོག་གཏོར་ཏེ། པྲ་ཏིཙྪ་བཛྲ་ཧོཿ བསོད་ནམས་གང་ཡིན་དེ་བཞིན་གཤེགས་ཤོག །བརྗོད། རང་གི་ལྷ་གང་ཡིན་པ་དེ་ལས་མར་མེ་གཅིག་ལ་གཉིས་ཆད་ཀྱི་ཚུལ་དུ་བྱུང་། སླར་དངོས་གྲུབ་དུ་རང་ལ་ཐིམ་པར་སྒོམས་ཤིག་བརྗོད་ནས་མེ་ཏོག་གཏད། པྲ་ཏི་མི། མ་ཧཱ་ཧྲཱ་ལ། བརྗོད་པར་བྱེད། མིག་དར་བསལ་བ་ནི། སློབ་དཔོན་གྱིས་གསེར་གྱི་སྨྱུ་གུ་བཟུང་སྟེ། ཁྱོད་རང་གི་མ་རིག་པའི་ལིང་ཐོག་དང་མིག་དར་ཕྱོགས་གཅིག་ཏུ་བསལ་བའི་སོས་པ་མཛོད། ཆོས་ཀུན་སྒྲིབ་བྲལ་མཁྱེན་ཅིང་གཟིགས་པ་ཡིས། །སངས་རྒྱས་ཡེ་ཤེས་སྤྱན་ནི་ཐོབ་པར་ཤོག །ཨོཾ་བཛྲ་ནེ་ཏྲ་ཨ་པ་ཧ་ར་པ་ཊ་ལཾ་ཧྲཱིཿ བརྗོད་ནས་གདོང་གཡོགས་བསལ། དཀྱིལ་འཁོར་ལྷ་ཞལ་དོན་དང་སྦྱར་ནས་ཞིབ་པར་ངོ་སྤྲད་དོ། །

དབང་དངོས་གཞི་ཞུ་བའི་དོན་དུ་མཎྜལ་ཕུལ། གསོལ་བས་བཏབ་པ་ནི། བླ་མ་དཀྱིལ་འཁོར་ལྷ་ཡི་ལྷ། །སྔོན་གྱི་རྒྱལ་སྲས་དབང་བསྐུར་ལྟར། །དཀྱིལ་འཁོར་ཆེན་པོའི་གཞལ་ཡས་སུ། །དེང་འདིར་བདག་ལ་བསྐུར་དུ་གསོལ། །ལན་གསུམ་བརྗོད། འོག་མ་ཀུན་ལ་འགྲེ། སློབ་དཔོན་གྱིས་བུམ་པ་ཐོགས་ཏེ་སློབ་མའི་མགོར་བཞག་ནས་འདི་སྐད་བརྗོད། མཛེས་ལྡན་རིན་ཆེན་ལྷབ་ལྷུབ་དར་གྱིས་སྤྲས། །ཡོན་ཏན་ཀུན་འབྱུང་འཆི་མེད་བདུད་རྩིས་བཀང་། །སྐལ་ལྡན་རིགས་ཀྱི་བུ་ལ་དབང་བསྐུར་བས། །ལྷ་ཡི་གཟུགས་མཆོག་དམ་པ་ཐོབ་གྱུར་ཅིག །རྗེ་

ལྟར་བལྟམས་པ་ཙམ་གྱིས་ནི། །ལྷ་རྣམས་ཀྱིས་ནི་ཁྲུས་གསོལ་ལྟར། །ཨོཾ་སརྦ་ཏ་ཐཱ་ག་ཏ་ཨ་བྷི་ཥེ་ཀ་ཏ་ས་མ་ཡ་ཤྲཱི་ཡེ་ཧཱུྃ། ཁུམ་ཆུ་སྦྱིན། དེས་མི་བསྐྱོད་པ་ཆུའི་དབང་བསྐུར་བ་ལ་བརྟེན་ནས་ཉོན་མོངས་པ་ཞེ་སྡང་དག །གཟུགས་ཀྱི་ཕུང་པོ་གནས་འགྱུར། མེ་ལོང་ལྟ་བུའི་ཡེ་ཤེས་རྒྱུད་ལ་སྐྱེས། སངས་རྒྱས་རིགས་ཀྱི་མི་བསྐྱོད་པའི་དབུ་བརྒྱན་པར་བྱས་སོ། །གོང་བཞིན་མཎྜལ་གསོལ་བཏབ་བྱེད། དབུ་རྒྱན་དང་དར་དཔྱངས་མགོར་བཟུང་། རིགས་ལྔའི་རྒྱན་ཆ་ལྷབ་ལྷུབ་དར་གྱིས་སྤྲས། །ཡོན་ཏན་རབ་རྫོགས་སྐུ་ལྔའི་ཅོད་པན་འདིས། །སྐལ་ལྡན་རིགས་ཀྱི་བུ་ལ་དབང་བསྐུར་བས། །རྒྱལ་བའི་ཡོན་ཏན་ཐམས་ཅད་རབ་རྫོགས་ཤོག །ཇི་ལྟར་སོགས། དེ་ལྟར་རིན་པོ་ཆེ་དབུ་རྒྱན་གྱིས་དབང་བསྐུར་བ་ལ་བརྟེན་ནས། ཉོན་མོངས་པ་ང་རྒྱལ་དག །ཚོར་བའི་ཕུང་པོ་གནས་འགྱུར། མཉམ་པ་ཉིད་ཀྱི་ཡེ་ཤེས་རྒྱུད་ལ་སྐྱེས། རིན་ཆེན་འབྱུང་ལྡན་གྱིས་དབུ་བརྒྱན་པར་གྱུར། མཎྜལ་གསོལ་བཏབ་བྱེད། རྡོ་རྗེ་མགོར་བཞག །དབྱིབས་ལེགས་རྩེ་དགུ་གསེར་གྱི་རྡོ་རྗེ་འདིས། སྐལ་ལྡན༔ ཐེག་པ་རིམ་དགུ་རབ་ཏུ་བསྒྲོད་གྱུར་ཅིག །ཇི་ལྟར༔ དེ་ལྟར་མི་ཤིགས་པ་གསེར་གྱི་རྡོ་རྗེས་དབང་བསྐུར་བ་ལ་བརྟེན་ནས་ཉོན་མོངས་པ་འདོད་ཆགས་དག །འདུ་ཤེས་ཀྱི་ཕུང་པོ་གནས་འགྱུར། སོ་སོར་རྟོགས་པའི༔ འོད་དཔག་ཏུ་མེད་པས་དབུ་རྒྱན་པར་གྱུར། མཎྜལ་གསོལ་བཏབ་བྱེད། དྲིལ་བུ་ལག་ཏུ་གཏད། གསུང་སྙན་ཡིད་འོང་ལྷ་ཡི་རོལ་མོ་འདི། །སྐལ་ལྡན༔ སྟོང་གསུམ་མི་ཟད་ཆོས་སྒྲ་སྒྲོག་པར་ཤོག །ཇི་ལྟར་སོགས། དེ་ལྟར་གསུང་སྙན་དྲིལ་བུའི་དབང་བསྐུར་བ་ལ་བརྟེན་ནས། ཉོན་མོངས་པ་ཕྲག་དོག་དག །འདུ་བྱེད་ཀྱི་ཕུང་པོ་གནས་འགྱུར། བྱ་བ་གྲུབ་པའི་ཡེ་ཤེས༔ དོན་ཡོད་གྲུབ་པས༔ དེ་ལྟར༔ མཎྜལ་དང་གསོལ་བཏབ། རྡོ་རྗེ་དྲིལ་བུ་མགོར་བཟུང་། མཚན་བཟང་མཚན་ལྡན་རྡོ་རྗེ་མིང་གི་

དབང་། །སྐལ་ལྡན༔ མ་འོངས་སངས་རྒྱས་མཚན་གྱི་མིང་ཐོབ་ཤོག །ཀྱེ་དཔལ་སོགས་ཀྱི་མིང་བཏགས། ཇི་ལྟར༔ དེ་ལྟར་མཚན་བཟང་མིང་གི་དབང་བསྐུར་བ་ལ་བརྟེན་ནས་ཉོན་མོངས་པ་གཏི་མུག་དག །རྣམ་པར་ཤེས་པའི་ཕུང་པོ་གནས་འགྱུར། ཆོས་ཀྱི་དབྱིངས་ཀྱི་ཡེ་ཤེས་རྒྱུད་ལ་སྐྱེས། རྣམ་པར་སྣང་མཛད་ཀྱིས་དབུ་བརྒྱན་པར་གྱུར། མཎྜལ་གསོལ་བཏབ་བྱེད། གསུང་རབ་ཀྱི་པོ་ཏི་མགོར་བཞག་ཅིང་། ལག་ཏུ་གཏད་དེ། ཨཱ་ལི་ཀཱ་ལིའི་གསུང་སྙན་པོ་ཏི་འདིས། །སྐལ་ལྡན༔ སྟོང་ཕྲག་བརྒྱད་བཅུ་ཆོས་ཀྱི་དབང་ཐོབ་ཤོག །ཇི་ལྟར༔ དེ་ལྟར་གསུང་རབ་པོ་ཏིའི་དབང་བསྐུར་བ་ལ་བརྟེན་ནས། སྒྲིབ་གཉིས་བག་ཆགས་མ་རིག་པ་སངས་ཀྱིས་དག །སྟོང་ཕྲག་བརྒྱད་ཅུ་རྩ་བཞི་ཆོས་ཀྱི་སྐུ་ལ་གནས་འགྱུར། ཇི་ལྟ་བ་དང་ཇི་སྙེད་པའི་ཡེ་ཤེས་རྒྱུད་ལ་སྐྱེས། མི་འགྱུར་བ་རྡོ་རྗེ་འཆང་ཆེན་པོས་དབུ་ལ་བརྒྱན་པར་གྱུར། བཀྲ་ཤིས་བརྗོད།

རྡོ་རྗེ་སློབ་དཔོན་གྱི་དབང་ནི། མཎྜལ་ཕུལ། བླ་མ་ཆེན་པོ་རྡོ་རྗེ་འཛིན། །རྡོ་རྗེ་སློབ་དཔོན་གྱི་ནི་དབང་། །དེང་འདིར་བདག་ལ་སྩལ་དུ་གསོལ། །ལན་གསུམ། ཁྱེད་རང་རྣམས་གསང་བའི་ལྷ་མོ་སྒོ་སེར་རྡོ་རྗེ་དང་དྲིལ་བུ་འཛིན་པ་ཞིག་ཏུ་གསལ་བར་གྱུར་བརྗོད། བུམ་པ་མགོར་བཞག །གསང་གསུམ་གནས་ལས་བྱུང་བ་ཡི། །ནོར་བུ་བདུད་རྩི་འཁྱིལ་པ་དེ། །ཁྱོད་ལ་ཡང་དག་སྦྱིན་པར་བྱ། །ཇི་ལྟར་བལྟམས་པ་སོགས་ནས། ཨྲི་ཡེ་ཧཱུྃ་གི་བར་བརྗོད། མེ་ཏོག་འཐོར། བཛྲ་ཡ་སྭཱ་ཧཱ། སོགས་བརྗོད། དམ་ཚིག་སྦྱིན་པ་ནི། རྡོ་རྗེ་ལག་པ་གཡས་སུ་གཏད། རྡོ་རྗེ་སེམས་དཔའ་སེམས་དཔའ་ཆེ། །རྡོ་རྗེ་དེ་བཞིན་གཤེགས་པ་ཀུན། །རྡོ་རྗེ་དང་པོ་ཀུན་ཏུ་བཟང་། །བཅོམ་ལྡན་འདས་དཔལ་མཆོག་དང་པོའི་དམ་ཚིག་བྱུང་ཞིག །དྲིལ་བུ་གཡོན་དུ་གཏད། ཨ་ཨཱ་ལས་སྐྱེ་བ་མེད་པའི་དོན་རྟོགས་ཤིང་། །ཤེས་རབ་དབྱིངས་ཀྱི་རྗེས་འགྲོ་བས། །གསུང་སྙན་དམ་པ་སྟོང་ཉིད་ལྡན། །ཡང་དག་དམ་

ཚོག་ཟུང་བར་བགྱི། །དཀྱིལ་དུ་འཇུག །དེ་ནས་རྡོ་རྗེ་དྲིལ་བུ་གཏད་དེ། རྡོ་རྗེ་གསོར། དྲིལ་བུ་བསིལ། ལག་པ་
འཁྱུད་དུ་འཇུག་སྟེ། མི་འགྱུར་བདེ་ཆེན་ཕྱག་རྒྱ་ཆེན་པོའི་ངང་། །མཐའ་བྲལ་ཟབ་མོའི་
ཐབས་ཤེས་སྒྱུ་པའི་སྐུ། །ཟུང་འཇུག་ལྷན་ཅིག་སྐྱེས་པ་བདེ་བའི་ཉམས། །འདུ་
བྲལ་མེད་པ་རྟག་ཏུ་གཟུང་བར་གྱིས། །དེ་ནས་སྟགས་ལུང་སྦྱིན་པ་ནི། རྗེས་གནོས་བྱེད་དུ་
བཅུག་སྟེ། ཨ་ཨཱ་ནས། ཧཾ་ཀྵཱའི་བར་བརྗོད་ཅིང་། ཕྲེང་བ་མགྲིན་པར་གདུགས། བཟླས་པའི་
རིམ་པ་རྣམས་དང་མ་བྲལ་བར་གྱིས་ཤིག་བརྗོད་ནས། ཕྲེང་བ་མགྲིན་པར་གདུགས། བཀྲ་ཤིས་བརྗོད།
དེས་བུམ་པའི་དབང་། རྡོ་རྗེ་སློབ་དཔོན་གྱི་དབང་། དམ་ཚིག་གསུམ། བཟླས་
ལུང་དང་བཅས་པ་སོང་བ་ཡིན་པས། ལུས་མཚན་དཔེའི་ཡོན་ཏན་ཕུན་སུམ་
ཚོགས་པ་དང་ལྡན་ཞིང་ཐོབ་པ་ཡིན་ནོ། །ཆོས་ཀྱི་འཁོར་ལོ་རིམ་པ་བཅུ་གསུམ་
དང་ལྡན་པ་བསྐོར་ཞིང་། སེམས་ཅན་ཐམས་ཅད་ཐར་པའི་གྲོང་ཁྱེར་ཆེན་པོར་
འཇུག་པ་དང་། མི་འཇིགས་པ་སེང་གེའི་ཁྲི་ལ་འགོད་པར་འགྱུར་རོ། །བཀྲ་ཤིས་བརྗོད།

གསང་བའི་དབང་བསྐུར་བ་ནི། མཎྜལ་ཕུལ། གསོལ་བ་བཏབ་པ་ནི། ཧེ་རུ་ཀ་དང་རྣལ་འབྱོར་
མ། །གསང་བ་གསུམ་ལས་བྱུང་བ་ཡི། །མཚན་ལྡན་རིན་ཆེན་བདུད་རྩིའི་
དབང་། །བཀའ་དྲིན་གྱིས་ནི་བདག་ལ་སྩོལ། །གསུམ་བརྗོད། ཐོད་པའི་བདུད་རྩི་སྤྱི་བོ་དང་
མགྲིན་པར་གདུགས་ཏེ། མཚན་ལྡན་རིན་ཆེན་བདུད་རྩི་འདི། །ཡེ་ཤེས་མཉམ་པ་ཉིད་
དུ་རོལ། །ཟག་མེད་བདེ་བ་བཀྲུས་པར་གྱིས། །ཨོཾ་ཨཱཿཧཱུྃ། ནང་མཆོད་བླུད། དེ་ལྟར་ཟག་
མེད་བདུད་རྩིས་དབང་བསྐུར་བ་ལ་བརྟེན་ནས། ངག་གི་ཉེས་པའི་ཚོགས་ཐམས་
ཅད་དག །རྩ་གནས་ཐམས་ཅད་བདེ་བས་ཁྱབ་པར་སྒོམས་ཤིག །གསང་དབང་གཉིས་
པ་བསྐུར་བ་ནི། མཎྜལ་ཕུལ། གསོལ་བ་གོང་ལྟར་བཏབ། ཐོད་པ་མགྲིན་པར་བཟུང་། གསང་བ་ཡེ་ཤེས་དཀྱིལ་
འཁོར་དུ། །ཟག་མེད་བདེ་ཆེན་ཡེ་གེའི་རྒྱུན། །རང་སྒྲ་སྒྲོག་ཅིང་རབ་ཏུ་བྱུང་

བ། །དགའ་ཆེན་ཁྱོད་ལ་སྦྱིན་པར་བྱ། །བདུད་རྩི་བླུད་ཅིང་། ཨ་ཨཱ་སོགས། ཧེ་རུ་ཀའི་བར་བརྗོད་ཅིང་བླུད། དེ་ལྟར་ཟག་མེད་ སྤྱགས་ཀྱི་དབང་བསྐུར་བ་ལ་བརྟེན་ནས། ངག་སྒྲ་བརྗོད་དང་བྲལ་བ་གསུང་དབྱངས་ཡན་ལག་དྲུག་ཅུ་ཐོབ་ཅིང་། འཇིགས་མེད་ང་རོ་རྡོ་རྗེ་མངོན་དུ་འགྱུར་ཞིང་། གསུང་དབྱངས་ཟ་ཆེན་རབ་ཏུ་ཐོབ་པར་སོམས་ཤིག །གསང་དབང་གསུམ་པ་བསྐུར་བ་ནི། མཎྜལ་གསོལ་བཏབ་གོང་བཞིན་བྱེད། ཐོད་པ་སྦྱི་བོར་བཟུང་སྟེ། ཧེ་རུ་ཀའི་གསང་དཀྱིལ་ནས། །ཟག་མེད་བདུད་རྩི་ལྷ་ཡི་སྐུ། །འགྱུར་བ་མེད་པ་རྡོ་རྗེའི་གསུང་། །གཡོ་བ་མེད་པ་མཚན་དཔེས་བརྒྱན། །སྤྱི་བོ་ནས་ནི་རབ་ཞུགས་ཏེ། །རྐང་མཐིལ་ཡན་གྱི་རྩ་གནས་རྣམས། །བདུད་རྩི་སྐུ་ཡི་འོ་རྒྱུན་གྱིས། །ཉམས་དང་ལྡན་ཏེ་གང་བར་གྱིས། །ཨོཾ་ཨཱཿཧཱུྃ་ཧོ་ཧཾ། བརྗོད་ཅིང་བདུད་རྩི་བླུད། དེ་ལྟར་བདུད་རྩི་སྐུ་ཡི་དབང་བསྐུར་བ་ལ་བརྟེན་ནས། སྣང་སྟོང་ཟུང་འཇུག་ལྷུན་གྲུབ་བདེ་ཆེན་ཁྱབ་གདལ་ཆེན་པོ་ཐོབ་པར་སོམས་ཤིག །བཀྲ་ཤིས་བརྗོད། བཏང་རག་གི་མཎྜལ་ཕུལ།

མཆོག་དབང་ཆེན་མོ་བསྐུར་བ་ནི། མཎྜལ་ཕུལ། གསོལ་བ་བཏབ་པ་ནི། ཆོས་དབྱིངས་ཡེ་ཤེས་ཏིང་འཛིན་ཆེ། །མཁའ་ལྟར་ཡངས་པའི་ཡེ་ཤེས་སྐུ། །ཤེས་རབ་ཆེན་པོའི་བདག་ཉིད་སྟེ། །ཐམས་ཅད་མཁྱེན་པ་བདག་ལ་དགོངས། །མི་གཡོ་བླ་ན་མེད་པ་དེ། །བདག་ལ་དེ་རིང་སྩལ་དུ་གསོལ། །སློབ་དཔོན་གྱི་ཐུགས་ཀ་ནས་རིག་མ་སེར་ལྡང་གཅིག་འཕྲོས་ཏེ་སོང་། ཁྱེད་རང་རྣམ་པའི་སྐུ་ལ་འཁྱིལ། དགའ་བ་བཞི་རྒྱུད་ལ་སྐྱེས་པའི་མོས་པ་གྱིས། དེས་ལུས་ཀྱི་དཀྱིལ་འཁོར་ལ་བརྟེན་ནས། ཡེ་ཤེས་དགའ་བ་བཞི་རྒྱུད་ལ་སྐྱེས་པར་སོམས་ཤིག །གཉིས་པ་ནི། མཎྜལ་དང་གསོལ་བཏབ་བྱེད། སློབ་མ་རྣམས་རྡོ་རྗེ་དཀྱིལ་ཀྲུང་བཅའ། ལུས་གནད་བསྲང་། རླུང་བཟུང་དུ་བཅུག །ལྟེ་བར་ཉི་མའི་དཀྱིལ་འཁོར་གྱི་སྟེང་དུ་རཾ་ཡིག་ལས་མེ་འབར་ཏེ། སྤྱི་བོའི་ཧཾ་ཞུ། ལུས་བདེ་དྲོད་ཀྱིས་ཁྱབ། ལྷན་ཅིག་

སྐྱེས་པའི་དགའ་བ་རྒྱུད་ལ་སྐྱེས་པར་སྒོམས་ཤིག །བཀྲ་ཤིས་བརྗོད། གསུམ་པ་ནི། མཚུལ་དང་། གསོལ་བཏབ་གོང་བཞིན་བྱེད། གསང་བ་ཡེ་ཤེས་ཟླ་གའི་དཀྱིལ་འཁོར་དུ། །དཀར་དམར་འདྲེས་པའི་ཁ་དོག་ལྷ་དང་ལྡན། །བཅུད་ལྡན་གསང་བ་ཏྭ་གི་ལྷར་གྱུར་ཏེ། །རིག་པ་འཛིན་པ་ཁྱེད་རྣམས་ཀྱིས། །རྣམ་ལྷ་རིམ་གྱིས་ཐིམ་པར་གྱུར། །དགའ་བཞི་ལྷ་ལྷར་ཉེ་ཤུར་ལྷ། །བདེ་བར་གཤེགས་ཀྱི་དགྱེས་བྱེད་ཤོག །བཀྲ་ཤིས་བརྗོད། དེ་ལྟར་མཆོག་དབང་ཆེན་མོ་བསྐུར་བ་ལ་བརྟེན་ནས། ཆོས་ཀྱི་སྐུ་ནམ་མཁའ་ལྟ་བུར་ཁྱབ་ཅིང་བརྟན་པར་འགྱུར་རོ། །

དབང་བཞི་པ་ནི་མཚུལ་ཕུལ། གསོལ་བ་བཏབ་པ་ནི། ཀྱེ་ཀྱེ་ཁྱབ་བདག་ཆེན་པོ་ཚོག་གི་བདག །འཁོར་ལོ་ཆེན་པོ་གཙུག་གཏོར་ཅན། །རྡོ་རྗེ་འཛིན་པ་ཀུན་གྱི་རྗེ། །ནམ་མཁའ་ལྟ་བུ་བདག་ལ་སྩོལ། །ལན་གསུམ་བརྗོད། སློབ་དཔོན་གྱིས་འདི་སྐད་བརྗོད་དེ། ཀྱེ་ཧོ་བདེ་བ་ཆེན་པོ་ཆོས་ཉིད་ཆེ། །རང་རིག་རང་གསལ་ཚོག་གི་བདག །སྣང་བ་དཀར་དམར་རང་གི་སེམས། །ཡིད་བཞིན་ནོར་བུ་ཕུན་སུམ་ཚོགས། །ཆོས་རྣམས་ཀུན་གྱི་བདག་ཉིད་ཡིན། །ཕྱག་རྒྱ་ཆེན་པོ་ལྷན་ཅིག་སྐྱེས། །ངོ་བོ་སྟོང་ལ་རང་བཞིན་གསལ། །འགག་པ་མེད་པ་ཨེ་མ་ཧོ། །ཕྱོས་ཤིག་ཕྱོས་ཤིག་རིགས་ཀྱི་བུ། །རང་གི་སེམས་ལ་བལྟ་བར་གྱིས། །སྐྱེ་མེད་སྟོང་པའི་གཞལ་ཡས་ཁང་། །བདེ་ཆེན་འགྱུར་མེད་ཆོས་སྐུ་ཡིན། །འདས་པའི་སངས་རྒྱས་རྣམས་ཀྱིས་གསུངས། །མ་འོངས་རྣམས་ཀྱང་གསུང་འགྱུར་ཏེ། །ད་ལྟར་བྱུང་བ་རྫོགས་སངས་རྒྱས། །མཚན་དཔེས་བརྒྱན་པའི་སངས་རྒྱས་ཡིན། །ཐེ་ཚོམ་མ་བྱེད་རིགས་ཀྱི་བུ། །ནམ་མཁའི་རང་བཞིན་འགྱུར་བ་མེད། །ཁོ་ཐག་ཆོད་ལ་ཉམས་སུ་ལོང་། །ཨ་ཨཱ། དེ་ལྟར་བཞི་པའི་དབང་ཕྱག་རྒྱ་ཆེན་པོ་ཉམས་སུ་ལེན་པ་ལ་བརྟེན་ནས། འགྱུར་བ་མེད་པ

ཡེ་ཤེས་རྡོ་རྗེ་མངོན་དུ་གྱུར་ཅིང་། མཚན་ཉིད་ཡོངས་སུ་རྫོགས་པ་ནམ་མཁའ་ལྷ་བུའི་དབང་ཡོངས་སུ་རྫོགས་པར་ཐོབ་པ་ཡིན་ནོ། །དེ་ལྟར་ཐོབ་པ་ལ་བརྟེན་ནས་ལུས་ངག་ཡིད་གསུམ་གྱི་སྒོ་ནས་འགྲོ་བ་རིགས་དྲུག་སྐྱེ་གནས་བཞི། སྲིད་པ་བར་མ་དོ་ལ་སོགས་པ་ཐམས་ཅད་གྲོལ་བ་ཕུན་སུམ་ཚོགས་པ་དང་ལྡན་པར་གྱིས་ཤིག །བཀྲ་ཤིས་བརྗོད།

དེ་ནས་རྗེས་གནང་སྦྱིན་པ་ནི། བདེ་གཤེགས་ཡུམ་ཆེན་རིགས་བཞི་མཁའ་འགྲོའི་ཚོགས། །ཕྱི་ནང་གསང་བ་མཁའ་འགྲོའི་ཚོགས་དང་བཅས། །རྒྱུད་སྡེ་བཞི་ཡི་ལྷ་ཚོགས་འཁོར་བཅས་ཀྱིས། །བརྟུལ་ཞུགས་སྒྲུབ་པའི་ལས་རྣམས་ཁྱོད་ཀྱིས་བཟུང་། །ཞེས་རྡོ་རྗེ་རྩེ་གསུམ་པའི་ཕྱག་རྒྱས་སྦྱིན། རྒྱན་དྲུག་སྦྱིན་ཏེ། བདེ་གཤེགས་བདུད་རྣམས་རབ་སྒྲོལ་ཅིང་། །མ་རིག་མུན་པ་སེལ་བྱེད་པ། །རིགས་དྲུག་གནས་ནས་འདྲེན་པའི་ཕྱིར། །ཕ་རོལ་ཕྱིན་དྲུག་སྤྱོད་པ་གྱིས། །ཞིང་ལྤགས་ཕྱིན་ལ། མི་མཐུན་ཕྱོགས་ལས་རྣམ་གྲོལ་ཅིང་། །ཉམས་ང་མེད་པར་ཕྲིན་ལས་བསྒྲུབས། །བརྟུལ་ཞུགས་སྤྱོད་པ་ཐྲེལ་གྱིས་གནོན། །མཐུན་པའི་ལས་རྣམས་བསྒྲུབ་པར་གྱིས། །གླང་ཆེན་གྱི་ཀོ་རློན་ཕྱིན་ལ། བདུད་དཔུང་ཚོགས་ལས་འཕྲིང་བག་གི། །རྣམ་པར་རྒྱལ་བ་ཀུན་ལས་རྒྱལ། །མཚན་བཟང་བཟང་པོའི་སྤྱོད་པ་ཅན། །གཟི་བརྗིད་ཆེན་པོ་འབར་བར་གྱིས། །སྦྲུལ་གྱི་ཆུན་པོ་ཕྱིན་ལ། རྒྱལ་བའི་རྒྱལ་ཚབ་གདུང་འཛིན་ཅིང་། །དུག་གསུམ་ནད་ཀྱིས་བསྡམས་པ་གྲོལ། །ཡེ་ཤེས་གཅིག་མའི་དོན་དང་ལྡན། །ཤེས་རབ་མཆོད་པའི་བརྟུལ་ཞུགས་གྱིས། །སྟག་ལྤགས་ཕྱིན་ལ། མཚན་བཟང་བཀྲ་བའི་ཚུལ་དང་ལྡན། །ཀུན་མཁྱེན་ཡེ་ཤེས་ཐོབ་འདོད་པ། །འཇིག་རྟེན་སྤྱོད་པ་མཐའ་བྲལ་ཞིང་། །དྲེགས་པའི་བརྟུལ་ཞུགས་སྤྱོད་པ་གྱིས། །ཊ་མ་ཏ་ཕྱིན་ལ། གནད་ཀྱི་

གདམས་པ་མ་ལུས་ཐུགས་སུ་ཆུད། །མཁའ་འགྲོའི་བརྡ་དོན་རིག་པའི་མེ་ཏོག་འཛིན། །སྙིང་པོའི་དོན་གྱི་ཤེས་རབ་མཐར་བྱིད་པ། །སྙན་བརྒྱུད་གདམས་པ་འཛིན་པའི་བརྟུལ་ཞུགས་ཀྱིས། །གསེར་གྱི་དྲིལ་བུ་ཅན་ལ། ཟབ་པའི་སྒྲ་སྒྲོག་གསུང་སྙན་ཡིད་འོང་ལྡན། །མ་ལུས་ཐབས་ཀྱིས་འགྲོ་བ་ཕ་རོལ་སྒྲོལ། །བདེ་ཆེན་གནས་སུ་སྟོང་ཉིད་ཚུལ་དང་ལྡན། །སྟོང་གསུམ་རིག་པའི་ཆོས་སྒྲ་སྒྲོག་པར་ཀྱིས། །གྲི་གུག་ཅན་ལ། མ་རིག་འཁྲུལ་པའི་སྲོག་རྩ་རབ་གཅོད་ཅིང་། །གཟི་བརྗིད་འོད་གསལ་ཉི་མའི་ཚུལ་དང་ལྡན། །མ་རིག་འཁྲུལ་པའི་སྤྲིན་ཚོགས་རབ་དེངས་ནས། །ཀུན་མཁྱེན་ཡིད་བཞིན་ནོར་བུ་སྤྱོད་པར་ཀྱིས། །ཐོད་པ་ལྷུང་བཟེད་ཅན་བདུད་རྩིས་བཀང་བ་ཅན་ལ། དུར་ཁྲོད་གནས་སུ་འཇིགས་པ་ཀུན་དང་བྲལ། །ཤེས་རབ་མཚལ་དང་རྩི་བཅུད་རྒྱས་མཛད་པ། །ལུས་ཅན་ཀུན་ལ་ཚངས་པའི་མེ་ཏོག་རྒྱས། །ལྷ་ཡི་བདུད་རྩི་རོ་མཆོག་རྒྱས་པར་ཀྱིས། །རལ་གྲི་ཅན་ལ། འཁོར་བའི་སྡུག་བསྔལ་མ་ལུས་རབ་གཅོད་ཅིང་། །ཐུག་ཕྲད་བརྟུལ་ཞུགས་བསྒྲུབ་པའི་ཕྲིན་ལས་ཀྱིས། །ཆགས་ཞེན་འཛིན་ཆགས་དོན་ལ་མ་ཞེན་ཅིང་། །ཆགས་སྡང་གཉིས་བྲལ་ཤེས་རབ་འཕེལ་བར་ཀྱིས། །ཁ་ཊྭཱཾ་ཅན་ལ། དུག་གསུམ་གནས་ངན་ལེན་རྣམས་རབ་སྤངས་ནས། །མི་མཐུན་ཕྱོགས་ལས་རྒྱལ་བའི་རྒྱལ་མཚན་འཛིན། །སྤྲུལ་པ་གསུམ་གྱིས་འཇིག་རྟེན་ཁམས་ཁེངས་ནས། །ཡེ་ཤེས་གཉུག་མའི་སྐུ་གསུམ་སྤྱོད་པ་ཀྱིས། །ཅང་ཏེའུ་ཅན་ལ། དུར་ཁྲོད་བརྒྱད་སོགས་མཁའ་འགྲོའི་ཚོགས་རྣམས་ཀྱི། །དབྱངས་སྙན་བསྐུལ་འདེབས་གསུང་སྙན་ཅང་གླིང་འདི། །མ་རུངས་གདུག་པ་དབང་དུ་བསྡུ་བའི་ཕྱིར། །རིགས་ལྡན་བུ་ཡིས་རྟག་ཏུ་འཆང་བར་ཀྱིས། །དུང་དཀར་ཅན་ལ། ཕ་རོལ་ཕྱིན་དྲུག་ཆོས་ཀྱི་སྒྲ་སྒྲོག་ཅིང་། །སྙིགས་མའི་དུས་སུ་འགྲོ་དྲུག་བདེ་ལ་འགོད། །སྟོང་

གསུམ་ཛ་ཆེན་སྒྲ་ཡིས་དབུགས་དབྱུང་ཞིང་། །འཇིག་རྟེན་ཆོས་སྒྲ་རབ་ཏུ་སྒྲོག་པར་གྱིས། །མི་རྟོག་དང་རིན་པོ་ཆེའི་རྒྱན་ཕྱིན་ལ། ཞིང་ཁམས་ཐམས་ཅད་གསེར་གྱི་ས་གཞི་ཡངས། །མི་རྟོག་རིན་ཆེན་སྣ་ཚོགས་ཆར་ལྟར་འབེབས། །ཡོངས་སྤྱོད་རྫས་ཀྱི་མཆོད་འཕྲེང་སྣ་ཚོགས་འདི། །སྐལ་ལྡན་རིགས་ཀྱི་བུ་ཡིས་བཅང་བར་གྱིས། །དར་ཟབ་སྣ་ཚོགས་ཕྱིན་ལ། ཤེས་བྱ་ཀུན་ལ་ སྤྲིན་ལྟར་འཁྲིགས་བྱེད་ཅིང་། །ལྷ་རྫས་གོས་ཀྱི་བྱེ་བྲག་དུ་མ་ཡིས། །གོས་བཟང་རྒྱན་བཟང་བརྒྱ་ཕྲག་དུ་མ་འདི། །སྐལ་ལྡན་རིགས་ཀྱི་བུ་ཡིས་བཅང་བར་གྱིས། །གཏོར་མ་རྒྱན་ཅན་ཕྱིན་ལ། ཡི་དམ་ལྷ་ཡི་མཆོད་པ་སྣ་ཚོགས་དང་། །མཁའ་འགྲོའི་ཚོགས་ཀྱི་ཐུགས་ཀྱི་བཅུད་རྣམས་བསྡུས། །ཆོས་སྐྱོང་ཞིང་སྐྱོང་བྲན་གྱི་ཚུལ་དུ་འཁོར། །ལས་མཁན་ཕོལ་པའི་ཚུལ་དུ་བསྐྱེན་པར་གྱིས། །གཏོར་མ་དངོས་གྲུབ་ཀྱི་ཚུལ་དུ་སྦྱིན་ནོ། །

དེ་ནས་ལས་བཞིའི་རྫས་གནང་ནི། འཁོར་ལོ་ཕྱིན་ལ། འཇིག་རྟེན་ཀུན་ལ་ཐམས་ཅད་དུ། །སེམས་ཅན་ཀུན་ལ་ཕན་པའི་ཕྱིར། །ཇི་ལྟར་སྣ་ཚོགས་འདུལ་གྱུར་པའི། །ཆོས་ཀྱི་འཁོར་ལོ་རབ་ཏུ་བསྐོར། །རྡོ་རྗེ་གཏད་ལ། འཇིག་རྟེན་སོགས། རིན་པོ་ཆེ་གཏད་ལ། རིན་ཆེན་འཁོར་ལོ༔ པདྨ་གཏད་ལ། འཇིག་རྟེན༔ པདྨའི་འཁོར་ལོ༔ རལ་གྲི་གཏད་ལ། འཇིག་རྟེན༔ རལ་གྲིའི་འཁོར་ལོ༔ དེ་ནས་ལུང་བསྟན་པ་ནི། སློབ་དཔོན་གྱིས་དབུ་རིག །ཞབས་རྗེན། ཆོས་གོས་ཀྱི་གྲྭ་གཡོན་པའི་རྡོ་རྗེ་ཁུ་ཚུར་གྱིས་རི་དྭགས་ཀྱི་རྣ་བ་ལྟར་བྱས། གཡས་པས་མི་འཇིགས་པའི་ཕྱག་རྒྱ་བྱས་ལ། ཨོཾ་འདིར་ནི་ངས་ཁྱོད་ལུང་བསྟན་ཏེ། །རྡོ་རྗེ་སེམས་དཔའ་དེ་བཞིན་གཤེགས། །སྲིད་པ་ཤིན་ཏུ་དག་པས་ན། །སྲིད་པའི་ངན་འགྲོ་ལས་གྲོལ་ལོ། །རྡོ་རྗེ་སེམས་དཔའ་ལ་སོགས་པའི་གསང་མཚན་གྱི་དེ་བཞིན་གཤེགས་པའོ། །ཞེས་ལུང་བསྟན། ཨོཾ་སརྦ་ཏ་ཐཱ་ག་ཏ་སིདྡྷི་ས་མ་ཡ་ཧཱུཾ་ཕུར་ཕུ་ཁཱ། ས་འོག་དང་ས་སྟེང་ཐམས་ཅད་དུ་རྒྱལ་བར་གྱུར་

ཅིག །ད་ཕྱིན་ཁྱོད་ཀྱིས་དཀྱིལ་འཁོར་འདིའི་སྒོ་ནས་དབང་བསྐུར་རྒྱུད་བཤད་པས་འགྲོ་བའི་དོན་རྒྱ་ཆེན་པོ་གྱིས་ཤིག །ཅེས་དབུགས་དབྱུང་ངོ་། །ད་ནི་ཁྱེད་རྣམས་དཀྱིལ་འཁོར་གྱི། །སློབ་དཔོན་སྔགས་དང་རྒྱུད་འཛིན་པ། །སངས་རྒྱས་བྱང་ཆུབ་སེམས་དཔའ་དང་། །ལྷ་རྣམས་ཀྱིས་ཀྱང་དགོངས་པ་ཡིན། །སེམས་ཅན་རྣམས་ལ་བརྩེ་དོན་དུ། །ཚོགས་ཁྱོད་ཀྱི་དཀྱིལ་འཁོར་རྣམས། །རབ་ཏུ་འབད་དེ་བྲི་བར་བྱ། །སྒྲུབ་པ་པོ་རྣམས་རྒྱུད་ལ་སྦྱོར། །ཞེས་གཟིངས་བསྟོད། བཀྲ་ཤིས་བརྗོད། དེ་ཡིས་དབང་བཞི་རྗེས་གནང་རྣམས་ཡོངས་སུ་རྫོགས་པར་སོང་བ་ཡིན་ནོ། །

དངོས་གཞི་ཆོས་དབང་སེམས་ལ་བསྐུར་བ་ནི། ལུས་རྡོ་རྗེ་དཀྱིལ་ཀྲུང་བཅའ། སྒལ་ཚིགས་བསྲང་། སྤྱི་བོར་ཡུམ་ཆེན་མོ་ལ་རྒྱུད་སྡེ་བཞི་ཡི་ལྷ་ཚོགས་ཀྱིས་བསྐོར་ནས་ཡོད་པར་སྒོམས། རང་གི་ལྟེ་བའི་ཐད་དུ། རང་སེམས་ཀྱི་ངོ་བོ་ཐིག་ལེ་དཀར་ལ་དམར་བའི་མདངས་ཆགས་པ། དམར་ལ་དཀར་བའི་མདངས་ཆགས་པ། བྱ་མ་གསར་གྱི་སྒོ་ང་ཙམ་གཅིག་སྤར་སྤར་ཀྲུར་ཀྲུར་ལིང་ལིང་བྱེད་པར་བསམ་ནས། ཕཊ་ཀྱིས་བརྡ་སྤྲད་པ་དང་། རྩལ་པོ་ཆེས་མདའ་འཕངས་པ་ལྟར་རྒྱངས་ཀྱིས་སོང་། སྤྱི་བོ་ཚངས་པའི་བུ་ག་རྒྱ་མཐོངས་ཁ་ཕྱེ་བ་ལྟར་གསལ་ཏ་རེ་ཡོད་པ་ནས་ཐོན། ཡུམ་ཆེན་མོའི་ཐུགས་ཀར་བསྟིམ་གྱིས་ཐིམ། ཡུམ་ཆེན་མོ་འཁོར་དང་བཅས་པ་འོག་མིན་དུ་མངོན་པར་རྫོགས་པར་སངས་རྒྱས་པར་བསམ། དེ་ཉིད་ཀྱི་ངང་ལ་ཅི་གནས་སུ་བཞག །ངོ་སྤྲོད་དང་། འབྱོངས་ན་ཕབ་པའི་མན་ངག་བླ་མའི་ཞལ་ལས་ཤེས། དེ་ནི་ཆོས་དབང་སེམས་ལ་བསྐུར་བའོ། །

གཏོར་མ་ལ་བརྟེན་ནས་དབང་བསྡུས་པ་བསྐུར་ན། །བཅའ་གཞི། ཚོ་ག བདག་འཇུག །ཡེ་ཤེས་དབབ་པ། ཆོས་དབང་སེམས་ལ་བསྐུར་བ་ཡན་སྔ་དང་མཐུན་ལ། གཏོར་མ་ཡུམ་ཆེན་མོ་ལྷ་ལྟར་བསྐྱེད་དེ། སྐུ་ཡི་དབང་དང་། གསུང་གི་དབང་དང་། ཐུགས་ཀྱི་དབང་དང་། བཞི་པ་བསྐུར་བའི་ཐོག་མར་སྐུའི་དབང་གི་དོན་དུ་མཇལ་ཕྱུལ། ཀུན་མཁྱེན་ཡེ་ཤེས་ཕུང་

པོ་ཅན་སོགས་ཀྱིས་གསོལ་བ་བཏབ། གཏོར་མ་སྤྱི་བོར་བཞུང་ནས། གཏོར་མ་འདི་དང་ཐ་མི་དད་པའི་
ཡུམ་ཆེན་མོ་ལྷ་ལྔའི་སྐུ་ལས་སྐུ་ཆེ་ཆུང་དཔག་ཏུ་མེད་པ་བྱོན། ཁྱེད་རང་རྣམས་
ཀྱི་ལུས་ལ་ཐིམ། ལུས་ཀྱི་སྒྲིབ་པ་སངས་ཀྱིས་དག་ནས་སྐུའི་དབང་ཐོབ་པའི་མོས་
པ་གྱིས། ནང་མཆོད་བླུད། ཞེས་པ་བརྗོད། གསུང་གི་དོན་དུ་མཎྜལ་གསོལ་བཏབ་གོང་བཞིན་བྱེད། གཏོར་མ་མགོ་བོར་
བཞུང་། ཡུམ་ཆེན་མོ་ལྷ་ལྔའི་མགྲིན་པ་ནས་ཏཏྭ་ཐྭའི་སྔགས་བྱུང་། ཁྱེད་རྣམས་ཀྱི་
མགྲིན་པར་ཐིམ། ངག་གི་སྒྲིབ་པ་སངས་ཀྱིས་དག །གསུང་གི་དབང་ཐོབ་པའི་
མོས་པ་གྱིས། ནང་མཆོད་སྦྱིན། ཞེས་པ་བརྗོད། ཐུགས་ཀྱི་དོན་དུ་མཎྜལ་སོགས། གཏོར་མ་སྤྱི་བོར་བཞུང་། ཡུམ་
ཆེན་མོ་ལྷ་ལྔའི་ཕྱག་མཚན་བྱུང་། ཁྱེད་རང་རྣམ་པའི་སྙིང་གར་ཐིམ། ཡིད་ཀྱི་
སྒྲིབ་པ་སངས་ཀྱིས་དག །ཐུགས་ཀྱི་དབང་ཐོབ་པའི་མོས་པ་གྱིས། ནང་མཆོད་དང་།
ཞེས་པ་བརྗོད། དེ་ནས་གཏོར་མ་སྤྱི་བོར་བཞུང་སྟེ། ཡུམ་ཆེན་མོ་ལྷ་ལྔ་ཁྱེད་རང་རྣམས་ལ་ཐིམ་
པར་མོས་པ་གྱིས་ལ། བརྒྱུད་པའི་གསོལ་འདེབས་བྱས་ཞིང་། མཐར། ཁྱེད་རང་རྣམས་ཀྱི་ལུས་
ཀྱི་ན་ཚ། སེམས་ཀྱི་སྡུག་བསྔལ་ཞི་ནས་བསམ་དོན་ཐམས་ཅད་ཆོས་ལྡན་ཡིད་
བཞིན་དུ་འགྲུབ་པར་གྱུར་ཅིག །ཅེས་ཞེས་པ་བརྗོད། གཏོར་མ་སློབ་མའི་གནས་གསུམ་དུ་བསྐྱིམ་ཞིང་། ཨོཾ་
ཨཱཿཧཱུྃ་བརྗོད། གཏོར་རྒྱན་མགོར་བསྐུ། དེ་ནས་བདག་གིས་ལུས་ལོངས་སྤྱོད་དགེ་བའི་རྩ་
བ་དང་བཅས་པ་དཔལ་ལྡན་བླ་མ་ལ་འབུལ་སྙམ་པ་གྱིས་ལ། གཙོ་བོས་ཇི་ལྟར་
བཀའ་སྩལ་པ། །དེ་དག་ཐམས་ཅད་བདག་གིས་བགྱིད། །ཅེས་ལན་གསུམ་བརྗོད། དེ་ནས་ལུས་
འབུལ་བ་ནི། དེང་ནས་བརྩམས་ཏེ་བདག་བྲན་དུ། །ཁྱེད་ལ་བདག་ནི་འབུལ་ལགས་
ན། །ཁྱེད་ཀྱིས་སློབ་མར་བཟུང་བ་དང་། །ཆ་ཡིས་ཀྱང་ནི་སྤྱད་དུ་གསོལ། །ཞེས་
བརྗོད་ནས་མཎྜལ་ཕུལ། ཚོགས་ཀྱི་ཚེ་ག་ནི་ནོར་བུ་རྒྱ་མཚོ་ལས་ཤེས། ལྷག་གཏོར་བཏང་བ་རྒྱས་པ་གོང་དང་མཐུན། རྗེས་
ཀྱི་བྱ་བ་ལ། ཨརྒྷཾ་སོགས་ཀྱི་མཆོད་པ་རྣམ་ལྔ་དང་། སྨྲ་བསམ་བརྗོད་མེད་སོགས་ཀྱིས་བསྟོད་ནས། དེ་ནས།

བདག་ནི་མ་རིག་དབང་གྱུར་པས། །ཞིགས་བཤད་འདི་ལ་ཉེས་གྱུར་གང་། །ཚོ་ག་ལྷག་ཆད་ཅི་བགྱིས་པ། །དཀྱིལ་འཁོར་ལྷ་ཡིས་བཟོད་པར་གསོལ། །བཞེས་ནས་ཚངས་པ་སྩལ་དུ་གསོལ། །རྫོགས་སངས་རྒྱས་དང་ལྷ་རྣམས་དང་། །དེ་སྲས་རྣམས་དང་ཚངས་ལ་སོགས། །འཇིག་རྟེན་སྐྱོང་རྣམས་ཚོ་ག་ནི། །མ་ཚང་བ་དག་བཟོད་པར་མཛོད། །ལྷ་མོ་ཚད་མ་དམ་ཚིག་ཚད་མ་དང་། །དེས་གསུང་ཚིག་ཀྱང་མཆོག་ཏུ་ཚད་མ་སྟེ། །བདེན་པ་དེ་ཡི་ལྷ་མོ་མཆོག་གིས་ནི། །བདག་ལ་རྗེས་སུ་འཛིན་པའི་རྒྱུར་གྱུར་ཅིག །རིགས་སུ་སྐྱེ་དང་དམ་ཚིག་ཅན། །སྨྱོ་མེད་ཀྱེའི་རྡོ་རྗེ་སྟོན། །བླ་མ་ལ་གུས་སྙིང་རྗེར་ལྡན། །སྐྱེ་ཞིང་སྐྱེ་བར་འགྱུར་བར་ཤོག །སེམས་ཅན་ཐམས་ཅད་སྡིག་མེད་ཅིང་། །སེམས་ཅན་ཐམས་ཅད་བདེ་གྱུར་ཅིག །གང་གི་ལམ་ནས་འགྲོ་བ་ཡིས། །སངས་རྒྱས་ཉིད་དང་འཕྲད་པར་ཤོག །མ་སྒྲོལ་བ་རྣམས་བསྒྲལ་བ་དང་། །མ་གྲོལ་བ་རྣམས་དགྲོལ་བ་དང་། །ད་ལྟ་ཉིད་དུ་རྗེས་བརྩེ་བས། །རྣལ་འབྱོར་བསྟན་བཅོས་གནས་ལ་འགོད། །རྡོ་རྗེ་འཛིན་སོགས་དགོངས་སུ་གསོལ། །ཁྱེད་ལ་རབ་ཏུ་དད་པ་ཡིས། །མཆོད་པའི་ཚོགས་རྣམས་རབ་ཕུལ་བས། །བདག་དང་མཐའ་ཡས་སེམས་ཅན་རྣམས། །འཁོར་བའི་སྡུག་བསྔལ་སྤངས་ནས་ནི། །བདེ་ཆེན་རྡོ་རྗེ་འཛིན་པའི་ས་ཐོབ་ཤོག །མདུན་བསྐྱེད་དང་། བུམ་པ་གཏོར་མགྲོན་གྱི་ཡེ་ཤེས་པ་གཤེགས། དམ་ཚིག་པ་རང་ལ་བསྡུ། དགེ་བ་བསྔོ། ཤིས་པ་བརྗོད། ལས་ཀྱི་རྗེས་མི་མངོན་པར་བྱའོ། །གཞུང་མང་དོན་ཟབ་གསང་སྔགས་ནང་གི་དོན། །ཤེས་རབ་མཁའ་ཁྱབ་འོད་ཀྱིས་འཇིག་རྟེན་ཁེངས། །མ་རིག་མུན་སེལ་སྲིད་ཞི་གཉིས་ལས་འདས། །རིན་ཆེན་གཏེར་མཛོད་ཀུན་མཁྱེན་ཡེ་ཤེས་འདི། །རང་གིས་ཤེས་མིན་སྒྲོས་འདོགས་ཟུག་རྔུ་སྤངས། །ཡུམ་ཆེན་གཞུང་བརྟེན་བླ་མའི་མན་ངག་ལྟར། །བསྟན་བདག་གསལ་བྱེད་རྣམས་ཀྱིས་ཡང་ཡང་བསྐུལ། །བརྗེད་འཕངས་ཕྱི་རབས་རྣམས་ལ་ཕན་ཕྱིར་བཀོད། །དགེ་བ་གང་མཆིས་མཁའ་མཉམ་དོན་དུ་བསྔོ། །ཞེས་པ་

གཙོད་གདན་ཐོག་གཅིག་མའི་ཁྲིད་ཡིག་ཕྲིན་ལས་རྒྱ་མཚོ་ལས། ནམ་མཁའ་ལྷ་བུའི་དབང་གི་ཚོ་གའི་རིམ་པ་འཛམ་གླིང་ཀུན་ཁྱབ་ཅེས་བྱ་བ་འདི་ནི། ཤཱཀྱའི་དགེ་སློང་ཀྲི་འོ་ཆོས་ཀྱི་རྒྱ་མཚོས་གདན་ས་ཆེན་པོ་དཔལ་གྱི་མཚུར་ཕུའི་གཙུག་ལག་ཁང་དུ་སྦྱར་བའི་ཡི་གེ་པ་ནི་དགེ་སློང་རྗོ་རྗེ་འཛིན་དགེ་འདུན་འོད་ཟེར་ཞེས་བྱ་བའི་རྣལ་འབྱོར་པས་དད་པ་ལྷུར་བླངས་ནས་ལེགས་པར་བྲིས་པའོ། །བཀྲ་ཤིས་རབ་རྒྱས་བསྟན་པ་ཕྱོགས་བཅུར་རྒྱས་པའི་བཀྲ་ཤིས་ཤོག །ལྷན་ཐབས་ཡིག་ཚུང་ངོ་།། །།

༄༅། །ཆུ་བོ་ལྷ་བུའི་དབང་བསྐུར་སངས་རྒྱས་མཁའ་འགྲོའི་སྒྲུབ་ཐབས་བཞུགས།

བླ་མ་དང་ལྷན་ཅིག་སྐྱེས་མའི་གསང་བ་བླ་ན་མེད་པ་ལ་ཕྱག་འཚལ་ལོ། །གསང་གཅོད་གཏན་ལ་འབེབས་པ་ལ། །ཆུ་བོ་ལྷ་བུའི་དབང་བསྐུར་དགོས། །ཞེས་པ། མཁའ་འགྲོ་ལྷན་ཅིག་སྐྱེས་མའི་རྣལ་འབྱོར་ལ་འཇུག་པར་བྱེད་པ་ལ། སྔོན་འགྲོ་དང་། དངོས་གཞི། རྗེས་རྣམ་པ་གསུམ་མོ། །སྔོན་འགྲོ་ལ་གནས་ཁང་ཕྱགས་བདར་དང་། ཕྱི་དོར། ཡོལ་བ། བླ་རེས། རྟེན་བཀྲམ་པ་སོགས་བྱས་ཤིང་། དཀྱིལ་འཁོར་ནི། དཀྱིལ་འཁོར་དབུས་སུ་མཐིལ་ཁར། བུམ་པ་མཚན་ཉིད་དང་ལྡན་པ་ཆུ་ཡིས་གང་བ་བཞག །མེ་ལོང་ལ་སིན་ཧྲ་རའི་དཀྱིལ་འཁོར་གྲུ་གསུམ་གྱི་དབུས་སུ་པདྨ་འདབ་བཞི། ལྟེ་བར་ཧཱུྃ། འདབ་མར་ཏ་རི་ཉི་ས། དེ་ལས་ཕྱགས་ཕྲེང་གཡོན་བསྐོར་དུ་བྲིས་ཏེ་བུམ་པའི་ཁར་བཞག །གཏོར་མ་གསུམ་དང་། དབང་གཏོར་ཟླུམ་པོ་གཏོར་ཆུང་བཞི་ཡིས་བསྐོར་བ། དཀར་དམར་གྱི་རྒྱན་བཟང་པོས་བརྒྱན་པ་བྱེད། གཏོར་མ་གསུམ་པོ་དཀྱིལ་འཁོར་གྱི་གོང་དུ་བཞག །གཏོར་འདབ་ཀྱིས་བསྐོར་དབང་གཏོར་གཏོར་འདབ་ཀྱིས་བསྐོར་ཏེ་ཤེར་དཀར་གྱི་ནང་དུ་བཙུག །དཀྱིལ་འཁོར་གྱི་གཡས་སུ་བཤམས། དཀྱིལ་འཁོར་གྱི་མཐར་མཆོད་པ་རྣམ་ལྔས་བསྐོར། དཀྱིལ་འཁོར་གྱི་མདུན་དུ་ཁྲི་བཤམས་པའི་ཁར་རང་ཉིད་བསྡད་ཅིང་། རང་གི་མདུན་དུ་སྣེགས་ཀྱི་ཁར་ཐོད་པ་མཚན་ལྡན་བཅུད་ཀྱིས་གང་བ་དང་། ཌཱ་དྲིལ། ཀང་དུང་སོགས་བཞག །ནང་མཆོད་བྱིན་གྱིས་རླབས་པ་ནི། ཨོཾ་བཛྲ་ཨ་མྲི་ཏ་ཀུཎྜ་ལི་ཧ་ན་ཧ་ན་ཧཱུྃ་ཕཊ། ཨོཾ་སྭ་བྷཱ་ཝ་ཤུདྡྷཿསརྦ་དྷརྨཱཿསྭ་བྷཱ་ཝ་ཤུདྡྷོ྅ཧཾ། སྟོང་པ་ཉིད་དུ་གྱུར། སྟོང་པའི་ངང་ལས་ཡཾ་ལས་རླུང་གི་དཀྱིལ་འཁོར་སྔོན་པོ་གཞུའི་དབྱིབས་ཅན། ཚངས་བཟུང་ལ་ཡཾ་དང་། མཆོག་མ་གཉིས་ལ་གཡོ་བའི་བ་དན་གྱིས་མཚན་པ། དེའི་སྟེང་དུ་ཀཾ་གསུམ་ལས་ཐོད་པ་བུམ་རིལ་གྱི་སྒྱིད་པོ་ལྟག་པ་ནང་དུ་བསྟན་པ་གསུམ་གྱི་

སྙིང་དུ། ཀ་པཱ་ལ་ཕྱི་དཀར་ལ་ནང་དམར་བ་དུམ་བུ་གཅིག་པ་དཔྲལ་བ་རང་ལ་བསྟན་པ། རྒྱ་ཁྱོན་ཆོས་ཀྱི་དབྱིངས་དང་མཉམ་པ། དེའི་དབུས་སུ་ཨུ་ལས་དྲི་ཆུ་བི་ཊྚ་ལྔ་བུ། ཤར་དུ་བི་ལས་དྲི་ཆེན་ཤེལ་ལྔ་བུ། ལྷོ་ནུབ་ཏུ་ཀུ་ལས་ཁྲིའི་ཤ ནུབ་བྱང་དུ་ད་ལས་གླང་པོ་ཆེའི་ཤ །བྱང་ཤར་དུ་ཧ་ལས་རྟའི་ཤ །དེ་རྣམས་གླར་ཡང་ཡི་གེ་དེ་དག་གིས་མཚན་པའོ། །རང་གི་སྣ་བུག་གཡོན་པ་ནས་རླུང་ཧཱུཾ་གི་དབྱིབས་ཅན་འཕྲོས། རླུང་གི་དཀྱིལ་འཁོར་ལ་ཕོག །བ་དན་བསྐྱོད། རླུང་གཡོས། མེ་སྦར། ཐོད་པ་དྲོས། རྫས་རྣམས་ཁོལ། ཉེས་པའི་སྐྱོན་རྣམས་ཕྱིར་ལུད། དེའི་སྙིང་དུ་ཨོཾ་ཨཱཿཧཱུཾ་ལས་འོད་ཟེར་འཕྲོས། དེ་བཞིན་གཤེགས་པ་ཐམས་ཅད་ཀྱི་ཐུགས་ཀ་ནས་ཡེ་ཤེས་ཀྱི་བདུད་རྩི་བཀུག །དམ་ཚིག་གི་བདུད་རྩི་དང་གཉིས་སུ་མེད་པར་འདྲེས། ཡེ་ཤེས་ཀྱི་བདུད་རྩིའི་རྒྱ་མཚོ་ཆེན་པོར་གྱུར། ཨོཾ་ཨཱཿཧཱུཾ། གཏོར་མ་བྱིན་གྱིས་བརླབ་པ་ནི། ཨོཾ་བཛྲ་ཨ་མྲི་ཏ་ཀུཎྜ་ལི་ཧ་ན་ཧ་ན་ཧཱུཾ་ཕཊ། ཨོཾ་སྭ་བྷཱ་ཝ་ཤུདྡྷཿསརྦ་དྷརྨཱཿསྭ་བྷཱ་ཝ་ཤུདྡྷོ྅ཧཾ། སྟོང་པ་ཉིད་དུ་གྱུར། སྟོང་པའི་ངང་ལས་གཏོར་མ་དྭངས་ཤིང་ཐོགས་པ་མེད་པ་འདོད་པའི་ཡོན་ཏན་ལྔ་དང་ལྡན་པར་གྱུར། ཨོཾ་ཨ་ཀཱ་རོ་མུ་ཁཾ་སརྦ་དྷརྨཱ་ཎཱ་ཨཱདྱ་ནུཏྤནྣ་ཏྭཱཏ་ཨོཾ་ཨཱཿཧཱུཾ་ཕཊ་སྭཱ་ཧཱ། མཆོད་སྦྱིན་གྱི་གཏོར་མ་རྒྱ་ཆེན་པོ་འདི་བསྔོ་ཞིང་འབུལ་བའི་གནས་སུ་གྱུར་པ་ནི། གཞི་བདག །གནས་བདག །ས་ཕྱོགས་ཡུལ་རི་འདིར་གནས་པ་རྣམས་ལ་འབུལ་ལོ། །མཆོད་སྦྱིན་གྱི་གཏོར་མ་རྒྱ་ཆེན་པོ་འདི་བཞེས་ལ། བདག་ཅག་དཔོན་སློབ་འཁོར་དང་བཅས་པ་རྣམས་ལ་ལས་དཀར་པོ་ཆོས་དང་མཐུན་པའི་སྟོང་གྲོགས་རྒྱ་ཆེན་པོ་མཛད་དུ་གསོལ། གཏོར་མ་གཙང་སར་ཕུལ། རོལ་མོ་བྱ། སྲུཾ་ཧྲཱ་ནི་ཡིས་མཚམས་བཅད། སྟོད་ཆུ་གཙང་གིས་བཤལ། ཁ་སྦུབ་ལ་བཞག །སྙིང་འོག་བར་གསུམ་རྗེ་རྗེའི་དྲ་གུར་

དུ་གྱུར། ཨོཾ་བཛྲ་རཀྵ་རཀྵ་ཧཱུཾ། སྐྱབས་འགྲོ་ནི། བླ་མ་ཡི་དམ་མཁའ་འགྲོ་གསུམ་ལ་སྐྱབས་སུ་མཆིའོ། །ཆོས་སྐུ་ལོངས་སྐུ་སྤྲུལ་སྐུ་གསུམ་ལ་སྐྱབས་སུ་མཆིའོ། །རང་སེམས་སྐྱེ་མེད་ཆོས་ཀྱི་སྐུ་ལ་སྐྱབས་སུ་མཆིའོ། །ཐུགས་རྗེའི་སྐྱབས་འོག་དམ་པར་ཚུད་པར་མཛད་དུ་གསོལ་ལོ། །སེམས་ཅན་ཐམས་ཅད་བདེ་བ་དང་ལྡན་པར་གྱུར་ཅིག །སེམས་ཅན་སྡུག་བསྔལ་ཀུན་དང་བྲལ་ནས། མྱུར་དུ་སངས་རྒྱས་ས་ལ་འགོད་པར་བྱ། ཚོགས་ཞིང་སྤྱན་འདྲེན་པ་ནི། ཚོགས་ཞིང་གི་ལྷ་ཚོགས་མདུན་གྱི་ནམ་མཁའི་གནས་སུ་སྤྱན་དྲངས། བཛྲ་ས་མ་ཛཿ ཨོཾ་སརྦ་ཏ་ཐཱ་ག་ཏ་བཛྲ་ཨརྒྷཾ་ཨཱཿཧཱུཾ། པུཥྤེ། ཨཱ་ལོ་ཀེ། གནྡྷེ། ནཻ་ཝིདྱ། ཤབྡ་ཨཱཿཧཱུཾ། བདེ་ཆེན་མཁའ་འགྲོ་འགྲོ་བ་ཀུན་སྒྲོལ་ཅིང་། །རིགས་ཀྱི་ལྷ་མོ་བཞད་པའི་འཛུམ་མདངས་ཅན། །རིགས་བཞི་འཁོར་བཅས་དུར་ཁྲོད་ཆས་ཀྱིས་བརྒྱན། །མཁའ་འགྲོ་འབུམ་གྱི་ཚོགས་ལ་ཕྱག་འཚལ་བསྟོད། །ཨོཾ་ཨཱཿཧཱུཾ། ཚོགས་ཞིང་རྣམས་རང་ཉིད་ལ་ཐིམ་པར་གྱུར། །

བདག་བསྐྱེད་བསྒྲུབ་པ་ནི། ཨོཾ་སྭ་བྷཱ་ཝ་ཤུདྡྷཿསརྦ་དྷརྨཱཿསྭ་བྷཱ་ཝ་ཤུདྡྷོ྅ཧཾ། སྟོང་པ་ཉིད་དུ་གྱུར། སྟོང་པའི་ངང་ལས་ཨེ་ལས་ཆོས་ཀྱི་འབྱུང་གནས་གྲུ་གསུམ་པ། ཕྱི་དཀར་ལ་ནང་སྔོ་བ། དེའི་དབུས་སུ་པཾ་ལས་པདྨ་འདབ་མ་བཞི་པའི་ལྟེ་བར། རཾ་དང་ཉི་མའི་གདན་ལ། རང་གི་རྣམ་པར་ཤེས་པའི་ངོ་བོ་ཧཱུཾ་མཐིང་ནག །དེ་ལས་འོད་ཟེར་འཕྲོས། འཕགས་པ་མཆོད། སེམས་ཅན་གྱི་དོན་བྱས། ཚུར་འདུས་ཡོངས་སུ་གྱུར་པ་ལས། རང་ཉིད་སྐད་ཅིག་གིས་མ་གཅིག་སངས་རྒྱས་མཁའ་འགྲོ་སྐུ་མདོག་མཐིང་ནག་ཞལ་གཅིག་ཕྱག་གཉིས། སྤྱན་གསུམ་མཆེ་བ་བཞི་ཙུང་ཟད་གཙིགས་པ། དབུ་སྐྲ་ཁམ་ནག་གྱེན་དུ་བརྫེས་པ་ལ་ཐོད་སྐམ་ལྔ་ཡིས་དབུ་ལ་བརྒྱན་ཅིང་། ཐོད་རློན་ལྔ་བཅུའི་དོ་ཤལ་བྱས་པ། སྣན་ཆ་རུས་པའི་འོང་མིག་

ཐོགས་པ། སྐུ་གཅེར་བུ་ལ་དུར་ཁྲོད་ཀྱི་ཆས་དྲུག་གིས་བརྒྱན་པ། ཕྱག་གཡས་གྲི་གུག་ནམ་མཁའ་ལ་འཕྱར་ཞིང་། གཡོན་པ་ཐོད་ཁྲག་ཐུགས་ཀར་བསྣམས་པ། ཁཊྭཱཾ་ཁ་མཆན་ཁུང་དུ་བཙུག་པ། ཞབས་གཡས་བསྐུམ་པའི་རྟིང་པ་ཧྲ་ག་ལ་གཏད་ཅིང་། གཡོན་བརྐྱང་བས་རོ་ཡི་སྙིང་གར་ཉི་མའི་སྟེང་ན་མནན་པ། དེའི་ཤར་དུ་རྡོ་རྗེ་མཁའ་འགྲོ་སྐུ་མདོག་སྔོན་མོ། ལྷོར་རིན་ཆེན་མཁའ་འགྲོ་སྐུ་མདོག་སེར་མོ། ནུབ་ཏུ་པདྨ་མཁའ་འགྲོ་སྐུ་མདོག་དམར་མོ། བྱང་དུ་ལས་ཀྱི་མཁའ་འགྲོ་སྐུ་མདོག་ལྗང་གུ། དེ་ཐམས་ཅད་ཞལ་གཅིག་ཕྱག་གཉིས། གཡས་པ་རྣམས་ཀྱིས་རྡོ་རྗེ་དང་། རིན་པོ་ཆེ་དང་པདྨ་དང་། རལ་གྲིས་མཚན་པའི་གྲི་གུག་འཛིན་ཅིང་། གཡོན་པ་རྣམས་ཀྱིས་ཐོད་པ་བདུད་རྩིས་གང་བ་བསྣམས་པ། རྒྱན་ཆ་ལུགས་གཙོ་མོ་དང་མཚུངས་པའོ། །ལྷ་ཚོགས་རྣམས་ཀྱི་དཔྲལ་བར་ཨོཾ། མགྲིན་པར་ཨཱཿ ཐུགས་ཀར་ཧཱུྃ། ཐུགས་ཀའི་ཧཱུྃ་ལས་འོད་འཕྲོས་པས། ཆོས་ཀྱི་དབྱིངས་དང་ཨུ་རྒྱན་ནས་སངས་རྒྱས་མཁའ་འགྲོ་འཁོར་དང་བཅས་པ་ལ། སངས་རྒྱས་དང་བྱང་ཆུབ་སེམས་དཔའི་ཚོགས་ཀྱིས་བསྐོར་བ་སྤྱུངས། བཛྲ་ས་མ་ཛཿ དེ་རྣམས་ཀྱི་སྐུ་གསུང་ཐུགས་ལས་བདུད་རྩིའི་རྒྱུན་བྱུང་། རང་གི་གནས་གསུམ་དུ་ཐིམ་ཞིང་། བདེ་སྟོང་གི་རང་བཞིན་དུ་གྱུར། སླར་ཡང་གསང་གནས་ཀྱི་ཧཱུྃ་ཡིག་ལས་སྔགས་གཡོན་བསྐོར་དུ་འཁོར་བ་ལ་དམིགས་ཏེ། ཨོཾ་བུདྡྷ་ཌཱ་ཀི་ནི་ཤྲཱི་བཛྲ་བཱ་ར་ཧི་ཀྲོ་དྷི་ཀཱ་ལི་ཨ་བེ་ཤ་ཡ་ཧ་རེ་ཎི་ས་ཧཱུྃ་ཧཱུྃ་ཕཊ་ཕཊ་སྭཱ་ཧཱ། ཅི་ནུས་སུ་བཟླས། མཐར་རྟེན་གཞལ་ཡས་ཁང་རང་ཉིད་ལ་བསྡུ་ཞིང་མི་དམིགས་པའོ། །ནང་མཆོད་བྱིན་གྱིས་རླབས་པ་ནི། སྭ་བྷཱ་ཝས་སྦྱངས། སྟོང་པའི་ངང་ལས་ཡེ་ཤེས་ཀྱི་བདུད་རྩིའི་རྒྱ་མཚོ་ཆེན་པོར་གྱུར། ཨོཾ་ཨཱཿཧཱུྃ། ལན་གསུམ་དང་། གཡོན་པའི་མཐེབ་སྲིན་གྱིས་ནང་མཆོད་བླངས་ནས་ཕུལ་ཏེ། ཆོས་སྐུ་ཡུམ་ཆེན་

མོའི་ཞལ་དུ་ཨོཾ་ཨཱཿཧཱུྃ། རྒྱལ་བ་ཤཱཀྱ་ཐུབ་པཿ མ་གཅིག་ཁྲོས་མ་ནག་མོཿ ཨ་མ་ལབས་ཀྱི་སྒྲོན་མཿ སྲས་མཆོག་རྒྱལ་བ་དོན་གྲུབཿ གྲུབ་ཆེན་ཀརྨ་པཀྵིཿ གྲུབ་ཐོབ་གནམ་མཚོ་ཆེན་པོཿ ཡང་ན། མ་གཅིག་ནས། ཁཾ་ཧྲུ་ཡ་ལེ། བཤག་རམ་པ། གནམ་མཚོ་བ། རང་བྱུང་པ། བསམ་རིན་པ། ཀུན་ཡེ་བ། ཤྲཱི་ཧ་དྲ། རྗེ་བཙུན་འཛམ་དཔལ་རྒྱ་མཚོ། ཡི་དམ་ཆོས་སྐྱོང་སོགས་ལ་ཡང་། མཐར། ཨོཾ་ཨཱཿཧཱུྃ་བཏགས་ལ་འབུལ། གཞི་བདག །གནས་བདག་རྣམས་ལ་སྦྱིན། མཐར་རང་གི་གནས་གསུམ་དུ་གཏུགས་ཤིང་། ལྟེ་ལ་འཇོག །

བུམ་པ་བསྒྲུབ་པ་ནི། ཨོཾ་སྭ་བྷཱ་ཝ་ཤུདྡྷ་སརྦ་དྷརྨཱཿསྭ་བྷཱ་ཝ་ཤུདྡྷོ྅ཧཾ། སྟོང་པ་ཉིད་དུ་གྱུར། སྟོང་པའི་ངང་ལས་རིན་པོ་ཆེའི་བུམ་པ་ཡངས་ཤིང་རྒྱ་ཆེ་བ། མགུལ་ཆེངས་ཁ་རྒྱན་གྱིས་སྤྲས་པ། མཚན་ཉིད་ཡོངས་སུ་རྫོགས་པའི་དབུས་སུ། ཨེ་ལས་སོགས་ནས། བཟླས་པ་ཡན་གོང་ལྟར་བྱེད་ཅིང་། མཐར་བུམ་ལྷ་འོད་དུ་ཞུ། བུམ་པའི་ཆུར་གྱུར་པར་བསམ་ལ། མདུན་བསྐྱེད་ནི། སྭ་བྷཱ་ཝ་ནས། བདག་བསྐྱེད་བཞིན་བྱ། མཆོད་པ་ནི། ཨོཾ་སརྦ་ཏ་ཐཱ་ག་ཏ་ཨརྒྷཾ་ཨཱཿཧཱུྃ་སྭཱ་ཧཱ། ཞེས་པ་ནས། ཤབྡའི་བར་ལག་འགྲིག་དང་བཅས་པ་བྱ་ཞིང་རོལ་མོ་བྱ། བསྟོད་པ་ནི། དཔལ་ལྡན་རྡོ་རྗེ་མཁའ་འགྲོ་མ། །མཁའ་འགྲོ་མ་ཡི་འཁོར་ལོས་བསྐྱར། །ཡེ་ཤེས་ལྔ་དང་སྐུ་གསུང་ཐུགས། །འགྲོ་བ་སྐྱོབ་ལ་ཕྱག་འཚལ་བསྟོད། །སྒེག་མོ་ཕྲེང་བ་གླུ་མ་གར། །སྤོས་དང་མེ་ཏོག་མར་མེ་དྲི། །ཕྱི་ནང་ལྷ་མོ་བརྒྱད་པོ་ཡང་། །བཅོམ་ལྡན་འཁོར་དང་བཅས་ལ་འབུལ། །བཞེས་ནས་བྱིན་གྱིས་རླབས་དུ་གསོལ། །ཨོཾ་ཨཱཿཧཱུྃ། ཧཱུྃ། དཔལ་དང་ལྡན་པའི་བཅོམ་ལྡན་འདས་མ་ཁྱོད། །མཁའ་མཉམ་བདེ་རོལ་འགྲོ་བ་ཀུན་བདག་མོ། །ལོངས་སྤྱོད་སྒྱུ་མའི་གཟུགས་དང་ཆགས་པའི་མདངས། །མཁའ་འགྲོ་དྲ་བ་སྡོམ་ལ་ཕྱག་འཚལ་བསྟོད། །གཟུགས་དང་སྒྲ་དང་དྲི་དང་རོ། །དེ་བཞིན་རེག་བྱ་དང་ལྡན་པ། །འདོད་པའི་ཡོན་ཏན་ལྔ་པོ་

ཡང་། །བཅོམ་ལྡན་འཁོར་དང་བཅས་ལ་འབུལ། །བཞེས་ནས་བྱིན་གྱིས་བརླབ་ཏུ་གསོལ། །ཨོཾ་ཨཱཿཧཱུྃ། སྦྲ་བསམ་བརྗོད་མེད་ཤེས་རབ་ཕ་རོལ་ཕྱིན། །མ་སྐྱེས་མི་འགག་ནམ་མཁའི་ངོ་བོ་ཉིད། །སོ་སོ་རང་རིག་ཡེ་ཤེས་སྤྱོད་ཡུལ་བ། །དུས་གསུམ་རྒྱལ་བའི་ཡུམ་ལ་ཕྱག་འཚལ་བསྟོད། །འཁོར་ལོ་ནོར་བུ་བཙུན་མོ་དང་། །བློན་པོ་གླང་པོ་རྟ་མཆོག་དང་། །དམག་དཔོན་རིན་ཆེན་སྣ་བདུན་ཡང་། །བཅོམ་ལྡན་འདས་མ་འཁོར་དང་བཅས་ལ་འབུལ། །བཞེས་ནས་བྱིན་གྱི་བརླབ་ཏུ་གསོལ། །ཨོཾ་ཨཱཿཧཱུྃ། ལས་བྱུམ་བསྒྲུབ། ཚོགས་ལ་ཆབ་བྲན་ཅིང་བསྔོ། ཚོགས་ཕུད་གཏོར་མ་ལ་བྲན། གཞུང་བཞིན་གཏོར་ཆོག་བྱའོ། །

དེ་ནས་སློབ་མ་རྗེས་སུ་གཟུང་བའི་ཚོ་ག་ནི། ཁ་གྲངས་རྫོས་ནས་ཕྱི་ལོག་ཏུ་ཁྲུས་བྱས། གུ་གུལ་གྱིས་བདུག །བགེགས་བསྐྲད། མནྡལ་ཕུལ། དུས་ད་རེས་ཐུབ་པའི་བསྟན་པ་རིན་པོ་ཆེ་འདི་ལ་བརྟེན་ནས་མི་ལུས་གཙང་མ་ཐོབ། དབང་པོ་སྒོ་ལྔ་ཚང་། རྒྱུད་ལ་དད་པ་དྲག་པོ་སྐྱེས། ཡུལ་བླ་མ་མཚན་ཉིད་དང་ལྡན་པ་དང་མཇལ། ཆོས་ཤེས་རབ་ཀྱི་ཕ་རོལ་ཏུ་ཕྱིན་པའི་དགོངས་པ་བདུད་ཀྱི་གཅོད་ཡུལ་འདི་ལྟ་བུ་ཉམས་སུ་བླང་དུ་ཡོད་པ་འདི་འོ་སྐལ་རྣམས་བསོད་ནམས་བསགས་པ་ཡིན་ནོ། །དེ་ལྟ་བུའི་གཅོད་འདི་ཉམས་སུ་ལེན་པར་བྱེད་པ་ལ། ཕྱི་ལྟར་ན་ཕ་རོལ་ཏུ་ཕྱིན་པའི་དགོངས་པ་ཡིན། ནང་ལྟར་ན་གསང་སྔགས་དོན་གྱི་ལྟ་བ་ཡིན། རྣལ་འབྱོར་བླ་མེད་ཀྱི་རྒྱུད་ཀྱི་དགོངས་པ་ཡང་ཡིན་པས། འདི་ཡི་ངོ་སྤྲོད་འདོགས་པའི་སྔོན་དུ་རྒྱུད་སྨིན་པར་བྱེད་ཅིང་། ཟབ་མོ་ཉན་པའི་སྣོད་དུ་ རུང་བར་བྱེད་པའི་ཕྱིར་དབང་བསྐུར་དགོས་པས། སྔར་ཐོབ་ན་ཤིན་ཏུ་ལེགས། སྔར་མ་ཐོབ་ནའང་ད་ལྟ་ཐོབ་པར་བྱེད་པ་ཡིན་ནོ། །དེ་ལ་ཚོ་ག་སྦྱོར་བ། དངོས་གཞི། རྗེས་གསུམ་དུ་ཡོད་པ་ལས། སྦྱོར་བ་སྐྱབས་འགྲོ་དང་། སྡོམ་པ་དང་། སེམས་བསྐྱེད་འདོགས་པའི་ཕྱིར། བླ་མ་

ལ་ཕྱག་དང་མེ་ཏོག་ཕུལ་རྗེས་ཟློས་བྱ། སངས་རྒྱས་ཆོས་དང་ཚོགས་ཀྱི་མཆོག་རྣམས་ལ། །བྱང་ཆུབ་བར་དུ་བདག་ནི་སྐྱབས་སུ་མཆི། །འཁོར་བ་སྡུག་བསྔལ་རྒྱ་མཚོ་ལས་སྒྲོལ་ཕྱིར། །དཀོན་མཆོག་གསུམ་གྱིས་རྗེས་སུ་གཟུང་དུ་གསོལ། །ལན་གསུམ་བྱ་བ་འདི་སྐྱབས་འགྲོའི་ཚིག་གོ །

སྡོམ་པ་འབོགས་པ་ནི། རིགས་ཀྱི་བུ་ཁྱེད་རྣམས་སོ་སོ་ཐར་པ་རིགས་བདུན་པོ་ལས་གང་ཡང་རུང་བའི་སྡོམ་པ་དང་། བྱང་ཆུབ་སེམས་དཔའི་བསླབ་པ་དང་། རིག་འཛིན་སྔགས་ཀྱི་དམ་ཚིག་ལ་སྟར་བརྟེན་ནམ། ད་ལྟ་བརྟེན་ནམ། ད་བཟོད་བརྟེན་པར་སྤྲོ་འམ། ཞེས་དྲི། དེས་སྤྲོ་ལགས་བྱའོ། །དེ་ནས་སྡོམ་པ་གསུམ་གྱི་ཚིག་གླེང་བ་ནི། སློབ་དཔོན་བདག་ལ་དགོངས་སུ་གསོལ། །འཁོར་བའི་སྡུག་བསྔལ་ལས་སྒྲོལ་ཕྱིར། །མི་དགེ་སྤོང་བའི་ཚུལ་ཁྲིམས་དང་། །དགེ་བ་ཆོས་སྡུད་ཚུལ་ཁྲིམས་དང་། །སེམས་ཅན་དོན་བྱེད་ཚུལ་ཁྲིམས་གསུམ། །བདག་གིས་རྟག་ཏུ་གཟུང་བར་བགྱི། །དེང་ནས་བཙམས་ཏེ་མི་སྤང་ཞིང་། །གུས་པའི་ཚུལ་གྱིས་བསླབ་པར་བགྱི། །ཞེས་ལན་གསུམ་བཟློད། དེ་ནས་དབང་ཞུ་བའི་ཕྱིར་གསོལ་བ་གདབ་པ་ནི། འགྲོ་བའི་བླ་མ་སྟོན་པ་པོ། །སྡུག་བསྔལ་རྒྱ་མཚོར་བྱིང་བ་ལ། །མགོན་པོ་ཁྱོད་ནི་དཔལ་དུ་ཤར། །དེ་རིང་བཀའ་དྲིན་གནང་དུ་གསོལ། །ཞེས་ལན་གསུམ་གསོལ་བ་གདབ་བོ། །དེ་ནས་བླ་མས་འདི་སྐད་བྱ། འོ་ན་འདི་ལྟ་བུ་ཐུགས་ལ་བཞག་པར་ཞུ། སློབ་མ་རྣམས་རྗེས་སུ་བཟུང་བའི་ཕྱིར། བདུད་ཀྱི་གཙོད་ཡུལ་གྱི་ངོ་སྤྲོད་འདེབས་པའི་དོན་དུ། རྒྱུད་སྟོད་དུ་རུང་བར་བྱེད་པ་དབང་བསྐུར་བའི་སྐབས་ཡིན་པས། དེ་ལ་གསུམ། དབང་ཐོབ་པའི་ཕན་ཡོན། མ་ཐོབ་པའི་ཉེས་དམིགས། ཇི་ལྟར་བསྐུར་ཚུལ་དང་གསུམ་ལས། དང་པོ་ནི། གནས་སྐབས་སུ་གདམས་པ་ཟབ་མོ་ཉན་པའི་སྣོད་དུ་གྱུར་པས། ནམ་མཁའ་སྒོ་འབྱེད་

ཀྱི་ངོ་སྤྲོད་གདབ་དུ་རུང་བ། མཐར་ཐུག་སྐུ་བཞི་ཡེ་ཤེས་ལྔ་ཕྲིན་ལས་བཞིའི་ངོ་བོར་སངས་རྒྱས་པ་ཡིན་ནོ། །དཔལ་དེ་ཉིད་འདུས་པ་ལས། ཡོངས་སུ་རྫོགས་པའི་དབང་ཐོབ་ན། །སངས་རྒྱས་གོ་འཕང་རྒྱང་མི་རིང་། །ལག་ན་རིན་ཆེན་ཐོགས་པའི་མི། །ཡོངས་སྤྱོད་རྒྱང་མི་རིང་བ་བཞིན། །ཞེས་སོ། །གཉིས་པ་ནི། སྣོད་དུ་མི་རུང་བས་གདམས་ངག་ཉན་པ་ལ་མི་དབང་། སྐལ་བ་མེད་པས་ངོ་སྤྲོད་བཏབ་དུ་མི་བཏུབ་རྗེས་གནང་མེད་པས་ཉམས་སུ་བླང་དུ་མི་བཏུབ་སྟེ། དུས་འཁོར་ལས། དབང་མེད་པ་ལ་དངོས་གྲུབ་མེད། །བྱེ་མ་བཙིར་ན་མར་མེ་བཞིན། །དེས་ན་དབུ་མར་དམ་པ་ནི། །རབ་ཏུ་འབད་དེ་བླང་བར་བྱ། །ཞེས་སོ། །གསུམ་པ་ལ་གཉིས་ལས། རྒྱུད་སྣོད་དུ་རུང་བའི་བུམ་དབང་བདུན་བསྐུར་བ་དང་། འབྲས་བུ་ཡེ་ཤེས་སྐྱེ་བའི་མཆོག་དབང་གསུམ་བསྐུར་བའོ། །དཀྱིལ་འཁོར་མ་མཐོང་བའི་བརྡར་གདོང་གཡོགས་བཅིང་བ་ནི། ཙཀྲུ་ཧྣན་ཧྣ་ཕ་ར་མ་ཊ་ཡེ་ཧཱུཾ། ཡེ་ཤེས་དབབ་པ་ནི། སྙིང་གི་ནམ་མཁའ་ལ་མ་གཅིག་ལབ་ཀྱི་སྒྲོན་མ་བརྒྱུད་པའི་བླ་མ་རྣམས་དང་ཐ་དད་མེད་པ། སྐུ་གཅེར་བུར་བཞུགས་པ། རུས་པའི་རྒྱན་དྲུག་དང་ལྡན་པ། ཐོད་སྐམ་གྱི་དབུ་རྒྱན་དང་། མི་མགོའི་དོ་ཤལ་ཅན། ཕྱག་གཡས་ན་གསེར་གྱི་ཌ་མ་རུ་སྟོང་གསུམ་ཁྱབ་པའི་སྒྲ་སྒྲོག་པ། གཡོན་ན་དངུལ་དཀར་གྱི་དྲིལ་བུ་ཐོགས་པ། མཆན་ཁུང་གཡོན་ན་ཁཊྭཱཾ་ག་བསྣམས་པ། ཞབས་གཡོན་བརྐྱང་བས་རོ་ཡི་སྙིང་ག་མནན་པ། གཡས་པ་བསྐུམ་པས་གཡོན་པའི་བརླ་ལ་གཏད་པ། ཁམས་གསུམ་ཟིལ་གྱིས་གནོན་ནུས་པའི་བདག་ཉིད་ཅན། འཁོར་མཁའ་འགྲོ་དཔག་ཏུ་མེད་པས་བསྐོར་བ། དེ་རྣམས་ལ་ལས་རྡོ་རྗེའི་སྒྲུ་ལེན། ལ་ལས་རྡོ་རྗེའི་གར་བྱེད། ལ་ལས་རྡོ་རྗེའི་བྲོ་འཁྲབ་པའི་དབུས་ན། མ་གཅིག་སྤྱན་གསུམ་གྱིས་ནམ

མཁའ་ལ་གཟིགས་པ། གར་ཐབས་ལིང་ལིང་འཁྱབ་ཅིང་འདུག་པར་བསམ་ལ། མོས་གུས་དྲངས་པ་ཡིས་ཤིག་ཅེས་ལ། སློབ་དཔོན་བདག་ཉིད་རིག་པ་སྐྱེ་མེད་ཀྱི་ངང་ནས། ཉམས་འགག་མེད་ཀྱི་ངར་དང་ལྡན་པས་ཏ་མ་རུ་དཀྲོལ་ཞིང་། བརྒྱུད་པའི་བླ་མ་བྱིན་རླབས་ཅན། །རྩ་བའི་བླ་མ་བཀའ་དྲིན་ཅན། །འདྲེན་པའི་བླ་མ་ཐུགས་རྗེ་ཅན། །དབང་བསྐུར་བྱིན་གྱིས་བརླབ་ཏུ་གསོལ། །ཞེས་གསོལ་བ་དྲག་ཏུ་བཏབ་པས། དེ་རྣམས་བྱོན་ཏེ་སློབ་མ་རྣམས་ཀྱི་སྤྱི་བོ་ནས་མར་ཐིམ་པས། སློབ་མའི་ལུས་ངག་ཡིད་གསུམ་ཟག་མེད་ཀྱི་བདེ་བ་ལྷུ་བུ་ལྷེམ་སྐྱེས་པར་བསྒོམ། དེ་ལྟར་བྱས་པས། སྐུ་ཐེབས་ན་འཁྱབ་ཅིང་གར་བྱེད། ཕྱག་རྒྱ་བསྒྱུར་དུ་འོང་། གསུང་ཐེབས་ན་ཐུགས་བཟློ། རྒྱ་སྐད་སྨྲ། ཏ་ཏ་དང་ཏི་ཏིའི་སྒྲ་སྒྲོག་ཏུ་འོང་། ཐུགས་ཐེབས་ན་གསལ་སྟོང་འཛིན་མེད་ཀྱི་ཉམས་བུན་པ་འཆར། བློ་བདེ་འཐོལ་བ་དང་། ཉམས་དགའ་ཡལ་བ་འབྱུང་ངོ་། །མེ་ཏོག་གཙོ་མོ་ལ་དམིགས་ཏེ། ཨོཾ་སུ་པྲ་ཏིཥྛ་བཛྲ་ཧོཿ ཞེས་བརྗོད་པས། དབུས་སུ་གཙོ་མོས་མེ་ཏོག་གི་ཕྲེང་བ་སྤྲགས་ཀྱི་ཕྲེང་བྱིན་གྱི་བརླབས་ནས། རང་གི་སྤྱི་བོར་བཞག་པར་མོས་པ་མཛོད། ཨོཾ་པྲ་ཏི་གྲྀཧྞ་ཨི་མཾ། སཏྭ་མ་ཧཱ་བ་ལ་ཧོཾ། མེ་ཏོག་སློབ་མ་ལ་གཏད་ནས། བླ་མས། ཨོཾ་བཛྲ་ནཻ་ཧཱ་ཨ་པ་ཏ་ར་པ་ཏ་ཡཾ་ཧྲིཿ ཞེས་པས་གདོང་གཡོགས་ཕྱེ་བར་བྱ།

དང་པོ་ནི། མཚལ་གྱི་སྙིང་དུ་པདྨ་དམར་པོ་འདབ་མ་བཞི་པའི་ལྟེ་བ་ལ་མ་གཅིག་ལབ་ཀྱི་སྒྲོན་མ་ངོ་བོ་བླ་མ་ལ་རྣམ་པ་རྡོ་རྗེ་རིགས་ཀྱི་མཁའ་འགྲོ་མ་སྐུ་གཅེར་བུ་སྐུ་མདོག་མཐིང་ནག །སྐུ་ལ་དུར་ཁྲོད་ཀྱི་རྒྱན་དྲུག་གསོལ་བ། མི་མགོའི་དོ་ཤལ་དང་ཐོད་པའི་དབུ་རྒྱན་མཛད་པ། ཕྱག་གཡས་ན་གྲི་གུག་གཡོན་ན་ཐོད་པ་བདུད་རྩིས་གང་བ་བསྣམས་པ། མཆན་ཁུང་གཡོན་ན་ཁཊྭཱཾ་ག་ཐོགས་པ། ཞལ་གཅིག་ཕྱག་གཉིས་སྤྱན་གསུམ་པ། སྐན་ཆ་ཏུས་པའི་ཤང་མིག་ཐོགས་པ། མི་རོའི་སྙིང་ན་ཞབས་གཡོན་བརྐྱང་བ། གཡས་བསྐུམ་པའི་རྟིང་པ་བྷ་ག་ལ་གཏད་

པ། སྐུ་ལ་མེ་རི་མེ་དཔུང་འབར་བ་གཅིག་ཏུ་བསྒོམ། ཤར་གྱི་འདབ་མ་ལ་དེ་བཞིན་རིགས་ཀྱི་མཁའ་འགྲོ་སྐུ་མདོག་དཀར་མོ། ལྷོའི་འདབ་མ་ལ་རིན་ཆེན་མཁའ་འགྲོ་སྐུ་མདོག་སེར་མོ། ནུབ་ཀྱི་འདབ་མ་ལ་པདྨ་མཁའ་འགྲོ་སྐུ་མདོག་དམར་མོ། བྱང་གི་འདབ་མ་ལ་ལས་ཀྱི་མཁའ་འགྲོ་མ་སྐུ་མདོག་ལྗང་གུ། དེ་ཐམས་ཅད་ཀྱང་རྒྱན་ཆ་ལུགས། ཕྱག་མཚན་བཞུགས་ཚུལ་གཙོ་མོ་དང་འདྲ་བའོ། །དེ་ནས་གཙོ་མོས། རྡོ་རྗེ་མཁའ་འགྲོ་འོད་དུ་ཞུ་བ་ལས་བྱུང་བའི་བུམ་པ་བདུད་རྩིས་གང་བ་དེ་ཕྱག་ཏུ་བསྣམས་ཏེ། ཁྱེད་རང་རྣམས་ཀྱི་སྤྱི་བོར་བཞག་སྟེ་འདི་སྐད་གསུངས་པར་སྒོམས་ཤིག །རྡོ་རྗེ་མཁའ་འགྲོ་ཆུ་ཡི་དབང་། །དེ་རིང་ཁྱོད་ལ་བསྐུར་བར་བྱ། །སངས་རྒྱས་ཐུགས་ནི་རབ་སྒྲུབ་ཕྱིར། །རྡོ་རྗེ་མཁའ་འགྲོ་ཁྱོད་གྱུར་ཅིག །ཨོཾ་བཛྲ་ཌཱ་ཀི་ནི་ཨ་བྷི་ཥིཉྩ་ཧཱུཾ། ཞེས་སློབ་དཔོན་གྱིས་བརྗོད་ཅིང་། ཏིང་ངེ་འཛིན་གྱིས། དབུས་ཀྱི་གཙོ་མོས་ཀྱང་བརྗོད་པར་བསམ་ལ། སྙིང་གི་ནམ་མཁའ་ལ་བརྒྱུད་པའི་བླ་མ་ཡི་དམ་དཔའ་བོ་མཁའ་འགྲོ་ཐམས་ཅད་ཀྱིས་བདུད་རྩིའི་ཆར་འབེབས། རོལ་མོའི་སྒྲ་སྒྲོག །བཀྲ་ཤིས་ཀྱི་དབྱངས་ལེན། འདོད་ཡོན་གྱི་མཆོད་པ་འབུལ། སྐུ་གསུང་ཐུགས་ཀྱིས་བྱིན་གྱིས་རློབས། མཆོག་དང་ཐུན་མོང་གི་དངོས་གྲུབ་སྩེར་བར་སྒོམས་ཤིག་བྱས་ལ། རོལ་མོའི་སྒྲ་དྲག་ཏུ་སྒྲོག །དེ་རྣམས་དབང་ལྷ་ཀ་ལ་བྱའོ། །དེས་རྡོ་རྗེ་མཁའ་འགྲོས་ཆུ་ཡི་དབང་བསྐུར་བས། རྣམ་པར་ཤེས་པའི་ཕུང་པོ་རྡོ་རྗེ་རིགས་ཀྱི་ལྷ་ཚོགས་སུ་གནས་འགྱུར། ཉོན་མོངས་པ་ཞེ་སྡང་མེ་ལོང་ལྟ་བུའི་ཡེ་ཤེས་སུ་དག །འབྱུང་བ་ཆུའི་ལྷ་མོ་མ་མ་ཀཱིའི་ངོ་བོར་དག་པའོ། །དེ་ནས་ལྷོ་ཡི་རཏྣ་ཌཱ་ཀིས། རིགས་ལྔའི་དབུ་རྒྱན་ཁྱེད་རང་རྣམས་ཀྱི་མགོ་ལ་བཀོན་ནས་འདི་སྐད་གསུངས་པར་སྒོམས་ཤིག །རཏྣ་མཁའ་འགྲོའི་དབུ་རྒྱན་དབང་། །དེ་རིང་ཿ སངས་རྒྱས་ཡོན་ཏན་བསྒྲུབ་

པའི་ཕྱིར། །རཏྣ་མཁའ་འགྲོར༔ ཨོཾ་རཏྣ་ཌཱ་ཀི་ནི། རིན་ཆེན་མཁའ་འགྲོས་དབུ་རྒྱན་གྱི་དབང་བསྐུར་བས་ཆོར་བའི་ཕུང་པོ་རིན་ཆེན་རིགས་ཀྱི༔ ང་རྒྱལ་མཉམ་པ་ཉིད་ཀྱི༔ འབྱུང་བ་སའི་ལྷ་མོ་སངས་རྒྱས་སྤྱན་དུ་དག་པའོ། །དེ་ནས་ནུབ་ཀྱི་པདྨ་མཁའ་འགྲོས། དེ་ཞུ་བ་ལས་བྱུང་བའི་གསེར་གྱི་རྡོ་རྗེ་སྤྱི་བོར་བཞག་ནས། པདྨ་མཁའ་འགྲོ་རྡོ་རྗེའི་དབང་། །དེ་རིང་༔ སངས་རྒྱས་གསུང་ནི༔ པདྨ་མཁའ་འགྲོར༔ ཨོཾ་པདྨ་ཌཱ་ཀི་ནི། ཞེས་གསུངས་ཞིང་པདྨ་མཁའ་འགྲོས་རྡོ་རྗེའི་དབང་བསྐུར་བས། འདུ་ཤེས་ཀྱི་ཕུང་པོ་པདྨ་རིགས་ཀྱི༔ འདོད་ཆགས་སོ་སོར་རྟོགས་པའི༔ འབྱུང་བ་མེའི་ལྷ་མོ་གོས་དཀར་མོར་དག་པར་བྱས་པའོ། །བྱང་གི་ལས་ཀྱི་མཁའ་འགྲོས་དངུལ་གྱི་དྲིལ་བུས༔ ལས་ཀྱི་མཁའ་འགྲོས་དྲིལ་བུའི་དབང་༔ དེ་རིང་༔ སངས་རྒྱས་ཕྲིན་ལས༔ ཀརྨ་ཌཱ་ཀིར༔ ཨོཾ་ཀརྨ་ཌཱ་ཀི་ནི། འདུ་བྱེད་ཀྱི་ཕུང་པོ༔ ལས་ཀྱི་རིགས་ཀྱི༔ ཕྲག་དོག་བྱ་བ་གྲུབ་པའི་ཡེ་ཤེས་སུ༔ འབྱུང་བ་རླུང་གི་ལྷ་མོ་དམ་ཚིག་སྒྲོལ་མར་དག་པའོ། །དེ་བས་ཤར་གྱི་དེ་བཞིན་རིགས་ཀྱི་མཁའ་འགྲོས་ཅོད་པན་གསང་མཚན་དང་བཅས་པ་སྤྱི་བོར་བཞག་པར་

སངས་རྒྱས་མཁའ་འགྲོས་མིང་གི་དབང་། །དེ་རིང་༔ སངས་རྒྱས་སྐུ་ནི༔ སངས་རྒྱས་མཁའ་འགྲོར་ཁྱོད་གྱུར་ཅིག །ཨོཾ་བུདྡྷ་ཌཱ་ཀི། ཀྱེ་དཔལ་ཆེ་གེ་མོ་ཞེས་བྱ་བའི་དེ་བཞིན་གཤེགས་པའོ། །ཞེས་སངས་རྒྱས་མཁའ་འགྲོས་མིང་གི་དབང་བསྐུར་བས་གཟུགས་ཀྱི་ཕུང་པོ་དེ་བཞིན་རིགས་ཀྱི༔ གཏི་མུག་ཆོས་ཀྱི་དབྱིངས་ཀྱི་ཡེ་ཤེས༔ འབྱུང་བ་ནམ་མཁའ་བདེ་གཤེགས་མཁའ་འགྲོར་དག་པའོ། །དེ་རྣམས་ནི་མ་རིག་པ་ལྔ་རིག་པར་བྱེད་པས། ཐུན་མོང་རིག་པའི་དབང་ལྔ་ཞེས་བྱའོ། །རིགས་

ཐམས་ཅད་ཀྱི་གཙོ་བོའམ་བདག་པོའི་དབང་བསྐུར་བ་ནི། བླ་མས་མཁའ་འགྲོ་སྡེ་ལྔའི་ཐང་སྐུ་དང་། སྒྲུབ་ཐབས། མེ་ལོང་

རྣམས་སློབ་མའི་སྤྱི་བོར་བཞག་ལ་ཚིག་འདི་སྐད་བརྗོད། སངས་རྒྱས་ཀུན་གྱིས་བྱིན་རླབས་པའི། །རྡོ་རྗེ་མཁའ་འགྲོའི་སྐུ་གསུང་ཐུགས། །བློ་ཆེན་ཁྱོད་ཀྱིས་གཟུང་བར་གྱིས། །སངས་རྒྱས་རྣམས་དང་མཉམ་པར་འགྱུར། །ཨོཾ་བཛྲ་ཌཱ་ཀི་ནི་ཀཱ་ཡ་ཝཱཀ་ཙིཏྟ་ཛྙ་ར་ཧཱུྃ། ཞེས་བརྗོད། དེས་གཙོ་བོ་བདག་པོའི་དབང་ཐོབ་པ་ཡིན་པས་གཙོད་ཀྱི་བསྐོར་ཚོ་ཉན་པ་ལ་དབང་བ་ཡིན་ནོ། །རྡོ་རྗེ་སློབ་དཔོན་གྱི་དབང་ནི། ངས་ཁྱེད་རྣམས་ཀྱི་ལག་པ་གཡས་སུ་རྡོ་རྗེ་གཏད། གཡོན་དུ་དྲིལ་བུ་གཏད། མགོ་ལ་དབུ་རྒྱན་བཀོན། མཆན་ཁུང་དུ་ཁཊྭཱཾ་ག་གཏད་པར་བསྒོམ་ལ། རྡོ་རྗེ་མཁའ་འགྲོས་ལེགས་བྱིན་པའི། །རྡོ་རྗེ་སློབ་དཔོན་དབང་བསྐུར་བས། །རྡོ་རྗེ་སློབ་དཔོན་ཁྱོད་གྱུར་ཏོ། །སློབ་མ་ཡོངས་སུ་བསྟུད་པར་གྱིས། །ཨོཾ་བཛྲ་ཌཱ་ཀི་ནི་མ་ཧཱ་གུ་རུ་ཧཱུྃ། ཞེས་བརྗོད། དེས་ནི་སློབ་མའི་ཚོགས་བསྡུས་ནས་ཆོས་འཆད་པ་ལ་སོགས་པ་གཞན་དོན་བྱེད་པ་ལ་དབང་བ་ཡིན་ནོ། །

ཕྱག་རྒྱ་ཆེན་པོ་བདེ་བའི་མཆོག་དབང་གསུམ་བསྐུར་བ་ལ་གསུམ་ལས། གསང་དབང་ནི། ཕྱོགས་ཀྱི་མཁའ་འགྲོ་བཞི་དབུས་ཀྱི་གཙོ་བོ་ལ་ཐིམ། ཁཊྭཱཾ་ག་ཡབ་ཏུ་གྱུར་ནས། ཡབ་ཡུམ་སྙོམས་པར་ཞུགས་པའི་ཐིག་ལེ་དཀར་དམར་གཙོ་མོའི་ཟླ་གའི་ནང་དུ་བབ་སྟེ། ཚུར་འཕྲོས་པས། ཁྱེད་རང་གི་ལྕེ་ཐོག་ཏུ་བྱུང་བར་སྒོམས་ཤིག་ཅེས་ལ། སངས་རྒྱས་ཀུན་གྱི་སྐུ་གསུང་ཐུགས། །ཐབས་དང་ཤེས་རབ་དབྱེར་མེད་པའི། །གསང་བའི་གནས་ལས་ལེགས་བྱུང་བའི། །རིགས་ཀྱི་བུ་ཁྱོད་དབང་བསྐུར་རོ། །ཨོཾ་བཛྲ་ཤྲཱི་ཀཱ་རུཀཱ་ཨ་བྷི་ཥིཉྩ་ཧཱུྃ། ཞེས་བརྗོད། སངས་རྒྱས་ཐམས་ཅད་ཐིག་ལེ་དཀར་དམར་གྱི་རྣམ་པར་ཞུ་ནས། རང་གི་སྙིང་གར་ཐིམ་པ་ཡིན་སྙམ་པ་ནི་གསང་བའི་དབང་ངོ་། །

ཤེས་རབ་ཡེ་ཤེས་ཀྱི་དབང་བསྐུར་བ་ནི། དབུས་ཀྱི་གཙོ་མོའི་ཕོ་བྲང་གི་དབུས་ནས་སྐྱེས་པ

རྣམས་ཀྱི་དོན་རྡོ་རྗེ་མཁའ་འགྲོར་གྱུར། བུད་མེད་རྣམས་ཀྱི་དོན་དུ་རྡོ་རྗེ་རིགས་ཀྱི་ཧེ་རུ་ཀར་གྱུར་ཏེ། རང་དང་ཞལ་སྦྱར་བར་སྒོམས་ཤིག་ཅེས་ལ། སློབ་དཔོན་གྱིས་ཚིག་སྐད་བརྗོད། སྟོང་ཉིད་སྙིང་རྗེ་དབྱེར་མེད་པའི། །བདེ་ཆེན་ཐབས་དང་ཤེས་རབ་འདི། །ཁྱོད་ཀྱིས་རྟག་ཏུ་བསྟེན་པར་གྱིས། །སངས་རྒྱས་རྣམས་དང་མཉམ་པར་འགྱུར། །ཨོཾ་བཛྲ་མ་ཧཱ་སུ་ཁཾ་ཤུ་ཏྲེ་ཏ་ཧཱུཾ། ཞེས་པས་སྒོམས་པར་ཞུགས་པས། བདེ་སྟོང་གཉིས་མེད་ཀྱི་ཉམས་རྒྱུད་ལ་སྐྱེས་པར་བསམ། དེ་ནི་གསུམ་པའོ། །ཚིག་དབང་བསྐུར་བ་ནི། ཡུམ་རྡོ་རྗེ་མཁའ་འགྲོ་རང་ལ་ཐིམ། དབང་བསྐུར་མཁན་གྱི་བླ་མ་དེའང་རང་ལ་ཐིམ། སྣོད་བཅུད་ཐམས་ཅད་ཀྱང་རང་ལ་ཐིམ། རང་ཡང་འཇའ་ཡལ་བ་བཞིན་དུ་སྟོང་པ་ཉིད་དུ་སོང་ནས། དབང་བསྐུར་མཁན་གྱི་སློབ་དཔོན། ལེན་པའི་སློབ་མ། བསྐུར་བྱའི་དབང་རྣམས་མི་དམིགས་པ་འཁོར་གསུམ་ཡོངས་སུ་དག་པར་སྒོམས་ཤིག་ཅེས་ལ། འདི་ལྟར་འཁོར་འདས་བརྟན་གཡོའི་ཚོགས། །སྤྲུལ་འཕྲུལ་ཆེན་པོའི་རང་བཞིན་ཅན། །ཐམས་ཅད་ཆོས་སྐུ་མཉམ་ཉིད་དུ། །རིགས་ཀྱི་བུ་ཁྱོད་དབང་བསྐུར་རོ། །ཨོཾ་སརྦ་ཏཱ་ཐཱ་ག་ཏ་ཧྲྀད་ཡ་ཨ་ནུ་ཨ་ཏཱ་ཧཾ། ཞེས་བརྗོད་པས། སྣང་སྲིད་འཁོར་འདས་ཀྱིས་བསྡུས་པའི་ཆོས་ཐམས་ཅད་རང་རིག་སེམས་ཀྱི་ཆོ་འཕྲུལ། དག་པ་སྐུ་གསུམ་གྱི་ངོ་བོ། སྐྱེ་མེད་སྟོང་པའི་རང་བཞིན་ཡིན་སྙམ་དུ་བསམ་མོ། །དེ་རྣམས་ནི་དབང་བཞི་གདན་ཐོག་གཅིག་ཏུ་བསྐུར་བའི་ཚོ་གའོ། །དེ་ནས་བླ་མ་ལ་ཅི་འབྱོར་པའི་ཡོན་ཕུལ་ལ། དབང་བཞི་རྫོགས་པར་གནང་བ་སྐུ་དྲིན་ཆེ་ལགས་བྱའོ། །དེ་ནས་གཏོར་མ་རྣམས་ཤ་ལྔ་བདུད་རྩི་ལྔར་བྱིན་གྱིས་བརླབས་ནས་བླ་མ་ཡི་དམ་ལ་དབུལ། གཏོར་དབང་བསྐུར་ན། དམིགས་པ་གཙོད་གཞན་ནས་བཤད་པ་བཞིན་བྱ། གཉིས་པ་ཡི་དམ་མཁའ་འགྲོ་ལ། གསུམ་པ་ཆོས་སྐྱོང་ལ། བཞི་པ་གཞི་བདག་དཀར་ཕྱོགས་སྐྱོང་པ་སྤྱི་ལ་འབུལ། དེ་ནས་ཚོགས་བྱིན་རླབས་ལ། ཕུད་ཕུལ་ནས། ཁ་ཟས་ཀྱི་རྣལ་འབྱོར་དང་ལྡན་པས་ཚོགས་ལ་རོལ། ཚོམ་ནས་ལྷག་མ་བསྡུས་ལ་བཏང་། རྡོ་

རྗེའི་སྣུ་གར་དང་བྲོ་བྱ། གཏོར་མ་བཏང་། གཤེགས་སུ་གསོལ། མཆོད་པ་བསྡུ། དགེ་བ་བྱང་ཆུབ་ཏུ་བསྔོ་ཞིང་སྨོན་ལམ་གདབ། གཙོད་ཀྱི་སྟོན་འགྲོས་སློབ་མའི་རྒྱུད་དག་པར་བྱས་ནས་ཟབ་མོ་ཉན་པའི་སྣོད་དུ་རུང་བར་བྱ་བའི་ཕྱིར་དབང་བཞི་གདན་ཐོག་གཅིག་ཏུ་བསྐུར་བའི་ཆོ་ག་རྫོགས་སོ། །

ཆོས་དབང་སེམས་ལ་བསྐུར་བ་ལ་གཉིས། སྤྱང་བ་དང་། ལས་ལ་སྦྱར་བའོ། །དང་པོ་ནི། བདག་གི་ལུས་འདི་མི་གཙང་བའི་ཕུང་པོར་འདུག །སྔག་དང་ཆུ་སེར་གྱི་རྐྱལ་པ། རུས་པའི་དུམ་བུར་འཐུད། ཚ་རྒྱུས་ཀྱི་དྲ་བས་སྤྲེལ། པགས་པའི་རྒྱ་ཡིས་བཀབ། ཤ་ཁྲག་འདུས་པའི་ཕུང་པོ་གསོ་དཀའ་ལ་འཇིག་པར་སླ་བ། ཐོབ་དཀའ་ལ་འཇིག་པར་སླ་བ། རྐྱེན་མང་བ་འདི་ལྟ་བུའི་ལུས་འདི་ལ་ཆགས་ཞེན་ཉིལ་འབྲུ་ཙམ་ཡང་མི་བྱེད་དོ་སྙམ་དུ་བསམ་ལ། ལུས་དཀྱིལ་ཀྲུང་། ལག་པ་གཉིས་པུས་མོ་ལ་བཀབ། མིག་འོད་གང་ཙམ་གྱི་ནམ་མཁའ་ལ་ཏད་དེ་བཞག་གོ། །དེ་ནས་རྐང་པ་གཉིས་ཀྱི་མཐིལ་དུ་སེམས་ཀྱི་ངོ་བོ་ཨ་དཀར་པོ་མཐེ་འོང་ཙམ་དུ་བསམ་ལ། འོག་རླུང་ཡར་ལ་འཕུབ་ཀྱིས་འཐེན་པས། འོད་གཉིས་བོལ་གོང་ན་ཡར་ཧྲི་ལི་ལི་བྱུང་། ངར་གདོང་གཉིས་ན་ཡར་ཧྲིལ་ལི་ལི་བྱུང་། ཆུ་སོའི་ཐད་ཀར་གཅིག་ཏུ་འདྲེས། མགྲིན་པ་ན་ཡར་བྱུང་། སྤྱི་བོ་ཚངས་བུག་ན་ཡར་རྩལ་པོ་ཆེས་མདའ་འཕངས་པ་ལྟར། སྟེང་གི་ནམ་མཁའ་ལ་རླུང་གི་རང་བཞིན་དུ་སྔོ་བུན་གྱིས་ཐོན་པར་བསམ། ཕཊ་ཀྱིས་རིམ་པར་འཕུལ་ལོ། །

གཉིས་པ་ལས་ལ་སྦྱར་བ་ནི། ལུས་གནད་སྔར་ལྟར་བྱ། སྤྱིར་ཐལ་མོ་སྦྱར། རྐང་མཐིལ་དུ་ཨཱཿབསྒོམ། ཕཊ་ཀྱིས་རིམ་པ་ལྟར། སྤྱི་གཙུག་ནས་རྩལ་པོ་ཆེས་མདའ་འཕངས་པ་ལྟར་རྒྱངས་ཀྱིས་སོང་། དེ་ཉིད་ཀྱི་ངང་དུ་ནམ་མཁའ་སྟོང་པའི་ངོ་བོར་ཕྱུད་ཀྱིས་འདྲེས་པར་བསམ། ཡལ་བར་བསྒོམ། དེངས་པར་བསྒོམ། ལུས་སེམས་ཤག

གིས་སྤྲལ། ལུས་ཅི་དགར་བཞག །སེམས་ཉིད་རྟེན་མེད་ཀྱི་རིག་པ་ནམ་མཁའ་ལ་འཕངས་ལ། ཧ་རེ་ཧད་དེ་བསམ་བརྗོད་མེད་པའི་ངང་དུ་བཞག །རྗེས་ཀྱི་བྱ་བ་ལ། ཚོགས་ལ་ལོངས་སྤྱོད། ལྷག་གཏོར་གཏོང་། ཡིག་བརྒྱས་ལྷག་ཆད་ཁ་བསྐང་། མཆོད་བསྟོད། བཀྲ་ཤིས་བརྗོད། གཤེགས་གསོལ་བྱེད། བསྔོ་བས་རྒྱས་འདེབས་པའོ། །གཅོད་གདན་ཐོག་གཅིག་མའི་ཁྲིད་ཡིག་ཕྲིན་ལས་རྒྱ་མཚོ་ལས། གསང་གཅོད་ཀྱི་དབང་ཆོག་བདུད་རྩིའི་ཆུ་རྒྱུན་འདི། ཀོ་ཧིང་གུའི་ཤྲཱི་ཀུན་དགའ་རྒྱ་མཚོ་བ་དང་། སྣངས་རྩེ་རས་ཆེན་པ་བསམ་གྲུབ་རྒྱ་མཚོ་དཔོན་སློབ་ཀྱིས་བསྐུལ་བའི་ངོར། ཤཱཀྱའི་དགེ་སློང་ཀྲི་ཝོ་ཆོས་ཀྱི་རྒྱ་མཚོ་བྱ་བས། དབེན་གནས་ཤེལ་ཕུག་བྲག་ཏུ་སྦྱར་བའོ། །ལྷན་ཐབས་ཀྱི་ཡིག་ཆུང་ངོ་།། །།

༄༅། །དམ་པ་སངས་རྒྱས་ལྷ་ལྔའི་སྒྲུབ་ཐབས་བཞུགས་སོ། །

བླ་མ་དང་ལྷག་པའི་ལྷ་ལ་ཕྱག་འཚལ་ལོ། །བླ་མ་རིན་པོ་ཆེའི་སྒྲུབ་ཐབས་ལ་སྔོན་འགྲོ་གནས་དབེན་ཞིང་ཡིད་དང་མཐུན་པར། ཡོལ་བ། བླ་རེས། རྟེན་བཀྲམ་པར་བྱེད་ཅིང་། གཏོར་མ་གསུམ་དང་དབང་གཏོར་བླུམ་པོ་གཏོར་ཚུང་བཞིས་བསྐོར། དར་དམར་གྱི་བརྒྱན། འདོད་¦ཡོན་ལྔའི་¦གཏོར་འདབ་ཀྱིས་བསྐོར། གཞི་བདག་གཏོར་མ་དཀར་གསུམ་གྱིས་བརྒྱན། གཏོར་མ་གསུམ་པོ་དཀྱིལ་འཁོར་གྱི་གོང་དུ་བཤམ། དབང་གཏོར་དཀྱིལ་འཁོར་དབུས་སུ་མཆིའི་ཁར་བཞག །མཐའ་མཆོད་པས་བསྐོར། རང་ཉིད་བདེ་བའི་གདན་ལ་འདུག་ཅིང་། མདུན་དུ་སྐྱེགས་ཀྱི་ཁར་ནང་མཆོད། ཊ་དྲིལ། ལས་བུམ་བཞག །ནང་མཆོད་བྱིན་རླབས་ནི། ཨ་མྲྀ་ཏ་ཀུཎྜ་ལི་ཧ་ན་ཧ་ན་ཧཱུྃ་ཕཊ། ཨོཾ་སྭ་བྷཱ་ཝ་ཤུདྡྷ་སརྦ་དྷརྨཱ་སྭ་བྷཱ་ཝ་ཤུདྡྷོ྅ཧཾ། སྟོང་པ་ཉིད་དུ་གྱུར། སྟོང་པའི་ངང་ལས་ཡཾ་ལས་རླུང་། རཾ་ལས་མེ། ཀཾ་ལས་མི་མགོའི་སྒྲེད་པོ་གསུམ་གྱི་སྟེང་དུ། ཀ་པཱ་ལ་ཕྱི་དཀར་ལ་ནང་དམར་བ་ཡངས་ཤིང་རྒྱ་ཆེ་བའི་ནང་དུ། ཡེ་ཤེས་ཀྱི་བདུད་རྩིའི་རྒྱ་མཚོ་ཆེན་པོར་གྱུར། ཨོཾ་ཨཱཿཧཱུྃ། མཐེབ་སྲིན་གྱིས་ལན་གསུམ་དགྲུག །དཀར་གཏོར་ལ་ཆུ་གཙང་བྲན། ཨམྲྀ་ཏ། སྭ་བྷཱ་ཝ། སྟོང་པ་ཉིད་དུ་གྱུར། སྟོང་པའི་ངང་ལས་གཏོར་མ་དངས་ཤིང་ཐོགས་པ་མེད་པ་གཞི་བདག་རྣམས་ཀྱི་འདོད་པའི་ཡོན་ཏན་ལྔ་དང་ལྡན་པར་གྱུར། ཨོཾ་ཨ་ཀཱ་རོ་མུ་ཁཾ་སརྦ་དྷརྨཱ་ཎཱ་ཨཱདྱ་ནུཏ་པནྣ་ཏྭཱཏ། ཨོཾ་ཨཿཧཱུྃ་ཕཊ་སྭཱ་ཧཱ། མཆོད་སྦྱིན་གྱི་གཏོར་མ་རྒྱ་ཆེན་པོ་འདི་བསྔོ་ཞིང་འབུལ་བའི་གནས་སུ་གྱུར་པ་ནི། སྟོང་གསུམ་གྱི་སྟོང་ཆེན་པོ་ན་གནས་པའི་གཞི་བདག །གནས་བདག །ཡུལ་བདག །གྲོང་

བདག་རྣམས་ལ་འབུལ་ལོ། །མཆོད་སྦྱིན་གྱི་གཏོར་མ་རྒྱ་ཆེན་པོ་འདི་བཞེས་ལ། བདག་ཅག་དཔོན་སློབ་འཁོར་དང་བཅས་པ་རྣམས་འགྲོ་ན་མ་བཀོལ། འདུག་ན་མ་སྡང་། བསམ་པ་མ་ངན། སྦྱོར་བ་མ་རྩུབ། ལས་དཀར་པོ་ཆོས་དང་མཐུན་པའི་སྟོང་གྲོགས་རྒྱ་ཆེན་པོ་མཛད་དུ་གསོལ། གཏོར་མ་གཙང་སར་ཕུལ། སྐྱབས་འགྲོ་བྱེད་པ་ནི། ན་མོ་གནས་ཀྱི་གདོན་དང་ལུས་ཀྱི་གདོན། །གནས་གདོན་གཙོ་བྱས་སེམས་ཅན་རྣམས། །ཕ་དམ་པ་སངས་རྒྱས་རིན་པོ་ཆེ། །དམ་པའི་སྐུ་ལ་སྐྱབས་སུ་མཆི། །རང་རིག་ཡེ་ཤེས་སྟོན་མཛད་པའི། །བླ་མ་རྣམས་ལཿ ཞི་གྱུར་འདོད་ཆགས་བྲལ་བ་ཡི། །དམ་ཆོས་རྣམས་ལཿ གང་ལ་ཕུལ་ན་དོན་ཆེ་བ། །དགེ་འདུན་རྣམས་ལཿ ཁྱེད་རྣམས་ལ་ནི་སྐྱབས་སུ་མཆི། །ཁྱེད་རྣམས་ལ་ནི་བདག་བརྟེན་ནོ། །སྡིག་པ་མི་དགེ་སོ་སོར་བཤགས། །འགྲོ་བའི་དགེ་ལ་རྗེས་ཡིད་རང་། །སངས་རྒྱས་བྱང་ཆུབ་ཡིད་ཀྱིས་བཟུང་། །སངས་རྒྱས་ཆོས་དང་ཚོགས་མཆོག་ལ། །བྱང་ཆུབ་བར་དུ་སྐྱབས་སུ་མཆི། །རང་གཞན་དོན་ནི་རབ་བསྒྲུབ་ཕྱིར། །བདག་གིས་བྱང་ཆུབ་སེམས་མཆོག་བསྐྱེད། །བྱང་ཆུབ་སྤྱོད་མཆོག་ཡིད་འོང་སྤྱད་པར་བགྱི། །འགྲོ་ལ་ཕན་ཕྱིར་སངས་རྒྱས་འགྲུབ་པར་ཤོག །ཚོགས་ཞིང་ནི། མདུན་གྱི་ནམ་མཁའ་དམ་པ་ལྷ་ལྷའི་དཀྱིལ་འཁོར་གསལ་བར་གྱུར། གནས་གསུམ་ལས་འོད་ཟེར་འཕྲོས། ཆོས་ཀྱི་དབྱིངས་ནས་དམ་པའི་ལྷ་ཚོགས་སྤྱན་དྲངས། བཛྲ་ས་མ་ཛཿཛཿཧཱུྃ་བཾ་ཧོཿ གཉིས་སུ་མེད་པར་གྱུར། སངས་རྒྱས་ཐམས་ཅད་འདུས་པའི་སྐུ། །རྡོ་རྗེ་འཛིན་པའི་ངོ་བོ་ཉིད། །དཀོན་མཆོག་གསུམ་གྱི་རྩ་བ་སྟེ། །བླ་མ་རྣམས་ལ་ཕྱག་འཚལ་བསྟོད། །ཨོཾ་སརྦ་ཏ་ཐཱ་ག་ཏ་ཨ་ཧྲཱྀཾ་ཨཱཿཧཱུྃ། པུཥྤེ། དྷཱུ་པེ། ཨཱ་ལོ་ཀེ། གནྡྷེ། ནཻ་ཝེ། ཤབྡའི་བར་བརྗོད། དམ་པ་སངས་རྒྱས་ལ་གསོལ་བ་འདེབས།

ཨ་མ་ལབ་སྒྲོན་ལ། མཁའ་འགྲོ་རྒྱན་ནེ་ལ༔ རྣལ་འབྱོར་རུས་པའི་རྒྱན་ཅན་ལ༔ རྟོགས་ལྡན་མགོན་པོ་རྒྱལ་མཚན་ལ༔ ལྷ་བུ་ཀུན་དགའ་ཡེ་ཤེས་ལ༔ ཀུན་མཁྱེན་འཇམ་དཔལ་བཟང་པོ་ལ༔ རྗེ་བཙུན་འཇམ་དཔལ་རྒྱལ་མཚོ་ལ༔ བདག་རྒྱུད་སྨིན་པར་བྱིན་གྱིས་རློབས། །ཚོགས་ཞིང་རང་ལ་ཐིམ། ཨོཾ་ཨཱཿཧཱུྃ།

བདག་བསྐྱེད་བསྒྲུབ་སྟེ། ཨོཾ་སྭ་བྷཱ་ཝ། སྟོང་པ་ཉིད་དུ་གྱུར། སྟོང་པའི་ངང་ལས་ཨེ་ལས་ཆོས་ཀྱི་འབྱུང་གནས་གྲུ་གསུམ་པ་ཡངས་ཤིང་རྒྱ་ཆེ་བའི་དབུས་སུ། སྣ་ཚོགས་པདྨ་འདབ་མ་བཞི་པའི་ལྟེ་བར་ཟླ་བའི་སྟེང་དུ། རང་གི་རྣམ་པར་ཤེས་པའི་ངོ་བོ་ཡི་གེ་ཧཱུྃ་མཐིང་ག །དེ་ལས་འོད་ཟེར་འཕྲོས། འཕགས་པ་མཆོད། སེམས་ཅན་གྱི་དོན་བྱས། ཚུར་འདུས་ཡོངས་སུ་གྱུར་པ་ལས། ཕ་དམ་པའི་སངས་རྒྱས་སྐུ་མདོག་ནག་ལ་གཟི་བརྗིད་དང་ལྡན་པ། ཞལ་གཅིག་ཕྱག་གཉིས། དབུ་སྐྲ་རལ་པའི་ཕྱེད་སྤྱི་བོར་བཅིངས་ཤིང་། ལྷག་མ་སྐུ་རྒྱབ་ཏུ་འཕྱང་བ། ཕྱག་གཡས་ཧཱུྃ་ཕྱག་སྦྱོད་ནམ་མཁའ་ལ་འཁྲོལ་ཞིང་། གཡོན་པ་མི་རྐང་གི་གླིང་བུ་འབུད་པ། རུས་པ་དང་རིན་པོ་ཆེའི་དབུ་རྒྱན། སྙན་རྒྱན། མགུལ་རྒྱན། དཔུང་གདུབ། རྒྱན་དྲུག །སོར་གདུབ། ཞབས་གདུབ་བྱས་ཤིང་། ཞབས་གཡས་བསྐུམ་གཡོན་བརྐྱང་བས་ཟླ་བ་ལ་གནས་པ། དེའི་ཤར་དུ་རྡོ་རྗེ་མཁའ་འགྲོ་སྐུ་མདོག་སྔོན་མོ། ལྷོར་རིན་ཆེན་མཁའ་འགྲོ་སྐུ་མདོག་སེར་མོ། ནུབ་ཏུ་པདྨ་མཁའ་འགྲོ་སྐུ་མདོག་དམར་མོ། བྱང་དུ་ལས་ཀྱི་མཁའ་འགྲོ་སྐུ་མདོག་ལྗང་གུ། གཡས་རྣམས་རྡོ་རྗེ། རིན་ཆེན། པདྨ། རལ་གྲིས་མཚན་པའི་གྲི་གུག་དང་། གཡོན་ཐོད་ཁྲག་ཐུགས་ཀར་འཛིན་པ། ཁཊྭཱ་ག་མཆན་ཁུང་དུ་བཅུག་པ། ཕྱག་རྒྱ་ལྔ་དང་ལྡན་པ། ཞབས་གར་སྟབས་ཀྱིས་བཞུགས་པ། ལྷ་ཚོགས་རྣམས་ཀྱི་དཔྲལ་བར་ཨོཾ། མགྲིན་པར་

ཨཱཿ ཐུགས་ཀར་ཧཱུྃ། ཐུགས་ཀའི་ཧཱུྃ་ལས་འོད་འཕྲོས་པས། ཆོས་ཀྱི་དབྱིངས་ནས། དམ་པ་སངས་རྒྱས་རིགས་བཞི་མཁའ་འགྲོའི་ཚོགས་དང་བཅས་པ་ལ་སངས་རྒྱས་དང་བྱང་ཆུབ་སེམས་དཔའི་ཚོགས་ཀྱིས་བསྐོར་བ་སྤྱན་དྲངས། བཛྲ་ས་མ་ཛཿ ཛཿཧཱུྃ་བཾ་ཧོཿ གཉིས་སུ་མེད་པར་གྱུར། ཐུགས་ཀར་ཟླ་བའི་སྟེང་དུ་ཧཱུྃ་ཡིག་གི་མཐར། ན་མོ་གུ་རུ་བེ། དམ་པ་སངས་རྒྱས་ཨོཾ་ཨཱཿཧཱུྃ། ཧ་རི་ནི་ས་ཧཱུྃ་ཕཊ་སྭཱ་ཧཱ། མཐར་རང་ལ་བསྟུད་ཅིང་མི་དམིགས་པའོ། །

མདུན་བསྐྱེད་བསྒྲུབ་པ་ནི། སྭ་བྷཱ་ཝ་ནས། མདུན་གྱི་ནམ་མཁར་སོགས། ཡི་གེ་ཧཱུྃ་མཐིང་ནག་ཅེས་པ་ནས། ས་མ་ཛའི་བར་བརྗོད། མ་ལུས་སེམས་ཅན་ཀུན་གྱི་མགོན་གྱུར་ཅིང་། །བདུད་སྡེ་དཔུང་བཅས་མི་བཟད་འཇོམས་མཛད་ལྷ། །དངོས་རྣམས་མ་ལུས་ཇི་བཞིན་མཁྱེན་གྱུར་པའི། །བཅོམ་ལྡན་འཁོར་བཅས་གནས་འདིར་གཤེགས་སུ་གསོལ། །བཅོམ་ལྡན་ཁྱོད་ནི་བྱོན་པ་ལེགས། །བདག་ཅག་བསོད་ནམས་སྐལ་བར་ལྡན། །བདག་གི་མཆོད་ཡོན་བཞེས་ནས་ཀྱང་། །འདི་ཉིད་དུ་ནི་བཞུགས་སུ་གསོལ། །པདྨ་ཀ་མ་ལ་ཡེ་སྟྭཾ། ཛཿཧཱུྃ་བཾ་ཧོཿ གཉིས་སུ་མེད་པར་གྱུར། ཡོན་ཆབ་ཞབས་ཆབ་བདུག་སྤོས་དང་། །མེ་ཏོག་མར་མེ་དྲི་མཆོག་དང་། །ཞལ་ཟས་རོལ་མོའི་མཆོད་པ་རྣམས། །དམ་པ་འཁོར་དང་བཅས་ལ་འབུལ། །ས་གཞི་སྤོས་ཀྱིས་བྱུགས་ཤིང་མེ་ཏོག་བཀྲམ། །རི་རབ་གླིང་བཞི་ཉི་ཟླས་བརྒྱན་པ་འདི། །སངས་རྒྱས་ཞིང་དུ་དམིགས་ཏེ་ཕུལ་བ་ཡིས། །འགྲོ་ཀུན་རྣམ་དག་ཞིང་ལ་སྤྱོད་པར་ཤོག །གུ་རུ་རཏྣ་མཎྜལ་ལ་པཱུ་ཛ་མེ་གྷ་ས་མུ་དྲ་སྥ་ར་ཎ་ས་མ་ཡེ་ཨཱཿཧཱུྃ། རྗེ་བླ་མ་རྣམས་ལ་ཕྱག་འཚལ་ལོ། །དགོས་བཀའ་དྲིན་ཅན་ལ་གསོལ་བ་འདེབས། །གནས་མཆོག་དིང་རི་དགོན་པ་རུ། །ཕྱི་བསྐོར་གཅིག་བསྐོར་གཉིས་བསྐོར་དང་གསུམ། །ཕྱི་བསྐོར་བ་

ལྕགས་རི་མུ་ཁྱུད་བསྐོར། །བར་བསྐོར་བ་ལྔ་རྒྱལ་འཛམ་བུ་གླིང་། །ནང་བསྐོར་བ་དིང་རི་གླ་འཁོར་བསྐོར། །རི་མཁན་པ་ཁྲིད་ཀྱི་ཞིང་ཁམས་ན། །ཀྲྀ་ཀི་པད་ཟླའི་གདན་སྟེང་ན། །གནས་དེ་ན་སུ་བཞུགས་སུ་མི་བཞུགས། །གནས་དེ་ན་དམ་པ་རྒྱ་གར་བཞུགས། །ཕོང་སྐྱ་འབྲུངས་པ་རྒྱ་གར་ཡུལ་དུ་འབྲུངས། །གསུང་སྒྲོག་པ་བོད་ཡུལ་དབུས་སུ་སྒྲོག །རྗེ་འགྲོ་བའི་མགོན་པོ་རྡོ་རྗེ་འཆང་། །སྒྲ་བའི་སེང་གེ་མཚུངས་པ་མེད། །དཔལ་ཆེན་པིདྨ་དྲོད་ཚད་མཁན། །ཨཏྱ་དེ་བ་སྒྲ་ཚད་མཁན། །དམ་པ་མུ་ཏིག་རྒྱུད་སྡེ་མཁན། །རྗེ་མི་ཕམ་མགོན་པོ་བཙོམ་ལྡན་འདས། །འཛམ་བུ་གླིང་གི་རྒྱན་གཅིག་པོ། །རྗེ་འགྲོ་བའི་མགོན་པོ་ལ་གསོལ་བ་འདེབས། །འགྲོ་བའི་མགོན་པོས་བྱིན་གྱི་རློབས། །རྗེ་དམ་པ་སངས་རྒྱས་རིན་པོ་ཆེ། །ཕོང་སྟེང་ན་ལྷ་ཚོགས་ཐིབས་ཐིབས། །གཡས་ན་དཔའ་བོའི་ངར་དང་བཅས། །གཡོན་ན་དཔའ་མོའི་མདངས་དང་ལྡན། །མདུན་ན་དམ་ཅན་སྲུངས་སེ་སྲུང་། །རྒྱབ་ན་ཀྲྀ་ཀི་ཤིགས་སེ་ཤིགས། །འོག་ན་གདོན་ཚོགས་མྱ་ལ་ལ། །རྗེ་དེར་བཞུགས་དམ་པ་ལ་གསོལ་བ་འདེབས། །དེར་བཞུགས་དམ་པས་བྱིན་གྱིས་རློབས། །དེར་བཞུགས་དམ་པས་བར་ཆོད་སོལ། །དེར་བཞུགས་དམ་པས་ལམ་སྣ་དྲོངས། ཧཱུྃ། ཕ་ནག་པོ་ཆེན་པོ་གཟི་མདངས་ཅན། །སྐུ་སྟོད་སེང་ཆེན་འཁྱིང་བ་འདྲ། །དེ་བདུད་བཞི་ཟིལ་གྱིས་གནོན་པའི་རྟགས། །སྨད་པ་རྡོ་རྗེ་བསྒྲིལ་བ་འདྲ། །དེ་འཁྲུལ་གཞི་རྩད་ནས་གཅོད་པའི་རྟགས། །ཞབས་གཉིས་ཐ་ཐྲན་གཤིབས་པ་འདྲ། །བྱང་ཆུབ་ཀྱི་རྒྱུན་ལམ་འདྲེན་པའི་རྟགས། །སྐུ་མདོག་ནག་ལ་སྣུམ་པ་དེ། །ཆོས་ཉིད་ལ་འགྱུར་བ་མེད་པའི་རྟགས། །དབུ་སྐྲ་ནག་སྣུམ་གྱེན་དུ་འཁྱིལ་བ་དེ། །མཐོ་རིས་ཐར་ལམ་ཕྱེད་པའི་རྟགས། །སྤྱན་མིག་དམར་ལ་སྤྱན་རྩ་

འཁྲུག་པ་དེ། །སྣང་སྲིད་ཟིལ་གྱིས་གནོན་པའི་རྟགས། །ཚེམས་མདངས་དཀར་ལ་ཚེམས་རྩེ་རྣོ་བ་དེ། །སྐྱེ་ཤི་རྩད་ནས་གཅོད་པའི་རྟགས། །ཕྱག་སོར་མོ་རིང་ལ་ཕྱག་སེན་རྣོ་བ་དེ། །སྐལ་ལྡན་ཐར་ལམ་འདྲེན་པའི་རྟགས། །ཕྱག་སོར་མོ་ཟངས་འབྲུ་བཀྲམ་པ་འདྲ། །དུག་གསུམ་རྩད་ནས་གཅོད་པའི་རྟགས། །རྗེ་རེས་འགའ་ཉིན་མཚན་ཡོར་ཡུག་གཟིམས། །བསྒོམ་གཉུག་མ་ལ་རྒྱུན་ཆད་མེད་པའི་རྟགས། །རྗེ་རེས་འགའ་རྟེན་འབྲེལ་སྣ་ཚོགས་སྟོན། །དེ་བཀའ་འཁོར་བྱིན་གྱིས་བརླབ་པའི་རྟགས། །རྗེ་རེས་འགའ་སྨྱོན་པའི་བརྟུལ་ཞུགས་སྟོན། །དེ་འཁོར་གྱི་བར་ཆད་སེལ་བའི་རྟགས། །རྗེ་དེར་བཞུགས་དམ་པ་ལ་གསོལ་བ་འདེབས། །བྱིན་རླབས་ཐུགས་ཀྱི་ཀློང་ནས་ཞུ། །རྗེ་སྐུ་ཡི་བྱིན་རླབས་ལུས་ལ་ཞུགས། །ལུས་ན་ཚའི་སྡུག་བསྔལ་ཞི་བར་མཛོད། །ལུས་ལ་བདེ་དྲོད་འབར་དུ་གསོལ། །ལུས་ཀྱི་སྒྲིབ་པ་དག་ནས་ཀྱང་། །ལུས་སྤྲུལ་སྐུ་ཐོབ་པར་མཛད་དུ་གསོལ། །རྗེ་གསུང་གི་བྱིན་རླབས་ངག་ལ་ཞུགས། །ངག་འགགས་འཛེར་གྱི་སྡུག་བསྔལ་ཞི་བར་མཛོད། །ངག་ལ་ནུས་པ་འབར་དུ་གསོལ། །ངག་གིཿ ངག་ལོངས་སྐུཿ རྗེ་ཐུགས་ཀྱི་བྱིན་རླབས་སེམས་ལ་ཞུགས། །སེམས་ཉོན་མོངས་ཀྱི་སྡུག་བསྔལ་ཞི་བར་མཛོད། །སེམས་ལ་རྟོགས་པ་འཆར་དུ་གསོལ། །སེམས་ཀྱི་སྒྲིབ་པཿ སེམས་ཆོས་སྐུཿ རྒྱུ་འདོད་ཆགས་ཞེ་སྡང་གཏི་མུག་གསུམ། །དུག་གསུམ་རང་སར་ཞི་རུ་གསོལ། །ནད་རླུང་མཁྲིས་བད་ཀན་འདུས་པ་བཞི། །བཞི་བརྒྱ་རྩ་བཞི་རང་སར་དག་ཏུ་གསོལ། །ཆོས་སྐུ་ལོངས་སྐུ་སྤྲུལ་སྐུ་གསུམ། །སྐུ་གསུམ་མངོན་དུ་འགྱུར་དུ་གསོལ། །གཞན་དོན་འབད་མེད་འབྱུང་བར་བྱིན་གྱིས་རློབས། །ཁྱེ་སྤྱོད་རྣལ་འབྱོར་རྒྱུད་སྡེ་བཞི། །སྟོན་པ་ཉིད་ཀྱིས་གང་གསུངས་པ། །ཕྱི་དང་ནང་དང་གསང་བ་ཡི། །ཡི་དམ་རྣམས

ལ་ཕྱག་འཚལ་བསྟོད། །སྟོན་པའི་བསྟན་པ་རིན་པོ་ཆེ། །སྟོན་པ་ཉིད་ཀྱི་ཞབས་དྲུང་དུ། །ཇི་བཞིན་བསྒྲུབ་བར་ཞལ་བཞེས་པ། །ཆོས་སྐྱོང་རྣམས་ལ་ཕྱག་འཚལ་བསྟོད། །ཕྱག་བྱར་འོས་པ་ཐམས་ཅད་ལ། །ཤིན་ཏུ་གུས་པ་དང་ལྡན་པས། །ལུས་བཏུད་པ་ཡིས་རྣམ་ཀུན་དུ། །མཆོག་ཏུད་དད་པས་ཕྱག་འཚལ་བསྟོད། །བཟླས་པ་བྱེད། བརྒྱུད་པའི་མཚན་ནས་སྨོས་ནས་ནངམཆོད་འབུལ། ལས་བུམ་བསྒྲུབ།

བདག་འཇུག་ལ། སློབ་མ་ཁྲུས་བྱེད། ཕྱག་དང་མཎྜལ་ཕུལ། སློབ་དཔོན་གྱིས་ཆོས་བཤད་རྒྱུས་བསྟུས་སྐབས་དང་སྦྱར། དཀོན་མཆོག་གསུམ་ལ་བདག་སྐྱབས་མཆི། །སྡིག་པ་མི་དགེ་སོ་སོར་བཤགས། །འགྲོ་བའི་དགེ་ལ་རྗེས་ཡིད་རང་། །སངས་རྒྱས་བྱང་ཆུབ་ཡིད་ཀྱིས་བཟུང་། །སངས་རྒྱས་ཆོས་དང་ཚོགས་མཆོག་ལ། །བྱང་ཆུབ་བར་དུ་སྐྱབས་སུ་མཆི། །རང་གཞན་དོན་ནི་རབ་སྒྲུབ་ཕྱིར། །བྱང་ཆུབ་སེམས་ནི་བསྐྱེད་པར་བགྱི། །བྱང་ཆུབ་མཆོག་གི་སེམས་ནི་བསྐྱེད་བགྱིས་ནས། །སེམས་ཅན་ཐམས་ཅད་བདག་གི་མགྲོན་དུ་གཉེར། །འགྲོ་ལ་ཕན་ཕྱིར་སངས་རྒྱས་འགྲུབ་པར་ཤོག །ཡན་གསུམ། བུམ་ཆུས་བསང་། ཁྱེད་རང་སྐད་ཅིག་གིས་ཕ་དམ་པ་སྐུ་མདོག་སྔུག་ནག་ཞལ་གཅིག་ཕྱག་གཉིས་པ་གཅིག་ཏུ་གསལ་བར་གྱུར། དེའི་དཔྲལ་བར་ཨོཾ། མགྲིན་པར་ཨཱཿ ཐུགས་ཀར་ཧཱུྃ། ཡེ་ཤེས་ཕབ། མདུན་གྱི་ནམ་མཁའི་གནས་སུ་དམ་པ་སངས་རྒྱས་གཙོ་འཁོར་ལྔའི་སྐུ་ལུས་ཀྱི་ཆ་ལས་ཡེ་ཤེས་ནམ་མཁའ་ལྷ་བུ། ནོར་བུ་ལྷ་བུ། བདུད་རྩི་ལྷ་བུའི་ཚོགས་ཆར་ལྟར་བབ། ཁྱེད་རང་གི་ལུས་ལ་ཐིམ་པའི་མོས་པ་གྱིས། ཨ་བེ་ཤ་ཡ་ཨ་ཨ། རྡོ་རྗེ་མགོར་བཞག །ཧྲི་ཙྪ་བཛྲས་བརྟན་པར་བྱེད། དངོས་གཞི་མཎྜལ་ཕུལ། ཀུན་མཁྱེན་ཡེ་ཤེས་ཕུང་པོ་ཅན། །སྲིད་པའི་འཁོར་ལོ་རྣམ་འཇོམས་པ། །དེ་རིང་བཤད་པའི་རིན་ཆེན་གཏེར། །གཙོ་བོས་བདག་ལ་བཀའ་དྲིན་སྩོལ། །གཏོར་མ་སྤྱི་བོར་བཟུང་། དམ་

པ་གཙོ་འཁོར་གྱི་སྐུ་ལས་སྐུ་ཆེ་ཆུང་འབྲིང་གསུམ་འཕྲོས། ཁྱེད་རང་གི་ལུས་ལ་ཐིམ། བརྒྱུད་པའི་མཚན་ནས་སྨོས། ནང་མཆོད་བླུད། མེ་ཏོག་འཐོར། དེ་ལུས་ཀྱི་སྒྲིབ་པ་དག །སྐུའི་དབང་ཐོབ། མནྜལ་གསོལ་འདེབས་གོང་ལྟར་བྱེད། ཐོད་པ་སྤྱི་བོར་བཞུང་། བཅོམ་ལྡན་འདི་ལ་སྐྱལ་ལགས་ཀྱི། །འདི་ལ་འགོ་བར་མཛད་དུ་གསོལ། །ནང་མཆོད་བླུད། མེ་ཏོག་འཐོར། དེས་ཐོད་པ་ལ་བརྟེན་ནས་གསང་བའི་དབང་ཐོབ། ངག་གི་སྒྲིབ་པ་དག །ལོངས་སྐུ་ཐོབ་པའོ། །གཏོར་མ་སྤྱི་བོར་བཞུང་། དམ་པའི་ཐུགས་ཀ་ནས་ཕྱག་མཚན་གྱི་རྣམ་པ་འཕྲོས། ཁྱེད་རང་གི་སྙིང་གར་ཐིམ། བརྒྱུད་པའི་མཚན་ནས་སྨོས། ནང་མཆོད་བླུད། དེས་གཏོར་མ་ལ་བརྟེན་ནས་ཕྱག་མཚན་གྱི་དབང་བསྐུར། ཡིད་ཀྱི་སྒྲིབ་པ་དག །ཐུགས་ཀྱི་དབང་ཐོབ་པའོ། །གཏོར་མ་སྤྱི་བོར་བཞུང་། ལྷ་བསྒོམ། བརྒྱུད་པའི་མཚན་ནས་སྨོས། མེ་ཏོག་འཐོར། གཏོར་མ་གནས་གསུམ་དུ། ཨོཾ་ཨཱཿཧཱུཾ་བརྗོད། ཐིག་ལེའི་དབང་ནི། སློབ་མ་དཀྱིལ་ཀྱུང་བཅའ། སྐལ་ཚོགས་བསྲུང་། ལྟེ་བའི་དབུས་ན་ཐིག་ལེ་དཀར་པོ་བྱ་མ་གསར་གྱི་སྒོ་ང་ཙམ་གསལ་བཏབ། དཔོན་སློབ་གཉིས་ཀས་ཕཊ་ཀྱིས་སྤར། སྤྱི་བོ་ནས་རྒྱངས་ཀྱིས་ཐོན། དམ་པའི་ཐུགས་ཀར་བསྒོམ་གྱིས་ཐིམ། དམ་པ་འོག་མིན་དུ་སངས་རྒྱས་པར་བསམ། །ཅི་གནས་ལ་བཞག །དེ་ནས་ཕབ། གཏོར་དབང་བསྐུས་པ་བྱེད་ན། ཁྲུས། ཕྱག །མནྜལ། སྐྱབས་སེམས། ལུས་ལྟར་བསྐྱེད། ཡེ་ཤེས་ཕབ། དངོས་གཞི་མནྜལ་ཕུལ། གསོལ་བཏབ་གོང་ལྟར་བྱེད། གཏོར་མ་འདི་དང་ཐ་མི་དད་པའི་དམ་པ་སངས་རྒྱས་སྐུ་མདོག་སྔུག་ནག་ཞལ་གཅིག་ཕྱག་གཉིས། གཡས་སྦྱིན་གྱི་ཐད་ཀར་ཉི་ཡོལ་མཛད་ཅིང་། གཡོན་པས་རྟེན་འབྲེལ་གྱི་གལ་ཏ་ཕྲག་ལ་བགལ་བ། ཞབས་མི་ཐབ་དྲུག་བཅིངས་ཀྱི་ཚུལ་དུ་མཛད་པར་ལམ་གྱིས་བསྐྱེད། དེའི་སྐུ་ལས་སྐུ་འཕྲོས། ཁྱེད་རང་གི་ལུས་ལ་ཐིམ། གསུང་ལས་སྔགས་འཕྲོས། ཁྱེད་རང་གི་མགྲིན་པར་ཐིམ། ཐུགས་ལས་དཔལ་བེའུ་འཕྲོས། ཁྱེད་རང་གི་སྙིང་གར་ཐིམ། བཞི་པ་ལྷ་

བསྡིམ། བརྒྱུད་པའི་མཚན་ནས་སྨོས། ནང་མཆོད་བླུད། མེ་ཏོག་འཐོར། ཞིག་ལེའི་དབང་གོང་ལྟར་བྱེད། གཙོ་བོས་ཇི་ལྟར་བཀའ་སྩལ་པ། །དེ་དག་ཐམས་ཅད་བདག་གིས་བགྱིད། །མནྡལ་ཕུལ། ཚོགས་ཕུད་ཕུལ་ཞིང་ཚོགས་ལ་ལོངས་སྤྱོད། ལྷག་མ་བསྔུ། ཆུ་གཙང་ཐུན། ཨ་ཀཱ་རོ་ས་བྱིན་གྱི་རླབས། བ་ལིཾ་ཏ་བྷཀྵ་ཀ་སྭཱ་ཧཱ། ལྷག་གཏོར་ཕྱི་རོལ་དུ་དོར། རོལ་མོ་བྱ། སྟོད་ཆུ་གཙང་གིས་བཤལ། ཁ་སྦུབ། མ་འབྱོར་པ་དང་ཉམས་པ་དང་། །གང་ཡང་བདག་རྨོངས་བློ་ཡིས་ནི། །བགྱིས་པ་དང་ནི་བགྱིད་རྩལ་བ། །དེ་ཀུན་མགོན་པོས་བཟོད་པར་མཛོད། །མི་འགྱུར་ལྷུན་པོ་སྐུ་ཡི་བཀྲ་ཤིས་ཤོག །ཡན་ལག་དྲུག་བཅུ་གསུང་གི་བཀྲ་ཤིས་ཤོག །མཐའ་བྲལ་དྲི་མེད་ཐུགས་ཀྱི་བཀྲ་ཤིས་ཤོག །རྒྱལ་བའི་སྐུ་གསུང་ཐུགས་ཀྱི་བཀྲ་ཤིས་ཤོག །ཡེ་ཤེས་པ་རང་གནས་སུ་གཤེགས། དམ་ཚིག་པ་རང་ཉིད་ལ་ཐིམ། ཨོཾ་ཁྱེད་ཀྱིས་སེམས་ཅན་དོན་ཀུན་མཛད། །རྗེས་སུ་མཐུན་པའི་དངོས་གྲུབ་སྩོལ། །སངས་རྒྱས་ཞིང་དུ་གཤེགས་སུ་གསོལ། །སངས་རྒྱས་ཞིང་དུ་གཤེགས་ནས་ཀྱང་། །སེམས་ཅན་རྣམས་ཀྱི་དོན་སླད་དུ། །སླར་ཡང་འབྱོན་པར་མཛད་དུ་གསོལ། །བཛྲ་མུཿ ཆོས་དབྱིངས་བྱང་ཆུབ་སེམས་ཀྱི་དཀྱིལ་འཁོར་དུ། །བདག་སོགས་སེམས་ཅན་ཐམས་ཅད་ཀྱིས། །དུས་གསུམ་བསགས་དང་རྫོགས་པ་ཡིས། །འགྲོ་དྲུག་སེམས་ཅན་མ་ལུས་པ། །སྐུ་ལྔ་ཡོངས་རྫོགས་སངས་རྒྱས་མྱུར་འགྲུབ་ཤོག །གཅོད་གདན་ཐོག་གཅིག་མའི་ཁྲིད་ཡིག་ཕྲིན་ལས་རྒྱ་མཚོ་ལས་འཁོར་ལོ་ལྷ་བུའི་དབང་། དམ་པ་སངས་རྒྱས་ལྷ་ལྔའི་སྒྲུབ་ཐབས་འདི། དད་ལྡན་གདུལ་བྱར་གྱུར་པ་རྣམས་ཀྱིས་བསྐུལ་བའི་ངོར་ཤཱཀྱའི་དགེ་སློང་ཀྲ་ཝོ་ཆོས་ཀྱི་རྒྱ་མཚོ་ཞེས་བྱ་བས་རྒྱལ་ཐེ་རྒྱ་མཚོའི་སྐྱིད་ཚལ་དུ་སྦྱར་བའོ། །དགེ་བ་སེམས་ཅན་རྣམས་ལ་བསྔོ། བཀྲ་ཤིས་དཔལ་འབར་འཛམ་གླིང་རྒྱལ་བའི་རྒྱན་དུ་ཤོག །ལྷན་ཐབས་ཡིག་ཆུང་ངོ་།། །།

༄༅། །འཁོར་ལོ་སྡོམ་པའི་དབང་གསང་བ་མཁའ་འགྲོ་སྙེ་ལྷའི་སྒྲུབ་ཐབས་བཞུགས།

བླ་མ་དང་རྡོ་རྗེ་རྣལ་འབྱོར་མ་ལ་ཕྱག་འཚལ་ལོ། །རྡོ་རྗེ་རྣལ་འབྱོར་མའི་སྒྲུབ་ཐབས་འདི་ལ། དུར་ཁྲོད་དམ། དབེན་པའི་གནས་སུ་ཕྱི་དོར་ཕྱུགས་བདར་བྱས་ཤིང་། ཡོལ་བ། བླ་རེས། རྒྱན་བཀྲམ་པ་སོགས་རིམ་པར་བྱ་ཞིང་། གཏོར་མ་གསུམ་དང་། དབང་གཏོར་ཟླུམ་པོ་དཀར་དམར་གྱི་རྒྱན་བཟང་པོས་བརྒྱན་ཅིང་། གཏོར་མ་གསུམ་པོ་དཀྱིལ་འཁོར་གྱི་གོང་དུ་བཤམ། དབང་གཏོར་སྟེར་དཀར་དུ་འཛུག །གཏོར་འདབ་ཀྱིས་བསྐོར། ཟུར་གཅིག་ཏུ་བཤམས། དཀྱིལ་འཁོར་གྱི་དབུས་སུ་མཆིལ་ཁར། བུམ་པ་མཚན་ཉིད་དང་ལྡན་པ་མགུལ་ཆིངས། ཁ་རྒྱན། བུམ་སྨན་ཚུལ་གང་བ་བཞག །དེའི་ཁར་ཐོད་པ་ཚང་གིས་གང་བ་བཞག །དེའི་ཁར་མེ་ལོང་ལ་སིན་ཧྲ་རའི་དཀྱིལ་འཁོར་ལྷ་མཚན་ཕྱག་གིས་བསྐོར་བ་ཞལ་ཁེབས་དང་བཅས་པ་བཞག །དཀྱིལ་འཁོར་གྱི་མཐའ་མཆོད་པས་བསྐོར། རང་ཉིད་བདེ་བའི་སྟན་ལ་སྡོད་ཅིང་། མདུན་དུ་སྟེགས་ཀྱི་ཁར་ནང་མཆོད། ཌ་དྲིལ། ལས་བུམ་རྣམས་བཞག །ནང་མཆོད་བྱིན་གྱི་རླབས་ཏེ། ཨོཾ་བཛྲ་ཨ་མྲྀ་ཏ་ཀུཎྜ་ལི་ཧ་ན་ཧ་ན་ཧཱུཾ་ཕཊ། ཨོཾ་སྭ་བྷཱ་ཝ་ཤུདྡྷཿ སརྦ་དྷརྨཱཿསྭ་བྷཱ་ཝ་ཤུདྡྷོ྅ཧཾ། སྟོང་པའི་ངང་ལས་ཡཾ་ལས་རླུང་གི་དཀྱིལ་འཁོར་གཞུའི་དབྱིབས་ཅན། དེའི་སྟེང་དུ་རཾ་ལས་མེའི་དཀྱིལ་འཁོར་གྲུ་གསུམ་འབར་བ་རཾ་གྱིས་མཚན་པ། དེའི་སྟེང་དུ་གཾ་ག་ལས་མི་མགོའི་སྒྱེད་བུ་གསུམ་གྱི་སྟེང་དུ། ཨ་ཨ་ལས་ཐོད་པ་ཕྱི་དཀར་ལ་ནང་དམར་བ་དུམ་བུ་གཅིག་པ། དཔྲལ་བ་རང་ལ་བསྟན་པ། ཡངས་ཤིང་རྒྱ་ཆེ་བའི་ནང་གི་ཤར་དུ་གོ་ལས་བ་ལང་གི་ཤ །ལྷོར་ཀུ་ལས་ཁྱིའི་ཤ །ནུབ་ཏུ་ད་ལས་རྟའི་ཤ །བྱང་དུ་ཧ་ལས་གླང་པོ་ཆེའི་ཤ །དབུས་སུ་ན་ལས་མིའི་ཤ །ཤར་ལྷོར་བི་ལས་

དྲི་ཆེན། ལྷོ་ནུབ་ཏུ་མུ་ལས་དྲི་ཆུ། ནུབ་བྱང་དུ་ཤྲུ་ལས་བྱང་སེམས། བྱང་ཤར་དུ་ར་ལས་རཀྟ། དབུས་སུ་མ་ལས་ཀླད་པ། ཤར་དུ་ཀླུཾ་ལས་མེ་ལོང་ལྟ་བུའི་ཡེ་ཤེས། ལྷོར་ཨཾ་ལས་མཉམ་པ་ཉིད་ཀྱི་ཡེ་ཤེས། ནུབ་ཏུ་ཛྲིཾ་ལས་སོ་སོར་རྟོགས་པའི་ཡེ་ཤེས། བྱང་དུ་ཁཾ་ལས་བྱ་བ་གྲུབ་པའི་ཡེ་ཤེས། དབུས་སུ་ཧུཾ་ལས་ཆོས་ཀྱི་དབྱིངས་ཀྱི་ཡེ་ཤེས། དེ་རྣམས་ཀྱི་སྟེང་དུ་ཨོཾ་དཀར་པོ་མགོ་ཐུར་དུ་ལྟ་བའི་སྟེང་དུ། ཨ་ལས་ཟླ་བའི་དཀྱིལ་འཁོར། དེའི་སྟེང་དུ་ཧཱུྃ་ལས་སྣ་ཚོགས་རྡོ་རྗེ་ཧཱུྃ་གིས་མཚན་པ་ལས་འོད་ཟེར་འོག་ཏུ་འཕྲོས། རླུང་གི་བ་དན་ལ་ཕོག །ཆེར་བསྐྱོད། རླུང་གཡོས། མེ་སྦར། ཐོད་པ་དྲོས། རྫས་རྣམས་ཞུ་ཞིང་ཁོལ་བའི་རླངས་པ་ཨོཾ་ལ་ཕོག་པས་བདུད་རྩིའི་རྒྱུན་ཟག །ཐོད་པར་ལྷུང་ཞིང་། ཧཱུྃ་ལས་འོད་ཟེར་ཕྱོགས་བཅུར་འཕྲོས་པས། ཕྱོགས་བཅུའི་སངས་རྒྱས་ཐམས་ཅད་ཀྱི་ཐུགས་ཀ་ནས་ཡེ་ཤེས་ཀྱི་བདུད་རྩིས་གང་བའི་ཀ་པཱ་ལ་དཔག་ཏུ་མེད་པ་སྤྱན་དྲངས་ནས་ཐོད་པ་ལ་ཐོད་པ་དང་། བདུད་རྩི་ལ་བདུད་རྩི་ཐིམ་ཞིང་། ཨོཾ་ཡིག །ཟླ་བ། སྣ་ཚོགས་རྡོ་རྗེ། ཧཱུྃ་དང་བཅས་པ་ཞུ་ནས་འདྲེས་པས་ཁ་དོག་དྲི་རོ་རེག་བྱ་ནུས་པ་ཕུན་སུམ་ཚོགས་པ་དང་ལྡན་པར་གྱུར། ཨོཾ་ཨཱཿཧཱུྃ། གཏོར་མ་ནི། དཀར་གཏོར་ལ་ཆ་གཙང་བྲན། ཨོཾ་བཛྲ་ཨ་མྲི་ཏ། སྭ་བྷཱ་ཝ། སྟོང་པ་ཉིད་དུ་གྱུར། སྟོང་པའི་ངང་ལས་གཏོར་མ་དྭངས་ཤིང་ཐོགས་པ་མེད་པ་ཟག་པ་མེད་པའི་བདེ་བ་ཁྱད་པར་ཅན་བསྐྱེད་པ། གཞི་བདག་རྣམས་ཀྱི་འདོད་པའི་ཡོན་ཏན་ལྔ་དང་ལྡན་པར་གྱུར། ཨོཾ་ཨ་ཀཱ་རོ་མུ་ཁཾ་སརྦ་དྷརྨཱ་ཎཱཾ་ཨདྱ་ནུཏྤནྣ་ཏྭཱཏ་ཨོཾ་ཨཱཿཧཱུྃ་ཕཊ་སྭཱ་ཧཱ། མཆོད་སྦྱིན་གྱི་གཏོར་མ་རྒྱ་ཆེན་པོ་འདི་བཞེས་ལ། བདག་ཅག་འཁོར་དང་བཅས་པ་རྣམས་འགྲོ་ན་མ་བཞོལ། འདུག་ན་མ་སྡང་། བསམ་པ་མ་ངན། སྦྱོར་བ་མ་རྩུབ། ལས་དཀར་པོ་

ཆོས་དང་མཐུན་པའི་སྟོང་གྲོགས་མཛོད་ཅིག །གཏོར་མ་ཕྱི་རོལ་དུ་སྐྱོལ། རོལ་མོ་བྱེད། བདུད་རྩི་གཏོར་ཞིང་། ཨོཾ་བཛྲ་ཨ་མྲྀ་ཏ། སྭ་བྷཱ་ཝ། སྟོང་པའི་ངང་ལས་ཨ་ལས་ཡེ་ཤེས་ཀྱི་ཀ་པཱ་ལ་ཡངས་ཤིང་རྒྱ་ཆེ་རྣམས་ཀྱི་ནང་དུ། ཨོཾ་ཨཱཿཧཱུྃ་ཞུ་བ་ལས་བྱུང་བ་ལྷ་རྫས་ལས་གྲུབ་པའི་མཆོད་ཡོན། མེ་ཏོག །བདུག་སྤོས། མར་མེ། དྲི་མཆོག །ཞལ་ཟས། རོལ་མོ། གདུགས་དང་རྒྱལ་མཚན། བ་དན་ལ་སོགས་པ་མཆོད་པའི་བྱེ་བྲག་ཕྱི་ནང་གསང་བ་དཔག་ཏུ་མེད་པ་དང་། ནམ་མཁའ་ཐམས་ཅད་ཡོངས་སུ་གང་བ། འཕགས་པ་ཀུན་ཏུ་བཟང་པོའི་རྣམ་པར་ཐར་པ་ལས་བྱུང་བའི་མཆོད་པའི་སྤྲིན་ཕུང་ལས་ཀྱང་ཆེས་ཁྱད་པར་དུ་འཕགས་པ་ཐམས་ཅད་ཀྱི་སྤྱན་ལམ་དུ་དགྱེས་པར་འགྱུར་ཞིང་། སེམས་ཅན་ཐམས་ཅད་ཀྱི་དོན་རྒྱ་ཆེན་པོ་འགྱུར་བར་གྱུར་ཅིག །ཨོཾ་བཛྲ་ཨརྒྷཾ་ཨཱཿཧཱུྃ། ཨོཾ་བཛྲ་པུཥྤེ་ཨཱཿཧཱུྃ། ཨོཾ་བཛྲ་དྷཱུ་པེ་ཨཱཿཧཱུྃ། ཨོཾ་བཛྲ་ཨཱ་ལོ་ཀེ་ཨཱཿཧཱུྃ། ཨོཾ་བཛྲ་གནྡྷེ་ཨཱཿཧཱུྃ། ཨོཾ་བཛྲ་ནཻ་ཝི་དྱེ་ཨཱཿཧཱུྃ། ཨོཾ་བཛྲ་ཤབྡ་ཨཱཿཧཱུྃ། སྐྱབས་སུ་འགྲོ་བ་ནི། ནམ་མཁའ་དང་མཉམ་པའི་སེམས་ཅན་ཐམས་ཅད་དུས་འདི་ནས་བཟུང་སྟེ། སྙིང་པོ་བྱང་ཆུབ་ལ་མཆིས་ཀྱི་བར་དུ། བླ་མ་ཡི་དམ་མཁའ་འགྲོ་གསུམ་ལ་སྐྱབས་སུ་མཆིའོ། །སངས་རྒྱས་ཆོས་དང་དགེ་འདུན་གསུམ་ལཿ ཆོས་སྐུ་ལོངས་སྐུ་སྤྲུལ་སྐུ་གསུམ་ལཿ ཞེས་མང་དུ་བརྗོད་པའི་མཐར། འགྲོ་རྣམས་བསྒྲལ་འདོད་བསམ་པ་ཡིས། །སངས་རྒྱས་ཆོས་དང་དགེ་འདུན་ལ། །བྱང་ཆུབ་སྙིང་པོར་མཆིས་ཀྱི་བར། །རྟག་པར་བདག་ནི་སྐྱབས་སུ་མཆི། །ཤེས་རབ་སྙིང་བརྩེ་དང་བཅས་པས། །བརྩོན་པས་སེམས་ཅན་དོན་དུ་བདག །སངས་རྒྱས་མདུན་དུ་གནས་བཅས་ཏེ། །རྫོགས་པའི་སངས་རྒྱས་ཐོབ་པར་བགྱི། །

བདག་དང་སེམས་ཅན་ཐམས་ཅད་ཀྱི་སྤྱི་བོར་པཾ་ལས་པདྨ་འདབ་མ་བརྒྱད་

པའི་སྟེང་དུ། ཨ་ལས་ཟླ་བའི་སྟེང་དུ། ཧཱུྃ་ལས་རྡོ་རྗེ་དཀར་པོ་རྩེ་ལྔ་པ་ལྟེ་བ་ལ་ཧཱུྃ་གིས་མཚན་པ་ལས་འོད་ཟེར་འཕྲོས། འཕགས་པ་མཆོད། སེམས་ཅན་གྱི་དོན་བྱས། ཚུར་འདུས་ཧཱུྃ་ལ་ཐིམ། འོད་དུ་ཞུ་ཡོངས་སུ་གྱུར་པ་ལས། རྡོ་རྗེ་སེམས་དཔའ་དཀར་པོ་རྡོ་རྗེ་དང་དྲིལ་བུ་འཛིན་པས་ཡུམ་ལ་འཁྱུད་པ། ཡུམ་རྡོ་རྗེ་སྙེམས་མ་སྐྱ་མདོག་དཀར་མོ་གྲི་གུག་དང་ཐོད་པ་འཛིན་པས་ཡབ་ལ་འཁྱུད་པ། ཡབ་ཡུམ་གཉིས་ཀ་ཧྲུས་པ་དང་རིན་པོ་ཆེའི་རྒྱན་གྱིས་བརྒྱན་པ། དཀྱིལ་མོ་དཀྲུང་གིས་བཞུགས་པའི་དཔྲལ་བར་ཨོཾ། མགྲིན་པར་ཨཱཿ ཐུགས་ཀར་ཧཱུྃ། ཧཱུྃ་ལས་འོད་འཕྲོས་པས་སངས་རྒྱས་དང་བྱང་ཆུབ་སེམས་དཔའ་ཡབ་ཡུམ་གྱི་རྣམ་པར་བཛྲ་ས་མ་ཛཿ ཛཿཧཱུྃ་བཾ་ཧོཿ བཅོམ་ལྡན་འདས། བདག་དང་སེམས་ཅན་ཐམས་ཅད་ཀྱིས་འཁོར་བ་ཐོག་མ་མེད་པ་ནས་བསགས་པའི་སྡིག་སྒྲིབ་ཉེས་ལྟུང་གི་ཚོགས་ཐམས་ཅད་བྱང་ཞིང་དག་པར་མཛད་དུ་གསོལ། ཨོཾ་ཤྲཱི་བཛྲ་ཧེ་རུ་ཀ་ས་མ་ཡ་མ་ནུ་པཱ་ལ་ཡ། བཛྲ་ཧེ་རུ་ཀ་ཏྭེ་ནོ་པ་ཏིཥྛ། དྲི་ཌྷོ་མེ་བྷ་ཝ། སུ་ཏོ་ཥྱོ་མེ་བྷ་ཝ། སུ་པོ་ཥྱོ་མེ་བྷ་ཝ། ཨ་ནུ་རཀྟོ་མེ་བྷ་ཝ། སརྦ་སིདྡྷི་མེ་པྲ་ཡཙྪ། སརྦ་ཀརྨ་སུ་ཙ་མེ། ཙིཏྟ་ཤྲེ་ཡཿ ཀུ་རུ་ཧཱུྃ། ཧ་ཧ་ཧ་ཧ་ཧོཿ བྷ་ག་ཝན། ཧེ་རུ་ཀ་མཱ་མེ་མུཉྩ། ཧེ་རུ་ཀོ་བྷ་ཝ་མ་ཧཱ་ས་མ་ཡ་སཏྭ་ཨཱཿཧཱུྃ་ཕཊ྄། ཨོཾ་བཛྲ་སཏྭ་ཨ། བདག་ནི་མི་ཤེས་རྨོངས་པ་ཡི། །དམ་ཚིག་ལ་ནི་འགལ་ཞིང་ཉམས། །བླ་མ་མགོན་པོས་བདག་སྐྱབས་མཛོད། །གཙོ་བོ་རྡོ་རྗེ་འཛིན་པ་སྟེ། །འགྲོ་བའི་གཙོ་ལ་བདག་སྐྱབས་མཆི། །ཨོཾ་ཨཱཿཧཱུྃ། དཔལ་རྡོ་རྗེ་སེམས་དཔའ་ཡབ་ཡུམ་འོད་དུ་ཞུ་ནས་རང་ལ་ཐིམ་པར་བསམ།

མདུན་གྱི་ནམ་མཁར་རྣལ་འབྱོར་མ་དཀྱིལ་འཁོར་ལྷའི་ཚོགས་དང་བཅས་པ་

སྐད་ཅིག་གིས་གསལ་བར་གྱུར། དེ་དག་གི་གནས་གསུམ་ནས་འོད་ཟེར་འཕྲོས་པས། ཨུ་རྒྱན་ནས་རྣལ་འབྱོར་མའི་ལྷ་ཚོགས་སྤྱན་དྲངས། བཛྲ་ས་མ་ཛཿ ཛཿཧཱུྃ་བཾ་ཧོཿ གཉིས་སུ་མེད་པར་གྱུར། ཨོཾ་བཛྲ་ཨརྒྷཾ་ཨཱཿཧཱུྃ། དེ་བཞིན་དུ་པུཥྤེ། དྷཱུ་པེ། ཨཱ་ལོ་ཀེ །གནྡྷེ། ནཻ་ཏེ། ཤབྡའི་བར་བཏོད། དཔལ་ལྡན་རྡོ་རྗེ་མཁའ་འགྲོ་མ། །མཁའ་འགྲོ་མ་ཡི་འཁོར་ལོ་བསྐྱར། །ཡེ་ཤེས་ལྔ་དང་སྐུ་གསུང་ཐུགས། །འགྲོ་བ་སྐྱོབ་ལ་ཕྱག་འཚལ་ལོ། །ཚོགས་ཞིང་རྣམས་རང་ཉིད་ལ་ཐིམ་པར་གྱུར། ཨོཾ་ཨཱཿཧཱུྃ།

བདག་བསྐྱེད་བསྒྲུབ་པ་ནི། ཨོཾ་བཛྲ་ཨ་མྲྀ་ཏ་ཀུཎྜ་ལི་ཧ་ན་ཧ་ན་ཧཱུྃ་ཕཊ། ཨོཾ་སྭ་བྷཱ་ཝ་ཤུདྡྷཿསརྦ་དྷརྨཱཿསྭ་བྷཱ་ཝ་ཤུདྡྷོ་ཧཾ། སྟོང་པ་ཉིད་དུ་གྱུར། སྟོང་པའི་ངང་ལས་གཞལ་ཡས་ཁང་གྲུ་བཞི་སྒོ་བཞི་རྟ་བབས་དང་བཅས་པ། རྩིག་པ་རིམ་པ་ལྔ། སྔོན་པོ། སེར་པོ། དམར་པོ། ལྗང་གུ། དཀར་པོ། རེ་ཁ་ནག་པ། ནང་ཀ་བ་བཞི། སྟེང་རྡོ་རྗེའི་གདུང་དྲུག །དྲ་བ་དྲ་ཕྱེད་ཀྱི་ཚུལ་དུ་མཛེས་པ། རིན་པོ་ཆེའི་ཕ་གུ་དང་མདའ་ཡབ། པུ་ཤུས་མཛེས་པ། དེ་ལ་རིན་པོ་ཆེའི་ཕྲེང་བ་དང་། མུ་ཏིག་གི་ཆུན་འཕྱང་དུ་དྲ་བ་དྲ་ཕྱེད་ཀྱི་ཚུལ་དུ་གནས་པའི་སྟེར་དྲིལ་བུ་གཡེར་ཁས་བརྒྱན་པ། དེའི་སྟེང་དུ་གདུགས། རི་དྭགས། དར་དཔྱངས། རྒྱ་མཚན། བ་དན། རིན་པོ་ཆེའི་ཏོག་གིས་མཛེས་པ། རྟ་བབས་བང་རིམ་བརྒྱད། གདུགས་རི་དྭགས། ཆོས་འཁོར་གྱིས་མཛེས་པ། གཞལ་ཡས་ཁང་གི་ཕྱི་རོལ་དུ་མུ་ཏིག་གི་ཕྲེང་བའི་ར་བ། དེའི་ཕྱི་རོལ་དུ་པདྨའི་ར་བ། དེའི་ཕྱི་རོལ་ཐོད་པའི་ར་བ། དེའི་ཕྱི་རོལ་རྡོ་རྗེའི་ར་བ། དེའི་ཕྱི་རོལ་དུར་ཁྲོད་ཀྱི་ར་བ། དེའི་ཕྱི་རོལ་ཡེ་ཤེས་ཀྱི་མེ་ཡིས་ཡོངས་སུ་བསྐོར་བའོ། །གཞལ་ཡས་ཁང་གི་དབུས་སུ་ཨེ་ལས་ཆོས་ཀྱི་འབྱུང་གནས་གྲུ་གསུམ་པ། ཕྱི་དཀར་ལ་ནང་སྔོ་བ། རྩ་བ་ཕྲ་བ་ཐུར་དུ་ཟུག་པ། གདེངས་ཀ་ཆེ་

བ་གྲེན་དུ་བསྟན་པ། ཡངས་ཤིང་རྒྱ་ཆེ་བའི་དབུས་སུ་པཾ་ལས་པདྨ་འདབ་མ་བཞི་པ། ཧྲི་བ་མཐིང་ནག །དེ་རྣམས་ཀྱི་སྟེང་དུ་ཨ་ལས་ཟླ་བ། རཾ་ལས་ཉི་མ། པཾ་ལས་མི་རོ་གསར་པ་མགོ་གཡོན་དུ་བསྟན་པ་དང་བཅས་པ་ལྷའི་སྟེང་དུ་པཾ་མཐིང་ནག །ཧ་རི་ནི་སའི་སྔགས་ཕྲེང་གིས་བསྐོར་བ། དེ་ལས་འོད་འཕྲོས། ཚུར་འདུས་པ་འོད་དུ་ཞུ་བ་ལས། སྐད་ཅིག་གིས་བདག་ཉིད་མ་ལབ་ཀྱི་སྒྲོན་མ་སྐུ་མདོག་མཐིང་ནག་དུ་འདུག་པ། གཅེར་བུ་ཞལ་གཅིག་ཕྱག་གཉིས་སྤྱན་གསུམ་དམར་ཞིང་ཟླུམ་པ། སྐྲ་གྲོལ་བ། ཁྲོ་གཉེར་འཛུམ་པའི་མདངས་ཅན། ཞལ་བཞད་པའི་ཤེལ་གྱི་མཆེ་བ་མྱུ་གུ་བཞི་གཙིགས་པ། ཕྱག་གཡས་ཏིང་ཤག་བཏགས་པའི་ཌ་མ་རུ་ནམ་མཁའ་ལ་ཁྲོལ་བ། གཡོན་ཐོད་པ་བདུད་རྩིས་གང་བ་ཐུགས་ཀར་འཛིན་ཅིང་། ལང་ཚོ། ཧྲ་ག །ཇུ་འབུར་རབ་ཏུ་རྒྱས་པ། ཧྲ་ག་ནས་ཁྲག་འབབ་པ། ཞབས་གཡས་བསྐུམ་པའི་རྟིང་པ་ཧྲ་ག་ལ་གཏད་ཅིང་། གཡོན་པས་རྟོག་མེད་རོ་ཡི་སྙིང་གར་བརྫིས་པ། གྲུ་མོ་ན་ཁཊྭཱཾ་ག་བརྟེན་པ། ཕྱག་རྒྱ་ལྔ་ཡིས་རབ་ཏུ་བརྒྱན་པ། ཐོད་པ་སྐམ་པོ་ལྔས་དབུ་ལ་བརྒྱན་པ། རློན་པ་ལྔ་བཅུའི་དོ་ཤལ་སེ་རལ་ཁར་ཕྱུངས་པ། སྤྱི་བོ་ནས་ཕག་ཞལ་དབུ་སྔོ་ཉུག་གེ་ནམ་མཁའ་ལ་ཏུར་བ། ཕག་ཟེ་དང་སྐུ་ལ་ཡེ་ཤེས་ཀྱི་མེ་འབར་བ། ཤཱ་ར་ལི་དང་། ཕཾ་སྒྲ་སྒྲོགས་པས་གནས་གསུམ་གྱི་དཔའ་བོ་མཁའ་འགྲོ་རྣམས་དབང་དུ་བསྡུད་པ། དེའི་མདུན་དུ་ཧ་ལས་རྡོ་རྗེ་མཁའ་འགྲོ་མ་སྔོན་མོ། གཡས་སུ་རི་ལས་རིན་ཆེན་མཁའ་འགྲོ་མ་སེར་མོ། རྒྱབ་ཏུ་ནི་ལས་པདྨ་མཁའ་འགྲོ་མ་དམར་མོ། གཡོན་དུ་ས་ལས་ལས་ཀྱི་མཁའ་འགྲོ་མ་ལྗང་གུ། དེ་རྣམས་ཀྱང་གཡས་པ་རྣམས་ཀྱིས་གསེར་གྱི་ཌ་མ་རུ་ནམ་མཁའ་ལ་འཁྲོལ་ཞིང་། གཡོན་པ་རྣམས་ཀྱིས་ཐོད་ཁྲག་འཛིན་

པ། རོའི་སྙིང་ན་འཁོར་རང་རང་གི་རིགས་ཀྱི་མཁའ་འགྲོ་མ་འབུམ་དང་བཅས་པས་བསྐོར་ནས་བཞུགས་པའོ། །ལྷ་ཚོགས་དེ་རྣམས་ཀྱི་དཔྲལ་བར་ཨོཾ། མགྲིན་པར་ཨཱཿ ཐུགས་ཀར་ཧཱུྃ། སྙིང་གི་ནང་དུ་ཧ་རི་ནི་ས། དེ་རྣམས་ལས་འོད་ཟེར་འཕྲོས། རང་བཞིན་དག་པ་མཁའ་སྤྱོད་ཀྱི་གནས་ནས་ཡེ་ཤེས་སེམས་དཔའ་དེ་འདྲ་བའི་ལྷ་ཚོགས་སྤྱིན་སྤུངས་པ་ལྟར་བྱོན་པར་བསམ་ལ། བཛྲ་ས་མ་ཛཿ ཛཿཧཱུྃ་བཾ་ཧོཿ ཡེ་ཤེས་པ་དང་དམ་ཚིག་པ་གཉིས་སུ་མེད་པར་བསམ། ཨོཾ་ཨཱཿཧཱུྃ་བཾ་གུ་རུ་ཧ་རི་ནི་ས་སིདྡྷི་ཧཱུྃ། མང་ཙུང་སྐབས་དང་སྦྱར། མཐར་རྟེན་གཞལ་ཡས་ཁང་དང་བཅས་པ་རང་ལ་ཐིམ་སྟེ་མི་དམིགས་པར་བཞག །

ཁྲུས་པ་བསླབ་པ་ནི། ཨ་སྠི་ཏ། སྭ་བྷཱ་ཝ། སྟོང་པ་ཉིད་དུ་གྱུར། སྟོང་པའི་ངང་ལས་རིན་པོ་ཆེའི་ཁྲུས་པ་མཚན་ཉིད་ཡོངས་སུ་རྫོགས་པ། ཞབས་ཞུམ་པ། ལྟོ་བ་ལྡིར་བ། མགྲིན་པ་ཕྲ་བ། མཆུ་འཕྱང་བ། ལྷ་རྫས་ཀྱི་གོས་ཀྱིས་མགྲིན་པ་དཀྲིས་ཤིང་། དཔག་བསམ་གྱི་ཤིང་གིས་ཁ་བརྒྱན་པ། ཆུས་སུམ་གཉིས་གང་བའི་དབུས་སུ། རྣལ་འབྱོར་མའི་གཞལ་ཡས་ཁང་བརྟེན་པ་ལྷ་དང་བཅས་པ་སྐད་ཅིག་གིས་གསལ་བའི་དཔྲལ་བར་ཨོཾ། མགྲིན་པར་ཨཱཿ ཐུགས་ཀར་ཧཱུྃ། ཐུགས་ཀའི་ཧཱུྃ་ལས་འོད་ཟེར་འཕྲོས་པས། མཁའ་སྤྱོད་དང་ཨུ་རྒྱན་ནས་རྣལ་འབྱོར་མའི་ལྷ་ཚོགས་ལ་སངས་རྒྱས་དང་བྱང་ཆུབ་སེམས་དཔའི་ཚོགས་ཀྱིས་བསྐོར་བ་སྤྱན་དྲངས་བཛྲ་ས་མ་ཛཿ དམ་ཚིག་པ་དང་གཉིས་སུ་མེད་པར་གྱུར། བཟླས་པ་བྱེད། མཐར་ཁྲུས་ལྷ་ཞུ། ཁྲུས་པའི་ཆུར་གྱུར་པའོ། །

མདུན་བསྐྱེད་བསླབ་པ་ནི། ཨ་སྠི་ཏ། སྭ་བྷཱ་ཝ་ནས། ས་མ་ཛའི་བར་བདག་བསྐྱེད་བཞིན་བྱེད་ཅིང་། ཧཱུྃ། སྣང་བ་ཆོས་སྐུའི་གཞལ་ཡས་ནས། །རྩ་བའི་བླ་མ་གཤེགས་སུ་གསོལ། །ཆོས་

དབྱིངས་དག་པའི་ཕོ་བྲང་ནས། །བརྒྱུད་པའི་བླ་མ༔ སྐུ་དང་ཡེ་ཤེས་གཞལ་ཡས་ནས། །ཡི་དམ་ལྷ་ཚོགས༔ ཕྱོགས་བཅུའི་ཞིང་ཁམས་རབ་འབྱམས་ནས། །སངས་རྒྱས་བྱང་སེམས༔ དུར་ཁྲོད་ཆེན་པོའི་གནས་བརྒྱད་ནས། །གྲུབ་ཐོབ་རྒྱ་མཚོ༔ ཨོ་རྒྱན་དག་པའི་གནས་མཆོག་ནས། །མ་ཚོགས་མཁའ་འགྲོ༔ བསྟན་པ་བསྲུང་བའི་གནས་མཆོག་ནས། །ཆོས་སྐྱོང་བསྲུང་མ༔ རིན་ཆེན་གཏེར་གྱི་བང་མཛོད་ནས། །ནོར་ལྷའི་ཚོགས་རྣམས༔ དམ་ཚིག་གཙང་མའི་གནས་མཆོག་ནས། །གཙང་རིགས་བདུན་བཅུ༔ བདག་མོས་གུས་གདུངས་བས་སྤྱན་འདྲེན་ན། །སྔོན་གྱི་ཐུགས་དམ་དགོངས་མཛོད་ལ། །འགྲོ་བའི་དོན་ཕྱིར་གཤེགས་སུ་གསོལ། །བླ་མ་ཡི་དམ་མཁའ་འགྲོའི་ཚོགས། །གནས་འདིར་མྱུར་དུ་གཤེགས་ཙམ་ནས། །དབུ་ལ་ཐོར་གཙུག་ལྡེམས་སེ་ལྡེམས། །དར་གྱི་ཅོད་པན་སུ་རུ་རུ། །རུས་པའི་རྒྱན་ཆ་ཁྲ་ལ་ལ། །དྲིལ་ཆུང་གཡེར་ཁ་སི་ལི་ལི། །ཕྱག་གདུབ་ཞབས་གདུབ་ཀྱི་ལི་ལི། །སྙན་ཆ་རུས་འཁོར་ཡངས་སེ་ཡང་། །མི་ལྤགས་གཡང་གཞི་འཛོལ་ལོ་ལོ། །མི་ཤའི་བསྲུར་དུད་ཕ་ལ་ལ། །མི་རྐང་གླིང་བུ་ཚགས་སེ་ཚག །སྦྲ་ཐྲིང་སྙུག་ཐྲིང་ཀྲུ་རུ་རུ། །ཤེས་རབ་ཅང་ཏེ་ཁྲ་ལ་ལ། །ཐབས་ཀྱིས་གར་བྱེད་ཁྲུགས་སེ་ཁྲུག །དགྱེས་པའི་འཛུམ་མདངས་ཡ་ལ་ལ། །ཆོས་སྐྱོང་ལས་ལ་ཤེགས་སེ་ཤེགས། །དཔའ་བོའི་ལྷ་ཚོགས་སྤྲུངས་སེ་སྤྲུངས། །དཔའ་མོའི་ལྷ་ཚོགས་ཐིབས་སེ་ཐིབས། །བཀའ་རྒྱུད་ཚོགས་རྣམས་ཤ་ར་ར། །ཧཱུྃ་གི་སྔ་སྒྲུ་ཧི་རི་རི། །ཕཊ་ཀྱི་བཛད་སྐད་སངས་ངེ་སང་། །གསང་བའི་བཤུག་གླུ་ཅོ་རེ་རེ། །རོལ་མོ་སྦྲ་སྦྲོག་ཙུ་རུ་རུ། །སྐལ་ལྡན་སྐྱོང་ཕྱིར་གཤེགས་སུ་གསོལ། །བྱིན་རླབས་འབེབས་ཕྱིར༔ དངོས་གྲུབ་སྩེར་ཕྱིར༔ ལམ་སྣ་འདྲེན་ཕྱིར༔ གཤེགས་ནས་གནས་འདིར་བཞུགས་སུ་གསོལ། །བཞུགས་ནས་ཐུགས་རྗེས་གཟུང་

དུ་གསོལ། །ཡུམ་ཆེན་གསང་བའི་དཀྱིལ་འཁོར་འདིར། །ཆོས་འབྱུང་གྲུ་གསུམ་ཡངས་པའི་དབུས། །སྣང་བ་འོད་ཀྱི་གཞལ་ཡས་སུ། །པདྨ་ཉི་མ་རོ་སྟེང་དུ། །ཁྲ་མ་ཡི་དམ་ལྷ་ཚོགས་དང་། །མཁའ་འགྲོ་ཆོས་སྐྱོང་བསྲུང་མར་བཅས། །མི་འགྱུར་བརྟན་པར་བཞུགས་ནས་ཀྱང་། །དགྱེས་པའི་ཞལ་བཟང་བསྟན་དུ་གསོལ། །བཅོམ་ལྡན་ཁྱེད་ནི་བྱོན་པ་ལེགས། །བདག་ཅག་བསོད་ནམས་སྐལ་བར་ལྡན། །བདག་གི་མཆོད་ཡོན་བཞེས་ནས་ཀྱང་། །འདི་ཉིད་དུ་ནི་བཞུགས་སུ་གསོལ། །པདྨ་ཀ་མ་ལ་ཡ་སྟྭཾ། ཛཿཧཱུྃ་བཾ་ཧོཿ གཉིས་སུ་མེད་པར་གྱུར། བཟླས་པ་ཕྱེད། ཨོཾ་སརྦ་ཏ་ཐཱ་ག་ཏ་ཨརྒྷཾ་པྲ་ཏཱིཙྪ་པུ་ཛ་མེ་གྷ་ས་མུ་དྲ་སྥ་ར་ཎ་ས་མ་ཡ་ཨཱཿཧཱུྃ། དེ་བཞིན་དུ་པུཥྤེ། དྷཱུ་པེ། ཨཱ་ལོ་ཀེ། གནྡྷེ། ནཻ་ཝེ། ཤབྡ། སརྦ་པཉྩ་ཨ་མྲྀ་ཏ། མ་ཧཾ་གི་ཨཱཿཧཱུྃ། དཔལ་ལྡན་རྡོ་རྗེ་མཁའ་འགྲོ་མ། །མཁའ་འགྲོ་མ་ཡི་འཁོར་ལོ་བསྒྱུར། །ཡེ་ཤེས་ལྷ་དང་སྐུ་གསུང་ཐུགས། །འགྲོ་བ་སྐྱོབ་ལ་ཕྱག་འཚལ་བསྟོད། །བདེ་བའི་རང་བཞིན་མ་སྐྱེས་པ། །ཅི་ཙམ་ཉིད་དུ་རྟོགས་གྱུར་པའི། །གཞན་དོན་མཐར་ཕྱིན་མཛད་པ་ཡིས། །རྣལ་འབྱོར་མ་ལ་ཕྱག་འཚལ་འདུད། །ཧི་སྙིང་རྡོ་རྗེ་མཁའ་འགྲོ་མ། །ཀུན་ཏུ་རྟོག་པ་འཆིང་གཅོད་ཅིང་། །འཇིག་རྟེན་བྱ་བ་རབ་འཇུག་མ། །དེ་སྙིང་རྣམས་ལ་ཕྱག་འཚལ་བསྟོད། །ཟག་མེད་བདེ་བའི་ཉམས་རྒྱས་ཤིང་། །ཧེ་རུ་ཀ་དཔལ་གཉིས་མེད་འཁྲིལ། །སེམས་ཅན་རྣམས་ལ་བདེ་སྟེར་མ། །ཕག་མོའི་སྐུ་ལ་ཕྱག་འཚལ་བསྟོད། །ལྟེ་བའི་དབུས་ནས་འབྱུང་བཞི་འཕྲོད། །ཆོས་དང་ལོངས་སྤྱོད་རྫོགས་པར་ལྡན། །མཁའ་འགྲོ་མ་རྣམས་བསྟོད་མཛད་མ། །རྣལ་འབྱོར་མ་ལ་ཕྱག་འཚལ་བསྟོད། །སྣང་བ་ཡབ་ལ་སྟོང་པ་ཡུམ། །སྣང་སྟོང་དབྱེར་མེད་རོལ་པ་ལས། །སྣ་གསུམ་སྐུ་གསུང་ཐུགས་སུ་འབུལ། །དུག་ལྔ་ཡེ་ཤེས་ལྔ་

རུ་འབུལ། །སྣང་སྲིད་ཕྱག་རྒྱ་བཞི་རུ་འབུལ། །འཁོར་འདས་མཉམ་པ་ཉིད་དུ་འབུལ། །སྐུ་གསུང་ཐུགས་མཆོག་མཉེས་ནས་ཀྱང་། །བྱིན་གྱིས་བརླབ་པར་མཛད་དུ་གསོལ། །ཞེས་པས། ཨརྒྷྃ་ནས་ཤབྡའི་བར་མཆོད། གང་གི་དྲིན་གྱིས་བདེ་ཆེན་ཉིད། །སྐད་ཅིག་ལ་འཆར་བ་གང་། །བླ་མ་རིན་ཆེན་ལྟ་བུའི་སྐུ། །རྡོ་རྗེ་ཅན་ཞབས་པད་ལ་འདུད། །མ་ཤེས་རབ་ནམ་མཁའི་དབྱིངས་ནས་ཤར། །སྤྱོད་ལམ་རྣམ་བཞི་རྟོག་མི་མངའ། །སྙེམས་བྱེད་དང་རྣམ་རྟོག་རང་སར་གྲོལ། །མ་ཆོས་ཀྱི་སྐུ་ལ་ཕྱག་འཚལ་བསྟོད། །མདོན་ཤེས་དྲུག་པོ་ཤེས་བྱར་མཁྱེན། །ཟག་མེད་བདེ་སྟོང་རྒྱུད་ལ་སྐྱེས། །སྣང་སྲིད་ལྷ་འདྲེ་རང་སར་གྲོལ། །མ་ལོངས་སྤྱོད་རྫོགས་པའི་སྐུ་ལ་ཕྱག་འཚལ་བསྟོད། །ཡུམ་ཆེན་སྤྲུལ་པས་མི་ཡུལ་བྱོན། །བུད་མེད་གཟུགས་ཀྱིས་འགྲོ་དོན་མཛད། །ཆགས་སྡང་ཐོལ་ཐོག་རང་སར་གྲོལ། །མ་སྤྲུལ་པའི་སྐུ་ལ་ཕྱག་འཚལ་བསྟོད། །རང་བཞིན་རྣམ་དག་ཐུགས་སུ་ཆུད། །དབྱིངས་དང་ཡེ་ཤེས་གཅིག་པར་གནས། །ཐོག་མཐའ་གཉིས་དག་རང་སར་གྲོལ། །མ་ངོ་བོ་ཉིད་ཀྱི་སྐུ་ལ་ཕྱག་འཚལ་བསྟོད། །གཞན་ཡང་མཆོད་ཡུལ་བཞུགས་པ་ཡི། །སངས་རྒྱས་བྱང་ཆུབ་སེམས་དཔའ་དང་། །དཔའ་བོ་མཁའ་འགྲོ་ཆོས་སྐྱོང་ལ། །སྒོ་གསུམ་གུས་པས་ཕྱག་འཚལ་ལོ། །བླ་མ་ཡི་དམ་མཁའ་འགྲོ་ལ། །ཕྱི་ཡི་མཆོད་པ་འབུལ་བ་ནི། །གཟུགས་སྒྲ་དྲི་རོ་རེག་དང་ཆོས། །འདོད་ཡོན་ལྔ་ཡི་མཆོད་པ་འབུལ། །སྐུ་གསུང་ཐུགས་མཆོག་མཉེས་ནས་ཀྱང་། །བྱིན་གྱི་རླབས་པར་མཛད་དུ་གསོལ། །བླ་མ་ཡི་དམ་མཁའ་འགྲོ་ལ། །ནང་གི་མཆོད་པ་འབུལ་བ་ནི། །མཚན་ལྡན་ཐོད་པའི་སྣོད་མཆོག་ཏུ། །བཙུད་ནི་པཉྩ་ཨ་མྲི་ཏ། །འབྲས་རྒྱུན་བུ་རམ་བཙོས་པའི་ཆང་། །ཤེས་རབ་མ་ད་ན་ཡི་རྫི། །རྩ་བརྒྱད་སྟོང་སྦྱར་མཆོད་

པ་འབུལ། །སྐུ་གསུང་ཐུགས་མཆོག་མཉེས་ནས་ནས་ཀྱང་། །བྱིན་གྱི་རླབས་པར་མཛད་དུ་གསོལ། །བླ་མ་ཡི་དམ་མཁའ་འགྲོ་ལ། །གསང་བའི་མཆོད་པ་འབུལ་བ་ནི། །ཐབས་མཆོག་ཡབ་ཀྱི་རྡོ་རྗེ་དང་། །ཤེས་རབ་ཡུམ་གྱི་ཟླ་ག་གཉིས། །སྦྲུབ་དང་སྦྱོད་པའི་སྦྱོར་བ་ལས། །ཡིད་ཀྱི་ཆུ་བོ་དྲི་མ་མེད། །སངས་རྒྱས་ཀུན་དང་ལྷན་ཅིག་སྐྱེས། །དགའ་བ་བཞི་ཡི་སྒྲ་བླངས་པས། །ཀུན་རྫོབ་དོན་དམ་ལས་བྱུང་བའི། །བདེ་སྟོང་ཡེ་ཤེས་མཆོད་པར་འབུལ། །སྐུ་གསུང་ཐུགས་མཆོག་མཉེས་ནས་ཀྱང་། །བྱིན་གྱི་བརླབ་པར་མཛད་དུ་གསོལ། །བླ་མ་ཡི་དམ་མཁའ་འགྲོ་ལ། །དེ་ཁོ་ནའི་མཆོད་པ་འབུལ་བ་ནི། །སྣང་བ་ཡབ་ལ་སྟོང་པ་ཡུམ། །སྣང་སྟོང་དབྱེར་མེད་རོལ་པ་ལས། །སྒོ་གསུམ་སྐུ་གསུང་ཐུགས་སུ་འབུལ། །དུག་ལྔ་ཡེ་ཤེས་ལྔ་རུ་འབུལ། །སྣང་སྲིད་ཕྱག་རྒྱ་བཞི་རུ་འབུལ། །འཁོར་འདས་མཉམ་པ་ཉིད་དུ་འབུལ། །སྐུ་གསུང་ཐུགས་མཆོག་མཉེས་ནས་ཀྱང་། །བྱིན་གྱི་བརླབ་པར་མཛད་དུ་གསོལ། །བདེ་ཆེན་ཡེ་ཤེས་སྒྱུ་མའི་སྐུ། །རང་བཞིན་དག་པ་སྤྲུལ་པའི་གཟུགས། །ལོངས་སྤྱོད་རྫོགས་སྐུའི་བདག་ཉིད་ཅན། །ཡུམ་གཅིག་ཁྲོ་མོ་ཉིད་ལ་བསྟོད། །སེམས་ཅན་ཀུན་གྱི་དོན་གྱི་ཕྱིར། །འཇིག་རྟེན་གསུམ་པོ་དབང་དུ་སྡུད། །མཁའ་འགྲོ་ཀུན་གྱི་གཙོ་མོ་སྟེ། །རྣལ་འབྱོར་ཁྲོ་མོ་ཉིད་ལ་འདུད། །ནང་མཆོད་འབུལ་བ་ནི། གཡོན་པའི་མཐེབ་སྲིན་གྱིས་ནང་མཆོད་བླངས་ཏེ་གཏོར་ནས། ཆོས་སྐུ་ཡུམ་ཆེན་མོའི་ཞལ་དུ་ཨོཾ་ཨཱཿཧཱུཾ། མ་གཅིག་ཁྲོས་མ་ནག་མོཿ ཨ་མ་ལབ་ཀྱི་སྒྲོན་མཿ ཕཾ་རྡུ་ཡ་ཞེཿ བཞག་རམ་པཿ གནམ་མཚོ་བཿ རང་བྱུང་པཿ བསམ་རིན་པཿ ཀུན་ཡེ་བཿ འཇམ་དཔལ་བཟང་པོཿ འཇམ་དཔལ་རྒྱ་མཚོཿ དྲིན་ཅན་རྩ་བ་དང་བརྒྱུད་པར་བཅས་པའི་དཔལ་ལྡན་བླ་མ་དམ་པ་རྣམས་ཀྱི་ཞལ་དུ་ཨོཾ་ཨཱཿཧཱུཾ། གཞན་ཡང་གང་ཐོན་

ཏུ་འབུལ། ལས་བུམ་བསྒྲུབ། ཚོགས་བསྔོ། ཚོགས་ཕུད་གཏོར་མ་ལ་བྲན། སྤྱི་མཐུན་ལྟར་རང་རང་གི་གཞུང་ལྟར་བྱེད།

བདག་འཇུག་ནི། ཁྲུས་དང་། མཎྜལ་ཕུལ། དགའ་ཆེན་ཁྱོད་བདག་སྟོན་པ་སྟེ། །སློབ་དཔོན་ཁྱོད་ནི་དགོངས་སུ་གསོལ། །བྱང་ཆུབ་ཆེན་པོའི་ཚུལ་སྟོན་པ། །མགོན་པོ་ཆེན་པོ་བདག་འཚལ་ལོ། །དམ་ཚིག་དེ་ཉིད་བདག་ལ་སྩོལ། །བྱང་ཆུབ་སེམས་ཀྱང་བདག་ལ་སྩོལ། །སངས་རྒྱས་ཆོས་དང་དགེ་འདུན་ཏེ། །སྐྱབས་གསུམ་དག་ཀྱང་བདག་ལ་སྩོལ། །ཐར་པ་ཆེན་པོའི་གྲོང་མཆོག་ཏུ། །མགོན་པོས་བདག་ནི་འཇུག་པར་འཚལ། །ལན་གསུམ་བྱེད་ཅིང་། སློབ་དཔོན་གྱིས་མཎྜལ་བཞུང་། སོ་ཤིང་སོར་བཅུ་གཉིས་པ་དོར། ཨོཾ་བཛྲ་ཧ་ས་ཧཱ། དངོས་གྲུབ་ཀྱི་རིགས་བརྟག །སྐྱོར་ཆུ་བླུད། ཨོཾ་ཧྲཱིཿབི་ཤུདྡྷེ་ཨུད་ག་ཏ་ཐ་ཐ། སྐུད་པ་དམར་པོ་གསུམ་སྒྲིལ་ལ་མདུད་པ་གསུམ་བྱེད། སྐྱེས་པའི་དཔུང་པ་གཡོན། བུད་མེད་ཀྱི་གཡས་སུ་འདོགས། ཨོཾ་བུདྡྷ་མི་ཏྲི་སརྦ་རཀྵ་རཀྵ་སྭཱ་ཧཱ། ཀུ་ཤ་ཆེ་ཆུང་གཉིས་བྱེད། ཆེ་བ་གཡས་སུ་གཏད། ཆུང་བ་གཡོན་དུ་གཏད། ཨོཾ་བཛྲ་ཏིཥྛ་བཾ། ཆེ་བ་སྟེང་། ཆུང་བ་གདན་བྱས་ཏེ་རྨི་ལམ་བརྟག །བུ་ཚུར་ཐེག་པ་ཆེན་པོ་སྟེ། །ཁྱོད་ནི་ཚུལ་ཆེན་སྣོད་ཡིན་ཏེ། །ཚིག་བཟང་པོ་འདི་བཤད་པས། །བུ་ཡི་བློ་གྲོས་འདི་གྱིས་ཤིག །ངེས་ཡོལ་བ་ཕྱི་འཇུག་སོང་། ད་ནང་འཇུག་ལ། ཁྲུས་བྱེད། ཕྱག་དང་མཎྜལ་ཕུལ། དཀོན་མཆོག་གསུམ་ལ་བདག་སྐྱབས་མཆི། །སྡིག་པ་མི་དགེ་སོ་སོར་བཤགས། །འགྲོ་བའི་དགེ་ལ་རྗེས་ཡི་རང་། །སངས་རྒྱས་བྱང་ཆུབ་ཡིད་ཀྱིས་བཟུང་། །སངས་རྒྱས་ཆོས་དང་ཚོགས་མཆོག་ལ། །བྱང་ཆུབ་བར་དུ་སྐྱབས་སུ་མཆི། །རང་གཞན་དོན་ནི་རབ་སྒྲུབ་ཕྱིར། །བྱང་ཆུབ་སེམས་ནི་བསྐྱེད་པར་བགྱི། །བྱང་ཆུབ་མཆོག་གི་སེམས་ནི་བསྐྱེད་བགྱིས་ནས། །འགྲོ་ལ་ཕན་ཕྱིར་སངས་རྒྱས་འགྲུབ་པར་ཤོག །ལན་གསུམ་བྱེད། བུམ་ཆུས་བསང་། ཁྱེད་རང་རྡོ་རྗེ་རྣལ་འབྱོར་མ་སྐུ་མདོག་མཐིང་ནག་ཞལ་གཅིག་ཕྱག་གཉིས་གྲི་ཐུག་དང་ཐོད་པ་འཛིན་པ་གཅིག་ཏུ་གསལ་བར་གྱུར། དེའི་

དཔྲལ་བར་འཁོར་ལོ་དཀར་པོ་ཨོཾ་གྱིས་མཚན་པ། མགྲིན་པར་པདྨ་དམར་པོ་ཨཱཿས་མཚན་པ། སྙིང་གར་རྡོ་རྗེ་མཐིང་ག་ཧཱུྃ་གིས་མཚན་པ་གསལ་བ་དེ་བརྟན་པར་བྱེད་པ་ལ། དྲིའི་ཐིག་ལེ་གནས་གསུམ་དུ་བྱེད། ཨོཾ་ཨཱཿཧཱུྃ། ཧཱུྃ་ཨཱཿཨོཾ། མཆོད་པ་ཕུལ་ཏེ། པུཥྤེ། དྷཱུ་པེ། ཨཱ་ལོ་ཀེ། གནྡྷེ། ནཻ་ཝི་ཏེ། ཤབྡ་ཨཱཿཧཱུྃ། གདོང་གཡོགས་བཅིངས། ཨོཾ་ཙཀྲ་བཛྲ་ཕ་ར་ཎཱ་ཏྲཱ་ཡ་ཧཱུྃ། མེ་ཏོག་གཏད། ཨཱ་ཁཾ་བཱི་ར་ཧཱུྃ། སྐབས་འདིར་བགེགས་གཏོར་གཏོང་ཞིང་མཚམས་བཅད། བསྐུང་འཁོར་བསྒོམ། སྙིང་གར་རྡོ་རྗེ་བཟུང་། ཐུགས་ཀར་བྱང་ཆུབ་སེམས་ཀྱི་ངོ་བོ་ཟླ་བའི་སྟེང་དུ། དོན་དམ་པ་བྱང་ཆུབ་སེམས་ཀྱི་ངོ་བོ་རྡོ་རྗེ་དཀར་པོ་རྩེ་ལྔ་པ་འོད་ཟེར་ཀུན་ཏུ་འཕྲོ་བ་དང་བཅས་པ་གཅིག་སྒོམས་ཤིག །ཨོཾ་སརྦ་ཡོ་ག་ཙིཏྟ་ཨུཏྤ་ད་ཡཱ་མི། སུ་ར་ཏེ་ས་མ་ཡ་སྟྭཾ་ཧོ། སིདྡྷི་བཛྲ་ཡ་ཐཱ་སུ་ཁཾ། ཐམས་ཅད་རྡོ་རྗེའི་རང་བཞིན་དུ་བརྟན་པར་བྱས་སོ། །སྡོམ་པ་གཟུང་བ་ནི། བདག་དུས་འདི་ནས་བཟུང་སྟེ། །བྱང་ཆུབ་སྙིང་པོར་མཆིས་ཀྱི་བར། །རྡོ་རྗེ་རིགས་ཀྱི་སྡོམ་བཞི་དང་། །རིན་ཆེན་རིགས་ཀྱི་སྡོམ་པ་གསུམ། །པདྨའི་རིགས་ཀྱི་སྡོམ་པ་བཞི། །ལས་ཀྱི་རིགས་ཀྱི་སྡོམ་པ་གཉིས། །སངས་རྒྱས་རིགས་ཀྱི་སྡོམ་པ་གཅིག །དམ་ཚིག་སྡོམ་པ་བཅུ་བཞི་ནི། །དེང་ནས་བཙམས་ཏེ་ནམ་དུ་ཡང་། །གཏོང་བར་བྱ་བ་མ་ཡིན་ནོ། །དམ་བཞག་ནི། ཐལ་མོ་མགོར་བཞག །ཁྱོད་ནི་རྣལ་འབྱོར་མའི་རིགས་སུ་སྐྱེས། །གང་ཞིག་འདི་འདྲ་མ་མཐོང་བའི། །མདུན་དུ་སྨྲ་བར་མ་བྱེད་ཅིག །གལ་ཏེ་སྨྲས་ན་ཉམས་པར་འགྱུར། །བདག་ཉིད་མ་འཁྲུལ་ཤེས་པར་གྱིས། །སྙིང་གར་རྡོ་རྗེ་བཞག །རྡོ་རྗེ་མཁའ་འགྲོ་མ་ཁྱོད་དེང་། །སྙིང་ལ་ཡང་དག་ཞུགས་པར་འགྱུར། །གལ་ཏེ་ཚུལ་འདི་སྨྲས་ན་ནི། །དེ་མ་ཐག་ཏུ་དྲིལ་ཏེ་གཤེགས། །ཞལ་ཆུ་བླུད། འདི་ནི་ཁྱོད་ཀྱི་དམ་ཚིག་ཆུ། །དམ་ཚིག་འདས་ན་བསྲེག་པར་བྱེད། །དམ་ཚིག་བསྲུང་ན་དངོས་གྲུབ་ནི། །རྡོ་རྗེ་

བདུད་རྩིའི་ཆུ་འདི་འཐུང་། །བཛྲ་ཨུ་ད་ཀ་ཨ་མྲྀ་ཏ་ར་ཀ ། ཐལ་མོ་མགོར་བཞག །དུས་འདི་ནས་ནི་བུ་ཁྱོད་ཀྱི། །རྡོ་རྗེ་འཛིན་པ་ང་ཡིན་གྱིས། །ང་ཡིས་ཇི་ལྟར་བཀའ་སྩལ་པ། །ཇི་ལྟར་བསྒོ་བ་བཞིན་དུ་བྱ་དགོས་སོ། །དེ་བས་ན་ངན་སོང་དུ་ལྟུང་བར་གྱུར་ཏ་རེ། ཡེ་ཤེས་ཕབ། མདུན་གྱི་ནམ་མཁར་རྣལ་འབྱོར་མའི་ཚོགས་གསལ་བའི་སྐུ་གསུང་ཐུགས་ལས་ཟག་མེད་ཀྱི་བདུད་རྩི་བྱུང་། ཁྱེད་རང་གི་སྤྱི་བོ་ནས་ཞུགས། ལུས་ཀྱི་ནང་ཐམས་ཅད་གང་བའི་མོས་པ་གྱིས། ཨཱ་བེ་ཤ་ཡ་ཨ་ཨ། ཕཾ་ཕཾ། རྡོ་རྗེ་མགོར་བཞག །ཏིཥྛ་བཛྲ། དཀྱིལ་འཁོར་ཁ་དོག་བརྟག །མེ་ཏོག་འཐོར། པྲ་ཏཱིཙྪ་བཛྲ་ཧོཿ སྣར་མེ་ཏོག་གདང་། བཅོམ་ལྡན་འདས་མ་ཁྱོད་ཀྱིས་ནི། །འདི་ནི་རྗེས་སུ་གཟུང་བར་མཛོད། །གདོང་གཡོགས་བསལ། སྤྱན་ལྔ་རྣམ་དག་དབྱེ་དང་མི་དབྱེ་བྲལ། །འོན་ཀྱང་སྣ་ཚོགས་ཡངས་པའི་སྤྱན་ཕྱེ་བས། ཆོས་ཀུན་མཁྱེན་ཅིང་ཇི་བཞིན་གཟིགས་པ་ཡིས། །སངས་རྒྱས་ཡེ་ཤེས་སྤྱན་ནི་ཐོབ་གྱུར་ཅིག །ཨོཾ་བཛྲ་ནཻ་ཏྲ་ཨ་པ་ཧ་ར་པ་ཊ་ལཾ་ཧྲཱིཿ དཀྱིལ་འཁོར་ལྷ་ཞལ་བསྟན། དངོས་གཞི་མཆོད་ལ་ཕྱུལ། གསོལ་བ་བཏབ། རྡོ་རྗེ་རྣལ་འབྱོར་མ་རྣམས་ལ། །མཆོད་ཆེན་ཇི་ལྟར་སྩལ་བ་ལྟར། །བདག་ཀྱང་རབ་ཏུ་སྒྲུབ་སླད་དུ། །དབང་བསྐུར་དམ་པ་བདག་ལ་སྩོལ། །བུམ་པ་སྤྱི་བོར་བཟུང་། སངས་རྒྱས་ཀུན་གྱི་བུམ་པའི་དབང་། །དེ་རིང་ཁྱོད་ལ་བསྐུར་བར་བྱ། །སངས་རྒྱས་ཀུན་ཏུ་རབ་སྒྲུབ་ཕྱིར། །བུམ་པའི་དབང་ནི་ཁྱོད་ཀྱིས་ལོང་། །ཇི་ལྟར་བལྟམས་པ་ཙམ་གྱིས་ནི། །ལྷ་རྣམས་ཀྱིས་ནི་ཁྲུས་གསོལ་ལྟར། །ལྷ་ཡི་ཆུ་ནི་དག་པ་ཡིས། །དེ་བཞིན་བདག་གིས་སྐུ་ཁྲུས་གསོལ། །ཨོཾ་སརྦ་ཏ་ཐཱ་ག་ཏ་ཨ་བྷི་ཥེ་ཀ་ཏ་ས་མ་ཡ་ཤྲཱི་ཡེ་ཧཱུྃ། བུམ་ཆུ་སྦྱིན། ཞེས་དབང་བསྐུར། དྲི་མ་དག །ཆུའི་ལྷག་མ་ཡར་ལུད་པ་ལས་མི་བསྐྱོད་པས་དབུ་བརྒྱན་པའོ། །དབུ་རྒྱན་སྤྱི་བོར་བཟུང་། སངས་རྒྱས་ཀུན་གྱི་དབུ་རྒྱན་

དབང་། །དེ་རིང་ཁྱོད་ལ་བསྐུར་བར་བྱ། །སངས་རྒྱས་ཀུན་ཏུ་རབ་སྦྱིན་ཕྱིར། །དབུ་རྒྱན་དབང་འདི་ཁྱོད་ཀྱིས་ལོང་། །ཇི་ལྟར་སོགས། ཚུའི་ལྕག་མ་ཡར་ལུད་པ་ལས་རིན་ཆེན་འབྱུང་ལྡན་གྱིས་དབུ་བརྒྱན་པའོ། །རྡོ་རྗེ་སྤྱི་བོར་བཟུང་ཞིང་གཡས་སུ་གཏད། སངས་རྒྱས་ཀུན་གྱི་རྡོ་རྗེའི་དབང་། །དེ་རིང་ཁྱོད་ལ་བསྐུར་བར་བྱ། །སངས་རྒྱས་ཀུན་ཏུ་རབ་སྦྱིན་ཕྱིར། །རྡོ་རྗེའི་དབང་ནི་ཁྱོད་ཀྱིས་ལོང་། ཇི་ལྟར༔ འོད་དཔག་མེད་ཀྱིས༔ དྲིལ་བུ་སྤྱི་བོར་བཞག་ཅིང་གཡོན་དུ་གཏད། སངས་རྒྱས་ཀུན་གྱི་དྲིལ་བུའི་དབང་། །དེ་རིང་ཁྱོད་ལ་བསྐུར་བར་བྱ། །སངས་རྒྱས་ཀུན་ཏུ་རབ་སྦྱིན་ཕྱིར། །དྲིལ་བུའི་དབང་འདི་ཁྱོད་ཀྱིས་ལོང་། །ཇི་ལྟར༔ དོན་ཡོད་གྲུབ་པས༔ རྡོ་རྗེ་དྲིལ་བུ་སྤྱི་བོར་བཟུང་། སངས་རྒྱས་ཀུན་གྱི་མིང་གི་དབང་། །དེ་རིང་ཁྱོད་ལ་བསྐུར་བར་བྱ། །མིང་གི་དབང་འདི་ཁྱོད་ཀྱིས་ལོང་། །ཀྱེ། དཔལ་གསང་མཚན་ཞེས་བྱ་བའི་དེ་བཞིན་གཤེགས་པའོ། །རྣམ་པར་སྣང་མཛད་ཀྱིས་དབུ་བརྒྱན་པའོ། །དེས་བུམ་པའི་དབང་ལ་བརྟེན་ནས་བསྐྱེད་པའི་རིམ་པ་སྒོམ་པ་ལ་དབང་། སྤྲུལ་པའི་སྐུ་འགྲུབ་པའོ། །

གསང་དབང་གི་དོན་དུ་མཎྜལ་ཕུལ། ཐོད་པ་སྤྱི་བོར་བཟུང་། སངས་རྒྱས་ཀུན་གྱི་ཐོད་པའི་དབང་། །དེ་རིང་ཁྱོད་ལ་བསྐུར་བར་བྱ། །སངས་རྒྱས་ཀུན་ཏུ་རབ་སྦྱིན་ཕྱིར། །གསང་བའི་དབང་འདི་ཁྱོད་ཀྱིས་ལོང་། །ནང་མཆོད་བླུད། ཨོཾ་ཧྲི་ཧ་ཧ་ཧཱུྃ་ཧཱུྃ་ཕཊ། ཨོཾ་ཨཱཿཧཱུྃ། ནང་མཆོད་བླུད། དེས་ཐོད་པའི་དབང་ལ་བརྟེན་ནས་རྫོགས་རིམ་སྒོམ་པ་ལ་དབང་། ལོངས་སྤྱོད་རྫོགས་པའི་སྐུ་འགྲུབ་པའོ། །ཤེས་དབང་གི་དོན་དུ་མཎྜལ། མེ་ལོང་སྤྱི་བོ་དང་སྙིང་གར་བཟུང་། སངས་རྒྱས་ཀུན་གྱི་མེ་ལོང་དབང་། །དེ་རིང་ཁྱོད་ལ་བསྐུར་བར་བྱ། །སངས་རྒྱས་ཀུན་ཏུ་རབ་སྦྱིན་ཕྱིར། །ཤེས་རབ་ཡེ་ཤེས་དབང་འདི་ཁྱོད་ཀྱིས་ལོང་། །སིན་ཧྲུ་རའི་དཀྱིལ་འཁོར་ལས་དཀྱིལ་འཁོར་གཉིས་པ

ཆད། ཁྱིད་རང་གི་སྙིང་གར་ཐིམ། དགའ་བཞིའི་ཡེ་ཤེས་རྒྱུད་ལ་སྐྱེས། དེས་མི་ཡོང་གི་དཀྱིལ་འཁོར་ལ་བརྟེན་ནས། དགའ་བཞིའི་ཡེ་ཤེས་སྒོམ་པ་ལ་དབང་། ཆོས་ཀྱི་སྐུ་འགྲུབ་པའོ། །བཞི་པ་ཞུ་བའི་དོན་དུ་མཚོན། ལྟོས་ཤིག་རང་གི་སེམས་ལ་ལྟོས། །སེམས་ཉིད་ཅིར་ཡང་གྲུབ་པ་མེད། །སྣ་ཚོགས་སྣང་བ་སེམས་སུ་འདུས། །སྟོང་པ་ནམ་མཁའི་དཀྱིལ་ལྟ་བུ། །མ་ཡེངས་མི་སྒོམ་སྐྱོང་ལ་ཞོག །དེས་ཕྱག་རྒྱ་ཆེན་པོའི་དབང་ལ་བརྟེན་ནས་འོད་གསལ་ཟུང་འཇུག་ངོ་བོ་ཉིད་ཀྱི་སྐུ་ཐོབ་པའོ། །

སློབ་དཔོན་གྱི་དབང་གི་དོན་དུ་མཚོན། ཐུམ་པ་སྤྱི་བོར་བཟུང་། དབང་བསྐུར་རྡོ་རྗེ་ཆེན་པོ་ནི། །ཁམས་གསུམ་ཀུན་གྱིས་ཕྱག་བྱས་པ། །སངས་རྒྱས་ཀུན་གྱི་གསང་གསུམ་གྱིས། །གནས་ལས་བྱུང་བ་སྦྱིན་པར་བྱ། །ཐུམ་ཚུ་བླུད། ཨོཾ་སརྦ་ཏ་ཐཱ་ག་ཏ་ཨ་བྷི་ཥེ་ཀ་ཏ་ས་མ་ཡ་ཤྲི་ཡ་ཧཱུཾ། དབང་བསྐུར། དྲི་མ་དག །ཚུ་ལྷག་མ་ཡར་ལུད་པ་ལས་མི་བསྐྱོད་པས་དབུ་བརྒྱན་པའོ། །མི་ཏོག་འཐོར། དཔོན་སློབ་ཐམས་ཅད་ཕྱག་ལུ་གུ་རྒྱུད་དུ་སྦྲེལ་བ་བྱས་ཏེ། རྡོ་རྗེ་མཁའ་འགྲོའི་དཀྱིལ་འཁོར་དུ། །རྡོ་རྗེ་མཁའ་འགྲོའི་དབང་བསྐུར་བས། །རྡོ་རྗེ་མཁའ་འགྲོའི་དམ་ཚིག་བསྲུང་། །རྡོ་རྗེ་སློབ་དཔོན་ཉིད་ཀྱི་དབང་། །དེང་འདིར་བདག་གིས་བླངས་ནས་ནི། །རྡོ་རྗེ་སློབ་དཔོན་དམ་ཚིག་བསྲུང་། །འདི་ནས་བྱང་ཆུབ་མཆིས་ཀྱི་བར། །སྲོག་ལ་ཐུག་ཀྱང་མི་གཏོང་ངོ་། །དམ་ཚིག་གསུམ་ནི་གཡས་སུ་རྡོ་རྗེ་གཏད། རྡོ་རྗེ་ཐུགས་ཀྱི་དམ་ཚིག་ཟུང་ཞིག །དྲིལ་བུ་གཡོན་དུ་གཏད། དྲིལ་བུ་གསུང་གི་དམ་ཚིག་ཟུང་ཞིག །སྦྱོར་བ་ཁ་སྦྱོར་གྱི་རིམ་པས་ཕྱག་རྒྱ་སྐུའི་དམ་ཚིག་ཟུང་ཞིག །དེས་རྡོ་རྗེ་སློབ་དཔོན་གྱི་དབང་མཐའ་རྟེན་རྗེས་གནང་དང་བཅས་པ་སོང་བ་ཡིན་པས། དབང་བསྐུར་བ་དང་། རབ་ཏུ་གནས་པ་དང་། སློབ་མ་རྣམས་རིམ་པར་བསྒྲུ་བར་གྱིས་ཤིག །བརླས་ལུང་སྦྱིན།

ཐིག་ལེའི་དབང་ནི། སློབ་མ་དཀྱིལ་ཀྱང་བཅའ། སྐལ་ཚོགས་བསྲུང་ལྟེ་བའི་དབུས་སུ་སེམས་ཉིད་ཀྱི་ངོ་བོ་ཐིག་ལེ་དཀར་པོ་བྱ་མ་གསར་གྱི་སྒོ་ང་ཙམ་གཅིག་གསལ་བཏབ། དཔོན་སློབ་གཉིས་ཀས་ཕཊ་ཀྱིས་སྤར། སྤྱི་བོ་ནས་རྒྱངས་ཀྱིས་ཐོན། རྣལ་འབྱོར་མའི་ཐུགས་ཀར་ཐིམ། རྣལ་འབྱོར་མ་འོག་མིན་དུ་སངས་རྒྱས་པར་བསམ། ཅི་གནས་ལ་བཞག །དེ་ནས་ཕབ། གཏོར་མ་ལ་བརྟེན་ནས་དབང་བྱེད་ན། ཁྲུས། མཆོད་ཡོན། གསོལ་བཏབ། ལུས་ལྟར་བསྐྱེད། ཡེ་ཤེས་ཕབ་པ་སྟོན་དུ་གཏོང་། དངོས་གཞི། གཏོར་མ་འདི་དང་ཐ་མི་དད་པའི་ཡི་དམ་ཁྲོས་མ་ནག་མོ་སྐུ་མདོག་མཐིང་ནག་ཞལ་གཅིག་ཕྱག་གཉིས་སྤྱན་གསུམ་མཆེ་བ་བཞི་རབ་ཏུ་གཙིགས་པ། དབུ་སྐྲ་དམར་སེར་གྱེན་དུ་རྫེས་པ། ཕག་ཞལ་ནག་པོ་གཡས་སུ་ཏྲུར་བ། ཏྲུར་ཁྲིད་ཀྱི་ཚས་བརྒྱད་ཀྱིས་སྐུ་ལ་བརྒྱན་པ། ཕྱག་གཡས་མི་ལྤགས་ཀྱི་གཡང་གཞི་བསྣམས་ཤིང་། གཡོན་པས་ཁྲོ་ཆུའི་ཐོ་བ་འཛིན་པ། མེ་རི་མེ་དཔུང་འབར་བའི་དབུས་སུ་པདྨ་རོ་དང་ཉི་མའི་སྟེང་དུ་ཞབས་གཡས་བསྐུམ་གཡོན་བརྐྱང་བས་གནས་པ་བསྐྱེད། གཏོར་མ་སྤྱི་བོར་བཟུང་། ནོ་རྗེ་མཁའ་འགྲོའི་བུམ་པའི་དབང་། །ཁྱོད་ལ་རབ་ཏུ་བསྐུར་བར་བྱེད། །ནོ་རྗེ་མཁའ་འགྲོའི་སྐུ་ལས་སྐུ་འཕྲོས། ཁྱེད་རང་གི་ལུས་ལ་ཐིམ་པའི་མོས་པ་ཀྱིས། ནང་མཆོད་བླུད། མེ་ཏོག་འཐོར། མཐར་གཏོར་མ་སྤྱི་བོར་བཟུང་། བརྒྱུད་པའི་མཚན་ནས་སྨོས། ལྷ་བསྟིམ། མེ་ཏོག་འཐོར། ཐིག་ལེའི་དབང་གོང་དང་མཐུན། གཙོ་བོས་ཇི་ལྟར་བཀའ་སྩལ་པ། །དེ་དག་ཐམས་ཅད་བདག་གིས་བགྱི། །མཎྜལ་ཕུལ། ཚོགས་ལ་ལོངས་སྤྱོད། ལྷག་མ་བསྔུ། ཆུ་གཙང་བྲན། དཔལ་འབར་འཇུགས། ཨ་ཀཱ་རོས་བྱིན་གྱི་བརླབས། བ་ལིཾ་ཏ་ཁཱ་ཧི་ཀ་སྭཱ་ཧཱ། ལྷག་གཏོར་ཕྱི་རོལ་དུ་དོར། རོལ་མོ་བྱེད།

བྲོ་བརྡུང་བ་ནི། ནང་ཕྱོགས་འཁོར་ལོའི་རྩིབས་སྟེང་ནས། །ཤར་ཕྱོགས་མཁའ་འགྲོས་བྲོ་བརྡུངས་པས། །ཤར་ཕྱོགས་གདོན་བགེགས་རྡུལ་དུ་བརླག་པའི་བྲོ། །ཡ་

བདུད་རྒྱལ་པོ་རྡུལ་དུ་བརླག་པའི་གྲོ། །མ་བདུད་སྲིན་མོ་ཐལ་མར་གཏོང་བའི་
གྲོ། །དམ་སྲི་དམ་ལ་བཏགས་པའི་གྲོ། །རྐྱེན་ངན་བར་ཆད་བཟློག་པའི་གྲོ། །ཐེལ་
རང་རྡུལ་དུ་བརླག་པའི་གྲོ། །ལྷོ་ཕྱོགས་འཁོར་ལོའི་རྩིབས་སྟེང་ནས། །རྟོག་མེད་
རོ་ཡི་གདན་སྟེང་ན། །ལྷོ་རིན་ཆེན་མཁའ་འགྲོས་གྲོ་བཏུངས་པ། །དཔའ་བོའི་
གྲོ་བཏུངས་ཁྲིགས་སེ་ཁྲིགས། །དཔའ་མོའི་གར་བྱེད་ཁྱུགས་སེ་ཁྱུག །ད་ལེན་གྲོ་
གཅིག་བཏུང་བ་ནི། །ལྷོ་ཕྱོགས་གདོན་བགེགས༔ ཡ་བདུད༔ མ་བདུད༔ དམ་སྲི༔
རྐྱེན་ངན༔ ཐེལ་རང༔ གོང་རྣམས་འགྲེ། ནུབ་ཕྱོགས༔ བྱང་ཕྱོགས༔ མཚམས་བརྒྱད༔
དབེན་གནས་དུར་ཁྲོད་འདིར༔ རྟོག་མེད༔ རྣལ་འབྱོར་ཕོ་མོའི༔ དཔའ་བོའི༔
དཔའ་མོ༔ དབེན་གནས་དུར་ཁྲོད་ཆེན་པོ་དེའི༔ ཕོ་བྲང་དེ་ལ་གནས་པ་ཡི༔ ཡ་
བདུད་རྒྱལ་པོ༔ མ་བདུད་སྲིན་མོ༔ དམ་སྲི༔ རྐྱེན་ངན༔ གྲོ་འདི་གང་དང་གང་
གི་གྲོ༔ སྲིན་པ་ཆེན་པོའི་གྲོ་བཏུངས་པས། །དགྲ་བོ་སེར་སྣའི་མགོ་ལ་ཆེམས་སེ་
ཆེམས། །དུག་གསུམ་མགོ་ལ་ནེམས་སེ་ནེམ། །དུག་ལྔའི་མགོ་ལ་ད་རོལ་ཅིག །གོང་
གི་འགྲེ། གྲོ་འདི་གང་དང་༔ ཚུལ་ཁྲིམས་ཆེན་པོའི༔ ཚུལ་ཁྲིམས༔ དགྲ་བོ་འཆལ་པའི༔
དུག་གསུམ༔ དུག་ལྔ༔ གྲོ་འདི༔ གྲོ་འདི་བཟོད་པ༔ བཟོད་པ༔ དགྲ་བོ་ཁོང་ཁྲོའི༔
གྲོ་འདི་བརྩོན་འགྲུས༔ བརྩོན་འགྲུས་ཆེན་པོའི༔ དགྲ་བོ་ལེ་ལོའི༔ དུག་གསུམ༔
དུག་ལྔའི༔ གྲོ་འདི་གང་དང་༔ གྲོ་འདི་བསམ་གཏན༔ བསམ་གཏན༔ དགྲ་བོ་
རྣམ་གཡེང་གི་མགོ་ལ་ཆེམས་སེ་ཆེམ། །གཡེང་བའི༔ གཡེང་བའི༔ དུག་གསུམ༔
དུག་ལྔ༔ གྲོ་འདི་གར་དང་༔ གྲོ་འདི་ཤེས་རབ་ཆེན་པོའི༔ དགྲ་བོ་གཏི་མུག་མགོ་
ལ་ཆེམས་སེ་ཆེམ། །དུག་གསུམ༔ དུག་ལྔ༔ གྲོ་འདི་གང་དང་གང་གི་གྲོ། །གྲོ་འདི་
ཡུམ་སྲས་གཉིས་ཀྱི་གྲོ། །ཡུམ་སྲས་གཉིས་ཀྱིས་གྲོ་བཏུངས་པས། །དགྲ་བོ་རྒྱལ་

འགོང་གི་མགོ་ལ་ཆེམས་སེ་ཆེམ། །དུག་གསུམ་མགོ་ལ་ནེམས་སེ་ནེམ། །དུག་ལྔའི་མགོ་ལ་ད་རོལ་ཅིག །

བཤགས་པ་ནི། བདེ་ལེགས་སེམས་ནི་རྙེད་པ་དེ། །རྩ་བའི་བླ་མ་ཡིན་པར་མ་ཤེས་ནས། །དངོས་གྲུབ་གཞན་ནས་བཙལ་བ་དེ། །མ་སྤྲུལ་པའི་སྐུ་ལ་མཐོལ་ལོ་བཤགས། །རང་སེམས་རྩ་བ་ཆོད་པ་དེ། །ཆོས་སྐུ་ཡིན་པར༔ འགྲེས། སངས་རྒྱས་གཞན་ནས༔ མ་སྤྲུལ༔ རྣམ་རྟོག་རང་བཞིན་ཤེས་པ་དེ། །སྐྱེ་མེད་ཡིན་པར༔ གཉེན་པོ་གཞན་ནས༔ མ་སྤྲུལ་པའི༔ རང་སེམས་ཡིད་བཞིན་ནོར་བུ་ལ། །དགོས་འདོད་འབྱུང་བར་མ་ཤེས་པས། །འབད་རྩོལ་གཞན་དུ་བྱས་པ་དེ། །མ་སྤྲུལ་པའི༔ ང་བདག་གི་རྣམ་རྟོག་ཆོད་པ་དེ། །ཉམས་ལེན་ཡིན་པར༔ ལྷ་འདྲེ་གཞན་དུ་བཙལ་བ་དེ། །མ་སྤྲུལ༔ ཁམས་གསུམ་སེམས་ཅན་ཐམས་ཅད་དེ། །ཕ་མ་ཡིན་པར༔ གཞན་ལ་གནོད་པ་སྐྱལ་བ་དེ། །མ་སྤྲུལ་པའི༔ གསུམ་ལྡན་བླ་མ་རིན་ཆེན་དེ། །སྐྱབས་གནས་ཡིན་པར༔ དད་འདུན་མོས་གུས་ཆུང་བ་དེ། །མ་སྤྲུལ་པའི༔ བརྩེ་གདུང་འདྲེས་པའི་གྲོགས་མཆེད་དེ། །དཔའ་བོ་ཡིན་པར༔ རྣམ་རྟོག་ཧུ་ང་སྐྱེས་པ་དེ། །མ་སྤྲུལ་པའི༔ གདམས་པ་བདུད་ཀྱི་གཅོད་ཡུལ་འདི། །སྟོད་ངན་ཡོད་པར་མ་ཤེས་ནས། །རྒྱལ་ཁམས་ཕྱོགས་མེད་ལ་སྤྱིལ་བ་དེ། །མ་སྤྲུལ་པའི་སྐུ་ལ༔ ཚུལ་ཁྲིམས་རྣམ་དག་དྲི་མེད་དེ། །ཐར་ལམ་བགྲོད་པར་མ་ཤེས་ནས། །འཆལ་པའི་མངོན་སྔགས་ཤོར་བ་དེ། །མ་སྤྲུལ་པའི༔ དངོས་འབྱོར་ཡིད་སྤྲུལ་མཆོད་པ་དེ། །ཚོགས་གཉིས་རྫོགས་པར་མ་ཤེས་ནས། །སྙོམ་སེམས་སེར་སྣ་ཤོར་བ་དེ། །མ་སྤྲུལ་པའི༔ ཟབ་མོ་མཁའ་འགྲོའི་ཚོགས་གྲལ་དེ། །གསང་གནས་ཡིན་པར་མ་ཤེས་ནས། །ཉམས་གྲིབ་ཅན་དང་སྤྱིལ་བ་དེ། །མ་སྤྲུལ་པའི༔ ཞལ་ཟས་ཚོགས་

ཀྱི་ཡོངས་སྤྱོད་དེ། །དངོས་གྲུབ་འབྱུང་བར་མ་ཞེས་ནས། །སྡིག་སྤྱོད་ཅན་དང་སྤྲོད་བ་དེ། །མ་སྤྲུལ་པའིཿ ཚགས་མེད་སྦྱིན་པ་གཏོང་བ་དེ། །སྒྲིབ་གཉིས་བྱང་བརཿ ལུས་ལ་གཅེས་འཛིན་བྱས་པ་དེ། །མ་སྤྲུལ་པའི་སྐུ་ལ་མཐོལ་ལོ་བཤགས། །མ་མི་མིན་ཡེ་ཤེས་ཊཱ་ཀི་མ། །གནོང་ངོ་འགྱོད་དོ་གྲུབ་ཐོབ་གཅོད་ཡུལ་བརྒྱུད་པ་རྣམས། །སྐུ་གསུང་ཐུགས་ཀྱི་དངོས་གྲུབ་སྩལ་དུ་གསོལ། །ལམ་སྣ་མ་ནོར་བདེ་ཆེན་དབྱིངས་སུ་དྲོངས། །མི་རྟོག་བདེ་ཆེན་ས་ལ་འགོད་གྱུར་ཅིག །མ་འགྱུར་བ་དང་ཉམས་པ་དང་། །གང་ཡང་བདག་རྨོངས་བློ་ཡིས་ནི། །བགྱིས་པ་དང་ནི་བགྱིད་སྩལ་བ། །དེ་ཀུན་མགོན་པོས་བཟོད་པར་མཛོད། །ཚོ་ག་ལྷག་ཆད་ཅི་མཆིས་པ། །དཀྱིལ་འཁོར་ལྷ་ཡིས་བཟོད་པར་མཛོད། །སེམས་ཉིད་སྐྱེ་མེད་སྟོན་མཛད་པའི། །བླ་མ་རྣམས་ཀྱི་བཀྲ་ཤིས་ཤོག །དེ་འཕྲིས་སོ། །གཏི་མུག་རྣམ་པར་དག་པ་ཡིས། །སངས་རྒྱས་མཁའ་འགྲོའིཿ ཞེ་སྡང་རྣམ་པར་དག་པ་ཡིས། །རྡོ་རྗེ་མཁའ་འགྲོཿ ང་རྒྱལ་རྣམ་པར་དག་པ་ཡིས། །རིན་ཆེན་མཁའ་འགྲོའིཿ འདོད་ཆགས་རྣམ་པར་དག་པ་ཡི། །པདྨ་མཁའ་འགྲོའིཿ ཕྲག་དོག་རྣམ་པར་དག་པ་ཡི། །ལས་ཀྱི་མཁའ་འགྲོའིཿ བདེ་ཆེན་འདུ་འབྲལ་མེད་པ་ཡི། །དམ་ཚིག་མཁའ་འགྲོའིཿ བསམ་པ་ཡིད་བཞིན་འགྲུབ་པ་ཡི། །སྣ་ཚོགས་མཁའ་འགྲོའིཿ ཁམས་གསུམ་དབང་དུ་བསྡུད་པ་ཡི། །ཐམས་ཅད་མཁའ་འགྲོའིཿ ཕྲིན་ལས་རྣམ་བཞི་འགྲུབ་པ་ཡི། །འཇིག་རྟེན་མཁའ་འགྲོའིཿ བྱིན་རླབས་དངོས་གྲུབ་འབྱུང་བའི་གནས། །ཡི་དམ་ལྷ་ཚོགས་རྣམས་ཀྱི་བཀྲ་ཤིས་ཤོག །སངས་རྒྱས་བསྟན་པ་བསྲུང་མཛད་པའི། །ཆོས་སྐྱོང་སྲུང་མ་རྣམས་ཀྱི་བཀྲ་ཤིས་ཤོག །རྐྱེན་ངན་གྲོགས་སུ་འཆར་བའི་བཀྲ་ཤིས་ཤོག །རྣམ་རྟོག་ལམ་དུ་སློང་བའི་བཀྲ་ཤིས་ཤོག །བདེ་སྡུག་རོ་

སློམས་ནུས་པའི་བཀྲ་ཤིས་ཤོག །ན་ཚ་བོགས་སུ་ཐོན་པའི་བཀྲ་ཤིས་ཤོག །སེམས་ཉིད་སྐྱེ་མེད་རྟོགས་པའི་བཀྲ་ཤིས་ཤོག །དོན་གཉིས་ལྷུན་གྱིས་གྲུབ་པའི་བཀྲ་ཤིས་ཤོག །ཡེ་ཤེས་པ་རང་གནས་སུ་གཤེགས། དམ་ཚིག་པ་རང་གི་སྙིང་གའི་གནས་སུ་ཐིམ་པར་གྱུར། རྟེན་ཡོད་ན་བརྟན་བཞུགས་བྱེད། ཨོཾ་ཁྱེད་ཀྱིས་སེམས་ཅན་དོན་ཀུན་མཛད། །རྗེས་སུ་མཐུན་པའི་དངོས་གྲུབ་སྩོལ། །སངས་རྒྱས་ཞིང་དུ་གཤེགས་སུ་གསོལ། །སངས་རྒྱས་ཞིང་དུ་གཤེགས་ནས་ཀྱང་། །སེམས་ཅན་རྣམས་ཀྱི་དོན་སླད་དུ། །སླར་ཡང་འབྱོན་པར་མཛད་དུ་གསོལ། །བཛྲ་མུཿ ཆོས་དབྱིངས་བྱང་ཆུབ་སེམས་ཀྱི་དཀྱིལ་འཁོར་དུ། །བདག་སོགས་སེམས་ཅན་ཐམས་ཅད་ཀྱིས། །དུས་གསུམ་བསགས་དང་རྫོགས་པ་ཡིས། །འགྲོ་དྲུག་སེམས་ཅན་མ་ལུས་པ། །སྐུ་ལྔ་ཡོངས་རྫོགས་སངས་རྒྱས་འགྲུབ་པར་ཤོག །གཙོད་གདན་ཐོག་གཅིག་མའི་ཁྲིད་ཡིག་ཐྲིན་ལས་རྒྱ་མཚོ་ལས། འཁོར་ལོ་ལྷ་བུའི་དབང་། གསང་བ་མཁའ་འགྲོ་སྙེ་ལྔའི་སྒྲུབ་ཐབས་འདི། དད་ལྡན་སྐྱེས་བུ་གདུལ་བྱར་གྱུར་པ་རྣམས་ཀྱིས་ཡང་ཡང་གསོལ་བ་བཏབ་ཅིང་བསྐུལ་བའི་ངོར། རྣལ་འབྱོར་གྱི་དབང་ཕྱུག་ཆེན་པོ་ཤཱཀྱའི་དགེ་སློང་ཀྱེ་ཏོ་ཆོས་ཀྱི་རྒྱ་མཚོ་ཞེས་བྱ་བས། ཉམས་རྟོགས་ཡར་ལྡན་དུ་འཕེལ་བའི་གནས་མཆོག་ཨ་ས་རི་ཁྲོད་དུ་སྦྱར་བའོ། །འདི་བཀའ་གཉན་པོ་ཡོད་པས། དམ་ཚིག་གཙང་པོ་མ་གཏོགས་གཞན་སུ་ལ་མི་འཆད་པ་ཞུ། ཁམས་འདུས་དང་། སྒོ་འབོག་ཡོང་ཉེན་ཡོད། རྗེད་འཕངས་པས་ཡི་གེར་བཀོད་པ་ཡིན། དགེ་བ་མ་ཕན་རྣམས་ལ་བསྔོ། །བཀྲ་ཤིས་དཔལ་འབར་འཛམ་གླིང་རྒྱལ་བའི་རྒྱན་དུ་ཤོག །ལྷན་ཐབས་ཀྱི་ཡིག་ཆུང་ངོ།། །།

༄༅། །ཚོགས་ལས་དངོས་གྲུབ་རྒྱ་མཚོ་བཞུགས་སོ། །

བླ་མ་དང་མཁའ་འགྲོའི་ཚོགས་ལ་ཕྱག་འཚལ་ལོ། །ཚོགས་ལས་དངོས་གྲུབ་རྒྱ་མཚོ་བྲི་བར་བྱ་སྟེ། དང་པོ་གནས་དབེན་པར་ཡོལ་བ། བླ་རེས། རྟེན་བཀྲམ་པར་བྱས་ཏེ། རྒྱུད་ནུལ། ཕྱི་དོར། ཉི་བཟང་གི་ཆུས་ཆག་ཆག་བྱ་ཞིང་། ས་སྟེགས་མཎྜལ་ཁྲུ་གང་པའི་དབུས་སུ། དཀྱིལ་འཁོར་པདྨ་འདབ་བཞི་འམ། ཚོམ་བུ་གང་རུང་བྱེད་ལ། གཏོར་མ་གསུམ་དང་། ཚོགས་གཏོར་རྒྱས་པར་བཤམས། མཐའ་མཆོད་པས་བསྐོར། རང་གི་མདུན་དུ་སྟེགས་ཀྱི་ཁར་ནང་མཆོད། ཊ་མ་རུ་དང་། རྡོར་དྲིལ། ཀང་དུང་རྣམས་བཞག །ཕྱག་གཡོན་གྱི་མཐེབ་སྲིན་གྱིས་ནང་མཆོད་ལན་གསུམ་གཡོན་བསྐོར་དུ་དཀྲུགས་ཏེ། རང་ཉིད་རྗེ་བཙུན་མའི་ང་རྒྱལ་དང་མ་བྲལ་བའི་ངང་ནས། ཨོཾ་ཨཱཿབིགྷྣཱ་ནྟ་ཀྲྀཏ་ཧཱུྃ་ཕཊ། ཨོཾ་སྭབྷཱ་ཝ་ཤུདྡྷ་སརྦ་དྷརྨཱཿསྭ་བྷཱ་ཝ་ཤུདྡྷོ྅་ཧཾ། སྟོང་པ་ཉིད་དུ་གྱུར། སྟོང་པའི་ངང་ལས་ཡཾ་ལས་རླུང་གི་དཀྱིལ་འཁོར་སྔོན་པོ་གཞུའི་དབྱིབས་ཅན། ཆངས་བཟུང་ལ་ཡཾ་དང་། མཆོག་མ་གཉིས་ལ་གཡོ་བའི་བ་དན་གྱིས་མཚན་པ། དེའི་སྟེང་དུ་རཾ་ལས་མེའི་དཀྱིལ་འཁོར་གྲུ་གསུམ་དམར་པོ་འབར་བ་རཾ་གྱིས་མཚན་པ། དེའི་སྟེང་དུ་ཀཾ་གསུམ་ལས་ཐོད་པ་བུམ་རིལ་གྱི་སྐྱེད་བུ་ལྟག་པ་ནང་དུ་བསྟན་པ་གསུམ་གྱི་སྟེང་དུ། ཡི་གེ་ཨ་ཡོངས་སུ་གྱུར་པ་ལས། ཀ་པཱ་ལ་ཕྱི་དཀར་ལ་ནང་དམར་བ་དུམ་བུ་གཅིག་པ་དཔྲལ་བ་རང་ལ་བསྟན་པ། རྒྱ་ཁྱོན་ཆོས་ཀྱི་དབྱིངས་དང་མཉམ་པ། དེའི་དབུས་སུ་མུ་ལས་དྲི་ཆུ་བཻཌཱུརྻ་ལྟ་བུ། ཤར་དུ་བི་ལས་དྲི་ཆེན་ཞེལ་ལྟ་བུ། ལྷོར་ར་ལས་རཀྟ་གསེར་བཙོ་མ་ལྟ་བུ། ནུབ་ཏུ་ཤུ་ལས་བྱང་སེམས་དཀར་དམར། བྱང་དུ་མ་ལས་ཀླད་པ། སྐར་ཡང་དབུས་སུ་ན་ལས་མིའི་ཤ། ཤར་ལྷོར་

གོ་ལས་བ་ལང་གི་ཤ། ལྷོ་ནུབ་ཏུ་ཀུ་ལས་ཁྱིའི་ཤ། ནུབ་བྱང་དུ་ད་ལས་གླང་པོ་ཆེའི་ཤ། བྱང་ཤར་དུ་ཧ་ལས་རྟའི་ཤ། དེ་རྣམས་སླར་ཡང་ཡི་གེ་དེ་དག་གི་མཚན་པའོ། །རང་གི་སྣ་བུག་གཡོན་པ་ནས་རླུང་ཧཱུྃ་གི་དབྱིབས་ཅན་འཕྲོས། རླུང་གི་དཀྱིལ་འཁོར་ལ་ཕོག །བ་དན་བསྐྱོད། རླུང་གཡོས། མེ་སྦར། ཐོད་པ་དྲོས། རྫས་རྣམས་ཁོལ། ཞེས་པའི་སྐྱོན་རྣམས་ཕྱིར་ལུད། དེའི་སྟེང་དུ་ཨོཾ་ཨཱཿཧཱུྃ་ལས་འོད་ཟེར་འཕྲོས། དེ་བཞིན་གཤེགས་པ་ཐམས་ཅད་ཀྱི་ཐུགས་ཀ་ནས་ཡེ་ཤེས་ཀྱི་བདུད་རྩི་བཀུག །དམ་ཚིག་བདུད་རྩི་དང་གཉིས་སུ་མེད་པར་འདྲེས། ཡེ་ཤེས་ཀྱི་བདུད་རྩིའི་རྒྱ་མཚོ་ཆེན་པོར་གྱུར། ཨོཾ་ཨཱཿཧཱུྃ། ལན་གསུམ་བརྗོད། དེ་ནས་དཀར་གཏོར་གཅིག་ལ་ཆུ་གཙང་བྲན་ལ། ཨོཾ་སྭ་བྷཱ་ཝ་ཤུདྡྷཿསརྦ་དྷརྨཿསྭ་བྷཱ་ཝ་ཤུདྡྷ་ཧཾ། སྟོང་པ་ཉིད་དུ་གྱུར། སྟོང་པའི་ངང་ལས་བྷྲཱུྃ་ལས་རིན་པོ་ཆེ་ལས་གྲུབ་པའི་སྣོད་ཡངས་ཤིང་རྒྱ་ཆེ་བའི་ནང་དུ། ཨོཾ་ཡིག་དཀར་པོ་འོད་དུ་ཞུ་བ་ལས་བྱུང་བའི་ལྷ་རྫས་ལས་གྲུབ་པའི་གཏོར་མ་དྭངས་ཤིང་ཐོགས་པ་མེད་པ། གཞི་བདག་རྣམས་ཀྱི་འདོད་པའི་ཡོན་ཏན་ལྔ་དང་ལྡན་པར་གྱུར། ཨོཾ་ཨ་ཀཱ་རོ་མུ་ཁཾ་སརྦ་དྷརྨཱ་ཎཱཾ་ཨཱདྱ་ནུཏྤནྣ་ཏྭཱཏ་ཨོཾ་ཨཱཿཧཱུྃ་ཕཊ་སྭཱ་ཧཱ། གསུམ་དང་། མཆོད་སྦྱིན་གྱི་གཏོར་མ་རྒྱ་ཆེན་པོ་འདི་བསྔོ་ཞིང་འབུལ་བའི་གནས་སུ་གྱུར་པ་ནི། མཐོ་བ་ནམ་མཁའ། དམའ་བ་ས་གཞི། དབུས་ཀྱི་རི་བོ་མཆོག་རབ། གསེར་གྱི་རི་བདུན། རོལ་པའི་མཚོ་བདུན། མཚོ་མ་ཕཾ། གངས་ཏི་སེ། རྒྱ་གར་ཁ་ཆེ། རྒྱ་ནག་རི་བོ་རྩེ་ལྔ། བོད་ཀྱི་མགུར་ལྷ་བཅུ་གསུམ། འཛམ་གླིང་གི་བརྟན་མ་བཅུ་གཅིག་ལ་སོགས་པ་སྟོང་གསུམ་རབ་འབྱམས་ཀྱི་གཞི་བདག་རྣམས་དང་། ཁྱེ་བྲག་ཏུ་ཡང་བདག་ཅག་དཔོན་སློབ་འཁོར་དང་བཅས་པ་རྣམས། སྔོན་ཆད་གང་དུ་སོང་བའི་གནས། ཕྱིན་ཆད་གང་དུ་འགྲོ་བའི་གནས།

ད་ལྷ་ཡུལ་རིགས་འདི་ན་གནས་པའི་གཞིའི་བདག་པོ། གནས་ཀྱི་བདག་པོ། གྲོང་གི་བདག་པོ། གཉུག་མར་གནས་པའི་གཞི་བདག་རྣམས་ལ་འབུལ་ལོ། །མཆོད་སྦྱིན་གྱི་གཏོར་མ་རྒྱ་ཆེན་པོ་འདི་བཞེས་ལ། བདག་ཅག་དཔོན་སློབ་འཁོར་དང་བཅས་པ་རྣམས་འགྲོ་ན་མ་བཀོལ། འདུག་ན་མ་སྡང་། བསམ་པ་ལ་མ་ངན། སྦྱོར་བ་མ་རྩུབ། ལས་དཀར་པོ་ཆོས་དང་མཐུན་པའི་གྲོགས་རྒྱ་ཆེན་པོ་མཛད་དུ་གསོལ། གཏོར་མ་གཙང་སར་སྐྱེལ། རོལ་མོ་བྱེད། དེ་ནས་བདག་དང་སྦྱིན་པའི་བདག་པོའི་ལུས་ལ་བྲུད་པའི་ཟན་ལ་ཆངས་བུ་ལན་ཆགས་བྱས་ཏེ་སྣོད་དུ་བཅུག །ཆུ་གཙང་བྲན་ལ། ཨོཾ་སྭ་བྷཱ་ཝ་ཤུདྡྷཿསརྦ་དྷརྨཱཿསྭ་བྷཱ་ཝ་ཤུདྡྷོ྅ཧཾ། སྟོང་པ་ཉིད་དུ་གྱུར། སྟོང་པའི་ངང་ལས་གཏོར་མ་དྭངས་ཤིང་ཐོགས་པ་མེད་པ་བགེགས་རིགས་ལན་ཆགས་རྣམས་ཀྱི་འདོད་པའི་ཡོན་ཏན་ལྔ་དང་ལྡན་པར་གྱུར། ཨ་ཀཱ་རོ་དང་། ཧཱུྃ་མཛད་ཀྱི་ཕྱག་རྒྱ་བྱས་ཏེ། ན་མོ་རཏྣ་བཙུན་རྩ་བ་དང་བརྒྱུད་པར་བཅས་པའི་དཔལ་ལྡན་བླ་མ་དམ་པ་རྣམས་ཀྱི་བཀའ་བདེན་པ་དང་། སངས་རྒྱས། ཆོས། དགེ་འདུན། གསང་སྔགས། རིགས་སྔགས། སྙིང་པོ། ཕྱག་རྒྱ། ཆོས་ཉིད་རྣམ་པར་དག་པའི་བདེན་པ་དང་། གྲུབ་ཐོབ་གཙོད་ཡུལ་བརྒྱུད་པའི་དཔལ་ལྡན་བླ་མ་དམ་པ་རྣམས་ཀྱི་བདེན་པ་དང་། བདེན་པ་ཆེན་པོའི་བྱིན་གྱིས་བརླབས་ཀྱིས། བདག་ཅག་དཔོན་སློབ་འཁོར་དང་བཅས་པ་རྣམས་ཀྱི་ལུས་ངག་ཡིད་གསུམ་ལ་གནོད་ཅིང་འཚེ་བར་བྱེད་པའི་གདོན་བགེགས་འབྱུང་པོའི་ཚོགས་ཐམས་ཅད་འདིར་མཆིས་པར་གྱུར་ཅིག །ཏྲཱི་ནྲྀ་ཛཿཧཱུྃ་ཛཿ ལན་གསུམ་དང་། ཨོཾ་གུང་ག་རི་གུང་ག་རི་སྭཱ་ཧཱ། པི་ཙི་པི་ཙི་སྭཱ་ཧཱ། གུང་གུང་སྭཱ་ཧཱ། གྲིཀྵ་དམ་བ་ལིཾ་ཏ་ཡེ་སྭཱ་ཧཱ། ལན་གསུམ་བྱ་ཞིང་། གྲིཀྵ་དཾ་ཨཀྵཾ་པྲ་ཏིཙྪ་སྭཱ་ཧཱ། པུཥྤེ། དྷཱུ་པེ། ཨཱ་ལོ་ཀེ། གནྡྷེ། ནཻ་ཝི་དྱེ། ཤབྡ་པྲ་ཏིཙྪ་སྭཱ་ཧཱ། ཞེས་ཕྱག་རྒྱ་དང་བཅས་པས་བཟོད། མཆོད་སྦྱིན་གྱི་གཏོར་

མ་རྒྱ་ཆེན་པོ་འདི། བགེགས་ཀྱི་རྒྱལ་པོ་བི་ནཱ་ཡ་ཀས་གཙོ་བྱས་བགེགས་རིགས་ལན་ཆགས་ཀྱི་ཚོགས་དང་བཅས་པ་རྣམས་ལ་འབུལ་ལོ། །ལན་ཆགས་འདིས་བྱང་། བུ་ལོན་འདིས་འཁོར། ཞ་འཁོན་འདིས་ཞི་ནས། སངས་རྒྱས་ཀྱི་གོ་འཕངས་རིན་པོ་ཆེ་ཐོབ་པར་གྱུར་ཅིག །རིགས་ལྔ་མཁའ་འགྲོས་མཚོན་ཆ་སྣ་ཚོགས་ཐོགས་ཏེ་བགེགས་རྣམས་བསྐྲད་པར་བསམ་ལ། ཧཱུྃ། ཉོན་ཅིག་བགེགས་དང་ལོག་འདྲེན་ཚོགས། །ཁྱོད་གནས་འདིར་མ་འདུག་གཞན་དུ་དེངས། །གལ་ཏེ་མི་འགྲོ་འདུག་གྱུར་ན། །ཤར་རྡོ་རྗེ་རིགས་ཀྱི་དཔའ་བོ་དང་། །རྡོ་རྗེ་མཁའ་འགྲོ་མ་རྣམས་ཀྱིས། །རྡོ་རྗེ་མཚོན་ཆ་འབར་བ་ཡིས། །བགེགས་རྣམས་ཐམས་ཅད་ཚར་ཆོད་ཅིག །ཧཱུྃ། ཉོན་ཅིག་བགེགས༔ ཁྱོད་གནས༔ ལྷོ་རིན་ཆེན་རིགས་ཀྱི་དཔའ་བོ་དང་། །རིན་ཆེན༔ རིན་ཆེན༔ བགེགས༔ ཧཱུྃ། ཉོན་ཅིག༔ ཁྱོད༔ ནུབ་པདྨ་རིགས་ཀྱི་དཔའ་བོ་དང་། །པདྨ༔ ཧཱུྃ། བྱང་གི་རིགས་ཀྱི༔ ལས་ཀྱི༔ ཧཱུྃ། ཉོན་ཅིག །དབུས་སངས་རྒྱས་རིགས་ཀྱི་དཔའ་བོ་དང་། །སངས་རྒྱས༔ ཡེ་ཤེས་མཚོན་ཆ་འབར་བ་ཡིས། །བགེགས་རྣམས་ཐམས་ཅད་ཚར་ཆོད་ཅིག །གཏོར་མ་ཕྱི་རོལ་དུ་དོར། རོལ་མོ་བྱ་ཞིང་། མཚམས་གཅོད། ཨོཾ་སུཾ་བྷ་ནི་སུཾ་བྷ་ཧཱུྃ། གྲྀཧྞ་གྲྀཧྞ་ཧཱུྃ། གྲྀཧྞ་པ་ཡ་གྲྀཧྞ་པ་ཡ་ཧཱུྃ། ཨཱ་ན་ཡ་ཧོཿ བྷ་ག་ཝན་བིདྱཱ་རཱ་ཛ་ཧཱུྃ་ཕཊ། སྟེང་འོག་བར་གསུམ་རྡོ་རྗེའི་དྲ་གུར་དུ་གྱུར། ན་མོ། གནས་ཀྱི་གདོན་དང་ལུས་ཀྱི་གདོན། །གནས་གདོན་ལུས་གདོན་གཙོ་བྱས་སེམས་ཅན་རྣམས། །ཀྱཻ། མ་མི་མིན་ཡེ་ཤེས་མཁའ་འགྲོ་མ། །ཡབ་ཀྱི་སྒྲོན་མའི་སྐུ་ལ་སྐྱབས་སུ་མཆི། །རང་རིག་ཡེ་ཤེས་སྟོན་མཛད་པ། །ཡི་དམ་ལྷ་ལ་སྐྱབས་སུ་མཆི། །སྤྱངས་རྟོགས་ཕུན་སུམ་ཚོགས་པ་ཡི། །སངས་རྒྱས་རྣམས་ལ་སྐྱབས་སུ་མཆི། །ཞི་གྱུར་འདོད་ཆགས་བྲལ་བ་ཡི། །དམ་ཆོས་རྣམས་ལ་སྐྱབས་

སུ་མཆི། །གང་ལ་ཕུལ་ན་དོན་ཆེ་བ། །དགེ་འདུན་རྣམས་ལ་སྐྱབས་སུ་མཆི། །གཞོན་ནུའི་སྐུ་ལུས་མཛེས་ཚུལ་ལྡན། །འཇམ་པའི་དབྱངས་ལ༔ སྙིང་རྗེ་ངེས་པར་དགོངས་མཛད་པ། །སྤྱན་རས་གཟིགས་ལ༔ མཐུ་སྟོབས་ཆེན་པོས་གདུག་པ་འདུལ། །རྡོ་རྗེ་འཛིན་ལ་སྐྱབས་སུ་མཆི། །བརྩེ་གདུང་དམ་ཚིག་ལྡན་པ་ཡིས། །མཁའ་འགྲོའི་ཚོགས་ལ༔ བདུད་དཔུང་བར་ཆད་ཞི་མཛད་པ། །ཆོས་སྐྱོང་རྣམས་ལ་སྐྱབས་སུ་མཆི། །ཁྱེད་རྣམས་ལ་ནི་བདག་སྐྱབས་མཆི། །ཁྱེད་རྣམས་ལ་ནི་བདག་བརྟེན་ནོ། །སྡིག་མི་དགེ་སོ་སོར་བཤགས། །འགྲོ་བའི་དགེ་ལ་རྗེས་ཡི་རང་། །སངས་རྒྱས་བྱང་ཆུབ་ཡིད་ཀྱིས་བཟུང་། །སངས་རྒྱས་ཆོས་དང་ཚོགས་མཆོག་ལ། །བྱང་ཆུབ་བར་དུ་སྐྱབས་སུ་མཆི། །རང་གཞན་དོན་ནི་རབ་སྒྲུབ་ཕྱིར། །བདག་གིས་བྱང་ཆུབ་སེམས་མཆོག་བསྐྱེད། །བྱང་ཆུབ་སྤྱོད་མཆོག་ཡིད་འོང་སྤྱད་པར་བགྱི། །འགྲོ་ལ་ཕན་ཕྱིར་སངས་རྒྱས་འགྲུབ་པར་ཤོག །ཨོཾ་སྭ་བྷཱ་ཝ་ཤུདྡྷཿསརྦ་དྷརྨཱཿསྭ་བྷཱ་ཝ་ཤུདྡྷོ་ཧཾ། སྟོང་པ་ཉིད་དུ་གྱུར་སྟོང་པའི་ངང་ལས་པཾ་ལས་སྣ་ཚོགས་པདྨ་འདབ་མ་བཞི་པའི་ཟེ་འབྲུ་ཟླ་བའི་དཀྱིལ་འཁོར་གྱི་སྟེང་དུ་ཡི་གེ་ཧཱུྃ་ཡིག་དཀར་པོ། པད་འདབ་བཞི་ལ། ཏཱ། རེ། ནི། ས། ཡི་གེ་ལྔ་ལས་འོད་ཟེར་འཕྲོས། འཕགས་པ་མཆོད། སེམས་ཅན་གྱི་དོན་བྱས། ཚུར་འདུས་ཡོངས་སུ་གྱུར་པ་ལས། དབུས་སུ་ཧཱུྃ་ལས་མ་གཅིག་ལབ་ཀྱི་སྒྲོན་མ་སྐུ་མདོག་དཀར་མོ་དུང་ཕྱིས་པ་ལྟ་བུ། ཞལ་གཅིག་ཕྱག་གཉིས། ཕྱག་གཡས་པས་གསེར་གྱི་ཌཱ་མ་རུ་ནམ་མཁའ་ལ་དཀྲོལ་བ། གཡོན་པ་དངུལ་དཀར་གྱི་དྲིལ་བུ་སྐུ་སྐེད་ལ་བརྟེན་པ། སྤྱན་བར་སྣང་ལ་གཟིགས་པ། དབུ་སྐྲ་རལ་པའི་ཐོར་གཙུག་སྤྱི་བོར་བཅིངས་ཤིང་། ལྷག་མས་སྐུ་རྒྱབ་ཁེབས་པ། རུས་པའི་རྒྱན་ཆ་དྲུག་གིས་བརྒྱན་ཅིང་། ཞབས་

གཡས་བསྐུམ། གཡོན་བརྐྱང་བའི་གར་སྟབས་སུ་བཞུགས་པ། དེའི་ཤར་དུ་ཧ་ལས་རྡོ་རྗེ་མཁའ་འགྲོ་མ་སྐུ་མདོག་སྔོན་མོ། ལྷོར་རི་ལས་རིན་ཆེན་མཁའ་འགྲོ་མ་སྐུ་མདོག་སེར་མོ། ནུབ་ཏུ་ནི་ལས་པདྨ་མཁའ་འགྲོ་མ་སྐུ་མདོག་དམར་མོ། བྱང་དུ་ས་ལས་ལས་ཀྱི་མཁའ་འགྲོ་མ་སྐུ་མདོག་ལྗང་གུ། དེ་ཐམས་ཅད་ཀྱང་ཞལ་གཅིག་ཕྱག་གཉིས། གཡས་པ་རྣམས་ཀྱིས་རྡོ་རྗེ་དང་། རིན་པོ་ཆེ་དང་། པདྨ་དང་། རལ་གྲིས་མཚན་པའི་གྲི་གུག་འཛིན་ཅིང་། གཡོན་པ་རྣམས་ཀྱིས་ཐོད་པ་བདུད་རྩིས་གང་བ་བསྣམས་ཤིང་། གྲུ་མོ་ན་ཁ་ཊྭཱཾ་ག་བཙུགས་པ། རྒྱན་ཆ་ལུགས་ཐམས་ཅད་ཡོངས་སུ་རྫོགས་པའི་སྐུར་གྱུར། མ་ཧེ་མོའི་སྙན་གོང་གཡས་ཕྱོགས་སུ་པདྨ་དང་ཟླ་བའི་གདན་གྱི་སྟེང་དུ། ཕ་དམ་པ་སངས་རྒྱས་སྐུ་མདོག་ནག་ལ་སྟུམ་པ་གཟི་བརྗིད་དང་ལྡན་པ། ཨ་ཙ་རའི་ཆ་བྱད་ཅན། ཞལ་གཅིག །ཕྱག་གཉིས་ཀྱི་གཡས་པ་ན་ཌྷཀྐ་ལྷུག་སྤྲོད་ནམ་མཁའ་ལ་འཕྲིལ་བ། གཡོན་པས་མི་རྐང་གི་གླིང་བུ་འབུད་པ། གྲུབ་ཐོབ་རྒྱ་མཚོ་ལྟ་བུའི་དབུས་ན་ཞབས་རྡོ་རྗེའི་དཀྱིལ་མོ་ཀྲུང་གིས་བཞུགས་པའོ། །མ་ཧེ་མོའི་སྙན་གོང་གཡོན་ཕྱོགས་སུ་པདྨ་དང་ཉི་མའི་གདན་ལ། རྗེ་བཙུན་རྡོ་རྗེ་རྣལ་འབྱོར་མ་སྐུ་མདོག་དམར་མོ་ཞལ་གཅིག །ཕྱག་གཉིས་གཡས་པ་རྡོ་རྗེས་མཚན་པའི་གྲི་གུག་ནམ་མཁའ་ལ་འཕྱར་ཞིང་། གཡོན་པས་ཐོད་ཁྲག་ཐུགས་ཀར་བསྣམས་པ། ཐོད་པ་སྐམ་པོ་ལྔ་ཡིས་དབུ་བརྒྱན་ཅིང་། རློན་པ་ལྔ་བཅུ་རྩ་གཅིག་གིས་དོ་ཤལ་བྱས་པ། ཞབས་གཡས་བསྐུམ་ཞིང་གཡོན་བརྐྱང་བས་ཁ་ཊྭཱཾ་ག་ལ་འཁྱུད་པ། རྒྱན་ཆ་ལུགས་ཐམས་ཅད་ཡོངས་སུ་རྫོགས་པའི་སྐུར་གྱུར། དེ་ལ་རིགས་བཞི་མཁའ་འགྲོའི་ཚོགས་དཔག་ཏུ་མེད་པས་བསྐོར་བའོ། །མ་ཧེ་མོའི་དབུ་ཐོག་ཏུ་པདྨ་དང་ཟླ་བའི་གདན་ལ།

སངས་རྒྱས་ཤཱཀྱ་ཐུབ་པ་སྐུ་མདོག་གསེར་གཙོ་མའི་མདོག་ལྟ་བུ། ཞལ་གཅིག་ཕྱག་གཉིས་གཡས་ས་གནོན། གཡོན་མཉམ་བཞག་གི་ཕྱག་རྒྱ་མཛད་པ། འོད་དང་འོད་ཟེར་རབ་ཏུ་འཕྲོ་བ། དེ་ལ་འདས་མ་འོངས་ད་ལྟར་དུས་གསུམ་གྱི་སངས་རྒྱས་དང་བྱང་ཆུབ་སེམས་དཔའ་ཉན་ཐོས་དང་རང་སངས་རྒྱས་ཀྱི་ཚོགས་ཀྱིས་བསྐོར་ནས་བཞུགས་པའོ། །དེའི་དབུ་ཐོག་ཏུ་པདྨ་དང་ཟླ་བའི་གདན་ལ་ཆོས་སྐུ་ཡུམ་ཆེན་མོ་སྐུ་མདོག་གསེར་བཙོ་མའི་མདོག་ལྟ་བུ་ཞལ་གཅིག་ཕྱག་བཞི་མ། ཕྱག་གཡས་ཀྱི་དང་པོས་རྡོ་རྗེ། གཡོན་དང་པོས་པོ་ཏི་འཛིན་པ། འོག་མ་གཉིས་མཉམ་བཞག་གི་ཕྱག་རྒྱ་མཛད་པ། སྐུ་ལ་དར་དང་རིན་པོ་ཆེའི་རྒྱན་རྣམ་པ་སྣ་ཚོགས་ཀྱིས་བརྒྱན་ཅིང་། ཞབས་རྡོ་རྗེའི་དཀྱིལ་མོ་ཀྲུང་གིས་བཞུགས་པ། དེ་ལ་སྲས་ཕྱོགས་བཅུའི་སངས་རྒྱས་དང་བྱང་ཆུབ་སེམས་དཔའི་ཚོགས་ཀྱིས་བསྐོར་ནས་བཞུགས་པའོ། །དེའི་སྙིང་གི་ཆ་ལ་རྣམ་པར་སྣང་མཛད། གཡས་སུ་དཔའ་བོ། གཡོན་དུ་དཔའ་མོ། མདུན་དུ་སྒྲོལ་མ། རྒྱབ་ཏུ་གངས་ཆེན་མཚོ་རྒྱལ། དེའི་རྒྱབ་ཏུ་དམ་པ་ཆོས་སྐྱོང་བའི་སྲུང་མའི་ཚོགས་དང་བཅས་པ། ནམ་མཁའ་ས་གཞི་བར་སྣང་ཐམས་ཅད་གང་བ། སྣང་ལ་རང་བཞིན་མེད་པ་མེ་ལོང་ནང་གི་གཟུགས་བརྙན་ལྟ་བུའི་སྐུར་གྱུར། ལྷ་ཚོགས་དེ་དག་ཐམས་ཅད་ཀྱིས་དཔྲལ་བར་ཨོཾ། མགྲིན་པར་ཨཱཿ ཐུགས་ཀར་ཧཱུཾ་ལས་འོད་ཟེར་འཕྲོས་པས། ཆོས་ཀྱི་དབྱིངས་ནས་ཡུམ་ཆེན་མོ་ལ་སངས་རྒྱས་དང་བྱང་ཆུབ་སེམས་དཔའ། གྲུབ་ཐོབ་གཙོད་ཡུལ་བརྒྱུད་པའི་ལྷ་ཚོགས་དང་བཅས་པས་བསྐོར་བ་མདུན་གྱི་ནམ་མཁའི་གནས་སུ་སྤྱན་དྲངས། བཛྲ་ས་མ་ཛཿཛཿ རོལ་མོ་བྱ། མ་ལུས་སེམས་ཅན་ཀུན་གྱི་མགོན་གྱུར་ཅིང་། །བདུད་སྡེ་དཔུང་བཅས་མི་ཟད་འཇོམས་མཛད་

ལྷ། །དངོས་རྣམས་མ་ལུས་ཇི་བཞིན་མཁྱེན་གྱུར་པའི། །ཡུམ་ཆེན་འཁོར་བཅས་གནས་འདིར་གཤེགས་སུ་གསོལ། །ཡུམ་ཆེན་འདིར་ནི་བྱོན་པ་ལེགས། །བདག་ཅག་བསོད་ནམས་སྐལ་བར་ལྡན། །བདག་གི་མཆོད་ཡོན་བཞེས་སླད་དུ། །འདི་ཉིད་དུ་ནི་བཞུགས་སུ་གསོལ། །པདྨ་ཀ་མ་ལ་ཡེ་སྟྭཾ། ཛཿཧཱུྃ་བཾ་ཧོཿ གཉིས་སུ་མེད་པར་གྱུར། ཡོན་ཆབ་ཁྲུས་ཆབ་བདུག་སྤོས་དང་། །མེ་ཏོག་མར་མེ་དྲི་མཆོག་དང་། །ཞལ་ཟས་རོལ་མོ་མཆོད་པ་རྣམས། །ཡུམ་ཆེན་འཁོར་དང་བཅས་ལ་འབུལ། །འཁོར་ལོ་ནོར་བུ་བཙུན་མོ་དང་། །བློན་པོ་གླང་པོ་རྟ་མཆོག་དང་། །དམག་དཔོན་རིན་ཆེན་སྣ་བདུན་ཡང་། །ཡུམ་ཆེན༔ སྒེག་མོ་ཕྲེང་བ་གླུ་མ་གར། །སྤོས་དང་མེ་ཏོག་མར་མེ་དྲི། །ཕྱི་ནང་སྒེག་མོ་བརྒྱད་པོ་ཡང་། །ཡུམ་ཆེན༔ ས་གཞི་སྤོས་ཀྱིས་བྱུགས་ཤིང་མེ་ཏོག་བཀྲམ། །རི་རབ་གླིང་བཞི་ཉི་ཟླས་བརྒྱན་པ་འདི། །སངས་རྒྱས་ཞིང་དུ་དམིགས་ཏེ་ཕུལ་བ་ཡིས། །འགྲོ་ཀུན་རྣམ་དག་ཞིང་དུ་བགྲོད་པར་ཤོག །གུ་རུ་རཏྣ་མཎྜལ་པུ་ཛ་མེ་གྷ་ས་མུ་དྲ་སྥ་ར་ཎ་ས་མ་ཡ་ཨཱཿཧཱུྃ། གང་གི་དྲིན་གྱིས་བདེ་ཆེན་ཉིད། །སྐད་ཅིག་ཉིད་ལ་འཆར་བ་གང་། །བླ་མ་རིན་ཆེན་ལྟ་བུའི་སྐུ། །རྡོ་རྗེ་ཅན་ཞབས་པད་ལ་འདུད། །སངས་རྒྱས་ཀུན་གྱི་རང་བཞིན་སྐུ། །སྐྱོབ་དཔོན་ལ་ནི་བདག་སྐྱབས་མཆི། །དང་པོར་མེ་ཏོག་ཕོག་པ་ཡིས། །དཀྱིལ་འཁོར་ལྷ་ཚོགས་རྣམས་ལ་འདུད། །སྨྲ་བསམ་བརྗོད་མེད་ཤེས་རབ་ཕ་རོལ་ཕྱིན། །མ་སྐྱེས་མི་འགག་ནམ་མཁའི་ངོ་བོ་ཉིད། །སོ་སོ་རང་རིག་ཡེ་ཤེས་སྤྱོད་ཡུལ་བ། །དུས་གསུམ་རྒྱལ་བའི་ཡུམ་ལ་ཕྱག་འཚལ་ལོ། །ལྟ་བས་མི་ངོམས་འགྲོ་བའི་དཔལ་དུ་ཤར། །ཞལ་གཅིག་ཕྱག་བཞི་བཙོ་མ་གསེར་གྱི་མདོག །རིན་ཆེན་རྒྱན་སྤྲས་རྡོ་རྗེ་དཀྱིལ་ཀྲུང་བཞུགས། །རྒྱལ་བའི་ཡུམ་གྱུར་

ཁྱེད་ལ་ཕྱག་འཚལ་ལོ། །ཞིང་ཁམས་ཐམས་ཅད་གསེར་གྱི་ས་གཞི་ལ། །རིན་
ཆེན་རྣམ་པ་མང་པོ་བཅལ་དུ་བཀྲམ། །མེ་ཏོག་པུཎྜ་རཱི་ཀ་ཆར་ལྟར་འབབ། །ཡུམ་
ཆེན་སྒྲོལ་མ་དེ་ལ་ཕྱག་འཚལ་ལོ། །མགོན་པོ་ཐུགས་རྗེ་ཆེ་ལྡན་པ། །ཐམས་ཅད་
ཀུན་མཁྱེན་སྟོན་པ་པོ། །བསོད་ནམས་ཡོན་ཏན་རྒྱ་མཚོའི་ཞིང་། །དེ་བཞིན་
གཤེགས་ལ་ཕྱག་འཚལ་ལོ། །དག་པས་འདོད་ཆགས་བྲལ་བའི་རྒྱུ། །དགེ་བས་
ངན་སོང་ལས་གྲོལ་ཞིང་། །གཅིག་ཏུ་དོན་དམ་མཆོག་གྱུར་པའི། །ཞི་གྱུར་ཆོས་
ལ་ཕྱག་འཚལ་ལོ། །གྲོལ་ནས་གྲོལ་བའི་ལམ་ཡང་སྟོན། །བསླབ་པ་དག་ལ་རབ་
ཏུ་གུས། །ཞིང་གི་དམ་པ་ཡོན་ཏན་ལྡན། །དགེ་འདུན་རྣམས་ལ་ཕྱག་འཚལ་
ལོ། །བྱ་སྤྱོད་རྣལ་འབྱོར་རྒྱུད་སྡེ་བཞི། །སྟོན་པ་ཉིད་ཀྱིས་གང་གསུངས་པ། །ཕྱི་
དང་ནང་དང་གསང་བ་ཡི། །ཡི་དམ་རྣམས་ལཿ སྟོན་པའི་བསྟན་པ་རིན་པོ་
ཆེ། །སྟོན་པ་ཉིད་ཀྱི་ཞབས་དྲུང་དུ། །ཇི་བཞིན་བསྒྲུབ་པར་ཞལ་བཞེས་པའི། །ཆོས་
སྐྱོང་རྣམས་ལཿ ཕྱག་བྱར་འོས་པ་ཐམས་ཅད་ལ། །ཞིང་རྡུལ་ཀུན་གྱི་གྲངས་སྙེད་
ཀྱིས། །ལུས་བཏུད་པ་ཡི་རྣམ་ཀུན་ཏུ། །མཆོག་ཏུ་དད་པས་ཕྱག་འཚལ་ལོ། །མ་
ཛོ་མོ་དང་། ཡུམ་ཆེན་ལ་སོགས་ལྷ་ཚོགས་རྣམས་ཀྱི་ཐུགས་ཀར་ཡི་གེ་ཧཱུྃ་དཀར་པོ་མཐའ་གཡས་བསྐོར་དུ། ཏདྱ་ཐཱ།
ཨོཾ་ག་ཏེ་ག་ཏེ་པ་ར་ག་ཏེ་པ་ར་སཾ་ག་ཏེ་བོ་དྷི་ཡེ་སྭཱ་ཧཱ། ཞེས་པའི་སྔགས་ཀྱིས་གཡས་སྐོར་དུ་
འཁོར་བ་ལ་དམིགས་ནས་སྔགས་མང་དུ་བགྲང་། ལྷ་ཚོགས་རྣམས་ཀྱི་སྐུ་གསུང་ཐུགས་ཀྱི་ཆ་ལས་
འོད་ཟེར་གྱི་ཚོགས་དཔག་ཏུ་མེད་པ་འཕྲོས། རང་གི་ལུས་ངག་ཡིད་གསུམ་ལ་
ཐིམ། སྡིག་པ་དང་སྒྲིབ་པ་ཐམས་ཅད་རྐང་མཐིལ་དུ་ནག་འདུ་རུ་རུ་བུད་པས།
རང་གིས་ལུས་སྟོང་ལ་རང་བཞིན་མེད་པའི་རྐང་མཐིལ་གཉིས་སུ་སེམས་ཉིད་
ཀྱི་ངོ་བོ་ཐིག་ལེ་དཀར་པོ་བྱ་མ་གསར་གྱི་སྒོ་ང་ཙམ་དཀར་ལ་འཚེར་བ་འཕོ་

ལ་ཁད་པ་ཞིག་བསྒོམ། དེ་རིམ་གྱིས་ཕཊ་བྱས་པས། རྐང་པའི་ལོང་བུར་སླེབ། ཕཊ་བྱས་པས་པུས་མོར་སླེབ། ཕཊ་བྱས་པས་གསང་གནས་སུ་སླེབ། ཐིག་ལེ་གཉིས་གཅིག་ཏུ་འདྲེས། ཡང་ཕཊ་བྱས་པས་ལྟེ་བར་སླེབ། ཕཊ་བྱས་པས་སྙིང་གར་སླེབ། ཕཊ་བྱས་པས་མགྲིན་པར་སླེབ། ཕཊ་བྱས་པས་སྤྱི་གཙུག་ཚངས་པའི་བུ་ག་ནས་རྒྱངས་ཀྱིས་ཐོན་ནས། མ་རྗེ་མོའི་ཐུགས་ཀར་ཐིམ། མ་རྗེ་མོའི་ཐུགས་ཟབ་ཞི་སྤྲོས་པ་དང་བྲལ་བའི་རང་བཞིན་ཅན་དང་། རང་གི་སེམས་ཉིད་དབྱེར་མེད་དུ་འདྲེས་པར་བསམ་ལ། དམིགས་མེད་དར་གཅིག་བཞག །ཕཊ་བྱས་པས། མ་གཅིག་གི་ཐུགས་ཀ་ནས། སེམས་ཉིད་རྗེ་བཙུན་རྡོ་རྗེ་རྣལ་འབྱོར་མ་རྒྱན་ཆ་ལུགས་ཐམས་ཅད་ཡོངས་སུ་རྫོགས་པའི་སྐུར་ཞལ་གྱིས་བྱུང་། རང་གི་ཕུང་པོའི་མདུན་དུ་བྱོན་ནས། ཕྱག་གཡས་པའི་གྲི་གུག་རབ་ཏུ་རྣོ་བས་སྤྱིན་མཚམས་ཡན་ཆད་ཐད་ཀྱིས་བཅད། དུས་གཅིག་ཏུ་ཐོད་པ་བུམ་རིལ་གྱི་སྒྱེད་བུ་གསུམ་དུ་གྱུར་པའི་སྟེང་དུ། ཀ་པཱ་ལ་སྐར་གྱིས་བཙུགས། རྒྱ་ཁྱོན་ཆོས་ཀྱི་དབྱིངས་དང་མཉམ་པར་གྱུར། དེའི་ནང་དུ་རང་གི་ལུས་གཏུབས། ཉིལ་གྱིས་སྤུངས། རླུང་གཡོས། མེ་སྦར། ཐོད་པ་དྲོས། རྫས་རྣམས་ཁོལ། རླངས་པ་འོད་ཟེར་གྱིས་བཙུགས། སངས་རྒྱས་དང་བྱང་ཆུབ་སེམས་དཔའ་ཐམས་ཅད་ཀྱི་ཐུགས་ཀ་ནས་ཡེ་ཤེས་ཀྱི་བདུད་རྩི་སྤྱན་དྲངས། དམ་ཚིག་གི་བདུད་རྩི་དང་གཉིས་སུ་མེད་པར་གྱུར། ཡེ་ཤེས་ཀྱི་བདུད་རྩི་དཀར་ལ་སྨུམ་པ། སྣི་ལ་འབོལ་བ་རོ་མཆོག་བརྒྱ་དང་ལྡན་པར་གྱུར། ཨོཾ་ཨཱཿཧཱུྃ། ལན་གསུམ་བརྗོད། རང་གི་ཐུགས་ཀ་ནས་མཁའ་འགྲོ་མའི་ཚོགས་དཔག་ཏུ་མེད་པ་འཕྲོས། ཀ་པཱ་ལའི་བདུད་རྩི་བཅུས་ནས། ལྷ་ཚོགས་རྣམས་ཀྱི་ཕྱག་ཏུ་ཕུལ། ཕྱག་གིས་བཞེས། ཞལ་དུ་གསོལ། སྐུ་ལ་ཐིམ་པས་ཐུགས་མཆོག་མཉེས་

པར་གྱུར། རྒྱས་པར་བྱེད་ན། མ་ཛ་མོའི་ཕྱག་ཏུ་ཕུལ་བ་ལ་སོགས་པ་ལྷ་ཚོགས་རྣམས་ལ་རྐང་ཐོན་དུ་འབུལ། གཞན་ཡང་གནས་གདོན་ལུས་གདོན་རྣམས་ཀྱིས་གཙོ་བྱས་པའི་རིགས་དྲུག་གི་སེམས་ཅན་རྣམས་ལ་སྦྱིན་ནོ། །

གཉན་ས་དང་། དྲག་པོའི་ལས་དགོས་ན། ཀ་པཱ་ལའི་ནང་གི་བདུད་རྩི་ཕྱིར་ལུད། སྟོང་གསུམ་གྱི་འཇིག་རྟེན་གྱི་ཁམས་ཐམས་ཅད་ངོ་བོ་བདུད་རྩི་ལ། རྣམ་པ་ཤ་ཁྲག་གི་རྒྱ་མཚོ་ཆེན་པོས་གང་བར་གྱུར། རང་ཉིད་སྐད་ཅིག་གིས་ཧེ་བཛྲ་ཧེ་རུ་ཀ་ཧེ་རྣལ་འབྱོར་མ་སྐུ་མདོག་དམར་ནག་ཞལ་གཅིག་ཕྱག་གཉིས་སྤྱན་གསུམ་མཆེ་བ་བཞི་རབ་ཏུ་གཙིགས་པ། སྤྱན་གཡས་ཉི་མ། གཡོན་ཟླ་བ། དབུས་ཉི་ཟླ་སྤྲེལ་མ་ལས་གྲུབ་པ། ལྗེ་བ་མན་ཆད་གནམ་ལྕགས་ཀྱི་ཕུར་པ་ཟུར་དགུ་པ། རྩེ་ལ་རྡོ་རྗེའི་ངར་དང་ལྡན་པ་གཅིག་ཏུ་གྱུར། དེའི་ཐུགས་ཀ་ནས་མཁའ་འགྲོ་མ་རང་འདྲ་བ་ཕྱག་གཡས་མི་ལྤགས་ཀྱི་གཡང་གཞི། གཡོན་པས་མི་རྐང་གི་གླིང་བུ་བསྣམས་པ་བསམ་གྱིས་མི་ཁྱབ་པ་སྤྲེང་འོག་ཕྱོགས་མཚམས་ཐམས་ཅད་དུ་སྤྲོས། དེ་ཐམས་ཅད་ཀྱིས་མི་ལྤགས་ཀྱི་གཡང་གཞི་བཏབས་ཤིང་། མི་རྐང་གི་གླིང་བུ་བུས་པས། གནས་གདོན་ལུས་གདོན་གཉིས་ཀྱིས་གཙོ་བྱས། སྣང་སྲིད་ཀྱི་ལྷ་འདྲེ་ཐམས་ཅད་སྐད་ཅིག་ཡུད་ཙམ་ལ་འུབ་ཉིལ་གྱིས་འདུས་པར་བསམ་ལ། ཕཊ་མང་དུ་བྱ་ཞིང་། ངག་ཏུ། ཧཱུྃ། གཉན་ས་འདིར་གནས་ཀྱི་ལྷ་འདྲེ་དང་། །སྐལ་ལྡན་བདག་ལ་ཆོ་འཕྲུལ་སྟོན་བྱེད་པ། །སྣང་ཞིང་སྲིད་པའི་ལྷ་འདྲེ་མ་ལུས་ཀུན། །ནམ་མཁའི་སྤྲིན་ཚོགས་བཞིན་དུ་འདུས་ལ་ཤོག །བར་སྣང་ཆར་པ་བཞིན་དུ་བབ་ལ་ཤོག །ས་གཞི་རླུང་དམར་བཞིན་དུ་འཚུབས་ལ་ཤོག །ཕཊ། ཁྱེད་ཅག་འཇིག་རྟེན་ལྷ་མ་སྲིན། །སྐྱེ་འགྲོའི་ཚེ་སྲོག་འཕྲུལ་མི་རྣམས། །ང་སྒྱུ་མ་གཟུགས་ཀྱི་ཕུང་པོ་

འདི། །མི་རྟག་འཇིག་པའི་ཆོས་ཅན་ཏེ། །ཅིས་ཀྱང་མི་སྡོད་འདོར་བ་ལ། །འདྲེ་ཁྱོད་ལ་དགོས་ན་སུ་དགའ་ཁྱེར། །ཕོག་སྟོད་ཡ་བདུད་རྒྱལ་པོས་ཁྱེར། །ཕོག་སྨད་མ་བདུད་རྒྱལ་མོས་ཁྱེར། །རྐེད་པ་ཀླུ་བདུད་ཐེལ་རང་ཁྱེར། །རྒྱུ་མ་ཡུལ་འདྲེ་འབྲུམས་པོ་ཁྱེར། །ཕྱི་ཤ་ཕྱི་ཡི་ལྷ་འདྲིས་ཁྱེར། །བར་ཤ་བར་གྱི་ལྷ་འདྲིས་ཁྱེར། །ནང་ཤ་ནང་གི་ལྷ་འདྲིས་ཁྱེར། །ཤ་ལ་དགའ་བ་ཤ་ལ་རོལ། །ཤ་ཟན་ཅག་སྲཱ་ཧི་རི་རི། །ཁྲག་ལ་མོས་པ་ཁྲག་ལ་རོལ། །ཁྲག་འཐུང་རུབ་སྲཱ་དི་རི་རི། །རུས་ལ་དགྱེས་པ་རུས་ལ་རོལ། །རྐང་རྡུང་ལྷ་བ་ཆེམས་སེ་ཆེམས། །སེང་གེ་ཤ་ལ་རོལ་བ་བཞིན། །ཕུད་ལྷག་མ་མེད་པར་བཞེས་སུ་གསོལ། །ཁྱིར་ཁམས་གསུམ་སེམས་ཅན་སྤུད་དུ་འབུལ། །སྨོས་དྲིན་ཆེན་ཕ་མའི་དོན་དུ་བསྔོ། །ལུས་ཤ་ཁྲག་གི་མཆོད་སྦྱིན་འདི་བསྔོས་པས། །ཁྱེད་དགའ་མགུ་རངས་ཤིང་ཚིམ་གྱུར་ཅིག །སྔོན་ཆད་འཁོར་བ་ཐོག་མེད་ཀྱི། །བུ་ལོན་འཁྲིལ་ཐག་ཆོད་གྱུར་ཅིག །ཤ་མགོན་སྡིག་སྒྲིབ་དག་གྱུར་ཅིག །སེམས་འགྱུ་བ་དངོས་མེད་སྟོང་པ་འདི། །འདྲེ་ཁྱོད་པས་ངས་ཀྱང་མཐོང་བ་མེད། །དམྱལ་ཁམས་བཅོ་བརྒྱད་དགྲར་ལངས་ཀྱང་། །འཇིགས་སོ་སྐམ་ན་རང་ལ་སྡིག །ང་སྟོང་ཉིད་ནམ་མཁའི་རྣལ་འབྱོར་པ། །འཁྲུལ་པའི་མཚན་ཉིད་ཤེས་པའི་ཕྱིར། །འདྲེ་ཁྱོད་ལ་ཉམས་ང་རྟུལ་ཙམ་མེད། །ལར་ཐམས་ཅད་སེམས་ཀྱི་ཆོ་འཕྲུལ་ཡིན། །ཨེ་མ་ཁམས་གསུམ་འཁོར་བའི་ཆོས། །མེད་བཞིན་སྣང་བ་ངོ་མཚར་ཆེ། །ཕཊ། ཡ་གི་སྤྱི་བོའི་གཙུག་མན་ཆད་ནས། མ་གི་རྐང་པའི་མཐིལ་ཡན་གྱི་ལྷུ་བཅུ་གཉིས། མགོ་དང་བཅུ་གསུམ། ཀླད་པ་དང་ཀླད་རྒྱ། བཀྲག་དང་གཟི་མདངས། ནང་གྲོལ་རྣམ་པ་ལྔ། ཞག་དང་ཚོང་ཁྲག །དབུགས་དང་ཚེ་སྲོག །སྐྲ་དང་བ་སྤུ། རྐང་དང་ཚིལ་བུ། སོ་དང་སེན་མོ། ལྤགས་པ་དང་

དྲི་མ་ཐམས་ཅད་འབུལ་ལོ། །སྣང་ཞིང་སྲིད་པའི་ལྷ་འདྲེ་ཁྱེད་རྣམས་ཤ་འདོད་པ་རྣམས་ཀྱིས་ཤ་ཟོ། ཁྲག་འདོད་པ་རྣམས་ཀྱིས་ཁྲག་འཐུང་། རུས་པ་འདོད་པ་རྣམས་ཀྱིས་རུས་པ་མུར། ཕཊ། སྲིད་ཁམས་གསུམ་སེམས་ཅན་གྱི་སྒྲུད་དུ་འབུལ། སྐོས་དྲིན་ཆེན་ཕ་མའི་དོན་དུ་འབུལ། ཡང་སྐོས་ཆོས་མཛད་རྣམས་ཀྱིཿ ཁྱད་པར་དུ་དཔལ་ལྡན་བླ་མ་དམ་པ་རྣམས་ཀྱི་སྐུ་སྒྲུད་དུ་འབུལ་ལོ། །ཁྱེད་རྣམས་གནོད་སེམས་གདུག་སེམས་ཐམས་ཅད་ཞི་ནས། སངས་རྒྱས་ཀྱི་གོ་འཕང་རིན་པོ་ཆེ་ཐོབ་པར་གྱུར་ཅིག །ཕཊ། གནས་ཆོས་དབྱིངས་རྣམ་དག་གི་གཞལ་ཡས་ནས། །ཡུམ་ཆེན་ཤེས་རབ་ཕར་ཕྱིན་ལ་གསོལ་བ་འདེབས། །བདག་གསོལ་འདེབས་ཀྱི་བུ་ལ་བྱིན་གྱི་རློབས། །རྐྱེན་ཕྱི་ནང་གི་བར་ཆད་ཞི་བ་དང་། །མཆོག་ཐུན་མོང་གཉིས་ཀྱི་དངོས་གྲུབ་སྩོལ། །བུ་སྐྱེ་བ་མེད་པར་ལམ་སྣ་དྲོངས། །འདི་མན་ཆད་འཕྲི། གནས་བྱ་རྒོད་ཕུང་པོའི་རི་བོ་ན། །རྗེ་རྫོགས་པའི་སངས་རྒྱས་ལ་གསོལ་བ་འདེབས། །སེང་ཆེན་བསྣོལ་བའི་ཁྲི་སྟེངས་ན། །འཇམ་དཔལ་སྨྲ་བའི་སེང་གེ་ལཿ གནས་གཡུ་ལོ་བཀོད་པའི་ཞིང་ཁམས་ན། །རྗེ་བཙུན་འཕགས་མ་སྒྲོལ་མ་ལཿ གནས་འཇའ་འོད་འཁྱིལ་པའི་གུར་ཁང་ན། །མཁའ་འགྲོ་སུ་ཁ་སི་དྡྷི་ལཿ གནས་རྒྱ་གར་འཇག་སྤྱིལ་ཁ་སྦྱོར་ན། །བྲམ་ཟེ་ཨཪྻ་དེ་བ་ལཿ གཙང་ལ་སྟོད་དིང་རིའི་དགོན་པ་ན། །ཕ་དམ་པ་རྒྱ་གར་ལཿ གནས་ཟངས་རི་ཁང་དམར་གྱི་དགོན་པ་ན། །མ་གཅིག་ལབ་ཀྱི་སྒྲོན་མ་ལཿ གནས་བཀྲ་ཤིས་སྒང་ལུང་དགོན་པ་ན། །སྲུས་ཁཾ་ཧྭ་ཡ་ལེ་ལཿ གནས་བཞག་རཾ་དཔལ་གྱི་དགོན་པ་ན། །རྗེ་ཀྵ་ན་ཛྷ་ལ་ལཿ གནས་ཙ་རི་ཡེ་ཤེས་ཀྱི་འཁོར་ལོ་ན། །གྲུབ་ཐོབ་གནམ་མཚོ་དོ་པ་ལཿ གནས་བདེ་ཆེན་རྒྱལ་བའི་རི་ཁྲོད་ན། །ཆོས་རྗེ་རང་བྱུང་རྡོ་རྗེ་ལཿ གནས་ཤམ་པོ་

གངས་ཀྱི་ར་བ་ན། །རྟོགས་ལྡན་བསམ་གཏན་རིན་ཆེན་ལ༔ གནས་གཉན་ས་རི་ཁྲོད་ཀྱི་དགོན་པ་ན། །རྗེ་བཙུན་དགེ་འདུན་རྒྱལ་མཚན་ལ༔ གནས་སྣང་སེམས་གཉིས་མེད་ཀྱི་དགོན་པ་ན། །རྒྱལ་སྲས་ཀུན་དགའ་རྒྱལ་མཚན་ལ༔ གནས་རོ་སྙོམས་སྤྱོད་པའི་དགོན་པ་ན། །རྟོགས་ལྡན་པདྨའི་དང་ཚུལ་ལ༔ གནས་ལྷུན་གྲུབ་དཔལ་གྱི་དགོན་པ་ན། །མཚུངས་མེད་བློ་གྲོས་རིན་ཆེན་ལ༔ གནས་གསང་ཐུགས་ནང་གི་དགོན་པ་ན། །རྒྱལ་སྲས་ཆོས་དཔལ་ཡེ་ཤེས་ལ༔ གནས་སྣང་སྲིད་ཆོས་སྐུའི་དགོན་པ་ནས། །རྗེ་བཙུན་ཆོས་ཀྱི་སྤྱན་ཅན་ལ༔ གནས་དག་པ་ལོངས་སྐུའི་དགོན་པ་ན། །དྲིན་ཆེན་ཆོས་ཀྱི་རྒྱ་མཚོ་ལ༔ གནས་སྤྱི་གཙུག་པད་ཟླའི་གདན་སྟེང་ན། །རྩ་བའི་བླ་མ་རྣམས་ལ༔ བདག་གསོལ་འདེབས་ཀྱི་བུ་ཚོ་ལ་བྱིན་གྱིས་རློབས། །ཕྱིན་ཕྱི་ནང་གི་བར་ཆད་ཞི་བ་དང་། །མཆོག་ཐུན་མོང་གི་དངོས་གྲུབ་སྩལ་དུ་གསོལ། །བུ་སྐྱེ་བ་མེད་པར་ལྃ་སྣ་དྲོངས། །ཕཊ།

མ་གཅིག་གིས་དམ་པ་ལ་བསྟོད་པ་ནི། རྗེ་བླ་མ་རྣམས་ལ་ཕྱག་འཚལ་བསྟོད། །བཀའ་བརྒྱུད་རྣམས་ལ་གསོལ་བ་འདེབས། །སྐོས་བཀའ་དྲིན་ཅན་གྱིས་བྱིན་གྱིས་རློབས། །གནས་མཆོག་དིང་རི་ཡ་གི་ན། །ཕྱི་བསྐོར་གཅིག་བསྐོར་གཉིས་བསྐོར་དང་གསུམ། །ཕྱི་བསྐོར་བ་ལྕུགས་རི་མུ་ཁྱུད་བསྐོར། །བར་བསྐོར་བ་ལྗོ་རྒྱལ་འཛམ་བུ་གླིང་། །ནང་བསྐོར་བ་དིང་རི་གླུ་འཁོར་བསྐོར། །རི་མཁན་པ་ཁྲོད་ཀྱི་དགོན་པ་ན། །ཀྣ་གི་པད་ཟླའི་གདན་སྟེང་ན། །གནས་དེ་ན་སུ་བཞུགས་སུ་མི་བཞུགས། །གནས་དེ་ན་དམ་པ་རྒྱ་གར་བཞུགས། །སྐུ་འཁྲུངས་པ་རྒྱ་གར་ཡུལ་དུ་འཁྲུངས། །གསུང་གྲགས་པ་བོད་ཡུལ་དབུས་སུ་བསྒྲག །རྗེ་འགྲོ་བའི་མགོན་པོ་རྡོ་རྗེ་འཆང་། །སྨྲ་བའི་སེང་གེ་མཚུངས་པ་མེད། །དཔལ་ཆེན་པདྨ་དྲོད་ཚད་མཁན། །ཨཱཙ་དེ་བ་སྨྲ་

ཚད་མཁན། །དམ་པ་མུ་ཏིག་རྒྱུད་སྤེ་མཁན། །རྗེ་མི་ཕམ་མགོན་པོ་བཅོམ་ལྡན་འདས། །འཛམ་བུ་གླིང་གི་རྒྱན་གཅིག་པོ། །རྗེ་འགྲོ་བའི་མགོན་པོ་ལ་གསོལ་བ་འདེབས། །འགྲོ་བའི་མགོན་པོས་བྱིན་གྱིས་རློབས། །རྗེ་དམ་པ་སངས་རྒྱས་རིན་པོ་ཆེ། །ཁོང་སྟེང་ན་ལྷ་ཚོགས་ཐིབས་སེ་ཐིབས། །གཡས་ན་དཔའ་བོའི་ངར་དང་བཅས། །གཡོན་ན་དཔའ་མོའི་མདངས་དང་ལྡན། །མདུན་ན་དམ་ཅན་སྒྲུངས་སེ་སྒྲུངས། །རྒྱབ་ན་ཌཱ་ཀི་ཤིགས་སེ་ཤིགས། །འོག་ན་གདོན་ཚོགས་མྱ་ལ་ལ། །རྗེ་དེར་བཞུགས་དམ་པ་ལ་གསོལ་བ་འདེབས། །དེར་བཞུགས་དམ་པས་ལམ་སྣ་དྲོངས། ཧཱུཾ། ཕ་ནག་པོ་ཆེན་པོ་གཟི་མདངས་ཅན། །སྐུ་སྟོད་སེང་ཆེན་འཁྲིང་བ་འདྲ། །དེ་བདུད་བཞི་ཟིལ་གྱིས་ནོན་པའི་རྟགས། །སྐེད་པ་རྡོ་རྗེ་འདྲིལ་བ་འདྲ། །དེ་འཁྲུལ་གཞི་རྩད་ནས་ཆོད་པའི་རྟགས། །ཞབས་གཉིས་ཐ་བྲན་གཤིབས་པ་འདྲ། །དེ་བྱང་ཆུབ་ཀྱི་རྒྱུན་ལམ་བགྲོད་པའི་རྟགས། །སྐུ་མདོག་ནག་ལ་སྣུམ་པ་དེ། །ཆོས་ཉིད་ལ་འགྱུར་བ་མེད་པའི་བརྡ། །དབུ་སྐྲ་ནག་སྣུམ་གྱེན་ལ་འཁྱིལ་བ་དེ། །མཐོ་རིས་ཐར་ལམ་ཕྱེད་པའི་བརྡ། །སྤྱན་མིག་དམར་ལ་སྤྱན་རྩ་འཁྲུག་པ་དེ། །སྣང་སྲིད་ཟིལ་གྱིས་གནོན་པའི་བརྡ། །ཚེམས་མདོག་དཀར་ལ་ཚེམས་རྩེ་རྣོ་བ་དེ། །སྐྱེ་ཤི་རྩད་ནས་ཆོད་པའི་བརྡ། །ཕྱུག་སོར་མོ་རིང་ལ་ཕྱུག་སེན་རྣོ་བ་དེ། །སྐལ་ལྡན་ཐར་ལམ་འདྲེན་པའི་བརྡ། །ཕྱུག་སོར་མོ་ཟངས་འཕྲུབ་བཀྲམ་པ་འདྲ། །དེ་དུག་གསུམ་རྩད་ནས་ཆོད་པའི་བརྡ། །རྗེ་རིས་འགའ་ཉིན་མཚན་འཁོར་ཡུག་གཟིམས། །དེ་སློམ་གཉུག་མ་ལ་རྒྱུན་ཆད་མེད་པའི་བརྡ། །རྗེ་རིས་འགའ་རྟེན་འབྲེལ་སྣ་ཚོགས་མཛད། །དེ་བཀའ་འཁོར་བྱིན་གྱིས་རློབས་པའི་བརྡ། །རྗེ་རིས་འགའ་སྨྲོན་པའི་བརྟུལ་ཞུགས་མཛད། །དེ་འཁོར་གྱི་བར་ཆད་

སེལ་བའི་བརྡ། །ཇོ་དེར་བཞུགས་དམ་པ་ལ་གསོལ་བ་འདེབས། །དེར་བཞུགས་དམ་པས་བྱིན་གྱིས་རློབས། །ཇོ་རྒྱང་ན་བཞུགས་ན་མོས་ཕྱག་འཚལ། །དྲུང་ན་བཞུགས་ན་གུས་ཕྱག་འཚལ། །ཡིད་མོས་གུས་ཕྱག་ལ་ཉེ་རིང་མེད། །གསོལ་བ་སྙིང་གི་དཀྱིལ་ནས་འདེབས། །བྱིན་རླབས་ཐུགས་ཀྱི་ཀློང་ནས་ཞུ། །ཇོ་སྐུ་ཡི་བྱིན་རླབས་ལུས་ལ་ཞུགས། །ལུས་ན་ཚའི་སྡུག་བསྔལ་ཞི་བར་མཛོད། །ལུས་ལ་བདེ་དྲོད་འབར་དུ་གསོལ། །ལུས་ཀྱི་སྒྲིབ་པ་དག་ནས་ཀྱང་། །ལུས་སྤྲུལ་སྐུ་ཐོབ་པར་མཛད་དུ་གསོལ། །ཇོ་གསུང་གི་བྱིན་རླབས་ངག་ལ་ཞུགས། །ངག་འགགས་འཛེར་གྱི་སྡུག་བསྔལ་ཞི་བར་མཛོད། །ངག་ལ་ནུས་པ་འབར་དུ་གསོལ། །ངག་གི་སྒྲིབ་པ་དག་ནས་ཀྱང་། །ངག་ལོངས་སྐུ་ཐོབ་པར་མཛད་དུ་གསོལ། །ཇོ་ཐུགས་ཀྱི་བྱིན་རླབས་སེམས་ལ་ཞུགས། །སེམས་ཉོན་མོངས་ཀྱི་སྡུག་བསྔལ་ཞི་བར་མཛོད། །སེམས་ལ་རྟོགས་པ་འཆར་དུ་གསོལ། །སེམས་ཀྱི་སྒྲིབ་པ་དག་ནས་ཀྱང་། །སེམས་ཆོས་སྐུ་ཐོབ་པར་མཛད་དུ་གསོལ། །རྒྱུ་འདོད་ཆགས་ཞེ་སྡང་གཏི་མུག་གསུམ། །དུག་གསུམ་རང་སར་ཞི་རུ་གསོལ། །རྐྱེན་ཕོ་གདོན་མོ་གདོན་ཀླུ་གདོན་གསུམ། །གདོན་གསུམ་རང་སར་ཡལ་དུ་གསོལ། །ནད་རླུང་ཁྲིས་བད་ཀན་འདུས་པ་བཞི། །བཞི་བརྒྱ་རྩ་བཞི་རང་སར་ཞི་རུ་གསོལ། །ཆོས་སྐུ་ལོངས་སྐུ་སྤྲུལ་སྐུ་གསུམ། །སྐུ་གསུམ་མངོན་དུ་འཆར་དུ་གསོལ། །གཞན་དོན་དཔག་མེད་འབྱུང་བར་བྱིན་གྱིས་རློབས། །

མ་གཅིག་གི་བསྟོད་པ་ནི། ཧཱུྃ། མ་ཡུམ་ཆེན་ཐུགས་ལས་སྤྲུལ་པའི་ཐུགས་ཀྱི་སྲས། །མ་གཅིག་ཇོ་མོ་རྣལ་འབྱོར་མ། །མ་ཕ་རོལ་ཕྱིན་པའི་གྲུབ་ཐོབ་མ། །སྐལ་ལྡན་ཀུན་གྱི་རྒྱུད་གྲོལ་མ། །བདག་དང་མོས་པའི་བུ་སློབ་ལ། །བྱིན་གྱིས་བརླབ་པར་མཛད་དུ

གསོལ། །མ་སྐུ་ལུས་ཚུང་ལ་གཟི་བརྗིད་ཆེ། །སྐུ་ཤ་དཀར་ལ་འོད་ཟེར་འབར། །སྐྱེ་བ་དམའ་ལ་དགོངས་པ་མཐོ། །ཀུན་དང་མཐུན་པའི་སྤྱོད་པ་ཅན། །དུས་གསུམ་སངས་རྒྱས་ཀུན་གྱི་གདུང་འཛིན་མ། །བདག༔ བྱིན་རླབས༔ མ་སེར་སྣ་མེད་པའི་དོན་རྟོགས་ཤིང་། །ཀུན་ཁྱབ་ཀྱི་སྦྱིན་པ་བློས་ཐེངས་མ། །བདག་དང་མོས་པའི༔ བྱིན་གྱིས༔ མ་རང་བྱུང་ཡེ་ཤེས་དོན་རྟོགས་ཤིང་། །ཉམས་པ་མེད་པའི་ཁྲིམས་བསྲུང་མ། །བདག་དང་༔ བྱིན་གྱིས༔ མ་སྐྱེ་བ་མེད་པའི་དོན་རྟོགས་ཤིང་། །སྐྱེ་མེད་ཀྱི་བཟོད་པ་སྒོམ་མཛད་མ། །བདག་དང་༔ བྱིན༔ མ་བྱ་རོལ་མེད་པའི་དོན་རྟོགས་ཤིང་། །ཁྱུར་མེད་ཀྱི་བརྩོན་འགྲུས་རྩོམ་མཛད་མ། །བདག༔ བྱིན༔ མ་གཡོ་བ་མེད་པའི་དོན་རྟོགས་ཤིང་། །ཡིངས་མེད་ཀྱི་བསམ་གཏན་སྒོམ་མཛད་མ། བདག༔ བྱིན༔ མ་ཀུན་གྱི་རང་བཞིན་དོན་ཤེས་ཤིང་། །བདག་མེད་ཤེས་པའི་རྣལ་འབྱོར་མ། །བདག༔ བྱིན༔ མ་ཕྱོགས་མེད་ལྟ་བའི་ཞེན་པ་གྲོལ། །མཉམ་ཉིད་སྒོམ་པས་རྟོགས་པ་གྲོལ། །བདག༔ བྱིན༔ མ་སྐྱེ་མེད་རྟོགས་པས་འཁོར་བ་གྲོལ། །རྟོགས་མེད་སྤྱོད་པས་ཉམས་ང་གྲོལ། །བདག༔ བྱིན༔ མ་མཉམ་ཉིད་ཀྱི་ངང་ལ་གཟིམས་ཙམ་ན། །དོན་ཉོན་མོངས་སངས་ནས་ཡེ་སངས་རྒྱས། །སངས་རྒྱས་མཁའ་འགྲོ་འབུམ་གྱིས་བསྐོར། །གསུང་ཉམས་དབྱངས་ཀྱི་མགུར་མ་ཙུ་རུ་རུ། །བྱིན་རླབས་ཀྱི་ན་བུན་ཐིབས་སེ་ཐིབས། །དངོས་གྲུབ་ཀྱི་ཆར་རྒྱུན་སི་ལི་ལི། བདག༔ བྱིན༔ མ་སྐྱེ་མེད་ངང་ལ་བཞེངས་ཙམ་ན། །དོན་རྗེས་ཐོབ་རྟོགས་པའི་ཉམས་དང་ལྡན། །ཡེ་ཤེས་མཁའ་འགྲོ་འབུམ་གྱིས་བསྐོར། །གསུང་ཉམས་དབྱངས༔ བྱིན་རླབས༔ དངོས་གྲུབ༔ བདག༔ བྱིན༔ མ་དགོངས་པ་ཤར་དུ་བསྐྱོད་ཙམ་ན། །དོན་འགྱུར་བ་མེད་པའི་ཉམས་དང་ལྡན། །རྡོ་རྗེ་མཁའ་འགྲོ་འབུམ༔

གསུང་༔ བདག༔ བྱིན་གྱིས༔ མ་དགོངས་པ་ལྐོ་ཏྲ༔ དོན་ཡོན་ཏན་རྫོགས་པའི་ཉམས་དང་ལྡན། །རིན་ཆེན༔ གསུང་༔ བྱིན་གྱིས༔ དངོས་གྲུབ༔ བདག༔ བྱིན་གྱིས༔ མ་དགོངས་པ་ནུབ་ཕྱུ༔ དོན་སྐྱེ་བ་མེད་པའི་ཉམས་དང་ལྡན། །པདྨ༔ གསུང་༔ བྱིན༔ དངོས་གྲུབ༔ བདག༔ བྱིན་གྱིས༔ མ་དགོངས་པ་བྱང་དུ༔ དོན་འགག་པ་མེད་པའི་ཉམས་དང་ལྡན། །ལས་ཀྱི་མཁའ་འགྲོ༔ གསུང་༔ བྱིན༔ དངོས་གྲུབ༔ བདག༔ བྱིན་གྱིས༔ མ་དགོངས་པ་སྟེང་དུ་བསྐྱོད་ཙམ་ན། །དོན་མཐའ་དབུས་མེད་པའི་དོན་རྟོགས་ཤིང་། །རིག་པ་དབྱིངས་སུ་སུ་ཏྲ་ཏྲ། །རིས་མེད་ཀྱི་ལྟ་བ་ཕྲ་ལ་ལ། །མཉམ་ཉིད་ཀྱི་དགོངས་པ་ཕྱི་ལི་ལི། །མཁའ་འགྲོ་མ་ཚོགས་ཐིབས་སེ་ཐིབས། བདག༔ བྱིན་གྱི་བརླབ་པར་མཛད་དུ་གསོལ། །མ་གཉན་ས་རི་ཁྲོད་འཁྲིམ་ཙམ་ན། །སྙེམས་བྱེད་ཀྱི་རྟོགས་པ་མྱུ་ལ་ལ། །བདེ་སྟོང་རྒྱུད་ལ་ཕྱི་ལི་ལི། མཁའ་འགྲོ༔ བདག༔ བྱིན༔ མ་འགྲོ་བའི་དོན་ལ་བསྐྱོད་ཙམ་ན། །གནད་ཀྱི་གདམས་པ་ཤ་ར་ར། །བདུད་ཀྱི་གཅོད་ཐབས་སི་ལི་ལི། མཁའ་འགྲོ༔ བདག༔ བྱིན་གྱིས༔ མ་སྐྱེ་མེད་དབྱིངས་སུ་གཤེགས་ཙམ་ན། །བཟུང་འཛིན་གྱི་མདུད་པ་ཁྲོ་ལོ་ལོ། །སྣང་བའི་ནུབ་ཡ་ལ་ལ། །མཉམ་ཉིད་ཀྱི་དགོངས་པ་ཕྱི་ལི་ལི། །མཁའ་འགྲོ༔ བདག༔ བྱིན་གྱིས༔ མ་དབྱིངས་ལ་སྤྱོད་པ་མི་མངའ་ཡང་། །དོན་འགག་པ་མེད་པའི་ཐུགས་རྗེ་ཡིས། །མ་རིག་འཁྲུལ་པའི་སེམས་ཅན་རྣམས། །དོན་ངེས་པར་ཐུགས་རྗེས་གཟུང་དུ་གསོལ། །

སྣས་ཀྱིས་གདུང་སྒྲོམ་གྱི་ཤར་སྒོ་ནས་ཡུམ་ལ་བསྟོད་པ། ཀྱཻ། མ་མི་མིན་ཡེ་ཤེས་མཁའ་འགྲོ་མ། །མ་མདོ་རྒྱུད་ཀྱི་དགོངས་པ་ཐུགས་སུ་ཆུད། །ལབ་ཀྱི་སྒྲོན་མའི་སྐུ་ལ་ཕྱག་འཚལ་ལོ། །མ་རང་བཞིན་རྣམ་དག་ཐུགས་སུ་ཆུད། །ཐུགས་ནི་དབྱིངས་དང་

མཆུངས་པར་ཁྱབ། །ཐོག་མཐའ་གཉིས་པོ་གཞི་ལ་དག །བདག་ཏུ་འཛིན་པ་རང་སར་གྲོལ། །མ་ངོ་བོ་ཉིད་ཀྱི་སྐུ་ལ་ཕྱག་འཚལ་ལོ། །མ་ཤེས་རབ་ནམ་མཁའི་དབྱིངས་ནས་ཤར། །སྤྱོད་ལམ་རྣམ་བཞི་རྟོག་མི་མངའ། །སྐྱོམས་བྱེད་ཉམས་ང་གཞི་ལ་དག །རྣམ་པར་རྟོག་པ་རང་སར་གྲོལ། །མ་ཆོས་ཀྱི་སྐུ་ལ་ཕྱག་འཚལ་བསྟོད། །མ་མངོན་ཤེས་དྲུག་པོས་ཤེས་བྱ་མཁྱེན། །ཟག་མེད་བདེ་སྟོང་རྒྱུད་ལ་སྐྱེས། །སྒོ་མཚན་མར་འཛིན་པ་གཞི་ལ་དག །སྣང་སྲིད་ལྷ་འདྲེ་རང་སར་གྲོལ། །མ་ལོངས་སྤྱོད་རྫོགས་པའི་སྐུ་ལ་ཕྱག་འཚལ་བསྟོད། །མ་སྐྱེ་བ་བུད་མེད་ཀྱི་ལུས་སུ་སྤྲུལ། །བཟང་ངན་མེད་པའི་འགྲོ་དོན་མཛད། །ཆགས་སྡང་གཉིས་པོ་གཞི་ལ་དག །ཟོལ་ཟོག་གཉིས་པོ་རང་སར་གྲོལ། །མ་སྤྲུལ་པའི་སྐུ་ལ་ཕྱག་འཚལ་བསྟོད། །སྐུས་ཀྱིས་གདུང་སྒྲོམ་གྱི་ལྟོ་སྒོ་ནས་བསྟོད་པ། མ་སྒྲིབ་པ་བྱང་ནས་སྟོང་ཉིད་རྟོགས། །ཤེས་རབ་ཅན་ལ་ཕྱག་འཚལ་བསྟོད། །ལུས་སེམས་བྲལ་ནས་སྟོང་ཉིད་རྟོགས། །མ་གདམས་ངག་ཅན་ལ་ཕྱག་འཚལ་བསྟོད། །མ་དུར་ཁྲོད་འགྲིམས་པས་ཉམས་ང་མེད། །མ་ཉམས་སྨྱོང་ཅན་ལ་ཕྱག་འཚལ་བསྟོད། །སྐྱིམས་ཐག་ཆོད་པས་བདུད་རྣམས་ཞི། །མ་ནུས་པ་ཅན་ལ་ཕྱག་འཚལ་བསྟོད། །མ་བདུད་རྣམས་ཞི་བས་ཡེ་ཤེས་འཕེལ། །མ་རྟོགས་པ་ཅན་ལ་ཕྱག་འཚལ་བསྟོད། །མ་སྟོང་ཉིད་བསྒོམས་པས་ས་རྣམས་ནོན། །མ་ཚོགས་གཉིས་རྫོགས་ལ་ཕྱག་འཚལ་བསྟོད། །མ་སྐྱེ་མེད་བསྒོམས་པས་མངོན་ཞེན་ལོག །མ་འཁོར་བ་སྤངས་ལ་ཕྱག་འཚལ་བསྟོད། །མ་གདམས་ངག་བཀའ་དང་བསྟུན་ནས་སྟོན། མ་ལུང་དོན་རྫོགས་ལ༔ མ་མགུར་ཙམ་བཞེངས་པས་ཡེ་ཤེས་འཕེལ། མ་བྱིན་རླབས་ཅན་ལ༔ མ་ཞབས་ཏོག་མེད་ཀྱང་གདམས་ངག་སྟོན། །མ་ཐུགས་རྗེ་ཅན་ལ་ཕྱག་འཚལ་

བསྟོད། །གདུང་སྒྲོམ་གྱི་ནུབ་སྒོ་ནས་བསྟོད་པ། མ་ངན་སོང་གསུམ་པོས་མི་འཇིགས་པས། །མི་དགེ་བཅུ་པོ་ཁྲིམས་སུ་ཆོད། །ངན་འགྲོའི་ཕྱོགས་ཀྱི་བདུད་ལས་ཐར། །མ་མཐོ་རིས་འདྲེན་ལཿ མ་བདེ་འགྲོའི་གནས་ལ་མི་ཞེན་པའི། །དགེ་བའི་ལས་རྣམས་དབྱིངས་སུ་གྲོལ། །ལྷ་མི་འཁོར་བའི་བདུད་ལས་ཐར། །མ་ཐར་ལམ་བགྲོད་ལཿ མ་སྐྱེ་འཆི་གཉིས་ཀྱིས་མི་འཇིགས་པའི། །ཁྲིམས་ཐག་ཡུམ་ཆེན་ཀློང་དུ་ཆོད། །སྐྱེ་མེད་ཀློང་ནས་སྐྱེ་འཆི་མེད། །མ་བྱ་བ་ཟིན་ལཿ མ་ཡོག་འདྲེན་བགེགས་ཀྱི་མི་འཇིགས་པའི། །འདྲེ་གདོན་རང་སྣང་གི་སེམས་སུ་ཆོད། །གདོན་གནོད་སྦྱིན་པོ་མོའི་བདུད་ལས་གྲོལ། །མ་བར་ཆོད་སེལ་ལ་ཕྱག་འཚལ་བསྟོད། །སྲས་ཀྱིས་གདུང་སྒྲོམ་གྱི་བྱང་སྒོ་ནས་བསྟོད་པ། མ་དང་པོར་ལུས་སེམས་བསྐྱེད་པའི་མ། །བར་དུ་ཟང་ཟིང་ཕོག་པའི་མ། །ཐ་མར་སྐྱེ་མེད་སྟོན་པའི་མ། །མ་དྲིན་མོ་ཆེ་ལ་ཕྱག་འཚལ་བསྟོད། །མ་ལུས་སྲོག་བཟན་དུ་བོར་བའི་མ། །རིག་པ་གཞི་ལ་གནས་པའི་མ། །མ་དབྱིངས་ཀྱི་ཐུགས་ལ་དགོངས་པ་མེད། །བུ་ད་རུང་ཁྲིམས་ཀྱི་ཐག་མ་ཆོད། །མ་བཞུགས་པའི་ཚེ་ན་དགར་མ་ཚོར། །གཤེགས་པའི་ཚེ་ན་སྙིང་མི་དགའ། །བཞུགས་ནས་བྱིན་གྱི་རླབས་དུ་གསོལ། །བུས་ཀྱང་མ་ལ་གསོལ་བ་འདེབས། །མས་ཀྱང་བུ་ལ་བྱིན་གྱི་རླབས། །ལུས་ལ་བདེ་བ་བསྐྱེད་དུ་གསོལ། །ངག་ལ་ནུས་པ་འབར་དུ་གསོལ། །སེམས་ལ་རྟོགས་པ་འཆར་དུ་གསོལ། །མཆོག་ཐུན་མོང་དངོས་གྲུབ་སྩོལ་དུ་གསོལ། །ཀྱེ། མ་མི་མིན་ཡེ་ཤེས་མཁའ་འགྲོ་མ། །མ་རི་ཁྲོད་འགྲིམས་ཞིང་ཉམས་སུ་ལེན། །མ་གཅིག་སྟོང་པ་ཉིད་ལ་གནས། །སྟོང་པ་ཉིད་ལ་སེར་སྣ་མེད། །མ་སྦྱིན་པ་རྫོགས་ལ་ཕྱག་འཚལ་བསྟོད། །དེས་འགྲེ། མ་རི་ཁྲོདཿ མ་གཅིག་སྟོངཿ སྟོང་པ་ཉིད་ལ་འཆལ་པ་མེད། །མ་ཚུལ་ཁྲིམས་རྫོགས་ལཿ མ་རི་ཁྲོདཿ མ་

གཅིག༔ སྟོང་པ་ཉིད་ལ་ཕོང་ཁྲོ་མེད། །མ་བཟོད་པ་ཟློག་ས་ལ༔ མ་རི་ཁྲོད༔ མ་གཅིག༔ སྟོང་པ་ཉིད་ལ་ལེ་ལོ་མེད། །མ་བརྩོན་འགྲུས་ཟློག་ས་ལ༔ མ་རི་ཁྲོད༔ མ་གཅིག༔ སྟོང་པ་ཉིད་ལ་གཡེང་བ་མེད། །མ་བསམ་གཏན་ཟློག་ས་ལ༔ མ་རི་ཁྲོད༔ མ་གཅིག༔ སྟོང་པ་ཉིད་ལ་གཏི་མུག་མེད། །མ་ཤེས་རབ་ཟློག་ས་ལ༔ མ་ཕ་རོལ་ཕྱིན་དྲུག་ཐུགས་ལ་མངའ། །ཡང་དག་དོར་རྟོགས་འགྲོ་བའི་མགོན། །མ་གཅིག་ཁྱོད་ལ་ཕྱག་འཚལ་བསྟོད། །མ་ཡུམ་ཆེན་དེ་ཡི་ཐུགས་ཀྱི་སྲས། །སྐུ་ཡི་བྱིན་རླབས་ལུས་ལ་ཞུགས་པས་གཟི་བརྗིད་ཆེ། །གསུང་གི་བྱིན་རླབས་ངག་ལ་ཞུགས་པ་ནུས་པ་ཆེ། །ཐུགས་ཀྱི་བྱིན་རླབས་སེམས་ལ་ཞུགས་པས་རྟོགས་པ་ཆེ། །ཡོན་ཏན་གྱི་བྱིན་རླབས་ཞུགས་པས་ཐུགས་རྗེ་ཆེ། །ཕྲིན་ལས་ཀྱི་བྱིན་རླབས་ཞུགས་པས་འགྲོ་དོན་ཆེ། །རྗེ་ཡོན་ཏན་ཀུན་ལྡན་སྣང་ལུང་པ། །བདག༔ རྗེ་ཐོགས་བཅས་བདུད་ཀྱི་དོན་རྟོགས་པས། །འཁོར་བ་དབྱིངས་སུ་གྲོལ་བ་མཁྱེན། །ཐོགས་མེད་བདུད་ཀྱི་དོན་རྟོགས་པས། །ཡོན་ཏན་སེམས་སུ་མཉམ་པ་མཁྱེན། །ཀླིམས་བྱེད་བདུད་ཀྱི་དོན་རྟོགས་པས། །ཉོན་མོངས་རང་སར་གྲོལ་བ་མཁྱེན། །དགའ་བྲོད་བདུད་ཀྱི་དོན་རྟོགས་པས། །འཁོར་བ་དབྱིངས་སུ་གྲོལ་བ་མཁྱེན། །རྗེ་མཁྱེན་པ་ཀུན་ལྡན་གྱི་སྣང་ལུང་པ། །བདག༔ བྱིན༔ ཡུམ་ཆེན་སྲས་སུ་གྱུར་པའི་རིགས་རྒྱུད་ཅན། །ལྟ་སྒོམ་དམིགས་པ་བྲལ་བའི་རྟོགས་པ་ཅན། །སྤྲོ་འདོགས་སེམས་སུ་ཆོད་པའི་དགོངས་པ་ཅན། །རྒྱ་བོད་ཧོར་གསུམ་གྱིས་ཐོས་པའི་གྲགས་པ་ཅན། །རྗེ་དགོངས་པ་ཀུན་ལྡན་གྱི་སྣང་ལུང་པ། །བདག་དང༔ བྱིན་གྱིས་བརླབ་པར་མཛད་དུ་གསོལ། །

མཁའ་འགྲོ་བྱིན་འབེབས་ནི། ཧཱུྃ། མ་ཡུམ་ཆེན་ཐུགས་ལས་སྤྲུལ་པའི་ཐུགས་ཀྱི་སྲས། །མ་

གཅིག་ཛོ་མོ་རྣལ་འབྱོར་མ། །མ་ཕ་རོལཿ གྲུབ་ཐོབཿ སྐལ་ལྡནཿ བདགཿ བྱིན་གྱིས་བརླབ་པར་མཛད་དུ་གསོལ། །ཀྱེ། མ་མི་མིན་ཡེ་ཤེས་མཁའ་འགྲོ་མ། །ཤར་ན་གོམ་གསུམ་བྱོན་ཙ་ན། །སྐུ་ཤ་ཆུང་ལ་སྐུ་མདོག་དཀར། །རྡོ་རྗེ་མཁའ་འགྲོ་འབུམ་གྱིས་བསྐོར། །ཆོས་ཉིད་ནམ་མཁའི་གློང་ཡངས་ནས། །ཐུགས་རྗེའི་སྤྲིན་ཕུང་ཐིབས་སེ་ཐིབས། །བྱིན་རླབས་ཀྱི་ཆར་རྒྱུན་སི་ལི་ལི། །མ་སྤྱི་གཙུག་རྒྱན་དེར་བཞུགས་སུ་གསོལ། །སྤྱི་གཙུག་རྒྱན་དེར་བཞུགས་ནས་ཀྱང་། །བྱིན་གྱི་བརླབ་པར་མཛད་དུ་གསོལ། །བྱིན་གྱིས་རློབས་ཤིག་མ་གཅིག་མ། །དངོས་གྲུབ་སྩོལ་ཅིག་མ་གཅིག་མ། །དབང་མཆོག་བསྐུར་གཅིག་མ་གཅིག་མ། །བར་ཆོད་སོལ་ཅིག་མ་གཅིག་མ། །ལམ་སྣ་དྲོངས་ཤིག་མ་གཅིག་མ། དེས་འགྲེ། ཀྱེ་མ་མི་མིནཿ ལྷོ་ཏུཿ སྐུ་ཤ་ཆུང་ལ་སྐུ་མདོག་སེར། །རིན་ཆེནཿ ཀྱི་ནུབ་ཏུ། སྐུ་ཤ་ཆུང་ལ་སྐུ་མདོག་དམར། །པདྨཿ ཀྱེཿ བྱང་དུཿ སྐུ་ཤ་ཆུང་ལ་སྐུ་མདོག་ལྗང་། །ལས་ཀྱིཿ ཀྱེཿ དབུས་ནཿ སྐུ་ཤ་ཆུང་ལ་སྐུ་མདོག་ནག །ཡེ་ཤེས་མཁའ་འགྲོཿ ཆོས་ཉིདཿ ཐུགས་རྗེསཿ བྱིན་རླབསཿ སྤྱི་གཙུགཿ བྱིན་གྱི་རླབསཿ དངོས་གྲུབཿ དབངཿ རྫོགསཿ བར་ཆོདཿ ལམ་སྣཿ ཞེས་པའི་སྐབས་སུ་མདུན་བསྐྱེད་ལ། མ་ཛོ་མོའི་ཐུགས་ཀ་ནས་རྡོ་རྗེ་མཁའ་འགྲོ་ལ་སོགས་རིགས་ལྔའི་མཁའ་འགྲོ་བྱོན། ཤར་ལ་སོགས་པ་ཕྱོགས་ཕྱོགས་ནས་དབང་གི་ལྷ་རྣམས་སྤྱན་དྲངས། རིག་པའི་དབང་ལྔ་བསྐུར་བས་རིགས་ལྔའི་མཁའ་འགྲོ་ལྔས་དབུ་བརྒྱན་པར་བསམ་པ་ནི། མ་གཅིག་གི་རྒྱུད་དབང་ཞེས་བྱའོ། །

ཡང་མཁའ་འགྲོ་འབུམ་བསྐུལ་ནི། ཧཱུྃ། ཡུམ་ཆེན་ཐུགས་ལས་སྤྲུལ་པའི་ཐུགས་ཀྱི་སྲས། །མ་གཅིགཿ མ་ཕ་རོལཿ སྐལ་ལྡནཿ བདག་དངཿ བྱིན་གྱིསཿ ཀེ་མ་མི་མིནཿ ཤར་རྡོ་རྗེ་རིགས་ཀྱི་མཁའ་འགྲོ་འབུམ། །ཡང་དག་བདེ་ཆེན་སྤྱོད་པའི་ཊཱ་ཀི་ལ། །དད་

མོས་དྲག་པོའི་སྟོབས་ཀྱིས་གསོལ་འདེབས་ན། །ཐུགས་རྗེས་རྒྱུན་ཆད་མེད་པར་དགོངས་མཛོད་ལ། །ལས་ཅན་ཕོ་མོ་རྣམས་ལ་བྱིན་གྱིས་རློབས། །དོན་ལྡན་སྐྱེས་བུ་རྣམས་ལ་བཙུད་ཅིག་ཕོབ། །དེས་འགྲེལ། །ཀྱེ་མ་མི་མིན༔ ལྷོ་རིན་ཆེན༔ ཡང་དག༔ ཀྱེ༔ ནུབ་པདྨ༔ ཡང་དག༔ ཀྱེ་མ་མི་མིན༔ བྱང་ལས༔ ཡང་དག༔ ཀྱེ་མ་མི་མིན༔ མི་མགོ་གསུམ་བརྩེགས་རབ་ཏུ་བརྒྱན་པ་ནི། །ཁམས་གསུམ་དབང་དུ་བསྡུད་པའི་མཁའ་འགྲོ་འབུམ། །ཡང་དག༔ ཀྱེ་མ་མི་མིན༔ ཐོད་སྐམ་ལྔ་ཡིས་དབུ་ལ་བརྒྱན་པ་ནི། །རིགས་ལྔས་འགྲོ་དོན་མཛད་པའི་མཁའ་འགྲོ་འབུམ། །ཡང་དག༔ ཀྱེ་མ༔ ཐོད་རློན་ལྔ་བཅུའི་དོ་ཤལ་བྱས་པ་ནི། །འདུ་བྱེད་ལྔ་བཅུ་དག་པའི༔ དབུ་སྐྲ་སིལ་མས་སྐུ་རྒྱབ་ཁེབས་པ་ནི། །སེམས་ཅན་བདེ་ལ་འགོད་པའི༔ རུས་པའི་རྒྱན་དྲུག་སྐུ་ལ་བརྒྱན་པ་ནི། །རྟོག་མེད་ཉམས་དང་ལྡན་པའི༔ ཞ་ཏྲ་གསེར་གྱི་ཛ་ཚུང་བརྒྱན་པ་ནི། །སྙན་བརྒྱུད་གདམས་ངག་འཛིན་པའི༔ དྲིལ་བུ་གཡེར་ཁ་གསུང་སྙན་སྒྲོག་པ་ནི། །སྟོང་གསུམ་ཆོས་སྒྲ་སྒྲོག་པའི༔ ཁ་ཏྭཾ་རྩེ་གསུམ་རབ་ཏུ་བརྒྱན་པ་ནི། །སྲིད་གསུམ་ཟིལ་གྱིས་གནོན་པའི༔ དར་གྱི་འཕུར་ལྡིས་རབ་ཏུ་བརྒྱན་པ་ནི། །སྤྲུལ་པས་ཡུལ་ཡང་འགྲེམས་པའི་མཁའ་འགྲོ་འབུམ། །རྟོག་མེད་རོ་ཡི་གདན་ལ་བཞུགས་པ་ནི། །དུར་ཁྲོད་ཤ་ལ་རོལ་བའི༔ ཡེ་ཤེས་རོལ་པར་མཛད་པའི་ཌཱ་ཀི་ལ། །དད་མོས་དྲག་པོའི་སྟོབས་ཀྱིས་གསོལ་འདེབས་ན། །ཐུགས་རྗེས་རྒྱུན་ཆད་མེད་པར་དགོངས་མཛོད་ལ། །ལས་ཅན་ཕོ་མོ་རྣམས་ལ་བྱིན་གྱི་རློབས། །དོན་ལྡན་སྐྱེས་བུ་རྣམས་ལ་བཙུད་ཅིག་ཕོབ། །

དེ་ནས་ཚོགས་ལས་ནི། ཧཱུྃ། མ་ཡུམ་ཆེན་ཐུགས་ལས་སྤྲུལ་པའི་ཐུགས་ཀྱི་སྲས། །མ་གཅིག༔ མ་ཕ་རོལ༔ སྐལ་ལྡན་ཀུན་གྱི༔ བདག༔ བྱིན་གྱིས༔ ཀྱེ༔ མ་མི་མིན༔ དབུས་

ཕྱོགས་དེ་བཞིན་རིགས་ཀྱི་ཊཱ་ཀིའི་ཚོགས། །སྐུ་མདོག་ནག་ལ་འོད་ཟེར་འབར། །ཕྱག་ན་འཁོར་ལོ་པད་སྡོང་བསྣམས། །མུ་མེན་ཐོར་གཙུག་ལྡེམས་སེ་ལྡེམ། །རིན་ཆེན་སྣན་ཆ་ཁྲ་ལ་ལ། །ཕྱག་གདུབ་ཞབས་གདུབ་སི་ལི་ལི། །དར་གྱི་ཅོད་པན་ཕུ་རུ་རུ། །རུས་པའི་རྒྱན་ཆ་ཁྲ་ལ་ལ། །ཁ་རུ་ཅང་ཏེའུ་ཁྲོ་ལོ་ལོ། །ཇ་སྒྲ་ཅང་སྒྲ་ཙ་རུ་རུ། །པི་ཝཾ་གླིང་བུ་ལྷངས་སེ་ལྷངས། །དུར་ཁྲོད་ཚོགས་མཆོད་བྱིན་གྱིས་བརླབ་ཏུ་གསོལ། །རྗེ་མཁའ་འགྲོའི་ཚོགས་ཀྱང་གཤེགས་སུ་གསོལ། །མཁའ་འགྲོའི་ཚོགས་ཀྱང་གཤེགས་ནས་ཀྱང་། །དུག་ལྔ་གཅོད་ཕྱིར་པད་ཟླའི་གདན་ལ་བཞུགས། །ཕ་རོལ་ཕྱིན་དྲུག་རྫོགས་ལ་གུས་ཕྱག་འཚལ། །གཟུགས་སྒྲ་དྲི་རོ་རེག་བྱ་མཆོད་པར་འབུལ། །སྟོང་ཉིད་བཅོ་བརྒྱད་གནས་ལ་ཕྱག་འཚལ་ལོ། །ཀྱཻ། ཚོགས་ཁང་གཞལ་ཡས་འབར་བ་འདི། །ཨུ་རྒྱན་གནས་སུ་བྱིན་གྱིས་རློབས། །འདིར་ཚོགས་རྣལ་འབྱོར་ཕོ་མོ་རྣམས། །དཔའ་བོ་དཔའ་མོར་བྱིན་གྱིས་རློབས། །རིན་ཆེན་ལ་སོགས་སྣ་ཚོགས་སྡོད། །པདྨ་རཱཛ་རྡྷ་བྱིན་གྱིས་རློབས། །བཅུད་ཀྱི་ཞལ་ཟས་ཐམས་ཅད་ཀྱང་། །ཟག་མེད་བདུད་རྩིར་བྱིན་གྱི་རློབས། །མཉྫལ་འདི་ལ་རྟེན་ཆོས་ལ། །མར་མེ་འདི་ལ་མདངས་ཤིག་ཕྱུང་། །སློབ་མ་རྣམས་ལ་དབང་ཞིག་བསྐུར། །ཚོགས་གཏོར་འདི་ལ་བཅུད་ཅིག་ཕོབ། །འདིར་ཚོགས་རྣལ་འབྱོར་ཐམས་ཅད་ལ། །མཆོག་ཐུན་མོང་གཉིས་ཀྱི་དངོས་གྲུབ་སྩོལ། །ངེས་འགྲོ། ཀྱཻ། མ་མི་མིན༔ ཤར་རྡོ་རྗེ་རིགས་ཀྱི་ཊཱ་ཀིའི་ཚོགས། །སྐུ་མདོག་དཀར་ལ་འོད་ཟེར་འབར། །ཕྱག་ན་རྡོ་རྗེ་པད་སྡོང་བསྣམས། །ཤེལ་གྱི་ཐོར་གཙུག་ལམས་སེ་ལམ། །རིན་ཆེན་སྣན་ཆ༔ ཀྱི་མ༔ ལྷོ་རིན་ཆེན༔ སྐུ་མདོག་སེར༔ ཕྱག་ན་རིན་ཆེན་པད་སྡོང༔ གསེར་གྱི་ཐོར་གཙུག༔ རིན་ཆེན༔ ཚོགས་རྫས་རྣམས། ཨོཾ་ཨཱཿཝི་ཤུདྡྷ་ཡེ་ཧྲཱིཿ་ནས། ཨོཾ་ཨཱཿཧཱུྃ་གི་བར་བྱིན་གྱི་རླབས་ནས། དེ་ནས་

དམིགས་པ་དང་བཅས་པས། ཨོཾ་མ་གཅིག་མ་ལ་གསོལ་བ་འདེབས། །ཨཱཿམ་གཅིག་མ་ལཿ ཧཱུྃ་མ་གཅིག་མ་ལཿ དཀར་པོ་ཨོཾ་ལ་གསོལ་བ་འདེབས། །དཀར་པོ་ཨོཾ་གྱིས་བྱིན་གྱིས་རློབས། །དཀར་པོ་ཨོཾ་གྱི་བྱིན་རླབས་ཀྱིས། །གཞོང་པ་ཉི་ཟླའི་གཏོར་གཞོང་དུ། །ཚོགས་ཀྱང་འོད་དུ་ལྟེམ་གྱིས་ཞུ། །འོད་ཕུང་འབར་བའི་བྱིན་རླབས་ཀྱིས། །བླ་མ་ཡི་དམ་མཁའ་འགྲོ་དང་། །རྒྱལ་བའི་དཀྱིལ་འཁོར་མཉེས་གྱུར་ཅིག །ཆོས་སྐྱོང་མ་མགོན་ལྷམ་དྲལ་དང་། །དམ་ཅན་སྲུང་མ་ཐུགས་དམ་བསྐོང་གྱུར་ཅིག །དམར་པོ་ཨཱཿལ་གསོལ་བ་འདེབས། །དམར་པོ་ཨཱཿཡིས་བྱིན་གྱིས་རློབས། །དམར་པོཿ གཞོང་པཿ ཚོགསཿ འོད་ཕུངཿ བླ་མཿ རྒྱལ་བཿ ཆོས་སྐྱོངཿ དམ་ཅནཿ སྔོན་པོ་ཧཱུྃ་ལཿ སྔོན་པོ་ཧཱུྃ་གིསཿ སྔོན་པོ་ཧཱུྃཿ གཞོང་པཿ ཚོགསཿ འོད་ཕུངཿ བླ་མཿ རྒྱལ་བཿ ཆོས་སྐྱོངཿ དམ་ཅནཿ ནད་པ་ལ་དྲག་པོའི་ལས་དགོས་ན། དབྱིངས་རིག་བསྲེས་ཤིང་། ཕུང་པོ་དང་ཚོགས་རྫས་དབྱེར་མེད་དུ་བསམ། དེ་ནས་ཚོགས་བསྐྱབ་པ་ནི། ན་མོ། ཐབས་དང་ཤེས་རབ་གཉིས་སུ་མེད་པའི་ཚོགས་ཀྱི་འཁོར་ལོ་རྒྱ་ཆེན་པོ་འདི། རང་བཞིན་རྣམ་པར་དག་པ་སྐྱེ་བ་མེད་པ། ངོ་བོ་རྣམ་པར་དག་པ་ཨཱ་ལི་ཀཱ་ལི་མཚན་ཉིད་རྣམ་པར་དག་པ་ཤ་ལྔ་བདུད་རྩི་ལྔས་རྒྱས་བཏབ་པ་འདི། བྱིན་རླབས་ཀྱི་རྩ་བ་བཀའ་བརྒྱུད་བླ་མ་རྣམས་ཀྱི་ཞལ་དུ་ཁཱ་ཧི། དངོས་གྲུབ་ཀྱི་རྩ་བ་ཡི་དམ་ལྷ་ཚོགསཿ ཕྲིན་ལས་ཀྱི་རྩ་བ་ཆོས་སྐྱོང་སྲུང་མ་རྣམས་ཀྱིཿ ཧཱུྃ། རྡོ་རྗེ་འཛིན་ཡུལ་མན་ཆད་དང་། །རྩ་བའི་བླ་མ་ཡན་ཆད་རྣམས། །མ་ལུས་འཁོར་བཅས་ཚོགས་ལ་རོལ། །ཁ་ལ་ཁྱི་ཡི་ཚོགས་ལ་རོལ། །ཁ་ལ་ནང་གིཿ ལ་ལ་གསང་བའིཿ ལ་ལ་འདི་ཉིད་ཚོགས་ལ་རོལ། །མ་ལུས་འཁོར་བཅསཿ ཨ་ལ་ལ་སྐྱེ་དགྱེས་པར་རོལ། །དཀྱིལ་འཁོར་ལྷ་ཚོགས་མན་ཆད་དང་། །དཔའ་བོ་དཔའ་མོ་ཡན་ཆད་རྣམས། །མ་ལུསཿ ལ་

ལ་ཕྱིའི་སོགས་འགྲེ། རྡོ་རྗེ་ཕག་མོ་མན་ཆད་དང་། །རིགས་བཞི་མཁའ་འགྲོ་ཡན་ཆད་རྣམས། །མ་ལུས༔ ཆོས་སྐྱོང་མ་མགོན་མན་ཆོད་དང་། །དཀྱིལ་འཁོར་མཐའ་སྐྱོང་ཡན་ཆོད་རྣམས། །མ་ལུས༔ ལ་ལ༔ ཤཱཀྱ་ཐུབ་པ་མན་ཆད་དང་། །དམྱལ་ཁམས་བཅོ་བརྒྱད་ཡན་ཆད་རྣམས། མ་ལུས༔ ལ་ལ་ཕྱིའི༔ ལ་ལ༔ སྟོང་གསུམ་གཞི་བདག་མན་ཆད་དང་། །གནས་པོ་དགེ་བསྙེན་ཡན་ཆད་རྣམས། །མ་ལུས༔

དེ་ནས་ཚོགས་ཕུད་གཏོར་མར་བསྔོན་ལ། བདུད་རྩི་ལྟར་བྱིན་གྱི་རླབས་ནས། ཀླ་མ། ཡི་དམ། མཁའ་འགྲོ། ཆོས་སྐྱོང་། གཞི་བདག་རྣམས་ལ་གཏོར་ཚིག་གཞན་ནས་འབྱུང་བ་ལྟར་འབུལ་ཞིང་། བསྟོད་པ་རྒྱས་བསྡུས་སྐབས་དང་སྦྱར། ཧཱུྃ།

ཕྱི་སྣོད་འཇིག་རྟེན་གཏོར་གཞོང་དུ། །ནང་བཅུད་སེམས་ཅན་གཏོར་མས་བཀང་། །སྐྱེ་འཆི་མེད་པར་མཆོད་པ་བཞེས། །ནམ་མཁའ་ཡངས་པའི་གཏོར་གཞོང་དུ། །འབྱུང་བ་བཞི་ཡི་གཏོར་མས་བཀང་། །རང་གསལ་རང་དག་ཏུ༔ ཕ་རོལ་ཕྱིན་པའི་གཏོར༔ ས་བཅུ་དག་པས༔ མྱ་ངན་མི་འདའ་མཆོད་པར༔ རྫོགས་པ་ཆེན་པའི་གཏོར་གཞོང་དུ། །ཐེག་པ་རིམ་དགུ༔ མ་འདྲེས་ཡོངས་རྫོགས་མཆོད་པར༔ ཀུན་གཞི་ཡངས་པའི་གཏོར་གཞོང་དུ། །རྣམ་ཤེས་ཚོགས་བརྒྱད༔ འཕེལ་འགྲིབ་མེད་པར༔ རང་སེམས་གཉུག་མའི་གཏོར་གཞོང་དུ། །ལུས་ངག་ཡིད་གསུམ༔ བཛྲོད་དུ་མེད་པར༔ སྐྱེ་བ་མེད་པའི༔ རིག་པ་ཚོགས་དྲུག་ཏུ༔ འགྱུ་བ་རང་གྲོལ་དུ༔ ཆོས་སྐུ་དག་པའི༔ གཟུགས་སྐུ་རྣམ་གཉིས་ཀྱི༔ འགྲོ་དང་བཅས་པ༔ སྟོང་པ་ཉིད་ཀྱི༔ སྣང་བ་དཀར་དམར་གྱི༔ སྣང་མེད་ཆེན་པོར༔ རང་རྒྱུད་དག་པའི༔ རྗེ་བཙུན་གདམས་ངག༔ བདེ་བ་ཆེན་པོའི༔ ཆོས་ཉིད་དག་པའི༔ བདེ་གསལ་གཉིས་མེད༔ ངོས་བཟུང་མེད་པར༔ རང་ལུས་རྒྱལ་བའི༔ མོས་གུས་གཉིས་ཀྱི༔ རེ་དོགས་མེད་པར༔ ཀ་དག་ལའི༔ ཤ་ཁྲག་དོན་སྙིང་༔ ཆགས་ཞེན་མེད་པར་

མཆོད་པར་བཞེས། །རྡོ་རྗེ་འཆང་ཆེན་མན་ཆོད་དང་། །རྩ་བའི་བླ་མ་ཡན་ཆོད་
ལ། །བསྒྲོས་པ་བཞིན་དུ་ཚིམ་གྱུར་ཅིག །བསམ་པ་བཞིན་དུ་འགྲུབ་གྱུར་ཅིག །ཀུན་
ཏུ་བཟང་པོ་མན་ཆོད་དང་། །འཛག་མའི་སྲིན་བུ་ཡན་ཆད་ལ། །བསྒྲོས་པཿ
བསམ་པཿ ཤཱཀྱ་ཐུབ་པ་མན་ཆད་དང་། །དམྱལ་ཁམས་བཅོ་བརྒྱད་ཡན་ཆད་
ལ། །བསྒྲོས་པཿ བསམ་པཿ གཏོར་མ་འདི་ཡི་བྱིན་རླབས་ཀྱིས། །བདག་དང་
འགྲོ་དྲུག་སེམས་ཅན་རྣམས། །ལུས་ལ་བདེ་བ་བསྐྱེད་དུ་གསོལ། །ངག་ལ་ནུས་
པ་འབར་དུ་གསོལ། །སེམས་ལ་རྟོགས་པ་འཆར་དུ་གསོལ། །མཆོག་དང་ཐུན་
མོང་དང་དངོས་གྲུབ་སྩོལ། །དེ་ནས་དཀྱིལ་འཁོར་གྱི་ལྷ་ཚོགས་ལ་ཚོགས་ཕུད་ཕུལ་ལ། དབྱེར་མེད་
དཀྱིལ་འཁོར་ལྷ་ཚོགས་དགོངས་སུ་གསོལ། །བླ་མ་རྗེ་བཙུན་དཀྱིལ་འཁོར་ལྷ་
ཚོགས་ལ། །བདུད་རྩི་ཚོགས་མཆོད་འབུལ་གྱི་བཞེས་སུ་གསོལ། །དེ་ནས་རྣལ་འབྱོར་
ཕོ་མོ་ཚོགས་ལ་ལོངས་སྤྱོད་དེ། འདྲེན་པ་པོས་གཡས་སུ་ཐབས་ཀྱི་རྫས་གཡོན་དུ་ཤེས་རབ་ཀྱི་རྫས་བཟུང་ནས་བསྟོལ་ལ།
ཀྱི། དཔའ་བོ་ཆེན་པོ་དགོངས་སུ་གསོལ། །ཚོགས་དང་གཏོར་མ་རྒྱ་ཆེན་འདི། །དང་
བའི་ཡིད་ཀྱིས་འབུལ་ལགས་ན། །དགྱེས་པ་ཆེན་པོས་བཞེས་སུ་གསོལ། །རྡོ་རྗེ་
རྣལ་འབྱོར་མ་ནི་བདུད་རྩི་སྟེ། །བདུད་རྩི་རྣལ་འབྱོར་མའི་རང་བཞིན་ཡིན། །ཐབས་
དང་ཤེས་རབ་དབྱེར་མེད་པ། །དབྱེར་མེད་གཅིག་ཏུ་དགོངས་ཏེ་རོལ། །གཞན་ལ།
གཟིགས་ཤིག་མཛོས་ལྡན་དམ་པའི་ཆོས། །སོགས་ཀྱིས་འདྲེན། ཞིན་པ་པོས་ཀྱང་པད་ཀོར་དང་
བཅས་པས། བདེ་བར་གཤེགས་པ་ཆོས་ཀྱི་སྐུ། །སོགས་ཀྱིས་བླངས་ལ་ལོངས་སྤྱོད། དེ་ནས་ལྷག་མ་བསྡུས
ནས་ཁ་ཆུས་བྲན་ལ། ཨོཾ་ཨ་ཀཱ་རོས་བྱིན་གྱི་རླབས་ནས། ཧཱུྃ། ཕྱོགས་བཞི་འཇིགས་པའི་དུར་ཁྲོད་
ནས། །རིགས་ལྔ་མཁའ་འགྲོ་དཔལ་འབར་མ། །དཀར་སེར་དམར་ལྗང་མཐིང་
ནག་རལ་པ་ཅན། །ཁྱོད་དོན་གྱི་རྣལ་འབྱོར་ཡིན་མོད་ཀྱང་། །བདག་སྐྱབ་པ་

པོ་ལ་ཕན་གདགས་ཕྱིར། །བྲན་གྱི་ཚུལ་དུ་ཁས་ལོང་ལ། །ལྷག་མའི་གཏོར་མ་འདི་བཞེས་ཤིང་། །དེ་ཡི་འཁོར་དུ་གཏོགས་པ་ཡི། །མཁའ་ལ་འགྲོ་བའི་མཁའ་འགྲོ་མ། །ཤུགས་ལ་འགྲོ་བའི་ཤུགས་འགྲོ་དང་། །དེ་འོག་ཞིང་སྐྱོང་མཁའ་འགྲོའི་ཚོགས། །བྲན་གྱི་ཚུལ་དུ་ཁས་ལོང་ལ། །ལྷག་མའི་གཏོར་མ་འདི་བཞེས་ཤིག །སངས་རྒྱས་བསྟན་པ་བཤིག་པ་དང་། །དཀོན་མཆོག་དབུ་འཕངས་སྨད་པ་དང་། །བླ་མའི་སྐུ་ལ་བསྙོ་བ་དང་། །སློབ་མ་དམ་ལས་ལོག་པ་དང་། །བྱང་ཆུབ་སྒྲུབ་ལ་བར་དུ་གཅོད་པ་རྣམས། །ལྷག་མའི་གཏོར་མ་འདི་དང་མཉམ་པོར་བཞེས། །འཁོར་རྣམས་སྤུངས་ལ་རྐྱེན་རྣམས་བཟློག །བཅོལ་བའི་ཕྲིན་ལས་གྲུབ་པར་མཛོད། །ཅེས་པས་ལྷག་མ་ཕྱི་རོལ་དུ་དོར། དེ་ནས་དཀར་གཏོར་ལ་ཆུ་གཙང་བྲན་ནས། ཨོཾ་ད་ཤ་དིག་ལོ་ཀ་པཱ་ལ་ས་པ་རི་ཝཱ་ར་བཛྲ་སཱ་ཛཿ ཨརྒྷཾ་སོགས་ཀྱིས་མཆོད། ཧཱུྃ། ཤར་ལ་སོགས་པའི་ཕྱོགས་བཅུ་རུ། །གནས་པའི་ལྷ་ཀླུ་མི་མ་ཡིན། །ཐམས་ཅད་བཀའ་ཡི་གཏོར་མ་ལོང་། །དྲང་སྲོང་རྒྱལ་པོ་རཱ་ཧུ་ལ། །ཐམས་ཅད་དེ་རིང་དམག་ལ་ཚོས། །འཁོར་བཅས་དམག་གི་སྟོང་གྲོགས་མཛོད། །རྣལ་འབྱོར་བདག་གི་བཀའ་བཞིན་དུ། །བཅོལ་བའི་ཕྲིན་ལས་གྲུབ་པར་མཛོད། །གཏོར་མ་གཙང་སར་སྐྱུར། དེ་ནས་གཏོར་ཆུང་གཅིག་ལ་བདུད་རྩི་བྲན་ལ། ཨོཾ་ཨཱཿཧཱུྃ་སོགས་རྒྱས་སྦྱས་གང་ཉུང་གིས་བྱིན་གྱིས་བརླབས་ལ། ཀྱཻ་མ་མི་མིན་ཡེ་ཤེས་མཁའ་འགྲོ་མ། །མཁའ་འགྲོ་བྱེ་བ་འབུམ་དང་བཅས། །ཁྱེད་སྣང་སྲིད་ལྷ་འདྲེའི་འཁོར་གྱི་བསྐོར། །མ་འདིར་གཤེགས་རྒྱུན་གྱི་གཏོར་མ་བཞེས། །སྣང་སྲིད་ལྷ་འདྲེ་བཞེས་སུ་གསོལ། །འདོད་ཡོན་ལྔ་ཡིས་ཚིམ་གྱུར་ཅིག །མཆོག་གི་དངོས་གྲུབ་ཐོབ་པར་ཤོག །དེས་འགྲེ། ལྷོ་རིན་ཆེན་རིགས་ཀྱི་མཁའ་འགྲོ་མ། །ནུབ་པདྨ༔ བྱང་ལས་ཀྱི༔ སྟེང་མཁའ་སྤྱོད༔ འོག་ས་སྤྱོད༔ མཚམས་འཇིག་རྟེན་རིགས་ཀྱི་མཁའ་འགྲོ་

མ། །མཁའ་འགྲོ་བྱེ་བ༔ ཁྲོད་སྣང་སྲིད༔ མ་འདིར༔ སྣང་སྲིད༔ འདོད་ཡོན༔ མཆོག་གི༔ ཅེས་པས་གཙང་སར་ཕུལ་ལོ། །དབྱིངས་ཀྱི་མཁའ་འགྲོའི་བསྐུལ། ཧཱུྃ་ཧྲཱི། མཁའ་དབྱིངས་བདེ་བ་ཆེན་པོ་ནས། །ཡེ་ཤེས་མཁའ་འགྲོ་བྱེ་བ་འབུམ། །རྡོ་རྗེ་མཁའ་འགྲོ་བདུད་འདུལ་མ། །རིན་ཆེན་མཁའ་འགྲོ་དུར་ཁྲོད་དཔལ། །པདྨ་མཁའ་འགྲོ་བདེ་ཆེན་མ། །ལས་ཀྱི་མཁའ་འགྲོ་ཕྲིན་ལས་བདག །ཀུན་ཀྱང་མི་ཟད་མི་འདྲ་སྟེ། །སྐུ་མདོག་གཅིག་ཏུ་མ་ངེས་པ། །དཀར་སེར་དམར་དང་ལྗང་གུའི་མདོག །ལ་ལ་མཐིང་ནག་མུན་པ་འདྲ། །ལ་ལ་སྔོ་སངས་ནམ་མཁའི་མདོག །ཕྱག་མཚན་གཅིག་ཏུ་མ་ངེས་པ། །ལ་ལས་གྲི་གུག་ཐོད་ཁྲག་བསྣམས། །ལ་ལས་ཁ་ཊྭཱཾ་ཌམ་ཆུང་བསྣམས། །ལ་ལས་བརྡེག་པའི་མཚོན་ཆ་བསྣམས། །ལ་ལས་བདུད་རྩིའི་བུམ་པ་བསྣམས། །ལ་ལས་མཛེས་པའི་མེ་ཏོག་བསྣམས། །དུར་ཁྲོད་རྒྱན་ལྡན་མཛེས་པའི་སྐུ། །སྐེ་རགས་དྲིལ་བུ་གཡེར་ཁས་བརྒྱན། །སྙན་པའི་སྒྲ་སྒྲོག་སི་ལི་ལི། །དབུ་རྒྱན་དར་གྱི་ཅོད་པན་ཅན། །རླུང་གིས་བསྐྱོད་ཅིང་ཕུ་རུ་རུ། །ཁང་པ་རྡོ་རྗེའི་འགྲོས་སྟབས་ཅན། །མཁའ་ལ་ཐོགས་མེད་ཕྱིན་ནེ་ཕྱིན། །ལག་པ་མཉེན་ལྷུག་གདུ་གུ་ཅན། །སྣ་ཚོགས་གར་བྱེད་ཁྱུགས་སེ་ཁྱུག །བདུད་རྩིའི་གཏོར་མ་འདི་བཞེས་ལ། །ཕྲིན་ལས་གཅིག་ཏུ་མ་ངེས་པ། །སྐལ་ལྡན་རྣམས་ལ་ཡེ་ཤེས་སྟོར། །སྐལ་མེད་རྣམས་ལ་མོས་པ་བསྐྱེད། །ཉམས་པའི་དགྲ་བགེགས་རྣམས་ལ་ཆད་པ་ཆོད། །

མཁའ་འགྲོ་འབུམ་བསྐུལ་ནི། ཧཱུྃ་ཧྲཱིཿ ཕྱོགས་ཕྱོགས་དག་ནི་ཕ་གི་ན། །ཉི་མ་ནུབ་ཕྱོགས་ཕ་གི་ན། །རྡོ་རྗེ་གདན་གྱི་ནུབ་བྱང་མཚམས། །ཨུ་རྒྱན་ཡུལ་གྱི་དུར་ཁྲོད་ན། །རི་བོ་ཐམས་ཅད་ཧུས་པའི་རི། །རྩི་ཤིང་ཐམས་ཅད་མདའ་དང་མདུང་། །ཆུ་རྣམས་ཐམས་ཅད་ཁྲག་དང་རྣག །སྒྲ་སྐད་ཐམས་ཅད་ཧུ་འབོད་སྒྲ། །ཕྱག་ན་

རྡོ་རྗེ་འཛིགས་པའི་ས། །ཁྲོ་བཅུ་རྒྱུ་བར་མི་ནུས་ཤིང་། །རིགས་ལྔའི་སངས་རྒྱས་བཞུགས་པའི་གནས། །དེ་ན་སུ་བཞུགས་སུ་མི་བཞུགས། །དུས་གསུམ་སངས་རྒྱས་བསྐྱེད་པའི་ཡུམ། །རྡོ་རྗེ་ཕག་མོ་དེ་ན་བཞུགས། །འཁོར་གྱི་ལྷ་མོ་དེ་ན་བཞུགས། །མ་ཡིས་གཡས་ཀྱི་ཕག་ཞལ་ནག་པོ་ཁྲོས་པ་ལས། །ཆོས་ཉིད་འགྱུར་བ་མེད་པའི་མཁའ་འགྲོ་འབུམ། །གཡོན་གྱི་ཁྲོ་ཞལ་དམར་པོ་བརྗིད་པ་ལས། །བདེ་གཤེགས་ལས་ལ་འགྲིད་པའི་མཁའ་འགྲོ་འབུམ། །ཞལ་གདངས་མཆེ་བ་རབ་ཏུ་གཙིགས་པ་ལས། །བདུད་བཞི་རྩད་ནས་གཅོད་པའི་མཁའ་འགྲོ་འབུམ། །སྤྱན་དྲུག་རབ་ཏུ་དམར་ཞིང་འཁྲུག་པ་ལས། །མངོན་ཤེས་དྲུག་དང་ལྡན་པའི་མཁའ་འགྲོ་འབུམ། །ཐོད་སྐམ་ལྔ་ཡིས་དབུ་ལ་བརྒྱན་པ་ལས། །རིགས་ལྔས་འགྲོ་དོན་མཛད་པའི་མཁའ་འགྲོ་འབུམ། །དབུ་སྐྲ་སིལ་མ་སྐུ་རྒྱབ་གྲོལ་བ་ལས། །ཐུགས་རྗེ་ཆགས་ལྷུར་འབེབས་པའི་མཁའ་འགྲོ་འབུམ། །ཕྱག་གཡས་གྲི་གུག་ནམ་མཁར་ཕྱར་བ་ལས། །སྲོག་གཅོད་དབུགས་ལེན་བྱེད་པའི་མཁའ་འགྲོ་འབུམ། །གཡོན་ཕྱོགས་ཐོད་པ་ཁྲག་གིས་བཀང་བ་ལས། །ཁྲག་ནད་རྒྱུ་གཟེར་གཏོང་བའིཿ ཁཊྭཱཾ་རྩེ་གསུམ་རབ་ཏུ་འབར་བ་ལས། །ཁམས་གསུམ་དབང་དུ་བསྡུད་པའིཿ ཡུ་བ་དྲང་ཞིང་དཀར་པོ་ལྷེམ་པ་ལས། །ལྷ་མིན་གཡུལ་ལས་རྒྱལ་བའིཿ རྡོ་རྗེ་རྩེ་ལྔས་རབ་ཏུ་བརྒྱན་པ་ལས། །སྐུ་ལྔ་ཡེ་ཤེས་ལྔ་དང་ལྡན་པའིཿ ཐོད་པ་གསུམ་བརྩེགས་རབ་ཏུ་བརྒྱན་པ་ལས། །སྲིད་གསུམ་ཟིལ་གྱིས་གནོན་པའིཿ དར་གྱི་ཕུར་ལྕེས་རབ་ཏུ་བརྒྱན་པ་ལས། །བདུད་ཀྱི་རྒྱལ་མཚན་བསྒྲིལ་བའིཿ ཌ་ཌུ་གསེར་གྱི་དྲིལ་ཆུང་བརྒྱན་པ་ལས། །སྙན་བརྒྱུད་གདམས་པ་འཛིན་པའིཿ བདུད་རྩི་བུམ་པས་རབ་ཏུ་བརྒྱན་པ་ལས། །ཡོན་ཏན་ཡོངས་སུ་རྒྱས་པའིཿ སྣ་ཚོགས་རྡོ་རྗེ་རྒྱ་

གྲམ་བརྒྱན་པ་ལས། །ཕྲིན་ལས་ཐོགས་པ་མེད་པའིཿ མི་མགོ་ལྔ་བཅུའི་དོ་ཤལ་བྱས་པ་ལས། །འདུ་བྱེད་ལྔ་བཅུ་དག་པའིཿ རུས་པའི་རྒྱན་དྲུག་རབ་ཏུ་བརྒྱན་པ་ལས། །ཕ་རོལ་ཕྱིན་དྲུག་རྫོགས་པའི་མཁའ་འགྲོ་འབུམ། །གཅེར་བུ་བརྒྱང་བསྐུམ་གར་གྱིས་རོལ་པ་ལས། །བདེ་ཆེན་ཉམས་དང་ལྡན་པའིཿ རྟོག་མེད་རོ་ཡི་གདན་ལ་བཞུགས་པ་ལས། །ཐབས་ཤེས་ཟུང་དུ་འཇུག་པའིཿ བསྐལ་པའི་མེ་རི་རབ་ཏུ་འབར་བ་ལས། །ཐ་དད་རྟོག་པ་བསྲེག་པའིཿ ཤར་ཕྱོགས་རྡོ་རྗེ་རིགས་ཀྱི་མཁའ་འགྲོ་འབུམ། །བྱང་ཕྱོགས་ལས་ཀྱི་རིགས་ཀྱིཿ ནུབ་ཕྱོགས་པདྨ་རིགས་ཀྱིཿ ལྷོ་ཕྱོགས་རིན་ཆེན་རིགས་ཀྱིཿ སྐུ་ཡི་རིགས་ཀྱི་མཁའ་འགྲོ་དཀར་མོ་འབུམ། །གསུང་གི་རིགས་ཀྱི་མཁའ་འགྲོ་དམར་མོ་འབུམ། །ཐུགས་ཀྱི་རིགས་ཀྱི་མཁའ་འགྲོ་ནག་མོ་འབུམ། །ཡོན་ཏན་རིགས་ཀྱི་མཁའ་འགྲོ་སེར་མོ་འབུམ། །ཕྲིན་ལས་རིགས་ཀྱི་མཁའ་འགྲོ་ལྗང་ནག་འབུམ། །བདུད་རྩིའི་གཏོར་མ་འདི་བཞེས་ལ། །ཕྲིན་ལས་གཅིག་ཏུ་མ་ངེས་པ། །སྐལ་ལྡན་རྣམས་ལ་ཡེ་ཤེས་སྟོར། །སྐལ་མེད་རྣམས་ལ་མོས་པ་བསྐྱེད། །ཉམས་པའི་དགྲ་བགེགས་རྣམས་ལ་ཆད་པས་ཆོད། །

གནས་མཆོག་ཉི་ཤུ་རྩ་བཞིའི་བསྐུལ། ཧཱུྃ་ཧྲཱིཿ། གནས་མཆོག་ཉི་ཤུ་རྩ་བཞི་ནས། །མཁའ་འགྲོའི་གཙོ་མོ་ཉི་ཤུ་བཞི། །མཁའ་འགྲོ་བྱེ་བའི་ཚོགས་དང་བཅས། །གཙོ་མོ་མི་མངོན་དབྱིངས་ན་བཞུགས། །འཁོར་གྱི་མཁའ་འགྲོ་བྱེ་བ་འབུམ། །ལ་ལ་བུད་མེད་ནག་མོ་ལ། །རོ་ཆས་རྙིང་པའི་ན་བཟའ་གསོལ། །རྐུམ་དང་ཁྲག་གི་ཐིག་ལེས་བརྒྱན། །ཐལ་ཆེན་བསྐུས་པས་སྦོ་སྐྱའི་མདོག །དབུ་སྐྲ་སེར་པོ་ལྷག་པར་བཅིངས། །མི་ཧོག་རྙིང་པའི་དབུ་རྒྱན་ཅན། །ཁ་ནས་སོ་མེད་ཏ་ཏ་གོད། །རྐང

ས་ལ་འཁོར་ཞིང་འགྲོ། །དེ་འདྲའི་ཆ་བྱད་སྟོན་པ་ཡང་། །སྐལ་ལྡན་རྣམས་ལ་བརྡ་ཆོས་སྟོན། །འཕྲད་པ་ཙམ་གྱིས་བྱིན་གྱིས་རློབ། །བདུད་རྩིའི་གཏོར་མ་འདི་བཞེས་ལ། །ཕྲིན་ལས་གཅིག་ཏུ་མ་ངེས་པ། །ཉམས་ང་མེད་པའི་བརྟུལ་ཞུགས་བསྐྱེད། །རྣམ་རྟོག་མེད་པའི་ཉམས་སྐྱོང་སྟོར། །ལ་ལ་བུད་མེད་གཞོན་ནུ་མ། །སྣ་ཚོགས་རྒྱན་གྱིས་བརྒྱན་པ་མོ། །རིགས་ཀྱི་ཁ་དོག་སོ་སོ་ལ། །སྤྱོད་པ་སོ་སོའི་རིགས་དང་མཐུན། །ལ་ལ་དཀར་མོ་མདངས་བཟང་མ། །རྡོ་རྗེ་རིགས་ཀྱི་ཕྱག་རྒྱ་མོ། །བྱང་ཆུབ་སེམས་ལ་བསྐུལ་མ་འདེབས། །ལ་ལ་སེར་སྐྱ་དཔལ་འབྲིན་མ། །རིན་ཆེན་རིགས་ཀྱི་ཕྱག་རྒྱ་མོ། །མཆོག་གི་དངོས་གྲུབ་བསྐུལ་མ་འདེབས། །ལ་ལ་དམར་མོ་དབྱིབས་མཛེས་མ། །པདྨ་རིགས་ཀྱི་ཕྱག་རྒྱ་མོ། །ཟག་མེད་བདེ་བའི་བསྐུལ་མ་འདེབས། །ལ་ལ་སྔོ་སངས་ཁྲོ་གཉེར་ཅན། །ལས་ཀྱི་རིགས་ཀྱི་ཕྱག་རྒྱ་མོ། །འགྲོ་བའི་དོན་ལ་བསྐུལ་མ་འདེབས། །ལ་ལ་དཀར་ཤམ་ནམ་མཁའི་མདངས། །དེ་བཞིན་རིགས་ཀྱི་ཕྱག་རྒྱ་མོ། །ཡང་དག་དོན་ལ་བསྐུལ་མ་འདེབས། །ཀུན་ཀྱང་མི་ཟད་མི་འདྲ་སྟེ། །མཛེས་པའི་ཞལ་ལ་གཟི་མདངས་ཅན། །གཞོན་ནུའི་སྐྱེ་ལུས་འཁྱིལ་བག་ཅན། །དབུ་ལ་རིན་ཆེན་ཅོད་པན་ཅན། །རང་རང་དཔལ་བོ་ཡབ་ལ་འཁྱུད། །སྙིང་པ་གསེར་གྱི་དྲིལ་ཆུང་ཅན། །སིལ་སིལ་འཁྲོལ་ཞིང་སྐུ་ལ་སྤྱོར། །ཞལ་ནི་པདྨའི་དུང་སོ་ཅན། །འཛུམ་པའི་གསུང་ནི་སྙན་སར་སྨྲ། །སྐད་སྙན་ཚངས་པའི་དབྱངས་ཀྱིས་ནི། །རྡོ་རྗེའི་གླུ་ལེན་ཡིད་འཕྲོག་མ། །བདུད་རྩིའི་གཏོར་མ་འདི་བཞེས་ལ། །ཕྲིན་ལས་གཅིག་ཏུ་མ་ངེས་པ། །ཟག་བཅས་ལུས་ལ་བདེ་བ་སྐྱེད། །ཟག་མེད་སེམས་ཀྱི་ཉམས་སྐྱོང་སྟོར། །ལ་ལ་བུད་མེད་ཐ་མལ་གཟུགས། །འཇིག་རྟེན་སྤྱོད་པ་སྣ་ཚོགས་ལ། །ཁྱོད་ཀྱིས་མི་སྤྱོད་གང་ཡང་མེད། །ལ

ལ་བསྒྱུར་བྱེད་ཚོས་མཁན་མས། །ཐ་མལ་ཞེས་པའི་མདོག་བསྒྱུར་མ། །ལ་ལ་སྨྱོས་བྱེད་ཆང་འཚོང་མ། །ལོག་པའི་ཤེས་པ་སྨྱོས་བྱེད་མ། །ལ་ལ་སྦྱོར་བྱེད་སྣང་འཚོང་མ། །ཐབས་དང་ཤེས་རབ་སྦྱོར་བྱེད་མ། །ལ་ལ་དག་བྱེད་ཁྲུས་མཁན་མ། །བག་ཆགས་དྲི་མ་དག་བྱེད་མ། །ལ་ལ་གསོད་བྱེད་ཤན་པ་མོ། །རྣམ་རྟོག་དབྱིངས་སུ་གསོད་བྱེད་མ། །ལ་ལ་གནོད་བྱེད་ཚེམ་རྐུན་མོ། །གཞན་སེམས་རང་དབང་སྨྱོས་བྱེད་མ། །ལ་ལ་དགའ་ཐུབ་བྲམ་ཟེ་མོ། །འཁོར་བའི་རྒྱུན་ཐག་གཅོད་བྱེད་མ། །དེ་ལ་སོགས་ཏེ་མཐའ་ཡས་པའི། །རི་རབ་ལྷོ་ཡི་འཛམ་བུའི་གླིང་། །གནས་མཆོག་ཉི་ཤུ་རྩ་བཞི་ན། །འགྲོ་བའི་དོན་ལ་བཞུགས་པ་རྣམས། །ཐབས་རྣམས་སྣ་ཚོགས་དུ་མ་ཡིས། །སྤྱོད་པ་སྣ་ཚོགས་ཐབས་ཀྱིས་འདུལ། །བདུད་རྩིའི་གཏོར་མ་འདི་བཞེས་ལ། །ཕྲིན་ལས་གཅིག་ཏུ་མ་ངེས་པས། །བདག་ཅག་རྣལ་འབྱོར་ལ་སོགས་པའི། །སྒྲུབ་པ་བྱེད་པའི་གང་ཟག་རྣམས། །འཇིག་རྟེན་ཚོས་བརྒྱད་སྙོམས་པ་དང་། །འགྲོ་དོན་ཕྱོགས་མེད་ལྷུན་གྲུབ་ཤོག །

འཇིག་རྟེན་མཁའ་འགྲོའི་བསྐུལ། ཧཱུྃ་ཧྲཱི། རབ་ཏུ་འཇིགས་པའི་དུར་ཁྲོད་ནས། །འཇིག་རྟེན་མཁའ་འགྲོ་མཐུ་མོ་ཆེ། །ཤིན་ཏུ་མི་ཟད་འཇིགས་པའི་གཟུགས། །བུད་མེད་ལུས་ལ་མགོ་བརྙན་ཅན། །ཕོད་པ་བཟུང་ཞིང་ཁྲག་ཆེན་འཐུང་། །མི་རོ་ཟ་ཞིང་བཤུག་གླུ་ལེན། །ཉིང་འཛིན་ཞུལ་ཞིང་ཚོགས་ཁང་འགྲིམ། །དེ་དག་མ་ལུས་ཐམས་ཅད་ཀྱིས། །བཀའ་ཡི་གཏོར་མ་འདི་བཞེས་ལ། །སྔོན་གྱི་དམ་བཅའ་ཇི་བཞིན་དུ། །དམ་ཚིག་སྲུངས་ལ་ཕྲིན་ལས་མཛོད། །དུར་ཁྲོད་བརྒྱད་བསྐུལ། ཧཱུྃ་ཧྲཱི། ཐར་པའི་གྲོང་ཁྱེར་ཡིད་འོང་བ། །རྗེ་རྗེ་ར་བས་བསྐོར་བའི་ནང་། །ཕོ་བྲང་གཞལ་ཡས་ཕྱི་རོལ་ན། །དུར་ཁྲོད་ཆེན་པོ་བརྒྱད་གནས་པ། །གཏུམ་དྲག་ཅན་དང་ཚང་ཚིང་

འཁྲིག །ཅུར་ཅུར་འབར་དང་འཛིགས་སུ་རུང་། །ཧ་ཧ་རྒོད་དང་ཀི་ལ་སྒྲོག །མུན་པ་མི་ཟད་ནགས་ཚལ་ཆེ། །དུར་ཁྲོད་བདག་མོ་མ་མོ་བརྒྱད། །ཁྲོས་ནས་གྱི་གུག་ཐོད་ཁྲག་འཛིན། །གཡས་བསྐུམ་གཡོན་བརྐྱང་འགྱིང་བ་ཡི། །མ་མོ་འབུམ་འབུམ་འཁོར་དང་བཅས། །བཀའི་གཏོར་མཿ སྟོན་གྱིཿ དམ་ཚིགཿ གུབ་ཐོབ་ཕོ་མོའི་བསྐུལ། ཧཱུྃ་ཧྲཱི། དུར་ཁྲོད་གནས་ན་གྲུབ་ཆེན་བརྒྱད། །ཨིནྡྲ་ཧཱུ་ཏི་ཀུ་ཀུ་རི། །པདྨ་བཛྲ་ཀླུ་སྒྲུབ་སྙིང་། །ས་ར་ཧ་དང་ལཱུ་ཧི་པ། །ཛ་ཛེ་ཏྲིལ་བུ་ཛོམྦི་པ། །ཡབ་ཡུམ་གཉིས་མེད་བདེ་བའི་སྐུ། །དུར་ཁྲོད་ཆས་ལྡན་འགྱིང་བའི་ཚུལ། །འཁོར་གྱི་རྣལ་འབྱོར་ཕོ་མོའི་ཚོགས། །ལ་ལ་བསྒོམ་ཞིང་ལ་ལ་ཀློག །ལ་ལ་རང་གི་ལྷ་མཆོད་དེ། །ལ་ལ་བརྟུལ་ཞུགས་སྤྱོད་པ་ཅན། །བཀའི་གཏོར་མཿ སྟོན་གྱིཿ དམ་ཚིགཿ ཕྱོགས་སྐྱོང་གི་བསྐུལ། ཧཱུྃ་ཧྲཱི། དུར་ཁྲོད་གནས་ན་ཕྱོགས་སྐྱོང་བརྒྱད། །དབང་པོ་དང་ནི་ནོར་བདག་དང་། །ཚུ་བདག་དང་ནི་གཤིན་རྗེ་དང་། །དབང་ལྡན་དང་ནི་རླུང་བདག་དང་། །སྲིན་པོ་དང་ནི་དྲི་ཟ་སྟེ། །རང་རང་བུ་དང་ཚུང་མར་བཅས། །བཀའ་ཡི་གཏོར་མཿ སྟོན་གྱིཿ དམ་ཚིགཿ ཤིང་གི་ལྷ་མོའི་བསྐུལ། ཧཱུྃ་ཧྲཱི། དུར་ཁྲོད་གནས་ན་ཤིང་ཆེན་བརྒྱད། །ཤི་རི་ཤ་དང་ཨ་ཤྭད་ཐ། །ཀཾ་ཀ་ལ་དང་ཙུ་ཏ་དང་། །ཤིང་ཆེན་དང་ནི་ཨཛྫུ་ན། །ཁྲིལ་ཤིང་ཅན་དང་ཀ་རན་ཛ། །ལྗོང་གུ་ཤིང་གི་ལྷ་མོ་ནི། །སྐྱུ་སྣད་ལྗོན་ཤིང་ལོ་འབྲས་ཅན། །སྐུ་སྟོད་མ་མོ་ཁྲོས་པའི་ཆས། །དུར་ཁྲོད་ཆས་ལྡན་ཐོད་ཁྲག་འཛིན། །ཤིང་གི་ལྷ་མོ་འཁོར་དང་བཅས། །བཀའི་གཏོར་མཿ སྟོན་གྱིཿ དམ་ཚིགཿ ཞིང་སྐྱོང་བརྒྱད་བསྐུལ། ཧཱུྃ་ཧྲཱི། ཞིང་སྐྱོང་ཤིང་ལ་གནས་པ་བརྒྱད། །ཁྭ་གདོང་ཅན་དང་ཁྱི་གདོང་ཅན། །ཁྱི་ལའི་གདོང་ཅན་ཤ་ཟའི་གདོང་། །ཅུག་གདོང་ཅན་དང་ཕག་གདོང་ཅན། །སྟག་གདོང་ཅན་དང་བྱ་རྒོད་གདོང་། །རབ་ཏུ་གཏུམ་ཞིང་གྲི་ཐོད་འཛིན། །དུར་ཁྲོད་ཆས་ལྡན་འཁོར་དང་བཅས། །བཀའི

གཏོར་མ༔ སྔོན་གྱི༔ དམ་ཚིག༔ ཆུའི་མ་མོའི་བསྐུལ། ཧཱུྃ་ཧྲཱི། དུར་ཁྲོད་གནས་ན་ཆུ་ཆེན་བརྒྱད། །གཾ་གཱ་དང་ནི་ས་ཏྲུ་དང་། །སིནྡྷུ་དང་ནི་སི་ཏ་དང་། །རབ་འཁྱིལ་ཨ་ཏི་པ་ལ་དང་། །པཀྵ་ཟངས་མདོག་ཡོ་ཀ་ཀི་ལི་སྟེ། །སྐུ་སྨད་ཟབ་ཅིང་ཆུ་བོར་འབབ། །སྐུ་སྟོད་ཕྱུང་བའི་མ་མོ་ནི། །དཀར་མོ་གྲི་གུག་ཐོད་ཁྲག་འཛིན། །བཞད་པའི་གད་རྒྱངས་ཕྱོགས་བཅུར་སྒྲོགས། །དུར་ཁྲོད་ཆས་ལྡན་གཟི་མདངས་ཅན། །ཆུ་ཡི་མ་མོ་འཁོར་དང་བཅས། །བཀའི་གཏོར་མ༔ སྔོན་གྱི༔ དམ་ཚིག༔ མཚོ་ཆེན་བརྒྱད་ཀྱི་བསྐུལ། ཧཱུྃ་ཧྲཱི། དུར་ཁྲོད་གནས་ན་མཚོ་ཆེན་བརྒྱད། །བཻཌཱུརྻ་དང་ཨིནྡྲ་ནཱི་ལའི་མཚོ། །པདྨ་ནཱ་ག་འཛམ་བུ་གསེར་གྱི་མཚོ། །འོ་མ་བ་ཚྭ་ལན་ཚྭ་བསིལ་དང་ལྡན། །སྐུ་སྨད་རྒྱ་མཚོ་རླབས་ཕྲེང་ཅན། །སྐུ་སྟོད་ཕྱུང་བའི་མ་མོ་ནི། །སོ་སོའི་མདོག་ཅན་གྱི་ཐོད་འཛིན། །རིན་ཆེན་སྣ་ཚོགས་ཅོད་པན་ཅན། །ཏ་ཏ་ཨ་ལིའི་གད་རྒྱངས་སྒྲོགས། །དུར་ཁྲོད་ཆས་ལྡན་འཇིགས་པའི་གཟུགས། །མ་མོ་རྒྱ་མཚོ་འཁོར་དང་བཅས། །བཀའི་གཏོར་མ༔ སྔོན་གྱི༔ དམ་ཚིག༔ ཀླུ་ཆེན་བརྒྱད་ཀྱི་བསྐུལ། ཧཱུྃ་ཧྲཱི། མཚོ་ལ་གནས་པའི་ཀླུ་ཆེན་བརྒྱད། །ནོར་རྒྱས་དང་ནི་འཇོག་པོ་དང་། །སྟོབས་ཀྱི་རྒྱུ་དང་པདྨ་དང་། །པདྨ་ཆེན་པོ་ཧུ་ལུ་དང་། །རིགས་ལྡན་དང་ནི་དུང་སྐྱོང་དང་། །སྐུ་སྨད་གདུག་པ་སྦྲུལ་དུ་འཁྱིལ། །སྐུ་སྟོད་གཞོན་ནུའི་གཟི་མདངས་ཅན། །རང་རང་ཡུམ་དང་ནོར་བུ་འཛིན། །སྤྲུལ་མགོའི་གདེངས་ཀ་རིན་ཆེན་སྤྲས། །ཀླུ་ཕྲན་མང་པོའི་འཁོར་དང་བཅས། །བཀའི༔ སྔོན་གྱི༔ དམ་ཚིག༔ སྤྲིན་གྱི་མ་མོའི་བསྐུལ། ཧཱུྃ་ཧྲཱི། དུར་ཁྲོད་མཁའ་ལ་སྤྲིན་ཆེན་བརྒྱད། །སྒྲ་ཆེན་གྲགས་དང་སྨུག་པ་དང་། །མུན་པ་ཅན་དང་ཀུན་ལ་འཁྱིལ། །འཁྲིག་པ་ཅན་དང་གང་བ་དང་། །འབབ་པ་དང་ནི་དྲག་པོ་སྟེ། །སྐུ་སྨད་སྤྲིན་ཆེན་འཁྱིལ་ལས་འཁྲིག །སྐུ་སྟོད་མ་མོ་ཁྲོས་པའི་ཆས། །ཞལ་གཅིག་ཕྱག་གཉིས་སྤྱན་གསུམ་པ། །འབྲུག་དང་

གློག་གི་ཞགས་པ་བསྣམས། །སྤྲིན་གྱི་མ་མོ་འཁོར་དང་བཅས། །བཀའི༔ སྲོན་གྱི༔ དམ་ཚིག༔ རི་བོའི་མ་མོའི་བསྐུལ། ཧཱུྃ་ཧྲཱི། ཏུར་ཁྲོད་གནས་ངན་ལྷུན་པོ་བརྒྱད། །རིན་ཆེན་ལྷུན་དང་མཛྙ་དང་། ཀི་ལ་ཤ་དང་མ་ལ་ཡ། །དབང་ཆེན་དང་ནི་དཔལ་གྱི་རི། །གངས་ཅན་དང་ནི་སྤོས་ངད་ལྡན། །སྐུ་སྣང་ལྷུན་པོ་རབ་ཏུ་བརྗིད། །སྐུ་སྟོད་མ་མོ་ཁྲོས་པའི་ཆས། །གྲི་གུག་ཐོད་ཁྲག་གད་རྒྱངས་ཅན། །རི་རབ་རྟུལ་ཕྲན་མ་མོའི་ཚོགས། །བཀའི༔ སྲོན་གྱི༔ དམ་ཚིག༔ མཆོད་རྟེན་གྱི་མ་མོའི་བསྐུལ། ཧཱུྃ་ཧྲཱི། ཏུར་ཁྲོད་གནས་ན་མཆོད་རྟེན་བརྒྱད། །རྡོ་རྗེ་དཀར་པོ་བདུད་སྡེ་དང་། །རྡོ་རྗེ་ཆགས་དང་རྡོ་རྗེ་ནག །ཕྱུགས་ཀྱི་རྡོ་རྗེ་ཆོས་རྡོ་རྗེ། །རིན་ཆེན་རྡོ་རྗེ་སྐུ་རྡོ་རྗེ། །སྐུ་སྣང་མཆོད་རྟེན་བང་རིམ་མཛེས། །སྐུ་སྟོད་མ་མོ་ཁྲོ་གཏུམ་ཅན། །རྡོ་རྗེ་གྲི་གུག་ཐོད་ཁྲག་འཛིན། །འཁོར་གྱི་མ་མོ་སྟོང་དང་བཅས། །བཀའི༔ སྲོན་གྱི༔ དམ་ཚིག༔ མེའི་མ་མོའི་བསྐུལ། ཧཱུྃ་ཧྲཱི། ཏུར་ཁྲོད་གནས་ན་མེ་བརྒྱད་ནི། །ཧྣ་ཙ་ར་དང་སེང་ལྡན་ཁ་ཏའི་མེ། །ཁ་ཤོག་སྨྱོས་བྱེད་དང་ནི་ལང་ཏང་རྩེ། །ཏུར་ཁྲོད་འགལ་ལྷུམ་དང་ནི་སྣ་ཚོགས་སྤུངས། །ས་ཀོ་ལ་དང་རྡོ་རྗེ་ལྷ་བུ་སྟེ། །སྐུ་སྣང་མེ་དཔུང་འཁྱིལ་ཞིང་འབར། །སྐུ་སྟོད་ཟབ་མོའི་གཟི་མདངས་ལྡན། །རབ་ཏུ་ཁྲོས་པའི་སྤྱན་གསུམ་པ། །ཕྱག་གཉིས་གྲི་གུག་ཐོད་ཁྲག་འཛིན། །འབར་བའི་མ་མོ་འཁོར་དང་བཅས། །བཀའ་ཡི༔ སྲོན་གྱི༔ དམ་ཚིག༔ ཏུར་ཁྲོད་སྣ་ཚོགས་ཀྱི་མ་མོའི་བསྐུལ། ཧཱུྃ་ཧྲཱི། ཏུར་ཁྲོད་ཆེན་པོ་དེ་དག་ན། །གིང་ཙུས་བྲོ་བརྡུང་ཁྲ་ལ་ལ། །རོ་ལངས་གར་བྱེད་ཡོགས་སེ་ཡོག །ཀླེ་སྤྱང་ཟུག་རྟུ་ཧི་རི་རི། །མཚན་མོ་འུག་པས་ཧཱུྃ་སྒྲ་སྒྲོག །ཉིན་མོ་ཁྭ་ཏས་ཕཊ་སྒྲ་སྒྲོག །གཙན་གཟན་རོ་ལངས་རྩམ་ཞིང་ཟ། །འདབ་བྱ་ཤ་ཟས་རྒྱུ་མ་འདྲེན། །རོ་ཡི་ཚོགས་རྣམས་གནས་པ་ཡི། །ལ་ལ་འབར་བའི་མེ་ལ་བསྲེག །ལ་ལ་གསལ་ཤིང་རྩེ་ལ་སྐྱོན། །ལ་ལ་ཤིང་ལ་འགག་

ཅིང་འཕྲུངས། །ལ་ལ་གཅན་གཟན་བྱ་རྣམས་ཟ། །ལ་ལ་ཀེང་རུས་སྐམ་པོར་རྒྱུ། །སྤྲུལ་པའི་དུར་ཁྲོད་ཆེན་པོ་དེ་དག་ན། །འདུས་ཤིང་འཚོགས་པ་ཐམས་ཅད་ཀྱང་། །ཡོག་པར་མི་ལྡང་ཆོས་ཅན་ཏེ། །བཀའིཿ སྲོན་གྱིཿ དམ་ཚིགཿ བཀའ་ཉན་འཇིག་རྟེན་དྲེགས་བྱེད་ཚོགས་ཀྱི་བསྐུལ། ཧཱུྃ་ཧྲཱི། རྡོ་རྗེ་ཁྲག་འཐུང་ཡབ་ཡུམ་དང་། །འཁོར་གྱི་དཔའ་བོ་དཔའ་མོ་དང་། །རིགས་འཛིན་གྲུབ་པ་བརྙེས་པ་ཡི། །སྤྱན་སྔར་ཁས་བླངས་དམ་བཅས་པའི། །ས་བླ་ས་སྟེང་ས་འོག་ན། །རྣལ་འབྱོར་ཚོགས་ལ་འདུས་གྱུར་པ། །ལྷ་རྣམས་དང་ནི་ཀླུ་རྣམས་དང་། །གནོད་སྦྱིན་དང་ནི་དྲི་ཟ་དང་། །འབྱུང་པོ་ཡི་དྭགས་ཤ་ཟ་དང་། །སྨྲོ་བྱེད་དང་ནི་བརྗེད་བྱེད་སོགས། །ས་དང་ལམ་ལ་གནས་པ་རྣམས། །བཀའིཿ སྲོན་གྱིཿ དམ་ཚིགཿ དབང་འདུས་འབྱུང་པོའི་ཕྲིན་ལས་ཀྱི་བསྐུལ། ཧཱུྃ་ཧྲཱི། རྡོ་རྗེ་མེ་རིའི་ཕྱི་རོལ་དུ། །སྟོན་པའི་ཞལ་ཡང་མ་མཐོང་ཞིང་། །རིག་འཛིན་དམ་ལ་མ་བཏགས་པ། །རྣལ་འབྱོར་ཚོགས་ལ་འདུས་པ་ཡི། །ལྷ་ཀླུ་གནོད་སྦྱིན་དྲི་ཟ་དང་། །འབྱུང་པོ་ཡི་དྭགས་ཤ་ཟ་དང་། །སྨྲོ་བྱེད་དང་ནི་བརྗེད་བྱེད་སོགས། །འགྲོ་བ་རྒྱུད་ལྷུར་གྱུར་པའི་རིགས། །ས་འོག་ས་སྟེང་ས་བླ་ན། །འདུས་ཤིང་འཚོགས་པ་ཐམས་ཅད་ཀྱང་། །བཀའ་ཡི་ཕ་འབབ་འདི་ཡོང་ལ། །བཀའ་ལ་བཏགས་སོ་བཀའ་བཞིན་སྒྲུབས། །དམ་ལ་བཏགས་སོ་དམ་ཚིག་སྲུངས། །སྔགས་ཀྱི་བསྟན་པ་བསྲུང་དུ་གསོལ། །ནད་པ་ལ་སོགས་དྲག་པོའི་ལས་བྱ་དགོས་ན། གཏོར་མ་ཁྲག་གིས་བྲུགས་པ་གཅིག །དགྲ་བགེགས་ཀྱི་ཤ་ཁྲག་ཏུ་དམིགས་པ་དང་། མཆོན་ཆར་དམིགས་པ་གང་བདེ་བྱས་ལ། ཀྱེ། མ་མི་མིན་ཡེ་ཤེས་མཁའ་འགྲོ་མ། །ཧཱུྃ་ཤར་རྡོ་རྗེ་རིགས་ཀྱི་མཁའ་འགྲོ་མ། །དཀར་མོ་ཁྲོས་པའི་བྱ་བྱད་ཅན། །མི་འགྱུར་པད་ཟླའི་གདན་ལ་བཞུགས། །རྡོ་རྗེ་ཐོད་ཁྲག་དཀྲུག་ཅིང་གསོལ། །ཞི་སྡང་རྩད་ནས་གཅོད་པའི་ཕྱིར། །རྒྱན་གྱི་གཏོར་མ་འདི་བཞེས་ལ། །ད་ལན་སྡང་བའི་དགྲ་ལ་ཡ། །ད་ལན་

གནོད་པའི་བགེགས་ལ་ཡ། །རྐྱེན་དང་བར་ཆད་མྱུར་དུ་སྲོལ། །བཅོལ༔ ལྷོ་རིན་ཆེན༔ སེར་མོ༔ མི་འགྱུར༔ རིན་ཆེན༔ ང་རྒྱལ༔ ནུབ་པདྨ༔ དམར་མོ༔ མི་འགྱུར༔ པདྨ་ཐོད་ཁྲག༔ འདོད་ཆགས༔ བྱང་ལས་ཀྱི༔ ལྗང་མོ༔ མི་འགྱུར༔ རལ་གྲི༔ ཕྲག་དོག༔ དབུས་སངས་རྒྱས༔ ནག་མོ༔ མི་འགྱུར༔ འཁོར་ལོ་ཐོད་ཁྲག༔ གཏི་མུག༔ རྒྱན༔ ད་ལན༔ བར་ཆོད༔ བཅོལ་བའི༔

མགོན་པོའི་བསྐུལ་ནི། ཧཱུྃ་འདས་དང་མ་བྱོན་ད་ལྟར་གྱི། །བསྟན་པ་བསྲུང་བར་སེམས་བསྐྱེད་པ། །ནག་པོ་ཁྱོད་ནི་ཡིན་པ་སྟེ། །གདུག་པ་ཚར་གཅོད་འཇིགས་པའི་གཟུགས། །རལ་པ་ནག་པོ་གྱེན་དུ་གཟིངས། །སྙིང་གི་ལྷ་ཚོགས་འཇིགས་པར་བྱེད། །ཞལ་བཟབ་གནོད་པའི་ལུས་སེམས་ཕྲལ། །གང་ཞིག་དཀོན་མཆོག་གསུམ་ཁྲོ་དང་། །བླ་མ་བརྙས་བྱེད་སེམས་ཅན་འཚོ། །བདག་གིས་བསྒོ་བ་ཀུན་ཁུག་ལ། །གཏོར་མ་འདི་ལ་མྱུར་དུ་ཆུག །འདི་ཡི་ཤ་ཟོ་ཁྲག་ལ་འཐུང་། །རུས་པ་ཀླད་པ་ནང་གྲོལ་ཟོ། །རིགས་རྒྱུད་རྩ་ནས་ཆོད་ལ་ཤོག །མཛའ་བོ་ཀུན་དང་ཕྲོལ་ལ་ཐོང་། །བདག་གིས་བསྒོ་བ་མ་ཉན་ན། །ནག་པོ་ཁྱོད་ནི་ཉམས་པར་འགྱུར། །ལྷ་མོའི་བསྐུལ། ཧྲཱི། འགྲོ་མགོན་སྐྱོབ་པ་རྣམས་ཀྱི་བཀའ་བཞིན་དུ། །ཕྲིན་ལས་ཚུལ་བཞིན་བསྒྲུབ་པའི་བཀའ་ཉན་མ། །ཕྲིན་ལས་སྣ་ཚོགས་བསྒྲུབ་པའི་ལས་མཛོད་ཅིག །དཔེར་ན་རྔོན་པས་རི་དྭགས་གཤོར་བ་བཞིན། །གསོད་པ་དོན་དུ་གཉེར་བའི་ལས་མཛོད་ཅིག །ཚེ་རིང་མཆེད་ལྔའི་བསྐུལ་ནི། ཧཱུྃ་ཧྲཱི། འབྲོག་མ་ཕྱི་ཤེལ་གྱི་གུར་ཁང་ནས། །ཡུམ་ལྷ་སྨན་ཚེ་རིང་མཐིང་ཞལ། བློ་བཟང་། ཅོད་པན། འགྲོ་བཟང་མ། ཞལ་གཅིག་ཕྱག་གཉིས་ལྷབ་ལྷུབ་ཆུ་རིས་དར་གྱི་ན་བཟའ་སྐུ་ལ་གསོལ་ཞིང་རིན་ཆེན་རྒྱན་གྱིས་སྤྲས། སྐུ་མདོག་དཀར་མཐིང་སེར་དམར་ལྗང་ཞལ་མཛེས་ལྡན་ཡིད་འཕྲོག་མ། ཤེལ་དང་བཻཌཱུར་གསེར་དང་བྱི་རུ་གཡུ་

ཡིས་ཐོར་གཙུག་རབ་རྒྱན་སྤྱི་བོར་མཛེས། ཕྱག་གཡས་རྣམས་ཀྱི་གསེར་རྫོང་མདའ་དར་ཟས་སྦྱིན་རིན་ཆེན་དུར་བ་བསྣམས། ཕྱག་གཡོན་རྣམས་ཀྱིས་ཚེ་བུམ་མེ་ལོང་མཁར་གཞོང་སྦྲུམ་བུ་སྦྲུལ་ཞགས་འཛིན། སེང་གེ། རྐྱང་དང་། རྒྱ་སྟག །ཡུ་མོ། འབྲུག་རྣམས་ཆིབས་སུ་བཅིབས། སྲིད་པ་གསུམ་ལ་གློག་ལྟར་འཁྲུག་ཅིང་སྐད་ཅིག་ཡུད་ཙམ་གྱིས་ནི་བསྐོར་བར་བྱེད་པའང་། ལྷ་སྲིན་སྡེ་བརྒྱད་དམག་ཚོགས་དཔུང་དང་བཅས་པས་འཁོར་དུ་རབ་བསྐོར་ཞིང་། སྣང་སྲིད་ལྷ་འདྲེ་ས་བདག་གླུ་གཉན་ཐམས་ཅད་བྲན་དུ་བསྐོལ། འཇིག་རྟེན་ཁམས་སུ་རྫུ་འཕྲུལ་རྩུབ་འགྱུར་སྣ་ཚོགས་སྟོན་པའོ། །ལྷ་སྨན་ཉུལ་ལེ་བཀའ་འཁོར་བཅས་པ་རྣམས། །བཀའ་ཡི་གཏོར་མ་འདི་བཞེས་ལ། །སངས་རྒྱས་བསྟན་ལ་གནོད་བྱེད་པ། །ཐལ་བ་རྡུལ་དུ་བརླག་པར་མཛོད། །བཀའ་ལ་བརྟགས་སོ་བཀའ་བཞིན་བསྒྲུབས། །དམ་ལ་བརྟགས་ཤིང་དམ་ཚིག་སྲུངས། །ཁས་བླངས་དམ་བཅའ་མ་ཉམས་ཤིང་། །རྣལ་འབྱོར་བཅོལ་བའི་ཕྲིན་ལས་བསྒྲུབ་ཏུ་གསོལ། དམ་ཅན་གྱི་བསྐུལ། ཧཱུྃ། ཉི་མ་ནུབ་ཕྱོགས་ཕ་གི་ན། །ལྟགས་རི་ནག་པོའི་ནང་རོལ་དུ། །ཕ་ཕང་ལོང་བུའི་སྐུ་མཁར་ན། །འཇའ་ཚོན་སྣ་ལྔའི་འོད་ཟེར་འཁྲོ། །སྟེང་ན་དུག་གི་སྤྲིན་འཁྲིགས་ཤིང་། །ཕྱི་རོལ་ཁྲག་གི་རྒྱ་མཚོ་ཁོལ། །ཞེ་སྡང་གདུག་པའི་རླུང་ནག་འཁྲིགས། །གནམ་ལྕགས་ཐོག་གི་བུ་ཡུག་འཚུབ། །འབྱུང་བ་ཚ་གྲང་འཐབ་པའི་སྒྲ། །དེ་ལྟ་བུ་ཡི་སྐུ་མཁར་ན། །ཆོས་སྐྱོང་རྒྱལ་པོ་བཞུགས་པ་ནི། །སྐྱེས་བུ་བཛྲ་ས་ཏྭ་སྟེ། །རྒྱལ་བ་ཀུན་གྱི་བསྟན་བསྲུང་བྱེད། །དཀྱིལ་འཁོར་ཀུན་གྱི་ཉུལ་མ་སྟེ། །རྣལ་འབྱོར་ཀུན་གྱི་ཆོས་སྐྱོང་བྱེད། །འདིར་བྱོན་དམ་བསྐང་ཕྲིན་ལས་སྒྲུབས། །གཏོར་མ་གཙང་སར་ཕུལ། དེ་ནས་སྒོ་མདུན་དུ་གྲུ་གསུམ་རྡོ་རྗེ་རྒྱ་གྲམ་བྲིས་པའི་སྟེང་དུ། གཏོར་སྣོད་རྣམས་ཁ་སྦུབ་ལ། དེའི་སྟེང་དུ་རྣལ་འབྱོར་པ་མོ་རྣམས་ཕྱག་ལུ་གུ་རྒྱུད་དུ་སྦྲེལ་ནས། རྐང་པ་གཡོན་པ་བཞག་ལ།

དབུས་ཕྱོགས་འཁོར་ལོའི་རྩིབས་སྙིང་ནས། །དབུས་སངས་རྒྱས་མཁའ་འགྲོའི་བློ་བརྟངས་པ། །གཡས་ན་དཔའ་བོའི་བློ་བརྟང་ཁྲིགས་སེ་ཁྲིགས། །གཡོན་དུ་དཔའ་མོའི་གར་བྱེད་ཁྱུགས་སེ་ཁྱུག །ད་ལན་བློ་གཅིག་བརྟང་བ་ནི། །ཡ་བདུད་རྒྱལ་པོ་རྟུལ་དུ་བརླག་པའི་བློ། །མ་བདུད་རྒྱལ་མོ་ཟིལ་གྱིས་གནོན་པའི་བློ། །དམ་སྲི་དམ་ལ་བཏགས་པའི་བློ། །རྐྱེན་ངན་བར་ཆད་བཟློག་པའི་བློ། །ཐེལ་རང་རྟུལ་དུ་བརླག་པའི་བློ། །རིས་འགྲེ། ཤར༔ ལྷོ༔ ནུབ༔ བྱང་༔ ཕྱོགས༔ དབེན་གནས་དུར་ཁྲོད་ཆེན་པོ་འདིར། །རྟོག་མེད་རོ་ཡི་གདན་སྟེང་དུ། །རྣལ་འབྱོར་བདག་གིས་བློ་བརྟངས་པས། དཔའ་བོ་དཔའ་མོ༔ ད་ལན༔ ཡ་བདུད༔ མ་བདུད༔ དམ་སྲི༔ རྐྱེན་ངན༔ ཐེལ་རང་རྟུལ་དུ་བརླག་པའི་བློ། །ཞེས་ཕྱོགས་བཞི་དབུས་དང་ལྔར་བློ་བརྟང་བར་བྱའོ། །དེ་ནས་རྗེས་ཆོག་ནི། ཨརྒྷཾ་ལ་སོགས་པས་མཆོད། སྟྲོ་བསམ་བརྗོད་མེད་ལ་སོགས་པས་བསྟོད། མ་འཁོར་བ་དང་སོགས་དང་། ཡི་གེ་བརྒྱ་པ་འདོན་ཅིང་བཟོད་གསོལ་བྱ། ཡེ་ཤེས་པ་རྣམས་རང་བཞིན་གྱི་གནས་སུ་གཤེགས་པའམ། རྟེན་ཡོད་ན་བརྟན་བཞུགས་གང་རུང་བྱ། བཀྲ་ཤིས་བརྗོད། དམ་ཚིག་པ་རང་ལ་བསྡུ། ཨོཾ་ཁྱེད་ཀྱིས་སེམས་ཅན་དོན་ཀུན་མཛད། །རྗེས་སུ་མཐུན་པའི་དངོས་གྲུབ་སྩོལ། །སངས་རྒྱས་ཡུལ་དུ་གཤེགས་སུ་གསོལ། །སངས་རྒྱས་ཡུལ་དུ་གཤེགས་ནས་ཀྱང་། །སེམས་ཅན་རྣམས་ཀྱི་དོན་སླད་དུ། །སླར་ཡང་འབྱོན་པར་མཛད་དུ་གསོལ། །བཛྲ་མུཿ དགེ་བ་བྱང་ཆུབ་ཏུ་བསྔོ་བར་བྱའོ། །ཚོགས་ལས་དངོས་གྲུབ་རྒྱ་མཚོ་ཞེས་བྱ་བ་འདི། མ་གཅིག་གི་གཞུང་ལ། རྗེ་རང་བྱུང་བས་གསལ་ཁ་མཛད་ནས་རིམ་པ་བཞིན་དུ་རྒྱུད། ཟུར་མང་པ་ནས། ཞྭ་ཁྲ་བ་བཀྲ་ཤིས་རྡོ་རྗེས་གསལ་དུ་བཏང་ཞིང་། དེ་གཞིར་བཞག་ལ་གཏོར་མའི་རིམ་པ་ཚོ་ཕྱོགས་གཅིག་ཏུ་སྡེབས་པ་ཞིག་དགོས་ཞེས་གཙང་པ་འགྲོ་མགོན་དང་། ས་སྐྱ་རབས་ཆེན་པ་སོགས་བསྐུལ་བ་པོ་རྣམས་ཀྱིས་བསྐུལ་བའི་ངོར། ཤཱཀྱའི་དགེ་སློང་ཀྱེ་འོ་ཆོས་ཀྱི་རྒྱ་མཚོ་ཞེས་བྱ་བས། ཏུས་སྦྱོར་བཟང་པོ་ལ་སའི་ཐིག་ལེ་རྩེ་ལྔ་སྒང་དུ་སྦྱར་བའོ། །དགེ་བ་མ་རྒན་སེམས་ཅན་རྣམས་ལ་བསྔོ། བཀྲ་ཤིས་དཔལ་འབར་འཛམ་གླིང་རྒྱལ་བའི་རྒྱན་དུ་ཤོག །ལྷན་ཐབས་ཀྱི་ཡིག་ཆུང་ངོ་།། །།

༄། །ཧེ་ཧོ་ཆོས་ཀྱི་རྒྱ་མཚོའི་གསུང་འབུམ་བཞུགས་སོ། །

(སྟོད་ཆ། བར་ཆ། སྨད་ཆ།)

སྒྲིག་པ་པོ། མ་ཧྭ་ཤྲཱི་གསུང་རབ་གླིང་།

རྩོམ་སྒྲིག་འགན་འཁུར་བ། བཀྲ་ཤིས་བསམ་གྲུབ།

པར་འདེབས་འགན་འཁུར་བ། ཟླ་སྒྲོན།

དཔེ་སྐྲུན་འགྲེམས་སྤེལ་ཚན་པ། བོད་ལྗོངས་མི་དམངས་དཔེ་སྐྲུན་ཁང་།

(ལྷ་ས་གླིང་སྐོར་བྱང་ལམ་སྒོ་ཨང་20པ།)

པར་འདེབས་ཚན་པ། བོད་ལྗོངས་ཤིན་ཧྭ་པར་འདེབས་ཚད་ཡོད་མཐུན་གཉེར་ཁང་།

དེབ་ཚད། 787×1092 1/16

སྒྲིའི་དཔར་ཤོག 91.375

ཡིག་གྲངས། ཁྲི་80

པར་གཞི་སྒྲིག་ཐེངས། 2024ལོའི་ཟླ་11པར་པར་གཞི་1བསྒྲིགས།

དཔར་ཐེངས། 2024ལོའི་ཟླ་11པར་པར་ཐེངས་1བཏབ།

དཔར་གྲངས། 01—2,000

དཔེ་རྟགས། ISBN978—7—223—07694—4

བཅད་གོང་། སྒོར་280.00 (སྟོད་བར་སྨད།)

༄། །ཧེ་རོ་ཆོས་ཀྱི་རྒྱ་མཚོའི་གསུང་འབུམ་བཞུགས་སོ།། །

མ་ཧཱ་ཀླི་གསུང་རབ་གླིང་ནས་བསྒྲིགས།

བོད་ལྗོངས་མི་དམངས་དཔེ་སྐྲུན་ཁང་།

图书在版编目（CIP）数据

哲霍曲吉加措文集：藏文/玛哈师利古籍文库整理室整理. -- 拉萨：西藏人民出版社, 2024.7
ISBN 978-7-223-07694-4

Ⅰ. ①哲… Ⅱ. ①玛… Ⅲ. ①藏族—风水—中国—文集—中国—藏语 Ⅳ. ①B992.4-53

中国版本图书馆CIP数据核字(2024)第095473号

哲霍曲吉加措文集（全三册）

整　　理　玛哈师利古籍整理室
责任编辑　扎西桑珠
责任印制　达　　珍
出版发行　西藏人民出版社（拉萨市林廓北路20号）
印　　刷　西藏新华印刷有限公司
开　　本　787×1092　1/16
总 印 张　91.375
字　　数　800千
版　　次　2024年11月第1版
印　　次　2024年11月第1次印刷
印　　数　01-2,000
书　　号　ISBN978-7-223-07694-4
定　　价　280.00元（全三册）

གང་གིས་བདག་གི་སེམས་ཀྱི་གསང་། །ཕྱག་རྒྱ་ཆེ་ལ་ངོ་སྤྲོད་པའི། །
བཀའ་དྲིན་ཉེ་བར་སྟོན་པའི་མགོན། །ཆོས་ཀྱི་རྒྱ་མཚོ་ལ་ཕྱག་འཚལ། །

ཛོ་ནང་ཀུན་དགའ་གྲོལ་མཆོག་གིས།

༄༅། །དེ་ཡང་གངས་ཅན་ཁ་བའི་ལྗོངས་སུ་སངས་རྒྱས་ཀྱི་བསྟན་པ་དར་ནས་ད་ལྟའི་བར་དུ་མཁས་གྲུབ་རིམ་པར་བྱོན་པ་རྣམས་ཀྱི་སྒྲོང་བ་དམར་འཁྲིད་དང་། གདམས་ངག་བྱིན་ཅན། ཤེས་རབ་ཀྱི་ཆུ་བོ་གཅིག་ཏུ་བསྐྱིལ་བའི་གཞུང་ལུགས་སོགས་གསུང་རབ་རྒྱ་མཚོ་ལྟ་བུར་བཞུགས་པ་རྣམས་ལས་དུ་མ་ཞིག་དུས་དབང་གིས་དཔེ་རྒྱུན་ཤིན་ཏུ་དཀོན་པས་མཇལ་དཀའ་བའི་གནས་སུ་གྱུར་པ་རྣམས་མི་ཉམས་དཔེ་རྒྱུན་སྤེལ་བའི་ཆེད། ཁོ་བོས་མེ་ཏོག་ཆུང་ཡང་ལྷ་རྫས་ཀྱི་དཔེ་ལྟར་བསྟན་འགྲོའི་སྤྱི་ཞུ་ལ་གཏད་སྙིང་རེ་ཡོང་ངམ་སྙམ་སྟེ། ༼ མ་ཧཱ་ཤྲཱི་གསུང་རབ་གླིང་ ༽ ཞེས་པ་གསར་བཙུགས་གཉེར་སྐྱོང་གིས་བསྟན་པའི་སྲོག་ཤིང་གསུང་རབ་རིན་ཆེན་རྣམས་སྤར་རྗེས་ཤུལ་འཛིན་དང་། ཕྱི་རྗེས་དར་སྤེལ་ཀྱི་རྐྱེན་དུ་བསྒྲོམས་ཏེ། རིས་མེད་ཀྱི་གསུང་རབ་རིམ་པར་དཔར་བསྐྲུན་ཞུས་དང་ཞུ་འཆར་ལགས་པས། འདིས་ཀྱང་བསྟན་པ་ཡུན་རིང་དུ་གནས་པ་དང་། རྩ་བའི་བླ་མའི་ཐུགས་དགོངས་དགྱེས་པའི་རྒྱུ་རུ་འགྱུར་བའི་སྨོན་ལམ་དང་བཅས།

དཔའ་བོ་སྐུ་ཕྲེང་བཅུ་གཅིག་པ་གཙུག་ལག་སྨྲ་བའི་སྒྲ་དབྱངས་ཀྱིས།

དཀར་ཆག །

༄༅། །ནཱ་རོ་ཆོས་དྲུག་གི་སྙིང་པོ་མདོར་བསྡུས་བཞུགས་སོ། །

༄༅། །ཚོགས་ལས་དངོས་གྲུབ་རྒྱ་མཚོའི་སྒྲུབ་ཐབས་དཀྱིལ་འཁོར་གྱི་ཆོ་ག་བྲུམ་ལྷ་མའི་དབང་བསྐུར་བཞུགས་སོ། །

ན་མོ་བཛྲ་ཡོ་གི་ནི། ཡུམ་ཆེན་ཤེས་རབ་ཕར་ཕྱིན་གྱི། །ཐུགས་ཀྱི་སྤྲུལ་པ་མ་གཅིག་ལབ་སྒྲོན་དང་། །བླ་མ་དམ་པ་རྣམས་ལ་ཕྱག་འཚལ་ནས། །ཚོགས་ལས་དངོས་གྲུབ་རྒྱ་མཚོའི་སྒྲུབ་ཐབས་དཀྱིལ་འཁོར་གྱི་ཆོ་ག་བྲི་བར་བྱ་སྟེ། ཐོག་མར་གནས་དབེན་ཞིང་ཡིད་དང་མཐུན་པ། གནས་ཁང་ཕྱག་བདར་དང་། ཚག་ཚག་བྱས་ལ། སྐུ་གསུང་ཐུགས་ཀྱི་རྟེན་བཀྲམ། དཀྱིལ་འཁོར་ཆོས་འབྱུང་ངམ་པདྨ་འདབ་བཞི་བྲི། དེའི་དབུས་སུ་བུམ་པ་བུམ་རྫས་ཉེ་ཤུ་རྩ་ལྔ་བླུག་ནས། ཆུས་གསུམ་གཉིས་ཙམ་གང་བ་བྱེད་ཅིང་མགུལ་ཆིངས་ཁ་རྒྱན་དང་བཅས་པ་ལེགས་པར་གྲུབ་པར་བྱེད། བུམ་པའི་སྟེང་དུ་ཐོད་པ་མཚན་ལྡན་ཆང་གིས་གང་བ་བཞག །དེའི་ཁར་མེ་ལོང་གཡའ་དག་པ་ལ་སིན་ཧྲཱ་རས་དཀྱིལ་འཁོར་གྲུ་གསུམ་གྱི་དབུས་སུ་པདྨ་འདབ་བཞི་བཀོད་དེ། ཧྲཱི་བར་ཧཱུྃ། ཤར་དུ་ཏཱ། ལྷོར་རཱི། ནུབ་ཏུ་ནི། བྱང་དུ་ས་བཀོད་ནས། ཏཏྟ་ཐྭའི་ཕྱགས་ཀྱི་ཕྱགས་མགོ་རང་ལ་བསྟན་ནས་གཡས་བསྐོར་དུ་འཁོར་བ་བྲི། དར་གྱི་ཞལ་ཁེབས་བྱེད། དཀྱིལ་འཁོར་གྱི་གོང་དུ་རྒྱན་སྣ་ཚོགས་ཀྱིས་བརྒྱན་པའི་གཏོར་མ་གསུམ་དང་། དབང་གཏོར་ཟླུམ་པོ་ལ་གཏོར་འདབ་དང་དཀར་དམར་གྱི་རྒྱན་བཟང་པོས་བརྒྱན་ཏེ། སྟེར་དཀར་གྱི་ནང་དུ་བཙུག་སྟེ་བཤམས། ཟུར་གཅིག་ཏུ་ལས་བུམ་ཆུས་བཀང་ཞིང་མགུལ་ཆིངས་ཁ་རྒྱན་དང་བཅས་ལ་བཞག །མཐར་མཆོད་ཡོན། མེ་ཏོག །བདུག་སྤོས། སྣང་གསལ། དྲི་ཆབ། ཞལ་ཟས། རོལ་མོ་སོགས་བཤམས། དཀྱིལ་འཁོར་གྱི་གཡོན་དུ་བདུད་རྩི་འཁྱིལ་བའི་དཀྱིལ་འཁོར་བྲི་ཞིང་། དེའི་དབུས་སུ་བཏུང་བ་བཟང་པོ་བཞག །གཡས་སུ་དགའ་བ་འཁྱིལ་པ་གཡས་སྐོར་དུ་བྲི་ཞིང་། བཤོས་བཟང་པོ་རྒྱན་ཅན་དང་། ཤ་ཁུར་བ་སོགས་ཟས་སྣ་གང་འཛོམ་བཞག །དཀྱིལ་འཁོར་གྱི་མདུན་དུ་སློབ་དཔོན་རང་ཉིད་ཀྱི་ཁྲི་བཤམས་ཏེ། ན་བཟའ་གསར་པ་བཟང་པོ་རྣམས་གསོལ་ཏེ་ཁྲི་ཐོག་ཏུ་བཞུགས།

རང་གི་མདུན་དུ་ཅོག་ཅེའམ། སྣེགས་ཀྱི་ཁར་རིམ་པ་ལྟར། ཐོད་པ་མཚན་ལྡན་མ་ད་ན་ཡིས་བཀང་ནས་བཞག །དེ་ནས་རྡོ་རྗེ། དྲིལ་བུ། ཌ་མ་རུ་སོགས་བཞག་ནས། རང་ཉིད་ཡི་དམ་གྱི་ལྷའི་ང་རྒྱལ་དང་མ་བྲལ་བའི་ངང་ནས་ནང་མཆོད་བྱིན་གྱིས་བརླབས་ཏེ། གཡོན་པའི་མཐེབ་སྲིན་གྱིས་བདུད་རྩི་བླངས་ལ་གཏོར་ཞིང་། ཨོཾ་ཨཱཿབིགྷྣཱནྟ་ཀྲྀཏ་ཧཱུཾ་ཕཊ། ཨོཾ་སྭ་བྷཱ་ཝ་ཤུདྡྷཿསརྦ་དྷརྨཱཿསྭ་བྷཱ་ཝ་ཤུདྡྷོ྅ཧཾ། སྟོང་པ་ཉིད་དུ་གྱུར། སྟོང་པའི་ངང་ལས་ཡཾ་ལས་རླུང་གི་དཀྱིལ་འཁོར་སྔོན་པོ་གཞུའི་དབྱིབས་ཅན། ཆངས་བཟུང་ལ་ཡམ་དང་མཆོག་མ་གཉིས་ལ་གཡོ་བའི་བ་དན་གྱིས་མཚན་པ། དེའི་སྟེང་དུ་རཾ་ལས་མེའི་དཀྱིལ་འཁོར་གྲུ་གསུམ་དམར་པོ་འབར་བ་རཾ་གྱིས་མཚན་པ། དེའི་སྟེང་དུ་ཀཾ་ལས་ཐོད་པ་བུམ་རིལ་གྱི་སྐྱིད་པོ་ལྟག་པ་ནང་དུ་བསྟན་པ་གསུམ་གྱི་སྟེང་དུ། ཡི་གེ་ཨ་ཡོངས་སུ་གྱུར་པ་ལས། ཀ་པཱ་ལ་ཕྱི་དཀར་ལ་ནང་དམར་བ་དུམ་བུ་གཅིག་པ་དཔྲལ་བ་རང་ལ་བསྟན་པ། རྒྱ་ཁྱོན་ཆོས་ཀྱི་དབྱིངས་དང་མཉམ་པ། དེའི་དབུས་སུ་མུ་ལས་དྲི་ཆུ་བཻཌཱུརྱ་ལྟ་བུ། ཤར་དུ་བི་ལས་དྲི་ཆེན་ཤེལ་ལྟ་བུ། ལྷོར་ར་ལས་རཀྟ་གསེར་བཙོ་མ་ལྟ་བུ། ནུབ་ཏུ་ཤུ་ལས་བྱང་སེམས་དཀར་པོ། བྱང་དུ་མ་ལས་ཤྭད་པ། སླར་ཡང་དབུས་སུ་ན་ལས་མིའི་ཤ །ཤར་ལྷོར་གོ་ལས་བ་ལང་གི་ཤ །ལྷོ་ནུབ་ཏུ་ཀུ་ལས་ཁྱིའི་ཤ །ནུབ་བྱང་དུ་ད་ལས་གླང་པོ་ཆེའི་ཤ །དེ་རྣམས་སླར་ཡང་ཡི་གེ་དེ་དག་གིས་མཚན་པའོ། །རང་གི་སྣ་བུག་གཡོན་པ་ནས་རླུང་ཧཱུྃ་གི་དབྱིབས་ཅན་འཕྲོས། རླུང་གི་དཀྱིལ་འཁོར་ལ་ཕོག །བ་དན་བསྐྱོད་པས་རླུང་གཡོས། མེ་སྦར། ཐོད་པ་དྲོས་རྫས་རྣམས་ཁོལ། ཉེས་པའི་སྐྱོན་རྣམས་ཕྱིར་ལུད། དེའི་སྟེང་དུ་ཨོཾ་ཨཱཿཧཱུྃ་ལས་འོད་ཟེར་འཕྲོས། དེ་བཞིན་གཤེགས་པ་ཐམས་ཅད་ཀྱི་ཐུགས་ཀ་ནས་ཡེ་ཤེས་ཀྱི་བདུད་རྩི་བཀུག །དམ་ཚིག་གི་བདུད་རྩི་དང་གཉིས་སུ་མེད་པར་འདྲེས། ཡེ་ཤེས་ཀྱི་བདུད་རྩིའི་རྒྱ་མཚོ་

ཆེན་པོར་གྱུར། ཨོཾ་ཨཱཿཧཱུཾ། ལན་གསུམ་བརྗོད་པས་བྱིན་གྱི་རླབས། དེ་ནས་ཤ་ཁྲག་མ་འདྲེས་པའི་དཀར་གཏོར་གཅིག་བཤམས་ལ། ཕུད་གཏོད་ཚུ་གཙང་གིས་བྲན། ཨོཾ་ཨཱཿབིགྣཱནྟ་ཀྲིཏ་ས་བསང་། སྭ་བྷཱ་ཝས་སྦྱངས། སྟོང་པའི་ངང་ལས་བྷྲཱུཾ་ལས་རིན་པོ་ཆེའི་སྣོད་ཡངས་ཤིང་རྒྱ་ཆེ་བའི་ནང་དུ། ཨོཾ་ཡིག་དཀར་པོ་འོད་དུ་ཞུ་བ་ལས་བྱུང་བ་ལྷ་རྫས་ལས་གྲུབ་པའི་གཏོར་མ་དྭངས་ཤིང་ཐོགས་པ་མེད་པ་འདོད་པའི་ཡོན་ཏན་ལྔ་དང་ལྡན་པར་གྱུར། ཨོཾ་ཨ་ཀཱ་རོ་མུ་ཁཾ་སརྦ་དྷརྨཱ་ཎཱཾ་ཨཱདྱ་ནུཏྤནྣ་ཏྭཱཏ་ཨོཾ་ཨཱཿཧཱུཾ་ཕཊ་སྭཱ་ཧཱ། ཞེས་ལན་གསུམ་གྱིས་བྱིན་གྱིས་རླབས། བྷཱུ་མི་པ་ཏི་ས་པ་རི་ཝཱ་ར་བཛྲ་ས་མཱ་ཛཿཛཿ ཞེས་པས་གཏོར་མགྲོན་རྣམས་སྤྱན་དྲངས། བྷཱུ་མི་པ་ཏི་ས་པ་རི་ཝཱ་ར་ཨརྒྷཾ་ལ་སོགས་པས་མཆོད། མཆོད་སྦྱིན་གྱི་གཏོར་མ་རྒྱ་ཆེན་པོ་འདི་སྟོང་གསུམ་གྱི་སྟོང་ཆེན་པོ། མཐོ་བ་ནམ་མཁའ། དམའ་བ་ས་གཞི། དབུས་ཀྱི་རི་བོ་མཆོག་རབ། གསེར་གྱི་རི་བདུན། རོལ་པའི་མཚོ་བདུན། མཚོ་མ་ཕམ། གངས་ཏི་སེ། རྒྱ་གར། ཁ་ཆེ། རྒྱ་ནག་རི་བོ་རྩེ་ལྔ། བོད་ཀྱི་མགུར་ལྷ་བཅུ་གསུམ། འཛམ་གླིང་གི་བརྟན་མ་བཅུ་གཉིས་ལ་སོགས་པ་སྟོང་གསུམ་རབ་འབྱམས་ཀྱི་གཞི་བདག་རྣམས་དང་། བྱེ་བྲག་ཏུ་ཡང་བདག་ཅག་དཔོན་སློབ་འཁོར་དང་བཅས་པ་སྔོན་ཆད་གང་དུ་སོང་བའི་གནས། ཕྱིན་ཆད་གང་དུ་འགྲོ་བའི་གནས། ད་ལྟ་ཡུལ་རིགས་འདིར་གནས་པའི་གཞིའི་བདག་པོ། གནས་ཀྱི་བདག་པོ། གྲོང་གི་བདག་པོ། གཉུག་མར་གནས་པ་རྣམས་ལ་འབུལ་ལོ། །མཆོད་སྦྱིན་གྱི་གཏོར་མ་རྒྱ་ཆེན་པོ་འདི་བཞེས་ལ། བདག་ཅག་དཔོན་སློབ་འཁོར་དང་བཅས་པ་རྣམས་འགྲོ་ན་མ་བཀོལ། འདུག་ན་མ་སྐྱང་། བསམ་པ་མ་ངན། སྦྱོར་བ་མ་རྩུབ། ལས་དཀར་པོ་ཆོས་དང་མཐུན་པའི་སྟོང་གྲོགས་མཛད་དུ་གསོལ། བདག་གི་བསམ་པའི་སྟོབས་དང་ནི ཞེས་སོགས་བརྗོད་ཅིང་། གཏོར་མ་གཙང་སར་ཕུལ། དེ་ནས་བགེགས་ཀྱི་གཏོར་མ་བཏང

བ་ནི། བདག་དང་སྦྱིན་པའི་བདག་པོ་རྣམས་ཀྱི་ལུས་ལ་དྲུད་པའི་ཟན་ལ་ཆངས་བུ་བགེགས་གཏོར་བྱས་ནས་བཤམས་ལ། ཆུ་གཙང་གིས་བྲན་ལ། བིགྷྣཱན྄ས་བསང་བ་ནས། ཨོཾ་ཨཱཿཧཱུྃ་ཕཊ་སྭཱ་ཧཱ། བགེགས་གཏོར་བྱིན་གྱི་རླབས་ནས། ལྷའི་ང་རྒྱལ་དང་ལྡན་པས་ཧཱུྃ་མཛད་ཀྱི་ཕྱག་རྒྱ་བཅས་ལ། ཧཱུྃ། ན་མོ་རྡོ་བཙུན་རྩ་བ་དང་བརྒྱུད་པར་བཅས་པའི་དཔལ་ལྡན་བླ་མ་དམ་པ་རྣམས་ཀྱི་བཀའ་བདེན་པ་དང་། སངས་རྒྱས་ཀྱིཿ ཆོས་ཀྱིཿ དགེ་འདུན་གྱིཿ གསང་སྔགས་དང་། རིགས་སྔགས་དང་། སྙིང་པོ་དང་། ཕྱག་རྒྱ་དང་། ཆོས་ཉིད་རྣམ་པར་དག་པའི་བདེན་པ་དང་། བདེན་པ་ཆེན་པོའི་བྱིན་རླབས་ཀྱིས་བདག་ཅག་དཔོན་སློབ་ཡོན་མཆོད་འཁོར་དང་བཅས་པའི་ལུས་ངག་ཡིད་གསུམ་ལ་གནོད་ཅིང་འཚེ་བར་བྱེད་པའི་ལོག་འདྲེན་འབྱུང་པོའི་ཚོགས་དང་བཅས་པ་ཐམས་ཅད་སྐད་ཅིག་ཡུད་ཙམ་གྱིས་འདིར་མཆིས་པར་གྱུར་ཅིག །ཏཱཀྐི་ཛ་ཛཿ ཛཿཧཱུྃ་བཾ་ཧོཿ ལན་གསུམ་གྱིས་དགུག་གཞུག་བྱ། ཨོཾ་གུང་ག་རི་གུང་ག་རི་སྭཱ་ཧཱ། པི་ཙི་པི་ཙི་སྭཱ་ཧཱ། གུང་གུང་སྭཱ་ཧཱ། གྲིཧྣེ་དཾ་བ་ལིཾ་ཏ་ཡེ་སྭཱ་ཧཱ། ཨོཾ་གུང་ག་རི་གུང་ག་རི་སྭཱཧཱ། ཨོཾ་པི་ཙི་པི་ཙི་སྭཱ་ཧཱ། ཨོཾ་གུང་གུང་སྭཱ་ཧཱ། གྲིཧྣ་དཾ་བ་ལིཾ་ཏ་ཡེ་ཨཀྲྀཾ་སྭཱ་ཧཱ། ནཻ་ཤི་ཏྲེ། ཤཏྲཱའི་བར་བཛློད་ནས། མཆོད་སྦྱིན་གྱི་གཏོར་མ་རྒྱ་ཆེན་པོ་འདི། བགེགས་ཀྱི་རྒྱལ་པོ་བི་ན་ཡ་ཀས་གཙོ་བྱས་པའི་བགེགས་རིགས་སྟོང་ཕྲག་བརྒྱད་ཅུའི་ཚོགས་དང་བཅས་པ་རྣམས་ལ་འབུལ་ལོ། །ལན་ཆགས་ནི་བྱང་། བུ་ལོན་ནི་སོད། ཤ་འཁོན་ནི་ཞི་ནས་སངས་རྒྱས་ཀྱི་གོ་འཕང་རིན་པོ་ཆེ་ཐོབ་པར་གྱུར་ཅིག །ཕཊ། རིགས་ལྔའི་མཁའ་འགྲོ་མ་དཔག་ཏུ་མེད་པ་སྤྲོས་ནས། ཧཱུྃ་ཉོན་ཅིག་བགེགས་དང་ལོག་འདྲེན་ཚོགས། །ཁྱོད་གནས་འདིར་མ་འདུག་གཞན་དུ་དེངས། །ཅིས་ཏེ་མི་འགྲོ་འདུག་གྱུར་ན། །ཤར་རྡོ་རྗེ་རིགས་ཀྱི་དཔའ་བོ་དང་། །རྡོ་རྗེ་མཁའ་འགྲོ་མ་རྣམས་ཀྱིས། །རྡོ་རྗེ་མཚོན་ཆ་འབར་བ་ཡིས། །བགེགས་

ཀྱི་ཚོགས་རྣམས་ཚར་ཆོད་ཅིག །ཅེས་གོང་གི་འགྲེས་སོ། །ཧཱུྃ་ཉོན་ཅིག༔ ཁྱོད༔ ཅེས་ཏེ༔
ལྷ་རིན་ཆེན་རིགས་ཀྱི༔ རིན་ཆེན༔ རིན་ཆེན་མཚོན་ཆ༔ བགེགས༔ ཧཱུྃ་ཉོན་ཅིག༔
ཁྱོད་གནས༔ ཅེས་ཏེ༔ ནུབ་པདྨ༔ པདྨ་མཁའ་འགྲོ༔ པདྨ་མཚོན༔ བགེགས༔ ཧཱུྃ་
ཉོན་ཅིག༔ གནས་འདིར༔ ཅེས་ཏེ༔ བྱང་ལས་ཀྱི༔ ལས་ཀྱི༔ ལས་ཀྱི་མཚོན་ཆ༔
བགེགས་ཀྱི༔ ཧཱུྃ་ཉོན་ཅིག༔ ཁྱོད༔ ཅེས་ཏེ༔ ནུབ་པདྨ༔ དབུས་སངས་རྒྱས་མཁའ་
འགྲོ༔ ཡེ་ཤེས་མཚོན་ཆ་འབར༔ བགེགས་ཀྱི༔ ཨོཾ་སུམྦྷ་ནི་སུམྦྷ་ཧཱུྃ་ཧཱུྃ་ཕཊ་སྭཱ་ཧཱ།
སོགས། རོལ་མོ་དྲག་ཏུ་དཀྲོལ་ཞིང་གཏོར་མ་ཕྱི་རོལ་ཏུ་དོར། སྐབས་འདིར་དྲག་པོའི་ལས་མ་ཡིན་པའི་སྲུང་འཁོར་གང་
ཉུང་བསྒོམ། རང་ཉིད་རྡོ་རྗེ་བཙུན་རྡོ་རྗེ་རྣལ་འབྱོར་མའི་ང་རྒྱལ་དང་ལྡན་པས། རང་གི་ལུས་ངག་ཡིད་གསུམ་
ལ་གནོད་ཅིང་འཚེ་བར་བྱེད་པའི་གདོན་བགེགས་ཀྱིས་གཙོ་བྱས་པའི་སྣང་སྲིད་
ཀྱི་བཀའ་ལྷ་མ་སྲིན་སྡེ་བརྒྱད་འུབ་ཀྱིས་འདུས་ནས། དཀོན་མཆོག་གསུམ་ལ་
དད་ཅིང་སྐྱབས་སུ་འགྲོ་བར་བསམ། མདུན་གྱི་ནམ་མཁར་སྐྱབས་གནས་ཐམས་
ཅད་སྤྲིན་གྱི་ཕུང་པོ་ལྟར་བཞུགས་པར་བསམ་ལ། སྐྱབས་འགྲོ་བརྒྱ་རྩ་འམ། ཅི་རིགས་བྱས་ནས། ཧཱུྃ།
ན་མོ་གནས་ཀྱི་གདོན་དང་ལུས་ཀྱི་གདོན། །གནས་གདོན་ལུས་གདོན་གཙོ་བྱས་
སེམས་ཅན་རྣམས། །ཀྱེ། མ་མི་མིན་ཡེ་ཤེས་མཁའ་འགྲོ་མ། །ཁབས་ཀྱི་སྦྲོན་མའི་
སྐུ་ལ་སྐྱབས་སུ་མཆི། །རང་རིག་ཡེ་ཤེས་སྟོན་མཛད་པ། །བླ་མ་རྣམས་ལ་སྐྱབས་
སུ་མཆི། །དངོས་གྲུབ་ངེས་པར་སྟེར་མཛད་པ། །ཡི་དམ་རྣམས་ལ༔ སྤྱངས་རྟོགས་
ཕུན་སུམ་ཚོགས་པ་ཡི། །སངས་རྒྱས་རྣམས་ལ༔ ཞི་གྱུར་འདོད་ཆགས་བྲལ་བ་
ཡི། །དམ་ཆོས་རྣམས་ལ༔ གང་ལ་ཕུལ་ན་དོན་ཡོད་པ། །དགེ་འདུན་རྣམས་ལ༔
གཞོན་ནུའི་སྐུ་ལུས་མཛེས་ཚུལ་ལྡན། །འཇམ་པའི་དབྱངས་ལ༔ སྙིང་རྗེས་ངེས་
པར་དགོངས་མཛད་པའི། །སྤྱན་རས་གཟིགས་ལ༔ མཐུ་སྟོབས་ཆེན་པོས་གདུག་

པ་འདུལ། །རྡོ་རྗེ་འཛིན་ལ༔ བཅོ་གདུང་དམ་ཚིག་གི་ལྡན་པ་ཡིས། །མཁའ་འགྲོའི་ཚོགས་ལ༔ བདུད་དཔུང་བར་ཆད་ཞི་མཛད་པ། །ཆོས་སྐྱོང་རྣམས་ལ༔ ཁྱེད་རྣམས་ལ་ནི་བདག་སྐྱབས་མཆི། །ཁྱེད་རྣམས་ལ་ནི་བདག་བརྟེན་ནོ། །སྡིག་པ་མི་དགེ་སོ་སོར་བཤགས། །འགྲོ་བའི་དགེ་ལ་རྗེས་ཡི་རང་། །སངས་རྒྱས་བྱང་ཆུབ་ཡིད་ཀྱིས་བཟུང་། །སངས་རྒྱས་ཆོས་དང་ཚོགས་མཆོག་ལ། །བྱང་ཆུབ་བར་དུ་སྐྱབས་སུ་མཆི། །རང་གཞན་དོན་ནི་རབ་བསྒྲུབ་ཕྱིར། །བྱང་ཆུབ་སེམས་ནི་བསྐྱེད་པར་བགྱི། །བྱང་ཆུབ་མཆོག་གི་སེམས་ནི་བསྐྱེད་བགྱིས་ནས། །སེམས་ཅན་ཐམས་ཅད་བདག་གི་མགྲོན་དུ་གཉེར། །བྱང་ཆུབ་སྤྱོད་མཆོག་ཡིད་འོང་སྤྱད་པར་བགྱི། །འགྲོ་ལ་ཕན་ཕྱིར་སངས་རྒྱས་འགྲུབ་པར་ཤོག །སྐྱབས་འགྲོ་ཅི་མང་ཚར་བ་དང་། སེམས་བསྐྱེད་པ་ནི། སངས་རྒྱས་ཆོས་དང་ཚོགས་ཀྱི་མཆོག་རྣམས་ལ། །བྱང་ཆུབ་མ་ཐོབ་བར་དུ་བདག་ནི་སྐྱབས་སུ་མཆི། །བདག་གིས་སྦྱིན་སོགས་བགྱིས་པའི་བསོད་ནམས་འདི་དག་གིས། །འགྲོ་ལ་ཕན་ཕྱིར་སངས་རྒྱས་འགྲུབ་པར་ཤོག །འགྲོ་རྣམས་བསྒྲལ་འདོད་བསམ་པ་ཡིས། །སངས་རྒྱས་ཆོས་དང་དགེ་འདུན་ལ། །བྱང་ཆུབ་སྙིང་པོར་མཆིས་ཀྱི་བར། །རྟག་པར་བདག་ནི་སྐྱབས་སུ་མཆི། །ཤེས་རབ་སྙིང་བརྩེ་དང་བཅས་པས། །བརྩོན་པས་སེམས་ཅན་དོན་དུ་བདག །སངས་རྒྱས་མདུན་དུ་གནས་བཅས་ཏེ། །རྫོགས་པའི་སངས་རྒྱས་ཐོབ་པར་བྱ། །ཞེས་ལན་བདུན་ནམ། ལྔའམ། གསུམ་གང་རིགས་བྱའོ། །དེ་ནས་ཚོགས་ཞིང་སྤྱན་འདྲེན་པ་ནི། བདག་ཉིད་སྐད་ཅིག་གིས་མ་གཅིག་ལབ་ཀྱི་སྔོན་མར་གསལ་བའི་སྐུ་གསུང་ཐུགས་ལས་འོད་ཟེར་འཕྲོས་པས། ཆོས་ཀྱི་དབྱིངས་ནས་ཡུམ་ཆེན་མོ་ལྷ་ལྔའི་དཀྱིལ་འཁོར་རྟེན་དང་བརྟེན་པར་བཅས་པ་མདུན་གྱི་ནམ་མཁར་སྤྱན་དྲངས། བཛྲ་ས་མ་

ཛཿ བཛྲ་ས་མ་ཛཿ བཅོམ་ལྡན་ཁྱེད་ནི་བྱོན་པ་ལེགས། །བདག་ཅག་བསོད་ནམས་སྐལ་བར་ལྡན། །བདག་གི་མཆོད་ཡོན་བཞེས་སླད་དུ། །འདི་ཉིད་དུ་ནི་བཞུགས་སུ་གསོལ། །ཨོཾ་སརྦ་ཏ་ཐཱ་ག་ཏ་པདྨ་ཀ་མ་ལ་ཡ་སྟྭཾ། ཞེས་ཕྱག་རྒྱ་དང་བཅས་ཏེ་གདན་འབུལ། བསྟོད་པ་ནི། སྨྲ་བསམ་བརྗོད་མེད་ཤེས་རབ་ཕ་རོལ་ཕྱིན། །མ་སྐྱེས་མི་འགག་ནམ་མཁའི་ངོ་བོ་ཉིད། །སོ་སོ་རང་རིག་ཡེ་ཤེས་སྤྱོད་ཡུལ་བ། །དུས་གསུམ་རྒྱལ་བའི་ཡུམ་ལ་ཕྱག་འཚལ་བསྟོད། །མཆོད་པ་ནི། སོ་སོའི་ཕྱག་རྒྱ་དང་བཅས་ཏེ། ཨོཾ་སརྦ་ཏ་ཐཱ་ག་ཏ་ཨརྒྷཾ་པྲ་ཏཱིཙྪ་པུ་ཛ་མེ་གྷ་ས་མུ་དྲ་སྥ་ར་ཎ་ས་མ་ཡེ་ཧཱུཾ། དེ་བཞིན་དུ། པཱདྱཾ། དྷཱུ་པེ། ཨཱ་ལོ་ཀེ། གནྡྷེ། ནཻ་ཝི་ཏེ། ཤབྡའི་བར་བརྗོད་ཅིང་རོལ་མོ་བྱ། མཎྜལ་ནི། ས་གཞི་སྤོས་ཀྱིས་བྱུགས་ཤིང་མེ་ཏོག་བཀྲམ། །རི་རབ་གླིང་བཞི་ཉི་ཟླས་བརྒྱན་པ་འདི། །སངས་རྒྱས་ཞིང་དུ་དམིགས་ཏེ་ཕུལ་བ་ཡིས། །འགྲོ་ཀུན་རྣམ་དག་ཞིང་ལ་སྤྱོད་པར་ཤོག །གུ་རུ་རཏྣ་མཎྜལ་ལ་པཱུ་ཛ་མེ་གྷ་ས་མུ་དྲ་སྥ་ར་ཎ་ས་མ་ཡ་ཨཱཿཧཱུཾ། དེ་ནས་ཡན་ལག་བདུན་པ་འབུལ་བ་ནི། ཕྱག་འཚལ་བ་དང་མཆོད་ཅིང་བཤགས་པ་དང་། །རྗེས་སུ་ཡི་རང་བསྐུལ་ཞིང་གསོལ་བ་ཡིས། །དགེ་བ་ཅུང་ཟད་བདག་གིས་ཅི་བསགས་པ། །ཐམས་ཅད་རྫོགས་པའི་བྱང་ཆུབ་ཆེན་པོར་བསྔོ། །ཚོགས་ཞིང་རྣམས་རང་ཉིད་ལ་བསྡུད་པ་ནི། དེ་ནས་ཚོགས་ཞིང་རྣམས་རང་ཉིད་ལ་ཐིམ་པར་གྱུར། སེམས་ཅན་ཐམས་ཅད་བདེ་བ་དང་བདེ་བའི་རྒྱུ་དང་ལྡན་པར་གྱུར་ཅིག །སྡུག་བསྔལ་དང་སྡུག་བསྔལ་གྱི་རྒྱུ་དང་བྲལ་བར་གྱུར་ཅིག །སྡུག་བསྔལ་མེད་པའི་བདེ་བ་དམ་པ་དང་མི་འབྲལ་བར་གྱུར་ཅིག །སེམས་ཅན་ཐམས་ཅད་ཉེ་རིང་ཆགས་སྡང་གཉིས་དང་བྲལ་བའི་བཏང་སྙོམས་ཆེན་པོ་ལ་གནས་པར་གྱུར་ཅིག །

བདག་བསྐྱེད་ནི། ཨོཾ་སྭ་བྷཱ་ཝ་ཤུདྡྷཿསརྦ་དྷརྨཿསྭ་བྷཱ་ཝ་ཤུདྡྷོ྅ཧཾ། སྟོང་པ་ཉིད་དུ་

གྱུར། སྟོང་པའི་ངང་ལས་པཾ་ལས་སྣ་ཚོགས་པདྨ་འདབ་མ་བཞི་པའི་ཟེའུ་འབྲུར། ཟླ་བའི་དཀྱིལ་འཁོར་གྱི་སྟེང་དུ། རང་གི་རྣམ་ཤེས་ཀྱི་ངོ་བོ་ཡི་གེ་ཧཱུྃ་དཀར་པོ་པད་འདབ་བཞི་ལ་ཏ་རེ་ནི་ས་ཡི་གེ་ལྔ་ལས་འོད་ཟེར་འཕྲོས། འཕགས་པ་མཆོད། སེམས་ཅན་གྱི་དོན་བྱས། ཚུར་འདུས་ཡོངས་སུ་གྱུར་པ་ལས་དབུས་སུ་ཧཱུྃ་ལས་མ་གཅིག་ལབ་ཀྱི་སྒྲོན་མ་སྐུ་མདོག་དཀར་མོ་དུང་ཕྱིས་པ་ལྟ་བུ་ཞལ་གཅིག་ཕྱག་གཉིས། ཕྱག་གཡས་པ་གསེར་གྱི་ཌཱ་མ་རུ་ནམ་མཁའ་ལ་དཀྲོལ་བ། གཡོན་པ་དངུལ་དཀར་གྱི་དྲིལ་བུ་སྐུ་སྐེད་ལ་བརྟེན་པ། སྤྱན་བར་སྣང་ལ་གཟིགས་པ། དབུ་སྐྲ་རལ་པའི་ཐོར་བཙུགས་གྱེན་དུ་བཅིངས་ཤིང་། ལྷག་མ་སྐུ་རྒྱབ་ཁེབས་པ། རུས་པའི་རྒྱན་ཆ་དྲུག་གིས་བརྒྱན་ཅིང་། ཞབས་གཡས་བསྐུམ་གཡོན་བརྐྱང་བའི་གར་སྟབས་སུ་བཞུགས་པ། དེའི་ཤར་དུ་ཏ་ལས་རྡོ་རྗེ་མཁའ་འགྲོ་མ་སྐུ་མདོག་སྔོན་མོ། ལྷོར་རེ་ལས་རིན་ཆེན་མཁའ་འགྲོ་མ་སྐུ་མདོག་སེར་མོ། ནུབ་ཏུ་ནི་ལས་པདྨ་མཁའ་འགྲོ་མ་སྐུ་མདོག་དམར་མོ། བྱང་དུ་ས་ལས་ལས་ཀྱི་མཁའ་འགྲོ་མ་སྐུ་མདོག་ལྗང་གུ། དེ་ཐམས་ཅད་ཀྱང་ཞལ་གཅིག་ཕྱག་གཉིས། གཡས་པ་རྣམས་ཀྱིས་རྡོ་རྗེ་དང་། རིན་པོ་ཆེ་དང་། པདྨ་དང་། རལ་གྲིས་མཚན་པའི་གྲི་གུག་འཛིན་པ། གཡོན་པ་རྣམས་ཀྱིས་ཐོད་པ་བདུད་རྩིས་བཀང་བ་བསྣམས་ཤིང་གྱུ་མོ་ན་ཁཊྭཱཾ་ག་བཙུག་པ་རྒྱན་ཆ་ལུགས་ཐམས་ཅད་ཡོངས་སུ་རྫོགས་པའི་སྐུར་གྱུར། མ་ཇོ་མོའི་སྙན་གོང་གཡས་ཕྱོགས་སུ་པདྨ་དང་ཟླ་བའི་གདན་གྱི་སྟེང་དུ། ཕ་དམ་པ་སངས་རྒྱས་སྐུ་མདོག་ནག་ལ་སྐྱ་བ་གཟི་བརྗིད་དང་ལྡན་པ། ཨ་ཙ་རའི་ཆ་བྱད་ཅན། ཞལ་གཅིག་ཕྱག་གཉིས་ཀྱི་གཡས་པ་ན་ཧྲན་ཏྲ་ལྕག་སྤྱོད་ནམ་མཁའ་ལ་འཁྲོལ་བ། གཡོན་པས

མི་རྐང་གི་གླིང་བུ་འབུད་པ། གྲུབ་ཐོབ་རྒྱ་མཚོ་ལྷ་བུའི་དབུས་ན་ཞབས་རྗེ་རྗེའི་དཀྱིལ་མོ་གྲུང་གིས་བཞུགས་པའོ། །མ་ཇོ་མོའི་སྔན་གོང་གཡོན་ཕྱོགས་སུ་པདྨ་དང་ཉི་མའི་གདན་ལ་རྗེ་བཙུན་རྗོ་རྗེ་རྣལ་འབྱོར་མ་སྐུ་མདོག་དམར་མོ་ཞལ་གཅིག་ཕྱག་གཉིས་གཡས་པ་རྗོ་རྗེས་མཙན་པའི་གྲི་གུག་ནམ་མཁའ་ལ་འཕྱར་ཞིང་། གཡོན་པས་ཐོད་ཁྲག་ཐུགས་ཀར་བསྣམས་པ། ཐོད་པ་སྐམ་པོ་ལྔ་ཡིས་དབུ་རྒྱན་ཅིང་། རྣོན་པ་ལྔ་བཅུ་ཙ་གཅིག་གིས་དོ་ཤལ་བྱས་པ། ཞབས་གཡས་བསྐུམ་ཞིང་གཡོན་བརྐྱང་བས་ཁ་ཊྭཾ་ག་ལ་འཁྱུད་པ་རྒྱན་ཆ་ལུགས་ཐམས་ཅད་ཡོངས་སུ་རྫོགས་པའི་སྐུར་གྱུར། དེ་ལ་རིགས་བཞིའི་མཁའ་འགྲོའི་ཚོགས་དཔག་ཏུ་མེད་པས་བསྐོར་བའོ། །མ་ཇོ་མོའི་དབུ་ཐོག་ཏུ་པདྨ་དང་ཟླ་བའི་གདན་ལ་སངས་རྒྱས་ཤཱཀྱ་ཐུབ་པ་སྐུ་མདོག་གསེར་བཙོ་མའི་མདོག་ལྟ་བུ་ཞལ་གཅིག་ཕྱག་གཉིས། གཡས་ས་གནོན། གཡོན་མཉམ་བཞག་གི་ཕྱག་རྒྱ་མཛད་པ། འོད་དང་འོད་ཟེར་རབ་ཏུ་འཕྲོ་བ། དེ་ལ་འདས་མ་འོངས་ད་ལྟར་དུས་གསུམ་གྱི་སངས་རྒྱས་དང་བྱང་ཆུབ་སེམས་དཔའ་ཉན་ཐོས་དང་རང་སངས་རྒྱས་ཀྱི་ཚོགས་ཀྱིས་བསྐོར་ནས་བཞུགས་པའོ། །དེའི་དབུ་ཐོག་ཏུ་པདྨ་དང་ཟླ་བའི་གདན་ལ། ཆོས་སྐུ་ཡབ་ယུམ་ཆེན་མོ་སྐུ་མདོག་གསེར་བཙོ་མའི་མདོག་ལྟ་བུ་ཞལ་གཅིག་ཕྱག་བཞི་མ། ཕྱག་གཡས་ཀྱི་དང་པོས་རྗོ་རྗེ། གཡོན་དང་པོས་པོ་ཏི་འཛིན་པ། འོག་མ་གཉིས་མཉམ་བཞག་གི་ཕྱག་རྒྱ་མཛད་པ། སྐུ་ལ་དར་དང་རིན་པོ་ཆེའི་རྒྱན་རྣམ་པ་སྣ་ཚོགས་ཀྱིས་བརྒྱན་ཅིང་། ཞབས་རྗོ་རྗེའི་དཀྱིལ་མོ་གྲུང་གིས་བཞུགས་པ། དེ་ལ་སྲས་ཕྱོགས་བཅུའི་སངས་རྒྱས་དང་བྱང་ཆུབ་སེམས་དཔའི་ཚོགས་ཀྱིས་བསྐོར་ནས་བཞུགས་པའོ། །དེའི་སྟེང་གི་ཆ་ལ་རྣམ་པར་སྣང་མཛད། གཡས་སུ་

དཔའ་བོ། གཡོན་དུ་དཔའ་མོ། མདུན་དུ་སྒྲོལ་མ། རྒྱབ་ཏུ་གངས་ཆེན་མཚོ་རྒྱལ། དེའི་རྒྱབ་ཏུ་དམ་པ་ཆོས་སྐྱོང་བའི་སྲུང་མའི་ཚོགས་དང་བཅས་པས་ནམ་མཁའ་ས་གཞི་བར་སྣང་ཐམས་ཅད་གང་བ། སྣང་ལ་རང་བཞིན་མེད་པ་མེ་ལོང་ནང་གི་གཟུགས་བརྙན་ལྟ་བུའི་སྐུར་གྱུར། ལྷ་དེ་དག་ཐམས་ཅད་ཀྱི་དཔྲལ་བར་ཨོཾ་མགྲིན་པར་ཨཱཿཐུགས་དཀར་ཧཱུྃ་ལས་འོད་ཟེར་འཕྲོས་པས། ཆོས་ཀྱི་དབྱིངས་ནས་ཡུམ་ཆེན་མོ་ལ་སངས་རྒྱས་དང་བྱང་ཆུབ་སེམས་དཔའ། གྲུབ་ཐོབ་གཙོད་ཡུལ་བརྒྱུད་པའི་ལྷ་ཚོགས་དང་བཅས་པས་བསྐོར་བ་མདུན་གྱི་ནམ་མཁའི་གནས་སུ་བཛྲ་ས་མ་ཛཿཛཿ རོལ་མོ་བྱ། དེ་ཐམས་ཅད་ཀྱི་སྐུ་གསུང་ཐུགས་ལས་འོད་ཟེར་དཀར་དམར་མཐིང་གསུམ་བྱུང་། རང་གི་ལུས་ངག་ཡིད་གསུམ་ལ་ཐིམ་པས་གཉིས་སུ་མེད་པར་གྱུར། རང་མ་གཅིག་འཁོར་བཅས་ཀྱི་ཐུགས་ཀར་ཟླ་བའི་སྟེང་དུ་ཧཱུྃ་ཡིག་གི་མཐའ་མར་གཡས་བསྐོར་དུ་འཁོར་བ་ལ་དམིགས་ཏེ། ཨོཾ་ཏཏྠ་ཐཱ། ག་ཏེ་ག་ཏེ། པ་ར་ག་ཏེ། པ་ར་སཾ་ག་ཏེ་བོ་དྷི་ཡེ་སྭཱ་ཧཱ། ཞེས་པའི་སྔགས་ཅི་མང་བཟླས་པའོ། །ཐུན་བསྡུ་བ་ནི། ཕྱི་རོལ་སྣོད་བཅུད་དཀྱིལ་འཁོར་རྟེན་དང་བརྟེན་པར་བཅས་པ་རང་ཉིད་ལ་ཐིམ་པར་གྱུར་པས་མི་དམིགས་པའི་རང་བཞིན་ཅན་དུ་གནས་པར་བྱའོ། །

བུམ་པ་བསྒྲུབ་པ་ནི། འཇོམ་ན་བུམ་པ་ལྷ་དཀྱིལ་འཁོར་གྱི་དབུས་དང་ཤར་ལྷོ་ནུབ་བྱང་སོགས་པད་འདབ་རྣམས་ཀྱི་དབུས་སུ་བཞག །ཚུས་གསུམ་གཉིས་ཁེངས་པ། མགུལ་ཆིངས་ཁ་རྒྱན་གྱིས་སྤྲས་པ་བཞག །དུང་ཆོས། གཟུངས་ཐག་རྡོ་རྗེ་སོགས་ལེགས་པར་གྲུབ་པར་བྱས། བུམ་པ་ལྷ་མ་འཇོམ་ན་གཅིག་ལ་ཡང་རུང་སྟེ། ལྷར་དམིགས་པ་བྱའོ། །ཨོཾ་སྭ་བྷཱ་ཝ་ཤུདྡྷཿསརྦ་དྷརྨཱཿསྭ་བྷཱ་ཝ་ཤུདྡྷོ྅་ཧཾ། སྟོང་པ་ཉིད་དུ་གྱུར། སྟོང་པའི་ངང་ལས་བྷྲཱུཾ་ལས་རིན་པོ་ཆེའི་བུམ་པ་མཚན་ཉིད་ཐམས་ཅད་ཡོངས་སུ་རྫོགས་པ། ཞབས་ཞུམ་པ། ལྟོ་བ་ལྡིར་བ། མགྲིན་པ་ཕྲ་བ། མཆུ་འཕྱང་བ། དར་སྣ་ཚོགས་ཀྱིས

མགྲིན་པ་དཀྲིས་པ། དཔག་བསམ་གྱི་ཤིང་གིས་ཁ་བརྒྱན་པ། དབུས་སུ་པཾ་ལས་སྣ་ཚོགས་པདྨ་འདབ་མ་བཞི་པའི་ཟེ་འབྲུར་ཟླ་བའི་དཀྱིལ་འཁོར་གྱི་དབུས་སུ་ཡི་གེ་ཧཱུྃ་ཡིག་དཀར་པོ། པད་འདབ་བཞི་ལ་ཏ་རི་ནི་ས། ཡི་གེ་ལྔ་ལས་འོད་ཟེར་འཕྲོས། འཕགས་པ་མཆོད། སེམས་ཅན་གྱི་དོན་བྱས། ཚུར་འདུས་ཡོངས་སུ་གྱུར་པ་ལས། དབུས་སུ་ཧཱུྃ་ལས་མ་གཅིག་ལབ་ཀྱི་སྒྲོན་མ་སྐུ་མདོག་དཀར་མོ་ཧྲུང་ཕྱིས་པ་ལྟ་བུ། ཞལ་གཅིག་ཕྱག་གཉིས། ཕྱག་གཡས་གསེར་གྱི་ཌཱ་མ་རུ་ནམ་མཁའ་ལ་འཁྲོལ་བ། གཡོན་དངུལ་དཀར་གྱི་དྲིལ་བུ་སྐུ་སྨད་ལ་བརྟེན་པ། སྤྱན་བར་སྣང་ལ་གཟིགས་པ། དབུ་སྐྲ་རལ་པའི་ཐོར་བཙུགས་གྱེན་དུ་བཅིངས་ཤིང་ལྷག་མ་སྐུ་རྒྱབ་ཏུ་གྲོལ་བ། རུས་པའི་རྒྱན་དྲུག་གིས་བརྒྱན་ཅིང་། ཞབས་གཡས་བསྐུམ་གཡོན་བརྐྱང་བའི་གར་ཐབས་སུ་བཞུགས་པ། ཤར་གྱི་ཟུར་པར་ཏ་ལས་རྡོ་རྗེ་མཁའ་འགྲོ་སྐུ་མདོག་སྔོན་མོ། ལྷོའི་ཟུར་པར་རི་ལས་རིན་ཆེན་མཁའ་འགྲོ་སྐུ་མདོག་སེར་མོ། ནུབ་ཀྱི་ཟུར་པར་ནི་ལས་པདྨ་མཁའ་འགྲོ་སྐུ་མདོག་དམར་མོ། བྱང་གི་ཟུར་པར་ས་ལས་ལས་ཀྱི་མཁའ་འགྲོ་སྐུ་མདོག་ལྗང་མོ། དེ་ཐམས་ཅད་ཀྱང་ཞལ་གཅིག་ཕྱག་གཉིས། གཡས་པ་རྣམས་ཀྱིས་རྡོ་རྗེ་དང་། རིན་པོ་ཆེ་དང་། པདྨ་དང་། རལ་གྲིས་མཚན་པའི་གྲི་གུག་འཛིན་ཅིང་། གཡོན་པ་རྣམས་ཀྱིས་ཐོད་པ་བདུད་རྩིས་གང་བ་བསྣམས་པ། གྲུ་མོ་ན་ཁ་ཊྭཱཾ་ག་བཙུག་པ། རྒྱན་ཆ་ལུགས་ཐམས་ཅད་ཡོངས་སུ་རྫོགས་པའི་སྐུར་གྱུར་པའོ། །ཞེས་པ་ནས། བཛྲ་ས་མཱ་ཛཿའི་བར་དང་། དེ་རྣམས་ཐམས་ཅད་ལས་འོད་ཟེར་དཀར་དམར་མཐིང་གསུམ་བྱུང་། མེ་ལོང་། ཐོད་པ། བུམ་པར་ཐིམ་པས་གཉིས་སུ་མེད་པའི་རང་བཞིན་ཅན་དུ་གྱུར། ཏཊ་ཕྣའི་ཐུགས་ཀྱི་མཐར། ཏ་རི་ནི་ས་འདོགས་ཏེ། བརྒྱ་ཙམ་བཟླས་ནས། མེ་ལོང་

ཐོད་པ་དུང་ཆོས་འོད་དུ་ཞུ་ནས་བུམ་པའི་ཆུར་གྱུར། དེ་ནས་ལག་མཆོད་བྱེད་པ་སྟེ། གཡོན་པའི་མཐེབ་སྲིན་གྱིས་ནང་མཆོད་གཡས་སྐོར་དུ་བཀྲུམ་པོར་ལན་གསུམ། ཨོཾ་ཨཱཿཧཱུྃ་དང་བཅས་ནས་བསྐོར་བའི་མཐར། མཐེབ་སྲིན་གྱིས་ནང་མཆོད་ནམ་མཁར་གཏོར་ཞིང་། ཆོས་སྐུ་ཡུམ་ཆེན་མོའི་ཞལ་དུ་ཨོཾ་ཨཱཿཧཱུྃ། སོགས་ནས། འདིའི་བརྒྱུད་པའི་བླ་མ་རྣམས་ཀྱི་མཚན་རེ་རེ་ནས་སྨོས་ཏེ། རྩ་བའི་བླ་མ་ཡན་དང་། དེ་ནས་ཡི་དམ་ཆོས་སྐྱོང་། མཐར་གཞི་བདག་གནས་བདག་སོགས་ལ་ཡང་སྦྱིན་ནོ། །མཐར་ཨོཾ་ཨཱཿཧཱུྃ་གིས་རང་གི་ལྕེ་ཐོག་ཏུ་བཞག་ཅིང་དངོས་གྲུབ་བླང་བར་བྱའོ། །དེ་ནས་ལས་བུམ་བསྒྲུབ་པར་བྱ་སྟེ། སྭ་བྷཱ་ཝས་སྦྱངས། སྟོང་པའི་ངང་ལས། ལས་བུམ་དུ་པདྨ་དང་ཉི་མའི་སྟེང་དུ། བགེགས་མཐར་བྱེད་སྐྱ་མདོག་སྔོན་མོ་ཞལ་གཅིག་ཕྱག་གཉིས་པ་གཅིག་ཏུ་གྱུར། ཨརྒྷཾ་སོགས་ཀྱིས་མཆོད། ཧཱུྃ། བདེ་གཤེགས་བརྒྱུད་པའི་ཕྲིན་ལས་སྐྱོང་། །དྲག་པོའི་ང་རོ་རབ་སྒྲོགས་ཤིང་། །འཇིགས་པའི་གཟུགས་ཀྱིས་གདུག་པ་འདུལ། །ཛམ་བཛྲེད་ཁྲོ་རྒྱལ་སྐུ་ལ་ཕྱག་འཚལ་བསྟོད། །སོགས་ཀྱིས་བསྟོད་ནས་ཐུགས་ཀར་ཉི་མའི་དཀྱིལ་འཁོར་གྱི་སྟེང་དུ། ཧཱུྃ་ཡིག་གི་མཐའ་བསྐོར་དུ། ཨོཾ་ཨཱཿབིགྷྣཱནྟ་ཀྲིཏ་ཧཱུྃ་ཕཊ། བརྒྱ་རྩ་བཟླས་སོ། །

དེ་ནས་མདུན་བསྐྱེད་བསྒྲུབ་པ་ནི། ཨོཾ་སྭ་བྷཱ་ཝ་ཤུདྡྷཿསརྦ་དྷརྨཱཿསྭ་བྷཱ་ཝ་ཤུདྡྷོ྅ཧཾ། སྟོང་པ་ཉིད་དུ་གྱུར། སྟོང་པའི་ངང་ལས་རང་གི་མདུན་གྱི་ནམ་མཁའི་གནས་སུ། པཾ་ལས་སྣ་ཚོགས་པདྨ་འདབ་མ་བཞི་པའི་ཟེ་འབྲུར། རླུ་བའི་དཀྱིལ་འཁོར་གྱི་སྟེང་དུ་ཡི་གེ་ཧཱུྃ་ཡིག་དཀར་པོ། པད་འདབ་བཞི་ལ་ཏ་རི་ནི་སའི་ཡི་གེ་ལྔ་ལས་འོད་ཟེར་འཕྲོས། འཕགས་པ་མཆོད། སེམས་ཅན་གྱི་དོན་བྱས། ཚུར་འདུས་ཡོངས་སུ་གྱུར་པ་ལས། དབུས་སུ་ཧཱུྃ་ལས་མ་གཅིག་ལབ་ཀྱི་སྒྲོན་མ་སྐུ་མདོག་དཀར་མོ་དུང་ཕྲེས་པ་ལྟ་བུ། ཞལ་གཅིག་ཕྱག་གཉིས། ཕྱག་གཡས་པས་གསེར་གྱི་ཌཱ་མ་རུ་ནམ་མཁའ་ལ་འཁྲོལ་བ། གཡོན་པས་དྲིལ་དཀར་གྱི་དྲིལ་བུ་སྐུ་སྨད་ལ་

བཏེན་པ། སྤྱན་བར་སྣང་ལ་གཟིགས་པ། དབུ་སྐྲ་རལ་པའི་ཐོར་བཙུགས་གྱེན་དུ་བཅིངས་ཤིང་། ལྷག་མས་སྐུ་རྒྱབ་ཁེབས་པ། རུས་པའི་རྒྱན་ཆ་དྲུག་གིས་བརྒྱན་ཅིང་། ཞབས་གཡས་བསྐུམ་གཡོན་བརྐྱང་བས་གར་ཐབས་སུ་བཞུགས་པ། དེའི་ཤར་དུ་ཧ་ལས་རྡོ་རྗེ་མཁའ་འགྲོ་མ་སྐུ་མདོག་སྔོན་མོ། ལྷོར་རི་ལས་རིན་ཆེན་མཁའ་འགྲོ་མ་སྐུ་མདོག་སེར་མོ། ནུབ་ཏུ་ནི་ལས་པདྨ་མཁའ་འགྲོ་མ་སྐུ་མདོག་དམར་མོ། བྱང་དུ་ས་ལས་ལས་ཀྱི་མཁའ་འགྲོ་སྐུ་མདོག་ལྗང་གུ། དེ་ཐམས་ཅད་ཀྱང་ཞལ་གཅིག་ཕྱག་གཡས་པ་རྣམས་ཀྱིས་རྡོ་རྗེ་དང་། རིན་པོ་ཆེ་དང་། པདྨ་དང་། རལ་གྲིས་མཚན་པའི་གྲི་གུག་དང་། གཡོན་པ་རྣམས་ཀྱིས་ཐོད་པ་བདུད་རྩིས་བཀང་བ་བསྣམས་ཤིང་། གྲུ་མོ་ན་ཁ་ཏྭཱཾ་ག་བཙུག་པ། རྒྱན་ཆ་ལུགས་ཐམས་ཅད་ཡོངས་སུ་རྫོགས་པའི་སྐུར་གྱུར། མ་ཛོ་མོའི་སྙན་གོང་གཡས་ཕྱོགས་སུ་པདྨ་དང་ཟླ་བ་སྟེང་དུ། ཕ་དམ་པ་སངས་རྒྱས་སྐུ་མདོག་ནག་ལ་སྨུམ་པ་གཟི་བརྗིད་དང་ལྡན་པ། ཨ་ཙ་རའི་ཆ་བྱད་ཅན། ཞལ་གཅིག་ཕྱག་གཉིས་ཀྱི་གཡས་པས་ཌཀྐ་ཧུག་སྒྲིད་ནམ་མཁའ་ལ་འཁྲོལ་བ། གཡོན་པས་མི་རྐང་གི་གླིང་བུ་འབུད་པ། གྲུབ་ཐོབ་རྒྱ་མཚོ་ལྷ་བུའི་དབུས་ན་ཞབས་རྡོ་རྗེའི་དཀྱིལ་མོ་ཀྲུང་གིས་བཞུགས་པའོ། །མ་ཛོ་མོའི་སྙན་གོང་གཡོན་ཕྱོགས་སུ་པདྨ་དང་ཉི་མའི་སྟེང་དུ་རྗེ་བཙུན་རྡོ་རྗེ་རྣལ་འབྱོར་མ་སྐུ་མདོག་དམར་མོ་ཞལ་གཅིག་ཕྱག་གཉིས། ཕྱག་གཡས་པས་རྡོ་རྗེས་མཚན་པའི་གྲི་གུག་ནམ་མཁའ་ལ་འཕྱར་ཞིང་། གཡོན་པས་ཐོད་ཁྲག་ཐུགས་ཀར་བསྣམས་པ། ཐོད་པ་སྐམ་པོ་ལྔ་ཡིས་དབུ་བརྒྱན་ཅིང་། རློན་པ་ལྔ་བཅུ་རྩ་གཅིག་གིས་དོ་ཤལ་བྱས་པ། ཞབས་གཡས་བསྐུམ་ཞིང་གཡོན་བརྐྱང་བས་ཁ་ཏྭཱཾ་ག་ལ་འཁྱུད་པ། རྒྱན་ཆ་ལུགས་ཐམས་ཅད་ཡོངས་སུ་རྫོགས་

པའི་སྐུར་གྱུར། དེ་ལ་རིགས་བཞི་མཁའ་འགྲོའི་ཚོགས་དཔག་ཏུ་མེད་པས་བསྐོར་བའོ། །མ་ཛོ་མོའི་དབུ་ཐོག་ཏུ་པདྨ་དང་ཟླ་བའི་གདན་ལ། སངས་རྒྱས་ཤཱཀྱ་ཐུབ་པ་སྐུ་མདོག་གསེར་བཙོ་མའི་མདོག་ལྟ་བུ་ཞལ་གཅིག་ཕྱག་གཉིས་གཡས་ས་གནོན། གཡོན་མཉམ་བཞག་གི་ཕྱག་རྒྱ་མཛད་པ། འོད་དང་འོད་ཟེར་རབ་ཏུ་འཕྲོ་བ། དེ་ལ་འདས་མ་འོངས་ད་ལྟར་དུས་གསུམ་གྱི་སངས་རྒྱས་དང་བྱང་ཆུབ་སེམས་དཔའ་ཉན་ཐོས་དང་རང་སངས་རྒྱས་ཀྱི་ཚོགས་ཀྱིས་བསྐོར་ནས་བཞུགས་པའོ། །དེའི་དབུ་ཐོག་ཏུ་པདྨ་དང་ཟླ་བའི་གདན་ལ་ཆོས་སྐུ་ཡབ་ཡུམ་ཆེན་མོ་སྐུ་མདོག་གསེར་བཙོ་མའི་མདོག་ལྟ་བུ། ཞལ་གཅིག་ཕྱག་བཞི་མ། ཕྱག་གཡས་ཀྱི་དང་པོས་རྡོ་རྗེ། གཡོན་དང་པོས་པོ་ཏི་འཛིན་པ། འོག་མ་གཉིས་མཉམ་བཞག་གི་ཕྱག་རྒྱ་མཛད་པ་སྐུ་ལ་དར་དང་རིན་པོ་ཆེའི་རྒྱན་རྣམ་པ་སྣ་ཚོགས་ཀྱིས་བརྒྱན་ཅིང་། ཞབས་རྡོ་རྗེའི་དཀྱིལ་མོ་ཀྲུང་གིས་བཞུགས་པ། དེ་ལ་སྨྲས་ཕྱོགས་བཅུའི་སངས་རྒྱས་དང་བྱང་ཆུབ་སེམས་དཔའི་ཚོགས་ཀྱིས་བསྐོར་ནས་བཞུགས་པའོ། །དེའི་སྟེང་གི་ཆ་ལ་རྣམ་པར་སྣང་མཛད། གཡས་སུ་དཔའ་བོ། གཡོན་དུ་དཔའ་མོ། མདུན་དུ་སྒྲོལ་མ། རྒྱབ་ཏུ་གངས་ཆེན་མཚོ་རྒྱལ། དེའི་རྒྱབ་ཏུ་དམ་པ་ཆོས་སྐྱོང་བའི་སྲུང་མའི་ཚོགས་དང་བཅས་པས་ནམ་མཁའ་ས་གཞི་བར་སྣང་ཐམས་ཅད་གང་བ། སྣང་ལ་རང་བཞིན་མེད་པ་མེ་ལོང་ནང་གི་གཟུགས་བརྙན་ལྟ་བུའི་སྐུར་གྱུར། ལྷ་ཚོགས་དེ་དག་ཐམས་ཅད་ཀྱི་དཔྲལ་བར་ཨོཾ། མགྲིན་པར་ཨཱཿ ཐུགས་ཀར་ཧཱུྃ་ལས་འོད་ཟེར་འཕྲོས་པས། ཆོས་ཀྱི་དབྱིངས་ནས་ཆོས་སྐུ་ཡུམ་ཆེན་མོ་ལ་སངས་རྒྱས་དང་བྱང་ཆུབ་སེམས་དཔའ། གྲུབ་ཐོབ་གཅོད་ཡུལ་བརྒྱུད་པའི་ལྷ་ཚོགས་དང་བཅས་པས་བསྐོར་བ་མདུན་གྱི་ནམ་མཁའི

གནས་སུ་སྤྱན་དྲངས། བཛྲ་ས་མ་ཛཿཛཿ རོལ་མོ་བྱ། ཧཱུྃ། མ་ལུས་སེམས་ཅན་ཀུན་གྱི་མགོན་གྱུར་ཅིང་། །བདུད་སྡེ་དཔུང་བཅས་མི་ཟད་འཇོམས་མཛད་ལྷ། །དངོས་རྣམས་མ་ལུས་ཇི་བཞིན་མཁྱེན་གྱུར་པའི། །ཡུམ་ཆེན་འཁོར་བཅས་གནས་འདིར་གཤེགས་སུ་གསོལ། །ཡུམ་ཆེན་འདིར་ནི་བྱོན་པ་ལེགས། །བདག་ཅག་བསོད་ནམས་སྐལ་བར་ལྡན། །བདག་གི་མཆོད་ཡོན་བཞེས་སླད་དུ། །འདི་ཉིད་དུ་ནི་བཞུགས་སུ་གསོལ། པདྨ་ཀ་མ་ལ་ཡ་སྟྭཾ། ཛཿཧཱུྃ་བཾ་ཧོཿ དེ་རྣམས་ཀྱི་སྐུ་གསུང་ཐུགས་ལས་འོད་ཟེར་དཀར་དམར་མཐིང་གསུམ་བྱུང་། རང་གི་ལུས་ངག་ཡིད་གསུམ་ལ་ཐིམ་པས་གཉིས་སུ་མེད་པར་གྱུར། བཀླས་པ་གོང་བཞིན་བྱ། ཡོན་ཆབ་ཁྲུས་ཆབ་བདུག་སྤོས་དང་། །མེ་ཏོག་མར་མེ་དྲི་མཆོག་དང་། །ཞལ་ཟས་རོལ་མོའི་མཆོད་པ་རྣམས། །ཡུམ་ཆེན་འཁོར་དང་བཅས་ལ་འབུལ། །འཁོར་ལོ་ནོར་བུ་བཙུན་མོ་དང་། །བློན་པོ་གླང་པོ་རྟ་མཆོག་དང་། །དམག་དཔོན་རིན་ཆེན་སྣ་བདུན་ཡང་། །ཡུམ་ཆེན༔ སྒེག་མོ་ཕྲེང་བ་གླུ་མ་གར། །སྤོས་དང་མེ་ཏོག་མར་མེ་དྲི། །ཕྱི་ནང་སྒེག་མོ་བརྒྱད་པོ་ཡང་། །ཡུམ་ཆེན་འཁོར་དང༔ ས་གཞི་སྤོས་ཆུས་བྱུགས་ཤིང་མེ་ཏོག་བཀྲམ། །རི་རབ་གླིང་བཞི་ལེགས་པར་བརྒྱན་པ་འདི། །སངས་རྒྱས་ཞིང་དུ་དམིགས་ཏེ་ཕུལ་བ་ཡིས། །འགྲོ་ཀུན་རྣམ་དག་ཞིང་དུ་བགྲོད་པར་ཤོག །གུ་རུ་རཏྣ་མཎྜ་ལ་པཱུ་ཛ་མེ་ཁཱ་ས་མུ་དྲ་སྥ་ར་ཎ་ས་མ་ཡ་ཨཱཿཧཱུྃ། གང་གི་དྲིན་གྱིས་བདེ་ཆེན་ཉིད། །སྐད་ཅིག་ཉིད་ལ་འཆར་བ་གང་། །བླ་མ་རིན་ཆེན་ལྟ་བུའི་སྐུ། །རྡོ་རྗེ་ཅན་ཞབས་པད་ལ་འདུད། །སངས་རྒྱས་ཀུན་གྱི་རང་བཞིན་སྐུ། །སློབ་དཔོན་ལ་ནི་བདག་སྐྱབས་མཆི། །དང་པོར་མེ་ཏོག་ཕོག་པ་ཡི། །དཀྱིལ་འཁོར་ལྷ་ཚོགས་རྣམས་ལ་འདུད། །སྒྲ་བསམ་བརྗོད་མེད་ཤེས་

རབ་ཕ་རོལ་ཕྱིན། །མ་སྐྱེས་མི་འགག་ནམ་མཁའི་ངོ་བོ་ཉིད། །སོ་སོ་རང་རིག་ཡེ་ཤེས་སྤྱོད་ཡུལ་བ། །དུས་གསུམ་རྒྱལ་བའི་ཡུམ་ལ་ཕྱག་འཚལ་ལོ། །ལྷ་བས་མི་ངོམས་འགྲོ་བའི་དཔལ་དུ་ཤར། །ཞལ་གཅིག་ཕྱག་བཞི་བཙོ་མ་གསེར་གྱི་མདོག །རིན་ཆེན་རྒྱན་སྤྲས་རྡོ་རྗེ་དཀྱིལ་ཀྲུང་བཞུགས། །རྒྱལ་བའི་ཡུམ་གྱུར་ཁྱེད་ལ་ཕྱག་འཚལ་ལོ། །ཞིང་ཁམས་ཐམས་ཅད་གསེར་གྱི་ས་གཞི་ལ། །རིན་ཆེན་རྣམ་པ་མང་པོ་བཅལ་དུ་བཀྲམ། །མེ་ཏོག་པུཎྜ་རི་ཀ་ཆར་ལྟར་འབབ། །ཡུམ་ཆེན་སྒྲོལ་མ་དེ་ལ་ཕྱག་འཚལ་ལོ། །མགོན་པོ་ཐུགས་རྗེ་ཆེར་ལྡན་པ། །ཐམས་ཅད་ཀུན་མཁྱེན་སྟོན་པ་པོ། །བསོད་ནམས་ཡོན་ཏན་རྒྱ་མཚོའི་ཞིང་། །དེ་བཞིན་གཤེགས་ལ་ཕྱག་འཚལ་ལོ། །དག་པས་འདོད་ཆགས་བྲལ་བའི་རྒྱུ། །དགེ་བས་ངན་སོང་ལས་གྲོལ་ཞིང་། །གཅིག་ཏུ་དོན་དམ་མཆོག་གྱུར་པའི། །ཞི་གྱུར་ཆོས་ལ་ཕྱག་འཚལ་ལོ། །གྲོལ་ནས་གྲོལ་བའི་ལམ་ཡང་སྟོན། །བསླབ་པ་དག་ལ་རབ་ཏུ་གུས། །ཞིང་གི་དམ་པ་ཡོན་ཏན་ལྡན། །དགེ་འདུན་རྣམས་ལ་ཕྱག་འཚལ་ལོ། །བྱ་སྤྱོད་རྣལ་འབྱོར་རྒྱུད་སྡེ་བཞི། །སྟོན་པ་ཉིད་ཀྱི་གང་གསུངས་པ། །ཕྱི་དང་ནང་དང་གསང་བ་ཡི། །ཡི་དམ་རྣམས་ལ༔ སྟོན་པའི་བསྟན་པ་རིན་པོ་ཆེ། །སྟོན་པ་ཉིད་ཀྱི་ཞབས་དྲུང་དུ། །ཇི་བཞིན་བསྲུང་བར་ཞལ་བཞེས་པའི། །ཆོས་སྐྱོང་རྣམས་ལ༔ ཕྱག་བྱར་འོས་པ་ཐམས་ཅད་ལ། །ཞིང་རྡུལ་ཀུན་གྱི་གྲངས་སྙེད་ཀྱིས། །ལུས་བཏུད་པ་ཡིས་རྣམ་ཀུན་ཏུ། །མཆོག་ཏུ་དད་པས་ཕྱག་འཚལ་ལོ། །མ་ཛ་མོ་དང་ཡུམ་ཆེན་མོ་ལ་སོགས་ལྷ་ཚོགས་རྣམས་ཀྱི་ཐུགས་ཀར་ཡི་གེ་ཧཱུྃ་དཀར་པོའི་མཐར། གཡས་བསྐོར་དུ། ཧཱུྃ་ཧྲཱིཿ ཨོཾ་ག་ཏེ་ག་ཏེ་པ་ར་ག་ཏེ་པ་ར་སཾ་ག་ཏེ་བོ་དྷི་ཡེ་སྭཱ་ཧཱ། ཞེས་པའི་སྔགས་ཀྱིས་གཡས་བསྐོར་དུ་འཁོར་བ་ལ་དམིགས་ནས

ཕྲུགས་མང་དུ་བགྲང་། ལྷ་ཚོགས་རྣམས་ཀྱི་སྐུ་གསུང་ཐུགས་ཀྱི་ཆ་ལས་འོད་ཟེར་གྱི་ཚོགས་དཔག་ཏུ་མེད་པ་འཕྲོས། རང་གི་ལུས་ངག་ཡིད་གསུམ་ལ་ཐིམ། སྡིག་པ་དང་སྒྲིབ་པ་ཐམས་ཅད་རྐང་མཐིལ་དུ་ནག་ཉུ་རུ་རུ་བུད་པས། རང་གི་ལུས་སྣང་ལ་རང་བཞིན་མེད་པའི་རྐང་མཐིལ་གཉིས་སུ་སེམས་ཉིད་ཀྱི་ངོ་བོ་ཐིག་ལེ་དཀར་པོ་བྱ་མ་གསར་གྱི་སྒོ་ང་ཙམ་དཀར་ལ་འཚེར་བ་འཕོ་ལ་ཁད་པ་གཅིག་བསྒོམ་དེ་རིམ་གྱིས་ཕཊ་བྱས་པས་རྐང་པའི་ལོང་བུར་སླེབ། ཕཊ་བྱས་པས་པུས་མོར་སླེབ། ཕཊ་བྱས་པས་གསང་གནས་སུ་སླེབ། ཐིག་ལེ་གཉིས་གཅིག་ཏུ་འདྲེས། ཡང་ཕཊ་བྱས་པས་ལྟེ་བར་སླེབ། ཕཊ་བྱས་པས་སྙིང་གར་སླེབ། ཕཊ་བྱས་པས་མགྲིན་པར་སླེབ། ཕཊ་བྱས་པས་སྤྱི་གཙུག་ཚངས་པའི་བུ་ག་ནས་རྒྱངས་ཀྱིས་ཐོན་ནས། ཕཊ་བྱས་པས་མ་ཇོ་མོའི་ཐུགས་ཀར་ཐིམ། ཕཊ་བྱས་པས། མ་ཇོ་མོའི་ཐུགས་ཟབ་ཞི་སྒྲོས་དང་བྲལ་བའི་རང་བཞིན་ཅན་དང་། རང་གི་སེམས་ཉིད་དབྱེར་མེད་དུ་འདྲེས་པར་བསམ་ལ་དམིགས་མེད་དུ་དར་གཅིག་བཞག །ཕཊ་བྱས་པས། མ་གཅིག་གི་ཐུགས་ཀ་ནས་སེམས་ཉིད་རྗེ་བཙུན་རྡོ་རྗེ་རྣལ་འབྱོར་མ་རྒྱན་ཆ་ལུགས་ཐམས་ཅད་ཡོངས་སུ་རྫོགས་པའི་སྐུར་ཞལ་གྱིས་བྱུང་། རང་གི་ཕུང་པོའི་མདུན་དུ་བྱོན་ནས། ཕྱག་གཡས་པའི་གྲི་གུག་རབ་ཏུ་རྣོ་བས་སྨིན་མཚམས་ཡན་ཆད་ཐད་ཀྱིས་བཅད། དུས་གཅིག་ཏུ་ཐོད་པ་བུམ་རིལ་གྱི་སྒྱིད་བུ་གསུམ་དུ་གྱུར་པའི་སྟེང་དུ། ཀ་པཱ་ལ་སྐར་གྱིས་བཙུགས། རྒྱ་ཁྱོན་ཆོས་ཀྱི་དབྱིངས་དང་མཉམ་པར་གྱུར། དེའི་ནང་དུ་རང་གི་ལུས་གཏུབས། ཉིལ་གྱི་སྤུངས། རླུང་གཡོས། མེ་སྦར། ཐོད་པ་དྲོས། རྫས་རྣམས་ཁོལ། རླངས་པ་འོད་ཟེར་གྱི་ཚུལ་དུ་ཡར་སོང་། སངས་རྒྱས་དང་བྱང་ཆུབ་སེམས་དཔའ་ཐམས་ཅད་ཀྱི་ཐུགས་ཀ་ནས་ཡེ་ཤེས་ཀྱི་བདུད་

ཙཻ་སྤྲིན་དྲངས། དམ་ཚིག་གི་བདུད་རྩི་དང་གཉིས་སུ་མེད་པར་གྱུར། ཡེ་ཤེས་ཀྱི་བདུད་རྩི་དཀར་ལ་སྨུམ་པ། སྣི་ལ་འབོལ་བ། རོ་མཆོག་བརྒྱད་དང་ལྡན་པར་གྱུར། ཨོཾ་ཨཱཿཧཱུྃ། ལན་གསུམ་བརྗོད། རང་གི་ཐུགས་ཀ་ནས་མཁའ་འགྲོ་མའི་ཚོགས་དཔག་ཏུ་མེད་པ་འཕྲོས། ཀ་པཱ་ལའི་བདུད་རྩི་བཅུས་ནས་ལྷ་ཚོགས་རྣམས་ཀྱི་ཕྱག་དུ་ཕུལ། ཕྱག་གིས་བཞེས། ཞལ་དུ་གསོལ། སྐུ་ལ་ཐིམ་པས་ཐུགས་མཆོག་མཉེས་པར་གྱུར། རྒྱས་པར་བྱེད་ན། མ་ཛོ་མོའི་ཕྱག་ཏུ་ཕུལ་བ་ལ་སོགས་ལྷ་ཚོགས་རྣམས་ལ་རྐང་ཐོན་དུ་འབུལ། གཞན་ཡང་གནས་གདོན་ལུས་གདོན་རྣམས་ཀྱིས་གཙེ་བྱས་པའི་རིགས་དྲུག་གི་སེམས་ཅན་རྣམས་ལ་སྦྱིན་ནོ། །གཉན་ས་དང་དྲག་པོའི་ལས་དགོས་ན། ཀ་པཱ་ལའི་ནང་གི་བདུད་རྩི་ཕྱིར་ལུད། སྟོང་གསུམ་གྱི་འཇིག་རྟེན་གྱི་ཁམས་ཐམས་ཅད། རོ་པོ་བདུད་རྩི་ལ་རྣམ་པ་ཤ་ཁྲག་གི་རྒྱ་མཚོ་ཆེན་པོས་གང་བར་གྱུར། རང་ཉིད་སྐད་ཅིག་གིས་རྗེ་བཙུན་རྡོ་རྗེ་རྣལ་འབྱོར་མ་སྐུ་མདོག་དམར་ནག་ཞལ་གཅིག་ཕྱག་གཉིས་སྤྱན་གསུམ་མཆེ་བ་བཞི་རབ་ཏུ་གཙིགས་པ། སྤྱན་གཡས་ཉི་མ། གཡོན་ཟླ་བ། དབུས་ཉི་ཟླ་པདྨ་ལས་གྲུབ་པ། ལྟེ་བ་མན་ཆད་གནམ་ལྕགས་ཀྱི་ཕུར་པ་ཟུར་དགུ་པ། རྩེ་ལ་རྡོ་བའི་ངར་དང་ལྡན་པ་གཅིག་ཏུ་གྱུར། དེའི་ཐུགས་ཀ་ནས་མཁའ་འགྲོ་མ་རང་འདྲ་བ་ཕྱག་གཡས་མི་ལྤགས་ཀྱི་གཡང་གཞི། གཡོན་པས་མི་རྐང་གི་གླིང་བུ་བསྣམས་པ་བསམ་གྱིས་མི་ཁྱབ་པ་སྟེ་འོག་ཕྱོགས་མཚམས་ཐམས་ཅད་དུ་སྤྲོས། དེ་ཐམས་ཅད་ཀྱིས་མི་ལྤགས་ཀྱི་གཡང་གཞི་བརྡབས་ཤིང་། མི་རྐང་གི་གླིང་བུ་བུས་པས། གནས་གདོན་ལུས་གདོན་གཉིས་ཀྱིས་གཙེ་བྱས་སྣང་སྲིད་ཀྱི་ལྷ་འདྲེ་ཐམས་ཅད་སྐད་ཅིག་གིས་ཅུབ་ཉིལ་གྱིས་འདུས་པར་བསམ་ལ། ཕཊ་མང་དུ་བརྗོད་ཅིང་། ངག་ཏུ། ཧཱུྃ། གཉན་ས་འདིར་གནས་ཀྱི་

ལྷ་འདྲེ་དང་། །སྐལ་ལྡན་བདག་ལ་ཆོ་འཕྲུལ་སྟོན་བྱེད་པ། །སྣང་ཞིང་སྲིད་པའི་ལྷ་འདྲེ་མ་ལུས་ཀུན། །ནམ་མཁའི་སྤྲིན་ཚོགས་བཞིན་དུ་འདུས་ལ་ཤོག །བར་སྣང་ཆར་པ་བཞིན་དུ་བབ་ལ་ཤོག །ས་གཞི་རླུང་དམར་བཞིན་དུ་འཚུབས་ལ་ཤོག །ཕཊ། ཁྱེད་ཅག་འཇིག་རྟེན་ལྷ་མ་སྲིན། །སྐྱེ་འགྲོའི་ཚེ་སྲོག་ཞུལ་མི་རྣམས། །ང་སྒྱུ་མ་གཟུགས་ཀྱི་ཕུང་པོ་འདི། །མི་རྟག་འཇིག་པའི་ཆོས་ཅན་ཏེ། །ཅིས་ཀྱང་མི་སྡོད་འདོར་བ་ལ། །འདྲེ་ཁྱོད་ལ་དགོས་ན་སུ་དགའ་ཁྱེར། །ཁོག་སྟོད་ཡ་བདུད་རྒྱལ་པོས་ཁྱེར། །ཁོག་སྨད་མ་བདུད་རྒྱལ་མོས་ཁྱེར། །སྙིད་པ་ཀླུ་བདུད་ཐེལ་རང་ཁྱེར། །རྒྱུ་མ་ཡུལ་འདྲེ་འཁྱམ་པོ་ཁྱེར། །ཕྱི་ཤ་ཕྱི་ཡི་ལྷ་འདྲེས་ཁྱེར། །བར་ཤ་བར་གྱི་ལྷ་འདྲེས་ཁྱེར། །ནང་ཤ་ནང་གི་ལྷ་འདྲེས་ཁྱེར། །ཤ་ལ་དགའ་བ་ཤ་ལ་རོལ། །ཤ་ཟན་ཅག་སྦྲ་ཧེ་རི་རི། །ཁྲག་ལ་མོས་པ་ཁྲག༔ ཁྲག་འཐུང་རུབ་སྦྲ་ཧེ་རི་རི། རུས་ལ་དགྱེས་པ༔ ཀང་རྟུང་ལྷ་བ་ཆེམས་སེ་ཆེམ། །སེང་གེ་ཤ་ལ་རོལ་བ་བཞིན། །ཕུད་ལྷག་མ་མེད་པར་མཆོད་པར་བཞེས། །སྤྱིར་ཁམས་གསུམ་སེམས་ཅན་སླུད་དུ་འབུལ། །སྒོས་དྲིན་ཅན་ཕ་མའི་དོན་དུ་བསྔོ། །ལུས་ཤ་ཁྲག་གི་མཆོད་སྤྲིན་འདི་བསྔོས་པས། །ཁྱེད་དགའ་མགུ་རངས་ཤིང་ཚིམ་གྱུར་ཅིག །སྔོན་ཆད་འཁོར་བ་ཐོག་མེད་ཀྱི། །བུ་ལོན་འཁྲིལ་ཐག་ཆོད་གྱུར་ཅིག །ཤ་མཁོན་སྡིག་སྒྲིབ་དག་གྱུར་ཅིག །སེམས་འགྱུ་བ་དངོས་མེད་སྟོང་པ་འདི། །འདྲེ་ཁྱོད་པས་ངས་ཀྱང་མཐོང་བ་མེད། །དམྱལ་ཁམས་བཅོ་བརྒྱད་དགྲར་ལངས་ཀྱང་། །འཇིགས་སོ་སྐམ་ན་རང་ལ་སྡིག །ང་སྟོང་ཉིད་ནམ་མཁའི་རྣལ་འབྱོར་པ། །འཕྲུལ་པའི་མཚན་ཉིད་ཤེས་པའི་ཕྱིར། །འདྲེ་ཁྱོད་ལ་ཉམ་ང་རྡུལ་ཙམ་མེད། །ཡར་ཐམས་ཅད་སེམས་ཀྱི་ཆོ་འཕྲུལ་ཡིན། །ཨེ་མ་ཁམས་གསུམ་འཁོར་བའི་ཆོས། །མེད་

བཞིན་སྣང་བ་ངོ་མཚར་ཆེ། །ཕཊ། ཡ་གི་སྤྱི་བོའི་གཙུག་མན་ཆད་ནས། མ་གི་རྐང་པའི་མཐིལ་ཡན་གྱི་ལྷ་བཅུ་གཉིས། མགོ་དང་བཅུ་གསུམ། ཀླད་པ་དང་ཀླད་རྒྱ། བཀྲག་དང་གཟི་མདངས། ནང་གྲོལ་རྣམ་པ་ལྔ། ཞག་དང་ཁོང་ཁྲག །དབུགས་དང་ཚེ་སྲོག །སྐྲ་དང་བ་སྤུ། རྐང་དང་ཚིལ་བུ། སོ་དང་སེན་མོ། ལྤགས་པ་དང་དྲི་མ་ཐམས་ཅད་འབུལ་ལོ། །སྣང་ཞིང་སྲིད་པའི་ལྷ་འདྲེ་ཁྱེད་རྣམས་ཀྱིས། ཤ་འདོད་པ་རྣམས་ཀྱིས་ཤ་ཟོ། ཁྲག་འདོད་པ་རྣམས་ཀྱིས་ཁྲག་འཐུང་། རུས་པ་འདོད་པ་རྣམས་ཀྱིས་རུས་པ་མུར། ཕཊ། སྤྱིར་ཁམས་གསུམ་སེམས་ཅན་གྱི་སྤྱུད་དུ་འབུལ། སྒོས་དྲིན་ཅན་ཕ་མའི་དོན་དུ་འབུལ། ཡང་སྒོས་ཆོས་མཛད་རྣམས་ཀྱིཿ ཁྱད་པར་དུ་དཔལ་ལྡན་བླ་མ་དམ་པའི་སྐུ་སྤྱུད་དུ་འབུལ། ཁྱེད་རྣམས་གནོད་སེམས་ཐམས་ཅད་ཞི་ནས། སངས་རྒྱས་ཀྱི་གོ་འཕང་རིན་པོ་ཆེ་ཐོབ་པར་གྱུར་ཅིག །ཕཊ། གནས་ཆོས་དབྱིངས་རྣམ་དག་གི་གཞལ་ཡས་ནས། །ཡུམ་ཆེན་ཤེས་རབ་ཕར་ཕྱིན་ལ་གསོལ་བ་འདེབས། །བདག་གསོལ་འདེབས་ཀྱི་བུ་ལ་བྱིན་གྱིས་རློབས། །རྐྱེན་ཕྱི་ནང་གི་བར་ཆད་ཞི་བ་དང་། །མཆོག་ཐུན་མོང་གཉིས་ཀྱི་དངོས་གྲུབ་སྩོལ། །བུ་སྐྱེ་བ་མེད་པར་ལམ་སྣ་དྲོངས། །འདི་མན་ཆད་འགྲེས། གནས་བྱ་རྒོད་ཕུང་པོའི་རི་བོ་ན། །རྫོགས་པའི་སངས་རྒྱས་ལ་གསོལ་བ་འདེབས། །སེང་ཆེན་བསྐོལ་བའི་ཁྲི་སྟེང་ན། །འཇམ་དཔལ་སྨྲ་བའི་སེང་གེ་ལཿ གནས་གཡུ་ལོ་བཀོད་པའི་ཞིང་ཁམས་ན། །རྗེ་བཙུན་འཕགས་མ་སྒྲོལ་མ་ལཿ གནས་འཛའ་འོད་འཁྱིལ་པའི་གུར་ཁང་ན། །མཁའ་འགྲོ་སུ་ཀ་སི་ཏི་ལཿ གནས་རྒྱ་གར་འཛག་སྤྱིལ་ཁ་སྦྱོར་ན། །བྲམ་ཟེ་ཨཪྱ་དེ་བཿ ཙང་ལ་སྟོད་དིང་རིའི་དགོན་པ་ན། །ཕ་དམ་པ་རྒྱ་གར་ལཿ གནས་ཟངས་རི་ཁང་དམར་གྱི་

དགོན་པ་ན། །མ་གཅིག་ལབ་ཀྱི་སྒྲོན་མ་ལ༔ གནས་བཀྲ་ཤིས་སླང་ལུང་དགོན་
པ་ན། །སྲུས་ཁམ་བུ་ཡ་ལེ་ལ༔ གནས་བཤག་རམ་དཔལ་གྱི་དགོན་པ་ན། །རྗེ་
ཀློ་ན་རྫོ་ལ་ལ༔ གནས་ཙ་རི་ཡེ་ཤེས་ཀྱི་འཁོར་ལོ་ན། །གྲུབ་ཐོབ་གནམ་མཚོ་དོ་
པ་ལ༔ གནས་བདེ་ཆེན་རྒྱལ་བའི་རི་ཁྲོད་ན། །ཆོས་རྗེ་རང་བྱུང་རྡོ་རྗེ༔ གནས་
ཤམ་པོ་གངས་ཀྱི་ར་བ་ན། །རྟོགས་ལྡན་བསམ་གཏན་རིན་ཆེན་ལ༔ གནས་གཉན་
ས་རི་ཁྲོད་ཀྱི་དགོན་པ་ན། །རྗེ་བཙུན་དགེ་འདུན་རྒྱལ་མཚན་ལ༔ གནས་སྣང་
སེམས་གཉིས་མེད་ཀྱི་དགོན་པ་ན། །རྒྱལ་སྲས་ཀུན་དགའ་རྒྱལ་མཚན་ལ༔ གནས་
ར་སྒོམས་སྐྱིད་པའི་དགོན་པ་ན། །རྟོགས་ལྡན་པདྨའི་དང་ཚུལ་ལ༔ གནས་ལྷུན་
གྲུབ་དཔལ་གྱི་དགོན་པ་ན། །མཚུངས་མེད་བློ་གྲོས་རིན་ཆེན་ལ༔ གནས་སྤྱི་
གཙུག་པད་ཟླའི་གདན་སྟེང་ན། །དྲིན་ཆེན་རྩ་བའི་བླ་མ་ལ༔ བདག་གསོལ་
འདེབས་ཀྱི་བུ་ཚོ་ལ་བྱིན་གྱིས་རློབས། །རྐྱེན་ཕྱི་ནང་གི་བར་ཆད་ཞི་བ་དང་། །མཆོག་
ཐུན་མོང་གི་དངོས་གྲུབ་སྩོལ་དུ་གསོལ། །བུ་སྐྱེ་བ་མེད་པར་ལམ་སྣ་དྲོངས། །ཕཊ།

མ་གཅིག་གིས་དམ་པ་ལ་བསྟོད་པ་ནི། རྗེ་བླ་མ་རྣམས་ལ་ཕྱག་འཚལ་བསྟོད། །བཀའ་བརྒྱུད་
རྣམས་ལ་གསོལ་བ་འདེབས། །སློས་བཀའ་དྲིན་ཅན་གྱིས་བྱིན་གྱིས་རློབས། །གནས་
མཆོག་ཡ་གི་ཡ་གི་ན། །ཕྱི་བསྐོར་གཅིག་བསྐོར་གཉིས་བསྐོར་དང་གསུམ། །ཕྱི་
བསྐོར་བ་ལྕུགས་རི་མུ་ཁྱུད་བསྐོར། །བར་བསྐོར་བ་ལྕོ་རྒྱལ་འཛམ་བུ་གླིང་། །ནང་
བསྐོར་བ་དིང་རི་གླ་འཁོར་བསྐོར། །རི་མཁན་པ་ཁྲོད་ཀྱི་དགོན་པ་ན། །ཏ་གི་
པད་ཟླའི་གདན་སྟེང་ན། །གནས་དེ་ན་སུ་བཞུགས་སུ་མི་བཞུགས། །གནས་དེ་
ན་དམ་པ་རྒྱ་གར་བཞུགས། །སྐུ་འབྲངས་པ་རྒྱ་གར་ཡུལ་དུ་འབྲངས། །གསུང་
བསྒྲག་པ་བོད་ཡུལ་དབུས་སུ་བསྒྲག །རྗེ་འགྲོ་བའི་མགོན་པོ་རྡོ་རྗེ་འཆང་། །སྒྲ་

བའི་སེང་གེ་མཚུངས་པ་མེད། །དཔལ་ཆེན་བིཏྨ་ཏྲོད་ཚད་མཁན། །ཨཏྲ་དེ་བ་སྒྲ་ཚད་མཁན། །དམ་པ་སུ་ཏིག་རྒྱུད་སྡེ་མཁན། །རྗེ་མི་ཕམ་མགོན་པོ་བཅོམ་ལྡན་འདས། །འཛམ་བུ་གླིང་གི་རྒྱན་གཅིག་པོ། །རྗེ་འགྲོ་བའི་མགོན་པོ་ལ་གསོལ་བ་འདེབས། །འགྲོ་བའི་མགོན་པོས་བྱིན་གྱིས་རློབས། །རྗེ་དམ་པ་སངས་རྒྱས་རིན་པོ་ཆེ། །ཕོང་སྐྱེང་ན་ལྷ་ཚོགས་ཐིབས་སེ་ཐིབས། །གཡས་ན་དཔའ་བོ་ངར་དང་བཅས། །གཡོན་ན་དཔའ་མོ་མདངས་དང་ལྡན། །མདུན་ན་དམ་ཅན་སྲུངས་སེ་སྲུང་། །རྒྱབ་ན་ཌཱ་ཀི་ཤིགས་སེ་ཤིགས། །འོག་ན་གདོན་ཚོགས་མྱ་ལ་ལ། །རྗེ་དེར་བཞུགས་དམ་པ་ལ་གསོལ་བ་འདེབས། །དེར་བཞུགས་དམ་པས་བྱིན་གྱིས་རློབས། །དེར་བཞུགས་དམ་པས་བར་ཆོད་སོལ། །དེར་བཞུགས་དམ་པས་ལམ་སྣ་ཏྲོངས། །ཧཱུྃ། ཕ་ནག་པོ་ཆེན་པོ་གཟི་མདངས་ཅན། །སྐུ་སྟོད་སེང་ཆེན་འཁྱིང་བ་འདྲ། །དེ་བདུད་བཞི་ཟིལ་གྱིས་གནོན་པའི་རྟགས། །སྨེད་པ་རྡོ་རྗེ་བསྐྱིལ་བ་འདྲ། །དེ་འཁྲུལ་གཞི་རྩད་ནས་གཅོད་པའི་རྟགས། །ཞབས་གཉིས་ཐ་བྲན་གཤིབས་པ་འདྲ། །དེ་བྱང་ཆུབ་ཀྱི་རྒྱུན་ལམ་འདྲེན་པའི་བརྡ། །སྐུ་མདོག་ནག་ལ་སྣུམ་པ་དེ། །ཆོས་ཉིད་ལ་འགྱུར་བ་མེད་པའི་བརྡ། །དབུ་སྐྲ་ནག་སྣུམ་གྱེན་ལ་འཁྱིལ་བ་དེ། །མཐོ་རིས་ཐར་ལམ་ཕྱེད་པའི་བརྡ། །སྤྱན་མིག་དམར་ལ་སྤྱན་རྩ་འཁྲུག་པ་དེ། །སྣང་སྲིད་ཟིལ་གྱིས་གནོན་པའི་བརྡ། །ཚེམས་མདོག་དཀར་ལ་ཚེམས་རྩེ་རྣོ་བ་དེ། །སྐྱེ་ཤི་རྩད་ནས་གཅོད་པའི་བརྡ། །ཕྱག་སོར་མོ་རིང་ལ་ཕྱག་སེན་རྣོ་བ་དེ། །སྐལ་ལྡན་ཐར་ལམ་འདྲེན་པའི་བརྡ། །ཕྱག་སོར་མོ་ཟངས་འཁྲུག་བཀྲམ་པ་འདྲ། །དེ་དུག་གསུམ་རྩད་ནས་གཅོད་པའི་བརྡ། །རྗེ་རིས་འགའ་ཉིན་མཚན་འཁོར་ཡུག་གཟིམས། །དེ་སྒོམ་གཉུག་མ་ལ་རྒྱུན་ཆད་མེད་པའི་བརྡ། །རྗེ་རིས་

འགའ་རྗེན་འཁྲིལ་སྣ་ཚོགས་མཛད། །དེ་བཀའ་འཁོར་བྱིན་གྱིས་བརླབ་པའི་བཟླ། །ཧྲཱི་རེས་འགའ་སྐྱོན་པའི་བརྟུལ་ཞུགས་མཛད། །དེ་འཁོར་གྱི་བར་ཆད་སེལ་བའི་བཟླ། །ཧྲཱི་དེར་བཞུགས་དམ་པ་ལ་གསོལ་བ་འདེབས། །དེར་བཞུགས་དམ་པས་བྱིན་གྱིས་རློབས། །ཧྲཱི་རྒྱང་ན་བཞུགས་ན་མོས་ཕྱག་འཚལ། །དྲུང་ན་བཞུགས་ན་གུས་ཕྱག་འཚལ། །ཡིད་མོས་གུས་ཀྱི་ཕྱག་ལ་ཉེ་རིང་མེད། །གསོལ་བ་སེམས་ཀྱི་དཀྱིལ་ནས་འདེབས། །བྱིན་རླབས་ཐུགས་ཀྱི་ཀློང་ནས་ཞུ། །ཧྲཱི་སྐུའི་བྱིན་རླབས་ལུས་ལ་ཞུགས། །ལུས་ན་ཚའི་སྡུག་བསྔལ་ཞི་བར་མཛོད། །ལུས་ལ་བདེ་དྲོད་འབར་དུ་གསོལ། །ལུས་ཀྱི་སྒྲིབ་པ་དག་ནས་ཀྱང་། །ལུས་སྤྲུལ་སྐུ་ཐོབ་པར་མཛད་དུ་གསོལ། །ཧྲཱི་གསུང་གི་བྱིན་རླབས་ངག་ལ་ཞུགས། །ངག་འགགས་འཛེར་གྱི་སྡུག་བསྔལ་ཞི་བར་མཛོད། །ངག་ལ་ནུས་པ་འབར་དུ་གསོལ། །ངག་གི་སྒྲིབ་པ་དག་ནས་ཀྱང་། །ངག་ལོངས་སྐུ་ཐོབ་པར་མཛད་དུ་གསོལ། །ཧྲཱི་ཐུགས་ཀྱི་བྱིན་རླབས་སེམས་ལ་ཞུགས། །སེམས་ཉོན་མོངས་ཀྱི་སྡུག་བསྔལ་ཞི་བར་མཛོད། །སེམས་ལ་རྟོགས་པ་འཆར་དུ་གསོལ། །སེམས་ཀྱི་སྒྲིབ་པ་དག་ནས་ཀྱང་། །སེམས་ཆོས་སྐུ་ཐོབ་པར་མཛད་དུ་གསོལ། །རྒྱུ་འདོད་ཆགས་ཞེ་སྡང་གཏི་མུག་གསུམ། །དུག་གསུམ་རང་སར་ཞི་རུ་གསོལ། །རྐྱེན་ཕོ་གདོན་མོ་གདོན་ཀླུ་གདོན་གསུམ། །གདོན་གསུམ་རང་སར་ཡལ་དུ་གསོལ། །ནད་རླུང་མཁྲིས་བད་ཀན་འདུ་བ་བཞི། །བཞི་བརྒྱ་རྩ་བཞི་རང་སར་ཞི་རུ་གསོལ། །ཆོས་སྐུ་ལོངས་སྐུ་སྤྲུལ་སྐུ་གསུམ། །སྐུ་གསུམ་མངོན་དུ་འཆར་དུ་གསོལ། །གཞན་དོན་དཔག་མེད་འབྱུང་བར་བྱིན་གྱིས་རློབས། །

མ་གཅིག་གི་བསྟོད་པ་ནི། ཧཱུྃ། མ་ཡུམ་ཆེན་ཐུགས་ལས་སྤྲུལ་པའི་ཐུགས་ཀྱི་སྲས། །མ་

གཅིག་ཇོ་མོ་རྣལ་འབྱོར་མ། །མ་ཕ་རོལ་ཕྱིན་པའི་གྲུབ་ཐོབ་མ། །སྐལ་ལྡན་ཀུན་གྱི་རྒྱུད་གྲོལ་མ། །བདག་དང་མོས་པའི་བུ་སློབ་ལ། །བྱིན་གྱིས་བརླབ་པར་མཛད་དུ་གསོལ། །མ་སྐུ་ལུས་ཚུང་ལ་གཟི་བརྗིད་ཆེ། །སྐུ་ཤ་དཀར་ལ་འོད་ཟེར་འབར། །སྐྱེ་བ་དམའ་ལ་དགོངས་པ་མཐོ། །ཀུན་དང་མཐུན་པའི་སྤྱོད་པ་ཅན། །དུས་གསུམ་སངས་རྒྱས་ཀུན་གྱི་གདུང་འཛིན་མ། །བདག་དང་༔ བྱིན་རླབས༔ མ་སེར་སྣ་མེད་པའི་དོན་རྟོགས་ཤིང་། །ཀུན་ཁྱབ་ཀྱི་སྦྱིན་པ་གློས་ཐེངས་མ། །བདག་དང་མོས་པའི༔ བྱིན་གྱི་བརླབ་པར༔ མ་རང་བྱུང་ཡེ་ཤེས་དོན་རྟོགས་ཤིང་། །ཉམས་པ་མེད་པའི་ཁྲིམས་བསྲུང་མ། །བདག༔ བྱིན༔ མ་སྐྱེ་བ་མེད་པའི་དོན་རྟོགས་ཤིང་། །སྐྱེ་མེད་ཀྱི་བཟོད་པ་བསྒོམ་མཛད་མ། །བདག༔ བྱིན༔ མ་བྱ་རྩོལ་མེད་པའི་དོན་རྟོགས་ཤིང་། །བྱར་མེད་ཀྱི་བརྩོན་འགྲུས་རྩོམ་མཛད་མ། །བདག༔ བྱིན༔ མ་གཡོ་བ་མེད་པའི་དོན་རྟོགས་ཤིང་། །ཡེངས་མེད་ཀྱི་བསམ་གཏན་བསྒོམ་མཛད་མ། །བདག༔ བྱིན༔ མ་ཀུན་གྱི་རང་བཞིན་དོན་ཤེས་ཤིང་། །བདག་མེད་ཤེས་པའི་རྣལ་འབྱོར་མ། །བདག༔ བྱིན༔ མ་ཕྱོགས་མེད་ལྟ་བའི་ཞེན་པ་གྲོལ། །མཉམ་ཉིད་བསྒོམས་པས་རྟོག་པ་གྲོལ། །རྟོག་མེད་སྤྱོད་པས་ཉམས་ང་གྲོལ། །བདག༔ བྱིན༔ མ་མཉམ་ཉིད་ཀྱི་ངང་ལ་གཟིམས་ཅ་ན། །དོན་ཉོན་མོངས་སངས་ནས་ཡེ་སངས་རྒྱས། །སངས་རྒྱས་མཁའ་འགྲོ་འབུམ་གྱིས་བསྐོར། །གསུང་ཉམས་དབྱངས་ཀྱི་མགུར་མ་ཨུ་རུ་རུ། །བྱིན་རླབས་ཀྱི་ན་བུན་ཐིབས་སེ་ཐིབས། །དངོས་གྲུབ་ཀྱི་ཆར་རྒྱུན་སི་ལི་ལི། །བདག་དང་༔ བྱིན་གྱི་རླབ་པར༔ མ་སྐྱེ་མེད་ངང་ལ་བཞེངས་ཅམ་ན། །དོན་རྗེས་ཐོབ་རྟོགས་པའི་ཉམས་དང་ལྡན། །ཡེ་ཤེས་མཁའ་འགྲོ་འབུམ་གྱིས་བསྐོར། །གསུང་ཉམས་དབྱངས༔ བྱིན་གྱི་རླབས༔ དངོས་གྲུབ༔ བདག༔ བྱིན་

གྱི་བརླབ་པར་མཛད་དུ་གསོལ། །མ་དགོངས་པ་ཤར་དུ་བསྐྱོད་ཙམ་ན། །དོན་འགྱུར་བ་མེད་པའི་ཉམས་དང་ལྡན། །རྡོ་རྗེ་མཁའ་འགྲོ་འབུམ༔ གསུང་༔ བྱིན་རླབས༔ མ་དགོངས་པ་ལྷོ་རུ༔ དོན་ཡོན་ཏན་རྫོགས་པའི་ཉམས་དང་ལྡན། །རིན་ཆེན༔ གསུང་༔ ཉམས༔ བྱིན༔ དངོས་གྲུབ༔ བདག༔ བྱིན་གྱི་རླབས༔ མ་དགོངས་པ་ནུབ༔ དོན་སྐྱེ་བ་མེད་པའི་ཉམས་དང་ལྡན། །པདྨ༔ གསུང་༔ ཉམས༔ བྱིན་རླབས༔ དངོས་གྲུབ༔ བདག༔ བྱིན་གྱིས༔ མ་དགོངས་པ་བྱང་དུ༔ དོན་འགག་པ་མེད་པའི་ཉམས༔ ལས་ཀྱི་མཁའ་འགྲོ་འབུམ༔ གསུང་ཉམས༔ བྱིན་རླབས༔ དངོས་གྲུབ༔ བདག༔ བྱིན་གྱི་རླབས༔ མ་དགོངས་པ་སྙིང་དུ་བསྐྱོད་ཙམ་ན། །དོན་མཐའ་དབུས་མེད་པའི་དོན་རྟོགས་ཤིང་། །རིག་པ་དབྱིངས་སུ་ཧུ་རུ་རུ། །རིས་མེད་ཀྱི་ལྟ་བ་ཧྲུ་ལ་ལ། །མཉམ་ཉིད་ཀྱི་དགོངས་པ་ཁྲི་ལི་ལི། །མཁའ་འགྲོ་མ་ཚོགས་ཐིབས་སེ་ཐིབས། །བདག༔ བྱིན་རླབས༔ མ་གཉན་ས་རི་ཁྲོད་འཁྲིམ་ཙ་ན། །སྙེམས་བྱེད་ཀྱི་རྟོག་པ་ཧྲུ་ལ་ལ། །བདེ་སྟོང་རྒྱུད་ལ་ཁྲི་ལི་ལི། །མཁའ་འགྲོ༔ བདག༔ བྱིན༔ མ་འགྲོ་བའི་དོན་ལ་བསྐྱོད་ཙམ་ན། །གནད་ཀྱི་གདམས་པ་ཤ་ར་ར༔ བདུད་ཀྱི་གཅོད་ཐབས་སི་ལི་ལི། །མཁའ་འགྲོ༔ བདག༔ མ་སྐྱེ་མེད་ཀྱི་དབྱིངས་སུ་གཤེགས་ཙམ་ན། །གཟུང་འཛིན་གྱི་མདུད་པ་ཁྲོ་ལོ་ལོ། །སྣང་བའི་ན་བུན་ཡ་ལ་ལ། །མཉམ་ཉིད་ཀྱི་དགོངས་པ་ཁྲི་ལི་ལི། །མཁའ་འགྲོ༔ བདག༔ བྱིན་གྱིས༔ མ་དབྱིངས་ལ་སྐྱོད་པ་མི་མངའ་ཡང་། །དོན་འགག་པ་མེད་པའི་ཐུགས་རྗེ་ཡིས། །མ་རིག་འཁྲུལ་པའི་སེམས་ཅན་རྣམས། །དོན་ངེས་པར་ཐུགས་རྗེས་གཟུང་དུ་གསོལ། །

སྲས་ཀྱིས་གདུང་སྒྲོམ་གྱི་ཤར་སྒོ་ནས་ཡུམ་ལ་བསྟོད་པ། ཀྱེ། མ་མི་མིན་ཡེ་ཤེས་མཁའ་འགྲོ་

མ། །མ་མདོ་རྒྱུད་ཀྱི་དགོངས་པ་ཐུགས་སུ་ཆུད། །ཡབ་ཀྱི་སྒྲོན་མའི་སྐུ་ལ་ཕྱག་འཚལ་ལོ། །མ་རང་བཞིན་རྣམ་དག་ཐུགས་སུ་ཆུད། །ཐུགས་ནི་དབྱིངས་དང་མཚུངས་པར་ཁྱབ། །ཐོག་མཐའ་གཉིས་པོ་གཞི་ལ་དག །བདག་ཏུ་འཛིན་པ་རང་སར་གྲོལ། །མ་ངོ་བོ་ཉིད་ལ་ཕྱག་འཚལ་བསྟོད། །མ་ཤེས་རབ་ནམ་མཁའི་དབྱིངས་ནས་ཤར། །སྤྱོད་ལམ་རྣམ་བཞི་རྟོག་མི་མངའ། །སྙིམས་བྱེད་དང་ཉམས་ང་གཞི་ལ་དག །རྣམ་པར་རྟོག་པ་རང་སར་གྲོལ། །མ་ཆོས་ཉིད་སྐུ་ལ་ཕྱག་འཚལ་བསྟོད། །མ་མངོན་ཤེས་དྲུག་པོས་ཤེས་བྱ་མཁྱེན། །ཟག་མེད་བདེ་སྟོང་རྒྱུད་ལ་སྐྱེས། །སྣོམ་མཚན་མར་འཛིན་པ་གཞི་ལ་དག །སྣང་སྲིད་ལྷ་འདྲེ་རང་སར་གྲོལ། །མ་ལོངས་སྤྱོད་རྫོགས་པའི་སྐུ་ལ་ཕྱག་འཚལ་བསྟོད། །མ་སྐྱེ་བ་བུད་མེད་ལུས་སུ་སྤྲུལ། །བཟང་ངན་མེད་པའི་འགྲོ་དོན་མཛད། །ཆགས་སྡང་གཉིས་པོ་གཞི་ལ་དག །ཟོལ་ཟོག་གཉིས་པོ་རང་སར་གྲོལ། །མ་སྤྲུལ་པའི་སྐུ་ལ་ཕྱག་འཚལ་བསྟོད། །

སྤྲུས་ཀྱིས་གདུང་སྒྲོམ་གྱི་ལྷོ་སྒོ་ནས་བསྟོད་པ། མ་སྒྲིབ་པ་བྱང་ནས་སྟོང་ཉིད་རྟོགས། །ཤེས་རབ་ཅན་ལ་ཕྱག་འཚལ་བསྟོད། །ལུས་སེམས་བྲལ་ནས་སྟོང་ཉིད་རྟོགས། །མ་གདམས་ངག་ཅན་ལ་ཕྱག་འཚལ་བསྟོད། །མ་དུར་ཁྲོད་འགྲིམས་པས་ཉམས་ང་མེད། །མ་ཉམས་སྨྱོང་ཅན་ལ༔ སྙིམས་ཐག་ཆོད་པས་བདུད་རྣམས་ཞི། །མ་ནུས་པ་ཅན་ལ༔ མ་བདུད་རྣམས་ཞི་བས་ཡེ་ཤེས་འཕེལ། །མ་རྟོགས་པ་ཅན་ལ༔ མ་སྟོང་ཉིད་རྟོགས་པས་ས་རྣམས་ནོན། །མ་ཚོགས་གཉིས་རྫོགས་ལ༔ མ་སྐྱེ་མེད་བསྒོམས་པས་མངོན་ཞེན་ལོག །མ་འཁོར་བ་སྤངས་ལ༔ མ་གདམས་ངག་བཀའ་དང་བསྟུན་ནས་སྟོན། །མ་ལུང་དོན་རྫོགས་ལ༔ མ་མགུར་ཙམ་བཞེངས་པས་ཡེ་

ཞེས་འཕེལ། །མ་བྱིན་གྱིས་རློབས་ལ༔ མ་ཞབས་ཏོག་མེད་ཀྱང་གདམས་ངག་སྟོན། །མ་ཐུགས་རྗེ་ཅན་ལ་ཕྱག་འཚལ་བསྟོད། །

གདུང་སྒྲོམ་གྱི་ནུབ་སྒོ་ནས་བསྟོད་པ། མ་ངན་སོང་གསུམ་པོས་མི་འཇིགས་པས། །མི་དགེ་བཅུ་པོ་སྙེམས་སུ་ཆོད། །ངན་འགྲོའི་ཕྱོགས་ཀྱི་བདུད་ལས་ཐར། །མ་མཐོ་རིས་འདྲེན་ལ་ཕྱག་འཚལ་བསྟོད། །མ་བདེ་འགྲོའི་གནས་ལ་མི་ཞེན་པའི། །དགེ་བའི་ལས་རྣམས་དབྱིངས་སུ་གྲོལ། །ལྷ་མི་འཁོར་བའི་བདུད་ལས་ཐར། །མ་ཐར་ལམ་བགྲོད་ལ༔ མ་སྐྱེ་འཆི་གཉིས་ཀྱིས་མི་འཇིགས་པའི། །སྙེམས་རྟོགས་ཡུམ་ཆེན་ཀློང་དུ་ཆོད། །སྐྱེ་མེད་ཀློང་ནས་སྐྱེ་འཆི་མེད། །མ་བྱ་བ་ཟིན་ལ༔ མ་ལོག་འདྲེན་བགེགས་ཀྱིས་མི་འཇིགས་པའི། །འདྲེ་གདོན་རང་སྣང་གི་སེམས་སུ་ཆོད། །གདོན་གཉོད་སྲིན་པོ་མོའི་བདུད་ལས་གྲོལ། །མ་བར་ཆོད་སེལ་ལ་ཕྱག་འཚལ་བསྟོད། །

སྲས་ཀྱིས་གདུང་སྒྲོམ་གྱི་བྱང་སྒོ་ནས་བསྟོད་པ། མ་དང་པོར་ལུས་སེམས་བསྐྱེད་པའི་མ། །བར་དུ་ཟང་ཟིང་ཡོག་པའི་མ། །ཐ་མར་སྐྱེ་མེད་སྟོན་པའི་མ། །མ་དྲིན་མོ་ཆེ་ལ་ཕྱག་འཚལ་བསྟོད། །མ་ལུས་སྐྱོག་བཟན་དུ་བོར་བའི་མ། །རིག་པ་གཞི་ལ་གནས་པའི་མ། །མ་དབྱིངས་ཀྱི་ཐུགས་ལ་དགོངས་པ་མེད། །བུ་ད་རུང་སྙེམས་ཀྱི་ཐག་མ་ཆོད། །མ་བཞུགས་པའི་ཚེ་ན་དགའ་མ་ཚོར། །གཤེགས་པའི་ཚེ་ན་སྙིང་མ་དགའ། །བཞུགས་ནས་བྱིན་གྱི་བརླབ་ཏུ་གསོལ། །བུས་ཀྱང་མ་ལ་གསོལ་བ་འདེབས། །མས་ཀྱང་བུ་ལ་བྱིན་གྱི་རློབས། །ལུས་ལ་བདེ་བ་བསྐྱེད་དུ་གསོལ། །ངག་ལ་ནུས་པ་འབར་དུ་གསོལ། །སེམས་ལ་རྟོགས་པ་འཆར་དུ་གསོལ། །མཆོག་དང་ཐུན་མོང་གཉིས་ཀྱི་དངོས་གྲུབ་སྩོལ་དུ་གསོལ། །ཀྱཻ། མ་མི་མིན་ཡེ་ཤེས་ཀྱི་མཁའ་འགྲོ་མ། །མ་རི་ཁྲོད་འགྲིམ་ཞིང་ཉམས་སུ་ལེན། །མ་

གཅིག་སྟོང་པ་ཉིད་ལ་གནས། །སྟོང་པ་ཉིད་ལ་སེར་སྣ་མེད། །མ་སྦྱིན་པ་ཇོགས་ལ་ཕྱག་འཚལ་བསྟོད། །ངེས་འགྲེ། མ་རི་ཁྲིད༔ མ་སྟོང་༔ སྟོང་པ་ཉིད་ལ་འཆལ་པ་མེད། །མ་ཚུལ་ཁྲིམས་ཇོགས་ལ་ཕྱག་འཚལ་བསྟོད། །མ་རི་ཁྲིད༔ མ་གཅིག༔ སྟོང་པ་ཉིད་ལ་ཁོང་ཁྲོ་མེད། །མ་བཟོད་པ་ཇོགས་ལ༔ མ་རི་ཁྲིད༔ མ་གཅིག༔ སྟོང་པ་ཉིད་ལ་ལེ་ལོ་མེད། །མ་བརྩོན་འགྲུས་ཇོགས་ལ༔ མ་རི་ཁྲིད༔ མ་གཅིག༔ སྟོང་པ་ཉིད་ལ་གཡེང་བ་མེད། །མ་བསམ་གཏན་ཇོགས་ལ༔ མ་རི་ཁྲིད༔ མ་གཅིག༔ སྟོང་པ་ཉིད་ལ་གཏི་མུག་མེད། །མ་ཤེས་རབ་ཇོགས་ལ༔ མ་ཕ་རོལ་ཕྱིན་དྲུག་ཐུགས་ལ་མངའ། །ཡང་དག་དོན་རྟོགས་འགྲོ་བའི་མགོན། །མ་གཅིག་ཁྱོད་ལ་ཕྱག་འཚལ་བསྟོད། །མ་ཡུམ་ཆེན་དེ་ཡི་ཐུགས་ཀྱི་སྲས། །སྐུ་ཡི་བྱིན་རླབས་ལུས་ལ་ཞུགས་པས་གཟི་བརྗིད་ཆེ། །གསུང་གི་བྱིན་རླབས་ངག་ལ་ཞུགས་པས་ནུས་པ་ཆེ། །ཐུགས་ཀྱི་བྱིན་རླབས་སེམས་ལ་ཞུགས་པས་རྟོགས་པ་ཆེ། །ཡོན་ཏན་གྱི་བྱིན་རླབས་ཞུགས་པས་ཐུགས་རྗེ་ཆེ། །ཕྲིན་ལས་ཀྱི་བྱིན་རླབས་ཞུགས་པས་འགྲོ་དོན་ཆེ། །རྗེ་ཡོན་ཏན་ཀུན་ལྡན་སླང་ལུང་བ། །བདག༔ རྗེ་ཐོགས་བཅས་བདུད་ཀྱི་དོན་རྟོགས་པས། །དངོས་སྣང་སྒྱུ་མ་ལྟ་བུར་མཁྱེན། །ཐོགས་མེད་བདུད་ཀྱི་དོན་རྟོགས་པས། །ཡོན་ཏན་སེམས་སུ་མཉམ་པ་མཁྱེན། །སྐྱེམས་བྱེད་བདུད་ཀྱི་དོན་རྟོགས་པས། །ཉོན་མོངས་རང་སར་གྲོལ་བར་མཁྱེན། །དགའ་བྲོད་བདུད་ཀྱི་དོན་རྟོགས་པས། །འཁོར་བ་དབྱིངས་སུ་གྲོལ་བར་མཁྱེན། །རྗེ་མཁྱེན་པ་ཀུན་ལྡན་གྱི་སླང་ལུང་བ། །བདག༔ བྱིན་གྱིས༔ ཡུམ་ཆེན་སྲས་སུ་གྱུར་པའི་རིགས་རྒྱུད་ཅན། །ལྟ་སྒོམ་དམིགས་པ་བྲལ་བའི་རྟོགས་པ་ཅན། །སྒྲོ་འདོགས་སེམས་སུ་ཆོད་པའི་དགོངས་པ་ཅན། །རྒྱ་བོད་ཧོར་གསུམ་གྱིས་ཐོས་པའི་གྲགས་པ་ཅན། །རྗེ་

དགོངས་པ་ཀུན་ལྡན་གྱི་སྣང་ལུང་བ། །བདག་དང༔ ཕྱིན་གྱིས་བརླབ་པར་མཛད་དུ་གསོལ། །

མཁའ་འགྲོ་ཕྱིན་འབེབས་ནི། ཧཱུྃ། མ་ཡུམ་ཆེན་ཐུགས་ལས་སྤྲུལ་པའི་ཐུགས་ཀྱི་སྲས། །མ་གཅིག་ཛོ་མོ་རྣལ་འབྱོར་མ། །མ་ཕ་རོལ༔ གྲུབ་ཐོབ༔ སྐལ་ལྡན༔ བདག༔ ཕྱིན་གྱིས་བརླབ༔ ཀྱི། མ་མི་མིན་ཡེ་ཤེས་མཁའ་འགྲོ་མ། །ཤར་ན་གོམ་གསུམ་ཕྱིན་ཙམ་ན། །སྐུ་ཤ་ཚུང་ལ་སྐུ་མདོག་དཀར། །ཛོ་རྗེ་མཁའ་འགྲོ་འབུམ་གྱིས་བསྐོར། །ཆོས་ཉིད་ནམ་མཁའི་ཀློང་ཡངས་ནས། །ཐུགས་རྗེའི་སྤྲིན་ཕུང་ཐིབས་སེ་ཐིབས། །ཕྱིན་རླབས་ཀྱི་ཆར་རྒྱུན་སི་ལི་ལི། །མ་སྤྱི་གཙུག་རྒྱན་དེར་བཞུགས་སུ་གསོལ། །སྤྱི་གཙུག་རྒྱན་དེར་བཞུགས་ནས་ཀྱང་། །ཕྱིན་གྱི་བརླབ་པར་མཛད་དུ་གསོལ། །ཕྱིན་གྱིས་རློབས་ཤིག་མ་གཅིག་མ། །དངོས་གྲུབ་སྟེར་ཅིག་མ་གཅིག་མ། །དབང་མཆོག་བསྐུར་ཅིག་མ་གཅིག་མ། །རྟོགས་པ་བསྐྱེད་ཅིག་མ་གཅིག་མ། །བར་ཆོད་སོལ་ཅིག་མ་གཅིག་མ། །ལམ་སྣ་དྲོངས་ཤིག་མ་གཅིག་མ། ངེས་འགྲེ། ཀྱེ་མ་མི་མིན༔ ལྷོ་ཙུ༔ སྐུ་ཤ་ཚུང་ལ་སྐུ་མདོག་སེར། །རིན་ཆེན༔ ཀྱེ༔ ནུབ་ཏུ༔ སྐུ་ཤ་ཚུང་ལ་སྐུ་མདོག་དམར། །པདྨ༔ ཀྱེ༔ བྱང་དུ༔ སྐུ་ཤ་ཚུང་ལ་སྐུ་མདོག་ལྗང་། །ལས་ཀྱེ༔ ཀྱེ་མ༔ དབུས་ན༔ སྐུ་ཤ་ཚུང་ལ་སྐུ་མདོག་ནག །ཡེ་ཤེས་མཁའ་འགྲོ༔ ཆོས་ཉིད༔ ཐུགས་རྗེས༔ ཕྱིན་གྱི་བརླབ༔ སྤྱི་གཙུག༔ ཕྱིན་གྱི་རློབས༔ དངོས་གྲུབ༔ དབང་༔ རྟོགས༔ བར་ཆོད༔ ལམ་སྣ༔ ཞེས་པའི་སྐབས་སུ། མདུན་སྐྱེད་ལ་མ་ཛོ་མོའི་ཐུགས་ཀ་ནས་ཛོ་རྗེ་མཁའ་འགྲོ་ལ་སོགས་རིགས་བཞིའི་མཁའ་འགྲོ་མ་རྣམས་ཕྱོན། ཤར་ལ་སོགས་པ་ཕྱོགས་ཕྱོགས་ནས་དབང་གི་ལྷ་རྣམས་སྤྱན་དྲངས། རིག་པའི་དབང་ལྷ་བསྐུར་བས་རིགས་ལྔའི་མཁའ་འགྲོ་ལྔས་དབུ་བརྒྱན་པར་བསམ་པ་ནི་མ་གཅིག་གི་རྒྱུད་དབང་ཞེས་བྱའོ། །

ཡང་མཁའ་འགྲོ་འབུམ་བསྐུལ། ཧཱུྃ། ཡུམ་ཆེན་ཐུགས་ལས་སྤྲུལ་པའི་ཐུགས་ཀྱི་སྲས། །མ་

གཅིག༔ མ་ཕ་རོལ༔ སྐལ་ལྡན་ཀུན་གྱི༔ བདག་དང་༔ བྱིན་གྱི་རླབ༔ ཀྱཻ། མ་མི་མིན༔ ཞར་རྗེ་ཛཻ་རིགས་ཀྱི་མཁའ་འགྲོ་འབུམ། །ཡང་དག་བདེ་ཆེན་སྤྱོད་པའི་ཊཱ་ཀི་ལ། །དད་མོས་དྲག་པོའི་སྟོབས་ཀྱིས་གསོལ་འདེབས་ན། །ཐུགས་རྗེས་རྒྱུན་ཆད་མེད་པར་དགོངས་མཛོད་ལ། །ལས་ཅན་ཕོ་མོ་རྣམས་ལ་བྱིན་གྱི་རླབས། །དད་ལྡན་སྐྱེས་བུ་རྣམས་ལ་བཙུད་ཅིག་ཕོབ། །ངེས་འགྲེལ། ཀྱཻ་མ་མི་མིན༔ ལྷོ་རིན་ཆེན༔ ཡང་དག༔ ཀྱཻ༔ ནུབ་པདྨ༔ ཡང་དག༔ ཀྱཻ་མ་མི་མིན༔ བྱང་ལས༔ ཡང་དག༔ ཀྱཻ་མ༔ མི་མགོ་སུམ་བརྩེགས་རབ་ཏུ་བརྒྱན་པ་ནི། །ཁམས་གསུམ་དབང་དུ་བསྡུད་པའི་མཁའ་འགྲོ་འབུམ། །ཡང་དག༔ ཀྱཻ་མ་མི་མིན༔ ཐོད་སྐམ་ལྔ་ཡིས་དབུ་ལ་བརྒྱན་པ་ནི། །རིགས་ལྔས་འགྲོ་དོན་མཛད་པའི་མཁའ་འགྲོ་འབུམ། །ཡང་དག༔ ཀྱཻ་མ༔ ཐོད་རློན་ལྔ་ཡིས་དོ་ཤལ་བྱས་པ་ནི། །འདུ་བྱེད་ལྔ་བཅུ་དག་པའི༔ དབུ་སྐྲ་སིལ་མས་སྐུ་རྒྱབ་ཁེབས་པ་ནི། །སེམས་ཅན་བདེ་ལ་འགོད་པའི༔ རུས་པའི་རྒྱན་དྲུག་སྐུ་ལ་བརྒྱན་པ་ནི། །རྟོག་མེད་ཉམས་དང་ལྡན་པའི༔ ཊ་རུ་གསེར་གྱིས་ཛ་ཚུང་བརྒྱན་པ་ནི། །སྙན་བརྒྱུད་གདམས་ངག་འཛིན་པའི༔ དྲིལ་བུ་གཡེར་ཁ་གསུང་སྙན་སྒྲོག་པ་ནི། །སྟོང་གསུམ་ཆོས་སྒྲ་སྒྲོག་པའི༔ ཁ་ཊྭཱཾ་རྩེ་གསུམ་རབ་ཏུ་བརྒྱན་པ་ནི། །སྲིད་གསུམ་ཟིལ་གྱིས་གནོན་པའི༔ དར་གྱི་འཕྱུར་ལྡིས་རབ་ཏུ་བརྒྱན་པ་ནི། །སྤྲུལ་པས་ཡུལ་ཡང་འགྲེམས་པའི༔ རྟོག་མེད་རོ་ཡི་གདན་ལ་བཞུགས་པ་ནི། །དུར་ཁྲོད་ཤ་ལ་རོལ་བའི༔ ཡེ་ཤེས་རོལ་པར་མཛད་པའི་ཊཱ་ཀི་མ། །དད་མོས་དྲག་པོའི་སྟོབས་ཀྱིས་གསོལ་འདེབས་ན། །ཐུགས་རྗེས་རྒྱུན་ཆད་མེད་པར་དགོངས་མཛོད་ལ། །ལས་ཅན་ཕོ་མོ་རྣམས་ལ་བྱིན་གྱི་རླབས། །དོན་ལྡན་སྐྱེས་བུ་རྣམས་ལ་བཙུད་ཅིག་ཕོབ། །

དེ་ནས་ཚོགས་ལས་ནི། ཧཱུྃ། མ་ཡུམ་ཆེན་ཐུགས་ལས་སྤྲུལ་པའི་ཐུགས་ཀྱི་སྲས། །མ་གཅིག༔ མ་ཕ་རོལ༔ སྐལ་ལྡན་ཀུན༔ བདག་དང་༔ བྱིན་གྱི་རླབས༔ ཀྱི་མ་མི་མིན༔ དབུས་ཕྱོགས་དེ་བཞིན་རིགས་ཀྱི་ཌཱ་ཀིའི་ཚོགས། །སྐུ་མདོག་ནག་ལ་འོད་ཟེར་འབར། །ཕྱག་ན་འཁོར་ལོ་པད་སྡོང་བསྣམས། །སྣ་མེན་ཐོར་གཙུག་ལྷེམས་སེ་ལྷེམ། །རིན་ཆེན་སྙན་ཆ་ཁྲ་ལ་ལ། །ཕྱག་གདུབ་ཞབས་གདུབ་སི་ལི་ལི། །དར་གྱི་ཅོད་པན་ཕུ་རུ་རུ། །རུས་པའི་རྒྱན་ཆ་ཁྲ་ལ་ལ། །ཙ་རུ་ཅང་ཏེའུ་ཁྲོ་ལོ་ལོ། །ཛ་སྒྲ་ཅང་སྒྲ་ཨུ་རུ་རུ། །པི་ཝང་གླིང་བུ་ལྷངས་སེ་ལྷང་། །དུར་ཁྲོད་ཚོགས་མཆོད་བྱིན་གྱི་བརླབ་ཏུ་གསོལ། །རྗེ་མཁའ་འགྲོའི་ཚོགས་ཀྱང་གཤེགས་སུ་གསོལ། །མཁའ་འགྲོའི་ཚོགས་ཀྱང་གཤེགས་ནས་ཀྱང་། །དུག་ལྔ་གཅོད་ཕྱིར་པད་ཟླའི་གདན་ལ་བཞུགས། །ཕ་རོལ་ཕྱིན་དྲུག་རྫོགས་ལ་གུས་ཕྱག་འཚལ། །གཟུགས་སྒྲ་དྲི་རོ་རེག་བྱ་མཆོད་པར་འབུལ། །སྟོང་ཉིད་བཅོ་བརྒྱད་གནས་ལ་ཕྱག་འཚལ་ལོ། །ཀྱེ་ཚོགས་ཁང་གཞལ་ཡས་འབར་བ་འདི། །ཨུ་རྒྱན་གནས་སུ་བྱིན་གྱི་རློབས། །འདིར་འཚོགས་སྐྱེས་བུ་ཕོ་མོ་རྣམས། །དཔའ་བོ་དཔའ་མོར་བྱིན་གྱི་རློབས། །རིན་ཆེན་ལ་སོགས་སྣ་ཚོགས་སྟོད། །པདྨ་ཧྲྐ་བྱིན་གྱི་རློབས། །བཅུད་ཀྱི་ཞལ་ཟས་ཐམས་ཅད་ཀྱང་། །ཟག་མེད་བདུད་རྩི་བྱིན་གྱི་རློབས། །མཇལ་འདི་ལ་རྟེན་ཆོས་ལ། །མར་མེ་འདི་ལ་མདངས་ཤིག་ཕྱུང་། །སློབ་མ་རྣམས་ལ་དབང་ཞིག་བསྐུར། །ཚོགས་གཏོར་འདི་ལ་བཅུད་ཅིག་ཕོབ། །འདིར་འཚོགས་རྣལ་འབྱོར་ཐམས་ཅད་ལ། །མཆོག་ཐུན་མོང་གཉིས་ཀྱི་དངོས་གྲུབ་སྩོལ། །དེས་འགྲེ། ཀྱཻ་མ། ཤར་ཕྱོགས་རྡོ་རྗེ་རིགས་ཀྱི་ཌཱ་ཀིའི་ཚོགས། །སྐུ་མདོག་དཀར་ལ་འོད་ཟེར་འབར། །ཕྱག་ན་རྡོ་རྗེ་པད་སྡོང་བསྣམས། །ཤེལ་གྱི་ཐོར་གཙུག་ལམས་སེ་ལམ། རིན་ཆེན་སྙན་

ཚ༔ ཀྱེ་མ༔ ལྷོ་རིན་ཆེན༔ སྐུ་མདོག་སེར༔ ཕྱག་ན་རིན་ཆེན་པད་སྣོད༔ གསེར་གྱི་ཁོར་གཙུག༔ རིན་ཆེན༔ ཀྱེ་མ༔ ནུབ་ཕྱོགས་པདྨ་རིགས་ཀྱི༔ སྐུ་མདོག་དམར༔ ཕྱག་ན་པདྨ་པད་སྣོད༔ བྱི་རུའི་ཁོར་བཙུགས༔ རིན་ཆེན༔ ཀྱེ་མ༔ བྱང་ལས་ཀྱི་རིགས་ཀྱི༔ སྐུ་མདོག་ལྗང་༔ ཕྱག་ན་རྒྱ་གྲམ༔ གཡུའི་ཁོར་བཙུགས༔ རིན་ཆེན༔ ཚོགས་རྫས་རྣམས། ཨོཾ་ཨཱཿབིགྷྣཱནྟཀྲྀཏ༔ ཨོཾ་ཨཱཿཧཱུྃ་གི་བར་བྱིན་གྱིས་བརླབས་ནས། དེ་ནས་དམིགས་པ་དང་བཅས་པས། ཨོཾ་མ་གཅིག་མ་ལ་གསོལ་བ་འདེབས། །ཨཱཿམ་གཅིག་མ་ལ༔ ཧཱུྃ་མ་གཅིག་མ་ལ༔ དཀར་པོ་ཨོཾ་ལ་གསོལ་བ་འདེབས། །དཀར་པོ་ཨོཾ་གྱིས་བྱིན་གྱིས་རློབས། །དཀར་པོ་ཨོཾ་གྱི་བྱིན་རླབས་ཀྱིས། །གཞོང་པ་ཉི་ཟླའི་གཏོར་གཞོང་དུ། །ཚོགས་ཀྱང་འོད་དུ་ལྟེམ་གྱིས་ཞུ། །འོད་ཕུང་འབར་བའི་བྱིན་རླབས་ཀྱིས། །བླ་མ་ཡི་དམ་མཁའ་འགྲོ་དང་། །རྒྱལ་བའི་དཀྱིལ་འཁོར་མཉེས་གྱུར་ཅིག །ཆོས་སྐྱོང་མ་མགོན་ལྷུམ་དྲལ་དང་། །དམ་ཅན་སྲུང་མ་ཐུགས་དམ་བསྐང་གྱུར་ཅིག །དམར་པོ་ཨཱཿལ་གསོལ་བ་འདེབས། །དམར་པོ་ཨཱཿཡིས་བྱིན་གྱིས་རློབས། །དམར་པོ་ཨཱཿཡི་བྱིན་རླབས་ཀྱིས། །གཞོང་པ༔ ཚོགས་ཀྱང་༔ འོད་ཕུང་༔ བླ་མ༔ རྒྱལ་བ༔ ཆོས་སྐྱོང་༔ དམ་ཅན༔ སྔོན་པོ་ཧཱུྃ་ལ༔ སྔོན་པོ་ཧཱུྃ་གིས༔ སྔོན་པོ་ཧཱུྃ༔ གཞོང་པ༔ ཚོགས༔ འོད་ཕུང་༔ བླ་མ༔ རྒྱལ་བ༔ ཆོས་སྐྱོང་༔ དམ་ཅན༔ ནད་པ་ལ་དྲག་པོའི་ལས་དགོས་ན། དབྱིངས་རིག་བསྲེས་ཤིང་། ཕུང་པོ་དང་ཚོགས་རྫས་དབྱེར་མེད་དུ་བསམ། དེ་ནས་ཚོགས་རྫས་བཏབ་པ་ནི། ན་མོ་ཐབས་ཤེས་རབ་གཉིས་སུ་མེད་པའི་ཚོགས་ཀྱི་འཁོར་ལོ་རྒྱ་ཆེན་པོ་འདི། རང་བཞིན་རྣམ་པར་དག་པ་སྐྱེ་བ་མེད་པ། ངོ་བོ་རྣམ་པར་དག་པ་ཨཱ་ལི་ཀཱ་ལི། མཚན་ཉིད་རྣམ་པར་དག་པ་ཤ་ལྔ་བདུད་རྩི་ལྔས་རྒྱས་བཏབ་པ་འདི། བྱིན་རླབས་ཀྱི་རྩ་བ་བཀའ་བརྒྱུད་བླ་མ་རྣམས་ཀྱི་ཞལ་དུ་ཁཱ་ཧི། དངོས་གྲུབ་ཀྱི་རྩ་བ་ཡི་དམ༔ ཕྲིན་ལས་ཀྱི་

རྩ་བ་ཆོས་སྐྱོང་སྲུང་མ་རྣམས་ཀྱིཿ ཧཱུྃ། རྡོ་རྗེ་འཛིན་ཡུལ་མན་ཆོད་དང་། །རྩ་བའི་བླ་མ་ཡན་ཆོད་རྣམས། །མ་ལུས་འཁོར་བཅས་ཚོགས་ལ་རོལ། །ལ་ལ་ཕྱི་ཡི་ཚོགས་ལ་རོལ། །ལ་ལ་ནང་གིཿ ལ་ལ་གསང་བའིཿ ལ་ལ་འདི་ཉིད་ཚོགས་ལ་རོལ། །མ་ལུས་འཁོར་བཅསཿ ཨ་ལ་ལ་སྐྱེ་དགྱེས་པར་རོལ། །དཀྱིལ་འཁོར་ལྷ་ཚོགས་མན་ཆད་དང་། །དཔའ་བོ་དཔའ་མོ་ཡན་ཆད་རྣམས། །མ་ལུསཿ ལ་ལ་ཕྱིའི་སོགས་འགྲེ། རྡོ་རྗེ་ཕག་མོ་མན་ཆད་དང་། །རིགས་བཞི་མཁའ་འགྲོ་ཡན་ཆད་རྣམས། །མ་ལུསཿ ཆོས་སྐྱོང་མ་མགོན་མན་ཆད་དང་། །དཀྱིལ་འཁོར་མཐའ་སྐྱོང་ཡན་ཆོད་རྣམས། །མ་ལུསཿ ལ་ལཿ ཤཱཀྱ་ཐུབ་པ་མན་ཆད་དང་། །དམྱལ་ཁམས་བཅོ་བརྒྱད་ཡན་ཆོད་རྣམས། །མ་ལུསཿ ལ་ལ་ཕྱིའིཿ ལ་ལཿ སྟོང་གསུམ་གཞི་བདག་མན་ཆད་དང་། །གནས་པོ་དགེ་བསྙེན་ཡན་ཆད་རྣམས། །མ་ལུསཿ དེ་ནས་ཚོགས་ཕུད་གཏོར་མར་བསྔན་ལ། བདུད་རྩི་ལྟར་བྱིན་གྱི་རླབས་ནས། བླ་མ་ཡི་དམ་མཁའ་འགྲོ་ཆོས་སྐྱོང་གཞི་བདག་རྣམས་ལ་གཏོར་ཆོག་གཞན་ནས་འབྱུང་བ་ལྟར་འབུལ་ཞིང་། བསྟོད་པ་རྒྱས་བསྡུས་སྐབས་དང་སྦྱར། ཧཱུྃ། ཕྱི་སྣོད་འཇིག་རྟེན་གཏོར་གཞོང་དུ། །ནང་བཅུད་སེམས་ཅན་རྒྱ་མཚོས་བཀང་། །སྐྱེ་འཆི་མེད་པར་མཆོད་པར་བཞེས། །ནམ་མཁའ་ཡངས་པའི་གཏོར་གཞོང་དུ། །འབྱུང་བ་བཞི་ཡི་གཏོར་མསཿ རང་གསལ་རང་དག་ཏུཿ ཕ་རོལ་ཕྱིན་པའི་གཏོར་མསཿ ས་བཅུ་དག་པསཿ སྒྱུ་ངན་མི་འདའ་མཆོད་པརཿ རྫོགས་པ་ཆེན་པོའི་གཏོར་གཞོང་དུ། །ཐིག་པ་རིམ་དགུའིཿ མ་འདྲེས་ཡོངས་རྫོགས་ཀྱི་མཆོད་པརཿ ཀུན་གཞི་ཡངས་པའི་གཏོར་གཞོང་དུཿ རྣམ་ཤེས་ཚོགས་བརྒྱདཿ འཕེལ་འགྲིབ་མེད་པརཿ རང་སེམས་གཉུག་མའི་གཏོར་གཞོང་དུ། །ལུས་ངག་ཡིད་གསུམཿ བརྗོད་དུ་མེད་པརཿ སྐྱེ་བ་མེད་པའིཿ རིག་པ་ཚོགས་དྲུག་ཏུཿ འགྱུ་བ་རང་གྲོལ་དུཿ ཆོས་

སྐུ་དག་པའིཿ གཟུགས་སྐུ་རྣམ་གཉིས་ཀྱིཿ འགྲོ་དང་བཅསཿ སྟོང་པ་ཉིད་ཀྱིཿ སྣང་བ་དཀར་དམར་གྱིཿ སྣང་མེད་ཆེན་པོརཿ རང་རྒྱུད་དག་པའིཿ ཛཻ་བཙུན་གདམས་ངགཿ བདེ་བ་ཆེན་པོའིཿ ཆོས་ཉིད་དག་པའིཿ བདེ་གསལ་གཉིས་མེདཿ ངོས་བཟུང་མེད་པརཿ རང་ལུས་རྒྱལ་བའིཿ མོས་གུས་གཉིས་ཀྱིསཿ རེ་དོགས་མེད་པརཿ ཀ་པཱ་ལའིཿ ཤ་ཁྲག་དོན་སྙིང་ཿ ཆགས་ཞེན་མེད་པར་མཆོད་པརཿ རྡོ་རྗེ་འཆང་ཆེན་མན་ཆོད་དང་། །རྩ་བའི་བླ་མ་ཡན་ཆོད་ལ། །བསྔོས་པ་བཞིན་དུ་ཚིམ་གྱུར་ཅིག །བསམ་པ་བཞིན་དུ་འགྲུབ་གྱུར་ཅིག །ཀུན་ཏུ་བཟང་པོ་མན་ཆོད་དང་། །འཇིག་མིག་སྲིན་བུ་ཡན་ཆོད་ལ། །བསྔོསཿ བསམཿ ཤཱཀྱ་ཐུབ་པ་མན་ཆད་དང་། །དམྱལ་ཁམས་བཅོ་བརྒྱད་ཡན་ཆོད་ལ། །བསྔོས་པ་བཞིན་དུཿ བསམ་པ་བཞིན་དུཿ གཏོར་མ་འདི་ཡི་བྱིན་རླབས་ཀྱིས། །བདག་དང་འགྲོ་དྲུག་སེམས་ཅན་རྣམས། །ལུས་ལ་བདེ་བ་བསྐྱེད་དུ་གསོལ། །ངག་ལ་ནུས་པ་འབར་དུ་གསོལ། །སེམས་ལ་རྟོགས་པ་འཆར་དུ་གསོལ། །མཆོག་དང་ཐུན་མོང་དངོས་གྲུབ་སྩོལ། །

དེ་ནས་དབང་བླང་བ་ནི། སློབ་དཔོན་རང་ཉིད་ཀྱིས་བདག་འཇུག་ཚང་བར་བླང་། དེ་ཚར་བ་དང་། སློབ་མ་རྣམས་ཁྲུས་བྱེད། ཡོལ་བའི་ནང་དུ་འཇུག །ཕྱག་འཚལ། གྲལ་ལ་འཁོད། བགེགས་གཏོར་གཏོང་། མཚམས་གཅོད། གུ་གུལ་སོགས་ཀྱི་དུད་པས་བདུག །སློབ་དཔོན་གྱིས། སེམས་ཅན་ཐམས་ཅད་ཀྱི་དོན་དུ་བླ་ན་མེད་པ་ཡང་དག་པར་རྫོགས་པའི་སངས་རྒྱས་ཀྱི་གོ་འཕང་རིན་པོ་ཆེ་ཐོབ་པར་བྱ། དེའི་ཕྱིར་དུ་གཅོད་ནམ་མཁའ་སྒོ་འབྱེད་ཀྱི་དབང་ཁྲིད་པར་ཅན་ཞུ་བར་བྱེད་སྙམ་པའི་ངོས་ནས། ལུས་གུས་པའི་སྒོ་ནས་ཐལ་མོ་སྦྱར། ངག་གུས་པའི་སྒོ་ནས་གསོལ་བ་འདེབས། ཡིད་གུས་པའི་སྒོ་ནས་རྩེ་གཅིག་ཀྱང་མ་ཡེངས་པར་བྱེད་

ཅིང་། བདག་གི་ལུས་ལོངས་སྤྱོད་དགེ་བའི་རྩ་བ་དང་བཅས་པ་ཐམས་ཅད། བླ་མ་དང་དཀྱིལ་འཁོར་གྱི་ལྷ་ཐ་མི་དད་པ་ལ་འབུལ་སྙམ་པ་གྱིས་ལ་མཎྜལ་ཕུལ་བྱེད། དེ་ནས་ཕྱག་རྗེན་དང་མཎྜལ་ཕུལ། དེ་ཚར་བ་དང་། སློབ་དཔོན་གྱིས་གཞུང་ལུགས་དང་བསྟུན་ནས་དབང་གི་བཤད་པ་དང་། ངེས་འབྱུང་བསྐྱེད་བའི་ཕྱིར། དལ་འབྱོར་རྙེད་དཀའ། འཆི་བ་མི་རྟག་པ། ལས་རྒྱུ་འབྲས། འཁོར་བའི་ཉེས་དམིགས། ཐར་པའི་ཕན་ཡོན་སོགས་རྒྱས་བསྡུས་སྐབས་དང་བསྟུན་ནས་བྱ། འཁོར་བ་གཏིང་ནས་གྲོལ་བ་ལ་སྐྱབས་དགོས་པས། སྐྱབས་གནས་དམ་པ་དཀོན་མཆོག་གསུམ་ལ་དད་ཅིང་གུས་པའི་སྒོ་ནས་གསོལ་བ་བཏབ་པ་འདིའི་རྗེས་ཟློས་མཛོད་ཅིག་ཅེས་ནས། དགའ་ཆེན་ཁྱོད་བདག་སྟོན་པ་སྟེ། །སློབ་དཔོན་ཁྱོད་ནི་དགོངས་སུ་གསོལ། །བྱང་ཆུབ་ཆེན་པོའི་ཚུལ་བསྟན་པ། །མགོན་པོ་ཆེན་པོ་བདག་འཚལ་ལོ། །དམ་ཚིག་དེ་ཉིད་བདག་ལ་སྩོལ། །བྱང་ཆུབ་སེམས་ཀྱང་བདག་ལ་སྩོལ། །སངས་རྒྱས་ཆོས་དང་དགེ་འདུན་ཏེ། །སྐྱབས་གསུམ་དག་ཀྱང་བདག་ལ་སྩོལ། །ཐར་པ་ཆེན་པོའི་གྲོང་མཆོག་ཏུ། །མགོན་པོས་བདག་ནི་འཇུག་པར་འཚལ། །ཞེས་ལན་གསུམ་གྱིས་གསོལ་བཏབ་དང་རྗེས་ཟློས་བྱ། སེམས་བསྐྱེད་བཟུང་བ་ནི། བྱང་ཆུབ་མཆོག་ཏུ་སེམས་བསྐྱེད་པ་འདིའི་རྗེས་ཟློས་མཛོད་ཅེས་ནས། དཀོན་མཆོག་གསུམ་ལ་བདག་སྐྱབས་མཆི། །སྡིག་པ་མི་དགེ་སོ་སོར་བཤགས། །འགྲོ་བའི་དགེ་ལ་རྗེས་ཡི་རང་། །སངས་རྒྱས་བྱང་ཆུབ་ཡིད་ཀྱིས་བཟུང་། །སངས་རྒྱས་ཆོས་དང་ཚོགས་མཆོག་ལ། །བྱང་ཆུབ་བར་དུ་སྐྱབས་སུ་མཆི། །རང་གཞན་དོན་ནི་རབ་སྒྲུབ་ཕྱིར། །བདག་གིས་བྱང་ཆུབ་སེམས་མཆོག་བསྐྱེད། །བྱང་ཆུབ་སྤྱོད་མཆོག་ཡིད་འོང་སྤྱད་པར་བགྱི། །འགྲོ་ལ་ཕན་ཕྱིར་སངས་རྒྱས་འགྲུབ་པར་ཤོག །ཅེས་ལན་གསུམ་བྱ། དེ་ནས་བུམ་ཆུས་བསང་སྦྱངས་བྱས་ནས། ཨོཾ་སྭ་བྷཱ་ཝ་ཤུདྡྷཿསརྦ་དྷརྨཱཿསྭ་བྷཱ་ཝ་ཤུདྡྷོ྅ཧཾ། སྟོང་པ་ཉིད་དུ་གྱུར། སྟོང་པའི་

ངང་ལས་ཁྱེད་རང་རྣམས་སྐད་ཅིག་གིས། མ་གཅིག་ལབ་ཀྱི་སྒྲོན་མ་སྐུ་མདོག་དཀར་མོ་དྭངས་ཕྱིས་པའི་མདོག་ལྟར་དཀར་བ། ཞལ་གཅིག་ཕྱག་གཉིས། གཡས་པས་སེང་ལྡེང་གི་ཌཱ་རུ་དྲ་ཁ་མ་སྟོང་གསུམ་དུ་སྒྲ་གྲགས་པ་ནམ་མཁའ་ལ་འཁྲོལ་བ། གཡོན་པ་དངུལ་དཀར་གྱི་དྲིལ་བུ་སྐུ་སྨད་ལ་བརྟེན་པ། སྤྱན་བར་སྣང་ལ་གཟིགས་པ། དབུ་སྐྲ་རལ་པའི་ཐོར་ཅོག་གྱེན་དུ་བཅིངས་ཤིང་། ལྷག་མས་སྐུ་རྒྱབ་ཁེབས་པ། སྐུ་ལ་དར་དཀར་གྱི་ན་བཟའ་གསོལ་བ། སྐེ་རགས་རྒྱ་མ་ལྷོད་དེ་བ་བཅིངས་པ། ཞབས་གཡས་བསྐུམ་གཡོན་བརྐྱང་བའི་གར་སྟབས་སུ་བཞུགས་པ་གཅིག་ཏུ་ལམ་གྱིས་བསྐྱེད་པའི་དཔྲལ་བར་ཨོཾ་དཀར་པོ། མགྲིན་པར་ཨཱཿདམར་པོ། ཐུགས་ཀར་ཧཱུྃ་སྔོན་པོ་གསལ། བདག་ལ་དྲི་བཟང་གི་ཆུས་གནས་གསུམ་དུ་ཐིག་ལེ་བྱེད་ཅིང་། ཨོཾ་ཨཱཿཧཱུྃ་གསུམ་གྱིས་བྱིན་གྱི་རླབས་པ་ལ་བརྟེན་ནས་ཡི་གེ་གསུམ་མི་འགྱུར་ཞིང་བརྟན་པར་བྱེད་པའོ། །དེས་ལུས་ལྷར་བསྐྱེད་པ་ཡན་ཐུན་མོང་བ་ཕྱིའི་ཆོས་རྣམས་སོང་སྟེ། དེ་ནས་མཆོད་པ་འབུལ་བ་ནི། ཨོཾ་བཛྲ་པུཥྤེ་ཨཱཿཧཱུྃ། དྷུ་པེ། ཨཱ་ལོ་ཀེ། །གནྡྷེ། ནཻ་ཝེ་ཏེ། ཤཔྟ་ཨཱཿཧཱུྃ། ཞེས་དབུ་ལ་མེ་ཏོག་དང་། ཤངས་ལ་བདུག་སྤོས་དང་། སྤྱན་ལ་མར་མེ་དང་། སྐུ་ལ་དྲི་ཆབ་དང་། ལྗགས་ལ་ཞལ་ཟས་དང་། སྙན་ལ་རོལ་མོ་ཕུལ་བའི་མོས་པ་མཛད། ཞེས་བརྗོད། དེ་ནས་སློབ་མའི་སྙིང་གར་རྡོ་རྗེ་བཟུང་སྟེ། ཁྱེད་རང་རྣམས་ཀྱི་སྙིང་གར་ཀུན་རྫོབ་བྱང་ཆུབ་སེམས་ཀྱི་ངོ་བོ་ཟླ་བའི་དཀྱིལ་འཁོར་ཉ་གང་བ། དེའི་སྟེང་དུ་དོན་དམ་པ་བྱང་ཆུབ་སེམས་ཀྱི་ངོ་བོ་རྡོ་རྗེ་དཀར་པོ་རྩེ་ལྔ་པ་འོད་ཟེར་ཀུན་ཏུ་འཕྲོ་བ་དང་བཅས་པས་གཅིག་སྒོམས་ཤིག་བྱས་ལ། རྡོ་རྗེ་དྲིལ་བུ་དང་བཅས་ཏེ། ཕྱག་རྒྱ་ཕྱི་ཐོར་གཏད་ལ། ཨོཾ་སརྦ་ཡོ་ག་ཙིཏྟ་ཨུཏྤ་ད་ཡཱ་མི། མགྲིན་པར་ཐལ་མོ་ཁ་ཕྱེ་སྟེ། ཨོཾ་སུ་ར་ཏེ་ས་མ་ཡ་སྟྭཾ་ཧོཿ སྙིང་གར་རྡོ་རྗེ་རྩེ་གཅིག་པའི་ཕྱག་རྒྱ་བཅས་ཏེ། ཧོ་སིདྡྷི་བཛྲ་ཡ་ཐཱ་སུ་ཁཾ། དེས་ལུས་ངག་ཡིད་གསུམ་བྱིན་གྱི་རླབས་

པ་སོང་། དེ་ནས་རྡོ་རྗེ་སློབ་དཔོན་གྱི་བཀའ་ཉན་པའི་སྒོ་ནས་དམ་ལ་བཞག་སྟེ། མགོ་བོར་ཐལ་མོ་བཞག་ལ། དུས་འདི་ནས་ནི་བུ་ཁྱོད་ཀྱི། །རྡོ་རྗེ་འཛིན་པ་ང་ཡིན་གྱིས། །ང་ཡིས་ཇི་ལྟར་བཀའ་སྩལ་པ། །ཁྱོད་ཀྱི་སྐྱོ་བ་མེད་པར་སྒྲུབས། །གང་ཡང་ང་ལ་མ་གུས་མིན། །དེ་བཞིན་གུས་པར་མ་བྱས་ན། །བདུད་ཀྱིས་བཅོམ་ནས་ངན་འགྲོར་འགྲོ། །དེ་བས་དམ་ཚིག་གནས་པར་གྱིས། །དེ་ནས་སྡོམ་པ་བཟུང་བ་ནི། མགོན་པོ་སངས་རྒྱས་རྣམས་དང་ནི། །སྲས་བཅས་བདག་ལ་དགོངས་སུ་གསོལ། །བདག་མིང་འདི་ཞེས་བགྱི་བ་ཡིས། །དུས་འདི་ནས་ནི་བཟུང་ནས་སུ། །ཇི་ལྟར་དུས་གསུམ་མགོན་པོ་རྣམས། །བྱང་ཆུབ་ཏུ་ནི་ངེས་མཛད་པ། །བྱང་ཆུབ་སེམས་ནི་བླ་ན་མེད། །དམ་པ་བདག་གིས་བསྐྱེད་པར་བགྱི། །ཚུལ་ཁྲིམས་ཀྱི་ནི་བསླབ་པ་དང་། །དགེ་བའི་ཆོས་ནི་བསྡུད་པ་དང་། །སེམས་ཅན་དོན་བྱེད་ཚུལ་ཁྲིམས་གསུམ། །སོ་སོར་བརྟན་པོར་གཟུང་བར་བགྱི། །རྡོ་རྗེ་རིགས་ཀྱི་སྡོམ་བཞི་དང་། །རིན་ཆེན་རིགས་ཀྱི་སྡོམ་པ་གསུམ། །པདྨའི་རིགས་ཀྱི་སྡོམ་བཞི་དང་། །ལས་ཀྱི་རིགས་ཀྱི་སྡོམ་པ་གཉིས། །སངས་རྒྱས་རིགས་ཀྱི་སྡོམ་པ་གཅིག །དམ་ཚིག་སྡོམ་པ་བཅུ་བཞི་ནི། །དེང་ནས་བརྩམས་ཏེ་ནམ་དུ་ཡང་། །བཏང་བར་བྱ་བ་མ་ཡིན་ནོ། །དེ་ལྟར་ལན་གསུམ་བྱ། ཡེ་ཤེས་དབབ་པའི་དོན་དུ་གསོལ་བ་བཏབ་པ་ནི། ཨོཾ་སྭ་བྷཱ་ཝ་ཤུདྡྷཿསརྦ་དྷརྨཱཿསྭ་བྷཱ་ཝ་ཤུདྡྷོ྅ཧཾ། སྟོང་པ་ཉིད་དུ་གྱུར། སྟོང་པའི་ངང་ལས་པཾ་ལས་པདྨ། ཨ་ལས་ཟླ་བའི་དཀྱིལ་འཁོར་གྱི་སྟེང་དུ། ཧཱུྃ་ཡིག་དཀར་པོ། དེ་ལས་འོད་ཟེར་འཕྲོས། འཕགས་པ་མཆོད། སེམས་ཅན་གྱི་དོན་བྱས། ཚུར་འདུས་ཡོངས་སུ་གྱུར་པ་ལས། དབུས་སུ་མ་གཅིག་ལབ་ཀྱི་སྒྲོན་མ་སྐུ་མདོག་དཀར་མོ་ཞལ་གཅིག་ཕྱག་གཉིས་གཡས་པས་གསེར་གྱི་ཌ་མ་རུ་ནམ་མཁའ་ལ་འཁྲོལ་ཞིང་། གཡོན་པས་དྲིལ་དཀར་

གྱི་དྲིལ་བུ་སྒྲ་སྙིད་ལ་བརྟེན་པ། རྒྱན་ཆ་ལུགས་ཐམས་ཅད་ཡོངས་སུ་རྫོགས་པའི་བདག་ཉིད་དུ་གྱུར། ཤར་དུ་རྡོ་རྗེ་མཁའ་འགྲོ་སྔོན་མོ། ལྷོར་རིན་ཆེན་མཁའ་འགྲོ་སེར་མོ། ནུབ་ཏུ་པདྨ་མཁའ་འགྲོ་དམར་མོ། བྱང་དུ་ལས་ཀྱི་མཁའ་འགྲོ་ལྗང་གུ། དེ་རྣམས་ཀྱང་རྒྱན་ཆ་ལུགས་ཐམས་ཅད་ཡོངས་སུ་རྫོགས་པའི་སྐུར་གྱུར། གཡས་སུ་དམ་པ་སངས་རྒྱས། གཡོན་དུ་རྡོ་རྗེ་ཕག་མོ། སྟེང་དུ་ཤཱཀྱ་ཐུབ་པ། དེའི་སྟེང་དུ་ཡུམ་ཆེན་མོ་བཞུགས་པ་དེ་རྣམས་ཀྱི་སྤྱི་བོར་ཨོཾ། མགྲིན་པར་ཨཱཿ ཐུགས་ཀར་ཧཱུྃ། ཐུགས་ཀའི་ཧཱུྃ་ལས་འོད་ཟེར་འཕྲོས་པས། ཆོས་ཀྱི་དབྱིངས་ནས་མ་གཅིག་འཁོར་དང་བཅས་པ་ལ་སངས་རྒྱས་དང་བྱང་ཆུབ་སེམས་དཔའི་ཚོགས་ཀྱིས་བསྐོར་བ་མདུན་གྱི་ནམ་མཁའི་ གནས་སུ་སྤྱན་དྲངས། བཛྲ་སྨ་མ་ཛཿ ཕྱག་རྒྱ་དང་བཅས་ཏེ། ཨརྒྷཾ་ཨཱཿཧཱུྃ། པུཥྤེ། དྷཱུ་པེ། ཨཱ་ལོ་ཀེ། གནྡྷེ། ནཻ་ཝེ་ཏྱེ། ཤབྡ་ཨཱཿཧཱུྃ་གི་བར་གྱིས་མཆོད། དེ་ནས། མ་ལུས་སེམས་ཅན་ཀུན་གྱི་མགོན་གྱུར་ཅིང་། །སོགས་ནས། པདྨ་ཀ་མ་ལ་ཡེ་སྟྭཾ་གྱིས་གདན་འབུལ་བ་ཡན་གཞུང་ལྟར་བྱེད། ས་གཞི་སྤོས་ཀྱིས་བྱུགས་ཤིང་སོགས་མཎྜལ་ཕུལ། སྨྲ་བསམ་བརྗོད་མེད་ཤེས་རབ་ཕ་རོལ་ཕྱིན་སོགས་ཀྱིས་བསྟོད། དེ་ནས་གསོལ་བ་བཏབ་པ་ནི། ཕ་གཅིག་དམ་པ་རྒྱ་གར་ལ་གསོལ་བ་འདེབས་སོ། །མ་གཅིག་ལབ་ཀྱི་སྒྲོན་མ་ལཿ སེམས་དཔའ་རང་བྱུང་རྡོ་རྗེ་ལཿ གྲུབ་ཐོབ་གཙོད་ཡུལ་བརྒྱུད་པའི་བླ་མ་རྣམས་ལ་གསོལ་བ་འདེབས་སོ། །བདག་ལ་བྱིན་རླབས་མྱུར་དུ་དབབ་ཏུ་གསོལ། ལན་གསུམ་གསོལ་བ་བཏབ། དེ་ནས་སློབ་མ་རྣམས་ལངས། ཆོས་འབྱུང་གི་དཀྱིལ་འཁོར་སློབ་མའི་གྲངས་དང་མཉམ་པ་བྲིས་ཏེ། དེའི་དབུས་སུ་སློབ་མ་རྣམས་ལངས་ཏེ། ཞབས་གར་ཐབས་བྱེད། ལུས་ཐང་ཤ་བཅད། ཕྱག་རྒྱ་སྤྱི་བོར་བཅའ། མིག་གྱེན་ལ་བཟློག་པར་བྱེད། དེ་ནས་སློབ་དཔོན་གྱིས་ཡེ་ཤེས་ཕབ་པ་ནི། གུ་གུལ་གྱི་དུད་པ་དང་། རོལ་མོ་སྣ་ཚོགས་པ་དཀྲོལ་ཏེ། མ་གཅིག་ལབ་ཀྱི་སྒྲོན་མ་སྐུ་འཁོར་དང་བཅས་པ་རྣམས་ཀྱི་སྐུ་

ལུས་ཀྱི་ཆ་ལས་སྐུ་ཆེ་ཆུང་འབྲིང་གསུམ་གྱི་ཚོགས་ཚར་བཞིན་དུ་བབ་སྟེ། ཁྱེད་རང་རྣམས་ཀྱི་ལུས་ངག་ཡིད་གསུམ་ལ་ཐིམ་པའི་མོས་པ་མཛོད་ཅིག་ཅེས་ལ། རོལ་མོ་འུར་བརྡུངས་དྲག་ཏུ་བྱའོ། །དེ་ནས་ཕབ་སྟེ། སོ་སོའི་གདན་ལ་འཁོད་པར་བྱས་ནས་ངོ་སྤྲོད་དེ། ལུས་ལ་བབས་ན་འཕར་བ་དང་། འདར་བ་འོང་། ངག་ལ་བབས་ན་སཾ་སྐྲི་ཏའི་སྐད་སྨྲ། ཡིད་ལ་བབས་ན་བདེ་གསལ་མི་རྟོག་པའི་ཉམས་སྐྱེ་བ་ཡིན་ནོ། །དེ་ལྟར་ཕབ་པའི་ཡེ་ཤེས་པ་དེ་བརྟན་པར་བྱེད་པ་ལ། རྡོ་རྗེ་སློབ་མའི་མགོར་བཞག་ལ། ཏིཥྛ་བཛྲ་སོགས་བརྗོད་ལ། བརྟན་པར་བྱེད། དེས་ཡེ་ཤེས་པ་ཕབ་པ་ཡན་གོང་དུ་སོང་བ་ཡིན། ད་དཀྱིལ་འཁོར་བསྟན། ཞིབ་པར་བྱེད་ན། རིམ་པ་བཞིན་དཀྱིལ་འཁོར་དང་བསྟུན་ཏེ་ངོ་སྤྲད་ནས། དཀྱིལ་འཁོར་གཙན་པོ་འདི་ལ་ལྟོས། །ད་ནི་དད་པ་རབ་ཏུ་བསྐྱེད། །སྔགས་དང་ཕྱག་རྒྱས་བྱིན་གྱི་རླབས། །འགྲོ་བ་ཕུན་ཚོགས་དངོས་གྲུབ་ཀུན། །ཐམས་ཅད་འདི་ལས་འབྱུང་བས་ན། །དམ་ཚིག་ཐམས་ཅད་བསྲུང་བ་དང་། །གསང་སྔགས་འདི་ལའང་བརྩོན་པར་གྱིས། །དེས་དཀྱིལ་འཁོར་བསྟན་པ་སོང་།

ད་དབང་དངོས་གཞི་ཞུ་བའི་དོན་དུ་མཎྜལ་ཕུལ་ཏེ། ཤར་གྱི་བུམ་པ་ཐོགས་ཏེ་སློབ་མའི་མགོ་བོར་བཞུང་ནས། མ་ཡུམ་ཆེན་ཐུགས་ལས་སྤྲུལ་པའི་ཐུགས་ཀྱི་སྲས། །མ་གཅིག་རྗེ་མོ་རྣལ་འབྱོར་མ། །མ་ཕ་རོལ༔ གྲུབ་ཐོབ༔ སྐལ་ལྡན༔ བདག༔ བྱིན་གྱི་བརླབ༔ ཀྱི། མ་མི་མིན་ཡེ་ཤེས་མཁའ་འགྲོ་མ། །ཤར་ན་གོམ་གསུམ་བྱོན་ཅ་ན། །སྐུ་ཤ་ཆུང་ལ་སྐུ་མདོག་དཀར། །རྗེ་རྗེ་མཁའ་འགྲོ་འབུམ་གྱིས་བསྐོར། །ཆོས་ཉིད་ནམ་མཁའི་ཀློང་ཡངས་ནས། །ཐུགས་རྗེའི་སྤྲིན་ཕུང་ཐིབས་སེ་ཐིབས། །བྱིན་རླབས་ཀྱི་ཆར་རྒྱུན་སི་ལི་ལི། །མ་སྤྱི་གཙུག་རྒྱན་དེར་བཞུགས་སུ་གསོལ། །སྤྱི་གཙུག་རྒྱན་དེར་བཞུགས་ནས་ཀྱང་། །བྱིན་གྱི་བརླབ་པར་མཛད་དུ་གསོལ། །བྱིན་གྱིས་རླབས་ཤིག་མ་གཅིག་མ། །དངོས་གྲུབ་སྟེར་ཅིག༔ དབང་མཆོག་བསྐུར་ཅིག༔ རྟོགས་པ་

བསྐྱེད་ཅིག༔ བར་ཆད་སོལ་ཅིག༔ ལམ་སྣ་དྲོངས་ཤིག༔ དེ་ནས་བུམ་ཆུ་བླུད་དེ། ཇི་ལྟར་བལྟམས་པ་ཙམ་གྱིས་ནི། །ལྷ་རྣམས་ཀྱིས་ནི་ཁྲུས་གསོལ་ལྟར། །ལྷ་ཡི་ཆུ་ནི་དག་པ་ཡིས། །དེ་བཞིན་བདག་གིས་དབང་བསྐུར་རོ། །ཨོཾ་སརྦ་ཏ་ཐཱ་ག་ཏ་ཨ་བྷི་ཥི་ཀ་ཏ་ས་མ་ཡ་ཤྲི་ཡེ་ཧཱུྃ། ཞེས་གསུངས་ཤིང་དབང་བསྐུར། དྲི་མ་དག །ཆུའི་ལྷག་མ་ཡར་ལུད་པ་ལས་མི་བསྐྱོད་པས་དབུ་རྒྱན་པར་གྱུར། དེ་ནས་ལྷོའི་བུམ་པ་བཟུང་སྟེ། ཀྱེ། མ་མི་མིན༔ ལྷོ་རུ༔ སྐུ་ཤ་ཆུང་ལ་སྐུ་མདོག༔ རིན་ཆེན་སོགས། ཇི་ལྟར་བལྟམས་པ་སོགས། རིན་འབྱུང་གིས༔ དེ་ནས་ནུབ་ཀྱི་བུམ་པ་བཟུང་སྟེ། ཀྱེ་མ༔ ནུབ་ཏུ༔ སྐུ་ཤ་ཆུང་ལ་སྐུ་མདོག་དམར། །པདྨ་སོགས། ཇི་ལྟར་བལྟམས་པ་སོགས། སྣང་མཐའ༔ དེ་ནས་བྱང་གི་བུམ་པ། ཀྱེ་མ༔ བྱང་དུ༔ སྐུ་ཤ་ཆུང་ལ་སྐུ་མདོག་ལྗང་། །ལས་ཀྱི༔ ཇི་ལྟར་བལྟམས་པ་སོགས། དོན་གྲུབ༔ དེ་ནས་དབུས་ཀྱི་བུམ་པ། ཀྱེ་མ༔ དབུས་ན༔ སྐུ་ཤ་ཆུང་ལ་སྐུ་མདོག་ནག །ཡེ་ཤེས་མཁའ་འགྲོ༔ ཆོས་ཉིད༔ ཐུགས་རྗེས༔ བྱིན་གྱི་རླབས༔ སྤྱི་གཙུག༔ བྱིན་རླབས༔ དངོས་གྲུབ༔ དབང་༔ རྫོགས༔ བར་ཆད་སོལ་ཅིག༔ ལམ་སྣ་དྲོངས་ཤིག༔ ཇི་ལྟར་བལྟམས་པ་སོགས། དབང་བསྐུར། དྲི་མ་དག །ཆུའི་ལྷག་མ་ཡར་ལུད་པ་ལས་རྣམ་པར་སྣང་མཛད་ཀྱིས་དབུ་བརྒྱན་པར་གྱུར། དེ་ལྟར་རིགས་ལྔའི་བུམ་དབང་ལ་བརྟེན་ནས་ལམ་བསྐྱེད་པའི་རིམ་པ་སྒོམ་པ་ལ་དབང་། འབྲས་བུ་སྤྲུལ་སྐུ་ཐོབ་པའི་སྐལ་བ་དང་ལྡན་པར་བྱས་སོ། །

དེས་བུམ་པའི་དབང་སོང་ནས་ད་གསང་དབང་གི་དོན་དུ་མཎྜལ་ཕུལ། ནང་མཆོད་ཀྱི་བདུད་རྩི་སློབ་མའི་མགོར་བཟུང་སྟེ། རིགས་ལྔ་མཁའ་འགྲོ་ཐོད་པའི་དབང་། །དེང་འདིར་ཁྱོད་ལ་བསྐུར་བར་བྱ། །ཁྱོད་ཀྱིས་ཡང་དག་བླང་བར་གྱིས། །བུདྡྷ་ཨ་བྷི་ཥིཉྩ་ཨོཾ། བཛྲ་ཨ་བྷི་ཥིཉྩ་ཧཱུྃ། རཏྣ་ཨ་བྷི་ཥིཉྩ་ཏྲཱཾ། པདྨ་ཨ་བྷི་ཥིཉྩ་ཧྲཱིཿ ཀརྨ་ཨ་བྷི་

ཁ་ཀྵུ་ཨཿ ཞེས་བརྗོད་ཅིང་བདུད་རྩི་བླུད་ལ། འཐུང་བཅུག་སྟེ། དེས་ཐོད་པ་ལ་བརྟེན་ནས་གསང་བའི་དབང་བསྐུར། ངག་གི་དྲི་མ་དག །རྩ་རླུང་ཐིག་ལེ་བསྒོམ་པ་ལ་དབང་། འབྲས་བུ་ལོངས་སྐུ་ཐོབ་པའི་སྐལ་བ་དང་ལྡན་པ་ཡིན་ནོ། །

དེས་གསང་བའི་དབང་སོང་ནས། ད་ཤེས་རབ་ཡེ་ཤེས་ཀྱི་དབང་གི་དོན་དུ་མཎྜལ་ཕུལ། མེ་ལོང་སློབ་མའི་མགོར་བཟུང་སྟེ། རིགས་ལྔའི་མཁའ་འགྲོས་སིནྡྷུ་རས། །མེ་ལོང་དཀྱིལ་འཁོར་ཡང་དག་བྲིས། །དེང་འདིར་ཁྱོད་ལ་བསྐུར་བར་བྱ། །དགའ་བཞིའི་ཡེ་ཤེས་ཉམས་སུ་ལོང་། །ཧ་རི་ནི་ས་ཧཱུྃ་བརྗོད་ཅིང་། སིནྡྷུ་རའི་དཀྱིལ་འཁོར་སློབ་མའི་ལྟེ་བ་དང་སྙིང་གར་གཏུགས། དེས་སིནྡྷུ་རའི་དཀྱིལ་འཁོར་ལ་བརྟེན་ནས་སེམས་ལ་ཤེས་རབ་ཡེ་ཤེས་ཀྱི་དབང་བསྐུར། སེམས་ཀྱི་སྒྲིབ་པ་དག །བདེ་གསལ་མི་རྟོག་པ་སྒོམ་པ་ལ་དབང་། འབྲས་བུ་ཆོས་སྐུ་ཐོབ་པའི་སྐལ་བ་དང་ལྡན་པ་ཡིན་ནོ། །དེས་མེ་ལོང་གི་དབང་སོང་སྟེ།

ད་དབང་བཞི་བསྐུར་བའི་དོན་དུ་མཎྜལ་ཕུལ་ལ། སློབ་མ་ལུས་གནད་བསྲངས་ཏེ། ཁྱོད་རང་གི་སེམས་ལ་ལྟོས་ཤིག །སེམས་ཀྱིས་ངོ་བོ་ལ་ཅི་ཡང་མི་འདུག་པ་དེ་ཆོས་སྐུ་ཡིན། མི་འདུག་པར་རིག་པ་དེ་ལོངས་སྐུ་ཡིན། སྣ་ཚོགས་ཅིར་ཡང་འཆར་བ་དེ་སྤྲུལ་སྐུ་ཡིན། དེ་གསུམ་དབྱེར་མེད་པ་དེ་ངོ་བོ་ཉིད་ཀྱི་སྐུ་མཐའ་དང་བྲལ་བ་ཡིན་ནོ། །དེས་བཞི་པའི་དབང་སོང་།

ད་རྡོ་རྗེ་སློབ་དཔོན་གྱི་དབང་བསྐུར་བའི་དོན་དུ་མཎྜལ་ཕུལ། དབང་གཏོར་སློབ་མའི་མགོར་བཟུང་ལ། དབང་བསྐུརཿ རྡོ་རྗེ་ཆེན་པོ་ནིཿ ཁམས་གསུམ་ཀུན་གྱིས་ཕྱག་བྱས་པ། །སངས་རྒྱས་ཀུན་གྱི་གསང་གསུམ་གྱིས། །གནས་ལས་བྱུང་བ་སྦྱིན་པར་བྱ། །ཨོཾ་སརྦ་ཏ་ཐཱ་ག་ཏ་ཨ་བྷི་ཥི་ཀ་ཏ་ས་མ་ཡ་ཤྲི་ཡེ་ཧཱུྃ། ཞེས་བརྗོད་ཅིང་ནང་མཆོད་བླུད་

ལ་འཕྱུང་བཅུག །རྒྱལ་བ་སྲས་བཅས་བསོད་ནམས་མཐུ་དག་དང་། །ལྷ་རྣམས་ཀུན་ཀྱིས་ཞིགས་པར་བསམས་པ་དང་། །གསང་སྔགས་རིགས་སྔགས་རྣམས་ཀྱི་མཐུ་སྟོབས་དང་། །བདེན་པར་སྨྲ་བ་རྣམས་ཀྱི་བདེན་ཚིག་གིས། །བསོད་ནམས་རི་བོ་བཞིན་དུ་བརྟན་པ་དང་། །རྒྱུད་ནི་ཉི་ཟླ་བཞིན་དུ་གསལ་བ་དང་། །སྙན་པས་ནམ་མཁའ་བཞིན་དུ་ཁྱབ་གྱུར་པའི། །བཀྲ་ཤིས་དེས་ཀྱང་དེང་འདིར་བདེ་ལེགས་ཤོག །བརྗོད་ཅིང་མེ་ཏོག་འཐོར། ཞེས་དབང་བསྐུར། དྲི་མ་དག །ཆུའི་ལྷག་མ་ཡར་ལུད་པ་ལས་ཟླ་མས་དབུ་བརྒྱན་པར་གྱུར། དེ་ནས་སློབ་མ་ལ་དམ་ཚིག་གསུམ་སྦྱིན་ཏེ། ལག་པ་གཡས་ལ་ཊ་མ་ཏྲ། གཡོན་ལ་དྲིལ་བུ་སྦྱིན་ལ། ཊ་དྲིལ་དཀྲོལ་བཅུག །དེ་ནས་ལག་པ་བསྒོལ་དུ་བཅུག་ནས་ངོ་སྤྲོད་པ་ནི། གཡས་སུ་ཊ་མ་ཏྲུ་གཏོད་པ་དེ་ཐབས་ཀྱི་ཆས་དམ་ཚིག་བསྲུང་དགོས་པ་ཡིན་ནོ། །གཡོན་དུ་དྲིལ་བུ་གཏད་པ་དེ་ཤེས་རབ་ཀྱི་ཆ་ནས་དམ་ཚིག་བསྲུང་དགོས་པ་ཡིན་ནོ། །དེ་ནས་མི་ལོང་སློབ་མའི་མགོར་བཞག་སྟེ། དུས་རྟག་ཏུ་མ་བྲལ་བར་བླ་མ་ཉིད་སྤྱི་བོར་བསྒོམ་དགོས་པ་ཡིན་ནོ། །ལག་པ་འཁྱུད་པ་དེ་གཉིས་མེད་ཕྱག་རྒྱ་སྐུའི་དམ་ཚིག་བསྲུང་དགོས་པ་ཡིན་ནོ། །དེས་རྡོ་རྗེ་སློབ་དཔོན་གྱིས་དབང་བསྐུར་བས་རྡོ་རྗེ་སློབ་དཔོན་ཉིད་དུ་འགྱུར་ཞིང་། དབང་བསྐུར་བ་དང་། རབ་ཏུ་གནས་པ་དང་སློབ་མ་རྣམས་རིམ་པ་ཉིད་དུ་བསྐྱུ་བར་བྱ་དགོས་པ་ཡིན་ནོ། །དེ་ནས་མེ་ལོང་སློབ་མའི་མགོར་བཞག་སྟེ། དུས་རྟག་ཏུ་མ་བྲལ་བར་བླ་མ་ཉིད་སྤྱི་བོར་བསྒོམ་དགོས་པ་ཡིན་ནོ། །སིནྡྷུ་ར་སློབ་མའི་དཔྲལ་བར་ཐུག །མེ་ལོང་སློབ་མའི་མགྲིན་པར་གཏུགས་ཏེ། སྔགས་ཀྱི་རྗེས་གནོས་བྱེད་དུ་འཇུག་སྟེ། ཨོཾ་ཏཏྲ་ཐཱ། ག་ཏེ་ག་ཏེ། པ་ར་ག་ཏེ་པ་ར་སཾ་ག་ཏེ་བོ་དྷི་ཡེ་ཧ་རི་ནི་ས་སྭཱ་ཧཱ། ཚར་གསུམ་བགྲངས་ཏེ། མགྲིན་པར་སིནྡྷུ་ར་ཐུག་ལ། བཟླས་པའི་རིམ་པ་དང་མ་བྲལ་བར་གྱིས་ཤིག་བརྗོད། ཡང་སྙིང་ག་དང་ལྟེ་བར་མེ་ལོང་གཏུགས་ཤིང་། ཁྱེད་རང་གི་ལྷ་མཁའ་འགྲོ་སྟེ་

ལྟེ་ཡིན་པས་མ་བྲལ་བར་རང་ལུས་མཁའ་འགྲོ་སྡེ་ལྔར་སྒོམས་ཤིག །ཤིན་རྒྱ་ར་སྙིང་ག་དང་ལྟེ་བར་བྱུག །སུ་ཁ་ཧེ་ཏྲ་བཛྲ་ཡེ་སྭཱ་ཧཱ། ཞེས་བརྟན་བཞུགས་བྱེད། དེ་ལྟར་མཁའ་འགྲོ་སྡེ་ལྔའི་སྒོ་ནས་དབང་བཞི། བདག་པོའི་དབང་། དམ་ཚིག་གསུམ། རྫས་གནང་མཐའ་རྟེན་དང་བཅས་པ་སོང་བ་དེ་ལྷ་དབང་ལུས་ལ་བསྐུར་བ་ཡིན་ནོ། །

ད་ཆོས་དབང་སེམས་ལ་བསྐུར་བ་ནི། སྦྱང་བ་དང་། ལས་ལ་སྦྱར་བ་གཉིས་སོ། །དང་པོ་སྦྱང་བ་ནི། སློབ་མ་རྣམས་རྡོ་རྗེ་དཀྱིལ་ཀྲུང་བཅའ། ལུས་གནད་བསྲུང་བ་བྱས་ཏེ། དེ་སྔ་ཕན་མ་གོ་མ་རིག་བརྗ་མ་འཕྲོར་བའི་དབང་ལ་བརྟེན་ནས། ལུས་འདི་ཤ་ཁྲག་གི་ཕུང་པོ། རྣག་ཁྲག་གི་རྒྱལ་པ། རྩ་རུས་ཀྱི་དྲྭ་བ། ངར་སྣབས་ཀྱི་སྒོང་པོ། མི་གཙང་བའི་རྫས་སུམ་ཅུ་རྩ་གཉིས་ལས་གྲུབ་པ་འདི་ལ་ཞེན་ཅིང་ཆགས་པར་བྱས་པས། འཁོར་བ་མུ་མེད་དུ་སྐྱུར་བ་ཡིན་ནོ། །ད་ནི་ལུས་འདི་ལ་ཞེན་ཅིང་ཆགས་པ་སྐད་ཅིག་ཙམ་ཡང་མི་བྱེད་དེ། ལུས་འདི་བར་སྣང་ལ་འཇའ་ཤར་བ་ལྟ་བུར་ཡོད་པའི་ལྟེ་བར། རྣམ་པར་ཤེས་པའི་ངོ་བོ་ཐིག་ལེ་དཀར་ལ་དམར་བའི་མདངས་ཆགས་པ། དམར་ལ་དཀར་བའི་མདངས་ཆགས་པ། དམར་ལ་དཀར་བའི་མདངས་ཆགས་པ། བྱ་མ་གསར་གྱི་སྒོ་ང་ཙམ་གཅིག་ཡོད་པ་དེ། ཐུར་ཐུར། ཀྲུར་ཀྲུར། ལིང་ལིང་བྱེད་ཅིང་། འཕར་ལ་ཁད། ཡར་ལ་ཁད་དུ་ཡོད་པ་དེ། ཕཊ་ཀྱིས་བརྡ་སྤྲོད། སྙིང་གའི་དབུས་སུ་སྐར་མདའ་འཕོས་པ་ལྟར་དཀར་རྒྱངས་ཀྱིས་བྱུང་། ཡང་ཕཊ་ཀྱིས་བརྡ་སྤྲད་པས། མགྲིན་པའི་དབུས་སུ་དཀར་རྒྱངས་ཀྱིས་བྱུང་། ཡང་ཕཊ་ཀྱིས་བརྡ་སྤྲད་པས། སྤྱི་བོ་ཚངས་པའི་བུ་ག་རྒྱ་མཐོངས་ཁ་ཕྱེས་པ་ལྟར་གསལ་ཏ་རེ་ཡོད་པ་ནས་སྐར་མདའ་འཕོས་པ་ལྟར་དཀར་རྒྱངས་ཀྱིས་སོང་། མ་ཧཱ་མོའི་ཐུགས་ཀར་བསྟིམ་གྱིས་ཐིམ། མ་ཧཱ་མོའི་ཐུགས་ཟབ་ཞི་སྤྲོས་པའི་རང་བཞིན་ཅན་དང་། སེམས་ཉིད་ཀྱི་

ངོ་བོ་དབྱེར་མེད་དུ་ཁྲུག་གིས་འདྲེས་པར་བསམ། དམིགས་མེད་དུ་དར་གཅིག་བཞག །དེ་ནི་སྦྱང་བ་ཡིན། ད་ལས་ལ་སྦྱར་བ་ནི། སྔ་མ་ལྟར་ལུས་གནད་བསྲུང་། ལུས་བར་སྣང་ལ་འཇའ་ཤར་བ་ལྟ་བུར་ཡོད་པའི་ལྟེ་བར། སེམས་ཀྱི་ངོ་བོ་ཐིག་ལེ་ཁྲ་ཤིགས་ཤིགས་པ་སྔ་མ་ལྟར་ཡོད་པ་དེ། དཔོན་སློབ་ཐམས་ཅད་ཀྱིས་ཕཊ་ཀྱིས་བརྗ་སྒྲད་དེ། སྐར་མདའ་འཕོས་པ་ལྟར་སྙིང་གར་རྒྱངས་ཀྱིས་བྱུང་། དེ་ནས་མགྲིན་པར། སྤྱི་བོ་ནས་རིམ་པར་སྔ་མ་ལྟར་མ་གཅིག་གི་ཐུགས་ཀར་བསྟིམ་གྱིས་ཐིམ། མ་གཅིག་མངོན་པར་རྫོགས་པར་སངས་རྒྱ་བར་བསམ་སྟེ། དམིགས་མེད་དུ་དར་ཅིག་བཞག །དེ་ནས་ཕབ་སྟེ། གྲལ་ལ་འཁོད་ཅིང་། ནམ་མཁའ་གོ་འབྱེད་ཀྱི་ངོ་སྤྲོད་ཀྱི་རིམ་པ་བྱའོ། །དེ་ནི་ཆོས་དབང་སེམས་ལ་བསྒྱུར་བའི་མན་ངག་ཟབ་ཐིག་ཅན་ཡིན་ནོ། །དེ་ལྟར་བྱས་པས་ཚོགས་ལས་དངོས་གྲུབ་རྒྱ་མཚོའི་དབང་གི་རིམ་པ་རྣམས་སོང་ནས། གནས་སྐབས་ཀྱི་ཁས་ལེན་པའི་དམ་ཚིག་དང་སྡོམ་པ་ཚུལ་བཞིན་དུ་བསྲུང་སྙམ་པས་འདིའི་རྗེས་ཟློས་མཛོད་ཅིག །གཙོ་བོས་ཇི་ལྟར་བཀའ་སྩལ་པ། །དེ་དག་ཐམས་ཅད་བདག་གིས་བགྱིད། །ལན་གསུམ་དང་། དེང་ནས་བཟུང་སྟེ་ལུས་ཡང་འབུལ་སྙམ་པ་གྱིས་ལ་རྗེས་ཟློས་གྱིས་ཞུས་ལ། དེང་ནས་བརྩམས་ཏེ་བདག་བྲན་དུ། །ཁྱེད་ལ་བདག་ནི་འབུལ་ལགས་ཀྱི། །ཁྱེད་ཀྱིས་སློབ་མར་གཟུང་བ་དང་། །ཆ་ཡིས་ཀྱང་ནི་སྤྱོད་དུ་གསོལ། །ལན་གསུམ་བརྗོད་ནས། བཏང་རག་གི་ཡོན་དུ་མཎྜལ་ཕུལ། དེ་ནས་དཀྱིལ་འཁོར་ལྷ་ཚོགས་ལ་ཚོགས་ཕུད་འབུལ། རྣལ་འབྱོར་ཕོ་མོ་རྣམས་ཚོགས་ལ་ལོངས་སྤྱོད་དེ། འདྲེན་པ་པོས་གཡས་སུ་ཐབས་ཀྱི་རྫས། གཡོན་དུ་ཤེས་རབ་ཀྱི་རྫས་བཟུང་ནས་བསྟོལ་ལ། གཟིགས་ཤིག་མཛེས་ལྡན་དམ་པའི་ཆོས། །སོགས་ཀྱིས་འདྲེན། ཞེན་པ་པོས་ཀྱང་པད་གོར་དང་བཅས་པས། བདེ་བར་གཤེགས་པ་ཆོས་ཀྱི་སྐུ། །སོགས་ཀྱིས་བླངས་ལ་ལོངས་སྤྱོད། དེ་ནས་ལྷག་མ་བསྡུས་ལ་ཁ་ཆུས་བྲན་ལ། ཨོཾ་ཨ་ཀཱ་རོ་ས་བྱིན་གྱི་བརླབས་ནས། ཧཱུྃ། ཕྱོགས་བཞི་འཇིགས་པའི་དུར་ཁྲོད་ནས། །རིགས་ལྔ་མཁའ་འགྲོ་དཔལ་འབར་མ། །དཀར་

སེར་དམར་ལྗང་མཐིང་ནག་རལ་པ་ཅན། །ཁྱོད་དོན་གྱི་རྣལ་འབྱོར་ཡིན་མོད་ཀྱང་། །བདག་སྒྲུབ་པ་པོ་ལ་ཕན་གདགས་ཕྱིར། །ཐུན་གྱི་ཚུལ་དུ་ཁས་ལོངས་ལ། །ལྷག་མའི་གཏོར་མ་འདི་བཞེས་ལ། །དེ་ཡི་འཁོར་དུ་གཏོགས་པ་ཡི། །མཁའ་ལ་འགྲོ་བའི་མཁའ་འགྲོ་མ། །ཤུགས་ལ་འགྲོ་བའི་ཤུགས་འགྲོ་དང་། །དེ་འོག་ཞིང་སྐྱོང་མཁའ་འགྲོའི་ཚོགས། །ཐུན་གྱི་ཚུལ་དུ་ཁས་ལོངས་ལ། །ལྷག་མའི་གཏོར་མ་འདི་བཞེས་ཤིག །སངས་རྒྱས་བསྟན་པ་བཤིག་པ་དང་། །དཀོན་མཆོག་དབུ་འཕངས་སྨད་པ་དང་། །བླ་མའི་སྐུ་ལ་བསྒོ་བ་དང་། །སློབ་མ་དམ་ལས་ཡོག་པ་དང་། །བྱང་ཆུབ་བསྒྲུབ་ལ་བར་དུ་གཅོད་པ་རྣམས། །ལྷག་མའི་གཏོར་མ་འདི་དང་མཉམ་པར་བཞེས། །འཁོར་རྣམས་སྤྱངས་ལ་རྐྱེན་རྣམས་བཟློག །བཅོལ་བའི་ཕྲིན་ལས་གྲུབ་པར་མཛོད། །ཅེས་པས་ལྷག་མ་ཕྱི་རོལ་དུ་དོར། དེ་ནས་གཏོར་མ་ཆུང་ངུ་གཅིག་ལ་བདུད་རྩི་བྲན་ལ། ཨོཾ་ཨཱཿཧཱུྃ་སོགས་རྒྱས་བསྡུས་གང་རུང་གིས་བྱིན་རླབས་ལ། ཀྱཻ་མ་མི་མིན་ཡེ་ཤེས་མཁའ་འགྲོ་མ། །མཁའ་འགྲོ་བྱེ་བ་འབུམ་དང་བཅས། །ཁྱོད་སྣང་སྲིད་ལྷ་འདྲེའི་འཁོར་གྱིས་བསྐོར། །མ་འདིར་གཉེགས་རྒྱན་གྱི་གཏོར་མ་བཞེས། །སྣང་སྲིད་ལྷ་འདྲིས་བཞེས་སུ་གསོལ། །འདོད་ཡོན་ལྔ་ཡིས་ཚིམ་གྱུར་ཅིག །མཆོག་གི་དངོས་གྲུབ་ཐོབ་པར་ཤོག །དེས་འགྲེ། ལྷ་རིན་ཆེན་རིགས་ཀྱི་མཁའ་འགྲོ་མ། །ཐུབ་པཱཿ བྱང་ལས་ཀྱི་རིགས་ཀྱིཿ སྡིང་མཁའ་སྐྱོདཿ འོག་ས་སྐྱོདཿ མཚམས་འཛིག་རྟེན་རིགས་ཀྱི་མཁའ་འགྲོ་མ། །མཁའ་འགྲོ་བྱེ་བཿ ཁྱོད་སྣང་སྲིདཿ མ་འདིརཿ སྣང་སྲིདཿ འདོད་ཡོནཿ མཆོག་གིཿ ཞེས་པས་གཙང་སར་འབུལ་ལོ། །གཏོར་མ་གཅིག་བྱིན་གྱིས་རླབས་ལ། རང་གི་ཆོས་སྐྱོང་གང་ཡིན་ལ་འབུལ་ལོ། །གཉན་ས་མ་སློངས་པའམ། ནད་པ་ལ་སོགས་པ་ལ་དྲག་པོའི་ལས་བྱ་དགོས་ན། གཏོར་མ་ཁྲག་གིས་བྲུགས་པ་གཅིག་དཀྲ་བགེགས་ཀྱི་ཤ་ཁྲག་ཏུ་དམིགས་པ་དང་། མཚོན་ཆར་དམིགས་པ་གང་བདེར་བྱས་ལ། ཀྱཻ་མ་

མི་མིན་ཡེ་ཤེས་མཁའ་འགྲོ་མ། །ཧཱུྃ། ཤར་རྡོ་རྗེ་རིགས་ཀྱི་མཁའ་འགྲོ་མ། །དཀར་མོ་ཁྲོས་པའི་ཆ་བྱད་ཅན། །མི་འགྱུར་པད་ཟླའི་གདན་ལ་བཞུགས། །རྡོ་རྗེ་ཐོད་ཁྲག་དཀྲུག་ཅིང་གསོལ། །ཞི་སྡང་རྩད་ནས་གཅོད་པའི་ཕྱིར། །རྒྱན་གྱི་གཏོར་མ་འདི་བཞེས་ལ། །ད་ལེན་སྡང་བའི་དགྲ་ལ་ཡང་། །ད་ལེན་གནོད་པའི་བགེགས་ལ་ཡང་། །རྐྱེན་དང་བར་ཆོད་སྒྱུར་དུ་སྒྲོལ། །བཙོལ༔ ཧྲཱི་རིན་ཆེན་རིགས༔ སེར་མོ༔ མི་འགྱུར༔ རིན་ཆེན༔ ང་རྒྱལ༔ ནུབ་པདྨ༔ དམར་མོ༔ མི་འགྱུར༔ པདྨ་ཐོད་ཁྲག༔ འདོད་ཆགས༔ བྱང་ལས་ཀྱི༔ ལྗང་མོ༔ མི་འགྱུར༔ རལ་གྲི༔ ཕྲག་དོག༔ དབུས་སངས་རྒྱས༔ ནག་མོ༔ མི་འགྱུར༔ འཁོར་ལོ་ཐོད་ཁྲག༔ གཏི་མུག༔ རྒྱན༔ ད་ལེན༔ བར་ཆོད༔ བཙོལ༔ དེ་ནས་སྒོ་མདུན་དུ་གྲུ་གསུམ་རྡོ་རྗེ་རྒྱ་གྲམ་བྲིས་པའི་སྟེང་དུ། གཏོར་སྔོད་ལྷ་ཁ་སྤུབ་ལ། དེའི་སྟེང་དུ་རྣལ་འབྱོར་ཕོ་མོ་རྣམས་ཕྱག་ལུ་གུ་རྒྱུད་དུ་སྦྲེལ་ནས་རྐང་པ་གཡོན་པ་བཞག་ལ། དབུས་ཕྱོགས་འཁོར་ལོའི་གཞལ་ཡས་ནས། །དབུས་སངས་རྒྱས་མཁའ་འགྲོས་བྲོ་བརྡུངས་པ། །གཡས་ན་དཔའ་བོའི་བྲོ་བརྡུང་ཁྲིགས་སེ་ཁྲིགས། །གཡོན་ན་དཔའ་མོའི་གར་བྱེད་ཁྱུགས་སུ་ཁྱུག །ད་ལེན་བྲོ་གཅིག་བརྡུང་བ་ནི། །ཡ་བདུད་རྒྱལ་པོ་རྡུལ་དུ་བརླག་པའི་བྲོ། །མ་བདུད་རྒྱལ་མོ་ཟིལ་གྱིས་གནོན་པའི་བྲོ། །དམ་སྲི་དམ་ལ་བཏག་པའི་བྲོ། །རྐྱེན་ངན་བར་ཆད་བཟློག་པའི་བྲོ། །ཐེལ་རང་རྟུལ་དུ་བརྡོག་པའི་བྲོ། །དེས་འགྲེ། ཤར༔ ལྷོ༔ ནུབ༔ བྱང་ཕྱོགས༔ དབེན་གནས་དུར་ཁྲོད་ཆེན་པོ་འདིར། །རྟོག་མེད་རོ་ཡི་གདན་སྟེང་དུ། །རྣལ་འབྱོར་བདག་གིས་བྲོ་བརྡུངས་པས། །དཔའ་བོ༔ དཔའ་མོ༔ ད་ལེན༔ ཡ་བདུད༔ མ་བདུད༔ དམ་སྲི༔ རྐྱེན་ངན༔ ཐེལ་རང་རྟུལ་དུ་བརྡོག་པའི་བྲོ། །ཞེས་ཕྱོགས་བཞི་དབུས་དང་ལྔར་བྲོ་བརྡུང་བར་བྱའོ། །

དེ་ནས་རྗེས་ཆོག་ནི། ཨརྒྷཾ་ལ་སོགས་པས་མཆོད། སྟྭ་བསམ་བརྗོད་མེད་ལ་སོགས་པས་བསྟོད། མ་

འཁོར་བ་དང་སོགས། ཡི་གེ་བརྒྱ་པ་འདོན་ཅིང་བཟོད་གསོལ་བྱ། དགེ་བ་བྱང་ཆུབ་ཏུ་བསྔོ་བར་བྱའོ། །དེ་ནས་མདུན་བསྐྱེད་ཀྱི་ཡེ་ཤེས་པ་རྟེན་ཡོད་ན་བརྟན་བཞུགས་བྱ། མེད་ན་གཤེགས་གསོལ་བྱེད། བཀྲ་ཤིས་ཀྱི་ཚིགས་བཅད་གང་ཤེས་ཀྱིས་ཤིས་པ་བརྗོད། དམ་ཚིག་གི་པ་རང་ལ་བསྡུ། རང་གིས་ཀྱང་ཕཊ་བྱས་ལ། སེམས་མ་བཅོས་པ་དམིགས་མེད་ཀྱི་ངང་དུ་བཞག་པར་བྱའོ། །ཐབས་ཤེས་རང་བཞིན་གསང་སྔགས་ནང་གི་དོན། །གསལ་རིག་སྟོང་གསུམ་སྐུ་གསུམ་ལྷུན་གྱིས་གྲུབ། །བསྐྱེད་རྫོགས་མཉམ་གནས་ཡིད་བཞིན་ནོར་བུའི་ནོར། །ཀུན་རིག་ཁྱབ་གདལ་ཕྱག་རྒྱ་ཆེན་པོ་ཉིད། །མ་བཅོས་གཉུག་མའི་རང་བཞིན་མཁའ་ལ་གསལ། །དགོས་འདོད་ཀུན་འབྱུང་དབུ་མ་ཆེན་པོའི་ལམ། །གཅོད་ཀྱི་ལག་ལེན་མཆོག་ཏུ་གྱུར་པ་ཉིད། །ཁ་གསལ་དོན་འདུས་ཤེས་བྱ་ཀུན་ལ་ཁྱབ། །མདོ་རྒྱུད་གཉིས་ལ་ངོ་བོ་གཉིས་མེད་སྐུ། །ཨེ་ཝཾ་འོད་གསལ་གཉུག་མ་ལྷན་ཅིག་སྐྱེས། །རྩོད་ལྡན་དུས་སུ་བདུད་རྩིའི་སྦྲང་ཆར་བབ། །རིན་ཆེན་རིགས་རྣམས་ཀུན་གྱི་སྨན་གྱི་མཆོག །ལེགས་པར་བླངས་ནས་རི་མོར་བཀོད་པ་ཡི། །རྣམ་དཀར་དགེ་བ་ཇི་སྙེད་ཡོད་པ་རྣམས། །འགྲོ་ཀུན་བླ་མེད་སངས་རྒྱས་ཐོབ་ཕྱིར་བསྔོ། །ཞེས་གཅོད་ཀྱི་ལག་ལེན་ཁ་གསལ་ཞིང་དོན་འདུས་པ་ཞིག་དགོས་ཞེས། ཀཾ་ཏིང་གུའི་ཤྲཱི་གདངས་པ་ཀུན་དགའ་རྒྱ་མཚོའི་ཞལ་སྔ་ནས་དང་། མདོ་རྒྱུད་ཡོངས་གྲོལ་བསྟན་པའི་མངའ་བདག་ཆེན་པོ་རབ་འབྱམས་ཉི་མ་བཀྲ་ཤིས་པའི་ཞལ་སྔ་ནས་དང་། གསང་སྔགས་དཀྱིལ་འཁོར་ཀུན་གྱི་བདག་པོ་བཤེས་གཉེན་ཆེན་པོ་སློབ་དཔོན་དཀོན་མཆོག་རྒྱ་མཚོ་སོགས་སྐྱེས་བུ་དམ་པ་རྣམས་ཀྱི་བཀས་ཡང་ཡང་བསྐུལ་བ་ལ་བརྟེན་ནས། གཅོད་གདན་ཐོག་གཅིག་མའི་ཁྲིད་ཡིག་ཕྲིན་ལས་རྒྱ་མཚོ་ལས། ཚོགས་ལས་དངོས་གྲུབ་རྒྱ་མཚོའི་སྒྲུབ་ཐབས་མངོན་དཀྱིལ་དབང་ཆོག་གི་རིམ་པ་རྣམས་ཁ་གསལ་ཞིང་དོན་འདུས་པར། མཁྱེན་པ་གསུམ་དང་ལྡན་པའི་རྗེ་བཙུན་རིན་པོ་ཆེ་འཇམ་དཔལ་རྒྱ་མཚོའི་དྲུང་དུ་ཇི་ལྟར་ཐོབ་པའི་རིམ་པ་རྣམས་ལྷག་ཆད་མེད་པར། ཕྱི་རབས་རྣམས་ཀྱི་དོན་དུ་ཤཱཀྱའི་དགེ་སློང་ཀྲི་འོ་ཆོས་ཀྱི་རྒྱ་མཚོ་ཞེས་བྱ་བས་གཡང་མོ་ལོའི་ནག་པ་ཟླ་བར་དུས་ཚོད་བཟང་པོ་ལ་འཕྲོད་སྦྱོར་དང་བསྟུན་ནས། དཔལ་ལྡན་མཚུར་ཕུའི་དབེན་གནས་ཨ་ས་རི་ཁྲོད་དུ་སྦྱར་བའོ། །ཡི་གེའི་འདུ་བྱེད་པ་འཇམ་དཔལ་དབྱངས་ཀྱིས་བྱིན་གྱིས་བརླབས་ཤིང་། གདོད་མའི་གནས་ཚུལ་གྱི་དོན་རྟོགས་པ་སིདྡྷ་མནྡས་བགྱིས་པའོ། །བཀྲ་ཤིས་དཔལ་འབར་འཛམ་གླིང་རྒྱལ་བའི་རྒྱན་དུ་ཤོག །བུམ་ལྟ་མའི་དབང་བསྒྱུར་ཡིན་ནོ།། །།

༄༅། །གཅོད་གདན་ཐོག་གཅིག་མའི་ཕྲིན་ལས་རྒྱ་མཚོ་ལས་ནོར་བུ་རྒྱ་མཚོའི་སྒྲུབ་ཐབས་རྒྱས་པ་སྨིན་བྱེད་དབང་གི་ཆུ་བོ་བཞུགས་སོ། །

བླ་མ་དང་མཁའ་འགྲོའི་ཚོགས་ལ་ཕྱག་འཚལ་ལོ། །ནོར་བུ་རྒྱ་མཚོའི་སྒྲུབ་ཐབས་འདི་ལ། སྔོན་འགྲོ་དང་། དངོས་གཞི། རྗེས་དང་གསུམ་མོ། །སྔོན་འགྲོ་གནས་ཁང་ཕྱག་བདར་དང་ཕྱི་དོར་ཆག་ཆག་བཏབ་ཅིང་རྒྱང་ནུལ་བྱེད། ཡོལ་བ། བླ་རེས། རྟེན་བཀྲམ་ཞིང་གཏོར་མ་གསུམ་དང་ཚོགས་གཏོར་སོགས་རིམ་པར་བཤམ། དཀྱིལ་འཁོར་དེའི་དབུས་སུ་མཆོད་ཁར་བུམ་པ་མཚན་ཉིད་དང་ལྡན་པ་མགུལ་ཆིངས། ཁ་རྒྱན། བུམ་རྫས། ཆུས་གསུམ་གཉིས་ཁེངས་པ་བཞག །མཆོད་པས་བསྐོར། སློབ་དཔོན་རང་ཉིད་སྟན་བདེ་བར་འདུག་ཅིང་། མདུན་དུ་སྟེགས་ཀྱི་ཁར་ནང་མཆོད། ཊ་དྲིལ། ལས་བུམ་རྣམས་བཞག །ནང་མཆོད་བྱིན་རླབས་ནི། ཨོཾ་ཨཱཿཝིགྷྣཱནྟ་ཀྲིཏ་ཧཱུཾ་ཕཊ། ཨོཾ་སྭབྷཱ་ཝ་ཤུདྡྷཿསརྦ་དྷརྨཱཿསྭབྷཱ་ཝ་ཤུདྡྷོ྅ཧཾ། སྟོང་པ་ཉིད་དུ་གྱུར། སྟོང་པའི་ངང་ལས་ཡཾ་ལས་རླུང་གི་དཀྱིལ་འཁོར་སྔོན་པོ་གཞུ་ཡི་དབྱིབས་ཅན། ཆངས་བཟུང་ལ་ཡཾ་དང་མཆོག་མ་གཉིས་ལ་གཡོ་བའི་བ་དན་གྱིས་མཚན་པ། དེའི་སྟེང་དུ་རཾ་ལས་མེའི་དཀྱིལ་འཁོར་གྲུ་གསུམ་དམར་པོ་རཾ་གྱིས་མཚན་པ། དེའི་སྟེང་དུ་ཀཾ་གསུམ་ལས་ཐོད་པ་བུམ་རིལ་གྱི་སྐྱེད་བུ་ལྷག་པ་ནང་དུ་བསྟན་པ་གསུམ་གྱི་སྟེང་དུ། ཨཿཡོངས་སུ་གྱུར་པ་ལས། ཀ་པཱ་ལ་ཕྱི་དཀར་ལ་ནང་དམར་བ་རྒྱ་ཁྱོན་ཆོས་ཀྱི་དབྱིངས་དང་མཉམ་པ། དེའི་དབུས་སུ་མུ་ལས་དྲི་ཆུ་བིཾ་ཏུ་ལྷ་བུ། ཤར་དུ་བི་ལས་དྲི་ཆེན་ཤེལ་ལྷ་བུ། ལྷོར་ར་ལས་རཀྟ་གསེར་བཙོ་མ་ལྷ་བུ། ནུབ་ཏུ་ཤུ་ལས་བྱང་སེམས་དཀར་དམར། བྱང་

དྷུ་མ་ལས་སྐྱད་པ། སྐར་ཡང་དབུས་སུ་ན་ལས་མིའི་ཤ། ཤར་ལྷོར་གོ་ལས་བ་ལང་གི་ཤ། ལྷོ་ནུབ་ཏུ་ཀུ་ལས་ཁྱིའི་ཤ། ནུབ་བྱང་དུ་ད་ལས་གླང་པོ་ཆེའི་ཤ། བྱང་ཤར་དུ་ཧ་ལས་རྟའི་ཤ། དེ་རྣམས་སྐར་ཡང་ཡི་གེ་དེ་དག་གིས་མཚན་པའོ། །རང་གི་སྣ་བུག་གཡོན་པ་ནས་རླུང་ཧཱུྃ་གི་དབྱིབས་ཅན་འཕྲོས། རླུང་གི་བ་དན་ལ་ཕོག །བ་དན་བསྐྱོད་རླུང་གཡོས་མེ་སྦར་རྫས་རྣམས་ཁོལ་ཉེས་པའི་སྐྱོན་རྣམས་ཕྱིར་ལུད་རླངས་པ་འོད་ཟེར་གྱི་ཚུལ་དུ་ཡར་སོང་། སངས་རྒྱས་དང་བྱང་ཆུབ་སེམས་དཔའ་ཐམས་ཅད་ཀྱི་ཐུགས་ཀ་ནས་ཡེ་ཤེས་ཀྱི་བདུད་རྩི་བཀུག །དམ་ཚིག་གི་བདུད་རྩི་དང་གཉིས་སུ་མེད་པར་འདྲེས། ཡེ་ཤེས་ཀྱི་བདུད་རྩིའི་རྒྱ་མཚོ་ཆེན་པོར་གྱུར། ཨོཾ་ཨཱཿཧཱུྃ། མཐེབ་སྲིན་གྱིས་ལན་གསུམ་དཀྲུག །དཀར་གཏོར་ལ་ཆུ་གཙང་བྲན། ཨོཾ་བཛྲ་ཨ་མྲྀ་ཏ་ཀུཎྜ་ལི་ཧ་ན་ཧ་ན་ཧཱུྃ་ཕཊ། ཨོཾ་སྭ་བྷཱ་ཝ་ཤུདྡྷཿསརྦ་དྷརྨཱཿསྭ་བྷཱ་ཝ་ཤུདྡྷོ྅ཧཾ། སྟོང་པ་ཉིད་དུ་གྱུར། སྟོང་པའི་ངང་ལས་བྷྲཱུྃ་ལས་རིན་པོ་ཆེའི་སྣོད་ཡངས་ཤིང་རྒྱ་ཆེ་བ་རྣམས་ཀྱི་ནང་དུ། ཨོཾ་ཡིག་དཀར་པོ་འོད་དུ་ཞུ་བ་ལས་བྱུང་བའི་ལྷ་རྫས་ལས་གྲུབ་པའི་གཏོར་མ་དངས་ཤིང་ཐོགས་པ་མེད་པ་གཞི་བདག་རྣམས་ཀྱི་འདོད་པའི་ཡོན་ཏན་ལྔ་དང་ལྡན་པར་གྱུར། ཨོཾ་ཨ་ཀཱ་རོ་ནས། སྭ་བྷཱ་ཝའི་བར་ལན་གསུམ་དང་། ཨཀྲོཾ་ནས་ཤཀྟའི་བར་བརྗོད་ནས། མཆོད་སྦྱིན་གྱི་གཏོར་མ་རྒྱ་ཆེན་པོ་འདི་བསྔོ་ཞིང་འབུལ་བའི་གནས་སུ་གྱུར་པ་ནི། སྟོང་གསུམ་གྱི་སྟོང་ཆེན་པོ། མཐོ་བ་ནམ་མཁའ། དམའ་བ་ས་གཞི། དབུས་ཀྱི་རི་བོ་མཆོག་རབ། གསེར་གྱི་རི་བདུན། རོལ་པའི་མཚོ་བདུན། མཚོ་མ་ཐམ། གངས་ཏི་སེ། རྒྱ་གར། ཁ་ཆེ། རྒྱ་ནག་རི་བོ་རྩེ་ལྔ། བོད་ཀྱི་མགུར་ལྷ་བཅུ་གསུམ། འཛམ་གླིང་གི་བརྟན་མ་བཅུ་གཉིས། སྲིད་པ་ཆགས་པའི་ལྷ་དགུ། སྟོད་མངའ་རིས་བསྐོར་གསུམ། བར་དབུས་གཙང་

ཏུ་བཞི། སྣོད་མདོ་ཁམས་སྣང་གསུམ་ལ་གནས་པའི་གཞི་བདག་རྣམས་དང་། ཁྱེ་བྲག་ཏུ་ཡང་བདག་ཅག་དཔོན་སློབ་འཁོར་དང་བཅས་པ་རྣམས་སྡོན་ཆད་གང་དུ་སོང་བའི་གནས། ཕྱིན་ཆད་གང་དུ་འགྲོ་བའི་གནས། ད་ལྟ་ཡུལ་རི་འདི་ལ་གནས་པའི་གཞིའི་བདག་པོ། གནས་ཀྱི་བདག་པོ། གྲོང་གི་བདག་པོ་རྣམས་ལ་འབུལ་ལོ། །མཆོད་སྦྱིན་གྱི་གཏོར་མ་རྒྱ་ཆེན་པོ་འདི་བཞེས་ལ། བདག་ཅག་དཔོན་སློབ་འཁོར་དང་བཅས་པ་རྣམས་འགྲོ་ན་མ་བཀག་ལ། འདུག་ན་མ་སྡང་། བསམ་པ་མ་ངན། སྦྱོར་བ་མ་རྩུབ། ལས་དཀར་པོ་ཆོས་དང་མཐུན་པའི་སྟོང་གྲོགས་རྒྱ་ཆེན་པོ་མཛད་དུ་གསོལ། ཞེས་བརྗོད་ལ་གཏོར་མ་གཙང་སར་ཕུལ། ཕན་བརྗོད་ཅིང་རོལ་མོ་དྲག་ཏུ་དཀྲོལ་བའོ། །དེ་ནས་ཟན་ལ། བདག་དང་སྦྱིན་པའི་བདག་པོའི་ལུས་ལ་དྲུད་ནས་ལན་ཆགས་བགེགས་གཏོར་བཟོས་ཏེ། མདུན་དུ་བཞག་ལ་ཆུ་གཙང་གིས་བྲན་ཏེ། ཨ་ཀྲོ་ཏའི་བསང་ཨོཾ་སྭ་བྷཱ་ཝས་སྦྱངས། སྟོང་པའི་ངང་ལས་གཏོར་མ་དངས་ཤེང་ཐོགས་པ་མེད་པ་བགེགས་རིགས་ལན་ཆགས་རྣམས་ཀྱི་འདོད་པའི་ཡོན་ཏན་ལྔ་དང་ལྡན་པར་གྱུར། ཨ་ཀཱ་རོ་དང་། ཨཀྵྃ་གྱིས་འབུལ། མཆོད་སྦྱིན་གྱི་གཏོར་མ་རྒྱ་ཆེན་པོ་འདི། བགེགས་ཀྱི་རྒྱལ་པོ་བི་ན་ཡ་ཀས་ཐོག་དྲངས་བགེགས་རིགས་ལན་ཆགས་རྣམས་ལ་འབུལ་ལོ། །ལན་ཆགས་བྱང་། བུ་ལོན་འཁོར། ཤ་འཁོན་ཞི་ནས་སངས་རྒྱས་ཀྱི་གོ་འཕང་རིན་པོ་ཆེ་ཐོབ་པར་གྱུར་ཅིག །བགེགས་མཐར་བྱེད་ཀྱི་ཕྱག་རྒྱ་བཅས་ལ། ཧཱུྃ། ན་མོ་རྗེ་བཙུན་རྩ་བ་དང་བརྒྱུད་པར་བཅས་པའི་དཔལ་ལྡན་བླ་མ་དམ་པ་རྣམས་ཀྱི་བཀའ་བདེན་པ་དང་། སངས་རྒྱས༔ ཆོས༔ དགེ་འདུན༔ གསང་སྔགས༔ རིགས་སྔགས༔ གྲུབ་ཐོབ་གཙོད་ཡུལ་བརྒྱུད་པའི་དཔལ་ལྡན་བླ་མ་བརྒྱུད་པ་དང་བཅས་པ་རྣམས་ཀྱི་བདེན་པ་དང་། བདེན་པ་ཆེན་པོའི་བྱིན་རླབས་ཀྱིས། བདག་ཅག་འཁོར་དང་བཅས་པ་རྣམས་ཀྱི་

ལུས་ངག་ཡིད་གསུམ་ལ་གནོད་ཅིང་འཚེ་བར་བྱེད་པའི་ལོག་འདྲེན་འབྱུང་པོའི་ཚོགས་དང་བཅས་པ་ཐམས་ཅད་འདིར་མཆིས་པར་གྱུར་ཅིག །ཏྲཱི་ནྲ་ཛཿཧཱུྃ་ཛཿ ལན་གསུམ་དང་། ཨོཾ་གུང་ག་རི་གུང་ག་རི་སྭཱ་ཧཱ། པི་ཙི་པི་ཙི་སྭཱ་ཧཱ། གུང་གུང་སྭཱ་ཧཱ། གྲིཧྣི་དམ་བ་ལིཾ་ཏེ་སྭཱ་ཧཱ། གསུམ་དང་། བགེགས་ལ་གཏོར་མ་ཕུལ་ཏེ་གསོལ་བར་བསམ། དེ་ནས་བསྒྲད་པ་ནི། ཧཱུྃ། ཉོན་ཅིག་བགེགས་དང་ལོག་འདྲེན་ཚོགས། །ཁྱོད་གནས་འདིར་མ་འདུག་གཞན་དུ་དེངས། །ཅེས་ཏེ་མི་འགྲོ་འདུག་གྱུར་ན། །ཤར་རྡོ་རྗེ་རིགས་ཀྱི་དཔའ་བོ་དང་། །རྡོ་རྗེ་མཁའ་འགྲོ་མ་རྣམས་ཀྱིས། །རྡོ་རྗེའི་མཚོན་ཆ་འབར་བ་ཡིས། །བགེགས་རྣམས་ཐམས་ཅད་ཚར་ཆོད་ཅིག །ཧཱུྃ། ཉོན་ཅིག༔ ཁྱོད་གནས་འདིར༔ ཅེས་ཏེ༔ ལྷོ་རིགས་ཀྱི༔ རིན་ཆེན་མཁའ་འགྲོ༔ རིན་ཆེན་མཚོན་ཆ༔ བགེགས་རྣམས༔ ཧཱུྃ། ཉོན་ཅིག༔ ཁྱོད་གནས་འདིར༔ ཅེས་ཏེ༔ ནུབ་པདྨ་རིགས་ཀྱི༔ པདྨ་མཁའ་འགྲོ༔ པདྨའི་མཚོན་ཆ༔ བགེགས་རྣམས༔ ཧཱུྃ། ཉོན་ཅིག༔ ཁྱོད༔ ཅེས་ཏེ༔ བྱང་ལས་ཀྱི་རིགས་ཀྱི༔ ལས་ཀྱི་མཁའ་འགྲོ༔ ལས་ཀྱི་མཚོན་ཆ༔ བགེགས་རྣམས་ཐམས་ཅད༔ ཧཱུྃ། ཉོན་ཅིག་བགེགས་དང་ལོག་འདྲེན་ཚོགས། །ཁྱོད་གནས་འདིར༔ ཅེས་ཏེ་མི་འགྲོ༔ དབུས་སངས་རྒྱས་རིགས་ཀྱི༔ སངས་རྒྱས་མཁའ་འགྲོ་མ༔ ཡེ་ཤེས་མཚོན་ཆ༔ བགེགས་རྣམས་ཐམས་ཅད་ཚར་ཆོད་ཅིག །བགེགས་གཏོར་ཕྱི་རོལ་དུ་སྐྱེལ་ཏེ། ཐུན་གྱིས་བྲབ་པ་དང་། མཚམས་བཅད་ནི། ཕཊ། སུམྦྷ་ནི་སུམྦྷ་ཧཱུྃ། གྲིཧྞ་གྲིཧྞ་ཧཱུྃ། གྲིཧྞ་པ་ཡ་གྲིཧྞ་པ་ཡ་ཧཱུྃ། ཨཱ་ན་ཡ་ཧོ། བྷ་ག་ཝན་བིདྱཱ་ར་ཛ་ཧཱུྃ་ཕཊ། རོལ་མོ་དྲག་ཏུ་དཀྲོལ། གཏོར་སྟོད་རྣམས་ཆུ་གཙང་གིས་བཤལ་ནས། ཁ་སྦུབ་ཏུ་བཞག །དེ་ནས་སྐྱབས་འགྲོ་བྱེད་པ་ནི། ན་མོ། གནས་ཀྱི་གདོན་དང་ལུས་ཀྱི་གདོན། །གནས་གདོན་གཙོ་བྱས་སེམས་ཅན་རྣམས། །ཀྱེ། མ་མི་མིན་ཡེ་ཤེས་མཁའ་འགྲོ་མ། །ཡབ་ཀྱི་སྒྲོན་མའི་སྐུ་ལ་སྐྱབས་སུ་མཆི། །རང་

རིག་ཡེ་ཤེས་སྟོན་མཛད་པའི། །བླ་མ་རྣམས་ལ་སྐྱབས་སུ་མཆི། །དངོས་གྲུབ་ངེས་པར་སྟེར་མཛད་པའི། །ཡི་དམ་རྣམས་ལཿ སྤྱངས་རྟོགས་ཕུན་སུམ་ཚོགས་པ་ཡི། །སངས་རྒྱས་རྣམས་ལཿ ཞི་གྱུར་འདོད་ཆགས་བྲལ་བ་ཡི། །དམ་ཆོས་རྣམས་ལཿ གང་ལ་ཕུལ་ན་དོན་ཆེ་བ། །དགེ་འདུན་རྣམས་ལཿ གཞོན་ནུའི་སྐུ་ལུས་མཛེས་ཚུལ་ལྡན། །འཇམ་པའི་དབྱངས་ལཿ སྙིང་རྗེས་ངེས་པར་དགོངས་མཛད་པའི། །སྤྱན་རས་གཟིགས་ལཿ མཐུ་སྟོབས་ཆེན་པོས་གདུག་པ་འདུལ། །རྡོ་རྗེ་འཛིན་ལཿ བརྩེ་གདུང་དམ་ཚིག་ལྡན་པ་ཡི། །མཁའ་འགྲོའི་ཚོགས་ལཿ བདུད་དཔུང་བར་ཆད་ཞི་མཛད་པ། །ཆོས་སྐྱོང་རྣམས་ལ་སྐྱབས་སུ་མཆི། །ཁྱེད་རྣམས་ལ་ནི་བདག་སྐྱབས་མཆི། ཁྱེད་རྣམས་ལ་ནི་བདག་བརྟེན་ནོ། །སྡིག་པ་མི་དགེ་སོ་སོར་བཤགས། །འགྲོ་བའི་དགེ་ལ་རྗེས་ཡི་རང་། །སངས་རྒྱས་བྱང་ཆུབ་ཡིད་ཀྱིས་བཟུང་། །སངས་རྒྱས་ཆོས་དང་ཚོགས་མཆོག་ལ། །བྱང་ཆུབ་བར་དུ་སྐྱབས་སུ་མཆི། །རང་གཞན་དོན་ནི་རབ་སྒྲུབ་ཕྱིར། །བདག་གིས་བྱང་ཆུབ་སེམས་མཆོག་བསྐྱེད། །བྱང་ཆུབ་སྤྱོད་མཆོག་ཡིད་འོང་སྤྱད་པར་བགྱི། །འགྲོ་ལ་ཕན་ཕྱིར་སངས་རྒྱས་འགྲུབ་པར་ཤོག །ཚོགས་ཞིང་སྤྱན་འདྲེན་པ་ནི། ཨོཾ་སྭ་བྷཱ་ཝ་ཤུདྡྷཿསརྦ་དྷརྨཱཿསྭ་བྷཱ་ཝ་ཤུདྡྷོ྅ཧཾ། སྟོང་པ་ཉིད་དུ་གྱུར། སྟོང་པའི་ངང་ལས་མདུན་གྱི་ནམ་མཁར་སྐྱབས་གནས་དམ་པ་གསུམ་བརྩེགས་ཀྱི་ལྷ་ཚོགས་འཁོར་དང་བཅས་པ་བཛྲ་ས་མ་ཛཿ ཨརྒྷཾ་ནས་ཤབྡའི་བར་ཕྱག་རྒྱ་དང་བཅས་ཏེ་མཆོད། གདན་འབུལ་བ་ནི། ཨོཾ་སརྦ་ཏ་ཐཱ་ག་ཏ་པདྨ་ཀ་མ་ལ་ཡེ་སྭཱ། གདན་འབུལ་གྱི་ཕྱག་རྒྱ་དང་བཅས་ནས་བཞེད། སྨྲ་བསམ་བརྗོད་མེད་ཤེས་རབ་ཕ་རོལ་ཕྱིན། །མ་སྐྱེས་མི་འགག་ནམ་མཁའི་ངོ་བོ་ཉིད། །སོ་སོ་རང་རིག་ཡེ་ཤེས་སྤྱོད་ཡུལ་བ། །བཅོམ་ལྡན་ཚོགས་ཞིང་ལྷ་ལ་བདག་བསྟོད་དོ། །ཛཿཧཱུྃ་བཾ་ཧོཿ གཉིས་

སྒྲུ་མེད་པར་གྱུར། ཚོགས་ཞིང་རང་ལ་བསྟིམ། སེམས་ཅན་ཐམས་ཅད་བདེ་བ་དང་བདེ་བའི་རྒྱུ་དང་ལྡན་པར་གྱུར་ཅིག །སྡུག་བསྔལ་དང་སྡུག་བསྔལ་གྱི་རྒྱུ་དང་བྲལ་བར་གྱུར་ཅིག །སྡུག་བསྔལ་མེད་པའི་བདེ་བ་དང་མི་འབྲལ་བར་གྱུར་ཅིག །ཉེ་རིང་ཆགས་སྡང་གཉིས་དང་བྲལ་བའི་བཏང་སྙོམས་ལ་ཡུན་རིང་དུ་གནས་པར་གྱུར་ཅིག །

བདག་བསྐྱེད་ནི། ཨོཾ་སྭ་བྷཱ་ཝ་ཤུདྡྷཱཿསརྦ་དྷརྨཱཿསྭ་བྷཱ་ཝ་ཤུདྡྷོ྅ཧཾ། སྟོང་པ་ཉིད་དུ་གྱུར། སྟོང་པའི་ངང་ལས་གཞལ་ཡས་ཀྱི་ཁང་པ་གྲུ་བཞི་རྟ་བབས་བང་རིམ་ལྔ་དང་ལྡན་པ། ནང་ནས་རིམ་པ་བཞིན་དུ་དཀར་པོ། སེར་པོ། དམར་པོ། ལྗང་གུ། སྔོན་པོ། ནང་ཀ་བ་བཞི། སྟེང་རྡོ་རྗེའི་གདུང་བཞིའི་ཁོང་སེང་ནས། སེང་གེའི་ཁ་ནས་མུ་ཏིག་གི་ཕྲེང་བ་འཕྱང་བ། མདའ་ཡབ་དང་པུ་ཤུས་བསྐོར་བ། རིན་པོ་ཆེ་དང་། མུ་ཏིག་གི་ཆུན་འཕྱང་དང་། དྲིལ་བུ་གཡེར་ཁའི་དྲ་བས་བརྒྱན་ཅིང་། གདུགས་དང་། ཆོས་འཁོར། རྒྱལ་མཚན། བ་དན། དར་དཔྱངས་རྣམས་ཀྱིས་རིམ་པར་མཛེས་པ། རྟ་བབས་རེ་རེའི་སྟེང་དུ་རི་དྭགས། སེང་གེ། རྨ་བྱ་རྣམས་ཀྱིས་བརྒྱན་པ། དབུས་སུ་པདྨ་འདབ་བརྒྱད་ཀྱི་ལྟེ་བར་ཟླ་བའི་སྟེང་དུ་ཡི་གེ་ཧཱུྃ་ཡིག་དཀར་པོ། དེ་ལས་འོད་ཟེར་འཕྲོས། འཕགས་པ་མཆོད། སེམས་ཅན་གྱི་དོན་བྱས། ཚུར་འདུས་ཡོངས་སུ་གྱུར་པ་ལས། མ་གཅིག་ལབ་ཀྱི་སྒྲོན་མ་སྐུ་མདོག་དཀར་མོ་དུང་ཕྱིས་པའི་མདོག་ལྟར་དཀར་བ། ཞལ་གཅིག་ཕྱག་གཉིས་གཡས་སེང་ལྡེང་གི་ཊ་ཙ་དྲ་ཁ་མ་ནམ་མཁའ་ལ་འཁྲོལ་ཞིང་། གཡོན་དཔུང་དཀར་གྱི་དྲིལ་བུ་དཀྲུར་བརྟེན་པ། སྐུ་གཅེར་བུ་རུས་པ་དང་རིན་པོ་ཆེས་བརྒྱན་ཅིང་། ཞབས་གཡས་བསྐུམ་གཡོན་བརྐྱང་བས་ཟླ་བ་ལ་གནས་པ། དེའི་

ཤར་དུ་ཧ་ལས་རྡོ་རྗེ་མཁའ་འགྲོ་མ་སྐུ་མདོག་སྔོན་མོ། ལྷོར་རི་ལས་རིན་ཆེན་མཁའ་འགྲོ་མ་སྐུ་མདོག་སེར་མོ། ནུབ་ཏུ་ནི་ལས་པདྨ་མཁའ་འགྲོ་མ་སྐུ་མདོག་དམར་མོ། བྱང་དུ་ས་ལས་ལས་ཀྱི་མཁའ་འགྲོ་མ་སྐུ་མདོག་ལྗང་གུ། དེ་ཐམས་ཅད་ཀྱང་ཞལ་གཅིག་ཕྱག་གཉིས་གཡས་པ་རྣམས་ཀྱིས་རྡོ་རྗེ་དང་། རིན་པོ་ཆེ་དང་། པདྨ་དང་། རལ་གྲིས་མཚན་པའི་གྲི་གུག་འཛིན་ཅིང་། གཡོན་པ་རྣམས་ཀྱིས་ཐོད་པ་བདུད་རྩིས་གང་བ་བསྣམས་པ། གྲུ་མོ་ན་ཁ་ཊྭཱཾ་ག་ཡོད་པ། རྒྱན་ཆ་ལུགས་ཐམས་ཅད་ཡོངས་སུ་རྫོགས་པའི་སྐུར་གྱུར། ཤར་ལྷོར་ནཱ་མ་ཀི་དཀར་མོ། ལྷོ་ནུབ་ཏུ་མེ་ཏོག་མ་སེར་མོ། ནུབ་བྱང་དུ་བདུག་སྤོས་མ་དམར་མོ། བྱང་ཤར་དུ་མར་མེ་མ་ལྗང་གུ། ཤར་སྒོར་དྲི་ཆབ་མ་སྔོན་མོ། ལྷོ་སྒོར་ཞལ་ཟས་མ་སེར་དམར། ནུབ་སྒོར་སྒྲ་སྙན་མ་སྔོ་ལྗང་། བྱང་སྒོར་ན་བཟའ་མ་དཀར་སེར། དེ་རྣམས་ཀྱིས་གཡས་སུ་བུམ་པ་དང་། མེ་ཏོག་དང་། སྤོས་ཕོར་དང་། མར་མེ་དང་། དུང་ཕོར་དང་། ཞལ་ཟས་དང་། ཧིང་ཧིང་ཤག་དང་། ན་བཟའ་འཛིན་ཅིང་། གཡོན་པ་རྣམས་ཀྱིས་ཐོད་པ་བདུད་རྩིས་གང་བ་བསྣམས་ཤིང་གྲུ་མོ་ན་ཁ་ཊྭཱཾ་ག་བཅུག་པ། ཆ་ལུགས་གཙོ་མོ་དང་མཚུངས་པའོ། །གཞལ་ཡས་ཁང་གི་ཕྱི་རོལ་དུ་པདྨའི་ར་བ། དེའི་ཕྱི་རོལ་དུ་ལྕུ་ཧྲིག་གི་ར་བ། དེའི་ཕྱི་རོལ་དུ་རླུང་གི་ར་བ། དེའི་ཕྱི་རོལ་དུ་ཡེ་ཤེས་ཀྱི་མེའི་ར་བས་ཡོངས་སུ་བསྐོར་བའོ། །ལྷ་ཚོགས་དེ་དག་ཐམས་ཅད་ཀྱི་དཔྲལ་བར་ཨོཾ། མགྲིན་པར་ཨཱཿ ཐུགས་ཀར་ཧཱུཾ། ཐུགས་ཀའི་ཧཱུཾ་ལས་འོད་ཟེར་འཕྲོས་ལས། ཆོས་ཀྱི་དབྱིངས་ནས་མ་གཅིག་ལབ་སྒྲོན་ལྷ་མོ་བཅུ་གཉིས་དང་བཅས་པ་ལ་སངས་རྒྱས་དང་བྱང་ཆུབ་སེམས་དཔའི་ཚོགས་ཀྱིས་བསྐོར་བ་སྤྱན་དྲངས། བཛྲ་ས་མཱ་ཛཿ དེ་རྣམས་ཀྱི་སྐུ་གསུང་ཐུགས་ལས

བདེ་བ་ཆེན་པོའི་དངོས་གྲུབ་བྱུང་། རང་གི་གནས་གསུམ་དུ་ཐིམ་པར་གྱུར། ཏདྱ་ཐཱ། ག་ཏེ་ག་ཏེ་པ་ར་ག་ཏེ་པ་ར་སཾ་ག་ཏེ་བོ་དྷི་ཡེ་སྭཱ་ཧཱ། བཟླས་པ་ཚད་དུ་སྐྱོལ། བདག་བསྐྱེད་ཀྱི་ལྷ་ཚོགས་སྔར་ཡང་རང་ཉིད་ལ་ཐིམ་ཞིང་མི་དམིགས་པའོ། །

བུམ་བསྐྱེད་ནི། ཨོཾ་སྭ་བྷཱ་ཝ་ཤུདྡྷཱཿསརྦ་དྷརྨཱཿསྭ་བྷཱ་ཝ་ཤུདྡྷོ྅ཧཾ། སྟོང་པ་ཉིད་དུ་གྱུར། སྟོང་པའི་ངང་ལས་རིན་པོ་ཆེའི་བུམ་པ་ཡངས་ཤིང་རྒྱ་ཆེ་བ་མགུལ་ཆིངས་ཁ་རྒྱན། ཆུས་གང་བའི་དབུས་སུ་སྐྱབས་གནས་དམ་པ་གསུམ་བརྩེགས་ཀྱི་ལྷ་ཚོགས་སྐད་ཅིག་གིས་གསལ་བའི་གནས་གསུམ་ལས་འོད་ཟེར་འཕྲོས་པས། ཆོས་ཀྱི་དབྱིངས་ནས་སྐྱབས་གནས་དམ་པ་གསུམ་བརྩེགས་ལ་སངས་རྒྱས་དང་བྱང་ཆུབ་སེམས་དཔའི་ཚོགས་ཀྱིས་བསྐོར་བ་སྤྱན་དྲངས། བཛྲ་ས་མ་ཛཿ དེ་རྣམས་ཀྱི་སྐུ་གསུང་ཐུགས་ལས་ཟག་པ་མེད་པའི་བདུད་རྩི་བྱུང་། བུམ་པའི་ལྷ་ལ་ཐིམ་པར་གྱུར། ཨོཾ་ཏདྱ་ཐཱ། ག་ཏེ་ག་ཏེ་པ་ར་ག་ཏེ་པ་ར་སཾ་ག་ཏེ་བོ་དྷི་ཡེ་སྭཱ་ཧཱ། བཟླས་པ་བྱེད། བུམ་ལྷ་ཞུ། བུམ་པའི་ཆུར་གྱུར།

མདུན་བསྐྱེད་བསྒྲུབ་པ་ནི། ཨོཾ་སྭ་བྷཱ་ཝ་ཤུདྡྷཱཿསརྦ་དྷརྨཱཿསྭ་བྷཱ་ཝ་ཤུདྡྷོ྅ཧཾ། སྟོང་པ་ཉིད་དུ་གྱུར། སྟོང་པའི་ངང་ལས་གཞལ་ཡས་ཀྱི་ཁང་པ། ཞེས་པ་ནས། བཛྲ་ས་མ་ཛའི་བར་བདག་བསྐྱེད་ལྟར་བསྒྲུབ་ཅིང་། མ་ལུས་སེམས་ཅན་ཀུན་གྱི་མགོན་གྱུར་ཅིང་། །བདུད་སྡེ་དཔུང་བཅས་མི་ཟད་འཇོམས་མཛད་ལྷ། །དངོས་རྣམས་མ་ལུས་ཇི་བཞིན་མཁྱེན་གྱུར་པའི། །ཡུམ་ཆེན་འཁོར་བཅས་གནས་འདིར་གཤེགས་སུ་གསོལ། །ཡུམ་ཆེན་ཁྱེད་ནི་བྱོན་པ་ལེགས། །བདག་ཅག་བསོད་ནམས་སྐལ་བར་ལྡན། །བདག་གི་མཆོད་ཡོན་བཞེས་ནས་ཀྱང་། །ཅི་བདེ་བར་ནི་བཞུགས་སུ་གསོལ། །ཨོཾ་སརྦ་ཏ་ཐཱ་ག་ཏ་པདྨ་ཀ་མ་ལ་ཡེ་སྟྭཾ། ཛཿཧཱུཾ་བཾ་ཧོཿ གཉིས་སུ་མེད་པར་གྱུར། ཡོན་ཆབ་

ཁྲུས་ཆབ་བདུག་སྤོས་དང་། །མེ་ཏོག་མར་མེ་དྲི་མཆོག་དང་། །ཞལ་ཟས་རོལ་མོ་ལ་སོགས་པ། །ཡུམ་ཆེན་འཁོར་དང་བཅས་ལ་འབུལ། །སྐྱིག་མོ་ཕྲེང་བ་སྒྲུ་མ་གར། །སྤོས་དང་མེ་ཏོག་མར་མེ་དྲི། །ཕྱི་ནང་སྐྱིག་མོ་བརྒྱད་པོ་ཡང་། །ཡུམ་ཆེན་འཁོར་དང་བཅས་ལ་འབུལ། །ས་གཞི་སྤོས་ཀྱིས་བྱུགས་ཤིང་མེ་ཏོག་བཀྲམ། །རི་རབ་གླིང་བཞི་ཉི་ཟླས་བརྒྱན་པ་འདི། །སངས་རྒྱས་ཞིང་དུ་དམིགས་ཏེ་ཕུལ་བ་ཡིས། །འགྲོ་ཀུན་རྣམ་དག་ཞིང་ལ་སྤྱོད་པར་ཤོག །གུ་རུ་རཏྣ་མཎྜ་ལ་པཱུཛ་མེ་གྷ་ས་མུ་དྲ་སྤྷ་ར་ཎ་ས་མ་ཡེ་ཨཱཿཧཱུྃ། གང་གི་དྲིན་གྱིས་བདེ་ཆེན་ཉིད། །སྐད་ཅིག་ཉིད་ལ་འཆར་བ་གང་། །བླ་མ་རིན་ཆེན་ལྟ་བུའི་སྐུ། །རྡོ་རྗེ་ཅན་ཞབས་པད་ལ་འདུད། །སྤྲོ་བསམ་བརྗོད་མེད་ཤེས་རབ་ཕ་རོལ་ཕྱིན། །མ་སྐྱེས་མི་འགག་ནམ་མཁའི་ངོ་བོ་ཉིད། །སོ་སོ་རང་རིག་ཡེ་ཤེས་སྤྱོད་ཡུལ་བ། །དུས་གསུམ་རྒྱལ་བའི་ཡུམ་ལ་ཕྱག་འཚལ་ལོ། །སངས་རྒྱས་ཀུན་གྱི་རང་བཞིན་སྐུ། །སློབ་དཔོན་ལ་ནི་སྐྱབས་སུ་མཆི། །དང་པོར་མེ་ཏོག་ཕོག་པ་ཡིས། །དཀྱིལ་འཁོར་ལྷ་ཚོགས་རྣམས་ལ་འདུད། །ལྟ་བས་མི་ངོམས་འགྲོ་བའི་དཔལ་དུ་ཤར། །ཞལ་གཅིག་ཕྱག་གཉིས་བཙོ་མ་གསེར་གྱི་མདོག །རིན་ཆེན་རྒྱན་སྤྲས་རྡོ་རྗེ་དཀྱིལ་ཀྲུང་བཅས། །རྒྱལ་བའི་ཡུམ་གྱུར་དེ་ལ་ཕྱག་འཚལ་ལོ། །ཞིང་ཁམས་ཐམས་ཅད་གསེར་གྱི་ས་གཞི་ལ། །རིན་ཆེན་རྣམ་པ་མང་པོ་བཅལ་དུ་བཀྲམ། །མེ་ཏོག་པུཎྜ་རི་ཀ་ཆར་ལྟར་བབ། །ཡུམ་གྱུར་དགེ་མ་དེ་ལ་ཕྱག་འཚལ་བསྟོད། །མགོན་པོ་ཐུགས་རྗེ་ཆེར་ལྡན་པ། །ཐམས་ཅད་ཀུན་མཁྱེན་སྟོན་པ་པོ། །བསོད་ནམས་ཡོན་ཏན་རྒྱ་མཚོའི་ཞིང་། །དེ་བཞིན་གཤེགས་ལ་ཕྱག་འཚལ་བསྟོད། །དག་པས་འདོད་ཆགས་བྲལ་བའི་རྒྱུ། །དགེ་བས་ངན་སོང་ལས་གྲོལ་ཞིང་། །གཅིག་ཏུ་དོན་དམ་མཆོག

གྱུར་པའི། །ཞི་གྱུར་ཆོས་ལ་ཕྱག་འཚལ་བསྟོད། །གྲོལ་ནས་གྲོལ་བའི་ལམ་ཡང་སྟོན། །བསླབ་པ་དག་ལ་རབ་ཏུ་གུས། །ཞིང་གི་དམ་པ་ཡོན་ཏན་ལྡན། །དགེ་འདུན་རྣམས་ལ་ཕྱག་འཚལ་ལོ། །བྱ་སྤྱོད་རྣལ་འབྱོར་རྒྱུད་སྡེ་བཞི། །སྟོན་པ་ཉིད་ཀྱིས་གང་གསུངས་པ། །ཕྱི་དང་ནང་དང་གསང་བ་ཡི། །ཡི་དམ་རྣམས་ལ་ཕྱག་འཚལ་བསྟོད། །ཕྱག་བྱར་འོས་པ་ཐམས་ཅད་ལ། །ཞིང་རྡུལ་ཀུན་གྱི་གྲངས་སྙེད་ཀྱིས། །ལུས་བཏུད་པ་ཡིས་རྣམ་ཀུན་ཏུ། །མཆོག་ཏུ་དད་པས་ཕྱག་འཚལ་བསྟོད། །མ་ཇོ་མོའི་ཐུགས་ཀར་ཟླ་བའི་དཀྱིལ་འཁོར་གྱི་སྟེང་དུ་ཡི་གེ་ཧཱུྃ་ཡིག་དཀར་པོའི་མཐར་གཡས་བསྐོར་དུ། ཨོཾ་ཏདྱ་ཐཱ། ག་ཏེ་ག་ཏེ་པ་ར་ག་ཏེ་པ་ར་སཾ་ག་ཏེ་བོ་དྷི་ཡེ་སྭཱ་ཧཱ། བརྒྱ་རྩ་བརྒྱད་བཟླས། གར་མཆོད་ནི། ལྷ་ཚོགས་རྣམས་ཀྱི་སྐུ་གསུང་ཐུགས་ཀྱི་ཆ་ལས་འོད་ཟེར་གྱི་ཚོགས་དཔག་ཏུ་མེད་པ་བྱུང་། རང་གི་སྤྱི་བོ་ནས་ཞུགས། ལུས་ཀྱི་ནང་ཐམས་ཅད་གང་། སྡིག་པ་དང་སྒྲིབ་པ་ཐམས་ཅད་རྐང་པའི་མཐིལ་དུ་ནག་ནུ་རུ་རུ་བུད། རང་གི་ལུས་སྣང་ལ་རང་བཞིན་མེད་པའི་རྐང་མཐིལ་གཉིས་སུ་སེམས་ཉིད་ཀྱི་ངོ་བོ་ཐིག་ལེ་དཀར་དམར་གཉིས་བྱ་མ་གསར་གྱི་སྒོ་ང་ཙམ་འཕོ་ལ་ཁད་པ་དེ་ཕཊ་ཀྱིས་རིམ་གྱིས་བཛ་སྒྲད་པ་དང་། ཡོང་བུའི་རྒྱུད་ནས་ཡར་བྱུང་། པུས་མོ་ནས་རྩ་གསུམ་འདུས་མདོ་ལ་ཧིལ་གྱིས་འདྲིལ། ལྟེ་བ། སྙིང་ག །མགྲིན་པ། སྤྱི་བོ་ནས་རྒྱངས་ཀྱིས་ཐོན། མ་གཅིག་གི་ཐུགས་ཀར་བསྟིམ་གྱིས་ཐིམ། མ་ཇོ་མོའི་ཐུགས་དང་། རང་གི་སེམས་ཉིད་ཀྱི་ངོ་བོ་དབྱེར་མེད་དུ་ཁྲུག་གིས་འདྲེས། དེ་ཉིད་ཀྱི་ངང་དུ་ཅི་གནས་ལ་བཞག །དེར་གནས་མ་ཐུབ་པ་དང་། མ་ཇོ་མོའི་ཐུགས་ཀ་ནས་རང་གི་སེམས་ཉིད་ཀྱི་ངོ་བོ་རྡོ་རྗེ་བཙུན་ཇོ་རྗེ་རྣལ་འབྱོར་མ་རྒྱན་ཆ་ལུགས་ཐམས་ཅད་ཡོངས་སུ་རྫོགས་པ་གཅིག་ཕལ་

གྱིས་བྱུང་། རང་གི་ཕུང་པོའི་མདུན་དུ་ཐོན་ཏེ། ཕྱག་གཡས་པའི་གྲི་གུག་གིས་སྐེ་ལ་བཏབ་ཙམ་བྱས་པས། དུས་གཅིག་ཏུ་ཐོད་པ་བུམ་རིལ་གྱི་སྒྱེད་བུ་གསུམ་དུ་གྱུར་པའི་སྟེང་དུ། ཡང་ཕུང་པོ་དེའི་སྨིན་མཚམས་ནས་གྲི་གུག་གིས་བཏབ་ཙམ་བྱས་པས། ཀ་པཱ་ལ་མཚན་ཉིད་ཐམས་ཅད་ཡོངས་སུ་རྫོགས་པ་སྐར་གྱིས་བཙུགས། དེའི་ནང་དུ་ཕུང་པོ་དེ་གྲི་གུག་གི་སྟེབས་ཀྱིས་བླངས་པ་དང་། རང་འཕར་དུ་བྱུང་ཏེ། ཀ་པཱ་ལའི་ནང་དུ་ལྡབ་ཀྱིས་སོང་། གྲི་གུག་གིས་ལན་གསུམ་དཀྲུགས། ཨོཾ་ཨཱཿཧཱུྃ་གསུམ་གྱིས་བྱིན་གྱིས་བརླབས་ཏེ། ལྷ་ཚོགས་རྣམས་ཀྱི་ཕྱག་ཏུ་ཕུལ། ཕྱག་གིས་བཞེས། ཞལ་དུ་གསོལ། སྐུ་ལ་ཐིམ། ཐུགས་མཆོག་རྣམས་མཉེས་པར་གྱུར། རྒྱས་པར་བྱེད་ན། མ་ཧོ་མོ་ནས། ལྷ་ཚོགས་རྣམས་རེ་རེ་ནས་གང་ཐོན་དུ་བྱེད་དེ་འབུལ། ལྷག་མ་གནས་གདོན་ལུས་གདོན་གྱིས་གཙོ་བྱས་སྣང་སྲིད་ཀྱི་ལྷ་འདྲེ་རྣམས་ལ་སྦྱིན་ནོ། །སེམས་ཞི་བ་དུལ་བ་གནམ་ལྕགས་ཀྱི་ཕུར་པ་ཟུར་གསུམ་པ་རྩེ་ལ་རྡོ་བའི་ངར་དང་ལྡན་པ། ཕྱག་གཡས་མི་ལྤགས་ཀྱི་གཡང་གཞི་དང་། གཡོན་མི་རྐང་གི་གླིང་བུ་འབུད་པ། དེའི་ཐུགས་ཀ་ནས་རང་འདྲ་བའི་མཁའ་འགྲོ་མ་དཔག་ཏུ་མེད་པ་འཕྲོས་ཏེ། ནམ་མཁའ། ས་གཞི། བར་སྣང་ཐམས་ཅད་གང་བ། དེ་ཐམས་ཅད་ཀྱང་མི་ལྤགས་ཀྱི་གཡང་གཞི་བརྡབ་ཅིང་། མི་རྐང་གི་གླིང་བུ་འབུད་པ། གནས་ཀྱི་གདོན་དང་ལུས་ཀྱི་གདོན། གནས་གདོན་ལུས་གདོན་གྱིས་གཙོ་བྱས་སྣང་ཞིང་སྲིད་པའི་ལྷ་འདྲེ་ཐམས་ཅད་སྐད་ཅིག་ཡུད་ཙམ་དུ་ཁུབ་ཉིལ་གྱིས་འདུས་པར་བསམ་སྟེ། ཕཊ་མང་དུ་བྱ། ན་མོ་གཞན་ས་འདིར་གནས་ཀྱི་ལྷ་འདྲེ་དང་། །སྐལ་ལྡན་བདག་ལ་ཆོ་འཕྲུལ་སྟོན་བྱེད་པ། །སྣང་ཞིང་སྲིད་པའི་ལྷ་འདྲེ་མ་ལུས་ཀུན། །ནམ་མཁའི་སྤྲིན་ཚོགས་བཞིན་དུ་འདུས་ལ་ཤོག །བར་སྣང་ཆར་

པ་བཞིན་དུ་བོབ་ལ་ཤོག །ས་གཞི་རླུང་དམར་བཞིན་དུ་འཚུབས་ལ་ཤོག །ཕཊ། ཁྱེད་ཅག་འཇིག་རྟེན་ལྷ་མ་སྲིན། །སྐྱེ་འགྲོའི་ཚེ་སྲོག་ཉུལ་མི་རྣམས། །ང་སྒྱུ་མ་གཟུགས་ཀྱི་ཕུང་པོ་འདི། །མི་རྟག་འཇིག་པའི་ཆོས་ཅན་ཏེ། །ཅིས་ཀྱང་མི་སྡོད་འདོར་བ་ལ། །འདྲེ་ཁྱོད་ལ་དགོས་ན་སུ་དགའ་ཁྱེར། ཕོག་སྟོད་ཡ་བདུད་རྒྱལ་པོས་ཁྱེར། །ཕོག་སྨད་མ་བདུད་རྒྱལ་མོས་ཁྱེར། །སྙིད་པ་ཀླུ་བདུད་ཐེལ་རང་ཁྱེར། །རྒྱུ་མ་ཡུལ་འདྲེ་འཁྱམ་པོ་ཁྱེར། །ཕྱི་ཤ་ཕྱི་ཡི་ལྷ་འདྲེས་ཁྱེར། །བར་ཤ་བར་གྱི་ལྷ་འདྲེས་ཁྱེར། །ནང་ཤ་ནང་གི་ལྷ་འདྲེས་ཁྱེར། །འདྲེ་ཤ་ལ་དགའ་བ་ཤ་ལ་རོལ། །ཤ་ཟན་ཅག་སྒྲ་དི་རི་རི། །ཁྲག་ལ་དགྱེས་པ་ཁྲག་ལ་རོལ། །ཁྲག་འཐུང་རུབ་སྒྲ་དི་རི་རི། །རུས་ལ་དགྱེས་པ་རུས་ལ་རོལ། །རྐང་དང་ལྷ་བ་ཆེམས་སེ་ཆེམས། །སེང་གེ་ཤ་ལ་རོལ་བ་བཞིན། །ཕུད་ལྷག་མ་མེད་པར་མཆོད་པར་བཞེས། །སྲིད་ཁམས་གསུམ་སེམས་ཅན་སྣུད་དུ་འབུལ། །སྐོས་དྲིན་ཅན་ཕ་མའི་དོན་དུ་བསྔོ། །ལུས་ཤ་ཁྲག་མཆོད་སྦྱིན་འདི་བསྔོས་པས། །ཁྱོད་དགའ་མགུ་རང་གཤིས་ཆོམ་གྱུར་ཅིག །སྔོན་ཆད་འཁོར་བ་ཐོག་མེད་ཀྱི། །བུ་ལོན་ལན་ཆགས་འབྲེལ་ཐག་ཆོད་གྱུར་ཅིག །ཤ་འཁོན་སྡིག་སྒྲིབ་དག་གྱུར་ཅིག །སེམས་འགྱུ་བ་དང་དངོས་མེད་སྟོང་པ་འདི། །འདྲེ་ཁྱོད་པས་ངས་ཀྱང་མཐོང་བ་མེད། །དཀྱིལ་ཁམས་བཅོ་བརྒྱད་དགྲར་ལངས་ཀྱང་། །འཇིགས་སོ་སྙམ་ན་རང་ལ་སྡིག །སྟོང་ཉིད་ནམ་མཁའི་རྣལ་འབྱོར་པ། །འཕྲུལ་པའི་མཚན་ཉིད་ཤེས་པའི་ཕྱིར། །འདྲེ་ཁྱོད་ལ་ཡ་ང་རྟུལ་ཙམ་མེད། །ལར་ཐམས་ཅད་སེམས་ཀྱི་ཆོ་འཕྲུལ་ཡིན། །ཨེ་མ་ཁམས་གསུམ་འཁོར་བའི་ཆོས། །མེད་བཞིན་སྣང་བ་ངོ་མཚར་ཆེ། །ཕཊ། ཡ་གི་སྤྱི་བོའི་གཙུག་མན་ཆད་དང་། མ་གི་རྐང་པའི་མཐིལ་ཡན་ཆད་ཀྱི་ལྷུ་བཅུ

གཉིས། མགོ་དང་བཅུ་གསུམ། ཀླད་པ་དང་ཀླད་རྒྱ། བཀྲག་དང་གཟི་མདངས། སོ་དང་སེན་མོ། སྐྲ་དང་བ་སྤུ། རྐང་དང་ཚིལ་བུ། རྒྱུ་མ་དང་ནང་གྲོལ། ཞག་དང་ཁོང་ཁྲག །དབུགས་དང་ཚེ་སྲོག །ཞྲུགས་པ་དང་དྲི་མ་ཐམས་ཅད་འབུལ་ལོ། །སྲིད་ཁམས་གསུམ་སེམས་ཅན་སྙུད་དུ་འབུལ། སྒོས་དྲིན་ཅན་ཕ་མའི་དོན་དུ་བསྔོ། ཡང་སྒོས་ཆོས་མཛད་རྣམས་ཀྱི་སྙུད་དུ་འབུལ། ཁྱད་པར་དུ་དཔལ་ལྡན་བླ་མ་དམ་པ་རྣམས་ཀྱི་སྐུ་སྙུད་དུ་འབུལ་ལོ། །ཁྱེད་རྣམས་གནོད་སེམས་དང་གདུག་སེམས་ཐམས་ཅད་ཞི་ནས་སངས་རྒྱས་ཀྱི་གོ་འཕང་རིན་པོ་ཆེ་ཐོབ་པར་གྱུར་ཅིག །ཕཊ། དབང་བསྐུར་དང་། དམར་མཆོད་དོ། །ལག་མཆོད་བྱེད་དེ། བདུད་རྩི་མཐེབ་སྲིན་གྱིས་གཏོར་ཞིང་། རྩ་བའི་བླ་མའི་ཞལ་དུ་ཨོཾ་ཨཱཿཧཱུྃ། ཡུམ་ཆེན་མོའི༔ ཐུབ་པ་ཆེན་པོའི༔ སྒྲ་བའི་སེང་གེའི༔ ཨཱརྱ་དེ་བའི༔ དམ་པ་སངས་རྒྱས༔ མ་གཅིག་ལབ་སྒྲོན༔ ཁམ་སྦུ་ཡ་ལེ༔ ཡེ་ཤེས་འབར་གྱི༔ མི་བསྐྱོད་རྡོ་རྗེ༔ རང་བྱུང་རྡོ་རྗེའི༔ རྡོ་རྗེ་སེམས་དཔའ༔ རོལ་པའི་རྡོ་རྗེ༔ དར་རྒྱལ་བ༔ མཁའ་སྤྱོད་དབང་པོ༔ དེ་བཞིན་གཤེགས་པ༔ རཏྣ་བྷ་དྲ༔ མཐོང་བ་དོན་ལྡན༔ འཇམ་དཔལ་བཟང་པོ༔ མཚོ་སྐྱེས་རྡོ་རྗེ༔ འཇམ་དཔལ་བརྒྱ་མཚོ་རྣམས་ཀྱི་ཞལ་དུ་ཨོཾ་ཨཱཿཧཱུྃ། ཡི་དམ་ཆོས་སྐྱོང་གཞི་བདག་སོགས་ལ་རིམ་པ་ལྟར་ཕུལ།

དམ་པའི་བསྟོད་པ་ནི། རྗེ་བླ་མ་རྣམས་ལ་ཕྱག་འཚལ་ལོ། །སྒོས་བཀའ་དྲིན་ཅན་ལ་གསོལ་བ་འདེབས། །གནས་མཆོག་ལ་སྟོད་དང་དིང་རི་རུ། །ཕྱི་བསྐོར་གཅིག་བསྐོར་གཉིས་བསྐོར་དང་གསུམ། །ཕྱི་བསྐོར་བ་ལྕགས་རི་མུ་ཁྱུད་བསྐོར། །བར་བསྐོར་བ་ལྷོ་རྒྱལ་འཛམ་བུ་གླིང་། །ནང་བསྐོར་བ་དིང་རི་སླ་འཁོར་བསྐོར། །རི་མཁན་པ་ཁྲོད་ཀྱི་ཞིང་ཁམས་སུ། །ཌཱ་ཀི་པད་ཟླའི་གདན་སྟེང་ན། །གནས་དེ་

ན་སུ་བཞུགས་སུ་མི་བཞུགས། །གནས་དེ་ན་དམ་པ་རྒྱ་གར་བཞུགས། །ཡོང་སྐུ་འབྲུངས་པ་རྒྱ་གར་ཡུལ་དུ་འབྲུངས། །གསུང་བསྒྲག་པ་བོད་ཡུལ་དབུས་སུ་བསྒྲག །རྗེ་འགྲོ་བའི་མགོན་པོ་རྡོ་རྗེ་འཆང་། །སྦྲ་བའི་སེང་གེ་མཚུངས་པ་མེད། །དཔལ་ཆེན་བིརྺ་རྡོད་ཚད་མཁས། །ཤཱནྟི་དེ་བ་སྒྲ་ཚད་མཁས། །དམ་པ་མུ་ཏིག་རྒྱུད་སྡེ་མཁས། །རྗེ་མི་ཕམ་མགོན་པོ་བཅོམ་ལྡན་འདས། །འཛམ་བུ་གླིང་གི་རྒྱན་གཅིག་པོ། །རྗེ་འགྲོ་བའི་མགོན་ལ་གསོལ་བ་འདེབས། །འགྲོ་བའི་མགོན་པོས་བྱིན་གྱིས་རློབས། །རྗེ་དམ་པ་སངས་རྒྱས་རིན་པོ་ཆེ། ཡོང་སྐྱིད་ན་ལྷ་ཚོགས་ཐིབས་སེ་ཐིབ། །གཡས་ན་དཔའ་བོའི་ངར་དང་བཅས། །གཡོན་ན་དཔའ་མོའི་མདངས་དང་ལྡན། །མདུན་ན་དམ་ཅན་སྲུངས་སེ་སྲུང་། །རྒྱབ་ན་ཌཱ་ཀི་ཤིགས་སེ་ཤིགས། །འོག་ན་གདོན་ཚོགས་མྱ་ལ་ལ། །རྗེ་དེར་བཞུགས་དམ་པ་ལ་གསོལ་བ་འདེབས། དེར་བཞུགས་དམ་པས་བྱིན་གྱིས་རློབས། །ཕཊ། ཧཱུཾ། ཕ་ནག་པོ་ཆེན་པོ་གཟི་མདངས་ཅན། །སྐུ་སྟོད་སེང་ཆེན་འཁྱིལ་བ་འདྲ། །དེ་བདུད་བཞི་ཟིལ་གྱིས་གནོན་པའི་རྟགས། །སྨད་པ་རྡོ་རྗེ་འདྲིལ་བ་འདྲ། །དེ་འཁྲུལ་གཞི་རྩད་ནས་གཅོད་པའི་རྟགས། །ཞབས་གཉིས་སྦྲ་བྲན་གཤིབས་པ་འདྲ། །དེ་བྱང་ཆུབ་ཀྱི་རྒྱུན་ལམ་འདྲེན་པའི་རྟགས། །སྐུ་མདོག་ནག་ལ་སྣུམ་པ་དེ། །ཆོས་ཉིད་ལ་འགྱུར་བ་མེད་པའི་རྟགས། །དབུ་སྐྲ་ནག་སྣུམ་གྱེན་དུ་འཕྱིལ་བ་དེ། །མཐོ་རིས་ཐར་ལམ་ཕྱེད་པའི་རྟགས། །སྤྱན་མིག་དམར་ལ་སྤྱན་རྩ་འཁྲུག་པ་དེ། །སྣང་སྲིད་ཟིལ་གྱིས་གནོན་པའི་རྟགས། །ཚེམས་མདངས་དཀར་ལ་ཚེམས་རྩེ་རྣོ་བ་དེ། སྐྱེ་ཤི་རྩད་ནས་གཅོད་པའི་རྟགས། །ཕྱག་སོར་མོ་རིང་ལ་ཕྱག་སེན་རྣོ་བ་དེ། །སྐལ་ལྡན་ཐར་ལམ་འདྲེན་པའི་རྟགས། །ཕྱག་སོར་མོ་ཟངས་འབྲུ་བཀྲམ་པ་འདྲ། །དེ་

དུག་གསུམ་རྩད་ནས་གཅོད་པའི་རྟགས། །ཛེ་རེས་འགའ་ཉེན་མཚན་འཁོར་ཡུག་གཟིམས། །སྐོམ་གཉུག་མ་ལ་རྒྱུན་ཆད་མེད་པའི་རྟགས། །ཛེ་རེས་འགའ་རྟེན་འབྲེལ་སྣ་ཚོགས་མཛད། །དེ་བཀའ་འཁོར་བྱིན་གྱིས་བརླབ་པའི་རྟགས། །ཛེ་རེས་འགའ་སྨྱོན་པའི་བརྟུལ་ཞུགས་མཛད། །དེ་འཁོར་གྱི་བར་ཆད་སེལ་བའི་རྟགས། །ཛེ་དེར་བཞུགས་དམ་པ་ལ་གསོལ་བ་འདེབས། །དེར་བཞུགས་དམ་པས་བྱིན་གྱིས་རློབས། །དེར་བཞུགས་དམ་པས་བར་ཆོད་སོལ། །དེར་བཞུགས་དམ་པས་ལམ་སྣ་དྲོངས། །ཛེ་རྒྱང་ན་བཞུགས་ན་མོས་ཕྱག་འཚལ། །དྲུང་ན་བཞུགས་ན་གུས་ཕྱག་འཚལ། །ཡིད་མོས་གུས་ཀྱི་ཕྱག་ལ་ཉེ་རིང་མེད། །གསོལ་བ་སྙིང་གི་དཀྱིལ་ནས་འདེབས། །བྱིན་རླབས་ཐུགས་ཀྱི་ཀློང་ནས་ཞུ། །ཛེ་སྐུ་ཡི་བྱིན་རླབས་ལུས་ལ་ཞུགས། །ལུས་ན་ཚའི་སྡུག་བསྔལ་ཞི་བར་མཛོད། །ལུས་ལ་བདེ་དྲོད་འབར་དུ་གསོལ། །ལུས་ཀྱི་སྒྲིབ་པ་དག་ནས་ཀྱང་། །ལུས་སྤྲུལ་སྐུ་ཐོབ་པར་མཛད་དུ་གསོལ། །ཛེ་གསུང་གི་བྱིན་རླབས་ངག་ལ་ཞུགས། །ངག་འགགས་འཛེར་གྱི་སྡུག་བསྔལ་ཞི་བར་མཛོད། །ངག་ལ་ནུས་པ་འབར་དུ་གསོལ། །ངག་གི་སྒྲིབ་པ་དག་ནས་ཀྱང་། །ངག་ལོངས་སྐུ་ཐོབ་པར་མཛད་དུ་གསོལ། །ཛེ་ཐུགས་ཀྱི་བྱིན་རླབས་སེམས་ལ་ཞུགས། །སེམས་ཉོན་མོངས་ཀྱི་སྡུག་བསྔལ་ཞི་བ་དང་། །སེམས་ལ་རྟོགས་པ་འཆར་དུ་གསོལ། །སེམས་ཀྱི་སྒྲིབ་པ་དག་ནས་ཀྱང་། །སེམས་ཆོས་སྐུ་ཐོབ་པར་བྱིན་གྱིས་རློབས། །ཕཊ།

བསྟོད་པ་ནི། མ་ཡུམ་ཆེན་ཐུགས་ལས་སྤྲུལ་པའི་སྲས། །མ་གཅིག་ཛོ་མོ་རྣལ་འབྱོར་མ། །མ་སྐུ་ལུས་ཆུང་ལ་གཟི་བརྗིད་ཆེ། །སྐུ་ཤ་དཀར་ལ་འོད་ཟེར་འབར། །སྐྱེ་བ་དམའ་ལ་དགོངས་པ་མཐོ། །ཀུན་དང་མཐུན་པའི་སྤྱོད་པ་ཅན། །དུས་གསུམ་སངས་

རྒྱས་གདུང་འཛིན་མ། །བདག་དང་མོས་པའི་བུ་སློབ་ལ། །བྱིན་གྱིས་བརླབ་པར་མཛད་དུ་གསོལ། །མ་སེར་སྣ་མེད་པའི་དོན་རྟོགས་ཤིང་། །ཀུན་ཁྱབ་ཀྱི་སྦྱིན་པ་གློས་ཐོངས་ལ། །བདག་དང་སོགས། མ་རང་བྱུང་ཡེ་ཤེས་དོན་རྟོགས་ཤིང་། །ཉམས་པ་མེད་པའི་ཁྲིམས་བསྲུང་མ། །བདག་དང་༔ བྱིན་གྱིས་རླབས་པར༔ མ་སྐྱེ་བ་མེད་པའི་དོན་རྟོགས་ཤིང་། །སྐྱེ་མེད་ཀྱི་བཟོད་པ་བསྒོམ་མཛད་མ། །བདག་དང་༔ བྱིན་གྱིས་རླབས་པར༔ མ་བྱ་རྩོལ་མེད་པའི་དོན་རྟོགས་ཤིང་། །བྱར་མེད་ཀྱི་བརྩོན་འགྲུས་རྩོམ་མཛད་མ། །བདག་དང་༔ བྱིན༔ མ་གཡེང་བ་མེད་པའི་དོན་རྟོགས་ཤིང་། །ཡེངས་མེད་ཀྱི་བསམ་གཏན་སྒོམ་མཛད་མ། །བདག་དང་༔ བྱིན༔ མ་ཀུན་གྱི་རང་བཞིན་དོན་ཤེས་ཤིང་། །བདག་མེད་ཤེས་པའི་རྣལ་འབྱོར་མ། །བདག་དང་༔ བྱིན༔ མ་ཕྱོགས་མེད་ལྟ་བའི་ཞེས་པ་གྲོལ། །མཉམ་ཉིད་བསྒོམས་པས་རྟོགས་པ་གྲོལ། །བདག༔ བྱིན༔ མ་སྐྱེ་མེད་བསྒོམས་པས་འཁོར་བ་གྲོལ། །རྟོག་མེད་སྤྱོད་པའི་ཉམས་སུ་བྲལ། །བདག་དང་མོས་པའི་བུ་སློབ་ལ། །བྱིན་གྱིས་རླབས་པར་མཛད་དུ་གསོལ། །ཕཊ། བྱིན་རླབས་ཆར་འབེབས་ནི། མ་ཡུམ་ཆེན་ཐུགས་ལས་སྤྲུལ་པའི་ཐུགས་ཀྱི་སྲས། མ་གཅིག་ཇོ་མོ༔ ཕ་རོལ༔ སྐལ་ལྡན༔ བདག་དང་༔ བྱིན་གྱིས་རླབས་པར་མཛད་དུ་གསོལ། །མ་མཉམ་ཉིད་ཀྱི་ངང་ལ་གཟིམས་ཙམ་ན། །དོན་ཉོན་མོངས་སངས་ནས་ཡེ་ཤེས་རྒྱས། །སངས་རྒྱས་མཁའ་འགྲོ་འབུམ་གྱིས་བསྐོར། །གསུང་ཉམས་དབྱངས་ཀྱི་མགུར་མ་ཨུ་རུ་རུ། །བྱིན་རླབས་ཀྱི་ན་བུན་ཐིབས་སེ་ཐིབས། །དངོས་གྲུབ་ཀྱི་ཆར་རྒྱུན་སི་ལི་ལི། །བདག་དང་༔ བྱིན༔ མ་སྐྱེ་མེད་ཀྱི་ངང་ལ་བཞུགས་ཙམ་ན། །དོན་རྗེས་ཐོབ་རྟོགས་པའི་ཉམས་དང་ལྡན། །ཡེ་ཤེས་མཁའ་འགྲོ་འབུམ་གྱིས་བསྐོར། །གསུང་༔ བྱིན་རླབས༔

དངོས་གྲུབ༔ བདག༔ བྱིན་གྱིས༔ མ་དགོངས་པ་ཤར་དུ་བསྐྱོད་ཙམ་ན། །དོན་འགྱུར་བ་མེད་པའི་ཉམས་དང་ལྡན། །རྡོ་རྗེ་མཁའ་འགྲོ༔ གསུང་༔ བྱིན་རླབས༔ དངོས་གྲུབ༔ བདག༔ བྱིན་གྱིས༔ མ་དགོངས་པ་ལྷོ་རུ་བསྐྱོད་ཙམ་ན། །དོན་ཡོན་ཏན་རྫོགས་པའི་ཉམས་དང་ལྡན། །རིན་ཆེན་མཁའ་འགྲོ༔ གསུང་༔ བྱིན་རླབས༔ བདག༔ བྱིན༔ མ་དགོངས་པ་ནུབ་ཏུ་བསྐྱོད་ཙམ་ན། །དོན་སྐྱེ་བ་མེད་པའི་ཉམས་དང་ལྡན། །པདྨ་མཁའ་འགྲོ༔ གསུང་༔ བྱིན༔ དངོས་གྲུབ༔ བདག༔ བྱིན་གྱིས༔ མ་དགོངས་པ་བྱང་དུ་བསྐྱོད་ཙམ་ན། །དོན་འགག་པ་མེད་པའི་ཉམས་དང་ལྡན། །ལས་ཀྱི༔ གསུང་༔ བྱིན་རླབས་ཀྱི༔ དངོས་གྲུབ༔ བདག༔ བྱིན་གྱིས༔ མ་དགོངས་པ་སྟེང་དུ་བསྐྱོད་ཙམ་ན། །དོན་འགག་པ་མེད་པའི་ཉམས་དང་ལྡན། །དོན་མཐའ་དབུས་མེད་པའི་དོན་རྟོགས་ཤིང་། །རིག་པ་དབྱིངས་སུ་སྨུ་རུ་རུ། །རིག་མེད་ཀྱི་ལྟ་བ་ཕྱུ་ལ་ལ། །མཉམ་ཉིད་ཀྱི་དགོངས་པ་ཕྲི་ལི་ལི། །མཁའ་འགྲོའི་དམག་ཚོགས་ཐིབས་སེ་ཐིབས། །བདག་དང་༔ བྱིན་གྱིས༔ མ་གཉན་ས་རི་ཁྲོད་འཁྱིམ་ཙམ་ན། །སྒོམས་བྱེད་ཀྱི་རྟོགས་པ་སྨྱུ་ལ་ལ། །བདེ་སྟོང་རྒྱུད་ལ་ཕྲི་ལི་ལི། །མཁའ་འགྲོའི་དམག་ཚོགས་ཐིབས་སེ་ཐིབས། །བདག་དང་༔ བྱིན་གྱིས༔ མ་འགྲོ་བའི་དོན་ལ་བསྐྱོད་ཙམ་ན། །གནད་ཀྱི་གདམས་པ་ཤ་ར་ར། །བདུད་ཀྱི་གཅོད་ཐབས་སི་ལི་ལི། །མཁའ་འགྲོའི༔ བདག་དང་༔ བྱིན་གྱིས༔ མ་སྐྱེ་མེད་ཀྱི་དབྱིངས་ལ་གཤེགས་ཙམ་ན། །བཟུང་འཛིན་གྱི་མདུད་པ་ཁྲོ་ལོ་ལོ། །སྣང་བའི་ན་བུན་ཡ་ལ་ལ། །བདེ་སྟོང་རྒྱུད་ལ་ཕྲི་ལི་ལི། །མཁའ་འགྲོའི༔ བདག་དང་༔ བྱིན་གྱིས༔ མ་དབྱིངས་ན་སྤྱོད་པ་མི་མངའ་ཡང་། །དོན་འགག་པ་མེད་པའི་ཐུགས་རྗེ་ཡིས། །མ་རིག་འཁྲུལ་པའི་སེམས་ཅན་རྣམས། །དོན་ངེས་པར་ཐུགས་རྗེ་

བཟུང་དུ་གསོལ། །རྒྱལ་བ་དོན་གྲུབ་ཀྱིས་མ་ལ་བསྟོད་པ་ནི། ཆོས་སྐུ་ཡུམ་ཆེན་དེ་ཡི་ཐུགས་ལས་སྤྲུལ། །སྐུ་ཡི་བྱིན་རླབས་ལུས་ལ་ཞུགས་པས་གཟི་བརྗིད་ཆེ། །གསུང་གི་བྱིན་རླབས་ངག་ལ་ཞུགས་པས་ནུས་པ་ཆེ། །ཐུགས་ཀྱི་བྱིན་རླབས་སེམས་ལ་ཞུགས་པས་རྟོགས་པ་ཆེ། །ཡོན་ཏན་གྱི་བྱིན་རླབས་ཞུགས་པས་ཐུགས་རྗེ་ཆེ། །ཕྲིན་ལས་ཀྱི་བྱིན་རླབས་ཞུགས་པས་འགྲོ་དོན་ཆེ། །རྗེ་ཡོན་ཏན་ཀུན་ལྡན་གྱི་རྣལ་འབྱོར་མ། །བདག་དང་༔ བྱིན་གྱིས༔ རྗེ་ཐོག་བཅས་བདུད་ཀྱི་དོན་རྟོགས་ཤིང་། །དངོས་སྣང་སྒྱུ་མ་ལྟ་བུར་མཁྱེན། །ཐོག་མེད་བདུད་ཀྱི་དོན་རྟོགས་ཤིང་། །ཡོན་ཏན་སེམས་སུ་མཉམ་པ་མཁྱེན། །སྙེམས་བྱེད་བདུད་ཀྱི་དོན་རྟོགས་ཤིང་། །ཉོན་མོངས་རང་སར་གྲོལ་བ་མཁྱེན། །དགའ་བྲོད་བདུད་ཀྱི་དོན་རྟོགས་ཤིང་། །འཁོར་བ་དབྱིངས་སུ་གྲོལ་བ་མཁྱེན། །རྗེ་མཁྱེན་པ་ཀུན་ལྡན་གྱི་རྣལ་འབྱོར་མ། །བདག་དང་༔ བྱིན་གྱིས༔ ཡུམ་ཆེན་ཐུགས་ལས་སྤྲུལ་པའི་རིགས་རྒྱུད་ཅན། །ལྟ་སྒོམ་དམིགས་པ་བྲལ་བའི་རྟོགས་པ་ཅན། །སྒྲོ་འདོགས་སེམས་སུ་གཅོད་པའི་ལྟ་བ་ཅན། །རྒྱ་བོད་ཧོར་གསུམ་ཐོས་པའི་གྲགས་པ་ཅན། །སྟོང་ཉིད་སྙིང་རྗེ་ཀུན་ལྡན་རྣལ་འབྱོར་མ། །བདག་དང་མོས་པའི་བུ་སློབ་ལ། །བྱིན་གྱིས་རླབས་པར་མཛད་དུ་གསོལ། །ཕཊ།

མཁའ་འགྲོའི་བྱིན་འབེབས་ནི། མ་ཡུམ་ཆེན་ཐུགས་ལས་སྤྲུལ་པའི་ཐུགས་ཀྱི་སྲས། །མ་གཅིག༔ ཕ་རོལ༔ སྐལ་ལྡན༔ བདག༔ བྱིན་གྱིས༔ ཀྱཻ། མ་མི་མིན་ཡེ་ཤེས་མཁའ་འགྲོ་མ། །མ་ཤར་དུ་གོམ་གསུམ་ཕྱིན་ཙམ་ན། །སྐུ་ཤ་ཆུང་ལ་སྐུ་མདོག་དཀར། །རྡོ་རྗེ་མཁའ་འགྲོ་འབུམ་གྱིས་བསྐོར། །ཆོས་ཉིད་ནམ་མཁའི་ཀློང་ཡངས་ནས། །ཐུགས་རྗེའི་སྤྲིན་ཕུང་ཐིབས་སེ་ཐིབས། །བྱིན་རླབས་ཆར་རྒྱུན་སི་ལི་ལི། །མ་སྤྱི་གཙུག

རྒྱན་དེར་བཞུགས་གསོལ། །སྤྱི་གཙུག་རྒྱན་དེར་བཞུགས་ནས་ཀྱང་། །བྱིན་གྱིས་རླབས་པར་མཛད་དུ་གསོལ། །བྱིན་གྱིས་རློབས་ཤིག་མ་གཅིག་མ། །དངོས་གྲུབ་སྩོལ་ཅིག་མ་གཅིག་མ། །དབང་མཆོག་བསྐུར་ཅིག་མ་གཅིག་མ། །རྟོགས་པ་བསྐྱེད་ཅིག་མ་གཅིག་མ། །བར་ཆོད་སོལ་ཞིག་མ་གཅིག་མ། །ལམ་སྣ་དྲོངས་ཤིག་མ་གཅིག་མ། །ཀྱེཿ མ་མི་མིནཿ ཨོཾ་ཏུ་གོམ་གསུམ་བྱོན་ཙམ་ན། །སྐུ་ཤ་ཚུང་ལ་སྐུ་མདོག་སེར། །རིན་ཆེནཿ ནུབ་ན་གོམ་གསུམ་བྱོན་ཙམ་ན། །སྐུ་ཤ་ཚུང་ལ་སྐུ་མདོག་དམར། །པདྨཿ བྱང་ན་གོམ་གསུམ་བྱོན་ཙམ་ན། །སྐུ་ཤ་ཚུང་ལ་སྐུ་མདོག་ལྗང་། །ལས་ཀྱིཿ དབུས་ན་གོམ་གསུམ་བྱོན་ཙམ་ན། །སྐུ་ཤ་ཚུང་ལ་སྐུ་མདོག་ནག །ཡེ་ཤེས་མཁའ་འགྲོ་འབུམ་གྱིས་བསྐོར། །ཕཊ། མཁའ་འགྲོ་འབུམ་བསྐུལ་ནི། ཧཱུྃ། མ་ཡུམ་ཆེན་སོགས་དང་། ཀྱེ། མ་མི་མིན་ཡེ་ཤེས་མཁའ་འགྲོ་མ། །ཤར་ཕྱོགས་རྡོ་རྗེ་རིགས་ཀྱི་མཁའ་འགྲོ་འབུམ། །ཡང་དག་བདེ་ཆེན་སྤྱོད་པའི་ཊཱ་ཀི་ལ། །དད་གུས་དྲག་པོའི་སྟོབས་ཀྱིས་གསོལ་འདེབས་ན། །ཐུགས་རྗེས་རྒྱུན་ཆད་མེད་པར་དགོངས་མཛོད་ལ། །ལས་ཅན་ཕོ་མོ་རྣམས་ལ་བྱིན་གྱིས་རློབས། །དོན་ལྡན་སྐྱེས་བུ་རྣམས་ལ་བཙུད་ཅིག་ཕོབ། །

ཀྱེ། མཿ ལྷ་ཕྱོགས་རིན་ཆེནཿ ནུབ་ཕྱོགས་པདྨ་རིགསཿ བྱང་ཕྱོགས་ལས་ཀྱི་རིགསཿ དབུས་ཕྱོགས་སངས་རྒྱས་རིགས་ཀྱི་མཁའ་འགྲོ་འབུམ། །ཡང་དགཿ དད་སོགཿ ཐུགས་རྗེསཿ ལས་ཅནཿ དོན་ལྡན་སྐྱེས་བུ་རྣམས་ལ་བཙུད་ཅིག་ཕོབ། །སྐུ་མདོག་དཀར་མོ་མདངས་དང་ལྡན་པ་དེ། །སྐུ་གསུམ་དོན་དང་ལྡན་པའི་མཁའ་འགྲོ་འབུམ། །དབུ་སྐྲ་སིལ་བུས་སྐུ་རྒྱབ་ཁེབས་པ་དེ། །སེམས་ཅན་བདེ་ལ་འགོད་པའི་མཁའ་འགྲོ་འབུམ། །སྐུ་ལ་དར་དཀར་ན་བཟའ་གསོལ་བ་དེ། །ཆོས་ཉིད་

འགྱུར་བ་མེད་པའི་མཁའ་འགྲོ་འབུམ། །སྐྱེ་རགས་རྒྱ་མས་སྐྱུ་སྐྱེད་བཅིངས་པ་དེ། །ཉོན་མོངས་དུག་ལྔ་བཅིང་བའི་མཁའ་འགྲོ་འབུམ། །ཕྱག་གཡས་སེང་ལྡེང་ཊ་ཏུ་འཁྲོལ་བ་དེ། །སྙན་བརྒྱུད་གདམས་པ་འཛིན་པའི་མཁའ་འགྲོ་འབུམ། །ཕྱག་གཡོན་དངུལ་དཀར་དྲིལ་བུ་སྒྲོག་པ་དེ། །སྟོང་གསུམ་ཆོས་སྒྲ་སྒྲོག་པའི་མཁའ་འགྲོ་འབུམ། །བདུད་རྩི་མཚན་ལྡན་ཐོད་པ་བསྣམས་པ་དེ། །བདེ་སྟོང་ཉམས་དང་ལྡན་པའི་མཁའ་འགྲོ་འབུམ། །མི་རྐང་གླིང་བུ་རྒྱན་དུ་འབུད་པ་དེ། །འགྲོ་དྲུག་གནས་སུ་འདྲེན་པའི་མཁའ་འགྲོ་འབུམ། །རྫུ་འཕྲུལ་སྤྱོད་པ་ངེས་མེད་མཛད་པ་དེ། །མི་མཐུན་ཕྱོགས་ལས་རྒྱལ་བའི་མཁའ་འགྲོ་འབུམ། །ཞབས་གཉིས་བརྐྱང་བསྐུམ་གར་གྱིས་རོལ་པ་དེ། །བདེ་གཤེགས་བརྒྱུད་པ་འཛིན་པའི་མཁའ་འགྲོ་འབུམ། །གཏོར་མ་རྒྱ་ཆེན་ཁྲག་གིས་བྲན་པ་དེ། །ཆོས་སྐྱོང་བྲན་དུ་འཁོལ་བའི་མཁའ་འགྲོ་འབུམ། །ཡང་དག་བདེ་ཆེན་སྤྱོད་པའི་ཌཱ་གི་ལ། །དད་མོས་དྲག་པོའི་སྟོབས་ཀྱིས་གསོལ་འདེབས་ན། །ཐུགས་རྗེས་རྒྱུན་ཆད་མེད་པར་དགོངས་མཛད་ལ། །ལས་ཅན་ཕོ་མོ་རྣམས་ལ་བྱིན་གྱིས་རློབས། །དོན་ལྡན་སྐྱེས་བུ་རྣམས་ལ་བཙུད་ཅིག་ཕོབ། །ཚོགས་ལས་ནི། ཚོགས་ལ་ཆབ་བྲན་ཏེ། ཧཱུྃ། ཡུམ་ཆེན་སོགས་དང་། ཀྱེ། མ་མི་མིན་སོགས་དང་། དབུས་ཕྱོགས་དེ་བཞིན་རིགས་ཀྱི་ཌཱ་གིའི་ཚོགས། །སྐུ་མདོག་ནག་ལ་འོད་ཟེར་འབར། །ཕྱག་ན་འཁོར་ལོ་པད་སྟོང་བསྣམས། །མུ་མེན་ཐོར་བཙུགས་ལྡེམས་སེ་ལྡེམས། །རིན་ཆེན་སྙན་ཆ་ཁྲ་ལ་ལ། །ཕྱག་གདུབ་ཞབས་གདུབ་སི་ལི་ལི། །དར་གྱི་ཅོད་པན་ཕུ་རུ་རུ། །གླུ་ལེན་གར་བྱེད་ཁྱུག་སེ་ཁྱུག །རུས་པའི་རྒྱན་ཆ་ཁྲ་ལ་ལ། །ཊ་ཏུ་ཙང་ཏེའུ་ཁྲོ་ལོ་ལོ། །ཇ་སྒྲ་དུང་སྒྲ་ཨུ་རུ་རུ། །པི་ཝང་གླིང་བུ་ལྷང་སེ་ལྷང་། །མ་དུར་ཁྲིད་ཚོགས་མཆོད་བྱིན་གྱིས་བརླབ་ཏུ་གསོལ། །ཡེ་ཤེས་

མཁའ་འགྲོས་ཚོགས་ཀྱང་བཞེས་སུ་གསོལ། །མཁའ་འགྲོས་ཚོགས་ཀྱང་བཞེས་ནས་ཀྱང་། །དུག་ལྔ་གཙོད་ཕྱིར་པད་ཟླའི་གདན་ལ་བཞུགས། །ཕ་རོལ་ཕྱིན་དྲུག་ཚོགས་ལ་གུས་ཕྱག་འཚལ། །གཟུགས་སྒྲ་དྲི་རོ་རེག་བྱའི་མཆོད་པ་འབུལ། །སྟོང་ཉིད་བཅོ་བརྒྱད་གནས་ལ་ཕྱག་འཚལ་ལོ། །ཀྱེ། ཚོགས་ཁང་གཞལ་ཡས་འབར་བ་འདི། །ཨུ་རྒྱན་གནས་སུ་བྱིན་གྱིས་རློབས། །འདིར་འཚོགས་རྣལ་འབྱོར་ཕོ་མོ་རྣམས། །དཔའ་བོ་དཔའ་མོར་བྱིན་གྱིས་རློབས། །བཅུད་ཀྱི་ཞལ་ཟས་ཐམས་ཅད་ཀྱང་། །ཟག་མེད་བདུད་རྩིར་བྱིན་གྱིས་རློབས། །མཎྜལ་འདི་ལ་རྒྱན་བཀོད་ལ། །མར་མེ་འདི་ལ་མདངས་ཞིག་ཕྱུང་། །སློབ་མ་རྣམས་ལ་དབང་ཞིག་བསྐུར། །ཚོགས་གཏོར་འདི་ལ་བཅུད་ཅིག་ཕོབ། །ཉེར་སྤྱོད་ལྔ་ཡི་མཆོད་པ་བཞེས། །འདིར་འཚོགས་རྣལ་འབྱོར་ཐམས་ཅད་ལ། །མཆོག་ཐུན་མོང་གཉིས་ཀྱི་དངོས་གྲུབ་སྩོལ། །ཤར་རྡོ་རྗེ་རིགས་ཀྱི་ཌཱ་ཀིའི་ཚོགས། །སྐུ་མདོག་དཀར་ལ་འོད་ཟེར་འབར། །ཕྱག་ན་རྡོ་རྗེའི་པད་སྡོད་བསྣམས། །ཤེལ་གྱི་ཐོར་བཙུགས་ལྷེམས་སེ་ལྷེམ། །རིན་ཆེན་སོགས། ལྷོ་ཕྱོགས་རིན་ཆེན་རིགས་ཀྱི་ཌཱ་ཀིའི་ཚོགས། །སྐུ་མདོག་སེར་ལ་འོད་ཟེར་འབར། །ཕྱག་ན་རིན་ཆེན་པད་སྡོད་བསྣམས། །གསེར་གྱི་ཐོར་བཙུགས་ལྷེམ་སེ་ལྷེམ། །ནུབ་པདྨ་རིགས་ཀྱི་ཌཱ་ཀིའི་ཚོགས། །སྐུ་མདོག་དམར་ལ་འོད་ཟེར་འབར། །ཕྱག་ན་པདྨའི་པད་སྡོད་བསྣམས། །བྱི་རུའི་ཐོར་བཙུགས་ལྷེམ་སེ་ལྷེམ། །བྱང་ལས་ཀྱི་རིགས་ཀྱི་ཌཱ་ཀིའི་ཚོགས། །སྐུ་མདོག་ལྗང་ལ་འོད་ཟེར་འབར། །ཕྱག་ན་རྒྱ་གྲམ་པ་པད་སྡོད་བསྣམས། །གཡུ་ཡི་ཐོར་བཙུགས་ལྷེམ་སེ་ལྷེམ། །རིན་ཆེན་སོགས་ནས། དངོས་གྲུབ་སྩོལ་ཞེས་པའི་བར་བྱེད་པའོ། །གཏོར་སྡོད་བྱིན་གྱིས་རློབས་པ་ནི། ཚབ་ཐབ་ཏེ། བིཥྥུ་ཊ་ཀྲིཏ་ནས་ཨཱཿཧཱུྃ་གི་བར་བརྗོད་ཅིང་། ཨོཾ་མ་གཅིག་མ་ལ་གསོལ་བ་འདེབས། །ཨཱཿམ་གཅིག་མ་

ལཿ ཧཱུྃ་མ་གཅིག་མ་ལཿ དཀར་པོ་ཨོཾ་ལ་གསོལ་བ་འདེབས། །དཀར་པོ་ཨོཾ་གྱིས་བྱིན་གྱིས་རློབས། །དཀར་པོ་ཨོཾ་གྱི་བྱིན་རླབས་ཀྱིས། །གནོད་པ་ཉེ་རླུའི་གཏོར་གནོད་དུ། །ཚོགས་ཀྱང་འོད་དུ་ཐིམ་གྱིས་ཞུ། །འོད་ཕུང་འབར་བའི་བྱིན་རླབས་ཀྱིས། །ཛེ་ཏླ་མ་ཡི་དམ་མཁའ་འགྲོའི་ཚོགས། །རྒྱལ་བའི་དཀྱིལ་འཁོར་མཉེས་གྱུར་ཅིག །ཆོས་སྐྱོང་མ་མགོན་ལྷམ་དྲལ་དང་། །དམ་ཅན་སྲུང་མའི་ཐུགས་དམ་བསྐང་གྱུར་ཅིག །དམར་པོ་ཨཱཿལ་གསོལ་བ་འདེབས། །དམར་པོ་ཨཱཿཡིས་བྱིན་གྱིས་རློབས། །དམར་པོ་ཨཱཿཡི་བྱིན་རླབས་ཀྱིས་སོགས། གནོད་པ་སོགས་དང་། སྔོན་པོ་ཧཱུྃ་ལ་གསོལ་བ་འདེབས། །སྔོན་པོ་ཧཱུྃ་གིས་བྱིན་གྱིས་རློབས། །སྔོན་པོ་ཧཱུྃ་གི་བྱིན་རླབས་ཀྱིས། །གནོད་པ་སོགས་ནས། བསྐང་གྱུར་ཅིག་གི་བར་བརྗོད། ཚོགས་བསྔོ་བ་ནི། ན་མོ་ཐབས་དང་ཤེས་རབ་གཉིས་སུ་མེད་པའི་ཚོགས་ཀྱི་འཁོར་ལོ་རྒྱ་ཆེན་པོ་འདི། རང་བཞིན་རྣམ་པར་དག་པ་སྐྱེ་བ་མེད་པ། ངོ་བོ་རྣམ་པར་དག་པ་ཨཱ་ལི་ཀཱ་ལི། མཚན་ཉིད་རྣམ་པར་དག་པ་ཤ་ལྔ་བདུད་རྩི་ལྔས་རྒྱས་བཏབ་པ་འདི། བྱིན་རླབས་ཀྱི་རྩ་བ་བཀའ་བརྒྱུད་བླ་མ་རྣམས་ཀྱི་ཞལ་དུ་ཁཱ་ཧི། དངོས་གྲུབ་ཀྱི་རྩ་བ་ཡི་དམ་ལྷ་ཚོགས་རྣམས་ཀྱིཿ ཕྲིན་ལས་ཀྱི་རྩ་བ་ཆོས་སྐྱོང་སྲུང་མ་རྣམས་ཀྱིཿ པཉྩ་ཨ་མྲི་ཏ་ལ་ཁཱ་ཧི། ག་ཎ་ཙཀྲ་ལ་ཁཱ་ཧི། ལན་གསུམ་དང་། རོལ་མོ་ཙུར་བརྡུངས་བྱའོ། །ཚོགས་བསྔབ་པ་ནི། ནད་པ་དྲག་པོ་ཡོད་པའམ། དགྲ་ལ་བྱེད་རྒྱུ་ཡིན་ན། དགུག་གཞུག་བྱེད། ཚོགས་ལ་བསྟིམ། དེ་ནས་བསྒྲལ་བ་བྱེད། བསྒྲལ་སྔགས་རྣམས་ནི་ཟུར་དུ་ཤེས་སོ། །བསྔབ་པ་ནི། རྒྱས་པ་བྱེད་ན་ལག་འཁྲིག་དང་། སྲིད་སྐོར་དང་། སྔང་སྔབས་དང་། ངག་འདོན་དང་སྔབས་བསྔུན་ནས། ཧཱུྃ། རྡོ་རྗེ་འཛིན་ཡུལ་མན་ཚོད་ནས། །རྩ་བའི་བླ་མ་ཡན་ཚོད་ཀྱི། །མ་ལུས་འཁོར་བཅས་ཚོགས་ལ་རོལ། །ལ་ལ་ཁྱི་ཡི་ཚོགས་ལ་རོལ། །ལ་ལ་ནང་གིཿ ལ་ལ་གསང་བའིཿ ལ་ལ་འདི་ཉིད་ཀྱིཿ མ་ལུས་འཁོར་བཅསཿ

ཨ་ལ་ལ་སྟེ་དགྱེས་པར་རོལ། །དཀྱིལ་འཁོར་ལྷ་ཚོགས་མན་ཆོད་དང་། །དཔའ་བོ་མཁའ་འགྲོ་ཡན་ཆོད་ཀྱི། །མ་ལུས་འཁོར་བཅས་སོགས་དང་། རྡོ་རྗེ་ཕག་མོ་མན་ཆོད་དང་། །རིགས་བཞི་མཁའ་འགྲོ་ཡན་ཆོད་རྣམས། །མ་ལུས༔ ཆོས་སྐྱོང་མ་མགོན་མན་ཆོད་དང་། །དཀྱིལ་འཁོར་མཐའ་སྐྱོང་ཡན་ཆོད་ཀྱི། །མ་ལུས༔ ཤཱཀྱ་ཐུབ་པ་མན་ཆོད་དང་། །འཇིག་མིག་སྤྱིན་བུ་ཡན་ཆོད་ཀྱི། །མ་ལུས༔ སྟོང་གསུམ་གཞི་བདག་མན་ཆོད་དང་། །གནས་པོ་དགེ་བསྙེན་ཡན་ཆོད་ཀྱི། །མ་ལུས་སོགས་ནས། དགྱེས་པར་རོལ་གྱི་བར་བརྗོད། ཚོགས་ལྷུད་གཏོར་མ་ལ་བྲན་ནས་སྤྱི་མཐུན་བཞིན་བསྔོ། དབང་བྱེད་ན་སྐབས་འདིར་བྱེད་པའོ། །ལས་བུམ་བསྒྲུབ་ན་སྟེགས་ཀྱི་ཁར་བཞག་སྟེ། སྭ་བྷཱ་ཞེས་སྦྱངས། སྟོང་པའི་ངང་ལས། ལས་བུམ་དུ་པདྨ་ཉི་མའི་སྟེང་དུ། བགེགས་མཐར་བྱེད་སྐུ་མདོག་སྔོན་པོ་ཞལ་གཅིག་ཕྱག་གཉིས་པ་གཅིག་ཏུ་གྱུར། ཨཀྵྃ་སོགས་ཀྱིས་མཆོད། ཧཱུྃ། བདེ་གཤེགས་བརྒྱུད་པའི་ཕྲིན་ལས་སྐྱོང་། །དྲག་པོའི་ང་རོ་རབ་སྒྲོགས་ཤིང་། །འཇིགས་པའི་གཟུགས་ཀྱིས་གདུག་པ་འདུལ། །ཛམ་བཛེད་ཁྲོ་རྒྱལ་སྐུ་ལ་བསྟོད། །སོགས་ཀྱིས་བསྟོད་ནས། ཐུགས་ཀར་ཉི་མའི་དཀྱིལ་འཁོར་གྱི་སྟེང་དུ་ཧཱུྃ་ཡིག་གི་མཐའ་བསྐོར་དུ། ཨོཾ་ཨཱཿབིགྷྣཱནྟ་ཀྲྀཏ་ཧཱུྃ་ཕཊ། བཀྲ་ཚ་བཟླས་སོ། །

བདག་འཇུག་བསྒྲུབ་པ་ནི། སློབ་མ་ཁྲུས་བྱེད། ཕྱག་དང་མཎྜལ་ཕུལ། སློབ་དཔོན་གྱིས་རིམ་འབྱུང་བསྐུལ་བའི་ཕྱིར་དུ་ཆོས་བཤད་རྒྱས་བསྡུས་སྐབས་དང་སྦྱར། གསོལ་བ་བཏབ་པ་ནི། དགའ་ཆེན་ཁྱོད་བདག་སྟོན་པ་སྟེ། །སློབ་དཔོན་ཁྱོད་ནི་དགོངས་སུ་གསོལ། །བྱང་ཆུབ་ཆེན་པོའི་ཚུལ་བསྟན་པ། །མགོན་པོ་ཆེན་པོ་བདག་འཚལ་ལོ། །དམ་ཚིག་དེ་ཉིད་བདག་ལ་སྩོལ། །བྱང་ཆུབ་སེམས་ཀྱང་བདག་ལ་སྩོལ། །སངས་རྒྱས་ཆོས་དང་དགེ་འདུན་ཏེ། །སྐྱབས་གསུམ་དག་ཀྱང་བདག་ལ་སྩོལ། །ཐར་པ་ཆེན་པོའི་གྲོང་མཆོག་ཏུ། །མགོན་པོས་བདག་ནི་

འཇུག་པར་འཚལ། །ལན་གསུམ་དང་། དེ་ནས་སོ་ཤིང་སོར་བཅུ་གཉིས་པ་རྩེ་མོ་ལ་མེ་ཏོག་དང་སྦྲང་རྩི་བུ་རམ་སོགས་བྱུགས། ཐལ་མོའི་བར་དུ་བཀྱངས། རྩེར་མདུན་སོས་ནེམ་པ་གཅིག་བྱེད་ལ། ཨོཾ་བཛྲ་ཧ་ས་ཧ་བརྗོད། མནྡལ་གྱི་ཐོག་ཏུ་སྟུར་དུ་བཙུག །ཞི་བ། རྒྱས་པ། དབང་། དྲག་པོ། མངོན་སྤྱོད་སོགས། སྐྱོར་ཆུ་བླུད། ཨོཾ་ཧྲིཿབི་ཤུདྡྷ་ཤུད་ག་ཏེ་ཐ་ཐ། སྐུད་པ་དམར་པོ་སུམ་སྒྲིལ་ལ་མདུད་པ་གསུམ་བྱས་ཏེ། སྐྱེས་པའི་དཔུང་པ་གཡོན། བུད་མེད་ཀྱི་དཔུང་པ་གཡས་སུ་རྡོ་རྗེའི་རྒྱ་མདུད་བྱས་ཏེ། ཀུ་ཤས་མདུད་མཚམས་སུ་བུམ་ཆུ་བྱུག་ཅིང་། ཨོཾ་བུདྡྷ་མཻ་ཏྲི་རཀྵ་རཀྵ་སྭཱ་ཧཱ། རྡོ་རྗེས་བྱིན་གྱིས་བརླབ། ཀུ་ཤ་ཆེ་ཆུང་གཉིས་ཆེ་བ་གཡས་སུ་ཆུང་བ་གཡོན་དུ་བྱིན་ལ། ཨོཾ་ཏི་ཀྵ་བཾ། ཆེ་བ་སྔས་ཆུང་བ་གདན་གྱིས་ལ་རྨི་ལམ་བརྟག །བུ་ཚུར་ཐེག་པ་ཆེན་པོ་ཡི། །ཁྱོད་ནི་ཚུལ་ཆེན་སྣོད་ཡིན་ཏེ། །ཁྱོད་ལ་ཡང་དག་བཤད་པར་བྱ། །བུ་ཡི་བློ་གྲོས་འདི་གྱིས་ཤིག །དཀྱིལ་འཁོར་དུ་འཇུག་པའི་ཡོན་དུ་མནྡལ། དཀོན་མཆོག་གསུམ་ལ་བདག་སྐྱབས་མཆི། །སྡིག་པ་མི་དགེ་སོ་སོར་བཤགས། །འགྲོ་བའི་དགེ་ལ་རྗེས་ཡིད་རང་། །སངས་རྒྱས་བྱང་ཆུབ་ཡིད་ཀྱིས་བཟུང་། །སངས་རྒྱས་ཆོས་དང་ཚོགས་མཆོག་ལ། །བྱང་ཆུབ་བར་དུ་སྐྱབས་སུ་མཆི། །རང་གཞན་དོན་ནི་རབ་སྒྲུབ་ཕྱིར། །བདག་གིས་བྱང་ཆུབ་སེམས་མཆོག་བསྐྱེད། །ཨེ་མ་ཧོ་སེམས་ཅན་ཀུན་མགྲོན་གཉེར། །བྱང་ཆུབ་སྤྱོད་མཆོག་མཛད་བཞིན་སྤྱད། །འགྲོ་ལ་ཕན་ཕྱིར་སངས་རྒྱས་འགྲུབ་པར་ཤོག །ལན་གསུམ་བྱེད། བུམ་ཆུས་བསང་། ཁྱེད་རང་སྐད་ཅིག་གིས་མ་གཅིག་ལབ་ཀྱི་སྒྲོན་མ་སྐུ་མདོག་དཀར་མོ་ཞལ་གཅིག་ཕྱག་གཉིས། གཡས་ཌ་མ་རུ། གཡོན་དྲིལ་བུ་འཛིན་པར་སྒོམས་ཤིག །དེའི་དཔྲལ་བར་ཨོཾ། མགྲིན་པར་ཨཱཿ ཐུགས་ཀར་ཧཱུྃ། ཨོཾ་ཨཱཿཧཱུྃ། དྲིའི་ཆུས་གནས་གསུམ་དུ་རེག་ཅིང་བརྟན་པར་བྱེད། པུཥྤེ། དྷཱུ་པེ། ཨཱ་ལོ་ཀེ། གནྡྷེ། ནཻ་ཝེ་དྱེས་མཆོད་པ་འབུལ། དཀྱིལ་འཁོར་མ་མཐོང་བའི་བརྡར་གདོང་གཡོགས་བཅིངས་ཏེ། ཨོཾ་ཙཀྵུ་ཧྭན་ཧྭ་ཕ་ར་ཎ་ཊ་ཡ་ཧཱུྃ། མིག་དར། མེ་ཏོག་གཏད་དེ། ཨཱ་ཕཾ་བྲི་ར་ཧཱུྃ། སྐབས་འདིར་བགེགས་གཏོར་གཏོང་ཞིང་། མཚམས་གཅོད་

བྱེད། གསར་དུ་བསྐྱུད་འཁོར་བསྒོམ། རྡོ་རྗེ་སྙིང་གར་བཟུང་ཞིང་། ཁྱེད་རང་གི་སྙིང་གར་ཀུན་རྫོབ་ཟླ་བའི་སྟེང་དུ་དོན་དམ་སྟོང་ཉིད་ཀྱི་ངོ་བོ་རྡོ་རྗེ་དཀར་པོ་རྩེ་ལྔ་པ་གཅིག་བསྒོམ་པར་གྱིས་ཤིག །སྔོམ་པ་བཟུང་བ་ནི། སློབ་དཔོན་བདག་ལ་དགོངས་སུ་གསོལ། །བདག་མིང་འདི་ཞེས་བགྱི་བ་ཡི། །དུས་འདི་ནས་ནི་བཟུང་ནས་ནི། །བྱང་ཆུབ་སྙིང་པོར་མཆིས་ཀྱི་བར། །རྡོ་རྗེ་རིགས་ཀྱི་སྡོམ་བཞི་དང་། །རིན་ཆེན་རིགས་ཀྱི་སྡོམ་པ་གསུམ། །པདྨའི་རིགས་ཀྱི་སྡོམ་བཞི་དང་། །ལས་ཀྱི་རིགས་ཀྱི་སྡོམ་པ་གཉིས། །སངས་རྒྱས་རིགས་ཀྱི་སྡོམ་པ་གཅིག །གསང་སྔགས་སྡོམ་པ་བཅུ་བཞི་འདི། །དེང་ནས་བཙམས་ཏེ་ནམ་དུ་ཡང་། །བཏང་བར་བྱ་བ་མ་ཡིན་ནོ། །དམ་བཞག་ནི། རྡོ་རྗེ་སྙིང་གར་བཟུང་ལ། རྡོ་རྗེ་མཁའ་འགྲོ་མ་ཁྱོད་དང་། །ཁྱོད་ཀྱི་སྙིང་ལ་ཡང་དག་ཞུགས། །སུ་ལ་སྨྲ་བར་མ་བྱེད་ཅིག །སྨྲ་བར་བྱས་ན་ཉམས་པར་འགྱུར། །ཐུམ་ཆུ་སླུད། འདི་ནི་ཁྱོད་ཀྱི་དམ་ཚིག་ཆུ། །དམ་ཚིག་འདས་ན་བསྲེག་པར་བྱེད། །དམ་ཚིག་བསྲུང་ན་དངོས་གྲུབ་ཐོབ། །བདུད་རྩིའི་ཆུ་འདི་འཐུང་བར་གྱིས། །ཨོཾ་ཨ་མྲི་ཏ་ཏ་ཀ །ཐལ་མོ་མགོར་བཞག །དུས་འདི་ནས་ནི་བུ་ཁྱོད་ཀྱི། །རྡོ་རྗེ་སློབ་དཔོན་ང་ཡིན་གྱིས། །ང་ཡིས་བསྒོ་བ་བཞིན་དུ་བསྒྲུབ། །ཁྱོད་ཀྱིས་དེ་ལྟར་བྱ་དགོས་སོ། །ཡེ་ཤེས་ཕབ་པ་ནི། མདུན་གྱི་ནམ་མཁར་སྐྱབས་གནས་དམ་པ་གསུམ་བརྩེགས་ཀྱི་ལྷ་ཚོགས་གསལ་བའི་སྐུ་གསུང་ཐུགས་ལས་ཟག་མེད་ཀྱི་བདུད་རྩི་ཡེ་ཤེས་ལྔའི་རང་བཞིན་བྱུང་། ཁྱེད་རང་གི་སྤྱི་བོ་ནས་ཞུགས། ལུས་བདེ་སྟོང་གི་ཉམས་ཀྱིས་ཁེངས་པའི་མོས་པ་གྱིས། རོལ་མོ་དྲག་ཏུ་དཀྲོལ། རཏྣ་ཧྲཱ། ག་ཏེ་ག་ཏེ་པ་ར་ག་ཏེ་པ་ར་སཾ་ག་ཏེ་བོ་དྷི་ཡེ་སྭཱ་ཧཱ། རྡོ་རྗེ་མགོར་བཞག །ཏིཥྛ་བཛྲས་བརྟན་པར་བྱེད། དཀྱིལ་འཁོར་ཁ་དོག་བརྟག །མེ་ཏོག་འཐོར་དུ་བཅུག །སུ་པྲ་ཏིཥྛ་བཛྲ་ཡེ་ཧོཿ སྔར་དངོས་གྲུབ་ཀྱི་ཚུལ་དུ་མེ་ཏོག་གཏད། སྟོན་ཆད་

སྤྱངས་བའི་ཡི་དམ་ལྷ། །འདི་ལ་དངོས་གྲུབ་སྩོལ་དུ་གསོལ། །གསེར་གྱི་སྦྱུ་གུས་མ་རིག་པ་བསལ་བའི་མོས་པ་གྱིས། མ་རིག་ལིང་ཐོག་བསལ་བ་ཡིས། །ཡེ་ཤེས་སྤྱན་ནི་ཐོབ་གྱུར་ཅིག །པ་ཏ་ལཾ་ཧྲིཿ མིག་དར་བསལ། དཀྱིལ་འཁོར་ལྷ་ཞལ་བསྟན། དངོས་གཞི་བུམ་དབང་གི་དོན་དུ་མཎྜལ། དུས་གསུམ་སངས་རྒྱས་ཐམས་ཅད་དང་། །ཕྱག་པར་ལྷ་ཡི་ངོ་བོ་ཉིད། །བླ་མ་ཡི་དམ་ལྷ་ཡི་ཚོགས། །དབང་བསྐུར་དམ་པ་བདག་ལ་སྩོལ། །བུམ་པ་སློབ་མའི་སྤྱི་བོར་བཟུང་། རྡོ་རྗེ་མཁའ་འགྲོ་ཆུ་ཡི་དབང་། །དེ་རིང་ཁྱོད་ལ་བསྐུར་བར་བྱ། །བུམ་པའི་དབང་འདི་ཁྱོད་ཀྱིས་ལོང་། །ཇི་ལྟར་བལྟམས་པ་ཙམ་གྱིས་ནི། །ལྷ་རྣམས་ཀྱིས་ནི་ཁྲུས་གསོལ་ལྟར། །ལྷ་ཡི་ཆུ་ནི་དག་པ་ཡིས། །དེ་བཞིན་བདག་གིས་སྐུ་ཁྲུས་གསོལ། །ཨོཾ་སརྦ་ཏ་ཐཱ་ག་ཏ་ཨ་བྷི་ཥེ་ཀ་ཏ་ས་མ་ཡ་ཤྲཱི་ཡེ་ཧཱུྃ། ཉོན་མོངས་ཞེ་སྡང་དག་ནས་ནི། །མེ་ལོང་ཡེ་ཤེས་མངོན་གྱུར་ཅིང་། །མི་བསྐྱོད་པ་ཡིས་དབུ་རྒྱན་ནོ། །དབུ་རྒྱན་མགོར་བཞག །འབྱུང་གནས་རྡོ་རྗེ་ཅོད་པན་དབང་། །དེ་རིང་ཁྱོད་ལ་བསྐུར་ནས་ནི། །ཅོད་པན་དབང་འདི་ཁྱོད་ཀྱིས་ལོང་། །ཇི་ལྟར་བལྟམས་པ་སོགས། ཉོན་མོངས་ང་རྒྱལ་དག་ནས་ནི། །མཉམ་ཉིད་ཡེ་ཤེས་རང་བཞིན་ཅན། །རིན་ཆེན་རྡོ་རྗེས་དབུ་བརྒྱན་ནོ། །རྡོ་རྗེ་མགོར་བཞག་ཅིང་གཡས་སུ་གཏད་དེ། པདྨ་རྡོ་རྗེ་རྡོ་རྗེའི་དབང་། །དེ་རིང་ཁྱོད་ལ་བསྐུར་བར་བྱ། །རྡོ་རྗེའི་དབང་འདི་ཁྱོད་ཀྱིས་ལོང་། །ཇི་ལྟར་སོགས། ཉོན་མོངས་འདོད་ཆགས་དག་པ་ཡིས། །སོར་རྟོག་ཡེ་ཤེས་རང་བཞིན་ཅན། །པདྨ་རྡོ་རྗེས་དབུ་བརྒྱན་ནོ། །དྲིལ་བུ་གཡོན་དུ་གཏད་ཅིང་། སྣ་ཚོགས་རྡོ་རྗེ་དྲིལ་བུའི་དབང་། །དེ་རིང་ཁྱོད་ལ་བསྐུར་བར་བྱ། །དྲིལ་བུའི་དབང་འདི་ཁྱོད་ཀྱིས་ལོང་། །ཇི་ལྟར་སོགས། ཉོན་མོངས་ཕྲག་དོག་དག་ནས་ནི། །བྱ་གྲུབ་ཡེ་ཤེས་རང་བཞིན་ཅན། །དོན་གྲུབ་རྡོ་རྗེས་དབུ་བརྒྱན་ནོ། །རྡོ་རྗེ་དྲིལ་བུ་མཉམ་དུ་སྤྱི་བོར་བཟུང་སྟེ། སྣང་

མཛད་རྡོ་རྗེ་མིང་གི་དབང་། །དེ་རིང་ཁྱོད་ལ་བསྐུར་བར་བྱ། །མིང་གི་དབང་འདི་ཁྱོད་ཀྱིས་ཡོང་། །ཀྱེ་དཔལ་གསང་མཚན་འདི་ཞེས་བྱ་བའོ། །ཉོན་མོངས་གཏི་མུག་དག་ནས་ནི། །ཆོས་དབྱིངས་ཡེ་ཤེས་རང་བཞིན་ཅན། །སྣང་མཛད་རྡོ་རྗེས་དབུ་བརྒྱན་ནོ། །དེས་བུམ་པའི་དབང་ལ་བརྟེན་ནས་རིག་པའི་དབང་ལྔ་བསྐུར། དུག་ལྔ་རང་སར་དག །རིགས་ལྔ་རྣམས་ཀྱིས་དབུ་བརྒྱན། བསྐྱེད་པའི་རིམ་པ་ལ་དབང་། སྤྲུལ་པའི་སྐུ་ཐོབ་པའོ། །

གསང་དབང་གི་དོན་དུ་མཎྜལ། ཐོད་པ་དཔལ་བ་དང་མགྲིན་པར་བཟུང་སྟེ། རིན་ཆེན་ཐོད་པའི་དབང་བསྐུར་བས། །གསང་བ་ཡེ་ཤེས་བླ་ན་མེད། །མཆོག་གི་བདུད་རྩི་གཟུང་བར་གྱིས། །ཨ་ཨཱ། ཨི་ཨཱི། ཨུ་ཨཱུ། རྀ་རཱྀ། ལྀ་ལཱྀ། ཨེ་ཨཻ། ཨོ་ཨཽ། ཨཾ་ཨཿ བདུད་རྩི་ལྡུད། དེས་ངག་གི་སྒྲིབ་པ་དག །རྩ་རླུང་བསྒོམ་པ་ལ་དབང་། ལོངས་སྐུ་མཚན་དཔེས་བརྒྱན་པ་ཐོབ་པའོ། །ཤེས་རབ་ཡེ་ཤེས་ཀྱི་དབང་གི་དོན་དུ་མཎྜལ། བླ་མ་དང་རྗེ་མོ་རྣལ་འབྱོར་མ་ཐ་མི་དད་པའི་ཐུགས་ཀ་ནས། མར་མེ་གཅིག་ལ་གཉིས་ཆད་ཀྱི་ཚུལ་དུ་རིག་པའི་ལྷ་མོ་གཅིག་འཕྲོས། ཁྱེད་རང་གི་སྙིང་གར་ཐིམ། དགའ་བ་བཞི་ཡི་ཡེ་ཤེས་རྒྱུད་ལ་སྐྱེས་པར་སྒོམས་ཤིག །མི་རྟོག་འཛིན་ཏེ། ཤེས་རབ་མའི་དབང་བསྐུར་བས། བདེ་གསལ་མི་རྟོག་པ་བསྒོམ་པ་ལ་དབང་། ཆོས་ཀྱི་སྐུ་ཐོབ་པའོ། །བཞི་པའི་དོན་དུ་མཎྜལ། ལྟོས་ཤིག་ཕྱག་རྒྱ་ཆེན་པོ་ཆེ། །མཐའ་དང་བྲལ་བའི་ཡེ་ཤེས་ཡིན། །ངོ་བོ་ཉིད་སྐུ་རྡོ་རྗེ་འཆང་། །འོད་གསལ་ཆོས་སྐུ་འགྱུར་བ་མེད། ཁྱོད་ཀྱིས་རྟག་ཏུ་འཆང་བར་གྱིས། །མི་རྟོག་འཛིན། སློབ་དཔོན་གྱི་དབང་གི་དོན་དུ་མཎྜལ། བུམ་པ་སྤྱི་བོར་བཟུང་ལ། དབང་བསྐུར་རྡོ་རྗེ་ཆེན་པོ་ནི། །ཁམས་གསུམ་ཀུན་གྱིས་ཕྱག་བྱས་པ། །སངས་རྒྱས་ཀུན་གྱི་གསང་གསུམ་གྱིས། །གནས་ལས་བྱུང་བ་སྦྱིན་པར་བྱ། །བུམ་ཆུ་ལྡུད། ཛཻ་

ལྟར་བལྟམས་པ་སོགས། མེ་ཏོག་འཐོར། རྟེན་གནང་སྦྱིན་པ་ནི། ཐོད་སྐམ་གྱི་ཕྲེང་བ་བཟུང་སྟེ། ཐོད་སྐམ་ལྔ་ཡིས་དབུ་ལ་བརྒྱན་པ་ནི། རིགས་ལྔས་དབུ་ལ་བརྒྱན་པའི་དབང་དང་ལྡན་གྱུར་ཅིག །ཕྱང་ལོའི་རལ་པ་བཟུང་སྟེ། དབུ་སྐྲ་སིལ་བུས་སྐུ་རྒྱབ་ཁེབས་པ་ནི། སེམས་ཅན་བདེ་ལ་བཀོད་པའི་དབང་དང་ལྡན་གྱུར་ཅིག །ཐོད་རློན་གྱི་དོ་ཤལ་བཟུང་སྟེ། ཐོད་རློན་ལྔ་བཅུས་དོ་ཤལ་བྱས་པ་ནི། འདུ་བྱེད་ལྔ་བཅུ་དག་པའི་དབང་དང་ལྡན་གྱུར་ཅིག །དར་དཀར་གྱི་ན་བཟའ་བཟུང་སྟེ། སྐུ་ལ་དར་དཀར་ན་བཟའ་གསོལ་བ་ནི། ཆོས་སྐུ་འགྱུར་བ་མེད་པའི་དབང་དང་ལྡན་གྱུར་ཅིག །སྐེ་རགས་རྒྱ་མ་བཟུང་སྟེ། སྐེ་རགས་རྒྱ་མས་སྐུ་སྨད་བཅིངས་པ་ནི། ཉོན་མོངས་དུག་ལྔ་འཇོམས་པའི་དབང་དང་ལྡན་གྱུར་ཅིག །ཌ་མ་རུ་བཟུང་སྟེ། ཕྱག་གཡས་སེང་ལྡེང་ཌ་རུ་འཁྲོལ་བ་ནི། སྙན་བརྒྱུད་གདམས་པ་འཛིན་པའི་དབང་དང་ལྡན་གྱུར་ཅིག །དྲིལ་བུ་བཟུང་སྟེ། ཕྱག་གཡས་དྲིལ་བུ་གསུང་སྙན་སྒྲོག་པ་ནི། སྟོང་གསུང་ཆོས་སྒྲ་སྒྲོག་པའི་དབང་དང་༔ ཐོད་པ་ཕྱང་ལོ་བཟུང་སྟེ། བདུད་རྩི་མཚན་ལྡན་ཐོད་པ་བསྣམས་པ་ནི། བདེ་སྟོང་ཉམས་དང་ལྡན་པའི་དབང་དང་༔ ཁ་ཊྭཱཾ་བཟུང་སྟེ། ཁ་ཊྭཱཾ་རྩེ་གསུམ་རབ་ཏུ་འཆང་བ་ནི། སྐུ་གསུམ་དོན་དང་ལྡན་པའི་དབང་དང་༔ རྐང་དུང་བཟུང་སྟེ། མི་རྐང་གླིང་བུ་རྒྱུན་དུ་འབུད་པ་ནི། རིགས་དྲུག་གནས་ནས་འདྲེན་པའི་དབང་དང་༔ གིང་རུས་ཀྱི་གར་སྟབས་བཟུང་སྟེ། རྫུ་འཕྲུལ་སྤྱོད་པ་ངེས་མེད་བྱེད་པ་ནི། མི་མཐུན་ཕྱོགས་ལས་རྒྱལ་བའི་དབང་དང་ལྡན་གྱུར་ཅིག །རྣལ་འབྱོར་མའི་སྐུ་འདྲ་བཟུང་སྟེ། ཞབས་གཉིས་བརྐྱང་བསྐུམ་གར་གྱིས་རོལ་པ་ནི། བདེ་གཤེགས་བརྒྱུད་པ་འཛིན་པའི་དབང་དང་ལྡན་གྱུར་ཅིག །གཏོར་མ་བཟུང་སྟེ། དམར་གཏོར་རྒྱན་ཆེན་ཁྲག་གིས་བྲན་པ་ནི། ཆོས་སྐྱོང་བྲན་དུ་འཁོར་བའི་དབང་དང་༔ མི་ལྤགས་ཀྱི་གཡང་གཞི་བཟུང་སྟེ། མི་ལྤགས་གཡང་གཞི་ཕྲག་

ཏུ་བཀལ་བ་ནི། སྣང་སྲིད་ལྷ་འདྲེ་འདུས་པའི་དབང་༔ ཤ་ཟ་མཁའ་འགྲོ་རོའི་གདན་ལ་བཞུགས་པ་བཟུང་སྟེ། རྟོག་མེད་མཁའ་འགྲོ་རོ་ཡི་གདན་ལ་བཞུགས་པ་ནི། རྟོག་མེད་འགྲོ་དོན་མཛད་པའི་དབང་དང་༔ ཚོགས་གཏོར་བདུད་རྩི་ལག་ཏུ་ཐོགས་ཏེ། མཁའ་འགྲོའི་ཚོགས་གཏོར་ཕྱག་ཏུ་བསྣམས་པ་ནི། ལོངས་སྤྱོད་ཟད་པ་མེད་པའི་དབང་དང་ལྡན་གྱུར་ཅིག །དམ་ཚིག་གསུམ་སྦྱིན་པ་ནི། རྡོ་རྗེ་གཡས་སུ་གཏད། རྡོ་རྗེ་ཐུགས་ཀྱི་དམ་ཚིག་ཟུང་ཞིག །དྲིལ་བུ་གཡོན་དུ་གཏད། དྲིལ་བུ་གསུང་གི་དམ་ཚིག་ཟུང་ཞིག །རྣལ་འབྱོར་མའི་སྐུ་གཏད། རིམ་པས་ཕྱག་རྒྱ་སྐུའི་དམ་ཚིག་ཟུང་ཞིག །གཟིངས་བསྟོད་དོ། །དབང་བསྐུར་བ་དང་། རབ་ཏུ་གནས་པ་དང་། སློབ་མ་བསྡུ་བ་དང་། སེམས་ཅན་གྱི་དོན་རྒྱ་ཆེན་པོ་འགྲུབ་པར་གྱུར་ཅིག །མི་རྟོག་འཛོར་ལ། གཙོ་བོས་ཇི་ལྟར་བཀའ་སྩལ་པ། །དེ་དག་ཐམས་ཅད་བདག་གིས་བགྱིད། །

ནམ་མཁའ་སྒོ་འབྱེད་ཀྱི་ཐིག་ལེའི་དབང་ནི། སློབ་མ་དཀྱིལ་ཀྱང་བཅའ། སྐལ་ཚོགས་བསྲང་། ལྟེ་བའི་དབུས་སུ་སེམས་ཉིད་ཀྱི་ངོ་བོ་ཐིག་ལེ་དཀར་པོ་བྱ་མ་གསར་གྱི་སྒོ་ང་ཙམ་གསལ་འདེབས། དཔོན་སློབ་གཉིས་ཀས་ཕཊ་ཀྱིས་བཏང་སྦྱོད། སྙིང་ག །མགྲིན་པ། སྤྱི་བོ་ནས་རྒྱངས་ཀྱིས་ཐོན། མ་གཅིག་གི་ཐུགས་ཀར་ཐིམ། མ་གཅིག་འཁོར་དང་བཅས་པ་འོག་མིན་དུ་སངས་རྒྱས་པར་བསམ། ཅི་གནས་སུ་བཞག །དེ་ནས་ཕབ་སྟེ་ངོ་སྤྲོད་བྱེད། དེང་ནས་བཙམས་ཏེ་བདག་ཐན་དུ། །ཁྱེད་ལ་བདག་ནི་འབུལ་ལགས་ཀྱི། །ཁྱེད་ཀྱིས་སློབ་མར་འཛིན་པ་དང་། །ཆ་ཡིས་ཀྱང་ནི་སྐྱོད་དུ་གསོལ། །མཎྜལ་ཕུལ། དཀྱིལ་འཁོར་པ་ལ་ཚོགས་སྐལ་ཕུལ་སྟེ། དཀྱིལ་འཁོར་ལྷ་ཚོགས་དགོངས་སུ་གསོལ། །བླ་མ་རྗེ་བཙུན་དཀྱིལ་འཁོར་དབང་ཕྱུག་ལ། །བདུད་རྩི་ཚོགས་མཆོད་འབུལ་གྱི་བཞེས་སུ་གསོལ། །ཕྱག་གསུམ་དང་། དེ་ནས་ཚོགས་ལ་ལོངས་སྤྱོད་པ་ནི། འདྲེན་པ་པོས། གཡས་སུ་ཐབས་ཀྱི་རྫས་བཟའ་བ་དང་། གཡོན་དུ་ཤེས་རབ་ཀྱི་རྫས་བཏུང་བ

བཟུང་སྟེ། བསྐོལ་ཐབས་བྱས་ནས། ཀྱེ། དཔལ་པོ་ཆེན་པོ་དགོངས་སུ་གསོལ། །ཚོགས་དང་གཏོར་མ་རྒྱ་ཆེན་འདི། །དང་བའི་ཡིད་ཀྱིས་འབུལ་ལགས་ན། །དགྱེས་པའི་ཚུལ་གྱིས་བཞེས་སུ་གསོལ། །རྗོ་རྗེ་རྣལ་འབྱོར་མ་ནི་བདུད་རྩི་སྟེ། །བདུད་རྩི་རྣལ་འབྱོར་མ་ཡི་རང་བཞིན་ཡིན། །ཐབས་དང་ཤེས་རབ་དབྱེར་མེད་པ། །དབྱེར་མེད་གཅིག་ཏུ་དགོངས་ཏེ་རོལ། །ཨ་ལ་ལ་ཧོ་དགྱེས་པར་མཛོད། །དབྱངས་དང་བཅས་ཏེ་འདྲེན། ཞིན་པ་པོས། པད་གོར་དང་བཅས་ཏེ། བདེ་བར་གཤེགས་པ་ཆོས་ཀྱི་སྐུ། །འདོད་ཆགས་དྲི་མ་དང་བྲལ་བ། །བཟུང་དང་འཛིན་པ་རྣམ་པར་སྤངས། །དེ་ཕོ་ན་ཉིད་ལ་རབ་སྐྱོའོ། །ཨ་ཧོ། མ་ཧཱ། སུ་ཁ། ཨ། གཞན་དྲག་པ་ལ་འདྲེན་ན། དཔལ་པོ་ཆེན་པོ་དགོངས་སུ་གསོལ། །སྤྱི་མཐུན་དུ་འདྲེན་པ་ལ། གཟིགས་ཤིག་མཛེས་ལྡན་དམ་པའི་ཆོས། །འདི་ལ་ཐེ་ཙོམ་བྱར་མི་རུང་། །བྲམ་ཟེ་ཁྱི་དང་གདོལ་པ་གསུམ། །རང་བཞིན་གཅིག་ཏུ་དགོངས་ཏེ་རོལ། །བརྗོད། ཚོགས་ལ་ལོངས་སྤྱོད། ལྷག་མ་བསྡུས་ལ་ཆབ་བྲན་དཔལ་འབར་བཙུགས་ཏེ། ཨོཾ་ཨ་ཀཱ་རོ་མུ་ཁཾ་སརྦ་དྷརྨཱ་ཎཱཾ་ཨཱདྱ་ནུཏྤནྣ་ཏྭཏ་ཨོཾ་ཨཱཿཧཱུཾ་ཕཊ་སྭཱ་ཧཱ། ཕུད་དང་ལྷག་མའི་གཏོར་མ་བཟང་ཞིང་རྒྱ་ཆེ་ལ་ཟད་མི་ཤེས་པ་འདོད་པའི་ཡོན་ཏན་ལྔ་དང་ལྡན་པར་གྱུར་ཞེས་བརྗོད་ནས། ཧཱུྃ། ཕྱོགས་བཞི་འཇིགས་པའི་དུར་ཁྲོད་ནས། །རིགས་ལྔའི་མཁའ་འགྲོ་དཔལ་འབར་མ། །དཀར་སེར་དམར་ལྗང་མཐིང་ནག་རལ་པ་ཅན། །ཁྲོད་དོན་གྱི་རྣལ་འབྱོར་ཡིན་མོད་ཀྱང་། །བདག་སྒྲུབ་པ་པོ་ལ་ཕན་གདགས་ཕྱིར། །བྲན་གྱི་ཚུལ་དུ་ཁས་ལོང་ལ། །ལྷག་མའི་གཏོར་མ་འདི་བཞེས་ཤིག །དེ་ཡི་འཁོར་དུ་གཏོགས་པ་ཡི། །མཁའ་ལ་འགྲོ་བའི་མཁའ་འགྲོ་དང་། །ཤུགས་ལ་འགྲོ་བའི་ཤུགས་འགྲོ་དང་། །དེ་འོག་ཞིང་སྐྱོང་མཁའ་འགྲོ་སོགས། །བྲན་གྱི་ཚུལ་དུཿ ལྷག་མའིཿ སངས་རྒྱས་བསྟན་པ་བཤིག་པ་དང་། །དཀོན་མཆོག་དབུ་འཕངས་

སྨད་པ་དང་། །བླ་མའི་སྐུ་ལ་བསྒོ་བ་དང་། །སློབ་མ་དམ་ལས་ཡོག་པ་དང་། བྱང་ཆུབ་བསྒྲུབ་ལ་བར་དུ་གཅོད་པ་རྣམས། །ཁ་ནས་དབུགས་ཕྱོགས་ཁོང་པའི་སྲོག་ཀྱང་ཆོད། །མཆན་ནས་བུ་ཕྱོགས་འོག་གི་ཆུང་མ་སོད། །འཆི་བའི་དུས་སུ་ཁྲག་སྐྱུགས་བླ་དོར་སྨྱོ་འབོག་ཐོང་། །ལྷག་མའི་གཏོར་མ་འདི་དང་མཉམ་པོར་བཞེས་སུ་གསོལ། །འཁོར་རྣམས་སྲུངས་ལ་རྐྱེན་རྣམས་བཟློག་པ་དང་། །བཅོལ་བའི་ཕྲིན་ལས་གྲུབ་པར་མཛད་དུ་གསོལ། །གཏོར་མ་ཕྱི་རོལ་དུ་རྒྱངས་ཀྱིས་ཁྱེར་ནས་མི་གཏོར་བར་བོགས་ཀྱིས་བླུག །ཆུ་གཙང་གིས་བཤལ། གཏོར་སྣོད་ཁ་སྦུབ་ནས་བཞག །

གཏོར་ཆུང་གཅིག་ལ་ཆབ་བྲན་ཏེ་བསྔོ། ཀྱཻ། མ་མི་མིན་སོགས་དང་། ཤར་ཕྱོགས་རྡོ་རྗེ་རིགས་ཀྱི་མཁའ་འགྲོ་འབུམ། །སྐུ་མདོག་དཀར་མོ་ཁྲོས་པའི་ཆ་བྱད་ཅན། །མི་འགྱུར་པད་ཟླའི་གདན་ལ་བཞུགས། །རྡོ་རྗེ་ཐོད་ཁྲག་དཀྲུག་ཅིང་ཞལ་དུ་གསོལ། །ཞེ་སྡང་རྩད་ནས་གཅོད་པའི་ཕྱིར། །ད་ལེན་སྡང་བའི་དགྲ་ལ་སྤྱོ། །ད་ལེན་གནོད་པའི་བགེགས་ལ་སྤྱོ། །མི་མཐུན་བར་ཆད་རྐྱེན་ལ་སྤྱོ། །འཁོར་རྣམས་སྲུངས་ལ་རྐྱེན་རྣམས་ཟློག །བཅོལ་བའི་ཕྲིན་ལས་གྲུབ་པར་མཛོད། །ལྷོ་ཕྱོགས་རིན་ཆེན་རིགས་ཀྱི་མཁའ་འགྲོ་འབུམ། །སྐུ་མདོག་སེར་མོ་ཁྲོས་པའི་ཆ་བྱད་ཅན། །མི་འགྱུར་པད་ཟླའི་གདན་ལ་བཞུགས། །རིན་ཆེན་ཐོད་ཁྲག་དཀྲུག་ཅིང་ཞལ་དུ་གསོལ། །ང་རྒྱལ་རྩད་ནས་གཅོད་པའི་ཕྱིར། །ད་ལེན་སོགས་དང་། ནུབ་ཕྱོགས་པདྨ་རིགས་ཀྱི་མཁའ་འགྲོ་འབུམ། །སྐུ་མདོག་དམར་མོ་ཁྲོས་པའི་ཆ་བྱད་ཅན། །མི་འགྱུར༔ པདྨའི་ཐོད་ཁྲག་དཀྲུག་ཅིང་ཞལ་དུ་གསོལ། །འདོད་ཆགས་རྩད་ནས་སོགས། བྱང་ཕྱོགས་ལས་ཀྱི་རིགས་ཀྱི་མཁའ་འགྲོ་འབུམ། །སྐུ་མདོག་ལྗང་མོ་ཁྲོས་པའི་ཆ་བྱད་ཅན། །མི་འགྱུར༔ རྒྱ་གྲམ་ཐོད་ཁྲག༔ ཕྲག་དོག་སོགས། དབུས་སངས་

རྒྱས་རིགས་ཀྱི་མཁའ་འགྲོ་འབུམ། །སྐུ་མདོག་ནག་མོ་ཁྲོས་པའི་ཆ་བྱད་ཅན། །མི་འགྱུར༔ འཁོར་ལོ་ཐོད་ཁྲག༔ གཏི་མུག་རྩད་ནས་གཅོད་པའི་སོགས། གཏོར་མ་ཕྱི་རོལ་ཏུ་དོར། གཏོར་ཚུང་གཅིག་ལ་ཆབ་སྦྲན་ཏེ། ཀྱཻ་མ་ཤར་གྱི་མཁའ་འགྲོ་གཏུམ་ཆེན་མ། །གཏུམ་པོ་བྱེ་བའི་འཁོར་དང་བཅས། །ཁྱོད་སྣང་སྲིད་ལྷ་འདྲེའི་འཁོར་གྱིས་བསྐོར། །མ་འདིར་གཤེགས་རྒྱན་གྱི་གཏོར་མ་བཞེས། །སྣང་སྲིད་ལྷ་འདྲེ་བཞེས་སུ་གསོལ། །འདོད་ཡོན་ལྔ་ཡི་ཚིམ་གྱུར་ཅིག །མཆོག་གི་དངོས་གྲུབ་ཐོབ་པར་ཤོག །ལྷོ་ཕྱོགས་མཁའ་འགྲོ་རྟུབ་འགྱུར་ཅན། །རྟུབ་འགྱུར་བྱེ་བ་འབུམ་དང་བཅས། །ཁྱོད་སྣང་སྲིད་སོགས། ནུབ་ཕྱོགས་དམར་མོ་སྲོག་བདག་མ། །སྲོག་བདག་བྱེ་བ་འབུམ་སོགས། བྱང་ཕྱོགས་ཕུང་བྱེད་དབང་སྡུད་མ། །དབང་སྡུད་བྱེ་བ་འབུམ་དང་བཅས། །སྣང་སྲིད་སོགས། སྟེང་ཕྱོགས་ཁྲག་ནད་རྒྱུ་གཟེར་གཏོང་བྱེད་མ། །གཏོར་བྱེད་བྱེ་བ་སོགས། འོག་ཕྱོགས་མཁའ་འགྲོ་རྡུལ་དུ་བརླག་བྱེད་མ། །བརླག་བྱེད་བྱེ་བ་འབུམ་དང་བཅས། །ཁྱོད་སྣང་སྲིད་སོགས། མཚམས་ཀྱི་དུར་ཁྲོད་བདག་མོ་ནི། །ཤ་ཟ་འབུམ་དང་ལས་མཁན་འབུམ། །མ་མོ་འབུམ་དང་མཁའ་འགྲོ་འབུམ། །སྲོག་གཅོད་འབུམ་དང་ཤན་པ་འབུམ། །འབུམ་ཚོ་དྲུག་གི་འཁོར་དང་བཅས། །སྣང་སྲིད་ལྷ་འདྲེ་འབུམ་གྱིས་སྐོར། །བཀའ་ཡི་གཏོར་མ་འདི་བཞེས་ལ། །སངས་རྒྱས་བསྟན་པ་བཤིག་པ་དང་། །དཀོན་མཆོག་དབུ་འཕང་སྨད་པ་དང་། །བླ་མའི་སྐུ་ལ་བསྙོ་བ་དང་། །སློབ་མ་དམ་ལས་ལོག་པ་དང་། །བྱང་ཆུབ་སྒྲུབ་ལ་བར་དུ་གཅོད་པ་རྣམས། །ཟུང་ཞིག་ཟུང་ཞིག་སྙིང་ལ་ཟུང་། །ཟོ་ཞིག་ཟོ་ཞིག་ཤ་ལ་ཟོ། །འཐུང་ཞིག་འཐུང་ཞིག་ཁྲག་ལ་འཐུང་། །རྡུལ་ཕྲན་བཞིན་དུ་བརླག་པར་གྱིས། །རྣལ་འབྱོར་བདག་གི་བྱ་ར་མཛོད། །ཉིན་དང་མཚན་དུ་མ་གཡེལ་ཞིག །བཅོལ་བའི་

ལས་རྣམས་གྲུབ་པར་མཛོད། །ཞེས་བརྗོད་ལ་གཏོར་མ་ཕྱི་རོལ་དུ་དོར། རྒྱས་པར་བྱེད་ན། མཁའ་འགྲོའི་གཏོར་ཚུང་ཉི་ཤུ་རྩ་གཅིག་གམ། བཞི། མགོན་པོ། ལྷ་མོ། དམ་ཅན་གསུམ་ལ་ཡང་གཏོར་ཚུང་རེ་འབུལ། མཚམས་སུ་རོལ་མོ་དང་། ཕན་བརྗོད་དགོས་སོ། །

རྗེས་ཚིག་ནི། མ་འབྱོར་བ་དང་ཉམས་པ་དང་། །གང་ཡང་བདག་རྨོངས་བློ་ཡིས་ནི། །བགྱིས་པ་དང་ནི་བགྱིད་སྒྱུལ་བ། །དེ་ཀུན་མགོན་པོས་བཟོད་པར་མཛོད། །ཛོགས་སངས་རྒྱས་དང་ལྷ་རྣམས་དང་། །དེ་སྲས་རྣམས་དང་ཚངས་ལ་སོགས། །ཚེ་ག་ལྷག་ཆད་ཅི་མཆིས་པ། །དཀྱིལ་འཁོར་ལྷ་ཡིས་བཟོད་པར་མཛོད། །ཨོཾ་བཛྲ་སཏྭ་ས་མ་ཡ་སོགས། ཡིག་བརྒྱས་ལྷག་ཆད་ཁ་བསྐང་། བཀྲ་ཤིས་གང་ཞིག་བླ་མའི་བྱིན་རླབས་སྙིང་ལ་ཞུགས། །བཀའ་བརྒྱུད་བླ་མའི་བཀྲ་ཤིས་ཤོག །བཀྲ་ཤིས་གང་ཞིག་ལུས་ངག་ཡིད་གསུམ་མཐུ་གྲུབ་པའི། །དངོས་གྲུབ་མཆོག་གི་བཀྲ་ཤིས་ཤོག །བཀྲ་ཤིས་གང་ཞིག་རྒྱུད་འདི་ཆོས་ཀྱིས་མ་བཅིངས་པའི། །ཆོས་ཀྱི་ཕྱག་རྒྱའི༔ བཀྲ་ཤིས་གང་ཞིག་གཉིས་མེད་དཔེ་བྲལ་དོན་རྟོགས་པའི། །ཕྱག་རྒྱ་ཆེན་པོའི༔ བཀྲ་ཤིས་གང་ཞིག་ནད་དང་གདོན་ལས་ཐར་བ་ཡི། །བསམ་པ་འགྲུབ་པའི༔ བཀྲ་ཤིས་གང་ཞིག་བདེ་བ་ཆེན་པོ་ཐབས་ཀྱི་མཆོག །ཡེ་ཤེས་མཆོག་གི༔ བཀྲ་ཤིས་གང་ཞིག་ཞི་དང་རྒྱས་ལ་སོགས་པ་ཡི། །ལས་རྣམས་འགྲུབ་པའི༔ བཀྲ་ཤིས་གང་ཞིག་བགེགས་རིགས་སྟོང་ཕྲག་ཞི་བ་དང་། །དཔལ་དང་ལྡན་པའི༔ བཀྲ་ཤིས་གང་ཞིག་བདེ་བ་ཆེན་པོ་སྦྱོར་མཛད་པ། །དག་པ་གསུམ་གྱི༔ བཀྲ་ཤིས་གང་ཞིག་བར་ཆད་མེད་པ་ཡི། །འཇིག་རྟེན་བདེ་བའི༔ བཀྲ་ཤིས་གང་ཞིག་འཁོར་བཟང་ལོངས་སྤྱོད་ལྡན་པ་དང་། །ཆོས་སྐྱོང་རྣམས་ཀྱི་བཀྲ་ཤིས་ཤོག །མཆོད་ཡུལ་དུ་གྱུར་པའི་ཡེ་ཤེས་པ་རྣམས་རང་བཞིན་གྱི་གནས་སུ་གཤེགས་ནས། དམ་

ཚོགས་པ་རྣམས་རང་གི་སྙིང་ཁར་ཐིམ་པར་གྱུར། རྗེན་ཡོད་ན་བརྟན་བཞུགས་བྱེད། ཨོཾ་ཁྱེད་ཀྱིས་སེམས་ཅན་དོན་ཀུན་མཛད། །སོགས་ནས། བཛྲ་མུཿ ཆོས་དབྱིངས་བྱང་ཆུབ་སེམས་ཀྱི་དཀྱིལ་འཁོར་དུ། །སོགས་ནས། སངས་རྒྱས་མྱུར་འགྲུབ་ཤོག །གཙོད་གདན་ཐོག་གཅིག་མའི་ཁྲིད་ཡིག་ཕྲིན་ལས་རྒྱ་མཚོ་ལས། ནོར་བུ་རྒྱ་མཚོའི་སྒྲུབ་ཐབས་རྒྱས་པ་མ་གཅིག་ལྷ་མོ་བཅུ་གསུམ་གྱི་མངོན་དཀྱིལ་དབང་ཆོག་དང་བཅས་པ་འདི། དད་ལྡན་རྣམས་ཀྱིས་བསྐུལ་བའི་ངོར། ཤཱཀྱའི་དགེ་སློང་ཀྲ་འོ་ཆོས་ཀྱི་རྒྱ་མཚོ་ཞེས་བྱ་བས། དབེན་གནས་ཨ་ས་རི་ཁྲོད་དུ་སྦྱར་བའོ། །དགེ་བ་སེམས་ཅན་རྣམས་ལ་བསྔོ། བཀྲ་ཤིས་དཔལ་འབར་འཛམ་གླིང་རྒྱལ་བའི་རྒྱན་དུ་ཤོག །ལྷན་ཐབས་ཀྱི་ཡིག་ཆུང་ངོ༎ ༎

༄༅། །དབང་བསྐུར་ནོར་བུ་རྒྱ་མཚོའི་མངོན་རྟོགས་དང་ ཚོགས་ལས་བཞུགས་སོ། །

བླ་མ་དང་མཁའ་འགྲོའི་ཚོགས་ལ་ཕྱག་འཚལ་ལོ། །གནས་དབེན་ཞིང་ཡིད་དང་མཐུན་པའི་སར། ཡོལ་བ། བླ་རེས། དྲི་བཟང་གི་ཆག་ཆག །རྒྱན་ནུལ་སོགས་སྒྲི་དང་མཐུན། དབུས་སུ་ས་སྟེགས་སམ། ཞ་ལའི་སྟེང་དུ་རྡུལ་ཚོན་གྱི་དཀྱིལ་འཁོར་བྲི་བའམ། ཚོམ་བུ་འདབ་བཞི་བཀོད་ལ། གཏོར་མ་གསུམ་དང་། དབང་གཏོར་པད་སྡོང་གི་དབུས་སུ་ནོར་བུ་ལྷ་བུ་གཅིག་བཅའ། གཏོར་འདབ་ཕྱུངས་པ་ལྔ་བུས་བསྐོར་ཞིང་། དཀར་དམར་གྱི་རྒྱན་བཟང་པོས་བརྒྱན་པར་བྱའོ། །འཇོམ་ན་ཙ་ཀ་ལི་དང་དར་སྣ་གསུམ་འཇུགས། རིན་པོ་ཆེའི་སྣོད་ཀྱི་ནང་དུ་བཤམས་ནས། དཀྱིལ་འཁོར་གྱི་དབུས་སུ་མཆིའི་སྟེང་དུ་བཞག །གཏོར་མ་གསུམ་པོ་དཀྱིལ་འཁོར་གྱི་གོང་དུ་བཤམ། རྒྱན་བཟང་པོས་བརྒྱན། གཏོར་འདབ་ཀྱིས་བསྐོར། གཏོར་མ་གཉིས་པོ་ལ་དཀར་རྒྱན་དམར་རྒྱན་བྱེད། གཞི་བདག་གཏོར་མ་ལ་དཀར་གསུམ་གྱིས་བརྒྱན། མཆོད་པ་རྣམ་ལྔ། མཎྜལ་སོགས་ཀྱིས་བསྐོར། དཀྱིལ་འཁོར་གྱི་གཡས་སུ་བཤོས་བཟང་པོ་རྒྱན་ཅན་དང་། རྫས་ཤ་ཁྲུར་བ་སོགས་ཀྱི་ཟས་སྣ་གང་འཛོམ་བཞག །གཡོན་དུ་བཏུང་བ་བཟང་པོ་བཞག །དཀྱིལ་འཁོར་གྱི་མདུན་ཕྱོགས་ངོས་སུ་ཁྲི་བཤམས་པའི་སྟེང་དུ་རང་ཉིད་བསྡད། མདུན་དུ་ཅོག་ཙེའི་ཁར། ཀ་པཱ་ལ་མཚན་ཉིད་དང་ལྡན་པའི་ནང་དུ་ནང་མཆོད་བླུག་ནས་བཞག །དེ་ནས་རིམ་པ་ལྟར་རྡོ་རྗེ། དྲིལ་བུ། ཌ་མ་རུ། ལས་བུམ་དུ་དྲི་བཟང་གི་ཆུ་བླུག་ཅིང་མགུལ་ཆིངས་ཁ་རྒྱན་གྱིས་སྤྲས་པ་བཞག །བཅའ་གཞི་རྣམས་ལེགས་པར་གྲུབ་པ་དང་། ཚོ་གའི་མགོ་འཛུགས་ཏེ། ནང་མཆོད་བྱིན་གྱིས་རླབས། དཀར་གཏོར་ལ་ཆུ་གཙང་ཟན་ཏེ། ཨོཾ་བཛྲ་ཨ་མྲྀ་ཏ་ཀུཎྜ་ལི་ཧ་ན་ཧ་ན་ཧཱུྃ་ཕཊ། ཨོཾ་སྭ་བྷཱ་ཝ་ཤུདྡྷཿསརྦ་དྷརྨཱཿསྭ་བྷཱ་ཝ་ཤུདྡྷོ྅ཧཾ། སྟོང་པ་ཉིད་དུ་གྱུར། སྟོང་པའི་ངང་ལས་བྷྲཱུཾ་ལས་རིན་པོ་ཆེའི་སྣོད་ཡངས་ཤིང་རྒྱ་ཆེ་བ་རྣམས་ཀྱི་ནང་དུ། ཨོཾ་ཡིག་དཀར་པོ་འོད་དུ་ཞུ་བ་ལས་

བྱུང་བའི་ལྷ་རྫས་ལས་གྲུབ་པའི་གཏོར་མ་དངས་ཤིང་ཐོགས་པ་མེད་པ། གཞི་བདག་རྣམས་ཀྱི་འདོད་པའི་ཡོན་ཏན་ལྔ་དང་ལྡན་པར་གྱུར། ཨོཾ་ཨ་ཀཱ་རོ་ནས། སྭཱ་ཧཱའི་བར་ལན་གསུམ་དང་། ཨརྒྷཾ་ནས་ཤབྡའི་བར་བརྗོད་ནས། མཆོད་སྦྱིན་གྱི་གཏོར་མ་རྒྱ་ཆེན་པོ་འདི་བསྔོ་ཞིང་འབུལ་བའི་གནས་སུ་གྱུར་པ་ནི། སྟོང་གསུམ་གྱི་སྟིང་ཆེན་པོ། མཐོ་བ་ནམ་མཁའ། དམའ་བ་ས་གཞི། དབུས་ཀྱི་རི་བོ་མཆོག་རབ། གསེར་གྱི་རི་བདུན། རོལ་པའི་མཚོ་བདུན། མཚོ་མ་ཕམ། གངས་ཏི་སེ། རྒྱ་གར། ཁ་ཆེ། རྒྱ་ནག་རི་བོ་རྩེ་ལྔ། བོད་ཀྱི་མགུར་ལྷ་བཅུ་གསུམ། འཛམ་གླིང་གི་བརྟན་མ་བཅུ་གཉིས། སྲིད་པ་ཆགས་པའི་ལྷ་དགུ། སྟོད་མངའ་རིས་སྐོར་གསུམ། བར་དབུས་གཙང་རུ་བཞི། སྨད་མདོ་ཁམས་སྒང་གསུམ་ལ་གནས་པའི་གཞི་བདག་རྣམས་དང་། ཁྱེ་བྲག་ཏུ་ཡང་བདག་ཅག་དཔོན་སློབ་འཁོར་དང་བཅས་པ་རྣམས་སྔོན་ཆད་གང་དུ་སོང་བའི་གནས། ཕྱིན་ཆད་གང་དུ་འགྲོ་བའི་གནས། ད་ལྟ་ཡུལ་རིགས་འདི་ལ་གནས་པའི་གཞིའི་བདག་པོ། གནས་ཀྱི་བདག་པོ། གྲོང་གི་བདག་པོ་རྣམས་ལ་འབུལ་ལོ། །མཆོད་སྦྱིན་གྱི་གཏོར་མ་རྒྱ་ཆེན་པོ་འདི་བཞེས་ལ། བདག་ཅག་དཔོན་སློབ་འཁོར་དང་བཅས་པ་རྣམས་འགྲོ་ན་མ་ཤོལ། འདུག་ན་མ་སྡང་། བསམ་པ་མ་ངན། སྦྱོར་བ་མ་རྩུབ། ལས་དཀར་པོ་ཆོས་དང་མཐུན་པའི་སྟོང་གྲོགས་རྒྱ་ཆེན་པོ་མཛད་དུ་གསོལ། ཞེས་བརྗོད་ལ་གཏོར་མ་གཙང་སར་ཕུལ། ཕཊ་བརྗོད་ཅིང་རོལ་མོ་དྲག་ཏུ་དཀྲོལ་བའོ། །དེ་ནས་ཟན་ལ་བདག་དང་སྦྱིན་པའི་བདག་པོའི་ལུས་ལ་དྲུད་ནས་ལན་ཆགས་བགེགས་གཏོར་བཟློས་ཏེ། མདུན་དུ་བཞག་ནས་ཆུ་གཙང་གིས་བྲན་ཏེ། ཨ་མྲྀ་ཏས་བསང་། སྭ་བྷཱ་ཝས་སྦྱངས། སྟོང་པའི་ངང་ལས་གཏོར་མ་དངས་ཤིང་ཐོགས་པ་མེད་པ་བགེགས་རིགས་ལན་ཆགས་རྣམས་ཀྱི་འདོད་པའི་ཡོན་ཏན་ལྔ་དང་ལྡན་པར་གྱུར། ཨ་ཀཱ་རོ་དང་། ཨརྒྷཾ་གྱིས་

འབུལ། མཆོད་སྦྱིན་གྱི་གཏོར་མ་རྒྱ་ཆེན་པོ་འདི། བགེགས་ཀྱི་རྒྱལ་པོ་བི་ན་ཡ་ཀས་ཐོག་དྲངས་བགེགས་རིགས་ལན་ཆགས་རྣམས་ལ་འབུལ་ལོ། །ལན་ཆགས་བྱང་། བུ་ལན་འཁོར། ཤ་མགོན་ཞི་ནས་སངས་རྒྱས་ཀྱི་གོ་འཕང་རིན་པོ་ཆེ་ཐོབ་པར་གྱུར་ཅིག །བགེགས་མཐར་བྱེད་ཀྱི་ཕྱག་རྒྱ་བྱེད་ལ། ཧཱུྃ། ན་མོ་རྗེ་བཙུན་རྩ་བ་དང་བརྒྱུད་པར་བཅས་པའི་དཔལ་ལྡན་བླ་མ་དམ་པ་རྣམས་ཀྱི་བཀའ་བདེན་པ་དང་། སངས་རྒྱས༔ ཆོས༔ དགེ་འདུན༔ གསང་སྔགས་དང་༔ རིགས་སྔགས་དང་༔ གྲུབ་ཐོབ་གཙོད་ཡུལ་བརྒྱུད་པའི་དཔལ་ལྡན་བླ་མ་བརྒྱུད་པ་དང་བཅས་པ་རྣམས་ཀྱི་བདེན་པ་དང་། བདེན་པ་ཆེན་པོའི་བྱིན་རླབས་ཀྱིས། བདག་ཅག་འཁོར་དང་བཅས་པ་རྣམས་ཀྱི་ལུས་ངག་ཡིད་གསུམ་ལ་གནོད་ཅིང་འཚེ་བར་བྱེད་པའི་ལོག་འདྲེན་འབྱུང་པོའི་ཚོགས་དང་བཅས་པ་ཐམས་ཅད་འདིར་མཆིས་པར་གྱུར་ཅིག །ཏདྱཐཱ། ཨ་ཀ་ཤ་ཡ་ལཱ་ལྡ་ཙ་འཛཿ ཧཱུྃ་འཛཿ ལན་གསུམ་དང་། གྲུང་ག་རི་གྲུང་ག་རི་སྭཱ་ཧཱ། པི་ཙི་པི་ཙི་སྭཱ་ཧཱ། གྲུང་གྲུང་སྭཱ་ཧཱ། གྲིཏྟེ་དམ་བ་ལིཾ་ཏེ་སྭཱ་ཧཱ། གསུམ་དང་། བགེགས་ལ་གཏོར་མ་ཕུལ་ཏེ་གསོལ་བར་བསམ། དེ་ནས་བསྒྲད་པ་ནི། ཧཱུྃ། ཉོན་ཅིག་བགེགས་དང་ལོག་འདྲེན་ཚོགས། །ཁྱོད་གནས་འདིར་མ་འདུག་གཞན་དུ་དེངས། །ཅིས་ཏེ་མི་འགྲོ་འདུག་གྱུར་ན། །ཤར་རྡོ་རྗེ་རིགས་ཀྱི་དཔའ་བོ་དང་། །རྡོ་རྗེ་མཁའ་འགྲོ་མ་རྣམས་ཀྱིས། །རྡོ་རྗེའི་མཚོན་ཆ་འབར་བ་ཡིས། །བགེགས་རྣམས་ཐམས་ཅད་ཚར་ཆོད་ཅིག །འོག་མ་ཚོ་ལ་ཡང་འགྲེ། ཧཱུྃ། ཉོན་ཅིག༔ རིན་ཆེན༔ ཧཱུྃ། ཉོན་ཅིག༔ པདྨ༔ ཧཱུྃ། ཉོན་ཅིག༔ ལས་ཀྱི༔ ཧཱུྃ། ཉོན་ཅིག་བགེགས་དང་ལོག་འདྲེན་ཚོགས། །ཁྱོད་གནས་འདིར་མ་འདུག་གཞན་དུ་དེངས། །ཅིས་ཏེ་མི་འགྲོ་འདུག་གྱུར་ན། །དབུས་སངས་རྒྱས་རིགས་ཀྱི་དཔའ་བོ་དང་། །སངས་རྒྱས་མཁའ་འགྲོ་མ་རྣམས་ཀྱིས། །ཡེ་ཤེས་མཚོན་ཆ་འབར་བ་

ཡིས། །བགེགས་རྣམས་ཐམས་ཅད་ཚར་ཆོད་ཅིག །བགེགས་གཏོར་ཕྱི་རོལ་དུ་སྐྱེལ་ཏེ་ཐུན་གྱིས་བྲབ་པ་དང་། མཚམས་བཅད་ནི། ཕཊ། སུམྦྷ་ནི་སུམྦྷ་ཧཱུྃ། གྲྀཧྞ་གྲྀཧྞ་ཧཱུྃ། གྲྀཧྞ་པ་ཡ་གྲྀཧྞ་པ་ཡ་ཧཱུྃ། ཨཱ་ན་ཡ་ཧོ་བྷ་ག་ཝན་བིདྱ་རཱ་ཛ་ཧཱུྃ་ཕཊ། རོལ་མོ་དྲག་ཏུ་དཀྲོལ། གཏོར་སྣོད་རྣམས་ཆུ་གཙང་གིས་བཤལ་ནས་ཁ་སྦུབ་སྟེ་བཞག །དེ་ནས་སྐྱབས་འགྲོ་བྱེད་པ་ནི། ན་མོ་གནས་ཀྱི་གདོན་དང་ལུས་ཀྱི་གདོན་ནི། །གནས་གདོན་གཙོ་བྱས་སེམས་ཅན་རྣམས། །ཀྱེ། མ་མི་མིན་ཡེ་ཤེས་མཁའ་འགྲོ་མ། །ལབ་ཀྱི་སྒྲོན་མའི་སྐུ་ལ་སྐྱབས་སུ་མཆི། །རང་རིག་ཡེ་ཤེས་སྟོན་མཛད་པའི། །བླ་མ་རྣམས་ལ༔ དངོས་གྲུབ་ངེས་པར་སྩེར་མཛད་པ། །ཡི་དམ་རྣམས་ལ༔ སྤྱངས་རྟོགས་ཕུན་སུམ་ཚོགས་པ་ཡི། །སངས་རྒྱས་རྣམས་ལ༔ ཞི་སྤྱར་འདོད་ཆགས་བྲལ་བ་ཡི། །དམ་ཆོས་རྣམས་ལ༔ གང་ལ་ཕུལ་ན་དོན་ཆེ་བ། །དགེ་འདུན་རྣམས་ལ༔ གཞོན་ནུའི་སྐུ་ལུས་མཛེས་ཚུལ་ལྡན། །འཇམ་པའི་དབྱངས་ལ༔ སླེང་རྗེས་ངེས་པར་དགོངས་མཛད་པའི། །སྤྱན་རས་གཟིགས་ལ༔ མཐུ་སྟོབས་ཆེན་པོས་གདུག་པ་འདུལ། །རྡོ་རྗེ་འཛིན་ལ༔ བརྩེ་གདུང་དམ་ཚིག་ལྡན་པ་ཡི། །མཁའ་འགྲོའི་ཚོགས་ལ༔ བདུད་དཔུང་བར་ཆད་ཞི་མཛད་པ། །ཆོས་སྐྱོང་རྣམས་ལ་སྐྱབས་སུ་མཆི། །ཁྱེད་རྣམས་ལ་ནི་བདག་སྐྱབས་མཆི། ཁྱེད་རྣམས་ལ་ནི་བདག་བརྟེན་ནོ། །སྡིག་པ་མི་དགེ་སོ་སོར་བཤགས། །འགྲོ་བའི་དགེ་ལ་རྗེས་ཡི་རང་། །སངས་རྒྱས་བྱང་ཆུབ་ཡིད་ཀྱིས་བཟུང་། །སངས་རྒྱས་ཆོས་དང་ཚོགས་མཆོག་ལ། །བྱང་ཆུབ་བར་དུ་སྐྱབས་སུ་མཆི། །རང་གཞན་དོན་ནི་རབ་སྒྲུབ་ཕྱིར། །བདག་གིས་བྱང་ཆུབ་སེམས་མཆོག་བསྐྱེད། །བྱང་ཆུབ་སྤྱོད་མཆོག་ཡིད་འོང་སྤྱད་པར་བགྱི། །འགྲོ་ལ་ཕན་ཕྱིར་སངས་རྒྱས་འགྲུབ་པར་ཤོག །རྒྱས་པར་བྱེད་ན་ཚོགས་ཞིང་སྤྱན་འདྲེན་ཏེ། ཨོཾ་སྭ་བྷཱ་ཝ་ཤུདྡྷཱཿསརྦ་དྷརྨཱཿསྭ་བྷཱ་ཝ་ཤུདྡྷོ྅ཧཾ།

སྟོང་པ་ཉིད་དུ་གྱུར། སྟོང་པའི་ངང་ལས་མདུན་གྱི་ནམ་མཁར་སྐྱབས་གནས་དམ་པ་གསུམ་བརྩེགས་ཀྱི་ལྷ་ཚོགས་འཁོར་དང་བཅས་པ་བཛྲ་ས་མ་ཛཿ བཛྲ་ས་མ་ཛཿ ཨརྒྷཾ་ནས་ཤབྡའི་བར་ཕྱག་རྒྱ་དང་བཅས་ཏེ་མཆོད། གདན་འབུལ་བ་ནི། ཨོཾ་སརྦ་ཏ་ཐཱ་ག་ཏ་པདྨ་ཀ་མ་ལ་ཡེ་སྭཱཾ། གདན་འབུལ་གྱི་ཕྱག་རྒྱ་དང་བཅས་ནས་བརྗོད། སྨྲ་བསམ་བརྗོད་མེད་ཤེས་རབ་ཕ་རོལ་ཕྱིན། །མ་སྐྱེས་མི་འགག་ནམ་མཁའི་ངོ་བོ་ཉིད། །སོ་སོ་རང་རིག་ཡེ་ཤེས་སྤྱོད་ཡུལ་བ། །བཅོམ་ལྡན་ཚོགས་ཞིང་ལྷ་ལ་བདག་བསྟོད་དོ། །ཛཿཧཱུྃ་བཾ་ཧོཿ གཉིས་སུ་མེད་པར་གྱུར། ཚོགས་ཞིང་རང་ལ་བསྡིམ། སེམས་ཅན་ཐམས་ཅད་བདེ་བ་དང་བདེ་བའི་རྒྱུ་དང་སོགས།

བདག་བསྐྱེད་ནི། རང་ཉིད་སྐད་ཅིག་གིས་མ་གཅིག་ལབ་ཀྱི་སྒྲོན་མ་སྐུ་མདོག་དཀར་མོ་དུང་ཕྱིས་པའི་མདོག་ལྟར་དཀར་བ། ཞལ་གཅིག་ཕྱག་གཉིས་གཡས་ན་སེང་ལྡེང་གི་ཌ་ཏུ་དྲ་ཁ་མ་སྟོང་གསུམ་དུ་སྒྲ་སྒྲོག་པ་ནམ་མཁའ་ལ་འཁྲོལ་བ། གཡོན་པས་དངུལ་དཀར་གྱི་དྲིལ་བུ་དཀུར་བརྟེན་པ། དབུ་སྐྲ་རལ་པའི་ཐོར་ཅོག་གྱེན་དུ་བཅིངས་ཤིང་ལྷག་མས་སྐུ་རྒྱབ་ཁེབས་པ། སྐུ་ལ་དར་དཀར་གྱི་ན་བཟའ་གསོལ་བ། སྐེ་རགས་རྒྱ་མ་ལྗོད་དེ་བ་བཅིངས་པ། ཞབས་གཡས་བསྐུམ་གཡོན་བརྐྱང་བས་གར་ཐབས་སུ་གནས་པ། དེ་ལ་རིགས་བཞི་མཁའ་འགྲོས་བསྐོར་ནས་བཞུགས་པའོ། །སྤྱི་བོར་ཨོཾ། མགྲིན་པར་ཨཱཿ ཐུགས་ཁར་ཧཱུྃ། ཡི་གེ་གསུམ་ལས་འོད་ཟེར་འཕྲོས་པས། ཆོས་ཀྱི་དབྱིངས་ནས་སྐྱབས་གནས་དམ་པ་གསུམ་བརྩེགས་ལ་སངས་རྒྱས་དང་བྱང་ཆུབ་སེམས་དཔའ་གྲུབ་ཐོབ་གཅོད་ཡུལ་བརྒྱུད་པའི་བླ་མ་རྣམས་ཀྱིས་བསྐོར་བ་མདུན་གྱི་ནམ་མཁའི་གནས་སུ་སྤྱན་དྲངས། བཛྲ་ས་མ་ཛཿ མ་ལུས་སེམས་ཅན་ཀུན་གྱི་མགོན་གྱུར་ཅིང་། །བདུད་སྡེ་

དཔུང་བཅས་མི་ཟད་འཛོམས་མཛད་ལྷ། །དངོས་རྣམས་མ་ལུས་ཇི་བཞིན་མཁྱེན་གྱུར་པའི། །ཡུམ་ཆེན་འཁོར་བཅས་གནས་འདིར་གཤེགས་སུ་གསོལ། །ཡུམ་ཆེན་ཁྱེད་ནི་བྱོན་པ་ལེགས། །བདག་ཅག་བསོད་ནམས་སྐལ་བར་ལྡན། །བདག་གི་མཆོད་ཡོན་བཞེས་ནས་ཀྱང་། །ཅི་བདེ་བར་ནི་བཞུགས་སུ་གསོལ། །ཨོཾ་སརྦ་ཏ་ཐཱ་ག་ཏ་པདྨ་ཀ་མ་ལ་ཡ་སྟྭཾ། ཛཿཧཱུཾ་བཾ་ཧོཿ གཉིས་སུ་མེད་པར་གྱུར། ཡོན་ཆབ་ཁྲུས་ཆབ་བདུག་སྤོས་དང་། །མེ་ཏོག་མར་མེ་དྲི་མཆོག་དང་། །ཞལ་ཟས་རོལ་མོ་ལ་སོགས་པ། ། ཡུམ་ཆེན་འཁོར་དང་བཅས་ལ་འབུལ། །སྒེག་མོ་ཕྲེང་བ་གླུ་མ་གར། །སྤོས་དང་མེ་ཏོག་མར་མེ་དྲི། །ཕྱི་ནང་སྒེག་མོ་བརྒྱད་པོ་ཡང་། །ཡུམ་ཆེན་འཁོར་དང་བཅས་ལ་འབུལ། །ས་གཞི་སྤོས་ཀྱིས་བྱུགས་ཤིང་མེ་ཏོག་བཀྲམ། །རི་རབ་གླིང་བཞི་ཉི་ཟླས་བརྒྱན་པ་འདི། །སངས་རྒྱས་ཞིང་དུ་དམིགས་ཏེ་ཕུལ་བ་ཡིས། །འགྲོ་ཀུན་རྣམ་དག་ཞིང་ལ་སྤྱོད་པར་ཤོག །གུ་རུ་རཏྣ་མཎྜལ་པཱུ་ཛ་མེ་གྷ་ས་མུ་དྲ་སྥ་ར་ཎ་ས་མ་ཡ་ཨཱཿཧཱུཾ། གང་གི་དྲིན་གྱིས་བདེ་ཆེན་ཉིད། །སྐད་ཅིག་ཉིད་ལ་འཆར་བ་གང་། །བླ་མ་རིན་ཆེན་ལྟ་བུའི་སྐུ། །རྡོ་རྗེ་ཅན་ཞབས་པད་ལ་འདུད། སྨྲ་བསམ་བརྗོད་མེད་སོགས། སངས་རྒྱས་ཀུན་གྱི་རང་བཞིན་སྐུ་སོགས། ལྟ་བས་མི་ངོམས་འགྲོ་བའི་དཔལ་དུ་ཤར། །ཞལ་གཅིག་ཕྱག་བཞི་གཙོ་མ་གསེར་གྱི་མདོག །རིན་ཆེན་རྒྱན་སྤྲས་རྡོ་རྗེ་དཀྱིལ་ཀྲུང་བཅས། །རྒྱལ་བའི་ཡུམ་གྱུར་དེ་ལ་ཕྱག་འཚལ་ལོ། །ཞིང་ཁམས་ཐམས་ཅད་གསེར་གྱི་ས་གཞི་ལ། །རིན་ཆེན་རྣམ་པ་མང་པོ་བཅལ་དུ་བཀྲམ། །མེ་ཏོག་པུཎྜ་རི་ཀ་ཆར་ལྟར་འབེབས། །ཡུམ་གྱུར་དགེ་མ་དེ་ལ་ཕྱག་འཚལ་བསྟོད། །མགོན་པོ་ཐུགས་རྗེ་ཆེན་ལྡན་པ། །ཐམས་ཅད་ཀུན་མཁྱེན་སྟོན་པ་པོ། །བསོད་ནམས་ཡོན་ཏན་རྒྱ་མཚོའི་ཞིང་། །དེ་བཞིན་

གཤེགས་ལ་ཕྱག་འཚལ་བསྟོད། །དག་པས་འདོད་ཆགས་བྲལ་བའི་རྒྱུ། །དགེ་བས་ངན་སོང་ལས་གྲོལ་ཞིང་། །གཅིག་ཏུ་དོན་དམ་མཆོག་གྱུར་པ། །ཞི་གྱུར་ཆོས་ལ་ཕྱག་འཚལ་བསྟོད། །གྲོལ་ནས་གྲོལ་བའི་ལམ་ཡང་སྟོན། །བསླབ་པ་དག་ལ་རབ་ཏུ་གུས། །ཞིང་གི་དམ་པ་ཡོན་ཏན་ལྡན། །དགེ་འདུན་རྣམས་ལཿ ཕྱ་སྤྱོད་རྣལ་འབྱོར་རྒྱུད་སྡེ་བཞི། །སྟོན་པ་ཉིད་ཀྱིས་གསུངས་པ། །ཕྱི་དང་ནང་དང་གསང་བ་ཡི། །ཡི་དམ་རྣམས་ལ་ཕྱག་འཚལ་བསྟོད། །ཕྱག་བྱར་འོས་པ་ཐམས་ཅད་ལ། །ཞིང་རྡུལ་ཀུན་གྱི་གྲངས་སྙེད་ཀྱི། །ལུས་བཏུད་པས་ནི་རྣམ་ཀུན་ཏུ། །མཆོག་ཏུ་དད་པས་ཕྱག་འཚལ་བསྟོད། །མ་ཧཻ་མོའི་ཐུགས་ཀར་ཟླ་བའི་དཀྱིལ་འཁོར་གྱི་སྟེང་དུ་ཡི་གེ་ཧཱུྃ་དཀར་པོའི་མཐའ་གཡས་སྐོར་དུ། ཨོཾ་ཏདྱ་ཐཱ། ག་ཏེ་ག་ཏེ་པ་ར་ག་ཏེ་པ་ར་སཾ་ག་ཏེ་བོ་དྷ་ཡེ་སྭཱ་ཧཱ། བརྒྱ་རྩ་བཟླས་སོ། །

མདུན་བསྐྱེད་ནི། ཨོཾ་སྭ་བྷཱ་ཝ་ཤུདྡྷཿསརྦ་དྷརྨཱཿསྭ་བྷཱ་ཝ་ཤུདྡྷོ྅ཧཾ། སྟོང་པ་ཉིད་དུ་གྱུར། སྟོང་པའི་ངང་ལས་མདུན་གྱི་ནམ་མཁར་པཾ་ལས་སྣ་ཚོགས་པདྨ་འདབ་མ་བཞི་པའི་ཟེའུ་འབྲུར་ཟླ་བའི་དཀྱིལ་འཁོར་གྱི་སྟེང་དུ་ཡི་གེ་ཧཱུྃ་ཡིག་དཀར་པོ། པད་འདབ་བཞི་ལ་ཏ་རི་ནི་ས། ཡི་གེ་ལྔ་ལས་འོད་ཟེར་འཕྲོས། འཕགས་པ་མཆོད། སེམས་ཅན་གྱི་དོན་བྱས། ཚུར་འདུས་ཡོངས་སུ་གྱུར་པ་ལས། དབུས་སུ་ཧཱུྃ་ལས་མ་གཅིག་ལབ་ཀྱི་སྒྲོན་མ་སྐུ་མདོག་དཀར་མོ་དུང་ཕྱིས་པའི་མདོག་ལྟར་དཀར་བ། ཞལ་གཅིག་ཕྱག་གཉིས་སྤྱན་གསུམ་དང་ལྡན་པ། ཕྱག་གཡས་སེང་ལྡེང་གི་ཌ་ཏུ་དྲ་ཁ་མ་སྟོང་གསུམ་དུ་སྒྲ་སྒྲོག་པ་ནམ་མཁའ་ལ་འཁྲོལ་བ། གཡོན་པས་དངུལ་དཀར་གྱི་དྲིལ་བུ་སྐུ་སྐེད་ལ་བརྟེན་པ། དབུ་སྐྲ་རལ་པའི་ཐོར་ཅོག་སྤྱི་བོར་བཅིངས་ཤིང་། ལྷག་མ་སྐུ་རྒྱབ་ཁེབས་པ། སྐུ་ལ་དར་དཀར་གྱི་ན་བཟའ་

གསོལ་བ། སྐེ་རགས་རྒྱ་མ་ལྗོད་དེ་བ་བཅིངས་པ། ཞབས་གཡས་བསྐུམ་གཡོན་བརྐྱང་བས་གར་ཐབས་སུ་གནས་པ། དེའི་ཤར་དུ་ཧ་ལས་རྡོ་རྗེ་མཁའ་འགྲོ་མ་སྐུ་མདོག་སྔོན་མོ། ལྷོར་རི་ལས་རིན་ཆེན་མཁའ་འགྲོ་མ་སྐུ་མདོག་སེར་མོ། ནུབ་ཏུ་ནི་ལས་པདྨ་མཁའ་འགྲོ་མ་སྐུ་མདོག་དམར་མོ། བྱང་དུ་ས་ལས་ལས་ཀྱི་མཁའ་འགྲོ་མ་སྐུ་མདོག་ལྗང་གུ། དེ་ཐམས་ཅད་ཀྱང་ཞལ་གཅིག་ཕྱག་གཉིས། གཡས་པ་རྣམས་ཀྱིས་རྡོ་རྗེ་དང་། རིན་པོ་ཆེ་དང་། པདྨ་དང་། རལ་གྲིས་མཚན་པའི་གྲི་གུག་འཛིན་ཅིང་། གཡོན་པ་རྣམས་ཀྱིས་ཐོད་པ་བདུད་རྩིས་བཀང་བ་བསྣམས་པ། ཆ་ལུགས་ཐམས་ཅད་གཙོ་མོ་དང་མཚུངས་པའོ། །མ་ཛོ་མོའི་སྤྱི་བོ་མདའ་གང་གི་མཚམས་སུ་པཾ་ལས་པདྨ། ཨ་ལས་ཟླ་བ། རཾ་ལས་ཉི་མའི་དཀྱིལ་འཁོར་གྱི་གདན་གྱི་སྟེང་དུ། གྱད་དང་སེང་གེ་ཆེན་པོ་བརྒྱད་ཀྱིས་བཏེག་པའི་རིན་པོ་ཆེའི་ཁྲི་ཡངས་ཤིང་རྒྱ་ཆེ་བའི་སྟེང་དུ། ལྷ་རྫས་ཀྱི་གོས་རིན་ཐང་མེད་པ་དུ་མས་བཀབ་པ། དེའི་སྟེང་དུ་ཆོས་སྐུ་ཡུམ་ཆེན་མོ་སྐུ་མདོག་གསེར་བཙོ་མའི་མདོག་ལྟར་སེར་བ། ཞལ་གཅིག་ཕྱག་བཞི། ཕྱག་གཡས་ཀྱི་དང་པོ་ན་གསེར་གྱི་རྡོ་རྗེ་རྩེ་དགུ་པ་ཐུགས་ཀར་བསྣོད་པའི་ཚུལ་དུ་བསྣམས་པ། གཡོན་པ་མཉམ་བཞག་གི་ཕྱག་རྒྱ་མཛད་པ། འོག་མ་གཉིས་མཉམ་བཞག་གི་ཕྱག་རྒྱའི་སྟེང་དུ་མེ་ཏོག་ཨུཏྤལ་རབ་རྒྱས་སྣན་གྱི་ཐད་ཀར་ཁ་བྱེ་བའི་སྟེང་དུ། བརྒྱད་སྟོང་པའི་གླེགས་བམ་རེ་ཞལ་ཕྱེ་བའི་ཡུ་བ་ནས་འཛིན་པ། སྐུ་ལ་དར་དང་རིན་པོ་ཆེའི་རྒྱན་དུ་མས་བརྒྱན་པ། ཞབས་རྡོ་རྗེ་དཀྱིལ་མོ་ཀྲུང་དུ་བཞུགས་པ། འོད་དང་འོད་ཟེར་རབ་ཏུ་འཕྲོ་བ། དེ་ལ་ཆོས་སྐུའི་ཚོགས་ཀྱིས་བསྐོར་ནས་བཞུགས་པའོ། །དེའི་སྤྱི་བོ་མདའ་གང་གི་མཚམས་སུ་པཾ་ལས་པདྨ། ཨ་ལས་ཟླ་བ། རཾ་ལས་ཉི་མའི་

དཀྱིལ་འཁོར་གྱི་གདན་གྱི་སྟེང་དུ། གྲུད་དང་སེང་གེ་ཆེན་པོ་བརྒྱད་ཀྱིས་བཏེག་པའི་རིན་པོ་ཆེའི་ཁྲི་ཡངས་ཤིང་རྒྱ་ཆེ་བའི་སྟེང་དུ། ལྷ་རྫས་ཀྱི་གོས་རིན་ཐང་མེད་པ་དུ་མས་བཀབ་པ། དེའི་སྟེང་དུ་བཅོམ་ལྡན་འདས་རྒྱལ་བ་ཤཱཀྱ་ཐུབ་པ་སྐུ་མདོག་གསེར་བཙོ་མའི་མདོག་ལྟར་སེར་བ། ཞལ་གཅིག་ཕྱག་གཉིས་གཡས་ས་གནོན་དང་། གཡོན་མཉམ་བཞག་གི་ཕྱག་རྒྱ་མཛད་པ། སྐུ་ལ་ན་བཟའ་ཆོས་གོས་གསུམ་དང་ལྡན་པ། དབུ་གཙུག་ཏོར། ཞབས་འཁོར་ལོ། མཚན་བཟང་པོ་སུམ་ཅུ་རྩ་གཉིས་དང་། དཔེ་བྱད་བཟང་པོ་བརྒྱད་ཅུས་སྤྲས་པ། ཞབས་དཀྱིལ་མོ་ཀྲུང་དུ་བཞུགས་པ། འོད་འདོམ་གང་ལ་འོད་ཟེར་དཔག་ཏུ་མེད་པ་འཕྲོ་བ། དེའི་གཡས་སུ་ཤཱ་རིའི་བུ། གཡོན་དུ་མོའུ་འགལ་གྱི་བུ། དེ་ལ་སྲས་ཕྱོགས་བཅུའི་སངས་རྒྱས་དང་བྱང་ཆུབ་སེམས་དཔའ་ཉན་ཐོས་དང་རང་སངས་རྒྱས་ཀྱི་ཚོགས་ཀྱིས་བསྐོར་ནས་བཞུགས་པའོ། །སྐྱབས་གནས་དམ་པ་གསུམ་བསྟིགས་ཀྱི་སྤྱི་བོར་ཨོཾ། མགྲིན་པར་ཨཱཿཐུགས་ཁར་ཧཱུྃ་ལས་འོད་ཟེར་འཕྲོས། ཆོས་ཀྱི་དབྱིངས་ནས་སངས་རྒྱས་དང་བྱང་ཆུབ་སེམས་དཔའ་གྲུབ་ཐོབ་གཙོད་ཡུལ་བརྒྱུད་པའི་དཔལ་ལྡན་བླ་མ་བརྒྱུད་པ་དང་བཅས་པ་རྣམས་སྤྱན་དྲངས། བཛྲ་ས་མ་ཛཿ རོལ་མོ་དང་བཅས་པས། མ་ལུས་སེམས་ཅན་ཀུན་གྱི་མགོན་གྱུར་ཅིང་ སོགས་ནས། ཏཏྲ་སྟྭའི་ སྟགས་ཡན་བརྗོད་པའོ། །

དམར་མཆོད་ནི། ལྷ་ཚོགས་རྣམས་ཀྱི་སྐུ་གསུང་ཐུགས་ཀྱི་ཆ་ལས་འོད་ཟེར་གྱི་ཚོགས་དཔག་ཏུ་མེད་པ་བྱུང་། རང་གི་སྤྱི་བོ་ནས་ཞུགས། ལུས་ཀྱི་ནང་ཐམས་ཅད་གང་། སྡིག་པ་དང་སྒྲིབ་པ་ཐམས་ཅད་ཀྱང་པའི་མཐིལ་དུ་ནག་ནུ་རུ་རུ་བུད། རང་གི་ལུས་སྣང་ལ་རང་བཞིན་མེད་པའི་ཀྱང་མཐིལ་གཉིས་སུ་སེམས་ཉིད་

ཀྱི་ངོ་བོ་ཐིག་ལེ་དཀར་དམར་གཉིས་བྱ་མ་གསར་གྱི་སྣོད་ཙམ་འཕོ་ལ་ཁད་པ་དེ་རིམ་གྱིས་ཕཊ་ཀྱིས་བཏྲ་སྲུད་པ་དང་། ཡོང་བུའི་རྒྱུད་ནས་ཡར་བྱུང་། ཕྱུས་མོ་ནས་རྩ་གསུམ་འདུས་མདོ་ལ་ཧྲིལ་གྱིས་འདྲིལ། ལྟེ་བ། སྙིང་ག །མགྲིན་པ། སྤྱི་བོ་ནས་རྒྱངས་ཀྱིས་ཐོན། མ་གཅིག་གི་ཐུགས་ཀར་བསྟིམ་གྱིས་ཐིམ། མ་ཇོ་མོའི་ཐུགས་དང་། རང་གི་སེམས་ཉིད་ཀྱི་ངོ་བོ་དབྱེར་མེད་དུ་ཁྲུག་གིས་འདྲེས། དེ་ཉིད་ཀྱི་ངང་དུ་ཅི་གནས་ལ་བཞག །དེར་གནས་མ་ཐུབ་པ་དང་། མ་ཇོ་མོའི་ཐུགས་ཀ་ནས་རང་གི་སེམས་ཉིད་ཀྱི་ངོ་བོ་རྗེ་བཙུན་རྡོ་རྗེ་རྣལ་འབྱོར་མ་རྒྱན་ཆ་ལུགས་ཐམས་ཅད་ཡོངས་སུ་རྫོགས་པ་གཅིག་ཕལ་གྱིས་བྱུང་། རང་གི་ཕུང་པོ་དེའི་མདུན་དུ་བྱོན་ཏེ། ཕྱག་གཡས་པའི་གྲི་གུག་གིས་སྐེ་ལ་བཏབ་ཙམ་བྱས་པས། དུས་གཅིག་ཏུ་ཐོད་པ་བུམ་རིལ་གྱི་སྒྱིད་བུ་གསུམ་དུ་གྱུར་པའི་སྟེང་དུ། ཡང་ཕུང་པོ་དེའི་སྨིན་མཚམས་ནས་གྲི་གུག་གིས་བཏབ་ཙམ་བྱས་པས། ཀ་པཱ་ལ་མཚན་ཉིད་ཡོངས་སུ་རྫོགས་པ་སྐར་གྱིས་བཙུགས། དེའི་ནང་དུ་ཕུང་པོ་དེ་གྲི་གུག་གི་སྟེབས་ཀྱིས་བླུགས་པ་དང་། རང་འཕར་དུ་བྱུང་སྟེ། ཀ་པཱ་ལའི་ནང་དུ་ལྷུབ་ཀྱིས་སོང་། གྲི་གུག་གིས་ལན་གསུམ་དཀྲུགས། ཨོཾ་ཨཱཿཧཱུྃ་གསུམ་གྱིས་བྱིན་གྱིས་རླབས་ཏེ། ལྷ་ཚོགས་རྣམས་ཀྱི་ཕྱག་ཏུ་ཕུལ། ཕྱག་གིས་བཞེས། ཞལ་དུ་གསོལ། སྐུ་ལ་ཐིམ། ཐུགས་མཆོག་རྣམས་མཉེས་པར་གྱུར། རྒྱས་པར་བྱེད་ན། མ་ཇོ་མོ་ནས་ལྷ་ཚོགས་རྣམས་རེ་རེ་ནས་གང་ཐོན་དུ་བྱེད་དེ་འབུལ། ལྷག་མ་གནས་གདོན། ལུས་གདོན་གྱིས་གཙོ་བྱས་སྣང་སྲིད་ཀྱི་ལྷ་འདྲེ་རྣམས་ལ་སྦྱིན་ནོ། །སེམས་ཞི་བ་དུལ་བ་བྱང་ཆུབ་ཀྱི་སེམས་དང་ལྡན་པར་གྱུར་ཅིག །རང་ཉིད་སྐད་ཅིག་གིས་རྗེ་བཙུན་རྡོ་རྗེ་རྣལ་འབྱོར་མ་སྐུ་མདོག་དམར་ནག་ཞལ་གཅིག་ཕྱག་གཉིས་སྤྱན་གསུམ་མཆེ་བ་བཞི་གཙིགས་པ། དབུ་

སྒྲ་དམར་སེར་གྱེན་དུ་རྫེས་པ། ལྟེ་བ་ཕྱིན་ཆད་གནམ་ལྕགས་ཀྱི་ཕུར་པ་ཐུར་གསུམ་པ་རྩེ་ལ་རྡོ་བའི་ངར་དང་ལྡན་པ། ཕྱུག་གཡས་མི་ལྤགས་ཀྱི་གཡང་གཞི་དང་། གཡོན་མི་རྐང་གི་སྙིང་བུ་འབུད་པ། དེའི་ཐུགས་ཀ་ནས་རང་འདྲ་བའི་མཁའ་འགྲོ་མ་དཔག་ཏུ་མེད་པ་འཁྲོས་ཏེ། ནམ་མཁའ། ས་གཞི། བར་སྣང་ཐམས་ཅད་གང་བ། དེ་ཐམས་ཅད་ཀྱང་མི་ལྤགས་ཀྱི་གཡང་གཞི་བརྟབས་ཤིང་། མི་རྐང་གི་སྙིང་བུ་འབུད་པ། གནས་ཀྱི་གདོན་དང་ལུས་ཀྱི་གདོན། གནས་གདོན་ལུས་གདོན་གྱིས་གཙོ་བྱས་སྣང་ཞིང་སྲིད་པའི་ལྷ་འདྲེ་ཐམས་ཅད་སྐད་ཅིག་ཡུད་ཙམ་དུ་ཞུབ་ཉིལ་གྱིས་འདུས་པར་བསམ་སྟེ། ཕཊ་མང་དུ་བྱ། ན་མོ། གཉན་ས་འདིར་གནས་ཀྱི་ལྷ་འདྲེ་དང་། །སྐལ་ལྡན་བདག་ལ་ཆོ་འཕྲུལ་སྟོན་བྱེད་པ། །སྣང་ཞིང་སྲིད་པའི་ལྷ་འདྲེ་མ་ལུས་ཀུན། །ནམ་མཁར་སྤྲིན་ཚོགས་བཞིན་དུ་འདུས་ལ་ཤོག །བར་སྣང་ཆར་པ་བཞིན་དུ་བབ་ལ་ཤོག །ས་གཞི་རླུང་དམར་བཞིན་དུ་འཚུབས་ལ་ཤོག །ཕཊ། ཁྱེད་ཅག་འཇིག་རྟེན་ལྷ་མ་སྲིན། །སྐྱེ་འགྲོའི་ཚེ་སྲོག་ཐུལ་མི་རྣམས། །ང་སྒྱུ་མ་གཟུགས་ཀྱི་ཕུང་པོ་འདི། །མི་རྟག་འཇིག་པའི་ཆོས་ཅན་ཏེ། །ཅིས་ཀྱང་མི་སྡོད་འདོར་བ་ལ། །འདྲེ་ཁྱོད་ལ་དགོས་ན་སུ་དགའ་ཁྱེར། །ཕོག་སྟོད་ཡ་བདུད་རྒྱལ་པོས་ཁྱེར། །ཕོག་སྨད་མ་བདུད་རྒྱལ་མོས་ཁྱེར། །སྙིང་པ་གླུ་བདུད་ཐེལ་རང་ཁྱེར། །རྒྱུ་མ་ཡུལ་འདྲེ་འཁྱམ་པོ་ཁྱེར། །ཕྱི་ཤ་ཕྱི་ཡི་ལྷ་འདྲེས་ཁྱེར། །བར་ཤ་བར་གྱི་ལྷ་འདྲེས་ཁྱེར། །ནང་ཤ་ནང་གི་ལྷ་འདྲེས་ཁྱེར། །འདྲེ་ཤ་ལ་དགའ་བ་ཤ་ལ་རོལ། །ཤ་ཟན་ཅག་སྒྲ་དི་རི་རི། །ཁྲག་ལ་དགྱེས་པ་ཁྲག་ལ་རོལ། །ཁྲག་འཐུང་ཧུབ་སྒྲ་དི་རི་རི། །རུས་ལ་དགྱེས་པ་རུས་ལ་རོལ། །རྐང་དང་ལྤ་བ་ཆེམ་སེ་ཆེམ། །སེང་གེ་ཤ་ལ་རོལ་བ་བཞིན། །ཕུད་ལྷག་མ་མེད་པར་མཆོད་

པར་བཞེས། །སྲིད་ཁམས་གསུམ་སེམས་ཅན་ སྣུད་དུ་འབུལ། །སྨོས་དྲིན་ཅན་ཕ་མའི་དོན་དུ་བསྔོ། །ལུས་ཤ་ཁྲག་གི་མཆོད་སྦྱིན་འདི་བསྔོས་པས། །ཁྱོད་དགའ་མགུ་རངས་ཤིང་ཆོམ་གྱུར་ཅིག །སྟོན་ཆད་འཁོར་བ་ཐོག་མེད་ཀྱི། །ཤ་ལོན་ལན་ཆགས་འབྲེལ་ཐག་ཆོད་གྱུར་ཅིག །ཤ་མཁོན་སྡིག་སྒྲིབ་དག་གྱུར་ཅིག །སེམས་འགྱུ་བ་དངོས་མེད་སྟོང་པ་འདི། །འདྲེ་ཁྱོད་པས་ངས་ཀྱང་མཐོང་བ་མེད། །དམྱལ་ཁམས་བཙོ་བརྒྱད་དགྲར་ལངས་ཀྱང་། །འཇིགས་སོ་སྐམ་ན་རང་ལ་སྡིག །སྟོང་ཉིད་ནམ་མཁའི་རྣལ་འབྱོར་པ། །འཁྲུལ་པའི་མཚན་ཉིད་ཤེས་པའི་ཕྱིར། །འདྲེ་ཁྱོད་ལ་ཡ་ང་རྡུལ་ཙམ་མེད། །ལར་ཐམས་ཅད་སེམས་ཀྱི་ཆོ་འཕྲུལ་ཡིན། །ཨེ་མ་ཁམས་གསུམ་འཁོར་བའི་ཆོས། །མེད་བཞིན་སྣང་བ་ངོ་མཚར་ཆེ། །ཕཊ། ཡ་གི་སྤྱི་བོའི་གཙུག་མན་ཆད་དང་། མ་གི་རྐང་པའི་མཐིལ་ཡན་ཆད་ཀྱི་ལྷུ་བཅུ་གཉིས། མགོ་དང་བཅུ་གསུམ། ཧྲད་པ་དང་ཧྲད་རྒྱ། བཀྲག་དང་གཟི་མདངས། སོ་དང་སེན་མོ། སྐྲ་དང་བ་སྤུ། རྐང་དང་རྩུལ་བུ། རྒྱུ་མ་དང་ནང་གྲོལ། ཞག་དང་ཁོང་ཁྲག །དབུགས་དང་ཚེ་སྲོག །ལྦུགས་པ་དང་དྲི་མ་ཐམས་ཅད་འབུལ་ལོ། །སྲིད་ཁམས་གསུམ་སེམས་ཅན་སྣུད་དུ་འབུལ། སྨོས་དྲིན་ཅན་ཕ་མའི་དོན་དུ་བསྔོ། ཡང་སྨོས་ཆོས་མཛད་རྣམས་ཀྱི་སྣུད་དུ་འབུལ། ཁྱད་པར་དུ་དཔལ་ལྡན་བླ་མ་དམ་པ་རྣམས་ཀྱི་སྐུ་སྣུད་དུ་འབུལ་ལོ། །ཁྱེད་རྣམས་གནོད་སེམས་གདུག་སེམས་ཐམས་ཅད་ཞི་ནས་སངས་རྒྱས་ཀྱི་གོ་འཕང་རིན་པོ་ཆེ་ཐོབ་པར་གྱུར་ཅིག །ཕཊ། དབང་སྟུད་དང་། དམར་མཆོད་དོ། །

གསོལ་འདེབས་ནི། སྤྱི་གཙུག་ཉི་ཟླའི་གདན་སྟེང་ན། །རྩ་བའི་བླ་མ་དྲིན་རླབས་ཅན། །དྲིན་རླབས་ཅན་ལ་གསོལ་བ་འདེབས། །བླ་མ་ལ་གསོལ་བ་འདེབས། །མ་

གཅིག་ལ་གསོལ་བ་འདེབས། །ཡུམ་ཆེན་མོས་བྱིན་གྱིས་རློབས། །ཤམ་བུ་འོག་མ་ཀུན་ལ་འགྲེ། འོག་མིན་ཆོས་དབྱིངས་པོ་བྲང་ན། །ཡུམ་ཆེན་ཤེས་ཕྱིན༔ བྱ་རྒོད་ཕུང་པོའི་རི་བོ་ན། །བཅོམ་ལྡན་ཤཱཀྱ་ཐུབ༔ སེང་ཆེན་བསྙོལ་བའི་ཁྲི་སྟེང་ན། །འཇམ་དཔལ་སྨྲ་སེང་༔ རྒྱ་གར་འཇག་སྤྱིལ་ཁ་སྦྱོར་ན། །ཨཱརྱ་དེ་བ༔ ལ་སྟོད་དིང་རི་གླ་འཁོར་ན། །དམ་པ་སངས་རྒྱས༔ ཟངས་རི་ཁང་དམར་དགོན་པ་ན། །མ་གཅིག་ལབ་སྒྲོན༔ གཉན་ས་དུར་ཁྲོད་ཕོ་བྲང་ན། །ཁམ་རྫུ་ཡ་ལེ༔ གཡུ་ལོ་བཀོད་པའི་ཞིང་ཁམས་ན། །རྨ་ན་ཛྙཱ་ལ༔ གནམ་མཚོ་དོ་ཡི་ཕོ་བྲང་ན། །གནམ་མཚོ་ཆེན་པོ༔ མཚུར་མདོ་བོ་ལུང་གི་དགོན་པ་ན། །རང་བྱུང་རྡོ་རྗེ༔ རང་བྱུང་མཉམ་ཉིད་རོལ་པ་ཅན། །གཡུང་སྟོན་ཆེན་པོ༔ ཆོས་ཀྱི་དབྱིངས་ཀྱི་ཕོ་བྲང་ནས། །རོལ་པའི་རྡོ་རྗེ༔ གནས་ནང་རྒྱལ་བའི་རི་ཁྲོད་ན། །རི་ཁྲོད་དབང་ཕྱུག༔ སྣང་སྲིད་རྒྱལ་བའི་དཀྱིལ་འཁོར་ན། །མཁའ་སྤྱོད་དབང་པོ༔ འཁོར་འདས་གཉིས་མེད་ཕོ་བྲང་ན། །དེ་བཞིན་གཤེགས་པ༔ སྟོང་ཉིད་ཟབ་མོའི་དཀྱིལ་འཁོར་ན། །རིན་ཆེན་བཟང་པོ༔ བདེ་སྟོང་དབྱེར་མེད་ཕོ་བྲང་ན། །མཐོང་བ་དོན་ལྡན༔ གར་བཞུགས་ཆོས་སྐུའི་ཕོ་བྲང་ན། །འཇམ་དཔལ་བཟང་པོ༔ ཁམས་གསུམ་ཡོངས་སྒྲོལ་ཕོ་བྲང་ན། །ཆོས་གྲགས་རྒྱ་མཚོ༔ གང་ཤར་ཆོས་དབྱིངས་ཕོ་བྲང་ན། །འཇམ་དཔལ་རྒྱ་མཚོ༔ ཕྱོགས་མེད་མཉན་སའི་རི་ཁྲོད་ན། །ཆོས་ཀྱི་རྒྱ་མཚོ༔ ཐུགས་རྗེ་རྒྱུན་ཆད་མེད་པ་ཡི། །ཡི་དམ་ལྷ་ཚོགས༔ ཕྲིན་ལས་མུ་མཐར་ཁྱབ་པ་ཡི། །དཔའ་བོ་མཁའ་འགྲོ༔ བར་ཆོད་དགྲ་དཔུང་བཟློག་པ་ཡི། །ཆོས་སྐྱོང་སྲུང་མ༔ བྱིན་རླབས་ཅན་ལ༔ བླ་མ་ལ༔ མ་གཅིག་ལ༔ ཡུམ་ཆེན་མོས་བྱིན་གྱིས་རློབས། །ཕཊ།

དམ་པའི་བསྟོད་པ། རྗེ་བླ་མ་རྣམས་ལ་ཕྱག་འཚལ་ལོ། །དགོས་བཀའ་དྲིན་ཅན་ལ་

གསོལ་བ་འདེབས། །གནས་མཆོག་ལ་སྟོད་དིང་རི་རུ། །ཕྱི་བསྐོར་གཅིག་བསྐོར་གཉིས་བསྐོར་དང་གསུམ། །ཕྱི་བསྐོར་བ་ལྷུགས་རི་མུ་ཁྱུད་བསྐོར། །བར་བསྐོར་བ་ལྷོ་རྒྱལ་འཛམ་བུ་གླིང་། །ནང་བསྐོར་བ་དིང་རི་གླ་འཁོར་བསྐོར། །རི་མཁན་པ་ཁྲོད་ཀྱི་ཞིང་ཁམས་སུ། །ཏྭ་ཀི་པད་ཟླའི་གདན་སྟེང་ན། །གནས་དེ་ན་སུ་བཞུགས་སུ་མི་བཞུགས། །གནས་དེ་ན་དམ་པ་རྒྱ་གར་བཞུགས། །ཕོང་སྐྱ་འབྲུངས་པ་རྒྱ་གར་ཡུལ་དུ་འབྲུངས། །གསུང་བསྒྲག་པ་བོད་ཡུལ་དབུས་སུ་བསྒྲག །རྗེ་འགྲོ་བའི་མགོན་པོ་རྡོ་རྗེ་འཆང་། །སྨྲ་བའི་སེང་གེ་མཚུངས་པ་མེད། །དཔལ་ཆེན་པིནྣ་དྲོད་ཚད་མཁས། །ཨཱཪྻ་དེ་བ་སྒྲ་ཚད་མཁས། །དམ་པ་མུ་ཏིག་རྒྱུད་སྡེ་མཁས། །རྗེ་མི་ཕམ་མགོན་པོ་བཅོམ་ལྡན་འདས། །འཛམ་བུ་གླིང་གི་རྒྱན་གཅིག་པོ། །རྗེ་འགྲོ་བའི་མགོན་ལ་གསོལ་བ་འདེབས། །འགྲོ་བའི་མགོན་པོས་བྱིན་གྱིས་རློབས། །རྗེ་དམ་པ་སངས་རྒྱས་རིན་པོ་ཆེ། །ཕོང་སྟེང་ན་ལྷ་ཚོགས་ཐིབ་སེ་ཐིབ། །གཡས་ན་དཔའ་བོའི་ངར་དང་བཅས། །གཡོན་ན་དཔའ་མོའི་མདངས་དང་ལྡན། །མདུན་ན་དམ་ཅན་སྤྲུངས་སེ་སྤྲུངས། །རྒྱབ་ན་ཌཱ་ཀི་ཤིགས་སེ་ཤིགས། །འོག་ན་གདོན་ཚོགས་མྱ་ལ་ལ། །རྗེ་དེར་བཞུགས་དམ་པ་ལ་གསོལ་བ་འདེབས། །དེར་བཞུགས་དམ་པས་བྱིན་གྱིས་རློབས། །ཕཊ། ཧཱུྃ། ཕ་ནག་པོ་ཆེན་པོ་གཟི་མདངས་ཅན། །སྐུ་སྟོད་སེང་ཆེན་འཁྲིང་བ་འདྲ། །དེ་བདུད་བཞི་ཟིལ་གྱིས་གནོན་པའི་རྟགས། །སྨད་པ་རྡོ་རྗེ་འདྲིལ་བ་འདྲ། །དེ་འཁྲུལ་གཞི་རྩད་ནས་གཅོད་པའི་རྟགས། །ཞབས་གཉིས་སྦྲ་བྲན་གཤིབས་པ་འདྲ། །དེ་བྱང་ཆུབ་ཀྱི་རྒྱུན་ལམ་འདྲེན་པའི་རྟགས། །སྐུ་མདོག་ནག་ལ་སྨུམ་པ་དེ། །ཆོས་ཉིད་ལ་འགྱུར་བ་མེད་པའི་རྟགས། །དབུ་སྐྲ་ནག་སྨུམ་གྱེན་དུ་འཁྱིལ་བ་དེ། །མཐོ་རིས་ཐར་ལམ་

ཁྱེད་པའི་རྟགས། །སྤྱན་མིག་དམར་ལ་སྤྱན་རྩ་འཁྲུགས་པ་དེ། །སྣང་སྲིད་ཟིལ་གྱིས་གནོན་པའི་རྟགས། །ཚེམས་མདངས་དཀར་ལ་ཚེམས་རྩེ་རྣོ་བ་དེ། །སྐྱེ་ཤི་རྩད་ནས་གཅོད་པའི་རྟགས། །ཕྱག་སོར་མོ་རིང་ལ་ཕྱག་སེན་རྣོ་བ་དེ། །སྐལ་ལྡན་ཐར་ལམ་འདྲེན་པའི་རྟགས། །ཕྱག་སོར་མོ་ཟངས་འདྲ་བཀྲམ་པ་འདྲ། །དེ་དུག་གསུམ་རྩད་ནས་གཅོད་པའི་རྟགས། །རྗེ་རེས་འགའ་ཉིན་མཚན་ཡོར་ཡུག་གཟིམས། །སྒོམ་གཉུག་མ་ལ་རྒྱུན་ཆད་མེད་པའི་རྟགས། །རྗེས་རེས་འགའ་རྟེན་འབྲེལ་སྣ་ཚོགས་མཛད། །དེ་བཀའ་འཁོར་བྱིན་གྱིས་རླབས་པའི་རྟགས། །རྗེ་རེས་འགའ་སྨྱོན་པའི་བརྟུལ་ཞུགས་མཛད། །དེ་འཁོར་གྱི་བར་ཆད་སེལ་བའི་རྟགས། །རྗེ་དེར་བཞུགས་དམ་པ་ལ་གསོལ་བ་འདེབས། །དེར་བཞུགས་དམ་པས་བྱིན་གྱིས་རློབས། །དེར་བཞུགས་དམ་པས་བར་ཆད་སོལ། །དེར་བཞུགས་དམ་པས་ལམ་སྣ་དྲོངས། །རྗེ་རྒྱང་ན་བཞུགས་ན་མོས་ཕྱག་འཚལ། །དྲུང་ན་བཞུགས་ན་གུས་ཕྱག་འཚལ། །ཡིད་མོས་གུས་ཀྱི་ཕྱག་ལ་ཉེ་རིང་མེད། །གསོལ་བ་སྙིང་གི་དཀྱིལ་ནས་བཏབ། །བྱིན་རླབས་ཐུགས་ཀྱི་ཀློང་ནས་ཞུ། །རྗེ་སྐུ་ཡི་བྱིན་རླབས་ལུས་ལ་ཞུགས། །ལུས་ན་ཚའི་སྡུག་བསྔལ་ཞི་བར་མཛོད། །ལུས་ལ་བདེ་དྲོད་འབར་དུ་གསོལ། །ལུས་ཀྱི་སྒྲིབ་པ་དག་ནས་ཀྱང་། །ལུས་སྤྲུལ་སྐུ་ཐོབ་པར་མཛད་དུ་གསོལ། །རྗེ་གསུང་གི་བྱིན་རླབས་ངག་ལ་ཞུགས། །ངག་འགགས་འཛེར་གྱི་སྡུག་བསྔལ་ཞི་བར་མཛོད། །ངག་ལ་ནུས་པ་འབར་དུ་གསོལ། །ངག་གི་སྒྲིབ་པ་དག་ནས་ཀྱང་། །ངག་ལོངས་སྐུ་ཐོབ་པར་མཛད་དུ་གསོལ། །རྗེ་ཐུགས་ཀྱི་བྱིན་རླབས་སེམས་ལ་ཞུགས། །སེམས་ཉོན་མོངས་ཀྱི་སྒྲིབ་པ་ཞི་བ་དང་། །སེམས་ལ་རྟོགས་པ་འཆར་དུ་གསོལ། །སེམས་ཀྱི་སྒྲིབ་པ་དག་ནས་ཀྱང་། །སེམས་ཆོས་སྐུ་

ཐོབ་པར་བྱིན་གྱིས་རློབས། །ཕཊ།

མ་གཅིག་གི་བསྟོད་པ་ནི། མ་ཡུམ་ཆེན་ཐུགས་ལས་སྤྲུལ་པའི་སྲས། །མ་གཅིག་ཛོ་མོ་རྣལ་འབྱོར་མ། །མ་སྐུ་ལུས་ཆུང་ལ་གཟི་བརྗིད་ཆེ། །སྐུ་ཤ་དཀར་ལ་འོད་ཟེར་འབར། །སྐྱེ་བ་དམའ་ལ་དགོངས་པ་མཐོ། །ཀུན་དང་མཐུན་པའི་སྤྱོད་པ་ཅན། །དུས་གསུམ་སངས་རྒྱས་གདུང་འཛིན་མ། །བདག་དང་མོས་པའི་གང་ཟག་ལ། །བྱིན་གྱིས་རླབས་པར་མཛད་དུ་གསོལ། །མ་སེར་སྣ་མེད་པའི་དོན་རྟོགས་ཤིང་། །ཀུན་ཁྱབ་ཀྱི་སྦྱིན་པ་བློས་ཐོངས་མ། །བདག་དང་སོགས། མ་རང་བྱུང་ཡེ་ཤེས་དོན་རྟོགས་ཤིང་། །ཉམས་པ་མེད་པའི་ཁྲིམས་བསྲུང་མ། །བདག་དང་མོས་པའི་གང་ཟག་ལ། །བྱིན་གྱིས་རླབས་པར་མཛད་དུ་གསོལ། །མ་སྐྱེ་བ་མེད་པའི་དོན་རྟོགས་ཤིང་། །སྐྱེ་མེད་ཀྱི་བཟོད་པ་སྒོམ་མཛད་པ། །བདག་དང་༔ མ་བྱ་རྩོལ་མེད་པའི་དོན་རྟོགས་ཤིང་། །བྱར་མེད་ཀྱི་བརྩོན་འགྲུས་རྩོམ་མཛད་མ། །བདག་དང་༔ མ་གཡེང་བ་མེད་པའི་དོན་རྟོགས་ཤིང་། །ཡེངས་མེད་ཀྱི་བསམ་གཏན་སྒོམ་མཛད་མ། །བདག་དང་༔ མ་ཀུན་གྱི་རང་བཞིན་དོན་ཤེས་ཤིང་། །བདག་མེད་ཤེས་པའི་རྣལ་འབྱོར་མ། །བདག་དང་༔ མ་ཕྱོགས་མེད་ལྟ་བའི་ཞེན་པ་གྲོལ། །མཉམ་ཉིད་བསྒོམས་པས་རྟོག་པ་གྲོལ། །བདག་དང་༔ མ་སྐྱེ་མེད་བསྒོམས་པས་འཁོར་བ་གྲོལ། །རྟོག་མེད་སྤྱོད་པས་ཉམས་ང་བྲལ། །བདག་དང་མོས་པའི་བུ་སློབ་ལ། །བྱིན་གྱིས་བརླབ་པར་མཛད་དུ་གསོལ། །ཕཊ།

བྱིན་རླབས་ཆར་འབེབས་ནི། མ་ཡུམ་ཆེན་ཐུགས་ལས་སྤྲུལ་པའི་སྲས། །མ་གཅིག་ཛོ་མོ༔ མ་ཕ་རོལ་ཕྱིན་པའི་གྲུབ་ཐོབ་མ། །སྐལ་ལྡན་ཀུན་གྱི་རྒྱུད་གྲོལ་མ། །བདག་དང་༔ བྱིན་གྱིས༔ མ་མཉམ་ཉིད་ཀྱི་ངང་ལ་གཟིམས་ཙམ་ན། །དོན་ཉོན་མོངས་སངས

ནས་ཡེ་སངས་རྒྱས། །སངས་རྒྱས་མཁའ་འགྲོ་འབུམ་གྱིས་བསྐོར། །གསུང་ཉམས་དབྱངས་ཀྱི་མགུར་མ་ཨུ་རུ་རུ། །བྱིན་རླབས་ཀྱི་ན་བུན་ཐིབས་སེ་ཐིབས། །དངོས་གྲུབ་ཀྱི་ཆར་རྒྱུན་སི་ལི་ལི། །བདག་དང༔ བྱིན་གྱིས༔ མ་སྐྱེ་མེད་ཀྱི་ངང་ལ་བཞུགས་ཙ་ན། །དོན་རྗེས་ཐོབ་རྟོགས་པའི་ཉམས་དང་ལྡན། །ཡེ་ཤེས་མཁའ་འགྲོ་འབུམ་གྱིས་བསྐོར། །གསུང༔ བྱིན་རླབས༔ དངོས་གྲུབ༔ བདག༔ བྱིན་གྱིས༔ མ་དགོངས་པ་ཤར་དུ་བསྐྱོད་ཙ་ན། །དོན་འགྱུར་བ་མེད་པའི་ཉམས་དང་ལྡན། །རྡོ་རྗེ་མཁའ་འགྲོ༔ གསུང༔ བྱིན་རླབས༔ དངོས་གྲུབ༔ བདག༔ བྱིན་གྱིས༔ མ་དགོངས་པ་ལྷོ་རུ་བསྐྱོད་ཙ་ན། །དོན་ཡོན་ཏན་རྫོགས་པའི་ཉམས་དང་ལྡན། །རིན་ཆེན་མཁའ་འགྲོ༔ གསུང༔ བྱིན་རླབས༔ དངོས་གྲུབ༔ བདག༔ བྱིན་གྱིས༔ མ་དགོངས་པ་ནུབ་ཏུ་བསྐྱོད་ཙ་ན། །དོན་སྐྱེ་བ་མེད་པའི་ཉམས་དང་ལྡན། །པདྨ༔ གསུང༔ བྱིན་རླབས༔ དངོས་གྲུབ༔ བདག་དང༔ བྱིན་གྱིས༔ མ་དགོངས་པ་བྱང་དུ་བསྐྱོད་ཙ་ན། །དོན་འགག་པ་མེད་པའི་ཉམས་དང་ལྡན། །ལས་ཀྱི༔ གསུང༔ བྱིན་རླབས༔ དངོས་གྲུབ༔ བདག༔ བྱིན་གྱིས༔ མ་དགོངས་པ་སྟེང་དུ་བསྐྱོད་ཙ་ན། །དོན་མཐའ་དབུས་མེད་པའི་དོན་རྟོགས་ཤིང༌། །རིག་པ་དབྱིངས་སུ་ཕུ་རུ་རུ། །རིག་མེད་ཀྱི་ལྷ་བ་ཕྲ་ལ་ལ། །མཉམ་ཉིད་ཀྱི་དགོངས་པ་ཕྱི་ལི་ལི། །མཁའ་འགྲོའི་དམག་ཚོགས་ཐིབས་སེ་ཐིབས། །བདག་དང༔ བྱིན་གྱིས༔ མ་གཉན་ས་རི་ཁྲོད་འགྲིམ་ཙ་ན། །སྙེམས་བྱེད་ཀྱི་རྟོག་པ་སྨྱ་ལ་ལ། །བདེ་སྟོང་རྒྱུད་ལ་ཕྲི་ལི་ལི། །མཁའ་འགྲོའི་དམག་ཚོགས་ཐིབས་སེ་ཐིབས། །བདག་དང༔ བྱིན་གྱིས༔ མ་འགྲོ་བའི་དོན་ལ་བསྐྱོད་ཙ་ན། །གནད་ཀྱི་གདམས་པ་ཤ་ར་ར། །བདུད་ཀྱི་གཙོད་ཐབས་སི་ལི་ལི། །མཁའ་འགྲོའི༔ བདག་དང༔ བྱིན་གྱིས༔ མ་སྐྱེ་མེད་ཀྱི་དབྱིངས་ལ་གཤེགས་

ཅན། །བཟུང་འཛིན་གྱི་མདུད་པ་ཁྲོ་ལོ་ལོ། །སྣང་བའི་ན་བུན་ཡ་ལ་ལ། །བདེ་སྟོང་རྒྱུད་ལ་ཕྲི་ལི་ལི། །མཁའ་འགྲོའི༔ བདག་དང༔ བྱིན་གྱིས༔ མ་དབྱིངས་ན་སྤྱོད་པ་མི་མངའ་ཡང་། །དོན་འགག་པ་མེད་པའི་ཐུགས་རྗེ་ཡིས། །མ་རིག་འཁྲུལ་པའི་སེམས་ཅན་རྣམས། །དོན་ངེས་པར་ཐུགས་རྗེས་བཟུང་དུ་གསོལ། །

རྒྱལ་བ་དོན་གྲུབ་ཀྱིས་མ་ལ་བསྟོད་པ་ནི། ཆོས་སྐུ་ཡུམ་ཆེན་དེ་ཡི་ཐུགས་ལས་སྤྲུལ། །སྐུ་ཡི་བྱིན་རླབས་ལུས་ལ་ཞུགས་པས་གཟི་བརྗིད་ཆེ། །གསུང་གི་བྱིན་རླབས་ངག་ལ་ཞུགས་པས་ནུས་པ་ཆེ། །ཐུགས་ཀྱི་བྱིན་རླབས་སེམས་ལ་ཞུགས་པས་རྟོགས་པ་ཆེ། །ཡོན་ཏན་གྱི་བྱིན་རླབས་ཞུགས་པས་ཐུགས་རྗེ་ཆེ། །ཕྲིན་ལས་ཀྱི་བྱིན་རླབས་ཞུགས་པས་འགྲོ་དོན་ཆེ། །རྗེ་ཡོན་ཏན་ཀུན་ལྡན་གྱི་རྣལ་འབྱོར་མ། །བདག་དང༔ བྱིན་གྱིས༔ རྗེ་ཐོག་བཅས་བདུད་ཀྱི་དོན་རྟོགས་ཤིང་། །དངོས་སྣང་སྒྱུ་མ་ལྟ་བུར་མཁྱེན། །ཐོགས་མེད་བདུད་ཀྱི་དོན་རྟོགས་ཤིང་། །ཡོན་ཏན་སེམས་སུ་མཉམ་པ་མཁྱེན། །སྙེམས་བྱེད་བདུད་ཀྱི་དོན་རྟོགས་ཤིང་། །ཉོན་མོངས་རང་སར་གྲོལ་བ་མཁྱེན། །དགའ་བྲོད་བདུད་ཀྱི་དོན་རྟོགས་ཤིང་། །འཁོར་བ་དབྱིངས་སུ་གྲོལ་བ་མཁྱེན། །རྗེ་མཁྱེན་པ་ཀུན་ལྡན་གྱི་རྣལ་འབྱོར་མ། །བདག༔ བྱིན་གྱིས༔ ཡུམ་ཆེན་ཐུགས་ལས་སྤྲུལ་པའི་རིགས་རྒྱུད་ཅན། །ལྷ་སྒོམ་དམིགས་པ་བྲལ་བའི་རྟོགས་པ་ཅན། །སྒྲོ་འདོགས་སེམས་སུ་ཆོད་པའི་ལྟ་བ་ཅན། །རྒྱ་བོད་ཧོར་གསུམ་ཐོས་པའི་གྲགས་པ་ཅན། །སྟོང་ཉིད་སྙིང་རྗེ་ཀུན་ལྡན་རྣལ་འབྱོར་མ། །བདག་དང་མོས་པའི་བུ་སློབ་ལ། །བྱིན་གྱིས་བརླབ་པར་མཛད་དུ་གསོལ། ཕཊ།

མཁའ་འགྲོ་བྱིན་འབེབས་ནི། མ་ཡུམ་ཆེན་ཐུགས་ལས་སྤྲུལ་པའི་ཐུགས་ཀྱི་སྲས། །མ་གཅིག༔ ཕ་རོལ༔ སྐལ་ལྡན༔ བདག༔ བྱིན་གྱིས༔ ཀྱེ། མ་མི་མིན་ཡེ་ཤེས་མཁའ་འགྲོ

མ། །མ་ཤར་ན་གོམ་གསུམ་ཕྱིན་ཙ་ན། །སྐུ་ཤ་ཆུང་ལ་སྐུ་མདོག་དཀར། །རྡོ་རྗེ་མཁའ་འགྲོ་འབུམ་གྱིས་བསྐོར། །ཆོས་ཉིད་ནམ་མཁའི་གློང་ཡངས་ནས། །ཐུགས་རྗེའི་སྤྲིན་ཕུང་ཐིབས་སེ་ཐིབས། །བྱིན་རླབས་ཆར་རྒྱུན་སི་ལི་ལི། །མ་སྤྱི་གཙུག་རྒྱན་དེར་བཞུགས་སུ་གསོལ། །སྤྱི་གཙུག་རྒྱན་དེར་བཞུགས་ནས་ཀྱང་། །བྱིན་གྱིས་བརླབ་པར་མཛད་དུ་གསོལ། །བྱིན་གྱིས་རློབས་ཤིག་མ་གཅིག་མ། །དངོས་གྲུབ་སྩོལ་ཞིག་མ་གཅིག་མ། །དབང་མཆོག་བསྐུར་ཞིག་མ་གཅིག་མ། །རྟོགས་པ་བསྐྱེད་ཅིག་མ་གཅིག་མ། །བར་ཆོད་སོལ་ཞིག་མ་གཅིག་མ། །ལམ་སྣ་དྲོངས་ཤིག་མ་གཅིག་མ། །ཀྱེ། མ་མི་མིན༔ མ་ལྷོ་རུ་གོམ་གསུམ་ཕྱིན་ཙ་ན། །སྐུ་ཤ་ཆུང་ལ་སྐུ་མདོག་སེར། །རིན་ཆེན༔ ནུབ་ན་གོམ་གསུམ་ཕྱིན་ཙ་ན། །སྐུ་ཤ་ཆུང་ལ་སྐུ་མདོག་དམར། །པདྨ༔ བྱང་ན་གོམ་གསུམ་ཕྱིན་ཙ་ན། །སྐུ་ཤ་ཆུང་ལ་སྐུ་མདོག་ལྗང་། །ལས་ཀྱི༔ དབུས་ན་གོམ་གསུམ་ཕྱིན་ཙ་ན། །སྐུ་ཤ་ཆུང་ལ་སྐུ་མདོག་ནག །ཡེ་ཤེས་མཁའ་འགྲོ་འབུམ་གྱིས་བསྐོར། །ཕཊ།

མཁའ་འགྲོ་འབུམ་བསྐུལ་ནི། ཧཱུྃ། མ་ཡུམ་ཆེན་སོགས་དང་། ཀྱེ། མ་མི་མིན་ཡེ་ཤེས་མཁའ་འགྲོ་མ། །ཤར་ཕྱོགས་རྡོ་རྗེ་རིགས་ཀྱི་མཁའ་འགྲོ་འབུམ། །ཡང་དག་བདེ་ཆེན་སྤྱོད་པའི་ཊཱ་ཀི་ལ། །དད་མོས་དྲག་པོའི་སྟོབས་ཀྱིས་གསོལ་འདེབས་ན། །ཐུགས་རྗེས་རྒྱུན་ཆད་མེད་པར་དགོངས་མཛོད་ལ། །ལས་ཆེན་པོ་མོ་རྣམས་ལ་བྱིན་གྱིས་རློབས། །དོན་ལྡན་སྐྱེས་བུ་རྣམས་ལ་བཙུད་ཅིག་ཕོབ། །ཀྱེ་མ༔ ལྷོ་ཕྱོགས༔ རིན་ཆེན་རིགས༔ ནུབ་ཕྱོགས་པདྨ་རིགས༔ བྱང་ཕྱོགས་ལས་ཀྱི་རིགས༔ དབུས་ཕྱོགས་སངས་རྒྱས་རིགས་ཀྱི་མཁའ་འགྲོ་འབུམ། །ཡང་དག༔ དད་མོས༔ ཐུགས་རྗེས༔ ལས་ཆེན༔ དོན་ལྡན་སྐྱེས་བུ་རྣམས་ལ་བཙུད་ཅིག་ཕོབ། །སྐུ་མདོག་དཀར་ལ་

མདངས་དང་ལྡན་པ་དེ། །སྐུ་གསུམ་དོན་དང་ལྡན་པའི་མཁའ་འགྲོ་འབུམ། །དབྱུ་གྲུ་སིལ་མས་སྐུ་རྒྱབ་ཁེབས་པ་དེ། །སེམས་ཅན་བདེ་ལ་འགོད་པའི་མཁའ་འགྲོ་འབུམ། །སྐུ་ལ་དར་དཀར་ན་བཟའ་གསོལ་བ་དེ། །ཆོས་ཉིད་འགྱུར་བ་མེད་པའི་མཁའ་འགྲོ་འབུམ། །སྐེ་རགས་རྒྱ་མས་སྐུ་སྐེད་བཅིངས་པ་དེ། །ཉོན་མོངས་དུག་ལྔ་བཅིང་བའི་མཁའ་འགྲོ་འབུམ། །ཕྱག་གཡས་སེང་ལྡེང་ཌཱ་རུ་འཁྲོལ་བ་དེ། །སྣང་བརྒྱུད་གདམས་པ་འཛིན་པའི་མཁའ་འགྲོ་འབུམ། །ཕྱག་གཡོན་དངུལ་དཀར་དྲིལ་བུ་སྒྲོག་པ་དེ། །སྟོང་གསུམ་ཆོས་སྒྲ་སྒྲོག་པའི་མཁའ་འགྲོ་འབུམ། །བདུད་རྩི་མཚན་ལྡན་ཐོད་པ་བསྣམས་པ་དེ། །བདེ་སྟོང་ཉམས་དང་ལྡན་པའི་མཁའ་འགྲོ་འབུམ། །མི་ཤང་གླིང་བུ་རྒྱུན་དུ་འབུད་པ་དེ། །འགྲོ་དྲུག་གནས་སུ་འདྲེན་པའི་མཁའ་འགྲོ་འབུམ། །རྫུ་འཕྲུལ་སྤྱོད་པ་ངེས་མེད་མཛད་པ་དེ། །མི་མཐུན་ཕྱོགས་ལས་རྒྱལ་བའི་མཁའ་འགྲོ་འབུམ། །ཞབས་གཉིས་བརྐྱང་བསྐུམ་གར་གྱིས་རོལ་པ་དེ། །བདེ་གཤེགས་བརྒྱུད་པ་འཛིན་པའི་མཁའ་འགྲོ་འབུམ། །གཏོར་མ་རྒྱན་ཆེན་ཁྲག་གིས་བྲན་པ་དེ། །ཆོས་སྐྱོང་བྲན་དུ་ཁོལ་བའི་མཁའ་འགྲོ་འབུམ། །ཡང་དག་བདེ་ཆེན་སྤྱོད་པའི་ཊ་ཀི་ལ། །དད་མོས་དྲག་པོའི་སྟོབས་ཀྱིས་གསོལ་འདེབས་ན། །ཐུགས་རྗེས་རྒྱུན་ཆད་མེད་པར་དགོངས་མཛོད་ལ། །ལས་ཆེན་ཕོ་མོ་རྣམས་ལ་བྱིན་གྱིས་རློབས། །དོན་ལྡན་སྐྱེས་བུ་རྣམས་ལ་བཙུད་ཅིག་ཕོབ། །

ཚོགས་ལས་ནི། ཚོགས་ལ་ཆབ་བྲན་ཏེ། ཧཱུཾ། མ་ཡུམ་ཆེན་སོགས་དང་། ཀྱཻ། མ་མི་མིན་ཡེ་ཤེས་སོགས་དང་། དབུས་ཕྱོགས་དེ་བཞིན་རིགས་ཀྱི་ཊ་ཀིའི་ཚོགས། །སྐུ་མདོག་ནག་ལ་འོད་ཟེར་འབར། །ཕྱག་ན་འཁོར་ལོ་པད་སྡོང་བསྣམས། །མུ་མེན་ཐོར་བཙུགས་ལྡེམས་སེ་ལྡེམ། །རིན་ཆེན་སྣན་ཆ་ཁྲ་ལ་ལ། །ཕྱག་གདུབ་ཞབས་གདུབ་སི་ལི་

ཡི། །དར་གྱི་ཅོད་པན་ཕུ་ཙུ་ཙུ། །སྨུ་ལེན་གར་བྱེད་ཁྲུག་སེ་ཁྲུག །ཙུས་པའི་རྒྱན་ཆ་ཁྲ་ལ་ལ། །ཞྭ་ཙུ་ཅང་ཏེའུ་ཁྲོ་ལོ་ལོ། །ཇ་སྒྲ་དུང་སྒྲ་ཨུ་ཙུ་ཙུ། །པི་ཝང་གླིང་བུ་ལྷང་སེ་ལྷང་། །མ་དུར་ཁྲོད་ཚོགས་མཆོད་བྱིན་གྱིས་བརླབ་ཏུ་གསོལ། །ཡེ་ཤེས་མཁའ་འགྲོས་ཚོགས་ཀྱང་བཞེས་སུ་གསོལ། །མཁའ་འགྲོས་ཚོགས་ཀྱང་བཞེས་ནས་ཀྱང་། །དུག་ལྔ་གཅོད་ཕྱིར་པད་ཟླའི་གདན་ལ་བཞུགས། །ཕ་རོལ་ཕྱིན་དྲུག་རྫོགས་ལ་གུས་ཕྱག་འཚལ། །གཟུགས་སྒྲ་དྲི་རོ་རེག་བྱའི་མཆོད་པ་འབུལ། །སྟོང་ཉིད་བཅོ་བརྒྱད་གནས་ལ་ཕྱག་འཚལ་ལོ། །ཀྱཻ། ཚོགས་ཁང་གཞལ་ཡས་འབར་བ་འདི། །ཨུ་རྒྱན་གནས་སུ་བྱིན་གྱིས་རློབས། །འདིར་འཚོགས་རྣལ་འབྱོར་ཕོ་མོ་རྣམས། །དཔའ་བོ་དཔའ་མོར་བྱིན་གྱིས་རློབས། །བཅུད་ཀྱི་ཞལ་ཟས་ཐམས་ཅད་ཀྱང་། །ཟག་མེད་བདུད་རྩིར་བྱིན་གྱིས་རློབས། །མཎྜལ་འདི་ལ་རྒྱན་བཀོད་ལ། །མར་མེ་འདི་ལ་མདངས་ཤིག་ཕྱུང་། །སློབ་མ་རྣམས་ལ་དབང་ཞིག་བསྐུར། །ཚོགས་གཏོར་འདི་ལ་བཅུད་ཅིག་ཕོབ། །ཉེར་སྤྱོད་ལྔ་ཡི་མཆོད་པ་བཞེས། །འདིར་འཚོགས་རྣལ་འབྱོར་ཐམས་ཅད་ལ། །མཆོག་ཐུན་མོང་གཉིས་ཀྱི་དངོས་གྲུབ་སྩོལ། །ཤར་རྡོ་རྗེ་རིགས་ཀྱི་ཌཱ་ཀིའི་ཚོགས། །སྐུ་མདོག་དཀར་ལ་འོད་ཟེར་འབར། །ཕྱག་ན་རྡོ་རྗེ་པད་སྟོད་བསྣམས། །ཞལ་གྱི་ཐོར་བཙུགས་ལྷེམས་སེ་ལྷེམ། །རིན་ཆེན་སོགས། ལྷོ་ཕྱོགས་རིན་ཆེན་རིགས་ཀྱི་ཌཱ་ཀིའི་ཚོགས། །སྐུ་མདོག་སེར་ལ་འོད་ཟེར་འབར། །ཕྱག་ན་རིན་ཆེན་པད་སྟོད་བསྣམས། །གསེར་གྱི་ཐོར་བཙུགས་ལྷེམས་སེ་ལྷེམ། །ནུབ་ཕྱོགས་པདྨ་རིགས་ཀྱི་ཌཱ་ཀིའི་ཚོགས། །སྐུ་མདོག་དམར་ལ་འོད་ཟེར་འབར། །ཕྱག་ན་པདྨའི་པད་སྟོད་བསྣམས། །བྱི་རུའི་ཐོར་བཙུགས་ལྷེམས་སེ་ལྷེམ། །བྱང་ཕྱོགས་ལས་ཀྱི་རིགས་ཀྱི་ཌཱ་ཀིའི་ཚོགས། །སྐུ་

མདོག་ལྗང་ལ་འོད་ཟེར་འབར། །ཕྱག་ན་རྒྱ་གྲམ་པད་སྡོང་བསྣམས། །གཡུ་ཡི་ཐོར་བཙུགས་ལྡེམས་སེ་ལྡེམ། །རིན་ཆེན་སོགས་ནས། དངོས་གྲུབ་རྩོལ། ཞེས་པའི་བར་བྱེད་པའོ། །

གཏོར་སྔོད་བྱིན་གྱིས་རླབས་པ་ནི། ཆབ་བྲན་ཏེ། བིགྷྣཱན་ཀྲིཏ་ནས། ཨཱཿཧཱུྃ་གི་བར་བརྗོད་ཅིང་། ཨོཾ་མ་གཅིག་མ་ལ་གསོལ་བ་འདེབས། །ཨཱཿམ་གཅིག་མ་ལཿ ཧཱུྃ་མ་གཅིག་མ་ལཿ དཀར་པོ་ཨོཾ་ལ་གསོལ་བ་འདེབས། །དཀར་པོ་ཨོཾ་གྱིས་བྱིན་གྱིས་རློབས། །དཀར་པོ་ཨོཾ་གྱི་བྱིན་རླབས་ཀྱིས། །གཞོང་པ་ཉི་ཟླའི་གཏོར་གཞོང་དུ། །ཚོགས་ཀུང་འོད་དུ་ལྡེམ་གྱིས་ཞུ། །འོད་ཕུང་འབར་བའི་བྱིན་རླབས་ཀྱིས། །རྗེ་བླ་མ་ཡི་དམ་མཁའ་འགྲོའི་ཚོགས། །རྒྱལ་བའི་དཀྱིལ་འཁོར་མཉེས་གྱུར་ཅིག །ཆོས་སྐྱོང་མ་མགོན་ལྷམ་དྲལ་དང་། དམ་ཅན་སྲུང་མའི་ཐུགས་དམ་བསྐང་གྱུར་ཅིག །དམར་པོ་ཨཱཿལ་གསོལ་བ་འདེབས། །དམར་པོ་ཨཱཿཡིས་བྱིན་གྱིས་རློབས། །དམར་པོ་ཨཱཿཡི་བྱིན་རླབས་ཀྱིས་སོགས་དང་། གཞོང་པ་སོགས་དང་། སྔོན་པོ་ཧཱུྃ་ལ་གསོལ་བ་འདེབས། །སྔོན་པོ་ཧཱུྃ་གིས་བྱིན་གྱིས་རླབས། །སྔོན་པོ་ཧཱུྃ་གི་བྱིན་རླབས་ཀྱིས། །གཞོང་པ་སོགས་ནས། བསྐང་གྱུར་ཅིག་གི་བར་བརྗོད། ཚོགས་བསྔོ་བ་ནི། ན་མོ་ཐབས་དང་ཤེས་རབ་གཉིས་སུ་མེད་པའི་ཚོགས་ཀྱི་འཁོར་ལོ་རྒྱ་ཆེན་པོ་འདི། རང་བཞིན་རྣམ་པར་དག་པ་སྐྱེ་བ་མེད་པ། ངོ་བོ་རྣམ་པར་དག་པ་ཨཱ་ལི་ཀཱ་ལི། མཚན་ཉིད་རྣམ་པར་དག་པ་ཤ་ལྔ་བདུད་རྩི་ལྔས་རྒྱས་བཏབ་པ་འདི། བྱིན་རླབས་ཀྱི་རྩ་བ་བཀའ་བརྒྱུད་བླ་མ་རྣམས་ཀྱི་ཞལ་དུ་ཁཱ་ཧི། དངོས་གྲུབ་ཀྱི་རྩ་བ་ཡི་དམ་ལྷ་ཚོགས་རྣམས་ཀྱི་ཞལ་དུ་ཁཱ་ཧི། ཕྲིན་ལས་ཀྱི་རྩ་བ་ཆོས་སྐྱོང་སྲུང་མ་རྣམས་ཀྱི་ཞལ་དུ་ཁཱ་ཧི། པཉྩ་ཨ་མྲི་ཏ་ལ་ཁཱ་ཧི། ག་ཎ་ཙཀྲ་ལ་ཁཱ་ཧི། ལན་གསུམ་དང་། རོལ་མོ་ཅུང་བརྡུང་བྱེད་དོ། །ཚོགས་བསྟབ་པ་ནི། ནང་པ

དྲག་པོ་ཡོད་པའམ། དགྲ་ལ་བྱེད་རྒྱུ་ཡིན་ན་དགུག་གཞུག་བྱེད། ཚོགས་ལ་བསྡིམ། དེ་ནས་བསྒྲལ་བ་བྱེད། བསྒྲལ་ཐབས་རྣམས་ནི་ཟུར་དུ་ཤེས་སོ། །བསྟབ་པ་ནི། རྒྱས་པར་བྱེད་ན་ལག་འགྲིག་དང་། སྐྱེད་སྐོར་དང་། ཀང་སྐབས་དང་། ངག་འདོན་དང་སྐབས་བསྟུན་ནས། ཧཱུྃ་རྡོ་རྗེ་འཛིན་ཡུལ་མན་ཆོད་ནས། །རྩ་བའི་བླ་མ་ཡན་ཆོད་ཀྱི། །མ་ལུས་འཁོར་བཅས་ཚོགས་ལ་རོལ། །ལ་ལ་ཕྱི་ཡི་ཚོགས་ལ་རོལ། །ལ་ལ་ནང་གིཿ ལ་ལ་གསང་བའིཿ ལ་ལ་འདི་ཉིད་ཀྱིཿ མ་ལུས་འཁོར་བཅསཿ ཨ་ལ་ལ་སྐྱེ་དགྱེས་པར་རོལ། །དཀྱིལ་འཁོར་ལྷ་ཚོགས་མན་ཆོད་དང་། །དཔའ་བོ་དཔའ་མོ་ཡན་ཆོད་ཀྱི། །མ་ལུས་འཁོར་བཅས་སོགས་དང་། རྡོ་རྗེ་ཕག་མོ་མན་ཆོད་དང་། །རིགས་བཞི་མཁའ་འགྲོ་ཡན་ཆོད་རྣམས། །མ་ལུསཿ ཆོས་སྐྱོང་མ་མགོན་མན་ཆོད་དང་། །དཀྱིལ་འཁོར་མཐའ་སྐྱོང་ཡན་ཆོད་ཀྱི། །མ་ལུསཿ ཤཱཀྱ་ཐུབ་པ་མན་ཆོད་དང་། །འཛག་མའི་སྲིན་བུ་ཡན་ཆོད་ཀྱི། །མ་ལུསཿ སྟོང་གསུམ་གཞི་བདག་མན་ཆོད་དང་། །གནས་པོ་དགེ་བསྙེན་ཡན་ཆོད་ཀྱི། །མ་ལུས་སོགས་ནས། དགྱེས་པར་རོལ་གྱི་བར་བརྗོད། ཚོགས་ཕུད་གཏོར་མ་ལ་བྲན་ནས་ཕྱི་མཐུན་བཞིན་བསྔོ། དབང་བྱེད་ན་སྐབས་འདིར་བྱེད་པའོ། །

ལས་བུམ་བསྒྲུབ་ན་སྔགས་ཀྱི་ཁར་བཞག་སྟེ། སྭ་བྷཱ་ཞེས་སྦྱངས། སྟོང་པའི་ངང་ལས། ལས་བུམ་དུ་པདྨ་ཉི་མའི་སྟེང་དུ། བགེགས་མཐར་བྱེད་སྐུ་མདོག་སྔོན་པོ་ཞལ་གཅིག་ཕྱག་གཉིས་པ་གཅིག་ཏུ་གྱུར། ཨརྒྷཾ་སོགས་ཀྱིས་མཆོད། ཧཱུྃ། བདེ་གཤེགས་བརྒྱུད་པའི་ཕྲིན་ལས་སྐྱོང་། །དྲག་པོའི་ང་རོ་རབ་སྒྲོགས་ཤིང་། །འཇིགས་པའི་གཟུགས་ཀྱིས་གདུག་པ་འདུལ། །ཛམ་བཛིད་ཁྲོ་རྒྱལ་སྐུ་ལ་ཕྱག་འཚལ་བསྟོད། །སོགས་ཀྱིས་བསྟོད་ནས། ཐུགས་ཀར་ཉི་མའི་དཀྱིལ་འཁོར་གྱི་སྟེང་དུ་ཧཱུྃ་ཡིག་གི་མཐའ་སྐོར་དུ། ཨོཾ་ཨཱཿཝིགྷྣཱནྟ་ཀྲིཏ་ཧཱུྃ་ཕཊ། བརྒྱ་རྩ་བཟླས་སོ། །དེ་ནས་ཚོགས་ཕུད་དཀྱིལ་འཁོར་གྱི་ལྷ་ལ་ཕུལ་ཏེ། དཀྱིལ་

འཁོར་ལྷ་ཚོགས་དགོངས་སུ་གསོལ། །བླ་མ་རྗེ་བཙུན་དཀྱིལ་འཁོར་དབང་ཕྱུག་ལ། །བདུད་རྩི་ཚོགས་མཆོད་འབུལ་གྱི་བཞེས་སུ་གསོལ། །ཕྱག་གསུམ་དང་། དེ་ནས་ཚོགས་ལ་ལོངས་སྤྱོད་པ་ནི། འདྲེན་པ་པོས། གཡས་སུ་ཐབས་ཀྱི་རྫས་བཟའ་བ་དང་། གཡོན་དུ་ཤེས་རབ་ཀྱི་རྫས་བཏུང་བ་བཟུང་སྟེ། བསྒོལ་ཐབས་བྱས་ནས། ཀྱེ། དཔའ་བོ་ཆེན་པོ་དགོངས་སུ་གསོལ། །ཚོགས་དང་གཏོར་མ་རྒྱ་ཆེན་འདི། །དང་བའི་ཡིད་ཀྱིས་འབུལ་ལགས་ན། །དགྱེས་པའི་ཚུལ་གྱིས་བཞེས་སུ་གསོལ། །རྡོ་རྗེ་རྣལ་འབྱོར་མ་ནི་བདུད་རྩི་སྟེ། །བདུད་རྩི་རྣལ་འབྱོར་མའི་རང་བཞིན་ཡིན། །ཐབས་དང་ཤེས་རབ་གཉིས་མེད་པ། །དབྱེར་མེད་གཅིག་ཏུ་དགོངས་ཏེ་རོལ། །ཨ་ལ་ལ་ཧོ་དགྱེས་པར་མཛོད། །དབྱངས་དང་བཅས་ཏེ་འདྲེན། ཞེན་པ་པོས་པད་ཀོར་དང་བཅས་ཏེ། བདེ་བར་གཤེགས་པ་ཆོས་ཀྱི་སྐུ། །འདོད་ཆགས་དྲི་མ་དང་བྲལ་བ། །བཟུང་དང་འཛིན་པ་རྣམ་སྤངས་ཏེ། །དེ་ཁོ་ན་ཉིད་ལ་རབ་སྤྲོ་བ། །ཨ་ཧོ་མ་ཧཱ་སུ་ཁ་ཨ། གཞན་དྲུག་པ་ལ་འདྲེན་ན། དཔའ་བོ་ཆེན་པོ་དགོངས་སུ་གསོལ། །ཕྱི་མཐུན་དུ་འདྲེན་པ་ལ། གཟིགས་ཤིག་མཛེས་ལྡན་དམ་པའི་ཆོས། །འདི་ལ་ཐེ་ཚོམ་བྱར་མི་རུང་། །བྲམ་ཟེ་ཁྱི་དང་གདོལ་པ་གསུམ། །རང་བཞིན་གཅིག་པར་དགོངས་ཏེ་རོལ། །བརྗོད། ཚོགས་ལ་ལོངས་སྤྱོད། ལྷག་མ་བསྡུས་ལ་ཆབ་དྲན། དཔལ་འབར་བཙུགས་ཏེ། ཨོཾ་ཨ་ཀཱ་རོ་མུ་ཁཾ་སརྦ་དྷརྨཱ་ཎཱཾ་ཨཱདྱ་ནུཏྤནྣ་ཏྭཱཏ྄་ཨོཾ་ཨཱཿཧཱུྃ་ཕཊ་སྭཱ་ཧཱ། ཕུད་དང་ལྷག་མའི་གཏོར་མ་བཟང་ཞིང་རྒྱ་ཆེ་ལ་ཟད་མི་ཤེས་པ་འདོད་པའི་ཡོན་ཏན་ལྔ་དང་ལྡན་པར་གྱུར། བརྗོད་ནས། ཧཱུྃ། ཕྱོགས་བཞི་འཇིགས་པའི་དུར་ཁྲོད་ན། །རིགས་ལྔའི་མཁའ་འགྲོ་དཔལ་འབར་མ། །དཀར་སེར་དམར་ལྗང་མཐིང་ནག་རལ་པ་ཅན། །ཁྱོད་དོན་གྱི་རྣལ་འབྱོར་ཡིན་མོད་ཀྱང་། །བདག་སྒྲུབ་པ་པོ་ལ་ཕན་གདགས་ཕྱིར། །བྲན་གྱི་ཚུལ་དུ་ཁས་ལོང་ལ། །ལྷག་མའི་གཏོར་མ་འདི་བཞེས་ཤིག །དེ་ཡི་འཁོར་

དུ་རྟོགས་པ་ཡི། །མཁའ་ལ་འགྲོ་བའི་མཁའ་འགྲོ་དང་། །ཞུགས་ལ་འགྲོ་བའི་ཞུགས་འགྲོ་དང་། །དེ་འོག་ཞིང་སྐྱོང་མཁའ་འགྲོ་སོགས། །བྲན་གྱི་ཚུལ་དུ་ཁས་ཡོང་ལ། །ལྷག་མའི་གཏོར་མ་འདི་བཞེས་ཤིག །སངས་རྒྱས་བསྟན་པ་བཤིག་པ་དང་། །དཀོན་མཆོག་དབུ་འཕང་སྨད་པ་དང་། །བླ་མའི་སྐུ་ལ་བསྒོ་བ་དང་། །སློབ་མ་དམ་ལས་ལོག་པ་དང་། །བྱང་ཆུབ་སྒྲུབ་ལ་བར་དུ་གཅོད་པ་རྣམས། །ཁ་ནས་དབུགས་ཕྲོགས་ཁོང་པའི་སྲོག་ཡང་ཆོད། །མཚན་ནས་བུ་ཕྲོགས་འོག་གི་ཆུང་མ་སོད། །འཆི་བའི་དུས་སུ་ཁྲག་སྐྱུགས་བླ་དོར་སྨྱོ་འབོག་ཐོང་། །ལྷག་མའི་གཏོར་མ་འདི་དང་མཉམ་པོར་བཞེས་སུ་གསོལ། །འཁོར་རྣམས་སྲུང་ལ་རྐྱེན་རྣམས་བཟློག་པ་དང་། །བཅོལ་བའི་ཕྲིན་ལས་གྲུབ་པར་མཛོད་དུ་གསོལ། །གཏོར་མ་ཕྱི་རོལ་ཏུ་རྒྱངས་ཀྱིས་ཁྱེར་ནས་མི་གཏོར་བར་བོགས་ཀྱིས་བླུག །ཆུ་གཙང་གིས་བཤལ། གཏོར་སྣོད་ཁ་སྦུབ་ནས་བཞག །གཏོར་ཆུང་གཅིག་ལ་ཆབ་བྲན་ཏེ་བསྔོ། ཀྱེ། མ་མི་མིན་སོགས་དང་། ཤར་ཕྱོགས་རྡོ་རྗེ་རིགས་ཀྱི་མཁའ་འགྲོ་འབུམ། །སྐུ་མདོག་དཀར་མོ་ཁྲོས་པའི་ཆ་བྱད་ཅན། །མི་འགྱུར་པད་ཟླའི་གདན་ལ་བཞུགས། །རྡོ་རྗེ་ཐོད་ཁྲག་དགུག་ཅིང་ཞལ་དུ་གསོལ། །ཞེ་སྡང་རྩད་ནས་གཅོད་པའི་ཕྱིར། །ད་ལེན་སྡང་བའི་དགྲ་ལ་སྤྱོ། །ད་ལེན་གནོད་པའི་བགེགས་ལ་སྤྱོ། །མི་མཐུན་བར་ཆད་རྐྱེན་ལ་སྤྱོ། །འཁོར་རྣམས་སྲུངས་ལ་རྐྱེན་རྣམས་བཟློག །བཅོལ་བའི་ཕྲིན་ལས་གྲུབ་པར་མཛོད། །ལྷོ་ཕྱོགས་རིན་ཆེན་རིགས་ཀྱི་མཁའ་འགྲོ་འབུམ། །སྐུ་མདོག་སེར་མོ་ཁྲོས་པའི་ཆ་བྱད་ཅན། །མི་འགྱུར་པད་ཟླའི་གདན་ལ་བཞུགས། །རིན་ཆེན་ཐོད་ཁྲག་དགུག་ཅིང་ཞལ་དུ་གསོལ། །ང་རྒྱལ་རྩད་ནས་གཅོད་པའི་ཕྱིར། །ད་ལེན་སོགས་དང་། ནུབ་ཕྱོགས་པདྨ་རིགས་ཀྱི་མཁའ་འགྲོ་འབུམ། །སྐུ་མདོག་དམར་མོ་ཁྲོས་པའི་ཆ་བྱད་ཅན། །མི་འགྱུར༔ པདྨའི་ཐོད་

ཁྲག་དཀྲུག་ཅིང་ཞལ་དུ་གསོལ། །འདོད་ཆགས་རྩད་ནས་སོགས། བྱང་ཕྱོགས་ལས་ཀྱི་རིགས་ཀྱི་མཁའ་འགྲོ་འབུམ། །སྐུ་མདོག་ལྗང་མོ་ཁྲོས་པའི་ཆ་བྱད་ཅན། །མི་འགྱུར༔ རྒྱ་གྲམ་ཐོད་ཁྲག༔ ཕྲག་དོག་སོགས། དབུས་ཕྱོགས་སངས་རྒྱས་རིགས་ཀྱི་མཁའ་འགྲོ་འབུམ། །སྐུ་མདོག་ནག་མོ་ཁྲོས་པའི་ཆ་བྱད་ཅན། །མི་འགྱུར༔ འཁོར་ལོ་ཐོད་ཁྲག༔ གཏི་མུག་རྩད་ནས་སོགས། གཏོར་མ་ཕྱི་རོལ་དུ་དོར། གཏོར་ཆུང་གཅིག་ལ་ཆབ་བྲན་ཏེ། ཀྱེ་མ་མི་མིན༔ བར་གྱི་མཁའ་འགྲོ་གཏུམ་ཆེན་མ། །གཏུམ་པོ་བྱེ་བའི་འཁོར་དང་བཅས། །ཁྱོད་སྣང་སྲིད་ལྷ་འདྲེའི་འཁོར་གྱིས་བསྐོར། །མ་འདིར་གཤེགས་རྒྱན་གྱི་གཏོར་མ་བཞེས། །སྣང་སྲིད་ལྷ་འདྲེས་བཞེས་སུ་གསོལ། །འདོད་ཡོན་ལྔ་ཡིས་ཚིམ་གྱུར་ཅིག །མཆོག་གི་དངོས་གྲུབ་ཐོབ་པར་ཤོག །ལྷོ་ཕྱོགས་མཁའ་འགྲོ་རྩུབ་འགྱུར་ཅན། །རྩུབ་འགྱུར་བྱེ་བ་འབུམ་དང་བཅས། །ཁྱོད་སྣང་སྲིད་དང་༔ ནུབ་ཕྱོགས་དམར་མོ་སྲོག་བདག་མ། །སྲོག་བདག་བྱེ་བ་འབུམ་སོགས། བྱང་ཕྱོགས་ཕུང་བྱེད་དབང་སྡུད་མ། །དབང་སྡུད་བྱེ་བ་འབུམ་དང་བཅས། །སྣང་སྲིད་སོགས། སྙིང་ཕྱོགས་ཁྲག་ནད་རྒྱུ་གཟེར་གཏོང་བྱེད་མ། །གཏོང་བྱེད་བྱེ་བ་སོགས། འོག་ཕྱོགས་མཁའ་འགྲོ་རྡུལ་དུ་བརླག་བྱེད་མ། །བརླག་བྱེད་བྱེ་བ་འབུམ་དང་བཅས། །ཁྱོད་སྣང་སྲིད་སོགས། མཚམས་ཀྱི་དུར་ཁྲོད་བདག་མོ་ནི། །ཤ་ཟ་འབུམ་དང་ལས་མཁན་འབུམ། །མ་མོ་འབུམ་དང་མཁའ་འགྲོ་འབུམ། །སྲོག་གཅོད་འབུམ་དང་ཤན་པ་འབུམ། །འབུམ་ཚོ་དྲུག་གི་འཁོར་དང་བཅས། །སྣང་སྲིད་ལྷ་འདྲེ་འབུམ་གྱིས་བསྐོར། །བཀའ་ཡི་གཏོར་མ་འདི་བཞེས་ལ། །སངས་རྒྱས་བསྟན་པ་བཤིག་པ་དང་། །དཀོན་མཆོག་དབུ་འཕང་སྨད་པ་དང་། །བླ་མའི་སྐུ་ལ་བསྡོ་བ་དང་། །སློབ་མ་དམ་ལས་ལོག་པ་དང་། །བྱང་ཆུབ་བསྒྲུབ་ལ་

བར་དུ་གཅོད་པ་རྣམས། །བྱུང་ཞིག་བྱུང་ཞིག་སྙིང་ལ་བྱུང་། །བྱོ་ཞིག་བྱོ་ཞིག་སྙིང་ལ་བྱོ། །འཐུང་ཞིག་འཐུང་ཞིག་ཁྲག་ལ་འཐུང་། །རྡུལ་ཕྲན་བཞིན་དུ་བརླག་པར་གྱིས། །རྣལ་འབྱོར་བདག་གི་བྱ་ར་མཛོད། །ཉིན་དང་མཚན་དུ་མ་གཡེལ་ཞིག །བཅོལ་བའི་ལས་རྣམས་གྲུབ་པར་མཛོད། །ཞེས་བརྗོད་ལ་གཏོར་མ་ཕྱི་རོལ་དུ་དོར། རྒྱས་པར་བྱེད་ན་མཁའ་འགྲོའི་གཏོར་ཚུང་ཉེ་ཤུ་རྩ་གཅིག་གམ། བཞི། མགོན་པོ། ལྷ་མོ། དམ་ཅན་གསུམ་ལ་ཡང་གཏོར་ཚུང་རེ་འབུལ། མཚམས་སུ་རོལ་མོ་དང་། ཕཊ་བརྗོད་དགོས་སོ། །དངོས་གྲུབ་རྒྱ་མཚོ་དང་། གདངས་རི་ལྷ་བུའི་དབང་བསྐུར་ན། ཚོགས་ཞིང་བདག་བསྐྱེད་འདི་ཡི་ནང་ནས་ལེན་དགོས་པ་ཡིན་ཅིང་། གཅོད་གདན་ཐོག་གཅིག་མའི་ཁྲིད་ཡིག་ཕྲིན་ལས་རྒྱ་མཚོ་ལས། ནོར་བུ་རྒྱ་མཚོའི་མངོན་རྟོགས་ཚོགས་ལས་འདི། མཐའ་པ་དབུ་མཛད་དགེ་སློང་རིན་ཆེན་ལེགས་པ་དང་། ཡུར་ཀུང་བ་དགེ་སློང་ཚེ་དབང་རྒྱ་མཚོ། རྟོགས་ལྡན་དགེ་འདུན་རྒྱ་མཚོ་བ་སོགས་དད་ལྡན་རྣམས་ཀྱིས་བསྐུལ་བའི་ངོར། ཤཱཀྱའི་དགེ་སློང་ཀྲི་འོ་ཆོས་ཀྱི་རྒྱ་མཚོ་ཞེས་བྱ་བས། སྣ་འབར་ལྷུན་པོ་རབ་བརྟན་དུ་སྦྱར་བའོ། །དགེ་བ་སེམས་ཅན་རྣམས་ལ་བསྔོ། བཀྲ་ཤིས་དཔལ་འབར་འཛམ་གླིང་རྒྱལ་བའི་རྒྱན་དུ་ཤོག །ལྷན་ཐབས་ཡིག་ཚུང་ངོ།། །།

༄༅། །དབང་བསྐུར་ནོར་བུ་རྒྱ་མཚོའི་དབང་ཆོག་བཞུགས་སོ། །

བླ་མ་དང་མཁའ་འགྲོའི་ཚོགས་ལ་ཕྱག་འཚལ་ལོ། །སྟོན་འགྲོ་ཆོས་སྒོ་འབྱེད་པ་ལ། །དབང་བསྐུར་ནོར་བུ་རྒྱ་མཚོ་དགོས། །ཞེས་པ། དབང་ཆོག་གི་རིམ་པ་ནི། གནས་དབེན་ཞིང་ཡིད་དང་མཐུན་པའི་སར། ཡོལ་བ། བླ་རེས། དྲི་བཟང་གི་ཆག་ཆག །རྒྱང་ནུལ་སོགས་སྦྱི་དང་མཐུན། དབུས་སུ་ས་སྣིགས་སམ། ཞ་ལའི་སྟེང་དུ་རྡུལ་ཚོན་གྱི་དཀྱིལ་འཁོར་བྲི་བའམ། ཚོམ་བུ་འདབ་བཞི་བཀོད་ལ། གཏོར་མ་གསུམ་དང་། དབང་གཏོར་པད་སྟོང་གི་དབུས་སུ་ནོར་བུ་ལྷ་བུ་གཅིག་བཅའ། གཏོར་འདབ་སྤུངས་པ་ལྟ་བུས་བསྐོར་ཞིང་། དཀར་དམར་གྱི་རྒྱན་བཟང་པོས་བརྒྱན་པར་བྱའོ། །འཇོམ་ན་ཙ་ཀ་ལི་དང་དར་སྣ་གསུམ་འཛུགས། རིན་པོ་ཆེའི་སྣོད་ཀྱི་ནང་དུ་བཤམས་ནས། དཀྱིལ་འཁོར་གྱི་དབུས་སུ་མཆིའི་སྟེང་དུ་བཞག །གཏོར་མ་གསུམ་པོ་དཀྱིལ་འཁོར་གྱི་གོང་དུ་བཤམ། རྒྱན་བཟང་པོས་བརྒྱན། གཏོར་འདབ་ཀྱིས་བསྐོར། གཏོར་མ་གཉིས་པོ་ལ་དཀར་རྒྱན་དམར་རྒྱན་བྱེད། གཞི་བདག་གཏོར་མ་ལ་དཀར་གསུམ་གྱིས་བརྒྱན། མཆོད་པ་རྣམ་ལྔ། མཎྜལ་སོགས་ཀྱིས་བསྐོར། དཀྱིལ་འཁོར་གྱི་གཡས་སུ་བཤོས་བཟང་པོ་རྒྱན་ཅན་དང་། རྫས་ཤ །ཁྱུར་བ་སོགས་ཀྱི་ཟས་སྣ་གང་འཛོམས་བཞག །གཡོན་དུ་བཏུང་བ་བཟང་པོ་བཞག །དཀྱིལ་འཁོར་གྱི་མདུན་ཕྱོགས་ངོས་སུ་ཁྲི་བཤམས་པའི་སྟེང་དུ་རང་ཉིད་བསྡད། མདུན་དུ་ཅོག་ཙེའམ། སྣིགས་ཀྱི་ཁར། ཀ་པཱ་ལ་མཚན་ཉིད་དང་ལྡན་པའི་ནང་དུ། ནང་མཆོད་བླུག་ནས་བཞག །དེ་ནས་རིམ་པ་ལྟར་རྡོ་རྗེ། དྲིལ་བུ། ཌ་མ་རུ། ལས་བུམ་དུ་དྲི་བཟང་གི་ཆུ་བླུག་ཅིང་མགུལ་ཆིངས་དང་ཁ་རྒྱན་གྱིས་སྤྲས་པ་བཞག །བཅའ་གཞི་རྣམས་ལེགས་པར་གྲུབ་པ་དང་། ཚོ་གའི་མགོ་འཛུགས་ཏེ། ནང་མཆོད་བྱིན་རླབས། དཀར་གཏོར། བགེགས་གཏོར། སྐྱབས་འགྲོ་ནས་བཟུང་སྟེ་བདག་མདུན་སོགས་རིམ་པ་ལྟར་བྱེད། སློབ་དཔོན་རང་ཉིད་ཀྱིས་བདག་འཇུག་ཚང་བར་བླང་། དེ་ཚར་བ་དང་། སློབ་མ་རྣམས་ཁྲུས་བྱེད། ཡོལ་བའི་ནང་དུ་འཇུག །ཕྱག་འཚལ། གྲལ་ལ་འཁོད། བགེགས་

གཏོར་གཏོང་། མཚམས་གཅོད་བྱེད། གུ་གུལ་སོགས་ཀྱི་དུད་པས་བདུག །སློབ་དཔོན་གྱིས། སེམས་ཅན་ཐམས་ཅད་ཀྱི་དོན་དུ་བླ་ན་མེད་པ་ཡང་དག་པར་རྫོགས་པའི་སངས་རྒྱས་ཀྱི་གོ་འཕང་རིན་པོ་ཆེ་ཐོབ་པར་བྱ། དེའི་ཕྱིར་དུ་གཅོད་ནམ་མཁའ་སྒོ་འབྱེད་ཀྱི་དབང་ཁྱད་པར་ཅན་ཞུ་བར་བྱེད་སྙམ་པའི་ངོས་ནས། ལུས་གུས་པའི་སྒོ་ནས་ཐལ་མོ་སྦྱར། ངག་གུས་པའི་སྒོ་ནས་གསོལ་བ་འདེབས། ཡིད་གུས་པའི་སྒོ་ནས་རྩེ་གཅིག་མ་ཡེངས་པར་བྱེད་ཅིང་། བདག་གི་ལུས་ལོངས་སྤྱོད་དགེ་བའི་རྩ་བ་དང་བཅས་པ་ཐམས་ཅད། བླ་མ་དང་དཀྱིལ་འཁོར་གྱི་ལྷ་ཐ་མི་དད་པ་ལ་འབུལ་སྙམ་པ་གྱིས་ལ་མཎྜལ་ཕུལ་བྱེད། དེ་ནས་ཕྱག་རྟེན་དང་མཎྜལ་ཕུལ། དེ་ཚར་བ་དང་། སློབ་དཔོན་གྱིས་གཞུང་ལུགས་དང་བསྟུན་ནས་དབང་གི་བཤད་པ་དང་། ངེས་འབྱུང་བསྐུལ་བའི་ཕྱིར་དལ་འབྱོར་རྙེད་དཀའ། འཆི་བ་མི་རྟག་པ། ལས་རྒྱུ་འབྲས། འཁོར་བའི་ཉེས་དམིགས། ཐར་པའི་ཕན་ཡོན་སོགས་རྒྱས་བསྡུས་སྐབས་དང་བསྟུན་ནས་བྱ། འཁོར་བའི་གཉེན་ནས་གྲོལ་བ་ལ་སྐྱབས་དགོས་པས། སྐྱབས་གནས་དམ་པ་དཀོན་མཆོག་གསུམ་ལ་དད་ཅིང་གུས་པའི་སྒོ་ནས། གསོལ་བ་བཏབ་པ་འདིའི་རྗེས་ཟློས་མཛོད་ཅིག་ཅེས་ནས། དགའ་ཆེན་ཁྱོད་བདག་སྟོན་པ་སྟེ། །སློབ་དཔོན་ཁྱོད་ནི་དགོངས་སུ་གསོལ། །བྱང་ཆུབ་ཆེན་པོའི་ཚུལ་བསྟན་པ། །མགོན་པོ་ཆེན་པོ་བདག་འཚལ་ལོ། །དམ་ཚིག་དེ་ཉིད་བདག་ལ་སྩོལ། །བྱང་ཆུབ་སེམས་ཀྱང་བདག་ལ་སྩོལ། །སངས་རྒྱས་ཆོས་དང་དགེ་འདུན་ཏེ། །སྐྱབས་གསུམ་དག་ཀྱང་བདག་ལ་སྩོལ། །ཐར་པ་ཆེན་པོའི་གྲོང་མཆོག་ཏུ། །མགོན་པོས་བདག་ནི་འཇུག་པར་འཚལ། །ཞེས་ལན་གསུམ་གྱིས་གསོལ་བཏབ་དང་རྗེས་ཟློས་བྱ། སེམས་བསྐྱེད་བཟུང་བ་ནི། བྱང་ཆུབ་མཆོག་ཏུ་སེམས་བསྐྱེད་པ་འདིའི་རྗེས་ཟློས་མཛོད་ཅེས་ལ། དཀོན་མཆོག་གསུམ་ལ་བདག་སྐྱབས་མཆི། །སྡིག་པ་མི་དགེ་སོ་སོར་བཤགས། །འགྲོ་བའི་དགེ་ལ་རྗེས་ཡི་རང་། །སངས་རྒྱས་བྱང་

ཆུབ་ཡིད་ཀྱིས་བཟུང་། །སངས་རྒྱས་ཆོས་དང་ཚོགས་མཆོག་ལ། །བྱང་ཆུབ་བར་དུ་སྐྱབས་སུ་མཆི། །རང་གཞན་དོན་ནི་རབ་སྒྲུབ་ཕྱིར། །བདག་གིས་བྱང་ཆུབ་སེམས་མཆོག་བསྐྱེད། །བྱང་ཆུབ་སྤྱོད་མཆོག་ཡིད་འོང་སྤྱད་པར་བགྱི། །འགྲོ་ལ་ཕན་ཕྱིར་སངས་རྒྱས་འགྲུབ་པར་ཤོག །ཅེས་ལན་གསུམ་བྱ། དེ་ནས་བུམ་ཆུས་བསང་སྦྱངས་བྱས་ནས། ཨོཾ་སྭ་བྷཱ་ཝ་ཤུདྡྷཿསརྦ་དྷརྨཿསྭ་བྷཱ་ཝ་ཤུདྡྷོ྅ཧཾ། སྟོང་པ་ཉིད་དུ་གྱུར། སྟོང་པའི་ངང་ལས་ཁྱིད་རང་རྣམས་སྐད་ཅིག་གིས་མི་གཅིག་ལབ་ཀྱི་སྒྲོན་མ་སྐུ་མདོག་དཀར་མོ་དུང་ཕྱིས་པའི་མདོག་ལྟར་དཀར་བ། ཞལ་གཅིག་ཕྱག་གཉིས། ཕྱག་གཡས་པས་སེང་ལྡེང་གི་ཊ་མ་ཏུ་ཧ་ཁ་མ་སྟོང་གསུམ་དུ་སྒྲ་གྲགས་པ་ནམ་མཁའ་ལ་འཁྲིལ་བ། གཡོན་པས་དངུལ་དཀར་གྱི་དྲིལ་བུ་སྐུ་སྐེད་ལ་བརྟེན་པ། སྤྱན་བར་སྣང་ལ་གཟིགས་པ། དབུ་སྐྲ་རལ་པའི་ཐོར་ཅོག་གྱེན་དུ་བཅིངས་ཤིང་ལྷག་མས་སྐུ་རྒྱབ་ཁེབས་པ། སྐུ་ལ་དར་དཀར་གྱི་ན་བཟའ་གསོལ་བ། སྐེ་རགས་རྒྱ་མ་ལྡོད་དེ་བ་བཅིངས་པ། ཞབས་གཡས་བསྐུམ་གཡོན་བརྐྱང་བའི་གར་ཐབས་སུ་བཞུགས་པ་གཅིག་ཏུ་ལམ་གྱིས་བསྐྱེད་པའི་དཔྲལ་བར་ཨོཾ་དཀར་པོ། མགྲིན་པར་ཨཱཿདམར་པོ། ཐུགས་ཀར་ཧཱུྃ་སྔོན་པོ་གསལ་བཏབ་ལ། དྲི་བཟང་གི་ཆུའི་ཐིག་ལེ་གནས་གསུམ་དུ་རེག་ཙམ། ཨོཾ་ཨཱཿཧཱུྃ་གསུམ་གྱིས་བྱིན་གྱིས་བརླབས་པ་ལ་བརྟེན་ནས་ཡི་གེ་གསུམ་མི་འགྱུར་ཞིང་བརྟན་པར་བྱེད་པའོ། །དེས་ལུས་ལྷར་བསྐྱེད་པ་ཡན་ཐུན་མོང་བ་སྤྱིའི་ཆོས་རྣམས་སོང་སྟེ། ད་ཐུན་མོང་མ་ཡིན་པའི་སྐབས་འགྲོ་སེམས་བསྐྱེད་གསོལ་བཏབ་བྱེད་པ་ལ། ཕཊ། ན་མོ་གནས་ཀྱི་གདོན་དང་ལུས་ཀྱི་གདོན། སྣང་བར་བྱེད་པའི་དགྲ། གནོད་པར་བྱེད་པའི་བགེགས། བར་དུ་གཅོད་པའི་རྐྱེན། ཕུང་བར་བྱེད་པའི་སྲི། ལས་ཀྱིས་གནར་བའི་འདྲེ། འབྱུང་པོ་

མི་དང་མི་མ་ཡིན་གྱིས་ཐོག་དྲངས། ནམ་མཁའ་དང་མཉམ་པའི་སེམས་ཅན་ཐམས་ཅད། བླ་མ་ལ་སྐྱབས་སུ་མཆིའོ། །སངས་རྒྱས་ལཿ ཆོས་ལཿ དགེ་འདུན་ལཿ ཡི་དམ་དཀྱིལ་འཁོར་གྱི་ལྷ་ཚོགས་ལཿ དཔའ་བོ་མཁའ་འགྲོ་ཆོས་སྐྱོང་སྲུང་མའི་ཚོགས་ལཿ སེམས་བསྐྱེད། ཚད་མེད་བཞི་ཡན་བྱ། སྭ་བྷཱ་ཤས་སྦྱངས། སྟོང་པའི་ངང་ལས་མདུན་གྱི་ནམ་མཁའི་གནས་སུ་པཾ་ལས་པདྨ་ཨ་ལས་ཟླ་བ། རམ་ལས་ཉི་མའི་དཀྱིལ་འཁོར་གྱི་སྟེང་དུ། གྱད་དང་སེང་གེ་ཆེན་པོ་བརྒྱད་ཀྱིས་བཏེག་པའི་རིན་པོ་ཆེའི་ཁྲི་ཡངས་ཤིང་རྒྱ་ཆེ་བའི་དབུས་སུ། ལྷ་རྫས་ཀྱི་གོས་རིན་ཐང་མེད་པ་དུ་མས་བཀབ་པའི་སྟེང་དུ། ཆོས་སྐུ་ཡུམ་ཆེན་མོ་སྐུ་མདོག་གསེར་བཙོ་མའི་མདོག་ལྟར་སེར་བ་ཞལ་གཅིག་ཕྱག་བཞི། ཕྱག་གཡས་ཀྱི་དང་པོ་ན་གསེར་གྱི་རྡོ་རྗེ་རྩེ་དགུ་པ་ཐུགས་ཁར་བསྟོད་པའི་ཚུལ་དུ་འཛིན་ཅིང་། གཡོན་པས་མཉམ་བཞག་གི་ཕྱག་རྒྱ་མཛད་པ། འོག་མ་གཉིས་མཉམ་བཞག་གི་ཕྱག་རྒྱ་མཛད་པའི་སྟེང་དུ་མེ་ཏོག་ཨུཏྤ་ལ་རབ་རྒྱས་སྔོན་གྱི་ཐད་ཀར་ཁ་བྱེ་བའི་སྟེང་དུ། བརྒྱད་སྟོང་པའི་གླེགས་བམ་རེ་ཞལ་ཕྱེ་བའི་ཡུ་བ་ནས་འཛིན་ཅིང་། སྐུ་ལ་དར་དང་རིན་པོ་ཆེའི་རྒྱན་སྣ་ཚོགས་ཀྱིས་བརྒྱན་པ། ཞབས་རྡོ་རྗེ་དཀྱིལ་མོ་ཀྲུང་དུ་བཞུགས་པ། འོད་དང་འོད་ཟེར་རབ་ཏུ་འབར་བ། དེ་ལ་ཆོས་སྐུའི་ཚོགས་ཀྱིས་བསྐོར་ནས་བཞུགས་པའོ། །དེའི་སྤྱི་བོ་མདའ་གང་གི་མཚམས་སུ་པཾ་ལས་པདྨ་ཨ་ལས་ཟླ་བ་རཾ་ལས་ཉི་མའི་དཀྱིལ་འཁོར་གྱི་སྟེང་དུ། གྱད་དང་སེང་གེ་ཆེན་པོ་བརྒྱད་ཀྱིས་བཏེག་པའི་རིན་པོ་ཆེའི་ཁྲི་ཡངས་ཤིང་རྒྱ་ཆེ་བའི་དབུས་སུ། ལྷ་རྫས་ཀྱི་གོས་རིན་ཐང་མེད་པ་དུ་མས་བཀབ་པའི་སྟེང་དུ། བཅོམ་ལྡན་འདས་རྒྱལ་བ་ཤཱཀྱ་ཐུབ་པ་སྐུ་མདོག་གསེར་བཙོ་མའི་མདོག་ལྟར་སེར་བ། ཞལ་གཅིག་ཕྱག

གཉིས་གཡས་ས་གནོན་གཡོན་མཉམ་བཞག་གི་ཕྱག་རྒྱ་མཛད་པ། སྐུ་ལ་ན་བཟའ་ཆོས་གོས་གསུམ་དང་ལྡན་པ། དབུ་གཙུག་ཏོར། ཞབས་འཁོར་ལོ་སོགས། མཚན་བཟང་པོ་སུམ་ཅུ་རྩ་གཉིས་དང་དཔེ་བྱད་བཟང་པོ་བརྒྱད་ཅུས་སྤྲས་པ། ཞབས་རྡོ་རྗེ་དཀྱིལ་མོ་ཀྲུང་དུ་བཞུགས་པ། འོད་འདོམ་གང་ལ་འོད་ཟེར་དཔག་ཏུ་མེད་པ་འཕྲོ་བ། གཡས་སུ་ཤཱ་རིའི་བུ། གཡོན་དུ་མོའུ་འགལ་གྱི་བུ། དེ་ལ་སྐྱབས་ཕྱོགས་བཅུའི་སངས་རྒྱས་དང་བྱང་ཆུབ་སེམས་དཔའི་ཚོགས་ཀྱིས་བསྐོར་ནས་བཞུགས་པ། དེ་གཉིས་ཀྱི་མདུན་ཕྱོགས་ཀྱི་ཆར་གདན་ཁྲི་བདུན་བརྩེགས་ཀྱི་སྟེང་དུ། མ་གཅིག་ལབ་ཀྱི་སྒྲོན་མ་སྐུ་མདོག་དཀར་མོ་དུང་ཕྱིས་པའི་མདོག་ལྟར་དཀར་བ། ཞལ་གཅིག་ཕྱག་གཉིས། ཕྱག་གཡས་སེང་ལྡེང་གི་ཊ་ཏུ་ཧ་ཁ་མ་སྟོང་གསུམ་དུ་སྒྲ་གྲགས་པ་ནམ་མཁའ་ལ་འཁྲོལ་བ། གཡོན་པས་དཏུལ་དཀར་གྱི་དྲིལ་བུ་སྐུ་སྙེད་ལ་བརྟེན་པ། སྤྱན་བར་སྣང་ལ་གཟིགས་པ། དབུ་སྐྲ་རལ་པའི་ཐོར་ཅོག་གྱེན་དུ་བཅིངས་ཤིང་། ལྟག་མས་སྐུ་རྒྱབ་ཁེབས་པ། སྐུ་ལ་དར་དཀར་གྱི་ན་བཟའ་གསོལ་བ། སྐེ་རགས་རྒྱ་མ་ཕྱོད་དེ་བ་བཅིངས་པ། ཞབས་གཡས་བསྐུམ་གཡོན་བརྐྱང་བ། མདུན་གྱི་ནམ་མཁའི་གནས་སུ་ཞབས་གར་ཐབས་ཤིང་ཤིང་། ཞལ་ནས། བུ་མར་ལ་མ་འགྲོ་ཡར་ལ་ཤོག་གསུང་པའི་གླུ་ཀྱུ་ཏུ་ཏུ་ལེན་པ། འོད་དང་འོད་ཟེར་རབ་ཏུ་འབར་བ། དེ་ལ་གྲུབ་ཐོབ་གཅོད་ཡུལ་བརྒྱུད་པའི་བླ་མ་རྣམས་ཀྱིས་བསྐོར་ནས་བཞུགས་པའོ། །དེའི་མདུན་དུ་མཎྜལ་ནི། སྐབས་གསུམ་གྲངས་ཀྱིས་མཆོད་པའི་ལྷུན་པོ་དང་། །ལུས་ཅན་ཡོ་བྱད་རྫོགས་པའི་གླིང་རྣམས་དང་། །རིན་ཆེན་ས་འཛིན་རྣམས་དང་བདུད་རྩིའི་མཚོ། །དག་བྱེད་ཟུ་ཁྲུད་ཕྱོགས་རྣམས་བཀང་སྟེ་འབུལ། །ཡན་ལག་བདུན་ནི། ཧཱུཾ། བླ་མ་རྡོ་རྗེ་འཛིན་རྣམས་

ལ། །སྒོ་གསུམ་དང་བས་ཕྱག་བགྱིའོ། །དངོས་སམ་ཡིད་ཀྱིས་བཤམས་པ་ཡིས། །མཆོད་པ་སྣ་ཚོགས་འབུལ་བར་བགྱི། །བདག་གིས་སྡིག་པ་ཅི་བགྱིས་པ། །དེ་ཀུན་ཁྱེད་ཀྱི་སྤྱན་སྔར་བཤགས། ཁྱེད་ཀྱི་དགེ་བའི་ཇ་བ་ལ། །ཤིན་ཏུ་དང་བས་ཡིད་རང་ངོ་། །སེམས་ཅན་ཀུན་གྱི་དོན་གྱི་ཕྱིར། །ཆོས་ཀྱི་འཁོར་ལོ་བསྐོར་དུ་གསོལ། །ཇི་སྲིད་འཁོར་བ་མ་སྟོང་བར། །དེ་སྲིད་འགྲོ་བའི་དོན་ལ་བཞུགས། །བདག་གིས་དགེ་བ་ཅི་བསགས་པ། །དེ་ཀུན་བྱང་ཆུབ་ཆེན་པོར་བསྔོ། །ཡོན་ཏན་དུ་མས་རབ་བརྒྱན་པའི། །བླ་མའི་སྐུ་ལ་གསོལ་བ་འདེབས། །བདག་གི་ལུས་ལ་བདེ་དྲོད་འབར་བར་བྱིན་གྱིས་རློབས། །སྡེ་སྣོད་དུ་མས་རབ་བརྒྱན་པའི། །བླ་མའི་གསུང་ལ༔ བདག་གི་ངག་ལ་ནུས་པ་ཐོན་པར༔ ཏིང་འཛིན་དུ་མས་རབ་བརྒྱན་པའི། །བླ་མའི་ཐུགས་ལ༔ བདག་གི་སེམས་ལ་རྟོགས་པ་འཆར་བར་བྱིན་གྱིས་རློབས། །ཁྱེད་ཀྱི་ཐུགས་རྗེ་ཆེན་པོ་ཡིས། །བདག་གི་དགེ་སྦྱོར་འཕེལ་བ་དང་། །རྟོགས་པ་སྐྱེ་བར་བྱིན་གྱིས་རློབས། །ཡེ་ཤེས་ཕབ་པའི་དོན་དུ། བརྒྱུད་པའི་གསོལ་འདེབས་ནི། ཆོས་དབྱིངས་མཁའ་ལྟར་ཡངས་པའི་ཡུམ་ཆེན་མོ། །སྲིད་གསུམ་དབུལ་བ་སེལ་བའི་བཅོམ་ལྡན་འདས། །མཁྱེན་རབ་ངག་གི་དབང་པོ་འཇམ་པའི་དབྱངས། །གཅོད་ཡུལ་མཐའ་རུ་ཕྱིན་པར་བྱིན་གྱིས་རློབས། །མདོ་རྒྱུད་ཡོངས་ཀྱི་མངའ་བདག་ཨཱརྱ་དེ། །མཁྱེན་པ་གཉིས་ལྡན་དམ་པ་རིན་པོ་ཆེ། །ཐེག་མཆོག་ལམ་སྟོན་སྤྲུལ་སྐུ་རྣལ་འབྱོར་མ། །གཅོད་ཡུལ༔ ལུང་བསྟན་རྗེས་བཟུང་སྲས་མཆོག་ཁམས་བྷུ་ཡ། །རྗེ་བཙུན་སྒྲོལ་མའི་ལུང་བསྟན་ཡེ་ཤེས་འབར། །སྒྲུབ་པ་མཐའ་རུ་ཕྱིན་པའི་གནམ་མཚོ་བ། །གཅོད་ཡུལ༔ བཀའ་བརྒྱུད་བསྟན་པའི་མངའ་བདག་རང་བྱུང་པ། །གསང་སྔགས་སྒྲུབ་པ་མཐར་ཕྱིན་རྒྱལ་བ་གཡུང་། །ངོ་

མཚར་བའི་ལྡན་འཛམ་གླིང་ཆོས་ཀྱི་གྲགས། །གཅོད་ཡུལ༔ སྙིང་པོ་དོན་དང་ལྡན་པའི་དར་རྒྱལ་བ། །སྒྲུབ་པའི་རྒྱལ་མཚན་འཛུགས་པའི་མཁའ་སྤྱོད་དབང་། །རྒྱལ་བའི་རྒྱལ་ཚབ་ཆོས་རྒྱལ་དེ་བཞིན་གཤེགས། །གཅོད་ཡུལ༔ གཞུང་ལུགས་མངོན་དུ་གྱུར་པའི་རིན་ཆེན་བཟང་། །དོན་གཉིས་ལྷུན་གྲུབ་མཐོང་བ་དོན་དང་ལྡན། །འོད་གསལ་རྒྱུན་ཆད་མེད་པའི་འཛམ་དཔལ་བཟང་། །གཅོད་ཡུལ༔ ས་བཅུའི་དབང་ཕྱུག་རྒྱལ་དབང་ཆོས་ཀྱི་རྗེ། །རྫུ་འཕྲུལ་ཐོགས་མེད་མངའ་བའི་རྗེ་བཙུན་མཆོག །གནས་ལུགས་མངོན་གྱུར་མཁས་བཙུན་བློ་རྒྱམ་པ། །གཅོད་ཡུལ༔ ཤོ་ལོ་ཀ་འདི་བསོད་ནམ་རྒྱ་མཚོའི་བསྟོད། གངས་ཅན་འདི་ན་མཚུངས་མེད་ཆོས་ཀྱི་རྗེ། །མཁས་གྲུབ་རྒྱ་མཚོའི་དབུས་ན་མངོན་པར་མཐོང་། །དྲིན་མཆོག་རྒྱལ་པོ་བླ་མ་རིན་པོ་ཆེ། །གཡོད་ཡུལ་མཐའ་རུ་ཕྱིན་པར་བྱིན་གྱིས་རློབས། །དལ་འབྱོར་མི་ལུས་སྟོང་ཟད་མི་བྱེད་ཅིང་། །བཤེས་གཉེན་དམ་པ་རྟག་ཏུ་རབ་བརྟེན་ནས། །ཐེག་མཆོག་ལམ་ཆེན་མྱུར་དུ་བགྲོད་པ་དང་། །རྒྱལ་དབང་ཤཱཀྱའི་གོ་འཕང་ཐོབ་པར་ཤོག །དེ་ལྟར་གསོལ་བ་བཏབ་པ་ལ་དམིགས་ཏེ། སྐྱབས་གནས་དམ་པ་གསུམ་བརྩེགས་ཀྱི་སྐུ་ལུས་ཀྱི་ཆ་ནས་ཡེ་ཤེས་ནམ་མཁའ་ལྷ་བུ་ནོར་བུ་ལྷ་བུ་བདུད་རྩི་ལྷ་བུའི་ཚོགས་ཆར་བཞིན་དུ་བབ་ནས། ཁྱེད་རང་རྣམ་པའི་ལུས་ལ་རྗེ་ཚན་ལ་ཁ་བ་བབ་པ་བཞིན་དུ་སིབ་ཀྱིས་ཐིམ་པའི་མོས་པ་མཛོད་ཅིག ཅེས་ལ། ཤ་ཆེན་དང་གུ་གུལ་གྱི་དུད་པས་བདུག་ཅིང་རོལ་མོ་དཀྲོལ། སྔགས་འདི་བགྲང་། ཏདྱ་ཐཱ། ཨོཾ་ག་ཏེ་ག་ཏེ་པ་ར་ག་ཏེ་པ་ར་སཾ་ག་ཏེ་བོ་དྷི་ཡེ་སྭཱ་ཧཱ། འདོན་ཞིང་ཡེ་ཤེས་པ་ཕབ། ཕབ་པའི་ཡེ་ཤེས་པ་དེ་བརྟན་པར་བྱེད་པ་ལ། རྡོ་རྗེ་མགོར་བཞག་ནས། ཏིཥྛ་བཛྲ། བརྗོད་ནས་བརྟན་པར་བྱེད། དེ་ལྟར་ལུས་ལ་བབས་ན་འཕར་བ། འདར་བ། ངག་ལ་བབས་ན་སམ་སྐྲི་ཏའི་སྐད་འདོན། ཡིད་ལ་བབས་ན་བདེ་གསལ་མི་རྟོག་པའི་ཏིང་ངེ་འཛིན་རྒྱུད་

ལ་སྐྱི། དེས་སྟོན་འགྲོའི་ཆོས་ཚོ་སོང་ནས། དངོས་གཞི་ལ། ཆོས་དབང་སེམས་ལ་བསྐུར་བ་དང་། ལྷ་དབང་ལུས་ལ་བསྐུར་བ་གཉིས་ཡོད་པ་ལས། དང་པོ་ཆོས་དབང་སེམས་ལ་བསྐུར་བར་བྱ་སྟེ། ཨོ། དེ་སྔ་ཕན་མ་གོ་མ་རིག་པའི་ངོས་ནས། ལུས་འདི་ཤ་ཁྲག་གི་ཕུང་པོ། སྣག་ཁྲག་གི་རྐྱལ་པ། རྩ་རྒྱུས་ཀྱི་དྲ་བ། དང་སྐབས་ཀྱི་སྦོང་པོ། མི་གཙང་བའི་རྫས་སུམ་ཅུ་རྩ་གཉིས་ལས་གྲུབ་པ་འདི་ལ། དེ་སྔ་ཕན་ཞེན་ཅིང་ཆགས་པར་བྱས་པས་འཁོར་བ་མུ་མེད་དུ་སྐྱུར་བ་ཡིན། ད་འདི་ལ་ཞེན་ཅིང་ཆགས་པར་མི་བྱེད། ལུས་བར་སྣང་ལ་འཇའ་ཤར་བ་ལྟ་བུའམ། མེ་ལོང་ནང་གི་གཟུགས་བརྙན་ཤར་བ་ལྟ་བུ་སྟོང་སང་ངེར་ཡོད་པའི་ཞབས་གཡས་པའི་འོག་ཏུ། སེམས་ཉིད་ཀྱི་ངོ་བོ་ཕ་ལས་ཐོབ་པའི་ཐིག་ལེ་དཀར་པོ་བྱ་མ་གསར་གྱི་སྒོ་ང་ཙམ་ཞིག་ཡོད་པ། གཡོན་པའི་འོག་ཏུ་མ་ལས་ཐོབ་པའི་ཐིག་ལེ་དམར་པོ་བྱ་མ་གསར་གྱི་སྒོ་ང་ཙམ་ཞིག་ཡོད་པར་སྒོམས། བུད་མེད་ལ་ཐིག་ལེ་གཉིས་གོ་བསྡུར། ཐིག་ལེ་གཉིས་ཀྱང་སྤྲར་སྤྲར་འགྱུར་འགྱུར་ལིང་ལིང་བྱེད་པ། ཕཊ་ཀྱིས་བརྡ་སྒྲད་པས། རྐང་པའི་རྒྱ་ཁུག་པ་ན་ཡར་བྱུང་། ཕཊ་ཀྱིས་བརྡ་སྒྲད་པས། ལོང་བུའི་རྒྱུད་ནས་ཡར་བྱུང་། ཕཊ་ཀྱིས་བརྡ་སྒྲད་པས་བྱིན་པའི་རྒྱུད་ནས་ཡར་བྱུང་། ཡང་བརྡ་སྒྲད་པས། པུས་མོའི་གཞན་གོང་ནས་ཡར་བྱུང་། བརྡ་སྒྲད་པས། བརླའི་རྩ་ནག་རྒྱུད། རྩ་གསུམ་འདུས་མདོ་ལ་ཐིག་ལེ་དཀར་དམར་གཉིས་ཧྲིལ་གྱིས་འདྲིལ། དཀར་ལ་དམར་བའི་མདངས་ཆགས་པ། །དམར་ལ་དཀར་བའི་མདངས་ཆགས་པ། ཁྲ་ཤིགས་པ་གཅིག་ཏུ་གསལ་བཏབ། ཕཊ་ཀྱིས་བརྡ་སྒྲད་པས། ལྟེ་བའི་དབུས་སུ་རྒྱུངས་ཀྱིས་བྱུང་། སྙིང་གའི་དབུས་སུ་བྱུང་མགྲིན་པའི་དབུས་སུ་བྱུང་། སྤྱི་མ་ལྷར་བརྡ་སྒྲད་པས་སྤྱི་བོ་ཚངས་པའི་བུ་ག་ཁང་པའི་རྒྱ་མཐོངས་ཁ་ཕྱེ་བ་ལྟ་བུ་གསལ་ཏ་རེ་ཡོད་པ་ལ། རྒྱལ་པོ་ཆེས་མདའ་འཕངས་པ་ལྟར་རྒྱངས་ཀྱིས་སོང་། མ་གཅིག་གི་ཐུགས་

ཀར་བསྒོམ་གྱིས་ཐིམ། མ་གཅིག་གི་འཁོར་ཚོ་ཡང་མ་གཅིག་ལ་ཐིམ། མ་གཅིག་ཡུམ་ཆེན་འཁོར་བཅས་ལ་ཐིམ། འཁོར་ཚོ་ཡང་ཡུམ་ཆེན་ཉིད་ལ་ཐིམ། དེ་ཐུབ་པའི་འཁོར་ལ་ཐིམ། འཁོར་ཚོ་ཐུབ་པ་ཉིད་ལ་ཐིམ། ཐུབ་པ་ནམ་མཁའ་ལ་འཇའ་ཡལ་བ་བཞིན་དུ་སོང་བར་བསམ། དེས་སྒྲུབ་པ་དང་། ལས་ལ་སྦྱར་བ་གཉིས་ཡོད་པའི་སྒྲུབ་པ་སོང་། ལས་ལ་སྦྱར་བ་ལ། སློབ་མ་རྣམས་ལངས། ལུས་ཐང་ཤ་བཅད། རྐང་པའི་བྲང་བ་གཉིས་ས་ལ་འཛུགས། རྟིང་པ་གཉིས་སྐྱག་བྱེད། ལག་པ་གཉིས་སྤྱི་བོར་རྒྱངས་ནས་ཐལ་མོ་སྦྱར་དུ་བཙུག་ནས། གོང་དུ་དམིགས་པའི་རིམ་པ་སྒྲུབ་པ་ལྟར། ལུས་བར་སྣང་ལ་འཇའ་ཤར་བ་ལྟར་སྟོང་སང་ངེར་ཡོད་པའི་ཞབས་གཡས་པའི་འོག་ཏུ་ཐིག་ལེ་དཀར་པོ། གཡོན་པའི་འོག་ཏུ་དམར་པོ་བྱ་མ་གསར་གྱི་སྒོ་ང་ཙམ་སྤར་སྤར་འགྱུར་འགྱུར་ལིང་ལིང་སྟེ་མ་ལྟར་ཡོད་བཞིན་པ་དེ། དཔོན་སློབ་ཐམས་ཅད་ཀྱིས་ཕཊ་ཀྱིས་སྤར་བས། རྐང་པའི་རྒྱ་ཁུག་པ་ནས་རིམ་པ་བཞིན་ལོང་བུ། བྱིན་པ། པུས་མོ། བརླ་རྩ། གསང་གནས། ལྟེ་བ། སྙིང་ག །མགྲིན་པ། སྤྱི་གཙུག་ཚངས་པའི་བུ་གར་མདའ་འཕངས་པ་ལྟར་མ་གཅིག་གི་ཐུགས་ཀར་ཐིམ་ཞིང་། སྟེ་མ་ལྟར་འཁོར་རྣམས་མ་གཅིག་ལ་ཐིམ་ཞིང་། ཡུམ་ཆེན་མོ་ཐུབ་པར་ཐིམ། ཐུབ་པ་ནམ་མཁའ་ལ་འཇའ་ཡལ་བ་བཞིན་དུ་སོང་། དེ་ཉིད་ཀྱི་ངང་དུ་བཞག །དེ་ནས་ཕབ། གྲལ་ལ་འགོད་པར་བྱ། བླ་མས་ལུང་དྲངས་ཤིང་ངོ་སྤྲོད་གཞུང་བཞིན་དུ་བྱ། དེ་ནི་ཆོས་དབང་སེམས་ལ་བསྐུར་བ་ཞེས་བྱ་བ་ནམ་མཁའ་སྒོ་འབྱེད་ཀྱི་དབང་དངོས་གཞི་ཡིན་ནོ། །

ད་གཏོར་མ་འདི་ལ་བརྟེན་ནས་བུམ་པའི་དབང་དང་། གསང་བའི་དབང་དང་། ཤེས་རབ་ཡེ་ཤེས་ཀྱི་དབང་དང་། བཞི་པའི་དབང་བསྐུར་བར་བྱ་སྟེ། ཐོག་མར་བུམ་དབང་ཞུ་བའི་དོན་དུ་མཎྜལ་ཕུལ་ཏེ། གསོལ་བ་བཏབ་པ་འདིའི་རྗེས་ཟློས་མཛོད། ཀུན་མཁྱེན་ཡེ་ཤེས་ཕུང་པོ་ཅན། །སྲིད་པའི་འཁོར་ལོ་རྣམ་སྦྱོང་བ། །དེ་

རིང་བཤད་པའི་རིན་ཆེན་གཏེར། །གཙོ་བོས་བདག་ལ་བཀའ་དྲིན་སྩོལ། །ཡན་
གསུམ་བརྗོད། གཏོར་མ་སློབ་མའི་མགོ་ཐོག་ཏུ་བཟུང་ནས། སྐྱབས་གནས་དམ་པ་གསུམ་བརྩེགས་
ཁྱེད་རང་གི་མགོ་ཐོག་ཏུ་ཁྲ་ཤུང་ངེ་བཞུགས་ཏེ། སྐུ་ལུས་ཀྱི་ཚ་ནས་སྐུ་ཆེ་ཆུང་
འབྲིང་གསུམ་གྱི་ཚོགས་ཚར་བཞིན་དུ་བབ་ནས། ཁྱེད་རང་རྣམ་པ་ལ་ཐིམ་པའི་
མོས་པ་མཛོད་བརྗོད་དེ། ཡུམ་ཆེན་མོ་ཤེས་རབ་ཀྱི་ཕ་རོལ་ཏུ་ཕྱིན་པ། ཡང་དག་
པར་རྫོགས་པའི་སངས་རྒྱས། འཇམ་དཔལ་སྨྲ་བའི་སེང་གེ །ཤཱཀྱ་དེ་བ། དམ་
པ་སངས་རྒྱས། མ་གཅིག་ལབ་སྒྲོན། ཁམ་བྷུ་ཡ་ལེ། ནྲྀ་ན་ཛྷ་ལ། གནམ་མཚོ་བ།
རང་བྱུང་པ། གཡུང་སྟོན་པ་རོལ་པའི་རྡོ་རྗེ། དར་རྒྱལ་བ། མཁའ་སྤྱོད་དབང་
པོ། དེ་བཞིན་གཤེགས་པ། རཏྣ་བྷ་དྲ། མཐོང་བ་དོན་ལྡན། འཇམ་དཔལ་བཟང་
པོ། མ་ཕམ་ཆོས་ཀྱི་གྲགས་པ། དྲིན་ཅན་འཇམ་དཔལ་རྒྱ་མཚོ། དྲིན་ཅན་རྩ་
བའི་བླ་མ་དམ་པ་རྣམས་དང་། ཕོ་གཅོད། མོ་གཅོད། བཀའ་མ། གཏེར་མ།
ཁྲིགས་ཆགས། ཁྲིགས་མེད། ཁ་འཐོར། ལེའུ་ལག །གནམ་གཅོད། ས་གཅོད།
སྲས་རྒྱུད། དོན་རྒྱུད། གྲུབ་ཐོབ་གཅོད་ཡུལ་བརྒྱུད་པའི་དཔལ་ལྡན་བླ་མ་བརྒྱུད་
པ་དང་བཅས་པ་རྣམས་ཀྱིས། རྗེ་རྗེ་སློབ་མ་འདི་དག་ལ་དབང་བཞི་ཡོངས་
སུ་རྫོགས་པར་བསྐུར། རྒྱུད་བཞི་སྨིན། ཕྲིན་ལས་རྣམ་བཞིའི་དངོས་གྲུབ་སྩལ་
དུ་གསོལ། བཅོམ་ལྡན་འདི་ལ་སྩལ་ལགས་ཀྱིས། །འདི་ལ་འགོ་བར་མཛད་དུ་
གསོལ། །སློབ་མས། བཅོམ་ལྡན་བདག་ལ་སྩལ་ལགས་ཀྱིས། །བདག་ལ་འགོ་བར་
མཛད་དུ་གསོལ། །བརྗོད། གཏོར་རྒྱན་གྱི་མར་མགོ་ལ་བསྐུ། བདུད་རྩི་ལག་པར་བླུག་ནས་འཐུང་བཅུག །ཇི་
ལྟར་བལྟམས་པ་ཙམ་གྱིས་ནི། །སོགས་བརྗོད། བཀྲ་ཤིས་བྱེད། དེས་བུམ་པའི་དབང་བསྐུར།
ལུས་ཀྱི་སྒྲིབ་པ་དག །སྤྲུལ་སྐུ་ཐོབ་པར་བསམ། གཉིས་པ་ཞུ་བའི་དོན་དུ་མཎྜལ་གསོལ་བཏབ་གོང་

བཞིན་བྱ། གཏོར་མ་སྤྱི་བོར་བཟུང་། སྐྱབས་གནས་དམ་པ་གསུམ་བརྩེགས་ཀྱི་མགྲིན་པ་ནས། ཏཧུ་ཕྲ་དང་། ཡི་གེའི་ཚོགས་འཕྲོས། ཁྱེད་རང་རྣམ་པའི་མགྲིན་པར་ཞུགས་པའི་མོས་པ་མཛོད་ བརྗོད་ནས་གོང་ལྟར་བྱེད། བདུད་རྩི་བྱིན། ཇི་ལྟར་བལྟམས་པ་སོགས་དང་། བཀྲ་ཤིས་བརྗོད། གསང་བའི་དབང་བསྐུར་བས་ངག་གི་སྡིག་སྒྲིབ་དག །ལོངས་སྐུ་ཐོབ་པར་བསམ། གསུམ་པའི་དོན་དུ་མཎྜལ་གསོལ་བཏབ་སོགས་དང་། གཏོར་མ་སྤྱི་བོར་བཟུང་། སྐྱབས་གནས་དམ་པ་གསུམ་བརྩེགས་ཀྱི་ཐུགས་ཀ་ནས་ཕྱག་མཚན་གྱི་རྣམ་པ་འཕྲོས། ཁྱེད་རང་ཚོའི་སྙིང་གར་ཐིམ་པའི་མོས་པ་མཛོད། གཞན་གོང་དང་མཐུན། རྗེས་གནང་སྦྱིན་པ་ནི། བདུད་རྩི་ཀ་པཱ་ལ་མགྲིན་པར་གཏུག་ཅིང་། ཨ་སྐྱེ་བ་མེད་པ་མངོན་དུ་གྱུར་པར་བྱིན་གྱིས་བརླབ་ཏུ་གསོལ་ བརྗོད། ཕྲེང་བ་ལག་ཏུ་གཏད་ནས། ཏཧུ་ཕྲའི་སྔགས་ཅི་རིགས་སུ་བགྲང་འཛུག་ལ། ཕྲེང་བ་མགྲིན་པར་གཏུག་ཅིང་། བཅོམ་ལྡན་འདི་ལ་སྐུལ་ལགས་ཀྱི། །འདི་ལ་འགོ་བར་མཛད་དུ་གསོལ། །སྔགས་ཀྱི་ནུས་པ་ཐོབ་པར་བྱིན་གྱིས་བརླབ་ཏུ་གསོལ་ བརྗོད། སློབ་དཔོན་གྱིས་རྡོ་རྗེ་དྲིལ་བུ་ལྷན་དུ་བཟུང་། གུང་མོ་གཉིས་ཀྱང་སྙིང་གར་གཏུག །ཨོཾ་ཤཱུ་ནྱ་ཏཱ་ཛྙཱ་ན་བཛྲ་སྭ་བྷཱ་ཝ་ཨཱཏྨ་ཀོ྅ཧཾ། བརྗོད་ཅིང་བདུད་རྩི་བླུད་དོ། །ཇི་ལྟར་བལྟམས་པ་སོགས་དང་། བཀྲ་ཤིས་ཀྱི་ནས་གཏོར། ཤེས་རབ་ཡེ་ཤེས་ཀྱི་དབང་བསྐུར་བས། སེམས་ཀྱི་སྒྲིབ་པ་དག །ཆོས་སྐུ་ཐོབ་པར་ བསམ། གཏོར་མ་སྤྱི་བོར་བཟུང་། སྐྱབས་གནས་དམ་པ་གསུམ་བརྩེགས་ཁྱེད་རང་གི་སྤྱི་བོར་བྱོན་ནས་ཁྱེད་རང་ལ་ཐིམ་པའི་མོས་པ་མཛོད་ཅིག །ངེད་ཀྱིས་ཀྱང་དེ་ལྟར་བསྒོམ་པར་བྱེད་ལ། གོང་ལྟར། ཡུམ་ཆེན་མོ་ ནས་རིམ་པ་བཞིན། ཕྲིན་ལས་རྣམ་བཞིའི་དངོས་གྲུབ་སྩོལ་ ཡན་བརྗོད་ཅིང་། གནས་སྐབས་སུ། ལུས་ཀྱི་ན་ཚ་ཞི། སེམས་ཀྱི་སྡུག་བསྔལ་ཞི། བསམ་པའི་དོན་ཐམས་ཅད་ཆོས་ལྡན་ཡིད་བཞིན་དུ་འགྲུབ་པར་བྱིན་གྱིས་བརླབ་ཏུ་གསོལ། ཞེས་བརྗོད་ནས། གཏོར་མ་སློབ་མའི་གནས་གསུམ་དུ་

ཨོཾ་ཨཱཿཧཱུྃ་བརྗོད་ཅིང་གཏུག །དེས་ནི་དབང་དངོས་གཞི་སོང་ཞིང་། རྗེས་ལ། དེ་དག་གིས་གནས་སྐབས་སུ་ཁས་བླངས་པའི་སྡོམ་པ་དམ་ཚིག་ཚུལ་བཞིན་བསྲུང་སླམ་པ་གྱིས་ལ་འདིའི་རྗེས་གནོས་མཇོད། གཙོ་བོས་ཇི་ལྟར་བཀའ་སྩལ་པ། །དེ་དག་ཐམས་ཅད་བདག་གིས་བགྱིད། །ཅེས་ལན་གསུམ་དང་། བདག་གི་ལུས་ལོངས་སྤྱོད་དགེ་བའི་རྩ་བ་དང་བཅས་པ་ཐམས་ཅད། བླ་མ་དང་དཀྱིལ་འཁོར་གྱི་ལྷ་ཐ་མི་དད་པ་ལ་འབུལ་སླམ་པ་གྱིས་ལ་རྗེས་གནོས་མཇོད། དེང་ནས་བཟུམས་ཏེ་བདག་ཁྲན་དུ། །ཁྱེད་ལ་བདག་ནི་འབུལ་ལགས་ཀྱི། །ཁྱེད་ཀྱིས་སློབ་མར་གཟུང་བ་དང་། །ཆ་ཡིས་ཀྱང་ནི་སྤྱད་དུ་གསོལ། །ལན་གསུམ་དང་། བཀའ་དྲིན་དང་བཏང་རག་གི་ཡོན་དུ་མནྡལ་ཕུལ། ཚོགས་ལ་ལོངས་སྤྱོད། ལྷག་མ་བསྡུས་ནས་ཆུ་གཙང་བྲན་ཏེ་བསྔོ། ཕྱི་རོལ་དུ་སྐྱུལ་ནས་མི་གཏོར་བར་བོགས་ཀྱིས་བླུག །སྟོད་བཤལ་ནས་ཁ་སྦུབ་ཏུ་བཞག །རྗེས་ཆོག །བཀྲ་ཤིས། ཡིག་བརྒྱས་ལྷག་ཆད་ཁ་བསྐང་། བཟོད་གསོལ། གཤེགས་གསོལ། བསྔོ་བ་སྨོན་ལམ་ཕག་མོ་ལྟར་བྱས་ན་འོང་ངོ་། །གཙོད་གདན་ཐོག་ཅིག་མའི་ཁྲིད་ཡིག་ཐྲིན་ལས་རྒྱ་མཚོ་ལས། དབང་ཆོག་གི་རིམ་པ་ཕྱོགས་གཅིག་ཏུ་སྡེབས་པ་འདི། སྔངས་རྩེ་རས་ཆེན་པ་བསམ་གྲུབ་རྒྱ་མཚོ་དང་། འབྲོག་མོ་རས་ཆེན་པ་བརྩོན་འགྲུས་རྒྱ་མཚོ་ཆོས་གྲོགས་ཀྱིས་བསྐུལ་བའི་ངོར། ཤཱཀྱའི་དགེ་སློང་ཀྲི་ཏཱ་ཆོས་ཀྱི་རྒྱ་མཚོ་ཞེས་བྱ་བས། སླེ་ཕུ་ཤུག་གསེབ་ཀྱི་གནས་གངས་རི་ཐོད་དཀར་གྱི་མགུལ་དུ་སྦྱར་བའོ། །ལྷན་ཐབས་ཡིག་ཆུང་ངོ་།། །།

༄༅། །ཚོར་བ་རྒྱ་མཚོའི་གཏོར་དབང་བར་ཆད་ཀུན་སེལ་བཞུགས་སོ། །

བླ་མ་དང་མཁའ་འགྲོའི་ཚོགས་ལ་ཕྱག་འཚལ་ལོ། །གཏོར་དབང་གི་རིམ་པ་བྱེད་པར་འདོད་ན། བཅའ་གཞི་ལེགས་པར་གྲུབ་པར་བྱས་ཏེ། དབང་གཏོར་ཟླུམ་པོ་དཀར་དམར་གྱི་རྒྱན་བཟང་པོས་བརྒྱན་པ་དང་། གཏོར་འདབ་ཀྱིས་བསྐོར་བ་སེར་དཀར་གྱི་ནང་དུ་འཇུག་སྟེ། སྟེགས་ཀྱི་ཁར་བཞག །ནང་མཆོད། ཌ་དྲིལ་རྣམས་སྔ་གོན་བྱེད། མཆོད་པ་རྣམ་ལྔས་བསྐོར། ལས་བུམ་མགུལ་ཆིངས་ཁ་རྒྱན་གྱིས་སྤྲས་པ་དང་། ཆུས་གསུམ་གཉིས་ཙམ་ཁེངས་པ་སྔ་གོན་བྱ། རང་ཉིད་གདན་བཤམས་པའི་སྟེང་དུ། རྗེ་བཙུན་རྡོ་རྗེ་རྣལ་འབྱོར་མའི་ང་རྒྱལ་དང་མ་བྲལ་བར་བྱས་ཏེ། རྒྱས་པར་བྱེད་ན་བགེགས་གཏོར་གཞུང་བཞིན་བཏང་། བསྡུས་པ་བྱེད་ན་མི་དགོས་སོ། །དེ་ནས་སྐྱབས་འགྲོ་བྱེད་པ་ནི། ན་མོ། གནས་ཀྱི་གདོན་དང་ལུས་ཀྱི་གདོན། །གནས་གདོན་གཙོ་བྱས་སེམས་ཅན་རྣམས། །ཀྱེ་མ་མི་མིན་ཡེ་ཤེས་མཁའ་འགྲོ་མ། །ལབ་ཀྱི་སྒྲོན་མའི་སྐུ་ལ་སྐྱབས་སུ་མཆི། །རང་རིག་ཡེ་ཤེས་སྟོན་མཛད་པའི། །བླ་མ་རྣམས་ལ་སྐྱབས་སུ་མཆི། །དངོས་གྲུབ་ངེས་པར་སྟེར་མཛད་པ། །ཡི་དམ་རྣམས་ལ་སྐྱབས་སུ་མཆི། །སྤངས་རྟོགས་ཕུན་སུམ་ཚོགས་པ་ཡི། །སངས་རྒྱས་རྣམས་ལ་སྐྱབས་སུ་མཆི། །ཞི་གྱུར་འདོད་ཆགས་བྲལ་བ་ཡི། །དམ་ཆོས་རྣམས་ལ་སྐྱབས་སུ་མཆི། །གང་ལ་ཕུལ་ན་དོན་ཆེ་བ། །དགེ་འདུན་རྣམས་ལ་སྐྱབས་སུ་མཆི། །གཞོན་ནུའི་སྐུ་ལུས་མཛེས་ཚུལ་ལྡན། །འཇམ་པའི་དབྱངས་ལ་སྐྱབས་སུ་མཆི། །སྙིང་རྗེས་ངེས་པར་དགོངས་མཛད་པའི། །སྤྱན་རས་གཟིགས་ལ་སྐྱབས་སུ་མཆི། །མཐུ་སྟོབས་ཆེན་པོས་གདུག་པ་འདུལ། །རྡོ་

རྗེ་འཛིན་ལ་སྐྱབས་སུ་མཆི། །བཅོ་གདུང་དམ་ཚིག་ལྡན་པ་ཡི། །མཁའ་འགྲོའི་ཚོགས་ལ་སྐྱབས་སུ་མཆི། །བདུད་དཔུང་བར་ཆད་ཞི་མཛད་པ། །ཆོས་སྐྱོང་རྣམས་ལ་སྐྱབས་སུ་མཆི། །ཁྱེད་རྣམས་ལ་ནི་བདག་སྐྱབས་མཆི། །ཁྱེད་རྣམས་ལ་ནི་བདག་བརྟེན་ནོ། །སྡིག་པ་མི་དགེ་སོ་སོར་བཤགས། །འགྲོ་བའི་དགེ་ལ་རྗེས་ཡི་རང་། །སངས་རྒྱས་བྱང་ཆུབ་ཡིད་ཀྱིས་བཟུང་། །སངས་རྒྱས་ཆོས་དང་ཚོགས་མཆོག་ལ། །བྱང་ཆུབ་བར་དུ་སྐྱབས་སུ་མཆི། །རང་གཞན་དོན་ནི་རབ་བསྒྲུབ་ཕྱིར། །བདག་གིས་བྱང་ཆུབ་སེམས་མཆོག་བསྐྱེད། །བྱང་ཆུབ་སེམས་མཆོག་ཡིད་འོང་སྤྱོད་པར་བགྱི། །འགྲོ་ལ་ཕན་ཕྱིར་སངས་རྒྱས་འགྲུབ་པར་ཤོག །དེ་ནས་དབང་གཏོར་ལ་ནང་མཆོད་དང་ཆུ་གཙང་བྲན་ལ། ཨོཾ་སྭ་བྷཱ་ཝ་ཤུདྡྷཿསརྦ་དྷརྨཱཿསྭ་བྷཱ་ཝ་ཤུདྡྷོ྅ཧཾ། སྟོང་པ་ཉིད་དུ་གྱུར། སྟོང་པའི་ངང་ལས་མདུན་གྱི་ནམ་མཁར་སྐྱབས་གནས་དམ་པ་གསུམ་བརྩེགས་ཀྱི་ལྷ་ཚོགས་འཁོར་དང་བཅས་པ་བཛྲ་ས་མ་ཛཿ བཛྲ་ས་མ་ཛཿ ཨརྒྷཾ་ནས་ཤབྡའི་བར་ཕྱག་རྒྱ་དང་བཅས་ཏེ་མཆོད། གདན་འབུལ་བ་ནི། ཨོཾ་སརྦ་ཏ་ཐཱ་ག་ཏ་པདྨ་ཀ་མ་ལ་ཡ་སྟྭཾ། གདན་འབུལ་གྱི་ཕྱག་རྒྱ་དང་བཅས་ནས་བྱའོ། །སྨྲ་བསམ་བརྗོད་མེད་ཤེས་རབ་ཕ་རོལ་ཕྱིན། །མ་སྐྱེས་མི་འགག་ནམ་མཁའི་ངོ་བོ་ཉིད། །སོ་སོ་རང་རིག་ཡེ་ཤེས་སྤྱོད་ཡུལ་བ། །བཅོམ་ལྡན་ཚོགས་ཞིང་ལྷ་ལ་བདག་བསྟོད་དོ། །ཛཿཧཱུྃ་བཾ་ཧོཿ གཉིས་སུ་མེད་པར་གྱུར། ཚོགས་ཞིང་རང་ལ་བསྟིམ། ཚད་མེད་བཞི་བསྒོམ།

དེ་ནས་བདག་བསྐྱེད་ནི། རང་ཉིད་སྐད་ཅིག་གིས་མ་གཅིག་ལབ་ཀྱི་སྒྲོན་མ་སྐུ་མདོག་དཀར་མོ་དུང་ཕྱིས་པའི་མདོག་ལྟར་དཀར་བ། ཞལ་གཅིག་ཕྱག་གཉིས་གཡས་སེང་ལྡེང་གི་ཌ་ཏུ་དྲ་ཁ་མ་སྟོང་གསུམ་དུ་སྒྲ་སྒྲོག་པ་ནམ་མཁའ་ལ་འཁྲོལ་བ། གཡོན་པས་དྲིལ་དཀར་གྱི་དྲིལ་བུ་དཀྲུར་བཞིན་པ། དབུ་སྐྲ་རལ་པའི་ཐོར་

ཅིག་གྲེན་དུ་བཅིངས་ཤིང་། ལྷག་མས་སྐུ་རྒྱབ་ཁེབས་པ། སྐུ་ལ་དར་དཀར་གྱི་ན་བཟའ་གསོལ་བ། སྐེ་རགས་རྒྱ་མ་ལྟོད་དེ་བ་བཅིངས་པ། ཞབས་གཡས་བསྐུམ་གཡོན་བརྐྱངས་བས་གར་ཐབས་སུ་གནས་པ། དེ་ལ་རིགས་བཞི་མཁའ་འགྲོས་བསྐོར་ནས་བཞུགས་པའོ། །སྤྱི་བོར་ཨོཾ། མགྲིན་པར་ཨཱཿ ཐུགས་ཀར་ཧཱུྃ། ཡི་གེ་གསུམ་ལས་འོད་ཟེར་འཕྲོས་པས། ཆོས་ཀྱི་དབྱིངས་ནས་སྐྱབས་གནས་དམ་པ་གསུམ་བརྩེགས་ལ་སངས་རྒྱས་དང་བྱང་ཆུབ་སེམས་དཔའ། གྲུབ་ཐོབ་གཅོད་ཡུལ་བརྒྱུད་པའི་བླ་མ་རྣམས་ཀྱིས་བསྐོར་བ་མདུན་གྱི་ནམ་མཁའི་གནས་སུ་སྤྱན་དྲངས། བཛྲ་ས་མ་ཛཿ མ་ལུས་སེམས་ཅན་ཀུན་གྱི་མགོན་གྱུར་ཅིང་། །བདུད་སྡེ་དཔུང་བཅས་མི་ཟད་འཇོམས་མཛད་ལྷ། །དངོས་རྣམས་མ་ལུས་ཇི་བཞིན་མཁྱེན་གྱུར་པའི། །ཡུམ་ཆེན་འཁོར་བཅས་གནས་འདིར་གཤེགས་སུ་གསོལ། །ཡུམ་ཆེན་ཁྱེད་ནི་བྱོན་པ་ལེགས། །བདག་ཅག་བསོད་ནམས་སྐལ་བར་ལྡན། །བདག་གི་མཆོད་ཡོན་བཞེས་ནས་ཀྱང་། །ཅི་བདེ་བར་ནི་བཞུགས་སུ་གསོལ། །ཨོཾ་སརྦ་ཏ་ཐཱ་ག་ཏ་པདྨ་ཀ་མ་ལ་ཡ་སྟྭཾ། ཛཿཧཱུྃ་བཾ་ཧོཿ གཉིས་སུ་མེད་པར་གྱུར། ཡོན་ཆབ་ཁྲུས་ཆབ་བདུག་སྤོས་དང་། །མེ་ཏོག་མར་མེ་དྲི་མཆོག་དང་། །ཞལ་ཟས་རོལ་མོ་ལ་སོགས་པ། །ཡུམ་ཆེན་འཁོར་དང་བཅས་ལ་འབུལ། །སྐེག་མོ་ཕྲེང་བ་གླུ་མ་གར། །སྤོས་དང་མེ་ཏོག་མར་མེ་དྲི། །ཕྱི་ནང་སྐེག་མོ་བརྒྱད་པོ་ཡང་། །ཡུམ་ཆེན་འཁོར་དང་བཅས་ལ་འབུལ། །ས་གཞི་སྤོས་ཀྱིས་བྱུགས་ཤིང་སོགས། གུ་རུ་རཏྣ་མཎྜལ་པཱུ་ཛ་མེ་གྷ་ས་མུ་དྲ་སྥ་ར་ཎ་ས་མ་ཡ་ཨཱཿཧཱུྃ། གང་གི་དྲིན་གྱིས་བདེ་ཆེན་ཉིད། །སོགས། སྨྲ་བསམ་བརྗོད་མེད་ཤེས་རབ་ཕ་རོལ་ཕྱིན། །སོགས། སངས་རྒྱས་ཀུན་གྱི་རང་བཞིན་སྐུ། །སོགས། ལྷ་བས་མི་ངོམས་འགྲོ་བའི་དཔལ་དུ་ཤར། །ཞལ་

གཅིག་ཕྱག་གཉིས་བཙོ་མོ་གསེར་གྱི་མདོག །རིན་ཆེན་རྒྱན་སྤྲས་རྡོ་རྗེ་དཀྱིལ་ཀྲུང་བཅས། །རྒྱལ་བའི་ཡུམ་གྱུར་དེ་ལ་ཕྱག་འཚལ་ལོ། །ཞིང་ཁམས་ཐམས་ཅད་གསེར་གྱི་ས་གཞི་ལ། །རིན་ཆེན་རྣམ་པ་མང་པོ་བཅལ་དུ་བཀྲམ། །མེ་ཏོག་པུཎྜ་རཱི་ཀ་ཆར་ལྟར་འབེབས། །ཡུམ་གྱུར་དགེ་མ་དེ་ལ་ཕྱག་འཚལ་བསྟོད། །མགོན་པོ་ཐུགས་རྗེ་ཆེར་ལྡན་པ། །ཐམས་ཅད་ཀུན་མཁྱེན་སྟོན་པ་པོ། །བསོད་ནམས་ཡོན་ཏན་རྒྱ་མཚོའི་ཞིང་། །དེ་བཞིན་གཤེགས་ལ་ཕྱག་འཚལ་བསྟོད། །དག་པས་འདོད་ཆགས་བྲལ་བའི་རྒྱུ། །དགེ་བས་ངན་སོང་ལས་གྲོལ་ཞིང་། །གཅིག་ཏུ་དོན་དམ་མཆོག་གྱུར་པ། །ཞི་གྱུར་ཆོས་ལ་ཕྱག་འཚལ་བསྟོད། །གྲོལ་ནས་གྲོལ་བའི་ལམ་ཡང་སྟོན། །བསླབ་པ་དག་ལ་རབ་ཏུ་གུས། །ཞིང་གི་དམ་པ་ཡོན་ཏན་ལྡན། །དགེ་འདུན་རྣམས་ལ་ཕྱག་འཚལ་ལོ། །བྱ་སྤྱོད་རྣལ་འབྱོར་རྒྱུད་སྡེ་བཞི། །སྟོན་པ་ཉིད་ཀྱིས་གང་གསུངས་པ། །ཕྱི་དང་ནང་དང་གསང་བ་ཡི། །ཡི་དམ་རྣམས་ལ་ཕྱག་འཚལ་བསྟོད། །ཕྱག་བྱར་འོས་པ་ཐམས་ཅད་ལ། །ཞིང་རྡུལ་ཀུན་གྱི་གྲངས་སྙེད་ཀྱིས། །ལུས་བཏུད་པས་ནི་རྣམ་ཀུན་གྱིས། །མཆོག་ཏུ་དད་པས་ཕྱག་འཚལ་བསྟོད། །མ་ཧཱ་མོའི་ཐུགས་ཁར་ཟླ་བའི་དཀྱིལ་འཁོར་གྱི་སྟེང་དུ་ཡི་གེ་ཧཱུྃ་ཡིག་དཀར་པོའི་མཐའ་གཡས་སྐོར་དུ། ཨོཾ་ཏཱ་རེ་ཏུཏྟཱ་རེ་ཏུ་རེ་...

ཨོཾ་ཏཏྟ་ཐཱ། ག་ཏེ་ག་ཏེ་པ་ར་ག་ཏེ་པ་ར་སཾ་ག་ཏེ་བོ་དྷི་ཡེ་སྭཱ་ཧཱ། བརྒྱ་རྩ་བཟླས་སོ། །

དེ་ནས་སློབ་མ་རྣམས་ཁྲུས་བྱེད། གྲལ་ལ་འཁོད། བགེགས་བསྐྲད། གུ་གུལ་གྱི་དུད་པས་བདུག །མནྡལ་ཕུལ་ཏེ། དཀོན་མཆོག་གསུམ་ལ་བདག་སྐྱབས་མཆི། །སྡིག་པ་མི་དགེ་སོ་སོར་བཤགས། །འགྲོ་བའི་དགེ་ལ་རྗེས་ཡི་རང་། །སངས་རྒྱས་བྱང་ཆུབ་ཡིད་ཀྱིས་བཟུང་། །སངས་རྒྱས་ཆོས་དང་ཚོགས་མཆོག་ལ། །བྱང་ཆུབ་བར་དུ་སྐྱབས་སུ་མཆི། །རང་གཞན་དོན་

ནི་རབ་སྒྲུབ་ཕྱིར། །བདག་གིས་བྱང་ཆུབ་སེམས་མཆོག་བསྐྱེད། །ཨེ་མའོ་སེམས་ཅན་ཀུན་མགྲོན་གཉེར། །བྱང་ཆུབ་སྤྱོད་མཆོག་ཡིད་འོང་སྤྱད་པར་བགྱི། །འགྲོ་ལ་ཕན་ཕྱིར་སངས་རྒྱས་འགྲུབ་པར་ཤོག །ལན་གསུམ་བྱ། སློབ་མ་བུམ་ཆུས་བསང་སྟེ། ཁྱེད་རང་རྣམས་སྐད་ཅིག་གིས་མ་གཅིག་ལབ་ཀྱི་སྒྲོན་མ་སྐུ་མདོག་དཀར་མོ་དུང་ཕྱིས་པའི་མདོག་ལྟར་དཀར་བ་གཅིག་ཏུ་ལམ་གྱིས་བསྐྱེད་མཛོད། བཛོད། དེ་ནས་ཡེ་ཤེས་ཕབ་སྟེ། ཨོཾ་སྭ་བྷཱ་ཝ་སོགས། སྟོང་པ་ཉིད་དུ་གྱུར། སྟོང་པའི་ངང་ལས་མདུན་གྱི་ནམ་མཁར་མ་གཅིག་ལབ་ཀྱི་སྒྲོན་མ་ལ་གྲུབ་ཐོབ་གཅོད་ཡུལ་བརྒྱུད་པས་བསྐོར་ནས་བཞུགས་པ། དེའི་སྤྱི་བོར་ཡུམ་ཆེན་མོ་ལ་ཆོས་སྐུའི་ཚོགས་ཀྱིས་བསྐོར་ནས་བཞུགས་པ། དེའི་སྤྱི་བོར་བཅོམ་ལྡན་འདས་ཤཱཀྱ་ཐུབ་པ་ལ་འཁོར་བྱང་ཆུབ་སེམས་དཔའི་ཚོགས་ཀྱིས་བསྐོར་ནས་བཞུགས་པ་གཅིག་ཏུ་ལམ་གྱིས་བསྐྱེད་ནས། གསོལ་བ་གདབ་སྟེ། ཆོས་སྐུ་ཡུམ་ཆེན་མོ་ལ་གསོལ་བ་འདེབས་སོ། །རྒྱལ་བ་ཤཱཀྱ་ཐུབ་པ་ལཿ ཕ་གཅིག་དམ་པ་རྒྱ་གར་ལཿ མ་གཅིག་ལབ་ཀྱི་སྒྲོན་མ་ལཿ སེམས་དཔའ་རང་བྱུང་རྡོ་རྗེ་ལཿ ཀུན་མཁྱེན་འཇམ་དཔལ་རྒྱ་མཚོ་ལཿ གྲུབ་ཐོབ་གཅོད་ཡུལ་བརྒྱུད་པའི་བླ་མ་རྣམས་ལ་གསོལ་བ་འདེབས་སོ། །དེ་ལྟར་གསོལ་བ་བཏབ་པ་ལ་བརྟེན་ནས། སྐྱབས་གནས་དམ་པ་གསུམ་བརྩེགས་ཀྱི་སྐུ་ལུས་ཀྱི་ཆ་ནས་ཡེ་ཤེས་ནམ་མཁའ་ལྟ་བུ། ནོར་བུ་ལྟ་བུ། བདུད་རྩི་ལྟ་བུའི་ཚོགས་ཆར་བཞིན་དུ་བབ་སྟེ། ཁྱེད་རང་རྣམ་པའི་ལུས་ལ་རྗེ་ཚན་ལ་ཁ་བ་བབ་པ་བཞིན་དུ་སིབ་ཀྱིས་ཐིམ་པའི་མོས་པ་མཛོད་བཛོད་ལ། རོལ་མོ་དྲག་ཏུ་དཀྲོལ་ཞིང་། ཏདྲ་ཥྞའི་སྔགས་ཅི་རིགས་བགྲང་། དེ་ནས་རྡོ་རྗེ་མགོར་འཇོག་ཅིང་། ཏིཥྛ་བཛྲ། ཞེས་བརྗོད་ཅིང་བརྟན་པར་བྱེད། དེས་སྟོན་འགྲོའི་ཆོས་སོང་སྟེ།

དངོས་གཞི་ལ། གཏོར་མ་འདི་ལ་བརྟེན་ནས་སྐུའི་རྗེས་སུ་གནང་བ་དང་། གསུང་

གི་རྗེས་སུ་གནང་བ་དང་། ཐུགས་ཀྱི་རྗེས་སུ་གནང་བ་བྱེད་པ་ཡིན་ཏེ། ཐོག་མར་སྐུའི་རྗེས་གནང་ཞུ་བའི་དོན་དུ་མནྡལ་ཕུལ། གསོལ་བ་བཏབ་པ་འདིའི་རྗེས་ཟློས་མཛོད་བརྗོད་དེ། དུས་གསུམ་སངས་རྒྱས་ཐམས་ཅད་དང་། །སྐྱབས་གནས་དམ་པ་གསུམ་བརྩེགས་ལ། །བདག་ནི་གུས་པས་སྐྱབས་སུ་མཆི། །སྨིན་བྱེད་རིམ་པ་བསྐུར་དུ་གསོལ། །ལན་གསུམ་བརྗོད་ནས། གཏོར་མ་སློབ་མའི་སྤྱི་བོར་བཟུང་ལ། སྐྱབས་གནས་དམ་པ་གསུམ་བརྩེགས་ཀྱི་སྐུ་ལུས་ཀྱི་ཆ་ནས་སྐུ་ཆེ་ཆུང་འབྲིང་གསུམ་གྱི་ཚོགས་ཚར་བཞིན་དུ་བབ། ཁྱེད་རང་གི་ལུས་ལ་ཐིམ་པའི་མོས་པ་གྱིས་བརྗོད་ཅིང་། ཡུམ་ཆེན་མི་ཤེས་རབ་ཀྱི་ཕ་རོལ་ཏུ་ཕྱིན་མ། ཡང་དག་པར་རྫོགས་པའི་སངས་རྒྱས། ཕ་གཅིག་དམ་པ་རྒྱ་གར། མ་གཅིག་ལབ་ཀྱི་སྒྲོན་མ། སེམས་དཔའ་རང་བྱུང་རྡོ་རྗེ། དྲིན་ཆེན་འཇམ་དཔལ་རྒྱ་མཚོ། གྲུབ་ཐོབ་གཙོད་ཡུལ་བརྒྱུད་པའི་བླ་མ་རྣམས་ཀྱིས། རིགས་ཀྱི་བུ་འདི་རྣམས་ལ་དབང་བཞི་བསྐུར། རྒྱུད་བཞི་སྨིན། ཕྲིན་ལས་རྣམ་བཞིའི་དངོས་གྲུབ་སྩལ་དུ་གསོལ། ལུས་ཀྱི་ན་ཚ་ཞི། སེམས་ཀྱི་སྡུག་བསྔལ་ཞི། བསམ་པའི་དོན་རྣམས་ཆོས་ལྡན་དུ་འགྲུབ་པར་བྱིན་གྱིས་བརླབ་ཏུ་གསོལ། གཏོར་རྒྱུན་གྱི་མར་མགོ་ལ་བྲུག །མི་ཏོག་འཐོར་ཞིང་བཀྲ་ཤིས་བརྗོད། དེས་སྐུ་ཡི་རྗེས་གནང་སོང་། གསུང་གི་རྗེས་གནང་ཞུ་བའི་དོན་དུ་མནྡལ་གསོལ་བཏབ་གོང་ལྟར་བྱེད། གཏོར་མ་སློབ་མའི་མགོར་བཟུང་། སྐྱབས་གནས་དམ་པ་གསུམ་བརྩེགས་ཁྱེད་རང་རྣམས་ཀྱི་སྤྱི་བོར་ཞུགས་ནས། མགྲིན་པ་ནས་ཡི་གེ་དང་སྔགས་ཀྱི་ཚོགས་འཕྲོས། ཁྱེད་རང་རྣམས་ཀྱི་མགྲིན་པར་ཐིམ་པའི་མོས་པ་མཛོད་བརྗོད་ནས། གོང་ལྟར། བརྒྱུད་པའི་མཚན་སྨོས་ཤིང་། མཐར། གསུང་གི་རྗེས་གནང་ལ་བརྟེན་ནས། ངག་གིས་བསགས་པའི་སྡིག་སྒྲིབ་སངས་ཀྱིས་དག་པའི་མོས་པ་གྱིས་བརྗོད་ཅིང་། བཀྲ་ཤིས་ཀྱི་མེ་ཏོག་འཐོར། དེས་གསུང་གི་རྗེས་གནང་སོང་། ཐུགས་ཀྱི་རྗེས་གནང་ཞུ་བའི་

དོན་དུ་མནྟྲ་ལ་གསོལ་བཏབ་གོང་ལྟར་བྱེད། གཏོར་མ་སྔར་ལྟར་སྤྱི་བོར་བཞུང་། བླ་མ་དང་སྐྱབས་གནས་གསུམ་བརྩེགས་ཐ་མི་དད་པ་ཁྱེད་རང་གི་སྤྱི་བོར་ཁྲ་ཤུང་དེ་བཞུགས་ཏེ། ཐུགས་ཀ་ནས་ཕྱག་མཚན་གྱི་ཚོགས་འཕྲོས། ཁྱེད་རང་གི་སྙིང་གར་སིབ་ཀྱིས་ཐིམ་པའི་མོས་པ་མཛོད། བརྗོད་དེ། སྔར་ལྟར་བླ་མ་རྣམས་ཀྱི་མཚན་སྨོས། མཐར། ཐུགས་ཀྱི་རྗེས་སུ་གནང་བ་ལ་བརྟེན་ནས་ཡིད་ཀྱི་སྒྲིབ་པ་སངས་ཀྱིས་དག །ཐུགས་ཀྱི་རྗེས་གནང་ཐོབ་པའི་མོས་པ་མཛོད་གསུངས་ཏེ། མེ་ཏོག་གི་ནས་འཐོར་བའོ། །

རྒྱས་པར་བྱེད་ན། ཚོས་སྐུའི་རྗེས་གནང་བྱས་ཏེ། སློབ་མ་རྣམས་དཀྱིལ་ཀྱུང་བཅའ། ལུས་ཐང་ཤ་བཅད་དེ། བླ་མས་དམིགས་པ་འགོགས་པ་ལ། ཁྱེད་རང་རྣམས་ཀྱི་ལུས་སྟོང་ཞིང་གསལ་བའི་ལྟེ་བའི་དབུས་སུ་སེམས་ཉིད་ཀྱི་ངོ་བོ་ཐིག་ལེ་དཀར་ལ་ཧྲུམ་པ། སྲུམ་པ། དངུལ་ཆུའི་རྗོག་པོ་ལྟར་ཡོད་པ་དེ། དཔོན་སློབ་གཉིས་ཀས་ཕཊ་བརྗོད་ནས་ཡར་སྤར་ཏེ། ཐིག་ལེ་དེ་རྩལ་པོ་ཆེས་མདའ་འཕངས་པ་ལྟར་དཀར་རྒྱངས་ཀྱིས་སོང་། སྤྱི་བོ་ཚངས་པའི་བུ་ག་ནས་ཐོན། མ་གཅིག་གི་ཐུགས་ཀར་བསྡིམ་གྱིས་ཐིམ། མ་གཅིག་ཡུམ་ཆེན་ལ་ཐིམ། ཡུམ་ཐུབ་པ་ལ་ཐིམ། ཐུབ་པ་ནམ་མཁའ་ལ་འཇའ་ཡལ་བ་བཞིན་དུ་སོང་བར་བསམ། དེ་ཉིད་ཀྱི་ངང་ལ་ཅི་གནས་སུ་འཇོག །དེ་ནས་ཕབ་སྟེ། མེ་ཏོག་གི་ནས་འཐོར་ནས། དེས་ཚོས་སྐུའི་རྗེས་གནང་སོང་བ་ཡིན་ནོ་བརྗོད། མཐར། དེ་དག་གིས་གནས་སྐབས་སུ་ཁས་བླངས་པའི་སྔོམ་པ་དང་དམ་ཚིག་ཚུལ་བཞིན་དུ་བསྲུང་སྙམ་པའི་མོས་པ་མཛོད་ལ་འདིའི་རྗེས་ཟློས་ཤིག །གཙོ་བོས་ཇི་ལྟར་བཀའ་སྩལ་པ། །དེ་དག་ཐམས་ཅད་བདག་གིས་བགྱིད། །ལན་གསུམ་བརྗོད་དུ་བཅུག །མཐར་བཏང་རག་གི་མནྟྲ་ཕུལ། ཚོགས་མཛད་ན་གཞུང་ལྟར་བྱེད་ཅིང་། ཚོགས་ལ་ལོངས་སྤྱོད། མཐར་ལྷག་མ་བསྔོ། ཆུ་གཙང་གིས་བྲན། ཨ་ཀཱ་རོས་བྱིན་གྱིས་བརླབས་ཏེ། གཏོད་ཡུལ་བརྒྱུད་པའི་དཔལ་ལྡན་བླ་མ་རྣམས་ཀྱིས། བཀའི་ཕྱི་རོལ་ཏུ་གནས་པའི་དཔའ་བོ་མཁའ་འགྲོ་རྣམས་

ལ་ལྷག་མའི་ཕུང་པོ་སྦྱིན་ནོ། །ཨོཾ་ཨུ་ཙྪིཥྚ་བ་ལིང་ཏ་བྷཀྵ་ཡ་བྷཀྵ་ཡ་ཀ་སྭཱ་ཧཱ། བརྗོད་ཅིང་རོལ་མོ་དྲག་ཏུ་བྱ། གཏོར་མ་ཕྱི་རོལ་ཏུ་རྒྱངས་ཀྱིས་ཁྱེར་ལ་མི་གཏོར་བར་པོགས་ཀྱིས་བླུག །གཏོར་སྣོད་ཆུ་གཙང་གིས་བཤལ་ཏེ་ཁ་སྦུབ་ནས་བཞག །

དེ་ནས་རྗེས་ཆོག་བྱ་སྟེ། ཨ་ཀྲྂ་ལ་སོགས་པས་མཆོད་པ་ཕུལ་ཞིང་། སྨྲ་བསམ་བརྗོད་མེད་ཤེས་རབ་ཕ་རོལ་ཕྱིན་སོགས་ཀྱིས་བསྟོད་པ་དང་། མ་འབྱོར་བ་དང་ཉམས་པ་དང་སོགས་ཀྱིས་བཟོད་གསོལ་དང་། ཡིག་བརྒྱས་ལྷག་ཆད་ཁ་བསྐང་། བཀྲ་ཤིས་བརྗོད། ཡེ་ཤེས་པ་རྣམས་རང་བཞིན་གྱི་གནས་སུ་གཤེགས། དམ་ཚིག་པ་རྣམས་རང་གི་སྙིང་གར་བསྡུ། ཨོཾ་ཁྱེད་ཀྱིས་སེམས་ཅན་དོན་ཀུན་མཛད། །རྗེས་སུ་མཐུན་པའི་དངོས་གྲུབ་རྩོལ། །སངས་རྒྱས་ཡུལ་དུ་གཤེགས་སུ་གསོལ། །སེམས་ཅན་རྣམས་ཀྱི་དོན་སླད་དུ། །སླར་ཡང་འབྱོན་པར་མཛད་དུ་གསོལ། །བཛྲ་མུཿདཀོན་མཆོག་རིན་ཆེན་གསུམ་ལ་ཕྱག་འཚལ་ལོ། །དགེ་བ་འདི་ཡིས་ཉེ་བར་མཚོན་ནས་ནི། །སེམས་ཅན་རྣམས་ཀྱིས་དུས་གསུམ་བསགས་པ་ཡིས། །ཟག་བཅས་ཟག་མེད་ཟུང་འཇུག་དགེ་བ་རྣམས། །བླ་མེད་བྱང་ཆུབ་ཆེན་པོར་བསྔོ་བར་བགྱི། །འགྲོ་ཀུན་ཐམས་ཅད་མཁྱེན་པ་ཐོབ་པར་ཤོག །ཆོས་དབྱིངས་བྱང་ཆུབ་སེམས་ཀྱི་དཀྱིལ་འཁོར་དུ། །བདག་སོགས་སེམས་ཅན་ཐམས་ཅད་ཀྱིས། །དུས་གསུམ་བསགས་དང་རྫོགས་པ་ཡིས། །འགྲོ་དྲུག་སེམས་ཅན་མ་ལུས་པ། །སྐུ་ལྔ་ཡོངས་རྫོགས་སངས་རྒྱས་མྱུར་འགྲུབ་ཤོག །བསྡུས་པ་བྱེད་ན། ཆོས་སྐུའི་རྗེས་གནང་དང་། ཚོགས་ལ་སོགས་པ་མི་དགོས། གཏོར་མ་ལ་བརྟེན་ནས་སྐུ་གསུང་ཐུགས་ཀྱི་རྗེས་གནང་ཕོ་ནས་ཆོག་པའོ། །ཞེས་གཅོད་གདན་ཐོག་གཅིག་མའི་ཁྲིད་ཡིག་ཕྲིན་ལས་རྒྱ་མཚོ་ལས། ནོར་བུ་རྒྱ་མཚོའི་གཏོར་དབང་བར་ཆད་ཀུན་སེལ་འདི། ཀཾ་ཧྲིང་གུའི་ཕྲི་གངས་པ་ཀུན་དགའ་རྒྱ་མཚོ་བ་དང་། དད་ལྡན་རྣམས་ཀྱིས་ཡང་ཡང་བསྐུལ་བའི་ངོར། ཤཱཀྱའི་དགེ་སློང་ཀྱི་ཝ་ཆོས་ཀྱི་རྒྱ་མཚོ་ཞེས་བྱ་བས། དབེན་གནས་ཨ་ས་རི་ཁྲོད་དུ་སྦྱར་བའོ། །དགེ་བ་གང་མཆིས་མ་རྒན་སེམས་ཅན་རྣམས་ལ་བསྔོ། ལྷན་ཐབས་ཡིག་ཆུང་ངོ་། །བཀྲ་ཤིས་དཔལ་འབར་འཛམ་གླིང་རྒྱལ་བའི་རྒྱན་དུ་ཤོག། ||

༄༅། །འཇིག་རྟེན་མགོན་པོའི་སྒྲུབ་ཐབས་བཞུགས་སོ། །

བླ་མ་དང་བདེ་བ་ཆེན་པོ་ལ་ཕྱག་འཚལ་ལོ། །འཇིག་རྟེན་མགོན་པོའི་སྒྲུབ་ཐབས་ཉམས་སུ་ལེན་པར་བྱེད་པ་ལ། བཅའ་གཞི་ཞིགས་པར་གྲུབ་ནས་ཆོ་གའི་མགོ་འཛུགས་ཏེ། ནང་མཆོད་བྱིན་གྱིས་བརླབ་པ་ནི། ཨོཾ་ཨཱཿཧཱུྃ་ཧོཿ སྭ་བྷཱ་ཝ་ཤུདྡྷཿསརྦ་དྷརྨཱཿསྭ་བྷཱ་ཝ་ཤུདྡྷོ྅ཧཾ། སྟོང་པ་ཉིད་དུ་གྱུར། སྟོང་པའི་ངང་ལས་ཡཾ་ལས་རླུང་། རཾ་ལས་མེ། ཀཾ་ལས་ཐོད་པའི་སྒྱེད་པོ་གསུམ་གྱི་སྟེང་དུ། ཀ་པཱ་ལ་མཚན་ཉིད་ཡོངས་སུ་རྫོགས་པ། ཡངས་ཤིང་རྒྱ་ཆེ་བའི་ནང་དུ། ཤ་ལྔ་བདུད་རྩི་ལྔའི་རང་བཞིན་དུ་གྱུར། ཨོཾ་ཨཱཿཧཱུྃ། ལན་གསུམ་དང་། མཐེབ་སྲིན་གྱིས་ལན་གསུམ་དཀྲུག །གཞི་བདག་གཏོར་མ་ལ་ཆུ་གཙང་སྦྲན་ལ། ཨ་མྲྀ་ཏ་ཀུཎྜ་ལི་ཧ་ན་ཧ་ན་ཧཱུྃ་ཕཊ། ཨོཾ་སྭ་བྷཱ་ཝ་ཤུདྡྷཿསརྦ་དྷརྨཱཿསྭ་བྷཱ་ཝ་ཤུདྡྷོ྅ཧཾ། སྟོང་པ་ཉིད་དུ་གྱུར། སྟོང་པའི་ངང་ལས་གཏོར་མ་དངས་ཤིང་ཐོགས་པ་མེད་པ། གཞི་བདག་རྣམས་ཀྱི་འདོད་པའི་ཡོན་ཏན་ལྔ་དང་ལྡན་པར་གྱུར། ཨོཾ་ཨ་ཀཱ་རོ་མུ་ཁཾ་སརྦ་དྷརྨཱ་ཎཱཾ་ཨཱདྱ་ནུཏྤནྣ་ཏྭཱཏ། ཨོཾ་ཨཱཿཧཱུྃ་ཕཊ་སྭཱ་ཧཱ། མཆོད་སྦྱིན་གྱི་གཏོར་མ་རྒྱ་ཆེན་པོ་འདི་བསྔོ་ཞིང་འབུལ་བའི་གནས་སུ་གྱུར་པ་ནི། སྟོང་གསུམ་གྱི་སྟོང་ཆེན་པོ། མཐོ་བ་ནམ་མཁའ། དམའ་བ་ས་གཞི། དབུས་ཀྱི་རི་བོ་མཆོག་རབ། གསེར་གྱི་རི་བདུན། རོལ་པའི་མཚོ་བདུན། མཚོ་མ་ཕམ། གངས་ཏི་སེ། རྒྱ་གར། ཁ་ཆེ། རྒྱ་ནག་རི་བོ་རྩེ་ལྔ། བོད་ཀྱི་མགུར་ལྷ་བཅུ་གསུམ། འཛམ་གླིང་གི་བརྟན་མ་བཅུ་གཉིས། སྲིད་པ་ཆགས་པའི་ལྷ་དགུ། སྟོད་མངའ་རིས་སྐོར་གསུམ། བར་དབུས་གཙང་རུ་བཞི། སྨད་མདོ་ཁམས་སྒང་གསུམ་ལ་

གནས་པའི་གཞིའི་བདག་པོ། གནས་ཀྱི་བདག་པོ། གྲོང་གི་བདག་པོ། གཉུག་མར་གནས་པའི་གཞི་བདག་རྣམས་ལ་འབུལ་ལོ། །མཆོད་སྦྱིན་གྱི་གཏོར་མ་རྒྱ་ཆེན་པོ་འདི་བཞེས་ལ། བདག་ཅན་དཔོན་སློབ་གྲྭ་ཚན་གྲོགས་མཆེད་འཁོར་དང་བཅས་པ་རྣམས་འགྲོ་ན་མ་བསྲོལ། འདུག་ན་མ་སྡང་། བསམ་པ་མ་ངན། སྦྱོར་བ་མ་རྩུབ། ལས་དཀར་པོ་དགེ་བའི་སྟོང་གྲོགས་རྒྱ་ཆེན་པོ་མཛད་དུ་གསོལ། གཏོར་མ་གཙང་སར་སྐྱེལ། རོལ་མོ་བྱ། བགེགས་གཏོར་གཏོང་ན་སྦྱང་བའམ། བདག་གི་ལུས་ལ་དྲུད་པའི་ཟན་ལ། ཆངས་བུ་དར་བླུད་སོགས་སྟོད་གཙང་མར་འཇུག་ལ། སྔགས་ཀྱི་ཁར་འཛོག་ཅིང་ཆུ་གཙང་མས་བྲན། ཨ་ཨཱ་ཧྲ་ས་བསང་། ཨ་ཀཱ་རོ་ས་ཅིན་རླབས། བགེགས་མཐར་བྱེད་ཀྱི་ཕྱག་རྒྱ་དང་བཅས་ཏེ། ན་མོ་ཛྷེ་བཙུན་རྩ་བ་དང་བརྒྱུད་པར་བཅས་པའི་དཔལ་ལྡན་བླ་མ་བརྒྱུད་པ་དང་བཅས་པ་རྣམས་ཀྱི་བཀའ་བདེན་པ་དང་། སངས་རྒྱས་ཀྱི་བཀའ་བདེན་པ་དང་། ཆོས་ཀྱིཿ དགེ་འདུན་གྱིཿ གསང་སྔགས། རིགས་སྔགས། གཟུངས་སྔགས། སྙིང་པོ། ཕྱག་རྒྱ། ཆོས་ཉིད་རྣམ་པར་དག་པའི་བདེན་པ་དང་། བཅོམ་ལྡན་འདས་འཇིག་རྟེན་མགོན་པོའི་ལྷ་ཚོགས་འཁོར་དང་བཅས་པ་རྣམས་ཀྱི་བདེན་པ་དང་། བདེན་པ་ཆེན་པོའི་བྱིན་རླབས་ཀྱིས། བདག་ཅག་དཔོན་སློབ་འཁོར་དང་བཅས་པ་རྣམས་ཀྱིས་ལུས་ངག་ཡིད་གསུམ་ལ་གནོད་ཅིང་འཚེ་བར་བྱེད་པའི་ལོག་འདྲེན་འབྱུང་པོའི་ཚོགས་དང་བཅས་པ་ཐམས་ཅད་སྐད་ཅིག་ཡུད་ཙམ་ལ་འདིར་མཆིས་པར་གྱུར་ཅིག །ཏྲཱི་ཀྲྀ་ཏ་ཛ། ཧཱུྃ་ཛཿ མཆོད་སྦྱིན་གྱི་གཏོར་མ་རྒྱ་ཆེན་པོ་འདི། བགེགས་ཀྱི་རྒྱལ་པོ་བི་ན་ཡ་ཀ་ས་གཙོ་བྱས་བགེགས་རིགས་ལན་ཆགས་ཀྱི་ཚོགས་དང་བཅས་པ་རྣམས་ལ་འབུལ་ལོ། །ལན་ཆགས་འདི་ཡིས་བྱང་། བུ་ལོན་འདི་ཡིས་འཁོར། ཤ་མགོན་འདི་ཡིས་ཞི་ནས། སངས་རྒྱས་ཀྱི་གོ་འཕང་རིན་པོ་ཆེ་ཐོབ་པར་གྱུར་ཅིག །གཏོར་མ་ཕྱི་རོལ་དུ

སྒྲིལ། རོལ་མོ་དཀྲོལ་ཞིང་། སུམྦྷ་ནི་ཡིས་བགེགས་བསྐྲད། མཆོད་རྫས་ལ་ཆབ་བྲན། ཨོཾ་སྭ་བྷཱ་ཝ་ཤུདྡྷཿསརྦ་དྷརྨཱཿསྭབྷཱ་ཝ་ཤུདྡྷོ྅ཧཾ། སྟོང་པ་ཉིད་དུ་གྱུར། སྟོང་པའི་ངང་ལས་མཆོད་པའི་དངོས་པོ་དངས་ཤིང་ཡིད་དུ་འོང་བ། དངས་ཤིང་ཐོགས་པ་མེད་པ་ནམ་མཁའ་དང་མཉམ་པར་གྱུར། ཨོཾ་སརྦ་ཏ་ཐཱ་ག་ཏ་ཨརྒྷཾ་པྲ་ཏཱིཙྪ། པ་དྱཾ་པྲ་ཏཱིཙྪ། པུཥྤེ། དྷཱུ་པེ། ཨཱ་ལོ་ཀེ། གནྡྷེ། ནཻ་ཝི་དྱེ། ཤབྡ་ཨཱཿཧཱུྃ་སྭཱ་ཧཱ། རོལ་མོ་བྱ། བདག་གཞན་མ་ཚོགས་ནམ་མཁའི་མཐའ་དང་མཉམ་པའི་སེམས་ཅན་ཐམས་ཅད་བླ་མ་ལ་སྐྱབས་སུ་མཆིའོ། །སངས་རྒྱས་ལཿ ཆོས་ལཿ དགེ་འདུན་ལཿ ཡི་དམ་དཀྱིལ་འཁོར་གྱི་ལྷ་ཚོགས་རྣམས་ལཿ དཔའ་བོ་མཁའ་འགྲོ་ཆོས་སྐྱོང་སྲུང་མའི་ཚོགས་དང་བཅས་པ་རྣམས་ལ་སྐྱབས་སུ་མཆིའོ། །བཅོམ་ལྡན་འདས་འཇིག་རྟེན་མགོན་པོའི་ལྷ་ཚོགས་འཁོར་དང་བཅས་པ་རྣམས་ལ་སྐྱབས་སུ་མཆིའོ། །སངས་རྒྱས་ཆོས་དང་ཚོགས་ཀྱི་མཆོག་རྣམས་ལ། །བྱང་ཆུབ་བར་དུ་བདག་ནི་སྐྱབས་སུ་མཆི། །བདག་གིས་སྦྱིན་སོགས་བགྱིས་པའི་བསོད་ནམས་འདི་དག་གིས། །འགྲོ་ལ་ཕན་ཕྱིར་སངས་རྒྱས་འགྲུབ་པར་ཤོག །ཚོགས་ཞིང་ནི། མདུན་གྱི་ནམ་མཁར་བཅོམ་ལྡན་འདས་འཇིག་རྟེན་མགོན་པོའི་ལྷ་ཚོགས་འཁོར་དང་བཅས་པ་སྤྱན་དྲངས། བཛྲ་ས་མ་ཛཿ བཅོམ་ལྡན་འདིར་ནི་བྱོན་པ་ལེགས། །བདག་ཅག་བསོད་ནམས་སྐལ་བར་ལྡན། །བདག་གི་མཆོད་ཡོན་བཞེས་ནས་ཀྱང་། །འདི་ཉིད་དུ་ནི་བཞུགས་སུ་གསོལ། །པདྨ་ཀ་མ་ལ་ཡ་སྟྭཾ། ཕྱག་རྒྱ་དང་བཅས་ཏེ་གདན་འབུལ། བཛྲ་ཨརྒྷཾ་ཨཱཿཧཱུྃ། པུཥྤེ། དྷཱུ་པེ། ཨཱ་ལོ་ཀེ། གནྡྷེ། ནཻ་ཝི་དྱེ། ཤབྡ་ཨཱཿཧཱུྃ། སོ་སོའི་ཕྱག་རྒྱ་དང་བཅས་ཏེ་འབུལ། བསྟོད་པ་ནི། སངས་རྒྱས་ཐམས་ཅད་འདུས་པའི་སྐུ། །རྡོ་རྗེ་འཛིན་པའི་ངོ་བོ་ཉིད། །དཀོན་མཆོག་གསུམ་གྱི་རྩ་བ་སྟེ། །བླ་མ་རྣམས་ལ་ཕྱག་འཚལ་བསྟོད། །བླ་མ་སངས་རྒྱས་

བླ་མ་ཆོས། །བླ་མ་དཔལ་ལྡན་རྡོ་རྗེ་འཆང་། །ཀུན་གྱི་བྱེད་པ་བླ་མ་ཡིན། །བླ་མ་རྣམས་ལ་ཕྱག་འཚལ་བསྟོད། །སྟོན་པ་བླ་མེད་སངས་རྒྱས་རིན་པོ་ཆེ། །སྐྱོབ་པ་བླ་མེད་དམ་ཆོས་རིན་པོ་ཆེ། །འདྲེན་པ་བླ་མེད་དགེ་འདུན་རིན་པོ་ཆེ། །བླ་མེད་དཀོན་མཆོག་གསུམ་ལ་ཕྱག་འཚལ་བསྟོད། །ཨོཾ་ཨཱཿཧཱུྃ། ཚོགས་ཞིང་རྣམས་བདག་ཉིད་ལ་ཐིམ་པར་གྱུར། སེམས་ཅན་ཐམས་ཅད་བདེ་བ་དང་བདེ་བའི་རྒྱུ་དང་ལྡན་པར་གྱུར་ཅིག །སྡུག་བསྔལ་དང་སྡུག་བསྔལ་གྱི་རྒྱུ་དང་བྲལ་བར་གྱུར་ཅིག །སྡུག་བསྔལ་མེད་པའི་བདེ་བ་དང་མི་འབྲལ་བར་གྱུར་ཅིག །ཉེ་རིང་ཆགས་སྡང་གཉིས་དང་བྲལ་བའི་བཏང་སྙོམས་ཆེན་པོ་ལ་ཡུན་རིང་དུ་གནས་པར་གྱུར་ཅིག །

བདག་བསྐྱེད་ནི། ཨོཾ་སྭ་བྷཱ་ཝ་ཤུདྡྷཿསརྦ་དྷརྨཿསྭབྷཱ་ཝ་ཤུདྡྷོ྅ཧཾ། སྟོང་པ་ཉིད་དུ་གྱུར། སྟོང་པའི་ངང་ལས་གཞལ་ཡས་ཀྱི་ཁང་པ་གྲུ་བཞི་སྒོ་བཞི་རྟ་བབས་རིམ་པ་ལྔ་དང་ལྡན་པ། དེའི་དབུས་སུ་པདྨ་འདབ་མ་བརྒྱད་དང་ལྡན་པའི་ལྟེ་བར། རིན་པོ་ཆེའི་ཁྲི་ཡངས་ཤིང་རྒྱ་ཆེ་བའི་སྟེང་དུ་ལྷ་རྫས་ཀྱི་གོས་དུ་མའི་ཁྲི་ཁེབས་དང་བཅས་པའི་དབུས་སུ། ཟླ་བའི་དཀྱིལ་འཁོར་གྱི་སྟེང་དུ། ཨུ་ཡིག་དཀར་པོ། དེ་ལས་འོད་ཟེར་འཕྲོས། འཕགས་པ་མཆོད། སེམས་ཅན་གྱི་དོན་བྱས། ཚུར་འདུས་ཡོངས་སུ་གྱུར་པ་ལས་བཅོམ་ལྡན་འདས་ཐུབ་པའི་དབང་པོ་སྐུ་མདོག་གངས་རི་ལ་ཉི་མ་ཤར་བ་ལྟར་དཀར་བ། ཞལ་གཅིག་ཕྱག་གཉིས། དབུ་གཙུག་ཏོར། ཞབས་འཁོར་ལོ་སོགས་མཚན་བཟང་པོ་སུམ་ཅུ་རྩ་གཉིས། དཔེ་བྱད་བཟང་པོ་བརྒྱད་ཅུས་སྤྲས་པ། སྤྲུལ་པ་སྐུའི་ཆ་བྱད་ཅན། ཞབས་རྡོ་རྗེ་དཀྱིལ་ཀྲུང་དུ་བཞུགས་པ། ཕྱག་གཉིས་ཡུམ་སྣ་མ་ཀྲཱི་དཀར་མོའི་སྐུ་རྒྱབ་ཏུ་ཕྱག་རྒྱ་བཅས་པ།

དེའི་ཡུམ་སྣ་མ་ཀཱི་སྐུ་མདོག་དཀར་མོ་བཅོམ་ལྡན་འདས་ལ་འཁྲིལ་བའི་ཚུལ་དུ་གནས་པ། གཡས་གྲི་གུག་དང་གཡོན་རྔན་རྔ་བདུད་རྩིས་བཀང་བ་བསྣམས་པ། སྤྱན་གསུམ་མཆེ་བ་བཞི་ཙུང་ཟད་གཙིགས་ཤིང་། དབུ་སྐྲ་རལ་པས་སྐུ་རྒྱབ་ཁེབས་པ། རུས་པ་དང་རིན་པོ་ཆེའི་རྒྱན་དུ་མས་སྤྲས་པ། དེའི་ཤར་དུ་མེ་ལས་བྱམས་པ་དཀར་པོ། ཡུམ་སྒྲོལ་མ་དཀར་མོ་དང་གཉིས་སུ་མེད་པ། ལྷོར་ས་ལས་སའི་སྙིང་པོ་སེར་པོ། ཡུམ་སངས་རྒྱས་སྤྱན་མ་དང་གཉིས་སུ་མེད་པ། ནུབ་ཏུ་ཧྲཱིཿལས་སྣང་བ་མཐའ་ཡས་དམར་པོ་ཡུམ་གོས་དཀར་མོ་དང་གཉིས་སུ་མེད་པ། བྱང་དུ་མི་འཁྲུག་པ་ལྗང་སྔོན་ཡུམ་དམ་ཚིག་སྒྲོལ་མ་དང་གཉིས་སུ་མེད་པ། ཤར་ལྷོར་རྣམ་པར་སྣང་མཛད་དཀར་པོ་སྣ་ཚོགས་མཁའ་འགྲོ་སེར་མོ་དང་གཉིས་སུ་མེད་པ། ལྷོ་ནུབ་ཏུ་ཕྱག་ན་རྡོ་རྗེ་སྔོན་པོ་ཡུམ་རྡོ་རྗེ་མཁའ་འགྲོ་སྔོན་མོ་དང་གཉིས་སུ་མེད་པ། ནུབ་བྱང་དུ་པདྨ་གར་དབང་སྔོ་སྐྱ་ཡུམ་དབྱངས་ཅན་མ་དཀར་མོ་དང་གཉིས་སུ་མེད་པ། བྱང་ཤར་དུ་རྟ་མཆོག་རོལ་པ་སྐུ་མདོག་སེར་པོ་ཡུམ་ཕག་མོ་ནག་མོ་དང་གཉིས་སུ་མེད་པ། ཡབ་རྣམས་ཀྱིས་གཡས་ནོར་བུ་རིན་པོ་ཆེ་དང་། གཡོན་ཐོད་པ་བདུད་རྩིས་གང་བ་བསྣམས་པ། ཡུམ་རྣམས་ཀྱི་གཡས་གྲི་གུག་དང་། གཡོན་རྔན་རྔ་ཁྲག་གིས་གང་བ་བསྣམས་པ། ལྷ་ཚོགས་དེ་དག་ཐམས་ཅད་ཀྱི་དཔྲལ་བར་ཨོཾ་དཀར་པོ། མགྲིན་པར་ཨཱཿདམར་པོ། ཐུགས་ཀར་ཧཱུྃ་སྔོན་པོ། ཐུགས་ཀའི་ཧཱུྃ་ལས་འོད་ཟེར་འཕྲོས་པས། རང་བཞིན་གྱི་གནས་དང་ཆོས་ཀྱི་དབྱིངས་ནས་འཇིག་རྟེན་མགོན་པོ་འཁོར་དང་བཅས་པ་མདུན་གྱི་ནམ་མཁའི་གནས་སུ་བཛྲ་ས་མ་ཛཿ དེ་རྣམས་ཀྱི་སྐུ་གསུང་ཐུགས་ལས་སྐུ་དང་གསུང་ཡེ་ཤེས་ཀྱི་རང་བཞིན་རྣམས་བྱོན་ནས། རང་གི་གནས་གསུམ་དུ་

ཐིམ་པར་གྱུར། ཨོཾ་ཤུ་ཉེ་ཤུ་ཉེ་མ་ཧཱ་ཤུ་ཉེ་ཤཱཀྱ་ཤུ་ཉེ་ཡེ་སྭཱ་ཧཱ། བརྒྱ་རྩའམ། ཅི་རིགས་པ་བཟླས། རྟེན་གཞལ་ཡས་ཁང་དང་བཅས་པ་བདག་ཉིད་ལ་ཐིམ་ཞིང་སྟོང་པ་ཉིད་ཀྱི་རང་བཞིན་དུ་གྱུར།

བུམ་པ་བསྐྱེད་པ་ནི། ཨོཾ་སྭ་བྷཱ་ཝ་ཤུདྡྷཿསརྦ་དྷརྨཱཿསྭ་བྷཱ་ཝ་ཤུདྡྷོ྅ཧཾ། སྟོང་པ་ཉིད་དུ་གྱུར། སྟོང་པའི་ངང་ལས་རིན་པོ་ཆེའི་བུམ་པ་མཚན་ཉིད་དང་ལྡན་པ་ཞབས་ཞུམ་པ། ལྟོ་བ་ལྡིར་བ། མགྲིན་པ་རིང་ཞིང་མཆུ་འཕྱང་བ། ལྷ་རྫས་ཀྱི་གོས་ཀྱི་མགུལ་ཆིངས་དང་། དཔག་བསམ་གྱི་ཤིང་གིས་ཁ་བརྒྱན་པ། དེའི་དབུས་སུ་གཞལ་ཡས་ཀྱི་ཁང་པ་མཚན་ཉིད་ཐམས་ཅད་ཡོངས་སུ་རྫོགས་པའི་དབུས་སུ། བཅོམ་ལྡན་འདས་འཇིག་རྟེན་མགོན་པོ་འཁོར་དང་བཅས་པ་བཞུགས་པའི་དཔྲལ་བར་ཨོཾ་དཀར་པོ། མགྲིན་པར་ཨཱཿདམར་པོ། ཐུགས་ཀར་ཧཱུྃ་སྔོན་པོ། ཐུགས་ཀའི་ཧཱུྃ་ལས་འོད་ཟེར་འཕྲོས་པས། རང་བཞིན་གྱི་གནས་དང་། ཆོས་ཀྱི་དབྱིངས་ནས་བཅོམ་ལྡན་འདས་ལ་སངས་རྒྱས་དང་བྱང་ཆུབ་སེམས་དཔའི་ཚོགས་ཀྱིས་བསྐོར་བ་སྤྱན་དྲངས། བཛྲ་ས་མ་ཛཿ བུམ་པའི་ལྷ་ཚོགས་རྣམས་ལ་ཛཿཧཱུྃ་བཾ་ཧོཿ གཉིས་སུ་མེད་པར་གྱུར། ཨོཾ་ཤུ་ཉེ་ཤུ་ཉེ་མ་ཧ་ཤུ་ཉེ་ཡེ་སྭཱ་ཧཱ། བུམ་ལྷ་ཞུ་བའི་རང་བཞིན་དུ་གྱུར།

མདུན་བསྐྱེད་བསྒྲུབ་པ་ནི། སྭ་བྷཱ་ཝ་ནས། བཛྲ་ས་མ་ཛའི་བར་གོང་བཞིན་བྱེད་ཅིང་། སྤྱན་འདྲེན་ནི། ཧཱུྃ། མ་ལུས་སེམས་ཅན་ཀུན་གྱི་མགོན་གྱུར་ཅིང་། །བདུད་སྡེ་དཔུང་བཅས་མི་བཟད་འཇོམས་མཛད་ལྷ། །དངོས་རྣམས་མ་ལུས་ཇི་བཞིན་མཁྱེན་གྱུར་པའི། །བཅོམ་ལྡན་འཁོར་བཅས་གནས་འདིར་གཤེགས་སུ་གསོལ། །བཅོམ་ལྡན་བསྐལ་པ་གྲངས་མེད་དུ་མ་རུ། །འགྲོ་ལ་བརྩེ་ཕྱིར་ཐུགས་རྗེས་རྣམ་སྦྱངས་ཤིང་། །སྨོན་ལམ་རྒྱ

ཆེན་དགོངས་པ་ཡོངས་རྫོགས་མཛད། །ཁྱོད་བཞེད་འགྲོ་དོན་མཛད་དུས་འདི་ལགས་ན། །དེ་ཕྱིར་ཆོས་དབྱིངས་ཕོ་བྲང་ལྷུན་གྲུབ་ནས། །རྫུ་འཕྲུལ་བྱིན་རླབས་སྣ་ཚོགས་སྟོན་མཛད་ཅིང་། །མཐའ་ཡས་སེམས་ཅན་ཚོགས་རྣམས་བསྒྲལ་བའི་ཕྱིར། །ཡང་དག་འཁོར་བཅས་གནས་འདིར་གཤེགས་སུ་གསོལ། །བཅོམ་ལྡན་འདིར་ནི་བྱོན་པ་ལེགས། །བདག་ཅག་བསོད་ནམས་སྐལ་བར་ལྡན། །བདག་གི་མཆོད་ཡོན་བཞེས་ནས་ཀྱང་། །ཐུགས་ལ་དགོངས་ཤིང་གནང་བར་མཛོད། །བདེ་བར་གཤེགས་སོ་བཅོམ་ལྡན་འདས། །ཚུར་བྱོན་འདིར་ནི་བཞུགས་སུ་གསོལ། །བདག་གི་མཆོད་ཡོན་བཞེས་ནས་ཀྱང་། །འདི་ཉིད་དུ་ནི་བཞུགས་སུ་གསོལ། །ཨོཾ་སརྦ་ཏ་ཐཱ་ག་ཏ་པདྨ་ཀ་མ་ལ་ཡ་སྭཱ། ཛཿཧཱུཾ་བཾ་ཧོཿ གཉིས་སུ་མེད་པར་གྱུར། ཨོཾ་མུ་ནེ་མུ་ནེ་མ་ཧཱ་མུ་ནེ། ཤཱཀྱ་མུ་ནེ་ཡེ་སྭཱ་ཧཱ། ཅི་རིགས་པ་བཟླས་ཤིང་། མཆོད་པ་ནི། ཨོཾ་སརྦ་ཏ་ཐཱ་ག་ཏ་ཨརྒྷཾ་པྲ་ཏཱིཙྪ་པུ་ཛ་མེ་གྷ་ས་མུ་དྲ་སྥ་ར་ཎ་ས་མ་ཡ་ཤྲཱི་ཡེ་ཧཱུཾ། པུཥྤེ། དྷཱུ་པེ། ཨཱ་ལོ་ཀེ། གནྡྷེ། ནཻ་ཝི་དྱེ། ཤབྡའི་བར་ཕྱག་རྒྱ་དང་བཅས་ནས་འབུལ། ནམ་མཁའི་སྐྱེས་མཆོག་ཐམས་ཅད་མཁྱེན། །གཙོ་མ་གསེར་གྱི་མདོག་འདྲ་ཞིང་། །གཟི་བརྗིད་བསྐལ་བའི་མེ་ལྟར་འབར། །བཅོམ་ལྡན་འཁོར་བཅས་ཕྱག་འཚལ་བསྟོད། །སངས་རྒྱས་ཐམས་ཅད་འདུས་པའི་སྐུ། །རྡོ་རྗེ་འཛིན་པའི་ངོ་བོ་ཉིད། །དཀོན་མཆོག་གསུམ་གྱི་རྩ་བ་སྟེ། །བླ་མ་རྣམས་ལ་ཕྱག་འཚལ་བསྟོད། །གང་གི་དྲིན་གྱིས་བདེ་ཆེན་ཉིད། །སྐད་ཅིག་ཉིད་ལ་འཆར་བ་གང་། །བླ་མ་རིན་ཆེན་ལྟ་བུའི་སྐུ། །རྡོ་རྗེ་ཅན་ཞབས་པད་ལ་འདུད། །ཁ་དོག་དབྱིབས་ལེགས་ཡིད་འོང་རྒྱན་ཕྲེང་ལྡན། །ཕྱོགས་དུས་ཀུན་ནས་གཟུགས་མཆོག་ཅི་མཆིས་པ། །མོས་བློས་དཀྱིལ་འཁོར་ལྷ་ལ་བདག་འབུལ་ན། །བཞེས་ཤིག་བླ་མེད་གྲུབ་མཆོག་སྩོལ་དུ་གསོལ། །ཨོཾ་སརྦ་ཏ་ཐཱ་ག་ཏ་

ཧཱུ་པ་ཀ་མ་གུ་ན་བཛྲ་པུ་ཥྤེ་ཏེ་ཨཱཿཧཱུྃ། ཕྱོགས་དུས་ཀུན་ནས་ཟིན་དང་མ་ཟིན་པའི། །ཡོན་ཏན་ཚིག་བརྗོད་སྒྲ་སྙན་ཅི་མཆིས་པ། །མོས་གུས་བཞེས་ཤིག༔ ཨོཾ་སཏྭཿ ཤབྡཿ ཕྱོགས་དུས་ཀུན་ནས་ཙནྡ་སྤྲུལ་སྙིང་དང་། །ཨ་ཀར་ལ་སོགས་དྲི་མཆོག་ཅི་མཆིས་པ། །མོས་གུས་བཞེས་ནས༔ ཨོཾ་གནྡྷེ༔ ཕྱོགས་དུས་ཀུན་ནས་རོ་དང་བཅུད་ལྡན་པའི། །ལུས་སེམས་ཚིམ་བྱེད་རོ་མཆོག་ཁྱད་པར་ཅན། །མོས་གུས་བཞེས་ནས༔ ཨོཾ་ར་སཿ ཕྱོགས་དུས་ཀུན་ནས་འཇམ་གཉེན་འཁྲིལ་ཆགས་པའི། །རེག་བྱའི་ཁྱད་པར་འཕགས་པ་ཅི་མཆིས་པ། །མོས་གུས་བཞེས་ནས༔ ཨོཾ་པརྴེ༔ ཤཱཀྱའི་དབང་པོ་གཙུག་ཏོར་ཐམས་ཅད་སྐྱོབ། །གསེར་གྱི་མདོག་འདྲ་འོད་ཟེར་ཕྱོགས་བཅུར་འཕྲོ། །མི་འགྱུར་ཡེ་ཤེས་རྡོ་རྗེའི་སྐུ་ལྟ་བུ། །ཤཱཀྱའི་རྒྱལ་པོ་ཁྱེད་ལ་ཕྱག་འཚལ་བསྟོད། །བླ་མའི་སྐུ་ནི་རྡོ་རྗེའི་སྐུ། །མཛེས་ཤིང་ལྟ་བས་ཆོག་མི་ཤེས། །བླ་མའི་སྐུ་ལ་ཕྱག་འཚལ་བསྟོད། །བླ་མའི་གསུང་ནི་ཚངས་པའི་དབྱངས། །འགག་མེད་སེང་གེའི་སྒྲ་དང་ལྡན། །མུ་སྟེགས་རིགས་རྣམས་སྐྲག་མཛད་པའི། །བླ་མའི་གསུང་ལ་ཕྱག་འཚལ་བསྟོད། །བླ་མའི་ཐུགས་ནི་ནམ་མཁའ་འདྲ། །བདེ་གསལ་མི་རྟོག་སྟོང་པའི་ངང་། །བླ་མའི་ཐུགས་ལ་ཕྱག་འཚལ་བསྟོད། །

བདག་འཇུག་ནི། སློབ་མ་རྣམས་ཁྲུས་བྱེད། གདན་ལ་འཁོད། མཎྜལ་ཕུལ་ནས་གསོལ་བ་བཏབ་སྟེ། དཀོན་མཆོག་གསུམ་ལ་བདག་སྐྱབས་མཆི། །སྡིག་པ་མི་དགེ་སོ་སོར་བཤགས། །འགྲོ་བའི་དགེ་ལ་རྗེས་ཡི་རང་། །སངས་རྒྱས་བྱང་ཆུབ་ཡིད་ཀྱིས་བཟུང་། །སངས་རྒྱས་ཆོས་དང་ཚོགས་མཆོག་ལ། །བྱང་ཆུབ་བར་དུ་སྐྱབས་སུ་མཆི། །རང་གཞན་དོན་ནི་རབ་སྒྲུབ་ཕྱིར། །བྱང་ཆུབ་སེམས་ནི་བསྐྱེད་པར་བགྱི། །བྱང་ཆུབ་མཆོག་གི་སེམས་ནི་བསྐྱེད་བགྱིས་ནས། །སེམས་ཅན་ཐམས་ཅད་བདག་གི་མགྲོན་དུ་གཉེར། །བྱང་

ཆུབ་སྒྲོད་མཆོག་ཡིད་འོང་སྤྱོད་པར་བགྱི། །འགྲོ་ལ་ཕན་ཕྱིར་སངས་རྒྱས་འགྲུབ་པར་ཤོག །སློབ་མ་རྣམས་བུམ་ཆུས་བསང་སྟེ། ཁྱེད་རང་འཇིག་རྟེན་མགོན་པོར་གསལ་བའི་དཔྲལ་བར་ཨོཾ། མགྲིན་པར་ཨཱཿ ཐུགས་ཀར་ཧཱུྃ། ཨོཾ་སྭ་བྷཱ་ཝ་ཤུདྡྷཿསརྦ་དྷརྨཱཿསྭ་བྷཱ་ཝ་ཤུདྡྷོ྅ཧཾ། སྟོང་པའི་ངང་ལས་བཅོམ་ལྡན་འདས་འཇིག་རྟེན་མགོན་པོ་འཁོར་དང་བཅས་པ་གསལ་བའི་སྐུ་གསུང་ཐུགས་ལས་ཟག་མེད་ཀྱི་བདུད་རྩི་ཆར་ལྟར་བབ། ཁྱེད་རང་རྣམ་པའི་ལུས་ལ་སིབ་ཀྱིས་ཐིམ་པའི་མོས་པ་གྱིས་བརྗོད་ལ། ཡེ་ཤེས་པ་ཕབ་ཅིང་རོལ་མོ་དྲག་ཏུ་དཀྲོལ། རྡོ་རྗེ་མགོར་འཇོག་ཅིང་། ཏིཥྛ་བཛྲ་བརྗོད་དེ་བརྟན་པར་བྱེད། དབང་དངོས་གཞི་ཞུ་བའི་ཡོན་དུ་མཎྜལ་ཕུལ། གསོལ་བ་འདེབས་པ་ནི། ཀུན་མཁྱེན་ཡེ་ཤེས་ཕུང་པོ་ཅན། །སྲིད་པའི་འཁོར་ལོ་རྣམ་འཇོམས་པ། །དེ་རིང་བཤད་པའི་རིན་ཆེན་གཏེར། །གཙོ་བོས་བདག་ལ་བཀའ་དྲིན་སྩོལ། །བུམ་པ་སློབ་མའི་སྤྱི་བོར་བཟུང་སྟེ། བུདྡྷ་ཨ་བྷི་ཥིཉྩ་ཨོཾ། ཇི་ལྟར་བལྟམས་པ་ཙམ་གྱིས་ནི། །ལྷ་རྣམས་ཀྱིས་ནི་ཁྲུས་གསོལ་ལྟར། །ལྷ་ཡི་ཆུ་ནི་དག་པ་ཡིས། །དེ་བཞིན་བདག་གིས་སྐུ་ཁྲུས་གསོལ། །ཨོཾ་སརྦ་ཏ་ཐཱ་ག་ཏ་ཨ་བྷི་ཥེ་ཀ་ཏ་ས་མ་ཡ་ཤྲི་ཡེ་ཧཱུྃ། བུམ་ཆུ་བླུད། དེས་རྣམ་པར་སྣང་མཛད་བུམ་པའི་དབང་བསྐུར་བ་ལ་བརྟེན་ནས། ཉོན་མོངས་པ་གཏི་མུག་དག །ཆོས་དབྱིངས་ཡེ་ཤེས་གནས་འགྱུར། རྣམ་པར་སྣང་མཛད་ཀྱིས་དབུ་བརྒྱན་པའི་མོས་པ་གྱིས། ཡང་བུམ་པ་སྙིང་ཁར་བཟུང་སྟེ། བཛྲ་ཨ་བྷི་ཥིཉྩ་ཧཱུྃ། ཇི་ལྟར་བལྟམས་པ་སོགས། ཉོན་མོངས་པ་ཞེ་སྡང་དག །མེ་ལོང་༔ མི་བསྐྱོད་པས༔ བུམ་པ་སྤྱི་བོར་བཟུང་། རཏྣ་ཨ་བྷི་ཥིཉྩ་ཏྲཾ། ཇི་ལྟར༔ ཕྲག་དོག༔ བྱ་གྲུབ༔ དོན་ཡོད་གྲུབ་པས་དབུ་བརྒྱན་པའི་མོས་པ་གྱིས། རིགས་ལྔའི་བུམ་པས་དབང་བསྐུར་བ་ལ་བརྟེན་ནས། ལུས་སྒྲིབ་དག་སྤྲུལ་པའི་སྐུ་ཐོབ་པར་བྱས་སོ། །

གཉིས་པ་ཞུ་བའི་དོན་དུ་མཎྜལ་གསོལ་བཏབ་གོང་བཞིན་བྱེད། བླ་མ་དང་དཀྱིལ་འཁོར་གྱི་ལྷ་ཐ་མི་དད་པའི་ཐུགས་ཀར། ཉི་མའི་དཀྱིལ་འཁོར་གྱི་དབུས་སུ་མུ་ཡིག་གི་མཐར་སྔགས་ཕྲེང་གིས་བསྐོར་བ་བླ་མ་དང་ཡི་དམ་ལྷའི་ཞལ་ནས་བརྒྱུད། ཁྱེད་རང་ཡི་དམ་དུ་གསལ་བའི་ཞལ་དུ་ཞུགས། ཐུགས་ཁར་མུ་ཡིག་གི་མཐར་འཁོད་པའི་ཟློས་པ་གྱིས། ཨོཾ་མུ་ནེ་མུ་ནེ་མ་ཧཱ་མུ་ནེ་ཤཱཀྱ་མུ་ནེ་ཡེ་སྭཱ་ཧཱ། བརྗོད་དུ་བཅུག་ཅིང་། ཕྲེང་བ་མགྲིན་པར་གཏུགས། སྔགས་ཀྱི་ནུས་པ་ཐོན་པར་བྱིན་གྱིས་རློབས་བརྗོད། གསུམ་པའི་དོན་དུ་མཎྜལ། གསོལ་བཏབ་གོང་བཞིན་བྱེད། རོ་རྗེ་དྲིལ་བུ་བཟུང་ཞིང་ཐལ་མོ་སྦྱར། གུང་མོ་གཉིས་བརྐྱང་ཞིང་སྙིང་ཁར་གཏུགས། ཨོཾ་ཤྲུ་ཏྲ་ཧྲ་ཧླཱ་ན་བཛྲ་སྭ་ཧླ་ཕ་ཨཱཏྨ་ཀོ྅ཧཾ། བརྗོད། མེ་ཏོག་འཐོར། དེས་ཡིད་སྒྲིབ་དག །ཆོས་སྐུ་ཐོབ། བཞི་པ། དབང་གཏོར་སྤྱི་བོར་བཟུང་། རྒྱུད་རིམ་གྱི་མཚན་བརྗོད་དེ། སློབ་མར་བསྡིམ། མེ་ཏོག་འཐོར། གཏོར་རྒྱན་གྱི་མར་མགོ་ལ་བསྐུ། དེས་དང་པོ་སོང་།

གཉིས་པ་ནམ་མཁའ་སྒོ་འབྱེད་ལ། སློབ་མ་དཀྱིལ་ཀྲུང་བཅའ། ལྟེ་བའི་དབུས་སུ་ཐིག་ལེ་བྱ་མ་གསར་གྱི་སྒོ་ང་ཙམ་གསལ་བཏབ། དཔོན་སློབ་གཉིས་ཀས་ཕཊ་བརྗོད་དེ། སྤྱི་བོ་ཁང་པའི་རྒྱ་མཐོངས་ལྟར་ཟང་ཐལ་དུ་ཡོད་པ་ནས་རྒྱངས་ཀྱིས་ཐོན། འཇིག་རྟེན་མགོན་པོའི་ཐུགས་ཀར་ཐིམ། འཇིག་རྟེན་མགོན་པོ་འཁོར་དང་བཅས་པ་འོག་མིན་དུ་སངས་རྒྱས་པར་བསམ། ཅི་གནས་ལ་བཞག །དེ་ནས་ཕབ། གཙོ་བོས་ཇི་ལྟར་བཀའ་སྩལ་པ། །དེ་དག་ཐམས་ཅད་བདག་གིས་བགྱིད། །ལན་གསུམ་བརྗོད་དུ་འཇུག །མཎྜལ་ཕུལ། ཚོགས་ལ་ལོངས་སྤྱོད། ལྷག་གཏོར་བསྔང་། བཟོད་གསོལ་བྱེད། ལྷག་ཆད་ཁ་བསྐང་། བཀྲ་ཤིས་བརྗོད། ཡེ་ཤེས་པ་གཤེགས། དམ་ཚིག་པ་རང་ལ་བསྟུ། ཨོཾ་ཁྱེད་ཀྱིས་སེམས་ཅན་དོན་ཀུན་མཛད། །རྗེས་སུ་མཐུན་པའི་དངོས་གྲུབ་སྩོལ། །སངས་རྒྱས་ཞིང་དུ་གཤེགས་སུ་གསོལ། །སངས་རྒྱས་ཞིང་དུ་གཤེགས་ནས་ཀྱང་། །སེམས་ཅན་རྣམས་ཀྱི་དོན་སླད་དུ། །སླར་ཡང་འབྱོན་

པར་མཛད་དུ་གསོལ། །བཟློ་བ་ཕྱེད། བཅོམ་ལྡན་འདས་ཐུབ་པའི་དབང་པོ། འཇམ་པའི་དབྱངས། ཨཱནྡ་དེ་བ། དམ་པ། ལབ་སྒྲོན། རྒྱལ་བ་དོན་གྲུབ། གཙྪ་པཎྜི། གནམ་མཚོ་བ། རང་བྱུང་པ། བསམ་རིན་པ། ཀུན་ཡེ། འཇམ་དཔལ་བཟང་པོ། འཇམ་དཔལ་རྒྱ་མཚོ། འདིའི་གཏོར་མའི་རིམ་པ་ལ། གཏོར་མ་གསུམ་དང་། དབང་གཏོར་ཟླུམ་པོ་སྟེར་དཀར་དུ་འཇུག་ཅིང་། དཀར་རྒྱན། དམར་རྒྱན། གཏོར་འདབ་ཀྱིས་བསྐོར། ཟུར་དུ་མཆོད་ཁར་འཛོག །གཏོར་མ་གཞན་ཚོ་ལ་ཡང་གཏོར་འདབ་ཀྱིས་བསྐོར་ཞིང་། གཏོར་མ་གཉིས་པོ་དཀར་དམར་གྱིས་བརྒྱན། གཞི་བདག་གཏོར་མ་དཀར་གསུམ་གྱིས་བརྒྱན། ཚོགས་གཞུང་གཞན་ནས་ལེན་ཅིང་། ཚོགས་ཕུད་གཏོར་མར་བྲན་ཅིང་གཞུང་ལྟར་བསྔོ། ལྷག་གཏོར་ཨ་ཀཱ་རོས་བྱིན་གྱིས་བརླབས་ཤིང་རྒྱས་བསྡུས་དང་སྦྱར། གཙོད་གདན་ཐོག་གཅིག་མའི་ཁྲིད་ཡིག་ཕྱིན་ལས་རྒྱ་མཚོ་ལས། རྒྱ་མཚོ་ལྷ་བུའི་དབང་། གབ་པ་མངོན་བྱུང་གི་ཕྱི་བཀབ། འཛིག་རྗེན་མགོན་པོའི་མངོན་རྟོགས་དབང་ཆོག་དང་བཅས་པ་འདི། དད་ལྡན་རྣམས་ཀྱིས་བསྐུལ་བའི་ངོར། ཤཱཀྱའི་དགེ་སློང་ཀྲེ་འོ་ཆོས་ཀྱི་རྒྱ་མཚོ་ཞེས་བྱ་བས། དབེན་གནས་ཨ་ས་རི་ཁྲོད་དུ་སྦྱར་བའོ། །དགེ་བ་མ་རྒན་སེམས་ཅན་རྣམས་ལ་བསྔོ། བཀྲ་ཤིས་དཔལ་འབར་འཛམ་གླིང་རྒྱལ་བའི་རྒྱན་དུ་ཤོག །སྔན་ཐབས་ཀྱི་ཡིག་ཆུང་ངོ་།། །།

༄༅། །བྱམས་པ་མི་འབར་གྱི་སྒྲུབ་ཐབས་བཞུགས་སོ། །

བླ་མ་དང་ཡི་དམ་གྱི་ལྷ་ལ་ཕྱག་འཚལ་ལོ། །བྱམས་པ་མི་འབར་གྱི་སྒྲུབ་ཐབས་འདི་ལ་དོན་གསུམ། སྔོན་འགྲོ། པདྨ་འདབ་བཞི་བྲི་ཞིང་། དབུས་སུ་མཐིའི་ཁར་བུམ་པ་མཚན་ཉིད་དང་ལྡན་པ་ཆུ་གཙང་མས་ཕྱེད་གང་ཞིང་། བུམ་རྫས། མགུལ་ཆིངས་ཁ་རྒྱན་དང་བཅས་པ་བཞག །གཏོར་མ་གསུམ། དབང་གཏོར་ཟླུམ་པོ། དཀར་དམར་གྱིས་བརྒྱན་པ་སྟེང་ནང་དུ་འཛུག་ཅིང་མཐིའི་ཁར་འཇོག །གཏོར་མ་གཉིས་དཀར་དམར་གྱིས་བརྒྱན། གཅིག་དཀར་གཏོར་བྱ། མཆོད་པ་རྣམ་ལྔས་བསྐོར། རང་ཉིད་སྔོན་བདེ་བར་འདུག་པའི་མདུན་དུ་ནང་མཆོད། ཊ་དྲིལ། ལས་བུམ་སོགས་བཞག །ཐོག་མར་ནང་མཆོད་བྱིན་རླབས་བྱ་སྟེ། ༀ་བཛྲ་ཨ་མྲྀ་ཏ་ཀུཎྜ་ལི་ཧ་ན་ཧ་ན་ཧཱུྃ་ཕཊ། ༀ་སྭ་བྷཱ་ཝ་ཤུདྡྷཿསརྦ་དྷརྨཱཿསྭབྷཱ་ཝ་ཤུདྡྷོ྅ཧཾ། སྟོང་པ་ཉིད་དུ་གྱུར། སྟོང་པའི་ངང་ལས་ཡཾ་ལས་རླུང་། རཾ་ལས་མེ། ཀཾ་ལས་མི་མགོའི་སྒྱེད་པོ་གསུམ་གྱི་སྟེང་དུ། ཀ་པཱ་ལ་ཡངས་ཤིང་རྒྱ་ཆེ་བའི་ནང་དུ། ཟག་པ་མེད་པའི་ཡེ་ཤེས་ཀྱི་བདུད་རྩིའི་རྒྱ་མཚོ་ཆེན་པོར་གྱུར། ༀ་ཨཱཿཧཱུྃ། མཐེབ་སྲིན་གྱིས་ལན་གསུམ་དགྲུགས། དེ་ནས་དཀར་གཏོར་ལ་ཆབ་བྲན། ༀ་ཨ་མྲྀ་ཏ་ཀུཎྜ་ལི་ཧ་ན་ཧ་ན་ཧཱུྃ་ཕཊ། ༀ་སྭཱ་བྷཱ་ཝ། སྟོང་པ་ཉིད་དུ་གྱུར། སྟོང་པའི་ངང་ལས་གཏོར་མ་དངས་ཤིང་ཐོགས་པ་མེད་པ་བདེ་བ་ཁྱད་པར་ཅན་བསྐྱེད་པ་ནམ་མཁའ་དང་མཉམ་པར་གྱུར། ༀ་ཨ་ཀཱ་རོ་མུ་ཁཾ་སརྦ་དྷརྨཱ་ཎཱཾ་ཨཱདྱ་ནུཏྤནྣ་ཏྭཏ་ ༀ་ཨཱཿཧཱུྃ་ཕཊ་སྭཱ་ཧཱ། མཆོད་སྦྱིན་གྱི་གཏོར་མ་རྒྱ་ཆེན་པོ་འདི། གཞིའི་བདག་པོ། གྲོང་གི་བདག་པོ། གཙུག་མར་གནས་པའི་གཞི་བདག་རྣམས་ལ་འབུལ་ལོ། །གཏོར་མ་འདིས་ཆོམ་ཞིང་དགྱེས་ནས། བསམ་པ་བྱང་ཆུབ་ཀྱི་སེམས་དང་ལྡན་པར་གྱུར་ཅིག །རོལ་

སོ་བྱ། གཏོར་མ་གཙང་སར་སྐྱེལ། བདག་གཞན་མ་ཚོགས་ནམ་མཁའི་མཐའ་དང་མཉམ་པའི་སེམས་ཅན་ཐམས་ཅད། ཕྱོགས་བཅུ་དུས་གསུམ་གྱི་དེ་བཞིན་གཤེགས་པ་ཐམས་ཅད་ཀྱི་སྐུ་གསུང་ཐུགས་ཡོན་ཏན་ཕྲིན་ལས་ཐམས་ཅད་ཀྱི་ངོ་བོར་གྱུར་པ། ཆོས་ཀྱི་ཕུང་པོ་སྟོང་ཕྲག་བརྒྱད་ཅུ་རྩ་བཞིའི་འབྱུང་གནས། འཕགས་པའི་དགེ་འདུན་ཐམས་ཅད་ཀྱི་མངའ་བདག །དྲིན་ཆེན་རྩ་བ་དང་བརྒྱུད་པར་བཅས་པའི་དཔལ་ལྡན་བླ་མ་དམ་པ་རྣམས་ལ་སྐྱབས་སུ་མཆིའོ། །སངས་རྒྱས་ལཿ ཆོས་ལཿ དགེ་འདུན་ལཿ བཅོམ་ལྡན་འདས་མགོན་པོ་བྱམས་པའི་ལྷ་ཚོགས་འཁོར་དང་བཅས་པ་རྣམས་ལ་སྐྱབས་སུ་མཆིའོ། །ཐུགས་རྗེའི་སྐྱབས་འོག་ཏུ་ཚུད་པར་བྱིན་གྱིས་བརླབ་པར་མཛད་དུ་གསོལ། །སངས་རྒྱས་ཆོས་དང་ཚོགས་ཀྱི་མཆོག་རྣམས་ལ། །བྱང་ཆུབ་མ་ཐོབ་བར་དུ་བདག་ནི་སྐྱབས་སུ་མཆི། །བདག་གིས་སྦྱིན་སོགས་བགྱིས་པའི་བསོད་ནམས་ཀྱིས། །འགྲོ་ལ་ཕན་ཕྱིར་སངས་རྒྱས་འགྲུབ་པར་ཤོག །མདུན་གྱི་ནམ་མཁའི་གནས་སུ་ཚོགས་ཞིང་གི་ལྷ་ཚོགས་བཛྲ་ས་མ་ཛཿ ཨོཾ་སརྦ་ཏ་ཐཱ་ག་ཏ་ཨརྒྷཾ་ཨཱཿཧཱུྃ། པུཥྤེ། དྷཱུ་པེ། ཨཱ་ལོ་ཀེ། གནྡྷེ། ནཻ་ཝི་དྱེ། ཤཔྡ་ཨཱཿཧཱུྃ། གང་གི་དྲིན་གྱིས་བདེ་ཆེན་ཉིད། །སྐད་ཅིག་ཉིད་ལ་འཆར་བ་གང་། །བླ་མ་རིན་ཆེན་ལྟ་བུའི་སྐུ། །རྡོ་རྗེ་ཅན་ཞབས་པད་ལ་འདུད། །ས་གཞི་སྤོས་ཀྱིས་བྱུགས་ཤིང་མེ་ཏོག་བཀྲམ། །རི་རབ་གླིང་བཞི་ཉི་ཟླས་བརྒྱན་པ་འདི། །སངས་རྒྱས་ཞིང་དུ་དམིགས་ཏེ་ཕུལ་བ་ཡིས། །འགྲོ་ཀུན་རྣམ་དག་ཞིང་ལ་སྤྱོད་པར་ཤོག །བཅོམ་ལྡན་འདས་ཐུབ་པའི་དབང་པོ་ལ་གསོལ་བ་འདེབས། རྗེ་བཙུན་བྱམས་པ་མགོན་པོ་ལཿ རྒྱལ་སྲས་འཕགས་པ་ཐོགས་མེད་ལཿ ཕ་གཅིག་དམ་པ་སངས་རྒྱས་ལཿ མ་གཅིག་ལབ་ཀྱི་སྒྲོན་མ་ལཿ སྲས་མཆོག་རྒྱལ་བ་དོན་གྲུབ་ལཿ

སྐྱེས་མཆོག་ཀརྨ་པཀྵི་ལ༔ གྲུབ་ཐོབ་གནམ་མཚོ་ཆེན་པོ་ལ༔ མཁས་མཆོག་རང་བྱུང་རྡོ་རྗེ་ལ༔ ཡོར་པ་ཡེ་ཤེས་དཔལ་བ་ལ༔ འཇམ་དབྱངས་དོན་གྲུབ་འོད་ཟེར་ལ༔ རྗེ་བཙུན་འཇམ་དཔལ་རྒྱ་མཚོ་ལ༔ བདག་རྒྱུད་སྨིན་པར་མཛད་དུ་གསོལ། ཚོགས་ཞིང་རྣམས་རང་ལ་ཐིམ་པར་གྱུར། ཨོཾ་ཨཱཿཧཱུྃ།

བདག་བསྐྱེད་ནི། ཨོཾ་སྭ་བྷཱ་ཝ་ཤུདྡྷཿསརྦ་དྷརྨཱཿསྭ་བྷཱ་ཝ་ཤུདྡྷོ྅ཧཾ། སྟོང་པ་ཉིད་དུ་གྱུར། སྟོང་པའི་ངང་ལས་པཾ་ལས་པདྨ། ཨ་ལས་ཟླ་བ། རཾ་ལས་ཉི་མའི་གདན་གྱི་སྟེང་དུ་ཧྲཱི་ཡིག་དམར་པོ། དེ་ལས་འོད་ཟེར་འཕྲོས། འཕགས་པ་མཆོད། སེམས་ཅན་གྱི་དོན་བྱས། ཚུར་འདུས་ཡོངས་སུ་གྱུར་པ་ལས། རྗེ་བཙུན་བྱམས་པ་མགོན་པོ་སྐུ་མདོག་དམར་པོ་ཞལ་གཅིག་ཕྱག་གཉིས། སྤྲུལ་པའི་སྐུའི་ཆ་བྱད་ཅན། གཡས་ཀླུ་ཤིང་བསྣམས་ཤིང་ཆོས་འཆད་མཛད་པ། ཕྱག་གཡོན་སྤྱི་བླུགས་འཛིན་པ། ཞབས་དཀྱིལ་མོ་ཀྲུང་དུ་བཞུགས་པ། དེའི་ཤར་དུ་ཧཱུྃ་ལས་མི་བསྐྱོད་པ་སྔོན་པོ་གཡས་རྡོ་རྗེ་དང་། གཡོན་དྲིལ་བུ་དཀུར་བརྟེན་པ། ལྷོར་ཏྲཾ་ལས་རིན་ཆེན་འབྱུང་ལྡན་སེར་པོ་གཡས་རིན་པོ་ཆེ་དང་། གཡོན་མཉམ་བཞག་མཛད་པ། ནུབ་ཏུ་ཧྲཱི་ལས་འོད་དཔག་མེད་དམར་པོ་གཡས་པདྨ་དང་། གཡོན་མཉམ་བཞག་མཛད་པ། བྱང་དུ་ཨ་ལས་དོན་ཡོད་གྲུབ་པ་ལྗང་སྔོན་གཡས་རྒྱ་གྲམ་དང་སྡིགས་མཛུབ་མཛད་པ། ལྷ་ཚོགས་དེ་དག་ཐམས་ཅད་ཀྱི་དཔྲལ་བར་ཨོཾ། མགྲིན་པར་ཨཱཿཐུགས་ཀར་ཧཱུྃ། ཐུགས་ཀའི་ཧཱུྃ་ལས་འོད་ཟེར་འཕྲོས་པས། ཆོས་ཀྱི་དབྱིངས་དང་དགའ་ལྡན་ནས་བཅོམ་ལྡན་འདས་ལ་སངས་རྒྱས་དང་བྱང་ཆུབ་སེམས་དཔའི་ཚོགས་ཀྱི་བསྐོར་བ་སྤྱུངས། བཛྲ་ས་མ་ཛཿ དེ་རྣམས་ཀྱི་གནས་གསུམ་ནས་འོད་ཟེར་དཀར་དམར་མཐིང་གསུམ་བྱུང་། རང་གི་ལུས་ངག་ཡིད་གསུམ་

ལ་ཐིམ་པར་གྱུར། ཨོཾ་མཻ་ཏྲི་མཻ་ཏྲ་ཡེ་སྭཱ་ཧཱ། བསྙེན་པ་ཚད་དུ་སྤྲེལ། བདག་སྐྱེད་ཀྱི་རྟེན་གཞལ་ཡས་ཁང་དང་བཅས་པ་རང་ཉིད་ལ་ཐིམ་པར་གྱུར།

བུམ་པ་བསྒྲུབ་པ་ནི། ཨོཾ་སྭ་བྷཱ་ཝ་ཤུདྡྷཱཿསརྦ་དྷརྨཱཿསྭ་བྷཱ་ཝ་ཤུདྡྷོ྅ཧཾ། སྟོང་པ་ཉིད་དུ་གྱུར། སྟོང་པའི་ངང་ལས་རིན་པོ་ཆེའི་བུམ་པ་མཚན་ཉིད་ཡོངས་སུ་རྫོགས་པའི་དབུས་སུ། བདག་བསྐྱེད་ལྟར་བསྒྲུབ་ཅིང་བསྙེན་པ་བྱ། བུམ་ལྷ་ཞུ་ནས་བུམ་པའི་ཆུར་གྱུར་པར་བསམ།

མདུན་བསྐྱེད་ནི། ཨོཾ་སྭ་བྷཱ་ཝ་ནས། བསྙེན་པ་ཡན་བདག་བསྐྱེད་ལྟར་བསྒྲུབ། མ་ལུས་སེམས་ཅན་ཀུན་གྱི་མགོན་གྱུར་ཅིང་། །བདུད་སྡེ་དཔུང་བཅས་མི་བཟད་འཇོམས་མཛད་ལྷ། །དངོས་རྣམས་མ་ལུས་ཇི་བཞིན་མཁྱེན་གྱུར་པའི། །བཅོམ་ལྡན་འཁོར་བཅས་གནས་འདིར་གཤེགས་སུ་གསོལ། །བཅོམ་ལྡན་འདིར་ནི་བྱོན་པ་ལེགས། །བདག་ཅག་བསོད་ནམས་སྐལ་བར་ལྡན། །བདག་གི་མཆོད་ཡོན་བཞེས་ནས་ཀྱང་། །འདི་ཉིད་དུ་ནི་བཞུགས་སུ་གསོལ། །པདྨ་ཀ་མ་ལ་ཡ་སྟྭཾ། ཛཿཧཱུྃ་བཾ་ཧོཿ ཨོཾ་སརྦ་ཏ་ཐཱ་ག་ཏ་ཨརྒྷཾ་པྲ་ཏཱིཙྪ་པཱུ་ཛ་མེ་གྷ་ས་མུ་དྲ་སྥ་ར་ཎ་ས་མ་ཡེ་ཧཱུྃ། པུཥྤེ། དྷཱུ་པེ། ཨཱ་ལོ་ཀེ། གནྡྷེ། ནཻ་ཝི་དྱེ། ཤབྡ་པྲ་ཏཱིཙྪ་པཱུ་ཛ་མེ་གྷ་ས་མུ་དྲ་སྥ་ར་ཎ་ས་མ་ཡེ་ཨཱཿཧཱུྃ། གང་གི་དྲིན་གྱིས་བདེ་ཆེན་ཉིད། །སྐད་ཅིག་ཉིད་ལ་འཆར་བ་གང་། །བླ་མ་རིན་ཆེན་ལྟ་བུའི་སྐུ། །རྡོ་རྗེ་ཅན་ཞབས་པད་ལ་འདུད། །སངས་རྒྱས་ཐམས་ཅད་འདུས་པའི་སྐུ། །རྡོ་རྗེ་འཛིན་པའི་ངོ་བོ་ཉིད། །དཀོན་མཆོག་གསུམ་གྱི་རྩ་བ་སྟེ། །བཅོམ་ལྡན་རིགས་ལྔའི་ལྷ་ལ་ཕྱག་འཚལ་བསྟོད། །བླ་མ་སངས་རྒྱས་བླ་མ་ཆོས། །བླ་མ་དཔལ་ལྡན་རྡོ་རྗེ་འཆང་། །ཀུན་གྱི་བྱེད་པ་བླ་མ་ཡིན། །བླ་མ་རྣམས་ལ་ཕྱག་འཚལ་བསྟོད། །སྐབས་འདིར་ཚོགས་བྱིན་གྱིས་རླབས་ཤིང་བསྔོ། ཚོགས་ཕུད་གཏོར་མ་ལ་བྲན་ལ། རང་རང་གི་

གང་མོས་པའི་ལྷ་ལ་འབུལ་བར་བྱེད། བདག་འཇུག་ལེན། སློབ་མ་རྣམས་ཁྲུས་བྱེད། ཕྱག་འཚལ། གྲལ་ལ་འཁོད། བགེགས་བསྐྲད། མཆོད་ཕུལ། བླ་མས་གཞུང་ལུགས་དང་བསྟུན་ནས་ཆོས་བཤད་མཛད་དེ། དཀོན་མཆོག་གསུམ་ལ་བདག་སྐྱབས་མཆི། །སྡིག་པ་མི་དགེ་སོ་སོར་བཤགས། །འགྲོ་བའི་དགེ་ལ་རྗེས་ཡིད་རང་། །སངས་རྒྱས་བྱང་ཆུབ་ཡིད་ཀྱིས་བཟུང་། །སངས་རྒྱས་ཆོས་དང་ཚོགས་མཆོག་ལ། །བྱང་ཆུབ་བར་དུ་སྐྱབས་སུ་མཆི། །རང་གཞན་དོན་ནི་རབ་སྒྲུབ་ཕྱིར། །བྱང་ཆུབ་སེམས་ནི་བསྐྱེད་པར་བགྱི། །བྱང་ཆུབ་མཆོག་གི་སེམས་ནི་བསྐྱེད་བགྱིས་ནས། །སེམས་ཅན་ཐམས་ཅད་བདག་གི་མགྲོན་དུ་གཉེར། །བྱང་ཆུབ་སྤྱོད་མཆོག་ཡིད་འོང་སྤྱད་པར་བགྱི། །འགྲོ་ལ་ཕན་ཕྱིར་སངས་རྒྱས་འགྲུབ་པར་ཤོག །ལན་གསུམ་བྱ་ཞིང་། ཐུན་ཆུང་བསང་། ཁྱེད་རང་རྣམས་ཡི་དམ་གྱི་ལྷར་གསལ་བར་མོས། ཡེ་ཤེས་པ་ཕབ་སྟེ། ཨོཾ་སྭ་བྷཱ་ཝ་ཤུདྡྷཿསརྦ་དྷརྨཿསྭ་བྷཱ་ཝ་ཤུདྡྷོ྅ཧཾ། སྟོང་པ་ཉིད་དུ་གྱུར། སྟོང་པའི་ངང་ལས་མདུན་གྱི་ནམ་མཁར་བཅོམ་ལྡན་འདས་རིགས་ལྔའི་ལྷ་ཚོགས་སྤྱངས། བཛྲ་ས་མཱ་ཛཿ དེ་རྣམས་ཀྱི་སྐུ་ལས་འོད་ཟེར་འཕྲོས། ཁྱེད་རང་རྣམས་ཀྱི་ལུས་ལ་ཐིམ་པར་གྱུར་ཞེས་བརྗོད་ལ། རོལ་མོ་དཀྲོལ་ཞིང་། ཐལ་མོ་མགོ་བོར་བཞག །ཏི་ཥྛ་བཛྲ་བརྗོད། དངོས་གཞིའི་མཆོད་ཕུལ། ཀུན་མཁྱེན་ཡེ་ཤེས་ཕུང་པོ་ཅན། །སྲིད་པའི་འཁོར་ལོ་རྣམ་འཇོམས་པ། །དེ་རིང་བཤད་པའི་རིན་ཆེན་གཏེར། །གཙོ་བོས་བདག་ལ་བཀའ་དྲིན་སྩོལ། །བུམ་པ་སྤྱི་བོར་བཟུང་ལ། དབང་བསྐུར་རྡོ་རྗེ་ཆེན་པོ་ནི། །ཁམས་གསུམ་ཀུན་གྱིས་ཕྱག་བྱས་པ། །སངས་རྒྱས་ཀུན་གྱི་གསང་གསུམ་གྱིས། །གནས་ལས་བྱུང་བ་སྦྱིན་པར་བྱ། །ཇི་ལྟར་བལྟམས་པ་ཙམ་གྱིས་ནི་སོགས་ནས། ས་མ་ཡ་ཤྲཱི་ཡེ་ཧཱུྃ། ཐུམ་ཆུ་བླུད། དེས་ལུས་ཀྱི་སྒྲིབ་པ་དག །བུམ་པའི་དབང་ཐོབ་པའི་མོས་པ་གྱིས། མེ་ཏོག་འཐོར། གཉིས་པ། མཆོད་ཕུལ། གསོལ་བ་བཏབ། ཐུགས་ཕྲེང་གཅིག་ལ་གཉིས་

ཆད་ཀྱི་ཚུལ་དུ་བྱུང་། ཁྱེད་རང་རྣམ་པའི་མགྲིན་པར་ཐིམ་པའི་མོས་པ་གྱིས། ཨོཾ་མི་ཏི་མི་ཏི་ཡེ་སྭཱ་ཧཱ། ཕྲེང་བ་མགྲིན་པར་གཏུགས། སྔགས་ཀྱི་དངོས་གྲུབ་ཐོབ་པར་བྱིན་གྱིས་རློབས། ནང་མཆོད་བླུད། མི་རྟོག་འཛིན། དེས་ངག་གི་སྒྲིབ་པ་དག །བཀླས་བརྗོད་ལ་དབང་བའི་མོས་པ་གྱིས། གསུམ་པ། མཎྜལ་གསོལ་བཏབ་གོང་ལྟར་བྱེད། རྡོར་དྲིལ་སྙིང་གར་གཏུགས། ཨོཾ་ཤྲཱི་ཙི་ཏྟ་ཛྙཱ་ན་བཛྲ་སྭ་བྷཱ་ཝ་ཨཱཏྨ་ཀོ྅ཧཾ། མི་རྟོག་འཛིན། དེས་ཐུགས་ཀྱི་སྒྲིབ་པ་དག །མི་རྟོག་པ་བསྒོམ་པ་ལ་དབང་བའི་མོས་པ་གྱིས། བཞི་པ། གཏོར་མ་སྤྱི་བོར་བཞུང་། བརྒྱུད་པ་རྣམས་ཐིམ་པའི་མོས་པ་གྱིས་བརྗོད་ལ། རྒྱུད་རིམ་གྱི་མཚན་ནས་སྨོས་པ་ཐིམ་པར་བསམ། མི་རྟོག་འཛིན།

ལྔ་པ། ནམ་མཁའ་སྒོ་འབྱེད་ནི། སློབ་མ་རྣམས་ལུས་བསྲུང་བའི་ལྟེ་བའི་དབུས་སུ་སེམས་ཉིད་ཀྱི་ངོ་བོ་ཐིག་ལེ་བྱ་མ་གསར་གྱི་སྒོ་ང་ཙམ་དཀར་བ་གཅིག་དཔོན་སློབ་གཉིས་ཀས་སྤྱར་ལ། ཕཊ་བརྗོད། སྤྱི་བོ་ནས་ཐོན། བཅོམ་ལྡན་འདས་ཀྱི་ཐུགས་ཀར་ཐིམ། བཅོམ་ལྡན་འདས་འཁོར་དང་བཅས་པ་འཇའ་ཡལ་བ་བཞིན་སོང་བར་སེམས། དེ་ཉིད་ཀྱི་ངང་ལ་ཅི་གནས་ལ་བཞག །མཐར་ཕབ་སྟེ། གཙོ་བོས་ཇི་ལྟར་བཀའ་སྩལ་པ། །དེ་དག་ཐམས་ཅད་བདག་གིས་བགྱིད། །བརྗོད་དུ་བཅུག །མཎྜལ་ཕུལ། ཚོགས་ལ་ལོངས་སྤྱོད། ལྷག་མ་བསྔོ། ཆུ་གཙང་གིས་བྲན། ཨོཾ་ཨ་ཀཱ་རོ་མུ་ཁཾ་སརྦ་དྷརྨཱ་ཎཱཾ་ཨཱདྱ་ནུཏྤནྣ་ཏྭཱཏ྄་ཨོཾ་ཨཱཿཧཱུྃ་ཕཊ་སྭཱ་ཧཱ། བཅོམ་ལྡན་འདས་ཀྱི་དཀྱིལ་འཁོར་གྱི་ལྷ་ཚོགས་རྣམས་ཀྱི་བཀའི་ཕྱི་རོལ་ན་གནས་པ་རྣམས་ལ་ལྷག་མའི་ཕུང་པོ་སྦྱིན་ནོ། བརྗོད་ཅིང་རོལ་མོ་དྲག་ཏུ་དཀྲོལ། ལྷག་གཏོར་ཕྱི་རོལ་དུ་སྐྱེལ། སྣོད་བཤལ་ཅིང་ཁ་སྦྱུབ། མ་འབྱོར་བ་དང་ཉམས་པ་དང་སོགས། ཨོཾ་བཛྲ་སཏྭ་ཧཱུྃ། བཀའ་བརྒྱུད་བླ་མའི་བཀྲ་ཤིས་ཤོག །ཡི་དམ་ལྷ་ཡི་བཀྲ་ཤིག་ཤོག །ཆོས་སྐྱོང་སྲུང་མ་རྣམས་ཀྱི་བཀྲ་ཤིས་ཤོག །ཡེ་ཤེས་པ་རྣམས་རང་གནས་སུ་གཤེགས། དམ་ཚིག་པ་རང་ལ་བསྟིམ། ཨོཾ་ཁྱེད་ཀྱིས་སེམས་ཅན་དོན་ཀུན་མཛད་སོགས། ཆོས་དབྱིངས་བྱང་ཆུབ་

སེམས་ཀྱི་དཀྱིལ་འཁོར་དུ་སོགས། ཞེས་གཙོད་གདན་ཐོག་གཅིག་མའི་ཁྲིད་ཡིག་ཐིན་ལས་རྒྱ་མཚོ་ལས། རྒྱ་མཚོ་ལྷ་བུའི་དབང་བསྐུར་གབ་པ་མངོན་བྱུང་གི་ཕྱི་བཀའ་བྱམས་པ་མི་འབར་གྱི་ཆོ་གའི་རིམ་པ། དད་ལྡན་རྣམས་ཀྱིས་བསྐུལ་བའི་ངོར། ཤཱཀྱའི་དགེ་སློང་ཀུ་ཝེ་ཆོས་ཀྱི་རྒྱ་མཚོ་ཞེས་བྱ་བས་ཨ་ས་རི་ཁྲོད་དུ་སྦྱར་བའོ། །བཀྲ་ཤིས་དཔལ་འབར་འཛམ་གླིང་རྒྱལ་བའི་རྒྱན་དུ་ཤོག །ཕྱན་ཐབས་ཡིག་ཚུང་ངོ་།། །།

༄༅། །པདྨ་ཅན་གྱི་སྒྲུབ་ཐབས་བཞུགས་སོ། །

བླ་མ་དང་ཡི་དམ་གྱི་ལྷ་ལ་ཕྱག་འཚལ་ལོ། །ཕྱག་ན་པདྨོ་ཅན་གྱི་སྒྲུབ་ཐབས་འདི་ལ། དཀྱིལ་འཁོར་བྲི་ཞིང་། གཏོར་མ་གསུམ་དང་དབང་གཏོར་བླུམ་པོ་བཅའ། གཏོར་འདབ་ཀྱིས་བསྐོར། གཏོར་མ་གཉིས་དཀར་དམར་གསུམ་གྱིས་བརྒྱན། གཞི་བདག་གཏོར་མ་དཀར་གསུམ་གྱིས་བརྒྱན། གཏོར་མ་རྣམས་གོང་དུ་བཤམ། དཀྱིལ་འཁོར་གྱི་དབུས་སུ་མཆོད་ཡོན་པ་ཁར་དབང་གཏོར་དཀར་དམར་གྱིས་བརྒྱན་པ་སྟེར་དཀར་དུ་འཇུག །མཆོད་ཡོན་བཞག །ལས་བུམ་མགུལ་ཆིངས་ཁ་རྒྱན་དང་སྨྲུགས་ཏེ་གཞོགས་གཅིག་ཏུ་བཞག །མཆོད་པ་རྣམ་ལྔས་བསྐོར། རང་ཉིད་གདན་ལ་བཞུགས། མདུན་དུ་སྔགས་ཀྱི་ཁར་ནང་མཆོད། ཏ་དྲིལ་བཞག །ནང་མཆོད་བྱིན་རླབས་ནི། ཨོཾ་ཨཱཿབིགྷྣཱནྟ་ཀྲྀཏ་ཧཱུྃ་ཕཊ། ཨོཾ་སྭ་བྷཱ་ཝ་ཤུདྡྷཿསརྦ་དྷརྨཱཿསྭ་བྷཱ་ཝ་ཤུདྡྷོ྅ཧཾ། སྟོང་པ་ཉིད་དུ་གྱུར། སྟོང་པའི་ངང་ལས་ཡཾ་ལས་རླུང་གི་དཀྱིལ་འཁོར་སྔོན་པོ་དབྱིབས་གཞུ་བཀྲངས་པ་ལྟ་བུ། མཆོག་མ་གཉིས་ལ་གཡོ་བའི་བ་དན་གྱིས་མཚན་པ། དེའི་སྟེང་དུ་རཾ་ལས་མེའི་དཀྱིལ་འཁོར་དམར་པོ་གྲུ་གསུམ་རཾ་གྱིས་མཚན་པ། དེའི་སྟེང་དུ་ཀཾ་གསུམ་ལས་ཐོད་པ་བུམ་རིལ་གྱི་སྙིང་བུ་ལྟག་པ་ནང་དུ་བསྟན་པ་དཀར་པོ་གསུམ་གྱི་སྟེང་དུ། ཨ་ཡོངས་སུ་གྱུར་པ་ལས། ཀ་པཱ་ལ་ཕྱི་དཀར་ལ་ནང་དམར་བ་ཡངས་ཤིང་རྒྱ་ཆེ་བ། དེའི་དབུས་སུ་མུ་ལས་དྲི་ཆུ་བཻཌཱུརྱ་ལྟ་བུ། ཤར་དུ་བི་ལས་དྲི་ཆེན་ཤེལ་ལྟ་བུ། ལྷོར་ར་ལས་རཀྟ་གསེར་བཙོ་མ་ལྟ་བུ། ནུབ་ཏུ་ཤུ་ལས་བྱང་སེམས་དཀར་དམར། བྱང་དུ་མ་ལས་གླད་པ། དབུས་སུ་ན་ལས་མིའི་ཤ །ཤར་ལྷོར་གོ་ལས་བ་ལང་གི་ཤ །ལྷོ་ནུབ་ཏུ་ཀུ་ལས་ཁྱིའི་ཤ །ནུབ་བྱང་དུ་ད་ལས་གླང་པོ་ཆེའི་ཤ །བྱང་ཤར་དུ་ཧ་ལས་རྟའི་

ཤ །དེ་རྣམས་སྣར་ཡང་ཡི་གེ་དེ་དག་གིས་མཚན་པ། རང་གི་སྣ་བུག་གཡོན་པ་ནས་རླུང་ཧཱུྃ་གི་དབྱིབས་ཅན་འཕྲོས། རླུང་གི་བ་དན་ལ་ཕོག །བ་དན་བསྐྱོད། རླུང་གཡོས། མེ་སྦར། ཐོད་པ་དྲོས། རྫས་རྣམས་ཁོལ། ཞེས་པའི་སྐྱོན་རྣམས་ཕྱིར་ལུད། རླངས་པ་འོད་ཟེར་གྱི་ཚུལ་དུ་ཡར་སོང་། སངས་རྒྱས་དང་བྱང་ཆུབ་སེམས་དཔའ་ཐམས་ཅད་ཀྱི་ཐུགས་ཀ་ནས་ཡེ་ཤེས་ཀྱི་བདུད་རྩི་བཀུག །དམ་ཚིག་གི་བདུད་རྩི་དང་གཉིས་སུ་མེད་པར་འདྲེས། ཡེ་ཤེས་ཀྱི་བདུད་རྩིའི་རྒྱ་མཚོ་ཆེན་པོར་གྱུར། ཨོཾ་ཨཱཿཧཱུྃ། མཐེབ་སྲིན་གྱིས་ལན་གསུམ་དཀྲུག །མདུན་དུ་དཀར་གཏོར་སྣེགས་ཀྱི་ཁར་བཞག །ཆུ་གཙང་བྲན། ཨོཾ་སྭ་བྷཱ་ཝ་སོགས། སྟོང་པ་ཉིད་དུ་གྱུར། སྟོང་པའི་ངང་ལས་ཨོཾ་ལས་རིན་པོ་ཆེའི་སྣོད་ཡངས་ཤིང་རྒྱ་ཆེ་བའི་ནང་དུ། གཏོར་མ་དངས་ཤིང་ཐོགས་པ་མེད་པ་འདོད་པའི་ཡོན་ཏན་ལྔ་དང་ལྡན་པར་གྱུར། ཞིང་སྐྱོང་ཆེན་པོ་བརྒྱད་རྣམས་དང་། །མཁའ་འགྲོ་སུམ་ཅུ་རྩ་གཉིས་སོགས། །མ་ལུས་འཁོར་བཅས་འདིར་བྱོན་ཞིག །མཆོད་སྦྱིན་གཏོར་མ་འདི་བཞེས་ལ། །རྣལ་འབྱོར་བདག་ཅག་འཁོར་བཅས་ལ། །ནད་མེད་ཚེ་དང་དབང་ཕྱུག་དང་། །དཔལ་དང་གྲགས་དང་སྐལ་བ་བཟང་། །ལོངས་སྤྱོད་རྒྱ་ཆེན་ཀུན་ཐོབ་ཅིང་། །ཞི་དང་རྒྱས་ལ་སོགས་པ་ཡི། །ལས་ཀྱི་དངོས་གྲུབ་བདག་ལ་སྩོལ། །དམ་ཚིག་ཅན་གྱིས་བདག་ལ་སྲུངས། །དངོས་གྲུབ་ཀུན་གྱི་སྟོང་གྲོགས་མཛོད། །དུས་མིན་འཆི་དང་ནད་རྣམས་དང་། །གདོན་དང་བགེགས་རྣམས་མེད་པར་མཛོད། །རྨི་ལམ་ངན་དང་མཚན་མ་ངན། །བྱ་བྱེད་ངན་པ་མེད་པར་མཛོད། །འཇིག་རྟེན་བདེ་ཞིང་ལོ་ལེགས་དང་། །འབྲུ་རྣམས་འཕེལ་ཞིང་ཆོས་འཕེལ་དང་། །བདེ་ལེགས་ཕུན་སུམ་ཚོགས་པ་ཡི། །ཡིད་ལ་འདོད་པ་ཀུན་འགྲུབ་མཛོད། །གང་དག་ནག་

པོའི་ཕྱོགས་གྱུར་པའི། །གསང་སྔགས་ཟབ་མོའི་ཚོ་ག་ལ། །ཉན་དང་ལྟ་བར་མི་
དབང་བ། །དེ་དག་ཐམས་ཅད་གཞན་དུ་དེངས། །གལ་ཏེ་བཀའ་ལས་འདའ་བྱེད་
ན། །རྡོ་རྗེ་ཁ་ཊྭཱཾ་རབ་འབར་བས། །མགོ་བོ་ཚལ་པ་བརྒྱར་འགས་འགྱུར། །གཏོར་
མ་གཙང་སར་སྐྱོལ། ཨོཾ་སུམྦྷ་ནི་སུམྦྷ་ཧཱུཾ། གྲྀཧྞ་གྲྀཧྞ་ཧཱུཾ། གྲྀཧྞ་པ་ཡ་གྲྀཧྞ་པ་ཡ་ཧཱུཾ། ཨ་ན་
ཡ་ཧོཿ བྷ་ག་ཝཱན་བིདྱ་རཱ་ཛ་ཧཱུཾ་ཕཊ། སྟེང་འོག་ཕྱོགས་མཚམས་ཐམས་ཅད་རྡོ་
རྗེའི་གུར་ཁང་དུ་གྱུར། བདག་གཞན་མ་ཚོགས་ནམ་མཁའི་མཐའ་དང་མཉམ་
པའི་སེམས་ཅན་ཐམས་ཅད་བླ་མ་ལ་སྐྱབས་སུ་མཆིའོ། །སངས་རྒྱས་ལ༔ ཆོས་ལ༔
དགེ་འདུན་ལ༔ བཅོམ་ལྡན་འདས་པདྨ་ཅན་གྱི་ལྷ་ཚོགས་རྣམས་ལ་སྐྱབས་སུ་
མཆིའོ། །སངས་རྒྱས་ཆོས་དང་ཚོགས་ཀྱི་མཆོག་རྣམས་ལ་སོགས། མདུན་གྱི་ནམ་
མཁའི་གནས་སུ་ཚོགས་ཞིང་གི་ལྷ་ཚོགས་སྤྱན་དྲངས། བཛྲ་ས་མ་ཛཿ ཨོཾ་སརྦ་
ཏ་ཐཱ་ག་ཏ་ཨརྒྷཾ་པྲ་ཏཱིཙྪ་ཡེ་སྭཱ་ཧཱ། པཱ་དྱཾ་པྲ་ཏཱིཙྪ་ཡེ་སྭཱ་ཧཱ། པུཥྤེ། དྷཱུ་པེ། ཨཱ་ལོ་
ཀེ། གནྡྷེ། ནཻ་ཝི་དྱེ། ཤབྡ་པྲ་ཏཱིཙྪ་ཡེ་སྭཱ་ཧཱ། སངས་རྒྱས་ཐམས་ཅད་འདུས་པའི་
སྐུ། །རྡོ་རྗེ་འཛིན་པའི་ངོ་བོ་ཉིད། །དཀོན་མཆོག་གསུམ་གྱི་རྩ་བ་སྟེ། །བླ་མ་
རྣམས་ལ་ཕྱག་འཚལ་བསྟོད། །བཅོམ་ལྡན་འདས་འཇིག་རྟེན་མགོན་པོ་ལ་གསོལ་
བ་འདེབས་སོ། །འཇིག་རྟེན་དབང་ཕྱུག་ལ༔ འཇིག་རྟེན་སྒྲོལ་བ་ལ༔ ཨཱཏྱ་དེ་བ་
ལ༔ དམ་པ་སངས་རྒྱས་ལ༔ མ་གཅིག་ལབ་སྒྲོན་ལ༔ རྒྱལ་བ་དོན་གྲུབ་ལ༔ ཀརྨ་
པཀྵི་ལ༔ གནམ་མཚོ་བ་ལ༔ རང་བྱུང་པ་ལ༔ ཡོར་པ་ལ༔ འཇམ་དབྱངས་ཆེན་པོ་
ལ༔ རྗེ་བཙུན་འཇམ་དཔལ་རྒྱ་མཚོ་ལ་གསོལ་བ་འདེབས་སོ། །བདག་ལ་དངོས་
གྲུབ་རྩོལ་དུ་གསོལ། ཚོགས་ཞིང་རྣམས་རང་ཉིད་ལ་ཐིམ་པར་གྱུར། ཨོཾ་ཨཱཿཧཱུཾ།
བདག་བསྐྱེད་ནི། ཨོཾ་སྭ་བྷཱ་ཝ་ཤུདྡྷཿསརྦ་དྷརྨཱཿསྭ་བྷཱ་ཝ་ཤུདྡྷོ྅ཧཾ། སྟོང་པ་ཉིད་དུ་

ཀྱུར། སྟོང་པའི་ངང་ལས་པཾ་ལས་པདྨ་འདབ་མ་བཞི་པའི་ལྟེ་བར་ཟླ་བའི་སྟེང་དུ་ཧྲཱིཿདམར་པོ་ལས་འོད་ཟེར་འཕྲོས། ཚུར་འདུས། ཡོངས་སུ་གྱུར་པ་ལས། བཅོམ་ལྡན་འདས་པདྨ་ཅན་སྐུ་མདོག་དམར་པོ་ཞལ་གཅིག་ཕྱག་གཉིས་དབུ་སྐྲ་རལ་པའི་ཕྱེད་སྤྱི་བོར་བཅིངས་ཤིང་། རིན་པོ་ཆེའི་རྒྱན་གྱིས་དབུ་ལ་བརྒྱན་པ། ཕྱག་གཡས་བགྲང་ཕྲེང་དང་ནོར་བུ་འཛིན་པ། གཡོན་པདྨ་དང་བུམ་པ་འཛིན་པ། ཞབས་རྡོ་རྗེའི་དཀྱིལ་མོ་ཀྲུང་དུ་བཞུགས་པ། རིན་པོ་ཆེས་སྐུ་དང་ཕྱག་ཞབས་བརྒྱན་པ། དེའི་ཤར་དུ་མི་གཡོ་བ་དཀར་པོ་ཞལ་གཅིག་ཕྱག་གཉིས་སྤྱན་གསུམ་མཆེ་བ་བཞི་ཙུང་ཟད་གཙིགས་པ། དབུ་སྐྲ་དམར་སེར་གྱེན་དུ་རྫེས་པ། ཕྱག་གཉིས་རལ་གྲི་དང་ཞགས་པ་འཛིན་པ། ཞབས་ཕྱུས་བརྩུགས་པ། ངོར་སྟབས་མཛད་ཅིང་། རིན་པོ་ཆེས་སྐུ་ལ་བརྒྱན་པ། ལྷོར་ཕྱག་ན་རྡོ་རྗེ་དམར་པོ་ཞལ་གཅིག་ཕྱག་གཉིས། གཡས་རྡོ་རྗེ་དང་། གཡོན་དྲིལ་བུ་འཛིན་པ། ཀླུ་བརྒྱད་ཀྱིས་སྐུ་ལ་བརྒྱན་པ། ཞབས་དཀྱིལ་ཀྲུང་དུ་བཞུགས་པ། ནུབ་ཏུ་ཚེ་དཔག་མེད་དམར་སེར་ཞལ་གཅིག་ཕྱག་གཉིས་མཉམ་བཞག་གི་སྟེང་དུ་ཚེའི་བུམ་པ་བསྣམས་པ། ཞབས་དཀྱིལ་མོ་ཀྲུང་དུ་བཞུགས་པ། ལོངས་སྐུའི་ཆ་བྱད་ཅན། བྱང་དུ་སྨན་གྱི་ལྷ་སྐུ་མདོག་སྔོན་པོ་ཞལ་གཅིག་ཕྱག་གཉིས་གཡས་ཨ་རུ་ར་རྣམ་པར་རྒྱལ་བ་བསྣམས་ཤིང་། གཡོན་མཉམ་བཞག་མཛད་པ། ཞབས་དཀྱིལ་ཀྲུང་དུ་བཞུགས་ཤིང་། སྤྲུལ་པའི་སྐུའི་ཆ་བྱད་ཅན་ ལྷ་ཚོགས་རྣམས་ཀྱི་དཔྲལ་བར་ཨོཾ། མགྲིན་པར་ཨཱཿ ཐུགས་ཀར་ཧཱུྃ། ཐུགས་ཀའི་ཧཱུྃ་ལས་འོད་ཟེར་འཕྲོས། བདེ་བ་ཅན་ནས་སྤྱན་རས་གཟིགས་ལ་སངས་རྒྱས་དང་བྱང་ཆུབ་སེམས་དཔའི་ཚོགས་ཀྱིས་བསྐོར་བ་སྤྱན་དྲངས། བཛྲ་ས་མ་ཛཿ དེ་རྣམས་ཀྱི་སྐུ་གསུང་ཐུགས་ལས་བདུད་རྩི་བྱུང་།

རང་གི་གནས་གསུམ་དུ་ཐིམ་པར་གྱུར། ཨོཾ་མ་ཎི་པད་མེ་ཧཱུྃ། ཅི་རིགས་བཟླས། རྗེན་དང་བཅས་པ་རང་ཉིད་ལ་འདུས་པས་མི་དམིགས་པར་བཞག །

མདུན་བསྐྱེད་ནི། དབང་གཏོར་ལ་ཆབ་བྲན། ཨོཾ་སྭ་བྷཱ་ཝ་ཤུདྡྷཿསརྦ་དྷརྨཱཿསྭ་བྷཱ་ཝ་ཤུདྡྷོ྅ཧཾ། མདུན་གྱི་ནམ་མཁར་པཾ་ལས་པདྨ་སོགས་ནས། མི་དམིགས་པར་འཇོག་པ་ཡན་བདག་སྐྱེད་ལྟར་བྱེད། མཆོད་བསྟོད་ནི། མཆོད་ཡོན་ཕལ་ཆེར་མཆོད་ཡོན་ལྷ་རེས་དང་། །མཆོད་ཡོན་བཀོད་པའི་འོད་ཟེར་རབ་འཕྲོ་ཞིང་། །མཆོད་ཡོན་སྣ་ཚོགས་ཀུན་ཏུ་བཀྲམ་བྱས་ནས། །བླ་མ་རྣམས་དང་དཀྱིལ་འཁོར་ལྷ་ལ་འབུལ། །ཨོཾ་སརྦ་ཏ་ཐཱ་ག་ཏ་ཨརྒྷཾ་པྲ་ཏཱིཙྪ་སྭཱ་ཧཱ་མེ་གྷ་ས་མུ་ཏྲ་སྥ་ར་ཎ་ས་མ་ཡེ་ཧཱུྃ། དེ་བཞིན་དུ་པཱདྱཾ། པུཥྤེ། ཨཱ་ལོ་ཀེ། གནྡྷེ། ནཻ་ཝི་ཏྱེ། ཤབྡའི་བར་བརྗོད། སངས་རྒྱས་ཀུན་གྱིས་རབ་ཏུ་བསྔགས། །ཡོན་ཏན་དམ་པ་ཀུན་ནས་བསགས། །སྤྱན་རས་གཟིགས་ཞེས་མཚན་གསོལ་བ། །དེ་ལ་རྟག་པར་ཕྱག་འཚལ་ལོ། །གང་གི་དྲིན་གྱིས་བདེ་ཆེན་ཉིད། །སྐད་ཅིག་ཉིད་ལ་འཆར་བ་གང་། །བླ་མ་རིན་ཆེན་ལྟ་བུའི་སྐུ། །རྡོ་རྗེ་ཅན་ཞབས་པད་ལ་འདུད། །

བདག་འཇུག་ནི། སློབ་མ་ཁྲུས་བྱེད། གྲལ་ལ་འཁོད། བགེགས་བསྐྲད། མཎྜལ་ཕུལ། ཆོས་བཤད་རྒྱུས་བསྒྱུས་སྐབས་དང་བསྟུན།

དཀོན་མཆོག་གསུམ་ལ་བདག་སྐྱབས་མཆི། །སྡིག་པ་མི་དགེ་སོ་སོར་བཤགས། །འགྲོ་བའི་དགེ་ལ་རྗེས་ཡི་རང་། །སངས་རྒྱས་བྱང་ཆུབ་ཡིད་ཀྱིས་བཟུང་། །སངས་རྒྱས་ཆོས་དང་ཚོགས་མཆོག་ལ། །བྱང་ཆུབ་བར་དུ་སྐྱབས་སུ་མཆི། །རང་གཞན་དོན་ནི་རབ་སྒྲུབ་ཕྱིར། །བྱང་ཆུབ་སེམས་ནི་བསྐྱེད་པར་བགྱི། །བྱང་ཆུབ་མཆོག་གི་སེམས་ནི་བསྐྱེད་བགྱིས་ནས། །སེམས་ཅན་ཐམས་ཅད་བདག་གི་མགྲོན་དུ་གཉེར། །བྱང་ཆུབ་སྤྱོད་མཆོག་ཡིད་འོང་སྤྱོད་པར་བགྱི། །འགྲོ་ལ་ཕན་ཕྱིར་སངས་རྒྱས་འགྲུབ་པར་ཤོག །ལན་གསུམ་བརྗོད་དུ་བཅུག །བུམ་ཆུས་བསང་། ཁྱེད་རང་རྣམས་སྤྱན་རས་གཟིགས

ཀྱི་སྐུར་ལམ་གྱིས་སྒོམས། ཡེ་ཤེས་ཕབ་པ་ནི། མདུན་གྱི་ནམ་མཁར་དཀྱིལ་འཁོར་གྱི་ལྷ་ཚོགས་འཁོར་དང་བཅས་པ་བཞུགས་པ། དེ་རྣམས་ཀྱི་ཐུགས་ཀ་ནས་འོད་ཟེར་གྱི་ཚོགས་བྱུང་། ཁྱེད་རང་རྣམས་ཀྱི་ལུས་ལ་སིབ་ཀྱིས་ཐིམ་པའི་མོས་པ་གྱིས། ཨོཾ་མ་ཎི་པད་མེ་ཧཱུྃ་ཧྲཱིཿ རོལ་མོ་དཀྲོལ། རྡོ་རྗེ་མགོར་བཞག །ཧྲི་བྷྲ་བཛྲ། བརྗོད། དངོས་གཞི་ཞུ་བའི་དོན། མཎྜལ་ཕུལ། ཀུན་མཁྱེན་ཡེ་ཤེས་ཕུང་པོ་ཅན། །སྲིད་པའི་འཁོར་ལོ་རྣམ་སྦྱོང་བ། །དེ་རིང་བཤད་པའི་རིན་ཆེན་གཏེར། །གཙོ་བོས་བདག་ལ་བཀའ་དྲིན་སྩོལ། །ལན་གསུམ་བརྗོད། གཏོར་མ་སློབ་མའི་སྤྱི་བོར་བཞུང་། དཔལ་ལྡན་བླ་མའི་སྐུ་ལས་སྐུ་ཆེ་ཆུང་འབྲིང་གསུམ་བྱུང་། ཁྱེད་རང་གི་ལུས་ལ་ཐིམ་པའི་མོས་པ་གྱིས། བཅོམ་ལྡན་འདི་ལ་སྐྱལ་ལགས་ཀྱིས། །འདི་ལ་འགོ་བར་མཛད་དུ་གསོལ། །ནང་མཆོད་བླུད། ཧཱུྃ་ལྷ་ར་བལྟམས་པ་སོགས། མི་ཧོག་འཐོར། དེས་ལུས་ཀྱི་སྒྲིབ་པ་དག །སྐུའི་དབང་ཐོབ་པའི་མོས་པ་གྱིས། གཉིས་པ་ཞུ་བའི་དོན་དུ་མཎྜལ་གསོལ་བཏབ་བྱེད། ཐོད་པ་སྤྱི་བོ་དང་མགྲིན་པར་གཏུགས་ལ། བཅོམ་ལྡན་འདི་ལ་སྐྱལ་ལགས་ཀྱིས། །འདི་ལ་འགོ་བར་མཛད་དུ་གསོལ། །ནང་མཆོད་བླུད། ཨོཾ་མ་ཎི་པད་མེ་ཧཱུྃ། མི་ཧོག་འཐོར། དེས་ངག་གི་སྒྲིབ་པ་དག །གསུང་གི་དབང་ཐོབ་པར་སྒོམས་ཤིག །གསུམ་པ། གསོལ་བཏབ་བྱེད། བླ་མ་ཡབ་ཡུམ་གྱི་ཐུགས་ཀ་ནས་ཡུམ་མི་སྣག་ལྷ་བུ་གཅིག་འཕྲོས། ཁྱེད་རང་གི་སྐུ་ལ་འཁྲིལ་ཞིང་ལུས་བདེ་བས་ཁྱབ་པར་སྒོམས་ཤིག །ནང་མཆོད་བླུད། ཧཱུྃ་ལྷ་རཿ མི་ཧོག་འཐོར། དེས་ཡིད་ཀྱི་སྒྲིབ་པ་དག །ཐུགས་ཀྱི་དབང་ཐོབ་པའི་མོས་པ་གྱིས། གཏོར་མ་སྤྱི་བོར་བཞུང་ལ། བླ་མ་དང་དཀྱིལ་འཁོར་ལྷ་ཐིམ་པའི་མོས་པ་གྱིས་བརྗོད། བརྒྱུད་པའི་མཚན་ནས་སྨོས་ཤིང་། བཅོམ་ལྡན་འདི་ལ་སྐྱལ་ལགས་ཀྱིས། །འདི་ལ་འགོ་བར་མཛད་དུ་གསོལ། །མི་ཧོག་འཐོར།

ནམ་མཁའ་སྒོ་འབྱེད་ནི། སློབ་མ་དཀྱིལ་ཀྱུང་བཅའ། ལུས་བསྲང་། ལྟེ་བའི་ཐད་དུ་སེམས་ཉིད་ཀྱི་

ངོ་བོ་ཐིག་ལེ་དཀར་པོ་བྱ་མ་གསར་གྱི་སྒོ་ང་ཙམ་ཅིག་བསམ། དཔོན་སློབ་གཉིས་ཀས་ཕཊ་བརྗོད་དེ། ཐིག་ལེ་སྤྱི་བོ་ནས་རྒྱངས་ཀྱིས་ཐོན། སྤྱན་རས་གཟིགས་ཀྱི་ཐུགས་ཀར་ཐིམ། སངས་རྒྱས་སྤྱན་རས་གཟིགས་འོག་མིན་དུ་སངས་རྒྱས་པར་བསམ། ཅི་གནས་ལ་བཞག །དེ་ནས་ཕབ་ལ། གཙོ་བོས་ཇི་ལྟར་བཀའ་སྩལ་པ། །དེ་དག་ཐམས་ཅད་བདག་གིས་བགྱིད། །ལན་གསུམ་གྱིས་ཁས་བླང་། ཚོགས་བསྔོ་ཞིང་། ཚོགས་ཕུད་གཏོར་མར་བྲན། གཏོར་མ་བསྔོ། ཚོགས་ལ་ལོངས་སྤྱོད། ལྷག་གཏོར་བསྡུ། ཆུ་གཙང་བྲན། དཔལ་འབར་འཇུགས། ཨོཾ་ཨ་ཀཱ་རོ་མུ་ཁཾ་སརྦ་དྷརྨཱ་ཎཱཾ་ཨཱདྱ་ནུཏྤནྣ་ན་ཏྭཏ། ཕུད་དང་ལྷག་མའི་གཏོར་མ་འདོད་ཡོན་ལྔ་དང་ལྡན་པར་གྱུར། དཀྱིལ་འཁོར་ལྷའི་བཀའ་ཡི་ཕྱི་རོལ་ན་གནས་པ་རྣམས་ལ་ལྷག་མའི་ཕུད་པོ་སྦྱིན་ནོ། །ཨུ་ཚྪིཥྚ་བ་ལིང་ཏ་ཀ་སྭཱ་ཧཱ། རོལ་མོ་དྲག་ཏུ་དཀྲོལ། ལྷག་གཏོར་ཕྱི་རོལ་དུ་བསྐྱལ། སྟོང་བཤལ། ཁ་སྦུབ་དུ་བཞག །དེ་ནས་བཟོད་གསོལ། ལྷག་ཆད་ཁ་བསྐང་། བཀའ་བརྒྱུད་བླ་མའི་བཀྲ་ཤིས་ཤོག །ཡི་དམ་ལྷ་ཡིཿ ཆོས་སྐྱོང་སྲུང་མ་རྣམས་ཀྱི་བཀྲ་ཤིས་ཤོག །ཡེ་ཤེས་པ་རྣམས་རང་བཞིན་གྱི་གནས་སུ་གཤེགས། དམ་ཚིག་པ་རང་ལ་ཐིམ་པར་གྱུར། ཨོཾ་ཁྱེད་ཀྱིས་སེམས་ཅན་དོན་ཀུན་མཛད། །རྗེས་སུ་མཐུན་པའི་དངོས་གྲུབ་སྩོལ། །སངས་རྒྱས་ཡུལ་དུ་གཤེགས་སུ་གསོལ། །སངས་རྒྱས་ཡུལ་དུ་གཤེགས་ནས་ཀྱང་། །སེམས་ཅན་རྣམས་ཀྱི་དོན་སླད་དུ། །སླར་ཡང་འབྱོན་པར་མཛད་དུ་གསོལ། །བཛྲ་མུཿ བསྔོ་བ་བྱེད། གཙོད་གདན་ཐོག་གཅིག་མའི་ཁྲིད་ཡིག་ཐྲིན་ལས་རྒྱ་མཚོ་ལས། རྒྱ་མཚོ་ལྷ་བུའི་དབང་། གབ་པ་མངོན་བྱུང་གི་ཕྱི་བཀའ། ཕྱག་ན་པདྨ་ཅན་གྱི་མངོན་རྟོགས་དབང་ཆོག་འདི། དད་ལྡན་རྣམས་ཀྱིས་བསྐུལ་བའི་ངོར། ཤཱཀྱའི་དགེ་སློང་ཀྱཻ་འོ་ཆོས་ཀྱི་རྒྱ་མཚོ་ཞེས་བྱ་བས། དབེན་གནས་ཨ་པ་རི་ཁྲོད་དུ་སྦྱར་བའོ། །འདི་ཡིས་དགེ་བ་གང་མཆིས་པ། །མ་རྒན་སེམས་ཅན་དོན་དུ་བསྔོ། །བཀྲ་ཤིས་དཔལ་འབར་འཛམ་གླིང་རྒྱལ་བའི་རྒྱན་དུ་ཤོག །ལྷན་ཐབས་ཀྱི་ཡིག་ཆུང་ངོ་།། །།

༄༅། །འཇམ་དཔལ་ཡིད་བཞིན་ནོར་བུའི་སྒྲུབ་ཐབས་བཞུགས་སོ། །

བླ་མ་དང་ཡི་དམ་གྱི་ལྷ་ལ་ཕྱག་འཚལ་ལོ། །འཇམ་པའི་དབྱངས་ཀྱི་སྒྲུབ་ཐབས་འདི་ལ། དང་པོ་དཀྱིལ་འཁོར་གྱི་བཅའ་གཞི་གྲུབ་ཅིང་། གཏོར་མ་གསུམ་དང་། དབང་གཏོར་ཟླུམ་པོ་བཅའ། གཏོར་མ་གཉིས་ལ་དཀར་དམར་གྱིས་བརྒྱན། གཞི་བདག་གཏོར་མ་དཀར་གསུམ་གྱིས་རྒྱན། དབང་གཏོར་དཀར་དམར་གྱི་རྒྱན་བཟང་པོས་བརྒྱན། གཏོར་འདབ་ཀྱིས་བསྐོར། སྟེར་དཀར་དུ་འཇུག །དཀྱིལ་འཁོར་གྱི་དབུས་སུ་མཆིའི་ཁར་བཞག །ལས་བུམ་མགུལ་ཆིངས་ཁ་རྒྱན་དང་བཅས་པ་སོགས་གཅིག་ཏུ་བཞག །རང་ཉིད་སྟན་བདེ་བར་སྡོད་ཅིང་། མདུན་དུ་སྡེགས་ཀྱི་ཁར་ནང་མཆོད་ཊ་དྲིལ་བཞག །ནང་མཆོད་བྱིན་རླབས་ནི། ཨ་མྲྀ་ཏ་ཀུཎྜ་ལི་ཧ་ན་ཧ་ན་ཧཱུྃ་ཕཊ། ཨོཾ་སྭ་བྷཱ་ཝ་ཤུདྡྷཿསརྦ་དྷརྨཱཿསྭ་བྷཱ་ཝ་ཤུདྡྷོ྅ཧཾ། སྟོང་པ་ཉིད་དུ་གྱུར། སྟོང་པའི་ངང་ལས་ཡཾ་ལས་རླུང་། རཾ་ལས་མེ། ཀཾ་ལས་ཐོད་པའི་སྒྱེད་བུ་གསུམ་གྱི་སྟེང་དུ། ཀ་པཱ་ལ་མཚན་ཉིད་ཡོངས་སུ་རྫོགས་པ། དེའི་ནང་དུ་ཟག་མེད་ཀྱི་བདུད་རྩིའི་རྒྱ་མཚོ་ཆེན་པོར་གྱུར། ཨོཾ་ཨཱཿཧཱུྃ། དཀར་གཏོར་ལ་ཆུ་གཙང་ཐན། ཨ་མྲྀ་ཏ་ཀུཎྜ་ལི་ཧ་ན་ཧ་ན་ཧཱུྃ་ཕཊ། གཏོར་མ་དངས་ཤིང་ཐོགས་པ་མེད་པ། གཞི་བདག་རྣམས་ཀྱི་འདོད་པའི་ཡོན་ཏན་ལྷ་དང་ལྡན་པར་གྱུར། བདག་ཅག་དཔོན་སློབ་འཁོར་དང་བཅས་པ་རྣམས། སྔོན་ཆད་གང་དུ་སོང་བའི་གནས། ཕྱིན་ཆད་གང་དུ་འགྲོ་བའི་གནས། ད་ལྟ་ཡུལ་རི་འདི་ཉིད་ལ་གནས་པའི་གཞི་བདག་དཀར་པོའི་ཕྱོགས་ལ་མངོན་པར་དགའ་བ་རྣམས་ལ་འབུལ་ལོ། །གཏོར་མ་གཙང་སར་སྐྱོལ། རོལ་མོ་བྱ། སུམྦྷ་ནིས་བགེགས་བསྐྲད། ན་མོ་གནས་ཀྱི་གདོན་དང་ལུས་ཀྱི་གདོན། །གནད་གདོན་གཙོ་བྱས་སེམས་ཅན་རྣམས། །བླ

མ་སངས་རྒྱས་རིན་པོ་ཆེ་ལ་སྐྱབས་སུ་མཆིའོ། །བླ་མ་མཉམ་མེད་ཆོས་ཀྱི་སྐུ་ལ་སྐྱབས་སུ་མཆིའོ། །བླ་མ་ལོངས་སྤྱོད་རྫོགས་པའི་སྐུ་ལ་སྐྱབས་སུ་མཆིའོ། །བླ་མ་སྣ་ཚོགས་སྤྲུལ་པའི་སྐུ་ལ་སྐྱབས་སུ་མཆིའོ། །སངས་རྒྱས་ཆོས་དང་ཚོགས་ཀྱི་མཆོག་རྣམས་ལ། །བྱང་ཆུབ་བར་དུ་བདག་ནི་སྐྱབས་སུ་མཆི། །བདག་གིས་སྦྱིན་སོགས་བགྱིས་པའི་བསོད་ནམས་འདི་དག་གིས། །འགྲོ་ལ་ཕན་ཕྱིར་སངས་རྒྱས་འགྲུབ་པར་ཤོག །ཚོགས་ཞིང་རྣམས་སྣང་ཙམ་གིས་ནམ་མཁར་གསལ་བར་གྱུར། གཞོན་ནུའི་སྐུ་ལུས་འཆང་བ་པོ། །ཡེ་ཤེས་སྒྲོན་མེས་རབ་རྒྱན་ཅིང་། །འཇིག་རྟེན་གསུམ་གྱི་མུན་སེལ་བ། །འཇམ་པའི་དབྱངས་ལ་ཕྱག་འཚལ་བསྟོད། །བདག་གི་ལུས་དང་ལོངས་སྤྱོད་དང་། །དུས་གསུམ་དགེ་བའི་དངོས་པོ་རྣམས། །གུས་པས་མཆོད་པ་རྒྱ་ཆེན་འབུལ། །བཞེས་ནས་བྱིན་གྱིས་བརླབ་ཏུ་གསོལ། །བཅོམ་ལྡན་འདས་ཐུབ་པའི་དབང་པོ་ལ་གསོལ་བ་འདེབས། འཇམ་དཔལ་ཡིད་བཞིན་ནོར་བུ་ལ་གསོལ་བ་འདེབས་སོ། །ཨཱཙྱ་དེ་བ་ལཿ དམ་པ་སངས་རྒྱས་ལཿ མ་གཅིག་ལབ་སྒྲོན་ལཿ ཁམ་བུ་ཡ་ལེ་ལཿ བཤག་རམ་པ་ལཿ གནམ་མཚོ་བ་ལཿ རང་བྱུང་པ་ལཿ མགོན་རྒྱལ་བ་ལཿ རོལ་པའི་རྡོ་རྗེ་ལཿ བསོད་ནམས་འོད་ཟེར་ལཿ དེ་བཞིན་གཤེགས་པ་ལཿ ཆོས་ཀྱི་རིན་ཆེན་ལཿ འཇམ་དཔལ་བཟང་པོ་ལཿ ཆོས་གྲགས་རྒྱ་མཚོ་ལཿ འཇམ་དཔལ་རྒྱ་མཚོ་ལཿ བདག་རྒྱུད་སྨིན་པར་མཛད་དུ་གསོལ། ཚོགས་ཞིང་རྣམས་རང་ལ་ཐིམ། ཨོཾ་ཨཱཿཧཱུྃ།

བདག་བསྐྱེད་ནི། ཨོཾ་སྭ་བྷཱ་ཝ་ཤུདྡྷཿསརྦ་དྷརྨཱཿསྭ་བྷཱ་ཝ་ཤུདྡྷོ྅ཧཾ། སྟོང་པ་ཉིད་དུ་གྱུར། སྟོང་པའི་ངང་ལས་པཾ་ལས་པདྨ་འདབ་མ་བཞིའི་ལྟེ་བར་ཟླ་བའི་སྟེང་དུ། སེང་གེའི་ཁྲི་ལ་རྗེ་བཙུན་འཇམ་པའི་དབྱངས་སྐུ་མདོག་དམར་སེར་ཞལ་གཅིག་

ཕྱག་གཉིས། དབུ་སྐྲ་ཕྱེད་སྤྱི་བོར་བཅིངས་ཤིང་། རིན་པོ་ཆེས་བརྒྱན་པ། ཕྱག་གཡས་རལ་གྲི་དང་། གཡོན་བུམ་པ་འཛིན་པ། ཞབས་དཀྱིལ་ཀྲུང་དུ་བཞུགས་པ། དེའི་པང་དུ་ཡུམ་དབྱིངས་ཅན་མ་དཀར་མོ་ཡབ་ལ་འཁྱུད་པའི་ཚུལ་དུ་གནས་པ། རིན་པོ་ཆེའི་རྒྱན་གྱིས་བརྒྱན་པ། ཤར་དུ་དགྲེས་པ་རྡོ་རྗེ་དཀར་པོ་རྡོ་རྗེ་དྲིལ་བུ་འཛིན་པ། ལྷོར་རྡོ་རྗེ་སེམས་དཔའ་སེར་པོ་རྡོ་རྗེ་དང་དྲིལ་བུ་འཛིན་པ། ནུབ་ཏུ་ཐུབ་པ་གངས་ཆེན་མཚོ་རྒྱལ་དམར་པོ་གཡས་ས་གནོན། གཡོན་མཉམ་བཞག་མཛད་པ། བྱང་དུ་ཧ་མགྲིན་ལྗང་གུ་རལ་གྲི་དང་ཞགས་པ་འཛིན་པ། ཐམས་ཅད་ཀྱང་དར་ལའི་སྟོད་གཡོགས་དང་སྨད་དཀྲིས་བྱས་ཤིང་། སྐྱིལ་ཀྲུང་དུ་བཞུགས་པའོ། །ལྷ་ཚོགས་རྣམས་ཀྱི་སྐུ་ལས་འོད་ཟེར་འཕྲོས། ཆོས་ཀྱི་དབྱིངས་ནས། བཅོམ་ལྡན་འདས་ལ་སངས་རྒྱས་དང་བྱང་ཆུབ་སེམས་དཔས་བསྐོར་བ་བཛྲ་ས་མ་ཛཿ དེ་རྣམས་ཀྱི་སྐུ་གསུང་ཐུགས་ལས་འོད་ཟེར་བྱུང་། རང་གི་གནས་གསུམ་དུ་ཐིམ་པར་གྱུར། ཨ་ར་པ་ཙ་ན་དྷཱིཿ ཅི་རིགས་བཟླས། རྟེན་དང་བརྟེན་པར་བཅས་པ་རང་ལ་ཐིམ་ཞིང་མི་དམིགས་པའོ། །

མདུན་བསྐྱེད་ནི། སྭ་བྷཱ་ཝ་སོགས་ནས། བཟླས་པ་ཡན་བདག་བསྐྱེད་ལྟར་བྱེད། ཨོཾ་སརྦ་ཏ་ཐཱ་ག་ཏ་ཨརྒྷཾ་ཨཱཿཧཱུྃ། པུཥྤེ། དྷཱུ་པེ། ཨཱ་ལོ་ཀེ། གནྡྷེ། ནཻ་ཝི་ཏེ། ཤབྡ་ཨཱཿཧཱུྃ། གང་གི་དྲིན་གྱིས་བདེ་ཆེན་ཉིད། །སྐད་ཅིག་ཉིད་ལ་འཆར་བ་གང་། །བླ་མ་རིན་ཆེན་ལྟ་བུའི་སྐུ། །རྡོ་རྗེ་ཅན་ཞབས་པད་ལ་འདུད། །བདེ་བར་གཤེགས་པ་ཆོས་ཀྱི་སྐུ། །སངས་རྒྱས་ཀུན་གྱི་ཕྲིན་ལས་པ། །རྣམ་མང་སྣ་ཚོགས་འདུལ་འགྱུར་ཞིང་། །འཇམ་པའི་དབྱངས་ལ་ཕྱག་འཚལ་བསྟོད། །

བདག་འཇུག་ནི། སློབ་མ་རྣམས་ཁྲུས་བྱེད། ཕྱག་འཚལ། ཡོན་དང་མཎྜལ་ཕུལ། ཆོས་བཤད་རྒྱས་བསྡུས་སྐབས་དང་

བསྟུན། འགྲོ་རྣམས་བསྒྲལ་འདོད་བསམ་པ་ཡིས། །སངས་རྒྱས་ཆོས་དང་དགེ་འདུན་ལ། །བྱང་ཆུབ་སྙིང་པོར་མཆིས་ཀྱི་བར། །རྟག་པར་བདག་ནི་སྐྱབས་སུ་མཆི། །ཤེས་རབ་སྙིང་བརྩེ་དང་བཅས་པས། །བརྩོན་པས་སེམས་ཅན་དོན་དུ་བདག །སངས་རྒྱས་མདུན་དུ་གནས་བཅས་ཏེ། །རྫོགས་པའི་སངས་རྒྱས་ཐོབ་པར་བྱ། །ལན་གསུམ། བུམ་ཆུས་བསང་། ཁྱེད་རང་འཇམ་པའི་དབྱངས་སུ་ལམ་གྱིས་གསལ་བར་མཛོད། ཨོཾ་ཨཱཿཧཱུྃ། མདུན་གྱི་ནམ་མཁར་འཇམ་པའི་དབྱངས་ཀྱི་ལྷ་ཚོགས་སྐད་ཅིག་གིས་གསལ་བའི་ཡབ་ཡུམ་སྦྱོར་མཚམས་ནས་བདུད་རྩི་དཀར་དམར་བྱུང་། ཁྱེད་རང་གི་སྤྱི་བོ་ནས་ཞུགས། ལུས་ཀྱི་ནང་ཁེངས་པའི་མོས་པ་གྱིས། རོལ་མོ་དཀྲོལ། ཨ་ར་པ་ཙ་ན་དྷཱིཿདྷཱིཿསྭཱ་ཧཱ། ཐལ་མོ་མགོར་བཞག །ཏིཥྛ་བཛྲ། མཎྜལ་ཕུལ། སངས་རྒྱས་ཀུན་དངོས་ཐུགས་ཀྱི་སྲས། །ཤེས་རབ་དབྱངས་ཀྱིས་འགྲོ་བ་འདྲེན། །སྤྲུལ་པས་ཁམས་གསུམ་ཡོངས་ལ་ཁྱབ། །དབང་དང་རྗེས་གནང་བདག་ལ་སྩོལ། །ལན་གསུམ་བརྗོད། གཏོར་མ་སྤྱི་བོར་བཟུང་། འཇམ་པའི་དབྱངས་ཀྱི་སྐུ་ལས་སྐུ་ཆེ་ཆུང་འབྲིང་གསུམ་གྱི་ཚོགས་བྱུང་། ཁྱེད་རང་ལ་ཐིམ་པའི་མོས་པ་གྱིས། ནང་མཆོད་ལྷུད། ཨ་བྷི་ཥི་ཀ་ཏ་ས་མ་ཡ་ཤྲཱི་ཡེ་ཧཱུྃ། མེ་ཏོག་འཐོར། དེས་བུམ་པའི་དབང་སོང་།

ད་གསང་བའི་དབང་ནི། མཎྜལ་ཕུལ། གསོལ་བཏབ་བྱེད། ཐོད་པ་སྤྱི་བོ་དང་མགྲིན་པར་བཟུང་། བཅོམ་ལྡན་འདི་ལ་སྩལ་ལགས་ཀྱིས། །འདི་ལ་འགོ་བར་མཛད་དུ་གསོལ། །ནང་མཆོད་ལྷུད། ཨ་ར་པ་ཙ་ན་དྷཱིཿདྷཱི་སྭཱ་ཧཱ། མེ་ཏོག་འཐོར། དེས་གསང་བའི་དབང་སོང་། ཤེས་རབ་ཡེ་ཤེས་ཀྱི་དབང་གི་དོན་དུ་མཎྜལ་གསོལ་བཏབ། བླ་མ་དང་འཇམ་པའི་དབྱངས་ཐ་མི་དད་པའི་ཐུགས་ཀ་ནས་ལྷ་མོ་དབྱངས་ཅན་བྱུང་། ཁྱེད་རང་གི་ལུས་ལ་ཐིམ་ཞིང་། ཞུ་བདེ་ལྷན་ཅིག་སྐྱེས་པའི་ཡེ་ཤེས་རྒྱུད་ལ་སྐྱེས་པར་སྒོམས། དེས་ཤེས་རབ་ཡེ་ཤེས་ཀྱི་དབང་

སོང་། གཏོར་མ་སྤྱི་བོར་བཞུང་། བརྒྱུད་པའི་མཚན་ནས་སྨོས། བསྟིམ། བཅོམ་ལྡན་འདི་ལ་སྐུལ་ལགས་ཀྱིས། །འདི་ལ་འགོ་བར་མཛད་དུ་གསོལ། །སློབ་མས། བདག་ལ་འགོ་བར་མཛད་དུ་གསོལ། །བརྗོད།

ནམ་མཁའ་སྐོ་འབྱེད་ནི། སློབ་མ་དཀྱིལ་གྲུང་བཅའ། སྐལ་ཚིགས་བསྒྲང་། ལྟེ་བར་སེམས་ཉིད་ཀྱི་ངོ་བོ་ཐིག་ལེ་དཀར་པོ་བྱ་མ་གསར་གྱི་སྒོ་ང་ཙམ་གསལ་བཏབ། དཔོན་སློབ་གཉིས་ཀས་ཕཊ་ཀྱིས་སྤར། སྤྱི་བོ་ཚངས་པའི་བུ་ག་ཁང་པའི་རྒྱ་མཐོངས་ཁ་ཕྱེ་བ་ལྟར་ཏ་རེ་ཡོད་པ་ནས་རྒྱངས་ཏེ་ཐོན། འཇམ་པའི་དབྱངས་ཀྱི་ཐུགས་ཀར་བསྟིམ་གྱིས་ཐིམ། འཇམ་པའི་དབྱངས་འཁོར་དང་བཅས་པ་འོག་མིན་དུ་སངས་རྒྱས་པར་བསམ། ཅི་གནས་ལ་བཞག །དེ་ནས་ཕབ། གཙོ་བོས་ཇི་ལྟར་བཀའ་སྩལ་པ། །དེ་དག་ཐམས་ཅད་བདག་གིས་བགྱིད། །མཉྫལ་ཕུལ། ཚོགས་ལ་ལོངས་སྤྱོད། ལྷག་མ་བསྡུ། ཆུ་གཙང་གིས་བྲན། དཔལ་འབར་འཇུགས། ཨ་ཀཱ་རོས་བསྔོ། ཕྱི་རོལ་དུ་སྐྱེལ། རོལ་མོ་དཀྲོལ། ཨོཾ་ཨུ་ཥྞཱིཥ་བ་ལིཾ་ཏ་ཀཱ་སྭཱ་ཧཱ། ཚོགས་དང་ལྷག་གཏོར་གཞུང་དུ་གསལ། མ་འབྱོར་བ་དང་ཉམས་པ་དང་སོགས། ཨོཾ་བཛྲ་སཏྭ་ཧཱུྃ། ལྷག་ཆད་ཁ་བསྐང་། བཀའ་བརྒྱུད་བླ་མའི་བཀྲ་ཤིས་ཤོག །ཡི་དམ་ལྷ་ཡིཿ དཔའ་བོ་རྣམས་ཀྱིཿ ཆོས་སྐྱོང་རྣམས་ཀྱི་བཀྲ་ཤིས་ཤོག །ཡེ་ཤེས་པ་རང་གནས་སུ་གཤེགས། དམ་ཚིག་པ་རང་ལ་བསྡུ། ཨོཾ་ཁྱེད་ཀྱིས་སེམས་ཅན་དོན་ཀུན་མཛད། སོགས། བཛྲ་མུཿ ཆོས་དབྱིངས་བྱང་ཆུབ་སེམས་ཀྱི་སོགས། སངས་རྒྱས་འགྲུབ་པར་ཤོག །གཙོད་གདན་ཐོག་གཅིག་མའི་ཁྲིད་ཡིག་ཕྲིན་ལས་རྒྱ་མཚོ་ལས། རྒྱ་མཚོ་ལྷ་བུའི་དབང་། གབ་པ་མངོན་བྱུང་གི་ཕྱི་བཀའ། འཇམ་དཔལ་ཡིད་བཞིན་ནོར་བུའི་མངོན་རྟོགས་དབང་ཆོག་འདི། དད་ལྡན་རྣམས་ཀྱིས་བསྐུལ་བའི་ངོར། ཤཱཀྱའི་དགེ་སློང་ཀརྨ་ཀ་འ་ཆོས་ཀྱི་རྒྱ་མཚོ་ཞེས་བྱ་བས། དབེན་གནས་ཨ་ས་རི་ཁྲོད་དུ་སྦྱར་བའོ། །དགེ་བ་མ་རྒན་སེམས་ཅན་རྣམས་ལ་བསྔོ། བཀྲ་ཤིས་དཔལ་འབར་འཛམ་གླིང་རྒྱལ་བའི་རྒྱན་དུ་ཤོག །ལྷན་ཐབས་ཀྱི་ཡིག་ཆུང་ངོ་།། །།

༄༅། །བླ་འདུལ་མི་འབར་གྱི་སྒྲུབ་ཐབས་བཞུགས་སོ། །

བླ་མ་དང་ཡི་དམ་གྱི་ལྷ་ལ་ཕྱག་འཚལ་ལོ། །བླུ་འདུལ་མེ་འབར་གྱི་སྒྲུབ་ཐབས་བྲི་བར་བྱ་སྟེ། སྔོན་དུ་གནས་ཁང་རྒྱང་ནུལ་བྱེད་ཅིང་དཀྱིལ་འཁོར་བྲི། གཏོར་མ་གསུམ་དང་། དབང་གཏོར་ཟུར་གསུམ་གཏོར་འདབ་གྱིས་བསྐོར་ཞིང་། གཏོར་མ་གཉིས་དཀར་དམར་གྱིས་བརྒྱན། གཞི་བདག་གཏོར་མ་དཀར་གསུམ་གྱིས་བརྒྱན། དབང་གཏོར་དཀར་དམར་གྱིས་བརྒྱན་ཅིང་། སྲིར་དཀར་དུ་འཛུག །དཀྱིལ་འཁོར་དབུས་སུ་མཆོའི་ཁར་བཞག །ལས་བུམ་མགུལ་ཆིངས་ཁ་རྒྱན། བུམ་རྫས་བླུག་ཅིང་ཅི་བདེར་བཞག །དཀྱིལ་འཁོར་གྱི་མཐར་མཆོད་པས་བསྐོར། རང་ཉིད་བདེ་བའི་སྟན་ལ་འདུག །མདུན་དུ་སྔགས་ཀྱི་ཁར་ནང་མཆོད། ཪ་དྲིལ་བཞག །ནང་མཆོད་བྱིན་རླབས་ནི། གཡོན་གྱི་མཐེབ་སྲིན་གྱིས་དཀྲུགས་ཤིང་། ཨོཾ་ཨཱཿཧཱུྃ། ཨོཾ་ཨཱཿཧཱུྃ། ཡེ་ཤེས་ཀྱི་བདུད་རྩིའི་རྒྱ་མཚོ་ཆེན་པོར་གྱུར། དཀར་གཏོར་ལ་ཆབ་བྲན། ཨོཾ་ཨ་མྲི་ཏ་ཀུཎྜ་ལི་ཧ་ན་ཧ་ན་ཧཱུྃ་ཕཊ། གཏོར་མ་དངས་ཤིང་ཐོགས་པ་མེད་པ་བདེ་བ་ཁྱད་པར་ཅན་བསྐྱེད་པ་ནམ་མཁའ་དང་མཉམ་པར་གྱུར། ས་ཕྱོགས་ཡུལ་རི་དབེན་གནས་འདི་ལ་གནས་པའི་གཞི་བདག་རྣམས་དང་། བདག་ཅག་དཔོན་སློབ་འཁོར་དང་བཅས་པ་སྔོན་ཆད་ཕྱིན་ཆད་གང་དུ་སོང་བ་དང་། གང་དུ་འགྲོ་བ་དང་། གང་དུ་གནས་པའི་གཞི་བདག་རྣམས་ལ་འབུལ་ལོ། །བདག་ཅག་རྣམས་འགྲོ་ན་མ་བཀོལ། འདུག་ན་མ་སྣང་། བསམ་སྦྱོར་མ་ངན། ལས་དཀར་པོ་ཆོས་དང་མཐུན་པའི་སྟོང་གྲོགས་མཛོད་ཅིག །གཏོར་མ་གཙང་སར་བསྐྱལ། སྟོང་བཤལ། རོལ་མོ་དཀྲོལ། སུམྦྷ་ནིས་བགེགས་བསྐྲད། བདག་གཞན་མ་ཚོགས་ནམ་མཁའི་མཐའ་དང་མཉམ་པའི་སེམས་ཅན་ཐམས་ཅད། བླ་མ་ལ་སྐྱབས་སུ་མཆིའོ། །སངས་

རྒྱས་ལ༔ ཆོས་ལ༔ དགེ་འདུན་ལ༔ བཅོམ་ལྡན་འདས་སྐུ་འདུལ་མེ་འབར་གྱི་ལྷ་ཚོགས་རྣམས་ལ་སྐྱབས་སུ་མཆིའོ། །སངས་རྒྱས་ཆོས་དང་ཚོགས་ཀྱི་མཆོག་རྣམས་ལ། །བྱང་ཆུབ་བར་དུ་བདག་ནི་སྐྱབས་སུ་མཆི། །བདག་གིས་སྦྱིན་སོགས་བགྱིས་པའི་བསོད་ནམས་ཀྱིས། །འགྲོ་ལ་ཕན་ཕྱིར་སངས་རྒྱས་འགྲུབ་པར་ཤོག །ཚོགས་ཞིང་གི་ལྷ་ཚོགས་ནམ་མཁར་གསལ་བར་གྱུར། ཨོཾ་བཛྲ་ཨརྒྷཾ་ཨཱཿཧཱུྃ། པུཥྤེ། དྷཱུ་པེ། ཨཱ་ལོ་ཀེ། གནྡྷེ། ནཻ་ཝི་ཏྱེ། ཤབྡ་ཨཱཿཧཱུྃ། གང་གི་དྲིན་གྱིས་བདེ་ཆེན་ཉིད། །སྐད་ཅིག་ཉིད་ལ་འཆར་བ་གང་། །བླ་མ་རིན་ཆེན་ལྟ་བུའི་སྐུ། །རྡོ་རྗེ་ཅན་ཞབས་པད་ལ་འདུད། །རྡོ་རྗེ་འཆང་ལ་གསོལ་བ་འདེབས། །ཌོམྦི་པ་ལ༔ དམ་པ་རྗེ་ལ༔ ལབ་སྒྲོན་དེ་ལ༔ ཁམ་བུ་ཡ་ལེ་ལ༔ བཤག་རམ་པ་ལ༔ གནམ་མཚོ་བ་ལ༔ རང་བྱུང་པ་ལ༔ བསམ་རིན་པ་ལ༔ ཀུན་ཡེ་བ་ལ༔ འཇམ་དཔལ་བཟང་པོ་ལ༔ འཇམ་དཔལ་རྒྱ་མཚོ་ལ༔ བདག་རྒྱུད་སྨིན་པར་བྱིན་གྱིས་རློབས། །ཚོགས་ཞིང་རྣམས་རང་ལ་ཐིམ་པར་གྱུར།

བདག་བསྐྱེད་ནི། ཨོཾ་སྭ་བྷཱ་ཝ་ཤུདྡྷཿསརྦ་དྷརྨཱཿསྭ་བྷཱ་ཝ་ཤུདྡྷོ྅ཧཾ། སྟོང་པ་ཉིད་དུ་གྱུར། སྟོང་པར་གྱུར་པའི་ངང་ལས་པཾ་ལས་སྣ་ཚོགས་པདྨ་འདབ་མ་བརྒྱད་པའི་ལྟེ་བར་ཟླ་བ་ཉི་མའི་སྟེང་དུ་ཧཱུྃ་སེར་པོ། དེ་ཡོངས་སུ་གྱུར་པ་ལས། བདག་ཉིད་སྐུ་འདུལ་རྡོ་རྗེ་ཞལ་གཅིག་ཕྱག་གཉིས། སྤྱན་གསུམ། མཆེ་བ་བཞི་ཙུང་ཟད་གཙིགས་པ། དབུ་སྐྲ་དམར་སེར་གྱེན་དུ་ཟེས་པ། ཕྱག་གཡས་གནམ་ལྕགས་ཀྱི་རྡོ་རྗེ་ནམ་མཁར་འཕྱར་ཞིང་། གཡོན་པས་སྡིགས་མཛུབ་གདོན་བགེགས་ལ་གཏད་པ། སྐུ་ཆེན་བརྒྱད་ཀྱིས་བརྒྱན་ཅིང་། སྐུ་ལ་མེ་རི་རབ་ཏུ་འབར་བ། ཞབས་གཉིས་མེ་རིའི་དབུས་སུ་དོར་སྟབས་ཀྱིས་བཞུགས་པ། དེའི་ཤར་དུ་རྡོ་

རྗེ་རིགས་ཀྱི་ཁྲུང་དཀར་པོ། ལྷོར་རིན་ཆེན་རིགས་ཀྱི་ཁྲུང་སེར་པོ། ནུབ་ཏུ་པདྨ་རིགས་ཀྱི་ཁྲུང་དམར་པོ། བྱང་དུ་ཀརྨ་རིགས་ཀྱི་ཁྲུང་ལྗང་གུ། གཙོ་བོའི་སྤྱི་བོར་བུདྡྷ་རིགས་ཀྱི་ཁྲུང་ནག་པོ། ཤར་ལྷོ་མཚམས་སུ་ཁྲོ་བོ་ཧ་མགྲིན་སྔོན་པོ། ལྷོ་ནུབ་ཏུ་ཁྲོ་བོ་ཧཱུྃ་ཀ་ར་དམར་པོ། ནུབ་བྱང་དུ་ཁྲོ་བོ་སྟོབས་པོ་ཆེ་ནག་པོ། བྱང་ཤར་དུ་ཁྲོ་བོ་ཀིང་ཀ་ར་སེར་པོ། ལྷ་ཚོགས་རྣམས་ཀྱིས་སྐུ་བརྒྱད་ཟ་ཞིང་ག་ཤ་བྱེད་པ། སྐུ་ལ་མེ་རབ་ཏུ་འབར་བ། ལྷ་ཚོགས་རྣམས་ཀྱི་ཐུགས་ཀ་ནས་འོད་ཟེར་འཕྲོས། ཆོས་ཀྱི་དབྱིངས་ནས་བཅོམ་ལྡན་འདས་ཀྱི་ལྷ་ཚོགས་སྤྱུངས། བཛྲ་ས་མ་ཛཿ དེ་རྣམས་ཀྱི་སྐུ་ལས་འོད་ཟེར་བྱུང་། རང་གི་གནས་གསུམ་དུ་ཐིམ་པར་གྱུར། ཨོཾ་བཛྲ་ཙཎྜ་མ་ཧཱ་རོ་ཥ་ཎ་ཧཱུྃ་ཧཱུྃ་ཕཊ། བཟླས་པ་བྱ། མཐར་རྟེན་གཞལ་ཡས་ཁང་རང་ཉིད་ལ་ཐིམ། རང་ཉིད་དོན་དམ་པ་སྟོང་པ་ཉིད་དུ་གྱུར།

མདུན་བསྐྱེད་ནི། ཨོཾ་སྭ་བྷཱ་ཝ་ཤུདྡྷོ྅ཧཾ། སྟོང་པ་ཉིད་དུ་གྱུར། སྟོང་པའི་ངང་ལས་མདུན་གྱི་ནམ་མཁར་སོགས་བདག་བསྐྱེད་ལྟར་བསྐྱེད་ཅིང་། མ་ལུས་སེམས་ཅན་ཀུན་གྱི་མགོན་གྱུར་ཅིང་། །བདུད་སྡེ་དཔུང་བཅས་མི་ཟད་འཇོམས་མཛད་ལྷ། །དངོས་རྣམས་མ་ལུས་ཇི་བཞིན་མཁྱེན་གྱུར་པའི། །བཅོམ་ལྡན་འཁོར་བཅས་གནས་འདིར་གཤེགས་སུ་གསོལ། །བཅོམ་ལྡན་ཁྱེད་ནི་བྱོན་པ་ལེགས། །བདག་ཅག་བསོད་ནམས་སྐལ་བར་ལྡན། །བདག་གི་མཆོད་ཡོན་བཞེས་ནས་ཀྱང་། །འདི་ཉིད་དུ་ནི་བཞུགས་སུ་གསོལ། །པདྨ་ཀ་མ་ལ་ཡེ་སྟྭཾ། ཛཿཧཱུྃ་བཾ་ཧོཿ བཟླས་པ་བྱེད། ཨེ་མ་ཧོ། ངོ་མཚར་རྨད་ཀྱི་ཆོས། །དུས་གསུམ་སངས་རྒྱས་ཐམས་ཅད་ཀྱི། །སྐུ་གསུང་ཐུགས་ཀྱི་ངོ་བོ་ཉིད། །འཁོར་འདས་ཡོན་ཏན་དཔལ་དང་ལྡན། །བཀའ་བརྒྱུད་རིན་པོ་ཆེ་ལ་ཕྱག་འཚལ་ལོ། །ལྕང་ལོ་ཅན་གྱི་གནས་མཆོག་དམ་པ་ན། །གསང་

སྔགས་རིགས་སྔགས་ཀུན་གྱི་བདག་པོ་སྟེ། །ཡོག་འདྲེན་བགེགས་ཀྱི་ཚོགས་རྣམས་འཇོམས་མཛད་པ། །བཅོམ་ལྡན་རྡོ་རྗེ་འཛིན་ལ་ཕྱག་འཚལ་བསྟོད། །གང་གི་དྲིན་གྱིས་བདེ་ཆེན་ཉིད། །སྐད་ཅིག་ཉིད་ལ་འཆར་བ་གང་། །བླ་མ་རིན་ཆེན་ལྟ་བུའི་སྐུ། །རྡོ་རྗེ་ཅན་ཞབས་པད་ལ་འདུད། །བླ་མ་སངས་རྒྱས་བླ་མ་ཆོས། །བླ་མ་དཔལ་ལྡན་རྡོ་རྗེ་འཆང་། །ཀུན་གྱི་བྱེད་པ་བླ་མ་ཡིན། །བླ་མ་རྣམས་ལ་ཕྱག་འཚལ་བསྟོད། །རབ་འབྱམས་རྒྱ་མཚོ་དཔག་མེད་ན། །མཆོད་ཡོན་ཇི་སྙེད་ཡོད་པ་རྣམས། །བདག་གིས་གུས་པར་བཤམས་པ་འདི། །སངས་རྒྱས་སྲས་དང་བཅས་ལ་འབུལ། །འགྲོ་བའི་དོན་དུ་བཞེས་སུ་གསོལ། །ཨོཾ་སརྦ་ཏ་ཐཱ་ག་ཏ་ཨརྒྷཾ་པྲ་ཏཱིཙྪ་པཱུ་ཛ་མེ་གྷ་ས་མུ་དྲ་སྥ་ར་ཎ་ས་མ་ཡེ་ཧཱུྃ། རབ་འབྱམས་རྒྱ་མཚོ་སོགས། མེ་ཏོག་ནས་ཤབྡའི་བར་བརྗོད། ཕྱག་འཚལ་བ་དང་མཆོད་ཅིང་བཤགས་པ་དང་། །རྗེས་སུ་ཡི་རང་བསྐུལ་ཞིང་གསོལ་བ་ཡིས། །དགེ་བ་ཅུང་ཟད་བདག་གིས་ཅི་བསགས་པ། །ཐམས་ཅད་རྫོགས་པའི་བྱང་ཆུབ་ཐོབ་ཕྱིར་བསྔོའོ། །

བདག་འཇུག་ནི། སློབ་མ་རྣམས་ཁྲུས་བྱེད། ཕྱག་འཚལ་ཞིང་གྲལ་ལ་འཁོད། ཡོན་དང་མནྡལ་ཕུལ། ཆོས་བཤད་རྒྱས་བསྡུས་སྐབས་དང་བསྟུན། དཀོན་མཆོག་གསུམ་ལ་བདག་སྐྱབས་མཆི། །སྡིག་པ་མི་དགེ་སོ་སོར་བཤགས། །འགྲོ་བའི་དགེ་ལ་རྗེས་ཡི་རང་། །སངས་རྒྱས་བྱང་ཆུབ་ཡིད་ཀྱིས་བཟུང་། །སངས་རྒྱས་ཆོས་དང་ཚོགས་མཆོག་ལ། །བྱང་ཆུབ་བར་དུ་སྐྱབས་སུ་མཆི། །རང་གཞན་དོན་ནི་རབ་སྒྲུབ་ཕྱིར། །བྱང་ཆུབ་སེམས་ནི་བསྐྱེད་པར་བགྱི། །བྱང་ཆུབ་མཆོག་གི་སེམས་ནི་བསྐྱེད་བགྱིས་ནས། །སེམས་ཅན་ཐམས་ཅད་བདག་གི་མགྲོན་དུ་གཉེར། །བྱང་ཆུབ་སྤྱོད་མཆོག་ཡིད་འོང་སྤྱད་པར་བགྱི། །འགྲོ་ལ་ཕན་ཕྱིར་སངས་རྒྱས་འགྲུབ་པར་ཤོག །ལན་གསུམ་དང་། ཚུལ་ཆུས་བསང་།

ཁྱེད་རང་རྣམས་ཡི་དམ་གྱི་ལྷར་ལམ་གྱིས་གསལ་བར་མཛོད་ཅིག །མདུན་གྱི་ནམ་མཁར་ཡི་དམ་གྱི་ལྷ་གསལ་བའི་དཔྲལ་བའི་མཛོད་སྤུ་ནས་ཟག་མེད་ཀྱི་བདུད་རྩི་བྱུང་། ཁྱེད་རང་གི་སྤྱི་བོ་ནས་ཞུགས། ལུས་ཀྱི་ནང་ཐམས་ཅད་ཁེངས་པའི་མོས་པ་གྱིས། རོལ་མོ་དཀྲོལ་ཞིང་། ཨ་ཨ་བརྗོད། ཐལ་མོ་མགོར་བཞག །ཧི་ཊྲ་བཛྲ། བརྟན་པར་བྱེད།

དབང་དངོས་གཞི་ཞུ་བའི་དོན་དུ་མཎྜལ་ཕུལ། ཀུན་མཁྱེན་ཡེ་ཤེས་ཕུང་པོ་ཅན། །སྲིད་པའི་འཁོར་ལོ་རྣམ་འཇོམས་པ། །དེ་རིང་བཤད་པའི་རིན་ཆེན་གཏེར། །གཙོ་བོས་བདག་ལ་བཀའ་དྲིན་སྩོལ། །ལན་གསུམ་བརྗོད། གཏོར་མ་སྤྱི་བོར་བཟུང་ཞིང་། བླ་མའི་སྐུ་ལས་སྐུ་ཆེ་ཆུང་འབྲིང་གསུམ་བྱུང་། ཁྱེད་རང་གི་ལུས་ལ་ཐིམ་པའི་མོས་པ་གྱིས། ཨོཾ་སརྦ་ཏ་ཐཱ་ག་ཏ་ཨ་བྷི་ཥི་ཀ་ཏ་ས་མ་ཡ་ཤྲི་ཡེ་ཧཱུྃ། ནང་མཆོད་བླུད། མེ་ཏོག་འཐོར། དེས་ལུས་ཀྱི་སྒྲིབ་པ་དག །སྐུ་ཡི་དབང་ཐོབ། མཎྜལ་གསོལ་བཏབ་བྱེད། ཐོད་པ་སྤྱི་བོར་བཟུང་། བཅོམ་ལྡན་འདི་ལ་སྤྲུལ་ལགས་ཀྱིས། །འདི་ལ་འགོ་བར་མཛད་དུ་གསོལ། །ཨོཾ་ཙཏྟ་མ་ཧཱ་རོ་ཁ་ཋ་ཧཱུྃ་ཧཱུྃ་ཕཊ་སྭཱ་ཧཱ། ནང་མཆོད་བླུད། མེ་ཏོག་འཐོར། དེས་གསང་བའི་དབང་བསྐུར་བས། ངག་གི་སྒྲིབ་པ་དག །གསང་དབང་ཐོབ་པའི་མོས་པ་གྱིས། མཎྜལ་གསོལ་བཏབ་བྱེད། བླ་མའི་ཐུགས་ཀ་ནས་རིགས་ཀྱི་ལྷ་མོ་གཅིག་འཕྲོས། ཁྱེད་གི་ཐུགས་ཀར་ཐིམ། བདེ་སྟོང་གི་ཉམས་དང་ལྡན། མེ་ཏོག་འཐོར། དེས་སེམས་ཀྱི་སྒྲིབ་པ་དག །ཤེས་རབ་ཡེ་ཤེས་ཀྱི་དབང་ཐོབ། གཏོར་མ་སྤྱི་བོར་བཟུང་ལ་ལྷ་བསྒོམ། བརྒྱུད་པའི་མཚན་ནས་སྨོས། བཅོམ་ལྡན་འདི་ལ་སྤྲུལ་ལགས་ཀྱིས། །འདི་ལ་འགོ་བར་མཛད་དུ་གསོལ། །སློབ་མས། བདག་ལ་འགོ་བར་མཛད་དུ་གསོལ། །བརྗོད།

ནམ་མཁའ་སྒོ་འབྱེད་ནི། སློབ་མ་ལུས་བསྲུང་། དཀྱིལ་ཀྲུང་བཅའ། ལྟེ་བའི་ཐད་དུ་སེམས་ཉིད་ཀྱི་ངོ་བོ་ཐིག་ལེ་དཀར་པོ་བྱ་མ་གསེར་གྱི་སྒོ་ང་ཙམ་གསལ་བཏབ། དཔོན་སློབ་གཉིས་

གས་ཕཊ་ཀྱིས་འཕངས་ཏེ། སྤྱི་བོ་ནས་རྒྱངས་ཀྱིས་ཐོན། བཅོམ་ལྡན་འདས་ཀྱི་འདུལ་ཆེན་པོའི་ཐུགས་ཀར་བསྡིམ་གྱིས་ཐིམ། རྡོ་རྗེ་འཛིན་པ་ནམ་མཁའ་ལ་འཇའ་ཡལ་བའམ། འོག་མིན་དུ་སངས་རྒྱས་པར་བསམ། ཅི་གནས་ལ་བཞག །དེ་ནས་ཕབ། ཚོགས་ལ་ལོངས་སྤྱོད། ལྷག་མ་བསྔུ། ཚུ་གཙང་བྲན། དཔལ་འབར་འཇུགས། ཨ་ཀཱ་རོ་ས་བྱིན་གྱིས་རླབས། གཞུང་བཞིན་བསྔོ། ཕྱི་རོལ་དུ་བསྐྱལ། རོལ་མོ་བྱ། སྣོད་ཚུ་གཙང་གིས་བཤལ། ཁ་སྦུབ་དུ་བཞག །མ་འབྱོར་བ་དང་ཉམས་པ་དང་། །གང་ཡང་བདག་རྨོངས་བློ་ཡིས་ནི། །བགྱིས་པ་དང་ནི་བགྱིད་སྐུལ་བ། །དེ་ཀུན་མགོན་པོས་བཟོད་པར་མཛོད། །བཛྲ་སཏྭ་ཧཱུྃ་གིས་ལྷག་ཆད་ཁ་བསྐང་། བདུད་བཞི་ལས་རྒྱལ་རྒྱལ་བའི་ཕྲིན་ལས་པ། །ཀརྨ་པ་བསྟན་བསྟན་པའི་སྙིང་པོ་འདི། །ཕྱོགས་མཐར་ཀུན་ཁྱབ་ཁྱབ་ཅིང་རྒྱུན་མི་འཆད། །རྟག་པར་རབ་འཕེལ་འཕེལ་བའི་བཀྲ་ཤིས་ཤོག །ཡེ་ཤེས་པ་རྣམས་རང་གནས་སུ་གཤེགས། དམ་ཚིག་པ་རང་ལ་བསྡིམ། ཨོཾ་ཁྱེད་ཀྱིས་སེམས་ཅན་དོན་ཀུན་མཛད། །རྗེས་སུ་མཐུན་པའི་དངོས་གྲུབ་སྩོལ། །སངས་རྒྱས་ཞིང་དུ་གཤེགས་སུ་གསོལ། །སངས་རྒྱས་ཞིང་དུ་གཤེགས་ནས་ཀྱང་། །སེམས་ཅན་དོན་ཀུན་མཛད་དུ་གསོལ། །ཆོས་དབྱིངས་བྱང་ཆུབ་སེམས་ཀྱི་དཀྱིལ་འཁོར་དུ། །བདག་སོགས་སེམས་ཅན་ཐམས་ཅད་ཀྱིས། །དུས་གསུམ་བསགས་དང་རྫོགས་པ་ཡིས། །འགྲོ་དྲུག་སེམས་ཅན་མ་ལུས་པ། །སྐུ་ལྔ་ཡོངས་རྫོགས་སངས་རྒྱས་མྱུར་འགྲུབ་ཤོག །གཙོད་གདན་ཐོག་གཅིག་མའི་ཁྲིད་ཡིག་ཕྲིན་ལས་རྒྱ་མཚོ་ལས་རྒྱ་མཚོ་ལྷ་བུའི་དབང་། གབ་པ་མངོན་བྱུང་གི་ཕྱི་བཀའ། སྐུ་འདུལ་མེ་འབར་གྱི་མངོན་རྟོགས་དབང་ཆོག་འདི། དད་ལྡན་རྣམས་ཀྱིས་བསྐུལ་བའི་ངོར། ཤཱཀྱའི་དགེ་སློང་ཀུ་ཝེ་ཆོས་ཀྱི་རྒྱ་མཚོ་ཞེས་བྱ་བས། ཨ་ས་རི་ཁྲོད་དུ་སྦྱར་བའོ། །དགེ་བ་མ་རྒན་སེམས་ཅན་རྣམས་ལ་བསྔོ། བཀྲ་ཤིས་དཔལ་འབར་འཛམ་གླིང་རྒྱལ་བའི་རྒྱན་དུ་ཤོག །ལྷན་ཐབས་ཡིག་ཆུང་ངོ་།། །།

༄༅། །རྗེ་བོ་མི་འབྲུགས་པའི་སྒྲུབ་ཐབས་བཞུགས་སོ། །

བླ་མ་དང་ལྷག་པའི་ལྷ་ལ་ཕྱག་འཚལ་ལོ། །བཅོམ་ལྡན་འདས་མི་འཁྲུགས་པའི་སྒྲུབ་ཐབས་འདི་ལ། སྔོན་འགྲོ་པདྨ་འདབ་བཞི། ཕྱི་རོལ་དུ་གཞལ་ཡས་ཁང་གྲུ་བཞི་སྒོ་བཞི་རྟ་བབས་རིམ་པ་ལྔ་དང་ལྡན་པ་བྲི་ཞིང་། དབུས་སུ་མཆོད་རྟེན་གྱི་སྟེང་དུ་...

བུམ་པ་མཚན་ཉིད་དང་ལྡན་པ། རྫས་དང་ཆུས་གསུམ་གཉིས་ཁེངས་པ། མགུལ་ཆིངས་ཁ་རྒྱན་དང་བཅས་པ་བཞག །གཏོར་མ་གསུམ་དང་དབང་གཏོར་ཟླུམ་པོ་སྔེར་དཀར་དུ་འཇུག །གཏོར་འདབ་ཀྱིས་བསྐོར། དཀར་དམར་གྱི་རྒྱན་བཟང་པོས་བརྒྱན། གཞི་བདག་གཏོར་མ་དཀར་གསུམ་དང་བཅས་པ་བཤམ། དབང་གཏོར་མཆོད་ཁར་འཇོག །དཀྱིལ་འཁོར་གྱི་མཐར་མཆོད་པ་རྣམ་ལྔས་བསྐོར། རང་ཉིད་བདེ་བའི་སྟན་ལ་འདུག་ཅིང་། མདུན་དུ་སྣོད་རྣམས་ཀྱི་ཁར་ནང་མཆོད། ཞ་དྲིལ། ལས་བུམ་རྣམས་འཇོག །དཀར་གཏོར་སྣོད་ཀྱི་ཁར་འཇོག་ཅིང་། ཆུ་གཙང་བྲན་ཏེ། ཨོཾ་བཛྲ་ཡཀྵ་ཧཱུྃ། ཨོཾ་བཛྲ་ཛྭ་ལ་ཨ་ན་ལ་ཧ་ན་ད་ཧ་པ་ཙ་མ་ཐ་བྷཉྫ་ར་ཊ་ཧཱུྃ་ཕཊ། ཨོཾ་ཨ་ཀཱ་རོ་མུ་ཁཾ་སརྦ་དྷརྨཱ་ཎཱཾ་ཨཱདྱ་ནུཏྤནྣ་ཏྭཏ་ཨོཾ་ཨཱཿཧཱུྃ་ཕཊ་སྭཱ་ཧཱ། གཏོར་མ་གཟུགས་སྒྲ་དྲི་རོ་རེག་བྱ་ཕུན་སུམ་ཚོགས་པ་དང་ལྡན་པར་གྱུར། ས་ལ་རྒྱུ་བའི་ལྷ་ཀུན་དང་། །གང་ཡང་ས་ལ་གནས་པ་རྣམས། །ལྷ་ཀླུ་འབྱུང་པོ་མཐུ་བོ་ཆེ། །མཆོད་སྦྱིན་གཏོར་མ་འདི་བཞེས་ལ། །རྣལ་འབྱོར་བདག་ཅག་འཁོར་བཅས་ལ། །ནད་མེད་ཚེ་དང་དབང་ཕྱུག་དང་། །དཔལ་དང་གྲགས་དང་སྐལ་བ་བཟང་། །ལོངས་སྤྱོད་རྒྱ་ཆེན་ཀུན་ཐོབ་ཅིང་། །ཞི་དང་རྒྱས་ལ་སོགས་པ་ཡི། །ལས་ཀྱི་དངོས་གྲུབ་བདག་ལ་སྩོལ། །དམ་ཚིག་དེ་ཉིད་བདག་ལ་སྩོལ། །དངོས་གྲུབ་ཀུན་གྱི་སྟོང་གྲོགས་མཛོད། །དུས་མིན་འཆི་དང་ནད་རྣམས་དང་། །གདོན་དང་བགེགས་རྣམས་

མེད་པར་མཛོད། །རྨི་ལམ་ངན་དང་མཚན་མ་ངན། །བྱ་བྱེད་ངན་པ་མེད་པར་མཛོད། །འཇིག་རྟེན་བདེ་ཞིང་ལོ་ལེགས་དང་། །འབྲུ་རྣམས་འཕེལ་ཞིང་ཆོས་འཕེལ་དང་། །བདེ་ལེགས་ཕུན་སུམ་ཚོགས་པ་ཡི། །ཡིད་ལ་འདོད་པ་ཀུན་འགྲུབ་ཤོག །གསང་སྔགས་ཟབ་མོའི་ཚོ་ག་ལ། །ཉན་དང་ལྟ་བར་མི་དབང་བའི། །ལྷ་སྲུ་འབྱུང་པོ་མཐུ་ཆེན་ནི། །དེ་དག་ཐམས་ཅད་གཞན་དུ་དེངས། །གཏོར་མ་ཕྱི་རོལ་དུ་གཙང་སར་སྐྱེལ། ཕཊ། སུམྦྷ་ནི་སུམྦྷ་ཧཱུྃ། གྲྀཧྞ་གྲྀཧྞ་ཧཱུྃ། གྲྀཧྞ་པ་ཡ་གྲྀཧྞ་པ་ཡ་ཧཱུྃ། ཨ་ན་ཡ་ཧོ། བྷ་ག་ཝཱན་བིདྱ་རཱ་ཛ་ཧཱུྃ་ཕཊ། རོལ་མོ་དཀྲོལ་ཞིང་མཚམས་གཅོད་བྱེད། སྲིད་འོག་ཕྱོགས་མཚམས་ཐམས་ཅད་རྡོ་རྗེའི་ར་བ་དང་གུར་དུ་གྱུར། ནང་མཆོད་བྱིན་རླབས་ནི། ཨོཾ་བཛྲ་ཡཀྵ་ཧཱུྃ། བཛྲ་ཛྭ་ལ་ཨ་ན་ལ་ཧ་ན་ད་ཧ་པ་ཙ་མ་ཐ་བྷཉྫ་ར་ཎ་ཧཱུྃ་ཕཊ། ཨོཾ་སྭ་བྷཱ་ཝ་ཤུདྡྷཿསརྦ་དྷརྨཱཿསྭ་བྷཱ་ཝ་ཤུདྡྷོ྅ཧཾ། སྟོང་པ་ཉིད་དུ་གྱུར། སྟོང་པའི་ངང་ལས་མི་མགོའི་སྒྱེད་བུ་རི་རབ་ཙམ་གསུམ་གྱི་སྟེང་དུ། ཀ་པཱ་ལ་ཡངས་ཤིང་རྒྱ་ཆེ་བ་མཚན་ཉིད་ཡོངས་སུ་རྫོགས་པའི་ནང་དུ། ཡེ་ཤེས་ཀྱི་བདུད་རྩི་ཤ་ལྔ་བདུད་རྩི་ལྔའི་རང་བཞིན་དུ་ཞུ་བར་གྱུར། ཨོཾ་ཨཱཿཧཱུྃ། ཧོཾ་ཧོཾ། ཨོཾ་ཨེ་ཨཱ་ར་ལི་ཧོ། ཛཿཧཱུྃ་བཾ་ཧོཿ ས་མ་ཡ་སྟྭཾ། དྲི་བྷྲུ་ཧོ། ཨོཾ་བྷྲུཾ་ཨཿཧཱུྃ། བདག་གཞན་མ་ཚོགས་ནམ་མཁའི་མཐའ་དང་མཉམ་པའི་སེམས་ཅན་ཐམས་ཅད་བླ་མ་ལ་སྐྱབས་སུ་མཆིའོ། །སངས་རྒྱས་ལ༔ ཆོས་ལ༔ དགེ་འདུན་ལ༔ བཅོམ་ལྡན་འདས་མི་འཁྲུགས་པའི་ལྷ་ཚོགས་རྣམས་ལ་སྐྱབས་སུ་མཆིའོ། །མདུན་གྱི་ནམ་མཁར་དཀྱིལ་འཁོར་གྱི་ལྷ་ཚོགས་འཁོར་དང་བཅས་པ་སྣང་ཙམ་གྱིས་གསལ་བར་གྱུར། ཧཱུྃ། བཞེངས་ཤིག་བཞེངས་ཤིག་སྟོབས་བཅུ་མངའ་བའི་ལྷ། །དུས་ལ་མི་འདའ་ཐུགས་རྗེའི་དབང་གིས་ན། །སེམས་ཅན་དོན་ལ་དགོངས་པའི་བླ་མེད་དཀོན་མཆོག་གསུམ། །དངོས་དང་ཡིད་ཀྱིས་བཤམས་

ཞིང་མཆོད་པའི་གནས་འདི་རུ། །རྒྱལ་བ་འཁོར་བཅས་མ་ལུས་གནས་འདིར་གཤེགས་སུ་གསོལ། །ཨེ་མ་ཧོ་ངོ་མཚར་རྨད་ཀྱི་ཆོས། །དུས་གསུམ་སངས་རྒྱས་ཐམས་ཅད་ཀྱི། །སྐུ་གསུང་ཐུགས་ཀྱི་ངོ་བོ་ཉིད། །འཁོར་འདས་ཡོན་ཏན་དཔལ་དང་ལྡན། །རྒྱལ་བ་རྣམས་ལ་ཕྱག་འཚལ་བསྟོད། །ཨོཾ་བཛྲ་ཨརྒྷཾ་ཨཱཿཧཱུྃ། པུཥྤེ། དྷཱུ་པེ། ཨཱ་ལོ་ཀེ། གནྡྷེ། ནཻ་ཝི་ཏྱེ། ཤབྡ་ཨཱཿཧཱུྃ། རྗེ་བོ་མི་འཁྲུགས་པ་ལ་གསོལ་བ་འདེབས་སོ། །ཡང་དག་པར་རྫོགས་པའི་སངས་རྒྱས་ཤཱཀྱ་ཐུབ་པ་ལཿ འཇམ་དཔལ་སྒྲ་བའི་སེང་གེ་ལཿ བཅོམ་ལྡན་གླུ་སྒྲུབ་སྙིང་པོ་ལཿ འཕགས་པ་ཨཱརྱ་དེ་བ་ལཿ ཕ་གཅིག་དམ་པ་སངས་རྒྱས་ལཿ མ་གཅིག་ལབ་ཀྱི་སྒྲོན་མ་ལཿ སྲས་མཆོག་རྒྱལ་བ་དོན་གྲུབ་ལཿ གྲུབ་ཆེན་ཀརྨ་པཀྴི་ལཿ གནམ་མཚོ་མི་བསྐྱོད་རྡོ་རྗེ་ལཿ མཁས་པ་རང་བྱུང་རྡོ་རྗེ་ལཿ རྟོགས་ལྡན་བསམ་གཏན་རིན་ཆེན་ལཿ ལྷ་ཕུ་ཀུན་དགའ་ཡེ་ཤེས་ལཿ ཀུན་མཁྱེན་འཇམ་དཔལ་བཟང་པོ་ལཿ རྗེ་བཙུན་འཇམ་དཔལ་རྒྱ་མཚོ་ལ་གསོལ་བ་འདེབས་སོ། །ཚོགས་ཞིང་རྣམས་རང་ཉིད་ལ་ཐིམ་པར་གྱུར། ཨོཾ་ཨཱཿཧཱུྃ།

བདག་བསྐྱེད་ནི། ཨོཾ་སྭ་བྷཱ་ཝ་ཤུདྡྷཿསརྦ་དྷརྨཱཿསྭ་བྷཱ་ཝ་ཤུདྡྷོ྅ཧཾ། སྟོང་པ་ཉིད་དུ་གྱུར། སྟོང་པའི་ངང་ལས་གཞལ་ཡས་ཀྱི་ཁང་པ་གྲུ་བཞི་སྒོ་བཞི་རྟ་བབས་བང་རིམ་ལྔ་དང་ལྡན་པ། གདུགས། རི་དྭགས། ཆོས་འཁོར། བ་དན་གྱིས་ཡང་དག་པར་སྤྲས་པ། གདུང་བཅུ་དྲུག་ཀ་བ་བརྒྱད་དང་ལྡན་པ། དབུས་བྱུར་བུར་གྱུར་པ། རིན་པོ་ཆེའི་ཏོག་གིས་མཚན་པ། ཕྱི་རོལ་པདྨའི་ར་བ། དེའི་ཕྱི་རོལ་མུ་ཏིག་གི་ཕྲེང་བ་དང་མེ་རིས་ཡོངས་སུ་བསྐོར་བ། དབུས་སུ་པདྨ་འདབ་བཞིའི་ལྟེ་བར། སེང་གེས་བཏེག་པའི་རིན་པོ་ཆེའི་ཁྲི་ཡངས་ཤིང་རྒྱ་ཆེ་བའི་སྟེང་དུ།

ཟླ་བའི་དཀྱིལ་འཁོར་གྱི་སྙིང་སྟེ་ཧཱུྃ་ལས་རྡོ་རྗེ་སྔོན་པོ་རྩེ་ལྔ་པ་ལྟེ་བ་ལ་ཧཱུྃ་གིས་མཚན་པ། དེ་ལས་འོད་ཟེར་འཕྲོས། འཕགས་པ་མཆོད། སེམས་ཅན་གྱི་དོན་བྱས། ཚུར་འདུས་ཡོངས་སུ་གྱུར་པ་ལས། ཇོ་བོ་མི་འཁྲུགས་པ་སྐུ་མདོག་སྔོན་པོ་ཞལ་གཅིག་ཕྱག་གཉིས། གཡས་མཆོད་སྦྱིན་གྱི་ཕྱག་རྒྱ་མཛད་ཅིང་། གཡོན་མཉམ་བཞག་གི་སྟེང་དུ་སྣ་ཚོགས་རྡོ་རྗེ་བསྣམས་པ། ཞབས་རྡོ་རྗེ་དཀྱིལ་མོ་ཀྲུང་དུ་བཞུགས་པ། སྤྲུལ་པ་སྐུའི་ཆ་བྱད་ཅན། ཤར་དུ་རྟ་མཆོག་གི་ཁྲི་ལ་བཅོམ་ལྡན་འདས་རྣམ་པར་སྣང་མཛད་ཞལ་གཅིག་ཕྱག་གཉིས་མཉམ་བཞག་གི་ཕྱག་རྒྱ་མཛད་པ། ཞབས་རྡོ་རྗེ་དཀྱིལ་མོ་ཀྲུང་དུ་བཞུགས་པ། ལོངས་སྤྱོད་རྫོགས་པ་སྐུའི་ཆ་བྱད་ཅན། ལྷོར་གླང་པོ་ཆེའི་ཁྲི་ལ། བཅོམ་ལྡན་འདས་ཐུབ་པའི་དབང་པོ་སྐུ་མདོག་སེར་པོ་ཞལ་གཅིག་ཕྱག་གཉིས། གཡས་ས་གནོན་དང་། གཡོན་མཉམ་བཞག་མཛད་པ། ཞབས་རྡོ་རྗེའི་དཀྱིལ་མོ་ཀྲུང་དུ་བཞུགས་པ། སྤྲུལ་པ་སྐུའི་ཆ་བྱད་ཅན། ནུབ་ཏུ་རྨ་བྱའི་ཁྲི་ལ། བཅོམ་ལྡན་འདས་ཚེ་དཔག་ཏུ་མེད་པ་སྐུ་མདོག་དམར་པོ་ཞལ་གཅིག་ཕྱག་གཉིས། མཉམ་བཞག་གི་སྟེང་དུ་འཆི་མེད་ཚེའི་བུམ་པ་བསྣམས་པ། ཞབས་རྡོ་རྗེའི་དཀྱིལ་མོ་ཀྲུང་དུ་བཞུགས་པ། བྱང་དུ་མཁའ་ལྡིང་གི་ཁྲི་ལ། རྡོ་རྗེ་འཆང་སྐུ་མདོག་སྔོན་པོ་ཞལ་གཅིག་ཕྱག་གཉིས་རྡོ་རྗེ་དང་དྲིལ་བུ་ཐུགས་ཀར་འཛིན་པ། ཞབས་རྡོ་རྗེའི་དཀྱིལ་མོ་ཀྲུང་དུ་བཞུགས་པ། ལོངས་སྤྱོད་རྫོགས་པ་སྐུའི་ཆ་བྱད་ཅན། ཕྱིའི་སྒོ་བཞིར་ལྕགས་ཀྱུ་མ་དཀར་མོ། ཞགས་པ་མ་སེར་མོ། ལྕགས་སྒྲོག་མ་དམར་མོ། དྲིལ་བུ་མ་ལྗང་ཁུ་འོ། །ལྷ་ཚོགས་དེ་དག་ཐམས་ཅད་ཀྱི་དཔྲལ་བར་ཨོཾ། མགྲིན་པར་ཨཱཿ ཐུགས་ཀར་ཧཱུྃ། ཐུགས་ཀའི་ཧཱུྃ་ལས་འོད་འཕྲོས་པས། ཆོས་ཀྱི་དབྱིངས་ནས་

བཅོམ་ལྡན་འདས་ཀྱི་ལྷ་ཚོགས་མདུན་གྱི་ནམ་མཁར་སྤྱན་དྲངས། བཛྲ་ས་མ་ཛཿ དེ་རྣམས་ཀྱི་སྐུ་གསུང་ཐུགས་ལས་བདུད་རྩི་དཀར་དམར་བྱུང་། རང་གི་གནས་གསུམ་དུ་ཐིམ། དོན་དམ་པ་སྟོང་པ་ཉིད་དུ་གནས་པས་གྱུར། གཙོ་བོའི་ཐུགས་ཀར་ཧཱུྃ་ཡིག་གི་ཐ་མར་སྔགས་ཕྲེང་གིས་བསྐོར་བ་ལ་དམིགས་ཏེ། ཨོཾ་གཾ་ག་ནི་གཾ་ག་ནི། རོ་ཙ་ནི་རོ་ཙ་ནི། ཏྲོ་ཊ་ནི་ཏྲོ་ཊ་ནི། ཏྲ་ས་ནི་ཏྲ་ས་ནི། པྲ་ཏི་ཧ་ན་པྲ་ཏི་ཧ་ན། སརྦ་ཀརྨ་པ་རཾ་པ་ར་ཎི་མེ་སརྦ་སཏྭ་ནཉྩ་སྭཱ་ཧཱ། ཅི་རིགས་བཟླས། རྟེན་དང་བཅས་པ་བདག་ཉིད་ལ་འདུས་པར་གྱུར།

ཐུམ་པ་ནི། ཨོཾ་སྭ་བྷཱ་ཝ་ཤུདྡྷཿསརྦ་དྷརྨཱཿསྭ་བྷཱ་ཝ་ཤུདྡྷོ྅ཧཾ། སྟོང་པ་ཉིད་དུ་གྱུར། སྟོང་པའི་ངང་ལས་རིན་པོ་ཆེའི་ཐུམ་པ་ཞབས་ཞུམ་པ། ལྟོ་བ་ལྡིར་བ། མགྲིན་པ་རིང་བ། མཆུ་འཕྱང་བ། ལྷ་རྫས་ཀྱི་གོས་ཀྱིས་མགྲིན་པ་བཅིངས་བ། དཔག་བསམ་གྱི་ཤིང་གིས་ཁ་བརྒྱན་པ། དེའི་དབུས་སུ་བཅོམ་ལྡན་འདས་ཀྱི་ལྷ་ཚོགས་རྟེན་གཞལ་ཡས་ཁང་དང་བཅས་པ་སྐད་ཅིག་གིས་གསལ་བར་གྱུར། ལྷ་ཚོགས་དེ་དག་གི་གནས་གསུམ་ལས་འོད་ཟེར་འཕྲོས་པས། ཆོས་ཀྱི་དབྱིངས་ནས་བཅོམ་ལྡན་འདས་ལ་སངས་རྒྱས་དང་བྱང་ཆུབ་སེམས་དཔའི་ཚོགས་ཀྱིས་བསྐོར་ནས་བཞུགས་པ། བཛྲ་ས་མ་ཛཿ ཐུམ་པའི་ལྷ་དང་གཉིས་སུ་མེད་པར་གྱུར། ཛཿཧཱུྃ་བཾ་ཧོཿ སྔགས་ཅི་རིགས་བགྲང་། ཐུམ་ལྷ་ཞུ་ནས་ཐུམ་པའི་ཆུར་གྱུར།

མདུན་བསྐྱེད་ནི། ཨོཾ་སྭ་བྷཱ་ཝ་ནས། བཛྲ་ས་མ་ཛའི་བར། བདག་བསྐྱེད་ལྟར་བྱེད་ཅིང་། མ་ལུས་སེམས་ཅན་ཀུན་གྱི་མགོན་གྱུར་ཅིང་། །བདུད་སྡེ་དཔུང་བཅས་མི་བཟད་འཇོམས་མཛད་ལྷ། །དངོས་རྣམས་མ་ལུས་ཇི་བཞིན་མཁྱེན་གྱུར་པའི། །བཅོམ་ལྡན་འཁོར་བཅས་གནས་འདིར་གཤེགས་སུ་གསོལ། །ཨོཾ་སརྦ་ཏ་ཐཱ་ག་ཏ་པདྨ་ཀ་མ་ལ་ཡ་སྟྭཾ།

ས་གཞི་སྤོས་ཀྱིས་བྱུགས་ཤིང་མེ་ཏོག་བཀྲམ། །རི་རབ་གླིང་བཞི་ཉི་ཟླས་བརྒྱན་པ་འདི། །སངས་རྒྱས་ཞིང་དུ་དམིགས་ཏེ་ཕུལ་བ་ཡིས། །འགྲོ་ཀུན་རྣམ་དག་ཞིང་ལ་སྤྱོད་པར་ཤོག །གུ་རུ་རཏྣ་མཎྜལ་པཱུ་ཛ་མེ་གྷ་ས་མུ་དྲ་སྥ་ར་ཎ་ས་མ་ཡ་ཨཱ་ཧཱུྃ། བཅོམ་ལྡན་བསྐལ་པ་གྲངས་མེད་དུ་མ་རུ། །འགྲོ་ལ་བརྩེ་ཕྱིར་ཐུགས་རྗེས་རྣམ་སྤྲངས་ཤིང་། །སྨོན་ལམ་རྒྱ་ཆེན་དགོངས་པ་ཡོངས་རྫོགས་མཛད། །ཅི་བཞིན་འགྲོ་དོན་མཛད་དུས་འདི་ལགས་ན། །དེ་ཕྱིར་ཆོས་དབྱིངས་ཕོ་བྲང་ལྷུན་གྲུབ་ནས། །རྫུ་འཕྲུལ་བྱིན་རླབས་སྣ་ཚོགས་སྟོན་མཛད་ཅིང་། །མཐའ་ཡས་སེམས་ཅན་ཚོགས་རྣམས་བསྒྲལ་བའི་ཕྱིར། །ཡང་དག་འཁོར་བཅས་གནས་འདིར་གཤེགས་སུ་གསོལ། །ཆོས་རྣམས་ཀུན་གྱི་དབང་ཕྱུག་གཙོ། །བཙོ་མ་གསེར་གྱི་མདོག་འདྲ་ཞིང་། །ཉི་མ་ལས་ལྷག་གཟི་བརྗིད་ཆེ། །དད་པས་སྤྱན་ནི་དྲང་བར་བགྱི། །ཞི་ཞིང་ཐུགས་རྗེ་ཆེར་ལྡན་པ། །དུལ་ཞིང་བསམ་གཏན་ས་ལ་བཞུགས། །ཆོས་དང་ཡེ་ཤེས་ཆགས་བྲལ་བ། །ཀུན་ཏུ་མི་ཟད་ནུས་པར་ལྡན། །ཚུར་བྱོན་ཚུར་བྱོན་ཞིང་བདག་ལྷ། །ཐུབ་པའི་སྐྱེས་མཆོག་ཐམས་ཅད་མཁྱེན། །ཤིན་ཏུ་ལེགས་བྱས་གཟུགས་བརྙན་ནི། །མཆོད་པའི་གནས་འདིར་གཤེགས་སུ་གསོལ། །འདིར་ནི་གཟུགས་དང་ལྷན་ཅིག་ཏུ། །འགྲོ་བའི་དོན་དུ་བཞུགས་ནས་ཀྱང་། །ནད་མེད་ཚེ་དང་དབང་ཕྱུག་དང་། །མཆོག་རྣམས་ལེགས་པར་བསྩལ་དུ་གསོལ། །བཅོམ་ལྡན་འདིར་ནི་བྱོན་པ་ལེགས། །བདག་ཅག་བསོད་ནམས་སྐལ་བར་ལྡན། །བདག་གི་མཆོད་ཡོན་བཞེས་ནས་ཀྱང་། །ཐུགས་ལ་དགོངས་ཤིང་གནང་བར་མཛོད། །བདེ་བར་གཤེགས་སོ་བཅོམ་ལྡན་འདས། །ཚུར་བྱོན་འདིར་ནི་བཞུགས་སུ་གསོལ། །བདག་གི་མཆོད་ཡོན་བཞེས་ནས་ཀྱང་། །བདག་ཀྱང་བློ་དང་ལྡན་པར་མཛོད། །ཨོཾ་སརྦ་ཏ་ཐཱ་ག་

ཏ་ག་ག་ན་ས་མ་ཡ་ཕྲེ་ཡེ་ཧཱུྃ། ཇི་ལྟར་བལྟམས་པ་ཙམ་གྱིས་ནི། །ལྷ་རྣམས་ཀྱིས་ནི་ཁྲུས་གསོལ་ལྟར། །ལྷ་ཡི་ཆུ་ནི་དག་པ་ཡིས། །དེ་བཞིན་བདག་གིས་སྐུ་ཁྲུས་གསོལ། །ཨོཾ་སརྦ་ཏ་ཐཱ་ག་ཏ་ཨ་བྷི་ཥེ་ཀ་ཏ་ས་མ་ཡ་ཕྲེ་ཡེ་ཧཱུྃ། བདག་དང་འགྲོ་ལ་ཐུགས་བརྩེའི་ཕྱིར། །ཉིད་ཀྱི་རྫུ་འཕྲུལ་མཐུ་ཡིས་ནི། །ཇི་སྲིད་མཆོད་པ་བདག་བགྱིད་ནས། །དེ་སྲིད་བཅོམ་ལྡན་བཞུགས་སུ་གསོལ། །ཨོཾ་སརྦ་ཏ་ཐཱ་ག་ཏ་པདྨ་ཀ་མ་ལ་ཡེ་སྟྭཾ། གང་གི་དྲིན་གྱིས་བདེ་ཆེན་ཉིད། །སྐད་ཅིག་ཉིད་ལ་འཆར་བ་གང་། །བླ་མ་རིན་ཆེན་ལྟ་བུའི་སྐུ། །རྡོ་རྗེ་ཅན་ཞབས་པད་ལ་འདུད། །སངས་རྒྱས་ཀུན་གྱི་རང་བཞིན་སྐུ། །སློབ་དཔོན་ལ་ནི་བདག་སྐྱབས་མཆི། །དང་པོར་མི་རྟོག་ཕོག་པ་ཡི། །དཀྱིལ་འཁོར་ལྷ་ཚོགས་རྣམས་ལ་འདུད། །ཨོཾ་སརྦ་ཏ་ཐཱ་ག་ཏ་ཨརྒྷཾ་པྲ་ཏཱིཙྪ་པཱུ་ཛ་མེ་གྷ་ས་མུ་དྲ་སྥ་ར་ཎ་ས་མ་ཡེ་ཨཱཿཧཱུྃ་སྭཱ་ཧཱ། པུཥྤེ། དྷཱུ་པེ། ཨཱ་ལོ་ཀེ། གནྡྷེ། ནཻ་ཝི་དྱེ། ཤབྡའི་བར་ཕྱག་རྒྱ་དང་བཅས་ཏེ་འབུལ། ཁ་དོག་དབྱིབས་ལེགས་ཡིད་འོང་རྒྱན་ཕྲེང་ལྡན། །ཕྱོགས་དུས་ཀུན་ནས་གཟུགས་མཆོག་ཅི་མཆིས་པ། །མོས་བློས་མཆོད་གནས་རྣམས་ལ་བདག་འབུལ་ན། །བཞེས་ཤིག་བླ་མེད་གྲུབ་མཆོག་སྩོལ་དུ་གསོལ། །ཨོཾ་སརྦ་ཏ་ཐཱ་ག་ཏ་རཱུ་པ་ཀཱ་མ་གུ་ཎ་བཛྲ་པཱུ་ཛ་ཏེ་ཨཱཿཧཱུྃ། ཕྱོགས་དུས་ཀུན་ནས་ཟིན་དང་མ་ཟིན་པའི། །ཡོན་ཏན་ཚིག་བརྗོད་སྒྲ་སྙན་ཡིད་འོང་ལྡན། །མོས་བློས༔ བཞེས་ཤིག༔ ཨོཾ་ཤབྡ༔ ཕྱོགས་དུས་ཀུན་ནས་ཙནྡ་སྦྲུལ་སྙིང་དང་། །ཨ་ཀར་ལ་སོགས་དབང་པོ་ཚིམ་བྱེད་དྲི། །མོས་བློས༔ བཞེས་ཤིག༔ གནྡྷེ། ཕྱོགས་དུས་ཀུན་ནས་རོ་དང་བཅུད་ལྡན་པའི། །ལུས་སེམས་ཚིམ་བྱེད་རོ་མཆོག་ཅི་མཆིས་པ། །མོས་བློས༔ བཞེས་ཤིག༔ ར་ས༔ ཕྱོགས་དུས་ཀུན་ནས་འཇམ་གཉེན་འཁྲིལ་ཆགས་པའི། །རེག་བྱའི་ཁྱད་པར་འཕགས་པ་ཅི་མཆིས

པ། །སོས་བློས༔ བཞེས་ཤིག༔ སུ་ཏྲེ༔ བཟླས་པ་བྱས་ཏེ།

དེ་ནས་སློབ་མ་སྔ་གོན་ནི། སློབ་མ་རྣམས་ཁྲུས་བྱེད། གྲལ་ལ་འཁོད། དུད་པས་བདུག །བགེགས་བསྐྲད། མནྡལ་ཕུལ། སློབ་དཔོན་གྱིས་ཆོས་བཤད་རྒྱུས་བསྡུས་སྐབས་དང་སྦྱར། དགའ་ཆེན་ཁྱོད་བདག་སྟོན་པ་སྟེ། །སློབ་དཔོན་ཁྱོད་ནི་དགོངས་སུ་གསོལ། །བྱང་ཆུབ་ཆེན་པོའི་ཚུལ་སྟོན་པ། །མགོན་པོ་ཆེན་པོ་བདག་འཚལ་ལོ། །དམ་ཚིག་དེ་ཉིད་བདག་ལ་སྩོལ། །བྱང་ཆུབ་སེམས་ཀྱང་བདག་ལ་སྩོལ། །སངས་རྒྱས་ཆོས་དང་དགེ་འདུན་ཏེ། སྐྱབས་གསུམ་དག་ཀྱང་བདག་ལ་སྩོལ། །ཐར་པ་ཆེན་པོའི་གྲོང་མཆོག་ཏུ། །མགོན་པོས་བདག་ནི་འཇུག་པར་འཚལ། །ལན་གསུམ་དང་། དཀོན་མཆོག་གསུམ་ལ་བདག་སྐྱབས་མཆི། །སྡིག་པ་མི་དགེ་སོ་སོར་བཤགས། །འགྲོ་བའི་དགེ་ལ་རྗེས་ཡི་རང་། །སངས་རྒྱས་བྱང་ཆུབ་ཡིད་ཀྱིས་བཟུང་། །སངས་རྒྱས་ཆོས་དང་ཚོགས་མཆོག་ལ། །བྱང་ཆུབ་བར་དུ་སྐྱབས་སུ་མཆི། །རང་གཞན་དོན་ནི་རབ་སྒྲུབ་ཕྱིར། །བྱང་ཆུབ་སེམས་ནི་བསྐྱེད་པར་བགྱི། །བྱང་ཆུབ་མཆོག་གི་སེམས་ནི་བསྐྱེད་བགྱིས་ནས། །སེམས་ཅན་ཐམས་ཅད་བདག་གི་མགྲོན་དུ་གཉེར། །བྱང་ཆུབ་སྤྱོད་མཆོག་ཡིད་འོང་སྤྱད་པར་བགྱི། །འགྲོ་ལ་ཕན་ཕྱིར་སངས་རྒྱས་འགྲུབ་པར་ཤོག །ཐུམ་ཆུས་བསང་ཞིང་། སློབ་མ་ལྷར་བསྐྱེད། གནས་གསུམ་དུ་དྲི་ཡི་ཆུས་ཐུག་ཅིང་། ཨོཾ་ཨཱཿཧཱུྃ། སྤྱི་བོ། མགྲིན་པ། སྙིང་ཁ། ཧཱུྃ། ཨཱཿ ཨོཾ། སྙིང་ག །མགྲིན་པ། དཔྲལ་བ། སློབ་མ་ལྷར་གསལ་བ་ལ་མཆོད་པ་ཕུལ། ཨརྒྷཾ། པུཥྤེ། དྷཱུ་པེ། ཨཱ་ལོ་ཀེ། གནྡྷེ། ནཻ་ཝི་དྱེ། ཤབྡ་ཨཱཿཧཱུྃ། ཕྱག་རྒྱ་དང་བཅས་ཏེ་འབུལ། སློབ་མ་ལ་མིག་དར། ཨོཾ་ཙཀྲ་ཧཱན་ཧཱ་ཕ་ར་མ་ཊ་ཡེ་ཧཱུྃ། མེ་ཏོག་གཏད་དེ། ཨོཾ་ཨ་ཡཾ་བྲི་ར་ཧཱུྃ། སྙིང་གར་རྡོ་རྗེ་བཟུང་སྟེ། ཁྱེད་རང་གི་སྙིང་ཁར་ཟླ་བའི་དཀྱིལ་འཁོར་ཉ་གང་བ། དེའི་སྟེང་དུ་དོན་དམ་པ་བྱང་ཆུབ་སེམས་ཀྱི་ངོ་བོ་རྡོ་རྗེ་དཀར་པོ་རྩེ་ལྔ་པ་འོད་ཟེར་ཀུན་ཏུ་འཕྲོ་བ་དང་བཅས་པ་

གཅིག་སྒོམས་མཛོད། བདག་དུས་འདི་ནས་བཟུང་སྟེ་བྱང་ཆུབ་སྙིང་པོ་ལ་མཆིས་ཀྱི་བར་དུ། ཇི་ལྟར་དུས་གསུམ་མགོན་པོ་རྣམས། །བྱང་ཆུབ་ཏུ་ནི་ངེས་མཛད་པ། །བྱང་ཆུབ་སེམས་ནི་བླ་ན་མེད། །དམ་པ་བདག་གིས་བསྐྱེད་པར་བགྱི། །ཚུལ་ཁྲིམས་ཀྱི་ནི་བསླབ་པ་དང་། །དགེ་བའི་ཆོས་ནི་བསྡུད་པ་དང་། །སེམས་ཅན་དོན་བྱེད་ཚུལ་ཁྲིམས་གསུམ། །སོ་སོར་བརྟན་པོར་བཟུང་བར་བགྱི། །སངས་རྒྱས་ཆོས་དང་དགེ་འདུན་ཏེ། །བླ་ན་མེད་པའི་དཀོན་མཆོག་གསུམ། །སངས་རྒྱས་རྣལ་འབྱོར་ལས་སྐྱེས་པའི། །སྡོམ་པ་དེང་ནས་བརྟན་པོར་བཟུང་། །རྡོ་རྗེ་རིགས་ཀྱི་སྡོམ་བཞི་དང་། །རིན་ཆེན་རིགས་ཀྱི་སྡོམ་པ་གསུམ། །པདྨའི་རིགས་ཀྱི་སྡོམ་བཞི་དང་། །ལས་ཀྱི་རིགས་ཀྱི་སྡོམ་པ་གཉིས། །སངས་རྒྱས་རིགས་ཀྱི་སྡོམ་པ་གཅིག །དམ་ཚིག་སྡོམ་པ་བཅུ་བཞི་ནི། །དེང་ནས་བཅམས་ཏེ་ནམ་དུ་ཡང་། །གཏོང་བར་བྱ་བ་མ་ཡིན་ནོ། །ལན་གསུམ་དང་། ཡེ་ཤེས་ཕབ་པ་ནི། བཅོམ་ལྡན་འདས་འཁོར་དང་བཅས་པའི་དཔྲལ་བའི་མཛོད་སྤུ་ནས་འོད་ཟེར་དཀར་པོ་བྱུང་། ཁྱེད་རང་རྣམ་པའི་སྤྱི་བོ་ནས་ཞུགས། ལུས་ཀྱི་ནང་ཐམས་ཅད་མེར་གྱིས་གང་བའི་མོས་པ་གྱིས་ བརྗོད་ལ། རོལ་མོ་དྲག་ཏུ་དཀྲོལ། ཨ་ཨ་བརྗོད། ཐལ་མོ་མགོར་བཞག །ཏིཥྛ་བཛྲ་ བརྗོད། དམ་བཞག་བྱེད་དེ། བུམ་པའི་ཆུ་བླུད། འདི་ནི་ཁྱོད་ཀྱི་དམ་ཚིག་ཆུ། །དམ་ཚིག་འདས་ན་བསྲེག་པར་བྱེད། །དམ་ཚིག་བསྲུང་ན་དངོས་གྲུབ་ནི། །རྡོ་རྗེ་བདུད་རྩིའི་ཆུ་འདིས་འགྲུབ། །ཨོཾ་བཛྲ་ཨ་མྲི་ཏོ་ད་ཀ་ཋ་ཋ། ཐལ་མོ་མགོར་བཞག །དུས་འདི་ནས་ནི་བུ་ཁྱོད་ཀྱི། །རྡོ་རྗེ་འཛིན་པ་ང་ཡིན་གྱིས། །ང་ཡིས་ཇི་ལྟར་བཀའ་སྩལ་པ། །ཁྱོད་ཀྱིས་སྐྱོ་བ་མེད་པར་སྒྲུབས། །དེ་ནས་དཀྱིལ་འཁོར་ཁ་དོག་བརྟག །མེ་ཏོག་འཐོར། སྟོན་ཚེ་ཡི་དམ་གང་ཡིན་པ་དེ་ལ་ཕོག་པར་ཤོག་ཅིག །པྲཏཱིཙྪ་བཛྲ་ཧོཿ ལྷ་དེ་ལས་

མར་མེ་གཅིག་ལ་གཉིས་ཆད་ཀྱི་ཚུལ་དུ་བྱུང་། ཁྱེད་རང་ལ་ཐིམ་པའི་མོས་པ་གྱིས། མེ་ཏོག་གཏད། པྲ་ཏི་གྲྀཧྣ་སྭ་མི་མཾ། སདྷ་མ་དྷཱ་ཧྣ་ལ། སློབ་དཔོན་གྱི་ཕྱག་ན་གསེར་གྱི་སྙུ་གུ་བཟུང་སྟེ། ཁྱེད་རང་གི་མ་རིག་པའི་ལིང་ཐོག་དང་། མིག་དར་ཕྱོགས་གཅིག་ཏུ་བསལ་བའི་མོས་པ་གྱིས། སྤྱན་ལྡེ་རྣམ་དག་དབྱེ་དང་མི་དབྱེ་བྲལ། །འོན་ཀྱང་སྣ་ཚོགས་ཡངས་པའི་སྤྱན་ཕྱེ་བ། །ཆོས་ཀུན་ཇི་བཞིན་མཁྱེན་ཅིང་གཟིགས་པ་ཡིས། །སངས་རྒྱས་ཡེ་ཤེས་སྤྱན་ནི་ཐོབ་པར་ཤོག །མིག་དར་བསལ། དཀྱིལ་འཁོར་ལྷ་ཞལ་བསྟན།

དངོས་གཞིའི་མཚལ་ཕུལ། བུམ་པ་སློབ་མའི་སྤྱི་བོར་བཟུང་སྟེ། ཨོཾ་བཛྲ་ཀ་ལ་ཤ་ཨ་བྷི་ཥིཉྩ་ཧཱུྃ། ཨོཾ་བུདྡྷ་ཀཱ་ལ་ཤ་ཨ་བྷི་ཥིཉྩ་ཨོཾ། ཨོཾ་རཏྣ་ཀ་ལ་ཤ་ཨ་བྷི་ཥིཉྩ་ཏྲཾ། ཨོཾ་པདྨ་ཀ་ལ་ཤ་ཨ་བྷི་ཥིཉྩ་ཧྲཱིཿ ཨོཾ་ཀརྨ་ཀ་ལ་ཤ་ཨ་བྷི་ཥིཉྩ་ཨ། དེས་མི་བསྐྱོད་པ་ཆུའི་དབང་སོང་། ད་རིན་ཆེན་འབྱུང་ལྡན་དབུ་རྒྱན་གྱི་དབང་ནི། དབུ་རྒྱན་སྤྱི་བོར་བཟུང་ལ། ཨོཾ་བཛྲ་ཨ་བྷི་ཥིཉྩ་ཧཱུྃ། ཨོཾ་བུདྡྷ་ཨ་བྷི་ཥིཉྩ་ཨོཾ། རཏྣ་ཨ་བྷི་ཥིཉྩ་ཏྲཾ། པདྨ་ཨ་བྷི་ཥིཉྩ་ཧྲཱིཿ ཀརྨ་ཨ་བྷི་ཥིཉྩ་ཨ། དེས་རིན་ཆེན་འབྱུང་ལྡན་དབུ་རྒྱན་གྱི་དབང་སོང་། ད་འོད་དཔག་མེད་རྡོ་རྗེའི་དབང་བསྐུར་བའི་མོས་པ་གྱིས། རྡོ་རྗེ་ལག་ཏུ་གཏད་ལ། ཨོཾ་བཛྲ་ཨུ་ད་ཨ་བྷི་ཥིཉྩ་ཧཱུྃ། བུདྡྷ་ཨུ་ད་ཨ་བྷི་ཥིཉྩ་ཨོཾ། རཏྣ་ཨུ་ད་ཨ་བྷི་ཥིཉྩ་ཏྲཾ། པདྨ་ཨུ་ད་ཨ་བྷི་ཥིཉྩ་ཧྲཱིཿ ཀརྨ་ཨུ་ད་ཨ་བྷི་ཥིཉྩ་ཨ། ཇི་ལྟར༔ དེས་འོད་དཔག་མེད་རྡོ་རྗེའི་དབང་བསྐུར་བ་སོང་། ད་དོན་ཡོད་གྲུབ་པ་དྲིལ་བུའི་དབང་བསྐུར་བའི་མོས་པ་གྱིས། དྲིལ་བུ་གཏད་དེ། བཛྲ་ཤ་ཎ། བུདྡྷ་ཤ་ཎ། རཏྣ་ཤ་ཎ། པདྨ་ཤ་ཎ། ཀརྨ་ཤ་ཎ། ཇི་ལྟར་བལྟམས་པ་ཙམ་གྱིས་ནི། །ལྷ་རྣམས་ཀྱིས་ནི་ཁྲུས་གསོལ་ལྟར། །ལྷ་ཡི་ཆུ་ནི་དག་པ་ཡིས། །དེ་བཞིན་བདག་གིས་སྐུ་ཁྲུས་གསོལ། །ཨོཾ་སརྦ་ཏ་ཐཱ་ག་ཏ་ཨ་བྷི་ཥེ་ཀ་ཏ་ས་མ་ཡ་ཤྲཱི་ཡེ་ཧཱུྃ། དེས་དོན་ཡོད་གྲུབ་པ་དྲིལ་བུའི་དབང་

བསྐུར་བ་དེ་སོང་། ད་རྣམ་པར་སྣང་མཛད་མིང་གིས་དབང་བསྐུར་བའི་མོས་པ་གྱིས། རྡོ་རྗེ་དྲིལ་བུ་སྤྱི་བོར་བཟུང་སྟེ། ཨོཾ་བཛྲ་ནཱ་མ་ཨ་བྷི་ཥིཉྩ་ཧཱུཾ། བུདྡྷ་ནཱ་མ་ཨ་བྷི་ཥིཉྩ་ཨོཾ། རཏྣ་ནཱ་མ་ཨ་བྷི་ཥིཉྩ་ཏྲཱཾ། ཀརྨ་ནཱ་མ་ཨ་བྷི་ཥིཉྩ་ཨ། ཀྱེ་དཔལ་རྡོ་རྗེ་གསང་མཚན་འདི་ཞེས་བྱ་བའི་དེ་བཞིན་གཤེགས་པའོ། །ཇི་ལྟར་བལྟམས་པ་སོགས། དེས་རྣམ་པར་སྣང་མཛད་མིང་གི་དབང་བསྐུར་བ་སོང་། དེ་ལྟར་རིགས་ལྔའི་དབང་བསྐུར་བས་ལུས་ཀྱི་སྒྲིབ་པ་དག །སྤྲུལ་པའི་སྐུ་ཐོབ་པའི་མོས་པ་གྱིས་ཤིག །རྡོ་རྗེ་སློབ་དཔོན་གྱི་དབང་བསྐུར་བའི་དོན་དུ་མཎྜལ་ཕུལ། བུམ་པ་སྤྱི་བོར་བཟུང་ལ། དབང་བསྐུར་རྡོ་རྗེ་ཆེན་པོ་ནི། །ཁམས་གསུམ་ཀུན་གྱིས་ཕྱག་བྱས་པ། །སངས་རྒྱས་ཀུན་གྱི་གསང་གསུམ་གྱིས། །གནས་ལས་བྱུང་བ་སྦྱིན་པར་བྱ། །ཇི་ལྟར་བལྟམས་པ་སོགས། ལུང་བསྟན་ནི། སློབ་དཔོན་གྱིས་ཆོས་གོས་ཀྱི་སྣེ་རི་དྭགས་ཀྱི་རྣ་མཆོག་ལྟར་བྱས་ཏེ། སྲིད་པ་ངོ་བོ་ཉིད་ཀྱི་བདག །ངོ་བོ་ཉིད་ཀྱིས་སྲིད་བྲལ་བྱས། །རང་བཞིན་དག་པའི་སེམས་དཔའ་ནི། །སྲིད་པའི་དམ་པ་བྱེད་པར་འགྱུར། །ཨོཾ་ཝཛྲ་ཧྣ་ཏུ་ཨ། མ་འོངས་པའི་དུས་སུ་དེ་བཞིན་གཤེགས་པའི་མཚན་ལེགས་པར་གྲགས་ཏེ། ཨོཾ་བྷུར་བྷུ་ཝ་སྭཱ་ཧཱ། དེ་ནས་དབུགས་དབྱུང་བ་ནི། ཆོས་ཐམས་ཅད་སྟོང་པ་ཉིད་དུ་རྟོགས་ཤིང་། ཡོན་ཏན་ཕུན་སུམ་ཚོགས་པ་དང་ལྡན་པར་འགྱུར་རོ། །གཟེངས་བསྟོད་པ་ནི། དེ་ལྟར་དབང་བསྐུར་བས་འཇིག་རྟེན་དང་འཇིག་རྟེན་ལས་འདས་པའི་དབང་གི་མཚན་ཉིད་གཞན་ལ་བསྐུར་བ་དང་། བཤད་པ་དང་། སློབ་མ་རྣམས་བསྡུ་བ་གྱིས་ཤིག །མི་རྟོག་འཁོར། སུ་པྲ་ཏིཥྛ་བཛྲ་ཡེ་སྭཱ་ཧཱ།

ད་གསང་བའི་དབང་གི་དོན་དུ་མཎྜལ་ཕུལ། ཐོད་པ་དཔྲལ་བ་དང་མགྲིན་པར་གཏུགས། ཨོཾ་གཾ་ག་ནི་གཾ་ག་ནི། ཙ་ཏ་ནི་ཙ་ཏ་ནི། ཏྲ་ས་ནི་ཏྲ་ས་ནི། པྲ་ཏི་ཧ་ན་པྲ་ཏི་ཧ

ན། སརྦ་ཀརྨ་པ་རཾ་པ་ར་ཧི་མེ་སརྦ་སདྡྷ་ནཙྪ་སྭཱ་ཧཱ། བདུད་རྩི་མྱང་། དེས་གསང་བའི་དབང་བསྐུར་ཏེ་ངག་གི་སྒྲིབ་པ་དག །ལོངས་སྐུ་ཐོབ་པའི་མོས་པ་གྱིས། ཤེས་རབ་ཡེ་ཤེས་ཀྱི་དབང་བསྐུར་བ་ནི། མཎྜལ་ཕུལ། བླ་མ་དང་དཀྱིལ་འཁོར་གྱི་ལྷ་ཐ་མི་དད་པའི་ཐུགས་ཀ་ནས་སྙེམས་མ་སྟོན་མོ་གྲི་ཐོད་འཛིན་པ་གཅིག་འཁྲིས། ཁྱེད་རང་རྣམས་ལ་ཐིམ་ཞིང་། དགའ་བ་བཞི་རྒྱུད་ལ་སྐྱེས་པའི་མོས་པ་གྱིས། མེ་ཏོག་འཐོར། བཞི་པ་བསྐུར་བའི་དོན་དུ་མཎྜལ་ཕུལ། ཆོས་ཐམས་ཅད་རོ་གཅིག་ཅིང་སྟོང་ཞིང་བདག་མེད་པ་ཡིན་པ་སྟེ། ཆོས་ཉིད་དེ་བཞིན་ཉིད་ཕྱག་རྒྱ་ཆེན་པོ་ནམ་མཁའི་མཐའ་ཐམས་ཅད་དང་བྲལ་བ་དངོས་བཟུང་མེད་པ་དེ་ངོ་ཤེས་པར་གྱིས་ཤིག །མེ་ཏོག་འཐོར།

ནམ་མཁའ་སྒོ་འབྱེད་ཐིག་ལེའི་དབང་ནི། སློབ་མ་རྣམས་རྡོ་རྗེ་དཀྱིལ་ཀྲུང་བཅའ། ལུས་བསྲང་། ལྟེ་བའི་དབུས་སུ་སེམས་ཉིད་ཀྱི་ངོ་བོ་ཐིག་ལེ་དཀར་པོ་བྱ་མ་གསར་གྱི་སྒོ་ང་ཙམ་གཅིག་བསམ། དཔོན་སློབ་གཉིས་ཀས་ཕཊ་བརྗོད། སྙིང་ག །མགྲིན་པ། སྤྱི་བོ་ནས་ཐོན། རྡོ་བོ་མི་འགྱུར་པའི་ཐུགས་ཁར་ཐིམ། རྡོ་བོ་འཁོར་བཅས་འོག་མིན་དུ་སངས་རྒྱས་པར་བསམ། ཅི་གནས་ལ་བཞག །དེ་ནས་ཕབ་ལ། དེ་ལྟར་བཅོམ་ལྡན་འདས་མི་འགྱུར་བ་རྒྱལ་བ་རིགས་ལྔའི་སྒོ་ནས་དབང་བསྐུར་བ་ཡིན་པས། དམ་ཚིག་ཁས་ལེན་པར་གྱིས་ལ་འདི་ཡི་རྗེས་ཟློས་མཛོད། གཙོ་བོས་ཇི་ལྟར་བཀའ་སྩལ་པ། །དེ་དག་ཐམས་ཅད་བདག་གིས་བགྱིད། །མཎྜལ་ཕུལ།

ཡང་གཏོར་མ་ལ་བརྟེན་ནས་བསྡུས་པ་བྱེད་ན། ཁྲུས་བྱེད། མཎྜལ་འབུལ། སྐྱབས་འགྲོ་སེམས་བསྐྱེད་འདོགས། སློབ་མ་ལྷར་བསྐྱེད། ཡེ་ཤེས་པ་ཕབ། མཎྜལ་ཕུལ། ཀུན་མཁྱེན་ཡེ་ཤེས་ཕུང་པོ་ཅན་སོགས། གསོལ་བཏབ་བྱེད། གཏོར་མ་སློབ་མའི་སྤྱི་བོར་བཟུང་། གཏོར་མ་འདི་དང་ཐ་མི་དད་པའི་བླ་མ་ཡི་དམ་སྤྱི་བོར་བྱུང་། སྐུ་ལས་སྐུ་ཆེ་ཆུང་འཕྲིང་གསུམ་བྱུང་། ལུས་ལ་ཐིམ་པའི་མོས་པ་གྱིས། ནང་

མཆོད་བླུད། མེ་ཏོག་འཐོར། བླ་མའི་མགྲིན་པ་ནས་སྔགས་ཕྲེང་བྱུང་། མགྲིན་པར་ཐིམ་པའི་མོས་པ་གྱིས། བཀྲང་དུ་བཅུག །ནང་མཆོད་བླུད། མེ་ཏོག་འཐོར། མཎྜལ་གསོལ་བཏབ་བྱེད། བླ་མའི་ཐུགས་ཀ་ནས་ཕྱག་མཚན་གྱི་རྣམ་པ་བྱུང་། སྙིང་ཁར་ཐིམ་པར་བསམ། བདུད་རྩི་བླུད། མེ་ཏོག་འཐོར། བླ་མ་ཡི་དམ་སྤྱི་བོ་ན་མར་ཐིམ་པར་བསམ། བརྒྱུད་པའི་མཚན་སྔོམ། མཐར། བཅོམ་ལྡན་འདི་ལ་སྨྲུལ་ལགས་ཀྱིས། །འདི་ལ་འགོ་བར་མཛད་དུ་གསོལ། །སློབ་མས། བདག་ལ་འགོ་བར་མཛད་དུ་གསོལ། །བརྗོད། གཏོར་རྒྱན་མགོ་ལ་བསྐྱུ། མེ་ཏོག་འཐོར། གཙོ་བོས་ཛེ་ལྷར་སོགས་དང་། མཎྜལ་ཕུལ། ཚོགས་ལ་ལོངས་སྤྱོད། ལྷག་མ་བསྡུ། ཆུ་གཙང་གིས་བྲན། དཔལ་འབར་འཇུགས། ཕྱི་རོལ་དུ་སྐྱེལ། གཏོར་སྔགས་གཞུང་བཞིན་བྱེད། རོལ་མོ་དྲག་ཏུ་དཀྲོལ། གཏོར་ཚོག་གི་རིམ་པ་རྣམས་གཞུང་བཞིན་བྱེད། མ་འབྱོར་བ་དང་ཉམས་པ་དང་། །གང་ཡང་བདག་རྨོངས་བློ་ཡིས་ནི། །བགྱིས་པ་དང་ནི་བགྱིད་སྨྲུལ་བ། །དེ་ཀུན་མགོན་པོས་བཟོད་པར་མཛོད། །ལྷག་ཆད་ཁ་བསྐང་། ཡེ་ཤེས་པ་རྣམས་རང་བཞིན་གྱི་གནས་སུ་གཤེགས། དམ་ཚིག་པ་རང་ཉིད་ལ་ཐིམ་པར་གྱུར། སྟོན་མཆོག་དམ་པ་ལྷ་མིས་མཆོད་འོས་པ། །སངས་རྒྱས་ཕྱག་འཚལ་དེང་འདིར་བདེ་ལེགས་ཤོག །ཞི་བ་ཆགས་བྲལ་ལྷ་མིས་མཆོད་འོས་པ། །ཆོས་ལ་ཕྱག་འཚལ་དེང་འདིར་བདེ་ལེགས་ཤོག །ཚོགས་མཆོག་དམ་པ་ལྷ་མིས་མཆོད་འོས་པ། །དགེ་འདུན་ཕྱག་འཚལ་དེང་འདིར་བདེ་ལེགས་ཤོག །སོགས་གང་ཤེས་ཀྱི་བཀྲ་ཤིས་བརྗོད་ལ། ཨོཾ་ཁྱེད་ཀྱིས་སེམས་ཅན་དོན་ཀུན་མཛད། །རྗེས་སུ་མཐུན་པའི་དངོས་གྲུབ་སྩོལ། །སངས་རྒྱས་ཞིང་དུ་གཤེགས་སུ་གསོལ། །སངས་རྒྱས་ཞིང་དུ་གཤེགས་ནས་ཀྱང་། །སེམས་ཅན་རྣམས་ཀྱི་དོན་སླད་དུ། །སླར་ཡང་འབྱོན་པར་མཛད་དུ་གསོལ། །བཛྲ་མུཿ ཆོས་དབྱིངས་བྱང་ཆུབ་སེམས་ཀྱི་དཀྱིལ་འཁོར་དུ། །བདག་སོགས་སེམས་ཅན་ཐམས་ཅད་ཀྱི། །དུས་གསུམ་བསགས་པ་དང་རྫོགས་

པ་ཡི། །འགྲོ་དྲུག་སེམས་ཅན་མ་ལུས་པ། །སྐུ་ལྔ་ཡོངས་རྫོགས་སངས་རྒྱས་མྱུར་དུ་འགྲུབ་པར་ཤོག། །གཙོད་གདན་ཐོག་གཅིག་མའི་ཁྲིད་ཡིག་ཕྲིན་ལས་རྒྱ་མཚོ་ལས། རྒྱ་མཚོ་ལྷ་བུའི་དབང་གབ་པ་མངོན་བྱུང་གི་ཕྱི་བཀའ། ཛོ་བོ་མི་འཁྲུགས་ང་འི་མངོན་དཀྱིལ། དབང་ཆོག་དང་བཅས་པ་འདི། དད་ལྡན་རྣམས་ཀྱིས་བསྐུལ་བའི་ངོར། ཤཱཀྱའི་དགེ་སློང་ཀུན་དགའ་སྙིང་པོའི་ཆོས་ཀྱི་རྒྱ་མཚོ་ཞེས་བྱ་བས། དབེན་གནས་ཨ་ས་རི་ཁྲོད་དུ་སྦྱར་བའོ། །དགེ་བ་གང་མཆིས་མ་རྒན་སེམས་ཅན་རྣམས་ལ་བསྔོ། བཀྲ་ཤིས་དཔལ་འབར་འཛམ་གླིང་རྒྱལ་བའི་རྒྱན་དུ་ཤོག །ཞྭན་ཐབས་ཡིག་ཚུང་ངོ་།། །།

༄༅། །སྨན་ལྷ་ལྷ་བརྒྱ་བཞིའི་སྒྲུབ་ཐབས་བཞུགས་སོ། །

བླ་མ་དང་ལྷག་པའི་ལྷ་ལ་ཕྱག་འཚལ་ལོ། །ཡི་དམ་ལྷ་ཡི་སྒྲུབ་པ་ལ་གནས་དབེན་ཞིང་ཡིད་དང་མཐུན་པར། ཕྱགས་བདར་བྱེད། རྟེན་བཀྲམ། གཏོར་མ་གསུམ་དང་། དབང་གཏོར་ཟླུམ་པོ་བཅལ། དཀར་དམར་གྱིས་བརྒྱན། གཏོར་འདབ་ཀྱིས་བསྐོར། གཏོར་མ་གསུམ་པོ་དཀྱིལ་འཁོར་གྱི་གོང་དུ་བཤམ། དབང་གཏོར་དཀྱིལ་འཁོར་དབུས་སུ་མཆེའི་ཁར་བཤམ། མཐར་མཆོད་པས་བསྐོར། རང་ཉིད་བདེ་བའི་སྟན་ལ་བསྡད། མདུན་དུ་སྡེགས་ཀྱི་ཁར་ནང་མཆོད། ཊ་དྲིལ། ལས་བུམ་བཞག །ནང་མཆོད་བྱིན་གྱིས་རླབས། ཨ་མྲྀ་ཏ་ཀུཎྜ་ལི་ཧ་ན་ཧ་ན་ཧཱུྃ་ཕཊ། ཨོཾ་སྭ་བྷཱ་ཝ་ཤུདྡྷཿསརྦ་དྷརྨཱཿསྭ་བྷཱ་ཝ་ཤུདྡྷོ྅ཧཾ། སྟོང་པ་ཉིད་དུ་གྱུར། སྟོང་པའི་ངང་ལས་ཀ་པཱ་ལ་ཕྱི་དཀར་ལ་ནང་དམར་བ་ཡངས་ཤིང་རྒྱ་ཆེ་བ། དེའི་ནང་དུ་ཨོཾ་ཨཱཿཧཱུྃ་ལས་འོད་ཟེར་འཕྲོས་པས། ཡེ་ཤེས་ཀྱི་བདུད་རྩི་སྤྱན་དྲངས། དམ་ཚིག་གི་བདུད་རྩི་དང་གཉིས་སུ་མེད་པར་འདྲེས། ཡེ་ཤེས་ཀྱི་བདུད་རྩིའི་རྒྱ་མཚོ་ཆེན་པོར་གྱུར། ཨོཾ་ཨཱཿཧཱུྃ། དཀར་གཏོར་ལ་ཆུ་གཙང་ཐྲན། ཨ་མྲྀ་ཏ། སྭ་བྷཱ་ཝ། སྟོང་པ་ཉིད་དུ་གྱུར། སྟོང་པའི་ངང་ལས་གཏོར་མ་དངས་ཤིང་ཐོགས་པ་མེད་པ། གནོད་སྦྱིན། སྲིན་པོ། འབྱུང་པོ། ཤ་ཟ་མ་མོའི་ཚོགས་དང་བཅས་པ་རྣམས་ལ་འབུལ་ལོ། །མཆོད་སྦྱིན་གྱི་གཏོར་མ་རྒྱ་ཆེན་པོ་འདི་བཞེས་ལ། འདིར་མ་གནས་པར་གཞན་དུ་དེངས་ཤིག །གཏོར་མ་གཙང་སར་སྐྱེལ། ཨོཾ་སུམྦྷ་ནི་སུམྦྷ་ཧཱུྃ། གྲྀཧྞ་གྲྀཧྞ་ཧཱུྃ། གྲྀཧྞ་པ་ཡ་གྲྀཧྞ་པ་ཡ་ཧཱུྃ། ཨཱ་ན་ཡ་ཧོ་བྷ་ག་ཝཱན་བིདྱ་རཱ་ཛ་ཧཱུྃ་ཕཊ། སྣང་འོག་བར་གསུམ་འཁོར་ལོའི་རང་བཞིན་ཅན་དུ་གྱུར། སྐབས་འགྲོ་བྱེད། མ་ནམ་མཁའ་དང་མཉམ་པའི་སེམས་ཅན་ཐམས་ཅད་

བླ་མ་ལ་སྐྱབས་སུ་མཆིའོ། །སངས་རྒྱས་ལ༔ ཆོས་ལ༔ དགེ་འདུན་ལ༔ བཅོམ་ལྡན་འདས་ཀྱི་ལྷ་ཚོགས་འཁོར་དང་བཅས་པ་རྣམས་ལ༔ སངས་རྒྱས་ཆོས་དང་ཚོགས་ཀྱི་མཆོག་རྣམས་ལ། །བྱང་ཆུབ་བར་དུ་བདག་ནི་སྐྱབས་སུ་མཆི། །བདག་གིས་སྦྱིན་སོགས་བགྱིས་པའི་བསོད་ནམས་ཀྱིས། །འགྲོ་ལ་ཕན་ཕྱིར་སངས་རྒྱས་འགྲུབ་པར་ཤོག །མདུན་གྱི་ནམ་མཁར་བཅོམ་ལྡན་འདས་ཀྱི་ལྷ་ཚོགས་གསལ་བའི་ཐུགས་ཀ་ནས་འོད་འཕྲོས། ཆོས་ཀྱི་དབྱིངས་ནས་དེ་འདྲ་བའི་ཡེ་ཤེས་པ་སྤྱན་དྲངས། བཛྲ་ས་མ་ཛཿ གཉིས་སུ་མེད་པར་འདྲེས། ཨོཾ་སརྦ་ཏ་ཐཱ་ག་ཏ་ཨརྒྷཾ་ཨཱཿཧཱུྃ། པཱ་དྱཾ། པུཥྤེ། དྷཱུ་པེ། ཨཱ་ལོ་ཀེ། གནྡྷེ། ནཻ་ཝི་དྱ། ཤབྡ་ཨཱཿཧཱུྃ། བླ་མ་སངས་རྒྱས་བླ་མ་ཆོས། །དེ་བཞིན་བླ་མ་དགེ་འདུན་ཏེ། །ཀུན་གྱི་བྱེད་པ་བླ་མ་ཡིན། །བླ་མ་རྣམས་ལ་ཕྱག་འཚལ་བསྟོད། །ཚོགས་ཞིང་གི་ལྷ་རང་ལ་བསྟིམ། ཨོཾ་ཨཱཿཧཱུྃ།

བདག་བསྐྱེད་ནི། ཨ་མྲྀ་ཏ་ས་བསང་། ཨོཾ་སྭ་བྷཱ་ཝ་ཤུདྡྷཱཿསརྦ་དྷརྨཱཿསྭ་བྷཱ་ཝ་ཤུདྡྷོ྅ཧཾ། སྟོང་པ་ཉིད་དུ་གྱུར། སྟོང་པའི་ངང་ལས་ཐར་པ་ཆེན་པོའི་གཞལ་ཡས་ཁང་ཡངས་ཤིང་རྒྱ་ཆེ་བ། སྟེང་དུ་གདུགས་དང་། རྒྱལ་མཚན་དང་། བ་དན་དང་། ཆོས་འཁོར་བཅུ་གསུམ་གྱི་ཏོག་དང་བཅས་པས་ཡོང་དུ་མཛེས་པ། དེའི་དབུས་སུ་པདྨ་འདབ་མ་སྟོང་ལྡན་གྱི་དབུས་སུ་ཟླ་བའི་སྟེང་དུ་བཻ་ཡིག་མཐིང་ནག །དེ་ལས་འོད་ཟེར་འཕྲོས། འཕགས་པ་མཆོད། སེམས་ཅན་གྱི་དོན་བྱས། ཚུར་འདུས་ཡོངས་སུ་གྱུར་པ་ལས། བཅོམ་ལྡན་འདས་སྨན་པའི་རྒྱལ་པོ་སྐུ་མདོག་མཐིང་ག་ཞལ་གཅིག་ཕྱག་གཉིས་གཡས་ཨ་རུ་ར་རྣམ་པར་རྒྱལ་བ་བསྣམས་ཤིང་། གཡོན་བཻཌཱུཪྻའི་ལྷུང་བཟེད་བདུད་རྩིས་གང་བ་བསྣམས་པ། སྤྲུལ་པ་སྐུའི་ཆ་ལུགས་ཅན། ཞབས་དཀྱིལ་མོ་ཀྲུང་དུ་བཞུགས་པ། དེའི་མདུན་དུ་སའི་ལྷ་མོ་སེར་མོ་གཡས་

བྱམ་པ་དང་གཡོན་མེ་ཏོག་ཨུཏྤལ་འཛིན་པ། ཞབས་དཀྱིལ་མོ་ཀྲུང་དུ་བཞུགས་པ། ཆུའི་ལྷ་མོ་དཀར་མོ་ཞལ་གཅིག་ཕྱག་གཉིས། གཡས་དྲིའི་དུང་ཆོས་དང་གཡོན་གདུགས་འཛིན་པ། ཞབས་དཀྱིལ་མོ་ཀྲུང་དུ་བཞུགས་པ། མེའི་ལྷ་མོ་དམར་མོ་ཞལ་གཅིག་ཕྱག་གཉིས་གཡས་མར་མེ་དང་གཡོན་སྤོས་འཛིན་པ། རླུང་གི་ལྷ་མོ་ལྗང་གུ་ཞལ་གཅིག་ཕྱག་གཉིས་གཡས་བ་དན་དང་གཡོན་ཕྲེང་བ་འཛིན་པ། ཞབས་དཀྱིལ་ཀྲུང་དུ་བཞུགས་པ། ནམ་མཁའི་ལྷ་མོ་སྔོན་མོ་ཞལ་གཅིག་ཕྱག་གཉིས་གཡས་ནོར་བུ་དང་གཡོན་འཆི་མེད་ཚེའི་བུམ་པ་བསྣམས་པ། ཞབས་དཀྱིལ་ཀྲུང་དུ་བཞུགས་ལ། སྣ་ཚོགས་ལྷ་མོ་སྔོ་སྐྱ་ཞལ་གཅིག་ཕྱག་གཉིས་གཡས་རྡོ་རྗེ་དང་གཡོན་དྲིལ་བུ་འཛིན་པ། ཞབས་དཀྱིལ་ཀྲུང་དུ་བཞུགས་པ། དེའི་ཕྱི་རོལ་དུ་མཚན་ལེགས་པོ། རིན་ཆེན་ཟླ་བ། གསེར་བཟང་དྲི་མེད། མྱ་ངན་མེད་མཆོག་དཔལ། ཆོས་གྲགས་རྒྱ་མཚོ། ཆོས་རྒྱ་མཚོ། མཆོག་གི་བློ་གྲོས་རྣམ་པར་རོལ་པས་མངོན་པར་མཁྱེན་པ། སྨན་པའི་རྒྱལ་པོ། ཤཱཀྱ་ཐུབ་པ། དེའི་ཕྱི་རོལ་དུ་གནོད་སྦྱིན་གྱི་དེད་དཔོན་ཆེན་པོ་བཅུ་གཉིས་སུ་གྱུར་པ་ནི། བསམ་འཛིན་དང་། དབྱུག་འཛིན་དང་། རྫོགས་བྱེད་གསུམ་སྐུ་མདོག་སྔོན་པོ་གཡས་དབྱུག་ཐོ་དང་། གཡོན་ཞགས་པ་འཛིན་པ། གཡོ་བ་འཛིན་པ། གདུགས་འཛིན། ནོར་བུ་འཛིན་གསུམ་སྐུ་མདོག་སེར་པོ་གཡས་གླིང་བུ་དང་། གཡོན་མེ་ལོང་། རྫོགས་འཛིན། ཀུ་བེ་ར། འཇམ་འཛིན་གསུམ་སྐུ་མདོག་དམར་པོ། གཡས་ནོར་བུ་དང་། གཡོན་པི་ཝང་འཛིན་པ། སྒྲ་འཛིན། ནོར་འཛིན། རླུང་འཛིན་གསུམ་སྐུ་མདོག་ལྗང་གུ་གཡས་རྒྱལ་མཚན་དང་། གཡོན་ནེའུ་ལེ་འཛིན་པའོ། །ལྷ་ཚོགས་དེ་དག་ཐམས་ཅད་ཀྱི་དཔྲལ་བར་ཨོཾ། མགྲིན་པར་ཨཱཿ ཐུགས་ཀར་ཧཱུཾ། ཐུགས་ཀའི་ཧཱུཾ་

ལས་འོད་ཟེར་འཕྲོས། ཚོས་ཀྱི་དབྱིངས་ནས་བཅོམ་ལྡན་འདས་སྨན་པའི་རྒྱལ་པོ་འཁོར་དང་བཅས་པ་ལ་སངས་རྒྱས་དང་བྱང་ཆུབ་སེམས་དཔའི་ཚོགས་ཀྱིས་བསྐོར་བ་སྤྱན་དྲངས། བཛྲ་ས་མ་ཛཿ དམ་ཚིག་པ་དང་གཉིས་སུ་མེད་པར་གྱུར། ཛཿཧཱུཾ་བཾ་ཧོཿ གཙོ་བོའི་ཐུགས་ཀར་ཟླ་བའི་སྟེང་དུ་བཻ་ཡིག་གི་མཐར་སྔགས་ཀྱིས་བསྐོར་བར་དམིགས་ལ། ཨོཾ་ཧྲཱི་ཀྲ་ཧྲཱུཾ་ཧྲཱི་ཀྲ་ཧྲཱུཾ་མ་ཧཱ་ཧྲཱི་ཀྲ་ཧྲཱུཾ་ནཱ་ཛ་ས་མུད་ག་ཏེ་སྭཱ་ཧཱ། བཟླས་པ་བྱེད། མཐར་རང་ལ་བསྡུ། མི་དམིགས་པར་བཞག །

མདུན་བསྐྱེད་བསྒྲུབ་པ་ནི། ཨ་སྲི་ཏ་ས་བསང་། སྭ་བྷཱ་ཥ་ནས། ས་མཱ་ཛའི་བར་བདག་བསྐྱེད་ལྟར་བསྒྲུབ། མ་ལུས་སེམས་ཅན་ཀུན་གྱི་མགོན་གྱུར་ཅིང་། །བདུད་སྡེ་དཔུང་བཅས་མི་བཟད་འཇོམས་མཛད་ལྷ། །དངོས་རྣམས་མ་ལུས་ཇི་བཞིན་མཁྱེན་གྱུར་པའི། །བཅོམ་ལྡན་འཁོར་བཅས་གནས་འདིར་གཤེགས་སུ་གསོལ། །བཅོམ་ལྡན་འདིར་ནི་བྱོན་པ་ལེགས། །བདག་ཅག་བསོད་ནམས་སྐལ་བར་ལྡན། །བདག་གི་མཆོད་ཡོན་བཞེས་ནས་ཀྱང་། །འདི་ཉིད་དུ་ནི་བཞུགས་སུ་གསོལ། །པདྨ་ཀ་མ་ལ་ཡེ་སྟྭཾ། ཛཿཧཱུཾ་བཾ་ཧོཿ གཉིས་སུ་མེད་པར་གྱུར། བཟླས་པ་བྱེད། ཨོཾ་སརྦ་ཏ་ཐཱ་ག་ཏ་ཨརྒྷཾ་པྲ་ཏཱིཙྪ་པཱུ་ཛ་མེ་གྷ་ས་མུ་དྲ་སྥ་ར་ཎ་ས་མ་ཡེ་ཨཱཿཧཱུཾ། པུཥྤེ། དྷཱུ་པེ། ཨཱ་ལོ་ཀེ། གནྡྷེ། ནཻ་ཝི་ཏྱ། ཤབྡ་ཨཱཿཧཱུཾ། དུག་གསུམ་ནད་སེལ་སངས་རྒྱས་སྨན་གྱི་ལྷ། །འགྲོ་བ་འདྲེན་མཛད་སྤྲུལ་པ་སྣ་ཚོགས་སྟོན། །མཚན་དཔེ་ལྡན་པ་དྲི་མེད་འོད་མདངས་ཆེ། །བཻཌཱུརྱ་ཡི་འོད་ལ་ཕྱག་འཚལ་ལོ། །གང་གི་དྲིན་གྱིས་བདེ་ཆེན་ཉིད། །སྐད་ཅིག་ཉིད་ལ་འཆར་བ་གང་། །བླ་མ་རིན་ཆེན་ལྟ་བུའི་སྐུ། །རྡོ་རྗེ་ཅན་ཞབས་པད་ལ་འདུད། །ཁ་དོག་དབྱིབས་ལེགས་ཡིད་འོང་རྒྱན་ཕྲེང་ལྡན། །ཕྱོགས་དུས་ཀུན་ནས་གཟུགས་མཆོག་ཅི་མཆིས་པ། །མོས་བློས་མཆོད་གནས་ལྷ་ལ་བདག་འབུལ་

ན། །བཞེས་ཤིག་བླ་མེད་གྲུབ་མཆོག་སྩོལ་དུ་གསོལ། །ཨོཾ་སརྦ་ཏ་ཐཱ་ག་ཏ་རཏྣ་པ་དྨ་ཛ་མེ་ཧཱ་ས་མུ་དྲ་སྥ་ར་ཎ་ས་མ་ཡ་ཨཱཿཧཱུྃ། ཕྱོགས་དུས་ཀུན་ནས་ཟིན་དང་མ་ཟིན་པའི། །ཡོན་ཏན་ཚིག་བརྗོད་སྒྲ་སྙན་ཡིད་འོང་ལྡན། །མོས་ཀློསཿ བཞེས་ཤིགཿ ཨོཾ་སརྦཿ ཤཔྟ། ཕྱོགས་དུས་ཀུན་ནས་ཙན་དན་སྦྲུལ་སྙིང་དང་། །ཨ་ཀར་ལ་སོགས་དབང་པོ་ཚིམ་བྱེད་པ། །མོས་ཀློསཿ བཞེས་ཤིགཿ གནྡྷེ། ཕྱོགས་དུས་ཀུན་ནས་རོ་དང་བཅུད་ལྡན་པའི། །ལུས་སེམས་ཚིམ་བྱེད་རོ་མཆོག་ཁྱད་པར་ཅན། །མོས་ཀློསཿ བཞེས་ཤིགཿ ར་སཿ ཕྱོགས་དུས་ཀུན་ནས་འཛམ་གཉེན་འཁྲིལ་ཆགས་པའི། །རེག་བྱའི་ཁྱད་པར་འཕགས་པ་ཅི་མཆིས་པ། །མོས་ཀློསཿ བཞེས་ཤིགཿ སྤརྴེཿ སངས་རྒྱས་ཐམས་ཅད་འདུས་པའི་སྐུ། །རྡོ་རྗེ་འཛིན་པའི་ངོ་བོ་ཉིད། །དཀོན་མཆོག་གསུམ་གྱི་རྩ་བ་སྟེ། །བླ་མ་རྣམས་ལ་ཕྱག་འཚལ་བསྟོད། །ནང་མཆོད་ཕུལ་ཏེ། སངས་རྒྱས་སྨན་པའི་རྒྱལ་པོའི་ཞལ་དུ་ཨོཾ་ཨཱཿཧཱུྃ། རྗེ་བཙུན་མ་འཕགས་མ་སྒྲོལ་མའིཿ མ་གཅིག་ལབ་ཀྱི་སྒྲོལ་མའིཿ ཁམ་ཧྲུ་ཡ་ལེཿ རྣལ་འབྱོར་རྡུས་པའི་རྒྱན་ཅནཿ རང་བྱུང་རྡོ་རྗེཿ བསམ་གཏན་རིན་ཆེནཿ ཀུན་དགའ་ཡེ་ཤེསཿ འཇམ་དཔལ་བཟང་པོཿ འཇམ་དཔལ་རྒྱ་མཚོ་རྣམས་ཀྱི་ཞལ་དུ་ཨོཾ་ཨཱཿཧཱུྃ། ལས་བུམ་བསྒྲུབ། ཚོགས་བྱིན་གྱིས་རླབས། ཚོགས་ཕུད་གཏོར་མ་ལ་བྲན་ནས་བསྔོ།

སློབ་མ་ཁྲུས་བྱེད། ཕྱག་དང་མཎྜལ། ཆོས་བཤད་བྱེད། དཀོན་མཆོག་གསུམ་ལ་བདག་སྐྱབས་མཆི། །སྡིག་པ་མི་དགེ་སོ་སོར་བཤགས། །འགྲོ་བའི་དགེ་ལ་རྗེས་ཡི་རང་། །སངས་རྒྱས་བྱང་ཆུབ་ཡིད་ཀྱིས་བཟུང་། །སངས་རྒྱས་ཆོས་དང་ཚོགས་མཆོག་ལ། །བྱང་ཆུབ་བར་དུ་སྐྱབས་སུ་མཆི། །རང་གཞན་དོན་ནི་རབ་སྒྲུབ་ཕྱིར། །བདག་གིས་བྱང་ཆུབ་སེམས་མཆོག་བསྐྱེད། །ཨེ་མ་ཧོ་སེམས་ཅན་ཀུན་མགྲོན་གཉེར། །བྱང་

ཚུལ་སྤྱོད་མཆོག་ཡིད་འོང་སྤྱོད་པར་བགྱི། །འགྲོ་ལ་ཕན་ཕྱིར་སངས་རྒྱས་འགྲུབ་པར་ཤོག །ཡན་གསུམ། བུམ་ཆུས་བསང་། ཁྱེད་རང་སྐད་ཅིག་གིས་སྨན་པའི་རྒྱལ་པོ་སྐུ་མདོག་མཐིང་ག་ཞལ་གཅིག་ཕྱག་གཉིས་པ་གཅིག་ཏུ་ལམ་གྱིས་གསལ་བའི་དཔྲལ་བར་ཨོཾ། མགྲིན་པར་ཨཱཿ ཐུགས་ཀར་ཧཱུྃ། ཨོཾ་ཨཱཿཧཱུྃ། ཐིག་ལེ་བཀོད། ཡེ་ཤེས་ཕབ། མདུན་གྱི་ནམ་མཁར། བཅོམ་ལྡན་འདས་སྨན་པའི་རྒྱལ་པོ་འཁོར་དང་བཅས་པ་གསལ་བའི་ཐུགས་ཀ་ནས་འོད་ཟེར་དཀར་དམར་མཐིང་གསུམ་བྱུང་། ཁྱེད་རང་གི་ལུས་ལ་སིབ་ཀྱིས་ཐིམ་པའི་མོས་པ་གྱིས། རོལ་མོ་དཀྲོལ། ཨོཾ་ཨཱཿཧཱུྃ། རྗེ་རྗེ་མགོར་བཞག །ཧི་ཀྵ་བཛྲ་བརྗོད།

དངོས་གཞི་ཞུ་བའི་དོན་དུ་མཇལ། གཏོར་མ་སྤྱི་བོར་བཟུང་། ཀུན་མཁྱེན་ཡེ་ཤེས་ཕུང་པོ་ཅན། །སྲིད་པའི་འཁོར་ལོ་རྣམ་འཇོམས་པ། །དེ་རིང་བཤད་པའི་རིན་ཆེན་གཏེར། །གཙོ་བོས་བདག་ལ་བཀའ་དྲིན་སྩོལ། །བཅོམ་ལྡན་འདས་སྨན་པའི་རྒྱལ་པོའི་སྐུ་ལུས་ཀྱི་ཆ་ནས། སྐུ་ཆེ་ཆུང་འབྲིང་གསུམ་གྱི་ཚོགས་ཆར་ལྟར་བབ། ཁྱེད་རང་གི་ལུས་ལ་སིབ་ཀྱིས་ཐིམ་པའི་མོས་པ་གྱིས། བཅོམ་ལྡན་འདི་ལ་སྩལ་ལགས་ཀྱིས། །འདི་ལ་འགོ་བར་མཛད་དུ་གསོལ། །ནང་མཆོད་བླུད། ཇི་ལྟར་བལྟམས་པ་སོགས་ནས། ཀྲི་ཡེ་ཧཱུྃ། མེ་ཏོག་འཐོར། དེས་ལུས་ཀྱི་སྒྲིབ་པ་དག །བུམ་པའི་དབང་ཅིག་ཅར་དུ་ཐོབ་པར་གྱུར། གཉིས་པ་མཇལ་ཕྱུལ། ཐོད་པ་སྤྱི་བོར་བཟུང་། ཨོཾ་ཨཱཿཧཱུྃ། ཧྲི་ཁ་ཧྲེ་ཧྲི་ཁ་ཧྲེ་མ་ཧཱ་ཧྲི་ཁ་ཧྲེ་ཧཱ་ཛ་ས་མུད་ག་ཏེ་སྭཱ་ཧཱ། ནང་མཆོད་བླུད། མེ་ཏོག་འཐོར། ངག་གི་སྒྲིབ་པ་དག །གསང་བའི་དབང་ཐོབ་པར་མོས། གསུམ་པའི་དོན་དུ་མཇལ། བླ་མ་དང་སྨན་པའི་རྒྱལ་པོ་ཐ་མི་དད་པའི་ཐུགས་ཀ་ནས། ལྷ་མོ་སྔོ་ལྗང་གཅིག་འཕྲོས། ཁྱེད་རང་གི་སྙིང་གར་ཐིམ། དགའ་བ་བཞིའི་ཡེ་ཤེས་རྒྱུད་ལ་སྐྱེས་པར་མོས། ནང་མཆོད། མེ་ཏོག །དེས་ཡིད་

ཀྱི་སྒྲིབ་པ་དག །ཤེས་རབ་ཡེ་ཤེས་ཀྱི་དབང་ཐོབ་པར་མཛོད། གཏོར་མ་སྤྱི་བོར་བཟུང་། ལྷ་བསྟིམ། བརྒྱུད་པའི་མཚན་ནས་སྨོས། མི་རྟོག་འཛིན། གཡས་སུ་ཨ་ཏུ་ར་གསེར་མདོག་གམ། རྣམ་པར་རྒྱལ་བ་གཏད། གཡོན་དུ་སྨན་གྱི་རྒྱལ་པོ་གཏད། སེམས་ཅན་ཐམས་ཅད་ནད་རིགས་བཞི་བརྒྱ་རྩ་བཞི་ལས་ཐར་བར་གྱིས་ཤིག །ཨོཾ་ཨཱཿཧཱུྃ། སྨན་ལྷའི་སྐུ་སྤྱི་བོར་བཞག །སྨན་རྒྱུད་ཀྱི་པོ་ཏི་ལག་ཏུ་གཏད། རང་བཞིན་གྱི་དོན་འགྲུབ་བར་གྱིས་ཤིག །

ཐིག་ལེའི་དབང་ནི། སློབ་མ་དཀྱིལ་ཀྲུང་བཅའ། སྒལ་ཚིགས་བསྲང་། ལྟེ་བའི་དབུས་སུ་སེམས་ཉིད་ཀྱི་ངོ་བོ་ཐིག་ལེ་དཀར་པོ་བྱ་མ་གསར་གྱི་སྒོ་ང་ཙམ་གཅིག་གསལ་བཏབ། དཔོན་སློབ་གཉིས་ཀས་ཕཊ་ཀྱིས་ཕར། སྤྱི་བོ་ནས་རྒྱངས་ཀྱིས་ཐོན། སངས་རྒྱས་སྨན་པའི་རྒྱལ་པོའི་ཐུགས་ཀར་བསྟིམ་གྱིས་ཐིམ། སྨན་པའི་རྒྱལ་པོ་འོག་མིན་དུ་སངས་རྒྱས་པར་བསམ། ཅི་གནས་ལ་བཞག །དེ་ནས་ཕབ། གཏོར་མ་ལ་བརྟེན་ནས་དབང་བསྐུས་པ་བྱེད་ན། ཁྲུས། མཎྜལ། གསོལ་བཏབ། ལུས་ལྷར་བསྐྱེད། ཡེ་ཤེས་པ་ཕབ། དངོས་གཞི་མཎྜལ་ཕུལ། གཏོར་མ་འདི་དང་ཐ་མི་དད་པར་སྨན་པའི་རྒྱལ་པོ་སྐུ་མདོག་བཻཌཱུརྻ་ལྟ་བུར་སྔོ་བ། ཞལ་གཅིག་ཕྱག་གཉིས་ཡོངས་སྐུའི་ཆ་བྱད་ཅན། ལྷ་མོ་སྔོ་ལྗང་མ་དང་གཉིས་སུ་མེད་པ། ལྷ་མོ་བཞིས་བསྐོར་བ་བསྐྱེད། གཏོར་མ་སྤྱི་བོར་བཟུང་། སྐུ་ལས་སྐུ་འཕྲོས། ཁྱེད་རང་གི་ལུས་ལ་ཐིམ། གསུང་ལས་སྔགས་འཕྲོས། ཁྱེད་རང་གི་མགྲིན་པར་ཐིམ། ཐུགས་ཀ་ནས་ཨ་ཏུ་ར་རྣམ་པར་རྒྱལ་བ་འཕྲོས། ཁྱེད་རང་གི་སྙིང་གར་ཐིམ། ནང་མཆོད་བླུད། མི་རྟོག་འཛིན། གཏོར་མ་སྤྱི་བོར་བཟུང་། བརྒྱུད་པའི་མཚན་ནས་བརྗོད། ལྷ་བསྟིམ། འདིའི་བརྒྱུད་པ་ནི། སྨན་པའི་རྒྱལ་པོ། ལབ་ཀྱི་སྒྲོན་མ། རྣལ་འབྱོར་ཏུས་པའི་རྒྱན་ཅན། རྣལ་འབྱོར་མ་སྐལ་བ་བཟང་མོ། ནམ་མཁའ་རྒྱ་མཚན། འཇམ་དཔལ་རྒྱ་མཚོ། ཐིག་ལེའི་དབང་གོང་དང་མཐུན། གཙོ་བོས་ཇི་ལྟར་བཀའ་སྩལ་པ། །དེ་དག་ཐམས་ཅད་བདག་གིས་བགྱིད། །མཎྜལ་ཕུལ། ཚོགས་ལ་ཡོངས་

སྒྲོད། ལྷག་མ་བསྡུ། ཆུ་གཙང་ཐབ། ཨ་ཀཱ་རོས་བྱིན་གྱིས་རླབས། བ་ལིཾ་ཏ་ཛྙཱ་ཀ་སྭཱ་ཧཱ། ལྷག་མ་ཕྱི་རོལ་ཏུ་སྐྱེལ། རོལ་མོ་བྱ། སྣོད་ཆུ་གཙང་གིས་བཤལ། ཁ་སྦྱུབ། མ་འགྱུར་བ་དང་ཉམས་པ་དང་། །གང་ཡང་བདག་རྨོངས་བློ་ཡིས་ནི། །བགྱིས་པ་དང་ནི་བགྱིད་སྐུལ་བ། །དེ་ཀུན་མགོན་པོས་བཟོད་པར་མཛོད། །ཚེ་ག་ལྷག་ཆད་ཅི་མཆིས་པ། །དཀྱིལ་འཁོར་ལྷ་ཡིས་བཟོད་པར་མཛོད། །བཀའ་རྒྱུད་བླ་མའི་བཀྲ་ཤིས་གང་ལགས་པ། །བཀྲ་ཤིས་དམ་པ་དེས་ཀྱང་དེང་འདིར་བདེ་ལེགས་ཤོག །ཡི་དམ་ལྷ་ཡི་བཀྲ་ཤིས་གང་ལགས་པ། །དཔའ་བོ་རྣམས་ཀྱིཿ དཔའ་མོ་རྣམས་ཀྱིཿ ཆོས་སྐྱོང་རྣམས་ཀྱིཿ ཡེ་ཤེས་པ་རང་གནས་སུ་གཤེགས། དམ་ཚིག་པ་རང་ཉིད་ལ་ཐིམ་པར་གྱུར། ཨོཾ་ཁྱེད་ཀྱིས་སོགས། བཛྲ་མུཿ ཆོས་དབྱིངས་བྱང་ཆུབ་སེམས་ཀྱི་སོགས། སངས་རྒྱས་སྐུར་འགྲུབ་ཤོག །ཅེས་གཅོད་གདན་ཐོག་གཅིག་མའི་ཁྲིད་ཡིག་ཕྲིན་ལས་རྒྱ་མཚོ་ལས་རྒྱ་མཚོ་ལྟ་བུའི་དབང་གབ་པ་མཛོད་བྱུང་གི་ཕྱི་བཀའ་སྙན་པའི་རྒྱལ་པོའི་སྒྲུབ་ཐབས་འདི། དད་ལྡན་རྣམས་ཀྱིས་ཡང་ཡང་བསྐུལ་བའི་ངོར་མང་དུ་ཐོས་པ་ཤཱཀྱའི་དགེ་སློང་ཏྲེ་ཧོ་ཆོས་ཀྱིས་མཚོ་ཞེས་བྱ་བས་སྣང་བསམ་གྲུབ་གླིང་གི་གཞིས་ཀར་སྦྱར་བའོ། །དགེ་བ་སེམས་ཅན་རྣམས་ལ་བསྔོ། བཀྲ་ཤིས་དཔལ་འབར་འཛམ་གླིང་རྒྱལ་བའི་རྒྱན་དུ་ཤོག །ལྷན་ཐབས་ཀྱི་ཡིག་ཆུང་ངོ།། ||

༄༅། །རྡོ་རྗེ་འཆང་གསང་བ་ཐུགས་སྒྲུབ་ལྷ་བཅུ་གསུམ་གྱི་སྒྲུབ་ཐབས་བཞུགས་སོ། །

བླ་མ་དང་རྡོ་རྗེ་འཆང་ལ་ཕྱག་འཚལ་ལོ། །རྡོ་རྗེ་འཆང་གི་སྒྲུབ་ཐབས་འདི་ལ། གནས་དབེན་ཞིང་ཡིད་དང་མཐུན་པར། ཡོལ་བ། བླ་རེས། ཕྱི་དོར། རྟེན་བཀྲམ་པ་བྱེད། གཏོར་མ་གསུམ་དང་། དབང་གཏོར་ཟླུམ་པོ་དཀར་དམར་གྱི་རྒྱན་གྱིས་བརྒྱན། གཏོར་མ་གསུམ་པོ་དཀྱིལ་འཁོར་གྱི་གོང་དུ་བཤམ། དབང་གཏོར་ཟུར་དུ་བཤམས། དཀྱིལ་འཁོར་དབུས་སུ་མཆེའི་ཁར་བུམ་པ། མགུལ་ཆིངས། ཁ་རྒྱན། བུམ་སྣན། ཚུས་གང་བ་བཞག །མཐའ་མཆོད་པས་བསྐོར། བདེ་བའི་སྟན་ལ་སྡོད། མདུན་དུ་སྟེགས་ཀྱི་ཁར། ནང་མཆོད། ཌ་དྲིལ། ལས་བུམ་བཞག །ནང་མཆོད་བྱིན་གྱིས་རླབས། ཨོཾ་ཨ་མྲྀ་ཏ་ཀུཎྜ་ལི་ཧ་ན་ཧ་ན་ཧཱུྃ་ཕཊ། ཨོཾ་སྭ་བྷཱ་ཝ་ཤུདྡྷཿསརྦ་དྷརྨཱཿསྭ་བྷཱ་ཝ་ཤུདྡྷོ྅ཧཾ། སྟོང་པ་ཉིད་དུ་གྱུར། སྟོང་པའི་ངང་ལས་ཡཾ་ལས་རླུང་། རཾ་ལས་མེ། གཾ་ལས་མི་མགོའི་སྒྱེད་བུ་གསུམ་གྱི་སྟེང་དུ། ཀ་པཱ་ལ་ཕྱི་དཀར་ལ་ནང་དམར་བ་ཡངས་ཤིང་རྒྱ་ཆེ་བ། དེའི་དབུས་སུ་མུ་ལས་དྲི་ཆུ་བཻཌཱུརྻ་ལྟ་བུ། ཤར་དུ་བི་ལས་དྲི་ཆེན་ཤེལ་ལྟ་བུ། ལྷོར་ར་ལས་རཀྟ་གསེར་བཙོ་མ་ལྟ་བུ། ནུབ་ཏུ་ཤུ་ལས་བྱང་སེམས་དཀར་དམར། བྱང་དུ་མ་ལས་ཀླད་པ། སྣར་ཡང་དབུས་སུ་ན་ལས་མིའི་ཤ །ཤར་ལྷོར་གོ་ལས་བ་གླང་གི་ཤ །ལྷོ་ནུབ་ཏུ་ཀུ་ལས་ཁྱིའི་ཤ །ནུབ་བྱང་དུ་ད་ལས་གླང་པོ་ཆེའི་ཤ །བྱང་ཤར་དུ་ཧ་ལས་རྟའི་ཤ །དེ་རྣམས་སྣར་ཡང་ཡི་གེ་དེ་དག་གིས་མཚན་པའོ། །རླུང་བྱུང་། མེ་སྦར། ཐོད་པ་དྲོས། རྫས་རྣམས་ཞུ། ཉེས་པའི་སྐྱོན་རྣམས་ཕྱིར་ལུད། དེའི་སྟེང་དུ་ཨོཾ་ཨཱཿཧཱུྃ་ལས་འོད་ཟེར་འཕྲོས། ཡེ་ཤེས་ཀྱི་བདུད་

རྩི་བཀུག །དམ་ཚིག་གི་བདུད་རྩི་དང་གཉིས་སུ་མེད་པར་འདྲེས། ཡེ་ཤེས་ཀྱི་
བདུད་རྩིའི་རྒྱ་མཚོ་ཆེན་པོར་གྱུར། ཨོཾ་ཨཱཿཧཱུྃ། མཐེབ་སྲིན་གྱིས་ལན་གསུམ་དཀྲུག །དཀར་གཏོར་ལ་
ཆབ་བྲན། ཨ་ཀྲོ་ཏ་ས་བསང་། སྭ་བྷཱ་ཝས་སྦྱང་། སྟོང་པའི་ངང་ལས་གཏོར་མ་དངས་ཤིང་
ཐོགས་པ་མེད་པ་འདི་དག །ཕྱོགས་སྐྱོང་བཅུ། ལྷ་ཆེན་བརྒྱད། ཀླུ་དང་། གནོད་
སྦྱིན་དང་། སྲིན་པོ་དང་། ཤ་ཟ་དང་། ཡི་དྭགས་དང་། མ་མོ་དང་། གནོད་
སྦྱིན་རྣམས་ལ་འབུལ་ལོ། །མཆོད་སྦྱིན་གྱི་གཏོར་མ་རྒྱ་ཆེན་པོ་འདི་བཞེས་ལ།
འདིར་མ་གནས་པར་གཞན་དུ་དེངས་ཤིག །གལ་ཏེ་མི་འགྲོ་ན་ཡེ་ཤེས་ཀྱི་རྡོ་
རྗེ་རབ་ཏུ་འབར་བས་མགོ་བོ་འགས་པར་འགྱུར་རོ། །གཏོར་མ་གཙང་སར་ཕུལ། རོལ་མོ་
ཕྱི། ཨོཾ་སུམྦྷ་ནི་སུམྦྷ་ཧཱུྃ། གྲིཧྞ་གྲིཧྞ་ཧཱུྃ། གྲིཧྞ་པ་ཡ་གྲིཧྞ་པ་ཡ་ཧཱུྃ། ཨཱ་ན་ཡ་ཧོ་བྷ་ག་
ཝན་བིདྱཱ་རཱ་ཛ་ཧཱུྃ་ཕཊ། སྟེང་འོག་བར་གསུམ་རྡོ་རྗེའི་གུར་ཁང་དུ་གྱུར་རོ། །ཨོཾ་
བཛྲ་རཀྵ་རཀྵ་ཧཱུྃ་ཕཊ། སྐྱབས་འགྲོ་ནི། བདག་གཞན་མ་ཚོགས་ནམ་མཁའི་མཐའ་
དང་མཉམ་པའི་སེམས་ཅན་ཐམས་ཅད་བླ་མ་ལ་སྐྱབས་སུ་མཆིའོ། །སངས་རྒྱས༔
ཆོས༔ དགེ་འདུན༔ བཅོམ་ལྡན་འདས་རྡོ་རྗེ་འཆང་ཆེན་པོའི་ལྷ་ཚོགས་རྣམས
ལ༔ སངས་རྒྱས་ཆོས་དང་ཚོགས་ཀྱི་མཆོག་རྣམས་ལ། །བྱང་ཆུབ་མ་ཐོབ་བར་
དུ་བདག་ནི་སྐྱབས་སུ་མཆི། །བདག་གིས་སྦྱིན་སོགས་བགྱིས་པའི་བསོད་ནམས
འདི་དག་གིས། །འགྲོ་ལ་ཕན་ཕྱིར་སངས་རྒྱས་འགྲུབ་པར་ཤོག །བཅོམ་ལྡན་
འདས་རྡོ་རྗེ་འཆང་གི་ལྷ་ཚོགས་སུ་གསལ་བའི་ཐུགས་ཀ་ནས་འོད་ཟེར་འཕྲོས།
ཆོས་ཀྱི་དབྱིངས་ནས་བཅོམ་ལྡན་འདས་ལ་སངས་རྒྱས་དང་བྱང་ཆུབ་སེམས་
དཔས་བསྐོར་བ་སྤྱན་དྲངས། བཛྲ་ས་མ་ཛཿ བླ་མ་སངས་རྒྱས་བླ་མ་ཆོས། །བླ་
མ་དཔལ་ལྡན་རྡོ་རྗེ་འཆང་། །ཀུན་གྱི་བྱེད་པ་བླ་མ་ཡིན། །བླ་མ་རྣམས་ལ་ཕྱག་

འཚལ་བསྟོད། །སཏ་ཏ་ཐཱ་ག་ཏ་ཨརྒྷཾ་ཨཱཿཧཱུཾ། པུཥྤེ། དྷཱུ་པེ། ཨཱ་ལོ་ཀེ། གནྡྷེ། ནཻ་ཝི་དྱེ། ཤབྡ་ཨཱཿཧཱུཾ། སྟོན་པ་བླ་མེད་རྡོ་རྗེ་འཆང་ཆེན་པོ་ལ་གསོལ་བ་འདེབས་སོ། །རྗེ་བཙུན་རྡོ་རྗེ་རྣལ་འབྱོར་མ་ལ༔ མ་གཅིག་ལབ་ཀྱི་སྒྲོན་མ་ལ༔ ཁམ་ཧྲུ་ཡ་ལེ་ལ༔ ཡེ་ཤེས་འབར་ལ༔ བསོད་ནམས་ཡེ་ཤེས་ལ༔ རང་བྱུང་པ་ལ༔ མགོན་རྒྱལ་བ་ལ༔ རོལ་པའི་རྡོ་རྗེ་ལ༔ ཀུན་དགའ་བློ་གྲོས་ལ༔ འཇམ་དབྱངས་ཆེན་པོ་ལ༔ འཇམ་དཔལ་རྒྱ་མཚོ་ལ༔ བདག་རྒྱུད་སྨིན་པར་བྱིན་གྱིས་རློབས། ཚོགས་ཞིང་གི་ལྷ་རྣམས་རང་ཉིད་ལ་ཐིམ། ཨོཾ་ཨཱཿཧཱུཾ།

བདག་བསྐྱེད་ནི། ཨ་ཙྪི་ཏ་ས་བསང་། སྭ་བྷཱ་ཝས་སྦྱངས། སྟོང་པ་ཉིད་དུ་གྱུར། སྟོང་པའི་ངང་ལས་གཞལ་ཡས་ཁང་གྲུ་བཞི་སྒོ་བཞི་རྩིག་པ་རིམ་པ་ལྔ་ནང་ནས་རིམ་པ་བཞིན་དུ་སྔོན་པོ། སེར་པོ། དམར་པོ། ལྗང་གུ། དཀར་པོའོ། །ཧ་བབས་རིམ་པ་བརྒྱད། གདུགས། རི་དྭགས། བ་དན། རིན་པོ་ཆེའི་ཏོག་གིས་མཚན་པ། གཞལ་ཡས་ཁང་གི་ནང་ཀ་བ་བཞི། གདུང་བརྒྱད་ཀྱིས་རྒྱ་གྲམ་རིས་སུ་ཕུབ་པ། རིན་པོ་ཆེ་སྣ་ཚོགས་ལས་གྲུབ་པ། སྟེང་རིན་པོ་ཆེའི་ཕ་གུའི་བར་བར་ནས་ཅོ་པ་ཏྲ་དང་། ཆུ་སྲིན་གྱི་ཁ་ནས་མུ་ཏིག་གི་ཆུན་འཕྱང་དང་། རིན་པོ་ཆེའི་དྲ་བ་དྲ་ཕྱེད་ཀྱི་སྟེར་དྲིལ་བུ་གཡེར་ཁས་བརྒྱན་པ། མདའ་ཡབ་དང་པུ་ཤུས་ཡོངས་སུ་བསྐོར་བའི་སྟེར། གདུགས་དང་། རྒྱལ་མཚན། དར་དཔྱངས་དང་། འཕན་དང་། རིན་པོ་ཆེའི་ཏོག་གིས་ཡོངས་སུ་སྤྲས་པ། གཞལ་ཡས་ཁང་གི་ཕྱི་རོལ་དུ་སྣམ་བུ་ལ་གནས་པའི་མཆོད་པའི་ལྷ་མོ་རྣམས་ཀྱིས་བཅོམ་ལྡན་འདས་ལ་གུས་པའི་ཚུལ་གྱིས་ཐལ་མོ་སྦྱར་ཞིང་མཆོད་པ་འབུལ་བ། དེའི་ཕྱི་རོལ་དུ་པདྨའི་ར་བ། མུ་ཏིག་གི་ར་བ། རྡོ་རྗེའི་ར་བ། དུར་ཁྲོད་ཀྱི་ར་བ། མེ་རིས་ཡོངས་སུ་བསྐོར་

བའོ། །གཞལ་ཡས་ཁང་གི་དབུས་སུ་པདྨ་འདབ་བརྒྱད་ཀྱི་ལྟེ་བར་ཉི་མ་ཟླ་བ་རོ་སེར་པོ་མགོ་གཡས་སུ་བསྟན་པའི་སྟེང་དུ་ཧཱུྃ་སྔོན་པོ། དེ་ལས་འོད་ཟེར་འཕྲོས། འཕགས་པ་མཆོད། སེམས་ཅན་གྱི་དོན་བྱས། ཚུར་འདུས་ཡོངས་སུ་གྱུར་པ་ལས། བཅོམ་ལྡན་འདས་རྡོ་རྗེ་འཆང་སྐུ་མདོག་སྔོན་པོ་ཞལ་གཅིག་ཕྱག་གཉིས་རྡོ་རྗེ་དང་དྲིལ་བུ་འཛིན་ཅིང་ཡུམ་ལ་འཁྱུད་པ། དབུ་སྐྲ་རལ་པ་སྤྱི་བོར་བཅིངས་ཤིང་ཐོད་སྐམ་དང་རིན་པོ་ཆེས་བརྒྱན་པ། སྐུ་ལ་རུས་པ་དང་རིན་པོ་ཆེའི་རྒྱན་དུ་མས་བརྒྱན་ཅིང་། ཟླ་བའི་སྟེང་དུ་ཞབས་གཡས་བསྐུམ་གཡོན་བརྐྱང་བའི་གར་ཐབས་སུ་བཞུགས་པ། དེའི་པང་དུ་ཡུམ་རྡོ་རྗེ་བདག་མེད་མ་སྐུ་མདོག་སྔོ་སྐྱ་ཞལ་གཅིག་ཕྱག་གཉིས་སྤྱན་གསུམ། མཆེ་བ་བཞི་ཙུང་ཟད་གཙིགས་པ། དབུ་སྐྲ་སྤྱི་བོར་བཅིངས་ཤིང་། ལྷག་མ་སྐུ་རྒྱབ་ཏུ་ཕྱང་བ། ཕྱག་གཡས་གྲི་གུག་ཡབ་ཀྱི་ཕྲག་གོང་གཡོན་དུ་བརྐྱང་བ། གཡོན་པས་ཐོད་པ་བདུད་རྩིས་གང་བ་མཆན་ཁུང་གཡས་ནས་སྐུ་རྒྱབ་ཏུ་འཛིན་པ། ཕྱག་རྒྱ་ལྔ་དང་ལྡན་ཅིང་། ཡབ་ཡུམ་ཐོད་རློན་ལྔ་བཅུའི་དོ་ཤལ་བྱས་པ། ཞབས་གཡས་བརྐྱང་གཡོན་བསྐུམ་པ། ཡབ་དང་མཉམ་པའོ། །དེའི་ཤར་དུ་ཧ་ལས་རྡོ་རྗེ་མཁའ་འགྲོ་སྐུ་མདོག་སྔོན་མོ། ལྷོར་རི་ལས་རིན་པོ་ཆེ་མཁའ་འགྲོ་སྐུ་མདོག་སེར་མོ། ནུབ་ཏུ་ནི་ལས་པདྨ་མཁའ་འགྲོ་སྐུ་མདོག་དམར་མོ། །བྱང་དུ་ས་ལས་ལས་ཀྱི་མཁའ་འགྲོ་སྐུ་མདོག་ལྗང་གུ། ཤར་ལྷོར་གཱི་རི་མ་སྐུ་མདོག་དཀར་མོ། ལྷོ་ནུབ་ཏུ་དུམ་སྐྱེས་མ་སྐུ་མདོག་ནག་མོ། ནུབ་བྱང་དུ་ཤ་བ་རི་སྐུ་མདོག་སྔོ་སྐྱ། བྱང་ཤར་དུ་བེ་ཏཱ་ལི་སྐུ་མདོག་ལྗང་སེར། དེ་ཐམས་ཅད་ཀྱང་ཞལ་གཅིག་ཕྱག་གཉིས་གྲི་གུག་དང་ཐོད་ཁྲག་འཛིན་ཅིང་། རུས་པ་དང་རིན་པོ་ཆེའི་རྒྱན་དུ་མས་བརྒྱན་པ། གྲུ་མོ་ན་ཁ་ཊྭཱཾ་

ག་བཅུག་པ། ཞབས་གཡས་སྐུམ་གཡོན་བརྐྱང་བས་གར་ཐབས་སུ་བཞུགས་པ། ཤར་སྒོར་ཀྲོ་དྷ་ཀཱ་ལི་སྐུ་མདོག་སྔོན་མོ། ལྷོ་སྒོར་ཕག་གདོངས་མ་སེར་མོ། ནུབ་སྒོར་ཀུ་རུ་ཀུལླེ་དམར་མོ། བྱང་སྒོར་དབྱངས་ཅན་མ་ལྗང་གུ། གཡས་པ་རྣམས་ཀྱིས་ལྕགས་ཀྱུ། ལྕགས་སྒྲོག༔ ཞགས་པ༔ རྡོ་རྗེ༔ གཡོན་པ་རྣམས་ཀྱིས་ཐོད་ཁྲག་ཐུགས་ཁར་འཛིན་པ། རུས་པ་དང་རིན་པོ་ཆེའི་རྒྱན་དུ་མས་བརྒྱན་པ། ཞབས་གཡས་བསྐུམ་གཡོན་བརྐྱང་བས་ཉི་མ་ལ་གནས་པ། ལྷ་ཚོགས་དེ་དག་ཐམས་ཅད་ཀྱི་དཔྲལ་བར་ཨོཾ། མགྲིན་པར་ཨཱཿ ཐུགས་ཀར་ཧཱུྃ། ཐུགས་ཀའི་ཧཱུྃ་ལས་འོད་ཟེར་འཕྲོས། ཆོས་ཀྱི་དབྱིངས་ནས་བཅོམ་ལྡན་འདས་ལྷ་བཅུ་གསུམ་ལ་སངས་རྒྱས་དང་བྱང་ཆུབ་སེམས་དཔའི་ཚོགས་ཀྱིས་བསྐོར་བ་སྤྱན་དྲངས། བཛྲ་ས་མཱ་ཛཿ དམ་ཚིག་པ་དང་གཉིས་སུ་མེད་པར་གྱུར། ཐུགས་ཀར་ཉི་མའི་སྟེང་དུ་སྔགས་ཕྲེང་གིས་བསྐོར་བར་དམིགས་ཏེ། ཨོཾ་ཤྲཱི་བཛྲ་ན་མོ་གུ་རུ་མེ་ཨོཾ་ཨཱཿཧཱུྃ། ཨ་ཨཱ། ཨི་ཨཱི། ཨུ་ཨཱུ། རྀ་རཱྀ། ལྀ་ལཱྀ། ཨེ་ཨཻ། ཨོ་ཨཽ། ཨཾ་ཨཱཿ ཀ་ཁ་ག་གྷ་ང་། ཙ་ཚ་ཛ་ཛྷ་ཉ། ཊ་ཋ་ཌ་ཌྷ་ཎ། ཏ་ཐ་ད་དྷ་ན། པ་ཕ་བ་བྷ་མ། ཡ་ར་ལ་ཝ། ཤ་ཥ་ས་ཧ་ཀྵ་ཨ། བཟླས་པ་བྱེད། མཐར་རྟེན་གཞལ་ཡས་ཁང་དང་བཅས་པ་རང་ཉིད་ལ་ཐིམ་ཞིང་མི་དམིགས་པར་གྱུར།

བུམ་པ་སྒྲུབ་པ་ནི། ཨ་མྲི་ཏས་བསང་། སྭ་བྷཱ་ཝས་སྦྱངས། སྟོང་པའི་ངང་ལས་བྷྲཱུྃ་ལས་རིན་པོ་ཆེའི་བུམ་པ་ཞབས་ཞུམ་པ། ལྟོ་བ་ལྡིར་བ། མགྲིན་པ་ཕྲ་བ། མཆུ་འཕྱང་བ། ལྷ་རྫས་ཀྱི་གོས་ཀྱིས་མགྲིན་པར་དཀྲིས་པ། དཔག་བསམ་གྱི་ཤིང་གིས་ཁ་བརྒྱན་པ། བུམ་རྫས་དང་། ཆུས་གང་བའི་དབུས་སུ། གཞལ་ཡས་ཁང་བརྟེན་པ་ལྷ་དང་བཅས་པ་སྐད་ཅིག་གིས་གསལ་བར་གྱུར། ལྷ་ཚོགས་དེ་དག་ཐམས་ཅད་

ཀྱི་དཔྲལ་བར་ཨོཾ། མགྲིན་པར་ཨཱཿ ཐུགས་ཀར་ཧཱུྃ། ཐུགས་ཀའི་ཧཱུྃ་ལས་འོད་ཟེར་འཕྲོས་པས། བཅོམ་ལྡན་འདས་ལ་སངས་རྒྱས་དང་བྱང་ཆུབ་སེམས་དཔའི་ཚོགས་ཀྱིས་བསྐོར་བ་སྤྱན་དྲངས། བཛྲ་ས་མ་ཛཿ ཐུམ་པའི་ལྷ་དང་གཉིས་སུ་མེད་པར་གྱུར། བརླས་པ་ཅིད། མཐར་འོད་དུ་ཞུ། ཐུམ་པའི་ཆུར་གྱུར་པའོ།

མདུན་བསྐྱེད་སྤྱན་པ་སྟེ། ཨ་སྨྲི་ཏ་ས་བསང་། སྭ་བྷཱ་ཝས་སྦྱངས་ནས། ས་མ་ཛའི་བར་བདག་བསྐྱེད་བཞིན་བྱེད། མ་ལུས་སེམས་ཅན་ཀུན་གྱི་མགོན་གྱུར་ཅིང་། །བདུད་སྡེ་དཔུང་བཅས་མི་བཟད་འཇོམས་མཛད་ལྷ། །དངོས་རྣམས་མ་ལུས་ཇི་བཞིན་མཁྱེན་གྱུར་པའི། །བཅོམ་ལྡན་འཁོར་བཅས་གནས་འདིར་གཤེགས་སུ་གསོལ། །བཅོམ་ལྡན་ཁྱེད་ནི་བྱོན་པ་ལེགས། །བདག་ཅག་བསོད་ནམས་སྐལ་བར་ལྡན། །བདག་གི་མཆོད་ཡོན་བཞེས་ནས་ཀྱང་། །འདི་ཉིད་དུ་ནི་བཞུགས་སུ་གསོལ། །པདྨ་ཀ་མ་ལ་ཡ་སྟྭཾ། ཛཿཧཱུྃ་བཾ་ཧོཿ གཉིས་སུ་མེད་པར་གྱུར། བརླས་པ་བྱེད། གང་གི་དྲིན་གྱིས་བདེ་ཆེན་ཉིད། །སྐད་ཅིག་ཉིད་ལ་འཆར་བ་གང་། །བླ་མ་རིན་ཆེན་ལྟ་བུའི་སྐུ། །རྡོ་རྗེ་ཅན་ཞབས་པད་ལ་འདུད། །སངས་རྒྱས་ཀུན་གྱི་རང་བཞིན་སྐུ། །སློབ་དཔོན་ལ་ནི་བདག་སྐྱབས་མཆི། །དང་པོར་མི་རྟོག་ཕོག་པ་ཡི། །དཀྱིལ་འཁོར་ལྷ་ཚོགས་རྣམས་ལ་འདུད། །རབ་འབྱམས་རྒྱ་མཚོ་དཔག་མེད་ན། །མཆོད་ཡོན་ཇི་སྙེད་ཡོད་པ་རྣམས། །བདག་གིས་གུས་པར་བཤམས་པ་འདི། །སངས་རྒྱས་སྲས་དང་བཅས་ལ་འབུལ། །འགྲོ་བའི་དོན་དུ་བཞེས་སུ་གསོལ། །ཨོཾ་སརྦ་ཏ་ཐཱ་ག་ཏ་ཨརྒྷཾ་པྲ་ཏཱིཙྪ་པཱུ་ཛ་མེ་གྷ་ས་མུ་དྲ་སྥ་ར་ཎ་ས་མ་ཡེ་ཨཱཿཧཱུྃ། དེ་བཞིན་དུ། པཱདྱཾ། ཙྪུ་པེ། ཨཱ་ལོ་ཀེ། གནྡྷེ། ནཻ་ཝི་དྱ། ཤབྡའི་བར་ཕྱག་རྒྱ་དང་བཅས་ཏེ་འབུལ། བླ་མ་སངས་རྒྱས་བླ་མ་ཆོས། །བླ་མ་དཔལ་ལྡན་རྡོ་རྗེ་འཆང་། །ཀུན་གྱི་བྱེད་པ་བླ་མ་

ཡིན། །བླ་མ་རྣམས་ལ་ཕྱག་འཚལ་བསྟོད། །ཧཱུྃ། དཔལ་དང་ལྡན་པའི་བཅོམ་
ལྡན་འདས་མ་ཁྱོད། །མཁའ་མཉམ་བདེ་རོལ་འགྲོ་བ་ཀུན་བདག་མོ། །ཡོངས་
སྤྱོད་སྒྱུ་མའི་གཟུགས་དང་ཆགས་པའི་མདངས། །མཁའ་འགྲོ་དྲ་བ་སྡོམ་ལ་ཕྱག་
འཚལ་བསྟོད། །ཁ་དོག་དབྱིབས་ལེགས་ཡིད་འོང་རྒྱན་ཕྲེང་ལྡན། །ཕྱོགས་དུས་
ཀུན་ནས་གཟུགས་མཆོག་ཅི་མཆིས་པ། །མོས་བློས་དཀྱིལ་འཁོར་ལྷ་ལ་བདག་
འབུལ་ན། །བཞེས་ཤིག་བླ་མེད་གྲུབ་མཆོག་སྩོལ་དུ་གསོལ། །ཨོཾ་སརྦ་ཏ་ཐཱ་ག་ཏ་
རཱུ་པ་ཀཱ་མ་གུ་ཎ་པཱུ་ཛ་མེ་གྷ་ས་མུ་དྲ་སྥ་ར་ཎ་ས་མ་ཡ་ཨཱཿཧཱུྃ། ཕྱོགས་དུས་ཀུན་
ནས་ཟིན་དང་མ་ཟིན་པའི། །ཡོན་ཏན་ཚིག་བརྗོད་སྒྲ་སྙན་ཅི་མཆིས་པ། །མོས་
བློསཿ བཞེས་ཤིགཿ ཤབྡ། ཕྱོགས་དུས་ཀུན་ནས་ཙན་དན་སྦྲུལ་སྙིང་དང་། །ཨ་
གར་ལ་སོགས་དྲི་མཆོག་ཅི་མཆིས་པ། །མོས་བློསཿ བཞེས་ཤིགཿ གནྡྷེཿ ཕྱོགས་
དུས་ཀུན་ནས་རོ་དང་བཅུད་ལྡན་པའི། །ལུས་སེམས་ཚིམ་བྱེད་རོ་མཆོག་ཁྱད་
པར་ཅན། །མོས་བློསཿ བཞེས་ཤིགཿ ར་སཿ ཕྱོགས་དུས་ཀུན་ནས་འཇམ་གཉེན་
འཁྲིལ་ཆགས་པའི། །རེག་བྱའི་ཁྱད་པར་འཕགས་པ་ཅི་མཆིས་པ། །མོས་བློསཿ
བཞེས་ཤིགཿ སྤརྴེ་ཨཱཿཧཱུྃ་སོགས། བླ་མའི་སྐུ་ནི་རྡོ་རྗེའི་སྐུ། །མཛེས་ཤིང་ལྷུ་བས་
ཚིག་མི་ཤེས། །བསམ་གྱིས་མི་ཁྱབ་ཡོན་ཏན་རྫོགས། །བླ་མའི་སྐུ་ལ་ཕྱག་འཚལ་
བསྟོད། །བླ་མའི་གསུང་ནི་ཚངས་པའི་དབྱངས། །འགག་མེད་སེང་གེའི་སྒྲ་དང་
ལྡན། །མུ་སྟེགས་རི་དྭགས་སྐྲག་མཛད་པའི། །བླ་མའི་གསུང་ལཿ བླ་མའི་ཐུགས་
ནི་ནམ་མཁའ་འདྲ། །བདེ་གསལ་མི་རྟོག་སྟོང་པའི་ངང་། །རྣམ་ཐར་གསུམ་ལ་
ལེགས་གནས་པའི། །བླ་མའི་ཐུགས་ལ་ཕྱག་འཚལ་བསྟོད། །སྡིག་མོ་ཕྲེང་བ་སྒྲུ་
མ་གར། །སྤྱོས་དང་མེ་ཏོག་མར་མེ་མ། །ཞི་ནང་སྡིག་མོ་བརྒྱད་པོ་ཡང་། །བཅོམ་

ལྷན་འཁོར་དང་བཅས་ལ་འབུལ། །བཞེས་ནས་བྱིན་གྱིས་བརླབ་ཏུ་གསོལ། །ཆོས་སྐུ་ནམ་མཁའ་བཞིན་དུ་དབྱེར་མེད་ཀྱང་། །གཟུགས་སྐུ་འཇའ་ཚོན་བཞིན་དུ་སོ་སོར་གསལ། །ཐབས་དང་ཤེས་རབ་མཆོག་ལ་མངའ་བརྙེས་པའི། །རིགས་ལྔ་བདེ་བར་གཤེགས་ལ་ཕྱག་འཚལ་ལོ། །སྤྲོ་བསམ་བརྗོད་མེད་ཤེས་རབ་ཕ་རོལ་ཕྱིན། །མ་སྐྱེས་མི་འགག་ནམ་མཁའི་ངོ་བོ་ཉིད། །སོ་སོ་རང་རིག་ཡེ་ཤེས་སྤྱོད་ཡུལ་བ། །དུས་གསུམ་རྒྱལ་བའི་ཡུམ་ལ་ཕྱག་འཚལ་བསྟོད། །འཁོར་ལོ་ནོར་བུ་བཙུན་མོ་དང་། །བློན་པོ་གླང་པོ་རྟ་མཆོག་དང་། །དམག་དཔོན་རིན་ཆེན་སྣ་བདུན་ཡང་། །བཅོམ་ལྡན་འཁོར་དང་བཅས་ལ་འབུལ། །བཞེས་ནས་དངོས་གྲུབ་སྩོལ་དུ་གསོལ། །ནང་མཆོད་འབུལ་ཏེ། བསྒྲུབ་པའི་མཚན་ནས་སྨོས། ཨོཾ་ཨཱཿཧཱུྃ་བདགས་ལ་ཕུལ། ལས་བུམ་བསྒྲུབ། ཚོགས་བྱིན་གྱིས་རླབས། ཚོགས་ཕུད་གཏོར་མ་ལ་བྲན་ཏེ་བསྔོ།

བདག་འཇུག་བླང་སྟེ། སློབ་མ་ཁྲུས་བྱེད། ཕྱག་དང་མནྡལ་ཕུལ། དགའ་ཆེན་ཁྱེད་བདག་སྟོན་པ་སྟེ། །སློབ་དཔོན་ཁྱོད་ནི་དགོངས་སུ་གསོལ། །ཐར་པ་ཆེན་པོའི་གྲོང་མཆོག་ཏུ། །མགོན་པོས་བདག་ནི་འཇུག་པར་འཚལ། །ལན་གསུམ། དཀོན་མཆོག་གསུམ་ལ་བདག་སྐྱབས་མཆི། །སྡིག་པ་མི་དགེ་སོ་སོར་བཤགས། །འགྲོ་བའི་དགེ་ལ་རྗེས་ཡི་རང་། །སངས་རྒྱས་བྱང་ཆུབ་ཡིད་ཀྱིས་བཟུང་། །སངས་རྒྱས་ཆོས་དང་ཚོགས་མཆོག་ལ། །བྱང་ཆུབ་བར་དུ་སྐྱབས་སུ་མཆི། །རང་གཞན་དོན་ནི་རབ་སྒྲུབ་ཕྱིར། །བདག་གིས་བྱང་ཆུབ་སེམས་མཆོག་བསྐྱེད། །བྱང་ཆུབ་སྤྱོད་མཆོག་ཡིད་འོང་སྤྱད་པར་བགྱི། །འགྲོ་ལ་ཕན་ཕྱིར་སངས་རྒྱས་འགྲུབ་པར་ཤོག །ལན་གསུམ། བུམ་ཆུས་བསང་། ཁྱེད་རང་སྐད་ཅིག་གིས་རྡོ་རྗེ་འཆང་སྐུ་མདོག་སྔོན་པོ་ཞལ་གཅིག་ཕྱག་གཉིས་རྡོ་རྗེ་དང་དྲིལ་བུ་འཛིན་པ་གཅིག་ཏུ་གྱུར། གནས་གསུམ་དུ་དྲིའི་ཆུས་

ཐིག་ལེ་བྱེད། ཨོཾ་ཨཱཿཧཱུྃ། མཆོད་པ་ཕུལ། པུཥྤེ། དྷཱུ་པེ། ཨཱ་ལོ་ཀེ། གནྡྷེ། ནཻ་ཝི་ཏྱེ། ཤབྡ་ཨཱཿཧཱུྃ། གདོང་གཡོགས་བཅིང་། ཨོཾ་ཙཀྵུ་ཧྲཀྵ་ཕ་ར་ཝ་ཏྲ་ཡ་ཧཱུྃ། མེ་ཏོག་གཏོར། ཨཱ་ཁཾ་བཱི་ར་ཧཱུྃ། སྙིང་ཁར་རྡོ་རྗེ་བཟུང་། སྙིང་གར་ཀུན་རྫོབ་བྱང་ཆུབ་སེམས་ཀྱི་ངོ་བོ་ཟླ་བའི་དཀྱིལ་འཁོར་གྱི་སྟེང་དུ་རྡོ་རྗེ་དཀར་པོ་རྩེ་ལྔ་པ་གཅིག་སྒོམས། ཨོཾ་སརྦ་ཡོ་ག་ཙིཏྟ་ཨུཏྤཱ་ད་ཡཱ་མི། ཨོཾ་སུ་ར་ཏེ་ས་མ་ཡ་སྟྭཾ་ཧོཿ སིདྡྷི་བཛྲ་ཡ་ཐཱ་སུ་ཁཾ། ཐམས་ཅད་རྡོ་རྗེའི་རང་བཞིན་དུ་བརྟན་པར་བྱས་སོ། །སྡོམ་པ་བཟུང་། སློབ་དཔོན་ཁྱོད་ཀྱི་དགོངས་སུ་གསོལ། བདག་མིང་དུས་འདི་ནས་བཟུང་སྟེ། །བྱང་ཆུབ་སྙིང་པོར་མཆིས་ཀྱི་བར། །ཇི་ལྟར་དུས་གསུམ་མགོན་པོ་རྣམས། །བྱང་ཆུབ་ཐུགས་ནི་ངེས་མཛད་པའི། །བྱང་ཆུབ་སེམས་ནི་བླ་ན་མེད། །དམ་པ་བདག་གིས་བསྐྱེད་པར་བགྱི། །ཚུལ་ཁྲིམས་ཀྱི་ནི་བསླབ་པ་དང་། །དགེ་བའི་ཆོས་ནི་བསྡུད་པ་དང་། །སེམས་ཅན་དོན་བྱེད་ཚུལ་ཁྲིམས་གསུམ། །སོ་སོར་བརྟན་པོར་གཟུང་བར་བགྱི། །སངས་རྒྱས་ཆོས་དང་དགེ་འདུན་ཏེ། །བླ་ན་མེད་པའི་དཀོན་མཆོག་གསུམ། །སངས་རྒྱས་རྣལ་འབྱོར་ལས་སྐྱེས་པའི། །སྡོམ་པ་དེང་ནས་གཟུང་བར་བགྱི། །རྡོ་རྗེ་རིགས་མཆོག་ཆེན་པོ་ལ། །རྡོ་རྗེ་དྲིལ་བུ་ཕྱག་རྒྱ་ཡང་། །ཡང་དག་ཉིད་དུ་གཟུང་བར་བགྱི། །སློབ་དཔོན་དག་ཀྱང་གཟུང་བར་བགྱི། །རིན་ཆེན་རིགས་མཆོག་ཆེན་པོ་ཡིས། །དམ་ཚིག་ཡིད་དུ་འོང་བ་ལ། །ཉིན་རེ་བཞིན་དུ་དུས་དྲུག་ཏུ། །སྦྱིན་པ་རྣམ་བཞི་རྟག་ཏུ་སྦྱིན། །བྱང་ཆུབ་ཆེན་པོ་ལས་བྱུང་བའི། །པདྨའི་རིགས་ཆེན་དག་པ་ལ། །ཕྱི་ནང་གསང་བ་ཐེག་པ་གསུམ། །དམ་པའི་ཆོས་ནི་མ་ལུས་བཟུང་། །ལས་ཀྱི་རིགས་མཆོག་ཆེན་པོ་ལས། །སྡོམ་པ་ཐམས་ཅད་ལྡན་པར་ནི། །ཡང་དག་ཉིད་དུ་གཟུང་བར་བགྱི། །མཆོད་པའི་ལས་ཀྱང་ཅི་ནུས་བགྱི། །བྱང་ཆུབ་སེམས་ནི་

བླ་མེད་མཆོག །དམ་པ་བདག་གིས་བསྐྱེད་བགྱིས་ནས། །སེམས་ཅན་ཀུན་གྱི་དོན་གྱི་ཕྱིར། །བདག་གིས་སྡོམ་པ་མ་ལུས་བཟུང་། །མ་བསྒྲལ་བ་རྣམས་བདག་གིས་བསྒྲལ། །མ་གྲོལ་བ་རྣམས་བདག་གིས་དགྲོལ། །དབུགས་མ་ཕྱུང་རྣམས་དབུགས་དབྱུང་ཞིང་། །གང་ཡང་ང་ལ་མ་གུས་མིན། །དེ་བཞིན་གུས་པར་མ་བྱས་ན། །བདུད་ཀྱིས་བཅོམ་ནས་ངན་འགྲོར་འགྲོ། །དེ་བས་དམ་ཚིག་གནས་པར་གྱིས། །ཡེ་ཤེས་ཕབ། མདུན་གྱི་ནམ་མཁར་བཅོམ་ལྡན་འདས་རྡོ་རྗེ་འཆང་གི་ལྷ་ཚོགས་འཁོར་དང་བཅས་པ་བཞུགས་པའི་ཐུགས་ཀ་ནས་འོད་ཟེར་ཁ་དོག་སྣ་ལྔ་བྱུང་། ཁྱེད་རང་གི་ལུས་ངག་ཡིད་གསུམ་ལ་ཐིམ་པའི་མོས་པ་གྱིས། རོལ་མོ་དཀྲོལ། ཨ་ཨཿ ཕེཾ་ཕེཾཿ རྡོ་རྗེ་མགོར་བཞག །ཧྲིཿ བཛྲ་བརྗོད། དཀྱིལ་འཁོར་ཁ་དོག་བརྟག །མེ་ཏོག་འཐོར། པྲ་ཏཱིཙྪ་བཛྲ་ཧོཿ སྔར་མེ་ཏོག་གཏད། བཅོམ་ལྡན་རྡོ་རྗེ་འཛིན་པ་སྟེ། །འདི་ནི་རྗེས་སུ་གཟུང་བར་མཛོད། །གདོང་གཡོགས་ཕྱེ། སངས་རྒྱས་ཡེ་ཤེས་སྤྱན་ལྡ་ཐོབ་གྱུར་ཅིག །ཨེ་ཧྱ་ཧི་པ་ཤྱ་ར་པ་ཤྱ་ལཾ་ཧྲིཿ དཀྱིལ་འཁོར་ལྷ་ཞལ་བསྟན།

དངོས་གཞི་མཉྫལ་ཕུལ། དཀྱིལ་འཁོར་ལྷ་ཚོགས་དགོངས་སུ་གསོལ། །བླ་མ་རྗེ་བཙུན་དམ་པ་ཡིས། །བདག་ལ་ཉེ་བར་དགོངས་མཛད་ལ། །སྨིན་བྱེད་རིམ་པ་བསྐུར་དུ་གསོལ། །བུམ་པ་སྤྱི་བོར་བཟུང་། སངས་རྒྱས་ཀུན་གྱི་བུམ་པའི་དབང་། །དེ་རིང་ཁྱོད་ལ་བསྐུར་བར་བྱ། །སངས་རྒྱས་ཀུན་ཏུ་རབ་སྦྱུབ་ཕྱིར། །བུམ་པའི་དབང་ནི་ཁྱོད་ཀྱིས་ལོང་། །བུམ་ཆུ་བླུད། ཇི་ལྟར་བལྟམས་པ་ཙམ་གྱིས་ནི། །ལྷ་རྣམས་ཀྱིས་ནི་ཁྲུས་གསོལ་ལྟར། །ལྷ་ཡི་ཆུ་ནི་དག་པ་ཡིས། །དེ་བཞིན་བདག་གིས་སྐུ་ཁྲུས་གསོལ། །ཨོཾ། སརྦ་ཏ་ཐཱ་ག་ཏ་ཨ་བྷི་ཥེ་ཀ་ཏ་ས་མ་ཡ་ཤྲཱི་ཡེ་ཧཱུྃ། དེས་ཉོན་མོངས་པ་ཞི་སྣང་དག །མི་ལོང་ལྟ་བུའི་ཡེ་ཤེས་གནས་འགྱུར། མི་བསྐྱོད་པས་དབུ་བརྒྱན་པའོ། །དབུ་

རྒྱན་སྒྲི་བོར་བཟུང་། སངས་རྒྱས་ཀུན་གྱི་དབུ་རྒྱན་དབང་། །དེ་རིང་༔ སངས་རྒྱས༔ དབུ་རྒྱན༔ ཇི་ལྟར༔ ཉོན་མོངས་པ་ང་རྒྱལ་དག །མཉམ་པ་ཉིད་ཀྱི་ཡེ་ཤེས༔ རིན་ཆེན་འབྱུང་ལྡན༔ རྡོ་རྗེ་སྒྲི་བོར་བཟུང་ཞིང་ལག་ཏུ་གཏད། སངས་རྒྱས༔ དེ་རིང་༔ རྡོ་རྗེའི༔ ཇི་ལྟར༔ འདོད་ཆགས༔ སོར་རྟོག༔ འོད་དཔག་མེད༔ དྲིལ་བུ་གཡོན་དུ་གཏད། སངས་རྒྱས༔ དེ་རིང་༔ སངས་རྒྱས་ཀུན་ཏུ༔ དྲིལ་བུའི༔ ཇི་ལྟར༔ ཕྲག་དོག༔ བྱ་གྲུབ༔ དོན་ཡོད་གྲུབ་པས༔ རྡོ་རྗེ་དྲིལ་བུ་སྒྲི་བོར་བཟུང་། སངས་རྒྱས་ཀུན་གྱི་མིང་གི་དབང་། །དེ་རིང་༔ སངས་རྒྱས༔ མིང་གི་དབང་ནི་ཁྱོད་ལ་བསྐུར། །ཀྱེ་དཔལ་གསང་མཚན་འདི་ཞེས་བྱ་བའི་དེ་བཞིན་གཤེགས་པའོ། །དེས་གཏི་མུག༔ ཆོས་དབྱིངས༔ རྣམ་པར་སྣང་མཛད་ཀྱིས་དབུ་བརྒྱན་པའོ། །དེས་རིགས་ལྔའི་དབང་སོང་སྟེ། བསྐྱེད་པའི་རིམ་པ་བསྒོམ་པ་ལ་དབང་། སྤྲུལ་པའི་སྐུ་ཐོབ་པའོ། །གསང་དབང་ནི། མཇུལ། ཐོད་པ་སྒྲི་བོར་བཟུང་། སངས་རྒྱས་ཀུན་གྱི་ཐོད་པའི་དབང་། །དེ་རིང་ཁྱོད་ལ་བསྐུར་བར་བྱ། །སངས་རྒྱས་ཀུན་ཏུ་རབ་བསྒྲུབ་ཕྱིར། །གསང་བའི་དབང་ནི་ཁྱོད་ལ་བསྐུར། །ནང་མཆོད་བླུད། ཨོཾ་ཨཱཿཧཱུྃ། དེས་ཐོད་པའི་དབང་བསྐུར་བས། རྩ་རླུང་ཐིག་ལེ་སྒོམ་པ་ལ་དབང་། འབྲས་བུ་ལོངས་སྤྱོད་རྫོགས་པའི་སྐུ་ཐོབ་པའོ། །གསུམ་པའི་དོན་དུ་མཇུལ། བླ་མ་དང་རྡོ་རྗེ་འཆང་ཐ་མི་དད་པའི་ཐུགས་ཀ་ནས། རྡོ་རྗེ་བདག་མེད་མ་འཁྲོས། ཁྱོད་རང་གི་སྙིང་ཁར་ཐིམ། དགའ་བཞིའི་ཡེ་ཤེས་རྒྱུད་ལ་སྐྱེས་པར་སྒོམས་ཤིག །དེས་ཤེས་རབ་ཡེ་ཤེས་ཀྱི་དབང་བསྐུར། བདེ་གསལ་མི་རྟོག་པ་བསྒོམ་པ་ལ་དབང་། ཆོས་ཀྱི་སྐུ་འགྲུབ་པའོ། །བཞི་པ་མཇུལ། ལྟོས་ཤིག་རང་གི་སེམས་ལ་ལྟོས། །སེམས་ཉིད་ཅིར་ཡང་གྲུབ་པ་མེད། །སྣ་ཚོགས་སྣང་བ་སེམས་སུ་འདུས། ཁྱབ་གདལ་ཆེན་པོའི་ངང་ལ་ཞོག །མ་བཅོས་གཉུག་མའི་ངང་ལ་ལྟོས། །དེས་བཞི་པའི་དབང་བསྐུར། སྐུ་

གསུམ་དབྱེར་མེད་པ་ངོ་བོ་ཉིད་ཀྱི་སྐུ་འགྱུབ་པའི་སྐལ་བ་དང་ལྡན་པའོ། །སློབ་དཔོན་གྱི་དབང་གི་དོན་དུ་མཉྫལ། བུམ་པ་སྤྱི་བོར་བཟུང་། སངས་རྒྱས་ཀུན་གྱི་བུམ་པའི་དབང་། །དེ་རིང་ཁྱོད་ལ་བསྐུར་བར་བྱ། །སངས་རྒྱས་ཀུན་ཏུ་རབ་སྒྲུབ་ཕྱིར། །བུམ་པའི་དབང་ནི་ཁྱོད་ལ་བསྐུར། །བུམ་ཆུ་བླུད། ཧཱུྃ་ལྷར་སོགས། མེ་ཏོག་འཐོར། ཀུ་སུ་ཏི་ཥྛ་བཛྲ་ཡེ་སྭཱ་ཧཱ། ཞེས་དབང་བསྐུར། དྲི་མ་དག །ཆུའི་ལྷག་མ་ཡར་ལུད་པ་ལས་མི་བསྐྱོད་པས་དབུ་བརྒྱན་པའོ། །རྡོ་རྗེ་གཡས་སུ་གཏད། རྡོ་རྗེ་ཐུགས་ཀྱི་དམ་ཚིག་ཟུང་ཞིག །དྲིལ་བུ་གཡོན་དུ་གཏད། དྲིལ་བུ་གསུང་གི་དམ་ཚིག་ཟུང་ཞིག །རྡོ་རྗེ་དྲིལ་བུ་བསྣོལ་ནས་བཟུང་། ཕྱག་རྒྱ་སྐུའི་དམ་ཚིག་ཟུང་ཞིག །རྡོ་རྗེ་སློབ་དཔོན་གྱི་དབང་བསྐུར་བ་ཡིན་ནོ། །དབང་བསྐུར་བ་དང་། རབ་ཏུ་གནས་པ་དང་། སློབ་མ་རྣམས་བསྡུ་བར་གྱིས་ཤིག །ལུང་བསྟན་ཏེ། ཆོས་གོས་ཀྱི་སྣེ་མོ་རི་དྭགས་ཀྱི་རྣ་བ་ལྟར་བཟུང་སྟེ། དེ་རིང་ངས་ཁྱོད་ལུང་བསྟན་ཏེ། །སྲིད་པ་ངོ་བོ་ཉིད་ཀྱི་བདག །ངོ་བོ་ཉིད་དང་སྲིད་བྲལ་བྱེད། །རང་བཞིན་དག་པའི་བསམ་པ་ནི། །སྲིད་པའི་མཚོ་ལས་སྒྲོལ་བར་འགྱུར། །མ་འོངས་པའི་དུས་སུ་དེ་བཞིན་གཤེགས་པར་འགྱུར་ཏེ། ཨོཾ་ཧྲུར་ཧྲུ་ཕ་སྭཱ་ཧཱ། དབུགས་དབྱུང་སྟེ། རྒྱུད་ཟབ་མོ་འདི་ལ་བརྟེན་ནས་ཉན་རང་གི་ས་ནས་ཐེག་པ་ཆེན་པོའི་ས་ཐོབ་པར་འགྱུར་རོ། །གཟིངས་བསྟོད། འདི་ཡི་དབང་བསྐུར། རྒྱུད་ཤོད། མན་ངག་སྟོན་པར་གྱིས་ཤིག །

ཐིག་ལེའི་དབང་ནི། སློབ་མ་དཀྱིལ་ཀྱང་བཅལ། སྐལ་ཚོགས་བསྲུང་། ལྟེ་བའི་དབུས་སུ་སེམས་ཉིད་ཀྱི་ངོ་བོ་ཐིག་ལེ་དཀར་པོ་བྱ་མ་གསར་གྱི་སྒོ་ང་ཙམ་ཞིག་བསམ། དཔོན་སློབ་གཉིས་ཀས་ཕཊ་ཀྱིས་སྤར། སྙིང་ག །མགྲིན་པ། སྤྱི་བོ་ནས་རྒྱངས་ཀྱིས་ཐོན། བཅོམ་ལྡན་འདས་ཀྱི་ཐུགས་ཀར་ཐིམ། བཅོམ་ལྡན་འདས་འོག་མིན་དུ་སངས་རྒྱས་པར་བསམ། ཅི་གནས་ལ་གཞག །དེ་ནས་ཕབ།

གཏོར་དབང་བསྡུས་པ་བྱེད་ན། ཁྲུས། ཕྱག །མཎྜལ། གསོལ་བཏབ། ལུས་ལྷར་བསྐྱེད། ཡེ་ཤེས་ཕབ། གཏོར་མ་འདི་དང་ཐ་མི་དད་པའི་བཅོམ་ལྡན་འདས་རྡོ་རྗེ་འཆང་སྐུ་མདོག་སྔོན་པོ་ཞལ་གཅིག་ཕྱག་གཉིས་རྡོ་རྗེ་དང་དྲིལ་བུ་འཛིན་ཞིང་། ཡུམ་ཕག་མོ་དམར་མོ་ལ་འཁྱུད་པ། ཤར་དུ་རིན་ཆེན་མཁའ་འགྲོ། ལྷོར་རིན་ཆེན་མཁའ་འགྲོ། ནུབ་ཏུ་པདྨ་མཁའ་འགྲོ། བྱང་དུ་ལས་ཀྱི་མཁའ་འགྲོ། །གཏོར་མ་སྤྱི་བོར་བཟུང་། བླ་མའི་སྐུ་ལས་སྐུ་འཕྲོས། ཁྱེད་རང་གི་ལུས་ལ་ཐིམ། ནང་མཆོད་བླུད། མེ་ཏོག་འཐོར། བླ་མའི་གསུང་ལས་སྔགས་འཕྲོས། ཁྱེད་རང་གི་མགྲིན་པར་ཐིམ། ནང་མཆོད། མེ་ཏོག །བླ་མའི་ཐུགས་ཀ་ནས་ཕྱག་མཚན་འཕྲོས། ཁྱེད་རང་གི་སྙིང་གར་ཐིམ། ནང་མཆོད། མེ་ཏོག །གཏོར་མ་སྤྱི་བོར་བཟུང་། བརྒྱུད་པའི་མཚན་ནས་སྨོས། ལྷ་བསྟིམ། མེ་ཏོག་འཐོར། ཐིག་ལེའི་དབང་གོང་ལྟར་བྱེད། གཙོ་བོས་ཇི་ལྟར་བཀའ་སྩལ་པ། །དེ་དག་ཐམས་ཅད་བདག་གིས་བགྱིད། །མཎྜལ་ཕུལ། ཚོགས་ཕུད་ཕུལ། ཚོགས་ལ་ལོངས་སྤྱོད། ལྷག་མ་བསྡུ། ཆུ་གཙང་བྲན། དཔལ་འབར་འཛུགས། ཨ་ཀཱ་རོ་ས་བྱིན་གྱིས་རླབས། བ་ལིཾ་ཏ་ཁཱ་ཧི་ཀ་སྭཱ་ཧཱ། གཏོར་མ་ཕྱི་རོལ་དུ་སྐྱེལ། རོལ་མོ་བྱ། སྨོད་ཚུ་གཙང་གིས་བཤལ། ཁ་སྦྱབ། མ་འབྱོར་བ་དང་ཉམས་པ་དང་། །གང་ཡང་བདག་རྨོངས་བློ་ཡིས་ནི། །བགྱིས་པ་དང་ནི་བགྱིད་སྩལ་བ། །དེ་ཀུན་མགོན་ནས་བཟོད་པར་མཛོད། །ཚི་ག་ལྷག་ཆད་ཅི་མཆིས་པ། །དཀྱིལ་འཁོར་ལྷ་ཡིས་བཟོད་པར་མཛོད། །ཡི་གེ་བརྒྱ་པས་ཚི་ག་ལྷག་ཆད་ཁ་བསྐང་། བཀའ་བརྒྱུད་བླ་མའི་བཀྲ་ཤིས་ཤོག །ཡི་དམ་ལྷ་ཡི་བཀྲ་ཤིས་ཤོག །ཆོས་སྐྱོང་རྣམས་ཀྱི་བཀྲ་ཤིས་ཤོག །བཀྲ་ཤིས་གང་ཞིག་ལྷ་དང་མིས། །མཆོད་པའི་རྟེན་གྱི་བཀྲ་ཤིས་ཤོག །ཡེ་ཤེས་པ་རང་གནས་སུ་གཤེགས། དམ་ཚིག་པ་རང་ལ་བསྡུ། རྟེན་ཡོད་ན་བརྟན་བཞུགས་བྱེད། ཨོཾ་ཁྱོད་ཀྱིས་སེམས་ཅན་དོན་ཀུན་མཛད། རྗེས་སུ་མཐུན་པའི་དངོས་གྲུབ་སྩོལ། །སངས་རྒྱས་ཞིང་དུ་གཤེགས་སུ་གསོལ། །སངས་རྒྱས་ཞིང་དུ་གཤེགས་

ནས་ཀྱང་། །སེམས་ཅན་རྣམས་ཀྱི་དོན་སླད་དུ། །སླར་ཡང་འབྱོན་པར་མཛད་དུ་གསོལ། །བཛྲ་མུཿ ཆོས་དབྱིངས་བྱང་ཆུབ་སེམས་ཀྱི་དཀྱིལ་འཁོར་དུ། །བདག་སོགས་སེམས་ཅན་ཐམས་ཅད་ཀྱིས། །དུས་གསུམ་བསགས་དང་རྫོགས་པ་ཡིས། །འགྲོ་དྲུག་སེམས་ཅན་མ་ལུས་པ། །སྐུ་ལྔ་ཡོངས་རྫོགས་སངས་རྒྱས་མྱུར་འགྲུབ་པར་ཤོག །གཅོད་གདན་ཐོག་གཅིག་མའི་ཁྲིད་ཡིག་ཕྲིན་ལས་རྒྱ་མཚོ་ལས། རྒྱ་མཚོ་ལྷ་བུའི་དབང་གབ་པ་མངོན་བྱུང་གི་ནང་བཀའ། རྫོ་རྗེ་འཆང་ལྔ་བཅུ་གསུམ་གྱི་སྒྲུབ་ཐབས་འདི་དད་ལྡན་རྣམས་ཀྱིས་བསྐུལ་བའི་ངོར། ཤཱཀྱའི་དགེ་སློང་ཀྱི་འོ་ཆོས་ཀྱི་རྒྱ་མཚོ་ཞེས་མཚན་ཡོངས་སུ་གྲགས་པས། དབེན་གནས་སྐྱི་སེད་སྟོན་པའི་གནས་མཆོག་ཨ་ས་རི་ཁྲོད་དུ་སྦྱར་བའོ། །དགེ་བ་གང་མཆིས་སེམས་ཅན་རྣམས་ལ་བསྔོ། བཀྲ་ཤིས་དཔལ་འབར་འཛམ་གླིང་རྒྱལ་བའི་རྒྱན་དུ་ཤོག །ལྷན་ཐབས་ཡིག་ཚང་ངོ་།། །།

༄༅། །གསང་བ་བདེ་བའི་འཁོར་ལོའི་སྒྲུབ་ཐབས་བཞུགས་སོ། །

བླ་མ་དང་བདེ་བ་ཆེན་པོ་ལ་ཕྱག་འཚལ་ལོ། །བདེ་ཆེན་གསང་བ་འཁོར་ལོའི་སྒྲུབ་ཐབས་འདི་ལ། སྔོན་དུ་གནས་
དབེན་པ་ཡིད་དང་མཐུན་པར། ཆག་ཆག་བཏབ་ཅིང་། ཡོལ་བ། བླ་རིས། ཕྱི་དོར། རྟེན་བཀྲམ་པ་སོགས་རིམ་པར་བྱེད།
བུམ་པ་ལྔའམ། གསུམ། རྒྱ། བུམ་སྐྱན། མགུལ་ཆིངས། ཁ་རྒྱན་སོགས་བྱེད། དཀྱིལ་འཁོར་གྱི་དབུས་སུ་མཆེའི་ཁར་བཞག
ཅིང་། བུམ་པ་དབུས་མའི་ཁར་བདུད་རྩིའི་ཐོད་པ་འཛོག །གཏོར་མ་གསུམ་དང་དབང་གཏོར་ཟླུམ་པོ། དཀར་དམར་གྱི་
རྒྱན་དང་བཅས། གཏོར་མ་གསུམ་པོ་དཀྱིལ་འཁོར་གྱི་གོང་དུ་བཤམ། དབང་གཏོར་ཟུར་དུ་བཤམས། མཐར་མཆོད་པས་
བསྐོར། རང་ཉིད་བདེ་བའི་སྟན་ལ་སྡད། མདུན་དུ་སྙིགས་ཀྱི་ཁར། ནང་མཆོད། ཉ་དྲིལ། ལས་བུམ་སོགས་བཞག །ནང་
མཆོད་བྱིན་རླབས་ནི། ཨོཾ་བཛྲ་ཨ་མྲྀ་ཏ་ཀུཎྜ་ལི་ཧ་ན་ཧ་ན་ཧཱུྃ་ཕཊ། ཨོཾ་སྭ་བྷཱ་ཝ་ཤུདྡྷཱཿསརྦ་
དྷརྨཱཿསྭ་བྷཱ་ཝ་ཤུདྡྷོ྅ཧཾ། སྟོང་པ་ཉིད་དུ་གྱུར། སྟོང་པའི་ངང་ལས་ཡམ་ལས་
རླུང་། རམ་ལས་མེ། ཀམ་ལས་མི་མགོའི་སྒྱེད་པོ་གསུམ་གྱི་སྟེང་དུ་ཀ་པཱ་ལ་ཡི་
དཀར་ལ་ནང་དམར་བ་ཡངས་ཤིང་རྒྱ་ཆེ་བའི་ནང་དུ། གོ། ཀུ། ད། ཧ། ན་
ལས་ཤ་ལྔ། བི། མུ། མ། ར། ཤུ་ལས་བདུད་རྩི་ལྔ། རླུང་གིས་མེ་སྦར། མེས་ཐོད་
པ་དྲོས། རྫས་རྣམས་ཞུ་ནས་བདུད་རྩིའི་རྒྱ་མཚོར་གྱུར། ཨོཾ་ཨཱཿཧཱུྃ། དཀར་གཏོར་ལ་
ཆུ་གཙང་ཐབ། ཨ་མྲྀ་ཏ་ཀུཎྜ་ལི་ཧ་ན་ཧ་ན་ཧཱུྃ་ཕཊ། ཨོཾ་སྭ་བྷཱ་ཝ་ཤུདྡྷཱཿསརྦ་དྷརྨཱཿསྭ་
བྷཱ་ཝ་ཤུདྡྷོ྅ཧཾ། སྟོང་པ་ཉིད་དུ་གྱུར། སྟོང་པའི་ངང་ལས་གཏོར་མ་གཟུགས་
སྒྲ་དྲི་རོ་རེག་བྱ་ཕུན་སུམ་ཚོགས་པ་དང་ལྡན་པ་འདི། གཞི་བདག །གནས་
བདག །ཡུལ་བདག །གྲོང་བདག །ཁྱད་པར་དུ་ཡང་ཡུལ་རི་ས་ཕྱོགས་འདིར་

གནས་པའི་གཞི་བདག་རྣམས་ལ་འབུལ་ལོ། །གཏོར་མ་འདི་བཞེས་ལ། བདག་ཅག་འཁོར་དང་བཅས་པ་རྣམས་འགྲོ་ན་མ་བཀོལ། འདུག་ན་མ་སྐྱང་། བསམ་པ་མ་ངན། སྦྱོར་བ་མ་རྩུབ། ལས་དཀར་པོ་ཆོས་དང་མཐུན་པའི་སྟོང་གྲོགས་རྒྱ་ཆེན་པོ་མཛོད་ཅིག །གཏོར་མ་གཙང་སར་སྐྱེལ། རོལ་མོ་བྱ། མཚམས་གཅོད་བྱེད་ཅིང་བསྲུང་འཁོར་བསྒོམ། ཨོཾ་སྭ་བྷཱ་ཝ་ཤུདྡྷཿསརྦ་དྷརྨཱཿསྭ་བྷཱ་ཝ་ཤུདྡྷོ྅ཧཾ། སྟོང་པ་ཉིད་དུ་གྱུར། སྟོང་པའི་ངང་ལས་ཨོཾ་ཨཱཿཧཱུྃ་ལས་བྱུང་བའི་ལྷ་རྫས་ལས་གྲུབ་པའི་མཆོད་པའི་དངོས་པོ་དངས་ཤིང་ཐོགས་པ་མེད་པ་འཕགས་པ་ཀུན་ཏུ་བཟང་པོའི་རྣམ་པར་ཐར་པ་ལས་བྱུང་བའི་མཆོད་པའི་སྤྲིན་གྱི་ཕུང་པོ་ལྟ་བུ། རབ་འབྱམས་ནམ་མཁའི་མཐས་ཀླས་པའི་བར་རྒྱས་པར་འགེངས་ཤིང་། འཕགས་པ་རྣམས་མཉེས་པར་བྱེད་པ། དུས་འཁོར་བ་ཇི་སྲིད་མ་སྟོང་གི་བར་དུ་རྒྱུན་མི་ཆད་པར་འབྱུང་བའི་རང་བཞིན་ཅན་དུ་གྱུར། ཨོཾ་བཛྲ་ཨརྒྷཾ་ཨཱཿཧཱུྃ། པུཥྤེ། དྷཱུ་པེ། ཨཱ་ལོ་ཀེ། གནྡྷེ། ནཻ་ཝི་དྱེ། ཤབྡ་ཨཱཿཧཱུྃ། བདག་གཞན་མ་ཚོགས་ནམ་མཁའི་མཐའ་དང་མཉམ་པའི་སེམས་ཅན་ཐམས་ཅད་བླ་མ་ལ་སྐྱབས་སུ་མཆིའོ། །སངས་རྒྱས༔ ཆོས༔ དགེ་འདུན༔ བཅོམ་ལྡན་འདས་བདེ་བའི་འཁོར་ལོའི་ལྷ་ཚོགས་རྣམས་ལ༔ ཕྱོགས་བཅུ་དུས་གསུམ་བཞུགས་པ་ཡི། །སངས་རྒྱས་བྱང་ཆུབ་སེམས་དཔའ་དང་། །བླ་མ་རྡོ་རྗེ་སློབ་དཔོན་དང་། །ཡི་དམ་ལྷ་ཚོགས་འཁོར་དང་བཅས། །བྱང་ཆུབ་མཆོག་ཏུ་ཐུགས་བསྐྱེད་ལྟར། །དེ་བཞིན་བདག་གིས་སེམས་བསྐྱེད་དོ། །ཚོགས་ཞིང་། ཨོཾ་བཛྲ་ཨ་མྲི་ཏ་ཀུཎྜ་ལི་ཧ་ན་ཧ་ན་ཧཱུྃ་ཕཊ། ཨོཾ་སྭ་བྷཱ་ཝ་ཤུདྡྷཿསརྦ་དྷརྨཱཿསྭ་བྷཱ་ཝ་ཤུདྡྷོ྅ཧཾ། སྟོང་པ་ཉིད་དུ་གྱུར། སྟོང་པའི་ངང་ལས་མདུན་གྱི་ནམ་མཁར་བཅོམ་ལྡན་འདས་བདེ་བའི་འཁོར་ལོའི་ལྷ་ཚོགས་སྤྲིན་དྲངས། བཛྲ་ས་མཱ་ཛཿབཅོམ་ལྡན་ཁྱེད་ནི་

ཕྱིན་པ་ལེགས། །བདག་ཅག་བསོད་ནམས་སྐལ་བར་ལྡན། །བདག་གི་མཆོད་ཡོན་བཞེས་ནས་ཀྱང་། །འདི་ཉིད་དུ་ནི་བཞུགས་སུ་གསོལ། །པདྨ་ཀ་མ་ལ་ཡ་སྟྭཾ། ཛཿཧཱུྃ་བཾ་ཧོཿ གཉིས་སུ་མེད་པར་གྱུར། ཨོཾ་སརྦ་ཏ་ཐཱ་ག་ཏ་ཨརྒྷཾ་པྲ་ཏཱིཙྪ་ཡ་སྭཱ་ཧཱ། པཱ་དྱཾ། པུཥྤེ། དྷཱུ་པེ། ཨཱ་ལོ་ཀེ། གནྡྷེ། ནཻ་ཝི་དྱེ། ཤབྡ་ཨཱཿཧཱུྃ། གང་གི་དྲིན་གྱིས་བདེ་ཆེན་ཉིད། །སྐད་ཅིག་ཉིད་ལ་འཆར་བ་གང་། །བླ་མ་རིན་ཆེན་ལྟ་བུའི་སྐུ། །རྡོ་རྗེ་ཅན་ཞབས་པད་ལ་འདུད། །སངས་རྒྱས་ཐམས་ཅད་འདུས་པའི་སྐུ། །རྡོ་རྗེ་འཛིན་པའི་ངོ་བོ་ཉིད། །དཀོན་མཆོག་གསུམ་གྱི་རྩ་བ་སྟེ། །བླ་མ་རྣམས་ལ་ཕྱག་འཚལ་བསྟོད། །ཐུབ་པ་རྒྱལ་མཚན་འཛིན་ལ་གསོལ་བ་འདེབས། རིགས་ལྡན་པདྨ་གར་དབང་ལ་གསོལ་བ་འདེབས། ཕ་གཅིག་དམ་པ་རྒྱ་གར་ལཿ མ་གཅིག་ལབ་ཀྱི་སྒྲོན་མ་ལཿ སྲས་གངས་པ་སྨུགས་སངས་ལཿ བསོད་ནམས་ལྷ་ཡི་དབང་པོ་ལཿ རྣལ་འབྱོར་ཉུས་པའི་རྒྱན་ཅན་ལཿ མཁའ་པ་བྱ་བྲལ་ཆེན་པོ་ལཿ ཀུན་མཁྱེན་འཇམ་དཔལ་བཟང་པོ་ལཿ རྗེ་བཙུན་འཇམ་དཔལ་རྒྱ་མཚོ་ལཿ བདག་རྒྱུད་སྨིན་པར་མཛད་དུ་གསོལ། ཚོགས་ཞིང་གི་ལྷ་རང་ཉིད་ལ་ཐིམ་པའོ། །

བདག་བསྐྱེད་བསྒྲུབ་སྟེ། ཨ་མྲྀ་ཏ་ཀུཎྜ་ལི་ཧ་ན་ཧ་ན་ཧཱུྃ་ཕཊ། ཨོཾ་སྭ་བྷཱ་ཝ་ཤུདྡྷཿསརྦ་དྷརྨཱཿསྭ་བྷཱ་ཝ་ཤུདྡྷོ྅ཧཾ། སྟོང་པ་ཉིད་དུ་གྱུར། སྟོང་པའི་ངང་ལས་གཞལ་ཡས་ཁང་གྲུ་བཞི་སྒོ་བཞི། རྩིག་པ་ལྔ་དང་ལྡན་པ། སྒོ་ཕྱི་ནང་གཉིས་རིམ། རྟ་བབས། རིམ་པ་བརྒྱད། གདུགས། རི་དྭགས། ཆར་ཁེབས། ཏོག་དང་བཅས་པ། ནང་ཀ་བ་བརྒྱད། སྟེང་རྡོ་རྗེའི་གདུང་བཅུ་དྲུག་རྒྱ་གྲམ་རིས་སུ་བྱས་པ། ཕྱིར་འདོམ་པ་ཕྱེད་ལྷག་པ་ཡང་རྡོ་རྗེ་དེ་ཉིད་ཀྱིས་མཚན་པ། སྟེང་རིན་པོ་ཆེས་མཚན་པའི་ཤིང་རྟ་ལས་གྲུབ་པའི་པུ་ཤུ་དང་། བ་གམ་དང་། རིན་པོ་ཆེའི་ཏོག་གིས་མཚན་

པ། ཤིང་རྟའི་བར་བར་ན་སེང་གེ་དང་། ཆུ་སྲིན་གྱི་ཁ་ནས་མུ་ཏིག་གི་དྲ་བ་དྲ་ཕྱེད་འཕྱང་བའི་སྟེར། དྲིལ་བུ་གཡེར་ཁའི་སྒྲ་འབྱིན་པ། གདུགས། རྒྱལ་མཚན། བ་དན། དར་དཔྱངས་སོགས་ཀྱི་རྒྱན་དུ་མས་བརྒྱན་པ། རྫིག་པའི་རྩ་བ་ནས་ལྷ་མོ་རྣམས་ཀྱིས་གར་བྱེད་ཅིང་མཆོད་པ་འབུལ་བར་མཛད་པ། གཞལ་ཡས་ཁང་གི་ཕྱི་རོལ་དུ་པདྨའི་ར་བ། དེའི་ཕྱི་རོལ་དུ་མུ་ཏིག་གི་ཕྲེང་བའི་ར་བ། དེའི་ཕྱི་རོལ་དུ་རྡོ་རྗེ་རྒྱ་གྲམ་གྱི་ར་བ། དེའི་ཕྱི་རོལ་དུ་མེའི་ར་བ་རྣམས་ཀྱིས་ཡོངས་སུ་བསྐོར་བ། གཞལ་ཡས་ཁང་གི་དབུས་སུ་པདྨ་འདབ་མ་བརྒྱད་ཀྱི་ལྟེ་བར་དབང་ཕྱུག་དང་། ཁྲབ་འཇུག་བསྣོལ་བའི་སྟེང་དུ། བུམ་པས་མཚན་པའི་བཅོམ་ལྡན་འདས་དཔལ་དུས་ཀྱི་འཁོར་ལོ་སྐུ་མདོག་དཀར་པོ་ཞལ་བཞི། ཕྱག་བརྒྱད། སྤྱན་གསུམ་གསུམ་དང་ལྡན་པ། རྩ་ཞལ་དཀར་ཞིང་སྲུལ་གསོལ་བ། གཡས་ཞལ་སེར་བ། གཡོན་ཞལ་ལྗང་བ། རྒྱབ་ཞལ་དམར་བ། ཞལ་བསྒྲད་ཅིང་མཆེ་བ་ཅུང་ཟད་གཙིགས་པ། རྡོ་རྗེ་ཕྱེད་པ་དང་རིན་པོ་ཆེས་དབུ་བརྒྱན་པ། ཕྱག་དང་པོ་གཉིས་བུམ་པ་བསྣམས་ཤིང་ཡུམ་ལ་འཁྱུད་པ། གཡས་ཀྱི་གཉིས་པ་ན་གྲི་གུག །གསུམ་པ་ན་ཏྲ་མ་རུ། བཞི་པ་ན་སྦྲུལ་ཞགས། གཡོན་གྱི་གཉིས་པ་ན་ཐོད་པ་ཁྲག་གིས་བཀང་བ། གསུམ་པ་ན་དྲིལ་བུ། བཞི་པ་ན་ཐོད་པའི་ཕྲེང་བ། རུས་པ་དང་། རིན་པོ་ཆེས་སྐུ་ལ་བརྒྱན་པ། སྟག་གི་ལྤགས་པས་ཤམ་ཐབས་བྱས་པ། ཞབས་གཉིས་ཀྱིས་གདན་སྟག་ལྤགས་མནན་པ། དེའི་པང་དུ་ཡུམ་སྣ་ཚོགས་མ་སེར་མོ། ཞལ་གཅིག་ཕྱག་གཉིས་སྤྱན་གསུམ་མཆེ་བ་གཙིགས་པ། ཕྱག་གཡས་ཀྱིས་གྲི་གུག་ཡབ་ཀྱི་ཕྲག་གོང་གཡོན་དུ་བཀྲུང་བ། གཡོན་པས་ཐོད་ཁྲག་ཡབ་ཀྱི་མཆན་ཁུང་གཡས་ནས་སྐུ་རྒྱབ་ཏུ་འཛིན་པ། རུས་པ་དང་། རིན་པོ་ཆེའི་རྒྱན་

གྱིས་བརྒྱན་ཅིང་། ཞབས་གཉིས་ཡབ་དང་མཉམ་པར་བརྐྱང་བ། དེའི་ཤར་དུ་གླང་པོ་ཆེའི་ཁྲི་ལ་རྣམ་པར་སྣང་མཛད་དཀར་པོ་ཡུམ་ཆུ་ལྷ་དཀར་མོ་དང་གཉིས་སུ་མེད་པ། སེང་གེའི་ཁྲི་ལ་མི་བསྐྱོད་པ་སྔོན་པོ་དབྱིངས་ཕྱུག་མ་དང་གཉིས་སུ་མེད་པ། ཆུ་སྲིན་གྱི་ཁྲི་ལ་རིན་འབྱུང་སེར་པོ་སའི་ལྷ་མོ་དང་གཉིས་སུ་མེད་པ། རྨ་བྱའི་ཁྲི་ལ་མེ་ཏོག་ཆེར་རྒྱས་དམར་སྐྱ་མེའི་ལྷ་མོ་དང་གཉིས་སུ་མེད་པ། རྟ་མཆོག་གི་ཁྲི་ལ་དོན་གྲུབ་ལྗང་གུ་རླུང་གི་ལྷ་མོ་དང་གཉིས་སུ་མེད་པ། མཁའ་ལྡིང་གི་ཁྲི་ལ་འོད་དཔག་མེད་དཀར་པོ་ཡུམ་ཆེན་མོ་དཀར་མོ་དང་གཉིས་སུ་མེད་པ། བྱ་རྒོད་ཀྱི་ཁྲི་ལ་ཐུབ་པ་དམར་པོ་རྡོ་རྗེ་ཕག་མོ་དང་གཉིས་སུ་མེད་པ། ཤང་ཤང་གི་ཁྲི་ལ་རྡོ་རྗེ་འཆང་སྔོན་པོ་བདག་མེད་མ་དང་གཉིས་སུ་མེད་པ། གཡས་པ་རྣམས་ཀྱིས་འཁོར་ལོ་དང་། །རྡོ་རྗེ་དང་། རིན་པོ་ཆེ་དང་། ལྕགས་ཀྱུ་དང་། ཏིང་ཏིང་ཤག་དང་། གྲུམ་པ་དང་། སྦྱི་བླུག་དང་། གསེར་གྱི་མཆོད་རྟེན་བསྣམས་པ། གཡོན་པ་རྣམས་ཀྱིས་ཡུམ་ལ་འཁྲིལ་ཞིང་། །མཆོད་སྦྱིན་གྱི་ཕྱག་རྒྱ་བསྒྲིང་བ། དར་དང་རིན་པོ་ཆེའི་རྒྱན་གྱིས་སྤྲས་པ། ལྷ་སྣམ་ཕྱི་མ་པད་འདབ་བཅུ་དྲུག་ལ། ས་བཅུའི་བྱང་སེམས་བཅུ་དྲུག །དེའི་ཕྱི་རོལ་པད་འདབ་སུམ་ཅུ་རྩ་གཉིས་ལ་ཕྱི་ནང་གི་ལྷ་སུམ་ཅུ་རྩ་གཉིས་གནས་པ། དེའི་ཕྱི་རོལ་དུ་རྒྱུ་སྐར་གྱི་ལྷ་མོ་ཉི་ཤུ་རྩ་བརྒྱད་དང་། བསྐལ་བཟང་གི་སངས་རྒྱས་སྟོང་ལ་སོགས་པས་བསྐོར་བ། ཤར་སྒོར་ཁྲོ་བོ་བདུད་རྩི་འཁྱིལ་བ། ལྷོ་སྒོར་ཡཀྵ་མེ་དབལ། ནུབ་སྒོར་ཁྲོ་བོ་རྟ་མགྲིན། བྱང་སྒོར་ཁྲོ་བོ་མི་གཡོ་བ། དེའི་ཕྱི་རོལ་ན་རྡོ་རྗེ་ཤུགས་ཀྱི་ལྷ་ཚོགས་རྣམས་ཀྱིས་བསྲུང་ཞིང་ལས་བྱེད་པའོ། །ལྷ་ཚོགས་དེ་དག་ཐམས་ཅད་ཀྱི་སྤྱི་བོར་ཨོཾ། མགྲིན་པར་ཨཱཿ ཐུགས་ཀར་ཧཱུྃ། ཐུགས་ཀའི་ཧཱུྃ་

ལས་འོད་ཟེར་འཕྲོས་པས། ཆོས་ཀྱིས་དབྱིངས་ནས་བཅོམ་ལྡན་འདས་ལ་སངས་རྒྱས་དང་བྱང་ཆུབ་སེམས་དཔའི་ཚོགས་ཀྱིས་བསྐོར་བ་སྤྱན་དྲངས། བཛྲ་ས་མ་ཛཿ སྣར་ཡང་དེ་དག་གི་སྐུ་ལས་སྐུའི་ཚོགས་འཕྲོས། རང་གི་ལུས་ལ་ཐིམ། དེ་དག་གི་གསུང་ལས་ཨཱ་ལི་ཀཱ་ལིའི་ཚོགས་འཕྲོས། རང་གི་མགྲིན་པར་ཐིམ། དེ་དག་གི་ཐུགས་ལས་བྱང་ཆུབ་སེམས་ཀྱི་ཆུ་རྒྱུན་བྱུང་། རང་གི་སྙིང་ཁར་ཐིམ། སྣར་ཡང་ལྷ་རང་རང་ལ་ཐིམ་པར་གྱུར། ཇི་ལྟར་བལྟམས་པ་ཙམ་གྱིས་ནི། །ལྷ་རྣམས་ཀྱིས་ནི་ཁྲུས་གསོལ་ལྟར། །ལྷ་ཡི་ཆུ་ནི་དག་པ་ཡིས། །དེ་བཞིན་བདག་གིས་སྐུ་ཁྲུས་གསོལ། །ཨོཾ་སརྦ་ཏ་ཐཱ་ག་ཏ་ཨ་བྷི་ཥེ་ཀ་ཏ་ས་མ་ཡ་ཤྲཱི་ཡེ་ཧཱུྃ། ཞེས་དབང་བསྐུར་ཞིང་། ཆུའི་ལྷག་མ་ཡར་ལུད་པ་ལས། གཙོ་བོ་ལ་རྣམ་པར་སྣང་མཛད། གཞན་རྣམས་ལ་རང་རང་གི་རིགས་དང་མཐུན་པའི་ལྷ་རྣམས་ཀྱིས་དབུ་ལ་བརྒྱན་པའོ། །གཙོ་བོའི་ཐུགས་ཀར་ཉི་མའི་སྟེང་དུ་ཀྵཿ དམར་ནག་ལ་བསྐོར་བའི་སྔགས་རང་སྒྲ་སྒྲོག་པ་ལ་དམིགས་ཏེ། ཨོཾ་ཨཱཿཧཱུྃ་ཧོཿ ཧཾ་ཀྵ་མ་ལ་ཝ་ར་ཡ་ཧཱུྃ་ཕཊ། རྩ་སྔགས་ཅི་རིགས་བཟླས། མཐར་རང་ལ་བསྡུད་པའོ། །

ཐུམ་པ་བསྒྲུབ། ཨ་ཀྲོ་ཏ་ཀུཎྜ་ལི་ཧ་ན་ཧ་ན་ཧཱུྃ་ཕཊ། ཨོཾ་སྭ་བྷཱ་ཝ་ཤུདྡྷཿསརྦ་དྷརྨཱཿསྭ་བྷཱ་ཝ་ཤུདྡྷོ྅ཧཾ། སྟོང་པ་ཉིད་དུ་གྱུར། སྟོང་པའི་ངང་ལས་བྷྲཱུྃ་ལས་བྱུང་བའི་རིན་པོ་ཆེའི་ཐུམ་པ་ཞབས་ཞུམ་པ། ལྟོ་བ་ལྡིར་བ། མགྲིན་པ་སྲ་ཞིང་མཆུ་འཕྱང་བ། མཚན་ཉིད་ཐམས་ཅད་ཡོངས་སུ་རྫོགས་པའི་དབུས་སུ་གཞལ་ཡས་ཁང་ལྷའི་ཚོགས་རྟེན་དང་བཅས་པ་སྣང་ཙམ་གྱིས་གསལ་བར་གྱུར། ལྷ་དེ་རྣམས་ཀྱི་གནས་གསུམ་ནས་འོད་ཟེར་དཀར་དམར་མཐིང་གསུམ་འཕྲོས། ཆོས་ཀྱི་དབྱིངས་ནས་བཅོམ་ལྡན་འདས་ལ་སངས་རྒྱས་དང་བྱང་ཆུབ་སེམས་དཔས་བསྐོར་བ་སྤྱན་

དྲངས། བཛྲ་ས་ཏྭ་ཛཿ སྤར་བུམ་པའི་ལྷ་དང་གཉིས་སུ་མེད་པར་གྱུར། བཟླས་པ་བྱེད། མཐར་ལྷ་ཞུ་ནས་དུང་ཆོས་ཀྱི་ཆུ་དང་གཉིས་སུ་མེད་པར་གྱུར་པའོ། །

མདུན་བསྐྱེད། ཨ་མྲྀ་ཏ་ས་བསང་། སྭ་བྷཱ་ཝ་ནས་ས་མ་ཛའི་བར་བྱེད་ཅིང་། མ་ལུས་སེམས་ཅན་ཀུན་གྱི་མགོན་གྱུར་ཅིང་། །བདུད་སྡེ་དཔུང་བཅས་མི་ཟད་འཇོམས་མཛད་ལྷ། །དངོས་རྣམས་མ་ལུས་ཇི་བཞིན་མཁྱེན་གྱུར་པའི། །བཅོམ་ལྡན་འཁོར་བཅས་གནས་འདིར་གཤེགས་སུ་གསོལ། །བཅོམ་ལྡན་འདིར་ནི་བྱོན་པ་ལེགས། །བདག་ཅག་བསོད་ནམས་སྐལ་བར་ལྡན། །བདག་གི་མཆོད་ཡོན་བཞེས་ནས་ཀྱང་། །འདི་ཉིད་དུ་ནི་བཞུགས་སུ་གསོལ། །པདྨ་ཀ་མ་ལ་ཡེ་སྟྭཾ། ཛཿཧཱུྃ་བཾ་ཧོཿ བཟླས་པ་བྱེད། ས་གཞི་སྤོས་ཀྱིས་བྱུགས་ཤིང་སོགས། སྟོང་ཉིད་སྙིང་རྗེའི་བདག་ཉིད་ཅན། །སྲིད་གསུམ་སྐྱེ་དང་འཇིག་པ་མེད། །ཤེས་དང་ཤེས་བྱ་གཅིག་པའི་སྐུ། །དཔལ་ལྡན་དུས་འཁོར་ལ་ཕྱག་འཚལ། །ཐིག་མོ་ཕྲེང་བ་གླུ་མ་གར། །སྤོས་དང་མེ་ཏོག་མར་མེ་དྲི། །ཞལ་ཟས་རོལ་མོ་ལ་སོགས་པ། །བཅོམ་ལྡན་འཁོར་དང་བཅས་ལ་འབུལ། །བཞེས་ནས་བྱིན་གྱིས་བརླབ་ཏུ་གསོལ། །སངས་རྒྱས་ཀུན་གྱི་རང་བཞིན་སྐུ། །སློབ་དཔོན་ལ་ནི་བདག་སྐྱབས་མཆི། །དང་པོར་མེ་ཏོག་ཐོག་པ་ཡི། །དཀྱིལ་འཁོར་ལྷ་ཚོགས་རྣམས་ལ་འདུད། །འཁོར་ལོ་ནོར་བུ་བཙུན་མོ་དང་། །བློན་པོ་གླང་པོ་རྟ་མཆོག་དང་། །དམག་དཔོན་རིན་ཆེན་སྣ་བདུན་ཡང་། །བཅོམ་ལྡན་འཁོར་དང་བཅས་ལ་འབུལ། །བདེ་བ་ཆེན་པོ་བསྐྱེད་མཛད་པ། །སྙིང་རྗེའི་དབང་གིས་འགྲོ་དོན་མཛད། །ཤེས་རབ་ཕ་རོལ་ཕྱིན་མཆོག་སྐུ། །འགྲོ་བ་འདུལ་ལ་ཕྱག་འཚལ་བསྟོད། །གཟུགས་དང་སྒྲ་དང་དྲི་དང་རོ། །དེ་བཞིན་རེག་བྱ་དང་ལྡན་པ། །བཅོམ་ལྡན་འཁོར་དང་བཅས་ལ་འབུལ། །ཞལ་བཞི་ཚད་མེད་བཞི་དང་

ལྡན། །ཕྱག་བརྒྱད་རྣམ་ཐར་བརྒྱད་ལྡན་པ། །བསྐྱེད་རྫོགས་ཟུང་འབྲེལ་ཞབས་གཉིས་བརྐྱང་། །བདུད་འདུལ་སྐུ་ལ་ཕྱག་འཚལ་བསྟོད། །ཨོཾ་སརྦ་ཏ་ཐཱ་ག་ཏ་ཨརྒྷཾ་པྲ་ཏཱིཙྪ་པཱུ་ཛ་མེ་གྷ་ས་མུ་དྲ་སྥ་ར་ཎ་ས་མ་ཡེ་ཨཱཿཧཱུྃ། པུཥྤེ། དྷཱུ་པེ། ཨཱ་ལོ་ཀེ། གནྡྷེ། ནཻ་ཝི་དྱེ། ཤབྡའི་བར་བརྗོད། བརྒྱུད་པའི་མཚན་ནས་སྨོས་ཏེ། ནང་མཆོད་འབུལ། སྐབས་འདིར་ཚོགས་བསྔོ་ཞིང་། ཚོགས་ལྷུད་གཏོར་མ་ལ་བྲན་ལ་རིམ་པ་བཞིན་བསྔོ། ལས་བུམ་བསྒྲུབ་ལ་བཟླས་པ་བྱེད།

སྔ་གོན་བྱེད་པའི་སྔོན་དུ་སློབ་མ་ཁྲུས་བྱེད། ཕྱག་དང་མཎྜལ་ཕུལ། ཆོས་བཤད་རྒྱས་བསྡུས་སྐབས་དང་བསྟུན་ལ། དབང་མེད་བདག་གིས་མི་དགེ་བགྱིས་པ་དང་། །རྗེས་སུ་ཡི་རང་ཡང་ན་བགྱིད་སྐུལ་གང་། །དེ་དག་ཐམས་ཅད་བྱང་ཆུབ་མཆོག་གིས་ནི། །སྤྱན་སྔར་ད་ལྟ་མ་ལུས་སོ་སོར་བཤགས། །བདེ་གཤེགས་སྲས་ཀྱི་ཚོགས་གཉིས་ཟབ་པ་དང་། །རྒྱ་ཆེན་འགྲོ་བ་མ་ལུས་པ་ཡི་དོན། །བསྒྲུབ་པར་བྱེད་དང་དེ་ལས་གཞན་པའང་། །རྟག་ཏུ་བདག་ནི་རྗེས་སུ་ཡི་རང་ངོ་། །ཐུགས་རྗེས་ཁྱབ་པའི་ཐུགས་དང་ལྡན་གྱུར་ཅིག །བློ་གྲོས་སྙིག་བྲལ་གཏི་མུག་ཚོགས་ཀུན་བཅོམ། །མ་ལུས་རིགས་ཀྱིས་པདྨའི་ནང་བཞུགས་པའི། །བདེ་བར་གཤེགས་པ་རྣམས་ལ་སྐྱབས་སུ་མཆི། །བློ་མཆོག་རྣམས་ཀྱི་ཀུན་དགའ་ར་བ་སྟེ། །དམན་པའི་འཇིགས་པ་ཉིད་ཀྱི་རྒྱལ་བྱེད་ཚལ། །སྲིད་པའི་འཁོར་བ་ཟློག་གྱིས་གནོན་པའི་མཆོག །གསུང་མཆོག་ཆོས་ལ་བདག་ནི་སྐྱབས་སུ་མཆི། །འདོད་ཆགས་ལ་སོགས་སྤྲུལ་གྱི་དུག་བཅོམ་ཞིང་། །བློ་གྲོས་རྣམ་རྒྱལ་ཐུགས་རྗེ་ཆེར་ལྡན་པ། །བརྟུལ་ཞུགས་བཟང་པོའི་ཚོགས་ལ་སྐྱབས་སུ་མཆི། །སྲིད་དང་བྲལ་བ་རྣམས་ལ་བདག་ཕྱག་འཚལ། རྒྱུ་ཡི་རྗེས་ལ་བདག་པོའི་ཡུལ་བདག་ཉིད། །འབྲས་བུའི་སྟོབས་ཀྱིས་དགྲ་ལས་རྒྱལ་གྱུར་པའི། །སྙིང་རྗེའི་རྩ་བ་ཟུང་ཞིག་ཡང་དག་རྟོགས། །མཉམ་མེད་བྱང་ཆུབ་སེམས་

ནི་བཟུང་བར་བགྱི། །སེམས་ཅན་རྣམས་ནི་ཡོངས་སུ་སྨིན་པའམ། །ཡང་ན་ཡོངས་སུ་སྐྱབ་པར་བྱ་ཕྱིར་རམ། །རང་གི་སེམས་ནི་དག་པར་བྱ་བའི་ཕྱིར། །འདི་དག་ཐམས་ཅད་རྩ་སོགས་བཞིན་དུ་བཏང་། །དེ་བཞིན་ཚུལ་ཁྲིམས་བཟོད་པ་བརྩོན་འགྲུས་དང་། །བསམ་གཏན་ཤེས་རབ་བླ་ན་མེད་པ་ཡིས། །བདག་དང་གཞན་ལ་ཕན་པར་བྱ་བའི་ཕྱིར། །སྐད་ཅིག་རེ་རེ་བཞིན་ཡང་བསྒོམ་པར་བགྱི། །བདེ་བར་གཤེགས་པ་ཐུགས་ལ་མཁས་པ་ཡི། །ཆོས་རྒྱལ་རྟག་ཏུ་ལྷུན་གྱིས་གྲུབ་པ་འདི། །འགྲོ་བ་འདི་ཡིས་ཐོབ་པར་བྱ་བའི་ཕྱིར། ཁྱད་འཕགས་གནས་ལ་བདག་ནི་གནས་པར་བགྱི། །ལན་གསུམ། སློབ་དཔོན་གྱིས་མནྟལ་བཟུང་། སོ་ཤིང་རྩ་བ་མདའ་སྟོང་དང་། རྩེ་མོ་རྣོ་བ་མེ་ཏོག་བཅིངས་ཤིང་། སྦྲང་དང་བུ་རམ་བསྐུ། མདུན་སོས་རྩེ་མོ་ནམ་པ་བྱེད། ཨོཾ་བཛྲ་ཧ་ས་ཧཱ། བཙོད་ལ་མནྟལ་ཐོག་ཏུ་དོར། རྩེ་མོ། ཤར་ལྷོ་ནུབ་བྱང་མཚམས་བཞི་སྟེང་འོག་ཞི་རྒྱས་དབང་དྲག་མཁའ་སྤྱོད། ས་འོག་གི་གཏེར་སོགས་ལས་སོ་སོར་འགྲུབ་པར་ལུང་བསྟན། ཕུམ་ཆུ་བླུད། ཨོཾ་བི་ཤུདྡྷ་ཨུད་ག་ཏེ་ཐ་ཐ། སྐུད་པ་དམར་པོ་སུམ་སྒྲིལ་ལ་མདུད་པ་གསུམ་བྱེད་དེ། སྐྱེས་པའི་གཡོན་ཕུད་མེད་ཀྱི་གཡས་སུ་རྡོ་རྗེའི་མདུད་པ་བྱེད། ཕུམ་ཆུ་བསྐུ། རྡོ་རྗེས་བསྲུང་། ཨོཾ་བུདྡྷ་མཻ་ཏྲི་སཏ་རཀྵ་རཀྵ་སྭཱ་ཧཱ། ཀུ་ཤ་ཆེ་ཆུང་གཉིས། ཆེ་བ་གཡས། ཆུང་བ་གཡོན་དུ་བཏགས། ཨོཾ་ཧྲི་ཥྚ་བཾ། ཆེ་བ་སྔས་བྱེད། ཆུང་བ་གདན་བྱེད། རྨི་ལམ་བརྟག །བུ་ཚུར་ཐེག་པ་ཆེན་པོ་ཡི། །ཁྱོད་ནི་ཚུལ་ཆེན་སྣོད་ཡིན་ཏེ། །ཚོ་ག་བཟང་པོ་འདི་བཤད་པས། །བུ་ཡི་བློ་གྲོས་འདི་གྱིས་ཤིག །མནྟལ་ཕུལ། དེས་སྔ་གོན་སོང་།

ནང་འཇུག་ཏུ། སློབ་མ་ཁྲུས་བྱེད། ཕྱག་དང་ཡོན། མནྟལ་ཕུལ། བགེགས་གཏོར་སྦྱང་བ་བྱེད་དེ་འབུལ། མཚམས་གཅོད་བྱེད་ཅིང་བསྲུང་འཁོར་བསྒོམ། སློམ་པ་གཟུང་བ་ནི། སློབ་དཔོན་བདག་ལ་དགོངས་སུ་གསོལ། །བདག་མིང་ཿ བྱང་ཆུབ་སྙིང་པོར་མཆིས་ཀྱི་བར། །རྡོ་རྗེ་རིགས་མཆོག་ཆེན་པོ་ལ། །རྡོ་རྗེ་དྲིལ་བུའི་ཕྱག་རྒྱ་ཡང་། །ཡང་དག་ཉིད་དུ་གཟུང་བར་བགྱི། །སློབ་དཔོན་

དག་ཀྱང་གཟུང་བར་བགྱི། །རིན་ཆེན་རིགས་མཆོག་ཆེན་པོ་ལ། །དམ་ཚིག་ཡིད་དུ་འོང་བ་ཡིས། །ཉིན་རེ་བཞིན་དུ་དུས་དྲུག་ཏུ། །སྦྱིན་པ་རྣམ་བཞི་རྟག་ཏུ་སྦྱིན། །བྱང་ཆུབ་ཆེན་པོ་ལས་བྱུང་བའི། །པདྨའི་རིགས་ཆེན་དག་པ་ལ། །ཕྱི་ནང་གསང་བ་ཐེག་པ་གསུམ། །དམ་པའི་ཆོས་ནི་མ་ལུས་བཟུང་། །ལས་ཀྱི་རིགས་མཆོག་ཆེན་པོ་ལ། །སྡོམ་པ་ཐམས་ཅད་ལྡན་པར་ནི། །ཡང་དག་ཉིད་དུ་གཟུང་བར་བགྱི། །མཆོད་པའི་ལས་ཀྱང་ཅི་ནུས་བགྱི། །བྱང་ཆུབ་སེམས་ནི་བླ་མེད་མཆོག །དམ་པ་བདག་གིས་བསྐྱེད་བགྱིས་ནས། །སེམས་ཅན་ཀུན་གྱི་དོན་གྱི་ཕྱིར། །བདག་གིས་སྡོམ་པ་མ་ལུས་བཟུང་། །མ་སྒྲལ་བ་རྣམས་བདག་གིས་བསྒྲལ། །མ་གྲོལ་བ་རྣམས་བདག་གིས་དགྲོལ། །དབུགས་མ་ཕྱུང་རྣམས་དབུགས་དབྱུང་ཞིང་། །སེམས་ཅན་མྱ་ངན་འདས་ལ་འགོད། །གཏོང་གཡོགས་བཅིང་། ཨོཾ་ཙཀྲུ་ཧཀྵ་ཕ་ར་སྭ་ཧྣ་ཡ་ཧཱུཾ། མེ་ཏོག །ཨཱ་ཀ་བེ་ཤ་ཡ་ཧཱུཾ། བུ་ཆུས་བསང་། སྐད་ཅིག་གིས་ཁྱེད་རང་དཔལ་དུས་ཀྱི་འཁོར་ལོ་སྐུ་མདོག་དམར་པོ་ཞལ་གཅིག་ཕྱག་གཉིས་པ་གཅིག་ཏུ་སྒོམས། གནས་གསུམ་དུ་དྲིའི་ཆུས་བྱུགས་ཤིང་། ཨོཾ་ཨཱཿཧཱུྃ། མཆོད་པ་འབུལ། ཨོཾ་བཛྲ་པུཥྤེ་ཨཱཿཧཱུྃ། པཱ་དྱཾ། པུཥྤེ། དྷཱུ་པེ། ཨཱ་ལོ་ཀེ། གནྡྷེ། ནཻ་ཝི་དྱ། ཤབྡ་ཨཱཿཧཱུྃ། སྙིང་ཁར་རྡོ་རྗེ་བཟུང་ལ། སྙིང་གར་ཀུན་རྫོབ་བྱང་ཆུབ་སེམས་ཀྱི་ངོ་བོ་ཟླ་བའི་སྟེང་དུ། ཆུ་ཉ་འཕར་གྱི་ཚུལ་དུ་དོན་དམ་བྱང་ཆུབ་སེམས་ཀྱི་ངོ་བོ་རྡོ་རྗེ་དཀར་པོ་རྩེ་ལྔ་པ་འོད་ཟེར་འཕྲོ་བ་ན་དྭ་ཕྲ་མོའི་ཚུལ་དུ་གནས་པར་སྒོམས་ཤིག །ཐམས་ཅད་རྡོ་རྗེའི་རང་བཞིན་དུ་སེམས་བསྐྱེད་པ་དེ་བརྟན་པར་སྒོམས་ཤིག །ཐུམ་ཆུ་བླུད། འདི་ནི་ཁྱོད་ཀྱི་དམ་ཚིག་ཆུ། །དམ་ཚིག་འདས་ན་བསྲེག་པར་བྱེད། །དམ་ཚིག་བསྲུངས་ན་དངོས་གྲུབ་ནི། །རྡོ་རྗེ་བདུད་རྩིའི་ཆུ་འདི་འཐུང་། །ཨོཾ་བཛྲ་ཨ་མྲྀ་ཏ་ཊ་ཀ།

ཐལ་མོ་མགོར་བཞག །དུས་འདི་ནས་ནི་བུ་ཁྱོད་ཀྱི། །རྡོ་རྗེ་འཛིན་པ་ང་ཡིན་གྱིས། །ང་ཡིས་ཇི་ལྟར་བཀའ་སྩལ་པ། །ཁྱོད་ཀྱིས་སྒྲོ་བ་མེད་པར་བསྒྲུབས། །གང་ཡང་ང་ལ་མ་གུས་མིན། །དེ་བཞིན་གུས་པར་མ་བྱས་ན། །བདུད་ཀྱིས་བཅོམ་ནས་ངན་འགྲོར་འགྲོ། །དེ་བས་དམ་ཚིག་གནས་པར་གྱིས། །ཡེ་ཤེས་ཕབ། མདུན་གྱི་ནམ་མཁར་དཀྱིལ་འཁོར་གྱི་ལྷ་གསལ་བའི་སྐུ་གསུང་ཐུགས་ལས་འོད་ཟེར་བྱུང་། ཁྱེད་རང་གི་སྤྱི་བོ་ནས་ཞུགས། ལུས་ཀྱི་ནང་ཐམས་ཅད་གང་བའི་མོས་པ་གྱིས། ཨ་ཨཱ། ཧྲི་ཧྲིཿ ཕེཾ་ཕེཾ། རྡོ་རྗེ་མགོར་བཞག །ཏིཥྛ་བཛྲ། དཀྱིལ་འཁོར་ཁ་དོག་བརྟག །མིང་སོ་སོར་བཏག །མེ་ཏོག་འཐོར། པྲ་ཏཱིཙྪ་ཧོཿ ལྷ་གཅིག་ལ་གཉིས་ཆད་ཀྱི་ཚུལ་དུ་རང་ལ་ཐིམ། དཀྱིལ་འཁོར་ལྷ་ཚོགས་ཐམས་ཅད་ཀྱིས། །འདི་ནི་རྗེས་སུ་གཟུང་བར་མཛོད། །མེ་ཏོག་གཏད། གདོང་གཡོགས་ཕྱེ་སྟེ། སྤྱན་ལྔ་རྣམ་དག་དབྱེ་དང་མི་དབྱེ་བྲལ། །འོན་ཀྱང་སྣ་ཚོགས་ཡངས་པའི་སྤྱན་དབྱེ་བ། །ཆོས་ཀུན་ཇི་བཞིན་མཁྱེན་ཅིང་གཟིགས་པ་ཡིས། །སངས་རྒྱས་ཡེ་ཤེས་སྤྱན་ནི་ཐོབ་པར་ཤོག །དཀྱིལ་འཁོར་ལྷ་ཞལ་བསྟན།

དངོས་གཞི་འཇུག་པའི་དོན་དུ་མཆོད་ཕུལ། བླ་མ་དཀྱིལ་འཁོར་ལྷ་ཚོགས་ལ། །བདག་ནི་གུས་པར་སྐྱབས་སུ་མཆི། །བདག་ནི་སེམས་ཅན་ཐམས་ཅད་ཀྱི། །ཉོན་མོངས་མ་ལུས་བསལ་བ་དང་། །སྒྲིབ་བྱེད་རིམ་པ་བསྐྱུར་དུ་གསོལ། །བུམ་པ་ལྔ་པོའི་ཆུ་དུང་ཆོས་སུ་བླུག །དུང་ཆོས་ཀྱི་ཆུ་ལས་བུམ་དུ་བླུག་སྟེ། ལས་བུམ་སྤྱི་བོར་བཟུང་། ཨོཾ་བཛྲ་ཨ་བྷི་ཥིཉྩ་ཧཱུཾ། ཇི་ལྟར་བལྟམས་པ་སོགས་ནས། ཨྲི་ཡེ་ཧཱུཾ། བུམ་ཆུ་བླུད། དབུ་རྒྱན་སྤྱི་བོར་བཟུང་། རཏྣ་ཨ་བྷི་ཥིཉྩ་ཏྲཱཾ། ཇི་ལྟར་སོགས། རྡོ་རྗེ་སྤྱི་བོར་བཟུང་། ཨོཾ་པདྨ་ཨ་བྷི་ཥིཉྩ་ཧྲཱིཿ ཇི་ལྟར་སོགས། དྲིལ་བུ་སྤྱི་བོར་བཟུང་། ཀརྨ་ཨ་བྷི་ཥིཉྩ་ཨ། ཇི་ལྟར་སོགས། རྡོ་རྗེ་དྲིལ་བུ་མཉམ་པར་སྤྱི་བོར་བཟུང་། ཨོཾ་བུདྡྷ་ཨ་བྷི་ཥིཉྩ་ཨོཾ། གསང་མཚན། དེ་བཞིན་གཤེགས་པའོ། །ཇི་ལྟར་བལྟམས་པ་སོགས། གཙུག་ཏོར་

ཕྱིན་པ་ནི། མཚན་བཟང་ཕྱིན་པའི་རིན་ཆེན་གཙུག་ཏོར་འདི། །བདེ་བར་གཤེགས་པའི་མཚན་གྱི་རྒྱལ་པོ་སྟེ། །རིན་ཆེན་སློབ་མ་ཁྱོད་ལ་གཏད་པར་བྱ། །ཨོཾ་ཨཱཿཧཱུྃ། འཁོར་ལོ་གཏད་དེ། འཁོར་བའི་འདམ་གྱིས་མ་གོས་མཚན་བཟང་འདི། །སྤྲུལ་པའི་རྒྱལ་མཚན་འཛིན་པའི་འཁོར་ལོ་ཡིན། །རིན་ཆེན་སློབ་མ་ཁྱོད་ལ་གཏད་པར་བྱ། །ཨོཾ་ཨཱཿཧཱུྃ། སྟོད་གཡོགས་ནི། ལྷ་རྫས་བཟང་པོའི་གོས་མཆོག་སྟོད་གཡོགས་འདི། །ཉོན་མོངས་ཚ་གདུང་ཞི་བར་བྱེད་པ་ཡིན། །རིན་ཆེན་སློབ་མ་ཁྱོད་ལ་གཏད་པར་བྱ། །ཨོཾ་ཨཱཿཧཱུྃ། སྨད་གཡོགས་ནི། ལྷ་རྫས་གོས་བཟང་སྨད་གཡོགས་དམ་པ་འདི། །ངོ་ཚ་ཁྲེལ་ཡོད་ལྡན་པའི་གོས་མཆོག་ཡིན། །རིན་ཆེན་སློབ་མ་ཁྱོད་ལ་གཏད་པར་བྱ། །ཨོཾ་ཨཱཿཧཱུྃ། སྲུ་གྲི་གཏད་ལ། ཉོན་མོངས་དུག་ལྔ་གཅོད་པའི་སྲུ་གྲི་འདི། །སྤྲུལ་སྐུའི་ལྷུང་ཟེད་བཞེས་པའི་རྫས་ཡིན་པས། །རིན་ཆེན་སློབ་མ་ཁྱོད་ལ་གཏད་པར་བྱ། །ཨོཾ་ཨཱཿཧཱུྃ། མཁར་བསིལ་གཏད་ལ། བསྟན་པའི་ཁུར་ཆེན་འཛིན་པའི་ཕྱག་མཚན་འདི། །དྲང་སྲོང་ཚུལ་དང་ལྡན་པའི་རྟེན་རྫས་ཡིན། །རིན་ཆེན་སློབ་མ་ཁྱོད་ལ་གཏད་པར་བྱ། །ཨོཾ་ཨཱཿཧཱུྃ། འདུལ་བའི་པོ་ཏི་གཏད་ལ། ཤེས་རབ་རྒྱུད་དུ་འདུལ་བའི་པོ་ཏི་འདི། །ཚུལ་ལྡན་བཤད་རྒྱུད་འཛིན་པའི་ཆོས་བཀའ་ཡིན། །རིན་ཆེན་སློབ་མ་ཁྱོད་ལ་གཏད་པར་བྱ། །ཨོཾ་ཨཱཿཧཱུྃ། ལྷུང་གཟེད་གཏད་ལ། དྲི་མེད་བཅུད་དང་ལྡན་པའི་དྲང་སྲོང་རྫས། །བསྟན་འཛིན་སྐྱེས་བུ་རྣམས་ཀྱི་ཕྱག་མཚན་ཡིན། །རིན་ཆེན་སློབ་མ་ཁྱོད་ལ་གཏད་པར་བྱ། །ཨོཾ་ཨཱཿཧཱུྃ། གདུགས་གཏད་དེ། མཛེས་ཤིང་ཡིད་འོང་གདུགས་ཀྱི་འཁོར་ལོ་འདི། །ཆོས་འཁོར་བསྐོར་བའི་དབུ་ཡི་སྟེང་དུ་མཛེས། །རིན་ཆེན་སློབ་མ་ཁྱོད་ལ་གཏད་པར་བྱ། །ཨོཾ་ཨཱཿཧཱུྃ། དེས་བུམ་པའི་དབང་བསྐུར་བས། ཉོན་མོངས་པ་ཞེ་སྡང་དག །ང་རྒྱལ། འདོད་ཆགས། ཕྲག་དོག །གཏི་

ལྷག་དག །མི་སྒྱུད། རིན་འབྱུང་། སྣང་མཐའ། དོན་གྲུབ། རྣམ་སྣང་རྣམས་ཀྱིས་དབུ་ལ་བརྒྱན་ཅིང་། བུམ་དབང་གི་མཐའ་རྟེན་རྗེས་གནང་དང་བཅས་པ་བསྐུར་བ་ལ་བརྟེན་ནས་བསྐྱེད་པའི་རིམ་པ་བསྒོམ་པ་ལ་དབང་། སྤྲུལ་པའི་སྐུ་ཐོབ་པའི་སྐལ་བ་དང་ལྡན་པའོ། །

རྡོ་རྗེ་སློབ་དཔོན་གྱི་དབང་གི་དོན་དུ་མཆོད་ཕུལ། རྡོ་རྗེ་སློབ་དཔོན་དགོངས་སུ་གསོལ། །རྡོ་རྗེ་སློབ་དཔོན་གྱི་ནི་དབང་། །དེང་འདིར་བདག་ལ་བསྐུར་དུ་གསོལ། ཁྱེད་རང་སྐད་ཅིག་གིས་དུས་ཀྱི་འཁོར་ལོ་སྔོན་པོ་རྡོ་རྗེ་དང་དྲིལ་བུ་འཛིན་པ་གཅིག་ཏུ་སྒོམས། བུམ་པ་སྤྱི་བོར་བཟུང་། ཨོཾ་སརྦ་ཏ་ཐཱ་ག་ཏ་ཨ་བྷི་ཥེ་ཀ་ཏ་ས་མ་ཡ་ཤྲི་ཡེ་ཧཱུཾ། བུམ་ཆུ་བླུད། དབང་བསྐུར། དྲི་མ་དག །ཆུའི་ལྷག་མ་ཡར་ལུད་པ་ལས་མི་བསྐྱོད་པས་དབུ་བརྒྱན་པའོ། །མི་ཧོག་འཐོར། སུ་པྲ་ཏིཥྛ་བཛྲ་ཡ་སྭཱ་ཧཱ། དམ་ཚིག་གསུམ་སྦྱིན་པ་ནི། གཡས་སུ་རྡོ་རྗེ་གཏད། ཧཱུཾ། རྡོ་རྗེ་སེམས་དཔའ་སེམས་དཔའ་ཆེ། །ཀུན་ཏུ་བཟང་པོ་ཀུན་བདག་ཉིད། །བཅོམ་ལྡན་འདས་དཔལ་མཆོག་དང་པོའི་སྐྱེས་བུ། དྲིལ་བུ་གཡོན་དུ་གཏད། ཨཱ། དྲིལ་བུ་དབྱིངས་ཀྱི་སྟོང་པ་ཉིད། །ཆོས་རྣམས་སྟོང་པའི་རང་བཞིན་ཏེ། །ཤེས་རབ་དབྱིངས་ཀྱི་ཁ་ཡེ་བ། །ཨཱ། རྡོ་རྗེ་དྲིལ་བུ་བསྣོལ་ཏེ། ཟུང་འཇུག་ལྷན་ཅིག་སྐྱེས་པ། བདེ་བ་ཆེན་པོ་རྒྱུད་ལ་སྐྱེས་པར་སྒོམས་ཤིག །རིགས་ལྔའི་ཕྱག་མཚན་གཏད་དེ། འཁོར་ལོ་གཟུང་ལ། འཇིག་རྟེན་ཁམས་ནི་ཐམས་ཅད་དུ། །སེམས་ཅན་རྣམས་ལ་ཕན་པའི་ཕྱིར། །ཇི་ལྟར་སྔ་ཚོགས་འདུལ་གྱུར་པ། །ཆོས་ཀྱི་འཁོར་ལོ་རབ་ཏུ་བསྐོར། །རྡོ་རྗེ་གཟུང་ལ། འཇིག་རྟེན་ཁམས༔ སེམས་ཅན༔ ཇི་ལྟར༔ རྡོ་རྗེའི་འཁོར་ལོ་རབ་ཏུ་བསྐོར། །རིན་པོ་ཆེ་བཟུང་ལ། འཇིག་རྟེན༔ སེམས་ཅན༔ ཇི་ལྟར༔ རིན་ཆེན་འཁོར་ལོ༔ པདྨ་བཟུང་ལ། འཇིག་རྟེན༔ སེམས་ཅན༔ ཇི་ལྟར༔ པདྨའི༔ རྒྱ་གྲམ་བཟུང་ལ།

འཇིག་རྟེན༔ སེམས་ཅན༔ ཇི་ལྟར༔ རྒྱ་གྲམ་འཁོར་ལོ་རབ་ཏུ་བསྐོར། །ལུང་བསྟན་ཏེ། ཆོས་གོས་ཀྱི་སྣེ་མོ་རི་དྭགས་ཀྱི་རྣ་བ་ལྟར་བྱས། དེ་རིང་ངས་ཁྱོད་ལུང་བསྟན་ཏེ། །སྲིད་པ་ངོ་བོ་ཉིད་ཀྱི་བདག །ངོ་བོ་ཉིད་ཀྱིས་སྲིད་བྲལ་བྱེད། །རང་བཞིན་དག་པའི་སེམས་དཔའ་ནི། །སྲིད་པའི་མཚོ་ལས་གྲོལ་བར་བྱ། །མ་འོངས་པའི་དུས་སུ་དེ་བཞིན་གཤེགས་པར་འགྱུར་ཏེ། ཧཱུཾ་ཧཱུཾ་ཕཊ་སྭཱ་ཧཱ། མེ་ཏོག་འཐོར།

དབང་གོང་མ་གསུམ་གྱི་དབང་བྱེད་ན། ཐོག་མར་གོང་ཆུང་གི་དབང་བྱེད་པས། མཎྜལ་ཕུལ། བླ་མ་རྡོ་རྗེ་སློབ་དཔོན་དང་། །ཡི་དམ་ལྷ་ཚོགས་འཁོར་བཅས་ཀྱིས། །གསང་བ་ཡེ་ཤེས་ཐོབ་པའི་དབང་། །དེ་རིང་བདག་ལ་སྩལ་དུ་གསོལ། །ཤིན་ཏུ་སྨིན་པར་མཛད་དུ་གསོལ། །ཐོབ་པ་སྤྱི་བོར་བཟུང་། བླ་མ་ཡབ་ཡུམ་གྱི་བྱང་སེམས་དཀར་དམར་བྱུང་། ཁྱེད་རང་གི་སྤྱི་བོ་ནས་ཞུགས། རྩ་འཁོར་ལོ་བཞི་ལ་རྒྱུད་ལུས་བདེ་བས་ཁྱབ་པར་སོམས། གསང་བ་ཡེ་ཤེས་བདུད་རྩི་འདི། །ཁྱོད་ལ་ཡང་དག་བསྒྱུར་བར་བྱ། །ཁྱོད་ཀྱིས་ཀྱང་ནི་བླང་བར་གྱིས། །ཨོཾ་ཨཱཿཧཱུཾ་ཧོཿཧཾ་ཀྵ་མ་ལ་ཝ་ར་ཡཾ། བཛྲ་ཏྭ་ཀོ་ཧཱུཾ། ནང་མཆོད་བླུད། མེ་ཏོག་འཐོར། བླ་མ་ཡབ་ཡུམ་གྱིས་གསང་བའི་དབང་བསྐུར་བས། རྩ་འཁོར་ལོ་བཞི་ལ་རྒྱུད། ལུས་ཀྱི་རྩ་གནས་ཐམས་ཅད་ལ་ཁྱབ་པར་སོམས་པ་གྱིས་ཤིག །ཐོབ་པ་ལ་བརྟེན་ནས་གསང་བའི་དབང་བསྐུར་བས། རྩ་ཐིག་རླུང་གསུམ་བསྒོམ་པ་ལ་དབང་། ལོངས་སྤྱོད་རྫོགས་པའི་སྐུ་ཐོབ་པར་བྱས་སོ། །

གོང་ཆེན་གྱི་དབང་བསྐུར་ན། དཀྱིལ་འཁོར་རྔ་བབས་དང་བཅས་པ་བཞེངས། དེའི་དབུས་སུ་ཁྲི་ཉིས་རིམ་བརྩིག །སློབ་མ་རྒྱན་བཟང་པོ་དང་བཅས་ཏེ་ཁྲིའི་ཐོག་ཏུ་བཞག །མཎྜལ་ཕུལ། བླ་མའི་ཐུགས་ཀ་ནས་རིག་པའི་ལྷ་མོ་འཕྲོས། ཁྱེད་རང་གི་སྙིང་གར་ཞུགས། ལུས་བདེ་སྟོང་གི་ཉམས་དང་ལྡན། དགའ་བ་བཞི་རྒྱུད་ལ་སྐྱེས་པར་བྱོས་ཤིག །རིན་པོ་ཆེའི་དབུ་རྒྱན་སྤྱི་བོར་བཅིངས། རིན་ཆེན་

སྣ་ལྔའི་དབྱུ་རྒྱན་འདི། །རིགས་ལྔས་འགྲོ་དོན་མཛད་པའི་ཕྱིར། །ཁྱོད་ཀྱི་དབྱུ་ལ་ལེགས་པར་འདོགས། །ཁྱོད་ཀྱིས་རྟག་ཏུ་འཆང་བར་གྱིས། །ཐལ་བ་སྦྱིན་པས། ཕྱག་རྒྱའི་ཚུལ་འཛིན་ཐལ་བས་ལུས་བརྒྱན་ན། །འགྱུར་མེད་བདེ་བ་ཡོང་དུ་ཚུད་པར་གྱིས། །ཐལ་བའི་ཡོན་ཏན་བསམ་གྱིས་མི་ཁྱབ་སྟེ། །ཁྱོད་ཀྱིས་ཀྱང་ནི་རྟག་ཏུ་འཆང་བར་གྱིས། །རུས་རྒྱན་སྦྱིན་ཏེ། རུས་པའི་རྒྱན་དྲུག་ཁྱོད་ཀྱི་སྐུ་ལ་གསོལ། །ཕ་རོལ་ཕྱིན་དྲུག་རྫོགས་ཤིང་རིགས་དྲུག་དོན་མཛད་པ། །ཁྱོད་ནི་རྒྱལ་པོ་ཉིད་དུ་རབ་བསྔོས་ཏེ། །རྒྱལ་པོའི་ཆས་ཀྱིས་ཁྱོད་ལ་མངའ་གསོལ་ལོ། །དབང་དང་ལུང་མན་ངག་འཆད་ཅིང་རབ་ཏུ་གནས་པ་དང་སློབ་མ་རྣམས་ལེགས་པར་བསྲུ་བར་གྱིས་ཤིག །མི་ཏོག་འཐོར། དེས་གསུམ་པ་རྒྱལ་ཚབ་དམ་པར་དབང་བསྐུར་བས། བསམ་པ་ཐམས་ཅད་གཅིག་ཏུ་བསྡུས་ཤིང་། ཆོས་ཀྱི་དབྱིངས་རྣམ་པར་དག་པ། ཆོས་སྐུ་བླ་ན་མེད་པ་ཐོབ་པར་བྱས་སོ། །

བཞི་པའི་དོན། མཚུལ་ཕུལ། ལག་མཐིལ་དུ་ཤེལ་དཀར་པོ་བཞག །ཁྱེད་རང་གི་སེམས་ཉིད་དཀར་པོ་དྲི་མ་མེད་པ་གསལ་ཆ་མ་འགགས་པ་ཤེལ་སྒོང་ལག་མཐིལ་དུ་བཞག་པ་ལྟར་གསལ་བ་དེའི་རང་བཞིན་ངོས་བཟུང་མེད་པ། ནམ་མཁའ་ལྟར་མཐའ་ཐམས་ཅད་དང་བྲལ་བ། ཡོད་མེད་ཀྱི་མཐའ་ལས་འདས་པ། སེམས་ཉིད་སོ་མ། ལྷུག་པ། མ་བཅོས་པའི་ངང་ལ་གནས་པ་དེ་ངོ་ཤེས་པར་གྱིས་ཤིག །བཞི་པ་ཕྱག་རྒྱ་ཆེན་པོའི་དབང་བསྐུར་བ་ལ་བརྟེན་ནས། སྐྱེ་མེད་ཕྱག་རྒྱ་ཆེན་པོ་ངོ་བོ་ཉིད་ཀྱི་སྐུ་ཐོབ་པ་ཡིན་ནོ། །

ནམ་མཁའ་སྒོ་འབྱེད་ནི། དཔོན་སློབ་གཉིས་ཀས་ཕཊ་བརྗོད། རྟེན་མེད་ཀྱི་ནམ་མཁའ་ལ་གཏད་མེད་ཀྱི་རིག་པ་རྒྱངས་ཀྱིས་འཕངས་པས། བདག་མེད་ཀྱི་ལུས་པོ་ཁྲིས་སེ་སྐྱུར།

ཅི་གནས་ལ་བཞག །དེ་ནས་ཕབ། གཏོར་མ་ལ་བརྟེན་ནས་དབང་བསྐུར་བ་བྱེད་ན། ཁྲུས། མནྡལ། ཕྱག་སྟོན་དུ་གཏོང་། དཀོན་མཆོག་གསུམ་ལ་བདག་སྐྱབས་མཆི་སོགས་ལན་གསུམ་དང་། བུམ་ཆུས་བསང་། ལུས་ལྷར་བསྐྱེད། ཡེ་ཤེས་པ་ཕབ། དངོས་གཞི་མནྡལ་ཕུལ་ཞིང་གསོལ་བ་བཏབ། གཏོར་མ་དང་ཐ་མི་དད་པའི་དུས་ཀྱི་འཁོར་ལོ་དུད་ཁ་ཞལ་གཅིག་ཕྱག་གཉིས་པ། རྡོ་རྗེ་དང་དྲིལ་བུ་འཛིན་པ། ཡུམ་ལ་འཁྲུད་པར་ལམ་གྱིས་བསྐྱེད། གཏོར་མ་སྤྱི་བོར་བཞུང་། ཡི་དམ་གྱི་སྐུ་ལས་སྐུ་འཕྲོས། ཁྱེད་རང་གི་ལུས་ལ་ཐིམ། ནང་མཆོད་བླུད། མེ་ཏོག་འཐོར། ཡི་དམ་གྱི་མགྲིན་པ་ནས་སྔགས་འཕྲོས། ཁྱེད་རང་གི་མགྲིན་པར་ཐིམ། ནང་མཆོད། མེ་ཏོག །ཡི་དམ་གྱི་ཐུགས་ཀ་ནས་ཐིག་ལེའི་རྣམ་པ་བྱུང་། ཁྱེད་རང་གི་སྙིང་གར་ཐིམ། ནང་མཆོད། མེ་ཏོག། གཏོར་མ་སྤྱི་བོར་བཞུང་། བརྒྱུད་པའི་མཚན་ནས་སྨོས། ལྷ་བསྒོམ། ནམ་མཁའ་སྐྱོ་འབྱེད་གོང་དང་མཐུན། མེ་ཏོག་འཐོར། གཙོ་བོས་ཇི་ལྟར་བཀའ་སྩལ་པ། །དེ་དག་ཐམས་ཅད་བདག་གིས་བགྱིད། །མནྡལ་ཕུལ། ཚོགས་ལ་ལོངས་སྤྱོད། ལྷག་མ་བསྔུ། ཆུ་གཙང་བྲན། ཨེ་ཀ་རཾས་བྱིན་གྱིས་རླབས། ཕུད་ལྷག་ལ་དབང་བ་རྣམས་ལ་འབུལ། ཛཱ་ཀྐ་ཀཱ་སྨ་ཧཱ། གཏོར་མ་ཕྱི་རོལ་དུ་སྐྱེལ། རོལ་མོ་བྱ། བྱེད་ལུགས་སྤྱི་དང་མཐུན། མ་འབྱོར་བ་དང་ཉམས་པ་དང་། །གང་ཡང་བདག་རྨོངས་བློ་ཡིས་ནི། །བགྱིས་པ་དང་ནི་བགྱིད་སྩལ་བ། །དེ་ཀུན་མགོན་པོས་བཟོད་པར་མཛོད། །ཚེ་ག་ལྷག་ཆད་ཅི་མཆིས་པ། །དཀྱིལ་འཁོར་ལྷ་ཡིས་བཟོད་པར་མཛོད། །བླ་མ་ཡི་དམ་མཁའ་འགྲོ་ཆོས་སྐྱོང་ཚོགས། །བཀྲ་ཤིས་གང་ཞིག་བཀྲ་ཤིས་དེང་འདིར་བདེ་ལེགས་ཤོག །ཡེ་ཤེས་པ་རང་གནས་སུ་གཤེགས། དམ་ཚིག་པ་རང་ལ་ཐིམ་པར་གྱུར། ཨོཾ་ཁྱེད་ཀྱིས་སེམས་ཅན་དོན་ཀུན་མཛད། །རྗེས་སུ་མཐུན་པའི་དངོས་གྲུབ་སྩོལ། །སངས་རྒྱས་ཞིང་དུ་གཤེགས་སུ་གསོལ། །སངས་རྒྱས་ཞིང་དུ་གཤེགས་ནས་ཀྱང་། །སེམས་ཅན་རྣམས་ཀྱི་དོན་སླད་དུ། །སླར་ཡང་འབྱོན་པར་མཛད་དུ་གསོལ། །བཛྲ་མུཿ

ཆོས་དབྱིངས་བྱང་ཆུབ་སེམས་ཀྱི་དཀྱིལ་འཁོར་དུ། །བདག་སོགས་སེམས་ཅན་ཐམས་ཅད་ཀྱི། །དུས་གསུམ་བསགས་དང་རྫོགས་པ་ཡི། །འགྲོ་དྲུག་སེམས་ཅན་མ་ལུས་པ། །སྐུ་ལྔ་ཡོངས་རྫོགས་སངས་རྒྱས་མྱུར་འགྲུབ་ཤོག །གཙོད་གདན་ཐོག་གཅིག་མའི་ཁྲིད་ཡིག་ཕྲིན་ལས་རྒྱ་མཚོ་ལས། རྒྱ་མཚོ་ལྷ་བུའི་དབང་གབ་པ་མངོན་བྱུང་གི་ནང་བཀའ་གསང་བ་བདེ་བའི་འཁོར་ལོའི་སྒྲུབ་ཐབས་འདི། དད་ལྡན་རྣམས་ཀྱིས་བསྐུལ་བའི་ངོར། ཤཱཀྱའི་དགེ་སློང་ཀྱི་འོ་ཆོས་ཀྱི་རྒྱ་མཚོ་ཞེས་བྱ་བས་རྒྱལ་སྲེ་རྒྱ་མཚོའི་གནས་སུ་སྦྱར་བའོ། །དགེ་བ་མ་ཐན་རྣམས་ལ་བསྔོ། བཀྲ་ཤིས་དཔལ་འབར་འཛམ་གླིང་རྒྱལ་བའི་རྒྱན་དུ་ཤོག །ལྷན་ཐབས་ཡིག་ཆུང་ངོ་།། །།

༄༅། །དཔལ་གསང་བ་འདུས་པ་གཉིས་མེད་རྡོ་རྗེའི་
སྒྲུབ་ཐབས་བཞུགས་སོ། །

བླ་མ་དང་ཡི་དམ་གྱི་ལྷ་ལ་ཕྱག་འཚལ་ལོ། །སྔོན་བརྒྱུད་འདུས་པའི་སྒྲུབ་ཐབས་འདི་ལ། སྔོན་དུ་འགྲོ་བ། དུར་ཁྲོད་དང་བས་མཐའ་སོགས་དབེན་པའི་གནས་སུ། ཡོལ་བ། བླ་རེས། རྟེན་བཀྲམ་པ། ས་གཞི་སྦྱོས་ཆུས་བཀྲུ་ཞིང་ཕྱི་དོར་བྱེད། གཏོར་མ་གསུམ་དང་། དབང་གཏོར་རླུམ་པོ་བཅའ། གཏོར་འདབ་ཀྱིས་བསྐོར་ཞིང་དཀར་དམར་གྱི་རྒྱན་གྱིས་བརྒྱན། གཏོར་མ་གསུམ་གོང་དུ་བཤམ། དབང་གཏོར་སྟེར་དཀར་དུ་འཇུག །མཎྜིའི་ཁར་ཟུར་དུ་བཞག །དཀྱིལ་འཁོར་གྱི་དབུས་སུ་མཎྜིའི་སྟེང་དུ། བུམ་པ། ཁ་རྒྱན། མགུལ་ཆིངས། བུམ་སྣན་དང་ཆུས་གང་བ་བཞག །མཐར་མཆོད་པས་བསྐོར། རང་ཉིད་བདེ་བའི་སྟན་ལ་བསྡད། མདུན་དུ་སྟེགས་ཀྱི་ཁར། ནང་མཆོད་ཀྱི་ཐོད་པ། དྲིལ་བུ། ཊ་མ་རུ། ལས་བུམ་སོགས་བཞག །ནང་མཆོད་བྱིན་གྱིས་རླབས་པ་ནི། ཨོཾ་ཁཌྒ་རོ་ཧི་ཎི་ཧཱུཾ་ཧཱུཾ་ཕཊ། ཨོཾ་སྭ་བྷཱ་ཝ་ཤུདྡྷཱཿསརྦ་དྷརྨཱཿསྭ་བྷཱ་ཝ་ཤུདྡྷོ྅ཧཾ། སྟོང་པ་ཉིད་དུ་གྱུར། སྟོང་པའི་ངང་ལས་ཡཾ་ལས་རླུང་། རཾ་ལས་མེ། ཀཾ་ལས་ཐོད་པའི་སྒྲོད་བུ་གསུམ་གྱི་སྟེང་དུ། ཀ་པཱ་ལ་ཕྱི་དཀར་ལ་ནང་དམར་བ། ཡངས་ཤིང་རྒྱ་ཆེ་བ། དེའི་དབུས་སུ་མུ་ལས་དྲི་ཆུ་བཻཌཱུརྻ་ལྟ་བུ། ཤར་དུ་བི་ལས་དྲི་ཆེན་ཤེལ་ལྟ་བུ། ལྷོར་ར་ལས་རཀྟ་གསེར་བཙོ་མ་ལྟ་བུ། ནུབ་ཏུ་ཤུ་ལས་བྱང་སེམས་དཀར་དམར། བྱང་དུ་མ་ལས་ཤྭད་པ། དབུས་སུ་ན་ལས་མིའི་ཤ །ཤར་ལྷོར་གོ་ལས་བ་ལང་གི་ཤ །ལྷོ་ནུབ་ཏུ་ཀུ་ལས་ཁྱིའི་ཤ །ནུབ་བྱང་དུ་ད་ལས་གླང་པོ་ཆེའི་ཤ །བྱང་ཤར་དུ་ཧ་ལས་རྟའི་ཤ །དེ་རྣམས་སྣར་ཡང་ཡི་གེ་དེ་དག་གིས་མཚན་པའོ། །རང་གི་སྣ་བུག་ནས་རླུང་བྱུང་། བ་དན་

བསྐྱོད། མེ་སྦར། ཐོད་པ་དྲོས་ཤིང་རྫས་རྣམས་ཁོལ། ཡེ་ཤེས་ཀྱི་བདུད་རྩིའི་རྒྱ་མཚོ་ཆེན་པོར་གྱུར། ཨོཾ་ཨཱཿཧཱུྃ། དཀར་གཏོར་ལ་ཚུ་གཙང་བྲན། ཨོཾ་ཁཎྜ་རོ་ཧེ་ཧེ་ཧཱུྃ་ཧཱུྃ་ཕཊ། ཨོཾ་སྭ་བྷཱ་ཝ་ཤུདྡྷཱཿསརྦ་དྷརྨཱཿསྭ་བྷཱ་ཝ་ཤུདྡྷོ྅ཧཾ། སྟོང་པ་ཉིད་དུ་གྱུར། སྟོང་པའི་ངང་ལས་གཏོར་མ་དངས་ཤིང་ཐོགས་པ་མེད་པ། འབུལ་བའི་གནས་སུ་གྱུར་པ་ནི། ཕྱོགས་སྐྱོང་བ་བཅུ། ལྷ་ཆེན་པོ་བརྒྱད། ཀླུ་ཆེན་པོ་བརྒྱད། གཟའ་ཆེན་པོ་བརྒྱད། རྒྱུ་སྐར་ཉི་ཤུ་རྩ་བརྒྱད། བཞི་བདག །གནས་བདག །གྲོང་བདག་རྣམས་ལ་འབུལ་ལོ། །མཆོད་སྦྱིན་གྱི་གཏོར་མ་རྒྱ་ཆེན་པོ་འདི་བཞེས་ལ། བདག་ཅག་རྣམས་འགྲོ་ན་མ་བཀོལ། འདུག་ན་མ་སྡང་། བསམ་པ་མ་ངན། སྦྱོར་བ་མ་རྩུབ། ལས་དཀར་པོ་ཆོས་དང་མཐུན་པའི་སྟོང་གྲོགས་རྒྱ་ཆེན་པོ་མཛོད་ཅིག །གཏོར་མ་གཙང་སར་ཕུལ། མཆམས་གཅོད་བྱེད། བསྲུང་འཁོར་བསྒོམ། སྐྱབས་འགྲོ་ནི། ནམ་མཁའ་དང་མཉམ་པའི་སེམས་ཅན་ཐམས་ཅད་བླ་མ་ལ་སྐྱབས་སུ་མཆིའོ། །སངས་རྒྱས་ལཿ ཆོས་ལཿ དགེ་འདུན་ལཿ བཅོམ་ལྡན་འདས་འདུས་པའི་ལྷ་ཚོགས་རྣམས་ལ། སངས་རྒྱས་ཆོས་དང་ཚོགས་ཀྱི་མཆོག་རྣམས་ལ། །བྱང་ཆུབ་མ་ཐོབ་བར་དུ་བདག་ནི་སྐྱབས་སུ་མཆི། །བདག་གིས་སྦྱིན་སོགས་བགྱིས་པའི་བསོད་ནམས་འདི་དག་གིས། འགྲོ་ལ་ཕན་ཕྱིར་སངས་རྒྱས་འགྲུབ་པར་ཤོག །མདུན་གྱི་ནམ་མཁའི་གནས་སུ་བཅོམ་ལྡན་འདས་འདུས་པའི་ལྷ་ཚོགས་སྤྱན་དྲངས། བཛྲ་ས་མཱ་ཛཿ བཅོམ་ལྡན་ཁྱེད་ནི་བྱོན་པ་ལེགས། །བདག་ཅག་བསོད་ནམས་སྐལ་བར་ལྡན། །བདག་གི་མཆོད་ཡོན་བཞེས་ནས་ཀྱང་། །འདི་ཉིད་དུ་ནི་བཞུགས་སུ་གསོལ། །པདྨ་ཀ་མ་ལ་ཡེ་སྟྭཾ། ཛཿཧཱུྃ་བཾ་ཧོཿ གང་གི་དྲིན་གྱིས་བདེ་ཆེན་ཉིད། །སྐད་ཅིག་ཉིད་ལ་འཆར་བ་གང་། །བླ་མ་རིན་ཆེན་ལྟ་བུའི་སྐུ། །རྡོ་རྗེ་ཅན་ཞབས་པད་ལ་འདུད། །གཉིས་

མེད་ཡེ་ཤེས་ཐུགས་རྗེ་ཅན། །བདེ་བ་ཆེན་པོ་སྟེར་མཛད་པ། །མཁའ་འགྲོ་བདེ་སྟོང་རྡོ་རྗེའི་སྐུ། །རྣལ་འབྱོར་ཆེ་ལ་ཕྱག་འཚལ་བསྟོད། །པྲ་ཤ་ར་སཧྣ་ར་ཨརྒྷཾ་ཨཱཿཧཱུྃ། པུཥྤེ། དྷཱུ་པེ། ཨཱ་ལོ་ཀེ། གནྡྷེ། ནཻ་ཝི་དྱེ། ཤབྡའི་ཨཱཿཧཱུྃ། ས་གཞི་སྤོས་ཀྱིས་བྱུགས་ཤིང་མེ་ཏོག་བཀྲམ། །རི་རབ་གླིང་བཞི་ཉི་ཟླས་བརྒྱན་པ་འདི། །སངས་རྒྱས་ཞིང་དུ་དམིགས་ཏེ་ཕུལ་བ་ཡིས། །འགྲོ་ཀུན་རྣམ་དག་ཞིང་ལ་སྤྱོད་པར་ཤོག །བཅོམ་ལྡན་ཐུབ་པའི་དབང་པོ་ལ་གསོལ་བ་འདེབས་སོ། །ཕྱག་ན་རྡོ་རྗེ་ལཿ ས་ར་ཧ་པ་ལཿ དམ་པ་རྒྱ་གར་ལཿ མ་གཅིག་ལབ་སྒྲོན་ལཿ རྒྱལ་བ་དོན་གྲུབ་ལཿ ཀརྨ་པཀྴི་ལཿ དགེ་འདུན་འབུམ་ལཿ རང་བྱུང་རྡོ་རྗེ་ལཿ བསམ་གཏན་རིན་ཆེན་ལཿ ཀུན་དགའ་ཡེ་ཤེས་ལཿ ཤྲི་རི་ཛྙ་དྲ་ལཿ འཇམ་དཔལ་རྒྱ་མཚོ་ལཿ བདག་རྒྱུད་སྨིན་པར་མཛད་དུ་གསོལ། ཨོཾ་ཨཱཿཧཱུྃ། བསྐྱེད་པའི་ལྷ་རྟེན་དང་བཅས་པ་རང་ལ་ཐིམ།

བདག་བསྐྱེད་བསྒྲུབ་པ་ནི། ཨོཾ་ཁཎྜ་རོ་ཧེ་ཎི་ཧཱུྃ་ཧཱུྃ་ཕཊ། ཨོཾ་སྭ་བྷཱ་ཝ་ཤུདྡྷཱཿསརྦ་དྷརྨཱཿསྭ་བྷཱ་ཝ་ཤུདྡྷོ྅ཧཾ། སྟོང་པ་ཉིད་དུ་གྱུར། སྟོང་པའི་ངང་ལས་གཞལ་ཡས་ཁང་གྲུ་བཞི་སྒོ་བཞི་རྩིག་པ་རིམ་པ་ལྔ། ནང་ནས་རིམ་པ་བཞིན་སེར། དཀར། དམར། ལྗང་། སྔོ་བའི་རིམ་པའོ། །ཀ་བ་བཞི་བཞིས་བཏེགས་པའི་རྟ་བབས་བང་རིམ་བརྒྱད་པ། གདུགས་རི་དྭགས་ཆར་ཁེབས་ཏོག་དང་བཅས་པ། ནང་ཀ་བ་བརྒྱད། སྟེང་རྡོ་རྗེའི་གདུང་བཅུ་བཞི། འདོམ་རེ་ཕྱིར་ལྷག་པ། རྒྱ་གྲམ་གྱི་ཁོང་སེང་ནས། ཙེ་པ་ཏའི་ཁ་ནས་མུ་ཁྱུད་དུ་བྱས། ལྷ་ཆེན་བརྒྱད་ཀྱི་ཀ་བ་ལ། ཀླུ་ཆེན་བརྒྱད་ཀྱིས་ཀ་ཞུ་བྱས། གཟའ་ཆེན་བརྒྱད་ཀྱིས་གདུང་མ། རྒྱུ་སྐར་ཉེར་བརྒྱད་ཀྱི་ལྕམ་ལ། གནོད་སྦྱིན་རྣམས་ཀྱིས་གྲལ་མ། གནོད་སྦྱིན་གྱི་དེད་དཔོན་རྣམས་ཀྱིས་ཐོག་

འདག་བྱས་པ། ཕ་གུ་སེར་པོ་གསེར་ལ་བྱས་པ། བ་གམ་བཻཌཱུརྻ་ལས་གྲུབ་ཅིང་འབྲུག་གིས་བྱས་པ། ཤིང་རྟ་དངུལ་ལས་གྲུབ་པའི་བར་བར་དུ་སེང་གེ་དང་། ཚུ་སྲིན། རིན་པོ་ཆེ་ཤེལ་དང་། པདྨ་རཱ་ག་ལས་གྲུབ་པའི་ཁ་ནས་གསེར་དང་། དངུལ་དང་། མརྒད་དང་། ཨིནྡྲ་ནཱི་ལ་དང་། དྲ་བ་དྲ་ཕྱེད། མུ་ཏིག་གིས་ཆུན་འཕྱང་གིས་སྤྲས་པའི་བར་བར་དུ་གསེར་གྱི་ཁྲེའུའི་ཁ་ནས་རིན་པོ་ཆེ་ཟེ་གིད་ལས་གྲུབ་པའི་དྲིལ་བུ་གཡེར་ཁའི་སྒྲ་འབྱིན་པ། གདུགས་དང་། རྒྱལ་མཚན་དང་། བ་དན་དང་། ཕྱེ་མའི་ཕུར་མ་དང་། རིན་པོ་ཆེའི་ཏོག་གིས་མཚན་པ། ཕྱིའི་བར་སྣང་གི་སྤྲིན་ལ་གནས་པའི་ལྷའི་བུ་དང་བུ་མོ་ལ་སོགས་པས་མཆོད་པ་འབུལ་བ། གཞལ་ཡས་ཁང་གི་ཕྱི་རོལ་དུ་པདྨའི་ར་བ། མུ་ཏིག་གི་ར་བ། རྡོ་རྗེའི་ར་བ། དུར་ཁྲོད་ཀྱི་ར་བ། མེ་རིས་བསྐོར་བ། གཞལ་ཡས་ཁང་གི་དབུས་སུ་པད་འདབ་བཞི་ཡི་ལྟེ་བར། པདྨ་ཉི་མ་ཟླ་བའི་སྟེང་དུ་ཧཱུྃ་ཡིག་དམར་སེར། དེ་ལས་འོད་ཟེར་འཕྲོས། འཕགས་པ་མཆོད། སེམས་ཅན་གྱི་དོན་བྱས། ཚུར་འདུས་ཡོངས་སུ་གྱུར་པ་ལས། དཔལ་གསང་བ་འདུས་པ་སྐུ་མདོག་པདྨ་རཱ་གའི་མདོག་ལྟར་དམར་བ། ཞལ་གསུམ་ཕྱག་དྲུག །སྤྱན་གསུམ་གསུམ་དང་ལྡན་ཞིང་མཆེ་བ་ཅུང་ཟད་གཙིགས་པ། དབུ་སྐྲ་རལ་པའི་ཕྱེད་སྤྱི་བོར་བཅིངས་ཤིང་། རྡོ་རྗེ་རྩེ་ལྔ་པས་བརྒྱན་པ། ཕྱེད་ཕྱིར་འཕྱང་བ། དར་གྱི་ཤམ་བུ་དང་བཅས་པ། རྩ་ཞལ་དམར་བ། གཡས་ཞལ་དཀར་བ། གཡོན་ཞལ་སེར་བ། ཕྱག་དང་པོ་གཉིས་རྡོ་རྗེ་དང་དྲིལ་བུ་འཛིན་ཞིང་ཡུམ་ལ་འཁྱུད་པ། གཡས་ཀྱི་གཉིས་པ་ན་དགྲ་སྟ། གསུམ་པ་ན་མདུང་ཐུང་། གཡོན་གྱི་གཉིས་པ་ན་ཐོད་པ་བདུད་རྩིས་གང་བ། གསུམ་པ་ན་པདྨ་འཛིན་པ། ཅུས་པ་དང་རིན་པོ་ཆེའི་རྒྱན་དུ་མས་བརྒྱན་པ། ཞབས་གཉིས་

ཟླ་བའི་གདན་ལ་བཞེངས་པ། དེའི་པང་དུ་ཡུམ་རིག་བྱ་རྡོ་རྗེ་མ་སྔོན་མོ། ཞལ་
གཅིག་ཕྱག་གཉིས་གྲི་གུག་དང་ཐོད་ཁྲག་འཛིན་པ། གཡས་གྲི་གུག་ཡབ་ཀྱི་ཕྲག་
གོང་གཡོན་དུ་བརྐྱང་ཞིང་། གཡོན་ཡབ་ཀྱི་མཆན་ཁུང་གཡས་ནས་འཁྱུད་པ།
རིན་པོ་ཆེ་དུ་མ་དང་ལྡན་ཞིང་། ཞབས་གཉིས་ཡབ་ཀྱི་ཞབས་དང་མཉམ་པར་
གནས་པ། ཤར་དུ་མི་བསྐྱོད་པ་སྔོན་པོ་ཞལ་གསུམ་ཕྱག་དྲུག །རིག་བྱ་རྡོ་རྗེ་མ་
དཀར་མོ་དང་གཉིས་སུ་མེད་པ། ལྷོར་རིན་འབྱུང་སེར་པོ་ཞལ་གསུམ་ཕྱག་དྲུག
ཡུམ་ནོར་འཛིན་མ་སེར་མོ་དང་གཉིས་སུ་མེད་པ། ནུབ་ཏུ་པདྨ་རྡོ་རྗེ་དམར་པོ་
ཞལ་གསུམ་ཕྱག་དྲུག་ཡུམ་མེ་ཏོག་ཆེར་རྒྱས་མ་དམར་མོ་དང་གཉིས་སུ་མེད་པ།
བྱང་དུ་དོན་གྲུབ་རྡོ་རྗེ་སྐུ་མདོག་ལྗང་གུ་ཞལ་གསུམ་ཕྱག་དྲུག་ཡུམ་འདོད་འཛིན་
མ་ལྗང་གུ་དང་གཉིས་སུ་མེད་པ། རུས་པ་དང་རིན་པོ་ཆེའི་རྒྱན་དུ་མས་རྒྱན་པ།
གཡས་པ་རྣམས་ཀྱིས་རྡོ་རྗེ་དང་། འཁོར་ལོ་དང་། རལ་གྲི་འཛིན་ཞིང་། གཡོན་
པ་རྣམས་ཀྱིས་དྲིལ་བུ་དང་། བུམ་པ་དང་ཕྲེང་བ་བསྣམས་པ། ཞབས་ཟླ་བའི་
གདན་ལ་དོར་སྟབས་ཀྱིས་གནས་པ། དེའི་ཕྱི་རོལ་པད་འདབ་བརྒྱད་ལ། ཤར་
ནས་རིམ་པ་བཞིན་དུ་གཤིན་རྗེ་གཤེད་ནག་པོ་ཞལ་གསུམ་ཕྱག་དྲུག །ཡུམ་གཤིན་
རྗེ་མ་དམར་མོ་དང་གཉིས་སུ་མེད་པ། གཤིན་རྗེ་གཤེད་དཀར་པོ་ཞལ་གསུམ་
ཕྱག་དྲུག །ཡུམ་གཤིན་རྗེ་མ་དཀར་མོ་དང་གཉིས་སུ་མེད་པ། གཤིན་རྗེ་གཤེད་
སྔོན་པོ་ཞལ་གསུམ་ཕྱག་དྲུག །ཡུམ་གཤིན་རྗེ་མ་སྔོན་མོ་དང་གཉིས་སུ་མེད་
པ། གཤིན་རྗེ་གཤེད་སེར་པོ་ཞལ་གསུམ་ཕྱག་དྲུག །ཡུམ་གཤིན་རྗེ་མ་སེར་མོ་
དང་གཉིས་སུ་མེད་པ། གཤིན་རྗེ་གཤེད་དམར་པོ་ཞལ་གསུམ་ཕྱག་དྲུག །ཡུམ་
གཤིན་རྗེ་དམར་མོ་དང་གཉིས་སུ་མེད་པ། གཤིན་རྗེ་གཤེད་ལྗང་གུ་ཞལ་གསུམ་

ཕྱག་དྲུག །ཡུམ་གཤིན་རྗེ་མ་ལྗང་མོ་དང་གཉིས་སུ་མེད་པ། གཤིན་རྗེ་གཤེད་དམར་སྐྱ་ཞལ་གསུམ་ཕྱག་དྲུག །ཡུམ་གཤིན་རྗེ་གཤེད་མ་སྣ་ཚོགས་དང་གཉིས་སུ་མེད་པ། གཤིན་རྗེ་གཤེད་སེར་ནག་ཞལ་གསུམ་ཕྱག་དྲུག །ཡུམ་གཤིན་རྗེ་མ་སེར་ནག་དང་གཉིས་སུ་མེད་པ། ཕྱག་གཡས་པ་རྣམས་ཀྱིས་རྡོ་རྗེ་དང་། རིན་པོ་ཆེ་དང་། པདྨ་དང་། རལ་གྲི་བསྣམས་ཤིང་། གཡོན་པ་རྣམས་ཀྱིས་དྲིལ་བུ་དང་། ཐོད་པ་དང་། འཁོར་ལོ་འཛིན་པ། ཡུམ་རྣམས་ཀྱི་གཡས་གྲི་གུག་དང་། ཐོད་པ་བདུད་རྩིས་གང་བ་བསྣམས་པ། ཡབ་ཡུམ་གྱི་ཞབས་ཟླ་བ་ལ་མཉམ་པར་དོར་སྟབས་མཛད་པ། དེའི་ཕྱི་རོལ་འདབ་མ་བཅུ་དྲུག་ལ། གཤིན་རྗེ་ཆུ་ལྔ་སོགས་བཅུ་དྲུག་ཞལ་གསུམ་ཕྱག་དྲུག །ཡུམ་རང་རང་གི་ཡུམ་དང་གཉིས་སུ་མེད་པ། ཟླ་བ་ལ་གནས་པ། དེའི་ཕྱི་རོལ་འདབ་མ་བཅུ་དྲུག་ལ་རིག་མ་བཅུ་དྲུག་རྣམས་ཀྱིས་བསྐོར་བ། ཤར་གྱི་སྒོར་དབང་ཕྱུག་སྔོན་ཅན། ལྷོ་སྒོར་མཆེ་བ་ཅན། ནུབ་སྒོར་ཀེང་རུས་ཅན། བྱང་སྒོར་རལ་གྲི་འཛིན་པ། ཕྱི་ཡི་ཁོར་ཡུག་ལ་སེམས་དཔའ་བཅུ་དྲུག །དེའི་ཕྱི་རོལ་ཁོར་ཡུག་ལ་བསྐལ་བ་བཟང་པོའི་སངས་རྒྱས་སྟོང་ལ་སོགས་པ་བཞུགས་པའོ། །ལྷ་ཚོགས་དེ་དག་ཐམས་ཅད་ཀྱི་དཔྲལ་བར་ཨོཾ། མགྲིན་པར་ཨཱཿ ཐུགས་ཀར་ཧཱུྃ། ཐུགས་ཀའི་ཧཱུྃ་ལས་འོད་ཟེར་འཕྲོས་པས། ཆོས་ཀྱི་དབྱིངས་དང་། ཨུ་རྒྱན་ནས་བཅོམ་ལྡན་འདས་འདུས་པ་ཆེན་པོ་ལ་སངས་རྒྱས་དང་བྱང་ཆུབ་སེམས་དཔའི་ཚོགས་ཀྱིས་བསྐོར་བ་སྤྱན་དྲངས། བཛྲ་ས་མཱ་ཛཿ དེ་རྣམས་ཀྱི་གནས་གསུམ་ནས་འོད་ཟེར་དཀར་དམར་མཐིང་གསུམ་བྱུང་། དམ་ཚིག་སེམས་དཔའ་ལ་ཐིམ་པར་གྱུར། སླར་ཡང་ཐུགས་ཀར་ཉི་མའི་སྟེང་དུ་ཧཱུྃ་ཡིག་གི་མཐར། སྔགས་ཕྲེང་གིས་བསྐོར་བ་ལ་དམིགས་ལ། ཨོཾ་

ཨཱཿཧཱུྃ་ཧྲཱིཿ ཨོཾ་མ་ཎི་པདྨེ་ཧཱུྃ། བཟླས་པ་ཚད་དུ་སྐྱོལ། མཐར་མི་དམིགས་པའོ། །

ཐུམ་པ་བསྡུ། ཨོཾ་ཁཎྜ་རོ་ཧེ་ཎི་ཧཱུྃ་ཧཱུྃ་ཕཊ། སྭཱ་ཧཱ་ཕ། སྟོང་པ་ཉིད་དུ་གྱུར། སྟོང་པའི་ངང་ལས་རིན་པོ་ཆེའི་བུམ་པ་མཚན་ཉིད་ཐམས་ཅད་ཡོངས་སུ་རྫོགས་པ། མགུལ་ཆིངས། ཁ་རྒྱན། བུམ་སྨན་སྣ་ཚོགས་དང་ལྡན་པའི་ལྷའི་གཞལ་ཡས་ཁང་ཆུས་གང་བའི་དབུས་སུ། དཀྱིལ་འཁོར་གྱི་ལྷ། གཞལ་ཡས་ཁང་རྟེན་དང་བརྟེན་པར་བཅས་པ་སྐད་ཅིག་གིས་གསལ་བར་གྱུར། ལྷ་ཚོགས་དེ་དག་ཐམས་ཅད་ཀྱི་དཔྲལ་བར་ཨོཾ། མགྲིན་པར་ཨཱཿ ཐུགས་ཀར་ཧཱུྃ། ཐུགས་ཀའི་ཧཱུྃ་ལས་འོད་ཟེར་འཕྲོས་པས། ཆོས་ཀྱི་དབྱིངས་དང་། ཨོ་རྒྱན་ནས་བཅོམ་ལྡན་འདས་འདུས་པ་ཆེན་པོ་ལ་སངས་རྒྱས་དང་བྱང་ཆུབ་སེམས་དཔའི་ཚོགས་ཀྱིས་བསྐོར་བ་སྤྱངས། བཛྲ་ས་མ་ཛཿ བུམ་པའི་ལྷ་དང་གཉིས་སུ་མེད་པར་གྱུར། བཟླས་པ་བྱེད། མཐར་ལྷ་འོད་དུ་ཞུ་བ་ལས་བུམ་པའི་ཆུར་གྱུར།

མདུན་བསྐྱེད་བསྒྲུབ་སྟེ། ཁཎྜ་རོ་ཧེ་ནས། ས་མ་ཛ་ཡན། བདག་བསྐྱེད་བཞིན་བྱ། མ་ལུས་སེམས་ཅན་ཀུན་གྱི་མགོན་གྱུར་ཅིང་། །བདུད་སྡེ་དཔུང་བཅས་མི་བཟད་འཇོམས་མཛད་ལྷ། །དངོས་རྣམས་མ་ལུས་ཇི་བཞིན་མཁྱེན་གྱུར་པའི། །བཅོམ་ལྡན་འཁོར་བཅས་གནས་འདིར་གཤེགས་སུ་གསོལ། །བཅོམ་ལྡན་བསྐལ་པ་གྲངས་མེད་དུ་མ་རུ། །འགྲོ་ལ་བརྩེ་ཕྱིར་ཐུགས་རྗེས་རྣམ་སྤྱངས་ཤིང་། །སྨོན་ལམ་རྒྱ་ཆེན་དགོངས་པ་ཡོངས་རྫོགས་མཛད། །ཇི་བཞིན་འགྲོ་དོན་མཛད་དུས་འདི་ལགས་ན། །དེ་ཕྱིར་ཆོས་དབྱིངས་ཕོ་བྲང་ལྷུན་གྲུབ་ནས། །རྫུ་འཕྲུལ་བྱིན་རླབས་སྣ་ཚོགས་སྟོན་མཛད་ཅིང་། །མཐའ་ཡས་སེམས་ཅན་ཚོགས་རྣམས་བསྒྲལ་བའི་ཕྱིར། །ཡོངས་དག་འཁོར་བཅས་གནས་འདིར་གཤེགས་སུ་གསོལ། །བཅོམ་ལྡན་

ཁྱེད་ནི་བྱོན་པ་ལེགས། །བདག་ཅག་བསོད་ནམས་སྐལ་བར་ལྡན། །བདག་གི་མཆོད་ཡོན་བཞེས་ནས་ཀྱང་། །འདི་ཉིད་དུ་ནི་བཞུགས་སུ་གསོལ། །པདྨ་ཀ་མ་ལ་ཡ་སྟྭཾ། ཛཿཧཱུྃ་བཾ་ཧོཿ གཉིས་སུ་མེད་པར་གྱུར། བཟླས་པ་བྱེད། སྐབས་འདིར་བརྒྱུད་པའི་མཚན་ནས་སྨོས་ཏེ། ཨོཾ་ཨཱཿཧཱུྃ་གིས་ནང་མཆོད་འབུལ། མཐར། ཆོས་སྐྱོང་། གཞི་བདག་གནས་བདག་སོགས་ལ་ཡང་འབུལ། མཆོད་ཡོན་ཕལ་ཆེར་མཆོད་ཡོན་ལྷ་རིས་དང་། །མཆོད་ཡོན་བཀོད་པའི་འོད་ཟེར་རབ་འཕྲོ་ཞིང་། །མཆོད་ཡོན་སྣ་ཚོགས་ཀུན་ཏུ་བཀྲམ་བྱས་ཏེ། །བཅོམ་ལྡན་མཁའ་འགྲོ་འཁོར་དང་བཅས་ལ་འབུལ། །ཨོཾ་སརྦ་ཏ་ཐཱ་ག་ཏ་པྲ་ཤ་ར་སམྣ་ར་ཨརྒྷཾ་པྲ་ཏཱིཙྪ་པཱུ་ཛ་མེ་གྷ་ས་མུ་དྲ་སྥ་ར་ཎ་ས་མ་ཡ་ཨཱཿཧཱུྃ། དེ་བཞིན་དུ་པཱདྱཾ། པུཥྤེ། ཨཱ་ལོ་ཀེ། གནྡྷེ། ནཻ་ཝི་དྱེ། ཤབྡ་སོགས་ཕྱག་རྒྱ་དང་བཅས་ཏེ་ཕྱི། སངས་རྒྱས་ཐམས་ཅད་འདུས་པའི་སྐུ། །རྡོ་རྗེ་འཛིན་པའི་ངོ་བོ་ཉིད། །དཀོན་མཆོག་གསུམ་གྱི་རྩ་བ་སྟེ། །བླ་མ་རྣམས་ལ་ཕྱག་འཚལ་བསྟོད། །ཁ་དོག་དབྱིབས་ལེགས་ཡིད་འོང་རྒྱན་ཕྲེང་ལྡན། །ཕྱོགས་དུས་ཀུན་ནས་གཟུགས་མཆོག་ཅི་མཆིས་པ། །མོས་བློས་འདུས་པ་ཆེ་ལ་བདག་འབུལ་ན། །བཞེས་ཤིག་བླ་མེད་གྲུབ་མཆོག་སྩོལ་དུ་གསོལ། །ཨོཾ་སརྦ་ཏ་ཐཱ་ག་ཏ་པྲ་ཤ་ར་སམྣ་རཾ་རྟུ་པ་པཱུ་ཛ་མེ་གྷ་ས་མུ་དྲ་སྥ་ར་ཎ་ས་མ་ཡ་ཨཱཿཧཱུྃ། ཁ་མ་དོགཿ ཤབྡ། ཁ་དོགཿ གནྡྷེ། ཁ་དོགཿ ར་ས། ཁ་དོགཿ སྤརྴེ་སོགས། མི་བསྐྱོད་རྡོ་རྗེ་ཡེ་ཤེས་ཆེ། །རྡོ་རྗེ་དབྱིངས་ནི་མཁའ་ཆེན་པོ། །རྡོ་རྗེ་གསུང་མཆོག་དཀྱིལ་འཁོར་གསུང་། །རྡོ་རྗེ་མཁའ་འགྲོ་ཕྱག་འཚལ་བསྟོད། །རྣམ་པར་སྣང་མཛད་དག་པ་ཆེ། །རྡོ་རྗེ་ཞི་བ་དགའ་ཆེན་པོ། །རང་བཞིན་གྱིས་ནི་འོད་གསལ་མཆོག །སངས་རྒྱས་མཁའ་འགྲོ་ཕྱག་འཚལ་བསྟོད། །རིན་ཆེན་རྒྱལ་པོ་རབ་ཏུ་ཟབ། །རྡོ་རྗེ་ནམ་མཁའ་དྲི་མ་མེད། །རང་བཞིན་དག་པས་འོད་གསལ་

མཆོག །རིན་ཆེན་མཁའ་འགྲོ་ཕྱག་འཚལ་བསྟོད། །རྡོ་རྗེ་དཔག་མེད་རྒྱལ་པོ་ཆེ། །མི་རྟོག་རྡོ་རྗེ་ནམ་མཁའ་འཛིན། །འདོད་ཆགས་ཕ་རོལ་ཕྱིན་པ་ཐོབ། །པདྨའི་མཁའ་འགྲོ་ཕྱག་འཚལ་བསྟོད། །དོན་ཡོད་རྒྱལ་པོ་རྫོགས་སངས་རྒྱས། །ཁམས་པ་ཐམས་ཅད་རྫོགས་མཛད་པ། །དངོས་ཉིད་དག་པ་ཉིད་ལ་བཞུགས། །ལས་ཀྱི་མཁའ་འགྲོ་ཕྱག་འཚལ་བསྟོད། །སྙིག་མོ་ཕྲེང་བ་གླུ་མ་གར། །སྤོས་དང་མེ་ཏོག་མར་མེ་དྲི། །ཞལ་ཟས་རོལ་དང་རིག་བྱ་གདུགས་འཛིན་མ། །ཕྱི་ནང་མཆོད་ལྷ་ཐམས་ཅད་ཀུན། །བཅོམ་ལྡན་འཁོར་དང་བཅས་ལ་འབུལ། །གང་གི་དྲིན་གྱིས་བདེ་ཆེན་ཉིད། །སྐད་ཅིག་ཉིད་ལ་འཆར་བ་གང་། །བླ་མ་རིན་ཆེན་ལྟ་བུའི་སྐུ། །རྡོ་རྗེ་ཅན་ཞབས་པད་ལ་འདུད། །ག་བུར་ཙན་དན་ཨ་ཀ་རུ། །ཛ་ཏི་སི་ལ་སྤོས་དཀར་དང་། །རྒྱ་སྤོས་ངད་ལྡན་སྣ་ཚོགས་རྣམས། །བཅོམ་ལྡན་འཁོར་དང་བཅས་ལ་འབུལ། །བཞེས་ནས་བྱིན་གྱིས་བརླབ་ཏུ་གསོལ། །ཆང་སྣ་བཞི་ཡི་ཆང་ཕུད་ལ། །ས་བཅུ་ནོན་ཕྱིར་ལག་མཆོད་བྱས། །ཤེས་རབ་གཡོན་གྱི་ལག་པ་ལ། །ཐབས་ཆེན་གཡས་ཀྱི་ལག་པས་མཆོད། །མཚན་ལྡན་རྡོ་རྗེའི་ཀ་པཱ་ལ། །ཀ་ནི་གང་དུ་མི་གནས་ཤིང་། །པཱ་ནི་མ་སྐྱེས་སྐྱེ་མེད་དབྱིངས། །ལ་ནི་བློ་འདས་ཡིད་དང་བྲལ། །སྐུ་གསུམ་མི་འགྱུར་ཀ་པཱ་ལར། །ཟག་མེད་བདེ་བའི་ཆང་ཕུད་བཀྲམས། །བཅོམ་ལྡན་འཁོར་དང་བཅས་ལ་འབུལ། །བཞེས་ནས་དངོས་གྲུབ་སྩོལ་དུ་གསོལ། །ཚོགས་བྱིན་གྱིས་རླབས་ཤིང་། ཚོགས་ཕུད་གཏོར་མར་བྲན་ནས་བསྔོ། ལས་བུམ་བསྒྲུབ།

སྟ་གོན་གྱི་སྔོན་དུ་སློབ་མ་ཁྲུས་བྱེད། ཕྱག་དང་མཎྜལ་ཕུལ། ཆོས་བཤད་རྒྱུས་བསྟུས་སྐབས་དང་སྦྱར་ལ། དགའ་ཆེན་ཁྱོད་བདག་སྟོན་པ་སྟེ། །སློབ་དཔོན་ཁྱོད་ནི་དགོངས་སུ་གསོལ། །བྱང་ཆུབ་ཆེན་པོའི་ཚུལ་བསྟན་པ། །མགོན་པོ་ཆེན་པོ་བདག་འཚལ་ལོ། །དམ་ཚིག་དེ་

ཉིད་བདག་ལ་སྟོལ། །བྱང་ཆུབ་སེམས་ཀྱང་བདག་ལ་སྟོལ། །སངས་རྒྱས་ཆོས་དང་དགེ་འདུན་ཏེ། །སྐྱབས་གསུམ་དག་ཀྱང་བདག་ལ་སྟོལ། །ཐར་པ་ཆེན་པོའི་གྲོང་མཆོག་ཏུ། །མགོན་པོས་བདག་ནི་འཇུག་པར་འཚལ། །ལན་གསུམ། སྔ་གོན་གྱི་མཇལ་ཕྱུལ། སོ་ཤིང་དོར། ཧ་ས་ཧ། ཞི་རྒྱས་དབང་དྲག །ཁྲུས་ཆུ་བླུད། ཨོཾ་ཧྲི་བི་ཤུདྡྷེ་ཤུད་ག་ཏེ་ཐ་ཐ། སྐུད་པ་དམར་པོ་སུམ་སྒྲིལ་ལ་མདུད་པ་གསུམ་བྱེད། སྐྱེས་པའི་གཡོན། བུད་མེད་ཀྱི་དཔུང་པ་གཡས་པ་ལ་རྡོ་རྗེའི་རྒྱ་མདུད་བྱེད། བུདྡྷ་མཻ་ཏྲི་སཏ་རཀྵ་རཀྵ་སྭཱ་ཧཱ། ཀུ་ཤ་ཆེ་བ་གཡས། ཆུང་བ་གཡོན་དུ་གཏད། ཨོཾ་ཧེ་ཀྲཱུ་བཾ། ཆེ་བ་སྟན། ཆུང་བ་གདན་དུ་བཏིང་ལ་སྒྱི་ལམ་བརྟག །བུ་ཁྱོད་ཐེག་པ་ཆེན་པོ་ཡི། །ཁྱོད་ནི་ཚུལ་ཆེན་སྣོད་ཡིན་ཏེ། །ཚོ་ག་བཟང་པོ་འདི་བཤད་པས། །བུ་ཡི་བློ་གྲོས་འདི་གྱིས་ཤིག །དེས་ཡོལ་བ་ཕྱི་འཇུག་སོང་། ད་ནང་དུ་འཇུག་པ་ལ་ཁྲུས་བྱེད། ཕྱག་དང་མཇལ་ཕྱུལ། སྤྱི་བཤད་བྱེད། མིག་དར་གདོང་གཡོགས་བཅིངས། ཙཀྲུ་ཛྙན་ཛྭ་ཥ་ར་སྭ་ཀྵ་ཡ་ཧཱུྃ། ཤྭ་ཕཾ་བྲི་ར་ཧཱུྃ། མེ་ཏོག་གཏད། སྡོམ་པ། ཇི་ལྟར་དུས་གསུམ་མགོན་པོ་རྣམས། །བྱང་ཆུབ་ཏུ་ནི་ངེས་མཛད་པ། །ཚུལ་ཁྲིམས་ཀྱི་ནི་བསླབ་པ་དང་། །དགེ་བའི་ཆོས་སྡུད་ཚུལ་ཁྲིམས་རྣམས། །སེམས་ཅན་དོན་བྱེད་ཚུལ་ཁྲིམས་གསུམ། །སོ་སོར་བརྟན་པོར་གཟུང་བར་བགྱི། །རྡོ་རྗེ་རིགས་མཆོག་ཆེན་པོ་ལ། །རྡོ་རྗེ་དྲིལ་བུ་ཕྱག་རྒྱ་ཡང་། །ཡང་དག་ཉིད་དུ་ཉིད་དུ་གཟུང་བར་བགྱི། །མ་སྒྲལ་བ་རྣམས་བདག་གིས་བསྒྲལ། །མ་གྲོལ་བ་རྣམས་བདག་གིས་དགྲོལ། །དབུགས་མ་ཕྱུང་རྣམས་དབུགས་དབྱུང་ཞིང་། །སེམས་ཅན་མྱ་ངན་འདས་ལ་འགོད། །བགེགས་གཏོར་བཏང་། མཚམས་བཅད། བསྲུང་འཁོར་བསྒོམ། རྡོ་རྗེ་སྙིང་གར་བཟུང་། སྙིང་གར་ཀུན་རྫོབ་བྱང་ཆུབ་སེམས་ཀྱི་ངོ་བོ་ཟླ་བའི་དཀྱིལ་འཁོར་གྱི་སྟེང་དུ། དོན་དམ་བྱང་ཆུབ་ཀྱི་སེམས་རྡོ་རྗེ་དཀར་པོ་རྩེ་ལྔ་པ་ནས་ཙམ་ཅིག་གི་ལྟེ་བར། ཟླ་ན་མེད་པའི་སེམས་བཟུང་འཛིན་དང་བྲལ་བ་ཕྲ་ཞིང་ཕྲ་བའི་རྡོ་

རྗེ་འཆང་ཧ་ཛ་བརྒྱར་བཤགས་པའི་ཉག་མ་ཙམ་ཞིག་ཆུ་ལ་ཉ་འཕར་གྱི་ཚུལ་དུ་བཞུགས་པར་སྒོམས་ཤོག །ཧོ། སིདྡྷི་བཛྲ་ཡ་ཐྭ་སུ་ཁཾ། རྡོ་རྗེ་མགོར་བཞག །ཁྱོད་ནི་རྣལ་འབྱོར་མ་རིགས་སྐྱེས། །ང་ཡིས་ཡེ་ཤེས་རྡོ་རྗེ་སྦྱིན། །བྱིན་པས་དངོས་གྲུབ་ཐོབ་པར་འགྱུར། །གང་ཞིག་འདི་འདྲ་མ་མཐོང་བའི། །མདུན་དུ་སྨྲ་བར་མ་བྱེད་ཅིག །གལ་ཏེ་སྨྲས་ན་ཉམས་པར་འགྱུར། །ཐུམ་ཆུ་བླུད། འདི་ནི་ཁྱོད་ཀྱི་དམ་ཚིག་ཆུ། །དམ་ཚིག་འདས་ན་བསྲེག་པར་བྱེད། །དམ་ཚིག་བསྲུངས་ན་དངོས་གྲུབ་ནི། །རྡོ་རྗེ་བདུད་རྩིའི་ཆུ་འདི་འཐུང་། །ཨོཾ་བཛྲ་ཨ་མྲི་ཏོ་ད་ཀ །རྡོ་རྗེ་སྙིང་གར་བཟུང་། ཁྱོད་ཀྱི་སྙིང་ལ་ཞུགས་པར་གྱིས། །ཚུལ་འདི་སྨྲས་པར་བྱས་གྱུར་ན། །དེ་མ་ཐག་ཏུ་དྲལ་ཏེ་བཤགས། །རྡོ་རྗེ་མགོར་བཞག །དུས་འདི་ནས་ནི་བུ་ཁྱོད་ཀྱི། །རྡོ་རྗེ་འཛིན་པ་ང་ཡིན་གྱིས། །ང་ཡིས་བསྒོ་བ་བཞིན་དུ་གྱིས་ཤིག །གལ་ཏེ་མི་བྱེད་ན་ཚེའི་དུས་བྱས་ནས་རྡོ་རྗེ་དམྱལ་བར་ལྟུང་ཏ་རེ། ཡེ་ཤེས་ཕབ། མདུན་གྱི་ནམ་མཁར་ཡེ་དམ་གྱི་ལྷ་གསལ་བའི་སྐུ་ཆེ་ཆུང་གི་ཚོགས་འཕྲོས། ཁྱེད་རང་གི་ལུས་ལ་ཐིམ་པར་མོས་ཤིག །རོལ་མོ་དཀྲོལ། ཨཱ་བེ་ཤ་ཡ་ཨ་ཨ། ཛཾ་ཛཾ། རྡོ་རྗེ་མགོར་བཞག །ཏིཥྛ་བཛྲ། དཀྱིལ་འཁོར་ཁ་དོག་བརྟག །གསང་མཚན་འདོགས། མེ་ཏོག་འཐོར། ཨོཾ་ཨཱཿཧཱུྃ། ལྷ་གཅིག་ལ་གཉིས་ཆད་ཁྱེད་རང་ལ་ཐིམ། མེ་ཏོག་གཏད། དཀྱིལ་འཁོར་ལྷ་ཡིས་རྗེས་བཟུང་མཛོད། མིག་དར་བསལ། སངས་རྒྱས་ཡེ་ཤེས་སྤྱན་ནི་ཐོབ་གྱུར་ཅིག །དཀྱིལ་འཁོར་ལྷ་ངོ་བསྟན།

དངོས་གཞི་ཞུ་བའི་དོན་དུ་མཎྜལ། སངས་རྒྱས་ཀུན་གྱི་ངོ་བོ་ཉིད། །རྡོ་རྗེ་སློབ་དཔོན་དགོངས་སུ་གསོལ། །སྨིན་བྱེད་བདུད་རྩིའི་རིམ་པ་དེ། །བཀའ་དྲིན་ཅན་གྱིས་བདག་ལ་སྩོལ། །ཐུམ་པ་སྤྱི་བོར་བཟུང་། མི་བསྐྱོད་རྣལ་འབྱོར་ཆུ་ཡི་དབང་། །ཁྱོད་ལ་ཡང་དག་བསྐུར་བར་བྱ། །ཇི་ལྟར་བལྟམས་པ་ཙམ་གྱིས་ནི། །ལྷ་རྣམས་ཀྱིས་

ཉི་ཁྲུས་གསོལ་ལྟར། །ལྷ་ཡི་ཆུ་ནི་དག་པ་ཡིས། །དེ་བཞིན་བདག་གིས་སྐུ་ཁྲུས་གསོལ། །ཨོཾ་སརྦ་ཏ་ཐཱ་ག་ཏ་ཨ་བྷི་ཥེ་ཀ་ཏ་ས་མ་ཡ་ཤྲཱི་ཡེ་ཧཱུྃ། བུམ་ཆུ་བླུད། ཅོད་པན་མགོར་བཞག །རིན་ཆེན་འབྱུང་ལྡན་དབུ་རྒྱན་དབང་། །ཇི་ལྟར༔ རྡོ་རྗེ་སྤྱི་བོར་བཟུང་ཞིང་གཡས་སུ་གཏད། འོད་དཔག་མེད་མགོན་རྡོ་རྗེའི་དབང་། །ཇི་ལྟར༔ དྲིལ་བུ་སྤྱི་བོར་བཟུང་ཞིང་གཡོན་དུ་གཏད། དོན་ཡོད་གྲུབ་པ་དྲིལ་བུའི་དབང་། །ཇི་ལྟར༔ རྡོ་རྗེ་དྲིལ་བུ་སྤྱི་བོར་བཟུང་། རྣམ་པར་སྣང་མཛད་མིང་གི་དབང་། །གསང་མཚན་འདི་ཞེས་བྱ་བའོ། །ཇི་ལྟར༔ དེས་བུམ་པའི་དབང་ལ་བརྟེན་ནས་དུག་ལྔ་དག །རིགས་ལྔས་དབུ་བརྒྱན། བསྐྱེད་རིམ་བསྒོམ་པ་ལ་དབང་། སྤྲུལ་སྐུ་ཐོབ་པའོ། །

སློབ་དཔོན་གྱི་དབང་གི་དོན་དུ་མཎྜལ་ཕུལ། རྡོ་རྗེ་སློབ་དཔོན་གྱི་ནི་དབང་། །དེང་འདིར་བདག་ལ་བསྐུར་དུ་གསོལ། །བུམ་ཆུས་བསང་། ཁྱེད་རང་སྐད་ཅིག་གིས་མི་བསྐྱོད་པ་སྔོན་པོ་རྡོ་རྗེ་དང་དྲིལ་བུ་འཛིན་པ་ཞིག་ཏུ་སྒོམས། བུམ་པ་སྤྱི་བོར་བཟུང་། དབང་བསྐུར་རྡོ་རྗེ་ཆེན་པོ་ནི། །ཁམས་གསུམ་ཀུན་གྱིས་ཕྱག་བྱས་པ། །སངས་རྒྱས་ཀུན་གྱི་གསང་གསུམ་གྱིས། །གནས་ལས་བྱུང་བ་སྦྱིན་པར་བྱ། །ཇི་ལྟར་བལྟམས་པ༔ ཞེས་དབང་བསྐུར། དྲི་མ་དག །ཆུའི་ལྷག་མ་ཡར་ལུད་པ་ལས་མི་བསྐྱོད་པས་དབུ་བརྒྱན་པའོ། །གཡས་སུ་རྡོ་རྗེ་གཏད། རྡོ་རྗེ་ཐུགས་ཀྱི་དམ་ཚིག་བྱང་ཞིག །དྲིལ་བུ་གཡོན་དུ་གཏད། དྲིལ་བུ་གསུང་གི་དམ་ཚིག་བྱང་ཞིག །རིག་བྱ་རྡོ་རྗེ་མའི་སྐུ། གར་སྦྱོར་བ་ཕྱག་རྒྱ་སྐུའི་དམ་ཚིག་བྱང་ཞིག །བརླས་ལུང་བྱིན་ལ། ཨོཾ་ཨཱཿཧཱུྃ་ཧྲཱིཿ ཨོཾ་མ་ཎི་པད་མེ་ཧཱུྃ།

གསང་དབང་གི་དོན་དུ་མཎྜལ། ཐོད་པ་སྤྱི་བོ་དང་མགྲིན་པར་བཟུང་། ཨོཾ་ཨཱཿཧཱུྃ་ཧྲཱིཿ ཨོཾ་མ་ཎི་པད་མེ་ཧཱུྃ། ནང་མཆོད་བླུད། དེས་ཐོད་པའི་དབང་ལ་བརྟེན་ནས་ངག་གི་སྒྲིབ་པ་དག །རྫོགས་རིམ་བསྒོམ་པ་ལ་དབང་། ལོངས་སྐུ་ཐོབ་པའོ། །

གསུམ་པ་བསྒྱུར་བའི་དོན་དུ་མཇུག། བླ་མ་དང་ཡི་དམ་ཐ་མི་དད་པའི་ཐུགས་ཀ་ནས་རིག་པའི་ལྷ་མོ་ཞིག་འཕྲོས། ཁྱེད་རང་གི་སྙིང་གར་ཐིམ། དགའ་བ་བཞིའི་ཡེ་ཤེས་རྒྱུད་ལ་སྐྱེས་པར་སྒོམས། དེས་གསུམ་པའི་དབང་ལ་བརྟེན་ནས་ཡིད་ཀྱི་སྒྲིབ་པ་དག །བདེ་གསལ་མི་རྟོག་པ་བསྒོམ་པ་ལ་དབང་། ཆོས་སྐུ་ཐོབ་པའོ། །

བཞི་པའི་དོན་དུ་མཇུག། ལྟོས་ཤིག་རང་གི་སེམས་ལ་ལྟོས། །ཡོད་པ་མ་ཡིན་རང་བཞིན་ངོ་བོས་སྟོང་། །མེད་པ་མ་ཡིན་སྣ་ཚོགས་སྣང་བ་འཆར། །དེ་གཉིས་ཟུང་འཇུག་དབུ་མ་ཆེན་པོ་ཡིན། །ཀུན་ལ་ཁྱབ་པས་ཕྱག་རྒྱ་ཆེ། །རྟག་ཆད་མཐའ་བྲལ་རྫོགས་པ་ཆེན་པོ་སྟེ། །དེ་ལ་མ་ཡེངས་རོ་སྙོམས་ཆེན་པོའོ། །དེས་ཕྱག་རྒྱ་ཆེན་པོའི་དབང་ལ་བརྟེན་ནས། ངོ་བོ་ཉིད་ཀྱི་སྐུ་འགྲུབ་པ་ཡིན་ནོ། །

རྗེས་གནང་ནི། གཙུག་ཏོར་གཏད་ལ། བདེ་བར་གཤེགས་པའི་གཙུག་ཏོར་དྲི་མ་མེད། །ཐར་པའི་ཞིང་དུ་ཕེབས་པའི་དོན། ཁྱོད་ལ་ཡང་དག་གཏད་པར་བྱ། །དབུ་སྐྲ་ལྷུང་ལོ་གཏད་དེ། ལྷུང་ལོ་རིན་ཆེན་སིལ་བུ་འདི། །བདེ་བར་གཤེགས་པའི་དབུ་ལ་བཅིངས་པ་ཡིས། །འགྲོ་དྲུག་བདེ་ལ་འགོད་པའི་རྟགས་སུ་ཆེ། །ཁྱོད་ལ་ཡང་དག་གཏད་པར་བྱ། །སོ་མང་གཏད་དེ། མཉམ་ཞིབ་འཇམ་པའི་ཤད་མ་འདི། །བདེ་བར་གཤེགས་པའི་ལྷུང་ལོའི་ཤད་མ་ཡིན། །འགྲོ་བ་བྱང་ཆུབ་ལམ་དུ་འདྲེན་པའི་ཕྱིར། །ཁྱོད་ལ་ཡང་དག་གཏད་པར་བྱ། །རྒྱན་དྲུག་གཏད་ལ། རུས་པའི་རྒྱན་དྲུག་ཕ་རོལ་ཕྱིན་དྲུག་ལྡན། །བདེ་བར་གཤེགས་པའི་སྐུ་ལ་བརྒྱན་པ་ཡིས། །རིགས་དྲུག་སྐུ་དྲུག་ཐོབ་པར་བྱ་བའི་ཕྱིར། །ཁྱོད་ལ་ཡང་དག་གཏད་པར་བྱ། །དུང་དཀར་གཏད་ལ། མཛེས་ཤིང་དཀར་ལ་རྣམ་པར་དག་པ་སྟེ། །དེ་བཞིན་གཤེགས་པའི་ཆོས་ཀྱི་སྒྲ་སྒྲོག་ཡིན། །འགྲོ་བའི་རྣ་བར་སྙན་པའི་རོལ་མོ་སྟེ། །ཁྱོད་ལ་ཡང་དག་གཏད་པར་

བྱ། །གདུགས་གདང་དེ། རིན་ཆེན་གདུང་མཛེས་སྤྱི་བོར་འཁོར་ཞིང་ཡུ་བ་དྲང་། །དེ་བཞིན་གཤེགས་པའི་ཆོས་འཁོར་བསྐོར་བའི་སྤྱི་བོར་ལྡིང་། །ཆོས་འཁོར་རབ་ཏུ་བསྐོར་ཞིང་འགྲོ་བ་འདྲེན། །ཁྱོད་ལ་ཡང་དག་གཏད་པར་བྱ། །རིགས་ལྔའི་ཕྱག་མཚན་གཏད་དེ་འཁོར་ལོ་བཟུང་ལ། འཇིག་རྟེན་ཁམས་ནི་ཐམས་ཅད་དུ། །སེམས་ཅན་ཀུན་ལ་ཕན་པའི་ཕྱིར། །ཇི་ལྟར་སྣ་ཚོགས་འདུལ་གྱུར་པ། །གཏི་མུག་རབ་ཏུ་དག་པའི་ཕྱིར། །ཆོས་ཀྱི་འཁོར་ལོ་རབ་ཏུ་བསྐོར། །རྡོ་རྗེ་བཟུང་སྟེ། འཇིག་རྟེན༔ སེམས་ཅན༔ ཇི་ལྟར༔ ཞེ་སྡང་༔ རྡོ་རྗེའི༔ རིན་པོ་ཆེ་བཟུང་སྟེ། འཇིག་རྟེན་སོགས་ནས། ང་རྒྱལ༔ རིན་ཆེན༔ པདྨ་བཟུང་སྟེ། འཇིག་རྟེན་སོགས། འདོད་ཆགས༔ པདྨའི༔ རྒྱ་གྲམ་བཟུང་སྟེ། འཇིག་རྟེན༔ སེམས་ཅན༔ ཇི་ལྟར༔ ཕྲག་དོག༔ རྒྱ་གྲམ་འཁོར་ལོ་རབ་ཏུ་བསྐོར། །རྒྱལ་སྲིད་སྣ་བདུན་གྱི་དབང་བསྐུར་བ་ནི། འཁོར་ལོ་བཟུང་སྟེ། གསེར་ལས་ལེགས་བྱས་ལྟེ་བ་ཤིན་ཏུ་ལྷུམ། །རྩིབས་སྟོང་ལྡན་ཞིང་མུ་ཁྱུད་རབ་མཉམ་མཛེས། །སྡང་བའི་དགྲ་ལས་རྣམ་པར་རྒྱལ་གྱུར་པའི། །འཁོར་ལོ་རིན་ཆེན་དམ་པས་དབང་བསྐུར་རོ། །ཨོཾ་ཙཀྲ་རཏྣ་ཨ་བྷི་ཥིཉྩ་ཧཱུྃ། རིན་ཆེན་ནོར་བུ་ལྷ་ཟས་བཻཌཱུརྻ། །ཀུན་ཏུ་དཔག་ཚད་ཙམ་དུ་སྣང་བྱེད་ཅིང་། །དྲི་མེད་ཉིན་མོ་ཇི་བཞིན་མཚན་དེ་བཞིན། །ནོར་བུ་རིན་ཆེན་དམ་པས་དབང་བསྐུར་རོ། །ཨོཾ་མ་ཎི་རཏྣ་ཨ་བྷི་ཥིཉྩ་ཧཱུྃ། གཟུགས་མཛེས་ལྟ་ན་སྡུག་ཅིང་ཚུལ་བཟང་མ། །ལྷགས་པའི་མདོག་ལེགས་འཛུམ་ཞིང་དྲི་མཆོག་ལྡན། །ཡིད་འོང་འདོད་དགུའི་རེག་བྱ་དང་ལྡན་པའི། །བཙུན་མོ་རིན་ཆེན་དམ་པས་དབང་བསྐུར་རོ། །ཨོཾ་ཥ་ཎི་རཏྣ་ཨ་བྷི་ཥིཉྩ་ཧཱུྃ། གང་ཡང་འདི་ལ་རྒྱལ་བ་མུ་ཏིག་དང་། །གསེར་སོགས་མང་པོ་ཐུབ་ལ་ཕུལ་བ་ཡིས། །འབྱོར་ལྡན་མཚུངས་པའི་ཁྱིམ་བདག་ནོར་ལྡན་ཏེ། །སློབ་དཔོན་རིན་ཆེན་དམ་པས་དབང་

བསྐུར་རོ། །ཨོཾ་མ་ཧཱ་ཏ་རཏྣ་ཨ་བྷི་ཥིཉྩ་ཧཱུཾ། ཡན་ལག་ཐམས་ཅད་ལེགས་སྐྱེས་ས་ལ་གནས། །རབ་གནས་གངས་ཆེན་རྩེ་འདྲ་གླང་པོ་མཆོག །རྒྱལ་པོ་ལ་འོས་མཁའ་ལ་རབ་འགྲོ་བའི། །གླང་པོ་རིན་ཆེན་དམ་པས་དབང་བསྐུར་རོ། །ཨོཾ་ཧསྟི་རཏྣ་ཨ་བྷི་ཥིཉྩ་ཧཱུཾ། ཐོ་རངས་དུས་སུ་ཕྱོགས་རྣམས་མ་ལུས་པར། །ས་རྣམས་བསྐོར་ཞིང་སླར་ཡང་ལྡོག་འགྱུར་གང་། །རྟ་བྱའི་མགྱོགས་པའི་སྤུ་ལྟར་ཡིད་འོང་བ། །རྟ་མཆོག་རིན་ཆེན་དམ་པས་དབང་བསྐུར་རོ། །ཨོཾ་ཏུ་རཾ་ག་ཨ་ཤྭ་རཏྣ་ཨ་བྷི་ཥིཉྩ་ཧཱུཾ། འགྲོ་དང་ལྡོག་དང་ཀུན་ནས་འོང་གྱུར་པའི། །མ་ལུས་བདུད་དཔུང་འཇོམས་པར་བྱེད་པ་ཡི། །དཔའ་དང་འཁོར་བའི་དཔུང་དང་བཅས་པ་ཡིས། །དམག་དཔོན་རིན་ཆེན་དམ་པས་དབང་བསྐུར་རོ། །ཨོཾ་ཁཌྒ་རཏྣ་ཨ་བྷི་ཥིཉྩ་ཧཱུཾ། ངེས་རྒྱལ་སྲིད་སྣ་བདུན་གྱི་དབང་སོང་།

ད་ལུང་བསྟན་ཏེ། ཆོས་གོས་ཀྱི་སྣེ་མོ་རི་དྭགས་ཀྱི་རྭ་བ་ལྟར་བྱས་ཏེ། དེ་རིང་ངས་ཁྱོད་ལུང་བསྟན་ཏེ། །སྲིད་པ་ངོ་བོ་ཉིད་ཀྱི་བདག །ངོ་བོ་ཉིད་ཀྱིས་སྲིད་ཐལ་བྱེད། །རང་བཞིན་དག་པའི་བསམ་པ་ནི། །སྲིད་པའི་མཚོ་ལས་སྒྲོལ་བར་འགྱུར། །མ་འོངས་པའི་དུས་སུ་དེ་བཞིན་གཤེགས་པར་འགྱུར་ཏེ། ཨོཾ་ཧྲུར་ཧྲུ་ཕ་སྭཱ་ཧཱ། དབུགས་དབྱུང་སྟེ། ཆོས་ཉན་པ་དང་། སློབ་པ་དང་། འདི་ཡི་སྒོ་ནས་དབང་ཐོབ་པར་བྱས་པས། ཉན་རང་གི་ས་ནས་ཐེག་པ་ཆེན་པོའི་སར་སྐད་ཅིག་གིས་བགྲོད་པར་འགྱུར་རོ། །གཟེངས་བསྟོད་པ་ནི། འདི་ཡི་རྒྱུད་བཤད་ཅིང་། མན་ངག་སྟོན། དབང་བསྐུར་བར་མཛོད་ཅིག །རབ་ཏུ་གནས་པ་དང་། སློབ་མ་ཡང་དག་པར་བཟུ་བར་གྱིས་ཤིག །

ཐིག་ལེའི་དབང་ནི། སློབ་མ་དཀྱིལ་ཀྲུང་བཅའ། སྐལ་ཚོགས་བསྒྲང་། ལྟེ་བའི་ཐད་དུ་ཐིག་ལེ་དཀར་པོ་སེམས་ཉིད་ཀྱི་ངོ་བོ་བྱ་མ་གསར་གྱི་སྒོ་ང་ཙམ་གསལ་བར་སྒོམས། དཔོན་སློབ

གཉིས་ཀས་ཕཊ་ཀྱིས་སྤར། སྤྱི་བོ་ཚངས་པའི་བུ་ག་ནས་རྒྱངས་ཀྱིས་ཐོན། བཅོམ་ལྡན་འདས་ཀྱི་ཐུགས་ཀར་བསྟིམ་གྱིས་ཐིམ། བཅོམ་ལྡན་འདས་འོག་མིན་དུ་མངོན་པར་རྫོགས་པར་སངས་རྒྱས་པར་བསམ་ལ། ཅི་གནས་སུ་བཞག །དེ་ནས་ཕབ།

གཏོར་མ་ལ་བརྟེན་ནས་དབང་བྱེད་ན། ཁྲུས་བྱེད། ཕྱག་དང་མཇལ་འབུལ་ཞིང་། སྐྱབས་འགྲོ་བྱེད། ལྷར་བསྐྱེད། ཡེ་ཤེས་ཕབ། དངོས་གཞི་མཇལ་ཕྱུལ་ཞིང་གསོལ་བ་བཏབ། གཏོར་མ་མི་བསྐྱོད་པ་སྔོན་པོ་ཞལ་གཅིག་ཕྱག་གཉིས་རྡོ་རྗེ་དང་དྲིལ་བུ་འཛིན་པ། འཁོར་ལྷ་མོ་བཞི་ཡིས་བསྐོར་བ་བསྐྱེད། གཏོར་མ་སྤྱི་བོར་བཟུང་། བཅོམ་ལྡན་འདས་ཀྱི་ཕྱག་གི་བུམ་པས་ཁྲུས་བྱེད་པར་མོས། ཇི་ལྟར་བལྟམས་པ་སོགས་ནས། ཨ་ཥཻ་ཥེ་ཀ་ཏའི་བར་བརྗོད། ནང་མཆོད་བླུད། དེས་བུམ་པའི་དབང་བསྐུར། ལུས་ཀྱི་སྒྲིབ་པ་དག །བུམ་པའི་དབང་ཐོབ། མི་རྟོག་འཛིན། གཏོར་མ་སྤྱི་བོར་བཟུང་། ཨོཾ་ཨཱཿཧཱུྃ་ཧྲཱིཿ ཨོཾ་མ་ཎི་པད་མེ་ཧཱུྃ། ནང་མཆོད་བླུད། དེས་གསང་བའི་དབང་བསྐུར། ངག་གི་སྒྲིབ་པ་དག །གསང་དབང་ཐོབ། མི་རྟོག་འཛིན། གཏོར་མ་སྤྱི་བོར་བཟུང་། རིག་མ་འཁྲིས། སྙིང་གར་ཐིམ། བདེ་བ་སྒོམས། དེས་གསུམ་པ་ཐོབ། ཡིད་ཀྱི་སྒྲིབ་པ་དག །གསུམ་པའི་དབང་ཐོབ། མི་རྟོག་འཛིན། གཏོར་མ་སྤྱི་བོར་བཟུང་། བརྒྱད་པའི་མཚན་ནས་སྨོས། ལྷ་བསྟིམ། མི་རྟོག་འཛིན། ནམ་མཁའ་སྒོ་འབྱེད་ཀྱི་དབང་ནི་གོང་དང་མཐུན། གཙོ་བོས་ཇི་ལྟར་བཀའ་སྩལ་པ། །དེ་དག་ཐམས་ཅད་བདག་གིས་བགྱིད། །མཇལ་ཕྱུལ། ཚོགས་ཕུད་ཕུལ། ཚོགས་ལ་ལོངས་སྤྱོད་ལྷག་མ་བསྔོ། ཆུ་གཙང་བྲན། ཨོཾ་ཨ་ཀཱ་རོ་མུ་ཁཾ་སརྦ་དྷརྨཱ་ཎཱཾ་ཨཱདྱ་ནུཏྤནྣ་ཏྭཱཏ་ཨོཾ་ཨཱཿཧཱུྃ། གཏོར་མ་ཕྱི་རོལ་དུ་སྐྱེལ། ཨུ་ཙྪིཥྚ་བ་ལིཾ་ཏ་བྷཀྵ་ཀ་སྭཱ་ཧཱ། སྟོད་བཤལ་ཁ་སྦྱབ། མ་འབྱོར་བ་དང་ཉམས་པ་དང་། །གང་ཡང་བདག་རྨོངས་བློ་ཡིས་ནི། །བགྱིས་པ་དང་ནི་བགྱིད་སྩལ་བ། །དེ་ཀུན་མགོན་པོས་བཟོད་པར་མཛོད། །ཚིག་ལྷག་ཆད་ཅི་མཆིས་པ། །དཀྱིལ་འཁོར་ལྷ་ཡིས་བཟོད་པར་མཛོད། །སངས་རྒྱས་སྐུ་གསུམ་བརྙེས་པའི་

བཀྲ་ཤིས་ཤོག །ཆོས་ཉིད་མི་འགྱུར་བརྟན་པའི་བཀྲ་ཤིས་ཤོག །དགེ་འདུན་མི་ཕྱེད་འདུས་པའི་བཀྲ་ཤིས་ཤོག །བཀྲ་ཤིས་དེང་འདིར་བདེ་ལེགས་ཤོག །མཆོད་ཡུལ་དུ་གྱུར་པའི་ཡེ་ཤེས་པ་རྣམས་རང་བཞིན་གྱི་གནས་སུ་གཤེགས། དམ་ཚིག་པ་སྣར་རང་ཉིད་ལ་ཐིམ་པར་གྱུར། རྟེན་ཡོད་ན་བརྟན་བཞུགས་བྱེད། ཨོཾ་ཁྱེད་ཀྱིས་སེམས་ཅན་དོན་ཀུན་མཛད། །རྗེས་སུ་མཐུན་པའི་དངོས་གྲུབ་སྩོལ། །སངས་རྒྱས་ཞིང་དུ་གཤེགས་སུ་གསོལ། །སངས་རྒྱས་ཞིང་དུ་གཤེགས་ནས་ཀྱང་། །སེམས་ཅན་རྣམས་ཀྱི་དོན་སླད་དུ། །སླར་ཡང་འབྱོན་པར་མཛད་དུ་གསོལ། །བཛྲ་སཏྭ་ཧཱུྃ། བཛྲ་མུཿ ཆོས་དབྱིངས་བྱང་ཆུབ་སེམས་ཀྱི་དཀྱིལ་འཁོར་དུ། །བདག་སོགས་སེམས་ཅན་ཐམས་ཅད་ཀྱིས། །དུས་གསུམ་བསགས་དང་རྫོགས་པ་ཡིས། །འགྲོ་དྲུག་སེམས་ཅན་མ་ལུས་པ། །སྐུ་ལྔ་ཡོངས་རྫོགས་སངས་རྒྱས་འགྲུབ་པར་ཤོག །གཙོད་གདན་ཐོག་གཅིག་མའི་ཁྲིད་ཡིག་ཕྲིན་ལས་རྒྱ་མཚོ་ལས། རྒྱ་མཚོ་ལྷ་བུའི་དབང་། གབ་པ་མངོན་བྱུང་གི་ནང་བཀའ་སྔོན་བརྒྱུད་གསང་བ་འདུས་པའི་སྒྲུབ་ཐབས་འདི། དད་ལྡན་རྣམས་ཀྱིས་བསྐུལ་བའི་ངོར། ཤཱཀྱའི་དགེ་སློང་ཀུ་ན་ཆོས་ཀྱི་རྒྱ་མཚོ་ཞེས་བྱ་བས། རྒྱལ་སྲེ་རྒྱ་མཚོའི་གཞིས་ཀར་སྦྱར་བའོ། །དགེ་བ་མ་རྒན་སེམས་ཅན་རྣམས་ལ་བསྔོ། བཀྲ་ཤིས་དཔལ་འབར་འཛམ་གླིང་རྒྱལ་བའི་རྒྱན་དུ་ཤོག །ལྷན་ཐབས་ཀྱི་ཡིག་ཆུང་ངོ།། །།

༄། །བདེ་བ་ཆེན་པོ་ལྷ་བཅུ་གསུམ་གྱི་སྒྲུབ་ཐབས་བཞུགས་སོ། །

བླ་མ་དང་བདེ་བ་ཆེན་པོའི་སྐུ་ལ་ཕྱག་འཚལ་ལོ། །གསང་བ་བདེ་བ་ཆེན་པོའི་དཀྱིལ་འཁོར་སྒྲུབ་ཐབས་ཀྱི་རིམ་པ་བྲི་བར་བྱ་སྟེ། གནས་བཟང་པོར། བ་བྱུང་ལྔས་དཀྱིལ་འཁོར་བཞེངས། གཏོར་མ་གསུམ་བཅའ། གཉིས་པོ་དཀར་དམར་གྱིས་བརྒྱན། གཅིག་དཀར་གསུམ་གྱིས་བརྒྱན། དཀྱིལ་འཁོར་གྱི་དབུས་སུ་མཆོད་ཀྱི་ཁར་བུམ་པ་མཚན་ཉིད་དང་ལྡན་པ་ཁ་རྒྱན་མགུལ་ཆིངས་བུམ་སྨན། རྫས་གསུམ་གཉིས་ཙམ་ཁེངས་པ་བཞག །དེའི་ཁར་ཐོད་པ་ཆང་གིས་བཀང་། མེ་ལོང་ལ་སིན་ཧྲ་རའི་དཀྱིལ་འཁོར་བྲིས་ལ་བཀབ་སྟེ་བཞག །དར་དམར་གྱི་ཞལ་ཁེབས་བྱེད། དཀྱིལ་འཁོར་གྱི་ཤར་དུ་རྡོ་རྗེ། ལྷོར་དབྱུ་རྒྱན། ནུབ་ཏུ་གྲི་གུག །བྱང་དུ་དྲིལ་བུ། མཐའ་མཆོད་པས་བསྐོར། དཀྱིལ་འཁོར་གྱི་གཡས་སུ་བཤོས་བཟང་པོ། རྒྱན། ཤ། ཁུར་བ་སོགས་འཇོག །གཡོན་དུ་མ་ད་ན་སོགས་བཏུང་བ་བཟང་པོ་བཞག །རང་ཉིད་ཁྲི་བཤམས་པའི་སྟེང་དུ་བསྡད། མདུན་དུ་སྟེགས་ཀྱི་ཁར་ནང་མཆོད། ཌ་དྲིལ། ལས་བུམ་སོགས་བཞག །ནང་མཆོད་བྱིན་གྱིས་བརླབ་སྟེ། ཨོཾ་ཁཎྜ་རོ་ཧི་ཎི་ཧཱུཾ་ཧཱུཾ་ཕཊ། ཨོཾ་སྭ་བྷཱ་ཝ་ཤུདྡྷཿསརྦ་དྷརྨཿསྭ་བྷཱ་ཝ་ཤུདྡྷོ྅ཧཾ། སྟོང་པ་ཉིད་དུ་གྱུར། སྟོང་པའི་ངང་ལས་ཡཾ་ལས་རླུང་གི་དཀྱིལ་འཁོར་སྔོན་པོ་དབྱིབས་གཞུ་བཏྲངས་པ་ལྟ་བུ། མཆོག་མ་གཉིས་ལ་གཡོ་བའི་བ་དན་གྱིས་མཚན་པ། དེའི་སྟེང་དུ་རཾ་ལས་མེའི་དཀྱིལ་འཁོར་དམར་པོ་གྲུ་གསུམ་འབར་བ་རཾ་གྱིས་མཚན་པ། དེའི་སྟེང་དུ་གཾ་ལས་ཐོད་པའི་སྒྱིད་བུ་གསུམ་གྱི་སྟེང་དུ། ཨ་ལས་ཀ་པཱ་ལ་ཕྱི་དཀར་ལ་ནང་དམར་བ་ཡངས་ཤིང་རྒྱ་ཆེ་བའི་དབུས་སུ། མུ་ལས་དྲི་ཆུ་བཻ་ཌཱུཪྻ་ལྟ་བུ། ཤར་དུ་བི་ལས་དྲི་ཆེན་ཤེལ་ལྟ་བུ། ལྷོར་ར་ལས་རཀྟ་གསེར་བཙོ་མ་ལྟ་བུ།

ནུབ་ཏུ་ཤྲུ་ལས་བྱུང་སེམས་དཀར་དམར། བྱང་དུ་མ་ལས་ཀླད་པ། སྐར་ཡང་
དབུས་སུ་ན་ལས་མིའི་ཤ །ཤར་ལྷོར་གོ་ལས་བ་ལང་གི་ཤ །ལྷོ་ནུབ་ཏུ་ཀུ་ལས་
ཁྱིའི་ཤ །ནུབ་བྱང་དུ་ད་ལས་གླང་པོ་ཆེའི་ཤ །བྱང་ཤར་དུ་ཧ་ལས་རྟའི་ཤ །དེ་
རྣམས་སྐར་ཡང་ཡི་གེ་དེ་དག་གིས་མཚན་པའོ། །རང་གི་རྣ་བུག་གཡོན་པ་ནས་
རླུང་ཧཱུྃ་གི་དབྱིབས་ཅན་འཕྲོས། རླུང་གི་བ་དན་ལ་ཕོག །བ་དན་བསྐྱོད། རླུང་
གཡོས། མེ་སྦར། རྫས་རྣམས་ཁོལ། ཉེས་པའི་སྐྱོན་རྣམས་ཕྱིར་ལུད། རླངས་པ་
འོད་ཟེར་གྱི་ཚུལ་དུ་ཡར་སོང་པས་སངས་རྒྱས་དང་བྱང་ཆུབ་སེམས་དཔའ་ཐམས་
ཅད་ཀྱི་ཐུགས་ཀ་ནས་ཡེ་ཤེས་ཀྱི་བདུད་རྩི་བཀུག །དམ་ཚིག་གི་བདུད་རྩི་དང་
གཉིས་སུ་མེད་པར་འདྲེས། ཡེ་ཤེས་ཀྱི་འདུད་རྩིའི་རྒྱ་མཚོ་ཆེན་པོར་གྱུར། ཨོཾ་
ཨཱཿཧཱུྃ། དཀར་གཏོར་ལ་ཆབ་བྲན་ཏེ། ཨོཾ་ཁཎྜ་རོ་ཧི་ཎི་ཧཱུྃ་ཧཱུྃ་ཕཊ། ཨོཾ་སྭ་བྷཱ་ཝ་སོགས། སྟོང་པ་
ཉིད་དུ་གྱུར། སྟོང་པའི་ངང་ལས་གཏོར་མ་དངས་ཤིང་ཐོགས་པ་མེད་པ་འདོད་
པའི་ཡོན་ཏན་ལྔ་དང་ལྡན་པར་གྱུར། ཨོཾ་ཨ་ཀཱ་རོ་སོགས། མཆོད་སྦྱིན་གྱི་གཏོར་
མ་རྒྱ་ཆེན་པོ་འདི་བཟོ་ཞིང་འབུལ་བའི་གནས་སུ་གྱུར་པ་ནི། གྲོང་གི་བདག་
པོ། གནས་ཀྱི་བདག་པོ། གཞིའི་བདག་པོ། གཙུག་མར་གནས་པའི་གཞི་བདག་
རྣམས་ལ་འབུལ་ལོ། །གཏོར་མ་འདིས་ཚིམ་པར་གྱིས་ལ། བདག་ཅག་དཔོན་སློབ་
འཁོར་དང་བཅས་པ་རྣམས་འགྲོ་ན་མ་ཤོལ། འདུག་ན་མ་སྡང་། བསམ་པ་མ་
ངན། སྦྱོར་བ་མ་རྩུབ། ལས་དཀར་པོ་ཆོས་དང་མཐུན་པའི་སྟོང་གྲོགས་རྒྱ་ཆེན་
པོ་མཛད་དུ་གསོལ། གཏོར་མ་གཙང་སར་སྐྱུལ། རོལ་མོ་བྱེད། ཨོཾ་སུམྦྷ་ནི་སུམྦྷ་ཧཱུྃ། གྲྀཧྣ་གྲྀཧྣ་
ཧཱུྃ། གྲྀཧྣ་པ་ཡ་གྲྀཧྣ་པ་ཡ་ཧཱུྃ། ཨཱ་ན་ཡ་ཧོ་བྷ་ག་ཝན་བིདྱཱ་རཱ་ཛ་ཧཱུྃ་ཕཊ། སྟེང་
འོག་བར་གསུམ་རྡོ་རྗེའི་ར་བ་དང་གུར་ཁྲ་རེས་སུ་གྱུར། ཨོཾ་བཛྲ་རཀྵ་རཀྵ་

ཧཱུྃ། ཨ་ལས་ཐོད་པའི་སྣོད་ཡངས་ཤིང་རྒྱ་ཆེ་བའི་ནང་དུ། ཧཱུྃ་ཞུ་བ་ལས་བྱུང་བའི་ལྷ་རྫས་ལས་གྲུབ་པའི་མཆོད་ཡོན། ཞབས་བསིལ། མེ་ཏོག །བདུག་སྤོས། སྣང་གསལ། དྲི་ཆབ། ཞལ་ཟས། རོལ་མོ་དངས་ཤིང་ཐོགས་པ་མེད་པ་ཀུན་ཏུ་བཟང་པོའི་རྣམ་པར་ཐར་པ་ལས་བྱུང་བ་མཆོད་པའི་དངོས་པོ་རྒྱུན་མི་ཆད་པར་འབྱུང་བའི་རང་བཞིན་ཅན་དུ་གྱུར། ཨོཾ་བཛྲ་ཨརྒྷཾ་ཨཱཿཧཱུྃ། པུཥྤེ། དྷཱུ་པེ། ཨཱ་ལོ་ཀེ། གནྡྷེ། ནཻ་ཝི་དྱེ། ཤབྡ་ཨཱཿཧཱུྃ། ནམ་མཁའ་དང་མཉམ་པའི་སེམས་ཅན་ཐམས་ཅད་བླ་མ་ལ་སྐྱབས་སུ་མཆིའོ། །སངས་རྒྱས་ལ༔ ཆོས་ལ༔ དགེ་འདུན་ལ༔ བཅོམ་ལྡན་འདས་ཀྱི་ལྷ་ཚོགས་འཁོར་དང་བཅས་པ་རྣམས་ལ༔ ཐུགས་རྗེའི་སྐྱབས་འོག་དམ་པར་ཚུད་པར་མཛད་དུ་གསོལ། ཕྱོགས་བཅུ་དུས་གསུམ་བཞུགས་པ་ཡི། །སངས་རྒྱས་བྱང་ཆུབ་སེམས་དཔའ་དང་། །བཅོམ་ལྡན་རྡོ་རྗེ་རྣལ་འབྱོར་མ། །ཐམས་ཅད་མཁྱེན་པར་སངས་རྒྱས་ནས། །མཁའ་མཉམ་སེམས་ཅན་དོན་མཛད་ལྟར། །དེ་བཞིན་བདག་གིས་དོན་བགྱིད་དོ། །ཀུན་ཀྱང་སངས་རྒྱས་ཐོབ་པར་ཤོག །སྟོང་པར་གྱུར་པའི་ངང་ལས་བཅོམ་ལྡན་འདས་བདེ་བ་ཆེན་པོའི་ལྷ་ཚོགས་མདུན་གྱི་ནམ་མཁར་སྤྱུངས། བཛྲ་ས་མ་ཛཿ བཅོམ་ལྡན་ཁྱེད་ནི་བྱོན་པ་ལེགས། །བདག་ཅག་བསོད་ནམས་སྐལ་བར་ལྡན། །བདག་གི་མཆོད་ཡོན་བཞེས་ནས་ཀྱང་། །འདི་ཉིད་དུ་ནི་བཞུགས་སུ་གསོལ། །པདྨ་ཀ་མ་ལ་ཡ་སྟྭཾ། ཛཿཧཱུྃ་བཾ་ཧོཿ བཅོམ་ལྡན་མགོན་པོ་དཔའ་བོ་ཆེན་པོ་ནི། །བསྐལ་པའི་མེ་དཔུང་ལྟ་བུར་རབ་ཏུ་འབར། །རལ་པའི་ཅོད་པན་དབུ་ཡི་རྒྱན་དུ་བཅིངས། །མཆེ་བ་རབ་གཙིགས་དྲག་ཤུལ་འཛིག་པའི་ཞལ། །དབུ་ལ་སྤྱན་གསུམ་གཟི་བརྗིད་ལྡན་པ་པོ། །དགྲ་སྟ་ཞགས་པ་ཁཊྭཱཾ་མདུང་རྩེ་བསྣམས། །རབ་འཛིགས་སྟག་གི་ལྤགས་

པ་སྐུ་ལ་གསོལ། །སྐུ་ཆེན་དམར་བ་དགེགས་དཔུང་འདུལ་ལ་བསྟོད། །ཤ་ཆེན་གསུར་གྱི་བདུག་སྤོས་དང་། །ཞུན་ཆེན་གསལ་བའི་མར་མེ་དང་། །བྱང་སེམས་དཀར་དམར་བདུད་རྩི་དང་། །རྡོ་རྗེ་དྲི་ཆེན་ཞལ་ཟས་དང་། །རྡོ་རྗེ་དྲི་ཆུའི་བདུད་རྩི་ཡིས། །བཅོམ་ལྡན་མགོན་པོ་དཔལ་པོ་ཆེ་ལ་མཆོད། །བསྐྱེད་པའི་ལྷ་ཚོགས་རང་ལ་ཐིམ་པར་གྱུར། ཨོཾ་ཨཱཿཧཱུྃ།

བདག་བསྐྱེད་བསྒྲུབ་པ་ནི། ཨོཾ་ཁཎྜ་རོ་ཧེ་ནི་ཧཱུྃ་ཧཱུྃ་ཕཊ། ཨོཾ་སྭ་བྷཱ་ཝ་ཤུདྡྷཿསརྦ་དྷརྨཱཿསྭ་བྷཱ་ཝ་ཤུདྡྷོ྅ཧཾ། སྟོང་པ་ཉིད་དུ་གྱུར། སྟོང་པའི་ངང་ལས་གཞལ་ཡས་ཀྱི་ཁང་པ་གྲུ་བཞི་སྒོ་བཞི་རྟ་བབས་བཞི་ཡིས་མཚན་པ། ཀ་བ་བཞི་བཞིས་བཏེག་པའི་རྟ་བབས་བང་རིམ་བརྒྱད་དང་ལྡན་པ། སེང་གེ་དང་། རི་དྭགས་དང་། ཆུ་སྲིན། གདུགས། རྒྱལ་མཚན་གྱིས་སྤྲས་པ། ནང་གི་ཁྱམས་ཀ་བ་བརྒྱད་དང་། སྟེང་རྡོ་རྗེའི་གདུང་བཅུ་དྲུག་གི་ཁོང་སེང་ནས། ཙོ་པ་ཏའི་ཁ་ནས་མུ་ཏིག་གི་ཆུན་འཕྱང་དང་། དྲ་བ་དྲ་ཕྱེད། དྲིལ་བུ་གཡེར་ཁས་བརྒྱན་པ། སྟེང་རྡོ་ཀྲ་མ་ཤཱིརྵ་ལས་གྲུབ་པ། བ་གམ་དང་པུ་ཤུས་ཡོངས་སུ་བསྐོར་བ། རིན་པོ་ཆེའི་ཏོག་གིས་མཚན་པ། གདུགས། རྒྱ་མཚན། བ་དན། དར་དཔྱངས་ཀྱིས་ཡོངས་སུ་སྤྲས་པ། རྩིག་པའི་ཕ་བར་སྣམ་བུ་དམར་པོ་ལ་གནས་པའི་ལྷ་མོ་རྣམས་ཀྱིས་མཆོད་པ་འབུལ་བའི་ཚུལ་གྱིས་གཙོ་བོ་ལ་གུས་པ། དེའི་ཕྱི་རོལ་དུ་མུ་ཏིག་གི་ཕྲེང་བའི་ར་བ། དེའི་ཕྱི་རོལ་དུ་པདྨའི་ར་བ། དེའི་ཕྱི་རོལ་དུ་རྡོ་རྗེའི་ར་བ། དེའི་ཕྱི་རོལ་དུ་དུར་ཁྲོད་ཀྱི་ར་བ། དེའི་ཕྱི་རོལ་དུ་བསྐལ་པའི་མེ་ཡི་ར་བས་ཡོངས་སུ་བསྐོར་བ། གཞལ་ཡས་ཁང་གི་ནང་དུ་ཆོས་ཀྱི་འབྱུང་གནས་གྲུ་གསུམ་པ། དེའི་དབུས་སུ་པདྨ་འདབ་མ་བརྒྱད་པའི་ལྟེ་བར་ཉི་མའི་སྟེང་དུ་བམ་དམར་སེར་ཡོངས་སུ་གྱུར་པ་ལས།

འཇིགས་བྱེད་སེར་མོ། དུས་མཚན་མ་དམར་མོ་གན་རྒྱལ་དུ་བསྐྱིལ་བའི་སྟེང་དུ། ཧཱུྃ་དམར་པོ། ཡོངས་སུ་གྱུར་པ་ལས། བཅོམ་ལྡན་འདས་བདེ་བ་ཆེན་པོ་སྐུ་མདོག་དམར་པོ་ཞལ་གསུམ་ཕྱག་དྲུག་སྤྱན་གསུམ་མཆེ་བ་བཞི་རབ་ཏུ་གཙིགས་ཤིང་ལྗགས་འདྲིལ་བ། དབུ་སྐྲ་རལ་པའི་ཕྱེད་སྤྱི་བོར་བཅིངས་ཤིང་ཟླ་ཕྱེད་རྡོ་རྗེས་བརྒྱན་པ། ཕྱག་དང་པོ་གཉིས་རྡོ་རྗེ་དྲིལ་བུ་བསྣམས་ཤིང་ཡུམ་ལ་འཁྱུད་པ། གཡས་ཀྱི་གཉིས་པ་ན་དགྲ་སྟ། གསུམ་པ་ན་ཞགས་པ། གཡོན་གྱི་གཉིས་པ་ན་ཁཊྭཱཾ་ག །གསུམ་པ་ན་མདུང་རྩེ། སྣང་ཆེན་གྱི་ལྤགས་པས་སྟོད་གཡོགས་ཤིང་། སྟག་གི་ལྤགས་པས་སྨད་དཀྲིས་བྱས་པ། ཞབས་གཉིས་རོ་བསྣོལ་བའི་སྟེང་ན་མནན་པ། སྐུ་ལ་དུར་ཁྲོད་ཀྱི་ཆས་བརྒྱད་ཀྱིས་བརྒྱན་པ། དེའི་པང་དུ་ཡུམ་རྡོ་རྗེ་ཕག་མོ་སྐུ་མདོག་དམར་མོ་ཞལ་གཅིག་ཕྱག་གཉིས་སྤྱན་གསུམ་མཆེ་བ་བཞི་ཙུང་ཟད་གཙིགས་པ། དབུ་སྐྲ་དམར་སེར་གྱེན་དུ་རྫེས་ཤིང་། ཐོད་སྐམ་ལྔ་ཡིས་དབུ་ལ་བརྒྱན་པ། ཐོད་རློན་ལྔ་བཅུའི་དོ་ཤལ་བྱས་པ། ཕྱག་གཡས་གྲི་གུག་ཡབ་ཀྱི་ཕྲག་གོང་གཡོན་དུ་ཕྱར་ཐབས་ཀྱིས་བཀྲུང་བ། གཡོན་པས་ཐོད་ཁྲག་མཆན་ཁུང་གཡས་ནས་སྐུ་རྒྱབ་ཏུ་ཡབ་ལ་སྟེར་བའི་ཚུལ་དུ་འཛིན་པ། ཕྱག་རྒྱ་ལྔ་དང་ལྡན་ཅིང་། ཞབས་གཉིས་ཡབ་དང་མཉམ་པ། དེའི་ཤར་དུ་རྡོ་རྗེ་མཁའ་འགྲོ་སྔོན་མོ། ནུབ་བྱང་དུ་རོ་ལངས་མ་སྣ་ཚོགས་མདོག །བྱང་ཤར་དུ་ཀེ་ལི་མ་དམར་སྐྱ། དེ་རྣམས་ཀྱང་ཕྱག་གཡས་རྡོ་རྗེ་དང་། ལྕག་ཀྱུ་དང་། རིན་པོ་ཆེ་དང་། ལྷོར་རིན་ཆེན་མཁའ་འགྲོ་སེར་མོ། ནུབ་ཏུ་པདྨ་མཁའ་འགྲོ་དམར་མོ། བྱང་དུ་ལས་ཀྱི་མཁའ་འགྲོ་ལྗང་གུ། ཤར་ལྷོར་གེང་ཟུས་མ་དཀར་མོ། ལྷོ་ནུབ་ཏུ་མཆེ་བ་ཅན་ནག་མོ། ནུབ་བྱང་དུ་རོ་ལངས་མ་སྣ་ཚོགས་མདོག །བྱང་

ཤར་དུ་ཀི་ལི་མ་དམར་སྐྱ། དེ་རྣམས་ཀྱང་ཕྱག་གཡས་རྡོ་རྗེ་དང་། ལྕགས་ཀྱུ་དང་། རིན་པོ་ཆེ་དང་། མདུང་ཐུང་དང་། གྲི་གུག་དང་། ཐོ་བ་དང་། རལ་གྲི་དང་། རྩེ་གསུམ་བསྣམས་ཤིང་། གཡོན་ཐོད་ཁྲག་ཐུགས་ཀར་འཛིན་པ། ཆ་ལུགས་ཡུམ་རྡོ་རྗེ་ཕག་མོ་དང་མཚུངས་པ། ཤར་སྒོར་རྡོ་རྗེ་ལྕགས་ཀྱུ་དཀར་པོ་ལྕགས་ཀྱུ་འཛིན་པ། ལྷོ་སྒོར་རྡོ་རྗེ་ཞགས་པ་སེར་པོ་ཞགས་པ་འཛིན་པ། ནུབ་སྒོར་རྡོ་རྗེ་ལྕགས་སྒྲོག་དམར་པོ་ལྕགས་སྒྲོག་འཛིན་པ། བྱང་སྒོར་རྡོ་རྗེ་དྲིལ་བུ་ལྗང་གུ་དྲིལ་བུ་འཛིན་པ། དེ་ཐམས་ཅད་ཀྱི་དཔྲལ་བར་ཨོཾ་དཀར་པོ། མགྲིན་པར་ཨཱཿདམར་པོ། ཐུགས་ཀར་ཧཱུྃ་སྔོན་པོ། ཐུགས་ཀའི་ཧཱུྃ་ལས་འོད་ཟེར་འཕྲོས་པས། ཆོས་ཀྱི་དབྱིངས་ནས་བཅོམ་ལྡན་འདས་ལ་སངས་རྒྱས་དང་བྱང་ཆུབ་སེམས་དཔའི་ཚོགས་ཀྱིས་བསྐོར་བ་སྤྱྲངས། བཛྲ་ས་མཱ་ཛཿ མ་ལུས་སེམས་ཅན་ཀུན་གྱི་མགོན་གྱུར་ཅིང་། །བདུད་སྡེ་དཔུང་བཅས་མི་ཟད་འཇོམས་མཛད་ལྷ། །དངོས་རྣམས་མ་ལུས་ཇི་བཞིན་མཁྱེན་གྱུར་པའི། །བཅོམ་ལྡན་འཁོར་བཅས་གནས་འདིར་གཤེགས་སུ་གསོལ། །བཅོམ་ལྡན་ཁྱེད་ནི་བྱོན་པ་ལེགས། །བདག་ཅག་བསོད་ནམས་སྐལ་བར་ལྡན། །བདག་གི་མཆོད་ཡོན་བཞེས་ནས་ཀྱང་། །འདི་ཉིད་དུ་ནི་བཞུགས་སུ་གསོལ། །པདྨ་ཀ་མ་ལ་ཡ་སྟྭཾ། ཛཿཧཱུྃ་བཾ་ཧོཿ གཉིས་སུ་མེད་པར་གྱུར། ཐུགས་ཀར་ཟླ་བའི་སྟེང་དུ་ཧཱུྃ་ཡིག་གི་མཐར། སྔགས་ཕྲེང་གིས་གཡོན་བསྐོར་དུ་འཁོར་བར་དམིགས་ལ། ཨོཾ་ཧྲི་ཧ་ཧ་ཧཱུྃ་ཧཱུྃ་ཕཊ། ཨོཾ་བཛྲ་བཻ་རོ་ཙ་ནཱི་ཡེ་ཧཱུྃ་ཧཱུྃ་ཕཊ་སྭཱ་ཧཱ། མཐར་གཞལ་ཡས་ཁང་ལྷ་དང་བཅས་པ་རང་ལ་ཐིམ། མི་དམིགས་པར་བཞག་པའོ། །

བུམ་པ། ཁཎྜ་རོ་ཧིས་བསང་། སྭ་བྷཱ་ཝས་སྦྱངས། སྟོང་པ་ཉིད་དུ་གྱུར། སྟོང་པའི་ངང་

ལས་རིན་པོ་ཆེའི་བུམ་པ་ཞབས་ཞུམ་པ། སྟོ་བ་ལྡིར་བ། མགྲིན་པ་ཕྲ་བ། མཆུ་འཕྱང་བ། ལྷ་རྫས་ཀྱི་གོས་ཀྱིས་མགྲིན་པ་དཀྲིས་པ། དཔག་བསམ་གྱི་ཤིང་གིས་ཁ་བརྒྱན་པ། བུམ་རྫས་དང་ལྡན་པ་ལྷའི་ཆུས་གང་བའི་དབུས་སུ། བཅོམ་ལྡན་འདས་ཀྱི་གཞལ་ཡས་ཁང་དཀྱིལ་འཁོར་གྱི་ལྷ་རྟེན་དང་བརྟེན་པར་བཅས་པ་སྐད་ཅིག་གིས་གསལ་བར་གྱུར། དེ་དག་གི་གནས་གསུམ་ནས་འོད་ཟེར་འཕྲོས། ཆོས་ཀྱི་དབྱིངས་ནས་བཅོམ་ལྡན་འདས་ལ་སངས་རྒྱས་དང་བྱང་ཆུབ་སེམས་དཔའི་ཚོགས་ཀྱིས་བསྐོར་བ་སྤྱན་དྲངས། བཛྲ་ས་མ་ཛཿ བུམ་པའི་ལྷ་དང་གཉིས་སུ་མེད་པར་གྱུར། ^{ཐུགས་བསྐྱང་།} མཐར་བུམ་ལྷ་ཞུ། བུམ་པའི་ཆུར་གྱུར་པའོ། །

མདུན་བསྐྱེད། ཨོཾ་ཁཊྭ་རཱ་ཧེ་ནི་ཧཱུཾ་ཧཱུཾ་ཕཊ། སྭ་བྷཱ་ཝ་ནས། ས་མ་ཛའི་བར་བདག་བསྐྱེད་བཞིན་བསྒྲུབ་པའོ། །ཇི་ལྟར་བལྟམས་པ་ཙམ་གྱིས་ནི། །ལྷ་རྣམས་ཀྱིས་ནི་ཁྲུས་གསོལ་ལྟར། །ལྷ་ཡི་ཆུ་ནི་དག་པ་ཡིས། །དེ་བཞིན་བདག་གིས་སྐུ་ཁྲུས་གསོལ། །ཨོཾ་སརྦ་ཏ་ཐཱ་ག་ཏ་ཨ་བྷི་ཥེ་ཀ་ཏ་ས་མ་ཡ་ཤྲཱི་ཡེ་ཧཱུཾ། ཞེས་དབང་བསྐུར་དྲི་མ་དག །ཆུའི་ལྷག་མ་ཡར་ལྷུད་པ་ལས་གཙོ་བོ་ཡབ་ཡུམ་ལ་རྣམ་པར་སྣང་མཛད་ཀྱིས་དབུ་བརྒྱན། འཁོར་གྱི་ལྷ་ལ་མི་བསྐྱོད་པ། རིན་ཆེན་འབྱུང་ལྡན་འོད་དཔག་མེད། དོན་ཡོད་གྲུབ་པ་རྣམས་ཀྱིས་དབུ་བརྒྱན། བཟླས་པ་བྱེད། མི་དམིགས་པའོ། །ཨོཾ་བཅོམ་ལྡན་མགོན་པོ་དཔའ་བོ་ཆེན་པོ་ནི། །བསྐལ་པའི་མེ་དཔུང་ལྟ་བུར་རབ་ཏུ་འབར། །རལ་པའི་ཅོད་པན་དབུ་ཡི་རྒྱན་དུ་བཅིངས། །མཆེ་བ་རབ་གཙིགས་དྲག་ཤུལ་འཛིགས་པའི་ཞལ། །དབུ་ལ་སྤྱན་གསུམ་གཟི་བརྗིད་ལྡན་པ་པོ། །དགྲ་སྟ་ཞགས་པ་ཁཊྭཱཾ་མདུང་རྩེ་བསྣམས། །རབ་འཇིགས་སྟག་གི་ལྤགས་པ་སྐུ་ལ་གསོལ། །སྐུ་མདོག་དམར་བ་མེ་འོད་རབ་ཏུ་འཁྲོ། །བཅོམ་ལྡན་བདེ་ཆེན་སྐུ་ལ་ཕྱག་འཚལ་

བསྟོད། །ཧཱུྃ། དཔལ་དང་ལྡན་པའི་བཅོམ་ལྡན་འདས་མ་ཁྱོད། །མཁའ་མཉམ་བདེ་བ་འགྲོ་བ་ཀུན་བདག་མོ། །ལོངས་སྤྱོད་སྒྱུ་མའི་གཟུགས་དང་ཆགས་པའི་མདངས། །མཁའ་འགྲོ་དྲ་བ་སྡོམ་ལ་ཕྱག་འཚལ་བསྟོད། །སྟོང་གསུམ་རྣམ་དག་སྟོང་གསུམ་ཞིང་ཁམས་ན། །མཆོད་ཡོན་ཇི་སྙེད་ཡོད་པ་རྣམས། །བདག་གིས་གུས་པར་བཤམས་པ་འདི། །ཇི་སྙེད་རྒྱལ་བ་སྲས་དང་བཅས། །དེ་སྙེད་རྣམས་ལ་བདག་འབུལ་ན། །ཐུགས་རྗེ་མངའ་བ་ཁྱེད་རྣམས་ཀྱིས། །ཅི་བདེ་བར་ནི་བཞེས་སུ་གསོལ། །ཨོཾ་སརྦ་ཏ་ཐཱ་ག་ཏ་ཨཀྲོཾ་པྲ་ཏཱིཙྪ་པཱུ་ཛ་མེ་གྷ་ས་མུ་དྲ་སྥ་ར་ཎ་ས་མ་ཡེ་ཨཱཿཧཱུྃ། དེ་བཞིན་དུ། པུཥྤེ། དྷཱུ་པེ། ཨཱ་ལོ་ཀེ། གནྡྷེ། ནཻ་ཝི་དྱ། ཤབྡའི་བར་བརྗོད། སྒེག་མོ་ཕྲེང་བ་གླུ་མ་གར། །སྤོས་དང་མེ་ཏོག་མར་མེ་དྲི། །ཕྱི་ནང་སྒེག་མོ་བརྒྱད་པོ་ཡང་། །བཅོམ་ལྡན་འཁོར་དང་བཅས་ལ་འབུལ། །བཞེས་ནས་བྱིན་གྱིས་བརླབ་ཏུ་གསོལ། །ནང་མཆོད་འབུལ། རྡོ་རྗེ་འཆང་ཆེན་པོའི་ཞལ་དུ་ཨོཾ་ཨཱཿཧཱུྃ། པཉྩ་ཨ་མྲྀ་ཏཿ ཀླ་ན་སིདྡྷིཿ ཧྲཛྲ་སངས་རྒྱས༔ ལབ་ཀྱི་སྒྲོན་མ༔ ཁམ་ཧྲུ་ཡ་ལེ༔ རྣལ་འབྱོར་ཏུས་པའི་རྒྱན་ཅན༔ སེམས་དཔའ་རང་བྱུང་རྡོ་རྗེ༔ རྟོགས་ལྡན་བསམ་གཏན་རིན་ཆེན༔ རྟོགས་ལྡན་ཀུན་དགའ་ཡེ་ཤེས༔ མཁས་གྲུབ་འཇམ་དཔལ་བཟང་པོ༔ རྗེ་བཙུན་འཇམ་དཔལ་རྒྱ་མཚོ༔ གཞན་ཡང་གང་འོས་ལ་འབུལ། མཐར་རང་གི་གནས་གསུམ་དུ་རིག་སྟེ་ལྡེ་ལ་བཞག །ལས་བུམ་དུ་པདྨ་ཉི་མའི་སྟེང་དུ། སྐད་ཅིག་གིས་ཁཎྜ་རོ་ཧི་ནག་མོ་ལམ་གྱིས་བསྐྱེད། སྐུ་མདོག་མཐིང་ནག་འཇིགས་པའི་གཟུགས། །མི་སྡུག་གཟུགས་ཅན་ཁྲོ་གཉེར་ཅན། །ཧམ་པའི་ང་རོ་འབྲུག་ལྟར་སྒྲོག །རབ་འཇིགས་ཁྲོ་མོའི་སྐུ་ལ་བསྟོད། །ཉེར་སྤྱོད་ལྔ་ཡི་མཆོད་པ་འབུལ། སྔགས་བགྲང་། མཐར་ལྷ་འོད་དུ་ཞུ། བུམ་པའི་ཆུར་གྱུར། སྐབས་འདིར་ཚོགས་བསྔོ་ཞིང་། ཚོགས་ཕུད་གཏོར་མ་ལ་སྦྲན་ལ་བསྔོ།

བདག་འཇུག་བླང་བ་ནི། སློབ་མ་ཁྲུས་བྱེད། ཕྱག་དང་མནྡལ་ཕུལ། གདན་ལ་འཁོད། ཆོས་བཤད་རྒྱུས་བསྡུས་སྐབས་དང་སྦྱར། དགའ་ཆེན་ཁྱོད་བདག་སྟོན་པ་སྟེ། །སློབ་དཔོན་ཁྱོད་ནི་དགོངས་སུ་གསོལ། །བྱང་ཆུབ་ཆེན་པོའི་ཚུལ་བསྟན་པ། །མགོན་པོ་ཆེན་པོ་བདག་འཚལ་ལོ། །དམ་ཚིག་དེ་ཉིད་བདག་ལ་སྩོལ། །བྱང་ཆུབ་སེམས་ཀྱང་བདག་ལ་སྩོལ། །སངས་རྒྱས་ཆོས་དང་དགེ་འདུན་ཏེ། །སྐྱབས་གསུམ་དག་ཀྱང་བདག་ལ་སྩོལ། །ཐར་པ་ཆེན་པོའི་གྲོང་མཆོག་ཏུ། །མགོན་པོས་བདག་ནི་འཇུག་པར་འཚལ། །ལན་གསུམ་བརྗོད། སོ་ཤིང་སྦྱིན་པ་ནི། སློབ་དཔོན་གྱིས་མནྡལ་བཟུང་། སོ་ཤིང་སོར་བཅུ་གཉིས་པ་རྩེ་མོ་སོས་ནེམ་བྱས་ནས། ཨོཾ་བཛྲ་ཧ་ས་ཧ་བྱས་ཏེ་མནྡལ་སྟེང་དུ་དོར། ཞི་རྒྱས་དབང་དྲག་སོགས། སྐྱུད་པ་དམར་པོ་སུམ་སྒྲིལ། རྡོ་རྗེའི་སྔགས་མདུད་དང་བཅས་ཏེ། སྐྱེས་པའི་གཡོན། བུད་མེད་ཀྱི་གཡས་སུ་འདོགས། ཨོཾ་བུདྡྷ་མཻ་ཏྲི་སརྦ་རཀྵ་རཀྵ་སྭཱ་ཧཱ། མདུད་མཚམས་སུ་བུམ་ཆུ་བྱུག །རྡོ་རྗེས་བྱིན་གྱིས་རླབས། སྐྲོར་ཆུ་བླུད། ཨོཾ་ཧྲཱིཿབི་ཤུདྡྷ་ཤུད་ག་ཏེ་ཁ་ཁ། ཀུ་ཤ་སྦྱིན་པ་ནི། ཆེ་ཆུང་གཉིས་བྱས་ཏེ། ཆེ་བ་གཡས། ཆུང་བ་གཡོན་དུ་གཏད། བཛྲ་ཏིཀྵྞ་བཾ། ཆེ་བ་གདན། ཆུང་བ་སྔས་བྱེད། ཐི་ལམ་བརྟག །བུ་ཚུར་ཐེག་པ་ཆེན་པོ་ཡི། །ཁྱོད་ནི་ཚུལ་ཆེན་སྣོད་ཡིན་ཏེ། །ཚོ་ག་བཟང་པོ་འདི་བཤད་པས། །བུ་ཡི་བློ་གྲོས་འདི་ཀྱིས་ཤིག །ཡིས་ཡོལ་བ་ཕྱི་འཇུག་སོང་། ཞག་གིས་བར་ཆོད་ན། ཁྲུས་བྱེད། ཕྱག་དང་མནྡལ་ཕུལ། དཀོན་མཆོག་གསུམ་ལ་བདག་སྐྱབས་མཆི། །སྡིག་པ་མི་དགེ་སོ་སོར་བཤགས། །འགྲོ་བའི་དགེ་ལ་རྗེས་ཡིད་རང་། །སངས་རྒྱས་བྱང་ཆུབ་ཡིད་ཀྱིས་བཟུང་། །སངས་རྒྱས་ཆོས་དང་ཚོགས་མཆོག་ལ། །བྱང་ཆུབ་བར་དུ་སྐྱབས་སུ་མཆི། །རང་གཞན་དོན་ནི་རབ་སྒྲུབ་ཕྱིར། །བྱང་ཆུབ་སེམས་ནི་བསྐྱེད་པར་བགྱི། །བྱང་ཆུབ་མཆོག་གི་སེམས་ནི་བསྐྱེད་བགྱིས་ནས། །སེམས་ཅན་ཐམས་ཅད་བདག་གི་མགྲོན་དུ་གཉེར། །བྱང་ཆུབ་སྤྱོད་མཆོག་ཡིད་འོང་སྤྱད་པར་བགྱི། །འགྲོ་ལ་ཕན་ཕྱིར་སངས་རྒྱས་འགྲུབ་

པར་ཕོག །ཁྲུམ་ཆུས་བསང་། ཁྱེད་རང་ཡི་དམ་འཁོར་ལོ་བདེ་མཆོག་སྐུ་མདོག་དམར་པོ་གཅིག་ཏུ་ལམ་གྱིས་གསལ་བར་སྒོམས། གནས་གསུམ་དུ་དྲིའི་ཆུས་རེག་ཅིང་། ཨོཾ་ཨཱཿཧཱུྃ། ཧཱུྃ་ཨཱཿཧཱུྃ་ཨོཾ། མཆོད་པ་ཕུལ་ཏེ། ཨརྒྷཾ། པུཥྤེ། དྷཱུ་པེ། ཨཱ་ལོ་ཀེ། གནྡྷེ། ནཻ་ཝི་དྱེ། ཤབྡ་ཨཱཿཧཱུྃ། དཀྱིལ་འཁོར་མ་མཐོང་བའི་བརྡར་གདོང་གཡོགས་བཅིང་སྐམ་པ་གྱིས། ཨོཾ་ཙཀྵུ་བནྡྷ་ཕ་ར་ཎ་ཊ་ཡ་ཧཱུྃ། མེ་ཏོག་གཏད། ཨཱ་ཕཾ་བཱི་ར་ཧཱུྃ། དཀྱིལ་འཁོར་གྱི་ཤར་སྒོ་ནས་ཞུགས། ཤར་སྒོའི་ལྷ་ཚོགས་ལ་ཐལ་མོ་སྦྱར་ཏེ་ཕྱག་འཚལ། ན་མོ་ཏེ་ཧཱུྃ། ན་མོ་མེ་ཧཱུྃ། ན་མོ་ན་མཿཧཱུྃ། ཤར་སྒོའི་ལྷ་ལ་གཡས་བསྐོར་གཅིག་བྱས། ལྷོ་སྒོ་ནས་ཞུགས་ཏེ། ལྷོ་སོགས་གོང་བཞིན། ནུབ། བྱང་། དེ་ནས་དབུས་ཀྱི་ལྷ་ལ་གོང་བཞིན་ནོ། །སྨོན་པ་བཟུང་སྟེ། སློབ་དཔོན་བདག་ལ་དགོངས་སུ་གསོལ། །བདག་མིང་༔ བྱང་ཆུབ་སྙིང་པོར་མཆིས་ཀྱི་བར། །བྱང་ཆུབ་ཏུ་ནི་ངེས་མཛད་པ། །བྱང་ཆུབ་སེམས་ནི་བླ་ན་མེད། །དམ་པ་བདག་གིས་བསྐྱེད་པར་བགྱི། །ཚུལ་ཁྲིམས་ཀྱི་ནི་བསླབ་པ་དང་། །དགེ་བའི་ཆོས་ནི་བསྡུད་པ་དང་། །སེམས་ཅན་དོན་བྱེད་ཚུལ་ཁྲིམས་གསུམ། །སོ་སོར་བརྟན་པོར་གཟུང་བར་བགྱི། །རྡོ་རྗེ་རིན་ཆེན་པདྨ་དང་། །ལས་ཀྱི་རིགས་དང་སངས་རྒྱས་རིགས། །དེང་ནས་བཙམས་ཏེ་ནམ་དུ་ཡང་། །གཏོང་བར་བྱ་བ་མ་ཡིན་ནོ། །སྙིང་གར་རྡོ་རྗེ་བཟུང་སྟེ། སྙིང་གར་ཀུན་རྫོབ་བྱང་ཆུབ་སེམས་ཀྱི་ངོ་བོ་ཟླ་བའི་དཀྱིལ་འཁོར་ཉ་གང་བའི་སྟེང་དུ། དོན་དམ་བྱང་ཆུབ་སེམས་ཀྱི་ངོ་བོ་རྡོ་རྗེ་དཀར་པོ་རྩེ་ལྔ་པ་འོད་ཟེར་འཕྲོ་བ་དང་བཅས་པ་ཞིག་སྒོམས། ཏ་སིདྡྷི་བཛྲ་ཡ་སྟྭ་སུ་ཁཾ། ངེས་བརྟན་པའོ། །དམ་བཞག་ནི། ཐལ་མོ་མགོར་བཞག །དུས་འདི་ནས་ནི་བུ་ཁྱོད་ཀྱི། །རྡོ་རྗེ་འཛིན་པ་ང་ཡིན་གྱིས། །ང་ཡིས་བསྒོ་བ་བཞིན་བྱ་དགོས་སོ། །བསྒོ་བ་བཞིན་མ་བྱས་ན་མི་བདེ་བ་མ་སྤངས་པར་ཆེས་དུས་བྱས་ཏེ་ཉམས་

པར་གྱུར་ཏ་རེ། བུམ་ཆུ་བླུད། འདི་ནི་ཁྱོད་ཀྱི་དམ་ཚིག་ཆུ། །འདས་ན་རང་རྒྱུད་བསྲེག་པར་འགྱུར། །བསྲུངས་ན་དངོས་གྲུབ་ཐོབ་པའོ། །ཨ་མྲི་ཏ་ད་ཀ། ཡེ་ཤེས་པབ་སྟེ། རང་གི་ལྟེ་བར་མེ་རབ་ཏུ་འབར་བའི་སྤྱི་བོར་ཐིག་ལེ་ཞུ་ནས། ལུས་ཀྱི་ནང་ཐམས་ཅད་གང་བའི་མོས་པ་གྱིས། ཨཱ་བེ་ཤ་ཡ་ཨ་ཨ། ཧོཾ་ཧོཾ། རོལ་མོ་དྲག་ཏུ་དཀྲོལ། རྡོ་རྗེ་མགོར་བཞག །ཏིཥྛ་བཛྲ། དཀྱིལ་འཁོར་ཁ་དོག་བརྟག །མེ་ཏོག་འཐོར། པྲ་ཏཱིཙྪ་ཧོཿ སྐར་མེ་ཏོག་གཏད། དཀྱིལ་འཁོར་ལྷ་ཡིས་རྗེས་བཟུང་མཛོད། གདོང་གཡོགས་བསལ། པ་ཏྲ་ལམ་ཧྲཱིཿ དཀྱིལ་འཁོར་ལྷ་ཞལ་བསྟན།

དངོས་གཞི་མཉྫལ་ཕུལ། སློབ་དཔོན་རྡོ་རྗེ་འཛིན་རྒྱལ་པོ། །བདུད་རྩི་ཡེ་ཤེས་ལྷ་ཡི་དབང་། །སྨིན་བྱེད་རིམ་པ་བསྐུར་དུ་གསོལ། །བུམ་པ་སྤྱི་བོར་བཟུང་། ཨོཾ་བཛྲ་ཨ་བྷི་ཥིཉྩ་ཧཱུཾ། ཇི་ལྟར་བལྟམས་པ་སོགས། བུམ་ཆུ་བླུད། དེས་ཞེ་སྡང་དག །མི་བསྐྱོད་པས་དབུ་བརྒྱན་པའོ། །གསོལ་བ་བཏབ། ཅོད་པན་སྤྱི་བོར་བཟུང་། ཨོཾ་རཏྣ་ཨ་བྷི་ཥིཉྩ་ཧྲཱྃ། ཇི་ལྟར་སོགས། ང་རྒྱལ་དག །རིན་འབྱུང་༔ རྡོ་རྗེ་མགོར་བཟུང་། ཨོཾ་པདྨ། ཧྲཱིཿ ཇི་ལྟར༔ འདོད་ཆགས༔ འོད་དཔག་མེད༔ དྲིལ་བུ་གཏད། ཀརྨ་ཨཿ ཇི་ལྟར༔ ཕྲག་དོག༔ དོན་གྲུབ༔ རྡོ་རྗེ་དྲིལ་བུ་སྤྱི་བོར་བཟུང་། བུདྡྷ༔ ཨོཾ། ཀྱཻ་དཔལ་གསང་མཚན་ནོ། །ཇི་ལྟར༔ གཏི་མུག༔ རྣམ་སྣང་༔ བུམ་དབང་ལ་བརྟེན་ནས་རིག་པའི་དབང་བསྐུར་བ་ཐོབ། བསྐྱེད་རིམ་བསྒོམ་པ་ལ་དབང་། སྤྲུལ་པའི་སྐུ་ཐོབ་པའོ། །མཉྫལ། གསོལ་བཏབ། ཐོད་པ་སྤྱི་བོར་བཟུང་། ཡེ་ཤེས་བདུད་རྩི་ཐོད་པའི་དབང་། །ཁྱོད་ཀྱིས་ཡང་དག་བླང་བར་གྱིས། །ནང་མཆོད་བླུད། ཨོཾ་ཧྲཱིཿཧ་ཧ་ཧཱུཾ་ཧཱུཾ་ཕཊ། བཛྲ་བེ་རོ་ཙ་ནི་ཡེ་ཧཱུཾ་ཧཱུཾ་ཕཊ། རྩ་གནས་ཐམས་ཅད་དུ་བདེ་གསལ་གྱིས་ཁྱབ་པར་སྒོམས་ཤིག །ངག་གི་སྒྲིབ་པ་དག་ནས་རྩ་རླུང་ཐིག་ལེ་བསྒོམ་པ་ལ་དབང་། ལོངས་སྐུ་ཐོབ་པའོ། །མཉྫལ་གསོལ་བཏབ། མེ་ལོང་སྤྱི་བོར་བཟུང་། ཞེས་

རབ་ཡེ་ཤེས་མེ་ཡོང་དབང་། །ཁྱོད་ལ་ཡང་དག་བསྐུར་བར་བྱ། །ཁྱོད་ཀྱིས་རྟག་ཏུ་འཆང་བར་གྱིས། །མེ་ལོང་གི་དཀྱིལ་འཁོར་ལས་དཀྱིལ་འཁོར་གཉིས་པ་ཆད། ཁྱེད་རང་གི་སྙིང་གར་ཐིམ། དགའ་བ་བཞི་རྒྱུད་ལ་སྐྱེས། ཆོས་སྐུ་ཐོབ་པའོ། །མཉྟལ་ཕྱུལ། ཆོས་ཐམས་ཅད་སྟོང་ཞིང་བདག་མེད་པ། ངོ་བོ་ཉིད་ཀྱི་སྐྱ་དངས་བཟུང་མེད་པ་ངོ་ཤེས་པར་གྱིས་ཤིག །སློབ་དཔོན་གྱི་དབང་གི་དོན་དུ་མཉྟལ་ཕྱུལ། བུམ་པ་སྤྱི་བོར་བཟུང་། སངས་རྒྱས་ཀུན་གྱི་བུམ་པའི་དབང་། །དེ་རིང་ཁྱོད་ལ་བསྐུར་བར་བྱ། །སངས་རྒྱས་ཀུན་ཏུ་རབ་སྒྲུབ་ཕྱིར། །བུམ་པའི་དབང་ནི་ཁྱོད་ལ་བསྐུར། །ཇི་ལྟར་བལྟམས་པཿ བུམ་ཆུ་བླུད། མེ་ཏོག་འཐོར། ཆུ་ལྷག་མ་ཡར་ལུད་པ་ལས་མི་བསྐྱོད་པས་དབུ་བརྒྱན་པའོ། །དམ་ཚིག་གསུམ། རྡོ་རྗེ་གཡས་སུ་གཏད། ཧཱུྃ། རྡོ་རྗེ་ཐུགས་ཀྱི་དམ་ཚིག་གི་བྲུང་ཞིག །དྲིལ་བུ་གཡོན་དུ་གཏད། ཨཿ དྲིལ་བུ་གསུང་གི་དམ་ཚིག་བྲུང་ཞིག །རྣལ་འབྱོར་མའི་སྐུ་གཏད། ཨོཾ། སྐུའི་དམ་ཚིག་བྲུང་ཞིག །ཐུགས་ཀྱི་བརླས་ལུང་བྱ། མེ་ཏོག་འཐོར། ལུང་བསྟན། ཆོས་གོས་རི་དྭགས་ཀྱི་རྣ་བ་ལྟར་བྱས། ཨ། སྲིད་པ་ངོ་བོ་ཉིད་ཀྱི་བདག །ངོ་བོ་ཉིད་ཀྱིས་སྲིད་ཐལ་བྱེད། །རང་བཞིན་དག་པའི་སེམས་དཔའ་ནི། །སྲིད་པའི་མཚོ་ལས་སྒྲོལ་བར་འགྱུར། །མ་འོངས་པའི་དུས་སུ་དེ་བཞིན་གཤེགས་པར་འགྱུར་རོ། །ཨོཾ་སརྦ་ཧྲུར་ཧྲུ་ཕཊ་སྭཱ་ཧཱ་དབུགས་དབྱུང་བ་ནི། འདིའི་སྒོ་ནས་དབང་བསྐུར་བ་དང་། ལུང་བསྟན་པ་ལ་དབང་བ་ཡིན་ནོ། །གཟེངས་བསྟོད་པ་ནི། འཆད་པ་དང་། རྩོད་པ་དང་། རྩོམ་པ་ལ་དབང་བསྐུར་བ་ཡིན་པས། སློབ་མ་ཡང་དག་པར་བསྟུ་བར་གྱིས་ཤིག །

ཐིག་ལེའི་དབང་ནི། སློབ་མ་དཀྱིལ་ཀྱུང་བཅའ། སྐལ་ཚོགས་བསྲུང་། ལྟེ་བའི་དབུས་སུ་སེམས་ཀྱི་ངོ་བོ་ཐིག་ལེ་བྱ་མ་གསར་གྱི་སྒོ་ང་ཙམ་དཀར་བ་དམིགས། དཔོན་སློབ་གཉིས་ཀས་ཕཊ་ཀྱིས་སྨྲར། བཅོམ་ལྡན་འདས་ཀྱི་ཐུགས་ཀར་ཐིམ། བཅོམ་ལྡན་འདས་འོག་མིན་དུ

སངས་རྒྱས་པར་བསམ། ཅི་གནས་ལ་བཞག །དེ་ནས་ཐབ། གཏོར་མ་ལ་བརྟེན་ནས་དབང་བསྐུར་ན། ཁྲུས། ཕྱག །མཎྜལ། གསོལ་བཏབ། ཡེ་ཤེས་ཕབ་པ་བྱེད། གཏོར་མ་སྤྱི་བོར་བཞུང་། བཅོམ་ལྡན་འདས་ཀྱི་སྐུ་ལས་སྐུ་འཕྲོས། ཁྱེད་རང་གི་ལུས་ལ་ཐིམ། གསུང་ལས་ཐུགས་འཕྲོས། ངག་ལ་ཐིམ། ཐུགས་ལས་ཕྱག་མཚན་འཕྲོས། ཐུགས་ཀར་ཐིམ། ནང་མཆོད་ཕྲུད། བཞི་པ་ལྷ་བསྟིམ། མེ་ཏོག་འཐོར། ཐིག་ལེ་གོང་ལྟར། གཙོ་བོས་ཇི་ལྟར་བཀའ་སྩལ་པ། །དེ་དག་ཐམས་ཅད་བདག་གིས་བགྱིད། །མཎྜལ་ཕུལ། ཚོགས་ལ་ལོངས་སྤྱོད། ལྷག་མ་བསྔུ། ཚུ་གཙང་བྲན། དཔལ་འབར་འཇུགས། ཨ་ཀཱ་རོས་བྱིན་གྱིས་རླབས། ཧཱུཾ་ཀཱ་ཀ་སྭཱ་ཧཱ། ལྷག་མ་ཕྱི་རོལ་དུ་དོར། རོལ་མོ་བྱ། སྟོད་ཚུ་གཙང་གིས་བཤལ། ཁ་སྦྱབ། ཚོ་ག་ལྷག་ཆད་ཅི་མཆིས་པ། །དེ་ཀུན་མགོན་པོས་བཟོད་པར་མཛོད། །ཡིག་བརྒྱས་ཁ་བསྐང་། བཀའ་བརྒྱུད་བླ་མའི་བཀྲ་ཤིས་ཤོག །དཀྱིལ་འཁོར་ལྷ་ཡིཿ ཆོས་སྐྱོང་སྲུང་མའིཿ ཡེ་ཤེས་པ་རང་གནས་སུ་གཤེགས། དམ་ཚིག་པ་རང་ལ་ཐིམ་པར་གྱུར། རྟེན་ཡོད་ན་བརྟན་བཞུགས་བྱེད། ཨོཾ། ཁྱེད་ཀྱིས་སེམས་ཅན་དོན་ཀུན་མཛད། །རྗེས་སུ་མཐུན་པའི་དངོས་གྲུབ་སྩོལ། །སངས་རྒྱས་ཞིང་དུ་གཤེགས་སུ་གསོལ། །སངས་རྒྱས་ཞིང་དུ་གཤེགས་ནས་ཀྱང་། །སེམས་ཅན་རྣམས་ཀྱི་དོན་སླད་དུ། །སླར་ཡང་འབྱོན་པར་མཛད་དུ་གསོལ། །བཛྲ་མུཿཆོས་དབྱིངས་བྱང་ཆུབ་སེམས་ཀྱི་དཀྱིལ་འཁོར་དུ། །བདག་སོགས་སེམས་ཅན་ཐམས་ཅད་ཀྱིས། །དུས་གསུམ་བསགས་དང་རྫོགས་པ་ཡིས། །འགྲོ་དྲུག་སེམས་ཅན་མ་ལུས་པ། །སྐུ་ལྔ་ཡོངས་རྫོགས་སངས་རྒྱས་འགྲུབ་པར་ཤོག །གཙོད་གདན་ཐོག་གཅིག་མའི་ཁྲིད་ཡིག་ཐྲིན་ལས་རྒྱ་མཚོ་ལས། རྒྱ་མཚོ་ལྷ་བུའི་དབང་གབ་པ་མངོན་བྱུང་གི་ནང་བཀའ་བདེ་བ་ཆེན་པོའི་སྒྲུབ་ཐབས་འདི། དད་ལྡན་རྣམས་ཀྱིས་བསྐུལ་བའི་ངོར་ཤཱཀྱའི་དགེ་སློང་ཀྲེ་འོ་ཆོས་ཀྱི་རྒྱ་མཚོ་ཞེས་བྱ་བས། དབེན་གནས་ཆེན་པོ་ཨ་ས་རི་ཁྲོད་དུ་སྦྱར་བའོ། །དགེ་བ་མ་རྒན་རྣམས་ལ་བསྔོ། བཀྲ་ཤིས་དཔལ་འབར་འཛམ་གླིང་རྒྱལ་བའི་རྒྱན་དུ་ཤོག །ལྟན་ཐབས་ཀྱི་ཡིག་ཆུང་ངོ༎ ༎

༄༅། །དཀྱིལ་མཛད་རྡོ་རྗེ་མཆོད་ཆ་ཅན་ལྷ་བཅུ་གསུམ་གྱི་
སྒྲུབ་ཐབས་བཞུགས་སོ། །

བླ་མ་དང་དཀྱིལ་མཛད་རྡོ་རྗེ་ལ་ཕྱག་འཚལ་ལོ། །དཔལ་དཀྱིལ་མཛད་རྡོ་རྗེའི་སྒྲུབ་ཐབས་འདི་ལ། གནས་དུར་ཁྲོད། བས་མཐའ། ཤིང་གཅིག་གམ། དབེན་ཞིང་ཡིད་དང་མཐུན་པར་ཆག་ཆག་བཏབ་ཅིང་བྱི་དོར་བྱེད། ཡོལ་བ། བླ་རེས། རྟེན་བཀྲམ་པ་བྱས་ཤིང་། གཏོར་མ་གསུམ་དང་དབང་གཏོར་རླུམ་པོ་སྤེར་དཀར་དུ་འཇུག །གཏོར་འདབ་ཀྱིས་བསྐོར་ཞིང་དཀར་དམར་གྱིས་བརྒྱན། གཏོར་མ་གསུམ་པོ་དཀྱིལ་འཁོར་གྱི་གོང་དུ་བཤམ། དབང་གཏོར་མཆོད་ཁར་བྱུར་དུ་བཤམ། དཀྱིལ་འཁོར་གྱི་དབུས་སུ་མཆོད་ཁར་བུམ་པ་མཚན་ཉིད་དང་ལྡན་པ་མགུལ་ཆིངས་ཁ་རྒྱན། བུམ་སྣན། རྫས་གསུམ་གཉིས་ཅམ་གང་བ་བཞག །བུམ་པའི་ཁར་ཐོད་པ་བདུད་རྩིས་གང་བ་བཞག །ཐོད་པའི་ཁར་མེ་ལོང་ལ་སིནྡྷུ་རའི་དཀྱིལ་འཁོར་བྲིས་ཏེ་བཞག །དར་དམར་པོའམ། སེར་པོས་ཞལ་ཁེབས་བྱེད། དཀྱིལ་འཁོར་གྱི་མཐར་མཆོད་པས་བསྐོར། དཀྱིལ་འཁོར་གྱི་གཡས་གཡོན་དུ་ཅི་རིགས་ཤིང་ཏ་ལ་ཕྱུག་ཏུ་དང་། རྔ་ལ། མ་དུ་ན་བཞག །དཀྱིལ་འཁོར་གྱི་ཤར་དུ་རྡོ་རྗེ། སྣོར་ཙོད་པན། ནུབ་ཏུ་པདྨ། བྱང་དུ་དྲིལ་བུ་བཞག །རང་ཉིད་བདེ་བའི་སྟན་ལ་སྡད། མདུན་དུ་སྡིགས་ཀྱི་ཁར། ཕྱག་མཆོད། ཉ་དྲིལ། ལས་བུམ་བཞག །ཨོཾ་ཧྲཱྀ་སྟྭ་རི་ཧཱུྃ་ཧཱུྃ་ཕཊ། ཨོཾ་སྭ་བྷཱ་ཝ་ཤུདྡྷཿསརྦ་དྷརྨཱཿསྭ་བྷཱ་ཝ་ཤུདྡྷོ྅ཧཾ། སྟོང་པར་གྱུར་པའི་ངང་ལས་ཡཾ་ལས་རླུང་གི་དཀྱིལ་འཁོར་སྔོན་པོ་གཞུའི་དབྱིབས་ཅན། ཆངས་བཟུང་ལ་ཡཾ་དང་། མཆོག་མ་གཉིས་ལ་གཡོ་བའི་བ་དན་གྱིས་མཚན་པ། དེའི་སྟེང་དུ་རཾ་ལས་མེའི་དཀྱིལ་འཁོར་དམར་པོ་རཾ་གྱིས་མཚན་པ། དེའི་སྟེང་དུ་ཀཾ་གསུམ་ལས་ཐོད་པའི་སྒྱེད་བུ་གསུམ་གྱི་སྟེང་དུ། ཨ་ལས་ཀ་པ་ལ་ཕྱི་དཀར་ལ་ནང་དམར་བ་ཡངས་ཤིང་རྒྱ་ཆེ་བ། དེའི་དབུས་སུ་མུ་ལས་དྲི་ཆུ་བིནྡྷུ་ལྔ་བུ། ཤར་

ཏུ་བེ་ལས་དྲི་ཆེན་ཤེལ་ལྟ་བུ། ལྷོར་ར་ལས་རཀྟ་གསེར་བཙོ་མ་ལྟ་བུ། ནུབ་ཏུ་ཤུ་ལས་བྱང་སེམས་དཀར་དམར། བྱང་དུ་མ་ལས་ཀླད་པ། སྣར་ཡང་དབུས་སུ་ན་ལས་མིའི་ཤ །ཤར་ལྷོར་གོ་ལས་བ་ལང་གི་ཤ །ལྷོ་ནུབ་ཏུ་ཀུ་ལས་ཁྱིའི་ཤ །ནུབ་བྱང་དུ་ད་ལས་གླང་པོ་ཆེའི་ཤ །བྱང་ཤར་དུ་ཧ་ལས་རྟའི་ཤ །དེ་རྣམས་སྣར་ཡང་ཡི་གེ་དེ་དག་གིས་མཚན་པའོ། །རང་གི་སྣ་བུག་ནས་རླུང་བྱུང་། རླུང་གིས་བདན་བསྐྱོད། རླུང་གཡོས། མེ་སྦར། ཐོད་པ་དྲོས། རྫས་རྣམས་ཁོལ། ཉེས་པའི་སྐྱོན་རྣམས་ཕྱིར་ལུད། དེའི་སྟེང་དུ་ཨོཾ་ཨཱཿཧཱུྃ་ལས་འོད་ཟེར་འཕྲོས། དེ་བཞིན་གཤེགས་པ་ཐམས་ཅད་ཀྱི་ཐུགས་ཀ་ནས་ཡེ་ཤེས་ཀྱི་བདུད་རྩི་བཀུག །དམ་ཚིག་གི་བདུད་རྩི་དང་གཉིས་སུ་མེད་པར་འདྲེས། ཡེ་ཤེས་ཀྱི་བདུད་རྩིའི་རྒྱ་མཚོ་ཆེན་པོར་གྱུར། ཨོཾ་ཨཱཿཧཱུྃ། དཀར་གཏོར་ལ་ཆུ་གཙང་བྲན། ཨོཾ་ཝཛྲ་རི་ཧཱུྃ་ཧཱུྃ་ཕཊ། ཨོཾ་སྭ་བྷཱ་ཝ་ཤུདྡྷཿསརྦ་དྷརྨཱཿསྭ་བྷཱ་ཝ་ཤུདྡྷོ྅ཧཾ། སྟོང་པ་ཉིད་དུ་གྱུར། སྟོང་པའི་ངང་ལས་གཏོར་མ་དངས་ཤིང་ཐོགས་པ་མེད་པ་ནམ་མཁའ་དང་མཉམ་པར་གྱུར། ཕྱོགས་སྐྱོང་བཅུ། ལྷ་ཆེན་བརྒྱད། ཀླུ་ཆེན་བརྒྱད། གནོད་སྦྱིན་གྱི་དེད་དཔོན་བརྒྱད། སྲིན་པོའི་ཚོགས་རྣམས་མ་ལུས་དང་། །འབྱུང་པོའི་ཚོགས་རྣམས་མ་ལུས་དང་། །ཤ་ཟའི་ཚོགས་རྣམས་མ་ལུས་དང་། །ཡི་དྭགས་ཚོགས་རྣམས་མ་ལུས་དང་། །མ་མོའི་ཚོགས་རྣམས་མ་ལུས་དང་། །མཁའ་འགྲོའི་ཚོགས་རྣམས་མ་ལུས་དང་། །དེ་ལ་སོགས་ཏེ་འབྱུང་པོའི་ཚོགས། །མ་ལུས་ཇི་སྙེད་ཡོད་པ་རྣམས། །མཆོད་སྦྱིན་གཏོར་མ་འདི་བཞེས་ལ། །རྣལ་འབྱོར་བདག་ཅག་འཁོར་བཅས་ལ། །ནད་མེད་ཚེ་དང་དབང་ཕྱུག་དང་། །དཔལ་དང་གྲགས་དང་སྐལ་བ་བཟང་། །ལོངས་སྤྱོད་རྒྱ་ཆེན་ཀུན་ཐོབ་ཅིང་། །ཞི་དང་རྒྱས་ལ་སོགས་པ་ཡི། །ལས་ཀྱི་དངོས་གྲུབ་

བདག་ལ་སྟོལ། །དམ་ཚིག་ཅན་གྱིས་བདག་ལ་སྲུངས། །དངོས་གྲུབ་ཀུན་གྱི་སྟོང་གྲོགས་མཛོད། །དུས་མིན་འཆི་དང་ནད་རྣམས་དང་། །གདོན་དང་བགེགས་རྣམས་མེད་པར་མཛོད། །རྨི་ལམ་ངན་དང་མཚན་མ་ངན། །བྱ་བྱེད་ངན་པ་མེད་པར་མཛོད། །འཇིག་རྟེན་བདེ་ཞིང་ལོ་ལེགས་དང་། །འབྲུ་རྣམས་འཕེལ་ཞིང་ཆོས་འཕེལ་དང་། །བདེ་ལེགས་ཕུན་སུམ་ཚོགས་པ་ཡིས། །ཡིད་ལ་འདོད་པ་ཀུན་འགྲུབ་མཛོད། །གཏོར་མ་གཙང་སར་སྐྱེལ། རོལ་མོ་བྱེད། བསྲུང་འཁོར་བསྒོམ། བདག་གཞན་མ་ཚོགས་ནམ་མཁའི་མཐའ་དང་མཉམ་པའི་སེམས་ཅན་ཐམས་ཅད། དཔལ་ལྡན་བླ་མ་དམ་པ་རྣམས་ལ་སྐྱབས་སུ་མཆིའོ། །སངས་རྒྱས་ལཿ ཆོས་ལཿ དགེ་འདུན་ལཿ བཅོམ་ལྡན་འདས་དགྱེས་མཛད་རྡོ་རྗེའི་ལྷ་ཚོགས་རྣམས་ལཿ འགྲོ་རྣམས་བསྒྲལ་འདོད་བསམ་པ་ཡིས། །སངས་རྒྱས་ཆོས་དང་དགེ་འདུན་ལ། །བྱང་ཆུབ་སྙིང་པོར་མཆིས་ཀྱི་བར། །རྟག་པར་བདག་ནི་སྐྱབས་སུ་མཆི། །ཤེས་རབ་སྙིང་བརྩེ་དང་བཅས་པས། །བརྩོན་པས་སེམས་ཅན་དོན་དུ་བདག །སངས་རྒྱས་མདུན་དུ་གནས་བཅས་ཏེ། །རྫོགས་པའི་སངས་རྒྱས་ཐོབ་པར་བྱ། །མདུན་གྱི་ནམ་མཁའི་གནས་སུ་དགྱེས་མཛད་རྡོ་རྗེའི་ལྷ་ཚོགས་ཚུ་ལ་ཉ་འཕར་གྱི་ཚུལ་དུ་སྤྱན་དྲངས། བཛྲ་ས་མཱ་ཛཿ སངས་རྒྱས་ཐམས་ཅད་འདུས་པའི་སྐུ། །རྡོ་རྗེ་འཛིན་པའི་ངོ་བོ་ཉིད། །དཀོན་མཆོག་གསུམ་གྱི་རྩ་བ་སྟེ། །བླ་མ་རྣམས་ལ་ཕྱག་འཚལ་བསྟོད། །ཨོཾ་བཛྲ་ཨརྒྷཾ་ཨཱཿཧཱུྃ། པུཥྤེ། དྷཱུ་པེ། ཨཱ་ལོ་ཀེ། གནྡྷེ། ནཻ་ཝི་དྱེ། ཤབྡ་ཨཱཿཧཱུྃ། རྡོ་རྗེ་འཆང་ལ་གསོལ་བ་འདེབས། །བདག་མེད་མ་ལཿ འཕགས་མ་སྒྲོལ་མ་ལཿ ཨ་མ་ལབ་སྒྲོན་ལཿ རྒྱལ་བ་དོན་གྲུབ་ལཿ རྣལ་འབྱོར་མ་རྒྱན་ནེ་ལཿ རྣལ་འབྱོར་ཏུས་པའི་རྒྱན་ཅན་ལཿ རྟོགས་ལྡན་ཀུན་དགའ་རྒྱལ་མཚན་ལཿ རྟོགས་

ལྷན་ཀུན་དགའ་ཡེ་ཤེས་ལཿ ཀུན་མཁྱེན་འཇམ་དཔལ་བཟང་པོ་ལཿ རྗེ་བཙུན་འཇམ་དཔལ་རྒྱ་མཚོ་ལཿ བདག་རྒྱུད་སྨིན་པར་བྱིན་གྱིས་རློབས། བསྐྱེད་པའི་ལྷ་ཚོགས་རང་ཉིད་ལ་ཐིམ་པར་གྱུར། ཨོཾ་ཨཱཿཧཱུྃ།

ཨོཾ་ཛྲ་སྨྲ་རི་ཧཱུྃ་ཧཱུྃ་ཕཊ། ཨོཾ་སྭ་བྷཱ་ཝ་ཤུདྡྷཱཿསརྦ་དྷརྨཱཿསྭ་བྷཱ་ཝ་ཤུདྡྷོ྅ཧཾ། སྟོང་པ་ཉིད་དུ་གྱུར། སྟོང་པའི་ངང་ལས་གཞལ་ཡས་ཁང་གྲུ་བཞི་སྒོ་བཞི་རྩིག་པ་རིམ་པ་ལྔ། ཧ་བབས་བང་རིམ་བརྒྱད། གདུགས་དང་། རི་དྭགས་དང་། ཆར་ཁེབས་ཧོག་གིས་མཚན་པ། གཞལ་ཡས་ཁང་ཀ་བ་བཞི། སྟེང་གདུང་བརྒྱད། རིན་པོ་ཆེ་སྣ་ཚོགས་ལས་གྲུབ་པ། ཕ་གུ་དང་ཕྱུ་ཤུས་ཡོངས་སུ་བསྐོར་བ། གདུགས་དང་། རྒྱལ་མཚན་དང་། བ་དན་དང་། དར་དཔྱངས་སྣ་ཚོགས་ཀྱིས་བརྒྱན་པ། རིན་པོ་ཆེའི་ཆར་ཁེབས་ཧོག་དང་བཅས་པ། ཕྱི་རོལ་དུ་མེ་ཧོག་གི་ར་བ། རྡོ་རྗེའི་ར་བ། དུར་ཁྲོད་བརྒྱད་ཀྱིས་བསྐོར་བའི་ར་བ། དེའི་ཕྱི་རོལ་དུ་མེ་རིས་ཡོངས་སུ་བསྐོར་བ། གཞལ་ཡས་ཁང་གི་དབུས་སུ་པད་འདབ་བཞི་ཡི་ལྟེ་བར། འཇིགས་བྱེད་ནག་མོ་དང་། ནོར་བདག་སེར་མོ་གན་རྒྱལ་དུ་བསྒྱེལ་བའི་སྟེང་གར་ཉི་མའི་སྟེང་དུ་ཧཱུྃ་དམར་སེར། དེ་ལས་འོད་ཟེར་འཕྲོས། སེམས་ཅན་གྱི་དོན་བྱས། བཅོམ་ལྡན་འདས་ཀྱི་སྐུར་གྱུར། ཚུར་འདུས་ཧཱུྃ་ལ་ཐིམ། དེ་ཡོངས་སུ་གྱུར་པ་ལས། བཅོམ་ལྡན་འདས་དགྲེས་མཛད་རྡོ་རྗེ་སྐུ་མདོག་སེར་པོ་ཞལ་བརྒྱད། ཕྱག་བཅུ་དྲུག །སྤྱན་གསུམ་གསུམ། མཆེ་བ་རྣམ་པར་གཙིགས་པ། དབུ་སྐྲ་རལ་པའི་ཕྱེད་སྤྱི་བོར་བཅིངས་ཤིང་། ལྷག་མ་སྐུ་རྒྱབ་དུ་འཕྱང་བ། རྩ་ཞལ་སེར་བ། གཡས་ཞལ་ནག་པ། གཡོན་ཞལ་ལྗང་བ། དེའི་སྟེང་དུ་གཡས་དཀར་བ། གཡོན་དམར་བ། དེའི་སྟེང་དུ་གཡས་ཞལ་སེར་བ། གཡོན་ཞལ་སྨུག་པ།

སྟེང་ཞལ་མཐིང་ག་དང་བཅས་པའོ། །ཕྱག་དང་པོ་གཉིས་རྡོ་རྗེ་དང་དྲིལ་བུ་འཛིན་ཅིང་ཡུམ་ལ་འཁྱུད་པ། གཡས་ཀྱི་གཉིས་པ་ན་རལ་གྲི། གསུམ་པ་ན་དགྲ་སྟ། བཞི་པ་ན་ཐོ་བ། ལྔ་པ་ན་མདུང་ཐུང་། དྲུག་པ་ན་ཏྲི་ཤཱུ་ལ། བདུན་པ་ན་གྲི་གུག །བརྒྱད་པ་ན་མདའ། གཡོན་གྱི་གཉིས་པ་ན་ཐོད་པ། གསུམ་པ་ན་ཚངས་པའི་མགོ་བོ། བཞི་པ་ན་འཁོར་ལོ། ལྔ་པ་ན་ཞགས་པ། དྲུག་པ་ན་མེའི་རྒྱུ་མ། བདུན་པ་ན་ཁཊྭཱཾ་ག །བརྒྱད་པ་ན་གཞུ། སྐུ་ལ་རུས་པ་དང་རིན་པོ་ཆེའི་རྒྱན་དུ་མས་བརྒྱན་པ། དེའི་པང་དུ་ཡུམ་བདག་མེད་མ་སྐུ་མདོག་སྔོན་མོ་ཞལ་གཅིག་ཕྱག་གཉིས་གཡས་གྲི་གུག་དང་གཡོན་ཐོད་པ་བདུད་རྩིས་གང་བ་བསྣམས་པ། ཡབ་ཀྱི་མགུལ་ནས་འཁྱུད་པ། ཕྱག་རྒྱ་ལྔ་དང་ལྡན་ཅིང་། ཞབས་གཉིས་ཡབ་ཀྱི་ཞབས་དང་མཉམ་པ། སྙིང་གར་ཉི་མ་ལ་གནས་པ། དེའི་ཤར་དུ་རྡོ་རྗེ་མཁའ་འགྲོ་དཀར་མོ། ལྷོར་རིན་ཆེན་མཁའ་འགྲོ་སེར་མོ། ནུབ་ཏུ་པདྨ་མཁའ་འགྲོ་དམར་མོ། །བྱང་དུ་ལས་ཀྱི་མཁའ་འགྲོ་ལྗང་གུ། གཡས་རྣམས་རྡོ་རྗེ། རིན་ཆེན། པདྨ། རལ་གྲིས་མཚན་པའི་གྲི་གུག་དང་། གཡོན་ཐོད་པ་བདུད་རྩིས་གང་བ་འཛིན་ཅིང་ཕྱག་རྒྱ་ལྔ་དང་ལྡན་པ། ཞབས་གཡས་བསྐུམ་གཡོན་བརྐྱང་བས་ཉི་མ་ལ་གནས་པ། གཙོ་བོ་དང་མཚུངས་པའོ། །དེའི་ཕྱི་རོལ་པད་འདབ་བརྒྱད་ལ། གཽ་རི་མ། ཙཽ་རི་མ། བེ་ཏ་ལི། གྷསྨ་རི། པུཀྐ་སི། ཤ་བ་རི། ཙཎྜ་ལི། ཌོམྦི་ནི། དེ་རྣམས་ཀྱང་ཞལ་གཅིག་ཕྱག་གཉིས། སྐུ་མདོག་ཕྱག་མཚན། རྒྱན། བཞུགས་ཚུལ་ཡོངས་སུ་རྫོགས་པ་དང་ལྡན་པའོ། །ལྷ་ཚོགས་དེ་དག་ཐམས་ཅད་ཀྱི་དཔྲལ་བར་ཨོཾ། མགྲིན་པར་ཨཱཿ ཐུགས་ཀར་ཧཱུྃ། ཐུགས་ཀའི་ཧཱུྃ་ལས་འོད་ཟེར་འཕྲོས་པས། ཆོས་ཀྱི་དབྱིངས་ནས་བཅོམ་ལྡན་འདས་དགྱེས་མཛད་རྡོ་རྗེ་ལྷ་བཅུ་གསུམ་ལ་

སངས་རྒྱས་དང་བྱང་ཆུབ་སེམས་དཔའི་ཚོགས་ཀྱིས་བསྐོར་བ་སྤྱན་དྲངས། བཛྲ་ས་མ་ཛཿ སླར་ཡང་ལྷ་ཚོགས་རྣམས་ཀྱི་སྐུ་གསུང་ཐུགས་ལས་འོད་ཟེར་དཀར་དམར་མཐིང་གསུམ་བྱུང་། རང་གི་ལུས་ངག་ཡིད་གསུམ་ལ་ཐིམ། ཐུགས་ཀར་ཉི་མའི་སྟེང་དུ་ཧཱུྃ་ཡིག་གི་མཐར་སྔགས་ཀྱིས་བསྐོར་བར་དམིགས་ལ། ཨོཾ་དེ་ཝ་པི་ཙུ་བཛྲ་ཧཱུྃ་ཧཱུྃ་ཕཊ། ཙ་སྔགས། ཨོཾ་ཨཏྲྀ་ན་ནཱ་ཡ་ཧྲིན་ཧྲཱ་བདག་གི་ཥ་པུ་གི་ཤ་བར་གྱི་མ་ནི་ཙ་ཧུར་བཻ་ག་རེ་ཡ་ག་རེ་ཡ། ཧར་ཧྲེ་ཡ་ཧར་ཧྲེ་ཡ། ཤྲ་གེ་ཡ། ཤྲ་གེ་ཡ། སརྦ་སཏྭ་སཏྭ། དེ་ཝ་པི་ཙུ་ཧཱུྃ་ཧཱུྃ་ཕཊ་སྭཱ་ཧཱ། མཐར་མི་དམིགས་པར་འཇོག །

ཐུམ་པ་བསྒྲུབ་སྟེ། ཨོཾ་ཝཛྲ་རི་ཧཱུྃ་ཧཱུྃ་ཕཊ། ཨོཾ་སྭ་བྷཱ་ཝ་ཤུདྡྷཿསརྦ་དྷརྨཱཿསྭ་བྷཱ་ཝ་ཤུདྡྷོ྅ཧཾ། སྟོང་པ་ཉིད་དུ་གྱུར། སྟོང་པའི་ངང་ལས་ལྷའི་ཐུམ་པ་མཚན་ཉིད་ཐམས་ཅད་ཡོངས་སུ་རྫོགས་པ། ཐུམ་རྫས་དང་ཆུས་ཡོངས་སུ་གང་བའི་དབུས་སུ། གཞལ་ཡས་ཁང་རྟེན་དང་བརྟེན་པ་ལྷའི་ཚོགས་སྐད་ཅིག་གིས་གསལ་བར་གྱུར། ལྷ་ཚོགས་དེ་དག་གི་དཔྲལ་བར་ཨོཾ། མགྲིན་པར་ཨཱཿ ཐུགས་ཀར་ཧཱུྃ། ཐུགས་ཀའི་ཧཱུྃ་ལས་འོད་ཟེར་འཕྲོས་པས། བཅོམ་ལྡན་འདས་དགྱེས་པ་རྡོ་རྗེ་ལ་སངས་རྒྱས་དང་བྱང་ཆུབ་སེམས་དཔའི་ཚོགས་ཀྱིས་བསྐོར་བ་སྤྱན་དྲངས། བཛྲ་ས་མ་ཛཿ ཐུམ་པའི་ལྷ་དང་གཉིས་སུ་མེད་པར་གྱུར། ཛཿཧཱུྃ་བཾ་ཧོཿ བཟླས་པ་བྱེད། མཐར་ལྷ་འོད་དུ་ཞུ། ཐུམ་པའི་ཆུར་གྱུར།

མདུན་བསྐྱེད་བསྒྲུབ་པ་ནི། ཝཛྲ་རི་ཧཱུྃ་ཧཱུྃ་ཕཊ། སྭཱ་བྷཱ་ཝ་ནས། ས་མ་ཛའི་བར་བདག་བསྐྱེད་བཞིན་བྱེད། མ་ལུས་སེམས་ཅན་ཀུན་གྱི་མགོན་གྱུར་ཅིང་། །བདུད་སྡེ་དཔུང་བཅས་མི་བཟད་འཇོམས་མཛད་ལྷ། །དངོས་རྣམས་མ་ལུས་ཇི་བཞིན་མཁྱེན་གྱུར་པའི། །བཅོམ་ལྡན་འཁོར་བཅས་གནས་འདིར་གཤེགས་སུ་གསོལ། །བཅོམ་ལྡན་ཁྱེད་ནི་སྦྱིན་པ་

ཞིགས། །བདག་ཅག་བསོད་ནམས་སྐལ་བར་ལྡན། །བདག་གི་མཆོད་ཡོན་བཞེས་སླད་དུ། །འདི་ཉིད་དུ་ནི་བཞུགས་སུ་གསོལ། །པདྨ་ཀ་མ་ལ་ཡེ་སྟྭཾ། ཛཿཧཱུྃ་བྃ་ཧོཿ གཉིས་སུ་མེད་པར་གྱུར། བརྟན་པ་ཕྱེད། གང་གི་དྲིན་གྱིས་བདེ་ཆེན་ཉིད། །སྐད་ཅིག་ཉིད་ལ་འཆར་བ་གང་། །བླ་མ་རིན་ཆེན་ལྟ་བུའི་སྐུ། །རྡོ་རྗེ་ཅན་ཞབས་པད་ལ་འདུད། །གཙང་ཞིང་གཙང་མར་སྦྱར་བ་ཡིས། །ལྷ་རྫས་བཟང་པོའི་མཆོད་ཡོན་འདི། །བཅོམ་ལྡན་འཁོར་དང་བཅས་ལ་འབུལ། །ཨོཾ་སརྦ་ཏ་ཐཱ་ག་ཏ་ཨརྒྷཾ་པྲ་ཏཱིཙྪ་པཱུ་ཛ་མེ་གྷ་ས་མུ་དྲ་སྥ་ར་ཎ་ས་མ་ཡེ་ཨཱཿཧཱུྃ། དེ་བཞིན་དུ། པུཥྤེ། དྷཱུ་པེ། ཨཱ་ལོ་ཀེ། གནྡྷེ། ནཻ་ཝི་དྱེ། ཤབྡའི་བར་བརྗོད། སངས་རྒྱས་ཀུན་གྱི་རང་བཞིན་སྐུ། །སངས་རྒྱས་ཐམས་ཅད་གཅིག་བསྡུས་པ། །སངས་རྒྱས་ཀུན་རབ་མཆོག་གི་མཆོག །དཀྱིལ་འཁོར་དབང་ཕྱུག་ལ་ཕྱག་འཚལ། །འཁོར་ལོ་ནོར་བུ་བཙུན་མོ་དང་། །སློབ་དཔོན་གླང་པོ་རྟ་མཆོག་དང་། །དམག་དཔོན་རིན་ཆེན་སྣ་བདུན་ཡང་། །བཅོམ་ལྡན་འཁོར་དང་བཅས་ལ་འབུལ། །ཞལ་བརྒྱད་རྣམ་པར་ཐར་པ་བརྒྱད། །ཕྱག་ནི་སྟོང་ཉིད་བཅུ་དྲུག་སྟེ། །གུག་སྐྱེད་ལ་ནི་སངས་རྒྱས་ལྔ། །དགྱེས་མཛད་རྡོ་རྗེ་ལ་ཕྱག་འཚལ། །ཤ་ལྔ་དང་ནི་བདུད་རྩི་ལྔ། །རིན་ཆེན་རྫས་ཀྱི་མཆོད་པ་ལྔ། །རིན་ཆེན་གསེར་སྐྱེམས་ལ་སོགས་པ། །བཅོམ་ལྡན་འཁོར་དང་བཅས་ལ་འབུལ། །ཁྱོད་ནི་རྣལ་འབྱོར་མ་ཡི་ཚོགས་ཀྱིས་བསྐོར། །ཁྱོད་ནི་ཉིད་ཀྱི་ཐུགས་ཀྱི་རྒྱུད་ཀུན་འབྲངས། །རྒྱུ་དང་མི་རྒྱུའི་འགྲོ་བ་ཀུན་རྫོབ་ཏུ། །སྙིང་རྗེའི་སྟོབས་ཀྱིས་སེམས་ཅན་བྱང་ཆུབ་ཏུ། །ཀུན་རྫོབ་སྒྱུ་མ་ཙམ་དུ་བསྒྲུབ་མཛད་པ། །དགྱེས་པ་རྡོ་རྗེ་ཧེ་རུ་ཀ་ལ་འདུད། །ནང་མཆོད་བརྒྱུད་པའི་མཚན་ནས་བརྗོད་དེ་ཕུལ། ཚོགས་ལ་ཆབ་བྲན་ཏེ་བསྔོ། ཚོགས་ཕུད་གཏོར་མར་བྲན། རང་རང་གི་གཞུང་དང་བསྟུན་ལ་བསྔོ།

སྣ་གོན་བྱེད་ན། སློབ་མ་ཁྲུས་བྱེད། ཕྱག་དང་མཆོད་ཕུལ། གཞུང་ལུགས་དང་བསྟུན་པའི་ཆོས་བཤད། གང་གི་དྲིན་གྱིས་བདེ་ཆེན་ཉིད། །སྐད་ཅིག་ཉིད་ལ་འཆར་བ་གང་། །བླ་མ་རིན་ཆེན་ལྟ་བུའི་སྐུ། །རྡོ་རྗེ་ཅན་ཞབས་པད་ལ་འདུད། །ལན་གསུམ། སློབ་དཔོན་གྱིས་མཆོད་པ་བཟུང་། སོ་ཤིང་རྩེ་མོ་མདུན་སོས་ནེམ་བྱས་ནས་དོར་དུ་བཅོལ། ཨོཾ་བཛྲ་ཧ་ས་ཧ། ཞི་རྒྱས་དབང་དྲག་སོགས་ལས་འགྲུབ་པར་ལུང་བསྟན། སྐྱོར་ཆུ་བླུད། ཨོཾ་ཧྲཱིཿཝི་ཤུདྡྷ་དྷ་དྷ། སྐུད་པ་དམར་པོ་སུམ་སྒྲིལ་ལ་མདུད་པ་གསུམ་བྱས། སྐྱེས་པའི་གཡོན། བུད་མེད་ཀྱི་གཡས་སུ་རྡོ་རྗེའི་མདུད་པ་བྱེད། བུདྡྷ་མཻ་ཏྲི་སཏ་རཀྵ་རཀྵ་ཧཱུྃ། ཀུ་ཤ་ཆེ་བ་གཡས། ཆུང་བ་གཡོན་དུ་ཐེན། ཏིཥྛ་བཾ། ཆེ་བ་སྔས། ཆུང་བ་གདན་བྱེད། རྨི་ལམ་བརྟག །བཅོམ་ལྡན་འདས་ཀྱི་དཀྱིལ་འཁོར་དུ། །སྐལ་བར་ལྡན་པ་ཁྱོད་འཇུག་པས། །དད་པ་བརྩོན་འགྲུས་མོས་པ་གསུམ། ཁྱོད་ཀྱིས་ཡང་དག་བྱེད་དགོས་སོ། །ནང་འཇུག་བྱེད་ན། ཁྲུས་བྱེད། ཕྱག་དང་མཆོད་ཕུལ། གདོང་གཡོགས་བཅིང་། ཙཀྵུ་བན་དྷ་ཕ་ར་སྣ་ཧྡ་ཡ་ཧཱུྃ། མེ་ཏོག་ལག་ཏུ་གཏད། ཨོཾ་ཨཱ་ཁཾ་བཱི་ར་ཧཱུྃ། བགེགས་གཏོར་གཏོང་ཞིང་མཚམས་གཅོད། བསྲུང་འཁོར་བསྒོམ། སངས་རྒྱས་ཀུན་གྱི་རང་བཞིན་སྐུ། །སློབ་དཔོན་ལ་ནི་བདག་སྐྱབས་མཆི། །དང་པོར་མི་རྟོག་ཕོག་པ་ཡི། །དཀྱིལ་འཁོར་ལྷ་ཚོགས་རྣམས་ལ་འདུད། །ལན་གསུམ། སྡོམ་པ་གཟུང་བ་ནི། བདག་མིང་། བྱང་ཆུབ་སྙིང་པོར་མཆིས་ཀྱི་བར། །རྡོ་རྗེ་རིགས་ཀྱི་སྡོམ་བཞི་དང་། །རིན་ཆེན་རིགས་ཀྱི་སྡོམ་པ་གསུམ། །པདྨའི་རིགས་ཀྱི་སྡོམ་བཞི་དང་། །ལས་ཀྱི་རིགས་ཀྱི་སྡོམ་པ་གསུམ། །སངས་རྒྱས་རིགས་ཀྱི་སྡོམ་པ་གཅིག །དམ་ཚིག་སྡོམ་པ་བཅུ་བཞི་ནི། །དེང་ནས་བཙམས་ཏེ་ནམ་དུ་ཡང་། །གཏོང་བར་བྱ་བར་མི་བྱ་འོ། །ཁྲུས་ཆུས་བསང་། ཁྱེད་རང་རྣམས་བཅོམ་ལྡན་འདས་དགྱེས་མཛད་རྡོ་རྗེ་ཞལ་གཅིག་ཕྱག་གཉིས་རྡོ་རྗེ་དང་དྲིལ་བུ་འཛིན་པར་གྱུར། གནས་གསུམ་དུ་དྲིའི་ཐིག་ལེ་བྱེད་ཅིང་། ཨོཾ་ཨཱཿཧཱུྃ། པུཥྤེ། དྷཱུ་པེ། ཨཱ་ལོ་ཀེ། གནྡྷེ། ནཻ་ཝི་དྱ། ཤབྡ་ཨཱཿཧཱུྃ། སྙིང་ཁར་རྡོ་རྗེ་བཟུང་། སྙིང་གར་བླ་

བའི་སྙིང་དུ་དོན་དམ་བྱང་ཆུབ་སེམས་ཀྱི་ང་བོ་རྡོ་རྗེ་དཀར་པོ་འོད་ཟེར་འཕྲོ་བ་ཞིག་སྒོམས། ཨོཾ་སརྦ་ཏ་ཐཱ་ག་ཏ་ཡོ་ག་ཙིཏྟ་ཨུཏྤཱ་ད་ཡཱ་མི། ཨོཾ་སུ་ར་ཏེ་ས་མ་ཡ་སྟྭཾ་ཧོཿ སིདྡྷི་བཛྲ་ཡེ་ཐཱ་སུ་ཁཾ། རྡོ་རྗེའི་རང་བཞིན་དུ་སེམས་བསྐྱེད་པ་དེ་བརྟན་པར་བྱས་སོ། །ཐལ་མོ་མགོར་བཞག །ཁྱོད་ནི་རྣལ་འབྱོར་མ་རིགས་སྐྱེས། །ང་ཡིས་ཡེ་ཤེས་རྡོ་རྗེ་སྦྱིན། །བྱིན་པས་དངོས་གྲུབ་ཐོབ་པར་འགྱུར། །གང་ཞིག་འདི་འདྲ་མ་མཐོང་བའི། །མདུན་དུ་སྨྲ་བར་མ་བྱེད་ཅིག །གལ་ཏེ་སྨྲས་ན་ཉམས་པར་འགྱུར། །དེ་བས་ང་རྒྱལ་བཅོམ་ནས་ནི། །བདག་ཉིད་མ་འཁྲུལ་ཤེས་པར་གྱིས། །སྙིང་གར་རྡོ་རྗེ་བཞག །དུས་འདི་ནས་ནི་བུ་ཁྱོད་ཀྱི། །ཁྱོད་ཀྱི་སྙིང་ལ་ཡང་དག་ཞུགས། །གལ་ཏེ་ཚུལ་འདི་སྨྲས་ན་ནི། །དེ་མ་ཐག་ཏུ་དྲལ་ཏེ་གཤེགས། །ཁུམ་ཆུ་བླུད། འདི་ནི་ཁྱོད་ཀྱི་དམ་ཚིག་ཆུ། །དམ་ཚིག་འདས་ན་བསྲེག་པར་བྱེད། །དམ་ཚིག་བསྲུངས་ན་དངོས་གྲུབ་སྩོལ། །རྡོ་རྗེ་བདུད་རྩིའི་ཆུ་འདི་འཐུང་། །བཛྲ་ཨ་མྲྀ་ཏོ་ད་ཀ །ཐལ་མོ་མགོར་བོ་བཞག །དུས་འདི་ནས་ནི་བུ་ཁྱོད་ཀྱི། །རྡོ་རྗེ་འཛིན་པ་ང་ཡིན་གྱིས། །ང་ཡིས་ཇི་ལྟར་བཀའ་སྩལ་པ། །ཁྱོད་ཀྱིས་སྐྱོ་བ་མེད་པར་སྒྲུབས། །གང་ཡང་ང་ལ་མ་གུས་མིན། །དེ་བཞིན་གུས་པར་མ་བྱས་ན། །བདུད་ཀྱིས་བཅོམ་ནས་ངན་འགྲོར་འགྲོ། །དེ་བས་དམ་ཚིག་གནས་པར་གྱིས། །བླ་མ་རྡོ་རྗེ་འཛིན་པ་ཆེན་པོས་བདག་ལ་ཡེ་ཤེས་མྱུར་དུ་དབབ་པར་མཛད་དུ་གསོལ། ལན་གསུམ། བླ་མའི་དཔྲལ་བའི་མཛོད་སྤུ་ནས་ཟག་མེད་ཀྱི་བདུད་རྩི་དགའ་བ་འཁྱིལ་བའི་རྣམ་པ་བྱོན། ཁྱེད་རང་གི་སྤྱི་བོ་ནས་ཞུགས། ལུས་ཀྱི་ནང་ཐམས་ཅད་གང་བའི་མོས་པ་གྱིས། རོལ་མོ་དཀྲོལ། ཨོཾ་དེ་བ་པི་ཙུ་བཛྲ་ཧཱུྃ་ཧཱུྃ་ཕཊ། རྡོ་རྗེ་མགོར་བཞག །ཏི་ཥྛ་བཛྲ་བརྗོད། སངས་རྒྱས་ཀུན་གྱི་རང་བཞིན་སྐུ། །སློབ་དཔོན་ལ་ནི་བདག་སྐྱབས་མཆི། །དང་པོར་མེ་ཏོག

ཐོག་པ་ཡི། །དཀྱིལ་འཁོར་ལྷ་ཚོགས་རྣམས་ལ་འདུད། །དཀྱིལ་འཁོར་ཁ་དོག་བརྟག །མིང་འདོགས། མེ་ཏོག་འཐོར། པྲ་ཏཱིཙྪ་ཧོཿ སྐར་མེ་ཏོག་གཏད། པྲ་ཏི་གྲྀཧྞ་མ་ཏྭ་ཧྲ་ལ། གདོང་གཡོགས་བསལ། སྤྱན་ལྔ་རྣམ་དག་དབྱེ་དང་མི་དབྱེ་བྲལ། །འོན་ཀྱང་སྣ་ཚོགས་ཡངས་པའི་སྤྱན་ཕྱེ་བས། །ཆོས་ཀུན་སྒྲིབ་བྲལ་མཁྱེན་ཅིང་གཟིགས་པ་ཡིས། །སངས་རྒྱས་ཡེ་ཤེས་སྤྱན་ནི་ཐོབ་གྱུར་ཅིག །ཨོཾ་ནི་ཧྲ་ཨ་པ་ཏ་ར་པ་པྲ་ལཾ་ཧྲཱིཿ ལྷ་ངོ་བསྟན།

དངོས་གཞི་ཞུ་བའི་དོན་དུ་མཎྜལ་ཕུལ། བཅོམ་ལྡན་ཁྱབ་བདག་ཧེ་རུ་ཀ །གཉིས་མེད་རྡོ་རྗེ་འཛིན་པ་སྟེ། །བདག་ལ་དངོས་གྲུབ་སྩལ་དུ་གསོལ། །ཞུམ་པ་སྤྱི་བོར་བཟུང་། ཇི་ལྟར་བལྟམས་པ་ཙམ་གྱིས་ནི། །ལྷ་རྣམས་ཀྱིས་ནི་ཁྲུས་གསོལ་ལྟར། །ལྷ་ཡི་ཆུ་ནི་དག་པ་ཡིས། །དེ་བཞིན་བདག་གིས་སྐུ་ཁྲུས་གསོལ། །ཨོཾ་སརྦ་ཏ་ཐཱ་ག་ཏ་ཨ་བྷི་ཥེ་ཀ་ཏ་ས་མ་ཡ་ཤྲི་ཡེ་ཧཱུྃ། བུམ་ཆུ་སྦྱིན། དེས་ཞེ་སྡང་དག །མི་བསྐྱོད་པས་དབུ་བརྒྱན་པའོ། །ཅོད་པན་སྤྱི་བོར་བཟུང་། ཇི་ལྟར་བལྟམས་པ་སོགས། དེས་ང་རྒྱལ་དག །རིན་ཆེན་འབྱུང་ལྡན་གྱིས་དབུ་བརྒྱན་པའོ། །རྡོ་རྗེ་གཡས་སུ་གཏད། ཇི་ལྟར་བལྟམས་པ་སོགས། དེས་འདོད་ཆགས་དག །འོད་དཔག་མེད་ཀྱིས་དབུ་བརྒྱན་པའོ། །དྲིལ་བུ་གཡོན་དུ་གཏད། ཇི་ལྟར་སོགས། ཕྲག་དོག་དག །དོན་ཡོད་གྲུབ་པས་དབུ་བརྒྱན་པའོ། །རྡོ་རྗེ་དྲིལ་བུ་སྤྱི་བོར་བཟུང་། ཇི་ལྟར༔ གསང་མཆན་འདི་ཞེས་བྱ་བའི་དེ་བཞིན་གཤེགས་པའོ། །དེས་གཏི་མུག་དག །རྣམ་པར་སྣང་མཛད་ཀྱིས་དབུ་བརྒྱན་པའོ། །བཛྲ་ཨ་བྷི་ཥིཉྩ་ཧཱུྃ། སོགས། རཏྣ་ཧཾ། པདྨ་ཧྲཱིཿ ཀརྨ་ཨ། བུདྡྷ་ཨོཾ། ཀུན་ལ་འགྲེས་སོ། །དེས་བུམ་དབང་ཐོབ། བསྐྱེད་རིམ་བསྒོམ་པ་ལ་དབང་། སྤྲུལ་པའི་སྐུ་འགྲུབ་པའི་སྐལ་བ་དང་ལྡན་པའོ། །གསང་དབང་གི་དོན་དུ་མཎྜལ་ཕུལ། ཐོད་པ་སྤྱི་བོར་བཟུང་། གསང་གསུམ་གནས་ལས་བྱུང་བ་ཡི། །ཁྱོད་ལ་ཡང་དག་སྦྱིན་པར་བྱ། །ཨོཾ་དེ་ཝ་པི་ཙུ་བཛྲ་ཧཱུྃ་ཧཱུྃ་ཕཊ།

ནང་མཆོད་ མྱང་། དེས་བདུད་རྩི་ལ་བརྟེན་ནས། ལུས་ཀྱི་རྩ་གནས་བདེ་བས་ཁྱབ། རྩ་རླུང་ཐིག་ལེ་བསྒོམ་པ་ལ་དབང་། ལོངས་སྐུ་འགྲུབ་པའི་སྐལ་བ་དང་ལྡན་པར་བྱས་སོ། །མེ་ལོང་སྤྱི་བོ་དང་སྙིང་གར་བཞུང་། མེ་ལོང་གི་དཀྱིལ་འཁོར་ལས་སྙེམས་མ་སྟོན་མོ་གཅིག་འཕྲོས། ཁྱེད་རང་གི་སྙིང་ཁར་ཐིམ། དགའ་བཞིའི་ཡེ་ཤེས་རྒྱུད་ལ་སྐྱེས། མི་རྟོག་པ་བསྒོམ་པ་ལ་དབང་། ཆོས་ཀྱི་སྐུ་འགྲུབ་པའི་སྐལ་བ་དང་ལྡན་པར་བྱས་སོ། །བཞི་པ་ཞུ་བའི་དོན་དུ་མཚལ་ཕུལ། སེམས་ཉིད་རྡོ་རྗེའི་རང་བཞིན་ཏེ། །རྡོ་རྗེ་ནམ་མཁའི་དཀྱིལ་ལྟ་བུ། །ནྟ་དའི་རྣམ་པ་ཆ་ཕྲ་བ། །སྐད་ཅིག་མ་ཡེངས་བསྒོམ་པར་གྱིས། །གང་ཤར་ངོ་བོ་ཆར་གྱིས་ཟུང་། །མ་ཡེངས་མི་སྒོམ་ངང་ལ་ཞོག་ཅིག་ཨང་། །དེས་ཕྱག་རྒྱ་ཆེན་པོའི་དབང་ངོ་བོ་གཉིས་སུ་མེད་པའི་སྐུ་འགྲུབ་པའི་སྐལ་བ་དང་ལྡན་པར་བྱས་སོ། །

སློབ་དཔོན་གྱི་དབང་གི་དོན་དུ་མཚལ། ཁྱེད་རང་དགྱེས་མཛད་རྡོ་རྗེ་སྐུ་མདོག་སྔོན་པོ་ཞལ་གཅིག་ཕྱག་གཉིས་པ་གཅིག་ཏུ་གསལ་བར་གྱུར། ཕུམ་པ་སྤྱི་བོར་བཞུང་། དབང་བསྐུར་རྡོ་རྗེ་ཆེན་པོ་ནི། །ཁམས་གསུམ་ཀུན་གྱིས་ཕྱག་བྱས་པ། །སངས་རྒྱས་ཀུན་གྱི་གསང་གསུམ་གྱིས། །གནས་ལས་བྱུང་བ་སྦྱིན་པར་བྱ། །ཇི་ལྟར་བལྟམས་པ་སོགས། མེ་ཏོག་འཐོར། ཞེས་དབང་བསྐུར། དྲི་མ་དག །ཆུའི་ལྷག་མ་ཡར་ལུད་པ་ལས་མི་བསྐྱོད་པས་དབུ་བརྒྱན་པའོ། །རྡོ་རྗེ་གཡས་སུ་གཏད། ཧཱུྃ་ལས་སྐྱེས་པའི་རྡོ་རྗེ་ཐབས་ཀྱི་དམ་ཚིག་ཟུང་ཞིག །དྲིལ་བུ་གཡོན་དུ་གཏད། ཨ་ལས་བྱུང་བའི་དྲིལ་བུ་གསུང་གི་དམ་ཚིག་ཟུང་ཞིག །བདག་མེད་མའི་སྐུ་གཏད། རིམ་པས་ཕྱག་རྒྱ་སྐུའི་དམ་ཚིག་ཟུང་ཞིག །དེས་འཇིག་རྟེན་ལས་འདས་པའི་སྒོ་ནས་དབང་བསྐུར་བ་དང་དམ་ཚིག་གསུམ་སྦྱིན་པ་ཡིན་པས། དབང་བསྐུར་ཞིང་རབ་ཏུ་གནས་པ་དང་སློབ་

མ་རྣམས་ཁྱོད་ཀྱིས་བསྡུད་པར་གྱིས་ཤིག །ཆོས་གོས་ཀྱི་སྣེ་མོ་རི་དྭགས་ཀྱི་རྣ་བ་ལྟར་བྱས་ཏེ་ཡུང་བསྟན་པ་ནི། སྲིད་པ་ངོ་བོ་ཉིད་ཀྱིས་བདག །ངོ་བོ་ཉིད་ཀྱིས་སྲིད་བྲལ་བྱས། །རང་བཞིན་དག་པའི་བསམ་པ་ནི། །སྲིད་པའི་མཚོ་ལས་སྒྲོལ་བར་འགྱུར། །མ་འོངས་པའི་དུས་སུ་དེ་བཞིན་གཤེགས་པར་འགྱུར་ཏེ། ཨོཾ་ཧྲུར་ཧྲུ་ཕ་སྭཱ་ཧཱ། དབུགས་དབྱུང་བ་ནི། ཆོས་འདི་ཉན་པ་དང་། བསྒོམ་སྒྲུབ་བྱས་པ་ལ་བརྟེན་ནས། བྱང་ཆུབ་སེམས་དཔའ་ཐེག་པ་ཆེན་པོ་པའི་ལམ་དུ་འགྱུར་བ་ཡིན་ནོ། །གཟེངས་བསྟོད་དེ། འདིའི་རྒྱུད་དང་། མན་ངག །དབང་བསྐུར་བ་གཞན་ལ་སྟོན་ཞིག །འཆང་བ་དང་། ཀུན་ཆུབ་པར་གྱིས་ཤིག །

ཐིག་ལེའི་དབང་ནི། སློབ་མ་ལུས་བསྲང་། དཀྱིལ་ཀྲུང་བཅའ། ལྟེ་བའི་དབུས་སུ་ཐིག་ལེ་དཀར་པོ་བྱ་མ་གསར་གྱི་སྒོ་ང་ཙམ་གསལ་བཏབ། དཔོན་སློབ་གཉིས་ཀས་ཕཊ་ཀྱིས་སྤར། སྤྱི་བོ་ནས་རྒྱངས་ཀྱིས་ཐོན། དགྱེས་མཛད་རྡོ་རྗེའི་ཐུགས་ཀར་ཐིམ། དགྱེས་མཛད་རྡོ་རྗེ་འོག་མིན་དུ་སངས་རྒྱས་པར་བསམ། ཅི་གནས་ལ་བཞག །དེ་ནས་ཕབ། གཏོར་མ་ལ་བརྟེན་ནས་དབང་བསྐུར་ན། ཁྲུས། ཕྱག མཎྜལ། གསོལ་བ་བཏབ་པ། ལུས་ལྟར་བསྐྱེད་པ། ཡེ་ཤེས་ཕབ་པ་སོགས་རིམ་པར་བྱེད་ཅིང་། གཏོར་མ་འདི་དང་ཐ་མི་དད་པར་དགྱེས་མཛད་རྡོ་རྗེ་སྐུ་མདོག་སྔོན་པོ་ཞལ་གཅིག་ཕྱག་གཉིས་རྡོ་རྗེ་དང་དྲིལ་བུ་འཛིན་པ། ཤར་དུ་རྡོ་རྗེ་མཁའ་འགྲོ། ལྷོར་རིན་ཆེན་མཁའ་འགྲོ། ནུབ་ཏུ་པདྨ་མཁའ་འགྲོ། བྱང་དུ་ལས་ཀྱི་མཁའ་འགྲོ་ལྷ་ལྔར་ལམ་གྱིས་བསྐྱེད། གཏོར་མ་སྤྱི་བོར་བཟུང་། བརྒྱུད་པའི་མཚན་ནས་སྨོས། ཡི་དམ་གྱི་སྐུ་ལས་སྐུ་འཕྲོས། ཁྱེད་རང་གི་ལུས་ལ་ཐིམ། ནང་མཆོད་བླུད། མེ་ཏོག་འཐོར། ཡི་དམ་གྱི་མགྲིན་པ་ནས་སྔགས་འཕྲོས། ཁྱེད་རང་གི་མགྲིན་པར་ཐིམ། ནང་མཆོད་དང་མེ་ཏོག །ཐུགས་ཀ་ནས་དཔལ་བེའུ་སོགས་འཕྲོས། ཁྱེད་རང་གི་སྙིང་ཁར་ཐིམ། ནང་མཆོད། མེ་ཏོག །གཏོར་

མ་སྒྲི་བོར་བཟུང་ཞིང་། བརྒྱུད་པའི་མཚན་ནས་སྨོས། ལྷ་བསྐྱིམ། མེ་ཏོག་འཐོར། ཐིག་ལེའི་དབང་གོང་དུ་མཐུན། གཙོ་བོས་ཇི་ལྟར་བཀའ་སྩལ་པ། །དེ་དག་ཐམས་ཅད་བདག་གིས་བགྱིད། །མཉྫལ་ཕུལ། ཚོགས་ཕུད་དཀྱིལ་འཁོར་ལྷ་ལ་ཕུལ། ཚོགས་ལ་ལོངས་སྤྱོད། ལྷག་མ་བསྔོ། ཆུ་གཙང་བྲན། དཔལ་འབར་འཇུགས། ཨ་ཀཱ་རོས་བྱིན་གྱིས་རླབས། ཨོཾ་ཨུ་ཙྪིཥྚ་བ་ལིཾ་ཏ་བྷཀྵ་བྷཀྵ་ཡ་སྭཱ་ཧཱ། ལྷག་མ་ཕྱི་རོལ་དུ་སྐྱེལ། རོལ་མོ་བྱེད། སྟོད་ཆུ་གཙང་གིས་བཤལ། ཁ་སྦྱུབ། མ་འགྱུར་བ་དང་ཉམས་པ་དང་། །གང་ཡང་བདག་རྨོངས་བློ་ཡིས་ནི། །བགྱིས་པ་དང་ནི་བགྱིད་སྩལ་བ། །དེ་ཀུན་མགོན་པོས་བཟོད་པར་མཛོད། །ཚོ་ག་ལྷག་ཆད་ཅི་མཆིས་པ། །དཀྱིལ་འཁོར་ལྷ་ཡིས་བཟོད་པར་མཛོད། །སངས་རྒྱས་ཆོས་དང་དགེ་འདུན་གསུམ། །དཀོན་མཆོག་གསུམ་གྱི་བཀྲ་ཤིས་ཤོག །བླ་མ་ཡི་དམ་ཆོས་སྐྱོང་གསུམ། །སྐུ་གསུང་ཐུགས་ཀྱི་བཀྲ་ཤིས་ཤོག །ཞི་དང་རྒྱས་དང་དབང་དང་གསུམ། །ཞི་རྒྱས་དབང་གི་བཀྲ་ཤིས་ཤོག །མཆོད་ཡུལ་དུ་གྱུར་པའི་ཡེ་ཤེས་པ་རྣམས་རང་བཞིན་གྱི་གནས་སུ་གཤེགས། དམ་ཚིག་པ་རྣམས་རང་གི་སྙིང་གའི་གནས་སུ་ཛཧཱུྃ་བཾ་ཧོཿགཉིས་སུ་མེད་པར་གྱུར། རྟེན་ཡོད་ན་བརྟན་བཞུགས་བྱེད། ཨོཾ་ཁྱེད་ཀྱིས་སེམས་ཅན་དོན་ཀུན་མཛད། །རྗེས་སུ་མཐུན་པའི་དངོས་གྲུབ་སྩོལ། །སངས་རྒྱས་ཞིང་དུ་གཤེགས་སུ་གསོལ། །སངས་རྒྱས་ཡུལ་དུ་གཤེགས་ནས་ཀྱང་། །སེམས་ཅན་རྣམས་ཀྱི་དོན་སླད་དུ། །སླར་ཡང་འབྱོན་པར་མཛད་དུ་གསོལ། །བཛྲ་མུཿཆོས་དབྱིངས་བྱང་ཆུབ་སེམས་ཀྱི་དཀྱིལ་འཁོར་དུ་སོགས། གཙོད་གདན་ཐོག་གཅིག་མའི་ཁྲིད་ཡིག་ཕྲིན་ལས་རྒྱ་མཚོ་ལས། རྒྱ་མཚོ་ལྷ་བུའི་དབང་། གབ་པ་མངོན་བྱུང་གི་ནང་བཀའ་དགྲེས་མཛད་ཇོ་ཇེའི་སྒྲུབ་ཐབས་འདི་དང་ལྡན་རྣམས་ཀྱིས་བསྐུལ་བའི་ངོར། ཤཱཀྱའི་དགེ་སློང་གྲོའོ་ཆོས་ཀྱི་རྒྱ་མཚོ་ཞེས་བྱ་བས་རྒྱལ་སྲེ་རྒྱ་མཚོའི་གཞིས་ཀར་སྦྱར་བའོ། །དགེ་བ་མ་རྒན་སེམས་ཅན་རྣམས་ལ་བསྔོ། བཀྲ་ཤིས་དཔལ་འབར་འཛམ་གླིང་རྒྱལ་བའི་རྒྱན་དུ་ཤོག །ལྷན་ཐབས་ཀྱི་ཡིག་ཆུང་ངོ་།། །།

༄༅། །དཔལ་སྒྱུ་མ་ཆེན་མོ་མ་ཧཱ་མཱ་ཡཱ་ལྷ་དགུའི་སྒྲུབ་ཐབས་བཞུགས་སོ། །

བླ་མ་དང་བདེ་བ་ཆེན་པོ་ལ་ཕྱག་འཚལ་ལོ། །སྒྱུ་མ་ཆེན་མོའི་སྒྲུབ་ཐབས་ཀྱི་སྔོན་དུ་གནས་དབེན་ཞིང་ཡིད་དང་མཐུན་པར་བྱི་དོར་བྱས་ཤིང་། ཡོལ་བ་བླ་རེས། རྟེན་བཀྲམ། གཏོར་མ་གསུམ་དང་། དབང་གཏོར་དཀར་དམར་གྱིས་བརྒྱན། གཏོར་འདབ་ཀྱིས་བསྐོར། གཏོར་མ་གསུམ་པོ་དཀྱིལ་འཁོར་གྱི་གོང་དུ་བཤམ། དབང་གཏོར་སྟེར་དཀར་དུ་འཇུག །བྱུར་དུ་བཤམས། དཀྱིལ་འཁོར་གྱི་དབུས་སུ་མཆིའི་ཁར། ཐུམ་པ་མགུལ་ཆིངས་ཁ་རྒྱན། ཐུམ་སྣན། ཆུས་ཕྱེད་ཁེངས་པ། དེའི་ཁར་ཐོད་པ་ཆང་གིས་གང་བ་བཞག །མེ་ལོང་ལ་ལི་ཁྲིའི་དཀྱིལ་འཁོར་གྲུ་གསུམ། ས་བོན་ལ་སྔགས་ཀྱིས་བསྐོར་བ་ཞལ་ཁེབས་དང་བཅས་ཏེ་བཞག །མཐར་མཆོད་པས་བསྐོར། རང་ཉིད་བདེ་བའི་སྟན་ལ་འདུག་པའི་མདུན་དུ་སྟེགས་ཀྱི་ཁར་ནང་མཆོད། ཌ་དྲིལ། ལས་བུམ་བཞག །ནང་མཆོད་བྱིན་གྱིས་བརླབ་པ་ནི། ཨོཾ་ཁཎྜ་རོ་ཧི་ཎི་ཧཱུཾ་ཧཱུཾ་ཕཊ། ཨོཾ་སྭ་བྷཱ་ཝ་ཤུདྡྷཱཿསརྦ་དྷརྨཱཿསྭ་བྷཱ་ཝ་ཤུདྡྷོ྅ཧཾ། སྟོང་པ་ཉིད་དུ་གྱུར། སྟོང་པའི་ངང་ལས་ཀ་པཱ་ལ་ཡངས་ཤིང་རྒྱ་ཆེ་བའི་ནང་དུ། ཤ་ལྔ་བདུད་རྩི་ལྔའི་རང་བཞིན་དུ་གྱུར། ཡེ་ཤེས་ཀྱི་བདུད་རྩིའི་རྒྱ་མཚོ་ཆེན་པོར་གྱུར། ཨོཾ་ཨཱཿཧཱུཾ། མཐེབ་སྲིན་གྱིས་ལན་གསུམ་དགྲུག །དཀར་གཏོར་ལ་ཆུ་གཙང་བྲན། ཨོཾ་ཁཎྜ། སྭ་བྷཱ་ཝ། སྟོང་པ་ཉིད་དུ་གྱུར། སྟོང་པའི་ངང་ལས་གཏོར་མ་དངས་ཤིང་ཚོགས་པ་མེད་པ། གཞི་བདག །གནས་བདག །ཡུལ་བདག །གྲོང་བདག་རྣམས་ལ་འབུལ་ལོ། །མཆོད་སྦྱིན་གྱི་གཏོར་མ་རྒྱ་ཆེན་པོ་འདི་བཞེས་ལ། བདག་ཅག་འཁོར་དང་བཅས་པ་རྣམས་འགྲོ་ན་མ་ཤོལ། འདུག་ན་མ་སྡང་། བསམ་པ་མ་ངན། སྦྱོར་བ་མ་རྩུབ། ལས་དཀར་

པོ་ཆོས་དང་མཐུན་པའི་སྟོང་གྲོགས་མཛོད་ཅིག །གཏོར་མ་གཙང་སར་སྐྱེལ། སྐྱབས་འགྲོ་ནི། བདག་གཞན་མ་ཚོགས་ནམ་མཁའི་མཐའ་དང་མཉམ་པའི་སེམས་ཅན་ཐམས་ཅད་བླ་མ་ལ་སྐྱབས་སུ་མཆིའོ། །སངས་རྒྱས་ལ༔ ཆོས་ལ༔ དགེ་འདུན་ལ༔ ཡི་དམ་དཀྱིལ་འཁོར་གྱི་ལྷ་ཚོགས་རྣམས་ལ༔ དཔའ་བོ་མཁའ་འགྲོ་ཆོས་སྐྱོང་སྲུང་མའི་ཚོགས་དང་བཅས་པ་རྣམས་ལ༔ ཐུགས་རྗེའི་སྐྱབས་འོག་ཏུ་ཚུད་པར་མཛད་དུ་གསོལ། སངས་རྒྱས་ཆོས་དང་ཚོགས་ཀྱི་མཆོག་རྣམས་ལ་སོགས་ནས། སངས་རྒྱས་འགྲུབ་པར་ཤོག །མདུན་གྱི་ནམ་མཁར་བཅོམ་ལྡན་འདས་སྤྱུ་མ་ཆེན་མོའི་ལྷ་ཚོགས་སྤྱན་དྲངས། བཛྲ་ས་མ་ཛཿ ཨོཾ་སརྦ་ཏ་ཐཱ་ག་ཏ་ཨཀྵོཾ་བྷྱ་ཧྲི་ཥྚོ་པུ་ཛ་མེ་གྷ་ས་མུ་དྲ་སྥ་ར་ཎ་ས་མ་ཡ་ཨཱཿཧཱུྃ། པུཥྤེ། དྷཱུ་པེ། ཨཱ་ལོ་ཀེ། གནྡྷེ། ནཻ་ཝི་དྱེ། ཤབྡ་ཨཱཿཧཱུྃ། གང་གི་དྲིན་གྱིས་བདེ་ཆེན་ཉིད། །སྐད་ཅིག་ཉིད་ལ་འཆར་བ་གང་། །བླ་མ་རིན་ཆེན་ལྟ་བུའི་སྐུ། །རྡོ་རྗེ་ཅན་ཞབས་པད་ལ་འདུད། །བཅོམ་ལྡན་འདས་རྡོ་རྗེ་འཛིན་པ་ལ་གསོལ་བ་འདེབས་སོ། །སྤྱུ་མ་ཆེན་མོ་ལ༔ ཕྱག་ན་རྡོ་རྗེ་ལ༔ དམ་པ་རྒྱ་གར་ལ༔ མ་ཅིག་ལབ་སྒྲོན་ལ༔ ཡང་ན། དམ་པ་ནས། གྲྭ་པ་མངོན་ཤེས་ཅན་ལ༔ མ་གཅིག་ལབ་སྒྲོན༔ རྒྱལ་བ་དོན་གྲུབ༔ གངས་པ་སྨུག་སང་༔ ཁུ་སྒོམ་ཆོས་སེང་༔ བཞམ་རམ་པ༔ གནམ་མཚོ་བ༔ རང་བྱུང་པ༔ བསམ་རིན་པ༔ ཀུན་ཡེ་བ༔ བན་སྒར་བ༔ འཇམ་དཔལ་རྒྱ་མཚོ༔ ཡང་ན། སྤྱུ་མ་ཆེན་མོ༔ མ་གཅིག་ལབ་སྒྲོན༔ རྣལ་འབྱོར་རུས་པའི་རྒྱན་ཅན༔ མགོན་རྒྱལ་བ༔ ཀུན་དགའ་ཡེ་ཤེས༔ འཇམ་དཔལ་བཟང་པོ༔ འཇམ་དཔལ་རྒྱ་མཚོ༔ བདག་རྒྱུད་སྨིན་པར་མཛད་དུ་གསོལ། ཚོགས་ཞིང་རང་ཉིད་ལ་ཐིམ། ཨོཾ་ཨཱཿཧཱུྃ།

བདག་བསྐྱེད་བསྒྲུབ་པ་ནི། ཁཊྭཱཾ་རཱ་ཧི་ནི་ཧཱུྃ་ཧཱུྃ་ཕཊ། ཨོཾ་སྭ་བྷཱ་ཝ་ཤུདྡྷཿསརྦ་དྷརྨཱཿསྭ་བྷཱ་

ཞ་ཤུཀློཀྵཾ། སྟོང་པ་ཉིད་དུ་གྱུར། སྟོང་པའི་ངང་ལས་གཞལ་ཡས་ཁང་གྲུ་བཞི་སྒོ་བཞི་རྟིག་པ་རིམ་པ་ལྔ། ནང་ནས་རིམ་པ་བཞིན་དུ་སྔོ། སེར། དམར། ལྗང་། དཀར་བའི་རྟིག་པ་ལྔ། རེ་ཁ་ནག་པ། རྟ་བབས་ཀ་བ་བཞིས་བཏེག་པའི་རིམ་པ་བརྒྱད་དང་ལྡན་པ། གདུགས། རི་དྭགས། ཆོས་འཁོར་གྱིས་མཚན་པ། ནང་ཀ་བ་བཞི། རིན་པོ་ཆེ་སྣ་ཚོགས་པའི་གདུང་བཅུ་བཞིས་མཚན་པ་ལ། སེང་གེ་དང་ཆུ་སྲིན་གྱི་ཁ་ནས་མུ་ཏིག་གི་ཆུན་འཕྱང་དྲྭ་བ་དྲྭ་ཕྱེད་དྲིལ་བུ་གཡེར་ཁས་མཚན་པ། སྟེང་མདའ་ཡབ་དང་པུ་ཤུ་ལ། གདུགས། རྒྱ་མཚན། བ་དན། རིན་པོ་ཆེའི་ཏོག །དར་དཔྱངས་ཀྱིས་ཡོངས་སུ་སྤྲས་པ། ཕྱི་རོལ་རྡོ་རྗེའི་ར་བ། མུ་ཏིག་གི་ར་བ། དུར་ཁྲོད་བརྒྱད་ཀྱིས་བསྐོར་བའི་ར་བ། དེའི་ཕྱི་རོལ་དུ་ཡེ་ཤེས་ཀྱི་མེའི་ར་བས་ཡོངས་སུ་བསྐོར་བའོ། །གཞལ་ཡས་ཁང་གི་དབུས་སུ་པདྨ་འདབ་བཞིའི་ལྟེ་བར། ཟླ་བ་དང་ཉི་མའི་སྟེང་དུ་ཧཱུཾ་ཡིག་མཐིང་ག །དེ་ལས་འོད་ཟེར་འཕྲོས། འཕགས་པ་མཆོད། སེམས་ཅན་གྱི་དོན་བྱས། ཚུར་འདུས་ཡོངས་སུ་གྱུར་པ་ལས། བཅོམ་ལྡན་འདས་སྒྲུ་མ་ཆེན་མོ་སྐུ་མདོག་མཐིང་ག་ཞལ་གཅིག་ཕྱག་གཉིས་སྤྱན་གསུམ་མཆེ་བ་རྣམ་པར་གཙིགས་པ། དབུ་སྐྲ་རལ་པའི་ཕྱེད་སྤྱི་བོར་བཅིངས་ཤིང་། ལྷག་མ་སྐུ་རྒྱབ་ཏུ་འཕྱུར་བ། གཡས་རྡོ་རྗེ་དང་། གཡོན་དྲིལ་བུ་འཛིན་ཅིང་ཡུམ་ལ་འཁྱུད་པ། སྐུ་ལ་རུས་པ་དང་རིན་པོ་ཆེའི་རྒྱན་དུ་མས་བརྒྱན་པ། དེའི་པང་དུ་ཡུམ་སངས་རྒྱས་མཁའ་འགྲོ་སྐུ་མདོག་སྔོན་མོ་ཞལ་གཅིག་ཕྱག་གཉིས་སྤྱན་གསུམ་མཆེ་བ་བཞི་གཙིགས་པ། དབུ་སྐྲ་དམར་སེར་གྱེན་དུ་བརྫེས་པ། ཕྱག་གཡས་གྲི་གུག་ཡབ་ཀྱི་ཕྲག་གོང་གཡོན་དུ་བརྐྱང་བ། གཡོན་པ་ཐོད་པ་བདུད་རྩིས་གང་བ་འཛིན་པ། ཡབ་ཀྱི་མཆན་ཁུང་གཡས་ནས་འཁྱུད་པ། སྐུ་

ལ་ཕྱག་རྒྱ་ལྔ་དང་ལྡན་པ། ཞབས་གཉིས་ཡབ་ཀྱི་སྙུ་སྙེད་ལ་འཁྲིལ་བ། དེའི་ཤར་དུ་རྡོ་རྗེ་མཁའ་འགྲོ་སྐྱུ་མདོག་སྔོན་མོ། ལྷོར་རིན་ཆེན་མཁའ་འགྲོ་སྐྱུ་མདོག་སེར་མོ། ནུབ་ཏུ་པདྨ་མཁའ་འགྲོ་སྐྱུ་མདོག་དམར་མོ། །བྱང་དུ་ལས་ཀྱི་མཁའ་འགྲོ་སྐྱུ་མདོག་ལྗང་གུ། དེ་ཐམས་ཅད་ཀྱང་ཞལ་གཅིག་ཕྱག་གཉིས། གཡས་པ་རྣམས་ཀྱིས་རྡོ་རྗེ་དང་། རིན་པོ་ཆེ་དང་། པདྨ་དང་། རལ་གྲིས་མཚན་པའི་གྲི་གུག་འཛིན་ཅིང་། གཡོན་པ་རྣམས་ཀྱིས་ཐོད་པ་བདུད་རྩིས་གང་བ་བསྣམས་པ། ཞབས་གཡས་བསྐུམ་གཡོན་བརྐྱང་བས་ཉི་མ་ལ་གནས་པ། ཕྱག་རྒྱ་ལྔ་དང་ལྡན་པ། ཤར་སྒོར་ཁཎྜ་རོ་ཧི་སྔོན་མོ། ལྷོ་སྒོར་ཀིང་ཀུས་མ་སེར་མོ། ནུབ་སྒོར་ཤ་བ་རི་དཀར་མོ། བྱང་སྒོར་དུམ་སྐྱེས་མ་ལྗང་གུ། དེ་རྣམས་ཀྱང་ཞལ་གཅིག་ཕྱག་གཉིས་སྤྱན་གསུམ་མཆེ་བ་བཞི་གཙིགས་པ། དབུ་སྐྲ་དམར་སེར་གྱེན་དུ་བརྫེས་པ། གཡས་པ་རྣམས་ཀྱིས་རྡོ་རྗེ་དང་། གཡོན་པ་རྣམས་ཀྱིས་དྲིལ་བུ་འཛིན་ཅིང་། ཞབས་བརྐྱང་བསྐུམ་གྱིས་ཉི་མ་ལ་གནས་པ། རུས་པའི་རྒྱན་ཆ་ལྔ་དང་ལྡན་པའོ། །ལྷ་ཚོགས་དེ་རྣམས་ཀྱི་དཔྲལ་བར་ཨོཾ། མགྲིན་པར་ཨཱཿ ཐུགས་ཀར་ཧཱུྃ། ཐུགས་ཀའི་ཧཱུྃ་ལས་འོད་ཟེར་འཕྲོས་པས། ཆོས་ཀྱི་དབྱིངས་ནས་སྒྱུ་མ་ཆེན་མོ་ལ་སངས་རྒྱས་དང་བྱང་ཆུབ་སེམས་དཔའི་ཚོགས་ཀྱིས་བསྐོར་བ་བཛྲ་ས་མཱ་ཛཿ དམ་ཚིག་པ་དང་གཉིས་སུ་མེད་པར་གྱུར། སླར་ཐུགས་ཀའི་ཧཱུྃ་ཡིག་གི་མཐར་སྔགས་ཀྱིས་བསྐོར་བ་ལ་དམིགས་ལ། ཨོཾ་ཀཱ་ལ་རུ་པ་ཧཱུྃ་ཧཱུྃ་ཕཊ། མཐར་བསྐྱེད་པའི་རིམ་པ་མི་དམིགས་པར་བཞག་པའོ། །

བུམ་པ་བསྒྲུབ་པ་ནི། ཨོཾ་ཁཎྜ་རོ་ཧི་ཎི་ཧཱུྃ་ཧཱུྃ་ཕཊ། ཨོཾ་སྭ་བྷཱ་ཝ་ཤུདྡྷཿསརྦ་དྷརྨཱཿསྭ་བྷཱ་ཝ་ཤུདྡྷོ྅ཧཾ། སྟོང་པ་ཉིད་དུ་གྱུར། སྟོང་པའི་ངང་ལས་རིན་པོ་ཆེའི་བུམ་པ་

ཞབས་ཞུམ་པ། ཕྱོ་བ་ལྡིར་བ། མགྲིན་པ་ཕྲ་བ། མཆུ་འཕྱང་བ། ལྷ་རྫས་ཀྱི་གོས་ཀྱིས་མགུལ་ཆིངས་དང་། དཔག་བསམ་གྱི་ཤིང་གིས་ཁ་བརྒྱན་པ། བུམ་སྣན་དང་། བུམ་ཆུས་གང་བའི་དབུས་སུ། སྒྱུ་མ་ཆེན་མོའི་དཀྱིལ་འཁོར་བརྟེན་པ་ལྷ་དང་བཅས་པ་སྐད་ཅིག་གིས་གསལ་བར་གྱུར་པའི་དཔྲལ་བར་ཨོཾ། མགྲིན་པར་ཨཱཿ ཐུགས་ཀར་ཧཱུྃ། ཐུགས་ཀའི་ཧཱུྃ་ལས་འོད་ཟེར་འཕྲོས་པས། ཆོས་ཀྱི་དབྱིངས་ནས་བཅོམ་ལྡན་འདས་སྒྱུ་མ་ཆེན་མོའི་ལྷ་ཚོགས་ལ་སངས་རྒྱས་དང་བྱང་ཆུབ་སེམས་དཔའི་ཚོགས་ཀྱིས་བསྐོར་བ་སྤྱན་དྲངས། བཛྲ་ས་མཱ་ཛཿ བུམ་པའི་ལྷ་དང་གཉིས་སུ་མེད་པར་གྱུར། ཛཿཧཱུྃ་བཾ་ཧོཿ བཟླས་པ་བྱེད། མཐར་ལྷ་འོད་དུ་ཞུ། བུམ་པའི་ཆུར་གྱུར།

མདུན་བསྐྱེད་བསྒྲུབ་སྟེ། ཨོཾ་ཁཎྜ་རོ་ཧི་ཎི་ཧཱུྃ་ཧཱུྃ་ཕཊ། སྭ་བྷཱ་ཝ་ནས། བཛྲ་ས་མཱ་ཛའི་བར་བདག་བསྐྱེད་བཞིན་བྱེད་ཅིང་། མ་ལུས་སེམས་ཅན་ཀུན་གྱི་མགོན་གྱུར་ཅིང་། །བདུད་སྡེ་དཔུང་བཅས་མི་བཟད་འཇོམས་མཛད་ལྷ། །དངོས་རྣམས་མ་ལུས་ཇི་བཞིན་མཁྱེན་གྱུར་པའི། །བཅོམ་ལྡན་འཁོར་བཅས་གནས་འདིར་གཤེགས་སུ་གསོལ། །བཅོམ་ལྡན་ཁྱེད་ནི་བྱོན་པ་ལེགས། །བདག་ཅག་བསོད་ནམས་སྐལ་བར་ལྡན། །བདག་གི་མཆོད་ཡོན་བཞེས་ནས་ཀྱང་། །འདི་ཉིད་དུ་ནི་བཞུགས་སུ་གསོལ། །པདྨ་ཀ་མ་ལ་ཡ་སྟྭཾ། ཛཿཧཱུྃ་བཾ་ཧོཿ གཉིས་སུ་མེད་པའི་རང་བཞིན་ཅན་དུ་གྱུར། བཟླས་པ་བྱེད། ཚོགས་གཉིས་རབ་རྫོགས་ཡེ་ཤེས་སྒྱུ་མའི་སྐུ། །འགྱུར་མེད་བདེ་ཆེན་ལོངས་སྤྱོད་རྫོགས་པ་སྟེ། །སྣང་ལ་འཛིན་མེད་སྒྱུ་མའི་རང་བཞིན་གཟུགས། །སྒྱུ་མ་ཆེན་མོའི་སྐུ་ལ་ཕྱག་འཚལ་བསྟོད། །ཤ་ཆེན་བསུར་གྱི་བདུག་སྤོས་དང་། །ཞུན་ཆེན་གསལ་བའི་མར་མེ་དང་། །བྱང་སེམས་དཀར་དམར་བདུད་རྩི་དང་། །རྡོ་རྗེ་དྲི་ཆེན་

ཞལ་ཟས་དང་། །རྡོ་རྗེ་དྲི་ཆུའི་བདུད་རྩི་ཡིས། །བཅོམ་ལྡན་འཁོར་དང་བཅས་ལ་འབུལ། །བཞེས་ནས་བྱིན་གྱིས་བརླབ་ཏུ་གསོལ། །གང་གི་དྲིན་གྱིས་བདེ་ཆེན་ཉིད། །སྐད་ཅིག་ཉིད་ལ་འཆར་བ་གང་། །བླ་མ་རིན་ཆེན་ལྟ་བུའི་སྐུ། །རྡོ་རྗེ་ཅན་ཞབས་པད་ལ་འདུད། །རབ་འབྱམས་རྒྱ་མཚོ་དཔག་མེད་ན། །མཆོད་ཡོན་ཇི་སྙེད་ཡོད་པ་རྣམས། །བདག་གིས་གུས་པར་བཤམས་པ་འདི། །ཇི་སྙེད་རྒྱལ་བ་སྲས་དང་བཅས། །དེ་སྙེད་རྣམས་ལ་བདག་འབུལ་ན། །ཐུགས་རྗེ་མངའ་བ་བྱིད་རྣམས་ཀྱིས། །ཅི་བདེ་བར་ནི་བཞེས་སུ་གསོལ། །ཨོཾ་སརྦ་ཏ་ཐཱ་ག་ཏ་ཨརྒྷཾ་པྲ་ཏཱིཙྪ་པཱུ་ཛ་མེ་གྷ་ས་མུ་དྲ་སྥ་ར་ཎ་ས་མ་ཡེ་ཨཱཿཧཱུྃ། རབ་འབྱམས་སོགས། མེ་ཏོག །བདུག་སྤོས། མར་མེ། དྲི་ཆབ། ཞལ་ཟས། རོལ་མོའི་བར་བརྗོད། ཨེ་མའོ་ངོ་མཚར་རྨད་ཀྱི་ཆོས། །དུས་གསུམ་སངས་རྒྱས་ཐམས་ཅད་ཀྱི། །སྐུ་གསུང་ཐུགས་ཀྱི་ངོ་བོ་ཉིད། །འཁོར་འདས་ཡོན་ཏན་དཔལ་དང་ལྡན། །བཀའ་བརྒྱུད་རིན་པོ་ཆེ་ལ་ཕྱག་འཚལ་བསྟོད། །གཟུགས་དང་སྒྲ་དང་དྲི་དང་རོ། །འདོད་པའི་ཡོན་ཏན་ལྔ་པོ་ཡང་། །བཅོམ་ལྡན་འཁོར་དང་བཅས་ལ་འབུལ། །བཞེས་ནས་བྱིན་གྱིས་བརླབ་ཏུ་གསོལ། །བདེ་བ་ཆེན་པོ་རྡོ་རྗེའི་སྐུ། །བདེ་ཆེན་ལམ་སྣ་འགྲོ་བའི་མགོན། །རིན་ཆེན་རྒྱན་སྤྲས་དབུ་སྐྲ་སྤྱི་བོར་བཅིངས། །སྒྱུ་མ་ཆེན་མོའི་སྐུ་ལ་ཕྱག་འཚལ་བསྟོད། །འཁོར་ལོ་ནོར་བུ་བཙུན་མོ་དང་། །བློན་པོ་གླང་པོ་རྟ་མཆོག་དང་། །དམག་དཔོན་རིན་ཆེན་སྣ་བདུན་ཡང་། །བཅོམ་ལྡན་འཁོར་དང་བཅས་ལ་འབུལ། །བཞེས་ནས་བྱིན་གྱིས་བརླབ་ཏུ་གསོལ། །མཚན་དཔེས་སྤྲས་པའི་འོད་ཟེར་རབ་འཕྲོ་ཞིང་། །བདུད་བཞི་འཇོམས་ཤིང་མཆེ་བ་ཙུང་ཟད་གཙིགས། །སྤྱན་གསུམ་གཟིགས་པས་འགྲོ་བ་ཐབས་ཀྱིས་སྒྲོལ། །རིགས་བཞི་ཡུམ་

བཅས་དཀྱིལ་འཁོར་ལྷ་ལ་འདུད། །ནང་མཆོད་འབུལ། བརྒྱུད་པའི་མཚན་ནས་སྨོས་ཏེ། ཨོཾ་ཨཱཿཧཱུྃ་
བཏགས། སྐབས་འདིར་ཚོགས་བསྐོ་ཞིང་། ཚོགས་ཕུད་གཏོར་མ་ལ་བསྟན། རང་རང་གི་གཞུང་དང་བསྟུན་ལ་བསྐོ། ལས་
བུམ་བསྒྲུབ། སྔ་གོན་ནི། སློབ་མ་ཁྲུས་བྱེད། ཕྱག་དང་མཎྜལ་ཕུལ། ཆོས་བཤད་རྒྱས་བསྡུས་སྐབས་དང་སྦྱར། དཀའ་
ཆེན་ཁྱོད་བདག་སྟོན་པ་སྟེ། །སློབ་དཔོན་ཁྱོད་ནི་དགོངས་སུ་གསོལ། །བྱང་ཆུབ་
ཆེན་པོའི་ཚུལ་སྟོན་པ། །མགོན་པོ་ཆེན་པོ་བདག་འཚལ་ལོ། །དམ་ཚིག་དེ་ཉིད་
བདག་ལ་སྩོལ། །བྱང་ཆུབ་སེམས་ཀྱང་བདག་ལ་སྩོལ། །སངས་རྒྱས་ཆོས་དང་
དགེ་འདུན་ཏེ། །སྐྱབས་གསུམ་དག་ཀྱང་བདག་ལ་སྩོལ། །ཐར་པ་ཆེན་པོའི་གྲོང་
མཆོག་ཏུ། །མགོན་པོས་བདག་ནི་འཇུག་པར་འཚལ། །ལན་གསུམ། སློབ་དཔོན་གྱིས་མཎྜལ་
བཟུང་། སོ་ཤིང་རྩེ་མོ་མདུན་སོས་ནེམ་པ་བྱེད། ཨོཾ་བཛྲ་ཧ་ས་ཧ། བརྗོད་དེ་དོར། ཞི་རྒྱས་དབང་དྲག་སོགས་ལུང་
བསྟན། བུམ་ཆུ་བླུད། ཨོཾ་ཧྲཱིཿབི་ཤུདྡྷེ་ཨུད་ག་ཏེ་ཁ་ཁ། སྐུད་པ་དམར་པོ་སུམ་སྒྲིལ་ལ་མདུད་པ་གསུམ་
དང་བཅས་ཏེ། སྐྱེས་པའི་གཡོན། བུད་མེད་ཀྱི་གཡས་སུ་བཏགས་ལ། རྡོ་རྗེའི་མདུད་པ་བྱེད། ཨོཾ་བུདྡྷ་མཻ་ཏྲི་སཏ་
རཀྵ་རཀྵ་ཧཱུྃ། ཀུ་ཤ་ཆེ་བ་གཡས། ཆུང་བ་གཡོན་དུ་གཏད། ཨོཾ་བཛྲ་ཧི་ཀྵཱ་བཾ། ཆེ་བ་སྔས། ཆུང་བ་གདན་
བྱེད། ཐེ་ལམ་བརྟག །བུ་ཚུར་ཐེག་པ་ཆེན་པོ་ཡི། །ཁྱོད་ནི་ཚུལ་ཆེན་སྣོད་ཡིན་ཏེ། །ཁྱོད་
ལ་ཡང་དག་བཤད་པར་བྱ། །བུ་ཡི་བློ་གྲོས་འདི་གྱིས་ཤིག །ཡོལ་བ་ནང་དུ་འཇུག་པའི་
དོན་དུ་ཁྲུས་བྱེད། ཕྱག་དང་མཎྜལ་ཕུལ། གདོང་གཡོགས་བཅིངས། ཨོཾ་ཙཀྲ་བཛྲ་ཕ་ར་མཱ་ཎྜ་ཡ་ཧཱུྃ། མེ་
ཏོག་གཏད། ཨཱ་ཁཾ་བཱི་ར་ཧཱུྃ། བགེགས་གཏོར་བཏང་། བསྲུང་འཁོར་བསྒོམ། དཀོན་མཆོག་གསུམ་
ལ་བདག་སྐྱབས་མཆི། །སྡིག་པ་མི་དགེ་སོ་སོར་བཤགས། །འགྲོ་བའི་དགེ་ལ་
རྗེས་ཡི་རང་། །སངས་རྒྱས་བྱང་ཆུབ་ཡིད་ཀྱིས་བཟུང་། །སངས་རྒྱས་ཆོས་དང་
ཚོགས་མཆོག་ལ། །བྱང་ཆུབ་བར་དུ་སྐྱབས་སུ་མཆི། །རང་གཞན་དོན་ནི་རབ་
སྒྲུབ་ཕྱིར། །བྱང་ཆུབ་སེམས་ནི་བསྐྱེད་པར་བགྱི། །བྱང་ཆུབ་མཆོག་གི་སེམས་ནི་

བསྐྱེད་བགྱིས་ནས། །སེམས་ཅན་ཐམས་ཅད་བདག་གི་མགྲོན་དུ་གཉེར། །བྱང་ཆུབ་སྤྱོད་མཆོག་ཡིད་འོང་སྤྱད་པར་བགྱི། །འགྲོ་ལ་ཕན་ཕྱིར་སངས་རྒྱས་འགྲུབ་པར་ཤོག །ལན་གསུམ། བདག་དུས་འདི་ནས་བཟུང་སྟེ། བྱང་ཆུབ་སྙིང་པོར་མཆིས་ཀྱི་བར། །ཇི་ལྟར་དུས་གསུམ་མགོན་པོ་རྣམས། །བྱང་ཆུབ་ཐུགས་ནི་ངེས་མཛད་པའི། །བྱང་ཆུབ་སེམས་ནི་བླ་ན་མེད། །དམ་པ་བདག་གིས་བསྐྱེད་པར་བགྱི། །ཚུལ་ཁྲིམས་ཀྱི་ནི་བསླབ་པ་དང་། །དགེ་བའི་ཆོས་ནི་བསྡུད་པ་དང་། །སེམས་ཅན་དོན་བྱེད་ཚུལ་ཁྲིམས་གསུམ། །སོ་སོར་བརྟན་པོར་གཟུང་བར་བགྱི། །སངས་རྒྱས་ཆོས་དང་དགེ་འདུན་ཏེ། །བླ་ན་མེད་པའི་དཀོན་མཆོག་གསུམ། །སངས་རྒྱས་རྣལ་འབྱོར་ལས་སྐྱེས་པའི། །སྡོམ་པ་དེང་ནས་གཟུང་བར་བགྱི། །རྡོ་རྗེ་རིགས་མཆོག་ཆེན་པོ་ལ། །རྡོ་རྗེ་དྲིལ་བུའི་ཕྱག་རྒྱ་ཡང་། །ཡང་དག་ཉིད་དུ་གཟུང་བར་བགྱི། །སློབ་དཔོན་དག་ཀྱང་གཟུང་བར་བགྱི། །རིན་ཆེན་རིགས་མཆོག་ཆེན་པོ་ཡིས། །དམ་ཚིག་ཡིད་དུ་འོང་བ་ལ། །ཉིན་རེ་བཞིན་དུ་དུས་དྲུག་ཏུ། །སྦྱིན་པ་རྣམ་བཞི་རྟག་ཏུ་སྦྱིན། །བྱང་ཆུབ་ཆེན་པོ་ལས་བྱུང་བའི། །པདྨའི་རིགས་ཆེན་དག་པ་ལས། །ཕྱི་ནང་གསང་བ་ཐེག་པ་གསུམ། །དམ་པའི་ཆོས་ནི་མ་ལུས་བཟུང་། །ལས་ཀྱི་རིགས་མཆོག་ཆེན་པོ་ལ། །སྡོམ་པ་ཐམས་ཅད་ལྡན་པར་ནི། །ཡང་དག་ཉིད་དུ་གཟུང་བར་བགྱི། །མཆོད་པའི་ལས་ཀྱང་ཅི་ནུས་བགྱི། །བྱང་ཆུབ་སེམས་ནི་བླ་མེད་མཆོག །སྡོམ་པ་བདག་གིས་བསྐྱེད་པར་བགྱི། །སེམས་ཅན་ཀུན་གྱི་དོན་གྱི་ཕྱིར། །བདག་གིས་སྡོམ་པ་མ་ལུས་བཟུང་། །མ་སྒྲལ་བ་རྣམས་བདག་གིས་བསྒྲལ། །མ་གྲོལ་བ་རྣམས་བདག་གིས་དགྲོལ། །དབུགས་མ་བྱུང་རྣམས་དབུགས་དབྱུང་ཞིང་། །སེམས་ཅན་མྱ་ངན་འདས་ལ་འགོད། །ཐུམ་ཆུས་བསང་། ཁྱེད་

རང་སྐད་ཅིག་གིས་སྒྱུ་མ་ཆེན་མོར་གསལ་བའི་དཔྲལ་བར་ཨོཾ། མགྲིན་པར་ཨཱཿ
ཐུགས་ཀར་ཧཱུྃ། དྲིའི་ཚུལ་ཐིག་ལེ་བྱེད། ཨོཾ་ཨཱཿཧཱུྃ། ཨརྒྷཾ། པུཥྤེ། དྷཱུ་པེ། ཨཱ་ལོ་ཀེ། གནྡྷེ། ནཻ་
ཝི་ཏྱེ། ཤབྡ་ཨཱཿཧཱུྃ། སྙིང་ཁར་རྡོ་རྗེ་བཟུང་། སྙིང་ཁར་ཀུན་རྫོབ་བྱང་ཆུབ་སེམས་ཀྱི་ངོ་
བོ། ཟླ་བའི་སྟེང་དུ་དོན་དམ་བྱང་ཆུབ་སེམས་ཀྱི་ངོ་བོ་རྡོ་རྗེ་དཀར་པོའི་འོད་
ཟེར་འཕྲོ་བ་དང་བཅས་པ་གཅིག་སྒོམས། ཨོཾ་སུ་ར་ཏེ་ས་མ་ཡ་སྟྭཾ་ཧོཿ སིདྡྷི་
བཛྲ་ཡ་ཐཱ་སུ་ཁཾ། ཐམས་ཅད་རྣལ་འབྱོར་དུ་སེམས་བསྐྱེད་པ་བརྟན་པར་བྱས་
སོ། །མགོ་བོར་རྡོ་རྗེ་བཞག །ཁྱོད་ནི་རྣལ་འབྱོར་མ་རིགས་སྐྱེས། །མདུན་དུ་སྨྲ་བར་མ་
བྱེད་ཅིག །གལ་ཏེ་སྨྲས་ན་ཉམས་པར་འགྱུར། །སྙིང་ཁར་རྡོ་རྗེ། ཁྱོད་ནི་རྣལ་འབྱོར་
རིགས་སུ་སྐྱེས། །སྙིང་ལ་ཡང་དག་ཞུགས་པར་བྱེད། །གལ་ཏེ་ཚུལ་འདི་སྨྲས་ན་
ནི། །དེ་མ་ཐག་ཏུ་དྲལ་ཏེ་གཤེགས། །ཁུམ་ཆུ་བླུད། འདི་ནི་ཁྱོད་ཀྱི་དམ་ཚིག་ཆུ། །དམ་
ཚིག་འདས་ན་བསྲེག་པར་བྱེད། །དམ་ཚིག་བསྲུངས་ན་དངོས་གྲུབ་ནི། །རྡོ་རྗེ་
བདུད་རྩིའི་ཆུ་འདི་འཐུང་། །ཨོཾ་བཛྲ་ཨ་མྲྀ་ཏ་ཨུདྐ་ཧཱུྃ། ཐལ་མོ་མགོར་བཞག །དུས་འདི་ནས་
ནི་བུ་ཁྱོད་ཀྱི། །རྡོ་རྗེ་འཛིན་པ་ང་ཡིན་གྱིས། །ང་ཡིས་ཇི་ལྟར་བསྒོ་བ་བཞིན་བྱ་
དགོས་སོ། །དེ་བས་ཉམས་ན་མི་བདེ་བ་མ་སྤངས་པར་དམྱལ་བར་ལྟུང་ཏ་རེ།
ཡེ་ཤེས་ཕབ། མདུན་གྱི་ནམ་མཁར་སྒྱུ་མ་ཆེན་མོ་བཞུགས་པའི་སྐུ་ལུས་ཀྱི་ཆ་ལས་
འོད་ཟེར་དཀར་དམར་མཐིང་གསུམ་བྱུང་། ཁྱེད་རང་གི་ལུས་ལ་སིབ་སྟེ་ཐིམ་
པའི་མོས་པ་གྱིས། རོལ་མོ་དཀྲོལ། ཨ་ཨ། ཕཾ་ཕཾ། རྡོ་རྗེ་མགོར་བཞག །ཏིཥྛ་བཛྲ་བརྗོད། དཀྱིལ་
འཁོར་ཁ་དོག་བཏག །མིང་འདོགས། མེ་ཏོག་འཐོར། སྟོན་ཚེ་ལྷ་གང་ཡིན་པ་དེ་ལ་ཕོག་པར་ཤོག་
ཅིག །པྲ་ཏཱིཙྪ་བཛྲ་ཧོཿ སླར་ཡང་ལྷ་དེ་ལས་མར་མེ་གཅིག་ལ་གཉིས་ཆད་ཀྱི་
ཚུལ་དུ་བྱུང་། ཁྱེད་རང་ལ་ཐིམ་པའི་མོས་པ་གྱིས། ཡི་དམ་ལྷ་ཡིས་འདི་ནི་རྗེས་

སུ་གཟུང་བར་མཛོད། གདོང་གཡོགས་བསལ། སློབ་དཔོན་གྱིས་གསེར་གྱི་སྨྱུ་གུ་བཟུང་སྟེ། ཁྱེད་རང་གི་མ་རིག་པའི་ལིང་ཐོག་དང་མིག་དར་ཕྱོགས་གཅིག་ཏུ་བསལ་བའི་མོས་པ་གྱིས། སྤྱན་ལྡ་རྣམ་དག་དབྱེ་དང་མི་དབྱེ་བྲལ། །ཆོས་ཀུན་མཁྱེན་ཅིང་ཐམས་ཅད་གཟིགས་པ་ཡིས། །སངས་རྒྱས་ཡེ་ཤེས་སྤྱན་ནི་ཐོབ་གྱུར་ཅིག །ཨོཾ་བཛྲ་ནེ་ཏྲ་ཨ་པ་ཧ་ར་པ་ཊ་ལཾ་ཧྲཱིཿ དཀྱིལ་འཁོར་ལྷ་ཞལ་བསྟན།

དངོས་གཞིའི་དོན་དུ་མཇལ་ཕྱུལ། བླ་མ་རྡོ་རྗེ་འཛིན་པ་ཆེན་པོས་དཔལ་ཐུ་མ་ཆེན་མོའི་དཀྱིལ་འཁོར་དུ་བདག་ལ་དབང་གིས་སྨིན་པར་མཛད་དུ་གསོལ། བུམ་པ་སྤྱི་བོར་བཟུང་། བདེ་བར་གཤེགས་པ་ཐམས་ཅད་ཀྱི། །བུམ་པའི་དབང་ནི་ཁྱོད་ལ་བསྐུར། །ཁྱོད་ཀྱིས་རབ་ཏུ་བླང་བར་གྱིས། །ཇི་ལྟར་བལྟམས་པ་ཙམ་གྱིས་ནི། །ལྷ་རྣམས་ཀྱིས་ནི་ཁྲུས་གསོལ་ལྟར། །ལྷ་ཡི་ཆུ་ནི་དག་པ་ཡིས། །དེ་བཞིན་བདག་གིས་སྐུ་ཁྲུས་གསོལ། །ཨོཾ་སརྦ་ཏ་ཐཱ་ག་ཏ་ཨ་བྷི་ཥེ་ཀ་ཏ་ས་མ་ཡ་ཤྲཱི་ཡེ་ཧཱུྃ། བུམ་ཆུ་བླུད། དེས་བུམ་པའི་དབང་བསྐུར་བ་ལ་བརྟེན་ནས། ཉོན་མོངས་པ་ཞེ་སྡང་དག །མེ་ལོང་ལྟ་བུའི་ཡེ་ཤེས་གནས་འགྱུར། རྡོ་རྗེ་སེམས་དཔས་དབུ་བརྒྱན་པའོ། །དབུ་རྒྱན་སྤྱི་བོར་བཟུང་། བདེ་བར་གཤེགས་པ་ཐམས་ཅད་ཀྱི། །དབུ་རྒྱན་དབང་ནི༔ ཁྱོད་ཀྱིས༔ ཇི་ལྟར༔ དབུ་རྒྱན་གྱི་དབང་བསྐུར་བ་ལ་བརྟེན་ནས། ང་རྒྱལ༔ མཉམ་པ་ཉིད༔ རིན་ཆེན༔ རྡོ་རྗེ་གཡས་སུ་གཏད། བདེ་བར༔ རྡོ་རྗེའི་དབང་ནི༔ ཁྱོད་ཀྱིས༔ ཇི་ལྟར༔ རྡོ་རྗེའི་དབང་བསྐུར་བ་ལ་བརྟེན་ནས་འདོད་ཆགས༔ སོར་རྟོག༔ འོད་དཔག་མེད༔ དྲིལ་བུ་གཡོན་དུ་གཏད། བདེ་བར༔ དྲིལ་བུའི་དབང་ནི༔ ཁྱོད་ཀྱིས༔ ཇི་ལྟར༔ དྲིལ་བུའི་དབང་བསྐུར་བ་ལ་བརྟེན་ནས་ཕྲག་དོག༔ བྱ་གྲུབ༔ དོན་ཡོད་གྲུབ་པ༔ རྡོ་རྗེ་དྲིལ་བུ་སྤྱི་བོར་བཟུང་། བདེ་བར༔ མིང་གི༔ ཁྱོད་ཀྱིས༔ ཀྱི། དཔལ་གསང་མཚན་ཞེས་བྱ་བའི་

དེ་བཞིན་གཤེགས་པའོ། །ཇི་ལྟར༔ མིང་གི་དབང་བསྐུར་བ་ལ་བརྟེན་ནས་ཉོན་མོངས་པ་གཏི་མུག་དག །ཆོས་ཀྱི་དབྱིངས་ཀྱི་ཡེ་ཤེས་གནས་འགྱུར། རྣམ་པར་སྣང་མཛད་ཀྱིས་དབུ་བརྒྱན་པའོ། །དེས་བུམ་པའི་དབང་སོང་། བསྐྱེད་རིམ་བསྒོམ་པ་ལ་དབང་། འབྲས་བུ་སྤྲུལ་པའི་སྐུ་འགྲུབ་པའོ། །གསང་དབང་ཞུ་བའི་དོན་དུ་མཎྜལ་ཕུལ། ཐོད་པ་སྤྱི་བོར་བཟུང་། བདེ་བར་གཤེགས་པ་ཐམས་ཅད་ཀྱི། །ཐོད་པའི་དབང་ནི་ཁྱོད་ལ་བསྐུར། །གསང་བའི་དབང་འདི་ཁྱོད་ཀྱིས་ལོང་། །ནང་མཆོད་བླུད། ཨོཾ་ཨཱཿཧཱུྃ། དེས་ཐོད་པའི་དབང་ལ་བརྟེན་ནས་ངག་ལ་གསང་བའི་དབང་བསྐུར། ལུས་ཀྱི་རྩ་གནས་ཐམས་ཅད་དུ་བདེ་བ་ཆེན་པོས་ཁྱབ། རྩ་ཐིག་རླུང་གསུམ་བསྒོམ་པ་ལ་དབང་། འབྲས་བུ་ལོངས་སྤྱོད་རྫོགས་པའི་སྐུ་འགྲུབ་པའོ། །ཤེས་རབ་ཡེ་ཤེས་ཀྱི་དབང་གི་དོན་དུ་མཎྜལ། མེ་ལོང་སྤྱི་བོར་བཟུང་། བདེ་བར་གཤེགས་པ་ཐམས་ཅད་ཀྱི། །མེ་ལོང་དབང་ནི་ཁྱོད་ལ་བསྐུར། །ཤེས་རབ་ཡེ་ཤེས་དབང་འདི་ཁྱོད་ཀྱིས་ལོང་། མེ་ལོང་གི་དཀྱིལ་འཁོར་ལས་སངས་རྒྱས་མཁའ་འགྲོ་འཕྲོས། ཁྱོད་རང་གི་སྙིང་ཁར་ཞུགས། དགའ་བཞིའི་ཡེ་ཤེས་རྒྱུད་ལ་སྐྱེས། བདེ་གསལ་མི་རྟོག་པ་བསྒོམ་པ་ལ་དབང་། འབྲས་བུ་ཆོས་ཀྱི་སྐུ་འགྲུབ་པའོ། །བཞི་པའི་དོན་དུ་མཎྜལ། ལྟོས་ཤིག་རང་གི་སེམས་ལ་ལྟོས། །བལྟས་པས་མཐོང་རྒྱུ་མེད་པ་ཆོས་ཀྱི་སྐུ། །མ་མཐོང་མཉམ་པ་ལོངས་སྐུ་ཡིན། །ཅིར་ཡང་འཆར་བ་སྤྲུལ་པའི་སྐུ། །གཉིས་སུ་མེད་པ་ངོ་བོ་ཉིད་ཀྱི་སྐུའོ། །དེས་བཞི་པའི་དབང་ལ་བརྟེན་ནས་ཕྱག་རྒྱ་ཆེན་པོ་སྐུ་བཞིའི་དབང་བསྐུར་ཞིང་ངོ་སྤྲོད་པའོ། །

སློབ་དཔོན་གྱི་དབང་གི་དོན་དུ་མཎྜལ། ཁྱོད་རང་སྒྱུ་མ་ཆེན་མོ་སྔོན་མོ་རྡོ་རྗེ་དང་དྲིལ་བུ་འཛིན་པ་གཅིག་ཏུ་གྱུར། གནས་གསུམ་དུ་དྲིའི་ཚུལ་ཐིག་ལེ་བྱེད། ཨོཾ་ཨཱཿཧཱུྃ།

མཆོད་པ། པུཥྤེ། དྷཱུ་པེ། ཨཱ་ལོ་ཀེ། གནྡྷེ། ནཻ་ཝི་ཏྱེ། ཤབྡ་ཨཱཿཧཱུྃ། བུམ་པ་སྤྱི་བོར་བཞག་། བདེ་
བར་གཤེགས་པ་ཐམས་ཅད་ཀྱི། །བུམ་པའི་དབང་ནི་ཁྱོད་ལ་བསྐུར། །ཁྱོད་ཀྱིས་
རབ་ཏུ་བླང་བར་གྱིས། །ཇི་ལྟར་བལྟམས་པ་སོགས། བུམ་ཆུ་བླུད། ཞེས་དབང་བསྐུར།
དྲི་མ་དག །ཆུ་ལྷག་མ་ཡར་ལུད་པ་ལས་མི་བསྐྱོད་པས་དབུ་བརྒྱན་པའོ། །མེ་ཏོག
འཐོར། རྡོ་རྗེ་གཡས་སུ་གཏད། ཧཱུྃ་འགྱུར་བ་མེད་པ་ཐུགས་ཀྱི་དམ་ཚིག་བཟུང་། དྲིལ་བུ་གཡོན་
དུ་གཏད། ཨཿསྐྱེ་བ་མེད་པ་གསུང་གི་དམ་ཚིག་བཟུང་། རྣལ་འབྱོར་མའི་སྐུ་གཏད། ཨོཾ་བཟུང་
དུ་འཇུག་པ་ཕྱག་རྒྱའི་དམ་ཚིག་བཟུང་། སིན་དྷུ་ར་དཔྲལ་བ་དང་མགྲིན་པ་
སྙིང་གར་བྱུགས། ཕྲེང་བ་གཏད་ཅིང་སྔགས་ཀྱི་རྗེས་བཟླས་བྱེད་དུ་བཅུག །དེས་སློབ་དཔོན་གྱི་དབང་
བསྐུར་བ་ཡིན་ནོ། །དབང་བསྐུར་བ་དང་། རབ་ཏུ་གནས་པ་དང་། སློབ་མ་
རྣམས་རིམ་གྱིས་བསྡུ་བར་གྱིས་ཤིག །རིགས་ལྔའི་ཕྱག་མཚན་གྱི་དབང་ནི་འཁོར་ལོ་བཟུང་སྟེ། འཇིག་
རྟེན་ཁམས་ནི་ཐམས་ཅད་དུ། །ཇི་ལྟར་སྣ་ཚོགས་འདུལ་གྱུར་པ། །སེམས་ཅན་
ཀུན་ལ་ཕན་པའི་ཕྱིར། །ཆོས་ཀྱི་འཁོར་ལོ་བསྐོར་གྱུར་ཅིག །རྡོ་རྗེ་བཟུང་སྟེ། འཇིག་
རྟེན༔ ཇི་ལྟར༔ སེམས་ཅན༔ རྡོ་རྗེའི༔ དེ་བཞིན་དུ༔ རིན་ཆེན༔ པདྨ༔ རྒྱ་གྲམ་
སོགས། ལུང་བསྟན་ནས། ཆོས་གོས་ཀྱི་སྣེ་མོ་རི་དྭགས་ཀྱི་རྣ་བ་ལྟ་བུ་བྱས་ཏེ། དེ་རིམ་ངས་ཁྱོད་ལུང་བསྟན་
ཏེ། །སྲིད་པ་ངོ་བོ་ཉིད་ཀྱིས་བདག །ངོ་བོ་ཉིད་ཀྱིས་སྲིད་བྲལ་བྱེད། །རང་བཞིན་
དག་པའི་སེམས་དཔའ་ནི། །སྲིད་པའི་མཚོ་ལས་སྒྲོལ་བར་འགྱུར། །མ་འོངས་
པའི་དུས་སུ་དེ་བཞིན་གཤེགས་པར་འགྱུར་ཏེ། ཨོཾ་བྷུར་བྷུ་ཝ་སྭཱ་ཧཱ། དབུགས་དབྱུང་
སྟེ། ཐེག་པ་ཆེན་པོ་གསང་སྔགས་ཀྱི་དབང་བསྐུར་བ་ལ་བརྟེན་ནས། ཉན་རང་
གི་གནས་ལས་འཕགས་ཏེ། ཐེག་པ་ཆེན་པོའི་གནས་སུ་འགྱུར་རོ། །གཟེངས་བསྟོད་པ་
ནི། རྒྱུད་མན་ངག་འཆང་ཞིང་སེམས་ཅན་གྱི་དོན་འབྱུང་བར་གྱིས་ཤིག །ནམ་མཁའ་

སྒོ་འབྱེད་ཀྱི་དབང་ནི་སློབ་མ་དཀྱིལ་ཀྱང་བཅའ། སྐལ་ཚོགས་བསྡང་། ལྟེ་བའི་དབུས་སུ་སེམས་ཉིད་ཀྱི་ངོ་བོ་ཐིག་ལེ་དཀར་པོ་བྱ་མ་གསར་གྱི་སྒོ་ང་ཙམ་ཞིག་གསལ་བཏབ། དཔོན་སློབ་གཉིས་ཀས་ཕཊ་ཀྱིས་སྤར། སྤྱི་བོ་ནས་རྒྱངས་ཀྱིས་ཐོན། སྒྱུ་མ་ཆེན་མོའི་ཐུགས་ཀར་བསྟིམ་གྱིས་ཐིམ། སྒྱུ་མ་ཆེན་མོ་འོག་མིན་དུ་སངས་རྒྱས་པར་བསམ། ཅི་གནས་ལ་བཞག །དེ་ནས་ཕབ། གཏོར་མ་ལ་བརྟེན་ནས་དབང་བསྐུར་ན། ཁྲུས། མཎྜལ། སྐྱབས། སེམས། ལུས་ལྷར་བསྐྱེད། ཡེ་ཤེས་ཕབ། དངོས་གཞི་མཎྜལ། གཏོར་མ་འདི་དང་ཐ་མི་དད་པའི་སྒྱུ་མ་ཆེན་མོ་ལྷ་ལྟར་བསྐྱེད། གཏོར་མ་སྤྱི་བོར་བཞུང་། བརྒྱུད་པའི་མཚན་ནས་སྨོས། སྐུ་ལས་སྐུ་འཕྲོས། ཁྱེད་རང་ལ་ཐིམ། ནང་མཆོད་ བླུད། མེ་ཏོག་འཐོར། མགྲིན་པ་ནས་སྡུགས་འཕྲོས། རང་གི་མགྲིན་པར་ཞུགས། ནང་མཆོད། མེ་ཏོག །ཐུགས་ཀ་ནས་ཕྱག་མཚན་འཕྲོས། ཁྱེད་རང་གི་སྙིང་གར་ཐིམ། ནང་མཆོད། མེ་ཏོག །གཏོར་མ་སྤྱི་བོར་བཞུང་། བརྒྱུད་པའི་མཚན་ནས་སྨོས། ལྷ་བསྟིམ། མེ་ཏོག་འཐོར། ཐིག་ལེའི་དབང་གོང་བཞིན་བྱེད། གཙོ་བོས་ཇི་ལྟར་བཀའ་སྩལ་པ། །དེ་དག་ཐམས་ཅད་བདག་གིས་བགྱིད། །མཎྜལ་ཕུལ། ཚོགས་ཕུད་དཀྱིལ་འཁོར་ལྷ་ལ་ཕུལ། ཚོགས་ལ་ལོངས་སྤྱོད། ལྷག་མ་བསྡུ། ཆུ་གཙང་བྲན། དཔལ་འབར་འཇུགས། ཨེ་ཀཱ་རཱས་བྱིན་གྱིས་རླབས། ཨོཾ་ཨུ་ཙྪིཥྚ་བ་ལིཾ་ཏ་ཀ་སྭཱ་ཧཱ། ལྷག་མ་ཕྱི་རོལ་དུ་སྐྱེལ། རོལ་མོ་བྱེད། སྟོད་ཆུ་གཙང་གིས་བཤལ། ཁ་རྟུབ། མ་འབྱོར་བ་དང་ཉམས་པ་དང་། །གང་ཡང་བདག་རྨོངས་བློ་ཡིས་ནི། །བགྱིས་པ་དང་ནི་བགྱིད་སྒྱུལ་བ། །དེ་ཀུན་མགོན་པོས་བཟོད་པར་མཛོད། །ཚིག་ལྷག་ཆད་ཅི་མཆིས་པ། །དཀྱིལ་འཁོར་ལྷ་ཡིས་བཟོད་པར་མཛོད། །བཀའ་བརྒྱུད་བླ་མའི་བཀྲ་ཤིས་གང་ལགས་པ། །བཀྲ་ཤིས་དེས་ཀྱང་དེང་འདིར་བདེ་ལེགས་ཤོག །ཡི་དམ་ལྷ་ཡི་བཀྲ་ཤིས་གང་ལགས་པ། །བཀྲ་ཤིས་དེས་ཀྱང་དེང་འདིར་བདེ་ལེགས་ཤོག །ཆོས་སྐྱོང་སྲུང་མའི་བཀྲ་ཤིས་གང་ལགས་པ། །བཀྲ་ཤིས་དེས་ཀྱང་དེང་འདིར་བདེ་ལེགས་ཤོག །ནོར་ལྷ་རྣམས་ཀྱི་

བཀྲ་ཤིས་གང་ལགས་པ། །བཀྲ་ཤིས་དེས་ཀྱང་དེང་འདིར་བདེ་ལེགས་ཤོག །ཡེ་ཤེས་པ་རྣམས་རང་གནས་སུ་གཤེགས། དམ་ཚིག་པ་རང་ཉིད་ལ་བསྡུ། རྟེན་ཡོད་ན་བརྟན་བཞུགས་བྱེད། ཨོཾ་ཁྱེད་ཀྱིས་སེམས་ཅན་དོན་ཀུན་མཛད། །རྗེས་སུ་མཐུན་པའི་དངོས་གྲུབ་སྩོལ། །སངས་རྒྱས་ཞིང་དུ་གཤེགས་སུ་གསོལ། །སངས་རྒྱས་ཞིང་དུ་གཤེགས་ནས་ཀྱང་། །སེམས་ཅན་རྣམས་ཀྱི་དོན་སླད་དུ། །སླར་ཡང་འབྱོན་པར་མཛད་དུ་གསོལ། །བཛྲ་མུཿ ཆོས་དབྱིངས་བྱང་ཆུབ་སེམས་ཀྱི་དཀྱིལ་འཁོར་དུ། །བདག་སོགས་སེམས་ཅན་ཐམས་ཅད་ཀྱིས། །དུས་གསུམ་བསགས་དང་རྫོགས་པ་ཡིས། །འགྲོ་དྲུག་སེམས་ཅན་མ་ལུས་པ། །སྐུ་ལྔ་ཡོངས་རྫོགས་སངས་རྒྱས་མྱུར་དུ་འགྲུབ་པར་ཤོག །གཙོད་གདན་ཐོག་གཅིག་མའི་ཁྲིད་ཡིག་ཕྲིན་ལས་རྒྱ་མཚོ་ལས། རྒྱ་མཚོ་ལྷ་བུའི་དབང་གབ་པ་མངོན་བྱུང་གི་ནང་བཀའ། སྒྲུ་མ་ཆེན་མོའི་སྒྲུབ་ཐབས་འདི་དད་ལྡན་རྣམས་ཀྱིས་བསྐུལ་བའི་ངོར། ཤཱཀྱའི་དགེ་སློང་ཀྲེའོ་ཆོས་ཀྱི་རྒྱ་མཚོ་ཞེས་བྱ་བས་རྒྱལ་སྲི་རྒྱ་མཚོའི་གཞིས་ཀར་སྦྱར་བའོ། །དགེ་བ་མ་རྣན་སེམས་ཅན་རྣམས་ལ་བསྔོ། བཀྲ་ཤིས་དཔལ་འབར་འཛམ་གླིང་རྒྱལ་བའི་རྒྱན་དུ་ཤོག །ལྡན་ཐབས་ཀྱི་ཡིག་ཆུང་ངོ་།། །།

༄། །རྗོ་རྗེ་འཇིགས་བྱེད་ལྷ་བཅུ་གསུམ་གྱི་སྒྲུབ་ཐབས་བཞུགས་སོ། །

བླ་མ་དང་ཡི་དམ་གྱི་ལྷ་ལ་ཕྱག་འཚལ་ལོ། །ཡི་དམ་གྱི་སྒྲུབ་ཐབས་འདི་ལ། སྔོན་དུ་གནས་དབེན་ཞིང་ཡིད་དང་མཐུན་པར། ཕྱི་དོར་ཞིགས་པར་བྱེད། གཏོར་མ་གསུམ་དང་དབང་གཏོར་གྲུ་གསུམ་ཟུར་བརྒྱད་ཀྱི་ཚུལ་དུ་བྱེད། གཏོར་འདབ་དང་དཀར་དམར་གྱི་རྒྱན་བཟང་པོ་འདོགས། གཞི་བདག་གཏོར་མ་དཀར་གསུམ་གྱིས་བརྒྱན། གཏོར་མ་གསུམ་པོ་དཀྱིལ་འཁོར་གྱི་གོང་དུ་བསྒྲིག །དབང་གཏོར་རིན་པོ་ཆེའི་སྣོད་དུ་བཤམས་ཏེ་ཟུར་དུ་སྤེགས་ཀྱི་ཁར་བཞག །དཀྱིལ་འཁོར་གྱི་དབུས་སུ་མཐླིའམ། ཁྲིའུ་ཤིང་གི་ཁར། བུམ་པ། མགུལ་ཆིངས་ཁ་རྒྱན། བུམ་སྨན། བུམ་ཆུ་དང་བཅས་ཏེ་བཞག །མཐར་མཆོད་པས་བསྐོར། དཀྱིལ་འཁོར་གྱི་ཤར་དུ་བུམ་པ། ལྷོར་ཅོད་པན། ནུབ་ཏུ་རྡོ་རྗེ། བྱང་དུ་དྲིལ་བུ་བཞག །རང་ཉིད་བདེ་བའི་སྟན་ལ་སྐད་ཅིང་། མདུན་དུ་སྤེགས་ཀྱི་ཁར་ནང་མཆོད། ཌ་དྲིལ། ལས་བུམ་བཞག །ནང་མཆོད་བྱིན་རླབས་ནི། ཨོཾ་བཛྲ་ཨ་མྲྀ་ཏ་ཀུཎྜ་ལི་ཧ་ན་ཧ་ན་ཧཱུྃ་ཕཊ། ཨོཾ་སྭ་བྷཱ་ཝ་ཤུདྡྷཿསརྦ་དྷརྨཱཿསྭ་བྷཱ་ཝ་ཤུདྡྷོ྅ཧཾ། སྟོང་པ་ཉིད་དུ་གྱུར། སྟོང་པའི་ངང་ལས་ཡཾ་ལས་རླུང་། རཾ་ལས་མེ། ཀཾ་ལས་མི་མགོའི་སྒྲིད་པོ་གསུམ་གྱི་སྟེང་དུ། ཀ་པཱ་ལ་ཡངས་ཤིང་རྒྱ་ཆེ་བའི་དབུས་སུ། གོ་ཀུ་ད་ཧ་ན་ལས་ཤ་ལྔ། བི་མུ་མ་ར་ཤུ་ལས་བདུད་རྩི་ལྔ། རླུང་གིས་མེ་སྦར། མེས་ཐོད་པ་དྲོས། རྫས་རྣམས་ཞུ་བ་ལས་ཡེ་ཤེས་ཀྱི་བདུད་རྩིའི་རྒྱ་མཚོ་ཆེན་པོར་གྱུར། ཨོཾ་ཨཱཿཧཱུྃ། དཀར་གཏོར་ལ་ཆུ་གཙང་བྲན། ཨ་མྲྀ་ཏ། སྭ་བྷཱ་ཝ། སྟོང་པ་ཉིད་དུ་གྱུར། སྟོང་པའི་ངང་ལས་གཏོར་མ་དངས་ཤིང་ཐོགས་པ་མེད་པ་ནམ་མཁའ་དང་མཉམ་པར་གྱུར། ཞིང་སྐྱོང་ཆེན་པོ་བརྒྱད་རྣམས་དང་། །མཁའ་འགྲོ་སུམ་

ཙུ་རྟ་གཉིས་སོགས། །མ་ལུས་འཁོར་བཅས་འདིར་བྱོན་ཞིག །མཆོད་སྦྱིན་གཏོར་མ་འདི་བཞེས་ལ། །རྣལ་འབྱོར་བདག་ཅག་འཁོར་བཅས་ལ། །ནད་མེད་ཚེ་དང་དབང་ཕྱུག་དང་། །དཔལ་དང་གྲགས་དང་སྐལ་བ་བཟང་། །ལོངས་སྤྱོད་རྒྱ་ཆེན་ཀུན་ཐོབ་ཅིང་། །ཞི་དང་རྒྱས་ལ་སོགས་པ་ཡི། །ལས་ཀྱི་དངོས་གྲུབ་བདག་ལ་སྩོལ། །དམ་ཚིག་ཅན་གྱིས་བདག་ལ་སྲུངས། །དངོས་གྲུབ་ཀུན་གྱི་སྟོང་གྲོགས་མཛོད། །དུས་མིན་འཆི་དང་ནད་རྣམས་དང་། །གདོན་དང་བགེགས་རྣམས་མེད་པར་མཛོད། །རྨི་ལམ་ངན་དང་མཚན་མ་ངན། །བྱ་བྱེད་ངན་པ་མེད་པར་མཛོད། །འཇིག་རྟེན་བདེ་ཞིང་ལོ་ལེགས་དང་། །འབྲུ་རྣམས་འཕེལ་ཞིང་ཆོས་འཕེལ་དང་། །བདེ་ལེགས་ཕུན་སུམ་ཚོགས་པ་ཡིས། །ཡིད་ལ་འདོད་པ་ཀུན་འགྲུབ་མཛོད། །དཀྱིལ་འཁོར་ཟབ་མོའི་ཆོ་ག་ལ་ལྟ་བར་མི་དབང་བའི་གདོན་བགེགས་ཕྱིར་དེངས་ཤིག །ཡེ་ཤེས་ཀྱི་རྡོ་རྗེ་འབར་བས་མགོ་བོ་ཚལ་པ་བརྒྱར་འགས་པར་འགྱུར་རོ། །ཨོཾ་སུམྦྷ་ནི་སུམྦྷ་ཧཱུྃ། གྲྀཧྞ་གྲྀཧྞ་ཧཱུྃ། གྲྀཧྞ་པ་ཡ་གྲྀཧྞ་པ་ཡ་ཧཱུྃ། ཨཱ་ན་ཡ་ཧོཿ བྷ་ག་ཝན། བིདྱཱ་རཱ་ཛ་ཧཱུྃ་ཕཊ། སྟེང་འོག་ཐམས་ཅད་རྡོ་རྗེའི་དྲ་གུར་དུ་གྱུར། བདག་གཞན་མ་ཚོགས་ནམ་མཁའི་མཐའ་དང་མཉམ་པའི་སེམས་ཅན་ཐམས་ཅད་བླ་མ་ལ་སྐྱབས་སུ་མཆིའོ། །སངས་རྒྱས་ལཿ ཆོས་ལཿ དགེ་འདུན་ལཿ བཅོམ་ལྡན་འདས་ཀྱི་ལྷ་ཚོགས་འཁོར་དང་བཅས་པ་རྣམས་ལཿ སངས་རྒྱས་ཆོས་དང་ཚོགས་ཀྱི་མཆོག་རྣམས་ལ། །བྱང་ཆུབ་མ་ཐོབ་བར་དུ་བདག་ནི་སྐྱབས་སུ་མཆི། །བདག་གིས་སྦྱིན་སོགས་བགྱིས་པའི་བསོད་ནམས་ཀྱིས། །འགྲོ་ལ་ཕན་ཕྱིར་སངས་རྒྱས་འགྲུབ་པར་ཤོག །མདུན་གྱི་ནམ་མཁར་བཅོམ་ལྡན་འདས་ཀྱི་ལྷ་ཚོགས་ཆོས་ཀྱི་དབྱིངས་ནས་སྤྱན་དྲངས། བཛྲ་ས་མ་ཛཿ སངས་རྒྱས་ཐམས་

ཅད་འདུས་པའི་སྐུ། །རྡོ་རྗེ་འཛིན་པའི་ངོ་བོ་ཉིད། །དཀོན་མཆོག་གསུམ་གྱི་རྩ་བ་སྟེ། །བླ་མ་རྣམས་ལ་ཕྱག་འཚལ་ལོ། །ཨོཾ་སརྦ་ཏ་ཐཱ་ག་ཏ་ཨབྷྱཾ་པྲ་ཏཱིཙྪ་ཡེ་སྭཱ་ཧཱ། པུཥྤེ། དྷཱུ་པེ། ཨཱ་ལོ་ཀེ། གནྡྷེ། ནཻ་ཝི་དྱེ། ཤབྡ་པྲ་ཏཱིཙྪ་ཡེ་སྭཱ་ཧཱ། བཅོམ་ལྡན་འདས་ཤཱཀྱ་ཐུབ་པ་ལ་གསོལ་བ་འདེབས་སོ། །འཇམ་དཔལ་སྨྲ་བའི་སེང་གེ་ལཿ ཨཱརྻ་དེ་བ་ལཿ དམ་པ་སངས་རྒྱས་ལཿ མ་གཅིག་ལབ་སྒྲོན་ལཿ ཁམ་བུ་ཡ་ལེ་ལ། ཿ ཡེ་ཤེས་འབར་ལཿ བསོད་ནམས་ཡེ་ཤེས་ལཿ རང་བྱུང་རྡོ་རྗེ་ལཿ ཡེ་ཤེས་དཔལ་བ་ལཿ དོན་གྲུབ་འོད་ཟེར་ལཿ འཇམ་དཔལ་རྒྱ་མཚོ་ལཿ བདག་རྒྱུད་སྨིན་པར་བྱིན་གྱིས་རློབས༔ ཚོགས་ཞིང་གི་ལྷ་ཚོགས་རང་ལ་ཐིམ་པར་གྱུར། ཨོཾ་ཨཱཿཧཱུྃ།

བདག་བསྐྱེད་བསྒྲུབ་པ་ནི། ཨ་མྲྀ་ཏ་ཀུཎྜ་ལི་ཧ་ན་ཧ་ན་ཧཱུྃ་ཕཊ། ཨོཾ་སྭ་བྷཱ་ཝ་ཤུདྡྷཿསརྦ་དྷརྨཱཿསྭ་བྷཱ་ཝ་ཤུདྡྷོ྅ཧཾ། སྟོང་པ་ཉིད་དུ་གྱུར། སྟོང་པའི་ངང་ལས་གཞལ་ཡས་ཁང་གྲུ་བཞི་སྒོ་བཞི་རྩིག་པ་རིམ་པ་ལྔ། རྟ་བབས་བང་རིམ་བརྒྱད་དང་ལྡན་པ། གདུགས། རི་དྭགས། ཆར་ཁེབས། ཏོག་གིས་མཚན་པ། ནང་རིན་པོ་ཆེའི་ཀ་བ་བཞི། རིན་པོ་ཆེ་སྣ་ཚོགས་ཀྱི་གདུང་དྲུག་རྒྱ་གྲམ་དུ་བྱས་པའི་སྟེང་དུ། ཆུ་སྲིན་གྱི་ཁ་ནས་མུ་ཏིག་གི་ཆུན་པོ་དང་། དྲ་བ་དྲ་ཕྱེད། སྟེང་མདའ་ཡབ་དང་པུ་ཤུས་བསྐོར་བ། བ་དན་དང་། གདུགས། རྒྱལ་མཚན། རིན་པོ་ཆེའི་ཏོག་གིས་སྤྲས་པ། ཕྱི་རོལ་དུ་མུ་ཏིག་གི་ར་བ། དེའི་ཕྱི་རོལ་པདྨའི་ར་བ། དེའི་ཕྱི་རོལ་རྡོ་རྗེའི་ར་བ། དེའི་ཕྱི་རོལ་དུར་ཁྲོད་དང་། མེའི་ར་བས་ཡོངས་སུ་བསྐོར་བ། གཞལ་ཡས་ཁང་གི་དབུས་སུ་པདྨ་འདབ་བརྒྱད་ཀྱི་ལྟེ་བར། ཆུ་སྙང་དམར་པོ་ཏྲ་ལ་མེ་འབར་བའི་སྟེང་དུ། ཧཱུྃ་ཡིག་མཐིང་ག །དེ་ལས་འོད་ཟེར་འཕྲོས། འཕགས་པ་མཆོད། སེམས་ཅན་གྱི་དོན་བྱས། ཚུར་འདུས་ཡོངས་སུ་གྱུར་པ་ལས། བཅོམ་

ལྡན་འདས་རྡོ་རྗེ་འཇིགས་བྱེད་སྐུ་མདོག་དུད་ཁ་མ་ཧེའི་གདོང་པ་ཅན་རྭ་ལ་མེ་འབར་བ་ཞལ་དགུ། ཕྱག་བཅོ་བརྒྱད། སྤྱན་གསུམ་གསུམ། མཆེ་བ་རྣམ་པར་གཙིགས་པ། རྩ་ཞལ་དུད་ཁ། གཡས་ཞལ་སྔོ། གཡོན་ཞལ་ལྗང་བ། དེའི་སྟེང་དུ་གཡས་དཀར། གཡོན་དམར། དེའི་སྟེང་དུ་གཡས་སེར། གཡོན་ལྗང་། སྟེང་ཞལ་ནག་པོ་ཁྲོ་གཉེར་དང་བཅས་པ། ཕྱག་དང་པོ་གཉིས་རྡོ་རྗེ་དང་དྲིལ་བུ་བསྣམས་ཤིང་། ཡུམ་ལ་འཁྱུད་པ། གཡས་གཉིས་པ་ན་དབྱུག་ཏོ། གསུམ་པ་ན་གྲི་གུག །བཞི་པ་ན་ཚངས་པའི་མགོ་བོ། ལྔ་པ་ན་དགྲ་སྟ། དྲུག་པ་ན་རལ་གྲི། བདུན་པ་རྩེ་གསུམ། བརྒྱད་པ་ན་ཏྲི་ཤཱུ་ལ། དགུ་པ་ན་ཌ་མ་རུ། གཡོན་གྱི་གཉིས་པ་ན་ཞགས་པ། གསུམ་པ་ན་ཐོད་པ་ཁྲག་གིས་གང་བ། བཞི་པ་ན་མིའི་རྐང་མ། ལྔ་པ་ན་སྨུ་ཏིག་གི་ཕྲེང་བ། དྲུག་པ་ན་མདའ་གཞུ། བདུན་པ་ན་མེ་ལོང་། བརྒྱད་པ་ན་འཁོར་ལོ། དགུ་པ་ན་བུམ་པ། ཐོད་སྐམ་ལྔའི་དབུ་རྒྱན་དང་། ཐོད་རློན་ལྔ་བཅུའི་དོ་ཤལ་འཕྱང་བ། དུར་ཁྲོད་ཀྱི་ཆས་བརྒྱད་ཀྱིས་སྐུ་ལ་བརྒྱན་པ། དེའི་པང་དུ་ཡུམ་རོ་ལངས་མ་སྐུ་མདོག་ལྗང་སྔོན་ཞལ་གཅིག་ཕྱག་གཉིས་ཀྱི་གྲི་གུག་དང་ཐོད་པ་འཛིན་པ། ཡབ་ལ་འཁྱུད་པ། རིན་པོ་ཆེའི་རྒྱན་དུ་མས་བརྒྱན་ཅིང་། ཞབས་གཉིས་ཡབ་དང་མཉམ་པར་ཚུ་སྐྱང་གི་སྟེང་དུ་གནས་པ། དེའི་ཤར་ནས་རིམ་པ་བཞིན་དུ། གཤིན་རྗེ་གཤེད་སྔོན་པོ་ཐོད་དབྱུག་དང་ཞགས་པ་འཛིན་པ། གཤིན་རྗེ་གཤེད་དཀར་པོ་ཌ་མ་རུ་དང་ཐོད་ཕྲེང་བསྣམས་པ། གཤིན་རྗེ་གཤེད་སེར་པོ་རྒྱལ་མཚན་དང་ནོར་བུ་འཛིན་པ། གཤིན་རྗེ་གཤེད་དམར་པོ་འཁོར་ལོ་དང་པདྨ་འཛིན་པ། གཤིན་རྗེ་གཤེད་ནག་པོ་རལ་གྲི་དང་ཞགས་པ་འཛིན་པ། གཤིན་རྗེ་གཤེད་ལྗང་གུ་གྲི་གུག་དང་ཐོད་ཁྲག་འཛིན་པ། གཤིན

རྗེ་གཤེད་མཐིང་ནག་མདུང་ཐུང་དང་མེ་ལོང་བསྣམས་པ། གཤིན་རྗེ་གཤེད་རོ་ལངས་དམར་པོ་ཁྲམ་ཤིང་དང་སྡིགས་མཛུབ་མཛད་པ། ཞབས་གཉིས་ཉི་མ་ལ་གནས་པ། ཤར་སྒོར་ཁྲོ་བོ་ཡཀྵ་མེ་དབལ། ལྷོ་སྒོར་ཁྲོ་བོ་བདུད་རྩི་འཁྱིལ་པ། ནུབ་སྒོར་ཁྲོ་བོ་རྟ་མགྲིན་དམར་པོ། བྱང་སྒོར་ཁྲོ་བོ་བགེགས་མཐར་བྱེད། ལྷ་བཅུ་གསུམ་གྱི་སྤྱི་བོར་ཨོཾ། མགྲིན་པར་ཨཱཿ ཐུགས་ཀར་ཧཱུྃ། ཐུགས་ཀའི་ཧཱུྃ་ལས་འོད་ཟེར་འཕྲོས་པས། ཆོས་ཀྱི་དབྱིངས་ནས་བཅོམ་ལྡན་འདས་ལྷ་བཅུ་གསུམ་ལ་སངས་རྒྱས་དང་བྱང་ཆུབ་སེམས་དཔའི་ཚོགས་ཀྱིས་བསྐོར་བ་སྤྱན་དྲངས། བཛྲ་ས་མ་ཛཿ དམ་ཚིག་པ་དང་གཉིས་སུ་མེད་པར་གྱུར། ཛཿཧཱུྃ་བཾ་ཧོཿ ཐུགས་ཀར་ཉི་མའི་སྟེང་དུ་ཧཱུྃ་ཡིག་གི་མཐར་སྔགས་ཀྱིས་བསྐོར་བར་དམིགས་ལ། ཨོཾ་ཧྲཱིཿཥྚྲི་ཝི་ཀྲི་ཏཱ་ན་ན་ཧཱུྃ་ཕཊ་སྭཱ་ཧཱ། མཐར་རྟེན་རྣམས་མི་དམིགས་པར་བཞག་པའོ། །

བུམ་པ་བསྒྲུབ་པ་ནི། ཨ་མྲྀ་ཏ་ཀུཎྜ་ལི་ཧ་ན་ཧ་ན་ཧཱུྃ་ཕཊ། ཨོཾ་སྭ་བྷཱ་ཝ་ཤུདྡྷཱཿསརྦ་དྷརྨཱཿསྭ་བྷཱ་ཝ་ཤུདྡྷོ྅ཧཾ། སྟོང་པ་ཉིད་དུ་གྱུར། སྟོང་པའི་ངང་ལས་རིན་པོ་ཆེའི་བུམ་པ་མཚན་ཉིད་དང་ལྡན་པ། དར་གྱི་མགུལ་ཆིངས་དང་། དཔག་བསམ་གྱི་ཤིང་གིས་ཁ་བརྒྱན་པ། བུམ་སྨན་དང་ཆུས་གང་བའི་དབུས་སུ། བཅོམ་ལྡན་འདས་ཀྱི་དཀྱིལ་འཁོར་གཞལ་ཡས་ཁང་ཆེན་ལྷ་དང་བཅས་པ། ཆུ་ལ་ཉ་འཕར་གྱི་ཚུལ་དུ་སྐད་ཅིག་གིས་གསལ་བར་གྱུར། ལྷ་ཚོགས་དེ་དག་ཐམས་ཅད་ཀྱི་དཔྲལ་བར་ཨོཾ། མགྲིན་པར་ཨཱཿ ཐུགས་ཀར་ཧཱུྃ། ཐུགས་ཀའི་ཧཱུྃ་ལས་འོད་ཟེར་འཕྲོས་པས། ཆོས་ཀྱི་དབྱིངས་ནས་བཅོམ་ལྡན་འདས་ལ་སངས་རྒྱས་དང་བྱང་ཆུབ་སེམས་དཔས་བསྐོར་བ་སྤྱན་དྲངས། བཛྲ་ས་མ་ཛཿ བུམ་པའི་ལྷ་དང་གཉིས་སུ་མེད་པར་གྱུར། བཟླས་པ་བྱེད། མཐར་འོད་དུ་ཞུ། དུང་ཆོས་ཀྱི་ཆུར་གྱུར།

མདུན་བསྐྱེད་བསྒྲུབ་སྟེ། བཛྲ་ཨ་མྲྀ་ཏ་ཀུཎྜ་ལི་ཧ་ན་ཧ་ན་ཧཱུྃ་ཕཊ། སྭ་བྷཱ་ཝ་ནས། བཛྲ་ས་མཱ་ཛའི་བར་བདག་བསྐྱེད་བཞིན་བྱེད། མ་ལུས་སེམས་ཅན་ཀུན་གྱི་མགོན་གྱུར་ཅིང་། །བདུད་སྡེ་དཔུང་བཅས་མི་ཟད་འཇོམས་མཛད་ལྷ། །དངོས་རྣམས་མ་ལུས་ཇི་བཞིན་མཁྱེན་གྱུར་པའི། །བཅོམ་ལྡན་འཁོར་བཅས་གནས་འདིར་གཤེགས་སུ་གསོལ། །བཅོམ་ལྡན་ཁྱེད་ནི་བྱོན་པ་ལེགས། །བདག་ཅག་བསོད་ནམས་སྐལ་བར་ལྡན། །བདག་གི་མཆོད་ཡོན་བཞེས་ནས་ཀྱང་། །འདི་ཉིད་དུ་ནི་བཞུགས་སུ་གསོལ། །པདྨ་ཀ་མ་ལ་ཡ་སྟྭཾ། ཛཿཧཱུྃ་བཾ་ཧོཿ བསྙམས་པ་བྱེད། ཆུ་བོ་གངྒཱའི་རྒྱུན་བཞིན་དུ། །མཆོད་ཡོན་རྒྱུན་ཡང་མི་འཆད་པ། །བཅོམ་ལྡན་འཁོར་དང་བཅས་ལ་འབུལ། །ཨོཾ་སརྦ་ཏ་ཐཱ་ག་ཏ་ཨརྒྷཾ་པྲ་ཏཱིཙྪ་པཱུ་ཛ་མེ་གྷ་ས་མུ་དྲ་སྥ་ར་ཎ་ས་མ་ཡེ་ཨཱཿཧཱུྃ། ཆུ་དང་ཐང་ལས་སྐྱེས་པ་ཡི། །མེ་ཏོག་རྒྱུན་ཡང་མི་འཆད་པ། །བཅོམ་ལྡན༔ པུཥྤེ། ས་གཞི་བལྟར་བ་སྤོས་ཀྱིས་བྱུགས་པ་ཡིས། །བདུག་སྤོས༔ དྷཱུ་པེ། ཉི་ཟླ་ནོར་བུའི་འོད་བཞིན་དུ། །སྒྲོན་མེ༔ ཨཱ་ལོ་ཀེ །ཙན་དན་ག་བུར་དྲི་བཞིན་དུ། །དྲི་མཆོག༔ གནྡྷེ། རོ་བརྒྱ་ལྡན་པའི་ཟས་མཆོག་གིས། །ཞལ་ཟས༔ ནཻ་ཝི་དྱེ། ཀ་ལ་པིང་ཀའི་སྒྲ་བཞིན་དུ། །རོལ་མོ་རྒྱུན་ཡང་མི་འཆད་པ། །བཅོམ་ལྡན་འཁོར་དང་བཅས་ལ་འབུལ། །ཨོཾ་སརྦ་ཏ་ཐཱ་ག་ཏ་ཤབྡ་པྲ་ཏཱིཙྪ་པཱུ་ཛ་མེ་གྷ་ས་མུ་དྲ་སྥ་ར་ཎ་ས་མ་ཡེ་ཨཱཿཧཱུྃ། གང་གི་དྲིན་གྱིས་བདེ་ཆེན་ཉིད། །སྐད་ཅིག་ཉིད་ལ་འཆར་བ་གང་། །བླ་མ་རིན་ཆེན་ལྟ་བུའི་སྐུ། །རྡོ་རྗེ་ཅན་ཞབས་པད་ལ་འདུད། །གཟུགས་དང་སྒྲ་དང་དྲི་དང་རོ། །དེ་བཞིན་རེག་བྱ་དང་ལྡན་པ། །བཅོམ་ལྡན་འཁོར་དང་བཅས་ལ་འབུལ། །ཨོཾ་སརྦ་ཏ་ཐཱ་ག་ཏ་བཛྲ་རཱུ་པ་ཨཱཿཧཱུྃ། ཤབྡ་ཨཱཿཧཱུྃ། གནྡྷེ། ར་ས། པརྴེ་ཨཱཿཧཱུྃ། དུར་ཁྲོད་རྒྱན་གྱིས་རབ་བརྒྱན་པ། །ཞི་སྡང་གཤིན་རྗེའི་རྡོ་རྗེ

ནི། །དངོས་མེད་ནམ་མཁའ་ལྟ་བུ་ལ། །སྙིང་རྗེའི་དབང་གིས་རབ་ཁྲོས་པ། །ཡེ་ཤེས་ཁྲོ་རྒྱལ་རབ་འཇིགས་པ། །དུད་ཁ་མུན་འཇིགས་ཁྱོད་ལ་འདུད། །འཁོར་ལོ་ནོར་བུ་བཙུན་མོ་དང་། །བློན་པོ་གླང་པོ་རྟ་མཆོག་དང་། །དམག་དཔོན་རིན་ཆེན་སྣ་བདུན་ཡང་། །བཅོམ་ལྡན་འཁོར་དང་བཅས་ལ་འབུལ། ཁྲོ་རྒྱལ་རབ་འཇིགས་མ་ཧེའི་གདོང་། །དབུ་དགུ་ཐེག་པ་རིམ་པ་དགུ། །ཕྱག་ནི་སྟོང་ཉིད་བཅོ་བརྒྱད་དེ། །བཅོམ་ལྡན་སྐུ་ལ་ཕྱག་འཚལ་བསྟོད། །སྡིག་མོ་ཁྲིང་བ་གླུ་མ་གར། །ཕྱོས་དང་མེ་ཏོག་མར་མེ་དྲི། །མཆོད་པའི་ལྷ་མོ་རྣམ་བརྒྱད་ཡང་། །བཅོམ་ལྡན་འཁོར་དང་བཅས་ལ་འབུལ། །ཆོས་སྐུ་ཞི་བའི་ངང་ཉིད་ལས། །གཟུགས་སྐུ་ཁྲོ་རྒྱལ་རྗམ་པའི་སྐུ། །དམིགས་མེད་བྱང་ཆུབ་སེམས་དཔའ་སྟེ། །འཇམ་དབྱངས་སྐུ་ལ་ཕྱག་འཚལ་བསྟོད། །ནང་མཆོད། བརྒྱུད་པའི་མཚན་ནས་སྨོས་ཏེ། ཨོཾ་ཨཱཿཧཱུྃ་བཏགས་ལ་འབུལ། ལས་བུམ་བསྐྱབ། ཚོགས་བསྔོ་ཞིང་ཚོགས་ཕུད་གཏོར་མ་ལ་བྲན། གཞུང་བཞིན་བསྔོ།

སྔ་གོན་བྱེད་པ་ནི། སློབ་མ་ཁྲུས་བྱེད། ཕྱག་དང་མཎྜལ་ཕུལ། ཆོས་བཤད་རྒྱས་བསྡུས་སྐབས་དང་སྦྱར། དགའ་ཆེན་ཁྱོད་བདག་སྟོན་པ་སྟེ། །སློབ་དཔོན་ཁྱོད་ནི་དགོངས་སུ་གསོལ། །བྱང་ཆུབ་ཆེན་པོའི་ཚུལ་བསྟན་པ། །མགོན་པོ་ཆེན་པོ་བདག་འཚལ་ལོ། །དམ་ཚིག་དེ་ཉིད་བདག་ལ་སྩོལ། །བྱང་ཆུབ་སེམས་ཀྱང་བདག་ལ་སྩོལ། །སངས་རྒྱས་ཆོས་དང་དགེ་འདུན་ཏེ། །སྐྱབས་གསུམ་དག་ཀྱང་བདག་ལ་སྩོལ། །ཐར་པ་ཆེན་པོའི་གྲོང་མཆོག་ཏུ། །མགོན་པོས་བདག་ནི་འཇུག་པར་འཚལ། །ལན་གསུམ། སློབ་དཔོན་གྱིས་མཎྜལ་བཞུང་། སོ་ཤིང་དོར་བཅུག །ཨོཾ་བཛྲ་ཧ་ས་ཧ། སྐྱོར་ཆུ་བླུད། ཨོཾ་ཧྲི་བི་ཤུདྡྷ་ཨུད་ག་ཏེ་ཁ་ཁ། སྲུད་པ་དམར་པོ་སུམ་སྒྲིལ་ལ་མདུད་པ་གསུམ་བྱེད། སྐྱེས་པའི་གཡོན། བུད་མེད་ཀྱི་གཡས་སུ་རྒྱ་མདུད་བྱེད། ཨོཾ་བུདྡྷ་མཻ་ཏྲི་ས་ཏྭ་རཀྵ་རཀྵ་སྭཱ་ཧཱ། ཀུ་ཤ་ཆེ་བ་གཡས། ཆུང་བ་གཡོན་དུ་གཏད། ཨོཾ་བཛྲ་ཏཱིཀྵྞ་བཾ།

ཆེ་བ་སྟོས། ཆུང་བ་གདན་བྱེད། རྩི་ལམ་བརྟག །ཁྱོད་ནི་ཐེག་ཆེན་སྡོད་དང་ལྡན། །གསང་སྔགས་སྤྱོད་པའི་ཚུལ་ལྡན་པ། །ཆོས་ནི་ཡང་དག་བཤད་པར་བྱ། །ཁྱོད་ཀྱི་སྙིང་ལ་ཡང་དག་ཕྱོས། །དངོས་གཞི་ཞུ་བའི་དོན་དུ་ཕྱག་དང་མནྡལ་ཕུལ། བགེགས་གཏོར་བཏང་། བསྲུང་འཁོར་བསྒོམ། གདོང་གཡོགས་བཅིང་། ཨོཾ་ཙཎྜ་ཧན་ཧ་ཕ་ར་སྨ་ཊ་ཡ་ཧཱུྃ། མེ་ཏོག་གཏད། ཨཱ་ཁཾ་བཱི་ར་ཧཱུྃ། བུམ་ཆུས་བསང་། ཁྱེད་རང་སྐད་ཅིག་གིས་རྡོ་རྗེ་འཇིགས་བྱེད་ཞལ་གཅིག་ཕྱག་གཉིས་པ་གཅིག་ཏུ་གྱུར། དྲིའི་ཐིག་ལེ་གནས་གསུམ་དུ་བཀོད། ཨོཾ་ཨཱཿཧཱུྃ། མས་ཡར། ཧཱུྃ། ཨཱཿ ཨོཾ། ཨོཾ་བཛྲ་ཨཀྲྀཾ་ཨཱཿཧཱུྃ། པུཥྤེ། དྷཱུ་པེ། ཨཱ་ལོ་ཀེ། གནྡྷེ། ནཻ་ཝེ་ཏེ། ཤབྡ་ཨཱཿཧཱུྃ། དཀྱིལ་འཁོར་གྱི་ཤར་སྒོ་ནས་ཞུགས། ཤར་སྒོའི་ནང་གི་ལྷ་ལ་ཕྱག་བྱས་ཏེ། ན་མོ་ཏེ་ཧཱུྃ། ན་མོ་མེ་ཧཱུྃ། ན་མོ་ན་མཿཡེ་ཧཱུྃ། ཤར་སྒོའི་ལྷ་ལ་གཡས་སྐོར་གཅིག་བྱས། ལྷོ་སྒོར་ཞུགས། གོང་བཞིན། ནུབ་སྒོ་དང་། བྱང་སྒོ། དེ་ནས་གཙོ་བོའི་མདུན་དུ་ཕྱག་གོང་བཞིན་བྱེད། སྙིང་གར་རྡོ་རྗེ་བཟུང་། སྙིང་གར་ཀུན་རྫོབ་བྱང་ཆུབ་སེམས་ཀྱི་ངོ་བོ་ཟླ་བའི་དཀྱིལ་འཁོར་ཉ་གང་བ། དེའི་སྟེང་དུ་དོན་དམ་བྱང་ཆུབ་སེམས་ཀྱི་ངོ་བོ་རྡོ་རྗེ་དཀར་པོ་རྩེ་ལྔ་པ་འོད་ཟེར་ཀུན་ཏུ་འཕྲོ་བ་དང་བཅས་པ་གཅིག་སྒོམས། སིདྡྷི་བཛྲ་ཡ་ཐཱ་སུ་ཁཾ། རྡོ་རྗེའི་རང་བཞིན་དུ་སེམས་བསྐྱེད་པ་བརྟན་པ་བྱས་སོ། །ཚུལ་ཁྲིམས་ཀྱི་ནི་བསླབ་པ་དང་། །དགེ་བའི་ཆོས་ནི་བསྡུད་པ་དང་། །སེམས་ཅན་དོན་བྱེད་ཚུལ་ཁྲིམས་དང་། །རྡོ་རྗེའི་རིགས་མཆོག་ཆེན་པོ་ལ། །རྡོ་རྗེ་དྲིལ་བུ་ཕྱག་རྒྱ་ཡང་། །ཡང་དག་ཉིད་དུ་གཟུང་བར་བགྱི། །ལན་གསུམ། བུམ་ཆུ་བླུད། བཛྲ་ཨ་བྷི་ཥིཉྩ་ཧཱུྃ། ཐལ་མོ་མགོར་བཞག །དུས་འདི་ནས་ནི་བུ་ཁྱོད་ཀྱི། །རྡོ་རྗེ་འཛིན་པ་ང་ཡིན་གྱིས། །ང་ཡིས་བསྒོ་བ་བཞིན་ཁྱོད་ཀྱིས་བྱ་དགོས་སོ། །ཁྱོད་ཀྱིས་ང་ལ་བརྙས་པར་བྱས་ན། །ཁྱོད་མི་བདེ་བ་མ་སྤངས་པར། ཆེའི་དུས་བྱས་ནས་རྡོ་རྗེ་དམྱལ་བར་ལྟུང་ཏ་རེ། ཡེ་ཤེས་ཕབ།

བླ་མ་དང་ཡི་དམ་གྱི་ལྷ་ཐ་མི་དད་པའི་སྐུ་ལུས་ཀྱི་ཆ་ནས་ཡེ་ཤེས་ནམ་མཁའ་ལྡིང་བུ། ནོར་བུ་ལྷ་བུ། བདུད་རྩི་ལྷ་བུའི་ཚོགས་ཆར་བཞིན་བབ། ཁྱེད་རང་གི་ལུས་ལ་སིབ་ཀྱིས་ཐིམ་པའི་མོས་པ་གྱིས། རོལ་མོ་དཀྲོལ། ཨ་ཨཱ། ཕེཾ་ཕེཾ། རྡོ་རྗེ་མགོ་བོར་བཞག །ཧི་བཛྲ་བཛྲ། སངས་རྒྱས་ཀུན་གྱི་རང་བཞིན་སྐུ། །སློབ་དཔོན་ལ་ནི་སྐྱབས་སུ་མཆི། །དང་པོར་མེ་ཏོག་ཕོག་པ་ཡི། །དཀྱིལ་འཁོར་ལྷ་ཚོགས་རྣམས་ལ་འདུད། །དཀྱིལ་འཁོར་ཁ་དོག་བརྟག །མིང་འདོགས། །མེ་ཏོག་འཐོར། པྲ་ཏཱིཙྪ་ཧོཿ མེ་ཏོག་གཏད། པྲ་ཏི་གྲྀཧྞ་མ་ཧཱ་སྭཱ་ལ། གདོང་གཡོགས་བསལ། སངས་རྒྱས་ཡེ་ཤེས་སྤྱན་ནི་ཐོབ་གྱུར་ཅིག །ལྷ་ཞལ་བསྟན།

དངོས་གཞིའི་མཚན་ཡུལ། དུས་གསུམ་སངས་རྒྱས་ཐམས་ཅད་དང་། །ལྷག་པར་ལྷ་ཡི་ངོ་བོ་ཉིད། །དཔལ་ལྡན་བླ་མའི་བཀའ་དྲིན་གྱིས། །སྨིན་བྱེད་རིམ་པ་བསྐུར་དུ་གསོལ། །བུམ་པ་སྤྱི་བོར་བཟུང་། མཛེས་ལྡན་དམ་པ་བུམ་པའི་དབང་། །དེ་རིང་ཁྱེད་ལ་བསྐུར་བར་བྱ། །ཁྱོད་ཀྱིས་རབ་ཏུ་བླང་བར་གྱིས། །ཇི་ལྟར་བལྟམས་པ་ཙམ་གྱིས་ནི། །ལྷ་རྣམས་ཀྱིས་ནི་ཁྲུས་གསོལ་ལྟར། །ལྷ་ཡི་ཆུ་ནི་དག་པ་ཡིས། །དེ་བཞིན་བདག་གིས་སྐུ་ཁྲུས་གསོལ། །ཨོཾ་སརྦ་ཏ་ཐཱ་ག་ཏ་ཨ་བྷི་ཥི་ཀ་ཏ་ས་མ་ཡ་ཤྲི་ཡེ་ཧཱུྃ། ཞེས་དབང་བསྐུར། ཞེ་སྡང་དག །ཆུ་ལྷག་མ་ཡར་ལུད་པ་ལས་མི་བསྐྱོད་པས་དབུ་བརྒྱན་པའོ། །དབུ་རྒྱན་སྤྱི་བོར་བཟུང་། མཛེས་ལྡན་དམ་པ་དབུ་རྒྱན་དབང་། །དེ་རིང་༔ ཁྱོད་ཀྱིས་ཡང་དག་བླང་བར་གྱིས། །ཇི་ལྟར༔ ང་རྒྱལ༔ རིན་འབྱུང་༔ རྡོ་རྗེ་གཡས་སུ་གཏད། མཛེས་ལྡན་དམ་པ་རྡོ་རྗེའི་དབང་། །དེ་རིང་༔ ཁྱོད་ཀྱིས༔ ཇི་ལྟར༔ འདོད་ཆགས༔ འོད་དཔག༔ དྲིལ་བུ་གཡོན་དུ་གཏད། མཛེས་ལྡན་དམ་པ་དྲིལ་བུའི་དབང་། །དེ་རིང་༔ ཁྱོད་ཀྱིས༔ ཕྲག་དོག༔ དོན་གྲུབ༔ རྡོ་རྗེ་དྲིལ་བུ་སྤྱི་བོར་བཟུང་། མཛེས་ལྡན་དམ་པ་མིང་གི་དབང་། །དེ་རིང་༔ ཁྱོད༔ དཔལ་གསང་མཚན། གཏི་མུག༔ རྣམ་སྣང་༔

དེས་བུམ་པའི་དབང་ལ་བརྟེན་ནས་རིགས་ལྔའི་དབང་ཐོབ། བསྐྱེད་པའི་རིམ་པ་བསྒོམ་པ་ལ་དབང་། སྤྲུལ་པའི་སྐུ་འགྲུབ་པའོ། །གཉིས་པ་མཚལ་ཕུལ། ཐོད་པ་སྤྱི་བོར་བཟུང་། མཛེས་ལྡན་དམ་པ་ཐོད་པའི་དབང་། །དེ་རིང་ཁྱོད་ལ་བསྐུར་བར་བྱ། །གསང་བའི་དབང་ནི་ཁྱོད་ཀྱིས་ལོང་། །ནང་མཆོད་བླུད། ཨོཾ་ཨཱཿཧཱུྃ། དེས་ཐོད་པའི་དབང་ལ་བརྟེན་ནས་གསང་བའི་དབང་ཐོབ། ལུས་ཀྱི་རྩ་མདུད་གྲོལ། རྫོགས་རིམ་བསྒོམ་པ་ལ་དབང་། ལོངས་སྐུ་འགྲུབ་པའོ། །གསུམ་པའི་དོན་དུ་མཚལ། བླ་མ་དང་ཡི་དམ་ཐ་མི་དད་པའི་ཐུགས་ཀ་ནས། ཡུམ་རོ་ལངས་མ་སྐུ་མདོག་ལྗང་སྔོན་ཞལ་གཅིག་ཕྱག་གཉིས་པ་གཅིག་འཕྲོས། ཁྱེད་རང་གི་ཐུགས་ཀར་ཐིམ། ལུས་བདེ་སྟོང་གི་ཉམས་དང་ལྡན་པར་སྒོམས། ཤེས་རབ་མའི་དབང་ལ་བརྟེན་ནས་དགའ་བཞི་རྒྱུད་ལ་སྐྱེས། བདེ་གསལ་བསྒོམ་པ་ལ་དབང་། ཆོས་སྐུ་འགྲུབ་པའོ། །བཞི་པ་མཚལ་ཕུལ། ཁྱེད་རང་གི་སེམས་ཉིད་སྤྲོས་པའི་མཐའ་དང་བྲལ་བ་སྣང་སེམས་གཉིས་སུ་མེད་པ་ཕྱག་རྒྱ་ཆེན་པོ་སྒོམས་ཤིག །དེས་བཞི་པའི་དབང་ལ་བརྟེན་ནས། ཕྱག་རྒྱ་ཆེན་པོ་ངོ་བོ་ཉིད་གཉིས་སུ་མེད་པའི་སྐུ་འགྲུབ་པའོ། །

སློབ་དཔོན་གྱི་དབང་གི་དོན་དུ་མཚལ་ཕུལ། བུམ་ཆུས་བསང་། ཁྱེད་རང་སྐད་ཅིག་གིས་རྡོ་རྗེ་འཇིགས་བྱེད་ཞལ་གཅིག་ཕྱག་གཉིས་པ་ཐོད་དབྱུག་དང་ཞགས་པ་འཛིན་པ་གཅིག་ཏུ་གྱུར། བུམ་པ་སྤྱི་བོར་བཟུང་། མཛེས་ལྡན་དམ་པ་བུམ་པའི་དབང་། །དེ་རིང་ཁྱོད་ལ་བསྐུར་བར་བྱ། །ཁྱོད་ཀྱིས་ཡང་དག་བླང་བར་གྱིས། །ཇི་ལྟར་བལྟམས་པ་སོགས། ཞེས་དབང་བསྐུར། དྲི་མ་དག །ཆུའི་ལྷག་མ་ཡར་ལུད་པ་ལས་མི་བསྐྱོད་པས་དབུ་བརྒྱན་པའོ། །མི་རྟོག་འཐོར། དམ་ཚིག་གསུམ་སྦྱིན། རྡོ་རྗེ་གཡས་སུ་གཏད། ཧཱུྃ། རྡོ་རྗེ་སེམས་དཔའི་ང་རྒྱལ་ཟུང་ཞིག །དྲིལ་བུ་གཡོན་དུ་གཏད། ཨཱཿ དྲིལ་བུའི་གསང་སྔགས་ཀྱི་དམ་ཚིག་ཟུང་

ཞིག །རོ་ལངས་མའི་སྐུ་གདང། ཕྱག་རྒྱ་དབྱིངས་ཀྱི་དམ་ཚིག་ཟུང་ཞིག །དེས་རྡོ་རྗེ་སློབ་དཔོན་གྱི་དབང་གི་མཐའ་རྟེན་དང་བཅས་པ་ཐོབ་ཅིང་། དབང་། རབ་གནས། སློབ་མ་སོགས་རིམ་པར་བསྡུད་པར་གྱིས་ཤིག །ལུང་བསྟན། ཆོས་གོས་ཀྱི་སྣེ་མོ་རི་དྭགས་ཀྱི་རྣ་བ་ལྟར་བྱས་ལ། ཨཿ སྲིད་པ་ངོ་བོ་ཉིད་ཀྱི་བདག །ངོ་བོ་ཉིད་ཀྱིས་སྲིད་བྲལ་བྱས། །རང་བཞིན་དག་པའི་བསམ་པ་ནི། །སྲིད་པའི་མཚོ་ལས་སྒྲོལ་བར་འགྱུར། །མ་འོངས་པའི་དུས་སུ་དེ་བཞིན་གཤེགས་པར་འགྱུར་ཏེ། ཨོཾ་ཧྲུར་ཧྲུ་ཕ་སྣ་ཧྲ། དབུགས་དབྱུང་། ཁྱོད་ཀྱིས་རྒྱུད་ཟབ་མོ་འདིའི་དབང་དང་མན་ངག་ཐོབ་པ་ལ་བརྟེན་ནས། ཉན་རང་གི་ས་ནས་ཐེག་པ་ཆེན་པོའི་ལམ་སྐད་ཅིག་གིས་ཐོབ་པ་ཡིན་ནོ། །གཟེངས་བསྟོད། འདིའི་དབང་དང་མན་ངག་རྒྱུད་སོགས་རང་གིས་ཟུང་། གཞན་ལ་བཤད་པར་གྱིས་ཤིག །

ཐིག་ལེའི་དབང་ནི། དཀྱིལ་ཀྱུང་བཅལ། སྐལ་ཚོགས་བསྲུང་། ལྟེ་བའི་དབུས་སུ་སེམས་ཉིད་ཀྱི་ངོ་བོ་ཐིག་ལེ་དཀར་པོ་བྱ་མ་གསར་གྱི་སྒོ་ང་ཙམ་ཞིག་གསལ་བཏབ། དཔོན་སློབ་གཉིས་ཀས་པཏ་ཀྱིས་སྦྱར། སྤྱི་བོ་ནས་རྒྱངས་ཀྱིས་ཐོན། ཡི་དམ་གྱི་ཐུགས་ཀར་ཐིམ། ཡི་དམ་འོག་མིན་དུ་མངོན་པར་རྫོགས་པར་སངས་རྒྱས་པར་བསམ། ཅི་གནས་སུ་བཞག །དེ་ནས་ཕབ། གཏོར་མ་ལ་བརྟེན་ནས་དབང་བྱེད་ན། ཁྲུས། ཕྱག །མཎྜལ། སྐྱབས་སེམས། ལུས་ལྷར་བསྐྱེད། ཡི་ཤེས་ཕབ་པ་སོགས་སྔོན་དུ་གཏོང་། གཏོར་མ་དང་ཐ་མི་དད་པ། བཅོམ་ལྡན་འདས་རྡོ་རྗེ་འཇིགས་བྱེད་སྐུ་མདོག་སྔོན་པོ་མ་ཧེའི་གདོང་པ་ཅན་ཞལ་གཅིག་ཕྱག་གཉིས་ཐོད་དབྱུག་དང་ཞགས་པ་འཛིན་པ། ཤར་དུ་གཤིན་རྗེ་གཤེད་སྔོན་པོ། ལྷོར་སེར། ནུབ་དམར། བྱང་ལྗང་། ཐམས་ཅད་ཀྱང་མ་ཧེའི་གདོང་པ་ཅན། ཐོད་དབྱུག་དང་ཞགས་པ་འཛིན་པ། དུར་ཁྲོད་ཀྱི་ཆས་བརྒྱད་གཙོ་བོ་དང་མཚུངས་པ། འཁོར་བཅས་ཆུ་སྐྱང་དམར་པོའི་

སྙིང་དུ་ཞབས་དོར་སྐབས་སུ་མཛད་པ་བསྐྱེད་ལ། གཏོར་མ་སྤྱི་བོར་བཟུང་། སྐུ་ལས་སྐུ་འཕྲོས། ཁྱེད་རང་གི་ལུས་ལ་ཐིམ། ནང་མཆོད། མེ་ཏོག །མགྲིན་པ་ནས་ཐུགས་ཀྱི་རྒྱུན་བྱུང་། ཁྱེད་རང་གི་མགྲིན་པར་ཞུགས། ཐུགས་ཀ་ནས་དཔལ་བེའུ་བྱུང་། ཁྱེད་རང་གི་སྙིང་གར་ཐིམ། ནང་མཆོད། མེ་ཏོག །གཏོར་མ་སྤྱི་བོར་བཟུང་། བརྒྱུད་པའི་མཚན་ནས་སྨོས། ལྷ་བསྟིམ། མེ་ཏོག་འཐོར། ཐིག་ལེའི་དབང་གོང་དང་མཐུན། གཞན་ཞལ་ལས་ཤེས། གཙོ་བོས་ཇི་ལྟར་བཀའ་སྩལ་པ། །དེ་དག་ཐམས་ཅད་བདག་གིས་བགྱིད། །མནྡལ་ཕུལ། ཚོགས་ལ་ལོངས་སྤྱོད། ལྷག་མ་བསྔུ། ཆུ་གཙང་ཐྲན། དཔལ་འབར་འཛུགས། ཨེ་ཀཱ་རཱ་ཚིས་ཕྱིན་གྱིས་རླབས། བ་ལིཾ་ཏ་ཁཱ་ཧི་ཡ་སྭཱ་ཧཱ། གཏོར་མ་ཕྱི་རོལ་དུ་སྐྱོལ། རོལ་མོ་བྱ། སྟོད་ཆུ་གཙང་གིས་བཤལ། ཁ་སྦྱབ། མ་འབྱོར་བ་དང་ཉམས་པ་དང་། །གང་ཡང་བདག་རྨོངས་བློ་ཡིས་ནི། །བགྱིས་པ་དང་ནི་བགྱིད་སྩལ་བ། །དེ་ཀུན་མགོན་པོས་བཟོད་པར་མཛོད། །ཚོ་ག་ལྷག་ཆད་གང་མཆིས་པ། །དཀྱིལ་འཁོར་ལྷ་ཡིས་བཟོད་པར་གསོལ། །ཉིན་མོ་བདེ་ལེགས་མཚན་བདེ་ལེགས། །ཉི་མའི་གུང་ལ་བདེ་ལེགས་ཤིང་། །ཉིན་མཚན་རྟག་ཏུ་བདེ་ལེགས་པའི། །དཀོན་མཆོག་གསུམ་གྱི་བཀྲ་ཤིས་ཤོག །ཡེ་ཤེས་པ་གཤེགས། དམ་ཚིག་པ་རང་ལ་ཐིམ། རྟེན་ཡོད་ན་བརྟན་བཞུགས་བྱེད། ཨོཾ་ཁྱེད་ཀྱིས་སེམས་ཅན་དོན་ཀུན་མཛད། །རྗེས་སུ་མཐུན་པའི་དངོས་གྲུབ་སྩོལ། །སངས་རྒྱས་ཞིང་དུ་གཤེགས་སུ་གསོལ། །སངས་རྒྱས་ཞིང་དུ་གཤེགས་ནས་ཀྱང་། །སེམས་ཅན་རྣམས་ཀྱི་དོན་སླད་དུ། །སླར་ཡང་འབྱོན་པར་མཛད་དུ་གསོལ། །བཛྲ་མུཿ ཆོས་དབྱིངས་བྱང་ཆུབ་སེམས་ཀྱི་དཀྱིལ་འཁོར་དུ། །སོགས། གཙོད་གདན་ཐོག་གཅིག་མའི་ཁྲིད་ཡིག་ཁྲིན་ལས་རྒྱ་མཚོ་ལས། རྒྱ་མཚོ་ལྷ་བུའི་དབང་གབ་པ་མངོན་བྱུང་གི་ནང་བཀའ་ཇོ་ཇེ་འཇིགས་བྱེད་ཀྱི་སྒྲུབ་ཐབས་འདི། དད་ལྡན་རྣམས་ཀྱིས་བསྐུལ་བའི་ངོར་ཤཱཀྱའི་དགེ་སློང་ཀྱེ་ཝོ་ཆོས་ཀྱི་རྒྱ་མཚོ་ཞེས་བྱ་བས་རྒྱལ་སྲེ་རྒྱ་མཚོའི་གཞིས་ཀར་སྦྱར་བའོ། །དགེ་བ་སེམས་ཅན་རྣམས་ལ་བསྔོ། བཀྲ་ཤིས་དཔལ་འབར་འཛམ་གླིང་རྒྱལ་བའི་རྒྱུན་དུ་ཤོག །ལྷན་ཐབས་ཀྱི་ཡིག་ཆུང་ངོ་།། །།

༄༅། །དཔལ་ཧེ་རུ་ཀ་མཆོག་རོལ་པ་ལྷ་བརྒྱ་བདུན་གྱི་སྒྲུབ་ཐབས་བཞུགས་སོ། །

བླ་མ་དང་ཁྲོ་རྒྱལ་སྐུ་ལ་ཕྱག་འཚལ་ལོ། །ཁྲོ་རྒྱལ་གྱི་སྒྲུབ་ཐབས་འདི་ལ་གནས་དབེན་ཞིང་ཡིད་དང་མཐུན་པར་ཡོལ་བ་བླ་རེས། བྱི་དོར་བྱ་ཞིང་རྟེན་བཀྲམ། གཏོར་མ་གསུམ་དང་། དབང་གཏོར་ཟུར་གསུམ་གཏོར་འདབ་ཀྱིས་བསྐོར་ཞིང་། དཀར་དམར་གྱི་རྒྱན་འདོགས། གཏོར་མ་གསུམ་པོ་དཀྱིལ་འཁོར་གྱི་གོང་དུ་བཤམ། དབང་གཏོར་ཟུར་དུ་བཤམ། དཀྱིལ་འཁོར་གྱི་དབུས་སུ་མཆོད་ཁང་བུམ་པ། བུམ་རྫས། མགུལ་ཆིངས། ཁ་རྒྱན། ཆུས་གང་བ་བཞག །ཐོད་པ་བདུད་རྩིས་གང་བའི་ཁར། མེ་ལོང་ལ་ལི་ཁྲིའི་དཀྱིལ་འཁོར་ཟུར་གསུམ། ལྟེ་བར་ས་བོན་དང་སྔགས་འཁོར་བྲིས། ཐོད་པའི་ཁར་བཞག །དར་དམར་གྱི་ཞལ་ཁེབས་དང་བཅས་ཏེ། བུམ་པའི་ཁར་བཞག །མཐར་མཆོད་པས་བསྐོར། རང་ཉིད་བདེ་བའི་སྟན་ལ་སྡོད་ཅིང་། མདུན་དུ་སྣོད་ཀྱི་ཁར་ནང་མཆོད། ཪ་དྲིལ། ལས་བུམ་བཞག །ནང་མཆོད་བྱིན་རླབས་ནི། ཨོཾ་བཛྲ་ཀྲོ་དྷ་ཧ་ཡ་གྲི་ཝ་ཧུ་ལུ་ཧུ་ལུ་ཧཱུྃ་ཕཊ། ཨོཾ་སྭ་བྷཱ་ཝ་ཤུདྡྷཿསརྦ་དྷརྨཱཿསྭ་བྷཱ་ཝ་ཤུདྡྷོ྅ཧཾ། སྟོང་པ་ཉིད་དུ་གྱུར། སྟོང་པའི་ངང་ལས་ཨ་ལས་ཀ་པཱ་ལ་ཕྱི་དཀར་ལ་ནང་དམར་བ། དེའི་དབུས་སུ་གོ་ཀུ་ད་ཧ་ན་ལས་ཤ་ལྔ། བི་མུ་མ་ར་ཤུ་ལས་བདུད་རྩི་ལྔ། རླུང་གིས་མེ་སྦར། མེས་ཐོད་པ་དྲོས། རྫས་རྣམས་ཁོལ། ཉེས་པའི་སྐྱོན་རྣམས་ཕྱིར་ལུད། ཨོཾ་ཨཱཿཧཱུྃ་གསུམ་ལས་འོད་ཟེར་འཕྲོས་པས། དེ་བཞིན་གཤེགས་པ་ཐམས་ཅད་ཀྱི་ཐུགས་ཀ་ནས་ཡེ་ཤེས་ཀྱི་བདུད་རྩི་སྤྱན་དྲངས། དམ་ཚིག་གི་བདུད་རྩི་དང་གཉིས་སུ་མེད་པར་འདྲེས། ཡེ་ཤེས་ཀྱི་བདུད་རྩིའི་རྒྱ་མཚོ་ཆེན་པོར་གྱུར། ཨོཾ་ཨཱཿཧཱུྃ། དཀར་གཏོར་ལ་ཆུ་གཙང་བྲན། ཨོཾ་ཨ་ཀཱ་རོ་མུ་ཁཾ་སརྦ་དྷརྨཱ་ཎཱཾ་ཨཱདྱ་ནུཏྤནྣ་ཏྭཏ་ཨོཾ་ཨཱཿཧཱུྃ་ཕཊ་སྭཱ་ཧཱ།

ཞིང་སྐྱོང་ཆེན་པོ་བརྒྱད་རྣམས་དང་། །མཁའ་འགྲོ་སུམ་ཅུ་རྩ་གཉིས་སོགས། །མ་ལུས་འཁོར་བཅས་འདིར་བྱོན་ཅིང་། །མཆོད་སྦྱིན་གཏོར་མ་འདི་བཞེས་ལ། །རྣལ་འབྱོར་བདག་ཅག་འཁོར་བཅས་ལ། །ནད་མེད་ཚེ་དང་དབང་ཕྱུག་དང་། །དཔལ་དང་གྲགས་དང་སྐལ་བ་བཟང་། །ལོངས་སྤྱོད་རྒྱ་ཆེན་ཀུན་ཐོབ་ཅིང་། །ཞི་དང་རྒྱས་ལ་སོགས་པ་ཡི། །ལས་ཀྱི་དངོས་གྲུབ་བདག་ལ་སྩོལ། །དམ་ཚིག་ཅན་གྱིས་བདག་ལ་སྲུངས། །དངོས་གྲུབ་ཀུན་གྱི་སྟོང་གྲོགས་མཛོད། །དུས་མིན་འཆི་དང་ནད་རྣམས་དང་། །གདོན་དང་བགེགས་རྣམས་མེད་པར་མཛོད། །རྨི་ལམ་ངན་དང་མཚན་མ་ངན། །བྱ་བྱེད་ངན་པ་མེད་པར་མཛོད། །འཇིག་རྟེན་བདེ་ཞིང་ལོ་ལེགས་དང་། །འབྲུ་རྣམས་འཕེལ་ཞིང་ཆོས་འཕེལ་དང་། །བདེ་ལེགས་ཕུན་སུམ་ཚོགས་པ་ཡི། །ཡིད་ལ་འདོད་པ་ཀུན་འགྲུབ་མཛོད། །གཏོར་མ་གཙང་སར་ཕུལ། སུམྦྷ་ནིས་བགེགས་བསྐྲད། སྟེང་འོག་བར་གསུམ་རྡོ་རྗེའི་གུར་ཁང་དུ་གྱུར། ཨོཾ་བཛྲ་རཀྵ་རཀྵ་ཧཱུྃ། སྐྱབས་འགྲོ་ནི། བདག་གཞན་མ་ཚོགས་ནམ་མཁའི་མཐའ་དང་མཉམ་པའི་སེམས་ཅན་ཐམས་ཅད་བླ་མ་ལ་སྐྱབས་སུ་མཆིའོ། །སངས་རྒྱས་ལ༔ ཆོས་ལ༔ དགེ་འདུན་ལ༔ བཅོམ་ལྡན་འདས་ཀྱི་ལྷ་ཚོགས་རྣམས་ལ༔ སངས་རྒྱས་ཆོས་དང་ཚོགས་ཀྱི་མཆོག་རྣམས་ལ། །བྱང་ཆུབ་མ་ཐོབ་བར་དུ་བདག་ནི་སྐྱབས་སུ་མཆི། །བདག་གིས་སྦྱིན་སོགས་བགྱིས་པའི་བསོད་ནམས་འདི་དག་གིས། །འགྲོ་ལ་ཕན་ཕྱིར་སངས་རྒྱས་འགྲུབ་པར་ཤོག །མདུན་གྱི་ནམ་མཁར་བཅོམ་ལྡན་འདས་ཀྱི་ལྷ་ཚོགས་སྤྱན་དྲངས། བཛྲ་ས་མ་ཛཿ ཛཿཧཱུྃ་བཾ་ཧོཿ གང་གི་དྲིན་གྱིས་བདེ་ཆེན་ཉིད། །སོགས། ཨོཾ་བཛྲ་ཨརྒྷཾ་ཨཱཿཧཱུྃ། པུཥྤེ། དྷཱུ་པེ། ཨཱ་ལོ་ཀེ། གནྡྷེ། ནཻ་ཝི་ཏྱེ། ཤབྡ་ཨཱཿཧཱུྃ། ཚོགས་ཞིང་རང་ཉིད་ལ་ཐིམ་པར་གྱུར། ཨོཾ་ཨཱཿཧཱུྃ།

བདག་བསྐྱེད་བསྒྲུབ་པ་ནི། ཨོཾ་བཛྲ་ཀྲོ་དྷ་ཧ་ཡ་གྲཱི་ཝ་ཧུ་ལུ་ཧུ་ལུ་ཧཱུྃ་ཕཊ། ཨོཾ་སྭ་བྷཱ་ཝ་ཤུདྡྷཿསརྦ་དྷརྨཱཿསྭ་བྷཱ་ཝ་ཤུདྡྷོ྅ཧཾ། སྟོང་པ་ཉིད་དུ་གྱུར། སྟོང་པའི་ངང་ལས་གཞལ་ཡས་ཀྱི་ཁང་པ་གྲུ་བཞི་སྒོ་བཞི་ནང་ནས་རིམ་པ་བཞིན་དུ་སྔོན་པོ། སེར་པོ། དམར་པོ། ལྗང་གུ། དཀར་པོ་སྐྱེ་རྩིག་པ་རིམ་པ་ལྔ་དང་ལྡན་པ། ཀ་བ་བཞིས་བཏེག་པའི་རྟ་བབས་བང་རིམ་ལྔ། གདུགས། རི་དྭགས། ཆར་ཁེབས་ཏོག་གིས་མཚན་པ། ནང་ཀ་བ་དྲུག །གདུང་བཅུ་གཉིས། སྟེང་ཕ་གུ། སུ་ཤུ་མདའ་ཡབ་ཀྱིས་བསྐོར་ཞིང་། གདུགས། རི་དྭགས། དར་དཔྱངས། ཆོས་འཁོར་བཅུ་གསུམ་གྱིས་བརྒྱན་པ། ཕྱི་རོལ་གྱི་བར་སྣང་གི་སྤྲིན་ལ་གནས་པའི་ལྷའི་བུ་བུ་མོ་རྣམས་ཀྱིས་བཅོམ་ལྡན་འདས་ལ་མཆོད་པ་འབུལ་བ། གཞལ་ཡས་ཁང་གི་ཕྱི་རོལ་དུ་པདྨའི་ར་བ། དེའི་ཕྱི་རོལ་དུ་ཐོད་པའི་ར་བ། དེའི་ཕྱི་རོལ་དུ་རྡོ་རྗེའི་ར་བ། དེའི་ཕྱི་རོལ་དུ་དུར་ཁྲོད་ཀྱི་ར་བ། དེའི་ཕྱི་རོལ་དུ་མེ་རིས་ཡོངས་སུ་བསྐོར་བའོ། །གཞལ་ཡས་ཁང་གི་དབུས་སུ་སྣ་ཚོགས་པདྨ་འདབ་མ་བཞི་པའི་དབུས་སུ། ཀླུ་འབུམ། གཉན་ཁྲི། ས་བདག་སྟོང་གི་སྟེང་དུ་ཉི་མའི་གདན། དེའི་དབུས་སུ་ཧཱུྃ་མཐིང་ནག །དེ་ལས་འོད་ཟེར་འཕྲོས། འཕགས་པ་མཆོད། སེམས་ཅན་གྱི་དོན་བྱས། ཚུར་འདུས་ཡོངས་སུ་གྱུར་པ་ལས། བཅོམ་ལྡན་འདས་པདྨ་དབང་ཆེན་སྐུ་མདོག་མཐིང་ནག་ཞལ་གསུམ་ཕྱག་དྲུག་སྤྱན་གསུམ་པ། མཆེ་བ་བཞི་རབ་ཏུ་གཙིགས་ཤིང་། ལྗགས་འདྲིལ་བ། དབུ་སྐྲ་དམར་སེར་གྱེན་དུ་བརྫེས་པའི་གསེབ་ཏུ་རྟ་མགོ་ལྗང་ཁུར་རྫོག་མ་ལ་མེ་རབ་ཏུ་འབར་བ། རྟ་སྐད་འཚེར་ཞིང་། ཐོད་སྐམ་ལྔས་དབུ་ལ་བརྒྱན་ཅིང་། ཐོད་རློན་ལྔ་བཅུས་དོ་ཤལ་བྱས་པ། ཕྱག་དང་པོ་གཉིས་རྡོ་རྗེ་དང་དྲིལ་བུ་འཛིན་ཞིང་ཡུམ་ལ་འཁྱུད་པ། གཡས་གཉིས་པ་ན་རལ་གྲི། གསུམ་པ་ན་དབྱུག་

ཏོ། གཡོན་གཉིས་པ་ན་མདའ་གཞུ། གསུམ་པ་ན་རྩེ་གསུམ་དང་ཞགས་པ་འཛིན་པ། དུར་ཁྲོད་ཀྱི་ཆས་བརྒྱད་ཀྱིས་བརྒྱན་ཅིང་། དཀར་ཁྲ་སྦྲུལ་གྱིས་སྤྱི་བོར་བརྒྱན་པ། སྐན་ལ་དམར་ཁྲ། མགུལ་ལ་སེར། ཕྱག་དང་ག་ཤ་དག་ལ་ལྗང་། ནག་ཁྲས་སྐུ་དང་ཞབས་གཉིས་བརྒྱན། སྟག་ལྤགས་ཀྱིས་སྨད་དཀྲིས་པ། དྲིལ་བུ་གཡེར་ཁས་ཕྱིན་པ་མཛེས་པ། དེའི་པང་དུ་ཡུམ་རྡོ་རྗེ་ཕག་མོ་སྐུ་མདོག་དམར་མོ་ཞལ་གཅིག་ཕྱག་གཉིས་སྤྱན་གསུམ་མཆེ་བ་བཞི་རབ་ཏུ་གཙིགས་པ། གཡས་གྲི་གུག་ཡབ་ཀྱི་ཕྲག་གོང་གཡོན་དུ་བརྐྱང་བ། གཡོན་ཐོད་ཁྲག་ཡབ་ཀྱི་མཆན་ཁུང་གཡས་ནས་སྐུ་རྒྱབ་ཏུ་འཛིན་པ། ཕྱག་རྒྱ་ལྔ་དང་ལྡན་ཅིང་། ཞབས་གཉིས་ཡབ་དང་མཉམ་པ། དོར་སྟབས་སུ་ཉི་མ་ལ་གནས་པ། ཤར་དུ་བཛྲ་ཤྭ་ན་སྔོན་མོ། ལྷོར་རཏྣ་ཤྭ་ན་སེར་མོ། ནུབ་ཏུ་པདྨ་ཤྭ་ན་དམར་མོ། བྱང་དུ་ཁ་རག་ཤྭ་ན་ལྗང་གུ། ཞལ་གཅིག་ཕྱག་གཉིས། གཡས་རྣམས་ཀྱིས་གྲི་གུག་དང་། གཡོན་རྣམས་ཀྱིས་ཐོད་པ་བདུད་རྩིས་གང་བ་འཛིན་པ། གྲུ་མོ་ན་ཁཊྭཱཾ་ག་བཙུག་པ། ཕྱག་རྒྱ་ལྔ་དང་ལྡན་ཞིང་། ཞབས་བརྐྱང་བསྐུམ་གྱིས་ཉི་མ་ལ་གནས་པ། དེའི་ཕྱི་རོལ་འདབ་མ་བརྒྱད་ལ་རྡོ་རྗེ་མཁའ་འགྲོ་སྔོན་མོ། རིན་ཆེན་མཁའ་འགྲོ་སེར་མོ། པདྨ་མཁའ་འགྲོ་དམར་མོ། ལས་ཀྱི་མཁའ་འགྲོ་ལྗང་གུ། མཁའ་སྤྱོད་མ་སྔོན་མོ། ས་སྤྱོད་མ་ནག་མོ། སངས་རྒྱས་མཁའ་འགྲོ་ལྗང་གུ། སྒྲོལ་མ་དཀར་མོ། དེ་རྣམས་ཀྱི་ཕྱག་གཡས་ན་ཐོད་པ་ཁྲག་གིས་གང་བ་བསྣམས་པ། གཡོན་པས་མེ་ལོང་འཛིན་པ། གཡས་ཀྱི་འོག་མ་ན་རལ་གྲི་དང་། གཡོན་གྱི་འོག་མ་ན་སྤྱི་བླུགས་འཛིན་པ། ཕྱག་རྒྱ་ལྔ་དང་ལྡན་ཅིང་། སྤྱི་བོར་ཕག་ཞལ་གཡས་སུ་དུར་བ། ཞབས་བརྐྱང་བསྐུམ་གྱིས་ཉི་མ་ལ་གནས་པ། ཤར་སྒོར་རྟ་མགྲིན་དམར་པོ། ལྷོ་སྒོར་རྟ་མགྲིན་སེར་

པོ། ནུབ་སྒོར་རྟ་མགྲིན་སྔོན་པོ། བྱང་སྒོར་རྟ་མགྲིན་དཀར་པོ། གཡས་པ་རྣམས་ཀྱིས་འཁོར་ལོ་དང་། གཡོན་པ་རྣམས་ཀྱིས་གཡང་གཞི་བསྣམས་པ། དུར་ཁྲོད་ཀྱི་ཆས་བརྒྱད་ཀྱིས་བརྒྱན་ཅིང་། སྤྱི་བོར་རྟ་མགོ་ལྗང་ཞུར་འཚེར་ཞིང་། ཞབས་དོར་སྟབས་ཀྱིས་ཉི་མ་ལ་གནས་པ། ལྷ་བཅུ་བདུན་གྱི་སྤྱི་བོར་ཨོཾ། མགྲིན་པར་ཨཱཿ ཐུགས་ཀར་ཧཱུྃ། ཐུགས་ཀའི་ཧཱུྃ་ལས་འོད་ཟེར་འཕྲོས་པས། ཆོས་ཀྱི་དབྱིངས་ནས་བཅོམ་ལྡན་འདས་ཁྲོ་བོའི་རྒྱལ་པོ་རྟ་མཆོག་ཧེ་རུ་ཀ་ལ་སངས་རྒྱས་དང་བྱང་ཆུབ་སེམས་དཔའི་ཚོགས་ཀྱིས་བསྐོར་བ་སྤྱན་དྲངས། བཛྲ་ས་མཱ་ཛཿ ཛཿཧཱུྃ་བཾ་ཧོཿ གཉིས་སུ་མེད་པར་གྱུར། ཐུགས་ཀར་ཉི་མའི་སྟེང་དུ་སྔགས་ཀྱིས་བསྐོར་བ་ལ་དམིགས་ཏེ། ཨོཾ་ཧྲཱིཿཔདྨ་ཏ་ཀྲྀཏ་བཛྲ་ཀྲོ་དྷ་ཏ་ཡ་གྲཱི་ཝ་ཧུ་ལུ་ཧུ་ལུ་ཧཱུྃ་ཧཱུྃ་ཕཊ་ཕཊ་སྭཱ་ཧཱ། མཐར་རྟེན་གཞལ་ཡས་ཁང་རང་ལ་སྡུད།

བུམ་པ་བསྒྲུབ་སྟེ། བཛྲ་ཀྲོ་དྷ་ཏ་ཡ་གྲཱི་ཝ་ཧཱུྃ་ཕཊ། ཨོཾ་སྭ་བྷཱ་ཝ་ཤུདྡྷཿསརྦ་དྷརྨཱཿསྭ་བྷཱ་ཝ་ཤུདྡྷོ྅ཧཾ། སྟོང་པ་ཉིད་དུ་གྱུར། སྟོང་པའི་ངང་ལས་བྷྲཱུཾ་ལས་རིན་པོ་ཆེའི་བུམ་པ་མཚན་ཉིད་ཐམས་ཅད་ཡོངས་སུ་རྫོགས་པའི་དབུས་སུ། བཅོམ་ལྡན་འདས་ཀྱི་དཀྱིལ་འཁོར་རྟེན་དང་བརྟེན་པར་བཅས་པ་སྐད་ཅིག་གིས་གསལ་བར་གྱུར། དེ་དག་གི་དཔྲལ་བར་ཨོཾ། མགྲིན་པར་ཨཱཿ ཐུགས་ཀར་ཧཱུྃ། ཐུགས་ཀའི་ཧཱུྃ་ལས་འོད་ཟེར་འཕྲོས་པས། པདྨ་དབང་ཆེན་གྱི་ལྷ་ཚོགས་སྤྱན་དྲངས། བཛྲ་ས་མཱ་ཛཿ བུམ་པའི་ལྷ་དང་གཉིས་སུ་མེད་པར་གྱུར། བཟླས་པ་ནི། མཐར་བུམ་ལྷ་ཞུ། བུམ་པའི་ཆུར་གྱུར།

མདུན་བསྐྱེད་བསྒྲུབ་སྟེ། སྭ་བྷཱ་ཝ་ནས། སྟོང་པའི་ངང་ལས་མདུན་གྱི་ནམ་མཁར་གཞལ་ཡས་ཁང་ནས། བཛྲ་ས་མཱ་ཛའི་བར་བདག་བསྐྱེད་བཞིན་བྱེད། མ་ལུས་སེམས་ཅན་ཀུན་གྱི་མགོན་

གྱུར་ཅིང་། །བདུད་སྡེ་དཔུང་བཅས་མི་ཟད་འཇོམས་མཛད་ལྷ། །དངོས་རྣམས་མ་ལུས་ཇི་བཞིན་མཁྱེན་གྱུར་པའི། །བཅོམ་ལྡན་འཁོར་བཅས་གནས་འདིར་གཤེགས་སུ་གསོལ། །བཅོམ་ལྡན་ཁྱེད་ནི་བྱོན་པ་ལེགས། །བདག་ཅག་བསོད་ནམས་སྐལ་བར་ལྡན། །བདག་གི་མཆོད་ཡོན་བཞེས་ནས་ཀྱང་། །འདི་ཉིད་དུ་ནི་བཞུགས་སུ་གསོལ། །པདྨ་ཀ་མ་ལ་ཡ་སྟྭཾ། ཛཿཧཱུྃ་བཾ་ཧོཿ གཉིས་སུ་མེད་པར་གྱུར། བཀླས་པ་བྱེད། སངས་རྒྱས་ཐམས་ཅད་འདུས་པའི་སྐུ། །རྡོ་རྗེ་འཛིན་པའི་ངོ་བོ་ཉིད། །དཀོན་མཆོག་གསུམ་གྱི་རྩ་བ་སྟེ། །བླ་མ་རྣམས་ལ་ཕྱག་འཚལ་བསྟོད། །ཧཱུྃ། བདེ་བའི་སྟོད་དུ་བདུད་རྩི་བཅུད་ཀྱིས་བཀང་། །ཡོན་ཏན་ཀུན་ལྡན་མེ་འོད་རབ་ཏུ་འཕྲོ། །པདྨ་དབང་ཆེན་འཁོར་དང་བཅས་ལ་འབུལ། །བཞེས་ནས་བྱིན་གྱིས་བརླབ་ཏུ་གསོལ། །ཨོཾ་སརྦ་ཏ་ཐཱ་ག་ཏ་བཛྲ་མ་ཧཱ་ཀཾ་གི་ཨཱཿཧཱུྃ་སྭཱ་ཧཱ། ཆོས་སྐུ་ཞི་བའི་ངང་ལས་མ་གཡོས་ཀྱང་། །སྐུ་ཡི་ཆ་ལུགས་ཟ་བྱེད་ཧྲམ་སྟབས་ཅན། །གསུང་གི་ང་རོ་འབྲུག་སྟོང་ལྡིར་བའི་སྒྲ། །ཁྲོ་རྒྱལ་རྟ་མཆོག་སྐུ་ལ་ཕྱག་འཚལ་བསྟོད། །ཤ་ཆེན་གསུར་དང་རཀྟ་དམར་གྱིས་གང་། །བདུད་རྩི་རོ་མཆོག་ལྡན་པའི་མཆོད་པ་འདི། །པདྨ་དབང་ཆེན་འཁོར་དང་བཅས་ལ་འབུལ། །ཨོཾ་སརྦ་ཏ་ཐཱ་ག་ཏ་པཉྩ་ཨ་མྲྀ་ཏ་ཨཱཿཧཱུྃ། ཧཱུྃ། འཇིགས་པའི་གཟུགས་ལྡན་ཧྲམ་པའི་མཆེ་བ་ཅན། །དུར་ཁྲོད་ཆས་བརྒྱད་སྐུ་ལ་རྫོགས་པ་སྟེ། །ཞལ་གསུམ་ཕྱག་དྲུག་སྤྱི་གཙུག་རྟ་སྐད་འཚེར། །དབང་ཆེན་རྟ་མགྲིན་སྐུ་ལ་ཕྱག་འཚལ་བསྟོད། །ཕྱི་སྣོད་འཇིག་རྟེན་གཏོར་གཞོང་དུ། །ནང་བཅུད་སེམས་ཅན་གཏོར་མས་བཀང་། །སྲིབ་གཡོགས་མེད་པའི་ཞལ་ཟས་འདི། །པདྨ་དབང་ཆེན་འཁོར་དང་བཅས་ལ་འབུལ། །ཨོཾ་སརྦ་ཏ་ཐཱ་ག་ཏ་ནཻ་ཝི་དྱ་ཨཱཿཧཱུྃ། དཔལ་ལྡན་རྡོ་རྗེ་མཁའ་འགྲོ་མ། །མཁའ་འགྲོ་མ་ཡི་འཁོར་ལོ་བསྐྱུར། །ཡེ་ཤེས་ལྔ་དང་

སྐུ་གསུང་ཐུགས། །འགྲོ་བ་སྐྱོབ་ལ་ཕྱག་འཚལ་བསྟོད། །ཤ་ཆེན་གསུར་གྱི་བདུག་སྤོས་དང་། །ཞུན་ཆེན་གསལ་བའི་མར་མེ་དང་། །བྱང་སེམས་དཀར་དམར་བདུད་རྩི་དང་། །རྡོ་རྗེ་དྲི་ཆེན་ཞལ་ཟས་དང་། །རྡོ་རྗེ་དྲི་ཆུའི་བདུད་རྩི་དང་། །ཧ་མ་རྟའི་སིལ་སྙན་གྱིས། །ཕ་རོལ་ཕྱིན་དྲུག་ལྷ་མོ་མཆོད། །ཆོས་ཉིད་འགྱུར་བ་མེད་པས་སྐུ་མདོག་ནག །མི་འགྱུར་བདུད་ཀྱི་སྡེ་བཅོམ་ཧམ་པའི་སྐུ། །དུར་ཁྲོད་ཆས་བརྒྱད་ཆེར་ལྡན་སྟག་ལྤགས་སྨད་དཀྲིས་ཅན། །ཡབ་ཡུམ་གཉིས་མེད་ཀླུ་གཉན་ས་བདག་ཁྲི་ལ་འཁྱིལ། །དབང་ཆེན་ཁྲོ་རྒྱལ་སྐུ་ལ་ཕྱག་འཚལ་བསྟོད། །ཨོཾ་སརྦ་ཏ་ཐཱ་ག་ཏ་ཨཀྲྀ་ཨཱཿཧཱུྃ། པུཥྤེ། དྷཱུ་པེ། ཨཱ་ལོ་ཀེ། གནྡྷེ། ནཻ་ཝི་དྱེ། ཤབྡ་ཨཱཿཧཱུྃ། གང་གི་དྲིན་གྱིས་བདེ་ཆེན་ཉིད། །སོགས། ནང་མཆོད་འབུལ་བ་ནི། རྡོ་རྗེ་འཆང་ཆེན་པོའི་ཞལ་དུ་ཨོཾ་ཨཱཿཧཱུྃ། པདྨ་དབང་ཆེན་གྱི། ཡན་ལག་མེད་པའི་རྡོ་རྗེའི། ཕ་གཅིག་དམ་པ་སངས་རྒྱས༔ མ་གཅིག་ལབ་ཀྱི་སྒྲོན་མ༔ ཐོད་སྨྱོན་བསམ་གྲུབ༔ གངས་པ་སླུག་སང་༔ སྟོང་སྡེ་ངག་གི་དབང་ཕྱུག༔ གྲོལ་སྡེ་རྒྱལ་བའི་འབྱུང་གནས༔ དོ་པ་ཟང་ཐལ༔ གྲུབ་ཐོབ་ཨ་ཡིག་སེང་གེ༔ མཁའ་འགྲོ་རྟུས་པའི་རྒྱན་ཅན༔ གཉན་རས་སམ་ག་འབླ༔ གཙང་པ་སངས་རྒྱས་རྒྱལ་མཚན༔ བཤེས་གཉེན་ཐར་པ་འབུམ་པ༔ རོ་སྙོམས་པ་ཡེ་ཤེས་རྒྱལ་མཚན༔ རྗེ་བཙུན་འཇམ་དཔལ་རྒྱ་མཚོ༔ གཞན་ཡང་རིམ་པ་བཞིན་འབུལ། སྐབས་འདིར་ལས་བུམ་བསྒྲུབ། ཚོགས་བྱིན་གྱིས་རླབས། ཚོགས་ཕུད་གཏོར་མ་ལ་འབྲན། གཞུང་ལྟར་བསྔོ།

སྟ་གོན་བྱེད་པ་ནི། སློབ་མ་ཁྲུས་བྱེད། ཕྱག་དང་མཎྜལ་ཕུལ། ཆོས་བཤད་རྒྱུས་བསྡུས་སྐབས་དང་སྦྱར། གང་གི་དྲིན་གྱིས་བདེ་ཆེན་ཉིད། །སྐད་ཅིག་ཉིད་ལ་འཆར་བ་གང་། །བླ་མ་རིན་ཆེན་ལྟ་བུའི་སྐུ། །རྡོ་རྗེ་ཅན་ཞབས་པད་ལ་འདུད། །སློབ་དཔོན་གྱིས་མཎྜལ་བཟུང་། སོ་ཤིང་དོར་བཙུག །ཨོཾ་བཛྲ་

ཧ་ས་ཧ། དངོས་གྲུབ་བརྟག །ཕྱམ་ཚ་ཧྲུད། ཨོཾ་ཧྲི་བི་ཤུདྡྷེ་ཨུད་ག་ཧེ་ཁ་ཁ། སྐུད་པ་དམར་པོ་སུམ་སྒྲིལ་མདུད་པ་གསུམ་དང་བཅས་ཏེ། སྐྱེས་པའི་དཔུང་པ་གཡོན། བུད་མེད་ཀྱི་གཡས། ཨོཾ་བུདྡྷ་མཻ་ཏྲི་རཀྵ་རཀྵ་སྭཱ་ཧཱ། ཞེས་པས་མདུད། ཀུ་ཤ་ཆེ་བ་གཡས། ཆུང་བ་གཡོན་དུ་ཕྱིན་ལ། ཨོཾ་ཧེ་ཀྵ་བཾ། ཆེ་བ་སྔས། ཆུང་བ་སྟན་བྱེད་དེ་ཁྲི་ལམ་བརྟག །བུ་ཚུར་ཐེག་པ་ཆེན་པོ་ཡི། །ཁྱོད་ནི་ཚུལ་ཆེན་སྣོད་ཡིན་ཏེ། །ཆོ་ག་བཟང་པོ་འདི་བཤད་པས། །བུ་ཡི་བློ་གྲོས་འདི་ཀྱིས་ཤིག །ནང་འཇུག་ཏུ་མཇལ་ཐུལ། དཀོན་མཆོག་གསུམ་ལ་བདག་སྐྱབས་མཆི། །སྡིག་པ་མི་དགེ་སོ་སོར་བཤགས། །འགྲོ་བའི་དགེ་ལ་རྗེས་ཡི་རང་། །སངས་རྒྱས་བྱང་ཆུབ་ཡིད་ཀྱིས་བཟུང་། །སངས་རྒྱས་ཆོས་དང་ཚོགས་མཆོག་ལ། །བྱང་ཆུབ་བར་དུ་སྐྱབས་སུ་མཆི། །རང་གཞན་དོན་ནི་རབ་སྒྲུབ་ཕྱིར། །བྱང་ཆུབ་སེམས་ནི་བསྐྱེད་པར་བགྱི། །བྱང་ཆུབ་མཆོག་གི་སེམས་ནི་བསྐྱེད་བགྱིས་ནས། །སེམས་ཅན་ཐམས་ཅད་བདག་གི་མགྲོན་དུ་གཉེར། །བྱང་ཆུབ་སྤྱོད་མཆོག་ཡིད་འོང་སྤྱད་པར་བགྱི། །འགྲོ་ལ་ཕན་ཕྱིར་སངས་རྒྱས་འགྲུབ་པར་ཤོག །ལན་གསུམ། གདོང་གཡོགས་བཅིང་། ཨོཾ་ཙཀྲ་བན་ཧྭ་ཤ་ཏ་ཨཱ་ཊ་ཡ་ཧཱུྃ། མེ་ཏོག་གཏད། ཨཱ་ཁཾ་བཱི་ར་ཧཱུྃ། བགེགས་གཏོར་བཏང་། མཚམས་བཅད། བསྲུང་འཁོར་བསྒོམ། བུམ་ཆུས་བསང་། ཁྱེད་རང་སྐད་ཅིག་གིས་རྟ་མགྲིན་སྔོན་པོ་ཞལ་གཅིག་ཕྱག་གཉིས་པ་ཞིག་ཏུ་གྱུར། གནས་གསུམ་དུ་དྲིའི་ཆུས་ཕྱུག །ཨོཾ་ཨཱཿཧཱུྃ། པུཥྤེ། དྷཱུ་པེ། ཨཱ་ལོ་ཀེ། གནྡྷེ། ནཻ་ཝི་དྱེ། ཤབྡ་ཨཱཿཧཱུྃ། སྙིང་གར་རྡོ་རྗེ་བཟུང་། སྙིང་གར་ཀུན་རྫོབ་ཟླ་བའི་སྟེང་དུ། དོན་དམ་རྡོ་རྗེ་དཀར་པོ་འོད་ཟེར་འཕྲོ་བ་དང་བཅས་པ་ཅིག་སྒོམས། ཐམས་ཅད་རྡོ་རྗེའི་རང་བཞིན་དུ་སེམས་བསྐྱེད་པ་དེ་བརྟན་པར་བྱས་སོ། །སྡོམ་པ་ནི། རྡོ་རྗེ་རིན་ཆེན་པདྨ་དང་། །ལས་དང་སངས་རྒྱས་སྡོམ་པ་སོགས། །འདི་ནས་བཟུང་སྟེ་ནམ་དུ་ཡང་། །གཏོང་བར་བྱ་བ་མ་ཡིན་ནོ། །རྡོ་རྗེ་མགོར་བཞག །ཚུལ་འདི་སྨྲ་བར་མ་བྱེད་ཅིག །སྨྲས་ན་ཉམས་

པར་འགྱུར་བ་ཡིན། །རྡོ་རྗེ་སྙིང་གར་བཟུང་། ཁྱོད་ཀྱི་སྙིང་ལ་ཞུགས་པར་འགྱུར། །ཚུལ་འདི་སྨྲ་བར་བྱས་ན་ནི། །དེ་མ་ཐག་ཏུ་དྲལ་ཏེ་གཤེགས། །ཕྱག་རྒྱ་གླུད། རྡོ་རྗེ་བདུད་རྩིའི་ཆུ་འདི་འཐུང་། །ཨོཾ་བཛྲ་ཨ་མྲྀ་ཏ་ཧཱུཾ། ཐལ་མོ་མགོར་བཞག །རྡོ་རྗེ་སློབ་དཔོན་ང་ཡིན་ཏེ། །ང་ཡིས་བསྒོ་བ་བཞིན་བྱ་དགོས་སོ། །ཉམས་ན་ངན་སོང་དུ་ལྟུང་ཏེ། ཡི་དམ་ལྷ་ཡི་དཀྱིལ་འཁོར་དུ། །བདག་གི་སློབ་མ་གཞུག་པར་བྱ། །དཀྱིལ་འཁོར་ཁ་དོག་བཏག །མིང་འདོགས། མེ་ཏོག་འཐོར། པྲ་ཏཱིཙྪ་ཧོཿ སྣར་མེ་ཏོག་གཏད། ཡི་དམ་ལྷ་ཡིས་འདི་ནི་རྗེས་སུ་བཟུང་བར་མཛོད། གདོང་གཡོགས་བསལ། སངས་རྒྱས་ཡེ་ཤེས་སྤྱན་ནི་ཐོབ་གྱུར་ཅིག །པ་ཊ་ལཾ་ཧྲིཿ དཀྱིལ་འཁོར་ལྷ་ཞལ་བསྟན།

དངོས་གཞི་མཇལ་ཕྱུལ། དུས་གསུམ་སངས་རྒྱས་ཐམས་ཅད་དང་། །ལྷག་པར་ལྷ་ཡི་ངོ་བོ་ཉིད། །དཔལ་ལྡན་བླ་མའི་སྐུ་དྲིན་གྱིས། །སྨིན་བྱེད་རིམ་པ་བསྐུར་དུ་གསོལ། །བུམ་པ་སྤྱི་བོར་བཟུང་། བུམ་པ་ལྷ་ཡི་གཞལ་ཡས་ཁང་། །འཆི་མེད་བདུད་རྩི་ཆུས་གང་བའི། །ཁྱོད་ལ་ཡང་དག་བསྐུར་བར་བྱ། །ཨོཾ་བཛྲ་ཨ་མྲྀ་ཏ་ཧཱུཾ། ཕྱག་རྒྱ་གླུད། དེས་བུམ་པའི་དབང་ལ་བརྟེན་ནས་ཉོན་མོངས་པ་ཞི་ཕྱང་དག །རྡོ་རྗེ་སེམས་དཔས་དབུ་བརྒྱན་པའོ། །ཅོད་པན་སྤྱི་བོར་བཟུང་། དབུ་རྒྱན་ལྷ་ཡི་ཅོད་པན་འདི། །ཁྱོད་ལ་ཡང་དག་བསྐུར་བར་བྱ། །རཏྣ་ཧྲཱིཾ། ཕྱག་རྒྱ་གླུད། དེས་དབུ་རྒྱན་གྱི་དབང་བསྐུར་བ་ལ་བརྟེན་ནས་ང་རྒྱལ་དག །རིན་འབྱུང་༔ རྡོ་རྗེ་གཡས་སུ་གཏད། རྡོ་རྗེ་ལྷ་ཡི་ཕྱག་མཚན་འདི། །རིན་ཆེན་ལས་གྲུབ་རྩེ་མོ་དགུ། །ཁྱོད་ལ་ཡང་དག་སྦྱིན་པར་བྱ། །ཀརྨ་ཨ། དྲིལ་བུ༔ ཕྲག་དོག༔ པདྨ་ཧྲཱིཿ ཕྱག་རྒྱ། རྡོ་རྗེ༔ འདོད་ཆགས༔ འོད་དཔག་མེད༔ དྲིལ་བུ་གཡོན་དུ་གཏད། དྲིལ་བུ་ལྷ་ཡི་སྒྲ་སྙན་འདི། །མི་འགྱུར་སྟོང་གསུམ་ཆོས་སྒྲ་སྒྲོག །ཁྱོད་ལ་ཡང་དག་སྦྱིན་པར་བྱ། །ཀརྨ་ཨ། དྲིལ་བུ། ཕྲག་དོག༔ དོན་གྲུབ༔ རྡོ་རྗེ་དྲིལ་བུ་སྤྱི་བོར་

བཟླ། མིང་ནི་མ་སྐྱེས་སྐྱེ་བ་མེད། །མཚན་བཟང་ལྡན་པའི་མིང་ཞེས་བྱ། །ཁྱོད་ལ་ཡང་དག་བསྒྲུར་བྱ། །བུདྡྷ་ཨ་བྷི་ཥིཉྩ་ཨོཾ། ཀྱི་དཔལ་གསང་མཚན། དེ་བཞིན་གཤེགས་པའོ། །བུམ་ཆུ། དེས་མིང་གི་དབང་བསྒྲུར་བ་ལ་བརྟེན་ནས། གཏི་མུག༔ རྣམ་སྣང་༔ དེས་རིགས་ལྔའི་དབང་ལ་བརྟེན་ནས་བསྐྱེད་རིམ་བསྒོམ་པ་ལ་དབང་། སྤྲུལ་པའི་སྐུ་ཐོབ་པར་བྱས་སོ། །གསང་དབང་གི་དོན་དུ་མཆོད། ཐོད་པ་སྤྱི་བོར་བཞུང་། དབང་ཆེན་ཡབ་ཡུམ་སྦྱོར་མཚམས་ནས། །བྱང་ཆུབ་སེམས་ཀྱི་བདུད་རྩི་བབ། །བདུད་རྩི་ཐོད་པར་གནས་པ་འདི། །ཁྱོད་ལ་ཡང་དག་བསྒྲུར་བར་བྱ། །བདུད་རྩི་བླུད། ཨོཾ་ཨཱཿཧཱུྃ། དེས་ཐོད་པ་ལ་བརྟེན་ནས་གསང་བའི་དབང་ཐོབ། རྩ་རླུང་བསྒོམ་པ་ལ་དབང་། འབྲས་བུ་ལོངས་སྐུ་འགྲུབ་པའོ། །མེ་ལོང་སྤྱི་བོར་བཞུང་། ཁྲོ་རྒྱལ་ཡབ་ཡུམ་དཀྱིལ་འཁོར་ནས། །རིག་པའི་ལྷ་མོ་ཁྱོད་ལ་ཐིམ། །དགའ་བཞི་ཡེ་ཤེས་སྐྱེ་བར་སྒོམས། །དེས་མེ་ལོང་གི་དབང་ལ་བརྟེན་ནས་མི་རྟོག་པ་བསྒོམ་པ་ལ་དབང་། ཆོས་སྐུ་འགྲུབ་པའི་སྐལ་བ་དང་ལྡན་པའོ། །བཞི་པ་ཞུ་བའི་དོན་དུ་མཆོད་ཕུལ། ཐལ་མོ་སྦྲ་བསྒྲགས་ཏེ། སྦྲ་གྲགས་སྟོང་སེམས་ཀྱི་ངོ་བོ་བཟུང་འཛིན་དང་བྲལ་བ་ངོ་ཤེས་པར་གྱིས་ཤིག །དེས་བཞི་པའི་དབང་ལ་བརྟེན་ནས། ངོ་བོ་གཉིས་སུ་མེད་པ་ཕྱག་རྒྱ་ཆེན་པོ་རྟོགས་པ་ཡིན་ནོ། །

སློབ་དཔོན་གྱི་དབང་གི་དོན་དུ་མཆོད་ཕུལ། བུམ་པ་སྤྱི་བོར་བཞུང་། བཅོམ་ལྡན་འདི་ལ་སྟུལ་ལགས་ཀྱིས། །འདི་ལ་འགོ་བར་མཛད་དུ་གསོལ། །བུམ་ཆུ་བླུད། ཨ་བྷི་ཥི་ཀ་ཏ་ས་མ་ཡ་ཤྲི་ཡེ་ཧཱུྃ། མེ་ཏོག་འཐོར། རྡོ་རྗེ་གཡས་སུ་གཏད། རྡོ་རྗེ་རིགས་ཀྱི་དམ་ཚིག་ཟུང་། དྲིལ་བུ་གཡོན་དུ་གཏད། དྲིལ་བུ་གསུང་གི་དམ་ཚིག་ཟུང་། རྡོ་རྗེ་དྲིལ་བུ་བསྣོལ། ཕྱག་རྒྱ་རིགས་ཀྱི་དམ་ཚིག་ཟུང་། དེས་དབང་བསྒྲུར་ཞིང་སློབ་མ་རྣམས་རིམ་པར་བསྡུ་བར་གྱིས། ལུང་བསྟན་ནི། ཆོས་གོས་ཀྱི་སྣེ་མོ་རི་དྭགས་ཀྱི་རྭ་བ་ལྟར་བྱས། དེ་རིང་ངས་ཁྱོད་ལུང་བསྟན་ཏེ། །སྲིད་པ་ངོ་བོ་ཉིད་ཀྱི་

བདག །ངོ་བོ་ཉིད་དང་སྲིད་བྲལ་བྱེད། །རང་བཞིན་དག་པའི་བསམ་པ་ནི། །སྲིད་པའི་མཚོ་ལས་གྲོལ་བར་འགྱུར། །མ་འོངས་པའི་དུས་སུ་དེ་བཞིན་གཤེགས་པར་འགྱུར་ཏེ། ཨོཾ་ཧྲཱུཾ་ཧྲཱུཾ་ཕཊ་སྭཱ་ཧཱ། དབུགས་དབྱུང་ངོ་། རྒྱུད་ཟབ་མོ་འདི་ལ་བརྟེན་ནས། ཉན་རང་ནས་ཐེག་པ་ཆེན་པོའི་ལམ་དུ་ཞུགས་པ་སྟེ། གཟེངས་བསྟོད། འདི་ཡི་དབང་བསྐུར་ཞིང་རྒྱུད་དང་མན་ངག་འཆད། གཞན་ལ་སྟོན་པར་གྱིས་ཤིག །ཐིག་ལེའི་དབང་ནི། སློབ་མ་དཀྱིལ་ཀྲུང་བཅའ། སྐལ་ཚོགས་བསྲུང་སྟེ། ལྟེ་བའི་དབུས་སུ་སེམས་ཉིད་ཀྱི་ངོ་བོ་ཐིག་ལེ་དཀར་པོ་བྱ་མ་གསར་གྱི་སྒོ་ང་ཙམ་ཞིག་གསལ་བཏབ། དཔོན་སློབ་གཉིས་ཀས་ཕཊ་གྱིས་སྤར། སྤྱི་བོ་ནས་རྒྱངས་ཀྱིས་ཐོན། པདྨ་དབང་ཆེན་གྱི་ཐུགས་ཀར་ཐིམ། པདྨ་དབང་ཆེན་འཁོར་བཅས་འོག་མིན་དུ་སངས་རྒྱས་པར་བསམ། ཅི་གནས་ལ་བཞག །དེ་ནས་ཕབ། གཏོར་མ་ལ་བརྟེན་ནས་དབང་བྱེད་ན། ཁྲུས། མཎྜལ། སྐྱབས་སེམས། ལུས་ལྷར་བསྐྱེད། ཡེ་ཤེས་ཕབ། དངོས་གཞི་མཎྜལ། གཏོར་མ་རྟ་མགྲིན་སྐུ་མདོག་སེར་པོ་ཞལ་གཅིག་ཕྱག་གཉིས་རྡོ་རྗེ་དང་དྲིལ་བུ་འཛིན་ཞིང་ཕག་མོ་དམར་མོ་ལ་འཁྱུད་པ། འཁོར་མཁའ་འགྲོ་བཞི་དང་བཅས་པ་ལས་གྱིས་བསྐྱེད། གཏོར་མ་སྤྱི་བོར་བཟུང་། ཡི་དམ་གྱི་སྐུ་ལས་སྐུའི་ཚོགས་འཕྲོས། ཁྱེད་རང་གི་ལུས་ལ་ཐིམ་པའི་མོས་པ་གྱིས། ནང་མཆོད་བླུད། མེ་ཏོག་འཐོར། ཡི་དམ་གྱི་མགྲིན་པ་ནས་སྔགས་ཀྱི་ཕྲེང་བ་འཕྲོས། ཁྱེད་རང་གི་མགྲིན་པར་ཐིམ་པའི་མོས་པ་གྱིས། ནང་མཆོད། མེ་ཏོག །ཡི་དམ་གྱི་ཐུགས་ཀ་ནས་ཕྱག་མཚན་འཕྲོས། ཁྱེད་རང་གི་སྙིང་གར་ཐིམ། ནང་མཆོད། མེ་ཏོག །སྔགས་བགྲང་བཅུག །གཏོར་མ་སྤྱི་བོར་བཟུང་། ལྷ་བསྟིམ། བརྒྱུད་པའི་མཚན་ནས་སྨོས། མཐར། བཅོམ་ལྡན་འདི་ལ་སྟུལ་ལགས་ཀྱིས། །འདི་ལ་འགོ་བར་མཛད་དུ་གསོལ། །སློབ་མས། བདག་ལ་འགོ་བར་མཛད་དུ་གསོལ། །ཐིག་ལེའི་དབང་གོང་དང་མཐུན། གཙོ་བོས་ཇི་ལྟར་བཀའ་སྩལ་པ། །དེ་དག་ཐམས་ཅད་བདག་གིས་བགྱིད། །མཎྜལ་ཕུལ། ཚོགས་ཕུད་

དཀྱིལ་འཁོར་ལ་ཕུལ། ཚོགས་ལ་ལོངས་སྤྱོད། ལྷག་མ་བསྡུ། ཆུ་གཙང་བྲན། དཔལ་འབར་འཇུགས། ཨ་ཀཱ་རོས་བྱིན་གྱིས་བརླབས། ཧཀྵཱ་ཀ་སྭཱ་ཧཱ། ལྷག་མ་ཕྱི་རོལ་དུ་སྐྱེལ། རོལ་མོ་བྱེད། སྟོད་ཆུ་གཙང་གིས་བཤལ། ཁ་སྦྱབ། མ་འབྱོར་བ་དང་ཉམས་པ་དང་། །གང་ཡང་བདག་རྨོངས་བློ་ཡིས་ནི། །བགྱིས་པ་དང་ནི་བགྱིད་སྐུལ་བ། །དེ་ཀུན་མགོན་པོས་བཟོད་པར་མཛོད། །ཚིག་ལྷག་ཆད་ཅི་མཆིས་པ། །དཀྱིལ་འཁོར་ལྷ་ཡིས་བཟོད་པར་མཛོད། །དཔལ་ལྡན་བླ་མའི་བཀྲ་ཤིས་ཤོག །ཡི་དམ་ལྷ་ཡི་བཀྲ་ཤིས་ཤོག །དཔའ་བོ་རྣམས་ཀྱི་བཀྲ་ཤིས་ཤོག །དཔའ་མོ་རྣམས་ཀྱི་བཀྲ་ཤིས་ཤོག །ཆོས་སྐྱོང་རྣམས་ཀྱི་བཀྲ་ཤིས་ཤོག །ཡེ་ཤེས་པ་རང་གནས་སུ་གཤེགས། དམ་ཚིག་པ་རང་ལ་ཐིམ། རྟེན་ཡོད་ན་བརྟན་བཞུགས་བྱེད། ཨོཾ་ཁྱེད་ཀྱིས་སེམས་ཅན་དོན་ཀུན་མཛད། །རྗེས་སུ་མཐུན་པའི་དངོས་གྲུབ་སྩོལ། །སངས་རྒྱས་ཞིང་དུ་གཤེགས་སུ་གསོལ། །སངས་རྒྱས་ཞིང་དུ་གཤེགས་ནས་ཀྱང་། །སེམས་ཅན་རྣམས་ཀྱི་དོན་སླད་དུ། །སླར་ཡང་འབྱོན་པར་མཛད་དུ་གསོལ། །བཛྲ་མུཿ ཆོས་དབྱིངས་བྱང་ཆུབ་སེམས་ཀྱི་དཀྱིལ་འཁོར་དུ། །བདག་སོགས་སེམས་ཅན་ཐམས་ཅད་ཀྱིས། །དུས་གསུམ་བསགས་དང་རྫོགས་པ་ཡིས། །འགྲོ་དྲུག་སེམས་ཅན་མ་ལུས་པ། །སྐུ་ལྔ་ཡོངས་རྫོགས་སངས་རྒྱས་མྱུར་དུ་འགྲུབ་པར་ཤོག །གཙོད་གདན་ཐོག་གཅིག་མའི་ཁྲིད་ཡིག་ཐྲིན་ལས་རྒྱ་མཚོ་ལས། རྒྱ་མཚོ་ལྷ་བུའི་དབང་གབ་པ་མངོན་བྱུང་གི་ནང་བཀའ། ཏ་མཆོག་རོལ་པའི་སྒྲུབ་ཐབས་འདི། དད་ལྡན་རྣམས་ཀྱིས་བསྐུལ་བའི་ངོར་ཤཱཀྱའི་དགེ་སློང་ཀྲ་ཏོ་ཆོས་ཀྱི་རྒྱ་མཚོ་ཞེས་ཡོངས་སུ་གྲགས་པས། རྒྱལ་སྲེ་རྒྱ་མཚོའི་སྐྱིད་ཚལ་དུ་སྦྱར་བའོ། །དགེ་བ་སེམས་ཅན་རྣམས་ལ་བསྔོ། བཀྲ་ཤིས་དཔལ་འབར་འཛམ་གླིང་རྒྱལ་བའི་རྒྱན་དུ་ཤོག །ལྷན་ཐབས་ཡིག་ཆུང་ངོ་།། །།

༄༅། །ཚེ་བསྲིང་རྡོ་རྗེའི་གཟུངས་ཆེན་ཚེ་དཔག་མེད་ལྷ་བཅུ་གསུམ་གྱི་སྒྲུབ་ཐབས་བཞུགས་སོ། །

བླ་མ་དང་མགོན་པོ་དབྱེར་མེད་པ་ལ་ཕྱག་འཚལ་ལོ། །མགོན་པོའི་སྒྲུབ་ཐབས་འདི་ལ། སྔོན་འགྲོ་གནས་དབེན་ཞིང་ཡིད་དང་མཐུན་པར། ཡོལ་བ། བླ་རིས། རྟེན་བཀྲམ་པ་བྱེད། གཏོར་མ་གསུམ་དང་། དབང་གཏོར་བུམ་པའི་གཟུགས་ལ་རི་ལུས་བསྐོར། ཉི་ཟླའི་རྒྱན་བཏག །ནམ་བཟའ་དམར་པོ་གསོལ། གཏོར་མ་གཉིས་ལ་དཀར་དམར་གྱིས་བརྒྱན། གཅིག་དཀར་གཏོར་དང་དཀར་གསུམ་གྱིས་བརྒྱན། གཏོར་མ་གསུམ་པོ་དཀྱིལ་འཁོར་གྱི་གོང་དུ་བཤམ། དབང་གཏོར་ཟུར་དུ་བཤམ། དཀྱིལ་འཁོར་གྱི་མཐར་མཆོད་པས་བསྐོར། རང་ཉིད་བདེ་བའི་སྟན་ལ་སྡོད། མདུན་དུ་སྟེགས་ཀྱི་ཁར་ནང་མཆོད་ཊ་དྲིལ། ལས་བུམ་བཞག །ནང་མཆོད་བྱིན་གྱིས་རླབས། ཨ་མྲྀ་ཏ་ཀུཎྜ་ལི་ཧ་ན་ཧ་ན་ཧཱུྃ་ཕཊ། ཨོཾ་སྭ་བྷཱ་ཝ་ཤུདྡྷཿསརྦ་དྷརྨཱཿསྭ་བྷཱ་ཝ་ཤུདྡྷོ྅ཧཾ། སྟོང་པ་ཉིད་དུ་གྱུར། སྟོང་པའི་ངང་ལས་ཀ་པཱ་ལ་ཕྱི་དཀར་ལ་ནང་དམར་བ་ཡངས་ཤིང་རྒྱ་ཆེ་བའི་ནང་དུ། བྷྲཱུཾ། ཨཾ། ཛྷཾ། ཁཾ། ཧཱུྃ་ལས་བྱུང་བའི་ཡེ་ཤེས་ཀྱི་བདུད་རྩིའི་རྒྱ་མཚོ་ཆེན་པོར་གྱུར། ཨོཾ་ཨཱཿཧཱུྃ། དཀར་གཏོར་ལ་ཆབ་ཐན་ཏེ། ཨ་མྲྀ་ཏ། སྭ་བྷཱ་ཝ། སྟོང་པ་ཉིད་དུ་གྱུར། སྟོང་པའི་ངང་ལས་གཏོར་མ་དངས་ཤིང་ཐོགས་པ་མེད་པ་འདོད་པའི་ཡོན་ཏན་ལྔ་དང་ལྡན་པར་གྱུར། ཕྱོགས་སྐྱོང་བཅུ་དང་ལྷ་ཆེན་བརྒྱད། །ཀླུ་ཆེན་བརྒྱད་དང་གཟའ་ཆེན་བརྒྱད། །རྒྱུ་སྐར་ཉེར་བརྒྱད་འབྱུང་པོ་དང་། །གདོན་སྦྱིན་ཤ་ཟ་སྲིན་པོའི་ཚོགས། །མ་ལུས་ཇི་སྙེད་བཞུགས་པ་རྣམས། །མཆོད་སྦྱིན་གཏོར་མ་འདི་བཞེས་ལ། །རྣལ་འབྱོར་བདག་ཅག་འཁོར་བཅས་ལ། །ནད་མེད་ཚེ་དང་དབང་ཕྱུག་

དང་། །དཔལ་དང་གྲགས་དང་སྐལ་བ་བཟང་། །ལོངས་སྤྱོད་རྒྱ་ཆེན་ཀུན་ཐོབ་ཅིང་། །ཞི་དང་རྒྱས་ལ་སོགས་པ་ཡི། །ལས་ཀྱི་དངོས་གྲུབ་བདག་ལ་སྩོལ། །དམ་ཚིག་ཅན་གྱིས་བདག་ལ་སྲུངས། །དངོས་གྲུབ་ཀུན་གྱི་སྟོང་གྲོགས་མཛོད། །གཏོར་མ་གཙང་སར་སྐྱུར། ཨོཾ་སུམྦྷ་ནི་སུམྦྷ་ཧཱུྃ། གྲྀཧྞ་གྲྀཧྞ་ཧཱུྃ། གྲྀཧྞ་པ་ཡ་གྲྀཧྞ་པ་ཡ་ཧཱུྃ། ཨཱ་ན་ཡ་ཧོ། བྷ་ག་ཝན་བིདྱཱ་རཱ་ཛ་ཧཱུྃ་ཕཊ། སྟེང་འོག་བར་གསུམ་རྡོ་རྗེའི་གུར་ཁང་དུ་གྱུར། སྐྱབས་འགྲོ་ནི། བདག་གཞན་མ་ཚོགས་ནམ་མཁའ་དང་མཉམ་པའི་སེམས་ཅན་ཐམས་ཅད་བླ་མ་ལ་སྐྱབས་སུ་མཆིའོ། །སངས་རྒྱས་ལ༔ ཆོས་ལ༔ དགེ་འདུན་ལ༔ བཅོམ་ལྡན་འདས་མགོན་པོ་ཚེ་དཔག་ཏུ་མེད་པའི་ལྷ་ཚོགས་འཁོར་དང་བཅས་པ་རྣམས་ལ༔ སངས་རྒྱས་ཆོས་དང་ཚོགས་ཀྱི་མཆོག་རྣམས་ལ། །བྱང་ཆུབ་བར་དུ་བདག་ནི་སྐྱབས་སུ་མཆི། །བདག་གིས་སྦྱིན་སོགས་བགྱིས་པའི་བསོད་ནམས་ཀྱིས། །འགྲོ་ལ་ཕན་ཕྱིར་སངས་རྒྱས་འགྲུབ་པར་ཤོག །མདུན་གྱི་ནམ་མཁའི་གནས་སུ་མགོན་པོ་ཚེ་དཔག་མེད་གསལ་བའི་ཐུགས་ཀ་ནས་འོད་ཟེར་འཕྲོས་པས། བདེ་བ་ཅན་ནས་ཚེ་དཔག་མེད་ལ་སངས་རྒྱས་དང་བྱང་ཆུབ་སེམས་དཔས་བསྐོར་བ་སྤྱན་དྲངས། བཛྲ་ས་མ་ཛཿ གཉིས་སུ་མེད་པར་གྱུར། ཨརྒྷཾ་ཨཱཿཧཱུྃ། པུཥྤེ། དྷཱུ་པེ། ཨཱ་ལོ་ཀེ། གནྡྷེ། ནཻ་ཝི་ཏྱ། ཤབྡ་ཨཱཿཧཱུྃ། འཇིག་རྟེན་འདྲེན་པའི་གཙོ་བོ་ཚེ་དཔག་མེད། །དུས་མིན་འཆི་བ་མ་ལུས་འཇོམས་མཛད་པའི། །མགོན་མེད་སྡུག་བསྔལ་གྱུར་པ་རྣམས་ཀྱི་སྐྱབས། །སངས་རྒྱས་ཚེ་དཔག་མེད་ལ་ཕྱག་འཚལ་བསྟོད། །མགོན་པོ་ཚེ་དཔག་ཏུ་མེད་པ་ལ་གསོལ་བ་འདེབས། དམ་པ་སངས་རྒྱས་ལ༔ མ་གཅིག་ལབ་སྒྲོན་ལ༔ རྒྱལ་བ་དོན་གྲུབ་ལ༔ ཀརྨ་པཀྴི་ལ༔ བསོད་ནམས་ཡེ་ཤེས་ལ༔ རང་བྱུང་རྡོ་རྗེ་ལ༔ བསམ་གཏན་རིན་ཆེན་ལ༔

ཀུན་དགའ་ཡེ་ཤེས་ལཿ འཇམ་དཔལ་བཟང་པོ་ལཿ འཇམ་དཔལ་རྒྱ་མཚོ་ལཿ བདག་རྒྱུད་སྨིན་པར་བྱིན་གྱིས་རློབས། ཚོགས་ཞིང་རང་ཉིད་ལ་ཐིམ། ཨོཾ་ཨཱཿཧཱུྃ།

བདག་བསྐྱེད་བསྒྲུབ་སྐྱེ། ཨ་ཨྲི་ཏ་ས་བཤད། སྭ་བྷཱ་ཤས་སྦྱངས། སྟོང་པ་ཉིད་དུ་གྱུར། སྟོང་པའི་ངང་ལས་གཞལ་ཡས་ཁང་གྲུ་བཞི་སྒོ་བཞི། རྩིག་པ་ནང་ནས་རིམ་པ་བཞིན་དུ་དམར་པོ། སེར་པོ། དཀར་པོ། སྔོན་པོ། ལྡིང་ཁྱམས་སྐྱེ་རིམ་པ་ལྔ་དང་ལྡན་པ། རྟ་བབས་བང་རིམ་ལྔ། གདུགས། རྒྱ་མཚན། བ་དན། རིན་པོ་ཆེའི་ཏོག །རི་དྭགས་ཀྱིས་མཚན་པ། ནང་ཀ་བ་བཞི། གདུང་དྲུག །རྡོ་རྗེ་རིན་པོ་ཆེ་སྣ་ཚོགས་ལས་གྲུབ་པ། སྟེང་ཕ་གུ། ཕུ་ཤུ། མདའ་ཡབ། རིན་པོ་ཆེས་མཚན་པ། གདུགས། རྒྱ་མཚན། བ་དན། ཆོས་འཁོར་གྱིས་སྤྲས་པ། ཕྱི་རོལ་པདྨའི་ར་བ། ནུ་རིག་གི་ར་བ། རྡོ་རྗེའི་ར་བ། མེ་རིས་ཡོངས་སུ་བསྐོར་བ། གཞལ་ཡས་ཁང་གི་དབུས་སུ་པདྨ་འདབ་བརྒྱད་ཀྱི་ལྟེ་བར། ཟླ་བ་དང་ཉི་མའི་སྟེང་དུ་ཧྲཱིཿཡིག་དམར་པོ། དེ་ལས་འོད་ཟེར་འཕྲོས། འཕགས་པ་མཆོད། སེམས་ཅན་གྱི་དོན་བྱས། ཚུར་འདུས། ཡོངས་སུ་གྱུར་པ་ལས། མགོན་པོ་ཚེ་དཔག་ཏུ་མེད་པ་སྐུ་མདོག་དམར་པོ་པདྨ་རཱ་གའི་མདོག་ལྟར་དམར་བ། སྤྲུལ་པ་སྐུའི་ཆ་བྱད་ཅན། ཞལ་གཅིག་ཕྱག་གཉིས་མཉམ་བཞག་གི་སྟེང་དུ་འཆི་མེད་ཚེའི་བདུད་རྩིས་གང་བའི་བུམ་པ་བསྣམས་ཤིང་ཡུམ་ལ་འཁྱུད་པ། དབུ་གཙུག་ཏོར། ཞབས་འཁོར་ལོ་སོགས་མཚན་དཔེས་སྤྲས་པ། སྐུ་ལ་ཆོས་གོས་དུར་སྨིག་གསུམ་དང་ལྡན་པ། ཞབས་དཀྱིལ་མོ་ཀྲུང་དུ་བཞུགས་པ། དེའི་པང་དུ་ཡུམ་གོས་དཀར་མོ་སྐུ་མདོག་དམར་མོ། ཞལ་གཅིག །ཕྱག་གཉིས་ཡབ་ཀྱི་སྐུ་རྒྱབ་ཏུ་ཚེ་བུམ་འཛིན་པ། ཕྱག་རྒྱ་ལྔ་དང་ལྡན་ཅིང་། ཞབས་གཉིས་ཡབ་ཀྱི་སྐུ་སྨད་ལ་འཁྲིལ་བ། དེའི་ཤར་དུ་མི་བསྐྱོད་

པ་ཚེ་དཔག་མེད་སྐུ་མདོག་སྔོན་པོ་ཡུམ་སྣ་མ་ཀི་དང་གཉིས་སུ་མེད་པ། ལྷོར་རིན་ཆེན་འབྱུང་ལྡན་ཚེ་དཔག་མེད་སྐུ་མདོག་སེར་པོ་སངས་རྒྱས་སྤྱན་མ་དང་གཉིས་སུ་མེད་པ། ནུབ་ཏུ་སྣང་བ་མཐའ་ཡས་ཚེ་དཔག་མེད་སྐུ་མདོག་དམར་པོ་ཡུམ་གོས་དཀར་མོ་དང་གཉིས་སུ་མེད་པ། བྱང་དུ་དོན་ཡོད་གྲུབ་པ་ཚེ་དཔག་མེད་སྐུ་མདོག་ལྗང་གུ་ཡུམ་དམ་ཚིག་སྒྲོལ་མ་དང་གཉིས་སུ་མེད་པ། ཡབ་ཀྱི་ཕྱག་རྣམས་ཡུམ་གྱི་སྐུ་རྒྱབ་ཏུ་མཉམ་བཞག་གི་སྟེང་དུ་ཚེ་བུམ་འཛིན་པ། ཡུམ་རྣམས་ཀྱི་ཕྱག་ཡབ་ཀྱི་སྐུ་རྒྱབ་ཏུ་ཚེ་བུམ་འཛིན་པ། ཡབ་ཡུམ་ཀུན་པ་དང་རིན་པོ་ཆེའི་རྒྱན་གྱིས་བརྒྱན་པ། ཞབས་དཀྱིལ་ཀྲུང་གི་སྟེང་དུ་ཡུམ་གྱི་ཞབས་སྐུ་ལ་འཁྲིལ་བ། ཤར་ལྷོར་རྡོ་རྗེ་མཁའ་འགྲོ་དཀར་མོ་ཞལ་གཅིག་ཕྱག་གཉིས་ཚེ་བུམ་འཛིན་པ། ལྷོ་ནུབ་ཏུ་རིན་ཆེན་མཁའ་འགྲོ་སེར་མོ་ཞལ་གཅིག་ཕྱག་གཉིས་ཚེ་བུམ་འཛིན་པ། ནུབ་བྱང་དུ་པདྨ་མཁའ་འགྲོ་དམར་མོ་ཞལ་གཅིག་ཕྱག་གཉིས་ཚེ་བུམ་འཛིན་པ། བྱང་ཤར་དུ་ལས་ཀྱི་མཁའ་འགྲོ་ལྗང་གུ་ཞལ་གཅིག་ཕྱག་གཉིས་ཚེ་བུམ་འཛིན་པ། རྒྱན་དུ་མས་བརྒྱན་ཅིང་ཞབས་དཀྱིལ་ཀྲུང་མཛད་པ། ཤར་སྒོར་དབྱངས་ཅན་མ་དཀར་མོ་ཞལ་གཅིག་ཕྱག་གཉིས་ཚེ་བུམ་འཛིན་པ། ལྷོ་སྒོར་དབྱིངས་ཕྱུག་མ་སེར་མོ་ཞལ་གཅིག་ཕྱག་གཉིས་ཚེ་བུམ་འཛིན་པ། ནུབ་སྒོར་བདག་མེད་མ་དམར་མོ་ཞལ་གཅིག་ཕྱག་གཉིས་ཚེ་བུམ་འཛིན་པ། བྱང་སྒོར་སྒྲོལ་མ་ལྗང་གུ་ཞལ་གཅིག་ཕྱག་གཉིས་ཚེ་བུམ་འཛིན་པ། ཞབས་རྣམས་དཀྱིལ་ཀྲུང་མཛད་པ། རྒྱན་དུ་མས་བརྒྱན་པའོ། །ལྷ་ཚོགས་དེ་དག་ཐམས་ཅད་ཀྱི་དཔྲལ་བར་ཨོཾ། མགྲིན་པའི་ཨཱཿ ཐུགས་ཀར་ཧཱུྃ། ཐུགས་ཀའི་ཧཱུྃ་ལས་འོད་ཟེར་འཕྲོས་པས། ནུབ་ཕྱོགས་བདེ་བ་ཅན་གྱི་ཞིང་ཁམས་ནས། བཅོམ་ལྡན་འདས་

ལ་སངས་རྒྱས་དང་བྱང་ཆུབ་སེམས་དཔའི་ཚོགས་ཀྱིས་བསྐོར་བ། སྤྱན་དྲངས། བཛྲ་ས་མ་ཛཿ གཉིས་སུ་མེད་པར་གྱུར། ཛཿཧཱུྃ་བཾ་ཧོཿ གཙོ་བོའི་ཐུགས་ཀར་ཉི་མའི་སྟེང་དུ་ཧྲཱིཿཡིག་གི་མཐར། ཨོཾ་ན་མོ་བྷ་ག་ཝ་ཏེ། ཨ་པ་རི་མི་ཏ་ཨཱ་ཡུར་ཛྙཱ་ན་སུ་བི་ནི་ཤྩི་ཏ་ཏེ་ཛོ་རཱ་ཛཱ་ཡ། ཏ་ཐཱ་ག་ཏཱ་ཡ། ཨ་ར་ཧ་ཏེ་སམྱཀ་སཾ་བུདྡྷཱ་ཡ། ཏདྱ་ཐཱ། ཨོཾ་པུཎྱེ་པུཎྱེ་མ་ཧཱ་པུཎྱེ་ཨ་པ་རི་མི་ཏ་པུཎྱེ། ཨ་པ་རི་མི་ཏ་ཨཱ་ཡུར་པུཎྱེ། ཛྙཱ་ན་སཾ་བྷཱ་རོ་པ་ཙིཏྟེ། ཨོཾ་སརྦ་སཾ་སྐཱ་རེ་པ་རི་ཤུདྡྷེ། དྷརྨཱ་ཏེ་ག་ག་ན་སམུདྒ་ཏེ། སྭ་བྷཱ་ཝ་བི་ཤུདྡྷེ་མ་ཧཱ་ན་ཡ་པ་རི་ཝཱ་རེ་སྭཱ་ཧཱ། བཟླས་པ་བྱེད། མཐར་རང་ལ་བསྟིམ། མི་དམིགས་པར་བཞག །

བུམ་པའི་བསྒྲུབ། ཨ་མྲྀ་ཏ་ས་བསང་། སྭ་བྷཱ་ཤས་སྦྱངས། སྟོང་པ་ཉིད་དུ་གྱུར། སྟོང་པའི་ངང་ལས། བྷྲཱུཾ་བྷྲཱུཾ་ལས་རིན་པོ་ཆེའི་བུམ་པ་མཛེས་ཤིང་ཡིད་དུ་འོང་བ། ཞབས་ཞུམ། ལྟོ་བ་ལྡིར། མཆུ་འཕྱང་། མགུལ་ཆིངས། ཁ་རྒྱན། བུམ་རྒྱན། ཆུས་གང་བའི་དབུས་སུ། གཞལ་ཡས་ཁང་བརྟེན་པ་ལྷ་དང་བཅས་པ་སྐད་ཅིག་གིས་གསལ་བའི་སྤྱི་བོར་ཨོཾ། མགྲིན་པར་ཨཱཿ ཐུགས་ཀར་ཧཱུྃ། ཐུགས་ཀའི་ཧཱུྃ་ལས་འོད་ཟེར་འཕྲོས་པས། བདེ་བ་ཅན་དང་། འོག་མིན་དང་། ཆོས་ཀྱི་དབྱིངས་ནས་མགོན་པོ་ཚེ་དཔག་ཏུ་མེད་པ་ལ་སངས་རྒྱས་དང་བྱང་ཆུབ་སེམས་དཔའི་ཚོགས་ཀྱིས་བསྐོར་བ་སྤྱན་དྲངས། བཛྲ་ས་མ་ཛཿ བུམ་པའི་ལྷ་དང་གཉིས་སུ་མེད་པར་གྱུར། བཟླས་པ་བྱེད། མཐར་ལྷ་འོད་དུ་ཞུ། བུམ་པའི་ཆུར་གྱུར།

མདུན་བསྐྱེད་བསྒྲུབ། སྭ་བྷཱ་ཝ་ནས། ས་མ་ཛའི་བར་བདག་བསྐྱེད་བཞིན་བྱེད་ལ། མ་ལུས་སེམས་ཅན་ཀུན་གྱི་མགོན་གྱུར་ཅིང་། །བདུད་སྡེ་དཔུང་བཅས་མི་བཟད་འཇོམས་མཛད་ལྷ། །དངོས་རྣམས་མ་ལུས་ཇི་བཞིན་མཁྱེན་གྱུར་པའི། །བཅོམ་ལྡན་འཁོར་བཅས་

གནས་འདིར་གཤེགས་སུ་གསོལ། །བཅོམ་ལྡན་ཁྱེད་ནི་བྱོན་པ་ལེགས། །བདག་ཅག་བསོད་ནམས་སྐལ་བར་ལྡན། །བདག་གི་མཆོད་ཡོན་བཞེས་ནས་ཀྱང་། །འདི་ཉིད་དུ་ནི་བཞུགས་སུ་གསོལ། །པདྨ་ཀ་མ་ལ་ཡ་སྟྭཾ། ཛཿཧཱུྃ་བཾ་ཧོཿ བཟླས་པ་བྱེད། གང་གི་དྲིན་གྱིས་བདེ་ཆེན་ཉིད། །སྐད་ཅིག་ཉིད་ལ་འཆར་བ་གང་། །བླ་མ་རིན་ཆེན་ལྟ་བུའི་སྐུ། །རྡོ་རྗེ་ཅན་ཞབས་པད་ལ་འདུད། །ཨོཾ་སརྦ་ཏ་ཐཱ་ག་ཏ་ཨརྒྷཾ་པྲ་ཏཱིཙྪ་ཡེ་སྭཱ་ཧཱ། པཱ་དྱཾ་པྲ་ཏཱིཙྪ་ཡེ་སྭཱ་ཧཱ། པུཥྤེ། དྷཱུ་པེ། ཨཱ་ལོ་ཀེ། གནྡྷེ། ནཻ་ཝི་དྱེ། ཤབྡ་པྲ་ཏཱིཙྪ་ཡེ་སྭཱ་ཧཱ། འཇིག་རྟེན་འདྲེན་པའི་གཙོ་བོ་ཚེ་དཔག་མེད། །དུས་མིན་འཆི་བ་མ་ལུས་འཇོམས་མཛད་པའི། །མགོན་མེད་སྡུག་བསྔལ་གྱུར་པ་རྣམས་ཀྱི་སྐྱབས། །སངས་རྒྱས་ཚེ་དཔག་མེད་པ་ཕྱག་འཚལ་བསྟོད། །སྒེག་མོ་ཕྲེང་བ་གླུ་མ་གར། །སྤོས་དང་མེ་ཏོག་མར་མེ་དྲི། །ཞལ་ཟས་རོལ་མོ་མཆོད་པའི་ཚོགས། །བཅོམ་ལྡན་འཁོར་དང་བཅས་ལ་འབུལ། །ཆོས་ཉིད་དོན་རྟོགས་ཆགས་བྲལ་སྐུ་མདོག་དམར། །ཞལ་གཅིག་ཕྱག་གཉིས་འཆི་མེད་ཚེ་བུམ་བསྣམས། །སྤྲུལ་པས་འགྲོ་བ་མ་ལུས་འདྲེན་མཛད་པ། །ཚེ་དཔག་མེད་མགོན་སྐུ་ལ་ཕྱག་འཚལ་བསྟོད། །ཨོཾ་སརྦ་ཏ་ཐཱ་ག་ཏ་རཏྣ་པ་པྲ་ཏཱིཙྪ་ཡེ་སྭཱ་ཧཱ། ཤབྡ། གནྡྷེ། ར་ས། སྤརྴེ་པྲ་ཏཱིཙྪ་སྭཱ་ཧཱ། ཁྱབ་བདག་ཡེ་ཤེས་དང་པོའི་མགོན། །སྤྲུལ་པའི་གཟུགས་ཀྱིས་འགྲོ་དོན་མཛད། །ཤེས་རབ་ཐབས་ཤེས་གཉིས་མེད་སྦྱོར། །འོད་དཔག་མེད་ལ་ཕྱག་འཚལ་བསྟོད། །འོད་མདངས་པདྨ་རཱ་གའི་མདོག །ཤེས་བྱ་ཀུན་ལ་ཐོགས་མེད་དུ། །སྙིང་རྗེས་འགྲོ་བ་འདྲེན་མཛད་པ། །ཚེ་དཔག་མེད་ལ་ཕྱག་འཚལ་བསྟོད། །འཁོར་ལོ་ནོར་བུ་བཙུན་མོ་དང་། །བློན་པོ་གླང་པོ་རྟ་མཆོག་དང་། །དམག་དཔོན་རིན་ཆེན་སྣ་བདུན་ཡང་། །བཅོམ་ལྡན་འཁོར་དང་བཅས་ལ་འབུལ། །ནང་མཆོད་འབུལ། ལས་བུམ་

བསྒྲུབ། ཚོགས་བསྔོ་ཞིང་ཚོགས་ལྷུད་གཏོར་མ་ལ་བྲན།

རྒྱས་པར་བྱེད་ན་སྔ་གོན་ནི། །སློབ་མ་ཁྲུས་བྱེད། མཎྜལ་ཕུལ། གང་གི་དྲིན་གྱིས་བདེ་ཆེན་ཉིད། །སྐད་ཅིག་ཉིད་ལ་འཆར་བ་གང་། །བླ་མ་རིན་ཆེན་ལྟ་བུའི་སྐུ། །རྡོ་རྗེ་ཅན་ཞབས་པད་ལ་འདུད། །སློབ་དཔོན་གྱིས་མཎྜལ་བཟུང་། སོ་ཤིང་དོར། བཛྲ་ཧ་ས་ཧ། དངོས་གྲུབ་བརྟག །ཁྲུམ་ཆུ་བླུད། ཧྲི་བི་ཤུདྡྷེ་ཨུད་ག་ཏེ་ཐ་ཐ། སྐུད་པ་དམར་པོ་སུམ་སྒྲིལ་ལ་མདུད་པ་གསུམ་བྱེད། སྐྱེས་པའི་དཔུང་པ་གཡོན། བུད་མེད་ཀྱི་དཔུང་པ་གཡས་སུ་བཏག །ཨོཾ་བུདྡྷ་མཻ་ཏྲི་སཏ་རཀྵ་རཀྵ་སྭཱ་ཧཱ། ཤུ་ག་ཆེ་བ་གཡས་སུ་གདང། ཆུང་བ་གཡོན་དུ་གདང། ཨོཾ་བཛྲ་ཏིཥྛ་བཾ། ཆེ་བ་སྟེང་ཆུང་བ་གདན་བྱེད། རྨི་ལམ་བརྟག །ཁྱོད་ནི་པདྨའི་རིགས་ཡིན་ཏེ། །པདྨ་རྡོ་རྗེ་ཆོས་བཤད་པ། །པདྨ་རྡོ་རྗེའི་རིགས་སུ་སྐྱེ། །བསོད་ནམས་དམ་པ་བརྟན་པར་གྱིས། །དངོས་གཞི། ཁྲུས་བྱེད། ཕྱག་དང་མཎྜལ་ཕུལ། དགའ་ཆེན་ཁྱོད་བདག་སྟོན་པ་སྟེ། །སློབ་དཔོན་ཁྱོད་ནི་དགོངས་སུ་གསོལ། །བྱང་ཆུབ་ཆེན་པོའི་ཚུལ་བསྟན་པ། །མགོན་པོ་ཆེན་པོ་བདག་འཚལ་ལོ། །དམ་ཚིག་དེ་ཉིད་བདག་ལ་སྩོལ། །བྱང་ཆུབ་སེམས་ཀྱང་བདག་ལ་སྩོལ། །སངས་རྒྱས་ཆོས་དང་དགེ་འདུན་ཏེ། །སྐྱབས་གསུམ་དག་ཀྱང་བདག་ལ་སྩོལ། །ཐར་པ་ཆེན་པོའི་གྲོང་མཆོག་ཏུ། །མགོན་པོས་བདག་ནི་འཇུག་པར་འཚལ། །ལན་གསུམ། དཀོན་མཆོག་གསུམ་ལ་བདག་སྐྱབས་མཆི། །སྡིག་པ་མི་དགེ་སོ་སོར་བཤགས། །འགྲོ་བའི་དགེ་ལ་རྗེས་ཡི་རང་། །སངས་རྒྱས་བྱང་ཆུབ་ཡིད་ཀྱིས་བཟུང་། །སངས་རྒྱས་ཆོས་དང་ཚོགས་མཆོག་ལ། །བྱང་ཆུབ་བར་དུ་སྐྱབས་སུ་མཆི། །རང་གཞན་དོན་ནི་རབ་སྒྲུབ་ཕྱིར། །བྱང་ཆུབ་སེམས་ནི་བསྐྱེད་པར་བགྱི། །བྱང་ཆུབ་མཆོག་གི་སེམས་ནི་བསྐྱེད་བགྱིས་ནས། །སེམས་ཅན་ཐམས་ཅད་བདག་གི་མགྲོན་དུ་གཉེར། །འགྲོ་ལ་ཕན་ཕྱིར་སངས་རྒྱས་འགྲུབ་པར་ཤོག །ལན་གསུམ། གདོང་གཡོགས་བཅིངས། ཙཀྴུ་བནྡྷ་ཕཊ་

ར་སཱ་ཧཱ་ཡེ་ཧཱུྃ། མེ་ཏོག་གཏད། ཨཱ་ཁཾ་བཱི་ར་ཧཱུྃ། རྡོ་རྗེ་རིགས་ཀྱི་སྡོམ་བཞི་དང་། །རིན་ཆེན་རིགས་ཀྱི་སྡོམ་པ་གསུམ། །པདྨའི་རིགས་ཀྱི་སྡོམ་པ་གསུམ། །ལས་ཀྱི་རིགས་ཀྱི་སྡོམ་པ་གཉིས། །སངས་རྒྱས་རིགས་ཀྱི་སྡོམ་པ་གཅིག །གསང་སྔགས་སྡོམ་པ་བཅུ་བཞི་འདི། །ཡང་དག་ཉིད་དུ་བཟུང་བར་བགྱི། །བུམ་ཆུས་བསང་། ཁྱེད་རང་མགོན་པོ་ཚེ་དང་ཡེ་ཤེས་དཔག་ཏུ་མེད་པ་སྐུ་མདོག་དམར་པོ་ཞལ་གཅིག་ཕྱག་གཉིས་པ་གཅིག་ཏུ་གྱུར། གནས་གསུམ་དུ་དྲིའི་ཐིག་ལེ་བྱེད། ཨོཾ་ཨཱཿཧཱུྃ། ཨོཾ་བཛྲ་ཨརྒྷཾ། པཱདྱཾ། པུཥྤེ། ཨཱ་ལོ་ཀེ། གནྡྷེ། ནཻ་ཝི་དྱ། ཤཔྟ་ཨཱཿཧཱུྃ། སྙིང་གར་རྡོ་རྗེ་བཟུང་། སྙིང་གར་ཟླ་བའི་སྟེང་དུ། དོན་དམ་སེམས་ཀྱི་ངོ་བོ་རྡོ་རྗེ་དཀར་པོ་རྩེ་ལྔ་པ་ཞིག་སྒོམས། སིདྡྷི་བཛྲ་ཡ་ཐཱ་སུ་ཁཾ། བུམ་ཆུ་བླུད། འདི་ནི་ཁྱོད་ཀྱི་དམ་ཚིག་ཆུ། །འདས་ན་བསྲེག་པར་བྱེད་པ་ཡིན། །བསྲུངས་ན་དངོས་གྲུབ་ཐོབ་པར་འགྱུར། །བདུད་རྩིའི་ཆུ་འདི་འཐུང་བར་གྱིས། །ཐལ་མོ་མགོར་བཞག །རྡོ་རྗེ་སློབ་དཔོན་ང་ཡིན་གྱིས། །ངས་བསྒོ་བ་བཞིན་བྱ་དགོས། ཉམས་ན་ངན་སོང་ལྷུང་བར་འགྱུར། ཡེ་ཤེས་ཕབ། མདུན་གྱི་ནམ་མཁར་བཅོམ་ལྡན་འདས་ཀྱི་སྐུ་ལུས་འོད་ཟེར་དཀར་དམར་མཐིང་གསུམ་བྱུང་། ཁྱེད་རང་གི་ལུས་ལ་ཐིམ་པའི་མོས་པ་གྱིས། རོལ་མོ་དཀྲོལ། ཨོཾ་ཨཱཿཧཱུྃ། རྡོ་རྗེ་མགོར་བཞག །ཏིཥྛ་བཛྲ་བརྗོད། དཀྱིལ་འཁོར་ཁ་དོག་བཏག །མེ་ཏོག་འཐོར། པྲ་ཏཱིཙྪ་ཧོཿ ལྷ་དེ་ལས་གཉིས་སུ་ཆད། དངོས་གྲུབ་ཀྱི་ཚུལ་དུ་ཁྱེད་རང་ལ་ཐིམ་པར་མོས། མེ་ཏོག་གཏད། དཀྱིལ་འཁོར་ལྷ་ཡིས་རྗེས་བཟུང་མཛོད། གདོང་གཡོགས་ཕྱེ། སངས་རྒྱས་ཡེ་ཤེས་སྤྱན་ནི་ཐོབ་གྱུར་ཅིག །བཛྲ་ནི་ཏྲ་པ་ཊ་ལཾ་ཧྲཱིཿ ལྷ་ཞལ་བསྟན།

བུམ་དབང་ཞུ་བའི་དོན་དུ་མཎྜལ་ཕུལ། འཆི་མེད་ཚེ་དབང་མགོན་པོ་འོད་དཔག་མེད། །དུས་གསུམ་སངས་རྒྱས་ཐམས་ཅད་གསུམ་ལས་སྤྲུལ། །སྐྱབ་མཆོག་བདག་ལ་དབང་

བསྐུར་བྱིན་གྱིས་རློབས། །མི་དམིགས་དོན་གྱི་དངོས་གྲུབ་སྩོལ་དུ་གསོལ། །ཁྱམ་པ་སྐྱི་བོར་བབྱུང་། མི་བསྐྱོད་རྒྱལ་པོ་མགོན་པོ་ཚེ་དཔག་མེད། །འཆི་མེད་ཚེ་ཡི་དངོས་གྲུབ་འདི། །ཁྱོད་ལ་ཡང་དག་བསྐུར་བར་བྱ། །ཚེ་དང་བསོད་ནམས་རྒྱས་གྱུར་ཅིག །ཚེ་བྷྲཱུཾ་ཨ་བྷྲཱུཾ་ཨཱ་ཡུ་ཤེ་སྭཱ་ཧཱ། ཁྱམ་ཆུ་བླུད། ཨོཾ་ཨཿཧཱུྃ། འཇིག་རྟེན་འདྲེན་པའི་གཙོ་བོ་ཚེ་དཔག་མེད། །དུས་མིན་འཆི་བ་མ་ལུས་འཇོམས་མཛད་པའི། །མགོན་མེད་སྡུག་བསྔལ་གྱུར་པ་རྣམས་ཀྱི་སྐྱབས། །སངས་རྒྱས་ཚེ་དཔག་མེད་ཀྱི་བཀྲ་ཤིས་ཤོག །འཆི་མེད་ཚེ་དབང་སོགས། རིན་ཆེན་རྒྱལ་པོ་མགོན་པོ་ཚེ་དཔག་མེད། །འཆི་མེད་ཚེའིཿ ཁྱོད་ལ་ཡང་དགཿ ཚེ་དང་བསོད་ནམས་རྒྱས་གྱུར་ཅིག །ཚེ་བྷྲཱུཾ་ཨ་བྷྲཱུཾ་ཨཱ་ཡུ་ཤེ་སྭཱ་ཧཱ། ཨོཾ་ཨཱཿཧཱུྃ། རྒྱལ་མཚན་རྩེ་མོ་དབང་གི་སོགས། འཆི་མེད་ཚེ་དབང་སོགས། པདྨ་རྒྱལ་པོ་མགོན་པོ་ཚེ་དཔག་མེད། །འཆི་མེད་ཚེའི་དངོས་གྲུབ་སོགས། བཅོམ་ལྡན་གསེར་མདོག་རི་ཡི་རྒྱལ་པོ་འདྲ། །འཇིག་རྟེན་གསུམ་ན་འཇམ་དཔལ་གཞོན་ནུའི་སྐུ། །བཅོམ་ལྡན་སྐུ་ཡི་བཀྲ་ཤིས་བདེ་ལེགས་ཤོག །འཆི་མེད་ཚེ་དབང་སོགས། དོན་གྲུབ་རྒྱལ་པོ་མགོན་པོ་ཚེ་དཔག་མེད། འཆི་མེདཿ ཁྱོད་ལཿ ཚེ་དངཿ ཚེ་བྷྲཱུཾ་ཨ་བྷྲཱུཾ་ཨཱ་ཡུ་བྷྲཱུཾ་སྭཱ་ཧཱ། ཁྱམ་ཆུ་བླུད། ཨོཾ་ཨཱཿཧཱུྃ། བཅོམ་ལྡན་དུང་མདོག་རི་ཡི་རྒྱལ་པོ་འདྲ། །འཇིག་རྟེན་གསུམ་ན་སྤྱན་རས་གཟིགས་དབང་གསུང་། །བཅོམ་ལྡན་གསུང་གི་བཀྲ་ཤིས་གང་ལགས་པ། །བཀྲ་ཤིས་དེས་ཀྱང་དེང་འདིར་བདེ་ལེགས་ཤོག །འཆི་མེད་ཚེ་དབང་སོགས། རྣམ་སྣང་རྒྱལ་པོ་མགོན་པོ་ཚེ་དཔག་མེད། །སོགས། བཅོམ་ལྡན་མཐིང་མདོག་རི་ཡི་རྒྱལ་པོ་འདྲ། །འཇིག་རྟེན་གསུམ་ན་ཕྱག་ན་རྡོ་རྗེའི་ཐུགས། །བཅོམ་ལྡན་ཐུགས་ཀྱི་བཀྲ་ཤིས་གང་ལགས་པ། །བཀྲ་ཤིས་དེས་ཀྱང་དེང་འདིར་བདེ་ལེགས་ཤོག །འཆི་མེད་ཚེ་དབང་སོགས། རྡོ་རྗེ་མཁའ་འགྲོ་འཆི་མེད་

ཚེ་ཡི་བདག །སོགས། རྒྱལ་བ་སྲས་བཅས་བསོད་ནམས་མཐུ་དག་དང་། །སོགས། འཆི་མེད་ཚེ་དབང་སོགས། རིན་ཆེན་མཁའ་འགྲོ་འཆི་མེད་ཚེ་ཡི་བདག །སོགས། བགེགས་རིགས་སྟོང་ཕྲག་བརྒྱད་ཅུ་ཞི་བ་དང་སོགས། འཆི་མེད་ཚེ་དབང་སོགས། པདྨ་མཁའ་འགྲོ་འཆི་མེད་ཚེའི་བདག་སོགས། ལོ་བརྒྱ་ཐུབ་ཅིང་སོགས། འཆི་མེད་ཚེ་དབང་སོགས། ལས་ཀྱི་མཁའ་འགྲོ་འཆི་མེད་ཚེའི་བདག་སོགས། སྤྲིན་པ་གཏོང་ཞིང་སོགས། སྣ་བཞིའི་མཁའ་འགྲོ་འཆི་མེད་ཚེ་ཡི་བདག །འཆི་མེད་ཚེ་ཡི་དངོས་གྲུབ་ནི། །ཁྱོད་ལ་ཡང་དག་བསྐུར་བར་བྱ། །ཚེ་དང་བསོད་ནམས་རྒྱས་གྱུར་ཅིག །ཨོཾ་ཚེ་ཧྲཱིཾ་ཨ་ཧྲཱིཾ་ཨཱ་ཡུ་ཧྲཱིཾ་སྭཱ་ཧཱ། བུམ་ཆུ། ཨོཾ་ཨཱཿཧཱུྃ། དད་པའི་ནོར་དང་ཚུལ་ཁྲིམས་ནོར་དག་དང་སོགས། ཚེ་མི་འགྱུར་བ་གཡུང་དྲུང་དུ་བྱིན་གྱིས་རློབས་ཤིག །ཚེ་མི་ནུབ་པ་རྒྱལ་མཚན་དུ་བྱིན་གྱིས་རློབས་ཤིག །ཚེ་མི་ཤིགས་པ་རྡོ་རྗེར་བྱིན་གྱིས་རློབས་ཤིག །བཀྲ་ཤིས་རྫས་བརྒྱད་ཀྱི་དབང་ནི། ཡུངས་ཀར་རྡོ་རྗེའི་རིགས་ཏེ་ཐམས་ཅད་དུ། །བགེགས་རྣམས་མ་ལུས་འཇོམས་པར་བྱེད་པ་ཡི། །བཀྲ་ཤིས་དེས་ཀྱང་བགེགས་རྣམས་ཞི་གྱུར་ཅིག །སྔོན་ཡང་དག་པར་རྫོགས་པའི་སངས་རྒྱས་ཤཱཀྱ་ཐུབ་པ་ལ། གསང་བའི་བདག་པོ་ཕྱག་ན་རྡོ་རྗེས་ཡུངས་ཀར་ཕྱག་ཏུ་ཕུལ་ནས། བཀྲ་ཤིས་ཤིང་ཚེ་འཕེལ་བའི་རྫས་སུ་བྱིན་གྱིས་བརླབས་པ་བཞིན་དུ། བདག་ཅག་དཔོན་སློབ་ཀྱང་ཡུངས་ཀར་གྱི་རྫས་ལ་བརྟེན་ནས་བཀྲ་ཤིས་ཤིང་ཚེ་འཕེལ་བར་གྱུར་ཅིག །ཡུངས་ཀར་མནྟྲ་ལྷ་ཡེ་སྭཱ་ཧཱ། དུར་བས་ཚེ་ནི་འཕེལ་བར་བྱེད་པ་ཡི། །རྡོ་རྗེ་སེམས་དཔའི་ཚེ་ནི་རབ་བསྐྱབས་ཤིང་། །ཉོན་མོངས་སྐྱེ་ཤི་རྒྱུན་ཆད་གྱུར་པ་ཡི། །བཀྲ་ཤིས་དེས་ཀྱང་ཚེ་ནི་འཕེལ་གྱུར་ཅིག །སྔོན་ཡང་དག་པར་རྫོགས་པའི་སངས་རྒྱས་ཤཱཀྱ་ཐུབ་པ་ལ། རྩྭ་འཚོང་བཀྲ་ཤིས་སྨན་གྱིས་རྩྭ་དུར་བ་སྔོ་ལ་འཇམ་པ་རྨ་བྱའི་

མགྲིན་པ་ལྗང་གུ་ཕྱག་ཏུ་ཕུལ་ནས་བཀྲ་ཤིས་ཤིང་ཚེ་འཕེལ་བའི་རྫས་སུ་བྱིན་གྱིས་བརླབས་པ་དེ་བཞིན་དུ། བདག་ཅག་དཔོན་སློབ་རྣམས་ཀྱང་དྭར་བའི་རྫས་ལ་བརྟེན་ནས་བཀྲ་ཤིས་ཤིང་ཚེ་འཕེལ་བར་གྱུར་ཅིག །དྭར་བ་མདྣ་ལྣ་ཡེ་སྭཱ་ཧཱ། ཧྲཱི་ཕཾ་དུག་གསུམ་འཇོམས་པ་ནད་ཀྱི་སྨན། །སྨན་མཆོག་ཆོས་ཉིད་རབ་ཏུ་རྟོགས་གྱུར་ཏེ། །བཀྲ་ཤིས་དེས་ཀྱང་སྡུག་བསྔལ་ཞི་གྱུར་ཅིག །སྟོན༔ གླང་པོ་ཆེ་ས་སྲུངས་ཀྱིས་སྨན་ཧྲཱི་ཕཾ་ཕྱག་ཏུ་ཕུལ་ནས་བཀྲ་ཤིས་ཤིང༔ བདག་ཅག༔ ཧྲཱི་ཕཾ་མདྣ་ལྣ་ཡེ་སྭཱ་ཧཱ། ལི་ཁྲི་དམར་པོ་དབང་གི་རང་བཞིན་ཏེ། །ཆོས་རྣམས་མ་ལུས་དབང་དུ་བསྡུས་ནས་ཀྱང་། །ཆོས་ཀྱི་རྒྱལ་སྲིད་རབ་ཏུ་བརྟན་གྱུར་པ། །བཀྲ་ཤིས་དེས་ཀྱང་ཁྱེད་སྲིད་བརྟན་གྱུར་ཅིག །སྟོན་ཡང་དག་པར་སོགས། ས་ཡི་ལྷ་མོ་བརྟན་མས་སྨན་ལི་ཁྲི་ཕྱག་ཏུ་ཕུལ་ནས་སོགས། བཀྲ་ཤིས༔ བདག་ཅག༔ ལི་ཁྲིའི་རྫས་སོགས། ལི་ཁྲི་མདྣ་ལྣ་ཡེ་སྭཱ་ཧཱ། བིལ་བ་རྒྱུ་རྐྱེན་འབྲས་བུར་བཅས་པའི་ཆོས། །འཇིག་རྟེན་འཇིག་རྟེན་འདས་པའི་སྤྱོད་པ་གང་། །བྱང་ཆུབ་སྙིང་པོ་མཆོག་ཏུ་དག་གྱུར་ཏེ། །རྣམ་དག་ཆོས་ལ་ཐོགས་མེད་ལོངས་སྤྱོད་པ། །བཀྲ་ཤིས་དེས་ཀྱང་དོན་ཀུན་འགྲུབ་གྱུར་ཅིག །སྟོན་ཡང་དག་པར་རྫོགས་པའི་སོགས། ལྷ་ཚངས་པས་ཤིང་ཐོག་བིལ་བ་ཕྱག་ཏུ་ཕུལ་ནས་བཀྲ་ཤིས་ཤིང་། བདག་ཅག་དཔོན་སློབ་བིལ་བའི་རྫས་ལ་བརྟེན་ནས་བཀྲ་ཤིས་ཤིང་ཚེ་འཕེལ་བར་གྱུར་ཅིག །བིལ་བ་མདྣ་ལྣ་ཡེ་སྭཱ་ཧཱ། ཞོ་ནི་ཀུན་གྱི་སྙིང་པོར་གྱུར་པ་སྟེ། །སྙིང་པོ་རྣམ་དག་ཡོན་ཏན་རབ་རྫོགས་ནས། །བཀྲ་ཤིས་དེས་ཀྱང་ནད་རྣམས་ཞི་གྱུར་ཅིག །སྟོན་ཡང་དག་པར༔ གྲོང་པའི་བུ་མོ་ལེགས་སྐྱེས་མས་ཞོ་ཕྱག་ཏུ་ཕུལ་ནས་བཀྲ་ཤིས་ཤིང་ཚེ་འཕེལ་བའི་རྫས་སུ་བྱིན་གྱིས་བརླབས་པ་དེ་བཞིན་དུ། བདག་ཅག་དཔོན་སློབ་

རྣམས་ཀྱང་ཞོའི་རྫས་ལ་བརྟེན་ནས་བཀྲ་ཤིས་ཤིང་ཚེ་འཕེལ་བར་གྱུར་ཅིག །ཞོ་མནྜ་ལཱ་ཡེ་སྭཱ་ཧཱ། མེ་ལོང་ཡེ་ཤེས་རྒྱ་མཚོ་ཆེན་པོ་ཡིས། །ཡེ་ཤེས་རྒྱ་མཚོ་མཆོག་ཏུ་དག་གྱུར་ཏེ། །རྣམ་དག་ཆོས་ལ་ཐོགས་མེད་ལོངས་སྤྱོད་པ། །བཀྲ་ཤིས་དེས་ཀྱང་སྒྲིབ་པ་དག་གྱུར་ཅིག །སྔོན་ཡང་དག་པར༔ གཟུགས་ཀྱི་ལྷ་མོ་འོད་འཆང་མས་མེ་ལོང་ཕྱག་ཏུ་ཕུལ་ནས་བཀྲ་ཤིས་ཤིང་། བདག་ཅག་དཔོན་སློབ་རྣམས་ཀྱང་མེ་ལོང་གི་རྫས་ལ་བརྟེན་ནས་བཀྲ་ཤིས་ཤིང་ཚེ་འཕེལ་བར་གྱུར་ཅིག །དུང་ནི་ཆོས་ཀྱི་སྒྲ་རྣམས་སྒྲོག་པའི་ཚུལ། །ཆོས་རྣམས་མ་ལུས་དབང་དུ་བསྡུད་པ་ཡིས། །སྙིང་པོ་རྣམ་དག་ཡོན་ཏན་རབ་རྫོགས་ནས། །བཀྲ་ཤིས་དེས་ཀྱང་ཚོག་དབང་ཐོབ་གྱུར་ཅིག །སྔོན་ཡང་དག་པར་རྫོགས་པའི་སངས་རྒྱས་ཤཱཀྱ་ཐུབ་པ་ལ། ལྷའི་དབང་པོ་བརྒྱ་བྱིན་གྱིས་དུང་དཀར་པོ་གཡས་སུ་འཁྱིལ་བ་གཅིག་ཕྱག་ཏུ་ཕུལ་ནས་བཀྲ་ཤིས་ཤིང་ཚེ་འཕེལ་བའི་རྫས་སུ་བྱིན་གྱིས་བརླབས་པ་དེ་བཞིན་དུ། བདག་ཅག་དཔོན་སློབ་ཀྱང་དུང་དཀར་གྱི་རྫས་ལ་བརྟེན་ནས་བཀྲ་ཤིས་ཤིང་ཚེ་འཕེལ་བར་གྱུར་ཅིག །དུང་མནྜ་ལཱ་ཡེ་སྭཱ་ཧཱ།

རྒྱས་པར་བྱེད་ན། དབང་གསུམ་པོ་ཡང་བྱེད་དགོས་པས། མཆོད་ཕུལ། ཐོད་པ་སྤྱི་བོར་བཟུང་། མགོན་པོ་ཚེ་དཔང་སོགས་དང་། བདེ་བ་ཆེན་པོ་ཆོས་ཀྱི་སྐུ། །འཆི་མེད་ཚེ་ཡི་བདུད་རྩི་འདི། །ཁྱོད་ལ་ཡང་དག་བསྐུར་བར་བྱ། །ཚེ་དང་བསོད་ནམས་རྒྱས་གྱུར་ཅིག །ཨོཾ་ན་མོ་ཧྲཱ་ག་ཤ་ཏེ་ནས། ཨ་ཧྲཱུྃ་ཆེ་ཧྲཱུྃ་ཤྲཱ་ཡུ་ཧྲཱུྃ་སྭཱ་ཧཱ། ཨོཾ་ཤྲཱཿཧཱུྃ། བདུད་རྩི་མྱང་། དེས་ཐོད་པའི་དབང་ལ་བརྟེན་ནས་བདུད་རྩིས་བྱིན་གྱིས་བརླབས་པས། ལུས་བདེ་བ་ཆེན་པོ་བདེ་སྟོང་གི་ཉམས་དང་ལྡན་པར་སྒོམས་ཤིག །གསུམ་པ་ཞུ་བའི་དོན་དུ་མཆུལ། ཡི་དམ་ཚེ་དཔག་མེད་ཀྱི་ཐུགས་ཀ་ནས། རིག་པའི་ལྷ་མོ་མཚལ་གྱི་མདོག་ཅན་གཅིག

འཕྲོས། ཁྱེད་རང་གི་སྙིང་གར་ཐིམ་ཞིང་། དགའ་བ་བཞིའི་ཡེ་ཤེས་རྒྱུད་ལ་སྐྱེས་
པར་སྒོམས། བཞི་པའི་དོན་དུ་མཎྜལ། སྒྲ་གྲགས་སྟོང་། གཟུགས་སྣང་སྟོང་། སེམས་
གསལ་སྟོང་། ངོ་བོ་སྤྲོས་པ་དང་བྲལ་བ། ངོ་བོ་ཉིད་ཀྱི་སྐུ་སྒོམས་ཤིག །

སློབ་དཔོན་གྱི་དབང་གི་དོན་དུ་མཎྜལ་ཕུལ། མགོན་པོ་ཚེ་དབང་སོགས། བུམ་པ་སྤྱི་བོར་བཟུང་། དབང་
བསྐུར་རྡོ་རྗེ་ཆེན་པོ་ནི། །ཁམས་གསུམ་ཀུན་གྱིས་ཕྱག་བྱས་པ། །སངས་རྒྱས་
ཀུན་གྱི་གསང་གསུམ་གྱིས། །གནས་ལས་བྱུང་བ་སྦྱིན་པར་བྱ། །བུམ་ཆུ་བླུད། ཧྲི་
ལྷར་བལྷམས་པ་སོགས། མེ་ཏོག་འཐོར། གཡས་སུ་བུམ་པ་སྦྱིན། འཆི་མེད་ཚེའི་བུམ་པའི་དམ་
ཚིག་གི་ཟུང་ཞིག །གཡོན་དུ་ཐྲེང་བ་གཏད། ཚེ་དཔག་མེད་ཀྱི་ཐུགས་ཀྱི་དམ་ཚིག་ཟུང་
ཞིག །ཕྱག་གོས་དཀར་མོའི་སྐུ་གཏད། ཕྱག་རྒྱ་སྐུའི་དམ་ཚིག་ཟུང་། དབང་བསྐུར་བ་དང་།
རབ་ཏུ་གནས་པ་དང་། འཆི་མེད་ཚེའི་དངོས་གྲུབ་བླང་ཞིང་། སློམ་བ་རྣམས་
རིམ་པས་བསྡུད་པར་གྱིས་ཤིག །ལུང་བསྟན། ཆོས་གོས་ཀྱི་སྣེ་རི་དྭགས་ཀྱི་རྭ་བ་ལྟར་བྱས་ཤིང་། དེ་
རིང་ངས་ཁྱོད་ལུང་བསྟན་ཏེ། །སྲིད་པ་ངོ་བོ་ཉིད་ཀྱི་བདག །ངོ་བོ་ཉིད་དང་
སྲིད་བྲལ་བྱས། །རང་བཞིན་དག་པའི་བསམ་པ་ནི། །སྲིད་པའི་མཚོ་ལས་སྒྲོལ་
བར་འགྱུར། །མ་འོངས་པའི་དུས་སུ་དེ་བཞིན་གཤེགས་པར་འགྱུར་ཏེ། ཧུར་ཧུ་
ཕ་སྭཱ་ཧཱ། དབུགས་དབྱུང་། ཆོས་འདིའི་སྒོ་ལ་ཞུགས་ནས། ཉན་རང་གི་ས་ནས་ཐེག་
པ་ཆེན་པོའི་སར་འཕགས་པར་འགྱུར་རོ། །གཟེངས་བསྟོད། འདི་ཡི་ལུང་དང་མན་
ངག་འཆད་ཅིང་སྟོན་པར་གྱིས་ཤིག །

ཐིག་ལེའི་དབང་ནི། ཕཊ་བརྗོད། ལྟེ་བ་ནས་ཐིག་ལེ་དཀར་པོ་བྱ་མ་གསར་གྱི་སྒོ་ང་
ཙམ་ཞིག་རྒྱངས་ཀྱིས་སོང་། སྤྱི་བོར་ཐོན། ཚེ་དཔག་མེད་ཀྱི་ཐུགས་ཀར་བསྟིམ་
གྱིས་ཐིམ། འཆི་མེད་ཚེའི་རིག་འཛིན་ཐོབ་པར་བསམ། ཙི་གནས་ལ་བཞག །དེ་ནས་ཕབ། གཏོར

མ་ལ་བརྟེན་ནས་དབང་བྱེད་ན། སྒྲུབ་པ་དང་། བསྐུར་བ་གཉིས། སྒྲུབ་པ་ཞལ་ལས་ཤེས། བསྐུར་བ་ནི། ཁྲུས། ཕྱག །མཎྜལ། གསོལ་འདེབས། ལུས་ལྷར་བསྐྱེད། ཡེ་ཤེས་པ་ཕབ། གཏོར་མ་དང་ཐ་མི་དད་པའི་ཚེ་དཔག་མེད་སྐུ་མདོག་དམར་པོ་ཞལ་གཅིག་ཕྱག་གཉིས་ཚེའི་བུམ་པ་བསྣམས་པ་བསྐྱེད། གཏོར་མ་སྤྱི་བོར་བཞག། མགོན་པོའི་སྐུ་ལས་སྐུ་འཕྲོས། ཁྱེད་རང་གི་ལུས་ལ་ཐིམ། འཆི་མེད་ཚེའི་དངོས་གྲུབ་ཐོབ་པར་བསམ། ཨ་ཡུྃ་ཚེ་ཡུྃ་ཨཱ་ཡུ་ཡུྃ། ཨོཾ་ཨཱཿཧཱུྃ། བདུད་རྩི་བླུད། མགོན་པོའི་གསུང་ལས་སྔགས་ཀྱི་རྒྱུན་འཕྲོས། ཁྱེད་རང་གི་མགྲིན་པར་ཐིམ། གོང་བཞིན་སྔགས་བརྗོད། བདུད་རྩི། མེ་ཏོག །མགོན་པོའི་ཐུགས་ཀ་ནས་འཆི་མེད་ཚེའི་བུམ་པ་འཕྲོས། ཁྱེད་རང་གི་སྙིང་གར་ཐིམ། འཆི་མེད་ཚེའི་དངོས་གྲུབ་ཐོབ་པར་བསམ། སྔགས། ནང་མཆོད། མེ་ཏོག །གཏོར་མ་སྤྱི་བོར་བཞག། ལྷ་བསྟིམ། བརྒྱུད་པའི་མཚན་ནས་སྨོས། ཐིག་ལེའི་དབང་གོང་དང་མཐུན། གཙོ་བོས་རྗེ་ལྟར་བཀའ་སྩལ་པ། །དེ་དག་ཐམས་ཅད་བདག་གིས་བགྱིད། །མཎྜལ་ཕུལ། ཚོགས་ཕུད་ཕུལ། ཚོགས་ལ་ལོངས་སྤྱོད། ལྷག་མ་བསྔུ། ཆུ་གཙང་བྲན། ཨ་ཀཱ་རོ་ས་བྱིན་གྱིས་རླབས། བ་ལིཾ་ཏ་ཀ་སྭཱ་ཧཱ། ལྷག་མ་ཕྱི་རོལ་དུ་དོར། རོལ་མོ་བྱ། སྤོད་ཆུ་གཙང་གིས་བཤལ། ཁ་སྦྱབ། མ་འབྱོར་བ་དང་ཉམས་པ་དང་། །གང་ཡང་བདག་རྨོངས་བློ་ཡིས་ནི། །བགྱིས་པ་དང་ནི་བགྱིད་སྩལ་བ། །དེ་ཀུན་མགོན་པོས་བཟོད་པར་མཛོད། །ཚེ་ག་ལྷག་ཆད་ཅི་མཆིས་པ། །དཀྱིལ་འཁོར་ལྷ་ཡིས་བཟོད་པར་མཛོད། །འཇིག་རྟེན་འདྲེན་པའི་གཙོ་བོ་ཚེ་དཔག་མེད། །དུས་མིན་འཆི་བ་མ་ལུས་འཇོམས་མཛད་པའི། །མགོན་མེད་སྡུག་བསྔལ་གྱུར་པ་རྣམས་ཀྱི་སྐྱབས། །སངས་རྒྱས་ཚེ་དཔག་མེད་པའི་བཀྲ་ཤིས་ཤོག །བཀྲ་ཤིས་ཚེ་རིང་ནད་མེད་ཕུན་ཚོགས་ཤོག །བཀྲ་ཤིས་འོད་ཟེར་འཇིག་རྟེན་ཁྱབ་པ་ཡིས། །འགྲོ་བ་ཀུན་ལ་ཚེ་རིང་ནད་མེད་ཤོག །ཡེ་ཤེས་པ་རྣམས་རང་གནས་སུ་གཤེགས། དམ་ཚིག་པ་རང་ཉིད་ལ་ཐིམ་པར་གྱུར། རྟེན་ཡོད་ན་བརྟན

བཞུགས་ཕྱེད། ཨོཾ་ཁྱེད་ཀྱིས་སེམས་ཅན་དོན་ཀུན་མཛད། རྗེས་སུ་མཐུན་པའི་དངོས་གྲུབ་སྩོལ། །སངས་རྒྱས་ཞིང་དུ་གཤེགས་སུ་གསོལ། །སངས་རྒྱས་ཞིང་དུ་གཤེགས་ནས་ཀྱང་། །སེམས་ཅན་རྣམས་ཀྱི་དོན་སླད་དུ། །སླར་ཡང་འབྱོན་པར་མཛད་དུ་གསོལ། །བཛྲ་མུཿ བསྔོ་བ་ཆོས་དབྱིངས་མ་ཕྱེད། གཙོད་གདན་ཐོག་གཅིག་མའི་ཁྲིད་ཡིག་ཐྲིན་ལས་རྒྱ་མཚོ་ལས། རྒྱ་མཚོ་ལྷ་བུའི་དབང་གབ་པ་མངོན་བྱུང་གི་ནང་བཀའ། ཚེ་སྒྲུབ་རྡོ་རྗེའི་གཟུངས་ཆེན་འདི་དད་ལྡན་རྣམས་ཀྱིས་བསྐུལ་བའི་ངོར། ཤཱཀྱའི་དགེ་སློང་ཀྲི་ཝོ་ཆོས་ཀྱི་རྒྱ་མཚོ་ཞེས་བྱ་བས་སྨང་བསམ་གྲུབ་གླིང་གི་སྐྱིད་ཚལ་དུ་སྦྱར་བའོ། །དགེ་བ་སེམས་ཅན་རྣམས་ལ་བསྔོ། བཀྲ་ཤིས་དཔལ་འབར་འཛམ་གླིང་རྒྱལ་བའི་རྒྱན་དུ་ཤོག །ལྷན་ཐབས་ཡིག་ཆུང་ངོ་།། །།

༄༅། །མཁའ་འགྲོ་གླུ་འདུལ་རང་བྱུང་རྒྱལ་མོ་ལྷ་ལྷའི་
སྒྲུབ་ཐབས་བཞུགས་སོ། །

བླ་མ་དང་མཁའ་འགྲོའི་ཚོགས་ལ་ཕྱག་འཚལ་ལོ། །གསང་བ་གླུ་འདུལ་མའི་སྒྲུབ་ཐབས་འདི་ལ། གནས་དབེན་པར་ཕྱི་དོར་དང་རྒྱང་ནུལ་ཡོལ་བ་བླ་རེས། རྟེན་མཆོད་ལེགས་པར་བཀྲམ་ཞིང་། གཏོར་མ་གསུམ་དང་། དབང་གཏོར་ཐྲུམ་པོ་བཅའ། གླུའི་གཏོར་མ་ཐྲུམ་པོ་བཤོས་ཚུང་བརྒྱད་ཀྱིས་བསྐོར་བ་བཅའ། གཏོར་འདབ་ཚོས་བསྐོར། གཏོར་མ་གསུམ་པོ་དཀར་དམར་གྱིས་བརྒྱན་ཅིང་། གླུ། གཞི་བདག་གཏོར་མ་ལའང་དཀར་གསུམ་གྱིས་བརྒྱན། གཏོར་མ་གསུམ་པོ་གོང་དུ་བཤམ། དབང་གཏོར་གཡས་དང་། གླུ་གཏོར་གཡོན་དུ་བཤམ། མེ་ལོང་ལ་སིནྡྷུ་རའི་དཀྱིལ་འཁོར་བྲི། དབུས་སུ་བཞག །དེའི་སྟེང་དུ་མཆེའི་ཁར་བུམ་པ། དེའི་ཁར་ཐོད་པ་ཆང་གིས་གང་བ་བཞག །དཀྱིལ་འཁོར་གྱི་མཐའ་མཆོད་པས་བསྐོར། རང་ཉིད་ཁྲི་བཤམས་པའི་སྟེང་དུ་བསྡད། མདུན་དུ་སྟེགས་ཀྱི་ཁར། ནང་མཆོད། ཊ་དྲིལ། ལས་བུམ་སོགས་བཞག །ནང་མཆོད་བྱིན་རླབས་བྱེད་དེ། ཨོཾ་བཛྲ་ཨ་མྲྀ་ཏ་ཀུཎྜ་ལི་ཧ་ན་ཧ་ན་ཧཱུྃ་ཕཊ། ཨོཾ་སྭ་བྷཱ་ཝ་ཤུདྡྷཿསརྦ་དྷརྨཱཿསྭ་བྷཱ་ཝ་ཤུདྡྷོ྅ཧཾ། སྟོང་པ་ཉིད་དུ་གྱུར། སྟོང་པའི་ངང་ལས་ཡཾ་ལས་རླུང་། རཾ་ལས་མེ། ཨ་ལས་ཐོད་པའི་ནང་དུ་བདུད་རྩིའི་རྒྱ་མཚོ་ཆེན་པོའི་རང་བཞིན་དུ་གྱུར། ཨོཾ་ཨཱཿཧཱུྃ། མཐེབ་སྲིན་གྱིས་ལན་གསུམ་དགྲུག །དཀར་གཏོར་ལ་ཆབ་བྲན། ཨོཾ་སྭ་བྷཱ་ཝ་ཤུདྡྷཿསརྦ་དྷརྨཱཿསྭ་བྷཱ་ཝ་ཤུདྡྷོ྅ཧཾ། སྟོང་པ་ཉིད་དུ་གྱུར། སྟོང་པའི་ངང་ལས་གཏོར་མ་གཟུགས་སྒྲ་དྲི་རོ་རེག་བྱ་ཕུན་སུམ་ཚོགས་པ་དང་ལྡན་པ་གཞི་བདག་རྣམས་ཀྱི་འདོད་པའི་ཡོན་ཏན་ལྔ་དང་ལྡན་པར་གྱུར། གཏོར་མ་གཙང་སར་སྐྱོལ། རོལ་མོ་བྱ་ཞིང་། བདག་གི་བསམ་པའི་སྟོབས་དང་ནི། །དེ་བཞིན་གཤེགས་

པའི་སྒྲིབ་སྟོབས་དང་། །ཆོས་ཀྱི་དབྱིངས་ཀྱི་སྟོབས་རྣམས་ཀྱིས། །དོན་རྣམས་གང་དག་བསམ་པ་ཀུན། །དེ་དག་ཐམས་ཅད་ཅི་རིགས་པར། །ཐོགས་པ་མེད་པར་འབྱུང་གྱུར་ཅིག །སྐྱབས་འགྲོ་ནི། བླ་མའི་སྐུ་ལ་སྐྱབས་སུ་མཆི། །དཀོན་མཆོག་གསུམ་ལ་སྐྱབས་སུ་མཆི། །མཁའ་འགྲོའི་ཚོགས་ལ་སྐྱབས་སུ་མཆི། །ཆོས་སྐྱོང་རྣམས་ལ་སྐྱབས་སུ་མཆི། །སེམས་བསྐྱེད་ནི། སེམས་ཅན་ཐམས་ཅད་སངས་རྒྱས་ཐོབ་པར་བྱ། ཚོགས་ཞིང་ནི། མཁའ་འགྲོའི་ཚོགས་སྐད་ཅིག་གིས་སྤྱན་དྲངས། བཛྲ་ས་མ་ཛཿ བླ་མའི་སྐུ་ལ་ཕྱུལ་འཚལ་བསྟོད། །མཁའ་འགྲོའི་ཚོགས་ལ་ཕྱག་འཚལ་བསྟོད། །དཀྱིལ་འཁོར་ལྷ་ལ་ཕྱག་འཚལ་བསྟོད། །གཟུགས་སྒྲ་དྲི་རོ་རེག་བྱའི་མཆོད་པ་འབུལ། །རྡོ་རྗེ་འཆང་ལ་གསོལ་བ་འདེབས། རྣལ་འབྱོར་མ་ལཿ ལབ་སྒྲོན་ལཿ རྒྱལ་བ་དོན་གྲུབ་ལཿ ཀརྨ་པ་ལཿ དགེ་འདུན་འབུམ་ལཿ རང་བྱུང་པ་ལཿ དགེ་འདུན་རྒྱ་མཚོ་ལཿ ལྷ་ཕུ་བ་ལཿ བན་སྒར་བ་ལཿ བཤེས་གཉེན་རྡོ་རྗེ་ལཿ བདག་རྒྱུད་སྨིན་པར་བྱིན་གྱིས་རློབས། ཚོགས་ཞིང་རྣམས་རང་ལ་ཐིམ་པར་གྱུར། ཨོཾ་ཨཱཿཧཱུྃ།

བདག་བསྐྱེད་ནི། ཨོཾ་སྭ་བྷཱ་ཝ་ཤུདྡྷཿསརྦ་དྷརྨཱཿསྭ་བྷཱ་ཝ་ཤུདྡྷོ྅ཧཾ། སྟོང་པ་ཉིད་དུ་གྱུར། སྟོང་པའི་ངང་ལས་ཨེ་ལས་སིནྡྷུ་རའི་དཀྱིལ་འཁོར་གྲུ་གསུམ་པ། རྩ་བ་ཕྲ་བ་ཐུར་དུ་ཟུག་པ། ཁ་གདེངས་ཆེ་བ་གྱེན་དུ་བསྟན་པ། ཡངས་ཤིང་རྒྱ་ཆེ་བ། དེའི་དབུས་སུ་སྣ་ཚོགས་པདྨ་འདབ་མ་བཞི་པའི་ལྟེ་བར་ཟླ་བརྒྱད་ཀྱི་སྟེང་དུ་རོ་སེར་པོ་མགོ་གཡས་སུ་བསྟན་པའི་སྙིང་གར་ཉི་མའི་སྟེང་དུ་བམ་ཡིག་མཐིང་ནག །དེ་ཡོངས་སུ་གྱུར་པ་ལས། གླུ་འདུལ་མ་ནག་མོ་ཞལ་གཅིག་ཕྱག་གཉིས་སྤྱན་གསུམ་མཆེ་བ་བཞི་གཙིགས་པ། དབུ་སྐྲ་དམར་སེར་གྱེན་དུ་བརྫེས་པ། ཕྱག་གཡས་

ཌ་མ་རུ་ནམ་མཁའ་ལ་བསྒྲལ་ཞིང་། གཡོན་པས་མི་རྐང་གི་གླིང་བུ་འབུད་པ། དུར་ཁྲོད་ཀྱི་ཆས་བརྒྱད་ཀྱིས་སྐུ་ལ་བརྒྱན་ཅིང་། ཞབས་གཡས་བསྐུམ་གཡོན་བརྐྱང་བས་ཉི་མ་ལ་གནས་པ། དེའི་ཤར་དུ་ཕག་གདོང་མ་སྔོན་མོ། ལྷོར་ཕག་གདོང་མ་སེར་མོ། ནུབ་ཏུ་ཕག་གདོང་མ་དམར་མོ། བྱང་དུ་ཕག་གདོང་མ་ལྗང་གུ། གཡས་པ་རྣམས་ཀྱིས་ཌ་མ་རུ་དང་། གཡོན་པ་རྣམས་ཀྱིས་མི་རྐང་གི་གླིང་བུ་འབུད་པ། ཆས་བརྒྱད་ཀྱིས་སྐུ་ལ་བརྒྱན་ཅིང་། ཞབས་བརྐྱང་བསྐུམ་གྱིས་ཉི་མ་ལ་གནས་པ། ལྷ་ཚོགས་རྣམས་ཀྱི་དཔྲལ་བར་ཨོཾ། མགྲིན་པར་ཨཱཿ ཐུགས་ཀར་ཧཱུྃ། ཐུགས་ཀའི་ཧཱུྃ་ལས་འོད་ཟེར་འཕྲོས་པས། རང་བཞིན་གྱི་གནས་དང་ཨུ་རྒྱན་ནས་མཁའ་འགྲོ་ལྔ་ལ་སངས་རྒྱས་དང་བྱང་ཆུབ་སེམས་དཔའི་ཚོགས་ཀྱིས་བསྐོར་བ་སྤྱན་དྲངས། བཛྲ་ས་མ་ཛཿ དེ་རྣམས་ཀྱི་སྐུ་གསུང་ཐུགས་ལས་བདུད་རྩི་བྱུང་། རང་གི་གནས་གསུམ་དུ་ཐིམ་པར་གྱུར། ཐུགས་ཀར་ཉི་མའི་དབུས་སུ་ཧཱུྃ་ཡིག་གི་མཐར་གཡས་བསྐོར་དུ་འཁོར་བར་དམིགས་ཏེ། ཨོཾ་ཤྲཱི་བཛྲ་ཝཱ་རཱ་ཧི་ཀྲོ་དྷི་ཀཱ་ལི་ཀ་རི་ཎི་ས། ཨཱ་བེ་ཤ་ཡ་ཧཱུྃ་ཧཱུྃ་ཕཊ་ཕཊ་སྭཱ་ཧཱ། མཐར་མི་དམིགས་པའི་ངང་དུ་བཞག །

བུམ་པ་བསྒྲུབ་པ་ནི། ཨོཾ་སྭ་བྷཱ་ཝ། སྟོང་པ་ཉིད་དུ་གྱུར། སྟོང་པའི་ངང་ལས་རིན་པོ་ཆེའི་བུམ་པ་མཚན་ཉིད་དང་ལྡན་པའི་དབུས་སུ། མཁའ་འགྲོ་སྡེ་ལྔའི་དཀྱིལ་འཁོར་གྱི་ལྷ་ཚོགས་སྐད་ཅིག་གིས་གསལ་བར་གྱུར། དེ་རྣམས་ཀྱི་ཐུགས་ཀའི་ཧཱུྃ་ལས་འོད་ཟེར་འཕྲོས། རང་བཞིན་གྱི་གནས་དང་། ཨུ་རྒྱན་ནས་མཁའ་འགྲོ་སྡེ་ལྔ་ལ་སངས་རྒྱས་དང་བྱང་ཆུབ་སེམས་དཔའི་ཚོགས་ཀྱིས་བསྐོར་བ་སྤྱན་དྲངས། བཛྲ་ས་མ་ཛཿ དཀྱིལ་འཁོར་ལྷ་དང་། གཉིས་སུ་མེད་པར་གྱུར། སྔགས་བགྲང་། མཐར་ལྷ་འོད་དུ་ཞུ། བུམ་པའི་ཆུར་གྱུར།

མདུན་བསྐྱེད་ནི། སྭ་བྷཱ་ཝ་ནས། མི་དམིགས་པ་ཡན་བདག་བསྐྱེད་ལྟར་བསྒྲུབ། ཧཱུྃ། དཔལ་དང་ལྡན་པའི་བཅོམ་ལྡན་འདས་མ་ཁྱོད། །མཁའ་མཉམ་བདེ་བ་སྟོང་པའི་གཟུགས་འཛིན་མ། །ཡོངས་སྤྱོད་སྒྱུ་མའི་གཟུགས་དང་ཆགས་པའི་གདངས། །མཁའ་འགྲོ་དྲ་བ་སྡོམ་ལ་ཕྱག་འཚལ་བསྟོད། །ཤ་ཆེན་བསུར་གྱི་བདུག་སྤོས་དང་། །ཞུན་ཆེན་གསལ་བའི་མར་མེ་དང་། །བྱང་སེམས་དཀར་དམར་བདུད་རྩི་དང་། །རྡོ་རྗེ་དྲི་ཆེན་ཞལ་ཟས་དང་། །རྡོ་རྗེ་དྲི་ཆུའི་བདུད་རྩི་འདིས། །ཕ་རོལ་ཕྱིན་དྲུག་ལྷ་མོ་མཆོད། །ཅི་བདེ་བར་ནི་བཞེས་སུ་གསོལ། །

བདག་འཇུག་ནི། སློབ་མ་ཁྲུས་བྱས། ཕྱག་དང་མཎྜལ་ཕུལ། ཆོས་བཤད་རྒྱས་བསྡུས་སྐབས་དང་སྦྱར། གང་གི་དྲིན་གྱིས་བདེ་ཆེན་ཉིད། །སྐད་ཅིག་ཉིད་ལ་འཆར་བ་གང་། །བླ་མ་རིན་ཆེན་ལྟ་བུའི་སྐུ། །རྡོ་རྗེ་ཅན་ཞབས་པད་ལ་འདུད། །བུམ་ཆུས་བསང་། ཁྱེད་རང་མཁའ་འགྲོ་ནག་མོར་གསལ་བར་གྱིས། ཨོཾ་ཨཱཿཧཱུྃ། གནས་གསུམ་བྱིན་གྱིས་རླབས། ཡེ་ཤེས་པ་ཕབ། མདུན་གྱི་ནམ་མཁར་མཁའ་འགྲོ་ལྷ་ལྔའི་དཀྱིལ་འཁོར་གསལ་བའི་དཔྲལ་བའི་མཛོད་སྤུ་ནས་བདུད་རྩི་དཀར་དམར་བྱུང་། ཁྱེད་རང་གི་ལུས་ལ་ཐིམ་པའི་མོས་པ་མཛོད། རོལ་མོ་དཀྲོལ་ཞིང་། ཨཱ་བེ་ཤ་ཡ་ཨཱ་བེ་ཤ་ཡ། རྡོ་རྗེ་མགོར་བཞག །ཏིཥྛ་བཛྲ་བརྗོད། དངོས་གཞི་ཞུ་བའི་དོན་དུ་མཎྜལ་ཕུལ། བླ་མ་སངས་རྒྱས་ཆོས་ཀྱི་སྐུ། །ཡེ་ཤེས་དབྱིངས་ཀྱི་དཀྱིལ་འཁོར་དུ། །མཁའ་འགྲོས་དངོས་གྲུབ་ཆར་ལྟར་འབེབས། །བཀའ་དྲིན་གྱིས་ནི་བདག་ལ་སྩོལ། །ལན་གསུམ། བུམ་པ་སློབ་མའི་མགོར་བཞུང་། མཚན་ཉིད་ལྡན་པའི་བུམ་པ་འདི། །རིན་ཆེན་ལྷ་ཡི་གཞལ་ཡས་ཁང་། །འཆི་བ་མེད་པ་བདུད་རྩིས་གང་། །མཛེས་ལྡན་བུམ་པ་ཁྱོད་ཀྱིས་ཡོང་། །ཇི་ལྟར་བལྟམས་པ་ཙམ་གྱིས་ནི། །ལྷ་རྣམས་ཀྱིས་ནི་ཁྲུས་གསོལ་ལྟར། །ལྷ་ཡི་ཆུ་ནི་དག་པ་ཡིས། །དེ་བཞིན་བདག་གིས་སྐུ་ཁྲུས་

གསོལ། །ཨོཾ་སརྦ་ཏ་ཐཱ་ག་ཏ་ཨ་བྷི་ཥེ་ཀ་ཏ་ས་མ་ཡ་ཤྲི་ཡེ་ཧཱུྃ། བུམ་པའི་དབང་ལ་བརྟེན་ནས་དུག་ལྔ་དག །སངས་རྒྱས་རིགས་ལྔས་དབུ་ལ་བརྒྱན་ཅིང་། སྤྲུལ་སྐུ་ཐོབ་པའོ། །གཉིས་པ་ཞུ་བའི་དོན་དུ་མཎྜལ་གསོལ་བཏབ་བྱེད། ཐོད་པ་སྤྱི་བོར་བཟུང་། མཚན་ལྡན་ཐོད་པ་བཅུད་ཀྱིས་བཀང་། །རོ་མཆོག་ལྡན་པའི་བདུད་རྩི་འདི། །ཁྱོད་ལ་ཡང་དག་སྦྱིན་པར་བྱ། །བདུད་རྩི་བླུད། ཨོཾ་ཨཱཿཧཱུྃ། ཐོད་པའི་དབང་ལ་བརྟེན་ནས་ངག་གི་སྒྲིབ་པ་དག །གསང་བའི་དབང་ཐོབ། ལོངས་སྐུ་འགྲུབ་པའོ། །གསུམ་པ་ཞུ་བའི་དོན་དུ་མཎྜལ། མེ་ལོང་སྤྱི་བོར་བཟུང་། བདེ་གསལ་མེ་ལོང་དཀྱིལ་འཁོར་འདི། །ཤེས་རབ་ཐོབ་པའི་གཞལ་ཡས་ཁང་། །དགའ་བཞི་ཡེ་ཤེས་མངོན་དུ་གྱུར། །ཁྱོད་ལ་ཡང་དག་སྦྱིན་པར་བྱ། །སུ་པྲ་ཏིཥྛ་བཛྲ་ཡེ་སྭཱ་ཧཱ། མེ་ལོང་ལ་བརྟེན་ནས་ཡིད་ཀྱི་སྒྲིབ་པ་དག །སིནྡྷུ་རའི་དབང་ཐོབ། ཆོས་སྐུ་མངོན་དུ་གྱུར་པའོ། །དབང་གཏོར་སྤྱི་བོར་བཟུང་། བརྒྱུད་པའི་མཚན་ནས་སྨོས། ལྷ་བསྟིམ། གཏོར་རྒྱན་མགོ་ལ་བསྐུ། གཏོར་མ་གནས་གསུམ་དུ་རེག་ཅིང་། ཨོཾ་ཨཱཿཧཱུྃ། དམ་ཚིག་གསུམ་སྦྱིན་པ་ནི། གཡས་སུ་གཏོར་མ་གཏད། དེ་བསྟོལ་དུ་བཅུག །གཡས་ཐབས་ཀྱི་དམ་ཚིག་དང་། གཡོན་ཤེས་རབ་ཀྱི་དག་ཚིག །བསྟོལ་བ་སྐུའི་དམ་ཚིག་བྱང་ཞིག །མེ་ཏོག་འཐོར། སིནྡྷུ་ར་དཔྲལ་བ་དང་། ཀྲོག་མ། སྙིང་ག་རྣམས་སུ་བསྐུ། ཕཊ་བརྗོད། རིག་པ་ནམ་མཁར་བསྲེ། དེ་ནས་ཕབ། གཙོ་བོས་ཇི་ལྟར་བཀའ་སྩལ་པ། །དེ་དག་ཐམས་ཅད་བདག་གིས་བགྱི། །མཎྜལ་ཕུལ། ཚོགས་ལ་ལོངས་སྤྱོད། ལྷག་གཏོར། བ་ལིཾ་ཏ་ཀ་སྭཱ་ཧཱ། ལྷག་གཏོར་ཕྱི་རོལ་དུ་སྐྱེལ། རོལ་མོ་བྱ། སྟོད་ཆུ་གཙང་གིས་བཤལ། ཚོ་ག་ལྷག་ཆད་ཅི་མཆིས་པ། །དཀྱིལ་འཁོར་ལྷ་ཡིས་བཟོད་པར་གསོལ། །བཛྲ་སཏྭ་ཧཱུྃ། བཀྲ་ཤིས་བཀྲ་ཤིས་བདེ་ལེགས་ཤོག །ཡེ་ཤེས་པ་རྣམས་རང་གནས་སུ་གཤེགས། དམ་ཚིག་པ་རང་ཉིད་ལ་ཐིམ་པར་གྱུར། ཨོཾ་ཁྱེད་ཀྱིས་སེམས་ཅན་དོན་ཀུན་མཛད། །རྗེས་སུ་མཐུན་པའི་དངོས་གྲུབ་སྩོལ། །སངས་རྒྱས་ཡུལ་དུ་གཤེགས་

སྲུ་གསོལ། །སངས་རྒྱས་ཞིང་དུ་གཤེགས་ནས་ཀྱང་། །སེམས་ཅན་རྣམས་ཀྱི་དོན་སླད་དུ། །སླར་ཡང་འབྱོན་པར་མཛད་དུ་གསོལ། །བཛྲ་མུཿ ཆོས་དབྱིངས་བྱང་ཆུབ་སེམས་ཀྱི་དཀྱིལ་འཁོར་དུ། །བདག་སོགས་སེམས་ཅན་ཐམས་ཅད་ཀྱི། །དུས་གསུམ་བསགས་དང་རྫོགས་པ་ཡི། །འགྲོ་དྲུག་སེམས་ཅན་མ་ལུས་པ། །སྐུ་ལྷ་ཡོངས་རྫོགས་སངས་རྒྱས་མྱུར་དུ་འགྲུབ་པར་ཤོག །གཙོད་གདན་ཐོག་གཅིག་མའི་ཁྲིད་ཡིག་ཕྲིན་ལས་རྒྱ་མཚོ་ལས། རྒྱ་མཚོ་ལྷ་བུའི་དབང་། གབ་པ་མངོན་བྱུང་གི་གསང་བཀའ། མཁའ་འགྲོ་ཀླུ་འདུལ་རྒྱལ་མོའི་སྒྲུབ་ཐབས་འདི་དད་ལྡན་རྣམས་ཀྱིས་བསྐུལ་བའི་ངོར། ཤཱཀྱའི་དགེ་སློང་ཀྱི་ཀོ་ཆོས་ཀྱི་རྒྱ་མཚོ་ཞེས་བྱ་བས་ཨ་ས་རི་ཁྲོད་དུ་སྦྱར་བའོ། །དགེ་བ་མ་རྒན་རྣམས་ལ་བསྔོ། བཀྲ་ཤིས་དཔལ་འབར་འཛམ་གླིང་རྒྱལ་བའི་རྒྱན་དུ་ཤོག །ལྷན་ཐབས་ཡིག་ཆུང་ངོ་།། །།

༄༅། །དྲག་གཅོད་དམར་མོ་མཁའ་འགྲོ་སྡེ་ལྔའི་ སྒྲུབ་ཐབས་བཞུགས་སོ། །

བླ་མ་དང་མཁའ་འགྲོའི་ཚོགས་ལ་ཕྱག་འཚལ་ལོ། །རྗེ་རྗེ་མཁའ་འགྲོའི་སྒྲུབ་ཐབས་འདི་ལ། སྔོན་འགྲོ། དངོས་གཞི། རྗེས་གསུམ། སྔོན་འགྲོ་གཏོར་མ་གསུམ་དང་། དབང་གཏོར་ཟླུམ་པོ་སྤེར་དཀར་དུ་འཇུག་ཅིང་། མཆོད་ཁར་བཞག །གཏོར་འདབ་དང་དཀར་དམར་གྱི་རྒྱན་བཟང་པོས་བརྒྱན་ཅིང་། གཏོར་མ་གསུམ་གོང་དུ་བཤམ། དབང་གཏོར་ཅི་བདེར་འཇོག །དཀྱིལ་འཁོར་གྱི་དབུས་སུ་མཆོད་ཁར་ཐོད་པ་བཀང་བ་བཟང་པོས་བཀང་སྟེ་བཞག །མེ་ལོང་ལ་སིན་རྡུ་རའི་དཀྱིལ་འཁོར་བྲིས་ལ། དར་དམར་པོས་ཞལ་ཁེབས་དང་བཅས་པ་ཐོད་པའི་ཁར་བཞག །མཐར་མཆོད་པས་བསྐོར། ཕྱ་ཛ་རྒྱ་ཆེན་པོ་བཤམས། རང་ཉིད་ཁྲི་བཤམས་པའི་གདན་དུ་བསྡད། མདུན་གྱི་སྟེགས་ཀྱི་ཁར། ནང་མཆོད། ཌ་དྲིལ། ལས་བུམ་སོགས་བཞག །ནང་མཆོད་བྱིན་གྱིས་རླབས། ཨོཾ་ཨཱཿབིགྷྣན་ཀྲིཏ་ཧཱུཾ་ཕཊ། ཨོཾ་སྭ་བྷཱ་ཝ་ཤུདྡྷཱཿསརྦ་དྷརྨཱཿསྭ་བྷཱ་ཝ་ཤུདྡྷོ྅ཧཾ། སྟོང་པ་ཉིད་དུ་གྱུར། སྟོང་པའི་ངང་ལས་ཡཾ་རཾ་ཨ་ལས་བྱུང་བའི་བདུད་རྩིའི་རྒྱ་མཚོ་ཆེན་པོར་གྱུར། ཨོཾ་ཨཱཿཧཱུཾ། དཀར་གཏོར་ལ་ཆབ་བྲན། ཨོཾ་སྭ་བྷཱ་ཝ། སྟོང་པ་ཉིད་དུ་གྱུར། སྟོང་པའི་ངང་ལས་གཏོར་མ་དངས་ཤིང་ཐོགས་པ་མེད་པ་ཡུལ་རི་གཞི་བདག་གནས་རི་སྲུང་མ་རྣམས་ལ་མཆོད་འབུལ་ལོ། །གཏོར་མ་གཙང་སར་ཕུལ། བདག་གི་བསམ་པའི་སྟོབས་དག་དང་། །དེ་བཞིན་གཤེགས་པའི་བྱིན་སྟོབས་དང་། །ཆོས་ཀྱི་དབྱིངས་ཀྱི་སྟོབས་རྣམས་ཀྱིས། །དོན་རྣམས་གང་དག་བསམ་པ་ཀུན། །དེ་དག་ཐམས་ཅད་ཅི་རིགས་པ། །ཐོགས་པ་མེད་པར་འབྱུང་གྱུར་ཅིག །བླ་མ་རྣམས་ལ་སྐྱབས་སུ་མཆི། །སངས་རྒྱས་ཚོགས་ལ་སྐྱབས་སུ་མཆི། །སྐྱོབ་པའི་

ཆོས་ལ་སྐྱབས་སུ་མཆི། །དགེ་འདུན་ཚེ་ལ་སྐྱབས་སུ་མཆི། །མཁའ་འགྲོ་རྣམས་ལ་སྐྱབས་སུ་མཆི། །སེམས་བསྐྱེད་ནི། འགྲོ་ལ་ཕན་ཕྱིར་སངས་རྒྱས་ཐོབ་པར་ཤོག །མདུན་གྱི་ནམ་མཁར་ཚོགས་ཞིང་གི་ལྷ་ཚོགས་བཛྲ་ས་མ་ཛཿ འཇིག་རྟེན་ཁམས་ནི་མ་ལུས་པའི། །མཆོད་པའི་དངོས་པོ་ཇི་སྙེད་པ། །དེ་སྙེད་མ་ལུས་འབུལ་བར་བགྱི། །སྒྲུ་བསམ་བརྗོད་མེད་རབ་ཕ་རོལ་ཕྱིན། །མ་སྐྱེས་མི་འགག་ནམ་མཁའི་ངོ་བོ་ཉིད། །སོ་སོ་རང་རིག་ཡེ་ཤེས་སྤྱོད་ཡུལ་བ། །དུས་གསུམ་རྒྱལ་བའི་ཡུམ་ལ་ཕྱག་འཚལ་བསྟོད། །རྡོ་རྗེ་འཆང་ལ་གསོལ་བ་འདེབས། རྡོ་རྗེ་ཕག་མོ་ལཿ ལབ་ཀྱི་སྒྲོན་མ་ལཿ ཁམ་རྫུ་ཡ་ལེ་ལཿ བཞག་རམ་པ་ལཿ གནམ་མཚོ་བ་ལཿ རང་བྱུང་པ་ལཿ བསམ་རིན་པ་ལཿ ཀུན་ཡེ་བ་ལཿ ཤྲཱི་རཏྣ་ལཿ ཤྲཱི་མམ་ག་ལཿ བདག་རྒྱུད་སྨིན་པར་བྱིན་གྱིས་རློབས། ཚོགས་ཞིང་རང་ལ་ཐིམ་པར་གྱུར།

བདག་བསྐྱེད་ནི། ཨོཾ་སྭ་བྷཱ་ཝ་ཤུདྡྷཿསརྦ་དྷརྨཱཿསྭ་བྷཱ་ཝ་ཤུདྡྷོ྅ཧཾ། སྟོང་པ་ཉིད་དུ་གྱུར། སྟོང་པའི་ངང་ལས་ཨེ་ལས་ཆོས་ཀྱི་འབྱུང་གནས་གྲུ་གསུམ་པ། རྩ་བ་ཕྲ་བ་ཕྱར་དུ་ཟུག་པ། གདེངས་ཀ་ཆེ་བ་གྱེན་དུ་བསྟན་པ། ཕྱི་དཀར་ལ་ནང་དམར་བ། ཟུར་གཅིག་ལ་སྒོ་གཅིག །རྟ་བབས་བང་རིམ་གསུམ་དང་ལྡན་པ། དེའི་དབུས་སུ་པད་འདབ་བཞིའི་ལྟེ་བར་པདྨ་རོ་དང་ཉི་མའི་གདན་ལ། རང་གི་རྣམ་པར་ཤེས་པའི་ངོ་བོ་ཧྲཱིཿདམར་པོ། དེ་ལས་འོད་ཟེར་འཕྲོས། སེམས་ཅན་གྱི་དོན་བྱས། ཚུར་འདུས་ཡོངས་སུ་གྱུར་པ་ལས། རྗེ་བཙུན་རྡོ་རྗེ་རྣལ་འབྱོར་མ་སྐུ་མདོག་དམར་མོ་ཞལ་གཅིག་ཕྱག་གཉིས། སྤྱན་གསུམ། མཆེ་བ་བཞི་ཙུང་ཟད་གཙིགས་པ། སྨིན་མ་དང་སྨ་ར་དམར་སེར་གྱེན་དུ་བརྫེས་པ་ལ། ཐོད་སྐམ་ལྔ་ཡིས་དབུ་ལ་བརྒྱན་པ། ཐོད་རློན་ལྔ་བཅུའི་དོ་ཤལ་བྱས་པ། དཔྲལ་བར་ཁྲོ་

གཉེར་གསུམ་བསྡུས་ཤིང་ཕྱག་རྒྱ་ལྔ་དང་ལྡན་པ། བཅུ་དྲུག་ལོན་པའི་ན་ཚོད་ལྟར་གཞོན་པ། སྐེག་པ། མི་སྡུག་པའི་གཟུགས་སྣ་ཚོགས་སྟོན་པ། ཕྱག་གཡས་གྲི་གུག་ནམ་མཁར་འཕྱར་བ། གཡོན་པས་ཐོད་ཁྲག་ཐུགས་ཀར་བསྣམས་པ། གྲུ་མོ་ན་ཁཊྭཱཾ་ག་བཅུག་པ། ཞབས་གཡས་བསྐུམ་གཡོན་བརྐྱང་བ། རོ་ཡི་སྙིང་གར་ཉི་མ་ལ་གནས་པ། ཤར་དུ་རྡོ་རྗེ་མཁའ་འགྲོ། ལྷོ་རུ་རིན་ཆེན་མཁའ་འགྲོ། ནུབ་ཏུ་པདྨ་མཁའ་འགྲོ། བྱང་དུ་ལས་ཀྱི་མཁའ་འགྲོ། དེ་ཐམས་ཅད་ཀྱང་ཞལ་གཅིག་ཕྱག་གཉིས། གཡས་རྡོ་རྗེ། རིན་ཆེན། པདྨ། རལ་གྲིས་མཚན་པའི་གྲི་གུག་བསྣམས་པ། གཡོན་བདུད་རྩིའི་ཀ་པཱ་ལ་འཛིན་ཅིང་། རྒྱན་གཙོ་མོ་དང་མཚུངས་པའོ། །དེ་རྣམས་ཀྱི་དཔྲལ་བར་ཨོཾ། མགྲིན་པར་ཨཱཿ ཐུགས་ཀར་ཧཱུྃ། ཐུགས་ཀའི་ཧཱུྃ་ལས་འོད་ཟེར་འཕྲོས་པས། ཨོ་རྒྱན་ནས་དམར་མོ་ལྷ་ལྔ་སྤྱན་དྲངས། བཛྲ་ས་མ་ཛཿ དེ་རྣམས་ཀྱི་སྐུ་གདུང་ཐུགས་ལས་བདུད་རྩི་དཀར་དམར་བྱུང་། རང་ལ་ཐིམ། ཨོཾ་བཛྲ་བཻ་རོ་ཙ་ནི། ཧ་རི་ནི་ས་ཧཱུྃ་ཧཱུྃ་ཕཊ་སྭཱ་ཧཱ། རྗེན་གཞལ་ཡས་ཁང་དང་བཅས་པ་རང་ལ་ཐིམ། མི་དམིགས་པའོ། །

ཐོད་པ་བསྒྲུབ་པ་ནི། ཨོཾ་སྭ་བྷཱ་ཝ་ཤུདྡྷཿསརྦ་དྷརྨཱཿསྭ་བྷཱ་ཝ་ཤུདྡྷོ྅ཧཾ། སྟོང་པ་ཉིད་དུ་གྱུར། སྟོང་པའི་ངང་ལས་མིའི་རིན་པོ་ཆེ་ཀ་པཱ་ལ་ཕྱི་དཀར་ལ་ནང་དམར་བ། མཚན་ཉིད་ཡོངས་སུ་རྫོགས་པའི་དབུས་སུ། ཨེ་ལས་ཆོས་ཀྱི་འབྱུང་གནས་སོགས་ནས། བཛྲ་ས་མ་ཛའི་བར་བརྗོད་ཅིང་། མེ་ལོང་གི་ལྷ་དང་། ཐོད་པའི་ལྷ་གཉིས་ལ་ཛཿཧཱུྃ་བཾ་ཧོཿ སྔགས་བཟླས། ལྷ་ཞུ། བདུད་རྩིའི་རང་བཞིན་དུ་གྱུར།

མདུན་བསྐྱེད་ནི། མདུན་གྱི་ནམ་མཁར་སོགས་ནས། རྗེན་རང་ལ་ཐིམ་གྱི་བར་བརྗོད། ཨོཾ་སརྦ་ཏ་ཐཱ་ག་ཏ་ཨརྒྷཾ་པྲ་ཏཱིཙྪ་པཱུ་ཛ་མེ་གྷ་ས་མུ་དྲ་སྥ་ར་ཎ་ས་མ་ཡེ་ཧཱུྃ། ཕུཊྚི། ཧྲུ་

པེ། ཨཱ་ཡོ་ཀེ། གཏྲེ། ནཻ་ཤི་ཏེ། ཤུདྡྷ་ས་མ་ཡ་ཨཱཿཧཱུྃ། སྨྲ་བསམ་བརྗོད་མེད་ཤེས་རབ་ཕ་རོལ་ཕྱིན། །མ་སྐྱེས་མི་འགག་ནམ་མཁའི་ངོ་བོ་ཉིད། །སོ་སོ་རང་རིག་ཡེ་ཤེས་སྤྱོད་ཡུལ་བ། །དུས་གསུམ་རྒྱལ་བའི་ཡུམ་ལ་ཕྱག་འཚལ་ལོ། །ལྟེ་བའི་དབུས་ནས་རྣལ་འབྱོར་མ། །ཞི་སྡང་གཅོད་མཛད་གྲུབ་པ་མོ། །མི་ཡོང་ཡེ་ཤེས་ངོ་བོ་ཉིད། །རྡོ་རྗེ་མཁའ་འགྲོ་ཕྱག་འཚལ་བསྟོད། །རྡོ་རྗེའི་རིགས་དང་། རིན་ཆེན་རིགས་དང་། པདྨའི་རིགས་དང་། ལས་ཀྱི་རིགས། རིགས་བཞི་མཁའ་འགྲོ་ཕྱག་འཚལ་བསྟོད། །ཐུན་མོང་མཆོག་གི་དངོས་གྲུབ་སྩོལ། །

དེ་ནས་བདག་འཇུག་བླང་སྟེ། སློབ་མ་ཁྲུས་བྱེད། ཕྱག་དང་མཎྜལ་ཕུལ། ཆོས་བཤད་བྱེད། དཀོན་མཆོག་གསུམ་ལ་བདག་སྐྱབས་མཆི། །སྡིག་པ་མི་དགེ་སོ་སོར་བཤགས། །འགྲོ་བའི་དགེ་ལ་རྗེས་ཡི་རང་། །སངས་རྒྱས་བྱང་ཆུབ་ཡིད་ཀྱིས་བཟུང་། །སངས་རྒྱ་ཆོས་དང་ཚོགས་མཆོག་ལ། །བྱང་ཆུབ་བར་དུ་སྐྱབས་སུ་མཆི། །རང་གཞན་དོན་ནི་རབ་སྒྲུབ་ཕྱིར། །བྱང་ཆུབ་སེམས་ནི་བསྐྱེད་པར་བགྱི། །བྱང་ཆུབ་མཆོག་གི་སེམས་ནི་བསྐྱེད་བགྱིས་ནས། །སེམས་ཅན་ཐམས་བདག་གི་མགྲོན་དུ་གཉེར། །འགྲོ་ལ་ཕན་ཕྱིར་སངས་རྒྱས་འགྲུབ་པར་ཤོག །བུམ་ཆུས་བསང་། ཁྱེད་རང་སྐད་ཅིག་གིས་རྗེ་བཙུན་མར་གསལ་བའི་དཔྲལ་བར་ཨོཾ། མགྲིན་པར་ཨཱཿ ཐུགས་ཀར་ཧཱུྃ། མདུན་གྱི་ནམ་མཁར་མཁའ་འགྲོ་སྡེ་ལྔའི་ལྷ་ཚོགས་གསལ་བའི་སྐུ་ལས། ཡེ་ཤེས། ནམ་མཁའ། ནོར་བུ། བདུད་རྩི་ལྔ་བུའི་ཚོགས་བྱུང་། ཁྱེད་རང་གི་ལུས་ལ་ཐིམ་པའི་མོས་པ་གྱིས། རོལ་མོ་དཀྲོལ། ཨེ་ཨེ། རྡོ་རྗེ་མགོར་བཞག །ཧྲི་ཥྛ་བཛྲ་བརྗོད། དབང་དངོས་གཞི་ཞུ་བའི་དོན་དུ་མཎྜལ་ཕུལ། གསོལ་བ་བཏབ་སྟེ། བླ་མ་དཀྱིལ་འཁོར་ལྷ་ཡི་ཚོགས། །མཁའ་འགྲོའི་ཚོགས་དང་བཅས་པ་ཡིས། །སྨིན་བྱེད་རིམ་པ་བསྐུར་དུ་གསོལ། །ཐོད་པ་སྤྱི་བོར་བཟུང་། ཨོཾ་ཨཱཿཧཱུྃ་

ཧྲཱིཿསྭཱ་ཧཱ། ནང་མཆོད་བླུད། དེས་ལུས་ཀྱི་སྒྲིབ་པ་དག །ཐོད་པ་ལ་བརྟེན་ནས་བྱུམ་པའི་དབང་ཐོབ་པའི་མོས་པ་གྱིས། གསང་དབང་ཞུ་བའི་དོན་དུ་མཎྜལ་གསོལ་བཏབ་གོང་ལྟར་བྱེད། ཐོད་པ་མགྲིན་པར་བཟུང་། ཨོཾ་བཛྲ་བཻ་རོ་ཙ་ནཱི་ཡེ་ཏ་རི་ཎི་ས་ཧཱུྃ་ཧཱུྃ་ཕཊ་སྭཱ་ཧཱ། ནང་མཆོད་ཐུར་མས་ཁར་བླུད། དེས་ངག་གི་སྒྲིབ་པ་དག །གསང་བའི་དབང་ཐོབ་པའི་མོས་པ་གྱིས། ཤེས་རབ་ཡེ་ཤེས་ཀྱི་དབང་ཞུ་བའི་དོན་དུ་མཎྜལ་གསོལ་བཏབ་གོང་ལྟར་བྱེད། མེ་ལོང་སྒྱུ་བོ་དང་སྙིང་གར་བཟུང་། སིན་དྷུ་རའི་དཀྱིལ་འཁོར་ལས་རྣལ་འབྱོར་མ་འཕྲོས། ཁྱེད་རང་གི་སྙིང་གར་ཐིམ་པའི་མོས་པ་གྱིས། མེ་ཏོག་འཐོར། སིན་དྷུ་ར་དཔྲལ་བ་དང་། སྙིང་གར་བྱུག །དེས་ཤེས་རབ་ཡེ་ཤེས་ཀྱི་དབང་ཐོབ། ཡིད་ཀྱི་སྒྲིབ་པ་དག །དབང་གཏོར་སློབ་མའི་སྤྱི་བོར་བཟུང་། བརྒྱུད་པའི་མཚན་ནས་བརྗོད་དེ་བསྟིམ། མེ་ཏོག་འཐོར། བཅོམ་ལྡན་འདི་ལ་སྨྲུལ་ལགས་ཀྱིས། །འདི་ལ་འགོ་བར་མཛད་དུ་གསོལ། །སློབ་མས། བདག་ལ་འགོ་བར་མཛད་དུ་གསོལ། །ནམ་མཁའ་སྤྱོ་འབྱེད་ཀྱི་དབང་ནི། དཔོན་སློབ་གཉིས་ཀས་ཕཊ་བརྗོད། གདན་མེད་ཀྱི་ནམ་མཁའ་ལ་རིག་པ་རྒྱངས་ཀྱིས་འཕངས། ལུས་པོ་ཁྲིས་ཀྱིས་སྐྱུར། དེ་ཉིད་ཀྱི་ངང་དུ་བཞག །དེ་ནས་ཕབ། གཙོ་བོས་རྗེ་ལྟར་བཀའ་སྩལ་པ། །དེ་དག་ཐམས་ཅད་བདག་གིས་བགྱིད། །

མཎྜལ་ཕུལ། ཚོགས་ལ་ལོངས་སྤྱོད། ལྷག་མ་ཆུ་གཙང་གི་ཐྲན། ཨ་ཀཱ་རོས་བྱིན་གྱིས་བརླབས་ལ་ཕྱི་རོལ་དུ་སྐྱུལ། རོལ་མོ་དཀྲོལ། ཚོ་ག་ལྷག་ཆད་ཅི་མཆིས་པ། །དཀྱིལ་འཁོར་ལྷ་ཡིས་བཟོད་པར་མཛོད། །ཨོཾ་བཛྲ་སཏྭ་ཧཱུྃ་འདྲེན། བཀའ་བརྒྱུད་བླ་མའི་བཀྲ་ཤིས་ཤོག །ཡི་དམ་ལྷ་ཡི་བཀྲ་ཤིས་ཤོག །ཆོས་སྐྱོང་སྲུང་མའི་བཀྲ་ཤིས་ཤོག །ཡེ་ཤེས་པ་རང་གནས་སུ་གཤེགས། དམ་ཚིག་པ་རང་ཉིད་ལ་ཐིམ་པར་གྱུར། ཨོཾ་ཁྱེད་ཀྱིས་སེམས་ཅན་དོན་ཀུན་མཛད། །རྗེས་སུ་མཐུན་པའི་དངོས་གྲུབ་སྩོལ། །སངས་རྒྱས་ཞིང་དུ་གཤེགས་ནས་ཀྱང་། །སེམས་ཅན་རྣམས་ཀྱི་དོན་

སླད་དུ། །སླར་ཡང་འབྱོན་པར་མཛད་དུ་གསོལ། །བཛྲ་མུཿ ཆོས་དབྱིངས་བྱང་ཆུབ་སེམས་ཀྱི་དཀྱིལ་འཁོར་དུ་སོགས། གཅོད་གདན་ཐོག་གཅིག་མའི་ཁྲིད་ཡིག་ཕྲིན་ལས་རྒྱ་མཚོ་ལས། རྒྱ་མཚོ་ལྷ་བུའི་དབང་གབ་པ་མངོན་བྱུང་གི་གསང་བཀའ། མཁའ་འགྲོ་སྙེ་ལྡེའི་སྒྲུབ་ཐབས་འདི། ནང་སོ་གངས་པ་སོགས་དང་ལྡན་རྣམས་ཀྱིས་བསྐུལ་བའི་ངོར། ཤཱཀྱའི་དགེ་སློང་ཀྱི་ཝ་རྣམ་སྣ་ག་ར་ཞེས་བྱ་བས་ཨ་ས་རི་ཁྲོད་དུ་སྦྱར་བའོ། །དགེ་བ་མ་གྱུར་སེམས་ཅན་རྣམས་ལ་བསྔོ། བཀྲ་ཤིས་དཔལ་འབར་འཛམ་གླིང་རྒྱལ་བའི་རྒྱན་དུ་ཤོག །ལྷན་ཐབས་ཀྱི་མིག་ཆུང་ངོ་།། །།

༄༅། །རྡོ་རྗེ་དབྱིངས་ཀྱི་དབང་ཕྱུག་མ་ལྷ་ལྔའི་སྒྲུབ་ཐབས་བཞུགས་སོ། །

བླ་མ་དང་ལྷག་པའི་ལྷ་ལ་ཕྱག་འཚལ་ལོ། །རྡོ་རྗེ་དབྱིངས་ཀྱི་དབང་ཕྱུག་མའི་སྒྲུབ་ཐབས་འདི་ལ། སྔོན་འགྲོ་གནས་དབེན་པར་ཡོལ་བ། བླ་རེས། རྟེན་བཀྲམ་ཞིང་། ཕྱི་དོར་ལེགས་པར་བྱེད། གཏོར་མ་ཆ་གསུམ། དབང་གཏོར་ཟླུམ་པོ་དཀར་དམར་གྱི་རྒྱན་བཟང་པོ་དང་བཅས་ཏེ། གཏོར་མ་གསུམ་གོང་དུ་བཤམས་ཤིང་། དབང་གཏོར་སྟེར་དཀར་དུ་འཇུག་ཅིང་ལོགས་གཅིག་ཏུ་བཤམ། དཀྱིལ་འཁོར་དབུས་སུ་བུམ་པའི་ཁར་ཐོད་པ་མེ་ལོང་དང་བཅས་ཤིང་མཆོད་པའི་ཁར་བཞག །རང་ཉིད་བདེ་བའི་སྟན་ལ་འདུག་ཅིང་། མདུན་དུ་སྔགས་ཀྱི་ཁར་ནང་མཆོད། ཊ་དྲིལ། ལས་བུམ་བཞག །ནང་མཆོད་བྱི་རླབས་ནི། ཁཎྜ་རོ་ཧི་ཎི་ཧཱུྃ་ཧཱུྃ་ཕཊ། ཨོཾ་སྭ་བྷཱ་ཝ་ཤུདྡྷཱཿསརྦ་དྷརྨཱཿསྭ་བྷཱ་ཝ་ཤུདྡྷོ྅ཧཾ། སྟོང་པ་ཉིད་དུ་གྱུར། སྟོང་པའི་ངང་ལས་ཨོཾ་ཨཱཿཧཱུྃ་འོད་དུ་ཞུ་བ་ལས་བྱུང་བའི་ཡེ་ཤེས་ཀྱི་བདུད་རྩིའི་རྒྱ་མཚོ་ཆེན་པོར་གྱུར། དཀར་གཏོར་ལ་ཆུ་གཙང་བྲན་ཏེ། ཨོཾ་ཁཎྜ་རོ་ཧི་ཎི་ཧཱུྃ་ཧཱུྃ་ཕཊ་སྭཱ་ཧཱ། གཏོར་མ་དངས་ཤིང་ཐོགས་པ་མེད་པ་གཞི་བདག་རྣམས་ཀྱི་འདོད་པའི་ཡོན་ཏན་ལྔ་དང་ལྡན་པར་གྱུར། ཨོཾ་ཨ་ཀཱ་རོ་མུ་ཁཾ་སརྦ་དྷརྨཱ་ཎཱཾ་ཨཱདྱ་ནུཏྤནྣ་ཏྭཏ་ཨོཾ་ཨཱཿཧཱུྃ་ཕཊ་སྭཱ་ཧཱ། གཏོར་མ་གཙང་སར་སྐྱེལ། བདག་གི་བསམ་པའི་སྟོབས་དག་དང་། །དེ་བཞིན་གཤེགས་པའི་སྦྱིན་སྟོབས་དང་། །ཆོས་ཀྱི་དབྱིངས་ཀྱི་སྟོབས་རྣམས་ཀྱིས། །དོན་རྣམས་གང་དག་བསམ་པ་ཀུན། །དེ་དག་ཐམས་ཅད་ཅི་རིགས་པར། །ཐོགས་པ་མེད་པར་འབྱུང་གྱུར་ཅིག །སྐྱབས་འགྲོ་ནི། བདག་གཞན་མ་ཚོགས་ནམ་མཁའི་མཐའ་དང་མཉམ་པའི་སེམས་ཅན་ཐམས་ཅད་བླ་མ་ལ་སྐྱབས་སུ་

མཆིའོ། །སངས་རྒྱས་ལཿ ཆོས་ལཿ དགེ་འདུན་ལཿ ཡི་དམ་དཀྱིལ་འཁོར་གྱི་ལྷ་ཚོགས་ལཿ དཔའ་བོ་མཁའ་འགྲོ་ཆོས་སྐྱོང་སྲུང་མའི་ཚོགས་དང་བཅས་པ་རྣམས་ལ་སྐྱབས་སུ་མཆིའོ། །སངས་རྒྱས་ཆོས་དང་ཚོགས་ཀྱི་མཆོག་རྣམས་ལ། །བྱང་ཆུབ་མ་ཐོབ་བར་དུ་བདག་ནི་སྐྱབས་སུ་མཆི། །བདག་གིས་སྦྱིན་སོགས་བགྱིས་པའི་བསོད་ནམས་འདི་དག་གིས། །འགྲོ་ལ་ཕན་ཕྱིར་སངས་རྒྱས་འགྲུབ་པར་ཤོག །མདུན་གྱི་ནམ་མཁར་བཅོམ་ལྡན་འདས་མའི་ལྷ་ཚོགས་སྐད་ཅིག་གིས་སྤྱན་དྲངས། བཛྲ་ས་མ་ཛཿ བཅོམ་ལྡན་ཁྱེད་ནི་བྱོན་པ་ལེགས། །བདག་ཅག་བསོད་ནམས་སྐལ་བར་ལྡན། །བདག་གི་མཆོད་ཡོན་བཞེས་ནས་ཀྱང་། །འདི་ཉིད་དུ་ནི་བཞུགས་སུ་གསོལ། །པདྨ་ཀ་མ་ལཱ་ཡ་སྟྭཾ། ཛཿཧཱུྃ་བཾ་ཧོཿ ཨོཾ་བཛྲ་ཨརྒྷཾ་ཨཱཿཧཱུྃ། པུཥྤེ། དྷཱུ་པེ། ཨཱ་ལོ་ཀེ། གནྡྷེ། ནཻ་ཝི་དྱ། ཤབྡ་ཨཱཿཧཱུྃ། བཅོམ་ལྡན་འདས་མ་རྡོ་རྗེ་རྣལ་འབྱོར་མ། །སྟོང་ཉིད་རྡོ་རྗེ་ལྡན་པའི་བདག་ཉིད་ཅན། །བསྐལ་པའི་མེ་དཔུང་འཇིགས་པའི་ཧཱུྃ་སྒྲ་སྒྲོགས། །རྡོ་རྗེ་དབྱིངས་ཀྱི་གཙོ་མོ་དེ་ལ་ཕྱག་འཚལ་བསྟོད། །དབང་ཕྱུག་མ་ལ་གསོལ་བ་འདེབས། ལབ་སྒྲོན་དེ་ལ་གསོལ་བ་འདེབས། རྒྱལ་བ་དོན་གྲུབ་ལཿ རྣལ་འབྱོར་ནུས་པའི་རྒྱན་ཅན་ལཿ རྣལ་འབྱོར་སྐལ་བ་བཟང་མོ་ལཿ རྟོགས་ལྡན་བསམ་གཏན་རིན་ཆེན་ལཿ ལྷ་སུ་ཀུན་དགའ་ཡེ་ཤེས་ལཿ ཀུན་མཁྱེན་འཇམ་དཔལ་བཟང་པོ་ལཿ དྲིན་ཆེན་འཇམ་དཔལ་རྒྱ་མཚོ་ལཿ བདག་རྒྱུད་སྨིན་པར་བྱིན་གྱིས་རློབས། ཚོགས་ཞིང་རྣམས་རང་ཉིད་ལ་ཐིམ་པར་གྱུར།

_{བདག་བསྐྱེད་ནི།} ཨོཾ་སྭ་བྷཱ་ཝ་ཤུདྡྷཿསརྦ་དྷརྨཱཿསྭ་བྷཱ་ཝ་ཤུདྡྷོ྅ཧཾ། སྟོང་པ་ཉིད་དུ་གྱུར། སྟོང་པའི་ངང་ལས་གཞལ་ཡས་ཁང་གྲུ་བཞི་སྒོ་བཞི་རྟ་བབས་བང་རིམ་

ལྷ་དང་ལྡན་པ། ཕྱི་རོལ་རྡོ་རྗེའི་ར་བ་མེ་རི་དང་བཅས་པ། གདུགས་དང་། རྒྱ་མཚན་དང་། རིན་པོ་ཆེའི་ཏོག་གིས་མཚན་པ། དེའི་དབུས་སུ་པདྨ་འདབ་བཞིའི་ལྟེ་བར་ཟླ་བའི་སྟེང་དུ། བཾ་ཡིག་མཐིང་ག །དེ་ལས་འོད་ཟེར་འཕྲོས། འཕགས་པ་མཆོད། སེམས་ཅན་གྱི་དོན་བྱས། ཚུར་འདུས་ཡོངས་སུ་གྱུར་པ་ལས། རྡོ་རྗེ་དབྱིངས་ཀྱི་དབང་ཕྱུག་མ་ཞལ་གཅིག་ཕྱག་གཉིས་སྤྱན་གསུམ། རུས་པ་དང་རིན་པོ་ཆེའི་རྒྱན་དུ་མས་བརྒྱན་པ། ཕྱག་གཡས་གྲི་གུག །གཡོན་ཐོད་ཁྲག་ཐུགས་ཀར་བསྣམས་པ། ཞབས་དཀྱིལ་ཀྲུང་དུ་བཞུགས་པ། དེའི་ཤར་དུ་རྡོ་རྗེ་མཁའ་འགྲོ་སྐུ་མདོག་སྔོན་མོ། ལྷོར་རིན་ཆེན་མཁའ་འགྲོ་སྐུ་མདོག་སེར་མོ། ནུབ་ཏུ་པདྨ་མཁའ་འགྲོ་སྐུ་མདོག་དམར་མོ། །བྱང་དུ་ལས་ཀྱི་མཁའ་འགྲོ་སྐུ་མདོག་ལྗང་གུ། དེ་ཐམས་ཅད་ཀྱང་ཞལ་གཅིག་ཕྱག་གཉིས། གཡས་པ་རྣམས་ཀྱིས་གྲི་གུག་དང་། གཡོན་པ་རྣམས་ཀྱིས་ཐོད་ཁྲག་ཐུགས་ཀར་བསྣམས་པ། ཞབས་དཀྱིལ་ཀྲུང་དུ་བཞུགས་པ། ལྷ་ཚོགས་རྣམས་ཀྱི་སྤྱི་བོར་ཨོཾ། མགྲིན་པར་ཨཱཿ ཐུགས་ཀར་ཧཱུྃ། ཐུགས་ཀའི་ཧཱུྃ་ལས་འོད་ཟེར་འཕྲོས་པས། ཆོས་ཀྱི་དབྱིངས་ནས། དབྱིངས་ཕྱུག་མ་རིགས་བཞི་མཁའ་འགྲོའི་ཚོགས་ཀྱིས་བསྐོར་བ་སྤྱན་དྲངས། བཛྲ་ས་མ་ཛཿ དེ་རྣམས་ཀྱི་སྐུ་ལས་འོད་ཟེར་དཀར་པོ་འཕྲོས། རང་གི་ལུས་ལ་ཐིམ། དེ་རྣམས་ཀྱི་གསུང་ལས་འོད་ཟེར་དམར་པོ་བྱུང་། རང་གི་མགྲིན་པར་ཞུགས། དེ་རྣམས་ཀྱི་ཐུགས་ལས་འོད་ཟེར་མཐིང་ག་བྱུང་། རང་གི་སྙིང་གར་ཐིམ། ཨོཾ་ཨཱཿཧཱུྃ། ཨོཾ་ཨོཾ་བུདྡྷ་ཌཱ་ཀི་ནི། བཛྲ་ཝརྞ་ནི། བཛྲ་བཻ་རོ་ཙ་ནཱི་ཡེ་ཧཱུྃ་ཧཱུྃ་ཧཱུྃ་ཕཊ་སྭཱ་ཧཱ། མཐར་གཞལ་ཡས་ཁང་རྟེན་དང་བཅས་པ་རང་ཉིད་ལ་ཐིམ་ཞིང་མི་དམིགས་པའོ། །

བུམ་པ་བསྒྲུབ་པ་ནི། ཨོཾ་སྭ་བྷཱ་ཝ་ཤུདྡྷཿསརྦ་དྷརྨཱཿསྭ་བྷཱ་ཝ་ཤུདྡྷོ྅ཧཾ། སྟོང་པ་ཉིད་

དུ་གྱུར། སྟོང་པའི་ངང་ལས་ལྷའི་བུམ་པ་ཡངས་ཤིང་རྒྱ་ཆེ་བའི་ནང་དུ། རྣལ་འབྱོར་མའི་རྟེན་གཞལ་ཡས་ཁང་དང་བཅས་པ་སྐད་ཅིག་གིས་གསལ་བར་གྱུར་པའི་གནས་གསུམ་ནས་འོད་ཟེར་འཕྲོས། ཆོས་ཀྱི་དབྱིངས་ནས་རྣལ་འབྱོར་མའི་ལྷ་ཚོགས་སྤྱན་དྲངས། བཛྲ་ས་མཱ་ཛཿ བུམ་པའི་ལྷ་དང་གཉིས་སུ་མེད་པར་གྱུར། བརླས་པ་ཕྱེད། མཐར་འོད་དུ་ཞུ། བུམ་པའི་ཆུར་གྱུར།

མདུན་བསྐྱེད། སྭ་བྷཱ་ཝ་ནས། མི་དམིགས་པ་ཡན་བདག་བསྐྱེད་ལྟར་ཕྱེད། གང་གི་དྲིན་གྱིས་བདེ་ཆེན་ཉིད། །སྐད་ཅིག་ཉིད་ལ་འཆར་བ་གང་། །བླ་མ་རིན་ཆེན་ལྟ་བུའི་སྐུ། །རྡོ་རྗེ་ཅན་ཞབས་པད་ལ་འདུད། །སངས་རྒྱས་ཀུན་གྱི་རང་བཞིན་སྐུ། །སློབ་དཔོན་ལ་ནི་བདག་སྐྱབས་མཆི། །དང་པོར་མི་རྟོག་ཕོག་པ་ཡི། །དཀྱིལ་འཁོར་ལྷ་ཚོགས་རྣམས་ལ་འདུད། །སྒྲ་བསམ་བརྗོད་མེད་ཤེས་རབ་ཕ་རོལ་ཕྱིན། །མ་སྐྱེས་མི་འགག་ནམ་མཁའི་ངོ་བོ་ཉིད། །སོ་སོ་རང་རིག་ཡེ་ཤེས་སྤྱོད་ཡུལ་བ། །དུས་གསུམ་རྒྱལ་བའི་ཡུམ་ལ་ཕྱག་འཚལ་ལོ། །སངས་རྒྱས་ཐམས་ཅད་འདུས་པའི་སྐུ། །རྡོ་རྗེ་འཛིན་པའི་ངོ་བོ་ཉིད། །དཀོན་མཆོག་གསུམ་གྱི་རྩ་བ་སྟེ། །བླ་མ་རྣམས་ལ་ཕྱག་འཚལ་ལོ། །དྲི་མ་མེད་པའི་སངས་རྒྱས་ལ། །དྲི་མ་མེད་པའི་མཆོད་ཡོན་འབུལ། །དྲི་མེད་ཞལ་གྱིས་བཞེས་སུ་གསོལ། །དྲི་མ་མེད་པའི་སངས་རྒྱས་ལ། །དྲི་མ་མེད་པའི་མེ་ཏོག་འབུལ། །དྲི་མེད་དབུ་ཡིས་བཞེས་སུ་གསོལ། །དྲི་མ་མེད་པའི་སངས་རྒྱས་ལ། །དྲི་མ་མེད་པའི་བདུག་སྤོས་འབུལ། །དྲི་མེད་ཤངས་ཀྱིས་བཞེས་སུ་གསོལ། །དྲི་མ་མེད་པའི་སངས་རྒྱས་ལ། །དྲི་མ་མེད་པའི་སྣང་གསལ་འདི། །དྲི་མེད་སྤྱན་གྱིས་བཞེས་སུ་གསོལ། །དྲི་མ་མེད་པའིཿ དྲི་མ་མེད་པའི་དྲི་མཆོག་འདི། །དྲི་མེད་ཤངས་ཀྱིས་བཞེས་སུ་གསོལ། །དྲི་མ་མེད་པའིཿ དྲི་མ་མེད་

པའི་ཞལ་ཟས་འདི། །དྲི་མེད་ལྗགས་ཀྱིས་བཞེས་སུ་གསོལ། །དྲི་མ་མེད་པའི༔ དྲི་མ་མེད་པའི་སྒྲ་སྙན་འབུལ། །དྲི་མེད་སྙན་གྱིས་བཞེས་སུ་གསོལ། །དྲི་མ་མེད་པའི༔ དྲི་མ་མེད་པའི་ན་བཟའ་འབུལ། །དྲི་མེད་སྐུ་ཡིས་བཞེས་སུ་གསོལ། །ཨོཾ་སརྦ་ཏ་ཐཱ་ག་ཏ་བཛྲ་ཤབྡ་ཡ་ཨཱཿཧཱུྃ། ཕྱག་འཚལ་བ་དང་མཆོད་ཅིང་བཤགས་པ་དང་། །རྗེས་སུ་ཡི་རང་བསྐུལ་ཞིང་གསོལ་བ་ཡིས། །དགེ་བ་ཅུང་ཟད་བདག་གིས་ཅི་བསགས་པ། །ཐམས་ཅད་རྫོགས་པའི་བྱང་ཆུབ་ཆེན་པོར་བསྔོ། །ནང་མཆོད་འབུལ། བཀའ་བརྒྱུད་བླ་མ་རྣམས་ཀྱི་ཞལ་དུ་ཨོཾ་ཨཱཿཧཱུྃ། ཡི་དམ་ལྷ་ཚོགས༔ དཔའ་བོ་མཁའ་འགྲོ༔ རྡོ་རྗེ་དབྱིངས་ཀྱི་ལྷ་ཚོགས༔ ཆོས་སྐྱོང་སྲུང་མ་རྣམས་ཀྱི་ཞལ་དུ་ཨོཾ་ཨཱཿཧཱུྃ།

བདག་འཇུག་ནི། སློབ་མ་ཁྲུས་བྱེད། ཕྱག་དང་མཎྜལ་ཕུལ། བགེགས་བསྐྲད། ཆོས་བཤད་བྱེད། དཀོན་མཆོག་གསུམ་ལ་བདག་སྐྱབས་མཆི། །སྡིག་པ་མི་དགེ་སོ་སོར་བཤགས། །འགྲོ་བའི་དགེ་ལ་རྗེས་ཡི་རང་། །སངས་རྒྱས་བྱང་ཆུབ་ཡིད་ཀྱིས་བཟུང་། །སངས་རྒྱས་ཆོས་དང་ཚོགས་མཆོག་ལ། །བྱང་ཆུབ་བར་དུ་སྐྱབས་སུ་མཆི། །རང་གཞན་དོན་ནི་རབ་སྒྲུབ་ཕྱིར། །བྱང་ཆུབ་སེམས་ནི་བསྐྱེད་པར་བགྱི། །བྱང་ཆུབ་མཆོག་གི་སེམས་ནི་བསྐྱེད་བགྱིས་ནས། །འགྲོ་ལ་ཕན་ཕྱིར་སངས་རྒྱས་འགྲུབ་པར་ཤོག །ཁྲུས་ཆུས་བསང་། ཁྱེད་རང་སྐད་ཅིག་གིས་རྡོ་རྗེ་དབྱིངས་ཀྱི་དབང་ཕྱུག་མར་ལམ་གྱིས་གསལ་བཏབ་ལ། དྲིའི་ཆུས་གནས་གསུམ་དུ་རེག་ཅིང་། ཨོཾ་ཨཱཿཧཱུྃ། མཆོད་པ་ཕུལ། ཨརྒྷཾ། པཱ་དྱཾ། པུཥྤེ། དྷཱུ་པེ། ཨཱ་ལོ་ཀེ། གནྡྷེ། ནཻ་ཝི་དྱ། ཤབྡ་ཨཱཿཧཱུྃ། གདོང་གཡོགས་བཅིང་། ཨོཾ་ཙཀྵུ་བནྡྷ་ཕ་ར་མཱ་ན་ཡ་ཧཱུྃ། མེ་ཏོག་གཏད། ཨཱ་ཁཾ་བཱི་ར་ཧཱུྃ། སྙིང་ཁར་རྡོ་རྗེ་བཟུང་ལ། སྙིང་གར་ཀུན་རྫོབ་བྱང་ཆུབ་སེམས་ཀྱི་ངོ་བོ་ཟླ་བའི་དཀྱིལ་འཁོར་གྱི་སྟེང་དུ། དོན་དམ་

བྱང་ཆུབ་སེམས་ཀྱི་ངོ་བོ་རྡོ་རྗེ་དཀར་པོ་རྩེ་ལྔ་པ་འོད་ཟེར་འཕྲོ་བ་དང་བཅས་པ་གཅིག་སྒོམས། སློབ་དཔོན་བདག་ལ་དགོངས་སུ་གསོལ། །བདག་མིང་འདི་ཞེས་བགྱི་བ་དུས་འདི་ནས་བཟུང་སྟེ། བྱང་ཆུབ་སྙིང་པོར་མཆིས་ཀྱི་བར། །བྱང་ཆུབ་ཏུ་ནི་ངེས་མཛད་པ། །བྱང་ཆུབ་སེམས་ནི་བླ་ན་མེད། །དམ་པ་བདག་གིས་བསྐྱེད་པར་བགྱི། །ཚུལ་ཁྲིམས་ཀྱི་ནི་བསླབ་པ་དང་། །དགེ་བའི་ཆོས་ནི་བསྡུད་པ་དང་། །སེམས་ཅན་དོན་བྱེད་ཚུལ་ཁྲིམས་གསུམ། །བདག་གིས་བརྟན་པོར་གཟུང་བར་བགྱི། །དམ་བཞག་ནི། ཐལ་མོ་མགོ་ལ་བཞག །དུས་འདི་ནས་ནི་བུ་ཁྱོད་ཀྱི། །རྡོ་རྗེ་འཛིན་པ་ང་ཡིན་གྱིས། །ང་ཡིས་ཇི་ལྟར་བཀའ་སྩལ་པ། །ཁྱོད་ཀྱིས་སྐྱོ་བ་མེད་པར་སྒྲུབས། །གང་ཡང་ང་ལ་མ་གུས་མིན། །དེ་བཞིན་གུས་པར་མ་བྱས་ན། །བདུད་ཀྱིས་བཙོམ་ནས་ངན་འགྲོར་འགྲོ། །དེ་བས་དམ་ཚིག་གནས་པར་གྱིས། །ཡེ་ཤེས་པ་ཐབ། བླ་མ་དང་རྣལ་འབྱོར་མ་ཐ་མི་དད་པའི་སྐུ་གསུང་ཐུགས་ལས་ཡེ་ཤེས་ནོར་བུ་ལྟ་བུ་དང་། བདུད་རྩི་ལྟ་བུ་བྱུང་། ཁྱེད་རང་གི་གནས་གསུམ་དུ་ཐིམ་པའི་མོས་པ་གྱིས། ཨ་ཨ། རོལ་མོ་དཀྲོལ། རྡོ་རྗེ་མགོར་བཞག །ཧྲི་ཊྲཱུཾ་བཛྲ། དཀྱིལ་འཁོར་ཁ་དོག་བརྟག །མེ་ཏོག་འཐོར། པྲ་ཏིཥྛ་བཛྲ་ཧོཿ སྣར་མེ་ཏོག་རང་ལ་གཏད། དཀྱིལ་འཁོར་ལྷ་ཡིས་རྗེས་བཟུང་མཛོད། །མིག་དར་བསལ། སྤྱན་ལྷ་ཡང་དག་པར་ཕྱེས། ལྷ་ཞལ་བསྟན།

དངོས་གཞི་ཞུ་བའི་དོན་དུ་མཆོད་ཕུལ། རྡོ་རྗེ་རྣལ་འབྱོར་མ་རྣམས་ལ། །མཆོད་ཆེན་ཇི་ལྟར་སྩལ་བ་ལྟར། །བདག་ཀུང་སྐྱོབ་པའི་དོན་གྱི་ཕྱིར། །ནམ་མཁའི་རྡོ་རྗེ་དེང་བདག་སྩོལ། །བུམ་པ་སྤྱི་བོར་བཟུང་། །བཛྲ་ཀ་ལ་ཤ་ཨོཾ་ཨཱཿཧཱུྃ། ཇི་ལྟར་བལྟམས་པ་ཙམ་གྱིས་ནི། །ལྷ་རྣམས་ཀྱིས་ནི་ཁྲུས་གསོལ་ལྟར། །ལྷ་ཡི་ཆུ་ནི་དག་པ་ཡིས། །དེ་བཞིན་བདག་གིས་སྐུ་ཁྲུས་གསོལ། །ཨོཾ་སརྦ་ཏ་ཐཱ་ག་ཏ་ཨ་བྷི་ཥེ་ཀ་ཏ་ས་མ་ཡ་

ཁྲི་ཡེ་ཧཱུྃ། དེས་བུམ་པའི་དབང་ལ་བརྟེན་ནས་ཞེ་སྡང་དག །མི་ཡོང་ལྷ་བུའི་དབང་དང་ལྡན་པར་གྱུར། ཅོད་པན་མགོར་བཞག །ཨོཾ་རཏྣ་མུ་ཀུ་ཊ་ཨོཾ་ཨཱཿཧཱུྃ། ཛཿ་ལྟར་བལྟམས་པ་སོགས། དེས་ང་རྒྱལ་དག །མཉམ་པ་ཉིད་ཀྱི་དབང་དང་ལྡན་པར་གྱུར། རྡོ་རྗེ་ལག་ཏུ་གཏད། ཨོཾ་པདྨ་མུ་ཀུ་ཊ་ཨོཾ་ཨཱཿཧཱུྃ། ཛཿ་ལྟར་སོགས། དེས་འདོད་ཆགས་དག །སོ་སོར་རྟོགས་པའི༔ དྲིལ་བུ་ལག་ཏུ་གཏད། ཀརྨ་ཏྣ་ཀི་ཎི་ཨོཾ་ཨཱཿཧཱུྃ། ཛཿ་ལྟར༔ དེས་ཕྲག་དོག་དག །བྱ་བ་གྲུབ་པའི༔ རྡོ་རྗེ་དྲིལ་བུ་སྦྱི་བོར་བཟུང་། བུདྡྷ་ཨ་ཧི་ཥིཉྩ་ཨོཾ་ཨཱཿཧཱུྃ། གསང་མཚན་ཞེས་བྱའོ། །ཛཿ་ལྟར༔ དེས་གཏི་མུག་དག །ཆོས་དབྱིངས་ཡེ་ཤེས་ཀྱི་དབང་དང་ལྡན་པར་གྱུར་ཅིག །དེས་བུམ་དབང་སོགས། གསང་དབང་ཞུ་བའི་དོན་དུ་མཎྜལ་ཕུལ། གསོལ་བཏབ་གོང་ལྟར་བྱེད། ཐོད་པ་སྤྱི་བོར་བཟུང་། ཨོཾ་ཨཱཿཧཱུྃ། ནང་མཆོད་བླུད། དེས་གསང་བའི་དབང་སོང་༔ ཤེས་རབ་ཡེ་ཤེས་ཀྱི་དབང་གི་དོན་དུ་མཎྜལ་ཕུལ། མེ་ལོང་སྤྱི་བོར་བཞག །སངས་རྒྱས་ཀུན་གྱི་མེ་ལོང་དབང་། །དེ་རིང་ཁྱོད་ལ་བསྐུར་བར་བྱ། །སངས་རྒྱས་ཀུན་ཏུ་རབ་སྦྱིན་ཕྱིར། །ཤེས་རབ་ཡེ་ཤེས་དབང་ནི་ཁྱོད་ལ་བསྐུར། །དེས་ཤེས་རབ་ཡེ་ཤེས་ཀྱི་དབང་སོང་༔ གཏོར་མ་སྤྱི་བོར་བཟུང་། ལྷ་བསྐྱེམ། བརྒྱུད་པའི་མཚན་ནས་སྨོས། མེ་ཏོག་འཐོར། དེས་བཞི་པ་སོང་༔ སློབ་དཔོན་གྱི་དབང་གི་དོན་དུ་མཎྜལ་ཕུལ། བུམ་པ་སྤྱི་བོར་བཟུང་། བཅོམ་ལྡན་འདི་ལ་སྨྲུལ་ལུགས་ཀྱི། །འདི་ལ་འགོ་བར་མཛད་དུ་གསོལ། །ཛཿ་ལྟར་བལྟམས་པ་སོགས། མེ་ཏོག་འཐོར། མི་བསྐྱོད་པས་དབུ་བརྒྱན་པར་གྱུར། རྡོ་རྗེ་གཡས་སུ་གཏད། དྲིལ་བུ་གཡོན་དུ་གཏད། རྣལ་འབྱོར་མའི་སྐུ་གཏད། དེས་དམ་ཚིག་གསུམ་མོ། །ཐིག་ལེའི་དབང་ནི། སློབ་མ་དཀྱིལ་ཀྱུང་བཅའ། སྐལ་ཚོགས་བསྒྲང་། ལྟེ་བར་སེམས་ཉིད་ཀྱི་ངོ་བོ་ཐིག་ལེ་དཀར་པོ་བྱ་མ་གསར་གྱི་སྒོ་ང་ཙམ་གསལ་བཏབ། དཔོན་སློབ་གཉིས་ཀས་སྒྲར། སྤྱི་བོ་ནས་ཐོན། རྣལ་འབྱོར་མའི་ཐུགས་ཀར་ཐིམ། རྣལ་འབྱོར་མ་ནམ་མཁའ་ལ་འཇའ་ཡལ་བ་ལྟར་སོང་བར་

སེམས། ཅི་གནས་ལ་བཞག །དེ་ནས་ཕབ། གཏོར་མ་ལ་བརྟེན་ནས་བསྡུས་པ་བྱེད་ན། མཎྜལ་སྐྱབས་འགྲོ་སེམས་བསྐྱེད་གསོལ་བཏབ་ཚོ་བྱེད། གཏོར་མ་སྤྱི་བོར་བཟུང་། སྐུ་ཡི་དབང་བསྐུར། གསུང་དང་། ཐུགས་དང་། བཞི་པ་ལྷ་བསྒོམ་པ་སོགས་རིམ་པར་བླ་མའི་ཞལ་ལས་ཤེས། ཐིག་ལེའི་དབང་གོང་ལྟར་རོ། །

གཏོར་དབང་གི་བརྒྱུད་པ་ནི། རྣལ་འབྱོར་མ། མ་གཅིག་ལབ་སྒྲོན། སངས་རྒྱས་སྒྲོན་མ། རང་བྱུང་པ། མགོན་པོ་རྒྱ་མཚན། དོན་གྲུབ་འོད་ཟེར། འཇམ་དཔལ་རྒྱ་མཚོའོ། །གཙོ་བོས་ཇི་ལྟར་བཀའ་སྩལ་པ། །དེ་དག་ཐམས་ཅད་བདག་གིས་བགྱིད། །མཎྜལ་ཕུལ། ཚོགས་ལ་ལོངས་སྤྱོད། ལྷག་མ་བསྡུ། ཆུ་གཙང་བྲན། དཔལ་འབར་འཇུགས། ཨ་ཀཱ་རོས་བྱིན་གྱིས་རླབས། ཨོཾ་ཨུ་ཙྪིཥྚ་བ་ལིཾ་ཏ་ཧཀྵ་ཧཀྵ་སྭཱ་ཧཱ། ལྷག་གཏོར་ཕྱི་རོལ་དུ་སྐྱུར། རོལ་མོ་བྱེད། སྟོང་ཆུ་གཙང་གིས་བཤལ། ཁ་སྦྱབ། མ་འབྱོར་བ་དང་ཉམས་པ་དང་། །སོགས། ཡིག་བརྒྱས་ཚ་ག་ལྷག་ཆད་ཁ་བསྐང་། བཀའ་བརྒྱུད་བླ་མའི་བཀྲ་ཤིས་ཤོག །ཡི་དམ་ལྷ་ཡིཿ ཆོས་སྐྱོང་རྣམས་ཀྱིཿ ཡེ་ཤེས་པ་རྣམས་རང་གནས་སུ་གཤེགས། དམ་ཚིག་པ་རྣམས་རང་ཉིད་ལ་ཐིམ་པར་གྱུར། ཨོཾ་ཁྱེད་ཀྱིས་སེམས་ཅན་དོན་ཀུན་མཛད་སོགས། བཛྲ་མུཿ ཆོས་དབྱིངས་བྱང་ཆུབ་སེམས་ཀྱི་དཀྱིལ་འཁོར་དུ་སོགས་བརྗོད། གཅོད་གདན་ཐོག་གཅིག་མའི་ཁྲིད་ཡིག་ཕྲིན་ལས་རྒྱ་མཚོ་ལས། རྒྱ་མཚོ་ལྷ་བུའི་དབང་། གབ་པ་མངོན་བྱུང་གི་གསང་བཀའ། དབྱིངས་ཕྱུག་ལྷ་མོ་ལྔའི་སྒྲུབ་ཐབས་འདི། དད་ལྡན་རྣམས་ཀྱིས་བསྐུལ་བའི་ངོར། ཤཱཀྱའི་དགེ་སློང་ཀྱཻ་འོ་ཆོས་ཀྱི་རྒྱ་མཚོ་ཞེས་བྱ་བས། དབེན་གནས་ཆེན་པོ་ཨ་ས་རི་ཁྲོད་དུ་སྦྱར་བའོ། །དགེ་བ་གང་མཆིས་འགྲོ་དྲུག་རྣམས་ལ་བསྔོ། བཀྲ་ཤིས་དཔལ་འབར་འཛམ་གླིང་རྒྱལ་བའི་རྒྱན་དུ་ཤོག །སྒྲུབ་ཐབས་ཀྱི་ཡིག་ཆུང་ངོ་།། །།

༄༅། །ཕྱག་རྒྱ་ཆེན་པོ་གསང་བ་དབང་ཕྱུག་ལྷ་མོ་ཉེར་དགུའི་སྒྲུབ་ཐབས་བཞུགས་སོ། །

བླ་མ་དང་ལྷན་ཅིག་སྐྱེས་མའི་ཡེ་ཤེས་མངོན་དུ་གྱུར་པ་ལ་ཕྱག་འཚལ་ལོ། །གསང་བ་མཆོག་གི་སྒྲུབ་ཐབས་འདི་ལ། སྔོན་འགྲོ་དང་། དངོས་གཞི། རྗེས་གསུམ། སྔོན་འགྲོ་དཀྱིལ་འཁོར་བྲི་ཞིང་། གཏོར་མ་གསུམ། དབང་གཏོར་ཟླུམ་པོ་གཏོད་འདབ་ཀྱིས་རིམ་པར་བསྐོར། དཀར་དམར་གྱི་རྒྱན་འདོགས་ཤིང་། དབང་གཏོར་སྟེར་དཀར་དུ་བཙུག་ལ་མཎྜལའི་སྟེང་དུ་བཞག །གཏོར་མ་གསུམ་པོ་དཀྱིལ་འཁོར་གྱི་གོང་དུ་བསྒྲིག །དབང་གཏོར་ལོགས་སུ་བཞག །དཀྱིལ་འཁོར་གྱི་དབུས་སུ་མཎྜལའི་སྟེང་དུ་བུམ་པ་མཚན་ཉིད་དང་ལྡན་པ་མགུལ་ཆིངས། ཁ་རྒྱན། ཆུས་གསུམ་གཉིས་གང་ཞིང་བུམ་རྫས་དང་ལྡན་པ་བཞག །སྟེང་དུ་ཐོད་པ་ཆང་གིས་གང་བའི་ཁར་མེ་ལོང་ལ་ལི་ཁྲིའི་དཀྱིལ་འཁོར་བྲིས་ལ་དར་དམར་པོས་བཀབ་ལ་བཞག །མཐར་མཆོད་པས་བསྐོར། རང་ཉིད་གདན་བཤམས་པར་སྡོད་ཅིང་། མདུན་དུ་སྟེགས་ཀྱི་ཁར། ནང་མཆོད། ཊ་དྲིལ། རྐང་དུང་སོགས་བཞག །ནང་མཆོད་བྱིན་གྱིས་རླབས། ཨོཾ་ཨཱཿཧཱུྃ་ཧ་ཧོ་ཧྲཱིཿ ཨོཾ་ཨཱཿཧཱུྃ། མཐེབ་སྲིན་གྱིས་ལན་གསུམ་དགྲུག །དཀར་གཏོར་ལ་ཆུ་གཙང་ཐན་ཏེ། ཨོཾ་སྭ་བྷཱ་ཝ་ཤུདྡྷཿསརྦ་དྷརྨཱཿསྭ་བྷཱ་ཝ་ཤུདྡྷོ྅ཧཾ། སྟོང་པ་ཉིད་དུ་གྱུར། སྟོང་པའི་ངང་ལས་གཏོར་མ་དངས་ཤིང་ཐོགས་པ་མེད་པ་གཞི་བདག་རྣམས་ཀྱི་འདོད་པའི་ཡོན་ཏན་ལྔ་དང་ལྡན་པར་གྱུར། ཨོཾ་ཨ་ཀཱ་རོ་མུ་ཁཾ་སརྦ་དྷརྨཱ་ཎཱཾ་ཨཱདྱ་ནུཏྤནྣ་ཏྭཱཏ་ཨོཾ་ཨཱཿཧཱུྃ་ཕཊ་སྭཱ་ཧཱ། རྐང་དུང་དང་རོལ་མོ་བྱེད། གཏོར་མ་གཙང་སར་ཕུལ། སུམྦྷ་ནི་སོགས་བགེགས་བསྐྲད། བསྲུང་འཁོར་བསྒོམ། བདག་གཞན་མ་ཚོགས་ནམ་མཁའ་དང་མཉམ་པའི་སེམས་ཅན་ཐམས་ཅད། བླ་མ་ལ་སྐྱབས་སུ་མཆིའོ། །སངས་རྒྱས་ལ༔ ཆོས་ལ༔ དགེ་འདུན་ལ༔ སངས་རྒྱས་ཆོས་དང་ཚོགས་ཀྱི་མཆོག་རྣམས་ལ། །བྱང་ཆུབ་བར་དུ་བདག་ནི་སྐྱབས་སུ

མཆི། །བདག་གིས་སྤྲིན་སོགས་བཀྲིས་པའི་བསོད་ནམས་ཀྱིས། །འགྲོ་ལ་ཕན་ཕྱིར་སངས་རྒྱས་འགྲུབ་པར་ཤོག །མདུན་གྱི་ནམ་མཁར་ཚོགས་ཞིང་གི་ལྷ་ཚོགས་སྐད་ཅིག་གིས་གསལ་བར་གྱུར། བཛྲ་ས་མ་ཛཿ ཨོཾ་སརྦ་ཏ་ཐཱ་ག་ཏ་ཨརྒྷཾ། པཱ་དྱཾ། པུཥྤེ། དྷཱུ་པེ། ཨཱ་ལོ་ཀེ་ཛ །གནྡྷེ། ནཻ་ཝེ་ཏྱ། ཤབྡ་ཨཱཿཧཱུྃ། གསང་བ་བདེ་ཆེན་མཁའ་འགྲོ་མ། །མཁའ་འགྲོ་མ་ཡི་འཁོར་ལོ་བསྐྱུར། །ཡེ་ཤེས་ལྷ་དང་སྐུ་གསུང་ཐུགས། །འགྲོ་བ་སྐྱོབ་ལ་ཕྱག་འཚལ་བསྟོད། །ཡུམ་ཆེན་མོ་ལ་གསོལ་བ་འདེབས། རྡོ་རྗེ་ཕག་མོ་ལཿ ཡབ་ཀྱི་སྒྲོན་མ་ལཿ རྒྱལ་བ་དོན་གྲུབ་ལཿ ཀརྨ་པཀྵི་ལཿ གྲུབ་ཐོབ་གནམ་མཚོ་ལཿ རང་བྱུང་རྡོ་རྗེ་ལཿ ཡེ་ཤེས་དཔལ་བ་ལཿ དོན་གྲུབ་འོད་ཟེར་ལཿ འཇམ་དཔལ་རྒྱ་མཚོ་ལཿ བདག་རྒྱུད་སྨིན་པར་བྱིན་གྱིས་རློབས། ཚོགས་ཞིང་རྣམས་རང་ཉིད་ལ་ཐིམ། ཨོཾ་ཨཱཿཧཱུྃ།

བདག་བསྐྱེད་ནི། ཨོཾ་སྭ་བྷཱ་ཝ་ཤུདྡྷཿསརྦ་དྷརྨཱཿསྭ་བྷཱ་ཝ་ཤུདྡྷོ྅ཧཾ། སྟོང་པ་ཉིད་དུ་གྱུར། སྟོང་པའི་ངང་ལས་གཞལ་ཡས་ཀྱི་ཁང་པ་གྲུ་བཞི་སྒོ་བཞི་རྟ་བབས་བང་རིམ་ལྔ་དང་ལྡན་པ། ནང་ཀ་བ་བརྒྱད། སྟེང་རྡོ་རྗེའི་གདུང་བཅུ་དྲུག་མིག་མང་རིས་སུ་བྲིས་པ། བརྩིག་པའི་རིམ་པ་དམར་པོ། སེར་པོ། དཀར་པོ། ལྗང་གུ། སྔོན་པོ་རྣམས་ཀྱིས་རྩ་བ་དང་ཁ་ཁྱེར། རིན་པོ་ཆེའི་དྲ་བ་དང་དྲ་ཕྱེད། དྲིལ་བུ་གཡེར་ཁས་བརྒྱན་ཅིང་། བ་གམ་དང་། ཕུ་ཤུ། རིན་པོ་ཆེ་བཻཌཱུརྱ་དང་བཅས་པ། གདུགས། རི་དྭགས། དར་དཔྱངས་ཀྱིས་མཛེས་པ། གཞལ་ཡས་ཁང་གི་དབུས་སུ་པདྨ་འདབ་མ་བདུན་གྱི་ལྟེ་བར་ཉི་མའི་སྟེང་དུ་བཾ་དམར་སེར། དེ་ལས་འོད་ཟེར་འཕྲོས། འཕགས་པ་མཆོད། སེམས་ཅན་གྱི་དོན་བྱས། ཚུར་འདུས་ཡོངས་སུ་གྱུར་པ་ལས། ལྷ་མོ་སྐུ་མདོག་དམར་མོ་ཞལ་གསུམ་ཕྱག་དྲུག་སྤྱན་གསུམ། མཆེ་བ་བཞི་རབ་ཏུ་གཙིགས་

པ། དབུ་སྐྲ་དམར་སེར་གྱེན་དུ་བརྫེས་པ་ལ་ཐོད་པ་སྐམ་པོ་ལྔས་དབུ་ལ་བརྒྱན་ཅིང་། རྔོན་པ་ལྔ་བཅུའི་དོ་ཤལ་བྱས་པ། ཞལ་དབུས་དམར། གཡས་དཀར། གཡོན་བྱང་བ་ལྟར་ནག་པ། ཕྱག་གཡས་ཀྱི་དང་པོ་གྲི་གུག །གཉིས་པ་རལ་གྲི། གསུམ་པ་གཡང་གཞི། གཡོན་གྱི་དང་པོ་ཐོད་པ་ཁྲག་གིས་གང་བ་ཐུགས་ཀར་འཛིན་ཅིང་། གཉིས་པས་རྩེ་གསུམ། གསུམ་པས་མདའ་གཞུ་དང་། ཞགས་པ་འཛིན་པ། དུར་ཁྲོད་ཀྱི་ཆས་བརྒྱད་ཀྱིས་བརྒྱན་ཅིང་། ཞབས་གཡས་བསྐུམ་གཡོན་བརྐྱང་བས་ཉི་མ་ལ་གནས་པ། འདབ་མ་བདུན་ལ། དབང་ཕྱུག་མ་སེང་གེའི་གདོང་པ་ཅན་སྐུ་མདོག་དཀར་མོ། གཡས་རྣམས་ཀྱིས་ལྕགས་ཀྱུ་དང་ཌ་མ་རུ། གཡོན་རྣམས་ཀྱིས་ཐོད་པ་ཁྲག་གིས་གང་བ་བསྣམས་པ། དུར་ཁྲོད་ཀྱི་ཆས་བརྒྱད་ཀྱིས་བརྒྱན་ཅིང་། ཞབས་གར་སྟབས་སུ་ཉི་མ་ལ་གནས་པ། དེའི་ཕྱི་རོལ་འདབ་མ་བདུན་ལ། དབང་ཕྱུག་མ་སྐུ་མདོག་སེར་མོ་ཕག་གི་གདོང་པ་ཅན། གཡས་རྣམས་ཀྱིས་ལྕགས་སྒྲོག་དང་གཡང་གཞི་བསྣམས་ཤིང་། གཡོན་རྣམས་ཀྱིས་མི་སྙིང་དམར་པོ་ཞལ་དུ་ཟ་ཞིང་། ཕྱོགས་མཚུབ་བྱེད་པ། དུར་ཁྲོད་ཀྱི་ཆས་བརྒྱད་ཀྱིས་བརྒྱན་ཅིང་། ཉི་མ་ལ་གར་སྟབས་ཀྱིས་གནས་པ། དེའི་ཕྱི་རོལ་འདབ་མ་བདུན་ལ། དབང་ཕྱུག་མ་ལྷ་མོ་སྐུ་མདོག་དམར་མོ་མི་སྟག་གི་གདོང་པ་ཅན་གཡས་རྣམས་ཀྱིས་དགྲ་སྟ་དང་མདུང་ཐུང་། གཡོན་རྣམས་ཀྱིས་མི་རོ་ཁོག་སྟོད་སྨད་ཕྲག་པར་བཀལ་ཞིང་། མིའི་རྒྱུ་མ་ཞལ་དུ་གསོལ་བ། ཆས་བརྒྱད་ཀྱིས་སྐུ་ལ་བརྒྱན་ཅིང་། ཉི་མ་ལ་གར་སྟབས་ཀྱིས་གནས་པ། དེའི་ཕྱི་རོལ་འདབ་མ་བདུན་ལ། དབང་ཕྱུག་ལྷ་མོ་སྐུ་མདོག་ལྗང་སྔོན་ཆུ་སྲིན་གྱི་གདོང་པ་ཅན། གཡས་རྣམས་ཀྱིས་ཐོ་བ་དང་གྲི་གུག །གཡོན་རྣམས་ཀྱིས་དམར་གཏོར་ཐོད་པར་བཅུག་ཅིང་བསྣམས་པ། ཆས་

བརྒྱད་ཀྱིས་སྐུ་ལ་བརྒྱན་པ། ཉི་མ་ལ་གར་ཐབས་ཀྱིས་གནས་པའོ། །གཞལ་ཡས་ཁང་གི་ཕྱི་རོལ་དུ་འདོད་ཡོན་གྱི་རྣམ་བུ་དམར་པོ་ལ་གནས་པའི་ལྷ་མོ་རྣམས་ཀྱིས་མཆོད་རྫས་དུ་མ་ཐོགས་ནས་བཅོམ་ལྡན་འདས་ལ་མཆོད་པ་འབུལ་བར་མཛད་པ། དེའི་ཕྱི་རོལ་དུ་པདྨའི་ར་བ། རྡོ་རྗེའི་ར་བ། མུ་ཏིག་གི་ཕྲེང་བའི་ར་བ། དུར་ཁྲོད་བརྒྱད་ཀྱིས་བསྐོར་བ། དེའི་ཕྱི་རོལ་དུ་མེའི་ར་བས་ཡོངས་སུ་བསྐོར་བ། སྒོ་མ་བཞི་ནི། རྟོགས་འདོད་མ་སྔོན་མོ། གཏུམ་མོ་སེར་མོ། ཆུ་སྐྱེས་མ་དམར་མོ། ལྟོ་འཕྱེ་མ་ལྗང་གུ། གཡས་རྣམས་ཀྱིས་ཊ་མ་རུ་དང་། གཡོན་རྣམས་ཀྱིས་མི་ཀྲང་གི་གླིང་བུ་འབུད་པ། ཀླུ་བརྒྱད་ཀྱིས་བརྒྱན་ཅིང་། ཉི་མ་ལ་གར་སྟབས་ཀྱིས་གནས་པ། ལྷ་ཚོགས་རྣམས་ཀྱི་དཔྲལ་བར་ཨོཾ། མགྲིན་པར་ཨཱཿ ཐུགས་ཀར་ཧཱུཾ། ཐུགས་ཀའི་ཧཱུཾ་ལས་འོད་ཟེར་འཕྲོས་པས། ཨུ་རྒྱན་དང་ཡུལ་ཉི་ཤུ་རྩ་བཞི་ནས་དབང་ཕྱུག་ལྷ་མོ་ཉེར་དགུ་ལ་སངས་རྒྱས་དང་བྱང་ཆུབ་སེམས་དཔའི་ཚོགས་ཀྱིས་བསྐོར་བ་སྤྱན་དྲངས། བཛྲ་ས་མ་ཛཿ དེ་རྣམས་ཀྱི་སྐུ་ལས་སྐུ་དཔག་ཏུ་མེད་པ་བྱུང་། རང་གི་ལུས་ལ་ཐིམ། དེ་རྣམས་ཀྱི་མགྲིན་པ་ནས་སྔགས་བྱུང་། རང་གི་མགྲིན་པར་ཞུགས། དེ་རྣམས་ཀྱི་ཐུགས་ལས་དཔལ་བེའུ་ཡེ་ཤེས་ལྷའི་རང་བཞིན་བྱུང་། རང་གི་སྙིང་གར་ཐིམ། གསང་གནས་ཉི་མའི་སྟེ་དུ་བཾ་ཡིག་གི་མཐར་གཡོན་བསྐོར་དུ་འཁོར་བར་དམིགས་ཏེ། ཨོཾ་ཨོཾ་ཨོཾ་སརྦ་བུདྡྷ་ཌཱ་ཀི་ནི། བཛྲ་ཝརྞ་ནི། བཛྲ་བཻ་རོ་ཙ་ནི་ཡེ་ཧཱུཾ་ཧཱུཾ་ཧཱུཾ་ཕཊ་ཕཊ་སྭཱ་ཧཱ། བརྒྱ་རྩ་བཟླས། མཐར་གཞལ་ཡས་ཁང་རྟེན་དང་བཅས་པ་རང་ཉིད་ལ་ཐིམ་སྟེ་མི་དམིགས་པའོ། །

བུམ་པ་བསྒྲུབ་པ་ནི། ཨོཾ་སྭ་བྷཱ་ཝ་ཤུདྡྷཿསརྦ་དྷརྨཱཿསྭ་བྷཱ་ཝ་ཤུདྡྷོ྅ཧཾ། སྟོང་པ་ཉིད་དུ་གྱུར། སྟོང་པའི་ངང་ལས་རིན་པོ་ཆེའི་བུམ་པ་མཚན་ཉིད་དང་ལྡན་པའི་དབུས

སུ། གཞལ་ཡས་ཁང་དཀྱིལ་འཁོར་ལྷ་ཚོགས་དང་བཅས་པ་གསལ་ཞིང་། དེ་ལས་འོད་ཟེར་འཕྲོས། ཡེ་ཤེས་པ་སྤྱན་དྲངས། སྐད་ཅིག་གིས་རྟེན་དང་མི་ཡོང་ཐོད་པ་བུམ་པའི་ལྷ་ཚོགས་རྣམས་དང་གཉིས་སུ་མེད་པར་གྱུར། གོང་གི་སྔགས་བཟླས། མཐར་བུམ་ལྷ་ཞུ་སྟེ། བུམ་པའི་ཆུར་གྱུར།

མདུན་བསྐྱེད་བསྟུབ་པ་ནི། ཨོཾ་སྭ་བྷཱ་ཝ་ནས། མི་དམིགས་པར་བཞག་པའི་བར་བདག་བསྐྱེད་ལྟར་རོ། །དཔལ་ལྡན་རྡོ་རྗེ་མཁའ་འགྲོ་མ། །མཁའ་འགྲོ་མ་ཡི་འཁོར་ལོ་བསྐུར། །ཡེ་ཤེས་ལྔ་དང་སྐུ་གསུང་ཐུགས། །འགྲོ་བ་སྐྱོབ་ལ་ཕྱག་འཚལ་བསྟོད། །དཔལ་དང་ལྡན་པའི་བཅོམ་ལྡན་འདས་མ་ཁྱོད། །མཁའ་མཉམ་བདེ་བ་འགྲོ་བ་ཀུན་བདག་མོ། །ཡོངས་སྤྱོད་སྐུ་མའི་གཟུགས་དང་ཆགས་པའི་གདངས། །མཁའ་འགྲོ་དྲ་བ་སྡོམ་ལ་ཕྱག་འཚལ་བསྟོད། །གང་གིས་མཆོད་ཡོན་རྒྱ་མཚོ། །རིག་པའི་མེ་ཏོག་བདུག་སྤོས་དང་ལྡན་སྣ་ཚོགས་དང་། །འོད་གསལ་ཚུལ་ཁྲིམས་དྲི་ངད་རོ་མཆོག་བརྒྱད་ལྡན་དང་། །གསུང་སྙན་སྒྲབ་འཇམ་འཕན་གདུགས་དུ་མ་རྣམས། །བླ་མ་དཀྱིལ་འཁོར་ལྷ་ཡི་ཚོགས་ལ་འབུལ། །ཨོཾ་སརྦ་ཏ་ཐཱ་ག་ཏ་ཨརྒྷཾ་པྲ་ཏཱིཙྪ་པཱུ་ཛ་མེ་གྷ་ས་མུ་དྲ་སྥ་ར་ཎ་ས་མ་ཡ་ཨཱཿཧཱུྃ། པུཥྤེ། དྷཱུ་པེ། ཨཱ་ལོ་ཀེ། གནྡྷེ། ནཻ་ཝི་དྱེ། ཤཔྡ། སྤརྴེ། ཨཾ་ཧཾ་ཀ། ག་ཏ་ཨཱཿཧཱུྃ་སྭཱ་ཧཱའི་བར་བརྗོད།

བདག་འཇུག་ལེན་པ་ནི། སློབ་མ་ཁྲུས་བྱེད། ཕྱག་འཚལ། ཡོན་དང་མཎྜལ་ཕུལ། བགེགས་གཏོར་གཞུང་ལྟར་བཏང་ཞིང་། མཚམས་གཅོད་ཅིང་བསྲུང་འཁོར་བསྒོམ། སློབ་དཔོན་གྱིས་ཆོས་བཤད་རྒྱུས་བསྟུས་སྐབས་དང་སྦྱར། དཀོན་མཆོག་གསུམ་ལ་བདག་སྐྱབས་མཆི། །སྡིག་པ་མི་དགེ་སོ་སོར་བཤགས། །འགྲོ་བའི་དགེ་ལ་རྗེས་ཡི་རང་། །སངས་རྒྱས་བྱང་ཆུབ་ཡིད་ཀྱིས་བཟུང་། །སངས་རྒྱས་ཆོས་དང་ཚོགས་མཆོག་ལ། །བྱང་ཆུབ་བར་དུ་སྐྱབས་སུ་མཆི། །རང་གཞན་དོན་ནི་རབ་

བསྐྱབ་ཕྱིར། །བྱང་ཆུབ་སེམས་ནི་བསྐྱེད་པར་བགྱིད། །བྱང་ཆུབ་མཆོག་གི་སེམས་ནི་བསྐྱེད་བགྱིས་ནས། །འགྲོ་ལ་ཕན་ཕྱིར་སངས་རྒྱས་འགྲུབ་པར་ཤོག །ཡན་གསུམ་བཟློད་ནས་སྡོམ་པ་བཟུང་སྟེ། སློབ་དཔོན་བདག་ལ་དགོངས་སུ་གསོལ། །བདག་མིང་འདི་ཞེས་བྱ་བ། འདི་ནས་བྱང་ཆུབ་མཆིས་ཀྱི་བར། །རྡོ་རྗེ་རིགས་ཀྱི་སྡོམ་བཞི་དང་། །རིན་ཆེན་རིགས་ཀྱི་སྡོམ་པ་གསུམ། །པདྨ་རིགས་ཀྱི་སྡོམ་བཞི་དང་། །ལས་ཀྱི་རིགས་ཀྱི་སྡོམ་པ་གཉིས། །སངས་རྒྱས་རིགས་ཀྱི་སྡོམ་པ་གཅིག །གསང་སྔགས་སྡོམ་པ་བཅུ་བཞི་འདི། །ལེགས་པར་བཟུང་སྟེ་བསྲུང་བར་བྱ། །དམ་བཞག་ནི། ཐུམ་ཆུ་བླུད། འདི་ནི་དམ་ཚིག་ཆུ་ཡིན་ཏེ། །ཁྱོད་ཀྱིས་ལེགས་པར་བསྲུང་བར་གྱིས། །ཨ་མྲི་ཧོ་ཏ་ཀ། ཐལ་མོ་མགོར་བཞག །རྡོ་རྗེ་འཛིན་པ་ང་ཡིན་གྱིས། །ང་ཡིས་ཇི་ལྟར་བཀའ་སྩལ་པ། །ཁྱོད་ཀྱིས་དེ་ལྟར་བྱ་དགོས་སོ། །ཡེ་ཤེས་པ་ཕབ་སྟེ། མདུན་གྱི་ནམ་མཁར་བླ་མ་དང་དཀྱིལ་འཁོར་གྱི་ལྷ་གསལ་བའི་དཔྲལ་བའི་མཛོད་སྤུ་ནས་བདུད་རྩི་བྱུང་། ཁྱེད་རང་གི་དཔྲལ་བར་ཐིམ། ལུས་གང་བའི་མོས་པ་གྱིས། རོལ་མོ་དྲག་ཏུ་དཀྲོལ་ཞིང་། ཨ་ཨ་བཟློད། རྡོ་རྗེ་མགོར་བཞག །ཏིཥྛ་བཛྲ། བརྟན་པར་བྱེད། དཀྱིལ་འཁོར་མ་མཐོང་བའི་བརྡར་གདོང་གཡོགས་བཅིངས་ཤིང་། མེ་ཏོག་གཏད། ཨོཾ་ཙཀྲུ་མ་ཧ་ཡ་ཧཱུཾ། ཨཱ་ཁཾ་བཱི་ར། དཀྱིལ་འཁོར་ཁ་དོག་བརྟག །མེ་ཏོག་འཐོར་ཞིང་། དཀྱིལ་འཁོར་ལྷ་ཡིས་རྗེས་བཟུང་མཛོད། ལྷ་བསྟིམ། གདོང་གཡོགས་བསལ་སྟེ། ཡེ་ཤེས་ལྷ་ཡི་སྤྱན་ནི་ཐོབ་གྱུར་ཅིག །དཀྱིལ་འཁོར་ལྷ་ངོ་བསྟན།

ཐུམ་དབང་ཞུ་བའི་དོན་དུ་མཎྜལ་ཕུལ། བླ་མ་རྡོ་རྗེ་རྣལ་འབྱོར་མ། །བུམ་པ་ལྷ་ཡི་གཞལ་ཡས་ཁང་། །བདུད་རྩི་ལྷ་ཡི་རང་བཞིན་ཅན། ཁྱོད་ཀྱིས་བདག་ལ་སྩོལ་དུ་གསོལ། །བུམ་པ་སློབ་མའི་མགོར་བཟུང་། བཛྲ་ཨ་བྷི་ཥིཉྩ་ཧཱུཾ། རཏྣ་ཨ་བྷི་ཥིཉྩ་ཏྲཱཾ། པདྨ་ཨ་བྷི་ཥིཉྩ་ཧྲཱིཿ ཀརྨ་ཨ་བྷི་ཥིཉྩ་ཨཱ། ཇི་ལྟར་བལྟམས་པ་ཙམ་གྱིས་ནི། །ལྷ་རྣམས་ཀྱིས་ནི་ཁྲུས་གསོལ་

ལྟར། །ལྷ་ཡི་ཆུ་ནི་དག་པ་ཡིས། །དེ་བཞིན་བདག་གིས་སྐུ་ཁྲུས་གསོལ། །ཨོཾ་སརྦ་ཏ་ཐཱ་ག་ཏ་ཨ་བྷི་ཥེ་ཀ་ཏ་ས་མ་ཡ་ཤྲཱི་ཡེ་ཧཱུཾ། བུམ་ཆུ་བླུད། རྡོ་རྗེ་དྲིལ་བུ་མཉམ་པར་མགོར་བཟུང་། བུདྡྷ་ཌཱ་ཀི་ནི་ཨ་བྷི་ཥིཉྩ་ཨོཾ། ཀྱེ་དཔལ་གསང་མཚན་ནོ། །ཇི་ལྟར་སོགས། མི་རྟོག་འཛིན། དེས་བུམ་པའི་དབང་བསྐུར། དུག་ལྔ་དག །རིགས་ལྔས་དབུ་ལ་བརྒྱན་ཅིང་། སྤྲུལ་སྐུ་ཐོབ་པའོ། །གསང་དབང་གི་མཎྜལ་ཕུལ། ཐོད་པ་སྤྱི་བོར་བཟུང་། ཨོཾ་ཨཱཿཧཱུཾ། བདེ་བ་ཆེན་པོ་བདུད་རྩིའི་དབང་བསྐུར་བར་བྱ། ནང་མཆོད་བླུད། ཨ་སྐྱེ་བ་མེད་པ་མངོན་དུ་གྱུར་པར་བྱིན་གྱིས་རློབས་ཤིག །ངག་སྒྲིབ་དག །ལོངས་སྐུ་ཐོབ་པར་སོམས། གསུམ་པ་མཎྜལ། མི་ལོང་ལྟེ་བ་དང་སྙིང་ཁར་བཟུང་། ལི་ཁྲི་དམར་པོ་དབང་གི་དཀྱིལ་འཁོར་འདི། །དད་ལྡན་སོམས་པ་ཁྱོད་ཀྱིས་བླང་བར་གྱིས། །ཨ་ཧཾ་འདྲེས་པས་བདེ་སྟོང་དགའ་བཞི་འཆར། །དགའ་ཆེན་ཡང་དག་ཡེ་ཤེས་སྐྱོང་བར་གྱིས། །མི་རྟོག་འཛིན། སིནྡྷུ་ར་དཔྲལ་བ་དང་སྙིང་ག །ལྟེ་བ་སོགས་ལ་བྱུག །མ་རིག་པ་དག་ཅིང་ཆོས་སྐུ་འགྲུབ་པར་བྱས་སོ། །བཞི་པ་མཎྜལ། ཐལ་མོ་བཏབས་ཤིང་། གྲགས་སྟོང་ལྷན་ཅིག་སྐྱེས་པ་དངོས་བཟུང་མེད་པ་མཐའ་བྲལ་ཕྱག་རྒྱ་ཆེན་པོ་རང་སེམས་སྒོམས་ཤིག །མཎྜལ་ཕུལ། བུམ་པ་སྤྱི་བོར་བཟུང་། ཨ་བྷི་ཥེ་ཀ་ཏ་ས་མ་ཡ་ཤྲཱི་ཡེ་ཧཱུཾ། བུམ་ཆུ་བླུད། མི་རྟོག་འཛིན། ཕྲེང་བ་གཏད་ཅིང་། སྔགས་བགྲང་བཅུག །ནམ་མཁའ་སྒོ་འབྱེད་ནི། དཀྱིལ་ཀྲུང་བཅའ། ལུས་བསྲང་། ལྟེ་བར་ཧིག་ཡི་བྱ་མ་གསར་གྱི་སྒོ་ང་ཙམ་ཞིག་སྒོམས། དཔོན་སློབ་གཉིས་ཀས་ཕཊ་ཀྱིས་སྤར། སྤྱི་བོ་ནས་ཐོན། ལྷ་མོའི་ཐུགས་ཀར་ཐིམ། ལྷ་མོ་འཁོར་བཅས་འོག་མིན་དུ་སངས་རྒྱས་པར་བསམ། ཅི་གནས་ལ་བཞག །དེ་ནས་ཕབ།

གཏོར་དབང་བསྐུར་བ་བྱེད་ན། སྔོན་འགྲོ་སྤྱི་དང་མཐུན། གཏོར་མ་སྤྱི་བོར་བཟུང་། བརྒྱུད་པའི་མཚན་ནས་སྨོས། བླ་མ་ཡི་དམ་གྱི་སྐུ་ལས་སྐུ་འཕྲོས། རང་གི་ལུས་ལ་ཐིམ། ནང་མཆོད་བླུད། མི་རྟོག་འཛིན། མགྲིན་པ་ནས་སྔགས་བྱུང་། རང་གི་མགྲིན་པར་ཞུགས། ནང་མཆོད་མི་རྟོག་གོང་

ལྟར། ཐུགས་ཀ་ནས་དཔལ་བེའུ་སོགས་བྱུང་། སྙིང་ཁར་ཐིམ། ནང་མཆོད། མེ་ཏོག །གཏོར་མ་སྤྱི་བོར་བཟུང་། ལྷ་བསྡིམ། མཚན་ནས་སྨོས་པ་གོང་ལྟར་རོ། །གཏོར་མ་གནས་གསུམ་དུ་གཏུག །ཨོཾ་ཨཱཿཧཱུྃ་བརྗོད། མེ་ཏོག་འཐོར། ཐིག་ལེའི་དབང་གོང་དང་མཐུན། གཙོ་བོས་ཇི་ལྟར་བཀའ་སྩལ་པ། །དེ་དག་ཐམས་ཅད་བདག་གིས་བགྱིད། །ཡན་གསུམ་དང་། མཇལ་ཕྱུལ། ཚོགས་ལ་ལོངས་སྤྱོད། ལྷག་གཏོར་བསྔུས་ལ་ཆུ་གཙང་བྲན། དཔལ་འབར་འཛུགས། ཨ་ཀ་རོས་བྱིན་གྱིས་རླབས། ཨོཾ་ཨུ་ཙྪིཥྚ་བ་ལིཾ་ཏ་བྷཀྵ་ཡ་བྷཀྵ་ཡ་ཀ་སྭཱ་ཧཱ། གཏོར་མ་ཕྱི་རོལ་དུ་ཀྲུངས་ཀྱིས་ཁྱེར་ལ། བོགས་ཀྱིས་བླུག །རོལ་མོ་དྲག་དུ་དཀྲོལ། སྟོད་ཆུ་གཙང་གིས་བཤལ། ཁ་སྦུབ་ཏུ་བཞག །རྗེས་ཚོག་ནི། མ་འབྱོར་བ་དང་ཉམས་པ་དང་། །ཡང་གང་བདག་རྨོངས་བློ་ཡིས་ནི། །བགྱིས་པ་དང་ནི་བགྱིད་སྩལ་བ། །དེ་ཀུན་མགོན་པོས་བཟོད་པར་མཛོད། །ཨོཾ་བཛྲ་སཏྭ་ཧཱུྃ། ལྷག་ཆད་ཁ་བསྐང་། བླ་མ་མཆོག་གི་བཀྲ་ཤིས་ཤོག །ཡི་དམ་ལྷ་ཡིཿ ཆོས་སྐྱོང་རྣམས་ཀྱིཿ ཡེ་ཤེས་པ་རང་གནས་སུ་གཤེགས། དམ་ཚིག་པ་རང་གི་སྙིང་གར་ཐིམ་པར་གྱུར། ཨོཾ་ཁྱེད་ཀྱིས་སེམས་ཅན་དོན་ཀུན་མཛད། །རྗེས་སུ་མཐུན་པའི་དངོས་གྲུབ་སྩོལ། །སངས་རྒྱས་ཞིང་དུ་གཤེགས་སུ་གསོལ། །སངས་རྒྱས་ཞིང་དུ་གཤེགས་ནས་ཀྱང་། །སེམས་ཅན་རྣམས་ཀྱི་དོན་སླད་དུ། །སླར་ཡང་འབྱོན་པར་མཛད་དུ་གསོལ། །བཛྲ་མུཿ ཆོས་དབྱིངས་བྱང་ཆུབ་སེམས་ཀྱི་དཀྱིལ་འཁོར་དུ། །བདག་སོགས་སེམས་ཅན་ཐམས་ཅད་ཀྱི། །དུས་གསུམ་བསགས་དང་རྫོགས་པ་ཡི། །འགྲོ་དྲུག་སེམས་ཅན་མ་ལུས་པ། །སྐུ་ལྔ་ཡོངས་རྫོགས་སངས་རྒྱས་མྱུར་དུ་འགྲུབ་པར་ཤོག །གཙོད་གདན་ཐོག་གཅིག་མའི་ཁྲིད་ཡིག་ཕྲིན་ལས་རྒྱ་མཚོ་ལས། རྒྱ་མཚོ་ལྷ་བུའི་དབང་། གབ་པ་མངོན་བྱུང་གི་གསང་བཀའ། གསང་བ་བདེ་ཆེན་དབང་ཕྱུག་ལྷ་མོའི་སྒྲུབ་ཐབས་འདི། དད་ལྡན་རྣམས་ཀྱིས་བསྐུལ་བའི་ངོར། ཤཱཀྱའི་དགེ་སློང་ཀྲེ་འོ་ཆོས་ཀྱི་རྒྱ་མཚོ་ཞེས་བྱ་བས་དབེན་གནས་ཨ་ས་རི་ཁྲོད་དུ་སྦྱར་བའོ། །དགེ་བ་མ་གྱུར་རྣམས་ལ་བསྔོ། བཀྲ་ཤིས་དཔལ་འབར་འཛམ་གླིང་རྒྱལ་བའི་རྒྱན་དུ་ཤོག །ལྷན་ཐབས་ཀྱི་ཡིག་ཆུང་ངོ།། །།

༄༅། །བདག་མེད་ལྷ་མོ་བཅོ་ལྔའི་སྒྲུབ་ཐབས་བཞུགས་སོ། །

བླ་མ་དང་ལྷག་པའི་ལྷ་ལ་ཕྱག་འཚལ་ལོ། །རྡོ་རྗེ་བདག་མེད་མའི་སྒྲུབ་ཐབས་འདི་ལ། སྔོན་དུ་གཏོར་མ་གསུམ་དང་། དབང་གཏོར་ཟླུམ་པོ་དཀར་དམར་གྱི་རྒྱན་བཟང་པོས་བརྒྱན་པ་གོང་དུ་བཤམ། དཀྱིལ་འཁོར་གྱི་དབུས་སུ་མཆེའི་ཁར། བུམ་པའི་སྟེང་དུ་ཐོད་པ་ཆང་གིས་གང་བ་བཞག །མེ་ལོང་སིནྡྷཱུ་རའི་དཀྱིལ་འཁོར་ཞལ་ཁེབས་དང་བཅས་པ་བཞག །དཀྱིལ་འཁོར་གྱི་མཐའ་མཆོད་པས་བསྐོར། རང་བཞིན་བདེ་བའི་སྟན་ལ་སྡོད་ཅིང་། མདུན་དུ་སྐྱེགས་ཀྱི་ཁར་ནང་མཆོད། ཉ་དྲིལ། ལས་བུམ་སོགས་བཞག །ནང་མཆོད་བྱིན་གྱིས་རླབས། ཨོཾ་ཁཎྜ་རོ་ཧི་ཎི་ཧཱུྃ་ཧཱུྃ་ཕཊ། ཨོཾ་སྭ་བྷཱ་ཝ་ཤུདྡྷཿསརྦ་དྷརྨཱཿསྭ་བྷཱ་ཝ་ཤུདྡྷོ྅ཧཾ། སྟོང་པ་ཉིད་དུ་གྱུར། སྟོང་པའི་ངང་ལས་ཡཾ་ལས་རླུང་གི་དཀྱིལ་འཁོར་སྔོན་པོ་གཞུའི་དབྱིབས་ཅན། མཆོག་མ་གཉིས་ལ་གཡོ་བའི་བ་དན་གྱིས་མཚན་པ། དེའི་སྟེང་དུ་རཾ་ལས་མེའི་དཀྱིལ་འཁོར་དམར་པོ་གྲུ་གསུམ་རམ་གྱིས་མཚན་པ། དེའི་སྟེང་དུ་གཾ་ལས་མི་མགོའི་སྒྱེད་བུ་གསུམ་གྱི་སྟེང་དུ། ཀ་པཱ་ལ་ཕྱི་དཀར་ནང་དམར་བ། ཡངས་ཤིང་རྒྱ་ཆེ་བ། དེའི་དབུས་སུ་མུ་ལས་དྲི་ཆུ་བཻཌཱུརྻ་ལྟ་བུ། ཤར་དུ་བི་ལས་དྲི་ཆེན་ཤེལ་ལྟ་བུ། ལྷོར་ར་ལས་རཀྟ་གསེར་བཙོ་མ་ལྟ་བུ། ནུབ་ཏུ་ཤུ་ལས་བྱང་སེམས་དཀར་དམར། བྱང་དུ་མ་ལས་ཀླད་པ། སྔར་ཡང་དབུས་སུ་ན་ལས་མིའི་ཤ །ཤར་ལྷོར་གོ་ལས་བ་ལང་གི་ཤ །ལྷོ་ནུབ་ཏུ་ཀུ་ལས་ཁྱིའི་ཤ །ནུབ་བྱང་དུ་ད་ལས་གླང་པོ་ཆེའི་ཤ །བྱང་ཤར་དུ་ཧ་ལས་རྟའི་ཤ །དེ་རྣམས་སྔར་ཡང་ཡི་གེ་དེ་དག་གིས་མཚན་པའོ། །རང་གི་སྣ་བུག་གཡོན་པ་ནས་རླུང་ཧཱུྃ་གི་དབྱིབས་ཅན་འཕྲོས། རླུང་གི་བ་དན་ལ་

ཕོག །བ་དན་བསྐྱོད། རླུང་གཡོས། མེ་སྦར། ཐོད་པ་དྲོས། རྫས་རྣམས་ཁོལ། ཞེས་པའི་སྐྱོན་རྣམས་ཕྱིར་ལུད། དེའི་སྟེང་དུ་ཨོཾ་ཨཱཿཧཱུྃ། མཐེབ་སྲིན་གྱིས་ལན་གསུམ་དཀྲུག །དཀར་གཏོར་ལ་ཆུ་གཙང་བྲན། ཨོཾ་ཁཎྜ་རོ་ཧི་ཎི་ཧཱུྃ་ཧཱུྃ་ཕཊ། མཆོད་སྦྱིན་གྱི་གཏོར་མ་རྒྱ་ཆེན་པོ་འདི། དཀར་ཕྱོགས་ལ་མངོན་པར་དགའ་བའི་ལྷ་ཀླུ་འབྱུང་པོ་མཐུ་བོ་ཆེ། ས་ཕྱོགས་ཡུལ་རི་འདི་ལ་གནས་པའི་གཞི་བདག་རྣམས་ལ་འབུལ་ལོ། །གཏོར་མ་གཙང་སར་སྐྱོལ། རོལ་མོ་བྱ། བདག་གི་བསམ་པའི་སྟོབས་དང་ནི། །ཆོས་ཀྱི་དབྱིངས་ཀྱི་སྟོབས་རྣམས་ཀྱིས། །དོན་རྣམས་གང་དག་བསམ་པ་ཀུན། །དེ་དག་ཐམས་ཅད་ཅི་རིགས་པ། །ཐོགས་པ་མེད་པར་འབྱུང་གྱུར་ཅིག །ཨ་ལས་ཐོད་པའི་སྣོད་ཡངས་ཤིང་རྒྱ་ཆེ་བའི་ནང་དུ། ཧཱུྃ་ཡིག་གི་ཚོགས་དཔག་ཏུ་མེད་པ་འོད་དུ་ཞུ་བ་ལས་བྱུང་བའི་ལྷ་རྫས་ལས་གྲུབ་པའི་མཆོད་ཡོན། ཞབས་བསིལ། མེ་ཏོག །བདུག་སྤོས། སྣང་གསལ། དྲི་ཆབ། ཞལ་ཟས། རོལ་མོ་དངས་ཤིང་ཐོགས་པ་མེད་པ་ནམ་མཁའ་དང་མཉམ་པར་གྱུར། ཨརྒྷཾ། པཱདྱཾ། པུཥྤེ། དྷཱུ་པེ། ཨཱ་ལོ་ཀེ། གནྡྷེ། ནཻ་ཝི་དྱེ། ཤབྡ་ཨཱཿཧཱུྃ། སྐྱབས་འགྲོ་ནི། བདག་གཞན་མ་ཚོགས་ནམ་མཁའ་དང་མཉམ་པའི་སེམས་ཅན་ཐམས་ཅད་བླ་མ་ལ་སྐྱབས་སུ་མཆིའོ། །སངས་རྒྱས་ལ༔ ཆོས་ལ༔ དགེ་འདུན་ལ༔ བཅོམ་ལྡན་འདས་མའི་ལྷ་ཚོགས་དང་བཅས་པ་རྣམས་ལ་སྐྱབས་སུ་མཆིའོ། །སེམས་ཅན་ཐམས་ཅད་ཀྱི་དོན་དུ་རྫོགས་པའི་སངས་རྒྱས་ཐོབ་པར་བྱ། མདུན་གྱི་ནམ་མཁར་ཡུམ་རྡོ་རྗེ་རྣལ་འབྱོར་མའི་ལྷ་ཚོགས་བཛྲ་ས་མ་ཛཿ དཔལ་ལྡན་རྡོ་རྗེ་མཁའ་འགྲོ་མ། །མཁའ་འགྲོ་མ་ཡི་འཁོར་ལོ་བསྐྱུར། །ཡེ་ཤེས་ལྔ་དང་སྐུ་གསུང་ཐུགས། །འགྲོ་བ་སྐྱོབ་ལ་ཕྱག་འཚལ་བསྟོད། །ཇི་སྙེད་མཆོད་པ་དེ་སྙེད་མཆོད། །རྡོ་རྗེ་བདག་མེད་མ་ལ་གསོལ་བ་འདེབས་སོ། །དམ་པ་སངས་

རྒྱུས་ལཿ ལབ་ཀྱི་སྒྲོན་མ་ལཿ མཁའ་འགྲོ་རྒྱ་ཆེན་མ་ལཿ བསོད་ནམས་སྒྲོན་མ་ལཿ རང་བྱུང་རྡོ་རྗེ་ལཿ བསམ་རིན་པ་ལཿ ལྷ་ཕུ་བ་ལཿ འཇམ་དཔལ་བཟང་པོ་ལཿ འཇམ་དཔལ་རྒྱ་མཚོ་ལཿ བདག་རྒྱུད་སྨིན་པར་མཛད་དུ་གསོལ། བསྐྱེད་པའི་ལྷ་རང་ལ་ཐིམ་པར་གྱུར།

བདག་བསྐྱེད་ནི། ཨོཾ་སྭ་བྷཱ་ཝ་ཤུདྡྷཱཿསརྦ་དྷརྨཱཿསྭ་བྷཱ་ཝ་ཤུདྡྷོ྅ཧཾ། སྟོང་པའི་ངང་ལས་གཞལ་ཡས་ཁང་པ་གྲུ་བཞི་སྒོ་བཞི། རྟ་བབས་བང་རིམ་བརྒྱད་དང་ལྡན་པ། ནང་ནས་རིམ་པ་བཞིན་དུ་སྒོ། སེར། དམར། ལྗང་། དཀར་པོ། རེ་ག་ནག་པ། ནང་ག་བ་བཞི། སྟེང་རྡོ་རྗེའི་གདུང་བརྒྱད། རིན་པོ་ཆེའི་ཕ་གུ། དྲ་བ་དྲ་ཕྱེད། ཆུ་སྲིན་གྱི་ཁ་ནས་དྲིལ་བུ་གཡེར་ཁའི་སྣྲ་འཕྱིན་པ། གདུགས། རྒྱ་མཚན། བ་དན་གྱིས་བརྒྱན་པ། རྫིག་པའི་རྩ་བར་འདོད་ཡོན་གྱི་སྣམ་བུ་ལ་གནས་པའི་ལྷ་མོ་རྣམས་ཀྱིས་གཙོ་མོ་ལ་མཆོད་པ་འབུལ་བ། དེའི་ཕྱི་རོལ་དུ་ཉི་ཧྲིག་གི་ར་བ། དེའི་ཕྱི་རོལ་དུ་པདྨའི་ར་བ། དེའི་ཕྱི་རོལ་དུ་རྡོ་རྗེའི་ར་བ། དེའི་ཕྱི་རོལ་དུ་དུར་ཁྲོད་ཀྱི་ར་བ། དེའི་ཕྱི་རོལ་དུ་མེ་རིས་ཡོངས་སུ་བསྐོར་བའོ། །དབུས་སུ་པད་འདབ་དྲུག་གི་ལྟེ་བར་ཉི་མའི་སྟེང་དུ་ཧཱུྃ་སྔོ་སྐྱ། དེ་ཡོངས་སུ་གྱུར་པ་ལས། རྡོ་རྗེ་བདག་མེད་མ་སྐུ་མདོག་སྔོ་སྐྱ། ཞལ་གཅིག་ཕྱག་གཉིས་སྤྱན་གསུམ། དབུ་སྐྲ་དམར་སེར་གྱེན་དུ་བརྫེས་པ་ལ་ཐོད་སྐམ་ལྔ་ཡིས་བརྒྱན་ཅིང་། ཐོད་རློན་ལྔ་བཅུའི་དོ་ཤལ་འཕྱང་བ། ཕྱག་གཡས་གྲི་གུག་དང་། གཡོན་ཐོད་ཁྲག་བསྣམས་པ། ཁཊྭཱཾ་མཆན་ཁུང་དུ་བཙུག་པ། རུས་པ་དང་རིན་པོ་ཆེའི་རྒྱན་དྲུ་མས་བརྒྱན་པ། ཞབས་གཡས་བསྐུམ་གཡོན་བརྐྱང་བས་ཉི་མ་ལ་གནས་པ། ཤར་ནས་རིམ་པ་བཞིན་དུ་གཽ་རི་དཀར་མོ། ཙཽ་རི་སེར་མོ། ཁཎྜ་རོ་ཧི་དམར་མོ། དུམ་སྐྱེས་མ་ལྗང་ཁུ། ནཱ་མ་སྔོན

མོ། རོ་ལངས་མ་ནག་མོ། དེ་ཐམས་ཅད་ཀྱང་ཞལ་གཅིག་ཕྱག་གཉིས། གཡས་པ་རྣམས་ཀྱིས་གྲི་གུག །གཡོན་པ་རྣམས་ཀྱིས་ཐོད་པ་ཁྲག་གིས་གང་བ་བསྣམས་པ། རྒྱན་ཆ་ལུགས་གཙོ་མོ་དང་མཚུངས་པ། དེའི་ཕྱི་རོལ་པད་འདབ་བརྒྱད་ལ། སྐེག་མོ་དཀར་མོ་སྐེག་པའི་ཚུལ་མཛད་པ། ཕྲེང་བ་མ་སེར་མོ་ཕྲེང་བ་འཛིན་པ། སྨྲ་མ་དམར་མོ་པི་ཝང་འཛིན་པ། གར་མ་ལྗང་གུ་གར་མཛད་པ། མེ་ཏོག་མ་སེར་མོ་མེ་ཏོག་འཛིན་པ། བདུག་སྤོས་མ་སྔོ་ཚོགས་མདོག་སྤོས་ཕོར་འཛིན་པ། མར་མེ་མ་དམར་སྐྱ་མར་མེ་འཛིན་པ། དྲི་ཆབ་མ་ལྗང་གུ་དུང་ཕོར་འཛིན་པ་རྣམས་དར་དང་རིན་པོ་ཆེའི་རྒྱན་དུ་མས་བརྒྱན་པ། ལྷ་ཚོགས་དེ་རྣམས་ཀྱི་དཔྲལ་བར་ཨོཾ། མགྲིན་པར་ཨཱཿ ཐུགས་ཀར་ཧཱུྃ། ཐུགས་ཀའི་ཧཱུྃ་ལས་འོད་ཟེར་འཕྲོས་པས། ཆོས་ཀྱི་དབྱིངས་ནས་བདག་མེད་པ་ལ་སངས་རྒྱས་དང་བྱང་ཆུབ་སེམས་དཔའི་ཚོགས་ཀྱིས་བསྐོར་བ་བཛྲ་ས་མཱ་ཛཿ སྐུ་གསུང་ཐུགས་ལས་འཕྲོས་པའི་ཟག་མེད་ཀྱི་བདུད་རྩི་རང་ཉིད་ལ་ཐིམ་པར་གྱུར། ཐུགས་ཀར་ཉི་མའི་སྟེང་དུ་ཧཱུྃ་ཡིག་གི་མཐར། ཨོཾ་བེ་ཏ་ལི་ཀུ་ལུ་ཀུ་ལུ་ཧཱུྃ་ཕཊ་སྭཱ་ཧཱ། མཐར་གཞལ་ཡས་ཁང་རྟེན་དང་བཅས་པ་རང་ཉིད་ལ་ཐིམ། _{མི་དམིགས་པར་བཞག་པའོ། །}

_{བུམ་པ་བསྒྲུབ་པ་ནི།} ཨོཾ་སྭ་བྷཱ་ཝ། སྟོང་པ་ཉིད་དུ་གྱུར། སྟོང་པའི་ངང་ལས་རིན་པོ་ཆེའི་བུམ་པ་མཚན་ཉིད་དང་ལྡན་པའི་དབུས་སུ། ལྷ་མོ་བཅོ་ལྔ་གཞལ་ཡས་ཁང་དང་བཅས་པ་སྐད་ཅིག་གིས་གསལ་བར་གྱུར་པའི་གནས་གསུམ་ལས་འོད་ཟེར་འཕྲོས། ཡེ་ཤེས་པ་སྤྱན་དྲངས། བུམ་པའི་ལྷ་དང་གཉིས་སུ་མེད་པར་གྱུར། _{སྔགས་བགྲང་།} ཧྲཱི་ཀི་ནི་ཛྫ་ལ་སཾ་ཧྣ་ར་ཧཱུྃ་ཕཊ། མཐར་བུམ་ལྷ་ཞུ་ནས་བུམ་པའི་ཆུར་གྱུར་པའོ། །

མདུན་བསྐྱེད་བསྒྲུབ་པ་ནི། སྭ་བྷཱ་ཝ་ནས། མཐར་རང་ལ་ཐིམ་པར་གྱུར་ཀྱི་བར་བདག་བསྐྱེད་བཞིན་ནོ། །ཧཱུྃ་དཔལ་དང་ལྡན་པའི་བཅོམ་ལྡན་འདས་མ་ཁྲོད། །མཁའ་མཉམ་བདེ་རོལ་འགྲོ་བ་ཀུན་བདག་མོ། །ཡོངས་སྤྱོད་སྒྱུ་མའི་གཟུགས་དང་ཆགས་པའི་མདངས། །མཁའ་འགྲོ་དྲ་བ་སྡོམ་ལ་ཕྱག་འཚལ་བསྟོད། །ཆོས་ཉིད་དོན་རྟོགས་འཆིང་བའི་ཚུལ་སྤངས་མ། །པདྨ་ཉི་མའི་གདན་ལ་བཞུགས། །མཁའ་འགྲོ་ཀུན་གྱི་གཙོ་མོ་སྟེ། །རྣལ་འབྱོར་མ་ལ་ཕྱག་འཚལ་བསྟོད། །བདེ་ཆེན་མཁའ་མཉམ་ཡེ་ཤེས་སྐུ། །རང་བཞིན་དག་པའི་ངོ་བོ་ཉིད། །ཤེས་རབ་མཚན་ལྡན་རིགས་ཀྱི་གཙོ། །བདག་མེད་མ་ལ་ཕྱག་འཚལ་བསྟོད། །རྒྱལ་བའི་སྐུ་ལ་ཉོན་མོངས་མི་མངའ་ཞིང་། །སེམས་ཅན་ཉོན་མོངས་བག་ཆགས་སྦྱང་སླད་དུ། །སྐུ་གསུང་ཐུགས་ལ་ཁྲུས་ཆབ་འདི་གསོལ་བས། །ཁམས་གསུམ་གནས་པའི་དྲི་མ་དག་གྱུར་ཅིག །ཨོཾ་སརྦ་ཏ་ཐཱ་ག་ཏ་ཨརྒྷཾ་པྲ་ཏཱིཙྪ་པཱུ་ཛ་མེ་གྷ་ས་མུ་དྲ་སྥ་ར་ཎ་ས་མ་ཡ་ཨཱཿཧཱུྃ། པུཥྤེ། དྷཱུ་པེ། ཨཱ་ལོ་ཀེ། གནྡྷེ། ནཻ་ཝི་དྱ། ཤབྡ་ཨཱཿཧཱུྃ། རཱུ་པ་ཨཱཿཧཱུྃ། གནྡྷེ་ཨཱཿཧཱུྃ། ཤབྡ་ཨཱཿཧཱུྃ། ར་ས་ཨཱཿཧཱུྃ། སྤརྴེ་ཨཱཿཧཱུྃ། ཚང་སྣ་བཞི་ཡི་ཚང་ཕུད་ལ། །ས་བཅུ་དོན་ཕྱིར་ལག་མཆོད་བྱས། །ཤེས་རབ་གཡོན་གྱི་ལག་པ་ལ། །ཐབས་ཆེན་གཡས་ཀྱི་ལག་པས་མཆོད། །མཚན་ལྡན་རྡོ་རྗེ་ཀ་པཱ་ལ། །ཀ་ནི་གང་དུ་མི་གནས་ཤིང་། །པཱ་ནི་མ་སྐྱེས་སྐྱེ་བ་མེད། །ལ་ནི་བློ་འདས་ཡིད་དང་བྲལ། །སྐུ་གསུམ་མི་འགྱུར་ཀ་པཱ་ལར། །ཟག་མེད་བདེ་བའི་ཚང་ཕུད་བལྟམས། །སྐྱེ་འཆི་མེད་པའི་བདུད་རྩི་ལྷག །ཡི་གེ་གསུམ་གྱིས་བྱིན་གྱིས་རླབས། །མཉམ་ཉིད་དབྱིངས་སུ་བཞེས་སུ་གསོལ། །སྨྲ་བསམ་བརྗོད་མེད་ཤེས་རབ་ཕ་རོལ་ཕྱིན་སོགས།

བདག་འཇུག་བླང་སྟེ། ཁྲུས་བྱེད། ཕྱག་དང་མཇལ་ཕུལ། བགེགས་བསྐྲད། ཆོས་བཤད་རྒྱས་བསྡུས་སྐབས་དང་

སྐྱར། དཀོན་མཆོག་གསུམ་ལ་བདག་སྐྱབས་མཆི། །སྡིག་པ་ཐམས་ཅད་སོ་སོར་བཤགས། །འགྲོ་བའི་དགེ་ལ་རྗེས་ཡི་རང་། །སངས་རྒྱས་བྱང་ཆུབ་ཡིད་ཀྱིས་བཟུང་། །སངས་རྒྱས་ཆོས་དང་ཚོགས་མཆོག་ལ། །བྱང་ཆུབ་བར་དུ་སྐྱབས་སུ་མཆི། །རང་གཞན་དོན་ནི་རབ་སྒྲུབ་ཕྱིར། །བྱང་ཆུབ་སེམས་ནི་བསྐྱེད་པར་བགྱི། །བྱང་ཆུབ་མཆོག་གི་སེམས་ནི་བསྐྱེད་བགྱིས་ནས། །སེམས་ཅན་ཐམས་བདག་གི་མགྲོན་དུ་གཉེར། །བྱང་ཆུབ་སྤྱོད་མཆོག་ཡིད་འོང་སྤྱད་པར་བགྱི། །འགྲོ་ལ་ཕན་ཕྱིར་སངས་རྒྱས་འགྲུབ་པར་ཤོག །ཐུམ་ཆུས་བསང་། ཁཎྜ་རོ་ཧི་ནི་ཧཱུྃ་ཧཱུྃ་ཕཊ། ཁྱེད་རང་སྐད་ཅིག་གིས་བདག་མེད་མ་སྔོ་སྐྱ་ཞལ་གཅིག་ཕྱག་གཉིས་པ་གཅིག་ཏུ་གསལ་བར་གྱུར། གནས་གསུམ་དུ་དྲིའི་ཆུ་བྱུག་ཅིང་། ཨོཾ་ཨཱཿཧཱུྃ། ཧཱུྃ། ཨཱཿ ཨོཾ། པུཥྤེ། དྷཱུ་པེ། ཨཱ་ལོ་ཀེ། གནྡྷེ། ནཻ་ཝི་དྱེ། ཤབྡ་ཨཱཿཧཱུྃ། དཀྱིལ་འཁོར་མ་མཐོང་བའི་བཏར་གདོང་གཡོགས། ཨོཾ་ཙཀྵུ་བནྡྷ་པ་ར་སྣ་ཊ་ཡ་ཧཱུྃ། མེ་ཏོག་གཏད། ཨ་ཁཾ་ཝཱི་ར་ཧཱུྃ། རྡོ་རྗེ་སྙིང་ཁར་བཞག །སྙིང་གར་ཀུན་རྫོབ་བྱང་ཆུབ་སེམས་ཀྱི་ངོ་བོ། ཟླ་བའི་སྟེང་དུ་དོན་དམ་བྱང་ཆུབ་སེམས་ཀྱི་ངོ་བོ་རྡོ་རྗེ་རྩེ་ལྔ་པ་འོད་ཟེར་འཕྲོ་བ་དང་བཅས་པ་གཅིག་སྒོམས་མཛོད། སྡོམ་པ་གཟུང་བ་ནི། རྡོ་རྗེ་རིགས་ཀྱི་སྡོམ་བཞི་དང་། །རིན་ཆེན་རིགས་ཀྱི་སྡོམ་པ་གསུམ། །པདྨའི་རིགས་ཀྱི་སྡོམ་བཞི་དང་། །ལས་ཀྱི་རིགས་ཀྱི་སྡོམ་པ་གཉིས། །སངས་རྒྱས་རིགས་ཀྱི་སྡོམ་པ་གཅིག །བདག་གིས་བརྟན་པོར་བཟུང་བར་བགྱི། །དམ་བཞག་ནི། ཐུམ་ཆུ་བླུད། འདི་ནི་ཁྱོད་ཀྱི་དམ་ཚིག་ཆུ། །འདས་པར་མ་བྱེད་བཏུང་བར་གྱིས། །ཧྲྀ་ཏྲ་ཀི་ནི་ཨ་མྲྀ་ཏོ་ད་ཀ། །ཐལ་མོ་མགོ་བོར་བཞག །རྡོ་རྗེ་སློབ་དཔོན་ང་ཡིན་གྱིས། །ང་ཡིས་བསྒོ་བ་བཞིན་དུ་བྱ་དགོས་སོ། །ཡེ་ཤེས་པ་ཕབ། ཁྱེད་རང་གི་ལྟེ་བར་རཾ་ཡིག་ལས་མེ་འབར། སྤྱི་བོའི་ཧཾ་ཞུ། ལུས་བདེ་སྟོང་

གིས་ཁྱབ་པར་སྒོམས་ཤིག །རོལ་མོ་དཀྲོལ། གུ་གུལ་གྱིས་བདུག །ཨཱ་བེ་ཤ་ཡ་ཨ་ཨ། རྡོ་རྗེ་མགོར་བཞག །ཏིཥྛ་བཛྲ་ས་བརྟན་པར་བྱེད། དཀྱིལ་འཁོར་ཁ་དོག་བརྟག །མཁའ་འགྲོ་མ་ཡི་དཀྱིལ་འཁོར་དུ། །ཞུགས་པའི་བསོད་ནམས་གང་ཡིན་པ། །ཁྱོད་ལ་ལྷ་ནི་དེ་བཞིན་ཤོག །མེ་ཏོག་འཐོར། པྲ་ཏཱིཙྪ་ཧོ། མེ་ཏོག་གཏད། དཀྱིལ་འཁོར་ལྷ་ཡིས་རྗེས་བཟུང་མཛོད། མིག་དར་བསལ། སངས་རྒྱས་ཡེ་ཤེས་སྤྱན་ནི་ཐོབ་གྱུར་ཅིག །ལྷ་ངོ་སྤྲད། བུམ་དབང་ཞུ་བའི་དོན་དུ་མཎྜལ་ཕུལ། གསོལ་བ་འདེབས། བླ་མ་དཀྱིལ་འཁོར་ལྷ་ཡི་ལྷ། །སློབ་བྱེད་རིམ་པ་བསྐུར་དུ་གསོལ། །བུམ་པ་སྤྱི་བོར་བཟུང་། སངས་རྒྱས་ཀུན་གྱི་བུམ་པའི་དབང་། །དེ་རིང་ཁྱོད་ལ་བསྐུར་བར་བྱ། །སངས་རྒྱས་ཀུན་ཏུ་རབ་སྒྲུབ་ཕྱིར། །བུམ་པའི་དབང་ནི་ཁྱོད་ལ་བསྐུར། །ཇི་ལྟར་བལྟམས་པ་ཙམ་གྱིས་ནི། །སོགས་ནས། ས་མ་ཡ་ཤྲཱི་ཡེ་ཧཱུྃ། དེས་ཞེ་སྡང་དག །མི་བསྐྱོད་པས་དབུ་བརྒྱན། གསོལ་བ་བཏབ། ཅོད་པན་སྤྱི་བོར་བཟུང་། སངས་རྒྱས་ཀུན་གྱི་དབུ་རྒྱན་དབང་། །དེ་རིང་ཁྱོད་ལ་བསྐུར་བར་བྱ། །སངས་རྒྱས་ཀུན་ཏུ་རབ་སྒྲུབ་ཕྱིར། །དབུ་རྒྱན་དབང་ནི་ཁྱོད་ལ་བསྐུར། །ཇི་ལྟར་བལྟམས་པ་སོགས། དེས་ང་རྒྱལ་དག །རིན་ཆེན་འབྱུང་ལྡན་གྱིས་དབུ་བརྒྱན། རྡོ་རྗེ་སྤྱི་བོར་བཟུང་ཞིང་ལག་ཏུ་གཏད། སངས་རྒྱས་ཀུན་གྱི་རྡོ་རྗེའི་དབང་། །དེ་རིང་ཁྱོད་ལ་བསྐུར་བར་བྱ། །སངས་རྒྱས་ཀུན་ཏུ་རབ་སྒྲུབ་ཕྱིར། །རྡོ་རྗེའི་དབང་ནི་ཁྱོད་ལ་བསྐུར། །ཇི་ལྟར་སོགས། དེས་འདོད་ཆགས་དག །འོད་དཔག་མེད་ཀྱིས་དབུ་བརྒྱན། དྲིལ་བུ་སྤྱི་བོར་བཟུང་ཞིང་ལག་ཏུ་གཏད། སངས་རྒྱས་ཀུན་གྱི་དྲིལ་བུའི་དབང་། །དེ་རིང་ཁྱོད་ལ་བསྐུར་བར་བྱ། །སངས་རྒྱས་ཀུན་ཏུ་རབ་སྒྲུབ་ཕྱིར། །དྲིལ་བུའི་དབང་ནི་ཁྱོད་ལ་བསྐུར། །ཇི་ལྟར་བལྟམས་པ་སོགས། དེས་ཕྲག་དོག་དག །དོན་ཡོད་གྲུབ་པས་དབུ་རྒྱན། རྡོ་རྗེ་དྲིལ་བུ་སྤྱི་བོར་བཟུང་། སངས་རྒྱས་ཀུན་གྱི་མིང་གི་དབང་། །དེ་རིང་

ཁྱོད་ལ་བསྐུར་བར་བྱ། །སངས་རྒྱས་ཀུན་ཏུ་རབ་སྒྲུབ་ཕྱིར། །མིང་གི་དབང་ནི་ཁྱོད་ལ་བསྐུར། །ཀྱེ་གསང་མཚན་ཞེས་བྱའོ། །ཧེ་ལྟར་སོགས། དེས་གཏི་མུག་དག །རྣམ་སྣང་གིས་དབུ་བརྒྱན། བུམ་པའི་དབང་ལ་བརྟེན་ནས་བསྐྱེད་པའི་རིམ་པ་བསྒོམ་པ་ལ་དབང་ཞིང་། སྤྲུལ་པའི་སྐུ་ཐོབ།

སློབ་དཔོན་གྱི་དབང་གི་དོན་དུ་མཇལ་ཕྱུལ། ཁྱེད་རང་བདག་མེད་མ་བསྒོམ་པར་གྱིས། བུམ་པ་སྤྱི་བོར་བཟུང་། བཅོམ་ལྡན་འདི་ལ་སྐུལ་ལགས་ཀྱིས། །འདི་ལ་འགོ་བར་མཛད་དུ་གསོལ། །ཧེ་ལྟར་སོགས། མེ་ཏོག་འཐོར། གསང་དབང་གི་དོན་དུ་མཇལ། ཐོད་པ་སྤྱི་བོར་བཟུང་། གསང་གསུམ་གནས་ལས་བྱུང་བ་ཡི། །སངས་རྒྱས་ཀུན་གྱི་ཐོད་པའི་དབང་། །དེ་རིང་ཁྱོད་ལ་བསྐུར་བར་བྱ། །ནང་མཆོད་བླུད། ཨ་ཨ། ཨོཾ་ཨཱཿཧཱུྃ། ཐོད་པའི་དབང་ལ་བརྟེན་ནས་ངག་གི་སྒྲིབ་པ་དག །རྫོགས་རིམ་བསྒོམ་པ་ལ་དབང་ཞིང་། ལོངས་སྐུ་ཐོབ། མེ་ལོང་མགོར་བཞག །མེ་ལོང་གི་དཀྱིལ་འཁོར་ལས་དཀྱིལ་འཁོར་གཉིས་པ་ཆད། ཁྱེད་རང་གི་སྙིང་ཁར་ཐིམ། དགའ་བཞིའི་ཡེ་ཤེས་རྒྱུད་ལ་སྐྱེས་པར་སྒོམས། དེས་མ་རིག་པ་དག །བདེ་གསལ་བསྒོམ་པ་ལ་དབང་ཞིང་། ཆོས་སྐུ་ཐོབ། བཞི་པ་ཞུ་བའི་མཇལ་ཕྱུལ། ཁྱེད་རང་གི་སེམས་ཉིད་གཞི་མེད་རྩ་བྲལ། སྣང་སེམས་གཉིས་མེད་ངོས་བཟུང་མེད་པ་ངོ་ཤེས་པར་གྱིས་ཤིག །རྗེས་གནང་སྦྱིན་པ་ནི། རྒྱན་དྲུག་ཕྱིན་ཏེ། རུས་པའི་རྒྱན་དྲུག་སྐུ་ལ་བརྒྱན་པ་ནི། །ཕ་རོལ་ཕྱིན་པ་དྲུག་དང་ལྡན་གྱུར་ཅིག །དམ་ཚིག་གསུམ་སྦྱིན་ཏེ། རྡོ་རྗེ་གཡས་སུ་ཕྱིན། རྡོ་རྗེ་ཐུགས་ཀྱི་དམ་ཚིག་ཟུང་ཞིག །དྲིལ་བུ་གཡོན་དུ་ཕྱིན། དྲིལ་བུ་གསུང་གི་དམ་ཚིག་ཟུང་ཞིག །རྣལ་འབྱོར་མའི་སྐུ་གཏད། ཕྱག་རྒྱ་སྐུའི་དམ་ཚིག་ཟུང་ཞིག །ཁྲིང་བ་གཏད། སྔགས་ཀྱི་རྗེས་ཟློས་བྱེད་དུ་བཅུག །ལུང་བསྟན་ཏེ། སློབ་དཔོན་གྱིས་ཆོས་གོས་ཀྱི་སྣེ་མོ་རི་དྭགས་ཀྱི་རྣ་བ་ལྟར་བྱས་ལ་གཡོན་དུ་བཟུང་ཞིང་། སྲིད་པ་ངོ་བོ་ཉིད་ཀྱི་བདག །ངོ་བོ་ཉིད་ཀྱིས་སྲིད

བྲལ་བྱེད། །རང་གཞན་དག་པའི་སེམས་དཔའ་ནི། །སྲིད་པའི་མཚོ་ལས་སྒྲོལ་བར་འགྱུར། །མ་འོངས་པའི་དུས་ན་དེ་བཞིན་གཤེགས་པར་འགྱུར་ཏེ། ཨོཾ་ཧྲུར་ཧྲུ་ཥ་སྭཱ་ཧཱ། དབུགས་དབྱུང་སྟེ། མ་འོངས་པའི་དུས་སུ་སངས་རྒྱས་ཀྱི་ཞིང་ཁམས་མཐོང་ཞིང་ཆོས་ཉན་པ་དང་འཆད་པ་ལ་དབང་བ་ཡིན་ནོ། །གཟེངས་བསྟོད། དབང་བསྐུར་བ་དང་། རབ་ཏུ་གནས་པ་དང་། སློབ་མ་བསྡུ་བ་རྒྱ་ཆེན་པོ་གྱིས་ཤིག །

ནམ་མཁའ་སྒོ་འབྱེད་ནི། སློབ་མ་དཀྱིལ་ཀྲུང་བཅའ། སྐལ་ཚིགས་བསྲང་། ལྟེ་བའི་དབུས་སུ་སེམས་ཉིད་ཀྱི་ངོ་བོ་ཐིག་ལེ་དཀར་པོ་བྱ་མ་གསར་གྱི་སྒོ་ང་ཙམ་གཅིག་བསམ། དཔོན་སློབ་གཉིས་ཀས་ཕཊ་ཀྱིས་སྤར་ཏེ། སྤྱི་བོ་ཚངས་པའི་བུ་ག་ནས་ཐོན། བདག་མེད་མའི་ཐུགས་ཀར་ཐིམ། བདག་མེད་མ་འོག་མིན་དུ་མངོན་པར་རྫོགས་པར་སངས་རྒྱས་པར་བསམ། ཅི་གནས་ལ་བཞག །དེ་ནས་ཕབ། གཏོར་དབང་བསྐུས་པ་བྱེད་ན། སྔོན་འགྲོ་གོང་དང་མཐུན། གཏོར་མ་སྤྱི་བོར་བཟུང་། གཏོར་མ་འདི་དང་ཐ་མི་དད་པའི་ཡི་དམ་གྱི་སྐུ་ལས་སྐུ་འཕྲོས། ཁྱེད་རང་གི་ལུས་ལ་ཐིམ། ནང་མཆོད་བླུད། མེ་ཏོག་འཐོར། ཡི་དམ་གྱི་མགྲིན་པ་ནས་སྔགས་བྱུང་། ཁྱེད་རང་གི་མགྲིན་པར་ཐིམ། ནང་མཆོད་བླུད། མེ་ཏོག་འཐོར། ཡི་དམ་གྱི་ཐུགས་ཀ་ནས་ཕྱག་མཚན་བྱུང་། ཁྱེད་རང་གི་སྙིང་གར་ཐིམ། ནང་མཆོད་བླུད། མེ་ཏོག་འཐོར། གཏོར་མ་སྤྱི་བོར་བཟུང་། ལྷ་བསྟིམ། བརྒྱུད་པའི་མཚན་ནས་སྨོས། བཅོམ་ལྡན་འདི་ལ་སྐུལ་ལགས་ཀྱིས། །འདི་ལ་འགོ་བར་མཛད་དུ་གསོལ། །སློབ་མས། བདག་ལ་འགོ་བར་མཛད་དུ་གསོལ། །ཐིག་ལེའི་དབང་གོང་དང་མཐུན། གཙོ་བོས་ཇི་ལྟར་བཀའ་སྩལ་པ། །དེ་དག་ཐམས་ཅད་བདག་གིས་བགྱིད། །

མཇལ་ཕྱག། ཚོགས་ལ་ལོངས་སྤྱོད། ལྷག་མ་བསྡུས་ལ་ཆུ་གཙང་གིས་བྲན། ཨ་ཀཱ་རོས་བྱིན་གྱིས་རླབས། ཨོཾ་ཨུཙྪིཥྚ་བ་ལིཾ་ཏ་ཛྙཱ་ཀ་སྭཱ་ཧཱ། ཕྱི་རོལ་དུ་སྐྱལ། རོལ་མོ་དཀྲོལ། སྟོད་བཤལ། ཁ་སྦྱབ། མ་འཁོར་བ་

དང་ཉམས་པ་དང་། །གང་ཡང་བདག་རྫོངས་བློ་ཡིས་ནི། །བགྱིས་པ་དང་ནི་བགྱིད་སྐུལ་བ། །དེ་ཡང་བཟོད་པར་མཛད་དུ་གསོལ། །ཡིག་བརྒྱས་ཁ་བསྐང་། བཀའ་རྒྱུད་བླ་མའི་བཀྲ་ཤིས་ཤོག །ཡི་དམ་ལྷ་ཚོགས༑ དཔའ་བོ་མཁའ་འགྲོ༑ ཆོས་སྐྱོང་སྲུང་མའི༑ ཡེ་ཤེས་པ་རང་གནས་སུ་གཤེགས། དམ་ཚིག་པ་རང་ཉིད་ལ་ཐིམ། ཨོཾ་ཁྱེད་ཀྱིས་སེམས་ཅན་དོན་ཀུན་མཛད། །སོགས། བཛྲ་མུཿ ཆོས་དབྱིངས་བྱང་ཆུབ་སེམས་ཀྱི་དཀྱིལ་འཁོར་དུ་སོགས། གཙོད་གདན་ཐོག་གཅིག་མའི་ཁྲིད་ཡིག་ཐིན་ལས་རྒྱ་མཚོ་ལས་རྒྱ་མཚོ་ལྷ་བུའི་དབང་། གབ་པ་མངོན་བྱུང་གི་གསང་བཀའ། ལྷ་མོ་བཅོ་ལྔའི་སྒྲུབ་ཐབས་འདི། དད་ལྡན་རྣམས་ཀྱིས་བསྐུལ་བའི་ངོར། ཤཱཀྱའི་དགེ་སློང་ཀྱེ་འོ་ཆོས་ཀྱི་རྒྱ་མཚོ་ཞེས་བྱ་བས་དབེན་གནས་ཆེན་པོ་ཨ་ས་རི་ཁྲོད་དུ་སྦྱར་བའོ། །དགེ་བ་མ་ཀུར་སེམས་ཅན་རྣམས་ལ་བསྔོ། བཀྲ་ཤིས་དཔལ་འབར་འཛམ་གླིང་རྒྱལ་བའི་རྒྱན་དུ་ཤོག །ལྷན་ཐབས་ཡིག་ཆུང་ངོ་།། །།

༄༅། །གསང་བ་སྒྲོལ་མ་ལྷ་དགུའི་སྒྲུབ་ཐབས་བཞུགས་སོ། །

བླ་མ་དང་འཕགས་མའི་ཚོགས་ལ་ཕྱག་འཚལ་ལོ། །འཕགས་མའི་དཀྱིལ་འཁོར་བཅའ་གཞི་རིམ་པར་གྲུབ་པར་བྱས་ནས། གཏོར་མ་གསུམ་དང་། དབང་གཏོར་ཟླུམ་པོ་དཀར་དམར་གྱི་རྒྱན་བཟང་པོས་བརྒྱན་ཏེ་རིམ་པར་བཤམ། དཀྱིལ་འཁོར་དབུས་སུ་མཆིའི་ཁར་དབང་གཏོར་བཞག །མཆོད་པས་བསྐོར། རང་ཉིད་བདེ་བའི་སྟན་ལ་བསྡད་དེ། མདུན་དུ་སྔགས་ཀྱི་ཁར་ནང་མཆོད། ཙ་ཏྲིལ། ལས་བུམ་རྣམས་བཞག །ནང་མཆོད་བྱིན་རླབས་བྱེད་དེ། ཨ་མྲྀ་ཏ་ཀུཎྜ་ལི་ཧ་ན་ཧ་ན་ཧཱུྃ་ཕཊ། ཨོཾ་ཨཱཿཧཱུྃ། ཡེ་ཤེས་ཀྱི་བདུད་རྩི་ཟག་མེད་ཀྱི་བདུད་རྩིའི་རྒྱ་མཚོ་ཆེན་པོར་གྱུར། མཐེབ་སྲིན་གྱིས་ལན་གསུམ་དགྲུག །དཀར་གཏོར་ལ་ཆུ་གཙང་བྲན། ཨོཾ་ཨ་ཀཱ་རོ་མུ་ཁཾ་སརྦ་དྷརྨཱ་ཎཱཾ་ཨཱདྱ་ནུཏྤནྣ་ཏྭཏ་ཨོཾ་ཨཱཿཧཱུྃ་ཕཊ་སྭཱ་ཧཱ། གཏོར་མ་དངས་ཤིང་ཐོགས་པ་མེད་པ་གཞི་བདག་རྣམས་ཀྱི་འདོད་པའི་ཡོན་ཏན་ལྔ་དང་ལྡན་པར་གྱུར། གཏོར་མ་གཙང་སར་སྐྱོལ། བདག་གི་བསམ་པའི་སྟོབས་དག་དང་། །དེ་བཞིན་གཤེགས་པའི་བྱིན་སྟོབས་དང་། །ཆོས་ཀྱི་དབྱིངས་ཀྱི་སྟོབས་རྣམས་ཀྱིས། །དོན་རྣམས་གང་དག་བསམ་པ་ཀུན། །དེ་དག་ཐམས་ཅད་ཅི་རིགས་པར། །ཐོགས་པ་མེད་པར་འབྱུར་གྱུར་ཅིག །བླ་མ་ཡི་དམ་མཁའ་འགྲོ་གསུམ་ལ་སྐྱབས་སུ་མཆིའོ། །སངས་རྒྱས་ཆོས་དང་དགེ་འདུན་གསུམ་ལཿ རང་སེམས་སྐྱེ་མེས་ཆོས་ཀྱི་སྐུ་ལཿ སངས་རྒྱས་ཆོས་དང་ཚོགས་ཀྱི་མཆོག་རྣམས་ལ། །བྱང་ཆུབ་བར་དུ་བདག་ནི་སྐྱབས་སུ་མཆི། །བདག་གིས་སྦྱིན་སོགས་བགྱིས་པའི་བསོད་ནམས་འདི་དག་གིས། །འགྲོ་ལ་ཕན་ཕྱིར་སངས་རྒྱས་འགྲུབ་པར་ཤོག །མདུན་གྱི་ནམ་མཁའ་འཕགས་མའི

ལྷ་ཚོགས་སྤྱན་དྲངས། །བཛྲ་ས་མ་ཛཿ

བཅོམ་ལྡན་འདིར་ནི་བྱོན་པ་ལེགས། །བདག་ཅག་བསོད་ནམས་སྐལ་བར་ལྡན། །བདག་གི་མཆོད་ཡོན་བཞེས་སླད་དུ། །འདི་ཉིད་དུ་ནི་བཞུགས་སུ་གསོལ། །པདྨ་ཀ་མ་ལ་ཡ་སྟྭཾ། ལྷ་དང་ལྷ་མིན་ཅོད་པན་གྱིས། །ཞབས་ཀྱི་པདྨོ་ལ་བཏུད་དེ། །འཕོངས་པ་ཀུན་ལས་སྒྲོལ་མཛད་མ། །སྒྲོལ་མ་ཡུམ་ལ་ཕྱག་འཚལ་ལོ། །འཇིག་རྟེན་ཁམས་སུ་ཇི་སྙེད་པ། །དེ་སྙེད་མཆོད་པ་འབུལ་བར་བགྱི། །བཞེས་ནས་བྱིན་གྱིས་བརླབ་ཏུ་གསོལ། །འཕགས་མའི་སྐུ་ལ་གསོལ་བ་འདེབས། ལབ་སྒྲོན་དེ་ལ་གསོལ་བ་འདེབས། བསོད་ནམས་རིན་ཆེན་ལ་གསོལ་བ་འདེབས། ཆོས་ཀྱི་འབྱུང་གནས་ལཿ འཇམ་དབྱངས་མགོན་པོ་ལཿ རང་བྱུང་རྡོ་རྗེ་ལཿ དགེ་འདུན་རྒྱ་མཚན་ལཿ ཀུན་དགའ་ཡེ་ཤེས་ལཿ འཇམ་དཔལ་བཟང་པོ་ལཿ འཇམ་དཔལ་རྒྱ་མཚོ་ལཿ བདག་རྒྱུད་སྨིན་པར་བྱིན་གྱིས་རློབས། ལྷ་ཚོགས་རྣམས་རང་ལ་ཐིམ། ཨོཾ་ཨཱཿཧཱུྃ།

བདག་བསྐྱེད་བསྒྲུབ་པ་ནི། ཨོཾ་སྭ་བྷཱ་ཝ་ཤུདྡྷཱཿསརྦ་དྷརྨཱཿསྭ་བྷཱ་ཝ་ཤུདྡྷོ྅ཧཾ། སྟོང་པ་ཉིད་དུ་གྱུར། སྟོང་པའི་ངང་ལས་གཞལ་ཡས་ཁང་གྲུ་བཞི་རྟ་བབས་བང་རིམ་ལྔ་དང་ལྡན་པ། གདུགས། རི་དྭགས། ཆོས་འཁོར་གྱིས་མཚན་པ། ཕྱི་རོལ་པདྨའི་ར་བ། མུ་ཏིག་དང་། མེ་རིས་ཡོངས་སུ་བསྐོར་བ། གཞལ་ཡས་ཁང་གི་དབུས་སུ་པདྨ་འདབ་བརྒྱད་ཀྱི་ལྟེ་བར། ཟླ་བའི་སྟེང་དུ་ཧཱུྃ་ཡིག་དམར་པོ། དེ་ལས་འོད་ཟེར་འཕྲོས། ཚུར་འདུས་ཡོངས་སུ་གྱུར་པ་ལས། སྒྲོལ་མ་སྐུ་མདོག་དམར་མོ་ཞལ་གཅིག་ཕྱག་བཞི། སྤྱན་གསུམ། དབུ་སྐྲ་སྤྱི་བོར་བཅིངས་ཤིང་འོད་དཔག་མེད་ཀྱིས་བརྒྱན་པ། དར་དང་རིན་པོ་ཆེའི་རྒྱན་དུ་མས་སྤྲས་ཤིང་། ཕྱག་གཡས་དང་པོ་མེ་

ཡོང་དང་། གཉིས་པ་སྐྱབས་སྦྱིན་མཛད་པ། གཡོན་དང་པོ་པདྨ། གཉིས་པས་སྤྱི་བླུགས་འཛིན་པ། ཞབས་དཀྱིལ་ཀྲུང་དུ་བཞུགས་པ། དེའི་ཤར་དུ་སྒྲོལ་མ་དཀར་མོ། ལྷོར་ནོར་རྒྱུན་མ་སེར་མོ། ནུབ་ཏུ་ཁྲོ་གཉེར་ཅན་དམར་མོ། བྱང་དུ་སྒྲོལ་མ་ལྗང་གུ། ཤར་ལྷོར་ཚུ་སྐྱེས་མ་སྔོན་མོ། ལྷོ་ནུབ་ཏུ་སེ་ལྷ་དམར་སྐྱ། ནུབ་བྱང་དུ་འོད་ཟེར་ཅན་ནག་མོ། བྱང་ཤར་དུ་ཀུ་རུ་ཀུལླེ་སྔོ་ཚོགས་མདོག །དེ་རྣམས་ཀྱང་ཞལ་གཅིག་ཕྱག་གཉིས། གཡས་རྣམས་བྲུམ་པ་བསྣམས་ཤིང་། གཡོན་རྣམས་ཨུཏྤ་ལ་འཛིན་པ། ཞབས་དཀྱིལ་ཀྲུང་དུ་བཞུགས་པ། ཆ་ལུགས་གཙོ་མོ་དང་མཚུངས་པའོ། །ལྷ་ཚོགས་རྣམས་ཀྱི་དཔྲལ་བར་ཨོཾ། མགྲིན་པར་ཨཱཿ ཐུགས་ཀར་ཧཱུྃ། ཐུགས་ཀའི་ཧཱུྃ་ལས་འོད་ཟེར་འཕྲོས་པས། ཆོས་ཀྱི་དབྱིངས་ནས་འཕགས་མའི་ལྷ་ཚོགས་སྤྱན་དྲངས། བཛྲ་ས་མ་ཛཿ དེ་རྣམས་ཀྱི་སྐུ་གསུང་ཐུགས་ལས་བདུད་རྩི་བྱུང་། རང་ཉིད་ལ་ཐིམ་པར་གྱུར། ཐུགས་ཀར་ཟླ་བའི་སྟེང་དུ་ཏྃ་ཡིག་གི་མཐར། ཨོཾ་ཏཱ་རེ་ཏུ་རེ་ཏུཏྟཱ་རེ་སྭཱ་ཧཱ། མཐར་སྔོད་བཅུད་རྟེན་དང་བཅས་པ་མི་དམིགས་པར་བཞག །

མདུན་བསྐྱེད། སྭ་བྷཱ་ཝ་ནས། མི་དམིགས་པ་ཡན་བདག་བསྐྱེད་ལྟར་བྱེད། པོ་ཏ་ལ་ཡི་གནས་མཆོག་ན། །ཏྃ་ལས་འོད་འཕྲོས་འགྲོ་བ་སྒྲོལ། །སྒྲོལ་མ་འཁོར་བཅས་ཕྱག་འཚལ་བསྟོད། །ལྷ་དང་ལྷ་མིན་ཅོད་པན་གྱིས། །ཞབས་ཀྱི་པདྨོ་ལ་བཏུད་དེ། །འཕོངས་པ་ཀུན་ལས་སྒྲོལ་མཛད་མ། །སྒྲོལ་མ་ཡུམ་ལ་ཕྱག་འཚལ་བསྟོད། །ཨོཾ་རྗེ་བཙུན་མ་འཕགས་མ་སྒྲོལ་མ་ལ་ཕྱག་འཚལ་ལོ་སོགས་བསྟོད་ན་ཡང་འོང་ངོ་། །རབ་འབྱམས་རྒྱ་མཚོ་དཔག་མེད་ན། །མཆོད་ཡོན་ཇི་སྙེད་ཡོད་པ་རྣམས། །བདག་གིས་གུས་པར་བཤམས་པ་འདི། །འཕགས་མ་འཁོར་དང་བཅས་ལ་འབུལ། །འགྲོ་བའི་དོན་དུ་

བཞེས་སུ་གསོལ། །ཨོཾ་སརྦ་ཏ་ཐཱ་ག་ཏ་ཨརྒྷཾ་པྲ་ཏཱིཙྪ་པཱུ་ཛ་མེ་གྷ་ས་མུ་དྲ་སྥ་ར་ཎ་ས་མ་ཡེ་ཨཱཿཧཱུྃ། མེ་ཏོག་ཛེ་སྙེད་སོགས། ཤཔྟའི་བར་བཟོད། བདག་གི་ལུས་དང་ལོངས་སྤྱོད་དང་། །དུས་གསུམ་དགེ་བའི་དངོས་པོ་རྣམས། །གུས་པར་དཀྱིལ་འཁོར་ལྷ་ལ་འབུལ། །བཞེས་ནས་བྱིན་གྱིས་བརླབ་ཏུ་གསོལ། །

བདག་འཇུག་བླངས། སློབ་མ་ཁྲུས་བྱེད། ཕྱག་དང་མཎྜལ་ཕུལ། བགེགས་བསྐྲད། ཆོས་བཤད་རྒྱས་བསྡུས་སྐབས་དང་སྦྱར། དཀོན་མཆོག་གསུམ་ལ་བདག་སྐྱབས་མཆི། །སྡིག་པ་ཐམས་ཅད་སོ་སོར་བཤགས། །འགྲོ་བའི་དགེ་ལ་རྗེས་ཡི་རང་། །སངས་རྒྱས་བྱང་ཆུབ་ཡིད་ཀྱིས་བཟུང་། །སངས་རྒྱས་ཆོས་དང་ཚོགས་མཆོག་ལ། །བྱང་ཆུབ་བར་དུ་སྐྱབས་སུ་མཆི། །རང་གཞན་དོན་ནི་རབ་སྒྲུབ་ཕྱིར། །བྱང་ཆུབ་སེམས་ནི་བསྐྱེད་པར་བགྱི། །བྱང་ཆུབ་མཆོག་གི་སེམས་ནི་བསྐྱེད་བགྱིས་ནས། །སེམས་ཅན་ཐམས་ཅད་བདག་གི་མགྲོན་དུ་གཉེར། །འགྲོ་ལ་ཕན་ཕྱིར་སངས་རྒྱས་འགྲུབ་པར་ཤོག །བུམ་ཆུས་བསང་། ཁྱེད་རང་སྐད་ཅིག་གིས་འཕགས་མ་སྒྲོལ་མར་ལམ་གྱིས་བསྐྱེད། དཔྲལ་བར་ཨོཾ། མགྲིན་པར་ཨཱཿ ཐུགས་ཀར་ཧཱུྃ། ཡེ་ཤེས་པ་ཕབ། མདུན་གྱི་ནམ་མཁར་འཕགས་མའི་སྐུ་ལུས་ཀྱི་ཆ་ལས་སྐུ་ཆེ་ཆུང་འབྲིང་གསུམ་གྱི་ཚོགས་བྱུང་། ཁྱེད་རང་ལ་ཐིམ་པར་མོས། རོལ་མོ་དཀྲོལ། ཨ་བེ་ཤ་ཡ་ཨ་ཨ། རྡོ་རྗེ་མགོ་ལ་བཞག །ཏིཥྛ་བཛྲ་བཟོད། གདོང་གཡོགས་བཅིང་། དཀྱིལ་འཁོར་ཁ་དོག་བརྟག །མེ་ཏོག་འཐོར། སུ་པྲ་ཏིཥྛ་བཛྲ་ཡེ་སྭཱ་ཧཱ། སྣར་མེ་ཏོག་གཏད། དཀྱིལ་འཁོར་ལྷ་ཡིས་རྗེས་བཟུང་མཛོད། གདོང་གཡོགས་བསལ་ཏེ། ཡེ་ཤེས་ལྷ་ཡི་སྤྱན་ནི་ཐོབ་གྱུར་ཅིག །ལྷ་ཞལ་བསྟན། དངོས་གཞི་ཞུ་བའི་དོན་དུ་མཎྜལ་ཕུལ། སློབ་དཔོན་བདག་ལ་དགོངས་སུ་གསོལ། །དཀྱིལ་འཁོར་ལྷ་ཚོགས་སྒྲོལ་མ་ཡུམ། །སྐུ་ཡི་དཀྱིལ་འཁོར་དབང་མཆོག་འདི། །བདག་ལ་སྩོལ་བར་མཛད་དུ

གསོལ། །གཏོར་མ་སྤྱི་བོར་བཞུང་། བརྒྱུད་པའི་མཚན་ནས་སྨོས། མཐར། དབང་བཞི་བསྐུར། རྒྱུད་བཞི་སྨིན་པར་བྱིན་གྱིས་རློབས་བརྗོད། ནང་མཆོད་བླུད། དེས་བུམ་དབང་གི་དོད་དུ་གྱུར་པ་བསྐུར་བས་ལུས་ཀྱི་སྒྲིབ་པ་དག །སྐུ་མངོན་དུ་གྱུར་པའོ། །

གསང་དབང་ཞུ་བའི་དོན་དུ་མཎྜལ་ཕུལ། གསོལ་བ་བཏབ། ཐོད་པ་སྤྱི་བོར་བཞུང་། བཅོམ་ལྡན་འདི་ལ་སྒྲུལ་ལགས་ཀྱིས། །འདི་ལ་འགོ་བར་མཛད་དུ་གསོལ། །ཨོཾ་ཨཱཿཧཱུྃ། ནང་མཆོད་བླུད། དེས་གསང་དབང་བསྐུར་བས། ངག་གི་སྒྲིབ་པ་དག །ངག་མངོན་དུ་གྱུར། བླ་མ་ཡི་དམ་གྱི་ཐུགས་ཀ་ནས་ལྷ་མོ་གཅིག་འཕྲོས། ཁྱེད་རང་གི་སྙིང་ཁར་ཐིམ། བདེ་སྟོང་གི་ཡེ་ཤེས་རྒྱུད་ལ་སྐྱེས། དེས་ཤེས་རབ་མའི་དབང་ཐོབ། ཡིད་ཀྱི་སྒྲིབ་པ་དག །ཆོས་སྐུ་མངོན་དུ་གྱུར་པའོ། །གཏོར་མ་སྤྱི་བོར་བཞུང་། བརྒྱུད་པའི་མཚན་ནས་སྨོས། ལྷ་བསྐྱིམ། མེ་ཏོག་འཐོར། ཐིག་ལེའི་དབང་ནི། སློབ་མ་དཀྱིལ་ཀྱུང་བཙལ། སྐལ་ཚོགས་བསྡུང་། ལྟེ་བའི་ཐད་དུ་སེམས་ཉིད་ཀྱི་ངོ་བོ་ཐིག་ལེ་དཀར་པོ་སྲ་མ་གསར་གྱི་སྒོ་ང་ཙམ་གསལ་བཏབ། དཔོན་སློབ་གཉིས་ཀས་སྨྲར། སྤྱི་བོ་ནས་ཐོན། ཡི་དམ་གྱི་ཐུགས་ཀར་ཐིམ། ཡི་དམ་འཇའ་ཡལ་བ་བཞིན་སོང་། ཅི་གནས་ལ་བཞག །དེ་ནས་ཕབ། གཙོ་བོས་ཇི་ལྟར་བཀའ་སྩལ་པ། །དེ་དག་ཐམས་ཅད་བདག་གིས་བགྱིད། །མཎྜལ་ཕུལ། ཚོགས་ལ་ལོངས་སྤྱོད། ལྷག་མ་བསྔུ། ཚུ་གཙང་ཐན། ཨེ་ཀཱ་རོས་བྱིན་གྱིས་རླབས། ཛྙཱ་ཡ་ཀ་སྭཱ་ཧཱ། ལྷག་མ་ཕྱི་རོལ་དུ་སྐྱུར། སྟོད་བཤལ། ཁ་སྦྱར། ཚོ་ག་ལྷག་ཆད་ཅི་མཆིས་པ། །དཀྱིལ་འཁོར་ལྷ་ཡིས་བཟོད་པར་མཛོད། །ཨོཾ་བཛྲ་སཏྭ་ཧཱུྃ། རྒྱལ་མཚན་རྩེ་མོ་དབང་གི་རྒྱལ་པོ་ལྟར། །ལྷག་པའི་ལྷ་ཡི་གཙུག་གི་རྒྱན་གྱུར་པ། །སྐྱབ་པ་པོ་ལ་དངོས་གྲུབ་མཆོག་སྩོལ་བའི། །བཀའ་བརྒྱུད་བླ་མ་རྣམས་ཀྱི་བཀྲ་ཤིས་ཤོག །ཡེ་ཤེས་པ་རང་གནས་སུ་གཤེགས། དམ་ཚིག་པ་རང་ཉིད་ལ་བསྡུ། ཨོཾ་ཁྱེད་ཀྱིས་སེམས་ཅན་དོན་ཀུན་མཛད། །རྗེས་སུ་མཐུན་

པའི་དངོས་གྲུབ་སྩོལ། །སངས་རྒྱས་ཞིང་དུ་གཤེགས་སུ་གསོལ། །སངས་རྒྱས་ཞིང་དུ་གཤེགས་ནས་ཀྱང་། །སེམས་ཅན་རྣམས་ཀྱི་དོན་སླད་དུ། །སླར་ཡང་འབྱོན་པར་མཛད་དུ་གསོལ། །བཛྲ་མུཿ ཆོས་དབྱིངས་བྱང་ཆུབ་སེམས་ཀྱི་དཀྱིལ་འཁོར་དུ། །བདག་སོགས་སེམས་ཅན་ཐམས་ཅད་ཀྱིས། །དུས་གསུམ་བསགས་དང་རྫོགས་པ་ཡིས། །འགྲོ་དྲུག་སེམས་ཅན་མ་ལུས་པ། །སྐུ་ལྔ་ཡོངས་རྫོགས་སངས་རྒྱས་འགྲུབ་པར་ཤོག །གཙོད་གདན་ཐོག་གཅིག་མའི་ཁྲིད་ཡིག་ཕྲིན་ལས་རྒྱ་མཚོ་ལས། རྒྱ་མཚོ་ལྷ་བུའི་དབང་། གབ་པ་མངོན་བྱུང་གི་གསང་བཀའ། གསང་བ་སྒྲོལ་མ་ལྷ་དགུའི་སྒྲུབ་ཐབས་འདི། དད་ལྡན་རྣམས་ཀྱིས་བསྐུལ་བའི་ངོར། ཤཱཀྱའི་དགེ་སློང་ཀྲ་འོ་ཆོས་ཀྱི་རྒྱ་མཚོ་ཞེས་བྱ་བས། ཨ་ས་རི་ཁྲོད་ཀྱི་དབེན་གནས་སུ་སྦྱར་བའོ། །དགེ་བ་མ་རྒན་རྣམས་ལ་བསྔོ། བཀྲ་ཤིས་དཔལ་འབར་འཛམ་གླིང་རྒྱལ་བའི་རྒྱན་དུ་ཤོག །ལྷན་ཐབས་ཡིག་ཆུང་ངོ།། །།

༄༅། །དབྱངས་ཅན་མ་དམར་མོ་ལྷ་བདུན་གྱི་སྒྲུབ་ཐབས་བཞུགས་སོ། །

ཡི་དམ་གྱི་ལྷ་ལ་ཕྱག་འཚལ་ལོ། །ཤེས་རབ་ལྷ་མོའི་སྒྲུབ་ཐབས་འདི་ལ། གནས་དབེན་ཞིང་ཡིད་དང་མཐུན་པར། ཡོལ་བ། བླ་རེས། རྟེན་བཀྲམ་པར་བྱེད། གཏོར་མ་གསུམ་དང་དབང་གཏོར་ཟླུམ་པོ། གཏོར་འདབ་དང་དཀར་དམར་གྱི་རྒྱན་འདོགས། གཏོར་མ་གསུམ་པོ་དཀྱིལ་འཁོར་གྱི་གོང་དུ་བསྒྲིག །དབང་གཏོར་ཟུར་དུ་བཤམ། དཀྱིལ་འཁོར་དབུས་སུ་བུམ་པ་མགུལ་ཆིངས་ཁ་རྒྱན་བུམ་སྨན་རྫས་གང་བ་བཞག །དེའི་ཁར་ཐོད་པ་ཆང་གིས་གང་བ་བཞག །ཐོད་པའི་ཁར་མེ་ལོང་ལ་སིནྡྷུ་རའི་དཀྱིལ་འཁོར་བྲི། ས་བོན་ལ་སྤྲགས་ཀྱིས་བསྐོར། ཞལ་ཁེབས་དང་བཅས་ཏེ་བཞག །མཐར་མཆོད་པས་བསྐོར། རང་ཉིད་བདེ་བའི་སྟན་ལ་སྡད། མདུན་དུ་སྣེགས་ཀྱི་ཁར་ནང་མཆོད། ཊ་དྲིལ། ལས་བུམ་བཞག །བདུད་རྩི་བྱིན་གྱིས་རླབས། ཨ་མྲྀ་ཏ་ཀུཎྜ་ལི་ཧ་ན་ཧ་ན་ཧཱུྃ་ཕཊ། ཨོཾ་སྭ་བྷཱ་ཝ་ཤུདྡྷཿསརྦ་དྷརྨཱཿསྭ་བྷཱ་ཝ་ཤུདྡྷོ྅ཧཾ། སྟོང་པ་ཉིད་དུ་གྱུར། སྟོང་པའི་ངང་ལས་ཀ་པཱ་ལ་ཡངས་ཤིང་རྒྱ་ཆེ་བའི་ནང་དུ། དེ་བཞིན་གཤེགས་པ་ལྔའི་ཐུགས་ཀ་ནས་ཡེ་ཤེས་ཀྱི་བདུད་རྩི་སྤྱན་དྲངས། དམ་ཚིག་གི་བདུད་རྩི་དང་གཉིས་སུ་མེད་པར་འདྲེས། ཡེ་ཤེས་ཀྱི་བདུད་རྩིའི་རྒྱ་མཚོ་ཆེན་པོར་གྱུར། ཨོཾ་ཨཱཿཧཱུྃ། དཀར་གཏོར་ལ་ཆུ་གཙང་ལ་བྲན། ཨ་མྲྀ་ཏས་བསང་། གཏོར་མ་གཟུགས་སྒྲ་དྲི་རོ་རེག་བྱ་ཕུན་སུམ་ཚོགས་པ་དང་ལྡན་པར་གྱུར་པ་ནི། གཞི་བདག་རྣམས་ཀྱི་འདོད་པའི་ཡོན་ཏན་ལྔ་དང་ལྡན་པ་འདིས་ཚིམ་པར་གྱིས་ལ། འདིར་མ་གནས་པར་གཞན་དུ་དེངས་ཤིག །གཏོར་མ་གཙང་སར་སྐྱེལ། རོལ་མོ་བྱེད། བདག་གཞན་མ་ཚོགས་ནམ་མཁའི་མཐའ་དང་མཉམ་པའི་སེམས་ཅན་

ཐམས་ཅད་བླ་མ་ལ་སྐྱབས་སུ་མཆིའོ། །སངས་རྒྱས་ལཿ ཆོས་ལཿ དགེ་འདུན་ལཿ བཅོམ་ལྡན་འདས་ཤེས་རབ་ལྷ་མོའི་སྐུ་ལ་སྐྱབས་སུ་མཆིའོ། །ཐུགས་རྗེའི་སྐྱབས་འོག་ཏུ་ཚུད་པར་བྱིན་གྱིས་བརླབ་ཏུ་གསོལ། སངས་རྒྱས་ཆོས་དང་ཚོགས་ཀྱི་སོགས། སངས་རྒྱས་འགྲུབ་པར་ཤོག །མདུན་གྱི་ནམ་མཁར་ཤེས་རབ་ལྷ་མོ་གསལ་བའི་གསང་གནས་ཀྱི་བཾ་ཡིག་དམར་པོ་ལས་འོད་ཟེར་འཕྲོས། གནས་ཉེ་ཤུ་རྩ་བཞི་ནས་ཤེས་རབ་ལྷ་མོ་འཁོར་དང་བཅས་པ་སྤྱན་དྲངས། བཛྲ་ས་མ་ཛཿ གཉིས་སུ་མེད་པར་གྱུར། བཛྲ་ཨརྒྷཾ་ཨཱཿཧཱུྃ། པུཥྤེ། དྷཱུ་པེ། ཨཱ་ལོ་ཀེ། གནྡྷེ། ནཻ་ཝི་དྱེ། ཤབྡ་ཨཱཿཧཱུྃ། ཤེས་རབ་དབྱིངས་ཀྱི་དོན་རྟོགས་ཤིང་། །བདེ་བ་ཆེན་པོའི་ངོ་བོ་ཉིད། །ལྷ་མོའི་གཟུགས་ཀྱིས་སྣ་ཚོགས་སྤྲུལ། །རྣལ་འབྱོར་མ་ལ་ཕྱག་འཚལ་བསྟོད། །ཐུབ་པའི་སྐུ་ལ་གསོལ་བ་འདེབས། །འཇམ་པའི་དབྱངས་ལཿ ཤེས་རབ་ལྷ་མོ་ལཿ དམ་པ་སངས་རྒྱས་ལཿ མ་གཅིག་ལབ་སྒྲོན་ལཿ ཁམ་རྫུ་ཡ་ལེ་ལཿ རྣལ་འབྱོར་རྟུས་པའི་རྒྱན་ཅན་ལཿ གནམ་མཚོ་བ་ལཿ རང་བྱུང་པ་ལཿ བསམ་རིན་པ་ལཿ ཀུན་ཡེ་བ་ལཿ འཇམ་དཔལ་བཟང་པོ་ལཿ འཇམ་དཔལ་རྒྱ་མཚོ་ལཿ བདག་རྒྱུད་སྨིན་པར་མཛད་དུ་གསོལ། ཚོགས་ཞིང་རང་ཉིད་ལ་ཐིམ་པར་གྱུར། ཨོཾ་ཨཱཿཧཱུྃ།

བདག་བསྐྱེད་ནི། ཨ་མྲི་ཏ་ཀུཎྜ་ལི་ཧ་ན་ཧ་ན་ཧཱུྃ་ཕཊ། ཨོཾ་སྭ་བྷཱ་ཝ་ཤུདྡྷཿསརྦ་དྷརྨཱཿསྭ་བྷཱ་ཝ་ཤུདྡྷོ྅ཧཾ། སྟོང་པ་ཉིད་དུ་གྱུར། སྟོང་པའི་ངང་ལས་ཨེ་ལས་ཆོས་ཀྱི་འབྱུང་གནས་གྲུ་གསུམ་པ་རྩ་བ་ཕྲ་བ་ཐུར་དུ་ཟུག་པ། གདེངས་ཀ་ཆེ་བ་གྱེན་དུ་བསྟན་པ། ཕྱི་དཀར་ལ་ནང་དམར་བ་ཡངས་ཤིང་རྒྱ་ཆེ་བ། དེའི་དབུས་སུ་འདབ་མ་དྲུག་གི་ལྟེ་བར་ཉི་མའི་སྟེང་དུ་ཡི་གེ་བཾ་དམར་ནག །དེ་ལས་འོད་ཟེར་འཕྲོས། འཕགས་པ་མཆོད། སེམས་ཅན་གྱི་དོན་བྱས། ཚུར་འདུས་ཡོངས་

སུ་གྱུར་པ་ལས། ལྷ་མོ་དབྱངས་ཅན་མ་སྐུ་མདོག་དམར་མོ་ཞལ་གཅིག་ཕྱག་གཉིས་སྤྱན་གསུམ། དབུ་སྐྲ་ཕྱེད་སྤྱི་བོར་བཅིངས་ཤིང་། ཟར་བུ་དཔུང་ཟུར་གཉིས་སུ་འཕྱང་བ། ཕྱག་གཉིས་པི་ཝང་འཛིན་ཞིང་སྒྲོག་པ། དར་དང་རིན་པོ་ཆེའི་དབུ་རྒྱན། སྙན་རྒྱན། མགུལ་རྒྱན་སོགས་སྐུ་ལ་བརྒྱན་པ། ཞབས་དཀྱིལ་མོ་ཀྲུང་དུ་བཞུགས་པ། དེའི་འཁོར་དུ་དབྱིངས་ཕྱུག་མ་སྔོན་མོ། ཕག་མོ་དཀར་མོ། ཤ་བ་རི་སེར་མོ། རྡོ་རྗེ་མཁའ་འགྲོ་དམར་མོ། སྣ་ཚོགས་མཁའ་འགྲོ་ལྗང་ཁུ། ཙཎྜི་ཀ་ནག་མོ། དེ་ཐམས་ཅད་ཀྱང་ཞལ་གཅིག་ཕྱག་གཉིས། དབུ་སྐྲ་སྤྱི་བོར་བཅིངས་ཤིང་། གཡས་རྣམས་ཀྱི་གླུ་དང་བུམ་པ་དང་། མེ་ལོང་དང་། སྤོས་ཕོར་དང་། དུང་ཆོས་དང་། མེ་ཏོག་དང་། ཨུཏྤ་ལ་འཛིན་པ། གཡོན་རྣམས་ཀྱིས་ཐོད་པ་བདུད་རྩིས་གང་བ་བསྣམས་པ། སྐུ་ལ་དར་དང་རིན་པོ་ཆེའི་རྒྱན་གྱིས་བརྒྱན་ཅིང་། ཞབས་དཀྱིལ་མོ་ཀྲུང་དུ་བཞུགས་པ། ལྷ་ཚོགས་རྣམས་ཀྱི་དཀྱིལ་བར་ཨོཾ། མགྲིན་པར་ཨཱཿ ཐུགས་ཀར་ཧཱུྃ། ཐུགས་ཀའི་ཧཱུྃ་ལས་འོད་ཟེར་འཕྲོས་པས་འོག་མིན་དང་། གནས་ཉི་ཤུ་རྩ་བཞི་ནས་ལྷ་མོ་དབྱངས་ཅན་མ་ལྷ་བདུན་ལ་སངས་རྒྱས་དང་བྱང་ཆུབ་སེམས་དཔའི་ཚོགས་ཀྱིས་བསྐོར་བ་སྤྱན་དྲངས། བཛྲ་ས་མ་ཛཿ ཛཿཧཱུྃ་བཾ་ཧོཿ གཉིས་སུ་མེད་པར་གྱུར། གསང་གནས་ཉི་མའི་སྟེང་དུ་བཾ་ཡིག་གི་མཐར་འཁོར་བར་དམིགས་ཏེ། ཨོཾ་ཧྲིང་སྭཱ་ཧཱ། བཟླས་པ་བྱེད། མཐར། ལྷ་དང་གཞལ་ཡས་ཁང་རང་ལ་སྡུད། མི་དམིགས་པར་བཞག །

བུམ་པ་བསྒྲུབ། ཨོཾ་སྭ་བྷཱ་ཝ་ཤུདྡྷཱཿསརྦ་དྷརྨཱཿསྭ་བྷཱ་ཝ་ཤུདྡྷོ྅ཧཾ། སྟོང་པ་ཉིད་དུ་གྱུར། སྟོང་པའི་ངང་ལས་རིན་པོ་ཆེའི་བུམ་པ་མཚན་ཉིད་དང་ལྡན་པ་ཆུས་གང་བའི་དབུས་སུ། ཤེས་རབ་མ་ལྷ་བདུན་གྱི་གཞལ་ཡས་ཁང་རྟེན་དང་བརྟེན་པར་བཅས་

པ་གསལ་བའི་དཔྲལ་བར་ཨོཾ། མགྲིན་པར་ཨཱཿ ཐུགས་ཀར་ཧཱུྃ། ཐུགས་ཀའི་ཧཱུྃ་ལས་འོད་ཟེར་འཕྲོས་པས། འོག་མིན་དང་གནས་ཉེ་ཤུ་རྩ་བཞི་ནས་ཤེས་རབ་མའི་ལྷ་ཚོགས་སྤྱན་དྲངས། བཛྲ་ས་མཱ་ཛཿ བུམ་པའི་ལྷ་དང་གཉིས་སུ་མེད་པར་གྱུར། ཛཿཧཱུྃ་བཾ་ཧོཿ བཀླས་པ་བྱེད། མཐར་བུམ་ལྷ་ཞུ། བུམ་པའི་ཆུར་གྱུར།

མདུན་བསྐྱེད་བསྒྲུབ་སྟེ། ཨ་ཀྲི་ཏ། སྭ་བྷཱ་ཝ་ནས། ས་མཱ་ཛའི་བར་བདག་བསྐྱེད་བཞིན་བྱེད་ཅིང་། མ་ལུས་སེམས་ཅན་ཀུན་གྱི་མགོན་གྱུར་ཅིང་། །བདུད་སྡེ་དཔུང་བཅས་མི་ཟད་འཇོམས་མཛད་ལྷ། །དངོས་རྣམས་མ་ལུས་ཇི་བཞིན་མཁྱེན་གྱུར་པའི། །བཅོམ་ལྡན་འཁོར་བཅས་གནས་འདིར་གཤེགས་སུ་གསོལ། །བཅོམ་ལྡན་ཁྱེད་ནི་བྱོན་པ་ལེགས། །བདག་ཅག་བསོད་ནམས་སྐལ་བར་ལྡན། །བདག་གི་མཆོད་ཡོན་བཞེས་ནས་ཀྱང་། །འདི་ཉིད་དུ་ནི་བཞུགས་སུ་གསོལ། །པདྨ་ཀ་མ་ལ་ཡ་སྟྭཾ། ཛཿཧཱུྃ་བཾ་ཧོཿ བཀླས་པ་བྱེད། གང་གི་དྲིན་གྱིས་བདེ་ཆེན་ཉིད། །སྐད་ཅིག་ཉིད་ལ་འཆར་བ་གང་། །བླ་མ་རིན་ཆེན་ལྟ་བུའི་སྐུ། །རྡོ་རྗེ་ཅན་ཞབས་པད་ལ་འདུད། །ཨོཾ་སརྦ་ཏ་ཐཱ་ག་ཏ་ཨརྒྷཾ་པྲ་ཏཱིཙྪ་པུ་ཛ་མེ་གྷཱ་ས་མུ་དྲ་སྥ་ར་ཎ་ས་མ་ཡེ་ཧཱུྃ། པུཥྤེ། དྷཱུ་པེ། ཨཱ་ལོ་ཀེ། གནྡྷེ། ནཻ་ཝི་དྱེ། ཤབྡ་ཨཱཿཧཱུྃ། སྨྲ་བསམ་བརྗོད་མེད་ཤེས་རབ་ཕ་རོལ་ཕྱིན། །མ་སྐྱེས་མི་འགག་ནམ་མཁའི་ངོ་བོ་ཉིད། །སོ་སོ་རང་རིག་ཡེ་ཤེས་སྤྱོད་ཡུལ་བ། །དུས་གསུམ་རྒྱལ་བའི་ཡུམ་ལ་ཕྱག་འཚལ་ལོ། །སྙིགས་མོ་ཕྲེང་བ་སྦྲུ་མ་ཀར། །སྤྱོས་དང་མེ་ཏོག་མར་མེ་དྲི། །ཞལ་ཟས་རོལ་མོ་ལ་སོགས་པ། །བཅོམ་ལྡན་འཁོར་དང་བཅས་ལ་འབུལ། །གང་ཞིག་ཆོས་རྣམས་འདུས་པའི་སྐུ། །དབྱིངས་དང་ཡེ་ཤེས་རོ་མཉམ་པ། །མཛད་པའི་ཕྲིན་ལས་སྣ་ཚོགས་སྐྱོང་། །ལྷ་མོ་དེ་ལ་ཕྱག་འཚལ་བསྟོད། །དཔལ་ལྡན་རྡོ་རྗེ་མཁའ་འགྲོ་མ། །མཁའ་འགྲོ་མ་ཡི་

འཁོར་ལོ་བསྐྱུར། །ཡེ་ཤེས་ལྷ་དང་སྐུ་གསུང་ཐུགས། །འགྲོ་བ་སྐྱོབ་ལ་ཕྱག་འཚལ་བསྟོད། །མེ་ཏོག་དམ་པ་ཕྲེང་བ་དམ་པ་དང་། །སིལ་སྙན་རྣམས་དང་བྱུག་པའི་བདུག་མཆོག་དང་། །མར་མེ་མཆོག་དང་བདུག་སྤོས་དམ་པ་ཡིས། །རྒྱལ་བ་དེ་དག་ལ་ཡང་མཆོད་པར་བགྱི། །གཟུགས་དང་སྒྲ་དང་དྲི་དང་རོ། །དེ་བཞིན་རེག་བྱ་དང་ལྡན་པའི། །བཅོམ་ལྡན་འཁོར་དང་བཅས་ལ་འབུལ། །ས་གཞི་སྤོས་ཀྱིས་བྱུགས་ཤིང་མེ་ཏོག་བཀྲམ། །རི་རབ་གླིང་བཞི་ཉི་ཟླས་བརྒྱན་པ་འདི། །སངས་རྒྱས་ཞིང་དུ་དམིགས་ཏེ་ཕུལ་བ་ཡིས། །འགྲོ་ཀུན་རྣམ་དག་ཞིང་ལ་སྤྱོད་པར་ཤོག །ཚོགས་བསྔོ་ཞིང་། ཚོགས་ཕུད་གཏོར་མ་ལ་བྲན་ལ་བསྔོ།

བདག་འཇུག་ནི། སློབ་མ་ཁྲུས་བྱེད། མཎྜལ་ཕུལ། ཆོས་བཤད་བྱེད། དཀོན་མཆོག་གསུམ་ལ་བདག་སྐྱབས་མཆི། །སྡིག་པ་མི་དགེ་སོ་སོར་བཤགས། །འགྲོ་བའི་དགེ་ལ་རྗེས་ཡི་རང་། །སངས་རྒྱས་བྱང་ཆུབ་ཡིད་ཀྱིས་བཟུང་། །སངས་རྒྱས་ཆོས་དང་ཚོགས་མཆོག་ལ། །བྱང་ཆུབ་བར་དུ་སྐྱབས་སུ་མཆི། །རང་གཞན་དོན་ནི་རབ་སྒྲུབ་ཕྱིར། །བྱང་ཆུབ་སེམས་ནི་བསྐྱེད་པར་བགྱི། །བྱང་ཆུབ་མཆོག་གི་སེམས་ནི་བསྐྱེད་བགྱིས་ནས། །སེམས་ཅན་ཐམས་ཅད་བདག་གི་མགྲོན་དུ་གཉེར། །འགྲོ་ལ་ཕན་ཕྱིར་སངས་རྒྱས་འགྲུབ་པར་ཤོག །ལན་གསུམ། མགོན་པོ་སངས་རྒྱས་རྣམས་དང་ནི། །སྲས་བཅས་བདག་ལ་དགོངས་སུ་གསོལ། །བདག་མིང་། དུས་འདི་ནས་བཟུང་ནས་སུ། །བྱང་ཆུབ་སྙིང་པོར་མཆིས་ཀྱི་བར། །གསང་སྔགས་སྡོམ་པ་བཅུ་བཞི་ནི། །དེང་ནས་བརྩམས་ཏེ་ནམ་དུ་ཡང་། །གཏོང་བར་བྱ་བ་མ་ཡིན་ནོ། །གདོང་གཡོགས་བཅིང་། ཨོཾ་ཙཀྵུ་བནྡྷ་ཕ་ར་ནཱ་ཧྣ་ཡ་ཧཱུྃ། མེ་ཏོག་གཏད། ཨཱ་ཕཾ་བྲཱི་ར་ཧཱུྃ། བུམ་ཆུས་བསང་། ཁྱེད་རང་སྐད་ཅིག་གིས་དབྱངས་ཅན་མ་དམར་མོ་ཞལ་གཅིག་ཕྱག་གཉིས་པ་

གཅིག་ཏུ་གསལ་བར་གྱུར། གནས་གསུམ་དུ་དྲིའི་ཐིག་ལེ་བྱེད། དཔྲལ་བར་ཨོཾ་ལས་འཁོར་ལོ་དཀར་པོ་ཨོཾ་གྱིས་མཚན་པ། མགྲིན་པར་པདྨ་དམར་པོ་ཨཱཿས་མཚན་པ། སྙིང་གར་རྡོ་རྗེ་མཐིང་ག་ཧཱུྃ་གིས་མཚན་པ། པུཥྤེ། དྷཱུ་པེ། ཨཱ་ལོ་ཀེ། གནྡྷེ། ནཻ་ཝེ་དྱེ། ཨཱཿཧཱུྃ། བགེགས་གཏོར་གཏོང་། མཚམས་བཅད། བསྲུང་འཁོར་བསྒོམ། སྙིང་གར་རྡོ་རྗེ་བཟུང་། སྙིང་གར་ཀུན་རྫོབ་ཟླ་བའི་སྟེང་དུ་དོན་དམ་པ་བྱང་ཆུབ་སེམས་ཀྱི་ངོ་བོ་རྡོ་རྗེ་དཀར་པོ་རྩེ་ལྔ་པ་གཅིག་སྒོམས། ཐལ་མོ་མགོར་བཞག །མདུན་དུ་སྒྲ་བར་མ་བྱེད་ཅིག །གལ་ཏེ་སྒྲས་ན་ཉམས་པར་འགྱུར། །རྡོ་རྗེ་སྙིང་གར་བཞག །རྡོ་རྗེ་མཁའ་འགྲོ་མ་ཁྱོད་དང་། །སྙིང་ལ་ཡང་དག་ཞུགས་པར་འགྱུར། །ཁུམ་ཆུ་བླུད། རྡོ་རྗེ་བདུད་རྩིའི་ཆུ་འདི་འཐུང་། །ཨ་སྲི་ཧོ་ཏ་ཀ། ཐལ་མོ་མགོར་བཞག །དུས་འདི་ནས་ནི་བུ་ཁྱོད་ཀྱི། །རྡོ་རྗེ་འཛིན་པ་ང་ཡིན་གྱིས། །ང་ཡིས་བསྒོ་བ་བཞིན་བྱ་དགོས་སོ། །ཉམས་པར་གྱུར་ན་ངན་སོང་དུ་ལྟུང་ཏ་རེ། ཡེ་ཤེས་ཕབ། མཁའ་འགྲོ་དབྱངས་ཅན་མའི་སྐུ་ལུས་ལས་སྐུ་ཆེ་ཆུང་འབྲིང་གསུམ་བྱུང་། ཁྱོད་རང་གི་ལུས་ལ་ཐིམ་པའི་མོས་པ་གྱིས། རོལ་མོ་དཀྲོལ། ཨ་ཨཱ། རྡོ་རྗེ་མགོར་བཞག །ཧི་ཏྲ་བཛྲ། དཀྱིལ་འཁོར་ཁ་དོག་བརྟག །མེ་ཏོག་འཐོར། པྲ་ཏཱིཙྪ་ཧོཿ སྔར་མེ་ཏོག་གཏད། དཀྱིལ་འཁོར་ལྷ་ཡིས་རྗེས་བཟུང་མཛོད། གདོང་གཡོགས་བསལ། སངས་རྒྱས་ཡེ་ཤེས་སྤྱན་ནི་ཐོབ་གྱུར་ཅིག །དཀྱིལ་འཁོར་ལྷ་ཞལ་བསྟན།

དངོས་གཞི་མཉྫལ་ཕུལ། བླ་མ་རྡོ་རྗེ་རྣལ་འབྱོར་མ་དང་། ཡེ་ཤེས་ཀྱི་མཁའ་འགྲོ་མ་རྣམས་ཀྱིས་བདག་ལ་བདུད་རྩིའི་རྒྱུན་གྱིས་དབང་བསྐུར་བར་མཛད་དུ་གསོལ། བུམ་པ་སྤྱི་བོར་བཟུང་། དུས་གསུམ་སངས་རྒྱས་ཐམས་ཅད་དང་། ལྷག་པའི་ལྷ་ཡི་ངོ་བོ་ཉིད། །དཔལ་ལྡན་བླ་མའི་སྐུ་དྲིན་གྱིས། །སྨིན་བྱེད་རིམ་པ་བསྐུར་དུ་གསོལ། །བཛྲ་ཨ་བྷི་ཥིཉྩ་ཧཱུྃ། རཏྣ་ཨ་བྷི་ཥིཉྩ་ཏྲཱྃ། པདྨ་ཨ་བྷི་ཥིཉྩ་ཧྲཱིཿ ཀརྨ་ཨ་

ཧྲི་ཊི་ཥྛ་ཨཿ བུདྡྷ་ཨ་ཧྲི་ཊི་ཥྛ་ཨོཾ། ཀྱེ་དཔལ་གསང་མཚན་གྱི་དེ་བཞིན་གཤེགས་པའོ། །ཇི་ལྟར་བལྟམས་པ་ཙམ་གྱིས་ནི། །ལྷ་རྣམས་ཀྱིས་ནི་ཁྲུས་གསོལ་ལྟར། །ལྷ་ཡི་ཆུ་ནི་དག་པ་ཡི། །དེ་བཞིན་བདག་གིས་སྐུ་ཁྲུས་གསོལ། །ཨོཾ་སརྦ་ཏ་ཐཱ་ག་ཏ་ཨ་བྷི་ཥེ་ཀ་ཏ་ས་མ་ཡ་ཤྲཱི་ཡེ་ཧཱུྃ། ཞེས་བུམ་པས་དབང་བསྐུར་ཞིང་། དུག་ལྔ་རང་སར་དག །རིགས་ལྔས་དབུ་བརྒྱན། བསྐྱེད་པའི་རིམ་པ་བསྒོམ་པ་ལ་དབང་། སྤྲུལ་པའི་སྐུ་འགྲུབ་པར་བྱས་སོ། །གསང་བའི་དབང་གི་དོན་དུ་མཚྭལ། ཐོད་པ་སྤྱི་བོར་བཟུང་། མཁའ་འགྲོ་མ་ཡི་ཡེ་ཤེས་རྒྱུན། །མཚན་ལྡན་ཐོད་པ་བཀང་ནས་ནི། །ཁྱོད་ལ་ཡང་དག་བསྐུར་བར་བྱ། །ཨོཾ་ཨཱཿཧཱུྃ། བདུད་རྩི་ཐྱད། དེས་རྩ་འཁོར་ལོ་བཞི་ལ་བརྒྱུད་ཅིང་། ལུས་བདེ་བས་ཁྱབ། རྩ་རླུང་བསྒོམ་པ་ལ་དབང་། ལོངས་སྐུ་འགྲུབ་པར་བྱས་སོ། །མེ་ལོང་སྤྱི་བོར་བཞག །ཡེ་ཤེས་མཁའ་འགྲོའི་མེ་ལོང་དབང་། །ཁྱོད་ལ་ཡང་དག་བསྐུར་བར་བྱ། །མེ་ལོང་གི་དཀྱིལ་འཁོར་ལས་དཀྱིལ་འཁོར་གཉིས་པ་གཅིག་བྱུང་ཁྱེད་རང་གི་ལུས་ལ་ཐིམ། དགའ་བཞིའི་ཡེ་ཤེས་རྒྱུད་ལ་སྐྱེས། མི་རྟོག་པ་བསྒོམ་པ་ལ་དབང་། ཆོས་སྐུ་འགྲུབ་པར་བྱས་སོ། །བཞི་པ་ངོ་སྤྲོད། ཁྱེད་རང་གི་སེམས་སྣང་བཞིན་དུ་སྟོང་། སྟོང་བཞིན་དུ་སྣང་། སྣང་སྟོང་ཟུང་འཇུག་ངོ་བོ་ཉིད་ཀྱི་སྐུ་ཕྱག་རྒྱ་ཆེན་པོ་ངོ་ཤེས་པར་གྱིས། སློབ་དཔོན་གྱི་དབང་གི་དོན་དུ་མཚྭལ། ཁྱེད་རང་རྣལ་འབྱོར་མ་སྐུ་མདོག་དམར་མོ་ཞལ་གཅིག་ཕྱག་གཉིས་མ་གཅིག་ཏུ་གྱུར། བུམ་པ་སྤྱི་བོར་བཟུང་། སངས་རྒྱས་ཀུན་གྱི་གསང་གསུམ་གྱིས། །གནས་ལས་བྱུང་བ་སྦྱིན་པར་བྱ། །བུམ་ཆུ་ཐྱད། ཇི་ལྟར་བལྟམས་པ་སོགས། མི་རྟོག་འཐོར། དབང་བསྐུར་ཞིང་ཆུའི་ལྷག་མ་ཡར་ལུད་པ་ལས་མི་བསྐྱོད་པས་དབུ་བརྒྱན། རྡོ་རྗེ་དྲིལ་བུ་གཏད། རྣལ་འབྱོར་མའི་སྐུ་གཏད། སྐུ་གསུང་ཐུགས་ཀྱི་དམ་ཚིག་ཟུང་ཞིག །དེས་སློབ་དཔོན་གྱི་དབང་ལ་བརྟེན་

ནས་དམ་ཚིག་གསུམ་བྱིན་པས། དབང་བསྐུར་བ་དང་། རབ་ཏུ་གནས་པ་དང་། སློབ་མ་བསྡུ་བ་སོགས་ཀྱིས་ཤིག །བཟླས་ལུང་བྱིན། སིནྡྷུ་ར་དཔྱལ་བ་མགྲིན་པ་སྙིང་ག་རྣམས་སུ་བྱུག །ཐིག་ལེའི་དབང་ནི། སློབ་མ་དཀྱིལ་ཀྱང་བཅའ། སྐལ་ཚོགས་བསྲང་། ལྟེ་བའི་དབུས་སུ་སེམས་ཉིད་ཀྱི་ངོ་བོ་ཐིག་ལེ་དཀར་པོ་བྱ་མ་གསར་གྱི་སྒོ་ང་ཙམ་གསལ་བཏབ། དཔོན་སློབ་གཉིས་ཀས་ཕཊ་ཀྱིས་སྤར། སྤྱི་བོ་ཚངས་པའི་བུ་ག་ནས་རྒྱངས་ཀྱིས་ཐོན། ཤེས་རབ་ལྷ་མོའི་ཐུགས་ཀར་ཐིམ། ཡི་དམ་འོག་མིན་དུ་སངས་རྒྱས། ཅི་གནས་ལ་བཞག །དེ་ནས་ཕབ། གཏོར་མ་ལ་བརྟེན་ནས་བསྡུས་པ་བྱེད་ན། ཁྲུས། མནྡལ། སྐྱབས་སེམས། ལུས་ལྷར་བསྐྱེད། ཡེ་ཤེས་ཕབ། དངོས་གཞི་མནྡལ་ཕུལ། གཏོར་མ་དང་ཐ་མི་དད་པར་ལྷ་མོ་དབྱངས་ཅན་མ་དམར་མོ་ཞལ་གཅིག་ཕྱག་གཉིས་པ་གཅིག་ཏུ་བསྐྱེད། གཏོར་མ་སྤྱི་བོར་བཞུང་། ཡི་དམ་གྱི་སྐུ་ལས་སྐུ་འཕྲོས། ཁྱེད་རང་གི་ལུས་ལ་ཐིམ། ནང་མཆོད། མེ་ཏོག །ཡི་དམ་གྱི་གསུང་ལས་ཕྱགས་འཕྲོས། ཁྱེད་རང་གི་མགྲིན་པར་ཐིམ། ནང་མཆོད། མེ་ཏོག །ཡི་དམ་གྱི་ཐུགས་ཀ་ནས་དཔལ་བེའུ་འཕྲོས། ཁྱེད་རང་གི་སྙིང་གར་ཐིམ། ནང་མཆོད། མེ་ཏོག །གཏོར་མ་སྤྱི་བོར་བཞུང་། བརྒྱུད་པའི་མཚན་ནས་སྨོས། ལྷ་བསྟིམ། མེ་ཏོག་འཐོར། ཐིག་ལེའི་དབང་གོང་དང་འདྲ། གཙོ་བོས་ཇི་ལྟར་བཀའ་སྩལ་པ། །དེ་དག་ཐམས་ཅད་བདག་གིས་བགྱིད། །མནྡལ། ཚོགས་ཕུད་ཕུལ་ཞིང་ཚོགས་ལ་ལོངས་སྤྱོད། ལྷག་མ་བསྡུ། ཆུ་གཙང་བྲན། དཔལ་འབར་འཛུགས། ཨ་ཀཱ་རོ་ས་བྱིན་གྱིས་རླབས། བ་ལིཾ་ཏ་ཀ་ཁཱ་ཧཱི། ལྷག་མ་ཕྱི་རོལ་དུ་དོར། རོལ་མོ་བྱེད། སྟོད་ཆུ་གཙང་གིས་བཤལ། ཁ་སྦྱབ། མ་འབྱོར་བ་དང་སོགས། ཚོ་ག་ལྷག་ཆད་ཅི་མཆིས་པ། །དཀྱིལ་འཁོར་ལྷ་ཡིས་བཟོད་པར་མཛོད། །བཀའ་བརྒྱུད་བླ་མའི་བཀྲ་ཤིས་གང་ལགས་པ། །བཀྲ་ཤིས་དེས་ཀྱང་དེང་འདིར་བདེ་ལེགས་ཤོག །ཡི་དམ་ལྷ་ཡིཿ ཆོས་སྐྱོང་རྣམས་ཀྱིཿ ནོར་ལྷ་རྣམས་ཀྱིཿ ཡེ་ཤེས་པ་རང་གནས་སུ་གཤེགས། དམ་ཚིག་པ་རང་ཉིད་ལ་ཐིམ་པར་གྱུར། རྟེན་ཡོད་ན་བརྟན

བཞུགས་བྱེད། ཨོཾ་ཁྲིད་ཀྱིས་སོགས། བཛྲ་མུཿ བསྔོ་བ་ཆོས་དབྱིངས་མ་བྱེད། གཅོད་གདན་ཐོག་གཅིག་མའི་ཁྲིད་ཡིག་ཕྲིན་ལས་རྒྱ་མཚོ་ལས། རྒྱ་མཚོ་ལྷ་བུ་གབ་པ་མངོན་བྱུང་གི་གསང་བཀའ། ཞེས་རབ་ལྷ་མོའི་སྒྲུབ་ཐབས་འདི། དད་ལྡན་རྣམས་ཀྱིས་བསྒྲུབ་པའི་ངོར། ཤཱཀྱའི་དགེ་སློང་ཀྲེ་ཏོ་ཆོས་ཀྱི་རྒྱ་མཚོ་ཞེས་ཡོངས་སུ་གྲགས་པའི་མཚན་ཅན་གྱིས་རྒྱལ་རྩེ་རྒྱ་མཚོའི་སྐྱིད་ཚལ་དུ་སྦྱར་བའོ། །དགེ་བ་མ་རྒན་སེམས་ཅན་རྣམས་ལ་བསྔོ། བཀྲ་ཤིས་དཔལ་འབར་འཛམ་གླིང་རྒྱལ་བའི་རྒྱན་དུ་ཤོག །ལྷན་ཐབས་ཀྱི་ཡིག་ཆུང་ངོ།། །།

༄། །ལྷ་མོ་ཁྲོ་གཉེར་མ་ལྷ་བཅུ་གསུམ་གྱི་སྒྲུབ་ཐབས་བཞུགས་སོ། །

བླ་མ་དང་བདེ་བ་ཆེན་པོའི་སྐུ་ལ་ཕྱག་འཚལ་ལོ། །བདེ་ཆེན་ལྷ་མོའི་སྒྲུབ་ཐབས་འདི་ལ་གནས་དབེན་ཞིང་ཡིད་དང་མཐུན་པར། ཡོལ་བ། བླ་རེས། རྟེན་བཀྲམ་ཞིང་། གཏོར་མ་གསུམ་དང་། དབང་གཏོར་ཟླུམ་པོ་གཏོར་འདབ་དང་། དཀར་དམར་གྱི་རྒྱན་བཟང་པོས་བརྒྱན། གཏོར་མ་གསུམ་པོ་དཀྱིལ་འཁོར་གྱི་གོང་དུ་བཤམ། དབང་གཏོར་ཕྱེར་དཀར་དུ་འཇུག་ཅིང་། མཆིའི་ཁར་ཟུར་དུ་བཞག །དཀྱིལ་འཁོར་གྱི་དབུས་སུ་མཆིའི་ཁར་བུམ་པ་མགུལ་ཆིངས། ཁ་རྒྱན། བུམ་སྣན། ཆུས་གང་བ་བཞག །དེའི་ཁར་ཐོད་པ་བདུད་རྩིས་གང་བ་བཞག །མེ་ལོང་ལ་སིནྡྷུ་རའི་དཀྱིལ་འཁོར་བྲི། ས་བོན་དང་ཕྱག་མཚན་བཀོད། དར་དམར་གྱིས་བཀབ། ཐོད་པའི་ཁར་བཞག །མཐའ་མཆོད་པས་བསྐོར། རང་ཉིད་བདེ་བའི་སྟན་ལ་སྡོད་ཅིང་། མདུན་དུ་སྟེགས་ཀྱི་ཁར་ནང་མཆོད། ཌཱ་དྲིལ། ལས་བུམ་རྣམས་བཞག །ནང་མཆོད་བྱིན་གྱིས་རླབས། ཨོཾ་ཨཱཿཝིགྷྣཱནྟ་ཀྲྀཏ་ཧཱུཾ་ཕཊ། ཨོཾ་སྭ་བྷཱ་ཝ་ཤུདྡྷཱཿསརྦ་དྷརྨཱཿསྭ་བྷཱ་ཝ་ཤུདྡྷོ྅ཧཾ། སྟོང་པ་ཉིད་དུ་གྱུར། སྟོང་པའི་ངང་ལས་ཡཾ་ལས་རླུང་གི་དཀྱིལ་འཁོར། རཾ་ལས་མེའི་དཀྱིལ་འཁོར། ཀཾ་ལས་མི་མགོའི་སྒྱིད་བུ་གསུམ་གྱི་སྟེང་དུ། ཨ་ལས་ཀ་པཱ་ལ་ཕྱི་དཀར་ལ་ནང་དམར་བ་ཡངས་ཤིང་རྒྱ་ཆེ་བ། དེའི་དབུས་སུ་ཨུ་ལས་དྲི་ཆུ་བཻཌཱུརྻ་ལྟ་བུ། ཤར་དུ་བི་ལས་དྲི་ཆེན་ཤེལ་ལྟ་བུ། ལྷོར་ར་ལས་རཀྟ་གསེར་བཙོ་མ་ལྟ་བུ། ནུབ་ཏུ་ཤུ་ལས་བྱང་སེམས་དཀར་དམར། བྱང་དུ་མ་ལས་ཀླད་པ། དབུས་སུ་ན་ལས་མིའི་ཤ །ཤར་ལྷོར་གོ་ལས་བ་ལང་གི་ཤ །ལྷོ་ནུབ་ཏུ་ཀུ་ལས་ཁྱིའི་ཤ །ནུབ་བྱང་དུ་ད་ལས་གླང་པོ་ཆེའི་ཤ །བྱང་ཤར་དུ་ཧ་ལས་རྟའི་ཤ །དེ་རྣམས་སྟེང་ཡང་ཡི་གེ་དེ་

དག་གིས་མཚན་པའོ། །རང་གི་སྣ་བུག་ནས་རླུང་བྱུང་། རླུང་གི་བ་དན་བསྐྱོད། རླུང་གཡོས། མེ་སྦར། རྫས་རྣམས་ཁོལ། ཉེས་པའི་སྐྱོན་རྣམས་ཕྱིར་ལུད། དེའི་སྟེང་དུ་ཨོཾ་ཨཱཿཧཱུྃ་ལས་འོད་ཟེར་འཕྲོས། དེ་བཞིན་གཤེགས་པ་རྣམས་ཀྱི་ཐུགས་ཀ་ནས་ཡེ་ཤེས་ཀྱི་བདུད་རྩི་བཀུག །དམ་ཚིག་གི་བདུད་རྩི་དང་གཉིས་སུ་མེད་པར་འདྲེས། ཡེ་ཤེས་ཀྱི་བདུད་རྩིའི་རྒྱ་མཚོ་ཆེན་པོར་གྱུར། ཨོཾ་ཨཱཿཧཱུྃ། དཀར་གཏོར་ལ་ཆུ་གཙང་བྲན། ཨོཾ་ཨཱཿབིགྷྣཱནྟ། སྭ་བྷཱ་ཤ། སྟོང་པ་ཉིད་དུ་གྱུར། སྟོང་པའི་ངང་ལས་གཏོར་མ་དངས་ཤིང་ཐོགས་པ་མེད་པ་འདི། གཞི་བདག །གནས་བདག །ཡུལ་བདག །གྲོང་བདག་རྣམས་ལ་འབུལ་ལོ། །མཆོད་སྦྱིན་གྱི་གཏོར་མ་རྒྱ་ཆེན་པོ་འདི་བཞེས་ལ། བདག་ཅག་དཔོན་སློབ་འཁོར་དང་བཅས་པ་རྣམས་འགྲོ་ན་མ་བཤོལ། འདུག་ན་མ་སྡང་། བསམ་པ་མ་ངན། སྦྱོར་བ་མ་རྩུབ། ལས་དཀར་པོ་ཆོས་དང་མཐུན་པའི་སྟོང་གྲོགས་མཛོད་ཅིག །གཏོར་མ་གཙང་སར་ཕུལ། བགེགས་གཏོར་ལ་ཆུ་གཙང་བྲན། ཏ་ཀྲིཏ་ས་བསང་། གཏོར་མ་དངས་ཤིང་ཐོགས་པ་མེད་པ་བགེགས་རིགས་ལན་ཆགས་རྣམས་ཀྱི་འདོད་པའི་ཡོན་ཏན་ལྔ་དང་ལྡན་པར་གྱུར། བགེགས་རིགས་ལན་ཆགས་རྣམས་གཏོར་མ་འདིས་ཚིམ་པར་གྱིས་ལ། འདིར་མ་གནས་པར་གཞན་དུ་དེངས་ཤིག །གཏོར་མ་ཕྱི་རོལ་དུ་སྐྱུལ། བྷྱོ་ནི་ས་བགེགས་བསྐྲད། བསྲུང་འཁོར་བསྒོམ། སྐྱབས་འགྲོ་ནི། བདག་གཞན་མ་ཚོགས་ནམ་མཁའི་མཐའ་དང་མཉམ་པའི་སེམས་ཅན་ཐམས་ཅད། བླ་མ་ལ་སྐྱབས་སུ་མཆིའོ། །སངས་རྒྱས་ལ༔ ཆོས་ལ༔ དགེ་འདུན་ལ༔ བདེ་ཆེན་ལྷ་མོའི་ཚོགས་དང་བཅས་པ་རྣམས་ལ༔ སངས་རྒྱས་ཆོས་དང་ཚོགས་ཀྱི་སོགས་ནས། སངས་རྒྱས་འགྲུབ་པར་ཤོག །མདུན་གྱི་ནམ་མཁའི་གནས་སུ་བཅོམ་ལྡན་འདས་བདེ་ཆེན་ལྷ་མོའི་ལྷ་ཚོགས་སྤྱན་དྲངས། བཛྲ་ས་མ་ཛཿ ཛཿཧཱུྃ་

པཾ་ཧོཿ དམ་ཚིག་པ་དང་གཉིས་སུ་མེད་པར་གྱུར། གང་གི་དྲིན་གྱིས་བདེ་ཆེན་ཉིད། །སྐད་ཅིག་ཉིད་ལ་འཆར་བ་གང་། །བླ་མ་རིན་ཆེན་ལྟ་བུའི་སྐུ། །རྡོ་རྗེ་ཅན་ཞབས་པད་ལ་འདུད། །ཨོཾ་སརྦ་ཏ་ཐཱ་ག་ཏ་ཨརྒྷཾ་ཨཱཿཧཱུྃ། པུཥྤེ། དྷཱུ་པེ། ཨཱ་ལོ་ཀེ། གནྡྷེ། ནཻ་ཝི་དྱེ། ཤབྡ་ཨཱཿཧཱུྃ། ཚོགས་ཞིང་རང་ལ་ཐིམ། ཨོཾ་ཨཱཿཧཱུྃ།

བདག་བསྐྱེད། ཨོཾ་ཨཱཿབི་ཤུདྡྷ་ཀྲི་ཏ་ཧཱུྃ་ཕཊ། ཨོཾ་སྭ་བྷཱ་ཝ་ཤུདྡྷཿསརྦ་དྷརྨཱཿསྭ་བྷཱ་ཝ་ཤུདྡྷོ྅ཧཾ། སྟོང་པ་ཉིད་དུ་གྱུར། སྟོང་པའི་ངང་ལས་གཞལ་ཡས་ཁང་གྲུ་བཞི་སྒོ་བཞི་རྩིག་པ་རིམ་པ་ལྔ། དམར། སེར། དཀར། ལྗང་། སྨོ་བའི་རིམ་པ་ལྔ་དང་ལྡན་པ། རྟ་བབས་རིམ་པ་བརྒྱད། གདུགས། རི་དྭགས། ཆོས་འཁོར་གྱིས་སྤྲས་པ། ནང་རིན་པོ་ཆེ་སྣ་ཚོགས་ལས་གྲུབ་པའི་ཀ་བ་དང་གདུང་། རིན་པོ་ཆེའི་ཕ་གུ་དང་མདའ་ཡབ། པུ་ཤུ། རིན་པོ་ཆེའི་དྲྭ་བ་དྲྭ་ཕྱེད་ཆུ་སྲིན་གྱི་ཁ་ནས་འཕྱང་བ། གདུགས། རྒྱ་མཚན། བ་དན། ཆོས་འཁོར་དང་ལྡན་པ། རྩིག་པའི་ཕྱིའི་འདོད་ཡོན་གྱི་སྣམ་བུ་ལ་གནས་པའི་ལྷ་མོ་རྣམས་ཀྱིས་མཆོད་པ་འབུལ་བ། ཕྱི་རོལ་ཐོད་ར། རྡོ་ར། དུར་ཁྲོད་ཀྱི་ར་བ། མེ་རིས་ཡོངས་སུ་བསྐོར་བ། གཞལ་ཡས་ཁང་གི་དབུས་སུ་པདྨ་འདབ་བརྒྱད་ཀྱི་ལྟེ་བར་ཉི་མའི་སྟེང་དུ་ཧཱུྃ་ཡིག་དམར་ནག །དེ་ལས་འོད་ཟེར་འཕྲོས། འཕགས་པ་མཆོད། སེམས་ཅན་གྱི་དོན་བྱས། ཚུར་འདུས་ཡོངས་སུ་གྱུར་པ་ལས། ལྷ་མོ་ཁྲོ་གཉེར་མ་སྐུ་མདོག་དམར་ནག་དུ་འདུག་པ་ཞལ་བཞི། ཕྱག་བརྒྱད། སྤྱན་གསུམ་གསུམ། མཆེ་བ་རབ་ཏུ་གཙིགས་པ། དབུ་སྐྲ་དམར་སེར་ཕྱེད་སྤྱི་བོར་བཅིངས་ཤིང་། རིན་པོ་ཆེ་དང་། ཐོད་པ་དང་། མེ་ཏོག་གིས་བརྒྱན་པ། ཕྱེད་སྐྲ་རྒྱབ་ཏུ་འཕྱང་བ། རྩ་ཞལ་དམར་བ། གཡས་ཞལ་ནག་པ། གཡོན་ཞལ་དཀར་བ། རྒྱབ་ཞལ་ལྗང་བ། ཕྱག་དང་པོ་གཉིས་ཀྱི་གྲུག་

དང་ཐོད་པ་བདུད་རྩིས་གང་བ་བསྣམས་པ། གཡས་ཀྱི་གཉིས་པ་ན་རྩེ་གསུམ། གསུམ་པ་ན་དགྲ་སྟ། བཞི་པ་ན་རལ་གྲི། གཡོན་གྱི་གཉིས་པ་ན་པདྨ། གསུམ་པ་ན་མེ་ལོང་། བཞི་པ་ན་བུམ་པ། སྐུ་ལ་ཐོད་རློན་གྱི་དོ་ཤལ་དང་། རུས་པ་དང་རིན་པོ་ཆེའི་རྒྱན་དུ་མ་དང་ལྡན་པ། ཞབས་གཉིས་ཉི་མའི་སྟེང་དུ་གནས་པ། དེའི་ཤར་ནས་རིམ་པ་བཞིན་དུ་སྒྲོལ་མ་དཀར་མོ་ནོར་བུ་དང་པདྨ་འཛིན་པ། སྒྲོལ་མ་སྔོན་མོ་མེ་ལོང་དང་པདྨ་བསྣམས་པ། སྒྲོལ་མ་དམར་མོ་མེའི་ཞགས་པ་དང་པདྨ་བསྣམས་པ། སྒྲོལ་མ་ལྗང་གུ་སྤྱི་བླུགས་དང་ཨུཏྤ་ལ་སྔོན་པོ་འཛིན་པ། ནོར་རྒྱུན་མ་སེར་མོ་གཏེར་གྱི་བུམ་པ་དང་ནེའུ་ལེ་འཛིན་པ། འཇིགས་པ་བརྒྱད་སྐྱོབ་མ་ནག་མོ་གཡས་སྐྱབས་སྦྱིན་དང་ཨུཏྤ་ལ་འཛིན་པ། ཀུ་རུ་ཀུ་ལླེ་དམར་མོ་ཕྱག་དང་པོ་གཉིས་མདའ་གཞུ་འགེངས་ཤིང་། འོག་མ་གཉིས་སྐྱབས་སྦྱིན་དང་ཨུཏྤལ་དམར་པོ་འཛིན་པ། ཤྲ་མ་ཧི་ལྗང་གུ་གཡས་དུང་ཆོས་དང་གཡོན་མེ་ལོང་འཛིན་པ། དབུ་སྐྲ་སྤྱི་བོར་བཅིངས་ཤིང་རིན་པོ་ཆེ་དང་མེ་ཏོག་གིས་བརྒྱན་པ། སྐུ་ལ་རིན་པོ་ཆེའི་རྒྱན་དུ་མ་དང་ལྡན་ཞིང་། ཞབས་གཡོན་བསྐུམ། གཡས་པདྨའི་སྟེང་དུ་བརྐྱང་བ། ཤར་སྒོར་རྡོ་རྗེ་རིགས་ཀྱི་རྣལ་འབྱོར་མ་སྔོན་མོ། ལྷོ་སྒོར་རིན་ཆེན་རིགས་ཀྱི་རྣལ་འབྱོར་མ་སེར་མོ། ནུབ་སྒོར་པདྨ་རིགས་ཀྱི་རྣལ་འབྱོར་མ་དམར་མོ། བྱང་སྒོར་ལས་ཀྱི་རིགས་ཀྱི་རྣལ་འབྱོར་མ་ལྗང་གུ། གཡས་རྣམས་ཀྱིས་ཌ་མ་རུ་དང་། གཡོན་རྣམས་ཀྱིས་མི་རྐང་གི་གླིང་བུ་འབུད་པ། རུས་པ་དང་རིན་པོ་ཆེས་བརྒྱན་ཅིང་། ཞབས་གཡས་བསྐུམ་གཡོན་བརྐྱང་བས་ཉི་མ་ལ་གནས་པ། ལྷ་མོ་བཅུ་གསུམ་གྱི་སྤྱི་བོར་ཨོཾ། མགྲིན་པར་ཨཱཿ ཐུགས་ཀར་ཧཱུྃ། ཐུགས་ཀའི་ཧཱུྃ་ལས་འོད་ཟེར་འཕྲོས་པས། ཆོས་ཀྱི་དབྱིངས་དང་

དུར་ཁྲོད་བརྒྱད་ནས་ལྷ་མོ་ཁྲོ་གཉེར་མའི་ལྷ་ཚོགས་ལ། སངས་རྒྱས་དང་བྱང་ཆུབ་སེམས་དཔའི་ཚོགས་ཀྱིས་བསྐོར་བ་སྤྱན་དྲངས། བཛྲ་ས་མ་ཛཿ ཛཿཧཱུྃ་བྃ་ཧོཿ གཉིས་སུ་མེད་པར་གྱུར། ཨོཾ་ཨོཾ་ཨོཾ་སརྦ་བུདྡྷ་ཌཱ་ཀི་ནི། ཏཱ་རེ་ཏུཏྟཱ་རེ་ཏུ་རེ་ཧཱུྃ་ཧཱུྃ་ཧཱུྃ་ཕཊ་ཕཊ་སྭཱ་ཧཱ། བཟླས་པ་བྱེད། མཐར། རྟེན་གཞལ་ཡས་ཁང་རང་ལ་བསྡུད། མི་དམིགས་པར་བཞག །

བུམ་པ་བསྒྲུབ། ཨ་མྲི་ཏས་བསང་། སྭ་བྷཱ་ཝས་སྦྱངས། སྟོང་པ་ཉིད་དུ་གྱུར། སྟོང་པའི་ངང་ལས་རིན་པོ་ཆེའི་བུམ་པ་ཞབས་ཞུམ་པ། ལྟོ་བ་ལྡིར་བ། མགྲིན་པ་ཕྲ་བ། མཆུ་འཕྱང་བ། ལྷ་རྫས་ཀྱི་གོས་ཀྱིས་མགྲིན་པ་དཀྲིས་པ། ཙུ་ཏའི་ཤིང་གི་ཡལ་ག་དམར་པོས་ཁ་བརྒྱན་པ། བུམ་སྨན་དང་ཆུས་གང་བའི་དབུས་སུ། བཅོམ་ལྡན་འདས་ལྷ་མོ་བཅུ་གསུམ་གྱི་གཞལ་ཡས་ཁང་རྟེན་དང་བརྟེན་པ་སྐད་ཅིག་གིས་གསལ་བར་གྱུར། ལྷ་ཚོགས་རྣམས་ཀྱི་དཔྲལ་བར་ཨོཾ། མགྲིན་པར་ཨཱཿ ཐུགས་ཀར་ཧཱུྃ། ཐུགས་ཀའི་ཧཱུྃ་ལས་འོད་ཟེར་འཕྲོས་པས། ཆོས་ཀྱི་དབྱིངས་དང་དུར་ཁྲོད་བརྒྱད་ནས་ལྷ་མོ་བཅུ་གསུམ་ལ་སངས་རྒྱས་དང་བྱང་ཆུབ་སེམས་དཔའི་ཚོགས་ཀྱིས་བསྐོར་བ་སྤྱན་དྲངས། བཛྲ་ས་མ་ཛཿ བུམ་པའི་ལྷ་དང་གཉིས་སུ་མེད་པར་གྱུར། བཟླས་པ་བྱེད། མཐར་ལྷ་འོད་དུ་ཞུ། བུམ་པའི་ལྷ་དང་གཉིས་སུ་མེད་པར་གྱུར།

མདུན་བསྐྱེད། ཏ་ཀྲིཏ་ནས་ས་མ་ཛའི་བར་བདག་བསྐྱེད་བཞིན་བྱ། ཇི་ལྟར་བལྟམས་པ་ཙམ་གྱིས་ནི་སོགས། ཞེས་དབང་བསྐུར། ཁྲུས་བྱས། ཆུའི་ལྷག་མ་ཡར་ལུད་པ་ལས་གཙོ་བོ་ལ་རྣམ་པར་སྣང་མཛད། འཁོར་རྣམས་ལ་རྡོ་རྗེ་སེམས་དཔའ། རིན་ཆེན་འབྱུང་ལྡན། དོན་ཡོད་གྲུབ་པ་རྣམས་ཀྱིས་དབུ་བརྒྱན་པའོ། །བདག་ཅག་བསོད་

ནམས་སྐལ་བར་ལྡན། །བདག་གི་མཆོད་ཡོན་བཞེས་ནས་ཀྱང་། །འདི་ཉིད་དུ་ནི་བཞུགས་སུ་གསོལ། །པདྨ་ཀ་མ་ལ་ཡ་སྟྭཾ། བཟླས་པ་ཕྱེད། དཔལ་ལྡན་ལྷ་མོ་སྒྲོལ་དམར་འཕྲུག་འདྲའི་ཞལ། །ཞལ་བཞི་ཕྱག་བརྒྱད་རབ་གཏུམ་འཇིགས་པའི་སྐུ། །ཡེ་ཤེས་དཔག་ཡས་ཚེ་ཡི་མཆོག་སྩོལ་མ། །ལྷ་མོ་ཁྲོ་གཉེར་མ་ལ་ཕྱག་འཚལ་ལོ། །ས་གཞི་སྤོས་ཀྱིས་བྱུགས་ཤིང་ སོགས། གུ་རུ་རཏྣ་མནྟྲ་ལ་པཱུ་ཛ་མེ་གྷ་ས་མུ་དྲ་སྥ་ར་ཎ་ས་མ་ཡ་ཨཱཿཧཱུྃ། དཔལ་དང་ལྡན་པའི་བཅོམ་ལྡན་འདས་མ་ཁྱོད། །མཁའ་མཉམ་བདེ་རོལ་འགྲོ་བ་ཀུན་བདག་མོ། །ཡོངས་སྤྱོད་སྐུ་མའི་གཟུགས་དང་ཆགས་པའི་མདངས། །མཁའ་འགྲོ་དྲ་བ་སྡོམ་ལ་ཕྱག་འཚལ་བསྟོད། །རྒྱལ་བའི་སྐུ་ལ་ཉོན་མོངས་མི་མངའ་ཡང་། །སེམས་ཅན་ཉོན་མོངས་བག་ཆགས་སྦྱང་སླད་དུ། །སྐུ་གསུང་ཐུགས་ལ་ཁྲུས་ཆབ་འདི་གསོལ་བས། །ཁམས་གསུམ་གནས་པའི་དྲི་མ་དག་གྱུར་ཅིག །ཨོཾ་སརྦ་ཏ་ཐཱ་ག་ཏ་ཨཀྲཾ་པྲ་ཧྲིཀྵ་པཱུ་ཛ་མེ་གྷ་ས་མུ་དྲ་སྥ་ར་ཎ་ས་མ་ཡེ་ཧཱུྃ། དཀྱིལ་འཁོར་ཀུན་ཏུ་རྒྱལ་བ་མཉེས་གྱུར་པའི། །ལྷ་རྫས་དབྱིབས་ལེགས་མི་རྟོག་དམ་པ་འདི། །ནམ་མཁའ་གང་བར་སེམས་ཀྱིས་མངོན་སྤྲུལ་ནས། །གཞལ་ཡས་ཁང་དུ་སྤྲིན་བཞིན་གཏིབས་གྱུར་ཅིག །པུཥྤེ། ཚུལ་ཁྲིམས་དྲི་ལྡན་སྤོས་མཆོག་དམ་པ་འདི། །ཏིང་འཛིན་ཐུགས་དང་ཕྱག་རྒྱས་བྱིན་རླབས་ནས། །སངས་རྒྱས་ཞིང་དུ་སྤོས་དྲི་ངད་ལྡན་པའི། །རྒྱལ་བ་རྒྱ་མཚོའི་ཚོགས་རྣམས་མཉེས་གྱུར་ཅིག །དྷཱུ་པེ། ཉོན་མོངས་དུག་བསྲེག་མ་རིག་མུན་སེལ་བའི། །ཤེས་རབ་གཟི་ལྡན་དཔལ་གྱི་སྒྲོན་མེ་འདི། །སྤྲིན་མེད་མཁའ་ལ་ཉི་ཤར་ཇི་བཞིན་དུ། །འོད་ཟེར་སྣང་བས་ཕྱོགས་བཅུར་གསལ་གྱུར་ཅིག །ཨཱ་ལོ་ཀེ། སྟོང་གསུམ་ཀུན་ཏུ་དྲི་དང་ངད་ལྡན་པའི། །སྤོས་དང་སྨན་སྦྱར་ཆུ་གཙང་རྒྱལ་བའི་ཁྲུས། །ཡེ

ཤེས་མཁའ་ལ་ཐུགས་རྗེའི་ཆར་རྒྱུན་གྱིས། །མི་གཙང་དྲི་མའི་ཚོགས་རྣམས་དག་གྱུར་ཅིག །གནྡྷེ། རྒྱལ་བའི་སྐུ་ལ་བཀྲེས་པ་མི་མངའ་ཡང་། །འགྲོ་བའི་དོན་དུ་ལྷ་རྫས་བདུད་རྩིའི་བཤོས། །དག་ཅིང་གཙང་མར་བཤམས་ཏེ་འབུལ་ལགས་ན། །བསོད་ནམས་ཞིང་གྱུར་རྣམས་ཀྱིས་བཞེས་སུ་གསོལ། །ནཻ་ཝི་དྱེ། དྲིལ་ཆེན་སིལ་སྙན་རྣམ་གྲོལ་ཚངས་པའི་དབྱངས། །བསམ་དག་ངག་གིས་བསྟོད་དེ་གུས་མཆོད་འབུལ། །ས་བཅུ་རིམ་གྱིས་བསྒྲོད་ནས་སངས་རྒྱས་སར། །ཚོགས་གཉིས་རྫོགས་ནས་ཆོས་ཀྱི་རྒྱལ་པོར་ཤོག །ཤབྡ་བཟོད། བཅོམ་ལྡན་འདས་མ་རྡོ་རྗེ་རྣལ་འབྱོར་མ། །སྟོང་ཉིད་རྡོ་རྗེ་ལྡན་པའི་བདག་ཉིད་ཅན། །བསྐལ་པའི་མེ་འབར་འཇིགས་པའི་ཧཱུྃ་སྒྲ་སྒྲོགས། །རྡོ་རྗེ་གདུམ་མོ་དེ་ལ་ཕྱག་འཚལ་བསྟོད། །གཟུགས་དང་སྒྲ་དང་དྲི་དང་རོ། །དེ་བཞིན་རེག་བྱ་ཌཱི་སྙེད་པ། །བཅོམ་ལྡན་འཁོར་དང་བཅས་ལ་འབུལ། །རཱུ་པ། ཤབྡ། གནྡྷེ། ར་ས། སྤརྴེ་ཨཱཿཧཱུྃ། གང་གི་དྲིན་གྱིས་བདེ་ཆེན་ཉིད། །སྐད་ཅིག་ཉིད་ལ་འཆར་བ་གང་། །བླ་མ་རིན་ཆེན་ལྟ་བུའི་སྐུ། །རྡོ་རྗེ་ཅན་ཞབས་པད་ལ་འདུད། །འཁོར་ལོ་ནོར་བུ་བཙུན་མོ་དང་། །བློན་པོ་གླང་པོ་རྟ་མཆོག་དང་། །དམག་དཔོན་རིན་ཆེན་སྣ་བདུན་ཡང་། །བཅོམ་ལྡན་འཁོར་དང་བཅས་ལ་འབུལ། །གཟུགས་མཛེས་ཡིད་འོང་ལྷ་མོའི་སྐུ། །སྤྱན་གསུམ་ཁྲོ་གཉེར་མཆེ་བ་གཙིགས། །ཞལ་ནས་ཧམ་པའི་ང་རོ་རབ་སྒྲོག་པ། །ཡི་དམ་ལྷ་མོའི་ཞབས་ལ་གུས་པས་འདུད། །ནང་མཆོད་འབུལ། བརྒྱུད་པའི་མཚན་ནས་སྨོས་ཏེ། ཆོས་སྐུ་ཡུམ་ཆེན་མོའི་ཞལ་དུ་ཨོཾ་ཨཱཿཧཱུྃ། ལྷ་མོ་ཁྲོ་གཉེར་མའིཿ མ་གཅིག་ལབ་ཀྱི་སྒྲོན་མའིཿ མཁའ་འགྲོ་རྒྱ་ཆེན་མའིཿ རྣལ་འབྱོར་ཧུས་པའི་རྒྱན་ཅནཿ སེམས་དཔའ་རང་བྱུང་རྡོ་རྗེའིཿ རྣལ་འབྱོར་ཆོས་དབྱིངས་རྡོ་རྗེཿ ལྷ་ཕྱུ་ཀུན་དགའ་ཡེ་ཤེསཿ

ཀུན་མཁྱེན་འཇམ་དཔལ་བཟང་པོ༔ རྗེ་བཙུན་འཇམ་དཔལ་རྒྱ་མཚོ༔ གཞན་ཡང་

གང་ཐོན་ལ་འབུལ། ལས་ཀྱི་བུམ་པ་བསྒྲུབ། ཚོགས་བསྡོ་ཞིང་ཚོགས་ཕུད་གཏོར་མར་ཕུལ།

སྔ་གོན་བྱེད་པ་ནི། སློབ་མ་ཁྲུས་བྱེད། ཕྱག་དང་མཎྜལ་ཕུལ། སློབ་དཔོན་གྱིས་ཆོས་བཤད། གང་གི་དྲིན་གྱིས་བདེ་ཆེན་ཉིད། །སྐད་ཅིག་ཉིད་ལ་འཆར་བ་གང་། །བླ་མ་རིན་ཆེན་ལྟ་བུའི་སྐུ། །རྡོ་རྗེ་ཅན་ཞབས་པད་ལ་འདུད། །སློབ་དཔོན་གྱིས་མཎྜལ་བཟུང་། སོ་ཤིང་དོར་བཙུག །བཛྲ་ཧ་ས་ཧ། དངོས་གྲུབ་བཏག །ཁྲུས་ཆུ་སྦྱིན། ཨོཾ་ཧྲི་བི་ཤུདྡྷ་ཨུད་ག་ཏེ་ཁ་ཁ། སྐུད་པ་དམར་པོ་སུམ་སྒྲིལ་ལ་མདུད་པ་གསུམ་བྱེད། སྐྱེས་པའི་གཡོན། བུད་མེད་ཀྱི་གཡས་ཀྱི་དཔུང་པར་མདུད་པ་བྱེད། ཨོཾ་བུདྡྷ་མཻ་ཏྲི་སཏྭ་རཀྵ་རཀྵ་སྭཱ་ཧཱ། ཀུ་ཤ་ཆེ་བ་གཡས་སུ་ཕྱིན། ཆུང་བ་གཡོན་དུ་ཕྱིན། ཨོཾ་ཏི་ཥྛ་བཾ། ཆེ་བ་སྟེང་། ཆུང་བ་གདན་བྱས་ཏེ། རྨི་ལམ་བཏག །བུ་ཚུར་ཐེག་པ་ཆེན་པོ་ཡི། །ཁྱོད་ནི་ཚུལ་ཆེན་སྣོད་ཡིན་ཏེ། །ཁྱོད་ལ་ཡང་དག་བཤད་པར་བྱ། །བུ་ཡི་བློ་གྲོས་འདི་གྱིས་ཤིག །ཡོལ་བ་ནང་དུ་འཇུག །ཁྲུས་བྱེད། ཕྱག་དང་མཎྜལ་ཕུལ། ཆོས་བཤད་རྒྱས་བསྡུས་སྐབས་དང་སྦྱར། དགའ་ཆེན་ཁྱོད་བདག་སྟོན་པ་སྟེ། །སློབ་དཔོན་ཁྱོད་ནི་དགོངས་སུ་གསོལ། །བྱང་ཆུབ་ཆེན་པོའི་ཚུལ་བསྟན་པ། །མགོན་པོ་ཆེན་པོ་བདག་འཚལ་ལོ། །དམ་ཚིག་དེ་ཉིད་བདག་ལ་སྩོལ། །བྱང་ཆུབ་སེམས་ཀྱང་བདག་ལ་སྩོལ། །སངས་རྒྱས་ཆོས་དང་དགེ་འདུན་ཏེ། །སྐྱབས་གསུམ་དག་ཀྱང་བདག་ལ་སྩོལ། །ཐར་པ་ཆེན་པོའི་གྲོང་མཆོག་ཏུ། །མགོན་པོས་བདག་ནི་འཇུག་པར་འཚལ། །དཀོན་མཆོག་གསུམ་ལ་བདག་སྐྱབས་མཆི། །སྡིག་པ་མི་དགེ་སོ་སོར་བཤགས། །འགྲོ་བའི་དགེ་ལ་རྗེས་ཡི་རང་། །སངས་རྒྱས་བྱང་ཆུབ་ཡིད་ཀྱིས་བཟུང་། །སངས་རྒྱས་ཆོས་དང་ཚོགས་མཆོག་ལ། །བྱང་ཆུབ་བར་དུ་སྐྱབས་སུ་མཆི། །རང་གཞན་དོན་ནི་རབ་སྒྲུབ་ཕྱིར། །བདག་གིས་བྱང་ཆུབ་སེམས་མཆོག་བསྐྱེད། །བྱང་ཆུབ་མཆོག

གི་སེམས་ནི་བསྐྱེད་བགྱིས་ནས། །སེམས་ཅན་ཐམས་ཅད་བདག་གི་མགྲོན་དུ་
གཉེར། །འགྲོ་ལ་ཕན་ཕྱིར་སངས་རྒྱས་འགྲུབ་པར་ཤོག །ལན་གསུམ། གདོང་གཡོགས་བཅིང་།
ཨོཾ་ཙཀྲ་བཛྲ་ཕ་ར་ནྣ་ཧྣ་ཡ་ཧཱུཾ། མེ་ཏོག་གཏད། ཨཱ་ཁཾ་ཝཱི་ར་ཧཱུཾ། དགེགས་གཏོར་བཏང་། མཚམས་
བཅད། བསྲུང་འཁོར་བསྒོམ། སྡོམ་པ་བཟུང་། བདག་མེད་། བྱང་ཆུབ་སྙིང་པོར་མཆིས་ཀྱི་
བར། །ཚུལ་ཁྲིམས༔ དགེ་བ༔ སེམས་ཅན་དོན་བྱེད༔ སྡོམ་བསྲུང་༔ རྡོ་རྗེ༔ རིན་
ཆེན༔ པདྨ༔ ལས༔ རིགས༔ སངས་རྒྱས་སྡོམ་དང་བཅུ་བཞི་སྟེ། །ནམ་དུ་ཡང་
ནི་མི་གཏོང་ངོ་། །ལན་གསུམ། བུམ་ཆུས་བསང་། ཁྱེད་རང་ལྷ་མོ་ཁྲོ་གཉེར་མ་སྐུ་མདོག
དམར་མོ་ཞལ་གཅིག་ཕྱག་གཉིས་པ་གཅིག་ཏུ་གྱུར། གནས་གསུམ་དུ་དྲིའི་ཐིག་ལེ་བྱེད། ཨོཾ་
ཨཱཿཧཱུཾ། པུཥྤེ། དྷཱུ་པེ། ཨཱ་ལོ་ཀེ །གནྡྷེ། ནཻ་ཝི་དྱེ། ཤབྡ་ཨཱཿཧཱུཾ། རྡོ་རྗེ་སྙིང་ཁར་བཟུང་། སྙིང་
ཁར་ཟླ་བའི་སྟེང་དུ་དོན་དམ་པ་བྱང་ཆུབ་སེམས་ཀྱི་ངོ་བོ་རྡོ་རྗེ་དཀར་པོ་རྩེ་ལྔ་
པ་གཅིག་སྒོམས། སིདྡྷི་བཛྲ་ཡ་ཐཱ་སུ་ཁཾ། ཐལ་མོ་མགོར་བཞག །ཁྱོད་ནི་རྣལ་འབྱོར་མ་
རིགས་སྐྱེས། །མདུན་དུ་སྨྲ་བར་མ་བྱེད་གཅིག །སྨྲས་ན་ཉམས་པར་འགྱུར་བ་
ཡིན། །རྡོ་རྗེ་སྙིང་གར་བཞག །ཁྱོད་ཀྱི་སྙིང་ལ་ཡང་དག་ཞུགས། །ཚུལ་འདི་སྨྲ་བར་བྱེད་
ན་ནི། །དེ་མ་ཐག་ཏུ་དྲལ་ཏེ་གཤེགས། །བུམ་ཆུ་བླུད། དམ་ཚིག་འདས་ན་བསྲེག
པར་བྱེད། །བསྲུངས་ན་དངོས་གྲུབ་ཐོབ་པར་འགྱུར། །ཐལ་མོ་མགོན་བཞག །རྡོ་རྗེ་སློབ་
དཔོན་ང་ཡིན་གྱིས། །ང་ཡིས་བསྒོ་བ་བཞིན་བྱ་དགོས་སོ། །ཉམས་ན་ངན་སོང་
དུ་ལྟུང་ཏ་རེ། ཡེ་ཤེས་ཕབ། ཁྱེད་རང་གི་ལྟེ་བར་རཾ་དམར་པོ། དེ་ལ་རླུང་བཟུང་
བས། སྤྱི་བོའི་ཧཾ་ཡིག་ཞུ། རྩ་འཁོར་ལོ་བཞི་ལ་རྒྱུད། ལུས་ཀྱི་རྩ་གནས་ཐམས་
ཅད་དུ་བདེ་བ་ཆེན་པོས་ཁྱབ་པར་སྒོམས་ཤིག །རོལ་མོ་བྱེད། ཨ་ཨཱ། ཕཻཾ་ཕཻཾ། རྡོ་རྗེ་
མགོར་བཞག །ཏིཥྛ་བཛྲ། བརྟན་པར་བྱེད། དཀྱིལ་འཁོར་ཁ་དོག་བརྟག །མེ་ཏོག་འཐོར། པྲ་ཏཱིཙྪ་བཛྲ་ཧོཿ

སྐར་མེ་ཏོག་གཏད། གསང་སྔགས་རིགས་ཀྱི་ལྷ་མོ་ཡིས། །འདི་ནི་རྗེས་སུ་གཟུང་བར་མཛོད། །གདོང་གཡོགས་བསལ། སྤྱན་ལྡ་རྣམ་དག་དབྱེ་དང་མི་དབྱེ་བྲལ། །འོན་ཀྱང་སྣ་ཚོགས་ཡངས་པའི་སྤྱན་ཕྱེ་བ། །ཆོས་ཀུན་སྒྲིབ་བྲལ་མཁྱེན་ཅིང་གཟིགས་པ་ཡིས། །སངས་རྒྱས་ཡེ་ཤེས་སྤྱན་ནི་ཐོབ་གྱུར་ཅིག །དཀྱིལ་འཁོར་ལྷ་ཞལ་བསྟན།

དངོས་གཞི་མཆོད་ཕུལ། རྡོ་རྗེ་རྣལ་འབྱོར་མ་རྣམས་ལ། །མཆོད་ཅིང་ཇི་ལྟར་སྨྲུལ་བ་ལྟར། །བདག་ཀྱང་རབ་ཏུ་བསྒྲུབ་སླད་དུ། །དབང་བསྐུར་དམ་པ་བདག་ལ་སྩོལ། །བུམ་པ་སྤྱི་བོར་བཟུང་། རྣལ་འབྱོར་མ་རྣམས་ཀུན་གྱིས་ནི། །བུམ་པའི་དབང་ནི་ཁྱོད་ལ་བསྐུར། །རྡོ་རྗེ་རིགས་སུ་ཁྱོད་གྱུར་ཅིག །ཇི་ལྟར་བལྟམས་པ་ཙམ་གྱིས་ནི། །ལྷ་རྣམས་ཀྱིས་ནི་ཁྲུས་གསོལ་ལྟར། །ལྷ་ཡི་ཆུ་ནི་དག་པ་ཡིས། །དེ་བཞིན་བདག་གིས་སྐུ་ཁྲུས་གསོལ། །ཨོཾ་སརྦ་ཏ་ཐཱ་ག་ཏ་ཨ་བྷི་ཥེ་ཀ་ཏ་ས་མ་ཡ་ཤྲི་ཡེ་ཧཱུྃ། བུམ་ཆུ་བླུད། དེས་ཞེ་སྡང་དག །མེ་ལོང་ཡེ་ཤེས་གནས་འགྱུར། མི་བསྐྱོད་པས་དབུ་བརྒྱན་པའོ། །དབུ་རྒྱན་སྤྱི་བོར་བཟུང་། རྣལ་འབྱོར་མ་རྣམས་ཀུན་གྱིས་ནི། །དབུ་རྒྱན་དབང་ནི་ཁྱོད་ལ་བསྐུར། །ཇི་ལྟར༔ དེས་ང་རྒྱལ་དག །མཉམ་ཉིད་ཡེ་ཤེས་གནས་འགྱུར་རིན་འབྱུང་གིས་དབུ་བརྒྱན་པའོ། །རྡོ་རྗེ་སྤྱི་བོར་བཟུང་། རྣལ་འབྱོར༔ རྡོ་རྗེའི༔ པདྨའི༔ ཇི་ལྟར༔ དེས་འདོད་ཆགས༔ སོར་རྟོག༔ འོད་དཔག༔ དྲིལ་བུ་སྤྱི་བོར་བཟུང་། རྣལ་འབྱོར༔ དྲིལ་བུའི༔ ལས་རིགས༔ ཇི་ལྟར༔ ཕྲག་དོག༔ བྱ་གྲུབ༔ དོན་གྲུབ༔ རྡོ་རྗེ་དྲིལ་བུ་སྤྱི་བོར་བཟུང་། རྣལ་འབྱོར༔ མིང་གི༔ རྣམ་སྣང་༔ དཔལ་གསང་མཚན༔ ཇི་ལྟར༔ གཏི་མུག༔ ཆོས་དབྱིངས༔ རྣམ་སྣང་༔ དེས་བུམ་པའི་དབང་ལ་བརྟེན་ནས་བསྐྱེད་པའི་རིམ་པ་བསྒོམ་པ་ལ་དབང་། སྤྲུལ་སྐུ་འགྲུབ་པའི་སྐལ་བ་དང་ལྡན་པར་བྱས་སོ། །གསང་དབང་གི་དོན་དུ་མཆོད། རྣལ་འབྱོར་མ་ཚོགས་ཀུན་གྱིས་ནི། །ཐོད་

པའི་དབང་ནི་ཁྱོད་ལ་བསྐུར། །གསང་བའི་དབང་འདི་ཁྱོད་ཀྱིས་ལོང་། །ཨོཾ་ཨཱཿཧཱུྃ། བདུད་རྩི་བླུད། དེས་རྩ་ཐིག་རླུང་གསུམ་བསྒོམ་པ་ལ་དབང་། ལོངས་སྤྱོད་རྫོགས་པའི་སྐུ་འགྲུབ་པའི་སྐལ་བ་དང་ལྡན་པའོ། །གསུམ་པའི་དོན་དུ་མཚལ། མེ་ལོང་སྤྱི་བོར་བཟུང་། རྣལ་འབྱོར་མ་ཚོགས་ཀུན་གྱིས་ནི། །མེ་ལོང་དབང་འདི་ཁྱོད་ལ་བསྐུར། །ཤེས་རབ་ཡེ་ཤེས་དབང་འདི་ཁྱོད་ཀྱིས་ལོང་། །དེས་མེ་ལོང་ལ་བརྟེན་ནས་དགའ་བཞིའི་ཡེ་ཤེས་རྒྱུད་ལ་སྐྱེས། བདེ་གསལ་མི་རྟོག་པ་བསྒོམ་པ་ལ་དབང་། ཆོས་ཀྱི་སྐུ་འགྲུབ་པའོ། །བཞི་པ་ཞུ་བའི་དོན་དུ་མཚལ། ཁྱེད་རང་གི་སེམས་ཉིད་གཞི་མེད་རྩ་བྲལ་སྤྲོས་པའི་མཐའ་ཐམས་ཅད་དང་བྲལ་བ། སྣ་ཚོགས་སུ་སྣང་ཡང་སྣང་སེམས་གཉིས་མེད་ངོས་བཟུང་མེད་པ་ངོ་ཤེས་པར་གྱིས་ཤིག །དེས་འོད་གསལ་ཟུང་འཇུག་ངོ་བོ་ཉིད་ཀྱི་སྐུ་འགྲུབ་པའོ། །སློབ་དཔོན་གྱི་དབང་གི་དོན་དུ་མཚལ། དྲིལ་བུ་བཟུང་། སངས་རྒྱས་ཀུན་གྱི་གསང་གསུམ་གྱིས། །གནས་ལས་བྱུང་བ་སྦྱིན་པར་བྱ། །དུམ་ཚུ་བླུད། ཨ་ཧྲི་ཨཱ་ཀ་ཏ་ས་མ་ཡ་ཤྲི་ཡེ་ཧཱུྃ། མེ་ཏོག་འཐོར། རྡོ་རྗེ་གཡས་སུ་བྱིན། རྡོ་རྗེ་ཐུགས་ཀྱི་དམ་ཚིག་ཟུང་། དྲིལ་བུ་གཡོན་དུ་བྱིན། དྲིལ་བུ་གསུང་གི་དམ་ཚིག་ཟུང་། རྡོ་རྗེ་དྲིལ་བུ་བསྣོལ། ཕྱག་རྒྱ་སྐུའི་དམ་ཚིག་ཟུང་། བཀླས་ལུང་སྦྱིན། དེས་སློབ་དཔོན་གྱི་དབང་སོང་། དབང་བསྐུར་བ་དང་། རབ་གནས་བྱེད་པ་དང་། སློབ་མ་རྣམས་རིམ་པར་བསྟུད་པར་གྱིས་ཤིག །

ཐིག་ལེའི་དབང་ནི། སློབ་མ་དཀྱིལ་ཀྲུང་བཅའ། སྐལ་ཚོགས་བསྲང་། ལྟེ་བའི་དབུས་སུ་ཐིག་ལེ་དཀར་པོ་བྱ་མ་གསར་གྱི་སྒོ་ང་ཙམ་གཅིག་གསལ་བཏབ། དཔོན་སློབ་གཉིས་ཀས་ཕཊ་ཀྱིས་སྤར། བདེ་ཆེན་ལྷ་མོའི་ཐུགས་ཀར་ཐིམ། བདེ་ཆེན་ལྷ་མོ་འོག་མིན་དུ་སངས་རྒྱས་པར་བསམ། ཅི་གནས་ལ་བཞག །དེ་ནས་ཐབ། གཏོར་མ་ལ་བརྟེན་ནས་དབང་བྱེད་པ་ནི། ཁྲུས། མཚལ། སྐྱབས་སེམས། ལུས་

ལྷར་བསྐྱེད། ཡེ་ཤེས་ཕབ། དངོས་གཞི་མཚལ་ཕུལ། གཏོར་མ་འདི་དང་ཐ་མི་དད་པའི་ལྷ་མོ་ཁྲོ་གཉེར་མ་སྐུ་མདོག་ནག་མོ་ཞལ་གཅིག་ཕྱག་གཉིས་མར་ལམ་གྱིས་བསྐྱེད། གཏོར་མ་སྤྱི་བོར་བཞུང་། ཡི་དམ་གྱི་སྐུ་ལས་སྐུ་འཕྲོས། ཁྱེད་རང་གི་ལུས་ལ་ཐིམ། ནང་མཆོད། མེ་ཏོག །གཏོར་མ་སྤྱི་བོར་བཞུང་། ལྷ་བསྟིམ། བརྒྱུད་པའི་མཚན་ནས་སྨོས། གཏོར་དབང་འདིའི་བརྒྱུད་པ་ནི། བདེ་ཆེན་ལྷ་མོ། ཨ་མ་ལབ་སྒྲོན། རྣལ་འབྱོར་ཐུས་པའི་རྒྱན་ཅན། རྟོགས་ལྡན་བསམ་རིན། ལྷ་ཕྱུ་ཀུན་ཡེ། འཇམ་དཔལ་བཟང་པོ། འཇམ་དཔལ་རྒྱ་མཚོ། མེ་ཏོག་འཐོར། གཙོ་བོས་ཇི་ལྟར་བཀའ་སྩལ་པ། །དེ་དག་ཐམས་ཅད་བདག་གིས་བགྱིད། །ཐིག་ལེའི་དབང་གོང་དང་འདྲ། མཚལ་ཕུལ། ཚོགས་ཕུད་ཕུལ་ཞིང་ཚོགས་ལ་ལོངས་སྤྱོད། ལྷག་མ་བསྡུ། ཆུ་གཙང་བྲན། ཨ་ཀཱ་རོས་བྱིན་གྱིས་རླབས། ཛྷཀྐཱ་ཀ་སྨཱ་ཧཱ། ལྷག་མ་ཕྱི་རོལ་དུ་དོར། རོལ་མོ་བྱེད། སྣོད་ཆུ་གཙང་གིས་བཤལ། ཁ་སྦྱབ། མ་འབྱོར་བ་དང་ཉམས་པ་དང་། །གང་ཡང་བདག་རྨོངས་བློ་ཡིས་ནི། །བགྱིས་པ་དང་ནི་བགྱིད་སྩལ་བ། །དེ་ཀུན་མགོན་པོས་བཟོད་པར་མཛོད། །ཚེ་ག་ལྷག་ཆད་ཅི་མཆིས་པ། །དེ་ཀུན་བཟོད་པར་མཛད་དུ་གསོལ། །བཀའ་བརྒྱུད་བླ་མའི་བཀྲ་ཤིས་ཤོག །ཡི་དམ་ལྷ་ཡི་བཀྲ་ཤིས་ཤོག །ཆོས་སྐྱོང་སྲུང་མའི་བཀྲ་ཤིས་ཤོག །ནོར་ལྷ་རྣམས་ཀྱི་བཀྲ་ཤིས་ཤོག །འཁོར་བཟང་ལོངས་སྤྱོད་ལྡན་པ་དང་། །ནད་དང་གདོན་ལས་ཐར་བ་ཡིས། །བར་ཆད་མེད་པའི་བཀྲ་ཤིས་ཤོག །ཡེ་ཤེས་པ་རྣམས་རང་གནས་སུ་གཤེགས། དམ་ཚིག་པ་རང་ལ་ཐིམ་པར་གྱུར། རྟེན་ཡོད་ན་བརྟན་བཞུགས་བྱེད། ཨོཾ་ཁྱེད་ཀྱིས་སེམས་ཅན་དོན་ཀུན་མཛད། །རྗེས་སུ་མཐུན་པའི་དངོས་གྲུབ་སྩོལ། །སངས་རྒྱས་ཞིང་དུ་གཤེགས་སུ་གསོལ། །སངས་རྒྱས་ཞིང་དུ་གཤེགས་ནས་ཀྱང་། །སེམས་ཅན་རྣམས་ཀྱི་དོན་སླད་དུ། །སླར་ཡང་འབྱོན་པར་མཛད་དུ་གསོལ། །བཛྲ་མུཿ ཆོས་དབྱིངས་བྱང་ཆུབ་སེམས་ཀྱི་དཀྱིལ་

འཁོར་དུ། །བདག་སོགས་སེམས་ཅན་ཐམས་ཅད་ཀྱིས། །དུས་གསུམ་བསགས་དང་རྫོགས་པ་ཡིས། །འགྲོ་དྲུག་སེམས་ཅན་མ་ལུས་པ། །སྐུ་ལྔ་ཡོངས་རྫོགས་སངས་རྒྱས་མྱུར་འགྲུབ་ཤོག །གཅོད་གདན་ཐོག་གཅིག་མའི་ཁྲིད་ཡིག་ཕྲིན་ལས་རྒྱ་མཚོ་ལས། རྒྱ་མཚོ་ལྷ་བུའི་དབང་། གབ་པ་མངོན་བྱུང་གི་གསང་བཀའ། བདེ་ཆེན་ལྷ་མོའི་སྒྲུབ་ཐབས་འདི། དད་ལྡན་མང་པོས་ཡང་ཡང་བསྐུལ་བའི་ངོར། ཤཀྱའི་དགེ་སློང་ཀྲ་ཏི་ཆོས་ཀྱི་རྒྱ་མཚོ་ཞེས་བྱ་བས། རྒྱལ་སྲེ་རྒྱ་མཚོའི་སྙིང་ཚལ་དུ་སྦྱར་བའོ། །དགེ་བ་སེམས་ཅན་རྣམས་ལ་བསྔོ། བཀྲ་ཤིས་དཔལ་འབར་འཛམ་གླིང་རྒྱལ་བའི་རྒྱན་དུ་ཤོག །ལྷན་ཐབས་ཡིག་ཚང་ངོ་།། །།

༄༅། །སྨན་བརྒྱུད་བཅོམ་ལྡན་འདས་མ་ལྷ་མོ་སོ་བདུན་གྱི་སྒྲུབ་ཐབས་བཞུགས་སོ། །

བླ་མ་དང་ཕྱག་རྒྱ་ཆེན་པོ་ཡེ་ཤེས་གཉིས་སུ་མེད་པ་ལ་ཕྱག་འཚལ་ལོ། །སྨན་བརྒྱུད་མཁའ་འགྲོའི་སྒྲུབ་ཐབས་འདི་ལ། དུར་ཁྲོད། བས་མཐའ། གནས་དབེན་ཞིང་ཡིད་དང་མཐུན་པར། ཡོལ་བ། བླ་རེས། ཕྱི་དོར་ཕྱས་ཤིང་རྟེན་བཀྲམ། གཏོར་མ་གསུམ་དང་། དབང་གཏོར་ཟླུམ་པོ་བཅའ། དཀར་དམར་གྱི་རྒྱན་འདོགས། གཏོར་འདབ་ཀྱིས་བསྐོར། གཏོར་མ་གསུམ་པོ་དཀྱིལ་འཁོར་གྱི་གོང་དུ་བཤམ། དབང་གཏོར་སྟེར་དཀར་དུ་འཇུག །ཟུར་དུ་བཤམ། དཀྱིལ་འཁོར་གྱི་དབུས་སུ་མཆིའི་ཁར། བུམ་པ་མཚན་ཉིད་དང་ལྡན་པ་ཁ་རྒྱན་མགུལ་ཆིངས། བུམ་སྨན། ཆུས་གང་བ་བཞག །དེའི་ཁར་ཐོད་པ་ཆང་གིས་གང་བ་བཞག །ཐོད་པའི་ཁར་མེ་ལོང་ལ་སིནྡྷུ་རའི་དཀྱིལ་འཁོར་ལྷ་མཚན་ཕྱགས་ཀྱིས་བསྐོར་བ་བྲིས་ཏེ་བཞག །དར་དམར་གྱིས་བཀབ། ནང་མཆོད་བྱིན་རླབས་ནི། ཨོཾ་ཁཎྜ་རོ་ཧེ་ནི་ཧཱུྃ་ཧཱུྃ་ཕཊ། ཨོཾ་སྭ་བྷཱ་ཝ་ཤུདྡྷཿསརྦ་དྷརྨཱཿསྭ་བྷཱ་ཝ་ཤུདྡྷོ྅ཧཾ། སྟོང་པ་ཉིད་དུ་གྱུར། སྟོང་པའི་ངང་ལས་ཡཾ་ལས་རླུང་གི་དཀྱིལ་འཁོར། རཾ་ལས་མེའི་དཀྱིལ་འཁོར། གཾ་ལས་མི་མགོའི་སྒྲིད་བུ་གསུམ་གྱི་སྟེང་དུ། ཀ་པཱ་ལ་ཕྱི་དཀར་ལ་ནང་དམར་བ་ཡངས་ཤིང་རྒྱ་ཆེ་བ། དུམ་བུ་གཅིག་པ་དཔྲལ་བ་རང་ལ་བསྟན་པ། རྒྱ་ཁྱོན་ཆོས་ཀྱི་དབྱིངས་དང་མཉམ་པ། དེའི་དབུས་སུ་ཨུ་ལས་དྲི་ཆུ་བཻཌཱུརྻ་ལྟ་བུ། ཤར་དུ་བི་ལས་དྲི་ཆེན་ཤེལ་ལྟ་བུ། ལྷོར་ར་ལས་རཀྟ་གསེར་བཙོ་མ་ལྟ་བུ། ནུབ་ཏུ་ཤུ་ལས་བྱང་སེམས་དཀར་དམར། བྱང་དུ་མ་ལས་གླད་པ། སླར་ཡང་དབུས་སུ་ན་ལས་མིའི་ཤ །ཤར་ལྷོར་གོ་ལས་བ་ལང་གི་ཤ །ལྷོ་ནུབ་ཏུ་ཀུ་ལས་ཁྱིའི་ཤ །ནུབ་བྱང་དུ་ད

ལས་སྐྱང་པོ་ཆེའི་ཤ །བྱང་ཤར་དུ་ཏ་ལས་རྟའི་ཤ །དེ་རྣམས་སྐྱར་ཡང་ཡི་གེ་དེ་དག་གིས་མཚན་པ། རང་གི་སྣ་བུག་གཡོན་པ་ནས་རླུང་ཧཱུྃ་གི་དབྱིབས་ཅན་འཕྲོས། རླུང་གི་དཀྱིལ་འཁོར་ལ་ཐིམ །བ་དན་བསྐྱོད། རླུང་གཡོས། མེ་སྦར། ཐོད་པ་དྲོས། རྫས་རྣམས་ཁོལ། ཞེས་པའི་སྐྱོན་རྣམས་ཕྱིར་ལུད། དེའི་སྟེང་དུ་ཨོཾ་ཨཱཿཧཱུྃ། རླངས་པ་འོད་ཟེར་གྱི་ཚུལ་དུ་ཡར་སོང་། སངས་རྒྱས་དང་བྱང་ཆུབ་སེམས་དཔའ་ཐམས་ཅད་ཀྱི་ཐུགས་ཀ་ནས་ཡེ་ཤེས་ཀྱི་བདུད་རྩི་བཀུག །དམ་ཚིག་གི་བདུད་རྩི་དང་གཉིས་སུ་མེད་པར་འདྲེས། ཡེ་ཤེས་ཀྱི་བདུད་རྩིའི་རྒྱ་མཚོ་ཆེན་པོར་གྱུར། ཨོཾ་ཨཱཿཧཱུྃ། མཐེབ་སྲིན་གྱིས་ལན་གསུམ་དཀྲུག །དཀར་གཏོར་ལ་ཆུ་གཙང་བྲན། ཨོཾ་ཁཎྜ་རོ་ཧི་ཎི་ཧཱུྃ་ཧཱུྃ་ཕཊ། ཨོཾ་སྭ་བྷཱ་ཝ་ཤུདྡྷཿསརྦ་དྷརྨཱཿསྭ་བྷཱ་ཝ་ཤུདྡྷོ྅ཧཾ། སྟོང་པ་ཉིད་དུ་གྱུར། སྟོང་པའི་ངང་ལས་གཏོར་མ་དངས་ཤིང་ཐོགས་པ་མེད་པ་ཟག་པ་མེད་པའི་བདེ་བ་ཁྱད་པར་ཅན་བསྐྱེད་པ་ནམ་མཁའ་དང་མཉམ་པར་གྱུར། ཞིང་སྐྱོང་ཆེན་པོ་བརྒྱད་རྣམས་དང་། །མཁའ་འགྲོ་སུམ་ཅུ་རྩ་གཉིས་སོགས། །མ་ལུས་འཁོར་བཅས་གནས་འདིར་བྱོན། །མཆོད་སྦྱིན་གཏོར་མ་འདི་བཞེས་ལ། །རྣལ་འབྱོར་བདག་ཅག་འཁོར་བཅས་ལ། །ནད་མེད་ཚེ་དང་དབང་ཕྱུག་དང་། །དཔལ་དང་གྲགས་དང་སྐལ་བ་བཟང་། །ལོངས་སྤྱོད་རྒྱ་ཆེན་ཀུན་ཐོབ་ཅིང་། །ཞི་དང་རྒྱས་ལ་སོགས་པ་ཡི། །ལས་ཀྱི་དངོས་གྲུབ་བདག་ལ་སྩོལ། །དམ་ཚིག་ཅན་གྱིས་བདག་ལ་སྲུངས། །དངོས་གྲུབ་ཀུན་གྱི་སྟོང་གྲོགས་མཛོད། །དུས་མིན་འཆི་དང་ནད་རྣམས་དང་། །གདོན་དང་བགེགས་རྣམས་མེད་པར་མཛོད། །རྨི་ལམ་ངན་དང་མཚན་མ་ངན། །བྱ་བྱེད་ངན་པ་མེད་པར་མཛོད། །འཇིག་རྟེན་བདེ་ཞིང་ལོ་ལེགས་དང་། །འབྲུ་རྣམས་འཕེལ་ཞིང་ཆོས་འཕེལ་དང་། །བདེ་ལེགས་ཕུན་

སུམ་ཚོགས་པ་ཡི། །ཡིད་ལ་འདོད་པ་ཀུན་འགྲུབ་མཛོད། །ཨོཾ་སུམྦྷ་ནི་སུམྦྷ་ནི་ཧཱུྃ། གྲྀཧྞ་གྲྀཧྞ་ཧཱུྃ། གྲྀཧྞ་པ་ཡ་གྲྀཧྞ་པ་ཡ་ཧཱུྃ། ཨཱ་ན་ཡ་ཧོ། ཧྲ་ག་ཝན། བིདྱཱ་རཱ་ཛ་ཧཱུྃ་ཕཊ། སྟེང་འོག་བར་གསུམ་རྡོ་རྗེའི་དྲ་གུར་དུ་གྱུར། ཨོཾ་བཛྲ་རཀྵ་རཀྵ་ཧཱུྃ། སྐྱབས་འགྲོ་ནི། བདག་གཞན་མ་ཚོགས་ནམ་མཁའ་དང་མཉམ་པའི་སེམས་ཅན་ཐམས་ཅད། བླ་མ་ལ་སྐྱབས་སུ་མཆིའོ། །སངས་རྒྱས་ལ༔ ཆོས་ལ༔ དགེ་འདུན་ལ༔ བཅོམ་ལྡན་འདས་མའི་ལྷ་ཚོགས་རྣམས་ལ་སྐྱབས་སུ་མཆིའོ། །སངས་རྒྱས་ཆོས་དང་ཚོགས་ཀྱི་མཆོག་རྣམས་ལ། །བྱང་ཆུབ་མ་ཐོབ་བར་དུ་བདག་ནི་སྐྱབས་སུ་མཆི། །བདག་གིས་སྦྱིན་སོགས་བགྱིས་པའི་བསོད་ནམས་ཀྱིས། །འགྲོ་ལ་ཕན་ཕྱིར་སངས་རྒྱས་འགྲུབ་པར་ཤོག །བཅོམ་ལྡན་འདས་མའི་ལྷ་ཚོགས་སྐད་ཅིག་གིས་གསལ་བའི་གསང་གནས་ཧྲིཿཡིག་ལས་འོད་ཟེར་འཕྲོས་པས། བཅོམ་ལྡན་འདས་མའི་ལྷ་ཚོགས་མདུན་གྱི་ནམ་མཁར་སྤྱན་དྲངས། བཛྲ་ས་མ་ཛཿ ཛཿཧཱུྃ་བཾ་ཧོཿ གཉིས་སུ་མེད་པར་གྱུར། ཨོཾ་སརྦ་ཏ་ཐཱ་ག་ཏ་བཛྲ་ཨརྒྷཾ་ཨཱཿཧཱུྃ། པུཥྤེ། དྷཱུ་པེ། ཨཱ་ལོ་ཀེ། གནྡྷེ། ནཻ་ཝེ་དྱེ། ཤབྡ་ཨཱཿཧཱུྃ། བཅོམ་ལྡན་འདས་མ་རྡོ་རྗེ་རྣལ་འབྱོར་མ། །སྟོང་ཉིད་རྡོ་རྗེ་ལྡན་པའི་བདག་ཉིད་ཅན། །བསྐལ་པའི་མེ་ལྟར་འབར་བའི་ཧཱུྃ་སྒྲ་སྒྲོག །རྡོ་རྗེ་གདུམ་མོ་དེ་ལ་ཕྱག་འཚལ་བསྟོད། །རྡོ་རྗེ་འཆང་ཆེན་པོ་ལ་གསོལ་བ་འདེབས་སོ། །རྣལ་འབྱོར་མ་ལ༔ རྣལ་འབྱོར་པི་ན་ས་ལ༔ དམ་པ་སངས་རྒྱས་ལ༔ མ་གཅིག་ལབ་སྒྲོན་ལ༔ ཁམ་བྷུ་ཡ་ལེ་ལ༔ རྣལ་འབྱོར་ཏུས་པའི་རྒྱན་ཅན་ལ༔ ཆོས་རྗེ་རང་བྱུང་རྡོ་རྗེ་ལ༔ རྟོགས་ལྡན་བསམ་གཏན་རིན་ཆེན་ལ༔ ལྷ་ཕུ་བ་ཀུན་དགའ་ཡེ་ཤེས་ལ༔ ཀུན་མཁྱེན་འཇམ་དཔལ་བཟང་པོ་ལ༔ རྗེ་བཙུན་འཇམ་དཔལ་རྒྱ་མཚོ་ལ༔ བདག་རྒྱུད་སྨིན་པར་མཛད་དུ་གསོལ།

ཚོགས་ཞིང་རང་ཉིད་ལ་ཐིམ་པར་གྱུར། ཨོཾ་ཨཱཿཧཱུྃ།

བདག་བསྐྱེད་བསྡུས་ནི། ཨོཾ་ཁཎྜ་རོ་ཧི་ཎི་ཧཱུྃ་ཧཱུྃ་ཕཊ། ཨོཾ་སྭ་བྷཱ་ཝ་ཤུདྡྷཿསརྦ་དྷརྨཱཿསྭ་བྷཱ་ཝ་ཤུདྡྷོ྅ཧཾ། སྟོང་པ་ཉིད་དུ་གྱུར། སྟོང་པའི་ངང་ལས་རིན་པོ་ཆེ་སྣ་ཚོགས་ལས་གྲུབ་པའི་གཞལ་ཡས་ཁང་གྲུབ་བཞི་སྒོ་བཞི་རྩིག་པ་རིམ་པ་ལྔ། དམར་པོ། སེར་པོ། སྔོན་པོ། ལྗང་གུ། དཀར་པོའོ། །ཕ་གུ་དང་མདའ་ཡབ། ཕྱུ་ཤུས་ཡོངས་སུ་བསྐོར་བ། ནང་ཀ་བ་བརྒྱད། གདུང་བཅུ་དྲུག་གིས་མིག་མང་རིས་སུ་ཕུབ་པ། གདུགས། རི་དྭགས། བ་དན་ཆོས་འཁོར་གྱིས་མཛེས་པ། རིན་པོ་ཆེ་དང་། མུ་ཏིག་གི་ཆུན་འཕྱང་དང་། དྲ་བ་དྲ་ཕྱེད་ཀྱིས་སྤྲས་པ། རྟ་བབས་བཞི་བང་རིམ་བརྒྱད་དང་ལྡན་པ། གདུགས། རི་དྭགས། ཆོས་འཁོར་གྱིས་མཛེས་པ། གཞལ་ཡས་ཁང་གི་ཕྱི་རོལ་དུ་པདྨའི་ར་བ། དེའི་ཕྱི་རོལ་དུ་མུ་ཏིག་གི་ཕྲེང་བའི་ར་བ། དེའི་ཕྱི་རོལ་དུ་རྡོ་རྗེའི་ར་བ། དེའི་ཕྱི་རོལ་དུ་དུར་ཁྲོད་བརྒྱད་ཀྱིས་བསྐོར་བའི་ར་བ། དེའི་ཕྱི་རོལ་དུ་ཡེ་ཤེས་བསྐལ་པའི་མེའི་ར་བས་ཡོངས་སུ་བསྐོར་བའོ། །གཞལ་ཡས་ཁང་གི་དབུས་སུ་པདྨ་འདབ་བརྒྱད་ཀྱི་ལྟེ་བར། རོ་དང་ཉི་མའི་སྟེང་དུ་ཧྲིཿཡིག་དམར་པོ། དེ་ལས་འོད་ཟེར་འཕྲོས། འཕགས་པ་མཆོད། སེམས་ཅན་གྱི་དོན་བྱས། ཚུར་འདུས་ཡོངས་སུ་གྱུར་པ་ལས། རྗེ་བཙུན་རྡོ་རྗེ་རྣལ་འབྱོར་མ་སྐུ་མདོག་དམར་ནག །ཞལ་གཉིས། རྩ་ཞལ་དམར་བ། ཕག་ཞལ་དམར་པོ་རྣ་ལྟག་གཡས་སུ་དུར་བ། ཕྱག་བཞི། སྤྱན་གསུམ། མཆེ་བ་བཞི་གཙིགས་པ། དབུ་སྐྲ་དམར་སེར་གྱེན་དུ་བརྫེས་ཤིང་། ཐོད་སྐམ་ལྔ་ཡིས་དབུ་ལ་བརྒྱན་པ། ཐོད་རློན་ལྔ་བཅུའི་དོ་ཤལ་བྱས་པ། ཕྱག་གཡས་གྱི་གུག་ནམ་མཁར་འཕྱར་ཞིང་། གཡོན་པས་ཐོད་ཁྲག་ཐུགས་ཀར་བསྣམས་པ། གཡས་ཀྱི་གཉིས་

པ་ན་རལ་གྲི་དང་། གཡོན་གྱི་གཉིས་པ་ན་རྩེ་གསུམ་འཛིན་པ། སྐུ་ལ་ཐལ་བ་སྤྱངས་པའི་ཕྱག་རྒྱ་ལྔ་དང་ལྡན་པ། གྲུ་མོ་ན་ཁཊྭཱ་ག་བཅུག་པ། ཞབས་གཡས་བསྐུམ་གཡོན་བརྐྱང་བས་གར་ཐབས་སུ་མཛད་པ། པད་འདབ་བརྒྱད་ལ་གཽ་རི་མ་དཀར་མོ་ཙཽ་རི་མ་སེར་མོ། བེ་ཏཱ་ལི་ལྗང་ཁུ། ཀསྨ་རི་ནག་མོ། པུཀྐ་སི་དམར་མོ། ཤ་བ་རི་དཀར་མོ། ཙཎྜ་ལི་ཁྲ་མོ། ཌོམྦི་ནི་སྔོན་མོ། ཐམས་ཅད་ཀྱང་ཞལ་གཅིག་ཕྱག་གཉིས། གཡས་གྲི་གུག །གཡོན་ཐོད་ཁྲག་ཐུགས་ཀར་འཛིན་པ། རྒྱན་ཆ་ལུགས་གཙོ་མོ་དང་མཚུངས་པ། དེའི་ཕྱི་རོལ་པད་འདབ་བརྒྱད་ལ། ཁྭ་གདོང་དཀར་མོ། ཁྲེང་བ་མ་སེར་མོ། གླུ་མ་དམར་མོ། གར་མ་ལྗང་གུ། བདུག་སྤོས་མ་དཀར་མོ། མེ་ཏོག་མ་སེར་མོ། མར་མེ་མ་དམར་སྐྱ། དྲི་ཆབ་མ་ལྗང་གུ། རང་རང་གི་ཕྱག་མཚན་དང་། བཞུགས་ཐབས་སུ་གནས་པའོ། །དེའི་ཕྱི་རོལ་འདབ་མ་བཅུ་དྲུག་ལ། པི་ཝང་མ་སྔོན་མོ། གླིང་བུ་མ་སེར་མོ། རྫ་རྔ་མ་དམར་མོ། རྔ་ཆེན་མ་ལྗང་ཁུ། བཞད་མ་དམར་སྐྱ། སྒེག་མོ་སྔོན་མོ། གླུ་མ་སེར་མོ། གར་མ་ལྗང་གུ། མེ་ཏོག་མ་དཀར་མོ། བདུག་སྤོས་མ་དུད་ཁ། མར་མེ་མ་དམར་མོ། དྲི་ཆབ་མ་ལྗང་གུ། གཟུགས་མ་དཀར་མོ། རོ་མ་དམར་མོ། རེག་བྱ་མ་ལྗང་གུ། ཆོས་དབྱིངས་མ་དཀར་མོ། དེ་ཐམས་ཅད་ཀྱང་ཞལ་གསུམ་ཕྱག་བཞི། སྤྱན་གསུམ་གསུམ་དང་ལྡན་པ། གཡས་དང་པོ་རྣམས་ཌཱ་རུ། གཉིས་པ་རྣམས་མེ་ལོང་། གཡོན་དང་པོ་རྣམས་རང་རང་གི་ཕྱག་མཚན། གཉིས་པ་རྣམས་ཚེའི་བུམ་པ་འཛིན་པ། རུས་པ་དང་རིན་པོ་ཆེའི་རྒྱན་གྱིས་བརྒྱན་པ། ཞབས་བརྐྱང་བསྐུམ་གྱིས་ཉི་མ་ལ་གནས་པ། ཤར་སྒོར་ཙརྩི་ཀ་དམར་མོ། ལྷོ་སྒོར་དབྱངས་ཅན་མ་དཀར་མོ། ནུབ་སྒོར་ཁྲོ་གཉེར་མ་ནག་མོ། བྱང་སྒོར་ཀུ་རུ་ཀུལླེ་སྔོན་མོ། ཞལ་

གཅིག་ཕྱག་གཉིས། གཡས་པ་རྣམས་ཀྱིས་ལྕགས་ཀྱུ་དང་། གཡོན་པ་རྣམས་ཀྱིས་ཁཊྭཾ་ག་འཛིན་པ། ཞབས་བརྐྱང་བསྐུམ་གྱིས་ཉི་མ་ལ་གནས་པའོ། །ལྷ་ཚོགས་དེ་དག་ཐམས་ཅད་ཀྱི་དཔྲལ་བར་ཨོཾ། མགྲིན་པར་ཨཱཿཐུགས་ཀར་ཧཱུྃ། ཐུགས་ཀའི་ཧཱུྃ་ལས་འོད་ཟེར་འཕྲོས་པས། ཆོས་ཀྱི་དབྱིངས་དང་། ཨུ་རྒྱན་ནས་བཅོམ་ལྡན་འདས་མ་ལྷ་སུམ་ཅུ་སོ་བདུན་ལ་སངས་རྒྱས་དང་བྱང་ཆུབ་སེམས་དཔའི་ཚོགས་ཀྱིས་བསྐོར་བ་སྤྱན་དྲངས། བཛྲ་ས་མཱ་ཛཿ དམ་ཚིག་པ་དང་གཉིས་སུ་མེད་པར་གྱུར། གསང་གནས་སུ་ཉི་མའི་སྟེང་དུ་ཧྲཱིཿཡིག་གི་མཐར། སྔགས་ཕྲེང་གིས་བསྐོར་བར་དམིགས་ལ། ཨོཾ་ཨོཾ་ཨོཾ་སརྦ་བུདྡྷ་ཌཱ་ཀི་ནཱི། བཛྲ་ཝརྞ་ནཱི། བཛྲ་བཻ་རོ་ཙ་ནཱི་ཡེ་ཧཱུྃ་ཧཱུྃ་ཧཱུྃ་ཕཊ་སྭཱ་ཧཱ། བཟླས་པ་བྱེད། མཐར་རྟེན་གཞལ་ཡས་ཁང་རང་ཉིད་ལ་ཐིམ་ཞིང་མི་དམིགས་པའོ། །

བུམ་པ་བསྒྲུབ་པ་ནི། ཁཎྜ་རོ་ཧི། སྭ་བྷཱ་ཝ། སྟོང་པ་ཉིད་དུ་གྱུར། སྟོང་པའི་ངང་ལས་བྷྲཱུྃ་ལས་རིན་པོ་ཆེའི་བུམ་པ་དམར་པོ་ཞབས་ཞུམ་པ། ལྟོ་བ་ལྡིར་བ། མགྲིན་པ་ཕྲ་བ། མཆུ་འཕྱང་བ། ལྷ་རྫས་ཀྱི་གོས་ཀྱིས་མགྲིན་པར་བཅིངས་པ། དཔག་བསམ་གྱི་ཤིང་གིས་ཁ་བརྒྱན་པ། བུམ་སྨན་དང་ཆུས་གང་བའི་དབུས་སུ་གཞལ་ཡས་ཁང་རྟེན་དང་བརྟེན་པ་ལྷ་དང་བཅས་པ་སྐད་ཅིག་གིས་གསལ་བར་གྱུར་པའི་དཔྲལ་བར་ཨོཾ། མགྲིན་པར་ཨཱཿ ཐུགས་ཀར་ཧཱུྃ། ཐུགས་ཀའི་ཧཱུྃ་ལས་འོད་ཟེར་འཕྲོས་པས། ཆོས་ཀྱི་དབྱིངས་དང་ཨུ་རྒྱན་ནས་བཅོམ་ལྡན་འདས་མའི་ལྷ་ཚོགས་ལ་སངས་རྒྱས་དང་བྱང་ཆུབ་སེམས་དཔའི་ཚོགས་ཀྱིས་བསྐོར་བ་སྤྱན་དྲངས། བཛྲ་ས་མཱ་ཛཿ བུམ་པའི་ལྷ་དང་གཉིས་སུ་མེད་པར་གྱུར། བཟླས་པ་བྱེད། མཐར་བུམ་ལྷ་ཞུ། བུམ་པའི་ཆུར་གྱུར་པའོ། །

མདུན་བསྐྱེད་བསྒྲུབ་པ་ནི། ཨོཾ་ཁཊྭཱ་ཪེ་ཧེ་ནི་ཧཱུྃ་ཧཱུྃ་ཕཊ། སྭ་བྷཱ་ཝ་ནས། ས་མ་ཛའི་བར་བདག་བསྐྱེད་བཞིན་བྱེད། མ་ལུས་སེམས་ཅན་ཀུན་གྱི་མགོན་གྱུར་ཅིང་། །བདུད་སྡེ་དཔུང་བཅས་མི་ཟད་འཇོམས་མཛད་ལྷ། །དངོས་རྣམས་མ་ལུས་ཇི་བཞིན་མཁྱེན་གྱུར་པའི། །བཅོམ་ལྡན་འཁོར་བཅས་གནས་འདིར་གཤེགས་སུ་གསོལ། །བཅོམ་ལྡན་ཁྱེད་ནི་བྱོན་པ་ལེགས། །བདག་ཅག་བསོད་ནམས་སྐལ་བར་ལྡན། །བདག་གི་མཆོད་ཡོན་བཞེས་ནས་ཀྱང་། །འདི་ཉིད་དུ་ནི་བཞུགས་སུ་གསོལ། །པདྨ་ཀ་མ་ལ་ཡེ་སྟྭཾ། ཛཿཧཱུྃ་བཾ་ཧོཿ གཉིས་སུ་མེད་པར་གྱུར། བླ་མ་སངས་རྒྱས་བླ་མ་ཆོས། །བླ་མ་དཔལ་ལྡན་རྡོ་རྗེ་འཆང་། །ཀུན་གྱི་བྱེད་པ་བླ་མ་ཡིན། །བླ་མ་རྣམས་ལ་ཕྱག་འཚལ་བསྟོད། །ཁ་དོག་དབྱིངས་ལེགས་ཡིད་འོང་རྒྱན་ཕྲེང་ལྡན། །ཕྱོགས་དུས་ཀུན་ནས་གཟུགས་མཆོག་ཅི་མཆིས་པ། །སོས་བློས་དཀྱིལ་འཁོར་ལྷ་ལ་བདག་འབུལ་ན། །བཞེས་ཤིག་ཟླ་མེད་གྲུབ་མཆོག་སྩོལ་དུ་གསོལ། །ཨོཾ་སརྦ་ཏ་ཐཱ་ག་ཏ་རཏྣ་པ་ཀ་མ་གུ་ཎ་བཛྲ་པཱུ་ཛེ་ཧེ་ཨཱཿཧཱུྃ། ཕྱོགས་དུས་ཀུན་ནས་ཟིན་དང་མ་ཟིན་པའི། །ཡོན་ཏན་ཚོགས་བརྗོད་སྒྲ་སྙན་ཅི་མཆིས་པ། །སོས་བློས༔ བཞེས་ཤིག༔ ཤབྡ༔ ཕྱོགས་དུས་ཀུན་ནས་ཙནྡན་སྦྲུལ་སྙིང་དང་། །ཨ་གར་ལ་སོགས་དྲི་མཆོག་ཅི་མཆིས་པ། །སོས་བློས༔ བཞེས་ཤིག༔ གནྡྷེ༔ ཕྱོགས་དུས་ཀུན་ནས་རོ་དང་བཅུད་ལྡན་པའི། །ལུས་སེམས་ཚིམ་བྱེད་རོ་མཆོག་ཅི་མཆིས་པ། །སོས་བློས༔ བཞེས་ཤིག༔ ར་ས༔ ཕྱོགས་དུས་ཀུན་ནས་འཇམ་གཉེན་འཁྲིལ་ཆགས་པའི། །རེག་བྱའི་ཁྱད་པར་འཕགས་པ་ཅི་མཆིས་པ། །སོས་བློས༔ བཞེས་ཤིག༔ སྤརྴེ༔ དཔལ་དང་ལྡན་པའི་བཅོམ་ལྡན་འདས་མ་ཁྱོད། །མཁའ་མཉམ་བདེ་རོལ་འགྲོ་བ་ཀུན་བདག་མོ། །ལོངས་སྤྱོད་སྒྱུ་མའི་གཟུགས་དང་ཆགས་པའི་མདངས། །མཁའ་འགྲོ་དྲ་

བ་སྟོམ་ལ་ཕྱག་འཚལ་བསྟོད། །ཨོཾ་སརྦ་ཏ་ཐཱ་ག་ཏ་ཨརྒྷཾ་པྲ་ཏཱིཙྪ་པཱུ་ཛ་མེ་གྷ་ས་མུ་དྲ་སྥ་ར་ཎ་ས་མ་ཡེ་ཧཱུྃ། པུཥྤེ། དྷཱུ་པེ། ཨཱ་ལོ་ཀེ། གནྡྷེ། ནཻ་ཝི་དྱེ། ཤབྡ་ཨཱཿཧཱུྃ། གང་གི་དྲིན་གྱིས་བདེ་ཆེན་ཉིད། །སྐད་ཅིག་ཉིད་ལ་འཆར་བ་གང་། །བླ་མ་རིན་ཆེན་ལྟ་བུའི་སྐུ། །རྡོ་རྗེ་ཅན་ཞབས་པད་ལ་འདུད། །བསྐལ་པའི་མེ་ལྟར་འབར་བའི་གཟི་བརྗིད་ཆེ། །སྨྲོག་དམར་འཁྱུག་འདྲ་གར་དགུའི་ཉམས་དང་ལྡན། །སྡིག་པའི་ཚུལ་སྟོན་ཞལ་གཉིས་ཕྱག་བཞི་ལ། །བཅོམ་ལྡན་འདས་མའི་སྐུ་ལ་ཕྱག་འཚལ་བསྟོད། །ས་གཞི་སྤོས་ཀྱིས་བྱུགས་ཤིང་མེ་ཏོག་བཀྲམ། །རི་རབ་གླིང་བཞི་ཉི་ཟླས་བརྒྱན་པ་འདི། །སངས་རྒྱས་ཞིང་དུ་དམིགས་ཏེ་ཕུལ་བ་ཡིས། །འགྲོ་ཀུན་རྣམ་དག་ཞིང་ལ་སྤྱོད་པར་ཤོག །ཡེ་ཤེས་མཁའ་འགྲོ་སྐུ་མདོག་སྔོ་ཚོགས་སྟོན། །འོད་ཟེར་རབ་འཕྲོ་གར་དགུའི་ཉམས་དང་ལྡན། །སྔོ་ཚོགས་ཕྱག་མཚན་ཧཱུྃ་སྒྲ་སྟོང་གསུམ་སྒྲོག །འཁོར་གྱི་ལྷ་ཚོགས་རྣམས་ལ་ཕྱག་འཚལ་བསྟོད། །ནང་མཆོད་འབུལ། བརྒྱུད་པའི་མཚན་ནས་སྨོས་ཏེ། ཨོཾ་ཨཱཿཧཱུྃ་བཏགས་པའོ། །ལས་བུམ་བསྒྲུབ། ཚོགས་བྱིན་གྱིས་རླབས། ཚོགས་ཕུད་གཏོར་མར་ཕུལ་ལ་བསྔོ།

བདག་འཇུག་ནི། སློབ་མ་ཁྲུས་བྱེད། ཕྱག་དང་མཎྜལ་ཕུལ། དགའ་ཆེན་ཁྱོད་བདག་སྟོན་པ་སྟེ། །སློབ་དཔོན་ཁྱོད་ནི་དགོངས་སུ་གསོལ། །བྱང་ཆུབ་ཆེན་པོའི་ཚུལ་སྟོན་པ། །མགོན་པོ་ཆེན་པོ་བདག་འཚལ་ལོ། །དམ་ཚིག་དེ་ཉིད་བདག་ལ་སྩོལ། །བྱང་ཆུབ་སེམས་ཀྱང་བདག་ལ་སྩོལ། །སངས་རྒྱས་ཆོས་དང་དགེ་འདུན་ཏེ། །སྐྱབས་གསུམ་དག་ཀྱང་བདག་ལ་སྩོལ། །ཐར་པ་ཆེན་པོའི་གྲོང་མཆོག་ཏུ། །མགོན་པོས་བདག་ནི་འཇུག་པར་འཚལ། །ལན་གསུམ་བྱ། དཀོན་མཆོག་གསུམ་ལ་བདག་སྐྱབས་མཆི། །སྡིག་པ་མི་དགེ་སོ་སོར་བཤགས། །འགྲོ་བའི་དགེ་ལ་རྗེས་ཡི་རང་། །སངས་རྒྱས་བྱང་

ཆུབ་ཡིད་ཀྱིས་བཟུང་། །སངས་རྒྱས་ཆོས་དང་ཚོགས་མཆོག་ལ། །བྱང་ཆུབ་བར་དུ་སྐྱབས་སུ་མཆི། །རང་གཞན་དོན་ནི་རབ་སྒྲུབ་ཕྱིར། །བདག་གིས་བྱང་ཆུབ་སེམས་མཆོག་བསྐྱེད། །བྱང་ཆུབ་སྤྱོད་མཆོག་ཡིད་འོང་སྤྱད་པར་བགྱི། །འགྲོ་ལ་ཕན་ཕྱིར་སངས་རྒྱས་འགྲུབ་པར་ཤོག །ལན་གསུམ་བྱ། བུམ་ཆུས་བསང་། ཁྱེད་རང་སྐད་ཅིག་གིས་རྡོ་རྗེ་བཙུན་མོ་རྡོ་རྗེ་རྣལ་འབྱོར་མ་ཞལ་གཉིས་མ་སྐུ་མདོག་དམར་སེར་གསལ་བའི་དཔྲལ་བར་ཨོཾ། མགྲིན་པར་ཨཱཿ ཐུགས་ཀར་ཧཱུྃ། གསལ་བ་དེ་བརྟན་པར་བྱེད་པ་ལ། དྲིའི་ཐིག་ལེ་བྱེད། ཨོཾ་ཨཱཿཧཱུྃ། ཨརྒྷཾ། པཱདྱེ། རྦྷུ་པེ། ཨཱ་ལོ་ཀེ། གནྡྷེ། ནཻ་བི་དྱེ། ཤབྡ་ཨཱཿཧཱུྃ་གིས་མཆོད། གདོང་གཡོགས་བཅིང་། ཨོཾ་ཙཀྵུ་བནྡྷ་ཝ་ར་ཡ་ཧཱ་ཡ་ཧཱུྃ། མེ་ཏོག་གཏད། ཨཱ་ཁཾ་བྲི་ར་ཧཱུྃ། བགེགས་གཏོར་བཏང་། མཚམས་བཅད། བསྲུང་འཁོར་བསྒོམ། སྙིང་གར་རྡོ་རྗེ་བཟུང་། སྙིང་གར་ཀུན་རྫོབ་བྱང་ཆུབ་སེམས་ཀྱི་ངོ་བོ་ཟླ་བའི་དཀྱིལ་འཁོར་ཉ་གང་བ། དེའི་སྟེང་དུ་དོན་དམ་བྱང་ཆུབ་སེམས་ཀྱི་ངོ་བོ་རྡོ་རྗེ་དཀར་པོ་རྩེ་ལྔ་པ་འོད་ཟེར་ཀུན་ཏུ་འཕྲོ་བ་དང་བཅས་པ་གཅིག་སྒོམས། ཧོ། སིདྡྷི་བཛྲ་ཡ་ཐྭ་སུ་ཁཾ། ངེས་བརྟན་པར་བྱས་སོ། །སྡོམ་པ་བཟུང་། རྡོ་རྗེའི་རིགས་མཆོག་ཆེན་པོ་ལ། །རྡོ་རྗེ་དྲིལ་བུ་ཕྱག་རྒྱ་ཡང་། །ཡང་དག་ཉིད་དུ་བཟུང་བར་བགྱི། །ཚུལ་ཁྲིམས་ཀྱི་ནི་བསླབ་པ་དང་། །དགེ་བའི་ཆོས་ནི་བསྡུད་པ་དང་། །སེམས་ཅན་དོན་བྱེད་ཚུལ་ཁྲིམས་གསུམ། །དེང་ནས་བརྩམས་ཏེ་ནམ་དུ་ཡང་། །གཏོང་བར་བྱ་བ་མ་ཡིན་ནོ། །ཐལ་མོ་མགོར་བཞག །ཁྱོད་ནི་རྣལ་འབྱོར་མ་རིགས་སྐྱེས། །ང་ཡིས་ཡེ་ཤེས་རྡོ་རྗེ་འདི། །ཕྱིན་པས་དངོས་གྲུབ་ཐོབ་པར་འགྱུར། །གང་ཞིག་འདི་འདྲ་མ་མཐོང་བའི། །མདུན་དུ་སྨྲ་བར་མ་བྱེད་ཅིག །དེ་བས་ང་རྒྱལ་བཅོམ་ནས་ནི། །བདག་ཉིད་མ་འཁྲུལ་ཤེས་པར་གྱིས། །རྡོ་རྗེ་མཁའ་འགྲོ་མ་ཁྱོད་ཀྱིས། །ཁྱོད་ཀྱི་སྙིང་ལ་ཡང་དག་ཞུགས། །གལ་

ཏེ་ཚུལ་འདི་སྐད་ཅེས་གསོལ་བ་བཏབ་པ་ན་དེ་མ་ཐག་ཏུ་དྲིལ་ཏེ་གཤེགས། །འདི་ནི་ཁྱོད་ཀྱི་དམ་ཚིག་ཆུ། །དམ་ཚིག་འདས་ན་བསྲེག་པར་བྱེད། །དམ་ཚིག་བསྲུངས་ན་དངོས་གྲུབ་ནི། །རྡོ་རྗེ་བདུད་རྩིའི་ཆུ་འདི་འཐུང་། །བཛྲ་ཨུ་ད་ཀ་ཋཿ ཞེས་ཁ་ལ་བླུགས་ཏེ་ཏྲི་ན་བཟླས་པའི་ཚེ། ཨོཾ་ཏཱ་རེ་ཏུཏྟཱ་རེ་ཏུ་རེ་སྭཱ་ཧཱ། ཞེས་བཟླས་སོ། ། ཕྱི་མ་ལ་བདག་ཉིད་མ་དག་པ་ལ་སོགས་པ་ཐམས་ཅད་དག་པ་སྟེ། འདི་ནི་རང་ཉིད་རྡོ་རྗེ་འཛིན་པ་ང་ཡིན་གྱིས། །ང་ཡིས་ཇི་ལྟར་བཀའ་སྩལ་པ། །ཁྱོད་ཀྱིས་སྐྱོ་བ་མེད་པར་སྒྲུབས། །གང་ཡང་ང་ལ་མ་གུས་མེན། །དེ་བཞིན་གུས་པར་མ་བྱས་ན། །བདུད་ཀྱིས་བཅོམ་ནས་ངན་འགྲོར་འགྲོ། །དེ་བས་དམ་ཚིག་གནས་པར་གྱིས། །ཡེ་ཤེས་ཕབ་པ་ནི། མདུན་གྱི་ནམ་མཁར་བཅོམ་ལྡན་འདས་མའི་ལྷ་ཚོགས་གསལ་བའི་སྐུ་གསུང་ཐུགས་ལས་བདུད་རྩི་དཀར་དམར་གྱི་ཚོགས་འཕྲོས། ཁྱེད་རང་གི་སྤྱི་བོ་ནས་ཞུགས། ལུས་ཀྱི་ནང་ཐམས་ཅད་གང་བའི་མོས་པ་གྱིས། རོལ་མོ་དཀྲོལ། ཨཱ་བེ་ཤ་ཡ་ཨཱ་བེ་ཤ་ཡ་ཨ་ཨཱ་ཧྲི་ཧྲིཿཛཿཛཿ རྡོ་རྗེ་མགོར་བཞག །ཏི་ཥྛ་བཛྲ་བརྟན་པར་བྱེད། དཀྱིལ་འཁོར་ཁ་དོག་བརྟག །མེ་ཏོག་འཐོར། པྲ་ཏཱིཙྪ་ཧོཿ སྐད་མེ་ཏོག་གཏད། བཅོམ་ལྡན་འདས་མ་ཁྱོད་ཀྱིས་ནི། །འདི་ནི་རྗེས་སུ་གཟུང་བར་མཛོད། །མིག་དར་བསལ། སྤྱན་ལྡེ་རྣམ་དག་དབྱེ་དང་མི་དབྱེ་བྲལ། །འོན་ཀྱང་རྣ་ཚོགས་ཡངས་པའི་སྤྱན་ཕྱེ་བ། །ཆོས་ཀུན་གཟིགས་ཤིང་ཐམས་ཅད་མཁྱེན་པ་ཡིས། །སངས་རྒྱས་ཡེ་ཤེས་སྤྱན་ནི་ཐོབ་པར་ཤོག །དཀྱིལ་འཁོར་ལྷ་ཞལ་བསྟན།

དངོས་གཞིའི་དོན་དུ་མཉྫལ་ཕུལ། རྡོ་རྗེ་རྣལ་འབྱོར་མ་རྣམས་ལ། །མཆོད་ཅིང་ཇི་ལྟར་སྩལ་བ་ལྟར། །བདག་ཀྱང་རབ་ཏུ་བསྒྲུབ་སྐད་དུ། །ནམ་མཁའི་རྡོ་རྗེ་དེང་བདག་ཚོལ། །བུམ་པ་སྤྱི་བོར་བཟུང་། སངས་རྒྱས་ཀུན་གྱི་བུམ་པའི་དབང་། །དེ་རིང་ཁྱོད་ལ་བསྐུར་བར་བྱ། །སངས་རྒྱས་ཀུན་ཏུ་རབ་སྒྲུབ་ཕྱིར། །བུམ་པའི་དབང་ནི་ཁྱོད་ལ་བསྐུར། །ཇི་ལྟར་བལྟམས་པ་ཙམ་གྱིས་ནི། །ལྷ་རྣམས་ཀྱིས་ནི་ཁྲུས་གསོལ་

ལྟར། །ལྷ་ཡི་ཆུ་ནི་དག་པ་ཡིས། །དེ་བཞིན་བདག་གིས་སྐུ་ཁྲུས་གསོལ། །ཨོཾ་སརྦ་ཏ་ཐཱ་ག་ཏ་ཨ་བྷི་ཥེ་ཀ་ཏ་ས་མ་ཡ་ཤྲཱི་ཡེ་ཧཱུྃ། ཞེས་དབང་བསྐུར། དྲི་མ་དག །ཆུ་ལྷག་མ་ཡར་ལུད་པ་ལས་མི་བསྐྱོད་པས་དབུ་བརྒྱན་པའོ། །ཅོད་པན་སྤྱི་བོར་བཟུང་། སངས་རྒྱས་ཀུན་གྱི་དབུ་རྒྱན་དབང་། །དེ་རིང་ཁྱོད་ལ་བསྐུར་བར་བྱ། །སངས་རྒྱས་ཀུན་ཏུ་རབ་སྦྱིན་ཕྱིར། །དབུ་རྒྱན་དབང་ནི་ཁྱོད་ལ་བསྐུར། །ཞེས་དབང་བསྐུར། དྲི་མ་དག །ཆུ་ལྷག་མ་ཡར་ལུད་པ་ལས་རིན་ཆེན་འབྱུང་ལྡན་གྱིས་དབུ་བརྒྱན་པའོ། །རྡོ་རྗེ་གཡས་སུ་གཏད། སངས་རྒྱས་ཀུན་གྱི་རྡོ་རྗེའི་དབང་། །དེ་རིང་༔ སངས་རྒྱས༔ རྡོ་རྗེའི༔ ཇི་ལྟར༔ ཞེས་དབང་བསྐུར། དྲི་མ་དག །འོད་དཔག་མེད་ཀྱིས་དབུ་བརྒྱན་པའོ། །དྲིལ་བུ་གཡོན་དུ་གཏད། སངས་རྒྱས་ཀུན་གྱི་དྲིལ་བུའི༔ དེ་རིང་༔ སངས་རྒྱས༔ དྲིལ་བུའི༔ ཇི་ལྟར༔ ཞེས་དབང་བསྐུར། དྲི་མ་དག །དོན་ཡོད་གྲུབ་པས་དབུ་བརྒྱན་པའོ། །རྡོ་རྗེ་དྲིལ་བུ་སྤྱི་བོར་བཟུང་། སངས་རྒྱས༔ མིང་གི༔ དེ་རིང་༔ སངས་རྒྱས༔ མིང་གི༔ ཀྱེ་དཔལ་མཚན་ནས་ཞེས་བྱའོ། །ཇི་ལྟར༔ ཞེས་དབང་བསྐུར། དྲི་མ་དག །ཆུ་ལྷག་མ་ཡར་ལུད་པ་ལས་རྣམ་པར་སྣང་མཛད་ཀྱིས་དབུ་བརྒྱན་པའོ། །དེས་བུམ་པའི་དབང་ལ་བརྟེན་ནས་བསྐྱེད་པའི་རིམ་པ་བསྒོམ་པ་ལ་དབང་། སྤྲུལ་པའི་སྐུ་འགྲུབ་པའི་སྐལ་བ་དང་ལྡན་པར་བྱས་སོ། །གསང་དབང་གི་དོན་དུ་མཆོད། ཐོད་པ་སྤྱི་བོར་བཟུང་། སངས་རྒྱས་ཀུན་གྱི་ཐོད་པའི་དབང་། །དེ་རིང་ཁྱོད་ལ་བསྐུར་བར་བྱ། །སངས་རྒྱས་ཀུན་ཏུ་རབ་སྦྱིན་ཕྱིར། །གསང་བའི་དབང་ནི་ཁྱོད་ལ་བསྐུར། །ཨོཾ་ཧྲི་ཧ་ཧ་ཧཱུྃ་ཧཱུྃ་ཕཊ། ཨོཾ་བཛྲ་བཻ་རོ་ཙ་ནཱི་ཡེ་ཧཱུྃ་ཧཱུྃ་ཧཱུྃ་ཕཊ་སྭཱ་ཧཱ། ནང་མཆོད་བླུད། བྱང་ཆུབ་སེམས་ཀྱི་བདུད་རྩི་འདི། རྩ་འཁོར་ལོ་བཞི་ལ་རྒྱུད། ལུས་ཀྱི་རྩ་གནས་ཐམས་ཅད་དུ་བདེ་བ་ཆེན་པོས་ཁྱབ་པར་སྒོམས་ཤིག །ཐོད་

པ་ལ་བརྟེན་ནས་རྩ་ཐིག་རླུང་གསུམ་བསྒོམ་པ་ལ་དབང་། ལོངས་སྐུ་འགྲུབ་
པའི་སྐལ་བ་དང་ལྡན་པར་བྱས་སོ། །མེ་ལོང་གྱི་བོར་བཟུང་། སངས་རྒྱས་ཀུན་གྱི་མེ་ལོང་
དབང་། །དེ་རིང་ཁྱོད་ལ་བསྐུར་བར་བྱ། །སངས་རྒྱས་ཀུན་ཏུ་རབ་སྒྲུབ་ཕྱིར། །ཤེས་
རབ་ཡེ་ཤེས་དབང་ནི་ཁྱོད་ལ་བསྐུར། །སིནྡྷུ་རའི་དཀྱིལ་འཁོར་ལ་བརྟེན་ནས་
སེམས་ལ་ཤེས་རབ་ཡེ་ཤེས་ཀྱི་དབང་བསྐུར་བས། དགའ་བཞིའི་ཡེ་ཤེས་རྒྱུད་ལ་
སྐྱེས། བདེ་གསལ་མི་རྟོག་པ་བསྒོམ་པ་ལ་དབང་། ཆོས་ཀྱི་སྐུ་འགྲུབ་པའི་སྐལ་
བ་དང་ལྡན་པར་བྱས་སོ། །བཞི་པའི་དོན་དུ་མཚོན། ཁྱེད་རང་གི་སེམས་ཉིད་གཞི་མེད་
རྩ་བྲལ་ཕྱོགས་པའི་མཐའ་ཐམས་ཅད་དང་བྲལ་བ། སྣ་ཚོགས་སུ་སྣང་ཡང་སྣང་
སེམས་གཉིས་མེད་ངོས་བཟུང་མེད་པ་ངོ་ཤེས་པར་གྱིས་ཤིག །ངོ་བོ་ཉིད་ཀྱི་སྐུ་
འགྲུབ་པའི་སྐལ་བ་དང་ལྡན་པར་བྱས་སོ། །རྡོ་རྗེ་སློབ་དཔོན་གྱི་དབང་གི་དོན་དུ་མཚོན་ཕྱུལ། རྡོ་
རྗེ་རྣལ་འབྱོར་མ་རྣམས་ལ། །སོགས་ཀྱིས་གསོལ་བ་བཏབ། ཁྱེད་རང་བཅོམ་ལྡན་འདས་མ་
སྐུ་མདོག་དམར་མོ་ཞལ་གཅིག་ཕྱག་གཉིས་མ་གཅིག་ཏུ་གསལ་བར་གྱུར། བུམ་
པ་སྤྱི་བོར་བཟུང་། དབང་བསྐུར་རྡོ་རྗེ་ཆེན་པོ་ནི། །ཁམས་གསུམ་ཀུན་གྱིས་ཕྱག་བྱས་
པ། །སངས་རྒྱས་ཀུན་གྱི་གསང་གསུམ་གྱི། །གནས་ལས་བྱུང་བ་སྦྱིན་པར་བྱ། །བུམ་
ཆུ་ཧླུད། ཇི་ལྟར་བལྟམས་པ་སོགས། ཞེས་དབང་བསྐུར། དྲི་མ་དག །ཆུའི་ལྷག་
མ་ཡར་ལུད་པ་ལས་མི་བསྐྱོད་པས་དབུ་བརྒྱན་པར་གྱུར། མི་ཏོག་འཐོར། སུ་པྲ་ཏིཥྛ་
བཛྲ་ཡེ་སྭཱ་ཧཱ། དམ་ཚིག་གསུམ་སྦྱིན་པ་ནི། རྡོ་རྗེ་གཡས་སུ་གཏད། རྡོ་རྗེ་ཐུགས་ཀྱི་དམ་ཚིག་ཟུང་
ཞིག །དྲིལ་བུ་གཡོན་དུ་གཏད། དྲིལ་བུ་གསུང་གི་དམ་ཚིག་ཟུང་ཞིག །ལག་པ་གཉིས་འཁྱུད་པར་
བྱེད། ཕྱག་རྒྱ་སྐུའི་དམ་ཚིག་ཟུང་ཞིག །རྡོ་རྗེ་དང་ནི་དྲིལ་བུ་ཡོང་། །དེ་རིང་རྡོ་
རྗེ་སློབ་དཔོན་འགྱུར། །དེས་འཇིག་རྟེན་ལས་འདས་པའི་རྡོ་རྗེ་སློབ་དཔོན་གྱི་

དབང་བསྐུར་བ་ཡིན་ནོ། །དབང་བསྐུར་བ་དང་། རབ་ཏུ་གནས་པ་དང་། སློབ་མ་རྣམས་རིམ་པར་བསྡུ་བར་གྱིས་ཤིག །མི་ཡོང་སྤྱི་བོར་བཞག །བླ་མ་སྤྱི་བོར་བསྒོམས་ཤིག །བཟླས་ལུང་བྱིན། སིནྡྷུ་ར་དཔྲལ་བ་དང་ཨྐོག་མ་དང་སྙིང་གར་བྱུག །རུས་པའི་རྒྱན་དྲུག་སྐུ་ལ་གསོལ། ཊ་མ་རུ་གཡས་སུ་བྱིན། དྲིལ་བུ་གཡོན་དུ་བྱིན། དར་སྣ་ལྔ་བསྒྲིམས་པའི་ཚངས་སྐུད་སྤྱི་བོར་འདོགས། སྟག་ལྤགས་སྨད་ལ་དཀྲིས། ཁཊྭཱཾ་ག་མཚན་ཁུང་དུ་འཛུག །ཐོད་པ་ལག་ཏུ་གཏད་ལ། ཕྱག་རྒྱ་ལྔ་ལྡན་ཅན་ཧེ་རུ་དང་། །དྲིལ་བུ་སིལ་སིལ་ཚངས་སྐུད་དང་། །གཅེར་བུ་སྟག་གི་ཤམ་ཐབས་བྱ། །ཐོད་པ་དང་ནི་ཁ་ཊྭཱཾ་ཐོགས། །དུར་ཁྲོད་ཀུན་ཏུ་རྒྱུ་བྱ་སྟེ། །རིག་པ་བརྟུལ་ཞུགས་སྤྱོད་པ་ཀྱིས། །བསྲུང་བ་སྦྱིན་སྲེག་ཕྱིར་བཟློག་སོགས། །ཕྲིན་ལས་རབ་འབྱམས་བསྒྲུབ་པར་བྱོས། །མི་རྟོག་འཕྲོར།

ཐིག་ལེའི་དབང་ནི། སློབ་མ་ལུས་གནད་བསྲུང་ལ། ལྟེ་བའི་དབུས་སུ་སེམས་ཉིད་ཀྱི་ངོ་བོ་ཐིག་ལེ་དཀར་པོ་བྱ་མ་གསར་གྱི་སྒོ་ང་ཙམ་ཞིག་གསལ་བཏབ། དཔོན་སློབ་གཉིས་ཀས་ཕཊ་ཀྱིས་ཕྱར། སྙིང་ག །མགྲིན་པ། སྤྱི་བོར་ནས་ཐོན། བཅོམ་ལྡན་འདས་མའི་ཐུགས་ཀར་བལྷིམ་གྱིས་ཐིམ། བཅོམ་ལྡན་འདས་མ་འོག་མིན་དུ་སངས་རྒྱས་པར་བསམ། ཅི་གནས་ལ་བཞག །དེ་ནས་ཕབ། གཏོར་མ་ལ་བརྟེན་ནས་དབང་བྱེད་ན། ཁྲུས། ཕྱག །མཆོད། གསོལ་བཏབ། ལུས་ལྷར་བསྐྱེད། ཡེ་ཤེས་ཕབ། དངོས་གཞི་མཆོད་ཕུལ། གཏོར་མ་དང་ཐ་མི་དད་པའི་བཅོམ་ལྡན་འདས་མ་སྐུ་མདོག་ལྗང་ནག་ཞལ་གཅིག་ཕྱག་གཉིས་གྲི་གུག་དང་ཐོད་ཁྲག་བསྣམས་པ། རུས་པ་དང་རིན་པོ་ཆེའི་རྒྱན་དུ་མས་བརྒྱན་པ། འཁོར་ལྷ་མོ་བཞིས་བསྐོར་བ། ཞབས་གཉིས་ཉི་མ་ལ་གནས་པར་ལམ་གྱིས་བསྐྱེད། གཏོར་མ་སྤྱི་བོར་བཟུང་། བཅོམ་ལྡན་འདས་མའི་སྐུ་ལས་སྐུ་འཕྲོས། ཁྱེད་རང་གི་ལུས་ལ་ཐིམ་པའི་མོས་པ་གྱིས། ནང་མཆོད་བླུད། མི་རྟོག་འཕྲོར། བཅོམ་ལྡན་འདས་མའི་མགྲིན་པ་ནས་སྔགས་ཀྱི་ཕྲེང་བ

བྱུང་། ཁྱེད་རང་གི་མགྲིན་པར་ཐིམ། ནང་མཆོད། མེ་ཏོག །བཅོམ་ལྡན་འདས་མའི་ཐུགས་ཀ་ནས་ཕྱག་མཚན་གྱི་རྣམ་པ་བྱུང་། ཁྱེད་རང་གི་སྙིང་གར་ཐིམ། ནང་མཆོད། མེ་ཏོག །གཏོར་མ་སྤྱི་བོར་བཟུང་། ལྷ་བསྐྱིམ། བརྒྱུད་པའི་མཚན་ནས་སྨོས། མེ་ཏོག་འཐོར། ཐིག་ལེའི་དབང་གོང་དང་འདྲ། གཙོ་བོས་ཇི་ལྟར་བཀའ་སྩལ་པ། །དེ་དག་ཐམས་ཅད་བདག་གིས་བགྱིད། །མནྡལ་ཕུལ། ཚོགས་ཕུད་ཕུལ། ཚོགས་ལ་ལོངས་སྤྱོད། ལྷག་མ་བསྔུ། ཆུ་གཙང་བྲན། དཔལ་འབར་འཛུགས། ཨེ་ཀཱ་རཱ་ཞེས་བྱིན་གྱིས་རླབས། བ་ལིཾ་ཏ་ཁཱ་ཧཱི། ལྷག་མ་ཕྱི་རོལ་དུ་དོར། རོལ་མོ་བྱ། སྟོད་ཆུ་གཙང་གིས་བཤལ། ཁ་སྦྱབ། མ་འབྱོར་བ་དང་ཉམས་པ་དང་། །གང་ཡང་བདག་རྨོངས་བློ་ཡིས་ནི། །བགྱིས་པ་དང་ནི་བགྱིད་སྩལ་བ། །དེ་ཀུན་མགོན་པོས་བཟོད་པར་མཛོད། །ཚིག་ལྷག་ཆད་ཅི་མཆིས་པ། །དཀྱིལ་འཁོར་ལྷ་ཡིས་བཟོད་པར་གསོལ། །བཀའ་བརྒྱུད་བླ་མའི་བཀྲ་ཤིས་ཤོག །བཀྲ་ཤིས་གང་ཞིག་ཉིན་མོ་བདེ་ལེགས་ཤིང་། །ཡི་དམ་ལྷ་ཡི་བཀྲ་ཤིག་ཤོག །བཀྲ་ཤིས་གང་ཞིག༔ དཔའ་བོ་མཁའ་འགྲོའི་བཀྲ་ཤིས་ཤོག །བཀྲ་ཤིས་གང་ཞིག༔ ཆོས་སྐྱོང་སྲུང་མའི་བཀྲ་ཤིས་ཤོག །བཀྲ་ཤིས་གང་ཞིག༔ ནོར་ལྷ་རྣམས་ཀྱི་བཀྲ་ཤིས་ཤོག །ཡེ་ཤེས་པ་རང་གནས་སུ་གཤེགས། དམ་ཚིག་པ་རང་ལ་བསྡུ། རྟེན་ཡོད་ན་བརྟན་བཞུགས་བྱེད། ཨོཾ་ཁྱེད་ཀྱིས་སེམས་ཅན་དོན་ཀུན་མཛད། །རྗེས་སུ་མཐུན་པའི་དངོས་གྲུབ་སྩོལ། །སངས་རྒྱས་ཞིང་དུ་གཤེགས་སུ་གསོལ། །སངས་རྒྱས་ཞིང་དུ་གཤེགས་ནས་ཀྱང་། །སེམས་ཅན་རྣམས་ཀྱི་དོན་སླད་དུ། །སླར་ཡང་འབྱོན་པར་མཛད་དུ་གསོལ། །བཛྲ་མུཿ ཆོས་དབྱིངས་བྱང་ཆུབ་སེམས་ཀྱི་དཀྱིལ་འཁོར་དུ། །བདག་སོགས་སེམས་ཅན་ཐམས་ཅད་ཀྱིས། །དུས་གསུམ་བསགས་དང་རྫོགས་པ་ཡིས། །འགྲོ་དྲུག་སེམས་ཅན་མ་ལུས་པ། །སྐྱུ་ལྔ་ཡོངས་རྫོགས་སངས་རྒྱས་མྱུར་འགྲུབ་ཤོག །གཙོད་གདན་ཐོག་གཅིག་མའི་ཁྲིད་ཡིག་ཐྲིན་ལས་རྒྱ་

མཚོ་ལས། རྒྱ་མཚོ་ལྷ་བུའི་དབང་། གབ་པ་མངོན་བྱུང་གི་སྐྲན་བརྒྱུད་ཀྱི་བཀའ། བཅོམ་ལྡན་འདས་མ་ལྷ་མོ་སོ་བདུན་གྱི་སྒྲུབས་ཐབས་འདི། སྐལ་ལྡན་གདུལ་བྱར་གྱུར་བ་རྣམས་ཀྱིས་བསྐུལ་བའི་ངོར། རྣལ་འབྱོར་གྱི་དབང་ཕྱུག་ཤྲཱ་ཀྱའི་དགེ་སློང་ཀྲི་འོ་ཆོས་ཀྱི་རྒྱ་མཚོ་ཞེས་བྱ་བས། བཀྲ་ཤིས་པའི་ཚལ་ཨ་ས་རི་ཁྲིད་དུ་སྦྱར་བའོ། །དགེ་བ་གང་མཆིས་མ་གྱུར་སེམས་ཅན་རྣམས་ལ་བསྔོ། བཀྲ་ཤིས་དཔལ་འབར་འཛམ་གླིང་རྒྱལ་བའི་རྒྱན་དུ་ཤོག །ལྷན་ཐབས་ཀྱི་ཡིག་ཆུང་ངོ་།། །།

༄༅། །རྡོ་རྗེ་རྣལ་འབྱོར་མ་ལྷ་བཅུ་བདུན་གྱི་སྒྲུབ་ཐབས་རོ་སྙོམས་ཕྱག་རྒྱ་ཆེན་པོའི་དབང་བསྐུར་བཞུགས་སོ། །

བླ་མ་དང་ཕྱག་རྒྱ་ཆེན་པོ་ལྷན་ཅིག་སྐྱེས་པ་ལ་ཕྱག་འཚལ་ལོ། །འདིར་ཕྱག་རྒྱ་ཆེན་པོ་རོ་སྙོམས་ལྷན་ཅིག་སྐྱེས་པའི་མངོན་རྟོགས་བསྒོམ་པར་བྱ་སྟེ། ཐོག་མར་དཀྱིལ་འཁོར་གྱི་བཅའ་གཞི་ལ། ཡོལ་བ། བླ་རེས། སྤོས་ཆུའི་ཆག་ཆག །རྒྱང་ནུལ་སོགས་བྱས་ཤིང་། རྟེན་རྫས་བཀྲམ། གཏོར་མ་གསུམ་དང་། དབང་གཏོར་ཟླུམ་པོ་བཅའ། མཐེབ་ཀྱུས་བསྐོར་ཞིང་། དཀར་དམར་གྱི་རྒྱན་བཟང་པོས་བརྒྱན། གཅིག་དཀར་གྱིས་བརྒྱན། སྟེར་དཀར་དུ་འཛུག །མཆིའི་ཁར་ཡོགས་གཅིག་ཏུ་བཞག །དཀྱིལ་འཁོར་གྱི་དབུས་སུ་མཆིའི་ཁར་བུམ་པ་མཚན་ཉིད་དང་ལྡན་པ་མགུལ་ཆིངས་ཁ་རྒྱན་བུམ་རྫས། ཚུས་སུམ་གཉིས་ཁེངས་པ་བཞག །ལས་བུམ་ཡོགས་གཅིག་ཏུ་བཞག །དཀྱིལ་འཁོར་གྱི་མཐའ་མཆོད་པས་བསྐོར། རང་ཉིད་བདེ་བའི་སྟན་ལ་བསྡད་དེ། མདུན་དུ་སྟེགས་ཀྱི་ཁར་ནང་མཆོད་དང་ཊ་དྲིལ་བཞག །ནང་མཆོད་བྱིན་རླབས་ནི། ཨོཾ་ཨཱཿབིགྷྣཱནྟ་ཀྲྀཏ་ཧཱུྃ་ཕཊ། ཨོཾ་སྭ་བྷཱ་ཝ་ཤུདྡྷཿསརྦ་དྷརྨཱཿསྭ་བྷཱ་ཝ་ཤུདྡྷོ྅ཧཾ། སྟོང་པ་ཉིད་དུ་གྱུར། སྟོང་པའི་ངང་ལས་ཡཾ་ལས་རླུང་གི་དཀྱིལ་འཁོར་སྔོན་པོ་གཞུའི་དབྱིབས་ཅན། མཆོག་མ་གཉིས་ལ་གཡོ་བའི་བ་དན་གྱིས་མཚན་པ། དེའི་སྟེང་དུ་གཾ་ལས་ཐོད་པ་བུམ་རིལ་གྱི་སྒྲིད་བུ་ལྟག་པ་ནང་དུ་བསྟན་པ་གསུམ་གྱི་སྟེང་དུ། ཀ་པཱ་ལ་ཕྱི་དཀར་ལ་ནང་དམར་བ་ཡངས་ཤིང་རྒྱ་ཆེ་བ། དུམ་བུ་གཅིག་པ། དཔྲལ་བ་རང་ལ་བསྟན་པ། རྒྱ་ཁྱོན་ཆོས་ཀྱི་དབྱིངས་དང་མཉམ་པ། དེའི་དབུས་སུ་མྲུ་ལས་དྲི་ཆུ་བིཎྜ་ལྷུ་བུ། ཤར་དུ་བི་ལས་དྲི་ཆེན་ཤེལ་ལྷུ་བུ། ལྷོར་ར་ལས་རཀྟ་གསེར་བཙོ་མ་ལྷུ་བུ། ནུབ་ཏུ་ཤུ་ལས་བྱང་སེམས་དཀར་དམར། བྱང་དུ་མ་ལས་ཤཱད་པ།

དབུས་སུ་ན་ལས་མིའི་ཤ །ཤར་ཕྱོར་གོ་ལས་བ་ལང་གི་ཤ །ལྷོ་ནུབ་ཏུ་ཀུ་ལས་ཁྱིའི་ཤ །ནུབ་བྱང་དུ་ད་ལས་གླང་པོ་ཆེའི་ཤ །བྱང་ཤར་དུ་ཧ་ལས་རྟའི་ཤ །དེ་རྣམས་སྣར་ཡང་ཡི་གེ་དེ་དག་གིས་མཚན་པའོ། །རང་གི་སྣ་བུག་གཡོན་ནས་རླུང་ཧཱུྃ་གི་དབྱིབས་ཅན་འཕྲོས། རླུང་གི་དཀྱིལ་འཁོར་ལ་ཕོག །བ་དན་བསྐྱོད། རླུང་གཡོས། མེ་སྦར། ཐོད་པ་དྲོས། རྫས་རྣམས་ཁོལ། ཉེས་པའི་སྐྱོན་རྣམས་ཕྱིར་ལུད། དེའི་སྟེང་དུ་ཨོཾ་ཨཱཿཧཱུྃ་ལས་འོད་ཟེར་འཕྲོས། དེ་བཞིན་གཤེགས་པ་ཐམས་ཅད་ཀྱི་ཐུགས་ཀ་ནས་ཡེ་ཤེས་ཀྱི་བདུད་རྩི་བཀུག །དམ་ཚིག་གི་བདུད་རྩི་དང་གཉིས་སུ་མེད་པར་འདྲེས། ཡེ་ཤེས་ཀྱི་བདུད་རྩིའི་རྒྱ་མཚོ་ཆེན་པོར་གྱུར། ཨོཾ་ཨཱཿཧཱུྃ། དཀར་གཏོར་ལ་ཆུ་གཙང་ཐབ། ཨོཾ་སྭ་བྷཱ་ཝ་ཤུདྡྷཿསརྦ་དྷརྨཱཿསྭ་བྷཱ་ཝ་ཤུདྡྷོ྅ཧཾ། སྟོང་པ་ཉིད་དུ་གྱུར། སྟོང་པའི་ངང་ལས་བྷྲཱུྃ་ལས་རིན་པོ་ཆེའི་སྣོད་ཡངས་ཤིང་རྒྱ་ཆེ་བའི་ནང་དུ། ཨོཾ་ཡིག་དཀར་པོ་འོད་དུ་ཞུ་བ་ལས་བྱུང་བའི་ལྷ་རྫས་ལས་གྲུབ་པའི་གཏོར་མ་དངས་ཤིང་ཐོགས་པ་མེད་པ། གཞི་བདག་རྣམས་ཀྱི་འདོད་པའི་ཡོན་ཏན་ལྔ་དང་ལྡན་པར་གྱུར། ཨོཾ་ཨ་ཀཱ་རོ་མུ་ཁཾ་སརྦ་དྷརྨཱ་ཎཱཾ་ཨཱདྱ་ནུཏྤནྣ་ཏྭཏ་ཨོཾ་ཨཱཿཧཱུྃ། ཕྱག་རྒྱ་དང་བཅས་ཏེ་ལན་གསུམ་བྱ། མཆོད་སྦྱིན་གྱི་གཏོར་མ་རྒྱ་ཆེན་པོ་འདི་བསྔོ་ཞིང་འབུལ་བའི་གནས་སུ་གྱུར་པ་ནི། སྟོང་གསུམ་གྱི་སྟོང་ཆེན་པོ། མཐོ་བ་ནམ་མཁའ། དམའ་བ་ས་གཞི། དབུས་ཀྱི་རི་བོ་མཆོག་རབ། གསེར་གྱི་རི་བདུན། རོལ་པའི་མཚོ་བདུན། མཚོ་མ་ཕམ། གངས་ཏི་སེ། རྒྱ་གར། ཁ་ཆེ། རྒྱ་ནག་རི་བོ་རྩེ་ལྔ། བོད་ཀྱི་མགུར་ལྷ་བཅུ་གསུམ། འཛམ་གླིང་གི་བརྟན་མ་བཅུ་གཉིས་ལ་སོགས་པ། སྟོང་གསུམ་རབ་འབྱམས་ཀྱི་གཞི་བདག་རྣམས་དང་། བྱེ་བྲག་ཏུ་ཡང་བདག་ཅག་དཔོན་སློབ་འཁོར་དང་བཅས་པ་རྣམས་འགྲོ་ན་མ

ཤོལ། འདུག་ན་མ་སྣང་། བསམ་པ་མ་ངན། སྦྱོར་བ་མ་རྩུབ། ལས་དཀར་པོ་ཆོས་དང་མཐུན་པའི་སྟོང་གྲོགས་རྒྱ་ཆེན་པོ་མཛད་དུ་གསོལ། གཏོར་མ་གཙང་སར་ཕུལ། རོལ་མོ་བྱ། བགེགས་གཏོར་ནི། ཟན་ལ་རང་གི་ལུས་དྲུད་དེ། ཆངས་བུ་དང་སྐྱུད་བཟོ། སྟེར་ནང་དུ་འཇུག །ཆུ་གཙང་ཐྲན། ཨོཾ་ཨ་ཀ་རོ་མུ་ཁཾ་སརྦ་དྷརྨཱ་ཎཱཾ་ཨཱདྱ་ནུཏྤནྣ་ཏྭཏ་ཨོཾ་ཨཱཿཧཱུྃ་ཕཊ་སྭཱ་ཧཱ། དགེགས་མཐར་བྱེད་ཀྱི་ཕྱག་རྒྱ་དང་བཅས་ཏེ། ཧཱུྃ་ན་མོ་རྗེ་བཙུན་རྩ་བ་དང་བརྒྱུད་པར་བཅས་པའི་དཔལ་ལྡན་བླ་མ་དམ་པ་རྣམས་ཀྱི་བཀའ་བདེན་པ་དང་། སངས་རྒྱས༔ ཆོས༔ དགེ་འདུན༔ གསང་སྔགས༔ རིགས་སྔགས༔ ཕྱག་རྒྱ༔ ཆོས་ཉིད་རྣམ་པར་དག་པའི་བདེན་པ་དང་། གཙོད་ཡུལ་བརྒྱུད་པའི་དཔལ་ལྡན་བླ་མ་དམ་པ་རྣམས་ཀྱི་བདེན་པ་དང་། བདེན་པ་ཆེན་པོའི་བྱིན་རླབས་ཀྱིས། བདག་ཅག་དཔོན་སློབ་འཁོར་དང་བཅས་པ་རྣམས་ཀྱི་ལུས་ངག་ཡིད་གསུམ་ལ་གནོད་ཅིང་འཚེ་བར་བྱེད་པའི་ལོག་འདྲེན་འབྱུང་པོའི་ཚོགས་དང་བཅས་པ་ཐམས་ཅད་སྐད་ཅིག་ཡུད་ཙམ་ལ་འདིར་མཆིས་པར་གྱུར་ཅིག །ཊཀྐི་ཛྙ་ཛ་ཧཱུྃ་ཛཿ ལན་གསུམ་བརྗོད་ཅིང་། མཆོད་སྦྱིན་གྱི་གཏོར་མ་རྒྱ་ཆེན་པོ་འདི། བགེགས་ཀྱི་རྒྱལ་པོ་བི་ན་ཡ་ཀས་གཙོ་བྱས། བགེགས་རིགས་ལན་ཆགས་ཀྱི་ཚོགས་དང་བཅས་པ་རྣམས་ལ་འབུལ་ལོ། །ལན་ཆགས་འདི་ཡིས་བྱང་། བུ་ལོན་འདི་ཡིས་ཁོར། ཤ་འཁོན་འདིས་བྱང་ནས་སངས་རྒྱས་ཀྱི་གོ་འཕང་རིན་པོ་ཆེ་ཐོབ་པར་གྱུར་ཅིག །ཧཱུྃ་ཉོན་ཞིག་བགེགས་དང་ལོག་འདྲེན་ཚོགས། །ཁྱོད་གནས་འདིར་མ་འདུག་གཞན་དུ་དེངས། །ཅིས་ཏེ་མི་འགྲོ་འདུག་གྱུར་ན། །ཤར་རྡོ་རྗེ་རིགས་ཀྱི་དཔའ་བོ་དང་། །རྡོ་རྗེ་མཁའ་འགྲོ་མ་རྣམས་ཀྱིས། །རྡོ་རྗེའི་མཚོན་ཆ་འབར་བ་ཡིས། །བགེགས་རྣམས་ཐམས་ཅད་ཚར་ཆོད་ཅིག །ཧཱུྃ་ཉོན་ཞིག༔ ཁྱོད༔ ཅིས་ཏེ༔ ལྷོ་རིན་ཆེན༔ རིན་ཆེན་མཁའ་འགྲོ༔

རིན་ཆེན་མཚོན་ཆ༔ བགེགས་རྣམས༔ ཧཱུྃ་ཉོན་ཞིག༔ ཤུབ་པདྨ༔ པདྨའི་མཚོན་ཆ༔ བགེགས་རྣམས༔ ཧཱུྃ་ཉོན་ཞིག །བྱང་ལས་ཀྱི༔ ལས་ཀྱི་མཚོན་ཆ༔ བགེགས་རྣམས༔ ཧཱུྃ་ཉོན་ཞིག༔ དབུས་སངས་རྒྱས༔ ཡེ་ཤེས་མཚོན་ཆ༔ བགེགས་རྣམས༔ གཏོར་མ་ཕྱི་རོལ་དུ་སྐྱུག། ཕཊ། སུམྦྷ་ནི་སུམྦྷ་ཧཱུྃ། གྲྀཧྞ་གྲྀཧྞ་ཧཱུྃ། གྲྀཧྞ་པ་ཡ་གྲྀཧྞ་པ་ཡ་ཧཱུྃ། ཨཱ་ན་ཡ་ཧོ། ཧྲ་ག་ཝན། བིདྱ་ར་ཛ་ཧཱུྃ་ཕཊ་སྭཱ་ཧཱ། དགེགས་བསྐྲད། རོལ་མོ་དྲག་ཏུ་དཀྲོལ། གཏོར་སྔོད་ཆུ་གཙང་གིས་བཤལ། ཁ་སྦུབ། སྐྱབས་འགྲོ་ནི། གནས་ཀྱི་གདོན་དང་ལུས་ཀྱི་གདོན། །གནས་གདོན་གཙོ་བྱས་སེམས་ཅན་རྣམས། །བླ་མ་སངས་རྒྱས་རིན་པོ་ཆེ་ལ་སྐྱབས་སུ་མཆིའོ། །ཆོས་རྗེ་སངས་རྒྱས་རིན་པོ་ཆེ་ལ༔ དགེ་འདུན་ཀུན་འདུས་རིན་པོ་ཆེ་ལ༔ ཡི་དམ་ཀུན་འདུས་རིན་པོ་ཆེ་ལ༔ སེམས་བསྐྱེད་ནི། སངས་རྒྱས་ཆོས་དང་ཚོགས་ཀྱི་མཆོག་རྣམས་ལ། །བྱང་ཆུབ་བར་དུ་བདག་ནི་སྐྱབས་སུ་མཆི། །བདག་གིས་སྦྱིན་སོགས་བགྱིས་པའི་བསོད་ནམས་ཀྱིས། །འགྲོ་ལ་ཕན་ཕྱིར་སངས་རྒྱས་འགྲུབ་པར་ཤོག །ཚོགས་ཞིང་ནི། མདུན་གྱི་ནམ་མཁར་རྗེ་བཙུན་རྡོ་རྗེ་རྣལ་འབྱོར་མའི་ལྷ་ཚོགས་སྐད་ཅིག་གིས་གསལ་བར་གྱུར། ཧཱུྃ་བཞེངས་ཤིག་བཞེངས་ཤིག་སྐྱོབས་པ་ཐུ་མངའ་བའི་ལྷ། །དུས་ལ་མི་འདའ་ཐུགས་རྗེའི་དབང་གིས་ན། །སེམས་ཅན་དོན་ལ་དགོངས་པའི་བླ་མེད་དཀོན་མཆོག་གསུམ། །དངོས་དང་ཡིད་ཀྱིས་བཤམས་ཤིང་མཆོད་པའི་གནས་འདི་རུ། །རྒྱལ་བ་འཁོར་བཅས་མ་ལུས་གནས་འདིར་གཤེགས་སུ་གསོལ། །བཛྲ་ས་མ་ཛཿ བཅོམ་ལྡན་ཁྱེད་ནི་བྱོན་པ་ལེགས། །བདག་ཅག་བསོད་ནམས་སྐལ་བར་ལྡན། །བདག་གི་མཆོད་ཡོན་བཞེས་ནས་ཀྱང་། །འདི་ཉིད་དུ་ནི་བཞུགས་སུ་གསོལ། །པདྨ་ཀ་མ་ལ་ཡ་སྟྭཾ། དཔལ་ལྡན་རྡོ་རྗེ་མཁའ་འགྲོ་མ། །མཁའ་འགྲོ་མ་ཡི་འཁོར་ལོ་བསྐུར། །ཡེ་ཤེས་ལྷ་དང་

སྐུ་གསུང་ཐུགས། །འགྲོ་བ་སྐྱོབ་ལ་ཕྱག་འཚལ་བསྟོད། །ཧེ་སྙིང་རྡོ་རྗེ་མཁའ་འགྲོ་མ། །ཀུན་ཏུ་རྟོག་པ་འཆིང་གཅོད་ཅིང་། །འཇིག་རྟེན་བྱ་བ་རབ་འཇུག་མ། །དེ་སྙིང་རྣམས་ལ་ཕྱག་འཚལ་བསྟོད། །ལྟེ་བའི་དབུས་ནས་འབྱུང་ཞིང་འགྲོ། །ཆོས་དང་ལོངས་སྤྱོད་རྫོགས་པར་ལྡན། །མཁའ་འགྲོ་མ་རྣམས་བསྟུད་མཛད་མ། །རྗེ་བཙུན་མ་ལ་ཕྱག་འཚལ་བསྟོད། །ཨོཾ་སརྦ་ཏ་ཐཱ་ག་ཏ་ཨརྒྷཾ་པྲ་ཏཱིཙྪ་ཡ་སྭཱ་ཧཱ། བཛྲ་པུཥྤེ། དྷཱུ་པེ། ཨཱ་ལོ་ཀེ། གནྡྷེ། ནཻ་ཝི་ཏེ། ཤབྡ་ཨཱཿཧཱུྃ། སྐབས་གསུམ་གྲངས་ཀྱིས་མཆོད་པའི་ལྷུན་པོ་དང་། །ལུས་ཅན་ཡོ་བྱད་རྫོགས་པའི་གླིང་རྣམས་དང་། །རིན་ཆེན་ས་འཛིན་རྣམས་དང་བདུད་རྩིའི་མཚོ། །དག་བྱེད་ས་ཁྱུད་ཕྱོགས་རྣམས་བཀང་སྟེ་འབུལ། །མནྡལ་པཱུ་ཛ་མེ་གྷ་ས་མུ་དྲ་སྥ་ར་ཎ་ས་མ་ཡ་ཨཱཿཧཱུྃ། ཚོགས་ཞིང་རྣམས་རང་ཉིད་ལ་ཐིམ་པར་གྱུར། ཨོཾ་ཨཱཿཧཱུྃ། སེམས་ཅན་ཐམས་ཅད་བདེ་བ་དང་བདེ་བའི་རྒྱུ་དང་ལྡན་པར་གྱུར་ཅིག །སྡུག་བསྔལ་དང་སྡུག་བསྔལ་གྱི་རྒྱུ་དང་བྲལ་བར་གྱུར་ཅིག །སྡུག་བསྔལ་མེད་པའི་བདེ་བ་དང་མི་འབྲལ་བར་གྱུར་ཅིག །ཉེ་རིང་ཆགས་སྡང་གཉིས་དང་བྲལ་བའི་བཏང་སྙོམས་ལ་ཡུན་རིང་དུ་གནས་པར་གྱུར་ཅིག །

བདག་བསྐྱེད་ནི། ཨོཾ་སྭ་བྷཱ་ཝ་ཤུདྡྷཿསརྦ་དྷརྨཱཿསྭ་བྷཱ་ཝ་ཤུདྡྷོ྅ཧཾ། སྟོང་པ་ཉིད་དུ་གྱུར། སྟོང་པའི་ངང་ལས་གཞལ་ཡས་ཀྱི་ཁང་པ་གྲུ་བཞི་སྒོ་བཞི་རྟ་བབས་བང་རིམ་ལྔ་དང་ལྡན་པ། ནང་ནས་རིམ་པ་བཞིན་དུ་དམར་པོ། སེར་པོ། ལྗང་གུ། དཀར་པོ། སྔོན་པོ། ཕ་གུ་དྲ་བ་དྲ་ཕྱེད་ཀྱིས་སྤྲས་ཤིང་། ཀ་བ་བརྒྱད། གདུགས་བཅུ་དྲུག་གིས་ཡོངས་སུ་མཛེས་པར་ཕུབ་པ་སྟེ། གདུགས། རི་དྭགས། རིན་པོ་ཆེའི་ཏོག །བ་དན་གྱིས་བརྒྱན་པ། དེའི་དབུས་སུ་ཨེ་ལས་ཆོས་ཀྱི་འབྱུང་གནས་

གྲུ་གསུམ་པ། རྩ་བ་ཕྲ་བ་ཕྱུར་དུ་ཟུག་པ། ཁ་གདེངས་ཆེ་བ་གྱེན་དུ་བསྟན་པ། ཕྱི་དཀར་ལ་ནང་དམར་བ། ཡངས་ཤིང་རྒྱ་ཆེ་བ། དེའི་དབུས་སུ་པདྨ་འདབ་བཞིའི་ལྟེ་བར། པདྨ་རོ་དང་ཉི་མའི་སྟེང་དུ། རང་གི་རྣམ་པར་ཤེས་པའི་ངོ་བོ་ཡི་གེ་ཧྲཱིཿདམར་པོ། དེ་ལས་འོད་ཟེར་འཕྲོས། འཕགས་པ་མཆོད། སེམས་ཅན་གྱི་དོན་བྱས། ཇོ་མོའི་སྐུར་གྱུར། ཚུར་འདུས་ཧྲཱིཿལ་ཐིམ། ཆུ་ལ་ཉ་ལྡང་བའི་ཚུལ་དུ། རྗེ་བཙུན་རྡོ་རྗེ་རྣལ་འབྱོར་མ་སྐུ་མདོག་དམར་མོ་ཞལ་གཉིས་ཕྱག་བཞི། སྤྱན་གསུམ་མཆེ་བ་བཞི་རབ་ཏུ་གཙིགས་ཤིང་། མ་མཆུ་ཚེམས་ཀྱིས་མནན་པ། དབུ་སྐྲ་དམར་སེར་གྱེན་དུ་བརྫེས་པ་ལ་ཕོད་སྐམ་ལྔ་ཡི་ཕྲེང་བས་དབུ་ལ་བརྒྱན་པ། སྤྱི་གཙུག་གཡས་སུ་ཕག་ཞལ་དམར་པོ་ངུར་བ། ཕོད་རློན་ལྔ་བཅུ་རྩ་གཅིག་གིས་དོ་ཤལ་བྱས་པ། ཐལ་བ་སྤྱངས་པའི་ཕྱག་རྒྱ་ལྔས་བརྒྱན་པ། སྟག་གི་ལྤགས་པས་ཤམ་ཐབས་བྱས་པ། ཞབས་གཡས་བསྐུམ་གཡོན་བརྐྱང་བའི་གར་ཐབས་སུ་ཉི་མའི་གདན་ལ་གནས་པ། དེའི་ཤར་དུ་ཧ་ལས་རྡོ་རྗེ་མཁའ་འགྲོ་མ་སྐུ་མདོག་སྔོན་མོ། ལྷོར་རི་ལས་རིན་ཆེན་མཁའ་འགྲོ་མ་སྐུ་མདོག་སེར་མོ། ནུབ་ཏུ་ནི་ལས་པདྨ་མཁའ་འགྲོ་མ་སྐུ་མདོག་དམར་མོ། བྱང་དུ་ས་ལས་ལས་ཀྱི་མཁའ་འགྲོ་མ་སྐུ་མདོག་ལྗང་གུ། དེ་ཐམས་ཅད་ཀྱང་ཞལ་གཅིག་ཕྱག་གཉིས། གཡས་པ་རྣམས་ཀྱིས་རྡོ་རྗེ་དང་། རིན་པོ་ཆེ་དང་། པདྨ་དང་། རལ་གྲི་འཛིན་པ། གཡོན་པ་རྣམས་ཀྱིས་ཐོད་པ་བདུད་རྩིས་གང་བ་བསྣམས་པ། གྲུ་མོ་ན་པ་ཁ྄ྃ་ག་བཙུག་པ། དེའི་ཕྱི་རོལ་གྱི་པད་འདབ་བརྒྱད་ལ། སེང་གདོང་མ་དཀར་མོ། ཕག་གདོངས་མ་སེར་མོ། ཁྱི་གདོང་མ་དམར་མོ། སྟག་གདོང་མ་སྔོན་མོ། ཁྭ་གདོང་མ་དཀར་སེར། ཆུ་སྲིན་གདོང་སྔོ་ལྗང་། པུ་ཤུད་གདོང་དམར་སེར། བྱི་ལའི་གདོང་ནག་མོ།

ཐམས་ཅད་ཀྱང་གཡས་པ་རྣམས་ཀྱིས་ལྕགས་ཀྱུ། ལྕགས་སྒྲོག །ཞགས་པ། མདུང་ཐུང་། ཐོ་བ། རལ་གྲི། གཡང་གཞི། ཚངས་པའི་མགོ་བོ། གཡོན་པ་རྣམས་ཀྱིས་ཐོད་པ་ཁྲག་གིས་གང་བ་ཐུགས་ཀར་འཛིན་ཅིང་། ཁཊྭཱཾ་ག་མཆན་ཁུང་དུ་བཅུག་པ། ཕྱག་རྒྱ་ལྔ་དང་ལྡན་ཅིང་། སྟག་གི་ལྤགས་པའི་ཤམ་ཐབས་བྱས་པ། གཡས་བསྐུམ་གཡོན་བརྐྱང་བས་ཉི་མ་ལ་གནས་པ། ཤར་སྒོར་ལྕགས་ཀྱུ་མ་དཀར་མོ། ལྷོ་སྒོར་ཞགས་པ་མ་སེར་མོ། ནུབ་སྒོར་ལྕགས་སྒྲོག་མ་དམར་མོ། བྱང་སྒོར་དྲིལ་བུ་མ་ལྗང་གུ། རང་རང་གི་ཕྱག་མཚན་དང་། ཕྱག་རྒྱ་ལྔ་དང་ལྡན་ཞིང་གཡས་བསྐུམ་གཡོན་བརྐྱང་གི་སྟབས་ཀྱིས་ཉི་མ་ལ་གནས་པ། གཞལ་ཡས་ཁང་གི་ཕྱི་རོལ་དུ་པདྨའི་ར་བ། དེའི་ཕྱི་རོལ་དུ་མུ་ཏིག་གི་ཕྲེང་བའི་ར་བ། དེའི་ཕྱི་རོལ་དུ་རྡོ་རྗེའི་ར་བ། དེའི་ཕྱི་རོལ་དུ་དུར་ཁྲོད་ཀྱི་ར་བ། དེའི་ཕྱི་རོལ་དུ་ཡེ་ཤེས་བསྐལ་པའི་མེའི་ར་བ་རྣམས་ཀྱིས་བསྐོར་བའོ། །ལྷ་ཚོགས་དེ་དག་ཐམས་ཅད་ཀྱི་དཔྲལ་བར་ཨོཾ་དཀར་པོ། མགྲིན་པར་ཨཱཿདམར་པོ། ཐུགས་ཀར་ཧཱུྃ་སྔོན་པོ། ཐུགས་ཀའི་ཧཱུྃ་ལས་འོད་ཟེར་འཕྲོས་པས། རང་བཞིན་གྱི་གནས་དང་། ཨུ་རྒྱན་གྱི་གནས་ནས་རྗེ་བཙུན་རྡོ་རྗེ་རྣལ་འབྱོར་མ་ལ་སངས་རྒྱས་དང་བྱང་ཆུབ་སེམས་དཔའི་ཚོགས་ཀྱིས་བསྐོར་བ་བཛྲ་ས་མ་ཛཿ རོལ་མོ་དཀྲོལ། དེ་རྣམས་ཀྱི་སྐུ་ལས་སྐུ་འཕྲོས། རང་གི་ལུས་ལ་ཐིམ། དེ་རྣམས་ཀྱི་གསུང་ལས་སྔགས་འཕྲོས། རང་གི་མགྲིན་པར་ཐིམ། དེ་རྣམས་ཀྱི་ཐུགས་ལས་ཡེ་ཤེས་ལྔའི་རང་བཞིན་བྱུང་། རང་གི་སྙིང་གར་ཐིམ། བདེ་སྟོང་གི་ཡེ་ཤེས་འཆར། ལྷ་རྣམས་རང་རང་ལ་ཐིམ་པར་གྱུར། ཨོཾ་བཛྲ་བཻ་རོ་ཙ་ནཱི་ཡེ་ཧ་རི་ནི་ས་ཧཱུྃ་ཧཱུྃ་ཕཊ་སྭཱ་ཧཱ། རྟེན་གཞལ་ཡས་ཁང་དང་བཅས་པ་རང་གི་སྤྱི་བོ་དང་ཞབས་མཐིལ་ནས་འདུས་ཏེ། ཐིག་ལེ་དང་ནཱ་དའི་

རྣམ་པ་དོན་དམ་པ་སྟོང་པ་ཉིད་དོ། །

བུམ་པ་བསྒྲུབ་པ་ནི། ཨོཾ་སྭ་བྷཱ་ཝ་ཤུདྡྷཿསརྦ་དྷརྨཱཿསྭ་བྷཱ་ཝ་ཤུདྡྷོ྅ཧཾ། སྟོང་པ་ཉིད་དུ་གྱུར། སྟོང་པའི་ངང་ལས་བྷྲཱུཾ་ལས་རིན་པོ་ཆེའི་བུམ་པ་དམར་པོ་རྩ་བ་དང་ནག་པོ་མེད་པ། ལྟོ་བ་ཡངས་པ། མགྲིན་པ་ཕྲ་བ། མཆུ་འཕྱང་བ། ལྷ་རྫས་ཀྱི་གོས་ཀྱིས་མགྲིན་པ་བཅིངས་ཤིང་། དཔག་བསམ་གྱི་ཤིང་གི་ཡལ་ག་དམར་པོས་ཁ་བརྒྱན་པ། དེའི་ནང་དུ་སྨན་ལྷ་འབྲུ་ལྷ་རིན་པོ་ཆེ་ལྷ། དྲི་ལྷ། སྙིང་པོ་ལྷ་རྣམས་དང་། ལྷའི་བདུད་རྩིས་གང་བའི་དབུས་སུ་གཞལ་ཡས་ཀྱི་ཁང་པ་དཀྱིལ་འཁོར་གྱི་ལྷ་རྟེན་དང་བརྟེན་པར་བཅས་པ་སྐད་ཅིག་གིས་གསལ་བར་གྱུར། ལྷ་དེ་རྣམས་ཀྱི་དཔྲལ་བར་ཨོཾ། མགྲིན་པར་ཨཱཿ ཐུགས་ཀར་ཧཱུཾ། ཐུགས་ཀའི་ཧཱུཾ་ལས་འོད་ཟེར་འཕྲོས་པས། རང་བཞིན་གྱི་གནས་དང་ཨོ་རྒྱན་གྱི་གནས་ནས་རྗེ་བཙུན་རྡོ་རྗེ་རྣལ་འབྱོར་མའི་ལྷ་ཚོགས་སྤྱན་དྲངས་བཛྲ་ས་མ་ཛཿ མེ་ལོང་གི་ཐུགས་འཁོར་དང་། ཐོད་པའི་བདུད་རྩི། བུམ་པའི་ལྷ་ཚོགས་རྣམས་ལ་ཛཿཧཱུཾ་བཾ་ཧོཿ གཉིས་སུ་མེད་པར་གྱུར། ཨོཾ་བཛྲ་བཻ་རོ་ཙ་ནཱི་ཡེ་ཧ་རི་ནི་ས་ཧཱུཾ་ཧཱུཾ་ཕཊ་སྭཱ་ཧཱ། བཟླས་པ་ཚད་དུ་སྐྱོལ། བུམ་ལྷ་འོད་དུ་ཞུ་བ་ལས་བྱུང་བའི་བུམ་པའི་ཆུར་གྱུར། བུམ་པའི་ཁར་བདུད་རྩིའི་ཐོད་པ་བཞག །དེའི་ཁར་མེ་ལོང་ལ་སིནྡྷུ་རའི་ཆོས་འབྱུང་བསྒོལ་མའི་དབུས་སུ། ས་བོན་ལ་སྔགས་ཕྲེང་གཡས་བསྐོར་དུ་བསྐོར་བ་བཞག །སྟེང་དུ་དར་དམར་པོས་བཀབ།

མདུན་བསྐྱེད་བསྒྲུབ་པ་ནི། ཨོཾ་སྭ་བྷཱ་ཝ་ཤུདྡྷཿསརྦ་དྷརྨཱཿསྭ་བྷཱ་ཝ་ཤུདྡྷོ྅ཧཾ། སྟོང་པ་ཉིད་དུ་གྱུར། སྟོང་པའི་ངང་ལས་མདུན་གྱི་ནམ་མཁར་གཞལ་ཡས་ཀྱི་ཁང་པ་སོགས་ནས། བདག་བསྐྱེད་ལྟར་བསྒྲུབ། བསྟོད་པ་ནི། དཔལ་དང་ལྡན་པའི་བཅོམ་ལྡན་འདས་མ་ཁྱོད། །མཁའ་མཉམ་བདེ་རོལ་འགྲོ་བ་ཀུན་བདག་མོ། །ཡོངས་སྤྱོད་སྒྱུ་མའི་གཟུགས་

དང་ཆགས་པའི་མདངས། །མཁའ་འགྲོ་དྲ་བ་སྡོམ་ལ་ཕྱག་འཚལ་ལོ། །ཨོཾ་སརྦ་ཏ་ཐཱ་ག་ཏ་ཨཀྵོཾ་ཨཱཿཧཱུྃ་སྭཱ་ཧཱ། པུཥྤེ། དྷཱུ་པེ། ཨཱ་ལོ་ཀེ། གནྡྷེ། ནཻ་ཝི་ཏྱེ། ཤབྡ་ཨཱཿཧཱུྃ་སྭཱ་ཧཱ། རྣམ་དག་མི་གཡོ་ཆོས་ཀྱི་དབྱིངས་ཉིད་ལས། །ལྷན་ཅིག་སྐྱེས་པ་བདེ་བ་སྟོང་པའི་ཞལ། །འགྱུར་མེད་བདེ་བ་སྟོང་པའི་གཟུགས་འཛིན་མ། །རྡོ་རྗེ་རྣལ་འབྱོར་མ་ལ་ཕྱག་འཚལ་བསྟོད། །ཤ་ཆེན་བསུར་གྱི་བདུག་སྤོས་དང་། །ཞུན་ཆེན་གསལ་བའི་མར་མེ་དང་། །རྡོ་རྗེ་དྲི་ཆེན་ཞལ་ཟས་དང་། །རྡོ་རྗེ་དྲི་ཆུའི་བདུད་རྩི་དང་། །ཌ་མ་རུ་ཡི་སིལ་སྙན་གྱིས། །ཕ་རོལ་ཕྱིན་དྲུག་ལྷ་མོ་མཆོད། །མཉམ་ཉིད་དབྱིངས་སུ་བཞེས་སུ་གསོལ། །ཁྱོད་ནི་རྣམ་དག་ཕུང་པོ་ལྔ་སྟོན་ཅིང་། །འབྱུང་བཞི་རྣམ་དག་ཚངས་པའི་གནས་བཞིར་ལྡན། །བདུད་ལས་ཐར་མཛད་སྤྲུལ་པའི་ཞལ་མངའ་མ། །འཁོར་ལོ་སྡོམ་པའི་ཞབས་ལ་ཕྱག་འཚལ་བསྟོད། །ཆང་སྣ་བཞི་ཡི་ཆང་ཕུད་ལ། །ས་བཅུ་དོན་ཕྱིར་ལག་མཆོད་བྱས། །ཤེས་རབ་གཡོན་གྱི་ལག་པ་ལ། །ཐབས་ཆེན་གཡས་ཀྱི་ལག་པས་མཆོད། །མཚན་ལྡན་རྡོ་རྗེ་ཀ་པཱ་ལ། །ཀ་ནི་གང་དུ་མི་གནས་ཤིང་། །པཱ་ནི་མ་སྐྱེས་སྐྱེ་མེད་དབྱིངས། །ལ་ནི་བློ་འདས་ཡིད་དང་བྲལ། །སྐུ་གསུམ་མི་འགྱུར་ཀ་པཱ་ལར། །ཟག་མེད་བདེ་བའི་ཆང་ཕུད་བལྟམས། །སྐྱེ་འཆི་མེད་པའི་བདུད་རྩི་བླུག །ཡི་གེ་གསུམ་གྱིས་བྱིན་གྱིས་རླབས། །ཨོཾ་གྱིས་སྐྱེ་མེད་སྤྲུལ་སྐུར་སྦྱངས། །ཨཱཿཡིས་འགག་མེད་ལོངས་སྐུར་བསྒྱུར། །ཧཱུྃ་གིས་བློ་འདས་ཆོས་སྐུར་སྤེལ། །ལྔ་གསུམ་དཀྱིལ་པའི་བདུད་རྩི་འདིས། །ཕ་རོལ་ཕྱིན་དྲུག་ལྷ་མོ་མཆོད། །ས་བཅུ་དོན་ཕྱིར་བཞེས་སུ་གསོལ། །མཆོད་པ་ནི། གཡོན་གྱི་མཐེབ་སྲིན་གྱིས་ཆང་གཏོར་ཞིང་། ཆོས་སྐུ་དྲུག་པ་རྡོ་རྗེ་འཆང་ཆེན་པོའི་ཞལ་ཏུ་ཨོཾ་ཨཱཿཧཱུྃ། ཧེ་ཡོ་ཤེས་རབ་བཟང་པོའི་ཞལ་ཏུ་ཨོཾ་ཨཱཿཧཱུྃ། ནཱ་རོ་ཛྙཱ་ན་སིདྡྷིཿ ཕ་

གཅིག་དམ་པ་རྒྱ་གར༔ མ་གཅིག་ལབ་ཀྱི་སྒྲོན་མ༔ སྲས་མཆོག་རྒྱལ་བ་དོན་གྲུབ༔ གྲུབ་ཆེན་ཀརྨ་པཀྵི༔ གྲུབ་ཐོབ་གནམ་མཚོ་དོ་པ༔ སེམས་དཔའ་རང་བྱུང་རྡོ་རྗེ༔ རྟོགས་ལྡན་ཀུན་དགའ་རྒྱ་མཚན༔ ལྷ་ཕྱུ་ཀུན་དགའ་ཡེ་ཤེས༔ ཀུན་མཁྱེན་འཇམ་དཔལ་བཟང་པོ༔ རྗེ་བཙུན་འཇམ་དཔལ་རྒྱ་མཚོའི་ཞལ་དུ་ཨོཾ་ཨཱཿཧཱུྃ། སོགས་ཀྱིས་ཡི་དམ། ཆོས་སྐྱོང་། མཐར་གཞི་བདག་རྣམས་ལ་འབུལ།

བདག་འཇུག་བླང་། སློབ་མ་ཁྲུས་བྱེད། ཕྱག་དང་མཎྜལ་ཕུལ། ཆོས་བཤད་རྒྱས་བསྡུས་སྐབས་དང་སྦྱར། དགའ་ཆེན་ཁྱོད་བདག་སྟོན་པ་སྟེ། །སློབ་དཔོན་ཁྱོད་ནི་དགོངས་སུ་གསོལ། །བྱང་ཆུབ་ཆེན་པོའི་ཚུལ་བསྟན་པ། །མགོན་པོ་ཆེན་པོ་བདག་འཚལ་ལོ། །དམ་ཚིག་དེ་ཉིད་བདག་ལ་སྩོལ། །བྱང་ཆུབ་སེམས་ཀྱང་བདག་ལ་སྩོལ། །སངས་རྒྱས་ཆོས་དང་དགེ་འདུན་ཏེ། །སྐྱབས་གསུམ་དག་ཀྱང་བདག་ལ་སྩོལ། །ཐར་པ་ཆེན་པོའི་གྲོང་མཆོག་ཏུ། །མགོན་པོས་བདག་ནི་འཇུག་པར་འཚལ། །ལན་གསུམ་བྱེད། དཀོན་མཆོག་གསུམ་ལ་བདག་སྐྱབས་མཆི། །སྡིག་པ་མི་དགེ་སོ་སོར་བཤགས། །འགྲོ་བའི་དགེ་ལ་རྗེས་ཡི་རང་། །སངས་རྒྱས་བྱང་ཆུབ་ཡིད་ཀྱིས་བཟུང་། །སངས་རྒྱས་ཆོས་དང་ཚོགས་མཆོག་ལ། །བྱང་ཆུབ་བར་དུ་སྐྱབས་སུ་མཆི། །རང་གཞན་དོན་ནི་རབ་སྒྲུབ་ཕྱིར། །བྱང་ཆུབ་སེམས་ནི་བསྐྱེད་པར་བགྱི། །བྱང་ཆུབ་མཆོག་གི་སེམས་ནི་བསྐྱེད་བགྱིས་ནས། །སེམས་ཅན་ཐམས་ཅད་བདག་གི་མགྲོན་དུ་གཉེར། །བྱང་ཆུབ་སྤྱོད་མཆོག་ཡིད་འོང་སྤྱད་པར་བགྱི། །འགྲོ་ལ་ཕན་ཕྱིར་སངས་རྒྱས་འགྲུབ་པར་ཤོག །ལན་གསུམ་བྱ། སློབ་མ་བུམ་ཆུས་བསང་། ཁྱེད་རང་སྐད་ཅིག་གིས་རྗེ་བཙུན་རྡོ་རྗེ་རྣལ་འབྱོར་མར་བསྐྱེད་མཛོད། དྲིའི་ཆུས་ཐིག་ལེ་བཀོད། ཨོཾ་ཨཱཿཧཱུྃ། མཆོད་པ་ཕུལ། པུཥྤེ། དྷཱུ་པེ། ཨཱ་ལོ་ཀེ། གནྡྷེ། ནཻ་ཝི་དྱེ། ཤབྡ་ཨཱཿཧཱུྃ། མིག་དར་གདོང་། ཨོཾ་ཙཀྵུ་

བཛྲ་ཤ་ར་ཨཱ་ཌཱ་ཡ་ཧཱུྃ། མེ་ཏོག་གཏད་ལ། ཨཱ་ཁཾ་བཱི་ར་ཧཱུྃ། སྙིང་ཁར་རྡོ་རྗེ་བཟུང་། སྙིང་ཁར་ཀུན་རྫོབ་བྱང་ཆུབ་སེམས་ཀྱི་ངོ་བོ་རྡོ་རྗེ་རྩེ་ལྔ་པ་གཅིག་སྒོམས་མཛོད། སྡོམ་པ་བཟུང་བ་ནི། མགོན་པོ་སངས་རྒྱས་རྣམས་དང་ནི། །སྲས་བཅས་བདག་ལ་དགོངས་སུ་གསོལ། །བདག་མིང་འདི་ཞེས་བགྱི་བ་ཡིས། །བྱང་ཆུབ་སྙིང་པོར་མཆིས་ཀྱི་བར། །རྡོ་རྗེ་རིགས་ཀྱི་སྡོམ་བཞི་དང་། །རིན་ཆེན་རིགས་ཀྱི་སྡོམ་པ་གསུམ། །པདྨའི་རིགས་ཀྱི་སྡོམ་བཞི་དང་། །ལས་ཀྱི་རིགས་ཀྱི་སྡོམ་པ་གཉིས། །སངས་རྒྱས་རིགས་ཀྱི་སྡོམ་པ་གཅིག །དམ་ཚིག་སྡོམ་པ་བཅུ་བཞི་འདི། །དེང་ནས་བཟུམས་ཏེ་ནམ་དུ་ཡང་། །བཏང་བར་བྱ་བ་མ་ཡིན་ནོ། །དམ་བཞག །ཐུམ་ཆུ་བླུད། འདི་ནི་ཁྱོད་ཀྱི་དམ་ཚིག་ཆུ། །དམ་ཚིག་འདས་ན་བསྲེག་པར་བྱེད། །དམ་ཚིག་བསྲུངས་ན་དངོས་གྲུབ་ནི། །རྡོ་རྗེ་བདུད་རྩིའི་ཆུ་འདིས་འགྲུབ། །ཨོཾ་བཛྲ་ཌཱ་ཀི་ནི་ཨ་མྲི་ཏོ་ད་ཀ །ཐལ་མོ་མགོར་བཞག །དུས་འདི་ནས་ནི་བུ་ཁྱོད་ཀྱི། །རྡོ་རྗེ་འཛིན་པ་ང་ཡིན་གྱིས། །ང་ཡིས་ཇི་ལྟར་བཀའ་སྩལ་པ། །ཁྱོད་ཀྱིས་སྒྲོ་བ་མེད་པར་སྒྲུབས། །གང་ཡང་ང་ལ་མ་གུས་མིན། །དེ་བཞིན་གུས་པར་མ་བྱས་ན། །བདུད་ཀྱིས་བཅོམ་ནས་ངན་འགྲོར་འགྲོ། །དེ་བས་དམ་ཚིག་གནས་པར་གྱིས། །ཡེ་ཤེས་ཕབ་པ་ནི། ཁྱེད་རང་གི་ལྟེ་བར་ཆོས་འབྱུང་དམར་པོའི་དབུས་སུ་ཧྲཱིཿལས་མེ་འབར། སྤྱི་བོ་དང་སྨིན་མཚམས་སུ་གཡས་བསྐོར་དུ་འཁོར། དཔའ་བོ་དང་རྣལ་འབྱོར་མའི་བྱང་སེམས་ཁྱེད་རང་གི་སྤྱི་བོ་ནས་ཞུགས། ལུས་ཀྱི་ནང་ཐམས་ཅད་གང་བའི་མོས་པ་གྱིས། ཨ་ཨཱ། ཧྲཱིཿཧྲཱིཿཕེཾ་ཕེཾ། རོལ་མོ་དྲག་ཏུ་དཀྲོལ། རྡོ་རྗེ་མགོར་བཞག །ཏིཥྛ་བཛྲ། དཀྱིལ་འཁོར་ཁ་དོག་བརྟག །མེ་ཏོག་འཐོར། པྲ་ཏཱིཙྪ་བཛྲ་ཧོཿ སྔར་མེ་ཏོག་གཏད། བཅོམ་ལྡན་འདས་མ་ཁྱོད་ཀྱིས་ནི། །འདི་ནི་རྗེས་སུ་བཟུང་བར་མཛོད། །མིག་དར་ཕྱེ། སྤྱན་ལྔ་རྣམ་དག་དབྱེ་དང་མི་དབྱེ་བྲལ། །འོན་

ཀྱང་སྣ་ཚོགས་ཡངས་པའི་སྤྱན་ཕྱེ་བ། །ཆོས་ཀུན་སྒྲིབ་བྲལ་མཁྱེན་ཅིང་གཟིགས་པ་ཡིས། །འགྲོ་ཀུན་ཡེ་ཤེས་སྤྱན་ནི་ཐོབ་པར་ཤོག །དཀྱིལ་འཁོར་ལྷ་ཞལ་བསྟན།

དབང་དངོས་གཞི་ཞུ་བའི་དོན་དུ་མཆོད་ཕུལ། བླ་མ་རྡོ་རྗེ་འཛིན་པ་ཆེན་པོ་དང་། རྗེ་བཙུན་རྡོ་རྗེ་རྣལ་འབྱོར་མ་དང་། མཁའ་འགྲོ་མ་རྣམས་ཀྱིས་བདག་ལ་སྐུ་གསུང་ཐུགས་ཟག་པ་མེད་པའི་ཡེ་ཤེས་ཀྱི་བདུད་རྩིའི་རྒྱུན་གྱིས་དབང་བསྐུར་དུ་གསོལ། སློབ་དཔོན་གྱིས། བདུད་རྩི་བྱང་སེམས་ཀྱིས་གང་བའི་བུམ་པ་སྤྱི་བོར་བཟུང་སྟེ། སངས་རྒྱས་ཀུན་གྱི་བུམ་པའི་དབང་། །དེ་རིང་ཁྱོད་ལ་བསྐུར་བར་བྱ། །སངས་རྒྱས་ཀུན་ཏུ་རབ་སྒྲུབ་ཕྱིར། །བུམ་པའི་དབང་ནི་ཁྱོད་ལ་བསྐུར། །ཨོཾ་སརྦ་ཏ་ཐཱ་ག་ཏ་ཨ་བྷི་ཥེ་ཀ་ཏ་ས་མ་ཡ་ཤྲི་ཡེ་ཧཱུྃ། དེས་ཉོན་མོངས་པ་ཞེ་སྡང་དག །མི་བསྐྱོད་པས་དབུ་བརྒྱན་པའོ། །དབུ་རྒྱན་མགོར་བཞག །སངས་རྒྱས་ཀུན་གྱི་དབུ་རྒྱན་དབང་། །དེ་རིང་ཁྱོད་ལ་བསྐུར་བར་བྱ། །སངས་རྒྱས་ཀུན་ཏུ་རབ་སྒྲུབ་ཕྱིར། །དབུ་རྒྱན་དབང་ནི་ཁྱོད་ལ་བསྐུར། །ཇི་ལྟར་བལྟམས་པ་སོགས། དེས་ང་རྒྱལ་དག །རིན་ཆེན་འབྱུང་ལྡན་གྱིས་དབུ་བརྒྱན་པའོ། །རྡོ་རྗེ་མགོར་བཞག །སངས་རྒྱས་ཀུན་གྱི་རྡོ་རྗེའི་དབང་། །དེ་རིང་༔ སངས་རྒྱས༔ རྡོ་རྗེའི༔ ཇི་ལྟར་སོགས། དེས་འདོད་ཆགས་དག །འོད་དཔག་མེད་ཀྱིས་དབུ་ལ་བརྒྱན་པའོ། །དྲིལ་བུ་མགོར་བཞག་ཅིང་གདད། སངས་རྒྱས་ཀུན་གྱི་དྲིལ་བུའི་དབང་། །དེ་རིང་༔ སངས་རྒྱས༔ དྲིལ་བུ། ཇི་ལྟར་སོགས། དེས་ཕྲག་དོག་དག །དོན་ཡོད་གྲུབ་པས་དབུ་བརྒྱན་པའོ། །རྡོ་རྗེ་དྲིལ་བུ་སྤྱི་བོར་བཟུང་། སངས་རྒྱས་ཀུན་གྱི་མིང་གི་དབང་། དེ་རིང་༔ སངས་རྒྱས༔ མིང་གི་དབང་ནི་ཁྱོད་ལ་བསྐུར། །ཀྱེ་དཔལ་གསང་མཚན་ཀྱི་དེ་བཞིན་གཤེགས་པའོ། །ཇི་ལྟར་སོགས། དེས་གཏི་མུག་དག །རྣམ་པར་སྣང་མཛད་ཀྱིས་དབུ་བརྒྱན་པའོ། །དེས་ལུས་ཀྱི་སྒྲིབ་པ་དག །ལམ་བསྐྱེད་པའི་རིམ་

པ་བསྒོམ་པ་ལ་དབང་། འབྲས་བུ་སྤྲུལ་པའི་སྐུ་ཐོབ་པའོ། །དེས་བུམ་པའི་དབང་སོང་། ད་རྒྱལ་སྲིད་སྣ་བདུན་གྱིས་དབང་བསྐུར་བའི་མོས་པ་གྱིས་ཤིག །འཁོར་ལོ་བཟུང་སྟེ། ཨོཾ་ཙཀྲ་རཏྣ་ཨ་བྷི་ཥིཉྩ་ཧཱུྃ། ནོར་བུ་བཟུང་སྟེ། ཨོཾ་མ་ཎི་རཏྣ་ཨ་བྷི་ཥིཉྩ་ཧཱུྃ། བཙུན་མོ་བཟུང་སྟེ། སྟྲཱི་རཏྣ་ཨ་བྷི་ཥིཉྩ་ཧཱུྃ། བློན་པོ་བཟུང་སྟེ། མ་ཧཱ་ཏ་རཏྣ་ཨ་བྷི་ཥིཉྩ་ཧཱུྃ། གླང་པོ་བཟུང་སྟེ། ཧསྟི་རཏྣ་ཨ་བྷི་ཥིཉྩ་ཧཱུྃ། རྟ་མཆོག་བཟུང་སྟེ། ཏུ་རཾ་ག་ཨ་ཤྭ་རཏྣ་ཨ་བྷི་ཥིཉྩ་ཧཱུྃ། དམག་དཔོན་བཟུང་སྟེ། ཁཌྒ་རཏྣ་ཨ་བྷི་ཥིཉྩ་ཧཱུྃ། དེས་རྒྱལ་སྲིད་རིན་པོ་ཆེ་སྣ་བདུན་གྱིས་དབང་བསྐུར་ཏེ། བསམ་པ་མྱ་ངན་ལས་འདས་ཀྱང་སྤྱོར་བ་ཁམས་གསུམ་དུ་སྐྱེས་ནས་སེམས་ཅན་དང་འགྲོ་བའི་དོན་དཔག་ཏུ་མེད་པ་འབྱུང་བར་བྱས་སོ། །དེས་རྒྱལ་སྲིད་སྣ་བདུན་གྱི་དབང་བསྐུར་ནས། ད་བཀྲ་ཤིས་རྫས་བརྒྱད་ཀྱིས་དབང་བསྐུར་བའི་མོས་པ་མཛོད་ཅིག །ཡུངས་ཀར་རྡོ་རྗེའི་རིགས་ཏེ་ཐམས་ཅད་དུ། །བགེགས་རྣམས་མ་ལུས་འཇོམས་པར་བྱེད་པ་ཡི། །མཐུ་སྟོབས་ཡོན་ཏན་ཕུན་སུམ་ཚོགས་གྱུར་པའི། །བཀྲ་ཤིས་དེས་ཀྱང་བགེགས་རྣམས་ཞི་གྱུར་ཅིག །དུར་བས་ཚེ་ནི་འཕེལ་བར་བྱེད་པ་ཡི། །རྡོ་རྗེ་སེམས་དཔའི་ཚེ་ནི་རབ་བསྒྲུབ་ཞིང་། །ཉོན་མོངས་སྐྱེ་ཤི་རྒྱུན་ཆད་གྱུར་པ་ཡིས། །བཀྲ་ཤིས་དེས་ཀྱང་ཚེ་ནི་འཕེལ་གྱུར་ཅིག །སྐྱེ་ཤི་དུག་གསུམ་འཇོམས་པ་ནད་ཀྱི་སྨན། །སྨན་མཆོག་ཆོས་ཉིད་རབ་ཏུ་རྟོགས་གྱུར་ཏེ། །ཉོན་མོངས་ཟུག་རྔུ་མེད་པར་གྱུར་པ་ཡིས། །བཀྲ་ཤིས་དེས་ཀྱང་སྡུག་བསྔལ་ཞི་གྱུར་ཅིག །ལི་ཁྲི་དམར་པོ་དབང་གི་རང་བཞིན་ཏེ། །ཆོས་རྣམས་མ་ལུས་དབང་དུ་བསྡུས་ནས་ཀྱང་། །ཆོས་ཀྱི་རྒྱལ་སྲིད་རབ་ཏུ་བརྟན་གྱུར་པའི། །བཀྲ་ཤིས་དེས་ཀྱང་ཁྱེད་སྲིད་བརྟན་གྱུར་ཅིག །བིལ་བ་རྒྱུ་རྐྱེན་འབྲས་བུར་བཅས་པའི་ཆོས། །བྱང་ཆུབ་སྙིང་པོ་མཆོག་ཏུ་དག་གྱུར་ཏེ། །རྣམ་དག་ཆོས་ལ་ཐོགས་

མེད་ཡོངས་སྤྱོད་པའི། །བཀྲ་ཤིས་དེས་ཀྱང་དོན་ཀུན་འགྲུབ་གྱུར་ཅིག །ཞོ་ནི་ཀུན་གྱི་སྙིང་པོར་གྱུར་པ་སྟེ། །སྙིང་པོ་རྣམ་དག་ཡེ་ཤེས་རབ་རྫོགས་ནས། །ཡོན་ཏན་ཀུན་གྱི་དབྱིངས་སུ་གྱུར་པ་ཡི། །བཀྲ་ཤིས་དེས་ཀྱང་ནད་རྣམས་ཞི་གྱུར་ཅིག །དུང་ནི་ཆོས་ཀྱི་སྒྲ་དབྱངས་སྒྲོག་པའི་ཚུལ། །ཆོས་རྣམས་མ་ནོར་དབང་དུ་བསྡུས་ནས་ཀྱང་། །སྙིང་པོ་རྣམ་དག་ཡོན་ཏན་རབ་རྫོགས་པའི། །བཀྲ་ཤིས་དེས་ཀྱང་ཚོགས་དབང་ཐོབ་གྱུར་ཅིག །དེས་བཀྲ་ཤིས་རྫས་བརྒྱད་ཀྱི་དབང་བསྐུར་བ་སོང་སྟེ། འཇིག་རྟེན་དང་འཇིག་རྟེན་ལས་འདས་པའི་དངོས་གྲུབ་མ་ལུས་པ་བདེ་བླག་ཉིད་དུ་ཐོབ་པར་བྱས་སོ། །དེས་བུམ་པའི་དབང་གི་མཐའ་རྟེན་རྫས་གནང་དང་བཅས་པ་སོང་བ་ཡིན་ནོ། །མི་རྟོག་འཐོར།

གསང་དབང་ཞུ་བའི་དོན་དུ་མཆོད་ཕུལ། ཐོད་པ་དཔལ་བ་དང་མགྲིན་པར་གཏུགས། སངས་རྒྱས་ཀུན་གྱི་ཐོད་པའི་དབང་། །དེ་རིང་ཁྱོད་ལ་བསྐུར་བར་བྱ། །སངས་རྒྱས་ཀུན་ཏུ་རབ་སྦྱིན་ཅིང་། །གསང་བའི་དབང་ནི་ཁྱོད་ལ་བསྐུར། །ནང་མཆོད་བླུད། ཨོཾ་བཛྲ་བཻ་རོ་ཙ་ནཱི་ཡེ་ཧ་རི་ནི་ས་ཧཱུྃ་ཧཱུྃ་ཕཊ་ཕཊ་སྭཱ་ཧཱ། དེས་ངག་གི་སྒྲིབ་པ་དག །ལམ་རྫོགས་པའི་རིམ་པ་རྩ་ཐིག་རླུང་གསུམ་བསྒོམ་པ་ལ་དབང་། འབྲས་བུ་ལོངས་སྐུ་ཐོབ་པའི་སྐལ་བ་དང་ལྡན་པ་ཡིན་ནོ། །ཤེས་རབ་ཡེ་ཤེས་ཀྱི་དབང་ཞུ་བའི་ཡོན་དུ་མཆོད་ཕུལ། མེ་ལོང་སྤྱི་བོ། མགྲིན་པ། སྙིང་ག །ལྟེ་བར་བཟུང་སྟེ། སངས་རྒྱས་ཀུན་གྱི་མེ་ལོང་དབང་། །དེ་རིང་ཁྱོད་ལ་བསྐུར་བར་བྱ། །སངས་རྒྱས་ཀུན་ཏུ་རབ་སྦྱིན་ཕྱིར། །མེ་ལོང་དབང་ནི་ཁྱོད་ལ་བསྐུར། །དེས་ཡིད་ཀྱི་སྒྲིབ་པ་དག །ཞུ་བདེ་ལྷན་ཅིག་སྐྱེས་པའི་དགའ་བ་རྒྱུད་ལ་སྐྱེས། འབྲས་བུ་ཆོས་སྐུ་ཐོབ་པ་ཡིན་ནོ། །བཞི་པ་ནི། ཕྱག་རྒྱ་ཆེན་པོ་ལྷན་ཅིག་སྐྱེས་པ། སྣང་ལ་རང་བཞིན་མེད་པ་ནམ་མཁའ་ལྟ་བུར་ཁྱོད་རང་གི་སེམས་

ཉིད་སྒོམས་ཤིག །དེས་ཕྱག་རྒྱ་ཆེན་པོ་མཐའ་ཐམས་ཅད་དང་བྲལ་བ་བསྒོམ་པ་ལ་དབང་བ་ཡིན་ནོ། །དམ་ཚིག་གསུམ་སྦྱིན་ཏེ། རྡོ་རྗེ་གཡས་སུ་གཏད། ཧཱུྃ་ལས་སྐྱེས་པའི་རྡོ་རྗེ་ཐབས་དེ་ཁོ་ན་ཉིད་ཀྱིས་རྡོ་རྗེ་ཐུགས་ཀྱི་དམ་ཚིག་ཟུང་ཞིག །དྲིལ་བུ་གཡོན་དུ་གཏད། ཨ་ལས་བྱུང་བའི་དྲིལ་བུ་གསུང་གི་དམ་ཚིག་ཟུང་ཞིག །རྡོ་རྗེ་དྲིལ་བུ་བསྣོལ་དུ་བཅུག་ཅིང་། སྦྱོར་བ་ཁ་སྦྱོར་གྱིས་ཕྱག་རྒྱ་སྐུའི་དམ་ཚིག་ཟུང་ཞིག །སློབ་དཔོན་དབང་གི་ཡོན་དུ་མཎྜལ་ཕུལ། ཐུམ་པ་སྤྱི་བོར་བཟུང་། བཅོམ་ལྡན་འདི་ལ་སྐུལ་ལགས་ཀྱིས། །འདི་ལ་འགོ་བར་མཛད་དུ་གསོལ། །ཇི་ལྟར་བལྟམས་པ་སོགས། མི་ཏོག་འཐོར། ཨོཾ་སུ་པྲ་ཏིཥྛ་བཛྲ་ཡ་སྭཱ་ཧཱ། དེས་སློབ་དཔོན་གྱིས་དབང་བསྐུར་བས། སློབ་མ་རྣམས་བསྟུ་བ་དང་། འཆད་པ་དང་། བསྟོན་པ་ལ་དབང་བར་གྱིས་ཤིག །ཞིང་བ་ལག་ཏུ་གཏད། བཟླས་ལུང་ཕྱིན། མི་ཡོང་སྤྱི་བོར་བཞག །བླ་མ་སྤྱི་བོར་བསྒོམ་པར་གྱིས་ཤིག །སིནྡྷུ་ར་སྙིང་ཁར་བྱུགས། ལུས་སེམས་རྡོ་རྗེ་རྣལ་འབྱོར་མར་མ་བྲལ་བར་སྒོམས་ཤིག །གཙོ་བོས་ཇི་ལྟར་བཀའ་སྩལ་པ། །དེ་དག་ཐམས་ཅད་བདག་གིས་བགྱིད། །ལན་གསུམ། མཎྜལ་ཕུལ།

གཏོར་དབང་བསྟུས་པ་བྱེད་པ། སྐྱབས་འགྲོ་སེམས་བསྐྱེད། ལུས་ལྷར་བསྐྱེད། ཡི་ཤེས་ཕབ་པ་གོང་དུ་བཏང་། གཏོར་མ་སྤྱི་བོར་བཟུང་། བླ་མ་དང་ཡི་དམ་ཐ་མི་དད་པའི་སྐུ་ལས་འོད་འཕྲོས། ཁྱེད་རང་གི་ལུས་ལ་ཐིམ། སྐུའི་དབང་ཐོབ། མགྲིན་པ་ནས་ཐིགས་བྱུང་། ཁྱེད་རང་གི་མགྲིན་པར་ཐིམ། ཐུགས་ཀ་ནས་ཕྱག་མཚན་བྱུང་། ཁྱེད་རང་གི་སྙིང་གར་ཐིམ། ལུས་ངག་ཡིད་གསུམ་གྱི་སྒྲིབ་པ་དག །དབང་གསུམ་པ་ཐོབ་པའི་མོས་པ་གྱིས། ནང་མཆོད་ཐུར་མགོ་གསུམ་བླུད། མེ་ཏོག་གཏོར། གཏོར་མ་སྤྱི་བོར་བཟུང་། བརྒྱུད་པའི་མཚན་ནས་སྨོས་ཏེ་ལྷ་བསྟིམ། མེ་ཏོག་འཐོར། བཅོམ་ལྡན་འདི་ལ་སྐུལ་ལགས་ཀྱིས། །འདི་ལ་འགོ་བར་མཛད་དུ་གསོལ། །སློབ་མས། བདག་ལ་འགོ་བར་མཛད་དུ་གསོལ། །ནམ་མཁའ་སྒོ་འབྱེད་ཀྱི་ཐིག་ལེའི་

དབང་བསྐུར་ཏེ། སློབ་མ་དཀྱིལ་ཀྲུང་བཅའ། སྐལ་ཚོགས་བསྔང་། ལྟེ་བའི་དབུས་སུ་སེམས་ཉིད་ཀྱི་ངོ་བོ་ཐིག་ལེ་བྱ་མ་གསར་གྱི་སྒོ་ང་ཙམ་དཀར་བ་ཞིག་བསམ། དཔོན་སློབ་གཉིས་ཀས་ཕཊ་ཀྱིས་སྤར། སྤྱི་བོ་ཚངས་པའི་བུ་ག་ནས་རྒྱངས་ཀྱིས་ཐོན། ཡི་དམ་གྱི་ཐུགས་ཀར་བསྟིམ་གྱིས་ཐིམ། ཡི་དམ་འོག་མིན་དུ་མངོན་པར་སངས་རྒྱས་པར་བསམ། ཅི་གནས་ལ་བཞག །དེ་ནས་ཕབ། ངོ་སྤྲོད་བྱེད། འདི་གོང་མ་ལ་ཡང་བྱེད་དགོས་རྒྱུ་ཡིན། གཙོ་བོས་རྗེ་ལྟར་བཀའ་སྩལ་པ། །དེ་དག་ཐམས་ཅད་བདག་གིས་བགྱིད། །མནྡལ་ཕུལ། ཚོགས་བསྔོ་ཞིང་ལོངས་སྤྱོད། ལྷག་མ་བསྔོ། ཆུ་གཙང་བྲན། དཔལ་འབར་འཛུགས། ཨ་ཀཱ་རོས་བྱིན་གྱིས་རླབས། ཕྱི་རོལ་དུ་སྐྱེལ། རོལ་མོ་བྱ། སྟོད་ཆུ་གཙང་གིས་བཤལ། ཁ་སྦུབ་ལ་བཞག །མ་འབྱོར་བ་དང་ཉམས་པ་དང་། །སོགས། ཡིག་བརྒྱས་ལྷག་ཆད་ཁ་བསྐང་། བཀའ་བརྒྱུད་བླ་མའི་བཀྲ་ཤིས་ཤོག །ཡི་དམ་ལྷ་ཚོགས༔ དཔའ་བོ་མཁའ་འགྲོའི༔ ཆོས་སྐྱོང་སྲུང་མའི༔ ཡེ་ཤེས་པ་རྣམས་རང་གནས་སུ་གཤེགས། དམ་ཚིག་པ་རང་ལ་ཐིམ། རྟེན་ཡོད་ན་བརྟན་བཞུགས་བྱེད། ཨོཾ་ཁྱེད་ཀྱིས་སེམས་ཅན་དོན་ཀུན་མཛད། །སོགས། བཛྲ་མུཿ ཆོས་དབྱིངས་བྱང་ཆུབ་སེམས་ཀྱི་སོགས་ནས། སྐུ་ལྔ་ཡོངས་རྫོགས་སངས་རྒྱས་མྱུར་དུ་འགྲུབ་པར་ཤོག །གཙོད་གདན་ཐོག་གཅིག་མའི་ཁྲིད་ཡིག་ཕྲིན་ལས་རྒྱ་མཚོ་ལས་རོ་སྙོམས་ཕྱག་རྒྱ་ཆེན་པོའི་དབང་། རྡོ་རྗེ་རྣལ་འབྱོར་མ་ལྷ་མོ་བཅུ་བདུན་གྱི་མངོན་དཀྱིལ་དབང་ཆོག་དང་བཅས་པ་འདི། དད་ལྡན་རྣམས་ཀྱིས་བསྐུལ་བའི་ངོར། ཤཱཀྱའི་དགེ་སློང་ཀྲི་འོ་ཆོས་ཀྱི་རྒྱ་མཚོ་ཞེས་བྱ་བས། དབེན་གནས་ཨ་ས་རི་ཁྲོད་དུ་སྦྱར་བའོ། །རྒྱ་མཚོ་ལྷ་བུའི་དབང་གབ་པ་མངོན་བྱུང་གསང་བ་རོ་སྙོམས་ཀྱི་བཀའོ། །དགེ་བ་མ་རྒན་རྣམས་ལ་བསྔོ། བཀྲ་ཤིས་དཔལ་འབར་འཛམ་གླིང་རྒྱལ་བའི་རྒྱན་དུ་ཤོག །ལྷན་ཐབས་ཀྱི་ཡིག་ཆུང་ངོ༎ ༎

༄༅། །ཡེ་ཤེས་མགོན་པོ་ལྷུགས་པར་ལྷམ་དྲལ་གྱི་སྒྲུབ་ཐབས་ཕྲིན་ལས་རྒྱས་མཛད་བཞུགས་སོ། །

བླ་མ་དང་ཡེ་ཤེས་མགོན་པོའི་ཚོགས་ལ་ཕྱག་འཚལ་ལོ། །མ་མགོན་ཐུགས་སྒྲུབ་ཀྱི་ཆོ་ག་འདི་ལ་དོན་གསུམ་སྟེ། སྔོན་འགྲོ་དང་། དངོས་གཞི་དང་། རྗེས་དང་གསུམ་མོ། །སྔོན་འགྲོ་ལ། གནས་དབེན་པར་ཁྲག་གིས་ཆག་ཆག་གདབ་ཅིང་། བྱི་དོར་དང་། རྒྱན་ནུལ་ལེགས་པར་བྱས་ཤིང་། དཀྱིལ་འཁོར་གྲུ་གསུམ་མཐིང་ནག་འབར་བ་གཞལ་ཡས་ཀྱི་ཁང་པ་ཡངས་ཤིང་རྒྱ་ཆེ་བའི་དབུས་སུ། པདྨ་འདབ་མ་བཞི་པའི་ལྟེ་བར། བམ་རོ་དམར་ནག་བརྩེགས་པའི་ཁྲི་ལ། མ་མགོན་བསྐྱེད། པད་འདབ་བཞི་ལ། ལྷ་དང་། ཀླུ་དང་། བཙན་དང་། བདུད་བསྐྱེད། དེའི་ཕྱི་རིམ་དུ་ཕྱོགས་བཅུ་མགོན་པོ་དང་། དབང་ཕྱུག་མ་ཉེར་བརྒྱད་དམ། དམག་རྒྱལ་བཞི་སོགས་གང་ཉུང་བསྐྱེད། དཀྱིལ་འཁོར་གྱི་དབུས་སུ་མཆེའི་ཁར་ཐུམ་པ་མཚན་ཉིད་དང་ལྡན་པ་ཁ་རྒྱན་མགུལ་ཆིངས་ཐུམ་སྣན། ཆུས་གསུམ་ཆ་བཀང་བ་བཞག །དེའི་ཁར་ཀ་པཱ་ལ་བཏུང་བ་བཟང་པོས་བཀང་སྟེ་བཞག །དེའི་ཁར་དངུལ་གྱི་མེ་ལོང་ལ་བཅུ་དྲུག་མཚལ་གྱི་ཆོས་འབྱུང་ཉིས་བརྩེགས་དང་། ས་བོན་གྱི་མཐར་སྔགས་ཀྱིས་བསྐོར་ཏེ་བཞག །དཀྱིལ་འཁོར་གྱི་ཕྱི་རོལ་དུ་དུར་ཁྲོད་མེ་རིས་བསྐོར། དཀྱིལ་འཁོར་གོང་དུ་བླ་མ། ཡི་དམ། ཆོས་སྐྱོང་། གཞི་བདག་གི་གཏོར་མ་རྒྱན་ཅན་གཞུང་བཞིན་བཞག །དཀྱིལ་འཁོར་གཡས་སུ། དབང་གཏོར་ལ་དཀར་དམར་གྱི་རྒྱན་དང་། གཏོར་འདབ་ཁྲག་གིས་བྲན་པ་བཞག །གཡོན་དུ་དམར་གཏོར་གྱི་ཁྲག་གིས་བྲན་ལ་བཞག །ཡོལ་བ། བླ་རེས། བླ་མ་དང་ཆོས་སྐྱོང་གི་སྐུ་འདྲ་གང་འཛོམ་བཤམས། མདའ་རྒོད་སྒྲོ་མ་སར་མ་ལྷུང་བ། དར་ནག་གི་རྒྱན་དང་། དཀྱིལ་འཁོར་གྱི་མཐར་མཆོད་པ་ཅི་འབྱོར་བཀྲིད། དཀྱིལ་འཁོར་མདུན་དུ་ཁྲི་བཤམས་པའི་སྟེང་དུ་རང་ཉིད་བསྡད། མདུན་དུ་སྟེགས་ཀྱི་ཁར་ནང་མཆོད། ཌ་དྲིལ། རྐང་དུང་། གཞན་ཡང་རོལ་མོའི་བྱེ་བྲག་གང་འཛོམ་བྱེད། སྒྲུན་པར་ཤ་ཆེན་དང་། ཚོལ་ཆེན། གུ་གུལ་ནག་པོ་བསྲེག །འཛོམ་ན། ཞུན་ཆེན་གྱི་མར་མེ་ཡང་བྱེད། སྨན་རག་གཏོར་གསུམ་སོགས་བཅའ་གཞི་

རྣམས་ཞིགས་པར་གྲུབ་པ་དང་། ནང་མཆོད་བྱིན་རླབས་ནི། ཨོཾ་ཨཱཿཝིགྷྣཱནྟ་ཀྲྀཏ་ཧཱུྃ་ཕཊ། ཨོཾ་སྭ་བྷཱ་ཝ་ཤུདྡྷཿསརྦ་དྷརྨཱཿསྭ་བྷཱ་ཝ་ཤུདྡྷོ྅ཧཾ། སྟོང་པ་ཉིད་དུ་གྱུར། སྟོང་པའི་ངང་ལས་ཡཾ་ལས་རླུང་གི་དཀྱིལ་འཁོར་ནག་པོ་གཞུའི་དབྱིབས་ཅན། ཆངས་བཟུང་ལ་ཡཾ་དང་། མཆོག་མ་གཉིས་ལ་གཡོ་བའི་བ་དན་གྱིས་མཚན་པ། དེའི་སྟེང་དུ་རཾ་ལས་མེའི་དཀྱིལ་འཁོར་གྲུ་གསུམ་དམར་པོ་འབར་བ་རཾ་གྱིས་མཚན་པ། དེའི་སྟེང་དུ་ཀཾ་གསུམ་ལས་ཐོད་པ་བུམ་རིལ་གྱི་སྒྲིད་བུ་ལྟག་པ་ནང་དུ་བསྟན་པ་གསུམ་གྱི་སྟེང་དུ། ཡི་གེ་ཨ་ཡོངས་སུ་གྱུར་པ་ལས། ཀ་པཱ་ལ་ཕྱི་དཀར་ལ་ནང་དམར་བ་དུམ་བུ་གཅིག་པ་དཔྲལ་བ་རང་ལ་བསྟན་པ། རྒྱ་ཡོན་ཆེས་ཀྱི་དབྱིངས་དང་མཉམ་པ། དེའི་དབུས་སུ་མུ་ལས་དྲི་ཆུ་བཻཌཱུརྻ་ལྟ་བུ། ཤར་དུ་བི་ལས་དྲི་ཆེན་ཤེལ་ལྟ་བུ། ལྷོ་ཏུ་ར་ལས་རཀྟ་གསེར་བཙོ་མ་ལྟ་བུ། ནུབ་ཏུ་ཤུ་ལས་བྱང་སེམས་དཀར་པོ། བྱང་དུ་མ་ལས་ཞག་པ། སྣར་ཡང་དབུས་སུ་ན་ལས་མིའི་ཤ །ཤར་ལྷོར་གོ་ལས་བ་ལང་གི་ཤ །ལྷོ་ནུབ་ཏུ་ཀུ་ལས་ཁྱིའི་ཤ །ནུབ་བྱང་དུ་ད་ལས་གླང་པོ་ཆེའི་ཤ །བྱང་ཤར་དུ་ཧ་ལས་རྟའི་ཤ །དེ་རྣམས་སྣར་ཡང་ཡི་གེ་དེ་དག་གིས་མཚན་པའོ། །རང་གི་སྣ་བུག་གཡོན་པ་ནས་རླུང་ཧཱུྃ་གི་དབྱིབས་ཅན་འཕྲོས། རླུང་གི་དཀྱིལ་འཁོར་ལ་ཕོག །བ་དན་བསྐྱོད། རླུང་གཡོས། མེ་སྦར། ཐོད་པ་དྲོས། རྫས་རྣམས་ཁོལ། ཉེས་པའི་སྐྱོན་རྣམས་ཕྱིར་ལུད། དེའི་སྟེང་དུ་ཨོཾ་ཨཱཿཧཱུྃ་ལས་འོད་ཟེར་འཕྲོས། དེ་བཞིན་གཤེགས་པ་ཐམས་ཅད་ཀྱི་ཐུགས་ཀ་ནས་ཡེ་ཤེས་ཀྱི་བདུད་རྩི་བཀུག །དམ་ཚིག་གི་བདུད་རྩི་དང་གཉིས་སུ་མེད་པར་འདྲེས། ཡེ་ཤེས་ཀྱི་བདུད་རྩིའི་རྒྱ་མཚོ་ཆེན་པོར་གྱུར། ཨོཾ་ཨཱཿཧཱུྃ་ལག་པ་གཡོན་གྱི་མཐེབ་སྲིན་གྱིས་ནང་མཆོད་ལན་གསུམ་དགྲུག །དེ་ནས་དཀར་གཏོར་ལ་ཆུ་གཙང་བྲན་ཏེ། ཨོཾ་ཨཱཿཧཱུྃ། གསུམ་ཡན་གོང་དང་འགྲེ། ཨོཾ་ཁ་ཁ་ཁཱ་

ཧེ་ཁྲཱ་ཧེ། སརྦ་ཡཀྵ། རཀྵ་ས། བྷཱུ་ཏ། པྲེ་ཏ། པི་ཤཱ་ཙ། ཨུད་མཱ་ད། ཨ་པ་སྨཱ་ར། ཌཱ་ཀ་ཌཱ་ཀི་ནི་ཀྲྀ་ཡ། ཨི་དམ་བ་ལིཾ་གྲྀཧྣ་དཾ། ས་མ་ཡ་རཀྵནྟུ། མ་མ་སརྦ་སིདྡྷི་མེ་པྲ་ཡཙྪ། ཡ་ཐེ་བཾ། ཡ་ཐེ་ཙྪཾ། བྷུཉྫ་ཐཱ། ཛི་ག་ཐཱ། པི་བཱ་ཐ། མ་ཏི་ཀྲ་མ་ཐཱ། མཱ་མ་སརྦ་ཀཱརྻ་ཡ། སད་སུ་ཁཾ། བི་ཤུདྡྷེ་ཡ་ས་ཀ། ཡི་ཀ་ཧཱ་ཕཊྚ་ཧཱུཾ་ཧཱུཾ་ཕཊ་ཕཊ་སྭཱ་ཧཱ། གང་དག་ནག་པོའི་ཕྱོགས་གྱུར་པ། །གསང་སྔགས་ཟབ་མོའི་ཚ་ག་ལ། །ཞན་དང་བལྟ་བར་མི་དབང་བའི། །དེ་དག་ཐམས་ཅད་གཞན་དུ་དེངས། །གལ་ཏེ་བཀའ་ལས་འདའ་བྱེད་ན། །རྡོ་རྗེ་ཁ་ཊྭཱཾ་འབར་བ་ཡིས། །མགོ་བོ་ཚལ་པ་བརྒྱད་འགས་འགྱུར། །བགེགས་རྣམས་བཀྲག་པར་འགྱུར་བ་གདོན་མི་ཟ། ཨོཾ་སུཾ་བྷ་ནི་སུཾ་བྷ་ཧཱུཾ་ཧཱུཾ་ཕཊ། གྲྀཧྣ་གྲྀཧྣ་ཧཱུཾ་ཧཱུཾ་ཕཊ། གྲྀཧྣ་པ་ཡ་གྲྀཧྣ་པ་ཡ་ཧཱུཾ་ཧཱུཾ་ཕཊ། ཨཱ་ན་ཡ་ཧོ། བྷ་ག་ཝན། བིདྱཱ་རཱ་ཛ་ཧཱུཾ་ཕཊ། གཏོར་མ་ཕྱི་རོལ་དུ་དོར། འོག་རྡོ་རྗེའི་ས་གཞི། བར་རྡོ་རྗེའི་ར་བ། སྟེང་རྡོ་རྗེའི་གུར་ཁང་དང་བླ་རེས་སུ་གྱུར། ཨོཾ་བཛྲ་རཀྵ་རཀྵ་ཧཱུཾ། ཨོཾ་སརྦ་ཏ་ཐཱ་ག་ཏ། ཨརྒྷཾ་ཨཱཿཧཱུཾ། པུཥྤེ། དྷཱུ་པེ། ཨཱ་ལོ་ཀེ། གནྡྷེ། ནཻ་ཝི་དྱ། ཤབྡ་ཨཱཿཧཱུཾ་བརྗོད་ཅིང་། བདག་གཞན་མ་ཚོགས་ནམ་མཁའི་མཐའ་དང་མཉམ་པའི་སེམས་ཅན་ཐམས་ཅད། བླ་མ་ལ་སྐྱབས་སུ་མཆིའོ། །སངས་རྒྱས་ལཿ ཆོས་ལཿ དགེ་འདུན་ལཿ ཡི་དམ་དཀྱིལ་འཁོར་གྱི་ལྷ་ཚོགསཿ དཔའ་བོ་མཁའ་འགྲོ་ཆོས་སྐྱོང་སྲུང་མའི་ཚོགས་དང་བཅས་པ་རྣམས་ལ་སྐྱབས་སུ་མཆིའོ། །སངས་རྒྱས་ཆོས་དང་ཚོགས་ཀྱི་མཆོག་རྣམས་ལ། །བྱང་ཆུབ་བར་དུ་བདག་ཉིད་སྐྱབས་སུ་མཆི། །བདག་གིས་སྦྱིན་སོགས་བགྱིས་པའི་བསོད་ནམས་འདི་དག་གིས། །འགྲོ་ལ་ཕན་ཕྱིར་སངས་རྒྱས་འགྲུབ་པར་ཤོག །མདུན་གྱི་ནམ་མཁའི་གནས་སུ་བཅོམ་ལྡན་འདས་དགྱེས་པ་རྡོ་རྗེའི་ལྷ་ཚོགས་འཁོར་དང་བཅས་པ་སྤྱན་དྲངས། བཛྲ་ས་མཱ་ཛཿཛཿ ཨརྒྷཾ་

ནས་ཤཱུནྱའི་བར་བརྗོད་ཅིང་། ཧཱུྃ། ཆོས་སྐུ་སྤྲོས་དང་བྲལ་བའི་ངང་ཉིད་ལས། །བདུད་དཔུང་མ་ལུས་འཇོམས་པའི་དྲག་གཏུམ་ཅན། །རིན་ཆེན་རྒྱན་སྤྲས་སྟག་ཤམ་གར་སྟབས་འགྱིང་། །དགྱེས་པ་རྡོ་རྗེ་ཧེ་རུ་ཀ་ལ་ཕྱག་འཚལ་བསྟོད། །དེ་ཚར་བ་དང་། ཚོགས་ཞིང་རང་ལ་བསྡུ། དངོས་གྲུབ་བླང་སྟེ། ཨོཾ་ཨཱཿཧཱུྃ།

དེ་ནས་བདག་བསྐྱེད་བསྒྲུབ་སྟེ། ཨོཾ་སྭ་བྷཱ་ཝ་ཤུདྡྷཱཿསརྦ་དྷརྨཱཿསྭ་བྷཱ་ཝ་ཤུདྡྷོ྅ཧཾ། སྟོང་པ་ཉིད་དུ་གྱུར། སྟོང་པའི་ངང་ལས་སྣ་ཚོགས་པདྨ་ཉི་མ་རོའི་སྟེང་དུ། རང་གི་རྣམ་པར་ཤེས་པ་ཧཱུྃ་མཐིང་ནག་ཅིག་ཏུ་གྱུར། དེ་ལས་འོད་ཟེར་འཕྲོས། འཕགས་པ་མཆོད། སེམས་ཅན་གྱི་དོན་བྱས། ཚུར་འདུས་ཧཱུྃ་ལ་ཐིམ། དེ་ཡོངས་སུ་གྱུར་པ་ལས། རང་ཉིད་དགྱེས་པ་རྡོ་རྗེ་སྐུ་མདོག་མཐིང་ནག་ཞལ་གཅིག་ཕྱག་གཉིས་སྤྱན་གསུམ་མཆེ་བ་ཙུང་ཟད་གཙིགས་པ། དབུ་སྐྲ་དམར་སེར་གྱེན་དུ་རྫེས་པ་ལ་ཐོད་སྐམ་ལྔ་ཡིས་དབུ་ལ་བརྒྱན་པ། ཕྱག་གཉིས་རྡོ་རྗེ་དང་དྲིལ་བུ་ཐུགས་ཀར་བསྣོལ་ཐབས་སུ་འཛིན་པ། རུས་པ་དང་རིན་པོ་ཆེའི་རྒྱན་དྲུ་མས་བརྒྱན་པ། སྟག་གི་ལྤགས་པས་ཤམ་ཐབས་བྱས་པ། ཞབས་གཡས་བརྐྱང་གཡོན་བསྐུམ་པའི་གར་སྟབས་ཀྱིས་རོ་ཡི་སྙིང་ག་མནན་པ། དེའི་ཤར་དུ་རྡོ་རྗེ་མཁའ་འགྲོ། ལྷོར་རིན་ཆེན་མཁའ་འགྲོ། ནུབ་ཏུ་པདྨ་མཁའ་འགྲོ། བྱང་དུ་ལས་ཀྱི་མཁའ་འགྲོ། སྔོ། སེར། དམར། ལྗང་། གཡས་པ་རྣམས་ཀྱིས་གྲི་གུག །གཡོན་པ་རྣམས་ཀྱིས་ཐོད་ཁྲག་དང་། རུས་པ་དང་། རིན་པོ་ཆེས་བརྒྱན་ཅིང་། ཞབས་གཡས་བསྐུམ་གཡོན་བརྐྱང་བའི་གར་ཐབས་སུ་བཞུགས་པའོ། །ལྷ་ཚོགས་དེ་དག་གི་སྤྱི་བོར་ཨོཾ། མགྲིན་པར་ཨཱཿ ཐུགས་ཁར་ཧཱུྃ། ཐུགས་ཀའི་ཧཱུྃ་ལས་འོད་ཟེར་འཕྲོས་པས། ཆོས་ཀྱི་དབྱིངས་དང་། ཨུ་རྒྱན་ནས་དགྱེས་པ་རྡོ་རྗེའི་ལྷ་ཚོགས་འཁོར་དང་

བཅས་པ་སྤྱན་དྲངས། བཛྲ་ས་མ་ཛཿ དེ་རྣམས་ཀྱི་སྐུ་ལས་འོད་ཟེར་དཀར་པོ་བྱུང་། རང་གི་ལུས་ལ་ཐིམ། དེ་རྣམས་ཀྱི་གསུང་ལས་འོད་ཟེར་དམར་པོ་བྱུང་། རང་གི་ངག་ལ་ཐིམ། དེ་རྣམས་ཀྱི་ཐུགས་ལས་འོད་ཟེར་མཐིང་ག་བྱུང་། རང་གི་སྙིང་གར་ཐིམ། མཐར་ལྷ་ཚོགས་རང་ཉིད་ལ་ཐིམ་པར་གྱུར། ཐུགས་ཀར་ཉི་མའི་སྟེང་དུ་ཧཱུྃ་ཡིག་གི་མཐའ་བསྐོར་དུ། ཨོཾ་ཨཱཿཧཱུྃ་ན་ན་ཡ། ཧྲི་གོ་བདག་གི་ཕམྶུ་ཀྲི་ཤ་ཕཊྚེ་མ་ཏི་ཙ་ཏུར་བྷྱེ། ག་རེ་ཡ་ཀར་ཡ་ཏྲར་ཡ་ཏྲར་ཡ། ཏྲཻ་ཏྲཻ་ཡ། ཤྲ་གེ་ཡ། ཤྲ་གེ་ཡ། སཏ་ས་ཏྲ་སཏྲ། དེ་ཕ་པི་ཙྭ་ཧཱུྃ་ཧཱུྃ་ཕཊ། བསྙེན་པ་ཚད་དུ་སྐྱོལ། མཐར་སྟོད་བཅུད་རྟེན་གཞལ་ཡས་ཁང་དང་བཅས་པ། རང་ཉིད་དམ། སྣགས་འཁོར་ལ་ཐིམ་ཞིང་། ནྣ་དའི་རྣམ་པར་ཡལ་ཏེ། མི་དམིགས་པར་བཞག །ལག་མཆོད་ནི། ཨོཾ་ཨཱཿཧཱུྃ། གཡོན་གྱི་མཐེབ་སྲིན་གྱིས་གཡོན་བསྐོར་དུ་ལན་གསུམ་དཀྲུག་ནས་གཏོར་ཏེ། ཆོས་སྐུ་དྲུག་པ་རྡོ་རྗེ་འཆང་ཆེན་པོའི་ཞལ་དུ་ཨོཾ་ཨཱཿཧཱུྃ། ཕྱག་ན་རྡོ་རྗེ། ཊཱིཔྤྲི་ཏེ་ཊུ་ཀ །སློབ་དཔོན་རིན་པོ་ཆེ་ཨཀྵ་བ། འགྲོ་མགོན་རས་ཆེན། ཡང་ན། སླལ་པ་ཉི་མ་འབར། སླལ་པ་རྡོ་སྤྲས། འགྲོ་མགོན་རས་ཆེན། སྒོམ་བྲག་པ། གཙྪ་པ། གཉན་རས་པ། རང་བྱུང་པ། གནམ་ཐོག་པ། མགོན་རྒྱལ་བ། རོལ་པའི་རྡོ་རྗེ། ཡོར་པ་ཡེ་ཤེས་དཔལ། འཇམ་དབྱངས་ཆེན་པོ། རྗེ་བཙུན་རིན་པོ་ཆེ། དཔའ་བོ་མཁའ་འགྲོ། ཆོས་སྐྱོང་སྲུང་མ་སོགས་ལ། ཨོཾ་ཨཱཿཧཱུྃ་དང་བཅས་ནས་མཆོད། མཐར་གཞི་བདག །གནས་བདག་སོགས་ལ་བྱིན། དངོས་གྲུབ་ཀྱི་ཚུལ་དུ་རང་གི་ལྕེ་ལ་ཞོག །

ཁྲུམ་པ་བསྒྲུབ་སྟེ། སུ་བྷཱ་ཞ་ནས། སྟོང་པར་གྱུར་གྱི་བར་དང་། སྟོང་པའི་ངང་ལས་རིན་པོ་ཆེའི་ཁྲུམ་པ་ཞབས་ཞུམ་པ། ལྟོ་བ་ལྡིར་བ། མགྲིན་པ་ཕྲ་བ། ལྷ་རྫས་ཀྱི་གོས་སྣ་ཚོགས་ཀྱིས་མགྲིན་པ་བཅིངས་པ། དཔག་བསམ་གྱི་ཤིང་གིས་ཁ་བརྒྱན་པ།

མཚན་ཉིད་ཡོངས་སུ་རྫོགས་པའི་ནང་དུ། གཞལ་ཡས་ཀྱི་ཁང་པ་ཡངས་ཤིང་རྒྱ་ཆེ་བ། པདྨ་ཉི་མ་རོའི་སྟེང་དུ། བླ་མ་དང་ཡི་དམ་དགྱེས་པ་རྡོ་རྗེ་ཐ་མི་དད་པ། དཔལ་ཡེ་ཤེས་ཀྱི་མགོན་པོ་ཡབ་ཡུམ་གྱི་ལྷ་ཚོགས་འཁོར་དང་བཅས་པ་བཞུགས་པ། དེ་རྣམས་ཀྱི་གནས་གསུམ་ལས་ཡི་གེ་གསུམ་འཕྲོས། འོག་མིན་དང་། ཆོས་ཀྱི་དབྱིངས་དང་། དུར་ཁྲོད་ཆེན་པོ་བརྒྱད་ནས། མ་མགོན་ཡེ་ཤེས་མགོན་པོ་ལྕམ་དྲལ་གྱི་ལྷ་ཚོགས་འཁོར་དང་བཅས་པ་སྤྱན་དྲངས། བཛྲ་ས་མ་ཛཿ བཛྲ་ས་མ་ཛཿ ཧཱུྃ། དད་པ་དང་ནི་དམ་ཚིག་གིས། །དཔལ་ལྡན་མགོན་པོ་ནག་པོ་ནི། །ཐུགས་རྗེའི་ཐུགས་དམ་དབང་གིས་ནི། །བསྟན་པ་བསྲུང་ཕྱིར་གནས་འདིར་གཤེགས་སུ་གསོལ། །མ་མགོན་ཀུན་གཤེགས་གདན་ལ་བཞུགས། །ད་ལྟ་སྙིགས་མ་ལྔ་ཡི་དུས། །ཐུགས་རྗེ་ཆེན་པོས་བརྩེར་དགོངས་ལ། །བསྟན་པ་བསྲུང་ཕྱིར་གནས་འདི་གཤེགས་སུ་གསོལ། ཨོཾ་སརྦ་ཏ་ཐཱ་ག་ཏ་པདྨ་ཀ་མ་ལ་ཡ་སྟྭཾ། ཛཿཧཱུྃ་བཾ་ཧོཿ ཡེ་ཤེས་པ་དང་དམ་ཚིག་པ་གཉིས་སུ་མེད་པར་གྱུར། ཨོཾ་སརྦ་ཏ་ཐཱ་ག་ཏ་ཨརྒྷཾ། པཱ་དྱཾ། པུཥྤེ། དྷཱུ་པེ། ཨཱ་ལོ་ཀེ། གནྡྷེ། ནཻ་ཝི་དྱེ། ཤབྡའི་བར་བརྗོད། སྣར་ཡང་ལྕམ་དྲལ་གྱི་ཐུགས་ཀའི་ཧཱུྃ་དང་སྦྱོ་ལས་འོད་ཟེར་འཕྲོས། རང་རང་གི་གནས་ནས་ལྕམ་དྲལ་གྱི་ལྷ་ཚོགས་འཁོར་དང་བཅས་པ་བྱོན། མེ་ལོང་། ཐོད་པ། ཐུམ་པའི་ལྷ་ལ་ཐིམ་པར་གྱུར། ཨོཾ་མ་ཧཱ་ཀཱ་ལ་ཀཱ་ལྱཱ་ཡ་ཧཱུྃ། མ་ཧཱ་ཀཱ་ལ་གུ་ཎ་ཧྲི་ད་ཧཱུྃ། མ་ཧཱ་ཀཱ་ལ་རཀྵ་བེ་ཏ་ལི་ཧཱུྃ། མ་མོ་ནག་མོ་ཧིང་ལམ། མ་མོ་ནག་མོ་དུན་ཧིམ་རྦྱོ། ཛཿཧཱུྃ་བཾ་ཧོཿ ནག་མོ་དུན་ཧིང་རྦྱོ། མ་མོ་དུན་རྦྱོ། མ་མོ་ནག་མོ་བཻ་ཏཱ་ལི་ཀུ་ལུ་ཀུ་ལུ་ཧཱུྃ་ཧཱུྃ་ཕཊ། མཐར། མེ་ལོང་། ཐོད་པ། ཐུམ་པའི་ལྷ་འོད་དུ་ཞུ། ཐུམ་པའི་ཚར་གྱུར་པར་བསམ། དེ་ནས་མདུན་བསྐྱེད་བསྟུབ་སྟེ། སུ་ཁཱ་ཡཱ། སྟོང་པར་གྱུར་པ་ཡན་གོང་ལྟར་བྱེད།

སྟོང་པའི་ངང་ལས་གཞལ་ཡས་ཀྱི་ཁང་པ་གྲུ་བཞི་རྩིག་པ་རིམ་པ་ལྔ་དང་ལྡན་པ། ནང་ནས་རིམ་པ་བཞིན་དུ་སྔོ། སེར། དམར། ལྗང་བའི་རིམ་པའོ། །སྒོ་བཞི་སྒོ་འབུར་གྱི་ཚུལ་དུ་རྟ་བབས་བང་རིམ་ལྔ་དང་ལྡན་པ་ལ་གདུགས་རི་དྭགས་ཆར་ཁེབས་ཏོག་གིས་མཚན་པ་དང་། ཨོ་པ་ཏྣའི་ཁ་ནས་མུ་ཏིག་གི་ཆུན་འཕྱང་དང་། དྲིལ་བུ་གཡེར་ཁའི་དྲ་བས་མཛེས་པ། ནང་ཀ་བ་བརྒྱད་དང་ལྡན་པ། དེའི་དབུས་སུ་ཁྲག་སྟེང་གྲུ་གསུམ་མཐིང་ནག་འབར་བ། དེའི་དབུས་སུ་གྲུ་གསུམ་མཐིང་ནག་འབར་བའི་གཞལ་ཡས་ཁང་ཆེན་པོ་གྲུ་གསུམ་སྒོ་གསུམ་སྒོ་འབུར་གྱི་ཚུལ་དུ་ཀ་བ་བཞི་བཞིས་བཏེག་པའི་རྟ་བབས་རིམ་པ་ལྔ་དང་ལྡན་པ། གདུགས། རི་དྭགས། ཆར་ཁེབས། རིན་པོ་ཆེའི་ཏོག་གིས་མཚན་པ། གཞལ་ཡས་ཁང་གི་ཕྱི་རོལ་དུ་ཐོད་པ་སྐམ་རློན་གྱི་ར་བ། དེའི་ཕྱི་རོལ་དུ་དུར་ཁྲོད་བརྒྱད་ཀྱིས་བསྐོར་བའི་ར་བ། དེའི་ཕྱི་རོལ་དུ་ཡེ་ཤེས་ཀྱི་མེས་བསྐོར་བའི་ར་བའོ། །གཞལ་ཡས་ཁང་མཐིང་ནག་འབར་བ་སྟེ། པཾ་ལས་ཁྲག་སྟེང་དུར་ཁྲོད་བརྒྱད་ཀྱི་དབུས་སུ། ཧཱུྃ་ལས་གཞལ་ཡས་ཁང་གྲུ་གསུམ་འབར་བའི་ནང་དུ་འཁོར་ལོ་རིམ་པ་བཞི། ལྟེ་བར་པདྨ་དང་ཉི་མ་རེའི་གདན་གྱི་སྟེང་དུ། ཏཱ་ལས་རྫུ་འཕྲུལ་དྲིལ་རྟ་རྐང་གསུམ་པ། རྫུ་འཕྲུལ་གྱི་རྐང་པ་དང་ལྡན་པ། རླུང་གི་གཤོག་པ་དང་ལྡན་པ། མྱུར་འགྲོགས་ཀྱི་རྩལ་དང་ལྡན་པ། བསེ་སྒ་དམར་པོ་བསྟད་པ་ལ་སྤྲུལ་ནག་གི་གོང་སླེད་བྱས་པ། མཆོང་གི་སྒྲོ་ནན་བྱས་པ། གཡུ་འཕྲུར་སྔོན་པོ་ལ་བྱི་རུ་དང་རིན་པོ་ཆེ་སྣ་ཚོགས་ཀྱི་ཕོའུ་དང་ཁ་སྲབ་བྱས་པ། མི་མགོའི་དོམ་དོམ་ལ་དྲིལ་བུ་གཡེར་ཁའི་དྲ་བས་བརྒྱན་པ། དེའི་སྟེང་དུ་པདྨ་མཐིང་ནག་འབར་བའི་གདན། མ་སྟོ་སྐྱ་འོད་འབར་བ་ལས་འོད་ཟེར་གྱེན་དུ་འཕྲོ་བ། མ་མོའི་སྣ་ཐུག་གཡོན་པ

ནས་ཚུར་བྱུང་། ཡེ་ཤེས་སེམས་དཔའ་སྤྱན་དྲངས། མ་མོ་ནག་མོ་ཧྲིམ་ལཾ། མ་མོ་ནག་མོ་དུན་ཧྲཱིཾ་ཕྲོ། ཛཿཧཱུྃ་བཾ་ཧོཿ སྔར་ཡང་ཁ་ཊཾ་ག་འོད་དུ་ཞུ་བ་ལས། དཔལ་ལྷ་མོ་རང་བྱུང་གི་རྒྱལ་མོ་འདོད་པ་ཁམས་ཀྱི་དབང་ཕྱུག་མ་སྐུ་མདོག་མཐིང་ནག་དུ་འདུག་པ། ཞལ་གཅིག །ཕྱག་བཞི། སྤྱན་གསུམ། མཆེ་བ་བཞི་རབ་ཏུ་གཙིགས་པ། དབུ་སྐྲ་དམར་སེར་གྱེན་དུ་རྫེས་ཤིང་གཡོན་དུ་འཕྱུར་བ། སྤྱན་གསུམ་གཡོན་དུ་ཙུང་ཟད་གཡོ་བ། དཔྲལ་བར་ཟླ་བ་ཚེས་ཤིང་། དུས་བཞིའི་ལྷ་མོས་དབུ་ལ་བརྒྱན་པ། ཟ་བྱའི་མདོངས་ཀྱི་གཙུག་དུ་བཙུགས་ཤིང་། སྙན་ཆ་གཡས་ན་སེང་གེ་འཁྱིང་བ། གཡོན་ན་སྦྲུལ་ནག་འཁྱུག་པ། ཕྱག་བཞིའི་གཡས་ཀྱི་དང་པོ་ན་ཁ་ཊྭཾ་ག་འཛིན་པ། གཡོན་གྱི་དང་པོ་ན་འཕྲུལ་གྱི་མེ་ལོང་ཕྱིས་ཤིང་བལྟ་བ། གཡས་ཀྱི་འོག་མ་ན་ལྕགས་ཀྱི་ཕུར་པ་འདྲིལ་ཞིང་འདེབས་པ། གཡོན་གྱི་འོག་མ་ན་སྦྲུལ་ནག་གི་ཞགས་པ་བསྒྲོག་ཅིང་འཕེན་པ། སྐུ་ཡན་ལག་རགས་ཤིང་ལྟོ་བ་ཆེ་བ། ལྟེ་བ་ནས་ཉི་མ་འཆར་བ། དར་ནག་འབར་བའི་གོས་ཟུང་ལྷེང་ཞིང་གྱོན་པ། གོང་མཚན་གཡུའི་རྡོ་རྗེ་རྒྱ་གྲམ་བྱས་པ། མཐའ་མ་འཇའ་ཚོན་སྣ་ཚོགས་ཀྱིས་བསྐོར་བ། པདྨ་ཉི་མ་དྲེལ་བུའི་སྟེང་ན་བཙན་དཀྱིལ་གྱིས་བཞུགས་པ། དེའི་པང་དུ་རང་གི་ཐུགས་ཀ་ནས་ཧཱུྃ་མཐིང་ནག་གཅིག་འཕྲོས། དགྲ་བགེགས་གདུག་པ་ཅན་ཐམས་ཅད་ཚར་བཅད། དྲེགས་བྱེད་ཕོ་མོ་རྣམས་ཀྱི་སྲོག་གི་ནུས་པ་ཚུར་བསྡུས་ཧཱུྃ་ལ་ཐིམ། གྲི་གུག་འབར་བ་ཧཱུྃ་གིས་མཚན་པ་གཅིག་ཏུ་གྱུར། གྲི་གུག་འོད་དུ་ཞུ་བ་ལས། དཔལ་མགོན་པོ་སྐུ་མདོག་མཐིང་ནག་དུ་འདུག་པ། ཞལ་གཅིག་ཕྱག་གཉིས་སྤྱན་གསུམ་མཆེ་བ་བཞི་གཙིགས་པ། རལ་པ་དམར་སེར་གྱེན་དུ་རྫེས་ཤིང་གཡོན་དུ་ཙུང་ཟད་འཕྱུར་བ། སྤྱན་

གསུམ་དབྱར་གྱི་ཆར་སྤྲིན་གྱི་གསེབ་ཏུ་ཉི་མའི་ཟུར་ཙུང་ཟད་མངོན་པར་ལྟར་དམར་ཞིང་ཐྲུམ་ལ་ནམ་མཁའི་འོག་ནས་གསུམ་ཆ་གཅིག་ཙམ་གཡོན་དུ་ཙུང་ཟད་གཟིགས་པ། ཞལ་བསྙད་ཅིང་ཞལ་ཁྱིམ་ཕྲག་པོ་གཉིས་དང་མཉམ་པ། ཡས་ཀྱི་མཆེ་བ་གཉིས་རྡོ་ཞིང་ནུ་ཕྲག་གཉིས་སུ་སླེབ་པ། ལྗགས་གློག་ལྟར་འཁྱུག་ཅིང་། ལྗགས་ཀྱི་སྟེང་དུ་སྲིད་པ་གསུམ་ག་གནས་པ། སྨིན་མ་དང་སྨ་ར་དམར་སེར་མེ་ལྟར་འབར་ཞིང་མེ་སྟག་འཕྲོ་བ། ཐོད་སྐམ་ལྔ་ཡིས་དབུ་ལ་བརྒྱན་ཞིང་། དར་ནག་གི་འཇོལ་བེར་དགུ་བརྩེགས་སྐུ་ལ་གསོལ་བ། ཐོད་རློན་ལྔ་བཅུ་རྩ་གཅིག་གི་དོ་ཤལ་བྱས་པ། ཕྱག་གཡས་གྱི་གྲུག་ཁྱི་འོའི་དབྱིབས་ལྟར་ནམ་མཁའ་ལ་འཕྱར་བ། ཕྱག་གཡོན་ལྟགས་ཀྱི་པར་བུ་དགྲ་བགེགས་ཀྱི་ཤ་ཁྲག་གིས་བཀང་བ་ཐུགས་ཀར་འཛིན་པ། ཕྱག་ཞབས་ཀྱི་སོར་མོ་ཁྱུང་གི་སྡེར་མོ་ལྟར་རྣོ་ཞིང་རིང་བ། བྱ་རོག་གི་མཆུ་ལྟར་ཙུང་ཟད་གུག་པ་དང་བཅས་པའོ། །

འཁོར་ལོ་དེའི་ཕྱི་རིམ་དུ། ཤར་དུ་འབྲུག་ལ་གནས་པའི་དཔལ་རབ་འཆང་དཀར་པོ་གྲི་ཐོད་འཛིན་པ། བྱང་དུ་སེང་གེ་ལ་གནས་པའི་རྣམ་ཐོས་སྲས་སེར་པོ་བོང་ཆེན་དང་ནེའུ་ལེ་འཛིན་པ། ནུབ་ཏུ་རྟ་ལ་གནས་པའི་བྱ་གདོང་མཐིང་ནག་རལ་གྲི་ཁ་ཊྭཱཾ་འཛིན་པ། ལྷོར་སྟག་ལ་གནས་པའི་ལེགས་ལྡན་དམར་ནག་བོང་དང་པར་བུ་འཛིན་པ། མེར་ཚུ་གཏེར་ལ་གནས་པའི་ཛཾ་བྷ་ལ་སེར་པོ་ནོར་བུ་དང་ནེའུ་ལེ་འཛིན་པ། སྲིན་པོར་རོ་ལངས་ལ་གནས་པའི་མཛེས་ལྡན་སྲས་དཀར་པོ་དར་མདུང་དང་ཐོད་པ་འཛིན་པ། རླུང་དུ་རླུང་ལ་གནས་པའི་དམ་ཅན་དམར་ནག་རྡོ་རྗེ་དང་ཐོད་ཁྲག་འཛིན་པ། དབང་ལྡན་དུ་རྟ་ལ་གནས་པའི་གནོད་སྦྱིན་ལྗང་གུ་ཞགས་པ་དང་ཐོད་ཁྲག་འཛིན་པ། སྟེང་དུ་ཁྱུང་ལ་གནས་

པའི་ལྷ་མགོན་སྔོན་པོ་རལ་གྲི་དང་ཐོད་པ་འཛིན་པ། འོག་ཏུ་ཕག་ལ་གནས་པའི་བརྟན་མ་སེར་མོ་སྦྲུལ་ཞགས་དང་བུམ་པ་འཛིན་པའོ། །འཁོར་ལོ་དེའི་ཕྱི་རིམ་དུ། ཤར་དུ་དམག་རྒྱལ་མ་དཀར་མོ་གཡས་རྭ་དར་དཀར་པོ། གཡོན་ནད་ཀྱི་རྐྱལ་པ་འཛིན་པ། ལྷོར་དམག་རྒྱལ་མ་སེར་མོ་རྭ་དར་སེར་པོ་དང་། གཡོན་ནད་ཀྱི་རྐྱལ་པ་འཛིན་པ། ནུབ་ཏུ་དམག་རྒྱལ་མ་དམར་མོ་གཡས་རྭ་དར་དམར་པོ་དང་། གཡོན་ནད་ཀྱི་རྐྱལ་པ་འཛིན་པ། བྱང་དུ་དམག་རྒྱལ་མ་ལྗང་མོ་གཡས་རྭ་དར་ལྗང་གུ་དང་། གཡོན་ནད་ཀྱི་རྐྱལ་པ་འཛིན་པ། འཁོར་ལོ་དེའི་ཕྱི་རིམ་དུ། དབང་ཕྱུག་མ་ཉེར་བརྒྱད་ཤར་ནས་རིམ་པ་བཞིན་དུ། རྡོ་རྗེ་དབང་ཕྱུག་མ་བདུན་ནི་སྐུ་མདོག་སྔོན་མོ། གཡས་རྣམས་ཀྱིས་མཚོན་ཆ་སྣ་ཚོགས་པ་དང་། གཡོན་རྣམས་ཀྱིས་གནོད་བྱེད་ཀྱི་གལ་ཏ་འཛིན་པ། རིན་ཆེན་དབང་ཕྱུག་སྲིང་བདུན་ནི་སྐུ་མདོག་སེར་མོ་གཡས་མཚོན་ཆ་སྣ་ཚོགས་དང་། གཡོན་རྩུད་བུ་ཐོགས་པ། པད་མ་དབང་ཕྱུག་མཛའ་བདུན་ནི། སྐུ་མདོག་དམར་མོ་གཡས་མཚོན་ཆ་སྣ་ཚོགས། གཡོན་མི་དབང་གཙུག་ཕུད་ཐོགས་པ། ལས་ཀྱི་དབང་ཕྱུག་བྲན་བདུན་ནི་སྐུ་མདོག་ལྗང་མོ་གཡས་མཚོན་ཆ་སྣ་ཚོགས་དང་། གཡོན་མི་རོ་ཁྲག་ཏུ་བཀལ་ཞིང་། མི་སྙིང་ཞལ་དུ་གསོལ་བའོ། །

དེའི་ཕྱི་རོལ་ཏུ་དྲེགས་པའི་གཙོ་བོ་བདུན་ཅུ་རྩ་གཉིས། དེའི་ཕྱི་རོལ་ཏུ་ལྷ་དམག་བྱེ་བ་འབུམ་གྱིས་བསྐོར་བ། འབར་མ་དགུ་ནི་སྒོ་སྲུང་གི་ཚུལ་དུ་གནས་པའོ། །གཞལ་ཡས་ཁང་གི་ཕྱི་རོལ་དུ་པདྨའི་ར་བ། དེའི་ཕྱི་རོལ་དུ་རྡོ་རྗེའི་ར་བ། དེའི་ཕྱི་རོལ་ཏུ་ཨུ་ཏྤལ་གྱི་ཕྲེང་བའི་ར་བ། དེའི་ཕྱི་རོལ་དུ་དུར་ཁྲོད་བརྒྱད་ཀྱིས་བསྐོར་བའི་ར་བ། དེའི་ཕྱི་རོལ་དུ་བསྐལ་བའི་མེའི་ར་བས་ཡོངས་སུ་བསྐོར་

བའོ། །དེ་རྣམས་ཀྱི་སྤྱི་བོར་ཨོཾ་དཀར་པོ། མགྲིན་པར་ཨཱཿདམར་པོ། ཐུགས་ཀར་ཧཱུྃ་སྔོན་པོ། མགོན་པོའི་ཐུགས་ཀར་ཟླ་བ། ཧཱུྃ་མཐིང་ནག །ལྷ་མོའི་ཐུགས་ཀར་ཉི་མ། ཧྲཱྀ་སྔོན་པོ། ས་བོན་ལས་འོད་ཟེར་འཕྲོས་པས་ཨུ་རྒྱན་དང་། འོག་མིན་དང་། ཆོས་ཀྱི་དབྱིངས་དང་། དུར་ཁྲོད་ཆེན་པོ་བརྒྱད་ནས། ཡེ་ཤེས་མགོན་པོ་ལྕམ་དྲལ་ལ་སངས་རྒྱས་དང་བྱང་ཆུབ་སེམས་དཔའི་ཚོགས་ཀྱིས་བསྐོར་བ་སྤྱན་དྲངས། བཛྲ་ས་མ་ཛཿ བཛྲ་ས་མ་ཛཿ མ་ལུས་སེམས་ཅན་ཀུན་གྱི་མགོན་གྱུར་ཅིང་། བདུད་སྡེ་དཔུང་བཅས་མི་བཟད་འཇོམས་མཛད་ལྷ། དངོས་རྣམས་མ་ལུས་ཇི་བཞིན་མཁྱེན་གྱུར་པའི། །བཅོམ་ལྡན་འཁོར་བཅས་གནས་འདིར་གཤེགས་སུ་གསོལ། །མ་མགོན་འཁོར་བཅས་འདིར་གཤེགས་གདན་ལ་བཞུགས། །ད་ལྟ་སྐྱིགས་མ་ལྔ་ཡི་དུས། །ཐུགས་རྗེས་ཐུགས་དམ་དབང་གིས་ནི། །ཕྲིན་ལས་སྐྱོང་ཕྱིར་གནས་འདིར་བཞུགས་སུ་གསོལ། །ཨོཾ་སརྦ་ཏ་ཐཱ་ག་ཏ་པདྨ་ཀ་མ་ལ་ཡ་སྟྭཾ། ཛཿཧཱུྃ་བཾ་ཧོཿ ཡེ་ཤེས་པ་དང་དམ་ཚིག་པ་གཉིས་སུ་མེད་པར་གྱུར། དེ་རྣམས་ཀྱི་སྐུ་ལས་འོད་ཟེར་དཀར་པོ་བྱུང་། རང་གི་ལུས་ལ་ཞུགས། དེ་རྣམས་ཀྱི་གསུང་ལས་འོད་ཟེར་དམར་པོ་བྱུང་། རང་གི་ངག་ལ་ཞུགས། དེ་རྣམས་ཀྱི་ཐུགས་ལས་འོད་ཟེར་མཐིང་ག་བྱུང་། རང་གི་ཡིད་ལ་ཞུགས། མཐར་ལྷ་ཚོགས་རྣམས་རང་ཉིད་ལ་ཐིམ་པར་གྱུར། མགོན་པོའི་ཐུགས་ཀར་ཟླ་བའི་སྟེང་དུ་ཧཱུྃ་ཡིག་གི་མཐའ་གཡས་སྐོར་དུ། ཨོཾ་ཨཱཿཧཱུྃ་ཀཱ་ལ་ཀཱ་ལ་ཡ་ཧཱུྃ། ཨོཾ་མ་ཧཱ་ཀཱ་ལ་གུ་ཎ་ཧྲི་ད་ཧཱུྃ། མ་ཧཱ་ཀཱ་ལ་རཀྵ་བྷི་ཧཱ་ལི་ཧཱུྃ། མ་ཧཱ་ཀཱ་ལ་ཀཱ་ལྦཱ་ཡ་དེ་ཤ་རཀྵ་ཛཿཧཱུྃ་བཾ་ཧོཿ འདིར་ཤོག་འདིར་ཤོག །ཨ་ག་ཙྪ་ཡ། ཨ་ག་ཙྪ་ཡ། ཧཱུྃ་ཡ་ཛ། ཧཱུྃ་ཡ་ཛ། ས་མ་ཡ་མ་ནུ་སྨ་ར་ཡ། ས་མ་ཡ་མ་ཏི་ཀྲ་མ་ཏི། ས་མ་ཡ་རཀྵནྟུ། མ་ཧཱ་ཀཱ་ལ

ཀཱ་ལཱ་ཡ། ཤཱ་ས་ན་ཨ་པ་ཀ་རི་ཎི། ཤུ་ཨ་པ་ཙི། ཡ་ཏི་ཕྲཏི་ཧྣི། སྨཱ་ར་ས་ཏ་ཏྭཱ།
ཨི་དཾ་ཏུཥྚན་བ་ལིཾ་ཏ་ཁ་ཁ་ཁཱ་ཧི་ཁཱ་ཧི། མཱ་ར་མཱ་ར། གྲིཧྣ་གྲིཧྣ། བནྡྷ་བནྡྷ། ཏ་
ན་ཏ་ན། ད་ཏ་ད་ཏ། པ་ཙ་པ་ཙ། དི་ན་མེ་གེ་ན་མཱ་ར་ཡ་ཧཱུྃ་ཕཊ། ལྷ་མོའི་
ཐུགས་ཀར་ཉེ་མའི་སྙིང་དུ། ཧྲྀ་ཡིག་སྔོན་པོའི་མཐའ་གཡོན་བསྐོར་དུ། མ་མོ་
ནག་མོ་ཏིང་ལམ། མ་མོ་ནག་མོ་དུན་ཏིང་ཧྲྀ། ཛཿཧཱུྃ་བཾ་ཧོཿ རག་མོ་རག་མོ་
ཏིཥྛ་ནག་མོ་དུན་ཧྲྀ། མ་མོ་དུན་ཏིང་ཧྲྀ། མ་མོ་ནག་མོ་བེ་ཏྣ་ལི་ཀུ་ལུ་ཀུ་ལུ་ཧཱུྃ།
ཁྲི་རོལ་སྔོད་བཙུད་རྟེན་གཞལ་ཡས་ཁང་དང་བཅས་པ་རང་ཉིད་ལ་ཐིམ་པར་
གྱུར། སྟོང་པ་ཉིད་ཀྱི་ངང་དུ་ཙི་གནས་སུ་བཞག །ཨོཾ་སརྦ་ཏ་ཐཱ་ག་ཏ་བཛྲ་ཨཱཀྵཾ་ཧཱུྃ། ཕུཊྲི། སྟྭ་
པ། ཨཱ་ཡོ་ཀེ། གཙྪེ། ནེ་ཥི་ཏྲེ། ཤཱུ་ཨཱཿཧཱུྃ། ཧཱུྃ། ཆོས་ཉིད་ཞི་བའི་ངང་ལས་མ་
གཡོས་ཀྱང་། །སྐུ་ཡི་ཆ་ལུགས་ཟ་བྱེད་ཇམ་སྐབས་ཅན། །རིག་པའི་རྒྱལ་པོ་ཧཱུྃ་
དང་ཕཊ་སྒྲ་སྒྲོག །གཏུམ་ཆེན་འཇིགས་པའི་སྐུ་ལ་ཕྱག་བསྟོད་དོ། །ཧྲྀ། རླུང་
ནག་འཚུབ་མ་དགུ་གླིང་འཁྱིལ་བའི་དབུས། །ཕོ་བྲང་གཞལ་ཡས་ཐོད་པའི་སྐུ་
མཁར་ནས། །མ་གཅིག་དཔལ་ལྡན་ལྷ་མོ་ཆེན་མོ་ནི། །ནག་མོ་འབུམ་གྱི་ཚོགས་
ལ་ཕྱག་འཚལ་བསྟོད། །འཁོར་ནག་པོ་སྟོང་དང་ཤ་ཟ་འབུམ། །མ་མོ་བྱེ་བའི་
ཚོགས་དང་བཅས། །ལྷ་སྲིན་སྡེ་བརྒྱད་ཕོ་ཉར་འཁྱེད། །འཁོར་གྱི་ཚོགས་ལ་ཕྱག་
འཚལ་བསྟོད། །རཀྟ་ཁྲག་གི་རྒྱ་མཚོ་འཁྱིལ་བ་ལ། །སྣང་སྲིད་ཐམས་ཅད་ཐ་
རླབས་ཁྱི་ལི་ལི། །མཁའ་དབྱིངས་བདེ་བ་ཐམས་ཅད་མ་ལུས་བསྐང་། །འབུལ་
ནི་ཡེ་ཤེས་དཀྱིལ་འཁོར་ལྷ་ལ་འབུལ། །བསྐང་ནི་མ་མགོན་ལྕམ་དྲལ་ཐུགས་དམ་
བསྐང་། །ཨ་ལ་ལ་ཧོ་འདི་ནི་བཞེས་སུ་གསོལ། །ཨ་ལ་ལ་ཧོ་བཞེས་ཏེ་དགྱེས་
པར་རོལ། །ཕྱི་ནང་གསང་གསུམ་དཀར་གསུམ་རྒྱན་གྱིས་མཛེས། །བདེ་ཆེན་

ཡབ་ཡུམ་ཀུན་བཟང་མཆོད་པས་དགྱེས། །འཁོར་ལོ་བཞི་ལྡན་དགའ་བཞི་རོལ་
བཀང་སྟེ། །བླ་མ་ཡབ་ཡུམ་དཀྱིལ་འཁོར་ལྷ་ལ་འབུལ། །བསྐང་ངོ་མ་མགོན་
ལྷུམ་དྲལ་ཐུགས་དམ་བསྐང་། །ཨ་ལ་ལ་ཧོ་འདི་ནི་བཞེས་སུ་གསོལ། །ཨ་ལ་ལ་
ཧོ་བཞེས་ཏེ་དགྱེས་པར་རོལ། །ཧཱུྃ། ལས་རྣམས་རྫོགས་བྱེད་མགོན་པོ་ནག་པོའི་
སྐུ། །མཐིང་ནག་མེ་ཡི་འབར་གྱིས་ཀུན་ནས་བསྐོར། །སྐུ་ལ་བེར་ནག་གསོལ་བས་
སྟོང་གསུམ་འདུལ། །ནག་པོ་ཆེན་པོའི་སྐུ་ལ་ཕྱག་འཚལ་བསྟོད། །ཧྲཱིཿ རླུང་ནག་
འཚུབ་མ་དགུ་སྐྱོང་འཁྱིལ་བའི་དབུས། །ཞོ་བྲང་གཞལ་ཡས་ཐོད་པའི་སྐུ་མཁར་
ནས། །མ་གཅིག་དཔལ་ལྡན་ལྷ་མོ་ཆེན་མོ་ནི། །སྲིན་པོ་ནག་པོའི་ཆུང་མ་རལ་
པ་ཅན། །ནག་མོ་འབུམ་གྱི་ཚོགས་ལ་ཕྱག་འཚལ་བསྟོད། །དཀར་གྱི་ཐིག་བཏབ་
དམར་གྱི་གུར་ཕུབ་པ། །ལོངས་སྤྱོད་རྫས་ཀྱི་མཆོད་པ་ཆེན་པོ་འདི། །འབུལ་ནི་
ཡེ་ཤེས་དཀྱིལ་འཁོར་ལྷ་ལ་འབུལ། །བསྐང་ངོ་མ་མགོན་ལྷུམ་དྲལ་ཐུགས་དམ་
བསྐང་། །ཨ་ལ་ལ་ཧོ་འདི་ནི་བཞེས་སུ་གསོལ། །ཨ་ལ་ལ་ཧོ་བཞེས་ཏེ་དགྱེས་པར་
མཛོད། །རྫུ་འཕྲུལ་ཤུགས་ལྡན་གཏུམ་ཆེན་བཙུ། །དྲེགས་པའི་གཙོ་བོ་བདུན་ཅུ་
ལྔ། །ཕྲིན་ལས་སྐྱོང་མཛད་ལྷ་མོ་ཉི་ཤུ་བརྒྱད། །འཁོར་གྱི་སྟོབས་ལྡན་རྣམས་ལ་
ཕྱག་འཚལ་བསྟོད། །ལྷ་ཆེན་དཔལ་འབར་འཁོར་བཅས་ལ། །འབྲས་ཆེན་ཁྲག་
གི་ཨཀྲྂ་དང་། །ཁུར་བ་ཤིང་ཐོག་སྣ་ཚོགས་དང་། །བཅས་པའི་མཆོད་པའི་ཚོགས་
རྣམས་ཀུན། །མ་མགོན་འཁོར་བཅས་ཚོགས་ལ་འབུལ། །བཞེས་ནས་བྱིན་གྱིས་
བརླབ་ཏུ་གསོལ། །དེ་ནས་ཚོགས་རྫས་བྱིན་གྱིས་རླབས་ཏེ། ཨོཾ་ཨཱཿབིསྥཱུརྟ་ཀྲིཏ་ནས། ཕཾ་གྱི་བར་གོང་
ལྟར་བྱེད་ཅིང་། ན་མོ་ཐབས་དང་ཤེས་རབ་གཉིས་སུ་མེད་པའི་ཚོགས་ཀྱི་འཁོར་ལོ་
རྒྱ་ཆེན་པོ་རང་བཞིན་རྣམ་པར་དག་པ་སྐྱེ་བ་མེད་པ། ངོ་བོ་རྣམ་པར་དག་པ་

ཨཱ་ལི་ཀཱ་ལི། མཚན་ཉིད་རྣམ་པར་དག་པ་ཤ་ལྱ་བདུད་རྩི་ལྱེས་རྒྱས་བཏབ་པ་འདི། བྱིན་རླབས་ཀྱི་རྩ་བ་བཀའ་བརྒྱུད་བླ་མ་རྣམས་ཀྱི་ཞལ་དུ་ཁཱ་ཧི། དངོས་གྲུབ་ཀྱི་རྩ་བ་ཡི་དམ་ལྷ་ཚོགས་རྣམས་ཀྱི་ཞལ་དུ༔ ཕྲིན་ལས་ཀྱི་རྩ་བ་ཆོས་སྐྱོང་སྲུང་མ་རྣམས་ཀྱི་ཞལ་དུ༔ པཉྩ་ཨ་མྲི་ཏ་ལ་ཁཱ་ཧི། ག་ཎ་ཙཀྲ་ལ་ཁཱ་ཧི། རོལ་མོ་ཕུར་བརྡུངས་བྱེད། ཧཱུྃ། ཆོས་ཀྱི་དབྱིངས་ཀྱི་དཀྱིལ་འཁོར་ནས། །དཔལ་ལྡན་བླ་མ་དམ་པ་ལ། །བཀའ་བརྒྱུད་བླ་མའི་ཚོགས་ཀྱིས་བསྐོར། །འདིར་གཤེགས་ཚོགས་ཀྱི་མཆོད་པ་བཞེས། །ཉི་ཤུ་རྩ་བཞིའི་གནས་མཆོག་ནས། །ཡི་དམ་དགྱེས་པ་རྡོ་རྗེ་ལ། །དཔའ་བོ་དཔའ་མོའི་ཚོགས་ཀྱིས་བསྐོར། །འདིར་གཤེགས༔ དུར་ཁྲོད་ཆེན་པོའི་གནས་བརྒྱད་ནས། །ཆོས་སྐྱོང་མ་མགོན་ལྕམ་དྲལ་ལ། །དམ་ཅན་རྒྱ་མཚོའི་ཚོགས་ཀྱིས་བསྐོར། །འདིར་གཤེགས༔ ས་འོག་ས་སྟེང་ས་བླ་ནས། །ལྷ་ཀླུ་འབྱུང་པོ་མཐུ་བོ་ཆེ། །སྟོང་གསུམ་གཞི་བདག་འཁོར་གྱིས་བསྐོར། །འདིར་གཤེགས༔ ཚོགས་ཕུད་གཏོར་མ་ལ་བྲན་ནས་གཞུང་ལྟར་བསྔོ། མཐར་བསྐང་བ་འདི་ཚར་རེ་ཡང་གཏོང་བར་བྱེད་པ། ཧཱུྃ། བཀའ་བརྒྱུད་བླ་མའི་ཐུགས་དམ་བསྐང་། །ཡི་དམ་ལྷ་ཚོགས༔ དཔའ་བོ་རྒྱ་མཚོ༔ དཔའ་མོ་རྒྱ་མཚོ༔ ཡེ་ཤེས་མགོན་པོ༔ ལས་ཀྱི་མགོན་པོ༔ འཇིག་རྟེན་མགོན་པོ༔ སྲས་མཆོག་ནག་པོ༔ ཕྱོགས་བཅུ་མགོན་པོ༔ དབུགས་ལེན་ཡབ་ཡུམ༔ དྲེགས་པ་དོན་གཉིས༔ དྲེགས་པ་རྣམ་གསུམ༔ མ་མོ་བདུན་གྱི༔ སྲིང་མོ་བཞི་ཡི༔ འབར་མ་དགུ་ཡི༔ དུས་བཞི་ལྷ་མོའི༔ དམག་གི་རྒྱལ་མོའི༔ དབང་ཕྱུག་ཉེར་བརྒྱད༔ སྲུང་ཞེན་མ་བདུན༔ དམ་ཅན་རྒྱ་མཚོའི༔ ཐུགས་དམ་བསྐང་བའི་བྱིན་རླབས་ཀྱིས། །ཆགས་ཆེ་ཉམས་ང་ཟློག་ཏུ་གསོལ། །ཕྱི་ནང་བར་ཆད་ཟློག་ཏུ་གསོལ། །ཕྲིན་ལས་རྣམ་བཞི་བསྒྲུབ་ཏུ་གསོལ། །དཀྱིལ་འཁོར་གཉན་པོ་དྲལ་ལ་

རེ། །ཉེས་བྱས་སྡེབས་སུ་ཤོར་ལ་རེ། །རྣལ་འབྱོར་བདག་ཅན་སྒྲུབ་པ་པོ། །རྡོ་རྗེ་སློབ་དཔོན་སློབ་སློབ་མར་བཅས། །བཙན་གྱི་ཤོ་རྩི་གཏོར་ལ་ཐོང་། །མི་མཐུན་བར་ཆད་རྐྱེན་རྣམས་ཟློག །འཁོར་རྣམས་སྲུངས་ལ་རྐྱེན་རྣམས་ཟློག །སྡང་བའི་དགྲ་ལ་རྟགས་ཐོང་ཞིག །གནོད་པའི་བགེགས་ལ་ལས་མཛོད་ཅིག །འདོད་པའི་དངོས་གྲུབ་སྩོལ་བ་དང་། །བཅོལ་བའི་ཕྲིན་ལས་གྲུབ་པར་མཛོད། །ཐུགས་དམ་བསྐང་བའི་བྱིན་རླབས་ཀྱིས། ཁྲོ་བོའི་དྲག་ཤུལ་བཟློག་ཏུ་གསོལ། །ཧེ་རུ་ཀའི་གཟི་བརྗིད་ཟློག །ཕུར་པའི་བྱད་ཁ་བཟློག་ཏུ་གསོལ། །སྟོབས་པོ་ཆེའི་ཟིལ་གནོན་ཟློག །ལྷ་རྣམས་ཀུན་གྱི་རྦུབ་རིམས་ཟློག །ལྷ་མིན་རྣམས་ཀྱི་དུག་གཟེར་ཟློག །གཟའ་ཆེན་བརྒྱད་ཀྱི་གཟེར་འདེབས་ཟློག །གཤིན་རྗེ་ཕོ་མོའི་འཁྲུལ་འཁོར་ཟློག །བདུད་དམག་རྣམས་ཀྱི་ཁྲམ་ཁ་ཟློག །མ་མོ་རྣམས་ཀྱི་ཐུན་ཟོར་ཟློག །ཀླུ་ཆེན་རྣམས་ཀྱི་འཆིང་བ་ཟློག །གནོད་སྦྱིན་རྣམས་ཀྱི་གཟེར་ནད་ཟློག །བཙན་གྱི་རྦུ་སྲང་བཟློག་ཏུ་གསོལ། །རྒྱལ་པོའི་དབྱིག་སྦྱོ་ཐམས་ཅད་ཟློག །མཁའ་འགྲོ་མ་ཡི་ཁྲག་ནད་ཟློག །འབྱུང་པོ་ཡི་དྭགས་རིམས་ནད་ཟློག །ཐེའུ་རང་འགོང་པོ་ལ་སོགས་པ། །དམ་སྲི་ལོག་འདྲེན་བགེགས་ཀྱི་ཚོགས། །ཕུགས་ཀྱི་སྲིས་རྐྱེན་བྱེད་པ་ཟློག །བལ་མོའི་དུག་མཚོན་བཟློག་ཏུ་གསོལ། །

སློབ་མ་སྔ་གོན་བྱེད་ན་སྐབས་འདིར་བྱེད་དེ། ཁྲུས་བྱེད། མཎྜལ་ཕུལ་ལ། གང་གི་དྲིན་གྱིས་བདེ་ཆེན་ཉིད། །སྐད་ཅིག་ཉིད་ལ་འཆར་བ་གང་། །བླ་མ་རིན་ཆེན་ལྟ་བུའི་སྐུ། །རྡོ་རྗེ་ཅན་ཞབས་པད་ལ་འདུད། །ཇི་ལྟར་སྔོན་གྱི་བདེ་གཤེགས་ཀྱིས། །བྱང་ཆུབ་ཐུགས་ནི་བསྐྱེད་པ་ལྟར། །བྱང་ཆུབ་སེམས་དཔའི་བསླབ་པ་ལ། །རིམ་པ་ཉིད་དུ་སློབ་པ་ལྟར། །དེ་བཞིན་བདག་མིང་འདི་ཞེས་བགྱི་བས། །བྱང་ཆུབ་སེམས་ནི་བསྐྱེད་བགྱིས

ནས། །བྱང་ཆུབ་སེམས་དཔའི་བསླབ་པ་ལ། །རིམ་པ་ཉིད་དུ་བསླབ་པའོ། །ཡན་གསུམ་བརྗོད། ཆོས་བཞི་བསྟན་ཏེ། ཐོག་མར་སོ་ཤིང་སོར་བཅུ་གཉིས་ཀྱི་རྩེ་མོར། མེ་ཏོག་བཅིངས་ནས། མདུན་སོས་ནེམ་པ་བྱེད། ཨོཾ་བཛྲ་ཧ་ས་ཧ། བརྗོད་ལ་མཇལ་ཐོག་ཏུ་དོར། བརྗོད་བྱ་ཞལ་ལས་ཤེས། བུམ་ཆུ་བླུད། ཨོཾ་ཤུད་ག་ཧེ་ཐ་ཐ། དཔུང་སྤུད། སྤུད་པ་དམར་པོ་སུམ་སྒྲིལ་ལ་རྒྱ་མདུད་གསུམ་དང་། སྐྱེས་པའི་གཡོན། བུད་མེད་ཀྱི་གཡས་སུ་འདོགས། ཀུ་ཤ་དང་། རྡོ་རྗེས་མདུད་མཚམས་བྱིན་གྱིས་རློབས། ཨོཾ་བུདྡྷ་མཻ་ཏྲི་རཀྵ་རཀྵ་སྭཱ་ཧཱ། ཀུ་ཤ་བྱིན། ཆེ་བ་གཡས། ཆུང་བ་གཡོན་དུ་གདང་། ཨོཾ་བཛྲ་ཏི་ཀྵྞ་བཾ། ཆེ་བ་སྔས། ཆུང་བ། གདན་བྱས་ལ་མི་ལམ་བརྟག་ཏུ་བཅུག །བུ་ཚུར་ཐེག་པ་ཆེན་པོ་ཡི། །ཁྱོད་ནི་ཐེག་ཆེན་སྣོད་ཡིན་ཏེ། །ཆོ་ག་བཟང་པོ་འདི་བཤད་པས། །བུ་ཡི་བློ་གྲོས་འདི་གྱིས་ཤིག །དེས་སྟོན་འགྲོ་སོང་ནས།

དངོས་གཞི་ལ། གཉིས་ཡོད་པའི་དང་པོ། ཁྲུས་བྱེད། ཕྱག་དང་མཇལ་ཕུལ། སློབ་དཔོན་གྱིས། ཆོས་སྤྱིའི་ལུགས་དང་། དགོས་སུ་འདིའི་ལོ་རྒྱུས་སོགས་རྣམས་རྒྱས་བསྡུས་སྐབས་དང་བསྟུན་ནས་བཤད། དགའ་ཆེན་ཁྱོད་བདག་སྟོན་པ་སྟེ། །སློབ་དཔོན་ཁྱོད་ནི་དགོངས་སུ་གསོལ། །བྱང་ཆུབ་ཆེན་པོའི་ཚུལ་བསྟན་པ། །མགོན་པོ་ཆེན་པོ་བདག་འཚལ་ལོ། །དམ་ཚིག་དེ་ཉིད་བདག་ལ་སྩོལ། །བྱང་ཆུབ་སེམས་ཀྱང་བདག་ལ་སྩོལ། །སངས་རྒྱས་ཆོས་དང་དགེ་འདུན་ཏེ། །སྐྱབས་གསུམ་དག་ཀྱང་བདག་ལ་སྩོལ། །ཐར་པ་ཆེན་པོའི་གྲོང་མཆོག་ཏུ། །མགོན་པོས་བདག་ནི་འཇུག་པར་འཚལ། །ཡན་གསུམ། དཀོན་མཆོག་གསུམ་ལ་བདག་སྐྱབས་མཆི། །སྡིག་པ་མི་དགེ་སོ་སོར་བཤགས། །འགྲོ་བའི་དགེ་ལ་རྗེས་ཡི་རང་། །སངས་རྒྱས་བྱང་ཆུབ་ཡིད་ཀྱིས་བཟུང་། །སངས་རྒྱས་ཆོས་དང་ཚོགས་མཆོག་ལ། །བྱང་ཆུབ་བར་དུ་སྐྱབས་སུ་མཆི། །རང་གཞན་དོན་ནི་རབ་སྒྲུབ་ཕྱིར། །བྱང་ཆུབ་སེམས་ནི་བསྐྱེད་པར་བགྱི། །བྱང་ཆུབ་མཆོག་གི་སེམས་ནི་བསྐྱེད་བགྱིས་ནས། །སེམས་ཅན་ཐམས་ཅད་བདག་གི་མགྲོན་དུ་གཉེར། །བྱང་ཆུབ་སྤྱོད་མཆོག་ཡིད་འོང་

སྒྲུབ་པར་བགྱི། །འགྲོ་ལ་ཕན་ཕྱིར་སངས་རྒྱས་འགྲུབ་པར་ཤོག །གསུམ་དང་། ཇི་ལྟར་དུས་གསུམ་མགོན་པོ་རྣམས། །བདག་གིས་སྡོམ་པ་མ་ལུས་བཟུང་། །རྡོ་རྗེ་རིགས་ཀྱི་སྡོམ་བཞི་དང་། །རིན་ཆེན་རིགས་ཀྱི་སྡོམ་པ་གསུམ། །པདྨའི་རིགས་ཀྱི་སྡོམ་བཞི་དང་། །ལས་ཀྱི་རིགས་ཀྱི་སྡོམ་པ་གཉིས། །སངས་རྒྱས་རིགས་ཀྱི་སྡོམ་པ་གཅིག །དམ་ཚིག་སྡོམ་པ་བཅུ་བཞི་ནི། །དེང་ནས་བཟུང་སྟེ་ནམ་དུ་ཡང་། །གཏོང་བར་བྱ་བ་མ་ཡིན་ནོ། །དཀྱིལ་འཁོར་མ་མཐོང་བའི་བཟར་གདོང་གཡོགས་གཏུགས་ཏེ། ཨོཾ་ཙཀྲ་སྭཱ་ཧཱ། མི་ཏོག་གཏད་དེ། ཨཱ་ཁཾ་བཱི་ར་ཧཱུཾ། བགེགས་གཏོར་བསྔོ། མཚམས་གཅོད་བྱེད། བསྲུང་འཁོར་བསྒོམ། དེ་ནས་བུམ་ཆུ་གཏོར་ཏེ། ཨོཾ་སྭ་བྷཱ་ཝ་ཤུདྡྷཿསརྦ་དྷརྨཱཿསྭ་བྷཱ་ཝ་ཤུདྡྷོ྅ཧཾ། སྟོང་པ་ཉིད་དུ་གྱུར། སྟོང་པའི་ངང་ལས་ཁྱེད་རང་རྣམས་ཡེ་ཤེས་མགོན་པོ་ཞལ་གཅིག་ཕྱག་གཉིས། ཞི་ཞིང་དུལ་བ་ཞལ་འཛུམ་བག་དང་ལྡན་པ་གཅིག་ཏུ་སྒོམས། དེའི་དཔྲལ་བར་འཁོར་ལོ་དཀར་པོ་ཨོཾ་གྱིས་མཚན་པ། མགྲིན་པར་པདྨ་དམར་པོ་ཨཱཿཡིས་མཚན་པ། སྙིང་གར་རྡོ་རྗེ་མཐིང་ག་ཧཱུཾ་གིས་མཚན་པ། དྲིའི་ཐིག་ལེ་བྱེད། ཨོཾ་ཨཱཿཧཱུཾ། ཧཱུཾ་ཨཱཿཨོཾ། ཨརྒྷཾ། པཱ་དྱཾ། པུཥྤེ། དྷཱུ་པེ། ཨཱ་ལོ་ཀེ། གནྡྷེ། ནཻ་ཝི་དྱེ། ཤབྡ་ཨཱཿཧཱུཾ། ཁྱེད་རང་གི་སྙིང་གར་ཟླ་བའི་དཀྱིལ་འཁོར་ཉ་གང་བའི་སྟེང་དུ། དོན་དམ་བྱང་སེམས་ཀྱི་ངོ་བོ་ཧཱུཾ་དཀར་པོ་གཅིག་ཏུ་སྒོམས་ཤིག །རྡོ་རྗེ་སློབ་དཔོན་གྱིས་དམ་ལ་བཞག་སྟེ། ཐལ་མོ་མགོར་བཞག་ནས། དུས་འདི་ནས་ནི་བུ་ཁྱོད་ཀྱི། །རྡོ་རྗེ་འཛིན་པ་ང་ཡིན་གྱིས། །ང་ཡིས་ཇི་ལྟར་བཀའ་སྩལ་པ། །ཁྱོད་ཀྱིས་དེ་ལྟར་བྱ་དགོས་སོ། །བསྒོ་བ་བཞིན་དུ་མ་བྱས་ན། །ཚེའི་དུས་བྱས་ངན་སོང་དུ་ལྟུང་བར་གྱུར་ཏ་རེ། ཡེ་ཤེས་ཕབ་སྟེ། མདུན་གྱི་ནམ་མཁར་བླ་མ་དང་རྗེ་ཙུ་ག་ཡེ་ཤེས་མགོན་པོ་ཐ་མི་དད་པ་འཁོར་དང་བཅས་པ་བྱོན་ཏེ། སྐུ་ལུས་ཀྱི་ཆ་ནས་སྐུ་ཆེ་བ་རི་རབ། ཆུང་བ་ཏིལ་འབྲུ

ཅམ་བྱུང་། ཁྱེད་རང་གི་ལུས་ལ་སིབ་ཀྱིས་ཐིམ་པའི་མོས་པ་མཛོད། རོལ་མོ་དཀྲོལ། མ་ཧཱ་ཀཱ་ལ་ཀཱ་ལཱ་ཡ་ཧཱུྃ། ཨཱ་བེ་ཤ་ཡ་ཨཱ་བེ་ཤ་ཡ་ཨ་ཨ། རྡོ་རྗེ་མགོ་བོར་བཞག །ཏིཥྛ་བཛྲ། བརྟན་པར་བྱེད། དཀྱིལ་འཁོར་ཁ་དོག་བརྟག །མེ་ཏོག་འཐོར། སུ་པྲ་ཏིཥྛ་བཛྲ་ཡ་སྭཱཿ སྔར་མེ་ཏོག་ཐོད་དུ་བཅིང་། དཀྱིལ་འཁོར་གྱི་ལྷ་མར་མེ་གཅིག་ལ་གཉིས་ཚད་ཀྱི་ཚུལ་དུ་བྱུང་། སྔར་དངོས་གྲུབ་ཀྱི་ཚུལ་དུ་ཁྱེད་རང་ལ་ཐིམ་པའི་མོས་པ་གྱིས། ཡེ་ཤེས་མགོན་པོ་འཁོར་བཅས་ཀྱིས། །འདི་ནི་རྗེས་སུ་བཟུང་བར་མཛོད། །མིག་དར་བསལ། གསེར་གྱི་སྨྱུ་གུ་བཟུང་སྟེ། མ་རིག་པའི་ལིང་ཐོག་དང་མིག་དར་ཕྱོགས་གཅིག་ཏུ་བསལ་བའི་མོས་པ་མཛོད། སངས་རྒྱས་ཡེ་ཤེས་སྤྱན་ནི་ཐོབ་གྱུར་ཅིག །ལྷ་ཞལ་བསྟན། དེས་སྟོན་འགྲོ་སོང་ནས།

དངོས་གཞི་ཞུ་བའི་དོན་དུ་མཎྜལ་ཕུལ་ལ། མགོན་པོའི་དབང་གི་གོང་དུ། བླ་མ་ཡི་དམ་གྱི་དབང་བསྐུར་ཏེ། མཎྜལ་ཕུལ། གསོལ་བ་གདབ་པ་ནི། བླ་མ་དཔལ་ལྡན་ཧེ་རུ་ཀ །བདེ་གཤེགས་ལྷ་ཡི་དབང་ཆེན་ནི། །དངོས་གྲུབ་ཐོབ་ཕྱིར་བདག་ལ་སྩོལ། །མ་རིག་མུན་པ་བསལ་དུ་གསོལ། །ལན་གསུམ་བརྗོད། མདུན་གྱི་ནམ་མཁར་བླ་མ་དང་དཔལ་དགྱེས་པ་རྡོ་རྗེ་ཐ་མི་དད་པ་སྐུ་མདོག་སྔོན་པོ་ཞལ་གཅིག་ཕྱག་གཉིས་སྤྱན་གསུམ་མཆེ་བ་བཞི་ཙུང་ཟད་གཙིགས་པ། དབུ་སྐྲ་དམར་སེར་གྱེན་དུ་བརྫེས་པ། རུས་པ་དང་རིན་པོ་ཆེའི་རྒྱན་དུ་མས་བརྒྱན་ཅིང་། ཞབས་གཡས་བསྐུམ་གཡོན་བརྐྱང་བས་པདྨ་ཉི་མ་རོ་ཡི་སྟེང་གར་མནན་པ། པང་དུ་བདག་མེད་མ་སྐུ་མདོག་སྔོ་སངས་གྱི་ཐོད་འཛིན་པ་གཅིག་ལ་འཁྱིལ་ཞིང་། རྡོ་རྗེ་དྲིལ་བུ་ཡུམ་གྱི་སྐུ་རྒྱབ་ཏུ་བསྣོལ་ཐབས་སུ་འཛིན་པ། རིགས་བཞི་མཁའ་འགྲོས་བསྐོར་བའོ། །ཡི་དམ་གྱི་ཐུགས་ཀ་ནས་མར་མེ་གཅིག་ལ་གཉིས་ཚད་ཀྱི་ཚུལ་དུ་སྐུ་གཅིག་འཕྲོས། སློབ་མ་ལ་ཐིམ། སྐད་ཅིག་དེ་ཉིད་དུ་སློབ་མ་ཡི་དམ་དགྱེས་པ་རྡོ་རྗེར་ལམ་གྱིས་གསལ་བ། དཔོན་སློབ

གཉིས་ཀས་བསྔོམ། བླ་མ་ཡི་དམ་གྱི་ཕྱག་ན་བུམ་པ་ཐོགས། སློབ་མའི་སྤྱི་བོར་བཟུང་། དབང་བསྐུར་རྡོ་རྗེ་ཆེན་པོ་ནི། །ཁྱོད་ལ་ཡང་དག་བསྐུར་བར་བྱ། །ཨོཾ་སརྦ་ཏ་ཐཱ་ག་ཏ་ཨ་བྷི་ཥེ་ཀ་ཏ་ས་མ་ཡ་ཤྲི་ཡེ་ཧཱུྃ། བུམ་ཆུ་བླུད། དབང་བསྐུར། ཆུའི་ལྷག་མ་ཡར་ལུད་པ་ལས་མི་བསྐྱོད་པས་དབུ་བརྒྱན་པར་གྱུར། ཕྲེང་བ་གཏད། ཨོཾ་དེ་ཝ་པི་ཙུ་བཛྲ་ཡ་ཧཱུྃ་ཧཱུྃ་ཕཊ། ཕྲེང་བ་མགྲིན་པར་གདུགས། ངག་བཟླས་པ་དང་མ་བྲལ་བར་གྱིས་ཤིག །བླ་མ་དང་ཡི་དམ་དགྱེས་པ་རྡོ་རྗེ་ཐ་མི་དད་པའི་ཐུགས་ཀ་ནས་ཕྱག་མཚན་འཕྲོས། དེ་འོད་དུ་ཞུ། ཁྱེད་རང་གི་སྙིང་གར་ཐིམ་པའི་མོས་པ་གྱིས། སུ་པྲ་ཏིཥྛ་བཛྲ་ཡེ་སྭཱ་ཧཱ། མེ་ཏོག་འཐོར་བའོ། །

དེ་ནས་བུམ་པའི་དབང་བསྐུར་ཏེ། མཎྜལ་ཕུལ། གསོལ་བ་བཏབ་པ་ནི། དུས་གསུམ་སངས་རྒྱས་ཐམས་ཅད་དང་། །བླ་མ་དཔལ་ལྡན་ཧེ་རུ་ཀ །ཡེ་ཤེས་མགོན་པོའི་དབང་བསྐུར་ནི། །དེང་འདིར་བདག་ལ་སྩལ་དུ་གསོལ། །བུམ་པ་སྤྱི་བོར་བཟུང་། ཡེ་ཤེས་ལྷ་ཡི་བུམ་པའི་དབང་། །ཁྱོད་ལ་ཡང་དག་བསྐུར་བར་བྱ། །དབང་བསྐུར་དམ་པ་ཁྱོད་ཀྱིས་ཡོང་། །ཇི་ལྟར་བལྟམས་པ་ཙམ་གྱིས་ནི། །ལྷ་རྣམས་ཀྱིས་ནི་ཁྲུས་གསོལ་ལྟར། །ལྷ་ཡི་ཆུ་ནི་དག་པ་ཡིས། །དེ་བཞིན་བདག་གིས་སྐུ་ཁྲུས་གསོལ། །ཨོཾ་སརྦ་ཏ་ཐཱ་ག་ཏ་ཨ་བྷི་ཥེ་ཀ་ཏ་ས་མ་ཡ་ཤྲི་ཡེ་ཧཱུྃ། བུམ་ཆུ་བླུད། བཛྲ་ཨ་བྷི་ཥིཉྩ་ཧཱུྃ། ཞེས་བུམ་པའི་དབང་བསྐུར་བས་ཉོན་མོངས་པ་ཞི་སྣང་དག །ཆུའི་ལྷག་མ་ཡར་ལུད་པ་ལས་སྤྱི་བོར་མི་བསྐྱོད་པས་དབུ་བརྒྱན་པར་གྱུར། དབུ་རྒྱན་སྤྱི་བོར་བཞག །ཡེ་ཤེས་ལྷ་ཡི་ཅོད་པན་དབང་། །ཁྱོད་ལ་ཡང་དག་བསྐུར་བར་བྱ། །དབང་བསྐུར་དམ་པ་ཁྱོད་ཀྱིས་ཡོང་། །ཇི་ལྟར་བལྟམས་པ་སོགས། རཏྣ་ཨ་བྷི་ཥིཉྩ་ཧྃ། དབུ་རྒྱན༔ ང་རྒྱལ༔ རིན་འབྱུང་༔ གསུང་སོ་ཏིའམ། རྡོ་རྗེ་ལག་ཏུ་གཏད། ཡེ་ཤེས་ལྷ་ཡི་རྡོ་རྗེའི་དབང་། །ཁྱོད་

ལ་ཡང་དག་བསྐུར་བར་བྱ། །དབང་བསྐུར་དམ་པ་ཁྱོད་ཀྱིས་ཡོང་། །ཇི་ལྟར༔ པདྨ་ཨ་བྷི་ཥིཉྩ་ཧྲཱིཿཔདྨའི་དབང་བསྐུར་བས། འདོད་ཆགས༔ འོད་དཔག་མེད་ཀྱིས༔ དྲིལ་བུ་གཏད་དེ། ཡེ་ཤེས་ལྔ་ཡི་དྲིལ་བུའི་དབང་། །ཁྱོད་ལ་ཡང་དག༔ དབང་བསྐུར་དམ་པ༔ ཇི་ལྟར༔ གྷཎྚ་ཨ་བྷི་ཥིཉྩ་ཨ། དྲིལ་བུའི་དབང་བསྐུར་བས། །ཕྲག་དོག༔ ཆུའི༔ དོན་ཡོད་གྲུབ་པས༔ རྡོ་རྗེ་དྲིལ་བུ་སྤྱི་བོར། ཡེ་ཤེས་ལྔ་ཡི་མིང་གི་སོགས། ཀྱི་དཔལ་གསང་མཚན་ནས། དེ་བཞིན་གཤེགས་པའོ། །ཇི་ལྟར༔ བུདྡྷ་ཨ་བྷི་ཥིཉྩ་ཨོཾ། མིང་གི༔ ཉོན་མོངས་པ་གཏི་མུག་དག །ཆུའི་ལྷག་མ་ཡར་ལུད་པ་ལས་སྤྱི་བོར་རྣམ་པར་སྣང་མཛད་ཀྱིས་དབུ་བརྒྱན་པར་གྱུར། དར་ནག་རྒྱབ་ཏུ་བཀོན། ཆོས་ཉིད་མི་འགྱུར་བའི་བརྡར་དར་ནག་གི་འཛོལ་བེར་གསོལ་བར་བགྱི། ཐོད་པ་ལྔ་ཚར་སྤྱི་བོར་བཅིངས། རིགས་ལྔའི་བརྡ་མཚོན་པའི་ཕྱིར་ཐོད་སྐམ་ལྔ་དབུ་ལ་གསོལ་བར་བགྱིད། འདུས་བྱས་ཀྱི་ཆོས་ཐམས་ཅད་མི་རྟག་པའི་བརྡར། ཐོད་རློན་ལྔ་བཅུའི་ཕྲེང་བས་བརྒྱན་པར་བགྱིད། གྲི་གུག་གཡས་སུ་གཏད། ཉོན་མོངས་པ་རྩད་ནས་གཅོད་པའི་བརྡར། རྡོ་རྗེ་གྲི་གུག་འཆང་བར་བགྱིད། ཐོད་པ་ལྷུང་ཡོ་གཡོན་དུ་གཏད། ཆོས་ཐམས་ཅད་སྐྱེ་བ་མེད་ཅིང་ཉམས་དང་སྟོང་བ་ཏིང་དེ་འཛིན་རྒྱུན་མི་འཆད་པའི་བརྡར། ཐོད་པ་ལྷུང་ཡོ་ཅན་བདུད་རྩིས་གང་བ་འཆང་བར་བགྱིད། བགེགས་ཀྱི་གཟུགས་བརྙན་བཟློ། དགུག་གཞུག་སོགས་གཞུང་ལྟར་བྱེད་ཅིང་བསྒྲིམ། གྲི་གུག་གིས་ཚལ་པ་གསུམ་དུ་གཏུབ། ཚལ་པ་གཅིག་གཏོར་མ་ལ་བྲན། གཅིག་སློབ་མ་ལ་གཏད། སངས་རྒྱས་ཀྱི་བསྟན་པ་བསྲུང་བའི་ཕྲིན་ལས་མཛད་པའི་བརྡར། དགྲ་བགེགས་ཀྱི་ཤ་ཁྲག་ཞལ་དུ་གསོལ་བར་བགྱིད།

ཕྱོགས་བཅུ་མགོན་པོའི་རྗེས་གནང་ནི། དཔལ་རབ་འཆང་གི་ཙ་ཀ་ལི་གཏད་དེ། བསྟན་པའི་ཕྲིན་ལས་སྐྱོང་བའི་ཕྱིར། །དཔལ་རབ་འཆང་ནི་གྲི་ཐོད་འཛིན། །ཁྱོད་ལ་ཡང་དག་བསྐུར་

བར་བགྱིད། །བསྟན་པའི༔ རྣམ་ཐོས་སྲས་ནི་བེང་ནར་འཛིན། །ཁྱོད་ལ༔ བསྟན་པའི༔ བྱ་གདོང་ཅན་ནི་རལ་གྲི་ཐོད་ཁྲག་འཛིན། །ཁྱོད་ལ༔ བསྟན་པའི༔ ལེགས་ལྡན་བེང་དང་པར་བུ་བསྣམས། །ཁྱོད་ལ༔ བསྟན་པའི༔ ཛམ་ལྷ་ནོར་བུ་ནེ་ལེ་བསྣམས། །ཁྱོད་ལ༔ བསྟན་པའི༔ མཛེས་ལྡན་དར་མདུང་ཐོད་པ་འཛིན། །ཁྱོད་ལ༔ བསྟན་པའི༔ དམ་ཅན་རྡོ་རྗེ་ཐོད་ཁྲག་བསྣམས། ཁྱོད་ལ༔ བསྟན་པའི༔ གཙུག་ཤུད་རལ་གྲི་ཐོད་ཁྲག་འཛིན། །ཁྱོད་ལ༔ བསྟན་པའི༔ བརྟན་མ་སྤྲུལ་དང་བུམ་པ་བསྣམས། །ཁྱོད་ལ༔ ལས་རྣམས་ཐམས་ཅད་བསྒྲུབ་པའི་ཕྱིར། །སྣ་ཚོགས་དར་གྱི་ན་བཟའ་གསོལ། །དེ་ལྟ་བུའི་དབང་བསྐུར་བ་ལ་བརྟེན་ནས། བསྐྱེད་རིམ་ལ་དབང་། སྤྲུལ་པའི་སྐུ་མངོན་དུ་གྱུར་པ་ཐོབ་པར་འགྱུར་རོ། །བཅོམ་ལྡན་འདས་ཀྱི་སྤྱན་སྔ་རུ། །སྒྲུབ་པ་བྱེད་པའི་གང་ཟག་ལ། །བུ་བཞིན་སྐྱོང་བར་ཞལ་བཞེས་པའི། །ཆོས་སྐྱོང་སྲུང་མ་རྣམས་ཀྱི་བཀྲ་ཤིས་ཤོག །

རྡོ་རྗེ་སློབ་དཔོན་གྱི་དབང་བསྐུར་བ་ནི། བླ་མ་དཔལ་ལྡན་ཧེ་རུ་ཀ །རྡོ་རྗེ་སློབ་དཔོན་གྱི་ནི་དབང་། །དེང་འདིར་བདག་ལ་བསྐུར་དུ་གསོལ། །བུམ་པ་སྤྱི་བོར་བཟུང་། རྡོ་རྗེའི་དབང་བསྐུར་ཆེན་པོ་ནི། །ཁྱོད་ལ་ཡང་དག་བསྐུར་བར་བྱ། །ཇི་ལྟར༔ ཞེས་དབང་བསྐུར། ཁྲུས་བྱས། ཚུའི་ལྷག་མ་ཡར་ལུད་པ་ལས། སྤྱི་བོར་མི་བསྐྱོད་པས་དབུ་བརྒྱན་པར་གྱུར། མེ་ཏོག་འཐོར། སུ་པྲ་ཏིཥྛ་བཛྲ་ཡ་སྭཱ་ཧཱ། རྡོ་རྗེ་གཡས་སུ་གཏད། དྲིལ་བུ་གཡོན་དུ་གཏད། སློབ་དཔོན་གྱི་ལྟེ་བ་ནས་སྐེམས་མ་སྔོན་མོ་གཅིག་འཕྲོས། ཁྱོད་རང་གི་ལུས་པོ་ལ་འཁྲིལ་ཏེ། རྡོ་རྗེ་དྲིལ་བུ་བསྣོལ་ཐབས་སུ་འཛིན། འབྱུང་པ་ཡུམ་དང་བཅས་པས་ཕྱག་རྒྱ་སྐུའི་དམ་ཚིག་ཟུང་ཞིག །དེ་ལྟར་རྡོ་རྗེ་སློབ་དཔོན་གྱི་དབང་བསྐུར་བ་ལ་བརྟེན་ནས། དབང་། རབ་གནས། སློབ་མ་སོགས་རིམ་པར་བརྩུ་བར་གྱིས་ཤིག །

གསང་དབང་བསྐུར་བའི་དོན་དུ་མཆོལ་ཕྱུལ་ཏེ། ཐོད་པ་བདུད་རྩིས་གང་བ་སྤྱི་བོར་བཞུང་སྟེ། བླ་མ་དང་ཡི་དམ་ཐ་མི་དད་པ་ཡབ་ཡུམ་གྱི་སྦྱོར་མཚམས་ནས་བབ་པའི། བདུད་རྩིས་བཀང་བའི་ཐོད་པའི་དབང་། །ཁྱོད་ལ་ཡང་དག་བསྐུར་བར་བྱ། །ཁྱོད་ཀྱིས་ཡང་དག་བླང་བར་གྱིས། །བདུད་རྩི་བླུད། ཨོཾ་ཨཱཿཧཱུྃ། དེ་ལྟར་ཐོད་པའི་དབང་བསྐུར་བ་ལ་བརྟེན་ནས། ལུས་ཀྱི་རྩ་གནས་ཐམས་ཅད་བདེ་བས་ཁྱབ། རྩ་རླུང་བསྒོམ་པ་ལ་དབང་། ལོང་སྤྱོད་རྫོགས་པའི་སྐུ་ཐོབ་པའོ། །ཤེས་རབ་ཡེ་ཤེས་ཀྱི་དབང་གི་དོན་དུ་མཆོལ་ཕྱུལ། མེ་ལོང་གི་དཀྱིལ་འཁོར་བཞུང་སྟེ། དཀྱིལ་འཁོར་དེ་ལས་ཤེས་རབ་མ་མེའི་རང་བཞིན་ཅན་གཅིག་འཁྲོས། ཁྱེད་རང་གི་ལྟེ་བར་ཞུགས། ལུས་བསྣང་། རླུང་བཟུང་དུ་བཙུག །ལྟེ་བ་ནས་མེ་འབར། སྤྱི་བོའི་ཧཾ་ཞུ། ལུས་ཐམས་ཅད་བདེ་སྟོང་གིས་ཁྱབ་། ལྷན་ཅིག་སྐྱེས་པའི་ཡེ་ཤེས་རྒྱུད་ལ་སྐྱེས། དགའ་བ་བཞི་བསྒོམ་པ་ལ་དབང་། ཆོས་ཀྱི་སྐུ་འགྲུབ་པར་བྱའོ། །བཞི་པ་ནི། མཆོལ་ཕྱུལ། ཁྱེད་རང་གི་སེམས་ཉིད་སྤྲོས་པའི་མཐའ་ཐམས་ཅད་དང་བྲལ་བ། སྣང་སེམས་གཉིས་མེད་ངོས་བཟུང་མེད་པ་ངོ་ཤེས་པར་མཛོད་ཅིག །དེ་ལྟར་བཞི་པ་ཕྱག་རྒྱ་ཆེན་པོའི་དབང་བསྐུར་བས་ངོ་བོ་ཉིད་གཉིས་སུ་མེད་པ་བསྒོམ་པ་ལ་དབང་། འབྲས་བུ་སངས་རྒྱས་ཐིག་ལེ་ཉག་ཅིག་བསྒྲུབ་པར་བྱས་སོ། །བཀླས་ལུང་བྱིན་ཏེ། ཕྲེང་བ་གཏད། ཨོཾ་མ་ཧཱ་ཀཱ་ལ་ཀཱ་ལྷཱ་ཡ་ཧཱུྃ། ཨོཾ་མ་ཧཱ་ཀཱ་ལ་གུ་ཋ་ཧྲི་ད་ཧཱུྃ། ཨོཾ་མ་ཧཱ་ཀཱ་ལ་རཀྟ་བེ་ཏཱ་ལི་ཧཱུྃ། སྒྲོན། མ་མགོན་གྱི་སྔགས་རིང་ཀྱང་བཟླས། གཞན་སྐུ་གསུང་ཐུགས་ཀྱི་སྔགས་འདྲིས་ཆོག་པས། ཕྲེང་བ་མཇུག་པར་གཏུགས། བཅོམ་ལྡན་འདི་ལ་སྐལ་ལྡན་ཀྱིས། །འདི་ལ་འགོ་བར་མཛད་དུ་གསོལ། །ངག་བཟླས་པའི་རིམ་པ་རྣམས་དང་མ་བྲལ་བར་གྱིས་ཤིག །མེ་ལོང་གི་མཆོལ་དཔྲལ་བ་དང་མཇིན་པ་དང་སྙིང་ག་རྣམས་སུ་བྱུག །ལས་བཞིའི་རྗེས་གནང་ཡང་བྱིན་ཏེ། ཡེ་ཤེས་མགོན་པོའི་ཕྲིན་ལས་ཀྱིས། །མཆོག་གི་

དངོས་གྲུབ་བསྒྲུབ་པར་གྱིས། །ལས་ཀྱི་མགོན་པོའི་ཕྲིན་ལས་ཀྱིས། །ལས་རྣམས་ཐམས་ཅད་བསྒྲུབ་པར་གྱིས། །འཇིག་རྟེན་མགོན་པོའི་ཕྲིན་ལས་ཀྱིས། །ཐམས་ཅད་དབང་དུ་བསྡུ་བར་གྱིས། །དམ་ཚིག་མགོན་པོའི་ཕྲིན་ལས་ཀྱིས། །དངོས་གྲུབ་ཐམས་ཅད་འབྱུང་བར་གྱིས། །གཙོ་བོས་ཇི་ལྟར་བཀའ་སྩལ་པ། །དེ་དག་ཐམས་ཅད་བདག་གིས་བགྱིད། །དེང་ནས་བརྩམས་ཏེ་བདག་བྲན་དུ། །སོགས་དང་། མནྜལ་ཕུལ། ཚོགས་ཕུད་དཀྱིལ་འཁོར་ལྷ་ལ་ཕུལ་ཞིང་། ཚོགས་ལ་ལོངས་སྤྱོད་ལྷག་མ་བསྡུ། ཆབ་བྲན། དཔལ་འབར་འཇུགས།

ཨོཾ་ཨ་ཀཱ་རོ་མུ་ཁཾ་སརྦ་དྷརྨཱ་ཎཱཾ་ཨཱདྱ་ནུཏྤནྣ་ཏྭཱཏ། ཨོཾ་ཨཱཿཧཱུྃ་ཕཊ་སྭཱ་ཧཱ། ཕུད་དང་ལྷག་མའི་གཏོར་མ་ཟད་མི་ཤེས་པ་ནམ་མཁའ་དང་མཉམ་པར་གྱུར། ཨོཾ་ཨུ་ཙྪིཥྚ་བ་ལིཾ་ཏ་བྷཀྵ་བྷཀྵ་སྭཱ་ཧཱ། དཔལ་ཡེ་ཤེས་མགོན་པོ་ལྷུམ་དྲལ་གྱི་དཀྱིལ་འཁོར་འཁོར་ལོའི་བཀའི་ཕྱི་རོལ་དུ་གནས་པའི་དཔའ་བོ་དང་མཁའ་འགྲོའི་ཚོགས་རྣམས་ལ་ལྷག་མའི་ཕུང་པོ་སྦྱིན་ནོ། །ལྷག་གཏོར་ཕྱི་རོལ་དུ་དོར། རོལ་མོ་བྱ་ཞིང་། ཕྱི་ཡི་བར་ཆད་ནང་དུ་མ་བཏང་། ནང་གི་དངོས་གྲུབ་ཕྱིར་མ་གཏེར། ཕྱི་མཚམས་ཆེད། ནང་མཚམས་སྡོམས། མཆོག་ཐུན་མོང་གི་དངོས་གྲུབ་སྩལ་དུ་གསོལ། མ་འབྱོར་བ་དང་ཉམས་པ་དང་། །གང་ཡང་བདག་རྨོངས་བློ་ཡིས་ནི། །བགྱིས་པ་དང་ནི་བགྱིད་སྩལ་བ། །དེ་ཀུན་མགོན་པོས་བཟོད་པར་མཛོད། །རྫོགས་སངས་རྒྱས་དང་ལྷ་རྣམས་དང་། །དེ་སྲས་རྣམས་དང་ཚངས་ལ་སོགས། །འཇིག་རྟེན་སྐྱོང་རྣམས་ཆོ་ག་འདིའི། །མ་ཚང་བ་དག་བཟོད་པར་མཛོད། །ལྷ་མོ་ཚད་མ་དམ་ཚིག་ཚད་མ་དང་། དེས་གསུང་ཚིག་ཀྱང་མཆོག་ཏུ་ཚད་མ་སྟེ། །བདེན་པ་དེ་ཡི་ལྷ་མོ་མཆོག་གིས་ནི། །བདག་ལ་རྗེས་སུ་འཛིན་པའི་རྒྱུར་གྱུར་ཅིག །རིགས་སུ་སྐྱེ་དང་དམ་ཚིག་ཅན། །མཉམ་མེད་ཀྱིའི་རྡོ་རྗེ་སྟོན། །ལག་པ་རྡོ་རྗེ་དྲིལ

བུ་འཕྲོལ། །ཟབ་མོའི་ཆོས་ནི་ཧློག་པ་དང་། །བཙུན་མོའི་ཁུ་ཁྲག་མཉམ་ཟས་ཅན། །སྐྱེ་ཞིང་སྐྱེ་བར་འགྱུར་བར་ཤོག །ཨོཾ་བཛྲ་སཏྭ་ས་མ་ཡ་^སོགས།^

^བཀྲ་ཤིས་ནི།^ ཆོས་དབྱིངས་ལྷུན་གྱིས་གྲུབ་པ་ལ། །དབྱེར་མེད་འཁོར་འདས་ཡོངས་སུ་རྫོགས། །དུས་གསུམ་སངས་རྒྱས་བསྐྱེད་བྱེད་ཡུམ། །ཆོས་སྐུ་མཆོག་གི་བཀྲ་ཤིས་ཤོག །རྣམ་སྣང་ཡེ་ཤེས་གངས་ཆེན་མཚོ། །མི་འཁྲུག་རྒྱལ་པོ་ལ་སོགས་པའི། །རྒྱལ་བ་སྲས་བཅས་འཁོར་གྱིས་བསྐོར། །ལོངས་སྤྱོད་རྫོགས་པའི་བཀྲ་ཤིས་ཤོག །ཐུབ་ཆེན་རྒྱལ་བ་གསེར་མདོག་ཅན། །བསྐལ་བཟང་སངས་རྒྱས་སྟོང་གི་དབུས། །རྣམ་འཕྲུལ་བསམ་གྱིས་མི་ཁྱབ་པའི། །སྤྲུལ་སྐུ་མཆོག་གིཿ སྐུ་གསུམ་ལྷུན་གྲུབ་ཡོངས་རྫོགས་ཤིང་། །ཡེ་ཤེས་དབྱིངས་ཀྱི་དཀྱིལ་འཁོར་དུ། །ངོ་བོ་ཉིད་ཀྱི་ཐམས་ཅད་མཁྱེན། །སྐུ་བཞི་ཡོངས་རྫོགས་བཀྲ་ཤིས་ཤོག །བདུད་བཞི་ལས་རྒྱལ་རྒྱལ་བའི་ཕྲིན་ལས་པ། །ཀཱཙྪ་པ་བསྟན་བསྟན་པའི་སྙིང་པོ་འདི། །ཕྱོགས་མཐར་ཀུན་ཁྱབ་ཁྱབ་ཅིང་རྒྱུན་མི་འཆད། །རྟག་པར་རབ་འཕེལ་འཕེལ་བའི་བཀྲ་ཤིས་ཤོག །བཅོམ་ལྡན་འདས་ཀྱི་སྤྱན་སྔ་རུ། །སྒྲུབ་པ་བྱེད་པའི་གང་ཟག་ལ། །བུ་བཞིན་སྐྱོང་བར་ཞལ་བཞེས་པའི། །ཆོས་སྐྱོང་སྲུང་མ་རྣམས་ཀྱི་བཀྲ་ཤིས་ཤོག །མཆོད་ཡུལ་དུ་གྱུར་པའི་ཡེ་ཤེས་པ་རྣམས་རང་བཞིན་གྱི་གནས་སུ་གཤེགས་པའམ། རྟེན་ཡོད་ན་བརྟན་བཞུགས་བྱེད། དམ་ཚིག་པ་རང་ཉིད་ལ་ཐིམ་པར་གྱུར། ཨོཾ་ཁྱེད་ཀྱིས་སེམས་ཅན་དོན་ཀུན་མཛད། །རྗེས་སུ་མཐུན་པའི་དངོས་གྲུབ་སྩོལ། །སངས་རྒྱས་ཞིང་དུ་གཤེགས་སུ་གསོལ། །སངས་རྒྱས་ཞིང་དུ་གཤེགས་ནས་ཀྱང་། །སེམས་ཅན་རྣམས་ཀྱི་དོན་སླད་དུ། །སླར་ཡང་འབྱོན་པར་མཛད་དུ་གསོལ། །བཛྲ་མུཿ མཆོད་སྦྱིན་གནས་འདིར་གང་ལྷགས་པ། །འབྱུང་

པོ་ས་འོག་རྒྱ་བ་དང་། །གང་ཡང་ས་སྙིང་འཕོད་པ་དང་། །ས་བླར་གྱུར་པ་གང་ཡིན་པ། །མགུ་བར་གྱིས་ལ་རང་གནས་སུ། །ཐམས་ཅད་ཐམས་ཅད་འགྲོ་བར་གྱིས། །སཏ་ཧྲུཏ་གཙྪ། བསྔོ་བ་ཆོས་དབྱིངས་མ་བྱེད་དོ། །ཆོས་དབྱིངས་མཁའ་ལ་རྡོ་རྗེའི་དཀྱིལ་འཁོར་རྒྱས། །གཉིས་མེད་འོད་གསལ་སྤྲོས་བྲལ་ཆོས་ཀྱི་སྐུ། །བདེ་ཆེན་ཆོས་ཉིད་རོལ་པའི་མེ་ཏོག་མཛེས། །དཔལ་ལྡན་ཀུན་དགའི་རི་མོ་རབ་བཀྲ་ཞིང་། །བརྒྱུད་པའི་ཆུ་བོ་མ་འགྱུར་རྒྱ་མཚོར་རོལ། །ཟབ་ཡངས་སྙིང་གི་ཐིག་ལེའི་ཚ་ཟེར་གྱིས། །གསལ་དངས་ཨུཏྤལ་སྙིང་ནས་ཁ་འབུས་ཏེ། །ཚོམ་བྱེད་འབྲས་བུའི་ཟེ་ཉི་རབ་རྒྱས་ཤིང་། །བློ་གསལ་བུང་བའི་ཚོགས་རྣམས་དགྱེས་པར་རོལ། །ཞེས་པ་གཙོད་གདན་ཐོག་གཅིག་མའི་ཁྲིད་ཡིག་ཕྲིན་ལས་རྒྱ་མཚོ་ལས། དཔལ་ཡེ་ཤེས་མགོན་པོ་ལྷུགས་པར་ལྷུམ་དྲལ་དྲིལ་སྒྲུབ་ཀྱི་སྒྲུབ་ཐབས་ཀྱི་ཚོ་གའི་རིམ་པ། དཀྱིལ་འཁོར་གྱི་བྱེ་བྲག་དབང་ཆོག་རྒྱས་པའི་ལུགས་སུ་བྱས་པ་འདི་ལ། ལོ་ཙྪ་བས་འགྲོ་བའི་མགོན་པོ་ལ་གནང་། དེའི་སྒྲུབ་ཐབས་ཀྱི་ཤོག་དྲིལ་ཁ་ཡར་མཛད་པ་དང་། རིན་པོ་ཆེ་གཏྲ་པའི་སྒྲུབ་གཞུང་ལས། རྗེ་རང་བྱུང་པས་གསལ་ཁ་མཛད་ཅིང་། དཀྱིལ་འཁོར་གྲུ་བཞི་སྒོ་བཞི་དང་། ལྷ་མགོན་བདག་བསྒོམ་གཙོ་བོར་མཛད་པ་དང་། མཁའ་སྤྱོད་དབང་པོའི་དཀྱིལ་འཁོར་རྟ་བབས་དང་བདག་བསྒོམ་གཙོ་བོར་མཛད་འདུག་པ་ལ། ཤེས་ལྡན་འགའ་ཞིག་གི་ཞལ་ནས། མགོན་པོ་བེར་ནག་ཅན་ལ་གྲུ་བཞི་སྒོ་བཞི་རྟ་བབས་ཟེར་བ་མེད་པས། ཆོས་རྗེ་མཁའ་སྤྱོད་པས་རྟོག་བཟོ་ཡིན་གསུང་བ་སྣང་སྟེ། འགྲོ་བའི་མགོན་པོ་དང་། གཏྲ་པ། རྗེ་རང་བྱུང་པ་རྣམ་པ་ཚོས། གྲུ་བཞི་སྒོ་བཞི་མཛད་བྱུང་འདུག་པས། ཡོད་མེད་དང་། དགོས་མི་དགོས་ཀྱི་འཐད་པ་མི་དགོས་པ་འདྲ་བསམ་པ་བྱུང་བས། དཀྱིལ་འཁོར་རྟ་བབས་དང་། བདག་བསྒོམ་ལྷུགས་པར་རང་དུ་བྱས་པ། འགྲོ་མགོན་ནས། རང་བྱུང་པ་ཡན་གྱི་མགོན་པོའི་སྙན་བརྒྱུད་ཀྱི་དབང་ལ་ཡང་གྲགས་འདུག་པས། དེ་མཐུན་བཞིན་བྱས་པ་ཡིན་པས་དོགས་པ་ཟ་དགོས་པ་མི་འདུག་ཅིང་། ལྷུགས་པར་ལྷུམ་དྲལ་བདག་བསྒོམ་དུ་བྱས་པའི་དབང་བཞི་རྫོགས་འདི། རང་བྱུང་པས་གནམ་ཐོག་པ་ལ་གནང་། དེས་ཡོར་པ་ལ། དེས་འཇམ་དབྱངས་ཆེན་པོ་ལ། དེ་ལ་རྗེ་བཙུན་རིན་པོ་ཆེས་གསན་ཞིང་། མགོན་པོའི་རྫོགས་རིམ་འཁོར་ལོ་ལྔ་མའི་བཞི་རྫོགས་ཀྱི་ཁྲིད།

སྒྲོ་བསྟུའི་བཟླས་ལུགས། ཐིག་ལེ་གསུམ་གྱི་བཤད་ལུགས། དེའི་དབང་། མགོན་པོ་སྐུ་གསུམ་གྱི་སྒྲུབ་ཐབས་དང་བཅས་པ་གསན་འདུག་པས། རྗེ་བཙུན་རིན་པོ་ཆེའི་དྲུང་དུ་བདག་གིས་ཐོབ་པ་བཞིན་བྱས་པ་ཡིན། འདི་བྱེད་པའི་དོན། གདན་ས་ཆེན་པོ་མཚུར་ཕུའི་གུའི་ཤྲཱི་ཁྲི་ཐོག་པ་རིགས་རྒྱུད་ཀྱིས་མངོན་པར་མཐོ་བ། ཆོས་རྒྱུད་ཀྱིས་སངས་རྒྱས་ཀྱི་བསྟན་པ་ཕྱོགས་མཐའ་དག་ལ་སྤེལ་ཞིང་རྒྱས་པར་མཛད་པའི་དོན་གྲུབ་རྣམ་རྒྱལ་རྒྱ་མཚོ་དཔལ་བཟང་པོའི་ཞལ་སྔ་ནས། འདི་འདྲ་ཞིག་ཡོད་འདུག་པ་ཚོ་གའི་རིམ་པ་ཡི་གེར་བཀོད་དགོས། ཁྱད་པར་དུ་ཡང་རྗེ་རང་བྱུང་པས་མཛད་པའི་གཅོད་གདན་ཐོག་གཅིག་མའི་བཀའ་བསྒྲུངས་ཀྱི་ལུགས་སུ་བྱེད་པ་ལ་ཡང་། ཆོས་སྐྱོང་རང་ལུགས་འདི་ལྟ་བུ་ཞིག་བྱས་ན། དགའ་བ་ཡང་ཡང་བཀའ་ཕེབས་པ་དང་། གཞན་ཡང་འགྲོ་མགོན་སངས་རྒྱས་སེང་གེ་དང་། གཙང་པ་རས་ཆེན་པ་དགེ་འདུན་ཕུན་ཚོགས། རྟོགས་ལྡན་ལྷ་སྙིང་པ་དགེ་འདུན་རྒྱ་མཚོ་རྣམས་ཀྱིས་ཡང་ལེགས་སྦྱོར་བྱེད་ཅིང་འདུག་པས། གུ་བཞི་ཏ་བབས་དང་། སྟོན་འགྲོའི་ཆོས་བཞི་སོགས་ཡང་། ལས་རྒྱུད་ཆེ་བ་བསམས་ནས་བྱས་པ་ཡིན། གཞན་རྗེ་བཙུན་རིན་པོ་ཆེའི་གསུང་བཞིན་དུ་ཡི་གེར་བཀོད་ཅིང་། ཟུར་དུ་མགོན་པོ་ལྷ་ལྔའི་གཏོར་དབང་རྗེས་གནང་བྱས་པའོ། །ཡེ་ཤེས་མགོན་པོ་ཕྱག་པར་མའི་སྒྲུབ་ཐབས་ཕྲིན་ལས་རྒྱས་མཛད་ཅེས་བྱ་བ་འདི། ས་ཕོ་བྱི་བའི་ལོ་ཆོ་འཕྲུལ་ཆེན་པོའི་ཟླ་བའི་དུས། ཤཱཀྱའི་དགེ་སློང་ཀུ་ན་ཆོས་ཀྱི་རྒྱ་མཚོ་ཞེས་བྱ་བས། དབུས་སྟོད་ཕག་མོ་ཆོས་རྫོང་གི་གསེར་ཁང་དུ་འཁོད་སྦྱོར་བཟང་བའི་དུས་སྦྱར་བའོ། །དགེ་བ་མཐར་ཐུག་སེམས་ཅན་རྣམས་ལ་བསྔོ། ལྷན་ཐབས་ཀྱི་ཡིག་ཆུང་ངོ་། །བཀྲ་ཤིས་དཔལ་འབར་འཛམ་གླིང་རྒྱལ་བའི་རྒྱན་དུ་ཤོག། །།

༄༅། །ཡེ་ཤེས་མགོན་པོ་ལྷ་ལྔའི་རྗེས་གནང་ཕྲིན་ལས་ཀུན་ཁྱབ་བཞུགས་སོ། །

བླ་མ་དང་ཡེ་ཤེས་ཀྱི་མགོན་པོ་ལ་ཕྱག་འཚལ་ལོ། །ཡེ་ཤེས་མགོན་པོ་ལྷ་ལྔའི་གཏོར་མ་ལ་བརྟེན་པའི་རྗེས་གནང་གཏོར་དབང་བྱེད་ན། བཅའ་གཞི་ཚོ་ལེགས་པར་གྲུབ་པར་བྱས་ནས། ཁྱད་པར་དབང་གཏོར། གཏོར་ཆུང་བཞི་ཡིས་བསྐོར་བ་ལ། གཏོར་འདབ་སྤྲུངས་པ་ལྟར་བསྐོར། གཏོར་མ་ཁྲག་གིས་བྲན། དཀར་དམར་གྱི་རྒྱན་དང་། དར་ནག་གི་གདུགས་ཕུབ། དཀྱིལ་འཁོར་གྱི་དབུས་སུ་བཤམ། གཞན་ཡང་གཏོར་མ་དང་མཆོད་པས་རིམ་པ་ལྟར་བསྐོར། ནང་མཆོད་བྱིན་རླབས། སྔོན་འགྲོ་གཏོར་མ་གཞུང་བཞིན་བྱེད། མཚམས་གཅོད། བསྲུང་འཁོར་བསྒོམ། སྐྱབས་འགྲོ་སེམས་བསྐྱེད་བྱེད། རང་ཉིད་ཡི་དམ་ལྷའི་ང་རྒྱལ་དང་མ་བྲལ་བའི་ངང་ནས། དབང་གཏོར་དང་ཟ་དད་མེད་པ་ལ་དམིགས་ཏེ། ཨོཾ་སྭ་བྷཱ་ཝ་ཤུདྡྷཿསརྦ་དྷརྨཱཿསྭ་བྷཱ་ཝ་ཤུདྡྷོ྅ཧཾ། སྟོང་པ་ཉིད་དུ་གྱུར། སྟོང་པའི་ངང་ལས་ཡཾ་ལས་རླུང་། རཾ་ལས་མེ། ཀཾ་ལས་མི་མགོའི་སྒྲིད་བུ་གསུམ་གྱི་སྟེང་དུ། ཀ་པཱ་ལ་ཡངས་ཤིང་རྒྱ་ཆེ་བའི་ནང་དུ། གོ་ཀུ་ད་ཧ་ན་ལས་ཤ་ལྔ། བི་མུ་མ་ར་ཤུ་ལས་བདུད་རྩི་ལྔ་རྣམས་སུ་གྱུར། རླུང་གཡོས། མེ་སྦར། མེས་ཐོད་པ་དྲོས། རྫས་རྣམས་འོད་དུ་ཞུ་བ་ལས་ཡེ་ཤེས་ཀྱི་བདུད་རྩིའི་རྒྱ་མཚོ་ཆེན་པོར་གྱུར། ཨོཾ་ཨཱཿཧཱུྃ། དེ་ཡོངས་སུ་གྱུར་པ་ལས། བྲག་སྟེང་གྲུ་གསུམ་མཐིང་ནག་འབར་བ་སྟོང་གསུམ་དང་མཉམ་པ། དེའི་དབུས་སུ་གྲུ་གསུམ་མཐིང་ནག་འབར་བའི་གཞལ་ཡས་ཁང་ཡངས་ཤིང་རྒྱ་ཆེ་བ། མེ་རླུང་འཚུབ་པ་རབ་ཏུ་འཁྲིལ་བ། དེའི་དབུས་སུ་པདྨ་ཉི་མ་རོའི་སྟེང་དུ། རང་གི་ཐུགས་ཀ་ནས་ཧཱུྃ་མཐིང་ནག་ཅིག་འཕྲོས། དགྲ་བགེགས་

གདུག་པ་ཅན་ཐམས་ཅད་ཚར་བཅད། དྲེགས་བྱེད་ཕོ་མོ་རྣམས་ཀྱི་སྲོག་གི་སྙིང་པོ་ཚུར་བསྡུས་ཧཱུྃ་ལ་ཐིམ། དེ་ཡོངས་སུ་གྱུར་པ་ལས། གྲི་གུག་འབར་བ་ཧཱུྃ་གིས་མཚན་པ་གཅིག་ཏུ་གྱུར། ཨོཾ་མ་ཧཱ་ཀཱ་ལ་ཀཱ་ལཱ་ཡ་ཧཱུྃ། གྲི་གུག་འོད་དུ་ཞུ་བ་ལས། དཔལ་མགོན་པོ་སྐུ་མདོག་མཐིང་ནག་དུ་འདུག་པ། སྐུ་ཆེ་ཞིང་ཡན་ལག་རགས་པ། ཞལ་གཅིག་ཕྱག་གཉིས་སྤྱན་གསུམ། མཆེ་བ་བཞི་རབ་ཏུ་གཙིགས་པ། དབུ་སྐྲ་ཁཾ་ནག་གྱེན་དུ་རྫེས་པ། སྐུ་ལ་དར་ནག་གི་འཛོལ་བེར་དགུ་བརྩེགས་གསོལ་བ། ཕྱག་གཡས་གྲི་གུག་ནམ་མཁའ་ལ་འཕྱར་བ། གཡོན་པས་ཐོད་ཁྲག་ཐུགས་ཀར་འཛིན་པ། ཐོད་སྐམ་ལྔ་བཅུ་རྩ་གཅིག་གིས་དོ་ཤལ་བྱས་པ། དུག་སྦྲུལ་གདུག་པས་སྐུ་ལ་བརྒྱན་པ། སྐུ་ལ་བསྐལ་བའི་མེ་དཔུང་སྨུག་ནག་འབར་བ། དེའི་ཤར་དུ་ཨོཾ་ལས་ལྷ་ཚངས་པ་དཀར་པོ་གཡས་དར་མདུང་དཀར་པོ་དང་། གཡོན་ནོར་བུ་འཛིན་པ། ལྷོར་ཡ་ལས་བཙན་ཡམ་ཤུད་དམར་པོ་གཡས་རལ་གྲི་དང་གཡོན་དམར་གཏོར་བསྣམས་པ། སྐུ་ལ་དར་དམར་པོའི་ན་བཟའ་གསོལ་ཞིང་། བཙན་རྟ་དམར་པོ་ལ་ཆིབས་པ། ནུབ་ཏུ་དུ་ལས་བདུད་གིང་ཆེན་ནག་པོ་གཡས་དར་མདུང་ནག་པོ་དང་གཡོན་པར་བུ་བསྣམས་པ། སྐུ་ལ་དར་ནག་པོའི་ན་བཟའ་གསོལ་ཞིང་། བདུད་རྟ་ནག་པོ་ལ་ཆིབས་པ། བྱང་དུ་ཧཱུྃ་ལས་ཀླུ་ཉི་ཊི་སེར་པོ་གཡས་གཉྫི་དང་གཡོན་སྦྲུམ་པ་བསྣམས་པ། སྐུ་ལ་དར་སེར་པོའི་ན་བཟའ་གསོལ་ཞིང་འབྲུག་ལ་ཆིབས་པ། མེ་རི་རབ་ཏུ་འབར་བ། ལྷ་ཚོགས་དེ་རྣམས་ལས་ཡེ་ཤེས་མགོན་པོའི་ཚོགས་སྤྲིན་ལྟར་དུ་འཕྲིག་པ། ལས་ཀྱི་མགོན་པོའི་ཚོགས་རླུང་ལྟར་དུ་འཚུབ་པ། འཇིག་རྟེན་མགོན་པོའི་ཚོགས་ཧ་ཧ་དང་ཧཱུྃ་ཧཱུྃ་གི་སྒྲ་སྒྲོག་པ། མཆོད་ཆ་སྣ་ཚོགས་ཆར་བཞིན་དུ་འབེབས་པ། ལྷ་ཚོགས་དེ་

དག་ཐམས་ཅད་ཀྱི་དཔྲལ་བར་ཨོཾ་དཀར་པོ། མགྲིན་པར་ཨཱཿདམར་པོ། ཐུགས་
ཀར་ཧཱུྃ་སྔོན་པོ། མགོན་པོའི་ཐུགས་ཀར་ཟླ་བ་ལ་ཧཱུྃ་མཐིང་ག །ས་བོན་ལས་འོད་
ཟེར་འཕྲོས་པས། འོག་མིན་དང་། ཆོས་ཀྱི་དབྱིངས་དང་། དུར་ཁྲོད་ཆེན་པོ་
བརྒྱད་ནས། བླ་མ་དང་ཡེ་ཤེས་མགོན་པོ་ཐ་མི་དད་པ་ལ་སངས་རྒྱས་དང་བྱང་
ཆུབ་སེམས་དཔའི་ཚོགས་ཀྱིས་བསྐོར་བ་སྤྱན་དྲངས། བཛྲ་ས་པ་རི་ཝཱ་ར་བཛྲ་ས
མཱ་ཛཿ ཧཱུྃ། དད་པ་དང་ནི་དམ་ཚིག་གིས། །དཔལ་ལྡན་མགོན་པོ་སྤྱན་འདྲེན་
ན། །ཐུགས་རྗེས་ཐུགས་དམ་དབང་གིས་ནི། །བསྟན་པ་བསྲུང་ཕྱིར་གནས་འདིར་
གཤེགས་སུ་གསོལ། །ཡེ་ཤེས་པ་དང་དམ་ཚིག་པ་གཉིས་སུ་མེད་པར་གྱུར། ཨོཾ་སརྦ་ཏ་ཐཱ་ག་ཏ་པདྨ
ཀ་མ་ལ་ཡ་སྟྭཾ། ཛཿཧཱུྃ་བཾ་ཧོཿ སྤགས་བཀྲང་། ཨོཾ་སརྦ་ཏ་ཐཱ་ག་ཏ་ཨརྒྷཾ། པཱ་དྱཾ།
པུཥྤེ། དྷཱུ་པེ། ཨཱ་ལོ་ཀེ། གནྡྷེ། ནཻ་ཝི་དྱེ། ཤབྡ་ཨཱཿཧཱུྃ། ཧཱུྃ། ལས་རྣམས་རྫོགས་བྱེད་
མགོན་པོ་ནག་པོའི་སྐུ། །མཐིང་ནག་མེ་ཡི་འོབས་ཀྱིས་ཀུན་ནས་བསྐོར། །སྐུ་ལ་
བེར་ནག་གསོལ་བས་སྟོང་གསུམ་འདུལ། །ནག་པོ་ཆེན་པོའི་སྐུ་ལ་ཕྱག་འཚལ་
བསྟོད། །གྲི་གུག་འབར་བ་གཡས་ན་བསྣམས་པ་ནི། །སྲོག་རྩ་དམར་པོ་གཅོད་
ཅིང་དོན་སྙིང་འབྱིན། །ཐོད་ཁྲག་དམར་པོ་གཡོན་ན་བསྣམས་པ་ནི། །ལས་ངན་
ཆོས་འཕོར་འཇིག་པའི་སྙིང་ཁྲག་འཐུང་། །བསྟན་པ་རྒྱས་མཛད་ཁྱོད་ལ་ཕྱག་
འཚལ་བསྟོད། །ཤངས་ནས་རླུང་བྱུང་འཇིག་རྟེན་རླུང་ནག་འཚུབ། །ཞལ་ནས་
ཁྲག་འཛག་འཇིག་རྟེན་ནད་ཀྱིས་འགེངས། །བསྟན་པ་གཉན་པོ་བསྲུང་བའི་བྱ་ར་
མཛད། །ཚོགས་ཀྱི་བདག་པོ་ཁྱོད་ལ་ཕྱག་འཚལ་བསྟོད། །བདུད་དང་མུ་སྟེགས་
ཕས་ཀྱི་རྒོལ་བ་ལ། །མཆེ་བ་གཙིགས་ཤིང་ཁྲོ་གཉེར་བསྟན་པ་ཡིས། །ལོག་པར་
ལྟ་བ་ཐམས་ཅད་ཟད་མཛད་པ། །རྒོལ་བ་ཚར་གཅོད་ཁྱོད་ལ༔ སྨོན་ལམ་སྟོབས་

ཀྱིས་རྡོ་རྗེའི་གཟེབ་ནང་དུ། །མ་ཡེངས་འཁོར་རྣམས་བསྲུང་བའི་བསྟན་པ་གཉན་སྲུངས་ཤིག །དམ་རྫས་རྒྱན་གྱི་གཏོར་མ་འདི་བཞེས་ལ། །ཐུགས་དམ་རྒྱུད་བསྐུལ་བཅོལ་བའི་ཕྲིན་ལས་མཛོད། །ནང་མཆོད་དང་རཀྟ་དབང་གཏོར་ལ་བྲན། མགོན་པོའི་སྐུ་ལ་མཆོད་པ་འབུལ། །མགོན་པོའི་གསུང་ལཿ མགོན་པོའི་ཐུགས་ལཿ ཐུགས་རྗེས་དགོངས་ཏེ་བཞེས་སུ་གསོལ། །བཞེས་ནས་བྱིན་གྱིས་རླབས་དུ་གསོལ། །སྐབས་གསུམ་གྲངས་ཀྱིས་མཚན་པའི་ལྷུན་པོ་དང་། །ལུས་ཅན་ཡོ་བྱད་རྫོགས་པའི་གླིང་རྣམས་དང་། །རིན་ཆེན་ས་འཛིན་རྣམས་དང་བདུད་རྩིའི་མཚོ། །དག་བྱེད་མུ་ཁྲུད་ཕྱོགས་རྣམས་བཀང་སྟེ་འབུལ། །ཚོགས་ལ་ཆབ་བྲན་ནས་གཞུང་ལྟར་བསྔོ། ཚོགས་ཕུད་གཏོར་མ་ལ་བྲན། སྤྱི་མཐུན་བཞིན་བསྔོ།

སློབ་མ་རྣམས་ཁྲུས་བྱེད། གྲལ་ལ་འཁོད། ཤ་ཆེན་དང་། གུ་གུལ་བསྲེག །མནྡལ་ཕུལ། སློབ་དཔོན་གྱིས་ཆོས་བཤད་རྒྱུས་བསྟུས་སྐབས་དང་སྦྱར་ནས་བྱས་ཤིང་། དཀོན་མཆོག་གསུམ་ལ་བདག་སྐྱབས་མཆི། །སྡིག་པ་མི་དགེ་སོ་སོར་བཤགས། །འགྲོ་བའི་དགེ་ལ་རྗེས་ཡི་རང་། །སངས་རྒྱས་བྱང་ཆུབ་ཡིད་ཀྱིས་བཟུང་། །སངས་རྒྱས་ཆོས་དང་ཚོགས་མཆོག་ལ། །བྱང་ཆུབ་བར་དུ་སྐྱབས་སུ་མཆི། །རང་གཞན་དོན་ནི་རབ་སྒྲུབ་ཕྱིར། །བྱང་ཆུབ་སེམས་ནི་བསྐྱེད་པར་བགྱི། །བྱང་ཆུབ་མཆོག་གི་སེམས་ནི་བསྐྱེད་བགྱིས་ནས། །སེམས་ཅན་ཐམས་ཅད་བདག་གི་མགྲོན་དུ་གཉེར། །བྱང་ཆུབ་སྤྱོད་མཆོག་ཡིད་འོང་སྤྱད་པར་བགྱི། །འགྲོ་ལ་ཕན་ཕྱིར་སངས་རྒྱས་འགྲུབ་པར་ཤོག །ལན་གསུམ། བྱམས་ཆུས་བསང་། ཁྱེད་རང་རྣམས་སྐད་ཅིག་གིས་ཡེ་ཤེས་མགོན་པོར་གསལ་བའི་དཔྲལ་བར་ཨོཾ། མགྲིན་པར་ཨཱཿ ཐུགས་ཁར་ཧཱུྃ། དྲིའི་ཐིག་ལེ་བྱེད། ཨོཾ་ཨཱཿཧཱུྃ། བརྟན་པར་བྱས་ཤིང་། ཡེ་ཤེས་དབབ་པ་ནི། མདུན་གྱི་ནམ་མཁའི་གནས་སུ། བླ་མ་དང་ཡེ་ཤེས་མགོན་པོ་ཐ་

དད་མེད་པ་སྐུ་མདོག་མཐིང་ནག་ཞལ་གཅིག་ཕྱག་གཉིས། གྲི་གུག་དང་ཐོད་ཁྲག་འཛིན་པ། དེའི་འཁོར་དུ་ལྷ། བཙན། བདུད། ཀླུ། ཡེ་ཤེས་མགོན་པོའི་ཚོགས་སྤྲིན་ལྟར་དུ་གཏིབས་པ། ལས་ཀྱི་མགོན་པོའི་ཚོགས་རླུང་ལྟར་དུ་འཚུབ་པ། འཇིག་རྟེན་མགོན་པོའི་ཚོགས་ཏ་ཏ་དང་ཧཱུཾ་ཧཱུཾ་གི་སྒྲ་སྒྲོག་པ། མཚོན་ཆ་སྣ་ཚོགས་ཆར་བཞིན་དུ་འབེབས་པ། ལྷ་ཚོགས་དེ་དག་ཐམས་ཅད་ཀྱི་སྐུ་ལུས་ཀྱི་ཆ་ལས། ཡེ་ཤེས་ནམ་མཁའ་ལྟ་བུ། ནོར་བུ་ལྟ་བུ། བདུད་རྩི་ལྟ་བུའི་ཚོགས་ཆར་བཞིན་དུ་བབ་པས། ཁྱེད་རང་རྣམ་པའི་སྐུ་ལུས་ལ་སིབ་ཀྱིས་ཐིམ་པའི་མོས་པ་མཛོད། རོལ་མོ་དཀྲོལ། གུ་གུལ་དང་ཤ་ཆེན་དུད་པས་བདུག །ཨོཾ་མ་ཧཱ་ཀཱ་ལ་ཀཱ་ལཱ་ཡ་ཧཱུཾ། རྡོ་རྗེ་མགོར་བཞག །ཏིཥྛ་བཛྲ། བརྟན་པར་བྱེད།

དབང་དངོས་གཞི་ཞུ་བའི་དོན་དུ་མཎྜལ་ཕུལ། གཏོར་མ་མགོར་བཟུང་། ཧཱུཾ། ཆོས་ཀྱི་དབྱིངས་ཀྱི་དཀྱིལ་འཁོར་ནས། །ཡེ་ཤེས་མགོན་པོ་འཁོར་དང་བཅས། །འདིར་གཤེགས་འདི་ལ་དགོངས་ནས་ཀྱང་། །དབང་བསྐུར་བྱིན་གྱིས་བརླབ་ཏུ་གསོལ། །ནམ་མཁའ་དབྱིངས་ཀྱི་དཀྱིལ་འཁོར་ནས། །འཇིག་རྟེན་མགོན་པོ་རྫུ་འཕྲུལ་ཅན། །ལྷ་དམག་བྱེ་བ་འབུམ་གྱིས་བསྐོར། །འདིར་གཤེགས་སོགས། རི་རབ་ཆེན་པོའི་སྟེང་ཤེད་ནས། །སྲས་མཆོག་ནག་པོ་མཐུ་བོ་ཆེ། །ཕྱོགས་བཅུ་མགོན་པོའི་ཚོགས་ཀྱིས་བསྐོར། །འདིར་གཤེགས་འདི་ལ་དགོངས་ནས་ཀྱང་། །དབང་བསྐུར་བྱིན་གྱིས་བརླབ་ཏུ་གསོལ། །བླ་མ་དང་ཡེ་ཤེས་མགོན་པོ་ཐ་མི་དད་པའི་སྐུ་ལུས་ནས། སྐུ་ཆེ་ཆུང་འབྲིང་གསུམ་གྱི་ཚོགས་ཆར་བཞིན་དུ་བབ། ཁྱེད་རང་རྣམ་པའི་ལུས་ལ་སིབ་ཀྱིས་ཐིམ་པའི་མོས་པ་གྱིས། རོལ་མོ་དཀྲོལ། ཨོཾ་མ་ཧཱ་ཀཱ་ལ་ཀཱ་ལཱ་ཡ་ཧཱུཾ། སོགས་ཀྱི་སྔགས་རིང་ཐུང་བཟླས། ནང་མཆོད་བླུད། རྗེ་ལྟར་བལྟམས་པ་སོགས་བརྗོད། དེས་སྐུ་ཡི་དབང་ཐོབ་པས་ལུས་ཀྱི་སྒྲིབ་པ་དག །སྐུ་

ཡི་དབང་ཐོབ་པའི་མོས་པ་གྱིས། ཕྲེང་བ་གཏད། མགོན་པོའི་སྔགས་བགྲང་། ཕྲེང་བ་མགྲིན་པར་གདུགས། ངག་བཟླས་པའི་རིམ་པ་དང་མ་བྲལ་བར་གྱིས་ཤིག །ནང་མཆོད་བླུད། ཇི་ལྟར༔ བཟླས་ལུང་ལ་བརྟེན་ནས་ངག་གི་སྒྲིབ་པ་དག །བཟླས་པའི་དབང་ཐོབ་པའི་མོས་པ་གྱིས། ཐུགས་ཀྱི་རྗེས་གནང་ཞུ་བའི་དོན་དུ་གསོལ་འདེབས་གོང་བཞིན་བྱེད། བླ་མ་དང་ཡེ་ཤེས་མགོན་པོ་ཐ་མི་དད་པའི་ཐུགས་ཀ་ནས་ཕྱག་མཚན་གྱི་རྣམ་པ་བྱུང་། དེ་འོད་དུ་ཞུ། ཁྱེད་རང་ཚོའི་སྙིང་གར་ཐིམ་པའི་མོས་པ་གྱིས། རོལ་མོ་དང་། མ་ཧཱ་ཀཱ་ལ་སོགས་གོང་བཞིན་བྱེད། ཇི་ལྟར༔ དེས་ཐུགས་ཀྱི་རྗེས་གནང་ལ་བརྟེན་ནས་ཡིད་ཀྱི་སྒྲིབ་པ་དག །ཐུགས་ཀྱི་རྗེས་གནང་ཐོབ་པའི་མོས་པ་གྱིས། གཏོར་མ་མགོར་བཞག །བླ་མ་དང་ཡེ་ཤེས་མགོན་པོ་ཐ་མི་དད་པ་ཁྱེད་རང་ལ་ཐིམ་པའི་མོས་པ་གྱིས་བརྗོད་ལ། ཆོས་སྐྱོང་དྲུག་པ་རྡོ་རྗེ་འཆང་ཆེན་པོ། ཕྱག་ན་རྡོ་རྗེ། ཀྃ་བི་པ། ཟངས་དཀར་བ། ཉི་མ་འབར། རྡོ་སྲས། རས་ཆེན་པ། སྤྱོམ་བྲག་པ། གཙྪ་པ། གཉན་རས། རང་བྱུང་པ། གནམ་ཐོག་པ། ཡོར་དཔལ་བ། འཇམ་དབྱངས་པ། རྗེ་བཙུན་རིན་པོ་ཆེ་འཇམ་དཔལ་རྒྱ་མཚོ། དཔལ་ལྡན་བླ་མ་བརྒྱུད་པ་དང་བཅས་པ་རྣམས་ཀྱིས། རྡོ་རྗེ་སློབ་མ་འདི་དག་ལ་དབང་བཞི་བསྐུར། རྒྱུད་བཞི་སྨིན། ཕྲིན་ལས་རྣམ་བཞིའི་དངོས་གྲུབ་སྩོལ་དུ་གསོལ། གཞན་ཡང་བཀའ་བསྒོ་གང་ཤེས་བརྗོད། བཀྲ་ཤིས་བརྗོད། གཙོ་བོས་ཇི་ལྟར་བཀའ་སྩལ་པ། །དེ་དག་ཐམས་ཅད་བདག་གིས་བགྱིད། །མཎྜལ་ཕུལ། ཚོགས་ཕུད་དཀྱིལ་འཁོར་ལྷ་ལ་ཕུལ། ཚོགས་ལ་ལོངས་སྤྱོད། ལྷག་མ་བསྡུ། ཚབ་བྲན། དཔལ་ཡེ་ཤེས་ཀྱི་མགོན་པོ་འཁོར་དང་བཅས་པ་རྣམས་ཀྱིས་བཀའི་ཕྱི་རོལ་ན་གནས་པའི་དཔའ་བོ་མཁའ་འགྲོ་རྣམས་ལ་ལྷག་མའི་ཕུང་པོ་སྦྱིན་ནོ། །ཨོཾ་ཨུ་ཙྪིཥྚ་བ་ལིཾ་ཏ་ཧཀྵ་ཡ་ཧཀྵ་ཡ་སྭཱ་ཧཱ། རོལ་མོ་དང་བཅས་ཏེ་ལྷག་མ་ཕྱི་རོལ་དུ་མི་གཏོར་བར་བོགས་ཀྱིས་བླུག །གཏོར་སྔོད་བཤལ། ཁ་སྲུབ། དབང་གཏོར། བྱུང་

ན་ཞག་གསུམ་ཙམ་མི་གཤེགས། དེ་ནས་གཤེགས། མ་འཁྲུར་བ་དང་ཉམས་པ་དང་། །གང་ཡང་བདག་རྨོངས་བློ་ཡིས་ནི། །བགྱིས་པ་དང་ནི་བགྱིད་སྐུལ་བ། །དེ་ཀུན་མགོན་པོས་བཟོད་པར་མཛོད། །ཚིག་ལྷག་ཆད་གང་མཆིས་པ། །དཀྱིལ་འཁོར་ལྷ་ཡིས་བཟོད་པར་མཛོད། །ཨོཾ་བཛྲ་སཏྭ་ས་མ་ཡ་སོགས་ཀྱིས་ལྷག་ཆད་ཁ་བསྐང་། བཅོམ་ལྡན་འདས་ཀྱི་སྤྱན་སྔ་རུ། །སྒྲུབ་པ་བྱེད་པའི་གང་ཟག་ལ། །བུ་བཞིན་སྐྱོང་བར་ཞལ་བཞེས་པའི། །ཆོས་སྐྱོང་སྲུང་མ་རྣམས་ཀྱི་བཀྲ་ཤིས་ཤོག །ཡེ་ཤེས་པ་རང་གནས་སུ་གཤེགས། དམ་ཚིག་པ་རང་ལ་ཐིམ་པར་གྱུར། ཨོཾ་ཁྱེད་ཀྱིས་སེམས་ཅན་དོན་ཀུན་མཛད། །རྗེས་སུ་མཐུན་པའི་དངོས་གྲུབ་རྩོལ། །སངས་རྒྱས་ཞིང་དུ་གཤེགས་སུ་གསོལ། །སངས་རྒྱས་ཞིང་དུ་གཤེགས་ནས་ཀྱང་། །སེམས་ཅན་རྣམས་ཀྱི་དོན་སླད་དུ། །སླར་ཡང་འབྱོན་པར་མཛད་དུ་གསོལ། །བཛྲ་མཿམཚོད་སྦྱིན་གནས་འདིར་གང་ལྷགས་པའི། །འབྱུང་པོ་ས་འདོག་རྒྱུ་བ་དང་། །གང་ཡང་ས་སྟེང་འཁོད་པ་དང་། །ས་བླར་གྱུར་པ་གང་ཡིན་པ། །མགུ་བར་གྱིས་ལ་རང་གནས་སུ། །ཐམས་ཅད་ཐམས་ཅད་འགྲོ་བར་གྱིས། །ཆོས་དབྱིངས་བྱང་ཆུབ་སེམས་ཀྱི་དཀྱིལ་འཁོར་དུ། །བདག་སོགས་སེམས་ཅན་ཐམས་ཅད་ཀྱིས། །དུས་གསུམ་བསགས་དང་རྫོགས་པ་ཡིས། །འགྲོ་དྲུག་སེམས་ཅན་མ་ལུས་པ། །སྐུ་ལྔ་ཡོངས་རྫོགས་སངས་རྒྱས་མྱུར་འགྲུབ་ཤོག །གཙོད་གདན་ཐོག་གཅིག་མའི་ཁྲིད་ཡིག་ཕྲིན་ལས་རྒྱ་མཚོ་ལས། ཡེ་ཤེས་མགོན་པོ་བེར་ནག་ཅན་ལྷ་ལྔའི་རྗེས་གནང་ཕྲིན་ལས་ཀུན་ཁྱབ་ཅེས་བྱ་བ་འདི་མཚུར་ཕུ་རིན་པོ་ཆེ་དོན་གྲུབ་རྣམ་རྒྱལ་རྒྱ་མཚོ་དཔལ་བཟང་པོའི་ཞལ་སྔ་ནས་ཡང་ཡང་བཀའ་ཕེབས་པ་ལ་བརྟེན་ནས། ཤཀྱའི་དགེ་སློང་ཀྲི་འོ་ཆོས་ཀྱི་རྒྱ་མཚོ་ཞེས་བྱ་བས། ས་ཕོ་བྱི་བའི་ལོ་ཧོར་ཟླ་དང་པོའི་ཚེས་གྲངས་འགྲུབ་སྦྱོར་བཟང་པོ་ལ། ཕག་མོ་ཆོས་རྫོང་གི་གསེར་ཁང་དུ་སྦྱར་བའོ། །དགེ་བ་མ་ཆགས་སེམས་ཅན་རྣམས་ལ་བསྔོ། ལྷན་ཐབས་ཡིག་ཆུང་ངོ་། །བཀྲ་ཤིས་དཔལ་འབར་འཛམ་གླིང་རྒྱལ་བའི་རྒྱན་དུ་ཤོག། །།

༄༅། །ཀླུའི་རྒྱལ་པོ་དྲག་པོ་ལག་སྐྱོང་གི་སྒྲུབ་ཐབས་དངོས་གྲུབ་ཀུན་འབྱུང་བཞུགས་སོ། །

བླ་མ་དང་མཁའ་འགྲོའི་ཚོགས་ལ་ཕྱག་འཚལ་ལོ། །ཀླུ་ཡི་སྒྲུབ་ཐབས་ཀྱི་རིམ་པ་བྲི་བར་བྱ་སྟེ། སྔོན་འགྲོ་དཀྱིལ་འཁོར་བཅའ་གཞི། མཆོད་བཤམས་ཀྱི་རིམ་པ་ལེགས་པར་བྱས་ནས། དབང་གཏོར་རིན་པོ་ཆེ་འབར་བ་ལྟ་བུ་ལ། གཏོར་ཚུང་བརྒྱད་ཀྱིས་བསྐོར་ཞིང་། གཏོར་འདབ་དང་དཀར་རྒྱན་གྲུབ་པར་བྱ། དཀྱིལ་འཁོར་དབུས་སུ་མཐེའི་ཐོག་ཏུ་བཤམ། གོང་དུ་བླ་མའི་གཏོར་མ། མཁའ་འགྲོ་ཚོས་སྐྱོང་དང་། གཞི་བདག་གཏོར་མ་སོགས་ལ་དཀར་དམར་གྱི་རྒྱན་དང་། གཏོར་འདབ་ཀྱིས་བསྐོར་ནས་བཤམ། ཚོགས་ཀྱི་ཡོ་བྱད་ཚོ་ཡང་སྤྱི་དང་མཐུན། རང་ཉིད་བསྟན་བདེ་བ་ལ་བཞུགས་པའི་མདུན་དུ་སྟེགས་ཀྱི་ཁར། ནང་མཆོད། ཊ་དྲིལ། ལས་བུམ་སོགས་བཞག་སྟེ། ནང་མཆོད་བྱིན་རླབས་བྱེད། སྔོན་འགྲོ་གཏོར་མ་ལ་ཆུ་གཙང་བྲན་ཏེ། ཨོཾ་སྭ་བྷཱ་ཝ་ཤུདྡྷཿསརྦ་དྷརྨཱཿསྭ་བྷཱ་ཝ་ཤུདྡྷོ྅ཧཾ། སྟོང་པ་ཉིད་དུ་གྱུར། སྟོང་པའི་ངང་ལས་ཨོཾ་ཡིག་དཀར་པོ་འོད་དུ་ཞུ་བ་ལས་བྱུང་བའི་གཏོར་མ་དངས་ཤིང་ཐོགས་པ་མེད་པ། གཞི་བདག་རྣམས་ཀྱི་འདོད་པའི་ཡོན་ཏན་ལྔ་དང་ལྡན་པར་གྱུར། ཨོཾ་ཨ་ཀཱ་རོ་མུ་ཁཾ་སརྦ་དྷརྨཱ་ཎཱཾ་ཨཱ་དྱ་ནུཏྤནྣ་ཏྭཱཏ་ཨོཾ་ཨཱཿཧཱུྃ་ཕཊ་སྭཱ་ཧཱ། མཆོད་སྦྱིན་གྱི་གཏོར་མ་རྒྱ་ཆེན་པོ་འདི་བསྔོ་ཞིང་འབུལ་བའི་གནས་སུ་གྱུར་པ་ནི། སྟོང་གསུམ་གྱི་སྟོང་ཆེན་པོ་མཐོ་

བ་ནམ་མཁའ། དམའ་བ་ས་གཞི། དབུས་ཀྱི་རི་བོ་མཆོག་རབ། གསེར་གྱི་རི་བདུན། རོལ་པའི་མཚོ་བདུན། མཚོ་མ་ཕམ། གངས་ཏི་སེ། རྒྱ་གར། ཁ་ཆེ། རྒྱ་ནག་རི་བོ་རྩེ་ལྔ། བོད་ཀྱི་མགུར་ལྷ་བཅུ་གསུམ། འཛམ་གླིང་གི་བརྟན་མ་བཅུ་གཉིས། སྲིད་པ་ཆགས་པའི་ལྷ་དགུ། སྟོད་མངའ་རིས་སྐོར་གསུམ། བར་དབུས་གཙང་རུ་བཞི། སྨད་མདོ་ཁམས་སྒང་གསུམ་ལ་གནས་པའི་གཞི་བདག་རྣམས་ལ་འབུལ་ལོ། །མཆོད་སྦྱིན་གྱི་གཏོར་མ་རྒྱ་ཆེན་པོ་འདི་བཞེས་ལ། བདག་ཅག་དཔོན་སློབ་གྲྭ་ཚན་གྲོགས་མཆེད། ཡོན་མཆོད་འཁོར་དང་བཅས་པ་རྣམས་འགྲོ་ན་མ་བཤོལ། འདུག་ན་མ་སྡང་། བསམ་པ་མ་ངན། སྦྱོར་བ་མ་རྩུབ། ལས་དཀར་པོ་དགེ་བའི་སྡོང་གྲོགས། བསོད་ནམས་ཀྱི་སྡོང་གྲོགས། ཆོས་མཐུན་གྱི་སྡོང་གྲོགས་རྒྱ་ཆེན་པོ་མཛད་དུ་གསོལ། རོལ་མོ་བྲྭ། གཏོར་མ་ཕྱི་རོལ་དུ་དོར། སུམྦྷ་ནི་སུམྦྷ། ཧཱུྃ་ཧཱུྃ་ཕཊ། གྲྀཧྞ་གྲྀཧྞ་ཧཱུྃ་ཧཱུྃ་ཕཊ། གྲྀཧྞ་པ་ཡ་གྲྀཧྞ་པ་ཡ་ཧཱུྃ་ཧཱུྃ་ཕཊ། ཨཱ་ན་ཡ་ཧོ་བྷ་ག་ཝན། བིདྱཱ་རཱ་ཛ་ཧཱུྃ་ཕཊ། བསྐུང་འཁོར་བསྒོམ། ན་མོ་གནས་ཀྱི་གདོན་དང་ལུས་ཀྱི་གདོན། །གནས་གདོན་གཙོ་བྱས་སེམས་ཅན་རྣམས། །ཀྱེ། མ་མི་མིན་ཡེ་ཤེས་མཁའ་འགྲོ་མ། །ལབ་ཀྱི་སྒྲོན་མའི་སྐུ་ལ་སྐྱབས་སུ་མཆི། །རང་རིག་ཡེ་ཤེས་སྟོན་མཛད་པ། །བླ་མ་རྣམས་ལ་སྐྱབས་སུ་མཆི། །དངོས་གྲུབ་ངེས་པར་འབྱུང་བ་ཡི། །ཡི་དམ་ལྷ་ལ༔ སྤངས་རྟོགས་ཕུན་སུམ་ཚོགས་པ་ཡི། །སངས་རྒྱས་རྣམས་ལ༔ ཞི་ཁྲུར་འདོད་ཆགས་བྲལ་བ་ཡི། །དམ་ཆོས་རྣམས་ལ༔ གང་ལ་ཕུལ་ན་དོན་ཆེ་བ། །དགེ་འདུན་རྣམས་ལ༔ ཁྱེད་རྣམས་ལ་ནི་བདག་སྐྱབས་མཆི། །ཁྱེད་རྣམས་ལ་ནི་བདག་བརྟེན་ནོ། །སྡིག་པ་མི་དགེ་སོ་སོར་བཤགས། །འགྲོ་བའི་དགེ་ལ་རྗེས་ཡི་རང་། །ཆོས་ཀྱི་འཁོར་ལོ་བསྐོར་དུ་གསོལ། །སངས་རྒྱས་ཆོས་

དང་ཚོགས་ཀྱི་མཆོག་རྣམས་ལ། །བྱང་ཆུབ་མ་ཐོབ་བར་དུ་བདག་ནི་སྐྱབས་སུ་མཆི། །བདག་གིས་སྦྱིན་སོགས་བགྱིས་པའི་བསོད་ནམས་ཀྱིས། །འགྲོ་ལ་ཕན་ཕྱིར་སངས་རྒྱས་འགྲུབ་པར་ཤོག །

ཨོཾ་སྭ་བྷཱ་ཝ་ཤུདྡྷཿསརྦ་དྷརྨཱཿསྭ་བྷཱ་ཝ་ཤུདྡྷོ྅ཧཾ། སྟོང་པ་ཉིད་དུ་གྱུར། སྟོང་པའི་ངང་ལས་མདུན་གྱི་ནམ་མཁར་སྣ་ཚོགས་པདྨ་འདབ་མ་བཞི་པའི་ཟེའུ་འབྲུར་ཟླ་བའི་སྟེང་དུ་ཡི་གེ་ཧཱུྃ་ཡིག་དཀར་པོ། པད་འདབ་བཞི་ལ་ཧ་རི་ནི་ས། ཡི་གེ་ལྷཱུ་ལས་འོད་ཟེར་འཕྲོས། འཕགས་པ་མཆོད། སེམས་ཅན་གྱི་དོན་བྱས། ཚུར་འདུས་ཡོངས་སུ་གྱུར་པ་ལས། དབུས་སུ་ཧཱུྃ་ལས་མ་གཅིག་ལབ་ཀྱི་སྒྲོན་མ་སྐུ་མདོག་དཀར་མོ་ཞལ་གཅིག་ཕྱག་གཉིས་གཡས་ཌ་མ་རུ་དང་། གཡོན་དྲིལ་བུ་འཁྲོལ་བ། སྐུ་ལ་དར་དཀར་པོ་དང་། སྔོན་པོ་དང་། ལྗང་གུ་དང་། དམར་པོའི་ན་བཟའ་ལྷབ་ལྷུབ་ཏུ་གསོལ་བ། དབུ་སྐྲ་རལ་པ་སྤྱི་བོར་བཅིངས་ཤིང་། རིན་པོ་ཆེའི་རྒྱན་དུ་མས་བརྒྱན་པ། ཤར་དུ་རྡོ་རྗེ་མཁའ་འགྲོ། ལྷོར་རིན་ཆེན་མཁའ་འགྲོ། ནུབ་ཏུ་པདྨ་མཁའ་འགྲོ། བྱང་དུ་ལས་ཀྱི་མཁའ་འགྲོ་རྣམས་རྒྱན་ཆ་ལུགས་གཙོ་མོ་དང་མཚུངས་པའོ། །ལྷ་ཚོགས་དེ་རྣམས་ཀྱི་དཔྲལ་བར་ཨོཾ། མགྲིན་པར་ཨཱཿ ཐུགས་ཀར་ཧཱུྃ། ཐུགས་ཀའི་ཧཱུྃ་ལས་འོད་ཟེར་འཕྲོས་པས། ཆོས་ཀྱི་དབྱིངས་ནས་རིགས་ལྔ་མཁའ་འགྲོ་ལ་སངས་རྒྱས་དང་བྱང་ཆུབ་སེམས་དཔའི་ཚོགས་ཀྱིས་བསྐོར་བ་སྤྱན་དྲངས། བཛྲ་ས་མ་ཛཿ ཛཿཧཱུྃ་བཾ་ཧོཿ གཉིས་སུ་མེད་པར་གྱུར། ཨརྒྷཾ་ཨཱཿཧཱུྃ། པུཥྤེ། དྷཱུ་པེ། ཨ་ལོ་ཀེ། གནྡྷེ། ནཻ་ཝི་དྱེ། ཤབྡ་ཨཱཿཧཱུྃ། སྨྲ་བསམ་བརྗོད་མེད་ཤེས་རབ་ཕ་རོལ་ཕྱིན། །མ་སྐྱེས་མི་འགག་ནམ་མཁའི་ངོ་བོ་ཉིད། །སོ་སོ་རང་རིག་ཡེ་ཤེས་སྤྱོད་ཡུལ་བ། །དུས་གསུམ་རྒྱལ་བའི་ཡུམ་ལ་ཕྱག་འཚལ་བསྟོད། །ཐུགས་

ཀར་ཧཱུྃ་གི་མཐར་གཡས་བསྐོར་དུ། ཧཧ་ཕཊ། ཨོཾ་ག་ཏེ་ག་ཏེ་པ་ར་ག་ཏེ་པ་ར་སཾ་ག་ཏེ་བོ་དྷི་ཡེ་སྭཱ་ཧཱ།

མདུན་བསྐྱེད་ནི། ཨོཾ་སྭ་བྷཱ་ཝ་ཤུདྡྷཿསརྦ་དྷརྨཱཿསྭ་བྷཱ་ཝ་ཤུདྡྷོ྅ཧཾ། སྟོང་པ་ཉིད་དུ་གྱུར། སྟོང་པའི་ངང་ལས་ཕོ་བྲང་ཆེན་པོ་གྲུ་བཞི་སྒོ་བཞི་བརྩིགས་པ་རིམ་པ་བཞི་ལ། ནང་ནས་རིམ་པ་བཞིན་དུ། སེར་པོ། དམར་པོ། སྔོན་པོ། ལྗང་གུ་ལ་རིན་པོ་ཆེའི་དྲ་བ་དྲ་ཕྱེད། མུ་ཏིག་གི་ཕྲེང་བ། ཆུ་སྲིན་གྱིས་ཁ་ནས་སྐྱུག་པའི་རིན་པོ་ཆེའི་ཆུན་འཕྱང་། བླ་རེས། གདུགས་དང་། རྒྱལ་མཚན་དང་། འཕན་དང་། རིན་པོ་ཆེའི་ཏོག་གིས་མཚན་པའོ། །དེའི་དབུས་སུ་པདྨ་འདབ་བརྒྱད་ཀྱི་ལྟེ་བར་ཡི་གེ་ཕུཿསེར་པོ། དེ་ཡོངས་སུ་གྱུར་པ་ལས། ཀླུའི་རྒྱལ་པོ་ཆེན་པོ་དྲག་པོ་ལག་ན་སྐྱོང་སྐུ་མདོག་སེར་པོ་ཞལ་གཅིག་ཕྱག་བཞི། སྦྲུལ་མགོ་བདུན་གྱི་གདེངས་ཀ་དང་ལྡན་པ། ཕྱག་དང་པོ་གཉིས་ཐུགས་ཀར་ཐལ་མོ་སྦྱར་བ། གཡས་ཀྱི་འོག་མ་ན་རིན་པོ་ཆེ་འབར་བ་བསྣམས་ཤིང་། གཡོན་གྱི་འོག་མ་ན་རིན་པོ་ཆེ་སྣ་ཚོགས་ཀྱིས་བཀང་བའི་གཏེར་གྱི་བུམ་པ་བསྣམས་པ། ཁྲིའུ་ཆུང་གི་ཚུལ་དུ་གཞོན་ཞིང་སྐྱིག་པ། སྐུ་སྨད་སྦྲུལ་གྱི་མཇུག་མ་གདན་དུ་བཏིང་བ། དེའི་ཤར་གྱི་འདབ་མ་ལ་མཐའ་ཡས་དཀར་པོ་གཡས་ཨུཏྤ་ལ་འཛིན་པ། འཇོག་པོ་དམར་པོ་གཡས་དགྲ་སྟ་འཛིན་པ། སྟོབས་རྒྱུ་ལྗང་གུ་གཡས་ནོར་བུ་འཛིན་པ། སྦྲུལ་འཛིན་ནག་པོ་གཡས་སྦྲུལ་ཞགས་འཛིན་པ། དུང་སྐྱོང་སེར་པོ་གཡས་པདྨ་འཛིན་པ། རིགས་ལྡན་ཁྲ་བོ་གཡས་རིན་པོ་ཆེ་འཛིན་པ། ཏུ་ལུན་ལྗང་གུ་གཡས་ནོར་གཞོང་འཛིན་པ། དབྱུག་འཛིན་དམར་པོ་གཡས་ཞགས་པ་འཛིན་པ། གཡོན་པ་རྣམས་ཀྱིས་རིན་པོ་ཆེའི་གཞོང་པ་འཛིན་པ། དེ་ཡི་ཕྱི་རོལ་ནས་

གླུ་དང་ས་བདག་གིས་བསྐོར་བ། དེ་ཡི་ཕྱི་རོལ་ནས་བཙན་དང་། བདུད་དང་། གཟའ་རྣམས་ཀྱིས་བསྐོར་ཞིང་གཙོ་བོ་ལ་འདུད་པའོ། །ལྷ་ཚོགས་དེ་དག་ཐམས་ཅད་ཀྱི་སྐུ་གསུང་ཐུགས་ལས་འོད་ཟེར་འཕྲོས་པས། རང་བཞིན་གྱི་གནས་ནས་ཀླུ་ཡི་ཚོགས་ཡེ་ཤེས་པའི་ཚུལ་དུ་བྱུང་སྟེ། ཀླུ་ཆེན་འཁོར་དང་བཅས་པ་ལ་ཐིམ་པར་གྱུར། ནཱ་ག་ནཱ་ཛ་བཛྲ་ས་མ་ཛཿ ཛཿཧཱུྃ་བཾ་ཧོ། གཉིས་སུ་མེད་པར་གྱུར། བཛྲ་ཨམྲྀ་ཏ་ཧཱུྃ། ཕུཥྤེ། དྷཱུ་པེ། ཨཱ་ལོ་ཀེ། གནྡྷེ། ནེ་ཝི་དྱ། ཤབྟ་ཨཱཿཧཱུྃ། གདེངས་ཀ་ནོར་བུ་འབར་བའི་འོད་ཀྱིས་ནི། །ས་འོག་མུན་པའི་ཚོགས་རྣམས་འཇོམས་མཛད་ཅིང་། །བསྟན་ལ་རབ་དགའ་མཐུ་སྟོབས་བསམ་མི་ཁྱབ། །ཀླུ་རྒྱལ་འཁོར་དང་བཅས་ལ་ཕྱག་འཚལ་བསྟོད། །འཁོར་ལོ་ནོར་བུ་བཙུན་མོ་དང་། །བློན་པོ་གླང་པོ་རྟ་མཆོག་དང་། །དམག་དཔོན་རིན་ཆེན་སྣ་བདུན་རྣམས། །ཀླུ་རྒྱལ་འཁོར་དང་བཅས་ལ་ཕྱག་འཚལ་བསྟོད། །མཛེས་པའི་དཀར་གསུམ་གཏོར་མར་བཅས། །མངར་གསུམ་འོ་མའི་རྒྱ་མཚོ་ཆེ། །ཀླུ་རྒྱལ་འཁོར་བཅས་བཞེས་སུ་གསོལ། །བཞེས་ནས་དངོས་གྲུབ་རྩོལ་དུ་གསོལ། །སངས་རྒྱས་བསྟན་པ་གཉན་པོ་ཁྱོད་ཀྱིས་སྲུངས། །རྣལ་འབྱོར་ཆོས་བཞིན་སྤྱོད་པའི་བྱ་ར་མཛོད། །འདོད་དགུ་ཆར་བཞིན་འབབ་པའི་དངོས་གྲུབ་སྩོལ། །རྐྱེན་ངན་བར་ཆད་ཐམས་ཅད་བསལ་དུ་གསོལ། །ས་གཞི་སྤྱོས་ཀྱིས་བྱུགས་ཤིང་མེ་ཏོག་བཀྲམ། །རི་རབ་གླིང་བཞི་ཉི་ཟླས་བརྒྱན་པ་འདི། །སངས་རྒྱས་ཞིང་དུ་དམིགས་ཏེ་ཕུལ་བ་ཡིས། །འགྲོ་ཀུན་རྣམ་དག་ཞིང་ལ་སྤྱོད་པར་ཤོག །དེ་ནས་ཚོགས་དང་གཏོར་མ་གཞུང་བཞིན་བསྔོ། །འཇོམ་ན་ཀླུ་སྨན་དང་བཅས་ཏེ་ཀླུ་གཏོར་བསྔོ་བ་བྱེད།

བདག་འཇུག་ནི། སློབ་མ་ཁྲུས་བྱེད། གྲལ་ལ་འཁོད། མཎྜལ་དང་མེ་ཏོག་ཕུལ། སློབ་དཔོན་གྱིས་ཆོས་བཤད་གཞུང་

ལྷར་བྱས་ནས། དཀོན་མཆོག་གསུམ་ལ་བདག་སྐྱབས་མཆི། །སྡིག་པ་མི་དགེ་སོ་སོར་བཤགས། །འགྲོ་བའི་དགེ་ལ་རྗེས་ཡི་རང་། །སངས་རྒྱས་བྱང་ཆུབ་ཡིད་ཀྱིས་བཟུང་། །སངས་རྒྱས་ཆོས་དང་ཚོགས་མཆོག་ལ། །བྱང་ཆུབ་བར་སྐྱབས་སུ་མཆི། །རང་གཞན་དོན་ནི་རབ་བསྒྲུབ་ཕྱིར། །བྱང་ཆུབ་སེམས་ནི་བསྐྱེད་པར་བགྱི། །བྱང་ཆུབ་མཆོག་གི་སེམས་ནི་བསྐྱེད་བགྱིས་ནས། །སེམས་ཅན་ཐམས་ཅད་བདག་གི་མགྲོན་དུ་གཉེར། །བྱང་ཆུབ་སྤྱོད་མཆོག་ཡིད་འོང་སྤྱད་པར་བགྱི། །འགྲོ་ལ་ཕན་ཕྱིར་སངས་རྒྱས་འགྲུབ་པར་ཤོག །ལན་གསུམ་བརྗོད། སློབ་མ་རྣམས་ཐུམ་ཆུས་བསང་སྟེ། སྐད་ཅིག་གིས་མ་གཅིག་ལབ་ཀྱི་སྒྲོན་མ་ལམ་གྱིས་གསལ་བཏབ། གནས་གསུམ་དུ་དྲིའི་ཐིག་ལེ་བྱེད། ཨོཾ་ཨཱཿཧཱུྃ། མདུན་གྱི་ནམ་མཁར་མ་གཅིག་རིགས་བཞི་མཁའ་འགྲོའི་ཚོགས་བྱུང་། དེ་རྣམས་ཀྱི་སྐུ་ལས་ཟག་མེད་ཀྱི་བདུད་རྩི་བབ། ཁྱེད་རང་ཚོའི་སྐུ་ལུས་ལ་ཐིམ་པའི་མོས་པ་མཛོད་བྱས་ལ། རོལ་མོ་དཀྲོལ། དམིགས་པ་བྱེད། རྡོ་རྗེ་མགོར་བཞག །ཧྲི་ཿབཛྲ་བརྗོད། མཎྜལ་ཕུལ། ཀུན་མཁྱེན་ཡེ་ཤེས་ཕུང་པོ་ཅན། །སྲིད་པའི་འཁོར་ལོ་རྣམ་འཇོམས་པ། །དེ་རིང་བཤད་པའི་རིན་ཆེན་གཏེར། །གཙོ་བོས་བདག་ལ་བཀའ་དྲིན་མཛོད། །སློབ་མའི་སྤྱི་བོར་མ་གཅིག་ལབ་སྒྲོན་རིགས་བཞི་མཁའ་འགྲོའི་ཚོགས་དང་བཅས་པ་རིགས་བདག་གི་ཚུལ་དུ་བྱོན། སྐུ་གསུང་ཐུགས་ལས་འོད་ཟེར་དཀར་དམར་མཐིང་གསུམ་བྱུང་། སློབ་མའི་ལུས་ངག་ཡིད་གསུམ་ལ་ཐིམ་པའི་མོས་པ་གྱིས་བརྗོད་ལ། མེ་ཏོག་འཐོར། སུ་པྲ་ཏིཥྛ་བཛྲ་ཡ་སྭཱ་ཧཱ། དེས་རིགས་བདག་གི་སྐུ་གསུང་ཐུགས་ཀྱི་རྗེས་གནང་སོང་། ད་སྐུ་ཡི་རྗེས་སུ་གནང་བ་ལ། ཀུན་མཁྱེན་ཡེ་ཤེས་ཕུང་པོ་ཅན་སོགས་གསོལ་འདེབས་གོང་བཞིན་བྱེད། དབང་གཏོར་སློབ་མའི་ལག་ཏུ་གཏད། གཏོར་མ་འདི་དང་ཐ་མི་དད་པའི་སྐུ་རྒྱལ་འཁོར་དང་བཅས་པའི་སྤྱི་བོར་མ་གཅིག་ལབ་སྒྲོན་བཞུགས་

ཤིང་། བཀའ་བསྐོས་པར་བསམ་ཞིང་། ཀླུ་རྒྱལ་ཁྱེད་རང་ལ་གཏད་ཅིང་ཕྲིན་ལས་བཅོལ་བར་སྨོམས་ཤིག་བརྗོད་ལ། ཀླུ་ཡི་རྒྱལ་པོ་གཙུག་ན་རིན་པོ་ཆེ་དྲག་པོ་ལག་སྐྱོང་ཀླུ་ཆེན་བརྒྱད་ཀྱིས་བསྐོར་བ། ལྷ་ཀླུ་ས་བདག་བཙན་བདུད་གཟའ་འཁོར་དང་བཅས་པ་རྣམས་ཀྱིས། སྔོན་མ་གཅིག་ལབ་ཀྱི་སྟོན་མ་ལ་ཇི་ལྟར་ཁས་བླངས་པ་བཞིན་དུ། རྡོ་རྗེ་སློབ་མ་འདི་དག་གི་ལུས་ཀྱི་ན་ཚ་ཞི། སེམས་ཀྱི་སྡུག་བསྔལ་ཞི། ཚེ་དང་བསོད་ནམས་དང་ཁ་རྗེ་དབང་ཐང་། བཀྲག་དང་མདངས། གཟི་བརྗིད་ཐམས་ཅད་ལ་བར་དུ་གཅོད་པར་བྱེད་པ་ཐམས་ཅད་ཉེ་བར་ཞི་ཞིང་། ཚེ་དང་ལོངས་སྤྱོད། གཟི་བརྗིད་རྒྱས་ཤིང་། སྐུའི་སྒོ་ནས་ཕྲིན་ལས་ཐམས་ཅད་བསྒྲུབ་པར་གྱིས་ཤིག །སུ་པྲ་ཏི་ཥྛ་བཛྲ་ཡ་སྭཱ་ཧཱ། མེ་ཏོག་འཐོར། དེས་སྐུའི་རྗེས་གནང་སོང་། ད་གསུང་གི་རྗེས་གནང་ཞུ་བ་ལ། མཎྜལ་གསོལ་བཏབ་གོང་ལྟར་བྱེད། གཏོར་མ་ལག་པར་གཏད། ཀླུ་རྒྱལ་འཁོར་དང་བཅས་པ་རྣམས་ཀྱིས། རྡོ་རྗེའི་སློབ་མ་འདི་དག་གི་ངག་གི་ཟླ་བརྗོད་སྔགས་བགྲང་བ། བདེན་ཚིག་བརྗོད་པ་སོགས་ངག་གིས་ལས་གང་བྱེད་པ་ལ་བར་དུ་གཅོད་པ་ཐམས་ཅད་ཉེ་བར་ཞི་ནས། ཕྲིན་ལས་ཐམས་ཅད་སྐད་ཅིག་ལ་སྒྲུབས་ཤིག །སུ་པྲ་ཏི་ཥྛ་བཛྲ་ཡ་སྭཱ་ཧཱ། དེས་གསུང་གི་རྗེས་གནང་སོང་། ད་ཐུགས་ཀྱི་རྗེས་གནང་ཞུ་བའི་དོན་དུ་མཎྜལ་གསོལ་བཏབ་གོང་བཞིན་བྱེད། གཏོར་མ་སྙིམ་མའི་ལག་ཏུ་གཏད། ཀླུ་རྒྱལ་འཁོར་དང་བཅས་པ་རྣམས་ཀྱིས། རྡོ་རྗེའི་སློབ་མ་འདི་དག་གི་ཡིད་བྱིང་བ་དང་། རྒོད་པ་དང་། རྨུགས་པ་དང་། འཐིབས་པ་དང་། མི་དྲན་པ་དང་། གཡེང་བ་ལ་སོགས་པའི་སྐྱོན་ཐམས་ཅད་ཉེ་བར་ཞི་ནས། ཅི་བསམས་པའི་དོན་ཐམས་ཅད་འགྲུབ་པའི་ཕྲིན་ལས་དམ་པ་མཛོད་ཅིག །སུ་པྲ་ཏི་ཥྛ་བཛྲ་ཡ་སྭཱ་ཧཱ། དེས་ཐུགས་ཀྱི་རྗེས་གནང་སོང་། གཏོར་མ་སྤྱི་བོར་བཞག་ལ། བཀའ་བརྒྱུད་བླ་

མ་རྣམས་ཁྱེད་རང་གི་སྤྱི་བོར་བྱོན་ནས་ཁྱེད་རང་ལ་ཐིམ་པའི་མོས་པ་གྱིས་ བརྗོད་ལ། ཡུམ་ཆེན་མོ། རྫོགས་པའི་སངས་རྒྱས། སྨྲ་བའི་སེང་གེ །ཨཱརྱ་དེ་བ། དམ་པ་རྒྱ་གར། མ་གཅིག་ལབ་སྒྲོན། ཁམ་ཧྲུ་ཡ་ལེ། ཀླྀ་ན་ཛྙ་ལ། གནམ་མཚོ་བ། རང་བྱུང་པ། བསམ་གཏན་རིན་ཆེན། ཀུན་དགའ་ཡེ་ཤེས། འཇམ་དཔལ་བཟང་པོ། རྗེ་བཙུན་འཇམ་དཔལ་རྒྱ་མཚོ། གྲུབ་ཐོབ་གཙོད་ཡུལ་བརྒྱུད་པའི་བླ་མ་རྣམས་ཀྱིས། རིགས་ཀྱི་བུ་འདིའི་འགལ་རྐྱེན་ཞི། མཐུན་རྐྱེན་སྒྲུབས། ཅི་བསམ་པའི་དོན་ཐམས་ཅད་ཆོས་ལྡན་ཡིད་བཞིན་དུ་འགྲུབ་པའི་དངོས་གྲུབ་མ་ལུས་པ་སྩོལ་དུ་གསོལ། བཅོམ་ལྡན་འདི་ལ་སྩོལ་ལགས་ཀྱིས། །འདི་ལ་འགོ་བར་མཛད་དུ་གསོལ། །སློབ་མས་ བདག་ལ་འགོ་བར་མཛད་དུ་གསོལ། །བཟླས་ལུང་ཕྱིན། ཨོཾ་སྨྲུ་ཏ་སྨྲུ་ཏ་མ་ཧྲ་སྨྲུ་ཏ་ཡེ་སྭཱ་ཧཱ། སི་ཏི་སི་ཏི་སྤྲོ་ཏ་ཡ་ཧཱུཾ། བཟླས་པའི་རིམ་པ་རྣམས་དང་མ་བྲལ་བར་གྱིས་ཤིག །སུ་པྲ་ཏིཥྛ་བཛྲ་ཡ་སྭཱ་ཧཱ། མེ་ཏོག་འཐོར། གཙོ་བོས་ཇི་ལྟར་བཀའ་སྩལ་པ། །དེ་དག་ཐམས་ཅད་བདག་གིས་བགྱིད། །མཎྜལ་ཕུལ། ཚོགས་ལ་ལོངས་སྤྱོད། ལྷག་མ་བསྔུས་ནས་བསྔོ། རོལ་མོ་དང་བཅས་ཏེ་ཕྱི་རོལ་དུ་བོར། མ་འབྱོར་བ་དང་ཉམས་པ་དང་། །གང་ཡང་བདག་རྨོངས་བློ་ཡིས་ནི། །བགྱིས་པ་དང་ནི་བགྱིད་སྩལ་བ། །དེ་ཀུན་མགོན་པོས་བཟོད་པར་མཛོད། །ཨོཾ་བཛྲ་སཏྭ་ས་མ་ཡ། མ་ནུ་པ་ལ་ཡ། བཛྲ་སཏྭ་ཏེ་ནོ་པ་ཏིཥྛ། དྲི་ཌྷོ་མེ་བྷ་ཝ། སུ་ཏོ་ཥྱོ་མེ་བྷ་ཝ། སུ་པོ་ཥྱོ་མེ་བྷ་ཝ། ཨ་ནུ་རཀྟོ་མེ་བྷ་ཝ། སརྦ་སིདྡྷི་མེ་པྲ་ཡཙྪ། སརྦ་ཀརྨ་སུ་ཙ་མེ། ཙིཏྟཾ་ཤྲེ་ཡཿ ཀུ་རུ་ཧཱུྃ། ཧ་ཧ་ཧ་ཧ་ཧོཿ བྷ་ག་ཝན། བཛྲ་མཱ་མེ་མུཉྩ། བཛྲཱི་བྷ་ཝ་མ་ཧཱ་ས་མ་ཡ་སཏྭ་ཨཱཿ ཨོཾ་བཛྲ་སཏྭ་ཧཱུཾ། བཀའ་བརྒྱུད་བླ་མའི་བཀྲ་ཤིས་ཤོག །ཡི་དམ་ལྷ་ཡི་བཀྲ་ཤིས་ཤོག །ཆོས་སྐྱོང་རྣམས་ཀྱི་བཀྲ་ཤིས་ཤོག །ཕྲིན་ལས་ཐམས་ཅད་

བསྐུལ་བ་ཡི། །སྐུ་རྒྱལ་རྣམས་ཀྱི་བཀྲ་ཤིས་ཤོག །མཆོད་ཡུལ་དུ་གྱུར་པའི་ཡེ་
ཤེས་པ་རྣམས་རང་བཞིན་གྱི་གནས་སུ་གཤེགས་པར་གྱུར། དམ་ཚིག་པ་རང་
ཉིད་ལ་ཐིམ་པར་གྱུར། དམིགས་པའི་རྟེན་ཡོད་ན་བརྟན་བཞུགས་བྱེད། ཨོཾ་ཁྱེད་ཀྱིས་སེམས་
ཅན་དོན་ཀུན་མཛད། །རྗེས་སུ་མཐུན་པའི་དངོས་གྲུབ་སྩོལ། །སངས་རྒྱས་ཞིང་
དུ་གཤེགས་སུ་གསོལ། །སངས་རྒྱས་ཞིང་དུ་གཤེགས་ནས་ཀྱང་། །སེམས་ཅན་
རྣམས་ཀྱི་དོན་སླད་དུ། །སླར་ཡང་འབྱོན་པར་མཛད་དུ་གསོལ། །བཛྲ་མུཿ དཀོན་
མཆོག་རིན་ཆེན་གསུམ་ལ་ཕྱག་འཚལ་ལོ། །དགེ་བ་འདི་ཡིས་ཉེ་བར་མཚོན་
ནས་ནི། །སེམས་ཅན་རྣམས་ཀྱིས་དུས་གསུམ་བསགས་པ་ཡིས། །ཟག་བཅས་
ཟག་མེད་ཟུང་འཇུག་དགེ་བ་རྣམས། །བླ་མེད་བྱང་ཆུབ་ཆེན་པོར་བསྔོ་བར་
བགྱི། །འགྲོ་ཀུན་ཐམས་ཅད་མཁྱེན་པ་ཐོབ་པར་ཤོག །ཆོས་དབྱིངས་བྱང་ཆུབ་
སེམས་ཀྱི་དཀྱིལ་འཁོར་དུ། །བདག་སོགས་སེམས་ཅན་ཐམས་ཅད་ཀྱིས། །དུས་
གསུམ་བསགས་དང་རྫོགས་པ་ཡིས། །འགྲོ་དྲུག་སེམས་ཅན་མ་ལུས་པ། །སྐྱེ་ལྔ་
ཡོངས་རྫོགས་སངས་རྒྱས་མྱུར་དུ་འགྲུབ་པར་ཤོག །སྨིན་དྲུག་དཔག་བསམ་ལྗོན་
པོ་མེ་ཏོག་མཛེས། །རྒྱ་མཚོའི་ངུར་པ་དཔལ་གྱི་གཤོག་ཙལ་རྩེ། །མཁའ་ཡི་ང་
རོ་དྲིགས་པའི་ཉི་འོད་འཁྲིགས། །ལྷུང་ལྷུང་འབབ་ཤུ་མཐའ་རིང་རང་གཞན་
འཇིག །དཔལ་ལྡན་ཀུན་དགའི་མཚན་བཟང་དགྲེས་བཀྲ་ཞིང་། །རྣམ་མང་ཆུ
ཀླུའི་གར་སྟབས་སྣ་ཚོགས་བསྒྱུར། །བདག་ཡིད་མཁའ་འགྲོའི་བཛ་ཡིས་གླིང་
བཞི་བསྐོར། །ཨུཏྤ་ལ་དྲི་ཞིམ་ངད་ཀྱི་ཆར་རྒྱུན་འབེབས། །རང་གཞན་འཇའ་
འོད་འགྱུར་མེད་དབུལ་བ་སེལ། །ཞེས་པ་གཙོད་གདན་ཐོག་གཅིག་མའི་ཁྲིད་ཡིག་ཕྲིན་ལས་རྒྱ་མཚོ་ལས།
བཀའ་སྲུང་སྐུ་རྒྱལ་གྱི་རྒྱལ་པོ་གཙུག་ན་རིན་ཆེན་ཞེས་ཀྱང་བྱ། བ་སྤུ་ཀེ་ན་ཞེས་ཀྱང་བྱ། དྲག་པོ་ལག་ན་སྙིང་ཞེས་བྱ་བའི་

སྒྲུབ་ཐབས་ཀྱི་རིམ་པ་དངོས་གྲུབ་ཀུན་འབྱུང་ཞེས་བྱ་བ་འདི། མི་ཡི་དབང་པོ་ས་སྐྱོང་བ་སངས་རྒྱས་ཀྱི་རིགས་རྒྱུད་དུ་གྱུར་པ། གདན་ས་ཆེན་པོ་དཔལ་གྱི་མཚུར་ཕུའི་གུ་ཤྲཱི་རིན་པོ་ཆེ་དོན་གྲུབ་རྣམ་རྒྱལ་རྒྱ་མཚོ་དཔལ་བཟང་པོའི་ཞལ་སྔ་ནས་སྔོན་པའི་དགྱེངས་ཀྱིས་ཡང་ཡང་བཀའ་ཕེབས་པ་ལ་བརྟེན་ནས། ཤཱཀྱའི་དགེ་སློང་ཀྱེ་འོ་ཆོས་ཀྱི་རྒྱ་མཚོ་ཞེས་བྱ་བས་འཁྲོད་སྦྱོར་བཟང་པོ་ལ་མཚུར་ཕུ་ནས་ཀྱི་གཟིམས་ཁང་སྣ་དཀར་དུ་སྦྱར་བའོ། །དགེ་བ་མ་གནན་རྣམས་ལ་བསྔོ། ལྷན་ཐབས་ཀྱི་ཡིག་ཆུང་ངོ་། །བཀྲ་ཤིས་དཔལ་འབར་འཛམ་གླིང་རྒྱལ་བའི་རྒྱན་དུ་ཤོག། །།

༄༅། །ནཱ་རོ་ཆོས་དྲུག་གི་སྙིང་པོ་མདོར་བསྡུས་བཞུགས་སོ། །

ཆོས་དྲུག་གི་བླ་མ་བརྒྱུད་པ་ནི། རྡོ་རྗེ་འཆང་། ཡེ་ཤེས་མཁའ་འགྲོ་མ། གསང་བའི་བདག་པོ། ས་ར་ཧ། ཏཻ་ལོ་པ། ནཱ་རོ་པ། མར་པ། མི་ལ། སྒམ་པོ་པ། དུས་གསུམ་མཁྱེན་པ། འགྲོ་མགོན་རས་ཆེན། སྤོམ་བྲག་པ། ཀརྨ་པ། གཉན་རས། རང་བྱུང་རྡོ་རྗེ། མགོན་རྒྱལ་བ། རོལ་པའི་རྡོ་རྗེ། འཇམ་དབྱངས་ཆེན་པོ། རྗེ་བཙུན་རིན་པོ་ཆེ། རྣལ་འབྱོར་དབང་ཕྱུག་རཏྣ་ས་མུ་དྲ། དེས་བདག་ལའོ། །ཡང་ན། ཟུང་འཇུག་མའི་བརྒྱུད་པ། རྒྱལ་དབང་ཆོས་གྲགས་རྒྱ་མཚོ། རཏྣ་ས་མུ་དྲ། དེས་བདག་ལའོ། །ཡང་ན། མཐོང་བ་དོན་ལྡན། འཇམ་དཔལ་བཟང་པོ། དཔལ་འབྱོར་དོན་གྲུབ། རྗེ་བཙུན་རིན་པོ་ཆེ། རྣལ་འབྱོར་དབང་ཕྱུག །དེས་བདག་ལའོ། །

ཆོས་དྲུག་གི་རྩ་བའི་གདམས་པ་བཞི། དྲུག་བདུན་གྱི་རྩ་བའི་གདམས་པ། བདུན་ཚིགས་བདུན་གྱིས་གཏན་ལ་འབེབས་པ། དེ་ལ་དང་པོ། རྗེ་མར་པ་ལོ་ཙཱ(༢ན)རྒྱ་གར་དུ་ལན་གསུམ་ཕེབས་པའི་ཕྱི་མ་རེས། བླ་མ་ནཱ་རོ་པ་ལ་མཇལ་བར་ཕྱིན་པ་ལ། བླ་མ་མཁའ་སྤྱོད་དུ་གཤེགས་ནས་མི་བཞུགས་ན་ཡང་། གསོལ་བ་ཡང་ཡང་བཏབ་པས་ཞལ་མཇལ་ནས་གསུང་ཆོས་མང་པོ་ཞུས། དེ་ནས་ཕྱིར་བོད་དུ་ཕེབས་པའི་ལམ་དུ་ཚོང་པ་དང་འགྲོགས་ནས་འོང་། རྒྱ་བོད་ཀྱི་མཚམས་

སུ་ཙནྡན་མཐུག་པོའི་ནགས་འདབས་སུ་ཚོང་པ་བསྐྱེད། མར་པ་རིན་པོ་ཆེ། བླ་མ་ལ་སྐྱོ་ནས་བཞུགས་མ་ཚུགས་པ་ལ། ནགས་གསེབ་ཏུ་ཕྱིན་ནས་གསོལ་བ་དྲག་ཏུ་བཏབ་པས། བླ་མ་ནམ་མཁའ་ལ་མངོན་སུམ་དུ་ཕྱིན་ནས་གསུངས་པ། མར་པས་མགོ་ལ་ཚིག་རྒྱན་དུ་བྱས་པ་ལ།

ཙནྡན་མཐུག་པོའི་ནགས་གསེབ་ཏུ། །དཔལ་འབྱོར་གཟུགས་ཀྱི་ཕུང་པོ་འདི། །གཡར་སྐྱོ་ཅ་ན་འདི་སྐད་གསུང་། །ལུས་ཀྱི་གནས་ཐབས་སྒོམ་པའི་གནད། །སེམས་ཀྱི་གནས་ལུགས་ལྟ་བའི་གདེང་། །ཕྱི་ན་སྒྱུ་མ་ལྷ་ཡི་གཟུགས། །ནང་ན་རྩ་གསུམ་འཁོར་ལོ་བཞི། །སྟེང་ན་ཧཾ་གི་རྣམ་པ་ཅན། །འོག་ན་ཨ་ཤད་ཙནྡྲ་ལི། །བར་ན་བདེ་སྟོང་གསལ་བའི་ཉམས། །སྟེང་འོག་རླུང་གི་འཁོར་ལོའི་དབྱིབས། །མིང་ཡང་གཏུམ་མོའི་གདམས་པ་ཟེར། །རླུང་གནད་དུ་ཚུད་དམ་ལོ་རྡོ་བ། །དུས་རྨི་ལམ་ཙམ་གྱི་སྣང་བ་ལ། །གནས་མགྲིན་པ་ཨོཾ་ཡིག་གི་ས་བོན་ཅན། །ཕྱི་ན་སྒྱུ་མ་ལྷ་ཡི་གཟུགས། །ནང་ན་ཉམས་མྱོང་སྒྱུར་མ་བཏུབ། །ཉིན་མཚན་གྱི་སྣང་བ་སྒྱུ་མ་ཙམ། །མིང་ཡང་སྒྱུ་ལུས་ཀྱི་གདམས་པ་ཟེར། །སེམས་ཞེན་པ་ལོག་གམ་ལོ་རྡོ་བ། །རྨི་(༤༨)ལམ་དུས་ཀྱི་ཤེས་པ་དེ། །སྐྱེས་པ་རྨིས་ན་ཕོ་འདྲེར་བཟུང་། །བུད་མེད་རྨིས་ན་མོ་འདྲེར་བཟུང་། །དགའ་བ་རྨིས་ན་སེམས་འཕངས་མཐོ། །མི་དགའ་རྨིས་ན་སྙིང་མི་དགའ། །ཕྱོལ་སོང་རྨིས་ན་གླུ་ཏྲ་བཟུང་། །ངན་པ་རྨིས་ན་སྙིང་མི་དགའ། །འདྲེ་རང་སེམས་ཀྱི་རྩ་བ་མ་ཆོད་ན། །རྣམ་རྟོག་གི་བགེགས་ལ་ཟད་པ་མེད། །ལར་ཕྱི་ནང་གི་ཆོས་ལ་ཐོས་པ་དགོས། །གོ་བས་མཐའ་གཉིས་སྤྱོད་པ་ཡིན། །སེམས་གོ་བས་མི་འཇིགས་གདེང་ཐོབ་འགྱུར། །ལམ་རྩ་དང་བྲལ་བ་དབུ་མའི་ལམ། །ལམ་དེ་ལ་སྐྱོ་བ་ག་ལ་ཡོད། །མིང་ཡང་རྨི་ལམ་གྱི་གདམས་

པ་ཟེར། །དུས་རྨི་ལམ་ཟིན་ནམ་ལོ་ཙྪ་བ། །གཉིད་དང་རྨི་ལམ་གྱི་མཚམས་ཤེད་ན། །གཏི་མུག་ཆོས་སྐུའི་ངོ་བོ་ཅན། །བཟོད་མེད་འོད་གསལ་བདེ་བའི་ཉམས། །མིང་ཡང་འོད་གསལ་གྱི་གདམས་པ་ཟེར། །སེམས་སྐྱེ་མེད་དུ་རྟོགས་སམ་ལོ་ཙྪ་བ། །རྨི་ལམ་དུས་ཀྱི་ཤེས་པ་དེ། །བར་དོའི་དུས་སུ་བསྲེ་ཡང་འཚལ། །རྨི་ལམ་བར་དོ་བསྲེ་འཕོའི་གནད། །རྨི་ལམ་འབྱོངས་པའི་གང་ཟག་གིས། །དག་དང་མ་དག་གཟུགས་སྐུ་ཉིད། །བར་དོའི་དུས་དེར་ཟིན་ཀྱང་འཚལ། །ལོངས་སྤྱོད་རྫོགས་སྐུའི་ངོ་བོ་ཉིད། །མིང་ཡང་བར་དོའི་གདམས་པ་ཟེར། །སེམས་རྨི་ལམ་འབྱོངས་སམ་ལོ་ཙྪ་བ། །སྒོ་བརྒྱད་འཁོར་བའི་སྐར་ཁུང་ཅན། །སྒོ་གཅིག་ཕྱག་རྒྱ་ཆེན་པོའི་ལམ། །སྒོ་བརྒྱད་བཀག་ནས་སྒོ་གཅིག་འབྱེད། །རླུང་གི་གཞུ་ལ་སེམས་ཀྱི་མདའ། །ཧིག་གི་རྒྱུད་ཀྱིས་རབ་བསྐུལ་ནས། །རྣམ་པར་ཤེས་པའི་ཆོས་ཉིད་མདའ། །མིང་ཡང་འཕོ་བའི་(༢༨)གདམས་པ་ཟེར། །རླུང་དུས་སུ་ཁེགས་སམ་ལོ་ཙྪ་བ། །རང་ལུས་དུས་ཀྱི་ཚད་ལ་ཕེབས། །གཞན་ལུས་ཚད་ལྡན་ཡུལ་གྱི་གནས། །བར་ན་ཡིག་འབྲུ་རླུང་གི་རྟ། །རང་ལུས་ཁང་སྟོང་བཞིན་དུ་སྦྱུར། །གཞན་ལུས་སྤྲུལ་སྐུའི་ངོ་བོ་ཉིད། །མིང་ཡང་གྲོང་འཇུག་གི་གདམས་པ་ཟེར། །རླུང་ལས་སུ་རུང་ངམ་ལོ་ཙྪ་བ། །ཞེས་གསུངས་སོ། །དེ་ཡན་ཆོད་ཀྱི་ཆོས་དྲུག་གི་རྩ་ཚིག་རྫོགས་པ་ཡིན།

ཆོས་དྲུག་གི་ལམ་སྐོར་བདུན་གྱི་རྩ་ཚིག་འགོད་པ་ལ། གཏུམ་མོ་ལམ་གྱི་གཞུང་ཤིང་ཡིན། །སྒྱུ་ལུས་ལམ་གྱི་བོགས་འདོན་ཡིན། །རྨི་ལམ་ལམ་གྱི་ཚོད་འཛིན་ཡིན། །འོད་གསལ་ལམ་གྱི་སྒྲོན་མེ་ཡིན། །བར་དོ་ལམ་གྱི་སུན་མ་ཡིན། །འཕོ་བ་ལམ་གྱི་སྐྱེལ་མ་ཡིན། །གྲོང་འཇུག་ལམ་གྱི་ཆ་རྐྱེན་ཡིན། །ཆོས་དྲུག་གི་ལམ་

སྐོར་བདུན་གྱི་རྩ་ཚིག་རྫོགས་པའོ། །

ཆོས་དྲུག་གི་རྡོ་རྗེ་ལུས་ཀྱི་སྨྲས་བཤད་ཀྱི་རྩ་ཚིག་བཤད་པ་ལ། བོ་ལ་ཀཀྐོ་ལ་སྦྱུར་བའི། །རིག་པ་སྦྲ་བ་འཁྲིག་པ་ཡི། །ལུས་ནི་བྱང་ཆུབ་རྣམ་ལྔ་སྟེ། །རྩ་དང་རླུང་དང་ཐིག་ལེ་དང་། །མི་གཙང་རྫས་དང་རྣམ་རྟོག་གིས། །ལུས་ཀྱི་ཆོས་ནི་བསྟན་པར་བཤད། །སྨྲས་བཤད་ཀྱི་རྩ་ཚིག་རྫོགས་སོ། །

རྩ་ཐིག་རླུང་གསུམ་གྱི་རྩ་ཚིག་བཤད་པ་ལ། རྩ་བྱེ་བ་ཕྲག་ཕྱེད་དང་བཞི་ལ་བཤད་པ་དང་། འཁོར་ལོ་སུམ་བརྒྱ་དྲུག་ཅུ་ལ་བཤད་པ་དང་། བཅོ་བརྒྱད་དང་། བཅུ་དྲུག་དང་། དྲུག་དང་། ལྔ་དང་། བཞི་དང་། གསུམ་དང་། གཉིས་དང་། གཅིག་དང་། ཡང་བཤད་པ། དེ་རྣམས་ལས་མང་དུ་བཤད་པ་ཡང་ཡོད་དོ། །[༣༨]རྩ་བརྒྱ་དང་ཉི་ཤུ་རྩ་གསུམ་ལས་བཤད་པ་དང་། རྩ་གསུམ་ལ་བཤད་པ་དང་། གཅིག་ལ་བཤད་པ་དང་། རྩའི་བཤད་པ་འཁོར་ལོའི་གྲངས་ཀ་དང་བཅས་པ་གཞན་ནས་བཤད་པ་ལྟར་ཡོད།

རླུང་གི་བཤད་པ་ལ། རྩ་བའི་རླུང་ལྔ། ཡན་ལག་གི་རླུང་ལྔ། མིང་འདོགས་པའི་རླུང་ལྔ། འབྱུང་བ་བཞིའི་རླུང་གི་བཤད་པ། ཁྲབ་བྱེད། གྱེན་རྒྱུ། ཐུར་སེལ། མེ་མཉམ། ནམ་མཁའི་རླུང་གི་རྒྱུ་ཚུལ་གནས་ཚུལ། དུག་ལྔའི་རྒྱུ་ཚུལ་དང་། བདུད་བཞི་གནས་ཚུལ་གཞན་ནས་བཤད་པ་ལྟར་རྩ་ཚིག་རྫོགས་སོ། །

ཐིག་ལེའི་བཤད་པ་ལ། ཐབས་དང་ཤེས་རབ་གཉིས་སུ་བཤད་པ་དང་། ཉི་མ་དང་ཟླ་བ་གཉིས་སུ་བཤད་པ་དང་། ཨ་དང་ཧཾ་གཉིས་སུ་བཤད་པ་དང་། དཀར་ཆ་དམར་ཆ་གཉིས་སུ་བཤད་པ་དང་། སེམས་དང་ལུས་གཉིས་སུ་བཤད་པ་དང་། ཐ་དད་དུ་བཤད་པ་དང་། ཟུང་འཇུག་ཏུ་བཤད་པ་དང་། བདེ་སྟོང་

གཉིས་སུ་བཤད་པ་དང་། ཐུག་ཕྲད་དུ་བཤད་པ་དང་། འཕྲོས་འདེད་དུ་བཤད་པ་དང་། ཞལ་སྦྱོར་དུ་བཤད་པ་དང་། :སྤྱུམས:(སྤྱུམ་)ཐབས་སུ་བཤད་པ་དང་། སྐྱེ་གནས་གཉིས་སུ་བཤད་པ་དང་། མཁས་པ་བཞི་ལ་བཤད་པ་དང་། ཡབ་ཡུམ་གཉིས་སུ་བཤད་པ་དང་། བྱང་ཆུབ་བཞི་ལ་བཤད་པ་དང་། ཐིག་ལེའི་རྩ་ཚིག་རྫོགས་སོ། །

ན་མོ་གུ་རུ། སྐྱེ་མེད་ཆོས་སྐུའི་ངང་ལས་མ་གཡོས་ཀྱང་། །སྣང་ལ་མ་འགགས་སྣ་ཚོགས་སྐུར་སྟོན་ཅིང་། །གནས་དང་ཉེ་གནས་ཕྱོགས་སུ་སྤྲུལ་པ་འགྱེད། །བཀའ་བརྒྱུད་བླ་མ་རྣམས་ལ་གུས་པར་འདུད། །ཁ་བ་(་ཅན)ཅན་འདིར་དགེ་སློང་བསྟན་པའི་གཙོ། །བློ་གྲོས་ཟབ་མོ་འགྱེད་པའི་ཤེས་རབ་རྒྱས། །ཚུ་གཏེར་དབུས་ན་བདུད་རྩིའི་རིལ་བུ་བགྲམ། །དཔལ་ལྡན་ཐུབ་བསྟན་རྒྱ་མཚོ་འཛིན་ལ་འདུད། །

འདིར་ཡང་དུས་གསུམ་གྱི་སངས་རྒྱས་ཐམས་ཅད་ཀྱི་ངོ་བོ། བཀའ་བརྒྱུད་བླ་མ་རྣམས་ཀྱི་གདམས་པ། ཐབས་ལམ་ན་རོ་ཆོས་དྲུག་བཤད་པ་ལ། སྔོན་འགྲོ་དང་། དངོས་གཞི། མཇུག་རྣམ་པ་གསུམ་གྱིས་བསྟན་པ། དེ་ལ་དང་པོར་གནད་གསུམ་དང་། བསམ་གཏན་གསུམ་གྱིས་གཏན་ལ་འབེབས་པ་ལ། དང་པོ་རང་གར་འདུག་པའི་གནས་ཁང་དེ། བསམ་གཏན་གྱི་ཁང་བུ་མང་པོ་བསྡད་ན་མི་ཤོང་པ་མེད་པ། ཉུང་ཉུང་བསྡད་ན་མི་ཁེངས་པ་མེད་པ། མནན་ན་ནེམ་བྱེད་པ། སྐྱུག་ན་སྤར་བྱེད་པ་དེ་ལྷ་བུའི་ནང་དུ། རང་གི་གདན་གང་ཡིན་པ་དེ་བསམ་གཏན་གྱི་སྟན་བུ་བཏིང་བའི་སྟེང་དུ། རང་ཉིད་བསམ་གཏན་གྱི་ཆོས་བདུན་གྱིས་བཞུགས་པ་དེ་ལ། རྐང་པ་རེའུ་མིག་བཞིན་དུ་བསྐོལ། སྐལ་ཚིགས་གསེར་གྱི་དོང་རྩེ་བཞིན་དུ་བརྩེགས། མགྲིན་པ་ལྕགས་ཀྱུ་བཞིན་དུ་འགུགས། མིག་སྣ་

རྩེ་ལ་ཕབ། ལྟེ་མཚུ་རང་སར་བཞག །དཔུང་པ་རྐོད་གཞོག་བཞིན་དུ་རྒྱངས། ལག་པ་མཉམ་བཞག་གི་ཕྱག་རྒྱ་ལྟེ་འོག་ཏུ་བཅར་གྱིས་བཅའ་བ་བཟང་པོའི་འདུག་སྟངས་བྱེད།

བཅའ་བ་ལུས་ཀྱི་གནད། བཟུང་བ་རླུང་གི་གནད། དམིགས་པ་ཡུལ་གྱི་གནད། བཟུང་བ་རླུང་གི་གནད་ནི། དང་པོ་མ་(༤༨)དག་པ་དག་བྱེད་ཀྱི་རླུང་རོ་ལན་གསུམ་མམ། དྲུག་གམ། དགུ། དེ་ཡང་གཡས་ནས་གསུམ། གཡོན་ནས་གསུམ། དབུས་ནས་གསུམ་བྱེད་དེ། དགང་བ་དང་གཞིལ་བ་བྱེད་པའོ། །གཡས་ནས་བཟུང་བ། གཡོན་ནས་འཛིན་པ། དབུས་ནས་གཟུང་འཛིན་གཉིས་མེད་ཀྱི་སྒོ་ནས་བསགས་པའི་སྡིག་སྒྲིབ་དག་པར་བསམ་ལ། རྩོལ་བ་ཆེ་ཆུང་གི་ཕྱིར་གང་འཛོམས་བྱེད།

དམིགས་པ་ཡུལ་གྱི་གནད་ལ། དལ་འབྱོར་གྱི་མི་ལུས་རིན་པོ་ཆེ་ཐོབ་པ་ལ་ཆོས་བྱེད་དགོས། ཆོས་བྱེད་པ་ལ་འཆི་བ་དྲན་དགོས། འཆི་བ་དྲན་པ་ལ་དཀོན་མཆོག་ལ་བློ་འགྲོ་དགོས་པས། སྔོན་འགྲོ་ལ། འཆི་བ་མི་རྟག་པ། ལས་རྒྱུ་འབྲས། འཁོར་བའི་ཉེ་དམིགས། ཐར་པའི་ཕན་ཡོན། སྐྱབས་སུ་འགྲོ་བ། སེམས་བསྐྱེད་པ། ཚད་མེད་པ་བཞིས་རྒྱས་འདེབས་པ་སྟེ་སྔོན་འགྲོའི་ཆོས་རྣམས་ལ་རྟགས་མ་ཐོན་གྱི་བར་དུ་ནན་ཏན་བསྐྱེད་པ་ཕྱག་བཞེས་ཡིན།

དེ་ནས་རྡོ་རྗེ་སེམས་དཔའི་སྒོམ་བཟླས་ལ། རང་ཉིད་ཐ་མལ་དུ་ཡོད་པའི་སྤྱི་བོ་མདའ་གང་གི་མཚམས་སུ། པཾ་ལས་པདྨའི་སྟོང་པོ་མཚན་ཉིད་ཡོངས་སུ་རྫོགས་པ། དེའི་སྟེང་དུ་ཨ་ལས་ཟླ་བའི་དཀྱིལ་འཁོར་དཔག་ཚད་ལྔ་བཅུ་དང་ལྡན་པ་གཅིག་གསལ་བཏབ། དེའི་སྟེང་དུ་རྡོ་རྗེ་དཀར་པོ་རྩེ་ལྔ་པ་ལྟེ་བ་ལ་ཧཱུྃ་གིས་མཚན་པ།

དེ་ལས་འོད་ཟེར་འཕྲོས། འཕགས་པ་མཆོད། སེམས་ཅན་གྱི་དོན་བྱས། ཚུར་འདུས་ཡོངས་སུ་གྱུར་པ་ལས། བཅོམ་ལྡན་འདས་རྡོ་རྗེ་སེམས་དཔའ་སྐུ་མདོག[༥༧]དཀར་པོ་ཞལ་གཅིག་ཕྱག་གཉིས་ཕྱག་གཡས་ཀྱིས་རྡོ་རྗེ་དཀར་པོ་རྩེ་ལྔ་པ་ཐུགས་ཀར་བསྣོད་པའི་ཚུལ་དུ་འཛིན་ཅིང་། གཡོན་དྲིལ་དཀར་གྱི་དྲིལ་བུ་དཀུ་ལ་བརྟེན་པ། ཞབས་རྡོ་རྗེ་སྐྱིལ་མོ་ཀྲུང་དུ་བཞུགས་པ། སྐུ་ལ་དར་དང་རིན་པོ་ཆེའི་རྒྱན་གྱིས་བརྒྱན་པ། དེའི་པང་དུ་ཡུམ་སྙེམས་མ་སྔོན་མོ་གྲི་གུག་དང་ཐོད་པ་འཛིན་པས་ཡབ་ལ་འཁྲིལ་བ་མཛད་པ། བདེ་བ་ཕུན་སུམ་ཚོགས་པ་རྒྱས་པ། ཡབ་ཡུམ་གྱི་སྤྱི་བོར་འཁོར་ལོ་དཀར་པོ་ཨོཾ་གྱིས་མཚན་པ། མགྲིན་པར་པདྨ་དམར་པོ་ཨཱཿས་མཚན་པ། ཐུགས་ཀར་རྡོ་རྗེ་མཐིང་ག་ཧཱུྃ་གིས་མཚན་པ། དེ་ལས་འོད་ཟེར་འཕྲོས། འཕགས་པ་མཆོད། སེམས་ཅན་གྱི་སྒྲིབ་པ་སྦྱངས། ཚུར་འདུས་ཡོངས་སུ་གྱུར་པ་ལས། ཕྱོགས་བཅུའི་སངས་རྒྱས་དང་བྱང་ཆུབ་སེམས་དཔའ་རིགས་ལྔའི་རྣམ་པར་སྤྱན་དྲངས། དབང་བསྐུར་དྲི་མ་དག །ཆུ་ལྷག་མ་ཡར་ལུད་པ་ལས་རིགས་ཀྱི་བདག་པོ་མི་བསྐྱོད་པས་དབུ་བརྒྱན། སླར་ཡང་སྤྱི་བོའི་འཁོར་དཀར་པོ་ཨོཾ་གྱིས་མཚན་པ་ལ་གཏད་ནས་གསོལ་བ་བཏབ་པས། དེ་ལས་འོད་ཟེར་འཕྲོས་པས། བླ་མ་ཡི་དམ་གྱི་ལྷ་ཚོགས་སྤྱན་དྲངས། ཆར་བབ་པ་བཞིན་དུ་བླ་མའི་སྐུ་སྟོད་ལ་ཐིམ། མགྲིན་པའི་པདྨ་དམར་པོ་ལ་གཏད་ནས་གསོལ་བ་བཏབ་པ་ལ་དཔགས་ཏེ་འོད་ཟེར་དཔག་ཏུ་མེད་པ་འཕྲོས་ཏེ། མཁའ་འགྲོ་ཆོས་སྐྱོང་ཐམས་ཅད་བུ་ཡུག་འཚུབ་པ་བཞིན་དུ་བླ་མའི་སྐུ་སྨེད་ལ་ཐིམ། ཐུགས་ཀའི་རྡོ་རྗེ་མཐིང་ག་ལ་གཏད་ནས་གསོལ་བ་བཏབ་པ་ལ་དཔགས[༥༨]ཏེ་འོད་ཟེར་དཔག་ཏུ་མེད་པ་འཕྲོས་ཏེ། ནོར་ལྷ། གཏེར་བདག་དང་བཅས་

པ་ཐམས་ཅད་ས་ལྷངས་ཐོན་པ་བཞིན་དུ་བླ་མའི་སྐུ་སྨད་ལ་ཐིམ། བླ་མ་ཀུན་འདུས་པའི་བདག་ཉིད་ཅན། རྡོ་རྗེ་སེམས་དཔའ་ལམ་གྱིས་གསལ་བཏབ། ཡབ་ཡུམ་གྱི་ཐུགས་ཀར་ཟླ་བའི་དཀྱིལ་འཁོར་གྱི་སྟེང་དུ་ཧཱུྃ་ཡིག་གི་མཐར་གཡས་བསྐོར་དུ་ཡིག་གེ་བརྒྱ་པས་བསྐོར་བར་དམིགས་ནས་སྔགས་བཟླང་། ཐུན་ཚོད་དུ་ཕེབས་པ་དང་། དཔལ་རྡོ་རྗེ་སེམས་དཔའ་ཡབ་ཡུམ། ཁྱེད་ལ་མཁྱེན་པའི་ཡེ་ཤེས། བརྩེ་བའི་ཐུགས་རྗེ། མཛད་པའི་ཕྲིན་ལས། སྐྱོབ་པའི་ནུས་མཐུ་བསམ་གྱིས་མི་ཁྱབ་པ་མངའ་བ་ལགས་པས། བདག་དང་སེམས་ཅན་ཐམས་ཅད་ཀྱི་ལུས་ངག་ཡིད་གསུམ་གྱི་སྡིག་སྒྲིབ་ཐམས་ཅད་བྱང་ཞིང་དག་པར་བྱིན་གྱིས་བརླབ་ཏུ་གསོལ། ཞེས་རྡོ་རྗེ་སེམས་དཔའ་ཡབ་ཡུམ་ལ་གསོལ་བ་དྲག་ཏུ་བཏབ་པ་ལ་དཔགས་ཏེ་བླ་མ་ཡབ་ཡུམ་གྱི་ཐུགས་རྗེ་མ་བཟོད་ནས། ཞབས་གཡས་པ་ནར་གྱིས་བརྐྱང་། རང་གི་སྤྱི་བོ་ཚངས་པའི་བུ་ག་དང་ཁ་ད་ཚོད་དུ་བྱུང་། ཞབས་གཡས་པའི་མཐེ་བོང་གི་རྩེ་མོ་བརྫོལ་ནས་ཡེ་ཤེས་ཀྱི་བདུད་རྩི་ངང་ན་ར་ར་བབ་པས། རང་གི་ལུས་ཀྱི་ནང་ཐམས་ཅད་གང་། སྡིག་སྒྲིབ་ཐམས་ཅད་ཕུ་ཆུ་དྲག་པོ་ཐལ་ཕུང་ལ་བཏབ་པ་བཞིན་དུ་ནག་ནུར་ཏེ་དེད། ཕྱི་ནས་བབ་པ་ཐམས་ཅད་སྐྱི་གྲིས་སྐྱི་བཞར་བ་བཞིན་དུ་དེད། དེ་ཡང་དང་པོ་འདྲི་དང་ཤ་ཟའི་རྣམ་པར་དེད། དེ་ནས་སྡོམ་དང་སྡིག་པའི་རྣམ་པར་དེད། དེ་ནས་སྦྲུལ་དང་སྦལ་ལྡོང་གི་རྣམ་པར་དེད། དེ་ནས་གྲོག་མ་དང་ཟ(ཕན)ཟི་ལང་ལོང་གི་རྣམ་པར་དེད། དེ་ནས་སོལ་ཞུན་དུད་ཁུའི་རྣམ་པར་དེད། དེ་ནས་རྣག་ཁྲག་གི་རྣམ་པར་དེད། དེ་ནས་ཆུ་སེར་གྱི་རྣམ་པར་དེད། དེ་ནས་ཆུ་གཙང་གི་རྣམ་པར་དེད་། དེ་ནས་ཆུ་དཀར་གྱི་རྣམ་པར་དེད། སྐྲ་ཁྲོལ་དུ་སོང་བར་བསམ། བླ་མ་རྡོ་རྗེ་སེམས་དཔའི་ཞལ་ནས། བུ་ཁྱོད་ཀྱི་སྡིག་པ་དང་སྒྲིབ་པ་ཐམས་ཅད་དག་ཨང་གསུངས། རང་གིས་ཡང་དག་པའི་ཐུགས་ཤེས་བསྐྱེད། དེ་ཚར་བ་དང་བླ་མ་རྡོ་རྗེ་སེམས་དཔའི་ཐུགས་ཀའི་རྡོ་རྗེ་དེ་ལས་རྡོ་རྗེ་ཕྱེད་པ་རེ་འཕྲོས་ནས་བྱུང་། རང་གི་བ་སྤུའི་བུ་ག་དང་། དབང་པོའི་སྒོ་ཐམས་ཅད་ལ་ཆང་གི་ཐེམ་ཚངས་བཙུག་པ་ལྟ་བུ་ཐམ་འགགས་ནམ་འགགས་སུ་ཡོད་པར་བསམ། དེའི་ཐུན་ཚོད་དུ་ཕེབས་པ་དང་། བླ་མ་ལ་མཆོད་བསྟོད་དང་གསོལ་བཏབ་བྱས་ཏེ། བླ་མས་ཐུགས་རྗེ་མ་

བཟོད་ནས། ཞབས་ཀྱི་མཐེ་བོང་ནས་བདུད་རྩི་ཕྱིར་མང་དུ་བབ་པས། རང་གི་སྤྱི་བོ་ནས་ཞུགས། ཡོང་བྱ། པུས་མོ། གསང་གནས། ལྟེ་བ། སྙིང་ག །མགྲིན་པ་ཕྱིན་རིམ་གྱིས་ཁེངས། སྤྱི་བོ་ནས་ལྷུད་དེ་བྱུང་བ་དང་། ཐུན་ཚོད་དུ་བསྐྱལ། བླ་མ་རྡོ་རྗེ་སེམས་དཔའི་ཐུགས་ཀའི་རྡོ་རྗེ་དེ་ལས་རྡོ་རྗེ་ཕྲེད་པ་ཞིག་འཕྲོས། སྤྱི་གཙུག་རྒྱ་མཐོངས་ཁ་ཕྱེ་བ་བཞིན་ཡོད་པ་དེ་རྡོ་རྗེ་དེས་བཀག །དེའི་ཐུན་ཚོད་དུ་ཕེབས་པ་དང་། བླ་མ་རྡོ་རྗེ་སེམས་དཔའི་ཐུགས་ཀའི་གཡས་བསྐོར་དུ་ཡི་གེ་བརྒྱ་པའི་སྔགས་གཡས་བསྐོར་དུ་ཀྱི་ལི་ལི། སྔོ་རེ་རེ། སྐ་ར་ར་འཁོར་བཞིན་པ་དེ་ལ་གཏད་དེ། སྔགས་བརྒྱ་རྩ་བརྒྱད་ལ་སོགས་པ་ཅི་ནུས་ཅི་ཚུགས་སུ་བགྲང་། **བཛྲ་སཏྭ**་ཡང་བགྲང་ངོ་། །ཐུན་དེ་བསྡུད་པ་དང་མཉམ་པོར། (༤བ)ཨ་ཧྲཱུཾ་ལ་སོགས་ཀྱིས་ཉེར་སྤྱོད་ལྔ་ཡིས་མཆོད་ནས། **མགོན་པོ་བདག་ནི་མི་ཤེས་རྨོངས་པ་ཡིས། །དམ་ཚིག་ལས་ནི་འགལ་ཞིང་ཉམས། །བླ་མ་མགོན་པོས་སྐྱབས་མཛོད་ཅིག །གཙོ་བོ་རྡོ་རྗེ་འཛིན་པ་སྟེ། །ཐུགས་རྗེ་ཆེན་པོའི་བདག་ཉིད་ཅན། །འགྲོ་བའི་གཙོ་ལ་བདག་སྐྱབས་མཆི། །སྐུ་གསུང་ཐུགས་རྩ་བ་ཡན་ལག་གི་དམ་ཚིག་ཆགས་ཉམས་ཐམས་ཅད་དག་ཅིང་བྱང་བ། བྱང་ཞིང་དག་པར་མཛད་དུ་གསོལ། རྡོ་རྗེ་སེམས་དཔའ་ཁྱེད་སྐུ་ཅི་འདྲ་**སོགས་ཀྱིས་སྨོན་ལམ་བཏབ་པས། **མཐར་རྡོ་རྗེ་སེམས་དཔའ་རང་ལ་ཐིམ་པས་རང་ཉིད་དང་ཐ་མི་དད་པར་**བསམ། དེ་ཉིད་ཀྱི་ངང་ལ་སྤྱོད་ལམ་གཞན་ལ་འཇུག་པར་བྱེད། རྡོ་རྗེ་སེམས་དཔའི་སྒོམ་བཟླས་ལ་དམིགས་པ་ཐུན་གཅིག་བྱེད། གོང་གི་སྔོན་འགྲོ་སྐྱབས་འགྲོ་སེམས་བསྐྱེད། ཚད་མེད་བཞི་ཡན་ལ་དམིགས་ཐུན་གཅིག་བྱེད།

མཎྜལ་གྱི་ཚོགས་གསོག་པ་ལ། **རང་གི་མདུན་གྱི་བར་སྣང་སྟོང་པ་རྟེན་མེད་པ་ལ། རྟེན་ཅན་གྱི་ཚུལ་དུ། པཾ་ལས་པདྨའི་སྟོང་པོ་མཚན་ཉིད་ཡོངས་སུ་རྫོགས་པ། རྩ་བ་བརྟན་པའི་རང་བཞིན་ཅན་སྟོང་པོ་སྒོམ་པའི་རང་བཞིན་ཅན། ཤིང་ཤ་རྒྱས་པའི་རང་བཞིན་ཅན། ཤུན་པ་སླུན་པའི་རང་བཞིན་ཅན། ཡལ་ག་རྒྱས་པའི་རང་བཞིན་ཅན། ལོ་འདབ་ཕྱུག་པའི་རང་བཞིན་ཅན། མེ་ཏོག་གསལ་བའི་**

རང་བཞིན་ཅན། ཟེའུ་འབྲུ་མཛེས་པའི་རང་བཞིན་ཅན། འབྲས་བུ་སྨིན་པའི་རང་བཞིན་ཅན། དེ་ལྟར་ཕུན་སུམ་ཚོགས་པ་དང་ལྡན་པ། ཡལ་ག་ལྔ་རུ་གྱེས་པ། དེའི་དཀྱིལ་མའི་(༧ན)དབུས་སུ་ཟླ་བའི་དཀྱིལ་འཁོར་དཔག་ཚད་ལྔ་བཅུ་དང་ལྡན་པ་ཞིག་གསལ་བཏབ། དེའི་སྟེང་དུ་ཉི་མའི་དཀྱིལ་འཁོར་དཔག་ཚད་ལྔ་བཅུ་རྩ་གཅིག་དང་ལྡན་པ་ཞིག་གསལ་བཏབ། དེའི་སྟེང་དུ་ལྷ་རྫས་ཀྱི་གོས་རིན་ཐང་མེད་པ་དུ་མས་བཀབ་པ། དེའི་སྟེང་དུ་ཧྲཱིཿཡིག་དམར་པོ་རིན་ཆེན་ཚོག་དྲག་དང་བཅས་པ་ཞིག་གསལ་བཏབ། ཧྲཱིཿཡིག་དེ་ཡོངས་སུ་གྱུར་པ་ལས། མགོན་པོ་ཚེ་དང་ཡེ་ཤེས་དཔག་ཏུ་མེད་པ་སྐུ་མདོག་དམར་པོ་པདྨ་རཱ་གའི་མདོག་ལྟར་དམར་བ། ཞལ་གཅིག་ཕྱག་གཉིས་མཉམ་བཞག་གི་ཕྱག་རྒྱའི་སྟེང་དུ་འཆི་མེད་ཚེའི་བུམ་པ་བསྣམས་པ། ཞབས་རྡོ་རྗེའི་སྐྱིལ་མོ་ཀྲུང་དུ་བཞུགས་པ། སྐུ་ལ་དར་དང་རིན་པོ་ཆེའི་རྒྱན་སྣ་ཚོགས་ཀྱིས་བརྒྱན་པ། དེའི་སྤྱི་བོར་བླ་མ་ཀུན་འདུས། མགྲིན་པར་དམ་ཆོས་ཀུན་འདུས། སྙིང་ཁར་ཡི་དམ་ཀུན་འདུས། སྣར་ཡང་གནས་གསུམ་ཀྱི་ཡིག་གེའི་སྤྲོ་བསྡུ་ལ་དཔགས་ཏེ། མཆོད་པས་མཆོད་ཅིང་། བསྟོད་པས་བསྟོད་པས། ཡི་གེ་གསུམ་ལས་འོད་ཟེར་འཕྲོས། ཕྱོགས་བཅུའི་སངས་རྒྱས་དང་བྱང་ཆུབ་སེམས་དཔའ་ཐམས་ཅད་སྤྱན་དྲངས་། དབང་བསྐུར། དྲི་མ་དག །ཆུ་ལྷག་མ་ཡར་ལུད་པ་ལས། རིགས་ཀྱི་བདག་པོ་ཨ་མི་ཏཱ་བ་འོད་དཔག་མེད་ཀྱི་དབུ་བརྒྱན་པ། ཀུན་འདུས་པའི་བདག་ཉིད་མགོན་པོ་ཚེ་དཔག་མེད་དུ་ལམ་གྱིས་གསལ་བཏབ། དེ་ལ་འདུས་པའི་བླ་མ་རྣམས་ཀྱིས་བསྐོར་ནས་བཞུགས་པ། དེ་རྣམས་ཀྱི་དབུ་མགོན་པོ་ཚེ་དཔག་མེད་ཀྱི་ཕྲག་པ་ལ་(༧བ)སླིབ་པ། སྒྲིག་ལེགས་པའི་ཚུལ་དུ་བཞུགས་པ། དེའི་ཕྱི་རིམ་ན་མ་འོངས་པའི་བླ་མས་གོང་བཞིན་དུ་བསྐོར་ནས་བཞུགས་པ། དེའི་ཕྱི་རིམ་ན་ད་ལྟར་བའི་བླ་

མ་རྣམས་ཀྱིས་གོང་བཞིན་དུ་བསྐོར་ནས་བཞུགས་པ་དེ་ལ་ཐུགས་ཟིན་པ། གསལ་ཐེབས་པ་ཞིག་དགོས། དེ་གསལ་ཐེབས་པ་དང་། གཡས་ཕྱོགས་ཀྱི་པདྨའི་སྟོང་པོའི་དབུས་སུ། པཾ་ལས་པདྨ། ཨ་ལས་ཟླ་བ། རཾ་ལས་ཉི་མའི་དཀྱིལ་འཁོར། ཁྲི་ཡོངས་སུ་རྫོགས་པའི་སྟེང་དུ། བཅོམ་ལྡན་འདས་ཡང་དག་པར་རྫོགས་པའི་སངས་རྒྱས་ཤཱཀྱ་ཐུབ་པ་སྐུ་མདོག་གསེར་བཙོ་མའི་མདོག་ལྟར་སེར་བ་ཞལ་གཅིག་ཕྱག་གཉིས། གཡས་ས་གནོན་དང་གཡོན་མཉམ་བཞག་མཛད་པ། སྐུ་ལ་ན་བཟའ་ཆོས་གོས་གསུམ་དང་ལྡན་པ། དབུ་གཙུག་ཏོར། ཞབས་འཁོར་ལོ། མཚན་བཟང་པོ་སུམ་ཅུ་གཉིས་དང་དཔེ་བྱད་ཀྱིས་སྤྲས་པ། ཞབས་རྡོ་རྗེ་སྐྱིལ་མོ་ཀྲུང་དུ་བཞུགས་པ། འོད་འདོམ་གང་ལ་འོད་ཟེར་དཔག་ཏུ་མེད་པ་འཕྲོ་བ། གཡས་སུ་ཤཱ་རིའི་བུ། གཡོན་དུ་མཽ་འུ་འགལ་གྱི་བུ། སངས་རྒྱས་དང་བྱང་ཆུབ་སེམས་དཔའི་ཚོགས་ཀྱིས་བསྐོར་ནས་བཞུགས་པའི་དབུ་སངས་རྒྱས་ཀྱི་ཁྲག་པར་སླེབ་པ། མ་འོངས་པ་ཡང་གོང་བཞིན། ད་ལྟར་བ་ཡང་གོང་བཞིན་ནོ། །མགོན་པོ་ཚེ་དཔག་མེད་ཀྱི་སྐུ་རྒྱབ་པད་སྟོང་ལ། པཾ་ལས་པདྨ། ཨ་ལས་ཟླ་བ། རཾ་ལས་ཉི་མའི་དཀྱིལ་འཁོར་གྱི་སྟེང་དུ། དམ་ཆོས་ཨཱ་ལི་ཀཱ་ལི་ལ་སོགས་གསུང་རབ་རྣམས་གོང་བཞིན་དུ་(༢ན)སྒྲིག་ལེགས་པའི་རང་བཞིན་དུ། མཆོད་རྟེན་གྱི་བང་རིམ་ལྟར་འདས་པ། མ་འོངས་པ། ད་ལྟར་བ་སྒྲིག་རིམ་གོང་དང་། གསེར་གདོང་ལེགས་པའི་རང་བཞིན་དུ་བསྐྱེད་པའོ། །མགོན་པོའི་གཡོན་ཕྱོགས་ཀྱི་ཆ་ལ། གདན་ཁྲི་སོགས་གོང་བཞིན་མཐུན། འཕགས་པ་སྤྱན་རས་གཟིགས་སྐུ་མདོག་དཀར་པོ་ཞལ་གཅིག་ཕྱག་བཞི། སྐུ་ལ་དར་དང་རིན་པོ་ཆེའི་རྒྱན་སྣ་ཚོགས་ཀྱིས་བརྒྱན་པ། འོད་དཔག་མེད་ཀྱི་རིགས་བདག་དང་། ཕྱག་དང་པོ་གཉིས་ཐུགས་ཀར་ཐལ་མོ་སྦྱར་བ། ཕྱག་གཡས་འོག་མ་མུ་ཏིག་གི་ཕྲེང་བ། གཡོན་འོག་མ་མེ་ཏོག་པདྨ་

བསྣམས་པ། སྐུ་ལ་དར་དང་རིན་པོ་ཆེའི་རྒྱན་སྣ་ཚོགས་ཀྱིས་བརྒྱན་པ། ཞབས་རྡོ་རྗེ་སྐྱིལ་མོ་ཀྲུང་དུ་བཞུགས་པ། ཞིང་ཁམས་ཐམས་ཅད་སྐུ་ལ་རྫོགས་ཤིང་། སྐུ་ཡིས་ཞིང་ཁམས་ཐམས་ཅད་ཁྱབ་པ། སྣང་ལ་རང་བཞིན་མེད་པར་གསལ་བཏབ། དེའི་རྩ་བའི་བསྐོར་ཚོ་ལ་འདས་པའི་དགེ་འདུན་ཚོའི་དབུ་འཕགས་པའི་དཔུང་པར་སླེབས། མ་འོངས་པ་དང་། ད་ལྟར་བ་རིམ་བཞིན་དམའ་བ་གོང་དང་མཐུན། གསལ་ཐེབས་པ་དང་། མགོན་པོའི་མདུན་ཕྱོགས་སུ་པཾ་ལས་པདྨ། ཨ་ལས་ཟླ་བ། རཾ་ལས་ཉི་མའི་གདན་ལ་སོགས་གོང་དང་འདྲ་བའི་སྟེང་དུ། ཡི་དམ་རྡོ་རྗེ་ཕག་མོ་སྐུ་མདོག་དམར་མོ་རྒྱན་ཆ་ལུགས་ཐམས་ཅད་ཡོངས་སུ་རྫོགས་པ་ཞིག་བསྐྱེད། དེའི་ཕྱི་རིམ་ན་འདས་པའི་ཡི་དམ། དེའི་ཕྱི་རིམ་ན་(༤བ)མ་འོངས་པ། དེའི་ཕྱི་རིམ་ན་ད་ལྟར་བའི་ཡི་དམ་རྣམས་མཐོ་དམན་སྒྲིག་རིམ་གོང་དང་འདྲ་བར་བཞུགས་པར་བསམ། དེ་རྣམས་ཀྱི་ཕྱི་རིམ་དུ་ཞལ་ནང་ལ་བསྟན་ནས། དཔལ་ཡེ་ཤེས་ཀྱི་མགོན་པོའི་རིགས་ཐམས་ཅད་དང་། དཔལ་ལྷ་མོའི་རིགས་ཐམས་ཅད་བཞུགས་པའོ། །ནང་གི་དངོས་གྲུབ་ཕྱིར་མི་གཏོང་བའི་ཕྱིར་རོ། །དེའི་ཕྱི་རིམ་ན་ཞིང་སྐྱོང་གི་རིགས་ཐམས་ཅད་ཞལ་ཕྱིར་བསྟན་ནས། ཕྱིའི་བར་ཆད་ནང་དུ་མི་འཇུག་པའི་ཕྱིར་རོ། །དེ་རྣམས་སྒྲུབ་པའི་མཎྜལ་ལོ། །

མཆོད་པའི་མཎྜལ་ནི། སུམ་ཅུ་སོ་བདུན་མའམ། ཚོམ་བུ་བདུན་མའམ། རྒྱས་བསྡུས་སྐབས་དང་སྦྱར་ནས་འབུལ་ལོ། །བསྡུས་པ་བྱེད་ན། སྐབས་གསུམ་གྲངས་ཀྱིས་མཚན་པའི་ལྷུན་པོ་དང་། །ལུས་ཆེན་ཡོ་བྱད་རྫོགས་པའི་གླིང་རྣམས་དང་། །རིན་ཆེན་ས་འཛིན་རྣམས་དང་བདུད་རྩིའི་མཚོ། །དག་བྱེད་སྨུ་ཁྱུད་ཕྱོགས་རྣམས་བཀང་སྟེ་འབུལ། །གུ་རུ་རཏྣ་མཎྜལ་ལ་པཱུ་ཛ་མེ་གྷ་ས་མུ་དྲ་སྥ་ར་ཎ་ས་མ་ཡེ་ཨཱཿཧཱུྃ། རྟགས་མ་བྱུང་བར་དུ་འབུལ། མཆོད་པའི་མཎྜལ་ལོ། །སྡིག་པ་མ་དག་པ་དག་པར་བྱེད་པ་རྡོ་རྗེ་སེམས་དཔའི་བསྒོམ་བཟླས་སྔོན་དུ་སོང་། ཚོགས་མྱུར་དུ་རྫོགས་པ། མཎྜལ་ཚོ་ག་སོང་།

བྱིན་རླབས་མྱུར་དུ་འཇུག་པ་བླ་མའི་རྣལ་འབྱོར་ནི། བླ་མའི་རྣལ་འབྱོར་བསྒོམ་པ་ལ། རང་ཉིད་ཐ་མལ་དུ་གནས་པའི་སྤྱི་བོ་མདའ་གང་གི་མཚམས་སུ་པཾ་ལས་པདྨ། ཨ་ལས་ཟླ་བ། རཾ་ལས་ཉི་མའི་དཀྱིལ་འཁོར་གྱི་སྟེང་དུ། (ཕ)ཧཱུྃ་ལས་རྡོ་རྗེ་སྔོན་པོ་རྩེ་ལྔ་པ་ལྟེ་བ་ལ་ཧཱུྃ་གིས་མཚན་པ་ཞིག་གསལ་བརྟག དེ་ལས་འོད་ཟེར་འཕྲོས། འཕགས་པ་མཆོད། སེམས་ཅན་གྱི་དོན་བྱས། ཚུར་འདུས་ཡོངས་སུ་གྱུར་པ་ལས། ངོ་བོ་རྩ་བའི་བླ་མ་ཡིན་པ་ལ། རྣམ་པ་བཅོམ་ལྡན་འདས་རྡོ་རྗེ་འཆང་ཆེན་པོ་སྐུ་མདོག་སྔོན་པོ་ནམ་མཁའ་ཡོངས་སུ་དྭངས་པའི་མདོག་ལྟར་སྔོ་བ། ཞལ་གཅིག །ཕྱག་གཉིས། རྡོ་རྗེ་དང་དྲིལ་བུ་བསྣོལ་ཐབས་སུ་འཛིན་པ། ཞབས་རྡོ་རྗེའི་སྐྱིལ་མོ་ཀྲུང་དུ་བཞུགས་པ། སྐུ་ལ་དར་གྱི་སྟོད་གཡོགས་དང་། ཤམ་ཐབས་མཛད་པ། རིན་པོ་ཆེའི་དབུ་རྒྱན། སྙན་རྒྱན། མགུལ་རྒྱན། དཔུང་རྒྱན། སེ་མོ་དོ་ལ་སོགས་པ་རིན་པོ་ཆེའི་རྒྱན་དུ་མས་བརྒྱན་པ། དེའི་སྤྱི་བོར་ཨོཾ། མགྲིན་པར་ཨཱཿ ཐུགས་ཀར་ཧཱུྃ། ཐུགས་ཀའི་ཧཱུྃ་ལས་འོད་ཟེར་འཕྲོས་པས་ཞིང་(ཁམས་)རབ་འབྱམས་ཀྱི་རྒྱལ་བ་སྲས་དང་བཅས་པ་ཐམས་ཅད་རིགས་ལྔའི་རྣམ་པར་བྱས་ཏེ། སྤྱན་དྲངས། དེ་རྣམས་ཀྱི་ཕྱག་གཡས་ན་ཡེ་ཤེས་ཀྱི་བུམ་པ་ཟག་མེད་ཀྱི་བདུད་རྩིའི་གང་བ་ཐོགས་པ། གཡོན་པས་མཆོད་སྤྲིན་གྱི་ཕྱག་རྒྱ་སྒྲིག་སྟེ་ཁྲུས་བྱེད་པ་ནི། ཇི་ལྟར་བལྟམས་པ་ཙམ་གྱིས་ནི། །ལྷ་རྣམས་ཀྱིས་ནི་ཁྲུས་གསོལ་ལྟར། །སོགས་ཀྱི་བརྗོད། དབང་བསྐུར། ཁྲུས་གསོལ། དྲི་མ་དག །ཆུའི་ལྷག་མ་ཡར་ལུད་པ་ལ་རིགས་ཀྱི་བདག་པོ་རྒྱུ་རྡོ་རྗེ་འཛིན་པ་དཀར་པོས་དབུ་བརྒྱན། སླར་ཡང་གནས་གསུམ་དུ་ཡི་གེ་གསུམ་ལས་འོད་ཟེར་འཕྲོས་པས། སྟེང་ཕྱོགས་འོག་ཕྱོགས་བར་ཕྱོགས་ཐམས་ཅད་ནས། བླ་མ་ཡི་དམ་སངས་རྒྱས་བྱང་ཆུབ་སེམས་དཔའ་མཁའ་

འགྲོ་ཆོས་སྐྱོང་ནོར་ལྷ་གཏེར་བདག་ཐམས་ཅད་སྤྱན་དྲངས། སྟེང་ཕྱོགས་ནས་(༩བ)ཕྱིན་པ་ཐམས་ཅད་བླ་མའི་སྐུ་སྟོད། བར་ཕྱོགས་ནས་ཕྱིན་པ་ཐམས་ཅད་སྐུ་སྨེད་དང་། སྨད་ཕྱོགས་ནས་ཕྱིན་པ་ཐམས་ཅད་སྐུ་སྨད་དང་། གདན་ཁྲི་ལ་ཐིམ་པའི། བླ་མ་ཀུན་འདུས་པའི་བདག་ཉིད་ཅན། ཡོན་ཏན་ཕུན་སུམ་ཚོགས་པ་དང་ལྡན་པ་ཞིག་གསལ་བཏབ། གསལ་ཐེབས་པ་དང་། མཆོད་པས་མཆོད་པ་ནི། ཨ་ཀྲོཾ་ལ་སོགས་དང་། གཞན་ཡང་འཇིག་རྟེན་ཁམས་ཀྱི་གཟུགས་མཛེས་པ། སྒྲ་སྙན་པ། དྲི་ཞིམ་པ། རོ་མངར་བ། རེག་བྱ་འཇམ་པ་ཐམས་ཅད་བླ་མ་ལ་འབུལ། གཞན་ཡང་འཇིག་རྟེན་ཁམས་ཀྱི་མཆོད་པའི་དངོས་པོ། སྲིད་ཚད་འབུལ་ལོ། །དེ་རྣམས་ཕྱིའི་མཆོད་པའོ། །ནང་གི་མཆོད་པ་ནི། རང་གི་སྣ་བུག་གཡོན་ནས་རླུང་གཅིག་བུས་པ་ལ་བརྟེན་ནས། རང་གི་རྣམ་པར་ཤེས་པའི་ངོ་བོ་སྙེམས་མ་སྔོན་མོ་གྲི་གུག་དང་ཐོད་པ་འཛིན་པ། གར་ཁྲུག་ཁྲུག་པ་ཞིག་བྱུང་། རང་གི་བེམ་པོ་སྟོང་པོ་འགྱེལ་བ་བཞིན་དུ་ཡོད་པ་དེ་མགོ་བོ་ལ་གྲི་གུག་གིས་བཏབ་པར་བྱས་པས། མགོ་བོ་གཅིག་བྱུང་ཡང་དེ་བཞིན་དུ་ལན་གསུམ་ལ་མགོ་བོ་གསུམ་བྱུང་བ་མི་མགོའི་སྒྱིད་པོ་རི་རབ་ཙམ་གསུམ་གྱི་སྟེང་དུ་ཡང་། གྲི་གུག་བཏབ་པས། ཀ་པཱ་ལ་མཚན་ཉིད་ཐམས་ཅད་ཡོངས་སུ་རྫོགས་པ། སྟོང་གསུམ་དང་མཉམ་པ་གཅིག་གསལ་བཏབ། དེ་ཡང་། ཤ་ཤུན། ལྤགས་ཐེན། མི་གཙང་བ་མེད་པ་ཡིད་དུ་འོང་བ་གཅིག་སློམས། བེམ་པོ་དེ་གྲི་གུག་གིས་རེག་པ་དང་མཉམ་དུ་རང་འཕར་དུ་ཀ་པཱ་ལའི་ནང་དུ་བྱུང་། གྲི་གུག་གིས་ལན་གསུམ་དཀྲུགས་པས། ཨོཾ་ཨཱཿཧཱུྃ་གསུམ་གྱིས་བྱིན་གྱིས་བརླབས། ཡེ་ཤེས་ཀྱི་བདུད་རྩི་ཁ་དོག་ཞལ་(༧༠ན)བཅག་པ་ལྟ་བུ་སྒྲིབ་གཡོགས་མེད་པ། རོ་སྦྲང་རྩི་མ་སྙད་པ་ལྟ་བུ་མངར་བའི་རང་བཞིན་ཅན། གཟུགས། སྒྲ། དྲི། རོ། རེག་བྱ་ཕུན་སུམ་ཚོགས་པ་དང་ལྡན་པ། ལུས་ཐོག་ཏུ་རེག་པ་ཙམ་གྱིས་ལུས་ཀྱི་སྒྲིབ་པ་དག་ནུས་པ། ངག་དང་ཡིད་ཀྱི་བསམ་པ་ཙམ་གྱིས། ངག་དང་ཡིད་ཀྱིས་སྡིག་པ་དག་ནུས་པ། དེ་ལྟ་བུའི་ཟག་པ་མེད་པའི་བདུད་རྩི་དེ། སྙེམས་མ་སྔོན་མོས

བཅོམ་ལྡན་འདས་ཀུན་འདུས་པའི་བདག་ཉིད་ཅན་ལ་ཕྱུལ་བས། བཅོམ་ལྡན་འདས་ཀྱི་སྐུ་མཉེས། གསུང་མཉེས། ཐུགས་མཉེས། ཡོན་ཏན་ཕྲིན་ལས་ཐམས་ཅད་མཉེས་པའི་ཐུགས་ཞེས་བསྐྱེད། ནང་གི་མཆོད་པ་དེ་ཚར་བ་དང་། རང་ཉིད་སྙེམས་མ་སྟོན་མོས། བཅོམ་ལྡན་འདས་ཀུན་འདུས་པའི་བདག་ཉིད་ཅན་དེ་ལ་འཁྲིལ་བས། དགའ་བ་དང་། མཆོག་དགའ་དང་། དགའ་བྲལ་དང་། ལྷན་ཅིག་སྐྱེས་པའི་ཡེ་ཤེས་མངོན་དུ་གྱུར་པར་ཐུགས་ཞེས་བསྐྱེད། གསང་བའི་མཆོད་པའོ། །དེ་ཁོ་ན་ཉིད་ཀྱི་མཆོད་པ་ནི། མཆོད་པ་བྱེད་པའི་ཡུལ། མཆོད་པ་བྱེད་མཁན་གྱི་གང་ཟག །མཆོད་པ་བྱེད་རྒྱུའི་དངོས་པོ་དང་བཅས་པ་མི་དམིགས་པར་རྒྱས་འདེབས་པའོ། །མཆོད་པ་དེ་ལས་དཔགས་ཏེ། བསྟོད་པ་ནི། བླ་མ་སངས་རྒྱས་བླ་མ་ཆོས། །དེ་བཞིན་བླ་མ་དགེ་འདུན་ཏེ། །ཀུན་གྱིས་བྱེད་པོ་བླ་མ་ཡིན། །བླ་མ་རྣམས་ལ་ཕྱག་འཚལ་བསྟོད། །ལ་སོགས་ཀྱིས་བསྟོད། འདོད་པའི་དོན་ལ་གསོལ་བ་བཏབ་པ་ནི། དཔལ་ལྡན་རྩ་བའི་བླ་མ་རིན་པོ་ཆེ། བདག་དང་སེམས་ཅན་ཐམས་ཅད་ཀྱི་(༧༠བ)ལུས་ངག་ཡིད་གསུམ་གྱི་སྒོ་ནས་བསགས་པའི་སྡིག་པ་དང་། སྒྲིབ་པ་ཐམས་ཅད་དག་ཅིང་བྱང་བ། བྱང་ཞིང་དག་པར་བྱིན་གྱིས་བརླབ་ཏུ་གསོལ། དབང་བཞི་བསྐུར་བར་མཛད་དུ་གསོལ། རྒྱུད་བཞི་སྨིན་པར་བྱིན་གྱིས་རློབས། ཕྲིན་ལས་རྣམ་བཞིའི་དངོས་གྲུབ་སྩལ་དུ་གསོལ། དེ་ལྟར་གསོལ་བ་བཏབ་པ་ལ་བརྟེན་ནས། དཔལ་ལྡན་བླ་མའི་སྤྱི་བོའི་ཨོཾ་དཀར་པོ་ལས་འོད་ཟེར་དཀར་པོ་མུ་ཏིག་གིས་ཕྲེང་བ་ལྟ་བུ་སྐྱུ་ན་ར་ར་བྱུང་། སེམས་ཅན་ཐམས་ཅད་ལ་ཕོག །སེམས་ཅན་ཐམས་ཅད་ཀྱི་སྡིག་སྒྲིབ་དག །སྐུ་རྡོ་རྗེའི་གོ་འཕང་ལ་བཀོད། སླར་ཚུར་འདུས་རང་གི་དཔྲལ་བར་ཐིམ། ལུས་ཀྱི་སྒོ་ནས་བསགས་པའི་སྤྱང་བྱ་མ་རིག་པ་ཐམས་ཅད་དག །སྐུ་བུམ་པའི་དབང་ཐོབ། ཡང་བཅོམ་

ལྡན་འདས་ལ་གསོལ་བ་དྲག་ཏུ་བཏབ་པས། བཅོམ་ལྡན་འདས་ཀྱི་མགྲིན་པའི་ཨ་ཡིག་དམར་པོ་བྱུ་རུའི་ཕྲེང་བ་ལྟར་དམར་ན་ར་ར་བྱུང་། སེམས་ཅན་ཐམས་ཅད་ལ་ཕོག །སེམས་ཅན་ཐམས་ཅད་ཀྱི་ངག་གི་སྒྲིབ་པ་དག །གསུང་རྡོ་རྗེའི་གོ་འཕང་ལ་བཀོད། སླར་ཚུར་འདུས། རང་གི་ངག་ལ་ཞུགས། ངག་གི་སྤྱང་བྱ་མ་རིག་པ་ཐམས་ཅད་དག་ཅིང་། གསུང་གསང་བའི་དབང་ཐོབ། སླར་ཡང་དཔལ་ལྡན་བླ་མ་ལ་གསོལ་བ་དྲག་ཏུ་བཏབ་པས། དཔལ་ལྡན་བླ་མའི་ཐུགས་ཀའི་རྡོ་རྗེ་མཐིང་ག་ཧཱུྃ་གིས་མཚན་པ་ལས་འོད་ཟེར་བཻཌཱུརྻའི་རྣམ་པ་བྱུང་། སེམས་ཅན་ཐམས་ཅད་ལ་ཕོག །སེམས་ཅན་ཐམས་ཅད་ཀྱི་ཡིད་ཀྱི་སྒྲིབ་པ་དག །སེམས་ཅན་ཐམས་ཅད་ཐུགས་རྡོ་རྗེའི་གོ་འཕང་ལ་འགོད། སླར་ཚུར་འདུས་རང་(༡༡ན)གི་ཐུགས་ཀར་ཐིམ། ཡིད་ཀྱི་སྒོ་ནས་བསགས་པའི་སྤྱང་བྱ་ཐམས་ཅད་དག །ཐུགས་ཤེས་རབ་ཡེ་ཤེས་ཀྱི་དབང་ཐོབ། སླར་ཡང་བླ་མ་ལ་གསོལ་བ་དྲག་ཏུ་བཏབ་པས། བླ་མའི་ཕུང་ཁམས་སྐྱེ་མཆེད་ནས་འོད་ཟེར་དཀར་དམར་མཐིང་གསུམ་འཕྲོས། སེམས་ཅན་ཐམས་ཅད་ལ་ཕོག །སེམས་ཅན་གྱི་ལུས་ངག་ཡིད་གསུམ་གྱི་སྡིག་སྒྲིབ་དག །སྐུ་བཞིའི་གོ་འཕང་ལ་བཀོད། སླར་ཡང་འདུས་རང་གི་ཕུང་ཁམས་སྐྱེ་མཆེད་ལ་ཕོག །ལུས་ངག་ཡིད་གསུམ་གྱི་སྡིག་སྒྲིབ་དག །དབང་བཞི་པ་ཐོབ།

མཐར་སྨོན་ལམ་བཏབ་པ་ནི། དཔལ་ལྡན་བླ་མའི་སྐུ་ལ་གསོལ་བ་འདེབས། བདག་གི་ལུས་ལ་བདེ་དྲོད་འབར་བར་བྱིན་གྱི་རློབས། དཔལ་ལྡན་བླ་མའི་གསུང་ལ་གསོལ་བ་འདེབས། བདག་གི་ངག་ལ་ནུས་པ་ཐོན་པར་བྱིན་གྱིས་རློབས། དཔལ་ལྡན་བླ་མའི་ཐུགས་ལ་གསོལ་བ་འདེབས། བདག་གི་སེམས་ལ་རྟོགས་པར་སྐྱེ་བར་བྱིན་གྱིས་རློབས། བློ་ཆོས་སུ་འགྲོ་བར་བྱིན་གྱིས་རློབས། ཆོས་ལམ་དུ་འགྲོ་བར་

བྱིན་གྱིས་རློབས། ལམ་འཁྲུལ་པ་སེལ་བར་བྱིན་གྱིས་རློབས། འཁྲུལ་པ་ཡེ་ཤེས་སུ་འཆར་བར་བྱིན་གྱིས་རློབས། དེ་ལྟར་གསོལ་བ་བཏབ། དེ་དག་གི་ངང་དུ་ཅི་གནས་ལ་བཞག །དེ་ལ་ཐུན་གཅིག་བྱེད་པའོ །དེ་ཡན་ཆད་ཆོས་དྲུག་གི་སྔོན་འགྲོ་ཡིན།

ད་དངོས་གཞིའི་དམིགས་པ་ལ། དང་པོ་མ་དག་པ་སྒྱུ་ལུས་ཀྱི་སྟོང་ར་དང་། དེ་ནས་དག་པ་ལྷ་སྐུའི་སྟོང་ར་བསྒོམ་སྟེ། དང་པོ་གནས་གཏན་ལ་ཕབ་པ་ལ། ཕྱི་སྣོད་ཀྱི་འཇིག་རྟེན་གྱི་ཁམས་ཐམས་ཅད་གཞལ་ཡས་ཁང་གྲུ་གསུམ་པ། རྩེ་མོ་ཟླ་བ་ཐུར་དུ་བསྟན་པ། གདེངས་ཁ་ཆེ་བ་གྱེན་དུ་བསྟན་པ། ཕྱི་དཀར་ལ་ནང་དམར་བ། ཡངས་ཤིང་རྒྱ་ཆེ་བ། མང་པོ་བཤད་ན་མི་ཤོང་བ་མེད་པ། ཉུང་ཉུང་བཤད་(༧༧ཁ)ན་མི་ཁེངས་པ་མེད་པ། མནན་ན་ནེམ་བྱེད་པ། སྐྱུག་ན་སྤར་བྱེད་པ། ལེགས་པའི་མཚན་ཉིད་དང་ལྡན་པ་ཞིག་གསལ་བཏབ། དམིགས་ཐུན་ཆུང་ན་དེ་ལའང་གཅིག་བྱེད།

ཆོས་འབྱུང་དེའི་ནང་དུ་རང་ཉིད་ཐ་མལ་དུ་གནས་པའི་ལུས་འདི་ག་ཡིན་པ་ལ། ཆེ་བ་འཇིག་རྟེན་གྱིས་ཁམས་ཁེངས་པ་ཡོད་པའི་རི་རབ་ཙི་ཡོད་པ་དེ་འདྲ་བརྒྱ་སྟོང་དུ་མར་བྱས་ཀྱང་འོང་བ། ཆུང་བ་རྡུལ་ཕྲ་རབ་ཙམ་དང་མཉམ་པ་བྱས་ནས་བསྐྱེད། ཡང་ལུས་རྟེང་ནས་མེད་པ། སྟོང་ཧང་ངེ་བ། སྟོང་སང་ངེ་བ། སྟོང་སལ་ལེ་བ། སྟོང་ཕྱེད་དེ་བ། སྟོང་ཆམ་མེ་བ་ཅི་ཡང་མེད་པ། གཟུང་འཛིན་དང་། གདོས་བཅས་ཀྱི་དངོས་པོ་གང་ཡང་མེད་པ་ཞིག་ཏུ་བསམ། གཞལ་ཡས་ཁང་ཡང་དེ་ལྟ་བུ་ཆེ་བ་དང་། ཆུང་བ་དང་། ཅི་ཡང་མེད་པ་དང་། གཞལ་ཡས་ཁང་རང་ལ་བསྡུད་ཅིང་། རང་གཞལ་ཡས་ཁང་དུ་སྒྱུར་བར་བྱེད་པ། སྣ་ཚོགས་ཀྱི་སྣང་བ་རང་ལ་བསྡུད་ཅིང་། རང་སྣ་ཚོགས་སུ་ཕར་བསྒྲིམ་པ་སོགས། ལུས་

ཀྱི་བྱེ་བྲག་ལ་ཡང་ཐོགས་པ་མེད་པར་སྤྱོད་པ་ནི། མ་དག་པ་སྒྱུ་ལུས་ཀྱི་སྟོང་ར་ཞེས་སོ། །དངོས་གཞི་དམིགས་ཐུན་གཉིས་པའོ། །

དག་པ་ལྷ་ཡི་སྟོང་ར་ནི། རང་ཉིད་སྐད་ཅིག་གིས་རྗེ་བཙུན་རྡོ་རྗེ་རྣལ་འབྱོར་མ། སྐུ་མདོག་དམར་མོ་ཞལ་གཅིག་ཕྱག་གཉིས། སྤྱན་གསུམ་མཆེ་བ་བཞི་གཙིགས་པ། དབུ་སྐྲ་ཁམ་སེར་གྱེན་དུ་བརྫེས་པ་ལ། ཐོད་སྐམ་ལྔས་དབུ་ལ་བརྒྱན་པ། རློན་པ་ལྔ་བཅུ་ཐ་གཅིག་གིས་དོ་ཤལ་བྱས་པ། ཕྱག་གཡས་རྡོ་རྗེ་གྲི་གུག་ནམ་མཁའ་ལ་ཕྱར་བ། གཡོན་ཐོད་ཁྲག་ཐུགས་ཀར་བསྣམས་པ། ཁ་ཊྭཾ་ག་མཆན་ཁུང་ན་ཡར་བསྙིང་བ། པདྨ་དང་ཉི་མའི་གདན་གྱི་སྟེང་དུ། ཞབས་བརྐྱང་བསྐུམ་གྱི་ཚུལ་དུ་བཞུགས་པ། བཅུ་དྲུག་ལོན་པའི་ན་ཚོད་ལྟར་བཅུད་ཀྱིས་རྒྱས་ཤིང་ནུ(༧༢ན)མ་འབུར་བ། དུས་གསུམ་མཁྱེན་ཕྱིར་རབ་ཏུ་གཏུམ་པའི་སྤྱན་གསུམ་ཁྲག་ལྟར་དམར་ཞིང་ཀླུམ་ལ་གཡོ་བ། བདུད་བཞི་འདུལ་བའི་ཕྱིར་ཁྲོ་གཉེར་དང་མཆེ་བ་རྣམ་པར་གཙིགས་པ། མ་མཆུ་ཚེམས་ཀྱིས་མནན་པ། དར་དམར་པོའི་གུར་ལྟ་བུའམ་སྲུ་མ་དམར་པོ་ཤུས་བཏབ་པ་ལྟ་བུའམ། ཆུ་ནང་གི་ཟླ་བའི་གཟུགས་ལྟ་བུའམ། དེ་ཡང་གདོས་བཅས་ཀྱི་དངོས་པོ་མ་ཡིན་པ། སྒྲིབ་གཡོགས་མེད་པ། ཕྱི་ནས་བལྟས་ན་ནང་གསལ་བ། ནང་ནས་བལྟས་ན་ཕྱི་གསལ་བ། རྒྱན་ཆ་ལུགས་ཐམས་ཅད་ཡོངས་སུ་རྫོགས་པ། སྟོང་སེང་བ་གཅིག་གསལ་བཏབ་པ་ནི་དམིགས་ཐུན་གསུམ་པའོ། །

རང་གི་ལུས་ཀྱི་དཀྱིལ་དྲང་པོ་འདི་ནས། རྩ་དབུ་མ་མཚན་ཉིད་བཞི་དང་ལྡན་པ། དེ་ཡང་དཀར་བ། དྲང་བ། སྟོང་པ། གསལ་བ། ཡར་སྣེ་སྤྱི་གཙུག་དུང་ཁང་གིས་སྙིང་ཤ་ལྤགས་ཀྱི་འོག་ནས་ཚར་གུག །དཔྲལ་བའི་མཛོད་སྤུའི་ཐད་ལ་

ཁ་དང་ངེ། སྨུ་གུ་ཧུར་རེ་ཡོད་པ། མར་སྣེ་ལྟེ་འོག་སོར་བཞིའི་མཚམས། གཉེར་པོ་ཆེའི་ཐད་ཙམ་ལ་ཕུར་བུའི་དབལ་ས་ལ་ཟུག་པ་ལྟ་བུ་གྲུ་གསུམ་གསལ་བཏབ། དེའི་གཡས་ཕྱོགས་ཀྱི་ཆ་ནས། རྩ་རྐྱང་མ་ཁ་དོག་དཀར་པོ་མདའ་སླུག་འབྲིང་པོ་ཙམ། མར་སྣེ་རྩ་དབུ་མ་དང་སོར་གཉིས་ཀྱི་ཐད་ཙམ་ལ། ཡི་གེ་ཆའི་རྣམ་པ་བཞིན་དུ་ཡར་གཙུས་ནས་ཡོད་པ། ཡར་སྣེ་རྣ་བ་གཡས་པའི་གོང་དུང་ཁང་གི་སྟེང་ཤ་ལྤགས་ཀྱི་འོག་ནས་སྣ་བུག་གཡས་པ་དང་ཁར་ཁ་ཚོད་དུ་ཁ་དང་ངེ་སྨུག་གུ་ཧུ་རེ་ཡོད་པ། དེའི་གཡོན་ཕྱོགས་ནས་རྩ་རོ་མ་ཁ་དོག་དམར་ལ་དཀར་བའི་མདངས་དང་ལྡན་པ། སྦོམ་ཕྲ་གོང་དང་འདྲ། མར་སྣེ་རྐྱང་མ་བཞིན་དུ་ཡི་གེ་ཆའི་རྣམ་པ་སུམ་ཚུགས་སུ་ཡོད་པ། ཡར་སྣེ་རྣ་བ་གཡོན་པའི་གོང། དུང་ཁང་གི་སྟེང་དང་(༡༢༧བ)ཤ་ལྤགས་ཀྱི་འོག་ནས་ཚུར་གུག་པ། སྣ་བུག་གཡོན་པ་དང་ཁར་ཁ་ཚོད་དུ་ཁ་དང་ངེ་སྨུ་གུ་ཧུ་རེ་ཡོད་པ། རོ་རྐྱང་གཉིས་ཀྱང་མཚན་ཉིད་བཞི་བཞི་དང་ལྡན་པ། ཕྱི་ནས་བལྟས་ན་ནང་གི་རྩ་གསལ་བ། ནང་ནས་བལྟས་ན་ཕྱིའི་ལུས་གསལ་བ། དེ་ལྟ་བུ་གསལ་ཐེབས་པ། དམིགས་པ་ཚད་དུ་སྐྱོལ་བ་བྱེད། རྩ་འཁོར་ལོ་བཞི་ལ། སྤྱི་བོ་བདེ་ཆེན་འཁོར་ལོ། རྩ་འདབ་སུམ་ཅུ་རྩ་གཉིས། ཁ་དོག་དཀར་ལ་དམར་བའི་རང་བཞིན་ཅན། སྦོམ་ཕྲ་སོག་སྨྱུབས་ཙམ་ཡོད་པ། དབུ་མ་ལ་འཕྱར་ལ་མ་རེག་པའི་ཚུལ་དུ་ཡོད་པ། དེ་ཡང་གདུགས་ཀྱི་ཚུལ་དུ་གསལ་བཏབ། རྩ་འདབ་ཚོ་ཁ་དང་ངེ་སྨུ་གུ་ཧུ་རེ་ཡོད་པ་གསལ་བཏབ། མགྲིན་པར་རྩ་འདབ་བཅུ་དྲུག་ཁ་དོག་སེར་ལ་དཀར་བའི་མདངས་དང་ལྡན་པ། ཁ་དང་ངེ་སྨུ་གུ་ཧུ་རེ་ཡོད་པ་སྦོམ་ཕྲ་གོང་དང་འདྲ་བ། དབུ་མ་ལ་འཕྱར་ལ་མ་རེག་པའི་ཚུལ་དུ་གདུགས་འཁྱོགས་ཀྱི་རྣམ་པར་ཁ་ཡར་བསྟན་ནས་ཡོད་པ་གསལ་

བཏབ། ཐུགས་ཀར་རྩ་འདབ་བརྒྱད་ཁ་དོག་དཀར་ལ་དམར་བའི་མདངས་དང་ལྡན་པ། ཁ་དང་ངེ་སྒྲུ་གུ་ཧྲུ་རེ། སྦོམ་ཕྲ་གོང་དང་འདྲ། དབུ་མ་ལ་འབྱར་ལ་མ་རེག་པའི་ཚུལ་དུ་ཡོད་པ། དེ་ཡང་གདུགས་ཀྱི་ཚུལ་དུ་གསལ་བཏབ། ལྟེ་བར་རྩ་འདབ་དྲུག་ཅུ་རྩ་བཞི། ཁ་དོག་དཀར་ལ་ལྷང་བའི་རྣམ་པ། ཁ་དང་ངེ ། སྒྲུ་གུ་ཧྲུ་རེ། དབུ་མ་ལ་འབྱར་ལ་མ་རེག་པའི་ཚུལ་དུ་གོས་ལ་ཕུ་དུང་བཏགས་པ་བཞིན་དུ་སྦོམ་ཕྲ་གོང་དང་འདྲ་བ། ཁ་ཡར་བསྟན་ནས་གདུགས་འཁྱོགས་ཀྱི་ཚུལ་དུ་ཡོད་པར་གསལ་བཏབ། རོ་རྐྱང་གཉིས་ཀྱང་དབུ་མ་ལ་འབྱར་ལ་མ་རེག་པའི་ཚུལ་དུ་ཐ་དད་དུ་གསལ་བཏབ། དེ་ཡང་དབུ་མ། དབུ་མར་གསལ་བཏབ། རོ་རྐྱང་གཉིས་རོ་རྐྱང་གཉིས་སུ་གསལ་བཏབ། རྩ་འཁོར་ལོ་བཞི་པོ་ཡང་གདུགས་དང་གདུགས་(༧༣ན)འཁྱོགས་ཀྱི་ཚུལ་དུ་གསལ་བཏབ། ཐ་དད་དུ་མ་གསལ་བ་མེད་པར་གསལ་བཏབ་པ་ནི་དམིགས་པ་བཞི་པའོ། །

རླུང་གིས་སྦྱོར་བ་ལ། གོང་དུ་སྦྱོར་བའི་སྐབས་སུ་རླུང་སྦྱོང་བ་བཤད་པ་ཡིན། རླུང་ཕྱི་ལོགས་སུ་ཡོད་པ་ནང་དུ་འཐེན། རོ་རྐྱང་གཉིས་ནི་ལུག་གིས་རྒྱུ་མ་ཕུས་བཏབ་པ་བཞིན་དུ། སྐྱུ་ཧ་ར་ར་སོང་བ་ལྟེ་བའི་ཐད་དུ་སྙིང་རླུང་ཆ་གཉིས་ཕྱིན་མནན། འོག་རླུང་ཆ་གཅིག་ཡར་འཐེན། རླུང་གཙུ་ཁ་སྦྱོར་གྱི་ཚུལ་ཅི་ལྟོགས་སུ་འཛིན། འཛིན་མ་ཐུབ་ནས་དབྱུང་བ་དང་། རླུང་ཞབས་མ་ལུས་པར་སང་སང་གཏོང་། རླུང་གི་དུག་ཕྱུང་བ་དང་། སྟན་པ་སྙེར་བར་བཤད་པས། རླུང་ཕྱིར་ཕྱིད་ཙམ་བཏང་། བཏང་ཚར་བ་དང་ཚུར་རྔུབ་ཚུང་གཅིག །མཆིལ་མ་ཐུན་གཅིག་དང་བསྲུགས་ཏེ། ལྟེ་འོག་ཏུ་དབུ་མའི་མར་སྣེ་ལ་ཧྲིལ་གྱིས་བསྒྲིལ། རླུང་ཅི་ཐུབ་དེར་བཟུང་། མ་ཐུབ་ནས་དབྱུང་བ་དང་རླུང་ཞབས་མ་ལུས་པ། རོ་རྐྱང་

གཉིས་ནས་སྦོ་སིབ་སིབ་སོང་བར་བསམ། དེ་ལ་མ་འཁྲུངས་བར་དུ་ནན་ཏན་དུ་བྱེད་པའོ། །སྐྱེས་བུའི་རྩོལ་བ་ཆེ་ཆུང་གིས་བྱེད་པ་ནི། དམིགས་པ་ལྔ་པའོ། །

སྦྱོར་རླུང་གི་བཤད་པ་མང་པོ་ཡོད་དེ། དགོས་ཉམས་སུ་ལེན་རྒྱུ་ལ་རླུང་སྦྱོར་བ་བཞི་དང་ལྡན། མེ་སྦྱོར་བ་བཞི་དང་ལྡན་པ། ལུས་སྦྱོར་བ་བཞི་དང་ལྡན་པ། རྩ་སྦྱོར་བ་བཞི་དང་ལྡན་པ། རླུང་སྦྱོར་བ་བཞི་དང་ལྡན་པ་ལ་ནན་ཏན་བྱེད་དགོས། ལུས་དང་རྩ་གཉིས་རླུང་དང་གསུམ་གོང་དུ་སོང་ནས། ད་ལན་རླུང་མཚན་ཉིད་བཞི་ལྡན་གྱི་གོ (༧༣བ)དོན་ནི། རྔུབ་དང་དགང་དང་གཞིལ་བ་དང་། །མདའ་ལྟར་འཕང་དང་རྣམ་པ་བཞི། །སྦྱོར་བ་བཞི་ལྡན་མ་ཤེས་ན། །ཡོན་ཏན་སྐྱོན་དུ་འགྱུར་བ་ཡིན། །ཞེས་བྱ་བའི་དོན་ནི། རྔུབ་པ་ནི་ཕྱི་ལོགས་ཀྱི་རླུང་ནང་དུ་རོ་རྐྱང་གཉིས་ནས་རྔུབ་པ་ལ་ཟེར་བ་ཡིན། དགང་བ་ནི། དབུ་མའི་མར་སྣེ་དགང་བ་ལ་ཟེར་བ་ཡིན། གཞིལ་བ་ནི་རྩ་མིག་ཐམས་ཅད་ནས་རླུང་ཞབས་མ་ལུས་པར་སྦོ་སིབ་སིབ་སོང་བ་ལ་ཟེར་བ་ཡིན། མདའ་ལྟར་འཕང་བ་ནི། མགོ་ན་བ་དང་། སྨུག་པ་དང་། ཐིབས་པ་དང་། སྨྱུག་ལོག་པའི་དུས་སུ། གེགས་སེལ་གྱི་ཚུལ་དུ། སྤྱི་གཙུག་ནས་ཇ་རླངས་ཐོན་པ་བཞིན་དུ་རླུང་ཞབས་མ་ལུས་པར་སྦོ་ཕུར་ཕུར་སོང་བ་དེ་ལན་གཉིས་གསུམ་དྲུག་དགུ་ཡན་དུ་མི་བྱེད་པ་ཕྲུག་རྗེས་ཡིན། མང་ན་འཕོ་བ་ལ་འགྲོ་ཉེན་ཡོད་པས། རླུང་ལ་དགག་བྱ་དང་གནད་བྱ་སོ་སོར་བཤད་པ་ཡིན།

ཐིག་ལེ་སྦྱོང་བ་ལ་དབུ་མའི་ཡར་སྣེ་མཛོད་སྤུའི་ཐད་དབུ་མའི་ནང་སྣེ་ལ་ཐིག་ལེ་མཚན་ཉིད་བཞི་དང་ལྡན་པ། དངུལ་ཆུའི་རྫོག་པོ་ལྟ་བུ་དཀར་བ། སྣུམ་པ། འཁྱིལ་བ། འཚེར་བ། དབུ་མའི་ཡས་སྣེ་ལ་མ་ཐོང་བ་མེད་པ། མ་ཁེངས་

པ་མེད་པ། ཕྱག་རོན་གདུང་ཁུང་ན་ཡོད་པ་ལྟ་བུ། སྤྲན་མ་བཙོས་པོ་ཙམ་ཞིག་གསལ་བཏབ། དེ་ལ་རླུང་ཕྱིར་ཡོགས་སུ་ཡོད་པའི་དབང་ཆེན་དུ་བྱས་ཏེ་ནང་དུ་ནར་བ་གཅིག་འཛིན། རོ་རྐྱང་ནས་ཞུགས། གོང་བཞིན་དུ་ལུག་རྫོད་ཀྱི་རྒྱུ་མ་ཕུས་བཏབ་(༧༤ན)པ་ལྟ་བུ་སྐྱུ་ན་ར་ར་སོང་། དབུ་མའི་མར་སྣེ་དགང་། དེ་ཡང་རླུང་ནང་ལ་འཛིན་པའི་དུས་སུ། དམྲལ་བའི་ཐིག་ལེ་དེ་མགུལ་ཤིགས་པ་གཅིག་བྱས། ཡང་རླུང་ཕར་གཏོང་བའི་དུས་སུ་རྩ་མིག་ནས་རླུང་ཐམས་ཅད་སོང་བར་བསམ། ཡང་རླུང་ནང་དུ་འཇུག་པའི་དུས་སུ། དམྲལ་བའི་ཐིག་ལེ་དེ་སིང་སྦྲ་དང་བཅས་ཏེ། སྤྱི་གཙུག་གི་རྩ་འདབ་མ་སུམ་ཅུ་རྩ་གཉིས་ཀྱི་དབུས་སུ་འོད་ཟིལ་ལེ་དེར་བསྒྲད། རླུང་ཕར་གཏོང་བའི་དུས་སུ་ཐིག་ལེ་མགུལ་ཤིགས་པ་ཞིག་བྱས། ནང་དུ་འཇུག་པའི་དུས་སུ་ཐིག་ལེ་དེ་མགུལ་ཤིགས་པ་ཞིག་བྱས། ཡང་རླུང་ཕྱིར་གཏོང་བའི་དུས་སུ་ཐིག་ལེ་སིང་སྦྲ་དང་བཅས་ཏེ། དམྲལ་བའི་ཐད་དུ་ཕྱུང་། སྤྱི་གཙུག་དང་དམྲལ་བ་གཉིས་ལ་ཕར་འགྲོ་ཚུར་འགྲོ་བྱེད་པ་ལ་དམིགས་པ་དྲུག་པའོ། །

ཡང་རླུང་གིས་འགྲོ་ལྡོག་བྱེད་པ་ལ་དཔགས་ཏེ། རླུང་ནང་དུ་འཇུག་པ་དང་མཉམ་པོར། དམྲལ་བའི་ཐིག་ལེ་དེ་སྤྱི་གཙུག་ཏུ་ཕྱིན། ཡང་རླུང་ཕར་གཏོང་བའི་དུས་སུ། ཐིག་ལེ་དེ་མགུལ་ཤིགས་པ་ཞིག་བྱས། རླུང་ནང་དུ་འཇུག་པ་དང་མཉམ་པོར། སྤྱི་གཙུག་གི་ཐིག་ལེ་དེ་མགྲིན་པའི་རྩ་འདབ་ཀྱི་དབུས་སུ་ཕྱིན། ཕར་གཏོང་བའི་དུས་སུ་ཐིག་ལེ་དེ་མགུལ་ཤིགས་པ་ཞིག་བྱས། ནང་དུ་འཇུག་པའི་དུས་སུ། མགྲིན་པའི་རྩ་འདབ་ཀྱི་དབུས་ཀྱི་ཐིག་ལེ་དེ་སྙིང་ཁའི་རྩ་འདབ་ཀྱི་དབུས་སུ་ཕྱིན། རླུང་ཕར་གཏོང་བའི་དུས་སུ་ཐིག་ལེ་མགུལ་ཤིགས་པ་ཞིག་བྱས། ནང་དུ་འཇུག

པའི་དུས་དང་མཉམ་དུ་སྙིང་ཁའི་ཐིག་ལེ་དེ་ལྡེ་བའི་རྩ་འདབ་ཀྱི་དབུས་སུ་ཕྱིན། རླུང་ཕར་གཏོང་བའི་དུས་སུ་དེར་བཞག །ནང་དུ་འཇུག་པའི་དུས་སུ་ལྡེ་བའི་(༧༤བ)ཐིག་ལེ་དེ་གསང་གནས་སུ་ཕྱིན། དེ་ལ་སེམས་ཟིན་པ་ཞིག་བྱེད། ཡང་ཕར་གཏོང་བའི་དུས་སུ་གསང་གནས་ཀྱི་ཐིག་ལེ་དེ་ལྡེ་བའི་དབུས་སུ་ཕྱིན། ནང་དུ་འཇུག་པའི་དུས་སུ་དེར་བཞག །ཕར་གཏོང་བའི་དུས་སུ་སྙིང་ཁ་ལ་བྱུང་། རླུང་ནང་དུ་འཇུག་པའི་དུས་སུ་དེར་བཞག །ཕར་གཏོང་བའི་དུས་སུ་མགྲིན་པར་ཕྱིན། ནང་དུ་འཇུག་པའི་དུས་སུ་དེར་བཞག །ཕར་གཏོང་བའི་དུས་སུ་ཐིག་ལེ་དེ་སྤྱི་གཙུག་ཏུ་ཕྱིན། ནང་དུ་འཇུག་པའི་དུས་སུ་དེར་བཞག །ཕར་གཏོང་བའི་དུས་སུ་ཐིག་ལེ་དེ་དཔྲལ་བའི་མཛོད་སྤུའི་དབུས་སུ་ཕྱིན། དེར་སེམས་ཟིན་པ་ཞིག་བྱེད། དེ་འདྲ་ལན་ཁ་ཡར་བྱེད་པ་དམིགས་པ་བདུན་པའོ། །བྱང་ཆུབ་བཞིའོ། །

ད་མེ་སྒོམ་པ་ལ་དབུ་མའི་མར་སྣེ་མེ་གནས་ཏེ། མེ་རི་དྭགས་ཀྱི་སྤུ་རྩེ་ཙམ་གྱི་གསུམ་དུ་ཡོད་པ། དེ་ཡང་རྣམ་པ་གསལ་བ། ཁ་དོག་དམར་བ། རེག་བྱ་ཚ་བ། ངོ་བོ་བདེ་བ། ཚ་བ། ཆོག་པ། ངར་དང་ལྡན་པ་ཞིག་གསལ་བཏབ། དེ་ལ་ཡང་ཡང་དུ་ནན་ཏན་དུ་བྱེད་པ་དམིགས་པ་བརྒྱད་པའོ། །

ཡང་རླུང་ཕྱི་ལོགས་སུ་ཡོད་པ་དེ་རོ་རྐྱང་གཉིས་ནས་ཏར་གྱིས་འཐེན་པ་དང་། དབུ་མའི་མར་སྣེ་མགར་གྱི་སོལ་ཁ་ལ་ལྷུགས་ཡོད་པ་ཁྱུས་པ་བཞིན་དུ། འོག་རླུང་ཆ་གཅིག་ཡར་འཐེན། སྟེང་རླུང་ཆ་གཉིས་ཕྱིར་མནན། མར་སྣེའི་མེ་ལ་དམིགས་པ་གཏད་པ་ཡང་ཡང་ནན་ཏན་བྱེད་པ། མེ་ཚ་བ། ཆོག་པ། ངར་དང་ལྡན་པ། མེ་དེ་མཐོང་བ་ཐོས་པ་ཙམ་གྱིས་གཏུམ་མོ་སྐྱ་བཞིའི་གོང་འཕང་ལ་འགོད་ནུས་པ་ཙམ་གྱིས་ཐུགས་ཤེས་བསྐྱེད། (༧༥ན)རླུང་ཅི་ནུས་སུ་བཟུང་། མེ་

རི་དྭགས་ཀྱི་སྤུ་རྩེ་ཙམ་ཡོད་པ་དེ་ལ་རླུང་བསྣུན་པས། མི་ཧཱུ་ཆེ་ལ་བྱུང་། ཚོར་མའི་རྩེ་མོ་ཙམ་ལ་ཐུགས་ཤེས་བསྐྱེད། དམིགས་པ་དགུ་པའོ། །

ཡང་གོང་བཞིན་རླུང་བསྣུན་པ་ལ་དཔགས་ཏེ། མི་ཚ་བ། ཚིག་པ། ངར་དང་ལྡན་པ། ནས་ཕྱེད་ཙམ་ཞིག་གསལ་བཏབ། ནས་དེ་ཡང་བཅད་ཁམས་ཡར་བསྟན། ཕྲ་བ་ཕྱིར་བསྟན། གྲུ་གསུམ་དུ་ཡོད་པ་ལ་ཐུགས་བཞག །རླུང་གིས་འགྲོ་ལྡོག་གོང་བཞིན་དུ་བྱེད། དེ་ལ་གོམས་ཤིང་འདྲིས་པ་དང་། དམིགས་པ་བཅུ་པ་ཡང་གོང་བཞིན་དུ་རླུང་བཟུང་། དབུ་མའི་མར་སྣེའི་མེ་ལ་གཏད་པ་ཙམ་གྱི་ཚ་བ། ཚིག་པ་ངར་དང་ལྡན་པ། དེ་ལྟ་བུར་བློ་བཞག །རླུང་ཕར་གཏོང་བའི་དུས་སུ། རྩ་མིག་རྣམས་སུ་སོང་བར་བསམ། ཚུར་འཇུག་པའི་དུས་སུ་རོ་རྐྱང་གཉིས་ནས་ཕྱིར་ལུག་རྫུད་ཀྱི་སྨྱུ་མ་ཕུས་བཏབ་པ་བཞིན་སྐྱུ་ན་ར་ར་སོང་། མགར་གྱིས་སྦུད་པའི་ཁ་ནས་མེ་ལ་བསྣུན་པ་བཞིན་དུ། ཚ་བ་ཚིག་པ་ངར་དང་ལྡན་པ་ལ་རླུང་ཁུག་ཁ་ཡར་གྱི་རིང་ལ་དེ་ལ་ནན་ཏན་བྱེད་པ་ལ་དཔགས་ཏེ། མི་དེ་ཧཱུ་ཆེ་ལ་བྱུང་། མི་ནས་ཕྱེད་པ་ཙམ། དེ་ལ་ནས་ཙམ་ཞིག་ལ་བློ་བཞག །ནས་ཙམ་དེ་ལ་མགོ་གཞུག་གཉིས་ཕྲ་བ། དཀྱིལ་ལྦིར་བ་ནས་འདྲ་བ་གཅིག་ཏུ་གསལ་ཐེབས་པ་དང་དམིགས་པ་ཚད་དུ་འཁྱོལ་བ་བྱེད།

དམིགས་པ་བཅུ་གཅིག་པ་ཡང་གོང་བཞིན་དུ་རླུང་ནུས་ཤེས་གསུམ་མེའི་རྩ་བ་ལ་གཏད་པ་ལ་དཔགས་ཏེ། མི་ཧཱུ་ཆེ་ལ་བྱུང་། མི་སོར་གཅིག་པར་ལམ་གྱིས་གསལ་བཏབ། སོར་གཉིས་པ། སོར་ཕྱེད་དང་གསུམ་ཙམ་ལ་སེམས་ཟིན་(༧༥བ)པ་བྱེད།

དམིགས་པ་བཅུ་གཉིས་པ། མི་སོར་བཞི་ཙམ་ལ་བློ་བཞག །མིའི་རྩེ་མོ་ལྟེ་

བའི་ཐད་དུ་ཉུག་ཉུག་བྱེད་པ་ལ་འདྲིས་ཤིང་གོམས་པར་བྱེད།

དམིགས་པ་བཅུ་གསུམ་པ་ཡང་གོང་བཞིན་དུ་རླུང་ནུས་ཤེས་གསུམ་མེའི་རྩ་བར་གཏད་དེ། མེ་དེ་ཇེ་ཆེ་ལ་བྱུང་སྟེ། ཐུགས་ཀ་དང་ལྟེ་བ་གཉིས་ཀྱི་བར་ལ་རང་སོར་ཕྱེད་དང་བཅུ་གསུམ་ཡོད་པ་ལ་སོར་ཕྱེད་ཀྱི་མ་སླེབ་ཙམ་དུ་མེའི་རྩེ་མོ་ཉུག་ཉུག་བྱེད་པ་ལ་བློ་ཟིན་པའི་ཐུགས་ཤེས་བསྐྱེད།

དམིགས་པ་བཅུ་བཞི་པ་དེ་ཡང་རླུང་ནུས་ཤེས་གསུམ་མེའི་རྩ་བ་ལ་གཏད་པ་ལ་དཔགས་ཏེ། མེ་དེ་ཇེ་ཆེ་ལ་བྱུང་། ཚ་བ། ཚིག་པ། ངར་དང་བཅས་པ། ཐུགས་ཀའི་རྩ་འདབ་ལ་མེའི་རྩེ་མོ་ཉུག་ཙམ་བྱེད་པ་ལ་ཐུགས་བཞག །ད་སྙིན་མཚམས་ཀྱི་ཐིག་ལེ་དེ་རླུང་ཕར་གཏོང་བའི་དུས་སུ་འཁྱིལ་ཤིགས་པ་ཞིག་བྱས། ནང་དུ་འཇུག་པའི་དུས་འོད་ཕྲིལ་ལི་ལི་སྤྱི་གཙུག་ཏུ་ཚུར་བྱུང་། རྩ་འདབ་སུམ་ཅུ་རྩ་གཉིས་ཀྱི་དབུས་སུ་འོད་ཕྲིལ་ལེ་དེར་བསྡད། རླུང་ཕར་གཏོང་བའི་དུས་སུ་འཁྱིལ་ཤིགས་པ་ཞིག་བྱས། རླུང་ནང་དུ་བསྡུད་པའི་དུས་སྤྱི་གཙུག་གིས་ཐིག་ལེ་དེ་ནར་བ་ཞིག་བྱས། ཡང་རླུང་ཕར་གཏོང་བའི་དུས། ཐིག་ལེ་དེ་མགུལ་ཤིགས་པ་ཞིག་བྱས། ནང་དུ་བསྡུད་པའི་དུས་སུ་ཐིག་ལེ་ཚུར་འཁྱོག་པ་ཞིག་གཉིས་ཁུག་གིས་རྣམ་པ་བྱས། ཕར་གཏོང་བའི་དུས་མགུལ་ཤིགས་པ་ཞིག་བྱས། ནང་དུ་བསྡུད་པའི་དུས་གཉིས་ཀྱོག་དེ་གསུམ་བཀུག་ཏའི་རྣམ་པར་བསམ། རླུང་ཕར་གཏོང་བའི་དུས་སུ། ཐིག་ལེ་མགུལ་ཤིགས་པ་ཞིག་བྱས། ནང་དུ་འཇུག་པའི་དུས་ཏ་དེའི་མགོ་བོ་ཐུར་དུ་བསྟན་པའི་རྣམ་པ། (༧༨ན)དེའི་ཚེ་མགོ་ལ་ཉུངས་ཀར་གྱི་ཇོག་པོ་ཙམ་ཞིག་འབྱུར་ནས་ཡོད་པ་ལ། ཡི་གེ་ཧཾ་གི་རྣམ་པ་འདྲ་བ་ཞིག་ཏུ་གྱུར། རླུང་ཕར་གཏོང་བའི་དུས་སུ། ཧཾ་དེ་མགུལ་ཤིགས་པ་ཞིག་བྱེད། ནང་དུ་འཇུག

པའི་དུས་སུ། ཧཾ་གིས་རྩེ་མོ་ཞུངས་ཀར་གྱི་རྡོག་པོ་ཙམ་ཞིག་ཡང་ཐྲིམ་ཐྲིམ་ཞིག་བྱུང་། ཡང་ཕར་གཏོང་བའི་དུས་སུ། ཧཾ་དེ་མགུལ་ཤིགས་པ་ཞིག་བྱེད། ནང་དུ་འཇུག་པའི་དུས་སུ་ཧཾ་གི་རྩེ་མོ་ཐྲིམ་ཐྲིམ་གཉིས་ཡོད་པའི་རྩེ་མོ་ཧཾ་གིས་མགོ་སྙེད་ཀྱི་རྣམ་པ་གནས་ནས། ཞུངས་ཀར་གྱི་རྡོག་པོ་ཙམ་ཞིག་གསུམ་འཛོམས་སུ་ཡོད་པ། རླུང་ཕར་གཏོང་བའི་དུས་ཧཾ་དེ་མགུལ་ཤིགས་པ་ཞིག་བྱས། རླུང་ནང་དུ་འཇུད། རླུང་ནུས་ཤེས་གསུམ་མེའི་རྩ་བ་ལ་གཏད་པ་ལ་དཔགས་ཏེ། མེ་ཚ་བ། ཆོག་པ། ངར་དང་བཅས་པ། སྙིང་ཁའི་རྩ་འདབ་ཏུ་མེའི་རྩེ་མོ་ཞུག་ཙམ་བྱེད་པ། དེའི་ཚ་ངར་གྱིས་ཧཾ་དེ་ལ་ཕོག །ཧཾ་དེའི་རྩེ་མོའི་ཐྲིམ་ཐྲིམ་ཞིག་དེ་ནར་ཏེ་ཆད། སྙིང་ཁའི་མེའི་རྩེ་མོ་དེ་ལ་ཕོག །ཚག་སྦྲ་དང་བཅས་ཏེ་ཕྱོགས་བཞིའི་རྩ་འདབ་བཞི་དང་ལྟེ་བ་ཡན་ཆད་ཀྱི་དབུ་མ། བར་སྣབས་དང་བཅས་པ་བསྒྲིགས་ཏེ། དབུ་མ་ཆོག་ནས་མེ་སྙིང་གི་ཚུལ་དུ། དམར་ཧྲོམ་མེ་སོང་བར་བསམ། དེ་ལ་ཐུགས་ངེས་པ་དང་དམིགས་པ་ཟིན་པར་བྱེད། དམིགས་པ་བཅུ་བཞི་པ།

ཡང་རླུང་ནུས་ཤེས་གསུམ་མེའི་རྩ་བ་ལ་གཏད་པ་ལ་དཔགས་ཏེ། ཧཾ་གི་སྟེ་མོ་ཐིག་ལེ་ཐྲིམ་ཐྲིམ་ཞིག་ནར་གྱིས་བྱུང་། རྩ་འདབ་ཀྱི་དབུས་སུ་གཅིག་རྒྱབ། མཚམས་བཞིའི་རྩ་འདབ་བཞི་(༧༨བ)དང་། མགྲིན་པ་ཕྱིན་གྱིས་དབུ་མ་བསྒྲིགས་པ་མེ་སྙིང་གི་རྣམ་པ་དམར་ཧྲོམ་མེ་ཡོད་པ་དེ་ལ་ཐུགས་ཟིན་པ་ངེས་པ་གཅིག་བྱེད། དམིགས་པ་བཅོ་ལྔ་པ།

ཡང་རླུང་ནུས་ཤེས་གསུམ་མེའི་རྩ་བ་ལ་གཏད་པ་ལ་དཔགས་ཏེ། ཧཾ་གིས་རྩེ་མོའི་ཐིག་ལེ་ནར་དེ་ཆད། མེ་སྙིང་གིས་དབུས་སུ་གཅིག་རྒྱབ། ཕྱོགས་བཞིའི་རྩ་འདབ་བཞི་དང་། ལྟེ་བ་ཡན་ཆད་ཀྱི་དབུ་མ་སྟོན་ལས་ལེགས་པ་ཞིག་གསལ་

བཏབ། ཡང་ སླུང་ནུས་ཤེས་གསུམ་མེའི་རྩ་བ་ལ་གཏད་པ་ལ་དཔགས་ཏེ། སྤྱི་གཙུག་གི་ཧཾ་གིས་རྩེ་མོ་ནས། ཐིག་ལེ་ཁྲོམ་ཁྲོམ་ཞིག་ནར་གྱིས་བྱུང་མེའི་རྩེ་མོ་ལ་གཅིག་རྒྱབ། ཚག་སྒྲ་དང་བཅས་ཏེ་མཚམས་བཞིའི་རྩ་འདབ་བཞི་དང་། མཁྲིན་པ་ཁྱིན་གྱིས་རྩ་དབུ་མ་སོས། སྔར་བས་ཀྱང་ལེགས་པ་འབྱུང་། མེའི་རྩེ་མོ་མཁྲིན་པའི་རྩ་འདབ་ཁུག་ཁུག་བྱེད་པ། ལྟེ་བ་དང་སྙིང་ཁའི་རྩ་འདབ་ཚོ་ལ་མེའི་རྩེ་མོ་སོར་གཅིག་ཙམ་ཁུག་ཁུག་བྱེད་པ། རོ་རྐྱང་གཉིས་ཀྱི་བཞི་ཆ་ཙམ་ལ་ཡང་མེའི་རྩེ་མོ་ཁུག་ཁུག་བྱེད་པ། ཚ་བ། ཚིག་པ། ངར་དང་བཅས་པ། ལུས་ཀྱི་གར་ཁྱབ་དྲོད་ཀྱི་ཁྱབ། དྲོད་ཀྱིས་གར་ཁྱབ་བདེ་བས་ཁྱབ། བདེ་བས་གར་ཁྱབ་སྟོང་པས་ཁྱབ། སྟོང་པས་གར་ཁྱབ་ཡེ་ཤེས་ཀྱིས་ཁྱབ། ལུས་ལ་ཉི་མ་འབུམ་གྱི་གཟི་བརྗིད་ཙམ་ཡོད་པར་ཐུགས་ཤེས་བསྐྱེད། དམིགས་པ་བཅུ་དྲུག་པ།

ཡང་སླུང་ནུས་ཤེས་གསུམ་མེའི་རྩ་བ་ལ་གཏད་པ་ལ་དཔགས་ཏེ། མེ་ཆེར་བྱུང་མཁྲིན་པ་ན་ཡར་བྱུང་། མཁྲིན་པ་དང་སྤྱི་གཙུག་གཉིས་ཀྱི་བར་ལ། རང་སོར་ཁྱིད་དང་(༡༧ན)བཅུ་གསུམ་ཡོད་པ། དེའི་སྤྱི་གཙུག་གི་རྩ་འདབ་ལ་མེའི་རྩེ་མོ་ཁུག་ཙམ་ཁུག་ཙམ་བྱེད་པ་དེ་ལ་གོམས་ཤིང་འདྲིས་པར་བྱེད། དམིགས་པ་བཅུ་བདུན་པ།

ཡང་སླུང་ནུས་ཤེས་གསུམ་མེའི་རྩ་བ་ལ་གཏད་པ་ལ་དཔགས་ཏེ། མེ་ཅེ་ཆེ་ལ་བྱུང་། ལུས་ཀྱི་རྩ་མིག་ཐམས་ཅད་ནས་མེ་སོར་བཞི་པ་ཙམ་ཁུག་ཁུག་བྱེད་པ། རོ་རྐྱང་གཉིས་ལ་ཡང་བཞི་ཆ་ཙམ་ལ་མེ་དམར་ཁུག་ཁུག་བྱེད། ཚ་བ། ཚིག་པ། ངར་དང་ལྡན་པ། སླུང་ཕར་གཏོང་བའི་དུས་སུ། སྤྱི་གཙུག་གི་མེ་དེ་ཤུགས་ཆེས་ཏེ་དཔྲལ་བའི་ཐིག་ལེ་འདར་ཁྲི་ལི་ལི་བྱེད་པ། སླུང་ནང་དུ་འཇུད་པའི་དུས་སུ

ཐིག་ལེ་དེ་ཤེད་ཆེན་མེད་དེ། ཤེད་ཆུང་བའི་རྣམ་པ་ལ་མེ་ཡི་ཐིག་ལེ་ཁྱེར་བསྟས་ཏེ། དབུ་མའི་མར་སྣེ་མེའི་གནས་དེ་མ་གཞོམ་ཙམ་བྱས་པ་ལ་དཔགས་ཏེ། ལུས་བདེ་བས་ཁྱབ་པ་ལ་ཐུགས་ཤེས་བསྐྱེད། ཆུང་ཕར་གཏོང་བའམ་དུས་སུ། མེ་ཤེད་ཆེས། ཐིག་ལེ་ཤེད་ཆུང་བས་མེ་དེས་ཐིག་ལེ་ཡར་དེད། སྨིན་མཚམས་སུ་དེད། ལུས་ཐམས་ཅད་དྲོད་ཀྱིས་ཁྱབ་ཅིང་དྲོད་ཀྱིས་ཁྱབ་པ། ཡང་ཆུང་ནང་དུ་འཛུད་པའི་དུས་སུ། ཐིག་ལེ་དེས་མེ་ཁྱེར་དེད། མར་སྣེའི་མེའི་གནས་མ་ཞོམ་ཙམ་ལ་སོང་བཞིན་དུ་དེད་པས། ལུས་ཐམས་ཅད་ཐིག་ལེ་ཁྱབ་པས། བདེ་བ་བརྒྱལ་ཞིང་འབོག་པ་ཙམ་གྱིས་ཐུགས་ཤེས་བསྐྱེད། ཡང་ཆུང་ཕར་གཏོང་བའི་དུས་སུ་མེ་དེ་ཡར་རྒྱུག །ཐིག་ལེ་དང་ཞལ་སྦྱོར་གྱི་རྣམ་པ་རྩ་མིག་ཐ་དད་དུ། གཞོགས་ཡ་གཅིག་ཐིག་ལེས་བཟུང་། གཞོགས་ཡ་གཅིག་མེས་བཟུང་། དེ་ལ་ཐུགས་ཤེས་བསྐྱེད། ལུས་ཐམས་ཅད་བདེ་བ་དང་། དྲོད་གཉིས་ཀྱིས་(༡༧བ)ཁྱབ། ཡང་ཆུང་ནང་དུ་འཛུད་པའི་དུས་མེའི་གནས་སུ། གཏད་པ་ཙམ་གྱིས་བདེ་དྲོད་ཀྱིས་ལུས་ཁྱབ། ཕར་གཏོང་བའི་དུས་སུ། མེས་ཐིག་ལེ་དེ་ཡར་དེད། སྤྱི་གཙུག་ཏུ་དེད། ཐིག་ལེ་དེ་སྤྱི་གཙུག་ཏུ་སེམས་ཟིན་པར་བྱེད། དབུ་མའི་ཡར་སྣེ་མིག་མཚམས་སུ། མེ་སོར་བདུན་པ་ཙམ་དང་། རོ་རྐྱང་གཉིས་ཀྱི་སྣ་བུག་གཡས་གཡོན་ནས་མེ་སོར་གཅིག་པ་ཙམ་ཞིག་ཕྱི་ལོགས་སུ་ཞུག་ཞུག་བྱེད་པ། ལུས་ཀྱི་རྩ་མིག་ཚོ་ལུས་དང་ཁ་དང་ཁ་ཆོད་དུ་མེ་ཐ་དད་དུ་ཞུག་ཙམ་བྱེད་པ་ལ་ཐུགས་ཤེས་བསྐྱེད། དམིགས་པ་བཅོ་བརྒྱད་པ།

ཡང་ཆུང་ནུས་ཤེས་གསུམ་མེའི་རྩ་བ་ལ་གཏད་པ་ལ་དཔགས་ཏེ། མེ་ཤུགས་ཆེ་ཏུ་སོང་། རྩ་གསུམ་པོའི་མེ་ཚེ་ཡང་འདོམ་པ་གང་ཚུན་ལ་ཕྱི་ལོགས་

ལ་གཡས་རྒྱུ་གཡོན་རྒྱུ་བྱེད། རྩ་མིག་གིས་མེ་ཚ་ཡང་ཕྱི་ལོགས་འདོམ་པ་ཕྱེད་ཙམ་ལ:སྨྲུམས:(སྨྲུམ་)ཐབས་ཀྱི་ཚུལ་དུ་ཐད་ཐད་དུ་འབར་བ། ལུས་བདེ་དྲོད་ཀྱི་འབར་བའི་ཐུགས་ཞེས་བསྐྱེད། དམིགས་པ་བཅུ་དགུ་པའོ། །

ཡང་ རླུང་ནུས་ཞེས་གསུམ་མེའི་རྩ་བ་ལ་གཏད་པ་ལ་དཔགས་ཏེ། མེ་ཤུགས་ཆེ་རུ་སོང་། ལུས་ཀྱི་མགོ་མཇུག་ཐམས་ཅད་མེས་ཁྱབ། ཡང་རླུང་གི་སྐོར་རྫོགས་བྱས་པ་ལ་དཔགས་ཏེ། མེ་ཆེ་རུ་སོང་། ཁང་ཁྲི་ཙམ་དུ་མེ་འབར་བ་ལ་ཐུགས་ཞེས་བསྐྱེད། དམིགས་པ་ཉི་ཤུ་པའོ། །

ཡང་རླུང་ནུས་ཞེས་གསུམ་མེའི་རྩ་བ་ལ་གཏད་པ་ལ་དཔགས་ཏེ། མེ་ཆེ་རུ་སོང་ད་ཅི་མེ་ཐད་དུ་འབར་མོད། ད་མེ་གྱེན་དུ་འབར་བ་མེའི་གོང་པོ་གཅིག་ཏུ་སོང་། ད་ཅིའི་མེ་གོང་པོ་གཅིག་ཏུ་སོང་བ་དེ། གྱེས་ཐབ་ཏུ་འབར། འཇིག་རྟེན་གྱི་ཁམས་ཐམས་ཅད་མེས་ཁེངས་པ་ཞིག་ཏུ་གྱུར་(༧༨ན)པར་བསམ། དམིགས་པ་ཉེར་གཅིག་པའོ། །

ཡང་རླུང་ནུས་ཞེས་གསུམ་མེའི་རྩ་བ་ལ་གཏད་པ་ལ་དཔགས་ཏེ། མེ་ཇེ་ཆེར་སོང་། མེ་ཡར་འབར་བའི་མེའི་རྩེ་མོ་གུར་ཕུབ་པ་བཞིན་ཕྱིར་གུག་པ་སྣང་བ་མེའི་ཕྲོགས་པ་ཙམ་གྱིས་ཐུགས་ཞེས་བསྐྱེད། དམིགས་པ་ཉི་ཤུ་རྩ་གཉིས་པའོ། །

ཡང་རླུང་ནུས་ཞེས་གསུམ་མེའི་རྩ་བ་ལ་གཏད་པ་ལ་དཔགས་ཏེ། མེ་དེ་ཆེ་རུ་སོང་། མེ་གུར་ཐབས་སུ་འབར་བ་དེ། སྟོང་གཅིག་པ་ཙམ་ལ་འབར། སྟོང་གཉིས་པ་ཙམ་ལ་འབར། སྟོང་གསུམ་པ་ཙམ་ལ་འབར་ཏེ། སྟོང་གཉིས་ཚུན་ཆད་མེའི་གང་བ། འཇིག་རྟེན་གྱི་ཁམས་ཐམས་ཅད་མེས་ཁེངས་པ། མེ་དེ་མཐོང་བ་དང་། ཐོས་པ་དང་། རེག་པ་ཐམས་ཅད་གཏུམ་མོ་སྐྱ་བཞིའི་གོ་འཕང་ལ་

བཀོད་པའི་ཐུགས་ཞེས་བསྙེད། དེ་གོམས་ཤིང་འདྲིས། ནན་ཏན་སྐྱེད་པར་བྱེད། དམིགས་པ་ཉི་ཤུ་རྩ་གསུམ་པའོ། །

ཐུན་དེ་བསྡུད་དུས་སུ། མེ་དེ་རིམ་ཅན་དུ་བསྡུད་པས། སྟོང་གསུམ་གྱིས་མེ་ཀུར་ཐབས་སུ་བསྡུད། ཀུར་ཐབས་ཀྱི་མེ་དེ་སྒྲུབ་ཐབས་སུ་བསྡུད། མེའི་བསྡུད་ལུགས་ལ་ཡང་། རླུང་ཕར་གཏོང་བའི་དུས་སུ་མེ་དེ་མཐལ་ལ་བཞག །ཚུར་བསྡུད་པའི་དུས་སུ་སྒྲུབ་ཐབས་ཀྱི་མེ་དེ་ལུས་ལ་བསྡུད། ལུས་ཀྱི་མེ་དེ་རྩ་ནང་དུ་བསྡུད། རྩ་ནང་གི་མེ་དེ་རིམ་ཅན་དུ་བསྡུད། ལྟེ་བའི་མེ་སོར་བཞི་པ་ཙམ་ལ་བསྡུད། དེ་ལ་གོམས་ཤིང་འདྲིས་པར་བྱེད། གཞན་ཡང་མར་སྣེར་མེ་རི་དྭགས་ཀྱི་སྤུ་རྩེ་ཙམ་ལ་བསྡུད་པ་ཡང་ཡོད་དེ། དེ་གཉིས་དམིགས་པ་གང་གསལ་ལ་བསྡུས་པས་ཆོག །དམིགས་པ་ཉི་ཤུ་རྩ་བཞི་པའོ། །གཏུམ་མོའི་དམིགས་པ་རྫོགས་སོ།། །།

༄(༧༤བ)ད་སྒྱུ་ལུས་ཀྱི་དམིགས་པ་བསྟན་པ་ལ། སྒྱུ་མ་སྤྱིར་སྦྱང་བ་དང་། བྱེ་བྲག་ཏུ་སྦྱང་བ་དང་། གཉིས་ལས། དང་པོ་སྤྱིར་སྦྱང་བ་ནི། འཇིག་རྟེན་གྱི་ཁམས་ཀྱི་སྣང་བ་ཐམས་ཅད་སྒྱུ་མ་ཏུ་ཤེས་པ། འཁོར་བའི་བྱ་བ་བྱེད་པ་ཐམས་ཅད་སྒྱུ་མའི་བྱ་བ་བྱེད་པ་ཡིན། ཉིན་པར་གྱི་སྣང་བ་དང་། ནུབ་མོའི་རྨི་ལམ་ཡང་སྒྱུ་མའི་རང་བཞིན་དུ་ཡིན་པར་ཤེས་པར་བྱེད། ནམ་ཟླ་དུས་བཞིའི་འགྱུར་ལྡོག་ཡང་སྒྱུ་མའི་རང་བཞིན་དུ་ཤེས་པ། སྒྱུ་མའི་དཔེ་བརྒྱད་དང་། བཅུ་གཉིས་དང་། བཅུ་དྲུག་དང་། ཉི་ཤུ་རྩ་བཞི་ལ་ཤེས་པར་བྱེད། དམིགས་པ་ཚད་དུ་སྐྱོལ། དམིགས་པ་ཉི་ཤུ་རྩ་ལྔ་པའོ། །

བྱེ་བྲག་ཏུ་སྦྱང་བ་ནི། ཁང་པའི་ཤར་ཕྱོགས་ངོས་ལ། སྣོལ་དཀར་ཡོད་པ་ཞིག་ཏུ་ཁ་ཤར་དུ་ཕྱུ། ཤིང་བུ་ཁྲུ་གང་བ་ཞིག་ལ་མེ་ལོང་གཡའ་དག་པ་མཐུབ་

གང་བ་ཞིག་གིས། རང་གི་གཟུགས་བརྙན་མེ་ལོང་དུ་འཆར་བར་བྱེད། རང་གི་ལུས་ཁྲུ་བ་དང་། རང་གི་ལུས་ལ་རྒྱན་བཟང་པོ་བཏགས་པ་དང་། མེ་ལོང་ལ་རང་གི་གཟུགས་བརྙན་འཆར་དུ་བཅུག །མེ་ལོང་གིས་གཟུགས་བརྙན་དེ་བཟང་ངན་གྱི་དབྱེ་བ་ཨེ་འདུག་ལྟ། ཡང་རང་གི་ལུས་གཙེར་བུར་ཕུད། རྒྱན་ངན་པ་བཏགས། ལུས་ལ་སོལ་རིས་དང་དྲག་རིས་མང་པོ་བྱེད། དེར་མེ་ལོང་གི་གཟུགས་བརྙན་དེ་ལ་དགའ་མི་དགའ་ཨེ་འདུག་ལྟ། དེ་ལ་བཟང་ངན་གྱི་དབྱེ་བ་མེད་པ། ཆོས་རྣམས་འདི་ཡི་རང་བཞིན་དུ་ཤེས་པ། སྒྱུ་མའི་བྱ་བ་དང་བྱེད་པ་རྦ་ཐག་བཅད་པ། དམིགས་པ་ཉི་ཤུ་རྩ་བདུན་པའོ། །

ཡང་མེ་ལོང་དེ་ལ་ལྷ་སྐུ་འཆར་དུ་བཅུག །(༧)(ཅ)ལྷ་སྐུའི་ཕྱག་ཏུ་རང་བསྟོད། མེ་ལོང་གི་གཟུགས་བརྙན་དེ་ལ་ལྷ་སྐུ་ཡིན་པ་དགའ་རྒྱུ་དང་། དེའི་གཟུགས་བརྙན་དེ་རང་ཡིན་པས་དགའ་བ་དང་། ལྷ་སྐུ་ཡིན་པའི་དུས་ན་མི་དགའ་བ་དང་། དེ་ལ་ཁད་དུ་ལྷ་སྐུ་ཚུར་བསྟུད། གཟུགས་བརྙན་དེ་ལ་རྗེག་སྟངས་མང་པོ་བྱེད། གཟུགས་བརྙན་དེ་ལ་རྗེག་སྟངས་མང་པོ་བྱེད་པའི་དུས་སུ་མི་དགའ་བ་ཨེ་འདུག་ལྟ། ཡང་ལྷ་སྐུ་དེ་ལ་རྒྱན་བཟང་པོ་བཏགས་ཏེ། དེའི་གཟུགས་བརྙན་དེ་ལ་འཆར་དུ་བཅུག །དེའི་དུས་མ་དགའ་བའི་སྣང་བ་ཨེ་འདུག་ལྟ། ཏོག་དགུ་ལ་སོགས་པའི་ནང་དུ་སྐུ་དེ་འཆར་དུ་བཅུག །དེ་ལ་བཟང་ངན་གྱི་དབྱེ་བ་ཨེ་འདུག་ལྟ། དེ་སྒྱུ་མའི་བྱ་བ་བྱེད་པ་རྣམས་རང་དང་ཐམས་ཅད་སྒྱུ་མའི་ཡོ་ལང་ཡིན་པར་ཤེས་པར་བྱེད། དམིགས་པ་ཉི་ཤུ་རྩ་བརྒྱད་པའོ། །

སྒྱུ་མ་མ་འབྱོངས་ཀྱི་བར་དུ་རི་ལ་བསྒོམ། སྒྱུ་མ་འབྱོངས་མི་འབྱོངས་ཚད་བརྟག་པ་ནི། ཚོང་འདུས་ཆེན་པོ་ལ་འགྲོ། མི་ངོ་ཤེས་པ་དང་། མི་ཤེས་པ་ཐམས་

ཅད་ལ་གུས་པ་དང་སྤྲོ་བ་བྱེད། རང་གི་རྒྱུ་རྐྱེན་ཚོགས་ཡོད་ན་དེ་ཚོ་ལ་སྦྱིན། དེ་ཚོས་ཚུར་ལ་རང་ལ་དགའ་བ་དང་། སྤྲོ་བ་དང་། ཁྱེད་ལེགས་པོ་ཡིན་ཟེར་བ་ལ་སོགས་པ་བྱས་ན་རང་ལ་དགའ་བ་དང་སྤྲོ་བ་ཨེ་འདུག་ལྟ། དེ་ལ་དགའ་བ་མི་འདུག་ན་འཁྱོངས་པའི་རྟགས་ཡིན། འདུག་ན་རི་ལ་སྒོམ་བྱེད། དེ་མ་ཁད་དུ་ཚོང་འདུས་དེ་ལ་ཕར་ལ་མི་ལ་གཏམ་ངན་ལ་སོགས་པ་བྱེད། རྡོ་དབྱུག་པ་ལ་སོགས་པ་རྗེག །ཐོ་ཅོ་བྱེད། དེའི་ལན་ཚུར་ལ་རྒྱབ་པ་དང་། (༧(བ)བརྡུངས་པ་དང་། གཏམ་ངན་ལ་སོགས་པ་བྱེད་པ་བྱུང་ན། ཞེ་སྡང་ལངས་པ་དང་མི་དགའ་བ་ཨེ་འདུག་ལྟ། མི་དགའ་བ་མི་འདུག་ན་སྒྱུ་མ་འཁྱོངས་པའི་རྟགས་ཡིན། འདུག་ན་ད་དུང་རི་ལ་སྒོམ་པར་བྱེད། ཡང་ལུང་སྟོང་མི་མེད་པའི་སར་འགྲོ། གཅེར་ཐང་ལ་བུད། རྒྱུག་ཤར་བྱེད། ཀུ་ཅོ་མང་པོ་བཏབ། དེ་ལ་རང་བཞིན་ཨེ་འདུག་ལྟ། སྒྲ་གྲག་པ་ལ་གཟུགས་འཛིན་ཨེ་འདུག་ལྟ། སྣང་བ་ཐམས་ཅད་སྒྱུ་མར་ཤེས་པ། ད་ལྟར་ཡོད་པ་ཚོ་ཡང་སྒྱུ་མའི་མཚན་ཉིད། སྔར་འདས་པ་ཚོ་ཡང་སྒྱུ་མའི་མཚན་ཉིད། སངས་རྒྱས་ཀྱང་སྒྱུ་མའི་མཚན་ཉིད། སེམས་ཅན་ཡང་སྒྱུ་མའི་མཚན་ཉིད། དངོས་པོ་རང་བཞིན་མཚན་ཉིད་ཐམས་ཅད་སྒྱུ་མའི་ཡོ་ལང་འབབ་ཞིག་ཏུ་ཤེས་པར་བྱེད་དོ། །དམིགས་པ་ཉི་ཤུ་རྩ་དགུ་པ་སྒྱུ་མའི་དམིགས་པ་རྫོགས་སོ།། །།

༄ རྨི་ལམ་གྱི་བཤད་པ་ནི། རྨི་ལམ་སྤྱིར་སྦྱང་བ་དང་། བྱེ་བྲག་ཏུ་སྦྱང་བ་གཉིས་ལ། སྤྱིར་སྦྱང་བ་ནི་འཇིག་རྟེན་བྱ་བ་བྱེད་པ་ཐམས་ཅད་རྨི་ལམ་ལས་མ་འདས། རྨི་ལམ་ཡིན་པ་ལ་ཉུབ་མོའི་རྨི་ལམ་དུ་ཅི་རྨིས་པ་ཐམས་ཅད་ནངས་མོ་འཛིན་རྒྱུ་མེད་པ། ཉུབ་མོ་ནོར་མང་པོ་རྙེད་པ་རྨིས་པ་དང་། ཟས་མང་པོ་སྦྱིན་

པ་རྨིས་པ་དང་། བུ་སྐྱེས་པ་རྨིས་པ་དང་། འཆི་བ་རྨིས་པ་དང་། ནོར་མང་པོ་གཏོར་བ་རྨིས་པ་དང་། (༢༠ན)དགྲ་དང་འཁྲུད་པ་རྨིས་པ་དང། སྡུག་བསྔལ་མང་པོ་སྐྱེས་པ་རྨིས་པ་དང་། སྐྱིད་དགའ་མང་པོ་སྐྱེས་པ་རྨིས་པ་དང་། ཐམས་ཅད་རྨི་ལམ་གྱི་བྱ་བ་དང་། བྱེད་པ་ཡིན་པས། རྨི་ལམ་ལ་གཟུང་འཛིན་མེད་པར་ཤེས་པ་བྱེད་པ་ཡིན་ནོ། །དམིགས་པ་སུམ་ཅུ་པའོ། །

རྨི་ལམ་བྱེ་བྲག་ཏུ་གཟུང་བ་ནི། རྨི་ལམ་སྦྱོང་བ་དང་། འཛིན་པ་དང་། སྤེལ་བ་དང་། སྒྱུར་བ་དང་། སྤྲུལ་པ་དང་། ཉིན་སྣང་གཏན་ལ་དབབ་པ་དང་། དེ་ལ་འཛིན་པ་ནི། རང་གིས་མགྲིན་པའི་རྩ་འདབ་བཅུ་དྲུག་གི་དབུས་སུ། པདྨ་དམར་པོ་འདབ་མ་བཞི་པ་ཞིག་གསལ་བཏབ། དེའི་ཤར་གྱི་འདབ་མ་དཀར་བ། ལྷོའི་འདབ་མ་སེར་བ། ནུབ་ཀྱི་འདབ་མ་དམར་བ། བྱང་གི་འདབ་མ་ལྗང་བ། དབུས་ཀྱི་ལྟེ་བ་དམར་བ། དེ་ལ་སེམས་ཟིན་པར་བྱེད། ནུབ་མོ་གཉིད་དུ་སོང་བ་དང་། དམིགས་པ་དེ་དང་མ་བྲལ་བར་བྱས་ནས་རྨི་ལམ་ཨེ་ཟིན་ལྟ། གཉིད་སད་པའི་དུས་སུ་ཡང་རྨི་ལམ་གཟུང་བསམ་པའི་ཐུགས་འདུན་དང་མ་བྲལ་བར་བྱེད་། དམིགས་པ་མ་གསལ་ན། ཤར་གྱི་འདབ་མ་དང་། ལྷོའི་འདབ་མ། ནུབ་ཀྱི་འདབ་མ། བྱང་གི་འདབ་མ་དང་། དབུས་ཀྱི་ལྟེ་བ་ལ་སེམས་བཞག །རྨི་ལམ་གཟུང་བའི་བསམ་པ་དང་མ་བྲལ་བར་བྱེད། དེ་ནས་གཉིད་ལོག་པར་བྱེད། དམིགས་པ་སུམ་ཅུ་རྩ་གཅིག་པའོ། །

ཉིན་པར་གྱི་སྣང་བ་ཐམས་ཅད་རྨི་ལམ་ཡིན་པ་ལ། ཉིན་པར་ངེས་ཤེས་བསྐྱེད། ནོ་ནུབ་ཀྱི་མནལ་ལོག་པ་དང་མཉམ་པོར་མགྲིན་པའི་པདྨ་དམར་པོའི་ལྟེ་བ་ལ། (༢༠བ)ཨོཾ་དམར་པོ་ཞིག་གསལ་བཏབ། དེ་ལ་གསལ་ཐེབས་པར་བྱེད།

དེའི་ཤར་གྱི་འདབ་མ་ལ་ཨཱཿདཀར་པོ་ཞིག་གསལ་བཏབ། ལྷོའི་འདབ་མ་ལ་ནུ་སེར་པོ་ཞིག་གསལ་བཏབ། །ནུབ་ཀྱི་འདབ་ལ་ཏ་དམར་པོ་ཞིག་གསལ་བཏབ། བྱང་གི་འདབ་མ་ལ་ར་ལྗང་ཁུ་ཞིག་གསལ་བཏབ། དམིགས་པ་ཟིན་པར་བྱེད། ཉིན་པར་ཡང་དོ་ནུབ་ཀྱི་རྨི་ལམ་ཟིན་པར་གྱུར་ཅིག་པར་བསམ། ངག་ཏུ་ཡང་མང་པོ་འདོན། ཡིད་ཐོག་ལ་ཡང་ཉིན་པར་གྱི་སྣང་བ་འདི། དོ་ནུབ་ཀྱི་རྨི་ལམ་ཡིན་པ་དེ་ལ་ཐུགས་ཤེས་བསྐྱེད། དེ་དང་ལྷན་པར་མགྲིན་པའི་ཨོཾ་ཨ་ནུ་ཏ་ར་ལ་ཐུགས་བཞག །

རྨི་ལམ་སྤྱོལ་བ་ནི། གཅིག་གཉིས་སུ་སྤྱོལ་བ་དང་། དེ་གསུམ་དང་བཞི་ལྔ་སོགས། བཅུ་དང་བརྒྱ་སྟོང་། ཁྲི་ཚོ་བྱེ་བ་སོགས་མང་པོར་སྤྱོལ་བ་དང་། མང་པོ་གཅིག་ཏུ་བསྡུད་པ་དང་། ཡང་གཅིག་ཏུ་མར་སྤྱོལ་བ་དང་། དེ་བཞིན་དུ་ས་ཡ་སོགས་ཉུང་ཉུང་མང་པོར་སྤྱོལ་བ་དང་། མཐར་རི་རབ་ཙམ་དུ་སྤྱོལ་བ་དང་། དེ་འཇིག་རྟེན་གྱི་ཁམས་ཐམས་ཅད་ཁེངས་པ་ཙམ་དུ་སྤྱོལ་བ། དེ་བཞིན་དུ་ཆུ་དང་། མེ་དང་། རླུང་དང་། འགྲོ་བ་ཐམས་ཅད་དེ་བཞིན་དུ་སྤྱོལ་བར་བྱེད་དོ། །དམིགས་པ་སོ་གཉིས་པའོ། །

རྨི་ལམ་སྒྱུར་བ་ནི། ཕྱིའི་རི་ར་བ་ཁང་ཁྱིམ་རང་ཉིད་དུ་བསྒྱུར་བ་དང་། རང་ཉིད་རི་ར་བ་ཁང་ཁྱིམ་དུ་ཕར་སྒྱུར། ཁང་ཁྱིམ་ས་སྤྱར་གང་ཙམ་ལ་སྒྱུར་བ་དང་། ས་སྨྲ་བ་གང་ཁང་ཁྱིམ་ཙམ་ལ་སྒྱུར་བ་དངབ། ཁང་པ་དེ་རི་བོ་ཙམ་ལ་སྒྱུར་བ་དང་། རི་རབ་ཡང་སྟོང་གསུམ་དུ་སྒྱུར་བ་དང་། ཡང་རིམ་ཅན་དུ་ཚུར་བསྡུད། ཆུ་དང་། མེ་དང་། རླུང་ལ་ཡང་དེ་བཞིན་དུ། ཡང་ས་ཆུ་(༡༧ན)ལ་སྒྱུར་བ་དང་། ཆུ་མེ་ལ་སྒྱུར་བ་དང་། མེ་རླུང་ལ་སྒྱུར་བ་དང་། ཡང་རིམ་ཅན

ཏུ་དེ་ཚོ་ཚུར་སྒྱུར་བ་དང་། དེ་ཚོ་རང་ཉིད་ལ་ཐིམ་པ་དང་། རང་ཉིད་ཕར་ཐིམ་པ་དང་། དེ་འདྲིས་ཤིང་གོམས་པར་བྱེད། དམིགས་པ་སོ་གསུམ་པའོ། །

རང་ཉིད་ལ་གནོད་པའི་འབྱུང་པོ་ཚོའི་དམག་བྱས་ནས་བྱུང་བ་དང་། རང་ལ་འཇིགས་འཇིགས་ཇམ་ཇམ་མང་པོ་བྱས་ན། རང་ཉིད་ཁྲོ་བོ་ཆེན་པོའམ། ཕྱག་ན་རྡོ་རྗེ་ལ་སྤྲུལ་ནས། དེ་ཚོ་ཕར་བཅོམ། རྒྱལ་པོ་ལ་སོགས་པའི་དམག་གིས་འཇིགས་པ་བྱུང་ན་རང་ཉིད་སྟོང་འཁོར་ལོས་སྒྱུར་བའི་རྒྱལ་པོར་བསྐྱེད། དེའི་དམག་དཔུང་དང་བཅས་པ་ཐམས་ཅད་བསྐྱེད་པ་དང་། གཞན་གྱིས་དམག་ཚོགས་ཕར་བཅོམ་པར་བྱེད། གཅན་གཟན་གྱིས་གནོད་པ་བྱུང་ན་ཁྱི་ལ། རང་ཉིད་གཟིག་ལ་སྤྲུལ་ལ་འཕར་བ། གཟིག་ལ་རང་ཉིད་སྟག་ཏུ་སྤྲུལ། སྟག་ལ་རང་ཉིད་སེང་གེ་ལ་སྤྲུལ་ལ་ཕར་བཅོམ། གཞན་ཡང་རང་ཉིད་ཕྱུམ་ཆེན་པོའི་ཁ་ནས་ལྷུང་བ་ལྟ་བུའམ། བྲག་ཆེན་པོའི་ཁ་ནས་ལྷུང་བ་ལྟ་བུའམ། གང་བྱུང་ཡང་རང་ཉིད་ཀྱི་སྤྲུལ་པ་དཔག་ཏུ་མེད་པ་འགྱེད། བྲག་ཆེན་པོ་ཐང་ཆེན་པོ་ལ་སྤྲུལ། ཆུ་ཀློང་ཆེན་པོ་བྱུང་བ་རྨིས་ན། རང་ཉིད་ཆུ་དེ་ལས་ཆེ་བ་ལ་སྤྲུལ་ནས་ཕར་སྒྱུར། ས་གཡོས་ཆེན་པོ་དང་། རི་སྣ་རྒྱུག་པ་དང་། མེ་ལོག་འབྱུང་བ་དང་། ཅི་བྱུང་ན་ཡང་རང་ཉིད་དེ་ལས་ཆེ་བ་ལ་སྤྲུལ་ནས། ཕར་ཟློག་པའི་སྤྲུལ་སྒྱུར་བྱེད་པའོ། །

རྨི་ལམ་ཡུལ་སྣང་གཏན་འབེབས་ནི། དམིགས་པའི་སྦྱོ་བསྡུ་བྱེད་དེ། སུམ་ཅུ་རྩ་གཉིས་(༧༧བ)ཀྱི་ལྷ་གནས་སུ་འགྲོ། ལྷའི་བུ་ཉི་མ་དང་། ཟླ་བ་དང་། ཆོས་བགྲོ་བ་དང་། གླིང་བར་བྱེད། ཡང་ཉི་མའི་འོད་ལ་ཞྱིར་འོང་བ་དང་། ཡང་ཟླ་བའི་འོད་ལ་འཛུས་ནས་འགྲོ་བ་དང་། ཤར་མི་བསྐྱོད་རྡོ་རྗེའི་མདུན་དུ་འགྲོ། མི་བསྐྱོད་རྡོ་རྗེ་ལ་ཆོས་ཞུ། དེའི་འཁོར་ཚོ་དང་ཆོས་བགྲོ་བ་དང་། གླིང་བ་བསྡུར་

བར་བྱེད། སྔོ་རིན་ཆེན་འབྱུང་ལྡན་གྱི་མདུན་དུ་འགྲོ། རིན་ཆེན་འབྱུང་ལྡན་ལ་ཆོས་ཞུ། འཁོར་ཚོ་དང་ཆོས་བགྲོ་གླེང་བསྡུར་བར་བྱེད། ནུབ་སྣང་བ་མཐའ་ཡས་ཀྱི་མདུན་དུ་འགྲོ། སྣང་བ་མཐའ་ཡས་ལ་ཆོས་ཞུ། འཁོར་ཚོ་དང་ཆོས་བགྲོ་བ་དང་། གླེང་བ་བསྡུར་བར་བྱེད། བྱང་དོན་ཡོད་གྲུབ་པའི་མདུན་དུ་འགྲོ། དོན་ཡོད་གྲུབ་པ་ལ་ཆོས་ཞུ། འཁོར་དང་ཆོས་བགྲོ་བ་དང་། གླེང་བ་དང་བསྡུར་བར་བྱེད། དབུས་རྣམ་པར་སྣང་མཛད་ཀྱི་མདུན་དུ་འགྲོ། རྣམ་པར་སྣང་མཛད་ལ་ཆོས་ཞུ། འཁོར་ཚོ་ལ་ཆོས་བགྲོ་བ་དང་གླེང་བ་དང་། བསྡུར་བར་བྱེད། འོག་མིན་རྡོ་རྗེ་འཆང་ལ་ཆོས་ཞུ། འཁོར་ཚོ་དང་ཆོས་བགྲོ་གླེང་བསྡུར་བར་བྱེད། ཡང་ཕྱིར་ཉི་མའི་འོད་ལ་འཛུས་ནས་འོང་བ་དང་། སྤྲུལ་པ་སྣ་ཚོགས་འགྱེད་ནུས་པ་དང་། དེ་འདྲའི་སྦྱོ་བསྒྱུ་ཡང་ནས་ཡང་དུ་བྱེད་པ་ལ་ཐུགས་བཞག །དམིགས་པ་སུམ་ཅུ་སོ་བཞི་པའོ། །ཚེ་ལམ་རྫོགས་སོ།། །།

༄ ད་འོད་གསལ་སྦྱོང་བ་ནི། འོད་གསལ་སྦྱོར་སྦྱོང་བ་དང་། བྱེ་བྲག་ཏུ་སྦྱོང་བ། དེ་ལ་ཉིན་མོའི་འོད་གསལ་དང་། མཚན་མོའི་འོད་གསལ་དང་། སྲབ་མོའི་འོད་གསལ་དང་། (༢༢ན)མཐུག་པོའི་འོད་གསལ་ལོ། །

དེ་ཡང་སྦྱོར་སྣང་བ་ཐམས་ཅད་འོད་གསལ་གྱི་འཆར་སྒོ་ཡིན། དེ་ལ་བཟང་ངན། ལེགས་ཉེས། དལ་བྲེལ། འགྲོ་འཆག །ཉལ་འདུག་ཐམས་ཅད་འོད་གསལ་ལས་མ་འདས། འོད་མི་གསལ་བ་གཅིག་ཀྱང་མེད། དཀར་པོ། དམར་པོ། སྔོན་པོ། སེར་པོ་ཐམས་ཅད་འོད་གསལ་གྱི་ཁོར་ཡུག་ཡིན། དེ་ལ་དགྲ་སྡང་བའི་རྟོག་པ་སྐྱེ་བ་དང་། འདོད་ཆགས་དང་། ཞེ་སྡང་དང་། གཏི་མུག་དང་། ང་རྒྱལ་དང་། ཕྲག་དོག་དང་། སེར་སྣ་གང་སྐྱེས་ཀྱང་འོད་གསལ་གྱི་ཁོར་ཡུག་ཡིན། ཤིག་པའི་

རྟོག་པ་དང་། གསོད་པའི་རྟོག་པ་དང་། སེམས་མི་དགེ་བ་དང་། བློ་སྣ་ཐུང་བ་དང་། གཉིས་ངན་པ་དང་། ཤེས་པ་ཉོག་པ་དང་། འཐིབས་པ་དང་གང་བྱུང་ཡང་འོད་གསལ་གྱི་རང་བཞིན་ཡིན། བཟང་པོའི་འཆར་སྒོ་ཅི་བྱུང་ཡང་། འོད་གསལ་གྱི་འཆར་སྒོ་ལས་མ་འདས། འོད་གསལ་ལ། བཟང་ངན་མེད་པ། དགག་སྒྲུབ་མེད་པ། སྤང་བླང་མེད་པ་ཐམས་ཅད་འོད་གསལ་ཡིན། ད་ལྟའི་སྣང་བ་བཀྲ་ལམ་མེ་བ་འདི་ཚོ་འོད་གསལ་ཡིན། འོད་(གསལ་)དེ་གཞི་སྐྱེ་བ་མེད་པ་ལ་བྱུང་བ། མདངས་འགགས་པ་མེད་པ་འཆར་བ། དེ་རོ་མཉམ་དུ་ཤེས་པ་ཐ་དད་དུ་ཤེས་པ་དེ་འོད་གསལ་ཟེར་བ་ཡིན། དམིགས་པ་སུམ་ཅུ་སོ་ལྔ་པའོ། །

འོད་གསལ་འཛིན་པ་ནི། རང་གི་ཐུགས་ཀའི་རྩ་འདབ་ཀྱི་དབུས་སུ་པདྨ་འདབ་མ་བཞི་གསལ་བཏབ། དེའི་ལྟེ་བ་སྔོ་བ། ཤར་གྱི་འདབ་མ་དཀར་བ། ལྷོ་སེར། ནུབ་དམར། བྱང་ལྗང་བ་གསལ་བཏབ། ཉིན་པར་འོད་གསལ་གྱི་འཆར་སྒོ། ནུབ་མོ་གཉིད་པ་དང་། པདྨ་དེ་ལ་བློ་བཞག་ནས་འོད་གསལ་འཛིན་པ་བྱེད། དམིགས་པ་སུམ་ཅུ་སོ་དྲུག་པའོ། །

ཡང་པདྨ་འདབ་བཞིའི་དབུས་སུ་(༢༢བ)ཧཱུྃ་སྔོན་པོ་ཞིག་གསལ་བཏབ། ཤར་གྱི་འདབ་མ་ལ་ཨ་དཀར་པོ་ཞིག་གསལ་བཏབ། ལྷོའི་འདབ་མ་ལ་ནུ་སེར་པོ་ཞིག་གསལ་བཏབ། ནུབ་ཀྱི་འདབ་མ་ལ་ཏ་དམར་པོ་ཞིག་གསལ་བཏབ། བྱང་གི་འདབ་མ་ལ་ར་ལྗང་གུ་ཞིག་གསལ་བཏབ། དེ་གསལ་ཐེབས་པར་བྱེད། དམིགས་པ་མ་གསལ་ན། པད་འདབ་ཀྱི་ཡིག་འབྲུ་ཚོ་ལ་ཐུགས་ངེས་པར་བྱེད། ལྟེ་བར་ཧཱུྃ་ལ་ཐིག་ལེ་དཀར་དམར་གྱི་གསལ་བཏབ་པ་ཡང་ཡོད་པས་ཤེས་པར་བྱའོ། །ཉིན་པར་སྦྱང་། ནུབ་མོ་པདྨ་དང་། ཧཱུྃ་དང་། ཐིག་ལེ་དང་། པད་འདབ་ཀྱི་ཡིག་འབྲུ་

ཚོ་དང་། ཐམས་ཅད་ལ་དམིགས་པ་བཞག་ནས་གཉིད་པར་བྱེད་པ་རྩོལ་བས་ཐེངས་ན་འོད་གསལ་ཟིན་པར་ངེས། དེ་དང་མ་བྲལ་བར་བྱེད་པ། དམིགས་པ་སུམ་ཅུ་སོ་བདུན་པའོ། །

ཡང་འོད་གསལ་འཛིན་པའི་ཐབས་གཅིག་ལ། རང་ཉིད་ཁང་པ་ཞལ་བ་བྱས་པ། ལྷོ་ཕྱོགས་སུ་སྐར་ཁུང་ཡོད་པ། དེའི་ནང་དུ་རང་ཉིད་སྡོད། རོ་འཇུའི་(རྒྱུས་ཀྱི་)པདྨ་འདབ་བཞི་བྲི། དེའི་སྟེང་དུ་མཆོད་གཏོམ་རྣམ་པར་དག་པ་བྱེད། དེ་ལ་རྫས་ཡོ་བྱད་ཚང་བ་བྱེད། གྲོགས་ཉམས་ཅན་འཁུགས། ཁ་ཚ་དུལ་གསུམ་གྱི་ཟས་མི་ཟ། ཆོས་སྐྱོང་གི་གཏོར་མ་བཅའ། དེ་ལ་མི་ཤ་དང་། མི་ཚིལ་གྱི་གཏོར་རྒྱན་བཏགས། ལྷོ་ཕྱོགས་ངོས་ཀྱི་གྱང་ཁུང་དུ་བཙུམ། དེའི་ཁ་བཅད། ཕྱི་ལོགས་ནས་ཞལ་བ་བྱེད། མཆོད་གཏོམ་དུ་ཡང་གཏོར་མ་ཁ་ཡར་བཅའ། དཀར་མེ་དང་། ནག་མེ་གཉིས་བྱེད། ནག་མེ་དེ་ཉུན་ཆེན་གྱིས་ཕྱེད། རང་གི་སྨན་མདངས་སུ་བཞག །དཀར་མེ་དེ་རང་གི་ སྟེས་སུ་བཞག །དར་སྣ་ཚོགས་ཀྱི་ཐག་པ་འདོམ་གང་བྱེད། (༢༣ན)སྨྲ་དབྱུག་འདོམ་ཕྱེད་པ་ཞིག་གི་མགོ་ལ། དར་སྣ་ཚོགས་ཀྱི་ཟོ་ལོང་ཞིག་བཅིངས། དར་གྱི་ཐག་པ་དེ་སྐྲ་ཅན་ཡིན་ན་སྐྲ་ལ་བཅིངས། སྐྲ་མེད་ཡིན་ན་མགུལ་དུ་འདོགས། ཟས་བཅུད་ཅན་ཟ། ཞག་ཁ་ཡར་གཉིད་བཅག །ཁོས་དྲོ་བ་ཡང་བ་གྱོན། ནམ་སྟོད་དུ་གྲོགས་མཆེད་དེ་གཉིད་བཙུག །དེ་ནས་རང་གིས་འཛིན་པའི་རྣམ་པ་བྱེད། ཐུགས་ཀའི་ཧཱུྃ་ཨ་ནུ་ཏ་ར་ལ་བློ་བཞག །དེ་ནས་གཉིད་པར་བྱེད། གྲོགས་མཆེད་ཀྱི་ཐུན་བཟུང་སྟེ། མར་མེའི་འོད་ལ་ཁོང་གི་ངོ་དང་ལུས་ལ་ལྟ་བར་བྱེད་པས་ན། ཟིན་པའི་རྟགས་ལ་དང་པོ་ཁ་ཆུ་ལྷུག་སྟེ་འོང་། དེ་ནས་ངོ་སྐྱ་ཐག་དེ་འགྲོ། དེ་ནས་ངོ་དང་ལུས་ལ་བཀྲག་དང་མདངས་དང་གཟི་བརྗིད་ཀྱི་

མདངས་དང་ལྡན་པ། དེ་འོད་གསལ་ཟིན་པའི་རྟགས་ཡིན་པས། འོད་གསལ་བཟུང་མཁན་རང་གི་གཉིད་ཀྱི་གོ་ཆོད་པ། ཕྱི་ལོག་གི་མིའི་བྱ་བ་དང་བྱེད་པ་ཐམས་ཅད་བཀྲ་ལམ་གྱིས་གསལ་བའོ། །མ་ཟིན་ན་ངོ་སྐྱ་ཐང་གི་འགྲོ། སོ་སྦྲ་འོང་། ཞུ་ཤར་འོང་། བསིལ་སྦྲ་འོང་། དེ་བྱུང་ན་མ་ཟིན་པའི་རྟགས་ཡིན་པས། དར་གྱིས་ཐག་པའི་སྣེ་ནས་འཐེན། དར་གྱི་ཕོ་ལོང་དེས་སྤྱི་གཙུག་ནས་སྡིག་སྡིག་བྱེད། ཁྱོད་གཏི་མུག་གཉིད་ལ་མ་བསྐུར་ལ། འོད་གསལ་ཟུང་ཞིག་ཟེར་བའི་བརྡ་སྤྲད་དེ། འོད་གསལ་ཟིན་པར་བཤད། དམིགས་པ་སུམ་ཅུ་སོ་བརྒྱད་པའོ། །འོད་གསལ་ལོ།། །།

༈ འཕོ་བའི་སྐབས་ན། དང་པོ་འཕོ་བ་སྦྱོང་བ། བར་དུ་ཚད་བརྟག་པ། ཐ་མ་ལས་ལ་སྦྱོར་བ་དང་གསུམ་(༢༣བ)ལས། དང་པོ་སྦྱོང་བ་ནི། རང་ཉིད་ཡི་དམ་ལྷར་གསལ་བའི་ལྟེ་འོག་རྩ་དབུ་མའི་མར་སྣེ་ལ་ཐིག་ལེ་དཀར་ལ་དམར་བའི་མདངས་དང་ལྡན་པ། དམར་ལ་དཀར་བའི་མདངས་དང་ལྡན་པ། ཁྲ་ཤིགས་ཤིགས་པ་ཙུངས་ཀར་གྱི་རྡོག་པོ་ཙམ་ཞིག་གསལ། དེ་བརྡ་འཕྲོད་དེ་རླུང་གིས་འགྲོ་ལྡོག་བྱེད་དེ། རླུང་ཕར་གཏོང་བའི་དུས་སུ་ཐིག་ལེ་དེ་ཁ་གཉིས་སུ་གྱེས་ཏེ། དམར་པོ་དེ་མལ་ལ་བསྡད། དཀར་པོ་དེ་ཡར་ལ་དབུ་མའི་ནང་ནས་ཡར་ལ་ཏིལ་ལི་ལི་བྱུང་། སྙིང་གའི་ཧཱུྃ་ཨ་ནུ་ཏ་ར་ལ་གཡས་བསྐོར་གཅིག་བྱས། དེས་སེམས་ཟིན་པར་བྱེད། རླུང་ནང་དུ་འཇུག་པའི་དུས་སུ་ཐིག་ལེ་མལ་དུ་བསྡད། རླུང་ཕར་གཏོང་བའི་དུས་སུ། དབུ་མའི་ནང་ནས་ཡར་ཏི་ལི་ལི་སོང་། སྤྱི་གཙུག་གི་ཧཾ་མགོ་ཐུར་དུ་བསྟན་ནས་སྤྱི་གཙུག་བརྟན་པའི་ཚུལ་དུ་ཡོད་པ་དེར་ཐིག་ལེ་དེ་ཐིགས་པ་གཅིག་བརྒྱབ་པས། ཧཾ་དེ་ཟོ་ཞབས་ཕུད་པ་བཞིན་དུ། ཏར་གྱིས་སོང་

སྙེ་ཐིག་ལེ་དེ་རྒྱངས་ཀྱིས་ཐོན། བླ་མའི་ཐུགས་ཀར་ལྡེམ་གྱིས་ཐིམ། དེར་སེམས་ཟིན་པར་བྱེད། རླུང་ནང་དུ་འཇུག་པའི་དུས་སུ། བླ་མའི་ཐུགས་ཀ་ནས་ཐིག་ལེ་དེ་རིམ་ཅན་དུ་ཕྱིར་བྱུང་། ཨོཾ་ཨ་ནུ་ཏ་ར་ལ་གཡས་བསྐོར་གཅིག་བྱ། དེར་སེམས་ཟིན་པར་བྱེད། རླུང་ཕར་གཏོང་བའི་དུས་སུ་དེར་བཞག །ནང་དུ་འཇུག་པའི་དུས་སྔ་ཕྱིར་རིམ་ཅན་དུ་ཐིག་ལེ་དེ་བྱུང་། ཐུགས་ཀའི་ཧཱུྃ་ཨ་ནུ་ཏ་ར་ལ་གཡས་བསྐོར་གཅིག་བྱས། དེར་སེམས་ཟིན་པར་བྱེད། རླུང་ཕར་གཏོང་བའི་དུས་སུ་དེར་བཞག །(༢༩ན)ནང་དུ་འཇུག་པའི་དུས་སུ་ཐིག་ལེ་དེ་ཕྱིར་བྱུང་། ལྟེ་འོག་གི་ཐིག་ལེ་དམར་པོ་དང་ཕྲུག་གིས་འདྲེས། དེ་ལ་སེམས་ཟིན་པར་བྱེད། རྟགས་མ་ཐོན་གྱི་བར་དུ་དེ་འདྲ་རིམ་ཅན་གྱིས་བྱེད། དམིགས་པ་བཞི་བཅུ་པའོ། །

ད་ཚད་བརྟག་པ་ནི། སྤྱི་བོ་འབུར་བ་དང་། ཟ་བ་དང་། རྗོལ་བ་དང་། རྣག་ཁྲག་འཛག་པ་དང་། དེ་འདྲ་བྱུང་ན་སྦྱོང་མི་དགོས། སྤྱི་གཙུག་ཏྲཾ་གིས་བཀག་ནས་ཡོད་པའི་ཐུགས་ཤེས་བསྐྱེད།

ད་ལས་ལ་སྦྱར་བའི་དུས་སུ། རང་ཉིད་ཆེའི་དུས་ལ་ཐེབས། རིམ་འགྲོ་དང་། སྨན་དཔྱད་དང་། རྟིས་བཏབ་པ་དང་། གང་བྱེད་ན་ཡང་མ་ཕན། འཆི་བ་ངེ་ཤེས་ན་རང་གི་རྒྱུ་རྫས་ལ་སོགས་པ་གཅིག་ཀྱང་མ་ལུས་པར་བྱེད། ཐམས་ཅད་ཆོས་ལ་གཏོང་། ཆུ་ལ་སོགས་འཐུང་བའི་ཕོར་པ་བཞིན་གཅིག་བཞག །གཞན་མ་ལུས་པར་བྱས་ནས། དེ་ནས་འཕོ་བ་ལ་རང་ཉིད་སྐྱིལ་ཀྲུང་ངམ། ཙོག་པུའམ་དེ་མ་ཐུབ་ན་གཞོགས་གཡས་པ་ཕབ། བརླ་གཡས་པའི་ཐོག་ཏུ་གཡོན་པ་བཞག །གཡོན་པའི་ཐོག་ཏུ་ཕྲུག་གཡོན་པ་བཞག །ཕྲུག་གཡས་པའི་སྲིན་ལག་གིས་སྣ་བུག་གཡས་པ་བཀག །དེ་ནས་འཕོ་བ་ལ་ལྟེ་འོག་གི་ཐིག་ལེ་དེ་རླུང་ཕར་གཏོང་བ་དང་མཉམ་

པོར་སྤྱི་བོར་བླ་མ་བསྒོམ། ལྟེ་འོག་གི་ཐིག་ལེ་དེ་དཀར་ལ་དམར་བའི་མདངས་ཆགས་པ་དེ། ལྐུག་མ་མ་ལུས་པར་དབུ་མའི་ནང་ནས་ཡར་བྱུང་། སྙིང་གའི་ཧཱུྃ་ཨ་ནུ་ཏ་ར་ལ་གཡས་བསྐོར་གཅིག་བྱས། ཧཱུྃ་དེ་ལ་ལྟེམ་གྱིས་ཐིམ། ཧཱུྃ་དེ་འདབ་མ་ཚོ་གཞོག་པའི་ཚུལ་དུ་བྱས། དབུ་མའི་ནང་དུ་ཡར་བྱུང་། མགྲིན་པའི་ཨོཾ་ལ་(༢༩བ)གཡས་བསྐོར་གཅིག་བྱས། ཨོཾ་ལ་ཐིམ། ཨོཾ་དེ་ཡང་འདབ་མ་ཚོ་གཞོག་པའི་ཚུལ་དུ་བྱས། མགྲིན་པའི་ནང་ནས་ཡར་བྱུང་། སྤྱི་གཙུག་གི་ཧཾ་ཡིག་དེ་ལ་ཐུག་པ་གཅིག་བྱས། ཨོཾ་གྱིས་རྒྱབ་པ་དང་། བླ་མའི་ཐུགས་རྗེའི་ལྕགས་ཀྱུས་ཧཾ་ཧར་གྱིས་བུད། ཐིག་ལེ་ཨོཾ་དང་བཅས་པ་བླ་མའི་ཐུགས་ཀར་ལྟེམ་གྱིས་ཐིམ། བླ་མ་ཡང་འོག་མིན་དུ་མངོན་པར་རྫོགས་པར་སངས་རྒྱས་པར་ཐུགས་ཤེས་བསྐྱེད། དེས་འཕོ་མ་ཐུབ་ན། བླ་མའི་ཐུགས་ཀ་ནས་ཐིག་ལེ་ཕྱིར་ཕབ་པ་དེ་མི་བྱེད། གོང་མ་བཞིན་དུ་དབུ་མའི་མར་སྣེ་ནས་ཐིག་ལེ་ཡར་རིམ་ཅན་དུ་བསྐྱེད་པས་བླ་མའི་ཐུགས་ཀ་ལ་ཡང་ནས་ཡང་དུ་ཐིམ་པར་བྱེད། དེ་ཡང་ནས་ཡང་དུ་འཕོ་བར་བཤད། དམིགས་པ་བཞི་བཅུ་ཞེ་གཅིག་པའོ། །ཀླུང་དང་། ཧིག་ཀ་གང་ཙུང་གི་འཕེན་པའོ། །འཕོ་བའི་དམིགས་པའི་སྐབས་སོ། །

བཙན་ཐབས་ཀྱིས་འཕོ་བ་ལ། མི་ལེགས་པའི་སྐྱོན་མང་པོ་འབྱུང་སྟེ། རྒྱལ་པོ་ལ་སོགས་པའི་ཆད་པ་དང་། ཤ་བཙོན་ལ་ཐུག་ནས། ད་ལྟ་ཚུ་ནང་དུ་འཕེན་པ་དང་། གསོད་པ་ལ་ཐུག་ན་ལག་ལེན་འདེབས་པ་ཡིན་པས། མི་གཞན་ལ་སྡིག་པ་མི་སྒྲིབ་པའི་ཕྱིར་དུ། རྩིག་པ་བྲུ་གང་བ་ཞིག་བྱེད། ཤིང་སྲུ་བ་འདོམ་པ་གང་བ་གཅིག་བྱེད། ཤིང་དེ་རྩིག་པ་དེ་ལ་བཀལ། རང་ཉིད་ཕུས་མོ་ས་ལ་བཙུགས། རྐང་པ་གཡོན་གྱི་ཕྱི་རྟིང་གི་འོག་སྒོ་ཁྲིགས་སེ་བཅད། སྐལ་ཚིགས་ཉེ་

ཤུ་རྩ་དགུ་པདྨ་ཉི་ཤུ་རྩ་དགུར་གསལ་བཏབ། དེའི་སྐལ་ཚོགས་འོག་མ་དེ་པདྨ་འདབ་བརྒྱད་དུ་གསལ་བ་དེའི་པདྨའི་ལྟེ་བ་ལ་(༢༥ན)ཐིག་ལེ་དཀར་ལ་དམར་བའི་མདངས་ཆགས་པ། དམར་ལ་དཀར་བའི་མདངས་ཆགས་པ། ཁྲ་ཤིགས་ཤིགས་པ་སྲན་མ་བཙོས་པོ་ཙམ་ཞིག་གསལ་བཏབ། སྤྱི་བོར་བླ་མ་གསལ་བཏབ་ནས་སྒོམས། དེ་ནས་འཕོ་བ་ལ་ཧིག་ཀས་བཟ་སྦྱོད། སྐལ་ཚོགས་འོག་མ་པདྨ་ཡིན་པ་ལ། ཐིག་ལེ་གསལ་བཏབ་ནས། ཧིག་ཀ་བྱས་པས། པདྨ་ཐིག་ལེ་དང་བཅས་པ། པདྨ་གོང་མ་ལ་ཐིམ། ཧིག་ཀ་རེ་རེ་དང་པདྨའི་བསྡུད་བྱེད་དེ། སྐལ་ཚོགས་པདྨ་གོང་མའི་རྩ་ལ་སླེབས་པ་དང་། རང་གིས་སྐྱེད་པ་དེ་དགུག་པ་དེ་ལ་བཀལ་ནས་ཡོད་བཞིན་པ་ཐིག་ལེ་དང་པོའི་སྤྲོ་བསྡུ་བྱེད་པའི་དུས་ནས། རང་གི་ལུས་ཅེ་གཡེ་ཅེ་གཡེ་བྱས་བཞིན་དུ། པདྨ་གོང་མའི་རྩེ་ལ་སླེབས་པ་དང་། ཐིག་ལེ་པདྨ་དང་བཅས་པ་དེ། ཧིག་གིས་བཟ་སྦྲད་པ་དང་། བླ་མའི་ཐུགས་ཀ་ལ་ལྟེམ་གྱིས་ཐིམ་པས། རང་ཉིད་ཕྱིར་གཡེར་ཆེ་གཅིག་དང་སྤྲགས་ཏེ། ཚེའི་དུས་བྱེད་པར་བཤད་པ་ཡིན། དམིགས་པ་ཞེ་གཉིས་པའོ། །མི་བྱེད་ཁ་མེད་ལ་ཐུག་ན་མིན་པ། ལག་ལེན་ལ་མི་འདེབས། བཙན་ཐབས་ཀྱི་འཕོ་བའི་སྐབས་སོ། །

ད་གྲོང་འཇུག་གི་འཕོ་བ་ནི། རང་ཉིད་ཚེའི་དུས་ལ་ཐེབས། དེའི་དུས་ལ་འཇུག་པ་ནི་ཡིན། འདི་ལ་སྦྱོང་བ་དང་། ཚད་བཏག་པ་དང་། འཇུག་པ་དང་གསུམ། དང་པོ་སྦྱོང་བ་ནི་ཀླུང་ལ་སྦྱོང་བ་ཡིན་པས། དེའི་ཐོག་མར་ཇོ་འཇུ་(རྒྱུས་)ཀྱི། པདྨ་འདབ་བཞི་བྲི། དེའི་སྟེང་དུ་མཛཱ་ཞིག་གཙུགས། ཐོད་པ་མཚན་ཉིད་དང་ལྡན་པ་ཞིག་(༢༥བ)མཛཱའི་ཐོག་ཏུ་བཞག །ཐོད་པ་ཡར་ལ་བསྟན། ཐོད་པའི་ནང་དུ་ཇོ་འཇུའི་(རྒྱུས་ཀྱི་)ཧཱུྃ་གཅིག་བྲི། དེའི་ཁ་དེ་དར་དམར་པོས་བཀབ། ཁ་ཤར་

ཕྱོགས་སུ་ཕྱིར་བསྟན། རང་ཉིད་ཤར་ཕྱོགས་སུ་བསྡད། ཁ་ནུབ་ཕྱོགས་སུ་ཐོད་པ་ལ་བརྟག་ནས་བསྡད། དེ་ནས་སྦྱོང་བར་བྱེད། རང་ཉིད་ཀྱིས་ཐུགས་ཀ་ལ་ཧཱུྃ་ཞིག་གསལ་བཏབ། རླུང་ཕར་གཏོང་བའི་དུས་སུ་ཐུགས་ཀའི་ཧཱུྃ་དེ་ལས་ཧཱུྃ་གཅིག་ཆད། སྣ་བུག་གཡོན་པ་ནས་ཐོན། ཀ་པཱ་ལའི་ནང་གི་ཧཱུྃ་དེ་ལ་ལྕེམ་གྱིས་ཐིམ་པར་ཐུགས་ཤེས་བསྐྱེད། དེར་སེམས་ཟིན་པར་བྱེད། དེའི་ཐུན་ཚོད་དུ་ཕེབས་པ་དང་། རླུང་ནང་དུ་འཇུག་པའི་དུས་སུ། ཀ་པཱ་ལའི་ནང་གི་ཧཱུྃ་དེ་ལས་ཧཱུྃ་གཅིག་ཆད། ཚུར་བྱུང་སྣ་བུག་གཡས་ནས་ཞུགས། རང་གི་ཐུགས་ཀའི་ཧཱུྃ་དེ་ལ་ལྕེམ་གྱིས་ཐིམ། དེར་སེམས་ཟིན་པར་བྱེད། དེ་འདྲ་ཡང་ནས་ཡང་དུ་བྱས་པས། འཁྱོངས་པའི་ཚད་ལ། དང་པོ་ཀ་པཱ་ལ་དྲོད་སྐྱེས་པ་འོང་། སྐད་འདོན་པ་ཡོང་། དར་རླུང་གིས་སྐྱུག་པ་ཡོང་། དེ་ལ་ཡང་ནས་ཡང་དུ་བསླབ་པར་བྱེད། དམིགས་པ་ཞེ་གསུམ་པའོ། །

དེ་འཁྱོངས་པའི་རྟགས་ཐོབ་ནས། བྱ་བྱེའུའི་རོ་འམ། རེའུ་དང་ལུག་གུའི་རོ་འམ། དེ་འདྲ་ཞིག་ཁྱེར་ནས་འོང་། བྱ་བྱེའུ་ཡིན་ན་སུག་པོ་ལ་ཐག་པ་འདོགས། རི་དྭགས་ཡིན་ན་སྐེ་ལ་འདོགས། དེ་ནས་འཇུག་པར་བྱེད། དང་པོ་དྲོད་སྐྱེ་བ་འོང་། དེ་ནས་དབུགས་རྒྱུ་བ་དང་། མགུལ་གཡོ་བྱེད་པ་འོང་། དེ་ནས་བྱ་དང་བྱེའུ་ཡིན་ན་ནི། གཤོག་པ་བརྒྱང་ནས་འཕུར་བའི་རྣམ་པ་བྱེད། རི་དྭགས་(༢༨ན)ལ་སོགས་པ། རི་ཕུག་ཡིན་ན། ཕར་རྒྱུག་ཚུར་རྒྱུག་བྱེད། དེའི་ཐུན་ཚོད་དུ་ཕེབས་པ་དང་། མི་གཞན་གྱི་ཕུང་པོ་རྣས་པ་མ་ཡིན་པ། འབོགས་པ་མ་ཡིན་པ། ན་ཚོད་དར་ལ་བབ་པ་ཞིག་གིས་ཕུང་པོ་དེ་འཚོལ། ཕུང་པོ་དེ་ལ་སྐྱོན་གྱིས་རྣམ་གྲངས་གང་ཡང་ཡོད་པ་མ་ཡིན་པ། རུལ་བ་མ་ཡིན་པ། བམ་པ་མ་ཡིན་པ། ཁྲི་མཚོན་

ཀྱི་བཤད་པ་མ་ཡིན་པ། བཙན་ཐབས་སུ་ཤི་བའམ། འགགས་ནས་ཤི་བ་ལྟ་བུའི་ཕུང་པོ་གསར་པ་ཞིག་བཙལ་ཏེ་ཁྱེར་ནས་འོང་། དེ་ལ་ཁྲུས་དང་། གཙང་སྦྲ་རྣམ་གྲངས་དུ་མ་བྱེད། སྤོས་སྦྱོར་དང་། སྨན་སྣ་མང་པོ་ག་བུར་སོགས་ཀྱི་ཁྲུས་ཆུ་ནང་དུ་བཏང་། ལུས་ཀྱི་ནང་བཀྲུ། དེ་ནས་མཆེའི་མལ་དེ་ན་ཙོག་ཙོག་པོར་བཞག །ཁ་རང་ལ་བསྟན། སྐྲ་ཅན་ཡིན་ན། སྐྲ་ལ་ཐག་པ་འདོགས་ནས། ཁང་པའི་ཐོག་ལ་འདོགས། མགོ་ཡུ་ཡིན་ན་མགུལ་དུ་འདོགས། ཕུང་པོའི་སྣ་བུག་གཡས་དང་། རང་གི་སྣ་བུག་གཡོན་དེ་སྐུད་ཚོགས་ཞིག་གིས་སྦྲེལ། དེ་བར་སྦྲ་ཚིལ་གྱིས་བཅད། ཕུང་པོའི་ཐུགས་ཀ་རུ་ཧཱུཾ་ཞིག་གསལ་བཏབ། སྐུད་ཚོགས་ཀྱི་སྣ་ལ་བདུད་རྩི་རིལ་བུ་བཞག །རླུང་ཕར་གཏོང་བ་དང་རང་གི་ཐུགས་ཀའི་ཧཱུཾ་དེ་ལྷག་མ་མ་ལུས་པར་སོང་། སྣ་བུག་གཡོན་ནས་བུད། ཕུང་པོའི་སྣ་བུག་གཡས་སུ་ཞུགས། དེའི་ཐུགས་ཀའི་ཧཱུཾ་ལ་ཧཱུཾ་དེ་ཐིམ། དེ་ཡང་ནས་ཡང་དུ་བྱེད། ཕུང་པོ་དེ་ལ་དང་པོ་དྲོད་སྐྱེ་བ་དང་། དེ་ནས་དབུགས་རྒྱུ་བ་དང་། དེ་ནས་རང་དང་འདྲ་བ་འོང་། (༢༨བ)དེ་བྱུང་ན་རང་གི་ཕུང་པོ་དེ་ཕུང་པོ་རྙིང་པས་མ་རིག་པ་བྱེད། དྲག་ཤུགས་ཀྱིས་བཙབ། དེ་ནས་རང་གི་ལྕེ་ཐོག་ཏུ་སྦྲང་རྩི་དང་བུ་རམ་གྱིས་སྦྱིད། རྔ་བ་ལ་རོལ་མོའི་སྒྲ་སྒྲིད། ལུས་ལ་གོས་བཟང་པོ་དང་བྱུག་པ་བྱེད། དེ་ནས་ཞག་བཞི་ལྔ་སོང་བ་དང་། གྲོགས་ཉམས་ཅན་ཆོས་པ་ཡིན་ན། སྔར་གྱི་ཆོས་ཐམས་ཅད་ཀྱི་གསལ་བཏབ་བྱེད། ཕུང་པོ་དེ་དྲིན་ཅན་ཡིན་པས། དྲིན་ལན་གསོབ་པའི་ཚུལ་དུ་སྲིག་ཆོག་བྱེད། སྡིག་པ་སྦྱོང་བའི་ཐབས་བཅུ་གཉིས་བྱེད། ཏུས་བུ་ལ་ཀྭ་ཀྭ་ལ་སོགས་པའི་སྟགས་ཀྱི་སྦྱུང་། དེ་ལ་རྩོལ་བ་ཆེན་པོ་བྱེད། སེམས་ཅན་ལ་ཕན་བཏགས་པའི་དགེ་སྒྲུབ་སྡིག་པ་སྤོང་བར་བྱེད། དམིགས་པ་

ཞེ་ལྔ་པའོ། །རྩོལ་བ་ཅན་གྱིས་འདི་ལ་ནན་ཏན་བྱེད་པར་བཤད། གྲོང་འཇུག་གི་འཕོ་བའི་སྐབས་སོ།། །།

༈ ད་བར་དོ་སྦྱོང་བ་ལ། འཇིག་རྟེན་གྱི་འཁོར་བ་ཐམས་ཅད་བར་དོའི་རང་བཞིན་ཡིན་པ་ལ། ཡིན་པར་ཤེས་པར་བྱེད། ད་ལྟར་གྱིས་རྣམ་གཞག་སྤྱོད་པ་ཡིད་སྨོན་དགའ་མི་དགའ་སྐྱིད་སྡུག་ཐམས་ཅད་བར་དོ་ཡིན་པར་ཤེས་པར་བྱེད། ལྷའི་ལྟུང་བ་དང་། ཉེས་བྱས་ཡང་བར་དོ་ཡིན་པར་ཤེས་པར་བྱེད། ལྷ་ལ་སྐྱེ་འདོད་པ་ཡིན་ན། ལྷའི་ལོངས་སྤྱོད་དང་ལྷ་ཕོ་མོ་ཁྲི་ལ་འདུག་པའི་རྣམ་གཞག་ཚེ་ཡིད་ལ་དྲན་ན་ལྷ་ལ་སྐྱེ། ལྷ་མ་ཡིན་ལ་སྐྱེ་ན། ལྷ་མ་ཡིན་གྱི་ཚོ་ག་དང་། མཚོན་ཆ་དང་། ལུས་བཅད་གཏུབས་བྱེད་པ་དང་། རྟག་ཏུ་འཐབ་རྩོད་བྱེད་པ་ཐམས་ཅད་ཡིད་ཡུལ་དུ་དྲན། དྲན་པ་དང་ལྷ་མ་ཡིན་(༢༧ན)དུ་སྐྱེ། མི་ལ་སྐྱེ་འདོད་པ་ཡིན་ན། མིའི་གཟུགས་སྐྱེ་མཆེད་བྱ་བྱེད་ཐམས་ཅད་ལ་དགའ་བ་འོང་བས་མི་ལ་སྐྱེ། དུད་འགྲོ་ལ་སྐྱེ་འདོད་ན། འཚི་ཁར་རྟ་ལ་དགའ་བས་རྟ་ཡིད་ཡུལ་དུ་དྲན་ཏེ་རྟ་ལ་སྐྱེ། དེ་བཞིན་དུ་ཁྱི་དང་། ཕག་དང་། ནོར་དང་། བྱ་བྱེའུ་ལ་སོགས་དང་། རི་དྭགས་སོགས། ད་ལྟ་གང་ལ་དགའ་བ་དེ་འཚི་ཁར་དེ་ཡིད་ཡུལ་དུ་ལམ་གྱིས་དྲན་ལ། གང་དྲན་པ་དེ་ལ་སྐྱེ་བར་བཤད། ཡི་དྭགས་ལ་སྐྱེས་ན་ལྟོགས་པ་དང་སྐོམ་པ་ལ་སོགས་འོང་སྟེ་ཡི་དྭགས་ལ་སྐྱེ། དམྱལ་བ་ལ་སྐྱེ་ན། འདའ་འོ་ལ་སོགས་པ་དང་། རང་བཞིན་ཞེ་སྡང་སྐྱེ་བ་དང་། དམྱལ་བའི་འཆར་སྣ་ལ་སོགས་པ་སྣ་ཚོགས་པའོ། །དེ་དམྱལ་བར་སྐྱེ་བར་བཤད་པས། དེ་རྣམས་ལ་སྐྱེ་མི་སྐྱེ་ད་ལྟའི་མཛད་སྤྱོད་ཀྱི་འཆར་སྣ་འདི་ཚེ་ཐམས་ཅད་བར་དོའི་རྣམ་པ་ཡིན་པ་ལ། ཡིན་པར་ཤེས་པར་བྱེད། དམིགས་པ་ཞེ་དྲུག་པའོ། །

མངལ་གྱི་སྒོ་དགག་ཅིང་གདམས་པ་ནི། དེ་ལ་མངལ་གྱི་སྒོ་རང་ཁ་བ་ལ་མི་འཇུག །སྡིགས་པ་དམ་ཚིག་ཅན་གྱི་བརྒྱུད་པ་དང་། དགེ་བཤེས་ཡོན་ཏན་ཅན་གྱི་བརྒྱུད་པ་དང་། ཁྱིམ་བདག་དད་པ་ཅན་གྱི་བརྒྱུད་པ་དེ་འདྲ་ཞིག་ལ་འཇུག་པར་བཤད་པས། འཇུག་པའི་དུས་སུ། ཡབ་ནི་མཁན་པོ་ཡིན་པའི་ཚུལ་དང་། ཡུམ་ནི་སློབ་དཔོན་ཡིན་པའི་ཚུལ་དང་། མངལ་ནི་མཆོད་ཁང་། དེའི་ནང་དུ་བླ་མ་བཞུགས་པ་དེ་མཇལ་བར་འགྲོ་བའི་ཐུགས་ཤེས་བསྐྱེད། གཟུགས་ཐམས་ཅད་ནི་ཡི་དམ་གྱི་སྐུ་གཟུགས་དང་། སྒྲ་ཐམས་ཅད་ནི་ཡི་དམ་རྡོ་རྗེ་ཕག་མོའི་རང་སྒྲ་སྒྲོག་བཞིན་པར་ཐུགས་ཤེས་བསྐྱེད། དམིགས་པ་(༢༧བ)ཞེ་བདུན་པའོ། །

དེས་མངལ་སྒོ་དགག་ཅིང་གདམས་པར་བྱས་ནས། བར་དོ་ཀུན་གྱི་ཤེས་པ་དེ་ལ་བར་དོ་དང་པོ་འོད་གསལ་ངོས་བཟུང་བ་དང་། བར་དོའི་བཤད་པ་མང་པོ་ཡོད་ན་ཡང་། འདིར་གོ་རིམ་བསྡུས་པར་བྱེད་པ་ལ། འཆི་བའི་ཚེ་འབྱུང་བ་ཐིམ་བསྟུད་བྱེད་པ་ལ། སྣང་བ་མཆེད་པ་ལ་ཐིམ་པའི་དུས་སུ། རྒྱང་མིག་མི་གསལ། ས་ཆུ་ལ་ཐིམ་པའི་དུས་སུ། ལུས་ཀྱི་ཤེད་ཤོར་བས་གཡོ་འགུལ་མི་ནུས། ཆུ་མེ་ལ་ཐིམ་པའི་དུས་སུ་ཁ་སྣ་བསྐམས། མེ་རླུང་ལ་ཐིམ་པའི་དུས་སུ་ལུས་ཀྱི་དྲོད་ཡལ། རླུང་རྣམ་པར་ཤེས་པ་ལ་ཐིམ་པའི་དུས་སུ་དབུགས་ཆད། རྣམ་པར་ཤེས་པ་ཆོས་ཉིད་དུ་ཐིམ་པའི་དུས་སུ་ཉི་ཟླ་གཉིས་འདྲེས་པའི་དུས་ཡིན་པས། རེ་ཞིག་བརྒྱལ་ནས་སྣང་བ་དྲན་མེད་དུ་འགྲོ་བར་བཤད། དེ་ནས་འོད་གསལ་འཆར་བའི་དུས། རྣལ་འབྱོར་པ་འོད་གསལ་དུ་ཞུགས་པའི་དུས་ཡིན་པར་བཤད། བར་དོའི་སྣང་བ་འཆར་བའི་དུས་ལ། འཆར་སྒོ་སྣ་ཚོགས་པ་ཡོང་བར་བཤད་པས། སྣང་བ་དཀར་པོ་ཤར་བའི་དུས་སུ་རྣམ་པར་སྣང་མཛད་ཡིན་པར་ཤེས་པར་

བྱེད། སྔོན་པོ་མཐོང་བའི་དུས་སུ་རྡོ་རྗེ་འཆང་ཡིན་པར་ཤེས་པར་བྱེད། དམར་པོ་འཆར་བའི་དུས་འོད་དཔག་མེད་ཡིན་པར་ཤེས་པར་བྱེད། སེར་པོ་འཆར་བའི་དུས་རིན་ཆེན་འབྱུང་གནས་ཡིན་པར་ཤེས་པར་བྱེད། དེ་འཆར་སྣ་ཐམས་ཅད་ཡི་དམ་ལྷའི་གཟུགས་བརྙན་དུ་ཡིན་པར་ཤེས་པར་བྱེད། གཞན་གྱི་སྐྱེ་གནས་ཐམས་ཅད་ནི་ཡ་ང་བ་བག་ཚ་བ་དང་། བསམ་གྱིས་མི་ཁྱབ་པའི་སྡུག་བསྔལ་ཡོད་པར་བཤད་པས། (༢༤ན)ཚ་བའི་དུས་བསིལ་ས་ན་འགྲོ་བསམ་པ་ཙམ་གྱིས་གྲང་དམྱལ་དུ་སྐྱེ་བར་བཤད། འཁྲུགས་པས་གདུངས་ནས་དྲོ་སར་འགྲོ་བསམ་པ་ཙམ་གྱིས་ཚ་དམྱལ་དུ་སྐྱེ་བར་བཤད་དེ། གཤིན་རྗེ་ཕོ་མོས་བཟུང་བ་དང་། བརྡུང་བ་དང་། གསོད་པ་དང་། གཅོད་པ་དང་། མི་ལེགས་པའི་མཚན་མ་གང་ཡང་འོང་། དེའི་དུས་ད་ལྟར་གྱི་ཚོར་བ་བརྒྱ་འགྱུར་སྟོང་འགྱུར་དུ་འོང་བར་བཤད། བར་དོའི་རྣམ:གཡེ:(ཤེས་)གྲོག་རོང་དང་། སེར་དྲག་གིས་དེད་པའམ། རྒྱལ་པོ་འཁྲིམ་པ་དེ་ལ་སྐྲག་ནས། གྲོག་རོང་དང་སྡོང་པོ་ལ་སྐྱབས་འཚོལ་བས་ཁྱི་ཕག་ལ་སྐྱེ་བར་བཤད། གྱང་རྩུལ་དང་ཁང་པའི་འོག་ཁང་དང་། དེ་འདྲར་འགྲོ་བར་བཤད་པས། དབུལ་པོའི་རྒྱུད་ལ་སྐྱེ་བར་བཤད། རྩྭའི་སྤྱིལ་བུ་དང་ལོ་མའི་ཕུང་པོ་མཐོང་བས་དེར་འགྲོ་བསམ་ན། དུད་འགྲོ་ལ་སྐྱེ་བར་བཤད། སྟེང་ཁང་དང་། ཁང་བཟང་དང་། མཆོད་ཁང་དུ་འགྲོ་བསམ་པས། དགེ་བཤེས་ཡོན་ཏན་ཅན་གྱི་བརྒྱུད་པའམ། རྒྱལ་པོའི་བརྒྱུད་དུ་སྐྱེ་བར་བཤད། དེར་སྐྱེ་མི་སྐྱེ་ད་ལྟའི་མཛད་སྤྱོད་དང་། བྱ་བ་བྱེད་པ་ཐམས་ཅད་བར་དོ་སྒྲུག་མི་དགོས། འདི་ཚེ་བར་དོ་ཡིན་པར་ཤེས་པ་དེ་ལ་རྩ་བདར་བཅད། དེ་གོ་བར་བྱེད། དགེ་སྡིག་གིས་བླང་དོར་ལ་མ་རྫོངས་པར་བྱེད་པ་དེ་ཡིད་ལ་བཞག་པར་བྱའོ། །དམིགས་

པ་ཞེ་བརྒྱད་(༢༨བ)པའོ། །ཞེས་ནཱ་རོ་ཆེན་པོའི་ཆོས་དྲུག་གི་སྙིང་པོ་མདོར་བསྡུས་ནས་གཅིག་ཏུ་སྒྲིལ་བ་འདི་ནི། དུས་གསུམ་གྱི་སངས་རྒྱས་ཐམས་ཅད་ཀྱི་བྱིན་གྱིས་བརླབས་ཤིང་། གསུང་གི་ཕྲིན་ལས་ཟབ་མོ་གནད་ཀྱི་དོན་སྟོན་པར་བྱེད་པ། ཤཱཀྱའི་དགེ་སློང་ཀྲྀ་ཥྞ་ཆོས་ཀྱི་རྒྱ་མཚོ་ཞེས་མཚན་ཡོངས་སུ་གྲགས་པས་སྦྱར་བའོ།། །།འདི་ཡིས་དགེ་བའི་རྩ་བ་དེ། །མ་ལུས་སེམས་ཅན་རྣམས་ལ་བསྔོ། །དད་ལྡན་སློབ་མའི་ཚོགས་ལ་ཕན་ཐོགས་ཤོག །བཀྲ་ཤིས།། །།

༄། །ཇེ་ཏོ་ཆོས་ཀྱི་རྒྱ་མཚོའི་གསུང་འབུམ་བཞུགས་སོ། །

(སྟོད་ཆ། བར་ཆ། སྨད་ཆ།)

སྒྲིག་པ་པོ།	མ་ཧཱ་ཤྲཱི་གསུང་རབ་གླིང་།
རྩོམ་སྒྲིག་འགན་འཁུར་བ།	བཀྲ་ཤིས་བསམ་གྲུབ།
པར་འདེབས་འགན་འཁུར་བ།	ཟླ་སྒྲོན།
དཔེ་སྐྲུན་འགྲེམས་སྤེལ་ཚན་པ།	བོད་ལྗོངས་མི་དམངས་དཔེ་སྐྲུན་ཁང་། (ལྷ་ས་གླིང་སྐོར་བྱང་ལམ་སྒོ་ཨང་20པ།)
པར་འདེབས་ཚན་པ།	བོད་ལྗོངས་ཞིན་ཧྭ་པར་འདེབས་ཚད་ཡོད་མཐུན་གཉེར་ཁང་།
དེབ་ཚད།	787×1092 1/16
སྤྱིའི་དཔར་ཤོག	91.375
ཡིག་གྲངས།	ཁྲི་80
པར་གཞི་སྒྲིག་ཐེངས།	2024ལོའི་ཟླ་11པར་པར་གཞི་1བསྒྲིགས།
དཔར་ཐེངས།	2024ལོའི་ཟླ་11པར་པར་ཐེངས་1བཏབ།
དཔར་གྲངས།	01–2,000
དཔེ་རྟགས།	ISBN978–7–223–07694–4
བཅད་གོང་།	སྒོར་280.00 (སྟོད་བར་སྨད།)